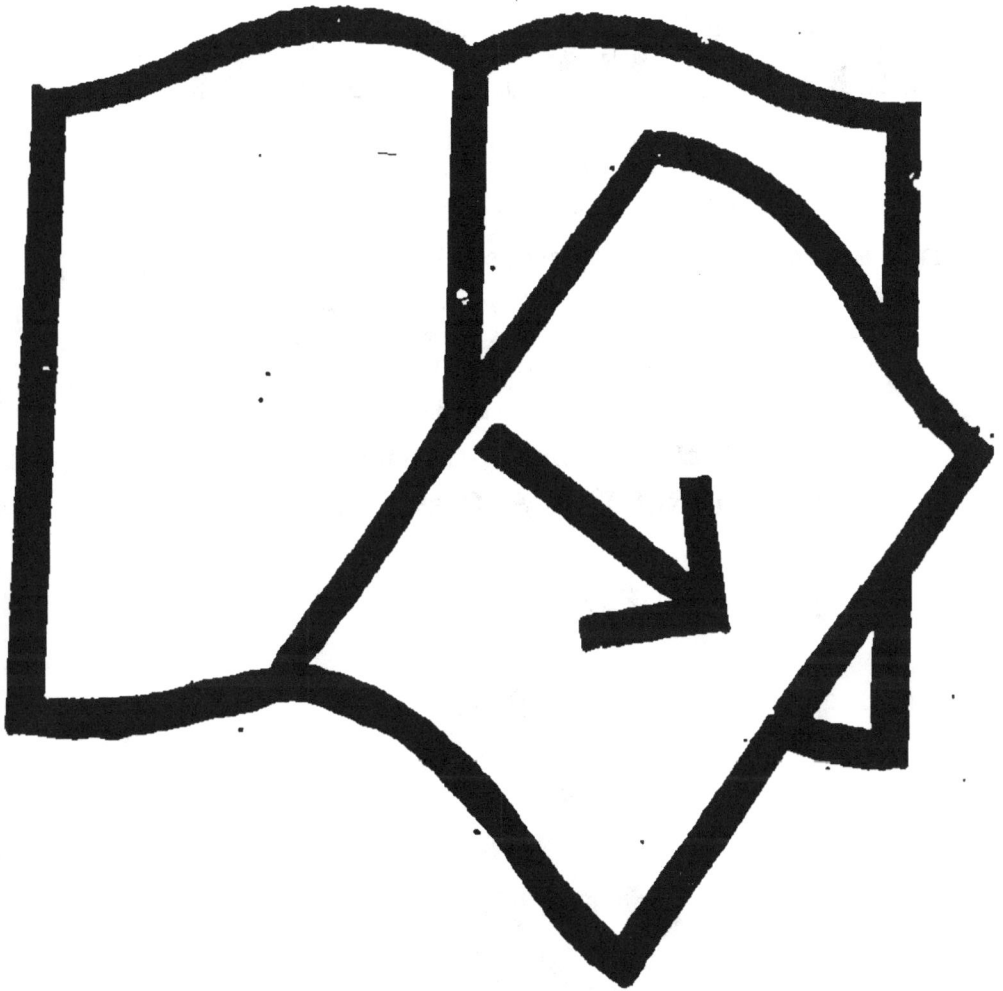

Couverture inférieure manquante

DICTIONNAIRE

DES

PARLEMENTAIRES

FRANÇAIS

COMPRENANT

tous les Membres des Assemblées françaises et tous les Ministres français

Depuis le 1er Mai 1789 jusqu'au 1er Mai 1889

AVEC LEURS NOMS, ÉTAT CIVIL, ÉTATS DE SERVICES, ACTES POLITIQUES
VOTES PARLEMENTAIRES, ETC.

PUBLIÉ SOUS LA DIRECTION DE

MM. Adolphe ROBERT
Edgar BOURLOTON & Gaston COUGNY

FES — LAV

PARIS

BOURLOTON, ÉDITEUR

46, RUE DE VAUGIRARD, 46

1891

DICTIONNAIRE

DES

PARLEMENTAIRES

TOME TROISIÈME

DICTIONNAIRE

DES

PARLEMENTAIRES
FRANÇAIS

COMPRENANT

tous les Membres des Assemblées françaises et tous les Ministres français

Depuis le 1er Mai 1789 jusqu'au 1er Mai 1889

AVEC LEURS NOMS, ÉTAT CIVIL, ÉTATS DE SERVICES, ACTES POLITIQUES
VOTES PARLEMENTAIRES, ETC.

PUBLIÉ SOUS LA DIRECTION DE

MM. Adolphe ROBERT
Edgar BOURLOTON & Gaston COUGNY

FES — LAV

PARIS

BOURLOTON, ÉDITEUR
46, RUE DE VAUGIRARD, 46

1891

DICTIONNAIRE
DES
PARLEMENTAIRES

F

FEUCHÈRES (Adrien-Victor, baron de), député de 1846 à 1848, né à Paris le 20 novembre 1785, mort à Paris le 22 novembre 1857, suivit la carrière militaire, entra, à dix-neuf ans, à l'école militaire de Fontainebleau, et en sortit comme sous-lieutenant au 105e de ligne. Il fit les campagnes de 1806 à 1808 en Prusse et en Pologne, fut alors envoyé en Espagne et nommé capitaine à l'état-major de l'armée d'Aragon, où il se distingua, et fut cité à l'ordre du jour. Fait chevalier de la Légion d'honneur le 18 juillet 1809, à la bataille de Tudela, il fut blessé à l'assaut du col d'Ordal en 1813 et promu chef de bataillon. Après le second retour des Bourbons, il entra avec ce grade au 6e régiment d'infanterie de la garde royale, épousa à Londres, le 6 août 1818, Sophie Daw ou Dawes, qui jadis avait paru, disait-on, sur les planches du théâtre de Covent-Garden, et qui était attachée à la personne du vieux duc de Bourbon, prince de Condé. La bonne foi de M. de Feuchères, qui ne sut la vérité qu'au bout de quatre années, servit à couvrir l'incorrection de cette liaison. Introduit dans la maison du prince, M. de Feuchères devint son aide-de-camp (1820), et fut créé baron le 31 août 1819. Cependant le ménage de Mme de Feuchères ne tarda pas à être troublé. Une imprudence commise par un ami fit naître certains soupçons dans l'esprit du baron. Il s'ensuivit une situation des plus pénibles, qui aboutit, en 1822, à une rupture éclatante. M. de Feuchères écrivit au prince de Condé qu'il allait s'éloigner de cette maison « dans laquelle, pour l'honneur et le repos de tous, il n'aurait jamais dû entrer ». D'autre part, il adressa plus tard au ministre de la guerre une lettre qui contenait ce passage : « Plusieurs années s'étaient écoulées quand, par suite d'une querelle survenue dans mon ménage, j'appris de la bouche même de Mme de Feuchères qu'elle n'était point la fille de monseigneur le duc de Bourbon, comme elle s'était plu à le faire croire, mais qu'elle en avait été la maîtresse. » Devant le scandale provoqué par cette séparation, Mme de Feuchères s'éloigna pendant quelques jours du palais. Mais dès les premières heures de son retour, elle obtint, grâce à son ascendant sur le duc, d'abord le don testamentaire des domaines de Saint-Leu et de Boissy, et bientôt après diverses sommes s'élevant au chiffre d'un million. Ce fut elle enfin qui négocia, comme on sait, l'adoption du duc d'Aumale par le vieux prince, et le nom de la baronne de Feuchères fut directement mêlé aux propos accusateurs qui commentèrent le drame tragique et mystérieux du château de Saint-Leu. La baronne mourut en 1841, en Angleterre. Une part revenait à M. de Feuchères dans son immense fortune. Mais il abandonna aux hospices la totalité de ses droits et fit don à l'armée de 100,000 francs (*Moniteur*, 29 juillet 1841 et 5 juillet 1843). Avant cet incident, M. de Feuchères avait fait la guerre d'Espagne avec le grade de colonel (1823). Il commanda la place de Pampelune (1824-1826), fut nommé colonel au 37e de ligne, et fit la campagne d'Alger en 1830. Général de brigade (13 décembre), il rentra en France en 1832, et fut placé à la tête des départements du Gard et de l'Ardèche. Promu général de division le 9 avril 1843, il devint inspecteur général de l'infanterie, et fut élu, le 1er août 1846, par 425 voix (801 votants, 839 inscrits), contre 366 au député sortant, M. Béchard, député du 1er collège du Gard (Nîmes). Il siégea dans la majorité conservatrice jusqu'à la révolution de 1848, et fit preuve d'une réelle compétence dans les discussions militaires. Président du comité d'état-major en 1849, et grand-officier de la Légion d'honneur (1850), il fut admis à la retraite, comme général de division, le 2 janvier 1851.

FEUILHADE-CHAUVIN (André), député de 1842 à 1848, représentant en 1848, né à Bordeaux (Gironde) le 12 novembre 1796, mort à Paris le 20 mars 1861, étudia le droit et fut nommé substitut du procureur du roi à Bordeaux (21 juillet 1819). Substitut du procureur général (juillet 1823), avocat général (novembre 1826), il passa procureur général à la cour de Bastia en 1829, et, après la révolution de juillet, obtint le poste de procureur général à Bordeaux. Conseiller général pour le canton de Castillon (1837), il devint, en 1838, procureur général à la cour royale de Lyon. Elu, le 9 juillet 1842, député du 8e collège de la Gironde (Libourne), par 415 voix sur 753 votants et 877 inscrits, contre 335 au député sortant, M. Martell, il soutint d'abord le ministère et fut nommé conseiller à la cour de cassation (1843). Il dut, en conséquence, se soumettre à la réélection, qu'il obtint, le 10 juin 1843, par 425 voix sur 676 votants et 912 inscrits, contre 226 à M. Ducasse. La même année, il se mit à faire de l'opposition à la politique de Guizot et

1

présenta un amendement ayant pour objet de rappeler le cabinet « à la sincère exécution des lois ». Réélu, le 1er août 1846, par 438 voix sur 847 votants et 961 inscrits, contre 404 à M. de La Rochefoucauld-Liancourt, il continua de combattre la politique de la fin du règne. Après la révolution de février, M. Feuilhade-Chauvin fut nommé (23 avril 1848) représentant de la Gironde à l'Assemblée constituante, le dernier des quinze élus, par 49,330 voix sur 146,606 votants. Il fit partie du comité de la justice, et vota ordinairement avec la droite : *pour* le rétablissement du cautionnement, *pour* les poursuites contre Louis Blanc et Caussidière, *pour* le rétablissement de la contrainte par corps, *contre* l'abolition de la peine de mort, *contre* l'amendement Grévy, *contre* le droit au travail, *contre* l'amnistie, *pour* l'interdiction des clubs, *pour* les crédits de l'expédition de Rome, *contre* l'abolition de l'impôt des boissons, etc. Rallié à la politique de L.-N. Bonaparte, et non réélu à la Législative, M. Feuilhade-Chauvin reprit son siège à la cour de cassation, fut nommé conseiller honoraire en 1855, admis à la retraite le 26 avril 1856, et mourut en 1861. Officier de la Légion d'honneur (juillet 1834). On a de lui : *De la magistrature et du magistrat* (1828). *Du patriotisme et de la fermeté civique de l'homme public* (1835), et d'autres discours de rentrée.

FEUILLANT (ETIENNE-ANTOINE), député de 1815 à 1816, né à Brassac (Puy-de-Dôme) le 20 février 1768, mort à Blois (Loir-et-Cher) le 17 juillet 1840, était avocat, et se fit journaliste. Il collabora au *Journal du soir* de Beaulieu, et fonda, en 1790, le *Journal du soir sans réflexions*, qui reproduisait sans commentaires les débats de l'Assemblée constituante. En 1814, il créa une feuille monarchique, le *Journal général de France*. Elu, le 22 août 1815, député de Maine-et-Loire, au collège de département, par 117 voix sur 216 votants et 276 inscrits, il fit partie de la majorité de la Chambre introuvable, appuya la loi contre les cris et les écrits séditieux, réclama la discussion immédiate sur l'affaire de l'évasion de Lavalette, vota, dans le débat au sujet de la loi d'amnistie, pour les exceptions du projet et pour celles de la commission, et fut rapporteur de la deuxième partie du budget. En cette qualité, il proposa le rejet de l'impôt sur les huiles, les papeteries, les tissus, les cuirs, les transports de marchandises. Lors de la discussion des articles, il se prononça avec vivacité en faveur des idées de la commission, et s'écria que dans la majorité de la Chambre il n'y avait que des sujets fidèles : la minorité lui répondit par des murmures et par des cris de rappel à l'ordre. Feuillant ne fit point partie d'autres législatures.

FEURTIN. — *Voy.* CHEDANNEAU.

FEUTRIER (FRANÇOIS-JEAN-HYACINTHE, COMTE), pair de France et ministre, né à Paris le 2 avril 1785, mort à Paris le 27 juin 1830, fils de Jean Feutrier et de Marie-Catherine Dauphin, étudia la théologie à Saint-Sulpice, entra dans les ordres, et fut nommé par le cardinal Fesch secrétaire général de la grande aumônerie. Il fit partie, sous l'empire, du concile convoqué pour tenter un rapprochement entre le Saint-Siège et l'empereur ; il y prit parti pour le pape. L'archevêque de Reims, grand aumônier de France, M. de Talleyrand, se l'attacha à son tour. Ayant refusé de prêter serment à l'empe-

reur aux Cent-Jours, l'abbé Feutrier en fut récompensé, à la seconde Restauration, par un siège au chapitre royal de Saint-Denis ; il devint ensuite curé de la Madeleine et se distingua comme prédicateur : son panégyrique de Jeanne d'Arc en 1821, lors de la fête commémorative de la délivrance d'Orléans, son éloge de Saint-Louis, prononcé le 25 août 1822, furent remarqués. Nommé en 1823 vicaire-général du diocèse de Paris, il remplit ces fonctions jusqu'en 1826, époque à laquelle il fut promu à l'évêché de Beauvais. En 1827, il présida le grand collège électoral de l'Oise. Au commencement de 1828, il reçut le portefeuille des Affaires ecclésiastiques, et, en sa qualité de ministre, prit une grande part aux ordonnances du 16 janvier 1828, qui fermaient les pensionnats tenus par les jésuites, et soumettaient les petits séminaires à la juridiction universitaire. Le haut clergé protesta contre cette atteinte à ses prérogatives, cria à la persécution et mit le ministre en quarantaine. Ces querelles altérèrent gravement sa santé, et, à la chute du cabinet Martignac, il fut heureux de quitter le ministère ; il retourna à Beauvais avec les titres de comte et de pair de France (24 janvier 1829). L'année suivante (26 février 1830), il obtint du gouvernement, en raison de l'insuffisance de sa fortune, une pension annuelle de 12,000 francs pour tenir son rang comme évêque et comme pair. Etant venu à Paris pour consulter les médecins, il mourut subitement, le lendemain de son arrivée, d'un épanchement au cerveau. Les bruits d'empoisonnement et de vengeance d'un ordre puissant, qui coururent alors, n'ont jamais été prouvés. M. Feutrier avait prononcé, entre autres oraisons funèbres, celles du duc de Berry (1820), de la duchesse d'Orléans (1821), etc.

FEUTRIER (ALEXANDRE-JEAN, BARON), pair de France, né à Paris le 3 juillet 1787, mort à Paris le 21 juin 1861, frère du précédent, fut, dès l'âge de vingt-trois ans, nommé par Napoléon (1810) auditeur au conseil d'Etat. Envoyé en Espagne peu de temps après, comme intendant militaire à Burgos et à Zamora, il faillit mourir du typhus, en portant secours aux malades. Aux Cent-Jours, l'empereur le nomma maître des requêtes, puis successivement préfet de Saône-et-Loire et de Lot-et-Garonne. La Restauration le maintint à ce dernier poste, mais il fut destitué en 1829 par le ministère Polignac, pour avoir répondu à une circulaire du ministre « qu'il ne voyait d'avenir pour la France et le trône que dans la ligne des promesses faites ». Devenu préfet de l'Oise après la révolution de juillet, le baron Feutrier servit avec zèle le gouvernement nouveau, qui, le 11 septembre 1835, l'appela à la pairie. La révolution de 1848 mit fin à sa carrière politique. — Commandeur de la Légion d'honneur (29 avril 1839).

FEZENSAC (DE). — *Voy.* MONTESQUIOU.

FIALIN. — *Voy.* PERSIGNY (DUC DE).

FIEFFÉ (ELOI-CHARLES), député au Corps législatif de l'an XI à 1807, né à Dammartin (Seine-et-Oise) le 21 décembre 1740, mort à Paris le 16 mai 1807, exerçait à Paris les fonctions de notaire. Administrateur du département de la Seine, membre du conseil des hospices, puis maire du 8e arrondissement de Paris, Fieffé fut désigné, le 9 thermidor an XI, par le Sénat conservateur, pour représenter la Seine au Corps législatif. Il y siégea jusqu'à sa mort.

Fieffé demeurait à Paris, rue des Amandiers-Popincourt, n° 6.

FIESSE (François-Ignace-Antoine), député au Corps législatif en 1807, né à Colmar (Haut-Rhin) le 22 février 1757, mort le 2 décembre 1807, remplit, sous le Consulat et l'Empire, les fonctions de secrétaire général du Bas-Rhin, puis celles de secrétaire général chargé de l'organisation de quatre nouveaux départements (annexes), et enfin celles de secrétaire général de la préfecture du Mont-Tonnerre (chef-lieu : Mayence). Le 7 mars 1807, Fiesse fut élu par le Sénat député de ce dernier département au Corps législatif. Il mourut la même année.

FIÉVET (Edouard-Charles-Joseph), membre du Sénat, né à Masny (Nord) le 26 mars 1817, s'occupait d'agriculture et d'industrie. Fabricant de sucre et membre du conseil général du Nord pour l'un des cantons de Douai, il se présenta, comme candidat conservateur, à l'élection sénatoriale partielle qui eut lieu dans le Nord, le 25 janvier 1885, pour remplacer M. Dutilleul, décédé. Il fut élu par 1,182 voix sur 2,283 votants, contre 1,101 à M. Macarez, républicain. M. Fiévet siégea à droite, et vota *contre* l'expulsion des princes, *contre* la nouvelle loi militaire, *contre* les divers ministères républicains. M. Fiévet n'a pas été réélu au renouvellement triennal de 1888.

FIÉVET-CHAUMONT (Christian-Etienne-Norbert), député au Conseil des Anciens, né à Lille (Nord) en 1750, mort à Lille en 1810, homme de loi dans cette ville, fut élu, le 23 germinal an V, par 323 voix sur 412 votants, député du Nord au Conseil des Anciens. Il s'y fit peu remarquer et en sortit en l'an VII. Après le coup d'Etat de brumaire il devint (7 messidor an VIII) juge suppléant au tribunal civil de Lille.

FIGAROL (Jean-Bernard-Marie, chevalier de), député de 1815 à 1820 et de 1824 à 1827, né à Tarbes (Hautes-Pyrénées) le 5 mars 1760, mort à Aurensan (Hautes-Pyrénées) le 26 septembre 1834, débuta comme avocat à Tarbes. Successivement juge au tribunal civil du département des Hautes-Pyrénées, président de ce tribunal, puis président du tribunal criminel, conseiller et président à la cour impériale de Pau, il affirma son dévouement à l'Empereur, dans une ode « à S. M. Napoléon le Grand », qui commençait ainsi :

> « Monarque, en qui le monde admire
> Le guerrier, le législateur,
> Permets qu'un magistrat fidèle,
> Pour toi plein d'amour et de zèle,
> Ose te présenter des vers... »

Suivait le récit apologétique des campagnes d'Allemagne, d'Espagne, etc. En 1814, M. de Figarol ayant appris l'entrée en France du duc d'Angoulême, se hâta de se porter à sa rencontre et protesta de son attachement à la maison de Bourbon. Le 22 août 1815, il fut élu député par le collège de département des Hautes-Pyrénées, avec 82 voix sur 126 votants et 180 inscrits, fit partie de la majorité de la Chambre introuvable, et demanda, dans le débat sur la loi contre les écrits et les cris séditieux, que la peine des travaux forcés à perpétuité fût substituée à celle de la déportation. Le 7 mars 1816, il fut promu premier président de la cour royale de Paris. Réélu député, le 4 octobre 1816, par 158 voix (113 votants, 182 inscrits), il appuya la loi

contre la liberté individuelle, parla contre la liberté des journaux, vota pour la censure, et se montra très opposé à l'application du jury aux délits de presse. « Président pendant dix-sept ans d'une justice criminelle, j'ai été, dit-il, plus à même que d'autres de remarquer les erreurs des jurés. » Revenant sur le même sujet dans la session de 1818 à 1819, il déclara qu'à son avis les citoyens devraient plutôt s'occuper de leurs affaires particulières que des affaires publiques et des projets de réforme, déplora « les abus de la presse », reprocha au nouveau projet de ne point définir les cris séditieux, et demanda la plus grande sévérité « dans un temps où la licence des écrits a franchi toutes les bornes ». Il vota la loi nouvelle sur les élections, et quitta la Chambre en 1820, pour y rentrer le 25 février 1824, avec 117 voix sur 184 votants et 206 inscrits. Il fit partie jusqu'en 1827 de la majorité royaliste. Membre de la Légion d'honneur du 25 prairial an XII.

FILASSIER (Jacques-Joseph), député à l'Assemblée législative de 1791, né à Warwick-Sud (Flandre) en 1745, mort à Clamart (Seine) le 22 juillet 1799, s'éprit, des études faites, des théories de Rousseau, et composa un ouvrage d'éducation, *Eraste ou l'Ami de la jeunesse* (1773), qui le fit entrer à l'académie d'Arras. Agronome passionné, il vint se fixer auprès de Paris et dirigea la pépinière de Clamart. Il était procureur-syndic de Bourg-la-Reine, quand il fut élu, le 15 septembre 1791, député de Paris à l'Assemblée législative, le 13e sur 24, par 428 voix sur 762 votants. Il siégea à gauche, et se prononça, le 24 mai 1792, pour l'application des doctrines exprimées en matière de liberté de conscience par J.-J. Rousseau dans son *Contrat social*. A cette même séance, il demanda à convertir en motion la page du *Contrat social* disant que le souverain a le droit de bannir les membres d'une religion invariable et de punir de mort « celui qui ayant reconnu publiquement les dogmes de la religion civile, se conduit comme ne les croyant pas ». Il fut l'objet, — le *Moniteur* ne dit pas pour quelle cause, — d'accusations dont il se justifia. Le compte-rendu de la séance du 10 août 1792 contient ces lignes : « Un membre du Comité de surveillance propose à l'Assemblée d'entendre la lecture de diverses lettres qui justifient pleinement M. Filassier, député, contre lequel on avait cherché à élever des soupçons. L'Assemblée passe à l'ordre du jour, motivé sur la certitude qu'elle a de la pureté des intentions de M. Filassier. » Plus tard, la commune de Clamart l'envoya comme orateur à la barre de la Convention : il y fit un discours contre les prêtres. Il devint ensuite juge de paix à Bourg-Egalité (ci-devant Bourg-la-Reine), mais fut destitué en 1794 par ordre du représentant Crassous, en mission dans le département de Paris. Filassier avait, outre quelques écrits relatifs à des expériences agronomiques, publié aussi un *Dictionnaire historique de l'éducation* (1771).

FILHOT DE MARANS (Gabriel-Romain), député de 1815 à 1816, né à Bordeaux (Gironde) le 22 octobre 1753, mort à une date inconnue, appartint à la magistrature. Propriétaire à Saint-Selve (Gironde), et conseiller général du département (1808-1816), il fut élu le 22 août 1815 député de la Gironde, au collège de département, par 105 voix sur 188 votants et 261 inscrits. Filhot de Marans siégea dans la majorité de la Chambre introuvable et ne fit point partie d'autres législatures.

FILLEAU (CHARLES-BLAISE-FÉLIX), député en 1789, né à Niort (Deux-Sèvres) le 29 septembre 1739, mort à Paris le 8 avril 1790, était conseiller de la sénéchaussée et juge à Niort avant la Révolution. Le 24 mars 1789, il fut élu député du tiers aux Etats-Généraux par la sénéchaussée du Poitou; il siégea dans la majorité réformiste de l'Assemblée, demanda la vérification en commun des pouvoirs, prêta le serment du Jeu de paume, et fit partie (16 juillet 1789) de la députation envoyée au Roi pour demander le retrait des troupes réunies autour de la capitale. Là se borna son rôle législatif ; il mourut, moins d'un an après, d'une attaque d'apoplexie.

FINOT (ETIENNE), membre de la Convention, né à Averolles (Yonne) le 6 décembre 1748, mort à Averolles le 7 décembre 1828, était commissaire-terrier à Saint-Florentin (Yonne) avant la Révolution. Partisan des idées nouvelles, il était devenu administrateur du district de Saint-Florentin quand il fut élu, le 7 septembre 1792, le 8e sur 9, et avec 164 voix sur 540 votants, membre de la Convention. Il siégea à la Montagne, vota « la mort » dans le procès de Louis XVI, et fut, en 1795, un des vingt commissaires chargés d'examiner la conduite de Joseph Lebon. Deveuu, après la législature, président de l'administration centrale de l'Yonne, il remplit ensuite, dans son département, les fonctions de commissaire du Directoire exécutif. Il signa l'Acte additionnel en 1815, puis se trouva atteint par la loi du 12 janvier 1816 contre les régicides, et dut se réfugier en Suisse. Une mesure particulière lui permit, peu de temps après, de rentrer en France.

FINOT (ANTOINE-BERNARD), député au Corps législatif de 1813 à 1815, né à Dijon (Côte-d'Or) le 2 décembre 1750, mort à Paris le 26 août 1818, fut trésorier payeur général sous le premier Empire, puis référendaire à la cour des Comptes. Il siégea au Corps législatif impérial comme député de l'Yonne, désigné, le 6 janvier 1813, par le Sénat conservateur, en 1814 la déchéance de Napoléon, et fit partie, sous la première Restauration, de la majorité ministérielle. Le 22 août 1815, son fils, qui était préfet du Mont-Blanc, le fit élire député par ce département, au grand collège, par 65 voix sur 100 votants et 158 inscrits. Il siégea dans la minorité de la Chambre introuvable, et ne fit pas partie d'autres assemblées.

FINOT (AUGUSTE-FRANÇOIS-JEAN), député de 1831 à 1832, né à Avallon (Yonne) le 9 février 1782, mort à Avallon le 6 juillet 1846, fils du précédent, était médecin dans cette ville. Conseiller général de l'Yonne, il fut élu, le 5 juillet 1831, député du 2e collège de l'Yonne, par 125 voix (174 votants, 212 inscrits). Il siégea dans la majorité gouvernementale et donna sa démission de député en 1832. Il fut remplacé, en décembre, par M. de Chastellux.

FINOT (ANTOINE-BERNARD, BARON), député de 1837 à 1839, né à Dijon (Côte-d'Or) le 1er septembre 1780, mort à Paris le 10 janvier 1844, frère du précédent, entra à l'Ecole polytechnique (17 frimaire an VI), et fut nommé, l'année suivante (frimaire an VII), secrétaire de l'administration générale des finances en Italie. Adjoint (germinal an VIII) au secrétaire général de l'administration de la loterie, il fit la plus grande partie de sa carrière dans l'administration, entra, le 15 février 1809, au conseil d'Etat comme auditeur, fut quelque temps directeur

général des salines, du tabac et du timbre en Autriche, puis intendant de Vienne et de la Basse-Autriche (juillet 1809), revint à Paris, d'où il passa en Hollande comme intendant des biens de la couronne (1810), et fut nommé, le 30 novembre de la même année, préfet du Mont-Blanc. Le 2 août 1811, il fut créé baron de l'Empire. Il administra encore les départements de la Corrèze et de l'Isère, sous la Restauration, fut admis à la retraite, comme ancien préfet, le 4 août 1835, et entra à la Chambre des députés le 4 novembre 1837, ayant été élu par 115 voix sur 176 votants et 235 inscrits, dans le 4e collège de la Corrèze (Ussel). Il fut de la majorité conservatrice, soutint de ses votes le ministère Molé, et échoua au renouvellement du 2 mars 1839, dans le même collège, avec 89 voix contre 107 à M. de Sahune, élu.

FIOT (NICOLAS-ELOI), député de 1831 à 1834; né à Vandeuvre-sur-Barse (Aube) le 1er mai 1798, mort à Mantes (Seine-et-Oise) le 24 juillet 1867, appartint à la magistrature. Président du tribunal civil de Mantes, il se fit élire, le 5 juillet 1831, député du 5e collège de Seine-et-Oise (Mantes), par 162 voix sur 273 votants et 348 inscrits. Il fut de l'opposition dynastique et vota : contre l'ordre du jour Ganneron exprimant la « satisfaction » de la majorité à propos de la situation extérieure, contre l'emploi de la dénomination inconstitutionnelle de « roi de France » et de « sujets » du roi, etc. Il fut du nombre des signataires du compte-rendu de l'opposition en 1832, et se récusa, en 1833, dans l'affaire du journal la Tribune. M. Fiot échoua, aux élections du 21 juin 1834, dans sa circonscription, avec 112 voix contre 173 accordées à M. Hernoux, élu.

FIQUET (JEAN-JACQUES), député en 1791, membre de la Convention, et député au Conseil des Cinq-Cents, né à Soissons (Aisne) le 2 février 1747, mort le 24 mai 1824, était procureur syndic du district de Soissons, quand il fut élu, le 8 septembre 1791, député de l'Aisne à l'Assemblée législative, le 6e sur 14, avec 427 voix (546 votants). Il siégea assez obscurément dans la majorité. Elu par le même département à la Convention, le 9e sur 12, avec 433 voix (566 votants), il répondit, lors du procès de Louis XVI : « Je conclus à la mort, » et joua, d'ailleurs, dans l'Assemblée, qu'un rôle effacé. Il fit encore partie du Conseil des Cinq-Cents, ayant été élu, le 4 brumaire an IV, par ses collègues de la Convention ; il y siégea jusqu'en l'an VII.

FISSON-JOUBERT (JEAN-LOUIS), député en 1789, né à Cadillac (Gironde) le 7 décembre 1752, mort à une date inconnue, était médecin à Cadillac. Le 8 avril 1789, il fut élu par la sénéchaussée de Bordeaux député du tiers aux Etats-Généraux. Il prit quelquefois la parole dans l'Assemblée, notamment pour combattre plusieurs articles du projet sur la division du royaume, et pour demander une distinction de traitement en faveur de la congrégation de Saint-Maur. Il ne fit pas partie d'autres assemblées.

FITZ-JAMES (EDOUARD, DUC DE), pair de France, député de 1835 à 1838, né à Paris le 10 janvier 1776, mort au château de Quevillon (Seine-Inférieure) le 11 novembre 1838, appartenait à une famille de vieille noblesse qui descendait des Stuarts. Petit-fils du maréchal de France duc de Berwick, il émigra en Italie avec les siens dès le début de la Révolution, s'adonna d'abord à son goût pour les beaux-arts, et passa ensuite à l'armée de Condé, où il servit en qualité d'aide-de-camp du maréchal de Castries. Après la campagne, il voyagea en Angleterre, où il épousa Mlle de Latouche, puis, ayant obtenu sa radiation de la liste des émigrés, il rentra en France (1801), où il vécut dans la retraite jusqu'à la fin du régime impérial. Eu 1813, il accepta dans la première légion de la garde nationale le grade de caporal, et fut envoyé en cette qualité avec sa légion à la barrière Monceau, le 30 mars 1814: mais « loin de remplir ce devoir », dit un biographe, il harangua ses camarades et les dissuada de prendre part à la défense de la capitale. Le lendemain, la capitulation fut signée, et M. de Fitz-James, réuni au vicomte Sosthènes de La Rochefoucauld c. à quelques autres jeunes nobles, arborant la cocarde blanche, parcourut les rues de Paris en criant : *Vive le roi!* La Restauration le fit aide-de-camp et premier gentilhomme de la chambre du comte d'Artois, colonel de la garde nationale à cheva', et pair de France (4 juin 1814). Il accompagna « Monsieur » lors de sa tournée dans le Midi et à Lyon. Après le débarquement de Napoléon, il fit avec Louis XVIII le voyage de Gand, rentra dans Paris à sa suite, et reprit sa place à la Chambre des pairs, où son zèle pour la cause royaliste ne se démentit jamais. Le 21 octobre 1815, il proposa de voter des remerciements au duc d'Angoulême. Il se signala par l'insistance qu'il mit à réclamer la peine de mort contre le maréchal Ney, et, lorsque la Chambre haute eut rendu son arrêt, ce fut lui qui le premier, dans la nuit du 6 décembre 1815, en apporta la nouvelle aux Tuileries. M. de Fitz-James ne fut pas étranger à un procès analogue fait à son beau-frère, le général Bertrand, et ne craignit pas de publier une lettre dans laquelle il déclarait que le général avait prêté serment à Louis XVIII; sa conduite, en cette circonstance, sévèrement jugée par l'opinion, donna lieu à la publication, dans un des journaux du temps, du quatrain suivant :

Fitz-James, de Judas renouvelant le crime,
Vient de vendre son frère et de trahir sa foi :
Fitz-James n'est pourtant que le bâtard d'un roi !
Que serait-ce, grand Dieu ! s'il était légitime?...

M. de Fitz-James combattit en 1817 les tendances constitutionnelles du ministère d'alors, s'éleva dans la Chambre des pairs contre la loi du 5 février relative aux élections, et poussa son hostilité à l'égard du duc Decazes jusqu'à se faire le défenseur de la liberté de la presse, qu'il demanda comme contre-poids à la suspension de la liberté individuelle. Cette attitude lui attira des ennemis à la cour, et lui fut tenu quelque temps à l'écart. Dès que MM. de Villèle, Corbière et Peyronnet furent arrivés au pouvoir, M. de Fitz-James leur prêta l'appui de son éloquence incisive; il soutint la loi du sacrilège et le droit d'aînesse; puis il combattit le ministère Martignac et appuya, par contre, tous les actes du cabinet dirigé par M. de Polignac. Après la révolution de 1830, il se décida toutefois à prêter serment à la monarchie de Louis-Philippe, et resta à la Chambre haute, où il vota avec les légitimistes. M. de Fitz-James prit une part active à la discussion du projet de loi qui appelait sous les drapeaux 80,000 hommes de la classe de 1830, et, quelques jours plus tard (2 mars 1831), à l'occasion des troubles du 14 février dont l'église Saint-Germain-l'Auxerrois avait été le théâtre, il traça un lugubre tableau de l'état de la France et attribua aux tergi-

versations des ministres le malaise de la nation. Il protesta contre la loi relative au bannissement de Charles X et de sa famille, défendit les prérogatives héréditaires de la pairie, et, lorsque fut votée la loi qui supprimait l'hérédité, donna sa démission de pair. En 1832, accusé d'avoir secondé les tentatives de la duchesse de Berri, il fut momentanément arrêté, puis relâché faute de preuves. Elu, le 10 janvier 1835, en remplacement de M. Berryer, qui avait opté pour Yssingeaux, député du 2e collège de la Haute-Garonne (Toulouse), par 247 voix sur 457 votants et 557 inscrits, contre 176 voix à M. de Malaret et 33 au général Bertrand, il siégea dans les rangs de la droite, vota contre le gouvernement, et prononça à la tribune de la Chambre plusieurs discours retentissants, notamment (1837) contre l'alliance anglaise, et au sujet de la quadruple alliance et de l'intervention en Espagne. Réélu, le 4 novembre 1837, par 245 voix (448 votants, 559 inscrits), il mourut l'année d'après, pendant la législature. — « M. de Fitz-James, a écrit Cormenin, est le second orateur du parti légitimiste. Sa stature est haute, et sa physionomie mobile et expressive. Il a le laisser-aller, le sans-gêne, le déboutonné d'un grand seigneur qui parle devant des bourgeois. Il ne fait pas tant de façons avec eux, il se met à l'aise et cause t ut comme s'il était en robe de chambre. Il prend du tabac, il se mouche, il crache, il éternue, va, vient, se promène à la tribune, d'une estrade à l'autre. Il a des expressions familières, qu'il jette avec bonheur, et qui élassent la Chambre des superbes ennuis de l'étiquette oratoire. On dirait qu'il veut bien recevoir la législature à son petit-lever. »

FLACHAT (Antoine), député en 1789, né à Saint-Chamond (Loire) le 19 juin 1725, mort à Saint-Chamond le 25 avril 1803, était curé de la paroisse de Notre-Dame de Saint-Chamond. Il avait étudié le droit et la théologie, et avait reçu le titre de prédicateur du feu roi de Pologne. Le 28 mars 1789, il fut élu par la sénéchaussée de Lyon député du clergé aux Etats-Généraux. Son nom n'est pas mentionné au *Moniteur.*

FLACHSLANDEN (Jean-François-Henri, baron de), député en 1789, né à Saverne (Bas-Rhin) le 20 juin 1734, mort à Blankenbourg le 15 août 1797, était maréchal-de-camp des armées du roi. Le 1er avril 1789, il fut élu député de la noblesse aux Etats-Généraux par le bailliage de Colmar et Schlestadt. Le baron de Flachslanden siégea à droite et se montra le défenseur de l'ancien régime. Il mourut en émigration.

FLACHSLANDEN (Jean-Baptiste-Antoine, baron de), député en 1789, né à Saverne (Bas-Rhin) le 10 juillet 1739, mort à une date inconnue, frère du précédent, avait en 1789 le titre de bailli et la dignité de grand-croix de l'ordre de Malte. Elu, le 4 avril 1789, député de la noblesse aux Etats-Généraux par le bailliage de Haguenau et Wissembourg, il fit partie de la minorité, et signa, en 1790, une protestation contre les décisions récentes de l'Assemblée relativement aux biens ecclésiastiques. « Ces biens, disait-il, appartiennent avant tout au culte, aux pauvres, à l'éducation publique, aux hôpitaux de la province, et ce n'est que pour elle et par elle seule que la nation et le roi, comme tuteurs majeurs, peuvent en disposer... L'Alsace devra sans doute, comme toutes les provinces du royaume, contribuer au paiement des dettes de l'Etat, mais dans les règles de la justice distributive et par les moyens qu'elle trouvera lui être le moins onéreux. Tel est l'esprit des cahiers confiés au bailli de Flachslanden, et, fidèle à leurs principes, il n'a pas cru pouvoir, ni devoir s'en écarter. » Il émigra, et devint chancelier de Louis XVIII, auprès de qui il s'était rendu à Vérone.

FLAGHAC (JEAN-JACQUES-LOUIS-SYMPHO-RIEN LE NORMANT, BARON DE), représentant en 1871, né à Saint-Amand-Talleude (Puy-de-Dôme) le 5 novembre 1816, entra dans la carrière diplomatique sous le gouvernement de juillet et fut attaché à l'ambassade de Russie sous M. de Barante, son compatriote (1837). Il s'occupa ensuite de ses propriétés et se présenta, pour la première fois, aux élections du 1er juin 1863 au Corps législatif, dans la 2e circonscription de la Haute-Loire : il y obtint, comme candidat conservateur indépendant, 11,646 voix contre 15,659 accordées au candidat officiel, M. de Romeuf, réélu. Le gouvernement impérial le révoqua, à cette occasion, de ses fonctions de maire de St-Georges-d'Aurat. Le 8 février 1871, M. Le Normant de Flaghac fut inscrit sur la liste monarchiste de la Haute-Loire et élu représentant de ce département à l'Assemblée nationale, le 2e sur 6, par 36,347 voix (48,379 votants, 84,079 inscrits). Il siégea au centre droit et vota avec les conservateurs : *pour* la paix, *pour* les prières publiques, *pour* l'abrogation des lois d'exil, *pour* la démission de Thiers au 24 mai, *pour* la loi des maires, *pour* l'état de siège, *pour* le septennat, *contre* la Constitution du 25 février 1875. M. de Flaghac ne fit point partie d'autres législatures, et se représenta sans succès aux élections législatives du 20 février 1876 et du 14 octobre 1877 : la première fois il réunit, dans l'arrondissement de Brioude, 1,137 voix contre 13,050 à M. Maigne, républicain, et, la seconde fois, 5,600 contre 12,229 au même concurrent.

FLAHAUT DE LA BILLARDERIE (AUGUSTE-CHARLES-JOSEPH, COMTE DE), pair des Cent-Jours, pair de France de 1831 à 1848, sénateur du second Empire, né à Paris le 21 avril 1785, mort à Londres (Angleterre) le 1er septembre 1870, appartenait à une famille originaire de la Picardie et était fils d'un officier général qui fut exécuté en 1793. Il s'enrôla à quinze ans dans un corps de volontaires à cheval destiné à accompagner le premier consul en Italie. Son avancement fut rapide : aide-de-camp du général Murat, chef d'escadron au 13e régiment de chasseurs, puis attaché au grade de colonel au prince Berthier (1809), il fut créé, l'année suivante, baron de l'Empire, combattit avec distinction en Portugal, en Allemagne et en Russie, et devint, en 1813, général de brigade, puis général de division avec le titre de comte. Nommé pair pendant les Cent-Jours (2 juin 1815), il appuya avec chaleur la proposition de Lucien en faveur de Napoléon II. Puis il accompagna Napoléon à la frontière et fut à Waterloo. Grâce à l'intervention de M. de Talleyrand, son nom fut rayé de la liste des exilés au second retour des Bourbons ; mais il fut tenu à l'écart des honneurs jusqu'à la révolution de 1830. Le gouvernement de Louis-Philippe le nomma pair de France le 19 novembre 1831 ; de plus, il fut attaché à la personne et à la maison du duc d'Orléans, et se vit confier plusieurs postes diplomatiques, notamment à Berlin, à Munich, à Vienne, de 1842 à 1848. A la Chambre des pairs, il se signala par une certaine indépendance. Retraité d'office comme général de division après février 1848, il fut placé en 1849 dans la réserve, fit partie en 1851 de la Commission consultative, et, après le rétablissement de l'Empire (31 décembre 1852), fut appelé au Sénat. Il fut membre en 1854 de la commission dite de la correspondance de Napoléon 1er, et fut appelé, en novembre 1860, à l'ambassade de Londres, qu'il occupa juste deux ans. Grand-croix de la Légion d'honneur depuis le 5 mai 1838, il fut nommé, par Napoléon III, grand chancelier de l'ordre le 27 janvier 1861. Il mourut le 1er septembre 1870, le jour du désastre de Sedan, et ne vit pas la chute de la dynastie à laquelle le rattachaient de secrètes et intimes affections.

FLAMARENS (COMTE DE). — *Voy.* GROSSOLES.

FLANDIN (LOUIS-HUGUES), représentant du peuple en 1848 et en 1849, né à Paris le 6 mai 1804, mort le 3 octobre 1877, étudia le droit et fut reçu avocat au barreau de Paris sous la Restauration (1827). Libéral militant, il combattit le gouvernement de Charles X et prit part aux journées de juillet 1830. Nommé, par le gouvernement provisoire (1848), avocat général près la cour d'appel de Paris, il déclina ces fonctions lorsqu'il eut été élu, le 23 avril, représentant de Seine-et-Oise à l'Assemblée constituante par 34,587 voix. Il y appuya d'abord la politique du général Cavaignac, puis celle de l'Elysée, et vota presque toujours avec la droite : *pour* les poursuites contre Louis Blanc et Caussidière, *pour* le rétablissement de la contrainte par corps, *contre* l'amendement Grévy, *contre* le droit au travail, *pour* l'ordre du jour en l'honneur de Cavaignac, *pour* la proposition Rateau, *contre* l'amnistie, *pour* l'interdiction des clubs, *pour* les crédits de l'expédition de Rome. Réélu, le 13 mai 1849, par le département de Seine-et-Oise, représentant à la Législative, le 5e sur 10, avec 46,670 voix (96,950 votants, 139,436 inscrits), il y fit partie de la majorité antirépublicaine, continua de prêter l'appui de ses votes au gouvernement de L.-N. Bonaparte jusqu'au coup d'Etat de 1851, et fut appelé, le 25 janvier 1852, au nouveau conseil d'Etat. M. Flandin fut admis à la retraite, comme conseiller d'Etat, le 8 août 1874. Commandeur de la Légion d'honneur du 13 août 1864.

FLANDIN (ALEXANDRE-HUGUES-ANATOLE), député de 1876 à 1881, fils du précédent, né à Paris le 11 juillet 1833, entra au conseil d'Etat comme auditeur sous l'Empire. Il remplit ensuite les fonctions de secrétaire général du Calvados et fut promu maître des requêtes au conseil d'Etat en 1869. Démissionnaire à la chute de l'Empire, il se retira dans les propriétés qu'il possédait en Normandie, depuis son mariage avec Mlle Cail, fille du célèbre industriel, et vécut jusqu'en 1876 étranger à la politique. A cette époque il se présenta, comme candidat conservateur impérialiste, aux élections législatives, et fut élu, le 5 mars, au second tour de scrutin, député de l'arrondissement de Pont-l'Evêque (Calvados) par 6,266 voix (11,057 votants, 15,480 inscrits), contre 4,751 voix à M. Aubert, républicain. Il siégea à droite, dans le groupe de l'Appel au peuple, et donna son concours au gouvernement du Seize-Mai contre les 363. Candidat officiel du maréchal de Mac Mahon le 14 octobre 1877, M. Flandin fut réélu député par 7,250 voix (13,068 votants, 16,044 inscrits), contre 5,783 à M. Paul Duchesne-Fournet, républicain. Il reprit sa place dans le groupe bonapartiste, et vota avec la droite : *contre* le ministère Dufaure, *contre* l'élection de M. Grévy à la présidence de la République, *contre* l'article 7 de la loi sur l'enseignement supérieur, *contre* l'amnistie, *contre* les lois nouvelles sur la presse et le droit de réunion, etc. Il se représenta encore, mais cette fois sans succès, au renouvellement du 21 août 1881; il n'eut que 4,617 voix contre 7,410 à l'élu républicain, M. Duchesne-Fournet. Membre du conseil général de l'Eure pour le canton de Pont-l'Évêque, et chevalier de la Légion d'honneur.

FLAUD (HENRI-PIERRE), représentant en 1871, né à Dinan (Côtes-du-Nord) le 30 avril 1816, mort le 13 août 1874, élève de l'Ecole des Arts-et-Métiers d'Angers, s'occupa activement d'industrie, installa des usines dans les Côtes-du-Nord, dirigea un établissement agricole, et fonda à Paris une vaste usine pour la construction des machines. Inventeur, avec M. Giffard, d'une machine à vapeur à grande vitesse, il obtint une récompense à l'Exposition de Londres en 1851. Lors des événements de 1870-71, M. Flaud était maire de Dinan, et conseiller général des Côtes-du-Nord. Il se mit pendant le siège de Paris à la disposition du gouvernement de la Défense nationale pour la construction des canons, des mitrailleuses, etc. Elu, le 8 février 1871, par 71,585 voix (106,809 votants, 163,398 inscrits), représentant des Côtes-du-Nord à l'Assemblée nationale, le 7e sur 13, il alla siéger au centre droit, dans les rangs orléanistes. A Bordeaux, lorsque M. Thiers demanda le retour de l'Assemblée à Paris, il proposa et fit adopter Versailles; la commission proposait Fontainebleau. Il vota *pour* la paix, *pour* les prières publiques, *pour* l'abrogation des lois d'exil, *contre* le retour de l'Assemblée à Paris, *pour* la dissolution, *pour* la chute de Thiers au 24 mai, *pour* le gouvernement de M. de Broglie, *pour* la loi des maires et *pour* l'organisation du septennat. Il mourut avant la fin de la législature.

FLAUGERGUES (PIERRE-FRANÇOIS), député au Corps législatif en 1813, représentant à la Chambre des Cent-Jours, député de 1815 à 1816, né à Saint-Cyprien (Aveyron) le 14 juin 1767, mort à Brie (Ariège) le 31 octobre 1836, était avocat à Toulouse lors de la Révolution. Il s'en déclara partisan, devint président de l'administration centrale de l'Aveyron (1792), et prit parti pour les Girondins. Il protesta contre la condamnation de Louis XVI, contre le triomphe de la Montagne dans la journée du 31 mai, et fut dénoncé, comme contre-révolutionnaire, par le représentant Châteauneuf-Randon en mission dans la contrée. La Convention le traduisit à sa barre, mais le laissa provisoirement en liberté. Toutefois il dut, jusqu'au 9 thermidor, se tenir caché dans les bois de l'Aveyron pour échapper aux poursuites qui le menaçaient constamment; il fut inscrit sur la liste des émigrés. Dès qu'il se sentit en sûreté, il reprit sa profession d'avocat; puis il fut nommé (1795) haut juré national, et, pour la seconde fois, administrateur de l'Aveyron, après avoir obtenu sa radiation de la liste des émigrés. Le premier consul l'appela, en l'an VIII, à la sous-préfecture de Villefranche; mais il fut destitué en 1810, à la suite d'une trop longue absence. Présenté comme candidat au Corps législatif par le collège de l'arrondissement qu'il avait administré, il fut élu par le Sénat député de l'Aveyron, le 6 janvier 1813. Le 22 décembre suivant, ses collègues le nommèrent président de la commission extraordinaire chargée de l'examen des pièces originales concernant les négociations entamées entre Napoléon et les puissances coalisées contre la France. Flaugergues, qui avait pris dès son arrivée au Corps législatif une attitude d'opposition peu ordinaire à cette assemblée, se déclara nettement pour la paix, et fut chargé de rédiger l'adresse à l'Empereur. Comme le duc de Massa, nommé par Napoléon président du Corps législatif quoiqu'il n'en fît point partie, reprochait à Flaugergues de faire des propositions inconstitutionnelles : « Je ne connais rien ici de plus inconstitutionnel que vous-même, répartit le député de l'Aveyron, vous qui, au mépris de nos lois, venez présider les représentants du peuple, quand vous n'avez pas même le droit de siéger à leurs côtés. » L'adresse qu'il présenta à l'Empereur, avec Lainé et Raynouard, excita chez le chef de l'Etat la plus violente colère, leur valut l'épithète de « factieux », et entraîna la dissolution du Corps législatif. Le f ar même, Flaugergues tenta de provoquer la déchéance de l'Empereur et de faire rappeler les Bourbons, à charge pour eux d'accepter le gouvernement représentatif. Il n'y réussit pas cette fois; mais, le 3 avril 1814, il fut un de ceux qui prirent l'initiative du vote hostile à Napoléon. Le 7, il signa l'appel en faveur des Bourbons. Le Corps législatif, transformé par la Charte en « Chambre des députés des départements », ayant été convoqué par Louis XVIII au mois de juin suivant, il prit plusieurs fois la parole dans cette session: contre la censure (5 août); sur le budget (2 septembre); sur la restitution aux émigrés de leurs biens non vendus (3 novembre); en faveur de l'impôt sur le tabac (29 novembre); sur la réduction du nombre des membres de la cour de cassation (17 et 26 décembre). En mars 1815, au moment du débarquement de Napoléon, Flaugergues appuya la proposition tendant à faire parvenir aux armées la loi par laquelle des remerciements étaient votés aux garnisons de la Fère, de Lille, de Cambrai et d'Antibes, ainsi qu'aux maréchaux Mortier et Macdonald. Le 16, il combattit la proposition de Lainé ayant pour objet de confier la rédaction de l'adresse au roi à la commission qui avait été chargée d'examiner le projet de loi concernant les récompenses nationales. S'étant retiré dans son département aux Cent-Jours, Flaugergues fut envoyé (14 mai 1815), avec 45 voix (48 votants, 118 inscrits), à la Chambre des représentants par l'arrondissement de Villefranche. Il fut élu vice-président, prit souvent la parole dans questions réglementaires, demanda, le 9 juin, que toute pétition pour être accueillie fût présentée par un représentant, et insista, le 21, pour l'adoption de la motion de La Fayette tendant à faire déclarer la Chambre en permanence, et à manifester aux armées et à la garde nationale qu'elles avaient bien mérité de la patrie; mais, après l'adoption de ce texte, il s'opposa à l'affichage et à l'envoi dans les départements. Comme les nouvelles fâcheuses reçues de toutes parts excitaient quelque agitation dans l'Assemblée, il la rappela au calme en disant: « Lorsque Annibal eut vaincu à Cannes, le tumulte était dans Rome, mais la tranquillité dans le Sénat. Montrons, en restant impassibles, que nous ne sommes pas au-dessous des circonstances. » Membre de la commission chargée d'arrêter, avec une commission de la Chambre des pairs, des mesures de salut public, il fit plusieurs motions à cet égard, prit la défense du ministre de la guerre Davout, demanda que la guerre fût déclarée nationale, et que tous les Français fussent appelés à la défense commune. Il proposa, le 26 juin, l'impression de l'ajournement du projet relatif aux réquisitions. Le 27, le président de la Chambre annonça que Flangergues, étant parti pour remplir une mission extraordinaire de gouvernement, devait être remplacé comme rapporteur de la commission de constitution. La mission dont il était chargé, ainsi qu'Andréossy, Boissy-d'Anglas, la Besnardière et Valence, consistait à négocier un armistice avec les généraux alliés. Dans l'entrevue qu'il eut avec Wellington, il s'opposa à la condition imposée par le général anglais, de faire dépendre toute négociation ultérieure du rappel immédiat de Louis XVIII. Flangergues demandait que la France fût laissée libre de se choisir un gouvernement et que les troupes coalisées n'entrassent pas dans Paris. Il eut même plusieurs entretiens avec le comte de Semallé, agent du comte d'Artois, pour obtenir cet arrangement. L'insuccès de ses démarches ne l'empêcha point de se rallier à la seconde Restauration. Élu, le 22 août 1815, par 116 voix (214 votants, 275 inscrits), député de l'Aveyron, il ne siégea pas, en fait, dans la Chambre « introuvable », parce qu'il ne payait pas les mille francs de contributions exigés par la loi. Sa candidature, combattue par les libéraux, échoua en 1816, et, jusqu'en 1820, il se borna à publier quelques brochures politiques, entre autres : *De la représentation nationale et principes sur la matière des élections* (1820), où il soutenait qu'il fallait nommer des députés choisis en nombre égal et séparément par les grands, par les moyens et par les petits propriétaires. De 1820 à 1823, Flaugergues remplit les fonctions de maître des requêtes au conseil d'Etat. Il passa dans la retraite les dernières années de sa vie.

FLAUJAC (Marc-Antoine-Joseph Garrigues de), député de 1824 à 1831, né à Montfaucon (Lot) le 14 août 1772, mort à Gourdon (Lot) le 12 août 1852, était propriétaire à Gourdon et maire de Flaujac. Élu, le 6 mars 1824, par 53 voix sur 120 votants et 162 inscrits, député du Lot, au collège de département, il fit partie de la majorité royaliste et ministérielle. « Ce qu'on sait de M. de Flaujac, écrivait un biographe, c'est qu'il est maire de Flaujac, membre du conseil d'arrondissement ; qu'il vote pour le ministère ; qu'il vient dans la capitale quand la session s'ouvre ; qu'il s'en va quand l'ordonnance du roi, proclamée par M. Ravez, annonce qu'elle est close. On sait que M. de Flaujac vote en hiver, sème au printemps, moissonne en été, et vendange en automne. » Il fut réélu député le 24 novembre 1827, par 61 voix (101 votants, 143 inscrits), ne fut pas des 221, et obtint encore une fois sa réélection, le 23 juin 1830, dans le 2e arrondissement du Lot (Puy-l'Evêque), par 50 voix sur 91 votants et 100 inscrits, contre 41 à M. Calmon. Non réélu en 1831, il rentra dans la vie privée.

FLAUST (Pierre-Marie-Jean-Baptiste), député en 1789, représentant à la Chambre des Cent-Jours, né à Rouen (Seine-Inférieure) le 19 octobre 1762, mort à une date inconnue, était lieutenant-général civil au bailliage de Vire, lorsqu'il fut élu, le 25 mars 1789, député du tiers aux Etats-Généraux par le bailliage de Caen. Il se fit peu remarquer dans l'Assemblée constituante. Pendant la période révolutionnaire, il fut dénoncé par Léhodey, agent national envoyé en Normandie pour surveiller les fédéralistes ; la dénonciation, du 29 juillet 1793, porte : « Flaust, homme nul pour ses talents, mais ennemi juré du nouvel ordre de choses. » Elle n'eut d'ailleurs pas de suite. Flaust reparut, le 13 mai 1815, à la Chambre des Cent-Jours, comme représentant du département du Calvados, élu par 39 voix sur 63 votants.

FLAVIGNY (Maurice-Adolphe-Charles, vicomte de), pair de France, représentant en 1849, député au Corps législatif de 1852 à 1863, né à Vienne (Autriche) le 3 décembre 1799, mort à Monnaie (Indre-et-Loire) le 7 octobre 1873, était « fils de noble seigneur Alexandre-Victor-François, comte de Flavigny, demeurant dans la ville, n° 1192, et de son épouse, la noble dame Elisabeth de Bethmann x, fille d'un banquier de Francfort. Il appartint dans sa jeunesse au parti légitimiste, et remplit auprès de M. de Polignac les fonctions de secrétaire. « C'est, disait de lui un biographe, un de ces heureux châtelains de la belle Touraine, qui n'auraient, s'ils le voulaient, qu'à regarder luire le soleil et pousser les fleurs. Mais M. de Flavigny a trouvé plus de poésie dans l'atmosphère étouffante des assemblées que sous les frais ombrages de son parc. D'abord il bouda la monarchie de juillet. Mais elle lui tendait et les bras et un manteau de pair ; le moyen de résister ? Voilà donc M. de Flavigny rallié à l'orléanisme. » Il entra en effet à la Chambre haute, le 25 décembre 1841, et y soutint la monarchie de Louis-Philippe. Plus tard, le 13 mai 1849, M. de Flavigny fut élu représentant d'Indre-et-Loire à l'Assemblée législative, le 3e sur 6, avec 31,425 voix (61,973 votants, 92,573 inscrits). Membre de la droite monarchiste, il vota *pour* l'expédition de Rome, *pour* la loi Falloux-Parieu sur l'enseignement, *pour* la loi restrictive du suffrage universel, etc., et se rallia en dernier lieu au gouvernement de L.-N. Bonaparte, dont il fut, le 29 février 1852, le candidat officiel au nouveau Corps législatif, dans la 2e circonscription d'Indre-et-Loire. Elu député par 22,931 voix sur 23,364 votants et 32,669 inscrits, il prit part au rétablissement de l'Empire, devint l'inspirateur du petit groupe catholique et libéral des députés de cette époque, et, tout en soutenant la dynastie, conserva toujours une certaine indépendance d'appréciation : c'est ainsi que, le 25 juin 1852, à l'occasion d'un traité de commerce conclu avec la Sardaigne, il demanda « que l'on consultât sur la partie douanière la Chambre, qui ne pouvait abandonner son droit de contrôle sans compromettre sa dignité, et pour ainsi dire son existence même ». Il renouvela plus tard la même protestation, en avril 1860, à l'occasion du traité de commerce avec l'Angleterre, conclu sans l'intervention du pouvoir législatif. Il avait été réélu, le 22 juin 1857, par 17,818 voix (18,239 votants, 31,811 inscrits) ; mais son attitude en faveur du pouvoir temporel lui ayant fait perdre la qualité de candidat officiel lors du renouvellement du 1er juin 1863, il échoua avec 8,387 voix contre 20,003 à M. de Quinemont, élu. M. de Flavigny se représenta encore le 24 mai 1869, et n'obtint que 2,161 voix contre 18,019 au député sortant, M. de Quinemont, 3,340 à M. Desplanques, et 1,227 à M. Renault. En 1870, M. de Flavigny fut un des organisateurs de la « Société internationale des secours aux blessés des armées de terre et de mer », et en fut nommé président. Il refusa par désintéressement la croix de commandeur de la Légion d'honneur que lui offrit, à cette occasion, le président de la République, M. Thiers.

FLERS (ALFRED-ETIENNE DE LA MOTTE-ANGO, COMTE DE), sénateur de 1876 à 1883, né à Paris le 27 octobre 1817, mort à Paris le 23 juin 1883, était maire de Villebadin, conseiller général de l'Orne pour le canton d'Exmes, et l'un des plus riches propriétaires de ce département, lorsqu'il fut élu, le 30 janvier 1876, par 279 voix sur 595 votants, sénateur de l'Orne. Il prit place à l'extrême droite, vota, en juin 1877, *pour* la dissolution de la Chambre des députés, se prononça *contre* le ministère Dufaure, *contre* le retour du parlement à Paris, *contre* l'article 7 de la loi sur l'enseignement supérieur, *contre* les lois nouvelles sur la presse et le droit de réunion, etc.; fut réélu sénateur le 8 janvier 1882, par 315 voix sur 583 votants, et mourut l'année suivante.

FLEURIAU DE BELLEVUE (LOUIS-BENJAMIN), député de 1820 à 1831, né à la Rochelle (Charente-Inférieure) le 23 février 1761, mort à la Rochelle le 11 février 1852, était propriétaire dans cette ville, et s'occupait de géologie. De nombreux travaux insérés dans le *Journal des Mines: Sur une pierre de Vulpino* (1797); *Sur un carbure terreux cristallisé*; *Sur plusieurs volcans du département de l'Hérault* (1808); *Sur les côtes de la Charente-Inférieure et de la Vendée*, etc., lui valurent le titre de correspondant de l'Institut. Conseiller général de la Charente-Inférieure, il se présenta une première fois à la députation, le 24 avril 1820, dans ce département; mais il échoua avec 216 voix contre 442 au général Tarayre, député sortant, dont l'élection avait été annulée. M. Feuriau de Bellevue fut plus heureux dans la même circonscription, le 13 novembre 1820; élu député par 175 voix (312 votants, 382 inscrits), il prit place dans la majorité royaliste de la Chambre, et fut successivement réélu: le 25 février 1824, dans le 1er arrondissement de la Charente-Inférieure (la Rochelle), par 216 voix (394 votants, 429 inscrits), contre 127 au général Foy; le 24 novembre 1827, au collège de département, par 112 voix (220 votants, 283 inscrits), et, le 3 juillet 1830, par 131 voix (253 votants, 316 inscrits), contre 119 à M. Allègre. M. Fleuriau de Bellevue soutint les ministères Villèle et Polignac et ne fut pas réélu en 18.. Officier de la Légion d'honneur.

FLEURIAU (COMTE DE). — *Voy.* CLARET.

FLEURIOT DE LANGLE (JACQUES-CHARLES), représentant en 1871, né à Saint-Herblon (Loire-Inférieure) le 24 août 1805, mort à Oudon (Loire-Inférieure) le 16 mars 1888, appartenait à une famille noble, originaire de Bretagne, et était le frère d'Alphonse-Jean-René Fleuriot de Langle, qui devint vice-amiral. M. J.-C. Fleuriot de Langle suivit la carrière militaire, et, après avoir servi comme officier de cavalerie sous la Restauration, démissionnaire en 1830, s'occupa d'agriculture, devint maire d'Oudon et conseiller d'arrondissement de la Loire-Inférieure. Elu, le 8 février 1871, représentant de ce département à l'Assemblée nationale, le 10e sur 12, par 51,602 voix (95,897 votants, 155,400 inscrits), il siégea à droite, vota *pour* la paix, *pour* les prières publiques, *pour* l'abrogation des lois d'exil, *pour* le pouvoir constituant, *contre* la dissolution, *pour* la démission de Thiers au 24 mai, *pour* le ministère de Broglie, *pour* la loi des maires, *pour* le septennat, *contre* la Constitution du 25 février 1875, etc. Il ne fit pas partie d'autres législatures.

FLEURY (CÉLESTIN-SULPICE), député en 1789, né à Coupelle-Vieille (Pas-de-Calais) à une date inconnue, mort à Paris le 29 novembre 1790, était fermier à Coupelle-Vieille. Il fut élu, le 25 avril 1789, député du tiers aux Etats-Généraux par la province d'Artois, se fit peu remarquer à l'Assemblée et mourut pendant la session.

FLEURY (JEAN), député en 1789, né à Sorbon (Ardennes) à une date inconnue, mort à une date inconnue, était curé d'Iges, et bachelier en Sorbonne. Il fut élu, le 30 mars 1789, député du clergé aux Etats-Généraux par le bailliage de Sedan. Son rôle parlementaire n'a laissé aucune trace au *Moniteur*. L'abbé Fleury mourut en émigration.

FLEURY (ANTOINE-HYACINTHE), député en 1791, né à Saint-Vallier (Drôme) le 15 novembre 1756, mort à Paris le 2 février 1848, était homme de loi à Romans à l'époque de la Révolution. Elu, le 29 août 1791, le 1er sur 7, par 240 voix (370 votants), député de la Drôme à l'Assemblée législative, il vota avec la majorité, sans paraître à la tribune. Fleury remplit encore dans son département les fonctions de juge de paix, celles de président du canton de Saint-Vallier et celles de conseiller d'arrondissement.

FLEURY (HONORÉ-MARIE), membre de la Convention et député au Conseil des Cinq-Cents, né à Quintin (Côtes-du-Nord) le 17 janvier 1754, mort à Saint-Brandan (Côtes-du-Nord) le 12 septembre 1827, fils de Jean-Baptiste Fleury, commissaire de la manufacture des toiles de Bretagne, et d'Aglaé Gontier, fit de bonnes études au collège de Saint-Brieuc, et fut quelque temps clerc chez un notaire-procureur de Quintin, puis (1774) employé comme adjoint dans les bureaux du domaine à Fougères. L'année suivante, il entra au noviciat de l'abbaye de Sainte-Geneviève, à Paris; mais il n'y resta que six mois. A la mort de son père, il partit pour Rennes où il étudia le droit et se fit recevoir avocat au parlement (1778.) Dix ans après, il avait la réputation d'un des meilleurs avocats de la région. En même temps, il composait des chansons satiriques, des fabliaux en prose, des dialogues politiques, etc., qui eurent un vif succès. Fleury était un personnage en évidence quand s'ouvrit la Révolution. Le 4 avril 1789, la sénéchaussée de Saint-Brieuc le désigna comme premier suppléant du tiers aux Etats-Généraux. Il fut bientôt nommé commandant de la garde nationale de Quintin, et officier municipal. Partisan modéré des idées nouvelles, il devint, le 9 septembre 1792, membre de la Convention pour le département des Côtes-du-Nord, qui l'avait élu, le 6e sur 8, par 296 voix (496 votants). Il n'arriva à l'Assemblée qu'après la proclamation de la République, se rangea parmi les modérés, vota dans le procès du roi, « pour la détention », fut opposé au 31 mai 1793, signa le 6 juin, chez Lanjuinais, la protestation de la droite, et fut décrété d'arrestation et transféré à la Force avec quinze de ses collègues. D'un tempérament gai, Fleury était le boute-entrain de ses co-détenus, qu'il amusait par de joyeux couplets. Transféré aux Madelonnettes, puis aux Bénédictins Anglais près du Val-de-Grâce, et enfin aux Carmes, il fut mis en liberté en vertu d'un décret de la Convention du 2 frimaire an III, et rappelé dans l'Assemblée le 18 frimaire suivant. En 1795, la Convention lui confia une mission à Chartres: il s'agissait d'assurer les approvisionnements de Paris. Après la législature, il se représenta aux suffrages des électeurs des Côtes-du-Nord et fut élu député au Conseil des Cinq-Cents, le 23 vendémiaire an IV, par 250 voix (374 inscrits). On le retrouve, en l'an VII, président de canton à Quintin, puis, en l'an VIII, conseiller général des Côtes-du-Nord. Il exerça encore les fonctions de juge de paix à Quintin et à Saint-Brandan, fut, en 1815, membre du conseil d'arrondissement, qu'il présida en 1817, et, pleinement rallié à la Restauration, reçut du gouvernement royal, en 1821, la décoration de la Légion d'honneur.

FLEURY (JEAN-BAPTISTE-MAGDELAINE), député au Corps législatif de 1809 à 1815, né à Albon (Drôme) le 3 février 1758, mort à Ternay (Isère) le 30 octobre 1841, était juge de paix dans l'Isère, quand le Sénat l'appela à représenter ce département au Corps législatif, le 2 mai 1809. Fleury siégea jusqu'en 1815.

FLEURY (FRANÇOIS), député de 1827 à 1837, né à Falaise (Calvados) le 7 février 1763, mort à Villy (Calvados) le 2 novembre 1840, entra en 1814 dans la magistrature, comme conseiller à la cour royale de Caen; il remplit ces fonctions jusqu'en 1818. Propriétaire et maire de Villy, il se présenta sans succès, comme candidat libéral, aux élections législatives du 1er octobre 1821, et il obtint, dans le 3e arrondissement du Calvados (Falaise), 204 voix contre 208 à l'élu, M. Bazire; à celles du 25 février 1824, il échoua encore, avec 199 voix contre 249 au même concurrent, réélu. Il n'entra à la Chambre des députés que le 17 novembre 1827 : élu par 209 voix (381 votants, 456 inscrits), contre 167 à M. Leclerc, il prit place à gauche, fit en 1828 une proposition tendant à demander au roi de présenter une loi pour la refonte des pièces démonétisées, vota l'adresse des 221, fut réélu, le 23 juin 1830, par 219 voix sur 372 votants et 430 inscrits, contre 150 à M. Labbey de la Roque, et, partisan de la révolution de juillet 1830, participa à l'établissement de la monarchie de Louis-Philippe. M. Fleury siégea dès lors dans la majorité conservatrice et ministérielle, obtint sa réélection le 5 juillet 1831, par 244 voix (272 votants, 405 inscrits), contre 14 au comte de Beaurepaire, et le 21 juin 1834, par 196 voix (338 votants, 425 inscrits), contre 107 à M. Rossignol. Il vota en 1831 pour l'ordre du jour Ganneron, en 1835 pour les lois de septembre et pour le projet de loi de disjonction, etc. Il quitta la Chambre en 1837 et fut remplacé par M. Leclerc.

FLEURY (LOUIS-JACQUES), député de 1827 à 1834, né à Laigle (Orne) le 30 juin 1778, mort à Ancenis (Loire-Inférieure) le 8 janvier 1853, était négociant et président du tribunal de commerce de Laigle. Élu, le 17 novembre 1827, député du 3e arrondissement de l'Orne (Mortagne) par 147 voix sur 259 votants et 294 inscrits, contre 75 à M. de Brullemail, il siégea dans l'opposition constitutionnelle, combattit le ministère Polignac et vota l'adresse des 221. Réélu, le 23 juin 1830, par 172 voix (266 votants, 311 inscrits), contre 85 à M. Vandier, maire de Bellême, il applaudit à la révolution de juillet, et soutint la dynastie, tout en s'associant à plusieurs des votes de la gauche. M. Fleury obtint encore le renouvellement de son mandat le 5 juillet 1831, dans le 6e collège de l'Orne (Laigle), avec 103 voix sur 155 votants, 201 inscrits, contre 41 à M. Desmousseaux de Givré. Il fut, en 1832, un des signataires du « compte-rendu » de l'opposition.

FLEURY (ALPHONSE-PIERRE-LOUIS), représentant du peuple à l'Assemblée constituante de 1848, né à la Châtre (Indre) le 1er septembre 1809, mort à Paris le 20 août 1877, fit ses études de droit et s'établit comme avoué à la Châtre. Il y exerça ensuite la profession d'avocat, puis celle de banquier. D'opinions démocratiques, il fit sous Louis-Philippe une active propagande en faveur des idées radicales, applaudit à la révolution de février, devint commissaire du gouvernement provisoire dans l'Indre, et, le 23 avril 1848, fut élu représentant du peuple à l'Assemblée constituante, le 6e sur 7, par 28,060 voix (60,569 votants, 71,004 inscrits). Il siégea à gauche, fit partie du comité de l'intérieur, vota contre le rétablissement du cautionnement, contre les poursuites contre Louis Blanc et Caussidière, contre le rétablissement de la contrainte par corps, pour l'abolition de la peine de mort, pour l'amendement Grévy, pour l'abolition du remplacement militaire, pour l'ensemble de la Constitution, pour l'ordre du jour portant que « le général Cavaignac a bien mérité de la patrie ». Adversaire déclaré du gouvernement de L.-N. Bonaparte, il soutint la demande de mise en accusation présentée contre le président à l'occasion de l'expédition de Rome et se prononça encore contre la proposition Rateau, pour l'amnistie, contre l'interdiction des clubs, etc. M. Fleury ne fut pas réélu à la Législative, mais il continua, dans le conseil général de l'Indre dont il faisait partie, d'affirmer son attachement aux principes républicains. Lors du coup d'État de 1851, il fut arrêté, puis compris dans un décret d'expulsion. Après le 4 septembre 1870, M. Fleury remplit, jusqu'au 20 mars 1871, les fonctions de préfet de la Loire-Inférieure. Il fut porté dans l'Indre aux élections du 8 février sur une liste républicaine de candidats à l'Assemblée nationale, mais n'obtint que 8,358 voix sur 58,022 inscrits.

FLEURY (ANSELME), député au Corps législatif de 1852 à 1870, né à Nantes (Loire-Inférieure) le 14 février 1800, mort à la Chapelle-sur-Erdre (Loire-Inférieure) le 26 juillet 1881, riche négociant, membre du conseil général de la Loire-Inférieure et maire de la Chapelle-sur-Erdre, resta étranger à la politique jusqu'aux élections législatives du 29 février 1852. « M. Anselme Fleury, lit-on dans les Profils critiques et biographiques des sénateurs, conseillers d'État et députés, n'a jamais fait que de la bonne politique de comptoir. Si la vente est étendue, les rentrées satisfaisantes, M. Fleury sera prêt à déclarer que tout est pour le mieux dans la meilleure des France possibles; sinon il ne prêtera son concours à l'ordre établi que pour éviter de tomber dans un pire. » Élu député au Corps législatif par la 4e circonscription de la Loire-Inférieure, avec 9,917 voix (18,933 votants, 36,638 inscrits), contre 8,931 voix à M. de Goulaine, il s'associa au rétablissement de l'Empire, et fit partie, jusqu'en 1870, de la majorité dynastique, ayant obtenu successivement le renouvellement de son mandat, toujours comme candidat officiel : le 22 juin 1857, par 18,939 voix (19,121 votants, 34,986 inscrits); le 1er juin 1863, par 18,519 voix (24,092 votants, 35,841 inscrits), contre 5,505 à M. Cézard; et le 24 mai 1869, par 13,727 voix (23,598 votants, 35,691 inscrits), contre 8,941 à M. Audiganne et 879 à M. Pilet de Lautrec. Le 4 septembre 1870 mit fin à sa carrière politique. Officier de la Légion d'honneur (14 août 1862).

FLEURY (EMILE-FÉLIX), sénateur du second

Empire, né à Paris le 23 décembre 1815, mort à Paris le 11 décembre 1884, fit ses études au collège Rollin. Après avoir dissipé en peu de temps une assez belle fortune, il s'engagea, le 16 novembre 1837, aux spahis, et se distingua dans plusieurs circonstances par sa bravoure : sous-lieutenant en 1840, capitaine en 1844, chef d'escadron en juillet 1848, il revint en France avec ce grade, après avoir pris part à onze campagnes, reçu trois blessures et mérité trois citations à l'ordre du jour. Il s'attacha à la cause bonapartiste, devint, après l'élection présidentielle, officier d'ordonnance et conseiller intime de L.-N. Bonaparte, et contribua, lors du coup d'Etat de décembre, à la répression des tentatives de résistance. Le second Empire le fit colonel du régiment des guides, puis général de brigade le 13 mars 1856, aide-de-camp de l'empereur, directeur général des haras (janvier 1861), premier écuyer de la couronne (31 décembre 1862), et général de division le 13 août 1863. Il fut appelé au Sénat par décret impérial du 15 mars 1865. Le 1er janvier 1866, il reçut la dignité de « grand-écuyer titulaire ». Le général Fleury avait déjà été chargé de plusieurs missions diplomatiques, notamment en 1864 et en 1866, auprès du roi Victor-Emmanuel, à Copenhague et à Berlin en 1863, lorsqu'il fut nommé (septembre 1869) ambassadeur à Saint-Pétersbourg, où il reçut du czar un accueil particulièrement bienveillant. Il quitta ce poste le 4 septembre 1870, resta en disponibilité, et fut admis à la retraite en 1879, comme ambassadeur et comme général de division. Grand-officier de la Légion d'honneur du 13 août 1859.

FLEURY (JEAN-THÉODORE), député de 1879 à 1881, né à Saint-Révérien (Nièvre) le 13 mars 1843, était banquier à Donzy et directeur politique du journal *la Nièvre*. Désigné comme candidat républicain, le 14 octobre 1877, pour lutter contre le député sortant, M. de Bourgoing, candidat officiel du gouvernement du Seize-Mai, il n'obtint dans l'arrondissement de Cosne que 8,812 voix contre 9,725, et ne fut pas élu. Mais l'élection de M. de Bourgoing fut invalidée, et les électeurs, convoqués de nouveau le 2 février 1879, élurent M. Fleury par 10,957 voix, contre 1,170 à M. de Bourgoing. M. Fleury siégea à la gauche modérée et vota constamment avec le parti opportuniste : *pour* l'invalidation de l'élection Blanqui, *pour* l'article 7 de la loi sur l'enseignement supérieur, *pour* les lois nouvelles sur la presse et le droit de réunion, etc. Au renouvellement général du 21 août 1881, M. Fleury eut deux adversaires : il échoua avec 4,671 suffrages contre 6,842 accordés à M. de Bourgoing et 5,624 à M. Ferdinand Gambon, républicain socialiste. De nouveau candidat le 11 juin 1882, après le décès de M. de Bourgoing, il ne réunit plus que 2,977 voix, contre 5,895 à M. Ferdinand Gambon, qui fut élu au second tour, 5,818 à M. de Bouteyre, et 727 à M. Ducoudray. M. Fleury fut nommé, peu après, sous-préfet de Dôle (Jura).

FLEURY (CHARLES-FRÉDÉRIC), député de 1881 à 1885, né à Saint-Léger-sur-Sarthe (Orne) le 19 février 1819, mort à Auguaise (Orne) le 13 juillet 1885, était ancien notaire et conseiller général de l'Orne, lorsqu'il se présenta, aux élections législatives du 20 février 1876, dans la 2e circonscription de Mortagne ; il échoua, au second tour (5 mars), avec 5,692 voix contre 7,102 données à M. Bianchi, conservateur, élu.

De nouveau candidat, après la dissolution de la Chambre par le cabinet du 16 mai, il échoua une seconde fois (14 octobre 1877), avec 6,478 voix contre 7,220 données au député sortant, candidat du gouvernement, M. Bianchi. Il n'entra au parlement qu'aux élections du 21 août 1881, élu, dans la même circonscription, par 6,750 voix sur 12,669 votants et 15,506 inscrits, contre 5,866 voix au député sortant, M. Bianchi. M. Fleury siégea à la gauche républicaine, et vota *pour* les lois scolaires, *pour* les crédits du Tonkin et *pour* les ministères opportunistes alors au pouvoir ; il mourut à la fin de la législature.

FLEURY (ANDRÉ-HERCULE ROSSET DE ROCOZEL, DUC DE), pair de France, né à Paris le 25 avril 1770, mort à Paris le 6 janvier 1815, devint, par la mort de son aïeul, le 15 avril 1788, duc de Fleury (jusque-là il avait été connu sous le titre de marquis), pair de France et premier gentilhomme de la chambre du roi. Emigré en 1791, il suivit les princes en Allemagne et en Angleterre, parvint au grade de maréchal-de-camp, et revint en France avec Louis XVIII. Il fut alors réintégré dans la charge de premier gentilhomme de la Chambre, et, le 4 juin 1814, entra à la Chambre des pairs. Il mourut l'année d'après (6 janvier 1815), sans laisser d'enfants habiles à recueillir sa pairie, qui s'est éteinte en sa personne.

FLEURY DE CHABOULON (PIERRE-ALEXANDRE-EDOUARD), député de 1834 à 1835, né à Paris le 1er avril 1779, mort à Paris le 28 septembre 1835, débuta comme employé aux finances, et passa ensuite auditeur au conseil d'Etat sous le premier Empire. Devenu sous-préfet de Château-Salins, puis sous-préfet de Reims, il occupait ce dernier poste pendant la campagne de France en 1814. Il eut une grande part à la résistance énergique opposée par la Champagne à l'invasion étrangère. Napoléon a dit de lui qu'« il était plein de feu et de mérite ». Au retour de l'Empereur de l'île d'Elbe, il le rejoignit à Lyon, et devint son secrétaire particulier. Il remplit, vers la même époque, une mission à Bâle, dans le dessein d'ouvrir des relations avec l'Autriche. La seconde Restauration obligea Fleury de Chaboulon à quitter la France ; après quelques années passées à l'étranger, il devint directeur d'une des premières compagnies d'assurances qui aient été fondées dans notre pays, et fut nommé, après la révolution de juillet, membre du conseil d'Etat. Le 21 juin 1834, il fut élu député par le 4e collège de la Meurthe (Château-Salins), avec 141 voix sur 216 votants et 244 inscrits, contre 39 voix à M. Beaupré. Il fit partie de la majorité ministérielle, appuya, dans la discussion du budget, un projet de prorogation de la loterie, et mourut en 1835, pendant la session. Il eut pour successeur M. Bourdon de Vatry. On a de Fleury de Chaboulon un intéressant ouvrage intitulé : *Mémoires pour servir à l'histoire de la vie privée, du retour et du règne de Napoléon en 1815*. Officier de la Légion d'honneur (1815).

FLEURYE (JEAN-BAPTISTE), député en 1789, né à Saint-Romain-de-Colbosc (Seine-Inférieure) le 22 juillet 1745, mort à une date inconnue, était, à l'époque de la Révolution, procureur du roi au bailliage de Montivilliers. Le 23 mars 1789, il fut élu député du tiers aux Etats-Généraux par le bailliage de Caux. Il siégea dans la majorité de l'Assemblée constituante, sans paraître à la tribune. Plus tard, il devint juge de paix.

FLOCART DE MÉPIEU (JOSEPH-GASPARD-THÉRÈSE-ADOLPHE), député au Corps législatif de 1852 à 1869, né à Sermérieu (Isère) le 20 juillet 1802, mort à Paris le 28 février 1869, s'occupa d'agronomie; il n'avait pas d'antécédents politiques, lorsqu'il fut élu, comme candidat du gouvernement, le 29 février 1852, par la 3ᵉ circonscription de l'Isère, avec 25,437 voix (25,797 votants, 37,928 inscrits), député au Corps législatif. Propriétaire-cultivateur, commandant de la garde nationale de sa commune, membre du conseil général de l'Isère pour le canton de Morestel, il avait déclaré dans sa profession de foi : « Je veux le bien du pays, son repos, sa tranquillité. » Il participa à l'établissement du gouvernement impérial, fut réélu député, le 22 juin 1857, par 26,223 voix (26,417 votants, 35,944 inscrits), et, le 1ᵉʳ juin 1863, par 23,669 voix (26,766 votants, 37,181 inscrits); jusqu'à sa mort, survenue en février 1869, avant les élections générales, il vota avec la majorité dynastique. Chevalier de la Légion d'honneur (1850).

FLOCON (FERDINAND), membre du gouvernement provisoire de 1848, représentant du peuple à l'Assemblée constituante de 1848 et ministre, né à Paris le 1ᵉʳ novembre 1800, mort à Lausanne (Suisse) le 15 mai 1866, débuta sous la Restauration dans le journalisme, collabora, comme sténographe et comme écrivain, à la rédaction du *Courrier français*, et servit la cause démocratique dans un pamphlet contre les jésuites intitulé : *Dictionnaire de morale jésuitique* (1824). Il s'occupait en même temps de critique littéraire et artistique, et il publia le compte rendu du *Salon de 1824*, un recueil de *Ballades allemandes* traduites de Bürger, Kœrner, etc. (1827), et un roman de mœurs : *Ned Wilmore* (1827). Favorable à la révolution de juillet, il fut quelque temps attaché au *Constitutionnel*, qu'il quitta bientôt pour entrer à la *Tribune*. Il y défendit les idées de l'opposition radicale, fut membre de la « Société des Amis du peuple », et se mêla, sous Louis-Philippe, à toutes les tentatives secrètes ou publiques de propagande républicaine. En 1845, il eut, conjointement avec Baune et Grandménil, la direction de la *Réforme*, organe nouveau de la démocratie avancée. C'est comme rédacteur en chef de ce journal que, le 24 février 1848, après avoir pris une part active aux luttes de la rue, il fut appelé à faire partie du gouvernement provisoire, d'abord avec le simple titre de secrétaire, de même que Louis Blanc, Albert et A. Marrast. Cette situation ne dura d'ailleurs que quelques jours. Devenu membre du gouvernement au même titre que ses collègues, il se rapprocha parfois, dans le Conseil, de la minorité, c'est-à-dire de Louis Blanc et d'Albert; mais il se rattachait plus particulièrement à Ledru-Rollin, auquel l'unissait une étroite amitié et une entière conformité d'opinions. Le 23 avril 1848, Ferdinand Flocon fut élu, le 26ᵉ sur 34, par 121,865 voix (267,888 votants, 399,191 inscrits), représentant de la Seine à l'Assemblée constituante. Il prit place à gauche, non loin de la Montagne, et s'associa, tout d'abord, aux opinions des représentants les plus avancés. Le 11 mai, nommé par la commission exécutive ministre de l'Agriculture et du commerce, il se sépara, à dater de ce jour, de la plupart de ses amis dans des débats importants, et, après avoir repoussé le rétablissement du cautionnement, les poursuites contre Louis Blanc et Caussidière, le rétablissement de la contrainte par corps, il appuya l'amendement Leblond relatif à la présidence de la République, et vota *contre* l'amendement Grévy, et *pour* l'ordre du jour en l'honneur du général Cavaignac. Comme ministre, il maintint en fonctions l'ancien personnel, empressé d'adhérer à la République, ne brilla point par des capacités de premier ordre, mais fit preuve, dans son administration, d'une scrupuleuse probité. On lui doit la réorganisation de l'institution des prud'hommes. Il avait aussi un projet, que les événements ne lui permirent pas de réaliser, sur la création de colonies agricoles en France. Les événements de juin le jetèrent dans une extrême perplexité. Il s'associa, le 23 juin, à la demande de mise en état de siège de Paris et, quand le décret eut été voté par la majorité, il insista, à la tribune, pour qu'à l'instant même « communication en fût donnée au nom de l'Assemblée dans toutes les mairies, et sur tous les points de rassemblement de la garde nationale ». Durant la lutte, il revint à la charge et dénonça vivement les auteurs de l'insurrection qui, selon lui, ne voulaient que l'anarchie et obéissaient à l'impulsion de l'étranger. « Tous ces efforts, s'écria-t-il, tout ce désordre, n'ont qu'un but : c'est le renversement de la République et le rétablissement du despotisme. » Il ne fut cependant pas conservé par Cavaignac dans le ministère du 28 juin 1848, où il eut pour successeur le représentant Tourret. Il reprit alors sa place à gauche, et vota *pour* l'amnistie, *contre* les crédits de l'expédition de Rome, *pour* la mise en accusation du président L.-N. Bonaparte et de ses ministres, *pour* l'abolition de l'impôt des boissons, etc. À la dernière séance de la Constituante, le 26 mai 1849, il proposa une amnistie générale pour les condamnés de juin : sa motion ne fut repoussée qu'à une très faible majorité. Non réélu à l'Assemblée législative, Ferdinand Flocon alla rédiger une feuille démocratique à Colmar, et combattit la politique de l'Élysée. Le coup d'État l'exila de France. Il se retira alors à Lausanne, où il passa les dernières années de sa vie dans une austère pauvreté. A ses funérailles, qui eurent lieu le 17 mai 1866, des discours furent prononcés par Victor Chauffour, Barni, Etienne Arago. Le gouvernement impérial fit alors à Mme veuve Flocon l'offre d'une pension de 6000 francs, qui fut refusée.

FLOIRAC (JACQUES-ETIENNE DALAGRANGE-GOURDON, COMTE DE), député de 1817 à 1820, né à Lavercantière (Lot) le 26 décembre 1755, mort à Paris le 23 janvier 1842, était, en mai 1771, page de Monsieur, depuis Louis XVIII; puis il entra aux armées. Sous-lieutenant en pied dans le régiment des dragons de Monsieur (mai 1774), capitaine en juillet 1779, il était avec ce régiment à l'affaire de Nancy en 1790, et il lutta contre la garnison révoltée. En juin 1791, il commandait un détachement destiné à favoriser la fuite de Louis XVI à Montmédy. Arrêté à Varennes pour ce fait, il fut conduit à la prison de Verdun et de là à Paris, où il resta détenu quatre mois. Il parvint ensuite à rejoindre les émigrés à Coblentz, et fit avec eux la campagne de 1792 comme aide-major général de leur armée. Nommé (1794) officier dans le régiment d'Hervilly, comme il passait en Angleterre, d'où ce régiment devait se rendre à Quiberon, le paquebot sur lequel il s'était embarqué à Cuxhaven fut pris par un corsaire de Dunkerque. Conduit dans cette ville (mars 1795), M. de Floirac passa seize mois en prison ; on l'avait transféré à Périgueux, et il était sur le point d'y être fusillé, quand il réussit à s'échapper. Continuellement recherché par la police, il se livra en mars 1804, afin de mettre un terme à la détention de son gendre, M. de Galard, arrêté à sa place, et fut encore emprisonné durant cinq mois. Le retour des Bourbons le fit (26 juillet 1814) préfet du Morbihan et (23 août) maréchal-de-camp. A la deuxième Restauration, il commanda le dépôt du Morbihan, puis fut placé comme préfet à la tête du département de l'Hérault (25 octobre 1815). Elu, le 20 septembre 1817, par le grand collège de ce département, avec 603 voix sur 944 votants et 1,919 inscrits, membre de la Chambre des députés, il vota avec l'extrême-droite, appuya toutes les motions des ultra-royalistes, et se montra très empressé à défendre l'intégrité des traitements des préfets et autres fonctionnaires. Dans la discussion sur la loi du recrutement, il déclara que le mot *armée nationale* rappelait trop la Révolution : « Nous ne connaissons, dit-il, qu'une armée royale ; ce sont les compagnons d'armes de l'infortuné duc d'Enghien, les Vendéens, les habitants du Midi, les bons Français. » Dans la session suivante, il parla sur la fixation de l'année financière, et conclut à ce qu'elle suivît le cours de l'année civile. Il demanda le renvoi au garde des sceaux d'une pétition tendant à faire remettre en vigueur les anciennes lois contre le duel, et s'opposa à ce que « les pages du budget fussent souillées du produit des jeux ». En 1819, il demanda une réduction de 18,000,000 sur le budget de la guerre, et la suppression des droits de pêche sur les étangs salés. Il passa, le 9 janvier 1822, à la préfecture de l'Ain, et rentra dans la vie privée lors de la révolution de juillet.

FLOQUET (CHARLES-THOMAS), représentant en 1871, député de 1876 à 1889 et ministre, né à Saint-Jean-Pied-de-Port (Basses-Pyrénées) le 2 octobre 1828, terminait au collège Saint-Louis, à Paris, de bonnes études classiques, quand éclata la révolution du 24 février 1848 ; il prit part en habit de collégien à la guerre des rues, puis il entra à l'Ecole d'administration, fondée par Hippolyte Carnot, en sortit diplômé, et suivit les cours de la faculté de droit. Il se mêla encore, le 2 décembre 1851, aux tentatives de résistance contre le coup d'Etat, et, inscrit la même année au barreau de Paris, docteur en droit, et président de la conférence Molé, il ne tarda pas à se faire, dans le monde libéral et démocratique, une certaine réputation d'orateur. Recherchant surtout les causes politiques, il figura parmi les défenseurs dans le procès du complot de l'Opéra-Comique, puis dans le procès Tibaldi. En même temps, il s'essayait au journalisme : il fut un des premiers collaborateurs du *Temps*, fonda avec Clément Duvernois, alors républicain, le *Courrier de Paris*, feuille d'avant-garde, qui « avait, dit un biographe, trop d'esprit pour vivre longtemps. Aussitôt née, aussitôt poursuivie, et presque aussitôt tuée. Une cotisation combinée de l'équipe et des rédacteurs pourvut aux dépenses du numéro testamentaire ». Plus tard, il entra au *Siècle* dont il fut, jusqu'en 1870, un des collaborateurs les plus actifs. Le 1er juin 1863, il se présenta comme candidat d'opposition au Corps législatif dans la 2e circonscription de l'Hérault, et y obtint, sans être élu, 5,861 voix contre 23,009 à l'élu, candidat officiel, M. Roulleaux-Dugage et 1 684 à M. de

Margon. « Contre cette candidature éhontée, le préfet à poigne ordonna la grève des colleurs d'affiches. Floquet toutefois finit par en trouver un assez courageux. Il lui assigne rendez-vous sur la place publique, et, le lendemain matin, en présence des autorités par lui prévenues, il colle lui-même sa première affiche, remet au colleur le pinceau, et l'accompagne, lui désignant les endroits propices, à travers toute la ville, suivi par un tas de badauds qui osent l'applaudir, sinon l'élire. » (Mario Proth, *Célébrités contemporaines*.) M. Ch. Floquet fut compromis et condamné à l'amende avec plusieurs de ses amis dans le procès des *Treize*. En 1867, il attira sur lui l'attention par une manifestation qui est restée célèbre, et que ses adversaires lui ont longtemps reprochée. Comme le czar Alexandre II, venu pour visiter Paris et l'Exposition universelle, montait les marches du Palais de Justice, un jeune avocat en robe s'approcha de lui et, le saluant de la toque, lui dit en manière de bienvenue : « *Vive la Pologne, Monsieur !* » Alexandre, surpris, rebroussa chemin et gagna rapidement sa voiture. Le soir, aux Tuileries, il répétait, paraît-il : « Que me voulait donc ce prêtre ? » Cependant le conseil de l'ordre s'assembla et décida que Me Floquet avait usé de son droit. Le 24 mai 1869, M. Floquet fut de nouveau le candidat de la démocratie radicale dans la 2e circonscription de l'Hérault, où il échoua avec 8,854 voix contre 16,309 au député sortant et 1,215 à M. Thourel. En 1870, lors du procès du prince Pierre Bonaparte, il plaida à Tours pour le père de Victor Noir, qui s'était porté partie civile. Il plaida également pour Cournet dans l'affaire du complot contre la vie de l'empeur, devant la Haute Cour de Blois. Au 4 septembre, avec son confrère M. Lenoël, il força la ligne de sergents de ville qui barrait le pont de la Concorde, s'introduisit au Palais-Bourbon, et, de là, se rendit à l'Hôtel-de-Ville avec le gouvernement de la Défense nationale. Nommé adjoint au maire de Paris, il s'empressa, de concert avec son ami et collègue M. Henri Brisson, de faire substituer l'écharpe tricolore à l'écharpe rouge arborée spontanément à la première heure par le maire Etienne Arago, et, le soir même de son installation, se rendit au Sénat pour le disperser ; mais l'Assemblée du Luxembourg avait pris les devants, et s'était exécutée d'elle-même : il ne restait plus au Sénat que le général de Montfort, gouverneur, et M. Ferdinand Barrot. M. Ch. Floquet mit les scellés sur la salle des séances. Il contribua aux premiers actes de la mairie de Paris, et, du 4 septembre au 31 octobre, eut sa part d'initiative dans plusieurs mesures importantes ; et s'attribua surtout les rapports de la mairie avec la garde nationale. Au 31 octobre, devant le refus du gouvernement de procéder immédiatement aux élections municipales, selon l'engagement contracté par la mairie centrale, il donna sa démission d'adjoint. Mais il prit soin de déclarer qu'il restait le partisan du gouvernement de la Défense, et vota *oui* au plébiscite de novembre ; il s'engagea alors dans le bataillon d'artilleurs commandé par M. Schœlcher, et continua de prendre part, sous la présidence de M. Henri Rochefort, son ancien camarade de collège, aux séances de la commission des barricades, dont il était membre. Dans la nuit du 1er au 2 décembre 1870, il eut en cette qualité à réunir, avec MM. Dréo et Albert, une équipe de 2 à 300 travailleurs pour les mener sur le champ de bataille de Champigny, où le général Ducrot les avait fait demander. Mais quand ils y arrivèrent, le général n'y était plus. Ils élevèrent les barricades qui permirent au 35e de ligne de repousser, vers cinq heures du matin, le mouvement offensif des Prussiens.

Aux élections du 8 février 1871, M. Ch. Floquet fut élu représentant à l'Assemblée nationale, par le département de la Seine, le 29e sur 43, avec 93,579 voix (328,970 votants, 547,858 inscrits). Il échoua, le même jour, dans le département de l'Hérault, avec 43,410 voix sur 88,483 votants. Il se rendit à Bordeaux, vota *contre* la paix, *contre* le transfert de l'Assemblée à Versailles, et, entre la courte session de Bordeaux et la première session de Versailles, il alla dans la famille de Mme Floquet, en Alsace. Comme il regagnait Paris par le seul chemin alors praticable, la Suisse, il apprit la nouvelle de l'insurrection du 18 mars. M. Floquet fut mêlé, avec MM. Lockroy et Clémenceau, aux tentatives de conciliation qui échouèrent, se montra partisan des élections municipales, et, la lutte commencée, donna sa démission de représentant. A son appel se rendirent chez lui, rue de Seine, quelques personnages politiques, parmi lesquels MM. Allain-Targé, Schœlcher, André Lefèvre, Murat, Frédéric Morin, etc., qui fondèrent la *Ligue d'Union républicaine des droits de Paris*. M. Floquet en fut le premier président. Membre actif de la franc-maçonnerie, il combattit, à la réunion tenue au Châtelet, la proposition de prendre les armes au cas où les bannières de l'ordre, plantées sur les remparts, seraient atteintes par les balles. Deux fois arrêté par les fédérés, il le fut encore par les agents du gouvernement de Thiers tandis qu'il se rendait à Bordeaux, délégué par la Ligue au congrès des conseils municipaux de France. On le garda trente jours en prison à Pau. Le 19 mai, dans une lettre rectificative au *Gaulois*, il s'était défendu d'avoir entretenu aucune relation avec la Commune. Porté candidat radical au conseil municipal de Paris, dans le 11e arrondissement, il fut élu, au scrutin partiel du 28 avril 1872, par 2,347 voix sur 3,383 votants. Vers la même époque, il collabora activement à la *République Française*, et plaida divers procès politiques et de presse, notamment pour l'*Emancipation* de Toulouse, dont il obtint l'acquittement. Il fut réélu conseiller municipal en 1874 et devint président du conseil municipal de Paris l'année suivante. Enfin, après avoir échoué le 30 janvier 1876 aux élections sénatoriales de la Seine, avec 75 voix sur 209 votants, il fut élu député, le 20 février 1876, par le 11e arrondissement de Paris, avec 21,889 voix (25,754 votants, 32,732 inscrits), contre 4,650 à M. Mazaroz. Il avait adopté, dans sa profession de foi, le programme Laurent Pichat, c'est-à-dire l'amnistie, la levée de l'état de siège, l'instruction gratuite, obligatoire et laïque, les libertés de réunion, d'association, de presse, le service obligatoire, la suppression du budget des cultes, le retour du parlement à Paris. Dès l'ouverture de la session, M. Floquet, inscrit à l'Union républicaine, déposa une proposition tendant à la levée de l'état de siège, qui pesait encore sur 42 départements et qui fut supprimé quelques jours après. Il appuya aussi la proposition d'amnistie plénière qui fut repoussée par la majorité. En dehors de la Chambre, il dirigea pendant quinze mois le journal le *Peuple*, feuille militante à 5 centimes. Après l'acte du 16 mai 1877, il fut un des 363 députés des gauches réunies qui se prononcèrent contre le cabinet de Broglie-Fourtou, puis il fit partie du comité des Dix-Huit, chargé de diriger la résistance légale. Réélu

député du 11e arrondissement de Paris, le 14 octobre 1877, par 24,440 voix (27,073 votants, 33,644 inscrits), contre M. Touchard, 142 voix, et M. Daguin 114, il prononça, à l'adresse du ministère Rochebouët, un virulent discours, et fut membre de la commission d'enquête électorale, nommée pour examiner les actes de pression administrative imputés au gouvernement du 16 mai : il parcourut le sud-ouest avec une délégation de cette commission et contribua à plusieurs des invalidations que prononça la majorité de la Chambre; ce fut lui notamment qui soutint, comme rapporteur, les conclusions conformes à l'annulation des élections de MM. Paul Granier de Cassagnac et de Fourtou. Le jury d'honneur, qui eut à statuer sur le cas de Bonnet-Duverdier, le choisit pour son président. A l'avènement du dernier ministère Dufaure, M. Floquet présida aussi le groupe de l'Union républicaine. Après les élections sénatoriales de 1879, il prêta sa parole à l'interpellation du 20 janvier, qui précéda de peu la retraite du maréchal de Mac-Mahon, et combattit vivement, au nom de ses amis, le vote de confiance réclamé par le cabinet ; il conclut à la formation d'un ministère comprenant des membres des quatre principaux groupes de la majorité de gauche. Il se prononça aussi énergiquement, mais sans plus de succès, pour la mise en accusation des hommes du Seize-Mai. Un discours de lui enleva le vote sur la suspension de l'inamovibilité de la magistrature. Un autre fit tomber le ministère Waddington. M. Floquet fit aussi partie de plusieurs commissions du budget. Il vota *pour* l'invalidation de l'élection de Blanqui, *pour* l'article 7, et prit une part active aux débats soulevés par les lois nouvelles sur la presse, pour laquelle il demanda « le droit commun », et sur le droit de réunion. Il se fit remarquer encore par plusieurs discours extraparlementaires prononcés à Lyon, à Valence, à Beauvais, à Elbeuf, à Lille, etc., prêta son concours à l'œuvre du *Sou des Ecoles laïques*, et rendit compte à Paris (1879) de son mandat législatif, dans une grande réunion publique où il se déclara satisfait de la politique suivie alors par la Chambre et le gouvernement. Une conférence qu'il fit au théâtre de l'Ambigu eut un certain retentissement : il y avait opposé le *Peuple* de Michelet à celui de l'*Assommoir*, et avait caractérisé, non sans éloquence, « la sensation de fatigue, de dégoût, d'écœurement, » que devaient éprouver, d'après lui, les hommes de goût et les patriotes à la lecture de l'œuvre de M. E. Zola. En 1881, M. Ch. Floquet devint vice-président de la Chambre. Réélu, le 21 août de la même année, dans le 11e arrondissement (1re circonscription), avec 11,779 voix (16,003 votants, 19,803 inscrits), contre 1,914 voix à M. J. Labusquière, collectiviste, et 598 à M. A. Rogeard, républicain intransigeant, il prit avec M. Allain-Targé la direction du journal l'*Union républicaine*, dont la carrière fut courte. Puis un décret du 5 janvier 1882 le nomma préfet de la Seine en remplacement de M. Hérold, récemment décédé. Il donna sa démission de député, pour se consacrer entièrement à son administration, qui ne dura d'ailleurs que quelques mois. Il fut alors remplacé à la Chambre par M. Cadet. M. Ch. Floquet, qui s'était déclaré partisan de la mairie centrale de Paris, quitta la préfecture une première fois en juillet 1882, à la suite de l'annulation d'un ordre du jour du conseil municipal de Paris tendant à l'institution de cette mairie centrale, et y rentra quelques jours après, à la suite d'un autre ordre du jour du même conseil l'invitant à conserver son poste. Mais lorsqu'une politique nouvelle, succédant à celle du ministère Freycinet, vint emporter les espérances des « autonomistes », M. Ch. Floquet résolut de quitter définitivement la préfecture. M. Escarguel, député des Pyrénées-Orientales, ayant été nommé sénateur, il en profita pour poser sa candidature dans ce département, et fut réélu député, le 22 octobre 1882, par 5,301 voix (9,611 votants, 17,328 inscrits), contre 4,278 voix à M. Valentin Magnan, radical-socialiste. Il alla siéger à la gauche radicale et vota avec ce groupe politique. En janvier 1883, il déposa une proposition tendant à l'expulsion des membres des familles ayant régné sur la France. Il demanda également l'ouverture d'un crédit destiné à permettre aux ouvriers de prendre part aux adjudications pour les travaux publics. Il combattit, dans la dernière partie de la législature, la politique coloniale de M. Jules Ferry, et intervint plusieurs fois dans les débats soulevés par la question du Tonkin. L'un des vice-présidents de la Chambre, il en fut élu président, le 8 avril 1885, lorsque M. Henri Brisson prit la présidence du cabinet. Candidat aux élections législatives du 4 octobre 1885 dans les départements de la Seine et des Pyrénées-Orientales, M. Ch. Floquet fut élu, au 1er tour de scrutin, député de la Seine, le 2e sur 38, par 263,762 voix (434,011 votants, 564,338 inscrits), et, au scrutin de ballottage, député des Pyrénées-Orientales, par 26,410 voix (39,931 votants, 56,604 inscrits). Il avait été porté par les radicaux et par une fraction du parti opportuniste. Ayant opté pour les Pyrénées-Orientales, il fut porté de nouveau au fauteuil présidentiel de la nouvelle Chambre, pour la session de 1886, et les divers partis parlementaires se plurent à reconnaître l'habileté dont il fit preuve dans ces fonctions. A maintes reprises, durant la législature, il fut question de la formation d'un ministère radical présidé par M. Floquet, mais aucune offre formelle ne fut faite au président de la Chambre tant que M. Grévy occupa le pouvoir. Lors du scrutin préliminaire ouvert à la veille du Congrès, au Palais-Bourbon, par les radicaux, pour la nomination d'un nouveau président de la République, M. Floquet obtint 101 voix; mais sa candidature ne fut pas maintenue. Il resta donc président de la Chambre jusqu'au jour (3 avril 1888) où, ayant accepté de M. Carnot la mission de constituer un cabinet, il devint chef du nouveau ministère, avec le portefeuille de l'Intérieur. Le même jour, il donnait lecture aux deux Chambres d'une déclaration qui contenait ce passage : « Ce n'est pas dans l'immobilité, encore moins dans un retour en arrière que le pays veut et que nous comprenons la conciliation des républicains; c'est dans la marche en avant, dans le développement régulier de nos institutions que des agitations passagères et superficielles ne sauraient entraver. » Plus loin : « La question de la revision de la Constitution qui vient de se poser devant la Chambre, est une de celles qui commandent le plus de calme et de réflexion. Le gouvernement vous demandera de s'en rapporter à lui du soin d'indiquer le moment favorable et préparer l'entente nécessaire entre les deux Assemblées. » La déclaration ne fut applaudie à la Chambre que par l'extrême-gauche et la gauche radicale, et rencontra au Sénat un accueil encore beaucoup plus froid. Aussitôt de nombreuses interpellations furent adressées au président du conseil par la droite et par le centre gauche de la Chambre et du Sénat : à propos de la création d'un ministre civil de la guerre (c'était M. de Freycinet), puis à propos du programme politique du cabinet et notamment de la revision. En réponse à MM. Trarieux et Léon Renault, M. Floquet dit au Sénat : « On nous a demandé de préciser ce que nous entendions par le mot de revision. Le jour où nous proposerons la revision, nous aurons à demander au Sénat et à la Chambre de se mettre d'accord sur les points de la Constitution de 1875 qui nous paraîtront devoir être revisés. Vous nous dites que nous ne caractérisons la revision par aucune épithète. Je n'ai pas besoin de dire que nous ne voulons ni de la revision monarchique, ni des énigmes plébiscitaires que depuis quelque temps on se plaît à agiter devant nous. La revision que nous voulons est une revision démocratique... » L'ordre du jour pur et simple fut voté par le Sénat. Vers la même époque, la Chambre procéda à l'élection de la commission chargée d'examiner les propositions de revision dont elle avait déclaré l'urgence le 30 mars. Le 19 avril, le président du conseil, de sa propre initiative, était monté à la tribune pour dire qu'il tenait à savoir « s'il y avait une majorité pour appuyer une politique résolument décidée aux réformes, un gouvernement qui marche vers la gauche, qui ne croit pas que le péril soit à gauche », et il avait obtenu, outre le vote d'un ordre du jour de confiance, l'affichage de son discours. Cependant les opportunistes ne désarmaient pas encore, et M. Floquet fut battu au Sénat, à propos de la loi militaire (amendement Campenon). Pour atténuer l'opposition des modérés, il ne fallut rien moins que les appréhensions suscitées par le mouvement boulangiste : le général Boulanger étant venu, le 4 juin, à la Chambre, pour la première fois depuis son élection, afin d'y lire un manifeste, M. Floquet lui répondit par un discours qui eut encore les honneurs de l'affichage : « A votre âge, monsieur, lui dit-il, Bonaparte était mort! » Au cours d'un nouveau débat entre le général et M. Floquet, des paroles très vives ayant été prononcées par le premier à l'adresse du chef du cabinet, M. Floquet envoya ses témoins; un duel eut lieu à Neuilly, le 12 juillet 1888, et le général Boulanger fut blessé. M. Floquet se heurta encore dans le parlement à plus d'une difficulté. Mais l'attitude qu'il fit prendre à la police dans la journée du 7 août, lors de l'enterrement d'Eudes, ancien membre de la Commune, et les mesures de rigueur qu'il déploya, eurent l'approbation des « modérés ». A la vérité, cette approbation ne lui fut pas longtemps acquise. Dans les derniers jours de septembre 1888, M. Floquet fit savoir qu'il saisirait la Chambre, dès sa rentrée, d'un projet tendant à la revision des lois constitutionnelles, et, le 15 octobre, il donna effectivement lecture de ce projet qui indiquait, au nombre des réformes les plus urgentes : le Sénat élu au suffrage universel à deux degrés; les deux Chambres renouvelées par tiers et simultanément tous les deux ans; un conseil d'Etat préparant les lois, les soutenant devant les Chambres, et dont les membres seraient élus par le parlement; le contrôle législatif et financier du Sénat sensiblement réduit; le droit de dissolution supprimé; les ministres enfin ne devenant obligés de se démettre qu'après un vote formel de la Chambre constatant qu'ils ont cessé de mériter la confiance de la nation. Ce projet n'obtint dès le premier jour qu'un succès médiocre. D'un autre côté, le triomphe électoral du général Boulanger à Paris, le 27 janvier 1889, acheva d'ébranler le ministère. Il entama résolument la lutte, en proposant de rétablir, en vue des élections législatives prochaines, le scrutin d'arrondissement, qui fut voté, le 11 février 1889, par 268 voix contre 222, et en insistant pour le vote d'un projet de revision de la Constitution, qui fut indéfiniment ajourné, le 14 février, par 307 voix contre 228. Cet échec amena la démission du cabinet Floquet, qui fut remplacé par un ministère Tirard. Après sa chute, M. Floquet vota encore *pour* les poursuites contre trois députés membre de la Ligue des patriotes, *pour* les poursuites contre le général Boulanger, et s'abstint sur le projet de loi Lisbonne restrictif de la liberté de la presse. M. Floquet, à qui l'on a reconnu, dans les délicates fonctions de président de la Chambre, de réelles qualités de tact et d'impartialité, s'est montré à toute autre place un orateur nerveux et agressif, supportant mal la contradiction, et manquant peut-être du sang-froid qui s'impose au véritable homme d'Etat.

FLORENT-LEFEBVRE (Louis), député de 1876 à 1877 et de 1881 à 1885, né à Beaumetz-les-Loges (Pas-de-Calais) le 26 mars 1821, mort à Monchy-les-Preux (Pas-de-Calais) le 5 mai 1887, se fit recevoir avocat, et combattit l'Empire, par la parole et par la plume, dans les rangs de l'opposition libérale, dont il fut le candidat, le 22 décembre 1866, dans la 6e circonscription du Pas-de-Calais, en remplacement de M. d'Herlincourt, décédé : il obtint alors 9,169 voix contre 19,989 accordées à M. Sens, candidat officiel, élu. Le 24 mai 1869, il fit une nouvelle tentative dans la 1re circonscription du même département; il y réunit 8,188 voix contre 21,890 à M. Sens, 4,181 à M. Deusy, et 1,602 à M. Hervé. Après la chute de l'Empire, M. Florent-Lefebvre se rangea parmi les républicains conservateurs qui adoptèrent la politique de Thiers. Maire de Monchy-les-Preux et conseiller général du Pas-de-Calais pour le canton de Vitry-en-Artois, il posa, le 20 février 1876, sa candidature à la Chambre des députés, et fut élu, dans la 2e circonscription d'Arras, par 10,319 voix (18,867 votants, 23,437 inscrits), contre 8,315 voix à M. d'Havrincourt, bonapartiste. Il alla siéger au centre gauche et vota le plus souvent avec la majorité républicaine; il fit partie des 363. M. Florent-Lefebvre ne fut pas réélu après la dissolution de la Chambre : il ne réunit, aux élections du 14 octobre 1877, que 8,070 voix contre 11,434 à M. d'Havrincourt, candidat officiel du maréchal de Mac-Mahon. Mais il redevint député d'Arras le 21 août 1881, avec 10,838 suffrages sur 15,523 votants et 23,981 inscrits, contre 1,000 à M. Taillandier, 584 à M. Lejosue, et 326 à M. d'Havrincourt. Il prit place à gauche, soutint la politique opportuniste de M. Ferry, se prononça *pour* les crédits de l'expédition du Tonkin et n'appartint pas à d'autres législatures, n'ayant obtenu, le 4 octobre 1885, que 3,822 voix sur 180,439 votants. Il mourut en 1887. On a de lui : *De l'avenir des sociétés modernes et du socialisme* (1848). — *De la décentralisation* (1849), etc.

FLORET (Joseph-Paul-Marc), député de 1842 à 1846, né à Carpentras (Vaucluse) le 25 avril 1796, mort à Sorgues (Vaucluse) le 30 avril 1871, fils d'un président du tribunal de Carpentras, étudia le droit à Aix avec Thiers et Mignet, et s'inscrivit au barreau de sa ville natale. Il fut sous la Restauration un des membres les plus actifs du parti libéral, et devint, après la révolution de juillet 1830, sous-préfet de Carpentras. Appelé ensuite à la sous-préfecture d'Aix, il soutint la candidature de Thiers, qui l'en récompensa par la préfecture du Var. Il s'y distingua par son zèle pendant l'épidémie cholérique, et fut nommé préfet de l'Hérault, puis de la Haute-Garonne (20 octobre 1838). Vers la même époque, il reçut le titre de maître des requêtes et la décoration de la Légion d'honneur. M. Floret entra à la Chambre le 9 juillet 1842, comme député du 5e collège électoral de l'Hérault (Saint-Pons), avec 103 voix (192 votants, 243 inscrits), contre 54 à M. Azaïs et 32 à M. Mahul. Le même jour, il fut également élu dans le 3e collège de Vaucluse, à Carpentras, par 188 voix sur 231 votants et 272 inscrits. Il siégea dans le tiers parti et soutint la dynastie jusqu'aux élections générales de 1846. Il échoua alors à Carpentras avec 78 voix contre 131 à M. de Gérente et 26 à M. de Bernard. M. Floret admis à la retraite comme ancien préfet, le 28 février 1826, termina ses jours à Sorgues, dans le département de Vaucluse.

FLOTTARD (Pierre-Eugène), représentant en 1871, né à Saint-Etienne (Loire) le 21 mars 1821, étudia le droit à Paris, se fit recevoir docteur en 1845, et, après quelques années de stage comme avocat, entra dans la magistrature au lendemain de la révolution de février 1848, en qualité d'attaché au parquet de Saint-Etienne. Il donna sa démission lors du coup d'Etat et s'occupa, sous l'Empire, de questions économiques et commerciales. Administrateur de la succursale de la Banque de France de Saint-Etienne (1852), conseiller municipal de cette ville, administrateur de la caisse d'épargne, il alla, en 1855, se fixer à Lyon, où il se fit bientôt une situation analogue. Il collabora au *Progrès de Lyon*, au *Temps* de Paris, à l'*Avenir national*, et s'attacha, surtout, à vulgariser, dans ces différentes feuilles, l'idée de la coopération. Républicain modéré, il remplit gratuitement, après la chute de l'empire, auprès de M. Challemel-Lacour, préfet de Lyon, les fonctions de conseiller de préfecture, chargé de la correspondance politique. Mais son opposition aux revendications du parti démocratique radical le rendit bientôt impopulaire : M. Flottard dut se retirer. Elu, le 8 février 1871, représentant du Rhône à l'Assemblée nationale, le 8e sur 13, par 64,304 voix (117,523 votants, 185,134 inscrits), il alla siéger à la gauche modérée, et vota avec la fraction la plus conservatrice du parti républicain : *pour* la paix, *pour* l'abrogation des lois d'exil, *pour* le retour de l'Assemblée à Paris, etc. Au mois d'avril 1873, il défendit, dans une lettre que publia le *Temps*, la candidature de M. de Rémusat contre celle de M. Barodet. Après s'être prononcé, le 24 mai, *contre* la démission de Thiers, dont il n'avait cessé d'appuyer la politique, il s'associa à la plupart des votes de la gauche : *contre* le ministère de Broglie, *contre* le septennat, *contre* la loi des maires, *pour* la Constitution du 25 février 1875. Chargé dans la législature de plusieurs rapports importants, il prit la parole sur les questions d'impôt. Il fut candidat sans succès aux élections sénatoriales du 30 janvier 1876, et à celles du 8 janvier 1882, dans le Rhône, où il recueillit 73 voix sur 330 votants. Fondateur de l'*Economiste français*, M. Flottard a publié en outre un assez grand nombre d'ouvrages, parmi lesquels : la *France démocratique* (1850); *Eléments de droit pénal* (1853); *Etudes sur la théocratie*, ou *De la confusion du spirituel et du temporel dans l'antiquité et dans les temps modernes* (1861); *la Religion* primitive des Indo-Européens (1864); le Mouvement coopératif à Lyon et dans le Midi de la France (1867); la Comédie moderne (1869).

FLOTTE (PAUL-LOUIS-FRANÇOIS-RENÉ, VICOMTE DE), représentant du peuple en 1850-51, né à Landerneau (Finistère) le 1er février 1817, d'une ancienne famille de noblesse bretonne qui avait fourni à la marine plusieurs officiers distingués, mort à Reggio (Italie) le 22 août 1860, était le petit-fils de l'amiral Boulainvilliers. Il entra à l'école militaire de la Flèche (1828), puis à l'école navale, et, incorporé dans la marine de l'Etat sous les ordres des amiraux Dupetit-Thouars et Dumont d'Urville, il prit part aux expéditions scientifiques de la *Vénus* et de l'*Astrolabe*. Enseigne en 1839, il fit croisière aux Antilles (1840) sur le brick *le Hussard*, et, à son retour (1843), adressa au ministre d'intéressants mémoires sur la substitution de l'hélice aux roues du bateau à vapeur. Appelé à Paris pour continuer ses travaux qui avaient été appréciés, il fut nommé, au choix, lieutenant de vaisseau (1846). C'est alors qu'il se mit en rapport avec l'école phalanstérienne de la *Démocratie pacifique*, et s'occupa de propager les doctrines socialistes. Après la révolution de février, il se jeta tout entier dans la politique. Compromis dans les événements du 15 mai, il fut arrêté le 26 juin et transporté à Belle-Isle-en-Mer, tenta une évasion qui échoua, et fut de ce chef condamné à un mois de prison. Ce fut à cette condamnation qu'il dut sa liberté, car, à l'expiration de sa peine, on ne crut pas devoir le renvoyer à Belle-Isle. Il donna sa démission d'officier de marine le 13 décembre 1849, et, lors de l'élection partielle qui eut lieu, le 10 mars 1850, dans le département de la Seine, pour remplacer les trois représentants Boichot, Rattier et Ledru-Rollin, condamnés pour l'affaire du 13 juin, de Flotte vit sa candidature à l'Assemblée législative proposée par le parti démocratique socialiste et acceptée comme un gage d'alliance entre toutes les fractions du parti républicain. Elle triompha, avec une majorité de 126,982 voix (260,193 votants, 366,655 inscrits), en même temps que celles de Carnot et de Vidal. Cette triple élection, dont s'alarmèrent les conservateurs, fut le prétexte des restrictions apportées au suffrage universel par la loi du 31 mai. De Flotte vota constamment avec la Montagne; dans la séance du 20 mars 1850, il prononça à la tribune de l'Assemblée un discours qui étonna la droite par la modération de sa forme. Il venait de faire paraître un ouvrage de philosophie politique, la *Souveraineté du peuple ou Essai sur l'esprit de la Révolution* (1851), lorsque le coup d'État du 2 décembre mit fin à sa carrière législative. Il fut compris dans le premier décret d'expulsion et se réfugia en Belgique. Rentré plus tard en France secrètement, il fut attaché pendant huit ans, sous un nom supposé, à une compagnie de chemins de fer comme employé à la construction de tunnels et de viaducs. Lors de l'expédition de Garibaldi en Sicile, de Flotte alla organiser à Gênes un petit corps de volontaires français, gagna la Sicile et mit son dévouement au service de la cause italienne. Garibaldi lui donna un commandement sur la flottille qu'il avait improvisée pour combattre les forces napolitaines. Après quelques actions de mer, de Flotte, lors de la marche sur Naples, fut chargé d'un débarquement en Calabre et tomba frappé d'une balle au front, à Reggio. Garibaldi lui a fait élever, par souscription, un monument à la place même où il a été tué.

FLOURENS (MARIE-JEAN-PIERRE), député de 1837 à 1839 et pair de France, né à Maureilhan-et-Ramejan (Hérault) le 13 avril 1794, mort à Montgeron (Seine-et-Oise) le 6 décembre 1867, se livra de bonne heure à l'étude des sciences et de la médecine. Reçu docteur à l'âge de dix-neuf ans, il vint l'année suivante à Paris, y connut Georges Cuvier, Geoffroy-Saint-Hilaire, etc., et se lia particulièrement avec Chaptal et Frédéric Cuvier. On remarqua la clarté de style et la précision d'analyse de ses premiers essais scientifiques. Après avoir collaboré à la *Revue encyclopédique* et au *Dictionnaire classique d'histoire naturelle* (1822), et fait à l'Athénée des leçons où il exposa sa théorie physiologique des sensations, il excita vivement l'attention du monde savant par une série de Mémoires des plus remarquables, dont les principaux ont pour titre: *Note sur la délimitation de l'effet croisé dans le système nerveux* (1823); *Recherches expérimentales sur les propriétés et les fonctions du système nerveux dans les animaux vertébrés* (1824); *Expériences sur le système nerveux* (1825). Ces travaux devinrent l'objet d'une analyse et d'un rapport minutieux de la part de G. Cuvier et furent traduits à l'étranger. L'auteur y multipliait les expériences ingénieuses, mettait en lumière le grand fait de la distinction des organes et des parties d'organes dans leurs rapports avec la production des phénomènes d'intelligence, des sensations et des mouvements, démêlait la part que la moelle épinière, et, dans l'encéphale, le cervelet, les lobes cérébraux, etc., prennent, isolés de l'ensemble du système nerveux, aux différentes fonctions de la vie de relation, et déterminait dans la moelle allongée les limites précises du point central et vital, premier moteur de tout le mécanisme respiratoire. A dater de cette époque, les recherches ultérieures de Flourens devaient avoir pour objet de confirmer ou de développer ses premières découvertes. Appelé, dès 1823, à faire partie de l'Académie des sciences (section d'économie rurale), en remplacement de Bosc, et chargé par Cuvier du cours d'histoire naturelle au Collège de France, il occupa, deux ans plus tard, la chaire d'anatomie comparée au Jardin du roi, et en devint titulaire en 1832. L'année suivante, il remplaça Dulong comme un des deux secrétaires perpétuels de l'Académie des sciences. En 1840, il fut nommé membre de l'Académie française en remplacement de M. Michaud, et de préférence à Victor Hugo. Le 4 novembre 1837, Flourens entra à la Chambre des députés, comme l'élu du 3e collège de l'Hérault (Béziers), avec 348 voix sur 362 votants et 826 inscrits. Cette élection ayant été annulée, il dut se représenter le 3 février 1838; il obtint alors la confirmation de son mandat, par 386 voix (774 votants, 826 inscrits), contre M. Viennet, candidat ministériel, 375. Flourens prit place à gauche et vota d'ordinaire avec l'opposition, mais sans se mêler aux discussions de la tribune. Il ne fut pas réélu député au renouvellement du 4 mars 1839, n'ayant obtenu dans sa circonscription que 375 voix contre 399 accordées à M. Debès. Le 21 juillet 1846, il fut fait pair de France. Mais son rôle politique fut sans importance, et n'interrompit jamais les leçons du professeur ni les recherches du savant. Devenu titulaire de sa chaire du Collège de France en 1855, il continua, jusqu'à sa mort, de justifier, par le mérite scientifique et littéraire de ses ouvrages, le double honneur qu'il avait reçu de l'Institut. Au nombre des principales publications de Flourens, il faut

2

encore citer toute une série de *Recherches, Observations, Expériences*, etc., insérées dans les *Mémoires de l'Académie des sciences*, ou dans le *Journal des savants* depuis 1823; ses *Recherches sur le développement des os et des dents* (1842); l'*Anatomie générale de la peau et des membranes muqueuses* (1843), concluant, par l'étude anatomique des races humaines colorées, à l'unité physique de l'homme; la *Théorie expérimentale de la formation des os* (1847); un *Cours de physiologie comparée* (1854), et son célèbre traité de la *Longévité humaine et de la quantité de vie sur le globe* (1854), où l'auteur reculait bien au delà de l'opinion généralement admise les limites moyennes de la vie. Il s'était séparé des matérialistes dans son *Examen de la phrénologie* (1842) et dans son livre sur la *Vie et l'intelligence* (1857). On doit enfin à Flourens divers ouvrages destinés à populariser le nom et les travaux d'illustres savants. Ses principaux *Éloges*, lus aux séances publiques de l'Institut, sont ceux de Georges et Frédéric Cuvier, Chaptal, Laurent de Jussieu, du Petit-Thouars, Geoffroy Saint-Hilaire, Blainville, Magendie, etc. Il résuma, en 1861, ses doctrines et ses travaux dans un dernier livre : *Ontologie naturelle, ou Étude philosophique des êtres*. Grand-officier de la Légion d'honneur (1859). Flourens fut appelé sous l'Empire à faire partie du conseil municipal et général du département de la Seine.

FLOURENS (EMILE-LÉOPOLD), ministre des affaires étrangères, député de 1888 à 1889, né à Paris le 27 avril 1831, fils du précédent et de la fille du général baron Clément, et frère du révolutionnaire Gustave Flourens (1838-1871), fit son droit, entra comme auditeur au conseil d'État, puis donna sa démission, se fit inscrire au barreau de Paris, et rentra au conseil d'État en 1872 comme maître des requêtes. Nommé, en 1877, directeur général des cultes, il ne quitta ces fonctions qu'en mars 1885, pour devenir président de la section de législation de la justice et des affaires étrangères au conseil d'État, et président du comité consultatif des protectorats au ministère des Affaires étrangères. Il avait épousé la fille du célèbre économiste Michel Chevalier.

Le 11 décembre 1886 il accepta, dans le cabinet présidé par M. Goblet, le portefeuille des Affaires étrangères. Il observa en toute circonstance, dans ses relations avec les puissances européennes et particulièrement avec l'Allemagne, une attitude des plus pacifiques qui provoqua quelques dissentiments avec le ministre de la guerre, le général Boulanger. En février 1887, notamment, le ministre de la guerre ayant eu, a-t-on dit, l'idée d'écrire une lettre au czar, M. Flourens, prévenu par hasard, réussit à empêcher la lettre de partir. Il fit plus encore, prétendit-on, et informa de l'incident l'ambassadeur d'Allemagne, redoutant que M. de Bismarck, renseigné par ses agents, ne vit là une provocation de la France. M. Flourens montra plus de sang-froid dans le grave incident motivé par l'arrestation (21 avril), à la gare de Pagny-sur-Moselle, de M. Schnæbelé, commissaire spécial français. En même temps qu'une enquête administrative était ouverte à Pagny par les soins des ministres de l'Intérieur et de la Justice, M. Herbette, ambassadeur de France à Berlin, était chargé par M. Flourens de se renseigner officieusement sur les motifs de l'arrestation de notre compatriote. Le 29 avril, après diverses péripéties, notre ambassadeur obtint enfin la mise en liberté

de M. Schnæbelé. M. Flourens conserva son portefeuille dans le cabinet Rouvier (du 30 mai 1887 au 11 décembre de la même année), ainsi que dans le cabinet Tirard (du 11 décembre 1887 au 2 avril 1888). Son passage au pouvoir fut encore marqué par plusieurs négociations importantes. Il parvint à résoudre, le 24 septembre 1887, à la satisfaction de la France, un différend entre notre résident général à Madagascar, M. le Myre de Vilers, et les Hovas. En ce qui concerne l'Égypte, il adressa à nos représentants diplomatiques à l'étranger une circulaire établissant l'attitude observée par la France dans les négociations poursuivies à Constantinople pour la neutralisation du canal de Suez; puis, le 24 octobre, deux conventions furent signées à Paris, l'une ayant trait aux affaires égyptiennes, la seconde aux Nouvelles-Hébrides et aux îles Sous-le-Vent. En février 1888, M. Flourens, ministre des Affaires étrangères, posa sa candidature au siège de député dans le département des Hautes-Alpes, en remplacement de M. Chaix, élu sénateur. Cette candidature fut très vivement combattue par les radicaux et par les partisans du général Boulanger; au cours de la campagne électorale, M. Flourens fut plus d'une fois accusé de pratiquer la pression officielle comme sous l'Empire. MM. Anatole de la Forge et Le Hérissé déposèrent à la Chambre une proposition de loi tendant à interdire aux ministres d'être candidats dans les élections partielles, et l'urgence, réclamée en faveur de la proposition, ne fut rejetée, le 17 février, que par 238 voix contre 221. Malgré tout, M. Flourens fut élu député des Hautes-Alpes le 26 février 1888, par 12,617 voix sur 24,006 votants et 31,120 inscrits, contre 11,094 voix accordées à M. Euzière, républicain radical. Sorti du ministère le 2 avril, M. Flourens prit place au centre gauche, combattit le ministère Floquet, qu'il questionna à propos du cas de M. Jourdanne, maire de Carcassonne, condamné pour fraudes électorales, et se prononça, à la fin de la législature : *pour* le rétablissement du scrutin d'arrondissement (11 février 1889), *pour* l'ajournement indéfini de la revision de la Constitution (chute du ministère Floquet), *pour* les poursuites contre trois députés membres de la Ligue des patriotes, *pour* le projet de loi Lisbonne restrictif de la liberté de la presse, *pour* les poursuites contre le général Boulanger.

FLYE (MARIE-LAURENT-CYPRIEN), représentant du peuple en 1848, né à Ferrières (Loiret) le 20 juin 1785, mort à une date inconnue, était fils d'un juge de paix; il fut pendant quinze ans notaire à Beauvais. Membre du conseil général de l'Oise (1842), il défendit les idées libérales, et prit part, en 1847, au banquet réformiste de Compiègne. Au lendemain de la révolution de février, M. Flye fut nommé sous-commissaire du gouvernement provisoire à Beauvais; puis il fut élu, le 23 avril 1848, représentant de l'Oise à l'Assemblée constituante, le 8e sur 10, par 53,422 voix. Il fit partie du comité de l'administration, et opina le plus souvent avec les républicains modérés : *contre* le rétablissement du cautionnement, *contre* les poursuites contre Louis Blanc et Caussidière, *contre* l'abolition de la peine de mort, *contre* l'amendement Grévy, *contre* le droit au travail, *pour* l'ordre du jour en l'honneur du général Cavaignac, *pour* la suppression de l'impôt du sel, *contre* la proposition Rateau, *contre* l'interdiction des clubs, *contre* l'abolition de l'impôt des boissons. M. Flye n'appartint pas à d'autres législatures.

FLYE-SAINTE-MARIE (PAUL-EMILE), représentant en 1871, né à Vitry-le-François (Marne) le 21 septembre 1830, passa par l'École polytechnique, en sortit comme officier d'artillerie, et se distingua dans la campagne de Crimée (1855). Amputé d'un bras à Malakoff, il fut fait capitaine, prit part aux guerres d'Afrique et d'Italie, puis entra dans l'administration des finances comme receveur particulier (1864). En 1870, il demanda à reprendre du service, fut placé, dans l'armée de Paris, à la tête d'une batterie d'artillerie, et se signala par son courage, notamment à l'affaire de Champigny, où il fut fait officier de la Légion d'honneur. M. Flye-Sainte-Marie fut élu, le 8 février 1871, le 4e sur 8, par 37,124 voix (68,852 votants, 112,180 inscrits) représentant de la Marne à l'Assemblée nationale. Il prit place sur les bancs de la gauche, et vota contre l'abrogation des lois d'exil, contre le pouvoir constituant, pour la dissolution. M. Flye-Sainte-Marie donna sa démission de député en août 1872, estimant que le mandat reçu de ses électeurs était rempli.

FOBLANT (VICTOR-CHARLES-MAURICE DE), représentant en 1849, né à Dieuze (Meurthe) le 5 février 1817, était homme de lettres et rédigeait le journal l'Espérance de Nancy, lorsqu'il fut, le 13 mai 1849, élu, le 8e sur 9, par 25,206 voix (85,081 votants, 122,416 inscrits), représentant de la Meurthe à l'Assemblée législative. Conservateur monarchiste, il siégea à droite et vota régulièrement avec la majorité anti-républicaine : pour les crédits de l'expédition romaine, pour la loi Falloux-Parieu sur l'enseignement, pour les restrictions apportées au suffrage universel, etc. Il ne soutint pas la politique particulière du prince-président et rentra dans la vie privée lors du coup d'État de 1851.

FOCKEDEY (JEAN-JACQUES), membre de la Convention, né à Dunkerque (Nord) le 15 février 1758, mort à Marcq-en-Barœul (Nord) le 12 mai 1853, était médecin et président du collège à Dunkerque, lorsqu'il fut élu (septembre 1792) membre de la Convention par le département du Nord. Il siégea parmi les modérés, et, dans le procès de Louis XVI, répondit au 2e appel nominal (question de l'appel au peuple) : « Comme je crois que la majorité de la nation est composée de bons citoyens et non d'intrigants; comme la guerre ne peut avoir lieu qu'entre deux partis qui se choquent, je crois que le recours au souverain est le meilleur parti que vous puissiez prendre; je dis oui. » Au 3e appel nominal : « Louis est la cause de la mort de plusieurs milliers de Français, de la dévastation de nos terres, de l'anéantissement de nos relations commerciales; mais le principe conservateur de la République entière, c'est de ne compromettre, par notre jugement, ni la sûreté, ni la propriété de ceux qui nous envoient. D'après ces motifs, et comme législateur, je vote pour la détention jusqu'à ce que la République ne soit plus en danger. » Dans la séance du 6 janvier 1793, il se prononça énergiquement contre la permanence des sections et contre l'influence qu'elles tendaient à exercer sur l'Assemblée. Il donna sa démission pour raisons de santé le 2 avril 1793, et se retira dans le Nord, où il mourut à un âge très avancé.

FOISSARD (JEAN-BAPTISTE), député en 1791,

dates de naissance et de mort inconnues, était administrateur du district de Louviers, quand il fut élu, le 31 août 1791, le 4e sur 11, par 333 voix (533 votants), député de l'Eure à l'Assemblée législative, où il passa inaperçu.

FOISSEY (JOSEPH-IGNACE), député en 1791, né à Mirecourt (Vosges) le 11 mai 1739, mort à Nancy (Meurthe) le 4 décembre 1818, était homme de loi avant la Révolution. Elu, le 31 août 1791, député de la Meurthe à l'Assemblée législative, le 1er sur 8, par 238 voix (437 votants), il siégea à droite, et excita les murmures de la majorité, en s'écriant. le 9 avril 1792, dans la discussion sur les soldats de Châteauvieux, qu'ils « avaient tout sacrifié à un vil intérêt, à la passion de l'or. C'est pour de l'or qu'ils se sont soulevés!... » Mais sur la proposition de Couthon, l'Assemblée maintint sa décision en leur faveur et décida, au milieu des applaudissements, de les admettre aux honneurs de la séance. Le 4 juin, il interrompit un long rapport de Chabot sur un grand complot, qu'il dénonçait, contre la liberté et la Constitution, en disant qu'il fallait envoyer Chabot à l'Abbaye. Pendant le régime révolutionnaire, Foissey fut arrêté lui-même et détenu quelque temps, puis rendu à la liberté. Il devint plus tard président du tribunal de Nancy.

FOLLEVILLE (ANNE-CHARLES-GABRIEL, MARQUIS DE), député en 1789, né au château de Manancourt (Somme) le 14 juillet 1749, mort au château de Manancourt, le 15 mai 1835, appartint aux armées du roi et parvint au grade de lieutenant-colonel d'infanterie. Elu, le 5 avril 1789, député-suppléant de la noblesse aux Etats-Généraux par le bailliage de Péronne, il fut admis à siéger dans l'Assemblée, le 26 décembre, en remplacement de M. de Mailly-Nesle, démissionnaire. Il fit partie de la droite et défendit l'ancien régime. Le marquis de Folleville parla contre la suppression du droit de triage, sur le paiement des rentes, sur le traitement des curés, intervint à plusieurs reprises dans la discussion des projets de l'ordre judiciaire, combattit une proposition concernant la caisse d'escompte, se montra opposé au projet sur la contribution personnelle et mobilière, fit décréter le paiement des arrérages des créances sur l'Etat, vota contre la motion d'admettre tous les juifs aux droits de citoyen actif, s'opposa à la loi projetée sur le duel, provoqua la suppression des clubs, réclama contre l'arrestation de deux maréchaux-de-camp à Saint-Germain, et donna maintes fois son avis sur les questions de finances. Il prit la défense des prêtres insermentés, et se prononça avec force contre la plupart des actes de la majorité. Il ne fit pas partie d'autres assemblées.

FOLLEVILLE (LOUIS-JEAN-ANDRÉ DE), député de 1815 à 1821, né à Morainville (Eure) le 12 novembre 1765, mort à Lisieux (Calvados) le 8 juillet 1842, était conseiller au parlement de Rouen avant la Révolution; il émigra et resta à l'étranger jusqu'à l'époque du Consulat. Il se maria à son retour en France, se tint à l'écart pendant la durée de l'Empire, et, désigné par le roi, en 1815, pour présider le collège électoral de Lisieux, fut élu député, le 22 août, par le collège de département du Calvados, avec 106 voix sur 207 votants. Il fit partie de la majorité de la Chambre introuvable, obtint sa réélection, le 4 octobre 1816, par 98 voix sur 181 votants et 261 inscrits, et continua de siéger à l'extrême-droite. M. de Folleville donna son suffrage à toutes les lois restrictives des libertés, et parla plusieurs fois sur les questions de finances. En 1818, il s'opposa à un amendement qui avait pour but d'obliger les ministres à rendre compte de l'emploi du fonds de l'extraordinaire. Il vota pour le maintien des droits d'importation sur les cotons, comme le seul moyen d'empêcher que cette denrée n'envahît la consommation, au détriment de nos soies et de nos laines. Il combattit la pétition des fabricants de Rouen, soutenue par Duvergier de Hauranne, pour réclamer la diminution de ce droit, et appuya, au contraire, celle des fabricants de Bernay, qui représentaient l'augmentation, ou tout au moins le maintien du droit, comme nécessaire à la conservation de leurs établissements. Il quitta la Chambre des députés en 1821.

FOLLIET (André-Eugène), représentant en 1871, député depuis 1876, né à Saint-Jean-de-Maurienne (Savoie) le 18 mars 1838, étudia le droit, se fit recevoir docteur à l'Université de Turin et s'inscrivit en 1862 au barreau de Paris. Il se fit connaître en outre par une active collaboration à la *Revue de Paris* (1865), à la *Revue moderne*, par une thèse sur la *Décentralisation administrative*, et par de nombreuses études consacrées aux affaires d'Italie. D'opinions républicaines, il fut présenté, le 8 février 1871, dans la Haute-Savoie, sur une liste de candidats à l'Assemblée nationale ; il obtint, sans être élu, 5,531 voix, et ne devint représentant de ce département qu'à l'élection complémentaire du 2 juillet 1871, qui lui donna 24,302 voix sur 37,302 votants et 76,099 inscrits. M. André Folliet remplaçait M. Philippe, démissionnaire. Il siégea à gauche, fut membre de plusieurs commissions, déposa des projets de loi sur l'impôt des valeurs mobilières, sur la distraction des dettes dans les droits de succession, sur la retenue sur les gros traitements, et s'opposa vivement (août 1871) à un projet du gouvernement tendant à combattre de prétendues menées séparatistes dans les départements annexés ; le projet fut retiré. Il vota *pour* la dissolution de l'Assemblée, *contre* la démission de Thiers au 24 mai, *contre* le ministère de Broglie, *contre* la loi des maires, *contre* l'état de siège, *contre* le septennat, *pour* l'ensemble des lois constitutionnelles. Il se représenta aux élections du 20 février 1876 dans l'arrondissement de Thonon, et il échoua avec 6,609 voix contre 6,931 à M. de Boigne, qui fut proclamé élu. Mais la Chambre invalida cette élection, et M. Folliet fut élu, le 21 mai 1876, par 7,943 voix (14,778 votants, 17,620 inscrits), contre M. de Boigne, 6,814. Membre de la gauche républicaine, il fut un des 363 députés qui se prononcèrent, après le 16 mai 1877, contre la politique du gouvernement. Réélu, le 14 octobre 1877, par 8,356 voix (14,568 votants, 17,787 inscrits), il soutint la même politique que précédemment, vota *pour* le ministère Dufaure, *pour* le retour de l'Assemblée à Paris, *pour* l'élection de M. Grévy comme président de la République, *pour* l'article 7 de la loi sur l'enseignement supérieur, *pour* les lois nouvelles sur la presse et le droit de réunion, etc. En juin 1880, il déposa, avec M. Pascal Duprat, un projet de loi municipale, dont il fut le rapporteur (avril 1884). Il obtint sa réélection, sans concurrent, le 21 août 1881, par 9,419 voix (10,111 votants, 18,417 inscrits), appuya la politique opportuniste des ministères Gambetta et J. Ferry et donna son suffrage à la politique coloniale. Après le Congrès, il fut membre de la commission de réforme séna-

toriale. Inscrit, le 4 octobre 1885, sur la liste républicaine de la Haute-Savoie, M. A. Folliet fut élu député de ce département, le 2e sur 4, par 37,024 voix (59,651 votants, 77,569 inscrits). Il soutint les cabinets Rouvier et Tirard, fit partie de plusieurs commissions et fut rapporteur : d'un projet de M. Benjamin Raspail, qui tendait à modifier au profit de la banlieue la situation respective du conseil municipal de Paris et du conseil général de la Seine ; des projets sur la codification des lois électorales, et sur le renouvellement partiel de la Chambre (octobre 1888). M. Folliet a déposé des propositions sur la réforme de l'impôt des boissons, sur la réforme de l'impôt des prestations, etc. En dernier lieu, il s'est prononcé : *pour* le rétablissement du scrutin d'arrondissement (11 février 1889), *pour* les poursuites contre trois députés membres de la Ligue des patriotes, *pour* le projet de loi Lisbonne restrictif de la liberté de la presse, *pour* les poursuites contre le général Boulanger ; il s'est abstenu sur l'ajournement indéfini de la révision de la Constitution (chute du ministère Floquet). Membre correspondant de l'Académie de Savoie, décoré de la couronne d'Italie, conseiller général de la Haute-Savoie, officier d'Académie, M. Folliet est l'auteur, outre les écrits déjà cités, de divers ouvrages intitulés : *Étude historique sur la révolution et l'empire en Savoie. — Histoire des maréchaux de Savoie. — La Presse italienne et sa législation. — Les députés savoisiens aux assemblées de la Révolution* (1884).

FOLMONT (Charles-Joseph-Etienne de), député de 1827 à 1830, né à Montcuq (Lot) le 20 décembre 1784, mort à une date inconnue, propriétaire, maire de Montcuq, fut élu, comme candidat du gouvernement, membre de la Chambre des députés, le 17 novembre 1827, par le 2e arrondissement du Lot (Puy-l'Evêque), avec 62 voix sur 88 votants et 119 inscrits, contre 21 à M. de Mosbourg. Il vota avec la droite, ne fut pas des 221, et quitta la Chambre en 1830. Plus tard il tenta, sans succès, de rentrer au parlement ; il échoua, le 21 juin 1834, dans le 2e collège du Lot, avec 63 voix contre 109 à l'élu, M. de Mosbourg, et, le 9 juillet 1842, avec 107 voix contre 158 à M. Cayx. — Conseiller général du Lot.

FONBELLE-LABROUSSE (Georges), député de 1885 à 1889, né à la Bachellerie (Dordogne) le 29 juin 1846, fit son droit à Paris, et fut, en 1869, secrétaire du comité électoral de Jules Favre dans le 7e arrondissement de Paris. Notaire à la Bachellerie, l'un des organisateurs du cercle de la Ligue de l'enseignement à Périgueux, officier d'Académie, conseiller général de la Dordogne pour le canton de Terrasson, il fut porté aux élections législatives du 4 octobre 1885, sur la liste de concentration républicaine de la Dordogne, et fut élu député, le 8e sur 8, par 61,185 voix sur 120,527 votants et 146,593 inscrits. Il prit place à la gauche républicaine, vota pour les ministères opportunistes et radicaux sur les questions scolaires, religieuses, coloniales, etc., mais s'abstint sur l'expulsion des princes (juin 1886). A la fin de la législature, M. Fonbelle-Labrousse s'est prononcé: *pour* le rétablissement du scrutin d'arrondissement (11 février 1889), *contre* l'ajournement indéfini de la revision de la Constitution, *pour* les poursuites contre trois députés membres de la Ligue des patriotes, *pour* le projet de loi Lisbonne restrictif de la liberté de la presse, *pour* les poursuites contre le général Boulanger.

FONCEZ (CHARLES-FRANÇOIS-JOSEPH, CHEVALIER), député au Conseil des Cinq-Cents, né à Mons (Belgique) le 16 avril 1752, mort à une date inconnue, était, dans sa ville natale, président de la cour de justice criminelle, quand il fut élu (25 germinal an VI) député du département de Jemmapes au Conseil des Cinq-Cents. Dans la séance du 2 fructidor an VI, il parla sur la nouvelle loi de la conscription et s'opposa à ce que cette loi fût appliquée intégralement aux départements belges. Le 12 du même mois, il présenta quelques observations sur la vente des biens nationaux, et proposa, pour la diminution des frais d'administration, des mesures qui furent adoptées. Le 14 nivôse an VII, il rechercha les causes de la faiblesse des produits de la poste aux lettres, qui ne rapportait pas plus qu'avant la Révolution, bien que le territoire eût été considérablement agrandi et le tarif augmenté. Favorable au coup d'État de brumaire, Foncez fut nommé, le 17 messidor an VIII, juge au tribunal d'appel du département de la Dyle, et reçut en l'an XII la décoration de la Légion d'honneur. Le 13 février 1811, il fut fait chevalier de l'Empire.

FOND (BENOIT), représentant du peuple en 1849, né à Orliénas (Rhône) le 9 octobre 1793, mort à Chaponost (Rhône) le 10 septembre 1888, devint maire de Chaponost et fit preuve d'opinions républicaines. Le 13 mai 1849, il fut élu, le 8e sur 11, par 70,219 voix (110,722 votants, 154,740 inscrits), représentant du peuple à l'Assemblée législative. Il siégea à gauche et s'associa, jusqu'au coup d'État inclusivement, à toutes les manifestations de la minorité républicaine. M. Fond vota : *contre* l'expédition de Rome, *contre* la loi Falloux-Parieu sur l'enseignement, *contre* la loi restrictive du suffrage universel, etc. Le coup d'État de décembre mit fin à sa carrière politique.

FONFRÈDE. — *Voy.* BOYER-FONFRÈDE.

FONT (JEAN-BERNARD), député en 1789, né en 1750, mort à Pamiers (Ariège) le 22 septembre 1826, était chanoine de la cathédrale de cette ville, lorsqu'il fut nommé par la sénéchaussée de Pamiers (9 avril 1789) député du clergé aux États-Généraux. Il siégea à droite, signa les protestations des 13 et 15 septembre 1791, et ne fit pas partie d'autres législatures.

FONT (BERNARD), député en 1791, cousin du précédent, né à Ax (Ariège) le 25 octobre 1723, mort à Foix (Ariège) le 1er octobre 1800, était curé de la paroisse de Serres au moment de la Révolution. Favorable aux idées nouvelles, il représenta à l'Assemblée législative le département de l'Ariège, qui l'avait élu, le 1er sur 6, « à la pluralité des voix, » et devint évêque constitutionnel de l'Ariège.

FONTAINE (CHARLES-LOUIS-MARIE-ALBERT FURCY), député de 1821 à 1824 et de 1827 à 1831, né à Wimille (Pas-de-Calais) le 7 août 1767, mort à Boulogne-sur-Mer (Pas-de-Calais) le 27 mars 1849, était négociant dans cette ville. Élu député du 2e arrondissement du Pas-de-Calais, le 1er octobre 1821, par 190 voix (337 votants, 509 inscrits), contre 147 à M. de Rosny, il prit place à gauche, dans les rangs de l'opposition constitutionnelle, avec laquelle il vota. Sorti

de la Chambre en 1824, il y rentra le 28 avril 1828, comme député du même arrondissement, élu par 152 voix sur 290 votants et 339 inscrits, contre 124 à M. Caron, procureur du roi, en remplacement de M. J.-M. Harlé, qui venait d'opter pour Arras. M. Fontaine fut des 221, obtint sa réélection, le 23 juin 1830, par 204 voix (343 votants, 375 inscrits), contre 137 à M. Ferdinand de Berthier, concourut à l'établissement du gouvernement de juillet, et ne fit pas partie d'autres assemblées.

FONTAINE (HENRI-MODESTE-GUY DE), représentant en 1848 et en 1849, né à la Châtaigneraie (Vendée) le 17 mars 1797, mort à Paris le 17 août 1862, fit ses études de droit, et entra dans la magistrature sous la Restauration. Juge au tribunal civil de Bourbon-Vendée de 1824 à 1830, il donna sa démission après la révolution de juillet, pour ne pas prêter serment à Louis-Philippe, et professa les opinions royalistes les plus nettes. Élu, le 23 avril 1848, le 4e sur 9, par 44,915 voix (86,221 votants, 104,486 inscrits), représentant de la Vendée à l'Assemblée constituante, il siégea à la droite légitimiste, fit partie du comité de l'intérieur, et se prononça : *pour* le rétablissement du cautionnement, *contre* les poursuites contre Louis Blanc et Caussidière, *pour* le rétablissement de la contrainte par corps, *contre* l'amendement Grévy, *pour* la sanction de la Constitution par le peuple, *contre* le droit au travail, *contre* l'ensemble de la Constitution, *pour* la proposition Rateau, *contre* l'amnistie, *pour* l'interdiction des clubs, *pour* les crédits de l'expédition de Rome, etc. Par une singulière erreur, la table du *Moniteur* de 1848 a complètement dénaturé le nom de ce représentant, qui est appelé *Guyet-Desfontaines.* A la vérification des pouvoirs, on trouve Desfontaines-Guyet. Réélu, le 13 mai 1849, représentant du même département à la Législative, le 4e sur 8, avec 42,593 voix (61,522 votants, 103,432 inscrits), M. G. de Fontaine vota constamment avec la majorité monarchiste, sans se rallier à la politique de L.-N. Bonaparte. Il fut, le 29 février 1852, candidat de l'opposition légitimiste dans la 2e circonscription de la Vendée, pour les élections au Corps législatif, et obtint 3,173 voix contre 16,735 à M. Alfred Leroux, candidat officiel, élu.

FONTAINE (PIERRE-EUGÈNE-JOSEPH DE), représentant à l'Assemblée nationale de 1871, neveu du précédent, né à Fontenay-le-Comte (Vendée) le 15 mai 1825, mort à Foussais (Vendée) le 25 juillet 1886, fit son droit à Paris, et, de retour dans sa ville natale, y fut longtemps secrétaire de la sous-préfecture. Élu, le 8 février 1871, sur la liste monarchiste, représentant de la Vendée à l'Assemblée nationale, par 53,467 voix (66,286 votants, 102,701 inscrits), M. de Fontaine prit place à droite, parmi les conservateurs légitimistes, fit partie des réunions des Réservoirs et des Chevau-légers, et vota : *pour* la paix, *pour* les prières publiques, *pour* l'abrogation des lois d'exil, *pour* le pouvoir constituant de l'Assemblée, *contre* la dissolution, pour la démission de Thiers au 24 mai, *pour* la loi des maires, *pour* l'état de siège, *contre* l'ensemble des lois constitutionnelles. Candidat aux élections du 20 février 1876, il échoua, dans la 1re circonscription de Fontenay-le-Comte, avec 5,656 voix contre 9,335 à l'élu républicain, M. Bienvenu, et rentra dans la vie privée.

FONTANES (JEAN-PIERRE-LOUIS, MARQUIS DE), député au Corps législatif de l'an X à

1810, membre du Sénat conservateur et pair de France, né à Niort (Deux-Sèvres) le 6 mars 1757, mort à Paris le 17 mars 1821, était issu d'une famille de protestants originaire des environs d'Alais (Gard), mais son père était catholique, et, après avoir été inspecteur des manufactures de l'Etat en Languedoc, avait été obligé, à la suite d'une affaire d'honneur, de changer de résidence; nommé inspecteur des manufactures de draps de Poitou et d'Aunis, il se fixa à Niort. Le fils fit ses études chez un curé de campagne des environs, les termina chez les Oratoriens, puis exerça à Saint-Gaudens, à Niort et aux Andelys, les fonctions d'inspecteur des manufactures. Quelques essais poétiques, dont la valeur a été fort exagérée, et qui parurent, pour la plupart, dans l'*Almanach des Muses*, attirèrent sur lui l'attention. A la mort de son père (1774), le jeune Fontanes avait obtenu de Turgot une pension de 800 francs; mais cette pension ayant été supprimée par Necker en 1777, il se vit réduit, pendant quelques années, à une situation voisine de l'indigence. Sa traduction en vers de l'*Essai sur l'homme*, de Pope (1783), un poème intitulé le *Verger* (1788), l'*Essai sur l'astronomie* (1789) et l'*Epître sur l'édit en faveur des non-catholiques*, couronnée la même année par l'Académie française, lui valurent le patronage de La Harpe et de Marmontel. Dans les premiers temps de la Révolution, il écrivit un *Poème sur la Fédération de 89*, puis il collabora à la rédaction d'un journal intitulé le *Modérateur*, exposa des opinions contre-révolutionnaires, et se retira à Lyon, où il se maria. Poursuivi en raison des sentiments qu'il avait manifestés à l'égard de la Convention, il resta caché, jusqu'au neuf thermidor, à Servan, près de Lyon, chez Mme Dufrénoy, connue pour ses vers érotiques, et dont il avait gagné les bonnes grâces. En 1796, il obtint la chaire de professeur de littérature à l'Ecole centrale établie à l'ancien collège des Quatre-Nations, et, lors de la formation de l'Institut, il en fit partie comme membre de la classe de littérature et beaux-arts. Mais il dut se dérober de nouveau, le 18 fructidor, à la déportation qui le menaçait, à cause de sa collaboration au *Mémorial*, feuille royaliste. Il passa alors en Angleterre, fut bien accueilli par les émigrés français et se lia d'amitié avec Châteaubriand. A leur retour en France, après le 18 brumaire, tous deux entreprirent la rédaction du *Mercure*, pour laquelle ils s'adjoignirent La Harpe, Esménard et de Bonald. Le 4 pluviôse an VIII, le premier consul ayant fait célébrer une fête funèbre en l'honneur de Washington, mort à la fin de l'année précédente, Fontanes fut désigné pour prononcer dans l'église des Invalides, alors le Temple de Mars, l'éloge du libérateur de l'Amérique. Le succès de ce discours, l'intimité de son auteur avec Mme Bacciochi (Elisa Bonaparte, l'aînée des sœurs du premier consul), et les manifestations de dévouement qu'il multiplia alors, assurèrent sa fortune politique. Le 4 nivôse an IX, il demanda une place à Lucien Bonaparte, ajoutant : « Il n'y a de places convenables pour moi que celles qui m'attachent à votre famille; c'est mon dernier mot. » Il renouvela sa requête le 28 germinal suivant : « En dépit de quelques alarmes, écrit-il, je me confie entièrement à la fortune du premier consul, » et, plus loin, il conseille le rétablissement du culte, pensant, comme Platon : « Point de culte, point de gouvernement. On peut rire des augures, ajoute-t-il, mais il est bon de manger avec eux les poulets

sacrés. » Lucien l'attacha à l'administration du ministère de l'Intérieur, et, le 14 pluviôse an X, le Sénat conservateur l'élut député au Corps législatif. Son admiration pour le premier consul ne fit que s'accroître, et, le 4 octobre 1803, il écrivait à son ami Châteaubriand, alors secrétaire de légation à Rome : « Je crois fermement, depuis le 18 brumaire, que le premier consul changera et réformera le monde; il sera une grande époque historique. Attachons-nous fortement à la destinée de celui qui mènera tous les autres. » Membre de la Légion d'honneur (4 frimaire an XII), membre de l'Institut réorganisé (1803) et de la commission qui prépara le Concordat avec le pape, constamment investi des fonctions de président du Corps législatif, de 1804 à la fin de 1808, il n'avait guère, en vertu des constitutions impériales, d'autres occasions, à ce dernier titre, de prendre la parole, que les circonstances officielles où il était admis à haranguer l'empereur, au nom de tous ses collègues, par exemple à l'ouverture et à la clôture des courtes sessions de l'Assemblée. Il apporta dans cette tâche un tel esprit d'adulation que l'empereur lui-même en fut excédé, et que la publication du recueil des discours de Fontanes ne fut jamais autorisée. En 1806, comme le président du Corps législatif avait fait insérer dans le *Mercure* l'apologie d'un livre qui faisait un éloge sans réserve du pouvoir absolu, on prétend que Napoléon lui dit à ce sujet : « Pour Dieu! monsieur de Fontanes, laissez-nous au moins la république des lettres. » Fontanes n'en fut pas moins réélu le 18 février 1807, par le Sénat, député au Corps législatif, et placé, le 17 mars 1808, avec le titre de *grand-maître*, à la tête de l'Université reconstituée. A ces honneurs il joignit bientôt le titre de comte de l'Empire (3 juin 1808); puis il fut nommé, le 5 février 1810, membre du Sénat conservateur. Comme chef de l'Université, le rôle de Fontanes se réduisit à peu de chose; il se borna à seconder les efforts de l'empereur pour rendre avant tout militaire le système général de l'éducation. Fontanes ne fut pas des derniers à voter, le 1er avril 1814, la déchéance de Napoléon, et, le 6 du même mois, il fit parvenir au gouvernement provisoire l'adhésion de l'Université aux actes du Sénat. Il fut, le 9 avril, confirmé dans l'exercice de ses fonctions de grand-maître, et le 3 mai, jour de l'entrée de Louis XVIII à Paris, il adressa au roi un discours enthousiaste. Le 18 mai, il fit partie du comité de Constitution, y vanta le système électoral de l'empire et soutint qu'il n'y avait pas de gouvernement possible avec la liberté de la presse. Lorsque le Sénat conservateur fit place (juin 1814) à la Chambre des pairs, Fontanes fut appelé par le roi à y siéger. Mais il se vit alors l'objet d'attaques réitérées : un pamphlet, intitulé l'*Université et son grand-maître*, donna le signal d'une guerre des plus vives contre lui : l'organisation de l'Université fut modifiée au mois de février 1815, et la dignité de grand-maître se trouva supprimée. Fontanes reçut en compensation le grand cordon de la Légion d'honneur. Absent de Paris pendant les Cent-Jours, il présida, après le second retour des Bourbons, le collège électoral du département des Deux-Sèvres, et, le 19 septembre 1815, fut nommé membre du conseil privé. Rentré à la Chambre des pairs, il y vota *contre* la mort du maréchal Ney, et ne se fit point remarquer à la tribune. Jusqu'en 1819, il soutint le système ministériel du duc Decazes, puis il se rapprocha du parti des ultras. Par lettres patentes du 31 août

1817, Louis XVIII conféra à Fontanes le titre de marquis. Membre de l'Académie française et président (1821) de la « Société des bonnes lettres », dont le but était de combattre l'envahissement des idées libérales, Fontanes mourut la même année, à Paris. Il laissait plusieurs ouvrages manuscrits, parmi lesquels un poème sur la *Grèce délivrée*, des odes inédites, etc. Il eut pour successeur à l'Académie M. Villemain, qu'il avait en quelque sorte désigné lui-même, avant de mourir, aux suffrages de ses collègues. Ses œuvres complètes ont été publiées en 1839, par les soins de Sainte-Beuve. Napoléon Ier, qui avait assez peu d'estime pour le caractère de Fontanes, appréciait davantage la distinction de son talent d'écrivain, mais il ajoutait, en se frappant la poitrine : « Tout cela est bien, seulement il n'y a pas de *ça!* » En 1874, le nom de Fontanes fut donné par M. de Fourtou, alors ministre de l'Instruction publique, au lycée Condorcet, qui, depuis, a repris son ancien titre. Le nom de Fontanes a été donné du moins au lycée de Niort.

FONTANGES (FRANÇOIS DE), député en 1789, né à Clermont-Ferrand (Puy-de-Dôme) le 8 mars 1744, mort à Autun (Saône-et-Loire) le 26 janvier 1806, était issu d'une famille d'ancienne noblesse. Il se destina au sacerdoce, devint aumônier de la reine Marie-Antoinette, fut sacré évêque de Nancy le 13 août 1783, nommé archevêque de Bourges en 1787, et, en 1788, archevêque de Toulouse, en remplacement de M. de Brienne. Il fit planter de mûriers les rives de l'Agout, et créa à Lavaur une filature de soie avec les procédés inventés par Vaucanson. Le 1er avril 1789, la première sénéchaussée du Languedoc, celle de Toulouse, le nomma, par 503 voix sur 550 votants, député du clergé aux Etats-Généraux. Il prit place à la droite de l'Assemblée, combattit, le 4 mai 1790, le rapport présenté sur les troubles religieux, et ne tarda pas à quitter la France. Il passa le temps de l'émigration en Suisse, en Piémont, en Italie, puis en Angleterre. Le 18 brumaire mit fin à son exil. En 1802, il fut nommé évêque d'Autun, et il mourut dans cette ville en 1806.

FONTCHATEAU (CONRAD PROVANÇAL, MARQUIS DE), député en 1789, né et mort à Tarascon, à des dates inconnues, fut élu, le 6 avril 1789, par la sénéchaussée d'Arles, député de la noblesse aux Etats-Généraux. Il eut un rôle parlementaire très effacé.

FONTEMOING (JEAN-BAPTISTE), député au Corps législatif de l'an XI à 1806, né à Libourne (Gironde) le 11 janvier 1736, mort à Libourne le 11 août 1806, « fils de Raymond Fontemoing et de Jeanne Laveau, » négociant à Libourne et président du tribunal de commerce, fut élu, le 9 thermidor an XI, par le Sénat conservateur, député de la Gironde au Corps législatif, où il siégea jusqu'à sa mort.

FONTENAY (HENRI, COMTE DE), député au Conseil des Anciens et au Corps législatif de l'an VIII à 1807, né à Tours (Indre-et-Loire) le 30 novembre 1753, mort à Paris le 14 octobre 1834, était issu d'une famille noble du Perche. Il fut au nombre des députés suppléants du tiers aux Etats-Généraux de 1789 ; mais il ne fut pas appelé à siéger dans l'Assemblée. Membre du comité provisoire de Tours jusqu'à la fin de 1790, officier municipal deux fois élu, en 1790 et 1791, il devint, en outre, en 1791, commandant de la garde nationale de Marolles, et conserva ce grade jusqu'en 1793. Il fut quelque temps préposé au recrutement ; en novembre, arrêté comme ci-devant noble, et traduit devant une commission militaire, il fut acquitté. Henri de Fontenay exerça alors les fonctions d'assesseur du juge de paix, celles d'agent national, d'administrateur du district (an III), etc. Le 23 vendémiaire an IV, il fut élu, par 128 voix sur 236 votants, député d'Indre-et-Loire au Conseil des Anciens. Comme il se trouvait inscrit sur une liste d'émigrés, il fut d'abord exclu des fonctions de législateur « jusqu'à la paix générale » ; mais il réussit à se faire rayer de la liste, et obtint sa réintégration dans le Conseil, à la suite d'une curieuse lettre qu'il adressa au rapporteur de la commission chargée de statuer sur son cas :

« Ce nivôse an IV de la République française.

Le représentant du peuple Henri Fontenay, au représentant du peuple Génissieux, rapporteur de la commission de vérification de pouvoirs.

Citoyen collègue, j'ai déclaré aux archives, le 13 brumaire an IV, que j'étais dans le cas de l'article 2 de la loi du 3 brumaire, pour avoir été porté sur une liste d'émigrés à trente lieues de mon domicile ; qu'ayant obtenu ma radiation provisoire, je n'avais pas encore ma radiation définitive, parce que je n'avais pas jusqu'à ce jour, c'est-à-dire jusqu'à mon arrivée à Paris, *fait aucune démarche à cette fin.*

J'ai déclaré, en outre, être dans le cas des exceptions de l'article 4.

J'ai dû être étonné que, malgré cette déclaration, la commission n'ait pas appliqué les exceptions réclamées, et qu'elle n'ait pas motivé le refus de cette application.

Si elle a, sur le rapport d'autrui ou sur ses conjectures, interprété ma déclaration, j'ai dû être affligé qu'elle ne m'ait pas entendu avant d'adopter l'un ou les autres, parce que j'ai dû penser qu'une explication la plus légère eût prévenu le scandale d'une désignation personnelle.

J'ai déclaré être dans les exceptions de l'article 4, maintenant je le prouve :

« Ceux-là sont exceptés qui ont été membres de l'une des trois assemblées nationales, qui, depuis l'époque de la Révolution, ont rempli des fonctions publiques au choix du peuple, ou qui obtiendront leur radiation définitive. »

Or je réunis au moins deux des cas d'exception portés dans cet article, puisque, d'un côté, j'ai rempli *sans interruption, depuis l'époque de la révolution, des fonctions publiques au choix du peuple,* et que d'ailleurs les délais de ma radiation définitive, qui ne peut offrir aucune difficulté, ne peuvent m'être imputés. »

Suivent ses états de services.

« J'ai été porté sur une liste d'émigrés dans le département d'Eure-et-Loir, à trente lieues de celui d'Indre-et-Loire, où est mon domicile.

Il est à observer que j'avais fourni régulièrement, dans la commune du chef-lieu de mes propriétés d'Eure-et-Loir, des certificats de résidence qui avaient été enregistrés au district de Nogent ; et que le particulier ou les particuliers qui m'ont fait porter sur la liste des émigrés, font partie de la commune de Condreceau, où je possède peu de chose, commune voisine, mais différente de celle du chef-lieu de mes propriétés, et sont allés non pas à Nogent, distant de deux lieues, où ma résidence était justifiée, mais à Chartres, éloigné de dix lieues, et chef-lieu du département, où je n'avais pas dû la justifier.

Aussitôt que je fus informé, j'adressai mes pétitions à Nogent et à Chartres, et je reçus, huitaine après, ma radiation provisoire par arrêté du 2 brumaire an III.

A cet arrêté était jointe une lettre de l'un des administrateurs, qui m'assurait de l'envoi de mes pièces à Paris et m'engageait à la plus parfaite tranquillité.

Il y a donc un an que mes pièces sont dans les bureaux des comités et fonctionnaires publics. Ai-je dû quitter mon poste ou m'occuper d'une radiation définitive impérieusement exigée par la production des pièces qui n'offrent pas la plus légère complication ni difficulté, puisque le tout consiste dans ma pétition et un certificat de résidence de la municipalité de Tours, dûment en forme? N'ai-je pas dû croire que j'obtiendrais justice? et les délais à cet égard peuvent-ils m'être imputés?

Le 5, ayant eu connaissance de la loi du 3 brumaire, je voulus, avant d'entrer au Corps législatif, obtenir ma radiation définitive. J'allai à cet effet avec un collègue (d'Indre-et-Loire) au comité de sûreté, et il me fut répondu, sur ma demande, que ni comité, ni aucun pouvoir n'avait alors l'attribution.

N'est-il pas évident que si aucun pouvoir n'a l'attribution, on ne peut m'imputer le défaut de radiation définitive? N'est-il pas évident que, si je suis pourvu de tous les moyens de l'obtenir, s'il ne me manque à cet effet que l'existence d'un pouvoir qui ait l'attribution, et que, si j'ai cherché ce pouvoir, j'ai droit à l'exception qui résulterait de cette radiation? Si le défaut d'attribution est déjà une calamité en général, dois-je, ou la portion du peuple que je représente, supporter une extension particulière de cette calamité, qui n'est point du fait de mes commettants, ni du mien? Non sans doute, puisque, si cela était dans l'espèce dont il s'agit, un ou deux individus pourraient, par des inscriptions sur des listes d'émigrés, tromper et annuler tous les choix du peuple, et rendre illusoires ses droits les plus sacrés.

Certes, je n'ai cherché ni ambitionné les fonctions auxquelles je suis appelé; mes concitoyens m'ont donné, en me nommant, un gage de confiance et d'estime, et je leur dois de consolider l'effet de leur suffrage lorsque cet effet n'est réellement détruit ni suspendu par aucune loi.

Salut et fraternité.

Signé : HENRI FONTENAY. »

Favorable au coup d'Etat de brumaire, Henri de Fontenay fut désigné par le Sénat pour représenter le département d'Indre-et-Loire au Corps législatif; il y siégea jusqu'en 1807. Membre de la Légion d'honneur le 4 frimaire an XII, il fut nommé, en outre, officier et trésorier de la 15e cohorte de cette légion, dont le chef-lieu était Chambord.

FONTENAY (JEAN-PAUL-ANDOCHE DE), député de 1824 à 1830, né à Autun (Saône-et-Loire) le 24 novembre 1771, mort à Beaune (Côte-d'Or) le 22 avril 1849, fils d'un mousquetaire du roi, depuis lieutenant général au bailliage d'Autun, servit dans les armées du roi, et fut officier aux chasseurs des Vosges (1787-1791). Propriétaire, maire de Sommant (Saône-et-Loire), chevalier de Saint-Louis et conseiller général (1812-1831), il fut élu, le 6 mars 1824, député de Saône-et-Loire, au grand collège, par 196 voix (346 votants, 444 inscrits), et fit partie de la majorité ministérielle de la Chambre. « On le dit naturellement indépendant, écri-

vait en 1826 un biographe parlementaire, mais si bon, que s'il lui arrive de ne pas voter contre les ministres, c'est uniquement dans la crainte de leur faire de la peine. » M. de Fontenay fut réélu député le 17 novembre 1827, par le 3e collège de Saône-et-Loire (Autun), avec 101 voix sur 187 votants et 207 inscrits, contre 77 à M. de Montépin. Il soutint le ministère Polignac, ne fut pas des 221, et, réélu encore, le 23 juin 1830, par 115 voix (207 votants, 227 inscrits), contre M. de Montépin, 81, il refusa d'adhérer au gouvernement issu de la révolution de juillet, en donnant sa démission de député par la lettre suivante :

« Paris, 16 août 1830.

« Monsieur le Président,

« Député, nommé par des électeurs qui avaient ainsi que moi prêté serment de maintenir la Charte constitutionnelle, j'ai vainement cherché dans ce pacte fondamental un article qui pût m'investir du droit de disposer de la couronne de France, ou de changer la Constitution.

« La question ainsi clairement posée, ma conscience répond : Que je n'ai plus aucun mandat pour prendre part aux délibérations de la Chambre que vous présidez.

« J'ai l'honneur, etc...

« P. DE FONTENAY,

« *député de Saône-et-Loire*. »

FONTENAY (JEAN-MARIE CLIQUET, COMTE DE), pair de France, né à Dunkerque (Nord) le 11 mars 1755, mort à Bourges (Cher) le 13 octobre 1824, fils d'un riche armateur de Dunkerque, fit ses études théologiques dans la congrégation de Saint-Sulpice, et fut nommé chanoine, puis grand-vicaire de Chartres. Emigré au moment de la Révolution, il ne rentra en France qu'en 1802, et fut alors nommé vicaire-général de Bourges, sous l'archiépiscopat de M. de Mercy. Le comte de Fontenay eut la plus grande part à l'administration de cette province ecclésiastique jusqu'en 1817, époque à laquelle Louis XVIII le promut à l'évêché du Puy, d'où il passa bientôt après au siège de Nevers. L'archevêché de Bourges étant devenu vacant, en 1820, par la mort de M. des Gallois de la Tour, M. de Fontenay, nommé pour lui succéder, fut sacré le 24 septembre de la même année. Créé pair de France, le 20 mars 1824, il mourut à Bourges le 13 octobre suivant.

FONTENOY (DE) . — *Voy.* PERNOT.

FONTETTE (AIMÉ-FRANÇOIS-EMMANUEL ORCEAU, BARON DE), député de 1827 à 1830, né à Caen (Calvados) le 25 décembre 1763, mort en 1840, fils de François-Jean Orceau de Fontette, qui fut intendant de la généralité de Caen, n'avait personnellement aucun antécédent politique, lorsqu'il fut élu, le 24 novembre 1827, par 294 voix (499 votants, 610 inscrits), député du Calvados, au collège de département. Il siégea jusqu'en 1830 et vota avec les royalistes constitutionnels.

FONTETTE (EMMANUEL-LOUIS ORCEAU, COMTE DE), député de 1842 à 1846, né à Caen (Calvados) le 29 octobre 1805, mort au château de Monts (Calvados) le 2 mai 1887, fils du précédent, avocat, fut élu, le 9 juillet 1842, député du 2e collège du Calvados (Caen), par 254 voix (457 votants, 566 inscrits), contre 198 à M. Delacour. Il siégea assez obscurément dans la majorité gouvernementale, et échoua, lors du renouvellement de la Chambre, le 1er août 1846, avec 243 voix contre 441 accordées à M. Delacour, élu.

FORBIN DES ISSARTS (JOSEPH-CHARLES-LOUIS-HENRI, MARQUIS DE), député de 1815 à 1816, de 1820 à 1827 et pair de France, né à Avignon (Vaucluse) le 25 août 1775, mort à Avignon le 12 février 1851, était fils « de haut et puissant noble sieur Jean-Baptiste-Ignace-Isidore, comte de Forbin des Issarts, chevalier, capitaine dans les troupes du roi de France, et de noble et illustre dame Magdeleine-Léontine d'Arcussia. Il émigra dès le début de la Révolution, entra au service de l'Espagne, et prit part dans la marine à toutes les guerres contre la France; il se fit notamment remarquer au siège de Toulon. De retour en France en 1813, il refusa de se rallier au gouvernement impérial, acclama les Bourbons l'année suivante, fut nommé lieutenant des gardes du corps et chevalier de Saint-Louis; puis il accompagna Louis XVIII à Gand, et rentra lors de la seconde Restauration, qui le fit colonel d'état-major et président du collège électoral de Vaucluse. Le 22 août 1815, Forbin des Issarts fut élu, par 87 voix sur 119 votants et 184 inscrits, député de Vaucluse (au collège de département). Il siégea dans la majorité et prit la parole dans le débat relatif à la priorité de la délibération entre la loi des finances et la loi électorale. « Si M. Lainé, président de la Chambre des députés en 1816, écrivait plus tard un biographe parlementaire, n'avait pas eu une vive altercation avec M. de Villèle, au sujet de l'ordre du jour, les talents législatifs de M. Forbin des Issarts seraient peut-être encore inconnus; mais dans l'occasion que nous venons d'indiquer il développa, en appuyant le futur ministre des finances, une telle force de poumons et une si puissante logique d'opiniâtreté, qu'ils décelèrent dans ce député un des talents les plus remarquables pour demander l'ordre du jour et la clôture. » Son mandat expiré, Forbin des Issarts ne fut réélu député que le 13 novembre 1820, par le même collège, avec 62 voix (126 votants, 172 inscrits). Il soutint ardemment le ministère. Au mois de juin 1822, il fit publier dans la *Quotidienne* une réponse à une lettre de Benjamin Constant qui avait paru dans le *Courrier Français* et le *Constitutionnel :* un duel s'ensuivit. Souffrant, Benjamin Constant ne pouvait se tenir debout; des chaises furent apportées, les deux combattants s'y assirent à dix pas l'un de l'autre et échangèrent deux coups de pistolet, sans résultat. « Ce sont là de ces duels, écrivait le biographe cité plus haut, que peuvent seuls se permettre des députés sûrs de leur inviolabilité. » Maréchal de camp le 17 août 1822, conseiller d'Etat en service ordinaire en 1823, le marquis de Forbin des Issarts fit partie à la Chambre de la commission chargée d'examiner la proposition tendant à exclure de la salle des séances le député Manuel. Réélu député, le 6 mars 1824, par 95 voix (131 votants, 175 inscrits), il continua de voter avec les ultra-royalistes de la majorité ministérielle, jusqu'au jour (5 novembre 1827) où il fut nommé pair de France par Charles X. Le marquis de Forbin des Issarts fut du nombre des pairs exclus de la Chambre haute en 1830; il se retira en Provence, où il resta désormais étranger à la politique. Il était conseiller général de Vaucluse.

FORBIN-JANSON (CHARLES-THÉODORE-PALAMÈDE-ANTOINE-FÉLIX DE), pair des Cent-Jours,

né à Paris le 14 juin 1783, mort à Paris le 4 juin 1849, de la même famille, mais d'une autre branche que le précédent, suivit les siens en émigration et ne revint en France qu'après le 18 fructidor. Son père avait dû à une naturalisation allemande sa radiation de la liste des émigrés; le jeune Forbin-Janson vécut donc d'abord en France comme étranger, avec le titre officiel de chambellan du roi de Bavière. En 1806, il sollicita un emploi de Napoléon; mais la paix signée après la journée d'Austerlitz rendit cette démarche inutile. Ayant renouvelé sa demande après les désastres de Russie, il fut agréé par l'empereur en qualité de chambellan. Nommé, en 1814, chef de légion des gardes impériales de la Nièvre, il quitta ce poste presque aussitôt, pour lever un corps de partisans destiné à agir sur les derrières de l'armée autrichienne qui occupait la Bourgogne. Avec quinze ou dix-huit cents hommes, mal armés et équipés, il réussit à intercepter les communications de l'ennemi et à se livrer avec avantage à une suite d'escarmouches et de surprises de postes, qui, d'ailleurs, n'influèrent pas sur la marche des événements. Après l'abdication, M. de Forbin-Janson se rendit à Paris. Les partisans de la royauté le tinrent à l'écart de leurs conseils, le considérant comme un ennemi dangereux. Mais les Cent-Jours le rappelèrent aux honneurs. Il assista à l'entrée de Napoléon aux Tuileries, fut nommé colonel de cavalerie et, peu de jours après (2 juin 1815), pair de France. Il fit la campagne de Waterloo dans l'état-major impérial et fit ensuite partie, comme secrétaire de la Chambre des pairs (il remplaçait le comte de Valence, absent), du grand conseil tenu aux Tuileries et où ne furent appelés que les membres du gouvernement provisoire, les maréchaux, les présidents et secrétaires des deux Chambres. Il s'agissait de délibérer si notre armée, composée des débris de Waterloo, à laquelle venaient de se réunir le corps du maréchal Grouchy et les dépôts des corps rappelés de tous les points de la France, livrerait une nouvelle bataille sous les murs de Paris ou se retirerait derrière la Loire, laissant Paris dans l'obligation de capituler. Le président du gouvernement, Fouché, parla en faveur de ce dernier parti, le seul possible, le seul convenable, dit-il, dans l'extrémité où nous étions réduits. Mais Forbin-Janson représenta avec force la honte dont une telle résolution pouvait nous couvrir; son avis ne fut pas écouté, et sa protestation contre l'évacuation de Paris lui valut d'être inscrit sur la liste de proscription, dite des « Trente-Huit », qui fut signée par Louis XVIII quelques jours après. Il se rendit en exil, refusa, dans une lettre qui fut livrée à l'impression sous ce titre : *Lettre du comte de Forbin-Janson à M. le comte Decazes,* de solliciter sa grâce, et ne revint en France qu'en 1820. Depuis lors, il resta étranger à la politique, s'occupa d'agriculture et fonda, dans le département de Vaucluse, une importante manufacture de sucre indigène.

FORCADE DE LA ROQUETTE (JEAN-LOUIS-VICTOR-ADOLPHE), sénateur du second Empire, ministre et député au Corps législatif en 1870, né à Paris le 8 avril 1820, mort à Paris le 15 août 1874, fils d'un juge de paix de Paris de 1811 à 1846 et frère utérin du maréchal Saint-Arnaud (*v. ce nom*), fit son droit à Paris et s'inscrivit en 1841 comme avocat à la cour d'appel. Il prononça, en 1845, le discours de rentrée à la conférence des avocats, sur ce sujet : *Le barreau sous Louis XIV.* Docteur en droit l'année suivante, il n'eut, jusqu'en 1851, qu'un rôle assez effacé; mais son adhésion au coup d'Etat de décembre décida de sa fortune politique. Membre du conseil général de la Gironde de 1852 à 1867, sept fois président de ce conseil, il fut nommé maître des requêtes dès la réorganisation du conseil d'Etat (janvier 1852), remplit quelque temps les fonctions de directeur des forêts à Bordeaux, devint directeur général de cette administration à Paris en 1857, et, deux ans après, fut promu directeur général des douanes et des contributions indirectes; il recevait aussi le titre de conseiller d'Etat en service extraordinaire, pour pouvoir se présenter aux Chambres comme commissaire du gouvernement. M. Forcade de la Roquette n'occupait pas depuis plus d'une année ce poste important, lorsqu'il fut désigné, par décret du 28 novembre 1860, pour prendre, en remplacement de M. Magne, le portefeuille des finances. L'acte principal de son administration fut l'émission des obligations trentenaires, émission préparée, du reste, par son prédécesseur, en vue de créer des ressources spéciales sans augmenter la dette consolidée. Le 12 novembre 1861, M. Forcade de la Roquette fut remplacé aux finances par M. Fould, puis appelé (14 novembre) au Sénat impérial et, à quelque temps de là, envoyé en mission en Algérie pour y étudier diverses questions de colonisation et de commerce. Le 18 octobre 1863, il fut nommé vice-président du conseil d'Etat. Le 20 janvier 1867, M. Forcade de la Roquette fut rappelé au ministère, avec le portefeuille de l'Agriculture, des Travaux publics et du Commerce, en remplacement de M. Béhic. Il eut, pendant les sessions parlementaires de 1867 et 1868, à soutenir plusieurs fois les vives attaques des orateurs de l'opposition, relativement aux travaux publics, aux chemins de fer, etc. Il présida à l'organisation de l'exposition maritime internationale du Havre. Enfin, le 17 décembre 1868, il accepta le portefeuille de l'Intérieur, laissé vacant par la démission de M. Pinard, continua le système de répressions inauguré par ses devanciers à l'égard des délits politiques, appliqua sans ménagement les lois récentes sur la presse et le droit de réunion, et remania pour les élections législatives de 1869 les circonscriptions électorales, de la façon la plus favorable à l'action administrative. Combattu pour ce fait à la tribune du Corps législatif, il revendiqua toute la responsabilité des mesures qu'il avait prises, et essaya de justifier la théorie et la pratique de la candidature officielle. Lorsque, cédant à la manifestation des 116, qui demandaient le retour au régime parlementaire, l'empereur crut devoir introduire dans la Constitution certaines modifications libérales, M. Forcade de la Roquette donna sa démission avec tous ses collègues; mais, dans le remaniement ministériel qui eut lieu (17 juillet 1869), son portefeuille lui fut aussitôt rendu. Il se plia alors aux exigences d'une situation nouvelle et montra, à l'égard de la presse, une tolérance plus large que par le passé. Toutefois, il prit la parole au Sénat pour s'élever contre les théories démocratiques émises dans cette Assemblée par le prince Napoléon (septembre 1869). Bientôt, d'ailleurs, il se rallia tout à fait à l'Empire « libéral », et quoique démissionnaire le 29 décembre, pour faire place au cabinet présidé par M. Emile Ollivier, il se déclara prêt à soutenir la politique nouvelle inaugurée par le gouvernement. En effet, il quitta le Sénat pour se présenter au Corps législatif dans la 2ᵉ circonscription du Lot-et-Garonne, et il fut élu député, le 10 janvier

1870, en remplacement de M. de Richemont, par 20,311 voix (25,878 votants, 35,026 inscrits), contre 5,350 voix à M. de Langsdorff. M. Forcade de la Roquette devenu, avec son ancien collègue M. Pinard, et M. Jérôme David, un des chefs de la droite au Palais-Bourbon, vota le plus souvent avec la fraction « parlementaire » de la majorité. Après le 4 septembre 1870, il se retira dans la Gironde, passa de là en Espagne, et ne revint en France que six mois après. Il tenta vainement de se faire réélire conseiller général de la Gironde, dans le canton de Sauveterre, qu'il avait déjà représenté, et échoua encore, le 20 octobre 1872, aux élections complémentaires qui eurent lieu dans ce département, pour l'Assemblée nationale; il réunit 47,041 voix, comme candidat impérialiste, contre 66,308 à M. A. Caduc, républicain. Il mourut subitement à Paris, le 15 août 1874. — Partisan zélé du libre-échange, M. Forcade de la Roquette a laissé quelques écrits sur des matières économiques. Il était grand-officier de la Légion d'honneur du 2 avril 1864.

FORCIOLI (Dominique), sénateur de 1883 à 1888, né à Ajaccio (Corse) le 6 avril 1838, était avocat à Constantine, lorsqu'il se présenta, aux élections législatives du 21 août 1881, comme candidat radical, dans la 1ʳᵉ circonscription de Constantine, où il échoua avec 1,676 voix, contre 2,805 données au député sortant, opportuniste, M. Thomson, et 218 à M. Louis Say. M. Thomson ayant opté pour la 2ᵉ circonscription de Constantine, les électeurs de la 1ʳᵉ circonscription, convoqués à nouveau le 4 décembre 1881, donnèrent la majorité au candidat républicain, M. Treille, avec 2,421 voix contre 2,298 à M. Forcioli. Lors de l'élection sénatoriale qui eut lieu le 7 octobre 1883, dans le département de Constantine, pour remplacer M. Lucet, décédé, M. Forcioli fut élu sénateur par 53 voix sur 97 votants, contre 44 à M. de Cerner. Il prit place dans le petit groupe de l'extrême-gauche à la Chambre haute, soutint les ministères républicains, et se rallia à la politique inaugurée par le général Boulanger. Au renouvellement triennal du 5 janvier 1888, M. Forcioli échoua dans son département avec 89 voix contre 94 données à l'élu, M. Lesueur.

FOREL (Pierre-Louis-Joseph-Carlos), représentant du peuple en 1848 et en 1849, né à Nancy (Meurthe) le 27 octobre 1795, mort à Paris le 28 janvier 1872, appartenait à une famille de négociants. En 1815, il se rendit comme volontaire à l'armée de la Loire. Inquiété pour ses opinions libérales, il dut s'éloigner momentanément de France en 1820. En 1825, il s'allia à la famille Kœchlin, de Mulhouse, et devint l'associé de la maison de filature Nicolas Kœchlin et frères. Puis il voyagea en divers pays, notamment en Angleterre. Conseiller municipal et adjoint au maire de Mulhouse après 1830, il fut, en 1847, un des promoteurs du banquet réformiste de Colmar, et fut élu, le 23 avril 1848, le 3ᵉ sur 11, par 69,432 voix (85,950 votants, 106,755 inscrits), représentant des Vosges à l'Assemblée constituante. Il siégea à gauche, fit partie du comité du travail, et vota avec les républicains modérés : contre le rétablissement du cautionnement, contre les poursuites contre Louis Blanc et Caussidière, pour l'abolition de la peine de mort, contre l'amendement Grévy, contre le droit au travail, pour l'ordre du jour portant que le général Cavaignac a bien mérité de la patrie, contre la proposition Rateau, contre l'interdiction des clubs, contre les crédits de l'expédition de Rome, pour l'amnistie, pour l'abolition de l'impôt des boissons, etc. Réélu à la Législative par le même département, le 13 mai 1849, avec 18,435 voix (71,000 votants, 116,982 inscrits), il siégea à gauche, fit partie de la minorité démocratique et se prononça notamment *contre* les poursuites intentées à plusieurs représentants après l'affaire du 13 juin, *contre* la loi Falloux-Parieu sur l'enseignement, *contre* la loi restrictive du suffrage universel. Il combattit la politique de l'Elysée, et quitta la vie politique au coup d'Etat de 1851.

FOREST (JACQUES), membre de la Convention, député au Conseil des Cinq-Cents, né à Roanne (Loire) le 19 novembre 1733, mort à Roanne le 28 novembre 1812, fut, en 1790, élu par ses concitoyens juge au tribunal de district de Roanne, puis, le 8 septembre 1792, membre de la Convention pour le département de Rhône-et-Loire, le 11e sur 15, avec 435 voix (809 votants). Il siégea parmi les modérés, et, dans le procès de Louis XVI, se prononça contre l'appel au peuple, en disant : « Citoyens, soit que les représentants du peuple se considèrent comme des juges, soit qu'ils se considèrent comme investis de ce double caractère, je dis que la sanction ne peut pas être considérée comme un acte de souveraineté ; je dis *non.* » Sur l'application de la peine (3e appel nominal) il vota en ces termes : « Mon opinion est pour la détention jusqu'à la paix, et ensuite pour le bannissement. » Partisan des Girondins, Forest fut impliqué dans leur procès, décrété d'arrestation le 11 juillet 1793, il passa de longs mois en prison, et fut rappelé dans l'Assemblée le 18 fructidor an III. Après le coup d'Etat du 18 brumaire, il fut nommé juge au tribunal d'appel de la Loire (19 germinal an VIII).

FOREST (JEAN-NICOLAS), représentant à la Chambre des Cent-Jours, né à Reims (Marne) le 30 novembre 1749, mort à Charleville (Ardennes) le 15 février 1827, était maire de cette dernière ville, où il avait exercé la profession de notaire, lorsqu'il fut élu, le 11 mai 1815, avec 60 voix sur 107 votants, représentant à la Chambre des Cent-Jours par le département des Ardennes ; il ne fit point partie d'autres législatures.

FOREST (BARTHÉLEMY), député de 1883 à 1889, né à Cluny (Saône-et-Loire) le 20 novembre 1813, étudia le droit et se fit inscrire en 1840 au barreau de Paris, où il conquit un rang honorable. Il fut, dans plusieurs causes, le défenseur des idées libérales et démocratiques, et plaida, notamment en 1872, pour M. Bordone, accusé de diffamation pour la publication de son ouvrage sur *Garibaldi et l'armée des Vosges*, et, en 1874, pour Raspail, pour raison de certains passages de son *Annuaire de la santé*, où le gouvernement avait relevé le délit d'apologie de faits qualifiés crimes. De 1874 à 1883, M. Forest représenta, au conseil municipal de Paris, le quartier du Palais-Royal. Lors de l'élection partielle du 9 septembre 1883, dans le 1er arrondissement de Paris, en remplacement de M. Tirard, nommé sénateur, il se présenta, comme candidat radical, obtint au premier tour de scrutin 3,269 voix, et fut élu député, au scrutin de ballottage, par 5,305 voix (8,384 votants, 14,889 inscrits), contre 2,764 voix à M. Despatys, conservateur. Il siégea à l'extrême-gauche, et vota le plus souvent avec ce groupe politique, notamment *contre* les crédits de l'expédition du Tonkin. Porté, aux élections générales du 4 octobre 1885, sur plusieurs listes

républicaines dans le département de la Seine, M. Forest fut élu au second tour (18 octobre), le 11e sur 34, par 287,092 voix (416,886 votants, 564,338 inscrits). Il vota avec les radicaux : *pour* la révision de la Constitution, *contre* les ministères Freycinet, Rouvier et Tirard, et soutint le cabinet Floquet. En dernier lieu, il s'abstint sur le rétablissement du scrutin d'arrondissement (11 février 1889), et se prononça *contre* l'ajournement indéfini de la révision de la Constitution, *pour* les poursuites contre trois députés membres de la Ligue des patriotes *contre* le projet de loi Lisbonne restrictif de la liberté de la presse, *pour* les poursuites contre le général Boulanger.

FOREST DE MASROURY (JEAN-PIERRE), député en 1789, dates de naissance et de mort inconnues, était curé d'Ussel au moment de la Révolution. Elu, le 21 mars 1789, député du clergé aux Etats-Généraux par la sénéchaussée de Tulle, il prêta le serment civique. Le 5 janvier 1791, il demanda la parole, sans pouvoir l'obtenir, dans l'intention, dit-il, de faire une déclaration sur le serment qu'il avait prêté. Là se borna son rôle parlementaire.

FORESTIER (PIERRE-JACQUES), membre de la Convention, né à Vichy (Allier) le 30 juillet 1739, mort à Genève (Suisse) le 31 mai 1823, était avocat en 1789. Il devint, au début de la Révolution, procureur-syndic du district de Cusset, et fut élu, le 6 septembre 1792, le 5e sur 7, « à la pluralité des voix, » député de l'Allier à la Convention. Il siégea à la Montagne, et vota, dans le procès de Louis XVI, pour « la mort dans les vingt-quatre heures ». Il fut envoyé en mission dans la Nièvre et dans l'Allier « pour y surveiller la fabrique d'armes de Moulins, chercher dans la Nièvre les complices de Chaumette et les faire conduire à Paris », et plus tard dans les Hautes-Pyrénées. Le 23 brumaire an II, il proposa de casser, comme étant de nature à alarmer les citoyens sur le sort de leurs propriétés, un arrêté ordonnant l'échange du numéraire pour des assignats. Membre de la Société des Jacobins, il en fut exclu le 6 frimaire. Le 8 fructidor, il prit à la Convention la défense d'un arrêté de Maignet, relatif aux affaires d'Aix ; à ce propos, il s'éleva contre la fureur des dénonciations et demanda qu'on ne pût à l'avenir porter contre un représentant des accusations dénuées de preuves. Dénoncé lui-même après la chute de Robespierre par des pétitionnaires de Moulins, qui l'accusaient d'avoir « jusqu'à la mort du tyran, fait trembler le département de l'Allier, » il se justifia dans la séance du 10 fructidor. Mais il ne put longtemps se soustraire aux poursuites de ses ennemis. Impliqué par la majorité thermidorienne dans les événements de prairial an III, il fut décrété d'arrestation, traduit devant la commission militaire, et condamné à la reclusion. « Quant à Pierre-Jacques Forestier, disait le jugement, comme rien ne prouve qu'il ait pris une part active aux événements du 1er prairial et jours suivants, qu'il est cependant prévenu de faits antérieurs au 12 germinal et au 1er prairial, la commission militaire ordonne que ledit Forestier sera reconduit dans la maison d'arrêt et y demeurera sous la surveillance du comité de sûreté générale pour prendre à son égard le parti qu'il croira convenable. » Une lettre écrite par lui, de sa prison, à l'Assemblée fut, le 9 messidor an III, renvoyée au comité de législation. A quelque temps de là, Forestier, ayant été compris dans l'amnistie dite du 4 brumaire, fut rendu à la liberté; il disparut de la scène politique.

FOREY (Elie-Frédéric), sénateur du second empire, né à Paris le 10 janvier 1804, mort à Paris le 20 juin 1872, fit ses études au collège de Dijon, fut admis à l'Ecole de Saint-Cyr en 1822, en sortit (1824) pour devenir bientôt officier instructeur au 2e léger, et prit part, en 1830, à l'expédition d'Alger. De retour en France, il était en garnison dans les Pyrénées (1835), lorsqu'il fut nommé capitaine. Chef de bataillon en 1840, il retourna en Afrique, où il fit quatre campagnes et gagna le grade de colonel (4 novembre 1844). Ses relations avec Cavaignac lui valurent en 1848 d'être promu général de brigade. Il se rallia ensuite à la politique de L.-N. Bonaparte, compta, au 2 décembre 1851, parmi les agents les plus dévoués du coup d'Etat, et fut nommé (1852) général de division et commandeur de la Légion d'honneur. Lors de la guerre de Crimée (1854), le général Forey fut mis à la tête de la division de réserve de l'armée d'Orient : il exerça quelque temps par intérim le commandement en chef devant Sébastopol, puis, rappelé sur sa demande, fut mis à la tête de la division d'Oran (1855). En 1857, il devint commandant de la première division de l'armée de Paris. Appelé à faire partie de la première division de l'armée des Alpes pendant la guerre d'Italie, il rencontra le premier les Autrichiens à Montebello, le 20 mai 1859 : le combat meurtrier qu'il leur livra les força à battre en retraite. Il fut fait, avant la fin de la campagne, grand-croix de la Légion d'honneur, puis sénateur (16 août 1859). Trois ans plus tard, à la suite de l'échec éprouvé devant Lorencez par le général Lorencez (le 5 mai 1862), le général Forey se vit chargé d'aller prendre au Mexique le commandement du corps expéditionnaire français. Pourvu en même temps du titre de ministre plénipotentiaire, et confident des secrètes intentions de Napoléon III, il commença, dès son débarquement à la Vera Cruz, le 7 septembre, par annoncer dans une proclamation que le peuple mexicain allait être appelé à choisir en toute liberté le gouvernement qui lui semblerait préférable; ce qui ne l'empêcha pas de mettre sous séquestre les biens des Mexicains soupçonnés d'hostilité à notre intervention, et de poursuivre les opérations militaires : il s'empara de Puebla après une vive résistance le 17 mai 1863, et, par une série de succès rapides, qui le conduisirent à Mexico (10 juillet), gagna, le 2 juillet, le bâton de maréchal de France. Après avoir formé, pour gouverner provisoirement le Mexique, un triumvirat indigène composé d'Almonte, de l'archevêque de Mexico et du général Palas, M. Forey remit son commandement au général Bazaine, le 1er octobre, et s'embarqua pour la France, où il fut nommé commandant du 2e corps d'armée (décembre 1863). Il ne cessa point, d'ailleurs, de s'intéresser aux opérations du gouvernement impérial dans le Mexique, et, le 10 février 1866, il dissipa, à la tribune du Sénat, les dernières illusions des amis de Maximilien, en déclarant que pour assurer le maintien du régime établi par nos troupes, il faudrait consentir à de nouveaux et considérables sacrifices d'hommes et d'argent. En 1867, le maréchal Forey commanda le camp de Châlons. Depuis lors, l'état de sa santé lui ayant interdit tout service actif, il resta étranger à la campagne de 1870-71, et mourut en 1872, à Paris.

FORFAIT (Pierre-Alexandre-Laurent), député en 1791, et ministre, né à Rouen (Seine-Inférieure) le 2 avril 1752, mort à Rouen le 8 novembre 1807, fils d'un marchand de toiles, fit de solides études scientifiques chez les jésuites de Rouen, et, par la protection du duc de Penthièvre, fut envoyé en 1773 à Brest, où il exerça jusqu'en 1782 la profession d'ingénieur-constructeur. Il devint membre de l'Académie royale de marine en 1781, et fut envoyé à Cadix comme sous-ingénieur sur la flotte commandée par le comte d'Estaing. De retour en France, il fut chargé de construire les premiers paquebots qui, en 1787, commencèrent une navigation régulière avec les Etats-Unis. Il venait de remplir en Angleterre, pour le ministère de la marine, une mission importante, quand il fut élu, le 7 septembre 1791, député de la Seine-Inférieure à l'Assemblée législative. Il siégea dans les rangs du parti constitutionnel, demanda à l'Assemblée des fonds pour les dépenses des colonies, fit activer les chantiers de construction de la marine, parla sur les désordres de Brest, qu'il accusa les sociétés populaires d'avoir fomentés, et fit décréter le paiement en numéraire de la solde des armées. Après la session, il se rendit au Havre, où il reprit ses fonctions d'ingénieur de la marine avec un tel succès, que le comité de salut public, malgré les dénonciations qui lui parvinrent contre Forfait, le laissa en liberté. Quant la France eut fait la conquête de la Belgique et de la Hollande, Forfait reçut à diverses reprises la mission d'aller examiner les côtes des deux pays; et ce fut sur ses conseils qu'on décida d'établir un port militaire à Anvers. Il se distingua encore en démontrant la possibilité de faire remonter directement, du Havre à Paris, les bâtiments d'une certaine dimension : le navire le *Saumon* mouilla au bas du pont Royal, le seizième jour après son départ du Havre. Après le coup d'Etat de brumaire, Bonaparte nomma Forfait ministre de la Marine. Installé le 2 frimaire an VIII, il organisa le service des travaux, créa les préfectures maritimes, décida la construction des douze divisions de chaloupes canonnières, et fit exécuter d'importantes améliorations dans le port de Boulogne. En butte aux attaques des envieux, il offrit plusieurs fois sa démission, qui fut acceptée par Bonaparte après la signature des préliminaires de la paix d'Amiens (9 vendémiaire an X). Forfait devint successivement conseiller d'Etat (30 frimaire an X), inspecteur général de la flottille destinée à lutter contre l'Angleterre, membre et commandeur de l'ordre de la Légion d'honneur (an XII), et préfet maritime au Havre, puis à Gênes. Toujours desservi près de l'empereur, il perdit encore dans une faillite la plus grande partie de sa fortune, en éprouva un violent chagrin, et mourut en 1807, des suites d'une attaque d'apoplexie. On a de lui un *Mémoire sur les canaux navigables* (1773); un *Traité élémentaire de la mâture des vaisseaux* (1788), entrepris par ordre du ministère de la marine d'alors pour l'instruction des élèves, et qui fit longtemps autorité; des *Observations sur l'établissement des milices bourgeoises et de la milice nationale de l'armée* (1789), les *Lettres d'un observateur de la marine* (1802), etc.

FORMON (Etienne-Joseph de), député de 1827 à 1830, né à Cayes (Saint-Domingue) le 15 décembre 1784, mort à Paris le 12 octobre 1854, suivit la carrière administrative et fut nommé maître des requêtes par le gouvernement de la Restauration. Le 17 novembre 1827, le 4ᵉ arrondissement électoral de la Loire-Inférieure (Savenay) l'élut député, par 54 voix sur 100 votants et 119 inscrits, contre 46 au comte de Quélhillac. Il siégea au côté droit, prit la défense de l'élection de M. Garnier-Dufougeray, qui fut annulée pour irrégularités graves dans la séance du 15 mars 1828, et vota contre l'adresse des 221. M. de Formon obtint sa réélection le 23 juin 1830, par 70 voix sur 128 votants et 138 inscrits. Il refusa le serment au gouvernement de Louis-Philippe, donna sa démission de député, et fut remplacé à la Chambre, le 6 novembre 1830, par M. Varsavaux.

FORNÉ (Jean-Jacques-Joseph), député de 1878 à 1885, né à Saint-Laurent-de-Cerdans (Pyrénées-Orientales) le 13 février 1829, s'établit comme docteur médecin à Amélie-les-Bains en 1855, et devint plus tard maire de la ville. Elu, le 27 janvier 1878, par 4,966 voix sur 5,136 votants et 11,371 inscrits, député de l'arrondissement de Céret, en remplacement de M. Massot, nommé sénateur, il prit place à l'Union républicaine, soutint le ministère Dufaure, vota au Congrès pour le retour du parlement à Paris et pour l'élection de M. Grévy à la présidence de la République, et se prononça pour l'invalidation de l'élection de Blanqui, pour l'article 7 de la loi sur l'enseignement supérieur, et pour l'application des lois aux congrégations non autorisées, etc. Réélu député, le 21 août 1881, par 5,455 voix (6,258 votants et 11,894 inscrits), contre 510 à M. Raynaud, M. Forné continua de s'associer aux opinions de la majorité opportuniste, appuya les cabinets Gambetta et Ferry, et vota les crédits de l'expédition du Tonkin. Au cours de cette législature, il se présenta sans succès (8 janvier 1882) comme candidat au Sénat dans les Pyrénées-Orientales : il ne réunit que 59 voix sur 272 votants. M. Forné échoua aussi au renouvellement de la Chambre des députés le 4 octobre 1885 : il obtint alors, sur la liste opportuniste de son département, 7,415 voix (39,931 votants). M. Forné est aujourd'hui (mai 1890) percepteur à Nogent-sur-Marne.

FORNIER DE CLAUZELLES (François-Gaspard), député de 1815 à 1824, né à Ax (Ariège) le 6 janvier 1763, mort à Toulouse (Haute-Garonne) le 18 avril 1843, était propriétaire à Ax. Dévoué à la cause royaliste, il fut élu, le 22 août 1815, par 85 voix (153 votants et 201 inscrits), député de l'Ariège, au collège de département. Il fit partie de la majorité de la Chambre introuvable. Réélu, le 4 octobre 1816, par 85 voix (129 votants, 193 inscrits), puis le 11 septembre 1819, par 157 voix (313 votants, 383 inscrits), il siégea constamment au côté droit, et vota pour les lois d'exception.

FORNIER DE SAINT-LARY (Bertrand-Pierre-Dominique), député en 1791, de 1811 à 1815, et de 1815 à 1824, né à Saint-Lary (Hautes-Pyrénées) le 11 mars 1763, mort à Montréjeau (Haute-Garonne) le 15 novembre 1847, se déclara, au début de la Révolution, partisan des idées nouvelles et, fut, en 1790, au nombre des délégués de son département à la Fédération. Mais ses opinions se modifièrent bientôt. Administrateur de son département, il fut élu député des Hautes-Pyrénées (2 septembre 1791) à l'Assemblée législative, le 3ᵉ sur 6, par 123 voix (205 votants), vota avec la minorité « constitutionnelle », et prit part à la défense des Tuileries le 10 août 1792. Pendant la Terreur, poursuivi comme royaliste, il dut se tenir caché jusqu'au 18 brumaire. Il quitta alors sa retraite, devint membre du conseil général des Hautes-Pyrénées, puis président du collège électoral de Bagnères, et, le 4 mai 1811, en vertu d'un acte du Sénat conservateur, député des Hautes-Pyrénées au Corps législatif. Après avoir soutenu le gouvernement impérial, il adhéra, en 1814, à la déchéance de Napoléon, s'attacha à la cause des Bourbons, et se fit remarquer par l'ardeur de son zèle monarchique. Le 27 juillet 1814, il présenta un projet d'adresse au roi « pour le supplier de communiquer à la Chambre l'état actuel de ses dettes », afin qu'elles fussent converties en dettes de l'Etat. A propos du budget, il vota pour que la dette arriérée fût portée sur le grand-livre, et demanda l'établissement d'une caisse d'amortissement indépendante. Il se prononça contre la prohibition absolue en matière de douanes. Le 28 décembre 1814, Louis XVIII le fit officier de la Légion d'honneur. Pendant les Cent-Jours, Fornier de Saint-Lary se rendit à Bordeaux, où il s'associa à la déclaration anti-napoléonienne rédigée par Lainé. Redevenu député des Hautes-Pyrénées le 22 août 1815, avec 72 voix obtenues au collège de département, sur 128 votants et 180 inscrits, il vota avec la minorité ministérielle. Il obtint sa réélection, le 4 octobre 1816, par 73 voix (121 votants, 182 inscrits), fut nommé questeur de la Chambre des députés et remplit ces fonctions durant plusieurs années. Le 2 mars 1816, il parla sur l'abolition du divorce, et demanda que la loi fût maintenue pour les mariages qui n'auraient pas été célébrés suivant le rit catholique ou pour cause d'adultère. Rapporteur du projet de loi relatif à une continuation du monopole des tabacs, il se déclara l'adversaire de ce monopole, proposa de le remplacer par un système de taxes qui donnait, avec moins d'inconvénients, le même produit pour le trésor, et conclut à une prorogation du monopole pendant une année seulement. Réélu encore, le 13 novembre 1820, par 121 voix (188 voix, 202 inscrits), il siégea au centre et sortit de la Chambre au renouvellement de 1824. Il se consacra dès lors exclusivement à des travaux agricoles. Il était conseiller général des Hautes-Pyrénées et maire de Saint-Lary.

FORNIER DE SAINT-LARY (Gustave-Joseph-Claire), fils du précédent, représentant en 1849, né à Tarbes (Hautes-Pyrénées) le 4 février 1796, mort à Toulouse (Haute-Garonne) le 27 octobre 1870, suivit la carrière militaire, et parvint au grade de colonel d'état-major. Chef de cabinet du général Rullière, ministre de la guerre (décembre 1848 — octobre 1849), il fut élu, le 13 mai 1849, par les conservateurs-monarchistes des Hautes-Pyrénées, le 3ᵉ sur 5, avec 22,193 voix (48,393 votants, 71,204 inscrits), représentant à l'Assemblée législative. Il prit place à droite et vota jusqu'à la fin avec la majorité anti-républicaine : pour les crédits de l'expédition de Rome, pour la loi Falloux-Parieu sur l'enseignement, pour la loi portant restriction du suffrage universel, etc. M. Fornier de Saint-Lary rentra dans la vie privée en 1851. Il fut admis à la retraite, le 9 avril 1856, comme colonel d'état-major.

FORNIER DE SAVIGNAC (Jean-Pierre-Esprit), député de 1815 à 1816, né à Savignac (Ariège) le 4 novembre 1764, mort à une date inconnue, était propriétaire à Celles (Ariège), et chevalier de la Légion d'honneur, lorsqu'il fut élu, comme candidat royaliste, le 22 août 1815, par 80 voix sur 153 votants et 201 inscrits, député de l'Ariége, au collège de département. Il vota avec la majorité de la Chambre introuvable, et ne fit pas partie d'autres législatures.

FORSANZ (EMILE-ANGE-MARIE-PAUL), vi-COMTE DE), représentant à l'Assemblée nationale de 1871, sénateur de 1876 à 1882, né à Garlan (Finistère) le 16 avril 1825, mort à Versailles (Seine-et-Oise) le 10 août 1882, propriétaire, conseiller général du Finistère, président de la Société hippique de Lesneven, et membre du Conseil supérieur des haras, fut élu, le 8 février 1871, par les royalistes de son département, le 12e sur 13, avec 51,352 voix (76,088 votants, 162,667 inscrits), représentant à l'Assemblée nationale, où il prit place dans la droite légitimiste. Un de ses biographes rapporte que dans une de ses circulaires électorales, M. de Forsanz écrivait : « Je veux un roi, » et comparait les républicains à «des brigands qui enfoncent les portes et tuent pour entrer dans les maisons ». Le représentant du Finistère signa la proposition tendant au rétablissement de la monarchie et l'adresse en faveur du *Syllabus* ; il vota : *pour* la paix, *pour* les prières publiques, *pour* l'abrogation des lois d'exil, *contre* le retour de l'Assemblée à Paris, *pour* la démission de Thiers au 24 mai, *pour* la prorogation des pouvoirs du Maréchal, *pour* l'état de siège, *pour* la loi des maires, *contre* le ministère de Broglie le 16 mai 1874, *contre* l'amendement Wallon et *contre* l'ensemble des lois constitutionnelles. Elu le 30 janvier 1876, par 242 voix sur 380 votants, sénateur du Finistère, M. de Forsanz siégea à droite, comme précédemment, vota (juin 1877) *pour* la dissolution de la Chambre des députés, appuya le gouvernement du 16 mai, combattit ensuite le ministère Dufaure, vota *contre* l'article 7, *contre* l'application des lois aux congrégations non autorisées et *contre* les lois nouvelles sur la presse et le droit de réunion.

FORTOUL (HIPPOLYTE-NICOLAS-HONORÉ), représentant en 1848 et en 1849, ministre et sénateur du second Empire, né à Digne (Basses-Alpes) le 13 août 1811, mort à Ems (Allemagne) le 7 juillet 1856, commença ses études à Digne et les termina au collège de Lyon. Vers la fin de 1829, il vint à Paris et débuta dans la littérature par des travaux qui furent remarqués. Partisan de la révolution de juillet, il s'attacha au parti démocratique, et, admis à collaborer à l'*Encyclopédie nouvelle*, à la *Revue de Paris*, à la *Revue des Deux-Mondes*, combattit avec ardeur la théorie, chère aux romantiques, de l'art pour l'art, et prêcha la mission civilisatrice et éducatrice de l'écrivain. En relation avec Lamennais, Pierre Leroux, etc., il inclinait vers les idées socialistes, et ses deux romans de *Simiane* et *Steven*, réunis sous le titre de *Grandeur de la vie privée* (Paris, 1838), témoignent de ces tendances. En même temps, il s'occupait activement de critique et de l'histoire des beaux-arts, et visitait, dans de nombreux voyages, les musées étrangers. Les résultats de ses études et de ses observations furent : la *Danse des morts, dessinée par Hans Holbein, etc., expliquée par Hippolyte Fortoul* (1842); et de l'*Art en Allemagne* (1841): des commentaires ingénieux, des considérations souvent hardies distinguent ces deux ouvrages. En 1840, Hippolyte Fortoul se fit recevoir docteur ès lettres, avec une thèse sur le *Génie de Vir-*

gile et une autre sur la *Métaphysique et la logique d'Aristote*, qui lui valurent une chaire de professeur à la Faculté des lettres de Toulouse : il y enseigna brillamment, pendant cinq ans, l'histoire des lettres françaises, et fut nommé (1846), par M. de Salvandy, recteur et doyen de la Faculté des lettres d'Aix, de création récente. La révolution de 1848 le trouva dans cette situation. Mais elle opéra sur lui une tout autre influence que les journées de juillet, et M. Fortoul entra décidément dans le parti conservateur, auquel il ne cessa, depuis lors, de donner des gages. Elu, à l'Assemblée constituante, le 7 janvier 1849, dans une élection partielle, motivée par la démission de M. Denoize, représentant des Basses-Alpes, par 9,224 voix (16,335 votants, 45.973 inscrits), il siégea à droite, fit partie du comité de l'instruction publique et montra un entier dévouement à la politique et à la personne du prince-président. Il conserva cette attitude à l'Assemblée législative, où il fut réélu par le même département, le 13 mai 1849, le 3e et dernier de la liste, avec 11,952 voix (26,587 votants, 48,379 inscrits). Adversaire de la République et des républicains, il fut de ceux qui reçurent, relativement au projet de coup d'Etat, les confidences de L.-N. Bonaparte, et le 26 octobre 1851, il fut appelé à faire partie, comme ministre de la Marine, du cabinet Thorigny, qui précéda immédiatement l'acte du Deux-Décembre; le 3 décembre 1851, il prit dans le nouveau ministère le portefeuille de l'Instruction publique. Le système d'études qu'il introduisit dans l'Université a été souvent discuté : ce système, dit de *bifurcation*, restreignait la philosophie, sous le modeste nom de logique, dans d'étroites limites, séparait profondément les sciences des lettres, et donnait à l'étude des premières une extension marquée. D'autres réformes vinrent modifier profondément l'enseignement secondaire et la condition des professeurs, et porter la régularité et la discipline la plus minutieuse à tous les degrés de la hiérarchie. Par un décret du 9 mars 1852, la nomination des hauts fonctionnaires de l'instruction publique fut rendue au pouvoir supérieur, et, par un décret du 13 juillet 1855, l'Institut de France reçut une nouvelle constitution. Un abaissement notable du niveau des études classiques apparaissait déjà comme la conséquence du nouveau système, quand la mort subite de son auteur, arrivée aux eaux d'Ems, le 7 juillet 1856, en arrêta le développement. Les successeurs de Fortoul se donnèrent la tâche de détruire ce qu'il avait édifié et de relever ce qu'il avait détruit. Hippolyte Fortoul était entré au Sénat le 31 décembre 1853; la même année il avait été nommé membre de l'Académie des inscriptions et belles-lettres. Le 1er janvier 1856, il avait reçu la croix de grand-officier de la Légion d'honneur. En dehors de ses tentatives de réforme, il proposa et fit décréter, pendant son passage au ministère, une série de publications nouvelles, telles que: le *Recueil des Inscriptions de la Gaule et de l'Algérie*, les *Chants populaires de la France*, la *Collection des vieux poètes français*. — Il faut encore citer, parmi les travaux personnels de Fortoul, une *Etude sur la maison des Stuarts* (1839); *Essai sur la théorie et sur l'histoire de la peinture chez les anciens et chez les modernes* (1845); *Histoire du XVIe siècle* (1838); de la *Littérature antique au moyen âge* (1842), etc.

FORTOUL (JEAN-BAPTISTE-FORTUNÉ), député

au Corps législatif en 1852, né à Digne (Basses-Alpes) le 4 juillet 1812, mort le 18 janvier 1890, frère du précédent, était avocat à Digne à la fin du règne de Louis-Philippe, lorsque son frère, rallié au pouvoir, fut nommé professeur à la Faculté d'Aix. Il devint secrétaire général de la préfecture des Basses-Alpes, chevalier de la Légion d'honneur, suivit les opinions de son frère, et fut, le 29 février 1852, le candidat du gouvernement au Corps législatif dans la circonscription unique de son département natal. Élu député par 30,117 voix (30,468 votants, 45,751 inscrits), M. Fortuné Fortoul prit place dans la majorité, mais ne siégea que peu de mois. Nommé dans la magistrature, il dut se démettre de son siège de député, pour cause d'incompatibilité; il fut remplacé à la Chambre, le 30 janvier 1853, par M. Réguis. Parvenu dans les dernières années de l'Empire, au poste de premier président à la cour de Poitiers, M. Fortoul fut admis à la retraite, avec ce titre, le 31 janvier 1874. — Officier de la Légion d'honneur.

FOS DE LA BORDE (Jean-Antoine-Edouard), député en 1789, né à Gaillac (Tarn) le 4 octobre 1750, mort à une date inconnue, était médecin à Gaillac. Il devint maire de cette ville, fut élu, le 8 avril 1789, député du tiers aux États-Généraux par la 1re sénéchaussée du Languedoc (Toulouse), se fit peu remarquer dans l'Assemblée constituante, et remplit plus tard (12 fructidor an V) les fonctions d'administrateur du département du Tarn.

FOSSERIER. — *Voy.* Gonnès (baron de).

FOSSOMBRONI (Victor-Marie-Joseph-Louis, comte), membre du Sénat conservateur, né à Arezzo (Italie) le 15 septembre 1754, mort à Florence (Italie) le 13 avril 1844, était, en l'an IV, conseiller d'État dans son pays. Ministre des affaires étrangères lors de l'occupation française, puis membre de la commission des finances du royaume d'Étrurie, il se rallia pleinement à Napoléon, fut nommé par lui (18 mars 1809) membre du Sénat conservateur et comte de l'Empire (20 août de la même année), présida la commission chargée du défrichement des marais Pontins, et, après la chute du gouvernement impérial, redevint, dans le grand-duché de Toscane, ministre des affaires étrangères et président du conseil des ministres.

FOUBERT (Jacques-Joseph), député au Conseil des Cinq-Cents et au Corps législatif de l'an VIII à 1806, né à Bruxelles (Belgique) en 1770, mort à une date inconnue, se fit recevoir, en 1781, docteur en droit civil et canonique à l'Université de Bologne. Avocat au Conseil souverain de Brabant en 1782, il fut en 1792, administrateur de l'arrondissement de Bruxelles, remplit en l'an IV les fonctions de juge de paix de la 2e section de Bruxelles, en l'an VI celles d'administrateur du département de la Dyle, et de membre de la commission des hospices civils de Bruxelles, en l'an VII celles de commissaire près l'administration municipale, et fut élu, le 25 germinal an VII, par le département de la Dyle, député au Conseil des Cinq-Cents. Favorable au coup d'État de brumaire, il passa (4 nivôse an VIII) au Corps législatif, où il siégea jusqu'en 1806.

FOUBERT (Paul-Louis-Amédée), représentant à l'Assemblée nationale de 1871, sénateur inamovible de 1875 à 1885, né à Entrames (Mayenne) le 21 mai 1812, mort à Paris le 19 janvier 1885, étudia le droit, et exerça à Paris la profession d'avoué, puis celle d'avocat. D'opinions orléanistes, avec des tendances à l'opposition constitutionnelle, il se retira après février 1848 dans le département de la Manche, où il possédait le château de la Forêt, et s'y occupa surtout d'exploitation agricole. Maire de Saint-Sauveur-le-Vicomte (1853-1872), il devint membre du conseil général de la Manche pour le canton de Barneville en 1863; aux élections législatives de 1863, il soutint la candidature libérale de Havin, et, en 1868, à la mort de ce député, se présenta lui-même, sans succès, pour le remplacer. Sa circulaire était des plus modérées : il déclarait que « convaincu que la liberté peut être obtenue sous tous les régimes, il n'était point éloigné du régime impérial, et qu'il l'aiderait dans toutes les mesures libérales qu'il prendrait, jugeant ses actes sans faiblesse et sans passion ». Après les événements de 1870-71, M. Foubert fut porté sur la liste conservatrice dans la Manche, comme candidat à l'Assemblée nationale, et élu, le 8 février 1871, le 11e et dernier, avec 59,725 voix (88,856 votants, 153,878 inscrits). Il alla d'abord siéger au centre droit, vota *pour* la paix, *pour* les prières publiques, *pour* l'abrogation des lois d'exil, *pour* le pouvoir constituant de l'Assemblée, fut membre de la commission de décentralisation et prit part aux discussions relatives aux conseils généraux, à la loi militaire, à l'électorat municipal, etc. Rallié à la politique de Thiers, et partisan de la République conservatrice, il se fit remarquer dans la séance de nuit du 24 mai 1873, où la droite, pressée d'achever sa victoire, obtint qu'il fût procédé immédiatement à la nomination d'un nouveau président de la République. M. Foubert interrompit vivement les orateurs monarchistes, et insista, mais en vain, pour que l'acceptation de la démission de Thiers fût ajournée. Ses derniers votes à l'Assemblée nationale furent d'accord avec les opinions du centre gauche, où il siégea dès lors. Il se prononça : *contre* le septennat, *contre* l'état de siège, *contre* la loi des maires, *contre* le ministère de Broglie, donna en 1874 sa démission de maire de Saint-Sauveur-le-Vicomte, lorsque ses deux collègues à l'Assemblée, MM. Lenoël et de Tocqueville, également maires dans le département, furent révoqués par le gouvernement, vota *pour* l'amendement Wallon et *pour* l'ensemble des lois constitutionnelles. Il fut ensuite porté par la gauche comme candidat aux élections des sénateurs inamovibles, et nommé au 2e tour de scrutin, le 11e sur 75, avec 355 voix (690 votants). Il fit encore partie du centre gauche à la Chambre haute, se prononça (juin 1877) *contre* la dissolution de la Chambre des députés, combattit le ministère du 16 mai, appuya le cabinet Dufaure, vota *pour* les lois sur l'enseignement, *pour* l'article 7, *pour* les lois nouvelles sur la presse et le droit de réunion, *pour* la réforme du serment judiciaire, *pour* la réorganisation du personnel de la magistrature (1883), *pour* la loi du divorce (1884), etc.

FOUCAUD (Ludovic de), représentant en 1871, né à Bréhant-Moncontour (Côtes-du-Nord) le 26 août 1817, mort à Versailles (Seine-et-Oise) le 8 janvier 1872, riche propriétaire et ancien maire de Moncontour, fut élu sur la liste conservatrice, le 8 février 1871, représentant des Côtes-du-Nord à l'Assemblée nationale, le 12e sur 13, avec 58,355 voix (106,809 votants, 163,398 inscrits). Légitimiste, il siégea à droite, vota *pour* la paix, *pour* les prières publiques, *pour* l'abrogation des lois d'exil, *pour* le pouvoir constituant de l'Assemblée, fut élu, le 8 octobre 1871, conseiller général des Côtes-du-Nord pour le canton de Moncontour, et mourut à Versailles, le 8 janvier 1872, pendant la session parlementaire.

FOUCAULD (JOSEPH-JULES, MARQUIS DE), député de 1815 à 1816, né à Lubersac (Corrèze) le 19 septembre 1782, mort à Metz (Moselle) le 30 mars 1821, était capitaine du génie sous le gouvernement impérial. Il fut nommé en 1808 inspecteur des finances, se rallia à la Restauration en 1814, et fut désigné, à cette époque, comme secrétaire-rapporteur de la commission nommée par le ministre de la guerre pour prononcer sur les réclamations des anciens officiers émigrés et des royalistes des armées de l'ouest. Le collège de département de la Corrèze l'élut (22 août 1815) par 111 voix sur 198 votants et 239 inscrits, membre de la Chambre des députés. Il vota avec la majorité de la Chambre introuvable. Il ne put être réélu à la législature de 1816, n'ayant pas atteint les quarante ans exigés par la loi. Le gouvernement royal le fit officier de la Légion d'honneur, lieutenant-colonel et enfin colonel du génie. Il commanda, en cette dernière qualité, le régiment de Montpellier, puis celui de Metz.

FOUCAULD DE LARDIMALIE (LOUIS, MARQUIS DE), député en 1789, né au château de Lardimalie en Périgord le 29 novembre 1755, mort au même château le 2 mai 1805, fut reçu chevalier de Malte, dès l'âge de neuf ans, en vertu d'un bref du papede 1762. Entré de bonne heure au service, il était capitaine dans les chasseurs du Hainaut, lorsqu'il fut élu par la sénéchaussée du Périgord député de la noblesse aux Etats-Généraux (mars 1789). Il soutint avec fermeté la cause de l'ancien régime, et se fit remarquer dans l'Assemblée par ses boutades. « Il était doué, observe une biographie, d'un instinct naturel pour les intérêts de son ordre, ce qui faisait dire à Mirabeau : qu'il redoutait plus le gros bon sens de ce sanglier du Périgord que l'esprit et l'éloquence de beaucoup d'autres membres du côté droit. » Indigné contre les gens de la cour qui abandonnaient le roi après avoir reçu ses bienfaits, il demanda, dans la nuit du 4 août 1789, que le sacrifice à faire « fût celui des pensions, que tous les courtisans soutiraient de la pure substance des campagnes ». Dans la séance du 7, il vota contre l'emprunt proposé par Necker et déclara qu'il engageait ses commettants jusqu'à concurrence de six cent mille livres, montant de toute sa fortune personnelle. Le 10 septembre, il fit écarter une adresse de la ville de Rennes sur le *veto* royal. Il s'efforça de justifier l'émigration de ceux que « leur zèle pour la monarchie et la religion, disait-il, exposait à de cruelles persécutions ». Il se prononça pour la justice gratuite, demanda que, puisqu'on fondait le cens sur le revenu, les femmes fussent admises à voter par procureur, réclama pour les jésuites un traitement égal à celui qui était accordé aux autres religieux, et fit adopter un projet de banque territoriale. Le 13 avril 1790, il insista, sans succès, pour que la religion catholique fût déclarée nationale. Inculpé, le 28 août, dans l'affaire de l'abbé de Barmond, son ami, et de Bonne-Savardin, pour avoir donné asile à ce dernier et favorisé sa fuite, il déclara qu'il acceptait l'accusation et que, dans toute cir-

constance semblable, on le trouverait invariablement le même. Exaspéré par les progrès de l'idée révolutionnaire, il en vint bientôt à attaquer le côté gauche et à invectiver ses collègues. Dans la séance orageuse du 18 septembre, le marquis de Foucauld de Lardimalie, menacé d'être envoyé à l'Abbaye, tint tête à l'orage ; il s'associa aux violences de langage de son ami de Faucigny-Lucinge, et on le vit quitter son banc, la canne à la main, en se dirigeant vers ses collègues de la majorité. Il demanda des poursuites contre les auteurs de la journée du 6 octobre 1789, et fit d'inutiles efforts, avec Cazalès, le 21 octobre 1790, pour que le drapeau tricolore ne fût pas substitué au drapeau blanc. Le 4 janvier 1791, il parla en faveur des ecclésiastiques qui refusaient le serment, et le 21, il sortit de la salle pour ne point prendre part à la discussion de la constitution civile du clergé. Le 16 février, il appela l'attention de l'Assemblée sur les troubles du Périgord et du Quercy, et déclara incidemment qu'il ne croyait pas à la prophétie faite à la tribune : « Que bientôt toute la France saurait lire. » Il combattit ensuite la loi sur le duel, et fut un des membres les plus obstinés à réclamer la suppression des clubs et de toutes les sociétés populaires. Le 8 août, il fit entendre de nouvelles protestations contre ce qu'il appelait les empiètements sur l'autorité royale, et, dans la séance du 18 du même mois, interpella vivement le président de l'Assemblée en lui reprochant d'avoir rendu, pour ainsi dire, à lui seul, le décret assurant des récompenses aux hommes qui avaient arrêté le roi à Varennes. Enfin le marquis de Foucauld fut un des signataires des protestations des 12 et 15 septembre 1791. Sorti de France après la session, il alla servir à l'armée des princes en 1792, passa, en 1793, à celle de Condé, y fut employé comme officier dans les gardes nobles, et fit toutes les campagnes de l'émigration. Il revint en Périgord en 1801. Il s'y occupait à faire réparer son château de Lardimalie, quand un accident hâta la fin de ses jours. Les maçons ayant refusé de monter l'escalier d'une terrasse qui menaçait ruine, il les traita de poltrons, et voulut braver lui-même le danger. Mais l'édifice s'écroula, et il fut enseveli sous les décombres, le 2 mai 1805.

FOUCAULT (FRANÇOIS-LOUIS-CHARLES, MARQUIS DE), député de 1821 à 1827, né à la Flèche (Sarthe) le 17 octobre 1778, mort à la Flèche le 19 juin 1873, était fils de François-Joseph chevalier, marquis de Foucault, baron d'Alligny, seigneur d'Insèches, etc., colonel commandant du régiment mestre-de-camp-général-dragons, chevalier de Saint-Louis, et de Marie-Augustine-Victoire Pihéry. Il accompagna son père en émigration (1790), et y épousa, quelques années plus tard, la fille d'un autre émigré, le marquis de Soudeilles, colonel au royal-dragons. Revenu en France sous le Consulat, il entra, en 1806, dans l'administration des finances, comme payeur des armées, sous les auspices du baron de la Bouillerie (depuis député, pair de France, et ministre de la maison du roi), qui, en 1807, épousa sa sœur. Inspecteur des finances au moment des Cent-Jours, il rejoignit le roi à Gand, et fut nommé, à la seconde Restauration, sous-préfet d'Ancenis (26 août 1815). Cette fonction lui ayant été retirée par le ministère Decazes en 1819, M. de Foucault se présenta aux élections suivantes à la Chambre des députés, et fut élu, le 1er octobre 1821, dans le 3e arrondissement électoral de la Loire-Inférieure (Nord) par 84 voix sur 141 votants et 159 inscrits, contre 49 voix à M. de Saint-Aiguan, député sortant. Son mandat lui fut renouvelé, dans la même circonscription, aux élections du 26 février 1824, par 104 voix sur 143 votants et 160 inscrits, contre 37 voix à M. Urvoy de Saint-Bedan. « Ce député, dit un biographe de 1824, était sous-préfet d'Ancenis à la fin de 1815. Il perdit sa place sous le ministère Decazes, le même jour que M. Luette de la Pilorgie, sous-préfet de Chateaubriant, perdait la sienne, et leur double destitution avait la même cause. Tous les deux étaient fidèles aux véritables intérêts de la monarchie légitime, que le dépositaire du pouvoir semblait menacer alors. Nommé député, M. de Foucault s'est laissé entraîner par des affections de famille dans le parti Villèle. » Sa compétence en matière de finances le fit entrer à diverses reprises dans la commission du budget. Il parut plusieurs fois à la tribune en cette qualité, et parla, notamment en 1822, sur le règlement des comptes de 1820, en 1825 sur l'apurement des comptes de 1823, en 1825 et en 1826 sur les budgets de 1824 et de 1826. Il fut en outre membre et souvent rapporteur de la commission des pétitions, membre et secrétaire de la commission du Code forestier, où l'utilité de sa collaboration fut attestée par le rapport lui-même, et au nom de laquelle il prit part, en 1827, à la discussion des articles. M. de Foucault se représenta inutilement aux élections générales de novembre 1827. Ses opinions ardemment royalistes l'empêchèrent, à la révolution de juillet, de rentrer dans la vie parlementaire. Ses fils, officiers dans les armées de terre et de mer, obéirent à ses inspirations en donnant leur démission à la même époque. Chevalier de la Légion d'honneur (1825).

FOUCHÉ (JOSEPH), DUC D'OTRANTE, membre de la Convention, membre du Sénat conservateur, représentant et pair des Cent-Jours, ministre, député de 1815 à 1816, né au Pellerin (Loire-Inférieure) le 19 septembre 1754, mort à Trieste (Autriche) le 25 décembre 1820, était fils d'un capitaine de la marine marchande. Ses études terminées chez les Oratoriens de Nantes, il entra dans cette congrégation, et professa successivement à Juilly, à Arras, et à l'école militaire de Vendôme. Il était préfet des études au collège de Nantes, quand la Révolution éclata. Comme il n'était point engagé dans les ordres, il quitta l'habit ecclésiastique, devint avocat, fut un des fondateurs de la Société patriotique de Nantes, et s'y fit remarquer par son zèle révolutionnaire. Il était principal du collège de Nantes lorsqu'il fut élu, le 7 septembre 1792, par le département de la Loire-Inférieure, membre de la Convention, le 6e sur 8, avec 266 voix (405 votants); il resta assez obscur pendant les premiers mois de la session, et ne réussit pas à se lier avec Robespierre, qu'il avait connu lors de son séjour à Arras, mais qui repoussa ses avances et lui refusa la main de sa sœur, Charlotte Robespierre. Devenu membre du comité de l'instruction publique, il fut en relations avec Condorcet et Vergniaud, et pencha un instant vers le parti girondin; il s'en éloigna pourtant lors du procès de Louis XVI, et vota la mort sans appel ni sursis ; sur la question de l'appel au peuple, il insista même en disant : « Je ne m'attendais à énoncer à cette tribune d'autre opinion contre le tyran que son arrêt de mort. Il semble que nous soyons effrayés du courage avec lequel nous avons aboli la royauté; nous chancelons devant l'ombre d'un roi... » Les 14 février et 8 mars

1793, il fit, au nom du comité d'instruction publique, un rapport concluant à la vente de tous les biens dépendant des bourses et des établissements d'instruction autres que les collèges. Nommé, à la même époque, membre du comité des finances, il fit voter par la Convention la recherche et la vente de toutes les propriétés d'émigrés restées jusque-là inconnues au gouvernement. Il fut ensuite envoyé, sur la proposition de Marat, dans le département de l'Aube, pour y faire exécuter le décret de l'Assemblée sur la réquisition. Il s'acquitta habilement de cette mission, pendant laquelle eurent lieu les événements du 31 mai et du 2 juin, auxquels il adhéra. Deux mois après, il reçut une nouvelle mission dans la Nièvre, où il agit de concert avec Chaumette, manifesta la plus grande hostilité contre le culte établi, poursuivit l'anéantissement de toutes les « enseignes religieuses » qui se trouvaient sur les routes, dans les places et dans tous les lieux publics, et fit apposer à l'entrée de tous les cimetières cette inscription : *La mort est un sommeil éternel*. Il fit ensuite procéder à de nombreuses perquisitions dans les églises et les châteaux. De Nevers, il mandait au comité de salut public (août 1793) : « Les citoyens ont bu dans la coupe de l'égalité l'eau de la régénération. » Affectant à ce moment un superbe dédain pour la richesse, il écrivait à la Convention : « Abolissons l'or et l'argent, traînons dans la boue ces dieux de la monarchie, si nous voulons faire adorer les dieux de la République, et établir le culte des vertus austères de la liberté. » La sincérité de cette profession de foi fut, dans la suite, singulièrement révoquée en doute, et on prétendit qu'une notable partie des trésors ainsi réquisitionnés servit de début à l'immense fortune que Fouché posséda depuis. Mais il fut bientôt appelé sur un plus grand théâtre. Lyon venait d'ouvrir ses portes aux armées de la République; la Convention ayant décidé que les peines les plus sévères seraient portées contre ceux des habitants de la ville qui s'étaient signalés par leur obstination dans la résistance, Fouché fut choisi, avec Collot d'Herbois, pour être un des exécuteurs de ces décrets. Tous deux abusèrent étrangement du redoutable ministère qui leur était confié, et préludèrent tout d'abord aux massacres dont ils allaient ensanglanter Lyon, par une parodie grossière des cérémonies du culte catholique, où l'on fit paraître un âne, couvert d'une chape et coiffé d'une mitre; à sa queue étaient suspendus les livres de l'Ancien et du Nouveau Testament; ces livres furent ensuite brûlés et l'on fit boire l'âne dans le calice. Peu de jours après, Fouché, après avoir fait exécuter en masse les membres de la municipalité qui avaient instruit le procès de Chalier, écrivit à la Convention : « Le sol qui fut rougi du sang des patriotes sera bouleversé, tout ce que le vice et le crime avaient élevé sera anéanti. » Aux tribunaux révolutionnaires il substitua un comité de sept membres jugeant sommairement, et cherchant dans la fusillade en masse le moyen le plus expéditif de répandre la terreur. Collot d'Herbois ayant quitté Lyon à l'époque de la prise de Toulon par les Anglais, Fouché lui écrivit le 19 décembre : « Anéantissons d'un seul coup tous les traîtres, pour nous épargner le long supplice de les punir en rois. Exerçons la justice à l'exemple de la nature : frappons comme la foudre, et que la cendre même de nos ennemis disparaisse du sol de la liberté... » Dénaturant les instructions qu'il avait reçues de la Convention et du comité de salut public, il commit froidement

3

des atrocités monstrueuses et, comme on l'a dit, « ramassa l'or dans des ruisseaux de sang. » Le texte d'un arrêté pris par lui pendant son séjour à Lyon était conçu en ces termes : « Les représentants du peuple envoyés à la Commune Affranchie pour y assurer le bonheur du peuple, requièrent la commission des sequestres de faire apporter chez eux deux cents bouteilles du meilleur vin qu'ils pourront trouver, et en outre cinq cents bouteilles de vin rouge de Bordeaux, première qualité, pour leur table. » (*Mémoires de Charlotte Robespierre.*) Robespierre avait, à diverses reprises, demandé au comité de salut public le prompt rappel de Fouché; il l'obtint enfin, et, lorsque Fouché, de retour à Paris (10 germinal an II), se présenta chez lui, il l'accabla de reproches sur l'usage qu'il avait fait de ses pouvoirs. A dater de ce jour, Robespierre eut en lui un implacable ennemi. Dénoncé à la séance des Jacobins du 23 prairial, puis à celle du 23 messidor, Fouché, au lieu de se justifier des accusations qui pesaient sur lui, écrivit à la Société pour la prier de suspendre son jugement jusqu'après le rapport des comités. Ce fut alors que le club, sur la motion de Robespierre, prononça à l'unanimité la radiation de Fouché.

Mais le neuf thermidor vint le réintégrer. Il avait prêté son concours aux événements de cette journée, et il s'associa d'abord de toutes ses forces à la réaction qui suivit. Le 7 fructidor an II, il parla à la tribune de la Convention, de « la douleur profonde dont il était pénétré à la vue des scènes d'horreur et du féroce brigandage qui depuis trois mois régnaient à Lyon, au nom de Maximilien Ier ». Le 13 vendémiaire an III, il proposa de restituer à la ville de Lyon son ancien nom et de déclarer qu'elle avait cessé d'être en état de rébellion. A la vérité, ce système lui réussit assez mal, et, désavoué un moment par les thermidoriens, il songea à conspirer avec Babeuf et ses amis. Cependant les dénonciations arrivaient de toutes parts contre lui : les habitants de la commune de Gannat, les autorités constituées du département de la Nièvre énuméraient les massacres exécutés par son ordre; on lui reprochait, en outre, de n'avoir rendu aucun compte des taxes qu'il avait mises partout et qui s'élevaient à plus de deux millions dans la seule commune de Nevers. Fouché alors se retourna vers les thermidoriens pour implorer leur protection : il trouva en eux des défenseurs zélés, mais impuissants: le 22 thermidor an III, sur la proposition de Boissy d'Anglas, il fut décrété d'arrestation malgré les efforts que firent en sa faveur Tallien, Fréron et Legendre. L'amnistie du 4 brumaire an IV le rendit, trois mois après, à la liberté. Rentré dans la vie privée, il vécut à Montmorency, dans une retraite à peu près absolue, jusqu'à la journée du 13 vendémiaire. Le Directoire lui confia néanmoins, sur les frontières d'Espagne, une mission dont il n'est pas resté de trace. Mais Fouché, qui était resté en relation avec le parti de Babeuf et qui en savait tous les secrets, eut l'idée de les utiliser afin de se remettre en évidence et en faveur. Il envoya à Barras un mémoire détaillé, dont il fut récompensé par l'ambassade de Milan (15 vendémiaire an VII), puis par celle de Hollande, où il resta jusqu'au moment où le gouvernement directorial, de seconde formation, l'appela (2 thermidor an VII) au ministère de la police en remplacement de Bourguignon. Le premier acte de son autorité fut de faire fermer la salle du Manége, où se tenait le club des Jacobins;

puis il fit un rapport sur les menées des royalistes de l'Ouest. Bientôt on le vit d'un seul coup supprimer onze journaux à Paris. Il y eut au Conseil des Cinq-Cents de vives protestations contre cette mesure, et Briot demanda, mais en vain, la suppression du ministère de la police. Lorsque Bonaparte, que la mort de Joubert venait de laisser sans concurrent, fut arrivé d'Egypte et eut accompli le coup d'Etat de brumaire, il trouva Fouché tout prêt à saluer l'avènement de la dictature militaire. Son plus cher espoir étant de conserver, sous le pouvoir nouveau, le ministère de la police, qu'il considérait comme de grande ressource, il se dévoua sans réserve à l'affermissement de l'autorité de Bonaparte. Dans une lettre qu'il écrivait, le 18 prairial an X, au préfet du Rhône, il disait, à propos de l'exécution du Concordat : « L'organisation des cultes est dans l'Eglise ce que le 18 brumaire a été dans l'Etat; ce n'est le triomphe d'aucun parti, mais la réunion de tous dans l'esprit de la République et de l'Eglise. Ce que le gouvernement a si heureusement rapproché depuis le 18 brumaire, il faut que la religion achève de l'unir et de le confondre; ce que la lassitude du mal a fait oublier, il faut que le sentiment vif et profond du bien achève de l'effacer sans retour. » Fouché connaissait au mieux les projets et les secrets des partis; il les livra au vainqueur, non sans négliger d'en conserver une partie pour le besoin. Bonaparte mesura d'ailleurs sa confiance sur l'arrière-pensée qu'il devinait en lui. Cependant Fouché, devenu grand seigneur dans le nouvel ordre de choses, avait adopté des habitudes conformes à sa nouvelle situation; il réunissait, dans de brillantes soirées, les survivants de l'ancienne noblesse, et il soutenait ce rôle avec succès, grâce à une audace imperturbable favorisée par beaucoup d'esprit, et grâce aussi au peu de scrupules de la plupart de ses hôtes. Il sut profiter habilement, pour se faire des amis dans tous les camps, des immenses avantages que lui donnaient ses fonctions. Les membres de la famille de Bonaparte n'échappèrent pas à ses avances, et Joséphine elle-même ne résista pas à l'attrait des riches cadeaux par lesquels il sollicitait son appui. Aussi fut-il constamment soutenu par elle contre l'inimitié de Lucien. Ce système, suivi avec une adresse et une persévérance remarquables, finit par assurer si solidement le crédit de Fouché, qu'il devint l'homme le plus puissant du gouvernement, déjouant les complots, inventant parfois de fausses conspirations, et entretenant soigneusement les défiances et les craintes de Napoléon. Toutefois son habileté parut un jour en défaut, dans l'affaire de la machine infernale: vivement accusé de n'avoir pas prévu la conjuration, et desservi d'ailleurs auprès du maitre par ses ennemis Lucien et Joseph, il dut quitter le ministère de la police le 28 fructidor an X; mais il reçut le même jour, en dédommagement, le titre de sénateur, dont les appointements étaient de 36,000 francs, et fut nommé titulaire de la sénatorerie d'Aix, dont le revenu était de 30,000 fr. ; enfin, Napoléon lui abandonna 1,200,000 fr. sur les fonds de la police. Il se retira dans sa belle terre de Pont-Carré, où il resta vingt-deux mois. La courte trêve que la paix d'Amiens avait accordée à la France expira bientôt: la vigilance de Fouché fut de nouveau jugée indispensable. Le 21 messidor an XII, le ministère de la police lui fut confié pour la seconde fois; il le garda jusqu'au 3 juin 1810. Son influence, durant cette période, s'accrut sans mesure, et Napoléon lui envia plus d'une fois la popularité dont il jouissait au faubourg Saint-Germain. Sa réputation à l'étranger était immense; il la ménageait en combinant lui-même, avec un soin merveilleux, de ténébreuses intrigues qu'il s'attribuait la gloire d'avoir dévoilées. Mais la défiance de Napoléon à l'égard de son ministre fut singulièrement excitée par deux circonstances importantes: notamment à l'époque des événements de Bayonne. Fouché trouva dans le mécontentement que ces événements avaient causé en France le thème d'une nouvelle conspiration; il en informa Napoléon, qui revint sur-le-champ à Paris; mais déjà la prétendue conspiration s'était évanouie. L'année suivante (1809), après la bataille d'Essling, les Anglais opérèrent un débarquement à Walcheren. La Belgique tout entière était menacée de tomber au pouvoir de l'ennemi. Fouché qui, du 29 juin au 12 octobre, réunit par intérim le portefeuille de l'Intérieur à celui de la police, appela à la défense de l'empire et organisa avec une extrême rapidité tout le premier ban de la garde nationale, mit Bernadotte à la tête de ces troupes, et obligea les Anglais à se rembarquer. L'audace qui lui avait fait confier à un général en disgrâce un commandement aussi important, mit au comble l'irritation de l'empereur, déjà provoquée par une circulaire dans laquelle Fouché avait dit: « Prouvons à l'Europe que si le génie de Napoléon peut donner de l'éclat à la France par les victoires, sa présence n'est pas nécessaire pour repousser nos ennemis. » Son renvoi fut dès lors décidé. Un dernier fait en fut l'occasion. Après le mariage de l'empereur avec Marie-Louise, Fouché crut être agréable à Napoléon en envoyant, de sa propre initiative, un agent diplomatique en Angleterre, pour tenter des négociations, tandis que l'empereur négociait de son côté. Le ministère anglais se crut joué et congédia les ambassadeurs. Le résultat de cet événement fut la disgrâce de Fouché. Le 5 juin 1810, le portefeuille de la police fut donné à Savary. Fouché reçut alors le titre de gouverneur général de Rome, avec l'ordre de se rendre aussitôt à son poste. L'empereur lui avait fait, quelques jours auparavant, vainement réclamer par Berthier et le conseiller d'État Réal certaines lettres autographes de lui. Dans une lettre qu'il écrivit alors à ce dernier (juin 1810), il dit: « Depuis un an, je pressens l'orage dont je suis victime aujourd'hui. Mes ennemis ont voulu me compromettre à la fois et par leurs éloges et par leurs calomnies; je croyais l'empereur plus en garde contre cette double intrigue... Si j'ai brûlé ma correspondance avec l'empereur, c'est qu'elle ne pouvait nuire qu'à mon intérêt personnel. Je n'ai jamais cherché d'autre garantie et d'autre appui contre mes ennemis que dans le cœur de l'empereur et dans ma conscience. » Grand-officier de la Légion d'honneur depuis le 25 prairial an XII, comte de l'empire du 24 avril 1808, et duc d'Otrante du 15 août 1809, il se hâta de partir pour l'Italie: là, sur les instances de la princesse Élisa, il consentit à se dessaisir des papiers qu'il avait détenus jusque-là. Alors, il put sans crainte revenir en France, et il alla habiter Aix, chef-lieu de sa sénatorerie. Il y passa un an. Après la désastreuse expédition de Russie, il fut appelé à Dresde où se trouvait l'empereur. Napoléon, qui le craignait, voulut le mettre hors d'état de lui nuire à l'intérieur, et il lui confia le gouvernement des provinces illyriennes. Mais Fouché, rendu à son nouveau poste en juillet 1813, n'eut guère que le temps

de céder la place aux Autrichiens, à la suite de la bataille de Leipzig. Il allait rentrer en France lorsqu'il reçut l'ordre de se rendre à Naples auprès de Murat; cet éloignement ne l'empêcha pas de trahir l'empereur, car Fouché conseilla à Murat de se déclarer contre Napoléon, pour la coalition. Cependant Fouché, revenu en France, séjournait à Avignon, lorsque furent connus les événements du 31 mars 1814. Il arriva à Paris et chercha de suite, l'abdication prononcée, à se rapprocher des Bourbons. Ses offres de service ayant été d'abord rejetées, il se retira à Ferrières et s'y occupa à faire de la police pour son compte, et à maintenir, au moyen de ses nombreux partisans, son influence et son crédit. Lorsque les Bourbons virent Napoléon presque aux portes de Paris, ils eurent recours à Fouché, qui déclara qu'on l'avait appelé trop tard, et que rien ne pouvait empêcher le retour de l'empereur. Napoléon d'ailleurs, en arrivant à Paris, crut devoir lui-même accepter Fouché pour ministre et pour surveillant: du 20 mars au 23 juin 1815, le duc d'Otrante fut, pour la 3e fois, ministre de la police générale. Le 2 juin il fut nommé pair par Napoléon. Enfin, lorsque la chute définitive de ce dernier devint certaine, Fouché ne songea qu'à ne pas être entraîné avec lui. Il fut un des plus ardents à provoquer la seconde abdication de l'empereur. Après quoi, il redevint immédiatement, et plus que jamais, l'homme nécessaire. Lorsque, à la suite du désastre de Waterloo, les Chambres nommèrent une commission de gouvernement (23 juin 1815), Carnot en fit partie, mais ce fut le duc d'Otrante qui en fut le président. Le premier soin de Fouché, devenu maître des affaires, fut de tirer de son cachot de Vincennes le baron de Vitrolles, fait prisonnier avec le duc d'Angoulême. Ils eurent une entrevue. « Je puis, dit M. de Vitrolles au duc d'Otrante, servir utilement ici la cause de Louis XVIII, mais à trois conditions: la première, qu'il ne sera pas attenté à ma vie; la seconde, que vous me donnerez au moins cinquante passeports pour entretenir des relations avec le roi; la troisième, que je serai chaque jour admis auprès de vous. — Pour ce qui est de votre tête, répondit Fouché avec cette familiarité pittoresque de langage qu'il affectait, elle est aux mêmes crochets que la mienne. Vous aurez cinquante passeports, et nous nous verrons, si cela vous convient, non pas une fois, mais deux fois par jour. » Au reste, pendant que Fouché entretenait avec la cour de Gand des relations actives, il envoyait en Autriche des émissaires chargés d'y plaider la cause du petit roi de Rome, et il écrivait à son collègue du congrès de Vienne de sonder la diplomatie sur la candidature du duc d'Orléans, menant ainsi de front tous les complots et se rendant utile dans toutes les combinaisons. Les vues de Fouché sur la branche cadette furent adoptées sans peine par M. de Talleyrand. D'adroites insinuations firent germer dans l'esprit de l'empereur Alexandre, et, un jour, le czar, au congrès, posa la question de savoir s'il ne serait pas dans l'intérêt de l'Europe que la couronne de France fût placée sur la tête du duc d'Orléans. Cependant les princes arrivaient à Arnouville. Le baron de Vitrolles courut les rejoindre, et le duc de Wellington lui fit savoir que dans la pensée des alliés, la nomination de Fouché au ministère de la police était une des conditions de l'entrée de Louis XVIII à Paris. Parmi les royalistes, plusieurs regardaient cette nomination comme un malheur nécessaire, et ce fut aussi le sentiment de cette nécessité qui détermina Louis XVIII, à peine sur le trône, à faire asseoir à son bureau celui qu'il avait maudit comme l'assassin de son frère. On en peut juger par les paroles qu'il adressa, dit-on, au baron de Vitrolles, après le départ du duc de Wellington et de M. de Talleyrand pour Neuilly, où les attendait le duc d'Otrante : « Je leur ai recommandé de faire pour le mieux, car je sens bien qu'en acceptant Fouché, je livre mon pucelage. » Investi pour la quatrième fois du ministère de la police (9 juillet-24 septembre 1815), Fouché fut, d'autre part, le 22 août, élu député par le collège de département de la Corrèze, avec 120 voix (198 votants, 239 inscrits), en même temps que par le collège de département de Seine-et-Marne, avec 134 voix (182 votants, 262 inscrits). Mais son action politique ne devait plus être de longue durée : dès qu'elle cessa d'être indispensable, le pouvoir royal songea à s'en délivrer. Le ministre prévint une nouvelle disgrâce en donnant sa démission : il fut alors nommé ambassadeur à Dresde ; mais il ne résida pas plus de trois mois dans cette capitale. Atteint par la loi du 12 janvier 1816, il se retira à Prague, puis à Lintz et enfin à Trieste, où il mourut le 25 décembre 1820, laissant une fortune évaluée à quatorze millions. Fouché s'était marié sous la Révolution. Devenu veuf en 1813, il avait épousé en secondes noces (1816) Mlle de Castellane, dont il avait connu la famille à Aix, et Louis XVIII n'avait pas dédaigné de signer au contrat de mariage de l'ancien oratorien. Fouché avait eu de sa première femme deux fils, dont l'aîné, l'héritier du titre de duc d'Otrante, remplit, après la révolution de juillet, les fonctions de colonel d'état-major de la garde nationale de Paris jusqu'au moment où il dut renoncer à ces fonctions pour s'expatrier, « par suite de circonstances, écrit un biographe, qui, s'il faut en croire la rumeur publique, étaient de nature à appeler sur lui toute la sévérité de nos lois pénales. » On a attribué à Fouché divers écrits autobiographiques ; l'un d'eux, les *Mémoires de Joseph Fouché, duc d'Otrante, ministre de la police générale* (1824), a été reconnu apocryphe. Les plus intéressants parmi ses écrits sont : deux *Rapports présentés au roi* en 1815, et une *Lettre au duc de Wellington* (1817).

FOUCHÉ-LEPELLETIER (Edmond-François-Edouard), député au Corps législatif de 1852 à 1863, né au Havre (Seine-Inférieure) le 17 juillet 1809, se fit, comme industriel, une situation importante à Paris. « Javel, dit une biographie, qui a donné son nom à un de ses produits chimiques, est un des plus beaux et des plus considérables établissements du département de la Seine. Son propriétaire est M. Fouché-Lepelletier, vice-président du conseil des prud'hommes (1847), membre du conseil de surveillance de l'administration générale de l'assistance publique (1849). Plusieurs découvertes importantes sorties de ses ateliers et les progrès réels qu'il a obtenus par l'emploi de procédés nouveaux dans la fabrication de nombreux produits, lui ont fait décerner des récompenses aux Expositions de Paris et de Londres. » M. Fouché-Lepelletier, à qui le président L.-N. Bonaparte, dans une visite à l'établissement de Javel, avait remis la croix de la Légion d'honneur (15 avril 1851), fut le candidat du gouvernement au Corps législatif dans la 6e circonscription de la Seine : il fut élu député, le 29 février 1852, par 15,991 voix (31,192 votants, 39,986 inscrits), contre 9,093 à

M. Bixio, 2,822 à M. Lannes de Montebello, et 966 à M. Guilhem. M. Fouché-Lepelletier prit part à l'établissement de l'Empire, vota avec la majorité dynastique, obtint sa réélection, le 22 juin 1857, dans la 8e circonscription, toujours comme candidat officiel, par 13,820 voix (25,995 votants, 39,798 inscrits), contre 9,033 à M. Varin et 2,268 à M. Jules Simon, se montra partisan de toutes les mesures proposées par le pouvoir, et échoua au renouvellement de 1863 : il n'obtint au second tour, le 1er juin, que 11,018 voix, contre 17,492 au candidat de l'opposition, M. Ad. Guéroult, qui fut élu. M. Fouché-Lepelletier fut longtemps membre de la Commission municipale de Paris.

FOUCHER (Jacques), député en 1791, membre de la Convention, né à Coullons (Loiret) le 6 décembre 1753, mort à Aubigny (Cher) le 23 novembre 1819, vint s'établir dans cette dernière ville en 1774, et y acheta une charge de notaire. Il fut nommé, le 14 juin 1790, administrateur du Cher, et bientôt (1er septembre 1791) député de ce département à l'Assemblée législative, le 3e sur 6, par 153 voix (274 votants). Son rôle y fut modeste, et il se borna à opiner, en toutes circonstances, avec la majorité réformatrice. Le 5 septembre 1792, il fut réélu député du Cher à la Convention nationale, le 3e sur 6, par 229 voix (319 votants). Républicain, il siégea à la Montagne et, dans le procès de Louis XVI, vota la mort sans sursis ni appel. Sur sa proposition, et après avis des comités diplomatique et des domaines, la Convention décida que les revenus de la terre d'Aubigny, érigée en duché-pairie par Louis XIV, au profit de la famille de Lenox, dont l'aïeul était un fils naturel de Charles II, roi d'Angleterre, et de la duchesse de Portsmouth, seraient séquestrés et que les scellés seraient apposés sur les archives du château. Envoyé en mission dans l'Aube, il adhéra, par lettre, aux journées des 31 mai et 2 juin 1793, et remplit encore d'autres missions dans le Jura et dans le Doubs. A l'expiration des pouvoirs de la Convention, Foucher devint commissaire du Directoire dans le Cher. Il quitta ces fonctions en 1796, s'abstint jusqu'en 1803 de toute charge publique, et se livra à l'étude du droit, jusqu'au jour où la loi de 1816 vint le frapper et le chasser de France. Il se réfugia à Lausanne et ne revint à Aubigny que peu de temps avant sa mort.

FOUCHER (Louis-Jean-Nicolas-Charles), député au Corps législatif de l'an XII à 1808, représentant à la Chambre des Cent-Jours, né au Coudray-Macouard (Maine-et-Loire) le 28 avril 1769, mort au Coudray-Macouard le 25 octobre 1838, fut avocat et professeur de législation. La Révolution le fit commissaire près le tribunal de Laval. Le 18 frimaire an XII, une décision du Sénat conservateur le nomma député de la Mayenne au Corps législatif; il y siégea jusqu'en 1808. Devenu procureur impérial à la cour criminelle de Laval, puis (2 avril 1811) substitut à la cour d'Angers, il resta fidèle au régime impérial, et fit encore partie (12 mai 1815) de la Chambre des Cent-Jours, où l'envoya le collège de département de la Mayenne, par 71 voix (105 votants, 242 inscrits). Il se retira, après la session, dans son pays natal.

FOUCHER (Joseph-Désiré), sénateur du second Empire, né à Quélaines (Mayenne) le 18 avril 1786, mort à Paris le 27 février 1860, s'engagea volontairement, en 1804, dans les vélites des grenadiers de la garde impériale, et fit toutes les campagnes de ce corps, dans lequel il parvint au grade de capitaine (1810). Il servit la Restauration, prit part à la guerre d'Espagne (1823) comme lieutenant-colonel du 11e léger, et fut promu, en 1829, colonel du 45e de ligne. Le colonel Foucher, après avoir passé aux colonies les premières années du règne de Louis-Philippe, fut nommé maréchal-de-camp (31 décembre 1835), et lieuenant-général (22 avril 1846). Il fut placé à la tête de plusieurs divisions militaires, notamment de celle de la Moselle. Appelé, en 1848, au commandement de la 1re division militaire (Paris), il contribua à la répression de l'insurrection de juin, passa le 10 juillet à la 2e division (Lille), se montra partisan du gouvernement présidentiel de L.-N. Bonaparte, et fut placé dans le cadre de réserve (1850). Après le rétablissement de l'Empire, il fut nommé sénateur (31 décembre 1852). — Grand officier de la Légion d'honneur, du 2 décembre 1850.

FOUCHER DE CAREIL (Louis-Alexandre, comte), membre du Sénat, né à Paris le 1er mars 1826, petit-fils du général comte Louis-François Foucher de Careil (1762-1835), entreprit divers voyages d'études, puis s'occupa de travaux littéraires et philosophiques. Il se fit de bonne heure une certaine réputation par l'édition nouvelle qu'il publia des *Œuvres de Leibniz ;* il en avait puisé les éléments à des sources nouvelles, découvertes dans les bibliothèques de l'Allemagne. Il donna encore : *Réfutation inédite de Spinosa par Leibniz* (1854); *Lettres et opuscules inédits de Leibniz* (1854); *Lettres de Leibniz, Bossuet, Pellisson* (1859) ; *Mémoire sur le projet d'expédition en Egypte présenté par Leibniz à Louis XIV; Leibniz, la Philosophie juive et la cabale* (1861); *Descartes et la princesse palatine* (1862); *Hegel et Schopenhauer* (1862); *Gœthe et son œuvre* (1865), etc. M. Foucher de Careil écrivait aussi des brochures de circonstance : *La liberté des haras et la crise chevaline en 1864 ;* le *Luxembourg à la Belgique,* avec pièces justificatives (1867), des *Discours* sur la décentralisation, etc. Chevalier de la Légion d'honneur en 1859, il se présenta, en 1861, comme candidat au conseil général du Calvados pour le canton de Dozulé, où il possède de grandes propriétés. L'appui du gouvernement impérial, dont il s'était réclamé en rappelant « qu'il était *le seul candidat décoré de la main de l'empereur*», ne lui avait pas fait défaut; pourtant il prit, une fois élu, une attitude d'opposition qui lui attira quelques démêlés avec les autorités. Il fit, par exemple, à Paris, des conférences qui furent interdites par le gouvernement. Après deux tentatives infructueuses comme candidat au Corps législatif, en 1863, puis en 1869, dans la 1re circonscription du Calvados, contre M. de Germiny, candidat officiel, M. Foucher de Careil partit pour les Etats-Unis. De retour en France au moment de la guerre, il fut directeur-général des ambulances des légions mobilisées de la Bretagne. Ensuite, le gouvernement de Thiers le nomma préfet des Côtes-du-Nord (23 mars 1871), puis préfet de Seine-et-Marne (8 mai 1872), et le promut au grade d'officier de la Légion d'honneur (7 septembre 1871). Rallié à la République conservatrice, M. Foucher de Careil fut révoqué de ses fonctions de préfet au 24 mai 1873. Il sollicita de nouveau les suffrages des électeurs, et il échoua dans les Côtes-du-Nord (février 1875), comme républicain modéré, contre M. de Kerjégu, légitimiste, lors

de l'élection partielle qui eut lieu pour remplacer à l'Assemblée nationale M. Flaud, décédé. Aux élections sénatoriales du 30 janvier 1876, M. Foucher de Careil posa avec plus de succès sa candidature dans le département de Seine-et-Marne. « La République existe, disait-il dans sa circulaire; elle est la loi et le fait; l'affermir, l'enraciner, la soustraire aux entreprises des factions sera le but de mes efforts. » Il fut élu sénateur par 369 voix sur 606 votants, alla siéger au centre gauche de la Chambre haute, et prit la parole pour soutenir une proposition qu'il avait faite et qui tendait à augmenter de 1000 hectares la réserve placée en dehors de tout aménagement, dans la forêt de Fontainebleau. Il défendit aussi à la tribune le système de M. Waddington, ministre de l'instruction publique, relativement à la collation des grades. Il se prononça, avec la minorité du Sénat, le 22 juin 1877, *contre* la demande de dissolution de la Chambre des députés, formulée par le gouvernement du Seize-Mai, combattit le cabinet de Broglie, et, au cours de la campagne électorale qui précéda le renouvellement de la Chambre, fut poursuivi pour avoir assisté à une réunion électorale dans un arrondissement qui n'était pas le sien. Il prêta son appui au cabinet Dufaure, puis aux projets de loi sur l'enseignement présentés par M. J. Ferry, parla et vota *pour* l'article 7, défendit la politique opportuniste, et fut réélu sénateur de Seine-et-Marne, le 8 janvier 1882, par 511 voix sur 598 votants. Le 4 août 1883, M. Foucher de Careil fut nommé ambassadeur de France en Autriche-Hongrie. Il ne cessa de voter, durant les apparitions qu'il fit au Sénat, avec la majorité de gauche; mais il donna sa démission d'ambassadeur après le vote, par le Sénat, de la loi sur l'expulsion des princes (juin 1886). A la Chambre haute, il a appuyé à la tribune la surtaxe sur les céréales (mars 1887), a combattu (juin suivant) la loi sucrière relevant les taux officiels de rendement des betteraves prises en charge, prit une part importante à la discussion de l'organisation du crédit agricole (février 1888), insistant sur la commercialisation des billets à ordre signés par l'agriculteur, et sur la compétence des tribunaux de commerce, tout en soustrayant le cultivateur au régime de la faillite; il s'est prononcé en dernier lieu : *pour* le rétablissement du scrutin d'arrondissement (13 février 1889), *pour* le projet de loi Lisbonne restrictif de la liberté de la presse, *pour* la procédure à suivre devant le Sénat pour juger les attentats contre la sûreté de l'Etat (affaire du général Boulanger). Membre de la Société nationale d'agriculture et de la Société d'économie politique, M. Foucher de Careil est décoré des ordres des Saints-Maurice-et-Lazare, de l'Etoile polaire de Suède, grand-croix de Saint-Etienne de Hongrie, etc. Outre les ouvrages déjà cités, on a de lui : *Dante* (1864) ; *Les habitations ouvrières* (1868) ; *Aux viticulteurs* (1870), etc.

FOUCQUETEAU (Victor), représentant en 1848, né à Saumur (Maine-et-Loire) le 7 juin 1802, d'une famille de propriétaires cultivateurs, mort à Chinon (Indre-et-Loire) le 1er novembre 1863, fit son droit, et, reçu avocat, s'inscrivit, en 1826, au barreau de Chinon. Ses opinions libérales le firent nommer par Dupont (de l'Eure), au début du règne de Louis-Philippe, procureur du roi à Ajaccio. Il fut révoqué de ces fonctions cinq mois après, lors de la retraite de son protecteur, et revint plaider à Chinon. Le gouvernement provisoire lui offrit, au lendemain de la révolution de février, le poste de procureur de la république au tribunal de cette ville : M. Foucqueteau refusa, et brigua les suffrages des électeurs d'Iudre-et-Loire. Il fut élu, le 23 avril 1848, représentant de ce département à l'Assemblée constituante, le 6e sur 8, par 45,656 voix, alla siéger à droite, fit partie du comité de la justice, et vota : *pour* le rétablissement du cautionnement, *pour* les poursuites contre Louis Blanc et Caussidière, *pour* le rétablissement de la contrainte par corps, *contre* l'amendement Grévy, *contre* le droit au travail, *pour* l'ordre du jour en l'honneur du général Cavaignac, *pour* la proposition Rateau, *contre* l'amnistie, *pour* l'interdiction des clubs, *pour* les crédits de l'expédition de Rome, etc. Partisan de la politique intérieure et extérieure du gouvernement présidentiel de L.-N. Bonaparte, et non-réélu à la Législative, M. Foucqueteau fut nommé, en 1850, président du tribunal civil de Chinon. Il occupa ce siège jusqu'à sa mort (1863). Il était membre du conseil général d'Iudre-et-Loire et chevalier de la Légion d'honneur.

FOUGEIROL (EDOUARD), député de 1883 à 1885 et depuis 1886, né aux Ollières (Ardèche) le 9 février 1843, entra à l'Ecole polytechnique à vingt ans, et, renonçant à la carrière qui lui était ouverte, vint travailler près de son père à la filature et moulinerie de soie dont il est aujourd'hui propriétaire et directeur. Maire d'Ollières depuis 1870, conseiller général de l'Ardèche pour le canton de Privas depuis le 8 octobre 1871, il fut élu, le 24 juin 1883, député de la 1re circonscription de Privas, par 6,918 voix sur 11,821 votants et 17,478 inscrits, contre 4,655 voix à M. Albin Clauzel, en remplacement de M. Chalamel, élu sénateur. Il ne se fit inscrire à aucun groupe, et vota avec la gauche ministérielle. Porté, aux élections générales du 4 octobre 1885, sur la liste républicaine de l'Ardèche, il échoua avec 39,505 voix sur 88,137 votants. Mais tous les députés conservateurs de l'Ardèche élus ayant été invalidés, les électeurs du département, convoqués à nouveau le 14 février 1886, élurent M. Fougeirol, le 1er sur 6, par 47,477 voix sur 92,760 votants et 111,395 inscrits. M. Fougeirol s'assit à la gauche républicaine, et prit part à quelques discussions d'affaires, notamment à un tarif douanier à appliquer aux cocons et aux soies d'Italie. Dans la dernière session, il s'est prononcé : *pour* le rétablissement du scrutin d'arrondissement (11 février 1889), *contre* l'ajournement indéfini de la revision de la Constitution, *pour* les poursuites contre trois députés membres de la Ligue des patriotes, *pour* les poursuites contre le général Boulanger; il s'est abstenu sur le projet de loi Lisbonne restrictif de la liberté de la presse. Chevalier de la Légion d'honneur à l'occasion de l'Exposition universelle de 1889.

FOUGÈRES (PIERRE-PHILIBERT), député à l'Assemblée constituante de 1789, né à Paris en 1742, massacré à Paris le 3 septembre 1792, était, depuis 1769, curé de la paroisse Saint-Laurent, à Nevers, lorsqu'il fut élu (26 mars 1789) député du clergé aux Etats-Généraux. Son nom ne figure pas aux tables du *Moniteur*. Emprisonné aux Carmes, à Paris, au début de la période révolutionnaire, il périt dans les massacres des prisons (septembre 1792).

FOUGEROUX (ARMAND-CHARLES-ALEXANDRE DUHAMEL DE), député de 1824 à 1827, né à

Paris le 4 juillet 1781, mort à une date inconnue, appartint à la magistrature sous la Restauration. Juge honoraire, il se présenta, sans succès, le 9 mai 1822, comme candidat à la députation, dans le 3e arrondissement du Loiret (Pithiviers), et n'y obtint que 104 voix contre 116 à M. Laisné de Ville-l'Evêque, élu. M. Duhamel de Fougeroux fut plus heureux le 23 février 1824 : la même circonscription lui donna 176 voix (235 votants, 275 inscrits, contre 56 au même concurrent, et l'envoya siéger à la Chambre des députés. Il fit partie de la majorité, dont il se sépara pourtant en quelques circonstances. Au cours de la session de 1825, et à propos de la loi d'indemnité, il proposa (1er mars) de remplacer l'article 2 du projet par une disposition d'après laquelle « la valeur qu'avaient, en 1790, les biens confisqués, serait rétablie autant que possible par des documents authentiques, etc. ; mais en cas d'insuffisance, ou faute des dits documents, il serait formé, par les soins des préfets, une commission composée des notables et anciens cultivateurs du lieu, qui établiraient la valeur des biens vendus, telle que cette valeur était notoire en 1790. » L'amendement fut rejeté. M. de Fougeroux ne fit point partie d'autres législatures.

FOUGIÈRES (LOUIS-JOSEPH, COMTE DE), député de 1824 à 1827, né à Paris le 18 mars 1773, mort à Paris le 28 juillet 1841, suivit la carrière des armes. Parvenu au grade de colonel et à la dignité de gentilhomme de la chambre du roi, il se fit élire, le 2 août 1824, député du Cher, au collège de département, par 59 voix sur 103 votants et 158 inscrits, en remplacement de M. de Peyronnet, qui avait opté pour la Gironde. Dévoué au gouvernement royal, il prit place à droite, mais se fit peu remarquer au parlement. « M. de Fougières, lit-on dans une biographie de 1826, ne paraît pas encore avoir fait preuve qu'il eût été appelé aux fonctions de législateur par une vocation particulière. D'ailleurs les goûts et les occupations militaires s'accordent peu avec les soins de la législature ; sa charge de gentilhomme de la chambre du roi prend aussi une partie de son temps : cependant on dit qu'il en trouve toujours quand il faut faire preuve de son dévouement au roi, soit par son vote, soit par son épée. » M. de Fougières ne fit point partie de la Chambre de 1827.

FOULD (BÉNÉDICT), député de 1834 à 1842, né à Paris le 21 novembre 1792, mort à Paris le 28 juillet 1858, était le fils d'un banquier israélite qui avait longtemps fait le commerce des rouenneries et des toiles peintes, avant de fonder à Paris l'importante maison de banque Fould-Oppenheim et Cie. Il se trouva de bonne heure placé à la tête de la maison paternelle, et sa situation dans le monde financier le fit entrer (1827) au tribunal et à la chambre de commerce. Le 14 février 1833, il fut proclamé député du 3e collège électoral de l'Aisne (Saint-Quentin) avec 107 voix contre 106 à M. Harlé (Isaac), en remplacement de M. Dufour de Nelle, démissionnaire; mais il y avait eu erreur dans le recensement officiel des votes, et cette erreur fut rectifiée au bénéfice de M. Harlé. M. B. Fould fut plus heureux le 14 mai 1834, et devint député de Saint-Quentin, par 178 voix (279 votants, 302 inscrits), contre 90 à M. Imbert. Il vota le plus souvent avec la majorité, dont il se sépara parfois dans les discussions de douanes et d'industrie. En 1835, il proposa un amendement à l'article 573 du projet de loi sur les faillites et les banqueroutes, et parla sur le budget des finances. L'année suivante, il fut rapporteur du projet de loi relatif aux crédits supplémentaires de 1835. En 1837, il combattit le projet de loi sur les caisses d'épargne, et se mêla activement aux débats soulevés par la question des sucres, par celle des chemins de fer, et par le budget des dépenses. Réélu député, le 4 novembre 1837, par 247 voix (291 votants, 351 inscrits), contre 39 à M. Arago, il donna son avis sur la loi des faillites et banqueroutes, sur le remboursement des rentes, sur le budget des affaires étrangères, etc., et obtint encore sa réélection, le 2 mars 1839, par 250 voix (288 votants, 352 inscrits). Il parut plusieurs fois à la tribune dans cette législature : à propos de la prorogation du privilège de la Banque de France, du budget, du travail des enfants dans les manufactures, des ventes à l'encan de marchandises neuves, du traité de commerce, etc. Il ne fut pas réélu le 9 juillet 1842, n'ayant obtenu que 93 voix contre 220 à M. de Cambacérès, et il échoua encore le 1er août 1846, avec 161 voix contre 302 au même concurrent, réélu. — Chevalier de la Légion d'honneur le 26 octobre 1843.

FOULD (ACHILLE-MARCUS), frère du précédent, député de 1842 à 1848, représentant en 1848 et en 1849, sénateur du second empire et ministre, né à Paris le 17 novembre 1800, mort à Laloubère (Hautes-Pyrénées) le 5 octobre 1867, fit ses études au lycée Charlemagne à Paris, puis s'initia aux affaires dans la maison de son père, et voyagea, pour son plaisir autant que pour son éducation, dans le midi de la France, en Italie et en Orient. Il débuta dans la vie politique en se faisant élire, sous Louis-Philippe, conseiller général des Hautes-Pyrénées, département dans lequel il possédait de vastes propriétés, puis député du 2e collège de ce département (Tarbes), le 9 juillet 1842, par 119 voix (155 votants, 162 inscrits), contre 36 à M. Baradère. Il siégea au centre, vota avec la majorité conservatrice, et prit plusieurs fois la parole sur des questions de finances, d'économie politique, de douanes, d'impôts, d'emprunts et de budgets. Son opinion fit bientôt autorité. Il se mêla plus spécialement aux discussions sur les chemins de fer, le sucre indigène, les caisses d'épargne, et revint fréquemment sur la question de la conversion de la rente, qu'il devait contribuer à trancher plus tard. Rapporteur (1844) de la commission relative au timbre des journaux, il fit rejeter l'amendement de M. Chapuys de Montlaville. Réélu, le 1er août 1846, dans la circonscription de Tarbes, avec 110 voix (157 votants, 159 inscrits), contre 47 à M. Dauzat-Dambarrère, en même temps que par le 5e collège de l'Hérault (Saint-Pons), avec 211 voix (236 votants, 293 inscrits), contre 25 à M. Gilles, il continua de soutenir le gouvernement et d'appuyer la politique intérieure et extérieure de Guizot. Après la révolution de février, M. Fould accepta les faits accomplis et offrit les conseils de son expérience aux membres du gouvernement provisoire, qui plus tard lui reprochèrent de les avoir poussés à des mesures extrêmes et à des résolutions désespérées. Il passa pour avoir, dans les journées de juin, payé de sa personne contre l'insurrection. Vers la même époque il publia, sous les titres : *Pas d'assignats*, *Opinion de M. A. Fould sur les assignats*, deux brochures où il s'efforçait de réfuter certaines théories financières jugées par lui dangereuses. Le 7 septembre 1848, à la faveur d'une élection complémentaire destinée à rem-

placer trois représentants décédés, il fut élu représentant de la Seine à l'Assemblée constituante, le 2e sur 3, par 78,891 voix (247,242 votants, 406,896 inscrits). Les observations qu'il porta à la tribune sur les bons du Trésor, et les fonds des caisses d'épargne, sur l'impôt des boissons, le projet d'achèvement du Louvre, etc., lui gagnèrent la confiance et la sympathie de la majorité conservatrice de l'Assemblée. Il fut rapporteur du projet de loi pour le remboursement des 45 centimes et membre de diverses commissions, notamment de celle qui était chargée d'examiner les comptes du gouvernement provisoire, ce qui le mêla à des discussions ardentes et l'exposa à de vives récriminations. M. A. Fould vota, *contre* l'amendement Grévy, *contre* l'abolition du remplacement militaire, *contre* la réduction de l'impôt du sel, *pour* la proposition Rateau, *contre* l'amnistie, *pour* l'interdiction des clubs, *pour* les crédits de l'expédition de Rome, *contre* l'abolition de l'impôt des boissons, et appuya la politique de l'Elysée. Elu, lors du scrutin complémentaire du 8 juillet 1849, motivé par onze options, décès ou démissions, représentant de la Seine à la Législative, le 10e de la liste, avec 111,727 voix (234,588 votants, 373,800 inscrits), il y vota constamment avec la droite. Le 31 octobre 1849, il fut appelé par le prince-président à prendre, en remplacement de M. Hippolyte Passy, le portefeuille des Finances; il le garda jusqu'au 23 janvier 1851, le reprit le 10 avril de la même année, et dirigea pour la seconde fois le département des Finances jusqu'au 22 novembre. Ce fut lui qui substitua à l'intermédiaire des banquiers celui des receveurs généraux pour liquider, par des souscriptions ouvertes dans les départements, quelques millions de rentes de provenances diverses. M. A. Fould présenta encore divers projets de loi pour modifier les droits d'enregistrement, le service des postes, la taxe des lettres, pour étendre la circulation des billets de banque dont il faisait cesser le cours forcé, facilita le rachat des actions des quatre canaux du Rhône au Rhin, établit une répartition plus équitable de l'impôt foncier par une nouvelle évaluation des revenus territoriaux, et fut enfin l'auteur ou l'instigateur de la Banque d'Algérie, de la loi sur les pensions civiles, de la colonie pénitentiaire de Cayenne, de la réunion des douanes aux contributions indirectes, etc. La plupart des actes et des projets du ministre des Finances se rattachaient à la préparation du budget de 1851, que le ministre présenta, le 4 avril 1850, en équilibre, moyennant la vente de 50 millions en forêts, et de 6 millions de domaines nationaux, appartenant en grande partie à la famille d'Orléans, et remplaçant les 60 millions que M. Passy espérait tirer de l'impôt sur le revenu. Certains dissentiments qui, à diverses reprises, s'étaient élevés entre M. Fould et le président de la République, ne l'empêchèrent pas de reprendre, pour la troisième fois, au lendemain du coup d'État, le 3 décembre 1851, le portefeuille des Finances. Il s'en démit, le 21 janvier 1852, à la suite du décret confisquant les biens de la famille d'Orléans, fut compris presque aussitôt (26 janvier) dans la seconde promotion des sénateurs, et revint au pouvoir, le 28 juillet de la même année, comme ministre d'Etat. Il eut à diriger, en cette qualité, les travaux de l'Exposition universelle de 1855, et présida à la réorganisation administrative de l'Opéra et à l'achèvement du nouveau Louvre (1853-1857). Le 24 novembre 1861, M. Achille Fould quitta le ministère pour entrer au Conseil privé. Mais son inaction lui pesa vite. Profitant des loisirs de sa retraite, il rédigea, dans le dessein de préparer son retour, un grand travail sur les finances, très hostile à la gestion de M. Magne, et qui parut au *Moniteur* du 14 novembre 1861. Après un long préambule, dans lequel l'état des finances de l'empire était l'objet d'appréciations peu favorables, l'auteur concluait ainsi : « En étudiant la question financière, il est facile de prévoir qu'à moins d'un changement de système nous nous trouverons bientôt en présence d'embarras très graves. On voit combien se sont accrus et la dette publique et les découverts du Trésor. Pour satisfaire à ces dépenses, on a eu recours au crédit sous toutes ses formes, et on a utilisé, avec l'assentiment des pouvoirs publics, les ressources des établissements spéciaux dont l'Etat a la direction... Le public a souscrit ces emprunts avec un grand empressement ; mais ce serait se faire de dangereuses illusions que de compter indéfiniment sur le développement du crédit national. L'état du crédit doit d'autant plus attirer l'attention de l'empereur que la situation des finances préoccupe tous les esprits. Lors de la dernière discussion du budget, on concluait que les découverts devaient s'élever, à la fin de l'année, à près d'un milliard, et ce chiffre n'est certainement point exagéré. Le Corps législatif et le Sénat ont déjà exprimé leur inquiétude à ce sujet. Ce sentiment a pénétré dans la classe des hommes d'affaires, qui tous présagent et annoncent une crise d'autant plus grande, qu'à l'exemple de l'Etat, et dans un but d'amélioration et de progrès, peut être trop précipité, les départements, les villes et les compagnies particulières se sont lancés dans des dépenses très considérables. » Le seul moyen, suivant M. Fould, de conjurer cette crise, était de supprimer les crédits supplémentaires et extraordinaires. Le même numéro du *Moniteur* contenait une lettre dans laquelle l'empereur informait le financier que, le 2 décembre suivant, le Sénat serait réuni pour entendre la renonciation du chef de l'Etat au droit d'ouvrir des crédits supplémentaires ou extraordinaires dans l'intervalle des sessions. Cette lettre était suivie d'une seconde adressée à M. Fould, et contenant ce passage : « ... J'accepte *votre système*, d'autant plus volontiers que depuis longtemps je cherche, vous le savez, le moyen d'asseoir solidement le crédit de l'Etat en renfermant les ministres dans le budget réglementaire. Mais ce nouveau système ne fonctionnera avec avantage que si celui qui a su en approfondir toutes les difficultés veut se consacrer à son exécution. Je viens donc vous charger du portefeuille des Finances. » M. Achille Fould rentra encore une fois au ministère. Il établit, le 31 mai 1862, un nouveau règlement général de la comptabilité publique, et peu de temps après, trouva l'expédient de la conversion de la rente 4 1/2 en 3 0/0, qui avait pour but de fournir de l'argent au Trésor au moyen de la soulte ; puis, le 18 janvier 1864, il ouvrit un nouvel emprunt de 300 millions, en 3 0/0, au taux de 66.30. Le 24 novembre 1865, il exposa dans un rapport à l'empereur la nécessité de supprimer les payeurs du Trésor dans les départements, et de confondre leurs attributions avec celles des receveurs généraux, innovation qui fut adoptée ; enfin il prépara les budgets de 1867 et de 1868, qui rendirent nécessaire l'emprunt de 1868. Membre de l'Académie des Beaux-Arts en 1857, M. Fould était, depuis le 8 mars 1856, grand-croix de la Légion d'honneur.

FOULD (Adolphe-Ernest), député au Corps législatif de 1863 à 1870, né à Paris le 17 juillet 1824, mort à Paris le 13 février 1875, fils du précédent, s'occupa d'affaires et de finances, et fut un des associés de la banque Fould-Oppenheim et Cie. Sans antécédents politiques personnels, il se présenta, comme candidat du gouvernement impérial, le 1er juin 1863, dans la 1re circonscription des Hautes-Pyrénées, et fut élu député au Corps législatif, par 30,553 voix (30,717 votants, 34,308 inscrits). Il appartint, par tous ses votes, à la majorité dynastique, et fut réélu, toujours comme candidat officiel, député de la même circonscription, le 24 mai 1869, par 25,735 voix (27,911 votants, 34,496 inscrits), contre 1,959 au colonel Mouton. Il vota *pour* la déclaration de guerre à la Prusse et quitta la vie politique en 1870.

FOULD (Edouard-Mathurin), député au Corps législatif de 1863 à 1868, né à Paris le 18 décembre 1834, mort à Moulins (Allier) le 9 avril 1881, frère du précédent, était maire de Lurcy-Lévy (Allier), quand il fut élu, le 1er juin 1863, par 17,452 voix (22,889 votants et 33,154 inscrits), député de la 3e circonscription de ce département au Corps législatif, contre 5,246 voix au candidat de l'opposition démocratique, le général Courtais, ancien représentant. Il vota constamment avec la majorité impérialiste jusqu'en 1868, époque à laquelle il donna sa démission de député ; il fut remplacé, le 11 juillet, par M. Mony. M. Ed. Fould fut candidat bonapartiste aux élections législatives du 20 février 1876 dans la 1re circonscription de Montluçon, où il échoua avec 4,516 voix contre 8,312 à l'élu républicain, M. Chantemille.

FOULD (Gustave-Eugène), député au Corps législatif de 1869 à 1870, né à Paris le 19 février 1836, mort à Asnières (Seine) le 27 août 1884, frère du précédent, s'occupa activement de littérature et de théâtre, et eut une existence assez agitée. Son mariage en Angleterre avec Mme Valérie, pensionnaire de la Comédie-Française, fit quelque bruit, à cause de l'opposition de la famille. Il fut élu, le 6 juin 1869, député au Corps législatif par la 1re circonscription des Basses-Pyrénées, avec 19,035 voix (33,016 votants, 39,595 inscrits), contre 13,838 à M. Lavielle, et siégea jusqu'au 4 septembre, avec une indépendance relative, dans les rangs de la majorité. En septembre 1870, il entra dans le corps des « Eclaireurs de la Seine » de Franchetti, se distingua par des actes de courageuse témérité, notamment à l'affaire de la Malmaison, et fut nommé capitaine d'état-major de la garde nationale. Il forma alors un corps de cavalerie, sous le nom des « Volontaires de la France », qui n'eut pas l'occasion de se signaler. M. Gustave Fould se présenta sans succès aux élections municipales de Paris en juillet 1871, et tenta de rentrer dans la vie politique aux élections du 14 octobre 1877, dans la 2e circonscription de Pau, où il obtint 4,055 voix contre 10,549 à M. Dariste, élu. En 1876, il fit représenter au Gymnase, en collaboration avec M. Alexandre Dumas et sous le pseudonyme d'Olivier de Jalin, une comédie : la *Comtesse Romani*, qui obtint un vif succès. Atteint de paralysie dans les dernières années de sa vie, il se retira à Asnières où il mourut. Mme G. Fould, sous la signature *Gustave Haller*, a publié divers ouvrages de littérature.

FOULER DE RELINGUE (Louis-Edouard, comte), représentant en 1871, né à Versailles (Seine-et-Oise) le 11 mai 1813, mort au château de Philiomel (Pas-de-Calais) le 30 avril 1874, était un riche propriétaire du Pas-de-Calais et depuis longtemps conseiller général du département, quand il fut élu, le 8 février 1871, le 8e sur 15, représentant du Pas-de-Calais à l'Assemblée nationale, par 137,636 voix (139,532 votants, 206,432 inscrits). La même année (8 octobre), il fut réélu conseiller général de ce département pour le canton de Lillers. M. Fouler de Relingue siégea à droite, fit partie de la réunion des Réservoirs, et vota : *pour* la paix, *pour* les prières publiques, *pour* l'abrogation des lois d'exil, *pour* le pouvoir constituant de l'Assemblée, *contre* le retour à Paris, *pour* la démission de Thiers au 24 mai, *pour* l'organisation du septennat. Il mourut avant la fin de la législature (1874).

FOUQUERAND (DENIS-ANTOINE-MARIE), député de 1824 à 1827, né à Beaune (Côte-d'Or) le 24 septembre 1770, mort à Beaune le 20 juillet 1851, suivit d'abord la carrière militaire, puis remplit sous la Révolution les fonctions d'administrateur municipal. Il entra ensuite dans la magistrature. Juge au tribunal de Beaune, il se présenta une première fois, sans succès, le 9 mai 1822, comme candidat à la Chambre des députés dans le 2e arrondissement de la Côte-d'Or (Beaune), et n'y obtint que 151 voix contre 255 accordées à l'élu, M. de Chauvelin. Mais il le remplaça à la Chambre, comme député de la même circonscription, le 25 février 1824, avec 190 voix sur 373 votants et 420 inscrits, contre 177 à M. de Chauvelin. M. Fouquerand appartient à la majorité et vota avec les royalistes. Il prit plusieurs fois la parole dans la législature sur des questions de finances et d'administration. « Nous sommes vraiment fort embarrassés, lit-on dans la *Biographie des députés de la Chambre septennale*, de concilier les discours de M. Fouquerand avec ses votes. En effet, en même temps qu'il exprime à la tribune les sentiments les plus honorables, et qu'il prend la défense des intérêts généraux, il se trouve sur un fort bon pied, une des ministres : dans la même séance, on le voit témoigner le regret (ce sont ses propres termes) qu'une campagne glorieuse ait été souillée par des dilapidations dont il entrevoit qu'en résultat le poids retombera malheureusement sur la France, et serrer la main à M. de Villèle. Ailleurs, il vote en faveur d'une loi de finances sur laquelle il a proposé des amendements qui n'ont point été adoptés. A l'occasion de la pétition d'une commune rurale, il déclare, au grand scandale de M. le ministre de l'Intérieur, que la situation de nos campagnes est loin d'être aussi brillante qu'on cherche à le faire croire ; et, après avoir déclamé contre le mauvais état des routes, il termine en donnant de grands éloges... » M. Fouquerand échoua aux élections du 17 novembre 1827, avec 131 voix contre M. Mauguin, élu par 267 suffrages, et représenta encore, sans plus de succès, lors du renouvellement du 25 juin 1830 : il obtint alors 118 voix contre 297 à M. Mauguin, réélu. Il conserva son siège de juge pendant toute la durée du règne de Louis-Philippe, et mourut en 1851, juge honoraire, et chevalier de la Légion d'honneur.

FOUQUET (LOUIS-ANTOINE), député en 1791, au Conseil des Anciens et au Corps législatif de l'an VIII à 1803, né à Saint-Amand (Cher) le 30 juin 1756, mort à Saint-Amand le 4 mai 1812, fils de Louis-Antoine Fouquet, conseiller, procureur du roi au grenier à sel de Saint-Amand, et de Thérèse Thomas, fut, sous l'ancien régime, membre de l'assemblée provinciale du Berry, et trésorier de France. Rallié modérément aux idées nouvelles, il fut nommé président de l'administration municipale, puis procureur syndic du district de Saint-Amand, et, le 1er septembre 1791, élu député du Cher à l'Assemblée législative, le 4e sur 6, par 160 voix sur 255 votants. Il se mêla assez fréquemment aux débats sur les finances, demanda compte de toutes les créances actives de la nation, fit décréter une fabrication d'un million d'assignats et rendre divers décrets, tant sur les assignats que sur la retenue des rentes. Plus tard, le 24 germinal an VII, il entra au Conseil des Anciens, comme député du Cher; il y parla sur la liberté de la presse et sur la liberté civile et politique, se montra favorable au coup d'Etat du 18 brumaire, et fut appelé, le 4 nivôse an VIII, à représenter le Cher au Corps législatif, où il siégea jusqu'en 1803.

FOUQUET (PAUL-PHILÉMON), député au Corps législatif de 1863 à 1870, né à Rugles (Eure) le 18 décembre 1817, mort à Rugles le 4 avril 1872, manufacturier, conseiller général du canton de Rugles, débuta dans la vie parlementaire aux élections législatives du 1er juin 1863 : la 2e circonscription de l'Eure lui donna 16,536 voix (21,839 votants et 27,335 inscrits), contre 4,648 à M. Davy. M. Fouquet, qui avait été le candidat officiel du gouvernement impérial, fit partie à l'Assemblée de la majorité dynastique, et s'y occupa surtout des questions administratives et industrielles. Il se représenta, le 24 mai 1869, toujours comme candidat officiel, et fut réélu député par 14,109 voix (23,317 votants et 27,287 inscrits), contre trois candidats de l'opposition, qui obtinrent : M. Dupont de Nemours fils 4,506 voix, M. de Broglie 3,851, et M. Vittecoq 933. M. Ph. Fouquet vota *pour* la déclaration de guerre à la Prusse, et rentra dans la vie privée au 4 septembre. Chevalier de la Légion d'honneur.

FOUQUET (CHARLES-FÉLIX-MICHEL), représentant en 1871, député de 1876 à 1885, né à Sinceny (Aisne) le 10 novembre 1825, était propriétaire-cultivateur et fabricant de sucre à Sinceny. Sans antécédents politiques, il dut principalement à sa haute situation industrielle d'être élu, le 8 février 1871, représentant de l'Aisne à l'Assemblée nationale, le 11e sur 20, par 38,489 voix (87,823 votants, 157,845 inscrits). Il s'inscrivit au centre gauche et à la gauche républicaine, vota *pour* la paix, *s'abstint* dans les scrutins sur l'abrogation des lois d'exil et les prières publiques, et se prononça : *pour* le retour de l'Assemblée à Paris, *contre* le pouvoir constituant, *pour* la dissolution, *contre* la démission de Thiers au 24 mai, *contre* le septennat, *contre* l'état de siège, *contre* la loi des maires, *contre* le ministère de Broglie, *pour* les amendements Wallon et Pascal Duprat et *pour* les lois constitutionnelles. Réélu, le 20 février 1876, député de la 2e circonscription de l'Aisne, par 11,127 voix (18,205 votants, 22,659 inscrits), contre 6,906 à M. Hébert, ancien questeur du Corps législatif, il siégea dans la nouvelle majorité républicaine et fut des 363. M. Fouquet obtint, le 14 octobre 1877, le renouvellement de son mandat, avec 11,481 voix (19,479 votants, 22,887 inscrits), contre 7,864 à M. Jacquemont, soutint le ministère Dufaure, vota au Congrès (1879) *pour* l'élection de M. Grévy à la présidence de la République, et donna son suffrage à l'article 7 de la loi sur l'enseignement supérieur, aux lois nouvelles sur la presse et le droit de réunion, etc. Le 21 août 1881, M. Fouquet fut réélu député de la même circonscription par 13,440 voix (15,532 votants, 22,496 inscrits). Il prêta son concours à la politique coloniale, vota *pour* les crédits des expéditions de Tunisie et du Tonkin, et suivit les inspirations de M. Jules Ferry. Il ne fut pas réélu en 1885.

FOUQUET (Louis-Camille), député depuis 1885, né à Rugles (Eure) le 13 janvier 1841, fils de Paul-Philémon Fouquet qui fut député sous le second Empire, entra à l'Ecole polytechnique, en sortit dans l'artillerie et fit la campagne de 1870 sous Metz. Il quitta l'armée avec le grade de capitaine, dirigea à Rugles une fabrique de fil de laiton, devint conseiller général de l'Eure pour le canton de Broglie en 1877, et renonça à sa situation industrielle lorsqu'il se présenta aux élections législatives du 4 octobre 1885, sur la liste conservatrice de l'Eure. Il fut élu député, le 2ᵉ sur 6, par 45,108 voix sur 86,584 votants et 106,598 inscrits. Il se fit inscrire au groupe de l'Appel au peuple, et vota *contre* la politique ministérielle. Dans la dernière session, il s'est prononcé : *contre* le rétablissement du scrutin d'arrondissement (11 février 1889), *pour* l'ajournement indéfini de la revision de la Constitution, *contre* les poursuites contre trois députés membres de la Ligue des patriotes, *contre* le projet de loi Lisbonne restrictif de la liberté de la presse, *contre* les poursuites contre le général Boulanger.

FOUQUIER D'HÉROUEL (Pierre-Eloi), député en 1789, né à Hérouël (Aisne) le 10 mars 1744, mort à une date inconnue, appartenait à la famille de Fouquier-Tinville. Fourrier des logis du roi, puis « cultivateur à Hérouël », il fut, le 13 mars 1789, élu par le bailliage de Saint-Quentin député du tiers aux Etats-Généraux. Il ne se fit pas remarquer dans l'Assemblée.

FOUQUIER D'HÉROUEL (Antoine-Eloi-Jean-Baptiste), représentant en 1849, sénateur du second Empire, né à Hérouël (Aisne) le 30 mars 1784, mort à Hérouël le 17 juin 1852, fils du précédent, servit quelque temps, sous la Restauration, en qualité d'officier supérieur de cavalerie attaché à la maison du roi, et donna sa démission pour se livrer à l'agriculture et à l'industrie. Il fonda dans l'Aisne une sucrerie indigène qui prospéra, fut nommé, en 1833, conseiller général de ce département, chargé, en 1842, de l'inspection du haras départemental, et devint président du comité agricole de Saint-Quentin et membre du conseil général de l'agriculture et du commerce. En 1846, le congrès agricole d'Amiens, à la formation duquel il avait contribué, le choisit pour son président. D'opinions conservatrices, il fut, avec l'appui du comité politique de la rue de Poitiers, élu, le 13 mai 1849, le 7ᵉ sur 12, par 59,837 voix (112,795 votants, 160,698 inscrits), représentant de l'Aisne à l'Assemblée législative. Il siégea à droite, vota *pour* l'expédition de Rome, *pour* la loi Falloux-Parieu sur l'enseignement, etc., et, partisan du gouvernement présidentiel, adhéra un des premiers à l'acte du 2 décembre. L.-N. Bonaparte le nomma membre de la Commission consultative, et, le 26 janvier 1852, l'appela à siéger au Sénat. M. Fouquier d'Hérouël mourut peu de mois après.

FOUQUIER-LONG (Louis-Frédéric-Gilbert-François), député de 1824 à 1827, né à Beauvais (Oise) le 26 octobre 1780, mort à Elbeuf (Seine-Inférieure) le 10 septembre 1842, appartenait à une ancienne famille de Picardie « qui fut très scandalisée, dit une biographie royaliste de l'époque, de lui voir faire un mariage d'argent ». Manufacturier à Deville-lez-Rouen, administrateur des hospices et conseiller d'arrondissement de la Seine-Inférieure, M. Fouquier-Long fut élu député par le collège de ce département, le 6 mars 1824, avec 468 voix sur 802 votants et 909 inscrits. Il siégea dans la majorité ministérielle et fut rapporteur de la commission du budget. « Nous ne pouvons dissimuler, dit la biographie déjà citée, que M. Fouquier-Long ne soit un des plus habiles faiseurs de M. le président du conseil ; mais nous nous faisons un plaisir de croire que sa droiture et ses lumières le préserveront de se compromettre aux yeux de ses mandataires et de la France par d'indignes concessions. » Il ne fit point partie de la Chambre de 1827.

FOURCADE (Jacques), député au Conseil des Anciens, né à Tonnerre (Yonne) le 28 janvier 1750, mort à Tonnerre le 22 décembre 1824, appartint quelque temps à l'enseignement comme maître d'études. Puis il remplit auprès du ministre Roland de la Platière les fonctions de secrétaire, fut procureur-syndic du district de Tonnerre, et entra, le 23 vendémiaire an IV, au Conseil des Anciens, ayant été élu député par le département de l'Yonne, avec 180 voix sur 284 inscrits. Il devint secrétaire du Conseil, fit approuver en l'an VII une résolution qui annulait les opérations de quelques assemblées primaires, et, après le coup d'Etat de brumaire an VIII, fut nommé percepteur à Saint-Vinnemer (Yonne) et conseiller d'arrondissement.

FOURCADE (Jacques-Marie), député de 1830 à 1834, né à Vic-de-Bigorre (Hautes-Pyrénées) le 4 juin 1779, mort à Pau (Basses-Pyrénées) le 23 juin 1862, entra dans la magistrature. Il était conseiller à la cour royale de Pau, lorsqu'il fut élu, le 23 juin 1830, par 72 voix (142 votants, 153 inscrits), député des Hautes-Pyrénées au collège de département. Il adhéra à la révolution de juillet, fut réélu, le 10 avril 1831, par 55 voix (91 votants, 154 inscrits), fit partie de la majorité ministérielle, et échoua, le 5 juillet 1834, dans le 1ᵉʳ collège électoral des Hautes-Pyrénées, avec 28 voix contre 75 à M. Dintrans, élu. Promu président de chambre à la cour de Pau par le gouvernement de Louis-Philippe, il termina sa carrière dans cette ville avec le titre de président honoraire. Chevalier de la Légion d'honneur.

FOURCADE (Joseph), député de 1876 à 1881, né à Saint-Chinian (Hérault) le 9 juillet 1820, était propriétaire à Caraman et sans antécédents politiques, lorsqu'il fut élu, le 20 février 1876, par 5,962 voix (10,766 votants, 15,083 inscrits), député de l'arrondissement de Saint-Pons, contre 4,792 voix à M. Castel. Il siégea à droite, combattit par ses votes la majorité républicaine, et soutint le ministère du Seize-Mai. Candidat officiel après la dissolution de la Chambre, il fut réélu, le 14 octobre 1877, par 6,280 voix (12,231 votants, 15,278 inscrits), contre 5,691 à M. Agniel, républicain, et 220 à M. Lercule-Rouanet, vota *contre* l'amnistie, *contre* l'article 7, *contre* l'application des lois aux congrégations non autorisées, *contre* les lois nouvelles sur la presse et le droit de réunion, etc. Il ne fut pas réélu en 1881.

FOURCAND (Emile), représentant en 1871, sénateur inamovible de 1875 à 1881, né à Bordeaux (Gironde) le 14 novembre 1819, mort à Tresse (Gironde) le 2 septembre 1881, n'eut, antérieurement au 4 septembre 1870, aucun rôle politique actif. Négociant, il devint (1861) juge au tribunal de commerce, qu'il présida de 1868 à 1872. Membre du conseil municipal de Bordeaux depuis 1860, il fut, en août 1870, quelques jours avant la chute de l'Empire, nommé maire de Bordeaux, et il occupa ces fonctions pendant que la ville était le siège du gouvernement de la Défense nationale, et quand elle devint, pour quelques semaines, celui de l'Assemblée appelée à se prononcer sur la conclusion de la paix. La protestation qu'il exprima, au nom du conseil municipal de Bordeaux, contre le déploiement de troupes opéré pour protéger les représentants par la force armée, le rendit populaire parmi ses concitoyens, et, après avoir échoué une première fois, comme candidat à l'Assemblée nationale, le 8 février 1871, avec 44,960 voix sur 132,349 votants, il fut élu, le 2 juillet suivant, dans un scrutin complémentaire, représentant de la Gironde, par 78,965 voix (129,770 votants, 201,514 inscrits). Il prit place à la gauche républicaine, fut élu, le 8 octobre de la même année, conseiller général de la Gironde pour le 3e canton de Bordeaux, et vota à l'Assemblée : *contre* le pouvoir constituant, *pour* le retour à Paris, *contre* la démission de Thiers, *contre* le septennat, *contre* l'état de siège, *contre* la loi des maires, *contre* le ministère de Broglie, *pour* les amendements Wallon et Pascal Duprat et *pour* l'ensemble des lois constitutionnelles. Il prit une part active à la discussion d'un certain nombre de projets de lois, relatifs au commerce et à l'industrie. Après le 24 mai 1873, M. Fourcand se vit révoqué, par le ministère de Broglie, de ses fonctions de maire de Bordeaux (4 février 1874). Il fut porté, en décembre 1875, comme candidat de la gauche, aux élections des sénateurs inamovibles, et fut élu, le 14 décembre, par l'Assemblée, au 5e tour de scrutin, le 42e sur 75, avec 344 voix (678 votants). Au Sénat, M. Fourcand s'assit à gauche, repoussa (juin 1877) la demande de dissolution de la Chambre des députés, soutint le ministère Dufaure, vota *pour* l'article 7 de la loi sur l'enseignement supérieur, *pour* l'application des lois aux congrégations non autorisées, etc. Il était redevenu maire de Bordeaux en 1876, mais il ne conserva ce poste qu'une année. La ville de Bordeaux a donné son nom à la rue qu'il habitait.

FOURCAND-LÉON (JEAN-URBAIN), député de 1881 à 1885, né à Saint-Affrique (Aveyron) le 10 octobre 1806, mort à Bordeaux (Gironde) le 11 février 1889, se fixa à Bordeaux en 1824 et y fonda, dix ans plus tard, une maison de commerce pour les indigos. Conseiller municipal de Bordeaux de 1870 à 1884, conseiller d'arrondissement de 1874 à 1884, il fut élu comme républicain opportuniste, le 4 septembre 1881, au second tour de scrutin, député de la 2e circonscription de Bordeaux, par 3,876 voix (7,872 votants, 17,703 inscrits), contre 3,763 voix à M. Gilbert-Martin, radical. Il siégea à gauche, soutint les ministères républicains, se prononça *pour* la politique coloniale et *pour* les crédits du Tonkin, et ne fut pas réélu en 1885.

FOURCROY (ANTOINE-FRANÇOIS, COMTE) membre de la Convention, député au Conseil des Anciens, né à Paris le 15 juin 1755, mort à Paris le 16 décembre 1809, était fils de Jean-Michel Fourcroy et de Jeanne Laugier. Son père exerçait l'état de pharmacien, ou plutôt jouissait du revenu d'un établissement de pharmacie, en vertu d'une charge qu'il avait dans la maison du duc d'Orléans. La corporation des apothicaires ayant obtenu la suppression générale de ces sortes de charges, il perdit le peu de fortune qu'il avait, et des malheurs de famille vinrent en outre l'affecter profondément. Antoine Fourcroy brilla peu dans ses premières études et quitta le collège d'Harcourt à quatorze ans. Il se passionna ensuite pour la musique et pour la poésie, se mit à composer des pièces de théâtre, et eut un moment la fantaisie de se faire comédien. Ses vues se tournèrent ensuite vers le commerce. Il perfectionna son écriture, prit des leçons de comptabilité, et fut bientôt en état d'occuper un emploi modeste dans le bureau d'un commis du sceau, ami de sa famille. Il ne le garda pas longtemps. Par bonheur pour lui, Vicq d'Azir s'était mis en pension chez son père. Les conseils de ce savant, son exemple, la célébrité qu'il s'était acquise de bonne heure, achevèrent de déterminer le jeune Fourcroy à étudier la médecine, l'anatomie, la chimie, la botanique et l'histoire naturelle. Deux ans après, Fourcroy publiait une traduction d'un ouvrage de Ramazzini sur les *Maladies des artisans*, qu'il enrichit de notes et d'éclaircissements. Ce premier essai parut sous les auspices de la Société royale de médecine, instituée en 1776 par Vicq d'Azir ; or, l'ancienne Faculté crut voir, dans cette institution, une atteinte portée à ses priviléges, et elle se plut à humilier dans la personne de Fourcroy un protégé de l'autre compagnie : elle le repoussa (1778), lorsqu'il se présenta au concours du prix fondé par le docteur Diets, pour la réception gratuite d'un jeune médecin tous les deux ans, et consentit seulement à l'admettre *usque ad meliorem fortunam* : c'était la formule usitée. Alors Fourcroy refusa à son tour : grâce à la générosité de ses amis qui lui permit d'attendre, il put être reçu en 1780. Il n'était pas seulement devenu médecin : chimiste de premier ordre, il avait ouvert des cours particuliers où se pressait une foule considérable. En 1784, la mort de Macquer laissa vacante la chaire de chimie au « Jardin du roi ». Buffon choisit Fourcroy de préférence à Berthollet, à cause de l'aptitude toute particulière à l'enseignement qu'il avait remarquée chez lui. Les services que le jeune professeur rendit à la science lui valurent bientôt une brillante réputation. Il entra, l'année suivante, à l'Académie des sciences, et appartint successivement aux sections d'anatomie et de chimie. Admis, en 1782, aux réunions scientifiques qui se tenaient chez Lavoisier, il prit une part très active aux conférences dans lesquelles fut déterminée la nouvelle nomenclature chimique, et consigna, dans un ouvrage publié en 1787, l'historique des expériences qui firent presque de la chimie une science nouvelle. Deux ans après, il s'ouvrit pour Fourcroy une autre carrière. Appelé, en 1789, à faire partie du comité des électeurs de Paris, il fut élu, le 21 septembre 1792, quatrième suppléant du département de Paris à la Convention nationale, par 300 voix sur 396 votants. Après avoir travaillé sans repos, pendant dix-huit mois, à l'extraction et à la purification du salpêtre destiné à la fabrication de la poudre, il fut appelé, le 25 juillet 1793, à siéger dans l'Assemblée en remplacement de Marat. L'un des membres les plus actifs du comité d'instruction publique, on lui dut l'agrandissement du Jardin des Plantes et la formation d'une commission des arts pour veiller à l'entretien des chefs-d'œuvre. Il réussit à faire mettre en liberté Desault, chirurgien de l'Hôtel-Dieu, et à soustraire Chaptal à l'accusation de fédéralisme, en le faisant appeler, de

Montpellier à Paris, pour l'employer à la fabrication du salpêtre. Il prit aussi la parole en faveur de Darcet, qu'il sauva, et de Lavoisier, dont il ne put empêcher la condamnation. Fourcroy présida le club des Jacobins ; puis il se déclara contre Robespierre. Après le 9 thermidor, il fut appelé au comité de salut public ; mais il y resta, semble-t-il, étranger à toute intrigue, et ne fit usage de son pouvoir que pour protéger plus efficacement les établissements scientifiques et littéraires. Il eut une part directe à l'organisation de l'Ecole polytechnique ainsi qu'à la création de trois écoles de médecine à Paris, Montpellier et Strasbourg. Il organisa deux écoles de droit et un grand nombre de collèges. Lors de la rédaction de la Constitution de l'an III, ce fut Fourcroy qui fit comprendre l'instruction publique et l'Institut dans l'acte constitutionnel. Après la session de la Convention, il passa (23 vendémiaire an IV) au Conseil des Anciens, où il siégea pendant deux ans, reprit ensuite ses cours publics, et rédigea son principal ouvrage, *Système des connaissances chimiques*, le plus grand monument élevé à la chimie moderne. Six semaines environ après le coup d'Etat du 18 brumaire, Fourcroy reçut du premier consul l'invitation de se rendre au Luxembourg ; il entra au conseil d'Etat (4 nivôse an VIII) et fut nommé (an IX) directeur général de l'Instruction publique, puis membre de la Légion d'honneur le 9 vendémiaire an XII, et commandeur de l'ordre le 25 prairial suivant. Ses fonctions de directeur de l'Instruction lui furent enlevées lors de la création de l'Université impériale, à la tête de laquelle fut placé Fontanes. Napoléon, a-t-on dit, avait voulu, par ce choix, flatter les partisans de l'ancien régime. Fourcroy n'en espérait pas moins être revêtu de la dignité de grand-maître, à laquelle il avait des droits. Cette disgrâce le désola et porta atteinte à sa santé, qui devint de plus en plus chancelante. Il mourut le 16 décembre 1809, d'une attaque d'apoplexie : peu de jours auparavant, il avait été nommé directeur général des mines, et, le 26 avril 1808, il avait reçu le titre de comte de l'Empire avec une dotation de 20,000 francs. Fourcroy fut un professeur du plus haut mérite. « Il était né, a écrit M. Pariset, pour le talent de la parole, et ce talent, il l'a porté au plus haut degré : ordre, clarté, expression, il avait toutes les parties d'un orateur consommé ; ses leçons tenaient de l'enchantement. » Il laissa deux enfants : le comte de Fourcroy, officier d'artillerie, qui mourut sur le champ de bataille de Lutzen ; et une fille, Mme Floucaud, qui épousa un receveur général. On a de lui : *Leçons d'histoire naturelle et de chimie* (1781); *Collection de Mémoires de chimie* (1784); l'*Art de reconnaître et d'employer les médicaments dans les maladies qui attaquent le corps humain* (1785); *la Médecine éclairée par les sciences physiques* (1791); *la Philosophie chimique* (1792); *Tableaux synoptiques de chimie* (1805), etc.

FOUREAU DE BEAUREGARD (Louis), représentant à la Chambre des Cent-Jours, né à Moncontour (Vienne) le 18 mai 1774, mort à Paris le 30 novembre 1848, « fils de sieur Louis Foureau, notaire et contrôleur des actes, et de demoiselle Marie-Thérèse Bourgnou, » exerçait dans son pays natal la profession de médecin, lorsqu'il fut élu (10 mai 1815) représentant de l'arrondissement de Loudun à la Chambre des Cent-Jours, par 54 voix sur 75 votants. Il ne fit point partie d'autres législatures.

FOURGASSIÉ-VIDAL (Jean-Jacques-Antoine-François), représentant du peuple en 1849, né à Castres (Tarn) le 7 avril 1809, était banquier à Castres, et sans antécédents politiques, lorsqu'il fut inscrit sur la liste républicaine dans le Tarn, aux élections pour l'Assemblée législative, le 13 mai 1849; il fut élu représentant, le 2e sur 8, par 47,335 voix (79,583 votants, 107,875 inscrits), prit place à gauche et vota avec la minorité démocratique : *contre* l'expédition de Rome, *contre* la loi Falloux-Parieu sur l'enseignement, *contre* la loi restrictive du suffrage universel, etc. Adversaire de la politique de l'Elysée, il rentra dans la vie privée après le coup d'Etat de décembre 1851.

FOURICHON (Léon-Martin), membre du gouvernement de la Défense nationale en 1871, ministre et sénateur inamovible de 1875 à 1884, né à Thiviers (Dordogne) le 10 janvier 1809, mort à Paris le 23 novembre 1884, entra à l'Ecole navale en 1824 et passa successivement par tous les grades de la hiérarchie : aspirant en 1826, enseigne en 1829, lieutenant en 1833, capitaine de corvette en 1843, capitaine de vaisseau en 1848, il alla quelque temps en Algérie et fut envoyé comme gouverneur à Cayenne (1852). Contre-amiral en 1853, il remplit ensuite les fonctions de major-général à Brest, commanda la station de l'Océan Pacifique, et, après avoir été chargé de la direction de la marine à Alger, fut rappelé dans la Méditerranée, avec le grade de vice-amiral (17 août 1859). Il devint, en outre, membre du conseil d'amirauté et président du conseil des travaux de la Marine (février 1864). Commandant en chef de l'escadre d'évolutions (mars 1870), il fut placé, au début de la guerre de 1870-71, à la tête de l'escadre d'opérations de la mer du Nord sur le *Magnanime*; mais il ne put que bloquer dans le port de Jahde la flotte prussienne qui s'y était réfugiée. Après le 4 septembre, l'amiral Fourichon fut nommé ministre de la Marine par le gouvernement de la Défense nationale. Le 16, il se rendit à Tours auprès de MM. Glais-Bizoin et Crémieux; là, il exerça pendant quelque temps, à titre intérimaire, les fonctions de ministre de la Guerre, en même temps que celles de ministre de la Marine, et eut à s'occuper de l'organisation de la première armée de la Loire. La subordination de l'autorité militaire à l'autorité civile fit qu'il abandonna (5 octobre) à Crémieux l'intérim de la Guerre, en attendant l'arrivée de Gambetta. Il s'associa, d'ailleurs, comme membre du gouvernement, à tous les décrets de la Délégation, tels que la création d'un gouvernement civil en Algérie, la restitution aux trois départements d'Alger, d'Oran, de Constantine, du droit d'élire des députés, la dissolution des conseils généraux, l'inéligibilité des fonctionnaires de l'empire déchu à l'Assemblée nationale, etc. L'amiral Fourichon appartenait à l'opinion orléaniste. Elu, le 8 février 1871, le 10e et dernier de la liste conservatrice, par 73,293 voix (97,443 votants, 149,476 inscrits), représentant de la Dordogne à l'Assemblée nationale, il prit place au centre droit, vota *pour* les prières publiques, *pour* le pouvoir constituant de l'Assemblée, *contre* la dissolution, *pour* le gouvernement du 24 mai. Il prit quelquefois la parole, notamment pour soutenir, avec succès, l'amendement qui rendait aux colonies leurs quatre députés. Il se sépara toutefois de ses amis politiques pour appuyer la proposition du centre gauche en faveur de l'organisation définitive de la République, ainsi que l'amendement Wallon et l'ensemble des lois constitutionnelles. Il se fit alors inscrire au groupe Lavergne et se rallia aux républicains. Ce mouvement le fit porter aux élections sénatoriales sur la liste des gauches, et il fut élu sénateur inamovible, le 18e sur 75, par l'Assemblée nationale, avec 346 voix (690 votants). Le 9 mars 1876, l'amiral Fourichon fut appelé à prendre le portefeuille de la Marine dans le cabinet Dufaure-Ricard, qui se retira le 11 décembre pour faire place au cabinet Jules Simon. Il resta ministre de la marine dans la nouvelle combinaison (du 12 décembre 1876 au 16 mai 1877), reprit, lors de la chute du ministère, sa place sur les bancs du Sénat, et s'abstint lors du vote sur la demande de dissolution de la Chambre des députés présentée par le gouvernement du 16 mai. Il continua de voter, tantôt avec la droite, tantôt avec la gauche, soutint le ministère Dufaure, et n'eut plus à la Chambre haute qu'un rôle effacé. Grand-croix de la Légion d'honneur du 3 juillet 1877.

FOURMENT (LOUIS-LUGLIEN, BARON DE), représentant aux Assemblées constituante et législative de 1848-49, sénateur du second Empire, né à Roy (Ardennes) le 18 janvier 1788, mort à Frévent (Pas-de-Calais) le 14 novembre 1864, était le fils d'un riche propriétaire des Ardennes. Il se fit recevoir avocat, entra dans la carrière administrative, fut sous l'Empire auditeur au conseil d'État et intendant en Espagne, devint, le 10 juin 1814, sous-préfet de Soissons, et reçut, le 19 septembre de la même année, la croix de la Légion d'honneur. Puis il renonça aux fonctions publiques et se livra à l'industrie. M. de Fourment transforma l'ancienne abbaye de Cercamp-lez-Frévent en manufacture de tissage de laine. Après avoir, sous le règne de Louis-Philippe, professé des opinions libérales, il se présenta, le 23 avril 1848, aux suffrages des électeurs de la Somme, et fut nommé représentant de ce département à la Constituante, le 12e sur 14, par 105,269 voix. M. de Fourment siégea à droite, et fit partie du comité du travail. Absent jusqu'en septembre 1848, il vota ensuite : *contre* l'abolition de la peine de mort, *contre* l'amendement Grévy, *contre* le droit au travail, *contre* la réduction de l'impôt du sel, *pour* la proposition Rateau, *contre* l'amnistie, *pour* l'interdiction des clubs, *contre* l'abolition de l'impôt des boissons, etc. Depuis l'élection présidentielle du 10 décembre, il avait donné tout son concours à la politique de l'Elysée. Réélu représentant de la Somme à l'Assemblée législative, le 13 mai 1849, le 6e sur 12, par 84,255 voix (106,444 votants, 169,321 inscrits), il appartint à la majorité conservatrice, approuva l'expédition de Rome, les poursuites contre les représentants de la Montagne, la loi Falloux-Parieu sur l'enseignement, etc., se montra favorable au coup d'État du 2 décembre, et fut compris, le 26 janvier 1852, dans la première promotion de sénateurs. Jusqu'à sa mort il soutint de ses votes, au Sénat, le gouvernement impérial. Membre du conseil général de la Somme, M. de Fourment dirigeait dans ce département, en société avec son fils (*V p. bas*), plusieurs établissements industriels très importants, notamment trois filatures de laine.

FOURMENT (AUGUSTE-ANTOINE, BARON DE), député au Corps législatif de 1867 à 1870, né à Paris le 18 janvier 1821, fils du précédent, s'occupa activement d'industrie et partagea avec son père la direction de plusieurs manufactures dans la Somme. Chevalier de la Légion d'honneur, et tout dévoué au gouvernement impérial, il brigua avec succès, le 18 août 1867, dans la 4e circonscription de la Somme, la succession au Corps législatif de M. de Morgan, décédé, et fut élu député par 13,961 voix sur 24,411 votants et 28,240 inscrits, contre 10,271 voix à M. Cauvel de Beauvillé. Il prit place dans la majorité dynastique et vota constamment avec elle. Réélu, le 24 mai 1869, comme candidat officiel, avec 17,942 voix (23,098 votants, 27,949 inscrits), contre 3,260 voix à Jules Favre et 805 à M. Blin de Bourdon, il continua de soutenir le gouvernement, et approuva notamment (juillet 1870) la déclaration de guerre à la Prusse. A plusieurs reprises, depuis le 4 septembre, M. de Fourment a fait de vaines tentatives pour rentrer au parlement. Il a successivement échoué : le 30 janvier 1876, comme candidat bonapartiste au Sénat dans le département de la Somme, avec 190 voix sur 930 votants ; le 20 février suivant, comme candidat conservateur à la Chambre des députés, avec 9,448 voix contre 11,133 à M. Barni, républicain, élu ; enfin, le 14 octobre 1877, comme candidat officiel du gouvernement du Seize-Mai, dans l'arrondissement de Montdidier, avec 7,913 voix contre 9,322 à M. Jametel, républicain.

FOURMENTIN (JEAN-PIERRE), représentant du peuple en 1848, né à Boulogne-sur-Mer (Pas-de-Calais) le 10 décembre 1801, mort à Hesdin (Pas-de-Calais) le 9 août 1854, fils d'un officier de marine qui s'était distingué dans les guerres contre l'Angleterre, fit ses études à Boulogne, voyagea en Angleterre, passa ensuite quelques années à Paris, pour s'y livrer à des recherches de chimie et de physique, et fixa, en 1831, sa résidence à Brimeux, près de Montreuil. Il s'y occupa de l'exploitation de tourbières et de la culture de ses propriétés, découvrit, en 1847, un nouveau procédé pour fabriquer simultanément le blanc de céruse et la soude artificielle, et, républicain modéré, se présenta, le 23 avril 1848, comme candidat à l'Assemblée constituante. Il fut élu représentant du Pas-de-Calais, le 12e sur 17, par 75,618 voix (161,957 votants, 188,051 inscrits), siégea à gauche, fit partie du comité du commerce et de l'industrie, et vota : *pour* le rétablissement du cautionnement, *pour* les poursuites contre Louis Blanc et Caussidière, *pour* l'abolition de la peine de mort, *contre* l'amendement Grévy, *contre* le droit au travail, *pour* l'ordre du jour en l'honneur du général Cavaignac, *pour* la réduction de l'impôt du sel, *pour* la proposition Rateau, *contre* l'amnistie, *contre* une augmentation de 50.000 francs par mois au traitement du président de la République, *pour* l'interdiction des clubs, *contre* les crédits de l'expédition de Rome, *contre* l'abolition de l'impôt des boissons, etc. Il ne fit point partie d'autres législatures.

FOURMY (JEAN-DENIS), membre de la Convention, député au Conseil des Cinq-Cents, au Conseil des Anciens et au Corps législatif de l'an VIII à l'an XI, né à Mortagne (Orne) le 4 décembre 1741, mort à une date inconnue, était homme de loi à Alençon. Elu deuxième suppléant à la Convention par le département de l'Orne, le 11 septembre 1792, à la pluralité des voix sur 549 votants, il fut admis presque aussitôt à siéger comme titulaire en remplacement de Gorsas, qui opta pour le département de Seine-et-Oise. Fourmy siégea parmi les modérés, et se prononça ainsi dans le procès de

Louis XVI, au 3e appel nominal : « Comme représentant du peuple français, et en vertu des pouvoirs qui m'ont été donnés par le décret du 10 août, j'estime que Louis ne doit pas subir la peine de mort: 1° parce que l'esprit des lois de toutes les nations, qui punit de mort certains crimes, est puisé dans les principes de la politique, et non dans ceux de la nature, qui ne permet pas de donner la mort à son semblable ; 2° parce que la mort du coupable ne peut réparer le crime commis ; 3° parce que, chez les nations civilisées, la peine de mort ne peut avoir pour objet que d'effrayer ceux qui seraient tentés de commettre les mêmes crimes : 4° parce que, dans la position où se trouve la République, il n'y a plus d'exemple à donner, puisqu'il n'y aura plus de roi ; 5° parce que la constitution, anéantie par l'abolition de la royauté, mais subsistant encore dans sa partie pénale pour les crimes commis pendant qu'elle était en vigueur, ne contenait pas la peine de mort contre les rois conspirateurs; 6° parce que l'article VIII de la déclaration des droits veut que la volonté générale n'établisse que les peines strictement et évidemment nécessaires.

« Considérant néanmoins que la seconde partie de cet article ne peut s'appliquer à la nation elle-même lorsqu'elle exerce immédiatement ou par ses représentants la souveraineté, et qu'on ne pourrait lui supposer l'absurde intention de laisser impunis les crimes de ses rois constitutionnaires, je vote pour la détention jusqu'à la paix, et pour la déportation ensuite, sous peine de mort en cas de contravention.

« Je voudrais que ce décret fût ratifié par le peuple, avec celui de l'abolition de la royauté. »

Réélu, le 23 vendémiaire an IV, député de l'Orne au Conseil des Cinq-Cents, par 143 voix sur 281 votants, il fit partie de cette Assemblée jusqu'en l'an VI, époque à laquelle il passa (24 germinal) au Conseil des Anciens, pour y représenter le même département. Enfin il entra au Corps législatif le 4 nivôse an VIII, comme député de l'Orne par le choix du Sénat conservateur; il en sortit en l'an XI. Le rôle parlementaire de Fourmy dans ces diverses législatures fut très secondaire.

FOURNAS (CLAUDE DE), député de 1818 à 1828, né à Saint-Chamond (Loire) le 20 janvier 1762, mort à Saint-Chamond le 22 février 1828, était un des principaux industriels de cette ville, où il dirigeait une manufacture de soieries. Le 20 octobre 1818, il fut élu par 473 voix (528 votants, 1,070 inscrits) député de la Loire, au collège de département. Il vota généralement avec la majorité, et fut réélu successivement : le 13 novembre 1822, dans le 3e arrondissement de la Loire, par 163 voix (309 votants, 366 inscrits) contre 109 à M. Malmazet-Praire; le 25 février 1824, par 170 voix (314 votants, 346 inscrits), contre 137 à M. Jovin-Deshays, et le 24 novembre 1827, au collège de département, par 65 voix (111 votants, 189 inscrits). Il soutint le ministère Villèle, et n'eut personnellement qu'un rôle politique effacé. Le 8 février 1825, il proposa de modifier l'article 6 du règlement et de le rédiger de la façon suivante : « Le président fait l'ouverture de la séance à l'heure précise indiquée à la séance précédente, quel que soit le nombre des membres présents. » M. de Fournas mourut le 22 février 1828, pendant la législature. Il fut remplacé à la Chambre, le 28 avril de la même année, par le marquis de Lévis.

FOURNAS (ANTOINE-MARIE-HYACINTHE-ERNEST, COMTE DE), représentant du peuple en 1848, né à Hennebont (Morbihan) le 8 juillet 1803, mort en sa terre de Kerdiché (Morbihan) le 14 juin 1851, entra à Saint-Cyr en 1819, en sortit dans les dragons, fit la guerre d'Espagne et passa capitaine au deuxième régiment de cuirassiers de la garde royale, puis donna sa démission en 1830, s'occupa d agriculture et fut élu conseiller général du canton de Plouay (Morbihan). Le 11 mai 1844, il échoua comme candidat de l'opposition légitimiste dans le 4e collège électoral du Morbihan (Lorient) avec 139 voix contre 163 à M. Genty de Bussy. Il s'agissait de remplacer M. de la Bourdonnaye, décédé. Le 1er août 1846, il échoua pour la seconde fois dans le même collège, avec 200 voix contre 221 au député sortant, M. Genty de Bussy. Le 23 avril 1848, il fut élu représentant du Morbihan à l'Assemblée constituante, le 9e sur 12, avec 60,326 voix sur 105,877 votants et 123,200 inscrits. Il appartient à l'opinion légitimiste, fit partie du comité de la marine, et vota *pour* le bannissement de la famille d'Orléans, *pour* l'abolition de la peine de mort, *contre* l'incompatibilité des fonctions, *contre* l'amendement Grévy, *pour* la sanction de la Constitution par le peuple, *contre* le droit au travail, *pour* l'ensemble de la Constitution, *pour* l'interdiction des clubs, *pour* l'expédition d'Italie... etc. Il se montra, après le 10 décembre, contraire à la politique de Louis-Napoléon, et ne fut pas réélu à la Législative.

FOURNAS (BALTHAZAR-AMÉDÉE-MARIE-HYACINTHE, BARON DE), représentant du peuple en 1848, né à Hennebont (Morbihan) le 20 octobre 1806, mort au château de Kervegant (Finistère) le 7 mai 1871, frère du précédent, fut adopté par son oncle, M. Dubotdéru, ancien pair de France, entra à l'école navale en 1821, assista à la bataille de Navarin, à la suite de laquelle il fut décoré de la Légion d'honneur, et, appartenant comme son frère à l'opinion légitimiste, quitta le service à la révolution de 1830; il était alors lieutenant de vaisseau. Le 23 avril 1848, il fut élu représentant du Finistère à l'Assemblée constituante, le 13e sur 15, avec 57,308 voix (le procès-verbal ne mentionne ni le chiffre des votants ni celui des inscrits). Il vota *pour* le bannissement de la famille d'Orléans, *pour* le maintien de l'état de siège, *contre* l'abolition de la peine de mort, *pour* l'impôt proportionnel, *contre* l'incompatibilité des fonctions, *contre* l'amendement Grévy, *contre* la sanction de la Constitution par le peuple, *pour* l'ensemble de la Constitution. Après l'élection présidentielle du 10 décembre, il s'abstint dans la plupart des discussions, et ne fut pas réélu à l'Assemblée législative.

FOURNAS-MOUSSOULENS (CHARLES-FRANÇOIS-JOSEPH, BARON DE), député de 1824 à 1830, né à Moussoulens (Aude) le 30 juin 1782, mort à Carcassonne (Aude) le 25 mai 1848, propriétaire et maire de Carcassonne, fut élu, le 6 mars 1824, comme candidat du gouvernement, député de l'Aude, au collège de département, par 144 voix (240 votants, 307 inscrits). Il siégea dans la majorité royaliste, mais observa parfois une attitude assez indépendante à l'égard du ministère, ce qui fit dire à un biographe, en 1826 : « Si M. de Fournas-Moussoulens est encore ministériel, il ne l'est qu'à regret; il n'attend que l'occasion pour ne plus l'être : et lorsqu'elle se présentera, il ne manquera pas de faire voir aux ministériels qu'il désirerait bien leur échapper. On a surpris plus d'une fois M. de Fournas-Moussoulens riant sous cape des dîners de M. Piet, se moquant de l'éloquence de M. de Martignac, plaisantant M. Ravez sur son impartialité, faisant une épigramme sur le trois pour cent, demandant à M. de Corbière combien il achetait ses bouquins, et bâillant pendant un discours de M. le garde des sceaux. » Le député de l'Aude fut réélu, le 24 novembre 1827, par 152 voix (266 votants, 308 inscrits), et soutint jusqu'en 1830 la monarchie de Charles X.

FOURNEL (MARC-ANTOINE), membre de la Convention, né à Tournon (Lot-et-Garonne) en 1760, mort à une date inconnue, était procureur-syndic du district de Villeneuve. Le 7 septembre 1792, il fut élu membre de la Convention par le département de Lot-et-Garonne, le 8e sur 9, avec 363 voix (495 votants). Il siégea à la Montagne, vota dans le procès de Louis XVI « pour la mort de Louis, convaincu du crime de haute trahison », et devint plus tard juge au tribunal de première instance de Marmande.

FOURNERAT (CHARLES), représentant à la Chambre des Cent-Jours, né à Ancy-le-Franc (Yonne) le 11 février 1780, mort à une date inconnue, fils de « maître Nicolas-Mammès Fournerat, avocat au parlement, bailli de Rochefort et de Molesme, juge dudit Ancy-le-Franc et autres lieux, et de dame Marguerite-Antoinette-Claude Bichot, son épouse », appartient à la magistrature, comme procureur impérial à Mantes. Le 12 mai 1815, il fut élu, par 27 voix sur 50 votants et 86 inscrits, représentant de l'arrondissement à la Chambre des Cent-Jours. Il se rallia à la Restauration et fut nommé, le 15 octobre 1815, substitut du procureur du roi à Paris.

FOURNÈS (JULES-MARIE-HENRI FARET, MARQUIS DE), député en 1789, né le 19 janvier 1752, mort à une date inconnue, suivit la carrière militaire. Il était, en 1789, colonel de Royal-Champagne-cavalerie et « grand sénéchal d'épée de Nîmes et de Beaucaire ». Élu, le 31 mars 1789, par cette sénéchaussée, député de la noblesse aux Etats-Généraux, il siégea à droite, et, à propos des troubles qui avaient éclaté dans la ville d'Hesdin, il adressa, le 12 décembre 1790, au rédacteur du *Moniteur* la lettre suivante :

« Les sentiments d'estime et d'attachement, monsieur, qui m'unissent étroitement à mes compagnons d'armes du régiment de Royal-Champagne, m'auraient rendu vraisemblablement trop suspect aux yeux de l'Assemblée nationale pour que je pusse discuter avec quelque avantage l'affaire d'Hesdin et le projet de décret qui lui-a-été proposé par ses trois comités réunis. J'ai cru que la cause de mes camarades les officiers de Royal-Champagne, celle de la municipalité d'Hesdin, du ministre du roi, et des agents qu'il a employés pour exécuter ses ordres, ne pouvait être mieux défendue que par le rapport lui-même des commissaires envoyés à Hesdin, dont l'exactitude et l'impartialité justifient la confiance de l'Assemblée nationale. Le renvoi à une cour martiale ne pouvant être que le vœu du régiment Royal-Champagne, je n'ai pu qu'applaudir au décret qui a été adopté, et pour lequel j'ai voté.

« Quant à ce qui me concerne, j'ai pensé que les moments de l'Assemblée nationale étaient trop précieux pour que je dusse entrer dans de nouveaux détails relatifs à une lettre que j'ai écrite à M. Lostende, major du régiment de Royal-Champagne. Comme les inductions et les réflexions que M. le rapporteur de l'affaire Hesdin en a tirées sont les mêmes que celles que

M. Dubois-Crancé a fait imprimer il y a déjà quelque temps, j'ai cru ne pouvoir mieux y répondre qu'en priant les membres de l'Assemblée de vouloir bien se rappeler les deux imprimés que j'ai fait distribuer à cet égard. Ces deux réponses n'ayant été envoyées qu'à MM. les députés, trouvez bon que je me serve de la voie de votre journal pour faire connaître au public la raison qui me détermine à garder le silence sur un objet connu déjà depuis longtemps de la plus grande partie des membres de l'Assemblée nationale.

« FOURNÈS. »

Il ne fit pas partie d'autres législatures.

FOURNETZ (MATHIEU DE), député en 1789, né à la Réole (Gironde) le 15 avril 1725, mort à une date inconnue, entra dans les ordres et devint curé de Puymiclan, en Agénois. La sénéchaussée de Caen le désigna comme député du clergé aux États-Généraux, le 27 mars 1789. L'abbé de Fournetz y défendit l'ancien régime, opina constamment avec la droite de l'Assemblée, et refusa de prêter le serment civique.

FOURNEYRON (BENOIT), représentant du peuple en 1848, né à Saint-Etienne (Loire) le 1er novembre 1802, mort à Paris le 8 juillet 1867, était fils d'un géomètre; il entra à l'école des mines de Saint-Etienne avec une dispense d'âge, et, à sa sortie (1819), fut attaché aux mines du Creuzot. Pendant le cours de ses études, il suppléa son professeur de mathématiques. Il perfectionna les appareils hydrauliques et particulièrement les turbines : ces travaux lui valurent un prix de 6,000 francs de l'Académie des sciences en 1835, une médaille d'or à l'exposition industrielle de 1839, la croix de la Légion d'honneur et une médaille d'honneur à celle de 1855. En 1841, il publia à Liège un « Mémoire sur les turbines hydrauliques et leur application en grand ». En 1847, délégué à Paris par sa ville natale, il fut nommé chef de bataillon dans la 2e légion de la garde nationale de Paris. Le 23 avril 1848, il fut élu représentant de la Loire à l'Assemblée constituante, le 8e sur 11, avec 41,833 voix (les votants et les inscrits manquent au procès-verbal). Républicain de la nuance Cavaignac, il vota *pour* le bannissement de la famille d'Orléans, *pour* la loi sur les attroupements et le décret sur les clubs, *pour* les poursuites contre L. Blanc et Caussidière, *pour* le maintien de l'état de siège, *contre* l'abolition de la peine de mort, *contre* l'impôt progressif, *contre* l'incompatibilité des fonctions, *pour* l'amendement Grévy, *contre* la sanction de la Constitution par le peuple, *contre* le droit au travail, *pour* l'ensemble de la Constitution, *pour* l'interdiction des clubs, *pour* l'expédition de Rome. Le 29 février 1852, il se porta comme candidat d'opposition démocratique au Corps législatif dans la 3e circonscription de la Loire, mais il échoua avec 4,225 voix contre 12,145 accordées au candidat officiel, élu, M. Balay de la Bertrandière, 8,093 à M. Mathon de Fogères, ancien député, 1,016 à M. Neyran, et 219 à M. Antide Martin. Le 1er juin 1863, il échoua encore, mais cette fois dans la 1re circonscription du même département, avec 8,957 voix contre 10,218 au candidat officiel, élu, M. Balay, frère de l'ancien député.

FOURNIER (CHARLES), député en 1789, né à Hamel-lez-Pierrepont (Somme) à une date inconnue, mort à une date inconnue, était curé d'Heilly, en Picardie. Élu, le 7 avril 1789, par le bailliage d'Amiens et Ham, député du clergé aux Etats-Généraux, il ne fit point adhésion aux idées nouvelles et donna sa démission de député le 24 octobre 1790.

FOURNIER (ANTOINE), membre de la Convention, né à Charly (Rhône) le 30 juin 1754, mort à une date inconnue, était juge de paix de Millery, lorsqu'il fut élu, le 9 septembre 1792, par 510 voix, 1er député suppléant du département de Rhône-et-Loire à la Convention nationale. Il fut admis à siéger, dès le 13 décembre 1792, en remplacement de Priestley non acceptant, combattit par ses votes la politique de la Montagne, opina pour la réclusion dans le procès du roi et soutint la réaction thermidorienne. Plus tard, il fut nommé messager d'Etat du Conseil des Cinq-Cents.

FOURNIER (JOSEPH), député au Conseil des Anciens, né à Béziers (Hérault) le 1er septembre 1753, mort à une date inconnue, se fit recevoir avocat le 1er juillet 1773. Au moment de la Révolution, il était « notable-adjoint près le siège sénéchal et présidial de Béziers ». Il devint ensuite juge et président aux tribunaux de district civil et criminel de l'Hérault, fut élu, le 24 germinal an VII, député de ce département au Conseil des Anciens, et, favorable au coup d'Etat de brumaire, fut nommé par Bonaparte (5 pluviôse an XIII) sous-préfet de Béziers. Il occupa ce poste jusqu'à la fin du règne de Napoléon.

FOURNIER (JEAN-LOUIS-LAURENT-CASIMIR), député de 1830 à 1834, né à Grenoble (Isère) le 5 mai 1769, mort à Rouessé-Vassé (Sarthe) le 19 juillet 1841, était propriétaire dans cette dernière ville, et sans antécédents politiques, quand il fut élu, le 28 octobre 1830, député de la Sarthe, au collège de département, par 566 voix sur 929 votants et 1,324 inscrits, en remplacement de M. de Coutard, démissionnaire. Il soutint la monarchie de juillet, fut réélu, le 5 juillet 1831, dans le 3e collège de la Sarthe, au Mans, par 136 voix (250 votants, 353 inscrits), et fit partie, jusqu'à la fin de la législature, de la majorité conservatrice.

FOURNIER (FÉLIX), représentant du peuple en 1848, né à Nantes (Loire-Inférieure) le 2 mai 1803, mort à Rome (Italie) le 9 juin 1877, d'une famille de colons de Saint-Domingue, entra dans les ordres, ses études classiques terminées, et fut nommé professeur de littérature et de philosophie au séminaire de Nantes; puis il quitta l'enseignement pour devenir vicaire, et curé de la paroisse de Saint-Nicolas de Nantes. L'abbé Félix Fournier, dont les articles politiques, insérés dans l'Union de Nantes, avaient fait quelque bruit, appartenait, en 1848, à l'opinion légitimiste. Le 23 avril, il fut élu, le 8e sur 13, représentant de la Loire-Inférieure à l'Assemblée constituante, par 81,719 voix (124,699 votants, 153,494 inscrits); la nouvelle de son élection donna lieu à un mouvement de la population ouvrière de Nantes qui brisa son mobilier, et le força de rester pendant quelques jours éloigné de son domicile. A l'Assemblée, il siégea à la droite, dont il se sépara pour se prononcer contre le rétablissement du cautionnement, contre le maintien de l'état de siège, et pour la réduction de l'impôt du sel, mais avec laquelle il vota : pour le rétablissement de la contrainte par corps, contre l'abolition de la peine de mort, contre l'amendement Grévy, pour l'ordre du jour en l'honneur de Cavaignac, pour la proposition Rateau, contre l'amnistie, etc. Après

l'élection du 10 décembre, il se rallia à la politique de L.-N. Bonaparte. L'abbé Fournier, non réélu à la Législative, reprit ses fonctions ecclésiastiques, et s'occupa activement de la reconstruction de l'église Saint-Nicolas, une des plus heureuses restaurations de l'art gothique en France. Il fut nommé évêque de Nantes par le second Empire, le 17 mai 1870, et sacré le 10 août de la même année.

FOURNIER (LOUIS-JACQUES-MARIE), représentant en 1849, né à Nîmes (Gard) le 1er décembre 1786, mort à Paris le 20 février 1862, négociant, séjourna quelque temps aux Antilles, puis s'établit à Marseille où il fonda une maison de commerce. Membre de la Chambre de commerce de cette ville, il fut, le 13 mai 1849, élu par les conservateurs des Bouches-du-Rhône, le 8e sur 9, représentant de ce département à l'Assemblée législative, avec 37,874 voix sur 114,293 inscrits. Il prit place à droite, vota pour l'expédition de Rome, pour la loi du 31 mai sur la réglementation du suffrage universel, contre le rapport ultérieur de cette loi (14 novembre 1851) et pour la proposition des questeurs (18 novembre suivant). Il rentra dans la vie privée après le coup d'Etat et s'occupa dès lors uniquement de commerce et d'industrie.

FOURNIER (ANTOINE-HENRY), représentant en 1871, sénateur de 1876 à 1885, né à Bourges (Cher) le 1er septembre 1830, fils d'un juge de paix de cette ville, fit ses études classiques au lycée de Bourges, puis se rendit à Paris pour y suivre les cours de l'Ecole de Droit et de l'Ecole des Chartes. Il revint ensuite se fixer à Bourges, s'inscrivit au barreau, devint, sous l'Empire, conseiller municipal de la petite commune de Fussy (Cher), puis conseiller municipal de Bourges, fut un des fondateurs et rédacteurs principaux de la Revue du Berry, et fit partie de la Société historique du Cher. Elu, en 1869, contre un adversaire légitimiste, conseiller général du Cher pour le canton de Levet, où il était propriétaire, M. Henry Fournier fut, lors du procès de Tours, désigné par le sort comme un des membres de la Haute Cour de justice en qualité de conseiller général. Attaché au parti orléaniste, il se trouva, après le 4 septembre, désigné par les conservateurs du Cher comme un de leurs candidats à l'Assemblée nationale, et fut élu, le 8 février 1871, le 5e sur 7, par 50,447 voix (76,432 votants, 95,825 inscrits). Il prit place au centre droit, vota pour la paix, pour les prières publiques, pour l'abrogation des lois d'exil, pour le pouvoir constituant de l'Assemblée, contre la dissolution, pour la démission de Thiers au 24 mai, pour le septennat, pour la loi des maires, pour le ministère de Broglie, contre les amendements Wallon et Pascal Duprat et contre l'ensemble des lois constitutionnelles. Signataire de l'adresse des représentants de la droite au pape en l'honneur du Syllabus, M. Henry Fournier fut un des agents les plus dévoués du comte de Paris. Il fit partie de plusieurs commissions importantes, notamment de la commission des Trente, fut rapporteur de la loi Tréveneuc sur les conseils généraux, déposa avec M. Eugène Tallon un projet de loi sur les caisses d'épargne postales, et prit part à un certain nombre de discussions. Vers la fin de la législature, il s'occupa tout spécialement des questions d'instruction publique et se mêla, tant dans la commission compétente qu'à la tribune de l'Assemblée, aux débats relatifs à la loi sur l'enseignement supérieur. Elu, le 30 janvier 1876, sénateur du Cher, par 198 voix sur 352 votants, il siégea à la droite de la Chambre haute, prêta son concours au gouvernement du Seize-Mai, vota (juin 1877) *pour* la dissolution de la Chambre des députés, combattit ensuite le ministère Dufaure et se déclara l'adversaire de la nouvelle loi sur la collation des grades présentée par M. Waddington, ministre de l'Instruction publique. Il vota *contre* les diverses lois d'enseignement élaborées par M. J. Ferry, *contre* l'article 7, *contre* l'application des lois aux congrégations non autorisées, *contre* les lois nouvelles sur la presse et le droit de réunion, adressa aux ministres diverses questions et interpellations, par exemple à propos de l'auditorat au conseil d'État, se prononça encore *contre* la réforme du personnel judiciaire, *contre* la loi du divorce, etc., et se représenta comme candidat monarchiste aux élections sénatoriales du 6 janvier 1885 : il n'obtint que 245 voix sur 717 votants et ne fut pas réélu sénateur. Il cessa, vers la même époque, d'appartenir au conseil général du Cher. Depuis lors, M. Henry Fournier a vécu retiré dans sa propriété de Jarien (Cher).

FOURNIER (CHARLES), député de 1876 à 1878, né à Beaugency (Loiret) le 3 novembre 1810, mort à la Rochelle (Charente-Inférieure) le 3 février 1889, entra à l'École polytechnique en 1830, en sortit dans l'artillerie en 1832, et démissionna en 1833, pour s'occuper des intérêts de sa famille, dont la mort de ses parents l'avait fait le chef. Il étudia le notariat dans une étude de Paris, acheta une étude à la Rochelle, et entra au conseil municipal de cette ville, dont il devint adjoint, puis maire. Il donna sa démission de maire après le 4 septembre 1870. Conseiller général du canton de la Jarrie depuis plusieurs années, il se présenta à la députation le 20 février 1876, comme candidat conservateur impérialiste, dans l'arrondissement de la Rochelle, et fut élu député par 9,442 voix (17,627 votants, 22,162 inscrits), contre 8,044 voix à M. Barbedette, républicain. Il siégea dans le groupe de l'Appel au peuple et vota avec la minorité de droite. Après l'acte du 16 mai 1877, il soutint la politique du maréchal de Mac-Mahon, et reparut devant les électeurs de la Rochelle avec l'appui officiel du ministère : M. Charles Fournier fut proclamé réélu, le 14 octobre, par 9,957 voix (19,475 votants, 23,115 inscrits), contre 9,431 à M. Barbedette. Mais de nombreuses protestations parvinrent à la Chambre contre cette élection, et des faits graves de pression furent dénoncés. Les opérations furent annulées et la circonscription de la Rochelle, appelée de nouveau au scrutin le 14 juillet 1878, ne donna plus à M. Fournier que 8,367 voix contre 9,528 à l'élu républicain, M. Barbedette. M. Fournier, qui fut président de la chambre des notaires et vice-président du conseil général, était chevalier de la Légion d'honneur depuis 1869.

FOURNIER (CASIMIR-IGNACE-JOSEPH), sénateur de 1879 à 1887, né au Quesnoy (Nord) le 19 février 1826, mort à Paris le 20 mars 1887, fit ses études au collège de Valenciennes, puis se fit recevoir avocat (1848) et docteur en droit (1850), et exerça sous l'Empire, de 1857 à 1871, la charge d'avocat au conseil d'État et à la cour de cassation. Après le 4 septembre 1870, M. F. Hérold, qui appréciait ses mérites, se l'attacha comme chef de cabinet; M. Casimir Fournier conserva ce poste au ministère de l'Intérieur, sous MM. Ernest Picard et Lambrecht. Cheva-

lier de la Légion d'honneur (1871) pour service rendus pendant le siège de Paris, il fut nommé bientôt par le gouvernement de Thiers directeur du service de l'Algérie et conseiller d'État en service extraordinaire. Il perdit ces fonctions après le 24 mai 1873, et ne rentra dans la vie publique que lors des élections sénatoriales du 5 janvier 1879. Élu sénateur du Nord par 414 voix sur 798 votants, il siégea à la gauche modérée de la Chambre haute, prit part à plusieurs discussions d'affaires, et vota : *pour* l'article 7 de la loi sur l'enseignement supérieur, *pour* les lois nouvelles sur la presse et le droit de réunion, *pour* la nouvelle formule du serment judiciaire, *pour* la réforme du personnel de la magistrature, *pour* la loi du divorce, *pour* les crédits du Tonkin et de Madagascar, etc. Il mourut en 1887.

FOURNIER (HUGUES-MARIE-HENRI), sénateur de 1879 à 1888, né à Paris le 29 juillet 1821, débuta de bonne heure dans la carrière diplomatique. Après avoir été attaché, dans les dernières années du règne de Louis-Philippe, aux archives du ministère des Affaires étrangères, il remplit successivement les fonctions d'attaché à la légation de Carlsruhe (20 mars 1848), et de deuxième secrétaire d'ambassade à Saint-Pétersbourg (20 février 1851). Le coup d'État de décembre n'interrompit point son avancement : M. Henri Fournier devint, le 17 février 1852, secrétaire de la légation de Hanovre, et passa en la même qualité, le 17 juin 1854, à celle de la Haye. Secrétaire de première classe (1857-1859) à Francfort-sur-le-Mein, puis à Madrid et à Saint-Pétersbourg, il fut nommé, le 17 octobre 1862, ministre plénipotentiaire à Stockholm. Le quatre septembre le trouva dans ces dernières fonctions. Rallié au gouvernement de la République conservatrice, M. H. Fournier fut nommé par Thiers (26 février 1872) ambassadeur à Rome. Ses démêlés avec M. de Bourgoing, ambassadeur de France auprès du pape, au sujet de la visite que l'état-major de l'*Orénoque*, mouillé dans les eaux de Civita-Vecchia à la disposition de Pie IX, devait rendre au pape le 1er janvier 1873, visite qui n'eut pas lieu, eurent un certain retentissement à l'Assemblée nationale et dans le pays. M. de Bourgoing donna sa démission et M. H. Fournier conserva son poste auprès du roi d'Italie, même après le 24 mai. Cependant, quelques mois plus tard, il fut mis, sur sa demande, en disponibilité, avec le titre de ministre plénipotentiaire de 1re classe. Il rentra dans la carrière le 31 décembre 1877, comme ambassadeur de France à Constantinople, et, durant la guerre turco-russe, comme lors de l'exécution, parfois difficultueuse, du traité de Berlin, il servit les intérêts français à la satisfaction du gouvernement. Candidat une première fois aux élections sénatoriales du 30 janvier 1876, dans le département d'Indre-et-Loire, dont il était conseiller général pour le canton de Vouvray, il y avait réuni 142 suffrages républicains, sans être élu. Il se représenta au renouvellement triennal du 5 janvier 1879, et fut élu sénateur d'Indre-et-Loire, par 214 voix (334 votants). L'année suivante, (25 octobre 1880), il fut admis à la retraite, comme ambassadeur. Au Sénat, M. H. Fournier fit partie du centre gauche, et vota notamment *pour* le ministère Dufaure, *pour* l'article 7 de la loi sur l'enseignement supérieur, *pour* les lois nouvelles sur la presse et le droit de réunion, *pour* la réforme du personnel judiciaire, *contre* l'expulsion des princes, *pour* le divorce, *pour* les crédits du Tonkin et de Madagascar, etc.

4

Il ne fut pas réélu en 1888. Grand officier de la Légion d'honneur du 30 juillet 1878.

FOURNIER DE LA CHARMIE (JEAN-FRANÇOIS), député en 1789, né à Périgueux (Dordogne) le 5 juillet 1750, mort à une date inconnue, était, lors de la Révolution, lieutenant-général civil à Périgueux. Il fut élu (mars 1789), par la sénéchaussée du Périgord, député du tiers aux États-Généraux, et se fit peu remarquer dans l'Assemblée. Le *Moniteur* ne cite pas son nom.

FOURNIER DE LA POMMERAYE (JEAN-FRANÇOIS), député en 1789, né à Fougères (Ille-et-Vilaine) le 4 novembre 1744, mort à Rennes (Ille-et-Vilaine) le 30 juin 1794, fils de François Fournier, procureur, et de Perrine-Marie Chauvel, se fit recevoir avocat au parlement de Bretagne, puis acheta (1787) la charge de procureur du roi près la sénéchaussée de Fougères. Les électeurs de cette sénéchaussée le nommèrent, le 17 avril 1789, député du tiers aux États-Généraux. Il vota avec la majorité de l'Assemblée constituante, mais sans jamais paraître à la tribune. Après la session, il vécut obscurément jusqu'en l'an II, et mourut à Rennes, chez son cousin germain, Jacques-Christophe Bertin, officier vétéran. Il ne fut point guillotiné, comme l'a écrit par erreur un biographe.

FOURNIOLS (MICHEL), membre de la Convention, député au Conseil des Cinq-Cents, né à Saint-Pierre (Martinique) en 1754, mort à une date inconnue, fut élu, le 28 octobre 1792, 1er député-suppléant de la Martinique à la Convention nationale. Admis à siéger comme titulaire le 24 frimaire an III, en remplacement de Dugommier, mort à l'ennemi, il n'eut dans cette assemblée qu'un rôle peu important. Fourniols entra de droit, le 4 brumaire an IV, au Conseil des Cinq-Cents, comme ex-conventionnel des colonies. Il y fit une motion contre les agences formées pour la mise en loterie d'objets mobiliers, et quitta le Conseil en l'an VII.

FOUROT (GILBERT-ARMAND), député de 1876 à 1882, né à Évaux (Creuse) le 10 mars 1834, mort à Aubusson (Creuse) le 4 mai 1882, était propriétaire-agriculteur à Évaux, maire de cette commune, révoqué après le 24 mars 1873, et conseiller général du canton. La notoriété qu'il avait acquise dans la région et ses succès aux concours régionaux le désignèrent, lors des élections législatives du 20 février 1876, comme candidat à la députation : il fut élu dans la 1re circonscription d'Aubusson, par 7,697 voix sur 12,173 votants et 15,496 inscrits contre 4,403 à M. Sallandrouze de Lamornaix : il s'était présenté avec une profession de foi républicaine, mais il avait principalement sollicité les suffrages des classes agricoles. M. Fourot prit place à gauche, et, après l'acte du 16 mai 1877, fut un des 363 adversaires du ministère de Broglie-Fourtou. Réélu après la dissolution de la Chambre, le 14 octobre, par 8,022 voix (10,258 votants, 15,701 inscrits), contre 2,198 voix à M. de la Roche-Aymon, ancien représentant, il fit partie de la majorité, vota *pour* les invalidations des députés de la droite, *pour* le ministère Dufaure, *pour* l'invalidation de Blanqui, *pour* l'article 7, *pour* les lois nouvelles sur la presse et le droit de réunion, etc. Il obtint encore sa réélection, le 21 août 1881, par 6,679 voix (7,724 votants, 15,268 inscrits), contre 362 à M. Depoux, et reprit sa place parmi les républicains modérés de la Chambre nouvelle; mais il mourut au bout de quelques mois, au cours de la législature.

FOURQUEVAUX (JOSEPH-MARIE-COLOMBE-HENRI-DENIS BECCARIA DE PAVIE, MARQUIS DE), député au Corps législatif de 1811 à 1815, né à Fourquevaux (Haute-Garonne) le 2 juin 1762, mort à Fourquevaux le 4 décembre 1841, était issu d'une famille noble du Milanais qui s'établit en France sous Charles VII. Propriétaire à Fourquevaux, il fut élu, le 4 mai 1811, par le Sénat, député de la Haute-Garonne au Corps législatif impérial, où il siégea jusqu'à la fin du règne.

FOURTANIER (ALEXANDRE-SYLVESTRE), représentant en 1849, né à Montgiscard (Haute-Garonne) le 1er mars 1805, mort à Toulouse (Haute-Garonne) le 1er février 1864, étudia le droit et, reçu avocat, s'inscrivit au barreau de sa ville natale. Il devint maire de Toulouse, et, lors des élections du 13 mai 1849, fut porté sur la liste monarchiste, et élu, le 3e sur 10, représentant de la Haute-Garonne à l'Assemblée législative, par 60,032 voix (94,485 votants, 139,605 inscrits). Il siégea à droite, vota *pour* les crédits de l'expédition de Rome, *pour* la loi Falloux-Parieu sur l'enseignement, *pour* la loi restrictive du suffrage universel, etc. Le 2 décembre 1851 mit fin à sa carrière politique. Il revint à Toulouse, où il mourut en 1864.

FOURTOU (MARIE-FRANÇOIS-OSCAR BARDY DE), représentant en 1871, député de 1876 à 1880, sénateur de 1880 à 1885, né à Ribérac (Dordogne) le 3 janvier 1836, d'une famille qui donna des conseillers au parlement de Toulouse, fils d'un magistrat de Ribérac, étudia le droit à Poitiers et exerça avec succès la profession d'avocat à Ribérac. Ses relations de famille et ses préférences personnelles l'attachant au parti bonapartiste, il fut nommé maire de cette ville sous l'Empire. Lors des élections du 8 février 1871, les conservateurs de la Dordogne l'inscrivirent sur leur liste de candidats à l'Assemblée nationale, et il fut élu représentant de ce département, le 4e sur 10, par 77,342 voix (97,443 votants, 142,476 inscrits). Il prit place au centre droit, et sembla tout d'abord devoir se consacrer particulièrement aux questions administratives. Il vota, d'ailleurs, avec les conservateurs : *pour* la paix, *pour* les prières publiques, *pour* l'abrogation des lois d'exil, *pour* le pouvoir constituant de l'Assemblée, s'abstint, à Bordeaux, sur le vote de déchéance de la dynastie impériale, et fut chargé, en février 1872, de rédiger le rapport concluant à l'autorisation des poursuites contre M. Maurice Rouvier, représentant des Bouches-du-Rhône, en raison d'articles publiés par lui dans des journaux de province contre la majorité de l'Assemblée. Cette majorité se décida, sur la motion du général Changarnier, à répondre par ce qu'elle appela « l'amnistie du dédain ». Un discours prononcé par M. de Fourtou sur la convention postale conclue avec l'Allemagne (mai 1872) et son opposition, dans la commission des Trente, aux menées des monarchistes dans le but de renverser M. Thiers, attirèrent sur lui l'attention bienveillante de ce dernier, qui lui confia, le 7 décembre, le portefeuille des Travaux publics, en remplacement de M. de Larcy, démissionnaire. M. de Fourtou, devenu membre du gouvernement, inclinait alors vers la République conservatrice.

« Il y a dans l'armée française, a écrit à ce sujet un biographe, M. Edmond Texier (*Les Portraits de Kel-Kun*, 1875), un usage, ou, pour mieux dire, un règlement qui prescrit de boutonner l'uniforme quinze jours à droite et quinze jours à gauche, et quinze jours encore à droite, et quinze autres jours à gauche, ainsi de suite indéfiniment, jusqu'à entière consommation du drap gouvernemental... Ce que les troupiers font d'abord par ordre et plus tard par habitude, certains de nos honorables ont imaginé de le faire par principe et par méthode. Ceux-là sont les prudents et les habiles qui craignent de se compromettre, qui fuient les aventures par peur des accidents et qui tiennent à ménager leur étoffe politique. Le système a du bon; seulement il faut déterminer d'une façon bien exacte les périodes successives, calculer soigneusement les changements de lune, ne se trouver jamais ni en retard ni en avance avec aucun parti... Pendant trois ans, ni plus ni moins, de 1871 à 1874, M. de Fourtou s'était soigneusement attaché à boutonner tantôt dans un sens, tantôt dans l'autre, et le succès répondait toujours à sa persévérance. La manœuvre n'avait plus de secrets pour lui; l'observateur le plus minutieux, le sergent le plus attentif, n'auraient pu le prendre sans vert. Etait-ce un droitier? Non, puisque M. Thiers l'avait choisi pour ministre. Etait-ce un gauchiste? Pas davantage, puisqu'on l'avait vu figurer dans le groupe Saint-Marc-Girardin. Il tenait le juste milieu des centres; il en occupait le point idéal; on aurait pu le choisir comme méridien pour déterminer les latitudes parlementaires. Doux, modeste et réservé, prudent, habile et peu loquace, c'est un conservateur libéral, disaient les uns, c'est un libéral conservateur, disaient les autres, et tout le monde était d'accord pour en dire peu de chose, ce qui était assurément le comble de ses vœux. » M. de Fourtou suivit dans leur retraite MM. Jules Simon et de Goulard, mais il rentra, pour cinq jours, avec le portefeuille des Cultes, dans le dernier cabinet, de nuance centre gauche, formé le 19 mai 1873, par M. Thiers, *contre* la démission duquel M. de Fourtou vota, le 24 mai. Cette journée le fit tomber du pouvoir. Mais l'ancien ministre ne tint pas longtemps rigueur à la majorité qui l'avait renversé, et, renonçant à la politique expectante qui lui avait valu ses premiers succès, il prêta tout son appui à la politique du « gouvernement de combat », et reparut bientôt sur la scène parlementaire. Collaborateur de M. de Broglie et ministre de l'Instruction publique, des Cultes et des Beaux-Arts (du 26 novembre 1873 au 21 mai 1874), il déclara, dans son discours du 29 décembre, qu'il « convenait de ramener les intelligences dans la voie de la vérité ». Son passage aux affaires fut signalé par la mise en disponibilité de plusieurs professeurs notés pour leurs opinions « avancées », par le rétablissement de la commission de censure, par le changement du nom du lycée Condorcet en celui de lycée Fontanes, par le projet de décoration picturale de l'église Sainte-Geneviève, dont l'exécution fut confiée à M. Puvis de Chavannes, etc. D'autre part, il adressa aux évêques une circulaire pour les inviter à modifier le ton de leurs mandements à l'égard de certains gouvernements étrangers, et, dans un discours à la distribution des prix de l'Association olytechnique, il se prononça en faveur de l'organisation des pouvoirs du Maréchal. Le 22 mai 1874, il fut nommé ministre de l'Intérieur dans le cabinet d'affaires présidé par M. de Cissey. Mais il mécontenta de nouveau les gauches par ses mesures de rigueur envers plusieurs fonctionnaires, et par les poursuites exercées contre un certain nombre de journaux de diverses nuances, tels que le *Siècle*, supprimé sur la voie publique, et l'*Union*, suspendue en juillet 1874, à cause de l'insertion d'un manifeste du comte de Chambord. Bientôt, des dissentiments survenus entre M. de Fourtou et ses collègues obligèrent le ministre de l'Intérieur à donner sa démission (18 juillet 1874). Le choix qu'il avait fait de M. Welche pour secrétaire général, de M. Aylies pour secrétaire particulier, les nombreux fonctionnaires bonapartistes introduits par lui dans l'administration, irritèrent les membres orléanistes du cabinet. M. de Fourtou s'étant laissé entraîner jusqu'à demander un jour au conseil la révocation du préfet de police, coupable de « tracasseries inutiles » envers le parti de l'appel au peuple, il n'obtint pas gain de cause et se retira. Redevenu simple député, il s'inscrivit au groupe de Clercq, et, avec une tendance de plus en plus marquée à faire cause commune avec les bonapartistes, vota : *contre* les amendements Wallon et Pascal Duprat et *contre* l'ensemble des lois constitutionnelles, et appuya la politique de M. Buffet. Candidat « constitutionnel » aux élections législatives du 20 février 1876, M. de Fourtou fut élu député de l'arrondissement de Ribérac, par 9,008 voix (14,008 votants, 20,110 inscrits), contre 4,787 voix à M. Claverie, républicain. Il siégea parmi les membres de la droite, devenue la minorité, et, sans prendre dans cette législature une part importante aux discussions, il ne cessa d'être considéré comme un des chefs les plus en vue de la revanche que préparaient, contre la majorité républicaine, les anciens membres du gouvernement « de combat ». En effet, le coup d'Etat parlementaire du 16 mai 1877 eut pour conséquence immédiate l'avènement au ministère de l'Intérieur de M. de Fourtou, avec M. le baron Reille, bonapartiste militant, pour secrétaire général. Aussitôt, nombre de préfets et de sous-préfets des départements, qui presque tous avaient prévenu leur révocation par une démission spontanée, furent remplacés par des fonctionnaires conservateurs, ayant pour la plupart donné des gages au parti de l'Empire; un très grand nombre de maires furent frappés de révocation, la vente et le colportage des journaux furent soumis à des mesures d'un caractère exceptionnel. Le parti républicain tout entier protesta hautement contre ces actes. Le langage tenu par la presse conservatrice qui soutenait le gouvernement, et même par le *Bulletin officiel des communes*, qui répandait dans toute la France les plus vives attaques contre les députés de la gauche, soulevèrent dans le parlement et dans le pays une profonde agitation. Des procès en diffamation furent intentés à M. de Fourtou; mais le ministre ne dévia pas de sa ligne de conduite. Il fut un des promoteurs de la demande de dissolution de la Chambre, formulée au nom du Maréchal, et accepta la tâche de soutenir le 16 juin, devant la Chambre elle-même, le message présidentiel où cette demande était exposée. Elle donna lieu à trois séances des plus orageuses, fut combattue avec une grande vivacité par les principaux orateurs des gauches coalisées, et provoqua, M. Thiers étant entré dans la salle tandis que le ministre occupait la tribune, l'incident célèbre où l'ex-président de la République reçut une ovation de la majorité. A l'issue de la discussion, 363 députés témoignèrent de leurs sentiments à l'égard du cabinet par l'adoption d'un ordre du jour de défiance ainsi conçu : « La Chambre des députés, considérant que le ministère formé le 17 mai par M. le président de la République et dont M. le duc de Broglie est le chef, a été appelé aux affaires contrairement à la loi des majorités, qui est le principe des gouvernements parlementaires... etc., déclare que les ministres n'ont pas la confiance des représentants de la nation, et passe à l'ordre du jour. »

Après avoir obtenu du Sénat la dissolution de la Chambre (23 juin), M. de Fourtou prit en main la direction de la campagne électorale, avec la candidature officielle et l'affiche blanche pour moyens; il fut soutenu par les éloges de la presse monarchiste; mais le gouvernement ayant jugé compromettantes, aux yeux de certains cabinets étrangers, des satisfactions trop-marquées données par le ministre de l'Intérieur au parti catholique, M. de Fourtou dut, dans un discours prononcé à Neuvic (Dordogne), se défendre contre la qualification de clérical. « Nous ne sommes pas des cléricaux, dit-il, mais nous entendons que la religion soit respectée... etc. » M. de Fourtou, en possession de toute la confiance du maréchal de Mac-Mahon, l'accompagna dans ses tournées officielles à Bordeaux, à Arcachon, à Périgueux, le reçut dans sa propre maison à Ribérac, et assuma, en outre, comme ministre de l'Intérieur, la responsabilité d'un nouveau manifeste, du 19 septembre 1877, qui convoquait les électeurs pour le scrutin du 14 octobre suivant, et annonçait, pour le cas où la majorité de la Chambre future ne répondrait pas aux vœux du gouvernement, l'intention de s'appuyer sur le Sénat tout seul. On attribua d'ailleurs à M. de Fourtou lui-même la rédaction de ce document, où l'on retrouva son style accoutumé et l'expression de son inspiration personnelle. Candidat dans la circonscription de Ribérac, M. de Fourtou réunit 11,622 voix sur 17,232 votants et 20,614 inscrits, contre 5,502 voix seulement accordées à M. Claverie, candidat des républicains; mais celui-ci accusa nettement l'administration d'avoir usé de tous les moyens pour l'empêcher d'entrer en communication avec le corps électoral, et dénonça l'élection comme entachée de pression et de fraude. La majorité républicaine des « 363 » ayant d'ailleurs été réélue en masse par le pays, les ministres du Seize-Mai tentèrent de persévérer dans les voies de la résistance : ils résolurent de conserver leurs portefeuilles, et M. de Fourtou n'hésita pas à prononcer, dès le début de la législature, une apologie de sa conduite qui provoqua, à gauche, d'ardentes protestations et la nomination par la Chambre d'une commission d'enquête sur les abus de pouvoir qui étaient reprochés à l'administration (15 novembre 1877). M. de Fourtou riposta par une dernière circulaire, par laquelle il faisait défense à tous ses subordonnés de seconder l'enquête ordonnée par la majorité ; celle-ci, de son côté, décida d'ajourner jusqu'à la fin des travaux de sa commission la vérification de l'élection de M. de Fourtou et de celle de M. Reille. Mais le ministre de l'Intérieur se décida, le 23 novembre, à quitter le pouvoir. L'enquête ayant établi comme réels plusieurs faits de pression électorale dans divers départements de la France et en particulier dans l'arrondissement de Ribérac, ces révélations furent portées à la tribune, un an après, par M. Ch. Floquet, rapporteur, qui réclama et obtint, dans la séance du 18 novembre 1878, l'invalidation de M. de

Fourtou. C'était sous le ministère parlementaire présidé par Dufaure. L'ancien ministre soutint avec son calme ordinaire les attaques du rapporteur, attaqua à son tour le ministère d'alors, et n'exprima qu'un regret, celui de n'avoir pu faire davantage « pour le bien de la France ». Directement mis en cause par M. de Fourtou, M. Dufaure lui fit une dure réplique, et qualifia de « parti sans nom » le parti auquel son adversaire s'était glorifié d'appartenir. Dans la même séance, M. de Fourtou entendit traiter de « mensongère », par Gambetta, cette allégation, qu'il venait d'apporter à la tribune, que « le parti républicain repoussait avec violence tout ce qui n'était pas républicain de vieille date ». Une explication extra-parlementaire s'ensuivit : elle aboutit à un duel au pistolet qui eut lieu le surlendemain même, au Plessis-Piquet. M. de Fourtou se représenta, le 2 février 1879, devant les électeurs de Ribérac, et fut réélu par 9,131 voix (17,029 votants, 20,842 inscrits), contre 7,782 voix à M. Achille Simon, républicain. Il fut, vers la même époque, ainsi que ses collègues, l'objet d'une proposition de mise en accusation, que soutint M. Henri Brisson, mais qui ne fut point adoptée, et laissa passer, sans mot dire, l'ordre du jour de « flétrissure » que vota la Chambre en mars 1879. M. de Fourtou vota constamment avec la minorité de droite, notamment contre l'article 7 de la loi sur l'enseignement supérieur, jusqu'au 7 mars 1880, époque à laquelle il quitta la Chambre pour entrer au Sénat, avec 353 voix sur 678 votants, lors de l'élection partielle motivée par le décès de M. Magne; il fut alors remplacé comme député par M. Lanauve. M. de Fourtou prit place à la droite du Sénat, avec laquelle il opina : contre les lois nouvelles sur la presse et le droit de réunion, contre les ministères de gauche qui se succédèrent au pouvoir, contre les crédits de l'expédition du Tonkin, contre la loi du divorce, etc. Au renouvellement triennal du Sénat (25 janvier 1885), il échoua avec 565 voix sur 1,165 votants. Il échoua également avec toute la liste conservatrice du département de la Dordogne, lors des élections législatives du 4 octobre 1885 : il réunit alors 57,492 voix sur 120,527 votants. M. de Fourtou est conseiller général de la Dordogne pour le canton de Montagrier et administrateur de la Compagnie du chemin de fer d'Orléans.

FOUSSEDOIRE (ANDRÉ), membre de la Convention, né à Issoudun (Indre) le 11 octobre 1753, mort à Lausanne (Suisse) le 17 août 1820, entra dans les ordres avant la Révolution. « Ecclésiastique tonsuré du diocèse de Bourges, » il s'occupa d'enseignement, puis embrassa les idées nouvelles, fut élu, le 6 septembre 1792, 3e député-suppléant de Loir-et-Cher à la Convention nationale, « à la pluralité des voix sur 269 votants, » et fut presque aussitôt admis à y siéger en remplacement de Bernardin de Saint-Pierre, non acceptant. Il s'assit à la Montagne, et, lors du procès de Louis XVI, répondit au 3e appel nominal : « Toujours j'ai eu en horreur l'effusion du sang. Mais la raison et la justice doivent me guider. Louis est coupable de haute trahison; je l'ai reconnu hier. Aujourd'hui, pour être conséquent, je dois prononcer la mort. » Il prit plusieurs fois la parole dans l'assemblée, demanda l'expulsion de Paris de divers individus, et le désarmement des royalistes et des aristocrates, et fut envoyé en mission à Colmar (prairial an II). Là il décréta que les riches et les pauvres détenus auraient la même nourriture frugale, aux frais des riches détenus. Lors de la réaction qui suivit le 9 thermidor, il fut en butte à la malveillance et bientôt aux dénonciations des vainqueurs. Dans la séance du 12 germinal an III, André Dumont s'écria : « Ce n'est pas seulement hors de cette enceinte qu'on a demandé la tête de certains représentants. Hier un de nos collègues disait dans les groupes : On vous empêche de vous assembler, et cependant on en laisse la liberté aux royalistes. Portez-vous sur la garde nationale, désarmez-la, car elle n'est armée que parce qu'elle veut un roi. Celui qui tenait de pareils propos est notre collègue Foussedoire. » L'arrestation de Foussedoire fut ordonnée : on le conduisit à la prison de Ham. Mais l'amnistie du 4 brumaire an IV le rendit à la liberté. La loi du 12 janvier 1816 contre les régicides l'exila de France. Il se retira en Suisse, à Lausanne, où il mourut.

FOUSSET (Ernest-Eugène), député de 1879 à 1889, né à Orléans (Loiret) le 24 juillet 1830, négociant dans cette ville, juge au tribunal de commerce et adjoint au maire, débuta dans la vie parlementaire le 6 avril 1879, comme député de la 1re circonscription d'Orléans, élu par 8,348 voix (12,549 votants, 21,232 inscrits), contre 1,767 voix à M. Malapert, 902 à M. Carré et 403 à M. Guionnet, en remplacement de M. Robert de Massy, nommé sénateur. M. Fousset siégea sur les bancs de l'Union républicaine, vota *pour* l'article 7 de la loi sur l'enseignement supérieur, *pour* les lois nouvelles sur la presse et le droit de réunion, etc. Il fut réélu, le 21 août 1881, par 8,451 voix (11,904 votants, 20,238 inscrits), contre 1,736 voix à M. Delagrange, et 193 à M. Guionnet. Il s'inscrivit alors à la gauche radicale, et vota d'ailleurs, dans la législature, avec la majorité opportuniste qui soutint la politique de Gambetta et celle de M. Jules Ferry. Il donna son suffrage aux crédits de l'expédition du Tonkin. Porté, le 4 octobre 1885, sur la liste opportuniste du Loiret, il fut élu au scrutin de ballottage, le 4e sur 6, député de ce département, par 48,434 voix (83,675 votants, 102,589 inscrits) ; il s'abstint sur l'expulsion des princes (juin 1886), et appuya la politique ministérielle. Au renouvellement triennal du Sénat, le 5 janvier 1888, le département du Loiret l'a envoyé siéger à la Chambre haute, par 485 voix sur 766 votants ; il a pris place dans la majorité républicaine et a voté, en dernier lieu, *pour* le rétablissement du scrutin d'arrondissement (13 février 1889), *pour* le projet de loi Lisbonne restrictif de la liberté de la presse, *pour* la procédure à suivre devant le Sénat pour juger les attentats contre la sûreté de l'État (affaire du général Boulanger).

FOY (Sébastien-Maximilien, comte), député de 1819 à 1825, né à Ham (Somme) le 3 février 1775, mort à Paris le 28 novembre 1825, fils d'un ancien soldat de Fontenoy devenu directeur des postes et maire de Ham, fit ses études à Soissons chez les pères de l'Oratoire, entra, le 1er novembre 1790, en qualité d'aspirant au corps d'artillerie, à l'école de la Fère, devint élève sous-lieutenant le 1er mars 1792, et, au mois de novembre de la même année, alla à l'armée du Nord, en qualité de lieutenant en second au 3e d'artillerie à pied. Il fit la campagne de Flandre, passa, après la retraite de Belgique, comme lieutenant en premier au 2e d'artillerie à cheval, et fut nommé capitaine le 15 avril 1793. Dévoué à la Révolution et

partisan de la Gironde, il fut arrêté à Cambrai par les ordres de Joseph Lebon, sur la dénonciation de deux de ses lieutenants, Girod et Lavoy, passa en jugement à Maubeuge le 25 prairial an I, fut acquitté du chef de dilapidation des deniers de la République, mais déclaré coupable d'avoir pris et vendu une ration de fourrages pour un 3e cheval qu'il n'avait pas ; de plus, il fut renvoyé devant un tribunal révolutionnaire pour propos inciviques. Délivré par la révolution du 9 thermidor, il reçut alors le commandement d'une compagnie d'artillerie légère à l'armée de la Moselle. Il fit avec Moreau les deux campagnes de l'an IV et de l'an V, et se lia avec Desaix. C'est à lui que ce dernier général disait plus tard en voyant grandir Bonaparte : « Voilà enfin l'homme que j'attendais. » Il se signala à Kamloch et surtout à la défense du pont d'Huningue, et fut grièvement blessé à Diersheim ; la paix de Campo-Formio étant intervenue, il occupa les loisirs de sa convalescence à Strasbourg à étudier avec le professeur Koch le droit public des nations. En l'an VI, sur la recommandation de Desaix, Bonaparte le demanda pour aide-de-camp ; mais il refusa, servit, en l'an VII, à l'armée du Danube, prit part à la prise de Schaffhouse, se signala par sa prudence et son courage au passage de la Limath, et fut nommé, sur le champ de bataille, adjudant général par Masséna. Il fit en cette qualité la campagne de l'an VIII, combattit à Mœrskirch et à Biberach, et traversa la Suisse avec le corps du général Moncey, pour aller rejoindre l'armée d'Italie à Marengo. En l'an IX, il commanda la place de Milan, et rentra en France à la paix d'Amiens, comme colonel du 5e régiment d'artillerie à cheval. En l'an XI, il s'occupa de la défense des côtes de la 16e division militaire. Membre de la Légion d'honneur (19 frimaire an XII), officier (25 prairial suivant), il fut envoyé au camp d'Utrecht comme chef d'état-major de l'artillerie. Peu après, en raison de l'attitude de Foy lors du procès de Moreau, un mandat d'amener fut lancé contre lui, mais il était déjà reparti pour son commandement. Il continua néanmoins à protester de l'innocence de Moreau, et, avec Carnot et quelques autres, refusa de voter pour l'élévation de Bonaparte à l'empire. Napoléon lui fit attendre longtemps les étoiles de général. Le colonel Foy fit la campagne de l'an XIV avec le 2e corps. En 1806, il commanda dans le Frioul et épousa, la même année, la fille adoptive du général Baraguey-d'Hilliers. En 1807, il fut chargé de conduire à Constantinople 1200 canonniers que l'empereur envoyait au sultan Sélim. Une révolution ayant empêché cette mission d'aboutir, Foy n'en prit pas moins, avec quelques autres officiers français, du service dans l'armée turque, et ses habiles dispositions défensives empêchèrent les Anglais de forcer les Dardanelles. Cette même année (1807), il passa sous les ordres de Junot à l'armée de Portugal, et, en 1808, obtint le commandement de l'artillerie de réserve. Le 21 août, il fut blessé à Vimeiro, nommé, le 3 septembre suivant, général de brigade, il se distingua à la Corogne, devant Braga, et au passage de l'Arve. Dans Oporto, le 27 mars 1809, il faillit être égorgé, en allant sommer l'évêque, au nom du maréchal Soult, d'ouvrir les portes de la ville à l'armée française. Les milices portugaises le maltraitèrent et le jetèrent dans un cachot où il n'attendait plus que la mort, quand nos soldats vainqueurs ayant emporté la place le délivrèrent. En 1810, il battit les Anglo-Espagnols en Estramadure se défendit vaillamment à l'affaire de Cacérès, et fut blessé à Busaco. Masséna, qui venait d'échouer devant les lignes de Torrès-Vedras, envoya le général Foy à l'empereur, pour l'entretenir de la situation de l'année. Dépouillé en route et encore blessé par des guerilleros, Foy arriva à Paris dans un dénuement absolu. Il vit l'empereur, et, le lendemain de cette entrevue, le 29 novembre 1810, il fut nommé général de division, avec une gratification de 20.000 francs. Il était baron de l'empire depuis le 9 septembre. En 1811 et 1812, il combattit en Portugal et en Espagne, protégea la retraite de l'armée et le passage du Tonnès après la bataille de Salamanque, se porta au secours d'Astorga et, le 22 octobre 1812, entra à Burgos. En 1813, après la défaite de Vittoria, il défendit Tolosa contre le général Graham qui cherchait à couper la retraite à notre armée, et se retira enfin, sans être inquiété, derrière la Bidassoa. Le 25 juillet, il refoula l'ennemi à Bidarray et pénétra en Espagne; le 13 décembre, il se battit à Bayonne, et, le 27 février 1814, reçut à Orthez sa quatorzième blessure, jugée mortelle. Pendant sa convalescence, il apprit l'abdication de l'empereur et le retour des Bourbons, fut chargé d'organiser, en juin, la 14ᵉ division militaire, demanda de Caen, à Marmont, par une lettre du 1ᵉʳ juillet, la croix de Saint-Louis, et la reçut de Louis XVIII huit jours après. Commandeur de la Légion d'honneur du 9 janvier 1813, il fut nommé par la Restauration grand-officier le 29 juillet 1814. Au retour de l'empereur (20 mars 1815), Foy reprit le drapeau tricolore avec enthousiasme; il fut appelé au commandement d'une des divisions du corps de Ney, et partit pour Waterloo, « où nous avons couru, disait-il plus tard à la tribune, comme les Grecs couraient aux Thermopyles, sans crainte et sans espoir. » Le 16 juin, aux Quatre-Bras, il culbuta une division belge; le lendemain, encore blessé, il resta jusqu'au soir, avec ses compagnons d'armes, sur le champ de bataille. Après la seconde Restauration, Foy, de 1818 à 1819, remplit les fonctions d'inspecteur de l'infanterie dans les 16ᵉ et 22ᵉ divisions. Son nom figure sur une adresse de 66 électeurs de Péronne à Louis XVIII, en 1819 : « Oui, Sire, écrivaient-ils, il n'est dans toute la France qu'un désir, qu'une pensée : Vive notre bon Roi! Ces cris d'allégresse nous font oublier les maux passagers qui nous accablent. Vivez, sire, vivez longtemps pour le bonheur de votre peuple. » Bientôt une autre carrière s'ouvrit devant lui, non moins brillante pour lui que celle des armes. Le 11 septembre 1819, il fut élu député par le collège de département de l'Aisne, avec 622 voix sur 1,089 votants et 1,495 inscrits. « Qu'il fut sublime son premier élan à la Chambre, dit un de ses biographes, lorsque se posant en défenseur de nos soldats mutilés, il ouvrait leurs cœurs à l'espérance, et leur disait que la France ne souffrirait pas qu'ils chassassent le signe de l'honneur, brillant sur leurs poitrines, qu'ils tendissent la main à l'obole de Bélisaire! » Après l'assassinat du duc de Berri, il s'opposa en vain aux mesures réactionnaires qui suivirent; son éloquence ne put rien contre les préjugés. Le 17 septembre 1823, il écrivait à Dupont de l'Eure : « La banqueroute de Ferdinand le Restauré va m'obliger de vendre deux maisons que j'ai à Paris; leurs contributions constituant mon cens d'éligibilité, je cesserai donc d'être éligible. Au reste, on peut s'en consoler dans un temps où le gouvernement représentatif n'est plus qu'une lâche et ignominieuse

moquerie. » Il n'en fut pas moins réélu, le 25 février 1824, dans trois arrondissements électoraux : 1° dans le deuxième arrondissement de l'Aisne (Saint-Quentin), avec 192 voix sur 336 votants et 358 inscrits, contre 134 à M. de Marolles; 2° dans le 3ᵉ arrondissement de l'Aisne (Vervins), avec 117 voix sur 231 votants et 247 inscrits, contre 109 à M. de Nicolaï; 3° dans le 1ᵉʳ arrondissement de Paris, avec 814 voix sur 1,523 votants. Il opta pour Vervins et fut remplacé à Saint-Quentin par M. Labbey de Pompières, et à Paris par M. Dupont de l'Eure. Il trouva l'opposition bien diminuée, mais son énergie s'en accrut, et il ne manqua jamais à la cause de la liberté. Il défendit l'élection de Benjamin Constant, parla contre l'élévation du contingent annuel, contre la septennalité, cette mesure inspirée par la crainte des survivants de l'empire, protesta contre le scandale des marchés Ouvrard, et repoussa le milliard des émigrés qui étaient, disait-il, « deux contre un à la Chambre, un contre mille dans la nation. » Mais ces travaux finirent par l'épuiser, et il succomba à la maladie de cœur qui le minait, le 28 novembre 1825. Il fut remplacé, le 27 janvier 1826, par le général Sébastiani. Sa mort fut un deuil national. Casimir Périer, qui avait été son ami, fit appel à la reconnaissance du peuple français en faveur de la famille de ce vaillant soldat, mort pauvre au milieu de tant de fortunes rapides. Cet appel fut entendu. La souscription publique s'éleva à plus d'un million, et le peuple de Paris tint à honneur d'assister tout entier à ses funérailles. On a de lui : *Histoire de la guerre de la Péninsule* (inachevé, 1827). Ses discours ont été publiés en 1826.

FOY (MAXIMILIEN-SÉBASTIEN-AUGUSTE-ARTHUR-LOUIS-FERNAND), pair de France, né à Ham (Somme) le 20 juin 1815, mort à Ostende (Belgique) le 1ᵉʳ novembre 1871, était fils du général Foy et d'Elisabeth-Auguste Daniels, son épouse. Fort jeune lorsque mourut son père, Fernand Foy se consacra aux œuvres de bienfaisance. Le 19 novembre 1831, Louis-Philippe le nomma pair de France. Tout en étant dévoué à la monarchie constitutionnelle, il sut néanmoins garder une certaine indépendance et ne cessa de se montrer partisan des idées libérales. Après la révolution de 1848, lors de l'élection partielle à l'Assemblée constituante, dans le département de la Seine (10 mars 1850), pour remplacer les représentants Boichot, Considérant et Rattier, condamnés pour l'affaire du 13 juin 1849, le comité de la rue de Poitiers fit choix de MM. Fernand Foy, général de la Hitte et Bonjean, comme candidats conservateurs à opposer aux trois candidats de la liste républicaine, MM. Carnot, Vidal et de Flotte. M. Foy fut battu avec 125,643 voix sur 260,198 votants; le dernier élu de la liste républicaine, M. de Flotte, réunit 126,982 suffrages.

FOY (VINCENT-LOUIS-ALPHONSE), député de 1831 à 1834, né à Ham (Somme) le 14 avril 1796, mort à Paris le 15 janvier 1888, frère du général Foy, était directeur des postes. Le 1ᵉʳ octobre 1831, il fut élu député par le 2ᵉ collège électoral de l'Aisne (Laon) en remplacement de M. O. Barrot, qui avait opté pour Strasbourg, avec 101 voix sur 200 votants et 270 inscrits, contre 45 à M. Triboulet d'Anizy et 23 à M. Berville. Il siégea au centre, dans la majorité ministérielle. Le 14 mai 1834, il échoua dans le même collège avec 92 voix contre 176 à l'élu M. O. Barrot. Le 14 février

1855, il fut admis à la retraite comme administrateur en chef des télégraphes.

FOY (MAXIMILIEN-PROSPER), représentant du peuple en 1848, né à Ham (Somme) le 15 juillet 1805, mort à Vesoul (Doubs) le 19 mai 1889, était fils d'un inspecteur des postes et neveu du général Foy. Elève de l'Ecole polytechnique en 1824, puis de l'école d'application de Metz, il en sortit lieutenant du génie. Envoyé en Afrique, il y gagna le grade de capitaine et la croix de la Légion d'honneur; mais, ayant signalé dans des lettres adressées au *National* les fautes commises par notre administration coloniale, il fut rappelé et envoyé en disgrâce à Haguenau, où il resta jusqu'à la révolution de 1848. Le 23 avril de cette année, il fut élu représentant du Bas-Rhin à l'Assemblée constituante, le 6ᵉ sur 15, avec 78,370 voix sur 123,968 votants et 132,186 inscrits. Il siégea au centre gauche, fit partie du comité de l'Algérie, et vota *pour* le bannissement de la famille d'Orléans, *pour* les poursuites contre Louis Blanc et Caussidière, *contre* les poursuites contre Caussidière, affaire du 23 juin, *pour* le maintien de l'état de siège, *contre* l'abolition de la peine de mort, *contre* l'impôt progressif, *contre* l'incompatibilité des fonctions, *contre* l'amendement Grévy, *contre* la sanction de la constitution par le peuple, *contre* l'expédition de Rome. Il se montra hostile à la politique personnelle du prince-président. Promu chef de bataillon le 1ᵉʳ mai 1848, et non réélu à l'Assemblée législative, il passa colonel le 27 novembre 1859, et fut mis à la retraite en 1865. Il se fixa à Haguenau, puis, après l'annexion de 1871, à Vesoul, où il devint adjoint au maire. Commandeur de la Légion d'honneur du 30 décembre 1863.

FOYE (LOUIS-ISIDORE), député en 1834, né à Etampes (Seine-et-Oise) le 24 janvier 1779, mort à une date inconnue, était sous-préfet d'Etampes. Le 20 janvier 1834, lors de l'élection partielle motivée par la démission de M. Baudet-Dulary, il fut élu député du 4ᵉ collège de Seine-et-Oise, avec 148 voix (291 votants, 365 inscrits), contre 134 voix à M. Duparquet. Il fit partie de la majorité conservatrice, mais ne siégea que peu de temps. En effet, aux élections générales du 21 juin suivant, il n'obtint que 83 voix, dans le même collège, contre 174 à l'élu, M. A. de Laborde, et 29 à M. Debierville. Il ne fut pas plus heureux le 4 novembre 1837, et ne réunit encore que 83 voix contre 178 à M. de Laborde, député sortant, réélu.

FRADIN (CHARLES-PIERRE), député de 1819 à 1824, né à Lusignan (Vienne) le 29 avril 1769, mort à Poitiers (Vienne) le 2 avril 1846, suivit avec succès la carrière du barreau, se fit recevoir à l'Université de Poitiers docteur ès lettres et docteur en droit, fut nommé, le 24 janvier 1791, professeur de philosophie au collège royal de cette ville, et obtint plus tard (27 vendémiaire an IV) la chaire de professeur d'histoire à l'Ecole centrale du département. Professeur au lycée de Poitiers le 24 thermidor an XII, il remplit avec distinction diverses fonctions universitaires sous l'Empire, notamment celles de professeur suppléant à l'Ecole de droit de Poitiers (1ᵉʳ mars 1806) et celles de professeur d'histoire (20 juillet 1809) à la faculté des lettres. La Restauration le priva de ses emplois, et il ne put recouvrer qu'en 1817 sa place à l'Ecole de droit. D'opinions libérales, M. Fradin fut porté candidat à la Chambre des députés et élu, au collège de département, le 11 septembre 1819, au collège de la Vienne, par 501 voix sur 970 votants et 1,193 inscrits. Il prit place à gauche, défendit la monarchie constitutionnelle, vota *contre* les lois d'exception et *contre* la nouvelle loi électorale, et prit la parole dans la discussion orageuse soulevée par l'élection de l'abbé Grégoire : il s'efforça d'écarter la question « d'indignité », et le ton modéré de son argumentation lui valut un estimable succès. Il siégea jusqu'en 1824. Membre de l'Athénée et de la Société d'émulation de Poitiers, il fut encore (25 juillet 1829) nommé professeur de droit romain à la faculté de Poitiers. M. Fradin mourut dans ces dernières fonctions. On lui doit une traduction du géographe *Pomponius Mela*.

FRAGUIER (ANTOINE-GENEVIÈVE-AMÉDÉE, MARQUIS DE), député de 1821 à 1827, né à Paris le 23 juillet 1775, mort à Paris le 17 janvier 1840, appartenait à l'armée comme colonel, lorsqu'il fut élu, le 10 octobre 1821, par 101 voix sur 156 votants et 250 inscrits, député de Seine-et-Oise, au collège de département. M. de Fraguier siégea à droite et vota avec la majorité. Réélu, le 25 février 1824, dans le 2ᵉ arrondissement de Seine-et-Oise (Corbeil), avec 123 voix (184 votants, 236 inscrits), il soutint le ministère Villèle, fut promu, le 23 mai 1825, maréchal-de-camp, et ne fut pas réélu en 1827. Il se représenta encore, sans succès, le 12 juillet 1830, et n'obtint dans la circonscription de Corbeil que 63 voix contre 281 au député sortant, M. Bérard.

FRAIN (JOSEPH, BARON DE LA TOUCHE), député au Conseil des Anciens et représentant à la Chambre des Cent-Jours, né à Avranches (Manche) le 10 juillet 1758, mort à Avranches le 26 décembre 1840, fut assesseur du juge de paix en 1790, après avoir exercé dans sa ville natale la profession d'avocat. Maire d'Avranches en 1790, membre du directoire du district d'Avranches en 1791, procureur syndic du même district en 1792, commissaire près l'administration centrale de la Manche en l'an III, il fut élu, le 22 germinal an VII, député de ce département au Conseil des Anciens. Favorable au 18 brumaire, il fut nommé, peu après, préfet des Ardennes, par le premier consul. Membre de la Légion d'honneur le 25 prairial an XII, créé chevalier de l'empire le 12 novembre 1809, et baron le 31 décembre suivant, il resta dans sa préfecture jusqu'à la chute de Napoléon. Le 11 mai 1815, il fut élu représentant à la Chambre des Cent-Jours pour l'arrondissement d'Avranches, par 35 voix sur 60 votants, et ne fit pas partie d'autres assemblées.

FRAIN. — *Voy.* VILLEGONTIER (COMTE DE LA).

FRAISSINET (ADOLPHE), représentant en 1871, né à Marseille (Bouches-du-Rhône) le 19 juillet 1821, un des grands armateurs de cette ville, dirigeait depuis quinze ans environ une importante compagnie de transports maritimes, lorsqu'il fut porté aux élections complémentaires du 2 juillet 1871 à l'Assemblée nationale, sur la liste républicaine des Bouches-du-Rhône; cette liste comprenait aussi Gambetta, Laurier, etc. M. Ad. Fraissinet fut élu, le 3ᵉ sur 7, représentant des Bouches-du-Rhône, par 40,333 voix (75,000 votants, 149,670 inscrits). Il siégea au centre gauche, se prononça pour la séparation de l'Eglise et de l'Etat, pour l'impôt sur le revenu, et vota *pour* le retour de l'Assemblée à Paris, *contre* le pouvoir constituant, *contre* la démission de Thiers au 24 mai, *contre* le septennat, *contre* l'état de siège, *contre* le ministère de Broglie, *pour* les amendements Wallon et Pascal Duprat et *pour* l'ensemble des lois constitutionnelles. Il ne fit pas partie d'autres législatures.

FRANÇAIS (ANTOINE, COMTE), dit FRANÇAIS DE NANTES, député en 1791, au Conseil des Cinq-Cents, de 1819 à 1823 et pair de France, né à Beaurepaire (Isère) le 17 janvier 1756, mort à Paris le 7 mars 1836, était fils de Claude Français, notaire royal, et de Jeanne-Thérèse Coste-Foron. Commis chez un de ses parents directeur des douanes à Nantes, il lui succéda vers 1785. M. René Kerviler dit que l'élégance affectée de son langage l'avait fait surnommer « l'Anacréon de la fiscalité ». Ses succès oratoires au club des « Amis de la Constitution », fondé à Nantes en 1790, le firent élire, le 23 avril 1791, officier municipal, puis, le 4 septembre suivant, député de la Loire-Inférieure à l'Assemblée législative, le 7e sur 8, par 116 voix sur 174 votants. Le 6 avril 1792, il demanda que les ci-devant fermiers généraux rendissent compte de l'emploi des fonds de retraite, et, le 26, à propos de la loi contre les prêtres, s'écria : « J'ai vu dans les campagnes les flambeaux de l'hyménée ne jeter plus qu'une lueur pâle et sombre; j'ai vu le squelette hideux de la superstition s'asseoir jusque dans la couche nuptiale, se placer entre la nature et les époux, et arrêter le plus mystérieux des penchants. » Plus loin, il tonnait contre la peine, « qui tient dans la servitude la postérité des Catou et des Scévola. » Il dénonça ensuite les massacres d'Avignon, fut nommé président de l'Assemblée (18 juin), prononça, le même jour, l'éloge de Priestley, et demanda (10 août) le partage des biens communaux. Lié avec les Girondins, il quitta Paris pendant la Terreur, et se retira dans les Alpes, où il composa, à la manière de Sterne, le *Manuscrit de feu Jérôme*, et le *Recueil des fadaises de M. Jérôme*, qu'il publia plus tard, sous la Restauration. Le 23 germinal an VI, le département de l'Isère l'élut député au Conseil des Cinq-Cents, par 188 voix sur 346 votants. Il devint un des secrétaires de l'Assemblée, défendit la liberté de la presse dans un discours où il appelait les journaux « les réverbères de l'ordre social », fit voter (30 prairial an VII) un décret mettant hors la loi quiconque attenterait à la sûreté du Corps législatif, et demanda l'assimilation des veuves et des enfants des patriotes du Midi aux veuves et enfants des défenseurs de la patrie. Bien qu'hostile, avant l'exécution, au coup d'Etat de brumaire, il s'y rallia, fut nommé, grâce à Lucien Bonaparte son ami, directeur des hôpitaux, puis, le 11 ventôse an VIII, préfet de la Charente-Inférieure, et le 5e jour complémentaire de l'an VIII, conseiller d'Etat. Membre de la Légion d'honneur (9 vendémiaire an XII), commandeur de l'ordre (25 prairial suivant), il avait été appelé, le 6 germinal de la même année, à la direction générale des droits réunis, administration que le premier consul venait de créer, et où Français de Nantes montra beaucoup d'ordre, de probité et de conciliation; il plaça dans ses bureaux nombre d'écrivains, d'artistes besoigneux et de membres ruinés de l'ancienne noblesse. L'empereur le créa conseiller d'Etat à vie, comte de l'empire le 24 avril 1808, et le promut grand-officier de la Légion d'honneur le 3 juin 1811. La première Restauration lui enleva ses fonctions de directeur des droits

réunis, et le maintint au conseil d'Etat; ayant conservé ce dernier poste pendant les Cent-Jours, il fut destitué au second retour des Bourbons, alla vivre à la campagne, où il s'occupa d'agriculture. Le 11 septembre 1819, le collège de département de l'Isère l'élut député par 78 voix sur 1,019 votants et 1,293 inscrits. Il siégea au centre gauche, parla peu, mais, surtout dans la forme, avec modération. Non réélu en 1822, il reprit ses occupations agricoles dans ses propriétés de Seine-et-Marne, et donna sur ces questions des articles au *Dictionnaire de la conversation*. Le 19 novembre 1831, le gouvernement de Louis-Philippe le nomma pair de France. Il succomba, cinq ans après, à une attaque de paralysie. On a de lui : *Voyage dans la vallée des originaux* (1828); *Tableaux de la vie rurale, ou l'agriculture enseignée d'une manière dramatique* (1829); *Le Petit Manuel des bergers, porchers, vachères et filles de basse-cour* (1831), etc.

FRANCASTEL (MARIE-PIERRE-ADRIEN), membre de la Convention, dates de naissance et de mort inconnues, était administrateur du district d'Evreux, lorsqu'il fut élu (9 septembre 1792) 1er suppléant à la Convention par le département de l'Eure, avec 308 voix (415 votants). Admis à siéger le 27 juin 1793, en remplacement de Buzot, il fut adjoint au comité de salut public, se rendit en mission à l'armée de l'Ouest, et y fit preuve de la plus grande rigueur. Il rendit compte de ses actes dans plusieurs lettres à la Convention, fut envoyé à Tours, annonça les dispositions prises pour « exterminer les rebelles », écrivit « qu'il n'y avait plus de brigands en deçà de la Loire », et adressa d'Angers, le 3 nivôse an II, à la Société des Jacobins de Paris, une curieuse missive dont le club ordonna l'insertion au *Journal de la Montagne*. Elle débutait ainsi : « Victoire, mes frères ! à la fois la Vendée détruite et Toulon réduit, voilà un beau moment pour les républicains ! Avec quel intérêt sera célébrée la fête de la décade prochaine ! Nous nous occupons ici de la rendre digne des circonstances, et de nature à réchauffer les plus froids. Ce n'est pas ici la température de Paris ; mais que Paris soit toujours vigilant, révolutionnaire au même degré; que les Jacobins ne cessent d'imprimer le mouvement révolutionnaire, et l'esprit public se maintiendra toujours partout à la même hauteur. » Dans la même lettre il se plaignait du modérantisme de certains membres de la Montagne, allusion aux écrits de Camille Desmoulins, et particulièrement au quatrième numéro du *Vieux Cordelier*, qui venait de paraître. Francastel devint plus tard secrétaire de la Convention. Après le 9 thermidor, il fut dénoncé comme terroriste par la « Société populaire d'Angers », et la dénonciation fut soutenue à la tribune de l'Assemblée par Lofficial, Bézard, et autres. L'examen de la conduite de Francastel fut alors renvoyé au comité de législation. Employé au ministère de la guerre sous le Directoire, il donna sa démission le 29 fructidor an VII, lors de la retraite du ministre Bernadotte. Sous le Consulat, il s'occupa des jardins « de la citoyenne Bonaparte »; une lettre de lui, datée de Versailles le 8 mai 1815, pendant les Cent-Jours, et adressée à un ministre, prouve qu'il était alors dans une situation plus que modeste : il réclame, à titre « d'ancien membre de la Convention, une place dans une bibliothèque ou dans un ministère ».

FRANCE. — *Voy.* HÉSECQUES (COMTE D').

FRANCHETEAU DE LA GLAUSTIÈRE (JACQUES-ALEXIS), député en 1789, né à Légé (Vendée) le 18 juin 1731, mort à Nantes (Loire-Inférieure) le 25 septembre 1815, était avocat avant la Révolution. Élu, le 2 avril 1789, député du tiers aux États-Généraux par les marches communes du Poitou et de la Bretagne, il vota généralement avec la majorité de l'Assemblée constituante, mais n'eut qu'un rôle effacé. Le gouvernement consulaire le nomma, le 12 floréal an VIII, juge au tribunal civil de Nantes.

FRANCHEVILLE (GABRIEL-VINCENT-TOUS-SAINT, COMTE DE), député de 1830 à 1831, né à Guérande (Loire-Inférieure) le 14 octobre 1778, mort à Vannes (Morbihan) le 19 avril 1849, descendait d'une vieille famille de noblesse bretonne de robe et d'épée, et était fils d'un ancien officier de marine qui donna le signal de l'insurrection royaliste dans la basse Bretagne en 1791. Gabriel de Francheville servit à 17 ans dans l'armée vendéenne, se battit en 1815 à Auray, passa officier dans la garde royale à la seconde Restauration, et fut promu colonel au 3e léger en 1824. Il fut élu, le 23 juin 1830, député du 1er arrondissement du Morbihan (Vannes), par 148 voix sur 234 votants et 248 inscrits. Après la révolution de juillet, M. de Francheville prêta serment au gouvernement de Louis-Philippe dans la séance du 27 août 1830. Il ne fut pas réélu en 1831, se retira dans ses propriétés du Morbihan, y introduisit la culture du mûrier, et s'occupa avec succès de sériciculture. Le 9 février 1838, il fut admis à la retraite comme colonel d'infanterie. Chevalier de Saint-Louis et de la Légion d'honneur.

FRANCHISTÉGUY (JEAN-BAPTISTE), député en 1789, né à Iholdy (Basses-Pyrénées) en 1755, mort à Iholdy en 1806, propriétaire, fut élu (avril 1789) par la province de Navarre député du tiers aux Etats-Généraux. Il ne prit point la parole à l'Assemblée et le *Moniteur* ne mentionne pas son nom.

FRANCIA (JEAN-JACQUES), député au Corps législatif de l'an XII à 1808, né à Casal (Italie) le 8 avril 1773, mort à une date inconnue, étudia le droit, fut choisi comme député du Piémont auprès de la république Ligurienne, devint membre de la Consulta, fut nommé par le gouvernement français conseiller de préfecture, puis sous-préfet du département de la Sésia, et, le 5 nivôse an XII, en vertu d'une décision du Sénat conservateur, entra, pour représenter ce département, au Corps législatif impérial. Il y siégea jusqu'en 1808.

FRANCK (JEAN-LOUIS-OTHON), député au Conseil des Anciens et au Corps législatif de l'an VIII à 1806, né à Neufchâteau (Luxembourg) le 17 novembre 1747, mort à Luxembourg le 23 décembre 1810, fils de Jean-Baptiste Franck et de Jeanne-Catherine Frenoy, avocat, remplit dans son pays diverses fonctions administratives, et fut élu, le 22 germinal an VII, par le département des Forêts, député au Conseil des Anciens. Il se montra favorable au coup d'Etat de brumaire, et fut appelé, le 4 nivôse an VIII, à faire partie du nouveau Corps législatif comme député du même département. Il siégea jusqu'en 1806.

FRANCK-CARRÉ. — *Voy.* CARRÉ.

FRANCLIEU (CHARLES-PAUL-ALEXANDRE PASQUIER, MARQUIS DE), représentant en 1871 et sénateur inamovible de 1875 à 1877, né à Senlis (Oise) le 7 avril 1810, mort à Versailles (Seine-et-Oise) le 14 novembre 1877, entra dans la marine ; il était enseigne de vaisseau quand la chute de Charles X lui fit donner sa démission. Il s'occupa alors de la culture de ses propriétés. En 1848, aux élections pour l'Assemblée constituante, il se présenta dans les Hautes-Pyrénées, mais ne fut pas élu, malgré une profession de foi libérale. Il avait publié un peu auparavant une brochure, *la Question de la veille est encore celle du lendemain*, où se trouvait cette phrase : « Je reconnais que les rois ne sont pas possibles aujourd'hui, j'accepte donc la République et je m'y rallie. » De nouveau candidat aux élections du 8 février 1871, il fut élu représentant des Hautes-Pyrénées à l'Assemblée nationale, le 4e sur 5, avec 28,129 voix sur 42,776 votants et 67,003 inscrits. Il se fit inscrire à l'extrême-droite, parmi les légitimistes intransigeants, et vota *pour* la paix, *pour* l'abrogation des lois d'exil, *pour* la démission de Thiers, qui était, disait-il, le « mauvais génie de la patrie » ; il *s'abstint* lors du vote sur la prorogation des pouvoirs du Maréchal, vota *pour* l'état de siège, *contre* le ministère de Broglie, *contre* la dissolution de l'Assemblée, *contre* l'amendement Wallon, *contre* les lois constitutionnelles. En mai 1872, le duc d'Aumale ayant avoué à la tribune ses préférences pour le drapeau tricolore, M. de Franclieu lui écrivit une lettre pour lui reprocher de pactiser avec la Révolution. Il protesta contre la prorogation des conseils municipaux, demanda, le 8 janvier 1874, avec la gauche, que la nomination des maires fût laissée aux conseils municipaux, et déposa un projet de loi sur la presse, où il réclama, dans l'exposé des motifs, un jury spécial pour les organes de la publicité. Il signa l'adresse des députés au pape à propos du *Syllabus*, et fit partie du pèlerinage de Paray-le-Monial. Le 11 décembre 1875, il fut élu sénateur inamovible par l'Assemblée nationale, le 23e sur 75, avec 353 voix sur 690 votants. Après le 16 mai, il vota la dissolution, mais ne cacha pas combien peu de confiance lui inspirait le gouvernement de l'ordre moral. Il mourut quelques mois après.

FRANÇOIS (JEAN), député en 1789, né à Bordeaux (Gironde) le 1er avril 1743, mort à Clairac (Lot-et-Garonne) le 7 septembre 1793, agriculteur à Clairac, fut élu, le 27 mars 1789, député du tiers aux Etats-Généraux par la sénéchaussée d'Agen. Il vota obscurément avec la majorité de son ordre.

FRANÇOIS (GABRIEL-SÉBASTIEN), député en 1789, né à Condeau (Orne) le 31 octobre 1733, mort à Alençon (Orne) le 15 juillet 1813, était curé de Mage. Le bailliage du Perche le nomma, le 8 avril 1789, député du clergé aux Etats-Généraux. Dans la séance du 10 août 1789, François demanda que la discussion de l'article relatif à la suppression des dîmes fût étendue aux moyens de les remplacer. Il dit qu'en prenant une pareille mesure on ôtait « aux pasteurs la facilité de secourir les pauvres », et que cette suppression « éloignerait les jeunes gens du ministère des autels ». Il vota le plus souvent avec la droite de l'Assemblée.

FRANÇOIS (LOUIS-FRANÇOIS), député en 1791, dates de naissance et de mort inconnues, était cultivateur à Buneville. Le 30 août 1791, il fut élu, le 6e sur 11, par 374 voix (614 votants), député du Pas-de-Calais à l'Assemblée législative. Il y prit quelquefois la parole, notamment le 31 janvier 1792, pour contester la valeur des procédés de Barthélemy-Recolègue, salpêtrier, relativement à la fabrication des poudres. « Ses procédés sont dangereux, dit-il, et son fils tué dans ses expériences n'est pas une preuve très rassurante de la sûreté de ses manipulations. Il prouve son ignorance en chimie, en proposant de retirer l'alcali du salpêtre, tandis que le salpêtre est un sel neutre où l'alcali entre comme partie constituante, et que, loin de l'en retirer, on est obligé d'en ajouter aux terres... » Il donna sa démission de député le 12 août 1792.

FRANÇOIS (Landry-François-Adrien), membre de la Convention, né à Albert (Somme) le 28 janvier 1756, mort à Péronne (Somme) le 13 octobre 1837, « fils de M. Adrien François et de madame Rose Lesueur, son épouse, » propriétaire à Albert, élu comme 1er suppléant du département de la Somme à la Convention nationale, le 15 septembre 1792, par 239 voix sur 389 votants, y entra, le 1er octobre de la même année, ayant été admis en remplacement de Merlin (de Thionville), qui avait opté pour la Moselle. François vota « pour la mort » dans le procès de Louis XVI; il suivit, d'ailleurs, le parti des Girondins, et protesta contre l'arrestation de ses collègues au 31 mai. Il prit part à la réaction qui suivit le 9 thermidor.

FRANÇOIS. — *Voy.* La Primaudière.

FRANÇOIS DE NEUFCHATEAU (Nicolas-Louis, comte), député en 1791, ministre, membre du Sénat conservateur, né à Saffais (Meurthe) le 9 avril 1750, mort à Paris le 10 janvier 1828, était fils de Nicolas François, régent d'école à Saffais, et de Marguerite Gillet. Son père fut plus tard fermier d'un magasin à sel et contrôleur à Saint-Martin de Vrécourt. Il fit ses études chez les jésuites de Neufchâteau et y fut remarqué par la précocité et la vivacité de son intelligence autant que par ses dispositions poétiques. Encouragé par Voltaire, qui répondait à une de ses épitres par ces vers flatteurs:

> « Il faut bien que l'on me succède,
> Et j'aime en vous mon héritier. »

il fut reçu en 1765, à l'Académie de Dijon, puis à celles de Lyon et de Marseille, malgré son jeune âge; la ville de Neufchâteau l'adopta et lui donna son nom. Il fut successivement, à partir de 1770, avocat à Reims, puis à Vézélise, enfin à Paris. Rayé du tableau des avocats au parlement de Paris en 1775, il acheta la charge de lieutenant-général civil et criminel au bailliage royal et présidial de Mirecourt (Vosges), et épousa peu après (9 janvier 1776) Mlle Dubus, âgée de 16 ans, fille d'un ancien danseur de l'Opéra, qualifié dans l'acte de mariage « officier chez le Roy ». Veuf peu de temps après, il se remaria avec Mlle Pommier, puis devint subdélégué de l'intendance lorraine. Il s'occupait à une traduction de l'Arioste, lorsque le maréchal de Castries, ministre de la marine, le nomma procureur général près du conseil supérieur du Cap Français. Mais son voyage pour rejoindre son poste fut très accidenté : sa voiture se brisa non loin de Châtellerault; à Angoulême, il s'empoisonna avec des champignons, et il tomba dangereusement malade à Bordeaux. Il resta au Cap-Français du 17 décembre 1782 à la fin de 1787, et il y occupa ses loisirs non seulement en terminant sa traduction de l'Arioste, mais encore en publiant quelques opuscules dont

l'un : *Mémoire sur les moyens de rendre la colonie de Saint-Domingue florissante*, fut, dit-on, plus d'une fois consulté par Bonaparte. Il ne fut guère plus heureux au voyage de retour, car son vaisseau fit naufrage et échoua sur les rochers de Mogane, où François de Neufchâteau resta sept jours dans le plus grand danger. Dans le naufrage, il perdit non seulement sa fortune, mais encore son manuscrit de la traduction de l'Arioste sur lequel il fondait de grandes espérances. Un navire qui passait par hasard dans les parages de Mogane le reconduisit au Cap, où, malgré tout son courage, sa santé fut gravement atteinte. Il dut demander sa retraite qu'il obtint avec 3.000 livres de pension, et, revenu enfin en France en 1788, il se retira dans le petit domaine de Vicherey (Vosges), où il occupa ses loisirs à faire des vers et de l'agriculture. Mais la Révolution, dont il salua l'aurore avec enthousiasme, vint fournir un nouvel élément à son activité. Élu juge de paix, puis administrateur du département des Vosges le 12 juin 1790, il obtint autant de voix que Dagobert Vosgien, pour la présidence du directoire du département; ce dernier ne fut proclamé élu que par le bénéfice de l'âge. Le 3 septembre 1791, le département des Vosges l'envoya à l'Assemblée législative, le 8e et dernier, par 255 voix sur 390 votants, après plusieurs tours de scrutin. Élu d'abord secrétaire de l'Assemblée le 3 octobre 1791, puis membre du comité de législation, il provoqua, le 29 novembre suivant, l'adoption de mesures de rigueur contre les prêtres insermentés qui suscitaient des troubles dans les départements de l'Ouest. Dans son rapport il disait : « Il ne s'agit pas ici de contraindre les dissidents à reconnaitre les prêtres citoyens et à entrer dans leurs églises, il s'agit de faire respecter la souveraineté nationale, de rendre hommage à l'ordre public. » Répondant à une objection, il ajouta que « seuls les prêtres de la religion catholique étaient et devaient être l'objet de mesures exceptionnelles, parce que leur état de célibat les mettait hors du commun des hommes, parce qu'ils disposaient de moyens extraordinaires pour influencer les esprits, et parce que enfin leur organisation était si solide qu'elle pouvait mettre en hostilité ouverte leur propre cause et celle du public. » Ce discours très applaudi lui valut, quelques jours plus tard (26 décembre), la présidence de l'Assemblée, qu'il conserva jusqu'au 6 janvier 1792, puis du mois d'août au 3 septembre suivant. Il fit encore, durant cette session, quelques apparitions à la tribune, notamment pour demander l'ajournement indéfini d'un projet sur le mode de constater l'état civil, et pour proposer de simplifier le régime des élections. Enfin, lors des journées de septembre, il s'efforça d'empêcher les massacres et les scènes de désordre dont ils sons furent le théâtre. Le 3 septembre 1792, le département des Vosges l'élut membre de la Convention, le 2e sur 8, avec 413 voix sur 433 votants; mais pour des raisons de santé, il refusa non seulement ce siège de député, mais encore le poste de ministre de la justice qu'on lui offrit le 6 octobre 1792, et il parut vouloir se tenir à l'écart de 'a politique. Il se livra à la poésie, composa des fables « pour orner la mémoire des petits sans-culottes », et fit jouer, sur le théâtre de la Nation, le 1er août 1793, une comédie en vers : *Paméla, ou la vertu récompensée*, imitée de Goldoni, qui eut un vif succès. Mais les spectateurs crurent y découvrir des allusions hostiles à la Convention, et, le jour de la neuvième représentation, comme le rideau allait se lever, un officier de police vint au nom du comité de salut public interdire la pièce. François de Neufchâteau fit alors les corrections qu'exigeait le comité ; mais celui-ci signa un arrêté fermant le théâtre et décrétant d'accusation François de Neufchâteau. Incarcéré le 3 septembre 1793, il ne fut remis en liberté que quelques jours après le 9 thermidor. Dans sa prison, il composa des vers pour son ami Mirbeck, parmi lesquels ces deux-ci :

> « ... Ma devise est qu'il vaut mieux
> Souffrir le mal que de le faire... »

Nommé membre du tribunal de cassation, puis commissaire du Directoire près l'administration centrale des Vosges, il publia quelques brochures sur l'agriculture, mais se livra surtout à la poésie et composa son poème des *Vosges*, dont il fit hommage au Corps législatif. Nommé correspondant de l'Institut, le 25 pluviôse an V, et, l'année suivante, élu titulaire de la classe des lettres (qui devint en 1803 l'Académie française) en remplacement de Louvet, il fut appelé au ministère de l'Intérieur, le 28 messidor an V, et le quitta le 28 fructidor suivant, ayant été élu quatre jours auparavant, avec Merlin de Douai, membre du Directoire exécutif, en remplacement de Barthélemy et Carnot, proscrits au 18 fructidor. Du 29 prairial an VI au 4 messidor an VII, il fut ministre de l'Intérieur pour la seconde fois. Pendant son passage aux affaires, il se signala comme un véritable administrateur. Il contribua à la fondation des archives et des bibliothèques départementales, institua les concours des collèges et des lycées, chercha à protéger efficacement notre industrie, organisa les galeries du Louvre, et donna une grande solennité à la réception des objets d'art et des tableaux envoyés d'Italie en France par Bonaparte. Ce fut lui qui organisa la première exposition des produits de l'industrie française (9 fructidor an VI). L'exposition fut ouverte au Champ-de-Mars, le 3e jour complémentaire de l'an VI ; seize départements seulement y prirent part, et le nombre des exposants s'éleva à 110. François de Neufchâteau était sans fonction publique, quand survint le 18 brumaire ; il fut des premiers à se rallier à Bonaparte. Le 4 nivôse an VIII, il fut nommé membre du Sénat conservateur, en devint secrétaire le 4 germinal an IX, puis président, et fut appelé (11 juin 1804) aux fonctions de grand trésorier de la Légion d'honneur. Il était membre de l'ordre depuis le 9 vendémiaire an XII et grand-officier depuis le 25 prairial. Ce fut lui qui harangua Napoléon, comme président du Sénat, lors de son couronnement. Dans ce discours, il dit notamment : « Le premier attribut du pouvoir souverain des peuples, disait-il, c'est le droit de suffrage... Jamais, chez aucun peuple, ce droit ne fut plus libre, plus indépendant, plus certain, plus légalement exercé qu'il ne l'a été parmi nous depuis l'heureux 18 brumaire. » Le 28 janvier 1806, il harangua encore l'empereur, au nom du Sénat, à l'occasion d'Austerlitz. Au mois de juillet suivant, il échangea la sénatorerie de Dijon, dont il était pourvu depuis le 2 prairial an XII, contre celle de Bruxelles, et, en novembre de la même année, il se rendit à Berlin féliciter Napoléon des nouvelles victoires et rapporter les trophées pris à l'ennemi. Le 26 avril 1808, il fut créé comte de l'empire.

Après l'abdication de Napoléon, il se retira des affaires publiques et s'occupa presque exclusivement d'agriculture ; il donna tous ses soins aux réunions de cultivateurs et fut l'un des promoteurs des comices agricoles. Jusqu'à la fin de sa vie, il fut président de la Société d'agriculture. Outre les travaux déjà cités, François de Neufchâteau publia une *Histoire de l'occupation de la Bavière*, en 1814, la *Lupiade et la Vulpéide*, *Fables et contes en vers* ; c'étaient ses fables de 1793, dans lesquelles il avait retranché les pièces où Louis XVI et Marie-Antoinette figuraient sous le nom de « dom porc » et de « dame panthère », et dont il demanda la faveur de faire hommage à Louis XVIII (1815). Compris dans la réorganisation de l'Académie française de mars 1816, il publia encore, en 1817, les *Tropes* en quatre chants. Une lettre de lui, datée de Paris 15 juin 1821, et adressée à Crapelet, nous apprend qu'il était alors presque dans la misère : « Dans un autre pays, écrit-il, un ancien ministre qui aurait fait ce que j'ai fait ne courrait pas le risque d'être sans asile sur ses vieux jours : la nation payerait ses dettes. » Il mourut de la goutte, qui le clouait dans un fauteuil depuis plusieurs années déjà. On lui doit un grand nombre de publications politiques, littéraires et agricoles.

FRANCONIE (PAUL-GUSTAVE), député depuis 1879, né à Cayenne (Guyane) le 15 janvier 1845, d'une famille des négociants, se livra lui-même au commerce, et fut élu, le 22 juin 1879, député de la Guyane, par 1,034 voix sur 1,901 votants et 4,039 inscrits, contre 849 voix à M. Camille Pelletan. Il siégea à l'extrême-gauche, et vota avec ce groupe *pour* les lois scolaires, *pour* l'application des décrets aux congrégations non autorisées, etc. Réélu, le 2 octobre 1881, par 1,357 voix sur 2,057 votants et 3,939 inscrits, contre 693 voix à M. Philistall Ursleur, et, le 11 octobre 1885, par 1,289 voix sur 1,838 votants et 4,439 inscrits, contre 501 voix à M. Jules Léveillé, après abandonner l'extrême-gauche, il se fit inscrire au groupe socialiste, et prit quelquefois la parole, notamment sur la loi sur les récidivistes (mai 1885). Dans la dernière session, il s'est abstenu sur le rétablissement du scrutin d'arrondissement (11 février 1889) et sur les poursuites contre le général Boulanger, et s'est prononcé *contre* l'ajournement indéfini de la revision de la Constitution, *contre* les poursuites contre trois députés membres de la Ligue des patriotes, *contre* le projet de loi Lisbonne restrictif de la liberté de la presse.

FRANCOVILLE (CHARLES-BRUNO), député en 1789, de 1809 à 1815, et de 1816 à 1822, né à Brêmes (Pas-de-Calais) le 12 septembre 1757, mort à une date inconnue, était « fils de Charles Francoville et de Marie-Jeanne Hochart, ses père et mère, propriétaires, demeurant à Ferlinghen ». Avocat à Saint-Omer avant la Révolution, il fut élu, le 16 mars 1789, par le bailliage de Calais, député du tiers aux Etats-Généraux. Il prit, dans la séance du 24 juin 1791, la défense du comte de Montmorin, ministre des affaires étrangères, au sujet d'un passeport signé de lui et qui était entre les mains de la reine, lors du voyage de Varennes. Un décret, adopté le même jour par l'Assemblée, déclara que la conduite du ministre avait été irréprochable. Après la session de la Constituante, Francoville vécut dans la retraite. Le gouvernement consulaire le fit (7 messidor an VIII) juge au tribunal civil de Saint-Omer ; il exerça ces fonctions jusqu'en 1809, époque à laquelle il fut, par un acte du Sénat en date du 2 mai, envoyé au Corps législatif, comme député du Pas-de-Calais. Il se signala par son zèle pour le gouvernement impérial et, en qualité d'officier de la garde nationale d'Ardres, il fit parvenir à l'impératrice une adresse ainsi conçue : « A trois époques mémorables, les habitants de cette ville ont su la conserver à la France. Nous imiterons nos pères, et tous les sacrifices qu'ils ont faits pour Anne d'Autriche, reine et régente, nous les ferons pour Marie-Louise, pour son fils, l'espoir de la France, et pour notre auguste empereur; nous lui conserverons notre ville et nous resterons Français! » Francoville n'en adhéra pas moins (avril 1814) à la déchéance de Napoléon. Elu, le 4 octobre 1816, par 117 voix (214 votants, 290 inscrits), député du Pas-de-Calais au collège de département, il fit partie de la majorité royaliste et, dans la session de 1818-1819, parla sur le budget (voies et moyens); il s'attacha particulièrement à l'examen du mode central de perception des contributions directes, et à l'énumération des améliorations dont elles paraissaient susceptibles. Francoville quitta la Chambre des députés en 1822. Conseiller d'arrondissement du Pas-de-Calais et chevalier de la Légion d'honneur.

FRANCOVILLE (Jean-Baptiste-Eloi), frère du précédent, député de 1831 à 1834, né à Brêmes (Pas-de-Calais) le 23 juin 1767, mort à Ardres (Pas-de-Calais) le 6 octobre 1838, propriétaire à Rodelinghen, n'avait pas d'antécédents politiques, quand il fut élu député, le 5 juillet 1831, par deux collèges du Pas-de-Calais : celui de Boulogne-sur-Mer, où il obtint 195 voix sur 347 votants et 568 inscrits, contre 96 à M. Daunou, et celui de Saint-Omer, où il réunit 152 voix (266 votants, 347 inscrits), contre 112 au baron Olivier. Il opta pour Saint-Omer, fut remplacé comme député de Boulogne par M. de Rigny, et vota à la Chambre avec la majorité conservatrice. Il ne fut pas réélu en 1834. Francoville avait été juge de paix du canton d'Ardres (Pas-de-Calais).

FRANCOVILLE (Charles), fils du précédent, représentant en 1849, né à Rodelinghen (Pas-de-Calais) le 14 août 1800, mort à Saint-Omer (Pas-de-Calais) le 2 mai 1863, commença des études de droit qu'il interrompit pour se livrer à la culture. Sa grande fortune territoriale et les opinions conservatrices qu'il professait le firent inscrire sur la liste des candidats monarchistes à l'Assemblée législative, dans le Pas-de-Calais, où il fut élu, le 13 mai 1849, représentant du peuple, le 15e et dernier, avec 50,156 voix (129,691 votants, 194,088 inscrits). Il siégea à droite, vota pour l'expédition de Rome, pour la loi Falloux-Parieu sur l'enseignement, pour la loi restrictive du suffrage universel, etc., et rentra dans la vie privée au coup d'Etat du 2 décembre 1851.

FRANCQUEVILLE DE BOURLON (Adrien-François-Martin), député de 1827 à 1830, né à Douai (Nord) le 15 janvier 1780, mort à Paris le 7 juillet 1849, était propriétaire à Bourlon et maire de cette commune. Dévoué au gouvernement de la Restauration, il fut élu, le 24 novembre 1827, par 299 voix (482 votants, 657 inscrits), député du Nord, au collège de département. Il prit place au côté droit, et vota dans la législature avec les ultra-royalistes. « Il paraît, écrivait un biographe libéral de l'époque, que le département du Nord tient à mettre en lumière tous les inconnus de cette terre classique de l'obscurantisme. Potteau, Cotteau, Beaugrenier, Barrois, Bully, Bricout,

Muyssart, Coffyn-Spyns, Labasèque, telle est l'élite des noms dont le Nord a enrichi la liste des membres des législatures qui se sont succédé depuis la Restauration. »

FRANQUETOT. — *Voy.* Coigny (duc de).

FRANQUEVILLE (de). — *Voy.* Abancourt (d').

FRANTZ (Jean), député au Corps législatif de l'an XI à 1807, né à Bischwiller (Bas-Rhin) le 9 mai 1760, mort à Strasbourg (Bas-Rhin) le 14 décembre 1818, fils de Jean Frantz, ministre de l'église luthérienne à Bischwiller, et de Marie-Dorothée Goll, exerça dans son pays, pendant la période révolutionnaire, d'importantes fonctions administratives. Agrégé de l'université de Strasbourg « pour l'enseignement du droit public, de l'histoire et de la statistique », il fut membre du jury d'instruction publique du Bas-Rhin ; puis il devint sous-préfet de Wissembourg, et fut désigné, le 9 thermidor an XI, pour représenter au Corps législatif le département du Bas-Rhin. Il siégea jusqu'en 1807. Le 26 mars 1806, Frantz fut nommé professeur de droit civil et public français à l'Ecole de Strasbourg.

FRARIN (Jean-Baptiste), député au Conseil des Cinq-Cents, né à Annemasse (Haute-Savoie) le 22 avril 1761, mort le 15 mars 1814, avocat à Ambilly avant la Révolution, puis « subdélégué du magistrat de sûreté à Ambilly », fut envoyé en 1792 par cette commune à l'Assemblée des Allobroges, où il fit partie du comité de surveillance. Membre et président de l'administration centrale du département du Léman à sa formation, puis président du directoire de Genève, il fut élu, le 24 germinal an VII, député du Léman au Conseil des Cinq-Cents. Frarin ne se montra pas hostile au coup d'Etat de brumaire, et, le 19 germinal an VIII, fut nommé commissaire près le tribunal civil de Bonneville, puis, sous l'Empire, juge d'instruction à Genève.

FRASEY (François), député en 1791, dates de naissance et de mort inconnues, maître de forges à Imphy (Nièvre), fut élu par ses concitoyens administrateur de la Nièvre, et, le 8 septembre 1791, député de ce département à l'Assemblée législative, le 7e et dernier, par 160 voix (263 votants). Il y vota le plus souvent avec la majorité.

FRAYSSINOUS (Denis-Antoine-Luc comte), pair de France et ministre, né à Curières (Aveyron) le 9 mai 1765, mort à Saint-Geniez (Aveyron) le 12 décembre 1841, fils de « monsieur Antoine Frayssinous, avocat au parlement, et de Mlle Marguerite Pons, son épouse », fit ses études au collège de Rodez et entra dans les ordres. En 1784, il vint à Paris, à la communauté de Laon, dirigée par les prêtres de Saint-Sulpice, et fut ordonné prêtre en 1789. Nommé vicaire à Rodez, il se cacha dans les Cévennes pendant la tourmente révolutionnaire, et, lorsque le Concordat eut rendu quelque influence au clergé catholique, il revint à Paris, et ouvrit dans l'église des Carmes les célèbres conférences religieuses qui attirèrent sur lui l'attention. Ces conférences avaient lieu pendant les six premiers mois de l'année : elle se poursuivirent de 1803 à 1809, et faillirent être interrompues pour allusions politiques ; mais le jeune prédicateur ayant parlé, à temps, « de la main puissante qui avait miraculeusement restauré les autels, » fut bientôt nommé professeur à la faculté de théologie et reçut encore un canonicat au chapitre de Notre-Dame. Ses prédications, transportées à Saint-Sulpice, ayant de nouveau déplu à l'Empereur, lors des démêlés de Napoléon avec le Saint-Siège, furent définitivement suspendues par ordre supérieur. Afin d'atténuer un peu l'effet de cette mesure, le grand maître de l'Université confia à l'abbé Frayssinous les fonctions d'inspecteur de l'Académie de Paris. La congrégation de Saint-Sulpice ayant été dispersée, Frayssinous dut se retirer dans son pays, et ne revint à Paris qu'avec les Bourbons. Il reprit alors ses conférences de Saint-Sulpice, où il traitait principalement des causes, des effets et des suites de la révolution, et où il s'attacha à combattre la philosophie du xviiie siècle. Silencieux pendant les Cent-Jours, il remonta dans sa chaire au mois de février 1816, et fut bientôt appelé à faire partie de la commission de l'instruction publique ; mais en lutte avec Royer-Collard, il se retira, alla prêcher à Bordeaux pendant l'automne de 1816, et reparut ensuite à Saint-Sulpice. Le jour de la Pentecôte, il fit, dans la chapelle des Tuileries, en présence de Louis XVIII, un discours sur l'établissement de la religion chrétienne, et prononça en 1817, à Saint-Germain-l'Auxerrois, le panégyrique de saint Louis. En 1818, il publia un ouvrage intitulé : *Les vrais principes de l'Église gallicane sur la puissance ecclésiastique, la papauté, les libertés gallicanes, etc.* Il se fit encore remarquer par son oraison funèbre du prince de Condé, par son éloge de Jeanne Darc (1819), par un panégyrique de saint Vincent de Paul, etc. Le cardinal de Périgord, avant de mourir, lui donna des lettres de vicaire général honoraire ; peu après, Frayssinous fut nommé premier aumônier de Louis XVIII, et promu évêque d'Hermopolis *in partibus*. Enfin, il reçut la dignité de pair de France (31 octobre 1822), le titre de comte et les fonctions de grand-maître de l'Université (1er juin 1823). Entré à l'Académie française en remplacement de l'abbé Sicard, le 1er juin 1822, il devint, le 26 août 1824, ministre des Affaires ecclésiastiques et de l'Instruction publique ; ce portefeuille avait été créé pour lui ; il le garda jusqu'au 3 mars 1828. Ce fut l'évêque d'Hermopolis qui prononça dans l'église de Saint-Denis l'oraison funèbre de Louis XVIII ; on remarqua beaucoup que le nom de la Charte n'y fut même pas prononcé. L'orateur crut seulement devoir justifier le roi de l'avoir octroyée : « Il devait, dit-il, plier devant la force des choses. » Il attaqua vivement, dans le même discours, la liberté de la presse, et tonna contre « tous ces enseignements qu'on a tant de soin de faire descendre jusqu'aux dernières classes du peuple ». Sur les instances du monarque défunt, il avait publié en 1823 ses Conférences sous le titre de *Défense du christianisme*. Il s'efforça, comme ministre des cultes, de concilier les deux partis qui divisaient alors l'Église, et dont l'un, sous la conduite de l'abbé de Lamennais, soutenait la doctrine de l'ultramontanisme, tandis que l'autre se composait des tenants de l'ancienne Sorbonne. Comme ministre de l'Instruction publique, il accorda une protection manifeste à la congrégation des jésuites, dont il prit la défense dans deux discours prononcés devant la Chambre des députés, en 1826 et en 1827. Après que M. de Villèle, sur le point de succomber sous les efforts combinés d'une double opposition, eut procédé, contre l'avis de Frays-

sinous, à des élections générales qui le renversèrent, l'évêque d'Hermopolis ne conserva dans le cabinet du 4 janvier 1828 que la moitié de son ministère : les cultes. Il donna d'ailleurs sa démission le 3 mars suivant. Appelé par Charles X, pour avoir son avis sur les célèbres ordonnances de 1830, qu'il préparait, il s'y montra nettement opposé. Il refusa, a-t-on dit, le chapeau de cardinal, et, au lendemain de la révolution de juillet, ne crut pas devoir se rallier au gouvernement nouveau. Il quitta la France, concourut, à Prague et à Goritz, à l'éducation du jeune duc de Bordeaux, et revint à Paris en 1838. Sa santé étant devenue mauvaise, il retourna dans le Rouergue, où il passa dans la retraite les dernières années de sa vie.

FRÉBAULT (CHARLES-VICTOR), représentant en 1871, sénateur inamovible de 1875 à 1888, né à Saint-Jean-aux-Amognes (Nièvre) le 1er février 1813, mort à Paris le 6 février 1888, entra à l'École polytechnique en 1833, puis à l'École d'application de Metz (1835), qu'il quitta deux ans après avec le grade de lieutenant dans l'artillerie de marine. Son avancement rapide fut justifié par de remarquables travaux et des services signalés. Six mois après sa nomination de lieutenant en second, M. Frébault partit pour le golfe du Mexique, se distingua à la prise du fort de Saint-Jean-d'Ulloa et reçut la croix de la Légion d'honneur. Capitaine en 1840, il passa deux ans à la Guadeloupe, dont il devait plus tard devenir le gouverneur. Attaché ensuite à la direction de Brest, chef de bataillon en 1848, il fut envoyé comme directeur à l'École de pyrotechnie de Toulon. Quand éclata la guerre d'Orient, il accompagna dans la Baltique l'amiral Parseval-Deschênes, prit une part active à l'attaque de Bomarsund et reçut, à la fin de la campagne, le brevet de lieutenant-colonel (22 septembre 1854). L'année suivante, sa conduite à l'attaque de Sweaborg lui valut une proposition pour l'avancement, et, en 1856, il fut nommé colonel et promu officier de la Légion d'honneur. De retour en France, on l'adjoignit à l'inspection générale de l'artillerie de la marine ; il entra aussi au conseil des travaux, puis il dirigea, pendant deux ans, la fonderie de Nevers, et, après avoir été fait commandeur de la Légion d'honneur, il fut nommé, en 1859, gouverneur de la Guadeloupe. Il y resta de 1859 à 1863, fut promu pendant ce temps général de brigade (26 août 1861), et devint en 1864, à sa rentrée en France, directeur de l'artillerie au ministère de la marine. C'est dans cette situation qu'il reçut, en 1867, les étoiles de général de division. Au cours de ses nouvelles fonctions, le général Frébault fut victime d'un accident : tandis qu'il assistait à des expériences d'artillerie au polygone de Gavre, une pièce éclata. Cinq officiers furent grièvement blessés ; le colonel Delsaux, président de la commission, fut tué, et le général Frébault eut le tympan brisé. Pendant le siège de Paris, le général commanda l'artillerie de la 2e armée, celle de la rive droite, sous les ordres du général Ducrot, et se distingua à la bataille de Champigny. Élu, le 8 février 1871, le 26e sur 43, représentant de la Seine à l'Assemblée nationale, par 95,322 voix (329,970 votants, 547,858 inscrits), il prit place dans les rangs de la gauche modérée, vota *contre* l'abrogation des lois d'exil, *pour* le retour du parlement à Paris, *pour* la dissolution, *contre* la démission de Thiers au 24 mai, *contre* le ministère de Broglie, *contre* la loi des maires, *contre* l'état de siège, *pour* les lois constitutionnelles. Porté sur la liste des gauches lors des élections des sénateurs inamovibles, il fut élu, le 10 décembre 1875, au second tour de scrutin, le 3e sur 75, avec 367 voix (690 votants). Il était alors inspecteur général permanent de l'artillerie de marine. Il suivit au nouveau Sénat la même ligne politique qu'à la Chambre, vota *contre* la demande de dissolution de la Chambre (juin 1877), appuya le ministère Dufaure, se prononça *pour* l'article 7 de la loi sur l'enseignement supérieur, *pour* les lois nouvelles sur la presse et le droit de réunion, *pour* la réforme judiciaire, *pour* la loi du divorce, *pour* les crédits du Tonkin, *pour* l'expulsion des princes, etc. Le général Boulanger, alors ministre de la guerre, ayant eu un duel avec le baron de Lareinty, confia au général Frébault, assisté du général Lecointe, le soin d'en régler les conditions. Le général Frébault, peu de temps avant sa mort, refusa, pour raison de santé, les fonctions de questeur qui lui étaient offertes par les groupes républicains du Sénat. Il laissa la réputation d'un excellent officier et d'un homme de science. C'est lui qui a présidé à la transformation de l'artillerie de la flotte, lorsque le chargement par la culasse a été définitivement adopté par la marine. En utilisant les ressources des usines de l'Etat, il a créé les canons en fonte frettés en acier et séchés, qu'on remplace maintenant par les canons tout en acier. Grand-officier de la Légion d'honneur (1866), il avait été maintenu dans le cadre d'activité par un décret spécial en date du 29 janvier 1878.

FRÉBAULT (CHARLES-FÉLIX), député de 1876 à 1889, né à Metz (Moselle) le 7 mars 1825, étudia la médecine à Paris, et, après avoir passé (1850) les examens du doctorat, exerça sa profession dans le quartier du Gros-Caillou. Chirurgien du 15e bataillon de la garde nationale pendant le siège (1870), il dirigea trois ambulances (mars-mai 1871), fut arrêté par l'armée de Versailles, et relâché immédiatement. D'opinions républicaines, il briga et obtint en 1871, puis en 1874, le mandat de conseiller municipal de Paris, où il représenta son quartier jusqu'en 1876. A cette époque, il se présenta aux élections pour la Chambre, et, le 5 mars, au second tour de scrutin, fut élu député du 7e arrondissement de Paris, par 6,148 voix (11,577 votants, 16,836 inscrits), contre 5,174 voix à M. Bartholoni, impérialiste. M. Frébault, qui s'était recommandé devant les électeurs du programme radical dit « programme Laurent-Pichat », avait eu pour adversaires au premier tour, outre M. Bartholoni, M. de Germiny, conservateur orléaniste, et M. Langlois, républicain modéré, qui se désista avant le ballottage. M. Frébault s'inscrivit à l'extrême-gauche en même temps qu'à l'Union républicaine, vota *pour* l'amnistie plénière, s'associa, d'ailleurs, à la plupart des votes de la majorité de la Chambre, et, après l'acte du 16 mai 1877, fut un des 363 députés hostiles au ministère Fourtou-de Broglie. Il obtint sa réélection le 14 octobre 1877, avec 7,078 voix (13,427 votants, 17,057 inscrits), contre 6,136 à M. Bartholoni, candidat officiel, prit part aux dernières luttes des républicains contre le gouvernement du Maréchal, soutint le cabinet Dufaure, vota *pour* l'article 7, *pour* l'application des lois aux congrégations existantes, *pour* l'amnistie, *pour* la liberté de la presse, *pour* la reconnaissance du droit de réunion et d'association, et partagea, dans la plupart des cas, les opinions des radicaux, pour compter toutefois parmi les membres intransigeants du groupe de l'extrême-gauche. Réélu,

le 21 octobre 1881, par 6,480 voix (12,624 votants, 17,732 inscrits), contre 4,774 voix à M. Cochin, conservateur, et 1,032 à M. Thierry, il reprit sa place parmi les radicaux de la Chambre nouvelle, se prononça *contre* la politique coloniale, *contre* les crédits du Tonkin, et *contre* le ministère Ferry. Il fut porté, lors des élections générales d'octobre 1885, sur un assez grand nombre de listes républicaines, dites de conciliation, et, ayant réuni au premier tour 159,331 voix sur 434,011 votants, il fut maintenu sur la liste républicaine unique au scrutin de ballottage. Il fut élu alors, le 9e sur 34, par 287,479 voix (416,886 votants, 564,338 inscrits). M. Frébault suivit dans la Chambre nouvelle la même ligne politique que précédemment, s'occupa surtout des questions d'enseignement primaire, prit part au renversement des premiers ministères opportunistes de la législature, vota *l'expulsion des princes* (juin 1886), soutint le cabinet Floquet, et se prononça, à la dernière session, *pour* le rétablissement du scrutin d'arrondissement (11 février 1889), *contre* l'ajournement indéfini de la révision de la constitution, *pour* les poursuites contre trois députés membres de la Ligue des patriotes, *contre* le projet de loi Lisbonne restrictif de la liberté de la presse, *pour* les poursuites contre le général Boulanger.

FRÉCHON (IRÉNÉE-FAUSTIN), représentant du peuple en 1848 et 1849, né à Hesdin (Pas-de-Calais) le 28 juin 1804, mort à Arras (Pas-de-Calais) le 5 avril 1852, fils d'un chapelier d'Hesdin, entra dans les ordres en 1827, fut nommé vicaire à Vitry, et fut longtemps professeur de droit canon au séminaire d'Arras. En 1832, sur sa demande, il alla soigner les cholériques de Frévent. En 1841, il fut nommé chanoine titulaire de la cathédrale d'Arras, et prêcha avec succès des stations dans les principales villes de France et à Londres. Le 23 avril 1848, il fut élu représentant du Pas-de-Calais à l'Assemblée constituante, le 15e sur 17, avec 74,655 voix sur 161,957 votants et 188,051 inscrits. Il siégea à droite, fit partie du comité des cultes, et vota *pour* le bannissement de la famille d'Orléans, *pour* le décret sur les clubs, *pour* les poursuites contre L. Blanc et Caussidière, *pour* le maintien de l'état de siège, *contre* l'abolition de la peine de mort, *pour* l'impôt proportionnel, *contre* l'incompatibilité des fonctions, *contre* l'amendement Grévy, *contre* la sanction de la constitution par le peuple, *pour* l'ensemble de la constitution, *pour* l'interdiction des clubs, *pour* l'expédition de Rome. Réélu à l'Assemblée législative, le 13 mai 1849, le 4e sur 15, par 87,675 voix sur 129,691 votants et 194,088 inscrits, il fit partie de la réunion de la rue de Poitiers et soutint de ses votes la politique conservatrice. Membre de l'Académie d'Arras et de la Société des antiquaires de Morinie.

FRÉCINE (AUGUSTIN-LUCIE DE), inscrit à l'état civil DEFRÉCINE, député en 1791, membre de la Convention, né à Montrichard (Loir-et-Cher) le 13 décembre 1751, mort à Montrichard le 20 juin 1804, adopta les idées de la Révolution, fut nommé par ses concitoyens président du conseil du département et le, le 1er septembre 1791, élu député de Loir-et-Cher à l'Assemblée législative, le 3e sur 7, « à la pluralité des voix. » Il vota avec la majorité réformatrice. Réélu, le 5 septembre 1792, membre de la Convention, par le même département, le 4e sur 6, « à la pluralité des voix » sur 285 votants, il se prononça « pour la mort », dans le procès du roi, fit décréter une fabrication d'assignats pour deux milliards, devint secrétaire de l'Assemblée et fut chargé, après le 9 thermidor, d'une mission en Belgique : il annonça à la Convention la prise de Maëstricht et donna des détails sur la conquête de la Hollande. A son retour en France (1795), il parla contre Aubry et Miranda et demanda leur arrestation. Sa carrière législative finit avec la Convention ; mais il fut nommé, le 1er fructidor an VII, receveur général dans l'Yonne, et, plus tard, sous-inspecteur des forêts. — Les procès-verbaux d'élection de ce législateur portent DE FRÉCINE.

FRÉGEVILLE (JEAN-HENRI-GUY-NICOLAS DE GRANVAL, MARQUIS DE), député au Conseil des Cinq-Cents, né à Réalmont (Tarn) le 14 décembre 1748, mort à Réalmont en 1803, était, au début de la Révolution, capitaine au régiment de Condé. Il se prononça comme son frère (V. p. bas) en faveur des idées nouvelles, reçut, en 1792, de Dumouriez, le commandement de ses troupes légères, devint général de brigade et servit avec distinction à l'armée des Pyrénées-Orientales, et en 1795 dans la Vendée. Le 25 vendémiaire an IV, il fut élu, par 111 voix sur 224 votants, député du Tarn au Conseil des Cinq-Cents, dont il devint secrétaire en l'an V. Il prit quelquefois la parole dans cette assemblée, fut (an VII) accusé par Aréna d'avoir réuni chez lui plusieurs députés opposés à la déclaration de la patrie en danger, et, lié intimement avec Lucien Bonaparte, eut, comme membre de la « commission des inspecteurs », une part importante au succès du coup d'Etat de brumaire. Cependant, dans la séance extraordinaire qui fut tenue à Saint-Cloud, il fit astreindre les membres du gouvernement consulaire à « prêter serment à la liberté, à l'égalité et à la souveraineté du peuple ». Il reprit ensuite la carrière militaire, devint général de division, obtint plusieurs commandements, et mourut en 1807.

FRÉGEVILLE DE GAU (CHARLES-LOUIS-JOSEPH, MARQUIS DE), député au Conseil des Cinq-Cents et au Corps législatif en l'an VIII, né au château de Grandoiel près de Castres (Tarn) le 1er novembre 1762, mort à Paris le 4 avril 1841, fut envoyé dès l'âge de douze ans au régiment de dragons de Condé, où son frère aîné venait de mourir. Sous-lieutenant le 11 juillet 1779, capitaine le 12 juillet 1781, capitaine de remplacement le 24 mai 1785, il passa une partie de son temps à voyager. Le 17 mai 1790, il réprima, à la tête de la garde nationale à cheval de Montpellier, les troubles de Nimes et de Beaucaire. Le 20 janvier 1792, il passa au 3e régiment de chasseurs à cheval. Lieutenant-colonel des hussards de Chamborant, le 13 avril de la même année, grâce à la protection de La Fayette, il prit part aux diverses escarmouches qui marquèrent les débuts de la 1re coalition. Après le départ de La Fayette, il sut maintenir le régiment de Chamborant que son colonel voulait faire passer à l'ennemi. Pour le récompenser de son patriotisme, le gouvernement lui envoya, le 20 octobre 1792, le brevet de colonel de ce même régiment. Frégeville sut se faire apprécier par Dumouriez ; il se battit vaillamment à Valmy, à Jemmapes et à Nerwinde, où il ne put arrêter la retraite de Miranda. Peu après, il fut mêlé aux intrigues de Dumouriez et ne fut retenu qu'en ap-

prenant la désertion de ce général. Il avait éveillé la méfiance de Bouchotte, ministre de la guerre, qui le fit appeler à Paris. Mais le comité de salut public ayant obtenu sur son compte de bons renseignements militaires, le renvoya à son régiment. Le 15 mai 1793, il fut promu général de brigade et dirigé sur l'armée des Pyrénées-Orientales. Fait prisonnier par les Espagnols, il resta deux ans en captivité, puis se rendit à Montpellier, pour y attendre ses lettres de service ; là, grâce à sa fermeté et à sa douceur, il calma une sédition. Cette conduite lui valut d'être élu, le 25 germinal an VII, député de l'Hérault au Conseil des Cinq-Cents. Il prit une part très active au 18 brumaire. Ce fut lui qui enleva Lucien Bonaparte de la salle des séances, pour le soustraire aux violences dont on le menaçait. Il fut choisi par le Conseil pour faire partie de la commission intermédiaire, le 19 frimaire an VIII, élu, le 4 nivôse suivant, par le Sénat conservateur, député de l'Hérault au nouveau Corps législatif, et, le 7 germinal de la même année, promu général de division. Envoyé en Italie à la tête des troupes légères, il se signala au passage du Mincio et du Tagliamento et fut nommé, à la suite de l'armistice, au commandement de la 9e division militaire. Le 19 frimaire an XII, membre de la Légion d'honneur, commandeur le 25 prairial de la même année, il fut appelé au commandement d'une division de cavalerie dans le corps de Masséna, puis de toute la cavalerie (quatre divisions), quand les corps combinés de Saint-Cyr et de Masséna passèrent sous les ordres de Joseph Bonaparte ; il se signala à la prise de Civitella. Appelé près de l'Empereur après Eylau, Frégeville ne rejoignit l'armée française qu'à Tilsitt, et ce fut pour tomber en disgrâce, car il resta sans emploi jusqu'à la première Restauration. Le 8 juillet 1814, il fut nommé chevalier de Saint-Louis, et, le 27 décembre suivant, grand-officier de la Légion d'honneur. Pendant les Cent-Jours, il commanda la cavalerie du 2e corps d'observation à l'armée des Pyrénées-Orientales. A la seconde Restauration, ne voulant pas obéir aux ordres du duc d'Angoulême qui lui ordonnait de licencier sa cavalerie, il fut appelé par Gouvion-Saint-Cyr, ministre de la guerre, à occuper le poste d'inspecteur général de la cavalerie de l'armée de la Loire. Mais les projets du duc d'Angoulême ayant abouti, Frégeville fut mis à la retraite. En 1830, le général de Frégeville fut député par Montpellier auprès du nouveau chef de l'Etat. Rétabli sur le cadre des officiers-généraux en disponibilité, il y resta jusqu'en 1833. En 1834, à l'attentat de Fieschi au boulevard du Temple, son cheval reçut trois blessures. A cette occasion, le duc d'Orléans et le roi lui-même voulurent faire remettre Frégeville en activité, mais le maréchal Maison s'y opposa. Les biographes de Frégeville racontent qu'il fut intimement lié avec Mme de Krudner et qu'il conserva longtemps avec elle des relations épistolaires.

FRÉMANGER (JACQUES), membre de la Convention, date de naissance inconnue, mort en 1807, était avant 1789 huissier à Senonches. Il remplissait les fonctions de procureur-syndic du district de Dreux, lorsqu'il fut élu, le 7 septembre 1792, par le département d'Eure-et-Loir, le 9e et dernier, avec 187 voix sur 350 votants, membre de la Convention. Dans le procès du roi, il vota la mort sans appel ni sursis. Chargé pendant quelque temps des approvisionnements de Paris, il s'acquitta avec zéle de cette mission. Envoyé dans le Calvados, il ferma toutes les églises, et écrivit à la Convention le 28 février 1794 : « Les colifichets romains disparaissent et prennent leur volée vers le Tibre; on ne vit jamais tant de saints voyager. » La Société des Jacobins, dont il faisait partie, le traduisit à sa barre quelque temps après, comme suspect de modérantisme ; mais il se justifia et fut maintenu, après avoir subi l'épreuve d'un « scrutin épuratoire ». L'année suivante, lors des troubles de prairial an IV, il fut arrêté dans Paris par des sectionnaires du quartier Montreuil ; mais ses amis le délivrèrent et le ramenèrent à la Convention. Envoyé en mission au Havre (août 1795), il sut maintenir l'ordre dans la ville avec l'aide du général Huet, remplit une autre mission à Nantes, et, après la session conventionnelle, fut nommé messager d'Etat du Conseil des Anciens. Il exerçait les mêmes fonctions auprès du Corps législatif impérial, lorsqu'il mourut (1807).

FRÉMICOURT-LÉLY (ALEXANDRE-DÉSIRÉ-JOSEPH), représentant à la Chambre des Cent-Jours, député de 1818 à 1822, et de 1834 à 1837, né . Cambrai (Nord) le 18 juillet 1777, mort à Paris le 9 mai 1869, propriétaire, débuta dans la vie politique, le 12 mai 1815, comme représentant de l'arrondissement de Cambrai à la Chambre des Cent-Jours, élu par 83 voix sur 92 votants. Le 26 octobre 1818, il fut élu député du Nord, au collège de département, par 426 voix (994 votants, 2.303 inscrits). M. Frémicourt-Lély siégea parmi les défenseurs de la monarchie constitutionnelle et se représenta, le 13 novembre 1822, dans le 6e arrondissement du Nord, à Cambrai ; mais il échoua avec 129 voix contre 218 accordées à l'élu, M. Cotteau. Il échoua encore aux élections du 25 février 1824 et n'obtint que 122 voix contre le même adversaire, réélu par 211. Partisan de la révolution de juillet et du gouvernement de Louis-Philippe, M. Frémicourt-Lély devint maire de la Villette (Seine) et chevalier de la Légion d'honneur. Le 21 juin 1834, le 14e collège électoral de la Seine (Seint-Denis) le nomma député, par 265 voix sur 526 votants, 629 inscrits. Il fit partie jusqu'en 1837 de la majorité ministérielle et vota notamment *pour* les lois de septembre 1835.

FRÉMIN DE BEAUMONT (NICOLAS, BARON), député au Corps législatif de l'an X à 1815, né à Coutances (Manche) le 10 avril 1744, mort à Anneville (Manche) le 31 décembre 1820, fils de Pierre-Isaac Frémin, sieur du Mesnil, ancien capitaine au régiment de Bretagne, et de dame Marguerite Pasquier, exerça, au début de la Révolution, les fonctions de maire de Coutances, de commissaire du roi près le tribunal criminel de la Manche, et de procureur général syndic de ce département. Favorable au coup d'Etat de brumaire, il fut nommé par Bonaparte (21 germinal an VIII) sous-préfet de Coutances, et, le 6 germinal an X, il fut désigné pour représenter le département de la Manche au Corps législatif, où il siégea jusqu'à la fin du régime impérial, ayant obtenu, le 7 mars 1807, le renouvellement de son mandat. Il entra, le 16 septembre 1808, dans la commission des finances de cette assemblée, et présida la même commission le 9 décembre 1809. Son dévouement à la politique de Napoléon fut récompensé par les titres de chevalier de la Légion d'honneur (25 janvier 1810), de chevalier (25 mars) puis de baron de l'Empire (17 mai) et par le

poste de préfet des Bouches-du-Rhin (23 avril de la même année). Frémin de Beaumont était monté à la tribune du Corps législatif, le 20 avril 1810, au nom de la commission, pour demander l'adoption du budget présenté par le gouvernement et avait fait un pompeux éloge de la situation financière : « L'ordre établi dans l'administration publique, avait-il dit, permettra bientôt au monarque le plus puissant d'être le plus heureux, en réduisant les dépenses. Uni à la jeune princesse qui, par ses éminentes qualités, méritait de monter sur le premier trône de l'univers, il jouira du bonheur de ses peuples, il jouira du bonheur que donnent les plus doux sentiments de la nature : double récompense accordée rarement aux vertus des plus grands princes, et due au généreux souverain qui ne désire de vivre que pour le bonheur de ses peuples. » Il adhéra cependant à la déchéance de l'Empereur (avril 1814) et fut nommé préfet de la Vendée par le roi le 10 juin suivant ; mais, ayant été maintenu pendant les Cent-Jours, il fut remplacé, au second retour des Bourbons, par M. de Roussy. Frémin de Beaumont a publié en 1806 une traduction des *Saisons* de Thompson.

FRÉMIN DU MESNIL (GABRIEL-FRANÇOIS-CHARLES, BARON), frère du précédent, député au Corps législatif de 1813 à 1815, et député de 1815 à 1816, né à Coutances (Manche) le 6 décembre 1751, mort à Coutances le 28 juillet 1844, était maire de cette ville, Chef d'une délégation envoyée auprès de l'Empereur par le collège électoral du département de la Manche, il fut présenté à Napoléon, devint chevalier de la Légion d'honneur, baron de l'Empire le 13 août 1811, et député au Corps législatif pour le département de la Manche le 6 janvier 1813. Il y siégea jusqu'à la fin du règne, et obtint sa réélection à la Chambre « introuvable », le 22 août 1815, par 123 voix (187 votants, 276 inscrits). Il s'était rallié à la Restauration.

FRÉMINET (HENRY-ETIENNE-JEAN-BAPTISTE-LÉON), député de 1876 à 1881, né à Troyes (Aube) le 7 novembre 1843, fit à Paris ses études de droit, fut reçu docteur, et s'inscrivit au barreau. Secrétaire de Me Durier, il quitta Paris vers la fin de l'Empire pour aller habiter sa ville natale, où plusieurs causes importantes mirent son nom en relief. La révolution du 4 Septembre le fit secrétaire général de la préfecture de l'Aube. M. Fréminet prit part à la campagne de l'Est dans les rangs des mobilisés de ce département, devint conseiller municipal de Troyes et conseiller général de l'Aube, et se présenta aux élections législatives du 20 février 1876, avec une profession de foi où il s'exprimait ainsi : « Je ne suis pas un converti à la République, sa cause est la mienne depuis que j'ai commencé à raisonner. Dans une Assemblée, ma place serait parmi les républicains de principe. J'appartiens au jeune parti républicain, qui sait que rien ne se fonde par la violence ou la surprise, qui veut, avant de réaliser une idée, avoir conquis pour elle l'adhésion des intelligences, et qui, pour les conquêtes successives, n'emploie que la persuasion, la science et la justice. » M. Fréminet, élu député de l'arrondissement de Troyes par 12,613 voix (20,462 votants, 28,864 inscrits), contre 2,983 voix à M. Baltet, et 2,244 à M. de Colmont, siégea dans la majorité républicaine, parmi les modérés. Il se prononça *contre* l'amnistie pleine et entière, *pour* la loi nouvelle sur la collation des grades par l'Etat, *pour* l'ordre du jour du 4 mai 1877 sur les menées ultramontaines, fut au nombre des 363 adversaires du gouvernement du Seize-Mai, et obtint sa réélection comme député de Troyes, le 14 octobre 1877, par 17,312 voix (25,452 votants, 28,279 inscrits), contre 7,942 voix à M. Droche, candidat officiel, conservateur-monarchiste. A la Chambre nouvelle, il continua de siéger à gauche, se prononça *contre* le cabinet Rochebouët, *pour* le ministère Dufaure, *pour* l'invalidation de l'élection Blanqui, *pour* l'article 7 de la loi sur l'enseignement supérieur, etc., et s'associa aux principaux actes de la politique opportuniste. Il ne se représenta point aux élections de 1881, et se fit inscrire au barreau de Paris.

FRÉMOND (Jean-François), député au Conseil des Cinq-Cents, né au Tanu (Manche) le 18 janvier 1759, mort à Avranches (Manche) le 8 juin 1815, n'avait pas d'antécédents politiques lorsqu'il fut élu, le 25 vendémiaire an IV, par 269 voix sur 447 votants, député de la Manche au Conseil des Cinq-Cents. Il s'y fit peu remarquer et en sortit en l'an VII. Il fut ensuite receveur particulier des finances dans l'arrondissement d'Avranches, puis receveur-général du département de la Manche.

FRÉMY (Louis), représentant en 1849, député au Corps législatif de 1865 à 1869, né à Toulon (Var) le 2 avril 1805, étudia le droit à Paris, et s'y inscrivit comme avocat en 1829. Après la révolution de 1830, il devint sous de Saint-Fargeau (1831), conseiller d'arrondissement de Joigny, puis auditeur de deuxième classe au conseil d'État (1833), sous-préfet à Domfront (1835), à Gien (1837), maître des requêtes au conseil d'État (1840), et fit partie (1842) de la commission administrative des chemins de fer, auprès de laquelle il remplit les fonctions de secrétaire. En 1845, il fut nommé inspecteur-général des chemins de fer. Conseiller général de l'Yonne en 1848, il entra dans la politique sous les auspices de Léon Faucher, son ami, qui se l'attacha comme chef de cabinet, puis comme directeur du personnel au ministère de l'Intérieur. Le 13 mai 1849, M. Louis Frémy fut élu représentant de l'Yonne à l'Assemblée législative, le 5e sur 8, par 34,353 voix (80,826 votants, 111,917 inscrits). Il prit place dans les rangs de la majorité monarchiste, vota *pour* l'expédition de Rome, *pour* la loi Falloux-Parieu sur l'enseignement, prêta son concours à la politique de l'Élysée, et fut envoyé en mission à Rome. Après le coup d'État, il fut membre de la Commission consultative et du conseil d'État réorganisé. En février 1853, il reçut du gouvernement impérial la mission d'établir sur de nouvelles bases l'administration du ministère de l'Intérieur. Puis il succéda, en 1857, à M. de Germiny comme gouverneur du Crédit foncier et du Crédit agricole de France, et fut élu, le 18 novembre 1865, député de la 1re circonscription de l'Yonne, par 16,611 voix (29,228 votants, 39,510 inscrits), en remplacement de M. d'Ornano, décédé. M. L. Frémy appartint, comme député, à la majorité dynastique. Il se représenta, le 24 mai 1869, mais il échoua au scrutin de ballottage avec 17,369 voix contre 17,864 données au candidat de l'opposition, M. Rampont-Léchin. Il conserva ses fonctions de gouverneur du Crédit foncier jusqu'en 1877. En mai 1876, M. Naquet ayant réclamé, à la Chambre, une enquête sur la gestion du Crédit foncier, M. Frémy fut, après l'enquête, révoqué de ses fonctions et remplacé provisoirement par M. Renouard; de plus, l'année d'après (dé-

cembre 1878), il se vit enveloppé, avec deux de ses anciens collègues de l'administration, MM. de Soubeyran et Leviez, dans des poursuites judiciaires sous l'inculpation de distribution de dividende fictif. M. L. Frémy avait fait, le 30 janvier 1876, une tentative infructueuse pour entrer au Sénat : il avait réuni, comme candidat conservateur dans l'Yonne, 219 voix sur 571 votants. Grand officier de la Légion d'honneur du 5 juillet 1863.

FRÉNILLY (Auguste-François Fauveau, baron de), député de 1821 à 1827 et pair de France, né à Paris le 14 novembre 1768, mort à Gratz (Autriche) le 1er août 1848, était fils de Frédéric-Auguste Fauveau de Frénilly et de Charlotte-Pauline-Victoire Chastelain. Sa famille, de vieille noblesse, était liée avec tous « les beaux esprits » du temps, et, à l'âge de neuf ans, il fut présenté à Voltaire. Il ne quitta pas la France pendant la Révolution, défendit les Tuileries, le 10 août 1792, dans le bataillon royaliste des Filles-Saint-Thomas, se retira en province pendant la Terreur, et revint à Paris après le 9 thermidor, pour recueillir les débris d'une fortune considérable. Il retrouva bientôt les survivants de la société littéraire, un moment dispersée, et se lia particulièrement avec la célèbre Mme d'Houdetot, qui essayait de se reformer « un salon ». En même temps, M. de Frénilly s'occupait d'agriculture dans son château de Bourneville (Oise), où se trouvait un des trois premiers troupeaux de moutons mérinos importés en France sous l'intendance de M. de Trudaine : un autre de ces troupeaux avait été donné à Daubenton, à Montbars, et le troisième au comte de Barbançois, en Berry. M. de Frénilly vécut ainsi pendant la durée de l'Empire, et, aux Cent-Jours, se rendit en Angleterre, où il publia une brochure qui eut du retentissement : *Considérations sur une année de l'histoire de France*. A la seconde Restauration, des souvenirs de famille et une certaine communauté de vues valurent à M. de Frénilly l'intimité du comte d'Artois. De concert avec le docteur Stoddart, directeur du *Times*, M. de Frénilly fonda *le Correspondant*, revue anglo-française peu après remplacée par la revue exclusivement française *le Conservateur*, qu'il créa avec Châteaubriand, de Bonald, Lamennais, etc. Sur l'initiative de Châteaubriand, *le Conservateur* disparut en plein succès lors de la chute du ministère Decazes (février 1820). Le 1er octobre 1821, M. de Frénilly fut choisi comme candidat à la députation par les royalistes du 4e arrondissement électoral de la Loire-Inférieure (Savenay), et fut élu député par 76 voix sur 116 votants et 130 inscrits, contre 13 voix à M. Huet de Coëtlisan. Réélu, le 26 février 1824, par 121 voix sur 129 votants et 150 inscrits, il siégea à droite, et fut un des fermes soutiens du ministère Villèle. Membre de la commission de l'adresse en 1822, il fut chargé, avec M. de Bonald, de sa rédaction ; rapporteur du budget en 1824, il lutta pour faire reconnaître à la Chambre le droit d'initiative dans le vote des crédits. Nommé conseiller d'État en août 1824, il fut encore membre de la commission du budget en 1825, et, en 1826, membre de la commission de l'adresse qu'il rédigea avec M. de Vaublanc. Cette même année, un discours sur les affaires de Saint-Domingue lui valut les félicitations personnelles de Charles X. Appelé à la Chambre des pairs le 5 novembre 1827, M. de Frénilly se rangea dans l'opposition royaliste contre le ministère Martignac, et attaqua le cabinet, dans la séance du 12 juin 1828, lors-

5

de la discussion de la nouvelle loi électorale. Peu après il fut placé dans la non-activité du conseil d'État, et y fut inutilement rappelé à l'activité, deux ans plus tard, dans les fameuses ordonnances de juillet 1830. Il fut inquiété un moment à cette occasion; puis il se retira en Autriche près du roi exilé, et y reprit avec ardeur les études historiques et littéraires dont la politique active l'avait un peu détourné; il rassembla alors des matériaux considérables pour une *Histoire parlementaire d'Angleterre*, restée inachevée. Outre divers opuscules politiques, on a de lui des poésies et une traduction en vers de l'*Arioste* (Paris, 1833). De son mariage avec Alexandrine de Saint-Preulx il laissa un fils, marié en Autriche et mort sans postérité, et une fille qui épousa M. Camille de Barécourt de La Vallée, marquis de Pimodan, gentilhomme de la chambre de Charles X. Le chef actuel de la maison de Pimodan possède de très curieux *Mémoires* inédits de M. de Fréuilly; ces *Mémoires* seront sans doute publiés un jour.

FREPPEL (CHARLES-EMILE), député depuis 1880, né à Obernai (Bas-Rhin) le 1er juin 1827, fit ses études au petit et au grand séminaire de Strasbourg; il fut reçu bachelier ès lettres, fut ordonné prêtre en 1850, et devint professeur au séminaire de Strasbourg, puis professeur de philosophie à l'École des Carmes à Paris, chapelain de Sainte-Geneviève, et, après avoir obtenu le grade de docteur en théologie, professeur d'éloquence sacrée à la faculté de théologie de Paris (1854). Ses cours en Sorbonne furent très suivis; il prêcha le carême aux Tuileries en 1862, fut nommé chanoine honoraire de Troyes, de Strasbourg, de Paris en 1864, et, en 1867, doyen du chapitre de Sainte-Geneviève. Appelé par le pape à Rome, en 1869, pour les travaux préparatoires du Concile; il fut nommé (27 décembre suivant) à l'évêché d'Angers. Pendant la guerre franco-allemande, il organisa des secours et des ambulances dans son palais épiscopal, protesta contre l'annexion de l'Alsace, sa patrie, à l'Allemagne, et opta pour la France. Candidat aux élections complémentaires du 2 juillet 1871 à l'Assemblée nationale, dans le département de la Seine, il échoua avec 83,308 voix sur 290,823 votants. Cet échec ne l'éloigna pas de la politique militante vers laquelle l'entraînaient son tempérament de polémiste et un patriotisme très vif; comme évêque, n'avait-il pas pris pour armes une abeille, avec la devise : *Sponte favos, œgre spicula ?* En décembre 1873, il attaqua dans un mandement « le roi de Piémont », anathématisa la Ligue de l'enseignement, et, recevant le maréchal de Mac-Mahon à Angers, l'invita à prêter son appui aux tentatives de restauration monarchique d'alors. Après le vote de la loi sur l'enseignement supérieur, il créa à Angers une Université catholique. En avril 1876, sur une question d'immeuble d'église, il excommunia le comte de Falloux (*Voy. ce nom*); mais le nonce du pape fit lever cet invraisemblable interdit.

L'évêque d'Angers entra au parlement lors de l'élection partielle nécessitée, dans la circonscription de Brest, par le décès de M. Monjaret de Kerjegu; élu député, le 6 juin 1880, par 8,864 voix sur 13,045 votants et 16,907 inscrits; il siégea à droite, et prit une part des plus actives aux débats parlementaires; il protesta (juillet 1880) contre la voie exécutive suivie de préférence à la voie judiciaire, dans l'application des décrets aux congrégations non autorisées; combattit (novem-

bre) la gratuité de l'instruction primaire au point de vue du gaspillage des finances communales; tenta en vain de s'opposer (décembre) à l'application du droit de mutation aux biens des congrégations, et, s'éleva, quelques jours après, contre l'instruction obligatoire, « inutile, inefficace, et tendant au socialisme d'État. » En mai 1881, il demanda le rejet des articles de la nouvelle loi militaire imposant aux séminaristes l'obligation du service. Réélu, le 21 août suivant, par 9,265 voix sur 12,554 votants et 17,205 inscrits, il monta fréquemment à la tribune, notamment pour combattre (juin 1882) le rétablissement du divorce, les exigences de la nouvelle loi sur l'enseignement secondaire privé (juillet) et spécialement l'art. 10 relatif aux petits séminaires, l'inéligibilité absolue des ministres du culte aux fonctions municipales (février 1883), la désaffectation des immeubles communaux (novembre). Le 15 décembre, lors de la demande d'un crédit de 20 millions pour le Tonkin, l'évêque d'Angers se sépara résolument de la droite, et déclara qu'il voterait les crédits, parce que « les divergences politiques doivent s'effacer devant l'intérêt national, et que, quand le drapeau est engagé, personne n'a plus à se demander quelles sont les mains qui le tiennent ». L'orateur fut à cette occasion vivement applaudi à gauche. Il vota de même (juin 1884) les crédits demandés pour Madagascar, parla contre la loi sur les récidivistes (mai 1885), en faveur du traité de Tien-Tsin avec la Chine (juin), et continua de voter, avec la gauche opportuniste, les crédits demandés pour le Tonkin (décembre). Il avait été réélu député le 14 octobre précédent, sur la liste conservatrice du Finistère, le 2e sur 10, par 61,551 voix sur 121,966 votants et 167,617 inscrits. La session de 1886 le vit reparaître à la tribune, pour soutenir la demande d'amnistie (février); pour proposer un amendement (qui fut repoussé) à la loi sur la liberté des funérailles; pour interpeller (11 mars) le ministre Goblet sur la suppression de près de deux mille vicariats; pour combattre (octobre) la loi d'organisation de l'enseignement primaire; pour reprocher au gouvernement (octobre) son manque d'énergie à Madagascar. En janvier 1887, il parla en faveur de l'allègement des programmes scolaires, et il demanda, en juin, l'ajournement de la loi militaire, en se fondant « sur l'état de trouble où se trouvait l'Europe » (rejeté par 414 voix contre 54). Sur la même loi, il fit adopter (19 janvier 1889), par 295 voix contre 231, un amendement assimilant aux professeurs, en temps de guerre, les curés de paroisses et les aumôniers des lycées; le 9 avril suivant, il combattit vivement le projet de loi organisant le Sénat en haute cour de justice pour juger le général Boulanger. L'évêque d'Angers prit en outre la parole dans un grand nombre de débats moins importants, car un biographe constate que, de 1883 à 1889 seulement, il prononça à la tribune cent vingt discours. Dans la dernière session, Mgr Freppel a voté : *contre* le rétablissement du scrutin d'arrondissement (11 février 1889), *pour* l'ajournement indéfini de la revision de la Constitution, *contre* les poursuites contre trois députés membres de la Ligue des patriotes, *contre* le projet de loi Lisbonne restrictif de la liberté de la presse, *contre* les poursuites contre le général Boulanger. Chevalier de la Légion d'honneur (1868), officier de l'Université (1869). On a de lui : *les Pères apostoliques* (1859), *Les Apologistes chrétiens au deuxième siècle* (1860), *Saint Irénée et l'élo-

quence chrétienne dans la Gaule aux deux premiers siècles (1861), *Examen critique de la « Vie de Jésus » de M. Renan* (1863), etc. *La Révolution française à propos du centenaire de 1789* (1889).

FRÉRON (LOUIS-MARIS-STANISLAS), membre de la Convention, né à Paris le 20 juin 1754, mort à Saint-Domingue en 1802, fils du critique Elie-Catherine Fréron (1719-1776), dont les invectives de Voltaire ont assuré la célébrité, était, sa mère, neveu de l'abbé Royou ; il eut pour ami le roi Stanislas, beau-père de Louis XV. A la mort de son père (il avait alors dix ans), il succéda dans la propriété du privilége de l'*Année littéraire*, qu'il fit continuer sous son nom, par son oncle Royou et par l'abbé Geoffroy, tandis qu'il terminait ses études au collège Louis-le-Grand, où il eut pour camarades les deux Robespierre et Camille Desmoulins. En 1789, il adopta avec ardeur les principes de la Révolution, et, dès le mois de décembre de cette année, il fit paraître, sous le pseudonyme de Martel, une feuille intitulée l'*Orateur du peuple*, qui compta parmi les organes les plus passionnés du parti populaire. Fréron fut un des premiers à dénoncer la trahison de Mirabeau, qu'il accusa de corruption et menaça de la *lanterne*; puis il écrivit, lorsque le célèbre orateur se fut réconcilié avec Mirabeau le jeune : « Mirabeau attendait pour se rapprocher de son frère et lui rendre son amitié que ce dernier se fût rendu digne de lui par quelque nouvel attentat contre la nation. Non seulement il était le plus âgé, mais il avait l'aînesse des crimes. » Le 4 juillet 1790, l'*Orateur du peuple* publia cette lettre d'un inconnu : « Je vous demande la parole, monsieur l'Orateur, pour dénoncer à votre tribune la démarche vraiment suspecte que vient de faire M. Riquetti l'aîné... Hier, à six heures du matin, M. Riquetti l'aîné, ci-devant comte de Mirabeau, est parti de Paris à pied et s'est rendu sur le chemin qui conduit à Saint-Cloud. Une espèce de chaise de poste, tout attelée, l'y attendait. Afin qu'aucun valet ne fût dans la confidence de ce voyage mystérieux, dont l'objet est sans doute de la plus haute importance, un capitaine de dragons, neveu dudit Riquetti, servait de postillon. La veille, pour laisser croire à ses gens qu'il était à la campagne, il n'était pas rentré chez lui, n'avait pas renvoyé sa voiture, et avait décidé de passer la nuit à l'hôtel d'Aragon, chez sa nièce ; ce qu'il a fait. Arrivé à Saint-Cloud, il est monté au château. Là, une conférence très secrète s'est établie entre une très grande dame, l'archevêque de Bordeaux, ledit Riquetti et un autre personnage dont il n'est pas encore temps que je vous dise le nom, mais que vous connaîtrez sous peu de jours. Cette conférence a duré depuis sept heures du matin jusqu'à neuf. C'est alors seulement que le *pouvoir exécutif* s'est montré, et il est demeuré une heure et demie avec Mirabeau... etc. » En juin 1791, Fréron appréciait ainsi, dans sa feuille, la fuite de Louis XVI : « S'il est vrai que les Autrichiens aient passé la Meuse, et que le sang français ruisselle sur les frontières, Louis XVI doit perdre la tête sur un échafaud et la reine doit, comme Frédégonde (il voulait dire Brunehaut), être traînée dans les rues de Paris à la queue d'un cheval entier. » Quelques jours plus tard, Fréron figura, au Champ-de-Mars, parmi les plus ardents promoteurs de la déchéance. Assidu au club des Cordeliers, il prit part à la journée du Dix-Août, et fut membre de la Commune de Paris. Le 14 septembre 1792, il fut élu, avec plusieurs autres dantonistes, député du département de Paris à la Convention nationale, le 15e sur 24, par 454 voix (647 votants). Il prit place à la Montagne, se déclara contre les Girondins et vota, lors du procès du roi, la mort sans appel ni sursis : « Si, après avoir déclaré, dit-il, que Louis Capet est coupable de haute trahison et de conspiration contre l'Etat, vous ne lui appliquez pas la peine portée par la loi, je demande qu'avant de porter le décret de reclusion, l'image de Brutus soit voilée et son buste retiré de cette enceinte. J'ai poursuivi le tyran jusque dans son palais ; j'ai demandé sa mort, il y a deux ans, dans des écrits imprimés, qui m'ont valu les poignards de La Fayette. Je vote pour la mort. » Après le 31 mai, Fréron fut désigné avec Barras, Salicetti et Robespierre le jeune, comme commissaire auprès de l'armée chargée de reprendre Marseille sur les insurgés. La lutte ne fut pas longue. Marseille reprise, Fréron ordonna contre plusieurs habitants des mesures de rigueur exceptionnelles, et décida que la ville s'appellerait « Sans-Nom » ; il fit raser plusieurs édifices, et se proposait de combler le port avec les démolitions (janvier 1794); mais un décret de la Convention, du 12 février, décida que le nom de Marseille serait maintenu. Le 25 septembre 1793, la trahison ayant livré Toulon aux Anglais, la vengeance de cet attentat fut confiée au zèle de Fréron et de ses collègues. Fréron se signala encore, à la victoire, par d'impitoyables représailles. « Fusillades, écrivait-il, fusillades jusqu'à ce qu'il n'y ait plus de traitres ! » « Les fusillades sont à l'ordre du jour; en voilà plus de six cents, écrit-il le 16 nivôse an II. La mortalité est parmi les sujets de Louis XVII. » Il eût voulu raser Toulon jusque dans ses fondements. Le comité de salut public s'y opposa. De retour à Paris, il fut d'abord bien accueilli au club des Jacobins ; mais la lumière s'étant faite sur les vrais sentiments de Fréron, Robespierre et les siens ne tardèrent pas à le traiter en ennemi. Il le leur rendit bien. Au neuf thermidor, Fréron se montra avec Barras, Tallien et autres, des plus acharnés à réclamer la tête de Robespierre : « Ah! qu'un tyran est dur à abattre! » s'écriat-il dans son impatience. Il eut aussi une part directe dans le vote du décret de mort rendu contre Couthon : il lui reprocha d'avoir voulu « monter au trône sur les cadavres des représentants du peuple! » Après la chute des Jacobins, Fréron, suivi des débris du parti dantoniste, revendiqua le titre de *thermidorien* et quitta la Montagne pour aller siéger au côté droit. Il y devint l'actif agent de la réaction : un jour il proposa de raser l'Hôtel-de-Ville et le club des Jacobins, un autre jour, de brûler le faubourg Saint-Antoine. Il demanda aussi la mise en accusation de Fouquier-Tinville : « Tout Paris réclame son supplice, fit-il ; il faut que ce monstre aille cuver dans les enfers tout le sang dont il s'est enivré. » Plus tard, et immédiatement après l'exécution de Fouquier (7 mai 1795), il insista pour l'abolition du régime révolutionnaire et pour la suppression du tribunal. Avec Dusaulx comme collaborateur, il fit de son *Orateur du peuple* une sorte de moniteur officiel de la contre-révolution, s'exprima avec la même frénésie que par le passé, mais dans un sens tout différent, et se mit à la tête d'une bande de jeunes aristocrates qui, sous le nom de *Jeunesse dorée de Fréron*, parés d'habits élégants, coiffés en cadenettes et la tête ornée de poudre, parcouraient la ville en insultant et en malmenant « les patriotes », aux accents du *Réveil du peuple*, chanson royaliste à la mode. Lors des mouvements du 12 germinal et du 1er prairial an III, où le député Féraud paya de la vie la fatale ressemblance de son nom avec Fréron, celui-ci marcha avec Barras contre le faubourg Saint-Antoine, et, vainqueur, voulut, suivant son usage, le livrer aux flammes. Mais l'insurrection royaliste du 13 vendémiaire arrêta les thermidoriens dans la voie de la réaction. Fréron reparut à la Montagne et sembla revenir à la cause révolutionnaire; il vit de jour en jour décroître son influence. Non compris dans les réélections qui replacèrent les deux tiers de la Convention dans les Conseils établis par la Constitution de l'an III, il fut, au mois de novembre 1795, envoyé dans les départements du Midi en qualité de commissaire du Directoire exécutif. Il s'efforça, changeant encore de parti, d'y calmer les fureurs qui s'étaient donné carrière depuis le neuf Thermidor; il s'ensuivit, entre ses amis de la veille et lui, une polémique de brochures où les récriminations les plus violentes furent échangées. Fréron engagea la lutte en publiant son *Mémoire historique sur la réaction royale et sur les malheurs du Midi* (1796); Durand de Maillanne, Isnard et autres lui répondirent. Fréron parvint à se faire élire au Conseil des Cinq-Cents par l'assemblée électorale de la Guyane, mais les deux Conseils refusèrent de valider cette élection. Alors il disparut définitivement de la scène politique. Sans fortune, il obtint, avec assez de peine, de Bonaparte, qui avait vécu dans son intimité, une place modeste dans l'administration des hospices. Peu s'en fallut pourtant qu'il ne devînt le beau-frère du premier consul; s'il n'avait été engagé dans les liens d'un précédent mariage, il aurait pu légitimer sa liaison avec Pauline Bonaparte. Dédommagé par le poste de sous-préfet d'un des arrondissements de Saint-Domingue, il fit partie de l'expédition du général Leclerc, devenu à sa place l'époux de la sœur de Bonaparte, et dont il partagea la fortune : à peine arrivé à destination, il succomba, victime des rigueurs du climat. On a de Fréron, outre les écrits déjà cités, des *Réflexions sur les hôpitaux et particulièrement ceux de Paris, et l'établissement d'un mont-de-piété* (1800).

FRÉRY (Charles-Louis), député de 1881 à 1885, né au Puix (Haut-Rhin) le 26 novembre 1846, étudia la médecine et se fit recevoir docteur en 1873, puis il se fixa à Belfort, où il exerça la profession de médecin. Membre et secrétaire du conseil général, il fut désigné, le 21 août 1881, comme candidat républicain aux élections législatives, et fut élu député de Belfort par 7,330 voix (13,929 votants, 16,958 inscrits), contre 6,438 voix à M. Keller, candidat monarchiste. Il siégea à gauche, soutint la politique opportuniste, vota *pour* les ministères Gambetta et Ferry, et *pour* les crédits du Tonkin. Porté sur la liste républicaine au renouvellement du 4 octobre 1885, M. Fréry obtint, sans être élu, 7,548 voix (15,278 votants).

FRESCHEVILLE (Joseph-Anatole Bosquillon de), député depuis 1885, né à Saint-Esprit près Bayonne (Basses-Pyrénées) le 23 février 1823, descendant d'une famille de noblesse d'épée originaire des Flandres, et était fils d'un colonel du 2e léger blessé à la prise d'Alger (1830) et tué peu après dans une reconnaissance. Elevé au lycée Saint-Louis, Joseph de Frescheville entra à l'Ecole polytechnique en 1843, en sortit officier d'artillerie, fit la campagne de Crimée comme

capitaine, la campagne d'Italie, celle de 1870 sous Metz comme chef d'escadron du 11e d'artillerie, et, au retour de la captivité en Allemagne, fut nommé lieutenant-colonel, puis (1871) directeur de l'école d'artillerie de Douai, enfin colonel du 27e d'artillerie à Douai. Promu général de brigade, il fut mis à la tête de la 4e brigade d'infanterie à Saint-Omer, et fut placé au cadre de réserve, dans la 2e section de l'état-major général, le 8 février 1885. Il se retira alors dans ses propriétés de Cassel (Nord), se fit agriculteur et devint président de la Société d'agriculture de Dunkerque. Porté, aux élections générales du 4 octobre 1885, sur la liste conservatrice du Nord, le général de Frescheville fut élu député, le 15e sur 20, par 161,480 voix sur 292,696 votants et 348,224 inscrits. Il siégea à droite, présida la commission de la loi sur l'espionnage, fut membre des commissions de l'unification de la solde dans l'armée, des cadres de la marine, etc., et prit la parole sur les questions militaires : en juin 1887, lors de la discussion de la nouvelle loi sur l'armée, il soutint qu'on devait faire un essai plus complet de la loi de 1872, avant de consacrer législativement les réformes que cette loi autorisait le ministre à appliquer par décrets. Il parla aussi sur les questions agricoles et défendit les idées protectionnistes. Dans la dernière session, le général de Frescheville a voté *contre* le rétablissement du scrutin d'arrondissement (11 février 1889), *pour* l'ajournement indéfini de la revision de la Constitution, *contre* les poursuites contre trois députés membres de la Ligue des patriotes, *contre* le projet de loi Lisbonne restrictif de la liberté de la presse, *contre* les poursuites contre le général Boulanger. Chevalier de la Légion d'honneur en 1855, officier en 1859, commandeur le 27 décembre 1884.

FRESLON (Alexandre-Pierre), représentant en 1848, et ministre, né à la Flèche (Sarthe) le 11 mai 1808, mort à Paris le 26 janvier 1867, d'une famille de cultivateurs, fit ses études de droit à la faculté de Paris, puis s'inscrivit au barreau d'Angers en 1829. D'opinions libérales, il fut poursuivi, le 17 juillet 1830, pour avoir pris part à une manifestation contre le gouvernement, se défendit lui-même, et obtint son acquittement. Après la révolution de juillet, il entra dans la magistrature comme substitut du procureur du roi ; mais, n'approuvant pas la marche du nouveau gouvernement, il donna bientôt sa démission, reprit (1832) la profession d'avocat, fonda, en 1839, le *Précurseur de l'Ouest*, journal républicain, et combattit, au sein du conseil municipal d'Angers dont il était membre, le maire de la ville, M. Giraud ; la dénonciation dans son journal d'un fait de corruption (1846) lui valut une amende de 100 francs. Le 2 mars 1848, le Gouvernement provisoire le nomma procureur général près la cour d'appel d'Angers. Elu, le 23 avril de la même année, le 9e sur 13, par 71,046 voix, représentant de Maine-et-Loire à l'Assemblée constituante, il fit partie du comité de législation et vota avec les républicains modérés de la nuance Cavaignac : *pour* le rétablissement du cautionnement, *pour* les poursuites contre Louis Blanc et Caussidière, *pour* le rétablissement de la contrainte par corps, *contre* l'abolition de la peine de mort, *contre* l'amendement Grévy, *contre* le droit au travail, *pour* l'ordre du jour en l'honneur de Cavaignac, *contre* la réduction de l'impôt du sel, *pour* la proposition Rateau, *contre* l'amnistie, *pour* les crédits de l'expédition de Rome, *contre* l'abolition de l'impôt des boissons. Lorsque le général Cavaignac se rapprocha de la droite, il choisit, à l'instigation de M. de Falloux, M. Freslon pour ministre de l'Instruction publique et des Cultes (13 octobre 1848), en remplacement de M. Vaulabelle, et il l'envoya à Marseille, au-devant de Pie IX, qui s'éloignant de Rome venait, croyait-on à tort, chercher un refuge en France. M. Freslon quitta le ministère le 19 décembre 1848. Le gouvernement présidentiel de L.-N. Bonaparte le nomma, le 25 août 1849, avocat général à la cour de cassation. Il n'avait pas été réélu en 1849 à l'Assemblée législative, et lors de l'élection partielle du 8 juillet, 929 voix seulement s'étaient comptées sur son nom dans le département de Maine-et-Loire, contre 47,561 à M. Dupetit-Thouars, élu, et 7,960 à M. Lefrançois. Il ne fit point adhésion à l'acte du Deux-Décembre, redevint avocat au barreau de Paris, et se présenta comme candidat indépendant au Corps législatif, le 1er juin 1863, dans la 2e circonscription de Maine-et-Loire, où il n'obtint que 6,167 voix contre 18,297 accordées à M. Bucher de Chauvigné, candidat officiel, élu.

FRESNEAU (Armand-Félix), représentant aux Assemblées constituante et législative de 1848-49, à l'Assemblée nationale de 1871, et membre du Sénat, né à Rennes (Ille-et-Vilaine) le 5 janvier 1823, fils d'un préfet de la Corse sous le gouvernement de Louis-Philippe, fit ses études au collège de Rennes, et fut admis, en 1817, grâce à la situation et aux relations de son père, comme secrétaire particulier auprès de M. Duchâtel, ministre de l'Intérieur. Il se destinait à la carrière diplomatique. Mais la révolution de février le jeta dans la politique militante. Sa candidature à l'Assemblée constituante, chaudement appuyée par le clergé et par le parti conservateur tout entier, l'emporta, le 23 avril 1848, dans le département d'Ille-et-Vilaine, avec 88,094 voix (132,609 votants, 152,985 inscrits). M. Fresneau était le 5e élu sur 14. Il siégea à droite, dans les rangs des monarchistes, et vota : pour le rétablissement du cautionnement, pour les poursuites contre Louis Blanc et Caussidière, contre l'amendement Grévy, contre le droit au travail, pour l'ordre du jour en l'honneur de Cavaignac, contre la réduction de l'impôt du sel, pour la proposition Rateau, qu'il défendit le premier à la tribune (29 juin 1849), en affirmant que « le pays était las de l'Assemblée », contre l'amnistie, pour l'interdiction des clubs, pour les crédits de l'expédition de Rome, contre l'abolition de l'impôt des boissons, etc. M. Fresneau prit plusieurs fois la parole à la tribune de l'Assemblée constituante, et, le 6 octobre 1848, au cours du débat sur la Constitution, il insista en faveur du système qui attribuait au suffrage universel la nomination du président de la République : — « Si nous prenons, dit-il, le président nommé par nous comme un président réel, je crains que nous n'imitions les peuples enfants, et même nous aurons un désavantage qu'il ne sont pas, car nous ne pourrons pas croire au président que nous aurons fait ici en un quart d'heure par un coup de majorité. » Il conclut en ces termes : « Remettez au pays le soin de choisir le pouvoir exécutif, de le désigner lui-même ; laissez au pays, si je puis m'exprimer ainsi, le droit de lui infuser la force et la puissance dont il a besoin, car le conseil opposé ne pourrait être donné à la République que par ses ennemis, ou du moins par ceux qui ne savent pas où ils la conduiraient. » M. Fresneau soutenait alors, dans une vue hostile aux institutions républi-

caines, la candidature de L.-N. Bonaparte à la présidence. Il donna ensuite son suffrage au gouvernement du prince, et, réélu le 13 mai 1849, représentant d'Ille-et-Vilaine à l'Assemblée législative, le 1er sur 12, par 77,071 voix (106,407 votants, 154,958 inscrits), il continua de se montrer l'adversaire du régime républicain. Il vota pour l'état de siège, pour les poursuites contre les représentants compromis dans l'affaire du 13 juin, pour la loi du 31 mai restrictive du suffrage universel, et ne se sépara que vers la fin de la législature de la politique de l'Élysée. Le coup d'État du 2 décembre 1851, qui ne le compta point parmi ses partisans, rendit M. Fresneau à la vie privée. Il passa dans ses propriétés tout le temps du second Empire, et fit une seule tentative, d'ailleurs infructueuse, pour entrer au Corps législatif, le 1er juin 1863 : candidat indépendant dans la 2e circonscription du Morbihan, il échoua avec 7,155 voix contre 22,383 au député sortant, réélu, M. le Mélorel de la Haichois. M. Fresneau reparut à l'Assemblée nationale du 8 février 1871, comme représentant du Morbihan, élu, le 10e et dernier de la liste, par 54,448 voix (72,309 votants, 119,710 inscrits). De nouveau, il alla siéger à l'extrême droite, où il devint un des membres les plus actifs du parti catholique et légitimiste. Il vota pour la paix, pour les prières publiques, pour l'abrogation des lois d'exil, pour le pouvoir constituant de l'Assemblée, contre le retour à Paris, fut un des promoteurs et des signataires de l'adresse d'adhésion au Syllabus, envoyée au pape par un groupe de députés, et dirigea plusieurs attaques contre le gouvernement de Thiers. En 1872, il prononça un discours très vif au sujet de la loi sur l'Internationale, et déposa avec son collègue, M. Caron, un projet de loi tendant à organiser le service des aumôniers dans l'armée. En 1873, il vota pour la démission de Thiers (24 mai), puis il s'associa à toutes les mesures du ministère de Broglie, ainsi qu'aux préparatifs de « fusion » et de restauration monarchique. Après l'échec de cette dernière tentative, le représentant du Morbihan se rallia au vote du septennat. Mais il se retourna contre le cabinet de Broglie et contribua à sa chute (mai 1874), le jour où il fut convaincu que les orléanistes avaient mis obstacle à l'avènement du comte de Chambord. On remarqua les discours de M. Fresneau sur la loi électorale municipale, sur l'organisation municipale, son opposition à l'amendement septennaliste de M. Paris, le concours qu'il prêta à la motion de la droite en faveur du rétablissement de la monarchie, etc. Il se prononça enfin contre l'amendement Wallon, contre la Constitution du 25 février 1875, pour la loi sur l'enseignement supérieur, etc. Après la dissolution de l'Assemblée nationale, M. Fresneau ne s'était représenté (1876) ni aux élections sénatoriales, ni aux élections législatives, et il s'était borné à publier (1877) une brochure politique sous ce titre significatif : Le Roi, lorsque le renouvellement partiel du 5 janvier 1879 dans le Morbihan le fit rentrer au Sénat, par 193 voix sur 327 votants. M. Fresneau reprit sa place parmi les conservateurs monarchistes les plus militants. Il se signala par une opposition ardente aux lois sur l'enseignement présentées par M. J. Ferry ; il les combattit à la tribune de la Chambre haute, et revint encore (novembre 1880) sur la question religieuse, sous forme d'interpellation, à propos d'une décision des conseils académiques de Besançon et de Douai. Le 10 décembre 1882, il interpella M. Duvaux, ministre de l'instruction publique, au sujet de la suppression des emblèmes religieux dans les locaux scolaires ; protesta longuement (juillet 1883) contre la suspension de l'inamovibilité de la magistrature; combattit (novembre 1884) le projet de réforme électorale concernant le recrutement du Sénat; défendit la surtaxe des céréales et les droits sur l'importation des bestiaux (février 1885 et mars 1887); attaqua (juin suivant et janvier 1887) la gestion financière du gouvernement républicain; s'éleva (février 1886) contre la laïcisation de l'enseignement primaire, et s'opposa en vain (décembre 1887) au vote de la prorogation pour six mois du traité de commerce franco-italien. Il se prononça encore *contre* la modification du serment judiciaire, *contre* la réforme du personnel de la magistrature, *contre* la loi du divorce, *contre* l'expulsion des princes, *contre* la nouvelle loi militaire, etc. Réélu sénateur du Morbihan, le 5 janvier 1888, par 647 voix (944 votants), il s'est abstenu sur le rétablissement du scrutin d'arrondissement (13 février 1889), et a voté *contre* le projet de loi Lisbonne restrictif de la liberté de la presse, et *contre* la procédure à suivre devant le Sénat pour juger les attentats contre la sûreté de l'Etat (affaire du général Boulanger).

FRESSENEL (CLAUDE-ANDRÉ), député en 1791, au Conseil des Cinq-Cents et au Corps législatif en 1809, né à Annonay (Ardèche) le 4 septembre 1759, mort à Paris le 31 janvier 1810, fils d'André de Fressenel, écuyer, et de Catherine Ollier, était avocat à Annonay. Le 7 septembre 1791, il fut élu député de l'Ardèche à l'Assemblée législative, le 6e sur 7, par 165 voix sur 297 votants. Il prit plusieurs fois la parole, notamment pour s'opposer à l'amnistie dont on voulait faire bénéficier les auteurs des crimes d'Avignon. Il parla aussi à propos de l'assassinat de Grangeneuve qu'il considéra comme une simple rixe. Le 23 germinal an V, il fut élu par le même département député au Conseil des Cinq-Cents, par 94 voix sur 120 votants. A la séance du 10 prairial suivant, il demanda que l'on s'occupât enfin de discuter le projet de code civil ; le 17 thermidor an V, il proposa une nouvelle organisation du régime hypothécaire; le 28 thermidor suivant, avec son collègue Gilbert, il présenta un projet d'amélioration de la gestion financière, que le Conseil fit imprimer. Le 9 germinal an VIII, il fut nommé conseiller de préfecture, et, le 22 prairial de la même année, juge au tribunal civil de Tournon. Avocat au conseil d'Etat le 8 juillet 1806, il fut élu, par le Sénat conservateur, député de l'Ardèche au Corps législatif, le 2 mai 1809. Il mourut quelques mois après.

FRÉTEAU DE PÉNY (EMMANUEL-JEAN-BAPTISTE, BARON), pair de France, né à Paris le 5 novembre 1775, mort à Paris le 9 juillet 1855, fils du suivant, choisit d'abord la carrière militaire, et, après avoir passé par l'Ecole polytechnique et par l'Ecole d'artillerie de Châlons, fut quelque temps aide-de-camp du général Cambis, puis du général Menou. Compromis dans l'insurrection du 12 vendémiaire, il fut condamné à mort par contumace et se tint caché jusqu'en 1803. Sa condamnation se trouvant annulée de fait, il quitta le métier des armes pour entrer dans la magistrature, et fut, en 1806, nommé substitut du procureur impérial près le tribunal de première instance de Paris. Peu après, il passa à la cour impériale en qualité d'avocat général. Il adhéra en avril 1814 à

la déchéance de Napoléon, reçut de la Restauration le poste d'avocat général à la cour de Cassation, le conserva pendant les Cent-Jours et le perdit lors du second retour des Bourbons; mais il obtint sa réintégration en 1818. Installé alors en audience solennelle, le 25 novembre, il reçut du président de Sèze une admonestation « qui produisit, écrit un biographe, d'autant plus d'effet sur la Cour et les spectateurs que l'air contrit et humilié du récipiendaire donnait un mérite de plus aux paroles de M. de Sèze ». « L'inépuisable bonté du roi, dit ce président, efface aujourd'hui l'erreur d'un moment, et nous fait un devoir à nous-mêmes d'en perdre jusqu'à la pensée. Personne n'a le droit de se souvenir de ce que le monarque veut qu'on oublie. Les erreurs disparaissent d'ailleurs lorsque les regrets sont sincères. Ces regrets alors sont de la vertu. Le prince a connu les vôtres, monsieur, et il vous a replacé au milieu de nous. Aussi Français que nous, dévoué comme nous à la monarchie légitime, vous disputerez de zèle avec nous pour le trône, pour le monarque, pour sa famille, pour sa dynastie, pour l'auguste et entière descendance de saint Louis et de Henri IV, etc. » En 1824, M. Fréteau subit une nouvelle disgrâce qui dura deux ans, pour avoir émis, dans l'affaire du journal l'*Aristarque*, des conclusions contraires aux volontés ministérielles. Puis il rentra encore en faveur. Il se montra, d'ailleurs, aussi empressé à servir la monarchie de Louis-Philippe, après 1830, que celle de Louis XVIII et de Charles X. En 1833, M. Barthe le promut conseiller à la cour de Cassation et, le 11 septembre 1835, il fut nommé pair de France. Il soutint le gouvernement à la Chambre haute, et ne quitta la vie publique qu'en 1848. Le 23 octobre 1852, Fréteau de Pény fut admis à la retraite comme conseiller honoraire à la cour de Cassation. Il avait été fait baron de l'Empire le 25 mars 1809.

FRÉTEAU DE SAINT-JUST (EMMANUEL-MARIE-MICHEL-PHILIPPE), député en 1789, né à Paris le 26 mars 1745, mort à Paris le 15 mai 1794, entra de bonne heure dans la magistrature. Conseiller au parlement de Paris, où il succédait à M. de Barentin, il se déclara avec ses collègues contre le chancelier Maupeou, défendit le cardinal de Rohan dans l'affaire du collier, et seconda les résistances parlementaires contre les édits présentés par Brienne, en s'adressant directement au roi lors de la séance royale de l'enregistrement des édits : « Sire, dit-il, l'amour de la nation pour la race auguste de nos rois, et notamment pour la personne de Votre Majesté, n'est point affaibli; mais tout s'use, et les plus belles institutions ne sont point à l'abri des atteintes du temps. Est-il donc étonnant qu'après tant de siècles les ressorts du gouvernement se soient altérés, et qu'ils aient besoin d'être raffermis sur leurs antiques fondements? » On lui répondit par une lettre de cachet, qui le fit emprisonner à Doulleus (1788). Fréteau de Saint-Just ne revint siéger au parlement qu'après une disgrâce de plusieurs mois. L'année suivante (20 mars 1789), le bailliage de Melun le nomma député de la noblesse aux Etats-Généraux. Il se réunit à la fraction de son ordre qui fit cause commune avec le tiers-état, s'efforça de concilier l'esprit de réforme avec l'institution monarchique, et prit une part des plus actives aux travaux de l'Assemblée constituante. Membre du comité de Constitution, il parla sur la définition des pouvoirs, sur les impositions, sur la formule de la promulgation, etc., demanda l'ajournement de la motion relative à la suppression des parlements, fut chargé d'examiner la situation de la caisse d'escompte, donna son opinion sur le plan de Necker, réclama un état authentique de la situation du trésor public, proposa de décerner à Louis XVI le titre de « roi des Français », et fut élu deux fois président de l'Assemblée. Il remplissait ces fonctions à l'époque où le gouvernement fut transféré à Paris. Il traita encore, à la tribune, un grand nombre de questions d'ordres divers, telles que le rachat des rentes et redevances, l'institution des jurés, l'aliénation des domaines de la couronne, qu'il appuya; le droit de paix et de guerre, qu'il refusa au roi; la constitution civile du clergé qu'il défendit; les projets de réforme judiciaire, la situation générale de l'Europe, etc. Sa prolixité l'avait fait surnommer par Mirabeau « la commère Fréteau ». Le corps électoral de Paris fit figurer en première ligne le nom de Fréteau de Saint-Just sur les listes des juges appelés à composer les nouveaux tribunaux. Mais, après la journée du Dix Août, Fréteau, attaché à la monarchie constitutionnelle, donna sa démission de président du tribunal du 1er arrondissement et se retira à sa terre de Vaux-le-Pény. Il y vivait depuis plus de deux années, lorsque, s'étant avisé de vouloir réfuter les doctrines du club révolutionnaire de Melun, établi dans l'église de cette commune, il se vit poursuivi de ce chef et comparut devant le tribunal révolutionnaire, qui l'acquitta d'abord, puis le retint en prison « par mesure de sûreté générale », et, après un nouveau jugement, le condamna à la peine de mort; il fut exécuté le 15 mai 1794, à Paris. L'acte d'accusation porte : « Emmanuel-Marie-Michel-Philippe Fretteau, ex-conseiller de grand'chambre du ci-devant parlement de Paris, ex-constituant, et juge du tribunal du 2e arrondissement de Paris, demeurant à Vaulx, district de Melun, ayant un logement à Paris, rue Gaillon, section Lepeletier. »

FREYCINET (LOUIS-CHARLES DE SAULCES DE), membre du Sénat et ministre, né à Foix (Ariège) le 14 novembre 1828, appartient à une famille de marins et de savants, originaire du Dauphiné. Le contre-amiral Louis-Henri de Saulces de Freycinet (1777-1840) fut gouverneur de l'île Bourbon sous la Restauration, son frère, Louis-Claude de Saulces de Freycinet (1779-1842), capitaine de vaisseau et navigateur célèbre, fut membre de l'Académie des sciences et l'un des fondateurs de la Société de Géographie. — M. de Freycinet entra, à dix-sept ans, à l'École polytechnique, en sortit parmi les premiers en 1848, dans les mines, après avoir rempli, pour le gouvernement provisoire, diverses missions à Melun et à Bordeaux, et fut successivement ingénieur ordinaire à Mont-de-Marsan, à Chartres (1854) et à Bordeaux (1855). Il s'adonnait alors spécialement à des études théoriques, tout en se montrant préoccupé du développement de l'industrie des transports. Choisi en 1856, par la compagnie des chemins de fer du Midi, comme chef de l'exploitation, il demeura cinq années dans ce poste important, et y fit preuve d'une rare capacité de travail en même temps que d'un solide esprit de méthode. Les règlements toujours en vigueur dans les chemins de fer du Midi sont de sa main. Mais certaines susceptibilités s'élevèrent alors contre lui dans le personnel : M. de Freycinet dut donner sa démission. Cette période de sa jeunesse paraît avoir été féconde en œuvres intellectuelles. C'est alors qu'il composa plu-

sieurs traités de science pure, aujourd'hui complètement épuisés : le *Traité de mécanique rationnelle* (1858), la *Théorie mathématique de la dépense des rampes de chemins de fer* (1860), et surtout son grand ouvrage intitulé : *Études sur l'analyse infinitésimale*, ou *Essai sur la métaphysique du haut calcul*, dont il fit paraître plus tard une seconde édition, dans l'intervalle de deux ministères. Rentré comme ingénieur dans les services de l'État, M. de Freycinet fut chargé de diverses missions scientifiques et industrielles en France et à l'étranger. Les questions d'assainissement devinrent principalement l'objet de ses études, et il en consigna les résultats dans d'importants rapports adressés au ministère des Travaux publics sur l'*Assainissement des industries en Angleterre* (1854); sur l'*Assainissement industriel et municipal en Belgique et en Suisse* (1865); sur l'*Assainissement industriel et municipal en France* (1866); sur l'*Emploi des eaux d'égout à Londres*, sur le *Travail des femmes et des enfants dans les manufactures de l'Angleterre* (1867-1869). Ce dernier rapport fut couronné par l'Institut. M. de Freycinet résuma et définit l'année suivante (1870) toute la série de ses investigations dans deux ouvrages : *Traité d'assainissement industriel* et *Principes de l'assainissement des villes*. Nommé ingénieur ordinaire de 1re classe le 11 avril 1864, et ingénieur en chef le 28 octobre 1865, il avait été promu officier de la Légion d'honneur le 8 août 1870. Conseiller général de Tarn-et-Garonne pour le canton de Négrepelisse, M. de Freycinet ne s'était montré rien moins qu'hostile au gouvernement impérial, quand survinrent la guerre franco-allemande, puis la chute du second empire. M. de Freycinet ne souhaitait pas la République; néanmoins il n'hésita pas à se rendre auprès du gouvernement de la Défense nationale, pour lui offrir, sans réserve, ses services. Il eut un long entretien avec Gambetta, lui expliqua l'idée qu'il se faisait de la direction des intérêts d'un État démocratique, et ce qu'il pensait de la situation du pays, de ses ressources et des moyens de salut qui lui restaient, gagna toute la confiance de son interlocuteur et obtint, séance tenante, le poste de préfet du département de Tarn-et-Garonne. M. de Freycinet partit pour Montauban le 6 septembre 1870. Mais il ne devait pas rester longtemps dans les bureaux d'une préfecture. C'est au centre de l'action, au siège du gouvernement provincial qu'il brûlait de se transporter. Il s'y rendit bientôt, et Gambetta arrivant à Tours, le 7 octobre, l'y retrouva. Ayant réuni dans ses mains le ministère de l'Intérieur et le ministère de la Guerre, le « dictateur » nomma M. de Freycinet délégué personnel du ministre au département de la guerre (10 octobre). M. de Freycinet a exposé lui-même dans son livre : *la Guerre en province pendant le siège de Paris*, les difficultés au milieu desquelles se débattit le gouvernement de Tours et les moyens qu'il mit en œuvre pour les vaincre. L'installation du cabinet du ministre, la reconstitution des cartes par la photographie et l'autographie, la création d'un service des reconnaissances, la réforme des directions de l'infanterie, de l'artillerie, de l'intendance, des services médicaux, de la comptabilité, incombèrent au nouveau délégué. Ce fut lui qui prépara ou étudia dans leur application les différents plans de campagne par lesquels la Défense tenta de repousser l'invasion. Le plan de campagne de l'Est lui paraît dû pour la plus grande partie. Il contribua activement aux opérations de l'armement, et il se vanta plus tard dans son livre d'avoir pu, en moins de quatre mois, envoyer devant l'ennemi environ 600,000 hommes. « Je ne parle, dit-il, que des hommes réellement incorporés et mis en ligne, et non de ceux qui étaient restés en Algérie, dans les camps d'instruction ou dans les dépôts. Je ne parle pas davantage des forces organisées par nos prédécesseurs... Ce chiffre de 600,000 hommes pour la période de cent vingt jours (du 10 octobre au 9 février) pendant laquelle nous sommes restés au pouvoir, représente une organisation moyenne de 5000 hommes ou deux régiments par jour. Ainsi l'administration a pu, pendant toute sa durée, envoyer chaque jour à l'ennemi une brigade ou une demi-division. » M. de Freycinet tint de la sorte une place considérable dans l'œuvre de la Défense nationale : il y apporta surtout les connaissances techniques indispensables à la solution d'un grand nombre de problèmes spéciaux, l'esprit de méthode, l'activité tenace, et cette opiniâtreté froide et raisonnée qui est la marque des esprits scientifiques. Après l'armistice, M. de Freycinet se retira en même temps que Gambetta, avec qui il s'était constamment trouvé d'accord. Il passa cinq années dans le silence et dans les travaux techniques. Son nom ne reparut dans la presse et dans la politique que lors des élections sénatoriales de janvier 1876. Il posa sa candidature républicaine au Sénat dans le département de la Seine, sous les auspices de Gambetta, dont il se réclama directement dans sa profession de foi ; elle se terminait ainsi : « À côté des grands précurseurs, il y a les hommes qui se vouent à résoudre les problèmes d'administration et d'organisation que soulève l'application des idées nouvelles. Je serais un de ces hommes, et, pour tout résumer en un mot, je demande à être enrôlé par vous dans la phalange scientifique de la République. » Son discours du 21 janvier à la réunion des électeurs sénatoriaux eut un succès de persuasion des plus vifs. Il avait eu soin de se mettre bien au-dessous des autres candidats illustres, des Victor Hugo, des Louis Blanc. « Mon passé est plus modeste, disait-il ; je date politiquement de 1870. » Dans des termes fins et mesurés, il avouait cependant qu'une certaine tendance secrète l'avait porté depuis longtemps vers la République : « En 1848, j'ai été aide-de-camp du gouvernement provisoire. J'étais à l'Ecole polytechnique, et je figurais à la tête des vingt élèves que le gouvernement avait choisis pour établir la communication entre ses divers membres et porter d'un ministère à l'autre les missions confidentielles qu'on n'osait confier au papier. Mais je n'insiste pas sur cet épisode de ma jeunesse. Depuis lors, depuis l'établissement de l'Empire, je me suis renfermé exclusivement dans ma profession d'ingénieur, je me suis occupé d'administration, d'études économiques, de questions sociales. » Et plus loin : « Si je suis venu tard à la République, j'y suis entré par la grande porte et j'ai reçu le baptême, non de l'eau, mais du feu ; car c'est dans la fournaise ardente de la défense nationale que pendant cinq mois j'ai lutté pour mon pays avec mon cœur, avec mes facultés, avec toutes mes forces... » M. de Freycinet fut élu, au premier tour, sénateur de la Seine, le 30 janvier 1876, le 1er sur 5, par 142 voix (209 votants), avec M. Hérold et M. Tolain, tandis que Victor Hugo ne passait qu'au second tour, et M. Peyrat au troisième. Au Sénat il prit place dans la gauche républicaine et acquit vite une influence considérable. Rap-

porteur de la loi sur la réorganisation de l'armée (novembre 1876), il indiqua à l'Assemblée de la manière la plus lumineuse tous les détails du système nouveau, notamment la subordination de l'intendance au commandement. Malgré la faiblesse de son organe, on le regarda, dès ce jour, comme un orateur d'affaires de premier ordre. Il vota, en juin 1877, contre la dissolution de la Chambre des députés, compta parmi les adversaires du gouvernement du Seize-Mai, puis, le 14 décembre suivant, lorsque la pression des événements et de l'opinion imposa au maréchal de Mac-Mahon le ministère Dufaure-Waddington, M. de Freycinet fut appelé à y prendre le portefeuille des Travaux publics. Il donna, dans la direction de ce service, de nouvelles preuves de ses puissantes facultés d'assimilation et d'une activité incessante, et étendant la portée de son action, il passa bientôt, en fait, au premier plan parmi ses collègues du cabinet. À peine installé, il saisit les Chambres de ce hardi projet d'extension et d'amélioration de nos voies ferrées et de nos voies navigables qui excita une lutte si ardente de doctrines et d'intérêts. Il proposait d'exécuter, en dix ans, pour trois milliards de nouveaux chemins de fer et pour un milliard de canaux, s'efforçait de démontrer que cette tâche gigantesque était facile, et ralliait à son plan son collègue des finances, M. Léon Say. Le 7 mars 1878, la question d'ensemble fut engagée devant le parlement par un premier projet qui tendait au rachat progressif des lignes de chemins de fer par l'Etat. La Chambre vota à une grande majorité la loi présentée, et, quelques jours plus tard, elle ouvrit au ministre des travaux publics un crédit de 330 millions. Pendant les vacances parlementaires, le ministre entreprit d'abord avec M. Léon Say, puis seul, des voyages dans les départements du Nord et du Sud-Ouest. Il alla inspecter les grands travaux des ports de la Manche et de l'Atlantique, et profita de ces tournées pour expliquer, dans ses discours du Havre, de Boulogne-sur-Mer, de Dunkerque, de Bordeaux, de Saint-Nazaire, de la Rochelle, les vastes plans qu'il avait conçus. La faveur publique lui souriait de plus en plus. A Bordeaux, en réponse à une harangue nettement libre-échangiste de M. Fourcand, il prononça un discours prudent, où, sans renier ses tendances protectionnistes, il s'attachait à établir une subtile distinction entre les principes de la science et les intérêts politiques à concilier. Dans la session qui suivit, M. de Freycinet présenta à M. de Mac-Mahon un rapport sur la réorganisation des voies navigables à compléter parallèlement avec le réseau des voies ferrées, et obtint un décret conforme, rendu le 15 janvier 1879, et qui instituait, en outre, cinq commissions techniques correspondant aux bassins de la France et chargées de dresser le programme et l'ordre des travaux à exécuter.

Lorsque M. Jules Grévy fut nommé président de la République et que M. Dufaure eut donné sa démission, M. de Freycinet conserva dans le cabinet Waddington (4 février 1879) le portefeuille des Travaux publics. Sa situation d'homme d'Etat s'accrut encore par le succès de son intervention dans plusieurs circonstances décisives, par exemple lorsqu'il entraîna le Sénat à voter le retour du parlement dans la capitale, et lorsqu'il obtint de la même assemblée son assentiment aux projets de modification des lois minières, malgré les conclusions contraires de la commission (18-22 février). A dater de cette époque, le nom de M. de Freycinet fut très fréquemment mis en avant comme celui d'un futur président du conseil. En effet, M. Waddington ayant cru devoir se retirer (décembre 1879), M. de Freycinet fut chargé de composer un cabinet. Président du conseil et ministre des Affaires étrangères, il dirigea pour la première fois la marche politique du pays, du 29 décembre 1879 au 19 septembre 1880. Sa première pensée fut de former un cabinet qui embrasserait les éléments de la majorité républicaine les plus éloignés les uns des autres, et il y fit entrer MM. Lepère, Cazot, Jules Ferry, l'amiral Jauréguiberry, le général Farre, M. Cochery, etc. Ministre des Affaires étrangères, il adressa aux représentants de la France à l'étranger une longue circulaire (16 avril 1880), dans laquelle il passait en revue toutes les questions pendantes depuis le congrès de Berlin. Président du conseil et chef du gouvernement intérieur, il prit parti d'abord contre la proposition d'amnistie plénière déposée par Louis Blanc, mais il réserva l'avenir, et, comme on approchait de la fête nationale du 14 juillet, il se décida, quoique sans empressement, à porter lui-même au parlement un projet d'amnistie, qu'il défendit avec succès devant la Chambre et devant le Sénat. D'autre part, il se trouva placé en face d'une question fort épineuse, qui n'aboutit pas aussi heureusement pour lui ; l'affaire des congrégations religieuses, auxquelles la Chambre voulut appliquer « les lois existantes », après le rejet de l'article 7, entraîna la chute de M. de Freycinet. Son esprit de finesse et d'analyse lui avait suggéré l'idée des deux décrets du 29 mars, dont l'un prononçait la dispersion absolue de la Compagnie de Jésus, tandis que l'autre offrait aux congrégations non autorisées d'hommes et de femmes divers moyens de salut, pourvu qu'elles demandassent et obtinssent la reconnaissance légale. L'élasticité de ce second décret et le très vif désir que M. de Freycinet avait d'en user avec une extrême modération, alors que le parti démocratique réclamait des mesures de rigueur contre les « cléricaux », furent les véritables causes de la démission du président du conseil le 19 décembre 1880. Dans un discours prononcé à Montauban, pendant les vacances parlementaires, il avait dit que « le second décret du 29 mars n'avait pu fixer l'heure de la dissolution des congrégations, que le gouvernement était maître de choisir sa date, qu'il réglerait sa conduite suivant les nécessités et les circonstances ». Plusieurs membres du parti républicain accusèrent M. de Freycinet de suivre une politique personnelle, le cabinet se divisa en deux parties, et M. de Freycinet, à peine rentré à Paris, se retira spontanément, quelques jours après que la *République française* lui avait adressé cet avertissement significatif : *Trop de villégiature nuit quelquefois.* M. de Freycinet fut réélu sénateur de la Seine, aux élections sénatoriales du 8 janvier 1882, par 102 voix sur 202 votants, au 2e tour de scrutin, et, le même jour, fut également nommé sénateur, dans l'Ariège, en remplacement de M. Anglade, décédé, par 205 voix (378 votants), aux Indes françaises, par 43 voix (46 votants) ; et dans le Tarn-et-Garonne par 153 voix (246 votants). M. de Freycinet opta pour la Seine. Après la chute du cabinet Gambetta (26 janvier 1882), dont il avait refusé de faire partie, il fut appelé à reprendre la direction des affaires, et fut de nouveau, le 30 janvier, président du conseil et ministre des Affaires étrangères. Le lendemain, il annonçait, dans la déclaration du gouvernement aux Chambres,

sa résolution d'ajourner les questions constitutionnelles, qui venaient de troubler le parlement, et d'inaugurer la politique des réformes pratiques et des affaires. Un peu plus tard, les interpellations sur les affaires égyptiennes (23 février) lui fournirent l'occasion d'affirmer son éloignement pour toute politique d'aventures. M. de Freycinet se vit, dans ce second et court ministère, en butte à la sourde opposition des « gambettistes » purs, qui ne lui pardonnaient pas d'avoir accepté la succession de l'homme qu'il avait nommé son ami et son maître. Ils lui reprochèrent aigrement la « dislocation de la majorité parlementaire », la « ruine de l'influence française sur les rivages de la Méditerranée », et l'affaissement de la politique générale. Annonçant des intentions « libérales » qui contrastaient avec l'allure autoritaire du cabinet précédent, M. de Freycinet s'était efforcé de grouper autour de lui, dans le parlement, les éléments les plus divers, donnant certaines satisfactions à la droite, et promettant à l'extrême gauche, dont certains membres, tels que MM. Henry Maret et de Lanessan, le soutenaient ouvertement, la mise à l'ordre du jour de quelques-unes des réformes réclamées par les radicaux, par exemple l'établissement de la mairie centrale de Paris. Ce fut sur la question extérieure que le ministère tomba. Lorsqu'il eut donné l'ordre à la flotte ancrée devant Alexandrie de quitter le port, au moment du bombardement de la ville par les Anglais, et de se retirer à Port-Saïd (11 juillet), la Chambre consentit à voter un crédit de huit millions pour les augmentations de forces navales que les éventualités rendaient nécessaires, mais elle refusa d'accorder un nouveau crédit de 9,400,000 francs, pour les frais d'une occupation du canal de Suez, trouvant équivoque la politique de M. de Freycinet. Le cabinet alors donna sa démission, et le portefeuille des Affaires étrangères passa à M. Duclerc avec la présidence du conseil. Après la chute du cabinet J. Ferry (31 mars 1885), M. de Freycinet, vivement sollicité par le président de la République, tenta de former un ministère ; mais il ne réussit pas dans cette mission, qui échut définitivement à M. Henri Brisson ; il eut seulement dans la combinaison nouvelle (6 avril 1885) le département des Affaires étrangères. Malgré la conclusion de la paix de Tien-Tsin avec la Chine, l'expédition du Tonkin n'en restait pas moins au nombre des plus graves embarras du gouvernement. Dès l'ouverture de la session de la Chambre nouvelle, un débat extrêmement vif s'engagea sur une nouvelle demande de crédits de 70 millions destinés à la continuation de la politique coloniale au Tonkin et à Madagascar. M. de Freycinet dut soutenir, pour sa part, cette demande à la tribune : en dépit de la précaution qu'il prit d'y joindre l'annonce du traité qui se concluait au moment même à Madagascar et terminait la guerre avec les Hovas, les crédits réclamés ne furent adoptés qu'à une majorité excessivement faible, et dont les chiffres furent même contestés. M. H. Brisson se retira alors, avec tous ses collègues. M. de Freycinet fut chargé de reconstituer le cabinet ; il s'acquitta de cette tâche (7 janvier 1886) en reprenant pour collaborateurs plusieurs membres du ministère de la veille auxquels il adjoignit quelques députés d'une nuance plus avancée. Pour la troisième fois il était investi du département des Affaires étrangères avec la présidence du conseil (7 janvier 1886). Les termes de sa déclaration aux Chambres, dont il donna lecture le 16 janvier, furent très remarqués et commentés : il insistait principalement sur la nécessité d'exiger des fonctionnaires de tout ordre un concours dévoué; de maintenir la stricte observation des clauses du Concordat; de suivre, en matière budgétaire, un système d'économies et d'éviter les emprunts comme les impôts nouveaux. Un des premiers et des principaux actes de M. de Freycinet à ce moment, fut l'organisation administrative des pays placés sous le protectorat de la France : cette organisation se trouva dès lors directement rattachée au département des Affaires étrangères. Peu après son entrée au ministère, la proposition Duché, relative à l'expulsion « des princes des dynasties déchues », lui créa des difficultés. Il exprima en vain le désir de la voir retirer, et il lui fallut se rallier à la proposition Rivet, qui laissait au cabinet une certaine latitude, et qu'il réussit d'ailleurs très habilement à faire remplacer, au moment de la discussion, par un ordre du jour de confiance « dans la fermeté du gouvernement », voté (4 mars 1886) par 319 voix contre 179. Il fut moins heureux dans le débat motivé par la grève de Decazeville, et dut accepter un ordre du jour motivé qui semblait encourager les grévistes (11 mars). Après avoir fait voter à la Chambre et au Sénat le traité du 17 décembre 1885 avec la reine de Madagascar, il refusa de s'associer (avril) à l'ultimatum adressé par les grandes puissances à la Grèce en conflit avec la Turquie, et, lorsque revint (juin) la discussion sur l'expulsion des princes, dans un discours plein de nuances discrètes et d'insinuations voilées, justifia l'initiative que le gouvernement avait été obligé de prendre, sans cependant appuyer les arguments de l'extrême gauche. Il se montra assez ferme (juillet) dans sa politique au Tonkin et à Madagascar, mais fit des concessions peut-être exagérées dans la question du Congo et des Nouvelles-Hébrides. Au cours de la discussion du budget de 1887, il défendit contre la majorité l'institution des sous-secrétaires d'Etat (novembre); il réussit même, le 2 décembre, à faire voter, à 24 voix de majorité, le traitement du sous-secrétaire d'Etat à l'intérieur; mais, le lendemain, sur le crédit relatif au traitement des sous-préfets, M. Colfavru en demanda la suppression, M. de Douville-Maillefeu l'appuya, et le crédit fut rejeté par 262 voix contre 249. Le cabinet donna immédiatement sa démission. Redevenu simple sénateur, M. de Freycinet défendit (mai 1887) le projet de séparation du conseil général de la Seine et du conseil municipal de Paris, et, lors de la chute du cabinet Goblet, fut appelé, le 18 mai, par le président de la République, à former un nouveau ministère; mais dès le 20, M. de Freycinet déclinait cette mission, sur le refus de M. Clémenceau de soutenir désormais des combinaisons hétérogènes. Rappelé huit jours après, il échoua une seconde fois dans sa mission, ayant refusé à son tour aux présidents des trois groupes de gauche du Sénat le renvoi du général Boulanger du ministère de la guerre. M. Grévy s'adressa encore à lui lors de la crise soulevée par les incidents Wilson (novembre 1887); mais M. de Freycinet répondit, comme les autres, que la démission de M. Grévy était la seule solution possible. Lorsqu'elle eut été donnée, il fut un moment le candidat des radicaux à la présidence de la République, et il obtint, à la réunion convoquée par ceux-ci, le 2 décembre, 190 voix contre 83 à M. Brisson et 27 à M. Carnot. La réunion plénière des gauches, tenue le lendemain à Versailles, lui donna encore 192 voix, contre 200 à M. J. Ferry;

mais M. Clémenceau, craignant le triomphe de M. Ferry, engagea ses amis à voter pour un plus modéré, et, à un troisième tour, M. de Freycinet n'eut plus que 109 voix, tandis que M. Carnot montait à 162. Quelques heures après, au Congrès, le 1er tour de scrutin donna 76 voix à M. de Freycinet, et 5 seulement au second tour; M. Carnot était nommé par 616 suffrages. L'intervention de M. de Freycinet ne fut dès lors pas très active dans les débats parlementaires, jusqu'à son entrée (3 avril 1888) dans le cabinet Floquet, avec le portefeuille de la Guerre. Il adressa en cette qualité une circulaire aux commandants de corps d'armée, dans laquelle il déclarait vouloir que « l'armée de la France, l'armée du devoir, fût la gardienne des institutions républicaines et des lois »; il défendit au Sénat (mai) la loi sur le recrutement votée par la Chambre l'année précédente, annonça (octobre) à la commission du budget de 1889 que les travaux de fortification et d'armement absorberaient 500 millions, dont 138 millions pour l'année prochaine, et réussit (décembre) à faire voter ses propositions. Lors de la chute du cabinet Floquet (14 février 1889) sur la question de l'ajournement de la revision de la Constitution, il conserva dans le cabinet Tirard, qui vint après, le portefeuille de la Guerre, et vota, au Sénat, en dernier lieu, pour le rétablissement du scrutin d'arrondissement (11 février 1889), s'abstint sur le projet de loi Lisbonne restrictif de la liberté de la presse, et se prononça pour la procédure à suivre devant le Sénat contre le général Boulanger.

Un biographe, M. Hector Depasse, a esquissé ainsi qu'il suit la physionomie parlementaire et politique de M. de Freycinet : « Entre les figures ondoyantes et diverses de ce temps, celle-ci a sa mobilité propre. M. de Freycinet réunit les contrastes, associe les extrêmes avec une facilité surprenante. Il est fait pour être berger d'un troupeau où les loups et les moutons sautent pêle-mêle sous la même houlette. Il compose une politique et un gouvernement avec des éléments d'extrême droite et d'extrême gauche : chimie transcendante et miraculeuse. Où le prendre? Par quel côté le saisir sans lui faire tort et sans méconnaître au moins la moitié de lui-même? C'est un politique conservateur et modéré : élevé dans les principes et dans les habitudes de la science expérimentale, il ne met un pied devant l'autre qu'avec des précautions infinies, il s'avance avec des calculs savants, l'œil sur la boussole, sa montre à la main; tous les instruments de mathématique et de précision dont il connaît à fond les lois sont disposés autour de lui pour régler ses mouvements et ses pensées. Attendez un moment : le voilà emporté à corps perdu sur la pente des aventures, parmi les impossibilités... Quand M. de Freycinet est à la tribune, devant une assemblée politique, expliquant un budget ou un plan général de travaux, il coule de source, il a le charme. Sa pensée s'infiltre et se répand dans l'auditoire mêlé qui l'écoute, fait tout doucement le tour des esprits, détache celui-ci, puis celui-là, désagrège les groupes qui se tenaient d'abord sur la défensive et en emporte dans son cours tranquille les molécules insensiblement séparées... » — M. de Freycinet a été promu inspecteur général des mines de 2e classe le 24 septembre 1883. Il a été élu membre libre de l'Académie des sciences le 8 mai 1882.

FRÉZOUL (PAUL), membre du Sénat, né à Varilhes (Ariège) le 2 avril 1837, se fit recevoir en 1862 docteur-médecin, s'établit à Varilhes, devint maire de cette commune, puis membre et vice-président du conseil général de l'Ariège, et sollicita, d'abord sans succès, les suffrages de ses concitoyens pour entrer au parlement. Après avoir échoué, le 19 décembre 1880, comme candidat républicain, à la Chambre des députés, dans l'arrondissement de Foix, avec 5,393 voix, contre 10,344 à l'élu, M. de Bellissen, il se présenta aux élections sénatoriales de janvier 1882 et n'obtint, au second tour de scrutin, que 165 voix contre M. de Freycinet, 205. Mais quand ce dernier eut opté pour le département de la Seine, M. P. Frézoul fut élu à sa place sénateur de l'Ariège (26 mars 1882) par 187 voix sur 361 votants contre 173 à M. Pons-Tande, autre candidat républicain. Il prit place à gauche, vota notamment *pour* la réforme du personnel judiciaire, *pour* le divorce, *pour* les crédits du Tonkin, et obtint sa réélection, le 6 janvier 1885, avec 108 voix sur 618 votants. M. Frézoul fit partie, comme précédemment, de la majorité de gauche, et se prononça en dernier lieu : *pour* le rétablissement du scrutin d'arrondissement (18 février 1889), *pour* le projet de loi Lisbonne restrictif de la liberté de la presse, *pour* la procédure à suivre devant le Sénat pour juger les attentats contre la sûreté de l'État (affaire du général Boulanger).

FRIANT (Louis, comte), pair des Cent-Jours, né à Morlancourt (Somme) le 18 septembre 1758, mort à Gaillon (Seine-et-Oise) le 24 juin 1829, s'engagea, le 9 février 1781, dans les gardes-françaises, puis acheta son congé en 1787. Le 4 septembre 1789, il prit rang dans les troupes de Paris comme sous-officier; en 1793, lieutenant aux chasseurs volontaires, il rejoignit l'armée de la Moselle, les 8 et 9 frimaire an II, à la bataille de Kaiserslautern, fut blessé devant Wissembourg, et assista, le 21 prairial, au siège de Charleroi, et, le 8 messidor, à la bataille de Fleurus. Le 16 thermidor, Jourdan le nomma général de brigade. A l'armée de Sambre-et-Meuse, il fut sous les ordres de Kléber et fit le siège de Maëstricht, puis celui de Luxembourg, où il entra le premier. Dépendant de la division Bernadotte, il suivit ce général en Italie, se signala au passage du Tagliamento et devant Laybach. Il passa à l'armée d'Orient, se distingua à la bataille des Pyramides, puis, envoyé par Desaix dans les oasis, il parvint à rejeter Mourad-bey dans le désert. Lorsque Bonaparte eut quitté l'Égypte, Kléber nomma Friant général de division, le 18 fructidor an VII; après la bataille d'Héliopolis (29 ventôse an VIII), où il commandait l'aile gauche, Friant marcha sur le Caire insurgé, soumit la ville, et, le 24 germinal, enleva Boulaq. Kléber ayant été assassiné, Menou nomma Friant commandant des provinces de Rosette et d'Alexandrie. Revenu en France avec les débris de l'armée d'Égypte, Friant remplit pendant deux ans les fonctions d'inspecteur-général de l'infanterie, puis prit le commandement d'une des divisions du camp de Bruges. Nommé membre de la Légion d'honneur le 19 frimaire an XII, grand-officier le 25 prairial de la même année, il fit la campagne d'Austerlitz dans le corps de Davout, et gagna, le 25 nivôse suivant, la plaque de grand-aigle de la Légion d'honneur. Il prit aussi part à la campagne de 1807. Le 5 octobre 1808, Napoléon le créa comte de l'Empire, et, le 27 juillet 1809, après Wagram, lui accorda une dotation de 30,000 francs. En 1811, nommé commandant des grenadiers à pied de la garde, il appartint, pendant la campagne de Russie, au 1er corps.

Il se signala à Smolensk et à la Moskowa, et fut blessé à l'affaire de Séminskoë. En 1813, il commanda à Hanau la 4e division de la jeune garde, et assista, en 1814, à presque toutes les batailles de la campagne de France. A l'abdication de l'Empereur, il adhéra aux résolutions prises par le Sénat, et, le 2 juin, fut nommé par Louis XVIII chevalier de Saint-Louis. Mais en 1815, il fut des premiers à offrir de nouveau ses services à l'Empereur, qui l'éleva, le 2 juin, à la dignité de pair. Friant combattit à Waterloo et y fut gravement blessé. Mis à la retraite le 4 septembre suivant, il figura comme témoin dans le procès du maréchal Ney, avec lequel il déclara n'avoir eu aucun rapport. Puis il se retira à Gaillon, où il mourut.

FRICAUD (Claude), député en 1789, né à Saint-Julien-de-Civry (Saône-et-Loire) en 1740, mort à Charolles le 12 janvier 1809, était avocat dans cette ville au moment de la Révolution. Député du tiers aux États-Généraux pour le bailliage de Charolles, avec 103 voix, le 26 mars 1789, il se montra zélé partisan des réformes et opina constamment avec le côté gauche de l'Assemblée constituante. Il fit, en 1790, un rapport sur la « conduite séditieuse » de l'abbé Carion, curé d'Issy-l'Evêque. Après la session, il devint juge au tribunal de district de Charolles et écrivit à l'Assemblée législative pour lui dénoncer « l'audace des prêtres ». Le 16 prairial an VIII, Fricaud fut confirmé dans ses fonctions de juge à Charolles; il les exerça jusqu'à sa mort.

FRICHON (François-Hilaire-Alexis-Adolphe), représentant du peuple en 1848 et en 1849, né à Magnac-Laval (Haute-Vienne) le 15 août 1800, fils d'un volontaire des guerres de la République, se fit inscrire au barreau de Limoges en 1824, devint membre du conseil de l'ordre après 1830 et bâtonnier en 1845. Le 23 avril 1848, il fut élu représentant de la Haute-Vienne à l'Assemblée constituante, le 4e sur 8, par 36,815 voix sur 61,130 votants et 82,272 inscrits. Il contribua à rétablir l'ordre à Limoges, lors des troubles qui éclatèrent le jour même des élections. Il siégea à gauche, fit partie du comité de l'intérieur, prit souvent la parole sur les questions d'administration, fut membre d'un certain nombre de commissions, et fut notamment rapporteur du projet de réorganisation de l'assistance publique à Paris (22 décembre 1848). Il vota *pour* le bannissement de la famille d'Orléans, *contre* les poursuites contre Caussidière, *contre* l'abolition de la peine de mort, *pour* l'impôt proportionnel, *pour* l'incompatibilité des fonctions, *contre* l'amendement Grévy, *contre* la sanction de la Constitution par le peuple, *pour* l'ensemble de la constitution. Réélu à l'Assemblée législative, le 13 mai 1849, le 3e sur 7, par 36,114 voix sur 57,464 votants et 81,891 inscrits, il prit place dans la minorité républicaine, vota *contre* la loi Falloux-Parieu sur l'enseignement, *contre* l'expédition de Rome, *contre* la restriction du suffrage universel (loi du 31 mai 1850), et combattit la politique de l'Elysée. Au coup d'État du 2 décembre 1851, il se mêla aux essais de résistance, mais rentra bientôt dans la vie privée, et renonça au barreau pour s'occuper d'agriculture dans ses propriétés de l'Indre.

FRICOT (François-Firmin), député en 1789, membre de la Convention et député au Conseil des Cinq-Cents, né à Belfort (Haut-Rhin) le 11 octobre 1746, mort à Château-Renard (Loiret) le 7 août 1829, était, en 1767, avocat au conseil d'Alsace et, en 1776, procureur du roi au bailliage de Remiremont. Le 31 mars 1789, il fut élu député du tiers aux États-Généraux pour le bailliage de Mirecourt. Il assista au serment du Jeu de Paume. En 1790, il fut nommé administrateur du district, juge au tribunal de Remiremont, et, le 6 septembre 1791, administrateur du département des Vosges. Nommé haut-juré dans les Vosges, le 6 septembre 1792, il fut élu, le 11 novembre 1792, 4ᵉ suppléant à la Convention pour le même département, par 138 voix sur 219 votants. Il fut admis à siéger le 14 mersidor an III, en remplacement de Bresson, arrêté comme Girondin. Peu après, il alla en mission en Alsace. Le 21 vendémiaire an IV, il fut élu député des Vosges au Conseil des Cinq-Cents, par 199 voix sur 270 votants, redevint haut-juré en l'an VI, puis passa consul de France à Ancône, secrétaire général du ministère de l'Intérieur, enfin caissier de la loterie nationale. Il se retira en 1802 dans le Loiret et devint maire de sa commune (Saint-Firmin). La Restauration lui offrit le poste de procureur du roi à Sarroguemines qu'il refusa, mais il fut nommé, le 21 avril 1819, juge de paix à Château-Renard, fonctions qu'il remplit jusqu'à sa mort. Le 1ᵉʳ septembre 1818, il fut autorisé à s'appeler désormais Frécot.

FRIOUL (DUC DE). — Voy. Duroc.

FRISON (André-Joseph), député au Conseil des Cinq-Cents, né à Lodelinsart (Belgique) en 1766, mort à Lodelinsart en 1827, appartenait à la magistrature, et était commissaire du Directoire exécutif près du tribunal criminel d'Anvers, lorsqu'il fut élu, le 24 germinal an V, député du département des Deux-Nèthes au Conseil des Cinq-Cents. Il y défendit les institutions républicaines. fit une motion en faveur de l'armée d'Italie, devint secrétaire du Conseil, demanda compte de la situation des « départements réunis », se plaignit des arrestations illégales ordonnées par le Directoire, appuya la motion de déclarer la patrie en danger, vota contre les naufragés de Calais, et, membre actif de la Société des Jacobins, essaya de rendre Talleyrand suspect, en disant que « quelques diplomates voulaient faire danser la périgourdine à la République ». Son attitude des plus hostiles au coup d'État de brumaire le fit exclure de la représentation nationale et arrêter. Rendu à la liberté, il regagna son pays natal, y devint maître de forges, et mourut d'une chute de cheval.

FROBERVILLE (Claude-Jean-Baptiste Huet de), député en 1791, né à Romorantin (Loir-et-Cher) le 3 octobre 1752, mort à Orléans (Loiret) le 21 décembre 1838, était sans antécédents politiques, lorsqu'il fut élu, le 7 septembre 1791, le 9ᵉ et dernier, par 193 voix sur 254 votants, député du Loiret à l'Assemblée législative, où il vota obscurément avec la majorité. Sous le Consulat il fut nommé conseiller de préfecture du Loiret (21 germinal an VIII).

FROC DE LA BOULAYE (Jean-Baptiste-Louis), représentant à la Chambre des Cent-Jours, député de 1815 à 1824, né à Versailles (Seine-et-Oise) le 8 juin 1763, mort à Paris le 21 avril 1847, entra dans l'administration de la marine, et fut nommé commissaire et secrétaire. Le ministre de ce département l'envoya en Angleterre pour l'échange des prisonniers de guerre; puis il fut arrêté par ordre du comité de salut public et enfermé à Saint-Malo. Il en sortit après le neuf thermidor, pour devenir intendant de l'armée navale sous les ordres de l'amiral Villaret, et fut ensuite attaché aux relations extérieures. « Toutefois, dit un biographe, son genre de talent ne convint pas à Napoléon, qui le disgracia. » Il était à la retraite en 1814, lorsque, sur de puissantes recommandations, le roi le nomma secrétaire d'ambassade à Constantinople. Froc de la Boulaye se rendit à Marseille pour s'embarquer; le retour de Napoléon vint l'y surprendre. Il se joignit alors au duc d'Angoulême et resta caché pendant quelque temps en Provence. Le 11 mai 1815, le collège de département de la Marne le nomma, par 78 voix sur 107 votants, membre de la Chambre des représentants. Réélu député le 22 août 1815, par le même collège, avec 129 voix (197 votants, 282 inscrits), il fit partie de la minorité ministérielle dans la Chambre introuvable, obtint, grâce à l'appui du cabinet, sa réélection le 4 octobre 1816, par 105 voix (170 votants et 279 inscrits), siégea au centre, et prit plusieurs fois la parole dans les sessions suivantes. A propos de la loi électorale, il demanda (session 1816-1817) que tout Français payant 300 francs de contributions fût électeur, comme le voulait la Charte, et répondit au côté droit qu'il « craignait peu les Jacobins depuis qu'il avait vu échanger les bonnets rouges contre les couronnes ducales ». Il vota pour le projet du gouvernement sur la suspension de la liberté individuelle, et se mêla aux débats sur le budget et sur les impôts indirects. En 1817-1818, il se prononça contre le jury en matière de délits de presse. En 1818-1819, il s'inscrivit contre la résolution de la Chambre des pairs opposée à la loi des élections, combattit les réductions proposées sur le budget des affaires étrangères, parla sur les ponts et chaussées, la dette flottante, les boissons, les douanes, les contributions directes, et se montra le fidèle soutien du ministère. Il vota les deux lois d'exception. Le 16 mars 1820, il fut rapporteur du projet de loi sur la censure des journaux. Selon lui, « la publicité de toutes les opinions » présentait des inconvénients trop graves. et, tout en reconnaissant que la loi proposée n'était en conformité ni avec la Charte ni même avec la loi suspensive de la liberté individuelle, il conclut, « vu les circonstances, » à l'adoption pure et simple. Le 1ᵉʳ juillet, il demanda que les 5,500,000 francs du produit des jeux de la ville de Paris ne fussent pas portés au budget. Réélu encore, le 1ᵉʳ octobre 1821, par le 1ᵉʳ arrondissement de la Marne (Châlons-sur-Marne), avec 155 voix sur 248 votants et 325 inscrits, Froc de la Boulaye opina jusqu'en 1824 avec les royalistes modérés. Puis il quitta la vie politique.

FROC GENAINVILLE DE LA BOULAYE (Auguste-Antoine-Benoit), né à Fort-Royal (Martinique) le 27 mai 1814, mort à Bruxelles (Belgique) le 10 septembre 1861, entra dans l'Université et devint professeur au lycée de Strasbourg. Républicain, il fut désigné par le parti avancé comme candidat dans le Bas-Rhin à l'élection partielle du 10 mars 1850, motivée par la condamnation de cinq représentants socialistes compromis dans l'affaire du 13 juin 1849. Il fut élu, le 4ᵉ sur 5, représentant du Bas-Rhin à la Législative, par 54,967 voix (97,491 votants et 137,534 inscrits), siégea à la Montagne, s'associa jusqu'à la fin de la législature aux votes et aux protestations de la minorité démocratique, se montra très opposé à la politique de l'Elysée, et dut, après le coup d'Etat du 2 décembre 1851, se rendre en exil à Bruxelles, où il mourut.

FROCHOT (NICOLAS-THÉRÈSE-BENOIT, COMTE), député en 1789 et en l'an VIII, né à Dijon (Côte-d'Or) le 20 mars 1761, mort à Etuf (Haute-Marne) le 29 juillet 1828, fils d'un avocat de Dijon, fut lui-même avocat au parlement de Bourgogne, notaire et prévôt royal à Aignay-le-Duc (Côte-d'Or) avant la Révolution. Chargé de rédiger les cahiers du tiers-état de la province, il fut élu, le 25 mars 1789, député du tiers par le bailliage de Châtillon-sur-Seine, et se lia intimement avec Mirabeau, dont il devint plus tard l'exécuteur testamentaire. Il parut à la tribune de la Constituante pour demander l'abolition des banalités et prendre part à la discussion sur les conventions nationales (séance du 31 août 1791) : « Garantir au peuple sa constitution contre lui-même, dit-il, je veux dire contre ce penchant irrésistible de la nature humaine qui la porte sans cesse à changer de position pour atteindre un mieux chimérique ; garantir au peuple sa constitution contre l'atteinte des factieux, contre les entreprises de ses délégués ou de ses représentants, enfin donner à ce peuple souverain le moyen légal de réformer dans ses parties et même de changer en totalité la constitution qu'il a jurée : » c'est là ce que chercha Frochot. Et il crut l'avoir trouvé en séparant le pouvoir de réformer d'avec le pouvoir de détruire, le corps réformateur ou « la Convention nationale et l'assemblée des représentants ayant le droit de revoir et le pouvoir de réformer par des changements, suppressions ou additions, une ou plusieurs parties déterminées de la Constitution ; le Corps constituant ou *destructeur* et l'assemblée des représentants ayant le droit de revoir la constitution dans son ensemble, de changer la distribution des pouvoirs politiques et de créer une constitution nouvelle. » Mais il ne voulait point que ces modifications constitutionnelles pussent se faire à la légère. « Il faudra trois législatures consécutives, formulant le même vœu, pour qu'une Convention nationale ou un corps constituant doive être réuni. Si l'une des législatures improuve ce vœu, il est annulé. » Afin que nulle équivoque ne puisse exister, Frochot demandait : « 1° que les membres de la première législature ne pussent être élus pour la seconde ; 2° que cette seconde législature fût tenue de prononcer sur le vœu de la première dès le début de ses sessions ; 3° enfin que les membres de cette législature, s'ils approuvent le vœu de la première, soient inéligibles pour la troisième. » Il ajoutait en terminant : « Les représentants nommés par les départements, et le Corps législatif, au 14 juillet, quel que soit le nombre des membres présents, se déclareront Assemblée nationale constituante. » L'Assemblée ordonna l'impression de ce discours. A la séance du 3 septembre 1791, l'Assemblée, à la demande de Regnault, prit en considération un article additionnel de Frochot à son projet de décret : « L'assemblée de révision prêtera en outre le serment de se borner à statuer sur les objets qui lui auront été soumis par le vœu uniforme des trois législatures précédentes. » Frochot, qui ignorait les relations secrètes de Mirabeau avec la cour, défendit sa mémoire et obtint (20 septembre 1791) que ses funérailles seraient faites aux frais du Trésor public. Le 5 septembre 1791, il avait été élu administrateur du département de la Côte-d'Or. Après la session, il fut nommé juge de paix à

Aignay-le-Duc. Dénoncé comme suspect le 18 brumaire an II, il se livra lui-même pour ne pas compromettre l'ami qui lui avait donné asile, fut emprisonné à Dijon, publia un mémoire justificatif, et fut vaillamment soutenu dans cette lutte par sa femme, qui, dans une brochure : *La citoyenne Frochot à ses concitoyens*, prit l'engagement, sur sa tête, de démentir les accusations portées contre son mari. La chute de Robespierre le sauva. Haut-juré de la Côte-d'Or le 27 germinal an VI, et, peu après, maître des eaux et forêts à Châtillon-sur-Seine, il fut élu, le 4 nivôse an VIII, par le Sénat conservateur, député de la Côte-d'Or au Corps législatif, puis nommé sur la recommandation de Maret, depuis duc de Bassano, préfet de la Seine (11 ventôse an VIII), ce qui le contraignit à donner sa démission de député, le 24 ventôse suivant. Conseiller d'Etat le 8 prairial an XII, et commandeur de la Légion d'honneur le 25 prairial suivant, il fut créé, le 6 juin 1808, chevalier de l'Empire, puis comte le 27 novembre suivant ; enfin, le 3 décembre 1809, il fut élevé à la dignité de grand-officier de la Légion d'honneur. Son administration lui fit honneur, bien qu'on l'ait surtout considéré comme l'instrument docile des volontés de l'empereur : il réorganisa les hospices, les écoles, les octrois, le mont-de-piété, construisit des églises, des ponts, des marchés, et remit de l'ordre dans tous les services. La conspiration du général Malet brisa sa carrière ; Frochot crut à la mort de l'empereur ; il était prêt à recevoir les ordres du nouveau dictateur, quand le général Delaborde lui annonça l'arrestation des conspirateurs. Napoléon le remplaça (23 décembre 1812) par M. de Chabrol, sans lui tenir rancune, car il dit à ce dernier : « Je désire être aussi content de votre administration que je l'étais de celle de M. Frochot. » Louis XVIII, en 1814, lui accorda une pension de quinze mille francs avec le titre de conseiller honoraire. Aux Cent-Jours, Frochot, après quelque hésitation, accepta de Napoléon la préfecture des Bouches-du-Rhône (22 mars 1815). La seconde Restauration ne lui pardonna pas cette défection, et Frochot, définitivement destitué, se retira à Etuf, dans une propriété qu'il cultiva lui-même : les soins qu'il donna à la culture de la pomme de terre lui valurent une médaille d'argent. La ville de Paris a donné son nom à l'une de ses avenues.

FROGER-PLISSON (LOUIS-JOSEPH), membre de la Convention, et député au Conseil des Cinq-Cents, né à Bessé-sur-Braye (Sarthe) le 30 août 1752, mort à Vendôme (Loir-et-Cher) le 8 mars 1821, fils de Louis Froger de Courtameau, fermier général, et de Renée Baurier, était avoué à Saint-Calais. Membre du directoire du département de la Sarthe, il fut élu, le 7 septembre 1792, député de ce département à la Convention, le 9e sur 10, « à la pluralité des voix » (536 votants). Il se prononça pour la mort du roi sans appel ni sursis, et répondit au 2e appel nominal : « Comme homme d'Etat, je ne puis renvoyer aux assemblées primaires, qui ne sont en général composées que de cultivateurs, d'artisans, qui ne peuvent pas avoir des connaissances politiques ; je dis *non*. » Il fut chargé de veiller aux approvisionnements de Paris, essaya de démontrer que la disette n'était qu'un argument royaliste, prit la parole dans les débats auxquels donna lieu la Constitution de l'an III, et remit sa démission (22 fructidor an III) qui fut refusée. Réélu membre du Conseil des Cinq-Cents le

4 brumaire an IV, il souleva un incident à la séance du 21 prairial en se plaignant d'avoir été, le matin même, arbitrairement arrêté à son domicile, par des agents qui le conduisirent au bureau central de police ; là, on lui déclara qu'il y avait eu erreur et qu'on l'avait regardé comme un des ex-conventionnels exclus de Paris par la loi du 21 floréal. Il présenta un amendement à un projet relatif à la vente de la poudre à tirer, et donna cette fois encore et définitivement sa démission de député, le 30 pluviôse an V. Il rentra dans la vie privée.

FROGERAYS (Yves-Joseph-Marie), représentant à la Chambre des Cent-Jours, né à Quimperlé (Finistère) le 16 novembre 1773, mort à une date inconnue, « fils de M. Joseph-Hyacinthe Frogerays, avocat au parlement et maire de la ville et communauté de Quimperlé, et de dame Anne-Marie de Koguelen, » appartint à la magistrature du premier Empire. Substitut du procureur impérial à Lorient, il fut élu représentant à la Chambre des Cent-Jours, par l'arrondissement de Lorient, avec 39 voix sur 41 votants. Lors du second retour des Bourbons, il fut confirmé par le gouvernement royal dans ses fonctions de magistrat.

FROGIER DE PONLEVOY (Paul - Marie-Placide), député depuis 1876, né à Paris le 9 juillet 1827, élève de l'Ecole polytechnique, en sortit dans l'arme du génie. devint aide-de-camp du général Vialla, et fit les campagnes d'Afrique, d'Italie et de 1870-1871. Mis à la retraite avec le grade de chef de bataillon du génie, et conseiller général des Vosges, depuis le 8 octobre 1871, pour le canton de Neufchâteau, où il possède le château d'Autigny-la-Tour, M. Frogier de Ponlevoy se présenta, aux élections du 20 février 1876, comme candidat républicain dans l'arrondissement de Neufchâteau, avec une profession de foi dans laquelle il réclamait la triple réforme de l'impôt, de l'instruction et du service militaire. Il fut élu, au second tour, par 8,354 voix sur 13,986 votants et 17,079 inscrits, contre 5,558 voix à M. Aymé, ancien député. Il s'assit à la gauche républicaine, vota contre le ministère de Broglie, et fut des 363. Réélu, le 14 octobre 1877, après la dissolution de la Chambre par le cabinet du 16 mai, avec 8,938 voix sur 14,332 votants et 17,301 inscrits, contre 5,285 voix à M. Aymé, candidat du gouvernement, il s'inscrivit à l'Union républicaine, vota contre le cabinet de Rochebouët, pour le ministère Dufaure, pour les lois sur l'enseignement, pour l'application des décrets aux congrégations non autorisées, etc. Il soutint constamment les ministères républicains dans les législatures suivantes, ayant été réélu : le 21 août 1881, par 9,007 voix sur 10,076 votants et 16,983 inscrits, et, le 4 octobre 1885, sur la liste opportuniste des Vosges, le 2e sur 6, par 46,480 voix sur 87,635 votants et 108,409 inscrits. Dans la dernière session, il s'est prononcé : pour le rétablissement du scrutin d'arrondissement (11 février 1889), pour l'ajournement indéfini de la revision de la Constitution, pour les poursuites contre trois députés membres de la Ligue des patriotes, pour le projet de loi Lisbonne restrictif de la liberté de la presse, pour les poursuites contre le général Boulanger. M. de Ponlevoy, qui s'occupe d'horticulture, est membre du conseil supérieur de l'agriculture. Chevalier de la Légion d'honneur et décoré de « la Valeur militaire » de Sardaigne.

FROIDEFOND DE BELLISLE (Antoine-

Xavier-Catherine), député de 1827 à 1831, né à Paris le 5 août 1775, mort à Paris le 19 novembre 1862, entra dans l'administration et fut maître des requêtes au conseil d'Etat sous la Restauration. Après avoir échoué une première fois, le 25 février 1824, comme candidat royaliste constitutionnel, dans le 2e arrondissement de la Dordogne (Ribérac), avec 17 voix seulement contre 180 à M. de Meynard, élu, il fut plus heureux, le 17 novembre 1827, dans la même circonscription, et fut élu député par 112 voix (212 votants, 299 inscrits), contre 99 à M. Dureclus. Il prit place au centre gauche. Par ordonnance du 12 novembre 1828, le roi nomma M. Froidefond de Bellisle conseiller d'Etat en service extraordinaire. Le député de la Dordogne soutint le ministère Martignac, combattit la politique de M. de Polignac et fut des 221. Il obtint sa réélection, le 23 juin 1830, avec 140 voix (251 votants, 296 inscrits), contre 106 à M. de Leybardie, prêta serment au gouvernement de Louis-Philippe et ne fut pas réélu en 1831.

FROISSARD (Alexandre-Bernard-Pierre, marquis de), député de 1824 à 1827, pair de France, né à Dole (Jura) le 29 juin 1769, mort à Paris le 5 mars 1847, était issu d'une ancienne famille de la Franche-Comté, les Froissard-Broissia, et était fils de « messire Claude-Bernard Flavien, marquis de Froissard, officier au régiment des gardes françaises du roi, et de dame Claude-Françoise-Marie-Gabrielle de Mailly, son épouse ». Il suivit, comme son père, la carrière militaire. Attaché à l'ancien régime, il émigra dès le début de la Révolution, servit dans l'armée des princes, et, rentré en France sous le Consulat, ne prit aucune part aux affaires publiques jusqu'à la Restauration. Il avait le grade de lieutenant-colonel, et le titre de gentilhomme honoraire de la chambre du roi, quand il fut élu, le 6 mars 1824, député du Jura, au collège de département, par 84 voix (109 votants, 147 inscrits), contre 13 à M. Jobez. Le marquis de Froissard siégea à droite et vota avec les « ultras ». Il ne quitta la Chambre des députés que pour entrer (5 novembre 1827) à la Chambre des pairs, où il soutint de ses votes, jusqu'en 1830, la monarchie de Charles X. Il se retira pour ne point prêter le serment à Louis-Philippe. Conseiller général du Jura.

FROMENT (Jacques-Marie de), député en 1789, né au Fayl-Billot (Haute-Marne) le 5 janvier 1740, mort à Langres (Haute-Marne) le 29 juin 1817, appartenait aux armées du roi sous l'ancien régime. Ancien lieutenant-colonel au régiment de Rohan, il fut élu, le 29 mars 1789, par le bailliage de Langres, député de la noblesse aux Etats-Généraux ; M. de Froment s'intéressa surtout aux discussions militaires, et, le 29 juillet 1790, présenta à ce sujet un projet de décret qui fut applaudi par l'Assemblée. Il ne fit pas partie d'autres assemblées.

FROMENT (Joseph-François), député de 1822 à 1824, né à Paris le 11 mai 1764, mort à une date inconnue, était vice-président du tribunal civil de Tulle, et sans antécédents politiques, quand il fut élu, le 20 novembre 1822, par 56 voix sur 102 votants, député de la Corrèze, au collège de département. Il vota jusqu'en 1824 avec la majorité royaliste, et sortit alors de la vie politique.

FRONDEVILLE (Thomas-Louis-César Lambert, marquis de), député à l'Assemblée constituante de 1789, pair de France, né à Lisieux (Calvados) le 15 novembre 1757, mort à Paris le 17 juin 1816, était issu d'une famille d'ancienne noblesse de Normandie qui a donné plusieurs personnages distingués à l'armée, à l'épiscopat et à la magistrature. Il fut d'abord conseiller, puis président au parlement de Normandie, où il succéda à son oncle maternel, le marquis de Becthomas. Il occupait cette charge lorsque la Révolution éclata. Élu par le bailliage de Rouen, le 23 avril 1789, député de la noblesse aux États-Généraux, il prit place au côté droit de l'Assemblée et se signala par son attachement à la Monarchie. Il débuta à la tribune, dans la séance du 22 août 1789, en appuyant les réclamations du parlement de Rouen qui avait décrété d'ajournement personnel le procureur du roi de Falaise, accusé d'avoir tenu des propos calomnieux contre la magistrature; mais l'Assemblée déclara « nulle et attentatoire à la liberté nationale » la procédure instruite par les magistrats de Rouen. Adversaire résolu de Mirabeau et des principaux députés du côté gauche, le marquis de Frondeville ne cessa, lors des événements des 5 et 6 octobre 1789, de s'employer à la défense du roi et de la reine. Il passa la nuit au château de Versailles, et se trouvait dans les appartements de la reine « lorsque, dit-il, plusieurs gentilshommes me firent demander à la porte. Je sortis et fus engagé, par eux, à solliciter un ordre de la reine qui pût les autoriser à prendre des chevaux dans les écuries pour défendre la famille royale, au cas qu'elle fût attaquée; je me chargeai de la commission et m'adressai à Mme Elisabeth, qui sortit aussitôt pour en parler à Sa Majesté, retirée alors dans un autre appartement; la reine rentra et m'ayant appelé, elle dit : Je consens à vous donner l'ordre que vous me demandez, à cette condition que si les jours du roi sont en danger, vous en ferez un prompt usage, et que si moi seule je suis en péril, vous n'en userez pas. » Le marquis de Frondeville prit (9 novembre 1789) la défense de la chambre des vacations du parlement de Rouen signalée comme s'opposant ouvertement à l'exécution des décrets de l'Assemblée, et il prononça, à ce propos, un discours ému qui impressionna vivement l'Assemblée. Il répondit (8 août 1790) aux accusations persistantes formulées par Alexandre de Lameth, en demandant la suppression de toutes les chambres des vacations, afin de les soustraire aux persécutions dont elles étaient l'objet. L'Assemblée nationale ayant créé un comité de recherches qui, plus tard, a donné naissance aux deux comités de sûreté générale et de salut public de la Convention, il attaqua avec force l'existence de cette institution qu'il qualifiait de « nouvelle inquisition d'État », à propos de l'arrestation de M. de Bonne-Savardin et de l'abbé de Barmont (août 1790). On touchait au moment où le Châtelet allait présenter son rapport sur les journées des 5 et 6 octobre, et l'on savait que ce tribunal allait venir demander à la barre de l'Assemblée le décret d'accusation contre le duc d'Orléans et le comte de Mirabeau. Une apostrophe de M. de Frondeville à ce sujet excita une émotion indescriptible, et, après de tumultueux débats, l'Assemblée, faisant pour la première fois application de cette peine disciplinaire, prononça la censure contre ce député. Mais, dès le lendemain, celui-ci faisait imprimer et distribuer son discours, précédé d'une préface dans laquelle il déclarait qu'il n'eût point songé à le faire imprimer, si l'Assemblée ne l'avait honoré de sa censure. Nouvelle dénonciation et nouveaux débats plus tumultueux encore, au cours desquels le comte de Faucigny-Lucinge,

transporté d'indignation, s'avançant au milieu de la salle dit : « Ceci a l'air d'une guerre ouverte de la majorité contre la minorité, et pour la faire finir, il n'y a qu'un moyen, c'est de tomber le sabre à la main sur ces gaillards-là. » Le marquis de Frondeville, alarmé pour son ami, s'élança à la tribune : « Je suis coupable, Messieurs, s'écria-t-il d'une voix émue, oui, très coupable, puisque j'ai pu être l'occasion d'un mouvement de violence qui pourrait avoir les suites les plus fâcheuses; mais ne punissez que moi, je vous en conjure... Moi seul j'ai pu écrire avec réflexion la phrase où vous voyez un outrage. Les paroles qui viennent d'échapper à l'un de mes amis ne lui ont été inspirées que par la crainte d'un péril dont il m'a cru, mal à propos, menacé. Oubliez-les, je vous en conjure. Pardonnez un cri de fureur à l'amitié qui s'alarme. Je suis au désespoir d'être la cause d'une pareille scène. Je vous en supplie, faites tomber toute la peine sur moi... Envoyez-moi en prison, je m'y rends... Jetez un moment les yeux sur moi : je sais que je n'ai pas mérité votre indulgence; mais je serais aussi trop cruellement puni si vous donniez des suites à la délibération qui se prépare... Pardonnez à mon trouble, j'exprime mal les sentiments de mon cœur, ils sont trop tumultueux... Je vous le demande en grâce, qu'il n'y ait de punition que pour moi. Qu'elle soit plus grave, j'en fais la motion, et je supplie qu'on la décrète à l'instant. » Il fut applaudi par ses plus violents adversaires. M. de Faucigny s'excusa d'un mouvement irréfléchi, involontaire, dont il n'avait pas été le maître, lorsqu'il avait entendu parler de la prison comme d'une punition trop douce pour l'un de ses collègues. L'Assemblée, satisfaite de ses excuses, ne lui imposa aucune peine, et elle condamna M. de Frondeville à garder les arrêts, chez lui, pendant huit jours. Durant ces huit jours, sa demeure devint le rendez-vous de tous les partisans de la Monarchie. Dans une lettre adressée au Moniteur et publiée dans le supplément du 31 août 1790, ce député indique sommairement les arguments qu'il comptait soumettre à l'Assemblée sur la dénonciation dont il avait été l'objet et sur la façon qu'on proposait de lui appliquer.

En voici quelques extraits qui sont particulièrement intéressants, au point de vue des origines du droit parlementaire.

. . . .

« Je fus interpellé de déclarer si j'avais participé à la composition, l'impression et la distribution de ce discours qu'on qualifia de pamphlet, quoiqu'il fût signé de moi; mon aveu fut pur et simple, et je m'étonne que des papiers aient publié que je m'étais mal défendu, parce que je devais répondre, à mon dénonciateur, que la loi l'obligeait à porter son accusation devant un tribunal judiciaire.

« Je ne sais pas éluder par des formes une interpellation publique, quand elle me somme de reconnaître ce que j'ai signé. Je ne sais point substituer les subtilités de la chicane à la franchise qui est, à mon gré, le premier devoir d'un gentilhomme.

« D'après mon aveu, M. Goupil de Préfeln, mon compatriote et mon dénonciateur, demanda que je fusse condamné à garder prison pendant huit jours.

« Un honorable membre, fortement pénétré de la rigueur qu'on proposait contre moi, se permit une sortie très violente contre une grande partie de mes collègues. L'on demandait déjà qu'il fût arrêté; déjà l'on appelait des gardes. Son propos et le mouvement de l'Assemblée me présageaient des événements sinistres. Frappé, tout à la fois, du danger qu'il courait pour avoir voulu prendre ma défense, et du danger plus grand encore qu'il faisait courir à la chose publique, je m'élançai entre lui et ceux qu'il avait menacés; je courus à la tribune et je conjurai l'Assemblée de faire tomber sur moi seul la peine encourue par lui, de me regarder comme le seul objet de cette scène malheureuse, de sévir contre moi, et d'ensevelir à jamais dans l'oubli la vivacité d'un de ses membres.

« L'ordre étant rétabli et la motion ayant été amendée par son auteur, le décret qui me condamne à garder les arrêts fut rendu.

« Tel est le récit exact des faits. Je ne regrette pas de m'être dévoué pour un de mes collègues qui cherchait à me défendre, mais je crois que sans l'incident qu'il fit naître et qui m'obligea d'abandonner ma défense personnelle, l'Assemblée aurait accueilli ce que je comptais proposer.

« L'on me reprochait de m'être honoré de la censure; mais l'on n'a point oublié que plus de trois cents de mes collègues avaient sollicité, avec empressement, de partager ma disgrâce, et il est naturel, sans doute, de sentir un mouvement d'orgueil quand on se voit entouré, défendu par le suffrage unanime de ceux qu'on aime et qu'on estime le plus.

« A cette explication j'aurais ajouté des motifs très puissants tirés de la loi même.

« En effet, telle est celle que l'on doit à l'Assemblée nationale : Nul ne peut être puni qu'en vertu d'une loi établie et promulguée antérieurement au délit et légalement appliquée (art. 8 des Droits de l'Homme).

« La peine prononcée contre moi n'étant qu'une peine correctionnelle et de police, c'est donc au règlement qu'il faut se reporter. Or personne n'a cité et je défie qu'on cite un seul de ses articles qui autorise l'Assemblée à envoyer en prison ou aux arrêts un de ses membres pour cause d'irrévérence.

« Si cette loi réglementaire n'était point antérieurement connue, l'Assemblée la fait donc et l'applique en même temps pour la circonstance : elle méconnaît à sa volonté les principes qu'elle même a consacrés; elle peut écarter ainsi de son sein, par un jugement arbitraire, les membres dont les opinions la blessent. La majorité peut envoyer la minorité tantôt en prison, tantôt aux arrêts; elle peut se permettre tous les actes de violence qui résultent des entreprises du plus fort contre le plus faible; elle peut enfin ôter, à son gré, à une portion des citoyens, le droit d'être représentée dans l'Assemblée de la nation.

« Si, dans tous les corps délibérants, la minorité ne craint pas le despotisme de la majorité, c'est que celle-ci obéit toujours aux lois et aux règlements antérieurement connus, et que toujours on les lui oppose avec succès; mais, dès qu'elle s'en écarte, dès que la volonté et la force sont substituées à la loi, à la justice, c'est un véritable état de tyrannie; c'est alors que, conformément aux « Droits de l'Homme », l'opprimé rentre dans la possession de son droit naturel qui est la résistance à l'oppression : c'est alors qu'une assemblée cesse d'être un corps délibérant et se transforme en un rassemblement d'hommes qui se tourmentent, se vexent et finissent par employer la force qui est la pire des raisons.

« Telle est la défense que je comptais proposer à l'Assemblée nationale. L'étendue de vos feuilles ne me permet pas d'y donner un plus grand développement; il serait d'ailleurs inutile, puisque ma condamnation est prononcée; mais puisque je suis privé de remplir mes fonctions, je désire que votre feuille me procure le moyen d'en instruire ceux qui me les ont confiées. »

En rapportant cet incident, Bertrand de Molleville y ajoute de très curieux détails sur le duel que le discours censuré par l'Assemblée faillit amener entre le duc d'Orléans et le marquis de Frondeville.

Ce député continua son opposition aux idées nouvelles et repoussa la réunion d'Avignon à la France (25 mai 1791). Après s'être associé aux protestations des 12 et 13 septembre de la même année, il prit le parti d'émigrer et se retira en Angleterre où il se maria. Il rentra en France au 18 brumaire, et il vivait loin des affaires publiques quand la restauration des Bourbons le rappela aux honneurs et aux fonctions publiques. Préfet de l'Allier le 10 juin 1814, il accompagna Louis XVIII à Gand pendant les Cent-Jours, revint avec lui, et reçut, le 14 juillet 1815, le titre de conseiller d'État honoraire. Le 17 août de la même année, il fut élevé à la dignité de pair de France, sur la demande de la duchesse d'Angoulême qui n'avait pas oublié le dévouement dont il n'avait cessé de faire preuve envers sa famille. On a raconté que Talleyrand, qui avait une très grande latitude pour la nomination des nouveaux pairs, s'opposa à celle-ci, et que Louis XVIII dut se prononcer de la façon la plus formelle et désigner, ou plutôt nommer lui-même, son candidat. M. de Frondeville vota pour la mort dans le procès du maréchal Ney. Le marquis de Frondeville mourut l'année d'après. On a de lui quelques opuscules parmi lesquels un curieux écrit publié après sa mort et qui a pour titre : *De la conspiration qui a obligé Louis XVIII de quitter son royaume*, et *Publication d'une pièce inédite, découverte en 1785, dans une loge des Francs-maçons à Venise*, in-8° de 68 pages (Paris, 1820).

FRONTIN (PIERRE-MATHIEU), député au Corps législatif de 1807 à 1811, né à Elbeuf (Seine-Inférieure) le 28 janvier 1765, mort à Louviers (Eure) en 1839, était « fils de Thomas-Mathurin Frontin, fabricant, et de Anne-Elisabeth Lefebvre, de la religion prétendue réformée ». Chef d'une manufacture de draperies à Louviers, il fut nommé, en 1790, officier municipal de cette ville, et, en 1800, devint sous-préfet de l'arrondissement. Le 18 février 1807, le Sénat conservateur l'appela à représenter le département de l'Eure au Corps législatif. Il y siégea jusqu'en 1811. Il fut nommé président du tribunal de commerce de Louviers le 19 novembre 1813.

FROTTÉ (CHARLES-HENRI-GABRIEL, MARQUIS DE), député de 1815 à 1816, né à Couterne (Orne) le 27 février 1785, mort à la Ferté-Macé (Orne) le 22 octobre 1858, d'une ancienne famille normande, descendait de ce Jehan de Frotté, seigneur de Couterne, qui fut tour à tour le secrétaire de François Ier et de la reine de Navarre. Orphelin en 1792, il fut confié par son père mourant au comte de Calmesnil; puis, ce second père lui ayant été enlevé, il se trouva, à quinze ans, maître de sa fortune et de sa destinée. Il suivit l'état militaire, fut nommé, au retour des Bourbons, le 6 juillet 1814, maréchal-des-logis avec le grade de capitaine dans la 1re compagnie des mousquetaires, suivit le roi jusqu'à la frontière lors des événements du 20 mars 1815, et, à sa rentrée en France, l'escorta de nouveau de Cambrai à Paris. Le 22 août 1815, il fut élu par 110 voix (188 votants, 255 inscrits) député de l'Orne, au collège de département : il vota avec la majorité de la Chambre introuvable. Il ne fit pas partie de la Chambre suivante, parce qu'il n'avait pas les quarante ans exigés par la nouvelle loi. Nommé, le 30 août 1817, capitaine au 5e escadron du régiment des chasseurs du Var, corps qu'il ne rejoignit jamais, il abandonna quelque temps après le service militaire pour la carrière administrative, et obtint, le 22 juin 1823, la sous-préfecture de Cherbourg, puis, le 2 avril 1830, la préfecture de la Creuse. Après avoir, dans ces divers postes, servi fidèlement la cause royaliste, il se retrouva à Cherbourg, le 12 août 1830, pour rendre un dernier hommage à la famille royale, au moment où elle allait quitter la France. Il rentra en octobre dans son château de Couterne, qu'il ne quitta plus, et où il vécut désormais étranger à la politique.

FROTTIER. — *Voy.* Bagneux (COMTE DE).

FROTTIER. — *Voy.* Lacoste-Messelières (MARQUIS DE).

FROUDIÈRE (Louis-François-Bernard), député en 1791, né à Bernay (Eure) le 9 décembre 1751, mort à Rouen (Seine-Inférieure) le 23 mai 1833, était avocat au parlement de Rouen avant 1789, et s'était fait connaître par divers travaux, entre autres par un *Plaidoyer sur la liberté de l'avocat et l'étendue de la défense judiciaire en matière criminelle.* Le 7 septembre 1791, il fut élu député de la Seine-Inférieure à l'Assemblée législative (le procès-verbal de l'élection manque aux Archives). Froudière siégea au côté droit, et, dans la séance du 29 mai 1792, eut une vive altercation avec Guadet. On discutait l'organisation de la garde du roi, et Guadet était à la tribune. Froudière s'écria : « Avant que M. Guadet continue, je le prie de parler en logicien, et non pas en déclamateur ! » De violents murmures s'élevèrent, et les uns demandèrent le rappel à l'ordre de l'interrupteur, d'autres son envoi à l'Abbaye. Sommé de s'expliquer, Froudière parut à son tour à la tribune, et mit le comble à l'exaspération des membres du côté gauche en les bravant par des apostrophes comme celle-ci : « J'ai bien eu la patience, messieurs, de vous entendre pendant six mois, ayez au moins la patience de m'entendre pendant six minutes. » Et comme on insistait, soit pour le rappel à l'ordre, soit pour l'emprisonnement à l'Abbaye : « Si en me rappelant à l'ordre, on pouvait le rétablir dans les 83 départements, je voterais avec vous pour être censuré ! » Les murmures redoublèrent ; Froudière, de son côté, redoubla d'ironie, et la scène ne se termina qu'après que la presque unanimité de l'Assemblée eut voté par acclamation la clôture de la discussion et décidé que Froudière « se rendrait pour trois jours dans les prisons de l'Abbaye ». Le 9 août, le président donna lecture à l'Assemblée d'une lettre de Froudière, où il se plaignait d'avoir été, ainsi que son collègue Dumolard, insulté et assailli la veille au sortir de la salle des séances : on avait refusé ce jour-là de mettre La Fayette en accusation. Les deux députés s'étaient réfugiés dans un corps de garde du Palais-Royal ; là, un fédéré les avait suivis et leur avait déclaré que s'ils « avaient le malheur de remettre les pieds dans l'Assemblée, il leur couperait la tête d'un coup

de sabre... » Une grande agitation suivit cette communication. Plusieurs lettres contenant des détails analogues ayant été lues ensuite, les membres de la droite se levèrent en disant qu'ils ne pouvaient continuer de siéger ; la séance fut des plus orageuses. Froudière ne fit point partie d'autres législatures.

FROULAY. — *Voy.* Tessé (COMTE DE).

FROUSSARD (Jean-Baptiste), représentant du peuple en 1848, né à Grenoble (Isère) le 12 janvier 1792, mort à Paris le 2 décembre 1849, se voua à l'enseignement, fut chef d'institution à Grenoble sous le premier Empire, et défendit la ville contre les alliés. Il fonda peu après le pensionnat de Montfleuri, que la Restauration fit fermer pour cause politique. Il se rendit alors à Paris et devint le précepteur des enfants de Casimir Périer. En 1830, il fut aux barricades, et le gouvernement de juillet le nomma directeur de l'Ecole normale supérieure de Versailles, puis du Prytanée de Ménars. Mais, d'esprit indépendant, il ne tarda pas à donner sa démission pour fonder à Passy une institution dont il laissa la direction à son fils. En 1848, il se montra de nouveau sur les barricades, fut nommé commissaire général du gouvernement provisoire dans les trois départements de l'Isère, de la Drôme et des Hautes-Alpes, et, le 23 avril 1848, fut élu représentant de l'Isère à l'Assemblée constituante, le 8e sur 15, avec 98,221 voix sur 136,486 votants et 159,723 inscrits. Il vota *pour* le bannissement de la famille d'Orléans, *pour* le décret sur les clubs, *contre* les poursuites contre Louis Blanc et Caussidière, *pour* le maintien de l'état de siège, *pour* l'impôt proportionnel, *contre* l'incompatibilité des fonctions, *contre* la sanction de la Constitution par le peuple, *pour* l'ensemble de la Constitution, *contre* l'expédition de Rome.

FRUCHARD (Jean-Marie), député de 1831 à 1834, né à Lorient (Morbihan) le 20 avril 1786, mort à une date inconnue, appartenait à la magistrature. Président du tribunal civil de Lorient, il fut élu, le 5 juillet 1831, député du 4e collège du Morbihan (Hennebont), par 80 voix sur 123 votants et 197 inscrits. Il vota jusqu'en 1834 avec la majorité conservatrice et quitta la vie politique après cette législature.

FRUGLAYE (Paul-Emile-Louis-Marie, COMTE DE LA), député de 1822 à 1827, et pair de France, né à Quimper (Finistère) le 13 mars 1766, mort à Morlaix (Finistère) le 25 juin 1849, était fils de « haut et puissant seigneur François-Gabriel-Marie de la Fruglaye, seigneur de Kiers et autres lieux, et haute et puissante dame Sophie-Antoinette-Pauline de Caradeuc, son épouse ». Il suivit la carrière militaire, émigra à la Révolution, parvint sous la Restauration au grade de maréchal-de-camp. Il était conseiller général du Finistère, lorsqu'il fut élu député de ce département, au grand collège, le 20 novembre 1822, par 132 voix (187 votants, 239 inscrits). Il siégea à droite et fit partie de la majorité royaliste. Réélu, le 6 mars 1824, par 128 voix (143 votants, 238 inscrits), il soutint le ministère Villèle. La *Biographie des députés de la Chambre septennale* attribuait à ce législateur des talents variés : « M. le maréchal-de-camp de la Fruglaye a une rare habileté pour faire, en équitation, le difficile « saut du tonneau ». Nous avons eu un jour le bonheur et l'effroi de le lui voir exécuter, et nous l'avons jugé de première force. Il danse aussi en perfection, et il n'a pas trouvé de rival dans l'art de patiner sur la glace et de faire des pirouettes. C'est une des colonnes du ministère Villèle, et le meilleur sauteur de la Chambre. » Le 5 novembre 1827, il fut nommé pair de France; il siégea au Luxembourg jusqu'en 1830, parmi les zélés défenseurs de la monarchie de Charles X.

FULCHIRON (JOSEPH), député au Corps législatif de 1810 à 1815, né à Lyon (Rhône) le 11 juin 1744, mort à Lyon le 20 juillet 1831, était banquier à Paris et avait une succursale à Lyon, où il jouissait d'une grande influence. En décembre 1797, il fit partie d'une députation du commerce envoyée au Directoire pour lui proposer l'ouverture d'un emprunt destiné à faciliter une descente en Angleterre. L'emprunt fut décidé, et Fulchiron fut un des commissaires particuliers désignés pour présider à cette opération. En 1800, il soutint un procès retentissant contre l'ancien conventionnel Courtois (de l'Aube), qui l'accusait de l'avoir frustré de ses droits comme membre d'une société de fournitures formée en prairial an III. Fulchiron répondit que Courtois n'avait rien à réclamer, attendu qu'il avait reçu divers cadeaux, « montant à 232,000 livres, pour les bons offices qu'il avait rendus à la société comme membre du comité de sûreté générale. » Il remplit à Lyon, avant et après la Révolution, plusieurs fonctions municipales et administratives. Le 10 août 1810, il fut appelé par le Sénat à représenter au Corps législatif le département du Rhône; il y siégea jusqu'à la fin de l'Empire.

FULCHIRON (JEAN-CLAUDE), fils du précédent, député de 1831 à 1845, pair de France, né à Lyon (Rhône) le 21 juillet 1774, mort à Paris le 22 mars 1859, entra en 1795 à l'École polytechnique, puis renonça à la carrière militaire pour s'occuper de sciences, d'économie politique et de littérature. Il se fixa à Paris pendant la Restauration, et fut nommé membre du comité d'instruction primaire et du conseil d'arrondissement de Saint-Denis. Possesseur d'une fortune indépendante, M. Fulchiron ouvrit ses salons à un grand nombre d'hommes distingués de l'époque. Il se montra partisan du gouvernement de Louis-Philippe, reçut en 1831 la croix de la Légion d'honneur, devint membre du conseil général du commerce et des manufactures, et fut élu, pour la première fois, député du 3e collège du Rhône (Lyon), le 5 juillet 1831, par 214 voix sur 221 votants et 316 inscrits. Il fit partie à la Chambre de plusieurs commissions importantes, notamment de celles du transit, des céréales, des entrepôts et des douanes, et se fit remarquer dans les débats des grandes questions d'économie politique. Conseiller général du Rhône en 1833, M. Fulchiron fut réélu député successivement: le 21 juin 1834, par 166 voix sur 228 votants et 309 inscrits, contre 55 à M. Delandine; le 4 novembre 1837, par 157 voix sur 194 votants et 299 inscrits; le 2 mars 1839, par 159 voix sur 192 votants et 301 inscrits; et le 9 juillet 1842, par 161 voix sur 193 votants et 303 inscrits. Il ne cessa de voter avec le parti conservateur. Le 14 août 1845, il fut appelé à la Chambre des pairs, où il conserva la même attitude; la révolution de 1848 le rendit à la vie privée. On doit à M. Fulchiron quelques productions littéraires, dont les principales sont un *Voyage dans l'Italie méridionale*, publié en 1844, et quelques tragédies du genre classique : *Saül*, *Pizarre*, le *Siège de Paris*, *Juvénal des Ursins*, etc.

FULQUE. — *Voy.* ORAISON (COMTE D').

FUMECHON (JACQUES-PIERRE-AIMABLE CHRESTIEN, CHEVALIER DE), député de 1824 à 1827, né à Thibouville (Eure) le 12 mai 1757, mort à Rouen (Seine-Inférieure) le 14 décembre 1841, était conseiller au parlement de Rouen avant 1789. Il exerça, sous la Révolution, les fonctions de juge de paix et les garda sous le Directoire et sous le Consulat. À la création des cours impériales, il sollicita et obtint, « le premier de son ordre, » dit une biographie, la faveur d'y être admis. Conseiller à la cour de Rouen, chevalier de la Légion d'honneur, et chevalier de l'Empire (19 juin 1813), M. de Fumechon se rallia sous la Restauration, qui le fit président de chambre; il fut élu, le 25 février 1824, député du 2e arrondissement de l'Eure (Pont-Audemer), par 308 voix (608 votants, 690 inscrits), contre 271 au député sortant, Dupont de l'Eure, et vota pour le ministère durant toute la législature. Non réélu en 1827, M. C. de Fumechon servit encore comme magistrat le gouvernement de Louis-Philippe, et mourut en 1841, président honoraire et officier de la Légion d'honneur.

FUMEL DE MONSÉGUR (PHILIBERT-HENRI, MARQUIS DE), député en 1789, né à Agen (Lot-et-Garonne) le 13 juin 1742, mort à une date inconnue, appartenait aux armées du roi; il servit au camp de Saint-Omer en 1788, et il avait le grade de maréchal-de-camp lorsqu'il fut, le 26 mars 1789, élu par la sénéchaussée d'Agen, député de la noblesse aux États-Généraux. Il siégea au côté droit, prit quelquefois la parole dans l'Assemblée, dénonça les troubles de l'Agénois, demanda une loi sur la liberté de la presse, exprima l'avis qu'un député ne pût être membre de deux comités à la fois, et prit part au débat relatif à la constitution civile du clergé. Les progrès de la Révolution le déterminèrent à émigrer. Il se battit dans l'armée de Condé, et le général Custine, commandant en chef de la ville de Landau, reçut de lui, en août 1792, une curieuse lettre qui fut dénoncée et livrée à la publicité; elle contenait ce passage: ... « La voix d'un ancien ami peut-elle encore aller jusqu'à vous, mon cher Custine?... Pensez au fond, pensez à la forme, pensez à la conséquence; le premier est injuste; poussée hors des bornes, la horde est horrible et cannibale (*sic*); les suites seront funestes à vous et à tous ceux qui auront conduit à ces désordres. Dans un mois ce parti d'iniquité n'existera plus. Vous, vous, loyal gentilhomme, vous serez obligé de fuir votre patrie, de vivre en pays étranger et peu regardé. Rendez Landau aux princes et aux Français qui représentent ici le roi..., etc. » M. de Fumel rentra en France vers 1802. Sans ressources, il ne put vendre que pour deux cents francs et quelques sacs de noisettes son château de Bonaguil, en Agenais, aujourd'hui monument historique, l'un des premiers châteaux construits en France, de 1450 à 1480, pour résister à l'artillerie. Le château appartient aujourd'hui à la commune de Fumel.

FUMERON D'ARDEUIL (MARIE-LOUIS-MAURICE), député de 1834 à 1839, né à Paris le 12 novembre 1783, mort au château de la Presle (Allier) le 20 juillet 1870, entra dans l'administration, et fut préfet, puis conseiller d'État. Le 21 juin 1834, il fut élu député par le sixième collège électoral de l'Hérault (Lodève), avec

148 voix sur 293 votants et 386 inscrits, contre 141 voix à M. Charamaule. Cette élection ayant été annulée, les électeurs de Lodève furent convoqués de nouveau le 20 septembre 1834, et M. Fumeron d'Ardeuil échoua avec 144 voix contre son ancien concurrent M. Charamaule, qui fut élu par 155 voix. Cependant, le 4 novembre 1837, il fut élu dans le même collège par 230 voix sur 425 votants et 492 inscrits. Mais le 4 mars 1839, il échoua de nouveau avec 192 voix contre 205 à son concurrent élu, M. Charamaule. M. Fumeron d'Ardeuil soutint toujours le pouvoir.

FUSSY (ALEXANDRE-MARIE GASSOT, VICOMTE DE), député de 1824 à 1830, né à Bourges (Cher) le 2 février 1779, mort à Bourges le 22 janvier 1844, débuta dans la vie publique sous l'Empire. Officier de la garde nationale de Bourges (1er novembre 1806), il fut nommé maire de cette ville en 1809. On le retrouve maire de la petite commune de Sainte-Thorette (Cher) le 12 août 1811, et, plus tard, complètement rallié au gouvernement royal, maire de Preuilly-sur-Cher le 20 septembre 1814, puis successive-ment adjoint provisoire au maire de Bourges le 20 avril 1817, premier adjoint au maire le 28 mai de la même année, et maire, pour la seconde fois, le 18 mars 1818. M. de Fussy fut nommé conseiller général du Cher le 11 avril 1821, et élu député de ce département, au grand collège, par 76 voix sur 134 votants et 169 inscrits, le 6 mars 1824. Vers la même époque, il fut envoyé comme sous-préfet à Sancerre. A la Chambre, il fit partie de la majorité ministérielle. « C'est un ministériel, lit-on dans la *Biographie des députés de la Chambre septennale*, moitié par légèreté, moitié par ambition; d'ailleurs, il est sous-préfet de Sancerre, et comment être sous-préfet sans avoir l'envie d'être préfet? et entre une sous-préfecture et une préfecture, il n'y a quelquefois d'autre distance que celle que peut faire franchir le regard d'un ministre. » M. de Fussy, réélu député le 4 novembre 1827, par 75 voix sur 125 votants et 148 inscrits, obtint l'avancement désiré : le 3 mars 1828, il fut nommé préfet de la Creuse, et, le 12 novembre de la même année, préfet de l'Indre. Il continua d'appartenir à la majorité gouvernementale, et rentra dans la vie privée en 1830.

G

GABALÉON DE SALMOUR (CHRISTIAN-ANTOINE-JOSEPH-PIERRE-JEAN, COMTE), député au Corps législatif de 1813 à 1814, né à Turin (Italie) le 22 février 1755, mort à Rome (Italie) le 5 avril 1831, « fils de l'illustrissime seigneur Joseph, comte de Salmour, gentilhomme de chambre du roi, et de l'illustrissime dame Isabelle née comtesse de Lubienska », petit-fils d'un grand maitre de l'artillerie sous Victor-Amédée III, servit d'abord dans les troupes du roi de Sardaigne et passa ensuite au service du roi de Saxe, dont il fut le ministre auprès du Directoire. Grand-cordon des ordres de Pologne, et possesseur de propriétés considérables à Turin et en Saxe, le comte Gabaléon fut désigné (6 janvier 1813), par le Sénat conservateur, pour représenter au Corps législatif le département du Pô. Peu après (19 juin), il fut créé chevalier de l'Empire. Il adhéra cependant, le 3 avril 1814, à la déchéance de Napoléon, et donna, le 8, son consentement à l'acte constitutionnel. Ensuite il se retira à Vienne, puis à Turin, où il fut nommé gouverneur de la Savoie; il se démit de ces fonctions le 18 juillet 1830, pour raisons de santé, et mourut quelques mois après.

GABRIAC (ALPHONSE-JOSEPH-PAUL-MARIE-ERNEST DE CADOINE, MARQUIS DE), pair de France et sénateur du second Empire, né en émigration à Heidelberg (Allemagne) le 1er mars 1792, mort à Paris le 11 juin 1865, appartenait à une famille dont la noblesse remonte aux croisades, et était fils de « Joseph-Louis-Claude de Cadoine, marquis de Gabriac, officier français, natif de la paroisse de Saint-Roch, dans le diocèse de Paris, et de Mme Marie-Elisabeth de Célésia, native de la paroisse de Notre-Dame-des-Vignes, dans la république de Gênes, en Italie, unis par les liens du mariage. »

Après le retour de sa famille en France, il devint, en 1808, premier page de l'Empereur, entra au conseil d'Etat en 1810, et, en 1811, fut envoyé à Naples en mission diplomatique. Successivement secrétaire à Turin (1814) et à Saint-Pétersbourg (1819), il fut nommé, le 30 novembre 1823, ministre plénipotentiaire à Stockholm, puis, le 13 août 1826, à Rio-de-Janeiro, où il renouvela le traité de commerce, obtint la séparation des deux couronnes de Brésil et de Portugal, et fit admettre le droit des neutres, en même temps que le droit maritime français était adopté par le Brésil. Le succès de ces négociations lui valut, le 31 octobre 1828, la croix d'officier de la Légion d'honneur. Nommé ambassadeur de France en Suisse, le 9 octobre 1829, pour régler la situation pénale des troupes suisses au service de la France, sa mission se trouva terminée au moment où les soldats suisses quittèrent la France, après les journées de juillet 1830. Louis-Philippe le nomma pair de France le 20 juillet 1841, et Napoléon III sénateur, le 4 mars 1853. Il fit partie, à la Chambre des pairs, à la minorité qui réclamait la liberté de l'enseignement, et, au Sénat impérial, de la majorité dévouée à l'empereur.

GABRIEL (RENÉ), député en 1789, né à Vannes (Morbihan) le 18 août 1742, mort à Questembert (Morbihan) le 11 novembre 1821, entra dans les ordres, fut d'abord chapelain des Ursulines d'Hennebont, et devint, en 1773, recteur de Questembert. La sénéchaussée de Vannes l'élut, le 18 avril 1789, député du clergé aux Etats-Généraux. Partisan des idées nouvelles, l'abbé Gabriel fut des premiers à se réunir aux « communes ». Dans la séance du 3 janvier 1791, il prêta le serment à la Constitution civile du clergé. Mais il se repentit bientôt de l'avoir fait, et, après la session de l'Assemblée constituante, il monta un jour en chaire pour formuler devant ses paroissiens une rétractation publique. Puis il s'expatria, passa en Espagne, et de là en Angleterre. Le régime du concordat lui rendit la direction de son ancienne paroisse. Il fut ainsi titulaire de la cure de Questembert pendant près de cinquante ans.

GACON (Charles-Ambroise), représentant à la Chambre des Cent-Jours, né à Lons-le-Saulnier (Jura) le 26 octobre 1769, mort le 27 avril 1832, étudia le droit, se fit recevoir avocat, puis suivit la carrière militaire, et parvint au grade de lieutenant. Conseiller d'arrondissement du Jura, il fut nommé, le 15 vendémiaire an XII, sous-préfet de Saint-Claude. Après la chute de Napoléon, il se rallia à la première Restauration, qu'il servit comme sous-préfet de Lons-le-Saulnier (1814); puis il fut, pendant les Cent-Jours, le 13 mai 1815, élu membre de la Chambre des représentants par l'arrondissement de Saint-Claude, avec 72 voix sur 95 votants. Le gouvernement royal lui confia ensuite la sous-préfecture de Poligny (1er janvier 1819) et, pour la seconde fois, celle de Saint-Claude, le 6 septembre 1820. M. Gacon quitta l'administration lors de la révolution de juillet, et fut admis à la retraite le 4 mars 1831. Chevalier de la Légion d'honneur.

GADAUD (Antoine-Elie), député de 1885 à 1889, né à Saint-Mayme (Dordogne) le 26 avril 1841, étudia la médecine, et, reçu docteur, exerça sa profession à Périgueux. Il fit la campagne de 1870-71 comme chirurgien volontaire des ambulances et assista en cette qualité à la bataille de Sedan et à celle de Coulmiers: il fut décoré à cette occasion. Médecin des écoles normales et de la compagnie d'Orléans, maire de Périgueux et conseiller général de la Dordogne, il fut porté, le 4 octobre 1885, sur la liste républicaine de ce département, et élu député, le 6e sur 8, par 61,185 voix (120,527 votants, 146,593 inscrits). Il fit partie de l'Union des gauches, vota cependant *contre* l'expulsion des princes (juin 1886), soutint la politique opportuniste des cabinets Rouvier et Tirard, se prononça *contre* la revision de la Constitution, et en dernier lieu : *pour* le rétablissement du scrutin d'arrondissement (11 février 1889), *pour* l'ajournement indéfini de la revision de la Constitution, *pour* les poursuites contre trois députés membres de la Ligue des patriotes, *pour* le projet de loi Lisbonne restrictif de la liberté de la presse, *pour* les poursuites contre le général Boulanger.

GAETE (duc de). — *Voy.* Gaudin.

GAGNEUR (François-Marie), député de 1815 à 1821, né à Poligny (Jura) le 15 mars 1765, mort à Poligny le 20 octobre 1848, étudia le droit, se fit recevoir avocat, appartint quelque temps à la magistrature, devint receveur de l'arrondissement de Poligny, reçut la croix de la Légion d'honneur, et fut, le 22 août 1815, élu député du Jura, au collège de département, par 121 voix (179 votants, 281 inscrits). Il vota avec la majorité de la Chambre introuvable, fut réélu, le 4 octobre 1816, par 110 voix (204 votants, 269 inscrits), siégea parmi les ultras, et combattit le ministère Decazes. Lors de la discussion sur les élections, il proposa d'ajouter à l'article 8 de la loi que, dans le cas où il serait fait dans l'assemblée électorale

une délibération, et même une proposition contraire à la loi, le président eût le droit de prononcer sur-le-champ la dissolution du collège, dont les opérations antérieures seraient annulées. Cette proposition ayant excité des murmures, M. Gagneur ajouta : « Je ne suis pas de ces esprits forts qui regardent les craintes qu'inspirent les assemblées électorales comme une vaine fantasmagorie. Le fantôme électoral me glace d'effroi ; je le vois armé de torches révolutionnaires ; et mon épouvante redouble, quand je me rappelle ces paroles d'un imprudent orateur : « Si vous n'acceptez pas cette loi, le peuple la veut, le peuple l'aura. » Ainsi, lorsqu'il s'agira du budget, si vous proposez des mesures contre la cumulation des emplois, on vous dira aussi : Ne le demandez pas, car le peuple ne le voudra pas. Mon but est d'empêcher que la *matière électorale*, pour me servir d'une expression du même orateur (c'était M. Royer-Collard), ne devienne une matière inflammable. » M. Gagneur ne fut pas réélu le 10 octobre 1821 : il n'obtint que 30 voix contre 75 à M. Babey, ancien député, élu.

GAGNEUR (Just-Charles-Wladimir), député de 1869 à 1870, représentant en 1873, député de 1876 à 1889, né à Poligny (Jura) le 9 août 1807, mort à Paris le 10 août 1889, fils du précédent, fit son droit à Paris, refusa d'entrer au barreau ou dans la magistrature, et étudia l'économie politique. Au banquet civique qui se tint à Poligny, le 26 mars 1848, il porta un toast « à la Fraternité » et préconisa les idées de Fourier. Il publia ensuite quelques brochures économiques : *Aux cultivateurs, Guerre à l'usure!* (1849), *Socialisme pratique* (1850), et collabora au *Patriote jurassien*. Au coup d'Etat de décembre 1851, il organisa la résistance armée dans le Jura, fut arrêté et condamné à dix ans de déportation à Cayenne, peine qui fut commuée en bannissement. Il se retira à Bruxelles, put rentrer en France un an après, et fit du journalisme économiste et agricole. Candidat de l'opposition démocratique aux élections générales pour le Corps législatif, le 24 mai 1869, il fut élu dans la 3e circonscription du Jura, par 11,961 voix sur 22,989 votants et 30,363 inscrits, contre 7,901 voix à M. Jobez, candidat officiel, 1,008 à M. Dalloz et 667 à M. Chevassu. Sa candidature avait été patronnée par M. Grévy et par la presse républicaine de Paris. M. Gagneur siégea à gauche, signa le programme de ce groupe (17 novembre 1869) et l'interpellation des 116, déposa (28 mars 1870) une proposition de loi « sur la participation du fermier sortant aux améliorations exécutées par lui sur l'immeuble » (à cette occasion on le qualifia de partageux et de socialiste), fut secrétaire du comité antiplébiscitaire, et vota contre la déclaration de guerre à la Prusse (juillet 1870). Après le 4 septembre, il dirigea la publication des *Papiers et correspondance de la famille impériale*, et, le 8 février 1871, candidat à l'Assemblée nationale, obtint dans le Jura, sans être élu, 19,213 voix sur 49,963 votants. Il fut plus heureux, le 27 avril 1873, lors de l'élection partielle nécessitée par la démission de M. Réverchon, et fut élu par 42,309 voix sur 60,865 votants et 81,335 inscrits, contre 17,620 voix à M. de Moréna, monarchiste. Il prit place à gauche, et vota *contre* la démission de Thiers, *contre* la circulaire Pascal, *contre* l'arrêté contre les enterrements civils, *contre* le septennat, *contre* le ministère de Broglie, *pour* la dissolution de l'Assemblée, *pour* l'amendement Wallon, *pour* l'amendement Pascal Duprat, *pour* les lois constitutionnelles. Réélu, le 20 février 1876, dans l'arrondissement de Poligny, par 9,521 voix sur 15,424 votants et 17,693 inscrits, contre 5,411 voix à M. Bouvet, il reprit sa place à gauche, vota *contre* les jurys mixtes en matière d'enseignement supérieur, *contre* « les menées ultramontaines » (4 mai 1877), et fut des 363. *Les* élections du 14 octobre 1877, après la dissolution de la Chambre par le cabinet du 16 mai, lui furent encore favorables, et il fut renvoyé à la Chambre par 10,907 voix sur 16,763 votants et 19,264 inscrits, contre 5,748 voix à M. de Boyenval, candidat du gouvernement, bonapartiste. Il vota *pour* l'enquête sur les actes du cabinet de Broglie-Fourtou, *contre* le cabinet de Rochebouët, *pour* les ministères républicains qui suivirent, *pour* l'application des décrets aux congrégations, *pour* les lois sur l'enseignement, etc. Son attitude ne varia pas dans les législatures suivantes où il fut successivement appelé : le 21 août 1881, par 9,826 voix sur 14,800 votants et 19,123 inscrits, contre 4,628 voix à M. de Froissard, et, le 4 octobre 1885, sur la liste radicale du Jura, élu, le 1er sur 5, par 40,259 voix sur 68,240 votants et 81,095 inscrits. Après avoir voté l'expulsion des princes (juin 1886), M. Gagneur, dans la dernière session, s'abstint sur le rétablissement du scrutin d'arrondissement (11 février 1889), et se prononça *contre* l'ajournement indéfini de la révision de la Constitution, *pour* les poursuites contre trois députés membres de la Ligue des patriotes, *contre* le projet de loi Lisbonne restrictif de la liberté de la presse, *pour* les poursuites contre le général Boulanger.

GAGNIÈRES (Pierre), député en 1789, né à Saint-Etienne (Loire) le 20 novembre 1745, mort à une date inconnue, était curé de Saint-Cyr-les-Vignes, lors de la Révolution. Il fut élu, le 23 mars 1789, par le bailliage du Forez, député du clergé aux Etats-Généraux, signa les protestations des 12 et 15 septembre 1791 contre les actes de la majorité de l'Assemblée, émigra peu après, et ne reparut plus en France. Le *Moniteur* est muet sur son compte.

GAGON DU CHESNAY (Marie-Toussaint), député en 1789, né à Dinan (Côtes-du-Nord) le 30 avril 1736, mort à Dinan le 16 septembre 1805, appartenait à une famille de bourgeoisie aisée. Reçu avocat au parlement, le 4 février 1760, il parcourut toute la série des charges municipales, devint maire de Dinan (1er février 1774). Il partie des états de Bretagne, et fut élu, le 11 avril 1789, avec 58 voix sur 115 votants, député du tiers aux Etats-Généraux par la sénéchaussée de Dinan. Il joignait alors à sa profession d'avocat l'exercice de nombreuses judicatures : celles de sénéchal de la juridiction de la baronnie du Bois de la Motte et de Kergarlay en Dinan, de procureur fiscal, civil et criminel du prieuré de Saint-Malo de Dinan, etc. Il adhéra timidement aux idées nouvelles, vota à l'Assemblée avec les réformateurs modérés ; puis, effrayé par les progrès de la Révolution, disparut de la scène politique et se retira dans sa terre du Chesnay-en-Taden. Il revint à Dinan après le 9 thermidor, fut nommé assesseur du juge de paix en l'an IV, substitut du commissaire national près le tribunal correctionnel en germinal an V, et sous-préfet de Dinan par Bonaparte, le 21 floréal an VIII. On a de lui : *Projet de déclaration des droits de l'homme et du citoyen* (1789) ; *Observations*

relatives au droit féodal de la province de Bretagne (1790).

GAILHARD (Charles-Antoine-Marie-André), député au Conseil des Anciens, et de 1815 à 1816, né à Crest (Drôme) le 5 novembre 1763, mort à Valence (Drôme) le 20 mars 1842, suivit d'abord la carrière du barreau, et se prit d'enthousiasme pour les idées nouvelles, au début de la Révolution. Il assista aux états de Romans en qualité de député de la sénéchaussée de Crest, et il fonda l'année suivante, dans cette même ville, la Société populaire, dont il fut nommé premier secrétaire, et qu'il affilia à celle de Paris. Du mois d'août 1790 à la fin de 1792, il fut procureur syndic du district de Crest, et, de décembre 1792 à vendémiaire an II, procureur de la commune de Crest. Mais ayant été signalé comme contre-révolutionnaire, il fut enfermé dans la tour de Crest, puis conduit à Paris. Grâce à l'influence du conventionnel Amar, il fut acquitté, et, afin de se faire oublier, il s'engagea au 18e dragons, alors à l'armée des Pyrénées-Orientales (13 brumaire an II) ; il y resta jusqu'au 29 germinal an III. De nouveau arrêté, toujours sous le même prétexte, et conduit à Nîmes, il fut rendu à la liberté après le 9 thermidor. Il revint à Crest au moment des élections, et, le 23 vendémiaire an IV, fut élu député de la Drôme au Conseil des Anciens, par 126 voix sur 234 votants. Mais comme on le soupçonnait encore d'opinions réactionnaires, sa conduite fut soumise à plusieurs enquêtes, et finalement on le valida. Ayant siégé parmi les Clichiens, il fut proscrit au 18 fructidor. Il adhéra au 18 brumaire, et, le 6 frimaire an VIII, fut nommé directeur des contributions à Valence, où il resta jusqu'au 10 décembre 1816. En 1811, il refusa la préfecture de Seine-et-Oise, et, en 1814, applaudit au retour des Bourbons. Le 22 août 1815, il fut député par le collège du département de la Drôme, avec 79 voix sur 132 votants et 185 inscrits, et siégea dans la majorité de la Chambre introuvable. En 1820, 1824 et 1830, il fut encore candidat royaliste dans l'arrondissement de Valence, mais il échoua contre le candidat de l'opposition. Il était conseiller général de la Drôme depuis le 1er thermidor an VIII. Chevalier de la Légion d'honneur en 1829.

GAILLARD (Jean-Laurent-Fortunat), député en 1791, né à Valence (Drôme) en 1733, mort à Valence le 14 janvier 1816, fut nommé, au début de la Révolution, président du tribunal de district de Valence. Le 2 septembre 1791, il fut élu, le 5e sur 7, député de la Drôme à l'Assemblée législative, par 201 voix (364 votants). Il vota avec le parti modéré. Plus tard, sous le Consulat, il devint juge-suppléant au tribunal criminel de la Drôme.

GAILLARD (Côme-François), membre de la Convention, député au Conseil des Cinq-Cents, né à Montargis (Loiret) le 26 septembre 1750, mort à Montargis le 9 mars 1829, président du tribunal de ce district, fut élu, le 7 septembre 1792, premier suppléant du Loiret à la Convention nationale, par 264 voix sur 373 votants. Il fut admis à siéger le 26 juillet 1793, en remplacement de Louvet, en fuite, se fit peu remarquer dans cette assemblée, et quitta la vie politique après la session.

GAILLARD (Maurice-André), député au Corps législatif de l'an XIV à 1810, né à Château-Thierry (Aisne) le 16 octobre 1757, mort à

Paris le 11 décembre 1844, fils de Maurice-Gabriel Gaillard, maître en chirurgie, et de Marie-Nicole Cossé, étudia le droit, entra en 1778 dans la congrégation de l'Oratoire et professa les belles-lettres, jusqu'en 1791, au collège de Juilly. Il quitta la congrégation sous la Révolution, exerça les fonctions de défenseur officieux à Melun, devint président du directoire du département, puis secrétaire général de la préfecture de Seine-et-Marne, et entra dans la magistrature. Successivement juge de paix du canton de Tournan, puis juge au tribunal criminel, puis président de ce tribunal, il fut élu le 2 vendémiaire an XIV, par le Sénat conservateur, député de Seine-et-Marne au Corps législatif, où il siégea jusqu'en 1810. Le 9 décembre 1810, Gaillard fut promu conseiller à la cour impériale de Paris. Il se rallia à la Restauration, qui le fit (29 août 1815) conseiller à la cour de cassation, et fut admis à la retraite le 31 juillet 1831, avec le titre de conseiller honoraire. Rendu à la vie privée, il fit paraître un ouvrage intitulé : *Des qualités et des droits d'un président de cour d'assises.* M. Gaillard était l'ami intime de Fouché, qui avait été son collègue à Juilly, et l'adresse du député de Seine-et-Marne à Paris, quand il venait siéger, était celle-ci : « Au ministère de la police générale. »

GAILLARD (PIERRE), député de 1831 à 1834, né à Talais (Gironde) le 9 octobre 1788, mort à Talais le 26 février 1847, appartint à l'armée, qu'il quitta avec le grade de capitaine de grenadiers de la garde. Conseiller général de la Gironde (1831-1839), il fut élu député du 7e collège de la Gironde (Lesparre), le 5 juillet 1831, par 91 voix sur 111 votants et 157 inscrits. M. P. Gaillard vota jusqu'en 1834 avec la majorité gouvernementale et ministérielle. En 1836, il fut nommé juge de paix de Saint-Vivien, et exerça ces fonctions jusqu'à sa mort.

GAILLARD (JULES), député de 1882 à 1889, né à Apt (Vaucluse) le 10 avril 1847, étudia le droit, fut reçu avocat, appartint quelque temps à la magistrature après le 4 septembre 1870, puis se fit inscrire en 1874 au barreau de Paris. Il se porta comme candidat républicain radical, le 26 février 1882, à l'élection législative complémentaire, motivée dans l'arrondissement d'Orange par la démission de M. Alphonse Gent, et fut élu député par 6,008 voix (11,817 votants, 22,336 inscrits), contre 5,313 voix à M. Eugène Raspail, ancien représentant. M. Jules Gaillard siégea à l'extrême-gauche, vota avec la fraction de ce groupe qui obéissait aux inspirations « libertaires » de MM. Henry Maret et de Lanessan, et soutint alors le ministère Freycinet. Il parut quelquefois à la tribune, notamment pour demander, le 9 décembre 1883, que la question du Tonkin fût soumise à l'arbitrage international. Partisan en principe de l'abolition des armées permanentes, il crut devoir, toutefois, s'abstenir, dans le vote qui eut lieu sur la proposition Gambon tendant à cette abolition immédiate. Il se prononça, d'ailleurs, en plusieurs circonstances, contre la politique opportuniste. Inscrit sur la liste républicaine radicale aux élections d'octobre 1885, dans le département de Vaucluse, il fut élu, au scrutin de ballottage, le 2e sur 4, par 33,305 voix (62,052 votants, 77,730 inscrits), prêta son appui aux ministères radicaux de la législature, vota pour la revision de la Constitution, renouvela, à différentes reprises, ses propositions d'arbitrage, se sépara de ses col-

lègues, MM. Laguerre et Alfred Naquet, lors de la formation du parti boulangiste, qu'il combattit, proposa, au moment de l'interpellation Andrieux sur le Tonkin (28 février 1889), la neutralisation de ce pays, et continua de voter avec le groupe de l'extrême-gauche, où il resta inscrit. Dans la dernière session il s'est prononcé : *contre* le rétablissement du scrutin d'arrondissement (11 février 1889), *contre* l'ajournement indéfini de la revision de la Constitution, *pour* les poursuites contre trois députés membres de la Ligue des patriotes, *contre* le projet de loi Lisbonne restrictif de la liberté de la presse, *pour* les poursuites contre le général Boulanger.

GAILLARD (GILBERT), député de 1883 à 1889, né à Maringues (Puy-de-Dôme) le 19 novembre 1843, entra à l'Ecole polytechnique en 1863, en sortit ingénieur, mais ne prit point rang dans les services publics. Manufacturier à Clermond-Ferrand, il fut nommé conseiller municipal de cette ville en 1870, devint adjoint au maire l'année suivante, donna sa démission au 24 mai 1873, fut réélu, et conserva cette fonction jusqu'au 16 mai 1877, époque à laquelle il donna de nouveau sa démission. Conseiller général du Puy-de-Dôme pour le canton de Rochefort, il fut maire de Clermont-Ferrand du mois de mai 1880 à l'année 1884, et remplit en outre les fonctions de membre et de vice-président de la chambre de commerce. Le 8 avril 1883, il fut élu député de la 1re circonscription de Clermond-Ferrand, par 7,755 voix (15,439 votants, 25,115 inscrits), contre 3,258 à M. Mouton-Chapat, 1,645 à M. Moreau, 1,074 à M. Fargeix, et 1,004 à M. Saint-Rame. Il remplaçait à la Chambre M. Tisserand, décédé. M. Gilbert Gaillard se fit inscrire au groupe de l'Union républicaine, appartint à plusieurs commissions, entre autres à la commission d'initiative parlementaire qui le chargea de divers rapports, fit notamment une proposition tendant à l'amélioration du sort des militaires réformés par congé n° 1, interpella (juillet 1883) le gouvernement sur la mise en demeure faite à un substitut du tribunal d'Orange d'opter entre sa place et la candidature au conseil général du Gard qu'on réservait à M. Cazot, et vota avec les opportunistes *pour* les crédits de l'expédition du Tonkin. Porté sur la liste républicaine modérée, il fut réélu député du Puy-de-Dôme, le 4 octobre 1885, le 5e sur 9, par 77,859 voix (132,128 votants, 169,883 inscrits), reprit sa place dans la majorité, prêta son concours aux ministères Rouvier et Tirard, et se prononça en dernier lieu : *pour* le rétablissement du scrutin d'arrondissement (11 février 1889), *contre* l'ajournement indéfini de la revision de la Constitution, *pour* les poursuites contre trois députés membres de la Ligue des patriotes, *pour* le projet de loi Lisbonne restrictif de la liberté de la presse, *pour* les poursuites contre le général Boulanger. Chevalier de la Légion d'honneur.

GAILLARD (AUGUSTE-PIERRE-ANTOINE), député de 1888 à 1889, né à Lyon le 19 juin 1836, était propriétaire, lorsqu'il fut élu, le 29 avril 1888, député de l'Isère, par 40,488 voix sur 96,489 votants et 166,063 inscrits, contre 37,925 voix à M. Girerd et 14,374 au général Boulanger, en remplacement de M. Valentin, décédé. Il prit place à la gauche radicale, vota avec ce groupe, et se prononça en dernier lieu : *pour* le rétablissement du scrutin d'arrondissement, *contre* l'ajournement indéfini de la revision de la Constitution, *pour* les poursuites contre trois députés membres de la Ligue des patriotes, *pour* les poursuites contre le général Boulanger ; il s'abstint sur le projet de loi Lisbonne restrictif de la liberté de la presse.

GAILLARD DE KERBERTIN (Fidèle-Marie), député de 1830 à 1842, et pair de France, né à Ploërmel (Morbihan) le 19 mai 1789, mort à Rennes (Ille-et-Vilaine) le 12 octobre 1845, était « fils de noble maître Pierre-Toussaint Gaillard de Kerbertin, avocat au parlement, maire de cette ville et commissaire des Etats de Bretagne, et de dame Marie-Claude-Jacquette Dumay de la Morissais ». Pierre-Toussaint Gaillard, vice-président du directoire de Ploërmel en 1792, avait été élu, en septembre, membre de la Convention par le département du Morbihan, mais avait refusé de siéger. Son fils, Fidèle-Marie, étudia le droit, se fit recevoir avocat, et passa d'abord pour partisan déclaré des idées libérales ; sous la Restauration, il fit une assez vive opposition au gouvernement royal. Il applaudit à la révolution de juillet, fut nommé par Dupont de l'Eure procureur général à Rennes, et, peu après, premier président à la cour. Le 21 octobre 1830, le 4ᵉ collège électoral d'Ille-et-Vilaine (Redon) l'envoya, par 35 voix sur 37 votants et 90 inscrits, siéger à la Chambre, en remplacement de M. de Gibon, démissionnaire. Le même jour, il fut également élu dans le 4ᵉ collège du Morbihan (Ploërmel) par 70 voix (140 votants, 191 inscrits), en remplacement d'un autre député démissionnaire, M. de la Boëssière. Réélu, le 5 juillet 1831, à la fois dans ce dernier collège, qui lui donna 48 voix sur 76 votants et 173 inscrits, et dans la 7ᵉ circonscription d'Ille-et-Vilaine (Montfort) où il obtint 70 voix sur 99 votants et 151 inscrits, il prêta tout son concours à la politique du gouvernement, vota *pour* la condamnation du journal *la Tribune*, fut réélu député de Montfort, le 21 juin 1834, par 80 voix (89 votants, 150 inscrits), approuva les lois de septembre, les lois de dotation et de disjonction, etc., et obtint encore sa réélection, le 6 juin 1837, par 74 voix (106 votants, 152 inscrits), et le 2 mars 1839, à Rennes, par 248 voix (400 votants, 635 inscrits). Dévoué à la politique de Guizot, il fit partie, dans l'intérêt de cette politique, de la « coalition » contre le ministère Molé. M. Gaillard de Kerbertin vota constamment avec le parti doctrinaire, et, ayant quitté la Chambre des députés en 1842, fut appelé à la Chambre des pairs le 19 avril 1845. Il mourut la même année. — Officier de la Légion d'honneur.

GAILLON (Antoine Vion, marquis de), député en 1789, né au château de Gaillon (Seine-et-Oise) le 18 avril 1731, mort à Paris le 18 avril 1812, appartint à l'armée sous l'ancien régime. Ancien capitaine de cavalerie, il fut élu, le 23 mars 1789, député de la noblesse aux Etats-Généraux par le bailliage de Mantes et Meulan. Il demanda l'abolition du droit d'ainesse dans les premiers temps de la session, et ne prit plus la parole dans l'assemblée.

GAILLY (Gustave-Adrien), représentant en 1871, député de 1876 à 1880 et membre du Sénat, né à Charleville (Ardennes) le 25 janvier 1825, fit ses études au collège de sa ville natale, puis s'établit maître de forges, acquit une importante situation industrielle et devint président du tribunal de commerce de Charleville. Après le 4 septembre 1870, il fut nommé maire,

et il remplit cette fonction pendant l'occupation prussienne. Le 8 février 1871, M. Gailly fut élu, le 3ᵉ sur 6, représentant des Ardennes à l'Assemblée nationale, par 32.939 voix, 57.130 votants, 90,265 inscrits. Il devint, le 8 octobre de la même année, conseiller général des Ardennes. D'opinions à la fois conservatrices et libérales, il prit place au centre gauche de l'Assemblée nationale, se rallia à la République, et vota : *pour* la paix, *pour* la loi sur les conseils généraux, *pour* la proposition Rivet, *pour* le retour de l'Assemblée à Paris, *contre* la démission de Thiers au 24 mai. M. Gailly fit une opposition constante au ministère de Broglie, se prononça *contre* le septennat, *contre* la loi des maires, *pour* la Constitution du 25 février 1875, etc. Après la séparation de l'Assemblée nationale, candidat républicain modéré à la Chambre des députés, dans l'arrondissement de Mézières, et fut élu, le 20 février 1876, par 12,570 voix (16,461 votants, 22,853 inscrits), contre 255 voix à M. Riché et 219 à M. de Béthune. « Mon programme, avait-il dit dans sa profession de foi, peut se résumer en quelques mots : paix à l'extérieur ; au dedans, affermissement de la République par l'avènement d'un grand parti constitutionnel assez fort pour résister aux factieux et aux intransigeants, de quelque côté qu'ils viennent, assez patriote pour assurer enfin à la France le repos dont elle a besoin. » Il reprit sa place au centre gauche et fut nommé questeur de la Chambre. Il vota avec la majorité républicaine, fut des 363, et obtint le renouvellement de son mandat, le 14 octobre 1877, par 11,800 voix (19,981 votants et 23,312 inscrits), contre 8,108 voix à M. Sanson, candidat monarchiste et officiel. Il redevint questeur, vota comme précédemment avec la gauche modérée, *pour* la commission d'enquête parlementaire chargée de constater les abus de pouvoir, *pour* l'ordre du jour contre le cabinet Rochebouët, soutint le ministère Dufaure, se prononça *pour* l'article 7 et *pour* les lois Ferry sur l'enseignement, *pour* l'invalidation de l'élection de Blanqui, etc., et quitta la Chambre des députés le 9 mai 1880, ayant été élu sénateur des Ardennes, en remplacement de M. Cunin-Gridaine, décédé, par 285 voix (574 votants) contre 244 au candidat radical, M. Léon Robert, ancien représentant. M. Gailly fit partie du centre gauche au Sénat et ne cessa de donner son suffrage à la politique opportuniste suivie par le gouvernement d'accord avec la majorité parlementaire. Il vota notamment pour la réforme du personnel de la magistrature, *pour* le rétablissement du divorce, *pour* les crédits de l'expédition du Tonkin, etc., et se représenta au renouvellement triennal du 6 janvier 1885 ; il obtint, au premier tour de scrutin, 381 voix, 424 au second, et fut élu au troisième par 438 voix (843 votants), contre 401 données à son beau-frère, M. Neveux, député des Ardennes. M. Gailly se prononça notamment *pour* l'expulsion des princes, *pour* la nouvelle loi militaire, et, en dernier lieu, *pour* le rétablissement du scrutin d'arrondissement (13 février 1889), *pour* le projet de loi Lisbonne restrictif de la liberté de la presse ; il s'abstint sur la procédure à suivre devant le Sénat pour juger les attentats contre la sûreté de l'Etat (affaire du général Boulanger).

GAIN (Victor-Louis), représentant à l'Assemblée législative de 1849, né à Montreuil-Bellay (Maine-et-Loire) le 5 novembre 1799, mort à Angers (Maine-et-Loire) le 6 mars 1878, étudia le droit, se fit recevoir avocat, et fut élu, sur la liste conservatrice, le 13 mai 1849, représentant de Maine-et-Loire à l'Assemblée législative, le 10e sur 11, par 52,749 voix (104,313 votants, 151,062 inscrits). Il vota avec la majorité antirépublicaine : *pour* les crédits de l'expédition de Rome, *pour* la loi Falloux-Parieu sur l'enseignement, etc., et, rallié à la politique de l'Elysée et au coup d'Etat de 1851, entra dans la magistrature impériale comme conseiller à la cour d'Angers. Il occupa ce poste jusqu'au 30 mars 1870, époque de sa mise à la retraite.

GALABERT (LOUIS-JACQUES), député de 1831 à 1834, né à Castelnaudary (Aude) le 27 mars 1773, mort à Paris le 7 janvier 1841, suivit la carrière militaire. Il avait le grade de colonel et était chevalier de la Légion d'honneur, lorsqu'il fut élu, le 5 juillet 1831, par 100 voix sur 195 votants et 279 inscrits, contre 48 à M. Aylies et 44 à M. Laudet fils, député du 5e collège du Gers. M. Galabert siégea dans l'opposition dynastique et vota avec elle : *contre* l'ordre du jour motivé de M. Ganneron exprimant « la satisfaction » de la Chambre au sujet de la situation extérieure, *contre* les ordonnances du 31 novembre 1831 relatives à la nomination de plusieurs pairs de France, *contre* l'emploi par les ministres de la dénomination inconstitutionnelle de « sujets ». Signataire (1832) du *Compte-rendu* de l'opposition, il ne crut pas, toutefois, devoir se récuser dans l'affaire du journal la *Tribune*. Il ne fit point partie d'autres législatures.

GALARD DE BRASSAC. — *Voy.* BÉARN (COMTE DE).

GALARD-TERRAUBE (LOUIS-ANTOINE-MARIE-VICTOR DE), député de 1822 à 1827, né à Terraube (Gers) le 1er juillet 1765, mort à Paris le 6 mai 1840, fit sa carrière dans la marine royale et, parvenu au grade de capitaine de vaisseau, reçut du gouvernement de la Restauration les fonctions de directeur de l'Ecole de marine d'Angoulême. Chevalier de Saint-Louis et de la Légion d'honneur, il fut élu, le 16 mai 1822, par 156 voix sur 221 votants et 275 inscrits, député du Gers, au collège de département, prit place à droite, et fit partie de la majorité royaliste. Réélu, le 6 mars 1824, par 149 voix sur 200 votants et 306 inscrits, il soutint le ministère, et prit la parole dans la discussion sur la validité des opérations électorales de l'arrondissement de Condom. Un recueil de biographies parlementaires, très hostile au triumvirat Corbière-Villèle-Peyronnet, appréciait en ces termes l'intervention de M. Galard-Terraube : « Les noms d'Eauze et de Galard-Terraube sont désormais devenus inséparables, et il n'est pas un de nos lecteurs qui n'ait présent à l'esprit le naïf discours du directeur de l'Ecole de marine d'Angoulême, dans lequel, en voulant prouver qu'il n'y avait eu aucune fraude employée dans les élections de l'arrondissement de Condom, dont le collège électoral avait été réuni à Eauze, il parvint à démontrer tout le contraire. Jamais orateur ne fut plus maladroit, et jamais aussi il n'y eut à la Chambre une hilarité plus générale. » M. de Galard-Terraube ne fit pas partie d'autres législatures.

GALBERT (GASPARD, VICOMTE DE), député en 1789, né à Grenoble (Isère) le 18 mai 1752, mort à Grenoble le 18 avril 1807, était fils d'Oronce de Galbert, conseiller au parlement du Dauphiné, et de Constance Le Clet. Il servit dans la marine royale sous l'ancien régime, et fut successivement garde de marine (22 mars 1766), enseigne de vaisseau (1er octobre 1773), lieutenant de vaisseau (13 mars 1779), chevalier de Saint-Louis (9 mai 1781), capitaine de compagnie (1er mai 1784), et major de vaisseau (1er mai 1786). Embarqué sur le *Sagittaire*, il resta en croisière devant l'île de Corse du 11 juin au 10 décembre 1768, coopéra en 1770 au bombardement de Tunis, passa à la Martinique sur la corvette l'*Etourdie* (1er octobre 1774 — 8 juin 1775), revint en France sur la corvette l'*Oiseau* (17 avril 1776), reprit la mer sur la *Licorne* (juin 1776), puis, sur le *Solitaire*, prit part au combat d'Ouessant (27 juillet), et fit campagne sur l'*Artésien*, dans l'escadre de La Motte-Piquet, du 1er novembre 1778 au 8 janvier 1781. Nommé député aux états du Dauphiné (1788), il fut élu, l'année suivante, par la colonie de la Guadeloupe, où il s'était marié en secondes noces avec la cousine germaine de sa première femme, Mlle Marie de Boischerry, député aux Etats-Généraux. Il ne siégea pas dans l'Assemblée, où les députés des colonies ne furent admis qu'au reste que tardivement. Il était resté sur les vaisseaux du roi. En 1779, il avait été mis à l'ordre du jour de la flotte pour sa brillante conduite au siège de Savannah (Géorgie), où il commandait les compagnies de débarquement, et avait reçu pour ce fait la croix de l'ordre de Cincinnatus de la part de Washington, dont l'amiral d'Estaing lui transmit, dans une lettre des plus flatteuses, les remerciements personnels. M. de Galbert fut promu capitaine de vaisseau le 1er janvier 1792 ; mais la marche des événements, qu'il désapprouvait, lui fit donner sa démission le 12 mars suivant. Rentré en France, il rendit à Madame Royale, plus tard duchesse d'Angoulême, des services en récompense desquels ses descendants et alliés pouvaient être élevés aux frais de la famille royale. Le gouvernement consulaire nomma M. de Galbert conseiller assesseur à la cour d'appel de la Guadeloupe (16 fructidor an XI), fonctions qu'il exerça jusqu'à sa mort.

GALEN (CLÉMENT-AUGUSTE, COMTE DE), député au Corps législatif de 1811 à 1814, date de naissance et de mort inconnues, appartenait à une famille originaire de Wesphalie, et dont un membre, Jean de Galen, se distingua comme amiral au service de la Hollande. Le comte de Galen fut, le 23 février 1811, nommé directement par l'empereur député de la Lippe au Corps législatif sur une liste de présentation dressée par le préfet de ce département récemment annexé au territoire français. Le 17 février 1813, il écrivit au président du Corps législatif qu'il ne pouvait se rendre à son poste pour cause de maladie. Le 23 octobre suivant, le préfet de la Lippe transmettait à son sujet au ministre de l'intérieur la note officielle qui suit : « Le département de la Lippe a deux députés, M. le comte de Galen et M. le duc de Looz. Le premier est un très brave homme, fort riche, mais très endetté ; je ne puis connaître bien positivement son attachement pour le gouvernement, attendu qu'il n'est presque jamais ici ; il habite une terre hors du département, d'où sa santé ne lui permet plus de sortir ; je doute qu'il puisse retourner à Paris, il n'a pu s'y rendre lors de la session du Corps législatif. Le mariage qu'il a contracté, il y a trois ans, avec sa servante lui a ôté beaucoup de sa considération. Le C¹ᵉ Dusaillaux. »

GALIBER (Charles-Eugène), ministre de la marine de 1885 à 1886, né le 2 juillet 1824, entra à l'Ecole navale en 1840. Aspirant de deuxième classe en 1842, enseigne de vaisseau en 1846, lieutenant de vaisseau le 8 mars 1854, capitaine de frégate le 31 décembre 1862, capitaine de vaisseau le 22 mai 1869, il remplit auprès de l'amiral Rigault de Genouilly les fonctions d'aide-de-camp, exerça divers commandements à la mer, entre autres celui d'une corvette cuirassée dans l'escadre d'évolutions, et fut promu contre-amiral le 29 janvier 1879 ; il fut alors placé à la tête de l'escadre volante de l'Océan Atlantique. Au mois d'août 1883, après la mort de l'amiral Pierre, qui avait été chargé de l'expédition de Madagascar, l'amiral Galiber fut envoyé en mission temporaire dans la mer des Indes, et prit le commandement de la division navale et du petit corps de débarquement jusqu'à son remplacement par l'amiral Miot. Il contribua à rétablir sur un pied de cordialité les relations tendues qui existaient avec la station anglaise à la suite des incidents de Tamatave et de l'incarcération du pasteur méthodique Shaw. Pendant son séjour à Madagascar, l'amiral Galiber eut plusieurs conférences avec les fondés de pouvoir de la cour d'Emyrne : sa patience fut mise à une telle épreuve par leur duplicité qu'il rompit lui-même tous les pourparlers. Rentré en France, il fut promu grand officier de la Légion d'honneur, puis fit partie du conseil d'amirauté en qualité de membre titulaire. Il occupait cette situation lorsque le choix du président de la République l'appela à prendre, le 6 avril 1885, dans le cabinet Brisson, le portefeuille de la Marine. Il s'associa aux actes de ses collègues et donna sa démission avec eux le 6 janvier 1886. — M. Galiber a été promu vice-amiral le 9 mai 1885, pendant qu'il était ministre.

GALIS (Antoine-Jean), député de 1839 à 1844, né à Paris le 3 janvier 1792, mort à une date inconnue, étudia le droit et se fit recevoir avocat. Partisan de la révolution de 1830, il fut nommé à cette époque substitut du procureur du roi, puis il donna sa démission, reprit à Paris l'exercice de sa profession d'avocat, se fit élire membre du conseil général de la Seine, et entra, le 2 mars 1839, à la Chambre des députés, comme représentant du 9ᵉ arrondissement de Paris, avec 305 voix sur 568 votants, contre 253 à M. Locquet, député sortant, ministériel. M. Galis prit place au centre gauche, se prononça pour la sincérité du gouvernement représentatif et vota parfois avec l'opposition. Le 9 juillet 1842, il obtint sa réélection par 320 voix sur 579 votants, contre 259 à M. Locquet ; il revint siéger dans le tiers-parti ; mais il donna sa démission de député au commencement de l'année 1844. Convoqués à nouveau pour le 12 avril 1844, les électeurs du 9ᵉ arrondissement de Paris nommèrent à sa place son ancien concurrent, M. Locquet.

GALLAND (Joseph-Nicolas), député en 1789, né à Lunéville (Meurthe) le 18 avril 1738, mort à Trèves (Allemagne) le 26 février 1793, était curé de Charmes depuis 1772, lorsqu'il fut, le 31 mars 1789, élu, avec 8 voix sur 14 votants, député du clergé aux Etats-Généraux par le bailliage de Mirecourt. Il refusa de prêter, en

1791, le serment civique, émigra, et se rendit en Allemagne, où il mourut.

GALLEANI-D'AGLIANO (Joseph-Marie-Placide-Laurent), député au Corps législatif de 1808 à 1814, né à Saluces (Italie) le 5 octobre 1762, mort à Saluces le 13 mars 1838, était propriétaire à Carglio. Le 28 septembre 1808, il fut élu par le Sénat conservateur député du département de la Stura au Corps législatif ; il y siégea jusqu'en 1814. Il avait été fait chevalier de la Légion d'honneur.

GALLET (Pierre-Charles), député au Conseil des Cinq-Cents, né à Craponne (Haute-Loire) le 17 août 1760, mort à une date inconnue, étudia le droit et fut reçu (1785) avocat au parlement de Toulouse. Il devint, en 1790, juge suppléant au tribunal de district du Puy, puis, en novembre 1792, accusateur public par intérim. Administrateur du district du Puy (an III), il fut élu, le 22 germinal an V, par 123 voix sur 166 votants, député de la Haute-Loire au Conseil des Cinq-Cents, où il ne siégea pas, les opérations des assemblées primaires de son département ayant été annulées par suite du coup d'Etat de fructidor. Il redevint alors avocat au Puy, jusqu'à l'époque où le gouvernement consulaire le nomma (an X) juge suppléant au tribunal de cette ville.

GALLICHER (Louis), représentant en 1871, né à Lissay-Lochy (Cher) le 10 septembre 1814, mort à Vierzon (Cher) le 25 février 1885, fut élève de l'Ecole centrale, en sortit comme ingénieur civil, et dirigea successivement, dans le département du Cher, les forges de Rigny, de Rozières et de Bourges. Membre de la Société d'agriculture (1846), vice-président du comice agricole de Bourges, maire de Lissay (1851-1855), puis conseiller municipal de Bourges (1855-1870), il fut porté, lors des élections du 8 février 1871 à l'Assemblée nationale, sur la liste des candidats conservateurs, et élu représentant du Cher, le 6ᵉ sur 7, par 50,310 voix (76,432 votants, 95,825 inscrits). Il vota d'abord avec le centre droit, puis il se rapprocha en quelques circonstances du centre gauche, et finit par se faire inscrire à ce dernier groupe. Sans paraître à la tribune, M. Gallicher se prononça : *pour* la paix, *pour* les prières publiques, *pour* le pouvoir constituant de l'Assemblée, *cont.* le retour à Paris, *contre* la démission de Thiers au 24 mai, *pour* la prorogation des pouvoirs du maréchal, *pour* l'état de siège ; il *s'abstint* dans le vote sur la loi des maires, et vota *pour* l'amendement Wallon, *contre* l'amendement Pascal Duprat et *pour* l'ensemble des lois constitutionnelles. Après la législature, M. Gallicher, qui avait été renommé maire de Lissay en mai 1871, ne se représenta pas aux élections qui suivirent. Il se retira à Vierzon, où il mourut. On a de lui : *Notes et renseignements sur les forges du Berry* (1841) ; *Le Cher agricole et industriel* (1870), etc.

GALLIEN (Jean-Pierre), comte de Chabons, pair de France, né à Grenoble (Isère) le 11 mai 1756, mort à Fontainebleau (Seine-et-Marne) le 24 octobre 1839, appartenait à une famille originaire du Viennois, en Dauphiné. Son frère était capitaine de vaisseau. Jean-Pierre Gallien de Chabons entra dans les ordres, s'y distingua, devint, en 1821, premier aumônier de la duchesse de Berry, fut sacré évêque d'Amiens le 17 novembre 1822, et reçut, le 5 décembre 1824, la dignité de pair de France. Il cessa de siéger dans la Chambre haute lors de la révolution de 1830; mais il conserva son évêché jusqu'en 1837.

GALLIMARD-CARREAU (PIERRE - FÉLIX-ALEXANDRE), député de 1831 à 1834, né aux Riceys (Aube) le 7 août 1782, mort aux Riceys le 11 avril 1859, négociant en vins, fut élu député, le 5 juillet 1831, par le 2ᵉ collège électoral de l'Aube (Bar-sur-Seine), avec 134 voix sur 264 votants et 318 inscrits, contre 129 à M. Rambourgt. En 1834, il déclina toute nouvelle candidature. Conseiller général et maire des Riceys de 1837 à 1848, il se consacra presque exclusivement aux soins de ses propriétés et de son commerce.

GALLISSONNIÈRE (AUGUSTIN-FÉLIX-ELISABETH BARRIN, COMTE DE LA), député en 1789 et au Corps législatif en 1810, né à Avoise (Sarthe) le 29 mars 1757, mort à Paris le 2 mars 1828, « fils de haut et puissant seigneur messire Charles-Vincent Barrin, chevalier, marquis de la Gallissonnière, chef de nom et armes, seigneur de Parcé, le Bailleul, Saint-Aubin, la Guerche et autres lieux, et de haute et puissante dame Marie-Anne-Madelaine de Jacque de la Borde, son épouse, » entra tout jeune dans la marine, alla à Québec rejoindre son oncle l'amiral et fut fait prisonnier à Belle-Ile. De 1761 à 1762, il fut capitaine de dragons dans le régiment de Languedoc et fit en cette qualité les deux dernières campagnes de Hanovre. Colonel de la légion de Flandre le 3 janvier 1770, puis, en 1779, officier d'état-major de l'armée destinée à opérer une descente en Angleterre, enfin, le 9 mars 1788 maréchal-de-camp, il fut nommé, le 3 mars 1789, grand sénéchal d'épée héréditaire des cinq sénéchaussées de l'Anjou et du Saumurois, le 16, président de l'ordre de la noblesse, et, le 1ᵉʳ avril, après trois scrutins, premier député de la noblesse aux Etats-Généraux pour la sénéchaussée d'Anjou. Il siégea au côté droit de l'Assemblée, vota *contre* les plans financiers de Necker, *contre* la déclaration des droits de l'homme, *contre* la vente des biens du clergé, *contre* le changement du drapeau, *contre* la constitution civile du clergé, et s'associa à toutes les protestations de la minorité. Parent éloigné de madame de Pompadour, il dut abandonner quelques-unes de ses propriétés d'Anjou à Latude, qui lui intentait un procès pour sa longue incarcération à la Bastille. Il émigra quelque temps après, et commanda l'avant-garde de l'armée des princes. Rentré en France à l'époque du Consulat (1801), il fut élu, le 10 août 1810, par le Sénat conservateur, député de Maine-et-Loire au Corps législatif, et fut porté candidat au Sénat et à la pré-idence du Corps législatif. En 1812, il se rallia à l'opposition dirigée par M. Lainé, et fut nommé par la première Restauration (13 août 1814) général de division, et (23 août) commandeur de Saint-Louis. Il ne fit pas partie d'autres assemblées.

GALLOCHEAU (PIERRE-BARTHÉLEMY-AMABLE-HONORÉ), représentant à la Chambre des Cent-Jours, né à Saintes (Charente-Inférieure) le 19 octobre 1755, mort à Saintes en 1826, était juge de paix, lorsqu'il entra, le 11 mai 1815, à la Chambre dite des Cent-Jours, pour y représenter le collège de département de la Charente-Inférieure, qui lui avait donné 54 voix sur 98 votants. Il ne fit point partie d'autres législatures.

GALLOIS (JEAN-ANTOINE CAUVIN), membre

du Tribunat, né à Aix (Bouches-du-Rhône) le 17 janvier 1761, mort à Paris le 6 juillet 1828, se lia dans sa jeunesse avec Cabanis et fréquenta la société des philosophes. Le 16 juillet 1791, il fut envoyé en Vendée avec Gensonné, en qualité de commissaire enquêteur. « L'époque de la prestation du serment ecclésiastique, disait-il dans son rapport, a été pour la Vendée la première époque de ses troubles... Il est à craindre que les mesures vigoureuses, nécessaires dans les circonstances contre les perturbateurs du repos public, ne paraissent plutôt une persécution qu'un châtiment infligé par la loi. » En l'an VI, il partit pour l'Angleterre avec mission de traiter de l'échange des prisonniers, mais ne réussit pas. Partisan du 18 brumaire, il fut nommé, le 4 nivôse an VIII, membre du Tribunat, au nom duquel il défendit le projet de loi relatif à la paix d'Amiens; il prit aussi la parole en faveur de l'élévation de Bonaparte à la dignité impériale, et fut président (mai 1802) et secrétaire (janvier 1804) de cette Assemblée. Préfet du Doubs, le 1ᵉʳ ventôse an VIII, il fut nommé, le 25 prairial an XII, membre de la Légion d'honneur. Le 9 avril 1814, il adhéra à la déchéance de l'empereur, se tint à l'écart pendant les Cent-Jours et la seconde Restauration, et vécut dans la retraite. Membre associé de l'Institut depuis le 5 ventôse an IV, il fut nommé, le 11 janvier 1815, officier de la Légion d'honneur. Il avait publié avec Dupont de Nemours et Condorcet la traduction de l'ouvrage de Livingstone intitulé : *Examen du gouvernement de l'Angleterre comparé aux institutions des Etats-Unis.*

GALLONI D'ISTRIA (JÉRÔME - DOMINIQUE), représentant en 1871, sénateur de 1876 à 1885, né à Olmeto (Corse) le 20 janvier 1815, mort à Olmeto le 14 avril 1890, resta jusqu'en 1848 étranger à la politique. A cette époque il fut nommé conseiller de préfecture à Ajaccio; il devint ensuite secrétaire général de cette préfecture, puis sous-préfet à Bastia. Il servit l'Empire en cette qualité jusqu'au 4 septembre 1870. Il donna alors sa démission. Impérialiste ardent, il fut élu, le 8 février 1871, représentant de la Corse à l'Assemblée nationale, le 4ᵉ sur 5, par 20,069 voix (42,637 votants, 74,498 inscrits). Il se rendit à Bordeaux et prit place dans le petit groupe bonapartiste. Au cours de la discussion sur les préliminaires de paix, comme on lisait à la tribune le projet de traité avec la Prusse, M. Bamberger, député républicain de la Moselle, s'écria « qu'un seul homme, Napoléon III, devrait être capable de signer une pareille convention ». Un membre se leva alors et dit : « Jamais Napoléon III n'aurait signé un traité honteux ! » Sommé de se faire connaître, l'interrupteur jeta son nom avec défi : c'était M. Galloni d'Istria. Ses paroles soulevèrent un violent orage et donnèrent lieu au célèbre vote de déchéance de la dynastie impériale, à l'unanimité moins cinq voix. Toutefois, M. Galloni d'Istria se rallia à l'adoption du traité de paix. Il se prononça encore *pour* les prières publiques, etc., fit une opposition constante au gouvernement de Thiers, sans paraître d'ailleurs à la tribune, et se distingua surtout par la fréquence et la vivacité de ses interruptions. Il vota *pour* la démission de Thiers au 24 mai, et, partisan de l'appel au peuple, protesta contre la Constitution de 1875. Aux élections sénatoriales du 30 janvier 1876 en Corse, M. Galloni d'Istria fut porté candidat bonapartiste avec M. Valery, directeur d'une Compagnie de paquebots. L'appui des chefs du parti impérialiste, MM. Rouher, Abbatucci, etc., assura le succès de cette liste : M. Galloni d'Istria fut élu sénateur par 284 voix sur 476 votants. Il siégea à la Chambre haute dans le groupe de l'Appel au peuple, vota *pour* la dissolution de la Chambre des députés (1877), soutint le gouvernement du Seize-Mai, combattit ensuite le ministère parlementaire de Dufaure et ceux qui suivirent, et vota constamment avec la droite : *contre* l'article 7, *contre* l'application des lois aux congrégations non autorisées, *contre* les lois nouvelles sur la presse et le droit de réunion, *contre* la réforme judiciaire, *contre* le divorce. Il ne fut pas réélu au renouvellement triennal du 25 janvier 1885. Conseiller général du canton d'Olmeto, il avait été mis à la retraite comme sous-préfet le 29 août 1873. Chevalier de la Légion d'honneur.

GALLOT (Jean-Gabriel), député en 1789, né à Saint-Maurice-le-Girard (Vendée) le 3 septembre 1744, mort à la Rochelle (Charente-Inférieure) le 4 juin 1794, exerçait à Saint-Maurice la profession de médecin. Membre, pour l'élection de Fontenay-le-Comte, de l'assemblée d'élection convoquée en vertu de l'édit du 12 juillet 1787, il fut élu, le 16 mars 1789, par la sénéchaussée du Poitou, député du tiers aux Etats-Généraux. Il vota avec la majorité réformatrice de l'Assemblée constituante. Devenu, le 10 septembre 1791, administrateur du département de la Vendée, il prit une part active à la lutte contre le soulèvement royaliste, et se mit, en 1793, à la tête des troupes envoyées contre les incendiaires de Chollet. Il mourut l'année suivante.

GALLOT (Moyse-André), député de 1827 à 1831, fils du précédent, né à Saint-Maurice-le-Girard (Vendée) le 30 novembre 1782, mort à Saint-Maurice-le-Girard en 1841, propriétaire à la Rochelle où il dirigeait une entreprise de roulage, fut élu député, le 17 novembre 1827, par les libéraux du 1er arrondissement de la Charente-Inférieure (la Rochelle), avec 187 voix sur 283 votants et 338 inscrits, contre 85 à M. Fleuriau de Bellevue. Il fit partie de l'opposition constitutionnelle, fut des 221, et obtint sa réélection, le 23 juin 1830, par 234 voix (328 votants, 374 inscrits), contre 83 à M. Fleurian de Bellevue. Il prit part à l'établissement du gouvernement de Louis-Philippe, et quitta la vie politique en 1831.

GALLY (Jean-Honoré-Antoine-Vincent-Marie), député au Corps législatif de l'an X à 1813, né à Luceram (Alpes-Maritimes) le 25 janvier 1745, mort à une date inconnue, « fils à M. Pierre Gally et à la dame Anne-Françoise Gally, » était juge au tribunal criminel de Nice, lorsqu'il fut élu (6 germinal an X), par le Sénat conservateur, député des Alpes-Maritimes au Corps législatif. Il obtint un renouvellement de mandat le 2 mai 1809, et siégea dans cette Assemblée jusqu'en 1813, parmi les zélés partisans du gouvernement impérial.

GALMICHE (Nicolas), député de 1822 à 1824, né à Vesoul (Haute-Saône) le 18 janvier 1761, mort à Vesoul le 16 novembre 1833, fit ses études à l'université de Besançon, et revint dans sa ville natale comme avocat au parlement. En 1791, il devint commissaire du gouvernement près du tribunal de district de Vesoul, et, en l'an V, professeur de législation à l'Ecole centrale de Vesoul. Sa chaire ayant été supprimée, il reprit sa robe d'avocat. Nommé

(1816) vice-président du tribunal civil de Vesoul, puis président de la cour prévôtale de la Haute-Saône, il fut élu député, le 28 janvier 1822, dans le 2e arrondissement électoral de la Haute-Saône (Vesoul), en remplacement de Martin (de Gray), démissionnaire, par 115 voix sur 207 votants et 297 inscrits, contre 91 voix à M. Nourrisson; réélu, le 13 novembre suivant, par 134 voix sur 263 votants et 301 inscrits, contre 128 à M. de Grammont, il ne se représenta pas en 1824. A la Chambre, il s'était mêlé aux débats concernant la jurisprudence et l'agriculture, et s'était fait remarquer dans les bureaux et les commissions. Conseiller municipal et conseiller d'arrondissement, il a laissé en manuscrit un *Cours complet de droit*. Chevalier de la Légion d'honneur.

GALOS (Jacques), député en 1830, né à Arance (Basses-Pyrénées) le 29 septembre 1774, mort à Paris le 30 décembre 1830, était maître des requêtes au conseil d'Etat. Le 21 octobre 1830, la démission de M. de Lur-Saluces ayant déterminé une vacance à la Chambre des députés pour le 5e collège de la Gironde (La Réole), M. Jacques Galos fut député de cet arrondissement par 128 voix (221 votants, 302 inscrits). Il se rendit à Paris et eut à peine le temps de prendre place dans la majorité conservatrice du Palais-Bourbon : il mourut le 30 décembre de la même année et fut remplacé, comme député, par M. Jay.

GALOS (Joseph-Henri), député de 1837 à 1848, né à Bordeaux (Gironde) le 26 octobre 1804, mort à Bordeaux le 1er juillet 1873, fils du précédent, était négociant à Bordeaux. En juillet 1830, il sauva la vie au préfet de la Gironde, M. de Curzay, que les émeutiers voulaient jeter dans la Garonne. Conseiller d'arrondissement de la Gironde, il fut, le 4 novembre 1837, élu député du 5e collège de ce département (Bazas), par 151 voix sur 249 votants et 318 inscrits. M. Joseph Galos prit place dans les rangs des conservateurs, parla en faveur de la liberté commerciale, fut réélu, le 2 mars 1839, par 175 voix sur 241 votants et 320 inscrits, appuya le gouvernement en toutes circonstances, et fut récompensé de son concours par le poste de directeur de l'administration des colonies (1842). Il obtint encore sa réélection le 9 juillet 1842, avec 165 voix (363 votants, 356 inscrits), contre le candidat de l'opposition démocratique, M. Servière, puis, le 1er août 1846, avec 225 voix sur 394 votants et 443 inscrits, contre 161 à M. Servière. M. Joseph Galos vota, en 1845, *pour* l'indemnité Pritchard, et soutint la politique de Guizot jusqu'à la révolution de 1848. Rendu à la vie privée, il donna à la *Revue des Deux-Mondes* des articles intéressants sur les colonies. En 1852, il allait être déporté par la commission mixte de la Gironde, lorsque l'intervention de son oncle, le général Baraguey-d'Hilliers, le sauva. Il entra au conseil d'administration du chemin de fer de l'Est, refusa la candidature à l'Assemblée nationale qui lui fut proposée en février 1871, et fut nommé, par M. Thiers, membre du conseil supérieur du commerce et du conseil supérieur de l'instruction publique. Il avait épousé la fille du général Foy. On a de lui : *La Marine marchande* (1865). Officier de la Légion d'honneur.

GALPIN (Léopold-Frédéric-Auguste-Clément), député de 1876 à 1884, né au Mans (Sarthe) le 23 février 1832, mort à Paris le

15 décembre 1884, propriétaire dans la Sarthe, étudia la médecine, et, mêlé sous l'Empire à l'opposition libérale, collabora au *Nain jaune*, et contribua à la fondation de plusieurs feuilles démocratiques. Après le 4 septembre 1870, il fut maire de Pontvallain. En octobre 1871, il fut élu membre du conseil général de la Sarthe pour le canton de Pontvallain; il devint l'un des secrétaires de ce conseil. Il avait obtenu, le 8 février de la même année, dans son département, sur une liste républicaine de candidats à l'Assemblée nationale, 27,736 voix (84,400 votants). Lors des élections du 20 février 1876 pour la Chambre des députés, M. Galpin posa sa candidature dans l'arrondissement de la Flèche, et fut élu député par 13,121 voix (22,882 votants, 27,393 inscrits), contre 8,460 voix à M. de Juigné, légitimiste, et 1,221 à M. Bertron-Auger, autre candidat conservateur; dans sa profession de foi, il engageait les électeurs à soutenir la République, et se prononçait en faveur des lois constitutionnelles. M. Galpin prit place dans la gauche modérée, s'associa à la protestation des gauches contre le gouvernement du Seize-Mai, et, le 19 juin 1877, fit partie des 363 députés qui votèrent contre le cabinet de Broglie-Fourtou. Il fut réélu, le 14 octobre 1877, par 13,380 voix (24,457 votants, 28,207 inscrits), contre 10,985 voix à M. de Juigné, candidat officiel, reprit alors sa place dans la majorité républicaine, vota *pour* la nomination d'une commission d'enquête sur les actes du cabinet du 16 mai pendant la période électorale, *pour* l'ordre du jour contre le ministère de Rochebouët, *pour* les invalidations de plusieurs députés de la droite, appuya le cabinet Dufaure, et approuva l'article 7 de la loi sur l'enseignement supérieur et l'application des décrets aux congrégations non autorisées. Réélu, le 21 août 1881, par 15,999 voix (22,011 votants, 28,057 inscrits), contre 5,790 voix à M. de la Bouillerie, légitimiste, il soutint la politique opportuniste des ministères Gambetta et Ferry, et donna son suffrage aux crédits de l'expédition du Tonkin. Il mourut avant la fin de la législature (1884).

GALPIN (Gaston-Georges), député depuis 1885, né à Alençon (Orne) le 9 janvier 1841, se fit recevoir licencié en droit, et entra dans l'administration en 1862, comme chef de cabinet de préfets dans la Moselle, puis dans la Côte-d'Or. Il était conseiller de préfecture de l'Yonne en 1870; il donna sa démission, contracta un engagement volontaire, et fit la campagne comme sous-intendant militaire attaché au quartier-général de la deuxième armée de la Loire. Nommé, en 1877, conseiller général de la Sarthe pour le canton de Fresnay-sur-Sarthe, et maire d'Assé-le-Boisne, il fonda, trois ans après, le comice agricole de Fresnay, qu'il présida. Porté, aux élections générales du 20 février 1876, comme candidat bonapartiste à la députation dans la 2e circonscription de l'arrondissement de Mamers, il échoua, avec 2,780 voix contre 7,480 données à l'élu, conservateur orléaniste, M. de Perrochel, et 3,643 à M. de Saint-Albin. Il ne fut pas plus heureux à l'élection partielle motivée, le 12 février 1882, par le décès de M. de Perrochel; il n'obtint que 379 voix contre 7,672 à l'élu, M. Caillard d'Aillières, et 4,064 à M. Levasseur. M. Galpin entra au parlement aux élections générales du 4 octobre 1885, porté sur la liste d'union conservatrice de la Sarthe, et élu, au second tour (18 octobre), le 7e et dernier, par 51.758 voix sur 107,837 votants et 127,345 inscrits. M. Galpin

a siégé à la droite bonapartiste, a fait partie des commissions d'initiative parlementaire, des sous-préfets, du canal de Panama, etc., a pris la parole sur le budget, dans les discussions d'administration, sur les crédits du ministère de l'Agriculture, et a voté *contre* les crédits du Tonkin, *contre* la loi scolaire, *pour* la réduction des gros traitements, *pour* l'unification de la retraite des officiers, *pour* la revision de l'impôt foncier, *contre* l'obligation du service militaire pour les séminaristes, *pour* la surtaxe des céréales et les droits protecteurs sur les bestiaux, et, dans la dernière session, *contre* le rétablissement du scrutin d'arrondissement (11 février 1889), *pour* l'ajournement indéfini de la revision de la Constitution, *contre* les poursuites contre trois députés membres de la Ligue des patriotes, *contre* le projet de loi Lisbonne restrictif de la liberté de la presse, *contre* les poursuites contre le général Boulanger.

GALTIÉ (François), député au Conseil des Anciens, né à Villefranche (Aveyron) le 22 mai 1735, mort à Villefranche le 4 décembre 1799, était homme de loi à Villefranche (Aveyron). Le 24 germinal an V, ce département l'envoya siéger au Conseil des Anciens, par 293 voix sur 354 votants. Il s'y fit peu remarquer et quitta l'Assemblée en l'an VII.

GALTIÉ (Jean-Antoine), député au Conseil des Cinq-Cents, né à Villefranche (Aveyron) le 8 juillet 1743, mort à Villefranche le 19 mars 1808, frère du précédent, homme de loi à Caylus, fut, le 23 germinal an V, par 199 voix sur 228 votants, élu député du Lot au Conseil des Anciens, d'où il sortit en l'an VII. Le gouvernement consulaire le nomma (8 prairial an VIII) commissaire près le tribunal civil de Villefranche. Législateurs en même temps, les deux frères Galtié demeuraient ensemble à Paris, rue de Valois, 81.

GALTIER (Jean-Antoine-Auguste), député de 1883 à 1889, né au Caylar (Hérault) le 23 janvier 1842, débuta dans la vie publique, après le 4 septembre 1870, comme sous-préfet de Lodève; mais il ne resta pas longtemps en fonctions, ayant pris le commandement d'un bataillon des mobilisés de l'Hérault. Il ne rentra dans l'administration qu'après les élections républicaines du 14 octobre 1877, et fut nommé sous-préfet d'Aix, puis préfet de l'Aveyron. Il occupa ensuite la préfecture du Doubs, et fut décoré de la Légion d'honneur le 13 juillet 1881. Le décès de M. Arrazat ayant déterminé une vacance à la Chambre des députés pour l'arrondissement de Lodève, M. Galtier se présenta, le 25 novembre 1883, comme candidat républicain radical, pour lui succéder, et fut élu député par 7,070 voix (14,261 votants, 17,265 inscrits), contre 7,033 à M. Leroy-Beaulieu. Il prit place à la gauche radicale et vota généralement avec ce groupe. Porté, le 4 octobre 1885, sur la liste radicale de l'Hérault, il fut réélu député, le 5e sur 7, par 51,346 voix (93,202 votants, 134,909 inscrits). M. Galtier vota *pour* la revision de la Constitution, suivit les inspirations de M. Clémenceau, contribua au renversement des ministères Freycinet, Rouvier, etc., et soutint le cabinet Floquet; à la fin de la législature, il s'abstint sur le rétablissement du scrutin d'arrondissement (11 février 1889), et vota *contre* l'ajournement indéfini de la revision de la Constitution, *pour* les poursuites contre trois députés membres de la

Ligue des patriotes, *pour* le projet de loi Lisbonne restrictif de la liberté de la presse, *pour* les poursuites contre le général Boulanger.

GALY-CAZALAT (ANTOINE), représentant du peuple en 1848, né à Saint-Girons (Ariège) le 9 juillet 1796, mort à Paris le 8 décembre 1869, fit ses études à Toulouse, entra en 1815 à l'École polytechnique, licenciée l'année suivante, et fut nommé successiv ment professeur de physique aux collèges de Perpignan, de Nancy et de Versailles. Devenu ingénieur civil, il construisit, en 1830, la première voiture à vapeur routière, et reçut des médailles d'or de l'Institut et de la Société d'encouragement. Le 13 avril 1848, il fut élu représentant de l'Ariège à l'Assemblée constituante, le 17e et dernier, avec 15,907 voix sur 65,072 votants et 71,717 inscrits ; il prit place parmi les républicains de la nuance du *National*, fit partie du comité de la marine, et vota *pour* le bannissement de la famille d'Orléans, *contre* l'impôt progressif, *pour* l'incompatibilité des fonctions, *contre* l'amendement Grévy, *contre* la sanction de la Constitution par le peuple, *pour* l'ensemble de la Constitution, *contre* la proposition Rateau. Hostile à la politique du prince-président, il ne fut pas réélu à la Législative. Il s'occupa d'arts mécaniques et créa plusieurs machines, dont l'une, qui figura à l'Exposition universelle de 1855, à Paris, sous le nom d'aéroposte, fut l'origine de nos tubes pneumatiques de dépêches.

GAMBETTA (LÉON-MICHEL), député au Corps législatif de 1869 à 1870, membre du gouvernement de la Défense nationale, représentant à l'Assemblée nationale de 1871, député de 1876 à 1882, et ministre, né à Cahors (Lot) le 2 avril 1838, mort à Ville-d'Avray (Seine-et-Oise) le 31 décembre 1882, appartenait à une famille génoise qui s'établit à Cahors au commencement de ce siècle. Son père, aujourd'hui retiré à Nice, avait fondé une maison d'épicerie qui portait cette enseigne : BAZAR GÉNOIS. *Gambetta jeune et Cie. Sucres du Havre, Nantes et Bordeaux.* Le propriétaire du Bazar génois épousa, en 1837, Mlle Madeleine Massabie, fille d'un pharmacien de Cahors, et de cette union naquirent deux enfants : Léon Gambetta, et une fille, Benedetta, mariée en secondes noces à M. Léris, qui fut inspecteur des contributions directes, puis percepteur à Lyon. L'enfance de Léon Gambetta ne fut point marquée par l'autre fait notable que l'accident qui le priva d'un œil. Il avait alors de huit à neuf ans : comme il jouait avec l'outil d'un coutelier, son voisin, le fer vint le frapper à l'œil droit ; il souffrit pendant de longues années, l'œil grossit démesurément, enfin la souffrance étant devenue intolérable, Gambetta, en 1867, s'adressa au docteur Fieuzal, son ami, qui pratiqua l'ablation de l'œil. Il fit, sans éclat, ses études classiques au petit séminaire de Montfaucon, puis au lycée de Cahors, vint étudier le droit à Paris, et prit, en janvier 1857, sa première inscription. « Après avoir écouté les maîtres, écrit un biographe, il s'entretenait avec ses compagnons, interrogeant, parlant, cherchant à persuader ceux à côté de lui se hasard le faisait cheminer par les rues. Il tenait de son père le don de la parole, de son père qui, *quoique ancien marchand de comestibles* (sic), est doué d'une véritable éloquence naturelle. » Admis dans l'intimité du professeur Valette, il passa, en janvier 1860, sa thèse de licence, puis revint à Cahors où son père lui

proposa de l'associer à son commerce ou de le faire nommer employé à la préfecture du Lot ; mais les allures indépendantes et le « manque de tenue » du jeune avocat empêchèrent la réalisation de ce projet. Grâce à l'affectueuse complicité de sa tante, Mlle Jenny Massabie, Gambetta, que la capitale attirait, obtint de retourner à Paris, après avoir, en qualité de fils d'étranger, opté pour la nationalité française par un acte portant la date du 23 septembre 1859. La tante et le neveu s'installèrent rue Vavin ; Gambetta s'inscrivit, la même année, au tableau de l'ordre des avocats et à la conférence Molé, et devint bientôt secrétaire de Crémieux. On remarqua vite ses brillantes qualités d'orateur, sa facilité d'élocution, le timbre puissant de sa voix. Autour de lui se groupaient ses camarades. — « Viens donc entendre parler Gambetta, » se disait-on au quartier Latin. Et on se rendait au café Procope, où l'intarissable causeur dépensait sa sève en développant le premier sujet venu. Léon Gambetta n'avait plaidé que rarement au Palais, mais la plupart des tables d'hôte et des brasseries fréquentées par la jeunesse des écoles avaient retenti de sa parole véhémente ; il avait fait en outre un véritable stage dans les tribunes du Corps législatif dont il ne manquait guère une séance, lorsque le gouvernement impérial, en déférant à la justice les journaux qui avaient ouvert la souscription Baudin, et en poursuivant les manifestations du cimetière Montmartre (1868), offrit à Gambetta une occasion inespérée de se mettre en vue. Le *Réveil*, qui s'était fait le promoteur de la souscription, fut un des premiers poursuivis. MM. Delescluze et Ch. Quentin furent traduits, avec un grand nombre de leurs confrères, devant la 6e chambre du tribunal correctionnel de la Seine (octobre 1868), comme prévenus de manœuvres à l'intérieur, dans le but de troubler la paix publique et d'exciter à la haine ou au mépris du gouvernement de l'empereur. M. Vivien présidait le tribunal ; M. Aulois occupait le siège du ministère public. Les défenseurs étaient MM. Crémieux, Jules Favre, Emmanuel Arago, Clément Laurier, etc. Delescluze, sur la recommandation de quelques amis et à cause de la puissance phonique extraordinaire du jeune avocat, avait accepté pour défenseur Gambetta, qui lui était complètement inconnu. Crémieux prit le premier la parole en réponse au réquisitoire de l'avocat du gouvernement. Gambetta se leva à son tour. Calme au début, il déclara qu'il posait aux hommes chargés de faire respecter la justice cette question : « Existe-t-il un moment où, sous prétexte de salut public, on puisse renverser la loi et traiter comme criminels ceux qui la défendent au péril de leur vie ? » Puis, haussant le ton peu à peu, il observa que le dernier endroit qu'on eût dû choisir pour plaider une telle cause était l'enceinte dans laquelle siègent des magistrats, et il continua en s'écriant : « Rappelez-vous ce que c'est que le 2 décembre ! Rappelez-vous ce qui s'est passé !... Oui ! le 2 décembre, autour d'un prétendant, se sont groupés des hommes que la France ne connaissait pas jusque-là, qui n'avaient ni talent, ni honneur, ni rang, ni situation, de ces gens qui à toutes les époques sont les complices des coups de la force, de ces gens dont on peut répéter ce que Salluste a dit de la tourbe qui entourait Catilina, ce que César dit lui-même en traçant le portrait de ces complices, éternels rebuts des sociétés régulières, *ære alieno obruti et vitiis onusti*, « un tas d'hommes perdus de dettes et de crimes, » comme traduisait Corneille. C'est avec ce personnel que l'on sabre depuis des siècles les institutions et les lois, et la conscience humaine est impuissante à réagir, malgré le défilé sublime des Socrate, des Thraséas, des Cicéron, des Caton, des penseurs et des martyrs qui protestent au nom de la religion immolée, de la morale blessée, du droit écrasé sous la botte d'un soldat... » Gambetta s'était élevé d'un coup à une hauteur d'éloquence qu'il ne devait guère dépasser. L'éclat tumultueux de sa voix, l'animation de son geste et jusqu'au débraillé de sa mise, tout dénotait en lui une inspiration violente et contribuait à produire un effet qui fut prodigieux. Vainement l'avocat impérial s'était écrié stupéfait : « Mais ce n'est plus de la plaidoirie! » Vainement le président avait essayé à plusieurs reprises d'interrompre et de modérer cette harangue passionnée : leurs efforts et leur langage se perdaient dans le tonnerre de l'organe de Gambetta et dans la précipitation impétueuse de son débit. « Ils ont voulu me fermer la bouche, disait l'avocat au sortir de l'audience, mais je les ai submergés. » Quand il eut fini de parler, et que les cheveux en désordre, le front ruisselant de sueur, tout vibrant encore de son émotion, il retomba sur son banc, des salves d'applaudissements éclatèrent dans la salle, sur l'escalier du palais, et se répercutèrent dans la cour et dans la rue. Le lendemain, il ne fut question dans toute la presse que de cet immense succès. Le *Figaro* écrivait alors de Gambetta : « *Ego nominor leo*. M. Gambetta est un orateur de race. Il l'est non seulement en cela qu'il tirera toujours grand parti d'une belle cause, mais encore en ceci : qu'il ne fera jamais un bon plaidoyer dans une affaire de mur mitoyen. Il faut à cette grande éloquence les grandes salles et les grandes questions; les grandes salles, car sa voix a des éclats suffisants pour les remplir; les grandes questions, parce qu'il saura toujours s'élever à leur niveau. Rien qu'à voir cette carrure large et solide, cette tête bien posée sur un cou puissant, ce poing vigoureux et fait pour marteler l'idée sur la barre, cet œil de cyclope où se concentrent toutes les lueurs d'une âme ardente, on comprend qu'on n'a pas devant soi un bavard vulgaire, mais bien plutôt un bon dogue de combat, de ceux qui dédaignent les roquets et se réservent pour les vrais coups de gueule... » La personnalité de Gambetta se trouvait ainsi mise en relief peu de temps avant les élections générales de 1869. Les plaidoiries du procès Baudin furent imprimées et vendues à un nombre considérable d'exemplaires. Après avoir défendu le *Réveil* à Paris, Gambetta alla plaider à Lille pour le *Progrès du Nord*, puis défendit l'*Emancipation* à Toulouse où l'attendaient de chaleureuses ovations. Il était devenu un homme politique. Sa candidature fut posée par la démocratie radicale, et simultanément adoptée dans la 1re circonscription des Bouches-du-Rhône et dans la 1re de la Seine. Gambetta accepta le mandat impératif et souscrivit au fameux « programme de Belleville », qui comprenait parmi ses principaux articles la séparation de l'Eglise et de l'Etat et l'abolition des armées permanentes, et dont l'abandon fut plus tard un des plus amers griefs des républicains intransigeants contre l'opportunisme au pouvoir. On reprocha dès lors au candidat, — ce fut M. Arthur Ranc, devenu plus tard un ardent champion du gambettisme, qui se fit dans le *Diable à quatre* le très vif interprète de ces attaques, — de tenir aux électeurs marseillais un langage sensiblement plus modéré que le programme de Belleville, dont la couleur révo-

lutionnaire aurait été accentuée en vue du succès. Toutefois Gambetta l'emporta dans les deux collèges électoraux : à Paris, il passa au premier tour de scrutin (24 mai 1869), avec 21,744 voix (38,083 votants, 47,208 inscrits, contre 11,604 voix à M. Hipp. Carnot, 2,391 à M. Frédéric Terme, 1,637 à M. Balaguy et 385 à M. Pasquet; à Marseille, il ne fut élu que le 6 juin, après ballottage, par 12,868 voix (18,325 votants, 30,816 inscrits), contre 5,066 voix à M. Ferdinand de Lesseps. MM. Thiers et Sauvaire de Barthélemy, candidats du premier tour, s'étaient retirés dans l'intervalle. Le nouvel élu opta pour les Bouches-du-Rhône, ce qui permettait de nommer à Paris un autre candidat radical. M. Henri Rochefort bénéficia de cette option. Gambetta avait promis à ses électeurs de faire à l'Empire une opposition « irréconciliable ». Cependant une maladie du larynx, survenue à la suite de la campagne électorale, le tint pendant quelque temps éloigné de la Chambre. Rétabli, il alla s'asseoir à gauche, et prit une part active aux travaux parlementaires. Le 7 février 1870, il protesta contre l'arrestation de M. Henri Rochefort appréhendé au corps à sa sortie du Palais-Bourbon à cause du rôle qu'il avait joué aux funérailles de Victor Noir. Quelques semaines plus tard, il présenta à l'Assemblée un projet de loi sur l'admission dans les maisons d'aliénés, projet motivé par les scandales récents de l'affaire Sandon. Enfin, le 5 avril, il prononça sur le plébiscite un discours retentissant, qui débuta par l'assurance que l'orateur saurait reconnaître la bienveillance de la Chambre par la mesure et la modération de langage que comportait la grandeur du débat ; ce discours fut écouté avec une sympathie relative par la majorité, qui, s'apercevant de la fatigue du député des Bouches-du-Rhône, l'invita à interrompre sa démonstration pour prendre quelque repos. Gambetta ne fut pas insensible à ces égards, et, confiant dans sa popularité, il saisit alors plus d'une occasion de rassurer le parti conservateur et de se concilier, s'il était possible, son appui. Il écrivit, le 24 avril 1870, dans une lettre destinée à la publicité : « Il faut surtout s'attacher à dissiper les calomnies dont on couvre nos doctrines et nos aspirations. Il faut dire, redire et prouver que pour nous le triomphe de la démocratie fondée sur les libres institutions, c'est la sécurité et la prospérité assurées aux intérêts matériels, la garantie étendue à tous les droits, le respect de la propriété, la protection des droits sacrés et légitimes des travailleurs, l'amélioration, la moralisation des déshérités, sans atteinte, sans péril pour les *favorisés de la fortune* ou de l'intelligence... » Vers la même époque, il fit à la tribune du Corps législatif cette déclaration souvent citée et commentée depuis : — « *Il n'y a pas une question sociale, il y a des questions sociales!* » Il se montra plus hardi, au point de vue purement politique, dans son discours au banquet qui lui fut offert par la jeunesse des écoles. Depuis le plébiscite jusqu'à la déclaration de guerre, l'orateur de la gauche prit fréquemment la parole. Dans la séance de nuit du 15 juillet 1870, succédant à Thiers et à Jules Favre, il vint à son tour combattre la déclaration de guerre, rappela que, quatre ans auparavant, lors de la défaite de l'Autriche par la Prusse, la politique impériale ne ressemblait en aucune façon à la politique de 1870, et déclara qu'il importait de donner devant l'Europe les raisons de ce changement de conduite. Il invita le gouvernement à justifier sa diplomatie, réclama vainement la communication de la pièce qui avait été l'occasion du *casus belli*, et insista sans plus de succès auprès de la majorité, pour qu'elle ne consentit à tirer l'épée qu'à la condition de prouver que la nation avait été profondément et réellement outragée. M. Emile Ollivier répondit en exprimant son étonnement d'entendre discuter « des questions d'honneur ». Le 23 août 1870, Gambetta réitéra à la Chambre d'inutiles avertissements. Bientôt les événements se précipitèrent, et Paris frémissant apprit la nouvelle du désastre de Sedan. Lorsque la Chambre fut envahie, au 4 septembre, Gambetta était personnellement si éloigné de vouloir la proclamation de la République, et si peu disposé à laisser la révolution s'accomplir, qu'il fit des efforts manifestes pour tenir tête à la foule qui avait pénétré dans les tribunes, et qui criait : *La déchéance! La déchéance! Vive la République!* — « Ecoutez, messieurs, dit-il, je ne puis entrer en dialogue avec chacun de vous. Laissez-moi expliquer librement ma pensée. (*Parlez, Parlez!*) Eh bien, ma pensée la voici : c'est qu'il incombe aux hommes qui siègent sur ces bancs de reconnaitre que le pouvoir qui a attiré tant de maux sur le pays est déchu, et à vous, messieurs, de faire que cette déclaration qui va sans doute être rendue n'ait pas l'apparence d'une déclaration dont la violence aurait altéré le caractère. Par conséquent il y a deux choses à faire : la première, c'est que les représentants reviennent prendre leur place; la seconde, c'est que la séance ait lieu dans les conditions ordinaires, afin que, grâce à la liberté de discussion, la décision qui va être rendue soit absolument de nature à satisfaire la conscience française. » (Une voix : *La déchéance! on ne la discute pas! Nous la voulons!*) Gambetta reprit : « Donnons le spectacle de l'union et du calme. C'est au nom de la patrie comme au nom de la liberté politique que je vous adjure d'assister avec calme au retour des députés sur leurs bancs. » Mais cette résistance fut impuissante contre le flot montant de la colère et de l'inquiétude accru par le nombre toujours plus considérable des envahisseurs et par les lenteurs de la commission de déchéance. Le président, M. Schneider, après avoir affirmé « le patriotisme de M. Gambetta », crut prudent de lever la séance, de quitter le fauteuil et de sortir de la salle. Ce fut alors que Gambetta, ayant à côté de lui M. de Kératry, se décida à prononcer la « déchéance de Louis-Napoléon Bonaparte et de sa dynastie ». Puis il se rendit, accompagné d'une foule immense et entouré de gardes nationaux, à l'Hôtel de Ville, où il retrouva Jules Favre, Ernest Picard, MM. Jules Ferry, Jules Simon, de Kératry, etc. Membre du gouvernement de la Défense nationale constitué par les députés de Paris à l'exception de Thiers, Gambetta reçut en outre le portefeuille de l'Intérieur; en cette qualité, il télégraphia immédiatement aux préfets et aux sous-préfets que la déchéance de l'empire avait été proclamée au Corps législatif et la République à l'Hôtel de Ville, adressa diverses circulaires aux administrateurs provisoires et aux préfets des départements, et fit afficher dans Paris plusieurs proclamations jusqu'au jour où le cercle d'investissement s'étant rétréci autour de la ville, le gouvernement pensa à envoyer le jeune ministre de l'Intérieur auprès de la délégation de Tours, composée de Crémieux, Glais-Bizoin et Fourichon, afin de donner une impulsion nouvelle à l'organisation de la défense. Le 7 octobre, Gambetta, accompagné de M. Spuller, se rendit sur la place Saint-Pierre, à Montmartre, et prit place dans la nacelle du ballon l'*Armand-Barbès*, qui franchit les lignes ennemies, et toucha terre à Epineuse, près de Montdidier (Somme), d'où Gambetta se rendit à Amiens, puis à Rouen. Il était à Tours le 9 octobre. Aussitôt il lança une proclamation nouvelle, adressée aux « citoyens des départements », et qui commençait ainsi : « Par ordre du gouvernement de la République j'ai quitté Paris pour venir vous apporter, avec les espérances du peuple renfermé dans ses murs, les instructions et les ordres de ceux qui ont accepté la mission de délivrer la France de l'étranger... » Suivait un tableau exagéré des moyens de défense dont Paris disposait. Ministre de l'Intérieur depuis le 4 septembre, il avait joint à ces fonctions, dès son arrivée à Tours, celles de ministre de la Guerre, et il s'attira ainsi ce nom de « dictateur » qui lui est resté et qui n'était pas pour lui déplaire. Il déploya dans ce rôle multiple une activité fiévreuse dont les résultats furent très discutés. Les partisans de Gambetta se plurent à vanter l'ardeur de son patriotisme et la sincérité de ses tentatives pour relever les courages abattus. Parmi ses adversaires, les conservateurs reprochèrent au chef de la délégation la confusion et le désordre introduits dans l'administration et dans le fonctionnement des pouvoirs publics, et surtout la prédominance de l'élément civil sur l'élément militaire, tandis que les républicains les plus avancés condamnaient un système de défense qui n'avait point fait appel à la Révolution pour sauver la patrie et qui avait accordé aux modérés la révocation des préfets Esquiros et Duportal. Quoi qu'il en soit, les décrets du gouvernement de Tours se succédèrent rapidement avec la collaboration de M. de Freycinet (*V. ce nom*), délégué à la guerre; on s'efforça de suppléer à l'absence de soldats, de munitions, d'armes et de cartes; on fit venir par mer les fusils et les cartouches, on mit des troupes en ligue, on réorganisa l'armée de la Loire. Le général d'Aurelle de Paladines fut placé à la tête du 15e corps, le général Pourcet eut le commandement du 16e, et l'on songea à prendre l'offensive. Le 26 octobre, à la suite de deux conférences tenues entre les généraux d'Aurelle, Martin des Pallières, Pourcet, Borel et les membres de la délégation, il fut convenu que le mouvement commencerait le lendemain. Mais le lendemain, le général d'Aurelle télégraphia à Tours que l'expédition n'aurait pas lieu. Le bruit de la reddition de Metz s'était répandu. Ce désastre inspira à Gambetta une nouvelle proclamation : « Français! Elevez vos âmes et vos résolutions à la hauteur des effroyables périls qui foudent sur la patrie. Il dépend encore de nous de lasser la mauvaise fortune et de montrer à l'univers ce qu'est un grand peuple qui ne veut pas périr, et dont le courage s'exalte au sein même des catastrophes. Metz a capitulé. Un général sur qui la France comptait, même après le Mexique, vient d'enlever à la patrie en danger plus de cent mille de ses défenseurs. Le maréchal Bazaine a trahi. Il s'est fait l'agent de l'homme de Sedan, le complice de l'envahisseur, et, au milieu de l'armée dont il avait la garde, il a livré, sans même essayer un suprême effort, cent vingt mille combattants, vingt mille blessés, ses fusils, ses canons, ses drapeaux et la plus forte citadelle de la France, Metz, vierge, jusqu'à lui, des souillures de l'étranger. »

Après l'inutile victoire de Coulmiers, nouvelle proclamation, qui ne fut pas suivie d'une action décisive. On a dit que des divergences de vues sur la conduite de la guerre séparèrent alors les chefs militaires et l'autorité civile; que Gambetta aurait voulu que la marche en avant fût opérée à la fin d'octobre. Ce qu'il y a de certain, c'est que les revers qui accablèrent l'armée de la Loire, quand Frédéric-Charles eut fait sa jonction avec les Bavarois, rendirent bientôt la situation désespérée. Gambetta crut pouvoir annoncer à la France que l'armée de Paris, après avoir passé la Marne, était campée à Épinay-sur-Orge, au delà des lignes prussiennes, et occupait Longjumeau, l'Hay, Chevilly! Mais il se trompait: l'armée n'avait même pu se maintenir à Champigny, et c'était à Epinay-lez-Saint-Denis qu'avait eu lieu le petit engagement, origine de cette grave méprise. Orléans repris par les troupes allemandes (4 décembre), Gambetta se rendit à Bourges, en annonçant le dessein de former une nouvelle armée qui devait être confiée à Bourbaki, et destinée à opérer dans l'Est; malheureusement il était trop tard. De Bourges, il se dirigea sur Lyon. Il alla ensuite à Bordeaux, où s'était transportée la délégation de Tours (27 décembre). Le 21 janvier, il rejoignit Faidherbe à Lille. La capitulation de Paris et l'armistice le surprirent au moment où, d'après ses partisans, il était encore en droit d'espérer la victoire. D'autres lui ont reproché de n'avoir pas poussé réellement jusqu'aux limites extrêmes la guerre « à outrance » proclamée par lui-même. Gambetta protesta, d'ailleurs, contre la conclusion de l'armistice. Son dernier acte, comme « dictateur », fut le décret par lequel, en appelant les citoyens au scrutin pour l'élection d'une Assemblée nationale chargée de décider la paix ou la guerre, il frappait d'inéligibilité tous ceux qui avaient exercé sous l'Empire les fonctions de ministre, de sénateur, de conseiller d'Etat, ou qui avaient été candidats officiels. M. de Bismarck ayant réclamé contre cette mesure au nom de la liberté des élections stipulée par l'armistice, Gambetta reçut du gouvernement de Paris l'injonction de rapporter le décret, et il donna alors sa démission, cédant la place à M. Jules Simon, chargé de faire exécuter le décret de convocation tel qu'il avait été accepté par le gouvernement. La dissolution des conseils généraux élus sous l'administration impériale fut, d'autre part, presque désavouée par le gouvernement central. Le dictateur de Tours, redevenu homme privé, fut élu, le 8 février 1871, représentant à l'Assemblée nationale par huit départements: 1° par les Bouches-du-Rhône, le 2e sur 11, avec 62,235 voix (75,803 votants, 140,189 inscrits), 2° par la Meurthe, le 5e sur 8, avec 48,452 voix (83,223 votants, 120,231 inscrits); 3° par la Moselle, le 2e sur 9, avec 55,020 voix (76,631 votants, 89,850 inscrits); 4° par le Bas-Rhin, le 8e sur 12, avec 56,721 voix (101,741 votants, 145,183 inscrits); 5° par le Haut-Rhin, le 5e sur 11, avec 52,917 voix (64,128 votants, 123,622 inscrits); 6° par la Seine, le 3e sur 43, avec 202,399 voix (328,970 votants, 547,858 inscrits); 7° par Seine-et-Oise, le 11e et dernier, avec 18,537 voix (53,390 votants et 123,875 inscrits); 8° par le Var, le 2e sur 6, avec 30,277 voix (41,928 votants, 89,418 inscrits). Le même jour, il échouait dans la Charente-Inférieure, la Haute-Garonne, la Gironde, l'Hérault et le Lot. Enfin, quelques jours après, le 17 février 1871, il fut encore élu par le département d'Alger, qui lui donna 12,300 voix sur 32,657 inscrits, et par le département d'Oran avec 5,993 voix sur 10,167 inscrits. Gambetta opta pour le Bas-Rhin, et, aussitôt que commença la discussion relative aux préliminaires du traité

de paix, il se prononça dans les bureaux de l'Assemblée de Bordeaux contre les clauses de ce traité. Il fit une interpellation à ce sujet, désapprouva le résultat des négociations, et s'associa à la déclaration des représentants de l'Alsace et de la Lorraine, qui se retirèrent devant le vote de la paix imposée par la Prusse. Une recrudescence de laryngite, coïncidant avec l'insurrection du 18 mars 1871, détermina Gambetta à se rendre à Saint-Sébastien (Espagne), où il attendit tranquillement la victoire du gouvernement de Thiers sur la Commune. Lors des élections complémentaires du 2 juillet 1871, il rentra dans la politique active, comme l'élu de trois départements: 1° les Bouches-du-Rhône, où il passa, le 2e sur 12, avec 45,821 voix (75,000 votants, 149,670 inscrits); 2° la Seine, où il obtint, le 7e sur 21, 118,327 voix (290,823 votants, 458,774 inscrits); 3° le Var, qui lui donna 29,528 voix (50,812 votants, 89,095 inscrits). Il échoua, en même temps, dans la Seine-Inférieure, avec 12,787 voix (115,759 votants). Gambetta reprit sa place à gauche, à l'Union républicaine de l'Assemblée qui siégeait maintenant à Versailles. Au début, pendant l'année 1872, il parut assez rarement à la tribune, mais en revanche il se prodigua dans une série de harangues: au banquet commémoratif de la défense de Saint-Quentin, le 17 novembre 1871; à Angers, le 7 avril 1872; au Havre, le 18 avril 1872; à France, en réponse à l'adresse des délégués de l'Alsace, le 9 mai; à Versailles, pour l'anniversaire du général Hoche, le 24 juin; à la Ferté-sous-Jouarre, pour l'anniversaire du 14 juillet; à Grenoble, le 26 septembre; enfin en Savoie (septembre et octobre), à Firminy, à Chambéry, à Albertville, à Pontcharrat, à Annecy. Il s'attacha, dans ces tournées, à développer les idées et la doctrine qu'il entendait faire prévaloir dans le parti républicain, à prouver un jour que « le parti de la Révolution française n'est point l'ennemi de la propriété, lui qui l'a introduite dans le monde français! » un autre jour qu'il fallait satisfaire aux aspirations de ces « nouvelles couches sociales », de cette génération neuve, propre aux affaires, entrée dans la politique après la chute de l'Empire. Son voyage en Savoie fut surtout marqué par des ovations réitérées. A Angers et au Havre, il soutint avec force le projet de dissolution de l'Assemblée nationale. Le 9 novembre 1871, il fonda le journal la République française, dont il prit la direction politique, et où il eut pour collaborateurs à l'origine, MM. Spuller, Challemel-Lacour, Allain-Targé, Ranc, Floquet, Isambert, Antonin Proust, etc. A l'Assemblée même, il prit la parole pour répondre au rapport de la commission des marchés conclus pendant la guerre; puis, le 14 décembre 1872, il fit un grand discours sur la question de la dissolution, discours que la majorité conservatrice interrompit bruyamment. Le gouvernement ayant déclaré, à l'occasion du récent message de Thiers, qu'il fallait organiser la République, Gambetta en prit texte, le 28 février 1873, pour examiner l'œuvre de la commission des Trente, nommée par l'Assemblée dans une vue hostile à la politique présidentielle; il s'éleva alors contre la création, qu'il devait appuyer plus tard, d'une Chambre haute proposée par la commission comme « une Chambre de résistance aux entraînements possibles d'une première Assemblée ». — « De résistance à quoi? demanda-t-il; à une Chambre souveraine, à la souveraineté nationale? » En 1873, il donna son adhésion à la candidature Barodet, dont M. Ed. Portalis, directeur du *Corsaire*, avait eu le premier l'idée ; il la fit adopter dans une réunion privée tenue à Belleville le 22 avril, et contribua à son succès. Vint la journée du 24 mai. Gambetta vota *contre* la chute de Thiers et entreprit la lutte contre le « gouvernement de combat ». Au mois de juin, lors du nouvel anniversaire de Hoche, il apprécia la crise que traversait le pays, et se déclara confiant dans le jugement de l'opinion. Vers le même temps, il attaqua à l'Assemblée M. Beulé, ministre de l'Intérieur, et donna lecture d'une circulaire par laquelle le gouvernement demandait aux préfets « à quel prix ils pourraient acheter les journaux de province avec de la prudence et de l'habileté ». Un mois après, le 12 juillet M. de Kerdrel ayant mis en cause le discours de Gambetta à Grenoble, Gambetta fut amené à s'expliquer sur le mot de *couches sociales* dont il avait fait usage, et protesta qu'il n'était nullement un homme de chimères et d'utopies. Adversaire de la loi des maires, de l'état de siège, du septennat, il réclama la pratique du droit de réunion, parla (1874) contre le régime de la presse, sur la loi électorale politique, et eut la grande part au renversement du cabinet de Broglie. Le 9 juin suivant, M. Girerd lut à la tribune une pièce constatant l'existence d'un comité central bonapartiste ; Gambetta se hâta d'interpeller le gouvernement, et de mettre en lumière la complicité, révélée par le document, de certains agents de l'Etat en faveur du parti impérialiste. Son discours souleva une tempête. M. Rouher riposta par des récriminations contre le 4 septembre et prit à partie Gambetta, qui provoqua un nouveau tumulte en s'écriant : « Il est des hommes à qui je ne reconnais ni titre ni qualité pour demander des comptes à la révolution du 4 septembre : ce sont les *misérables* qui ont perdu la France ! » Le lendemain 10 juin, un Corse, ancien officier de la garde impériale, voulut tirer vengeance de cette apostrophe ; il attendit Gambetta à la gare Saint-Lazare au moment du départ du train parlementaire, et se jeta sur lui le poing levé. À la fin de l'année 1874, Gambetta, dont l'ascendant sur ses collègues des gauches était considérable, et qui en avait déjà profité pour les décider, quelle que fût leur nuance, à soutenir le gouvernement de Thiers dans la fondation d'une république conservatrice, commença toute une campagne de négociations avec le centre droit pour aboutir à une transaction sur le vote des lois constitutionnelles. Puis, lorsque la majorité, après avoir voté successivement tous les articles de la Constitution, sembla se raviser en rejetant, par 367 voix contre 345, le 12 février 1875, la loi sur le Sénat, Gambetta s'élança à la tribune et adjura l'Assemblée de ne point « manquer la seule occasion peut-être de faire une République véritablement ferme, légale et modérée ». Ce discours, suivi de nouvelles négociations, détermina une partie notable du centre droit à adopter l'amendement Wallon qui, sans reconnaître formellement le gouvernement républicain, réglait le mode d'élection du président de la République, et à se rallier ensuite avec presque toute la gauche au vote définitif de la Constitution. Seuls, quelques membres de l'Union républicaine, parmi lesquels était Louis Blanc, avaient fait entendre, au nom de la tradition démocratique, une protestation qui resta sans écho dans le parlement. Dès lors, Gambetta ne cessa de pousser, autant qu'il le put, le parti républicain dans les voies de la politique de concessions et de transactions qui subordonnait l'idée au

fait, les principes à l'expérience, et prenait pour règle principale : l'opportunité, — d'où le nom d'*opportunisme*, qui eut d'abord, dans la langue des partis, une signification purement ironique. Le 29 mars 1875, sur la tombe d'un républicain de la vieille école, Edgar Quinet, Gambetta essaya de démontrer la nécessité de cette ligne de conduite nouvelle ; puis, dans une réunion privée à Belleville, il entreprit l'éloge anticipé du Sénat, qu'il appela « le Grand Conseil des communes françaises ». — « Voulez-vous me dire dans quel État de la vieille Europe on a fait, à l'usage d'une démocratie, un instrument meilleur et plus avantageux ?... » Ainsi comprise, « la politique des résultats, » comme l'appela encore son principal promoteur, ne laissa pas de rencontrer de vives résistances : Louis Blanc, MM. Alfred Naquet, Madier de Montjau se mirent à la tête d'un parti *intransigeant* qui devait plus tard, en mainte occasion, faire une guerre redoutable au « gambettisme » et entraver ses combinaisons. Cependant la législature touchait à sa fin : Gambetta se mêla encore à la discussion de la loi électorale, défendit au nom de la gauche le scrutin de liste contre M. Dufaure, qui obtint le vote du scrutin d'arrondissement, et vota *contre* la loi sur l'enseignement supérieur. En février 1876, la lutte recommença pour les élections législatives. Combattu par les intransigeants, Gambetta dut se transporter à Bordeaux, à Lille, à Lyon, à Avignon, à Marseille, pour plaider en personne la cause de l'opportunisme. Répudiant la foi idéaliste des républicains de 1830 et de 1848, il avouait qu'il ne croyait qu'au relatif, à l'analyse, à l'observation, et qu'il avait mis sa politique d'accord avec sa philosophie. A l'exception d'une trentaine de républicains radicaux et socialistes qui formèrent la réunion de l'extrême-gauche, sous la présidence de Louis Blanc, la majorité de la Chambre nouvelle, élue le 20 février 1876, partagea sur ce point les idées de Gambetta. Lui-même fut nommé député : par la 1re circonscription de Marseille, avec 6,358 voix (10,808 votants, 13,659 inscrits), contre 1,959 à M. Naquet, 1,483 à M. Maggiolo et 944 à M. Bourcart ; par la 2e circonscription de Lille, avec 9,108 voix (10,532 votants, 16,486 inscrits) ; par le 20e arrondissement de Paris, avec 11,589 voix (14,211 votants, 18,074 inscrits), contre 1,490 à M. Donnay, candidat ouvrier, et 381 à M. Mazaroz. Il n'échoua qu'à Avignon, où il obtint 8,642 voix contre 9,846 à M. Du Demaine, légitimiste, qui fut du reste invalidé. Tandis qu'il allait soutenir sa candidature dans cette circonscription, il avait été l'objet des manifestations les plus hostiles ; à Cavaillon, il y eut même de graves désordres. Gambetta opta pour Paris, et, maître de la majorité nouvelle, il en ressaisit sans tarder la direction. Un biographe écrivait alors à ce propos : « Il a débuté par un coup de tonnerre dans une cave, — je veux parler de son plaidoyer pour Delescluze ; — il a continué par une série de coups d'épée dans l'eau, — ceci se rapporte à la guerre prussienne. Il pourrait fort bien finir dans un fauteuil de président, à coups de sonnette, — et en distribuant des rappels à l'ordre. » Cette curieuse prophétie, que l'événement devait réaliser, est de M. Edmond Texier (*Nouveaux portraits de Kel-Kun*, 1876). Au mois de mars 1876, le député de Belleville prit occasion de l'élection de M. de Mun pour affirmer à la tribune que les républicains n'attaquaient ni ne menaçaient la religion, et qu'il fallait distinguer entre le parti clérical et les catholiques sincères. Il refusa son vote à la proposition d'amnistie plénière déposée par Raspail,

7

et n'accepta que l'amnistie partielle en trois catégories, soumise à la chambre le 19 mai par M. Margue. Il se prononça également contre l'opportunité du projet de loi de M. Laisant demandant la réduction du service militaire. Nommé membre de la commission du budget, il ne tarda pas à en devenir le président et marqua encore davantage dans son allocution le caractère modéré de la conduite qu'il préconisait. Il s'appliqua de plus en plus à se faire apprécier comme un « homme de gouvernement », et écrivit un long rapport sur les réformes à apporter dans l'assiette de l'impôt. En juillet, à propos de la nomination des maires, il retira le projet dont il était l'auteur pour ne point faire d'opposition à M. de Marcère, ministre de l'Intérieur. Son discours du 27 octobre, à Belleville, dans une réunion privée, où il rendit compte de son mandat, fut conforme à son attitude parlementaire. Il « coupa » définitivement « sa queue », suivant un mot vulgaire qui eut cours à cette époque, et s'écria : « Quelle politique avons-nous suivie ? On lui a donné des noms, on a dit que c'était une politique de transaction. Oui, car les hommes ne se gouvernent que par des transactions. » A la rentrée des Chambres, il fit voter la cessation des poursuites pour faits relatifs à l'insurrection communale, tout en repoussant encore l'amnistie, approuva la suppression des aumôniers militaires, et, le 28 décembre 1876, défendit, dans un discours qui fit sensation, les droits de la Chambre des députés en matière d'impôts, tandis que M. Jules Simon, président du conseil, soutenait les prétentions du Sénat à vouloir modifier le budget. Réélu, en 1877, président de la commission du budget, Gambetta parla, le 4 mai, sur « l'envahissement clérical » et les « menées ultramontaines », à l'occasion de l'interpellation Leblond, Laussedat et de Marcère. Il termina par ces mots : « Je ne fais que traduire les sentiments intimes du peuple de France en disant du cléricalisme ce qu'en disait un jour mon ami Peyrat : « Le cléricalisme, voilà l'ennemi ! » Peu de jours après éclatait le coup d'Etat parlementaire du Seize-Mai, qui servit singulièrement la fortune politique de Gambetta. La Chambre répondit à ce coup inattendu par une interpellation que le chef des gauches fut chargé de développer. Mais le ministère n'en tint pas compte et annonça son intention de dissoudre la Chambre. Gambetta fut alors un des auteurs principaux de la protestation des 363 députés de la majorité républicaine contre le message présidentiel. Dans la campagne qui suivit, et que les circonstances lui permirent de mener avec le concours de tous les républicains sans exception, Gambetta joua un rôle prépondérant. Le 16 juin, il répondit à M. de Fourtou, au milieu des applaudissements de la gauche et des interruptions incessantes de la droite ; puis il recommença la lutte avec une ardeur nouvelle : à Lille, il prononça ces mots, dont le retentissement fut énorme : — « Quand la France aura fait entendre sa voix souveraine, croyez-le bien, il faudra se soumettre ou se démettre ! » L'orateur fut, de ce chef, traduit en police correctionnelle, comme ayant offensé et outragé le maréchal et ses ministres, et condamné par défaut à trois mois de prison et à deux mille francs d'amende. Mais il réussit à gagner du temps et à atteindre, avant l'arrêt définitif, le moment de sa réélection. Les 363 l'emportèrent, et Gambetta fut réélu, le 14 octobre 1877, dans le 20e arrondissement de Paris, par 13,812 voix (15,720 votants, 18,586 inscrits), contre 1,611 à M. Perron.

Cependant le ministère tenta encore de se maintenir : la guerre reprit entre lui et la Chambre nouvelle. M. de Fourtou ayant déclaré qu'il resterait au « poste de salut » où il était placé, Gambetta se chargea encore de la réponse, après MM. Léon Renault et Jules Ferry. Cinq jours après, il fut réélu membre de la commission du budget. Le 20 novembre, il vota pour l'ordre du jour de défiance contre le ministère Rochebouët, et, le 14 décembre, il déclara que la majorité républicaine ne voterait pas le budget tant que le président de la République ne consentirait pas à rentrer dans la Constitution. Quand le maréchal eut cédé, Gambetta, après un voyage en Italie, pendant lequel il eut plusieurs entrevues avec le roi Victor-Emmanuel, prit à la Chambre une part importante aux discussions qui s'élevèrent à propos de l'invalidation des candidats officiels. En septembre 1878, dans un discours célèbre qu'il prononça à Romans, il donna un nouveau gage aux modérés en réclamant l'application pure et simple du Concordat et le maintien de l'inamovibilité de la magistrature. Il renouvela ses déclarations en faveur de la « politique de modération et de prudence », en décembre, au banquet que lui offrirent à Paris les voyageurs de commerce. Vers la même époque, il revêtit la robe d'avocat pour prêter l'appui de sa parole à son ami, M. Challemel-Lacour, diffamé par un journal. Il contribua de tout son pouvoir à l'élection de M. Jules Grévy à la présidence de la République le 30 janvier 1879, après quoi il remplaça lui-même M. Grévy à la présidence de la Chambre. En prenant possession de son fauteuil, il dit que « la République, enfin sortie victorieuse de la mêlée des partis, devait entrer dans la période organisatrice et créatrice ». Il éprouvait en même temps le besoin de se défendre une fois de plus, dans une déclaration faite à l'ancien comité de son collége électoral de Belleville, de « l'esprit d'impatience et de témérité ». Exerçant alors sur la majorité parlementaire comme sur les ministres une action considérable, que son caractère « occulte » rendait d'autant plus redoutable à ses adversaires, il eut, par ses conseils et par ses discours, la plus grande part aux événements politiques qui s'accomplirent de 1879 à 1881. Son allocution présidentielle, à la rentrée de novembre 1879, insista sur la nécessité d'écarter les luttes irritantes et stériles et de consacrer uniquement « aux affaires » la session extraordinaire qui s'ouvrait : « Vous avez, dit-il, préparé, amassé bien des matériaux de reconstruction, vous avez élaboré bien des projets. Il faut aboutir. » A la rentrée de janvier 1880, Gambetta, que la presse intransigeante battait rudement en brèche, n'obtint pour la présidence que 259 voix contre 40 bulletins blancs sur 308 votants. Ce chiffre n'atteignant pas la moitié plus un du nombre total des députés, on se demanda s'il conserverait le fauteuil dans ces conditions : il le conserva. Rallié ensuite, peu de temps avant la célébration de la fête nationale du 14 juillet, à l'idée de l'amnistie plénière, dont il jugea habile d'enlever la revendication aux républicains socialistes lors des élections générales prochaines, Gambetta quitta son siège de président afin de défendre lui-même, à sa façon, l'amnistie devant la Chambre. Il invita ses collègues à débarrasser le pays de « ce haillon de guerre civile », et conclut : « Il faut que vous fermiez le livre de ces dix années, que vous mettiez la pierre tumulaire de l'oubli sur les crimes et sur les vestiges de la Commune, et que vous disiez à tous, à ceux-ci dont on déplore l'absence et à ceux-là dont on regrette quelquefois les contradictions et les désaccords, qu'il n'y a qu'une France et qu'une République. » L'amnistie fut votée par 312 voix contre 136. Peu de temps après le 14 juillet 1880, le président de la République fit, en compagnie de Gambetta et de M. Léon Say, président du Sénat, le voyage de Cherbourg, au cours duquel le président de la Chambre ne s'effaça pas toujours avec une suffisante modestie devant le chef de l'Etat. Il protesta, d'ailleurs, contre les accusations de dictature dont il était l'objet, et affecta de rappeler son origine : « Je suis sorti des rangs les plus humbles de la démocratie ; je lui appartiens tout entier, et j'entends être son serviteur à mon rang et à ma place. » Certaines déclarations relatives à la politique extérieure, à l'organisation militaire, à la « justice immanente » qui doit régler les différends internationaux, furent de nature à émouvoir l'opinion publique. Au mois d'août suivant, le ministère Freycinet s'étant retiré, Gambetta résista aux sollicitations de la presse républicaine qui le mettait en demeure de prendre à la fois l'exercice et la responsabilité du pouvoir. Ce fut M. Jules Ferry qui devint président du Conseil. L'opposition intransigeante, renforcée par plusieurs ex-communalistes, que l'amnistie avait rendus à la politique militante, redoubla alors d'intensité contre lui. Les journaux radicaux et socialistes lui reprochèrent à l'envi son luxe au Palais-Bourbon, et la « baignoire d'argent » dont il faisait usage, après le duc de Morny, devint aussi légendaire que le nom et les appointements du « chef de bouche » du président de la Chambre. Maintenu au fauteuil par 262 voix (janvier 1881), Gambetta se vit en butte aux attaques les plus vives ; lorsque la question grecque vint sur le tapis (février), ce fut lui personnellement qu'on accusa de vouloir entraîner la France à des aventures, afin de consolider son pouvoir personnel. On interpréta encore comme une menace de plébiscite et de coup d'Etat la résolution qu'il exprima de s'imposer la plus grande réserve « jusqu'au jour où il conviendrait au pays de le désigner nettement pour remplir un autre rôle. » Cette même année, Gambetta mit tout en œuvre pour tâcher d'obtenir le rétablissement du scrutin de liste, dans l'espoir qu'il en sortirait une majorité plus homogène et surtout plus « disciplinée ». Il pensa un moment obtenir gain de cause, mais il échoua pourtant au Sénat, dont 148 membres contre 114 repoussèrent ce scrutin. La convocation des électeurs pour le 21 août 1881 fut le signal d'une lutte encore plus acharnée entre l'opportunisme et l'intransigeance, et Gambetta, qui persista à vouloir se représenter à Belleville, put mesurer, le jour de la fameuse réunion de la rue Saint-Blaise, tout le terrain qu'il avait perdu : violemment irrité par les protestations bruyantes qui l'accueillirent, il s'oublia jusqu'à traiter « d'esclaves ivres » ses contradicteurs. Candidat dans les deux circonscriptions du 20ᵉ arrondissement, il ne put se faire élire que dans la 1ʳᵉ, par 4,526 voix (8,914 votants, 11,419 inscrits), contre 3,528 voix à M. Sigismond-Lacroix, radical intransigeant, et 387 à M. Jance. La seconde donna la majorité à M. Tony Révillon, intransigeant. Président « provisoire » de la Chambre nouvelle, sur laquelle son autorité se trouvait singulièrement diminuée, il parvint cependant à maintenir pour quelque temps au pouvoir le cabinet Jules Ferry, en décidant la Chambre à ratifier les clauses du traité franco-tunisien. Mais bientôt le ministère fut obligé de donner sa démission,

et Gambetta, dont l'ordre du jour dans la discussion des affaires tunisiennes avait été adopté par la majorité, se trouva cette fois appelé à prendre le pouvoir. Après quatre jours de démarches, pendant lesquels la presse opportuniste ne cessa d'annoncer la constitution d'un « grand ministère » composé de toutes les illustrations du pays, Gambetta, se réservant le portefeuille des Affaires étrangères, désigna pour ses collaborateurs : le général Campenon, MM. Gougeard, Paul Bert, Cazot, Allain-Targé, Waldeck-Rousseau, Devès, Rouvier, Raynal, Cochery, Antonin Proust. M. Spuller fut le sous-secrétaire d'Etat aux Affaires étrangères (14 novembre 1881). Une certaine déception suivit la proclamation de ces noms. Le cabinet Gambetta fut accueilli avec plus de faveur à l'étranger qu'en France, et tandis que le Times écrivait qu'il ferait époque dans l'histoire contemporaine, la majorité parlementaire lui montra dès le début de la défiance et presque de l'hostilité. En décembre, elle ne vota qu'à contre-cœur les crédits relatifs aux ministères nouvellement créés. Elle n'apporta pas plus d'empressement à approuver la conduite du gouvernement dans les affaires tunisiennes, et, finalement, lorsque Gambetta s'obstina à réclamer la revision partielle de la Constitution et le rétablissement du scrutin de liste, elle vota contre lui et l'obligea à quitter le pouvoir (29 janvier 1882). Gambetta reprit à la gauche de la Chambre sa place de député. Le ministère Freycinet, qui le remplaça aux affaires, ne le compta point parmi ses partisans : il se prononça en termes virulents, le 1ᵉʳ juin 1882, contre l'attitude de son successeur à propos de la question égyptienne, et lui reprocha de « livrer à l'Europe le secret de ses faiblesses. » Les amis de Gambetta préparaient son retour au pouvoir et escomptaient déjà son avènement à la présidence de la République, lorsqu'un accident, dont les circonstances sont restées mystérieuses, amena sa mort. Suivant le récit pour ainsi dire officiel qui fut publié après l'événement, Gambetta, qui se trouvait ce jour-là dans sa maison de campagne des Jardies (la maison du jardinier de Balzac) à Ville-d'Avray, se serait blessé lui-même à la main en maniant un revolver à bascule construit sur un nouveau modèle et dont il désirait faire l'expérience. La balle pénétra sous la peau parallèlement au tissu superficiel, et suivit un peu obliquement le trajet des gaines musculaires ; elle ressortit à cinq centimètres environ du poignet et à la partie interne du bras. Une amie, dont le nom se trouva mêlé aux commentaires du public et aux différentes versions qui circulèrent alors, donna les premiers soins au blessé, que pansèrent ensuite les docteurs Gille, de Ville-d'Avray, et Lannelongue, de Paris. La blessure guérit assez rapidement sans suppuration. Mais l'état général du malade, peu satisfaisant depuis plusieurs années, détermina une inflammation dont les médecins ne purent se rendre maîtres. Le 31 décembre 1882, un peu avant minuit, il rendit le dernier soupir. Ses obsèques eurent lieu à Paris, avec une pompe extraordinaire, aux frais du trésor public. Une foule considérable se pressa sur le parcours du cortège jusqu'au cimetière du Père-Lachaise, où des discours furent prononcés par MM. Henri Brisson, président de la Chambre, Devès et Cazot au nom du gouvernement, le général Billot, ministre de la Guerre, au nom de l'armée, Falateuf au nom du barreau de Paris, Métivier au nom du comité de Belleville, Isambert et Chauffour. Après la cérémonie, le corps fut transporté à

Nice. Les amis de Gambetta lui ont fait élever par « souscription nationale » un monument commémoratif sur la place du Carrousel, à Paris.

GAMBINI (François-Sébastien), député au Corps législatif eu l'an XII, né à Baldichieri (Italie) le 14 décembre 1759, mort à une date inconnue, était avocat dans sa ville natale. Il remplit les fonctions de chef de division au contrôle général des finances du roi de Sardaigne, et fut membre de la Consulta du Piémont. Elu (2 fructidor an XII), par le Sénat conservateur, député du département du Tanaro au Corps législatif (ce département avait pour chef-lieu Asti), Gambini, dont le mandat n'expirait qu'en 1809, siégea seulement jusqu'en 1805; c'est sans doute la date de sa mort.

GAMBON (Charles-Ferdinand), représentant en 1848, en 1849, en 1871, député de 1882 à 1885, né à Bourges (Cher) le 19 mars 1820, mort à Cosne (Nièvre) le 16 septembre 1887, était fils d'un marchand drapier originaire du canton du Tessin, en Suisse, et qui s'était établi à Bourges. Il fit ses études et son droit à Paris, fut reçu avocat à dix-neuf ans, prit part à la fondation du *Journal des Ecoles*, feuille démocratique du quartier latin, se lia avec Félix Pyat, son compatriote et son aîné de dix ans, dont le nom était déjà célèbre, et retourna en province, où sa famille le fit nommer (1846) juge suppléant au tribunal civil de Cosne. Il conserva, dans ces fonctions, des allures indépendantes, combattit la candidature de M. Delangle, et, partisan avoué des doctrines radicales, organisa en 1847 le banquet réformiste de Cosne, où il refusa de porter un toast au roi, et proclama la souveraineté nationale. Cette démonstration fit traduire le jeune magistrat devant la cour de cassation, qui le condamna à cinq années de suspension. Il accueillit avec enthousiasme la proclamation de la République, qu'il avait appelée de ses vœux, et fut élu, le 23 avril 1848, le 6e sur 8, par 29,552 voix (75,213 votants, 88,295 inscrits), représentant de la Nièvre à l'Assemblée constituante. Il prit place à la Montagne et vota : *contre* le bannissement de la famille d'Orléans, *contre* le rétablissement du cautionnement, *contre* les poursuites contre Louis Blanc et Caussidière, *contre* le rétablissement de la contrainte par corps, *pour* l'abolition de la peine de mort; il leva seul la main avec Félix Pyat *pour* l'abolition de l'institution de la présidence de la République, et se prononça ensuite *pour* l'amendement Grévy, puis *pour* que la Constitution fût soumise à la ratification du peuple, rejeta l'ensemble de cette Constitution, fit une vive opposition au gouvernement présidentiel de L.-N. Bonaparte, et vota *contre* la proposition Rateau, *pour* l'amnistie générale, *contre* les crédits de l'expédition romaine, *pour* la mise en accusation du président et de ses ministres, *pour* l'abolition de l'impôt sur les boissons, etc. Réélu, le 1er, par le département de la Nièvre, le 13 mai 1849, représentant du peuple à l'Assemblée législative, avec 43,443 voix (65,811 votants, 88,144 inscrits), M. Ferdinand Gambon reprit sa place à la Montagne, se signala parmi les adversaires les plus décidés de la politique de l'Elysée, et signa avec plusieurs de ses amis la protestation de Ledru-Rollin contre l'expédition de Rome, ainsi que l'appel aux armes. Il se rendit, le 13 juin 1849, au Conservatoire des Arts-et-Métiers, fut pour ce fait décrété d'accusation par autorisation de l'Assemblée, arrêté et condamné par la haute cour de Ver-

sailles à la déportation : il fut dirigé sur la prison d'Etat de Belle-Isle, et de là transféré au pénitencier de Corte, en Corse. Rendu à la liberté par l'amnistie de 1859, il rentra dans la Nièvre et s'y occupa de travaux agricoles, sans négliger la propagande républicaine. Le 19 septembre 1868 eut lieu, dans la 2e circonscription de ce département, une élection au Corps législatif en remplacement de M. de Montjoyeux, nommé sénateur. Les adversaires intransigeants de l'Empire résolurent de se compter sur le nom de Ferdinand Gambon, qui réunit alors, comme *candidat inassermenté*, 1,872 voix contre 15,706 au candidat officiel, le baron de Bourgoing, élu, et 3,865 à M. Girerd, de l'opposition modérée. Les voix de M. Gambon furent annulées au recensement. Propriétaire d'un domaine à Léré (Cher), M. Ferdinand Gambon fit en 1869 une campagne restée célèbre pour engager les citoyens à refuser l'impôt : prêchant d'exemple, il laissa saisir par le fisc sa ferme et une de ses vaches qui fut mise en vente aux enchères publiques; mais personne dans le pays ne voulut s'en rendre acquéreur. « La vache à Gambon » fut bientôt légendaire. La *Marseillaise*, journal d'Henri Rochefort, ouvrit une souscription à cinq centimes pour racheter la vache; M. Gambon accepta la vache offerte à trois conditions : « qu'elle resterait la propriété de la République, qu'elle serait achetée sur le marché de Sancerre où avait eu lieu la vente par le fisc, et qu'elle constituerait un premier fonds de rachat pour toutes les injustices dont nos frères, les pauvres paysans, les ouvriers et les soldats, sont victimes. » (Lettre du 5 janvier 1870.) Aux élections du 8 février 1871 pour l'Assemblée nationale, M. Gambon fut porté sur la liste radicale de la Nièvre, et échoua avec 24,484 voix sur 64,512 votants ; mais il fut élu le même jour, représentant de la Seine, le 14e sur 43, par 136,249 voix (323,970 votants, 547,858 inscrits). Il se rendit à Bordeaux, vota et protesta contre les préliminaires de paix, et quitta bientôt l'Assemblée pour venir à Paris, dont le 10e arrondissement lui fit membre de la Commune, le 26 mars, par 10,734 voix. Il donna le 5 avril sa démission de représentant, s'associa aux actes de la majorité de la Commune, avec laquelle il opina constamment, et devint, le 10 mai, un des cinq membres du comité de salut public, qui lança les dernières proclamations au peuple et à la garde nationale. Lorsque l'armée de Versailles eut pénétré dans Paris, M. Gambon prit un fusil, se battit sur plusieurs barricades, et, la lutte terminée, réussit à passer à l'étranger. Le conseil de guerre l'avait condamné à mort par contumace. Il se rendit à Lausanne et y vécut jusqu'à l'amnistie de 1879. De retour en France, il participa, avec Félix Pyat, à la rédaction du journal la *Commune*. Aux élections générales de 1881, il fut le candidat des démocrates-socialistes dans l'arrondissement de Cosne, où il obtint, sans être élu, 5,524 voix contre 6,842 à M. de Bourgoing, élu, et 4,671 à M. Fleury, opportuniste. Il prit sa revanche l'année suivante. Le décès de M. de Bourgoing ayant appelé de nouveau au scrutin les électeurs de cette circonscription, le 11 juin 1882, M. Ferdinand Gambon engagea encore la lutte, réunit au premier tour 5,895 voix contre 5,818 à M. A. de Bouteyre, 2,977 à M. Fleury et 727 à M. Ducoudray, et fut nommé, au scrutin de ballottage, par 8,023 voix (16,312 votants, 23,105 inscrits), contre 7,984 à M. Assézat de Bouteyre. Il prit place à l'extrême-gauche de la Chambre, vota sans exception avec le groupe intransigeant : *contre* les ministères opportunistes, *contre* la politique intérieure et extérieure de M. J. Ferry, *contre* les crédits du Tonkin, etc., et prit la parole pour soutenir un projet dont il était l'auteur, et qui tendait à l'abolition des armées permanentes. Il vota *pour* le rétablissement du scrutin de liste, qui devait être fatal à sa réélection. Porté d'abord sur la liste du congrès républicain radical de la Nièvre, il se sépara de ce congrès à la suite de dissentiments qui portaient sur la candidature ouvrière, et forma une liste purement socialiste, en tête de laquelle il ne réunit que 5,836 voix. Le même jour il en obtenait 50,213 dans le département de la Seine. Il figura encore au scrutin complémentaire du 13 décembre de la même année, comme candidat du « comité central » des radicaux-socialistes dans la Seine : il recueillit 16,163 voix seulement sur 547,089 votants, et se retira à Cosne, où il mourut, dans le faubourg qui a reçu depuis le nom de faubourg Ferdinand-Gambon.

GAMBON (PIERRE-CHARLES), représentant du peuple en 1850-51, frère aîné du précédent, né à Bourges (Cher) le 25 janvier 1810, mort à Termonde (Belgique) le 7 septembre 1864, étudia la médecine et vint se fixer à Cosne, où il exerça sa profession. Moins activement mêlé que Ferdinand Gambon aux luttes politiques qui précédèrent la révolution de février, il partageait cependant toutes les opinions de son frère, et il s'était associé à ses actes de propagande républicaine et socialiste, lorsque l'arrêt de la haute cour de Versailles vint frapper Ferdinand Gambon pour sa participation à l'affaire du 13 jui. 1849. Par suite, un siège de représentant à la Législative étant devenu vacant dans la Nièvre, le parti avancé, pour mieux accentuer sa protestation, fit choix de M. Charles Gambon comme candidat républicain. Il fut élu en effet, le 10 mars 1850, représentant du peuple, par 33,144 voix (61,110 votants, 84,182 inscrits), contre 27,717 voix à M. Grangier de la Marinière, conservateur monarchiste. M. Charles Gambon alla siéger à la Montagne, vota constamment avec la minorité démocratique, combattit le gouvernement présidentiel et ne fut pas des derniers à protester contre le coup d'État du 2 décembre 1851, ainsi que contre l'attitude équivoque, en cette circonstance, du président de l'Assemblée législative, Dupin. Il prit part aux tentatives de résistance qui eurent lieu à Paris, fut compris dans les décrets d'expulsion, et dut gagner la Belgique. Il s'établit alors à Termonde, où il exerça la médecine jusqu'à sa mort.

GAMON (FRANÇOIS-JOSEPH), député en 1791, membre de la Convention, député au Conseil des Cinq-Cents, représentant à la Chambre des Cent-Jours, né à Antraigues (Ardèche) le 6 avril 1767, mort à Antraigues le 1er novembre 1832, appartenait à une famille protestante originaire de Savoie, d'où sortit au XVIe siècle un poète et physicien célèbre, Christophe Gamon, et était fils de Joseph Gamon et de Anne Bosc. Après avoir étudié le droit à Toulouse, François-Joseph Gamon exerça dans cette ville, peu avant la Révolution, la profession d'avocat, s'y fit remarquer par de brillants plaidoyers, le 8 septembre 1791, fut désigné par les électeurs de l'Ardèche, par 155 voix sur 260 votants, comme premier suppléant à l'Assemblée législative, où il entra le 3 janvier 1792, en remplacement de Valadier, non acceptant. Gamon siégea parmi les modérés, et prit peu de part aux délibérations. Réélu, le 5 septembre 1792, membre de

la Convention par le même département, le 3e sur 7, avec 319 voix (392 votants), il s'y lia étroitement avec les Girondins, demanda, lors du procès de Louis XVI, que l'accusé fût entendu préalablement au décret d'accusation et motiva ainsi son jugement : « Fidèle aux principes et à ma conscience, dit-il au 2e appel nominal, me moquant publiquement des poignards dont on a menacé, même dans le sein de la Convention, ceux qui auront voté pour l'appel au peuple, je réponds oui. » Au 3e appel : « Nous votons ici à la fois un juges et en hommes d'État ; comme juge, je prononce la mort, mais, comme représentants de la nation, tremblons de faire périr l'arbre de la liberté, en l'inondant du sang du peuple. La mort de Louis peut rendre la campagne prochaine deux fois plus sanglante. Je vote donc pour un sursis jusqu'à ce que les ennemis reparaissent sur le territoire de la République. » Très opposé au parti de la Montagne, il monta à la tribune, le 10 mars 1793, pour se plaindre des « complots » formés contre les députés de la Gironde, et pour reprocher aux Jacobins de faire occuper les tribunes exclusivement par leurs partisans. Lakanal et Henry-Larivière le soutinrent dans cette réclamation, qui fut vivement combattue par Marat. Gamon protesta encore contre les journées du 31 mai et du 2 juin : son attitude fut telle qu'il fut bientôt décrété d'accusation. Toutefois il échappa à la proscription des 73 par un motif peu héroïque, que les biographes ont rapporté. Au moment précis où le décret allait être rendu, Gamon sortit « pour satisfaire un besoin naturel », et s'abstint de rentrer dans la salle avant la fin de la séance. Il put ainsi quitter Paris, gagna la Suisse, où il se maria, et d'où il ne revint qu'après le 9 thermidor. Rappelé à la Convention en l'an III, il s'associa à la politique de réaction qui inspirait alors la majorité, réclama la restitution des biens des condamnés et fit plusieurs dénonciations à la suite des journées de prairial an III. Devenu membre du comité de salut public, il n'alla pas cependant jusqu'à se rallier au royalisme, et, compromis dans des papiers saisis chez un agent de ce parti, Lemaître, il réussit à se justifier. Après la session de la Convention, il fut élu (23 vendémiaire an IV) député de l'Ardèche au Conseil des Cinq-Cents, par 194 voix (218 votants). Il y siégea jusqu'en l'an VI, devint ensuite membre du tribunal de cassation, et, le 18 brumaire an VIII, fut nommé juge à la cour d'appel de Nîmes. Promu, en l'an XII, président de la cour criminelle de l'Ardèche, et, le 25 prairial de la même année, membre de la Légion d'honneur, il vint, en 1806, à la tête d'une députation de son département, féliciter l'empereur Napoléon, qui le fit (20 décembre 1805) conseiller général de l'Ardèche, et en 1813, président à la cour de Nîmes. La Restauration lui enleva ces fonctions ; les Cent-Jours les lui rendirent. A la même époque (11 mai 1815), l'arrondissement de Privas le choisit, par 32 voix sur 44 votants, comme membre de la Chambre des représentants. Il n'y prit la parole qu'une seule fois, après Waterloo. Le discours qu'il prononça, et dans lequel il proposait de remettre en vigueur la Constitution de 1791, sans vouloir désigner la tête sur laquelle serait placée la couronne, fit une assez grande impression sur l'Assemblée, qui peut-être se serait rangée à cet avis, sans les événements qui interrompirent le cours de la discussion. Destitué par la seconde Restauration, Gamon se retira d'abord à Antraigues, puis, la loi du 12 janvier 1816 le contraignit à se rendre à l'étranger. Il se réfugia en Suisse, dans le pays de sa femme, et, ayant obtenu à quelque temps de là l'autorisation de rentrer en France, il revint se fixer dans son pays natal, où il vécut dès lors obscurément. On a de lui des tragédies : *Cléopâtre* (1788) ; *Beaurepaire ou la prise de Verdun* (1806) ; un recueil de *poésies* (1803) ; *Exposé de ma conduite politique, du 20 mars au 7 juillet 1815*. Un biographe dit qu'il mit en vers le *Télémaque* de Fénelon.

GANAULT (Gaston-Alfred-Auguste), représentant en 1871, député de 1881 à 1889, né à Laon (Aisne) le 15 mai 1831, d'une vieille famille du pays, connue de tout temps pour son dévouement aux idées libérales, étudia le droit à Paris, et se fit inscrire au barreau de sa ville natale, où il combattit le plébiscite de 1870 dans le *Courrier de l'Aisne*. Adjoint au maire après le 4 septembre 1870, et capitaine adjudant-major des mobilisés de Maine-et-Loire pendant la guerre franco-allemande, il assista aux combats du Mans et de Parigné. Le 8 février 1871, il fut porté comme candidat républicain dans l'Aisne à l'Assemblée nationale, et obtint, sans être élu, 26,995 voix (87,823 inscrits). Il fut plus heureux à l'élection complémentaire du 2 juillet suivant, et fut élu représentant de son département par 38,210 voix (78,453 votants, 157,259 inscrits), contre 31,950 voix à M. Vinclon. Il remplaçait Jules Favre, qui venait d'opter pour le Rhône. M. Ganault siégea à la gauche modérée, et vota : *contre* le pouvoir constituant de l'Assemblée, *pour* le retour à Paris, *contre* la démission de Thiers au 24 mai, *pour* la dissolution, *contre* le septennat, *contre* l'état de siège, *contre* la loi des maires, *contre* le ministère de Broglie, *pour* l'amendement Wallon, *pour* l'amendement Pascal Duprat, *pour* l'ensemble des lois constitutionnelles. Il ne se représenta point aux élections législatives de 1876 et 1877, mais il fut élu, le 21 août 1881, député de la 1re circonscription de Laon, par 11,771 voix (17,742 votants, 22,503 inscrits), contre 5,739 voix à M. Babled. Il se fit alors inscrire au groupe opportuniste de l'Union républicaine, soutint la politique des cabinets Gambetta et J. Ferry, fit partie de plusieurs commissions, se prononça protectionniste en matière commerciale et industrielle, se prononça *contre* la séparation de l'Eglise et de l'Etat, *contre* l'élection de la magistrature, *pour* les crédits de l'expédition du Tonkin, et reparut à la législature suivante, comme député de l'Aisne, élu le 18 octobre 1885, au scrutin de ballottage, le 3e sur 8, par 63,856 voix (117,821 votants, 147,808 inscrits). M. Ganault, membre de l'Union des gauches, vota *contre* l'amnistie, *contre* la revision de la Constitution, *pour* l'expulsion des princes, appuya les ministères Rouvier et Tirard, et se prononça dans la dernière session : *pour* le rétablissement du scrutin d'arrondissement (11 février 1889), *pour* l'ajournement indéfini de la revision de la Constitution, *pour* les poursuites contre trois députés membres de la Ligue des patriotes, *pour* les poursuites contre le général Boulanger ; il s'abstint sur le projet de loi Lisbonne restrictif de la liberté de la presse.

GANAY DE VISIGNEUX (Antoine-Charles, marquis), député au Corps législatif de 1810 à 1815, député de 1815 à 1820, né à Visigneux près Lucenay (Saône-et-Loire) le 1er février 1769, mort à Visigneux le 26 décembre 1849, « était fils de haut et puissant seigneur messire Paul-Louis, marquis de Ganay, chevalier, seigneur de Visigneux, les Grand et Petit Jours, Proint et autres lieux, ancien capitaine au régiment de Lorraine, chevalier de l'ordre royal et militaire de Saint-Louis, gouverneur en survivance de la ville et château d'Autun, demeurant en son château de Visigneux, de cette paroisse (Lucenay), et de dame, Mme Anne-Marie-Thérèse de Gravier de Vergennes, son épouse. » Sous-lieutenant au régiment de Royal-vaisseaux avant la Révolution, il émigra avec sa famille, servit comme major aux hussards hollandais de Zimmermann (1794), et ne revint en France qu'après le coup d'État de brumaire. Nommé conseiller général en 1810, il fut élu, le 9 août de la même année, par le Sénat conservateur, député de Saône-et-Loire au Corps législatif impérial, fit partie de la majorité muette de cette assemblée, puis adhéra (1814) à la déchéance de Napoléon. La Restauration le nomma lieutenant-colonel aux mousquetaires gris (1814) et colonel de la légion de l'Yonne et, après le licenciement de ce corps, le fit colonel du 3e régiment de la garde royale (1817). Elu député, le 22 août 1815, dans le collège de département de Saône-et-Loire, par 89 voix (170 votants, 266 inscrits), il appartint à la majorité de la Chambre introuvable ; après avoir obtenu sa réélection le 4 octobre 1816, avec 124 voix (190 votants, 267 inscrits), il siégea au centre, près de la droite, et continua de soutenir le gouvernement et le ministère jusqu'à l'expiration de son mandat, en 1820. Cette même année, le roi le nomma maréchal-de-camp. M. de Ganay fit ensuite plusieurs tentatives pour rentrer au parlement ; mais il échoua : le 25 février 1824, dans le 3e arrondissement de Saône-et-Loire (Autun) avec 67 voix contre 129 à l'élu, M. Serpillon, et, le 10 avril 1828, avec 127 voix contre 136 à l'élu, M. Moyne. Chevalier de Saint-Louis, commandeur de la Légion d'honneur.

GAND (Guillaume-Louis-Camille, comte de), pair de France, né à Lille (Nord) le 26 août 1751, mort à Paris le 9 juin 1818, entra au service comme mousquetaire du roi dans la première compagnie. Devenu l'aîné de sa maison après la mort du maréchal prince d'Isenghien, il obtint du roi, en 1775, la confirmation du brevet qui accordait au chef de son nom « les honneurs du Louvre », et devint successivement colonel du régiment de Picardie, puis, le 1er mars 1778, colonel-lieutenant du régiment royal, qu'il commanda à Huningue en 1789, puis à Strasbourg en 1791. Ce régiment ayant suivi le parti de la Révolution, le comte de Gand quitta Strasbourg, accompagné de quelques officiers, et alla rejoindre en émigration le corps de Condé. En 1793, il y fut créé maréchal-de-camp et commandant de la brigade de Royal-Saintonge. Après le licenciement du corps des émigrés, le comte de Gand passa successivement en Portugal et en Espagne. Il rentra en France avec les Bourbons (1814), qui le firent pair de France le 17 août 1815, vota à la Chambre haute *pour* la mort du maréchal Ney, et fut employé avec le grade de maréchal-de-camp jusqu'en 1817. Il fut alors compris dans le tableau des officiers en retraite, avec le rang de lieutenant-général honoraire. L'année d'après, il mourut d'une attaque d'apoplexie.

GANDOLPHE (Jérôme-Claude), député en 1789, né à Paris le 2 décembre 1749, mort à Versailles (Seine-et-Oise) le 23 juin 1810, était curé de Sèvres. Il fut élu, le 2 mai 1789, député suppléant du clergé aux Etats-Généraux par la prévôté et vicomté de Paris, entra à l'Assemblée comme titulaire, le 9 avril 1790, en remplacement de M. de Beauvais, décédé, et ne se fit remarquer par aucun acte parlementaire important.

GANILH (Charles), membre du Tribunat et député de 1815 à 1822, né à Allanche (Cantal) le 6 janvier 1758, mort à Paris le 4 mai 1836, était avocat au parlement de Paris avant la Révolution, et, en 1789, l'un des sept membres du comité de sûreté siégeant à l'Hôtel-de-Ville. Ce comité le délégua pour aller à Versailles informer l'Assemblée constituante de l'émotion qui régnait à Paris le 14 juillet 1789. La mission de Ganilh fut favorablement accueillie, et, dès le lendemain, des députés se transportèrent à Paris. Emprisonné sous la Terreur, Ganilh ne fut mis en liberté qu'au 9 thermidor. Le 4 nivôse an VIII, il fut nommé membre du Tribunat, où il parla sur les questions d'organisation judiciaire, et vota contre les mesures financières proposées par le pouvoir. Son opposition le fit exclure de l'assemblée à l'épuration de 1802. Élu député par le collège de département du Cantal, le 22 août 1815, avec 102 voix sur 184 votants et 227 inscrits, il fut réélu, le 4 octobre 1816, par 92 voix sur 111 votants et 214 inscrits, et, le 11 septembre 1819, par 339 voix sur 563 votants et 830 inscrits ; il fut admis chaque fois, quoique peu en règle avec le cens exigé par la loi, vota constamment avec l'opposition, fut membre de la commission du budget en 1816, puis de 1818 à 1819, rapporteur du projet de loi sur l'année financière et (juin 1820) rapporteur de la commission des recettes. Dans ses lettres, M. de Villèle l'appelle : « Ce brouillon de M. Ganilh. » Il quitta la vie politique en 1822, et mourut subitement et presque dans la misère. M. Ganilh a publié un certain nombre de travaux d'économie politique, notamment un *Essai sur le revenu public des peuples de l'antiquité, du moyen âge et des siècles modernes*; un *Système d'économie politique* dans lequel se trouve cette phrase, destinée à combattre la doctrine malthusienne : « La production des subsistances se proportionne à la demande et aux moyens de la payer. » *Considérations sur la situation financière de la France en 1816.* — *Des droits constitutionnels de la Chambre des députés.* — *Dictionnaire analytique d'économie politique* (1826), etc.

GANIVET (Louis-Alban), représentant en 1871, député de 1876 à 1881, et de 1885 à 1888, né à Angoulême (Charente) le 12 août 1819, mort à Paris le 28 mars 1888, fut avocat au barreau de sa ville natale, puis conseiller de préfecture ; il était vice-président de ce conseil quand survint le 4 septembre ; il donna sa démission et reprit sa robe d'avocat. Le 8 février 1871, il fut élu représentant de la Charente à l'Assemblée nationale, le 5e sur 7, par 46,400 voix sur 70,607 votants et 114,376 inscrits. Il s'y montra très expérimenté dans les questions d'affaires. Nettement bonapartiste, il vota avec la droite de l'Assemblée *pour* la paix, *pour* l'abrogation des lois d'exil, *contre* l'amendement Barthe, *pour* la démission de Thiers, *pour* la prorogation des pouvoirs du maréchal, *contre* le ministère de Broglie, *contre* l'amendement Wallon et *contre* les lois constitutionnelles parce qu'elles lui paraissaient « contraires au principe de l'appel au peuple ». En décembre 1875, il demanda l'abrogation de l'exercice pour les bouilleurs de crû, et fit voter son amendement par la Chambre. Le 20 février 1876, il fut élu député par la 2e circonscription d'Angoulême avec 9,193 sur 14,934 votants et 18,692 inscrits,

contre 5,621 voix au candidat républicain M. Marrot. Assis au groupe de l'Appel au peuple, il vota contre l'amnistie et la proposition Gatineau, et soutint le cabinet de Broglie-Fourton au 16 mai 1877. Le 14 octobre suivant, il fut réélu, dans la même circonscription, comme candidat du gouvernement, par 9,158 voix sur 15,912 votants et 19,132 inscrits, contre 6,682 voix à M. Marrot. Mais il échoua dans la même circonscription, le 21 août 1881, avec 7,724 voix contre 8,002 à son concurrent M. Marrot, élu. Jusqu'en 1885, il se tint un peu plus à l'écart de la politique, quoiqu'il restât un des conseils les plus écoutés du parti bonapartiste. Le 4 octobre 1885, porté sur la liste de l'union conservatrice dans la Charente, il fut élu le 2e sur 6, par 49,290 voix sur 88,972 votants et 112,037 inscrits. Le mauvais état de sa santé l'empêcha de prendre part aux votes les plus importants de la session : il vota *contre* l'expulsion des princes, *contre* la laïcisation de l'enseignement primaire (28 octobre 1886), et mourut avant la fin de la législature.

GANNE (Louis-André), député de 1877 à 1886, né à Secondigny (Deux-Sèvres) le 26 février 1815, mort à Versailles (Seine-et-Oise) le 17 janvier 1886, fit ses études à Poitiers, fut reçu docteur-médecin à Paris en 1836, et vint exercer sa profession à Parthenay (Deux-Sèvres). Il fit de l'opposition libérale au gouvernement de Louis-Philippe, fut nommé, en 1848, par le gouvernement provisoire, sous-commissaire de la République à Parthenay, fut expulsé de cette ville au coup d'État de 1851, mais peu de temps, puis se rallia au fait accompli, et devint conseiller municipal, maire de la ville (1864) et conseiller d'arrondissement.

Le fait accompli ne toucha pas moins à la chute de l'Empire, et M. Ganne, revenu à la République, fut élu conseiller général des Deux-Sèvres le 8 octobre 1871, et se présenta, comme candidat républicain, aux élections législatives du 20 février 1876, dans l'arrondissement de Parthenay ; il échoua avec 6,085 voix contre 8,806 au candidat bonapartiste élu, le général N. Allard. Mais après la dissolution de la Chambre par le cabinet du 16 mai, les élections du 14 octobre 1877 donnèrent à M. Ganne, au second tour, 8,408 voix sur 16,761 votants et 21,018 inscrits, contre 8,176 à M. Taudière, candidat du gouvernement. M. Ganne, élu, siégea à la gauche opportuniste, et, tout en votant avec les républicains, conserva une certaine indépendance en se prononçant, par exemple (1879), *contre* la mise en accusation des ministres du 16 mai. Réélu, le 21 août 1881, par 9,217 voix sur 16,666 votants et 21,606 inscrits, contre 7,289 voix à M. Taudière, M. Ganne soutint les ministres au pouvoir sur les questions scolaires, religieuses et coloniales, mais se prononça *contre* la suspension de l'inamovibilité de la magistrature, *contre* le divorce et *pour* l'amnistie plénière (proposition Raspail). Porté, aux élections du 4 octobre 1885, sur la liste de concentration républicaine des Deux-Sèvres, il fut élu au second tour (18 octobre), le 4e sur 5, par 44,742 voix sur 88,018 votants et 104,546 inscrits. Il était déjà assez gravement malade pour ne plus pouvoir prendre part aux travaux parlementaires ; il mourut, en effet, trois mois après. M. Ganne fut mêlé, comme médecin légiste, au mystérieux drame de la Meilleraye (Deux-Sèvres) (affaire Tessier). — Officier de l'Instruction publique.

GANNERON (Auguste-Victor-Hippolyte),

député de 1830 à 1847, né à Paris le 20 mai 1792, mort à Paris le 23 mai 1847, fils d'un modeste marchand, fut élevé à Sainte-Barbe, aux frais d'un oncle, riche fabricant de chandelles, à qui il devait un jour succéder. Reçu avocat en 1813, il renonça, deux ans après, au barreau, prit la maison de commerce de son oncle, lui donna une grande extension, et fit partie, en 1829, de la chambre de commerce, puis du tribunal de commerce de Paris, qu'il présida en 1830. Il prit une part assez active à la révolution de 1830, déclara, avec sa section, illégales les ordonnances de Charles X, et, comme juge consulaire, rendit un jugement conforme aux demandes des journalistes contre leurs imprimeurs qui refusaient leurs presses aux feuilles non autorisées : cette indépendance fit nommer M. Ganneron membre de la première commission municipale ; il reçut les croix de Juillet et de la Légion d'honneur. Le 28 octobre 1830, il fut élu député par le collège de la Seine, avec 5,854 voix sur 7,214 votants et 10,315 inscrits, en remplacement de M. Vassal, démissionnaire. Conseiller général de la Seine, colonel de la 2e légion de la garde nationale, il fut réélu, le 5 juillet 1831, dans le 4e arrondissement de Paris, par 745 voix sur 1,107 votants, et fut secrétaire de la Chambre pendant la législature. Le 22 septembre suivant, il proposa, sur l'interpellation de Mauguin relative aux affaires étrangères, après la chute de Varsovie, un ordre du jour déclarant que la Chambre, « satisfaite des explications données par les ministres, a confiance dans leur sollicitude pour la dignité de la Chambre. » Cet ordre du jour fut voté par 221 voix contre 167. Officier de la Légion d'honneur (1833) et président du tribunal de commerce, M. Ganneron soutint, à la Chambre, la politique du gouvernement, fit partie de plusieurs commissions, défendit la loi contre les associations, et fut nommé, en 1834, membre du conseil municipal de Paris. Réélu successivement : le 21 juin 1834, par 568 voix sur 842 votants et 1,036 inscrits, contre 219 voix à M. O. Barrot ; le 2 mars 1839, par 634 voix sur 1,082 votants, contre 346 voix à M. Pépin-Lehalleur, et, le 9 juillet 1842, par 727 voix sur 1,080 votants et 1,305 inscrits contre 213 voix à M. Dupérier et 137 à M. Guinard, républicain, il devint l'un des adversaires des ministères du 15 avril 1839 et du 29 octobre 1840, vota *contre* l'indemnité Pritchard *pour* la proposition Rémusat contre les députés fonctionnaires, fut rapporteur du budget en 1838, et vice-président de la Chambre en 1839 et en 1840. En 1844, il fonda, sous le nom de « Comptoir Ganneron », une banque d'escompte où les capitaux affluèrent, grâce au crédit dont il jouissait dans le monde commercial, mais qui sombra à la révolution de 1848. Réélu député, le 1er août 1846, par 530 voix sur 889 votants et 1,085 inscrits, contre 343 voix à M. Malgaigne, M. Ganneron, las de la politique, n'assista que de loin en loin aux séances de la Chambre, et mourut, quelques mois après, de la fièvre typhoïde, un an avant la ruine de la banque créée par ses soins.

GANTEAUME (HONORÉ-JOSEPH-ANTOINE, COMTE), pair de France, né à la Ciotat (Bouches-du-Rhône) le 13 avril 1755, mort à sa terre de la Pauligne, près Aubagne (Bouches-du-Rhône) le 28 septembre 1818, fils d'un capitaine de navire marchand, s'embarqua à quatorze ans sur le bâtiment de son père, fit sept campagnes, entra, en 1778, dans la marine royale, prit part, en 1779, au combat de Grenade et à la prise de Savannah, et alla aux Indes, sous les ordres de Suffren, en qualité de lieutenant de frégate. A la paix, il voyagea pour le compte de la Compagnie des Indes dans la mer Rouge, et, en 1793, rentra dans la marine militaire comme lieutenant de vaisseau sur *le Jupiter*, fut nommé capitaine de vaisseau en 1794 sur *le Trente-un-Mai* de 78 canons, trois fois blessé dans les combats livrés à l'amiral Howe, et attaché en 1795 à la croisière d'Espagne. Il prit part, l'année suivante, au combat devant Fréjus, et, envoyé dans l'Archipel, permit à l'amiral Villeneuve de sortir du port de Smyrne où il était bloqué par les Anglais, et s'empara d'un vaisseau ennemi, la *Némésis*. Il fit partie de l'armée d'Egypte comme chef d'état-major de l'amiral Brueys, et parvint à échapper à l'explosion de l'*Orient* sur lequel il était. Bonaparte demanda et obtint pour lui le grade de contre-amiral ; Ganteaume prit part au siège de Saint-Jean-d'Acre, au combat de Gaza et à l'attaque du fort d'Aboukir. Bonaparte le ramena avec lui lorsqu'il revint en France, mais, au dire de Bourrienne, Ganteaume, effrayé d la responsabilité qu'il encourait, manqua totalement de sang-froid pendant la traversée. Pourtant, le 28 brumaire an VIII, il fut nommé par les consuls membre de la commission de la marine, et, quelque temps après, entra au conseil d'Etat. En nivôse an IX, il échoua dans la mission de ravitailler l'armée d'Egypte, mais, en l'an X, il dirigea avec habileté l'expédition de Saint-Domingue. Membre de la Légion d'honneur le 9 vendémiaire an XII, grand-officier le 25 prairial, vice-amiral en l'an XIV, grand-aigle le 2 février 1805, il reçut, le 18 septembre 1807, la mission de signifier au Tribunat sa dissolution. En 1808, il ravitailla Corfou. A partir de ce moment, des atteintes de goutte l'empêchèrent de tenir la mer. Nommé comte de l'Empire (1810), président du collège électoral des Bouches-du-Rhône (1812), et chambellan de l'empereur, il fut envoyé (décembre 1813) comme commissaire extraordinaire dans la 8e division militaire (Toulon). A la nouvelle de la déchéance de Napoléon prononcée par le Sénat, il écrivit, au mois d'avril 1814, au gouvernement provisoire, la lettre suivante : « Messeigneurs, j'ai l'honneur de vous supplier de vouloir bien recevoir mon adhésion entière et absolue à l'acte constitutionnel décrété par le Sénat, qui rappelle au trône de France les princes de cette antique dynastie qui, pendant huit cents ans, fit la gloire et le bonheur de la France. » Le 3 juin suivant, il fut fait chevalier de Saint-Louis. Retiré à Aubagne pendant les Cent-Jours, il fut chargé, à la seconde Restauration, de la délicate mission de ramener Brune ; il ne réussit qu'à livrer le maréchal aux vengeances populaires. Pair de France le 7 août 1815, commandeur de Saint-Louis le 3 mai 1816, enfin inspecteur général des classes, il vota *pour* la mort dans le procès du maréchal Ney (décembre 1815), et mourut à Aubagne trois ans après.

GANTHERET (CLAUDE-FRANÇOIS), député en 1789, né à Bourguignon (Côte-d'Or) le 15 février 1745, mort à Bourguignon le 28 avril 1810, était propriétaire-cultivateur. Il fut élu, le 7 avril 1789, par 107 voix, député du tiers aux Etats-Généraux par le bailliage de Dijon, et vota avec la majorité de son ordre, sans paraître à la tribune.

GANTOIS (JEAN-FRANÇOIS), membre de la Convention, député au Conseil des Cinq-Cents et au Corps législatif de l'an VIII à 1806, né à Fresnoy-lez-Roye (Somme) le 15 octobre 1762, mort à une date inconnue, était « fils de Jean-François Gantoy (*sic*) et de dame Anne-Marie-Marguerite Navaux ». L'orthographe de ce nom a beaucoup varié : il est écrit *Ganthois* aux procès-verbaux d'élection de la Convention et du Conseil des Cinq-Cents, *Gantois* au *Moniteur*, et *Gantoy*, comme ci-dessus, aux actes de l'état civil. — Jean-François Gantois était cultivateur dans son pays natal; il fut élu, le 7 septembre 1792, membre de la Convention par le département de la Somme, le 5e sur 17, avec 387 voix (434 votants). Il siégea parmi les modérés, et, dans le procès de Louis XVI, repoussa la peine de mort : « Comme législateur, dit-il, et non comme juge, je vote pour la détention et le bannissement. » Il protesta contre l'arrestation des Girondins au 31 mai, mais il réussit à éviter pour lui les poursuites. Le 25 vendémiaire an IV, il passa au Conseil des Cinq-Cents, comme député de la Somme, élu par 217 voix sur 293 votants, et obtint sa réélection au même Conseil le 26 germinal an VII. Son attitude favorable au coup d'État du 18 brumaire le fit comprendre, par le Sénat conservateur, sur la liste des membres du nouveau Corps législatif; il y représenta le département de la Somme, du 4 nivôse an VIII jusqu'en 1806.

GARAT (DOMINIQUE), député en 1789, né à Ustaritz (Basses-Pyrénées) le 12 décembre 1749, mort à Ustaritz le 16 novembre 1799, fils d'un médecin du pays de Labour, fit ses premières études sous la direction de l'abbé Istiart, prêtre à Ustaritz, les continua à Bordeaux, et ne tarda pas à devenir un des meilleurs avocats de cette ville. Grand amateur de musique et de danse, on le vit un soir dans un théâtre s'irriter à la représentation d'une pièce où des artistes exécutaient assez mal un pas appelé « les sauts basques » ou le « muchico », et s'élancer sur la scène pour faire voir au public comment il fallait s'y prendre. Cette incartade, qui fut punie par quelques jours d'interdiction, ne nuisit pas d'ailleurs à ses succès ni à sa renommée. Il épousa à Bordeaux, en 1762, Mlle Gouteyron, fille du chirurgien du maréchal de Saxe, et cantatrice distinguée, et, avec son jeune frère (*V. p. bas*), comme lui avocat à Bordeaux, acquit une réelle popularité dans toute la région; tous deux furent députés du tiers aux Etats-Généraux. Elu, le 22 avril 1789, par le bailliage de Labour (Ustaritz), Dominique prit une part assez active aux travaux de la Constituante. En 1790, il vota pour que les départements pussent élire leurs députés parmi tous les citoyens du royaume et non pas seulement parmi les éligibles. Il proposa que l'Assemblée conservât au monarque français le titre de roi de Navarre : « Ce n'est pas sans dessein, dit-il, que nos rois ont conservé le titre de roi de Navarre. Cette province n'a pas ici de députés, elle se considère comme un royaume séparé; ne favorisons pas les prétentions de l'Espagne, et ne nous opposons pas, sans un mûr examen, aux dispositions connues de la Navarre française. » Cette proposition ne fut point adoptée. Garat tenait beaucoup à ce que la Navarre gardât son nom et son caractère particulier, et lors du débat (février 1790) sur la division en départements, il protesta, ainsi que son frère, contre le décret qui allait réunir en un seul département (Basses-Pyrénées) le Béarn, la Navarre et le pays de Labour. Il combattit également la proposition de nommer trente-six administrateurs

par département. La république de Gênes ayant réclamé contre la réunion de la Corse à la France, Garat en exprima son étonnement et obtint que la réclamation fût écartée. En mars 1790, il se prononça pour la suppression des ordres monastiques « dans l'intérêt de la vraie piété, des mœurs publiques et de l'éducation ». « Je jure, s'écria-t-il, que méditant sur les institutions religieuses, je n'ai jamais pu concevoir qu'il fût plus permis à l'homme de se priver de la vie civile que de la vie naturelle. Je jure que je n'ai jamais pu concevoir que Dieu aimât à reprendre de l'homme les dons qu'il a faits à l'espèce humaine, et que ce fût un moyen de lui plaire que de sacrifier la liberté qu'on a reçue de lui. Je jure... » A ce moment, de violents murmures s'élevèrent du côté droit, et l'abbé Maury cria au « blasphème », bien que Dominique Garat eût déclaré que « personne n'était meilleur chrétien catholique que lui ». Il fit un rapport sur les troubles qui s'étaient élevés à Bordeaux contre les juifs. Il demanda que les possesseurs de dîmes eussent un traitement et que le sort des curés de campagne fût amélioré; il opina le plus souvent avec le parti constitutionnel. Il approuva la réponse de Louis XVI à la demande de sanctionner les articles décrétés de la Constitution, vota pour l'institution des juges par le roi, soutint que l'établissement des tribunaux appartenait au monarque, et prit la défense de la royauté en plusieurs circonstances. Garat fut un des secrétaires de l'Assemblée. Il prit encore la parole sur les subsistances, sur les grains, sur les finances, sur le commerce et sur les colonies, s'opposa à la formation d'un comité colonial, et, au cours des délibérations sur l'organisation judiciaire, combattit l'établissement du jury. Il vota ensuite contre la rééligibilité des juges, pour la permanence du tribunal de cassation, etc., et fit la proposition d'ajouter à la privation de la vie pour le parricide, l'amputation de la main droite, peine qui, passée dans les dispositions du Code pénal, y est restée jusqu'en 1833. On ne connaît d'autre écrit imprimé de Dominique Garat qu'une *Opinion contre les plans présentés par MM. Duport et Sieyès à l'Assemblée nationale pour l'organisation du pouvoir judiciaire* (1790.) Après la session, il rentra dans la vie privée, et n'en sortit que pour présider quelque temps l'administration municipale d'Ustaritz. Il mourut quelques jours après le coup d'État du 18 brumaire.

GARAT (DOMINIQUE-JOSEPH, COMTE), député en 1789, au Conseil des Anciens, ministre, sénateur, représentant aux Cent-Jours, né à Bayonne (Basses-Pyrénées) le 8 septembre 1749, mort à Ustaritz (Basses-Pyrénées) le 9 décembre 1833, frère du précédent, fut d'abord élevé par un de ses oncles, curé aux environs de Bayonne, et termina ses études au collège de Guyenne, à Bordeaux. Reçu avocat, il vint à Paris, se lia avec les philosophes, publia, de 1778 à 1784, des *Éloges de l'Hôpital*, de *Suger*, de *Montausier*, de *Fontenelle*, dont plusieurs furent couronnés par l'Académie, collabora au *Mercure français* et au *Journal de Paris*, et fut nommé professeur d'histoire à l'Athénée (1785). Le 22 avril 1789, il fut élu député du tiers aux Etats-Généraux par le bailliage de Labour (Ustaritz). La faiblesse de sa voix ne lui permit pas d'aborder souvent la tribune; son caractère accommodant l'éloignait d'ailleurs des débats irritants; il fut le seul à soutenir l'amnistie demandée par Necker pour M. de Bezenval (juillet 1789); s'efforça de démontrer (octobre) que jamais le clergé n'avait eu la libre et entière propriété de ses biens, et combattit (décembre) le cens de l'éligibilité que le comité de constitution proposait de porter à un marc d'argent (55 francs environ). Il s'occupa surtout d'analyser les séances dans le *Journal de Paris*, dont il céda plus tard la rédaction à Condorcet, lorsqu'il fut appelé, le 9 octobre 1792, à succéder à Danton au ministère de la Justice. Son discours atténuant sur le massacre des prisons, dans lequel il parlait « de la nécessité des choses », lui valut le surnom de *Garat-Septembre*. Lors du procès de Louis XVI, il fut désigné pour aller notifier au roi sa condamnation, et pour en surveiller l'exécution. Le 19 mars 1793, il passa du ministère de la Justice à celui de l'Intérieur ; en cette qualité, quoique lié avec les Girondins, il fit un rapport à la Convention sur la situation de Paris (27 mai), blâma l'arrestation d'Hébert ordonnée par la commission des D uze, assura qu'il ne connaissait pas les feuilles du *Père Duchesne*, et se défendit « d'être l'apologiste de ceux qui inspirent au peuple la soif du sang » ; il termina en déclarant à la Convention qu'elle n'avait aucun danger à courir. Quatre jours après, les sections armées envahissaient l'Assemblée, et vingt-deux Girondins étaient arrêtés. Garat quitta le ministère de l'Intérieur le 19 août suivant. On l'accusa alors de dilapidation ; il fut arrêté au commencement d'octobre, mais les démarches de ses amis le firent remettre en liberté peu de jours après. Il entra au comité d'instruction publique, et fut nommé professeur d'idéologie à l'Ecole normale, où il fit une brillante analyse de l'entendement. Après le coup d'Etat de fructidor, il arriva quatrième lors de l'élection, au Conseil des Cinq-Cents, de deux membres du Directoire, avec 208 voix, après François de Neufchâteau 224, Merlin 214, et Masséna 210. Membre de l'Institut à sa réorganisation, dans la section des sciences morales et politiques, il accepta (an V) l'ambassade de Naples ; mais reçu avec dédain à cette cour, il demanda bientôt son rappel. De retour à Paris, il fut élu, le 27 germinal an VI, député de Seine-et-Oise au Conseil des Anciens, en devint secrétaire (thermidor) et président (nivôse an VII), voua les auteurs de l'attentat de Rastadt contre les plénipotentiaires français à la vengeance de tous les peuples, et prononça l'oraison funèbre des victimes ; avant l'insurrection de prairial, il demanda la répression du pillage de la fortune publique, et vota la loi des otages. Il n'attendit pas le succès du coup d'Etat de brumaire, pour être converti au régime nouveau ; membre de la commission intermédiaire des Anciens (19 brumaire an VIII), il fut chargé de prononcer (23 frimaire) l'apologie officielle du coup d'Etat. Il fut appelé des premiers (3 nivôse an VIII) au Sénat conservateur, et en faisant, le 1er vendémiaire an IX, l'éloge funèbre de Kléber et de Desaix, au pied du monument élevé en leur honneur, sur la place des Victoires, il s'exprima ainsi : « Celui qui fut si souvent dans les batailles votre modèle et votre chef, vous le servirez encore au fond de ces tombeaux qu'il vous érige ; vous lui rendrez plus facile l'exécution de ses grands desseins pour remplir ce que la France et le genre humain attendent de lui. » — « Quel enfileur de mots, disait Bonaparte à Bourrienne, en revenant aux Tuileries. J'ai été obligé de l'écouter pendant trois heures ! » Membre de la Légion d'honneur (9 vendémiaire an XII), commandeur de l'ordre seize jours après, membre de la section de langue et littérature françaises (Académie française) de l'Ins-

titut réorganisé (1803), Garat, qui ne manquait aucune occasion d'exprimer la plus éloquente admiration pour l'empereur, fut créé comte de l'empire (6 juin 1808). Il n'en vota pas moins (avril 1814) avec empressement la déchéance de celui qu'il avait appelé « le législateur du monde social », et prétendit même qu'en 1804 il avait voté contre l'élévation de Bonaparte à l'empire ; le scrutin ayant été secret, on ne put le démentir. Au même moment, il dédia à l'empereur A'exandre un panégyrique du général Moreau : « Le Béarn et les Basques, y disait-il, auront peine à appeler ennemi, même étranger, ce Wellington qui, tandisqu'Alexandre s'avançait du Nord, s'appliquait, avec la même générosité, à consoler les campagnes et les populations désolées, et versait le sang anglais pour mettre en sûreté le sang français hors des batailles. » Il fit partie de la commission sénatoriale chargée de préparer l'acte constitutionnel, mais ne fut point appelé par Louis XVIII à la Chambre des pairs. Bien qu'il eût accueilli avec de nouvelles protestations de dévouement le retour de l'île d'Elbe, Napoléon le tint à l'écart. Elu, le 16 mai 1815, représentant de l'arrondissement de Tarbes à la Chambre des Cent-Jours, par 41 voix sur 56 votants, il ne rompit le silence qu'après Waterloo, pour faire une déclaration éloquente, mais vide, à laquelle Manuel répondit en disant qu'il s'agissait pour le moment de faire de la politique pratique. La seconde Restauration exclut Garat de l'Institut réorganisé (1816) ; il se retira alors dans son pays natal, où il revint à des sentiments catholiques et aux pratiques religieuses. Rappelé à l'Académie des sciences morales et politiques (26 octobre 1832), il mourut l'année suivante, âgé de quatre-vingts ans. On a de lui nombre d'écrits politiques, d'éloges funèbres, de notices académiques, et des *Mémoires sur la vie de M. Suard* (1820) ; *Considérations sur la Révolution française* (1792), etc.

GARAT-MAILLA (JACQUES-JOSEPH), membre du Tribunat, second fils de Dominique Garat (*V. p. haut*), né à Bordeaux (Gironde) le 9 février 1767, mort à Bordeaux à une date inconnue, était « homme de lettres » dans cette ville. Partisan du coup d'Etat de brumaire, il fut appelé au Tribunat, le 4 nivôse an VIII. Il y fit preuve d'indépendance, et prit la parole sur divers projets de loi, notamment sur ceux qui avaient trait à l'établissement de tribunaux criminels spéciaux (13 pluviôse an IV), et à la publication, aux effets et à l'application des lois en général (19 frimaire an X), etc. Il vota contre ces deux projets et exposa longuement ses raisons. Pour combattre l'établissement de tribunaux spéciaux, il dit : « Oui, l'institution du jury, qui est toute civique, vit de l'esprit public. Cet esprit est le véritable soutien des Etats ; il ne peut se former, se fortifier que par la stabilité des lois, par le développement continuel de leur morale ; c'est par leur application continuelle et par le langage de leurs organes que ce développement se fait naturellement et sans effort. Ce sont là les seuls moyens qui soient dans un vrai rapport avec les vertus et l'autorité des magistrats de la république... » Son attitude le fit exclure du Tribunat à la première élimination que subit ce corps en 1802. Il se retira à Bordeaux, où il remplit, pendant les Cent-Jours, les fonctions de secrétaire-général de la préfecture de la Gironde.

GARBÉ (MARIE-THÉODORE-URBAIN, VICOMTE), député de 1830 à 1831, né à Hesdin (Pas-de-Calais) le 25 mai 1769, mort à Hesdin le 10 juillet 1831, fut d'abord professeur de mathématiques dans sa ville natale. A la Révolution, il alla à l'armée du Nord comme simple grenadier, fut envoyé, avec le grade de lieutenant, à l'armée des Alpes, fit les campagnes d'Italie et d'Egypte sous Bonaparte, s'occupa d'organiser le parc du camp de Boulogne, assista à Austerlitz, à Iéna, à Eylau, et passa en Espagne. Officier de la Légion d'honneur, et général de brigade, il fut créé, le 5 août 1812, baron de l'empire. Après Waterloo, il siégea au comité du génie et travailla à la défense des frontières. Chevalier de Saint-Louis, lieutenant général du génie, il obtint de Louis XVIII, le 17 août 1822, le titre de vicomte. A partir de 1823, sans délaisser ses occupations militaires, il prit goût à la politique. Le 3 juillet 1830, il fut élu député, par le collège de département du Pas-de-Calais, avec 186 voix sur 369 votants et 425 inscrits; il siégea dans la majorité ministérielle, et fut réélu, le 5 juillet 1831, par le cinquième collège électoral du Pas-de-Calais (Montreuil-sur-Mer), cinq jours avant sa mort, avec 131 voix sur 243 votants et 340 inscrits, contre 111 voix à M. d'Hérambault.

GARCHERY (Pierre-Claude-François), député en 1791, né à Montcenis (Saône-et-Loire) le 8 mai 1750, mort à Montcenis le 2 novembre 1815, fils de « Monsieur Jean Garchery, conseiller du roi, son procureur au bailliage et chancellerie de Montcenis, et de dame Françoise Debon, son épouse », était avocat lors de la Révolution. Il devint procureur du roi au bailliage de Montcenis, et, lors des élections à l'Assemblée législative, fut élu député de Saône-et-Loire (29 août 1791), le 1er sur 11 (le procès-verbal ne mentionne que le chiffre des votants, qui était de 678). Garchery vota ordinairement avec la majorité. Conseiller général de Saône-et-Loire pour le canton de Montcenis (1800-1810), il remplit encore les fonctions de juge de paix du même canton (1802-1812), celles de maire de la commune, puis celles de commissaire du gouvernement.

GARCIAS (Laurent-André-Antoine), député de 1830 à 1848, né à Saint-Laurent-de-Cerdans (Pyrénées-Orientales) le 4 novembre 1779, mort à Perpignan le 14 septembre 1859, 'établit comme banquier en Espagne, où il fit fortune, puis revint en France au début de la campagne d'Espagne. Riche propriétaire à St-André (Pyrénées-Orientales), il fut élu député le 23 juin 1830, par le collège de ce département, avec 213 voix sur 402 votants et 445 inscrits. Arrivé à Paris le 25 juillet suivant, il fit partie des réunions Casimir-Périer, Audry de Puyravault, Laffitte, et eut même « l'honneur, dit un de ses biographes, d'offrir son bras à l'illustre Laffitte qui s'était foulé le pied en passant sur une barricade ». Nommé chevalier de la Légion d'honneur après les journées de juillet, il fut élu député, le 5 juillet 1831, par le 2e collège électoral des Pyrénées-Orientales (Céret), sans concurrent, avec 85 voix sur 88 votants et 151 inscrits. Réélu, le 21 juin 1834, par 94 voix sur 131 votants et 164 inscrits, le 6 novembre 1837 par 138 voix sur 165 votants et 204 inscrits, le 2 mars 1839 par 125 voix sur 159 votants et 206 inscrits, le 9 juillet 1842 par 153 voix, sur 154 votants et 216 inscrits, enfin, le 1er août 1846, par 125 voix sur 218 votants et 251 inscrits, contre M. François Arago qui n'obtint que 90 voix, il fut toujours un ministériel docile. Cependant il s'abstint lors du vote sur les députés fonctionnaires et vota *contre* l'indemnité Pritchard. Les services qu'il rendit aux libéraux espagnols émigrés en France lui valurent, de la part de la reine Christine, la croix de commandeur de l'ordre de Charles III.

GARDÈS (Raymond-François-Isidore), député de 1834 à 1837, né à Albi (Tarn) le 24 mars 1797, mort à Albi le 15 septembre 1859, exerçait à Albi la profession d'avocat, lorsqu'il fut élu député, le 21 juin 1834, par le 1er collège du Tarn, avec 250 voix (379 votants, 455 inscrits), contre 93 à M. Calamès. Il prit place à droite, vota avec les légitimistes, et rentra dans la vie privée aux élections générales de 1837.

GARDIEN (Jean-François-Marie), membre de la Convention, né à Château-Renault (Indre-et-Loire) le 9 janvier 1755, exécuté à Paris le 31 octobre 1793, « fils de maître Alexandre Gardien, notaire royal, et procureur fiscal du marquisat de Château-Renault, et de dame Jeanne Baudruau, son épouse, » exerçait dans sa ville natale la profession d'avocat. Il se montra tout d'abord l'ennemi des idées nouvelles, ainsi qu'en témoigne une lettre écrite par lui le 27 avril 1790 et où il parle ironiquement des décrets de l'Assemblée *prétendue nationale*, puis il se tourna du côté de la Révolution, fut nommé procureur-syndic à Château-Renault et fut élu, le 6 septembre 1792, membre de la Convention par le département d'Indre-et-Loire, le 4e sur 8, avec 254 voix (le chiffre des votants manque au procès-verbal). Il fit à l'Assemblée, le 23 novembre 1792, un rapport sur les papiers trouvés aux Tuileries dans l'armoire de fer, et il insista principalement sur l'importance de la lettre par laquelle le roi félicitait M. de Bouillé après l'affaire de Nancy, et lui annonçait qu'il lui faisait cadeau d'un cheval. Gardien en inféra que Louis XVI avait ordonné ou tout au moins approuvé les massacres du 31 août 1790. Il dénonça ensuite les administrateurs de Château-Renault, comme s'étant mis à la tête d'un attroupement qui redemandait un roi. Il revint, en 1793, sur les papiers de l'armoire de fer et fit décréter plusieurs arrestations. Membre de la commission des Douze « pour la recherche des complots et l'examen des arrêtés de la municipalité de Paris », il quitta la Montagne pour s'attacher au parti de la Gironde et s'exprima ainsi lors du procès de Louis XVI : « Si sur la 3e question je votais pour la mort de Louis et que mon avis fût adopté par la majorité, le jugement de la Convention serait irréparable, le peuple n'exercerait sa souveraineté que par théorie, et je veux qu'il la mette en pratique. » Il vota la détention et le bannissement. Il offrit sa démission ainsi que ses autres collègues à la suite des attaques dirigées contre la commission des Douze, et fut l'objet des dénonciations les plus vives, au sujet de sa correspondance de 1790 avec Marizy, « ex-noble. » Il se défendit mal, fut décrété d'arrestation le 2 juin 1793, et d'accusation le 3 octobre, avec les 22 Girondins inculpés dans l'affaire du 31 mai. Condamné à mort par le tribunal révolutionnaire, il marcha à l'échafaud avec courage ; il avait une très belle voix, et il chanta au moment de son exécution (31 octobre 1793).

GARDIOL (Louis-Jean-Baptiste), député en 1789, né à Fayence (Var) le 7 mai 1753, mort à une date inconnue, curé de Callian en Provence, fut élu, le 27 avril 1789, député du clergé aux Etats-Généraux par la sénéchaussée de Draguignan. Il se réunit aux communes, et prêta serment (1790) à la constitution civile du clergé; on perd sa trace après la session.

GAREAU (François-Eugène), député au Corps législatif de 1852 à 1863, né à Paris le 20 juillet 1811, exerça la profession de notaire dans le département de Seine-et-Marne. Propriétaire à Bréau, canton de Mormant, il fut, après 1848, nommé chef de bataillon de la garde nationale, et devint membre du conseil général de son département. Le 29 février 1852, il fut élu, comme candidat du gouvernement présidentiel, député de la 2ᵉ circonscription de Seine-et-Marne au Corps législatif, par 14,192 voix (18,464 votants, 26,936 inscrits), contre 3,241 voix à M. Pépin-Lehalleur. Il siégea dans la majorité, prit part à l'établissement de l'Empire, obtint sa réélection, avec l'appui du gouvernement, le 22 juin 1857, par 15,283 voix (16,777 votants, 25,465 inscrits), contre 680 voix à M. Oscar de Lafayette, et vota avec la droite jusqu'à la fin de la législature. Il perdit cependant le titre de candidat officiel aux élections du 1ᵉʳ juin 1863, et échoua avec 12,808 voix contre 14,192 à M. de Jaucourt, élu.

GARESCHÉ (Pierre-Isaac), député en 1789, né à Nieul (Charente-Inférieure) le 20 juin 1738, mort au Gua (Charente-Inférieure) le 13 mars 1812, fut élu, le 21 mars 1789, député du tiers aux États-Généraux pour la sénéchaussée de Saintes. Il apporta à l'Assemblée le soin et la précision qu'il avait contractés dans son métier de négociant. A la séance du 16 septembre 1790, comme membre du comité des finances, il fit un rapport sur les caisses d'escompte et présenta un projet de décret dont l'impression fut ordonnée. A la séance du 12 août 1791, il lut un résumé de son rapport sur les dettes des pays d'états. Le 5 septembre 1791, il fut élu administrateur de la Charente-Inférieure, et, le 25 prairial an VI, nommé ambassadeur à Washington.

GARET (Jean-François-Emile), député de 1882 à 1885, né à Pau (Basses-Pyrénées) le 21 janvier 1829, étudia le droit et exerça à Pau la profession d'avocat. Le 26 février 1882, en remplacement de M. Marcel Barthe, nommé sénateur, il fut élu député de la 1ʳᵉ circonscription de Pau, par 7,091 voix (11,897 votants et 16,298 inscrits), contre 4,642 voix à M. Fourcade. M. Garet prit place à la gauche modérée et vota, jusqu'à la fin de la législature, avec la majorité opportuniste, notamment pour les crédits de l'expédition du Tonkin. Il fut chargé d'un rapport sommaire contre une proposition de M. Alfred Talandier tendant à l'amnistie de Berezowski. M. Garet ne fit point partie d'autres assemblées.

GARIBALDI (Giuseppe), représentant en 1871, né à Nice (Alpes-Maritimes) le 4 juillet 1807, mort à Caprera (Italie) le 2 juin 1882, entra de bonne heure dans la marine sarde, et impliqué, en 1834, dans une conspiration qui devait éclater à Gênes, put se réfugier en France. Il prit alors du service sur la flotte du bey de Tunis comme capitaine de frégate, démissionna au bout de quelques mois, partit pour Montevideo, devint commandant d'un corps franc dans la guerre contre Rosas, et, à la nouvelle de la révolution de 1848, revint en Italie. Il se distingua dans la guerre du Piémont contre l'Autriche, fut appelé à Rome en 1849, après la proclamation de la République, comme général de division, battit les troupes françaises sous les murs de cette ville le 30 avril, mit en déroute un corps napolitain à Palestrina le 9 mai, et eut une grande part à la victoire de Velletri, dix jours après. Il dé-

fendit Rome contre l'armée française (juin 1849), et, quand il vit la résistance inutile, il sortit de la ville à travers les lignes ennemies (juillet) et put s'embarquer à Gênes et gagner les Etats-Unis. Il avait fait preuve dans toute cette campagne de la plus grande bravoure personnelle. Il passa en Californie en 1852, partit pour la Chine comme capitaine d'un bâtiment péruvien, vint à Lima (août suivant) où on le nomma général en chef de l'armée, et se rembarqua pour l'Italie en 1854. Il croyait la guerre d'Orient favorable au soulèvement de l'Italie; les événements trompèrent ses prévisions, et Garibaldi s'occupa jusqu'en 1858 d'agriculture dans une petite propriété qu'il avait achetée dans l'île de Caprera. Il se rallia alors au gouvernement de Victor-Emmanuel, et fut chargé officiellement, en 1859, de recruter un corps de volontaires pour la lutte contre l'Autriche. « Les chasseurs des Alpes » opérèrent à leur guise au nord de la Lombardie, et furent arrêtés par la paix imprévue de Villafranca. Garibaldi offrit alors son épée aux Etats italiens qui aspiraient à l'union avec le Piémont; il alla à Livourne, à Florence, dans les Romagnes, pour soutenir et activer le mouvement, forma la ligue dite « la Nation armée », et, fort de l'assentiment tacite du roi de Piémont, finit par envahir les Etats de l'Eglise (novembre 1859). Le gouvernement français adressa à Turin de vives protestations : Garibaldi céda et se retira à Caprera.

Au printemps suivant, après un second mariage (25 mars 1860) avec la fille du comte Raimondi, mariage qui fut suivi d'une brusque séparation, Garibaldi organisa la célèbre expédition des Mille, pour soutenir les Siciliens révoltés contre le roi de Naples. Son armée, forte en réalité de 4,000 hommes, s'empara successivement de Salémi, de Calatafimi, de Palerme (20 mai), de Messine (24 juillet), passa sur la terre ferme, et, grossie de nombreux renforts, prit Reggio (18 août), Palmi (26 août), et entra, le 7 septembre, dans Naples abandonnée par François II, aux cris de : « Vive Victor-Emmanuel! vive Garibaldi! » Garibaldi proclama aussitôt Victor-Emmanuel roi d'Italie, installa un gouvernement provisoire, et, à la tête de 14,000 hommes, se mit à la poursuite de l'armée napolitaine, qu'il défit complètement à la bataille du Volturne. Le 7 novembre, Victor-Emmanuel faisait à Naples une entrée triomphale, ayant à côté de lui, dans sa voiture, Garibaldi vêtu de sa blouse américaine rouge et coiffé d'un feutre gris. Ce dernier fut nommé général d'armée, refusa « la quincaillerie royale » des décorations qu'on lui offrit, et n'emporta à Caprera que la croix de diamants que lui donnèrent ses premiers compagnons de l'expédition en Sicile.

Elu au printemps de 1861, député de Naples au parlement italien, il y combattit la politique de Cavour (18 avril), à qui il ne pardonnait pas la cession de Nice à la France, puis il revint à Caprera, refusa (septembre) le commandement de l'armée fédérale aux Etats-Unis, et, en juillet 1862, donna le signal de la guerre contre les « prêtres de Rome et contre les audacieux qui les soutiennent et dont il ne sait pas oublier que cette terre est la terre de Masaniello et des Vêpres siciliennes ». Le gouvernement de Turin arma contre « cette rébellion ». Garibaldi, qui était passé avec ses soldats de la Sicile dans la Péninsule, campa à Aspromonte en Calabre, où, battu par les troupes royales, et blessé d'une balle au pied droit, il fut pris et conduit au fort de Varignano près de la Spezzia. Le 5 octobre, le roi rendit un décret d'amnistie, que Garibaldi refusa d'accepter. Sa blessure lui causa de longues souffrances et on en vint même à parler d'une amputation; mais la balle fut extraite par le docteur Nélaton, et le blessé put être transporté à Caprera (20 décembre), où il fut obligé, pendant près de huit mois, de se servir de béquilles. Réélu député, le 31 janvier 1864, à Naples et à Casal Maggiore, il fut admis comme député de Naples, fit un voyage quasi triomphal en Angleterre (avril) et y reçut la visite du prince de Galles. En 1866, lors de la guerre de la Prusse et de l'Italie contre l'Autriche, il fut nommé officiellement (6 mai) commandant des volontaires, réunit 40 bataillons, fut légèrement blessé (4 juillet) à Monte-Suello, et, après une campagne sans éclat, la paix étant conclue, donna sa démission (septembre). Un voyage qu'il fit à travers l'Italie, en février 1867, prépara une nouvelle expédition contre les Etats pontificaux; il assista pourtant en septembre au congrès de la paix à Genève; mais ses propositions, où dominaient les attaques contre le catholicisme, hâtèrent la clôture du congrès. En revenant de Genève, il prit ouvertement la direction d'une campagne armée contre Rome. Le gouvernement le fit arrêter (octobre) et conduire dans la citadelle d'Alexandrie. Il s'échappa, se mit à la tête de ses volontaires, et, le 26 octobre, marcha sur Rome. Arrêté, le 8 novembre, à Mentana, par les troupes pontificales, appuyées par le corps d'occupation français, il fut battu, et fut arrêté le lendemain à Figlini par les troupes italiennes qui le conduisirent à Varignano. Des raisons de santé engagèrent le gouvernement à le faire transporter à Caprera (25 novembre), où une nouvelle amnistie lui rendit son entière liberté (5 décembre). Garibaldi parut dès lors se résigner au repos. Il donna sa démission de député (octobre 1868), refusa (décembre) le commandement des volontaires grecs, et se contenta d'écrire des lettres politiques, de plus en plus hostiles à Napoléon III et à la papauté. La révolution du 4 septembre 1870 en France le réveilla : « Ce qui reste de moi est à votre service, écrivit-il au gouvernement de la Défense nationale, disposez. » Accueilli le 7 octobre, à Marseille, avec enthousiasme, il alla prendre à Tours les instructions du gouvernement, et établit son quartier général à Dole (Jura); ses deux fils et un certain nombre de volontaires italiens l'accompagnaient. Il chassa les Prussiens de Châtillon (19 novembre), les repoussa à Beaune (le 26), entra à Dijon le 2 janvier 1871, et s'y défendit avec succès, le 21 et le 23. L'armistice du 1er février l'obligea à quitter la ville. Plusieurs départements le choisirent alors comme candidat à l'Assemblée nationale, et il fut élu représentant, le 8 février 1871 : dans les Alpes-Maritimes, le 1er sur 4, par 20,679 voix sur 29,928 votants et 61,367 inscrits; dans la Côte-d'Or, le 5e sur 8, par 40,220 voix sur 73,216 votants et 116,813 inscrits; dans la Seine, le 4e sur 43, par 200,239 voix sur 328,970 votants et 547,858 inscrits; à Alger, le 17 février, par 10,680 voix sur 32,657 inscrits. Il obtint encore, sans être élu : dans le Rhône, 50,196 voix sur 117,523 votants, et dans Saône-et-Loire, 46,740 voix. Il vint siéger, mais pour donner immédiatement sa démission qui fut acceptée. Il voulut cependant prendre la parole au moment où le président venait de lever la séance; on refusa de l'entendre : il donna alors sa démission de commandant de l'armée des Vosges. Au moment du rapport sur l'élection d'Al-

ger, un membre de la droite ayant dit que Garibaldi ne pouvait pas être membre d'une assemblée française, Victor Hugo protesta contre cette opinion, et ajouta que Garibaldi « était le seul général qui n'avait pas été vaincu ». De bruyantes protestations s'élevèrent, et Victor Hugo donna à son tour sa démission. Garibaldi était retourné à Caprera. Au moment de l'insurrection communaliste du 18 mars, les membres du comité central lui offrirent la présidence du gouvernement; il refusa. Elu député au parlement italien dans deux circonscriptions de Rome (octobre 1874), il vint dans cette ville, le 24 janvier 1875, y prêta le serment exigé, alla voir Victor-Emmanuel au Quirinal, et fut partout acclamé. Il présenta à la Chambre italienne des projets de régularisation du cours du Tibre, de canalisation de l'Arno, d'assainissement de la campagne de Rome, de chemins de fer, etc. Mais sa réconciliation avec le pouvoir dura peu, et, à l'occasion de l'anniversaire de la République romaine de 1849, il attaqua violemment le ministère Minghetti (février 1876). En avril suivant, il se déclara prêt à seconder le cabinet Depretis, et fut réélu député de Rome en novembre. Il présida à Palerme, en 1880, les fêtes anniversaires des Vêpres siciliennes, et, en mai 1881, à la nouvelle du traité qui établissait le protectorat français en Tunisie, il écrivit au journal *la Riforma* « qu'il avait perdu sa bonne opinion sur la République française, et que la conduite de la France forcerait l'Italie à se souvenir que Nice et la Corse n'étaient pas plus françaises que lui n'était Tartare. » Il mourut un an après. A la nouvelle de sa mort (7 juin 1882), la Chambre des députés française leva la séance en signe de deuil; le conseil municipal de Paris envoya une délégation à ses obsèques. — On a de Garibaldi des romans historiques : *Cantoni le Volontaire* (1870); *la Domination du Moine* (1873); et, sous le titre *les Mille*, le récit de l'expédition de Sicile (1875).

GARILHE (François-Clément-Privat), membre de la Convention, député au Conseil des Cinq-Cents, né à Payzac (Ardèche) le 15 novembre 1759, mort à Largentière (Ardèche) le 23 août 1829, « fils de monsieur Simon-Privat Garilhe, et de dame Gigard, son épouse, » était avocat à Largentière avant la Révolution. Il était devenu juge au tribunal de cette ville, lorsqu'il fut élu, le 6 septembre 1792, par le département de l'Ardèche, le 5e sur 7, avec 203 voix (380 votants), membre de la Convention; il prit rang dans le parti modéré, vota « pour la réclusion » lors du procès du roi, et partagea le sort des Girondins. Compris dans les 73 députés mis en état d'arrestation pour s'être associés aux protestations contre le 31 mai, il resta en prison durant le régime révolutionnaire, rentra à la Convention en décembre 1794, et n'eut d'ailleurs, comme législateur, qu'un rôle effacé. Il fut encore député de l'Ardèche au Conseil des Cinq-Cents, élu, une première fois, le 23 vendémiaire an IV, par 154 voix sur 218 votants, et, une seconde fois, le 24 germinal an VI, par 45 voix sur 91 votants.

GARNIER (Jean), député en 1789, de 1811 à 1815 et représentant à la Chambre des Cent-Jours, né à Iffendic (Ille-et-Vilaine) le 27 octobre 1748, mort à Paris le 17 octobre 1824, fils de Pierre Garnier et de Guillemette Vaidie du village de Caulon, entra dans les ordres. Il était recteur de Notre-Dame-de-Dol, lorsqu'il fut élu, le 21 avril 1789, député du clergé aux Etats-Généraux par l'évêché de Dol, circonscription électorale. Il appartint à la minorité de l'Assemblée et n'eut pas de rôle politique actif pendant la Révolution. Membre de la Légion d'honneur le 25 prairial an XII, il fut désigné en 1811, par le Sénat conservateur, pour représenter au Corps législatif le département d'Ille-et-Vilaine. Il siégea dans cette Assemblée jusqu'en 1815, adhéra à la déchéance de Napoléon, et fut encore (11 mai 1815) élu, par l'arrondissement de Montfort (Ille-et-Vilaine), avec 20 voix sur 32 votants, membre de la Chambre des représentants.

GARNIER (JEAN-BAPTISTE-ÉTIENNE, BARON), député en 1789, représentant aux Cent-Jours, né à Paris le 20 novembre 1756, mort à Versailles le 24 octobre 1817, était conseiller du roi au Châtelet, lorsqu'il fut élu, le 16 mai 1789, député du tiers aux États-Généraux par la ville de Paris. Il siégea dans la majorité réformatrice de l'Assemblée constituante, se tint à l'écart après la session, et, fut nommé, le 8 nivôse an VIII, administrateur de Seine-et-Oise, puis, le 2 ventôse, préfet du département de Jemmapes, le 26 ventôse suivant commissaire du département de la Seine, en l'an XI secrétaire du conseil des Arts et du Commerce, et en l'an XII candidat au Sénat conservateur par le collège de Jemmapes. Membre de la Légion d'honneur (25 prairial an XII) il devint, le 3 nivôse an XIII, greffier à la cour impériale, le 30 août 1806 commissaire de la comptabilité de l'empire, le 28 septembre 1807 procureur-général à la cour des comptes, fut créé, le 21 novembre 1810, chevalier de l'Empire, et baron le 28 avril 1813. Dévoué à la Restauration, il fut nommé par Louis XVIII, le 17 octobre 1814, officier de la Légion d'honneur. Il signa, le 27 mars 1815, pendant les Cent-Jours, l'adresse de la cour des Comptes à Napoléon, et, le 8 mai 1815, fut élu à la Chambre des représentants par le 2ᵉ arrondissement électoral de Paris avec 48 voix sur 66 votants et 137 inscrits. Il fut admis à la retraite en 1816, et mourut un an après.

GARNIER (ANTOINE-CHARLES-MARIE), dit GARNIER DE L'AUBE, membre de la Convention, né à Troyes (Aube) le 7 septembre 1742, mort à Blaincourt (Aube) le 9 septembre 1805, était avocat avant la Révolution. Il en adopta les principes, devint procureur de la commune à Troyes, et fut élu, le 8ᵉ sur 9, député de l'Aube à la Convention nationale, le 6 septembre 1792, « à la pluralité des voix. » Il siégea à la Montagne, et vota en ces termes dans le procès du roi : « Louis XVI est un conspirateur. Je le condamne à la mort. » Envoyé successivement en mission dans les départements de l'Yonne et de l'Aube, il y organisa le régime révolutionnaire; puis il fut placé, en juin 1793, à la tête de quinze cents volontaires pour réprimer une insurrection fédéraliste dans le Jura: entouré, aux environs de Lons-le-Saulnier par quinze à vingt mille montagnards, il parvint à les réduire et à leur faire accepter la Constitution. Garnier (de l'Aube) était très attaché à la personne et au parti de Danton. Pourtant il ne partagea point le sort de son ami. Il continua de siéger à la Convention, et eut une grande part à la journée du Neuf Thermidor. Ce fut lui qui, voyant Robespierre épuisé, impuissant à dominer les clameurs de l'Assemblée, lui lança cette apostrophe: « Le sang de Danton t'étouffe! » — « Lâches! » répondit Robespierre, pourquoi ne l'avez-vous pas défendu? » — Nommé, le 15 brumaire an III, membre du comité de sûreté générale, Garnier demanda, après l'insurrection du 12 germinal,

l'arrestation de tous les membres des anciens comités de gouvernement. Après la session conventionnelle, il fut élu, avec Fréron, député de la Guyane française; mais, en dépit de ses réclamations, cette double élection fut considérée comme nulle (19 vendémiaire an V). Garnier exerça en dernier lieu les fonctions de commissaire du Directoire près de l'administration départementale de l'Aube.

GARNIER (CHARLES-LOUIS-ANTOINE-EUGÈNE), membre de la Convention, député au Conseil des Anciens, né à Ardres (Pas-de-Calais) le 11 mars 1755, mort à Ardres le 25 mars 1833, « fils de Charles Garnier et de Marie-Jeanne Lavoitier, » était, en 1784, deuxième assesseur de la mairie royale d'Ardres; il devint ensuite premier assesseur, puis échevin. Sous la Révolution, il continua d'exercer des fonctions municipales et administratives dans son pays natal, fut officier municipal à Ardres en janvier 1790, puis administrateur du district de Calais, et fut élu, le 10 septembre 1792, 4ᵉ député suppléant du Pas-de-Calais à la Convention nationale, par 351 voix sur 570 votants. L'exécution de Le Bas détermina dans la représentation une vacance que Garnier fut appelé à remplir le 14 vendémiaire an III. Il n'eut qu'un rôle parlementaire sans importance et vota avec les thermidoriens. En l'an VI, il fut commissaire du Directoire près l'administration centrale du Pas-de-Calais. Plus tard, le 24 germinal an VII, il représenta encore son département au Conseil des Anciens. Favorable au coup d'État de brumaire, il fut nommé sous-préfet de Saint-Pol (14 floréal an VIII), et il conserva ces fonctions jusqu'au 9 mars 1811. Après avoir servi avec zèle le gouvernement impérial, il se rallia à la Restauration, et fut nommé maire d'Ardres le 18 juillet 1814.

GARNIER (JACQUES, CHEVALIER), dit GARNIER DE SAINTES, membre de la Convention, député au Conseil des Cinq-Cents, représentant à la Chambre des Cent-Jours, né à Saintes (Charente-Inférieure) le 30 mars 1755, mort en 1818, « fils de Simon Garnier, procureur au présidial de Saintes, et de Magdelaine Avard, son épouse, » fit ses études dans sa ville natale. Avocat à Saintes en 1789, il suivit avec ardeur le parti de la Révolution, et présida dans sa province un comité qui, tenant compte de la disette générale, fit rechercher les grains alors conservés dans la Saintonge, en organisa la vente, les achats, les exportations, et entreprit une guerre acharnée contre les accapareurs; le mauvais vouloir de quelques privilégiés empêcha que cette campagne pût porter tous ses fruits. Mais Garnier fut par ses concitoyens procureur-général syndic du département, et, le 6 septembre 1792, il entra à la Convention, comme député de la Charente-Inférieure, le 8ᵉ sur 11, avec 273 voix (526 votants). Il s'assit parmi les montagnards, se fit d'abord remarquer par son zèle révolutionnaire, et proposa, dès le 22 octobre, une loi qui bannissait les émigrés à perpétuité et les punissait de mort en cas de rentrée en France. Dans le procès de Louis XVI, il répondit au 1ᵉʳ appel nominal : « Je déclare que je ne prononce pas comme juge, mais comme homme d'État : je dis oui. » A la séance du 16 janvier 1793, il eut une altercation avec le député Chambon, et comme il continuait de parler à la tribune malgré les efforts du président, il fut censuré et puni par l'Assemblée de vingt-quatre heures d'arrêt. Il s'en expliqua lui-même dans son vote, au 3ᵉ appel nominal : « Vous m'avez intimé l'ordre de rester vingt-quatre heures aux arrêts; j'ai obéi à votre volonté, car la volonté générale fait la loi; mais je dois à mes concitoyens, à mes collègues, à moi-même, de dire que j'étais loin de méconnaître l'autorité de la Convention, lors même que je paraissais y désobéir. Depuis longtemps des calomnies se pressaient autour de cette tribune; depuis quelques jours on n'y parlait, avec une affectation étudiée, que de poignards et d'assassins. Citoyens, la probité est fière, elle est forte d'elle-même, elle s'indigne de la calomnie; j'ai monté à la tribune, et le cri de ma sensibilité, plus fort que la voix du président, m'a empêché de l'entendre. L'Assemblée a pris la manifestation récidivée de mon mécontentement pour une désobéissance, et le décret qu'elle a rendu était juste. Je me félicite même de l'avoir encouru, puisqu'il tourne à l'avantage de ma patrie en rappelant à cette tribune des égards et la décence qui doivent honorer des représentants du peuple, et dont je ne me suis écarté en aucun temps, ni dans mes opinions, ni dans mes écrits. Je vote pour la mort de Louis. » Après la trahison de Dumouriez, il proposa à la Convention de s'emparer de tous les pouvoirs et de les remettre aux mains d'un comité de douze membres. « N'oublions pas, s'écria-t-il le 3 avril 1793, que nous sommes la divinité du peuple français et que nous répondons sur nos têtes du salut public. » Il fit traduire au tribunal révolutionnaire le général Blanchelande, gouverneur de Saint-Domingue, accusé de s'être opposé à l'exécution du décret qui affranchissait les noirs, et d'avoir fait mettre à mort illégalement le mulâtre Ogé; quelques jours après, il agit de même à l'égard du général Marcé. Le 31 mai, il s'éleva avec force contre les Girondins; puis il contribua à l'organisation du comité de salut public. Le 7 août, il proposa de déclarer Pitt ennemi du genre humain. Nommé secrétaire de la Convention le 5 septembre, il fut, le 17, envoyé en mission à l'armée des côtes de la Rochelle avec les représentants Mazade et Goupilleau; il n'y resta que deux mois environ, et fut adjoint à Lecarpentier comme commissaire dans la Manche. Le 5 octobre 1793, le ministre de la marine reçut de lui la lettre suivante:

« Le représentant du peuple près l'armée des côtes de Cherbourg au citoyen Dalbarade, ministre de la marine.

« Je vous fais passer, citoyen ministre, une pétition des femmes de ce pays dont les maris ont été faits prisonniers par les féroces Anglais. Elles sollicitent une échange, et vous verrez que ce n'est pas pour elles qu'elles désirent le retour de leurs époux en France, mais pour les offrir de nouveau à la patrie et les voir revoler aux combats pour défendre la cause de la liberté. Hâtez le moment de cette échange; l'esclave d'un tiran ne se balance pas avec un homme libre!

A Cherbourg, ce 5 octobre 1793, 2e de la République. GARNIER, de Saintes. »

Il fut ensuite envoyé dans la Sarthe, se trouva à la Flèche le 7 décembre, à Alençon le 19 et au Mans quelques jours après. Très ardent en paroles, en fait il s'acquitta de ses fonctions avec une modération relative. Il disait au tribunal d'Alençon, le 29 frimaire: « Il s'agit d'appliquer la loi aux prisonniers sans formalité ni de procédure; prononcez et prononcez promptement; » et il écrivait à la Convention le même jour: « On nous amène ici des prisonniers par trentaines; dans trois heures on les juge; la quatrième on les fusille. » Les habitants de Château-du-Loir avaient fait une pétition récla-

mant l'ouverture des églises: Garnier s'y opposa et leur dit: « Le ciel a créé l'homme, le crime a créé les prêtres. L'Etre suprême veut des hommages sans doute; mais, lorsque le vertueux Abel lui fit hommage des prémices de ses troupeaux, se servit-il de l'intermédiaire des prêtres? » Il stimula, au Mans, l'élan affaibli des dons patriotiques par ce curieux arrêté, en date du 12 germinal an II: « Art. I: Les citoyens aisés sont invités à venir présenter leurs offrandes sur l'autel de la patrie. — Art. II: Ces offrandes sont libres et volontaires..... — Art. VI: Il sera tenu une liste de ceux qui, ôtant à leur aise, n'auront rien offert ou auront fait des offrandes dérisoires. » Le jour de la condamnation de Philippeaux (qui avait été en mission dans la Sarthe) et de Danton à Paris, Garnier dénonça leurs complices au Mans; mais le tribunal révolutionnaire de Paris les acquitta. Garnier s'en plaignit dans une lettre à Billaud-Varennes, du 15 floréal, d'autant plus vivement que les acquittés l'accusaient à leur tour, dans un mémoire, de protéger les aristocrates, et spécialement une comtesse de Saint-Georges, femme d'émigré, prise à l'armée vendéenne: « L'impunité du crime, écrit-il, est le découragement de la vertu. » Il se conduisit d'ailleurs avec beaucoup de courage dans différentes rencontres avec les Vendéens. En juin de la même année, il obtint, avant d'aller dans la Gironde, un congé de quelques jours qu'il passa à Saintes et dont il profita pour prendre, sous sa propre responsabilité, diverses mesures de clémence. Il demanda notamment la suppression du tribunal révolutionnaire de Rochefort, « qui jugeait sans dénonciation, et souvent sans compétence. » Arrivé à Bordeaux dans les premiers jours de juillet, il employa tous ses efforts à rétablir l'ordre, sans répandre le sang. Il commença (24 messidor an II) par supprimer les trois loges maçonniques de Bordeaux, « où, à l'abri du secret, les mécontents et les royalistes auraient pu former des rassemblements dangereux; » et il formula au club national, dès le jour de son arrivée, son opinion économique, un peu confuse: « Le commerce, dit-il, a perdu Tyr et Carthage: tel qu'on le pratique aujourd'hui, je le crois incompatible avec la liberté. » Le 9 germinal an II, il écrivit à la Convention pour applaudir à la victoire des Jacobins sur les Dantonistes. Malgré la réaction de thermidor, Garnier (de Saintes) revint siéger à la Montagne, défendit plusieurs de ses collègues persécutés, continua à suivre les séances du club des Jacobins, dont il devint le président, et s'attira par son attitude la haine de la nouvelle majorité. Quoiqu'il eût désavoué la conduite de Carrier à Nantes, il essaya de le soustraire à l'échafaud. Mais il parut se rapprocher des thermidoriens par diverses motions qu'il présenta ou qu'il soutint dans les derniers temps de la session, comme celle de rendre aux nobles le libre séjour de la capitale, etc. Le 12 germinal an III, il se déclara contre l'insurrection, et le 1er prairial suivant, il demanda que la mort de Féraud fût vengée. Il réclama, d'ailleurs, également (vendémiaire an IV) des mesures énergiques contre les sectionnaires royalistes. Entré au Conseil des Cinq-Cents, le 23 du même mois, comme député de la Charente-Inférieure, il siégea parmi les républicains, appuya, le 18 fructidor an V, la déportation des journalistes contre-révolutionnaires, et, le 27 vendémiaire an VI, l'exclusion des nobles des emplois publics. Le 8 pluviôse, il demanda l'établissement d'une taxe sur les nouveaux enrichis. Secrétaire du Conseil des Cinq-Cents le 30 ventôse an VI, il sortit de cette Assemblée le 1er prairial de la même année, et fut nommé par le Directoire vice-consul aux Etats-Unis; mais il refusa ce poste pour occuper celui de président du tribunal criminel de la Charente-Inférieure, où l'avaient appelé, le 15 avril 1798, les suffrages des électeurs du département. Un arrêté du premier consul, en date du 20 mai 1800, le maintint dans ces fonctions. Garnier (de Saintes) fut fait, en outre, chevalier de la Légion d'honneur, reçut, le 12 novembre 1809, le brevet de chevalier de l'Empire, et devint, en 1811, président du tribunal des douanes séant à la Rochelle. La Restauration lui fit perdre cet emploi. Il se fit alors inscrire (1813) au barreau de la Rochelle. Pendant les Cent-Jours, il fut envoyé à la Chambre des représentants, par l'arrondissement de Saintes, le 12 mai 1815, avec 74 voix sur 136 votants, contre 54 à M. Angellier. Il se montra dans cette Assemblée dévoué aux institutions impériales, demanda (juin) que l'Adresse contint la résolution de l'Assemblée de soutenir l'œuvre et la personne de Napoléon, réclama la répression de la révolte de l'Ouest, s'opposa à toute transaction avec le parti de l'étranger, et appuya vigoureusement (28 juin) la motion d'envoyer des commissaires aux armées: « Rappelez-vous, s'écria-t-il, ces temps où un seul représentant au milieu d'une armée électrisait tous les esprits. Nous irons encore combattre dans les rangs. Pour ceux qui y trouveront la mort, ce jour sera celui de la résurrection. » Au moment où les alliés, vainqueurs à Waterloo, marchaient sur Paris, il écrivit au ministre de la guerre, Davout, le 1er juillet 1815, une lettre dans laquelle, retrouvant toute son énergie de 1792, il demandait à former, avec 50,000 fédérés, une seconde ligne de défense. « Si je pouvais parler de moi, dit-il en terminant, je pourrais dire que, dans le temps de nos guerres civiles, je sauvai la Sarthe, la Manche et Granville, avec le seul élan de mon âme: elle est encore la même aujourd'hui. Salut et attachement respectueux. GARNIER DE SAINTES, représentant du peuple. »

Compris dans l'ordonnance d'exil du 24 juillet 1815, avec son collègue Regnault (de Saint-Jean-d'Angely), il dut s'éloigner de Paris dans les trois jours, et se réfugia à Bruxelles, où il fonda, dans les premiers jours de septembre, le journal le Surveillant, très hostile au gouvernement français. Sa présence et celle de quelques autres proscrits dans une ville si peu éloignée de la frontière ayant inquiété le gouvernement, celui-ci obtint du roi des Pays-Bas que Garnier (de Saintes) entre autres serait expulsé de son territoire. Garnier résolut alors de passer aux Etats-Unis et, après avoir obtenu un délai de quelques semaines, il s'embarqua pour Philadelphie, où il arriva en septembre 1816. Son fils, Athanase Garnier, écrivit de cette ville, le 15 juin 1817, qu'une concession de terrain dans le territoire du Mississipi venait d'être faite par le congrès à une colonie dont Garnier (de Saintes) était le président, et qu'ils partaient pour la Nouvelle-Orléans. Plus tard, on apprit qu'en descendant l'Ohio la frêle embarcation qui les portait avait chaviré et qu'ils avaient péri sans secours. On a de Garnier (de Saintes), indépendamment de trois comptes rendus de ses missions et de douze rapports imprimés par ordre de la Convention et des Cinq-Cents, sur les postes, les messageries, les domaines nationaux, les élections, etc.: le Retour à la vérité en France (1815); la Dette d'un exilé ou plan nouveau d'éducation nationale basé sur les principes de Socrate (1816).

GARNIER (GERMAIN, MARQUIS), membre du Sénat conservateur et pair de France, né à Auxerre (Yonne) le 8 novembre 1754, mort à Paris le 4 octobre 1821, fut procureur au Châtelet en 1779, à la place de Traveau, et vendit son office en 1788 à Chignard. Il fut élu, en 1789, député suppléant du tiers aux Etats-Généraux pour la ville de Paris intra-muros. Président du district du quartier Saint-Honoré, il harangua le roi, le 12 février 1790, au nom des présidents des autres districts et des soixante commandants des bataillons de la garde nationale, et fut élu, en 1791, le 10 février, membre du département de Paris. Inscrit au « Club des Impartiaux », club monarchique, , ayant publié en 1792 un ouvrage sur la Propriété considérée dans ses rapports avec le droit politique, il fut nommé par le roi, le 24 mars de cette même année, ministre de la justice, à la place de Duport-Dutertre ; mais il refusa et fut remplacé par Duranthon, procureur-syndic de Bordeaux. Il émigra après le 10 août 1792, ne rentra en France qu'en 1795, et fut porté par le Conseil des Cinq-Cents, le 5 prairial an V, sur la liste des candidats pour la place vacante au Directoire exécutif. Après le 18 brumaire, Bonaparte le nomma préfet de Seine-et-Oise, et, le 6 germinal an XII, membre du Sénat conservateur. Le 25 prairial de la même année, il reçut la croix de commandeur de la Légion d'honneur. Le 12 mars 1808, il fut nommé membre du conseil du sceau des titres, et, le 26 avril de la même année, créé comte de l'Empire, puis titulaire de la sénatorerie de Limoges en 1810, et de celle de Trèves en 1811, à la place de Lucien Bonaparte; il fut élevé, le 30 juin 1811, à la dignité de grand-officier de la Légion d'honneur, le 3 avril 1813, à celle de grand-croix de l'ordre de la Réunion. Mais, en 1814, son zèle se refroidit à l'égard de Napoléon Ier ; il refusa les fonctions de commissaire extraordinaire dans la 2e division militaire; en avril, il vota la déchéance de l'Empereur. Louis XVIII l'appela à la Chambre des pairs (juin 1814). Le comte Garnier se tint à l'écart pendant les Cent-Jours, et, à la seconde Restauration, fut nommé ministre d'Etat, membre du conseil privé et créé marquis le 21 août 1817. A la Chambre haute, il vota pour la mort dans le procès du maréchal Ney (décembre 1815), défendit la politique ministérielle, mais parla en faveur de la liberté de la presse et du commerce des céréales, et fut plusieurs fois membre et rapporteur de la commission du budget. Correspondant de l'Académie des Inscriptions lors de la réorganisation de l'Institut en 1800, et, par ordonnance royale, académicien libre en 1816, il a publié en 1802 une traduction d'Adam Smith, en 1806 une Théorie des banques d'escompte, et en 1819, une Histoire de la monnaie depuis les temps les plus reculés jusqu'à Charlemagne, etc. On lui attribue encore la chanson J'ai vu Lise! célèbre sous la Restauration et dont Louis XVIII a aussi passé pour être l'auteur.

GARNIER (FRANÇOIS), député de 1846 à 1848, né à Pizy (Yonne) le 1er septembre 1793, mort à Paris le 15 mai 1870, était fabricant de ciment romain. Le 21 mars 1846, en remplacement de Philippe Dupin, décédé, il fut élu député du 2e collège de l'Yonne (Avallon) par 131 voix sur 247 votants et 270 inscrits, contre 116 voix obtenues par M. Bodin de Vesvres. M. Fr.

Garnier prit place au centre, vota avec la majorité conservatrice et obtint sa réélection la même année, au renouvellement général du 1er août, par 136 voix (238 votants, 272 inscrits), contre 78 à M. Boudin de Vesvres. Il soutint la politique de Guizot jusqu'à la révolution de février 1848, qui le rendit à la vie privée.

GARNIER (Auguste-Fidèle-Amant-Marie), député au Corps législatif de 1852 à 1859, né à Nort (Loire-Inférieure) le 14 mai 1795, mort à Angers (Maine-et-Loire) le 12 novembre 1859, était négociant, armateur, et président de la chambre de commerce de Nantes, lorsqu'il fut élu, comme candidat officiel, le 29 février 1852, député au Corps législatif par la 1re circonscription de la Loire-Inférieure, avec 13,934 voix sur 20,852 votants et 36,873 inscrits, contre 6,396 voix à M. Gicqueau, et 416 à M. Rivière. Le 22 juin 1857, il fut réélu par la 2e circonscription du même département, avec 13,824 voix sur 14,702 votants et 36,715 inscrits; il siégea silencieusement dans la majorité dynastique, et mourut au cours de la législature.

GARNIER (Désiré-Maurice), député au Corps législatif de 1863 à 1869, né à Espinasses (Hautes-Alpes) le 14 juillet 1814, entra dans l'administration de l'enregistrement et des domaines, à laquelle il appartint quelque temps comme vérificateur. Après s'être démis de ses fonctions, il ne cessa pas de s'occuper activement des intérêts auxquels il s'était d'abord consacré; il dirigea à Paris un journal qui traitait de cette spécialité, et fut le fondateur du *Répertoire de l'enregistrement*, qui fit bientôt autorité. Le 31 mai 1863, M. D. Garnier posa sa candidature au Corps législatif dans la circonscription unique des Hautes-Alpes, qui le nomma député par 19,455 voix (28,353 votants, 34,153 inscrits), contre 5,692 voix accordées au député sortant, M. Faure, 2,418 à M. Blanc, et 752 à M. Laforgue de Bellegarde. Élu sans l'appui officiel du gouvernement, M. Garnier, bien qu'il ne comptât point parmi les membres de l'opposition, vota parfois avec la minorité libérale de l'assemblée. Il donna sa démission de député en 1869, à la demande du gouvernement, pour attribuer un siège électoral à M. Clément Duvernois, et fut nommé la même année conseiller-maître à la cour des Comptes. Il occupe encore aujourd'hui ces fonctions. Conseiller général des Hautes-Alpes pour le canton de Chorges, et chevalier de la Légion d'honneur, M. Garnier a figuré sans succès, comme candidat conservateur dans les Hautes-Alpes, le 8 février 1871 (il obtint alors 7,543 voix sur 18,912 votants); le 2 juillet de la même année, adversaire de M. Cézanne, républicain centre gauche, il ne réunit que 7,965 voix contre 14,212.

GARNIER (Etienne-Henri), député de 1876 à 1877 et de 1884 à 1885, né à Avallon (Yonne) le 27 avril 1822, fils de François Garnier (*Voy. plus haut*), fut élève de l'École polytechnique, et entra, sous l'Empire, dans l'administration préfectorale. Placé successivement à la tête des départements des Hautes-Pyrénées, de l'Hérault, et de la Haute-Vienne, il « laissa, écrit un biographe bonapartiste, dans chacun de ces postes, le renom d'une main de fer gantée de velours ». Il donna sa démission au Quatre-Septembre, et se retira dans ses propriétés de l'Yonne. Aux élections législatives de 1876, M. Garnier fut le candidat des conservateurs-impérialistes dans l'arrondissement d'Avallon, qui le nomma

député, au second tour, le 5 mars, par 6,271 voix (10,978 votants, 13,248 inscrits), contre 4,625 voix à M. Mathé, républicain. Il avait dit dans sa profession de foi : « Le présent ne nous divise point, car nos institutions sont définies et fixées pour cinq ans, et au Maréchal seul, à l'exclusion des Chambres, appartient, jusqu'en 1880, le droit d'en provoquer la révision. Si, après les avoir soumises à l'épreuve, le Maréchal juge nécessaire d'user de sa prérogative, je demanderai que la nation consultée soit appelée à faire connaître sa volonté et impose ainsi à tous le respect de sa décision souveraine. » Il fit partie du groupe de l'Appel au peuple et vota, avec la minorité de droite, *pour le gouvernement* du Seize-Mai, *contre* les 363. M. Garnier se représenta, le 14 octobre 1877, devant ses électeurs, avec l'appui officiel, mais il échoua avec 5,508 voix contre 5,863 à M. Mathé, républicain. Après la mort de ce dernier (1884), M. Garnier fut de nouveau candidat à la Chambre des députés, et il redevint, le 21 octobre 1884, député d'Avallon, par 5,542 voix (10,944 votants, 13,263 inscrits), contre 5,278 voix à M. Hervieu, républicain. Il siégea à droite comme précédemment, et s'associa aux derniers votes des conservateurs dans la législature. Porté, le 3 octobre 1885, sur la liste monarchiste de l'Yonne, il échoua avec 32,224 voix (86,690 votants). Commandeur de la Légion d'honneur.

GARNIER (Joseph-Clément), sénateur de 1876 à 1881, né à Beuil (Alpes-Maritimes) le 3 octobre 1813, mort à Paris le 25 septembre 1881, fut élève de l'école de commerce à Paris en 1829 et y devint professeur adjoint, puis directeur des études. En 1838, il prit lui-même la direction d'une maison d'enseignement jusqu'en 1843. Dès 1842, il avait eu une part très active à la fondation de la « Société d'économie politique », dont il resta un des membres les plus en vue et dont il fut jusqu'à sa mort secrétaire perpétuel. En 1845, il dirigea le *Journal des Économistes*, puis fonda l'année suivante, avec Bastiat et Wolowski, « la Ligue pour la liberté des échanges ». Nommé professeur d'économie politique à l'École royale des ponts et chaussées en 1846, il fut mêlé, de 1849 à 1851, à l'organisation du « Congrès des amis de la paix », qui se réunit successivement à Paris, à Londres et à Francfort. Décoré de la Légion d'honneur en août 1860, il fit partie de presque toutes les sociétés de statistique et d'économie politique de l'Europe. Élu, le 24 mai 1873, membre titulaire de l'Académie des sciences morales et politiques, en remplacement de M. Dupin, M. Garnier entra dans la vie politique le 30 janvier 1876, comme sénateur des Alpes-Maritimes, élu avec 121 voix sur 207 votants. Il siégea à gauche, et vota constamment jusqu'à sa mort avec les républicains de la Chambre haute. Outre ses articles économiques à la *Presse*, au *National*, au *Siècle*, au *Journal des Débats*, M. Garnier a publié un grand nombre d'ouvrages. Parmi les plus estimés figurent son *Traité d'économie politique*, souvent réimprimé, son *Traité de finances*, l'*Annuaire d'économie politique et de statistique*, qu'il publia de 1844 à 1855 en collaboration avec Guillaumin, une édition revue de *Malthus*, enfin un *Traité sur le principe de population*. Chevalier de la Légion d'honneur (août 1860).

GARNIER-ANTHOINE (Claude-Xavier), membre de la Convention, né à Bar-le-Duc (Meuse) le 4 août 1745, mort à une date inconune, était négociant à Bar-le-Duc. Elu 3ᵉ député-suppléant à la Convention nationale, le 8 septembre 1792, par 86 voix sur 155 votants, il fut admis à siéger dans l'Assemblée le 3 septembre 1793, en remplacement de Tocquot, démissionnaire. En l'an III, il appuya la réélection, par les assemblées primaires, des deux tiers de la Convention. Il était le beau-frère de Robinot-Garnier, l'un des terroristes de la Meuse, et il le défendit avec succès, après Thermidor, devant le comité de salut public. Là se borna son rôle parlementaire.

GARNIER-BODÉLÉAC (JEAN-MARIE), député de 1877 à 1878 et de 1885 à 1889, né à Quintin (Côtes-du-Nord) le 24 décembre 1819, était propriétaire dans cette ville, dont il devint maire. D'opinions conservatrices et impérialistes, il fut choisi, aux élections du 14 octobre 1877, comme candidat officiel du gouvernement du Seize-Mai dans la 1ʳᵉ circonscription de Saint-Brieuc, et fut proclamé élu avec 8,615 voix sur 16,469 votants et 23,043 inscrits, contre 7,835 voix à M. Armez, républicain. Il prit place à droite et s'associa aux premiers votes de la minorité monarchiste. Mais l'élection fut invalidée, et, au nouveau scrutin du 3 mars 1878, M. Garnier-Bodéléac échoua avec 6,204 voix contre 10,040 à l'élu républicain, M. Armez. M. Garnier-Bodéléac reparut à la Chambre, le 4 octobre 1885, ayant été élu député des Côtes-du-Nord, le 7ᵉ sur 9, par les conservateurs de ce département, avec 70,543 voix (113,479 votants, 163,318 inscrits). Il siégea à droite comme précédemment, se prononça successivement contre tous les ministères républicains de la législature, et vota en dernier lieu : contre le rétablissement du scrutin d'arrondissement (11 février 1889), pour l'ajournement indéfini de la revision de la Constitution, contre les poursuites contre trois députés membres de la Ligue des patriotes, contre le projet de loi Lisbonne restrictif de la liberté de la presse, contre les poursuites contre le général Boulanger.

GARNIER DE LABOISSIÈRE (PIERRE, COMTE), membre du Sénat conservateur, né à Chassiecq (Charente) le 11 mars 1755, mort à Paris le 8 mars 1809, entra à l'Ecole militaire en 1769 et fut nommé sous-lieutenant dans Custine-dragons le 1ᵉʳ juin 1772. Capitaine le 3 juin 1779, il fut envoyé à l'armée du Rhin, et prit part au combat de Spire, le 30 septembre 1792. Le 1ᵉʳ décembre suivant, en récompense de sa conduite, il fut nommé chef de brigade. Fait prisonnier par les Prussiens le 25 messidor an II, il fut, après son échange, nommé général de brigade (25 prairial an III); général de division (5 ventôse an VII), il commanda l'armée de réserve jusqu'en l'an IX et fut blessé à l'affaire de Koth (12 frimaire). Il était inspecteur général de cavalerie, lorsque le premier Consul l'appela au Sénat le 7 fructidor an X. Membre de la Légion d'honneur (9 vendémiaire an XII), grand-officier (25 prairial), il reçut la sénatorerie de Bourges (2 prairial), et fut nommé, le 12 pluviôse an XIII, chambellan de l'Empereur. Le 2 mars 1807, il commanda la 4ᵉ légion de réserve de l'intérieur; au mois d'octobre suivant, il présida le collège électoral de la Charente, et fut créé comte de l'Empire, le 26 avril 1808. Appelé, le 8 mars 1809, au commandement de Strasbourg, il y mourut le 14 avril suivant.

GARNIER DE LABOISSIÈRE (JEAN-FRÉDÉRIC, COMTE), fils du précédent, député de 1839 à 1842 et représentant du peuple en 1848, né à Saint-Claud (Charente) le 6 mars 1796, mort à Angou-

lême (Charente) le 19 mars 1873, fut d'abord officier de cavalerie et page de Napoléon I. Il poursuivit sa carrière militaire sous la Restauration et, parvenu au grade de chef d'escadron, donna sa démission en 1829; il devint alors maître de forges à Chérac. Connu pour ses opinions républicaines, il se présenta à la députation, le 5 juillet 1831, et échoua comme candidat d'opposition, dans le 4ᵉ collège électoral de la Charente (Confolens), avec 62 voix contre 172 accordées à son concurrent, élu, M. Pougeard-Dulimbert. Le 21 juin 1834, il échoua pour la seconde fois dans le même collège avec 105 voix contre 161 au député sortant, réélu. Mais, le 2 mars 1839, il fut élu dans le même collège par 173 voix sur 284 votants et 372 inscrits; durant cette législature, il se trouva mêlé à divers mouvements politiques avec son ami, M. de Ludre, et siégea sur les bancs de l'opposition. Aux élections générales du 9 juillet 1842, il échoua de nouveau contre son ancien concurrent, M. Pougeard-Dulimbert, avec 18 voix contre 166, et 10 voix à M. Hyde de Neuville. Enfin, le 1ᵉʳ août 1846, il obtint, sans être élu, toujours dans le même collège, 174 voix contre 191 à M. Béchameil, candidat ministériel. Ayant organisé le parti républicain en Charente, il fut nommé, à la révolution de février, commissaire du gouvernement provisoire dans ce même département, et élu représentant de la Charente à l'Assemblée constituante, le 23 avril 1848, le 2ᵉ sur 9, par 66,388 voix sur 92,994 votants. Il siégea parmi les républicains modérés, fit partie du comité du commerce, et vota pour le bannissement de la famille d'Orléans, contre l'abolition de la peine de mort, contre l'impôt progressif, contre l'amendement Grévy, contre la sanction de la Constitution par le peuple, pour l'ensemble de la Constitution, contre l'expédition de Rome. M. Garnier de Laboissière n'a pas fait partie d'autres assemblées.

GARNIER-DESCHÊNES (EDME-HILAIRE), député au Conseil des Cinq-Cents et au Corps législatif de l'an VIII, né à Montpellier (Hérault) le 1ᵉʳ mars 1732, mort à Paris le 5 janvier 1812, « fils de messire Pierre Garnier-Deschênes, trésorier-général de France, et de dame Marie-Henriette Girard, mariés, » fut d'abord destiné à l'Eglise, et professa les belles-lettres dans plusieurs collèges des pères de l'Oratoire. Mais, par suite de revers de fortune éprouvés par sa famille, il quitta la congrégation, où il n'avait pas prononcé de vœux, et devint notaire, en 1766, à Paris. Son habileté dans cette profession lui valut la situation de trésorier de Monsieur, frère du roi. Pendant la période révolutionnaire, il se tint à l'écart en province, dans l'Yonne. Malgré cela, il fut déclaré suspect et resta onze mois en prison. Ces loisirs forcés lui permirent de mettre la dernière main à un Traité de Géographie astronomique, politique et naturelle, qui obtint un des prix au concours proposé par la Convention le 9 pluviôse an II, et fut imprimé par ordre de l'Assemblée. Le 26 germinal an VII, il fut élu député de Seine-et-Oise au Conseil des Cinq-Cents. Le 4 nivôse an VIII, le Sénat conservateur le nomma député du même département au nouveau Corps législatif. Six jours plus tard, le 10 nivôse, ses connaissances administratives et financières le firent choisir par les consuls comme régisseur de l'enregistrement et des domaines; peu après, il fut nommé trésorier-payeur à Nîmes, puis, le 24 juillet 1806, receveur général dans les Pyrénées-Orientales, et, le 19 mai 1811, receveur général dans le nouveau département des Bouches-de-l'Elbe. Ces fonctions ne l'empêchèrent pas de composer des ouvrages de droit, de législation, d'économie morale, et aussi des vers. Il publia notamment, en 1807, un *Traité élémentaire du Notariat*, qui lui valut la croix de la Légion d'honneur ; mais son ouvrage le plus curieux est une traduction en vers de *la Coutume de Paris* (1768). Il traita aussi *De l'origine du système duodécimal*, et fit partie de la Société d'agriculture de la Seine, où il contribua pour une grande part à l'élaboration du code rural.

GARNIER-DUFOUGERAY (Jean-Baptiste-Laurent), député de 1815 à 1828, né à Saint-Malo (Ille-et-Vilaine) le 5 mars 1768, mort à Constantinople (Turquie) le 20 janvier 1843, était fils d'un capitaine de la marine marchande. Il s'occupait du commerce des pêcheries de Terre-Neuve, lorsque ses opinions royalistes le rendirent suspect au régime impérial : arrêté et emprisonné, il fut détenu pendant toute l'année 1813. Le retour des Bourbons le rendit à la liberté. Il fut alors envoyé à la Chambre des députés (22 août 1815) par le collège de département d'Ille-et-Vilaine, avec 103 voix (194 votants, 247 inscrits), appartint à la majorité de la Chambre introuvable, y fit partie de plusieurs commissions, notamment de celle du budget, et parla plusieurs fois sur des matières de finances. Il proposa de voter des remerciements à M. de Vaugiraud pour avoir « sauvé la Martinique » pendant les Cent-Jours. Réélu député, le 4 octobre 1816, par 85 voix (166 votants, 236 inscrits), M. Garnier-Dufougeray opina avec la minorité et combattit le ministère Decazes. Le 4 février 1817, il prononça un discours qui fut remarqué, et dans lequel il attaquait vivement le projet de loi de finances élaboré par la commission. Intimement lié avec M. de Corbière, il suivit les inspirations de cet homme d'Etat, fut réélu député, le 13 novembre 1820, par 210 voix (286 votants, 308 inscrits), puis, le 9 mai 1822, dans le 1er arrondissement d'Ille-et-Vilaine (Saint-Malo), par 169 voix (284 votants, 317 inscrits), contre 102 à M. Bouvet; lorsque M. de Corbière fut devenu ministre de l'Intérieur, il se trouva en possession d'une grande influence. Présenté le troisième sur la liste des candidats à la questure de la Chambre des députés, il obtint ce poste grâce à l'appui personnel du ministre, dont il soutint fidèlement la politique. Lors du renouvellement de 1824, M. Garnier-Dufougeray fut nommé président du collège électoral de l'arrondissement de Saint-Malo, et obtint sa réélection, comme député de cette circonscription, le 25 février 1824, par 187 voix (288 votants, 319 inscrits). Les journaux hostiles prétendirent qu'il ne l'avait due qu'à la crainte des destitutions et à la faveur gouvernementale; la contre-opposition royaliste soutenait la candidature de M. Cor, riche banquier de l'arrondissement. M. Garnier-Dufougeray, choisi de nouveau pour questeur de la Chambre, fut nommé, en outre, bibliothécaire du ministère de l'Intérieur et membre de la commission d'indemnité aux émigrés, et reçut la croix d'officier de la Légion d'honneur. « On croit, écrivait un biographe, que M. Dufougeray a tout pouvoir sur l'esprit de M. de Corbière, et qu'il partage avec M. Gaudiche (le secrétaire particulier du ministre) la distribution des loges de spectacle de Son Excellence. » Réélu encore, le 17 novembre 1827, par 142 voix (270 votants, 299 inscrits), contre 117 à M. Lesaige de la Villebrune, M. Garnier-Dufougeray vit son élection annu-

lée. Les électeurs de Saint-Malo furent convoqués à nouveau pour le 8 mai 1828, et ce fut M. L. de Villebrune qui l'emporta cette fois, avec 138 voix contre 106.

GARNIER-KERRUAULT (Edouard-Charles-Marie), représentant du peuple en 1848, né à Saint-Malo (Ille Vilaine) le 14 juillet 1809, mort à Saint-Malo le 12 mars 1868, élève de l'Ecole polytechnique en 1829, se battit à la révolution de 1830 et reçut la croix de Juillet. Il était capitaine d'artillerie lorsqu'il fut élu, le 23 avril 1848, représentant d'Ille-et-Vilaine à l'Assemblée constituante, le 9e sur 14, avec 83,037 voix sur 132,009 votants et 152,985 inscrits. Il prit place à droite, fit partie du comité de la guerre, et vota *contre* le bannissement de la famille d'Orléans, *pour* les poursuites contre L. Blanc et Caussidière, *contre* l'abolition de la peine de mort, *contre* l'impôt progressif, *contre* l'incompatibilité des fonctions; il demanda en vain que la Constitution fût soumise à la sanction du peuple, et se prononça *pour* la proposition Rateau, *pour* l'expédition de Rome. Après le 10 décembre, il soutint la politique personnelle du prince-président. Non réélu à la Législative, il devint lieutenant-colonel en 1859, puis sous-directeur d'artillerie à Cherbourg. Chevalier de la Légion d'honneur et membre du conseil général d'Ille-et-Vilaine.

GARNIER-PAGÈS (Etienne-Joseph-Louis), député de 1831 à 1834 et de 1835 à 1841, né à Marseille (Bouches-du-Rhône) le 27 décembre 1801, mort à Paris le 23 juin 1841, était fils d'un chirurgien de marine, M. Garnier : il avait vingt jours seulement quand il perdit son père. Deux ans plus tard, sa mère épousa en secondes noces M. Pagès, dont elle eut un second fils (V. p. bas). Liés par une fraternité étroite bien qu'issus d'unions différentes, les deux frères adoptèrent ce double nom de Garnier-Pagès, qu'ils contribuèrent l'un et l'autre à rendre célèbre. L'aîné eut des commencements pénibles et laborieux. D'abord employé dans une maison de commerce à Marseille, puis commis dans une compagnie d'assurances maritimes à Paris, il trouva cependant le temps d'étudier le droit, et, reçu avocat, fit au palais de brillants débuts. Mais la mort de son beau-père, M. Pagès, puis celle de sa mère, en le livrant à lui-même, le décidèrent à aborder la carrière politique. De bonne heure il était entré dans le mouvement libéral, et il s'était affilié à la Société Aide-toi, le Ciel t'aidera, ainsi qu'à la plupart des groupes démocratiques et maçonniques où la jeunesse conspirait contre le gouvernement de la Restauration. Il prit une part active à la révolution de juillet, fut nommé président du conseil de revision des récompenses nationales, réorganisa sur de nouvelles bases la Société *Aide-toi, le Ciel t'aidera*, qui le choisit pour son président, et qu'il dirigea, contrairement à l'opinion de la plupart de ses amis de la veille, dans un sens hostile à la dynastie nouvelle. Garnier-Pagès était de ceux qui avaient cru combattre pour la République, et dont la monarchie de juillet trompait les plus chères espérances. Son énergie et son habileté lui valurent une popularité rapide, et il avait à peine atteint l'âge de l'éligibilité (30 ans), qu'il fut choisi comme candidat de l'opposition dans le 4e collège électoral de l'Isère (la Côte Saint-André), où la démission de M. Réal venait d'ouvrir une vacance; il fut élu député, le 28 décembre 1831, par 68 voix (132 votants, 265 inscrits), contre 64 à M. Félix Faure. Il prit place à l'extrême-gauche de la Chambre des députés, et ne cacha point ses tendances républicaines. Un seul député se leva pour protester contre l'admission de ce nouvel élu : ce fut Casimir Périer. Bientôt Garnier-Pagès partagea avec Armand Carrel la direction du parti républicain. Il se distinguait par sa finesse, par sa pénétration, par sa prudence, « par une habileté singulière, a écrit un historien, à mettre aux prises les partis adverses, de manière à les ruiner l'un par l'autre, en obtenant l'estime et les applaudissements de chacun d'eux. » Affable et insinuant, son esprit vif, sa simplicité, sa grâce familière, son langage fait de naïveté et de malice, lui conquirent dans le parlement une influence que ses opinions seules ne lui auraient pas conciliée. Il eut une grande part à la rédaction du fameux compte-rendu de 1832, et son rôle parlementaire grandit chaque jour au milieu des événements. L'insurrection de 1832 fut pour lui l'occasion d'une lutte de tribune où son sang-froid ne se démentit pas, et lui permit de tenir tête au ministère et à la majorité. Aux accusations incessantes contre les sociétés secrètes, il répondit un jour, non sans à propos, que deux hommes éminents, qui siégeaient là, avaient fait partie, l'un, Guizot, de la société *Aide-toi, le Ciel t'aidera*, l'autre, Barthe, d'une vente de carbonari. Il fut du nombre des députés qui se récusèrent dans le procès du journal la *Tribune* (1833). Garnier-Pagès échoua aux élections générales du 21 juin 1834, dans le 2e collège de l'Isère (Grenoble), avec 141 voix contre 155 à M. Réal. Mais il ne tarda pas à être dédommagé de cet échec : l'option de M. de Cormenin pour le collège de Joigny ayant laissé libre la 2e circonscription de la Sarthe, le Mans, il en devint député, le 3 janvier 1835, par 91 voix (164 votants, 190 inscrits), contre 73 à M. Lelong. Garnier-Pagès reprit sa place dans l'opposition démocratique et continua la lutte contre la politique gouvernementale. Il se prononça *contre* les lois de septembre 1835, les lois de disjonction, d'apanage, etc. Réélu, le 4 novembre 1837, par 102 voix (192 votants, 218 inscrits), il prit part, comme toujours, contre le ministère, lors de la fameuse coalition qui le renversa, mais sans vouloir entrer dans aucune des combinaisons destinées à assurer le pouvoir à telle ou telle fraction de la Chambre. Il fut un des principaux promoteurs du mouvement réformiste ; plus radical que la plupart de ses collègues de la gauche, il se déclara, dès 1840, partisan du suffrage universel, résuma ses aspirations égalitaires dans cette pittoresque formule, souvent citée : « Allonger les vestes sans raccourcir les habits, » et dit à la tribune de la Chambre : « Pour moi, je ne recule pas devant le titre de révolutionnaire ; et pourtant je ne pense pas que tout progrès ne puisse venir que par le moyen des révolutions. Ne croyez pas qu'il y ait dans cette assemblée ni parti ni homme qui veuille entasser débris sur débris... Nous représentons ici des idées philosophiques et des idées pratiques. » Orateur de l'opposition extrême, il était sans influence sur la marche des événements, mais son entente des affaires et ses connaissances spéciales le faisaient écouter dans plus d'une discussion technique. Membre et rapporteur de diverses commissions, il émit sur la conversion des rentes, la Banque de France, etc., des idées qui depuis ont été appliquées. Ce fut encore lui qui présenta le rapport sur le chemin de fer de Rouen et sur les paquebots de la Méditerranée. Enfin il se mêla activement aux débats sur les affaires d'Orient (1840) et se sépara de ses amis du *National* pour combattre le projet des fortifications de Paris. Sa protestation contre « l'embastillement » fut une des dernières qu'il fit entendre à la Chambre. Atteint dès l'enfance d'une maladie de poitrine qui s'était développée depuis, il succomba, le 23 juin 1841, honoré et regretté de tous les partis. Ses funérailles eurent le plus grand éclat, et une foule immense l'accompagna au cimetière. M. de Cormenin a dit de lui : « Il avait le plus rare des courages dans un pays où tout le monde est brave de la personne ; il était brave de sa conscience. » Le 24 février 1848, au moment où l'on lisait à la Chambre les noms des membres du gouvernement provisoire, au nom de Garnier-Pagès (le second), une voix du peuple cria des tribunes : « Il est mort, le bon ! » Outre ses discours politiques, et un certain nombre d'opuscules restés inédits, Garnier-Pagès aîné avait collaboré au *Dictionnaire politique* publié par Pagnerre.

GARNIER-PAGÈS (Louis-Antoine), député de 1842 à 1848, membre du gouvernement provisoire, ministre, représentant en 1848, député au Corps législatif de 1864 à 1870, membre du gouvernement de la Défense nationale, né à Marseille (Bouches-du-Rhône) le 16 février 1803, mort à Paris le 30 octobre 1878, était le frère utérin du précédent. Son père, Simon Pagès, était un ancien professeur de rhétorique du collège de Sorèze, devenu maître de pension à Marseille. Courtier de commerce à Paris, M. Garnier-Pagès prit part à la révolution de juillet et se battit sur les barricades du quartier Saint-Avoye. Puis il reprit ses occupations commerciales jusqu'au jour où la mort de son frère, que les républicains parlementaires considéraient comme leur chef, le fit entrer dans la politique. Le 9 juillet 1842, il fut élu député par le 2e collège de l'Eure (Verneuil), avec 291 voix sur 475 votants et 598 inscrits. Il prit place sur les bancs de la gauche, et vota avec l'opposition ; mais il se montra moins jaloux de ressaisir le rôle actif de son aîné dans les discussions politiques, que de traiter, à la Chambre, les questions d'affaires et de finances. Il concourut à l'élaboration de la loi sur les sucres, en proposant le nivellement du droit sur le sucre indigène et sur le sucre colonial par l'abaissement des taxes, et soutint la proposition de M. Gouin sur la conversion des rentes. Puis il voyagea en Espagne, et le séjour qu'il fit dans ce pays lui permit de recueillir des documents dont il se servit utilement au cours du débat sur l'Adresse de 1844 ; il obtint un peu plus tard le retrait de l'autorisation, que le ministère avait d'abord accordée, de coter à notre Bourse un nouveau trois pour cent espagnol. M. Garnier-Pagès prit une part active aux discussions que souleva l'établissement des chemins de fer, et fit opérer une réduction notable sur la durée des concessions consenties par l'Etat aux compagnies. Il vota *contre* l'indemnité Pritchard. Réélu député, le 1er août 1846, par 287 voix (477 votants, 602 inscrits), contre 66 voix à M. Huet et 63 voix à M. Chambay, Garnier-Pagès reprit sa place dans l'opposition, se prononça *pour* la réforme électorale et fut un des promoteurs de la campagne des banquets en 1847 et en 1848. Il se trouva notamment au banquet de Montpellier, et, lorsque le ministère eut interdit celui du 12e arrondissement, à Paris, Garnier-Pagès fut un des députés qui persistèrent dans l'intention de s'y rendre. Cependant, lors de la fusillade de la rue des Capucines (24 février), le peuple s'étant porté au *National*, Garnier-Pagès lui dit : « C'est un malentendu, restez chez vous, ne troublez pas l'ordre ; nous obtiendrons la punition du coupable, et le gouvernement prendra soin des victimes. Renoncez à cette démonstration qui peut amener les plus grands malheurs. » Mais, la révolution faite, il compta parmi ses partisans ; démocrate très modéré, de la nuance du *National*, il fut acclamé par ce parti membre du gouvernement provisoire, et d'abord désigné pour les fonctions de maire de l'aris ; puis, le 5 mars 1848, il remplaça Goudchaux au ministère des finances. De graves embarras financiers lui inspirèrent des mesures nécessaires, comme le remboursement des dépôts de la Caisse d'épargne en bons du Trésor, la circulation forcée des billets de banque avec création de coupons de cent francs, la fusion des banques départementales avec la Banque de France, et surtout le fameux impôt des quarante-cinq centimes additionnels aux contributions directes, qui fut si mal accueilli dans les campagnes et attira tant d'ennemis au gouvernement de la République. M. Garnier-Pagès ne déclina jamais la responsabilité de cet acte, qu'il a appelé un « acte sauveur ». Dans l'*Histoire de la révolution de 1848*, qu'il publia en 1862, il s'est exprimé ainsi à ce sujet : « C'était au ministère des finances qu'était réservée la mission pénible, mais grande, de trouver des ressources contre les maux présents, et de créer un système fécond pour l'avenir et pour les améliorations matérielles. Les hommes chargés de ce pesant ministère avaient condamné, comme inefficaces, le papier-monnaie, l'atteinte à la propriété, l'oppression, le maximum, la banqueroute. Le système qu'ils voulaient léguer à l'avenir et qu'ils destinaient à améliorer le sort matériel de la société devait reposer sur une modification radicale des impôts... » Et plus loin : « L'impérieux besoin de ressources immédiates avait fait substituer les 45 centimes à l'impôt sur le revenu. Si le dégrèvement recevait sa loyale exécution des préfets et des maires, le but était atteint de ne faire payer les 45 centimes que, par substitution, à ceux qui jouissaient d'un revenu. » L'auteur se félicitait en outre d'avoir élaboré un projet d'impôt annuel sur le revenu, « proportionnellement progressif, » et d'avoir réalisé d'importantes modifications : suppression de trois directions, de onze sous-directions, des titres de directeur général et d'administrateur ; diminution du personnel des bureaux ; réduction d'un tiers de l'armée douanière ; réunion de la direction des tabacs aux contributions indirectes ; réforme de la cour des Comptes, etc. Elu, le 23 avril 1848, représentant de la Seine à l'Assemblée constituante, le 4e sur 34, par 240,890 voix (267,888 votants, 399,191 inscrits), en même temps que par le département de l'Eure, il opta pour la Seine, soumit à l'Assemblée un compte rendu de sa gestion financière qui obtint alors une approbation unanime, et se vit nommer par 715 voix membre de la Commission exécutive, le second après François Arago. Durant l'insurrection de juin, il se montra partisan décidé de la répression, insista auprès du général Cavaignac pour qu'un régiment de cavalerie et deux régiments d'infanterie vinssent protéger le Luxembourg, siège de la commission exécutive, et, dans la séance même où M. de Falloux lut son rapport tendant à la suppression des ateliers nationaux, il annonça que des mesures vigoureuses allaient être prises, et qu'il fallait en finir. M. Garnier-Pagès quitta le pouvoir avec ses collègues de la commission, fut remplacé au ministère des finances par M. Duclerc, et borna désormais son rôle dans l'Assemblée à traiter les questions de finances et à défendre son administration, fréquemment attaquée. Porté absent au *Moniteur* dans la plupart des scrutins jusqu'en septembre 1848, et même dans la période qui suivit, M. Garnier-Pagès vota avec la fraction la plus conservatrice de la gauche : *contre* l'incompatibilité des fonctions, *contre* les bons hypothécaires, *contre* l'abolition du remplacement militaire, *pour* l'ensemble de la Constitution, fit une opposition discrète au président L.-N. Bonaparte, et se prononça, le 11 mai 1849, *contre* la mise en accusation du gouvernement. Non réélu à l'Assemblée législative, M. Garnier-Pagès rentra dans la vie privée et se mêla à diverses opérations de finances et d'industrie. Le 22 juin 1857, sa candidature au Corps législatif fut présentée par l'opposition démocratique dans la 4e circonscription de la Seine. A cette occasion, il défendit une fois de plus, dans une lettre rendue publique, la mesure de l'impôt des quarante-cinq centimes, dont on évoquait encore le souvenir contre lui : il réunit au premier tour de scrutin 2,749 voix contre 9,633 au candidat officiel, M. Varin, et 6,741 à M. Emile Ollivier, et se désista, avant le ballottage, en faveur de ce dernier. Le 20 mars 1864, il fut élu député de la 5e circonscription de la Seine en remplacement de Jules Favre, qui avait opté pour Lyon, par 14,444 voix (22,111 votants, 36,698 inscrits), contre 6,530 voix à M. Frédéric Lévy, candidat officiel, 409 à M. Th. Bac et 395 à M. Tolain. Peu après, il fut impliqué dans le procès des *Treize* et condamné à 500 fr. d'amende. Il siégea dans le petit groupe de l'opposition démocratique, se mêla surtout aux discussions administratives et financières, et combattit assez vivement la gestion du préfet de la Seine. Il réclama le droit de coalition pour les ouvriers (29 avril 1864), la diminution des armées permanentes et l'armement de la nation entière (4 mai 1865), l'impôt sur le revenu (1er juin 1865), et exposa les dangers de la situation financière de la ville de Paris (22 février 1869). Aux élections du 24 mai 1869, les démocrates radicaux de sa circonscription lui opposèrent F.-V. Raspail, qui obtint au premier tour de scrutin la majorité relative. Mais Raspail ayant été nommé à Lyon, un certain nombre de voix se déplacèrent au second tour, et M. Garnier-Pagès passa avec 19,481 voix (34,652 votants, 45,723 inscrits), contre 14,700 à Raspail. Il rentra alors au Corps législatif, appuya toutes les motions de l'opposition républicaine, insista sur la nécessité d'une législation commerciale uniforme, sur l'organisation de l'armée et contre la déclaration de guerre à la Prusse. Lors de la révolution du 4 septembre 1870, M. Garnier-Pagès fit partie, comme député de Paris, du gouvernement de la Défense nationale proclamé à l'Hôtel de Ville. Le souvenir de son impopularité en 1848 empêcha ses collègues de lui confier un ministère. Il joua donc un rôle des plus effacés pendant le siège de Paris, se bornant à ajouter sa signature au bas des décrets du gouvernement ; il se trouva bloqué au 31 octobre par l'insurrection, et fut, à la suite de cette journée, sérieusement souffrant de la peur qu'il avait éprouvée. Après la signature de l'armistice, un désaccord assez profond ayant séparé la délégation de Bordeaux et le gouvernement central, il fut d'abord chargé, avec MM. Pelletan et Emm. Arago, d'aller porter à Gambetta les remontrances de ses collègues, en attendant l'arrivée de M. Jules Simon. Les élections du 8 février 1871 ne l'ayant pas renvoyé siéger à l'Assemblée nationale, M. Garnier-Pagès reutra dans la vie privée, et passa ses dernières années à Cannes. On a de lui : *Episode de la révolution de 1848* (1850); *Histoire de la révolution de 1848* (1862); *Histoire de la Commission exécutive* (1872); *L'Opposition et l'Empire* (1872).

GARNON (FRANÇOIS-NICOLAS-ACHILLE), député de 1834 à 1848, représentant du peuple en 1848 et 1849, né à Sceaux (Seine). le 18 juillet 1797, mort à Sceaux le 7 avril 1869, notaire et maire dans cette ville, fut élu, le 21 juin 1834, député du 13° collège électoral de la Seine (Sceaux) avec 241 voix sur 459 votants et 570 inscrits, contre 217 à M. de Jussieu. Réélu successivement le 4 novembre 1837, par 331 voix sur 637 votants et 721 inscrits, contre 301 à M. Lesourd, le 2 mars 1839 par 440 voix sur 735 votants, contre 281 à M. Darblay, le 9 juillet 1842 par 535 voix sur 726 votants et 836 inscrits, contre 187 à M. Paravey, et le 1er août 1846 par 625 voix sur 675 votants et 910 inscrits, il siégea au centre gauche, combattit la politique du 15 avril et du 29 octobre, et vota *contre* l'indemnité Pritchard et *contre* les députés-fonctionnaires. Il fut un des organisateurs du comptoir Ganneron (*Voy. ce nom*), dont le fondateur était son ami politique. Le 23 avril 1848, il fut élu représentant de la Seine à l'Assemblée constituante, le 32° sur 34, par 106,747 voix sur 267,888 votants et 399,191 inscrits. Il siégea à droite, fit partie du comité de l'administration, et vota *pour* le bannissement de la famille d'Orléans, *pour* la loi contre les attroupements, *contre* l'abolition de la peine de mort, *contre* l'impôt progressif, *contre* l'incompatibilité des fonctions, *contre* l'amendement Grévy, *pour* l'ensemble de la Constitution, *pour* la proposition Rateau, *pour* l'interdiction des clubs, *contre* la demande d'accusation du président et de ses ministres. Réélu par le même département, le 13 avril 1849, à la Législative, le 24° sur 28, avec 109,162 voix sur 281,140 votants et 378,043 inscrits, il vota avec la majorité monarchiste, *pour* les lois sur l'enseignement, *pour* l'expédition romaine, *pour* la loi restrictive du suffrage universel (31 mai 1850), et ne se rallia pas à la politique personnelle du prince-président. Il était membre de la commission municipale de la Seine. Au coup d'Etat de décembre 1851, il fut incarcéré à Mazas pendant quelques jours. Chevalier de la Légion d'honneur (10 août 1850).

GARNOT (PIERRE-NICOLAS), membre de la Convention et député au Conseil des Cinq-Cents, né à Sézanne (Marne) le 16 décembre 1757, mort à Châtillon-sur-Marne (Marne) le 28 janvier 1848, perdit ses parents de très bonne heure. Ce fut M. Royer, subdélégué général et premier secrétaire de l'intendant de Normandie, frère de sa mère, qui se chargea de son éducation. De Rouen, on l'envoya à Sainte-Barbe; puis, comme son oncle le destinait au notariat, il fit son droit, sans goût du reste, préférant la carrière des armes. Il se rendit alors en Amérique, chez un ami, propriétaire à Saint-Domingue, où il épousa Mlle Castaing. Ayant acquis de l'influence dans le pays, il fut élu, le 24 septembre 1793, membre de la Convention par l'île de Saint-Domingue, le 4° sur 6, à la pluralité des voix. Mais le vaisseau qui le portait ayant fait naufrage, il ne put siéger qu'en messidor (le 16), peu avant la chute de Robespierre; à la fin de la législature, il fut nommé maire du 1er arrondissement de Paris.

Le 4 brumaire an IV, il entra au Conseil des Cinq-Cents comme conventionnel des colonies, mais il ne put occuper au Conseil des Anciens le siège où il avait été élu par l'assemblée électorale du département du Sud à Haïti (prairial an VII). Après la session, il obtint la place d'administrateur de la loterie à Bordeaux, qu'il conserva pendant la durée de l'Empire, mais qui lui fut enlevée à la Restauration parce qu'un de ses beaux-frères, M. Castaing, ayant épousé Mme de Beauharnais, cousine germaine du premier mari de Joséphine, il se trouvait avoir eu des relations assez intimes avec la famille impériale. Il rentra alors dans la vie privée, et se retira à Sézanne, où il était né.

GAROS (LOUIS-JULIEN), membre de la Convention, député au Conseil des Anciens, né à Sérigné (Vendée) le 16 mars 1739, mort à Fontenay-le-Comte (Vendée) le 15 mars 1808, « fils de Pierre Garos, propriétaire, et de Marie-Hélène Denfer, » était juge de paix du canton de Fontenay-le-Comte, lorsqu'il fut élu, le 6 septembre 1792, membre de la Convention par le département de la Vendée, le 9° et dernier, avec 208 voix (324 votants). Il siégea à la Montagne, vota « la mort » dans le procès de Louis XVI, et n'eut d'ailleurs qu'un rôle effacé dans l'Assemblée. Il fut réélu, le 22 vendémiaire an IV, par 40 voix (97 votants), député de la Vendée au Conseil des Anciens, où il siégea jusqu'en l'an VI. Devenu (19 germinal an VIII) adjoint au maire de Fontenay-le-Comte, il fut nommé, le 21 floréal de la même année, par le gouvernement consulaire, juge au tribunal civil.

GARRAN DE BALZAN (FRANÇOIS-GABRIEL-EMILE), sénateur, né à Saint-Maixent (Deux-Sèvres) le 30 janvier 1838, fils d'un ingénieur des mines, termina ses études à Paris, et, de retour dans son département, fit de la politique libérale. Conseiller municipal d'Augé en 1869, il s'engagea à Paris, pendant le siège, dans le 115° de marche, où il devint sergent, et revint dans les Deux-Sèvres après la paix, Maire d'Augé en 1875, conseiller municipal de Vausseroux en 1876, il opta pour ces dernières fonctions, devint maire de Vausseroux, fit de la propagande républicaine dans son canton, fut révoqué de ses fonctions de maire en 1877 par le cabinet du 16 mai, et se présenta aux élections législatives du 14 octobre suivant, après la dissolution de la Chambre, avec un programme « profondément républicain et sincèrement conservateur », dans lequel il demandait les suffrages de « ceux qui ne veulent pas du gouvernement des curés ni d'un nouveau Sedan ». Il recueillit, au premier tour, dans l'arrondissement de Parthenay, 3,466 voix sur 17,302 votants et 21,040 inscrits, et « fidèle à la discipline du parti républicain », se désista avant le second tour, en faveur de l'autre candidat républicain, M. Ganne, qui fut élu. Après la chute du gouvernement du 16 mai, M. Garran de Balzan fut réintégré dans ses fonctions de maire, et fut élu conseiller général du canton de Ménigoute, où il organisa un comice agricole, dont il a été président. Une élection sénatoriale partielle ayant eu lieu dans les Deux-Sèvres, le 28 mars 1886, pour pourvoir au remplacement de M. Goguet, décédé, M. Garran de Balzan, porté comme candidat du parti républicain, « progressiste, mais, sous la République, homme de gouvernement avant tout, » fut élu sénateur par 420 voix sur 778 votants, contre 354 voix à l'amiral Juin qui s'était qualifié « conservateur résolu ». Il a pris place à gauche dans la Chambre haute, et a voté avec la majorité républicaine. Dans la dernière session, il s'est abstenu sur le rétablissement du scrutin d'arrondissement (11 février 1889), et s'est prononcé *pour* le projet de loi Lisbonne restrictif de la liberté de la presse, et *pour* la procédure à suivre devant le Sénat pour juger les attentats contre la sûreté de l'État (affaire du général Boulanger).

GARRAN DE COULON (Jean-Philippe, comte), député en 1791, membre de la Convention, député au Conseil des Cinq-Cents et membre du Sénat conservateur, né à Saint-Maixent (Deux-Sèvres) le 29 avril 1749, mort à Paris le 19 décembre 1816, était fils de Garran de la Brosse, receveur des tailles à Saint-Maixent. Il fit ses études dans sa ville natale, les termina chez les oratoriens de Niort et de Poitiers, et fit son droit à Orléans, où il eut Pothier pour maître. Reçu avocat, il se rendit à Paris, devint secrétaire d'Henrion de Pansey et se mêla assez au mouvement de la Révolution pour être élu, en avril 1789, suppléant du tiers aux Etats-Généraux pour la ville de Paris. Il se trouva, le 14 juillet 1789, parmi les électeurs assemblés à l'Hôtel de Ville qui interpellèrent Flesselles. Le 21 octobre suivant, il tenta inutilement de sauver le boulanger François, accusé d'accaparement. Néanmoins, comme membre de la commune, il signa l'arrêté de dénonciation contre de Puységur, de Broglie et de Bezenval, coupables du crime de lèse-nation le 14 juillet précédent. Il avait une vive admiration pour La Fayette, auquel il adressa, en lui offrant une chaîne qui avait été portée par Bayard, les vers suivants :

« Qui mieux que vous aurait des droits sur elle ;
Comme Bayard sans reproche et sans peur,
Sage, vaillant, à vos devoirs fidelle... » etc.

Nommé président du comité des recherches en 1790, il fut appelé, le 11 mai 1791, aux fonctions de substitut du commissaire près le tribunal de cassation et, le 1er septembre suivant, fut élu député pour le département de Paris à l'Assemblée législative, le 1er sur 24, par 441 voix sur 822 votants. Quelques jours plus tard, le 22 septembre, il félicita le roi d'avoir accepté la Constitution. A l'Assemblée, il prit fréquemment la parole ; d'abord pour contester au président le droit d'imposer silence aux tribunes ; puis pour demander, comme le veut Bentham, l'élection des juges ; pour combattre la mise en accusation des émigrés, ou tout au moins réclamer un ajournement de deux mois qui permette d'agir en pleine connaissance de cause ; pour obtenir le principe d'égalité entre les hommes de couleur et les blancs ; enfin, en 1792, pour demander l'amnistie des soldats de Châteauvieux condamnés au bagne pour leur participation à l'émeute de Nancy. Il avait été nommé procureur général de la nation près la haute cour d'Orléans, lorsqu'il fut élu, le 4 septembre 1792, membre de la Convention par le département du Loiret, le 2e sur 9, avec 345 voix sur 384 votants ; les efforts faits par lui pour sauver les prisonniers d'Orléans des massacres des prisons, en septembre 1792, lui avaient valu les suffrages des électeurs de ce département. Il entra au comité de législation, et, dans le procès du roi, il répondit au 3e appel nominal : « Quoique la peine de mort m'ait toujours semblé immorale et contraire à son but, si j'étais juge, je trouverais mon opinion écrite dans le code pénal.

Mais nous ne sommes pas juges ; nous ne pouvons pas cumuler les fonctions d'accusateur, de juré de jugement et de juge. Je soutiens que la liberté ne peut se concilier avec cet envahissement de pouvoirs. On ne manquera jamais de motifs semblables aux nôtres pour se mettre au-dessus des lois ; et, dans quelque gouvernement que ce soit, la tyrannie est là où des hommes sont au-dessus des lois, et d'autres au-dessous. Comme représentant du peuple, chargé de prendre une mesure de sûreté générale, je vote pour la réclusion. » Après le vote, il fut de ceux qui demandèrent de surseoir à l'exécution. Il siégea cependant à la Montagne. En octobre 1793, il fut membre de la commission chargée de dresser l'acte d'accusation « de la veuve Capet ». En l'an II, ce fut lui qui fit décréter que désormais le bonnet phrygien remplacerait les fleurs de lis sur les bornes routières. Au 9 thermidor, il applaudit à la chute de Robespierre. En l'an III, il fit un rapport sur les incompatibilités des fonctions administratives et des fonctions judiciaires ; dans la discussion de la Constitution, il se déclara partisan du gouvernement représentatif avec l'élection directe et à haute voix ; enfin, il demanda que toutes les affaires civiles fussent soumises à l'appréciation d'un jury. Le 23 vendémiaire an IV, il fut élu par plusieurs départements député au Conseil des Cinq-Cents. Il y défendit énergiquement les sociétés populaires. Quelque temps auparavant il avait sollicité la grâce de Drouet, un des complices de Babœuf. Le 13 février suivant, il fut appelé à l'Institut. Garran de Coulon se rallia au 18 brumaire ; aussi, le 3 nivôse an VIII, il entra au Sénat conservateur et fut gratifié de la sénatorerie de Riom le 2 prairial an XII. Cette même année, le 9 vendémiaire, il avait été nommé membre de la Légion d'honneur ; il fut promu commandeur de l'ordre le 25 prairial suivant. Créé comte de l'Empire le 26 avril 1808, enfin grand officier de la Légion d'honneur le 13 juin 1811, il adhéra à la déchéance de l'empereur, puis il rentra dans la vie privée, et mourut peu de temps après.

GARRAU (Pierre-Anselme), député en 1791, membre de la Convention, député au Conseil des Cinq-Cents, représentant aux Cent-Jours, né à Sainte-Foy (Gironde) le 19 février 1762, mort à Saint-André-et-Appelles (Gironde) le 15 octobre 1819, « fils de sieur Charles Garrau et de demoiselle Suzanne Montégut, » suivit la carrière du barreau. Avocat à Libourne, il adopta avec chaleur les principes de la Révolution, fut nommé, en 1790, président de l'administration centrale du district de Libourne, et recueillit, le 5 septembre 1791, les suffrages des électeurs de la Gironde, qui le désignèrent, par 190 voix sur 372 votants, comme député suppléant du département à l'Assemblée législative. Garrau, admis à siéger le 7 avril 1792, en remplacement de Lacombe, démissionnaire, fit partie de la majorité. Réélu par le département de la Gironde, membre de la Convention, le 6e sur 9, avec 487 voix (645 votants), il prit place à la Montagne, et vota la mort de Louis XVI sans appel ni sursis, en disant au 2e appel nominal : « Comme je ne veux ni roi ni royauté, comme je n'en veux pas ; et que l'appel au peuple est peut-être le seul moyen de nous rendre l'un et l'autre ; comme je crois impossible que le peuple juge avec connaissance de cause dans une affaire où il n'a ni la faculté d'entendre l'accusé, ni la possibilité d'entendre la procédure ; comme je crains plus les ducats et les guinées des puissances étrangères que leurs canons, je dis *non.* » Et au 3e appel nominal : « Citoyens, je n'examine point si nous devons porter un jugement contre Louis, ou prendre une mesure de sûreté générale. Louis est convaincu d'avoir conspiré contre la sûreté ; dès lors j'ouvre le livre de la loi ; je trouve qu'elle porte la peine de mort contre tout conspirateur : je vote pour la mort. » Il demanda, à la séance du 16 janvier, que le suffrage de Duchâtel en faveur du roi fût compté, quoiqu'il eût été apporté après la clôture du scrutin. « Pour l'honneur de la Convention, dit-il, au nom de la justice, de l'humanité et de votre propre gloire, je demande que son suffrage soit reçu : s'il eût voté pour la mort, j'eusse moi-même réclamé la radiation de son suffrage. Il a voté pour l'indulgence : je demande que sa voix soit portée au recensement. » Quelques jours après, Garrau dénonça un placard dans lequel on excitait le peuple à soustraire Louis au supplice, et proposa que Kersaint fût mandé à la barre, pour faire connaître les assassins du 2 septembre, qu'il disait être dans l'assemblée. Il fut un des adversaires les plus ardents des Girondins. Envoyé à l'armée des Pyrénées-Orientales, en qualité de commissaire, il reçut du général espagnol Carro la sommation d'avoir à remettre immédiatement en liberté le comte de Roussignac, prisonnier de l'armée française, et lui fit la réponse suivante :

« Au camp de Pelchénea, le 1er septembre 1793, l'an 2e.

« *Réponse de P.-A. Garrau, représentant du peuple, délégué à l'armée des Pyrénées-Orientales, à la lettre ci-dessus.* »

« Votre lettre, du 28 août dernier, au général en chef Delbecq, vient de m'être communiquée ; j'y réponds.

« Dans le mois de janvier dernier, le tyran votre maître a eu l'impudence de menacer de toute sa colère la nation française, si la tête de Louis Capet tombait. Cette menace ridicule produisit l'effet qu'elle devait naturellement produire chez un peuple libre et fier. Capet fut reconnu traître, et sa tête tomba sur l'échafaud… Croyez-vous que ce même peuple se laissera intimider aujourd'hui par les menaces que vous lui faites, vous, monsieur le général… ? Non. Si Roussignac est coupable, il sera puni ; ainsi le veut la loi : et je vous déclare que si, par cet acte de justice, la vie de nos prisonniers était compromise, votre tête, celle de votre maître et de tous ses sujets en répondraient à la France outragée… Un peuple qui combat l'Europe entière, qui la vaincra ou par la force des armes ou par celle de la raison, est au-dessus des jactances espagnoles et des bravades d'un général.

« Le représentant du peuple français,

« *Signé :* GARRAU. »

Il passa ensuite à l'armée de l'Ouest avec des pouvoirs illimités, fit connaître à la Convention les détails de la prise de Chollet et la défaite des « brigands » à Montrevault, reçut une nouvelle mission dans les Pyrénées-Orientales, annonça la prise de Fontarabie et plusieurs victoires sur les Espagnols, et revint prendre sa place à la Convention. Il appuya les mesures révolutionnaires, prit part à la discussion de l'acte constitutionnel et se prononça pour l'article du projet des comités, qui déclarait tout Français, exerçant les droits de citoyen, éligible dans toute l'étendue de la République. Secrétaire de la Convention, il se trouva, à la fin de la session conventionnelle, compris dans les deux tiers qui devaient passer d'office au

Conseil des Cinq-Cents ; mais il donna sa démission, disant qu'il ne pouvait accepter un mandat que le peuple n'avait pas confirmé. Il fut envoyé alors comme commissaire à l'armée d'Italie, et y resta jusqu'à la fin de 1796. Elu, le 25 germinal an VI, par la Gironde, avec 253 voix (284 votants), député au Conseil des Cinq-Cents, il apporta dans cette assemblée les mêmes principes républicains qu'à la Convention. A l'occasion de cette élection, Bernadau, dans ses *Tablettes manuscrites,* l'appelle : « ex-conventionnel d'un patriotisme acerbe. » Il devint secrétaire au Conseil le 21 janvier 1799, et, le 7 avril, accusa François de Neufchâteau d'employer les fonds de son ministère à faire représenter des pièces contre-révolutionnaires. Le lendemain, il fit une motion d'ordre sur les dangers de la patrie, et obtint la création de commissions chargées « d'assurer le libre exercice de la souveraineté du peuple dans les assemblées politiques, et d'organiser la responsabilité des ministres. » Le 13, il dénonça l'espionnage établi autour de l'Assemblée. Le 28 prairial (17 juin), lorsque le Conseil se déclara en permanence contre le Directoire, Garrau se montra un des plus ardents à renverser cette autorité. Le 10 juillet, il attaqua l'administration de Schérer. Le 30, il appela l'attention de ses collègues sur les persécutions dirigées contre les républicains, reprocha à la contre-révolution ses déclamations contre le régime de 1793, « mises en avant, disait-il, pour masquer leurs projets de retour vers 1791, » et, lors de la retraite de Bernadotte du ministère de la Guerre, signala les symptômes d'une réaction nouvelle. Il invita ensuite les républicains à se réfugier « dans le sein de la loi », s'ils étaient persécutés, et, pour le cas où la loi serait impuissante : « N'avez-vous pas, s'écria-t-il, du fer, des bras et du courage ? » Garrau fit encore adopter (septembre) un projet de résolution déclarant traître à la patrie quiconque proposerait, appuierait, ou signerait un traité de paix portant atteinte à la Constitution et à l'intégralité du territoire de la république. Il fut un des opposants les plus énergiques à la journée du 18 brumaire et fut « exclu de la représentation nationale » par le vainqueur. Garrau accepta cependant, en 1806, les fonctions d'inspecteur aux revues, qu'il remplit jusqu'en 1814, principalement à l'armée d'Espagne. La Restauration le priva de tout emploi. Pendant les Cent-Jours, il fut élu membre de la Chambre des représentants (15 mai 1815), dans l'arrondissement de Libourne, avec 19 voix sur 31 votants, contre 9 à M. Chauvin. Le 22 juin, il donna lecture de l'article 67 de l'acte additionnel frappant d'une exclusion perpétuelle « la race de Hugues Capet », et rappela à l'assemblée que ses serments lui faisaient un devoir de rejeter toute proposition tendant à la violation de cet article. Le 30, il attaqua vivement son collègue M. de Malleville, qui avait fait une manifestation en faveur des Bourbons, et l'opposa à lui-même dans ses discours et dans ses écrits pour et contre la famille royale. « Ce Malleville, s'écriait-il, au retour de Napoléon alla se jeter aux pieds de son maître ; car de pareils hommes n'ont pas de chefs, ils n'ont que des maîtres. Mais son père n'a pas été placé dans la Chambre des pairs, et voilà pourquoi le fils a changé. Je demande qu'on le déclare aliéné, et qu'on l'envoie à une maison de santé. Je ne demande pas qu'on attente à sa liberté, son caractère le rend inviolable ; mais je désire que l'on imprime contradictoirement, sur une colonne, le nouvel écrit de M. de Malleville, et sur l'autre, les mesures qu'il vous a proposées il y a quinze jours. » (Malleville avait fait précédemment la motion de déclarer séditieux et passible des lois pénales quiconque proférerait le cri de *Vive Louis XVIII.*) Frappé par la loi du 12 janvier 1816 contre les régicides, Garrau quitta la France, se réfugia à Bruxelles, fut arrêté dans cette ville et expulsé du territoire belge, mais parvint à se soustraire à la surveillance des gendarmes et leur échappa à Aix-la-Chapelle. En 1819, il put rentrer en France, et revint mourir dans son pays natal.

GARRAUBE (Jean-Alexandre Valléton de), député de 1831 à 1848, né à Tonneins (Lot-et-Garonne) le 27 mars 1790, mort à Ris (Seine-et-Oise) le 25 juin 1859, suivit la carrière militaire et se signala d'abord par son zèle légitimiste. Fort jeune encore, il se trouvait à Bordeaux lors de la première Restauration. Il faisait alors partie, suivant l'expression d'un biographe, « de cette jeunesse dorée bordelaise dont l'unique occupation était le duel et le plaisir. Son dévouement tout chevaleresque pour la duchesse d'Angoulême lui valut le titre de *chevalier du brassard*, et une faveur qui, pendant quinze ans, ne s'est pas démentie. Après les Cent-Jours, il obtint une sous-lieutenance dans les *Cent-Suisses*, ce qui lui donnait le grade de chef de bataillon; plus tard, il passa dans la ligne, et, lors des événements de juillet 1830, il était lieutenant-colonel. » M. Valleton de Garraube se rallia au gouvernement de Louis-Philippe, et ce fut avec l'appui du ministère qu'il se fit élire, le 5 juillet 1831, député du 4e collège de la Dordogne (Lalinde), par 98 voix sur 158 votants et 229 inscrits, contre 40 à M. Debelleyme et 16 à M. Teyssonnière. Il siégea au centre droit, vota avec la majorité conservatrice, et, peu de temps après, fut promu colonel du 38e de ligne. Soumis de ce fait à la réélection, il l'obtint, le 30 novembre 1832, par 90 voix (116 votants, 230 inscrits), contre 6 à M. Festugière. Il reprit sa place parmi les partisans du « juste milieu », se prononça, notamment, *pour* la condamnation du journal la *Tribune* (1833), et fut réélu député, le 21 juin 1834, par 107 voix (170 votants, 227 inscrits), contre 59 à M. Delau. Il s'attacha aux idées et à la politique de Guizot, fut encore réélu, le 4 novembre 1837, par 133 voix (234 votants, 288 inscrits), suivit son chef de file dans la « coalition » contre le ministère Molé, et rentra avec lui dans le parti ministériel, après avoir reçu une nouvelle confirmation de son mandat le 2 mars 1839, par 152 voix (218 votants), contre 45 à M. de Celles. Promu maréchal-de-camp le 16 novembre 1840, il resta député de Lalinde, ayant été successivement réélu par les mêmes électeurs jusqu'à la révolution de février : le 23 décembre 1840, par 145 voix (150 votants, 297 inscrits); le 9 juillet 1842, par 125 voix (128 votants, 297 inscrits); et, le 1er août 1846, par 158 voix (249 votants, 306 inscrits). Il se montra fidèle à la politique «doctrinaire », vota *pour* l'indemnité Pritchard (1845). *contre* la proposition tendant à réduire le nombre des députés fonctionnaires, et repoussa, en général, toutes les motions émanées de l'opposition. Rentré dans la vie privée en 1848, M. Valleton de Garraube fut admis à la retraite, le 3 mai 1852, avec le grade de général de brigade.

GARREAU (Pierre, baron), député au Conseil des Cinq-Cents, né au Bois (Charente-Inférieure) le 17 janvier 1748, mort à Marennes (Charente-Inférieure) le 23 mars 1827, était procureur du roi à l'élection de Marennes avant la Révolution. Administrateur du département pour le district de Marennes (25 juin 1790), président de ce district en novembre suivant, une seconde fois administrateur du département du 5 septembre 1791 au 10 septembre 1792, il fut élu, le 23 vendémiaire an IV, député de la Charente-Inférieure au Conseil des Cinq-Cents, avec 155 voix sur 310 votants. Il s'y occupa particulièrement de la condition des déportés par les Anglais, et, à la séance du 4 fructidor an IV, fit décider, à propos de la pétition du citoyen Millet, déporté dans l'île Sainte-Lucie, que les accusés seraient informés du tribunal où ils devraient venir purger leur contumace. En l'an XI, Garreau fut nommé président de chambre au tribunal de Trèves, et, le 14 juin 1804, chevalier de la Légion d'honneur. Premier président de la cour de Trèves (1805), il fut créé, le 9 mai 1811, baron de l'empire. L'invasion étrangère le força de rentrer en France en 1814 et mit fin à sa carrière de magistrat. Le 31 mai 1815, il reçut une pension de 6,000 francs, qu'une ordonnance du 23 février 1815 réduisit à 4,000. En mai 1815, pendant les Cent-Jours, le baron Garreau présenta à l'empereur l'adresse du collège électoral de la Charente-Inférieure. En 1816, il se porta candidat à la députation dans le collège de département de la Charente-Inférieure, aux élections qui suivirent la dissolution de la Chambre, mais il ne fut pas réélu.

GARRIGAT (Jean-Zacharie-Albert), député de 1876 à 1885, membre du Sénat, né à Bergerac (Dordogne) le 25 janvier 1839, étudia la médecine à Paris, et, reçu docteur (1861), vint exercer dans sa ville natale. L'influence qu'il ne tarda pas à acquérir le fit élire d'abord conseiller municipal de Bergerac. Il combattit l'empire, fit de la propagande contre le plébiscite de 1870, et, pendant la guerre franco-allemande, servit comme chirurgien-major dans la 2e légion des mobilisés de la Dordogne. En octobre 1871, le canton de Bergerac le choisit pour son représentant au conseil général de la Dordogne. Le docteur Garrigat s'y fit remarquer par une motion dont il prit l'initiative (23 août 1873) et qui déclarait que « Thiers avait bien mérité de la patrie ». Républicain modéré, il se présenta, le 20 février 1876, comme candidat à la Chambre des députés, et fut élu, dans la 1re circonscription de Bergerac, par 7,611 voix (13,983 votants, 18,900 inscrits), contre 6,286 au comte Bondet, bonapartiste. Il s'était prononcé dans sa profession de foi pour le maintien de la Constitution de 1875, et pour « les lois dont le but serait de répandre et de favoriser l'instruction publique ». M. Garrigat alla siéger à gauche et vota constamment avec la majorité nouvelle : *pour* l'abolition des jurys mixtes (réforme de la loi sur l'enseignement supérieur), *pour* l'ordre du jour contre « les menées ultramontaines », etc. Il protesta, avec les 363, contre le gouvernement du Seize Mai, et fut réélu député de Bergerac, en octobre 1877, au second tour de scrutin, par 8,457 voix (15,797 votants, 18,351 inscrits), contre 7,304 voix à M. de Losse, candidat officiel, soutenu par l'administration. Il reprit son rang dans la gauche républicaine, se prononça *pour* la nomination d'une commission d'enquête sur les abus électoraux, *contre* le ministère de Rochebouët, *pour* le cabinet Dufaure, *pour* l'élection de M. Grévy à la présidence de la République, *pour* l'invalidation de Blanqui, *pour* les lois sur l'enseignement déposées par M. Jules

Ferry, etc., et, après une tentative infructueuse comme candidat républicain au Sénat, le 7 mars 1880, dans la Dordogne, où il obtint, en remplacement de M. Magne, décédé, 307 voix sur 678 votants, il fut réélu député, le 21 août 1881, par 9,216 voix (15,434 votants, 19,045 inscrits), contre 352 voix à M. L. de Conicq et 2,585 à M. de la Famuze. M. Garrigat suivit la même ligne politique que précédemment, vota dans le sens « opportuniste », et prêta son concours aux ministères Gambetta et Jules Ferry. Il se montra favorable aux entreprises coloniales. Le 6 janvier 1885, il quitta la Chambre pour le Sénat. Élu sénateur de la Dordogne par 611 voix sur 1,165 votants, il fit partie de la gauche de la Chambre haute, vota *pour* l'expulsion des princes, *pour* la nouvelle loi militaire, etc., et se prononça en dernier lieu : *pour* le rétablissement du scrutin d'arrondissement (13 février 1889), *pour* le projet de loi Lisbonne restrictif de la liberté de la presse, *pour* la procédure à suivre devant le Sénat pour juger les attentats contre la sûreté de l'État (affaire du général Boulanger).

GARRIGUES. — *Voy.* FLAUJAC (DE).

GARRISSON (GUSTAVE-BERNARD), membre du Sénat, né à Montauban (Tarn-et-Garonne) le 28 février 1820, propriétaire dans sa ville natale, dévoué aux idées libérales sous le second empire, se mêla activement aux luttes électorales. Le 8 février 1871, porté sur une liste républicaine comme candidat à l'Assemblée nationale, il obtint, sans être élu, 16,687 voix sur 53,345 votants. M. Garrisson se représenta aux élections suivantes, et il échoua : le 20 février 1876, dans la première circonscription de Montauban, avec 5,091 voix contre 8,950 à M. Prax-Paris, bonapartiste, élu; le 14 octobre 1877, avec 4,864 voix contre 9,542 au député sortant, réélu, M. Prax-Paris; et, le 21 août 1881, avec 6,949 voix contre 7,599 au même concurrent, encore réélu. M. Garrisson fut plus heureux auprès des électeurs sénatoriaux de Tarn-et-Garonne. Maire de Montauban en 1878 et 1879, il était devenu vice-président du conseil général, où il représentait depuis 1877 l'un des cantons de cette ville, lorsqu'il fut, le 8 janvier 1882, élu sénateur de son département, par 127 voix sur 246 votants. Il prit place à gauche, fut rapporteur (janvier 1886) de la loi tendant à enlever aux fabriques et aux consistoires le monopole des pompes funèbres, et vota avec la majorité de la Chambre haute : *pour* la réforme du personnel judiciaire, *pour* le rétablissement du divorce, *pour* les crédits de l'expédition du Tonkin, *pour* l'expulsion des princes, *pour* la nouvelle loi militaire, etc., et en dernier lieu : *pour* le rétablissement du scrutin d'arrondissement (13 février 1889), *pour* le projet de loi Lisbonne restrictif de la liberté de la presse, *pour* la procédure à suivre devant le Sénat pour juger les attentats contre la sûreté de l'État (affaire du général Boulanger). On a de M. Garrisson des poésies, *les Voix du Matin*, et quelques écrits, notamment une étude sur le *Calvinisme en France*, parue dans la *Revue des Deux-Mondes* en 1848.

GARRON DE LA BÉVIÈRE (CLAUDE-JEAN-BAPTISTE), député en 1789, né à Bourg (Ain) le 2 février 1742, mort au château de Longes (Ain) le 11 janvier 1811, « fils de M. Joseph-Ignace-Bernard Garron de la Bévière, chevalier, capitaine au régiment de Condé-infanterie, et de dame Marie-Antoinette Turban, » était syndic de la noblesse et chevalier de Saint-Louis. Le

2 avril 1789, il fut élu député de la noblesse aux États-Généraux pour le bailliage de Bourg-en-Bresse. Mais effrayé par la marche des événements, il donna sa démission de député le 15 décembre 1789, et fut remplacé par M. de Lucinge, député suppléant. Le 10 brumaire an II, il fut incarcéré comme suspect. Après sa libération, il s'occupa d'agriculture.

GARY (ALEXANDRE-GASPARD, BARON DE), membre du Tribunat, né à Toulouse le 25 juin 1763, d'une ancienne famille de magistrats originaire du Quercy, mort dans sa terre de Rubelles (Seine-et-Marne) le 20 février 1835, fut reçu avocat au parlement de Toulouse en 1786. Le 4 nivôse an VIII, il fut nommé membre du Tribunat, où il se fit remarquer par ses connaissances juridiques et son talent de parole. Le Tribunat trouva en lui un éloquent interprète de ses vœux dans les discussions qui précédèrent, devant le Corps législatif, le vote du titre I du Code civil sur « la jouissance et la privation des droits civils »; du titre VIII sur « l'adoption et la tutelle officieuse », et du titre XVIII sur « le nantissement ». Membre de la Légion d'honneur (4 frimaire an XII), choisi comme candidat au Sénat conservateur par le département de la Haute-Garonne, il fut nommé, le 29 germinal de cette même année, préfet du Tarn. Appelé, le 14 mars 1809, à la préfecture de la Gironde, et créé baron de l'empire, le 31 décembre suivant, il donna sa démission en 1813. Louis XVIII le nomma, en 1815, procureur-général près la cour royale de Toulouse. En novembre 1817, le baron de Gary soutint avec éloquence l'accusation dans la mémorable affaire Fualdès. Il fut nommé, le 29 septembre 1820, officier de la Légion d'honneur, et, en 1825, conseiller à la cour de Cassation. Il prit sa retraite en mars 1830, avec le titre de conseiller honoraire.

GASC (JEAN), représentant du peuple en 1849, né à Toulouse (Haute-Garonne) le 30 novembre 1794, mort à Toulouse le 5 juin 1875, étudia le droit, se fit recevoir avocat et s'inscrivit au barreau de sa ville natale (1823); ce fut lui qui fut chargé, en février-mars 1848, de la défense du frère Léotade. Conseiller général de la Haute-Garonne après 1830, et plusieurs fois président de ce conseil, adjoint au maire de Toulouse (1830-1841), destitué pour s'être opposé au recensement et acquitté de ce chef par la cour de Pau, il fit partie de la commission municipale de Toulouse après la révolution de février, échoua comme candidat à l'Assemblée constituante (23 avril 1848), et fut élu, comme conservateur monarchiste, le 13 mai 1849, le 5ᵉ sur 10, par 58,228 voix (94,485 votants, 139,605 inscrits), représentant de la Haute-Garonne à l'Assemblée législative. Il siégea à droite, s'associa aux votes de la majorité monarchiste, notamment *pour* l'expédition de Rome, *pour* la loi Falloux-Parieu sur l'enseignement, etc., et adhéra complètement à la politique de l'Élysée, jusques et y compris le coup d'État du 2 décembre. M. Gasc fit partie de la Commission consultative après le 2 décembre, et entra au nouveau conseil d'État (1852) comme maître des requêtes de 1ʳᵉ classe, fut promu, sous le second empire, conseiller d'État en service ordinaire (section de législation, justice et affaires étrangères), et fut admis à la retraite en cette qualité, le 12 novembre 1873. Commandeur de la Légion d'honneur (août 1869).

GASCHET DE LISLE (JOSEPH), député en

1789, né à Saint-Pierre (Martinique) le 15 novembre 1733, mort à une date inconnue, négociant à Bordeaux, fut élu, le 11 avril 1789, par la sénéchaussée de Bordeaux, député du tiers aux Etats-Généraux. Il vota avec la majorité. Son nom ne figure pas au *Moniteur*.

GASCONI (Alfred-Suffren-Benjamin), député de 1879 à 1889, né à Saint-Louis (Sénégal) le 22 novembre 1842, entra à la Chambre le 22 juin 1879, ayant été élu député de la colonie du Sénégal, comme candidat républicain, par 1,159 voix (2,392 votants, 6,419 inscrits), contre 1,134 voix à M. Maréchal et 111 à M. Crespin, négociant, directeur du *Réveil du Sénégal*. M. Gasconi siégea à l'Union républicaine, et vota notamment *pour* les lois nouvelles sur la presse et le droit de réunion, etc. Réélu député, le 2 octobre 1881, par 1,561 voix (2,072 votants, 6,681 inscrits), contre 496 voix à M. Crespin, il fit partie, comme précédemment, de la majorité républicaine, parla plusieurs fois sur des projets de loi intéressant les colonies en général et le Sénégal en particulier, intervint dans les débats sur les chemins de fer et les forts du Sénégal, sur le câble télégraphique sous-marin à établir entre les îles Canaries et le Sénégal, dans la discussion du budget, etc., et donna son suffrage aux crédits de l'expédition du Tonkin. Réélu député du Sénégal le 25 octobre 1885, par 1,756 voix (2,883 votants, 7,552 inscrits), contre 1,138 à M. Crespin, M. Gasconi continua de s'intéresser vivement aux questions coloniales, soutint les ministères républicains de la législature, et vota dans la dernière session : *pour* le rétablissement du scrutin d'arrondissement (11 février 1889), *pour* l'ajournement indéfini de la revision de la Constitution, *pour* les poursuites contre trois députés membres de la Ligue des patriotes, *c'est* absent par congé lors des scrutins sur le projet de loi Lisbonne et sur les poursuites contre le général Boulanger.

GASCQ (Pierre-Blaise-Bernard de), pair de France, né à Lusignan-Grand (Lot-et-Garonne) le 12 septembre 1786, mort à Paris le 9 avril 1870, entra en 1817 à la cour des Comptes où il occupa, de 1827 à 1857, les fonctions de président de chambre. Président du conseil général de Seine-et-Marne, il fut nommé pair de France le 25 décembre 1841. M. de Gascq soutint au Luxembourg la politique gouvernementale jusqu'à la révolution de février 1848. Le 6 juin 1857, il fut admis à la retraite avec le titre de président honoraire à la cour des Comptes. Grand officier de la Légion d'honneur du 28 avril 1847.

GASLONDE (Charles-Pierre), représentant en 1848, 1849 et 1871, et député de 1876 à 1881, né à Avranches (Manche) le 13 mars 1812, mort à Bricquebec (Manche) le 14 août 1886, fils d'un receveur des douanes à Granville, se fit recevoir avocat puis docteur en droit à la faculté de Paris, et obtint, en 1841, le titre de professeur de droit français à la faculté de Dijon. Le 23 avril 1848, il fut élu représentant de la Manche à l'Assemblée constituante, le 13e sur 15, par 51,500 voix. Conservateur orléaniste, il s'abstint dans le scrutin pour le bannissement de la famille d'Orléans, et vota *pour* les poursuites contre L. Blanc et Caussidière, *contre* l'abolition de la peine de mort, *contre* l'impôt progressif, *contre* l'incompatibilité des fonctions, *contre* l'amendement Grévy, *contre* la sanction de la Constitution par le peuple, *pour* l'ensemble de la Constitution, *pour* la proposition Rateau, *pour* l'interdiction des clubs. Il faisait partie

du comité des finances. Réélu, le 13 mai 1849, dans le même département à la Législative, le 5e sur 13, avec 69,369 voix sur 94,481 votants et 163,192 inscrits, il donna quelques jours après sa démission de professeur de droit. Il fut rapporteur de la loi qui établissait le vote à la commune, vota avec la majorité monarchiste, et soutint la politique personnelle du prince-président. Après le coup d'État, il fit partie de la Commission consultative, fut nommé maître des requêtes au Conseil d'État (contentieux), puis en 1864 conseiller d'État. Il se distingua dans ces fonctions par l'étendue et la précision de ses connaissances. Rendu à la vie privée par la révolution du 4 septembre 1870, il fut élu, le 8 février 1871, représentant de la Manche à l'Assemblée nationale, le 8e sur 11, par 65,713 voix sur 88,856 votants et 153,878 inscrits. Il siégea au centre droit et vota *pour* la paix, *pour* l'abrogation des lois d'exil, *contre* l'amendement Barthe, *contre* le retour à Paris, *pour* la démission de Thiers, *pour* la prorogation des pouvoirs du Maréchal, *pour* le ministère de Broglie, *contre* l'amendement Wallon, *contre* les lois constitutionnelles. Le 8 octobre 1871 il avait été élu conseiller général de la Manche pour le canton de Lessay. Réélu député le 20 février 1876, dans la 2e circonscription de Coutances, par 5,891 voix sur 11,334 votants et 14,587 inscrits, contre 5,388 voix à M. Regnault, républicain, il reprit sa place à droite, et vota *contre* l'amnistie, *contre* la proposition Gatineau, *pour* l'augmentation du traitement des desservants, *pour* le ministère de Broglie-Fourtou au 16 mai 1877. Réélu après la dissolution de la Chambre, le 14 octobre 1877, par 8,069 voix sur 12,516 votants et 14,757 inscrits, contre 4,422 à M. Regnault, il soutint le ministère dont il avait été le candidat officiel, et vota ensuite *contre* les ministères républicains qui lui succédèrent. Aux élections générales du 21 août 1881, il échoua avec 824 voix contre 8,363 à l'élu, M. Regnault. M. Gaslonde avait été mis à la retraite comme conseiller d'État, le 12 décembre 1873. Officier de la Légion d'honneur (14 août 1866).

GASPARIN (Thomas-Augustin de), député en 1791, membre de la Convention, né à Orange (Vaucluse) le 27 février 1754, mort à Orange le 11 novembre 1793, appartenait à la branche protestante d'une famille d'origine corse du nom de Gaspari. Il suivit la carrière des armes, et, capitaine au régiment de Picardie en 1789, embrassa le parti de la Révolution. Le département des Bouches-du-Rhône l'élut, le 4 septembre 1791, député à l'Assemblée législative, le 11e et dernier, par 397 voix sur 543 votants. Il siégea dans la majorité, fit partie du comité militaire, demanda et obtint (8 mai 1792) l'assimilation des officiers volontaires aux officiers de l'armée, organisa la composition des conseils de guerre, calma l'effervescence du camp de Soissons (août), et fut nommé commissaire militaire dans le Midi. Réélu par les Bouches-du-Rhône, le 6 septembre 1792, membre de la Convention, le 6e sur 11, avec 716 voix sur 728 votants, il alla signifier au général Montesquiou sa révocation (septembre 1793), accusa (3 janvier) les Girondins d'intelligences avec Louis XVI, répondit au 3e appel nominal, dans le procès du roi : « Je vote pour la mort, » refusa l'appel et le sursis, et fut envoyé à l'armée du Nord, où il maintint les soldats dans le devoir lors de la défection de Dumouriez. Membre du comité de salut public, il alla encore en mission dans la Vendée, à l'armée des Alpes et à Toulon alors assiégé par les armées de la République.

Seul, il soutint contre les généraux et les autres représentants le plan d'opérations présenté par l'officier d'artillerie Napoléon Bonaparte, et le fit triompher. Atteint d'une fluxion de poitrine avant la fin du siège, Gasparin fut ramené à Orange, où il mourut avant d'apprendre la prise de Toulon. Son cœur fut envoyé à la Convention, qui lui réserva les honneurs du Panthéon; mais le décret ne fut jamais exécuté, et le cœur de Gasparin fut déposé aux Archives. Napoléon n'oublia pas le service rendu, ainsi que l'atteste l'article 3 du 4e codicille de son testament, fait à Sainte-Hélène, et ainsi conçu : « Nous léguons cent mille francs aux fils ou petits-fils du député à la Convention Gasparin, représentant du peuple au siège de Toulon, pour avoir sanctionné de son autorité le plan que nous avions donné et qui était contraire à celui envoyé par le comité de salut public. Gasparin nous a mis, par sa protection, à l'abri de la persécution et de l'ignorance des états-majors qui commandaient l'armée avant l'arrivée de mon ami Dugommier. »

GASPARIN (ADRIEN-ETIENNE-PIERRE, COMTE DE), député de 1830 à 1831, pair de France et ministre, né à Orange (Vaucluse) le 29 juin 1783, mort à Orange le 7 septembre 1862, fils du précédent et de Marie-Anne-Marguerite de Serre, suivit la carrière militaire et fut attaché comme officier de cavalerie à l'état-major de Murat pendant la campagne de Pologne (1806); mais, forcé par une blessure reçue à Eylau de quitter le service, il rentra dans sa famille et se livra aux études agronomiques. Les nombreux mémoires qu'il adressa aux sociétés des départements, ainsi qu'à l'Académie des sciences, lui valurent une certaine réputation d'agronome et d'économiste ; il traita notamment du *Croisement des races* (1810), de la *Gourme des chevaux* (1811), et obtint des récompenses à Lyon et à Paris pour ces travaux. On remarque ensuite une étude de M. de Gasparin sur la *Culture de la garance* (1815), une *Histoire de la ville d'Orange et de ses antiquités* (1815), son *Manuel de l'art vétérinaire* (1817), où il résumait tout ce qu'il avait vu dans les dépôts de chevaux malades dont il avait eu l'inspection durant sa carrière militaire; son mémoire sur les *Maladies contagieuses des bêtes à laine* (1821), qui remporta le prix proposé par la Société royale d'agriculture; son *Mémoire sur l'éducation des mérinos* (1823), comparée à celle des autres races. Le *Guide des propriétaires de biens ruraux affermés* (1829) fut encore couronné par la Société royale d'agriculture. Après 1830, M. de Gasparin qui, jusque-là, était resté dans les rangs de l'opposition, adhéra au gouvernement de Louis-Philippe, et se fit élire député du 2e collège de Vaucluse (Carpentras), le 6 novembre 1830, par 88 voix sur 152 votants et 208 inscrits, en remplacement de M. Duplessis, démissionnaire. Mais il entra presque aussitôt dans l'administration, et ses occupations ne lui permirent pas de suivre les délibérations de la Chambre. Il fut chargé successivement, de 1831 à 1835, des préfectures de la Loire, de l'Isère et du Rhône. Il se trouvait à Lyon, en 1834, lorsque éclata la sanglante insurrection des mutuellistes. Le mutuellisme était l'association des ouvriers en soie et chefs d'atelier, réunis dans un but de mutuelle assistance. Par suite d'un ralentissement notable dans la fabrication lyonnaise, la situation des ouvriers était devenue cruelle. Une crise était imminente: une réduction sur le prix des peluches la précipita. Les ouvriers en peluche invoquèrent l'appui de leurs camarades des autres ateliers, et alors, obéissant au principe de solidarité, la société mutuelliste décida la suspension générale des métiers (12 février 1834): deux jours après, vingt mille métiers à Lyon étaient arrêtés. Aussitôt la terreur se répandit dans la ville; l'aristocratie industrielle, dont le *Courrier de Lyon* était l'organe, somma le pouvoir de prendre des mesures énergiques et de châtier « l'insolence » des ouvriers. M. de Gasparin, préfet du Rhône, répondit à cet appel avec un empressement d'autant plus vif, que le gouvernement voyait là une excellente occasion de livrer bataille au parti républicain et à la *Société des Droits de l'homme*, en les englobant dans l'affaire. Cependant les mutuellistes, pour la plupart indifférents aux questions politiques, ne luttaient que pour une question de salaire; après avoir fait des ouvertures d'accommodement, qui furent dédaigneusement repoussées, ils invoquèrent la médiation de l'autorité : M. de Gasparin répondit que le pouvoir n'avait pas charge d'intervenir dans les querelles industrielles. En présence de cette situation, plusieurs républicains lyonnais, de leur propre initiative, résolurent de s'interposer entre les fabricants et les mutuellistes. Ces derniers furent invités, en termes pressants, à reprendre les travaux interrompus, et MM. Baune, Jules Séguin, etc., coururent d'atelier en atelier pour y prêcher la résignation et le calme. Cédant à ces influences, le conseil exécutif des mutuellistes ordonna la reprise des travaux et fut obéi. Le 22 février 1834, tous les métiers battaient à Lyon comme à l'ordinaire; le calme était rentré dans la ville. Mais on y apprit bientôt la loi nouvelle contre les associations, et le peuple se trouva rejeté dans la révolte. Se voyant directement menacés, les mutuellistes s'assemblèrent en tumulte, signèrent une protestation au nombre de 2,540, et jurèrent de ne « reculer devant aucun sacrifice pour la défense d'un droit qu'aucune puissance humaine ne saurait leur ravir ». De tous côtés, à la Croix-Rousse, à Saint-Just, à Saint-Georges, on s'encouragea à la résistance; mutuellistes tailleurs, cordonniers, chapeliers, ouvriers de toute espèce, membres de la *Société des Droits de l'homme*, tous étaient devenus soldats de la même cause. L'arrestation de plusieurs mutuellistes enflamma encore les esprits. Les sections furent en permanence, on adopta pour mot d'ordre : *Association, résistance et courage*. De son côté, M. de Gasparin, confiant dans les ressources militaires dont disposait l'autorité, laissa grandir l'insurrection, et dans une conférence avec le lieutenant général Aymard, M. Chégaray et autres, s'opposa à toute mesure préventive, telle que l'occupation de la place Saint-Jean par les troupes, qui eût interdit à la foule les approches du tribunal, au jour fixé pour le jugement des mutuellistes. Dans la nuit du 8 au 9 avril, les derniers ordres furent portés aux différents corps et Lyon devint un immense camp. Le lendemain, le sang coula; la ville était en pleine guerre civile. Stationnées sur les principaux quais, sur les principales places, les troupes faisaient feu de toutes parts. Le canon grondait. Sans armes, pour la plupart, les insurgés combattaient confusément, avec la rage du désespoir. Le 10 avril, la lutte devint furieuse; les obus volèrent comme sur un champ de bataille, et, tandis que le tocsin sonnait aux Cordeliers, soldats et ouvriers se poursuivirent jusque sur le faîte des maisons. Enfin, l'autorité l'emporta : Lyon avait été placée sous une juridiction purement militaire, la circulation avait été rigoureusement interdite, avec défense, sous peine de mort, aux habitants, d'entr'ouvrir leurs portes ou leurs fenêtres, et l'autorité civile avait eu la plus grande part à ces diverses mesures. Il en résulta que l'opposition démocratique accusa nettement le gouvernement et en particulier le préfet M. de Gasparin d'avoir par tous les moyens provoqué et exaspéré l'insurrection : « On a dit, écrivit Louis Blanc dans l'*Histoire de dix ans*, et c'est moins contre le lieutenant-général Aymard que contre M. de Gasparin que l'inculpation a été dirigée, on a dit que, pour ajouter à l'importance de sa victoire, le pouvoir avait prolongé volontairement le combat; que, dans ce but, il avait renoncé à des positions qui n'étaient point menacées; que, résolu à terrifier Lyon et la France, il n'avait point empêché, le pouvant, des calamités superflues; que c'était pour rendre les républicains odieux aux propriétaires, qu'il avait déclaré la guerre aux maisons, abusé de l'incendie, imposé aux soldats une prudence féconde en désastres, et donné aux moyens de défense les proportions de sa haine plutôt que celles du péril. Quelque invraisemblables que soient, par leur gravité même, de pareilles accusations, qu'il n'est presque jamais possible d'appuyer sur une démonstration officielle, les faits, on doit le reconnaître, ne sont pas de nature à les démentir. » Une ordonnance du 19 avril 1834 récompensa M. de Gasparin de son zèle répressif en l'élevant à la pairie. Néanmoins il continua à administrer le département du Rhône jusqu'au 4 avril 1835, époque à laquelle il fut nommé sous-secrétaire d'État au ministère de l'Intérieur. Puis, lors de la formation du cabinet du 6 septembre 1836, il devint lui-même ministre de l'Intérieur. Il brilla peu à la tribune, dut prendre part à la discussion de la loi municipale que la Chambre vota sous son administration, et prépara un projet de loi sur les prisons, projet que la dissolution du ministère dont il faisait partie l'empêcha de présenter. L'organisation des hospices, la législation des aliénés, le régime des prisons lui durent diverses modifications: il supprima ce qu'on appelait la « chaîne » des forçats, et ordonna leur transport au bagne dans des voitures fermées. L'avènement du ministère du 15 avril rendit M. de Gasparin à la vie privée. A la Chambre des pairs, il appuya, d'ailleurs, de son vote et de sa parole ses successeurs au ministère. Quand « la coalition » eut renversé le cabinet présidé par M. Molé, aucun ministère ne put immédiatement se constituer, et après un mois de crise, le 31 mars 1839, le roi forma un « ministère de transition », dans lequel M. de Gasparin eut encore le portefeuille de l'Intérieur, avec l'intérim du Commerce et des Travaux publics. Ce cabinet dura jusqu'à l'affaire du 12 mai, suscitée par Barbès, Blanqui et Martin Bernard. Alors le maréchal Soult prit la responsabilité du pouvoir, et M. de Gasparin se tint éloigné des affaires. Le 29 juin 1840, il entra à l'Académie des sciences (section d'économie rurale). La révolution de février 1848 le rendit définitivement à la vie des champs. M. Tourret, ministre de l'Agriculture, ayant obtenu de l'Assemblée constituante un décret qui créait un Institut national agronomique à Versailles, la direction en fut offerte au comte de Gasparin, qui la refusa. Plus tard, M. Schneider réussit à lui faire accepter ce poste. Mais l'Institut agronomique fut supprimé par un décret du 29 septembre 1852. Au commencement de 1852, l'Empereur put compter sur M. de Gasparin pour entrer au nouveau Sénat; mais après le décret du 22 janvier sur les biens de la famille d'Orléans, M. de Gaspa-

rin refusa définitivement le fauteuil qui lui était offert. Outre les ouvrages déjà cités, on lui doit encore: un *Cours d'agriculture* (1843-49), des *Principes d'agronomie* (1854), et un grand nombre de mémoires académiques. Il était membre de la Société centrale et du Conseil central d'Agriculture et président du Comité historique des arts et monuments.

GASPARIN (Augustin de), député de 1837 à 1842, né à Orange (Vaucluse) le 8 décembre 1787, mort à Orange le 2 novembre 1857, frère du précédent, était capitaine de la garde nationale d'Orange en 1815. En cette qualité, il reçut l'ordre, lors du retour de Napoléon, de se poster vers le pont de la Drôme. Suivi de sa compagnie, il monta à cheval, se joignit aux troupes royales, et prit part, sous le drapeau blanc, au combat engagé au Bois-de-l'Eau contre les bonapartistes. Après la victoire de l'armée impériale, M. de Gasparin se tint à l'écart. Il ne reparut que sous la seconde Restauration, devint maire d'Orange, adhéra au gouvernement de Louis-Philippe et, après avoir échoué, le 21 juin 1834, comme candidat à la Chambre des députés, dans le 2e collège de Vaucluse (Orange), avec 67 voix contre 95 à l'élu, M. Meynard, député sortant, il devint, le 4 novembre 1837, député du 4e collège de la Drôme (Montélimart). Elu par 160 voix sur 301 votants et 335 inscrits, contre 140 au député sortant, M. Ailhaud de Brisis, M. Augustin de Gasparin vota avec la majorité ministérielle, fut réélu, le 2 mars 1839, par 167 voix (283 votants, 337 inscrits), et siégea jusqu'en 1842 dans les rangs des conservateurs. Membre du Conseil central d'agriculture, M. de Gasparin a publié plusieurs mémoires intéressants touchant des questions économiques, tels que : *Considérations sur les machines* (1834), *Quelques mots sur l'armement de l'infanterie* (1839), etc.

GASPARIN (Agénor-Etienne, comte de), député de 1842 à 1846, fils aîné d'Adrien de Gasparin (*V. p. haut*), né à Orange (Vaucluse) le 12 juillet 1810, mort à Genève (Suisse) le 14 mai 1871, passa très jeune dans le cabinet de M. Guizot, alors ministre de l'Instruction publique. Puis il fut chef de cabinet de son père, lorsque celui-ci occupa le ministère de l'Intérieur, et plus tard le ministère de l'Agriculture. Il entra ensuite au conseil d'Etat, en qualité d'auditeur, et fut promu maître des requêtes. Elu, le 12 juillet 1842, député du 2e collège de la Corse (Bastia), par 101 voix sur 155 votants, 178 inscrits, contre 44 à M. Juchereau de Saint-Denis, il se signala, dès son entrée à la Chambre, par l'ardeur particulière de son protestantisme et soutint avec zèle, tant par ses discours par ses brochures, la politique du parti conservateur. Sa vivacité à la défendre était telle, que Guizot lui-même dut solennellement l'engager à la modérer. Il prit la parole sur les fonctions publiques, sur l'esclavage, sur les prisons, sur la liberté religieuse, sur les irrigations, etc.; réclama la liberté du colportage biblique et des prédications évangéliques, que l'autorité gênait parfois, et se déclara partisan de l'émancipation des esclaves ainsi que de l'abolition de la prostitution. Il déplut au maréchal Sébastiani par son insistance à réclamer une enquête sur l'état de la Corse, et il n'obtint pas, en 1846, le renouvellement de son mandat. Depuis cette époque, il s'abstint de jouer aucun rôle politique, mais il ne cessa de se montrer l'ardent défenseur des droits de ses coreligionnaires dans tous les pays.

Retiré en Suisse après la révolution de février, il fit en 1853, avec lord Roden, un voyage en Toscane dans le dessein d'obtenir la mise en liberté des époux Madiaï, condamnés aux galères pour s'être convertis au protestantisme. Ils ne réussirent pas dans leurs démarches; toutefois, grâce à l'intervention du roi de Prusse, les époux Madiaï virent l'année suivante commuer leur prison en exil. M. Agénor de Gasparin, outre des articles publiés par la *Revue des Deux-Mondes*, dans les *Débats*, dans le *Journal des connaissances utiles*, a produit un très grand nombre d'ouvrages, parmi lesquels: *De l'amortissement* (1834); *Esclavage et traite* (1838); *De l'affranchissement des esclaves et de ses rapports avec la politique actuelle* (1839); *Intérêts généraux du protestantisme français* (1843); *Christianisme et paganisme* (1850); *les Ecoles du doute et l'Ecole de la foi* (1853); *la Bible défendue contre ceux qui ne sont ni disciples ni adversaires de M. Schérer* (1854); *Après la paix; considérations sur le libéralisme et la guerre d'Orient* (1856); *la Question de Neufchâtel* (1857); *Un grand peuple qui se relève* (1861); *l'Amérique devant l'Europe* (1862), etc. Enfin le *Journal des Débats* a inséré une curieuse *Lettre* de M. Agénor de Gasparin sur *les Tables tournantes*, dans laquelle l'auteur prend la défense des phénomènes «surnaturels» et attaque le physicien Faraday, à propos de l'explication naturelle donnée par lui à ce prétendu mystère. Mme Agénor de Gasparin, de son côté, s'est fait remarquer parmi les plus fervents défenseurs de la communion réformée. Deux de ses ouvrages ont obtenu le prix Montyon à l'Académie française. On peut citer: *le Mariage au point de vue chrétien* (1842); *Il y a des pauvres à Paris et ailleurs* (1846); *Voyage dans le Midi*, par une ignorante; *Un Livre pour les femmes mariées* (1845); les *Corporations monastiques au sein du protestantisme* (1855); les *Horizons prochains* (1859); *Voyage à Constantinople* (1867); les *Tristesses humaines* (1863), etc.

GASPARIN (PAUL-JOSEPH DE), député de 1846 à 1848, frère du précédent, né à Orange (Vaucluse) le 12 février 1812, passa par l'Ecole polytechnique et en sortit ingénieur des ponts et chaussées. Il exerçait ces fonctions à Arles lorsqu'il fut élu, comme candidat conservateur, le 1er août 1846, député du 6e collège des Bouches-du-Rhône (Tarascon), par 176 voix (339 votants, 417 inscrits), contre 95 à M. de Gras-Préville, député sortant, et 64 à M. de Cadillan, légitimiste. Il soutint la politique ministérielle et gouvernementale jusqu'à la révolution de février 1848. On doit à M. Paul de Gasparin: *Le Déficit et les nouveaux impôts* (Nîmes, 1849); *Quelques Essais sur la distribution des richesses des nations* (1853), etc.

GASQUET (FRANÇOIS-HENRY DE), député de 1820 à 1824, né à Brest (Finistère) le 1er mai 1774, mort à Lorgues (Var) le 2 novembre 1860, possédait des propriétés dans le Var, au Thoronet, et s'y occupait d'agriculture. Il remporta plusieurs récompenses pour des mémoires remarqués sur la culture des oliviers. Les sentiments royalistes qu'il manifesta dès la première Restauration le firent nommer membre du conseil général du Var. Il entra (le 12 novembre 1820) à la Chambre des députés, où l'appela, par 103 voix sur 110 votants et 233 inscrits, le collège de département du Var. M. de Gasquet siégea au côté droit, prit peu de part aux délibérations de la Chambre, et rentra dans la vie privée en 1824.

GASSELIN (LOUIS), dit GASSELIN DE CHANTENAY, représentant du peuple en 1848, né à Anthon (Eure-et-Loir) le 28 avril 1794, mort à Chantenay (Sarthe) le 31 décembre 1867, était propriétaire. Ses opinions politiques l'avaient empêché d'être nommé aux fonctions de notaire sous la Restauration. En 1830, il fut nommé juge de paix de Brûlon, mais il démissionna en 1834 et devint maire de Chantenay. En 1840, il fut élu conseiller général de la Sarthe. Porté presque malgré lui, après la révolution de février, sur la liste des représentants de la Sarthe, il fut élu à l'Assemblée constituante, le 23 avril 1848, le 2e sur 12, par 108,612 voix sur 114,212 votants. Il fit partie du comité de l'administration et vota *pour* le bannissement de la famille d'Orléans, *pour* le maintien de l'état de siège, *contre* l'abolition de la peine de mort, *contre* l'impôt progressif, *contre* l'incompatibilité des fonctions, *contre* l'amendement Grévy, *contre* la sanction de la Constitution par le peuple, *pour* l'ensemble de la Constitution, *pour* la proposition Rateau, *pour* l'interdiction des clubs, *pour* l'expédition de Rome, *contre* l'amnistie des transportés. Il ne fit pas partie d'autres assemblées.

GASSELIN (AUGUSTE-ANDRÉ), dit GASSELIN DE FRESNAY, représentant du peuple en 1848, 1849 et 1871, né à la Suze (Sarthe) le 6 septembre 1802, mort à Fresnay (Sarthe) le 3 janvier 1889, fils d'un commerçant, acheta une étude de notaire au Mans en 1827, mais fut obligé de s'en défaire, ne voulant pas modifier ses idées politiques ainsi que l'exigeait l'administration royale pour lui accorder l'investiture. Ce ne fut qu'après la révolution de juillet qu'il put exercer les fonctions de notaire, simultanément avec celles de maire, dans la commune de Cérans-Foulitourte (Sarthe). Adversaire du gouvernement pendant les dernières années du règne de Louis-Philippe, il fut nommé maire de Fresnay à la révolution de février, et, le 23 avril 1848, élu représentant de la Sarthe à l'Assemblée constituante, le 10e sur 12, par 66,282 voix sur 114,212 votants. Il siégea parmi les républicains modérés, fit partie du comité de l'administration, et vota *pour* le bannissement de la famille d'Orléans, *pour* les poursuites contre L. Blanc et Caussidière, *pour* le maintien de l'état de siège, *contre* l'abolition de la peine de mort, *contre* l'impôt progressif, *contre* l'incompatibilité des fonctions, *contre* l'amendement Grévy, *contre* le droit au travail, *pour* l'ensemble de la Constitution, *pour* la proposition Rateau, *pour* l'expédition de Rome, *contre* la demande de mise en accusation des ministres, *contre* la mise en liberté des transportés. Le 13 mai 1849, il fut réélu par le même département à la Législative, le 4e sur 10, avec 62,164 voix sur 103,029 votants et 135,640 inscrits, et vota sans se rallier à la majorité monarchiste, à la politique de l'Elysée. Il rentra dans la vie privée au coup d'Etat de décembre 1851 et, sous l'Empire, fut de nouveau maire de Fresnay. Le 8 février 1871, il fut élu représentant de la Sarthe à l'Assemblée nationale, le 2e sur 9, avec 54,995 voix sur 84,400 votants et 135,095 inscrits. Il prit place au centre droit, et vota *pour* la paix, *pour* les prières publiques, *pour* l'abrogation des lois d'exil, *contre* l'amendement Barthe, *contre* le retour à Paris, *pour* la démission de Thiers, *pour* la prorogation des pouvoirs du maréchal, *pour* le ministère de Broglie, *contre* la dissolution, *contre* les amendements Wallon et Pascal Duprat, *contre* les lois constitutionnelles. Il ne se représenta plus après cette législature.

GASSENDI (JEAN-GASPARD), député en 1789, et de l'an VIII à 1803, né à Tartonne (Basses-Alpes) le 30 mai 1749, mort à Paris le 23 octobre 1806, appartenait à la famille du célèbre Pierre Gassendi (1592-1655). Il était prieur-curé de Barras, en Provence. Elu, le 15 avril 1789, par la sénéchaussée de Forcalquier, député du clergé aux Etats-Généraux, il prit la parole sur plusieurs matières ecclésiastiques, notamment sur l'élection des curés, etc. Il fit établir le traitement des vicaires et celui des supérieurs des séminaires, et prêta le serment civique. Partisan du coup d'Etat de brumaire, Gassendi fut nommé, le 4 nivôse an VIII, député des Basses-Alpes au Corps législatif, où il siégea jusqu'à sa mort (1806).

GASSENDI (JEAN-JACQUES-BASILIEN, COMTE), membre du Sénat conservateur, pair de France, né à Champtercier (Basses-Alpes) le 18 décembre 1748, mort à Nuits (Côte-d'Or) le 14 décembre 1828, frère du précédent, entra comme aspirant au corps royal d'artillerie et fut promu capitaine le 3 juin 1779. Au régiment de la Fère, il commanda la compagnie où Napoléon Bonaparte servait en qualité de lieutenant. Chef de bataillon (8 mars 1793), général de brigade le 27 ventôse an VII, il fut mis à la tête du parc d'artillerie de l'armée de réserve à Dijon. Membre de la Légion d'honneur le 19 frimaire an XII, commandeur le 25 prairial suivant, inspecteur général d'artillerie le 23 ventôse an XIII, général de division en brumaire suivant, conseiller d'Etat le 29 pluviôse an XIV, il fut créé comte de l'Empire le 9 décembre 1809, promu grand-officier de la Légion d'honneur le 30 juin 1811, grand-croix de l'ordre de la Réunion le 3 avril 1813, et entra au Sénat conservateur, le 5 avril suivant. Il adhéra en avril 1814 à la déchéance de l'empereur, et fut créé pair de France par Louis XVIII, le 4 juin 1814. Mais ayant accepté la même dignité de Napoléon, durant les Cent-Jours, il fut exclu de la Chambre haute au retour de Gand. Le ministre Decazes voulut le faire comprendre dans « la fournée de pairs » du 5 mars 1819; mais Gassendi refusa d'abord et ne céda qu'aux sollicitations de ses amis, en leur disant : « Ou je n'étais pas indigne en 1815, et alors je n'ai point perdu ce titre de pair, ou je suis encore indigne aujourd'hui, et alors je ne puis rentrer dans la Chambre. » Il consentit pourtant à reprendre son siège au Luxembourg le 21 novembre 1819. On a de lui : *Aide-mémoire à l'usage des officiers d'artillerie de France attachés au service de terre* (1789); et un recueil de poésies : *Mes loisirs* (1820).

GASSIER (HIPPOLYTE-AIMÉ), député de 1876 à 1885, né à Barcelonnette (Basses-Alpes) le 21 septembre 1834, s'établit comme banquier dans sa ville natale, et devint, en 1871, membre du conseil général des Basses-Alpes. Aux élections législatives du 20 février 1876, M. Gassier posa sa candidature républicaine dans l'arrondissement de Barcelonnette et fut élu député, sans concurrent, par 2,871 voix (2,891 votants, 3,843 inscrits). Il alla siéger à gauche et s'associa par ses votes à la politique de la majorité. Il vota notamment *pour* l'ordre du jour du 4 mai 1877 contre les menées ultra-

montaines, et fit partie, après l'acte du Seize Mai, des 363 députés des gauches qui protestèrent contre le message présidentiel, et qui adoptèrent un ordre du jour de défiance contre le ministère de Broglie-Fourtou. M. Gassier obtint, le 14 octobre 1877, le renouvellement de son mandat à Barcelonnette, par 1,774 voix (3,134 votants, 3,738 inscrits), contre 1,350 au colonel Gariel, candidat du gouvernement du 16 mai, reprit sa place à gauche, vota *pour* la commission d'enquête sur les agissements administratifs pendant la période électorale, *contre* le cabinet de Rochebouët, *pour* le ministère Dufaure, *pour* l'invalidation de l'élection Blanqui, *pour* l'article 7 de la loi sur l'enseignement supérieur, *pour* les lois nouvelles sur la presse et le droit de réunion, etc. Le 21 août 1881, M. Gassier fut encore réélu, sans concurrent, député de Barcelonnette, par 2,572 voix (2,638 votants, 3,643 inscrits). Il soutint la politique opportuniste des ministères Gambetta et J. Ferry, donna son suffrage aux crédits de l'expédition du Tonkin, et ne se représenta pas aux élections du 4 octobre 1885.

GASSOT. — *Voy.* FUSSY (VICOMTE DE).

GASTAUD (ANDRÉ), député au Conseil des Anciens, né en 1755, mort le 28 novembre 1821, était commerçant à Nice. Secrétaire de la convention de Nice, il se prononça pour la réunion de ce pays à la France, fut nommé commissaire du Directoire exécutif dans les Alpes-Maritimes, et élu (21 germinal an VI), par 73 voix sur 88 votants, député de ce département au Conseil des Anciens. Gastaud fut secrétaire de l'assemblée, qu'il quitta en l'an VIII.

GASTÉ (JOSEPH-ALEXANDRE-ADÉLAÏDE DE), député de 1876 à 1881, né à Alençon (Orne) le 30 août 1811, fils de Joseph-Maurice-Thérèse de Gasté et de Céleste-Anne Dumesnil de Saint-Denis, entra à l'Ecole polytechnique et fut ingénieur de première classe de la marine successivement à Brest, à Cherbourg et à Toulon. Sous Louis-Philippe, il intenta un procès devant le conseil d'Etat à l'administration qui avait violé à son détriment les règles de l'avancement. Conseiller général de la Manche pour le canton de Cherbourg, M. de Gasté se présenta comme candidat à l'Assemblée législative, le 21 septembre 1851, à l'élection partielle motivée, dans le Finistère, par la démission de l'amiral Romain-Desfossés, mais il n'obtint que 7,897 voix contre 23,919 à l'élu légitimiste, M. de Kersauson-Pennendreff. Après le coup d'Etat de décembre, il se présenta de nouveau, le 29 février 1852, comme candidat d'opposition au Corps législatif, dans la 2e circonscription du Finistère, mais il ne réunit que 4,970 voix contre 9,883 au candidat officiel élu, M. Conseil. Quelques mois après, il réussit à se faire nommer conseiller général à Brest, malgré l'hostilité de l'administration qui l'envoya alors en disgrâce à Rochefort. A peine arrivé dans cette ville, il y fut élu membre du conseil municipal; il fut mis alors en retrait d'emploi, et résolu de se faire inscrire au barreau de Paris, n'y parvint qu'après un procès soutenu devant la cour contre le conseil de l'ordre des avocats de Paris. En 1864, les électeurs du canton de Cherbourg le rappelèrent au conseil général de la Manche. Le 1er janvier 1865, la 4e circonscription du Finistère étant appelée à remplacer M. Bois de Mouzilly, décédé, M. de Gasté se porta encore comme candidat d'opposition, et échoua avec 2,148 voix contre

21,787 au candidat officiel, élu, M. Bois-Viel. Il fut mis à la retraite, comme ingénieur de la marine, le 25 mars suivant. Les élections générales du 24 mai 1869 ne lui furent pas plus favorables; dans la 3ᵉ circonscription du même département, il obtint 5,015 voix contre 8,136 au candidat officiel, élu, M. Monjaret de Kerjégu, et 5,817 à M. Goury de Roslan.

Pendant la guerre de 1870-1871, il fut membre du comité de défense de la Manche. Aux élections générales du 20 février 1876, il se présenta à la fois à Cherbourg, où il échoua avec 563 voix, et dans la 1ʳᵉ circonscription de Brest, où il fut élu, au second tour (5 mars), par 4,904 voix sur 10,179 votants et 21,033 inscrits, contre 3,464 voix à M. Tissier et 1,821 à M. Gérodias. Républicain et catholique, M. de Gasté siégea au centre gauche, vota pour l'augmentation du traitement des desservants de paroisses, déposa un projet de loi sur l'incompatibilité des mandats de député et de conseiller général, qui fut repoussé (il avait préalablement donné sa démission de conseiller général de Cherbourg), parla contre la réduction du service à trois ans, contre le droit pour les colonies d'élire des députés, et fut des 363. Réélu, après la dissolution de la Chambre, le 14 octobre 1877, par 6,194 voix sur 11,513 votants et 20,421 inscrits, contre 3,564 voix à M. Tissier et 1,740 à M. Lemonnier, il vota *pour* l'enquête sur les actes du cabinet du 16 mai, déposa et fit voter le projet de loi accordant la liberté d'ouvrir des débits de boissons, demanda la revision républicaine de la Constitution, la suppression des sous-préfectures, l'égalité politique des deux sexes, s'éleva contre le vote des députés absents, défendit le budget des cultes, etc. Aux élections du 21 août 1881, M. de Gasté échoua dans sa circonscription, avec 2,867 voix contre 5,055 à M. Camescasse, élu, et 1,654 à M. Chiron. M. de Gasté s'était signalé à la Chambre par la variété parfois singulière de ses fréquentes motions; dans son arrondissement, son obligeance à rendre service et sa générosité lui ont acquis une grande popularité parmi les ouvriers de l'arsenal. Chevalier de la Légion d'honneur du 5 décembre 1838.

GASTELIER (Casimir-Adolphe), député depuis 1885, né à Coulommiers (Seine-et-Marne) le 1ᵉʳ janvier 1830, était fils d'un marchand de briques peu aisé, chez qui il débuta comme apprenti et à qui il succéda. Il donna bientôt une grande extension à son industrie et créa deux autres fabriques. Fondateur (1870) et président de l'Union céramique de France, constructeur de chemins de fer, membre du jury des expositions internationales, il fit de l'opposition libérale à l'Empire, et devint conseiller municipal de Coulommiers (1865-1884), conseiller général de Seine-et-Marne pour le canton de Claye, et plus tard, maire de Fresnes. Porté, aux élections législatives du 4 octobre 1885, sur la liste radicale de Seine-et-Marne, il fut élu député, le 3ᵉ sur 5, par 43,608 voix sur 73,741 votants et 98,824 inscrits. Le candidat le plus favorisé de la liste opportuniste, M. Lenient, n'obtint que 19,013 voix. M. Gastelier siégea à la gauche radicale, ne parut jamais à la tribune, et vota *pour* la revision des tarifs douaniers, *pour* la surtaxe des céréales, *pour* la revision du cadastre, *pour* la séparation de l'Eglise et de l'Etat, *pour* l'élection du Sénat au suffrage universel. Dans la dernière session, il s'est prononcé *pour* le rétablissement du scrutin d'arrondissement (11 février 1889), *contre* l'ajournement indéfini de la revision de la constitution, *pour* les poursuites contre trois députés membres de la Ligue des patriotes, *pour* le projet de loi Lisbonne restrictif de la liberté de la presse, *pour* les poursuites contre le général Boulanger.

GASTELLIER (René-Georges), député en 1791, né à Ferrières (Loiret) le 1ᵉʳ octobre 1741, mort à Paris le 20 novembre 1821, avocat et docteur-médecin, exerçait à Montargis cette dernière profession au moment de la Révolution. Médecin consultant du duc d'Orléans et maire de Montargis (1782), il fut élu, le 4 septembre 1791, le 1ᵉʳ sur 9, avec 152 voix (295 votants), député du Loiret à l'Assemblée législative. Il siégea à droite, demanda une enquête sur la conduite de Mulot à Avignon, et dans la séance du 11 juillet 1792, s'opposa vivement à l'admission à la barre des nombreux pétitionnaires qui venaient réclamer contre la destitution du maire de Paris : « On vous lit sans cesse au nom du peuple, dit Gastellier à ce propos, des adresses qui ne sont pas même le vœu d'une section. Le but principal de ces démarches est de semer la division. La justice réclame contre de pareils abus. Quatre-vingt-deux départements ne nous ont pas envoyés pour que le quatre-vingt-troisième usurpe tout notre temps. On accorde la parole à un pétitionnaire, aussitôt qu'il se présente, et on la refuse aux membres de l'Assemblée. Je demande que les pétitionnaires soient tenus de ne lire que l'énoncé sommaire de leurs demandes. » La proposition, accueillie par les murmures des tribunes et de la gauche, fut renvoyée au comité de législation. Gastellier déposa, un autre jour, sur le bureau de l'Assemblée, pour les pauvres, des médailles et des jetons académiques. Suspect en 1793, il fut incarcéré et remis en liberté après le 9 thermidor. Louis XVIII lui donna, en 1817, le cordon de Saint-Michel. Gastellier, plus théoricien que praticien en médecine, a laissé un grand nombre de brochures et d'articles médicaux, dans lesquels il ne tient que peu de compte des progrès accomplis dans la science de son temps.

GASTIER (André-François), représentant en 1849, né à Thoissey (Ain) le 15 janvier 1791, mort à l'Abergement-Clémenciat (Ain) le 2 mars 1868, fit ses études à l'Ecole centrale de l'Ain, puis se fit recevoir docteur en médecine à la faculté de Paris en 1815. De 1816 à 1830, il exerça sa profession soit à Saint-Trivier-de-Courty (Ain), soit à Tarare (Rhône). Auteur d'un *Essai sur le mode d'action des médicaments*, il adopta bientôt la doctrine homœopathique, dont il inaugura l'application en 1831 à l'hôpital de Thoissey. Dès lors il partagea son temps entre la pratique de son art et une collaboration active à la *Bibliothèque homœopathique de Genève*, au *Journal de la Société homœopathique gallicane*, etc. Il publia encore un certain nombre d'écrits sur des matières médicales, tels qu'un *Précis de la méthode prophylactique des maladies chroniques héréditaires* (1843). Ses opinions avancées le désignèrent, le 13 mai 1849, comme candidat républicain à l'Assemblée législative, et il fut élu représentant de l'Ain, le 7ᵉ sur 8, par 40,882 voix (82,754 votants, 102,031 inscrits). Le docteur Gastier prit place à la Montagne, et vota constamment avec la minorité démocratique: *contre* l'expédition de Rome, *contre* la loi Falloux-Parieu sur l'enseignement, *contre* la loi du 31 mai restrictive du suffrage universel, etc.

Il eut un jour à l'Assemblée dont il était un des doyens d'âge, une vive altercation avec le prince Pierre Bonaparte, qui l'injuria et le souffleta brutalement. Le coup d'Etat du 2 décembre rendit M. Gastier à la vie privée et à l'exercice paisible de la médecine homœopathique.

GASTIN (Louis-Alexandre), député au Conseil des Cinq-Cents, né à Aups (Var) le 7 novembre 1757, mort à Aups le 16 juin 1840, était commissaire du Directoire exécutif dans le Var, lorsque ce département l'envoya (24 germinal au VI) siéger au Conseil des Cinq-Cents, par 68 voix sur 79 votants. Il se montra très attaché aux institutions républicaines, dénonça « les excès commis par les réacteurs dans les Bouches-du-Rhône » et fut exclu de la représentation nationale par Bonaparte au 18 brumaire.

GASTON (Raymond), député en 1791, membre de la Convention, député au Conseil des Cinq-Cents et au Conseil des Anciens, né à Foix le 13 février 1757, mort à une date inconnue, était juge de paix dans sa ville natale. Partisan des idées nouvelles, il fut élu, le 4 septembre 1791, député de l'Ariège à l'Assemblée législative, le 2e sur 5, « à la pluralité des voix. » Il siégea à gauche et, dès l'ouverture des débats, prit une part assez active aux délibérations. En octobre, il demanda qu'il n'y eût que les chefs de l'émigration et les fonctionnaires publics qui encourussent la peine de la confiscation, et que l'on se contentât, quant aux autres, d'une imposition plus forte sur leurs propriétés. Il se montra plus sévère lors de la discussion qui eut lieu, en mai 1792, sur la peine à infliger aux prêtres qui refusaient de prêter le serment civique, et vota leur mise hors la loi. Dans le procès de Louis XVI, Gaston se prononça pour la mort sans appel ni sursis, et répondit au 2e appel nominal : « L'appel au peuple ne peut avoir d'autre motif que la crainte de voir un nouveau tyran monter sur le trône; mais comme je suis intimement persuadé qu'il n'est aucun bon républicain qui ne brûle de le connaître pour l'exterminer, je dis non. » Au 3e appel nominal, il dit : « D'après mon opinion, la raison, la justice, l'humanité, les lois, le ciel et la terre condamnent Louis à mort. » En mission dans l'Ariège pour la levée de 300,000 hommes, il écrivait à la Convention (4 mai 1793), au sujet de la guerre d'Espagne : « Nos cadavres offriront de nouvelles Pyrénées et les esclaves pâliront à leur aspect. » Au 31 mai 1793, il prit parti contre les Girondins et proposa de mettre hors la loi le général Félix Wimpfen, chef des fédéralistes du Calvados. Ce fut à cette occasion que Pons (de Verdun) l'ayant appelé à la tribune pour déclarer s'il n'était pas le frère d'un marquis de Gaston, chef vendéen, Gaston répondit nettement par la négative, et ajouta : « Si mon frère était un rebelle, semblable à Brutus, je briguerais l'honneur de le poignarder. » Le Gaston de la Vendée n'était en réalité qu'un perruquier de Saint-Christophe-du-Ligneron qui se distingua dans l'armée royale et catholique. Gaston le conventionnel dénonça ensuite Carra et Danton. Envoyé en mission à l'armée des Pyrénées, puis à celle des Alpes, il montra devant l'ennemi une fougueuse intrépidité. A son retour (décembre 1794) il se prononça pour les Jacobins, en butte aux attaques des vainqueurs de thermidor. On le vit menacer de la voix et du geste Legendre, un des amis de Danton, en

s'écriant : « Je jure, par les 1,200,000 défenseurs de la patrie et par les quatre millions de patriotes qui sont liés sur tous les points de la République, que la contre-révolution ne se fera pas. » Lorsque la clôture du club des Jacobins fut prononcée, Gaston ne s'y opposa pas, mais il demanda que du moins les membres de cette société ne fussent pas poursuivis. Un autre jour, il combattit la motion de détruire un monument élevé sur la place des Invalides, pour perpétuer le souvenir du triomphe de la Montagne au 31 mai, et insista pour que les décrets rendus contre les députés proscrits ne fussent pas rapportés; il vota enfin contre toute espèce de modification de la constitution démocratique de 1793. Aux approches du 13 vendémiaire, il écrivit une pétition contre « les hommes de sang » (il visait la section Lepelletier). La session terminée, Gaston remplit quelque temps les fonctions de commissaire du Directoire; mais le coup d'Etat de brumaire le rendit à la vie privée.

GASTU (François-Joseph), député de 1876 à 1881, né à Sorède (Pyrénées-Orientales) le 18 novembre 1834, étudia le droit, se fit recevoir avocat et s'inscrivit au barreau d'Alger (1859). Après le 4 septembre 1870, il fut élu membre du conseil municipal de cette ville, et, l'année suivante, il devint membre du conseil général, qu'il présida. Ce conseil ayant été dissous, M. Gastu fut renommé conseiller général en 1872, et maintenu par ses collègues au fauteuil de la présidence. En sa qualité d'adjoint faisant fonctions de maire d'Alger, il refusa de prendre un arrêté interdisant la circulation des voitures dans les rues pendant les processions : cette attitude le fit révoquer par le ministère de Broglie, le 21 mars 1874. Lors des élections du 20 février 1876 pour la Chambre des députés, il se porta candidat républicain à Alger, et fut élu par 5,822 voix (9,300 votants, 15,560 inscrits), contre 2,544 à M. César Bertholon et 525 à M. Pagès. Il fut des 363, et, comme tel, obtint sa réélection, le 14 octobre 1877, par 10,356 voix (10,969 votants, 17,809 inscrits). M. Gastu reprit sa place dans la majorité, vota notamment pour les invalidations des députés de la droite, appuya le ministère Dufaure, se prononça pour l'article 7 de la loi sur l'enseignement supérieur, pour l'invalidation de l'élection Blanqui, et soutint de ses votes, jusqu'à la fin de la législature, la politique opportuniste. En juin 1881, il déposa, avec ses collègues d'Algérie, une demande d'interpellation sur la mauvaise direction donnée à la répression du marabout Bou-Amena, qui s'était soulevé dans la province d'Oran. Candidat au renouvellement du 21 août 1881 dans les deux circonscriptions d'Alger, il échoua : dans la 1re, avec 2,183 voix contre 2,606 à M. Letellier, radical, élu, et dans la seconde avec 2,675 contre 3,596 à M. Mauguin, autre candidat républicain radical, élu.

GATIEN-ARNOULT (Adolphe-Félix), représentant du peuple en 1848 et à l'Assemblée nationale de 1871, né à Vendôme (Loir-et-Cher) le 30 octobre 1800, mort à Mont-de-Marsan (Landes) le 18 janvier 1886, fils d'un commerçant-banquier de Vendôme, fut reçu licencié et docteur ès lettres à Paris, et concourut avec succès pour l'agrégation. Professeur à Nevers, à Bourges (1824-1826), à Reims (1826) et à Nancy (1827), il publia le programme d'un cours complet de philosophie (1830) qui le fit nommer par M. Cousin à la chaire de philosophie de la faculté des lettres de Toulouse. Devenu un des chefs du parti libéral, fondateur du journal démocratique l'*Emancipation*, conseiller municipal, maire de Toulouse, il fut élu, après la révolution de février, le 23 avril 1848, représentant de la Haute-Garonne à l'Assemblée constituante, le 4e sur 12, par 54,880 voix. Il siégea à gauche, fit partie du comité de l'instruction publique et vota *pour* le bannissement de la famille d'Orléans, *contre* les poursuites contre Louis Blanc et Caussidière, *contre* le maintien de l'état de siège, *pour* l'abolition de la peine de mort, *contre* l'impôt proportionnel, *contre* l'incompatibilité des fonctions, *pour* la Constitution, *contre* l'interdiction des clubs, *contre* l'expédition de Rome. La loi des incompatibilités l'ayant empêché de se représenter à la Législative, il reprit son cours à la faculté de Toulouse. Conseiller municipal, comme candidat de l'opposition en 1865, président de la commission municipale de Toulouse après le 4 septembre, il fut élu, le 8 février 1871, représentant de la Haute-Garonne à l'Assemblée nationale, le 1er sur 10, avec 84,675 voix sur 122,845 votants et 145,055 inscrits. Il fut l'un des organisateurs du groupe de la gauche républicaine, qu'il présida et avec lequel il a toujours voté. Il se prononça *pour* les préliminaires de la paix, *contre* l'abrogation des lois d'exil, *pour* l'amendement de M. Barthe, *pour* le retour de l'Assemblée à Paris, *contre* la démission de M. Thiers, *contre* la prorogation des pouvoirs du Maréchal, *contre* le ministère de Broglie, *pour* l'amendement Wallon, *pour* les lois constitutionnelles. Il avait donné sa démission de maire de Toulouse, par suite de désaccords survenus avec le préfet, M. Duportal, et avait été nommé, en avril 1871, recteur de l'Académie de Toulouse. Le 30 janvier 1876, il échoua comme candidat républicain au Sénat, dans la Haute-Garonne, avec 220 voix sur 669 votants, et, le 20 février suivant, aux élections législatives, dans la 2e circonscription de Toulouse, il n'obtint au premier tour que 3,626 voix sur 12,558 votants.

Libéral et érudit, M. Gatien-Arnoult a publié plusieurs ouvrages de philosophie estimés : *Histoire de la philosophie* (1859) et *Victor Cousin, l'école éclectique et l'avenir de la philosophie française* (1867). Il s'occupa de littérature romane et fut l'un des quarante mainteneurs de l'académie des Jeux floraux. Membre de l'académie des sciences de Toulouse, il devint, en 1864, secrétaire perpétuel de l'académie des inscriptions et belles-lettres de cette même ville. Il a été admis à la retraite comme recteur, avec le titre de recteur honoraire, le 23 décembre 1873.

GATINEAU (LOUIS-ANDRÉ-FERDINAND), député de 1876 à 1885, né à Beaufrançois (Eure-et-Loir) le 13 juillet 1823, mort à Paris le 12 mars 1885, vint faire son droit à Paris, fut en 1848 secrétaire à l'état-major de Lamoricière, puis auprès de Changarnier jusqu'en novembre 1851. Reçu avocat cette même année, il acquit bientôt au barreau de Paris une assez brillante réputation, surtout en matière d'expropriation. Républicain, il recherchait volontiers les causes politiques: c'est ainsi qu'il fut, lors du procès de Blois, au nombre des défenseurs; son client, M. Prost, fut acquitté. La même année (1870), il combattit énergiquement le plébiscite dans le département d'Eure-et-Loir. M. Gatineau fit, sous l'Empire, des tentatives infructueuses pour entrer au Corps législatif; il échoua à deux reprises comme candidat indépendant, dans la 1re circonscription d'Eure-

et-Loir : le 4 juin 1863, avec 957 voix contre 21,230 à l'élu officiel, M. Reille, député sortant, 6,780 à M. Labiche, 3,673 à M. Émile Lelong, 627 à M. Victor Bonnet et 279 à M. Joseph; le 24 mai 1869, avec 3,265 voix contre 20,441 au député sortant, M. Reille, et 12,690 à M. Labiche. Il figura, lors des élections du 8 février 1871 pour l'Assemblée nationale, sur une liste de candidats républicains, et recueillit, sans être élu, 14,025 suffrages sur 54,301 votants. Après la Commune, il porta presque quotidiennement la parole en faveur des accusés de 1871 devant les conseils de guerre. En avril 1873, il défendit, dans les réunions publiques, la candidature de M. Barodet contre celle de M. de Rémusat. Les élections législatives de 1876 firent entrer M. Gatineau à la Chambre des députés : il fut élu, au second tour, le 5 mars, dans l'arrondissement de Dreux, par 9,205 voix (16,865 votants, 19,958 inscrits), contre 7,530 voix à M. Moreau, conservateur. M. Gatineau fit partie de l'Union républicaine et déposa une proposition relative à la cessation des poursuites pour faits insurrectionnels, proposition qui ne fut prise en considération qu'après de vifs débats. Il s'associa aux votes de la majorité de gauche, et, après l'acte du 16 mai 1877, fut un des 363 députés qui se déclarèrent contre le ministère Fourtou-de Broglie, le 14 octobre 1877, par 11,167 voix (17,326 votants, 20,092 inscrits), contre 5,962 voix à M. Vingtain, ancien représentant, soutenu par l'administration, il reprit sa place dans la majorité, appuya le ministère Dufaure, puis se montra partisan d'une politique plus accentuée, vota *pour* l'article 7, prit part à plusieurs discussions, notamment à celles des nouvelles lois sur la presse et le droit de réunion, défendit le maintien du scrutin d'arrondissement et, à cette occasion, se sépara de l'Union républicaine pour se rapprocher de l'extrême-gauche. Le 21 août 1881, M. Gatineau obtint, comme radical, sa réélection par 8,684 voix (16,426 votants, 19,412 inscrits), contre 7,469 voix à M. Deschanel, opportuniste. Il s'inscrivit alors au groupe nouveau de la gauche radicale, fit de l'opposition aux cabinets Ferry et Gambetta, et donna son appui au ministère « libéral » de M. de Freycinet. En avril 1882, M. Gatineau prit la parole pour attaquer la « politique d'aventures » de Gambetta et pour défendre la conduite tenue par M. de Freycinet dans les affaires égyptiennes. La même année (juillet) il intervint dans le débat soulevé par le projet d'institution d'une mairie centrale à Paris et obtint, par 269 voix contre 101, le vote d'un ordre du jour déclarant que la Chambre sur ce point était « confiante dans le gouvernement ». Président du groupe de la gauche radicale, il prit parti, en 1883, contre le cabinet Jules Ferry, et, dans un discours qu'il prononça devant ses collègues de ce groupe, déclara (juin) que la Chambre avait trop sacrifié aux exigences de la stabilité ministérielle et qu'il était temps de reprendre son indépendance. Il combattit la loi sur la relégation des récidivistes, vota *contre* les crédits réclamés pour l'expédition du Tonkin et proposa (octobre 1883), en réponse au discours du président du conseil, l'ordre du jour pur et simple qui fut repoussé. Vers la même époque, il plaida à Paris pour M. Henri Rochefort dans le procès qui lui fut intenté par M. Roustan à propos des affaires tunisiennes, et, plus tard, défendit Mme Clovis Hugues devant le jury de la Seine. Il apportait dans l'exercice de sa profession, comme d'ailleurs à la tribune parlementaire, une constante bonne humeur qui gagnait souvent à ses clients la bienveillance des juges. A la Chambre, en février 1884, il parla sur la loi relative aux manifestations et cris séditieux, et fit maintenir, par 275 voix contre 158, les immunités acquises par les circulaires et affiches électorales. Aux élections sénatoriales de janvier 1885, M. Gatineau se porta sans succès comme candidat républicain radical dans la Seine, contre MM. Spuller, opportuniste, et Georges Martin, républicain autonomiste. Il mourut presque subitement avant la fin de la législature. Le 10 mars 1885, au moment où il sortait d'une matinée littéraire donnée chez le peintre Yvou, M. Gatineau fut frappé, devant la mairie du 16e arrondissement, d'une attaque d'apoplexie : elle détermina chez lui une paralysie du côté gauche à laquelle il succomba deux jours après.

GATTIER (Paulin-Nicolas), député de 1830 à 1831, né à Nassandres (Eure) le 12 novembre 1773, mort à Serquigny (Eure) le 24 novembre 1843, « fils de François Gattier, receveur de M. Daugny, et d'Elisabeth Lieuvin, » débuta dans la vie publique comme administrateur de l'Eure en mars 1798. Reçu avocat, il s'inscrivit au barreau de Paris, puis il rentra dans l'administration, sous l'Empire, comme sous-préfet de Bernay. La Restauration le tint à l'écart. M. Gattier se fit élire député de l'Eure, au collège de département, le 19 juillet 1830, par 191 voix sur 373 votants et 418 inscrits, adhéra au gouvernement de Louis-Philippe, obtint sa réélection dans le même département, le 28 octobre de la même année, et fit partie jusqu'en 1831 de la majorité conservatrice. Promu préfet de l'Allier, M. Gattier fut retraité en cette qualité le 30 avril 1838. Officier de la Légion d'honneur.

GAU DES VOVES (Joseph-François, chevalier), député au Conseil des Cinq-Cents, né à Strasbourg (Bas-Rhin) le 21 août 1748, mort à Paris le 31 août 1825, fut commissaire-ordonnateur avant la Révolution, et, de 1789 à 1792, directeur des fonds au ministère de la Guerre. Le comité de salut public le nomma, après le 9 thermidor, secrétaire d'Aubry, alors chargé d'organiser l'armée. Il fut dénoncé de ce chef, par Villetard, à la Convention nationale. Le 23 vendémiaire an IV, élu député de l'Yonne au Conseil des Cinq-Cents par 180 voix sur 284 votants, il fut exclu de toute fonction législative, non seulement parce que son beau-frère était en émigration, mais encore parce qu'il avait été le secrétaire d'Aubry, en vertu de la loi du 3 brumaire. Voici deux lettres qu'il écrivit à ce sujet :

« Paris, le 17 brumaire an IV de la République.

« Je soussigné J.-F. Gau, député au Corps législatif, déclare avoir un *beau-frère émigré*. La présente déclaration pour être soumise au Corps législatif, seul juge de la validité de mon élection.

Signé : Gau. »

« Paris, le 30 frimaire, l'an IV de la République.

Gau, représentant du peuple, à ses collègues formant la commission chargée de la vérification des pouvoirs.

« L'archiviste a dû vous remettre, citoyens collègues, la déclaration que j'ai faite aux archives, le 17 brumaire dernier, lorsque, appelé au Corps législatif par le décret qui leva mon arrestation, je crus devoir m'y présenter. N'ayant assisté à aucune assemblée primaire ni électo-

rale, puisque j'étais à cent lieues de mon département lorsque j'ai été nommé, et n'étant inscrit sur aucune liste d'émigrés, je crus devoir borner ma déclaration *au seul fait de l'émigration d'un beau-frère.*

« Quant aux fonctions publiques que j'ai remplies, les voilà : *J'ai été commissaire-ordonnateur des guerres jusqu'au 1er juin 1792.* Retiré à cette époque, j'ai rempli dans ma commune les fonctions de notable et d'officier municipal au choix du peuple, jusqu'au moment où les agents de la tyrannie me firent mettre en arrestation. Depuis l'époque de ma mise en liberté, j'ai été appelé à trois reprises par le comité de salut public, pour être consulté sur plusieurs objets relatifs au gouvernement.

« Je vous prie de joindre la présente déclaration à celle que j'ai faite le 17 brumaire dernier, et d'en faire en même temps le rapport au Corps législatif dont j'attendrai la décision.

          Salut et fraternité.

                Gau. »

La loi d'exclusion ayant été rapportée en prairial an V, il siégea à la droite royaliste. Après le 18 fructidor, il fut condamné à la déportation, mais rappelé dès le 24 fructidor. Le gouvernement consulaire le fit entrer au conseil d'Etat, le 21 ventôse an X. Membre de la Légion d'honneur (9 vendémiaire an XII), commandeur (25 prairial suivant), il fut choisi par les électeurs de l'Yonne, en l'an XII, comme l'un des candidats au Sénat conservateur, sans y être admis. Le 6 juin 1808, il fut créé chevalier de l'Empire. Le 1er avril 1814, l'empereur l'envoya à Blois comme commissaire du gouvernement impérial ; il donna quelques jours après, comme conseiller d'Etat, son adhésion à la déchéance de l'empereur. Bien que rappelé par Napoléon au conseil d'Etat, pendant les Cent-Jours, Gau ne s'y rendit point. Le 30 août 1815, Louis XVIII le nomma conseiller honoraire et lui confia peu après la direction de l'approvisionnement de réserve de Paris.

GAUBERT (Léonard-Anne), député en 1791, né à Clermont-Ferrand le 7 avril 1751, mort à Lezoux (Puy-de-Dôme) le 2 décembre 1816, adopta les principes de la Révolution, fut promu procureur-syndic du district de Thiers (Puy-de-Dôme), et, le 8 septembre 1791, fut élu député du Puy-de-Dôme à l'Assemblée législative, le 4e sur 11, « à la pluralité des voix » (427 votants). Il appartint à la majorité. Gaubert remplit plus tard les fonctions de juge de paix du canton de Lezoux, obtint, le 28 floréal an VIII, du gouvernement consulaire, la place de juge au tribunal civil de Thiers, et redevint plus tard juge de paix du canton de Lezoux.

GAUDIN (Jacques-Maurice), député à l'Assemblée législative de 1791, né aux Sables-d'Olonne (Vendée) le 17 août 1735, mort à la Rochelle le 30 novembre 1810, entra chez les pères de l'Oratoire, devint vicaire général de l'évêque de Mariana (Corse) et conseiller élève au conseil souverain de cette île. De retour aux Sables, il fut nommé curé de la ville, et ayant publié, en 1781, les *Inconvénients du célibat des prêtres*, il fut nommé grand vicaire de l'évêque constitutionnel de Luçon, et se trouva ainsi désigné, le 4 septembre 1791, aux suffrages des électeurs de la Vendée pour l'Assemblée législative, où il fut élu (6 septembre 1791), le 9e et dernier, par 150 voix sur 231 votants. Il y marqua peu, et y fit un rapport sur les congrégations religieuses concluant à leur suppresion. Après le coup d'Etat du 18 brumaire, Gaudin, qui avait quitté la carrière ecclésiastique, fut nommé juge à la Rochelle; à sa mort, Gaudin était bibliothécaire à la Rochelle et correspondant de l'Institut. On a de lui : les *Mémoires du marquis de Montrose*, traduits de l'anglais (1768); *Voyage en Corse* (1788); *Gulistan ou le jardin des Roses*, traduit du persan (1789); *Essai historique sur la législation de la Perse* (1791); *Avis à mon fils âgé de sept ans* (1805), etc. Il avait aussi composé un opéra-comique, le *Racoleur*, qui fut joué en 1805, dans les salons de Mme Dupont, des contes en vers très grivois imités du *Décaméron* et de la Fontaine, et des vers satiriques contre la municipalité des Sables-d'Olonne.

GAUDIN (Joseph-Marie-Jacques-François), député en 1791, membre de la Convention, député au Conseil des Cinq-Cents, au Conseil des Anciens et au Corps législatif de l'an VIII, né aux Sables-d'Olonne (Vendée) le 15 janvier 1754, mort aux Sables-d'Olonne en 1818, était négociant, maire des Sables-d'Olonne, et major-général de la garde nationale, lorsqu'il fut élu, le 4 septembre 1791, député de la Vendée à l'Assemblée législative le 5e sur 9, par 142 voix sur 227 votants; il siégea dans la majorité et fut réélu, le 3 septembre 1792, membre de la Convention par le même département, le 3e sur 9, avec 258 voix sur 376 votants; il ne parut à la tribune que pour demander la suppression de la Sorbonne, « école de fanatisme et d'incivisme. » Sur les trois appels nominaux, lors du jugement de Louis XVI, il motiva ainsi ses votes : 1er appel : « Oui, mais non comme juge : si je croyais accomplir une fonction judiciaire, je ne voterais pas. » 2e appel : « Oui. » 3e appel : « Je ne puis encore me persuader que le peuple français nous ait délégué le despotisme, c'est-à-dire la faculté de faire la loi et de l'appliquer. Quand j'en serais convaincu, la violation de toutes les formes m'empêcherait, pour ce qui serait fatal seulement à l'accusé, de suivre la lettre de la loi. Je vote pour une mesure de sûreté générale, puisque je suis législateur : c'est pour la détention pendant la guerre et l'exil à la paix. » Après le vote qui suivit le 2e appel nominal, il traita les conventionnels « d'assassins ». Trois coups de feu furent tirés sur lui, au sortir de la séance; il ne fut pas atteint, mais il s'empressa de demander un congé. Il fut envoyé en mission en Vendée, devint suspect de fédéralisme, et fut rappelé à Paris, Bourdon de l'Oise l'ayant accusé d'exciter les citoyens contre la Constitution. Il reçut une nouvelle mission dans l'Ouest après le 9 thermidor, et fut élu, le 21 vendémiaire an IV, député de la Vendée au Conseil des Cinq-Cents par 26 voix sur 97 votants. Il combattit vivement le parti clichyen et fut envoyé par le même département, le 23 germinal an VI, au Conseil des Anciens. En vendémiaire suivant, il s'opposa à l'envoi de troupes dans l'Ouest pour combattre les royalistes. Après le 18 brumaire, il entra comme député de la Vendée au Corps législatif, le 4 nivôse an VIII. Le 19 germinal suivant, il fut nommé sous-préfet des Sables-d'Olonne.

GAUDIN (Claude-Emile), député au Conseil des Cinq-Cents, membre du Tribunat, né à Versailles (Seine-et-Oise) le 28 février 1768, mort à une date inconnue, avait à peine vingt ans lorsqu'il fut envoyé, en 1793, à Constantinople, en qualité de secrétaire général de la légation. A son retour en France il fut nommé commissaire du Directoire dans le département de la Loire, et devint, le 25 germinal an VII, député de ce département au Conseil des Cinq-Cents. Il s'y montra favorable au coup d'Etat de brumaire, proposa, à la séance de Saint-Cloud, des mesures propres à le hâter, invita ses collègues « à montrer le même dévouement qu'au 18 fructidor », et signa, comme secrétaire, le décret par lequel le Corps législatif « excluait de son sein » les opposants à cette journée et conférait tous les pouvoirs aux trois consuls. Il devint en conséquence (19 brumaire an VIII) membre de la Commission intermédiaire; et, le 4 nivôse de la même année, fut nommé au Tribunat. Le 21 décembre 1800, il rappela les motifs qui avaient engagé Bonaparte à entreprendre l'expédition d'Egypte, les obstacles que les Anglais y avaient mis dans la crainte de voir détruire leur commerce de l'Inde, la conduite de nos généraux et leurs victoires, et proposa l'impression des pièces officielles envoyées de cette armée. Il parla ensuite sur le projet relatif à la dette publique, fut élu secrétaire le 21 juin 1803, et sortit du Tribunat en 1804. Il obtint plus tard le poste d'inspecteur du cadastre et conserva cette fonction jusqu'en 1813. On perd sa trace après cette époque.

GAUDIN (Martin-Michel-Charles), duc de Gaete, pair des Cent-Jours, ministre et député de 1815 à 1820, né à Saint-Denis (Seine) le 16 janvier 1756, mort au château de Gennevilliers près Paris le 5 novembre 1841, était fils d'un avocat au parlement; sa mère était la fille d'un subdélégué aux finances. Sur son droit, entra dans les finances grâce à l'appui d'un commis de d'Ormesson, et fut chargé par Necker, en 1777, d'une direction dans l'administration générale des contributions, qu'il conserva jusqu'en 1789; c'est là qu'il conçut l'idée du cadastre, qu'il devait réaliser plus tard. L'Assemblée constituante ayant organisé une trésorerie nationale chargée de veiller sur les deniers publics, Gaudin en fut nommé membre (1791). A partir de cette époque, il fut en butte à de continuelles dénonciations, auxquelles il échappa par sa stricte probité et son entente des affaires. Le 10 août 1792, il fut accusé d'avoir avancé au roi sa liste civile; quelque temps après, Dumouriez le dénonça pour avoir laissé ses traites impayées. Cambon et Saint-Just le défendirent toujours et l'écoutèrent parfois, notamment quand Gaudin obtint la grâce des 48 receveurs généraux qui venaient d'être décrétés d'accusation en même temps que les fermiers généraux. Néanmoins la situation n'était pas tenable; l'hôtel de la Trésorerie était constamment envahi par la foule, et Gaudin dut plus d'une fois avoir recours à la ruse pour se débarrasser de ses visiteurs. Un décret ayant accordé une paie journalière aux femmes des citoyens qui combattaient pour la patrie, une bande de femmes envahit ses bureaux. Il reçut les plus exaltées, leur dit qu'il était prêt à les payer, mais que, les choses devant être faites régulièrement, elles devaient au préalable lui montrer leur certificat de mariage. Bien peu d'entre elles pouvaient sans doute produire cette pièce, car elles partirent sans rien réclamer. Il conserva sa place de commissaire à la Trésorerie jusqu'en l'an III, époque à laquelle il se retira près de Soissons. En l'an IV, il refusa le ministère des Finances, et en l'an VI, la fonction de commissaire-général de la Trésorerie. Pourtant, en floréal de cette même année, il accepta la direction des postes. Au 18 brumaire, Sieyès le présenta à Bonaparte. « Vous avez longtemps travaillé dans les finances, lui demanda le premier consul. — Pendant vingt ans, général. — Nous avons grand besoin de votre secours et j'y compte. Allons, prêtez serment, nous sommes pressés. » Gaudin introduisit de grandes réformes dans l'administration financière, supprima les marchés et les délégations, rétablit les contributions directes, fit confectionner les rôles et exigea les paiements par douzièmes et à l'avance des impôts de l'année courante. Il organisa la hiérarchie du percepteur au receveur particulier et au receveur général ; enfin, à l'aide de la caisse d'amortissement où étaient déposés les cautionnements de ces fonctionnaires, il put créer la Banque de France. Gaudin emprunta l'idée du cadastre, qui fut sa grande préoccupation, à la Constitution de 1791. Mais nul n'en avait comme lui compris l'importance, pour établir d'une manière équitable la contribution foncière. Il présenta en l'an X le premier budget vraiment digne de ce nom. Toutes ces réformes ne s'étaient pas accomplies sans luttes; aussi Gaudin crut-il devoir envoyer à Bonaparte sa démission (28 floréal an XII), que celui-ci refusa; Gaudin resta donc ministre des Finances jusqu'au 30 mars 1814. Membre de la Légion d'honneur (9 vendémiaire an XII), grand-officier le 25 prairial suivant, grand-aigle le 13 pluviôse an XIII, il fut créé, le 26 avril 1808, comte de l'Empire, et duc de Gaëte le 15 août 1809. En 1805, Gaudin organisa les finances de la Ligurie, en 1811 celles de la Hollande. Du 21 mars au 8 juillet 1815, pendant les Cent-Jours, il fut nommé ministre des Finances pour la 3e fois, et, le 2 juin 1815, pair des Cent-Jours. Il fut toujours fidèle à Napoléon, et, dans les chambres de la Restauration où il siégea, quand les royalistes attaquaient la mémoire de l'empereur, il ne manqua jamais de la défendre. Il fut, en effet, élu député, le 22 août 1815, par le collège de département de l'Aisne, avec 68 voix sur 135 votants et 266 inscrits, et réélu, le 4 octobre 1816, par 119 voix sur 180 votants et 293 inscrits. Il siégea dans la majorité et, en 1820, fut nommé gouverneur de la Banque de France, situation qu'il garda jusqu'en 1834. On a de lui : *Mémoires, souvenirs et opinions de M. Gaudin, duc de Gaëte* (1826); *Notice historique sur les finances de la France depuis 1800 jusqu'au 1er avril 1814* (1818), etc.

GAUDIN (FÉDORA-PIERRE-ANTOINE), représentant du peuple en 1848, né à Marennes (Charente-Inférieure) le 14 juin 1816, mort à Saint-Georges (Charente) le 30 avril 1873, fils d'un notaire de Marennes, collabora dès l'âge de vingt et un ans aux journaux démocratiques de la région. Avocat à Saintes, il y fonda, en 1844, l'*Union de Saintes*, où il se fit remarquer par sa verve. Il organisa, malgré M. Dufaure, le banquet de Saintes, où il porta un toast : « Au courage civil! » (12 décembre 1847). Le gouvernement provisoire le nomma, après la révolution de février, commissaire-adjoint dans la Charente-Inférieure. Le 23 avril 1848, il fut élu représentant de la Charente-Inférieure à l'Assemblée constituante, le 4e sur 12, par 78,538 voix sur 111,907 votants et 136,016 inscrits. Il siégea à l'extrême-gauche, fit partie du comité de législation, vota *pour* le bannissement de la famille d'Orléans, *contre* les poursuites contre L. Blanc et Caussidière, *contre* le maintien de l'état de siège, *pour* l'abolition de la peine de mort, *pour* l'impôt progressif, *pour* l'incompatibilité des fonctions, *contre*

l'amendement Grévy, *pour* l'ensemble de la Constitution, *contre* la proposition Rateau, *contre* l'interdiction des clubs, *contre* l'expédition de Rome. Il avait fait à l'Elysée une opposition active, et avait voté la mise en accusation du président et de ses ministres. Non réélu à la Législative, il ne tenta de rentrer dans la vie politique qu'aux élections générales du 24 mai 1869, et se présenta, comme candidat d'opposition démocratique au Corps législatif, dans la 3e circonscription de la Charente-Inférieure, où il échoua avec 4,521 voix contre 23,788 à l'élu, M. Eschassériaux, 6,325 à M. Lemercier, 4,338 à M. Duchatel, et 1,880 à M. Duret. Une nouvelle tentative, le 8 février 1871, lors des élections pour l'Assemblée nationale, ne fut pas plus heureuse. M. Gaudin n'obtint, dans la Charente-Inférieure, que 24,853 voix sur 105,000 votants.

GAUDIN (EMILE-FRANÇOIS), député au Corps législatif de 1869 à 1870, député de 1876 à 1884, né à Paris le 7 février 1825, mort à Halloy (Loire-Inférieure) le 15 juin 1884, étudia le droit, s'inscrivit au barreau de Paris, fut reçu docteur tandis qu'il remplissait auprès de M. Bethmont les fonctions de secrétaire, et devint le gendre de M. Delangle. Il entra sous l'Empire dans les fonctions publiques et fut nommé sous-directeur au ministère des Affaires étrangères, puis ministre plénipotentiaire (1858) : on l'envoya en cette qualité à Milan, après la paix de Villafranca, pour la négociation du traité relatif à la séparation de la Lombardie et de la Vénétie. Conseiller d'Etat en 1862, il fut accrédité auprès des deux Chambres comme commissaire du gouvernement. Enfin, le 7 juin 1869, il fut élu (au second tour de scrutin) député au Corps législatif, dans la 2e circonscription de la Loire-Inférieure, par 16,832 voix (31,512 votants, 45,203 inscrits), contre 14,497 voix à M. Guépin, candidat de l'opposition démocratique. La lutte avait été des plus vives; au premier tour, M. Gaudin n'avait obtenu que 12,001 voix contre 11,679 données au candidat républicain, et plus de 7,000 partagées entre le baron de Lareinty et M. Prévost Paradol. M. Gaudin prit place dans les rangs de la majorité et vota avec les impérialistes, notamment *pour* la déclaration de guerre à la Prusse. A l'époque où cette guerre éclata, on parlait dans les régions gouvernementales de l'éventualité de l'entrée de M. Gaudin au ministère, avec le portefeuille des Affaires étrangères. Mais les événements ne permirent pas la réalisation de cette combinaison. M. Emile Gaudin disparut de la scène politique au 4 septembre 1870, et ne revint au parlement qu'en 1876. Membre du conseil municipal de la Haie-Fouassière, où était située sa résidence, et du conseil général de la Loire-Inférieure pour le canton de Riaillé depuis plus de vingt ans, M. Gaudin se présenta, le 20 février 1876, dans la 2e circonscription de Nantes, comme candidat bonapartiste, et fut élu député par 8,425 voix (17,906 votants, 24,709 inscrits), contre 7,689 voix à M. Cazenove de Pradine, légitimiste. Il siégea au groupe de l'Appel au peuple, et vota constamment avec la minorité monarchiste de la Chambre; après l'acte du 16 mai 1877, il appuya *contre* les 363 le gouvernement du maréchal de Mac-Mahon, dont il fut le candidat officiel aux élections d'octobre 1877 : M. Gaudin obtint sa réélection, au second tour, avec 10,588 voix (17,754 votants, 25,230 inscrits), contre 6,911 voix à M. Vincent, républicain. Il reprit sa place à droite, vota *contre* les invalidations de ses collègues de la majorité, *contre* le ministère Dufaure, *contre* l'élection de M. Grévy à la présidence de la République, *contre* l'article 7 de la loi sur l'enseignement supérieur, *contre* l'amnistie, *contre* les lois nouvelles sur la presse et le droit de réunion, etc. Réélu, le 21 août 1881, député de la même circonscription, par 14,276 voix (19,461 votants, 26,793 inscrits), contre 5,100 voix à M. Normand, candidat républicain, M. E. Gaudin continua de s'associer, jusqu'à sa mort (1884), à toutes les manifestations de l'opposition conservatrice : *contre* les ministères de gauche qui se succédèrent au pouvoir, *contre* la politique coloniale, etc. Il fut remplacé à la Chambre des députés par son ancien concurrent royaliste, M. de Cazenove de Pradine. Commandeur de la Légion d'honneur.

GAUDIN (Gabriel-Claude), député de 1885 à 1889, né à Paris le 23 juin 1858, fils du précédent, propriétaire du château de Halloy à la Haie-Fouassière, fut porté sur la liste conservatrice de la Loire-Inférieure au scrutin du 4 octobre 1885, et élu député de ce département, le 6e sur 9, par 70,343 voix (121,474 votants, 165,624 inscrits). Il prit place à droite, fut un des secrétaires d'âge à l'ouverture de la session, vota en toutes circonstances avec la minorité monarchiste, sans prendre jamais la parole, et se prononça dans la dernière session : *contre* le rétablissement du scrutin d'arrondissement (11 février 1889), *pour* l'ajournement indéfini de la revision de la Constitution, *contre* les poursuites contre trois députés membres de la Ligue des patriotes, *contre* le projet de loi Lisbonne restrictif de la liberté de la presse, *contre* les poursuites contre le général Boulanger.

GAUDIN DE VILLAINE (Adrien-Paul-Marie-Sylvain), député de 1885 à 1889, né au château de Boisferrand (Manche) le 12 décembre 1852, fils d'un général, se présenta à l'Ecole de Saint-Cyr en 1870 ; mais l'invasion s'opposant à la réunion de l'Ecole, il s'engagea au 5e bataillon de chasseurs à pied et prit part aux opérations de l'armée de la Loire. Promu sous-lieutenant le 2 décembre 1870, il fut nommé lieutenant quelques semaines après et attaché à l'état-major du général Bruat. La paix faite, le lieutenant Gaudin de Villaine se trouva à Paris lors du 18 mars 1871, avec le général Chanzy ; il fut arrêté par la garde nationale de la Commune, enfermé au secret à la prison de la Santé, puis relâché au bout de peu de temps. Démissionnaire comme officier à la fin de 1875, M. Gaudin de Villaine vint habiter l'arrondissement de Mortain, et devint conseiller municipal en 1877; maire de Saint-Jean depuis 1881, il fut nommé, le 12 août 1883, conseiller général du canton de Mortain, et porté, le 4 octobre 1885, sur la liste conservatrice de la Manche, fut élu, le 6e sur 8, député de ce département par 57,249 voix (109,795 votants, 139,724 inscrits). Il s'assit à droite, prit plusieurs fois la parole, interpella (12 février 1886) le ministre de la guerre, général Boulanger, sur le déplacement d'une brigade de cavalerie soupçonnée de tendances réactionnaires, et, lors de la discussion de la loi militaire (juin 1887), défendit le service militaire de trois ans. Il vota constamment avec les conservateurs *contre* les divers ministères républicains de la législature et interpella (7 mars 1889) le cabinet au sujet du canal de Panama, dans le but de sauvegarder les intérêts des porteurs de titres. M. Rouvier, ministre des Finances, ayant déclaré

ne pas vouloir intervenir, l'ordre du jour pur et simple fut voté, par 344 voix contre 185. Dans la dernière session, M. Gaudin de Villaine s'est prononcé *contre* le rétablissement du scrutin d'arrondissement (11 février 1889), *pour* l'ajournement indéfini de la revision de la Constitution, *contre* les poursuites contre trois députés membres de la Ligue des patriotes, *contre* le projet de loi Lisbonne restrictif de la liberté de la presse, *contre* les poursuites contre le général Boulanger.

GAUDINEAU (Baptiste-François), sénateur de 1876 à 1887, né à Saint-Michel-en-l'Herm (Vendée) le 24 mai 1817, mort à Luçon (Vendée) le 1er février 1887, propriétaire, conseiller général de la Vendée, président du conseil général, maire de Luçon pendant plus de 25 ans, entra au parlement le 30 janvier 1876, comme sénateur du département de la Vendée, élu par 211 voix (360 votants). Il appartient à l'extrême-droite, vota constamment avec les monarchistes, sans jamais prendre la parole, se prononça, en juin 1877, *pour* la dissolution de la Chambre des députés, *pour* le gouvernement du Seize-Mai, *contre* le cabinet Dufaure et les divers ministères de gauche qui lui succédèrent, *contre* l'article 7 et l'application des lois aux congrégations non autorisées, etc., et fut réélu sénateur, le 8 janvier 1882, par 201 voix (359 votants). Il reprit sa place parmi les conservateurs royalistes, vota *contre* la réforme du personnel judiciaire, *contre* le divorce, *contre* l'expulsion des princes, etc., et mourut à Luçon en 1887.

GAUDONVILLE (Jean-Marc-Antoine), représentant à la Chambre des Cent-Jours, né à Sainte-Colombe-sur-l'Hers (Aude) le 7 juin 1767, mort à Pamiers (Ariège) le 28 janvier 1851, était avoué à Pamiers. Le 15 mai 1815, il fut élu représentant de cet arrondissement à la Chambre des Cent-Jours, par 23 voix (39 votants), contre 10 à M. Lacombe, chef de bataillon. Il se fit peu remarquer dans cette unique législature.

GAUDY (François-Antoine-Félix), représentant de 1872 à 1875, député de 1876 à 1885, membre du Sénat, né à Besançon (Doubs) le 3 mai 1832, dut aux importantes propriétés qu'il possédait dans le Doubs l'influence politique qui le fit nommer d'abord maire de la commune de Vuillafans, puis député. Fondateur du journal le *Républicain de l'Est*, il posa, le 2 juillet 1871, sa candidature à l'Assemblée nationale dans le département du Doubs. Il y obtint, sans être élu, 13,502 voix sur 53,975 votants. Une nouvelle élection partielle le fit entrer à l'Assemblée, le 7 janvier 1872, en remplacement du colonel Denfert-Rochereau, qui avait opté pour la Charente-Inférieure; élu dans le Doubs par 25,901 voix (54,853 votants, 80,824 inscrits), contre 24,375 voix à M. Estignard, conservateur, M. Gaudy alla siéger dans le groupe de l'Union républicaine, dont il fut le secrétaire, appuya le gouvernement de Thiers, vota, le 24 mai 1873, *contre* la démission du chef du pouvoir exécutif, puis combattit le ministère de Broglie, se prononça *contre* l'état de siège, *contre* le septennat, *contre* la loi des maires, *pour* la Constitution du 25 février 1875, etc. Candidat à la Chambre des députés, le 20 février 1876, dans la 2e circonscription de Besançon, il fut élu par 9,193 voix (13,526 votants, 16,227 inscrits), contre 4,230 voix à M. Terrier de Louay, monarchiste. Il fit partie de la majorité républicaine, avec laquelle il vota constamment, fut des 363, et obtint sa réélection, à ce titre, le 14 octobre 1877, par 8.723 voix (14,231 votants, 16,362 inscrits), contre 5,471 voix à M. Jules Vautherin, candidat conservateur et officiel. A la nouvelle Chambre, il vota avec la gauche, *pour* la nomination de la commission d'enquête sur les faits de pression électorale, *pour* les invalidations de plusieurs députés de la droite, *contre* le ministère Rochebouët, *pour* le cabinet Dufaure, *pour* l'article 7 de la loi sur l'enseignement supérieur, *pour* l'invalidation de l'élection de Blanqui, *pour* les lois nouvelles sur la presse et le droit de réunion, etc. Fidèle à la politique opportuniste, il se fit encore réélire député de Besançon, le 21 août 1881, par 8,729 voix (12,710 votants, 16,195 inscrits), contre 3,818 voix à M. de Vaulchier, ancien représentant, soutint les cabinets J. Ferry et Gambetta et vota *contre* la séparation de l'Eglise et de l'Etat, *contre* la magistrature élue et *pour* les crédits de l'expédition du Tonkin. Le 6 janvier 1885, il entra à la Chambre haute, ayant été nommé sénateur du Doubs par 520 voix sur 889 votants. Il y fit partie de la majorité, donna son suffrage à l'expulsion des princes, aux divers ministères républicains qui se succédèrent au pouvoir, à la nouvelle loi militaire, etc., et se prononça en dernier lieu : *pour* le rétablissement du scrutin d'arrondissement (13 février 1889), *pour* le projet de loi Lisbonne restrictif de la liberté de la presse, *pour* la procédure à suivre devant le Sénat pour juger les attentats contre la sûreté de l'Etat (affaire du général Boulanger). Conseiller général du Doubs pour le canton d'Ornans.

GAUGUIER (CHARLES-SÉRAPHIN-JOSEPH), député de 1831 à 1842, né à Lille (Nord) le 22 avril 1793, mort à Paris vers 1855, entra à l'Ecole de Saint-Cyr, mais dut en sortir à la suite d'un duel. Nommé sous-lieutenant de dragons par Napoléon, il fit la campagne de Russie, puis celle de 1813, où il gagna la croix de la Légion d'honneur. La Restauration mit fin à sa carrière militaire. Devenu maître de forges à Neufchâteau, il fut élu, le 5 juillet 1831, député du 3ᵉ collège électoral des Vosges (Neufchâteau), par 74 voix sur 98 votants et 265 inscrits, et fut réélu successivement, le 21 juin 1834 par 112 voix sur 124 votants et 170 inscrits, le 4 septembre 1837 par 97 voix sur 126 votants et 166 inscrits, et le 2 mars 1839 par 109 voix sur 128 votants et 171 inscrits. M. Gauguier siégea à gauche et vota toujours avec ce groupe de la Chambre, notamment *pour* la proposition Rémusat contre les députés fonctionnaires. Il s'était fait une spécialité de reproduire chaque année une proposition de réforme parlementaire, tendant à réduire le nombre des fonctionnaires députés en supprimant le traitement de la fonction pendant la durée de chaque session. Lors de la demande de crédit pour le retour des cendres de l'empereur (26 mai 1840), il dit que « Dieu avait paru étonné du génie surhumain de Napoléon ». Il ne fut pas réélu aux élections générales de 1842, et rentra dans la vie privée. Conseiller général du canton de Neufchâteau jusqu'en 1862.

GAUJAL (MARC-ANTOINE-FRANÇOIS, BARON DE), député de 1830 à 1831, né à Montpellier (Hérault) le 28 janvier 1772, mort à Vias (Hérault) le 16 février 1856, appartenait à une famille originaire du Rouergue et dévouée à l'ancien régime. Il émigra au début de la Révolution, servit dans l'armée de Condé, devint major d'infanterie en Angleterre, puis ingénieur

à Dublin, et rentra en France au début du Consulat, pour étudier le droit et suivre la carrière du barreau. Avocat à Montpellier (1806), puis juge auditeur près la cour d'appel en 1808, il passa, deux ans après, président du tribunal de première instance, fut nommé, en 1812, substitut du procureur général près la cour impériale de Montpellier, et en 1812, procureur impérial criminel dans le département de l'Aude. Au retour des Bourbons, M. de Gaujal reçut de l'avancement : appelé à la présidence de la cour royale de Pau, puis à celle de Limoges (1821), il entra, en 1827, au conseil d'Etat, en qualité de conseiller en service extraordinaire. En 1829, il refusa la place de conseiller à la cour de Cassation. M. de Gaujal fut élu, comme candidat de l'opposition au ministère Polignac, le 3 juillet 1830, député de la Corrèze, au collège de département, par 49 voix (93 votants, 103 inscrits), et, le 19 décembre de la même année, conseiller général de l'Aveyron. Il prêta serment à Louis-Philippe et prit une part assez active aux travaux parlementaires : il déposa (novembre 1830) une proposition de loi relative aux pétitions présentées à la Chambre; se mêla aux débats sur la loi réglant la composition des cours d'assises et les délibérations du jury (janvier 1831); parla sur la loi municipale et fit partie de plusieurs commissions. Après la législature, il revint à ses fonctions de magistrat, accepta, le 25 septembre 1837, le poste de conseiller à la cour de Cassation, et termina sa carrière comme premier président de la cour de Montpellier (13 octobre 1849-1ᵉʳ mars 1852). M. de Gaujal s'occupait d'histoire et d'archéologie; il fut correspondant de l'Institut et publia des *Essais historiques sur le Rouergue* (1824-25), et plusieurs mémoires insérés dans divers recueils. L'impression de son *Histoire complète du Rouergue*, qu'il avait laissée en manuscrit, fut votée par le conseil général de l'Aveyron. En août 1844, il fit, comme magistrat, un curieux rapport sur l'usage de porter la barbe, à propos d'une question disciplinaire relative aux moustaches de quelques avocats. Officier de la Légion d'honneur (mars 1852).

GAUJAL-SAINT-MAUR (PHILIPPE-LOUIS DE), député de 1841 à 1848, né à Millau (Aveyron) le 20 avril 1782, mort à Millau le 18 mars 1850, riche propriétaire, maire de Millau, conseiller général et officier de la Légion d'honneur, fut élu, le 9 octobre 1841, député par le 4ᵉ collège électoral de l'Aveyron (Millau), avec 210 voix sur 335 votants et 503 inscrits. Réélu le 9 juillet 1842, par 235 voix sur 352 votants et 509 inscrits contre 81 à M. Liquier, et, le 1ᵉʳ août 1846, par 247 voix sur 472 votants et 550 inscrits, contre 220 à M. Rouvelet, il vota toutes les propositions ministérielles et en particulier l'indemnité Pritchard.

GAULDRÉE. — *Voy.* LACAZE (MARQUIS DE).

GAULIER (ALFRED-NICOLAS), député de 1886 à 1889, né à Paris le 10 novembre 1829, entra à l'Ecole militaire de Saint-Cyr et en sortit en 1848. Sous-lieutenant au 53ᵉ régiment d'infanterie de ligne lors du coup d'Etat de 1851, il s'y montra fort hostile, et fut mis en non-activité par retrait d'emploi. Il vint à Paris et y gagna difficilement sa vie dans les premières années de l'Empire; puis il s'essaya au journalisme, débuta au *Temps* et ne tarda pas à se faire une situation dans la presse démocratique. Après 1871, il entra au *Rappel*, collabora aussi à la *République française*, et prit un moment la direction d'un journal qui n'eut qu'une très courte carrière et qui était intitulé *la Politique*. Au *Rappel*, il succéda à M. Camille Pelletan dans les fonctions de rédacteur parlementaire. Jusqu'en 1886, il n'avait brigué aucune candidature, lorsque M. Henri Rochefort ayant donné sa démission de député de la Seine, la presse radicale décida de présenter à sa place M. Alfred Gaulier. D'autre part, le parti intransigeant-socialiste résolut de porter son choix sur l'un des deux journalistes condamnés lors des événements de Decazeville, M. Duc-Quercy ou M. Ernest Roche. Ce fut M. Ernest Roche que le sort désigna, et une lutte des plus vives s'engagea entre lui et M. Gaulier. Quelques dissidents du parti possibiliste portèrent M. Soubrié, candidat ouvrier. Le 2 mai 1886, le scrutin donna les résultats suivants : MM. Gaulier 146,060 voix, élu, Roche 100,820, Soubrié 5,602, Pasteur 1,841, Hervé 1,793, Déroulède 1,404. M. Gaulier alla siéger à la gauche radicale de la Chambre des députés. La vérification de ses pouvoirs donna lieu, le 7 juin 1886, à un débat personnel d'une nature assez délicate : le journal l'*Intransigeant* ayant formulé sur le passé de M. Gaulier et sur les motifs de son départ de l'armée, certaines appréciations blessantes, le nouveau député déclara qu'il avait librement donné sa démission après avoir voté *non* au coup d'État. On lui reprochait d'avoir contracté des dettes au régiment; il répondit que le chiffre de ses dettes ne s'était élevé qu'à 1,600 francs environ et il fit appel au témoignage du général Boulanger, ministre de la guerre : celui-ci confirma les dires de M. A. Gaulier et ajouta : « Ma foi ! que ceux qui n'ont pas eu (1600 francs de dettes lui jettent la première pierre !» M. Gaulier fut admis. La même année diécembre), il déposa une proposition tendant à modifier l'article 103 du règlement relatif à la question de confiance dans les débats qui intéressent l'existence d'un ministère. Il vota généralement avec les radicaux de la Chambre, et, à la fin de la législature, se prononça : *contre* le rétablissement du scrutin d'arrondissement (11 février 1887), *contre* l'ajournement indéfini de la revision de la Constitution, *contre* les poursuites contre trois députés membres de la Ligue des patriotes, *contre* le projet de loi Lisbonne restrictif de la liberté de la presse; il s'abstint sur les poursuites contre le général Boulanger.

GAULMIN (GILBERT-FRANÇOIS), député en 1791, dates de naissance et de mort inconnues, exerçait à Montmarault (Allier) la profession de médecin. Maire de cette ville, il fut élu, le 29 août 1791, le 6e sur 8, et par 156 voix (303 votants), député de l'Allier à l'Assemblée législative. Son rôle y fut peu important; son nom ne figure pas au *Moniteur*.

GAULMIN (BARON DE). — *Voy.* DESMAROUX.

GAULTIER (URBAIN-ADAM-LOUIS-FRANÇOIS), député en 1789, né à Tours (Indre-et-Loire) le 30 octobre 1740, mort à Tours le 14 octobre 1817, était avocat du roi au présidial de Tours. Le 23 mars 1789, il fut élu député du tiers aux États-Généraux par le bailliage de Touraine. Il n'adopta qu'avec beaucoup de réserve les idées nouvelles, passa inaperçu sous le régime révolutionnaire, et fut nommé, le 23 germinal an V, député d'Indre-et-Loire au Conseil des Anciens, par 181 voix sur 205 votants. Mais son élection fut cassée à la suite de la journée

du 18 fructidor. Il se déclara partisan du coup d'État de brumaire, fut nommé (28 floréal an VIII) président du tribunal civil de Tours, servit le gouvernement impérial, puis adhéra à la Restauration qui, après l'avoir confirmé, le 21 février 1816, dans ses fonctions, lui confia, le 12 mars, celles de président de la cour prévôtale de Tours.

GAULTIER (RENÉ-CLAUDE), membre de la Convention, député au Conseil des Cinq-Cents, né à Pontrieux (Côtes-du-Nord) le 16 janvier 1752, mort à Pontrieux le 1er mars 1799, était commissaire national à Pontrieux, lorsqu'il fut élu député suppléant des Côtes-du-Nord à l'Assemblée législative de 1791, mais ne fut pas appelé à y siéger. Le même département l'élut, le 6 septembre 1792, membre de la Convention, le 3e sur 8, par 296 voix (482 votants). Gaultier vota « pour la détention perpétuelle » lors du procès du roi, et combattit la politique de la Montagne. Le 22 vendémiaire an IV, il passa au Conseil des Cinq-Cents où le département des Côtes-du-Nord le renvoya par 348 voix (374 votants). Il siégea dans cette assemblée, sans s'y faire remarquer, jusqu'en l'an VII, date de sa mort.

GAULTIER (CLAUDE-ANNE-LOUIS), député de 1842 à 1846, né à Rive-de-Gier (Loire) le 12 octobre 1807, fut notaire dans son pays natal. Le 2 mars 1839, il échoua comme candidat à la députation dans le 2e collège électoral de la Loire (Saint-Chamond), avec 96 voix contre 145 à l'élu, député sortant, M. Ardaillon; mais il fut élu, le 9 juillet 1842, dans le même collège, avec 247 voix sur 448 votants et 513 inscrits, contre 193 au député sortant, M. Ardaillon. D'opinions libérales, il vota *pour* la proposition sur les députés fonctionnaires; absent de Paris lors du vote sur l'indemnité Pritchard, il déclara qu'il aurait voté *contre*. Il ne fit pas partie d'autres législatures.

GAULTIER. — *Voy.* GUISTIÈRE (DE LA).

GAULTIER. — *Voy.* LAFERRIÈRE (DE).

GAULTIER. — *Voy.* RIGNY (COMTE DE).

GAULTIER DE BIAUZAT (JEAN-FRANÇOIS), député en 1789, né à Vodable (Puy-de-Dôme) le 22 octobre 1739, mort à Paris le 22 février 1815, quinzième enfant de Gaultier de Biauzat, lieutenant général du Dauphiné d'Auvergne, fit ses études chez les Jésuites de Billom, et reçut chez eux, à Toulouse, les quatre ordres mineurs. A l'abolition des Jésuites, il alla étudier le droit à Paris, puis se présenta à la cour des aides de Clermont en 1787; il fut nommé, avec MM. Bergier et Couthon, membre du conseil de l'assemblée provinciale d'Auvergne. Le 27 mars 1789, il fut élu député aux États-Généraux par le bailliage de Clermont, en Auvergne; il siégea dans la majorité. Le 16 juin, il vota pour la réunion des communes en assemblée nationale; le 20 juin, à la séance du Jeu de Paume, il adhéra à la proposition du serment, appuya la motion de Mirabeau pour l'éloignement des troupes, parla contre la Déclaration des droits et combattit le projet d'organisation des assemblées primaires, comme inutile, dangereux et inapplicable. Le 22 juillet 1789, ses compatriotes lui votèrent une adresse de félicitations. En 1790, il fut élu secrétaire de l'Assemblée et parla contre la proposition de confier au roi le droit de déclarer la guerre. En 1791, il obtint un nouvel examen des réclamations soulevées par Latude, détenu à la Bastille depuis 33 ans; il demanda que les députés ne pussent plus exercer d'autres fonctions concurremment avec leur mandat, et s'éleva avec une grande énergie contre l'agiotage et l'accaparement des assignats de cinq livres. Enfin, au moment où l'Assemblée nationale clôturait sa session, il fit voter des remerciments aux soldats et aux gardes nationales. Dans un ouvrage attribué à Mirabeau, Biauzat est désigné sous le pseudonyme d'*Hortensius*, et l'auteur lui applique les vers suivants :

Son cœur n'hésite point et vole sur sa bouche,
Chaque réponse est simp'e et nous charme et nous touche.
Son maintien, son air seul peint l'ingénuité,
Avant qu'il la prononce, il dit la vérité.

Cependant, comme il blâma les agissements' à Clermont, de M. Chazot, commandant des chasseurs d'Auvergne, très zélé pour la révolution, il se fit quelques ennemis qui se vengèrent en criant devant sa maison : « Biauzat à la lanterne! » Il n'en fut pas moins élu par acclamation maire de Clermont. Après la dissolution de l'Assemblée constituante, les citoyens de Paris l'appelèrent au tribunal du 4e arrondissement. Mais, à la fin de 1792, il fut incarcéré; en raison d'un violent mal d'yeux dont il souffrait, il obtint de rester chez lui, sous la garde d'un gendarme. Le 15 brumaire an III, il fut nommé pour la seconde fois maire de Clermont par le représentant en mission Musset. En germinal an III, il vint, à la tête d'une députation de la commune de Clermont, féliciter la Convention de son triomphe du 12 germinal. Après le 18 fructidor an V, il fut nommé juge au tribunal de cassation, situation qu'il conserva jusqu'au Consulat. Aux élections de l'an VI, il présenta une pétition, avec de nombreux citoyens, « sur les inscriptions requises pour voter dans les assemblées primaires, » et peu après, fut élu député au Conseil des Cinq-Cents par la section de l'Oratoire à Paris. Le gouvernement consulaire le nomma (28 germinal an VIII) commissaire et accusateur public près le tribunal criminel de la Seine, titre qu'il échangea, le 9 décembre 1810, contre celui de conseiller à la cour impériale de Paris. Il occupa ces fonctions jusqu'à sa mort, bien que devenu aveugle dans les derniers mois de sa vie.

GAULTIER DE VAUCENAY (Victor), représentant en 1871, né à Laval (Mayenne) le 25 mai 1819, riche propriétaire, légitimiste et catholique, fit partie, pendant la guerre franco-allemande, du comité de défense de Laval, et fut élu, le 8 février 1871, représentant de la Mayenne à l'Assemblée nationale, le 6e sur 11, avec 61,144 voix sur 72,352 votants et 98,165 inscrits. Il vota *pour* la paix, *pour* les prières publiques, *pour* l'abrogation des lois d'exil, *contre* l'amendement Barthe, *contre* le retour à Paris, *pour* la démission de Thiers, *pour* l'arrêté contre les enterrements civils, *pour* la prorogation des pouvoirs de Maréchal, *pour* le ministère de Broglie, *contre* la dissolution de l'Assemblée, *contre* les amendements Wallon et Duprat, *contre* les lois constitutionnelles. Il ne fit pas partie d'autres assemblées.

GAURAN (Paul), député au Conseil des Cinq-Cents, né à Lectoure (Gers) le 2 avril 1758, mort à Pérès (Gers) le 6 février 1841, « fils à Jean Gaurran, bourgeois, et à Jeanne Sentons, mariés, » se mêla de bonne heure au mouvement révolutionnaire et fut procureur de district. Il avait été ensuite élu juge de paix; mais, à la séance du Conseil des Cinq-Cents du 24 nivôse an IV, cette élection fut annulée sous prétexte de pression et de réunion d'électeurs en armes. Le 24 germinal an V, il fut élu député du Gers au Conseil des Cinq-Cents, par 73 voix sur 88 votants. A la séance du 18 frimaire an VI, il fit adopter l'ordre du jour sur une pétition des créanciers du prince de Bourbon-Conti, demandant la main-levée du séquestre mis sur ses biens; le 28 pluviôse suivant, il réclama la diminution des contributions foncières du Gers; le 24 ventôse, il prononça un discours violent contre l'Angleterre, discours qu'il termina par ces mots : « Je demande qu'il soit arrêté que le président, en levant les séances du Corps législatif, manifestera la haine de la nation française en répétant ces mots : Vengeance! vengeance contre le gouvernement anglais, oppresseur de toutes les nations. » Le 1er floréal an VI, il fut élu secrétaire du Conseil des Cinq-Cents. Le 19 floréal suivant, il prit la défense de Lamarque, député de la Haute-Vienne, qu'on proposait d'exclure; le 8 floréal an VII, il déposa une motion en faveur de la veuve d'un fonctionnaire du Gers, assassiné par les royalistes. Le 6 vendémiaire an VIII, il dénonça une conspiration qui avait éclaté dans le Gers et la Haute-Garonne et dont les principaux chefs furent faits prisonniers. Au coup d'Etat de brumaire, Gauran fut exclu de la représentation nationale ; mais il se rallia vite au régime nouveau, puisqu'il fut nommé, le 4 prairial suivant, juge au tribunal d'appel d'Agen, titre qu'il échangea, le 24 avril 1811, contre celui de conseiller à la cour impériale de la même ville.

GAUSSERAND (Jean-Joachim), député en 1789, né à Cunac (Tarn) le 25 décembre 1749, mort à Toulouse (Haute-Garonne) en 1816, était curé de Rivières-en-Albigeois, quand, le 1er avril 1789, il fut élu député du clergé aux Etats-Généraux par la 1re sénéchaussée du Languedoc (Toulouse). Il appuya les motions de la majorité, et fut élu, le 13 mars 1791, évêque constitutionnel du Tarn. A la séance de l'Assemblée législative du 4 juin 1792, il fut dénoncé par Chabot comme un des auteurs d'un libelle dans lequel on lisait cette phrase : « Que nous importe d'avoir à gémir sous le sceptre doré d'un despote fier de l'antiquité de sa race, ou sous la verge de fer de 750 tyrans sans expérience et enivrés de leur élévation subite et passagère? Nous disons plus : c'est que si le mauvais génie de la France nous réduit à choisir entre la tyrannie d'un seul ou de plusieurs, le système est résolu en faveur de la royauté, et par royauté nous entendons la royauté absolue, car le gouvernement absolu d'un seul, dit Jean-Jacques, est mille fois plus tolérable qu'un Sénat de despotes. » La dénonciation n'eut pas de suite.

GAUSSERAND (Louis-Jean), parent du précédent, député en 1792, né à Saint-Juéry (Tarn) le 1er avril 1751, mort à Albi (Tarn) le 25 décembre 1813, appartint, dès le début de la Révolution, à la magistrature, comme juge au tribunal de district d'Albi. Le 28 juin 1791, il fut élu, le 1er sur 12, avec 258 voix sur 404 votants, député du Tarn à l'Assemblée législative, où il vota avec la majorité. Plus tard, il devint (4 prairial an VIII) président du tribunal criminel d'Albi. Il exerça ces fonctions jusqu'au 30 avril 1811, époque où il fut admis à la retraite comme juge. — Membre de la Légion d'honneur du 25 prairial an XII.

GAUSSORGUES (Simon-Samuel-Edouard-Léonce), député de 1885 à 1889, né à Anduze (Gard) le 7 décembre 1857, étudia le droit et entra dans la magistrature, comme substitut. Frappé de révocation en raison de ses opinions politiques, il redevint avocat, et, un siège étant devenu vacant dans le Gard par suite de l'option de M. Madier de Montjau pour la Drôme, il se présenta pour lui succéder et fut élu, le 13 décembre 1885, député du Gard par 50,003 voix (91,985 votants, 133,420 inscrits), contre 40,506 voix à M. Pieyre, conservateur. M. Gaussorgues prit place au groupe de l'extrême-gauche, avec lequel il vota ordinairement. Il contribua à la chute des cabinets Freycinet, Rouvier, Tirard, se prononça *pour* la revision de la Constitution, appuya le ministère Floquet, et vota, à la fin de la législature : *contre* le rétablissement du scrutin d'arrondissement (14 février 1889), *contre* l'ajournement indéfini de la revision de la Constitution, *contre* les poursuites contre trois députés membres de la Ligue des patriotes, *contre* le projet de loi Lisbonne restrictif de la liberté de la presse; il s'est abstenu sur les poursuites contre le général Boulanger.

GAUTHIER (Pierre), député au Conseil des Cinq-Cents, né à Condé-sur-Noireau (Calvados) le 6 décembre 1758, mort à Caen (Calvados) le 10 octobre 1829, était, en 1789, avocat et procureur de sa commune. Administrateur du district de Vire en 1790, commissaire du roi près le tribunal de cette ville (1791) et administrateur du Calvados (1792), il fut élu, le 25 vendémiaire an IV, député du Calvados au Conseil des Cinq-Cents, par 209 voix sur 399 votants, et présida ce Conseil en l'an V. Membre de la cour de Cassation et du tribunal d'appel de Caen en l'an VII, il fut nommé, par le gouvernement consulaire, président de la cour de justice criminelle du Calvados le 22 germinal an VIII, puis membre de la Légion d'honneur le 25 prairial an XII. L'empereur l'appela aux fonctions de président du collège électoral de l'arrondissement de Caen, de membre du conseil de discipline de l'enseignement de l'école de droit de Caen, et le 12 mai 1811, lui donna le titre de président de chambre à la cour impériale de Caen.

GAUTHIER (Charles), député au Conseil des Anciens et au Corps législatif de l'an VIII à 1804, né le 6 janvier 1751, mort à une date inconnue, fut commissaire près l'administration centrale de la Côte-d'Or, et devint, le 25 germinal an VII, député de ce département au Conseil des Anciens. Il s'y montra favorable au coup d'État de brumaire, fut admis par le Sénat conservateur (4 nivôse an VIII) à représenter la Côte-d'Or au nouveau Corps législatif, où il siégea jusqu'en 1804, et termina sa carrière comme directeur des droits réunis dans le département de Saône-et-Loire.

GAUTHIER DE RUMILLY (Louis-Madeleine-Clair-Hippolyte), député de 1831 à 1834, de 1837 à 1848, représentant en 1848, en 1871, sénateur de 1876 à 1884, né à Paris le 8 décembre 1792, mort à Paris le 30 janvier 1884, appartenait à une famille légitimiste. Après de bonnes études faites au lycée Napoléon, puis à l'Ecole de droit, il entra de bonne heure dans le parti libéral, s'inscrivit en 1813 au barreau de Paris, parut comme défenseur, sous la Restauration, dans plusieurs causes politiques célèbres, notamment dans l'affaire des quatre sergents de la Rochelle, et fut souvent l'avocat du *Censeur européen*, dont Ch. Comte et Dunoyer étaient les principaux rédacteurs. Il s'occupa ensuite activement de politique dans le département de la Somme, où il se fixa; il y était, en 1830, un des chefs les plus écoutés du parti constitutionnel. Il applaudit à la révolution de 1830, ainsi qu'à l'avènement de Louis-Philippe; mais il ne tarda pas à se prononcer contre la ligne de conduite suivie par le nouveau gouvernement. Après une tentative infructueuse comme candidat à la Chambre des députés, le 3 juillet 1830, au collège de département de la Somme, qui ne lui donna que 132 voix sur 384 votants, M. Gauthier de Rumilly entra au parlement le 28 octobre de la même année, comme député de la Somme, élu par 765 voix (1,024 votants). Il prit place dans l'opposition dynastique, obtint sa réélection dans le 5e collège de la Somme (Doullens) le 5 juillet 1831, par 90 voix (169 votants), contre 73 à M. Didier et 9 à M. Blin de Bourdon, et vota avec la gauche : *contre* l'ordre du jour Ganneron sur la politique extérieure, *contre* les ordonnances du 31 novembre 1831, *contre* l'emploi de la dénomination inconstitutionnelle de « sujets; » il signa le « Compte-rendu » de 1832, mais ne se récusa point dans l'affaire du journal *la Tribune* (1833). En 1834, M. Gauthier de Rumilly fut remplacé par M. Blin de Bourdon, légitimiste. Il reparut à la Chambre comme député de la 2e circonscription de la Somme (Amiens), le 4 novembre 1837, avec 236 voix (371 votants, 603 inscrits), reprit sa place dans les rangs de l'opposition, fut réélu, le 2 mars 1839, par 250 voix (390 votants, 605 inscrits), et combattit le ministère Molé. Il appuya toutes les demandes de réductions d'impôt. Son mandat lui ayant été renouvelé depuis lors jusqu'à la fin du règne : le 9 juillet 1842, par 313 voix (470 votants, 671 inscrits), contre 211 à M. Alfred de Morgan, et le 1er août 1846, par 352 voix (531 votants, 723 inscrits), contre 168 à M. de Dompierre d'Hornoy, M. Gauthier de Rumilly fut membre ou rapporteur de nombreuses commissions, et intervint plusieurs fois dans la discussion des questions de finances, de commerce, de douanes, de chemins de fer et de budget. En politique, il se prononça *contre* le système de Guizot, *contre* l'indemnité Pritchard, *pour* la proposition tendant à réduire le nombre des fonctionnaires, etc., et signa (1848) la demande de mise en accusation du cabinet. Après la révolution de février, il fut élu, le 23 avril, représentant de la Somme à l'Assemblée constituante, le 3e sur 14, par 137,285 voix. Il fit partie du comité des finances et vota généralement avec les conservateurs : *pour* les poursuites contre Louis Blanc et Caussidière, *pour* le rétablissement de la contrainte par corps, *contre* l'abolition de la peine de mort, *contre* l'amendement Grévy, *contre* le droit au travail, *pour* l'ordre du jour en l'honneur de Cavaignac, *pour* la proposition Rateau, *pour* l'interdiction des clubs, *pour* les crédits de l'expédition romaine. En avril 1849, il fut compris parmi les conseillers d'État nommés par l'Assemblée, et, le 20 du même mois, il donna sa démission de représentant. Maintenu dans ses fonctions par la Législative, il les conserva jusqu'au coup d'État du 2 décembre 1851. Son opposition à cet acte le fit rentrer alors dans la vie privée. Il quitta même le conseil général de la Somme, dont il était membre depuis 1843, et se tint à l'écart de la politique pendant toute la durée de l'Empire. M. Gauthier de Rumilly rentra dans la lutte aux élections du 8 février 1871; nommé représentant de la Somme à l'Assemblée nationale, le 9ᵉ sur 11, par 93,995 voix (123,345 votants, 167,374 inscrits), ce fut lui qui présida, comme doyen d'âge, la première séance tenue à Bordeaux. Il appartint d'abord au groupe Feray, se rallia avec lui à la République conservatrice, s'inscrivit ensuite au centre gauche, et se prononça : *pour la paix*, *pour l'abrogation des lois d'exil*, *contre* le pouvoir constituant, *contre* la démission de Thiers au 24 mai, *contre* le ministère de Broglie, l'état de siège, la loi des maires, etc., *pour les propositions* Périer et Malleville, *pour* l'amendement Wallon et *pour* l'ensemble des lois constitutionnelles. Le 13 décembre 1875, il fut élu par ses collègues de l'Assemblée, le 40ᵉ sur 75, (avec 347 voix (689 votants), sénateur inamovible. M. Gauthier de Rumilly se retrouva le membre le plus âgé de la Chambre haute, et il occupa le fauteuil, à ce titre, le jour de la première réunion du Sénat. Il présida ainsi à la constitution du bureau provisoire et à la transmission des pouvoirs législatifs, et prononça dans cette circonstance une allocution empreinte d'un vif sentiment patriotique et qui fut très applaudie. Membre du centre gauche, il ne cessa de voter avec les républicains, *pour* la nouvelle loi sur la collation des grades, *contre* la dissolution de la Chambre (juin 1877), combattit le gouvernement du Seize-Mai, appuya le ministère Dufaure, donna son approbation à l'article 7 de la loi sur l'enseignement supérieur (1880) et aux lois nouvelles sur la presse et le droit de réunion, puis à la réforme du personnel de la magistrature, etc. Très assidu aux séances, en dépit de son grand âge, M. Gauthier de Rumilly étonnait et charmait ses collègues du Sénat par sa verdeur, son entrain et la fine bonhomie des discours d'ouverture qu'il ne manqua jamais de leur adresser comme doyen d'âge, de 1876 à 1884. A la nouvelle de sa mort, la Chambre haute, sur la proposition de M. de Saint-Vallier, décida de lever aussitôt la séance en signe de deuil.

GAUTHIER-DES-ORCIÈRES (ANTOINE-FRANÇOIS), député en 1789, membre de la Convention et député au Conseil des Anciens, né à Bourg (Ain) le 28 novembre 1752, mort à Saint-Marcellin (Isère) le 1ᵉʳ mai 1838, était avocat au présidial de Bourg avant la Révolution. A la suite de la publication de quelques écrits sur l'administration de la province et les privilèges de la noblesse, il fut élu député du tiers aux Etats-Généraux le 3 avril 1789, par le bailliage de Bourg-en-Bresse. Procureur-syndic du département de l'Ain (6 septembre 1791), il fut élu membre de la Convention par le même département, le 4 septembre 1792, le 2ᵉ sur 6, avec 201 voix sur 380 votants. Dans le procès de Louis XVI, il vota pour la mort, contre l'appel et contre le sursis. En l'an I, il fut nommé commissaire de la Convention à l'armée des Alpes. Lors de la révolte des Lyonnais, il eut à se justifier des lenteurs apportées au siège de la ville. Il fut rappelé, et, sur le rapport des représentants Châteauneuf-Randon, Couthon, Maignet et Laporte qui dénoncèrent les intrigues de Dubois-Crancé et de Gauthier pour obtenir que les citoyens de Lyon réclamassent contre leur régime, le comité de salut public donna l'ordre de l'arrêter. Peu après, il fut remis en liberté et nommé, en l'an III, au comité de sûreté générale. Le 4 brumaire an IV, il fut élu par ses collègues de la Convention député au Conseil des Anciens, et, le 23 germinal an VI, réélu au même Conseil par son département,

avec 234 voix sur 286 votants. Le gouvernement consulaire le nomma, le 14 germinal an VIII, juge au tribunal de 1ʳᵉ instance de la Seine, qu'il présida de 1811 à 1815. Aux Cent-Jours, l'empereur l'appela aux fonctions de conseiller à la cour impériale de Paris. Expulsé de France le 12 janvier 1816, en vertu de la loi contre les régicides, il se réfugia en Belgique, puis en Suisse. Gracié en 1828, il alla se fixer à Saint-Marcellin (Isère), où il mourut.

GAUTHIER D'HAUTESERVE (EDME-BERNARD), député de 1831 à 1846, né à Clichy-la-Garenne (Seine) le 10 novembre 1792, mort à Longueville (Manche) le 18 avril 1868, fut de bonne heure officier dans la garde nationale de Paris; chevalier de la Légion d'honneur en 1814, et chevalier de l'ordre de Charles II d'Espagne en 1815, il fut, en 1816, nommé sous-préfet de l'arrondissement de Montpellier, puis, en 1825, sous-préfet de Bagnères (Hautes-Pyrénées). Cette même année, il fut appelé aux fonctions de régisseur de l'octroi de Paris. Le 5 juillet 1831, il fut élu député dans le 3ᵉ collège électoral des Hautes-Pyrénées (Bagnères), par 70 voix sur 140 votants et 158 inscrits, contre 68 voix au général d'Uzer. Cette élection ayant été annulée, M. Gauthier d'Hauteserve fut réélu, le 11 septembre 1831, par 69 voix sur 134 votants et 151 inscrits, contre 62 voix au général d'Uzer. Réélu, le 21 juin 1834, par 91 voix sur 122 votants et 150 inscrits, contre 27 à M. Larrey; le 4 novembre 1837 par 75 voix sur 138 votants et 150 inscrits, contre 62 au général d'Uzer; le 2 mars 1839 par 82 voix sur 140 votants et 154 inscrits; enfin le 9 juillet 1842 par 91 voix sur 114 votants et 154 inscrits, il fut toujours un ministériel dévoué. Il approuva les lois de septembre, vota l'adresse, mais repoussa la loi de disjonction, et se prononça *pour* la dotation, *contre* les incompatibilités et *contre* l'adjonction des capacités. Par suite de chagrins de famille, il donna sa démission de député, et fut remplacé, le 2 août 1845, par M. de Goulard.

GAUTIER (ISIDORE-JOSEPH-FABIEN-BRIGNOLES), député au Conseil des Cinq-Cents, né à Brignoles (Var) le 20 janvier 1763, mort à Paris le 20 décembre 1824, appartint, sous la Révolution, à la magistrature : de l'an III à l'an V, il exerça les fonctions de juge au tribunal de district de Brignoles, puis celles de commissaire du Directoire exécutif près le tribunal criminel de la même ville. Le 25 germinal an VI, Gautier fut élu, par le département du Var, député au Conseil des Cinq-Cents, où il siégea jusqu'en l'an VIII, sans s'y faire remarquer. Il se mit à l'écart pendant le régime consulaire et impérial ; puis il se rallia aux Bourbons en 1815, et défendit successivement, dans une série de brochures politiques, les ministères Decazes, Richelieu et de Villèle. On a de lui, entre autres écrits : *Réfutations de l'exposé de la conduite politique de M. Carnot* (1815); *Précis historique d'une des sections du parlement de Buonaparte, se disant « Chambre des représentants »* (1815); *Aperçu sur les élections de 1817 ; la Vérité aux électeurs de 1818 ; la Vérité aux électeurs de 1820 ; Attention, électeurs de la seconde série, sur les choix que vous êtes appelés à faire* (1822); *Coup d'œil sur la véritable position des partis en France* (1822), etc. — De 1816 à 1823, Gautier publia, en collaboration avec J.-A.-M. d'Aureville, les *Annales des sessions du Corps législatif.*

GAUTIER. (Joseph), député au Conseil des Anciens et au Corps législatif de l'an VIII à 1806, né à Uzerche (Corrèze) le 8 juin 1757, mort à une date inconnue, « fils de Jean Gautier, médecin et conseiller du roi, et de demoiselle Jeanne Brandi de Saint-Pardoux, » étudia, lui aussi, la médecine, se fit recevoir docteur (1779) à la faculté de Montpellier, et fut attaché (1783) comme médecin-adjoint à l'hôpital civil et militaire d'Uzerches. En 1786, il fut subdélégué de l'intendant de la généralité du Limousin. Il adopta les idées nouvelles, fut capitaine aide-major de la garde nationale de son arrondissement en juillet 1789, administrateur du directoire du district d'Uzerche, suppléant du procureur-syndic de 1790 à 1793, agent national près le district d'Uzerche le 17 nivôse an II, procureur-syndic près le même district le 4 nivôse an III, puis président de l'administration municipale d'Uzerche, commissaire du gouvernement et agent général des contributions près l'administration centrale de la Corrèze. Il remplissait cette dernière fonction quand il fut élu (23 germinal an VII) député de la Corrèze au Conseil des Anciens. Favorable au 18 brumaire, il fut désigné par le Sénat conservateur pour représenter ce département au nouveau Corps législatif, où il siégea du 4 nivôse an VIII jusqu'en 1806. Le 8 juillet 1807, il fut nommé sous-préfet de Brive. La Restauration mit fin à sa carrière politique et administrative.

GAUTIER (Jean-Elie), député de 1824 à 1831, pair de France, ministre, sénateur du second Empire, né à Bordeaux (Gironde) le 6 octobre 1781, mort à Paris le 30 janvier 1858, d'une famille protestante, était fils de Jean-Elie Gautier, riche armateur de Bordeaux, et de Marie-Emilie Laffon. Ses études terminées, il entra, à vingt ans, dans la maison de son père, devint membre et président de la chambre de commerce de Bordeaux (1831-1833), président du tribunal de commerce (1831-1833), chef de bataillon de la garde nationale, et, à plusieurs reprises, de 1824 à 1847, membre du conseil général de la Gironde. Le 25 février 1824, il fut élu député du 2e arrondissement électoral de la Gironde (Bordeaux), par 161 voix sur 243 votants et 275 inscrits, contre 58 à M. Dufour-Dubessan; il siégea dans la majorité royaliste et ministérielle, prit part aux débats sur les questions financières et économiques, et fut plusieurs fois rapporteur du budget. Réélu, le 17 novembre 1827, par 134 voix sur 217 votants, contre 78 voix à M. de Peyronnet, il parla contre la loi sur la presse, et, dès lors, se plaça dans l'opposition libérale; il fut le rapporteur de l'adresse des 221 dirigée contre le ministère Polignac; ce fut lui qui en donna lecture à Charles X. Les électeurs de Bordeaux lui renouvelèrent son mandat, le 23 juin 1830, par 137 voix sur 245 votants, contre 107 voix à M. Alexandre de Lur-Saluces. Il contribua à l'établissement du gouvernement de juillet, et, non réélu aux élections générales du 5 juillet 1831, fut nommé pair de France par Louis-Philippe, le 11 octobre 1832. A la Chambre haute, il se fit remarquer par sa compétence en matière financière et commerciale. Membre du conseil supérieur du commerce et de l'industrie (1832), il fut appelé (1833) aux fonctions de sous-gouverneur de la Banque de France; il proposa l'émission des coupures de 250 et de 100 francs qui fut mise à exécution en 1847, fit partie, comme ministre des Finances, du ministère provisoire formé par le roi, le 21 mars 1839, après la chute du cabinet Molé, et se retira avec ses collègues le 12 mai suivant, l'insurrection de ce jour, à Paris, ayant fait appeler le maréchal Soult à la tête d'un nouveau ministère. Président de la commission des invalides de la marine, M. Gautier se vit enlever toutes ses fonctions, sauf celle de sous-gouverneur de la Banque, par la révolution de février. Il se tint à l'écart pendant la seconde République, fut appelé, le 26 janvier 1852, au sénat du second Empire, et rentra, l'année suivante, au conseil supérieur du commerce et de l'industrie. M. Gautier était, en outre, membre du consistoire de Paris, président du conseil central des Eglises réformées et chevalier de la Légion d'honneur. On a de lui : *Des banques et des institutions de crédit en Amérique et en Europe* (1839); *De l'ordre, des causes qui le troublent et des moyens d'y remédier* (1851).

GAUTIER (Baptiste-Etienne-Guillaume), dit GAUTIER D'UZERCHE, député de 1831 à 1848, né à Uzerche (Corrèze) le 31 décembre 1783, mort à Paris le 1er février 1861, embrassa la carrière militaire, fit ses premières armes à Austerlitz, et assista à toutes les grandes batailles qui suivirent, Iéna, Eylau, Friedland, Somo-Sierra, Wagram, où il fut nommé chevalier de la Légion d'honneur sur le champ de bataille, la Moskowa, Lutzen, Bautzen, Dresde, Leipzig, Montmirail, enfin Waterloo, où il reçut la croix d'officier de la Légion d'honneur. Il se livra ensuite à des opérations commerciales et s'installa à Vaugirard, dont il fut nommé maire à la révolution de juillet. Elu député le 5 juillet 1831, dans le 3e collège électoral de la Corrèze (Uzerche) avec 108 voix sur 124 votants et 166 inscrits, et réélu successivement : le 21 juin 1834 par 83 voix sur 104 votants et 170 inscrits; le 4 novembre 1837 par 115 voix sur 135 votants et 188 inscrits; le 2 mars 1839 par 127 voix sur 147 votants et 191 inscrits, contre 15 voix à M. Mallevergne; le 9 juillet 1842, par 142 voix sur 172 votants et 196 inscrits, contre 28 à M. d'Esterno, enfin le 1er août 1846, à la presque unanimité (164 voix sur 171 votants et 235 inscrits), il présenta à la Chambre le rapport sur les pétitions demandant le rétablissement de la statue de l'Empereur sur la colonne Vendôme, et la réclamation des cendres de Napoléon à l'Angleterre, et soutint généralement la politique ministérielle. Chef de bataillon de la garde nationale en 1831, il avait été nommé, en 1839, lieutenant-colonel de la 3e légion de la garde nationale de la banlieue.

GAUTIER (Louis), député de 1876 à 1880, né à Aigre (Charente) le 22 janvier 1810, s'établit dans cette ville comme négociant en eaux-de-vie et devint conseiller d'arrondissement de la Charente. Son alliance avec la famille André (de la Charente), dont les sentiments bonapartistes s'accordaient avec les siens, lui facilitait l'accès de la carrière politique. Il ne parada cependant qu'aux élections législatives de 1876, et fut élu député de l'arrondissement de Ruffec, au second tour de scrutin, le 5 mars, par 7,816 voix (13,470 votants, 16,637 inscrits), contre 5,518 voix à M. Brothier, républicain. Il siégea dans le groupe de l'Appel au peuple, et, sans prendre part aux discussion, vota régulièrement avec la minorité conservatrice de la Chambre, notamment *contre* les 363, *pour* le gouvernement du Seize-Mai. Réélu comme candidat officiel et bonapartiste, le 14 octobre 1877, par 8,453 voix (13,907 votants, 16,781 inscrits), contre 5,259 voix à M. Lavallée, ancien représentant, il reprit sa place parmi les impérialistes de la droite, vota contre les invalidations prononcées par la majorité, *contre* le ministère Dufaure, *contre* l'élection de M. Grévy à la présidence de la République, *contre* l'article 7 de la loi sur l'enseignement supérieur, etc., et donna sa démission de député le 15 novembre 1879. Il fut remplacé, le 29 février 1880, par son fils, M. René Gautier.

GAUTIER (René-François), député de 1880 à 1885, né à Aigre (Charente) le 25 avril 1852, fils du précédent, fut élu en remplacement de son père, démissionnaire, député de l'arrondissement de Ruffec (Charente), le 29 février 1880, par 7,277 voix (14,278 votants, 16,879 inscrits), contre 6,876 voix à M. Emile Barilier, républicain. Il alla siéger à la Chambre sur les bancs de l'Appel au peuple et s'associa aux derniers votes de la minorité conservatrice, notamment *contre* l'amnistie et *contre* les lois nouvelles sur la presse et le droit de réunion. Réélu, le 21 août 1881, par 7,969 voix (14,856 votants, 17,057 inscrits), contre 6,797 voix à M. Barilier, il se prononça *contre* les ministères Gambetta et J. Ferry, *contre* la politique coloniale, etc., et ne se représenta pas aux élections générales du 4 octobre 1885. Conseiller général du canton d'Aigre.

GAUTIER-LAMOTTE (Toussaint - Marie), député au Conseil des Cinq-Cents, né en 1755, mort à une date inconnue, fut élu, le 23 germinal an V, par 290 voix sur 328 votants, député des Côtes-du-Nord au Conseil des Cinq-Cents. Il en sortit en l'an VII. Gautier-Lamotte n'eut dans l'Assemblée qu'un rôle sans importance. Il demeurait à Paris « rue Thomas-du-Louvre, n° 47 ».

GAUTRET (Jacques), député au Conseil des Anciens, représentant aux Cent-Jours et député de 1820 à 1824, né à Angers (Maine-et-Loire) le 10 novembre 1752, mort à Angers le 5 juin 1832, était en 1789 procureur au présidial d'Angers. En 1790, il fut nommé juge au tribunal de district de Châteauneuf, puis commissaire du gouvernement près du tribunal de Beaupréau (1791), fut élu, le 12 septembre 1792, accusateur public par le tribunal criminel d'Angers, et chargé, comme tel, d'aller à Caen demander des secours contre les Vendéens. Destitué le 17 nivôse an II, puis réinstallé par la Convention le 29 brumaire an III, il fut nommé, le 24 vendémiaire an IV, président du tribunal criminel de Maine-et-Loire, puis élu, le 23 germinal an VI, avec 159 voix sur 266 votants, député de Maine-et-Loire au Conseil des Anciens, où il n'eut qu'un rôle effacé. Rallié au Consulat, il devint, en vendémiaire au IX, juge à la cour d'appel, puis administrateur des hospices (an XIII), conseiller municipal (21 juin 1810) et, 2 avril 1811, conseiller à la cour impériale d'Angers. Elu, le 16 mai 1815, représentant à la Chambre des Cent-Jours pour l'arrondissement d'Angers, par 35 voix sur 63 votants et 198 inscrits, contre 19 voix à M. Desmazières fils, il revint encore à la Chambre, le 4 novembre 1820, élu dans le 1er arrondissement électoral de Maine-et-Loire (Angers), par 402 voix sur 624 votants et 690 inscrits, contre 209 voix à M. Benoist. Il siégea dans l'opposition libérale, et ne fut pas réélu aux élections générales de 1824.

GAUVILLE (Louis-Henry-Charles, comte de), député en 1789, né à Orléans (Loiret) le 13 juillet 1750, mort à Evreux (Eure) le 10 janvier 1838, appartint aux armées du roi et parvint au grade de lieutenant-colonel de cavalerie. Elu, le 29 mars 1789, par le bailliage de Dourdan, député de la noblesse aux Etats-Généraux, il refusa de se réunir au tiers, et rédigea la protestation suivante : « Le député de la noblesse du bailliage de Dourdan déclare que son mandat lui défendant d'opiner par tête aux Etats-Généraux, il ne pourra y avoir voix délibérative jusqu'à ce qu'il ait reçu de nouveaux pouvoirs de ses commettants, et il en demande acte. — Le baron DE GAUVILLE. » Il émigra après la session, rentra en France sous le consulat, et fut, sous l'Empire, receveur des droits réunis, puis juge de paix et maire de Saint-Germain-en-Laye. Le gouvernement de la Restauration le fit maréchal-de-camp le 26 janvier 1815.

GAVARD (Joseph-Marie), député au Conseil des Cinq-Cents, né à Viuz-en-Sallaz (Haute-Savoie) le 14 juin 1743, mort à Bonneville (Haute-Savoie) en 1823, « fils de sieur François Gavard et de demoiselle Marie-Péronne Bouillet, mariés », se fit recevoir docteur en droit et docteur en médecine, fut membre du comité de législation de l'assemblée des Allobroges qui prépara la réunion de la Savoie à la France, et président (octobre 1792) de la commission administrative qui gouverna la Savoie jusqu'à cette réunion. Le 24 vendémiaire an IV, il fut élu député du Mont-Blanc au Conseil des Cinq-Cents, par 170 voix sur 299 votants. Il fit partie de la commission des opérations électorales, de celle des pétitions, de celle des pensions des anciens militaires savoisiens, de celle de la liquidation des offices dans le département du Mont-Blanc, etc. Nommé, en l'an V, commissaire du gouvernement près le département du Léman, il sortit des Cinq-Cents en l'an VIII, et, peu après le coup d'Etat de brumaire, fut appelé à la sous-préfecture de Bonneville (13 messidor an VIII). La Restauration ne l'y laissa pas (1815) ; il ouvrit alors un cabinet d'avocat consultant à Bonneville.

GAVARDIE (Henri-Pierre-Edmond Dufaur de), représentant en 1871, sénateur de 1876 à 1883, né à Rennes (Ille-et-Vilaine) le 2 décembre 1823, fils d'un officier supérieur d'infanterie, fut élevé, à ce titre, au prytanée de la Flèche, où il remporta, en 1842, le prix d'honneur fondé par le duc d'Orléans. Il appartint lui-même quelque temps à l'armée, puis se livra à des essais littéraires, polémiques et poétiques, étudia le droit et entra dans la magistrature, comme substitut du procureur de la République à Orthez, le 21 août 1852. C'était à la veille de l'Empire. M. de Gavardie se montra tout dévoué au régime nouveau et devint successivement substitut du procureur impérial à Mont-de-Marsan (1853), procureur impérial à Dax (1855), et fut promu substitut du procureur général à cette cour le 1er décembre 1860. Mais son avancement fut brusquement interrompu par des causes demeurées incertaines. Le 20 janvier 1864, M. de Gavardie s'étant vu désigner pour le poste inférieur de procureur impérial à Nontron, refusa de subir cette disgrâce et donna sa démission. Il rentra cependant dans la carrière en 1866, et, depuis cette époque jusqu'en 1870, remplit les fonctions de procureur impérial à Saint-Sever. La révolution du 4 septembre ne l'avait pas destitué immédiatement, ce ne fut que le 26 décembre 1870 qu'un décret de M. Crémieux le révoqua, pour avoir attaqué le gouvernement nouveau dans des réunions publiques. Après avoir vainement sollicité sa réintégration, M. de Gavardie se jeta dans l'opposition, et se porta, lors des élections du 8 février 1871, comme candidat conservateur dans le département des Landes ; il en fut élu représentant, le 6e et dernier, par 30,119 voix (54,902 votants, 84,409 inscrits), prit place à l'extrême-droite, se signala par l'intransigeance de ses opinions monarchiques autant que par l'originalité de son attitude, et se prononça : *pour* les prières publiques, *pour* l'abrogation des lois d'exil, *contre* la politique de Thiers, *pour* sa démission au 24 mai 1873, *pour* la loi des maires, *pour* l'état de siège, *contre* les propositions Périer et Malleville, *contre* l'amendement Wallon et *contre* l'ensemble des lois constitutionnelles. Il prit plusieurs fois la parole dans la législature, et le caractère de ses interventions provoqua fréquemment l'hilarité de l'Assemblée et aussi les sévérités du président. Il fut l'auteur d'un certain nombre d'interpellations, dont l'une adressée au ministre de la Justice, relative à la publication d'un *Catéchisme républicain*, qu'il dénonça à ses collègues. Un autre jour, il souleva dans la Chambre une tumultueuse gaieté en tonnant contre « ces filles de marbre, les nymphes républicaines, puisqu'elles sont sans-culottes », qui décorent nos jardins et nos monuments publics. Il proposa, comme remède à ce « fléau », la création d'un conseil supérieur des Beaux-Arts dont un certain nombre d'évêques feraient partie, et l'institution à l'Ecole des beaux-arts d'une chaire de théologie. M. de Gavardie s'était fait surtout dans l'Assemblée nationale une incomparable réputation d'interrupteur. Il continua de la mériter au Sénat, dont il fut élu membre par le département des Landes, le 30 janvier 1876, avec 197 voix sur 393 votants. Son opposition constante aux institutions républicaines le rallia au gouvernement du Seize-Mai ; il vota (juin 1877) *pour* la dissolution de la Chambre des députés réclamée par le cabinet, attaqua ensuite le ministère Dufaure et ceux qui suivirent, et, réélu sénateur des Landes le 5 janvier 1879, par 197 voix (394 votants), redoubla de verve dans les interruptions et interpellations qu'il adressa sans relâche aux orateurs de la majorité et aux membres du gouvernement. Adversaire de l'article 7 de la loi sur l'enseignement supérieur et de la politique antireligieuse suivie par les opportunistes au pouvoir, il multiplia de plus en plus ses apparitions à la tribune, encourut maintes fois toutes les pénalités du règlement, et ne fut pas toujours défendu par les membres de la droite, surtout par ceux de la droite modérée, contre l'accueil défavorable fait à plusieurs de ses discours par le plus grand nombre de ses collègues de la Chambre haute, tels que celui dont il appuya son interpellation (mars 1883) « sur la présence dans le corps judiciaire de magistrats condamnés pour divers délits de nature infamante », celui relatif aux affaires égyptiennes (octobre 1884), et celui par lequel il reprocha au ministre de l'Instruction publique d'avoir laissé conduire les enfants des écoles communales de Paris à une représentation de *Tartufe*. M. de Gavardie vota et protesta *contre* l'application des décrets aux congrégations, *contre* les lois nouvelles sur la presse et le droit de réunion, *contre* la réforme du personnel judiciaire, *contre* le rétablissement du divorce, *contre* l'expulsion des princes, etc., et échoua au renouvellement du 5 janvier 1888, avec 282 voix sur 712 votants. On a de lui : *Etudes sur les vraies doctrines sociales et politiques* (1862).

GAVARRET (Louis-Sébastien-Philippe),

député de 1831 à 1833, représentant du peuple en 1848 et en 1849, né à la Sauvetat (Gers) le 14 juillet 1791, mort à Condom (Gers) le 23 mars 1881, étudia le droit et vint exercer à Condom la profession d'avocat. D'opinions libérales, il fut élu, comme candidat de l'opposition, député du 2e collège du Gers, le 5 juillet 1831, par 260 voix (374 votants, 519 inscrits), contre 57 à M. Persil, ministre et député sortant, et 56 à M. de Salvandy. Il siégea dans la gauche dynastique, vota avec elle, signa le *compte-rendu* de 1832, puis donna sa démission de député. Il eut pour successeur à la Chambre, le 14 février 1833, M. Alfred Lannes de Montebello. M. Gavarret ne cessa pas, pour cela, de s'occuper de politique. Conseiller général du Gers, il combattit le gouvernement de Louis-Philippe, présida (1847) le banquet réformiste de Condom, et adhéra à la République de février 1848. Le 23 avril, il fut élu, le 1er sur 8, représentant du Gers à l'Assemblée constituante par 64,589 suffrages. M. Gavarret fit partie du comité des cultes, appartint au parti démocratique modéré et vota : *contre* le rétablissement du cautionnement, *contre* les poursuites contre Louis Blanc et Caussidière, *contre* le rétablissement de la contrainte par corps, *pour* l'abolition de la peine de mort, *contre* l'amendement Grévy, *contre* le droit au travail, *pour* l'ordre du jour en l'honneur de Cavaignac, *contre* la proposition Rateau, *contre* l'interdiction des clubs, *contre* les crédits de l'expédition de Rome, *pour* l'amnistie, *pour* l'abolition de l'impôt des boissons. Réélu représentant du Gers à la Législative, le 1er sur 7, par 40,021 voix (70,087 votants, 96,572 inscrits). M. Gavarret continua son opposition au gouvernement présidentiel de L.-N. Bonaparte, se prononça *contre* les lois répressives et réactionnaires présentées par le gouvernement avec l'approbation de la majorité monarchiste, et rentra dans la vie privée en 1851. — Chevalier de la Légion d'honneur.

GAVINI (Denis), représentant en 1849 et en 1871, député de 1876 à 1886, né à Campile (Corse) le 8 octobre 1820, fit ses études de droit, et s'inscrivit en 1842 au barreau de Bastia, où il plaida jusqu'en 1848. Il professait alors des opinions qui ne l'éloignaient pas de la République, mais le rapprochaient davantage du bonapartisme. Il fut élu, le 13 mai 1849, représentant de la Corse à l'Assemblée législative, le 5e et dernier, par 20,785 voix (41,078 votants, 57,685 inscrits), vota d'abord avec la gauche, puis se rallia à la politique de l'Elysée et au coup d'Etat de décembre 1851. Il fut nommé (janvier 1852) maître des requêtes au nouveau conseil d'Etat, puis successivement préfet du Lot (juillet suivant), de l'Hérault (1856) et des Alpes-Maritimes (1861). C'est dans ce dernier poste que le surprit la révolution du 4 septembre. Il donna sa démission, et, aux élections du 8 février 1871, posa sa candidature impérialiste à l'Assemblée nationale, dans la Corse, avec une profession de foi qui contenait ce passage : « Je protesterai hautement contre la déchéance de l'Empire, proclamée sans droit par les députés de Paris après la violation du Corps législatif ; et, dans le cas où mes efforts seraient inutiles, je demanderai avec énergie l'appel au peuple, afin qu'il se prononce lui-même, directement et en toute liberté, sur le maintien d'une dynastie sortie de notre île et pour laquelle mon dévouement égale le vôtre. » Il fut élu représentant, le 1er sur 5, par 28,343 voix (42,637 votants, 74,493 inscrits). Il fut un des cinq représentants qui se montrèrent opposés au vote de déchéance de la famille impériale, lors de la discussion des préliminaires de paix à Bordeaux. Il prit une part active aux principales manifestations du parti bonapartiste, parut quelquefois à la tribune et vota : *pour* la paix, *pour* les prières publiques, *pour* l'abrogation des lois d'exil, *contre* le pouvoir constituant, *pour* la démission de Thiers, *pour* l'état de siège, *pour* la loi des maires, *pour* la dissolution, *contre* le ministère de Broglie (1874), *contre* l'amendement Wallon, *pour* l'amendement Pascal Duprat, *contre* l'ensemble des lois constitutionnelles. Aux élections du 20 février 1876, M. Gavini fut candidat dans l'arrondissement de Corte (Corse), et fut élu député par 6,804 voix (10,896 votants, 16,138 inscrits), contre 4,078 voix à M. Limperani. Mais l'élection fut invalidée, le 28 mars, par la majorité, sur un rapport de M. Hugot, parce que M. Gavini avait, au cours de la période électorale, fait afficher un placard qui qualifiait de « sacrilège » le vote de déchéance. Convoqués à nouveau le 14 mai 1876, les électeurs donnèrent encore la majorité à M. Gavini avec 6,849 voix (11,536 votants, 16,364 inscrits), contre 4,876 au même concurrent. Il siégea comme précédemment dans le groupe de l'Appel au peuple, soutint le gouvernement du Seize-Mai, et fut encore réélu, cette fois comme candidat officiel, le 14 octobre 1877, par 7,717 voix (11,389 votants, 16,152 inscrits), contre 3,659 à M. Astima, républicain. Son élection fut soumise à une enquête, mais validée. Il combattit les divers ministères républicains de la législature, se prononça au congrès *contre* l'élection de M. Grévy à la présidence de la République, puis vota *contre* l'amnistie, *contre* l'article 7, *contre* les lois nouvelles sur la presse et le droit de réunion, etc. Réélu, le 21 août 1881, dans l'arrondissement de Bastia, par 7,406 voix (13,933 votants, 21,353 inscrits), contre 6,533 voix à M. Paul de Casabianca, il continua d'opiner avec la fraction impérialiste de la droite, vota *contre* la politique coloniale et *contre* les crédits du Tonkin, et brigua encore les suffrages de ses concitoyens lors du renouvellement du 4 octobre 1885. Porté sur la liste de l'Appel au peuple dans son département, il fut proclamé élu, le 1er sur 4, avec 27,238 suffrages (50,483 votants, 74,275 inscrits). Mais une in validation en bloc des élus de ce département appela les électeurs à un nouveau scrutin le 14 février 1886, et M. Gavini échoua alors avec 24,433 voix sur 43,145 votants. Commandeur de la Légion d'honneur (1864), M. Gavini représente depuis plusieurs années le canton de Bastia-Terra-Nova au conseil général de la Corse, dont il est le vice-président.

GAVINI (Jean-Augustin-Sampiero), député au Corps législatif de 1863 à 1870, frère du précédent, né à Bastia (Corse) le 11 mai 1823, mort à Bastia le 4 août 1875, fils d'un président de chambre à la cour de Montpellier, fit son droit à Aix et à Paris et exerça dans sa ville natale la profession d'avocat (1849); en 1860, il devint bâtonnier de son ordre. Conseiller général de la Corse pour le canton de Campile depuis 1852, il fut élu, le 1er juin 1863, comme candidat bonapartiste non officiel, député de la 2e circonscription de la Corse au Corps législatif, par 12,602 voix (23,337 votants, 31,829 inscrits), contre 10,663 voix à M. Mariani, officier d'ordonnance du prince Napoléon. Il vota d'ailleurs avec la majorité impérialiste, et se signala surtout par son insistance à demander que le port d'armes fût rendu à ses compatriotes. Chevalier de la Légion d'honneur en 1865, M. Gavini obtint, le 24 mai 1869, le renouvellement de son mandat de député, par 17,788 voix (26,724 votants, 37,391 inscrits), contre 8,841 à M. Arrighi, conseiller à la cour. Il se prononça *pour* la déclaration de guerre à la Prusse. Il fut réélu conseiller général de la Corse le 8 octobre 1871, mais ne rentra plus dans la vie politique.

GAY (Jean-Joseph), représentant à la Chambre des Cent-Jours, né au Mas-Grenier (Tarn-et-Garonne) le 18 décembre 1769, mort au Mas-Grenier le 6 novembre 1849, propriétaire dans cette localité, fut élu, le 14 mai 1815, représentant à la Chambre des Cent-Jours par le département de Tarn-et-Garonne, avec 31 voix (50 votants, 216 inscrits). Il ne fit point partie d'autres législatures.

GAY DE VERNON (Léonard-Honoré), député en 1791, membre de la Convention et député au Conseil des Cinq-Cents, né à Saint-Léonard (Haute-Vienne) le 5 novembre 1748, mort à Vernon (Haute-Vienne) le 20 octobre 1822, entra dans les ordres. Il était curé de Campreignac, près de Limoges, lors de la Révolution. Il adopta avec ardeur les idées nouvelles, les soutint publiquement en mainte circonstance, et fut le premier à faire précéder le *Domine, salvum fac regem*, du *Domine, salvum fac gentem*. Ces sentiments le firent élire évêque constitutionnel de la Haute-Vienne (mars 1791). Elu, le 31 août de la même année, député de la Haute-Vienne à l'Assemblée législative, le 2e sur 7, par 194 voix (324 votants), il siégea à gauche, et appuya la motion de Torné, évêque métropolitain du Cher, qui demandait la suppression du costume ecclésiastique. On le vit alors s'avancer au bureau du président de l'Assemblée, et déposer sa croix d'or en disant : « J'en porterai une d'ébène quand je serai en fonctions. » Elu, de nouveau, le 2 septembre 1792, membre de la Convention par le même département, il prit place à la Montagne, vota la mort de Louis XVI sans appel ni sursis, prit part à la lutte contre les Girondins, dénonça Voysin de Gartempe, défendit Carrier et réclama contre le décret qui envoyait Duhem à l'Abbaye. Nommé au Conseil des Cinq-Cents par la Haute-Vienne, le 21 vendémiaire an IV, avec 114 voix (224 votants), il parla sur l'emprunt forcé, sur les assignats, etc., et, suivant la même ligne politique que précédemment, fit une guerre des plus vives au royalisme. En 1797, il accusa les députés proscrits au 18 fructidor « du deuil et des larmes dont la France avait été couverte depuis deux ans ». Il demanda encore l'exclusion des nobles de toute fonction publique « jusqu'à quatre ans après la paix générale ». Il proposa que nul ne pût être chef d'un établissement d'éducation s'il n'était veuf ou marié. Le 21 germinal an VI, Gay de Vernon obtint sa réélection comme député aux Cinq-Cents. Mais le Directoire, qui voulait l'éloigner de France, le nomma, le 16 prairial de la même année, commissaire des relations commerciales à Tripoli de Syrie. Il remplit ensuite à Rome les fonctions de secrétaire général du consulat de la République française. Forcé de quitter ce poste par un arrêté de Barras, il fut exilé de France, mais il se cacha dans le Doubs jusqu'au 30 prairial an VII. Lors du retour au pouvoir du parti démocratique, il put faire rapporter les mesures prises à son égard. Nommé régisseur de l'octroi à Poitiers (7 thermidor an VII), et, quelques jours après, le 14, commissaire près l'administration centrale de la Somme, il fit preuve d'un zèle républicain des plus ardents, blâma la célébration par les catholiques d'Abbeville d'un service funèbre en mémoire du pape Pie VI, et donna sa démission au coup d'Etat de brumaire. Vers 1802, il fonda et dirigea, avec le concours de plusieurs savants et littérateurs, une maison d'éducation rue de Sèvres, à Paris. Exilé en vertu de la loi de 1816, il se retira à Vilvorde, près de Bruxelles, et y donna des leçons de latin, dont le produit était consacré par lui à l'assistance de quelques-uns de ses collègues, ex-conventionnels réduits à la misère. Ayant été autorisé (1819) à rentrer en France, il alla mourir dans sa terre de Vernou (Haute-Vienne).

GAY-LUSSAC (JOSEPH-LOUIS), député de 1831 à 1839 et pair de France, né à Saint-Léonard (Haute-Vienne) le 6 décembre 1778, mort à Paris le 9 mai 1850, était « fils de M. Antoine Gay, avocat du roi et procureur du roi à Saint-Léonard et juge au Pont-de-Noblat, et de dame Léonard Bouriquet, son épouse ». Elevé par l'abbé Bourdeix, il se rendit à Paris en 1794, et, sur la recommandation de l'abbé Dumonteil, entra dans une pension à Nanterre. Quand le maître, M. Sencier, congédia ses élèves, en raison de la famine qui désolait la région, il ne garda auprès de lui que Gay-Lussac, dont les progrès en mathématiques le remplissaient d'étonnement. Le 27 décembre 1797, il fut admis à l'Ecole polytechnique, puis, à sa sortie, passa à celle des ponts et chaussées, où il mérita l'amitié de Berthollet. Nommé répétiteur à l'Ecole polytechnique le 1er janvier 1802, il prit part avec Biot, le 24 août 1804, à des expériences aérostatiques qui avaient pour but de rechercher si la force magnétique qui dirige l'aiguille aimantée s'atténue à mesure qu'on s'éloigne de la surface de la terre. L'ascension du 24 août n'ayant pas donné de résultats probants, Gay-Lussac recommença seul l'expérience le 16 septembre suivant, et arriva cette fois au but proposé, c'est-à-dire à démontrer que « la force magnétique diminue avec la hauteur de l'air ». En outre, l'analyse de l'air qu'il rapportait des grandes hauteurs renversa, par l'absence d'hydrogène, la théorie de Berthollet qui expliquait les orages par la combinaison de l'oxygène et de l'hydrogène. Le 1er octobre suivant, Gay-Lussac lut devant l'Académie des sciences le résultat de ses recherches sur l'analyse de l'air par l'eudiomètre de Volta, recherches faites en commun avec Humboldt, auquel le liait un attachement non moins récent que profond. Les deux amis firent, en 1805, le voyage d'Italie, et visitèrent le Vésuve. C'est à la suite de ces excursions que Gay-Lussac crut qu'il n'était pas nécessaire de recourir à l'hypothèse du feu central pour expliquer les phénomènes volcaniques; l'eau de mer pénétrant par les fissures du sol jusqu'à des matières combustibles devait être le principal agent de ces phénomènes. D'Italie, Gay-Lussac gagna l'Allemagne; à Gœttingue, il fut le commensal de Blumenbach, et, à Berlin, d'Alexandre de Humboldt, son compagnon de route. Il ne revint en France qu'en 1806, pour entrer à l'Académie des sciences. C'est en 1807 qu'il fit connaître au monde savant les lois célèbres des changements de volume du gaz et des vapeurs, qui portent son nom. En 1808, avec Thénard, il fut chargé par Napoléon Ier d'étudier les effets de la pile colossale construite à l'Ecole polytechnique. Au cours de ces expériences, le 3 juin, il fut brûlé

par du potassium et faillit perdre la vue. En 1809, il étudia avec Thénard la composition de l'acide boracique, de l'acide fluorhydrique et de l'acide muriatique suroxygéné ou chlore, enfin de l'iode, récemment découvert. Professeur de physique à la Sorbonne (14 avril 1809), il fut conduit quelques années plus tard, en 1815, par ses recherches sur le bleu de Prusse, à la découverte du cyanogène, qui reste un de ses plus beaux titres scientifiques. En 1816, il inventa le baromètre à siphon, qui porte son nom; deux ans plus tard, il fut appelé à diriger le bureau des analyses à la Monnaie, en remplacement de Vauquelin, décédé. Son alcoolimètre, son chloromètre et son alcalimètre sont de ses créations les plus importantes. En politique, Gay-Lussac, d'opinions très libérales, avait signé l'acte additionnel en 1815, et ne craignit pas de l'avouer sous la Restauration. Le 5 juillet 1831, il fut élu député dans le 2e collège électoral de la Haute-Vienne (Limoges), par 167 voix sur 245 votants et 311 inscrits. L'année suivante, il prit possession de la chaire de chimie générale du Muséum. Réélu successivement député : le 21 juin 1834, par 141 voix sur 253 votants et 313 inscrits; le 4 novembre 1837, par 142 voix sur 271 votants et 346 inscrits, il fut nommé, le 7 mars 1839, pair de France, dignité que Berthollet semblait lui avoir annoncée en lui léguant à sa mort (1822) son costume de pair. Gay-Lussac mourut peut-être des suites d'une blessure reçue dans son laboratoire; il souffrit beaucoup et longtemps. Un de ses biographes lui attribue pourtant cette boutade in extremis à propos des récentes découvertes télégraphiques : « C'est dommage de s'en aller; ça commence à devenir drôle. » On a de lui un grand nombre de publications exclusivement scientifiques.

GAYARDON. — *Voy.* GRESOLES (COMTE DE).

GAYE. — *Voy.* MARTIGNAC (DE).

GAYET (JEAN-PIERRE), député au Conseil des Cinq-Cents, né à Charolles (Saône-et-Loire) le 7 septembre 1760, mort à Charolles le 6 avril 1825, était, avant la Révolution, procureur au bailliage de cette ville. Il devint administrateur de Saône-et-Loire, et fut élu, le 24 germinal an VII, avec 240 voix sur 247 votants, député de ce département au Conseil des Cinq-Cents, où il siégea obscurément jusqu'au coup d'Etat du 18 brumaire. Il demeurait à Paris : « rue Marceau, maison de l'Europe. »

GAYON (HENRY-ANTOINE, MARQUIS DE), député en 1789, né à Béziers (Hérault) le 9 avril 1740, mort à une date inconnue, appartenait aux armées du roi, avec le grade de maréchal-de-camp. Le 28 mars 1789, il fut élu député de la noblesse aux Etats-Généraux par la sénéchaussée de Béziers; mais sa santé ne lui permit pas de rester dans l'Assemblée; il la quitta, le 7 août suivant, avec une lettre de démission, dont nous respectons l'orthographe :

« Ma santé ne me permetet point de continuer d'assister à lasamblée nationale, je suplie d'accepter ma démision, et d'admetre à ma place monsieur le baron de Jessé, suppléant.

« A Versailles, le 7 août 1789.

« Le marquis DE GAYON. »

GAYOT (AMÉDÉE-NICOLAS), représentant du peuple en 1848 et en 1871, sénateur de 1876 à 1880, né à Troyes (Aube) le 2 juillet 1806, mort à Troyes le 5 novembre 1880, était fils d'un secrétaire général de la préfecture de l'Aube. Il commença ses études à Troyes, les termina à Louis-le-Grand, à Paris, et, reçu avocat, vint s'inscrire au barreau de sa ville natale. Très libéral, il fut successivement nommé conseiller d'arrondissement, conseiller municipal de Troyes, et fut élu, le 23 avril 1848, représentant de l'Aube à l'Assemblée constituante, le 3e sur 7, avec 43,122 voix. Il prit place parmi les républicains modérés de la nuance du *National*, fit partie du comité du commerce, fut membre et rapporteur de plusieurs commissions, parla (janvier 1849) en faveur du travail libre contre la concurrence des maisons de détention, et vota *pour* le bannissement de la famille d'Orléans, *pour* les poursuites contre L. Blanc et Caussidière, *contre* l'impôt progressif, *pour* l'incompatibilité des fonctions, *contre* l'amendement Grévy, *contre* le droit au travail, *pour* l'ensemble de la Constitution, *contre* la proposition Rateau, *pour* l'interdiction des clubs ; il était en congé lors du vote relatif à l'expédition de Rome. Non réélu, en mai 1849, à la Législative, il se présenta, le 1er juin 1863, comme candidat d'opposition au Corps législatif dans la 1re circonscription de l'Aube, où il n'obtint que 6,361 voix contre 27,129 à l'élu, M. Rambourgt. Rentré dans la vie privée, il fut nommé administrateur des hospices à Troyes, et de nouveau, vers la fin de l'Empire, conseiller municipal. Le 8 février 1871, il fut élu représentant de l'Aube à l'Assemblée nationale, le 1er sur 5, par 45,375 voix sur 56,484 votants et 82,271 inscrits. Il se fit inscrire au centre gauche, et vota *pour* la paix, *pour* les prières publiques, *pour* l'abrogation des lois d'exil, *contre* la démission de Thiers, *contre* la prorogation des pouvoirs du maréchal, *contre* le ministère de Broglie, *pour* la dissolution, *pour* l'amendement Wallon, *pour* les lois constitutionnelles. Le 30 janvier 1876, il fut élu sénateur de l'Aube, le 1er sur 2, avec 367 voix sur 519 votants, s'assit au centre gauche de la Chambre haute, refusa en 1877 au ministère du 16 mai la dissolution de la Chambre, et soutint les ministères républicains qui succédèrent au cabinet de Rochebouët. M. Gayot était membre, pour un des cantons de Troyes, du conseil général de l'Aube, qu'il présida.

GAYOT (EMILE-RENÉ), membre du Sénat, fils du précédent, né à Troyes (Aube) le 2 février 1834, fit son droit et entra dans la magistrature impériale. Juge suppléant au tribunal civil de Nogent-sur-Seine le 8 février 1860, il fut successivement promu juge suppléant, chargé de l'instruction à Châteaudun (juin 1861), juge à Dreux (13 janvier 1864), à Epernay (21 juin 1865) et à Troyes (18 décembre 1866). Il resta en fonctions sous la République, qui le nomma, le 9 mars 1880, juge d'instruction au tribunal civil de la Seine ; puis, le 26 décembre de la même année, en remplacement de son père, décédé, M. Émile-René Gayot fut élu sénateur de l'Aube par 267 voix sur 510 votants, contre 176 à M. Louis Saussier et 64 à M. de Faultrier. Il prit place à la gauche modérée, vota notamment *pour* les lois nouvelles sur la presse et le droit de réunion, *pour* la réforme du personnel judiciaire, *pour* le rétablissement du divorce, etc., et obtint sa réélection, le 6 janvier 1885, par 501 voix (702 votants). Il se prononça *contre* l'expulsion des princes, *pour* la nouvelle loi militaire, et fut élu, le 6 décembre 1888, questeur du Sénat en remplacement de M. Rampont, décédé. Dans la dernière session, M. Gayot s'est prononcé *pour* le rétablissement du scrutin d'arrondissement (13 février 1889), *pour* le projet de loi Lisbonne restrictif de la liberté de la presse, *pour* la procédure à suivre devant le Sénat contre le général Boulanger. Juge honoraire au tribunal de la Seine.

GAZAGNE (FERDINAND-LÉON-JEAN-BAPTISTE), sénateur de 1879 à 1885, né à Remoulins (Gard) le 11 avril 1815, exerça dans cette ville la profession de notaire. Puis il fut élu membre du conseil général du Gard par le canton de Remoulins, devint vice-président de ce conseil et entra au Sénat, le 5 janvier 1879, comme l'élu du département du Gard, avec 257 voix sur 431 votants, contre 165 données à M. de Tarteron, ancien représentant monarchiste, en remplacement de M. Bonnefoy-Sibour, décédé. Il siégea à la gauche républicaine, vota *pour* l'article 7 de la loi sur l'enseignement supérieur, *pour* les lois nouvelles sur la presse et le droit de réunion, *pour* la modification du serment judiciaire, *pour* la réforme du personnel de la magistrature, *pour* le rétablissement du divorce, etc., et prit part à la discussion de plusieurs lois d'affaires. Il ne fut pas réélu au renouvellement triennal du 25 janvier 1885.

GAZAN (CHARLES), député de 1820 à 1830, né à Evreux (Eure) le 12 janvier 1774, mort à Huest (Eure) le 27 mai 1861, était propriétaire dans cette dernière localité. Il remplit, au début de la Restauration, les fonctions de conseiller de préfecture de l'Eure, fut élu, comme royaliste, le 13 novembre 1820, député de ce département, au grand collège, par 315 voix (571 inscrits, 443 votants), vota ordinairement avec la majorité, et obtint sa réélection, le 6 mars 1824, par 252 voix (273 votants, 483 inscrits). M. Gazan ne soutint pas le ministère Villèle, et se rangea parmi les royalistes indépendants. Maire d'Aviron et membre du conseil général de l'Eure, il fut encore réélu député, au collège de département, le 24 novembre 1827, par 189 voix (309 votants, 406 inscrits). Huit jours auparavant, le 17 novembre, il avait échoué dans le 1er arrondissement électoral de l'Eure (Evreux) avec 110 voix contre 215 à M. Du Mellet, élu. Il soutint de ses votes la monarchie de Charles X, et ne fut pas renommé en 1830. Il se retira alors dans ses propriétés, et mourut à Huest à un âge très avancé.

GAZAN DE LA PEYRIÈRE (HONORÉ-THÉOPHILE-MAXIME, COMTE), pair des Cent-Jours et pair de France, né à Grasse (Var) le 29 octobre 1765, mort à Grasse le 9 avril 1845, fut de bonne heure destiné au service militaire. Entré sous-lieutenant (1780) dans le régiment des canonniers garde-côtes d'Antibes, il passa (1786) à la première compagnie écossaise des gardes du corps du roi. A la Révolution, il devint major dans la garde nationale du Var, et, en 1792, se rendit, comme capitaine au 27e régiment d'infanterie, à l'armée du Rhin, où il fit, sous les ordres de Moreau, ses premières campagnes jusqu'en 1796. Gazan de la Peyrière se distingua par son courage à la bataille d'Etlingen, fut promu successivement chef d'escadron, chef de brigade commandant le 10e d'infanterie légère, et gagna enfin le grade de général de brigade. En 1799, nommé général de division, il servit en cette qualité en Suisse, où commandait Masséna. Chargé d'attaquer la partie occidentale du Zurich-Berg, afin d'empêcher que les deux corps russes de l'armée de Korsakow ne se rejoignissent, le général Gazan enleva la position avec un élan remarquable, se réunit au général Oudinot, et se rendit maître avec lui des faubourgs de Zurich. Bientôt il prit une part brillante au combat de Wintherthur, d'où il reçut l'ordre de se diriger sur Constance. La garnison entière de cette place, composée d'un corps russe et d'émigrés français sous les ordres du prince de Condé, déposa les armes devant lui (6 octobre 1799). Lorsque Masséna fut passé (1800) au commandement de l'armée d'Italie, Gazan l'accompagna, battit les Autrichiens, emporta la position de Verreira et obligea l'ennemi à se replier en perdant deux mille prisonniers et sept drapeaux. Le général Gazan se distingua encore à Sassello et à l'affaire de la Corona, où il fut blessé. Il dirigea la gauche à l'attaque de Montecretto, et assista à la bataille de Marengo, au passage du Mincio, etc. Membre de la Légion d'honneur du 19 frimaire an XII, Gazan de L. Peyrière fut nommé, après la paix, commandant de la 1re subdivision de la 27e division militaire en Piémont. Promu grand officier de la Légion d'honneur en récompense de sa conduite à l'affaire de Dierstein, il fut cité avec éloges après Iéna, fut créé comte de l'Empire le 27 novembre 1808, se fit remarquer en Espagne au siège de Saragosse, au passage du Tage, et reçut une dotation de 25.000 francs. Les derniers succès qu'il obtint au delà des Pyrénées et le courage qu'il déploya à Albufera lui valurent la grand'croix de l'ordre de la Réunion le 3 avril 1813. A l'époque de la Restauration, le général Gazan de la Peyrière fut nommé chevalier de Saint-Louis (2 juin 1814) et inspecteur général de l'infanterie pour la ligne du Nord. Il se trouvait accidentellement à Grasse, son pays natal, lorsqu'on y fut instruit du débarquement de Napoléon au golfe Juan. Gazan partit pour Paris, reprit du service, fut inscrit par Napoléon, le 2 juin 1815, sur la liste des pairs « des Cent-Jours » et, conjointement avec le duc de Dantzig, fut chargé de porter à l'armée l'adresse de la Chambre des représentants. Il ne fut point conservé en activité lors du second retour des Bourbons, qui le tinrent obstinément à l'écart. Le 19 décembre 1831, le gouvernement de Louis-Philippe appela le général Gazan de la Peyrière à la Chambre des pairs, où il siégea jusqu'à sa mort (1845). Gazan fut admis à la retraite, comme lieutenant-général, le 11 juin 1832.

GÉDOUIN (Félix-Guillame), député au Corps législatif de l'an XIII à 1810, né à Nantes (Loire-Inférieure) le 30 mai 1760, mort à Nantes le 4 septembre 1830, appartenait à la magistrature. Procureur impérial à Nantes, il fut nommé (17 brumaire an XIII), par le Sénat conservateur, député de la Loire-Inférieure au Corps législatif, où il siégea jusqu'en 1810.

GEHIN (Nicolas), représentant à la Chambre des Cent-Jours, né à Ventron (Vosges) le 22 octobre 1753, mort à Nancy (Meurthe) le 21 janvier 1828, fils de Claude-Sylvestre Gehin et de Marie Blaise, entra dans les ordres et fut d'abord curé d'une paroisse de la Meurthe. Devenu sous la Révolution maire de Romecourt (Meurthe), puis maire de Nancy, et successivement conseiller de préfecture de la Meurthe et sous-préfet de Toul (29 messidor an IX), il fut, sans succès, candidat au Corps législatif impérial, et n'entra au parlement que le 10 mai 1815, élu à la Chambre des Cent-Jours par l'arrondissement de Toul, avec 18 voix sur 45 votants. On perd sa trace après cette courte législature.

GEHIN (Nicolas-Christophe), représentant à la Chambre des Cent-Jours, né à Senones (Vosges) le 28 novembre 1764, mort à une date inconnue, fut procureur impérial à Epinal. Le 13 mai 1815, il fut élu, au bénéfice de l'âge, représentant à la Chambre des Cent-Jours, par l'arrondissement d'Epinal, avec 57 voix sur 74 votants, contre 37 à M. Vosgien. La Restauration lui conserva son poste dans la magistrature, et il fut admis à la retraite en 1816.

GEIGER (Alexandre-Godfried-Frédéric-Maximilien, baron de), député au Corps législatif de 1852 à 1868, et sénateur du second Empire, né à Scheinfeld (Bavière) le 23 août 1808, s'établit à Sarreguemines, où il dirigea une importante manufacture de faïences. Il devint maire de Sarreguemines, membre du conseil général pour le canton de Volmunster, et fut nommé, comme candidat du gouvernement, le 29 février 1852, député au Corps législatif dans la 3e circonscription de la Moselle, par 17,411 voix (26,240 votants, 35,050 inscrits), contre 8,335 voix à M. Roget de Belloguet. Il prit part à l'établissement du régime impérial, vota constamment avec la majorité dynastique, et obtint sa réélection, comme candidat officiel : le 22 juin 1857, par 24,897 voix (25,302 votants, 35,334 inscrits), et le 1er juin 1863, par 28,434 voix (29,193 votants, 35,334 inscrits). M. de Geiger fut fait commandeur de la Légion d'honneur le 4 août 1867, et passa du Corps législatif au Sénat impérial. Il y soutint de ses votes le gouvernement jusqu'en 1870. Le Quatre-Septembre le rendit à la vie privée.

GELCEN (Joseph de), député de 1877 à 1878, né à Prades (Pyrénées-Orientales) le 12 septembre 1826, fut à diverses reprises, dans son département, porté candidat par les conservateurs royalistes, d'abord à l'Assemblée nationale le 8 février 1871: il obtint 8,526 voix sur 29,916 votants; puis le 20 février 1876, à la Chambre des députés : il réunit alors, dans l'arrondissement de Prades, 5,051 voix contre 5,056 à M. Escanyé, républicain, élu. Mais après la dissolution de la Chambre des députés, M. de Gelcen, désigné par le gouvernement du Seize-Mai comme candidat officiel du maréchal de Mac-Mahon, fut proclamé député de Prades, le 14 octobre 1877, avec 5,381 voix (10,744 votants, 13,532 inscrits). Cette élection souleva de nombreuses protestations, et le 8e bureau de la Chambre nouvelle, auquel ces protestations furent soumises, conclut à l'invalidation. M. de Gelcen se défendit lui-même dans la séance du 30 novembre 1877, s'avoua « légitimiste ardent », et ajouta: « Mon honorable concurrent eût pu ajouter que non seulement je suis légitimiste, mais que je suis, ce sont là deux choses qu'on ne peut séparer, catholique, c'est-à-dire clérical. Ces deux expressions sont à mes yeux synonymes. » M. Henri Villain, rapporteur, répondit en citant divers faits de pression électorale, tels que la suppression de 18 conseils municipaux dans l'arrondissement de Prades et l'envoi d'une lettre circulaire du sous-préfet aux maires, avec des arrêtés en blanc pour la fermeture des cafés fréquentés par des républicains. L'invalidation fut prononcée par la majorité de la Chambre, et, M. de Gelcen ne s'étant pas représenté, M. Escanyé fut élu, à sa place, le 27 janvier 1878.

GÉLIN (Jean-Marie), député en 1791, membre de la Convention et député au Conseil des Anciens, né à Champlecy (Saône-et-Loire) le 28 janvier 1740, mort à Charolles (Saône-et-

Loire) le 26 décembre 1802, « fils d'André Gélin, bourgeois à Chanlecy (*sic*), et de demoiselle Philiberte Guinet, » était notaire à Charolles. Il embrassa la cause de la Révolution, remplit les fonctions d'administrateur du district et de greffier du tribunal civil, et fut élu, le 30 août 1791, le 4e sur 11, député de Saône-et-Loire à l'Assemblée législative. Il vota avec la gauche. Réélu dans le même département, le 1er sur 11, membre de la Convention, le 5 septembre 1792, Gélin siégea à la Montagne et dit, lors du procès du roi : « Je vote pour la mort. » Il prit d'ailleurs peu de part aux discussions de l'Assemblée, et fit encore partie du Conseil des Anciens, où le département de Saône-et-Loire l'envoya siéger le 23 germinal an VI, par 335 voix (368 votants, 420 inscrits). Il en sortit l'année suivante, sans avoir joué un rôle important dans cette assemblée.

GÉLIS (Jean-Baptiste-Augustin de), député de 1829 à 1830, né à Lisle-d'Albi le 13 janvier 1778, mort à Lisle-d'Albi le 2 mai 1858, était juge de paix du canton de Lisle-d'Albi et dévoué au gouvernement de la Restauration, lorsqu'il fut élu député, le 28 septembre 1829, par les royalistes du 1er arrondissement du Tarn (Albi), avec 273 voix (429 votants, 499 inscrits), contre 94 voix à M. Compayré, médecin à Albi, et 56 à M. Bermond de Gaillac. M. de Gélis soutint le ministère Polignac, vota *contre* l'adresse des 221, et fut réélu, le 23 juin 1830, par 303 voix (431 votants, 505 inscrits), contre 125 voix à M. Rest de Gaillac. Il ne se rallia pas au gouvernement de juillet, donna sa démission de député et rentra dans la vie privée.

GELLIBERT DES SEGUINS (Alexis), député de 1827 à 1834, né à Juignat (Charente) le 5 décembre 1785, mort à Roussines (Charente) le 15 juillet 1859, était médecin à Angoulême, et d'opinions « constitutionnelles ». Les libéraux du 1er arrondissement électoral de la Charente adoptèrent sa candidature à la Chambre des députés et la firent triompher, le 17 novembre 1827, par 308 voix sur 416 votants et 496 inscrits, contre 86 voix à M. de Chataigner, maire d'Angoulême. M. Gellibert des Seguins siégea au centre gauche. Il fut des 221, obtint sa réélection, le 23 juin 1830, par 318 voix (456 votants, 507 inscrits), contre 133 à M. Tesnières, adhéra au gouvernement de Louis-Philippe, fit partie de la majorité conservatrice, et fut encore réélu, le 5 juillet 1831, par 332 voix (649 votants, 818 inscrits), contre 306 à M. Thibaud. Il échoua au renouvellement du 21 juin 1834.

GELLIBERT DES SEGUINS (Nicolas-Prosper), député au Corps législatif de 1852 à 1859, né à Ronsenac le 7 juillet 1788, mort à Toulouse (Haute-Garonne) le 11 décembre 1861, frère du précédent, entra à l'Ecole polytechnique en 1807, en sortit dans l'artillerie, fut blessé au siège de Tarragone (1813), et assista aux combats sous Paris (1814). Il resta dans l'armée sous la Restauration, avec le grade de capitaine d'artillerie, passa chef d'escadron en 1830, coopéra à la prise de Constantine et devint colonel en 1840, officier de la Légion d'honneur en 1842, commandeur du même ordre et général de brigade en 1847. Placé en 1848 à la tête de l'Ecole d'artillerie de Toulouse, il y resta jusqu'à sa retraite (1850). Il habitait la Charente lorsque, après le coup d'Etat du 2 décembre, il fut porté (29 février 1852) comme candidat officiel au Corps législatif dans la 1re circonscription de la Charente, et élu député par 23,783 voix (26,888 votants, 43,033 inscrits), contre 2,292 voix à M. Mathieu-Bodet, ancien représentant. Il prit part à l'établissement du régime impérial, siégea dans la majorité dynastique, vota avec elle, et fut réélu comme candidat officiel, le 22 juin 1857, par 16,623 voix (28,889 votants, 41,121 inscrits), contre 6,877 voix à M. Albert. Il reprit alors sa place dans la majorité, mais il donna sa démission le 23 janvier 1859, et fut remplacé à la Chambre par son fils. (*V. p. bas.*)

GELLIBERT DES SEGUINS (Guillaume-Ernest-Marie-Félix), député au Corps législatif de 1859 à 1868, né à Toulouse (Haute-Garonne) le 27 février 1825, mort à Champrosé (Charente) le 2 octobre 1868, fils du précédent, fit son droit à Paris et publia quelques travaux d'histoire et d'archéologie sur l'Angoumois. Il devint président de la Société archéologique de la Charente, s'occupa aussi d'agriculture et, à la démission de son père, le remplaça comme député de la 1re circonscription de la Charente au Corps législatif, le 23 janvier 1859, élu par 15,889 voix (24,742 votants, 40,132 inscrits), contre 8,771 voix à M. Albert. Il appartient à la majorité impériale, fut réélu député le 1er juin 1863, avec 23,317 voix (24,507 votants, 40,805 inscrits), contre 1,726 voix à M. Paul Boiteau, de l'opposition, se fit nommer la même année conseiller général de la Charente pour le canton de Montmoreau, et prit une part assez active aux discussions d'affaires du Corps législatif. Ce fut sur sa proposition que le poids d'affranchissement de la lettre simple fût élevé de 7 grammes et demi à 10 grammes. Chevalier de la Légion d'honneur du 12 août 1863, M. Gellibert des Seguins mourut avant la fin de la législature, en 1867. Il eut pour successeur M. Mathieu-Bodet.

GELLIBERT DES SEGUINS (Marie-Alexis-Etienne), député de 1888 à 1889, né à Saint-Laurent-de-Belzagot (Charente) le 14 septembre 1852, fils du précédent, propriétaire dans la Charente, débuta dans la politique comme candidat des conservateurs à la Chambre des députés en remplacement de M. Ganivet, décédé. Bonapartiste, M. Gellibert des Seguins eut l'appui d'un grand nombre de monarchistes de diverses nuances et fut élu, au second tour, le 17 juin 1888, par 37,717 voix (77,122 votants, 111,755 inscrits), contre MM. Weiler, républicain, qui eut 27,250 voix, et Déroulède, boulangiste, qui en réunit 11,696. La campagne électorale avait été des plus vives : en présence de l'infériorité, au premier tour, du candidat républicain et du candidat boulangiste, la presse boulangiste se divisa : *la Cocarde* conseilla le désistement de M. Paul Déroulède en faveur du candidat conservateur, l'*Intransigeant* demanda le même désistement en faveur de M. Weiler, enfin *la Presse*, très perplexe, demandait le maintien de la candidature Déroulède ; le comité, à la fois, retira la candidature Déroulède, mais continua à distribuer des bulletins en son nom, et invita *in extremis* les électeurs à voter pour M. Weiler. M. Gellibert des Seguins prit place à droite, vota contre les ministères républicains, et en dernier lieu s'abstint sur le rétablissement du scrutin d'arrondissement (11 février 1889), et se prononça *pour* l'ajournement indéfini de la revision de la Constitution, *contre* les poursuites contre trois députés membres de la Ligue des patriotes, *contre* le projet de loi Lisbonne restrictif de la liberté de la presse, *contre* les poursuites contre le général Boulanger.

GELOT (Thomas-Antoine), député en 1791, date de naissance inconnue, mort à Paris le 14 mai 1822, était administrateur du département de la Côte-d'Or. Le 2 septembre 1791, il fut élu député de ce département à l'Assemblée législative, où il ne se fit pas remarquer. Il n'appartint pas à d'autres législatures.

GELYOT (Nicolas), député au Corps législatif de 1867 à 1870, né à Sélongey (Côte-d'Or) le 24 mai 1805, mort à Plainfaing (Vosges) le 5 août 1873, s'établit manufacturier à Plainfaing, où il devint commandant de la garde nationale en 1848, puis maire. Conseiller général des Vosges pour le canton de Fraize de 1855 à 1870, il fut d'autre part, le 9 novembre 1867, élu député de la 3ᵉ circonscription de ce département au Corps législatif par 13,735 voix (27,741 votants, 38,217 inscrits), contre 13,190 voix à M. Charles de Ravinel. Il s'agissait de remplacer M. de Ravinel père, décédé. M. Gelyot, nommé avec l'appui officiel de l'administration, soutint de ses votes le gouvernement impérial, fut réélu député le 24 mai 1869, par 16,296 voix (34,401 votants, 38,606 inscrits), contre 14,983 voix à M. de Ravinel, vota pour la déclaration de guerre à la Prusse, et rentra dans la vie privée au 4 septembre 1870.

GÉMEAU (Auguste-Pierre-Walbourg), sénateur du second Empire, né à Paris le 4 janvier 1790, mort à Sens (Yonne) le 24 janvier 1868, entra à l'Ecole militaire de Fontainebleau le 5 mai 1808, en sortit (1809) avec le grade de sous-lieutenant au 25ᵉ léger et fit les campagnes d'Allemagne, d'Espagne, de Russie et de France. Lieutenant-adjudant-major en 1811, et aide-de-camp du général Mouton-Duvernet, il fut promu, en 1813, chef de bataillon, passa avec ce grade dans le 1ᵉʳ régiment de la garde royale, avec lequel il fit la guerre d'Espagne (1823) où il gagna le grade de lieutenant-colonel au 7ᵉ de ligne, puis, passa, en 1825, colonel du 20ᵉ léger. En 1833, il assista au siège d'Anvers et y gagna le brevet de général de brigade (9 janvier 1833). Il commanda les départements de l'Hérault, de la Vendée et de la Loire-Inférieure, fut promu maréchal-de-camp (20 octobre 1845), fut placé à la tête de plusieurs divisions militaires, entre autres de celle de Troyes, où il poursuivit, en vertu des pouvoirs que lui conférait l'état de siège, le journal le *Nouveau Monde*, que Louis Blanc écrivait de l'exil, et de celle de Lyon, où il réprima le mouvement insurrectionnel de juin 1849. Dévoué au parti conservateur, M. Gémeau remplaça, en 1850, M. Baraguey-d'Hilliers à Rome comme chef de la division d'occupation. Lors du rétablissement de l'Empire, il fut appelé (31 décembre 1852) à la dignité de sénateur. Jusqu'à sa mort, il soutint de ses votes et parfois de sa parole le gouvernement impérial et les intérêts catholiques ; le 6 mars 1861, lors de la discussion de l'Adresse, il proposa au passage ainsi conçu : « Nous continuerons à placer notre confiance dans le monarque qui couvre la papauté du drapeau français, » l'amendement suivant, « et qui maintient à Rome la souveraineté temporelle du Saint-Siège, sur laquelle repose l'indépendance de son autorité spirituelle. » Cette addition, non acceptée par le gouvernement, fut repoussée à neuf voix de majorité.

GEMIET. — *Voy.* Despérichons (baron).

GENDEBIEN (Jean-François), député au Corps législatif de l'an XII à 1813, né à Givet (Ardennes) le 21 février 1753, mort à Mons (Belgique) le 4 mars 1838, fils de M. Jean-Joseph Gendebien, avocat, greffier de la prévôté royale d'Agimont, et de demoiselle Marie-Louise Sébastien, se destina de bonne heure au barreau, et, après de brillantes études à Liège, à Louvain, à Vienne et à Paris, vint se fixer à Mons en qualité d'avocat au conseil souverain du Hainaut (1779). Plus tard il fut pensionnaire de la ville et attaché à la direction des affaires de la maison d'Arenberg. Nommé, en 1784, greffier échevinal du magistrat de Mons, il se vit destituer par le gouvernement autrichien, qui le retint même quelque temps comme otage à Bruxelles. La révolution brabançonne rendit Gendebien à la liberté et lui valut d'être appelé par les Etats du Hainaut au congrès des provinces belgiques unies (1790). Il présida souvent cette assemblée. Gendebien fut un des membres de la commission chargée de négocier à la Haye la réconciliation avec l'Autriche. Devenu, sous la domination française, membre du conseil général du département de Jemmapes, il fut élu, après le 18 brumaire, par le Sénat conservateur (27 brumaire an XII) député de ce département au Corps législatif impérial, obtint le renouvellement de ce mandat le 2 mai 1809 et siégea jusqu'en 1813. Il prit une part assez importante à la rédaction de la loi de 1810 sur les mines. Chevalier de la Légion d'honneur.

GÉNÉBRIAS-GOUTTEPAGNON (Pierre), député de 1821 à 1824, né à Bellac (Haute-Vienne) le 25 février 1763, mort à Limoges (Haute-Vienne) le 18 mai 1844, était président du tribunal de 1ʳᵉ instance de Bellac, lors de son élection comme député du 1ᵉʳ arrondissement de la Haute-Vienne, le 8 mars 1821, par 173 voix (205 votants, 254 inscrits). Il soutint le gouvernement de la Restauration jusqu'en 1824, et ne fit pas partie d'autres législatures.

GENECH. — *Voy.* Sainte-Aldegonde (comte de).

GENET. — *Voy.* Chatenay (de).

GENETET (Philibert), député en 1789, né à Chalon-sur-Saône (Saône-et-Loire) le 20 novembre 1727, mort à une date inconnue, était curé d'Etrigny. Elu, le 31 mars 1789, député du clergé aux Etats-Généraux par le bailliage de Chalon-sur-Saône, il passa inaperçu dans l'assemblée.

GENEVOIS (Louis-Benoit, chevalier), membre de la Convention et député au Conseil des Cinq-Cents, né à la Mure (Isère) le 18 février 1751, mort à Genève (Suisse) en 1824, était, au moment de la Révolution, avocat au parlement de Grenoble. Il siégea dans les assemblées préliminaires du Dauphiné, devint, en 1792, président du tribunal criminel de l'Isère, et, le 5 septembre de la même année, fut élu membre de la Convention par le département de l'Isère, le 2ᵉ sur 9, avec 356 voix sur 541 votants. Il siégea parmi les Girondins, et, dans le procès de Louis XVI, répondit au 3ᵉ appel nominal : « J'ai déclaré que Louis est convaincu de conspiration contre l'Etat ; en conséquence, je vote pour la mort. Je déclare en outre qu'il me paraît absolument nécessaire, pour la sûreté publique, que ce jugement soit exécuté sans aucun retard. » Il contribua à la chute de Robespierre et fut envoyé, après le 9 thermidor, dans la Meurthe, où il persécuta les Jacobins. Membre du comité de sûreté générale, il fut rapporteur de la commission chargée de l'organisation d'un tribunal de police extraordinaire pour juger les individus accusés de faits révolutionnaires. Le 22 vendémiaire an IV, il fut réélu par le même département député au Conseil des Cinq-Cents, avec 320 voix sur 360 votants. Il en sortit en l'an VI et fut nommé par le gouvernement consulaire, le 11 germinal an VIII, juge au tribunal de cassation. Membre de la Légion d'honneur (25 prairial an XII), il resta à la cour de Cassation jusqu'en 1814, fut obligé, comme régicide, de quitter la France (12 janvier 1816), et se retira à Genève, où il mourut.

GÉNIN (JEAN-FRANÇOIS), membre de la Convention, né à Chambéry (Savoie) le 22 janvier 1765, mort à Chambéry le 8 mars 1838, fils de Bertrand Génin, procureur et notaire royal, était homme de loi et officier municipal à Chambéry, lorsqu'il fut élu, le 18 février 1793, 2e député-suppléant du département du Mont-Blanc à la Convention. Le procès-verbal de la séance du 7 août suivant à la Convention porte que Génin fut admis à siéger à cette date, en remplacement de Garan, démissionnaire. Mais ce Garan ne figure sur une aucune liste des conventionnels élus, et Génin fut admis en remplacement de Joseph-Marie Bal, élu député du Mont-Blanc et qui refusa de siéger. Ami de Dumaz, son collègue au barreau de Chambéry et à la Convention, Génin siégea à la Montagne, à côté de son autre collègue, député du Bas-Rhin, Simond, qui, né à Rumilly, était son compatriote. Génin fut adjoint au comité des subsistances militaires, donna 3,000 livres à la patrie en 1793, et fit nommer (février 1794) une commission pour examiner l'administration des habillements militaires. Membre du club des Jacobins, il en fut expulsé en raison d'une dénonciation qu'il avait faite contre un de ses compatriotes nommé Dufresne, et fut à cette occasion en butte aux attaques de la Société populaire de Chambéry. Non réélu après la session de la Convention, il redevint avocat dans sa ville natale. On a de lui : *Opinion sur la réunion de la Belgique à la France.*

GÉNIN (CHARLES-ANTOINE), député de 1829 à 1848, né à Verdun (Meuse) le 5 avril 1785, mort à Wadelaincourt (Ardennes) le 27 janvier 1866, propriétaire dans cette localité, fut élu député le 20 avril 1829, par les électeurs libéraux du 2e arrondissement de la Meuse (Verdun), avec 149 voix (246 votants et 284 inscrits), en remplacement de M. Beaupoil de Saint-Aulaire, nommé pair de France. Il prit place au centre gauche des 221. Réélu, le 23 juin 1830, par 152 voix (248 votants, 287 inscrits), il adhéra au gouvernement de Louis-Philippe et siégea, pendant toute la durée de la monarchie de juillet, sur les bancs ministériels. Sans paraître à la tribune, il soutint de ses votes la politique de Casimir-Périer, puis celle de Guizot, et obtint successivement sa réélection : le 5 juillet 1831, dans le 4e collège de la Meuse (anciennement la 2e circonscription); le 21 juin 1834, par 162 voix (210 votants, 322 inscrits), contre 22 à M. Marchand; le 4 novembre 1837, par 152 voix (276 votants, 329 inscrits), contre 129 à M. Chadenet; le 2 mars 1839; le 9 juillet 1842, par 209 voix (279 votants, 370 inscrits), contre 63 à M. Cha-

denet; et le 1er août 1846, par 227 voix (301 votants, 414 inscrits), contre 52 à M. Chadenet. M. Génin vota notamment *pour* la condamnation du journal la *Tribune* (1833), *pour* les lois de septembre 1835, *pour* les lois de disjonction, d'apanage, etc., *pour* l'indemnité Pritchard (1845), *contre* les différents projets de réforme électorale. Il obtint pour son fils un poste de conseiller d'État. La révolution de 1848 le rendit à la vie privée.

GENIS. — *Voy.* BEAUPUY (DE).

GENISSIEU (CHARLES-FRANÇOIS-JEAN-JOSEPH-VICTOR), membre de la Convention, député au Conseil des Cinq-Cents, et ministre, né à Chabeuil (Drôme) le 29 octobre 1749, mort à Paris le 11 octobre 1804, était avocat à Grenoble, lorsque survint la Révolution, dont il adopta sans hésitation les principes. Devenu juge au tribunal de Grenoble, il fut élu, le 9 septembre 1792, membre de la Convention par le département de l'Isère, le 9e et dernier, avec 252 voix sur 494 inscrits. Il siégea avec la Montagne, et joua un rôle très actif dans les délibérations de l'Assemblée. Il parla, dès les premières séances, sur la liberté du commerce des grains, s'opposa à la récusation de tous les ex-membres de l'Assemblée législative dans le procès de Louis XVI, et demanda que tous les membres de la famille de Bourbon fussent exilés du territoire de la République. « En abolissant la royauté, dit-il à ce sujet, vous auriez dû, Louis XVI eût-il été aussi vertueux que Titus ou Trajan, l'exclure par l'ostracisme. Toute sa famille porte ombrage à la liberté; il faut l'exclure aussi. Par cet exil vous ne leur supposez pas de crimes; vous leur conservez leurs biens, leurs honneurs, mais vous prenez contre eux une indispensable mesure de sûreté générale. Si les Bourbons, en faveur desquels on réclame, avaient autant de civisme qu'on le suppose, ils n'auraient pas attendu un pareil décret, ils seraient venus le proposer eux-mêmes. » Il vota ensuite pour la mort du roi, sans appel ni sursis, en répondant au 3e appel nominal : « D'après la déclaration que Louis est coupable de conspiration contre la liberté et d'attentats contre la sûreté générale de l'État, je cherche dans les lois quelle est la peine qui doit lui être infligée, et je lis dans le Code pénal, la mort. Je me demande si Louis Capet peut trouver dans quelques lois particulières un moyen d'échapper à la peine. Ici se présente la Constitution; je l'écarte pour deux motifs : 1o Je crois que Louis n'a jamais été roi constitutionnel, et que des preuves juridiques et matérielles attestant qu'il a constamment cherché à la détruire, il ne peut aujourd'hui arguer en faveur de cette Constitution; 2o Je pense que le droit de commettre tous les crimes, et de les commettre impunément, non seulement n'a pas été donné au ci-devant roi, mais que c'eût été de sa part un crime de l'accepter. C'est ainsi que j'écarte toutes les objections tirées de la prétendue inviolabilité; je me demande ensuite si, selon les règles de la justice, il a mérité la peine de mort, et j'en ai la conviction intime. Je vote, en conséquence, pour la mort. » Travailleur et parleur infatigable, il se fit remarquer par son assiduité aux séances des comités qui le chargèrent plusieurs fois de présenter des rapports en leur nom; sur des matières de législation et de police. Ce fut lui qui, le 26 mars 1793, proposa le désarmement des « ci-devant nobles ». Il demanda compte de l'état des subsistances de Paris, fut élu secrétaire, parla sur la motion d'un emprunt forcé, prit part à la discussion de la Constitution, et prêta d'abord son concours au régime révolutionnaire. Il se plaignit, le 6 mai 1796, des trop grandes facilités qu'on accordait aux émigrés pour rentrer en France, au moyen de la loi qui rappelait les citoyens que « la Terreur » seule avait forcés de s'expatrier. Toutefois il s'associa aux mesures de répression qui suivirent les insurrections de germinal et de prairial. Il parla, au mois de septembre 1795, en faveur des prêtres déportés et de leurs familles; mais en même temps il s'opposa à la rentrée de l'ancien évêque d'Autun, Talleyrand, et du général Montesquiou. Il discuta la nouvelle Constitution et fit rendre un décret sur la revision des jugements prononcés par les tribunaux révolutionnaires. A la suite du 13 vendémiaire an IV (5 octobre 1795), il obtint la suspension provisoire des mises en liberté. Après la clôture des travaux de la Convention nationale, dont il fut le dernier président, Genissieu entra au Conseil des Cinq-Cents, comme député de l'Isère, le 23 vendémiaire an IV, avec 187 voix (361 votants). Il y prit encore fréquemment la parole, soutint les institutions républicaines, se mêla aux débats sur la vérification des pouvoirs, sur l'exercice du droit de pétition, sur les peines à infliger aux déserteurs, sur l'emprunt forcé, etc., et réclama énergiquement l'exclusion de Job Aymé, accusé d'avoir été le chef des « chauffeurs » connus sous le nom de *Compagnie de Jéhu* ou de *Jésus et du Soleil*. Nommé ministre de la justice par le Directoire le 15 nivôse an IV, il ne conserva ce poste que jusqu'au 13 germinal de la même année : il y fit preuve d'intégrité. La Révellière-Lépeaux, dans ses *Mémoires*, dit de lui : « Le plus impérieux de ses besoins était celui de parler; sa bouche extrêmement fendue, l'assortiment du reste de ses traits, tout annonçait en lui ce pressant besoin; il était d'ailleurs sans éducation. A sa sortie du ministère, on lui offrit un consulat; il répondit qu'il ne s'en souciait pas, qu'à peine y trouverait-on quelque occasion de parler avec une certaine étendue. » On le nomma alors substitut près le tribunal de cassation, et il fut un moment candidat aux fonctions de Directeur. Réélu, le 23 germinal an VI, au Conseil des Cinq-Cents par le département de l'Isère, il devint secrétaire, puis président du Conseil, se montra, comme précédemment, l'adversaire des royalistes, coopéra à la journée du 18 fructidor et se fit remarquer par la vivacité de ses apostrophes contre Rouchou (de l'Ardèche), ami secret des clichyens, qui repoussait la confiscation des biens des déportés. Il parla encore sur la liberté de la presse, sur les tribunaux, sur la responsabilité des communes, sur les frais de procédure criminelle, sur les agissements du Directoire en matière de finances; déposa un projet contre le cumul des traitements, etc., et compta parmi les députés qui tentèrent de s'opposer au coup d'Etat du 18 brumaire. Aussi fut-il arrêté et détenu pendant quelque temps après la victoire de Bonaparte. Mais il finit par se rallier, fut nommé juge au tribunal d'appel de la Seine, et exerça ces fonctions jusqu'à sa mort (1804).

GENOT (JEAN-FRANÇOIS), député de 1831 à 1837, né à Metz (Moselle) le 17 mai 1783, mort à Metz le 1er janvier 1850, fils de Jean Génot, huissier au parlement, et de Madeleine Dion, se fit inscrire au barreau de Metz, où il acheta ensuite une étude d'avoué. Conseiller municipal de Metz et membre du conseil général de

la Moselle, il était juge-suppléant au tribunal de 1re instance de Metz, lorsque l'option de M. Semellé pour Sarreguemines détermina une vacance dans le 3e collège électoral de ce département (Metz). M. Genot fut élu député le 6 octobre 1831, par 85 voix (165 votants, 209 inscrits). Il vota généralement avec la majorité, et fut réélu le 21 juin 1834, par 79 voix (170 votants, 211 inscrits), contre 69 à M. Perruchot. Il quitta la Chambre en 1837.

GENOUDE (ANTOINE-EUGÈNE DE), député de 1846 à 1848, né à Montélimar (Drôme) le 9 février 1792, mort à Hyères (Var) le 19 avril 1849, appartenait à une famille bourgeoise originaire de la Savoie. Ses classes terminées au lycée de Grenoble, il vint à Paris, et fut exempté de la conscription par la faveur de M. de Fontanes, qui le nomma régent de sixième dans un collège de Paris. La lecture de Voltaire, d'Helvétius, etc., lui avait communiqué un fond de scepticisme dont l'étude de Rousseau ne tarda pas à le guérir. Entré au séminaire de Saint-Sulpice, il y fit la connaissance de Lamennais, et vers la même époque (1812) il fréquenta Châteaubriand en sa maison d'Auteuil. Il travaillait alors à une traduction d'*Isaïe*, qui lui attira les tracasseries de la censure impériale, parce qu'une note relative à Nabuchodonosor changé en bête fut interprétée comme une allusion à Napoléon Ier. Il traduisit aussi l'*Imitation de Jésus-Christ*. Dès 1814, dans un écrit intitulé : *Réflexions sur quelques questions politiques*, il exposa les vices d'une charte octroyée, et exprima le voeu que la monarchie s'appuyât sur un « pacte librement consenti ». — « Du peuple, disait-il, dérive la loi, puisque son intérêt doit la former. La liberté ne peut jamais être l'effet que de lois justes. Le roi lui-même est soumis à cet ordre suprême. La loi seule commande et règne. Les droits des rois sont les plus saints de leurs devoirs... » Pendant les Cent-Jours, il sortit de France par la Suisse et eut à Chambéry une entrevue avec M. de Polignac, auprès duquel il remplit les fonctions d'aide-de-camp. Mais lorsque Louis XVIII fut rétabli sur le trône, Genoude déposa l'épée et reprit ses travaux. Il applaudit aux théories émises par Lamennais dans l'*Essai sur l'indifférence*, et fut, avec Châteaubriand, un des fondateurs du journal le *Conservateur* (1818). Les articles qu'il publia dans cette feuille et dans le *Défenseur* (1820), qui lui succéda, furent empreints du même caractère de royalisme et de « nationalité ». Puis Genoude mit quelques mois de loisirs à profit pour faire un voyage dans la Vendée avec M. de La Rochejaquelein. Il y connut Mlle Léontine de Fleury, parente de Racine et de La Fontaine, et l'épousa. En 1821, il devint propriétaire du journal l'*Etoile*, qui soutint la politique de M. de Villèle. Le 28 juin 1822, il reçut de Louis XVIII une pension et des lettres de noblesse, et fut nommé maître de requêtes par M. de Peyronnet. Mais le ministère Martignac le destitua. En effet, M. de Genoude venait de fonder ou plutôt de faire revivre la *Gazette de France*, qui attaquait ouvertement le nouveau ministère, et contribua puissamment à sa chute. Directement mêlé aux négociations qui eurent pour objet la composition du cabinet suivant, M. de Genoude, après d'inutiles efforts pour y faire entrer M. de Villèle, rompit avec MM. de Peyronnet et de Polignac, et resta sur un terrain d'opposition où il fit preuve, plus d'une fois, d'une incontestable logique et d'une réelle énergie. Neuf jours avant les fameuses Ordonnances, le 17 juillet 1830, il écrivait dans sa *Gazette* : « Les libertés publiques sont un fait primitif parmi nous, et un fait primitif est un droit. La tactique de la faction qui veut renverser la dynastie est de pousser les royalistes dans la fausse voie des exagérations et des coups d'Etat ; la nôtre doit être de nous rallier franchement à la monarchie représentative. Il faut bien qu'on le sache, la Charte n'a fait que traduire, dans la langue du jour, les anciennes constitutions de la monarchie. Or, dans les anciennes constitutions de la monarchie, c'était un droit des peuples d'être consultés. Les malheurs du royaume prirent naissance dans la désuétude de ce droit. Elle affaiblit le trône en diminuant sa popularité. » La *Quotidienne*, organe de ceux qui voulaient une légitimité pure de tout alliage démocratique, combattit à outrance le programme politique de M. de Genoude, qui avait pour base l'hérédité royale et le vote universel. Mais celui-ci vit bon. Après l'avènement de Louis-Philippe, il n'épargna point ses attaques au nouveau régime : « Philippe d'Orléans, dit-il, est proclamé roi. Ce n'est point par le droit de sa naissance qu'il arrive au trône. Ce n'est pas non plus par le suffrage constaté du peuple. Des députés, élus en vertu d'un principe de légitimité, sans mandat pour ôter ou décerner la couronne, l'ont salué d'un titre qu'ils pouvaient tout aussi valablement accorder à tout autre. Ici la légitimité héréditaire est écartée, la légitimité de la nation n'est comptée pour rien. » Ces attaques et d'autres valurent à la *Gazette de France* près de quarante procès en cour d'assises, et son directeur fut fréquemment condamné à la prison. Mis en demeure par le *Courrier français* de formuler nettement ses aspirations, M. de Genoude se déclara partisan de la périodicité des Etats-Généraux, de la liberté d'association, de l'administration gratuite, de l'affranchissement des communes, de la liberté d'enseignement, de l'établissement d'un conseil d'État inamovible, de la création d'une Chambre haute non héréditaire et dont la formation ne serait pas laissée au caprice du pouvoir, enfin, de la répartition de l'impôt par les assemblées provinciales, départementales et communales. Cette déclaration fut immédiatement suivie de la saisie de la *Gazette de France*, qui éprouvait d'ailleurs d'autres tribulations. En butte à l'hostilité de la plupart des membres du parti royaliste, elle fut interdite en Autriche, en Prusse, en Russie, dans les Etats sardes et en Italie. Elle ne désarma pas cependant, et fit, pendant toute la durée du règne de Louis-Philippe, une campagne acharnée en faveur de la réforme parlementaire et du vote universel. M. de Genoude était entré dans les ordres en 1835, l'année qui suivit celle de la mort de sa femme. Le 1ᵉʳ août 1846, il briguait succès les suffrages des électeurs du 2ᵉ collège électoral de la Haute-Garonne, qui l'envoyèrent siéger à la Chambre des députés, par 245 voix (383 votants, 521 inscrits), contre 127 à M. Magne. L'abbé de Genoude prit place à droite, mais se trouva très isolé dans l'Assemblée ; le discours qu'il prononça en 1847 sur la réforme électorale n'eut l'approbation ni des légitimistes, ni de la majorité gouvernementale. Son nom ne figure pas parmi ceux des signataires de la proposition de mise en accusation du ministère Guizot. Après février 1848, l'abbé de Genoude fit deux tentatives infructueuses pour entrer à l'Assemblée constituante ; il réunit, le 4 juin 1848, lors d'une élection par-

tielle dans le département du Nord, 6,479 voix, seulement contre 48,862 à M. Antony Thouret, républicain, élu, 26,774 à M. Mimerel et 11,641 à M. Ulysse Tencé. Puis, le 17 septembre de la même année, il échoua, dans le même département, avec 14,815 voix contre 26,123 au colonel Négrier, élu, et 19,685 à L.-N. Bonaparte. Le suffrage universel, qu'il avait si longtemps défendu, ne lui fut pas favorable. On a de M. de Genoude, outre les ouvrages cités : *Considérations sur les Grecs et les Turcs* (1821) ; *la Raison du christianisme ou preuves de la religion*, tirées des écrits des plus grands hommes (1834-1835) ; *les Pères de l'Eglise des trois premiers siècles de l'ère chrétienne*, publiés en français (1837-1843) ; *la Raison monarchique* (1838) ; *Exposition du dogme catholique* (1840) ; *Défense du christianisme contre les philosophes* ; *Histoire de France* (1844-1847), etc.

GENOUX-PRACHÉE (Georges), député de 1831 à 1846, né à Vesoul (Haute-Saône) le 13 novembre 1794, mort à Vesoul le 29 octobre 1846, fit son droit à Paris et se fit inscrire au barreau de sa ville natale, où la difficulté de son élocution le réduisit aux fonctions d'avocat consultant. Sous la Restauration, il fit partie de l'opposition libérale et accueillit avec joie les événements de Juillet. Nommé conseiller de préfecture à Vesoul, il fut élu député par le 1ᵉʳ collège électoral de la Haute-Saône (Vesoul), le 5 juillet 1831, avec 136 voix sur 202 votants et 243 inscrits contre 61 voix à M. Leroi de Lisan, maire de Vesoul. Réélu successivement le 21 juin 1834, par 117 voix sur 193 votants et 239 inscrits, contre 57 voix à M. Galmiche ; le 4 novembre 1837 par 190 voix sur 202 votants et 276 inscrits ; le 2 mars 1839, par 192 voix sur 200 votants et 278 inscrits ; le 9 juillet 1842, par 186 voix sur 203 votants et 267 inscrits, contre 11 à M. d'Andelarre, il siégea constamment au centre gauche, dans le groupe de l'opposition dynastique que dirigeait M. Odilon Barrot, et vota *contre* l'indemnité Pritchard et *pour* la proposition Rémusat sur les députés fonctionnaires. Il montra toujours un grand désintéressement ; il faisait remettre au bureau de bienfaisance de Vesoul la partie de son traitement de conseiller de préfecture, correspondant au temps qu'il passait à la Chambre. Après sa mort, il fut remplacé, le 24 novembre 1846, par M. Guerrin.

GENSONNÉ (Armand), député à l'Assemblée législative de 1791, membre de la Convention, né à Bordeaux (Gironde) le 10 août 1758, exécuté à Paris le 31 octobre 1793, fils du chirurgien en chef des troupes du roi en Guyenne, avait déjà publié d'intéressants travaux, lorsqu'il entra au barreau de Bordeaux. Nommé membre du tribunal de cassation, dès la création de ce corps, en 1791, il fut, bientôt après (4 septembre), élu député de la Gironde à l'Assemblée législative, le 12ᵉ et dernier, par 200 voix sur 391 votants. Un mémoire qu'il avait publié pour réclamer l'émancipation des hommes de couleur dans les colonies avait mis Gensonné en évidence. Il fut un des chefs de la majorité à l'Assemblée législative, et forma avec ses collègues et amis Vergniaud et Gaudet le noyau du parti « de la Gironde ». Désigné pour aller, en qualité de commissaire, dans les départements de l'Ouest, afin de prendre les mesures nécessaires à la mise en activité de la constitution civile du clergé, il s'appuya, dans cette mission, sur le général Dumouriez, et constata que le sentiment du clergé et de la population vendéenne était absolument hostile aux vues de l'Assemblée sur cette question. Il débuta à la tribune le 9 octobre 1791, par un discours relatif à sa mission, et dans lequel il préconisa les mesures de conciliation comme les plus propres à ramener les esprits. Il parla sur la liberté des cultes, fit adopter une nouvelle rédaction de l'article sur les peines à prononcer contre les prêtres perturbateurs, dénonça de nouveaux troubles dans la Vendée, amenda un projet de Brissot sur les colonies, relativement à l'emploi des troupes contre les nègres révoltés, et prit part aux débats sur la guerre. Membre du comité diplomatique, Gensonné fut chargé du rapport à la suite duquel, le 1er janvier 1792, un décret d'accusation fut unanimement rendu contre les deux princes frères du roi, le prince de Condé, l'ex-ministre Calonne, le vicomte de Mirabeau et le marquis de Laqueuille. Il fit un autre rapport sur la situation politique de la France à l'égard de l'empereur, et proposa de demander à ce prince « s'il entendait rester ami et allié de la nation française »; il fut nommé, le 21 mars, président de l'Assemblée. Sans attaquer directement le roi, il fit la guerre à ses ministres, soutint qu'ils étaient coupables de trahison envers le monarque et la nation, et se joignit à Brissot, le 25 mai, pour dénoncer formellement l'existence du fameux comité autrichien, dont les chefs, accusés de connivence avec l'étranger, furent rendus responsables des revers qui signalèrent le début de notre campagne de 1792. Il obtint la mise en accusation des ministres de Lessart, Montmorin, Bertrand de Molleville, et renouvela fréquemment, jusqu'à la journée du 20 juin, ses attaques contre les principaux agents du gouvernement royal, qu'il ne tendait pourtant pas à renverser. En effet, il fit, personnellement, avant de seconder le mouvement du Dix-Août, des efforts, d'ailleurs inutiles, pour sauver la monarchie : des négociations furent entamées, un mémoire rédigé par Gensonné fut remis à Louis XVI; mais les événements se précipitèrent, et la chute du trône devint bientôt un fait accompli. Dans la journée du Dix-Août, Gensonné, Guadet et Vergniaud présidèrent successivement l'Assemblée. Ce fut sur la motion de Gensonné qu'elle régla les attributions du conseil exécutif destiné à remplacer provisoirement le roi; il fit aussi confier la sûreté des personnes et des propriétés à la garde de la Commune. Réélu membre de la Convention par le département de la Gironde (5 septembre 1792), le 3e sur 10, par 578 voix (671 votants), il se rallia à la République, se prononça contre les massacres de septembre, et, dans le procès du roi, fut un des plus ardents défenseurs de la mesure dilatoire de l'appel au peuple; il vota ensuite contre le sursis et pour la mort, en ces termes : « Quels qu'aient été les résultats de mon opinion sur les trois questions, la détermination que vous avez prise sur la seconde ne m'a point fait changer sur la troisième; j'y persiste. Je me considère comme juge et comme législateur; je tiens l'une de ces qualités du choix du peuple; vous m'avez donné l'autre. Comme juge, je dois appliquer la loi; comme législateur, comme représentant du peuple souverain, j'ai à examiner si la peine prononcée par la loi ne pourrait pas être commuée en une détention perpétuelle. Lorsque j'ai voté pour l'appel au peuple, je me suis dit qu'il y aurait des opinions contraires sur les questions; que ces opinions pourraient exaspérer les haines et faire

naître des troubles. J'ai cru que le moyen d'en prévenir les malheureux effets, était d'avoir recours au souverain; il a été écarté. Dès lors, convaincu que je suis qu'il n'est plus possible d'avoir l'expression réelle de la volonté générale, qui seule, à mon avis, pouvait anéantir les partis et prévenir les troubles, je ne puis plus admettre de modification, dès que je n'ai pas la certitude qu'elle les préviendrait. Je vote donc pour l'application de la peine contre les conspirateurs. Mais afin de prouver à l'Europe et à l'univers que nous ne sommes pas les instruments factieux d'une faction, et que nous ne faisons point d'acception contre les scélérats, je demande qu'après le jugement de Louis vous vous occupiez des mesures à prendre à l'égard de sa famille, et que vous ordonniez au ministre de la Justice de faire poursuivre devant les tribunaux les assassins du 2 septembre. » Après l'exécution du roi, Gensonné proposa que la commune de Paris répondît de la sûreté des membres de la famille royale. Président de la Convention, le 7 mars 1793, Gensonné se trouva porté au fauteuil à l'époque où la lutte entre la Montagne et la Gironde éclatait le plus violemment. Il s'y jeta tout entier avec une telle ardeur, que les révolutionnaires virent en lui un de leurs ennemis les plus dangereux. L'irritation des Jacobins contre lui se manifesta en plusieurs circonstances : par la dénonciation des tentatives de rapprochement entre Louis XVI et la Gironde, tentatives auxquelles il avait été mêlé; par des allusions à la correspondance intime de Gensonné avec Dumouriez. L'ancien aide-de-camp de ce général, Miaczinski, ayant été condamné à mort le 17 avril 1793, par le tribunal révolutionnaire, les débats du procès établirent encore la réalité des liaisons de Dumouriez et du député de la Gironde; la conduite de Gensonné fut alors déférée à l'examen d'une commission; les événements du 31 mai et le décret du 2 juin vinrent hâter sa perte. La Montagne victorieuse le mit d'abord, ainsi que 28 de ses collègues et les ministres Clavière et Lebrun, en simple surveillance chez lui : il était condamné à y rester « sous la sauvegarde du peuple français, de la Convention nationale et de la loyauté des citoyens de Paris ». Mais, le 3 octobre, Gensonné fut compris dans le rapport accusateur d'Amar, et, le 24, il parut devant le tribunal révolutionnaire avec Vergniaud, Brissot et 18 autres conventionnels du même parti. Les débats durèrent sept jours; les relations de Gensonné avec Dumouriez, son attitude et ses votes à la Convention furent les principaux griefs invoqués contre lui. Condamné à mort, il monta sur l'échafaud le 31 octobre 1793.

GENT (Alphonse-Antoine-Joseph), représentant en 1848, en 1871, député de 1876 à 1882 membre du Sénat, né à Roquemaure (Gard) le 27 octobre 1813, fit ses études à Nîmes, commença son droit à Paris, le termina à Aix, se fit inscrire au barreau de Nîmes, puis à celui d'Avignon, et, chef du parti démocratique en Vaucluse, devint, à la révolution de février 1848, président du comité central républicain de ce département, maire d'Avignon, puis commissaire du gouvernement provisoire à la même résidence. Le 4 juin 1848, il fut élu, en remplacement de M. Perdiguier qui avait opté pour la Seine, représentant de Vaucluse à l'Assemblée constituante, par 16,259 voix sur 28,964 votants et 79,604 inscrits, contre 9,415 voix à M. Auguste d'Olivier et 2,072 à M. Victor Courtet. Cette élection ayant été annulée par l'Assemblée, les électeurs de Vaucluse, convoqués à nouveau le 17 septembre 1848, confirmèrent son mandat à M. Gent par 12,073 voix sur 26,994 votants et 77,673 inscrits, contre 9,322 voix à M. Raousset-Boulbon et 4,576 à M. Monier. La lutte électorale valut deux duels au nouvel élu : l'un avec M. Raousset-Boulbou, rédacteur en chef du journal légitimiste la *Liberté* d'Avignon, l'autre avec M. Léo de Laborde, qui lui cassa le bras d'un coup de pistolet. M. Gent ne put venir siéger à l'Assemblée qu'au mois de décembre 1848 ; il prit place à l'extrême-gauche, et vota avec ce groupe *contre* la proposition Rateau, *pour* la diminution de l'impôt du sel, *contre* la suppression des clubs, etc. ; il ne fut pas réélu à la Législative. Il sauva la vie, le 13 juin 1849, à M. Lacrosse, ministre des travaux publics, pris ce jour-là dans l'émeute du boulevard des Capucines ; puis il se rendit à Lyon pour défendre quelques accusés de l'insurrection de juin, et organisa (1849) une vaste association politique dite du « Sud-Est », dont les délégués se réunirent à Mâcon en septembre 1850. Il passa de là en Suisse pour faire entrer dans cette association les émigrés républicains, et, de retour à Lyon le 28 octobre, fut arrêté le lendemain sous prévention de complot contre la sûreté de l'État. Après dix mois de prison préventive, un conseil de guerre le condamna à la déportation simple (28 août 1851) ; il fut embarqué pour Noukahiva le 21 décembre ; là, on l'enferma dans un fort, où il resta jusqu'en novembre 1854, date à laquelle Noukahiva fut déclassée comme lieu de déportation ; sa peine fut commuée en 20 ans de bannissement. Il gagna le Chili, s'établit avocat à Valparaiso, vint en Italie en 1861, se fixa à Madrid en 1863 comme correspondant du *Siècle* et du *Temps*, et, aux élections législatives du 24 mai 1869, se présenta comme candidat d'opposition au Corps législatif dans la 1re circonscription de Vaucluse ; il échoua avec 15,506 voix contre 17,542 à l'élu, candidat officiel, M. Millet. Le 22 novembre suivant, il échoua encore dans la 8e circonscription de la Seine, avec 5,230 voix, contre 19,832 à M. Emmanuel Arago. Au 4 septembre 1870 il refusa les fonctions de commissaire du gouvernement de la Défense nationale en Vaucluse, accepta une mission en Algérie, e', en novembre, fut appelé par Gambetta, son ami, à la préfecture de Marseille, alors en plein désarroi. Après une proclamation conciliante, il entra à la préfecture, en chassa les communalistes qui l'occupaient, et reçut de l'un d'eux un coup de pistolet, qui ne le blessa que légèrement au bas ventre. L'ordre rétabli, il donna sa démission à l'armistice, et, le 8 février 1871, fut élu représentant de Vaucluse à l'Assemblée nationale, le 2e sur 5, par 32,711 voix sur 63,738 votants et 85,059 inscrits. Cette élection fut invalidée en bloc, une enquête fut ordonnée ; M. Gent se retira alors avec ses collègues, et, aux nouvelles élections du 2 juillet 1871, fut réélu, le 4e sur 5, par 33,119 voix sur 60,637 votants et 80,441 inscrits. Il s'assit à l'extrême-gauche, s'inscrivit à l'Union républicaine dont il fut vice-président et président, prit rarement la parole et vota : *contre* la paix, *contre* la pétition des évêques, *contre* le pouvoir constituant de l'Assemblée, *pour* le service militaire de trois ans, *contre* la démission de Thiers au 24 mai 1873, *contre* le septennat, *contre* l'admission à titre définitif des princes d'Orléans dans l'armée, *contre* le ministère de Broglie, *pour* les amendements Wallon et Pascal Duprat,

pour les lois constitutionnelles. Candidat dans le département de Vaucluse aux élections sénatoriales du 30 janvier 1876, il échoua avec 97 voix sur 209 votants ; mais il fut plus heureux aux élections législatives suivant, et fut élu député de l'arrondissement d'Orange, par 9,435 voix sur 18,133 votants et 22,674 inscrits contre 5,998 voix, à M. de Biliotti, et 2,623 à M. Nogent-Saint-Laurens. Il reprit sa place à l'Union républicaine, vota *contre* les jurys mixtes pour les examens de facultés, *contre* « les menées ultramontaines », *pour* la protestation des gauches (18 mai 1877), et fut des 363 députés qui se prononcèrent contre le ministère de Broglie-Fourtou. Aux élections du 14 octobre 1877 qui suivirent la dissolution de la Chambre, M. Gent échoua, à Orange, avec 8,582 voix contre 10,484 à l'élu, candidat officiel et légitimiste, M. de Biliotti. Mais la majorité de la Chambre nouvelle invalida cette élection, et, au scrutin du 7 avril 1878, M. Gent fut réélu par 10,325 voix sur 18,530 votants et 22,946 inscrits, contre 8,093 voix à M. de Biliotti. M. Gent donna sa démission de député pour accepter, le 21 octobre 1879, le poste de gouverneur de la Martinique. Mais la presse bonapartiste reproduisit alors contre lui des imputations graves relatives à sa vie privée, déjà publiées en 1848, et déférées à cette époque à un jury d'honneur, qui s'était prononcé en sa faveur. Le ministère crut devoir cependant revenir, le 25 novembre, sur cette nomination. M. Gent se représenta alors devant ses électeurs qui lui renouvelèrent son mandat, le 21 décembre suivant, par 6,175 voix sur 11,139 votants et 22,607 inscrits, contre 4,121 voix à M. Alphonse Humbert et 321 à M. de Biliotti. M. Gent s'associa à la politique coloniale et scolaire du gouvernement, et fut réélu, aux élections générales du 21 août 1881, par 6,822 voix sur 13,369 votants et 22,328 inscrits, contre 5,366 voix à M. Eugène Raspail et 949 à M. de Biliotti. Il entra au Sénat, quelques mois après, au renouvellement triennal du 8 janvier 1882, élu par le département de Vaucluse avec 170 voix sur 200 votants. Il a pris place à l'extrême-gauche de la Chambre haute, a voté l'expulsion des princes, et s'est prononcé en dernier lieu : *pour* le rétablissement du scrutin d'arrondissement (13 février 1889), *pour* le projet de loi Lisbonne restrictif de la liberté de la presse, *pour* la procédure à suivre devant le Sénat pour juger le général Boulanger.

GENTIL (Michel)), député en 1791, membre de la Convention, député au Conseil des Cinq-Cents, né à Ouzouer-sur-Trézée (Loiret) le 27 février 1759, date de mort inconnue, fils de Lazare Gentil et de Marie-Anne Heudin, était homme de loi avant la Révolution ; il était devenu procureur-syndic à Orléans, lorsqu'il fut élu, le 5 septembre 1791, député du Loiret à l'Assemblée législative, le 5e sur 9, par 237 voix (329 votants). Il vota le plus souvent avec la majorité. Réélu, le 4 septembre 1792, député du Loiret à la Convention, le 1er sur 10, avec 223 voix (356 votants), il siégea parmi les modérés, au jugement de Louis XVI, répondit au 3e appel nominal : « Sur les deux questions qui ont déjà été soumises à la délibération, je n'ai voté que comme législateur. Un roi détrôné peut être banni sans exciter d'autres sentiments que ceux de l'indignation et du mépris, au lieu que, condamné à mort, il peut exciter la pitié. L'histoire d'Angleterre, en me présentant un cas très pareil à celui-ci, m'a porté à faire de terribles réflexions. Je ne veux pas que mon opinion contribue à donner à la France un Cromwell ou le retour imprévu de Charles II. Je vote pour la reclusion jusqu'à la paix générale et l'affermissement de la liberté. » Gentil se fit d'ailleurs peu remarquer à la Convention. Passé, le 4 brumaire an IV, au Conseil des Cinq-Cents, il y siégea également sans éclat jusqu'en l'an VII.

GENTIL (FRANÇOIS), membre de la Convention, né à Saint-Didier-en-Chablais (Haute-Savoie) le 26 mai 1755, fils d'un avocat consultant de Saint-Didier, s'établit avocat à Carouge. « Avant la Révolution, a-t-il dit lui-même dans un compte rendu à la Convention, ma fortune se réduisait à une femme, deux enfants, quelques vieux bouquins et un petit mobilier. J'exerçais le malheureux métier d'avocat consultant, parce que l'existence de ma famille en dépendait, et parce que c'était celui qui, à la charrue près, m'assurait plus d'indépendance. » Nommé deux fois maire par ses concitoyens, il fut élu, le 22 février 1793, membre de la Convention par le département du Mont-Blanc, le 1er sur 8, avec 337 voix sur 591 votants. Il siégea à la Montagne, ne manqua pas une séance de la Convention, des Cordeliers ni des Jacobins, et fut envoyé en mission (22 juin 1793) à l'armée de la Moselle ; après avoir inspecté les places fortes de la frontière, il demanda son rappel (21 juillet). Lorsque Saint-Just voulut (27 ventôse an II) justifier l'arrestation d'Hérault et de Simond (député du Mont-Blanc), Gentil essaya de défendre ce dernier, mais, peu orateur, il parcourut les bancs de la Convention, en montrant les pistolets qu'il avait dans ses poches, et en disant : « Laisserons-nous égorger les meilleurs patriotes en les livrant aux fureurs de Robespierre ? » L'arrestation n'en fut pas moins maintenue, et, après l'exécution de Simond, Gentil fut expulsé des Jacobins, le 26 germinal suivant, « comme ami du conspirateur Simond, et pour avoir fait, lors de l'arrestation de ce dernier, des motions contre le comité de salut public. » A la Convention, Gentil fit partie du comité des finances, et, comme il le dit encore lui-même, il vécut « isolé, du salaire que la Nation m'accorde, et avec une frugalité que me recommande l'existence d'une famille qui, des la Révolution, s'est accrue d'un individu, et qui n'a pour ressource que mon salaire ». Non réélu au Conseil des Anciens ni à celui des Cinq-Cents, il revint dans son pays natal, fut nommé, sous l'Empire, juge de paix à Douvaine, quoique toujours républicain, puis fut révoqué en 1814, à la première Restauration, et rentra dans l'obscurité. M. Gentil est le bisaïeul de M. César Duval, actuellement député de la Haute-Savoie. On a de lui : *Compte rendu de mes recettes et de mes dépenses pendant ma mission à l'armée de la Moselle, et de ma vie et de ma fortune avant et depuis la Révolution* (pluviôse an III).

GENTON (CLAUDE-VICTOR-LOUIS-STANISLAS), député au Corps législatif de 1869 à 1870, né à Lyon (Rhône) le 14 février 1827, mort à Lyon le 21 avril 1890, fils d'un avocat de Lyon, qui fut bâtonnier de l'ordre et praticien distingué, suivit la même carrière et, ses études de droit terminées, s'inscrivit au barreau de sa ville natale. Après y avoir plaidé avec succès, il brigua les suffrages des électeurs de la 2e circonscription du Gard, où il possédait des propriétés, et, aux élections de mai 1869, fut élu, au second tour, comme candidat officiel, député

au Corps législatif, par 11,193 voix (21,125 votants, 30,651 inscrits), contre 8,217 voix à M. de Crussol et 1,619 à M. Brun. Il appartient à cette fraction de la majorité qui se montra favorable au retour vers le régime parlementaire, fut rapporteur de la loi sur la presse, rapporteur de l'élection Péreire (*V. ce nom*) qui fut validée sur ses conclusions, signa l'interpellation des 116, soutint l'Empire libéral, et vota *pour la déclaration de guerre à la Prusse.* La révolution du 4 septembre 1870 le ramena au barreau de Lyon.

GENTY (LOUIS), député en 1791, né à Ermenonville (Oise) le 5 octobre 1743, mort à Orléans (Loiret) le 22 septembre 1817, était professeur au collège royal d'Orléans avant la Révolution. Il devint procureur-syndic du district d'Orléans, et fut élu, le 4 septembre 1791, député du Loiret à l'Assemblée législative, le 2e sur 9, par 234 voix et 279 inscrits. Le 1er janvier 1792, il prit la parole pour demander l'ajournement du décret d'accusation contre les princes, et, le 16 janvier, il proposa et fit adopter l'impression de l'adresse des commissaires de Saint-Domingue ; le 19 mars, il combattit l'amnistie des crimes d'Avignon, et lorsqu'on apprit, le 13 avril, que les prisonniers s'étaient évadés, il demanda sans succès que le ministre de l'Intérieur fût tenu de rendre compte des mesures prises à cet égard. A cette même séance, il fut rappelé à l'ordre pour avoir interrompu Guadet ; le 20 avril, il vota contre le décret sur la guerre, et, le 13 juillet 1792, il accusa le maire de Paris d'être en partie la cause des événements du 20 juin ; le 18 germinal an IV, il fut nommé professeur de mathématiques à l'Ecole centrale du Loiret, et, peu après, correspondant de l'Académie des sciences de Paris.

GENTY DE BUSSY (PIERRE), député de 1844 à 1848, né à Choisy-le-Roi (Seine) le 28 septembre 1793, mort à Paris le 11 février 1867, entra, en 1820, comme élève, dans le corps réorganisé des inspecteurs aux revues et des commissaires des guerres. Secrétaire du gouverneur des Invalides, puis sous-intendant militaire adjoint aux Invalides (1828), il fit la guerre d'Espagne, fut envoyé en mission en Grèce (1828), et appelé (1829) au conseil d'Etat en qualité de maître des requêtes. Après la révolution de juillet, il fut nommé sous-intendant (31 décembre 1830), décoré en 1831, intendant civil à Alger (1832), conseiller d'Etat en service extraordinaire (27 décembre 1835), intendant (1839), et chef de division au ministère de la guerre. Il avait déjà été appelé, à plusieurs reprises, à soutenir devant les Chambres divers projets de loi, en qualité de commissaire du gouvernement, lorsqu'il fut élu, le 11 mai 1844, député du 4e collège du Morbihan, par 163 voix (304 votants), contre 139 à M. de Fournas, légitimiste, en remplacement de M. de la Bourdonnaye, décédé. Il prit rang parmi les conservateurs, vota pour l'indemnité Pritchard, et obtint sa réélection, le 1er août 1846, dans la même circonscription, avec 221 voix (427 votants, 460 inscrits), contre 200 à M. de Fournas. M. Genty de Bussy soutint constamment la politique extérieure et intérieure de Guizot et repoussa les projets de réforme électorale. La révolution de février 1848 le rendit à la vie privée. Commandeur de la Légion d'honneur depuis 1845, il fut admis dans la section de réserve de l'intendance militaire. On a de lui : *De l'établissement des Français dans la régence d'Alger* (1835), ouvrage couronné par l'Académie des sciences.

GENUYT (GEORGES DE), député de 1820 à 1824, né à Langres (Haute-Marne) le 1er mars 1757, mort à Langres le 20 février 1841, fut, sous l'ancien régime, conseiller au parlement de Langres. Juge de paix et conseiller général de la Haute-Marne sous la Restauration, M. de Génuyt fut élu, le 13 novembre 1820, par 69 voix (134 votants, 151 inscrits), député de ce département, au grand collège. Il siégea au centre, et fit partie de la majorité jusqu'à la fin de la législature. « M. de Génuyt, écrivait un biographe parlementaire, ne ressemble ni à un seigneur féodal qui, du haut de son donjon, ordonne à ses vassaux de travailler pour lui, ni à un bon bourgeois qui permet à un vilain de vivre en se donnant la peine de cultiver ses terres; mais c'est un bon fermier qui laboure quelquefois lui-même, et qui ne se trouve pas humilié de causer avec son berger pour connaître l'état de ses troupeaux. »

GEOFFROY (JEAN-BAPTISTE-CLAUDE), député en 1789, né à la Clayette (Saône-et-Loire) le 4 octobre 1750, mort à Paray-le-Monial (Saône-et-Loire) le 27 juillet 1814, fils de « maître Claude Geoffroy, avocat au parlement et notaire royal, procureur du roi en la châtellenie du Bois-Sainte-Marie, et de demoiselle Charlotte Louvrier », était avocat à Lyon, quand il fut élu, le 26 mars 1789, député du tiers aux Etats-Généraux pour le bailliage de Charolles. Le 15 janvier 1791, il fut chargé par le comité des domaines de faire un rapport sur la donation et l'échange du Clermontois. La discussion, continuée à la séance du 10 mars, ne se termina que le 14 juillet suivant par l'adoption du projet élaboré par le comité. Après la session, il se retira à Dravers (commune de Champvent), fut nommé président de l'administration municipale de la Guiche (an III), devint suspect, disparut en l'an IV, et, rentré l'année suivante, fut, le 12 vendémiaire an V, sur la proposition de Desjardins, rayé de la liste des émigrés. Conseiller général pour le canton de la Clayette (1800-1807), il fut nommé sous-préfet de Charolles, le 9 germinal an VIII, et conserva ces fonctions jusqu'à sa mort.

GEOFFROY (MARIE-JOSEPH), membre de la Convention, né à Fontainebleau (Seine-et-Marne) le 23 janvier 1754, mort à Fontainebleau le 26 décembre 1826, fils d'un menuisier, prit d'abord le métier paternel, y joignit le commerce des meubles, et fut chargé en 1787 de meubler l'ancien hôtel de Savoie à Fontainebleau. Partisan modéré de la Révolution, et officier municipal à Fontainebleau, il fut élu, le 7 septembre 1792, membre de la Convention par le département de Seine-et-Marne, le 6e sur 11, avec 232 voix (327 votants). Il y resta dans l'obscurité, et ne prit la parole que pour motiver ainsi son vote dans le procès de Louis XVI : « Intimement convaincu, dit-il, des crimes de Louis, je n'hésite pas, comme juge, à voter la peine de mort. Mais, comme législateur, je prononce, pour mesure de sûreté générale, la reclusion. » Cette déclaration l'exposa aux attaques de la Société populaire de Fontainebleau, qui le dénonça à la Convention. Après la session, Geoffroy devint un des quatre messagers d'Etat au Conseil des Anciens. Il continua de remplir ces fonctions, après le coup d'Etat de brumaire, auprès du Tribunat. Puis il fut nommé directeur des contributions directes, et revint terminer ses jours à Fontainebleau.

GEOFFROY (COME), député au Conseil des Cinq-Cents, au Corps législatif de l'an VIII à 1815, député de 1815 à 1816, né à la Clayette (Saône-et-Loire) le 4 juin 1756, mort à la Clayette le 23 décembre 1835, frère de Jean-Baptiste-Claude Geoffroy (*V. plus haut*), fit son droit, se fit recevoir avocat, devint membre de l'administration municipale de Dyo (1790-1792) et conseiller général du département (mêmes dates), et fut élu, le 25 vendémiaire an IV, député de Saône-et-Loire au conseil des Cinq-Cents, par 232 voix (392 votants). Ses opinions et ses relations de famille l'avaient fait inscrire sur la liste des émigrés; il obtint sa radiation, et prit la parole pour demander un rapport sur des voies de fait commises dans l'assemblée primaire du centre à Mâcon. Il sortit du Conseil des Cinq-Cents en l'an VII, mais il fit partie, après le coup d'Etat de brumaire, du Corps législatif, où le Sénat conservateur l'appela (4 nivôse an VIII) à représenter le département de Saône-et-Loire, et lui renouvela ce mandat le 10 août 1810. Geoffroy se rallia à la déchéance de Napoléon, et compta parmi les partisans les plus zélés du rétablissement de la royauté. A la Chambre « introuvable », où il fut réélu député de Saône-et-Loire, le 22 août 1815, par 128 voix (160 votants, 266 inscrits), il fit partie de la majorité. Il se représenta aux élections du 4 octobre 1816, mais il échoua avec 88 voix sur 182 votants. Nommé juge de paix à la Clayette (1818), il occupa ces fonctions jusqu'à sa mort, et rentra au conseil général du département en 1819. Chevalier de la Légion d'honneur.

GEOFFROY. — *Voy.* ANTRECHAUX (BARON D').

GEOFFROY DE VILLENEUVE (ERNEST-LOUIS), député au Corps législatif de 1852 à 1869, né à Paris le 20 octobre 1803, mort à Paris le 30 mai 1865, propriétaire à Chéry (Aisne), et conseiller général du département pour le canton de Fère-en-Tardenois, fut élu, comme candidat officiel du gouvernement, le 29 février 1852, député de la 4e circonscription de l'Aisne, par 20,066 voix (28,385 votants, 39,386 inscrits), contre 4,004 voix à M. de Tillancourt et 2,750 à M. de Lostanges. Il prit part au rétablissement de l'Empire. « M. Geoffroy de Villeneuve, lit-on dans un recueil de biographies parlementaires de 1852, est un homme nouveau; mais il a adopté les idées de l'empire aussi chaudement qu'un ancien. Il s'est décidé à accepter le mandat de député, qui, aujourd'hui, n'offre que des douceurs aux cœurs bien nés. Le Palais-Bourbon n'est-il pas devenu le temple de la paix? » M. Geoffroy de Villeneuve vota avec la majorité dynastique et obtint sa réélection avec l'appui du gouvernement dans la même circonscription : le 22 juin 1857, par 20,937 voix (24,387 votants, 36,794 inscrits), contre 2,750 voix à M. Sorel et 329 à M. de Tillancourt; puis le 1er juin 1863, par 25,328 voix (30,518 votants, 37,603 inscrits), contre 4,957 voix à M. Lherbette. Il mourut pendant la législature (1865) et fut remplacé au Corps législatif par M. de Tillancourt. Officier de la Légion d'honneur (13 août 1861).

GEOFFROY-SAINT-HILAIRE (ETIENNE, CHEVALIER), représentant à la Chambre des Cent-Jours, né à Etampes (Seine-et-Oise) le 15 avril 1772, mort à Paris le 19 juin 1844, était fils de Jean-Jacques Geoffroy, procureur du roi, puis magistrat à Etampes, et de Marie-Anne Brizard. Il fut d'abord destiné à l'état ecclésiastique, obtint une bourse au collège de Navarre, et devint, en 1788, chanoine de Sainte-Croix d'Etampes.

Mais, ses goûts le portant vers les sciences naturelles, son père l'autorisa à suivre. à Paris, les cours du Jardin du roi, à la condition qu'il ferait en même temps son droit. En 1790, en effet, il fut reçu bachelier en droit, mais ne poussa pas plus loin ces études, car il s'éprenait chaque jour davantage des sciences auxquelles l'initiaient Haüy et Daubenton. Ses maîtres du collège Lemoine ayant été arrêtés comme prêtres, le 13 août 1792, il s'employa à les délivrer, obtint le lendemain même l'élargissement de l'illustre minéralogiste Haüy, et parvint à faire échapper de prison, dans la nuit du 2 septembre suivant, quelques autres prêtres de ce collège. Mais à la suite de ces émotions, étant retourné à Etampes, il y tomba dangereusement malade. Des lettres de son vénérable maître Haüy vinrent le consoler. Il revint à Paris en novembre 1792, et en mars 1793, fut nommé sous-démonstrateur au Muséum, à la place de Lacépède. Lors de la réorganisation de cet établissement par Lakanal, au mois de juin suivant, il y obtint une chaire de zoologie, Lamarck occupait l'autre, et enseigna l'histoire des mammifères et des oiseaux. Dans le but d'accroître les collections dont il avait la garde, il se mit en relation avec les naturalistes de l'Europe, fit des échanges et des acquisitions, et détermina avec soin les classifications. Le 1er décembre 1794, il lut à la Société d'Histoire naturelle un mémoire dont le préambule, resté manuscrit, était consacré à l'examen du système de Bouvet, dont Geoffroy-Saint-Hilaire devait se rapprocher plus tard sur bien des points. Grâce à l'un de ses anciens maîtres, Tessier, réfugié en Normandie, il fit la connaissance de Georges Cuvier, son émule et son adversaire, avec lequel il publia, en 1795, un mémoire intitulé Sur la classification des mammifères, où Cuvier exposait déjà l'idée de la « subordination des caractères », loi qui devait transformer l'anatomie comparée. En 1796, il émit à son tour, dans son Histoire des Makis ou singes de Madagascar, l'idée de l'« unité de composition » dont le développement et la vérification devaient être l'occasion d'un débat resté célèbre entre lui et Cuvier. Au mois de germinal an VI, Geoffroy-Saint-Hilaire fut nommé zoologiste de l'armée d'Egypte, par arrêté du général Caffarelli. La même situation avait été offerte par Berthollet à Cuvier, qui la refusa. Geoffroy explora d'abord le Delta, fut l'un des sept membres destinés à organiser l'Institut d'Egypte, visita les bords de la mer Rouge et la Haute-Egypte, et, en 1799, alla jusqu'aux cataractes du Nil. Durant le siège d'Alexandrie, en avril 1801, il fit des recherches sur les poissons électriques. Lorsque la ville se rendit, il refusa de livrer ses collections aux Anglais et menaça de tout brûler; le général Hutchinson consentit alors à lui laisser emporter le fruit de tant de recherches. A partir de 1802, réinstallé au Muséum, il commença la publication des différentes monographies zoologiques afférentes à l'Egypte, et trouva l'occasion d'y préciser son système de l'unité de composition dans le règne animal. Nommé membre de la Légion d'honneur le 26 frimaire an XII, il entra à l'Académie des sciences, le 14 septembre 1807, et, quelques mois plus tard, fut envoyé en mission en Portugal, où il rencontra des difficultés et fut même retenu quelques jours prisonnier à Mérida. Il parvint cependant à rapporter en France un grand nombre d'échantillons de provenance brésilienne. Créé chevalier de l'Empire le 26 octobre 1808, il fut nommé, le 20 juillet 1809, professeur de zoologie à la faculté des sciences. Son cours eut un grand retentissement. Mais, en 1812, une grave maladie, puis l'invasion, en 1814, l'interrompirent. Le 12 mai 1815, il fut élu représentant à la Chambre des Cent-Jours pour l'arrondissement d'Etampes, avec 18 voix sur 31 votants et 56 inscrits, mais ne joua aucun rôle marquant dans cette courte législature. Il publia en 1818 le premier volume de sa Philosophie anatomique et, en 1822, le second, qui s'occupait uniquement de tératologie. Le principe de l'unité de composition que Geoffroy-Saint-Hilaire y développait, et dont il trouvait une nouvelle confirmation dans le résultat de ses travaux d'embryologie, avait bien été admis par Cuvier tant qu'il ne paraissait s'agir que des seuls animaux vertébrés. Mais lorsque Geoffroy voulut étendre ce principe aux articulés et aux mollusques, Cuvier, qui avait créé les quatre types du règne animal, protesta vivement devant l'Académie des sciences. Si alors Geoffroy parut vaincu par les arguments et la grande autorité scientifique de son adversaire, il semble aujourd'hui que ses idées, comme celles d'un autre de ses contemporains méconnu, Lamarck, ont victorieusement pris leur revanche. Ce sont les idées contenues dans la Philosophie zoologique et dans la Philosophie anatomique qui ont préparé la voie à Darwin et à Hœckel. Le vieux Gœthe s'intéressa, du fond de sa solitude, à ce débat, et consacra un article sympathique aux théories de Geoffroy-Saint-Hilaire. Cette mémorable bataille scientifique, si bien racontée par Flourens, ne prit fin qu'à la mort de Cuvier. Nommé en 1838 officier de la Légion d'honneur, Geoffroy devint aveugle en 1840 et bientôt paralytique. Il s'éteignit peu de temps après, avec la sérénité d'un sage, et, comme dit Quinet, « s'approcha en souriant de la vérité sans voile et descendit sans crainte dans l'éternelle science. »

GEORGE (EUSTACHE-EMILE), représentant en 1871, et membre du Sénat, né à Ville-sur-Illon (Vosges) le 3 octobre 1830, avocat à Epinal, se signala, sous l'empire, par ses opinions républicaines. Il fut nommé, au 4 septembre 1870, préfet des Vosges. Son attitude patriotique pendant l'occupation allemande lui valut, le 8 février 1871, les suffrages de ses compatriotes, qui l'élurent représentant à l'Assemblée nationale, le 7e sur 8, avec 21,444 voix sur 58,175 votants et 119,746 inscrits. Il vota contre la paix et donna sa démission le 11 mars, comme député d'un département en partie cédé à l'Allemagne, mais il la retira devant les observations du président. Le 8 octobre suivant, il fut élu conseiller général d'Epinal. M. George appartient à la gauche républicaine, et fut un des fidèles de Thiers, à la démission duquel, le 24 mai 1873, il tenta de s'opposer par le dépôt d'une proposition ainsi conçue: « les soussignés proposent que l'Assemblée n'accepte pas la démission de M. Thiers. » Elle fut rejetée par 362 voix contre 331. M. George vota contre l'abrogation des lois d'exil, pour l'amendement Barthe, contre la démission de Thiers, contre l'arrêté sur les enterrements civils, contre la prorogation des pouvoirs du Maréchal, contre le maintien de l'état de siège, contre la loi des maires, contre le ministère de Broglie, pour la dissolution, pour les amendements Wallon et Duprat, pour les lois constitutionnelles. Le 30 janvier 1876 il fut élu sénateur des Vosges, avec 304 voix sur 605 votants, et réélu au renouvellement triennal du 8 janvier 1885, par le même département, avec 395 voix sur 605 votants. M. George a continué de soutenir les ministères républicains, dans les questions scolaires, religieuses et coloniales. Il a voté (juin 1886) pour l'expulsion des princes, et s'est prononcé dans la dernière session : pour le rétablissement du scrutin d'arrondissement (13 février 1889), pour le projet de loi Lisbonne restrictif de la liberté de la presse, pour la procédure à suivre devant le Sénat pour juger les attentats contre la sûreté de l'Etat (affaire du général Boulanger).

GEORGES (Robert-François), député en 1789, né à Beaugée (Meuse) le 4 mai 1741, mort à Varennes-en-Argonne (Meuse) le 25 février 1804, était conseiller du roi à Varennes quand survint la Révolution. Le 12 décembre 1789, il fut élu député suppléant du tiers pour le bailliage de Verdun et Clermont, et fut admis à siéger, le 14 janvier 1790, en remplacement de M. Dupré de Ballay, démissionnaire. Maire de Varennes au moment de la fuite du roi, ce fut lui qui, le 24 juin 1791, demanda, comme député du Clermontois, qu'il fût fait mention au procès-verbal de l'Assemblée du civisme dont avait fait preuve le district de Clermont, et qui, à la séance du surlendemain, 26 juin, présenta à la Constituante les gardes nationaux de Varennes dont son fils était le commandant. Lors de l'invasion prussienne, il fut jeté dans les cachots de Verdun, mais il fut échangé, à la fin de septembre 1792, contre le secrétaire du roi de Prusse qui avait été fait prisonnier.

GEORGETTE-DUBUISSON. — Voy. Douzon (comte de).

GÉRARD (Jacques-Nicolas), député en 1789, né à Vic-sur-Seille (Meurthe) le 25 novembre 1739, mort à une date inconnue, était avocat à Vic. Elu, le 7 avril 1789, député du tiers aux Etats-Généraux par le bailliage de Toul et Vic, il fut nommé adjoint du « doyen des communes », et marqua peu dans l'Assemblée constituante, où il vota avec la majorité réformatrice.

GÉRARD (Jean-Baptiste), député en 1789, né à Bayonne (Basses-Pyrénées) en 1737, mort à une date inconnue, s'établit à Saint-Domingue, y devint propriétaire, et fut, le 2 avril 1789, élu député de cette colonie aux Etats-Généraux. Il prit la parole pour contester la validité des pouvoirs des députés nommés par l'assemblée provinciale du nord de cette colonie, et, après l'adoption du décret sur les hommes de couleur, écrivit, de concert avec plusieurs de ses collègues des colonies, qu'il s'abstiendrait désormais d'assister aux séances.

GÉRARD (Michel), député en 1789, né à Saint-Martin (Ille-et-Vilaine) le 2 juillet 1737, mort à Montgermont (Ille-et-Vilaine) le 6 décembre 1815, d'une famille de cultivateurs et d'ouvriers aisés de la paroisse Saint-Martin des Vignes au faubourg de Rennes, était « fils d'honorable homme Michel Gérard et de dame Marie Noblet ». Lui-même était cultivateur à Tuel-en-Montgermont et très populaire dans la contrée, quand il fut élu (17 avril 1789) par la sénéchaussée de Rennes député du tiers aux Etats-Généraux. Il se rendit à Versailles, siégea dans l'Assemblée en habit de laboureur et fut, sous le nom de Père Gérard, un des types légendaires de la Constituante, bien qu'en somme son influence personnelle ait été faible et qu'il n'ait pris que peu de part aux délibérations. Mais son costume eut un vif succès, et les Jacobins, dont il faisait partie, prirent de

lui la veste et les cheveux plats. Dans le défilé général de la députation rendant visite au roi Michel Gérard attira l'attention de Louis XVI, qui lui dit : « Bonjour, mon bonhomme. » — « A partir de ce jour, écrit M. R. Kerviler, il fut de bonne prise pour la chronique et pour les chroniqueurs. » Collot d'Herbois lui emprunta son nom pour publier, en 1792, le célèbre Almanach du Père Gérard, qui eut dans l'année plusieurs éditions et dont le titre a été repris de nos jours par un journal destiné aux campagnes. Des pamphlets royalistes furent aussi publiés sous son nom, comme si des deux côtés on eût voulu s'approprier sa personne. Gérard suivit généralement dans ses votes les inspirations de Lechapelier. Il aborda parfois la tribune : le 11 décembre 1789, pour demander la suppression des droits de détail sur les vins et eaux-de-vie, et non de bétail, comme l'ont imprimé les Tables du Moniteur; le 1ᵉʳ mars 1790, pour réclamer l'abolition des droits de banalités; le 22 juin, pour proposer la suspension de l'indemnité des députés absents, etc. Il proposa aussi une augmentation du traitement des curés de campagne; enfin, lors de la revision de la Constitution, il vota pour que nul ne fût électeur qu'à la condition de payer une imposition équivalente à quarante journées de travail. Les opinions du père Gérard étaient avidement recueillies par la chronique, et le théâtre même s'empara de son personnage. Le Retour du père Gérard à sa ferme, comédie en un acte et en prose, fut représenté à Paris sur le théâtre de Molière, le 31 octobre 1791. Après la session, Michel Gérard ne joua plus aucun rôle politique. Il se retira à Montgermont, où il mourut en 1815.

GÉRARD (Etienne-Maurice, comte), pair des Cent-Jours, député de 1822 à 1824, et de 1827 à 1834, pair de France, sénateur du second empire, né à Damvillers (Meuse) le 4 avril 1773, mort à Paris le 17 avril 1852, « fils du sieur Jean Gérard et de demoiselle Saint-Remy, » s'engagea en 1791, et reçut le baptême du feu en 1792, dans les défilés de l'Argonne. Lieutenant après Nerwinde, il marcha sous les ordres de Bernadotte à l'armée de Sambre-et-Meuse, assista à la bataille de Fleurus, passa la Roër à la nage sous le feu de l'ennemi, et se signala à l'affaire de Teissing. Emmené à Vienne par Bernadotte, à l'état-major duquel il était attaché, ce fut lui qui porta à l'empereur d'Autriche la lettre qui sauva la vie de notre ambassadeur. Gérard ne quitta le général Bernadotte que lorsque ce dernier fut nommé ministre de la guerre; mais, le 25 messidor an VII, il fut nommé définitivement aide-de-camp titulaire de Bernadotte, et l'accompagna en Vendée et en Touraine. Membre de la Légion d'honneur le 25 prairial an XII, adjudant-commandant le 2 fructidor an XIII, Gérard assista à Austerlitz où il fut blessé. Grand-officier de la Légion d'honneur le 27 janvier 1806, il se distingua à la bataille de Hall, et fut nommé général de brigade le 13 novembre, à Berlin. Il se battit à Eylau et, le 23 août 1807, devint chef d'état-major de l'armée réunie à Hambourg sous les ordres de Bernadotte. Il se signala à la campagne de 1809, notamment à Durfort, à Euzersdorff, à Rarschdorff, le 15 août, reçut le titre de baron de l'empire. Après avoir en partie partagé la disgrâce qui frappa son chef Bernadotte, il fut envoyé en Espagne et figura avec honneur, en mai 1811, au combat de Puentès-de-Oñoro. Il fit la campagne de Russie, succéda au général Gudin dans le commandement de sa division, le 23 septembre 1812, conduisit héroïquement les débris de ses troupes de Platow à Neustadt et à Francfort-sur-l'Oder, et parvint à faire heureusement, par d'habiles manœuvres, sa retraite sur l'Elbe. Il assista à Lutzen et à Bautzen, puis à Leipzig, où il fut grièvement blessé. Sa conduite en toutes ces affaires fut si honorable que Napoléon lui dit un jour : « Si j'avais bon nombre de gens comme vous, je croirais mes pertes réparées et me considérerais comme au-dessus de mes affaires. » Gérard fit toute la campagne de France, il se battit à Brienne, à la Rothière, à Saint-Dizier. Grand-croix de l'ordre de la Réunion (3 avril 1813), il reçut de Bernadotte, devenu roi de Suède, et qu'il n'avait pas voulu suivre, le grand cordon et la plaque de l'ordre de l'Épée de Suède (30 avril 1814). Il avait adhéré à la déchéance de l'empereur, ce qui lui valut, le 1er juin 1814, la croix de Saint-Louis, et, le 29 juillet, le grand cordon de la Légion d'honneur. De Strasbourg, où il était en inspection, il applaudit au retour de l'Empereur, reçut le commandement du 4e corps, et, le 2 juin 1815, la dignité de pair. En remettant les nouvelles aigles à ses troupes, le général Gérard leur adressa ces éloquentes paroles : « Soldats, voici les nouvelles aigles que l'Empereur confie à votre valeur; celles d'Austerlitz étaient usées par quinze ans de victoires; voici l'instant de donner de nouvelles preuves de votre courage : l'ennemi est devant vous! » Les troupes de Gérard se conduisirent héroïquement à la bataille de Ligny. L'obstination de Grouchy l'empêcha de prendre part à Waterloo, mais il fut blessé à l'affaire de Wavre, contre l'arrière-garde de Blücher. Mis en non-activité au mois de septembre 1815, il passa en Belgique où il épousa, le 21 juillet 1816, Mlle Louise de Valence, petite-fille de Mme de Genlis et deuxième fille du comte de Valence, et revint à Paris en 1817. Le 28 janvier 1822, il fut élu député du 1er arrondissement de Paris en remplacement de M. Pasquier, nommé pair de France, par 641 voix sur 1,126 votants, contre 476 voix à M. de la Panouze, et réélu par le même arrondissement, le 9 mai suivant, avec 850 voix sur 1,499 votants, contre 620 voix à M. Labbé. Il siégea dans l'opposition libérale, signa la protestation contre l'expulsion de Manuel, et ne fut pas réélu en 1824. Le 17 novembre 1827, le 3e arrondissement électoral de la Dordogne (Bergerac) le renvoya à la Chambre avec 172 voix sur 300 votants et 394 inscrits, contre 121 voix à M. de Courson. Le même jour il fut aussi élu dans le 3e arrondissement électoral de l'Oise (Clermont) avec 211 voix sur 335 votants et 381 inscrits, contre 120 voix à M. Boulard. Le général Gérard prit constamment à la Chambre la défense de ses anciens compagnons d'armes, renvoyés sans traitement dans leurs foyers et tombés dans la misère. Réélu, le 23 juin 1830, dans l'arrondissement de Clermont, avec 335 voix sur 407 votants et 451 inscrits, contre 64 voix au baron de Mackau, il fut un des premiers signataires de la protestation contre les Ordonnances du 25. Ses démarches auprès du maréchal Marmont ne purent arrêter l'effusion du sang. Il fit partie de la commission municipale chargée de veiller aux intérêts généraux, en l'absence de tout pouvoir régulier; enfin il accepta, le 11 août, le portefeuille de la Guerre et, le 17, la dignité de maréchal de France. Les électeurs de Clermont, dont il était le député, ayant été convoqués après ces nominations, le réélurent, le 21 octobre 1830, par 343 voix sur 354 votants et 459 inscrits. Il donna sa démission de ministre le 16 novembre de la même année pour raisons de santé. En janvier 1831, il fut nommé membre du conseil général de l'Oise, et, le 5 juillet 1831, élu député par le collège de Senlis avec 345 voix sur 392 votants et 492 inscrits, contre 25 voix à M. Marquis. Le 4 août de la même année, il fut appelé au commandement de l'armée du Nord et dirigea le siège d'Anvers. Le peuple belge offrit au maréchal une épée d'honneur, en témoignage de reconnaissance. Le 11 février 1833, il fut nommé pair de France et, le 18 juillet 1834, il reprit le portefeuille de la Guerre, avec la présidence du conseil des ministres, en remplacement du maréchal Soult. On lui doit la création des spahis et l'organisation des comités spéciaux d'armes : il quitta le ministère le 19 octobre suivant. Nommé grand chancelier de la Légion d'honneur le 4 février 1836, en remplacement du duc de Trévise, victime de l'attentat de Fieschi, il abandonna ce poste le 11 décembre 1838, pour remplacer le maréchal Lobau à la tête de la garde nationale de la Seine; mais obligé de résigner ce poste actif par suite de l'affaiblissement de sa vue, il rentra, le 21 octobre 1842, à la grande chancellerie de la Légion d'honneur, d'où il fut congédié par le gouvernement provisoire de février 1848. Le 26 janvier 1852, il fut nommé sénateur du second empire. Il mourut quelque mois après, et fut inhumé aux Invalides. La ville de Damvillers lui a élevé une statue en 1858.

GÉRARD (VICTOR), représentant à la Chambre des Cent-Jours, né à Meylan (Isère) le 25 juillet 1767, mort à une date inconnue, « fils de Michel Gérard-Burdo, serrurier à Meylan, et de Louise Chataing, » fut maire de la commune de Tullins et juge de paix du canton, et remplit encore, sous la Révolution, les fonctions de membre du directoire du département de l'Isère. Président du collège électoral de Tullins en 1803 et en 1808, il fut élu, le 11 mai 1815, représentant suppléant de l'Isère à la Chambre des Cent-Jours. Appelé à siéger presque aussitôt en remplacement d'Odier-Laplaine, sous-inspecteur aux revues, que le service militaire réclamait, Victor Gérard se rendit à Paris. Il ne fit point partie d'autres législatures.

GÉRARD (ALEXANDRE-LÉON-SÉBASTIEN), représentant du peuple en 1848 et en 1849, né à Paris le 15 mai 1817, fils du vice-président de la manufacture de Saint-Gobain, fit ses études au lycée Saint-Louis, fut admissible à l'École polytechnique, mais se décida à faire son droit, et fut reçu avocat en 1841. Il étudia ensuite la médecine, s'occupa de peinture, et travailla à la manufacture de Saint-Gobain. Le 23 avril 1848, les électeurs de Loir-et-Cher, où il avait des propriétés, à Montoire, l'élurent représentant à l'Assemblée constituante, le 5e ou 6 par 28,203 voix (60,934 votants, 66,677 inscrits). Il fit partie du comité de l'industrie, vota avec les conservateurs, sauf contre le rétablissement du cautionnement (9 août), et se prononça ensuite pour les poursuites contre Louis Blanc et Caussidière, pour le rétablissement de la contrainte par corps, contre l'amendement Grévy, contre le droit au travail, pour l'ordre du jour en l'honneur de Cavaignac, pour la proposition Rateau, contre l'amnistie, pour l'interdiction des clubs, pour les crédits de l'expédition de Rome. Réélu, le 13 mai 1849, représentant de Loir-et-Cher à la Législative, le 5e et dernier, par 23,357 voix (54,330 votants, 71,600 inscrits), il suivit la même ligne politique que précédemment, fit partie de la majorité, et vota pour la loi Falloux-Parieu sur l'enseignement, pour la loi restrictive du suffrage universel, etc. Il n'a pas fait partie d'autres assemblées.

GÉRARD (MICHEL-NICOLAS), représentant du peuple en 1848, en 1849 et en 1871, né à Blincourt (Oise) le 30 mars 1808, mort à Paris le 8 juin 1876, était propriétaire-agriculteur. Il devint maire de Blincourt sous Louis-Philippe, conseiller de l'arrondissement de Clermont, et se présenta, le 1er août 1846, comme candidat à la députation dans le 3e collège de l'Oise (Senlis), où il échoua avec 191 voix contre 347 à M. Lemaire, député sortant, réélu. Républicain modéré, il fut élu, le 23 avril 1848, représentant de l'Oise à l'Assemblée constituante, le 5e sur 8, par 66,831 voix. Il prit place à droite, fit partie du comité de l'agriculture, et vota avec les conservateurs : *pour* le rétablissement du cautionnement, *pour* les poursuites contre Louis Blanc et Caussidière, *contre* l'amendement Grévy, *contre* le droit au travail, *pour* l'ordre du jour en l'honneur du général Cavaignac, *pour* la proposition Rateau, *contre* l'amnistie, *pour* l'interdiction des clubs, *pour* les crédits de l'expédition de Rome, *contre* l'abolition de l'impôt des boissons. Il se prononça avec la gauche contre l'institution des deux Chambres (27 septembre 1848). Réélu représentant de l'Oise à l'Assemblée législative, le 13 mai 1849, le 5e sur 8, par 39,432 voix (120,920 inscrits), il appuya la plupart des propositions émanées, soit du gouvernement présidentiel, soit de la majorité monarchiste ; mais il ne se rallia pas au coup d'État de 1851. Sous l'Empire il appartint à l'opposition orléaniste, et fut, le 22 juin 1857, candidat indépendant au Corps législatif dans la 2e circonscription de l'Oise : il y obtint, sans être élu, 2,054 voix contre 19,686 au député sortant, candidat officiel, réélu, M. de Plancy, et 6,723 à M. de Pontalba. Après une nouvelle tentative infructueuse lors des élections du 8 février 1871, où il obtint 25,368 voix dans l'Oise sur 73,957 votants, M. Gérard entra à l'Assemblée nationale, lors de l'élection partielle du 12 octobre de la même année, élu par 37,720 voix (74,508 votants, 115,948 inscrits), contre 31,715 voix à M. André Rousselle, républicain radical. M. Gérard siégea au centre gauche, suivit Thiers dans son évolution vers la République conservatrice, soutint sa politique, vota *contre* sa démission au 24 mai, se prononça, sous le ministère de Broglie, *contre* la loi des maires, *contre* l'état de siège, *contre* le septennat, et *pour* les lois constitutionnelles.

GÉRARD (JEAN-BAPTISTE-ANTOINE), représentant du peuple en 1849, né à Velaine-sur-Haye (Meurthe) le 29 octobre 1791, mort à Nancy (Meurthe) le 29 septembre 1875, fut élève de l'École polytechnique et en sortit officier du génie. Il était en garnison à Nancy et avait le grade de commandant, lorsqu'il fut porté, le 13 mai 1849, sur la liste conservatrice de la Meurthe et élu, le 3e sur 9, par 44,203 voix (85,051 votants, 122,416 inscrits), représentant de ce département à l'Assemblée législative. Il siégea à droite et vota avec la majorité monarchiste : *pour* l'expédition de Rome, *pour* les lois restrictives et répressives sur la presse, le suffrage universel, le droit de réunion, etc. Il ne fit point partie d'autres assemblées. Admis à la retraite, il se retira à Nancy, où il mourut en 1875, à un âge très avancé. Officier de la Légion d'honneur.

GÉRARD (CHARLES-CLAUDE-ALEXANDRE), représentant du peuple en 1850-51, né à Longwy

(Moselle) le 24 janvier 1814, mort à Nancy (Meurthe) le 22 juillet 1877, étudia le droit et s'inscrivit au barreau de Colmar. D'opinions républicaines, il fut porté sur la liste du parti démocratique lors de l'élection partielle qui eut lieu, le 10 mars 1850, dans le département du Bas-Rhin pour remplacer cinq représentants condamnés pour l'affaire du 13 juin. M. Gérard fut élu, le 1er sur 5, par 56,732 voix (97,491 votants, 137,534 inscrits), représentant du Bas-Rhin à l'Assemblée législative. Il siégea à gauche, prit part, jusqu'au coup d'État, aux votes de la minorité, et protesta contre l'acte du 2 décembre, qui mit fin à sa carrière politique.

GÉRARD (HENRI-ALEXANDRE, BARON), député depuis 1881, né à Orléans (Loiret) le 22 mars 1818, neveu du peintre célèbre François Gérard, fut attaché comme vérificateur à la direction des Musées à Paris, de 1840 à 1849, puis se retira à Barbeville (Calvados), devint maire de cette commune, et conseiller général du canton de Balleroy (1875). Riche propriétaire dans la région, il fut député, aux élections générales du 21 août 1881, au second tour de scrutin (4 septembre), dans l'arrondissement de Bayeux, par 7,742 voix sur 14,460 votants et 18,843 inscrits, contre 6,665 voix à M. Trémoulet, candidat républicain. Le baron Gérard prit place à la droite monarchiste, vota contre la politique scolaire et coloniale du gouvernement républicain, et fut porté, aux élections du 4 octobre 1885, sur la liste conservatrice du Calvados. Élu, le 2e sur 7, par 52,718 voix sur 89,064 votants et 117,207 inscrits, il reprit sa place à droite, continua son opposition aux ministères au pouvoir, se prononça *contre* l'expulsion des princes, et vota, dans la dernière session, *contre* le rétablissement du scrutin d'arrondissement (11 février 1889), *contre* les poursuites contre trois députés membres de la Ligue des patriotes, *contre* le projet de loi Lisbonne restrictif de la liberté de la presse, *contre* les poursuites contre le général Boulanger ; il s'était abstenu sur l'ajournement indéfini de la revision de la Constitution. Le baron Gérard est administrateur de la Cie des chemins de fer de l'Ouest. On a de lui : *Œuvre du baron François Gérard* (1852) ; *François Gérard, correspondance* (1867).

GÉRARD. — *Voy.* RAYNEVAL (COMTE DE).

GÉRARD DES RIVIÈRES (JACOB), membre de la Convention et député au Conseil des Anciens, né à Carrouges (Orne) le 17 juin 1751, mort à une date inconnue, « fils de Nicolas-Germain Gérard, sieur des Rivières, » était cultivateur à Carrouges, lorsqu'il fut élu 6e député suppléant de l'Orne à la Convention, le 13 septembre 1792. Il fut admis à siéger, le 29 août 1793, par suite de la démission de Bertrand de la Hosdinière, n'eut qu'un rôle sans importance, et passa, le 4 brumaire an IV, comme ex-conventionnel, au Conseil des Anciens, où il prit la parole pour combattre l'impôt sur les billets de spectacle. Sorti du Conseil en l'an VII, il resta, depuis lors, étranger à la politique.

GERBAUD (JEAN-GILLES-JOSEPH), député de 1815 à 1816, né à Chénérailles (Creuse) le 1er décembre 1762, mort à Aubusson (Creuse) le 15 juillet 1818, était médecin dans cette ville, lorsqu'il fut élu, le 22 août 1815, député de la Creuse, au collège de département, par 89 voix (153 votants, 204 inscrits). Il fit partie de la majorité de la Chambre introuvable et ne fut pas réélu en 1816.

GERDY (Pierre-Nicolas), représentant du peuple en 1848, né à Loches (Aube) le 1er mai 1797, mort à Paris le 18 mars 1856, se fit recevoir docteur-médecin à Paris, s'engagea, pendant les Cent-Jours, dans la compagnie d'artilleurs volontaires de l'Ecole de médecine, fut nommé aide naturaliste au Muséum en 1820, prosecteur à la faculté en 1821, interne à la Pitié en 1823, et enfin professeur de pathologie externe en 1833. En 1834, il entrait à l'Académie de médecine, et fut placé, en 1838, à la tête du service chirurgical de la Charité. Le 9 juillet 1842, il échoua comme candidat à la députation dans le 2e collège électoral de l'Aube (Bar-sur-Aube) avec 61 voix, contre 213 à M. de Mesgrigny, élu, et 78 à M. Rambourgt; mais, le 23 avril 1848, il fut élu représentant de l'Aube à l'Assemblée nationale, le 6e sur 7, par 30,994 voix. Il siégea à gauche, fit partie du comité de l'instruction publique, et vota : *pour* le bannissement de la famille d'Orléans, *pour* les poursuites contre L. Blanc et Caussidière, *contre* l'abolition de la peine de mort, *contre* l'impôt progressif, *contre* l'incompatibilité des fonctions, *contre* l'amendement Grévy, *contre* la sanction de la Constitution par le peuple, *pour* la Constitution, *pour* l'interdiction des clubs, etc. Très fervent républicain, il se fatigua de la politique, et revint, après la session, à ses travaux scientifiques.

GÉRENTE (Joseph-Fiacre Olivier, Baron DE), membre de la Convention, député au Conseil des Anciens, représentant aux Cent-Jours, né à Malons (Drôme) le 30 août 1744, mort à Avignon (Vaucluse) le 21 juin 1837, exerça, au début de la Révolution, des fonctions administratives. Le 5 septembre 1792, il fut élu député de la Drôme à la Convention nationale, le 3e sur 8, par 423 voix (463 votants). Il se rangea parmi les modérés et, lors du procès de Louis XVI, répondit au 3e appel nominal : « J'ai déjà dit que je ne croyais pouvoir prononcer que comme législateur. Je vote pour la détention. » Lié d'opinion et d'amitié avec les députés de la Gironde, il protesta contre leur proscription, compta parmi les adversaires de la journée du 31 mai, et fut lui-même, pour ce fait, décrété d'arrestation. Enfermé à la prison des Bénédictins anglais, il écrivit de là à Voulland (12 thermidor an II) pour demander la mise en liberté de sa femme, détenue aux Anglaises, rue de Lourcine ; la chute de Robespierre le sauva. Il rentra à la Convention, le 18 frimaire an III, et ne perdit aucune occasion de combattre la politique jacobine. Après la création du département de Vaucluse (25 juin 1793), il représenta ce département à la Convention. Ce fut lui qui proposa que la chute de Robespierre fût célébrée chaque année sous le nom de *fête du neuf thermidor*. Dans la séance du 13 février 1795, Olivier de Gérente ayant provoqué une discussion, qui fut jugée intempestive, sur le traité de paix conclu avec la Toscane, il fut rappelé à la question et obligé de quitter la tribune. Le 1er avril suivant (12 germinal an III), lors de la tentative populaire contre la majorité de la Convention, il fit décréter l'envoi de la force armée contre l'insurrection et la permanence de l'Assemblée jusqu'au retour du député Auguis, retenu au corps de ga..le de la section des Thermes. Envoyé, peu de temps après, en mission dans le Midi, il visita les départements du Gard et de l'Hérault, et adressa à l'Assemblée une lettre où il la félicitait de son attitude lors de la nouvelle insurrection des faubourgs dans les jour-

nées des 1er, 2 et 3 prairial. La même année, il fut rappelé à Paris et obtint sa réélection au Conseil des Anciens, comme député de la Drôme, avec 127 voix (173 votants). Il y vota (6 février 1796) en faveur des élections du Lot, fut nommé secrétaire le 20 mai, fit approuver la résolution annulant le jugement de condamnation à mort du député Vienot-Vaublanc, et donna lecture, le 6 mai 1797, d'un rapport relatif aux pensions des religieux et religieuses de la Belgique. Il sortit du Conseil le même mois. L'Empire donna à Olivier de Gérente le titre de baron, le 8 avril 1813. Puis il fit encore partie (13 mai 1815) de la Chambre des représentants, où le collège de département de Vaucluse l'envoya, par 55 voix sur 76 votants. Il se retira ensuite à Avignon, où il mourut.

GÉRENTE (Hippolyte - Joseph - Louis Olivier, Baron DE), député de 1837 à 1842, et de 1846 à 1848, né à Pernes (Vaucluse) le 11 juin 1782, mort à Paris le 7 mai 1856, fils du précédent, entra sous le premier Empire dans l'administration des eaux et forêts, où il remplit les fonctions d'inspecteur. Sous le gouvernement de Louis-Philippe, il devint directeur du domaine privé. Candidat une première fois sans succès, à la députation, dans le 3e collège de Vaucluse (Carpentras), il recueillit 69 voix contre 72 à M. de Bernardi, élu, il entra à la Chambre des députés le 4 novembre 1837, comme député de la même circonscription, élu par 111 voix (182 votants, 209 inscrits). M. de Gérente prit place au centre, fit partie de la majorité conservatrice, et fut réélu le 2 mars 1839, par 103 voix (155 votants, 211 inscrits). – « Demandez donc, écrivait un biographe parlementaire, demandez donc à un administrateur du domaine privé de voter contre la cour? Est-ce que l'on doit placer ainsi les gens entre leur conscience et leur intérêt, entre leur devoir envers le pays et ce qu'ils doivent à leurs fonctions? M. de Gérente a dû faire son choix dans cette alternative, et c'est le pays qui a été sacrifié ; tous ses votes ont été donnés au ministère. » Non réélu le 9 juillet 1842, le député de Carpentras reparut au Palais-Bourbon le 1er août 1846, renommé par 131 voix (268 votants et 274 inscrits), contre 26 à M. de Bernardi et 78 à M. Floret. Il soutint de ses votes la politique de Guizot, jusqu'à la révolution de 1848, qui le rendit à la vie privée. M. de Gérente fut admis à la retraite, comme ancien directeur du domaine privé, le 10 mars 1855.

GÈRES DE CAMARSAC (Pierre-de), député de 1824 à 1827, né à Camarsac (Gironde) le 28 octobre 1779, mort à Fonbadet (Gironde) le 17 août 1847, remplit sous la Restauration les fonctions de sous-préfet de Lesparre et celles de juge de paix à Pauillac (Gironde). Tout dévoué au gouvernement royal, il fut élu, le 25 février 1824, avec l'appui du ministère, député du 3e arrondissement de la Gironde (Blaye), par 104 voix (178 votants, 213 inscrits), contre 72 à M. Guestier. Il siégea à droite et soutint le cabinet Villèle. « Voici, écrivait un biographe parlementaire, un petit échantillon de l'éloquence de M. de Gères. On verra que si cet orateur ne parle pas tout à fait comme Cicéron, il parle au moins comme un préfet. Il s'agissait de savoir si la Chambre discuterait la loi sur les entrepôts réels avant ou après le budget. M. de Gères pensa que le budget devait passer avant tout. « *Vous devez*, dit-il, discuter et *voter* le budget ; c'est une obligation envers le gouvernement de le voter, et envers les contribuables de le discuter. Il *faut* examiner le temps qui vous reste pour cela. Nous sommes au 6; le 26, *vous êtes obligés* de partir pour Reims; il vous reste donc vingt jours francs. Il faut donc finir le budget; s'il vous reste du temps, vous pourrez vous occuper de la loi dont on vient de parler. » M. Géres de Camarsac échoua le 17 novembre 1827, dans sa circonscription, avec 52 voix contre 110 à l'élu, constitutionnel, M. Balguerie.

GÉRIN (Antoine), député de 1827 à 1830, né à Saint-Etienne (Loire) le 13 octobre 1769, mort à une date inconnue, fabricant à Saint-Etienne, fut élu, le 17 novembre 1827, député du 3e arrondissement de la Loire, par 133 voix (259 votants, 297 inscrits), contre 125 à M. Ternaux, ancien député. Il prit place dans la majorité ministérielle, ne fut pas des 221, et rentra en 1830 dans la vie privée.

GERLA (Pierre), député au Conseil des Cinq-Cents, né à Villebrumier (Lot-et-Garonne) le 17 novembre 1763, mort à Villebrumier le 22 avril 1834, fut nommé procureur-syndic du district de Castelsarrazin pendant la Révolution, et maire de cette ville. Élu, le 25 vendémiaire an IV, député de la Haute-Garonne au Conseil des Cinq-Cents, par 190 voix sur 363 votants, il présenta, le 21 floréal an VI, un rapport sur la motion de Gomaire, tendant à abolir l'usage des mots « sieur » et « monsieur » dans les lettres de change, et fut élu secrétaire du conseil (1er brumaire an VII); le 21 ventôse suivant, il lut un projet déclarant que « nul ne peut être élu greffier ou commis-greffier d'un tribunal auquel la loi attribue la nomination du premier de ces fonctionnaires, s'il est parent ou allié de l'un des juges, jusqu'au 3e degré ». Son attitude au coup d'Etat de brumaire le fit nommer, le 4 prairial an VIII, juge au tribunal civil de Castelsarrazin.

GERLE (Christophe-Antoine, dom), député en 1789, né à Riom (Puy-de-Dôme) le 25 octobre 1736, mort à Paris le 17 novembre 1801, était prieur de la chartreuse de Pont-Sainte-Marie, près Pontgibaud (Auvergne), et visiteur de son ordre. Le 21 mars 1789, il fut élu député suppléant du clergé aux Etats-Généraux par la sénéchaussée de Riom, et fut admis à siéger le 11 décembre 1789, en remplacement de M. de Labastide, démissionnaire. Il se montra partisan enthousiaste des idées nouvelles, et se fit affilier à la Société des Jacobins, dès qu'il fut entré dans l'Assemblée. C'est lui qui figure, comme on l'a dit, dans le tableau du « Serment du Jeu de paume » de David, bien que, à cette époque, il ne siégeait pas encore. Membre du comité ecclésiastique, il proposa de déclarer, le 12 avril 1790, que « la religion catholique serait toujours la religion de la nation, et que son culte serait le seul autorisé ». Mais, le lendemain, il retira sa motion, qui fut reprise par la droite, et repoussée par l'Assemblée. Robespierre lui délivra, sous la Terreur, un certificat de civisme. Mêlé, en juin 1794, aux momeries qui se pratiquaient chez Catherine Théot, il fut arrêté avec elle et d'autres, sous prétexte de conspiration, et ne fut sauvé que par l'intervention énergique de Robespierre. Plus tard, en 1796, l'ex-chartreux fut admis comme employé dans les bureaux du ministère de l'Intérieur, où il ne resta que dix-huit mois. Il mourut peu de temps après.

GERMAIN (Ambroise-François), député en 1789, né à Paris le 20 janvier 1726, mort à Paris le 15 décembre 1821, fils de Thomas Germain, orfèvre, sculpteur et architecte, était lui-même orfèvre, rue Saint-Denis, quand il fut élu, le 14 mai 1789, député du tiers aux Etats-Généraux pour la ville de Paris avec 142 voix. Le 8 octobre 1790, il s'opposa à l'émission de 30 millions de billets de la Banque d'escompte, et le 5 mai 1791, à l'émission des assignats au-dessous de 5 livres, comme pouvant faire disparaître la monnaie. Plus tard cependant il se livra à des spéculations et devint l'un des directeurs de la Banque de France. Quoique de très faible santé, il mourut presque centenaire.

GERMAIN (Jean-François), député au Conseil des Cinq-Cents, au Corps législatif de l'an VIII à 1804, représentant à la Chambre des Cent-Jours, né à Censeau (Jura) le 28 avril 1762, mort à Censeau le 22 juillet 1825, exerçait la profession d'avocat, lorsqu'il fut appelé au directoire du département du Jura en 1790. Il remplit ces fonctions jusqu'en 1793, époque à laquelle, mis hors la loi comme fédéraliste, par suite des événements du 31 mai, il se réfugia en Suisse. Après le 9 thermidor, Germain fut réintégré dans ses fonctions administratives, et, en 1795, devint juge au tribunal civil de Lons-le-Saulnier. Le 25 germinal an VI, il fut élu député du Jura au Conseil des Cinq-Cents. Favorable au coup d'Etat de brumaire, il fut admis, le 4 nivôse an VIII, par le Sénat conservateur, sur la liste des membres du nouveau Corps législatif, comme député du Jura. Il sortit de cette assemblée en 1804, fut nommé conseiller de préfecture de son département (7 pluviôse an XII), et y remplit par la suite, en diverses circonstances, les fonctions de préfet, notamment lors de l'invasion des alliés (1814). Rallié à la Restauration, il reçut des mains du comte d'Artois la croix de la Légion d'honneur en octobre 1814; puis l'arrondissement de Poligny, par 36 voix sur 66 votants, lui confia, le 11 mai 1815, le mandat de représentant à la Chambre des Cent-Jours. Après la courte session de cette assemblée, il reprit ses fonctions de conseiller de préfecture et les exerça jusqu'en février 1816. Il se retira alors à Censeau et s'occupa d'y créer une école et une maison de charité.

GERMAIN (Antoine-Marie-Henri), député de 1869 à 1870, représentant en 1871, député de 1876 à 1885, né à Lyon (Rhône) le 19 février 1824, gendre de M. Vuitry, président du conseil d'administration du Crédit lyonnais, administrateur de la Société des Forges de Châtillon et Commentry, et des mines de Montrambert, s'était surtout occupé de questions financières et industrielles, lorsqu'il se présenta aux élections législatives du 24 mai 1869, comme candidat indépendant au Corps législatif dans la 3e circonscription de l'Ain; il fut élu par 18,073 voix sur 30,946 votants et 38,258 inscrits, contre 10,190 voix à M. Bodin, candidat officiel, et 2,594 à M. Jullien. Il prit place au centre gauche, soutint l'empire libéral, fit voter ses électeurs pour le plébiscite et se prononça pour la guerre contre la Prusse. Le 8 février 1871, il fut élu représentant de l'Ain à l'Assemblée nationale, le 2e sur 7, par 58,331 voix sur 71,803 votants et 107,184 inscrits. Il siégea au centre gauche, fut membre de la réunion Saint-Marc-Girardin, parla avec autorité et fut écouté dans les questions de finances, notamment en faveur de l'impôt sur le revenu, fit partie des commissions des budgets, et vota *pour* la paix, *contre* la pétition des évêques, *pour* le pouvoir constituant de l'Assemblée, *pour* le service militaire de trois ans, *contre* la démission de Thiers, *contre* l'arrêté sur les enterrements civils, *contre* le septennat, *pour* l'admission à titre définitif des princes d'Orléans dans l'armée, *contre* le ministère de Broglie, *pour* l'amendement Wallon, *pour* les lois constitutionnelles. Président du conseil général de l'Ain, dont il était membre pour le canton de Châtillon-sur-Chalaronne, il fut réélu député, le 20 février 1876, dans l'arrondissement de Trévoux, par 13,565 voix sur 15,719 votants et 23,940 inscrits, contre 1,385 voix au colonel Denfert-Rochereau, qui ne s'était pas porté candidat. Il devint président du groupe du centre gauche, se prononça contre le ministère du 16 mai et fit partie des 363. Réélu, en cette qualité, le 14 octobre 1877, par 15,924 voix sur 20,509 votants et 24,766 inscrits, contre 4,530 voix à M. Musset, il soutint énergiquement le parti républicain, et, aux élections du 21 août 1881, se présenta avec un programme où il demandait : la revision de la constitution, la modification du mode d'élection des sénateurs, la suspension de l'inamovibilité de la magistrature, la séparation de l'Eglise et de l'Etat, le service militaire de trois ans obligatoire pour tous, une meilleure répartition des impôts, l'instruction laïque, gratuite et obligatoire, la liberté de réunion, la liberté de la presse. Réélu député par 11,400 voix sur 13,987 votants et 24,827 inscrits, il appuya de ses votes les mesures des ministères opportunistes qui faisaient partie de son programme, prit une part importante aux débats financiers, proposa de substituer à l'impôt foncier un impôt sur le tabac et sur l'alcool (décembre 1883), demanda la suppression de l'impôt du sel, l'augmentation de l'impôt sur le sucre, réclama la suppression des dépenses extraordinaires (janvier 1885), déposa (mars) un amendement remplaçant les droits protecteurs par un dégrèvement de l'impôt foncier équilibré par une surtaxe de 144 fr. sur l'hectolitre d'alcool, et fit (juin) un véritable réquisitoire contre la gestion financière du gouvernement. Il ne fut pas porté, au renouvellement du 4 octobre 1885, sur la liste républicaine du département de l'Ain, et, candidat indépendant de nuance centre gauche, il échoua avec 15,073 voix sur 76,043 votants. Il se présenta, le 13 décembre suivant, à l'élection sénatoriale partielle destinée à pourvoir, dans l'Ain, au remplacement de M. Robin, décédé; il n'obtint que 277 voix contre 602 données à l'élu, M. Morellet. Membre de l'Académie des sciences morales et politiques (1886).

GERMAIN (CONSTANT), député depuis 1881, né à Toulouse (Haute-Garonne) le 16 juin 1839, fut d'abord agréé au tribunal de commerce de Toulouse, puis devint maire de Montaut, et conseiller général du canton de Carbonne (1879). Aux élections du 21 août 1881, il se porta comme candidat républicain dans l'arrondissement de Muret, et fut élu par 10,979 voix sur 21,698 votants et 28,290 inscrits, contre 10,418 voix à M. Niel, député sortant. Il soutint de ses votes la politique ministérielle; dans sa profession de foi, il avait demandé la réforme de la magistrature, le service militaire obligatoire pour tous avec la plus courte durée possible, l'élection du Sénat au suffrage universel. Porté, aux élections du 4 octobre 1885, sur la liste de con-

centration républicaine de la Haute-Garonne, il fut élu au second tour (18 octobre), le 3e sur 7, par 57,704 voix sur 113,803 votants et 138,236 inscrits. Assis à la gauche radicale, il devint vice-président de ce groupe, mais il vota le plus souvent avec les opportunistes, notamment *pour* l'expulsion des princes. En dernier lieu, il s'est prononcé *pour* le rétablissement du scrutin d'arrondissement (11 février 1889), *contre* l'ajournement indéfini de la revision de la Constitution, *pour* les poursuites contre trois députés membres de la Ligue des patriotes, *pour* le projet de loi Lisbonne restrictif de la liberté de la presse, *pour* les poursuites contre le général Boulanger.

GERMAIN. — *Voy.* MONTFORTON (COMTE DE).

GERMANÈS (PIERRE-LOUIS-FRÉDÉRIC), député de 1847 à 1848, né à Saint-Rémy (Bouches-du-Rhône) le 24 mai 1797, mort le 19 février 1889, exerça la profession d'avocat. Entré dans la magistrature sous le ministère Martignac, il fut nommé, en 1833, juge d'instruction au tribunal d'Avignon, président au même siège en 1840, et chevalier de la Légion d'honneur en 1842. Le 25 septembre 1847, il fut élu député dans le 1er collège électoral de Vaucluse (Avignon) avec 335 voix sur 538 votants et 623 inscrits, contre 198 voix à M. d'Olivier; il succédait à M. de Cambis, décédé. Il siégea parmi les ministériels et vit sa carrière politique terminée par la révolution de 1848. Il poursuivit sa carrière de magistrat, et fut admis à la retraite le 18 février 1868, avec le titre de premier président honoraire.

GERMIGNAC (FRANÇOIS-JACQUES), député en 1791, membre de la Convention, date de naissance inconnue, mort à Paris le 18 décembre 1792, exerçait dans la Corrèze la profession de médecin. Procureur-syndic du département, il fut élu, le 31 août 1791, député de la Corrèze à l'Assemblée législative, le 1er sur 7, par 236 voix (372 votants); il y vota avec la majorité. Réélu à l'unanimité des votants, par le même département, membre de la Convention, le 4 septembre 1792, il eut à peine le temps de siéger dans cette assemblée; il mourut en effet le 18 décembre suivant.

GERMINY (HENRY-CHARLES LEBÈGUE, COMTE DE), député de 1815 à 1816 et pair de France, né à Motteville (Seine-Inférieure) le 26 juillet 1778, mort à Orsay (Seine-et-Oise) le 17 mars 1843, « fils de haut et puissant seigneur Antoine-Raoul-Gabriel comte Lebègue de Germiny, capitaine de dragons au colonel-général pour le service de France, et de haute et puissante dame Amable-Julie Guéroult de Pouymartin, son épouse, » appartenait à une famille de noblesse lorraine. Il fut pendant dix années membre du conseil d'arrondissement d'Yvetot, puis administrateur des hospices civils de Rouen. En juin 1815, il commanda la 9e légion de la garde nationale, celle de la Seine-Inférieure. Ce département l'élut député, le 22 août de la même année, par 118 voix (186 votants, 248 inscrits). M. de Germiny fit partie, dans la Chambre « introuvable », de la minorité ministérielle. Membre de la commission chargée d'examiner la loi dite « d'amnistie », il déclara qu'une loi d'amnistie étant une mesure de salut public, on ne devait point en étendre les exceptions, ni augmenter la peine prononcée contre quelques hommes égarés, et il ajouta : « La Chambre ne peut juger les causes d'exception et en présenter d'autres quand le roi veut pardonner. » A propos de la loi du 9 novembre sur les écrits et cris séditieux, il s'exprima ainsi : « Qui sont ceux que la loi peut et doit vouloir atteindre ? ceux qui abusent de la crédulité des citoyens paisibles pour leur faire envisager la représentation nationale comme une faction... » Le 14 septembre 1816, il fut nommé préfet du Lot et passa à la préfecture de l'Oise le 5 février 1817. Il fut élevé à la pairie le 5 mars 1819. A la Chambre haute, il soutint le gouvernement de la Restauration, mais vota avec les royalistes modérés. Après la révolution de 1830, il prêta serment à Louis-Philippe et continua de siéger à la Chambre des pairs jusqu'à sa mort (1843). Officier de la Légion d'honneur.

GERMINY (CHARLES-GABRIEL LEBÈGUE, COMTE DE), ministre et sénateur du second empire, né à Clipouville (Seine-Inférieure) le 3 novembre 1799, mort au Havre (Seine-Inférieure) le 22 février 1871, entra au conseil d'Etat et fut nommé maître des requêtes en 1832. Il remplissait ces fonctions lorsque, en 1840, son beau-père, M. Humann, devenu ministre des finances, le prit pour chef de cabinet. Après deux ans d'exercice, il fut pourvu de la recette générale de Saône-et-Loire (1843). Puis il fut appelé à la préfecture de Seine-et-Marne, devint quelque temps conseiller-maître à la cour des Comptes, puis receveur général des finances à Rouen. Là il prit part à la création du Comptoir d'Escompte et de plusieurs institutions de crédit. Son passé et les opinions conservatrices qu'il professait lui firent confier, le 24 janvier 1851, par le président de la République, le portefeuille des Finances. Le 3 février suivant, il présenta un projet de loi tendant à ouvrir un crédit supplémentaire de 1,800,000 francs pour les dépenses de la présidence. L'Assemblée fit un accueil des plus froids à cette proposition, et le 10 avril, M. de Germiny donna sa démission. Le lendemain, il était nommé commandeur de la Légion d'honneur. Il devint plus tard régent de la Banque de France, fut appelé, en 1854, aux fonctions de gouverneur du Crédit foncier qui venait d'être réorganisé, et quitta le Crédit foncier en 1856 pour occuper le poste de gouverneur de la Banque de France. Le 7 mai 1863, il entra au Sénat impérial, fut remplacé à la Banque par M. Vuitry et garda le titre de gouverneur honoraire. Il soutint de ses votes jusqu'en 1870 le gouvernement de Napoléon III, et rentra dans la vie privée au 4 septembre. M. de Germiny a été président de la Compagnie immobilière et a fait partie d'un grand nombre de sociétés financières. Son fils, M. Eugène de Germiny, avocat distingué et conseiller municipal de Paris, fut mêlé, en 1877, à une affaire de mœurs qui l'obligea de quitter la France. Il est aujourd'hui avocat à Buénos-Ayres.

GERMINY (MARIE-HENRI-GABRIEL LEBÈGUE, COMTE DE), député au Corps législatif de 1869 à 1870, né à Rouen (Seine-Inférieure) le 3 juillet 1811, « fils de Marie-Gabriel-Raoul Lebègue de Germiny, ancien officier supérieur de cavalerie, et de demoiselle Adélaïde-Charlotte-Françoise Asselin de Villequier, » fut destiné à l'état militaire, entra à l'école de Saint-Cyr en 1828, et en sortit comme sous-lieutenant au 2e régiment d'infanterie de ligne ; mais il donna sa démission dès 1832, et se mit à voyager. Il parcourut successivement l'Allemagne, l'Autriche, puis les possessions françaises d'Afrique, l'Amérique du Sud, et enfin l'Extrême-Orient. De retour en France, il épousa Mlle van der Vliet, d'une ancienne famille hollandaise, et s'établit dans le Calvados, où il acheta la terre et le château de Bénauville (commune de Bavent). Maire de Bavent en 1848, conseiller général du Calvados pour le canton de Troarn depuis 1852, il soutint le gouvernement impérial, et fut son candidat officiel aux élections législatives du 24 mai 1869. M. de Germiny, élu député de la 1re circonscription du Calvados par 13,402 voix (26,305 votants, 37,787 inscrits), vota jusqu'au 4 septembre 1870 avec la majorité dynastique, notamment pour la déclaration de guerre à la Prusse. Chevalier de la Légion d'honneur (1863).

GERMIOT (JOSEPH), député en 1789, né à Septeuil (Seine-et-Oise) le 17 novembre 1736, mort à une date inconnue, « fils de Louis Germiot, laboureur, demeurant à Charbonnière, dépendance de la paroisse de Septeuil, et de Marie Pichot, son épouse, » était agriculteur à Menucourt. Le 24 mars 1789, il fut élu député du tiers aux Etats-Généraux par le bailliage de Mantes et Meulan. Il appuya de ses votes les revendications de son ordre et ne parut pas à la tribune.

GERMONIÈRE (LOUIS-HIPPOLYTE RANGEARD DE LA), représentant en 1848, en 1849, en 1871, né à Vouvray (Indre-et-Loire) le 24 novembre 1807, mort au Vast (Manche) le 1er février 1887, fit ses études au collège de Pontlevoy, puis à l'Ecole de droit à Paris. Reçu licencié en 1829, il s'associa (1830) à son beau-père, propriétaire d'une importante filature de coton au Vast. Déjà conseiller municipal de Rouen et membre du tribunal et de la chambre de commerce de cette ville, il prit part au banquet réformiste de Rouen en 1847, et, après la révolution de 1848, fut élu par les conservateurs de la Seine-Inférieure, représentant à l'Assemblée constituante, le 10e sur 19, avec 128,752 voix. M. de la Germonière prit place à droite, fit partie du comité du commerce, et vota, notamment : pour le rétablissement du cautionnement, pour les poursuites contre Louis Blanc et Caussidière, pour le rétablissement de la contrainte par corps, contre l'amendement Grévy, contre le droit au travail, pour la proposition Rateau, pour les crédits de l'expédition de Rome, contre l'amnistie, etc. Réélu, le 13 mai 1849, représentant de la Seine-Inférieure à l'Assemblée législative, il continua d'opiner avec les monarchistes, appuya de ses votes les lois répressives sur la presse, le droit de réunion, l'exercice du suffrage universel, mais n'approuva point le coup d'Etat de décembre 1851. Ayant protesté, à la mairie du 10e arrondissement, contre l'acte du prince-président, il fut arrêté et conduit au Mont-Valérien. M. de la Germonière resta dans la retraite pendant la durée de l'empire, et fut rappelé au parlement, le 8 février 1871, par les électeurs de la Manche : élu représentant de ce département à l'Assemblée nationale, le 7e sur 11, par 70,071 voix (88,856 votants, 153,878 inscrits), il siégea au centre droit, se prononça : pour la paix, pour les prières publiques, pour l'abrogation des lois d'exil, pour la dénonciation des traités de commerce, pour la démission de Thiers au 24 mai, pour le ministère de Broglie, contre la dissolution, pour le septennat, l'état de siège, la loi des maires, etc. Il repoussa l'amendement Wallon, mais se rallia au vote des lois constitutionnelles. M. de la Germonière fit partie de plusieurs commissions importantes, entre autres de celle des marchés et de la célèbre commission des Trente. Il se représenta, sans succès, le 20 février 1876, dans l'arrondissement de Cherbourg, et échoua avec 2,110 voix contre 7,195 à M. de Tocqueville, élu, et 5,861 à M. Lavieille. Membre du conseil supérieur du commerce.

GEROLT (Bernard-François-Joseph), député au Corps législatif de l'an XI à 1814, né à Bonn (Allemagne) le 15 septembre 1747, mort à une date inconnue, fils de M. Ferdinaud-François-Etienne Gerolt, et de Mme Hélène-Jeanne-Thérèse Merznich, fut, dans son pays, conseiller intime de l'électeur de Cologne et membre de la cour de revision de l'électorat. Sous la domination française, il entra dans la magistrature, occupa le poste de procureur impérial près le tribunal de première instance de Bonn, et fut choisi par le Sénat conservateur, le 2 vendémiaire an XIV, pour représenter au Corps législatif le département de Rhin-et-Moselle. Il obtint, le 8 mai 1811, le renouvellement de ce mandat, qu'il conserva jusqu'à la fin de l'empire.

GERTOUX (Brice), député en 1791, membre de la Convention, député au Conseil des Cinq-Cents, né en 1743, mort à une date inconnue, était homme de loi à Tarbes. Le 3 septembre 1791, il fut élu, le 5e sur 7, par 109 voix (217 votants), député des Hautes-Pyrénées à l'Assemblée législative, où il passa inaperçu. Réélu par le même département, le 4 septembre 1792, le 3e sur 6, par 246 voix (270 votants), membre de la Convention, il répondit au 3e appel nominal, lors du procès de Louis XVI : « Je vote pour la reclusion pendant la guerre, et pour le bannissement à la paix. » Il opina constamment avec les modérés, et fit encore partie (22 vendémiaire an IV) du Conseil des Cinq-Cents, où le département des Hautes-Pyrénées l'envoya siéger par 76 voix (118 votants). Il quitta la vie politique en l'an VII.

GERVAIS (Etienne-Auguste), député de 1837 à 1842, né à Glos-la-Ferrière (Orne) le 12 août 1797, mort à une date inconnue, fils de Jacques Gervais et de Marie Gervais, fut longtemps notaire, maire de Provins, et conseiller général. Pour le récompenser des services qu'il rendit à la ville, ses concitoyens le nommèrent, le 4 novembre 1827, député du 4e collège électoral de Seine-et-Marne (Provins), par 227 voix sur 470 votants et 553 inscrits, et le réélurent, le 2 mars 1839, par 281 voix sur 461 votants et 556 inscrits. Il siégea au centre, mais vota parfois avec l'opposition dynastique.

GERVILLE-RÉACHE (Gaston-Marie-Sidonie-Théonile), député depuis 1881, né à la Pointe-à-Pitre (Guadeloupe) le 23 août 1854, fils d'un greffier de la cour d'appel, fit ses études à Paris, fut reçu avocat, et entra comme rédacteur judiciaire à *la Justice*. Inscrit au barreau de Paris, où il plaida non sans succès, il se présenta, comme candidat radical, aux élections du 2 octobre 1881, dans la 1re circonscription de la Guadeloupe, et fut élu député par 2,206 voix sur 3,765 votants et 12,478 inscrits, contre 966 voix à M. Emile Réaux, et 565 à M. Jean Romain. Le même jour il obtint, dans la 2e circonscription de la Guadeloupe, 203 voix contre 2,522 à M. Sarlat, élu, et 551 à M. Emile Réaux. Il prit place à l'extrême-gauche, mais passa bientôt à l'Union des gauches, trouvant le programme radical irréalisable pour le moment. Il devint vice-président de ce dernier groupe, et prit une part active aux travaux parlementaires. En juin 1882, il présenta à la loi sur la réforme de la magistra-

ture un contre-projet demandant l'élection des magistrats au suffrage universel ; appuya (janvier 1883) le rapport de M. Lepère sur le même sujet, concluant du moins à l'élection par le suffrage à deux degrés ; fut rapporteur de la loi sur la rélégation des récidivistes (mars 1883) et fut un des champions les plus ardents pour la défense de cette loi ; fut chargé, au Congrès (août 1884), de l'important rapport limitant aux propositions du gouvernement la revision des lois constitutionnelles. Porté, aux élections du 25 octobre 1885, sur la liste républicaine de la Guadeloupe, il fut réélu, le 1er sur 2, par 5,456 voix sur 10,514 votants et 34,103 inscrits ; dans la nouvelle Chambre, il fit presque constamment partie de la commission du budget, fut rapporteur du budget de la marine en 1886 et 1889 (ses rapports ont été remarqués et vivement discutés), rapporteur du budget des affaires étrangères en 1888, rapporteur de la loi des cadres des officiers de la marine, président du comité consultatif des pêches maritimes, président de la commission de réforme de la comptabilité des magasins de la marine, président de la classe 77 à l'Exposition universelle, etc. En janvier 1887, il contribua à la formation de « l'Association de propagande républicaine », dont les statuts furent votés le 17 février ; le 31 mai 1888, il interpella le ministre des Affaires étrangères sur les paroles prononcées à la tribune hongroise par M. Tisza, premier ministre, conseillant aux Hongrois de ne pas prendre part à l'exposition de 1889 à Paris, « parce que leurs biens et leurs personnes n'y seraient pas en sûreté. » La réponse du ministre français donna satisfaction à l'émotion soulevée par ces étranges paroles. Lors de l'incident du cosaque Atchinoff à Sagallo, et de l'interpellation de M. Hubbard sur cette affaire (28 février 1889), M. Gerville-Réache, après la réponse du ministre des Affaires étrangères, déposa l'ordre du jour suivant : « La Chambre, s'associant aux sentiments de sympathie pour la Russie exprimés par le gouvernement, passe à l'ordre du jour. » Cet ordre du jour fut voté à l'unanimité. Radical par principe, mais opportuniste par circonstance, M. Gerville-Réache a voté constamment avec les républicains de gouvernement, et s'est prononcé notamment, dans la dernière session, *pour* le rétablissement du scrutin d'arrondissement (11 février 1889), *pour* l'ajournement indéfini de la revision de la Constitution, *pour* les poursuites contre trois députés membres de la Ligue des patriotes, *pour* le projet de loi Lisbonne restrictif de la liberté de la presse, *pour* les poursuites contre le général Boulanger.

GESNOUIN (François-Jean-Baptiste), député au Conseil des Cinq-Cents et au Corps législatif de l'an VIII, né à Fougères (Ille-et-Vilaine) le 24 février 1750, mort à Brest (Finistère) le 24 février 1814, alla fort jeune à Paris, travailla chez Cadet père et dans le laboratoire de la Rochefoucauld-Liancourt, et suivit les cours de Lavoisier, de Fourcroy et de Vauquelin. Le 1er mai 1777, il fut nommé apothicaire-major à Brest, et devint, en juillet 1789, membre du conseil de la commune de Brest, puis conseiller municipal. Pharmacien en chef en janvier 1793, il fut élu, le 25 germinal an V, député du Finistère au Conseil des Cinq-Cents, ne s'y occupa que de questions relatives à la marine et ne monta à la tribune que pour discuter le nouveau code pénal maritime. Le 4 nivôse an VIII, le Sénat conservateur l'élut député du Finistère au Corps législatif. Rendu à la vie privée, il continua à Brest l'exercice de la pharmacie. Son nom est attaché à une préparation antisyphilitique jadis très usitée.

GESTAS (JEAN-CHARLES-AMANT-CONSTANT CASEMAJOR, COMTE DE), député de 1815 à 1816 et de 1818 à 1831, né à Rive-Haute (Basses-Pyrénées) le 1er décembre 1776, mort à Paris le 25 octobre 1849, débuta dans la vie parlementaire, le 22 août 1815, comme député des Basses-Pyrénées, élu par 77 voix (139 votants, 226 inscrits), au collège de département. Il vota avec la majorité de la Chambre introuvable. Puis il reparut à la Chambre le 20 octobre 1818, ayant été nommé pour la seconde fois député des Basses-Pyrénées, par 93 voix (183 votants, 321 inscrits), contre 89 à M. Basterrèche. Il prit place à droite, et vota généralement avec la fraction la plus avancée de l'opinion royaliste. Réélu, le 13 novembre 1820, par 63 voix (79 votants, 111 inscrits), puis le 25 février 1824, dans le 2e arrondissement des Basses-Pyrénées (Orthez), par 95 voix (119 votants, 143 inscrits), contre 20 au général Lamarque, il appuya la politique de M. de Villèle, qui le nomma inspecteur puis conservateur des eaux et forêts. M. de Gestas obtint le renouvellement de son mandat, au collège de département, le 17 novembre 1827, par 171 voix (303 votants, 366 inscrits), vota *contre* l'adresse « des 221 », et, renommé une dernière fois le 12 juillet 1830, par l'arrondissement d'Orthez, avec 105 voix (117 votants, 145 inscrits), ne donna pas sa démission après l'avènement de Louis-Philippe, mais ne fut pas réélu en 1831.

GÉVAUDAN (ANTOINE), député de 1822 à 1824, né à Cette (Hérault) le 21 mai 1746, mort à Paris le 17 mai 1826, fut, sous la Restauration, un des administrateurs des *Messageries royales*, qui possédaient alors le monopole des transports publics. Il avait épousé Mlle Devienne, la célèbre sociétaire du Théâtre-Français, une des meilleures soubrettes qu'ait connues la maison de Molière, et avait eu d'elle un fils, mort à l'âge de seize ans, en 1816. Le 15 février 1822, la nomination de M. Roy comme pair de France ayant produit une vacance dans la députation de la Seine, M. Gévaudan fut élu, comme royaliste, le 15 février 1822, député du 4e arrondissement de ce département, par 633 voix (1,045 votants), contre 386 à M. Legrand-Devaux. Il soutint de ses votes le gouvernement, obtint sa réélection le 9 mai 1822, par 845 voix (1,350 votants, 1,485 inscrits), contre 459 à M. Bertin-Devaux, et siégea jusqu'en 1824 dans les rangs de la majorité.

GÉVELOT (JULES-FÉLIX), député au Corps législatif de 1869 à 1870, représentant en 1871, député de 1876 à 1889, né à Paris le 6 juin 1826, s'appelait de son nom patronymique Batard-Gévelot; il obtint, en 1862, l'autorisation de porter le seul nom de Gévelot. Propriétaire directeur, aux Moulineaux (Seine), d'une manufacture de capsules et de cartouches à laquelle il a donné son nom, et créateur de vastes exploitations agricoles dans l'Orne, où il a opéré des défrichements considérables, il fut élu, en 1869, conseiller général de ce département pour le canton de Messey. La même année (24 mai), il se présenta avec succès, comme candidat indépendant au Corps législatif, et fut nommé député de la 3e circonscription de l'Orne, par 17,813 voix contre 12,078 au député officiel sortant, M. de Torcy. Il prit place au centre gauche, fut élu membre de la commission des douanes, protesta contre le plébiscite et contre les candidatures officielles, fit partie des 116, et vota la déclaration de guerre à la Prusse. Pendant la campagne, il participa à la défense de Paris comme membre du comité scientifique de la Défense, et comme président de la commission d'armement au ministère des Travaux publics. Élu, le 8 février 1871, représentant de l'Orne à l'Assemblée nationale, le 3e sur 8, par 56,536 voix (65,515 votants, 123,713 inscrits), il siégea dans les rangs des conservateurs républicains, appuya la politique de Thiers, vota *contre* sa démission au 24 mai 1873, *contre* le ministère de Broglie, *contre* la loi des maires, l'état de siège, le septennat, etc., et *pour* l'amendement Wallon et l'ensemble des lois constitutionnelles. Il se présenta aux élections sénatoriales du 30 janvier 1876, et échoua dans l'Orne avec 263 voix (595 votants); mais il se fit réélire député, le 20 février suivant, dans la 2e circonscription de Domfront, avec 11,287 voix (14,946 votants, 19,906 inscrits). Il reprit sa place au centre gauche et fut des 363. Réélu comme tel, le 14 octobre 1877, par 11,399 voix (13,255 votants, 20,222 inscrits), contre 139 voix à M. de Torcy et 114 à M. Lefébure, il soutint le ministère Dufaure, vota *pour* les lois Ferry sur l'enseignement, *pour* l'invalidation de l'élection de Blanqui, *contre* l'amnistie plénière, et suivit la politique opportuniste. Les élections du 21 août 1881 le renvoyèrent à la Chambre par 10,109 voix (12,469 votants, 20,296 inscrits). Il continua de donner son appui au gouvernement, se prononça *contre* la séparation de l'Église et de l'État, *contre* la magistrature élue, *pour* les crédits de l'expédition du Tonkin, et, après une nouvelle tentative infructueuse pour entrer au Sénat le 6 janvier 1885, en remplacement de M. de Flers, décédé (il n'eut alors que 454 voix contre 485 à M. Libert, monarchiste, élu), il obtint encore, en octobre 1885, le renouvellement de son mandat législatif, sur la liste opportuniste, dans l'Orne; il passa seul de cette liste avec 44,585 voix (88,704 votants, 107,583 inscrits). M. Gévelot ne se fit inscrire à aucun groupe dans la Chambre nouvelle; il continua d'approuver la politique ministérielle, opina *contre* la revision intégrale de la Constitution, *contre* l'expulsion des princes, et vota en dernier lieu : *pour* le rétablissement du scrutin d'arrondissement (11 février 1889), *pour* l'ajournement indéfini de la revision de la Constitution, *pour* les poursuites contre trois députés membres de la Ligue des patriotes, *pour* le projet de loi Lisbonne restrictif de la liberté de la presse, *pour* les poursuites contre le général Boulanger. M. Gévelot, qui a été longtemps maire de Conflans-Sainte-Honorine (Seine-et-Oise), est chevalier de la Légion d'honneur.

GEVERS (ABRAHAM), député au Corps législatif de 1811 à 1814, né à Rotterdam (Hollande) le 29 novembre 1762, mort à sa maison de campagne de Noord-Nieuwzand (Hollande) le 21 août 1818, descendait d'une famille patricienne de Rotterdam, et peut-être d'une famille de Gèvres d'origine française, et était fils de Paulus Gevers et de Jacoba-Maria Cornets de Groot (descendante du célèbre Hugues de Groot). Échevin de la seigneurie de Cool (1782), reçu docteur en droit (1784), il devint (20 décembre 1785) secrétaire des premiers intendants des digues de Schieland, puis commissaire de l'amirauté (16 mai 1786), et commissaire (directeur) des postes en 1795. Membre de l'Assemblée nationale hollandaise en 1797, échevin de Rotterdam en 1802, et membre du Corps législatif du royaume de Hollande (1806), il était vice-président de cette assemblée lorsque la réunion de la Hollande à la France le fit entrer, le 19 février 1811, comme député du département des Bouches-de-la-Meuse, au Corps législatif français. Cette nomination fut faite directement par l'empereur sur une liste de candidats présentés par le préfet du département. Gevers fut appelé, en 1813, aux fonctions de président du tribunal de 1re instance de Rotterdam. La même année, il fut nommé garde général des forêts du 3e district de Zuid-Holland, et quitta le Corps législatif à la chute de l'Empire. En 1815, il obtint la dignité de « Præses magnificus » du « Bataafsch Genootschap» à Rotterdam. Il mourut trois ans après.

GÈZE (JEAN-MARIE-MICHEL), représentant à la Chambre des Cent-Jours, né à Cezau (Gers) le 7 mai 1775, mort à une date inconnue, étudia le droit, et, reçu licencié, acheta une charge d'avoué à Condom. Cet arrondissement le nomma, le 14 mai 1815, par 37 voix sur 54 votants et 112 inscrits, représentant à la Chambre des Cent-Jours. Il ne fit pas partie d'autres législatures.

GHAISNE. — *Voy.* BOURMONT (COMTE DE).

GHEYSENS (IGNACE), député au Conseil des Anciens et au Corps législatif de l'an VIII à 1807, né le 21 mars 1748, mort à une date inconnue, propriétaire à Haerbeke-Courtrai, fut élu, le 23 germinal an VI, député du département de la Lys au Conseil des Anciens. Favorable au coup d'Etat de brumaire, il adhéra à la Constitution nouvelle par la lettre suivante:

« Courtrai, le 3 nivôse an 8e de la République.

« Le citoyen Ignace Gheysens, député au Conseil des Anciens du département de la Lys,

« Au président de la commission dudit conseil.

« Citoyen collègue,

« Le registre d'acceptation de la nouvelle constitution étant ouvert aujourd'hui à la municipalité de ma commune de Courtrai, j'ai l'honneur de vous prévenir que je viens de donner mon adhésion à l'acte constitutionnel; en attendant mon arrivé (sic) à Paris pour signer à cet effet sur le registre ouvert au Conseil des Anciens, je dois vous observer avec franchise que je vois avec peine qu'on présente l'acte constitutionnel à un peuple si généreux et souffrant, et qui doit faire son bonheur, avec si peu d'éclat et solennité.

« Salut et respect,

« IGN. GHEYSENS. »

Il fut compris le lendemain, 4 nivôse, par le Sénat conservateur, sur la liste des députés au Corps législatif. Il y représenta le département de la Lys jusqu'en 1807.

GIARD (ALFRED-MATHIEU), député de 1882 à 1885, né à Valenciennes (Nord) le 8 août 1846, s'adonna à l'étude des sciences zoologiques. Docteur en médecine et docteur ès sciences, il était professeur de zoologie à la faculté de Lille, quand il se présenta, sans succès et par l'insistance de quelques-uns de ses élèves, le 21 août 1881, comme candidat radical dans la 2e circonscription de Lille, où il n'obtint que

1,353 voix contre 9,244 au candidat opportuniste, M. Gustave Masure, et 2,008 à M. Bernard. Il fut plus heureux lors de l'élection partielle destinée à pourvoir au remplacement de M. Legrand, démissionnaire : le 3 décembre 1882, les électeurs de la première circonscription de Valenciennes le nommèrent député, au second tour, avec 7,026 voix (13,495 votants, 19,571 inscrits), contre 6,214 voix à M. J. Rousseau. D'un radicalisme très avancé, M. Giard fut l'adversaire des expéditions coloniales; en février 1884, il interpella le gouvernement sur son attitude peu bienveillante à l'égard des ouvriers grévistes d'Anzin, et demanda vainement qu'on obligeât la compagnie à admettre les réclamations des mineurs. Le 4 octobre 1885, porté sur la liste radicale du département du Nord, il échoua avec 12,780 voix sur 292,696 votants. Depuis cette époque, il s'est consacré à l'enseignement. Transformiste convaincu, il a publié de très importants et très remarquables travaux sur l'*Origine ascidienne des vertèbres*. Maître de conférence à l'Ecole normale supérieure, il est actuellement titulaire de la chaire d'« Histoire de l'évolution des êtres vivants », fondée à la Sorbonne par le conseil municipal de Paris pour exposer et répandre les doctrines de Lamarck et de Darwin.

GIBERGUES (PIERRE), député en 1791, membre de la Convention et député au Conseil des Anciens, né le 30 novembre 1740, mort à une date inconnue, était prêtre à Saint-Floret. Partisan des idées nouvelles, il fut élu, le 6 septembre 1791, député du Puy-de-Dôme à l'Assemblée législative, le 2e sur 12, par 375 voix sur 635 votants; il siégea parmi les modérés de la majorité. Le 6 septembre 1792, le même département l'envoya siéger à la Convention, le 2e sur 12, à la pluralité des voix sur 695 votants. Dans le procès de Louis XVI, Gibergues vota contre l'appel et contre le sursis et répondit au troisième appel nominal : « Je vote pour la mort. » Mais bientôt ses opinions s'adoucirent et il dénonça son collègue Maure comme ayant participé à l'insurrection jacobine de prairial. Le 22 vendémiaire an IV, il fut élu député du Puy-de-Dôme au Conseil des Anciens, par 226 voix sur 487 votants; il en sortit en mai 1797, et rentra dans la vie privée.

GIBERT (LOUIS-BERNARD), député en 1789, né à Baron (Oise) le 24 février 1749, mort à une date inconnue, était curé de la paroisse de Saint-Martin de Noyon, quand il fut élu, le 23 mars 1789, député du clergé aux Etats-Généraux pour le bailliage de Vermandois. Le 1er juillet suivant, il déposa sur le bureau une protestation contre sa comparution à l'assemblée, en même temps qu'un certain nombre de ses collègues. Le 14 juin 1790, il prit la parole dans la discussion sur la situation et le traitement des vicaires et contribua, le 17 juin suivant, à faire rejeter les amendements en disant : « Plus l'on accorde, plus l'on demande. J'ai été pendant dix ans vicaire à 250 livres et vous voyez que je n'en suis pas plus maigre. » Le 27 décembre de la même année, il prêta le serment constitutionnel; on perd sa trace après la session.

GIBERT-DESMOLIÈRES (JEAN-LOUIS), député au Conseil des Cinq-Cents, né à Paris le 26 juillet 1746, mort à Cayenne (Guyane française) le 2 janvier 1799, appartenait à une famille de jurisconsultes, d'historiens et d'hommes de lettres issue de la Provence, et était fils de Joseph-Balthazar Gibert (1711-1771), auteur d'importants ouvrages d'érudition. Après avoir été directeur du contentieux à l'administration des domaines, Gibert-Desmolières se trouvait, à l'époque de la Révolution, un des administrateurs généraux de cette régie. Élu, le 28 vendémiaire an IV, par 485 voix (685 votants), député de la Seine au Conseil des Cinq-Cents, il s'y fit d'abord remarquer par ses connaissances économiques et financières, parla sur le paiement en numéraire des droits de douanes, formula un projet pour ouvrir un emprunt viager en forme de toutine, fit autoriser les parents d'émigrés à vendre une partie de leurs biens pour l'acquit de l'emprunt forcé, fut élu secrétaire de l'assemblée, discuta le projet relatif à la contribution foncière, parla sur le paiement des biens nationaux, sur les monnaies, sur la répartition des contributions personnelle et mobilière, etc. Mais l'ardeur qu'il mit à combattre la plupart des mesures fiscales proposées par le Directoire autant que les sympathies qu'il manifesta pour le parti de la contre-révolution, rendirent Gibert-Desmolières des plus suspects au gouvernement. Les projets, très nombreux, qu'il soumit au Conseil des Cinq-Cents, furent l'objet d'attaques très vives qui ne le découragèrent pas. Il habitait rue de Clichy, et c'est chez lui que se réunissaient les députés soi-disant royalistes, hostiles au Directoire et à Bonaparte; d'où leur nom de « clichyens ». Un agent royaliste, dans un rapport à Louis XVIII, d'octobre 1797, les appelle « un tas d'avocats infatués de leur importance ». Aussi, lors des événements du 18 fructidor, Gibert-Desmolières se vit-il inscrit sur la liste des déportés. Arrêté à Villiers près de Paris, chez sa sœur, où il s'était réfugié, il fut transféré au Temple, et de là dirigé sur Royan, d'où on l'embarqua pour la Guyane. Il arriva à Cayenne le 9 juin 1798, obtint de ne pas être condamné, comme plusieurs de ses codéportés, au séjour de Sinnamari, réussit à louer, à trois lieues de Cayenne, une sorte de métairie où il se fixa, et employa à des essais d'exploitation agricole ce qui lui restait de sa fortune. Il succomba, le 2 janvier 1799, aux suites de l'imprudence qu'il fit en se baignant, entre deux accès de fièvre, dans une rivière dont l'eau était très froide.

GIBON (Auguste-Louis-Marie, comte de), député en 1830, né à Redon (Ille-et-Vilaine) le 6 septembre 1786, mort à Redon le 18 avril 1850, suivit la carrière militaire et parvint au grade de capitaine d'infanterie. Maire de Redon, conseiller d'arrondissement et conseiller général d'Ille-et-Vilaine, membre du Comité général d'agriculture, chargé du dépôt des étalons, commandeur de l'ordre de Saint-Louis, M. de Gibon fut élu, le 23 juin 1830, député du 4e arrondissement d'Ille-et-Vilaine (Redon), par 63 voix sur 66 votants et 79 inscrits. Mais il ne crut pas pouvoir se rallier au régime issu de la révolution de juillet, et se démit de son mandat parlementaire par une lettre ainsi conçue :

« Paris, 23 août 1830.

« Monsieur le Président,

« Les événements survenus depuis ma nomination me font regarder mon mandat comme insuffisant. Je crois donc devoir donner ma démission, et je vous prie de vouloir bien la faire agréer à la Chambre.

« Recevez l'assurance de la considération avec laquelle j'ai l'honneur d'être, etc...

« Comte de Gibon,
député du 4e arrondissement d'Ille-et-Vilaine. »

Il ne fit point partie d'autres assemblées.

GICQUEAU (Marie-Claude-Désiré de), représentant en 1849, né à Varades (Loire-Inférieure) le 24 mai 1791, mort à Ancenis (Loire-Inférieure) le 14 juillet 1859, étudia le droit et entra dans la magistrature sous la Restauration: après avoir occupé le poste de procureur du roi près le tribunal d'Ancenis, il donna sa démission en 1830, et exerça la profession d'avoué. D'opinions royalistes, il fut élu par les conservateurs de la Seine-Inférieure, le 13 mai 1849, représentant à l'Assemblée législative, le 9e sur 11, avec 63,855 voix (148,353 inscrits). M. de Gicqueau siégea à droite et s'associa à tous les votes de la majorité conservatrice; puis il se déclara contre le coup d'État du 2 décembre 1851, et fut, aux premières élections du nouveau Corps législatif, le 29 février 1852, le candidat de l'opposition légitimiste dans la première circonscription de la Loire-Inférieure: il échoua avec 6,396 voix contre 13,934 à M. Garnier, candidat officiel élu, et 416 à M. A. Rivière. Il se retira alors à Ancenis, où il mourut en 1859.

GICQUEL DES TOUCHES (Albert-Auguste), ministre de la marine en 1877, né à Brest (Finistère) le 10 avril 1818, fils d'un capitaine de vaisseau, fut destiné à la marine, devint enseigne en 1838, lieutenant de vaisseau en 1843, capitaine de frégate le 8 mai 1850, et capitaine de vaisseau le 9 août 1858. Il exerça plusieurs commandements, notamment dans la Méditerranée, fut chef d'état-major de l'escadre d'évolutions, et remplit au ministère de la Marine les fonctions de directeur du personnel. Contre-amiral le 6 avril 1867, et vice-amiral le 3 août 1875, il dirigea une division navale dans la Méditerranée (1867), fit, en 1870, devant la commission d'enquête sur la marine marchande, une déposition remarquée en faveur du maintien de l'inscription maritime, fut nommé préfet maritime à Lorient, et, en raison de ses opinions conservatrices bien connues, fut appelé à prendre, dans le cabinet du 16 mai 1877, le portefeuille de la Marine. Il tomba avec ses collègues du ministère, le 22 novembre, retourna à son poste et ne s'occupa plus de politique. Grand-officier de la Légion d'honneur du 27 décembre 1872. On a de lui une brochure sur le *Recrutement des équipages de la flotte.*

GIDOUIN (Louis), député en 1789, né à Monnerville (Seine-et-Oise) le 12 octobre 1727, mort à Étampes le 15 février 1804, propriétaire à Étampes, fut élu, le 15 mars 1789, député du tiers aux États-Généraux par le bailliage d'Étampes. Il eut dans l'Assemblée constituante un rôle effacé, qui n'a pas laissé de traces au *Moniteur.*

GIERA (Pierre-Paul), député au Corps législatif de 1809 à 1811, né à Livourne (Italie) en 1757, mort à Livourne le 11 avril 1811, négociant dans cette ville, fut, le 5 juillet 1809, nommé député du nouveau département de la Méditerranée au Corps législatif impérial. En vertu de cette nomination, faite directement par l'empereur sur une liste présentée par le préfet, Giera siégea jusqu'en 1811.

GIEURÉ (Albini), député de 1885 à 1886, né à Castets (Landes) le 26 décembre 1844, était rédacteur en chef du journal conservateur l'*Adour*, lorsqu'il fut élu (4 octobre 1885), le 3e sur la liste monarchiste, député des Landes, par 37,314 voix (71,339 votants, 83,874 inscrits). Mais l'élection des Landes fut invalidée, et, au scrutin définitif du 14 février 1886, M. Gieuré se représenta, sans succès, ainsi que ses quatre collègues : il obtint pour sa part 33,923 voix sur 72,400 inscrits.

GIGAULT-CRISENOY (Achille-Etienne-Marie), député au Conseil des Anciens, né à Paris en 1760, mort à une date inconnue, était conseiller au parlement de Paris avant la révolution. Le 22 germinal an V, il fut élu député de Seine-et-Marne au Conseil des Anciens. A la séance du 15 thermidor, il proposa d'approuver la résolution tendant à donner à divers ministres la faculté de déléguer, pour les dépenses extraordinaires de leurs départements, les quatre derniers sixièmes du dernier quart des domaines nationaux soumissionnés. Trois jours plus tard, le 18 thermidor, le conseil approuva cette résolution sur le rapport de Gigault-Crisenoy.

GIGON-LABERTRIE (Stanislas), député de 1839 à 1848, représentant en 1848 et 1849, né à Vimoutiers (Orne) le 28 octobre 1794, mort à Vimoutiers le 9 novembre 1851, était maire de sa ville natale et membre du conseil général de l'Orne, lorsqu'il fut élu, le 2 mars 1839, par le 4e collège de ce département (Gacé), membre de la Chambre des députés, avec 210 voix sur 373 votants, contre 161 à Goupil de Préfelne, député sortant. Il prit place à gauche, dans les rangs de l'opposition dynastique, suivit la politique d'Odilon Barrot, et combattit de ses votes, sans paraître à la tribune, le gouvernement de Louis-Philippe. Réélu le 9 juillet 1842, par 268 voix (420 votants, 516 inscrits), contre 148 à Goupil de Préfelne, puis, le 1er août 1846, par 251 voix (419 votants, 545 inscrits), contre 126 au même concurrent, il continua d'opiner avec la minorité libérale. L'état de sa santé ne lui permit pas de prendre une part bien active aux travaux parlementaires. Après la révolution de février, M. Gigon-Labertrie fut nommé représentant de l'Orne à l'Assemblée constituante, le 3e sur 11, par 89,081 voix (98,914 votants, 122,951 inscrits). Il fit partie du comité de l'administration, et vota presque toujours avec le parti conservateur : *pour* le rétablissement du cautionnement, *pour* les poursuites contre Louis Blanc et Caussidière, *contre* l'abolition de la peine de mort, *contre* l'amendement Grévy, *pour* l'ordre du jour en l'honneur de Cavaignac, *pour* la proposition Rateau, *pour* l'interdiction des clubs. Absent par maladie pendant le reste de la session, il fut réélu, le 13 mai 1849, représentant de l'Orne à la Législative, le 5e sur 9, par 42,275 voix (94,068 votants, 126,096 inscrits). Il siégea à droite et s'associa aux actes de la majorité, jusqu'à l'époque de sa mort survenue (9 novembre 1851) trois semaines avant la fin de la législature.

GIGUET (Honoré-Anthelme), député depuis 1883, né à Corbonod (Ain) le 13 janvier 1834, se fit recevoir avocat, mais s'occupa surtout de la culture de ses propriétés. Républicain sous l'Empire, il fut nommé (novembre 1870) procureur de la République à Gex, et démissionna à la chute de Thiers (24 mai 1873). Conseiller général du canton de Seyssel depuis 1871, il fut élu député de l'arrondissement de Belley à

l'élection partielle du 25 novembre 1883, par 12,680 voix sur 17,582 votants et 23,449 inscrits, contre 4,577 voix à M. Edouard Portalis, en remplacement de M. Roselli-Mollet, décédé. M. Thévenet, alors avocat à Lyon, depuis député et ministre, lui avait prêté dans les réunions publiques le concours le plus actif. Sans se faire inscrire à aucun groupe, M. Giguet siégea au centre de la gauche et soutint les ministères au pouvoir. Porté, aux élections du 4 octobre 1885, sur la liste de concentration républicaine de l'Ain, il fut réélu, le 1er sur 6, par 44,474 voix sur 76,043 votants et 103,649 inscrits. M. Giguet a repris sa place à gauche, a voté l'expulsion des princes et s'est prononcé, dans la dernière session : *pour* le rétablissement du scrutin d'arrondissement (11 février 1889), *pour* les poursuites contre trois députés membres de la Ligue des patriotes, *pour* le projet de loi Lisbonne restrictif de la liberté de la presse, *pour* les poursuites contre le général Boulanger; il s'est abstenu sur l'ajournement indéfini de la revision de la Constitution.

GILART. — *Voy.* Keranflech (de).

GILBERT (François-Hilaire), député au Corps législatif de l'an VIII, né à Châtellerault (Vienne) le 18 mars 1757, mort à Seignenicolano (Espagne) le 6 septembre 1800, fils d'un procureur du bailliage de Châtellerault, fut envoyé à Paris, à quatorze ans, au collège de Montaigu; la vivacité de son caractère l'oblige de changer de collège; il passa à celui du cardinal Lemoine, puis il entra contre son gré chez un procureur; ses parents lui ayant supprimé sa pension, il vécut quelque temps dans la misère. La lecture de Buffon lui donna le désir d'étudier l'anatomie du cheval. Necker, à qui il s'était présenté avec assurance, le fit entrer gratuitement à l'école d'Alfort, où il devint bientôt secrétaire particulier du directeur. Trois ans après, il fut nommé professeur à l'Ecole, puis il entra à l'Institut, lors de sa réorganisation, dans la section d'économie rurale et d'art vétérinaire. On lui doit l'organisation des établissements agronomiques de Sceaux, de Versailles et de Rambouillet; dans cette dernière station il s'occupa principalement de l'élevage des mérinos et fut même envoyé en mission en Espagne, en 1797, pour y acquérir des béliers. Mais sa mission rencontra beaucoup de difficultés. Le 4 nivôse an VIII, élu par le Sénat conservateur membre du Corps législatif, il ne put siéger, l'acquisition des moutons mérinos le retenant encore en Espagne. Les fatigues du voyage lui donnèrent bientôt une fièvre maligne à laquelle il succomba en quelques jours. On a de lui : *Traité des maladies charbonneuses des animaux et des moyens de les guérir* (an I 1); *Traité des prairies artificielles* (1790), etc.

GILBERT (André-Pierre-Armand-Pascal), député de 1885 à 1889, né à Serillac (Charente-Inférieure) le 5 avril 1830, fit son droit, s'établit banquier à Blaye (1863), devint président du tribunal de commerce de cette ville, conseiller municipal (1865) et adjoint au maire (1870), fut porté (4 octobre 1885) sur la liste républicaine opportuniste de la Gironde, et élu, au second tour de scrutin, député de ce département, le 8e sur 11, par 88,734 voix (162,286 votants, 203,661 inscrits). Il prit place à gauche, à l'Union républicaine, vota *contre* l'amnistie, *contre* la revision intégrale de la Constitution, soutint les divers ministères de la législature, et, dans la dernière session, s'abstint sur le rétablissement du scrutin d'arrondissement (11 février

1889), et se prononça *pour* l'ajournement indéfini de la revision de la Constitution, *pour* les poursuites contre trois députés membres de la Ligue des patriotes, *pour* le projet de loi Lisbonne restrictif de la liberté de la presse, *pour* les poursuites contre le général Boulanger. M. Gilbert est propriétaire de plusieurs crus importants du Blayais, et s'est efforcé avec succès de reconstituer, à l'aide de plants américains greffés, ses vignes phylloxérées. Officier d'Académie (1882).

GILBERT-BOUCHER (Charles-Gustave), sénateur de 1876 à 1885, né à Paris le 29 mai 1819, mort à Luzarches (Seine-et-Oise) le 6 janvier 1885, étudia le droit, et, après avoir exercé la profession d'avocat, entra dans la magistrature, le 6 juin 1847, comme substitut au tribunal d'Auxerre. Commissaire du gouvernement au tribunal d'Avallon le 20 mars 1848, il passa ensuite à Provins en qualité de substitut du procureur de la République. Il refusa, après le coup d'État de décembre 1851, de se rendre en disgrâce à Villeneuve-d'Agen ; mais il fut réintégré, quelques années plus tard, dans la magistrature impériale, et nommé, le 13 octobre 1859, procureur impérial à Sens, d'où il passa à Meaux en 1861 ; puis il devint juge au tribunal civil de la Seine le 30 août 1865. Beau-frère de M. Henri Didier, ancien député, et professant, comme lui, des idées libérales, il fut nommé, après le 4 septembre 1870, conseiller à la cour de Paris, tandis que M. Didier acceptait le poste de procureur de la République. Membre du conseil général de Seine-et-Oise pour le canton de Luzarches, M. Gilbert-Boucher devint en 1871 président de ce conseil, se déclara pour la politique de Thiers, et adhéra à la Constitution de 1875, dans un discours où il disait : « L'Assemblée nationale a établi et consacré le gouvernement républicain. C'est un devoir pour nous de nous conformer à ces lois, et je suis bien convaincu que personne parmi nous ne songera à se soustraire aux obligations qu'elles imposent. » Porté sur la liste républicaine modérée, aux élections sénatoriales du 30 mai 1876, dans le département de Seine-et-Oise, avec MM. Léon Say et Feray, il fut, malgré l'opposition de M. Buffet, alors vice-président du conseil des ministres, élu sénateur, le 3e et dernier, par 449 voix (783 votants). Il prit place au centre gauche et vota avec les républicains de la Chambre haute, par exemple : *contre* la demande de dissolution de la Chambre des députés (22 juin 1877). M. Gilbert-Boucher appuya le ministère parlementaire de Dufaure et continua de voter, après le renouvellement partiel de 1879, avec la fraction la plus conservatrice de la majorité sénatoriale. Réélu sénateur de Seine-et-Oise, le 8 janvier 1882, par 442 voix sur 783 votants, il prêta son concours aux divers ministères opportunistes de la législature, fut admis à la retraite comme conseiller à la cour de Paris le 26 novembre 1885, et mourut peu après, à Luzarches. Il fut remplacé au Sénat, le 4 avril 1886, par M. Maze.

GILBERT DES AUBINEAUX (Jean), député en 1791, né à Bordeaux (Gironde) le 28 octobre 1753, mort à Jonzac (Charente-Inférieure) le 22 juillet 1819, était fils d'un ancien trésorier de France au bureau des domaines à Bordeaux. Il était propriétaire aux Grois quand il fut élu, le 1er septembre 1791, député de la Charente-Inférieure à l'Assemblée législative, le 10e et dernier, par 289 voix sur 421 votants. Il n'eut qu'un rôle assez effacé dans cette assemblée. Le 17 octobre 1795, il obtint 53 voix à l'élection des juges au tribunal civil de la Charente-Inférieure ; nommé, le 8 juin 1800, membre du conseil général, dont il fit partie jusqu'en 1807, et, en 1808, juge de paix de Mirambeau, il occupa ce poste jusqu'à sa mort, ayant refusé les fonctions de conseiller à la cour de Poitiers auxquelles il avait été appelé le 19 mai 1811. Il mourut d'une attaque d'apoplexie.

GILBERT DE VOISINS (Pierre-Paul-Alexandre, comte), pair des Cent-Jours, député de 1822 à 1824, pair de France, né au château de Grosbois près Paris le 23 avril 1773, mort à Paris le 20 avril 1843, appartenait à une vieille famille de noblesse parlementaire. Son père, président à mortier au parlement de Paris, mourut sur l'échafaud en 1792. Il émigra, vit séquestrer sa fortune de plus de dix millions, et servit dans l'armée de Condé comme aide-de-camp du duc d'Uzès. Lorsqu'il voulut rentrer en France, en 1801, l'ex-évêque d'Arras, de Conzié, qui présidait le conseil du comte d'Artois, lui dit : « Ce n'est pas d'un émigré apostat qu'on fera un président à mortier. » Il rentra quand même, fut nommé (1806) juge suppléant au tribunal de la Seine, juge à la cour d'appel (1807), président de chambre (1810), maître des requêtes au conseil d'Etat et chevalier de la Légion d'honneur (1813). Chef d'escadron d'état-major de la garde nationale de Paris, il se battit à la barrière du Trône (1814) et se rallia immédiatement aux Bourbons. Grâce à l'influence de M. Beugnot qui avait été, sous la Révolution, emprisonné avec son père, il fut envoyé, par le gouvernement de la Restauration, comme commissaire dans la 12e division (Deux-Sèvres et Vendée), où il se fit remarquer par sa bienveillance. Au retour de l'île d'Elbe, Napoléon le nomma (1815) premier président à la cour de Paris, conseiller d'Etat, commandeur de la Légion d'honneur, pair des Cent-Jours (2 juin) et comte de l'Empire. L'acceptation de ces dignités lui valut une disgrâce complète sous la seconde Restauration ; il fut alors de l'opposition constitutionnelle, et, aux élections du 9 mai 1822, candidat libéral dans le 1er arrondissement électoral des Deux-Sèvres (Parthenay), fut élu député par 217 voix sur 405 votants et 499 inscrits, contre 174 voix à M. d'Abbadie. Il prit place à gauche, parla sur le budget de 1823, attaqua les Jésuites, et collabora au *Constitutionnel*. Aux élections du 25 février 1824, ayant cessé d'être éligible, pour avoir employé ce qui lui restait de sa fortune à l'acquittement de services rendus autrefois à son père, il ne se représenta pas, et recueillit encore 18 voix contre 286 à M. Agier, élu, et 13 à M. d'Abbadie. Il s'occupa alors d'études de législation. Il était en Angleterre au moment des journées de juillet ; il rentra à Paris, se rallia à la monarchie nouvelle, et fut nommé, dès le 17 août 1830, conseiller à la cour de Cassation. Louis-Philippe le fit entrer à la Chambre des pairs, le 9 novembre 1831, et joignit à ce titre ceux de colonel de la garde nationale, d'officier de la Légion d'honneur, et de membre du conseil du domaine privé. Son dévouement à la monarchie de juillet persista jusqu'à sa mort. Un de ses fils épousa Mlle Taglioni, une étoile de la danse à l'Opéra. On a de M. Gilbert de Voisins : *Procédure suivie au parlement de Paris contre l'institut et les constitutions des Jésuites* (1823) ; *Des empiétements du conseil d'État sur les tribunaux* (1824), etc.

GILLAISEAU (Pierre-Jean), député au Conseil des Cinq-Cents, né à Aizenay (Vendée) le 16 mai 1751, mort à une date inconnue, était avocat à Talmond (Vendée) avant la Révolution. Un des délégués de l'assemblée primaire de Talmond pour procéder à l'élection des membres de l'administration départementale de la Vendée (29 juin 1790), il fut nommé, sous le Directoire, juge au tribunal civil de la Vendée, et fut élu, le 24 germinal an VI, député de ce département au Conseil des Cinq-Cents. Il ne se montra pas hostile au coup d'État de brumaire et fut promu, le 24 floréal an VIII, juge au tribunal d'appel de Poitiers.

GILLAND (JÉROME-PIERRE), représentant du peuple en 1849, né le 18 août 1815, mort à Château-Thierry (Aisne) le 12 mars 1854, exerçait le métier de serrurier. Porté sur la liste du parti démocratique de Seine-et-Marne pour les élections à la Législative, il fut élu, le 13 mai 1849, le 6e sur 7, représentant de ce département, par 26,599 voix (70,887 votants, 98,983 inscrits). Il prit place à gauche, vota avec la Montagne : *contre* l'expédition de Rome, *contre* la loi Falloux-Parieu sur l'enseignement, *contre* la loi du 31 mai sur le suffrage universel, etc., se montra l'adversaire de la politique de l'Élysée, et rentra dans la vie privée en 1851.

GILLET (RENÉ-MATHURIN), membre de la Convention, député au Conseil des Cinq-Cents, né à Broons (Côtes-du-Nord) le 28 juin 1762, mort à Paris le 4 novembre 1795, était avocat à Rochefort-en-Terre avant la Révolution. La ville de Rochefort le délégua, en 1790, à l'assemblée de Pontivy, et il devint, la même année (mai), membre de l'administration centrale du Morbihan. Élu, le 5 septembre 1791, 2e député suppléant du Morbihan à l'Assemblée législative, il ne fut pas appelé à y siéger, fut nommé, sept jours après, procureur général syndic du département, et fut élu, le 9 septembre 1792, député du Morbihan à la Convention, le 6e sur 8, à la pluralité des voix sur 402 votants. Il siégea parmi les modérés, et, dans le procès de Louis XVI, refusa l'appel et le sursis, mais répondit au 3e appel nominal : « Inaccessible à la crainte, je n'ai consulté que l'intérêt de la République. Louis a mérité la mort, puisqu'il a conspiré contre la liberté ; mais convaincu que le supplice est inutile et dangereux, que sa mort ferait passer toutes les prétentions de la royauté sur la tête d'un fils dont nul crime n'a encore flétri l'innocence, je vote pour la détention perpétuelle, sauf à la changer en bannissement, si les circonstances le permettent. » Envoyé en mission dans l'Ouest, il destitua les administrateurs, fit arrêter les juges, et protesta, de Lorient, contre l'arrestation des Girondins au 31 mai 1793 ; il était à Nantes avec Merlin, lorsque les Vendéens qui menaçaient la ville offrirent une capitulation des plus honorables, pourvu qu'on leur livrât les deux représentants. Ceux-ci prirent peur ; ils se préparaient à fuir quand la foule coupa les rênes de leurs chevaux ; ils s'enfermèrent alors, pendant que le maire Baco sauvait courageusement la ville. Le siège levé, Gillet se vengea de sa frayeur en destituant le général Beysser, en attaquant Baco, et en faisant envoyer Carrier à Nantes. Il suivit quelque temps les armées de la République en Vendée, puis fut envoyé, en 1794, à l'armée de la Moselle ; là, il dénonça un complot dans la 173e demi-brigade, se chargea de transmettre à la Convention les bulletins de victoires, puis, lors de la marche dans le Hainaut, après la

bataille de Fleurus, donna de curieux détails sur l'état moral du pays, et fit preuve de certains talents de stratégiste. Encore en mission au moment du 9 thermidor, il prit vite parti contre les vaincus, et il écrivait, dès le 13 : « J'ai eu le malheur d'avoir pour collègue le scélérat de Saint-Just. » Il prit place au nouveau comité de salut public, et fut chargé de la direction de la force armée à Paris au moment de l'insurrection de prairial an III. Il alla ensuite en mission à l'armée de Jourdan, et, le 21 vendémiaire an IV, fut élu par le département du Morbihan député au Conseil des Cinq-Cents, à la pluralité des voix sur 132 votants. Il mourut à Paris, moins d'un mois après.

GILLET (JEAN-CLAUDE-MICHEL), député au Conseil des Cinq-Cents et membre du Tribunat, né à Argenteuil (Seine-et-Oise) le 7 mars 1759, mort à Paris le 3 septembre 1810, fit ses études au collège de Meaux, sous la surveillance de son oncle, chanoine de la cathédrale. En 1783, il succéda à son père, qui avait été pendant quarante ans procureur fiscal à Argenteuil. Électeur en 1789, procureur-syndic du district de Saint-Germain-en-Laye en 1790 et 1791, accusateur public près le tribunal criminel de Seine-et-Oise en 1792, c'est en cette qualité qu'il poursuivit les fameuses bandes de « chauffeurs » qui répandaient l'effroi dans la région. Il fut élu, le 25 germinal an VII, député de Seine-et-Oise au Conseil des Cinq-Cents, et, favorable au coup d'État de brumaire, fut nommé, le 4 nivôse an VIII, membre du Tribunat. Décoré de la Légion d'honneur le 25 frimaire an XIII, il entra, le 28 septembre 1807, comme conseiller maître, à la cour des Comptes, et fut créé chevalier de l'Empire le 3 juin 1808. Membre de la Société d'agriculture de Seine-et-Oise.

GILLET (RENÉ-ANTOINE-JOSEPH), député de 1885 à 1889, né à Ligny (Meuse) le 5 août 1845, étudia la médecine et passa en 1870 les examens du doctorat. Maire de Beauzée (1875), où il exerçait sa profession depuis 1871, conseiller général de la Meuse pour le canton de Thiaucourt (1880), il dut à l'intérêt qu'il avait pris à l'établissement de chemins de fer d'intérêt local d'être porté dans la Meuse, le 4 octobre 1885, sur la liste des candidats opportunistes, et fut élu député, le 4e et avant-dernier, au second tour de scrutin, par 37,967 voix (70,523 votants, 83,103 inscrits). M. Gillet siégea dans la majorité et vota : *contre* la revision intégrale de la Constitution, *pour* l'expulsion des princes, *pour* les ministères Rouvier et Tirard, et, à la fin de la législature, *pour* le rétablissement du scrutin d'arrondissement (11 février 1889), *contre* l'ajournement indéfini de la revision de la Constitution, *pour* les poursuites contre trois députés membres de la Ligue des patriotes, *pour* le projet de loi Lisbonne restrictif de la liberté de la presse, *pour* les poursuites contre le général Boulanger.

GILLET-BARBA (JEAN-ANTOINE), représentant à la Chambre des Cent-Jours, député de 1824 à 1827, né à Vitry-le-François (Marne) le 25 décembre 1766, mort à Vitry-le-François le 28 janvier 1859, étudia le droit et entra dans la magistrature. Il remplissait les fonctions de procureur-impérial à Vitry-le-François, lorsqu'il fut élu (13 mai 1815) représentant à la Chambre des Cent-Jours par cet arrondissement, avec 59 voix (77 votants) contre 15 voix au colonel Sausset. Ses votes durant cette courte législature, et l'attitude qu'il prit lors de la seconde Restauration, lui valurent d'être confirmé dans ses fonctions de magistrat le 9 avril 1816. M. Gillet-Barba fut le candidat des royalistes extrêmes dans le 2e arrondissement de la Marne : d'abord aux élections du 1er octobre 1821, où il échoua avec 105 voix, contre 185 à M. Royer-Collard, élu, puis à celles du 25 février 1824, où il l'emporta sur le même concurrent avec 170 voix contre 98 (271 votants, 302 inscrits). Il siégea alors à droite, et prêta son concours au ministère Villèle. « Ce député de la Marne ne nous est connu, dit un biographe, que par un calembour dont il fut le héros. Quoique silencieux, il avait paru deux fois à la tribune dans la même séance pour appuyer deux propositions ministérielles. A sa seconde apparition, quelqu'un ayant fait observer qu'il s'agissait d'un objet entièrement opposé à celui qu'on venait de discuter, parut douter qu'il parlât dans le même sens. Alors un mauvais plaisant, car il s'en trouve partout, même à la Chambre, s'empressa de répondre « qu'il s'agissait d'une autre paire de manches, mais que c'était toujours le même Gillet ». M. Gillet-Barba ne fut pas réélu le 17 novembre 1827 : il ne réunit que 99 voix contre 116 à M. Royer-Collard, qui le remplaça à son tour. Il se retira à Vitry-le-François et ne s'occupa plus de politique.

GILLET DE LA JACQUEMINIÈRE (LOUIS-CHARLES, BARON), député en 1789 et au Conseil des Cinq-Cents, membre du Tribunat, né à Saint-Julien-du-Sault (Yonne) le 21 novembre 1752, mort à Paris le 7 avril 1836, occupait en 1777 les fonctions de directeur des postes. Il devint en 1787 procureur-syndic de Joigny à l'assemblée provinciale de l'Ile-de-France, et fut, le 18 mars 1789, élu député du tiers aux Etats-Généraux pour le bailliage de Montargis, avec 55 voix sur 72 votants. Il prit plusieurs fois la parole à l'Assemblée constituante, dont il fut secrétaire, fit une motion sur le paiement des impôts, parla sur le décret relatif à la conservation des forêts, donna lecture d'un rapport touchant les droits de minage, péage, etc. Il présenta encore diverses observations relatives à la suppression du privilège de la Compagnie des Indes, aux affaires des postes et des messageries, à l'exercice des droits de citoyen actif par les fonctionnaires publics, etc. Nommé, en 1791, inspecteur des postes, en 1792 membre du bureau de conciliation de Montargis, en l'an III président de l'administration de Courtenay, il quitta ce dernier poste pour entrer, le 26 germinal an VII, au Conseil des Cinq-Cents, comme député du Loiret. Il s'y montra favorable au coup d'Etat de brumaire, et fut appelé par Bonaparte (4 nivôse an VIII) à faire partie du Tribunat. Ce fut comme orateur de cette assemblée qu'en 1807 il soutint devant le Corps législatif le projet de loi qui créait une cour des Comptes. Le projet de loi adopté, Gillet de la Jacqueminière fit partie aussitôt du nouveau corps en qualité de conseiller-maitre (28 septembre de la même année). Chevalier de l'Empire le 3 juin 1808, il conserva jusqu'au 21 avril 1830 son titre de conseiller à la cour des Comptes. Chevalier de la Légion d'honneur.

GILLET-VALBREUZE (ANDRÉ-ROCH-FRANÇOIS-MARIE), député de 1822 à 1824, né à Lyon (Rhône) le 30 mai 1776, mort à Lyon le 2 février 1865, propriétaire à Lyon, fut élu, le 16 mai 1822, député du collège de département du Rhône, avec 275 voix (463 votants, 532 inscrits). Il fit partie de la majorité ministérielle et siégea jusqu'en 1824.

GILLIOT (FRANÇOIS-PHILIBERT), député de 1876 à 1885, né à Bligny-sur-Ouche (Côte-d'Or) le 20 juin 1822, avocat à Dijon, acheta une étude de notaire à Cuisery-en-Morvan, et entra en 1870 au conseil général de Saône-et-Loire, comme représentant du canton de Lucenay-Lévêque. Il se présenta avec succès à la députation, le 20 février 1876, dans la 1re circonscription d'Autun, qui l'élut par 7,132 voix (11,385 votants, 15,081 inscrits), contre 4,146 voix à M. E. Pinard, ancien ministre de l'Empire. Il siégea à la gauche républicaine et fut des 363. Réélu, en cette qualité, le 14 octobre 1877, par 7,599 voix (12,449 votants, 15,409 inscrits), contre 4,817 au marquis de Ganay, il se prononça *pour* les invalidations de plusieurs députés de la droite, *contre* le ministère Rochebouët, *pour* le cabinet Dufaure, *pour* l'élection de M. Grévy à la présidence de la République et *pour* le retour du parlement à Paris (au Congrès), *pour* l'invalidation de l'élection de Blanqui, *pour* l'article 7, *pour* les lois nouvelles sur la presse et le droit de réunion. Partisan de la politique opportuniste, M. Gilliot, après avoir obtenu sa réélection, le 21 août 1881, par 6,451 voix (7,199 votants, 16,215 inscrits), soutint Gambetta et M. J. Ferry au pouvoir, se prononça *contre* la séparation de l'Eglise et de l'Etat, *contre* l'élection de la magistrature par le peuple, *contre* l'institution d'un maire de Paris, *pour* la loi sur les récidivistes et *pour* les crédits de l'expédition du Tonkin. Il fut porté, le 4 octobre 1885, sur la liste républicaine modérée dans Saône-et-Loire, mais il échoua avec 31,652 voix (135,611 votants). L'année suivante, il fut nommé préfet des Basses-Alpes ; il est aujourd'hui préfet de l'Ardèche. Officier d'Académie.

GILLON (JEAN-NICOLAS), député en 1789, né à Troyon (Meuse) le 9 mai 1750, mort à Verdun (Meuse) le 31 août 1792, était avocat à Verdun. Il adopta les idées nouvelles, fut, le 1er avril 1789, député suppléant du tiers aux Etats-Généraux par le bailliage de Verdun, et, admis à siéger le 23 septembre, en remplacement de M. Deulneau, démissionnaire, vota avec la majorité réformatrice. Après la session, il devint président du tribunal criminel de la Meuse (9 septembre 1791). L'année suivante, Gillon, qui combattait parmi les patriotes, fut tué pendant le siège de Verdun par les Prussiens.

GILLON (JACQUES), représentant à la Chambre des Cent-Jours, né à Troyon (Meuse) le 12 juillet 1762, mort à Bar-le-Duc le 24 décembre 1842, « fils de Jean-Baptiste Gillon et d'Elisabeth Maugin, » et cousin du précédent, étudia le droit et fut avocat au parlement de Nancy (29 novembre 1784), puis au bailliage de Bar (26 février 1788). La Révolution le fit administrateur du district de Bar le 24 septembre 1792, juge au tribunal de ce district le 25 vendémiaire an II, administrateur de la Meuse le 22 vendémiaire an III, et secrétaire général de l'administration centrale du même département le 2 frimaire an V. Partisan du coup d'Etat de brumaire, il reçut, le 15 floréal an VIII, le titre de secrétaire général de la préfecture. Elu, le 12 mai 1815, par le collège de département de la Marne, représentant à la Chambre des Cent-Jours, avec 45 voix (62 votants), il se rallia plus tard à la Restauration, qui le nomma chevalier de la Légion d'honneur le 14 janvier 1815.

GILLON (JEAN-LANDRY), député de 1830 à 1848, né à Nubécourt (Meuse) le 10 juin 1788, mort à Bar-le-Duc le 6 mai 1856, vint étudier le droit à Paris et s'y fit recevoir docteur en 1812; puis il retourna exercer la profession d'avocat à Bar-le-Duc, tout en remplissant au tribunal de cette ville les fonctions de juge suppléant. Après avoir été de 1820 à 1830 conseiller d'arrondissement, de 1827 à 1830 premier adjoint au maire de Bar, conseiller général de la Meuse en 1828, il fut nommé, en septembre 1830, conseiller de préfecture de ce département, et, le mois suivant (28 octobre), brigua la succession législative de M. d'Arros, qui venait d'être nommé préfet. M. Gillon fut élu député par le collège de département de la Meuse, avec 77 voix (123 votants, 142 inscrits). Il se montra partisan du gouvernement de Louis-Philippe, et obtint sa réélection le 5 juillet 1831, dans le 1er collège de la Meuse (Bar-le-Duc), avec 203 voix sur 235 votants, 319 inscrits. Nommé procureur général près la cour royale d'Amiens et chevalier de la Légion d'honneur, M. Gillon dut solliciter le renouvellement de son mandat législatif, et l'obtint, le 22 septembre 1832. Il vota dès lors, en toutes circonstances, avec la majorité ministérielle, et fut constamment réélu jusqu'à la fin du règne : le 21 juin 1834 par 211 voix (240 votants, 322 inscrits), contre 14 à M. Jacques Gillon; le 4 novembre 1837 par 213 voix (235 votants, 324 inscrits); le 2 mars 1839 par 255 voix sur 288 votants; le 5 septembre 1840, après une promotion nouvelle, par 216 voix (227 votants, 358 inscrits); le 9 juillet 1842 par 229 voix (255 votants, 371 inscrits); enfin le 1er août 1846 par 258 voix (304 votants, 398 inscrits), contre 26 à M. Félix Gillon. M. J.-L. Gillon poursuivit en même temps sa carrière de magistrat et parvint aux postes les plus élevés. Avocat général à la cour de Cassation (1839) et, bientôt après (5 août 1840), conseiller à la même cour, il occupa cette dernière fonction jusqu'à sa mort. A la Chambre des députés, il vota pour la condamnation du journal la Tribune (1833), pour les lois de septembre 1835, pour les lois de disjonction et d'apanage, pour l'indemnité Pritchard (1845), contre les diverses propositions tendant à la réforme électorale, et pour la politique de Guizot. Il prit une part considérable aux travaux préparatoires ainsi qu'à la discussion de lois importantes : sur la garde nationale, sur l'instruction primaire, sur les élections et les attributions municipales. Il fit adopter la disposition qui confia au jury l'appréciation des circonstances atténuantes, remise auparavant aux juges des cours d'assises, et fut un des auteurs du projet de loi sur les chemins vicinaux et cantonaux ; pendant quatre ans, il fut le rapporteur du budget de l'instruction publique. On doit à M. J.-L. Gillon plusieurs écrits sur des matières de jurisprudence, entre autres, un Code des municipalités en collaboration avec M. Stourm, un Nouveau Code des chasses (1844), etc.

GILLON (PAULIN), représentant en 1848, en 1849, en 1871, né à Nubécourt (Meuse) le 22 juin 1796, mort à Nubécourt le 1er novembre 1878, appartenait à une famille qui avait professé, sous la Restauration, des opinions « constitutionnelles » et libérales. Lui-même, inscrit, ses études de droit terminées, au barreau de Bar-le-Duc, se signala par son opposition à la politique conservatrice du gouvernement de Louis-Philippe. Maire de Bar-le-Duc, il dut à son attitude hostile au ministère Guizot son élection, le 23 avril 1848, comme représentant de la Meuse à l'Assemblée constituante, le 7e

sur 8, par 36,759 voix. M. Paulin Gillon alla cependant siéger à droite, fit partie du comité du travail, et vota : pour le rétablissement du cautionnement, pour les poursuites contre Louis Blanc et Caussidière, pour le rétablissement de la contrainte par corps, contre l'abolition de la peine de mort, contre l'amendement Grévy, contre le droit au travail, pour l'ordre du jour en l'honneur de Cavaignac, pour la proposition Rateau, contre l'amnistie, pour l'interdiction des clubs, pour les crédits de l'expédition de Rome, contre l'abolition de l'impôt des boissons. Il parut quelquefois à la tribune, fut rapporteur de plusieurs lois et appuya le ministère Odilon Barrot. Réélu, le 13 mai 1849, représentant de la Meuse à l'Assemblée législative, le 2e sur 7, par 38,368 voix (59,869 votants, 92,490 inscrits), il opina constamment avec la majorité conservatrice, se prononça pour la suppression des clubs, pour la loi Falloux-Parieu sur l'enseignement, pour les restrictions apportées au suffrage universel, etc. Toutefois il ne fit point acte d'adhésion au coup d'Etat du 2 décembre 1851. Il rentra dans la vie privée et reprit sa place au barreau de Bar-le-Duc. Tant que dura l'Empire, M. P. Gillon vécut dans la retraite; sans être candidat, il réunit, le 22 juin 1857, lors des élections au Corps législatif, 224 voix dans la 1re circonscription de la Marne, contre 25,159 à l'élu officiel, M. Collot. Après la guerre, il fut élu (8 février 1871) représentant de la Meuse à l'Assemblée nationale, le 6e et dernier, par 16,382 voix (40,190 votants, 89,314 inscrits). Membre de la droite monarchiste, M. P. Gillon vota pour la paix, pour les prières publiques, pour l'abrogation des lois d'exil, pour le pouvoir constitutionnel, contre le retour de l'Assemblée à Paris, contribua à la chute de Thiers le 24 mai 1873, soutint le gouvernement « de combat », et prêta son concours aux tentatives de fusion et de rétablissement de la royauté. L'échec de ces combinaisons le rallia au septennat, mais il vota ensuite avec les légitimistes contre le cabinet de Broglie (16 mai 1874), contre l'amendement septennaliste Pâris, contre l'amendement Wallon, contre la Constitution du 25 février 1875, pour la loi sur l'enseignement supérieur et contre le scrutin de liste. Il prit quelquefois la parole, notamment sur les questions d'impôts et sur le travail des enfants dans les manufactures. Après la séparation de l'Assemblée, M. P. Gillon se porta candidat légitimiste aux élections législatives du 20 février 1876 : il échoua dans l'arrondissement de Bar-le-Duc avec 3,167 voix contre 11,031 à M. Grandpierre, républicain, et 4,359 à M. Jacquot.

GILLY (JACQUES-LAURENT, COMTE), représentant à la Chambre des Cent-Jours, né à Remoulins (Gard) le 12 août 1769, mort à Vernarède (Vaucluse) le 5 août 1829, s'engagea, le 1er août 1792, comme volontaire au 2e bataillon du Gard, passa, le 26 août suivant, chef de bataillon en second, et fut confirmé dans ce grade le 1er mai 1793. Ses brillants services à l'armée des Alpes et des Pyrénées-Orientales lui valurent, le 30 juillet 1799, le grade de général de brigade. Commandant supérieur de Lyon le 18 brumaire an VIII, il fut créé, en prairial an XII, chevalier de la Légion d'honneur, et, le 27 novembre 1808, baron de l'Empire. Après Ratisbonne et Wagram, il fut nommé général de division le 16 avril 1809, et, le 11 juin 1811, grand officier de la Légion d'honneur. Ayant adhéré à la déchéance de l'empereur, il reçut de Louis XVIII (8 juillet 1814) la croix de

Saint-Louis et fut nommé, le 29 du même mois, commandant militaire du Gard. Au retour de l'île d'Elbe, il fut chargé d'organiser une armée contre l'empereur, sous la direction du duc d'Angoulême, mais il accepta de Napoléon le commandement du 1er corps de l'armée du Midi. Le duc d'Angoulême, abandonné de tous, fut obligé de se réfugier à Marseille avec les débris de l'armée royale. En récompense de ses services et de la mission délicate qu'il sut remplir auprès du duc lors de la convention de retraite, il fut créé comte de l'Empire et nommé commandant de la 9e division. Ayant maintenu l'ordre dans le Gard, grâce à sa fermeté et à sa douceur, il fut élu par ses concitoyens, le 7 mai 1815, représentant à la Chambre des Cent-Jours, au collège de département, avec 71 voix sur 73 votants. Il ne parut pas à la Chambre, et passa en Amérique après Waterloo. Condamné à mort, le 25 juin 1819, par le conseil de guerre de la 1re division, il revint, le 2 février 1820, se constituer prisonnier à l'Abbaye, pour obtenir la revision de son procès. Grâce à l'intervention du duc d'Angoulême, les faits reprochés à Gilly furent compris parmi ceux qu'amnistiait l'ordonnance de janvier 1816. Rétabli, le 14 février 1820, dans le cadre des officiers généraux en non-activité, il fut retraité comme lieutenant-général le 4 mai 1825.

GILLY (Numa), député de 1885 à 1889, né à Sommières (Gard) le 6 août 1834, commença par être ouvrier tonnelier, puis s'établit à son compte fabricant de foudres. Républicain, il se fit élire conseiller municipal, et devint maire de Nîmes, grâce à la coalition anti-opportuniste des opposants de droite et d'extrême-gauche. Porté, le 4 octobre 1885, sur la liste radicale socialiste du Gard, M. Gilly fut nommé député de ce département, le 6e et dernier, au second tour de scrutin, par 58,049 voix (110,923 votants, 133,886 inscrits). Il siégea à l'extrême-gauche et fit partie du petit groupe ouvrier socialiste qui se constitua peu après l'ouverture de la session. Il vota : *contre* l'expédition du Tonkin, *contre* la politique opportuniste, *pour* l'amnistie, *contre* les ministères Freycinet, Rouvier et Tirard, etc., n'aborda point la tribune, et, jusqu'en 1888, fit peu parler de lui. Tout à coup le nom de M. Numa Gilly se trouva mêlé aux plus ardentes polémiques, et *l'affaire Gilly* eut presque le retentissement d'une cause célèbre. Pendant les vacances parlementaires, rendant compte, le 3 septembre 1888, de son mandat à ses électeurs, M. Gilly prononça, au théâtre d'Alais, les paroles suivantes : « Quand on voit à quelles mains sont livrée la fortune de la France, quels sont les hommes qui composent la commission du budget, on frémit du gaspillage effréné qui préside à la distribution de cet impôt que nous avons tant de peine à payer au percepteur. On a poursuivi Wilson : pure comédie, pour faire croire qu'on était plus honnête que lui; mais sur trente-six membres de la commission du budget, vous avez au moins *vingt Wilson*. » Ce discours fut l'objet, dans la presse et dans le public, de nombreux commentaires. La commission du budget, dont les membres étaient en réalité au nombre de 33, ne parut pas tout d'abord s'émouvoir bien vivement de l'accusation; elle n'avait pas, d'ailleurs, qualité pour introduire une action en diffamation, n'étant pas un corps constitué aux termes de la loi; individuellement, plusieurs commissaires, notamment M. Salis, de l'Hérault, M. Emile Jamais, du Gard, M. D. Raynal, ancien ministre, député de la Gironde, se décidèrent à écrire à

M. Gilly pour le mettre en demeure de s'expliquer; il répondit qu'il attendrait qu'on le poursuivît en justice. La commission se réunit alors et déclara « unanimement » qu'elle livrait la conduite du député du Gard « au jugement de l'opinion publique ». Mais M. Andrieux, membre de la commission du budget, tint à faire savoir qu'il n'était pour rien dans cette déclaration platonique, prétendue unanime, et, afin de permettre à M. Gilly de fournir les explications demandées, il le traduisit devant la cour d'assises de Nîmes, « en vertu de l'article 31 de la loi du 29 juillet 1881, qui prévoit la diffamation à raison de leurs fonctions ou de leur qualité envers un ou plusieurs membres de l'une ou l'autre Chambre. » De son côté, M. Gilly assigna comme témoins la plupart des membres de la commission du budget. Quelques-uns se rendirent à Nîmes; mais la cour refusa de les interroger, par ce motif que leur audition n'était point admissible en droit. M. Gilly ayant alors affirmé qu'il n'avait eu aucune intention de diffamer M. Andrieux personnellement, celui-ci retira sa plainte à l'audience et M. Gilly fut acquitté. Après ce procès, il publia sous le titre *Mes dossiers*, une série d'imputations plus précises à l'adresse de divers personnages politiques très en vue; les intéressés lui intentèrent de nombreux procès en diffamation. Sous le coup de ces menaces, et avant l'appel des causes, M. Gilly se détermina à désavouer la paternité du livre *Mes dossiers*, ce qui lui valut aussitôt un nouveau procès de son éditeur. Le désaveu n'arrêta pas les poursuites : M. Gilly se vit condamner à plusieurs mois de prison, et dut supporter des frais considérables; avant les instances, M. Floquet l'avait révoqué de ses fonctions de maire, et avait dissous le conseil municipal qui avait fait cause commune avec lui. L'opinion locale ne cessa pas, malgré tout, de donner raison à son ancien maire et député, et, lors des élections du 20 janvier 1889 pour le renouvellement du conseil municipal de Nîmes, la liste de M. Gilly passa avec 5,650 voix contre 3,460 à la liste opportuniste; il fut également réélu maire par 19 voix sur 26. Dans la dernière session de la législature à la Chambre, il s'abstint sur le rétablissement du scrutin d'arrondissement (11 février 1889), se prononça *contre* l'ajournement indéfini de la revision de la Constitution, *contre* les poursuites contre des députés membres de la Ligue des patriotes, *contre* le projet de loi Lisbonne restrictif de la liberté de la presse, et s'abstint sur les poursuites contre le général Boulanger.

GINDRIEZ (François-Frédéric), représentant du peuple en 1849, né à Dijon (Côte-d'Or) le 12 juillet 1806, mort à Dijon avant 1869, se fit connaître, sous Louis-Philippe, par ses opinions nettement républicaines. Commissaire du gouvernement provisoire dans la Côte-d'Or en février 1848, il fut inscrit l'année d'après, lors des élections à l'Assemblée législative, sur la liste des candidats du parti avancé, et élu le 13 mai, le 9e, représentant de Saône-et-Loire à l'Assemblée législative par 72,912 voix (109,200 votants, 152,441 inscrits). M. Gindriez siégea à la Montagne et vota constamment avec la minorité démocratique: *contre* l'expédition de Rome, *contre* les poursuites intentées pour l'affaire du 13 juin à plusieurs représentants, *contre* la loi Falloux-Parieu sur l'enseignement, *contre* la loi restrictive du suffrage universel. Il combattit la politique de l'Elysée, protesta contre le coup d'Etat du 2 décembre, et accompagna Baudin sur la barricade du faubourg

Saint-Antoine. Il le suppliait de ne pas se faire tuer inutilement et le tirait par le pan de sa redingote lorsque Baudin tomba frappé d'une balle. Ce fut Gindriez qui alla chercher le corps du représentant à l'hôpital Sainte-Marguerite où il avait été déposé et qui le ramena à son domicile, rue de Clichy. Expulsé de France, Gindriez se retira à Bruxelles. Il rentra dans son pays natal lors de l'amnistie générale de 1859.

GINESTEL-PERSEGALS (FRANÇOIS-RÉGIS DE, député aux Cinq-Cents, né à Persegals, commune de Cassagnes-Bégonhès (Aveyron) en 1756, mort à Réquista (Aveyron) le 14 décembre 1826, était fils de Jean-Jacques de Ginestel, seigneur de Peyrelade, et d'Angélique-Marie de Carrière de Saint-Izaise. Jurisconsulte distingué, il fut juge de paix à Rodez pendant la Révolution, présida le collège électoral de l'Aveyron en 1797, et fut élu, le 24 germinal an V, par 225 voix (264 votants), député de l'Aveyron au Conseil des Cinq-Cents. Les opérations électorales de ce département ayant été annulées au coup d'Etat de fructidor, comme entachées de royalisme, de Ginestel ne siégea que peu de temps. Après le coup d'Etat de brumaire, il fut nommé (an VIII) juge de paix du canton de Réquista, et il remplit avec sollicitude ces fonctions jusqu'à sa mort, après avoir refusé, à deux reprises, l'offre d'une place de conseiller à la cour de Montpellier, puis à la cour de Toulouse.

GINGUENÉ (PIERRE-LOUIS), membre du Tribunat, né à Rennes (Ille-et-Vilaine) le 25 avril 1748, mort à Paris le 11 novembre 1816, d'une famille modeste, fit ses études au collège de sa ville natale, en même temps que Parny, et, de bonne heure, prit goût à la littérature et aux belles-lettres. Arrivé à Paris en 1772, il publia, quelques années plus tard, en 1779, un ouvrage de jeunesse. en vers, *la Confession de Zulmé*, où se révèle une grande facilité poétique. Depuis 1775 il donnait des articles littéraires; il prit part aussi à la fameuse querelle entre les partisans de Piccini et de Glück comme défenseur de la musique italienne. Nommé, en 1780, petit commis au contrôle général des finances, il concourut sans succès, en 1787 et en 1788, aux prix d'éloquence et de poésie proposés par l'Académie française. Loin d'être indifférent au mouvement des esprits vers une réforme politique, il salua l'ouverture des Etats-Généraux par une ode qui n'est pas sans mérite. Malgré cela, il fut plus d'une fois menacé, espionné, et finalement jeté en prison comme Chamfort. Il eut un meilleur sort que ce dernier, et, à peine rendu à la liberté, il s'empressa de consacrer quelques articles à sa mémoire. De 1795 à 1797, il fut directeur de l'instruction publique au ministère de l'Intérieur, et, à la réorganisation de l'Institut, devint membre de la classe des sciences morales et politiques. Comme directeur de l'instruction publique, il adressa officiellement aux fonctionnaires de son ressort de nombreuses circulaires dont l'une porte : « Toutes les religions positives ne pouvant s'alimenter que de superstitions, sont à peu près équivalentes, et les hommes, en se détachant de l'une pour suivre l'autre, n'ont fait que changer d'esclavage. La Révolution française est la première qui, affranchie de toute influence religieuse et sacerdotale, tend vraiment à l'émancipation de la société humaine. Attaquer par des fictions ingénieuses ces religions positives, contraires au bonheur de l'hom-

me; verser à pleines mains le ridicule sur ce qui fit répandre tant de sang, c'est bien mériter de la patrie et de la révolution.» Envoyé à Turin, en 1797, comme ministre plénipotentiaire de France, Ginguené ne se montra pas à la hauteur de sa mission et revint au bout de quelques mois de séjour en Italie, sans avoir pu visiter la péninsule, comme il se l'était promis. Le 4 nivôse an VIII, le gouvernement consulaire le nomma membre du Tribunat; il y fit de l'opposition, et fut l'un des premiers éliminés en 1802. En 1803, et de 1805 à 1806, il ouvrit à l'Athénée de Paris un cours de littérature italienne, dont il publia ensuite les leçons sous le nom d'*Histoire littéraire de l'Italie*, qui est son ouvrage le plus important et le mieux fait. Son activité s'étendit aussi à d'autres sujets; il traduisit Catulle, fut membre de la commission de l'Histoire littéraire de la France, fit paraître, en 1810, un recueil de fables imitées des Italiens, écrivit un grand nombre de brochures en vers et en prose, collabora à la *Biographie Michaud*, etc.

GINOUX-DEFERMON (CÉSAR-AUGUSTE, COMTE), né à Paris le 20 avril 1828, mort au château de la Galmelière (Loire-Inférieure) le 20 mai 1889, descendait d'une famille dont plusieurs membres avaient siégé au parlement de Bretagne, et était petit-fils du comte Defermon, ancien ministre de Napoléon Ier. Le comte César-Auguste entra dans l'administration sous le second Empire comme auditeur au conseil d'Etat. Après la révolution du 4 septembre 1870, il se présenta, comme candidat à l'Assemblée nationale, sur la liste conservatrice de la Loire-Inférieure, et fut élu, le 11e sur 12, par 49,881 voix sur 95,897 votants et 155,400 inscrits. Il prit place dans le groupe de l'Appel au peuple, fut secrétaire de ce groupe, et vota *pour* la paix, *pour* l'abrogation des lois d'exil, *pour* la pétition des évêques, pour le pouvoir constituant de l'Assemblée, *pour* le service militaire de trois ans, *pour* l'ordre du jour Ernoul, *pour* la démission de Thiers (24 mai 1873), *pour* l'arrêté contre les enterrements civils, s'abstint sur le septennat, sur l'admission des princes d'Orléans à titre définitif dans l'armée, et se prononça *contre* le ministère de Broglie, *contre* l'amendement Wallon, *contre* les lois constitutionnelles. Aux élections du 20 février 1876, il se présenta dans l'arrondissement de Châteaubriant comme candidat du comité national, conservateur et partisan de la doctrine de l'Appel au peuple, et fut élu, au second tour de scrutin (5 mars), par 6,264 voix sur 16,097 votants et 20,166 inscrits, contre 4,945 voix à M. Gahier, légitimiste, et 4,882 à M. Récipon, républicain. Il reprit sa place à la droite bonapartiste, soutint le cabinet du 16 mai, et fut réélu, après la dissolution de la Chambre, le 14 octobre 1877, par 9,110 voix sur 15,318 votants et 21,346 inscrits, contre 5,966 voix à M. Récipon. M. Ginoux-Defermon vota contre les ministères républicains qui succédèrent au cabinet de Rochebouët, et obtint sa réélection: le 21 août 1881, par 8,792 voix sur 10,137 votants et 21,570 inscrits, et, le 4 octobre 1885, sur la liste conservatrice de la Loire-Inférieure, le 1er sur 9, par 75,418 voix sur 121,474 votants et 165,624 inscrits. Il vota constamment avec le groupe impérialiste, contre la politique scolaire, religieuse, coloniale et financière du gouvernement républicain. Dans la dernière session, il se prononça *contre* le rétablissement du scrutin d'arrondissement (11 février 1889), *pour* l'ajournement indéfini de le revision de la constitution, *contre* les poursuites contre trois députés membres de la Ligue des patriotes, *contre* le projet de loi Lisbonne restrictif de la liberté de la presse, *contre* les poursuites contre le général Boulanger. M. Ginoux-Defermon était conseiller général du canton de Moisdon depuis le 8 octobre 1871, et chevalier de la Légion d'honneur.

GINTRAC (JACQUES), député au Conseil des Anciens et au Corps législatif de l'an VIII à 1805, né à Annesse-et-Beaulieu (Dordogne) en 1754, mort au même lieu le 14 juillet 1814, fils de Jean Gintrac, bourgeois, et de Marguerite Vignaud, était administrateur du département de la Dordogne quand il fut élu, le 26 germinal an VII, député de ce département au Conseil des Cinq-Cents. Il s'y fit peu remarquer, et passa, après le coup d'État de brumaire, au Corps législatif, où il représenta la Dordogne depuis le 4 nivôse an VIII jusqu'en 1805.

GIRAL (PAUL-ABRAHAM), député au Conseil des Cinq-Cents, né à Varize (Moselle) le 13 septembre 1766, mort à une date inconnue, prit de bonne heure le parti de la Révolution. Propriétaire à Varize, il devint administrateur du département de la Moselle, puis accusateur public près le tribunal criminel du même département. Le 24 germinal an VI, il fut élu député de la Moselle au Conseil des Cinq-Cents ; le 5 messidor de la même année, il prit la parole pour demander que les domaines engagés fussent régis et vendus comme les autres domaines nationaux, et, le 11 fructidor suivant, il parla contre l'impôt sur le sel et affirma qu'on pouvait encore tirer des ressources suffisantes du partage et de la vente des biens des émigrés.

GIRARD (JEAN-FRANÇOIS), député en 1789, né à Laval (Mayenne) le 1er octobre 1733, mort à Lorris (Loiret) le 30 mai 1810, doyen et curé de Lorris, fut élu député du clergé aux États-Généraux par le bailliage de Montargis (21 mars 1789). Il suivit la majorité de son ordre ; son nom ne figure pas au *Moniteur*.

GIRARD (JEAN-ANTOINE), député en 1791, avait rempli à l'étranger les fonctions de consul de France et était établi à Toulouse comme négociant, lorsqu'il fut élu, le 7 septembre 1791, le 2e et dernier, avec 257 voix (499 votants), député de la Haute-Garonne à l'Assemblée législative. Il ne s'y fit pas remarquer, et le *Moniteur* ne mentionne pas son nom.

GIRARD (ANTOINE-MARIE-ANNE), membre de la Convention, député au Conseil des Anciens, né à Narbonne (Aude) le 7 décembre 1753, mort à une date inconnue, propriétaire à Narbonne, remplit dans cette ville, au début de la Révolution, des fonctions municipales, et fut élu, le 6 septembre 1792, par le département de l'Aude, le 8e et dernier, membre de la Convention, par 218 voix sur 350 votants. Lors du jugement de Louis XVI, il dit : « Représentants de la République, le règne de la justice est arrivé ; la justice m'ordonne de prononcer la mort. » Mais il se prononça *pour* le sursis et *pour* l'appel au peuple. Envoyé en mission dans l'Hérault, il fut dénoncé par son collègue Chaudron-Rousseau « pour être toujours suivi d'une femme, Victoire Savi, ancienne bateleuse, impudente, en état d'ivresse presque habituel, qui faisait fermer les églises et se même les pillait, et qui se disait l'amie et l'avouée de la Convention ». Chaudron-Rousseau la fit arrêter. Girard appuya, après le 9 thermidor, la politique de la nouvelle majorité, dénonça Milhaud (du Cantal) et proposa son arrestation ; puis il soutint une motion de Louvet tendant à la confiscation des biens des émigrés et à la restitution de ceux des condamnés. Élu, le 4 brumaire an IV, comme ex-conventionnel, membre du Conseil des Anciens, Girard vota pour la résolution relative à l'emprunt forcé et demanda l'exclusion de Job Aymé des fonctions législatives. Le 6 mai 1796, il fut d'avis de rejeter un projet de Muraire, favorable aux parents des émigrés, et sortit du Conseil en mai 1797. Depuis lors, il resta étranger aux affaires publiques.

GIRARD (CHARLES-JACQUES-ETIENNE), membre de la Convention, député au Conseil des Cinq-Cents, né à Chantonnay (Vendée) en 1733, mort à une date inconnue, était avocat à Chantonnay avant la Révolution. Il adopta les idées nouvelles, fut délégué par l'assemblée primaire de Chantonnay à l'élection des membres du directoire du département (29 juin 1790), devint président de l'administration de la Vendée, et fut élu, le 5 septembre 1792, le 8e sur 9, député de ce département à la Convention, par 233 voix (332 votants). Il vota, dans le procès du roi, « pour la reclusion et le bannissement ». Il avait rejeté l'appel au peuple, en disant : « Citoyens, nous avons décrété spontanément que le gouvernement français formerait une république ; nous avons aboli la liberté ; les départements ont applaudi à cette démarche ; nous croyons avoir la confiance. Je dis non. » Il passa, le 22 vendémiaire an IV, au Conseil des Anciens, comme député de la Vendée, réélu par 19 voix (97 votants), et siégea sans éclat dans cette nouvelle assemblée jusqu'en l'an V.

GIRARD (FRANÇOIS-JOSEPH-HENRI), député au Corps législatif de 1811 à 1815, né à Marseille (Bouches-du-Rhône) le 23 juillet 1761, mort à Paris le 26 mars 1854, « fils de sieur Pierre-Henry-Joseph Girard, négociant, et de dame Marguerite Boulay, mariés », entra dans la carrière administrative. Il occupait le poste de secrétaire général de la préfecture des Bouches-du-Rhône, lorsque le Sénat conservateur l'appela (8 mai 1811) à représenter le département de Vaucluse au Corps législatif. Il siégea jusqu'à la fin de l'Empire.

GIRARD (JEAN-BAPTISTE, COMTE), pair des Cent-Jours, né à Aups (Var) le 21 février 1775, mort à Paris le 27 juin 1815, entra dans la carrière militaire en 1793, et obtint un avancement rapide. À la bataille d'Austerlitz, il était adjudant-commandant de la réserve de la cavalerie de la grande armée. Il y gagna la croix de commandeur de la Légion d'honneur, prit une part importante aux campagnes de 1806 et 1807, fut promu général de brigade (13 novembre 1806) et passa en Espagne en 1809. Il y trouva plusieurs occasions nouvelles de se faire remarquer : on lui dut le passage du Tage près de Talavera, et la victoire d'Occana, où il fut grièvement blessé ; il combattit encore à Aracena, à Bien-Venida, à Olivença, sur les hauteurs de San-Cristoval, etc. Il se laissa pourtant surprendre à Cacerès, et l'échec qu'il y éprouva jeta toujours, malgré ses succès ultérieurs, comme une ombre sur sa gloire militaire. Le 2 mai 1812, il montra beaucoup de courage à la bataille de Lutzen : deux blessures graves ne purent le déterminer à quitter le champ de bataille. Guéri, il se trouva encore à Dresde, où il poursuivit l'ennemi depuis Bischoff-Werda jusqu'à la Sprée. L'adhésion qu'il fit, le 8 avril 1814, à la déchéance de l'empereur, lui valut la croix de Saint-Louis. Il se remit pendant les Cent-Jours à la disposition de Napoléon, et reçut de lui la dignité de pair de France (2 juin 1815) et le commandement d'un corps d'armée, qu'il conduisit à la bataille de Ligny, le 16 juin. Il mourut à Paris quelques jours après, d'une blessure reçue dans cette journée. Baron de l'Empire, du 26 octobre 1808.

GIRARD (FERDINAND), pair de France, né à Nîmes (Gard) le 15 novembre 1796, mort à Nîmes le 25 avril 1881, était maire de cette ville, lorsque sa grande situation dans le pays et son dévouement à la monarchie constitutionnelle le firent appeler par Louis-Philippe à la Chambre des pairs, le 4 mai 1845. M. Girard prêta son concours à la politique gouvernementale et quitta la vie politique en 1848. — Officier de la Légion d'honneur.

GIRARD (MARIE-AUGUSTE-EDMOND), représentant du peuple en 1848, né à Istres (Bouches-du-Rhône) le 6 septembre 1806, mort à Yvetot (Seine-Inférieure) le 30 décembre 1873, était avocat et allait concourir pour l'agrégation de droit, quand il vint se fixer à Yvetot, où il fut nommé membre du conseil municipal, puis maire au moment de la révolution de février. Le 23 avril 1848, il fut élu représentant de la Seine-Inférieure à l'Assemblée constituante, le 13e sur 19, par 117,266 voix. Il prit place parmi les républicains modérés, fit partie du comité de législation, et vota *pour* le bannissement de la famille d'Orléans, *contre* les poursuites contre Louis Blanc et Caussidière, *pour* le maintien de l'état de siège, *contre* l'impôt progressif, *contre* l'incompatibilité des fonctions, *contre* l'amendement Grévy, *contre* le droit au travail, *pour* l'ensemble de la Constitution, *contre* la proposition Rateau, *contre* l'ordre du jour Oudinot, *contre* l'expédition de Rome. Non réélu à la Législative, il essaya de rentrer au Corps législatif du second Empire, et se présenta, le 22 juin 1857, comme candidat d'opposition dans la 5e circonscription de la Seine-Inférieure. Mais il n'obtint que 896 voix contre 15,712 à l'élu officiel, M. de Labédoyère, et 738 à M. Deschamps.

GIRARD (FRANÇOIS-MARIE-GUSTAVE DE), représentant du peuple en 1849, né à Agde (Hérault) le 4 décembre 1805, avocat à Montpellier et conseiller municipal de cette ville, appartenait au parti légitimiste, qui l'inscrivit sur sa liste, et le fit élire, le 13 mai 1849, représentant de l'Hérault à la Législative, le 5e sur 8, par 32,625 voix (82,706 votants, 125,151 inscrits). M. de Girard siégea à droite, se prononça avec les royalistes *pour* l'expédition de Rome, *pour* la loi Falloux-Parieu sur l'enseignement, *pour* la loi restrictive du suffrage universel, etc. Il n'appuya pas la politique particulière de l'Elysée dans les derniers temps de la législature, et rentra dans la vie privée au coup d'Etat de 1851.

GIRARD (ALFRED-LOUIS-JOSEPH), député de 1878 à 1885, et sénateur depuis 1888, né à Valenciennes (Nord) le 11 août 1837, étudia le droit, se fit recevoir docteur, et s'inscrivit au barreau de sa ville natale où il devint bâtonnier de l'ordre. Candidat républicain aux élections législatives de 1876 et de 1877, il échoua dans la 2e circonscription de Valenciennes, la première fois, avec 8,946 voix contre 9,199 à l'élu, M. Renard, conservateur impérialiste, et, la seconde, avec 10,306 voix contre 10,909 au même concurrent, député sortant et candidat officiel. Mais l'élection de M. Renard ayant été inva-

lidée, M. Girard se retrouva en lutte avec lui le 7 juillet 1878, et cette fois fut élu député par 11,479 voix (22,672 votants, 26,602 inscrits) contre 11,169 à son concurrent. Il siégea à l'Union républicaine, donna son suffrage au ministère Dufaure, vota *pour* l'article 7, *pour* l'invalidation de Blanqui, *pour* les lois nouvelles sur la presse et le droit de réunion, etc., fut réélu, le 21 août 1881, par 13,130 voix (16,620 votants, 27,823 inscrits), contre 476 à M. Renard, appuya les ministères Gambetta et J. Ferry, déposa (juin 1882), lors de la discussion de la loi sur la réforme de la magistrature, une proposition demandant la suspension de l'inamovibilité en attendant sa suppression complète, vota *pour* les crédits de l'expédition du Tonkin, *contre* la séparation de l'Eglise et de l'Etat, etc., et se représenta, mais sans succès, aux élections générales de 1885 dans le département du Nord : il réunit le 4 octobre, sur la liste républicaine opportuniste, 116,755 voix sur 292,696 votants. M. Girard fut plus heureux le 5 janvier 1888, lors des élections sénatoriales, et, devenu sénateur du Nord, le 2e sur 5, par 1,166 voix (2,297 votants), il s'est prononcé : *pour* le rétablissement du scrutin d'arrondissement (13 février 1889), *pour* le projet de loi Lisbonne restrictif de la liberté de la presse, *pour* la procédure à suivre devant le Sénat contre le général Boulanger.

GIRARD. — *Voy.* DEMAINE (COMTE DU).

GIRARDIN (CÉCILE-STANISLAS-XAVIER-LOUIS, COMTE DE), député en 1791, membre du Tribunat, député au Corps législatif, représentant à la Chambre des Cent-Jours, et député de 1819 à 1824, né à Lunéville (Meurthe) le 19 janvier 1762, mort à Paris le 27 février 1827, fils du marquis René-Louis de Girardin (1735-1808), eut pour parrain le roi Stanislas et pour précepteur Jean-Jacques-Rousseau. Ayant embrassé la carrière des armes, il arriva, tout jeune encore, capitaine au régiment de Chartres. Très enthousiaste de la Révolution, il rédigea les cahiers du bailliage de Senlis, devint président du département de l'Oise en 1790, et, le 1er septembre 1791, fut élu député à l'Assemblée législative par ce même département, le 2e sur 12, avec 394 voix et 463 votants. Il siégea d'abord à l'extrême-gauche, puis se rapprocha du groupe constitutionnel. Ce fut la stricte observation des lois constitutionnelles qui lui fit dénoncer Lecointre, comme ayant outrepassé ses droits, et demander sa mise en accusation. Il s'inclina cependant devant les résistances de ses collègues et écrivit, à ce propos, la lettre suivante :

« Ce 21 mai 1792, l'an 4e de la liberté.

« J'ai proposé, monsieur, à l'Assemblée nationale de décréter d'accusation M. Laurent Lecointre, député du département de Seine-et-Oise, pour avoir signé un ordre arbitraire, parce que j'étais alors intimement convaincu qu'en sa qualité de membre du Corps législatif, il ne pouvait être poursuivi pour le délit dont il me paraissait s'être rendu coupable, que par-devant la haute cour nationale; mais, après les observations qui ont été faites, j'ai relu attentivement l'article VIII de la section V de l'acte constitutionnel, j'ai vu que je m'étais trompé.

« Ma conscience m'impose le devoir de défendre les principes de la constitution, indépendamment de toute espèce de considération, et elle m'ordonne non moins impérieusement de reconnaître que je m'en suis écarté dans cette occasion. Je vous prie donc, monsieur, de donner à cet aveu la plus grande publicité, en faisant imprimer ma lettre.

«Convenir d'une erreur n'est pas la réparer, je le sais; mais c'est annoncer du moins le regret de l'avoir commise, et prouver la pureté de ses intentions. « LOUIS-STANISLAS GIRARDIN. »

Le 2 juin 1792, il vota contre la fédération et contre le projet de formation d'un camp près de Paris. Président de l'Assemblée, le 24 juin suivant, il reçut, en cette qualité, le 7 juillet, le roi qui venait assister à la séance où les députés prêtèrent le serment de fidélité à la monarchie constitutionnelle. Son attitude en cette circonstance lui valut, le 10 août, les insultes et les menaces des vainqueurs. Après la Législative, il obtint, par l'entremise de Marat, qu'il avait autrefois défendu, le projet d'un camp près de Paris. Président de l'Assemblée, le 24 juin suivant, il reçut, en cette qualité, le 7 juillet, le roi qui venait assister à la séance où les députés prêtèrent le serment de fidélité à la monarchie constitutionnelle. Son attitude en cette circonstance lui valut, le 10 août, les insultes et les menaces des vainqueurs. Après la Législative, il obtint, par l'entremise de Marat, qu'il avait autrefois défendu, qu'il voulait aboutir en raison de l'hostilité du gouvernement britannique. Rentré à Paris, le 21 janvier 1793, il se cacha chez l'un de ses oncles, à Sézanne; mais, bientôt découvert, il fut jeté en prison, où il resta jusqu'au 9 thermidor, et où, fidèle aux enseignements de Rousseau, il apprit le métier de menuisier. Nommé, en 1797, administrateur de l'Oise, puis destitué quelques mois après comme suspect de royalisme, il retourna à Sézanne et se lia avec son voisin de campagne, Joseph Bonaparte, qui venait d'acheter le château de Mortefontaine. Le 4 nivôse an VIII, le frère de ce voisin de campagne le nomma membre du Tribunat, et le chargea de défendre au Corps législatif le projet de création de la Légion d'honneur. Président du Tribunat le 22 mars 1802, il fut réintégré dans l'armée avec le grade de capitaine en avril 1804, et versé au 4e régiment de ligne alors sous les ordres de Joseph Bonaparte. Ce prince l'emmena avec lui quand il partit pour Naples et le nomma chef de bataillon, puis colonel pour sa belle conduite au siège de Gaëte, et finalement l'attacha à sa personne, comme premier écuyer, quand il devint roi d'Espagne. Nommé, peu après, général de brigade par l'Empereur, M. de Girardin se brouilla avec Joseph, auquel il reprochait une liaison espagnole. Il entra au Corps législatif en 1809, fut créé comte de l'Empire le 29 janvier 1810, et nommé, en 1812, préfet de la Seine-Inférieure, où il resta jusqu'aux Cent-Jours, Louis XVIII l'ayant maintenu à ce poste. En 1815, Napoléon l'appela à la préfecture de Seine-et-Oise, et, le 24 mai, M. de Girardin fut élu représentant à la Chambre des Cent-Jours, pour l'arrondissement du Havre, par 26 voix sur 46 votants, contre 15 à M. Cocherel. Révoqué comme préfet à la seconde Restauration, il ne resta pas longtemps en disgrâce, devint, en 1819, inspecteur des haras et préfet de la Côte-d'Or, et fut élu, le 11 septembre, député du collège de département de la Seine-Inférieure par 1,435 voix sur 2,473 votants et 4,812 inscrits. Il siégea au côté gauche de l'Assemblée, combattit énergiquement le rétablissement de la censure et fut destitué par le cabinet qui remplaça le ministère Decazes. Réélu député le 25 février 1824, dans le 1er arrondissement électoral de la Seine-Inférieure (Rouen), par 803 voix sur 1,382 votants, contre 426 voix à M. Eudes, il siégea jusqu'à sa mort dans l'opposition libérale. On a de lui un assez grand nombre de brochures, dont la plus curieuse est un violent pamphlet politique intitulé: *Lettre du vicomte d'Ermenonville à M**** (1789).

GIRARDIN (ALEXANDRE-FRANÇOIS-LOUIS, COMTE DE), député au Corps législatif de l'an XII à 1815, né à Paris le 16 août 1767, mort à Avranches (Manche) le 5 septembre 1848,

second fils de « messire René-Louis Girardin, marquis de Bragy, vicomte d'Ermenonville, mestre-de-camp de dragons, et de dame Camille-Adélaïde-Brigitte Berthelot de Baye, son épouse », et frère du précédent, servit dans les armées du roi, et parvint au grade de capitaine de dragons. Administrateur du département de l'Oise, le 20 frimaire an VIII, il fut, le 8 frimaire an XII, choisi par le Sénat conservateur comme député de l'Oise au Corps législatif; il obtint le renouvellement de son mandat le 2 mai 1809, fut créé comte de l'Empire le 9 mars 1810, et siégea jusqu'à la fin de l'Empire.

GIRARDIN (ERNEST-STANISLAS, MARQUIS DE), député de 1831 à 1837, de 1840 à 1846, représentant en 1848 et 1849, sénateur du second Empire, né à Paris le 24 juillet 1802, mort à Paris le 2 janvier 1874, petit-fils de René-Louis de Girardin, l'hôte et l'ami de J.-J. Rousseau, et fils de Stanislas de Girardin (*V. p. haut*), débuta dans la carrière parlementaire le 10 septembre 1831, ayant été élu par 128 voix (148 votants, 227 inscrits) député du 5e collège de la Charente (Ruffec), en remplacement de M. Vatout, qui avait opté pour Semur. Malgré l'intimité de son père avec le duc d'Orléans, il prit place dans l'opposition constitutionnelle, et vota notamment : *contre* l'ordre du jour Ganneron, *contre* les ordonnances du 31 novembre 1831, relatives à la pairie, *contre* l'emploi de la dénomination inconstitutionnelle de *sujets*, etc. Il signa le « compte rendu » de 1832, et se récusa dans l'affaire du journal la *Tribune* (1833). Le 21 juin 1834, M. Ernest de Girardin fut réélu député de Ruffec par 124 voix (205 votants, 243 inscrits), contre 40 à M. Boncenne. Il se montra opposé aux lois de septembre 1835 et opina jusqu'à la fin de la législature avec la gauche dynastique. En 1837, il fut remplacé par un ministériel, M. Mimaud; mais celui-ci ayant été promu à une place de conseiller à la Cour, M. Ernest de Girardin lui succéda à son tour, comme député, le 12 décembre 1840, avec 152 voix (254 votants, 299 inscrits). Il reprit sa place sur les bancs de la gauche, à côté de Dupont de l'Eure et d'Odilon Barrot, et combattit la politique de Guizot. Il obtint encore sa réélection, le 9 juillet 1842, par 149 voix (270 votants, 302 inscrits), et se prononça *contre* l'indemnité Pritchard, *pour* la réduction du nombre des députés-fonctionnaires, *pour* l'adjonction des capacités, etc. « M. Ernest de Girardin parle peu, écrivait en 1846 un biographe parlementaire, mais il vote selon sa conscience, qui ne le trompe jamais. Dans la fameuse séance où M. Guizot fut si rudement interpellé sur son voyage à Gand, en temps prohibé, suivant l'expression de M. Dupin aîné, M. de Girardin ne put entendre de sang-froid les misérables explications à l'aide desquelles le ministre cherchait à justifier cette désertion, et il exprima son indignation en homme de cœur et de conviction. Cette patriotique indignation attire aujourd'hui sur la tête de M. de Girardin les foudres des journaux subventionnés par M. Guizot. Leurs injures ne sauraient atteindre l'honorable député de Ruffec, dont l'indépendance et le désintéressement politique sont connus de toute la Chambre. » Il échoua, aux élections générales du 1er août 1846, avec 124 voix contre 173 à M. Tryon de Montalembert. Après la révolution de février, les électeurs de la Charente le nommèrent représentant à l'Assemblée constituante, le 4e sur 9, par 42,829 voix (92,994 votants). M. Ernest de Girardin siégea alors à droite et vota : *pour* le rétablissement du cautionne-

ment, *pour* les poursuites contre Louis Blanc
et Caussidière, *pour* le rétablissement de la
contrainte par corps, *contre* l'abolition de la
peine de mort, *contre* l'amendement Grévy,
contre le droit au travail, *pour* la proposition
Rateau, *contre* l'amnistie, *pour* l'interdiction
des clubs, *pour* les crédits de l'expédition romaine, etc. Partisan du gouvernement présidentiel de L.-N. Bonaparte, il soutint la politique d'Odilon Barrot devenu ministre, et fut
réélu, le 13 mai 1849, représentant du même
département à la Législative, le 3e sur 8; par
47,933 voix (79,163 votants, 114,411 inscrits).
Comme dans l'Assemblée précédente, il s'associa à la campagne conservatrice des chefs de
la majorité, appuya l'expédition de Rome, la
loi Falloux-Parieu sur l'enseignement, et ne
se sépara de la plupart des membres de la
droite monarchiste que pour adhérer au coup
d'Etat du 2 décembre 1851. Après avoir fait
partie de la Commission consultative instituée
par le décret du même jour, il fut nommé sénateur le 26 janvier 1852, siégea dans la Chambre
haute pendant toute la durée du régime impérial, qu'il soutint de ses votes, et fut fait officier de la Légion d'honneur le 30 août 1865.
Le 4 septembre 1870, M. Rouher, président du
Sénat, ayant proposé à l'Assemblée de se déclarer en permanence, M. de Girardin s'écria :
« Je suis ici en vertu du plébiscite, je n'en
sortirai que par la force. » Mais sur la déclaration de M. Baroche que le Sénat, eu se séparant, « pourrait au dehors rendre plus de
services au pays et à la dynastie, » M. de Girardin se retira avec ses collègues, et ne reparut plus sur la scène politique.

GIRARDIN (EMILE DE), député de 1834 à
1848, représentant en 1850, député de 1877 à
1881, mort à Paris le 27 avril 1881, serait,
d'après son état civil, né en Suisse le 21 juin 1806;
mais cette déclaration qui lui attribuait des parents imaginaires, a été depuis reconnue fausse,
et un acte de notoriété, produit ultérieurement,
a reporté l'époque de sa naissance à l'année
1802 à Paris. En réalité, ses père et mère n'é-
taient autres que le général Alexandre de Girardin, qui fut grand veneur sous Charles X, et
Mme Dupuy, femme d'un conseiller à la cour de
Paris. Le général de Girardin avoua, d'ailleurs,
cette paternité en 1837, dans une commission de
la Chambre des députés. L'enfant fut confié aux
soins d'un ancien officier, devenu perclus à la
suite de la campagne de Russie, M. Darel.
« M. de Girardin, raconte un biographe, venait
d'entrer dans sa douzième année, lorsqu'il
adressa un jour à son précepteur la requête
suivante : — « Monsieur, je voudrais avoir des
éperons. — Des éperons, et pourquoi faire? —
Pour faire du bruit », répliqua l'enfant. Voilà,
certes, une vocation bien décidée et qui, pour
se manifester, n'attend pas le nombre des années. Faire du bruit a été en effet une des
préoccupations les plus impérieuses de l'imagination de M. de Girardin. » (Hippolyte Castille,
Portraits politiques du XIXe siècle.) Il entra
comme employé au cabinet de M. de Senonnes, secrétaire-général de la maison du roi; mais ce fonctionnaire ayant été révoqué, il dut essayer de
se frayer lui-même une carrière. Sans parents
avoués, sans fortune, il passa quelque temps
dans les bureaux d'un agent de change sous le
nom supposé d'Emile Delamothe, puis se décidant tout à coup à revendiquer comme son vrai
nom celui de son père naturel, il débuta (1827)
dans la littérature par une sorte de roman,
Emile, où il racontait, sous forme de fragments,

l'histoire de sa naissance et de ses premières
années. Nommé, sous le ministère Martignac,
inspecteur des beaux-arts, il utilisa les loisirs
que lui laissait cette fonction gratuite pour
suivre la vocation décidée qui l'entraînait vers
les spéculations de presse. L'industrie des journaux devint rapidement, entre ses mains, une
affaire des plus productives : sous ce titre original, le *Voleur*, il fonda une feuille de reproduction littéraire qui obtint un vif succès, mais
qu'il abandonna devant les réclamations des
auteurs, lésés dans leurs droits de propriété;
puis il lança la *Mode*, dont il fit accepter le
patronage à la duchesse de Berry. Au bout de
quelque temps, il vendit cette nouvelle feuille
en adjudication publique. Après 1830, M. de
Girardin, comprenant tout le parti qu'on pouvait
tirer de la presse, surtout de la presse à bon
marché, publia le *Journal des connaissances
utiles* (1831), qui coûtait 4 francs par an et qui
eut 130,000 abonnés; puis le *Journal des instituteurs primaires,* à trente sous par an. Il chercha à intéresser le gouvernement à son système en offrant d'en faire l'application au
Moniteur, dont il proposait de réduire le prix
à un seul numéro; mais Casimir Périer refusa.
M. E. de Girardin fonda alors coup sur coup le
Musée des familles (1833), l'*Almanach de
France* (1834), avec un tirage d'un million
d'exemplaires, des *Atlas* à un sou la carte, etc.
Puis il brigua les suffrages des électeurs du
3e collège de la Creuse (Bourganeuf), qui l'élurent député, le 21 juin 1834, par 110 voix sur
130 votants et 150 inscrits. Mais cette élection
donna lieu aux débats les plus vifs : M. de
Girardin fut accusé de corruption électorale;
de plus, on alla jusqu'à lui contester la qualité
de Français; des enquêtes furent ordonnées, et
la validation ne fut votée qu'à grand'peine. Il
siégea dans la majorité gouvernementale et
essaya, mais sans succès, de former à la Chambre un parti de « conservateurs progressistes ».
En même temps, il se mêlait activement à
beaucoup d'affaires commerciales dont quelques-
unes eurent devant les tribunaux le plus fâcheux dénouement : les mines de Saint-Bérain,
l'Institut de Coëtbo, le *Panthéon littéraire*,
subventionné par Guizot, acquirent une renommée peu enviable. La fiévreuse activité de
M. de Girardin trouva bientôt un autre aliment. Le mauvais succès de ses dernières entreprises, l'attitude hostile de ses collègues de
la Chambre et de ses confrères de la presse
le mirent dans la nécessité de se forger contre
eux une arme redoutable : cette arme fut la
Presse, organe de la politique conservatrice, et
dont le premier numéro parut le 1er juillet 1836.
La *Presse* fit une révolution dans le journalisme. Diminuer le prix des grands journaux
quotidiens, accroître leur clientèle par l'appât
du bon marché et couvrir les pertes résultant
du bas prix de l'abonnement par l'augmentation
du tribut qu'allaient payer à une publicité,
devenue plus considérable, toutes les industries
qui se font recommander à prix d'argent, tel
était le plan dont M. de Girardin poursuivait
l'exécution. Par ce moyen il se vantait d'appeler à la vie publique un grand nombre de citoyens
qu'en avait éloignés longtemps le prix élevé
des journaux; mais les polémistes démocrates
ne manquèrent pas de faire observer que le résultat le plus certain du système inauguré était
de rendre plus large la part faite jusque-là aux
avis menteurs, aux recommandations banales,
et cela aux dépens de la place que réclament
la philosophie, l'histoire, les arts, la littérature :
on se proposait de changer en un trafic vulgaire

ce qui était à leurs yeux une magistrature et presque un sacerdoce. Au surplus, la *Presse*, dont l'abonnement fut fixé au prix, fabuleux alors de bon marché, de 40 francs, menaçait dans leur prospérité ou dans leur existence la plupart des feuilles en possession de la faveur du public : il veut contre M. de Girardin un *tolle* général. Le *Bon Sens* figura à la tête de ce mouvement. Bientôt Armand Carrel ne crut pas devoir rester spectateur impassible d'une querelle commencée par un journal de son parti ; et, le 20 juillet 1836, il publia dans le *National* quelques lignes dans lesquelles il déclarait approuver les critiques du *Bon Sens*. M. de Girardin répondit par un article qui semblait jeter des doutes sur la loyauté du rédacteur en chef du *National* et annonçait en termes généraux des attaques ultérieures. Alors Carrel n'hésita pas. Accompagné de M. Adolphe Thibaudeau, il se rendit en toute hâte chez M. de Girardin, décidé à obtenir, ou une explication publique ou une réparation par les armes. Il y eut entre eux un assez vif échange de paroles ; puis l'arrivée d'un ami de M. de Girardin, M. Lautour-Mézeray, vint donner à la discussion un tour plus conciliant, et il fut enfin convenu que quelques mots d'explication seraient publiés dans l'un et l'autre journal. La querelle paraissait presque éteinte : un incident la ralluma. M. de Girardin demandait que la publication de la note eût lieu simultanément dans les deux journaux. Carrel voulait, au contraire, qu'elle eût lieu d'abord dans la *Presse* ; mais il rencontra sur ce point une opposition persistante. Alors, blessé au vif, il se leva et dit : « Je suis l'offensé, je choisis le pistolet. » Le soir, la discussion se ranima entre MM. Ambert et Thibaudeau, amis de Carrel, Lautour-Mézeray et Gaillard de Villeneuve, représentants de M. de Girardin. On ne put s'entendre. Ce fut le vendredi 22 juillet, de grand matin, qu'Armand Carrel et M. de Girardin se retrouvèrent en présence dans le bois de Vincennes. Pendant qu'on chargeait les deux pistolets, Carrel dit à M. de Girardin : « Si le sort m'est contraire, monsieur, et que vous fassiez ma biographie, elle sera honorable, n'est-ce pas, c'est-à-dire vraie ? —Oui, monsieur », répondit celui-ci. Les témoins avaient mesuré une distance de quarante, on devait s'approcher jusqu'à une distance de vingt. Armand Carrel s'avança aussitôt, présentant à la balle de l'adversaire toute la largeur de son corps. M. de Girardin avait fait quelques pas. Les deux coups étant partis presque en même temps, on vit les deux adversaires tomber blessés tous les deux, l'un à la jambe, l'autre dans l'aine. La blessure de Carrel était la plus profonde, la plus dangereuse, la balle ayant froissé les intestins. En passant à côté de M. de Girardin, il lui demanda s'il souffrait ; il était en proie lui-même à de vives douleurs et il se sentait perdu. Transporté à Saint-Mandé chez un de ses anciens camarades de l'École militaire, son état prit, dans la nuit du 23 au 24 juillet, le caractère le plus alarmant, et il succomba après quelques heures d'agonie. Ce duel était le quatrième de M. de Girardin ; il fut son dernier. Mais il mit le comble à la fureur de ses ennemis politiques, qui l'accusèrent de n'avoir vu dans une rencontre dont on devait tant parler, qu'une affaire de bruit, qu'une manière de spéculation. Réélu député, le 4 novembre 1837, par 107 voix (124 votants, 150 inscrits), il vit redoubler contre lui les attaques les plus outrageantes, donna sa démission et obtint sa réélection par 86 voix sur 132 votants, contre 46 à M. Voysin de Gartempe. Il ne cessa de prêter le concours

de ses votes à l'opinion conservatrice et soutint le ministère Molé contre la coalition. M. de Girardin fut encore renommé, le 2 mars 1839 ; mais son élection ayant été annulée, il dut se représenter devant ses électeurs et n'obtint plus que 63 voix contre 67 à M. de Peyramont, élu. Il revint, d'ailleurs, à la Chambre, le 9 juillet 1842 : le collège de Bourganeuf l'y avait rappelé par 79 voix (142 votants, 151 inscrits), contre 62 au député sortant, M. de Peyramont ; et en même temps, le 3e collège de Tarn-et-Garonne (Castelsarrazin) l'avait élu par 297 voix (501 votants, 679 inscrits). Il opta pour ce dernier collège et fut remplacé à Bourganeuf par M. Aubusson de Soubrebost. Mais il arriva que ce dernier, promu avocat général, fut soumis à la réélection : alors M. E. de Girardin donna sa démission de député de Castelnaudary, pour se faire élire à Bourganeuf, le 30 mai 1846, par 81 voix sur 124 votants et 150 inscrits, contre 63 au député sortant, M. Aubusson de Soubrebost. Son admission, chaque fois, avait été très vivement contestée. Partisan du ministère Guizot, il mit son journal à la disposition de cet homme d'État, jusqu'au jour où il se vit brusquement retirer les faveurs gouvernementales. L'*Epoque* et le *Globe*, feuilles ministérielles, furent destinées alors à combattre l'influence de la *Presse*, devenue hostile. M. de Girardin *s'abstint* lors du vote sur l'indemnité Pritchard et vota *contre* la proposition Rémusat, tendant à réduire le nombre des députés fonctionnaires. Il ne joua, d'ailleurs, au parlement, qu'un rôle secondaire. Journaliste avant tout, c'est dans son journal qu'il obtint les plus brillants succès. Sa personnalité très accentuée, son tempérament spécial, sa physionomie intellectuelle se reflétaient avec exactitude dans la *Presse*, qui devint, sous sa direction, une puissance. « La *Presse*, écrivait le biographe cité plus haut, a été quelque chose de plus qu'un journal ; elle a été un spectacle. C'était une sorte de théâtre où l'on montrait les idées. Son rédacteur en chef se vantait d'en avoir une par jour. Si l'on ajoute à cela celles qu'il recueillait sur la place, on peut imaginer le flamboiement que cette abondance devait produire dans les bonnes saisons. » Aux élections générales du 1er août 1846, M. Emile de Girardin obtint, une fois de plus, le renouvellement de son mandat, avec 83 voix (136 votants, 149 inscrits), contre 51 à M. Aubusson de Soubrebost. De nouvelles attaques furent dirigées contre lui, et d'autant plus vives qu'il était alors en froid avec le pouvoir ; il venait de se jeter dans l'opposition, et de ses devises favorites : « améliorer le gouvernement établi, » faire « la révolution par en haut, » il avait tiré tout un programme, des plus hostiles en somme au ministère. Le 3 juin 1847, une demande en autorisation de poursuites fut déposée contre lui, à l'occasion d'un article extrêmement vif relatif à une promesse de pairie moyennant argent. La majorité de la Chambre des députés accorda l'autorisation. M. de Girardin fut traduit devant la Chambre des pairs ; il comparut le 22 juin, sans défenseur, prononça une brève défense, et, contre toute attente, fut renvoyé des fins de la citation. Le 14 février 1848, présentant la révolution, il résigna son mandat de député par une lettre où il s'exprimait ainsi : « Entre la majorité intolérante et la minorité inconséquente, il n'y a pas de place pour qui ne comprend pas : le pouvoir sans l'initiative et le progrès, l'opposition sans la vigueur et la logique. Je donne ma démission. J'attendrai les élections générales. » Le 24 février au matin, à l'aspect de Paris armé et couvert de barricades, il jugea la gravité de la situation, se rendit aux Tuileries, et fit remettre au roi une note signée de son nom et où il demandait, dans des formules quasi-impératives, l'abdication de Louis-Philippe et la régence du duc d'Orléans. La chute irrémédiable de la dynastie ne le prit pas d'ailleurs au dépourvu ; M. de Girardin ne songea qu'à tirer le meilleur profit de la nouvelle situation faite aux anciens partis, et, le premier, il leur donna le signal du ralliement provisoire à la république. Son fameux article *Confiance! confiance!* eut à cet égard une influence considérable ; mais le suffrage universel fit d'abord à M. Emile de Girardin un accueil peu empressé : l'opposition violente de la *Presse* au gouvernement provisoire avait irrité les républicains ; au fond, M. de Girardin combattait surtout ce qu'on nommait le parti du *National*. Adversaire déclaré du général Cavaignac et de sa dictature, il fut arrê , le 25 juin, par ordre de celui-ci, et tenu au secret pendant onze jours à la Conciergerie. Le journaliste se vengea en publiant après sa sortie le *Journal d'un journaliste au secret*, puis en reprenant, dans la *Presse*, qui avait été suspendue, une guerre opiniâtre et meurtrière, où les ressentiments personnels avaient au moins autant de part que les dissentiments politiques. Quoi qu'il en soit, on vit M. de Girardin appuyer de tout son pouvoir la candidature à la présidence de la république de L.-N. Bonaparte, dont il espérait devenir le ministre ; mais le gouvernement de l'Elysée n'ayant pas fait appel à son concours, M. de Girardin ne tarda pas à se retourner contre lui : il fit même adhésion au socialisme, brigua une candidature démocratique à Paris, où le « conclave » électoral le repoussa, et fut plus heureux, le 9 juin 1850, lors de l'élection partielle motivée dans le Bas-Rhin par la démission de M. de Goldenberg : élu représentant de ce département à la Législative par 37,566 voix (73,607 votants, 145,695 inscrits), contre 29,539 à M. Muller et 13,057 à M. Liechtenberger, ancien représentant, il siégea à la Montagne, vota le plus souvent avec elle et prit part aux débats orageux des derniers temps de la session. Au coup d'Etat de décembre, il ne fut pas arrêté : une dépêche de M. de Morny à M. de Maupas, du 4 décembre, porte : « Le ministre a de graves raisons pour qu'on n'inquiète pas Emile de Girardin. » Mais un décret, en date du 9 janvier 1852, « éloigna » de France M. de Girardin pour quelque temps : les anciennes relations du proscrit avec le prince Napoléon lui permirent bientôt de venir reprendre à Paris la direction de son journal. Il s'attira plusieurs « avertissements », se retira de la rédaction, et finit par vendre au banquier Millaud, moyennant 800,000 francs, sa part de propriété. La *Presse* était complètement déchue lorsqu'il en redevint le rédacteur en chef le 1er décembre 1862. Après diverses tranformations du journal auquel il n'avait cessé de s'intéresser, il l'abandonna tout à fait pour créer la *Liberté* (juin 1866). M. de Girardin continua à attirer sur lui l'attention en traitant les questions les plus diverses avec sa vivacité et sa facilité habituelles. Assez bien en cour, il affectait d'attaquer seulement la politique de M. Rouher ; le ministre d'Etat le fit traduire en police correctionnelle, le 6 mars 1867, pour un article intitulé les *Destinées meilleures*, et condamner à 5,000 francs d'amende. Peu après, la vente de la *Liberté* fut interdite sur la voie publique. De concert avec son collaborateur M. C. Duvernois, il entreprit, en 1868, une longue cam-

pagne pour que la France déclarât la guerre à l'Allemagne et conquît la Belgique. Puis il se déclara contre la souscription Baudin organisée par les journaux démocratiques, adhéra au ministère du 2 janvier 1870, appuya le gouvernement impérial dans son évolution parlementaire, soutint l'opportunité du plébiscite, et défendit l'administration de M. Haussmann, pour qui il réclama le ministère des Travaux publics. Un décret non publié, contresigné Emile Ollivier, en date du 27 juillet 1870, et retrouvé, après le 4 septembre, dans les papiers des Tuileries, élevait M. de Girardin à la dignité de sénateur en considération « des services qu'il avait rendus comme publiciste ». A la même époque, il se signala par son ardeur à approuver la déclaration de guerre à la Prusse. L'empire tombé, il suivit la *Liberté* en province, à Tours et à Bordeaux, offrit vainement ses services à la délégation du gouvernement de la Défense, combattit la dictature de Gambetta, proposa, au moment de l'insurrection communaliste, de diviser la France en 15 groupes fédératifs, et devint (mai 1872) acquéreur du *Journal officiel*. L'année d'après, il fut un des trois propriétaires du *Petit Journal*, dont il releva la situation matérielle, et qu'il mit, politiquement au service des idées « républicaines conservatrices », représentées par Thiers au pouvoir. Il y joignit bientôt (15 novembre 1874) la direction du journal la *France* qui, en dépit de ses efforts, n'était pas encore parvenue à attirer l'attention du grand public, lorsque la crise du 16 mai 1877 fournit à l'infatigable publiciste l'occasion d'une campagne qui lui attira rapidement la faveur populaire. Avec une verve et une ardeur inépuisables, M. de Girardin fit une guerre de chaque jour au ministère de Broglie-Fourtou, dénonça sans trève les abus reprochés au gouvernement de l'ordre moral, toujours prêt à riposter à toutes les attaques et profitant de l'immense publicité du *Petit Journal* et de la *France* pour répandre, parfois avant le gouvernement lui-même, certains documents officiels de nature à servir la polémique de l'opposition républicaine. Le ministère tenta, mais sans succès, d'enlever à M. de Girardin sa part de propriété du *Petit Journal*. Aux élections du 14 octobre 1877, M. de Girardin refusa d'abord une candidature qu'on lui offrit dans l'Oise. Mais, après l'option pour Dôle de M. Jules Grévy, élu également dans le 9e arrondissement de Paris, les électeurs républicains de cette circonscription élurent M. de Girardin (16 décembre) par 10,963 voix (14,397 votants, 22,042 inscrits), contre 1,693 à M. Daguin et 529 à M. Bertron. M. Emile de Girardin prit place à gauche, soutint le ministère Dufaure, fut membre et président de la commission de revision générale des lois sur la presse, et s'efforça d'en diriger les travaux dans le sens de sa thèse favorite de la liberté absolue des journaux, motivée par leur « impuissance ». Il avait épousé, le 1er juin 1831, Mlle Delphine Gay, une des « Muses de la Restauration », qui donna au nom de son mari un nouvel éclat dans le monde et dans les lettres. Devenu veuf, le 29 juin 1855, il épousa en secondes noces, l'année d'après, Mlle Guillemette-Joséphine Brunol, comtesse de Tieffenbach, veuve du prince Frédéric de Nassau, dont il se sépara judiciairement en 1872, après lui avoir intenté un procès en désaveu de paternité. M. de Girardin avait été fait chevalier de la Légion d'honneur le 24 août 1842. Ses idées politiques et sociales ont été recueillies ou exposées dans un nombre presque incalculable de publications et de brochures parmi lesquelles on peut citer : *De la presse périodique au XIXe siècle* (1837); *De la liberté de la presse et du journalisme* (1842); *De la liberté du commerce* (1846); *Questions de mon temps* (1858); des pièces de théâtre très discutées : *La Fille du millionnaire* (1858); *Le Supplice d'une femme* (1865) avec la collaboration d'Alexandre Dumas fils; *Les deux Sœurs* (1865), etc.

GIRARDIN (MARC). — *Voy.* SAINT-MARC-GIRARDIN.

GIRAUD (ETIENNE), député en 1791, né à la Châtaigneraie (Vendée) le 9 janvier 1752, mort à une date inconnue, était procureur à la Châtaigneraie avant la Révolution. Délégué par l'assemblée primaire de cette ville pour élire les membres du Directoire du département de la Vendée (29 juin 1790), il fut nommé, le 9 novembre suivant, juge au tribunal de district de Fontenay, et fut élu, le 5 septembre 1791, député de la Vendée, à l'Assemblée législative, le 7e sur 9, par 116 voix sur 230 votants. Il prit la parole, le 13 juillet 1792, à propos des événements du 20 juin, pour demander l'appel nominal, et, le 23 juillet suivant, dans la discussion sur la responsabilité collective des ministres, pour démontrer avec quelle aisance les ambitieux avaient su tourner le décret de l'assemblée interdisant le ministère aux députés pendant les deux années qui suivent la fin de la législature. « S'ils ne sont pas nommés eux-mêmes, disait-il, ils font nommer à leur place leurs parents, leurs amis et leurs créatures, et s'en servent.» Après la session, Giraud rentra dans la vie privée.

GIRAUD (PIERRE-FRANÇOIS-FÉLIX-JOSEPH), membre de la Convention, né à Montmarault (Allier) en 1745, mort à une date inconnue, administrateur du district de Montmarault, fut élu, le 7 septembre 1792, membre de la Convention par le département de l'Allier, le 7e et dernier, « à la pluralité des voix. » Il ne put prendre part, étant malade, au vote sur l'application de la peine dans le procès de Louis XVI, et passa d'ailleurs à peu près inaperçu dans l'Assemblée.

GIRAUD (MARC-ANTOINE-ALEXIS), membre de la Convention, député au Conseil des Cinq-Cents, né à Saint-Jean-de-Liversay (Charente-Inférieure) le 30 septembre 1748, mort à Paris le 20 août 1821, était juge de paix à la Rochelle, quand il fut élu, le 7 septembre 1792, membre de la Convention par le département de la Charente-Inférieure, le 9e sur 11, avec 366 voix (546 votants). Il se montra l'adversaire des Jacobins, se prononça, lors du procès de Louis XVI, pour la détention de l'accusé, et, après le 9 thermidor, présenta un projet tendant à la suppression de la loi du maximum. Il s'occupa aussi des questions d'instruction publique, de douane, etc. En février 1795, Giraud fut désigné par la Convention, avec Bourdon de l'Oise et Vardon, pour se rendre à Saint-Domingue en qualité de commissaire; mais ni lui ni ses collègues ne partirent. Réélu, le 21 vendémiaire an IV, député de la Charente-Inférieure au Conseil des Cinq-Cents, à la pluralité des voix sur 304 votants, il y traita plusieurs questions financières et commerciales, fit voter un certain nombre de résolutions concernant les droits de douanes, les domaines nationaux, la taxe de guerre, la fabrique des pièces d'or et d'argent, etc., et donna sa démission le 4 floréal an IV. En avril 1796, ayant définitivement accepté du Directoire une mission aux colonies, il se rendit à Saint-Domingue, avec Sonthonax, Raymond et

Leblanc. Son administration fut, en 1799, l'objet des attaques les plus vives, et Vaublanc l'accusa de forfaiture et de dilapidation. Son rappel fut ordonné. Lorsque Giraud se présenta devant le Conseil, Tarbé et Vaublanc lui-même implorèrent en sa faveur l'indulgence de l'Assemblée : on fit remarquer qu'il avait fait un rapport important au Directoire, qui avait négligé de le communiquer; on représenta Giraud comme ayant été égaré par Sonthonax, et le député de la Charente-Inférieure ne fut pas inquiété.

GIRAUD (PAUL-EMILE), député de 1831 à 1846, né à Romans (Drôme) le 27 novembre 1792, mort à Romans le 2 octobre 1883, était d'une famille honorablement connue dans le commerce. Maire de sa ville natale, membre de la chambre consultative de commerce et du conseil général de la Drôme depuis 1830, il fut élu député, le 5 juillet 1831, par le 2e collège électoral de la Drôme (Romans), avec 193 voix sur 236 votants et 281 inscrits, contre 39 à M. Jullien (de Paris); réélu successivement : le 21 juin 1834, par 146 voix sur 222 votants et 297 inscrits, contre 35 à M. Périolat, et 32 à M. De Cordone; le 4 novembre 1837, par 188 voix sur 353 votants et 399 inscrits; le 2 mars 1839, par 196 voix sur 368 votants et 402 inscrits; le 9 juillet 1842, par 214 voix sur 424 votants et 479 inscrits, contre 171 à M. Dubouchage et 47 à M. d'Arbalestrier, il échoua, le 1er août 1846, dans le même collège, avec 223 voix contre 313 à l'élu, M. Dubouchage. Très ministériel, il vota toutes les motions proposées par le gouvernement. Après son échec législatif, il s'occupa principalement d'archéologie dauphinoise, et publia de nombreux travaux, entre autres : *Essai historique sur l'abbaye de Saint-Barnard et sur la ville de Romans* (1856); *Composition, mise en scène et représentation du mystère des trois doms, joué à Romans, les 27, 28 et 29 mai, aux fêtes de la Pentecôte de l'an 1509, d'après un manuscrit du temps* (1848), etc. Chevalier de la Légion d'honneur (mai 1839) et membre de la Société d'archéologie.

GIRAUD (AUGUSTIN), député de 1831 à 1837, représentant en 1849, né à Angers (Maine-et-Loire) le 23 décembre 1796, mort à Paris le 5 décembre 1875, propriétaire à Angers, entra au conseil municipal de cette ville et devint maire sous Louis-Philippe. Le 17 janvier 1831, il remplaça à la Chambre M. Guilhem, décédé; il avait été élu à sa place député du 1er collège de Maine-et-Loire, par 269 voix (358 votants, 623 inscrits), contre 74 à M. Joseph Robineau. M. Giraud vota avec la majorité conservatrice et obtint sa réélection, aux élections générales du 5 juillet 1831, par 214 voix (366 votants, 498 inscrits), contre 101 à M. P. Guilhem. Dans cette session, il eut l'occasion de faire la déclaration suivante : « Jamais je n'ai redouté le parti républicain, trop peu nombreux pour vouloir faire le mal; il n'en est pas de même du parti prêtre; c'est sur lui que nous devons fixer nos regards.» Réélu, le 21 juin 1834, par 233 voix (392 votants, 503 inscrits), contre 102 voix à M. David d'Angers, 15 à M. Méry de Contades, légitimiste, et 13 à M. Boutton-Lévêque, constitutionnel, il ne cessa, jusqu'en 1837, d'opiner avec le centre : *pour* la condamnation du journal *la Tribune*, *pour* les lois de septembre 1835, *pour* les lois de disjonction, d'apanage, etc. Le 4 novembre 1837, il échoua avec 221 voix contre 286 à M. Farrau, élu, et les tentatives ultérieures qu'il continua de faire avant la révolution de 1848 pour rentrer au

Palais-Bourbon furent sans succès. Le 19 juin 1841, il brigua vainement, dans le 2e collège de Maine-et-Loire, la succession de M. Robineau, démissionnaire, et ne réunit que 133 voix contre 140 à M. Bineau, élu. Le 9 juillet 1842, il obtint 148 voix contre 191 au même adversaire, réélu. Enfin, le 1er août 1846, il n'eut que 178 suffrages contre 226 au député sortant et 18 à M. Eug. Boré. Ce ne fut qu'à l'Assemblée législative du 13 mai 1849 que M. Augustin Giraud parvint à se faire élire, le 9e de la liste conservatrice, comme représentant de Maine-et-Loire, avec 53,528 voix. Il siégea à droite et s'associa à tous les votes de la majorité antirépublicaine : pour l'expédition de Rome, pour la loi Falloux-Parieu sur l'enseignement, pour la loi restrictive du suffrage universel, etc. Le coup d'État du 2 décembre le rendit à la vie privée. Chevalier de la Légion d'honneur.

GIRAUD (CHARLES-JULES), député de 1831 à 1837, né à Angers (Maine-et-Loire) le 26 avril 1801, avocat et propriétaire à Corzé (Maine-et-Loire), frère du précédent, fut élu, le 5 juillet 1831, député du 3e collège de Maine-et-Loire (Beaugé), par 115 voix (213 votants, 321 inscrits), contre 97 à M. Leloup, ancien sous-préfet. Il suivit la majorité ministérielle, se prononça contre toutes les propositions émanées de l'opposition, et fut réélu, le 21 juin 1834, par 140 voix (187 votants, 312 inscrits, contre 21 au candidat libéral, M. Bigot. Après avoir donné son suffrage aux lois de septembre 1835, etc., M. C.-J. Giraud se représenta sans succès aux élections du 4 novembre 1837, où il n'obtint que 42 voix contre 183 à M. Dutier, élu ; à celles du 2 mars 1839, où il ne réunit que 8 suffrages contre 225 au député sortant ; et à celles du 1er août 1846, où il échoua encore avec 28 voix contre 238 à M. Dutier, réélu, et 42 à M. Dubreuil de Bost. M. Giraud se porta de nouveau candidat indépendant au Corps législatif le 1er juin 1863, dans la 1re circonscription de Maine-et-Loire : il recueillit 5,404 voix contre 22,019 obtenues par l'élu, candidat officiel, M. Segris.

GIRAUD (CHARLES-JOSEPH-BARTHÉLEMY), ministre de l'Instruction publique, né à Pernes (Vaucluse) le 20 février 1802, mort à Paris le 13 juillet 1881, fit ses études de droit à Aix, où il fut nommé, en 1830, professeur suppléant, et, en 1835, professeur titulaire de droit administratif. Devenu inspecteur général des facultés de droit (1842), M. Giraud se fixa à Paris, fut élu, la même année, membre de l'Institut (Académie des Sciences morales et politiques), fut appelé, en 1845, à faire partie du Conseil royal de l'instruction publique, et fut promu, en 1848, vice-recteur de l'Académie de Paris ; mais il se démit de ses fonctions au lendemain de la révolution de février. D'opinions conservatrices, M. Ch. Giraud succéda à M. de Parieu (janvier 1851) comme ministre de l'Instruction publique. Il ne se signala par aucune mesure importante, fut remplacé, le 10 avril, par M. Dombidau de Crouseilhes, puis reprit le même portefeuille le 26 octobre, pour le remettre à M. Fortoul le 3 décembre 1851. Dans son double et court passage aux affaires, M. Giraud sembla s'attacher principalement à gagner les sympathies des monarchistes et du clergé. Au lendemain du coup d'État, il fut nommé membre de la Commission consultative, puis fut appelé à faire partie du conseil d'État ; mais il le quitta bientôt (août 1862), en raison de ses vieilles attaches orléanistes, lors du projet de loi sur la confiscation des biens de la famille d'Orléans. Professeur de droit

romain, puis de droit des gens à la Faculté de Paris, M. Giraud redevint, en 1861, inspecteur général de l'Université pour l'enseignement du droit. On lui doit comme jurisconsulte, des ouvrages estimés : Éléments de droit romain (1835) ; Recherches sur le droit de propriété chez les Romains (1838) ; Essai sur l'histoire du droit français au moyen âge (1845) ; le Traité d'Utrecht (1847) ; des Libertés de l'Église gallicane (1847) ; etc., et un grand nombre d'articles spéciaux dans divers recueils, comme la Revue de législation et de jurisprudence et le Journal des savants. — Grand-officier de la Légion d'honneur (13 août 1866).

GIRAUD (LOUIS-ALFRED), représentant à l'Assemblée nationale de 1871, né à Fontenay-le-Comte (Vendée) le 3 août 1827, mort à Blois (Loir-et-Cher) le 9 juillet 1880, était docteur en droit en 1853 ; il sortit le premier de l'École des chartes comme archiviste paléographe. Entré dans la magistrature, il fut substitut à Tours en 1856, procureur impérial à Parthenay, et se trouvait à Blois, comme vice-président du tribunal, en 1868, quand survint le 4 septembre. Élu, le 8 février 1871, représentant de la Vendée à l'Assemblée nationale, le 7e sur 8, avec 53,871 voix sur 66,286 votants et 102,701 inscrits, il siégea à droite, dans le groupe monarchiste et clérical, fit partie de la réunion Saint-Marc-Girardin, et fut un des 94 signataires de la protestation contre l'exil des Bourbons et l'un des auteurs de la proposition d'abrogation des lois d'exil contre les Bourbons ; il répondit au discours de L. Blanc pour s'opposer au retour à Paris, reprit l'amendement de Ravinel qui décida de l'installation de l'Assemblée à Versailles, combattit la proposition Pressensé en faveur de la liberté des cultes, et rapporteur de la proposition Courcelle relative aux élections partielles, la fit adopter. Il vota pour la paix, pour les prières publiques, pour l'abrogation des lois d'exil, contre le retour à Paris, pour la démission de Thiers, pour la prorogation des pouvoirs du Maréchal, pour le maintien de l'état de siège, pour le ministère de Broglie, contre la dissolution, contre les amendements Wallon et Duprat, contre les lois constitutionnelles. Non réélu en 1876, il ne parut plus dans les Chambres. Officier d'Académie. On a de lui des poésies, les Vendéennes (1850) ; Éléments de droit municipal (1869), etc.

GIRAUD (ÉTIENNE-HENRI), député de 1876 à 1887, né à Montreuil (Vendée) le 22 mai 1814, mort à Versailles (Seine-et-Oise) le 23 juillet 1887, d'une famille de magistrats, fut reçu avocat en 1835, se fit inscrire au barreau de Niort et devint bâtonnier de l'ordre en 1847. La facilité de sa parole lui avait valu une certaine réputation ; conseiller municipal de Niort (août 1846), président de la Société de secours mutuels, il fut nommé maire de la ville (19 août 1848), et se distingua comme administrateur. Démissionnaire au coup d'État de 1851, il ne bouda pas longtemps l'Empire, qui le nomma président du tribunal de Niort (28 janvier 1854). Membre de la commission de l'hospice (1855), créateur (1857) d'un journal nommé la Fraternité qui mourut jeune, président de la Société d'agriculture des Deux-Sèvres (1861), chevalier de la Légion d'honneur (même année), conseiller général du canton de Fontenay-Rohan-Rohan (1867), il fut dévoué à l'Empire jusqu'à sa chute, et, après 1870, se rallia avec l'ardeur d'autrefois, au régime républicain. Il donna sa démission de président du tribunal en vue des élections législatives de 1876, fut nommé président honoraire, et se présenta à la députation, le 20 février 1876, dans l'arrondissement de Melle, avec une profession de foi dans laquelle « il acceptait sans arrière-pensée le gouvernement de la République, qui pouvait seul nous donner l'ordre et la paix ». Il échoua, avec 8,863 voix, contre 10,023 données au candidat conservateur, élu, M. Aymé de la Chevrelière. Mais cette élection ayant été invalidée, les électeurs, convoqués à nouveau le 21 mai suivant, donnèrent à M. Giraud 10,448 voix sur 20,025 votants et 23,647 inscrits, contre 9,406 voix à M. Aymé de la Chevrelière. M. Giraud prit place au centre gauche, parla sur les services hospitaliers dans l'armée, vota contre le cabinet de Broglie, et fut des 363. Réélu, après la dissolution de la Chambre, le 14 octobre 1877, par 10,459 voix sur 20,676 votants et 23,669 inscrits, contre 10,001 voix à M. Aymé de la Chevrelière, il passa à la gauche républicaine, fut rapporteur de la loi sur la vérification des élections des conseils généraux, parla sur la nomination des commissions hospitalières par les conseils municipaux, sur le budget de 1880, fit le rapport sur la création du port de l'alice près de la Rochelle, et vota pour la proposition Gatineau, pour l'augmentation du traitement des desservants, pour l'application des décrets aux congrégations non autorisées, etc. Les électeurs de Melle lui renouvelèrent son mandat, le 21 août 1881, par 11,611 voix sur 20,114 votants et 23,843 inscrits, contre 8,267 voix à M. Eugène Delavault, conseiller général du canton de Brioux. Il ne s'inscrivit cette fois à aucun groupe, fut rapporteur (février 1883) de la commission d'initiative sur la proposition de revision de la Constitution déposée en novembre 1882 par MM. Barodet et Andrieux, et vota avec la majorité opportuniste, sauf sur le scrutin de liste et sur le divorce, qu'il combattit à la tribune; il contribua aussi (24 janvier 1882) à la chute du « grand ministère » Gambetta. Porté, aux élections du 4 octobre 1885, sur la liste républicaine des Deux-Sèvres, il fut élu, au second tour (18 octobre), le 3e sur 5, par 45,056 voix sur 88,018 votants et 104,546 inscrits. L'état de sa santé ne lui permit plus de prendre une part assidue aux travaux de la Chambre; il mourut à Versailles en 1887.

GIRAUD-DUPLESSIS (Pierre-Guillaume-Henri, chevalier), député en 1789 et au Conseil des Anciens, né à Nantes (Loire-Inférieure) le 30 décembre 1754, mort à Paris le 25 septembre 1820, était avocat du roi au présidial, et procureur du roi syndic de la ville de Nantes, quand il fut élu, le 18 avril 1789, député du tiers aux Etats-Généraux par la sénéchaussée de Nantes. Son rôle y fut assez effacé. Premier suppléant de la Loire-Inférieure le 7 septembre 1791, il fut élu, le 24 vendémiaire an IV, député du même département au Conseil des Anciens, à la pluralité des voix sur 263 votants; nommé peu après commissaire de surveillance de la comptabilité, puis, le 1er messidor an V, secrétaire de l'Assemblée, il en sortit en l'an VI. Le gouvernement consulaire l'appela à la préfecture du Morbihan, le 11 ventôse an VIII. Membre de la Légion d'honneur (25 prairial an XII), chevalier de l'Empire (10 septembre 1808), il fut élevé par Louis XVIII, le 11 novembre 1818, aux fonctions de conseiller à la cour royale de Paris, et il occupa ce poste jusqu'à sa mort.

GIRAUDET-BOUDEMANGE (Pierre), député au Corps législatif en 1807, né à Saint-Bouvet (Allier) le 9 février 1734, mort à Moulins (Allier) le 23 juin 1815, « fils de Jean-Pierre Giraudet, sieur de Boudemange, conseiller du roy et son procureur aux eaux et forêts de Moulins, et de demoiselle Anne Charbon, » étudia le droit, et fut, avant la Révolution, avocat, puis procureur du roi près la maîtrise des eaux et forêts de Moulins, subdélégué de l'intendance, et procureur-syndic de l'administration provinciale du Bourbonnais. Il appartint sous le Consulat, l'Empire et la Restauration, à la magistrature comme juge et président du tribunal de 1re instance de Moulins, et représenta le département de l'Allier au Corps législatif du 17 février 1807 jusqu'en 1811.

GIRAUDON (Jules-Félix), représentant du peuple en 1848, né à Lille (Nord) le 19 janvier 1811, était ouvrier serrurier à Lille dans l'atelier de son père, quand il fut élu, le 23 avril 1848, représentant du Nord à l'Assemblée constituante, le 22e sur 28, par 120,846 voix sur 234,867 votants et 278,352 inscrits. Peu éloquent, très convaincu, il désirait ardemment l'affranchissement des classes ouvrières, mais repoussait les doctrines socialistes. Il fit partie du comité du travail, siégea parmi les républicains modérés, et vota pour le bannissement de la famille d'Orléans, pour le décret sur les clubs, contre les poursuites contre L. Blanc et Caussidière, pour l'abolition de la peine de mort, contre l'impôt progressif, contre l'incompatibilité des fonctions, contre l'amendement Grévy, contre la sanction de la Constitution par le peuple, pour l'ensemble de la Constitution, contre la proposition Rateau, contre l'interdiction des clubs, contre la campagne de Rome, pour la demande de mise en accusation du président et des ministres. Il ne fut pas réélu à la Législative.

GIRAUDY (Jean-Joseph), député en 1791, né à Roquemaure (Gard) le 15 avril 1737, mort à Nimes (Gard) le 16 juillet 1817, homme de loi à Roquemaure, fut élu, le 9 septembre 1791, député du Gard à l'Assemblée législative, le 5e sur 8, par 227 voix (424 votants). Il vota généralement avec la majorité. Le gouvernement consulaire le nomma, le 22 prairial an VIII, commissaire près le tribunal d'appel de Nimes, puis procureur général près le même tribunal. Membre de la Légion d'honneur du 25 prairial an XII.

GIRAULT (Claude-Joseph), membre de la Convention et député au Conseil des Anciens, né à Paris le 29 octobre 1736, mort à une date inconnue, était commissaire de la marine à Dinan. Elu, le 9 septembre 1792, le 6e sur 8, par 269 voix (495 votants), membre de la Convention pour le département des Côtes-du-Nord, il siégea à la droite de l'Assemblée et prit la parole le 9 novembre, pour s'efforcer de prouver que la Convention n'avait ni le droit ni la faculté d'instruire le procès de Louis XVI; il vota ensuite, lors du jugement, pour la détention. Il fut au nombre des 73 députés arrêtés pour leur alliance avec les Girondins, et réintégrés le 18 frimaire an III. Il passa, comme ex-conventionnel, le 4 brumaire an IV, au Conseil des Anciens, en sortit le 20 mai 1797, et devint (5 ventôse an VI) agent du commerce à Rotterdam, puis, le 16 nivôse an VIII, sous-commissaire des relations commerciales dans la même ville.

GIRAULT (Jean), député au Corps législatif de 1869 à 1870, député de 1876 à 1885, membre du Sénat, né à Saint-Amand (Cher) le 11 octobre 1825, fils du meunier du Moulin-des-Forges, continua à 15 ans le métier de son père, après une instruction très élémentaire. En 1848, il appartint à la garde nationale et au comité démocratique de Saint-Amand. Mais son action politique n'eut rien de militant lors des événements qui suivirent, à Saint-Amand, la nouvelle du coup d'Etat. M. Girault contribua à calmer l'effervescence, ne fut point inquiété par le gouvernement de L.-N. Bonaparte, et, jusqu'en 1867, se consacra exclusivement à son industrie, qui prospéra. Retiré des affaires en 1867, il devint maire d'Allichamps dans les dernières années de l'Empire, et fut désigné, aux élections générales du mois de mai 1869, comme le candidat de l'opposition démocratique dans la 2e circonscription du Cher. Après avoir réuni, au premier tour de scrutin, la majorité relative des suffrages, il fut élu, au scrutin de ballottage, le 6 juin, député au Corps législatif par 11,967 voix (23,628 votants, 32,181 inscrits), contre 11,390 à M. Adolphe Massé, avocat, candidat officiel. Dans sa profession de foi, il s'était déclaré « membre de cette grande famille ouvrière toujours éloignée des affaires publiques comme incapable, et des autres classes de la société comme indigne d'elles ». M. Girault alla siéger à gauche, dans les rangs de l'opposition. Le 2e bureau du Corps législatif proposait la validation, tout en reprochant à M. Girault d'avoir, vêtu d'une blouse de meunier, parcouru sa circonscription durant la période électorale, et émis des doctrines que « repoussaient également nos institutions et nos mœurs ». Mais la majorité rejeta les conclusions du bureau, et invalida sans discussion. La gauche protesta vivement contre l'annulation d'une élection que personne n'avait combattue ; il s'ensuivit un débat tumultueux qui se termina (20 décembre 1869) par l'admission du député du Cher. Le « député-meunier », qui ne perdait pas une occasion de parler du moulin paternel, était alors très populaire à Saint-Amand. Au Corps législatif, sa surdité l'avait rendu célèbre ; il vota constamment contre l'Empire, prit part à la discussion des traités de commerce, combattit le plébiscite dans le Cher, protesta contre l'arrestation de Rochefort et contre la déclaration de guerre à la Prusse, et revint à Saint-Amand après le 4 septembre 1870, chargé par Gambetta d'y organiser la défense. Mais il renonça à cette tâche presque aussitôt, en présence des difficultés qu'il rencontra. Porté sur une liste républicaine dans le Cher, lors des élections du 8 février 1871 pour l'Assemblée nationale, il n'obtint que 18,823 voix sur 76,432 votants. Il fut de nouveau candidat à l'élection complémentaire du 2 juillet motivée par l'option de Thiers et la démission de M. Simon Lebrun, et réunit encore, sans être élu, 28.757 suffrages (61,891 votants). Conseiller général du canton de St-Amand (8 octobre 1871), il ne rentra à la Chambre des députés qu'aux élections du 20 février 1876 : la 1re circonscription de Saint-Amand lui donna 6,885 voix (13,090 votants, 16,737 inscrits), contre 4,186 voix au baron Corvisart, médecin de l'ex-prince impérial, et 2,002 à M. Bonnault. Il s'inscrivit au groupe de l'extrême-gauche en même temps qu'à celui de l'Union républicaine, et fut des 363. Réélu, à ce titre, le 14 octobre 1877, par 8,076 voix (14,476 votants, 17,398 inscrits), contre 6,343 au baron Corvisart, M. Girault reprit sa place dans la majorité républicaine et se mêla à quelques discussions ; lors

des vérifications de pouvoirs, il demanda avec succès une enquête sur l'élection de M. Paul Granier de Cassagnac (février 1878). Il vota le plus souvent, dans la législature, avec les députés radicaux, par exemple : pour l'amnistie plénière, pour la séparation de l'Eglise et de l'Etat, etc., sans toutefois s'associer à la politique particulière des intransigeants. Dans le Cher surtout, comme conseiller général, il s'attachait, en recommandant « l'union entre tous les républicains », à paralyser les tentatives faites par les groupes ouvriers et socialistes pour affirmer leurs revendications. Réélu député, le 21 août 1881, par 9,151 voix (12,874 votants, 18,382 inscrits), il continua d'observer cette attitude, vota avec l'extrême-gauche de la Chambre en plusieurs circonstances, s'abstint quelquefois, et se rapprocha de plus en plus, dans son département, des chefs de l'opportunisme. Ceux-ci l'ayant porté candidat, aux élections sénatoriales du 6 janvier 1885, M. Girault fut élu sénateur du Cher par 366 voix (717 votants). Il avait été très vivement combattu par le parti républicain socialiste qui lui avait opposé M. Armand Bazille, neveu de Félix Pyat. L'entrée de M. Girault au Sénat nuisit à sa popularité dans le Cher, et particulièrement à Saint-Amand, où ses anciens électeurs lui reprochèrent d'avoir abandonné et son programme radical d'autrefois, et son titre d'élu du suffrage universel. Après s'être associé aux opinions de la gauche sénatoriale, M. Girault prit une part active à la campagne électorale d'octobre 1885 pour la Chambre des députés ; mais la liste opportuniste qu'il patronait fut mise en minorité dans l'arrondissement de Saint-Amand par la liste socialiste, et M. Girault, personnellement, rencontra dans mainte réunion publique un accueil peu favorable. M. Girault a voté au Sénat : pour l'expulsion des princes, pour la nouvelle loi militaire, etc., et en dernier lieu : pour le rétablissement du scrutin d'arrondissement (13 février 1889), pour le projet Lisbonne restrictif de la liberté de la presse ; il s'est abstenu sur la procédure à suivre devant le Sénat contre le général Boulanger.

GIRERD (Barthélemy), député en 1789, né à Tarare (Rhône) le 10 août 1748, mort à une date inconnue, était médecin dans sa ville natale, lorsqu'il fut élu par la sénéchaussée de Lyon député du tiers aux Etats-Généraux. Il vota obscurément avec la majorité de son ordre. Plus tard, le gouvernement consulaire le fit conseiller d'arrondissement dans le Rhône.

GIRERD (Frédéric-Pierre-Joseph), représentant du peuple en 1848, né à Saint-Héand (Loire) le 23 août 1801, mort à Château-Chinon (Nièvre) le 28 août 1859, fils d'un père de seize enfants, entra comme maître d'études dans une institution de Paris, et suivit en même temps les cours de la faculté de droit. Reçu avocat, il se fit inscrire, en 1825, au barreau de Nevers où il acquit bientôt une certaine réputation. Après la révolution de 1830, il fut nommé membre du conseil municipal, conseiller général de la Nièvre, bâtonnier de l'ordre des avocats, et juge suppléant. Il figura, en 1835, parmi les défenseurs du procès d'avril, et fonda un journal démocratique, l'Association. Il publia aussi, en 1842, une Notice historique sur Decize, ancienne ville du Nivernais (Nevers, 1842). Chef du parti républicain modéré dans la Nièvre, il reçut, après la révolution de février, des mains mêmes du préfet de ce département, des pouvoirs administratifs qui lui furent confirmés par le gouvernement provisoire. Puis, aux élections du 23 avril 1848, il fut élu représentant du peuple à l'Assemblée constituante, le 1er sur 8, par 60,873 voix (75,213 votants, 88,295 inscrits). Il fit partie du comité de la justice et vota le plus souvent avec le parti du général Cavaignac : *contre* les poursuites contre Louis Blanc et Caussidière, *pour* le rétablissement de la contrainte par corps, *contre* l'abolition de la peine de mort, *contre* l'amendement Grévy, *contre* le droit au travail, *contre* la proposition Rateau, *pour* les crédits de l'expédition romaine, pour l'abolition de l'impôt sur les boissons, etc. Il se représenta sans succès aux élections de l'Assemblée législative, et reprit à Nevers l'exercice de sa profession d'avocat.

GIRERD (CYPRIEN-JEAN-JACQUES-MARIE-FRÉDÉRIC), représentant en 1871, député de 1876 à 1881, né à Nevers (Nièvre) le 1er mai 1832, fils du précédent, se fit inscrire au barreau de Nevers, où il acquit assez rapidement une situation en vue, et dont il devint bâtonnier. Il fit de l'opposition démocratique à l'Empire, et fonda en 1867, dans ce but, l'*Indépendant du centre*, qui fut plusieurs fois frappé par l'administration. Aux élections générales du 1er juin 1863 il posa, dans la 2e circonscription de la Nièvre, sa candidature d'opposition au Corps législatif, mais il n'obtint que 3,212 voix contre 17,062 au candidat officiel, député sortant, élu, M. de Montjoyeux, et 906 à M. Léon de Ribérolles. M. de Montjoyeux ayant été nommé sénateur pendant la session, les électeurs de la 2e circonscription de la Nièvre furent appelés, le 17 novembre 1868, à lui choisir un successeur; M. Girerd se porta de nouveau candidat de l'opposition, et n'obtint que 3,865 voix contre 15,706 au candidat officiel, M. le baron de Bourgoing, et 1,872 à M. Ferdinand Gambon, candidat inassermenté. Au 4 septembre 1870, le gouvernement de la Défense nationale nomma M. Girerd préfet de la Nièvre; mais il se montra trop indépendant du pouvoir central, et fut révoqué de ces fonctions par Gambetta le 11 janvier 1871. Le 8 février suivant, porté dans la Nièvre pour les élections à l'Assemblée nationale, sur la liste mixte des conservateurs et des républicains modérés, il fut élu représentant, le 3e sur 7, par 36,435 voix sur 64,512 votants et 97,485 inscrits. Il siégea à gauche, prit la parole dans plusieurs discussions importantes, et fut rapporteur de la loi sur les annonces judiciaires; le 9 juin 1874, il apporta à la tribune un document « trouvé dans un wagon de 1re classe » et qui portait en tête : « Comité central de l'appel au peuple, » et demanda au ministre de la Justice quelles mesures il comptait prendre contre ce comité. M. Girerd trouvait, dans ce document, la preuve de la complicité de certains fonctionnaires de l'État dans les agissements bonapartistes; il s'engagea à la Chambre, sur ce point, une très vive discussion; M. Rouher nia l'existence du comité; une enquête fut ordonnée, des perquisitions opérées, et l'affaire, dite des « petits papiers », qui fit beaucoup de bruit, mais qui ne fit que du bruit, donna lieu à une remarquable déposition de M. Léon Renault, alors préfet de police, et à un rapport de M. Savary. M. Girerd, pendant cette législature, vota *contre* la paix, *contre* l'abrogation des lois d'exil, *contre* la pétition des évêques, *contre* le pouvoir constituant de l'Assemblée, *pour* le service militaire de trois ans, *contre* la démission de Thiers, *contre* le septennat,

contre l'admission des princes d'Orléans à titre définitif dans l'armée, *contre* le ministère de Broglie, *pour* l'amendement Wallon, *pour* l'amendement Pascal Duprat, *pour* les lois constitutionnelles. M. Girerd se présenta sans succès dans la Nièvre aux élections sénatoriales du 30 janvier 1876 : il échoua avec 106 voix sur 378 votants. Mais il fut réélu député, le 20 février suivant, dans la 1re circonscription de Nevers, par 9,221 voix sur 15,621 votants et 20,271 inscrits, contre 4,840 voix à M. Petiet et 1,445 à M. Devuns. Il reprit sa place à gauche, fit partie des commissions du budget de 1877 et de 1878, vota contre le ministère de Broglie-Fourtou et fut des 363. Réélu, le 14 octobre 1877, après la dissolution de la Chambre, par 9,411 voix sur 17,269 votants et 21,201 inscrits, il vota *pour* l'enquête sur les élections, *contre* le ministère de Rochebouët, et entra, le 23 décembre 1877, dans le cabinet Dufaure comme sous-secrétaire d'État au ministère du Commerce. Il prit, en cette qualité, une part active à l'organisation de l'Exposition universelle de 1878, et fut même l'objet d'attaques assez vives au sujet du monopole, concédé par lui à M. Dalloz, de l'émission des billets de loterie de cette exposition. Les élections du 21 août 1881 lui furent défavorables; il échoua, au 1er tour, avec 4,282 voix contre M. Gaston Laporte, 6,707, et M. Ch. Martin 4,691. Son nom se trouva encore mêlé, depuis, à la déconfiture d'une société financière à Paris « la Caisse centrale populaire », et, peu après, d'une autre société financière à Nevers « la Caisse commerciale ». Il a été plus heureux dans l'administration des finances de l'État, comme trésorier-payeur général à Moulins, puis à Orléans, poste qu'il occupe encore aujourd'hui.

GIROD (JEAN-PIERRE), dit GIROD DE THOIRY, député en 1789 et au Conseil des Cinq-Cents, né à Thoiry (Ain) le 27 février 1732, mort à une date inconnue, était avocat et procureur du roi de la maréchaussée de Gex, quand il fut élu, le 21 mars 1789, député du tiers aux États-Généraux pour le bailliage de Gex, avec 41 voix sur 59 votants. Son rôle se borna à interrompre, le 20 décembre 1790, l'abbé Maury, parlant sur les événements d'Aix, et, le 28 février 1791, Dandré discutant sur des arrêtés d'ordre judiciaire. Elu, le 24 germinal an VI, député de l'Ain au Conseil des Cinq-Cents, par 168 voix sur 193 votants, il ne joua aucun rôle dans cette assemblée; le *Moniteur* ne mentionne pas son nom pendant cette période.

GIROD (JEAN-PIERRE), dit GIROD DE CHEVRY, député en 1789, né à Chevry (Ain) le 29 janvier 1736, mort à Chevry le 30 août 1794, « bourgeois à Chevry, » fut élu, le 21 mars 1789, député du tiers aux États-Généraux par le bailliage de Gex, avec 46 voix (59 votants). Il vota obscurément avec la majorité de son ordre.

GIROD (JEAN-BAPTISTE-MARIE), député en 1791, né à Thoiry (Ain) le 21 mai 1764, mort à Thoiry le 16 janvier 1848, « fils de M. Pierre Girod, avocat à la cour et procureur du roi de la maréchaussée (*Voy. plus haut*), et de demoiselle Peironne Delamarre, mariés, » était homme de loi lors de la Révolution. Le 1er septembre 1791, il fut élu député de l'Ain à l'Assemblée législative, le 6e et dernier, par 264 voix (332 votants). Girod vota avec la majorité. Maire de Thoiry en l'an II, il devint, le 22 fructidor an VI, membre de l'administration du Léman, puis, après le 18 brumaire, commissaire près le tribunal de ce département. A la réorganisation judiciaire, le 12 avril 1811, Girod fut promu substitut du procureur général à Lyon. Chevalier de la Légion d'honneur du 25 prairial an XII.

GIROD (JEAN-LOUIS, BARON), dit GIROD DE L'AIN, député au Conseil des Anciens, au Conseil des Cinq-Cents, au Corps législatif en l'an VIII, et de 1818 à 1820, né à Cessy (Ain) le 8 juillet 1753, mort à Vervoix (Suisse) le 20 août 1839, était juge du bailliage de Gex, quand il fut nommé par le roi, en 1780, maire de Gex; il resta à ce poste jusqu'en 1791, époque où il fut élu président du tribunal du district de Nantua. Suspect de modérantisme, et arrêté en l'an II, il fut enfermé au fort de Pierre-Châtel, et allait être conduit à Lyon pour y être jugé, quand le 9 thermidor le délivra. Il reprit ses fonctions municipales, et fut élu, le 24 vendémiaire an IV, député de l'Ain au Conseil des Anciens, par 200 voix sur 244 votants. Le 17 fructidor suivant, il combattit le projet de vente des biens nationaux de Belgique; en vendémiaire an V, il fit approuver la résolution de faire payer aux rentiers, pour soulager le trésor, un quart en numéraire du dernier semestre de l'an IV, et, quelques jours plus tard, le 16 du même mois, démontra que l'on devait affecter le produit des biens nationaux invendus à l'entretien des hospices; le 30 prairial de la même année, il fit rayer Imbert-Colomès de la liste des émigrés. Réélu, le 23 germinal an VII, par le département de l'Ain, au Conseil des Cinq-Cents, il fit dans ces deux assemblées de nombreux rapports et discours sur le mode de liquidation des dettes des jésuites, sur la réunion de Genève à la France, sur les améliorations au régime des douanes, sur l'aliénation des immeubles des hospices, sur l'impôt du sel, sur les fabriques d'horlogerie de Besançon, etc. Son adhésion au coup d'État de brumaire le fit nommer, le 4 nivôse an VIII, par le Sénat conservateur, député de l'Ain au nouveau Corps législatif. Le département du Léman le choisit, le 12 pluviôse an XII, comme candidat au Sénat conservateur, mais il n'y entra pas. Nommé le 4 frimaire précédent (an XII) membre de la Légion d'honneur, et, le 28 septembre 1807, conseiller-maître à la cour des Comptes, il fut créé, le 26 avril 1808, chevalier de l'Empire, et, le 28 mai 1809, baron. Appelé, pendant les Cent-Jours, aux fonctions de président du tribunal de première instance de Paris, il fut élu, le 20 octobre 1818, député du collège de département de l'Ain, par 257 voix sur 453 votants et 647 inscrits, devint secrétaire de la Chambre, fit partie de la commission chargée de préparer un projet de loi sur la réforme du jury, parla sur le droit de pétition et sur le projet de loi électorale, et vota avec les libéraux constitutionnels. En raison de ses infirmités et de son âge, il se retira de la vie politique en 1820, prit sa retraite avec le titre de maître des comptes honoraire, et mourut à un âge avancé.

GIROD (LOUIS-GASPARD-AMÉDÉE, BARON), dit GIROD DE L'AIN, représentant aux Cent-Jours, député de 1827 à 1832, pair de France et ministre, né à Gex (Ain) le 18 octobre 1781, mort à Paris le 27 décembre 1847, fils aîné du baron Jean-Louis Girod (*V. plus haut*) et de « dame Louise-Claudine-Armande Fabry, son épouse », suivit la carrière du barreau, plaida sa première cause à l'âge de dix-sept ans devant le tribunal de cassation, et exerça la profession d'avo-

cat jusqu'en 1806, époque à laquelle il fut nommé substitut du procureur impérial à Turin. Devenu en 1807 procureur impérial à Alexandrie, en 1809 substitut du procureur général à la cour d'appel de Lyon, en 1810 auditeur au conseil d'État, il fut appelé en 1811 à la cour impériale de Paris en qualité d'avocat général. Les événements de 1814 le trouvèrent dans ces fonctions. Il fut de ceux dont la défection hâta la chute de Napoléon, et il signa avec Schonen et autres membres du parquet de la cour impériale le document suivant : « Les magistrats du parquet... etc., déclarent qu'ils adhèrent purement et simplement aux actes et principes qui sont contenus dans les décrets du Sénat des 2 et 3 avril. Ils expriment en même temps leur vœu formel pour que la royauté héréditaire soit déférée à la maison de Bourbon... etc. » Le zèle monarchique de Girod de l'Ain lui valut d'être maintenu à son poste par la première Restauration, ce qui ne l'empêcha pas d'accepter de l'empereur, pendant les Cent-Jours, la présidence du tribunal de première instance de la Seine. Il remplit aussi le mandat législatif que lui confièrent (14 mai 1815) les électeurs de l'arrondissement de Gex par 13 voix sur 20 votants, contre 7 à M. Girod de Thoiry, fils aîné, se montra à la Chambre des représentants le zélé partisan de la cause impériale, participa à la déclaration de la Chambre, « déclaration de ses sentiments et de ses principes, » et s'associa à la protestation des représentants contre la fermeture à main armée de la salle de leurs séances. Vers la même époque, il épousa Mlle Sivard de Beaulieu, petite-nièce du prince archi-trésorier Lebrun, duc de Plaisance. La seconde Restauration destitua Girod de l'Ain, qui, rentré momentanément dans la vie privée, donna asile chez lui au général Drouot, compris dans l'ordonnance du 24 juillet, et se chargea de sa défense devant le conseil de guerre: le général fut acquitté. Bientôt la faveur ministérielle replaça Girod de l'Ain dans la magistrature, avec le rang de conseiller de la cour de Paris (1819), président successivement les assises de la Seine et celles de Versailles. Le 17 novembre 1827, il fut élu député dans le 2e arrondissement d'Indre-et-Loire (Chinon), par 152 voix (298 votants, 409 inscrits), contre 73 à M. de Puységur et 56 au marquis de Lussac. Il prit une part assez active aux travaux parlementaires, siégea à gauche, dans les rangs des « constitutionnels », fut vice-président de la Chambre en 1829, soutint le ministère Martignac et vota l'adresse des 221. Réélu, le 12 juillet 1830, par 261 voix (392 votants, 458 inscrits), il se trouvait à Paris au moment de la révolution; il ne s'associa à ses collègues que le dernier jour, pour rédiger l'adresse au duc d'Orléans. Il en proposa alors l'adoption et la publication avec une chaleur et une instance que le gouvernement de Louis-Philippe récompensa, le 1er août, par le poste de préfet de police. Tous les vainqueurs de juillet n'avaient pas encore déposé leurs armes ; quelques-uns d'entre eux, irrités de la tendance des députés à faire tourner la situation au profit d'une royauté nouvelle, s'émurent et convièrent le peuple à une démonstration. Cinq mille citoyens se présentèrent à la Chambre. Alors parut sur les marches du péristyle, en proie à un trouble extrême, Girod de l'Ain qui, s'adressant au chef de la troupe : « Vous connaissez Montebello ? lui dit-il. — Oui. — C'était un brave, n'est-ce pas ? — Oui. — Eh bien ! *sa fille est mon gendre.* » Il obtint sa réélection comme député, le 21 octobre 1830, avec 300 voix (338 votants, 492 inscrits), contre 19 à M. Drouin-Desvarennes. Il s'efforça d'interdire les réunions de la société des *Amis du peuple* et des autres associations politiques, en vertu de l'article 291 du code pénal. Mais bientôt la main de Girod de l'Ain ne parut plus au gouvernement assez ferme pour la tâche qu'on réclamait de lui, et il fut remplacé (novembre 1830) par M. Treilhard. Il passa alors au conseil d'Etat, et reçut en même temps la croix de la Légion d'honneur. Son mandat de député lui ayant été renouvelé le 5 juillet 1831, par 227 voix (333 votants, 538 inscrits), contre 78 à M. Cadet-Gassicourt, Girod de l'Ain fut élu, le 1er août, président de la Chambre des députés, grâce au patronage de Casimir Périer; son concurrent était Jacques Laffitte, candidat de l'opposition. Girod de l'Ain ne l'emporta d'ailleurs qu'à une voix de majorité, et l'on fit observer que trois ministres avaient pris part au scrutin. Son dévouement à la politique conservatrice le fit appeler, à l'issue de la session (30 avril 1832), au ministère de l'Instruction publique et des cultes, où il se fit d'ailleurs peu remarquer. « Il n'était là, lit-on dans la *Biographie des hommes du jour*, que pour servir les vues de Casimir Périer, et, ministre de pis-aller, il ne fit que passer à son ministère : on l'enleva à son portefeuille et on l'inhuma au Luxembourg. » En effet, Girod de l'Ain fut élevé à la dignité de pair de France le 11 octobre 1832, et nommé président du conseil d'Etat, fonctions qu'il remplit jusqu'à sa mort, sauf une interruption de quelques semaines, durant lesquelles il reçut l'ingrate mission de faire partie du cabinet du intérimaire de mai 1839: il le présida en qualité de garde des sceaux. A la Chambre des pairs, comme précédemment à la Chambre des députés, Girod de l'Ain eut un rôle assez important. Orateur ou rapporteur, il fut mêlé notamment aux délibérations sur l'expropriation pour cause d'utilité publique, sur l'organisation du conseil d'Etat, sur les associations, sur les attributions municipales, les caisses d'épargne, les douanes, sur la responsabilité des ministres, la garde nationale de Paris, l'organisation de l'état-major de l'armée, sur la compétence de la cour des pairs, sur l'organisation judiciaire et pénitentiaire, sur la police, le régime des colonies, les livrets d'ouvriers, etc. Son rapport au sujet des tentatives insurrectionnelles d'avril 1834 fit du bruit et souleva les vives attaques de l'opposition démocratique. Ce rapport, présenté à la cour des pairs le 24 novembre 1834 et jours suivants, forme la matière du premier des cinq volumes in-quarto publiés à l'imprimerie royale et qui contiennent toutes les pièces de l'instruction. Après avoir rappelé que cette instruction ne visait pas moins de deux mille inculpés, et qu'il avait fallu entendre près de quatre mille témoins, examiner plus de dix-sept mille pièces, faire parvenir à des distances éloignées les directions convenables, régler les nombreux incidents qui s'étaient présentés, coordonner les résultats des investigations, Girod de l'Ain incriminait les sociétés populaires et en particulier la *Société des Droits de l'homme*, tentait d'établir les preuves d'un grand complot ourdi par toute la France, reconnaissait la compétence des pairs et énumérait les charges qu'il faisait peser sur quelques centaines de personnes. Grand-croix de la Légion d'honneur.

GIROD (JEAN-MARIE-FÉLIX), député de 1833 à 1848, né à Gex (Ain) le 6 septembre 1789, mort à Paris le 15 avril 1874, frère cadet du

précédent, entra en 1805 à l'Ecole militaire de Fontainebleau, en qualité de sous-lieutenant, de lieutenant et d'adjudant-major, les campagnes de Prusse et de Pologne (1806-1807), puis celles de 1808-1811 en Espagne. Capitaine et aide-de-camp du général Desaix, il combattit en Russie (1812), fut promu chef de bataillon en 1813, et se distingua encore dans plusieurs engagements en Allemagne et en France (1814-1815). Chevalier de la Légion d'honneur en 1813, officier du même ordre en 1815, il fut tenu à l'écart par la Restauration, et ne rentra en activité qu'en 1830. Devenu lieutenant-colonel en juin de cette année, après dix-sept ans passés dans le grade de chef de bataillon, il se fit nommer par le gouvernement de Louis-Philippe chef de l'état-major de la première division, puis chef de l'état-major du ministère de la Guerre, et enfin chef de la section historique du dépôt de la guerre. Colonel en 1832, il se présenta pour la première fois à la députation le 8 juin 1833, en remplacement de M. Laguette-Mornay démissionnaire, et fut élu dans le 5e collège de l'Ain (Nantua) par 80 voix sur 124 votants et 151 inscrits, contre 44 voix à M. Camille Garin, juge à Lyon. Il appartient à la majorité conservatrice. Réélu, le 21 juin 1834, par 87 voix (126 votants, 152 inscrits), contre 36 à M. Nicod, il vota pour les lois de septembre, etc., et obtint constamment sa réélection jusqu'à la fin du règne : le 4 novembre 1837 avec 93 voix (130 votants, 162 inscrits), le 2 mars 1839 avec 105 voix (138 votants, 165 inscrits), le 9 juillet 1842 avec 97 voix (117 votants, 167 inscrits), et le 1er août 1846 avec 98 voix (160 votants, 195 inscrits), contre 56 à M. Etienne Gauthier. Durant ces diverses législatures, il ne cessa d'appuyer la politique ministérielle, et se prononça pour l'indemnité Pritchard, contre la réduction du nombre des députés fonctionnaires, contre la réforme électorale, etc. Commandeur de la Légion d'honneur et chevalier de Saint-Louis, il fut promu maréchal-de-camp le 7 juin 1842, commanda en cette qualité le département du Jura et, après la révolution de 1848, fut, le 8 juin, admis d'office à la retraite.

GIROD (ANDRÉ-MARIE-EDOUARD), député au Corps législatif de 1865 à 1870, né à Gex (Ain) le 5 mai 1819, entra au conseil d'Etat comme auditeur. Le 6 novembre 1865, il fut, en remplacement de M. Jonage, décédé, élu député de la 2e circonscription de l'Ain au Corps législatif par 21,577 voix (22,000 votants, 35,682 inscrits). Il siégea dans la majorité, obtint sa réélection le 24 mai 1869, par 22,055 voix (28,543 votants, 36,298 inscrits), contre 6,390 voix à M. Dallemagne, et rentra dans la vie privée en 1870. Aux élections du 4 octobre 1885, porté sur une liste conservatrice de l'Ain, il obtint, sans être élu, 30,625 voix (76,043 votants).

GIROD-CHANTRANS (JUSTIN, CHEVALIER), député au Corps législatif en l'an X, né à Besançon (Doubs) le 26 septembre 1750, mort à Besançon le 1er avril 1841, entra à l'Ecole du génie à Mézières (1er janvier 1768), en sortit comme ingénieur ou lieutenant en premier (1er janvier 1770), et fut nommé capitaine le 1er janvier 1777. Embarqué à Brest pour l'île Saint-Domingue en novembre 1781, il revint en France le 8 juillet 1783, après avoir réuni une intéressante collection d'insectes, de plantes et de minéraux, et quitta le service pour raison de santé, le 1er avril 1791. Il vécut fort retiré, pendant la Révolution, s'adonnant à des études scientifiques. Elu par le Sénat conservateur député du Doubs au Corps législatif (6 germinal an X), il fut nommé membre de la Légion d'honneur le 4 frimaire an XII et créé chevalier de l'Empire le 21 décembre 1808. L'un des fondateurs de la Société d'agriculture du Doubs, il a laissé un grand nombre de travaux sur l'histoire naturelle, notamment : *Recherches chimiques et microscopiques sur les conferves, bisses... etc.,* in 4° avec 36 planches, an X ; *Notice sur le département du Doubs* (1813) ; *Observations sur des carrières de pierres calcaires du Doubs* (1809) ; etc.

GIRODET (PAUL-EMILE), député de 1881 à 1885, né à Bourg-Argental (Loire) le 23 mars 1849, était négociant dans son pays natal, maire de Bourg-Argental et conseiller général de ce canton, lorsqu'il fut élu, le 21 août 1881, comme candidat radical-socialiste, député de la 2ᵉ circonscription de Saint-Etienne, par 6,653 voix (13,167 votants, 22,164 inscrits), contre 5,866 voix à M. Crozet-Fourneyron, opportuniste, député sortant. M. Girodet siégea à l'extrême-gauche, et vota en toutes circonstances avec le groupe intransigeant : *pour* la séparation de l'Eglise et de l'Etat, *pour* l'élection de la magistrature par le peuple, *contre* les crédits de l'expédition du Tonkin, *pour* la revision intégrale de la Constitution, etc. Aux élections du 4 octobre 1885, il fut porté, dans la Loire, sur une liste socialiste formée de concert avec M. A. Maujan, directeur de la *France libre,* et réunit, sans être élu, 18,637 voix (116,257 inscrits). Il se fixa alors à Saint-Etienne et devint conseiller municipal et maire de cette ville.

GIROT DE LANGLADE (JOSEPH-HENRI, BARON), député de 1834 à 1845 et pair de France, né à Issoire (Puy-de-Dôme) le 16 novembre 1782, mort à Paris le 14 avril 1856, fils de maître Joseph Girot, docteur en médecine, et de Marie-Louise-Alexandrine Libois, fut reçu licencié en droit le 18 fructidor an XIII, puis entra dans la magistrature impériale, le 27 juillet 1808, comme juge-auditeur près la cour impériale de Riom. Auditeur au conseil d'Etat le 2 août 1810, sous-préfet de Clermont-Ferrand le 4 janvier 1811, administrateur en Catalogue le 7 janvier 1812, sous-préfet de Mortagne le 7 avril 1813, il eut le mérite d'éviter un conflit imminent entre les troupes françaises qui venaient d'évacuer Paris et les prisonniers de Leipsig, et fut nommé, le 20 juillet 1814, sous-préfet de Clermont-Ferrand pour la seconde fois, poste où il resta jusqu'en 1816, et où il fut particulièrement regretté, ainsi qu'en témoigne un vote élogieux de la municipalité. Chevalier de la Légion d'honneur du 20 novembre de la même année, il fut appelé à la sous-préfecture de Saint-Gaudens le 29 mars 1817, à celle d'Issoire le 5 février 1818, et fut nommé inspecteur général adjoint des forêts de la couronne le 5 septembre 1820, puis, le 12 juillet 1826, administrateur des octrois de Paris. Le 21 juin 1834, le 5ᵉ collège électoral du Puy-de-Dôme l'élut député par 123 voix sur 236 votants et 302 inscrits, contre 108 voix au général Simmer. Il siégea dans la majorité et parla, le 6 mai 1835, dans la discussion relative à l'appel de 80.000 hommes, contre le mode de répartition du contingent proposé par le ministère. Réélu, le 4 novembre 1837, par 189 voix sur 220 votants et 330 inscrits, contre 19 au général Simmer, il ne prit part, durant cette législature, qu'à quelques discussions d'af-

faires. Réélu de nouveau le 2 mars 1839, par 196 voix sur 263 votants et 332 inscrits, il réclama (28 mars 1840) un nouvel abaissement des droits d'entrée sur les houilles anglaises, appuya le projet de loi qui allouait 23 millions à l'aménagement des voies fluviales, et (25 mai) demanda que les routes fussent affranchies de tout droit de péage. Son mandat législatif lui fut renouvelé, le 9 juillet 1842, par 198 voix sur 215 votants et 334 inscrits. Le roi l'appela, le 14 août 1845, à la Chambre des pairs. Il s'éleva énergiquement contre le droit de visite, fit partie du conseil supérieur des établissements de bienfaisance, et, pendant huit années, fut membre de la commission de surveillance de la maison royale de Charenton. La révolution de 1848 mit fin à son rôle politique.

GIROT-POUZOL (JEAN), député en 1789, membre de la Convention, député au Conseil des Anciens et au Conseil des Cinq-Cents, député au Corps législatif en l'an VIII, né à Vodable (Puy-de-Dôme) le 19 janvier 1753, mort au Broc (Puy-de-Dôme) le 29 janvier 1822, « fils de M. Jacques Girot, bourgeois, et de demoiselle Magdelaine Maulhat, » était avocat à Riom, quand il fut élu, le 21 mars 1789, député du tiers aux Etats-Généraux pour la sénéchaussée de Riom, par 202 voix sur 360 votants. Partisan des réformes et des principes de la Révolution, il se fit remarquer parmi les plus ardents constituants, et prit part au serment du Jeu de paume et à la discussion sur la Constitution. Nommé juge au tribunal du district d'Issoire le 8 octobre 1790, il devint, après la session, président du même tribunal, et fut élu, le 7 septembre 1792, membre de la Convention par le département du Puy-de-Dôme, le 7ᵉ sur 12, à la pluralité des voix, sur 620 votants. Il siégea parmi les modérés, et, dans le procès de Louis XVI, répondit au 2ᵉ appel nominal : « Comme je suis convaincu que les lois ne sont jamais mieux établies que lorsque le peuple les a sanctionnées ; que le meilleur moyen d'anéantir les rois est celui d'appeler les peuples pour prononcer sur leur sort, je demande le renvoi du décret sur Louis à la sanction du peuple. Je connais l'attachement du peuple à la révolution, je ne crains pas que ses ennemis l'égarent sur ses intérêts. Sa conduite passée me rassure sur les événements sinistres que l'on peut craindre : je dis *oui.* » Au 3ᵉ appel nominal : « Je vote pour la réclusion de Louis jusqu'à la paix et pour le bannissement ensuite à perpétuité de toute la famille. » Peu après, il fut envoyé en mission dans l'Hérault et le Gard et, après la chute de Robespierre, fit un rapport contre plusieurs députés accusés de terrorisme. Le 22 vendémiaire an IV, il fut élu député du Puy-de-Dôme au Conseil des Anciens par 410 voix sur 437 votants, et réélu, le 23 germinal an VI, par le même département, au Conseil des Cinq-Cents, où il proposa de supprimer les fêtes nationales, à l'exception du 14 juillet et du 1ᵉʳ vendémiaire. Favorable au coup d'Etat de brumaire, il fit partie, le 19 brumaire an VIII, de la Commission intermédiaire des Cinq-Cents, et, le 4 nivôse suivant, fut choisi par le Sénat conservateur comme député du Puy-de-Dôme au nouveau Corps législatif, dont il devint président quelques mois après (20 février 1800). Le gouvernement consulaire le nomma sous-préfet d'Issoire (8 frimaire an XI). Il sortit à ce moment du Corps législatif et ne rentra plus au parlement.

GIROT-POUZOL (MAURICE-CAMILLE), député de 1831 à 1834, représentant en 1848 et en 1849, fils du précédent, né au Broc (Puy-de-Dôme) le 2 février 1796, mort à Issoire (Puy-de-Dôme) le 14 janvier 1858, était propriétaire dans cette dernière ville. Il appartint sous la Restauration à l'opposition libérale, applaudit à la révolution de juillet, et fut élu, le 5 juillet 1831, député du 5e collège du Puy-de-Dôme (Issoire) par 120 voix (204 votants, 291 inscrits), contre 80 voix à M. Favard de Langlade. M. Girot-Pouzol vota, sans jamais prendre la parole, avec la gauche dynastique, fut un des signataires du « compte rendu » de l'opposition en 1832, et quitta la Chambre en 1834. Il rentra dans la vie parlementaire après la révolution de février. « Il s'est rappelé alors avec effroi, dit une biographie, qu'il avait de par le monde un frère fort compromettant aux yeux de la Montagne, comme ancien sous-préfet de Louis-Philippe, fort habile en élections et fort bien en cour, quand il y avait une cour. Mais il s'est souvenu, en même temps, de feu son père, le conventionnel, et le calme est rentré dans son âme. Je suis, s'est-il dit, un propriétaire très considéré, et ma famille a toujours été très populaire. Six mois auparavant, il se fût offensé d'une imputation de républicanisme; maintenant il est républicain modéré, prêt à donner sa sanction à toute mesure d'ordre et de sécurité. » 60,639 suffrages sur 125,432 votants et 173,000 inscrits, l'ayant envoyé, le 7e sur 15, représenter le Puy-de-Dôme à l'Assemblée constituante, il prit place dans les rangs du parti qui soutint le général Cavaignac, fut membre du comité de l'agriculture et du Crédit foncier, et vota : pour le rétablissement du cautionnement, contre les poursuites contre Louis Blanc et Caussidière, pour le rétablissement de la contrainte par corps, contre l'abolition de la peine de mort, contre l'amendement Grévy, contre le droit au travail, pour l'ordre du jour en l'honneur de Cavaignac. Après l'élection présidentielle du 10 décembre, il appuya le gouvernement de L.-N. Bonaparte, et se prononça pour la proposition Rateau, pour les crédits de l'expédition de Rome, contre l'amnistie, pour l'abolition de l'impôt des boissons, etc. Réélu, le 13 mai 1849, par le même département, représentant à la Législative, le 3e sur 13, avec 53,482 voix (168.305 inscrits), M. Girot-Pouzol fit partie de la fraction de la majorité la moins hostile à la République, vota, d'ailleurs, le plus souvent avec les conservateurs, ne se rallia pas au coup d'État de décembre 1851, et rentra dans la vie privée.

GIROT-POUZOL (François-Jean-Amédée), député de 1865 à 1869, représentant en 1871 et en 1873, député de 1876 à 1885, membre du Sénat, né au Broc (Puy-de-Dôme) le 18 avril 1832, fils du précédent, étudia le droit et se fit recevoir avocat. Il était membre du conseil général du Puy-de-Dôme pour le canton de Saint-Germain-Lambron, lorsque le décès de M. de Morny ayant déterminé une vacance au Corps législatif dans la 2e circonscription du Puy-de-Dôme, il se présenta comme candidat indépendant, et fut élu député, le 25 juin 1865, par 14,159 voix (26,429 votants, 32,461 inscrits), contre 12,251 voix à M. Meinadier. Son élection avait été un échec personnel pour M. Rouher, grand électeur du Puy-de-Dôme, et l'administration impériale avait vivement combattu M. Girot-Pouzol, qui alla grossir à la Chambre le petit groupe de l'opposition démocratique et vota avec la minorité. Aux élections générales du 24 mai 1869, il échoua, dans le même collège, avec 12,721 voix, contre 16,169 à M. Burin-Des-

roziers, candidat officiel, élu. Devenu, après la révolution du 4 septembre, préfet du Puy-de-Dôme, M. Girot-Pouzol fut dans ce département candidat républicain à l'Assemblée nationale, le 8 février 1871; nommé représentant, le 3e sur 11, par 74,934 voix (96,000 votants, 170,401 inscrits), il se rendit à Bordeaux, vota contre les préliminaires de paix, et craignant de se trouver en désaccord sur ce point avec plusieurs de ses commettants, donna sa démission de député : « Je ne saurais, dit-il le 4 mars, me résoudre à voter le traité qui a été soumis hier à l'Assemblée ; mais comme je sais qu'en agissant ainsi je ne donnerais pas satisfaction aux désirs de la grande majorité de ceux qui m'ont élu, je considère comme un devoir de renoncer au mandat qui m'a été confié. » M. Girot-Pouzol fut remplacé à l'Assemblée par M. Salneuve. Plus tard, cédant aux instances de ses amis politiques, il se décida à accepter un nouveau mandat et rentra à l'Assemblée le 12 novembre 1873, en remplacement de M. Moulin, décédé, avec 78,713 voix (81,384 votants, 168,337 inscrits). Il s'était engagé, dans sa profession de foi, à défendre la République contre les tentatives de restauration monarchique, à réclamer la dissolution de l'Assemblée, et à maintenir l'intégrité du suffrage universel. Il siégea à la gauche républicaine, vota contre le septennat, contre la loi des maires, contre le ministère de Broglie, pour la Constitution du 25 février 1875, contre la loi sur l'enseignement supérieur, pour le scrutin de liste. Le 20 février 1876, il posa sa candidature dans l'arrondissement d'Issoire, et fut réélu à la Chambre nouvelle par 10,936 voix (21,211 votants, 28,063 inscrits), contre 10,252 à M. Burin-Desroziers, bonapartiste. Il reprit sa place à gauche, opina constamment avec la majorité républicaine, notamment pour la réforme de la loi sur l'enseignement supérieur, pour l'ordre du jour contre les menées cléricales, s'associa à la protestation des gauches contre le manifeste du maréchal de Mac-Mahon et fut des 363. Après la dissolution, il fut réélu député d'Issoire, le 14 octobre 1877, par 12,885 voix (23,798 votants, 28,437 inscrits), contre 10,890 voix à M. Burin-Desroziers, candidat officiel, et suivit la même ligne de conduite que précédemment. Après avoir voté pour l'enquête sur les agissements du cabinet du 16 mai pendant la période électorale, pour l'ordre du jour contre le ministère Rochebouët, etc., il appuya le cabinet Dufaure, soutint la politique opportuniste, se prononça pour l'article 7, pour l'invalidation de l'élection de Blanqui, etc. M. Girot-Pouzol fut encore réélu député le 21 août 1881, avec 16,535 voix (17,684 votants, 28,753 inscrits); il soutint alors de ses votes les ministères Ferry et Gambetta, et se montra partisan des expéditions coloniales. Le 23 août 1885, le siège de M. de Chabaud-Latour, sénateur inamovible, ayant été attribué par le sort au département du Puy-de-Dôme, M. Girot-Pouzol se présenta, et fut élu sénateur, sans concurrent, par 834 voix (961 votants). Il prit place dans la majorité de gauche, à la Chambre haute, et vota : pour les ministères opportunistes, pour la nouvelle loi militaire, contre l'expulsion des princes, et, en dernier lieu : pour le scrutin d'arrondissement (13 février 1889), pour le projet de loi Lisbonne restrictif de la liberté de la presse, pour la procédure à suivre devant le Sénat contre le général Boulanger.

GIROU DE BUZAREINGUES (François-Adrien-Louis-Edouard), député de 1852 à 1870, né à Buzareingues (Aveyron) le 12 février 1805 était fils du célèbre agronome et physiologiste Charles Girou de Buz..reingues (1773-1856) et de dame Rose Blanc. Il commença ses études de médecine à Montpellier, les termina à Paris. fut interne des hôpitaux, se fit recevoir docteur en 1832, et professa l'anatomie générale à l'Ecole pratique de Paris (1835-1838). Membre du conseil général de l'Aveyron pour le canton de Requista, président de ce conseil à partir de 1859, il fut élu, le 29 février 1852, comme candidat officiel, député de la 1re circonscription de l'Aveyron au Corps législatif par 25,083 voix sur 27,408 votants et 42,042 inscrits, contre 1,617 voix à M. Clausel de Coussergues, et 545 à M. Grandet, ancien représentant. M. Girou de Buzareingues, qui siégea dans la majorité dynastique, fut constamment réélu pendant toute la durée de l'empire : le 22 juin 1857, par 23,403 voix sur 23,534 votants et 38,316 inscrits; le 1er juin 1863, par 18,260 voix sur 29,144 votants et 38,236 inscrits), contre 10,810 voix à M. de Valady ; le 24 mai 1869, par 20,273 voix sur 30,644 votants et 38,381 inscrits), contre 10,294 voix à M. Henri Rodat, candidat de l'opposition. M. Girou de Buzareingues quitta la vie politique à la révolution du 4 septembre 1870. Officier de la Légion d'honneur (14 août 1866), officier de l'Instruction publique, membre de la Société des sciences, lettres et arts de l'Aveyron, M. Girou de Buzareingues, qui possède une intéressante collection de tableaux, joint à un goût éclairé pour les arts un réel talent de peintre et de sculpteur; il a exposé à plusieurs Salons de sculpture et notamment au Salon de 1890 (il a aujourd'hui 86 ans). On a de lui de nombreux mémoires et études sur des sujets de physiologie et de thérapeutique, parmi lesquels on remarque l'ouvrage fait en collaboration avec son père : *Essai sur le mécanisme des sensations, des idées et des sentiments* (1848).

GIROUD (Casimir), député de 1879 à 1885, né à Auch (Gers) le 3 janvier 1811, avait dirigé une raffinerie de sucre et présidé la chambre de commerce de Douai lorsqu'il fut élu, pour la première fois, le 6 avril 1879, député de la 1re circonscription de Douai, par 6,491 voix (8,310 votants, 16,037 inscrits), en remplacement de M. Merlin, nommé sénateur. Précédemment le 8 février 1871, il avait réuni, sans être nommé, 53,265 suffrages dans le Nord, sur 262,927 votants. Devenu député, M. Giroud siégea à la gauche modérée, vota *pour* l'article 7, *pour* les lois nouvelles sur la presse et le droit de réunion, etc. Il obtint sa réélection, le 21 août 1881, par 8,298 voix (10,118 votants, 16,505 inscrits), contre 392 voix à M. Massard, soutint les ministères opportunistes, se prononça *contre* la séparation de l'Eglise et de l'Etat, contre l'élection de la magistrature par le peuple, *pour* les crédits de l'expédition du Tonkin, etc., et échoua, au renouvellement du 4 octobre 1885, sur la liste républicaine modérée, avec 116,079 voix sur 292,696 votants. Conseiller général d'un des cantons de Douai, il a été décoré de la Légion d'honneur en qualité de sous-directeur de la section française à l'Exposition universelle de 1878.

GIROULT (Etienne), député en 1791, né à Cherencé-le-Héron (Manche) et mort à Mesnil-Garnier (Manche) le 10 décembre 1793, administrateur du district d'Avranches, fut élu, le 10 septembre 1791, député de la Manche à l'Assemblée législative, le 10e sur 13, par 258 voix (455 votants). Il y vota avec la minorité. Après la session, dénoncé comme contre-révo-

lutionnaire, il dut chercher un asile dans son département; mais il y fut poursuivi. Comme il s'était caché dans le clocher de l'église conventuelle du Mesnil-Garnier, sa retraite fut découverte, des gendarmes la cernèrent, et Giroult, affolé, se précipita du haut de l'église : il expira quelques heures après sa chute.

GIROUST (Jacques-Charles), député en 1791, membre de la Convention, député au Conseil des Cinq-Cents, né à Nogent-le-Rotrou (Eure-et-Loir) le 14 mai 1749, mort à Nogent-le-Rotrou le 29 avril 1836, étudia le droit, devint juge au tribunal de district de sa ville natale, et fut, le 28 août 1791, élu, le 5e sur 9, par 208 voix (247 votants), député d'Eure-et-Loir à l'Assemblée législative, où il se fit peu remarquer. Il fut réélu, le 5 septembre 1792, membre de la Convention nationale, le 4e sur 9, avec 212 voix (331 votants), s'attacha au parti des Girondins, et vota en toute occasion avec les modérés. Lors du procès de Louis XVI, il répondit au 1er appel nominal : « Je ne crois prononcer comme juré, ni comme juge, je n'en ai pas reçu le pouvoir. Je me réserve de prononcer la sûreté générale. » Au 2e appel (question d'appel au peuple). « Malgré les fanfaronnades de ces Brutus des tribunes, je vote pour le *oui.* » Au 3e appel nominal : « Louis était sur le trône, les armées étrangères s'avançaient pour le soutenir, lorsque je ne craignais point de demander sa délivrance; mais alors je votais comme législateur. Je ne puis prononcer aujourd'hui qu'en la même qualité. Je vote pour la reclusion pendant la guerre et le bannissement à la paix. » Giroust ne tarda pas à être compris dans la proscription qui frappa les Girondins. Lors de la déclaration d'âge qu'il dut faire à la fin de la législature, il se déclara en outre « veuf par la révolution du 31 mai ». Au 9 thermidor, il fut rappelé d'exil, mais on le mit en prison à Brest. Rentré à la Convention le 18 frimaire an III, il fut envoyé en mission aux armées du Nord et de Sambre-et-Meuse et fit part à l'Assemblée de l'adhésion des troupes à la Constitution de l'an III. A son retour, Giroust fut élu (23 vendémiaire an IV) député d'Eure-et-Loir au Conseil des Cinq-Cents par 158 voix sur 226 votants; il y siégea sans éclat jusqu'au 1er prairial an VI. Après le 18 brumaire, il fut appelé à la présidence du tribunal civil de Nogent-le-Rotrou. Confirmé dans ces fonctions par le gouvernement de la Restauration le 1er juin 1816, Giroust les exerça pendant plus de trente ans. On a de lui de nombreux écrits politiques, dont : *De l'ordre judiciaire; De la procédure simplifiée* (1806); *Une erreur ou mille et mille erreurs évitables, ou inévitables de mille et mille historiens, écrivains, discoureurs sur des chiliades de notes éparses ou entassées au travers de millions de fiévreux révolutionnaires ou de politiques en convalescence* (1816), etc.

GISCLARD (Jean-Jacques), représentant en 1848, député au Corps législatif de 1852 à 1863, né à Saint-Juéry (Tarn) le 4 octobre 1795, mort à Albi (Tarn) le 15 janvier 1871, était fils d'un distillateur. Il entra à l'Ecole polytechnique, puis suivit lui-même le métier de son père, devint président du tribunal de commerce d'Albi, et appartint, sous Louis-Philippe, à l'opinion libérale. Le 23 avril 1848, il fut élu représentant du Tarn à l'Assemblée constituante, le 2e sur 9, par 56,124 voix (90,456 votants). M. Gisclard siégea à droite, vota avec les conservateurs, *pour* le rétablissement du cautionnement, *pour* les poursuites contre Louis Blanc et Caussidière, *pour* le rétablissement de la contrainte par corps, *contre* l'amendement Grévy, *contre* le droit au travail, et donna sa démission de représentant le 16 novembre 1848. Il revint à Albi, adhéra au coup d'Etat de 1851, fut nommé maire d'Albi en 1852, et, le 29 février de la même année, entra au Corps législatif comme candidat officiel dans la 1re circonscription du Tarn, élu par 19,227 voix (23,544 votants, 35,019 inscrits), contre 4,0'° voix à M. Cauet, ancien représentant, et 216 à M. de Perrodil. Il siégea dans la majorité qui vota le rétablissement de l'Empire, s'associa à toutes les opinions de la droite impérialiste, et fut réélu, toujours comme candidat officiel, le 22 juin 1857, par 19,960 voix (24,136 votants, 36.066 inscrits), contre 4,012 voix à M. Canet. M. Gisclard rentra dans la vie privée en 1863.

GISLAIN DE BONTIN (CHARLES-LOUIS, BARON), député de 1824 à 1827, né aux Ormes (Yonne) le 29 novembre 1767, mort à une date inconnue, appartint à l'armée, puis devint maire des Ormes et conseiller général de l'Yonne. Le 25 février 1824, il fut élu député par le 1er arrondissement de l'Yonne (Villeneuve-le-Roi) avec 153 voix (184 votants, 322 inscrits). Il siégea dans la majorité ministérielle et eut peu de part aux travaux parlementaires. « Dans l'intervalle des sessions, écrivait un biographe du temps, M. de Bontin passa sa vie dans l'une des quatre cent quatre-vingt-deux communes de l'Yonne dont il est maire, et où il ne paraît pas faire beaucoup plus de bruit qu'au centre de la Chambre. » Il ne fut pas réélu en 1827.

GISLAIN DE BONTIN (ADRIEN-JOSEPH), député de 1846 à 1848, fils du précédent, né aux Ormes (Yonne) le 11 juillet 1804, mort à Paris le 11 mai 1882, étudia le droit et entra dans la magistrature. Il devint, sous Louis-Philippe, juge au tribunal de la Seine, et, après s'être présenté une première fois sans succès à la députation, le 9 juillet 1842, dans le 3e collège de l'Yonne (Joigny), où il obtint 187 voix contre 252 à M. de Cormenin, député sortant, réélu, il réussit à entrer à la Chambre, le 1er août 1846, comme député de Joigny, avec 287 voix sur 503 votants, 563 inscrits, contre 189 à M. de Cormenin. M. Gislain de Bontin fit partie, jusqu'à la révolution de février, de la majorité conservatrice qui soutint la politique de Guizot. Il resta dans la magistrature après la révolution de 1848, fut promu conseiller à la cour impériale de Paris, et retraité en cette qualité le 15 novembre 1869.

GISQUET (HENRI-JOSEPH), député de 1837 à 1839, né à Vezin (Moselle) le 14 juillet 1792, mort à Paris le 23 janvier 1866, se destina d'abord à l'état militaire; mais une blessure reçue à la chasse, et qui nécessita l'amputation de l'avant-bras, le fit rentrer dans la vie civile. Admis, en 1808, comme simple commis chez les frères Périer, banquiers à Paris, il s'associa, en 1818, à une maison de commerce du Havre et rentra l'année suivante dans la maison Périer, dont il devint le chef avec Casimir. En 1825, il fonda, avec l'aide de son ancien associé, une maison de banque sous son seul nom. L'année suivante, une avance de fonds lui permit d'acquérir à Saint-Denis une grande raffinerie de sucre; il la transforma en une fabrique d'huiles, qui resta longtemps sa propriété. Affilié à l'opposition libérale sous la Restauration et l'un des premiers membres de la Société : *Aide-toi,*

le Ciel t'aidera! il prit une part active aux journées de juillet 1830 et fut nommé, au mois d'août, membre du conseil général de la Seine. Au milieu des menaces et des préparatifs de guerre européenne, M. Gisquet fut chargé par le gouvernement de l'achat de 300,000 fusils, et parvint à négocier l'acquisition de 566,000 armes de provenance anglaise. La presse de l'opposition dirigea, à ce propos, contre le commissionnaire et les ministres, de graves accusations. La *Tribune*, journal républicain, posa cette question : « N'est-il pas vrai que, dans les marchés de fusils et de draps, M. Casimir Périer et le maréchal Soult ont reçu chacun un pot-de-vin qui serait d'un million? » Un autre journal, la *Révolution*, répéta la question. Tous deux furent saisis et comparurent, le 29 octobre, en cour d'assises. L'instruction établit que M. Gisquet, associé de la maison Périer, avait traité l'affaire pour son propre compte, avait payé très cher des fusils défectueux, et qu'une partie de ces armes, refusée sous le ministère Gérard, avait été acceptée sous le ministère Soult. Le rédacteur de la *Tribune*, Armand Marrast, fut condamné à six mois de prison, trois mille francs d'amende et *vingt-cinq* francs de dommages-intérêts (29 octobre 1831). Les « fusils Gisquet » sont restés parmi les souvenirs scandaleux de cette époque. Décoré de la Légion d'honneur, et appelé par Casimir Périer aux fonctions de préfet de police (14 octobre de la même année), comme successeur de Vivien, M. Gisquet excita par les mesures politiques exceptionnelles prises par lui ou en son nom pendant cinq ans, par le zèle répressif dont il fit preuve, notamment lors de l'enterrement du général Lamarque et des événements du cloître Saint-Merri, les attaques les plus vives de la part de l'opposition démocratique. C'est ainsi qu'après l'insurrection de juin 1832, il ne craignit pas d'enjoindre, par un arrêté, aux médecins, chirurgiens, pharmaciens, etc., de déclarer dans les vingt-quatre heures, à la préfecture de police, les noms des blessés qui étaient venus réclamer leurs secours. Cet acte souleva une réprobation générale, et pas une déclaration ne fut faite. Tandis que sévissait l'épidémie cholérique de 1832, il eut à veiller à l'hygiène et à la salubrité publiques. La rapidité foudroyante du mal, les cruelles souffrances des malades, l'aspect étrange des corps, avant même qu'ils fussent des cadavres, inspirèrent aux imaginations populaires de sinistres croyances : des bruits d'empoisonnement circulèrent et une proclamation imprudente du préfet de police contribua peut-être à leur donner créance. M. Gisquet fit preuve, d'ailleurs, d'un réel courage personnel en ces terribles circonstances. Mais un nouveau ministère crut devoir donner satisfaction à l'opinion, en éloignant M. Gisquet de la préfecture de police, où il fut remplacé, le 6 septembre 1836, par M. Gabriel de Lessert. Créé, depuis le 30 avril, commandeur de la Légion d'honneur, il reçut alors le titre de conseiller d'Etat en service extraordinaire. L'année suivante (4 novembre 1837), il fut élu député du 14e collège de la Seine (Saint-Denis), par 429 voix sur 685 votants et 882 inscrits, contre 233 à M. Benazet. M. Gisquet prit à la Chambre une attitude presque hostile au ministère, et qui ne laissa pas que de causer au cabinet d'assez gros ennuis; il intervint, par exemple, dans la discussion sur les fonds secrets, et en demanda la réduction, du chiffre de 1,000,000 proposé, au chiffre de 2,400,000 francs, qui n'avait pas été dépassé sous son administration. A la fin de

1838, de vagues rumeurs accusèrent l'ex-préfet de police de concussions auxquelles il aurait mêlé sa maîtresse et sa famille; le *Messager*, qui s'en fit l'écho, fut poursuivi en diffamation par M. Gisquet et condamné au minimum de la peine (500 francs d'amende), après des paroles de l'avocat du roi, M. Plougoulm, qui faisaient pressentir les rigueurs du pouvoir contre le plaignant (28 décembre). En effet, M. Gisquet fut destitué, le lendemain, de son titre de conseiller d'Etat. Il reprit ses occupations industrielles à Saint-Denis, ne se représenta pas aux élections de 1836, et ne reparut plus sur la scène politique qu'en 1848, comme délégué de la ville de Saint-Denis auprès du comité central de l'Union électorale. M. Gisquet fit, en 1844, un voyage en Egypte, dont il a donné la relation, sous ce titre : *l'Egypte, les Turcs et les Arabes*. Il a publié, en 1840, ses *Mémoires* (4 volumes). Ce préfet de police si impopulaire et dont l'extrême rigueur fut légendaire, était joyeux chansonnier à ses heures, et s'était fait recevoir membre du Caveau.

GIVOIS (François), représentant à la Chambre des Cent-Jours, né à Vesse (Allier) le 1er novembre 1767, mort à une date inconnue, « fils de Claude Givois, marchand, et de Geneviève Forestier, sa femme, habitants de cette paroisse, » et neveu du conventionnel Forestier, étudia le droit et exerça la profession d'avocat dans son pays natal. Il adopta avec enthousiasme les idées de la Révolution, devint agent national du district de Cusset, soutint de tout son pouvoir le régime révolutionnaire, et fut dénoncé après le 9 thermidor comme robespierriste. Pendant les Cent-Jours, Givois fut élu (10 mai 1815) membre de la Chambre des représentants par l'arrondissement de Gannat, avec 33 voix sur 63 votants et 100 inscrits. Il ne fit point partie d'autres législatures.

GLAIS DE BIZOIN (Olivier), député en 1791, né à Saint-Thélo (Côtes-du-Nord) en 1742, mort à Bizoin (Côtes-du-Nord) le 24 avril 1801, d'une riche famille du pays, était fils d'un négociant en toiles de Saint-Thélo. Négociant à Bizoin, il fut élu, le 11 septembre 1791, député des Côtes-du-Nord à l'Assemblée législative, le 6e sur 8, par 222 voix sur 333 votants. Membre du comité du commerce, il ne joua qu'un rôle secondaire dans l'Assemblée; le *Moniteur* ne mentionne pas son nom. M. R. Kerviler, à qui l'on doit la première notice parue sur ce législateur (celle-ci est la seconde), cite de lui une lettre du 16 août 1792, dans laquelle il annonce que le roi sa famille se sont réfugiés à l'Assemblée : « Ils en ont entendu de drôles, » ajoute-t-il. Après la session, il fut élu membre du district de Loudéac, reçut chez lui, (juillet 1793) quelques Girondins en fuite, et fut emprisonné de ce chef sous la Terreur. La chute de Robespierre le rendit à la liberté; il rentra dès lors dans la vie privée.

GLAIS DE BIZOIN (Alexandre-Olivier), député de 1831 à 1848, député au Corps législatif de 1863 à 1870, membre du gouvernement de la Défense nationale, né à Quintin (Côtes-du-Nord) le 9 mars 1800, mort à Lamballe (Côtes-du-Nord) le 6 novembre 1877, fils du précédent, étudia le droit, mais une fois reçu avocat (1822), négligea le barreau pour la politique, lutta dans les rangs du libéralisme contre les Bourbons, fut nommé, après la révolution de juillet,

membre du conseil général des Côtes-du-Nord, et, bientôt après, se fit élire (5 juillet 1831) député du 6e collège de ce département (Loudéac) par 86 voix sur 120 votants et 145 inscrits. Il prit place à l'extrême-gauche et fut constamment réélu pendant toute la durée du règne de Louis-Philippe : le 21 juin 1834, avec 84 voix (124 votants, 148 inscrits), contre 28 à M. Chardel; le 4 novembre 1837, avec 80 voix (134 votants, 153 inscrits); le 2 mars 1839, avec 72 voix (100 votants, 155 inscrits); le 9 juillet 1842, avec 67 voix (128 votants, 144 inscrits), contre 55 à M. Sauveur-Lachapelle; et le 1er août 1846, avec 97 voix (180 votants, 191 inscrits), contre 81 à M. Duplessis de Grénedan. Adversaire déterminé de la politique gouvernementale, M. Glais-Bizoin se signala moins par ses discours que par ses interruptions, signa le *compte rendu* de 1832, harcela le pouvoir de ses interpellations et de ses critiques, et s'employa surtout à réclamer la diminution de l'impôt du sel et de la taxe des lettres, et la suppression du timbre des journaux. Il combattit les ministères Casimir Périer, Thiers, Molé, Guizot, etc., se prononça *contre* les lois de septembre 1835, et se montra, contrairement à la grande majorité du parlement, très opposé à la translation de Sainte-Hélène à Paris des restes de Napoléon Ier : « Les idées bonapartistes, dit-il, sont une des plaies vives de notre temps; elles représentent ce qu'il y a de plus funeste pour l'émancipation des peuples, de plus contraire à l'indépendance de l'esprit humain. » Il opina *contre* l'indemnité Pritchard, *pour* les propositions de réforme électorale, et prit une part active à la campagne des banquets réformistes. Après s'être associé à la demande de mise en accusation du ministère Guizot, M. Glais-Bizoin se rallia à la République, proclamée en février 1848. Elu, le 23 avril, représentant des Côtes-du-Nord à l'Assemblée constituante, le 4e sur 16, par 93,921 voix (144,377 votants, 167,673 inscrits), il siégea à gauche, présida la réunion dite « du Palais-National! », et appartint à la fraction modérée du parti démocratique, avec laquelle il vota : *contre* le rétablissement du cautionnement, *contre* les poursuites contre Caussidière, *contre* le rétablissement de la contrainte par corps, *pour* le maintien de l'état de siège, *pour* l'abolition de la peine de mort, *pour* l'amendement Grévy, *contre* le droit au travail; il avait lui-même proposé d'inscrire dans la Constitution la formule suivante, qui fut rejetée, le 14 septembre 1848, par 596 voix contre 187 : « La République reconnaît le droit de tous les citoyens à l'instruction, le droit à l'existence par le travail et à l'assistance dans les formes et aux conditions réglées par les lois. » Il se prononça ensuite *pour* l'ordre du jour en l'honneur du général Cavaignac, *contre* la proposition Rateau, *contre* l'interdiction des clubs, *contre* l'expédition romaine, et fit une assez vive opposition à la politique de L.-N. Bonaparte. Non réélu à l'Assemblée législative lors des élections générales, il essaya d'y entrer le 8 juillet 1849, en remplacement de M. de Montalembert, qui avait opté pour le Doubs; mais sa candidature républicaine échoua dans les Côtes-du-Nord avec 36,775 voix contre 55,759 accordées à M. de Largentaye, élu. M. Glais-Bizoin vivait dans la retraite au moment du coup d'Etat de 1851. La tentative qu'il fit le 29 février 1852, comme candidat de l'opposition au Corps législatif dans la 3e circonscription des Côtes-du-Nord, ne lui donna que 1,772 voix contre 10,845 au candidat officiel, élu, M. de Gorrec, 4,123 à M. de Saisy. 1 757 à M. de Botaniliau et 1,214 à M. Lover. Il se représenta aux élections suivantes, le 22 juin 1857, et échoua encore avec 6,525 voix contre 16,748 au député sortant réélu. Mais, le 1er juin 1863, il fut élu dans la 1re circonscription des Côtes-du-Nord, au Corps législatif par 12,827 voix (23,606 votants, 36,159 inscrits), contre 7,156 voix à M. Geslin et 3,524 à M. de Montalembert. Membre du petit groupe de l'opposition de gauche, il demanda en vain (mai 1865), lors du vote du contingent, l'adoption du système prussien du service personnel et obligatoire; ce fut lui qui inaugura, le 15 février 1867, la tribune parlementaire rétablie; il proposa et soutint un grand nombre d'amendements, combattit le cumul des gros traitements, parla contre les budgets du gouvernement impérial et critiqua notamment celui de l'armée. A propos du costume de nos troupes et de l'usage des bonnets à poil, il s'écria (1868) au milieu des rires : « Je voudrais que ceux qui persistent à en charger la tête de nos soldats, fussent condamnés à les porter. » La même année, il fonda avec MM. E. Pelletau, Hérold, Lavertujon, etc., un journal démocratique hebdomadaire, la *Tribune française*, dont il fut le directeur. Les efforts de l'administration firent échouer la candidature de M. Glais-Bizoin dans les Côtes-du-Nord, le 24 mai 1869 : le candidat indépendant n'eut que 12,801 voix contre 18,725 à l'élu, M. le général de La Motte-Rouge, candidat officiel. Mais dans une élection partielle, motivée par l'option pour l'Hérault de M. Picard, M. Glais-Bizoin fut élu, le 22 novembre de la même année, député de la 4e circonscription de la Seine, avec 16,683 voix (20,826 votants, 42,066 inscrits), contre 146 à M. Allou. Il revint alors siéger sur les bancs de la gauche, présenta, en 1870, un projet de loi modifiant l'impôt sur les boissons, fit accepter en partie une proposition de loi supprimant l'impôt du timbre sur les journaux et le remplaçant par un droit de poste sur les imprimés, vota d'abord *contre* la déclaration de guerre à la Prusse, puis déclara, le 18 juillet, qu'il n'en donnerait pas moins tout son concours aux dispositions prises par le gouvernement. Lors de nos premiers revers, il proposa (11 août) « de ne ratifier aucune convention ni traité tant que les armées ennemies seraient sur le territoire, » et signa, le même jour, avec M. de Kératry, la motion de traduire le maréchal Lebeuf et les fonctionnaires de l'intendance devant une commission d'enquête parlementaire. M. Glais-Bizoin s'était fait au Corps législatif, par sa physionomie propre d'orateur et surtout d'interrupteur, une véritable originalité et une sorte de réputation d'enfant terrible. « Plus enfant que terrible, écrivait un biographe, il jette des cailloux dans le jardin des ministres; il casse de temps en temps un petit carreau officiel, enfin il joue à l'émeute avec un pistolet qui n'est pas chargé; mais personne ne prend au sérieux ce gavroche septuagénaire... A peine a-t-il assez de voix pour interrompre; mais il interrompt quand même; il interrompt de l'œil, de la tête, de la main, de la jambe: il interrompt n'importe qui et n'importe quoi; il s'interrompt lui-même pour n'en pas perdre l'habitude. On aperçoit toujours dans ses petits yeux noirs une malice prête à partir; elle part, mais elle rate, et l'on ne retrouve la balle que le lendemain, au *Moniteur*. » La journée du 4 septembre 1870 porta M. Glais-Bizoin au pouvoir. Membre du gouvernement de la Défense nationale, il fut délégué, le 16, avec Crémieux et l'amiral Fourichon, pour aller constituer à Tours la délégation du gouvernement auprès des départements non envahis. Il

se rendit à son poste, adressa, le 7 octobre, à ses collègues de Paris, une dépêche pour leur faire part des mesures d'organisation préparées en province, et n'eut d'ailleurs, dans la conduite des opérations de la défense et dans l'exercice du gouvernement, qu'un rôle de second plan, que l'arrivée de Gambetta avec des pouvoirs extraordinaires rendit plus effacé encore. Il s'associa, en les contresignant, à toutes les mesures prises par la Délégation, et notamment au fameux décret frappant d'inéligibilité les ex-fonctionnaires de l'Empire, décret qui provoqua un désaccord profond entre le gouvernement central et les délégués de Tours. M. Glais-Bizoin se montra très sensible au reproche d'avoir voulu s'insurger contre la majorité de ses collègues, et plus sensible encore aux attaques de certains journaux qui l'accusèrent d'avoir vendu ses biens, réalisé sa fortune et de s'être retiré en Angleterre : il protesta en déclarant « que non seulement il avait servi son pays gratuitement pendant cinq mois et demi de son pouvoir absolu, mais encore qu'il avait dépensé son avoir pour le service de l'Etat ». Dès qu'il avait été question d'appeler les électeurs au scrutin pour la nomination d'une Assemblée constituante, M. Glais-Bizoin avait adressé de Tours à ses concitoyens des Côtes-du-Nord une circulaire en date du 6 octobre 1870, dans laquelle il s'exprimait ainsi :

« Je voudrais bien aller en personne vous demander l'honneur de vous représenter à l'Assemblée constituante; mais un devoir qui m'impose un des plus lourds fardeaux qui puisse être départi aux forces et au courage d'un homme politique m'enchaîne à Tours. Ce devoir, c'est de garantir notre pays de toutes discordes civiles à l'origine de nos nouvelles institutions républicaines, si spontanément et si unanimement acclamées comme les seules possibles pour maintenir l'union de tous les Français devant un ennemi acharné à notre ruine.

« Cette union, au milieu de nos désastres, est à la fois un grand bienfait de la Providence et le gage certain que la patrie sera bientôt délivrée! Elle le sera, soyez-en sûrs, c'est la tâche à laquelle s'est vouée sans relâche le gouvernement de la Défense nationale.

« Oui, notre chère et malheureuse patrie, si malheureuse par les fautes d'un homme qui l'a sacrifiée à son ambition, sera délivrée avant peu. Votre impatience, que je comprends, voudrait qu'elle le fût déjà; mais le gouvernement tient à ne porter que des coups assurés. De grandes et solides armées ne s'improvisent pas. Cependant, grâce à nos efforts, j'ose affirmer que, dans quelques semaines, deux armées de deux cent mille hommes, et probablement de trois cent mille, nos réserves non comprises, se composant des gardes nationales sédentaires mobilisées, et accrues de l'effectif des dix classes de 25 à 35 ans, c'est-à-dire de plus de deux cent mille hommes, ces armées, dis-je, seront debout et en état de marcher à la délivrance de Paris, ou, pour mieux dire, de la France elle-même. Voilà, mes chers concitoyens, ce qui me retient à Tours...

« AL. GLAIS-BIZOIN,
« *Membre du gouvernement de la Défense nationale.* »

Il ne réunit d'ailleurs, le 8 février 1871, dans son département natal, comme candidat à l'Assemblée nationale, que 11,188 voix sur 106,809 votants. Venu à Paris en curieux au moment de l'insurrection du 18 mars, il fut arrêté, le 13 mai, par ordre de la Commune, mais relâché le lendemain sous la condition de ne point quitter la capitale et de faire de temps à autre acte de présence à l'Hôtel de Ville. On a dit qu'il assistait le 18 mai à la chute de la colonne Vendôme. Il s'échappa lors de l'entrée des troupes de Versailles, se reudit dans cette ville, où il subit, d'autre part, une très brève incarcération, et après une dernière et vaine tentative comme candidat à Paris aux élections complémentaires du 2 juillet 1871, il rentra définitivement dans la vie privée. On a de M. Alex. Glais-Bizoin quelques comédies parmi lesquelles le *Vrai courage* (1868), présentée au Théâtre-Français, refusée, et jouée à Genève, et une relation de son rôle personnel pendant la guerre sous ce titre : *Cinq mois de dictature* (1873).

GLANDEVÈS (GEORGES-FRANÇOIS-PIERRE, BARON DE), pair de France, né à Marseille (Bouches-du-Rhône) le 28 avril 1768, mort à Paris le 21 avril 1832, « fils de haut et puissant seigneur messire Raymond Pierre de Glandevès, baron de Glandevès, capitaine des vaisseaux du roi. chevalier de l'ordre royal et militaire de Saint-Louis, et de haute et puissante dame Marie-Désirée Marseille de Roux, » ne joua aucun rôle dans les événements de la Révolution, adhéra en 1814 au rétablissement des Bourbons, entra, à cette époque, dans une compagnie de gardes du corps, et fut, peu de temps après, nommé maréchal-de-camp. Le 23 décembre 1823, il fut élevé à la pairie. Le baron de Glandevès ne refusa pas de prêter serment à Louis-Philippe et resta à la Chambre haute jusqu'à sa mort (1832).

GLANDIN (PIERRE), représentant à la Chambre des Cent-Jours, né à Masclat (Lot) le 29 juin 1780, mort à Gourdon (Lot) le 30 janvier 1865, appartint à la magistrature. Il était procureur impérial à Gourdon, lorsque cet arrondissement le nomma (14 mai 1815) représentant à la Chambre des Cent-Jours, par 42 voix (70 votants), contre 26 à M. Moutas. Rallié ensuite à la Restauration, M. Glandin fut nommé, le 21 juillet 1815, président du tribunal de Gourdon. Il conserva cette fonction sous Louis-Philippe, devint chevalier de la Légion d'honneur, et termina sa carrière sous le second Empire, avec le titre de président honoraire du tribunal.

GLAS (JEAN-FRANÇOIS-EDOUARD), représentant en 1871, né à Givors (Rhône) le 13 octobre 1813, propriétaire et ancien maire de sa ville natale, fut élu, le 8 février 1871, représentant du Rhône à l'Assemblée nationale, le 7e sur 13, par 64,980 voix sur 117,523 votants et 185,134 inscrits. Bien qu'il fit partie du centre gauche, il vota presque toujours avec le centre droit, *pour* la paix, *pour* l'abrogation des lois d'exil, *contre* l'amendement Barthe, *pour* la démission de Thiers, *pour* la prorogation des pouvoirs du Maréchal, *pour* le maintien de l'état de siège, *pour* le ministère de Broglie, *contre* la dissolution, *contre* les amendements Wallon et Duprat, *contre* les lois constitutionnelles. Il ne fut pas réélu en 1876.

GLAYS (JACQUES), député au Conseil des Cinq-Cents, au Corps législatif de 1808 à 1815, représentant à la Chambre des Cent-Jours, né à la Trinité-Porhoët (Morbihan) le 5 janvier 1749, mort à Vannes (Morbihan) le 16 mai 1819, « fils de Joseph Glays et d'Olive Gautier, son épouse, » fut avocat, puis notaire avant 1789. La Révolution le fit successivement officier mu-

nicipal, agent de district, préposé aux recettes du district de Vannes, juge suppléant au tribunal criminel du Morbihan. Le 26 germinal an VI, Glays fut élu député de ce département au Conseil des Cinq-Cents. Il ne se montra pas hostile au coup d'Etat de brumaire, et fut nommé, le 21 germinal an VIII, conseiller de préfecture à Vannes. Dévoué au gouvernement impérial, il se vit ensuite (3 octobre 1808) appelé par le Sénat conservateur au Corps législatif, comme député du Morbihan, il y resta jusqu'en 1815, et reparut le 11 mai 1815 à la Chambre des Cent-Jours, où il représenta l'arrondissement de Vannes, avec 25 voix sur 35 votants, contre 10 à M. Claret. Il rentra ensuite dans la vie privée.

GLEISES DE LABLANQUE (JOSEPH-GABRIEL, CHEVALIER), député en 1789, né à Béziers (Hérault) le 28 juillet 1747, mort à Paris en 1793, appartint à la magistrature de l'ancien régime et fut lieutenant-général civil de la sénéchaussée de Béziers, et conseiller en survivance du conseil de Monsieur. Elu, le 29 mars 1789, par sa sénéchaussée, député de la noblesse aux Etats-Généraux, il tint pour l'ancien régime et s'associa aux protestations de la droite des 12 et 15 septembre 1791.

GLEIZAL (CLAUDE), membre de la Convention et député au Conseil des Cinq-Cents, né à Geuestelle (Ardèche) le 29 mai 1761, mort à Paris le 10 septembre 1833, « fils de sieur Pierre Gleizal, notaire, et de demoiselle Françoise-Rose Fillial, » étudia le droit et fut d'abord avocat, puis (1791) juge de paix à Antraigues (Ardèche). Il était membre du directoire de son département, quand il fut, le 6 septembre 1792, élu, le 6e sur 7, député de l'Ardèche à la Convention, par 207 voix (370 votants). Il se montra l'adversaire de Marat, et demanda la mise en jugement des auteurs des massacres de septembre. Lors du procès de Louis XVI, il s'exprima en ces termes : « Citoyens, je prononce la peine de mort contre Louis Capet, convaincu d'avoir conspiré contre la liberté et la souveraineté de la nation française, et je demande que la Convention statue de suite sur le sort de la famille du condamné, qu'elle ordonne la prompte exécution du décret du 16 décembre contre le reste de la race des Bourbons, après en avoir excepté les femmes, et fixé la durée de l'exil à quatre années. Je demande que la Convention prenne les mesures nécessaires pour assurer la tranquillité publique, et qu'après toutes ces précautions, qui peuvent être prises dans cette séance, l'on exécute demain la condamnation de Louis Capet. » Toutefois, il opina ensuite pour le sursis. Il combattit la Montagne dans sa lutte contre les Girondins, et réussit à échapper aux proscriptions qui frappèrent plusieurs de ses collègues. Il fut envoyé en mission avec Servière dans la Lozère pour surveiller la levée de 300,000 hommes. Dans l'Ardèche, où il alla ensuite, il réclama des mesures de rigueur contre « le fanatisme », et demanda de tripler la peine contre les gens qui donnaient asile aux prêtres réfractaires. Entré au comité de législation après le neuf thermidor, il y montra une certaine modération. Après la session, Gleizal fut nommé secrétaire-rédacteur du Conseil des Cinq-Cents, et, le 23 germinal an VI, devint membre de cette assemblée pour le département de l'Ardèche, élu par 176 voix sur 201 votants; la loi du 22 floréal l'empêcha d'y siéger, mais il continua à exercer ses fonctions de secrétaire-rédacteur qu'il remplit auprès du Corps législatif jusqu'en

1814. La Restauration le remplaça dans cet emploi, tout en lui attribuant, à titre de dédommagement, une pension de 4,000 francs : cette pension lui fut d'ailleurs retirée un an plus tard, et Gleizal, atteint par la loi du 12 janvier 1816, dut partir pour l'exil. Il rentra en France en août 1818, et vécut à l'écart de toute fonction publique.

GLEIZAL (Auguste), représentant en 1849, député de 1876 à 1880, né à Antraigues (Ardèche) le 17 novembre 1804, mort à Privas (Ardèche) le 2 septembre 1880, fils du précédent, étudia le droit et devint avocat à Privas. D'opinions démocratiques, il fut nommé en 1848, par le gouvernement provisoire, commissaire de la République dans l'Ardèche, se présenta avec succès, le 13 mai 1849, aux élections de l'Assemblée législative. Élu représentant de l'Ardèche le 3e sur 8, par 33,677 voix (68,890 votants, 105,091 inscrits), il siégea à gauche, et s'associa à tous les votes et protestations de la minorité : contre l'expédition de Rome, contre la loi Falloux-Parieu sur l'enseignement, contre les restrictions apportées à l'exercice du suffrage universel, etc. M. Gleizal se montra l'adversaire de la politique de l'Elysée et rentra dans la vie privée au coup d'Etat du 2 décembre 1851. Candidat de l'opposition au Corps législatif, dans la 1re circonscription de l'Ardèche, le 22 juin 1857, il réunit 2,127 voix contre 21,504 à M. Dautheville, candidat officiel, élu. Il ne se représenta ensuite à la Chambre des députés que le 20 février 1876; conseiller général de l'Ardèche depuis 1871, il fut élu, comme républicain, député de la 2e circonscription de Privas, par 10,338 voix (15,914 votants, 20,513 inscrits), contre 5,208 voix à M. de Parnicourt, bonapartiste. Il avait dit dans sa profession de foi : « Si seule l'institution républicaine réalise le droit national, elle s'impose, d'ailleurs, comme une nécessité : seule elle peut maintenir l'ordre à l'intérieur. Qu'elle périsse un jour, et sur ses ruines s'engage infailliblement la plus furieuse des guerres intestines entre trois factions dont elle refrène aujourd'hui les avidités. » M. Gleizal prit place à la gauche républicaine, et fut des 363. Réélu en cette qualité, le 14 octobre 1877, député de la même circonscription, par 9,120 voix (18,123 votants, 21,609 inscrits), contre 8,775 voix à M. Paul Deydier, monarchiste soutenu par l'administration, il revint siéger dans la majorité républicaine, et vota pour la commission d'enquête sur les agissements du ministère de Broglie-Fourtou, pour l'ordre du jour contre le ministère Rochebouët, pour le cabinet Dufaure, pour l'article 7 de la loi sur l'enseignement supérieur, pour l'invalidation de l'élection Blanqui, etc. Il mourut à Privas, pendant les vacances parlementaires de 1880.

GLEZEN (Jacques-Marie), député en 1789, né à Rennes (Ille-et-Vilaine) le 18 mars 1737, mort à Rennes le 5 novembre 1801, « fils de Gabriel-Jérôme Glezen, avocat au parlement, et de Julienne-Rose de l'Epine, » se fit recevoir avocat dans l'intention de succéder à son père. En 1789, il s'était déjà fait au barreau de Rennes une place distinguée. Adjoint à la députation des états de Bretagne, puis choisi pour chef de la députation envoyée à Versailles par l'ordre des avocats, il publia, en réponse à la protestation de la noblesse de Bretagne contre la suspension des états de la province et la nouvelle forme de convocation des Etats-Généraux, la Lettre d'un homme à huit cent soixante-

quatre nobles bretons, qui fit grand bruit. Cette intervention assura, le 17 avril 1783, l'élection de Glezen par la sénéchaussée de Rennes comme député du tiers aux Etats-Généraux. A Versailles, Glezen fut avec Le Chapelier un des plus fermes soutiens des revendications de son ordre. Le 28 mai, il ouvrit le premier l'avis de se constituer définitivement, puisqu'il n'y avait plus rien à attendre de la noblesse. Le 20 juillet, à propos d'une motion de Lally-Tollendal demandant, tout en invitant les provinces à la paix, « de ne pas blâmer des hommes qui s'armaient pour la liberté, » M. Glezen répondit : « Le zèle de M. de Lally égale sa sublime éloquence; mais rappelons ce que les publicistes ont tant de fois répété, que le plus grand danger qui environne une assemblée nationale, c'est la magie de l'éloquence. » Membre de plusieurs commissions, il y fit preuve d'un zèle et d'une compétence qui lui valurent, le 3 août, un nombre de voix assez considérable pour la présidence de l'Assemblée. Pendant tout ce mois, il prit une part active aux discussions relatives à la Déclaration des Droits de l'homme. Le 8 octobre, il fit partie de la députation nommée pour accompagner Louis XVI dans son voyage de Versailles à Paris, et, le 21 du même mois, il demanda qu'on autorisât le Châtelet à faire des informations au sujet des appareils militaires qui avaient menacé Paris, avec des adjoints nommés par la Commune : « On connaît, dit-il, le projet formé contre la capitale; on connaît les sollicitations de cette ville et de l'Assemblée auprès du roi pour l'éloignement des troupes ; il s'agit de savoir si M. de Bezenval, accusé par la clameur publique, est suffisamment justifié. » Il opina, le 12 novembre, pour qu'on accordât au roi la grâce du parlement de Rouen ; puis il eut, comme doyen du comité des recherches, une vive discussion, le 21 novembre, avec Malouët, au sujet de la descente et des perquisitions qu'on avait faites au couvent des religieuses de l'Annonciade. Il parla du plan, qui avait été découvert, de transférer le roi à Metz, et dénonça indirectement comme compromis dans l'affaire, Malouët, qui se justifia. Après la session de l'Assemblée constituante, Glezen rentra dans la vie privée et reprit l'exercice de sa profession d'avocat.

GLOXIN (Paul-Edouard), représentant du peuple en 1848, né à Strasbourg (Bas-Rhin) le 16 septembre 1804, mort à Strasbourg le 14 juillet 1870, d'une famille de commerçants, était lui-même négociant à Strasbourg, et connu pour ses opinions républicaines. Il fit partie du banquet réformiste de 1847 et fut appelé, le 26 février 1848, à la commission départementale du Bas-Rhin. Élu, le 23 avril suivant, représentant du Bas-Rhin à l'Assemblée constituante, le 9e sur 15, par 70,814 voix sur 123,963 votants et 132,186 inscrits, il siégea à gauche, fit partie du comité du commerce et de l'industrie, et vota pour le bannissement de la famille d'Orléans, pour le décret sur les clubs, pour les poursuites contre Louis Blanc et Caussidière, contre l'abolition de la peine de mort, contre l'impôt progressif, pour l'incompatibilité des fonctions, contre l'amendement Grévy, contre la sanction de la Constitution par le peuple, contre la proposition Rateau, contre l'interdiction des clubs, contre l'expédition de Rome, pour la demande de mise en accusation du président et des ministres. Non réélu à la Législative, il rentra dans la vie privée après la session.

GLUCKSBERG (duc de). — Voy. Decazes.

GOBEL (Jean-Baptiste-Joseph), député en 1789, né à Thann (Haut-Rhin) le 1er septembre 1727, exécuté à Paris le 12 avril 1794, étudia la théologie à Rome au collège germanique et devint chanoine de l'évêque de Porentruy. Nommé, le 27 janvier 1792, évêque *in partibus* de Lydda, suffragant du diocèse de Bâle pour la partie française, il occupait encore ce poste, quand il fut élu, le 4 avril 1789, député du clergé aux Etats-Généraux pour le bailliage de Belfort et Huningue. A la séance du 23 août 1789, il prit la parole dans la discussion sur la liberté des cultes pour demander « que nul ne soit inquiété pour ses opinions, même religieuses ». Le 5 mai 1790, relativement à la Constitution civile du clergé, il déclara que, à son avis, « en tout ce qui touche les choses spirituelles, et en cela seulement, le roi doit suivre les voies canoniques. » Ayant prêté, le 3 janvier 1791, le serment constitutionnel, il fut nommé par les assemblées électorales aux évêchés de Colmar, Langres et Paris. Le 15 mars 1791, il opta pour Paris, et fut installé à son poste par M. de Talleyrand, évêque d'Autun. Dans sa lettre épiscopale du 16 avril suivant, il disait : « L'amour de son semblable n'est-il pas le plus doux comme le plus grand des préceptes de l'Evangile ? » Puis, après avoir souhaité la bienveillance, la concorde et l'union entre tous les hommes, il invoqua le témoignage de l'histoire pour légitimer son élection, en rappelant qu'aux premiers temps du christianisme les évêques, presque tous canonisés depuis, avaient été élus par le peuple. Le 8 novembre de la même année, il fut nommé administrateur de Paris, et envoyé, en 1793, comme commissaire civil à Porentruy, où on l'accusa d'avoir abusé de son pouvoir. D'un caractère timide, on le vit installer, en 1793, le jour de l'Ascension, comme curé des Petits-Pères, un prêtre marié, Aubert, dont la femme assistait à la cérémonie. Le 17 brumaire an II, il vint à la Convention pour renoncer solennellement aux fonctions épiscopales et déposer ses lettres de prêtrise, jugeant, comme il le disait, son rôle désormais funeste à la liberté ; puis il coiffa le bonnet rouge. L'abbé Grégoire, qui assistait à la séance, a soutenu que les paroles de Gobel avaient été dénaturées et qu'il continua d'ailleurs de professer des sentiments religieux. Cinq mois plus tard, accusé d'athéisme avec Chaumette, Hébert et Clootz, il passa devant le tribunal révolutionnaire, qui le condamna à mort. De la Conciergerie, il fit parvenir, a-t-on dit, à l'abbé Lothringen, un de ses anciens vicaires, sa confession écrite, et manifesta en marchant à l'échafaud une complète résignation.

GOBERT (Dominique-François), député au Conseil des Anciens, né à Metz (Moselle) en 1748, mort le 9 mars 1819, dirigeait une tannerie à Moulin-lez-Metz au moment de la Révolution. Membre de la première assemblée provinciale des Trois-Evêchés, il devint successivement notable et administrateur de la commune de Metz, président des cinq sections de cette même commune, délégué extraordinaire de Metz à la Convention, agent et commissaire du comité de salut public près des armées de Rhin-et-Moselle, envoyé à Batavia par le Directoire exécutif pour régler diverses questions financières, agent commercial pendant deux ans en Suisse, et scrutateur du corps électoral de la Moselle en l'an VI. Cette même année, le 23 germinal, il fut élu député de la Moselle au Conseil des Anciens. Son nom n'est cité au *Moniteur* que pour rappeler que, le 22 sep-

tembre 1799, il fut condamné à l'amende et à une indemnité envers le citoyen Lyon, employé au bureau central, qu'il avait écrasé avec sa voiture.

GOBILLARD (Nicolas), député en 1791, né à la Chaussée (Marne) le 14 février 1739, mort à la Chaussée le 18 décembre 1806, était maître de poste et cultivateur à la Chaussée. Il fut élu, le 2 septembre 1791, député de ce département à l'Assemblée législative, le 3e sur 10, par 252 voix (481 votants), et vota avec la majorité réformatrice.

GOBLET (François-Magloire-Joseph), député au Corps législatif en l'an XII à 1814, né à Tournay (Belgique) le 16 décembre 1744, mort à Tournay en 1819, « fils de Gilles-Albert Goblet et de Marie-Louise Duteit, époux, » exerçait la profession d'homme de loi. Le gouvernement consulaire le nomma sous-préfet, et le Sénat conservateur porta son choix sur lui, le 27 brumaire an XII, comme député de Jemmapes au Corps législatif. Il fut réélu le 2 mai 1809 et siégea jusqu'à la fin du règne. Son fils, Albert-Joseph Goblet, général belge, a été aide-de-camp et ministre du roi Léopold 1er.

GOBLET (René-Marie), représentant en 1871, député de 1877 à 1889, et ministre, né à Aire (Pas-de-Calais) le 26 novembre 1828, étudia le droit, puis s'inscrivit au barreau d'Amiens. Avocat, il se fit dans cette ville une situation en vue. Journaliste, il concourut sous l'Empire à la fondation du *Progrès de la Somme*, organe libéral et démocratique. Le gouvernement du quatre septembre 1870 nomma M. Goblet procureur général près la cour d'Amiens. Mais il aspira bientôt aux fonctions électives, donna sa démission de magistrat pour se présenter comme candidat républicain à l'Assemblée nationale, obtint, le 8 février 1871, sans être élu, 24,153 voix (123,345 votants), et fut plus heureux à l'élection complémentaire du 2 juillet suivant, motivée par la démission de deux représentants. M. Goblet fut nommé, le second et dernier de la liste républicaine, représentant de la Somme, avec 75,619 voix (115,084 votants, 166,901 inscrits). Il s'inscrivit au groupe de la gauche républicaine, vota *contre* le pouvoir constituant de l'Assemblée, *pour* le retour du parlement à Paris, *pour* la dissolution, *contre* la démission de Thiers, *contre* le septennat, *contre* l'état de siège, *contre* la loi des maires, *contre* le ministère de Broglie, *pour* les lois constitutionnelles. Il intervint comme orateur dans plusieurs discussions, où sa parole nerveuse, précise, un peu sèche, fut remarquée, notamment lors du débat sur la revision des pensions accordées aux fonctionnaires de l'Empire. Le 20 février 1876, il échoua dans la 2e circonscription d'Amiens avec 10,885 voix contre 13,815 à l'élu, M. Langlois de Septenville, conservateur. Mais l'année suivante, aux élections qui suivirent la dissolution de la Chambre des députés (14 octobre 1877), il fut choisi par les républicains de la 1re circonscription du même arrondissement, comme candidat républicain à la place de Barni, que sa santé écartait de la vie parlementaire, et il l'emporta avec 13,279 voix (22,504 votants, 27,384 inscrits), sur M. de Favernay, monarchiste, officiellement soutenu par l'administration. Il revint alors s'asseoir sur les bancs de la gauche, prit une part très active aux dernières luttes de la majorité de la Chambre nouvelle contre le gouvernement du Seize-Mai, ainsi qu'aux travaux de la commission d'enquête électorale sur les agissements de ce gouvernement, commission dont il avait été nommé membre, fut rapporteur (janvier 1878) de la loi d'amnistie, et acquit dans son parti une influence qui le désigna, en février 1879, pour le poste de sous-secrétaire d'Etat à la justice. Ces fonctions l'amenèrent fréquemment à la tribune de la Chambre et du Sénat comme orateur du gouvernement. Après s'être associé jusqu'à la fin de la législature à la plupart des votes de la majorité républicaine, il combattit cependant (novembre 1880) le projet de suppression de l'inamovibilité de la magistrature; il proposa (janvier 1881) un amendement à la loi sur la presse, tendant à donner au gouvernement le droit d'interdire l'introduction en France de tel ou tel journal (adopté), et fut réélu député, le 21 août 1831, par 12.253 voix (21,557 votants, 28.080 inscrits), contre 6,694 à M. de Franqueville et 2,260 à M. Delambre. M. Goblet, qui jusque-là ne s'était guère séparé de la politique opportuniste suivie à l'instigation de Gambetta par le plus grand nombre de ses collègues du côté gauche, commença de manifester une certaine indépendance personnelle, peu de temps après le commencement de la législature, lorsque les tendances « autoritaires » du chef de l'opportunisme s'affirmèrent plus nettement. Il ne soutint qu'avec réserve le ministère Ferry, combattit le cabinet Gambetta, et se trouva tout désigné pour faire partie, avec le portefeuille de l'Intérieur, du ministère « libéral » que M. de Freycinet réussit à constituer le 30 janvier 1882. Il fut mêlé à presque toutes les luttes que ce cabinet eut à soutenir, apporta dans ses actes et dans la défense de ses actes une vigueur un peu âpre qui semblait parfois en contradiction avec les déclarations anti-autoritaires dont M. Goblet s'était montré prodigue dans l'opposition, et essaya de justifier, en réponse à MM. de Lanessan et Clémenceau, la conduite du gouvernement lors des grèves du bassin houiller du Gard, et, en réponse à M. Freppel, l'expulsion des bénédictins de Solesmes dont la congrégation s'était reformée, malgré une première dissolution : le ministre de l'Intérieur déclara qu'il continuerait à faire exécuter les lois. Au Sénat, il s'appliqua à réfuter les arguments présentés par M. Bocher en faveur du maintien de l'adjonction des plus imposés au conseil municipal pour le vote de certaines contributions extraordinaires. M. Goblet déposa vers la même époque un projet qui étendait à toutes les communes de France, moins Paris, le droit pour les conseils municipaux d'élire leurs maires et adjoints. Il prit part à la discussion de la proposition Chevandier sur les enterrements civils, et fut mêlé encore, comme ministre, au débat relatif au droit qu'a le gouvernement d'expulser les étrangers du territoire français : il avait proposé de modifier l'article 7 de lois des 3-11 décembre 1849 dans le sens d'une restriction des pouvoirs dont l'Etat dispose actuellement, et de substituer à l'arbitraire absolu l'arbitraire défini ». Il fut combattu par l'extrême-gauche qui réclama, mais sans succès, la suppression pure et simple du droit d'expulsion. Quant à la question de la mairie centrale de Paris, que les autonomistes ne désespéraient pas de voir résoudre par le cabinet Freycinet conformément à leurs théories, M. Goblet contribua à la préparation d'un projet « sur l'organisation de Paris », qui, à vrai dire, ne vit pas le jour à l'époque fixée, des difficultés pratiques, dit le ministre, ayant forcé le gouvernement d'ajourner sa décision. L'attitude de M. Goblet, en cette circonstance, parut aussi peu satisfaisante aux partisans qu'aux adversaires de

la mairie centrale, dont la Chambre repoussa l'institution en adoptant un ordre du jour de MM. Devès et Casimir Périer, par 256 voix contre 153. M. Goblet remit son portefeuille le 6 août 1832, en même temps que ses collègues du cabinet Freycinet. Il reprit alors son rôle dans l'opposition, et, sans aller jusqu'à s'inscrire au groupe de l'extrême-gauche, fit plus d'une fois cause commune avec les intransigeants contre la politique des héritiers politiques de Gambetta. Etant au pouvoir, outre son projet de décentralisation administrative, il avait proposé la création de conseils cantonaux de onze membres fixes et d'un délégué par commune, ayant un budget particulier et jouissant de la personnalité civile. Ce second projet fut écarté, mais le premier vint en discussion en janvier 1883, et M. Goblet prit la parole dans le sens décentralisateur au profit « des collectivités secondaires » du pays. Il combattit encore (24 mai 1883) le projet de réforme de la magistrature présenté par M. Martin-Feuillée : « Il peut paraître naturel à la majorité, dit-il, de faire une magistrature à son image; mais moi, qui ne vote pas toujours avec la majorité, j'ai le droit de vous dire : Etes-vous sûrs d'être toujours la majorité, et de n'avoir pas besoin, quelque jour, de la protection d'une magistrature indépendante? » La session de 1884 le vit souvent à la tribune : pour développer (janvier 1884) un amendement de détail au projet de loi du rattachement au budget de l'Etat des dépenses de la préfecture de police, pour discuter (février) l'art. 2 du projet de loi sur les manifestations séditieuses, et faire voter, par 264 voix contre 218, une nouvelle rédaction de l'art. 5, établissant la compétence de la cour d'assises; pour intervenir (juin) dans la discussion du programme du Congrès, et s'efforcer d'y faire comprendre la revision intégrale par une Constituante; pour déposer et soutenir (octobre) le rapport sur la réforme du code d'instruction criminelle. Il revint au pouvoir, le 6 avril 1885, comme ministre de l'Instruction publique, des Cultes et des Beaux-Arts, dans le cabinet Brisson, soutint sa et titre le projet de désaffectation du Panthéon, fit rétablir au budget des cultes cent mille francs pour le clergé d'Algérie, ainsi que le crédit des chanoines, et encourut ainsi de nouveaux reproches des radicaux, bien qu'il fût connu comme un partisan théorique de la séparation de l'Eglise et de l'Etat. Il interdit encore la représentation de *Germinal*, drame tiré d'un roman d'Emile Zola, et, en décembre, ayant, en qualité de ministre des Cultes, suspendu le traitement d'un certain nombre de prêtres compromis dans la politique, il eut à répondre à une interpellation de M. Baudry-d'Asson. Réélu député de la Somme, le 18 octobre 1885, au second tour, par 67,211 voix sur 135,681 votants et 158,144 inscrits, il resta ministre de l'Instruction publique, lorsque le ministère Brisson fit place à une nouvelle combinaison Freycinet (7 janvier 1886). Il combattit, au nom du gouvernement, la proposition d'amnistie déposée par M. Henri Rochefort, s'appliqua à assurer, par d'importantes circulaires, l'exécution d'une réforme de l'organisation de l'enseignement supérieur, dont il avait posé les bases en 1885, et qui avait pour principal objet d'étendre les droits et les attributions des Facultés de province; soutint contre la droite du Sénat la loi sur l'enseignement primaire adoptée par la Chambre dès 1884; défendit la conduite de l'administration dans l'incident provoqué à Châteauvillain par la fermeture d'une chapelle privée; réforma, par un décret du 8 août, les programmes de l'enseignement secondaire spécial, etc. Après la retraite du ministère Freycinet, tombé sur la question de la suppression des sous-préfets, les longues négociations entreprises par M. Grévy, président de la République, pour former un cabinet nouveau, se terminèrent par l'appel de M. Goblet au poste de président du conseil, avec le portefeuille de l'Intérieur et des Cultes. M. Goblet conserva la plupart des collaborateurs de M. de Freycinet, fit passer M. Sarrien de l'Intérieur à la Justice, et désigna MM. Dauphin et Berthelot pour les Finances et l'Instruction publique; quant aux Affaires étrangères, ses négociations furent plus laborieuses, et, après avoir fait lui-même l'intérim de ce département pendant deux jours, il le confia à M. Flourens. Dans la déclaration qu'il lut aux Chambres, le 11 décembre 1886, M. Goblet dit qu'il ne se dissimulait pas les difficultés de sa tâche, se rallia à la politique « prudente et ferme » exposée par le président du précédent cabinet, se prononça pour « l'ordre financier, la sincérité et la régularité du budget » et pour de sérieuses économies, écarta les réformes « pour lesquelles il n'appartient ni au parlement ni au gouvernement de devancer l'opinion publique », et réclama modestement le vote de deux douzièmes provisoires, en prenant pour base de ses calculs toutes les réductions de crédits sur lesquelles le cabinet démissionnaire avait réussi à se mettre d'accord avec la Chambre ou la commission du budget ; les douzièmes furent votés le 14 décembre sur le rapport de M. Wilson par 522 voix contre 11. Dans le cours de la discussion devant la Chambre, M. Goblet, répondant à M. Clémenceau au sujet de la séparation de l'Eglise et de l'Etat, ne cacha pas qu'il la jugeait contraire au désir de la majorité du pays et refusa de prendre aucun engagement. Devant le Sénat il se défendit, non sans succès, contre les critiques de M. Léon Say qui avait reproché au cabinet de ne pas savoir prendre la direction de la majorité et de se laisser aller à des formules vagues et dangereuses. Au début de l'année 1887, il n'obtint le vote des fonds secrets du ministère de l'Intérieur qu'en posant la question de confiance. Plus tard il rallia les modérés en prononçant la dissolution du conseil municipal de Marseille qui avait levé sa séance le 18 mars « en l'honneur et en commémoration de la Commune ». Une interpellation de M. Cunéo d'Ornano à la Chambre sur le désordre administratif et judiciaire en Corse, permit au président du conseil d'affirmer la volonté du gouvernement d'employer tous ses efforts à se tenir en dehors des factions qui divisaient l'île. M. Goblet se montra opposé à la création d'une mairie centrale de Paris, et déposa à cet égard un projet qui conservait au gouvernement la direction de la police, tout en étendant les attributions du conseil parisien, dont le mode d'élection était changé d'après un système de représentation proportionnelle. Il se rallia, après l'avoir combattue, à l'idée de la disjonction du conseil municipal de Paris et du conseil général de la Seine, mais n'eut aucun succès, soit à la Chambre, soit au Sénat, sur ces projets de réforme administrative. Il en eut moins encore sur les questions de finances, et l'examen du budget de 1888, en dépit des efforts du président du conseil, fut bientôt fatal à l'existence du cabinet qu'il dirigeait. La commission du budget s'était séparée à l'approche des vacances de Pâques, en priant le gouvernement de rechercher quelles économies il pourrait réaliser sur ses propositions primitives, et M. Goblet s'était prêté à cet exa-

men. A la reprise de la session, il apporta à la commission 12,700,000 francs de réductions qui furent trouvées insuffisantes : la commission invita le gouvernement à lui présenter de nouvelles propositions. M. René Goblet répondit à cette invitation par une lettre adressée à M. Rouvier, président de la commission, et où il se déclarait disposé à attendre l'initiative de la commission elle-même; mais le rapporteur, M. Camille Pelletan, persista à réclamer, devant la Chambre, l'initiative du gouvernement. M. Goblet répondit que le cabinet était en butte à une attaque politique bien plus qu'à une critique dirigée contre son budget ; lorsque le moment de voter arriva, un ordre du jour de confiance, de M. Anatole de la Forge, fut repoussé par 275 voix contre 257, et le projet de résolution de la commission, hostile au ministère, réunit 306 voix contre 133. Le soir même (17 mai 1887), le ministère Goblet était démissionnaire. Il fut remplacé, le 29 seulement, par un cabinet Rouvier. Lors de la crise provoquée par l'affaire de M. Wilson (novembre), M. Goblet fut un de ceux qui insistèrent sur la nécessité de la démission de M. Grévy. Le nouveau président de la République, M. Carnot, s'adressa à lui, à son avènement au pouvoir, pour former un ministère de concentration républicaine; mais M. Goblet échoua pour avoir incliné trop à gauche. En février 1888, il se prononça contre l'opportunité d'une revision de la Constitution. Le 3 avril suivant, M. Floquet, appelé à former un ministère, confia à M. Goblet le portefeuille des Affaires étrangères. On s'étonna d'abord de voir placer à un poste qui demande des qualités de sang-froid et de modération toutes particulières, un homme politique dont le caractère entier et cassant était connu de tous; mais M. Goblet s'adapta rapidement à ses fonctions nouvelles, et ce fut avec une entière possession de lui-même qu'il prononça (31 mai) une très digne réponse aux allégations du ministre hongrois, M. Tisza, relatives au peu de sécurité que Paris offrait aux exposants de 1889. Il fit maintenir (octobre) l'ambassade du Vatican, prit une position très nette dans la question du blocus de Zanzibar par les flottes anglo-allemandes, déposa (novembre) un projet de loi accordant aux produits tunisiens soumis au tarif général un traitement de faveur, mais ne put faire passer (décembre) un projet de convention commerciale avec la Grèce, relatif surtout à l'importation des raisins secs. M. Goblet tomba avec le cabinet Floquet, le 14 février 1889. Dans la dernière session de la législature, il s'abstint sur le rétablissement du scrutin d'arrondissement (11 février 1889), et vota : contre l'ajournement indéfini de la revision de la constitution (chute du cabinet dont il faisait partie), contre les poursuites contre trois députés membres de la Ligue des patriotes, contre le projet de loi Lisbonne restrictif de la liberté de la presse, pour les poursuites contre le général Boulanger.

GOBRON (GUSTAVE-CHARLES-ALEXIS), député de 1885 à 1889, né à Buzancy (Ardennes) le 15 juin 1846, étudia le droit, et s'occupa d'affaires et de commerce. Devenu directeur de la maison de fournitures militaires Godillot, il quitta Paris en ballon pendant le siège, descendit sur le territoire hollandais, rentra en France, et se rendit à l'armée de la Loire dans laquelle il combattit comme officier d'ordonnance du général Chanzy. Membre et secrétaire du conseil général des Ardennes, il fut inscrit sur la liste radicale de ce département aux élections du 4 octobre 1885, et, après avoir obtenu au premier tour de scrutin 31,845 voix (72,478 votants), il fut élu, au scrutin de ballottage (18 octobre), le 2ᵉ sur 5, avec 41,954 voix (76,120 votants, 87,811 inscrits). M. Gobron, qui est le beau-frère de M. Jules Ferry, se prononça *pour* les crédits de l'expédition du Tonkin, *pour* l'expulsion des princes, vota avec la majorité opportuniste *pour* les ministères Rouvier et Tirard, et, en dernier lieu, *contre* le rétablissement du scrutin d'arrondissement (11 février 1889), *contre* l'ajournement indéfini de la revision de la Constitution, *pour* les poursuites contre trois députés membres de la Ligue des patriotes. *pour* le projet de loi Lisbonne restrictif de la liberté de la presse, *pour* les poursuites contre le général Boulanger.

GODAILH (JEAN-GASPARD-JULIEN), député au Corps législatif de l'an XII à 1815, né à Tournon (Lot-et-Garonne) le 6 janvier 1764, mort à Agen (Lot-et-Garonne) le 9 octobre 1840, « fils de M. Sébastien Godailh, et de dame Anne Bonnefoux, » fut officier d'artillerie, puis, après avoir rempli des fonctions administratives, entra comme professeur de grammaire générale à l'école centrale d'Agen. Secrétaire général de la préfecture de Lot-et-Garonne sous le Consulat, il fut élu, le 19 vendémiaire au XII, par le Sénat conservateur, député de ce département au Corps législatif, et obtint sa réélection le 2 mai 1809. Godailh se montra des plus empressés à voter la déchéance de Napoléon 1ᵉʳ. Le 18 août 1814, il parla en faveur du projet de loi sur la presse et soutint que la censure était indispensable dans les circonstances actuelles, la religion n'étant point assez honorée ni les mœurs assez sévères pour que les « écarts de l'esprit » ne fussent point réprimés. Le 14 octobre, il prononça, sur le projet relatif à la libre importation des fers, un discours dont l'impression fut ordonnée. Non réélu député en 1815, Godailh fut, le 1ᵉʳ juin 1828, admis à la retraite comme conseiller de préfecture.

GODARD (JACQUES), député en 1791, né à Paris en 1762, mort à Paris le 4 novembre 1791, était avocat à Paris. En cette qualité, et comme un des présidents du district des Blancs-Manteaux, il prit la parole, le 31 juillet 1789, pour désavouer les électeurs. Le 28 janvier 1790, il présenta une députation de juifs à l'assemblée générale de la commune de Paris et demanda qu'on leur accordât un certificat de patriotisme ; en octobre de la même année, il publia l'« exposé des travaux de l'assemblée générale des représentants de la commune de Paris », dont le *Moniteur* fit l'éloge. Élu, le 20 septembre 1791, député du département de Paris à l'Assemblée législative, le 16ᵉ sur 24, avec 343 voix sur 508 votants, il mourut moins de deux mois après.

GODARD (LUBIN-DENIS), député au Conseil des Cinq-Cents, né à Dreux (Eure-et-Loir) le 7 octobre 1756, mort à Paris le 22 novembre 1810, fut juge à Dreux. Élu, le 24 germinal an VI, député d'Eure-et-Loir au Conseil des Cinq-Cents, par 110 voix sur 152 votants, il ne prit la parole que pour demander que l'on autorisât les bureaux centraux à délivrer des mandats d'amener. Le gouvernement consulaire l'appela, le 14 germinal an VIII, aux fonctions de juge au tribunal d'appel d'Eure-et-Loir, fonctions qu'il exerça jusqu'à sa mort.

GODARD. — *Voy.* BELBEUF (MARQUIS DE).

GODARD D'AUCOURT. — *Voy.* PLANCY (DE).

GODARD-BARIVE (JOSEPH), député au Conseil des Cinq-Cents, né à Pouilly-en-Auxois (Côte-d'Or) le 4 août 1752, mort à Arnay-le-Duc (Côte-d'Or) le 6 juin 1834, « fils de Jacques Godard, veuf de Marie-Joséphine Lardet, et de Jeanne Saulet, » était juge de paix du canton d'Arnay-sur-Aroux. Il fut élu, le 27 germinal an VII, député de la Côte-d'Or au Conseil des Cinq-Cents, s'y fit peu remarquer et n'appartint pas à d'autres assemblées.

GODARD-DESMARETS (HIPPOLYTE), député au Corps législatif de 1853 à 1866, né à Paris le 5 octobre 1796, mort à Trélon (Nord) le 7 janvier 1867, suivit d'abord la carrière militaire, et, lieutenant au 1ᵉʳ chasseurs à cheval, donna sa démission pour entrer dans l'industrie. Il dirigeait une manufacture de verrerie dans le Nord, et était conseiller général du canton de Trélon, lorsqu'il fut élu, comme candidat du gouvernement impérial, député de la 8ᵉ circonscription du Nord au Corps législatif, le 4 septembre 1853, par 12,634 voix (15,142 votants, 38,499 inscrits), contre 2,307 voix à M. de la Tour. Il remplaçait M. de Mérode, démissionnaire. M. Godard-Desmarets siégea dans la majorité gouvernementale, fut réélu, avec l'appui officiel, le 22 juin 1857, par 21,191 voix (24,287 votants, 37,457 inscrits), contre 3,043 voix à M. Carnᵉ*, de l'opposition, continua de donner ses suffrages au gouvernement, et obtint encore sa réélection, le 1ᵉʳ juin 1863, par 17,783 voix (19,059 votants, 32,437 inscrits). Démissionnaire au cours de la législature pour des motifs d'intérêt privé, M. Godard-Desmarets fut remplacé le 18 mars 1866 par M. René Hamoir. Chevalier de la Légion d'honneur.

GODARD-POUSSIGNOL (PIERRE-ALEXANDRE), représentant du peuple en 1848, né à Chailly (Côte-d'Or) le 13 juillet 1793, mort à Chailly le 19 août 1872, était avocat, conseiller général et connu pour ses opinions libérales, lorsqu'il fut élu, le 23 avril 1848, représentant de la Côte-d'Or à l'Assemblée constituante, le 4ᵉ sur 10, par 66,993 voix. Il fit partie du comité de l'administration, et, partageant les opinions du groupe Odilon Barrot, vota *pour* le bannissement de la famille d'Orléans, *pour* le décret sur les clubs, *pour* le maintien de l'état de siège, *contre* l'abolition de la peine de mort, *contre* l'impôt progressif, *contre* l'incompatibilité des fonctions, *contre* l'amendement Grévy, *contre* la sanction de la Constitution par le peuple, *pour* l'ensemble de la Constitution, *contre* la proposition Rateau, *pour* l'expédition de Rome, *contre* la demande de mise en accusation des ministres. Non réélu à la Législative, il rentra dans la vie privée.

GODART (JEAN-LOUIS-FRANÇOIS), député au Conseil des Cinq-Cents, né à Meaux (Seine-et-Marne) le 15 juillet 1760, mort à une date inconnue, « fils de sieur Jean-François Godart, marchand épicier mercier, et de dame Marguerite-Michel-Pélagie Cavillier, son épouse, » débuta par être clerc de notaire, se fit recevoir avocat, et devint, pendant la Révolution, administrateur de Seine-et-Marne. Élu procureur général syndic de ce département après avoir rempli ces fonctions à titre intérimaire, il se vit destitué en 1793 par les représentants Mauduit et Isoré, et réclama vainement contre cette mesure. Le 24 vendémiaire an IV, Godart entra au Conseil des Cinq-Cents comme député de Seine-et-Marne avec 167 voix sur 242 votants. Son rôle dans cette assemblée, qu'il quitta en l'an VII, fut très effacé. Après le coup d'État de brumaire, il fut nommé sous-préfet de Meaux (9 germinal an VIII).

GODART (Alexandre), dit Godart de Ju-vigny, député au Corps législatif de 1852 à 1856, né à Châlons-sur-Marne (Marne) le 4 septembre 1786, mort à Châlons-sur-Marne le 4 janvier 1856, était propriétaire de vignobles assez considérables. Ancien payeur du trésor royal, conseiller général de la Marne, M. Go-dart, — qu'on appelait assez communément Godart de Juvigny, pour le distinguer de son oncle, Godart de Blacy, — fut maire de Châ-lons après les événements de juillet. Il se dis-tingua pendant l'épidémie cholérique de 1832, et fut fait chevalier de la Légion d'honneur à cette occasion ; officier en 1844. En 1852, il fut désigné comme candidat officiel par le gouver-nement du prince-président, lors des élections du 29 février au Corps législatif. Il fut élu député de la 1re circonscription de la Marne, par 25,837 voix (27,855 votants et 36,167 ins-crits), contre MM. Tirlet, 1,018, et Decavenauce, 188. Il s'associa au rétablissement de l'Empire ainsi qu'à tous les votes de la majorité du Palais-Bourbon. M. Godart mourut au cours de la législature (1856).

GODEAU D'ENTRAIGUES (Alexandre-Jean-Jules), député de 1834 à 1837, né à Paris le 2 avril 1787, mort à une date inconnue, fils du baron Alexandre Godeau d'Entraigues, con-seiller à la cour royale de Bourges, et d'Élisa de Nesde de Fromenteau, entra en 1803 à l'École militaire de Fontainebleau, où il ne resta qu'un an. S'étant trouvé au nombre des cent élèves de cette école qui furent demandés par l'empereur pour assister à son couronne-ment, il reçut aussitôt son brevet de sous-lieu-tenant dans le 19e régiment de chasseurs à cheval et rejoignit son régiment en Italie, où il fit sa première campagne. Il prit part ensuite à celles de 1807, 1808 et 1809 à la grande armée, fut nommé chevalier de la Légion d'honneur, et dut abandonner la carrière mili-taire, par suite de blessures graves reçues au service. Retiré dans l'Indre, où il avait des propriétés, il s'y occupa d'améliorations agri-coles, devint conseiller d'arrondissement et conseiller général de l'Indre après 1830, et, le 21 juin 1834, fut élu député du 1er arrondisse-ment de l'Indre (Châteauroux), par 160 voix sur 315 votants et 410 inscrits, contre 112 au géné-ral Bertrand. M. Godeau d'Entraigues vota avec la majorité ministérielle jusqu'à la fin de la législature. Son frère, Alexandre-Pierre-Amédée, fut maître des requêtes au conseil d'État et préfet d'Indre-et-Loire sous Louis-Philippe.

GODEFROY (Charles-Louis), député en 1789, né à Nonville (Vosges) le 13 août 1740, mort à Versailles (Seine-et-Oise) le 13 mars 1822, était curé de Nonville, près de Darney, lorsqu'il fut élu, le 31 mars 1789, député du clergé aux États-Généraux par le bailliage de Mirecourt. Il siégea pendant toute la durée de la session à l'Assemblée constituante, vota avec la droite, refusa de prêter le serment civique et émigra. De retour en France, il devint cha-noine à Versailles sous la Restauration.

GODEFROY (Charles-François-Marie), membre de la Convention, né à Paris, le 21 août 1755, mort avant 1811, jurisconsulte, devint, à la Révolution, administrateur du district de Breteuil (Oise), et fut envoyé

(5 septembre 1792), le 8e sur 12, à la Con-vention nationale par ce département. Il était absent lors du procès du roi, et ne put prendre part aux divers votes qui furent alors exprimés. Envoyé en mission en Seine-et-Marne, il écrivit de Coulommiers à l'Assemblée, le 26 frimaire an II, que cette région, grâce aux mesures qu'il avait prises, avait été sauvée de la guerre civile. A Courtalin, il fut accueilli aux cris de : « A bas les Jacobins et la Conven-tion nationale qui ne veulent pas de religion ! » Il promit qu'on respecterait la liberté des cultes, et demanda à la Convention de promulguer la loi du 18 frimaire qui la consacrait. Dans une lettre du 30 nivôse an II à la Convention, il ajoutait : « Vous ne serez pas surpris si je touche un mot des départements du Nord, de la Somme et du Pas-de-Calais, que j'ai habités ; je connais l'esprit trop attaché de ces citoyens aux cérémonies religieuses, et je laisse à votre sagesse à penser s'il ne serait pas nécessaire d'avoir des ménagements pour des citoyens imbus de préjugés dans lesquels ils sont nés, et je pense que cette matière délicate mérite d'être ménagée. » Godefroy entra plus tard dans la magistrature et termina sa carrière sous l'Empire comme juge à la cour d'appel de Paris.

GODEFROY (Pierre), représentant à la Chambre des Cent-Jours, né à Granville (Man-che) le 19 mars 1778, mort à une date inconnue, « fils de Jacques Godefroy et de Suzanne de Guideloup, » était négociant à Saint-Malo. Le 11 mai 1815, il fut élu représentant à la Chambre des Cent-Jours par cet arrondissement, avec 17 voix sur 30 votants. Il n'appartint pas à d'autres Assemblées.

GODELLE (Camille), représentant à l'Assem-blée législative de 1849, sénateur du second Empire, né à Nouvion (Aisne) le 30 juillet 1804, mort à Nouvion le 31 décembre 1874, étudia le droit à Paris et exerça à Guise la profession de notaire jusqu'en 1839 ; à cette époque il vendit sa charge, entra au conseil général de l'Aisne où il fut plusieurs fois réélu depuis, et, lors des élections du 13 mai 1849 à l'Assemblée législa-tive, devint représentant de l'Aisne, le 10e sur 12, par 57,464 voix (112,795 votants, 160,698 ins-crits). Il siégea dans la majorité conservatrice, soutint la politique de l'Élysée, fut rapporteur des projets de loi sur les banques cantonales (1849), sur la responsabilité des gérants de jour-naux (1850) et sur la revision de la Constitution (1851), et, partisan du coup d'État, fit partie de la Commission consultative après le 2 décembre. Le 25 janvier 1852, il fut nommé conseiller d'État (section des finances). Chevalier de la Légion d'honneur (1853), il fut promu officier en 1858 et commandeur le 14 août 1868. M. C. Godelle fut appelé à siéger au Sénat impérial le 5 octobre 1864. Il y soutint de ses votes la poli-tique du gouvernement et rentra dans la vie privée en 1870.

GODELLE (Camille), député de 1877 à 1878 et de 1879 à 1881, né à Guise (Aisne) le 21 oc-tobre 1832, fils du précédent, se fit recevoir avocat, puis docteur en droit (1855), et débuta dans la magistrature comme substitut à Château-roux (1856). Substitut du procureur général à Colmar (1859), avocat général à Metz (1861), pre-mier avocat général à la même cour (1862), il était à son poste pendant le siège de la ville (1870). Nommé procureur général à Nancy (1871), offi-cier de la Légion d'honneur (1874), il devint, la même année, directeur des affaires criminelles et des grâces au ministère de la Justice, et conseiller d'Etat en service extraordinaire. Il passa, en 1875, à la cour de Cassation comme avocat général, et tenta, le 30 janvier 1876, de se faire nommer sénateur dans l'Aisne; mais il n'obtint que 141 voix sur 921 votants; le 8 janvier 1882, il ne réunit dans la Seine comme candidat au Sénat que 9 voix sur 202 votants. Il fut plus heureux aux élections législatives du 14 octobre 1877, qui suivirent la dissolution de la Chambre par le cabinet du 16 mai, et fut élu député de la 1re circonscription de Vervins (Aisne), comme candidat du gouvernement, par 7,480 voix sur 14,533 votants et 16,828 inscrits, contre 6,926 voix à M. Soye, député républicain sortant, l'un des 363. Mais cette élection fut invalidée par la majorité de la Chambre nouvelle, et les électeurs de Vervins, convoqués à nouveau le 7 avril 1878, élurent M. Soye par 7,738 voix contre 7,377 à M. Godelle. Le 6 avril 1879, le 8e arrondissement de Paris ayant à pourvoir au remplacement de son député, M. Touchard, décédé, élut M. Godelle au 2e tour de scrutin, par 6,509 voix sur 11,620 votants et 16,134 inscrits, contre 5,011 voix à M. Clamageran, candidat républicain. M. Godelle siégea à droite, combattit la politique coloniale et religieuse du gouvernement, et prit la parole en plusieurs circonstances. Aux élections générales du 21 août 1881, il échoua dans le 8e arrondissement de Paris, avec 4,682 voix contre 4,738 à M. Passy, républicain, élu; porté, aux élections du 4 octobre 1885, sur la liste conservatrice dans la Seine et dans l'Aisne, il ne fut élu ni à Paris (84,407 voix sur 434,011 votants) ni à Laon (50,808 voix sur 117,821 votants). Officier de l'Instruction publique.

GODET DE LA RIBOULLERIE (LOUIS-GABRIEL, BARON), représentant à la Chambre des Cent-Jours, né à Fontenay-le-Comte (Vendée) le 22 avril 1760, date de mort inconnue. « fils de monsieur Louis Godet, seigneur de la Riboullerie, et de dame Suzanne-Rose Bonnet de la Pajotière, » était, avant la Révolution, lieutenant-général de police à Fontenay-le-Comte. Délégué à Paris le 12 décembre 1789, comme commissaire à la délimitation des nouveaux départements, il écrivit à la municipalité de Fontenay, le 27 janvier 1790, que le département du Bas-Poitou (que l'Assemblée constituante dénomma département de la Vendée le 4 mars suivant), était enfin délimité, et que le chef-lieu irrévocablement choisi était Fontenay. De retour dans cette ville (7 février 1790). il devint (25 mars) membre de la commission chargée de recueillir les dons supplémentaires à la contribution patriotique et fut élu (14 octobre) juge de paix de Fontenay, puis (2 décembre) juge suppléant au tribunal du district. Il passa juge au même tribunal, puis, sous l'Empire, fut appelé aux fonctions de président du tribunal et fut créé baron de l'Empire (12 avril 1813). Le 13 mai 1815, le collège de département de la Vendée, par 21 voix sur 41 votants et 190 inscrits, l'élut représentant à la Chambre des Cent-Jours; il ne fit pas partie d'autres assemblées.

GODET DE LA RIBOULLERIE (LOUIS), représentant en 1871 et député de 1885 à 1889, petit-fils du précédent, né au château de l'Hermenault (Vendée) le 4 août 1828, propriétaire, maire de l'Hermenault, président du comice agricole de Fontenay, fut élu, le 8 février 1871, représentant de la Vendée à l'Assemblée nationale, le 1er sur 8, par 65,147 voix (66,286 votants; 102,701 inscrits), et, le 8 octobre de la

même année, conseiller général du canton de l'Hermenault. A l'Assemblée, il siégea sur les bancs du centre droit, se fit inscrire à la réunion Saint-Marc-Girardin, et vota *pour* la paix, *pour* les prières publiques, *pour* le pouvoir constituant de l'Assemblée, *contre* le retour à Paris, *pour* la démission de Thiers au 24 mai, *pour* le septennat, *pour* la loi des maires, *pour* l'état de siège, *pour* le ministère de Broglie, et se rallia à l'ensemble des lois constitutionnelles. Candidat conservateur aux élections législatives de 1876 dans la 2e circonscription de Fontenay-le-Comte, il se désista avant le ballottage, après avoir obtenu au premier tour de scrutin un certain nombre de voix. Il échoua également le 21 août 1881, dans la 1re circonscription du même arrondissement, avec 7,214 voix contre 9,298 accordées à l'élu, M. Bienvenu, républicain. M. Godet de la Riboullerie ne reparut à la Chambre qu'au renouvellement du 4 octobre 1885 : porté sur la liste conservatrice de la Vendée, il fut élu, le 7e et dernier, avec 51,611 voix (92,162 votants, 120,430 inscrits). Il siégea dans la minorité de droite, combattit de ses votes les divers ministères de la législature, et opina en dernier lieu : *contre* le rétablissement du scrutin d'arrondissement (11 février 1889), *pour* l'ajournement indéfini de la révision de la Constitution, *contre* les poursuites contre trois députés membres de la Ligue des patriotes, *contre* le projet de loi Lisbonne restrictif de la liberté de la presse, *contre* les poursuites contre le général Boulanger.

GODIN (FRANÇOIS), député au Conseil des Anciens, dates de naissance et de mort inconnues, fut élu, le 23 germinal an V, par le département de la Dyle, député au Conseil des Anciens, avec 43 voix sur 75 votants. On ne sait rien de plus sur cet obscur législateur, qui siégea jusqu'en l'an VIII.

GODIN (JEAN-BAPTISTE-ANDRÉ), représentant en 1871, né à Esquéhéries (Aisne) le 26 janvier 1817, mort à Guise (Aisne) le 14 janvier 1888, d'une famille d'artisans, appliqua le premier, en 1840, la fonte de fer à la fabrication des appareils de chauffage. Il transporta son industrie à Guise, en 1846, et y commença la construction d'une usine devenue depuis une des plus importantes du monde entier. Disciple convaincu de Fourier, et voulant appliquer les théories formulées par le maître, il fonda, en 1859, sur le principe de la coopération, le *Familistère* de Guise, sorte de vaste cité industrielle, contenant six cents logements de famille, des magasins d'approvisionnement, un restaurant, un cercle et une bibliothèque, des cours couvertes pour les fêtes ou les réunions, de vastes jardins et une exploitation agricole, des écoles professionnelles et primaires, une « nursery », etc.; il organisa en outre des caisses de secours et de retraite. Le familistère de Guise devint le type et le modèle des sociétés coopératives de consommation qui jouirent pendant un temps d'une si grande faveur. Très aimé de ses ouvriers, « sa famille, » faisant le bien, mais non à la légère, il fut élu maire de Guise en 1870, puis, le 8 février 1871, représentant de l'Aisne à l'Assemblée nationale, le 10e sur 11, par 41,068 voix sur 87,823 votants et 157,845 inscrits, enfin conseiller général du canton de Guise (8 octobre 1871). Inscrit à l'Union républicaine et à la gauche républicaine, il proposa, le 29 janvier 1873, au projet de M. Joubert sur le travail des enfants dans les manufactures, l'amendement suivant: « Les enfants ne pourront être enlevés à l'instruction primaire, ni être assujettis à un travail professionnel avant l'âge de 12 ans. » L'amendement fut rejeté par 380 voix contre 211; l'Assemblée adopta l'âge de 10 ans. M. Godin vota *pour* la paix, *contre* l'abrogation des lois d'exil, *pour* le retour à Paris, *contre* la démission de M. Thiers, *contre* la prorogation des pouvoirs du Maréchal, *contre* le maintien de l'état de siège, *contre* le ministère de Broglie, *pour* la dissolution, *pour* la proposition du centre gauche, *pour* les amendements Wallon et Duprat, *pour* les lois constitutionnelles. On a de lui : *Solutions sociales* (1871), dans lesquelles il expose les principes de la fondation du familistère.

GODIN (Jules), député de 1876 à 1881, né à Versailles (Seine-et-Oise) le 14 mars 1844, suivit les cours de la faculté de droit à Paris, et, reçu docteur (1868), acheta une charge d'avocat au conseil d'Etat et à la cour de Cassation. Il soutint, en cette qualité, les intérêts de la ville de Pondichéry et fut, par suite, élu, le 16 avril 1876, député des Indes françaises, par 18,614 voix sur 18,691 votants et 57,608 inscrits, sans qu'il eût posé sa candidature ni rédigé aucune profession de foi. Républicain modéré, il prit place au centre gauche et fut des 363. M. Godin engagea la lutte, après la dissolution de la Chambre, contre le candidat officiel du gouvernement, M. Benoist d'Azy, et fut réélu, le 11 novembre 1877, par 15,314 voix (23,356 votants, 56,811 inscrits); M. Benoist d'Azy réunit 8,040 suffrages. M. Godin fit partie, dans la Chambre nouvelle, de la majorité opportuniste, soutint le ministère Dufaure, vota *pour* l'article 7 de la loi sur l'enseignement supérieur, *pour* l'invalidation de l'élection de Blanqui, *contre* l'amnistie plénière, etc., et se représenta aux élections de 1881; mais il n'obtint, le 25 septembre de cette année, que 463 voix contre 30,500 à M. Pierre-Alype, élu.

GODISSART (François-Marc), représentant en 1874, député de 1876 à 1881, né à Fort-Royal (Martinique) le 25 avril 1825, mort à Paris le 26 juin 1882, possédait à la Martinique d'importantes propriétés; il y exerça quelque temps la profession de notaire. Membre et président du conseil général de la colonie, M. Godissart fut élu, lorsque ce conseil fut dissous, et par protestation contre cette mesure, le 9 août 1874, par 6,208 voix (6,322 votants, 35,463 inscrits), représentant de la Martinique à l'Assemblée nationale, en remplacement de M. Pory-Papy, décédé. M. Godissart prit place à gauche et s'associa aux derniers votes des républicains, notamment contre la constitution de 1875 et *contre* la loi sur l'enseignement supérieur. Réélu député de la Martinique, le 2 avril 1876, par 4,667 voix (8,871 votants, 34,946 inscrits), contre 4,199 à M. Pierre-Alype, il suivit la même ligne politique que précédemment, fut des 363, et obtint encore sa réélection, le 25 novembre 1877, après la dissolution de la Chambre, par 4,851 voix (4,911 votants, 37,510 inscrits). M. Godissart vota, dans la législature, avec la majorité opportuniste : *pour* les ministères Dufaure et J. Ferry, *pour* l'article 7, *pour* l'invalidation de l'élection Blanqui, *pour* les lois nouvelles sur la presse et le droit de réunion, etc. Il ne fut pas réélu en 1881.

GOERG (Jacques-Antoine), député au Corps législatif de 1865 à 1870, né à Châlons-sur-Marne (Marne) le 28 mars 1815, mort à Châlons-sur-Marne le 7 mai 1890, négociant dans cette ville et président du tribunal de commerce, se

présenta dans la 1re circonscription de la Marne comme candidat indépendant au Corps législatif, le 13 novembre 1864, en remplacement de M. Haudos, décédé : il obtint, sans être élu, 9,212 voix contre 14,689 à M. Duguet, candidat officiel, élu, et 5,248 à M. J. Bertrand. Mais l'élection de M. Duguet ayant été contestée, celui-ci donna sa démission pour se représenter devant ses électeurs, et ne réunit plus que 12,605 voix, tandis que M. Goerg était définitivement nommé par 17,340 voix (30,150 votants, 36,473 inscrits). M. Goerg siégea dans le tiers-parti et vota souvent avec l'opposition. Réélu, le 24 mai 1869, par 16,426 voix (31,423 votants, 36,531 inscrits), contre 14,664 à M. Varin d'Epensival, il appartint à la minorité indépendante jusqu'au 4 septembre 1870, époque où il rentra dans la vie privée.

GOES. — *Voy.* Van der Goes.

GOFFAUX (François-Joseph), député en 1791, né à Paris le 15 février 1755, mort à Paris le 10 juin 1836, fit ses études au collège Louis-le-Grand et s'occupa de commerce et d'industrie. Lors de la Révolution, il dirigeait une manufacture à Angers. Ses concitoyens le nommèrent administrateur de Maine-et-Loire, maire de Monliherne, et, le 10 septembre 1791, député du département à l'Assemblée législative, le 7e sur 11, par 273 voix (447 votants, 663 inscrits). Goffaux n'eut qu'un rôle parlementaire très effacé. Effrayé des progrès de la Révolution, il passa en Angleterre après la session, et vécut en donnant des leçons de littérature. De retour en France sous le Consulat, il sollicita et obtint la place de professeur de poésie latine au Prytanée français, où il fut, sur sa demande, suppléé en 1813 par Cousin. Goffaux prit sa retraite comme professeur en 1815, mais continua de s'occuper de travaux littéraires et historiques à l'usage des établissements d'instruction. On a de lui : *Tableau chronométrique des époques principales de l'histoire, depuis la prise de Troie jusqu'à nos jours* (1803); *Conseils pour faire une version* (1811); *Conseils pour faire un thème* (1812); *Tableaux séculaires chronométriques de l'histoire de France* (1825); *Devoirs d'humanité* (1826), etc.

GOGUET (Pierre-Henri), sénateur de 1882 à 1886, né à Velluire (Vendée) le 12 mai 1830, mort à Saint-Maixent (Deux-Sèvres) le 24 janvier 1886, acheta une étude de notaire à Saint-Maixent, et fit, sous l'Empire, de l'opposition libérale. Conseiller municipal à Saint-Maixent, il fut nommé maire de la ville après le 4 septembre 1870, devint conseiller général de Saint-Maixent le 8 octobre 1871, et présida le conseil général en 1882. Révoqué de ses fonctions de maire à la chute de Thiers (24 mai 1873), il fut réintégré après le renversement du cabinet du Seize-Mai, et exerça ces fonctions jusqu'en 1882. Ce fut sous son administration que fut organisée l'Ecole des sous-officiers, et que fut érigée la statue du colonel Denfert-Rochereau. Le 8 janvier 1882, il fut élu sénateur des Deux-Sèvres par 247 voix sur 424 votants; il donna alors sa démission de maire, vendit son étude, et fut nommé notaire honoraire. A la Chambre haute, il prit place à gauche, vota avec la majorité républicaine *pour* les crédits du Tonkin, *pour* les lois militaires et scolaires, *pour* la suppression de l'inamovibilité de la magistrature, et s'abstint sur le divorce. Réélu conseiller général le 12 août 1883, il mourut à

Saint-Maixent, au commencement de 1886, et eut pour successeur au Sénat M. Garran de Balzac.

GOHIER (Louis-Jérome), député en 1791, ministre et membre du Directoire, né à Semblançay (Indre-et-Loire) le 27 février 1746, mort à Montmorency près Paris le 29 mai 1830, appartenait à une famille de notaires de Rennes. Il fit ses études aux jésuites de Tours, se fit inscrire comme avocat au parlement de Bretagne, et fit représenter à Rennes quelques pièces qui eurent du succès. Ses plaidoiries le mirent également en vue, et, lors de la lutte du parlement contre Loménie de Brienne, il fut chargé de rédiger sa protestation. Il fut du nombre des six députés du tiers-état de Bretagne qui présentèrent au roi (avril 1789) la réponse aux imputations de l'ordre de la noblesse. Membre de la cour provisoire qui remplaça, en 1790, la chambre des vacations du parlement, il fut élu, le 1er septembre 1791, député d'Ille-et-Vilaine à l'Assemblée législative, le 3e sur 10, à la pluralité des voix. Il entra au comité de législation, « plein de zèle et de bonnes intentions, a dit Mme Roland, mais du reste homme médiocre, » se mêla activement aux débats, prononça un discours (21 novembre 1791) sur la constitution civile du clergé ; parla (9 janvier 1792) en faveur de la sanction du roi ratificative des décrets de la haute cour ; demanda (8 février) le séquestre des biens des émigrés. A propos du serment à exiger des prêtres, il dit en terminant son discours (24 mai) : « L'efficacité de ce serment ne repose pas sur la confiance que nous avons dans la bonne foi des prêtres ; son but est principalement de les lier par leur propre intérêt. Il s'agit moins de les attacher à la constitution, que de neutraliser leurs efforts. Les gens les moins éclairés se défieront des discours d'un prêtre, s'ils voient que ses conseils sont en opposition avec son serment ; l'hypocrisie révolte même les plus crédules, en sorte qu'un prêtre qui aura prêté le serment se trouvera par là même dans l'impuissance de nuire. » Elu secrétaire de l'Assemblée le 16 juin, il donna son opinion, le 19, sur le mode constitution de l'état civil, le 28 sur l'âge où l'on pourra se marier sans le consentement des parents, et conclut pour l'âge de vingt ans, « parce que c'est de la nature, et non de ses père et mère, que l'enfant tient le droit de se marier, et qu'il doit pouvoir contracter cet engagement aussitôt qu'il est parvenu à l'âge où l'union des deux sexes est un besoin irrésistible ; » exposa, le 15 août, « le plan de contre-révolution de la cour, » et présenta, le 25 septembre, un rapport sur les papiers inventoriés dans les bureaux de la liste civile ; l'Assemblée en ordonna l'impression et l'envoi aux armées et aux 83 départements. Il ne fut pas réélu à la Convention, et fut appelé par Garat au secrétariat général du ministère de la Justice ; puis, lorsque Garat passa à l'Intérieur, il devint ministre de la Justice (20 mars 1793). En cette qualité il adressa, le 7 avril de la même année, la lettre suivante au président de la Convention : « Citoyen président, en exécution du décret rendu hier, qui ordonne de mettre en état d'arrestation Louis-Philippe-Joseph-Egalité, il a été conduit à la mairie pour y faire la reconnaissance de sa personne. Ayant joint ici le procès-verbal, vous verrez qu'il regarde ce décret comme étranger à sa personne, vu sa qualité de représentant du peuple. Mon respect pour son caractère ne me permet pas de juger les difficultés ; j'en

réfère à la Convention. Le ministre de la Justice, Gohier. » Sur la proposition de Sers, la Convention passa à l'ordre du jour. Le zèle révolutionnaire de Gohier ne se ralentit pas ; le 17 juin, il envoya à la Convention la liste des députés Girondins arrêtés ou en fuite ; fit ordonner (19 septembre) la destruction des titres de noblesse à la Chancellerie, et fit part de cet acte à la Convention en ces termes : « Citoyens, en proclamant l'égalité, vous avez voulu qu'il ne restât aucune trace des distinctions qui pouvaient blesser la dignité de l'homme. Vous avez condamné aux flammes tous les titres imaginés par l'orgueil ; vous avez décrété qu'on ne reconnaîtrait désormais dans la République française d'autre distinction que celle du mérite et de la vertu ; mais les enfants de la folie des hommes ne sont pas tous détruits. Je viens d'être instruit, par un commis de la Chancellerie, qu'il existait dans un bureau soixante-sept registres contenant les édits et les règlements des anciennes chancelleries, et des titres de ces hommes dévorés du désir de devenir grands, et qui étaient en effet si petits ! Je prie la Convention de décréter que ces titres seront brûlés. » Cette proposition, convertie en motion, fut immédiatement décrétée. Lorsque les ministères furent remplacés par des commissions exécutives, Gohier renonça à ses fonctions (29 germinal an II), et fut appelé, en l'an IV, au poste de président du tribunal criminel de la Seine, puis, en fructidor an V, à celui de juge au tribunal de cassation. Candidat au Directoire au moment du coup d'Etat de fructidor, il ne fut élu directeur que le 29 prairial an VII, en remplacement de Treilhard dont la nomination était annulée. Le 2 messidor, à son installation, il prononça un long discours d'acceptation, fut nommé président du Directoire l'année suivante, et fit, à cette occasion, un nouveau et long discours au Champ-de-Mars, le 1er vendémiaire an VIII, pour l'anniversaire de la proclamation de la République. Un peu plus d'un mois après, au coup d'Etat de brumaire, Boulay (de la Meurthe) fut chargé par le général Bonaparte « d'obtenir » la démission de Gohier. Celui-ci faisant quelque résistance, Boulay lui dit : « Vous ne voudriez pas, citoyen, qu'on mette à cette demande plus que l'invitation ? » Gohier s'empressa d'acquiescer. Consigné un moment au Luxembourg, il se retira dans sa propriété d'Antony, près de Sceaux, mais ne bouda pas le régime nouveau, qui, en l'an X, le nomma « commissaire général des relations commerciales de l'Empire français en Batavie », en d'autres termes, consul de France à Amsterdam. Il occupa ce poste jusqu'à la réunion de la Hollande à la France, refusa par raison d'âge et de santé la même situation aux Etats-Unis, et se retira à Eaubonne, près de Montmorency, où il se livra à la culture des lettres, et composa notamment (1827) contre la Restauration une philippique dédiée à Béranger, et qui se terminait ainsi :

> Horace et Tibulle à la fois,
> Bon Français, aimable poète,
> L'honneur des chansonniers, reçois
> Tribut d'une simple musette :
> Chant du cygne d'un vieil athlète
> Que l'âge a mis hors des combats.
> Toi, plus heureux, ah ! fonette, fouette,
> Chante toujours, ne t'endors pas !

Il mourut à 84 ans, après avoir publié les *Mémoires d'un vétéran irréprochable de la Révolution* (1825). On a aussi de lui : La *Mort de César*, tragédie de Voltaire, avec un nouveau dénouement (1794), etc. Napoléon Ier a dit de lui : « C'était un avocat de réputation, d'un patriotisme exalté; jurisconsulte distingué, homme intègre et franc. »

GOIRAND (Léopold), député depuis 1887, né à Melle (Deux-Sèvres) le 7 janvier 1845, d'une modeste famille d'ouvriers, fit ses études comme boursier au lycée de Niort, et fut reçu licencié en droit à Paris en 1867, tout en travaillant chez un avoué, qui lui céda son étude en 1873. Lié avec la jeunesse libérale et républicaine de son temps, il songea à se créer une situation politique dans les Deux-Sèvres, fonda, en 1879, l'Association des anciens élèves du lycée de Niort, organisa (1880) un comice agricole à Melle, et devint (1888) conseiller général du canton. Il se porta comme candidat républicain aux élections législatives de 1885, mais il se retira, le congrès des électeurs républicains lui ayant préféré M. Ganne. Le 25 septembre 1887, agréé par les électeurs républicains des Deux-Sèvres qui avaient à pourvoir au remplacement de M. Richard, décédé, il fut élu député par 39,220 voix sur 77,817 votants et 106,152 inscrits, contre 37,502 voix à M. Aymé de la Chevrelière. M. Goirand se fit inscrire à la gauche radicale; il débuta à la tribune (mai 1888) en combattant une nouvelle émission d'obligations à lots de la compagnie de Panama; on remarqua, à cette occasion, le ton à la fois violent et entraînant de son discours. M. Goirand a voté avec le parti radical, et s'est prononcé, dans la dernière session, *pour* le rétablissement du scrutin d'arrondissement (11 février 1889), *contre* l'ajournement indéfini de la revision de la Constitution, *pour* les poursuites contre trois députés membres de la Ligue des patriotes, *pour* le projet de loi Lisbonne restrictif de la liberté de la presse, *pour* les poursuites contre le général Boulanger. Les occupations professionnelles de M. Goirand ne l'ont pas empêché de se livrer à d'autres travaux; on a de lui : *Traité des lois commerciales françaises*, publié en anglais (1882); *Commentaire de la loi du divorce* (1884); *Histoire de l'Angleterre contemporaine*, traduite de l'anglais; il est aussi le fondateur de la *Gazette du Palais*.

GOIRAND DE LABAUME (Louis-Laurent-Joseph-Charles), député de 1844 à 1846, né à Uzès (Gard) le 10 août 1799, mort à Vichy (Allier) le 2 septembre 1867, était avocat à Uzès. Il se présenta pour la première fois à la députation dans le 2e collège électoral du Gard (Nîmes), le 9 juillet 1842, où il échoua avec 171 voix contre 357 à M. Teulon, de l'opposition, député sortant. Deux ans plus tard, la vacance produite à la Chambre des députés par la nomination de M. Teste comme pair de France, permit à M. Goirand de Labaume d'y entrer; élu, le 13 janvier 1844, dans le 4e collège du Gard (Uzès) par 246 voix (460 votants, 723 inscrits), contre 208 à M. Teste fils, il « plaida, dit une biographie, par un discours, véritable boursouflure d'un mauvais avocat de province, qui ne fut pas favorablement accueilli. Depuis ce jour, par rancune d'amour-propre peut-être, M. de Labaume est devenu ministériel pur ». Il se prononça en effet *pour* l'indemnité Pritchard et repoussa toutes les motions présentées par la gauche. Aux élections du 1er août 1846, il tenta de se faire réélire par le collège électoral de Nîmes, mais il n'obtint que 204 voix contre 364 à M. Teulon, élu. Nommé en 1845 conseiller à la cour de Nîmes, M. Goirand de Labaume termina sa carrière de magistrat sous le second

Empire, en qualité de président de chambre à la même cour. Chevalier de la Légion d'honneur.

GOLBÉRY (Marie-Philippe-Aimé de), député de 1834 à 1848, né à Colmar (Haut-Rhin) le 1er mai 1786, mort à Kientzheim (Haut-Rhin) le 5 juin 1854, fils d'un membre du conseil souverain de l'Alsace, et parent de Sylvain-Meinrad-Xavier de Golbéry (1742-1822) qui explora les côtes de l'Afrique occidentale, termina à Paris des études commencées en Allemagne, puis s'enrôla comme volontaire dans une cohorte de la garde nationale mobilisée par Napoléon. Mais il ne suivit pas la carrière militaire au delà du grade de lieutenant de grenadiers, revint à Paris, à la demande de sa famille, pour se faire recevoir avocat (1808), et fut nommé, en 1811, substitut du procureur impérial à Aurich (Ems-Oriental) et bientôt procureur impérial à Stade (Bouches-de-l'Elbe) où il se lia d'amitié avec l'helléniste Jules David, alors sous-préfet de l'arrondissement. Renvoyé à Aurich en qualité de procureur impérial, il y épousa la fille de Merlin de Thionville, et passa, en 1813, procureur impérial à Colmar. M. de Golbéry prit les armes à la première invasion, seconda son beau-père dans la formation d'un corps franc pour la défense du territoire, adhéra à la politique napoléonienne pendant les Cent-Jours, et, donnant sa démission de magistrat lors de la seconde Restauration, rentra momentanément dans le barreau. Cependant la faveur de M. de Serre lui fit confier, en 1818, le poste de substitut du procureur général près la cour royale de Colmar; en 1820, il fut promu à la place de son père conseiller à la même cour. M. de Golbéry appartenait alors à l'opinion « constitutionnelle ». Il applaudit à la révolution de juillet, et sollicita, le 4 décembre 1833, les suffrages des électeurs du 3e collège électoral du Haut-Rhin, dont le député, M. André, récemment nommé procureur à la cour royale de Colmar, se trouvait soumis à la réélection. M. de Golbéry n'obtint alors que 197 voix contre 208 au député sortant, réélu. Plus heureux dans la même circonscription, le 21 juin 1834, il entra à la Chambre, avec 284 voix (424 votants, 542 inscrits), contre 126 à M. André, s'assit d'abord sur les bancs du centre gauche, vota *contre* les lois de septembre 1835, réclama l'abrogation de la loi qui proscrivait la famille Bonaparte, et obtint sa réélection : le 4 novembre 1837, avec 250 voix sur 314 votants et 456 inscrits; puis le 2 mars 1839, avec 309 voix sur 395 votants et 458 inscrits. Mais après l'avènement du cabinet du 29 octobre 1840 (cabinet Guizot), M. de Golbéry se rangea dans la majorité ministérielle. Il fut bientôt nommé procureur général à la cour royale de Besançon, et renouvela son mandat législatif le 15 décembre 1841, par 332 voix (343 votants), et, réélu encore le 9 juillet 1842, avec 287 voix (310 votants, 465 inscrits), et le 1er août 1846, par 280 voix (486 votants, 534 inscrits), contre 105 à M. Andryane et 98 à M. Beckeran, il vota jusqu'à la fin du règne de Louis-Philippe avec la majorité ministérielle. La révolution de février 1848 lui fit perdre à la fois son siège de député et ses fonctions de magistrat. Plus tard, après le 2 décembre 1851, il reçut le titre de premier président honoraire de la cour de Besançon. Latiniste distingué, membre correspondant de l'Académie des Inscriptions et Belles-Lettres et de plusieurs académies étrangères, M. de Golbéry a publié de nombreux travaux d'histoire, d'ar-

chéologie et de littérature. On lui doit, entre
autres : *Mémoire sur quelques anciennes fortifications des Vosges* (1823) ; *Carte des routes
romaines de la haute Alsace* (1824) ; *Sur l'état
de la Gaule avant la conquête de ce pays par
les Romains* (1826) ; une édition avec notes et
commentaires des *Œuvres de Tibulle ; Antiquités de l'Alsace, Lettres sur la Suisse* (1827) ;
Histoire universelle de l'antiquité, traduit de
l'allemand ; *Histoire romaine*, d'après Niebuhr ;
une traduction de *Suétone ;* une notice sur
Cicéron, etc., et une grande quantité d'articles
dans divers recueils, revues et dictionnaires.

GOLDENBERG (GUSTAVE DE), représentant
en 1849, né à Remcheid (Prusse) le 10 mai 1805,
mort à Paris le 25 août 1871, agronome à Zorn-
hoff (Moselle), fut élu, le 13 mai 1849, représentant du Bas-Rhin à l'Assemblée législative,
le 7e sur 12, par 35,744 voix (95,863 votants,
146,942 inscrits). C'était le seul membre conservateur de la représentation de ce département.
M. de Goldenberg prit place à droite et vota
avec ce groupe de l'Assemblée *pour* les crédits
de l'expédition romaine et *pour* la loi Falloux-
Parieu sur l'enseignement ; puis il donna sa
démission de représentant, et fut remplacé, le
9 juin 1850, par M. Emile de Girardin.

GOLZART (NICOLAS-CONSTANT, CHEVALIER),
député en 1791 au Conseil des Cinq-Cents, au
Corps législatif de 1815 à 1816, né à Grandpré (Ardennes) le 3 juillet 1758, mort le
26 août 1827, « fils de M. Jean Golzart, notaire
royal et receveur des domaines du roy, et de
dame Marie-Jeanne Deheppe, » fut successivement juge, avocat et notaire, de 1782 à 1790 ; au
cours de cette dernière année, il fut nommé
commandant de la garde nationale de Grandpré
et procureur-syndic du district. Elu, le 30 août
1791, député des Ardennes à l'Assemblée législative, le 1er sur 8, par 216 voix sur 248 votants,
il siégea dans la majorité et fut nommé après la
session procureur-général syndic des Ardennes.
La modération de ses opinions le fit destituer en 1793, et emprisonné comme suspect jusqu'à la fin de 1794. Le 22 vendémiaire
an IV, il fut réélu par son département député
au Conseil des Cinq-Cents, avec 186 voix sur
205 votants ; il prit assez souvent la parole
dans cette assemblée, notamment le 28 nivôse
an V, pour s'opposer à ce que l'incompatibilité
d'humeur des époux fût une raison de divorce,
le 24 pluviôse suivant pour demander que la
contribution foncière fût fixée à 120 millions
et la contribution personnelle à 60 millions
(adopté), le 28 germinal pour proposer la formation d'une commission chargée de la vérification des pouvoirs des nouveaux députés, le
17 thermidor pour lire un rapport demandant
que la loi du 7 septembre 1793, relative au
mariage des enfants mineurs dont les pères et
mères sont morts, interdits ou absents, fût
rapportée et celle du 20 septembre 1792 de
nouveau mise en vigueur. Nommé, le 9 germinal an VIII, après le coup d'Etat de brumaire auquel il s'était montré favorable, sous-
préfet de Vouziers, il fut choisi, le 6 germinal
an X, par le Sénat conservateur, comme député
des Ardennes au Corps législatif, et réélu le
17 février 1807, dans les mêmes conditions.
Chevalier de l'Empire (2 août 1811), il se présenta aux Cent-Jours comme candidat à la
Chambre des représentants dans l'arrondissement de Vouziers, où il échoua (11 mai 1815)
avec 32 voix contre 49 à l'élu, M. Clairon. Le
22 août suivant, il fut élu député par le collège

de département des Ardennes, avec 79 voix sur
132 votants et 239 inscrits. Il siégea dans la
minorité de la Chambre introuvable, fut nommé
président du tribunal de Vouziers (1er mai 1816),
du tribunal de Charleville (4 septembre suivant), puis, le 6 septembre 1820, sous-préfet de
Vouziers pour la seconde fois.

GOMAIRE (JEAN-RENÉ), membre de la Convention, député au Conseil des Cinq-Cents, né
en 1749, date de mort inconnue, entra dans les
ordres et devint vicaire général de la cathédrale
de Quimper. Puis il adopta très modérément
les principes de la révolution, devint administrateur du département, et fut élu, le 9 septembre 1792, député du Finistère à la Convention,
le 8e et dernier, par 363 voix sur 426 votants.
Il siégea à droite et opina en ces termes dans
le procès de Louis XVI : « Je n'ai pas reçu, je
n'aurais même pas accepté les fonctions de
juge. Je n'exerce que les pouvoirs du législateur. Sous ce rapport je ne considère que le
plus grand avantage de la société. D'après les
événements passés que j'ai vus, les événements
présents que je vois, les événements futurs que
je redoute, je suis intimement convaincu que
l'existence d'un homme qui fut roi importe plus
à la République que sa mort. Je vote, comme
mesure de sûreté générale, pour la reclusion
pendant la guerre et le bannissement à la
paix. » En mars 1793, il fut membre de la commission des douze. Partisan des Girondins, il
fut décrété d'accusation et d'arrestation comme
signataire des protestations des 31 mai et 2 juin,
et resta en prison jusqu'après le 9 thermidor.
Rappelé à la Convention le 18 frimaire an III,
il y prit quelquefois la parole, notamment sur
l'acceptation de la Constitution de l'an III, et
fut élu par ses collègues de l'Assemblée député
au Conseil des Cinq-Cents, le 4 brumaire an IV.
Gomaire fut secrétaire du Conseil, en sortit le
20 mai 1798, et quitta alors la scène politique.

GOMBERT (MARTIN), député en 1789, né à
Chaumont (Haute-Marne) le 29 mars 1749, mort
à Rizaucourt (Haute-Marne) le 23 février 1833,
était cultivateur à Mareilles, quand il fut élu,
le 28 mars 1789, député suppléant du tiers aux
Etats-Généraux pour le bailliage de Chaumont-
en-Bassigny, par 150 voix. Admis à siéger le
23 décembre 1789, en remplacement de M. Morel, démissionnaire, il prit part, le 4 décembre
1790, à la discussion sur l'impôt des rentes sur
l'Etat. Le 11 juin 1791, il demanda l'état exact
des Français auxquels on payait des pensions
à l'étranger, la suspension du paiement de
l'apanage du comte d'Artois, jusqu'à ce qu'il fût
revenu à Paris, « attendu qu'il n'était pas séant
que cet argent servît à soudoyer des ennemis
à la révolution. » Le 9 août suivant, dans la
discussion sur l'acte constitutionnel, à ces mots :
« Les biens destinés au culte public appartiennent à l'Etat, » il fit ajouter ceux-ci : « A
charge par lui de salarier les fonctionnaires
publics des cultes librement élus par le peuple. »
Enfin, le 20 septembre suivant, il insista pour
qu'on traitât le prince de Monaco avec la même
justice que s'il pouvait disposer de deux cent
mille baïonnettes. Après la session, il disparut
de la scène politique.

GOMER (LOUIS-GABRIEL, COMTE DE), SEIGNEUR
DU QUESNEL, député en 1789, né à Quevauvillers
(Somme) le 25 février 1718, mort à Dieuze
(Meurthe) le 30 juillet 1798, était maréchal-de-
camp et commandeur de l'ordre de Saint-Louis,
lorsqu'il fut élu, le 30 mars 1789, député de la

noblesse aux Etats-Généraux pour le bailliage de Sarreguemines. Il fit partie du comité militaire (3 octobre 1789), et donna sa démission le 4 novembre suivant.

GOMOT (Pierre-Auguste-Hippolyte), député de 1881 à 1889, et ministre, né à Riom (Puy-de-Dôme) le 12 octobre 1838, étudia le droit, se fit recevoir licencié et inscrire comme avocat au barreau de sa ville natale. En 1864, il entra dans la magistrature. Substitut à Gannat (Allier), puis à Riom (1865), il se rallia en 1870 au gouvernement républicain, et fut promu, le 7 octobre 1874, procureur de la République à Riom. Il donna sa démission au 16 mai 1877, et reprit sa place au barreau de la cour d'appel. Elu, l'année suivante, conseiller général du Puy-de-Dôme pour le canton de Riom-ouest, il rentra en même temps dans la magistrature en qualité de conseiller à la cour d'appel. Aux élections générales du 21 août 1881, M. Hippolyte Gomot posa sa candidature républicaine opportuniste à la Chambre des députés dans la 1re circonscription de Riom, et fut élu par 9,215 voix (15,709 votants, 20,236 inscrits), contre 6,365 voix à M. Marius Martin, conseiller municipal de Paris, candidat impérialiste. Il fit partie du groupe de l'Union républicaine et fut membre et rapporteur de plusieurs commissions, notamment (juin 1884) de celle qui eut à examiner la loi sur les moyens de prévenir la récidive, et (juin 1885) de celle qui fut saisie de la demande de mise en accusation du ministère Ferry, après l'affaire de Lang-Son. Partisan de la politique de Gambetta et de M. Jules Ferry, il la soutint de ses votes, se prononça *contre* l'élection de la magistrature par le peuple, *contre* la séparation de l'Eglise et de l'Etat, *pour* les crédits de l'expédition du Tonkin, etc., et prit part aux débats sur les récidivistes, la magistrature, les réformes criminelles, la réorganisation du conseil d'Etat, le budget de l'intérieur et des beaux-arts. Porté, le 4 octobre 1885, sur la liste du congrès républicain opportuniste du Puy-de-Dôme, M. Gomot fut réélu député de ce département, le 2e sur 9, par 78,144 voix (132,128 votants, 169,883 inscrits). Il reprit sa place dans les rangs de la majorité. Peu de temps après l'ouverture de la session, il fut appelé (10 novembre 1885) à faire partie, comme ministre de l'Agriculture, du cabinet H. Brisson : il y remplaçait M. Hervé-Mangon. Il ne resta aux affaires que jusqu'au 6 janvier 1886 comme ses collègues. Député, M. Hippolyte Gomot a voté *contre* l'expulsion des princes et, dans la dernière session : *pour* le rétablissement du scrutin d'arrondissement (11 février 1889), *pour* l'ajournement indéfini de la revision de la Constitution, *pour* les poursuites contre trois députés membres de la Ligue des patriotes, *pour* le projet de loi Lisbonne restrictif de la liberté de la presse, *pour* les poursuites contre le général Boulanger. Vice-président de la Société générale pour le patronage des libérés, dont le siège est au ministère de l'Intérieur, et secrétaire du groupe parlementaire des réformes de l'impôt foncier, M. Gomot est l'auteur de deux ouvrages sur l'Auvergne : *le Château de Tournoël* et *l'Abbaye de Mozat*, et a collaboré au *Temps* et à plusieurs revues.

GONNEAU (Jean-Jacques-Benoit), représentant à la Chambre des Cent-Jours, né à Rochechouart (Haute-Vienne) le 2 mars 1761, mort à une date inconnue, était juge de paix du canton de Rochechouart, lorsqu'il fut élu (16 mai 1815) par cet arrondissement, et avec

28 voix sur 35 votants, représentant à la Chambre des Cent-Jours. Gonneau rentra dans la vie privée après la courte session de cette assemblée.

GONNÈS (Jean-François-Paul-Alexandre Fosserier, baron de), député en 1789, né au château de Lizos (Hautes-Pyrénées) le 15 juillet 1726, mort à une date inconnue, était syndic des états de la noblesse de Bigorre. Le 23 avril 1789, il fut élu par cette sénéchaussée député de son ordre aux Etats-Généraux. Il défendit les prérogatives de la noblesse, se montra le partisan obstiné de l'ancien régime, et écrivit, le 30 juin, la protestation suivante :

« A nos seigneurs des Etats-Généraux.

« Le soussigné député de la noblesse de Bigorre ayant reçu le mandat exprès *de ne voter que par ordre et non par tête*, il déclare au nom de ses commettants qu'il ne peut participer à aucune délibération qui serait prise par tête dans l'Assemblée des trois ordres aux Etats-Généraux : il déclare de plus qu'ayant encore reçu le mandat exprès de demander *la conservation de tous les privilèges généraux et particuliers de province et notamment le maintien de la constitution des Etats aussi anciens que le comté de Bigorre*, et la constitution desdits Etats, où les trois ordres sont distincts et séparés, et où l'on n'opine jamais que par ordre, étant la même que la constitution du royaume, il déclare au nom de ses commettants qu'il proteste contre toute innovation contraire à la constitution de la monarchie, jusqu'à ce qu'il ait reçu de nouveaux pouvoirs, et il prie la Chambre de vouloir bien lui donner acte de ses protestations.

« A Versailles, le 30 juin 1789.

« Le baron de Gonnès. »

Cette protestation fut le dernier acte public de sa vie politique.

GONNET (Claude-François), député au Conseil des Anciens et au Corps législatif de l'an VIII, né à Péronne (Somme) le 24 juin 1752, mort à Péronne le 30 juin 1815, fils de Claude-François Gonnet et de Marguerite Carpentier, était, avant la Révolution, avocat au bailliage de Péronne et secrétaire de l'assemblée provinciale de cette ville. Il devint, en 1789, procureur-syndic du district de Péronne, puis deuxième juge au tribunal du district (novembre 1792), et premier juge jusqu'en fructidor an III. Nommé alors conservateur des hypothèques, puis commissaire du Directoire exécutif près l'administration centrale du département de Jemmapes, enfin juge de paix de Péronne, il fut élu, le 25 germinal an VI, député de la Somme au Conseil des Anciens, et réélu au même Conseil le 25 germinal an VII. Il ne prit part que par ses votes aux débats de l'Assemblée, ne se montra pas hostile au coup d'Etat de brumaire, et fut choisi, par le Sénat conservateur, le 4 nivôse an VIII, comme député de la Somme au nouveau Corps législatif. Sous l'Empire, il devint juge suppléant au tribunal de première instance de Péronne.

GONTAUT-BIRON (Armand-Louis de), duc de Lauzun et duc de Biron, député en 1789, né à Paris le 13 avril 1747, exécuté à Paris le 31 décembre 1793, appartenait à une des plus illustres familles de l'ancienne France, qui se distingua dans la carrière des armes, dans les premières dignités de l'Eglise, dans les conseils du royaume et dans les ambassades. Cette maison a pris son nom de la ville et baronnie de Gontaut, dans l'ancienne sénéchaussée d'Agenais. Descendant du maréchal Armand de Gontaut de Biron (1524-1592), qui fut à Arques et à Ivry, et neveu du maréchal Louis-Antoine de Gontaut de Biron (1700-1788), Armand-Louis fut chargé, à la suite d'un mémoire qu'il avait publié sur l'*Etat de défense de l'Angleterre et de toutes ses possessions dans les quatre parties du monde*, d'une expédition contre le Sénégal, la Gambie et quelques autres établissements de la côte. Il s'empara promptement des établissements anglais du littoral, prit part en 1780 à la guerre de l'indépendance américaine, devint duc de Biron en 1788, et fut élu (23 mars 1789), avec 135 voix, député de la noblesse aux États-Généraux par la sénéchaussée du Quercy. Il avait alors le grade de colonel. Partisan des idées nouvelles, il se rallia à la majorité de l'Assemblée, fut délégué par elle en 1791 pour recevoir le serment de fidélité des troupes réunies dans le département du Nord, fut promu maréchal-de-camp le 13 janvier 1792, prit Quiévrain et reçut l'ordre de marcher sur Mons, où il essuya un échec. Général en chef de l'armée du Rhin le 9 juillet 1792, il fut investi, le 30 septembre, du commandement de l'armée d'observation destinée à surveiller les mouvements des Autrichiens établis entre Rheinfeld et Philipsbourg. Commandant de l'armée des côtes de la Rochelle le 15 mai 1793, il recula devant les difficultés de sa tâche et envoya sa démission au comité de salut public, qui la refusa et le maintint en fonctions. Gontaut-Biron battit alors à Saumur et à Parthenay l'armée vendéenne; puis il insista de nouveau pour faire accepter sa démission. Cette attitude, et l'hostilité témoignée par le général au lieutenant-colonel Rossignol, le firent alors suspecter d'incivisme, destituer, arrêter et enfermer à l'Abbaye. En décembre 1793, Gontaut-Biron comparut devant le tribunal révolutionnaire, comme prévenu de « conspiration contre la république »; il fut condamné à mort et exécuté le 31. Avec lui finit la branche ducale de Biron. Sa veuve, Amélie de Boufflers, monta aussi sur l'échafaud, moins d'un mois après (27 janvier 1794).

GONTAUT-BIRON (Armand-Louis-Charles, marquis de), pair de France, de la même famille que le précédent, né à Paris le 11 septembre 1771, mort à Paris le 18 mars 1851, se montra en 1789 très attaché à l'ancien ordre de choses, émigra un des premiers, et fit à l'armée des princes la campagne de 1792. Il revint en France avec les Bourbons, et fut créé pair le 17 août 1815. Dans le procès du maréchal Ney, il vota *pour* la mort. Par ordonnance royale du 31 août 1817, le titre de marquis fut attaché héréditairement à sa pairie. Le marquis de Biron siégea à la Chambre haute, parmi les plus zélés royalistes, jusqu'en 1830. Puis il consentit à prêter le serment au gouvernement de Louis-Philippe et ne rentra dans la vie privée qu'en 1848. Le 2 janvier 1802, il avait épousé Elisabeth-Charlotte de Damas-Crux, fille de Louis-Etienne-François, comte de Damas-Crux, pair de France. — Chevalier de la Légion d'honneur.

GONTAUT-BIRON (Charles-Zacharie-Elisabeth, comte de), député de 1822 à 1827 et de 1830 à 1831, né à Paris le 5 novembre 1776, mort à Paris le 14 février 1840, était le quatrième fils de Jean-Armand-Henri-Alexandre de Gontaut-Biron (1746-1826), lieutenant-géné-

ral des armées du roi, et de Marie-Joséphine de Palerne. Chef de la seconde branche actuelle des Gontaut-Biron, Charles-Zacharie-Elisabeth fut fait, le 6 octobre 1810, comte de l'Empire, entra dans les gendarmes de la garde du roi en 1814, suivit Louis XVIII pendant les Cent-Jours, et, à la seconde Restauration, devint chevalier de la Légion d'honneur. Président du collège électoral de l'Orne, il fut élu député de ce département, le 16 mai 1822, par 224 voix (229 votants, 357 inscrits). M. de Gontaut-Biron se fit peu remarquer à la Chambre et obtint sa réélection, le 6 mars 1824, avec 192 voix (205 votants, 296 inscrits). Il vota avec la majorité ministérielle, « n'étant pas de ceux, écrit un biographe parlementaire, qui troublent le *recueillement* de M. de Peyronnet, le *quiétisme administratif* de M. de Corbière, et les *soustractions* de M. le ministre des Finances. » Il cessa de faire partie de la Chambre en 1827, redevint député le 3 juillet 1830, élu par le collège de département du Gers avec 144 voix (175 votants, 230 inscrits), et rentra dans la vie privée en 1831.

GONTAUT-BIRON (Anne-Armand-Elie, comte de), représentant en 1871, sénateur de 1876 à 1882, né à Paris le 9 novembre 1817, mort à Paris le 3 juin 1890, se tint à l'écart sous la monarchie de juillet et sous le second Empire, s'occupa d'œuvres charitables, fut élu en 1861, malgré l'administration, conseiller général du canton de Morlaas (Basses-Pyrénées), et entra au parlement le 8 février 1871, élu représentant des Basses-Pyrénées à l'Assemblée nationale, le 7e sur 9, par 41,262 voix sur 61,049 votants et 110,425 inscrits. Il prit place à droite, se fit inscrire aux réunions Colbert et des Réservoirs, vota *pour* la paix, *pour* les prières publiques, *pour* l'abrogation des lois d'exil, et fut délégué (1871) par les royalistes, avec le comte de Maillé et le duc de la Rochefoucauld, près du comte de Chambord. La démarche échoua sur la question du drapeau. Quelques mois après, M. de Gontaut-Biron était dans son château de Navailles (Basses-Pyrénées), lorsqu'un télégramme de M. Thiers le manda « pour le service de l'Etat ». Celui-ci, qui avait reçu récemment du comte une lettre contenant des objections contre la proposition Rivet (*Voy. ce nom*), avait été frappé de la forme à la fois précise et insinuante de cette protestation, et voulait offrir au signataire la délicate ambassade de Berlin. « De mon cœur et de mon esprit, a écrit depuis M. de Gontaut, surgissaient bien des révoltes contre une telle mission. Mais il s'agissait d'aider le chef de l'Etat à panser les plaies de « la noble blessée », je ne pouvais refuser. » Ses grandes façons, son tact, sa loyauté appréciée lui valurent à Berlin des égards personnels; ce fut lui qui négocia, avant le terme fixé par le traité de Francfort, la libération du territoire (15 mars 1873); il fut promu, à cette occasion, grand-croix de la Légion d'honneur. Ses fonctions diplomatiques ne lui permirent que de siéger à de rares intervalles à l'Assemblée nationale; il vota cependant *pour* le septennat et *contre* la dissolution de l'Assemblée.

Le 30 janvier 1876, le département des Basses-Pyrénées l'élut sénateur, le 3e et dernier, par 417 voix sur 540 votants. Il siégea peu à la Chambre haute, et, lors de la chute du gouvernement du 16 mai, fut rappelé de l'ambassade de Berlin par le gouvernement républicain, qui combattit aussi sa réélection comme sénateur, au renouvellement triennal du 8 janvier 1882, et le fit échouer avec 231 voix sur 646 votants. M. de Gontaut-Biron rentra dans la vie privée, et publia quelques articles remarqués dans le *Correspondant*, notamment (25 octobre 1889) contre l'alliance des monarchistes et des boulangistes.

GONTHIER. — *Voy.* Maine de Biran.

GONTIER DE BIRAN (Guillaume), député en 1789, né à Bergerac (Dordogne) le 18 août 1745, mort à Bergerac le 15 juin 1822, « fils de sieur Jean Gontier de Biran, docteur en médecine, et de dame Marie-Camille Deville, » était, avant la Révolution, lieutenant-général civil de la sénéchaussée du Périgord. Il fut envoyé par elle comme député du tiers aux Etats-Généraux de 1789; il compta dans l'assemblée parmi les adversaires des idées nouvelles et parmi les signataires de la protestation du 12 septembre 1791.

GONYN (Pierre), député en 1791, né à Lyon (Rhône) en 1741, mort à une date inconnue, cultivateur, devint, à la Révolution, administrateur du district de Rieux (Haute-Garonne), où il habitait, et, le 5 septembre 1791, fut élu député de ce département à l'Assemblée législative, le 5e sur 12, par 304 voix (550 votants). Il vota obscurément avec la majorité, et revint, après la session, dans la Haute-Garonne, dont il fut, sous l'Empire, conseiller général.

GORGUEREAU (François), député en 1791, né à Bourges (Cher) le 14 octobre 1739, mort à Paris le 22 juillet 1809, était juge au tribunal du 5e arrondissement de Paris, lorsqu'il fut élu, le 9 septembre 1791, député du département de Paris à l'Assemblée législative, le 10e sur 24, par 506 voix sur 769 votants. Il siégea parmi les modérés, indiqua (26 octobre) les moyens de réprimer les troubles causés par l'influence des prêtres non assermentés; prit la parole (8 novembre) dans la discussion relative aux émigrés et demanda qu'ils fussent traités conformément aux principes de la liberté; lut (4 février 1792) un rapport souvent interrompu par de violentes clameurs, au nom d'une des deux sections du comité de législation, sur la réglementation du droit de pétitionnaire; au nom du comité des assignats et monnaies, le 16 février, il proposa au projet un décret pour punir la contrefaçon des assignats; enfin, le 7 mai, au cours de la discussion sur les événements d'Avignon, quelques députés et les tribunes réclamèrent son envoi à l'Abbaye. Cette affaire n'eut pas de suite, et Gorguereau quitta la vie politique après la session.

GORNEAU (Philippe-Joseph, chevalier), député au Conseil des Anciens, né à Varzy (Nièvre) le 17 août 1733, mort à Paris le 7 juin 1810, était électeur à Paris et ancien procureur quand éclata la Révolution. Il participa aux événements du 14 juillet: dans la matinée, il fut autorisé, en sa qualité de représentant du district de Saint-Méry, à faire fabriquer 300 hallebardes; il fit partie de la commission chargée de dépouiller la correspondance saisie, et, le 22 juillet, alla apposer les scellés sur les papiers de Foulon. Elu député de la Seine au Conseil des Anciens, le 26 germinal an VI, il prit plusieurs fois la parole: le 9 messidor pour faire approuver une résolution relative aux marchés passés avec les entrepreneurs pendant le cours forcé du papier-monnaie, le 2 thermidor pour terminer l'apurement des comptes, le 13 thermidor pour combattre la résolution relative aux emprunts faits avec privilège sur rentes viagères, le 4 vendémiaire an VII pour fixer les dépenses du bureau de la comptabilité intermédiaire, le 28 nivôse pour donner lecture d'un rapport sur les signes et caractères auxquels doivent être reconnus comme ennemis les bâtiments portant pavillon neutre, le 19 germinal pour défendre le rapport de Crénières sur les effets de commerce. Favorable au coup d'Etat de brumaire, il fut nommé, le 14 germinal an VIII, juge au tribunal d'appel de la Seine, et fut créé chevalier de l'Empire le 10 septembre 1808.

GORSAS (Antoine-Joseph), membre de la Convention, né à Limoges (Haute-Vienne) le 24 mars 1752, exécuté à Paris le 7 octobre 1793, fils de Jean-Baptiste Gorsas, cordonnier, et de Marianne Peyrien, fut destiné à l'état ecclésiastique, et fit de bonnes études, mais refusa d'entrer dans les ordres, et vint à Paris où il donna des leçons, puis fonda à Versailles, vers 1779, une École militaire libre, dont le prix de pension était assez élevé et où nobles et roturiers étaient admis. Malheureusement, il publia des satires en vers qui lui firent beaucoup d'ennemis, et il fut enfermé quelque temps à la Bastille en 1781, sous prétexte d'avoir corrompu l'esprit de ses élèves. Cette injustice le jeta dans le mouvement révolutionnaire; au moment de la réunion des Etats-Généraux, il fonda le *Courrier de Versailles*, très hostile à la cour, et dont il vint lire publiquement au Palais-Royal le numéro du 4 octobre 1789, contenant le récit du fameux banquet des gardes du corps, « dans lequel, disait-il, la santé de la nation avait été repoussée avec mépris, et la cocarde nationale foulée aux pieds. » Le peuple de Paris se souleva, en criant: « Du pain! A Versailles! » Gorsas se mit lui-même à la tête d'une des colonnes qui se rendaient à Versailles à la suite de Maillard; la famille royale ayant été ramenée à Paris, il vint y habiter aussi, 7, rue Tiquetonne, et continua de rédiger son journal, devenu le *Courrier des 83 départements*. On le vit aux journées du 20 juin et du 10 août 1792 parmi les plus ardents; le 10 septembre 1792, les départements de Seine-et-Oise et de l'Orne l'élurent membre de la Convention, le premier, le 5e sur 14, par 260 voix sur 683 votants, le second, le 7e sur 8, à la pluralité des voix sur 553 votants. Il opta pour Seine-et-Oise et prit place à la Montagne. Lorsque Roland proposa de jeter un voile sur les massacres de septembre, il écrivit dans son journal qu'il n'y avait pas à jeter un voile sur ces actes de « justice nécessaire ». Le 28 septembre, il proposa à la tribune de la Convention la motion suivante : « La Convention nationale a signalé ses travaux par des mesures grandes et utiles. Elle a ouvert le livre de la nature; elle y a lu ce beau principe qu'il ne peut y avoir de Constitution que celle qui est acceptée par le peuple. Elle a ouvert le livre rouge des tyrans; elle y a vu, comme a dit le citoyen Grégoire, que l'histoire des rois est le martyrologe des nations, et chacun de ses membres est devenu un Brutus. Déjà nous avons obtenu la reconnaissance du peuple. On nous a dit: Continuez, nous sommes contents de vous; mais nous devons mériter cette approbation tous les jours; à chaque instant du jour les lois doivent être mûrement, longuement réfléchies. Il faut nous occuper de sauver la république, avant de lui proposer une constitution. Je demande que toutes les lois, à l'exception de celles d'urgence, soient ajournées à des temps plus tranquilles, et que la guerre soit à l'ordre du jour. (On applaudit). » Il se rapprocha des Girondins lorsque la marche des événements dépassa ses prévisions, et fut élu secrétaire de l'Assemblée (10 janvier 1793). Censuré en cette qualité le 13, il demanda la parole : « Je viens d'apprendre, dit-il, que la Convention m'a censuré. Citoyens, je vous prie de me permettre de vous faire part de ce que j'ai fait depuis quelques jours : mercredi, j'ai travaillé trente-six heures pour la rédaction du procès verbal; hier, j'avais été occupé de cette rédaction quarante heures; ce matin, j'ai couru chez Manuel pour lui demander une partie du procès-verbal de la rédaction de laquelle il s'était chargé; je l'ai trouvé sorti. Vous voyez, citoyens, que j'ai fait mon devoir, et combien il serait douloureux pour moi d'être censuré. » Bréard ayant demandé qu'on rapportât le décret de censure, le décret fut rapporté à l'unanimité. Dans le procès du roi, Gorsas répondit, au 2ᵉ appel nominal : « Attendu que la *royauté* et les *rois*, les factieux et les factions, ne seront véritablement et légalement balayés du territoire de la république que lorsque le peuple aura prononcé qu'il ne veut ni rois, ni royauté, ni factions, ni factieux, ni aucune espèce de tyrannie; attendu que je regarde comme une injure faite au peuple l'idée seule que cet appel peut exciter une guerre civile; attendu que cet appel est au contraire une justice et un hommage rendus à sa souveraineté, que je reconnais, moi, bien plus que ceux qui l'ont sans cesse à la bouche; attendu enfin qu'il y a du courage, au milieu des dangers de l'anarchie, de prononcer un vœu qui contrarie et peut atterrer les anarchistes, je dis et je dois dire, en attendant que je l'imprime, *oui*. » Au 3ᵉ appel nominal, il s'exprima ainsi : « Il y a bien longtemps que j'ai dit et imprimé que Louis était traître à la nation et à ses serments; et lorsqu'une sorte de stupeur s'emparait de beaucoup d'esprits, que les braves amis des lois se cachaient, j'attaquai personnellement le tyran sur son trône; j'en appelle à ceux qui m'entendaient alors, ou me lisaient dans leurs souterrains. Appelé par la loi à exercer les fonctions de juge, je n'ai pas examiné mon mandat; j'ai exprimé mon vœu; j'ai proposé l'appel au peuple. Je respecte sincèrement l'opinion de nos collègues, qui se sont crus liés par la loi. J'arrive à la question. Comme individu, comme juge, je prononce la peine de mort; comme législateur, comme homme d'Etat, j'ai profondément médité quelle devait être mon opinion pour le salut public. J'ai vu que nos ennemis extérieurs n'affectent de prendre intérêt à Louis, de ne demander sa vie, que pour obtenir sa mort, que pour assurer le succès de leurs projets liberticides, et que ceux du dehors suivent dans cette affaire la même trame que j'ai dévoilée en 1789, que j'ai prouvée en 1790, et qui eut alors Maury pour défenseur, et j'en appelle à la séance du soir du 22 janvier de la même année. Fort de la faiblesse que ce danger a imprimée malheureusement à quelques-uns de nos collègues, confirmé dans mon opinion par celle de plusieurs membres éclairés de la Convention, et surtout par celle de mon courageux ami Grangeneuve, qui vous parla avec tant d'émotion, je conclus à ce que vous ordonniez la détention de Louis pendant la guerre, et son bannissement perpétuel à la paix sous peine de mort. » Puis il vota contre le sursis. En février, ayant attaqué dans son journal la Montagne, la Commune et Marat, « reptile venimeux, maniaque sanguinaire, » il vit, le 8 mars, son imprimerie saccagée par deux cents forcenés,

armés de sabres et de pistolets, sous la conduite du polonais Lazowski; il ne leur échappa qu'en prenant la fuite; le 12, une pétition de la section du Bon-Conseil à la Convention réclamait la mise en accusation de Gorsas. La Convention décréta que les députés journalistes auraient à opter entre leur mandat législatif ou leur journal; mais le décret, qui s'appliquait aussi à Marat, ne fut jamais exécuté. A la Commune, Chaumette fit décider que les anciennes opinions de Gorsas et ses opinions actuelles seraient affichées sur deux colonnes dans Paris, sous ce titre : *Le Gorsas d'autrefois et le Gorsas d'aujourd'hui, 14 mai 1793.* Le 2 juin, la Convention décréta Gorsas d'arrestation avec les autres Girondins. Gorsas se réfugia d'abord à Evreux, d'où il gagna le Calvados; après la défaite des forces girondines à Pacy-sur-Eure (14 juillet), Gorsas fut déclaré traître à la patrie et mis hors la loi (28 juillet). Il était alors en Bretagne, et il pouvait s'échapper, lorsqu'il s'avisa de revenir à Paris, chez la dame Brigitte Mathey, libraire au Palais-Royal, « avec qui il avait des liaisons particulières. » Il y fut arrêté le 7 octobre, traduit au tribunal révolutionnaire, condamné et exécuté le même jour. Il mourut avec courage, en protestant de son innocence. Le 13 pluviôse an II, la Convention accorda à la veuve et aux enfants de Gorsas une pension, et, le 17 germinal an III, le comité de législation les indemnisa du pillage de l'imprimerie du 8 mars 1793. On a de Gorsas : *l'Ane promeneur ou Critès promené par son âne* (1786) satire contre le XVIIIᵉ siècle.

GORSSE (Joseph-Augustin, baron), député au Corps législatif de 1852 à 1868, né à Albi (Tarn) le 20 septembre 1784, mort à Albi le 6 mars 1868, fils de Raymond-Antoine-Olivier Gorsse, syndic du diocèse d'Albi, membre des états du Languedoc, et de Marie-Louise-Françoise de Pruines, entra à l'Ecole polytechnique en 1802, passa ensuite à l'Ecole d'application de l'artillerie et du génie, et fut capitaine, dès 1806, sur les côtes de l'Adriatique. Il combattit ensuite en Espagne sous les ordres du maréchal Ney, fut fait chevalier de la Légion d'honneur, devint capitaine d'artillerie le 11 janvier 1810, resta en Portugal et en Espagne jusqu'en 1813, prit part aux sièges de Ciudad-Rodrigo et d'Almeida, remplit plusieurs missions de confiance à Bayonne, à Valladolid, etc., fut blessé et fait prisonnier au siège de Saint-Sébastien, et fut promu chef d'escadron d'artillerie le 25 novembre 1813. De retour en France, après trois mois de captivité en Angleterre, il fut attaché à la manufacture d'armes de Versailles. Compris dans les mesures générales relatives au licenciement et à la réorganisation de l'armée, il fut mis en non-activité du 21 novembre 1815 au 28 février 1817, époque à laquelle le gouvernement royal le nomma sous-directeur des forges de l'Ouest à Rennes. Directeur de la manufacture d'armes de Mutzig (Bas-Rhin) le 8 mars 1824, puis sous-inspecteur de la fonderie de Strasbourg le 23 janvier 1828, M. Gorsse fut élevé au grade de colonel (18 septembre 1831) et se vit confier le poste d'inspecteur des fonderies de Paris. Commandeur de la Légion d'honneur depuis le 27 avril 1838, il fut promu maréchal-de-camp le 13 juin 1841 et commanda l'artillerie de Toulouse. En cette qualité il eut à réprimer des troubles qui éclatèrent à propos du recensement. Admis dans la section de réserve du cadre de l'état-major général (21 septembre 1846), le général Gorsse entra seulement alors dans la vie politique; il présida en 1847 le banquet ré-

14

formiste d'Albi, devint conseiller général du Tarn et se présenta dans ce département, le 26 novembre 1848, lors d'une élection partielle, comme candidat à l'Assemblée constituante; mais il échoua avec 3,378 voix seulement, sur 37,832 votants. Partisan du gouvernement présidentiel de L.-N. Bonaparte, le général Gorsse fut candidat officiel au Corps législatif dans la 3e circonscription du Tarn, et fut élu député, le 29 février 1852, par 20,811 voix (23,460 votants, 36,545 inscrits), contre 2,108 voix à M. Constans-Saint-Sauveur. Il prit part au rétablissement de l'Empire, vota avec la majorité dynastique, fut maire d'Albi de 1853 à 1859, et obtint successivement sa réélection comme député : le 22 juin 1857, avec 19,095 voix (19,255 votants, 30,275 inscrits), et, le 1er juin 1863, dans la 1re circonscription du Tarn, avec 21,121 voix (23,899 votants, 37,240 inscrits), contre 7,656 au baron Decazes. M. Gorsse soutint le gouvernement impérial jusqu'à sa mort (1868). Son fils, le baron Raymond Gorsse (*V. p. bas*), le remplaça au Corps législatif.

GORSSE (RAYMOND, BARON), député au Corps législatif de 1868 à 1870, et député de 1877 à 1878, né à Paris le 5 juin 1834, fils du précédent, exerçait la profession d'ingénieur civil lorsqu'il fut appelé, le 3 mai 1868, à recueillir la succession de son père, comme député au Corps législatif, dans la 1re circonscription du Tarn : M. Gorsse fils fut élu par 20,010 voix sur 32,691 votants et 38,222 inscrits, contre 12,598 à M. Gaugiran, candidat officiel. De nuance plutôt orléaniste, M. Gorsse n'avait pas eu l'appui de l'administration. Mais il n'en témoigna pas une vive rancune au gouvernement, qu'il soutint le plus souvent, avec de timides velléités d'indépendance, dans les rangs du tiers-parti libéral. Réélu, le 24 mai 1869, par 17,258 voix (30,027 votants, 38,965 inscrits), contre 9,243 voix au baron Decazes et 3,436 à M. Frédéric Thomas, il appuya le ministère Émile Ollivier et vota *pour* la déclaration de guerre. M. Gorsse rentra dans la vie privée au 4 septembre, puis tenta d'en sortir aux élections législatives de 1876. Candidat conservateur, le 20 février, dans l'arrondissement d'Albi, il obtint, sans être élu, 10,353 voix contre 11,126 accordées à l'élu républicain, M. Cavalié. Après la dissolution de la Chambre, le gouvernement du Seize-Mai patronna, dans la même circonscription, la candidature de M. Gorsse, qui fut proclamé élu, le 14 octobre 1877, avec 11,760 voix (23,396 votants, 28,238 inscrits), contre 11,618 au député sortant; mais les opérations électorales ayant été annulées, M. Gorsse renonça à se représenter, et M. Cavalié fut élu à sa place, le 27 janvier 1878. M. Gorsse figura encore, le 4 octobre 1885, sur la liste conservatrice du Tarn; il échoua avec 46,060 voix (94,149 votants), contre 47,226 au dernier élu des républicains, M. Héral.

GOSSE DE GORRE (HENRY-JOSEPH-AIMÉ), député au Corps législatif de l'an XII à 1808, représentant à la Chambre des Cent-Jours, député de 1831 à 1835, né à Arras (Pas-de-Calais) le 2 novembre 1760, mort à Douai (Nord) le 26 novembre 1851, était issu d'une famille de robe, qui avait donné au conseil d'Artois un procureur général et un premier président : il était « fils de Jean-Marie Gosse et de demoiselle Marie-Catherine-Josèphe Lefebvre ». Avocat au barreau d'Arras en 1789, il adopta avec beaucoup de réserve les idées de la Révolution, fut nommé juge suppléant et bientôt juge titu-

laire au tribunal civil d'Arras, devint suspect en 1793, fut arrêté et emprisonné d'abord à Arras, puis à Paris, et, rendu à la liberté après le 9 thermidor, fut nommé accusateur public au tribunal criminel de Saint-Omer. En cette qualité, il prit, auprès du ministre de la justice Merlin, la défense des compagnons du duc de Choiseul, embarqués en 1795 sur les côtes d'Angleterre pour aller combattre aux Indes, et qu'une tempête avait rejetés sur les côtes du Calaisis. Un décret du Directoire les avait renvoyés, comme émigrés pris les armes à la main, devant le conseil de guerre du Pas-de-Calais : c'est alors que Gosse de Gorre intervint en leur faveur. Les événements de fructidor an V le frappèrent d'une disgrâce; mais le gouvernement consulaire lui confia les fonctions de substitut du procureur général près le tribunal d'appel de Douai. Le 27 brumaire an XII, Gosse de Gorre entra, comme député du Pas-de-Calais, au Corps législatif, où il siégea jusqu'en 1808. Le 17 mai de cette année, il fut promu procureur général près la cour criminelle; lors de la réorganisation des cour impériales (1811), il devint premier avocat général à la cour de Douai, poste qu'il conserva jusqu'en 1816. Le 10 mai 1815, l'arrondissement de Béthune l'avait élu, par 46 voix (54 votants), représentant à la Chambre des Cent-Jours. Gosse de Gorre se tint à l'écart jusqu'à la révolution de 1830; puis il reparut à la Chambre le 5 juillet 1831, ayant été élu député du 3e collège du Pas-de-Calais (Béthune), avec 275 voix sur 443 votants et 611 inscrits, contre 168 à M. Alexis Jean. Il siégea dans la majorité conservatrice. Nommé, vers la fin de la législature, président de chambre à la cour de Douai, il se soumit, comme député, à la réélection, qu'il obtint, le 18 janvier 1834, par 168 voix (273 votants, 606 inscrits), contre 88 à M. Cauvet de Lillers; mais il ne se représenta pas aux élections générales qui eurent lieu la même année, et se consacra exclusivement à ses fonctions de magistrat, qu'il n'abandonna qu'en 1849. Officier de la Légion d'honneur du 5 février 1844, M. Gosse de Gorre avait été membre du conseil municipal de Douai de 1814 à 1821, et, pendant quatorze ans, conseiller général du Pas-de-Calais.

GOSSIN (PIERRE-FRANÇOIS), député en 1789, né à Souilly (Meuse) le 24 mai 1754, exécuté à Paris le 23 juillet 1794, fils d'un procureur à la chambre des monnaies de Metz, était lieutenant-général civil et criminel de Bar-le-Duc, quand il fut élu, le 1er avril 1789, député du tiers aux Etats-Généraux pour le bailliage de Bar-le-Duc. Rapporteur du comité chargé de diviser la France en départements, il apporta beaucoup de soins, d'impartialité et d'érudition dans cette fonction. Au cours de la législature, il prit plus d'une fois la parole. Le 8 avril 1791, il demanda que le jury ne fût institué qu'en matière criminelle; le 22 juin suivant, il fit adopter un décret divisant Paris en 48 sections ou quartiers; le 29 juin, il lut un rapport remarquable sur l'organisation des Archives nationales. Ce fut encore sur sa proposition que les restes de Voltaire furent transportés au Panthéon. Élu, le 12 septembre 1791, procureur-général syndic de la Meuse, il était à Verdun lors de la première invasion prussienne et de la capitulation de cette ville. Il obtempéra aux ordres du Brunswick en conservant ses fonctions. Après la retraite des Prussiens, il essaya en vain de se défendre; la Convention refusa de l'écouter. Traduit devant le tribunal révolutionnaire, il fut condamné à mort le 4 thermidor au II. Le lendemain, jour de l'exécution, la fatale charrette l'oubliait dans la cour de la prison; résigné, il la suivit à pied jusqu'à la place de la Révolution, où il fut exécuté.

GOSSUIN (Louis-Marie Joseph), député en 1789, et de 1818 à 1821, né à Avesnes (Nord) le 18 mars 1759, mort à Vichy (Allier) le 18 août 1821, appartenait à une ancienne famille du Hainaut; il était, en 1789, lieutenant-général civil du bailliage royal du Quesnoy. Député du tiers, pour ce bailliage, aux Etats-Généraux, le 19 avril 1789, il fit partie dans l'Assemblée du comité d'aliénation des biens nationaux. En l'an VI, il devint receveur général du département de l'Eure, puis il exerça plus tard les mêmes fonctions dans le Nord, et termina sa carrière administrative en 1847 comme administrateur général des eaux et forêts. Rallié à la Restauration (1814), il avait été fait chevalier de la Légion d'honneur par Louis XVIII. Le 26 octobre 1818, le collège de département du Nord, par 754 voix (941 votants, 2,303 inscrits), l'envoya à la Chambre des députés : Gossuin siégea d'abord au centre, puis au côté gauche, et se prononça (1819) pour les deux lois d'exception et pour le nouveau système électoral. Il vota ensuite jusqu'en 1821 avec l'opposition constitutionnelle.

GOSSUIN (Constant-Joseph-César-Eugène), député en 1791, membre de la Convention, député au Conseil des Cinq-Cents et au Corps législatif de l'an VIII à 1802, représentant à la Chambre des Cent-Jours, né à Avesnes (Nord) le 12 mars 1758, mort à Paris le 9 avril 1827, frère aîné du précédent, était, avant la Révolution, administrateur des domaines et forêts du duc d'Orléans. Maire d'Avesnes (1781) et membre de la commission chargée (1790) d'administrer le département du Nord, il fut désigné l'année suivante comme président de l'assemblée électorale, et élu (29 août 1791) député du Nord à l'Assemblée législative, le 3e sur 12, par 569 voix sur 902 votants. Il y vota avec la majorité. Réélu, en septembre 1792, par le même département, membre de la Convention, il proposa, le 8 octobre, de mettre à prix la tête du prince Albert de Saxe-Teschen pour avoir bombardé Lille. Lors du jugement de Louis XVI, Gossuin était absent : la mission qu'il remplissait à l'armée du Nord ne lui permit pas de prendre part au vote. A son retour, il fut l'auteur d'un rapport contre Dumouriez et fut nommé membre du comité de la guerre, aux travaux duquel il prit une part considérable. Gossuin opina le plus souvent avec les modérés. Cependant, lors de l'insurrection jacobine du premier prairial an III, et de l'envahissement de la Convention, il demanda que le président de l'Assemblée donnât l'accolade fraternelle à l'orateur des insurgés; l'accolade fut donnée, bien que la motion eût été accueillie par de nombreux murmures. Aussi, le lendemain, Gossuin s'en excusa en alléguant qu'étant de la députation envoyée sur la place du Carrousel, il rentrait dans la salle et n'avait pas entendu l'orateur. Au Conseil des Cinq-Cents, où le département du Nord l'envoya, le 24 vendémiaire an IV, par 411 voix sur 619 votants, et le renomma le 25 germinal an V, Gossuin n'eut qu'un rôle secondaire. Partisan du coup d'Etat de Bonaparte, il fut admis, le 4 nivôse an VIII, par le Sénat, sur la liste des membres du nouveau Corps législatif, où il siégea jusqu'en 1802. Le 3 pluviôse an IX, il fut appelé aux fonctions d'administrateur des forêts nationales : il les conserva jusqu'au second retour des Bourbons. Elu, le 11 mai 1815, représentant du Nord à la Chambre des Cent-Jours, par 57 voix sur 63 votants, il termina sa carrière parlementaire après cette courte législature. La Restauration l'impliqua, en raison de sa collaboration à la *Bibliothèque historique*, dans un procès de presse (1820) où il eut pour coaccusés Comte, du *Censeur européen*, et plusieurs autres journalistes libéraux. Gossuin fut pour sa part condamné à un an d'emprisonnement et 600 francs d'amende, comme « coupable de s'être insurgé contre l'autorité du roi et des Chambres et d'avoir provoqué à la désobéissance aux lois » .

GOT (Jacques-François-Alexis), député au Conseil des Cinq-Cents, représentant à la Chambre des Cent-Jours, né à Trun (Orne) le 14 novembre 1763, mort à Bellême (Orne) le 29 décembre 1846, était « fils du sieur Noël Got et de Marguerite Ballot, » et le second de cinq enfants. Il débuta comme clerc de procureur, étudia le droit, et devint procureur au bailliage de Mortagne. Secrétaire du district de Bellême pendant la période révolutionnaire, il fut nommé ensuite juge au tribunal civil d'Alençon, et, le 24 germinal an VI, fut élu député de l'Orne au Conseil des Cinq-Cents. Il y prit quelquefois la parole sur des questions d'affaires, se prononça contre le droit de marque sur les étoffes, fit une motion pour la reddition des comptes des co-propriétaires de biens indivis avec la République, et demanda que la régie de l'enregistrement fût chargée de l'administration hypothécaire. Got montra peu d'enthousiasme pour le coup d'Etat de brumaire et se retira en l'an VIII à Bellême, où il ouvrit, comme homme de loi, un cabinet de consultation. Rallié à l'Empire, il fut nommé procureur impérial près le tribunal de Mortagne, et rentra dans la vie parlementaire aux Cent-Jours, élu à la Chambre des représentants, le 14 mai 1815, par l'arrondissement de Mortagne, avec 54 voix sur 102 votants, contre 32 à M. Legrand de Boislandry. Membre et président du conseil général de l'Orne, il quitta la vie politique après la session.

GOT (Gaspard-Auguste), député de 1822 à 1824, né à Trun (Orne) le 2 mai 1766, mort à Paris le 25 novembre 1838, frère du précédent, était banquier à Paris. Le 17 mai 1822, il fut élu, au collège de département, par 1,324 voix sur 2,320 votants, député de la Seine. Il se fit peu remarquer à la Chambre, où il vota avec la majorité jusqu'en 1824. Puis il rentra dans la vie privée.

GOUBAU (Eugène-Joseph-Marie-Gislain, baron), député au Corps législatif de 1807 à 1811, né à Malines (Belgique) le 10 juillet 1761, mort à Bruxelles le 12 mars 1839, était bourgmestre de Bruges. Sous la domination française, il devint conseiller de préfecture du département de la Lys, et, le 18 février 1807, fut nommé par le Sénat conservateur député de ce département au Corps législatif, où il siégea jusqu'en 1811.

GOUBERT (François), député en 1789, né à Aubusson (Creuse) le 4 octobre 1735, mort à une date inconnue, curé de Bellegarde et official de Chénerailles, fut élu, le 21 mars 1789, député du clergé aux Etats-Généraux pour la sénéchaussée de la Basse-Marche (Guéret). Il fut des premiers de son ordre à se réunir aux députés du tiers, et, le 2 janvier 1791, prêta le serment constitutionnel, après l'évêque de Lvdda (Gobel). Il ne fit pas partie d'autres assemblées.

GOUBET (Louis-Honoré-Bernard), député en 1791, né à Flers (Somme) en 1744, mort à Flers le 4 avril 1810, était cultivateur à Flers. Maire de cette commune, il fut élu, le 30 août 1791, député de la Somme à l'Assemblée législative, le 3e sur 7, par 380 voix (509 votants). Il opina avec la majorité réformatrice, sans paraître à la tribune. Plus tard, il devint conseiller d'arrondissement dans son département.

GOUBIE (Jean), représentant du peuple en 1848, né à Eymet (Dordogne) le 30 avril 1787, mort à Eymet le 25 décembre 1860, commerçant comme son père, se trouvait à Paris aux journées de juillet 1830; il fit le coup de feu sur les barricades. Il professa de tout temps des sentiments libéraux, se retira des affaires sous la monarchie de juillet, et fut élu, le 23 avril 1848, représentant de la Dordogne à l'Assemblée constituante, le 9e sur 13, par 42,630 voix sur 110,594 votants et 140,087 inscrits. Il fit partie du comité du commerce, et, bien qu'ayant pris place à gauche, vota souvent avec la droite; *pour* le bannissement de la famille d'Orléans, *pour* le décret sur les clubs, *pour* les poursuites contre Louis Blanc et Caussidière, *pour* l'abolition de la peine de mort, *contre* l'impôt progressif, *contre* l'amendement Grévy, *contre* la sanction de la Constitution par le peuple, *pour* l'ensemble de la Constitution, *contre* la proposition Rateau, *pour* l'interdiction des clubs, *pour* l'expédition de Rome, *contre* la demande de mise en accusation du président et des ministres. Non réélu à la Législative, il rentra dans la vie privée.

GOUDART (Pierre-Louis), député en 1789, né à Lyon (Rhône) le 29 août 1740, mort à Paris le 20 février 1799, était négociant en soieries à Lyon; élu, le 30 mars 1789, député du tiers aux Etats-Généraux pour la ville de Lyon, il prit assez fréquemment la parole, le 10 octobre 1790 pour lire une lettre de la municipalité de Lyon approuvant la création des assignats, et, le plus souvent ensuite, pour donner communication des projets du comité de l'agriculture et du commerce dont il était membre. C'est ainsi qu'aux séances des 30 octobre, 30 novembre et 1er décembre 1790, 15 et 24 janvier, 7 et 18 juillet 1791, il lut des rapports concernant les droits de traite, la classification des matières imposables ou admises en franchise, les redevances dont les vins devaient être frappés à leur sortie du royaume, etc. Il donna encore lecture, le 13 août 1791 d'une protestation des gardes nationaux du département de Saône-et-Loire accusés de tiédeur, le 23 août d'un long rapport sur la situation du commerce intérieur de la France pendant la révolution, et le 23 septembre d'un projet de décret sur l'exportation des armes de guerre. Nommé, le 3 brumaire an VII, secrétaire en chef de la régie à Paris, il se noya quelque temps après dans la Seine.

GOUDCHAUX (Michel), représentant à l'Assemblée constituante de 1848, ministre, député au Corps législatif en 1857, né à Nancy (Meurthe) le 18 mars 1797, mort à Paris le 27 décembre 1862, appartenait à une riche famille de commerçants israélites d'Alsace. Placé de fort bonne heure par la mort de son père à la

tête d'une des plus importantes maisons de banque de Paris, il se fit remarquer en même temps, sous la Restauration, par l'ardeur et l'activité de son opposition au pouvoir. Libéral militant, il applaudit aux journées de juillet, se déclara partisan de la royauté nouvelle, fit partie quelque temps du conseil général de la Seine, et fut envoyé, comme payeur de la guerre à Strasbourg. A la suite de polémiques avec les ministres dont il dépendait, sur des questions de finances qui touchaient à la politique, il fut destitué en 1834 et rentra dans l'opposition. Il continua la lutte contre le pouvoir dans le *National*, où il défendit notamment la thèse de la construction et de l'exploitation des chemins de fer par l'Etat. Il publia aussi une brochure sur la *Prorogation du privilège de la Banque* (1840); deux *Lettres à M. Humann sur la conversion des rentes*, etc. Après le 24 février 1848, M. Goudchaux fut choisi par le gouvernement provisoire comme ministre des Finances : sa nomination fut bien accueillie surtout par les hommes d'affaires et les capitalistes. Il se montra préoccupé de prouver que le gouvernement nouveau était bien résolu à tenir les engagements de l'Etat, et, dans ce dessein, fit décréter le payement par anticipation du semestre courant de la rente cinq pour cent. Il ne proposa d'ailleurs aucune solution à la crise financière, se prononça contre le socialisme et contre les théories économiques de la commission du Luxembourg, et déposa son portefeuille dès le 4 mars. Porté tardivement dans la Seine, comme candidat républicain modéré, aux élections générales du 23 avril, il ne réunit que 68,000 suffrages; mais il passa à l'élection complémentaire du 4 juin 1848, le 3e sur 11, avec 107,097 voix (248,392 votants, 414,317 inscrits). Il siégea à la Constituante dans les rangs de la fraction la plus modérée du parti démocratique. Après les journées de juin, le général Cavaignac le rappela au ministère des Finances. Durant ce second passage au pouvoir (du 28 juin au 19 décembre 1848), M. Goudchaux, abandonnant en partie les plans de MM. Garnier-Pagès et Duclerc, montra peu de confiance dans les nouvelles sources de crédit ouvertes par eux, maintint comme mesure temporaire le projet d'impôt sur les créances hypothécaires, ajourna la question du rachat des chemins de fer, fit décréter le remboursement en rentes des bons du Trésor et des dépôts des caisses d'épargne, obtint de l'assemblée l'autorisation de subordonner le budget des dépenses à celui des recettes, et proposa enfin d'ouvrir un emprunt avec l'assurance de trouver des souscripteurs. Dans la séance du 25 septembre 1848, il soutint au nom du gouvernement une rédaction écartant du projet de Constitution toute idée d'impôt progressif; cette rédaction, qui substituait au texte de la commission de Constitution ainsi conçu : « Chaque citoyen contribue à l'impôt *en raison* de ses facultés et de sa fortune, » les mots: *en proportion*, fut votée par 644 voix contre 96. Comme représentant, M. Goudchaux soutint jusqu'au 10 décembre la politique du général Cavaignac et vota: *pour* les poursuites contre Louis Blanc et Caussidière, *pour* l'impôt proportionnel préféré à l'impôt progressif, *contre* l'amendement Grévy, *contre* le droit au travail, *pour* l'ordre du jour en l'honneur de Cavaignac, *contre* la réduction de l'impôt du sel. Il combattit L.-N. Bonaparte au pouvoir et se prononça *contre* la proposition Rateau, *contre* l'interdiction des clubs, *contre* l'expédition de Rome, etc. Dans les derniers mois de l'Assemblée constituante, il se mêla presque exclusivement aux discussions relatives à des questions de finances, dans lesquelles sa pratique des affaires venait en aide à son inhabileté oratoire. Dans les séances des 20 et 21 avril 1849, il causa par ses récriminations contre M. Fould une vive émotion au parlement et dans le pays. Non réélu à la Législative, M. Goudchaux était éloigné de la politique active lors du coup d'Etat de 1851. Le 26 septembre 1852, il posa sa candidature d'opposition au Corps législatif dans la 4e circonscription de la Seine, en remplacement de Carnot qui avait refusé le serment, et obtint 10,504 voix contre 11,378 à l'élu officiel, M. Monnin-Japy. En 1853, il se chargea de recueillir des souscriptions pour les républicains proscrits. Arrêté pour ce fait, le 4 octobre, après une visite domiciliaire, il fut relâché au bout de 24 heures; on n'avait trouvé chez lui que des reçus de secours. Aux élections du 22 juin 1857, il fut de nouveau candidat indépendant, cette fois dans la 6e circonscription de la Seine; proclamé élu avec 13,042 voix (24,054 votants, 36,906 inscrits), contre 10,454 à M. Perret, candidat officiel, il refusa le serment, et eut pour successeur à la Chambre Jules Favre.

GOUDELIN (GUILLAUME-JULIEN-PIERRE), membre de la Convention et député au Conseil des Cinq-Cents, né à Sévignac (Côtes-du-Nord) le 27 janvier 1765, mort à Villegondelin (Côtes-du-Nord) le 24 décembre 1826, exerçait à Broons la profession d'avocat. Il adopta les idées de la Révolution, devint administrateur du district de Broons, et fut élu, par les électeurs des Côtes-du-Nord, le 10 septembre 1792, membre de la Convention, le 8e et dernier, par 297 voix sur 474 votants. Goudelin siégea parmi les modérés et vota dans ces termes dans le procès du roi, au 3e appel nominal : « Le décret qui dit que vous prononcerez à la simple majorité des voix, et non aux trois quarts comme le porte le code pénal, me prouve que je n'agis pas en juge. Je dois ajouter que je ne crains point les menaces, j'ai déjà versé quelques gouttes de mon sang pour la patrie; je lui ai fait le sacrifice de tout celui qui me reste. D'après ma conscience, je vote pour la réclusion et le bannissement à la paix. » Réélu, le 23 vendémiaire an IV, député des Côtes-du-Nord au Conseil des Cinq-Cents, par 183 voix sur 375 votants, Goudelin y siégea obscurément jusqu'en l'an VII, et, après le coup d'Etat du 18 brumaire an VIII, fut nommé (12 floréal) juge au tribunal civil de Dinan, fonctions qu'il conserva pendant toute la durée du régime impérial. Il ne fit point partie d'autres assemblées.

GOUEST (LOUIS-FRANÇOIS), représentant à la Chambre des Cent-Jours, né à Fontainebleau (Seine-et-Marne) le 27 août 1747, mort à une date inconnue, « fils d'André Gouest et de Catherine-Angélique Le Cestre, » fut, avant la Révolution, procureur au bailliage de Meaux. Devenu, sous l'Empire, président du tribunal civil de Coulommiers, il fut, le 10 mai 1815, élu par cet arrondissement, avec 36 voix sur 63 votants, représentant à la Chambre des Cent-Jours. Après la session il rentra dans la vie privée.

GOUGEARD (AUGUSTE), ministre de la marine, né le 15 novembre 1827, entra dans la marine en 1842, et passa par les grades d'aspirant (1844), d'enseigne de vaisseau (1er octobre 1848), de lieutenant de vaisseau (7 juin 1855),

de capitaine de frégate (29 décembre 1866). Il assista à la guerre de Crimée et au bombardement de Sébastopol, reçut ensuite, lors de l'expédition de Chine, un commandement à bord de la flottille de débarquement, et resta plusieurs années en Cochinchine. Passé dans l'armée de terre, lors de la guerre franco-allemande de 1870-71, avec le grade de général de division, il obtint un commandement à l'armée de la Loire, et se distingua dans les combats livrés autour du Mans. La commission de revision des grades ne le maintint pas au rang de général de division; redevenu capitaine de vaisseau (18 avril 1873), et attaché au ministère de la marine, il fit partie de la commission centrale d'examen des travaux des officiers. Rallié à la République, M. Gougeard fut porté comme candidat républicain dans la Sarthe aux élections sénatoriales du 30 janvier 1876; mais le ministre de la Marine lui enjoignit de décliner la candidature; il réunit toutefois 134 voix sur 459 votants. L'influence de Gambetta, avec qui il était en relations personnelles, le fit nommer, le 15 mars 1879, conseiller d'Etat en service ordinaire. Il donna alors sa démission de capitaine de vaisseau. Le 14 novembre 1881, il fut appelé à faire partie, comme ministre de la Marine, du cabinet dont Gambetta eut la présidence; il prit, durant son court passage au pouvoir, l'initiative de quelques mesures de réorganisation qui n'eurent pas l'agrément de son successeur, et quitta le ministère avec ses collègues le 26 janvier 1882. Commandeur de la Légion d'honneur du 2 mars 1871.

GOUGES-CARTOU (ARNAUD), député en 1789, dates de naissance et de mort inconnues, négociant à Moissac, fut, le 23 mars 1789, élu député du tiers aux Etats-Généraux par la sénéchaussée du Quercy. Il vota avec la majorité de l'Assemblée constituante, fit partie du comité des subsistances et publia un *Mémoire* sur cette matière pendant la législature.

GOUHIER. — *Voy.* CHARENCEY (COMTE DE).

GOUIN (ALEXANDRE-HENRI), député de 1831 à 1848, ministre, représentant en 1848 et 1849, député au Corps législatif de 1852 à 1867, et sénateur, né à Tours (Indre-et-Loire) le 25 janvier 1792, mort à Tours le 27 mai 1872, d'une famille de commerçants, fit ses études à Pontlevoy, passa par l'Ecole polytechnique, puis s'occupa de banque dans sa ville natale, et joignit, après 1830, la politique aux affaires. Membre du conseil municipal de Tours depuis 1820, et du tribunal de commerce depuis 1822, il venait d'en être nommé président, lorsque, aux élections du 6 juillet 1831, les électeurs du 1er collège d'Indre-et-Loire (Tours) l'envoyèrent siéger à la Chambre, par 318 voix (414 votants, 537 inscrits), contre 51 à M. Delamardelle et 26 à M. César Bacot. D'opinions conservatrices, M. Gouin prit place au centre, dans la majorité ministérielle, et se prononça pour l'ordre du jour Ganneron relatif à la situation extérieure, pour l'état de siège en 1832, pour la condamnation (1833) du journal la *Tribune*, etc. Rapporteur en 1833 de la commission du budget, il fit preuve d'une réelle compétence financière, et fut chargé à nouveau du même rapport les deux années suivantes, après qu'il eut obtenu sa réélection comme député, le 21 juin 1834, avec 237 voix (465 votants, 572 inscrits), contre 124 à M. Hyde de Neuville et 94 à M. Odilon Barrot. Il reprit sa place au centre, vota pour les lois de septembre 1835, rapporta divers projets de lois d'affaires et de finances, approuva les lois de dotation et d'apanage, etc., et proposa, en 1836, le remboursement des rentes, motion qui provoqua la chute du cabinet de Broglie. Il manifesta quelques tendances d'opposition en mars 1837, à l'occasion de la loi de disjonction. Réélu, le 4 novembre 1837, par 341 voix (491 votants, 647 inscrits), contre 117 à M. Viot-Prudhomme, il combattit le ministère Molé, entra dans la coalition formée pour le renverser, fut encore renommé député le 2 mars 1839, avec 385 voix sur 535 votants, et, lorsque Thiers devint chef du cabinet, le 1er mars 1840, fut appelé à prendre le portefeuille de l'Agriculture et du Commerce. Cette nomination l'obligea à se représenter devant ses électeurs qui lui confirmèrent son mandat le 4 avril, par 329 voix (342 votants). Il s'associa politiquement aux actes de ses collègues du ministère, fut chargé de présenter et fit adopter au parlement la loi sur le travail des enfants dans les manufactures, et quitta le pouvoir, le 29 octobre 1840, quand le cabinet Thiers fit place au ministère Guizot. M. Gouin rentra alors dans l'opposition, et opina généralement avec le centre gauche. Il fut l'auteur d'une proposition à l'adoption de laquelle l'opposition parlementaire attachait beaucoup de prix, celle de la conversion des rentes, qui sur sa présentation fut prise en considération trois fois, et trois fois repoussée. Les électeurs de Tours réélurent M. Gouin jusqu'à la fin du règne de Louis-Philippe : le 9 juillet 1842, par 337 voix (489 votants, 710 inscrits), contre 76 à M. Giraudeau, et le 1er août 1846, par 357 voix (506 votants, 762 inscrits), contre 61 à M. Luzarche et 54 à M. Giraudeau. A la mort de Jacques Laffitte, il se mit à la tête de la Caisse commerciale d'escompte (1844), et la dirigea péniblement pendant quatre années, sans pouvoir en empêcher, lors de la révolution de février 1848, la ruine complète. M. Gouin se présenta aux élections du 23 avril 1848 pour l'Assemblée constituante et fut élu, par la coalition des « anciens partis », représentant d'Indre-et-Loire, le 7e sur 8, avec 43,010 voix. Après avoir voté *pour* le bannissement de la famille d'Orléans, il opina régulièrement avec la droite conservatrice : *pour* les poursuites contre Louis Blanc et Caussidière, *pour* l'impôt proportionnel préféré à l'impôt progressif, *contre* l'amendement Grévy, *contre* le droit au travail, *pour* l'ordre du jour en l'honneur du général Cavaignac, *contre* la réduction de l'impôt du sel, *pour* la proposition Rateau, *contre* l'amnistie, *pour* l'interdiction des clubs, *pour* les crédits de l'expédition de Rome, *contre* l'abolition de l'impôt des boissons, etc. Rallié à la politique de L.-N. Bonaparte, il appuya son gouvernement avec le même zèle qu'il avait apporté à soutenir les actes du général Cavaignac, et fut réélu, le 13 mai 1849, représentant d'Indre-et-Loire à l'Assemblée législative, le 2e sur 6, par 32,855 voix (61,973 votants, 92,573 inscrits). Membre de la majorité monarchique, il fit partie de la commission du budget, se mêla à plusieurs discussions financières et politiques, vota *pour* l'expédition de Rome, *pour* la mise en accusation des représentants compromis dans l'affaire du 13 juin. *pour* la loi Falloux-Parieu sur l'enseignement, etc., et compta parmi les députés les plus dévoués à l'Elysée. Partisan du coup d'Etat de décembre 1851, il fut désigné, lors des élections du 29 février 1852, comme candidat officiel dans la 1re circonscription d'Indre-et-Loire, et élu député au Corps législatif par 15,128 voix (16,144 votants, 26,501 inscrits). M. Gouin fut président de la première commis-

sion du budget du nouveau Corps législatif, prit part au rétablissement de l'empire, et fut un des soutiens les plus actifs du nouvel ordre de choses. Réélu successivement, toujours avec l'appui officiel : le 22 juin 1857, par 12,642 voix (13,958 votants, 25,692 inscrits), contre 772 à M. Crémieux ; puis, le 1er juin 1863, par 11,169 voix (19,871 votants, 25,600 inscrits), contre 4,543 à M. Houssard et 4,082 à M. Rivière, l'un et l'autre candidats de l'opposition, il prit fréquemment la parole sur les budgets, et, lors de la discussion de l'Adresse, en mars 1861, attaqua l'optimisme de la commission du budget : « Nos dépenses, dit-il, ont pris cependant une extension si considérable que nous ne parvenons à les couvrir que par des moyens admissibles seulement dans des temps de crise. Nous employons la suspension complète de l'amortissement, la prolongation presque indéfinie du décime de guerre ; enfin nous recourons au crédit public par des emprunts dont nous rejetons par là la charge sur l'avenir. » Dans la législature qui commença en 1863, il fut nommé vice-président de la Chambre. Le 22 janvier 1867, un décret impérial l'appela à siéger au Sénat. La révolution du 4 septembre 1870 le rendit à la vie privée. Longtemps membre du conseil général d'Indre-et-Loire, administrateur du chemin de fer de Paris à Lyon, M. Alexandre Gouin était commandeur de la Légion d'honneur du 3 novembre 18°°.

GOUIN (EUGÈNE), représentant à l'Assemblée nationale de 1871, sénateur inamovible, né à Saint-Symphorien (Indre-et-Loire) le 18 septembre 1818, fils du précédent, prit, en 1843, la direction de la maison de banque Gouin frères, partagea les opinions conserv..trices de son père et devint juge au tribunal de commerce (février 1848), conseiller municipal de Tours (juillet suivant), et, en novembre 1866, maire de la ville. Conseiller général depuis 1867, il se présenta, le 22 décembre, pour succéder à son père, nommé sénateur, comme député de la 1re circonscription d'Indre-et-Loire au Corps législatif ; mais il n'obtint que 7,625 voix contre 10,980 à l'élu, candidat indépendant, M. Houssard. Les services qu'il rendit à la ville de Tours pendant l'invasion de 1870 lui valurent la croix d'officier de la Légion d'honneur ; il avait été confirmé par le gouvernement de la Défense nationale dans ses fonctions de maire de Tours, avait prêté tout son concours à la délégation qui siégeait dans cette ville, et montré de la fermeté en janvier 1871, lorsqu'un corps de 8,000 Prussiens vint occuper Tours. Aux élections du 8 février 1871, M. E. Gouin fut élu représentant d'Indre-et-Loire à l'Assemblée nationale, le 2e sur 6, par 57,934 voix (73,000 votants, 96,790 inscrits). Le 8 octobre de la même année, il fut réélu également conseiller général du département pour le canton de Tours-nord. A l'Assemblée, il se fit inscrire aux deux réunions du centre droit et du centre gauche, et vota tour à tour avec l'un et l'autre groupe. Après avoir donné son suffrage à la conclusion de la paix, aux prières publiques, à l'abrogation des lois d'exil, au pouvoir constituant de l'Assemblée, il soutint le gouvernement Thiers dans son évolution vers la République conservatrice, ce qui ne l'empêcha pas d'approuver la plupart des actes des ministères qui suivirent le 24 mai 1873. Son adhésion au gouvernement républicain se manifesta de nouveau lors de l'adoption des lois constitutionnelles, auxquelles il se rallia : elle lui valut d'être porté sur la liste des gauches, le 15 décembre 1875, quand il s'agit de nommer les 75 sénateurs inamovibles; M. Eugène Gouin passa le 50°, avec 344 voix sur 676 votants. Il siégea au centre de la Chambre haute, avec une tendance à se rapprocher de la gauche, mais sans rien abandonner de ses sentiments conservateurs. M. Gouin *s'abstint* dans le scrutin sur la demande de dissolution de la Chambre des députés (juin 1877) et se montra très réservé à l'égard du gouvernement du Seize-Mai. Partisan du ministère Dufaure, il vota dès lors le plus souvent avec la fraction la plus modérée du centre gauche, *s'abstint*, par exemple, de prendre part au vote sur l'article 7 de la loi sur l'enseignement supérieur, et se prononça *contre* l'expulsion des princes. Il s'est occupé surtout de questions administratives et financières, qu'il traita plusieurs fois à la tribune sénatoriale; il a presque toujours fait partie de la commission du budget, dont il a été à plusieurs reprises le rapporteur général, et s'est prononcé, en dernier lieu : *pour* le rétablissement du scrutin d'arrondissement (13 février 1889). *pour* le projet de loi Lisbonne restrictif de la liberté de la presse; il s'est abstenu sur la procédure à suivre devant le Sénat contre le général Boulanger.

GOUIN-MOISANT (HENRI-JACQUES-MARIE), député de 1815 à 1823, né à Tours (Indre-et-Loire) le 14 février 1758, mort à Tours le 5 avril 1823, était négociant dans cette ville. Il devint vice-président de la chambre de commerce, et fut élu, comme royaliste, le 22 août 1815, député d'Indre-et-Loire, au collège de département, par 139 voix sur 182 votants et 241 inscrits. Il fit partie de la majorité de la Chambre introuvable. A la séance du 27 octobre 1815, à propos de la loi Barbé-Marbois sur les cris séditieux, il trouva que les pénalités demandées par le ministre étaient insuffisantes, et proposa une échelle de peines : cinq ans de travaux forcés, travaux à perpétuité. et, en cas de commencement d'exécution de complot provoqué par des écrits ou des cris séditieux, la peine des parricides, Réélu, le 4 octobre 1816. par 138 voix (173 votants, 225 inscrits), puis, le 20 septembre 1817, par 599 voix (856 votants, 1,209 inscrits), M. Gouin-Moisant siégea au centre, puis à droite, appuya (1818-19) le projet du gouvernement sur le monopole du tabac, et mourut pendant la législature.

GOUJON (LOUIS-JOSEPH-MARIE-ACHILLE), député en 1791, né à Amiens (Somme) en 1746, mort en 1810, étudia le droit, devint avocat, embrassa la cause de la Révolution à ses débuts, se déclara partisan de la monarchie constitutionnelle, et fut nommé procureur-syndic du district de Beauvais. Mais, ayant été élu, le 5 septembre 1791, député de l'Oise à l'Assemblée législative, le 11° sur 12, avec 200 voix sur 373 votants, ses idées se modifièrent, et il devint hostile à toute réforme. Il vota contre la loi sur les émigrés, appuya le projet qui avait pour but de rappeler en France Monsieur, frère du roi, plus tard Louis XVIII, combattit la création d'une haute cour nationale demanda que, en tous cas, ses arrêts fussent soumis à l'approbation du roi, et chercha à s'opposer à la mise sous séquestre des biens des émigrés. Le 8 juin 1792, il vota contre l'abolition, sans indemnité, des droits féodaux et du casuel des curés; le 17 juillet, il vota pour La Fayette, et cependant, après le 10 août, il demanda que l'on appliquât aux Français absents sans raison la loi sur les émigrés qu'il avait refusé de voter, et que les scellés mis sur les papiers des Tuileries fussent levés. Rentré

dans la vie privée après la session, il s'occupa de littérature et de culture forestière. Les plus importants de ses ouvrages sont : *Coriolan chez les Volsques* (an VIII); *Essai sur la garantie des propriétés littéraires* (an IX); *Mémorial forestier* (1802), etc.

GOUJON (JEAN-MARIE-CLAUDE-ALEXANDRE), membre de la Convention, né à Bourg (Ain) le 13 avril 1766, mort à Paris le 16 juin 1795, fils d'un directeur de la poste aux lettres, s'engagea à douze ans dans la marine, et assista sur le *Saint-Esprit* au combat d'Ouessant, où le comte d'Orvilliers fit éprouver de dures pertes à l'escadre anglaise. L'enfant écrivit le lendemain à son père, alors à Paris, une lettre qui fut lue tout haut en plein Palais-Royal, sous l'arbre de Cracovie, comme un bulletin de victoire. Six ans après, Goujon, continuant ses voyages, débarquait à l'île de France; il se révolta à la vue des souffrances endurées par les nègres courbés sous le fouet, et y prit l'horreur de l'oppression. A son retour (mai 1790), il se fixa à Meudon, près Paris, se lia avec Tissot, le futur académicien, dont plus tard il devait épouser la sœur, se livra pour compléter son éducation à de sérieuses études, et concourut au sujet suivant proposé par l'académie de Dijon : *De l'influence de la morale des gouvernements sur les peuples*. L'académie ne décerna pas de prix, mais elle déclara que de tous les discours qui lui avaient été adressés, le travail seul de Goujon avait attiré son attention. Goujon, avec la sévérité ardente de la jeunesse, proclamait dans son écrit « que l'intérêt de toute tyrannie est d'avilir l'homme pour le dominer », et que le peuple se corrompt fatalement dès qu'il abdique ses droits en faveur d'un gouvernement qui n'est pas la raison ou la loi. En 1791, il prononça à Versailles l'éloge de Mirabeau et adressa à l'Assemblée nationale une *Lettre en réponse à celle de l'abbé Raynal* (1791). Peu de temps après, il fut appelé à l'administration du département de Seine-et-Oise. Procureur général syndic provisoire le 10 août, il fut élu, le 17 septembre 1792, sixième député suppléant à la Convention nationale pour ce département, avec 410 voix (657 votants). Goujon fut admis à siéger le 26 germinal an II, en remplacement de Hérault de Séchelles, condamné à mort. Le portefeuille de l'Intérieur lui fut offert, mais il refusa, après avoir exercé seulement les fonctions de ministre intérimaire des Affaires étrangères et de l'Intérieur pendant trois jours, du 5 au 8 avril 1794. Il déclina aussi le poste d'ambassadeur à Constantinople. Bientôt envoyé en mission aux armées du Rhin et de la Moselle, il s'y conduisit avec la plus grande bravoure, et adressa au comité de salut public des lettres de victoire que Barère lut à la tribune, aux applaudissements de la Convention : « Les Prussiens, écrivait Goujon dans son style énergique, avaient fait jurer à leurs esclaves de défendre leurs redoutes jusqu'à la mort. Les redoutes ont été enlevées, les canons pris et les canonniers hachés sur leurs pièces. » (Tripstadt, 26 messidor an II.) Après Tripstadt, ce furent Kerveiler, Spire, les gorges et le revers des Vosges, depuis Landstou jusqu'à Neustadt, dont Goujon et son collègue Hentz annoncèrent la prise. Desaix, Vachot, Saint-Cyr agissaient sous les ordres de l'intrépide représentant. Le 9 messidor, Goujon data sa dépêche de Landau : le Palatinat tout entier était à nous. Intimement lié avec Bourbotte, qu'il avait rencontré aux armées, il écrivit avec lui, de Thionville, à la Convention, le 13 thermidor, pour la féliciter de sa victoire sur

Robespierre : « Que tous les tyrans, disaient-ils, soient anéantis ! » Mais à son retour à la Convention, la surprise de Goujon fut grande, lorsqu'il vit quels sentiments animaient les vainqueurs de thermidor. Il reprit tristement sa place parmi les Montagnards et à la tribune des Jacobins, et lutta autant qu'il put contre la réaction. En août, il défendit les anciens membres du comité de salut public, attaqués violemment par Lecointre, s'opposa plus tard à la création d'un conseil de commerce qui pouvait entraver la liberté, réclama des mesures contre ceux qui méconnaîtraient les droits de l'homme, se plaignit à plusieurs reprises des persécutions dirigées contre les patriotes, et combattit le rappel du décret qui avait accordé à Marat les honneurs du Panthéon, soutenant que ce décret « n'avait été que l'expression de l'enthousiasme du peuple ». Le 8 mars 1795, il s'éleva seul contre la rentrée à la Convention des Girondins mis hors la loi, « non ; ar haine contre eux, dit-il, mais parce qu'il craignait le retour d'hommes qui avaient à venger des injures si cruelles. » Le 11, il fit observer que l'on désignait maintenant sous le nom de *terroristes* ceux qu'on appelait naguère les « patriotes », et s'écria : « Cette dénomination vague de terroristes, inventée par des hommes qui veulent tout agiter, ne sert qu'à faire planer le soupçon indistinctement sur toutes les têtes; s'il existe des coupables, qu'on les désigne et que la loi en fasse justice ! Quant à moi, je déclare que si je me croyais coupable, j'aurais le courage de m'accuser moi-même ; je dirais : Si mon sang peut rétablir la paix dans mon pays, qu'il soit répandu ! » Il dit encore : « Si vous voulez que la paix règne dans la République, ne souffrez qu'une dénomination, celle de citoyens; bannissez toutes les autres, qui ne sont que des armes dans les mains de celui qui veut établir la terreur. » Le 21, Goujon répondit à Tallien qui parlait contre la Constitution de 93, et le menaça de la colère du peuple. « Il était herculéen avec des formes gracieuses, a écrit l'historien des *Derniers Montagnards*, M. J. Claretie, et cassait, dit-on, un fer à cheval entre ses doigts, comme le maréchal de Saxe. La douleur, la tristesse, l'inquiétude l'eussent tué peut-être, sans cette prodigieuse force de tempérament. » La préoccupation d'une fin tragique ne sortait pas de sa pensée. Un jour, ouvrant sa chemise et découvrant sa poitrine, il dit doucement, mais avec l'accent de la résolution, à son médecin : « Montre-moi bien la place du cœur. Est-ce là ? C'est que je me tuerai si l'égalité périt, et je ne veux pas que ma main tremble. » Le 31 mars, lorsque se préparait l'insurrection du 12 germinal (1er avril), il appuya l'admission à la barre des pétitionnaires de la section des Quinze-Vingts. Le 1er prairial (20 mai 1795), il se rendit à l'Assemblée avec le pressentiment du sort qui l'y attendait. La salle, en effet, ne tarda pas à être envahie, et devint, de dix heures du matin à minuit, une arène où l'on se heurta confusément les armes à la main. On sait que vers neuf heures du soir les insurgés furent un moment vainqueurs : d'accord avec quelques-uns des députés montagnards, ils firent décider l'élargissement des patriotes arrêtés le 12 germinal, l'abolition de la peine de mort, etc. Goujon demanda que pour assurer l'exécution de ces mesures une commission extraordinaire fût immédiatement élue et concentrât tous les pouvoirs des comités. Ce fut cette motion qui le perdit, après que les sections de Grenelle, Lepelletier, de la Butte-des-Moulins eurent ramené à la Convention les membres de la majo-

rité et expulsé le peuple des Tuileries. La nuit fut consacrée à la vengeance. Après avoir brûlé les minutes des décrets adoptés, et déclaré non avenu tout ce qui avait été voté sous l'influence populaire, on ne tarda pas à décréter, sur la motion de Thibaudeau, l'arrestation des représentants qui s'étaient montrés favorables à l'insurrection. Tallien vint en aide à ses collègues : « Hâtons-nous de les frapper ! » disait-il. La majorité alors désigna comme factieux Goujon, Romme, Duroy, Duquesnoy, Bourbotte et quelques autres. Le vieux Ruhl, excepté du décret d'accusation, se donna la mort d'un coup de poignard. Les autres furent transférés au château du Taureau en Bretagne, faillirent être massacrés à Avranches, et comparurent devant une commission militaire exceptionnellement instituée à Paris pour les juger. Cette commission se réunit le 29 prairial (17 juin). A la première nouvelle de leur mise en jugement, certains à l'avance du résultat, les derniers montagnards firent ensemble le serment de se poignarder devant le tribunal. « Je marche, écrivait Goujon à Lanjuinais, avec l'heureux souvenir que je n'ai jamais voté l'arrestation illégale d'aucun citoyen, que jamais je n'ai voté ni l'accusation ni le jugement d'aucun de mes collègues. » Devant la commission, Goujon se défendit avec esprit et sang-froid. Bien qu'on n'eût pu découvrir aucun fait précis à sa charge, il n'en fut pas moins condamné à mort, ainsi que Romme, Duquesnoy, Duroy, Bourbotte et Soubrany. A l'instant où l'on prononça leur arrêt, Goujon en entendit impassiblement la lecture ; il se leva et montrant un médaillon : « Voici mon portrait, dit-il, que je vous prie de faire remettre à ma femme. Je meurs pour la cause du peuple et de l'égalité. » Les condamnés entraient dans la chambre d'arrêt pour la toilette, lorsqu'ils se frappèrent successivement de plusieurs coups de poignard. Ce fut Goujon qui commença : il saisit le couteau qu'il tenait caché sous son habit bleu, et, répétant qu'il mourait pour le peuple, d'une main ferme il se l'enfonça dans le cœur. Goujon, dans sa prison, avait composé un hymne de mort, dont plus tard Laïs (de l'Opéra) fit la musique. On a encore de lui une pièce dramatique : *Damon et Pythias*, sa *Défense devant la commission militaire*, etc.

GOUJON (ETIENNE), membre du Sénat, né à Pont-de-Veyle (Ain) le 29 avril 1840, étudia la médecine, fut reçu docteur et prit la direction à Paris d'une maison de santé sise rue de Picpus et destinée à recevoir des aliénés. Chevalier de la Légion d'honneur, et possesseur par son mariage d'une fortune importante, M. Etienne Goujon fut nommé, en 1879, maire du 12e arrondissement de Paris. En 1883, son nom se trouva mêlé indirectement aux débats retentissants d'une grave affaire de séquestration, l'affaire Monasterio. Deux médecins, les docteurs Pinel et Bivière, étaient prévenus devant la 10e chambre correctionnelle d'avoir, au moyen de certificats dont la sincérité était contestée, obtenu du docteur Goujon, qui l'accorda sans difficulté, l'entrée de Mlle Fidelia de Monasterio à son établissement de la rue de Picpus. M. Goujon comparut comme témoin ; le président du tribunal lui reprocha de s'être contenté des certificats peu sérieux qui lui étaient présentés, et surtout d'avoir, par la suite, remis sa malade entre les mains de la personne qui l'avait fait interner, en négligeant, malgré les avis officieux de la préfecture de police, de remplir les formalités exigées par la loi et qui obligent le directeur d'un asile à demander à ceux qui reprennent un malade où ce malade doit habiter. Or Mlle de Monasterio avait, depuis lors, complètement disparu, et la séquestration s'était compliquée d'un enlèvement. M. Goujon entra dans la carrière politique le 25 janvier 1885 : élu, comme opportuniste, sénateur de l'Ain, par 564 voix sur 905 votants, il prit place à la gauche sénatoriale et s'associa à tous les votes de la majorité de la Chambre haute : *pour* l'expulsion des princes, *pour* la nouvelle loi militaire, etc., fut élu, le 10 janvier 1889, l'un des secrétaires du Sénat, et se prononça, en dernier lieu, *pour* le rétablissement du scrutin d'arrondissement (13 février 1889), *pour* le projet de loi Lisbonne restrictif de la liberté de la presse, *pour* la procédure à suivre devant le Sénat contre le général Boulanger. .

GOULARD (JEAN-FRANÇOIS-THOMAS), député au Corps législatif de 1810 à 1815, né à Montpellier (Hérault) le 7 décembre 1755, mort en 1830, fils de Thomas Goulard, « professeur-démonstrateur de chirurgie et d'anatomie à Montpellier, » et de dame Françoise Vaissière, s'occupa de littérature, se fit connaître par quelques vaudevilles et chansons, et remplit à Versailles, sous le premier Empire et sous le gouvernement de la Restauration, les fonctions d'administrateur des domaines de la couronne et dépendances. Le 10 août 1810, il fut élu par le Sénat conservateur député de Seine-et-Oise au Corps législatif, où il se montra d'abord le zélé partisan de la politique napoléonienne; mais, en 1814, il s'empressa d'adhérer à la déchéance de l'empereur, et, dans la « Chambre des députés des départements », il soutint le pouvoir royal. Goulard appuya, par exemple, le projet de loi de l'abbé de Montesquiou sur la censure, se prononça *pour* la restitution aux émigrés des biens non vendus, et fit l'éloge de Macdonald, « qui voulait se dérober à la reconnaissance publique, à l'occasion de sa campagne de Lyon contre Napoléon Bonaparte. » On a de lui : *Agis*, parodie en un acte (1782); *Cassandre mécanicien, ou le Bateau volant* (1783); *Florestan, ou la Leçon*, comédie en deux actes (1799).

GOULARD (MARC-THOMAS-EUGÉNE DE), député de 1845 à 1848, représentant en 1850-51 et en 1871, ministre, né à Versailles (Seine-et-Oise) le 28 novembre 1808, mort à Versailles le 4 juillet 1874, étudia le droit et s'inscrivit en 1830 au barreau de Paris. Propriétaire dans les Hautes-Pyrénées, il obtint (2 août 1845), du 3e collège de ce département (Bagnères), la succession à la Chambre des députés de M. Gauthier d'Hauteserve, démissionnaire, par 124 voix (131 votants), il siégea au centre, dans la majorité conservatrice, fut réélu le 1er août 1846, par 114 voix (115 votants, 165 inscrits), et soutint jusqu'au bout le gouvernement de Louis-Philippe. Un début très brillant à la tribune lui valut de figurer dans le *Livre des orateurs* de M. de Cormenin. Rentré momentanément dans la vie privée à la révolution de février, il fut élu à l'Assemblée législative, le 10 mars 1850, en remplacement du représentant Deville, condamné pour l'affaire du 13 juin 1849, et comme représentant des Hautes-Pyrénées, par 27,391 voix sur 50,351 votants et 69,361 inscrits, contre 22,291 voix à M. Deville fils; il prit place à droite, demeura attaché à l'ancien parti orléaniste, et se montra, dans les derniers temps de la législature, très opposé à la po-

litique particulière du prince-président. Il protesta contre le coup d'État, subit au 2 décembre 1851 une courte détention à Mazas, et se tint durant tout l'Empire à l'écart de la politique. Il y rentra, le 8 février 1871, les conservateurs des Hautes-Pyrénées l'ayant choisi le 1er sur 5, par 32,720 voix (42,776 votants, 67,003 inscrits), pour leur représentant à l'Assemblée nationale. Il s'inscrivit d'abord au centre droit. Ami de Thiers, il mit à la disposition du chef du pouvoir exécutif sa compétence dans les questions commerciales, et fut chargé de diverses négociations diplomatiques avec l'Allemagne, notamment de résoudre, comme plénipotentiaire, les difficultés relatives aux tarifs douaniers, qui entravaient la signature du traité de Francfort. Il s'acquitta de cette tâche à la satisfaction du gouvernement, et bientôt fut nommé au poste de ministre de France à Rome, auprès du roi Victor-Emmanuel (10 novembre 1871). Mais cette nomination fut à peine suivie d'effet, car M. de Goulard fut presque aussitôt rappelé à Paris pour succéder (6 février 1872) à M. Victor Lefranc comme ministre de l'Agriculture et du Commerce; M. Victor Lefranc passait à l'Intérieur. Lorsque les incidents du procès Janvier de la Motte eurent amené la démission de M. Pouyer-Quertier, ministre des Finances, M. de Goulard fut choisi (5 mars) pour remplir l'intérim de ce département, dont il devint peu après le titulaire (23 avril-6 décembre 1872). C'est sous son administration (fin juillet 1872) qu'eurent lieu les opérations de l'emprunt national de trois milliards qui fut couvert plus de quatorze fois. Membre et président du conseil général des Hautes-Pyrénées pour le canton d'Arreau, M. de Goulard déclara, en cette qualité, lors de l'ouverture de la session d'août 1872, qu'il était du devoir de tout bon citoyen de travailler à la consolidation de la République conservatrice, « à laquelle, dit-il, nous devons tous appartenir. » A l'Assemblée nationale, M. de Goulard oscilla entre le centre droit et le centre gauche. Malgré son adhésion d'ailleurs timide à la forme républicaine, il accepta, le 7 décembre 1872, de succéder, comme ministre de l'Intérieur, à M. Victor Lefranc, dont la démission avait été imposée à Thiers par la commission des Trente. M. de Goulard conserva ce portefeuille jusqu'au 17 mai 1873, et, soucieux avant tout de désarmer, en la satisfaisant dans la plus large mesure, la majorité monarchiste de l'Assemblée, il prit à l'égard des républicains des mesures sévères telles que la destitution de plusieurs fonctionnaires, l'interdiction du pétitionnement pour la dissolution, etc. Quelques jours avant sa chute, Thiers ayant essayé de former avec des membres du centre gauche un nouveau cabinet, M. de Goulard ne le suivit pas dans cette voie et céda la place à M. Casimir Périer. Il avait été élu, puis réélu vice-président de l'Assemblée nationale. Il soutint le gouvernement du 24 mai, vota *pour* l'état de siège, *pour* la loi des maires, et, après le renversement de M. de Broglie (16 mai 1874), fut un moment chargé par le maréchal de Mac-Mahon de constituer un ministère; mais il ne put y parvenir. Quelques semaines plus tard, il mourut à Versailles, d'une maladie de cœur.

GOULHOT DE SAINT-GERMAIN (ACHILLE-FÉLICITÉ), représentant en 1849, sénateur du second Empire, né à Paris le 23 février 1803, mort au château de Saint-Germain-le-Vicomte (Manche) le 18 juin 1875, fils d'un intendant militaire de l'Empire, suivit la carrière des armes, fut attaché d'abord au cabinet du ministre de la Guerre et ensuite à l'intendance de la première division militaire (Paris). Devenu capitaine d'état-major, il remplit auprès du maréchal Oudinot les fonctions d'officier d'ordonnance, jusqu'au licenciement de la garde nationale. Il appartint sous Louis-Philippe à l'administration comme maire de Saint-Germain-sur-Seves (Manche), puis comme sous-préfet de Romorantin (1835) et de Bernay (1838-1846), se montra, en 1848, très opposé au gouvernement républicain, et fut élu par les conservateurs monarchistes de la Manche, le 13 mai 1849, représentant à l'Assemblée législative, le 10e sur 13, par 64,273 voix (94,481 votants, 163,192 inscrits). Il y vota avec la droite : *pour* l'expédition de Rome, *pour* la loi Falloux-Parieu sur l'enseignement, etc., se rallia à la politique de l'Elysée qu'il soutint jusqu'au coup d'Etat inclusivement, et fut, après le 2 décembre 1851, membre de la Commission consultative. Le 26 janvier 1852, M. Goulhot de Saint-Germain fut appelé au Sénat, où il soutint jusqu'en 1870 le régime impérial. On a de lui quelques brochures de circonstance, publiées pendant les sessions de l'Assemblée législative : sur la *Présidence de la République*, le *Recrutement militaire*, la *Propriété*, etc. Commandeur de la Légion d'honneur.

GOULLARD (JEAN-CLAUDE-ELISABETH), député en 1789, né à Lyon (Rhône) le 11 décembre 1744, mort à Lyon en 1825, était curé à Roanne quand il fut élu, le 23 mars 1789, député du clergé aux Etats-Généraux pour le bailliage du Forez. Il fut un de ceux qui, pendant la nuit du 4 août, renoncèrent spontanément à leurs bénéfices et furent acclamés. Le 31 mai 1790, il prit la parole dans la discussion sur la constitution civile du clergé pour demander que les articles fussent soumis à l'approbation du pape; le 14 juin suivant, il parla encore sur le même sujet, rappela que le pape seul peut décider en tout ce qui touche au dogme, et protesta contre la juridiction de droit qu'on lui enlevait sur les autres évêques dans toute l'Eglise. Etant allé passer quelques jours à sa cure, il fut accusé par le maire de Roanne d'exciter des troubles dans la ville. Le 12 mars 1791, sur la proposition de Prieur et de Barnave, l'Assemblée décida que Goullard serait tenu de se présenter à sa barre dans le délai de huit jours. A partir de cette époque, le *Moniteur* est muet sur son compte.

GOULY (MARIE-BENOIT-LOUIS), membre de la Convention et député au Conseil des Anciens, né à Saint-Martin-du-Mont (Ain) le 7 novembre 1753, mort à Versailles (Seine-et-Oise) le 9 janvier 1823, fils d'un chaudronnier, alla chercher fortune aux Indes. Vers 1780, il s'installa à l'Ile de France, où il exerça la profession de médecin, et où il conquit une certaine aisance. Elu, en 1791, secrétaire de l'assemblée coloniale, puis, le 15 février 1793, membre de la Convention pour l'Ile de France, le 1er sur 2, avec 344 voix sur 477 votants, il fut fait prisonnier par les Anglais pendant qu'il revenait en France, resta cinq mois en captivité, et ne parut que le 5 octobre à l'Assemblée, à laquelle il remit, au nom des habitants de l'Ile de France, des dons patriotiques. Il siégea à la Montagne, ne prit la parole que dans les débats sur les colonies, et, le 13 décembre 1793, fut envoyé en mission dans l'Ain et en Saône-et-Loire. Ayant protesté contre les excès commis par son prédécesseur Javogues, casse ses décrets sur la

démolition des églises, établi le gouvernement révolutionnaire pour « ceux qui, suivant les apparences, méritent de mettre la tête à la fenêtre », il fut dénoncé par les terroristes : « Les aristocrates, écrivait l'un d'eux, *la pelle* leurs libérateurs (sic). » Rappelé par la Convention qui le rempla.. par Albitte, il ne fut pas inquiété, bien que dénoncé de nouveau par ce dernier comme entretenant des relations avec les émigrés. Il devint secrétaire de la société des Jacobins. Après la chute de Robespierre, hostile aux terroristes, il appuya, le 2 prairial an III, la proposition de Bourdon de l'Oise mettant hors la loi les membres du comité insurrectionnel de l'Hôtel-de-Ville, et la mise en accusation de Bourbotte. Il rentra dans la vie privée après la session.

GOUNON (VICTOR-DOMINIQUE), représentant du peuple en 1848, né à Eauze (Gers) le 24 décembre 1800, mort à Eauze le 13 juin 1860, négociant en eaux-de-vie et riche propriétaire dans sa ville natale, défendit les idées libérales sous la Restauration et sous le gouvernement de juillet. Le 23 avril 1848, il fut élu représentant du Gers à l'Assemblée constituante, le 6e sur 8, par 31,555 voix. Il siégea parmi les républicains modérés, fit partie du comité du commerce et de l'industrie, et vota *pour* le décret sur les clubs, *contre* les poursuites contre Louis Blanc et Caussidière, *contre* l'abolition de la peine de mort, *contre* l'impôt progressif, *pour* l'incompatibilité des fonctions, *contre* l'amendement Grévy, *contre* la sanction de la Constitution par le peuple, *pour* l'ensemble de la Constitution, *contre* la proposition Rateau, *contre* l'interdiction des clubs, *contre* l'expédition de Rome. Non réélu à la Législative, il rentra dans la vie privée.

GOUNOT (ETIENNE), député en 1789, né à Nevers (Nièvre) le 1er novembre 1732, mort à Nevers le 21 mai 1800, avocat au parlement à Nevers avant la Révolution, fut élu, le 25 mars 1789, député du tiers aux Etats-Généraux par le bailliage du Nivernais et Donziois. Il fut un des membres obscurs de la majorité de l'assemblée, et le *Moniteur* est muet sur son compte.

GOUPIL (CLÉMENT-JACQUES), député de 1830 à 1837, né au Mans (Sarthe) le 24 novembre 1784, mort au Mans le 28 juin 1858, était maire d'Avessé (Sarthe) et conseiller général de ce département, lorsqu'il fut élu, au grand collège, député de la Sarthe, le 28 octobre 1830, par 342 voix (547 votants, 1,324 inscrits). Il remplaçait à la Chambre M. Lamandé, démissionnaire. Il appuya le gouvernement de Louis-Philippe, vota avec le tiers-parti, et fut réélu successivement : le 5 juillet 1831, dans le 5e collège de la Sarthe (la Flèche), par 193 voix (310 votants, 400 inscrits), contre 108 à M. Urguet de Saint-Ouen ; et, le 21 juin 1834, par 182 voix (253 votants, 407 inscrits), contre 28 à M. Carnot et 21 à M. de La Bouillerie. Il quitta la vie parlementaire en 1837. M. Goupil périt victime d'un accident : il se noya au Mans, en juin 1858.

GOUPIL DE PRÉFELNE (GUILLAUME-FRANÇOIS-CHARLES), député en 1789 et au Conseil des Anciens, né à Argentan (Orne) le 29 juillet 1727, mort à Paris le 18 février 1801, était fils de Charles-François Goupil de Préfelne, avocat, et de Catherine-Louise Vavasseur. C'est par suite d'une erreur que tous les biographes ont jusqu'ici orthographié *Préfeln* le nom de ce législateur, dont la signature, conforme aux actes de l'état civil, a constamment porté *Préfelne*. En 1748, il fut nommé lieutenant-général civil et criminel au bailliage d'Argentan. Membre du parlement Maupeou en 1771, il fut, le 24 mars 1789, élu député du tiers aux États-Généraux par le bailliage d'Alençon. Goupil de Préfelne parut souvent à la tribune de l'Assemblée constituante, et pencha tantôt du côté de la cour, tantôt du côté du peuple. Lors de la discussion du rachat des dîmes, il manifesta son étonnement de l'ardeur apportée au débat (11 août 1789) : « Le clergé, dans la nuit du 4 août, dit-il, a sans doute voulu faire un acte de patriotisme ; or si l'on vote le rachat des dîmes tel qu'il le demande aujourd'hui, quel sera le bienfait qu'en retirera la nation, puisque le rachat sera plus onéreux que la dîme elle-même. » Il vota en faveur du *veto* absolu, parla sur la translation de l'Assemblée à Paris, sur les crimes de lèse-nation, sur la main-morte, les corvées, le droit de triage, les droits de péage et de minage, appuya la motion de déclarer nationale la religion catholique, amenda le projet sur la suppression des dîmes et sur l'entretien des ministres du culte, et prit une part active aux débats concernant l'élection et l'institution des juges et l'organisation judiciaire en général. Le droit de paix et de guerre, la constitution civile du clergé, dont il se déclara partisan, la suppression des titres honorifiques, l'administration des ponts et chaussées, la loi sur l'émigration, etc., l'appelèrent tour à tour à la tribune. Il approuva la réunion d'Avignon à la France, refusa au roi le droit de faire grâce, demanda le licenciement des gardes du corps, défendit l'inviolabilité du roi, parla en faveur de la municipalité de Paris, donna son opinion sur l'éligibilité à l'électorat, et traita encore un grand nombre de matières politiques et administratives. Il fut membre de plusieurs comités et présida longtemps celui des recherches ; fit décréter, le 26 janvier 1790, que les membres de l'Assemblée ne pourraient accepter des dons ou des places du gouvernement ; se prononça en faveur de l'institution du jury et en demanda même l'introduction dans la procédure civile. Goupil de Préfelne se montra l'adversaire décidé des Jacobins. Après la session de la Constituante, il revint dans sa ville natale où il exerça les fonctions de président du tribunal du district ; élu en janvier 1791, il ne les exerça qu'à partir du 7 novembre de cette année. Il obtint sa réélection à ce poste en décembre 1792, et siégea jusqu'au 13 nivôse an III (14 janvier 1795). Le 14 mars 1793, Goupil de Préfelne présida l'Assemblée des conscrits de la ville d'Argentan. Ses opinions peu favorables au régime révolutionnaire le firent dénoncer par le comité de surveillance d'Alençon, pour avoir fait, en 1792, « des motions tendant à maintenir le tyran sur le trône. » Il comparut, le 20 floréal an II (2 mai 1794), à la barre de la Convention, qui le fit enfermer à la Conciergerie. Mais le neuf thermidor lui rendit la liberté. Élu, le 23 vendémiaire an IV, député de l'Orne au Conseil des Anciens, par 164 voix sur 325 votants, il devint secrétaire, puis président de cette assemblée, et prit encore une part importante à ses délibérations. Les préférences de Goupil de Préfelne pour la monarchie constitutionnelle se manifestèrent plus d'une fois, par exemple lorsqu'il proposa de placer le buste de Montesquieu dans la salle du Conseil. Il parla notamment sur les successions, sur la déportation des prêtres, sur le nouveau code pénal militaire

sur le rapport de la loi du 3 brumaire an IV, approuva les idées de Barbé-Marbois sur les finances, s'opposa au rétablissement de la contrainte par corps en matière civile, et fut, lors des événements du 18 fructidor, d'abord mis en état d'arrestation, puis relâché au bout de quelque temps. Il obtint la radiation de son nom, inscrit sur la liste des émigrés, donna encore son avis touchant divers projets de loi et résolutions, présenta un projet d'organisation du notariat, et quitta le Conseil en l'an VIII pour devenir juge au tribunal de cassation. Il mourut à Paris l'année suivante (1801).

GOUPIL DE PRÉFELNE (Louis-François-Alexandre, chevalier), député au Conseil des Anciens, membre du Tribunat et député au Corps législatif, né à Argentan (Orne) le 16 avril 1752, mort à Tournay (Orne) le 18 décembre 1831, fils du précédent, fut élu, le 25 germinal an VII, député de l'Orne au Conseil des Anciens, s'y montra favorable au coup d'État de brumaire, fit partie, le lendemain, de la commission intermédiaire, entra, le 4 nivôse an VIII, au Tribunat, où il vota constamment en faveur de la politique de Bonaparte. Il en sortit en 1807, à la suppression de ce corps, et entra au Corps législatif où il siégea jusqu'en 1812. Chevalier de la Légion d'honneur.

GOUPIL DE PRÉFELNE (Charles-François), député de 1834 à 1839, né à Alençon (Orne) le 24 juillet 1791, mort à Caen (Calvados) le 9 avril 1848, fils du précédent, entra dans la magistrature impériale et fut nommé, en 1813, conseiller auditeur à la cour de Caen. Rallié au gouvernement de la Restauration, il devint, en 1818, substitut du procureur général et, l'année d'après, avocat général à la même cour. Il resta en fonctions après la révolution de 1830, et brigua, le 21 juin 1834, les suffrages des électeurs du 4e collège électoral de l'Orne (Gacé), qui l'envoyèrent à la Chambre des députés par 171 voix (309 votants, 404 inscrits), contre 74 à M. Descorches et 60 à M. Gigon-Labertrie. Il appartint à la majorité conservatrice, vota *pour* les lois de septembre 1835, et fut réélu, le 4 novembre 1837, par 142 voix (274 votants, 423 inscrits). M. Goupil de Préfelne siégea jusqu'au 2 mars 1839, époque à laquelle il sollicita, sans succès, le renouvellement de son mandat : il n'obtint dans la circonscription de Gacé que 161 voix contre 210 à l'élu, M. Gigon-Labertrie, qui fut deux fois encore son concurrent heureux : le 9 juillet 1842, avec 268 voix contre 148 à M. Goupil de Préfelne, et le 1er août 1846, avec 251 voix contre 126. M. Goupil de Préfelne se suicida le 9 avril 1848.

GOUPILLEAU (Jean-François), dit Goupilleau de Fontenay, député en 1789, membre de la Convention et député au Conseil des Anciens, né à Apremont-sur-Vie (Vendée) le 25 juillet 1753, mort à Montaigu (Vendée) le 11 octobre 1823, appartenait à une famille de vieille bourgeoisie du Bas-Poitou. L'effervescence de la jeunesse le fit engager dans un régiment de dragons ; quatre ans après, il passa dans le régiment de Lauzun, puis quitta le service vers 1780, et vint s'établir notaire à Montaigu (Vendée). Partisan des idées nouvelles, il fut chargé de la rédaction du cahier des doléances du tiers-état de Montaigu, assista comme électeur à la réunion des trois ordres à Poitiers pour les élections aux Etats-Généraux, et fut élu lui-même, le 16 mars 1789, député du tiers aux Etats-Généraux pour la sénéchaussée du Poitou. Il siégea parmi les ardents réformateurs, et, malade au moment de la séance du Jeu de paume (20 juin 1789), s'y fit porter dans un fauteuil pour prêter le mémorable serment; c'est lui qui figure au premier plan, à gauche, dans le tableau de David. Il se fit remarquer par son enthousiasme dans la nuit du 4 août; le lendemain, il écrivait à un ami : « Je songe aux figures allongées de nos avocats de Poitiers qui regardaient comme un sacrilège la proposition que nous leur faisions, de demander dans notre cahier l'abolition de la féodalité, la suppression des dîmes et des justices seigneuriales. » Secrétaire de l'Assemblée (11 septembre), membre du comité des rapports, il dénonça un arrêt du parlement de Grenoble ; demanda la liberté du droit de pétition ; fit tous ses efforts pour que le chef-lieu de la Vendée fût transféré à la Roche-sur-Yon (septembre 1790), idée qui fut reprise et exécutée par Napoléon Ier; fit rejeter la requête du marquis de Favras demandant le nom de son accusateur (15 février 1791); exigea le dépôt des lettres des départements qui réclamaient contre la résidence du Corps législatif à Paris (juin 1791); s'éleva contre le cens électoral, et proposa que les députés ne fussent pris que parmi les éligibles de chaque département. A propos de la discussion sur la Constitution, il déclara que la nation seule avait à adopter ou à rejeter l'œuvre de ses représentants. « En rentrant dans mes foyers, écrivait-il après la session, je n'ai d'autres ressources que d'exercer la profession d'avoué. Mais la sujétion de cet état est cruelle. J'ai porté mes vues sur la place de greffier du tribunal criminel de la Vendée, dont les émoluments peuvent me créer une existence modeste. » Il fut nommé à ces fonctions, à Fontenay, et devint en même temps (décembre 1791) colonel des gardes nationales et volontaires de la ville et du district. En novembre précédent, il avait été nommé, au club des Herbiers (Vendée), président de la « Société ambulante des amis de la Constitution de la Vendée », société à l'aide de laquelle il tenta d'organiser dans le département de véritables missions républicaines. Le 3 septembre 1792, le département de la Vendée l'envoya siéger à la Convention, le 1er sur 9, par 254 voix sur 360 votants. Il prit place à la Montagne, fut envoyé, en janvier 1793, en mission dans le Var, et, lors du procès de Louis XVI, ne répondit qu'au 3e appel nominal, en ces termes : « Avant d'infliger une peine à Louis, il faut que je le déclare coupable. Comme je ne fais que d'arriver de l'armée du Var, je n'ai pas encore opiné sur la première question. Je le déclare atteint et convaincu de conspiration contre l'Etat. Sur la seconde question, j'ai consulté mes pouvoirs; j'ai vu que non seulement nous avons le droit, mais que nous avons le devoir de juger Louis sans appel, puisque nos commettants nous ont déclaré qu'ils nous donnaient plein pouvoir pour sauver la liberté. Quant à la peine à infliger, j'ouvre le livre de la nature, le guide le plus certain, j'y vois que la loi doit être la même pour tous; j'ouvre le code pénal, j'y vois la peine des conspirateurs; j'entends la voix de la liberté, la voix des victimes du tyran, dont le sang arrose les plaines de tous nos départements frontières : toutes me demandent justice, je la leur dois; je vote pour la mort. J'ajoute que je ne crois pas qu'il soit propo-

sable de différer l'exécution; autrement Louis subirait la mort autant de fois que le bruit des verrous de sa prison viendrait frapper ses oreilles : et vous n'avez pas le droit d'aggraver son supplice. » Après le jugement, il retourna dans le Var, puis fut envoyé dans le Loir-et-Cher et l'Indre-et-Loire pour le recrutement (11 mars), en Vendée (6 avril), à l'armée des côtes de la Rochelle (30 avril), dans l'Allier, le Puy-de-Dôme, la Haute-Loire, la Corrèze, le Cantal, la Creuse, pour une levée extraordinaire de cavalerie (8 octobre). Lors de sa mission dans l'Ouest, il avait accusé Westermann de pillages inutiles, et (22 août) destitué le général Rossignol : « Nous avons gémi, disait-il, de voir élever aux grades de généraux de brigade et d'adjudants-généraux, des hommes qui peut-être n'ont jamais monté la garde. » Rossignol en appela à la Convention, où il fut défendu par Bourbotte (28 août), qui accusa Goupilleau « d'avoir sacrifié les intérêts de la République aux considérations de localité ». La Convention maintint le général Rossignol à son poste, et rappela Goupilleau, qui ne put faire entendre sa justification. Aussi il voua une haine profonde aux Jacobins, et il se déclara contre Robespierre au 9 thermidor. Après cet événement, il devint à son tour membre du comité de sûreté générale, fit élargir nombre de détenus, tout en demandant (1er fructidor) le maintien du gouvernement révolutionnaire ; il réclama aussi l'arrestation du maire de Paris, Fleuriot-Lescot, et fit emprisonner l'ex-général Rossignol. Rovère écrivait de lui, à Goupilleau de Montaigu, le 9 brumaire an III : « Je ne t'ai guère parlé de lui parce que les patriotes en étaient satisfaits. Son entrée au comité de sûreté générale lui avait tourné la tête; il était devenu brusque, hautain, indécis entre les hommes de sang et ceux qui pensent comme toi et moi. » Le 18 brumaire an III, Goupilleau fut envoyé en mission à l'armée des Pyrénées-Orientales, rendit compte de nos victoires à la Convention, annonça la prise de Roses, et fut chargé de traiter de la paix avec l'Espagne. A son retour, il demanda à la Convention (3 vendémiaire an IV) des lois répressives contre la presse, fut adjoint à Barras pour défendre l'Assemblée le 13 vendémiaire, et fut élu, le 21 suivant, député de la Vendée au Conseil des Anciens, par 76 voix sur 98 votants. L'Assemblée le choisit pour secrétaire (2 frimaire), et vota, sur sa motion, un décret de dégrèvement de contributions en faveur des départements de l'Ouest qui avaient souffert de la guerre civile. Non réélu au renouvellement de germinal an V, il demanda, étant sans ressources, et obtint une place d'administrateur du mont-de-piété à Paris, place qu'il conserva jusqu'à la Restauration. Aux Cent-Jours, il adhéra à l'Acte additionnel ; puis, frappé par la loi du 12 janvier 1816 contre les régicides, il se réfugia à Bruxelles, et, « exilé encore de l'exil », fut mis en résidence à Liège. Il obtint de rentrer en France en 1819, et se fixa près de son cousin, à Montaigu, où il s'occupa de botanique et de la culture des tulipes. La mort de ce parent (1er juillet 1823) l'atteignit vivement, et il succomba lui-même le 11 octobre suivant, après avoir demandé et reçu les secours de la religion. On a de lui : *Proclamation des citoyens Bourdon et Goupilleau aux habitants des campagnes en rébellion contre la loi* (1793); *Discours sur l'inauguration du buste de Chalier à la Société républicaine de Clermont; Rapport sur la police générale* (août 1794).

GOUPILLEAU (Philippe-Charles-Aimé), dit Goupilleau de Montaigu, député en 1791, membre de la Convention et député au Conseil des Cinq-Cents, né à Montaigu (Vendée) le 19 novembre 1749, mort à Montaigu le 1er juillet 1823, suivit d'abord la carrière des armes, mais l'abandonna pour devenir avocat, avant la Révolution. Dévoué, comme son cousin (*Voy. ci-dessus*) aux idées nouvelles, il fut élu procureur-syndic du district de Montaigu, présida, le 28 février 1791, à Fontenay, l'assemblée d'élection de l'évêque constitutionnel de la Vendée, puis, le 1er septembre 1791, fut élu député de la Vendée à l'Assemblée législative, le 1er sur 9, par 156 voix sur 299 votants. Il prit place à gauche, et se fit remarquer par ses motions contre les prêtres, les nobles et les émigrés. Le 5 octobre 1791, il demanda la suppression des titres de « sire » et de « majesté », et, le 10 août 1792, réclama la retraite du roi dont la présence à l'Assemblée gênait la liberté des délibérations. Ce même jour, 10 août, il fut nommé membre de la commission chargée d'examiner les papiers saisis aux Tuileries. Le 3 septembre 1792, il fut réélu, par le département de la Vendée, membre de la Convention, le 2e sur 9 (son cousin était le 1er), avec 194 voix sur 381 votants. La première fois qu'il prit la parole, au début de la législature, ce fut pour protester contre la précipitation avec laquelle le conseil exécutif avait fait afficher le décret, non encore promulgué, qui expulsait de France les Bourbons. Membre du comité de sûreté générale dès le 17 octobre suivant, il vota, dans le procès de Louis XVI, contre le sursis et contre l'appel, et répondit au 3e appel nominal : « Je vote pour la mort. » Envoyé en mission en Vendée (mai 1793), il écrivit (27 mai) à son collègue Maignen, après la prise de Fontenay par les Vendéens : « C'est la douleur dans l'âme et la honte au front que je t'écris. On a persisté, malgré toutes mes réclamations, à traiter cette guerre comme une simple révolte ; je te dis, moi, que c'est un volcan qui épouvantera la République entière. Il y a de grands coupables et de grands aveugles dans le sein de la Convention, et c'est être criminel que d'être aveugle, quand on a le pouvoir en main. » Il chercha à empêcher les exécutions inutiles, ce qui lui valut d'être un instant suspect de tiédeur, bien que sa haine contre les prêtres et les aristocrates ne se soit jamais attiédie ; il fut rappelé le 28 août 1793. Revenu à la Convention, il fit décréter (5 octobre) que les membres de l'Assemblée constituante, qui avaient protesté contre les décrets de cette Assemblée, seraient déclarés suspects et arrêtés. Après la chute de Robespierre, il se rallia aux thermidoriens et fut envoyé quelques jours après (26 thermidor) en mission dans le département de Vaucluse, où il poursuivit les terroristes, et rendit compte de leurs excès, notamment de l'incendie volontaire de la commune de Bedoin, dans une lettre qui fut lue à la tribune de la Convention le 3 frimaire an III. Il fit partie du comité de sûreté générale jusqu'au 15 germinal an III. Après le 13 vendémiaire, il demanda en vain l'annulation des élections de Paris et l'impression de la liste des émigrés pris à Quiberon. Elu, le 4 brumaire an IV, par ses collègues de la Convention, député au Conseil des Cinq-Cents, il en sortit en l'an V (20 mai 1797), et se retira à Montaigu, d'où, par sa correspondance, il se tint toujours au courant de la politique militaire. Dans une lettre du 13 messidor an V, il s'indigne contre la motion présentée par Camille Jordan aux

Cinq-Cents le 29 prairial, tendant à rétablir les usages du culte catholique, et à rapporter les lois contre les prêtres réfractaires. « Les prêtres, dit-il, ont dans tous les siècles fait le malheur du monde ; les druides, comme l'abbé Maury, vivaient de leurs impostures : j'ai contre eux une haine qui me suivra jusqu'au tombeau. » Dans une autre lettre, datée de Nantes, 26 fructidor an V, il félicite Lareveillière-Lepeaux du coup d'Etat du 18 fructidor : « Il faut profiter de vos avantages : l'exemple de vendémiaire doit vous être une terrible leçon ; nous eûmes la victoire et tu sais que les vaincus seuls en profitèrent ; c'est toujours un grand bien pour la République que d'en chasser pour jamais les chefs qui siégeaient parmi vous et les scélérats de journalistes qui faisaient autant de mal qu'eux ; et il faut continuer d'en purger le sol de la liberté. » Les électeurs de la Vendée l'avaient renvoyé au Conseil des Cinq-Cents, le 23 germinal an V. Il continua de soutenir les mesures les plus avancées et ne cessa de s'élever contre les nobles et les prêtres. Hostile à Bonaparte, ce fut lui qui cria à Aréna, le 18 brumaire : « Frappe, Aréna, frappe le tyran. » Aussi fut-il, le lendemain, exclu de la représentation nationale. De ce jour, il rentra dans une retraite absolue, et n'accepta aucun emploi de l'empereur. Atteint par la loi du 12 janvier 1816 contre les régicides, il partit pour l'exil ; mais il rentra en France en 1819, et mourut dans sa ville natale.

GOUPY (Guillaume-Louis-Isidore), député de 1817 à 1818, né à Paris le 10 mars 1760, mort à Paris le 26 avril 1818, s'occupa de questions financières et devint régent de la Banque de France. Il fut élu, le 20 septembre 1817, député de la Seine au collège de département, par 4,361 voix (7,378 votants, 9,677 inscrits), siégea à droite et vota avec les royalistes jusqu'à sa mort, survenue l'année suivante. Le 26 octobre 1818, il fut remplacé à la Chambre par le baron Louis Ternaux. — Chevalier de l'ordre de Charles III.

GOURD (Antoine), représentant du peuple en 1848, né aux Echelles près Lyon (Rhône) le 16 janvier 1789, mort aux Chères (Rhône) le 13 octobre 1878, s'engagea à 18 ans dans les vélites de la garde impériale, fit la campagne de 1808 en Espagne, de 1809 en Autriche, de 1812 en Russie, où il fut décoré de la Légion d'honneur sur le champ de bataille, et fut blessé et fait prisonnier à Leipsig. Amputé d'un bras, il rentra en France et se retira aux Chères, dont il était maire depuis trente ans quand il fut élu, le 23 avril 1848, représentant du Rhône à l'Assemblée constituante, le 7e sur 14, par 69,453 voix. En raison du mauvais état de sa santé, il siégea peu ; il fit partie du comité des cultes et ne prit part qu'à quelques votes importants, *pour* le bannissement de la famille d'Orléans, *pour* le décret sur les clubs, *contre* l'incompatibilité des fonctions, *contre* l'amendement Grévy, *contre* la sanction de la Constitution par le peuple, *pour* l'ensemble de la Constitution, *contre* la demande de mise en accusation du président et des ministres. Il donna sa démission à la fin de la session et revint aux Chères, où il mourut à un âge avancé.

GOURDAN (Charles-Claude-Christophe), député en 1789, membre de la Convention, député au Conseil des Cinq-Cents et au Conseil des Anciens, né à Champlitte (Haute-Saône)

le 1er novembre 1744, mort à Champlitte le 10 novembre 1804, d'abord avocat, était lieutenant criminel assesseur du bailliage de Gray au moment de la Révolution. A maintes reprises, il avait témoigné de son enthousiasme pour les idées nouvelles; aussi fut-il élu, le 11 avril 1789, député du tiers aux Etats-Généraux pour le bailliage d'Amont, avec 416 voix sur 457 votants. Il siégea à gauche, se prononça pour l'abolition des privilèges, pour la création des assignats, pour la division du royaume en départements, pour la confiscation des biens du clergé, pour la vente des biens nationaux, pour la suppression des titres de noblesse, et fut un des fondateurs de la « Société des Amis de la Constitution ». Après la Constituante, il devint président du tribunal de district de Champlitte. Le 3 septembre 1792, il fut élu membre de la Convention par le département de la Haute-Saône, le 1er sur 7, avec 327 voix sur 411 votants. Il s'assit à la Montagne et s'associa aux mesures les plus révolutionnaires. Dans le procès de Louis XVI, au 3e appel nominal, il répondit : « Vous avez déclaré que Louis était coupable de haute trahison. Je suis convaincu de ses crimes. Quant à la peine, je pense qu'elle doit être sévère. Si la peine de mort n'était plus en usage parmi nous, sans doute il serait barbare de la ramener pour lui. Des hommes éclairés ont aperçu de grands dangers dans une mesure de rigueur. Je ne nie pas qu'ils aient raison; mais aussi des hommes de bonne foi ont vu de plus grands dangers encore dans une mesure d'indulgence. On a dit que la Convention ne pouvait prononcer comme juge; je pense le contraire; la loi me l'ordonne, je vote pour la mort. » Lié avec les plus ardents, il ne fut cependant pas des derniers à attaquer Robespierre; mais, après le 9 thermidor, il combattit la réaction royaliste qui commençait à se manifester, proposa contre elle les plus rigoureuses mesures et contribua à faire adopter le mode de recrutement du futur Conseil des Cinq-Cents. Le 7 octobre 1795, il entra au comité de salut public, et, le 4 brumaire an IV, fut élu par ses collègues de la Convention député au Conseil des Cinq-Cents. Nommé peu après membre du tribunal de cassation, il fut élu, le 22 germinal an VI, député de la Haute-Saône au Conseil des Anciens, dont il devint président le 2 prairial suivant. Dans la lutte engagée entre les Conseils et le Directoire, il se signala par son jacobinisme, vota pour les assemblées populaires ou cercles constitutionnels et pour la liberté de la presse, et contribua à la retraite des trois directeurs. Adversaire du 18 brumaire, il ne rentra pas au nouveau Corps législatif; mais il ne résista pas longtemps au succès, et fut nommé, le 28 floréal an VIII, juge au tribunal civil de Vesoul. On a de lui : *Eloge funèbre des ministres français Roberjot et Bonnier, égorgés à Rastadt, prononcé au Conseil des Anciens dans la séance du 20 prairial an VII, et imprimé par décret du Conseil.*

GOURDIER-DESHAMEAUX (CHARLES), député de 1834 à 1837 et de 1839 à 1842, né à Bayeux (Calvados) le 15 mai 1787, mort à Bayeux le 7 décembre 1847, était propriétaire, conseiller municipal de Bayeux, conseiller général du Calvados et officier de la Légion d'honneur, quand il fut élu, le 21 juin 1834, député du 3e collège électoral du Calvados (Bayeux) avec 300 voix sur 471 votants et 647 inscrits, contre 95 à M. Janvier et 61 à M. Chauffrey; il échoua, le 4 novembre 1837, dans le même collège, contre M. d'Houdetot; mais fut réélu, le 2 mars 1839,

toujours dans le même collège, au bénéfice de l'âge, par 325 voix contre 325 à M. d'Houdetot, député sortant, sur 650 votants. Cette élection ayant été annulée, M. d'Houdetot l'emporta le 10 mai 1839; mais après une seconde invalidation, ce fut M. Gourdier-Deshameaux qui triompha définitivement avec 327 voix sur 626 votants. D'opinions libérales, il vota *pour* les incompatibilités, *pour* l'adjonction des capacités, *pour* les fortifications de Paris, *contre* la dotation, *contre* le recensement. Il n'obtint, aux élections du 9 juillet 1842, que 281 voix contre 368 d'Houdetot et 56 à M. Caumont, et ne fut pas plus heureux, le 1er août 1846, avec 214 voix contre 436 à M. d'Houdetot.

GOURGAUD (GASPARD, BARON), pair de France et représentant du peuple en 1849, né à Versailles (Seine-et-Oise) le 14 novembre 1783, mort à Paris le 25 juillet 1852, était fils d'Etienne-Marie Gourgaud, musicien ordinaire de la chapelle du roi, et d'Hélène Gérard. Elève de l'Ecole polytechnique à 16 ans, il en sortit, deux ans après, officier d'artillerie, passa quelques mois à l'Ecole d'artillerie de Châlons, fut adjoint au professeur de fortification de l'Ecole de Metz (janvier 1803), et se fit incorporer (avril suivant) au 6e d'artillerie avec lequel il fit la campagne de Hanovre comme lieutenant en second. Lieutenant en premier (1805), il suivit, en qualité d'aide-de-camp, le général Foucher au camp de Boulogne, fit la campagne d'Allemagne, fut blessé à Austerlitz, décoré à Pultusk, nommé capitaine après l'affaire d'Ostrolenka, et fut envoyé en Espagne. Il se fit remarquer au siège de Saragosse, revint en Allemagne pour la campagne de 1809, et se battit à Eckmühl, à Essling, à Wagram. Attaché en 1810 à la manufacture d'armes de Versailles, il se rendit à Dantzig pour rendre compte de l'état de la place (1811), passa officier d'ordonnance de l'empereur, l'accompagna dans la campagne de Russie, fut blessé à Smolensk, et, entré le premier au Kremlin, y découvrit une mine de 400,000 livres de poudre qui devait faire sauter la citadelle. Ce service lui valut le titre de baron de l'Empire et le grade de chef d'escadron. Le baron Gourgaud se distingua pendant l'héroïque retraite, fit toute la campagne de Saxe, et, en 1814, sauva la vie à l'empereur, à Brienne, en tuant un Cosaque dont la lance allait le frapper. Blessé à Montmirail, il ne quitta pas l'armée, fut promu colonel après la bataille de Montereau, culbuta un corps russe près de Laon, et reprit Reims. Il entra de droit, à la première Restauration, dans les gardes du corps du roi, mais, aux Cent-Jours, il reprit ses fonctions auprès de l'empereur, qui le nomma général de brigade, et son premier aide-de-camp. Il ne le quitta pas après Waterloo, le suivit à Rochefort, et fut désigné par lui pour porter sa lettre au prince-régent d'Angleterre. On prit la lettre, mais on ne lui permit pas de se débarquer. Choisi par Napoléon pour l'accompagner à Sainte-Hélène, il y réunit, sous les yeux de l'empereur, les matériaux d'une histoire de la grande armée, puis il quitta l'île en 1818, soit par raison de santé, soit plutôt par suite de mésintelligence avec Montholon. Fixé en Angleterre, le gouvernement de la Restauration lui ayant interdit d'entrer en France, il adressa un mémoire aux souverains alors réunis en congrès à Aix-la-Chapelle, pour protester contre les rigueurs de la captivité de « celui que naguère ils s'honoraient d'appeler leur frère », et il obtint ainsi quelques adoucissements. Une brochure qu'il publia ensuite sur la bataille de Waterloo froissa les susceptibilités du duc de Wellington, qui réclama contre lui l'application de « l'alien-bill »; ses papiers furent saisis, et il fut transporté à Cuxhaven, à l'embouchure de l'Elbe. Il réclama en vain l'autorisation de rentrer en France, et sa mère, mouraute, adressa inutilement à ce sujet une pétition à la Chambre des députés. Il n'obtint de passeport qu'en mars 1821. A la mort de l'empereur, il demanda, par une pétition, l'intervention de la Chambre pour réclamer les restes de Napoléon. En 1823, il publia, avec le comte de Montholon, les *Mémoires de Napoléon*, et, ayant répondu par une lettre un peu vive à l'*Histoire de la Grande Armée* de M. Philippe de Ségur, eut avec ce dernier un duel au pistolet, dans lequel il blessa son adversaire (1825). L'année suivante, il se défendit contre Walter Scott, qui, dans sa *Vie de Napoléon*, l'accusait d'avoir été à Sainte-Hélène l'espion du gouvernement anglais auprès de l'empereur. Le baron Gourgaud, qui avait été rayé des cadres de l'armée en 1815, fut remis en service actif après la révolution de 1830, comme commandant de l'artillerie de Paris, et comme maréchal-de-camp. Aide-de-camp de Louis-Philippe (1832), lieutenant-général (1835), il fut (1840) membre de la commission chargée d'aller chercher à Sainte-Hélène les cendres de Napoléon, et fut nommé pair de France le 25 décembre 1841. Il soutint à la Chambre haute la politique du gouvernement, et fut chargé de l'armement des fortifications de Paris. Un décret du gouvernement provisoire de 1848 le mit à la retraite. Colonel de la 1re légion de la garde nationale de Paris après les journées de juin, il fut élu, le 13 mai 1849, représentant des Deux-Sèvres à l'Assemblée législative, le 6e sur 7, par 19,911 voix sur 56,851 votants et 93,149 inscrits. Son élection avait été recommandée dans les Deux-Sèvres, où le général n'avait aucune raison particulière de se présenter, par le comité central napoléonien de Paris, présidé par le général Piat, et avait été acceptée sur « la liste de conciliation » des conservateurs du département. Le général Gourgaud siégea dans la majorité monarchique, prit la parole dans quelques discussions, défendit maladroitement l'expédition des gardes nationaux de sa légion, le soir du 13 mai 1849, contre l'imprimerie Boulé, et soutint la politique personnelle du prince-président. Il succomba, six mois après le coup d'Etat de décembre, aux suites d'une longue maladie.

GOURGAUD (LOUIS-MARIE-NAPOLÉON-HÉLÈNE, BARON), député au Corps législatif de 1869 à 1870, né à Paris le 26 mars 1823, mort à Paris le 10 avril 1879, fils du précédent, propriétaire à Yerres (Seine-et-Oise), et maire de cette commune, se présenta, le 24 mai 1869, avec l'appui officiel du gouvernement, comme candidat au Corps législatif dans la 3e circonscription de la Haute-Saône : il y obtint 9,866 voix (20,517 votants, 23,940 inscrits), contre 8,067 voix au député sortant, M. de Marmier, orléaniste, 2,131 à M. Dufournel et 384 à M. Lélut. Mais cette élection, vivement attaquée par l'opposition, fut invalidée, et les électeurs, convoqués à nouveau le 17 janvier 1870, ne donnèrent plus que 8,845 voix à M. Gourgaud contre 11,387 à M. de Marmier, qui reprit sa place au Corps législatif. Le baron Gourgaud fit par la suite deux tentatives infructueuses pour entrer à la Chambre des députés : le 20 février 1876, il échoua dans l'arrondissement de Gray, comme candidat bonapartiste, avec 5,585 voix contre 9,711 à M. Versiguy, républicain, élu, et 3,157 à M. Mar-

quiset et, le 14 octobre 1877, il réunit encore, sans être élu, 8,737 voix contre 10,694 à M. Versigny, qui conserva son siège.

GOURGUE (ARMAND-DOMINIQUE-ANGE-LOUIS MARQUIS DE), député de 1820 à 1827, pair de France, né à Paris le 5 juillet 1777, mort à Vayres (Gironde) le 10 août 1841, émigra pendant la Révolution, devint sous la Restauration maître des requêtes au conseil d'Etat, gentilhomme de la chambre du roi, chevalier de la Légion d'honneur, et fut élu, le 13 novembre 1820, au collège de département, député de Tarn-et-Garonne, par 163 voix sur 190 votants et 234 inscrits. M. de Gourgue vota avec les royalistes, fut réélu, le 13 novembre 1822, dans le 2e arrondissement du même département (Moissac), par 269 voix (301 votants), puis, le 25 février 1824, par 260 voix (304 votants); il appuya le ministère Villèle et prit d'ailleurs peu de part aux travaux parlementaires. « Les gens qui suivent le plus exactement les débats de la Chambre ne se rappellent pas avoir entendu parler ce député; ceux qui lisent les journaux avec la plus scrupuleuse attention n'ont jamais vu son nom dans les bulletins de séance. C'est un bon député du centre, ne s'écartant jamais de sa consigne; du reste assez brave homme. » (*Biographie des députés de la Chambre septennale*, 1826.) M. de Gourgue, compris dans l'ordonnance du 5 novembre 1827, entra à la Chambre des pairs et siégea jusqu'à l'avènement de Louis-Philippe.

GOURGUE (JOSEPH-MARIE, VICOMTE DE), député de 1821 à 1827, né à Bordeaux (Gironde) le 24 mars 1768, mort à Langon (Gironde) le 1er novembre 1832, de la même famille que le précédent, fut nommé maire de Bordeaux par le gouvernement royal le 2 avril 1815, et exerça ces fonctions jusqu'en 1823. Propriétaire dans cette ville, conseiller général de la Gironde (1816-1825), chevalier de la Légion d'honneur et tout dévoué à la monarchie, le vicomte de Gourgue fut élu, le 8 mars 1821, au collège de département, député de la Gironde, par 248 voix (424 votants, 656 inscrits), contre 82 à M. Guestier et 55 à M. Balguérie *junior*, en remplacement de M. de Lur-Saluces, démissionnaire. Il appartient à la majorité et fut réélu, le 6 mars 1824, par 391 voix (551 votants, 617 inscrits). M. de Gourgue vota pour le ministère. Un recueil de biographies parlementaires, très hostile au cabinet, expliquait ainsi l'attitude de M. de Gourgue: « On dit que M. le garde des sceaux s'est spécialement chargé de la nomination des députés de la Gironde et l'on voit qu'il s'y entend Il faudrait être bien habile et bien adroit pour être député de la Gironde et en même temps échapper au ministère. Car si vous étiez manqué par M. de Peyronnet, vous tomberiez inévitablement dans les pièges et dans les fourchettes de M. Piet; M. de Martignac vous attirerait à la tribune ou dans une loge de l'Opéra; M. Josse-Beauvoir vous achèterait comme... un journal, et M. Ravez aurait le talent de vous enchaîner avec la plus grande impartialité. On voit donc qu'il est impossible, en conscience, que M. de Gourgue soit de l'opposition. » Il ne fut pas réélu en 1827.

GOURLAY (JEAN-MARIE DE), député au Conseil des Cinq-Cents, membre du Tribunat, député au Corps législatif impérial, représentant aux Cent-Jours, député de 1815 à 1816, né à Lanrivain (Côtes-du-Nord) le 13 août 1761, mort à Paris le 3 janvier 1825, était « fils de

Joseph Gourlay, sieur de la Haye, avocat à la Cour et sénéchal de Laurivain, et de dame Marie Bellom, son épouse. » Propriétaire à Savenay, il fut, en 1790, nommé administrateur du district de cette ville, puis membre de l'administration départementale de la Loire-Inférieure. Le 26 germinal an VI, il fut élu par ce département député au Conseil des Cinq-Cents, où il s'occupa à peu près exclusivement d'intérêts locaux et de mesures d'économie publique. Partisan du coup d'Etat du 18 brumaire, il fut, le lendemain de cette journée, inscrit, comme membre des Cinq-Cents, sur la liste de la Commission intermédiaire. Le 4 nivôse an VIII, il entra au Tribunat. Il y soutint le pouvoir consulaire, appuya l'établissement de l'Empire, et, le 10 août 1810, fut élu, par le Sénat conservateur, député de la Loire-Inférieure au Corps législatif. Gourlay adhéra à la déchéance de l'empereur, revint à Napoléon pendant les Cent-Jours, et élu, le 11 mai 1815, par l'arrondissement de Nantes, membre de la Chambre des représentants, adjura ses collègues, le 6 juin, à l'occasion du serment que devait prêter l'Assemblée, de n'avoir qu'une seule opinion à cet égard. « Il faut, dit-il, que la nation se rallie au trône de Napoléon et que le trône se rallie à la nation. » Le 24, il demanda une mention honorable pour les généraux Travot et Lamarque, dont la conduite prudente avait apaisé les troubles de la Vendée. Ensuite il servit d'intermédiaire pour faciliter plusieurs entrevues entre les chefs du parti royaliste et Fouché, duc d'Otrante, dont il était l'ami. Elu, le 22 août 1815, député des Côtes-du-Nord par 121 voix sur 231 votants, 289 inscrits, il vota avec la majorité de la Chambre introuvable, et rentra dans la vie privée après la session.

GOURLAY (JOSEPH-MARIE DE), député au Corps législatif de 1809 à 1815, frère aîné du précédent, né à Laurivain (Côtes-du-Nord) le 7 novembre 1759, mort à Rennes (Ille-et-Vilaine) le 9 octobre 1818, étudia le droit et entra, sous l'Empire, dans la magistrature. Président de la cour criminelle des Côtes-du-Nord en 1804, il fut nommé, lors de la suppression de ces tribunaux (14 avril 1811), conseiller à la cour d'appel de Rennes. Le 2 mai 1809, il avait été désigné par le Sénat conservateur pour représenter au Corps législatif le département des Côtes-du-Nord; il y siégea jusqu'en 1815, adhéra à la déchéance de Napoléon, parla, le 2 septembre 1814, en faveur du projet de loi du gouvernement sur le budget, et appuya son opinion de l'insuffisance des autres projets présentés. Il fut confirmé par la Restauration dans les fonctions de conseiller près la cour royale de Rennes, le 3 janvier 1816, et il les conserva jusqu'à sa mort (1818).

GOURNAY (FRANÇOIS-RENÉ), député en 1789, né à Mayenne (Mayenne) le 12 février 1749, mort à une date inconnue, avocat, puis juge au siège royal de Bourgnouvel, fut élu, le 25 mars 1789, député du tiers aux Etats-Généraux par la sénéchaussée du Maine, et siégea obscurément dans la majorité de l'Assemblée.

GOURNAY. — *Voy.* RAIGECOURT (MARQUIS DE).

GOURY DU ROSTAN (JEAN-SÉBASTIEN), député de 1839 à 1848, né à Landerneau (Finistère) le 4 juillet 1776, mort à Paris le 1er décembre 1853, fut enrôlé de force en 1793, dans un bataillon de « volontaires »; conduc-

teur principal des travaux de la voirie, du 15 juillet 1794 au 13 juin 1796, admis en 1795 suivant à l'Ecole des ponts et chaussées de Paris, reçu à l'Ecole polytechnique le 21 décembre 1796, il devint chef de brigade le 30 avril 1798, ingénieur à Moulins en août 1800, puis dans le Finistère le 13 mai 1801, fut élu en 1810, par 4 cantons, membre du haut collège de ce dernier département, et alla porter à l'empereur l'expression du dévouement de ses habitants. Il reçut au Champ de Mars, en 1815, la croix de la Légion d'honneur, des mains mêmes de l'empereur, et, en 1816, fut chargé par le comte Molé d'une mission auprès du dey d'Alger, mais ne put s'en acquitter en raison de l'expédition de lord Exmouth. Nommé, la même année, ingénieur en chef des ponts et chaussées, il se consacra, pendant plus de vingt ans, à sa profession. Le 2 mars 1839, il fut élu député du 3e collège électoral du Finistère (Châteaulin) par 61 voix sur 117 votants, contre 53 voix à M. Blacque-Belair. Soumis à la réélection, par suite de sa nomination aux fonctions d'ingénieur en chef, M. Goury du Rostan fut réélu député, le 19 septembre 1840, par les électeurs de Châteaulin, puis, le 5 juillet 1842, par 107 voix sur 154 votants et 183 inscrits, contre 36 à M. Avril, et, le 1er août 1846, par 103 voix sur 149 votants et 176 inscrits, contre 25 à M. Gourdin. Il siégea parmi les ministériels, vota *pour* l'indemnité Pritchard, *pour* la politique de M. Guizot, et *contre* les propositions mises en avant par l'opposition libérale. Conseiller général du Finistère depuis 1843, il reçut en 1846 une tabatière en or des habitants du val d'Ornans (Doubs), où douze ans auparavant il avait fait ouvrir une route; il fut chargé, la même année, après les grandes inondations, de réparer les levées fort endommagées de la Loire. La révolution de 1848 l'éloigna de la vie politique.

GOUSSET (THOMAS-MARIE-JOSEPH), sénateur du second Empire, né à Montigny-lez-Cherlieux (Haute-Saône) le 1er mai 1792, mort à Reims (Marne) le 22 décembre 1866, fils d'un cultivateur, cultiva lui-même la terre, et ne commença ses études qu'à l'âge de dix-sept ans, à l'école communale d'Amance, près de Vesoul. Puis il entra dans les ordres et fut reçu prêtre à 25 ans. Vicaire à Lure, il fut presque aussitôt choisi par l'archevêque de Besançon pour professer la théologie morale au grand séminaire; il occupa ce poste pendant dix-sept années et y acquit la réputation d'un casuiste consommé. Auteur de nombreux ouvrages d'enseignement religieux : *Doctrine de l'Eglise sur le prêt à intérêt* (1825); le *Code civil commenté dans ses rapports avec la théologie morale* (1827); la *Justification de la théologie du P. Liguori* (1829), il composa encore deux importants traités de théologie, l'un sur la partie morale, avec un répertoire des cas de conscience (1844), l'autre sur la partie dogmatique (1848), et réédita, avec des notes et des dissertations, le *Dictionnaire théologique* de Bergier. M. Gousset quitta le professorat pour devenir évêque de Périgueux le 6 octobre 1836, après avoir été nommé, depuis 1830, vicaire général de Besançon. En 1831, il prit la défense de la « liberté de l'enseignement », dans des *Observations* qu'il présenta à Villemain, et où il soutenait les prétentions de l'épiscopat au droit d'organiser des écoles ecclésiastiques. Le 26 mai 1840, nommé à l'archevêché de Reims vacant par la mort de M. de Latil, il fut créé cardinal le 30 septembre 1850, entra de droit à ce titre de droit au Sénat de l'Empire, le 26 janvier 1852, et cessa à la même époque de faire partie du conseil supérieur de l'instruction publique. M. Gousset fut un des membres les plus zélés du parti catholique dans le Sénat impérial. Il avait adopté les idées de l'abbé Gaume sur l'exclusion des auteurs classiques de l'enseignement, au moins jusqu'à la quatrième. Membre de l'académie de Besançon et du comité historique des arts et des monuments; commandeur de la Légion d'honneur du 16 juin 1856.

GOUTAY (ROBERT), représentant du peuple en 1848 et sénateur de 1882 à 1889, né à Saint-Mandé (Puy-de-Dôme) le 21 novembre 1804, mort à Paris le 19 avril 1889, avocat à Thiers, fit partie de l'opposition libérale contre le gouvernement de juillet. Il fut élu, le 23 avril 1848, représentant du Puy-de-Dôme à l'Assemblée constituante, le 12e sur 15, par 49,096 voix sur 125,432 votants et 173,000 inscrits. Il siégea à gauche, fut membre du comité des finances, et vota, avec les républicains modérés, *pour le* bannissement de la famille d'Orléans, *pour le* décret sur les clubs, *contre* les poursuites contre L. Blanc et Caussidière, *contre* l'abolition de la peine de mort, *contre* l'impôt progressif, *contre* l'incompatibilité des fonctions, *contre* l'amendement Grévy, *contre* la sanction de la Constitution par le peuple, *pour* l'ensemble de la Constitution, *contre* la proposition Rateau, *contre* l'interdiction des clubs. Il présenta le rapport concluant à l'amnistie des transportés. Non réélu à la Législative, il se fit inscrire au barreau de Riom, devint bâtonnier de l'ordre des avocats, et se tint en dehors de la politique active pendant la durée du second Empire. Porté, le 8 février 1871, sur la liste républicaine du Puy-de-Dôme, aux élections à l'Assemblée nationale, il échoua avec 37,274 voix sur 96,000 votants. De nouveau candidat aux élections sénatoriales du 30 janvier 1876, il échoua encore avec 252 voix sur 569 votants contre la liste conservatrice qui passa tout entière; il ne fut pas plus heureux au premier renouvellement triennal de 1879; mais il fut élu sénateur, au second renouvellement triennal du 8 janvier 1882, le 3e et dernier, avec 403 voix sur 564 votants. Quoique d'opinions très avancées et siégeant à gauche, il soutint les différents ministères qui se succédèrent au pouvoir, et vota *pour* les crédits du Tonkin, *pour* l'expulsion des princes, et, en dernier lieu, *pour* le rétablissement du scrutin d'arrondissement (13 février 1889), *pour* le projet de loi Lisbonne restrictif de la liberté de la presse, *pour* la procédure à suivre devant le Sénat pour juger les attentats contre la sûreté de l'Etat (affaire du général Boulanger).

GOUTTES (JEAN-LOUIS), député en 1789, né à Tulle (Corrèze) le 21 septembre 1739, exécuté à Paris le 25 mars 1794, s'engagea tout jeune dans un régiment de dragons, mais quitta bientôt l'armée pour embrasser l'état ecclésiastique. Il fut d'abord curé près de Bordeaux, puis à Argelliers (Hérault), poste qu'il occupait encore quand il fut élu, le 27 mars 1789, député du clergé aux Etats-Généraux pour la sénéchaussée de Béziers, avec 185 voix sur 311 votants; c'est à sa tolérance et à son désir sincère d'améliorer le sort des classes pauvres qu'il dut son élection. Il fut un des premiers à demander la réunion des trois ordres. Le 19 mai 1789, après l'archevêque de Bordeaux, il avait proposé, dans une séance de l'ordre du clergé,

l'abandon de tous les priviléges de cet ordre en matière d'impôts; la proposition souleva un long débat, mais finit par être adoptée par 150 voix contre 72. Le 3 octobre 1789, il parla en faveur du prêt à intérêts, et chercha à prouver que l'Evangile n'en avait point défendu l'usage; le 31 octobre, il appuya la motion de Talleyrand-Périgord proposant la vente des biens du clergé, et, à cette occasion, prononça un discours remarquable et fort applaudi où il mit en lumière les maux qu'avait causés au christianisme la richesse des prêtres, les tentations que cette richesse faisait naître et les scandales qu'elle avait provoqués. Au commencement d'avril 1790, il fut nommé membre du comité des recherches, et, le 29, président de l'assemblée en remplacement de M. de Virieu. Malgré l'opposition de la majorité de son ordre, il vota, en juillet suivant, la constitution civile du clergé; membre du comité de liquidation, il démontra combien était grevé le trésor royal par toutes les pensions imméritées qu'il payait. Favorable à l'émission des assignats, il fit décréter, le 6 octobre 1790, un prêt de 20,000 francs à Didot pour l'achèvement de son édition des *Œuvres de Fénelon*. Membre du conseil général de Seine-et-Oise (1791-1792), il fut élu évêque constitutionnel de Saône-et-Loire (1791), et remplaça à Autun M. de Talleyrand, démissionnaire. Peu après, le 3 septembre 1791, il fut élu administrateur du même département; mais, ayant voulu protester contre la suppression totale du culte et contre la Terreur, il fut dénoncé par les assemblées populaires en pluviôse an II, et fut arrêté par décret du comité de salut public. Mis en jugement le 6 germinal an II, il fut condamné à mort sur l'exposé de motifs suivant: « Convaincu d'avoir tenu, dans la commune de Mont-Darroux (Saône-et-Loire), des propos tendant à provoquer le rétablissement de la royauté, l'avilissement de la représentation nationale et des autorités constituées, » et fut exécuté le lendemain. La *Théorie de l'intérêt de l'argent*, ouvrage de Bulié, fut refait par Gouttes avec la collaboration de Turgot et eut deux éditions en 1780 et en 1782. Le *Discours sur la vente des biens du clergé* fut édité le 12 avril 1790. Enfin l'*Exposé des principes de la constitution civile du clergé*, 1790, est un ouvrage collectif dont Gouttes fut le principal rédacteur.

GOUVELLO (CHARLES-DONATIEN-AMÉDÉE, MARQUIS DE), représentant en 1871, né au château du Plessis près Vendôme (Loir-et-Cher) le 22 septembre 1821, entra dans la diplomatie (1841) comme attaché d'ambassade à Vienne, et donna sa démission à la révolution de 1848. Grand propriétaire en Loir-et-Cher, il y fonda deux orphelinats agricoles, créa dans le Morbihan l'école rurale de Kerhars, devint conseiller général du Loir-et-Cher, présida le comice agricole de Vendôme, et, après la guerre de 1870, fut l'un des promoteurs et des organisateurs de l'œuvre des petits Alsaciens-Lorrains, réfugiés en France. Le 2 juillet 1871, élu, en remplacement de M. de Savignhac, décédé, représentant du Morbihan à l'Assemblée nationale, par 33,773 voix sur 62,276 votants et 120,157 inscrits, contre 19,304 voix à M. Beauvais, républicain, et 8,471 à M. Burgault, autre républicain, il prit place à l'extrême-droite, se fit inscrire à la réunion des Réservoirs, signa l'adresse au pape des députés partisans du *Syllabus*, et vota *contre* l'amendement Barthe, *contre* le retour à Paris, *pour* l'ordre du jour Ernoul (24 mai), *pour* la démission de

M. Thiers, *pour* la prorogation des pouvoirs du Maréchal, *pour* la loi des maires, *contre* le ministère de Broglie, *contre* la dissolution, *contre* l'amendement Wallon, *contre* les lois constitutionnelles. Placé sur la liste des gauches au moment du compromis conclu avec la droite pour l'élection des sénateurs inamovibles (9 décembre 1875), il déclara, le lendemain, à la Chambre, qu'il avait été inscrit sans son consentement, et qu'il protestait contre cette inscription. Il se retira de la vie politique après la législature. On a de lui : *Les Colonies agricoles pour les enfants assistés* (1862); *La Dépopulation des campagnes* (1869); *Vues sur la réorganisation de la France* (1871), etc.

GOUVERNEL (Nicolas-Joseph-Victor), député de 1831 à 1837, né à Charmes (Vosges) le 6 mai 1778, mort à Charmes le 24 juin 1854, était fils d'un ancien administrateur du département des Vosges en 1792; maître de forges et maire de Charmes, il fut élu, le 5 juillet 1831, député du 2e collège électoral des Vosges (Mirecourt) par 99 voix sur 152 votants et 196 inscrits, et réélu, le 21 juin 1834, par 94 voix sur 170 votants et 198 inscrits, contre 75 voix à M. Boulay (de la Meurthe). Il vota toujours pour les ministres. Conseiller général du canton de Charmes jusqu'en 1838, il fut confirmé dans ce mandat en 1848, et resta membre du conseil général jusqu'à sa mort.

GOUVION (Jean-Baptiste), député en 1791, né à Toul (Meurthe) le 8 janvier 1747, tué à Maubeuge (Nord) le 11 juin 1792, était fils d'un lieutenant de police de Toul. Admis tout jeune dans le génie (compagnie à pied), il fit, avec le grade de capitaine, la guerre d'Amérique sous les ordres de La Fayette, qui, commandant en chef de la garde nationale de Paris, le choisit, en 1789, comme major-général. Lors de la fuite du roi, ce fut Gouvion qui fournit à l'Assemblée les renseignements recueillis sur cet événement. Le 7 septembre 1791, il fut élu député du département de Paris à l'Assemblée législative, le 7e sur 24, par 365 voix sur 708 votants; mais il donna sa démission au commencement de 1792, pour avoir voulu s'opposer à ce que les soldats de Châteauvieux, condamnés à la suite de la révolte de Nancy, fussent admis aux honneurs de la séance, et avoir rappelé que son frère, commandant de la garde nationale de Toul, avait été tué à cette occasion sous les ordres du marquis de Bouillé; de violents murmures l'interrompirent, et Choudieu l'insulta, ce qui amena un duel où ce dernier fut grièvement blessé. Gouvion rejoignit peu après l'armée de La Fayette avec le grade de lieutenant-général, et fut tué d'un coup de canon, à une affaire d'avant-postes, en avant de Maubeuge. Mulot, député de Paris, prononça son oraison funèbre à Notre-Dame, le 21 juin 1792.

GOUVION (Louis-Jean-Baptiste, comte), parent du précédent, membre du Sénat conservateur et pair de France, né à Toul (Meurthe) le 6 février 1752, mort à Paris le 22 novembre 1823, suivit la carrière militaire, et, après avoir franchi assez rapidement plusieurs grades, devint général de brigade à l'époque de la Révolution. Il exerça divers commandements aux armées du Nord, puis à celles d'Italie, revint en 1799 aux armées du Nord, et combattit en Hollande, sous les ordres du général Brune, contre les troupes anglo-russes. Promu général de division sur le champ de bataille de Ber-

ghem, où il s'était distingué, il prit part au combat de Kastricum, fut fait (1800) commandant de la 9e division militaire à Montpellier, puis (1802) inspecteur général de la gendarmerie, et, président, l'année suivante, du collège électoral de la Drôme, reçut de l'empereur la dignité de membre du Sénat conservateur, le 12 pluviôse an XIII. Le 26 avril 1808, le général Gouvion fut créé comte de l'Empire. Après avoir fait, dans l'intervalle, les campagnes de Prusse et de Pologne, il organisa à Metz (1812) des cohortes destinées à l'expédition de Russie, forma l'année suivante un corps d'armée de gardes nationales pour protéger Toulon, que menaçaient les Anglais, et revint à Paris lors du retour des Bourbons. Il adhéra au gouvernement royal, fut nommé pair de France le 4 juin 1815, et vota pour la déportation dans le procès du maréchal Ney. Le général Gouvion siégea dans la Chambre haute jusqu'à sa mort (1823).

GOUVION-SAINT-CYR (Laurent, marquis), pair de France et ministre, né à Toul (Meurthe) le 13 avril 1764, mort à Hyères (Var) le 17 mars 1830, issu d'une famille peu aisée, se consacra tout d'abord aux beaux-arts et alla pendant deux ans étudier la peinture à Rome. Il parcourut ensuite l'Italie, revint à Paris en 1784, et fréquenta l'atelier du peintre Brenet. Les débuts de la Révolution ne l'enthousiasmèrent guère qu'après le 14 juillet 1789; déjà attaché à l'état-major de la garde nationale par l'influence d'un de ses parents, major-général (*Voy. plus haut*), il s'enrôla, après le 10 août 1792, dans les bataillons appelés à défendre la patrie, et se fit inscrire (1er septembre) au 1er chasseurs républicains, en joignant à son nom celui de sa mère. Le 1er novembre, il était nommé capitaine. Comme le bataillon, assez mal composé d'ailleurs, arrivait devant Mayence, Custine, qui demandait avant tout de la discipline, dit aux hommes : « Vous êtes un tas de coquins! — Pas tous, » répondit une voix. Custine fit avancer le capitaine qui avait ainsi répondu, et, après quelques instants de conversation, le plaça comme adjoint près de l'adjudant-général du génie Gay de Vernon : c'était Gouvion-Saint-Cyr. Il prit une part active à la campagne de l'armée du Rhin et à la victoire de Bergheim. Général de brigade le 5 juin 1794, il reçut sa commission provisoire de général de division au mois de juillet suivant, et se distingua au siège de Mayence. Placé, en 1798, sous les ordres de Masséna, à l'armée d'Italie, il eut maille à partir avec les consuls de Rome et notamment avec Bassal, délégué du Directoire, qui le fit rappeler. Cette disgrâce injustifiée dura peu, et, au mois de février 1799, il retourna en Italie, où il participa à la bataille de Novi, et sut par d'habiles manœuvres contenir l'ennemi pendant la retraite de l'armée et retarder le siège de Gênes. Comme témoignage de sa valeureuse et énergique conduite, le premier consul lui envoya un sabre d'honneur. En 1800, il eut à commander l'armée du Rhin jusqu'à l'arrivée de Moreau, s'empara de Fribourg, et contribua à la victoire d'Hohenlinden. Après Marengo, le premier consul le fit entrer au conseil d'État. Lorsque Bonaparte constitua un corps de 25,000 hommes destiné à envahir le Portugal (1801) pour obliger ce pays à fermer ses ports aux Anglais, Saint-Cyr en reçut le commandement; il devint ensuite ambassadeur extraordinaire auprès de Charles IV après le traité de Badajoz. Il rentra à Paris en 1802, reprit sa place au conseil d'État, fut nommé grand-croix de la

Légion d'honneur, puis colonel-général des cuirassiers en 1804, fit en 1805 la campagne d'Italie contre l'archiduc Charles, et, l'année suivante, occupa Naples avec Régnier. En Pologne, en 1807, il fut nommé gouverneur de Varsovie. L'année 1808 le retrouva de nouveau en Espagne, commandant un corps d'armée; il prit le fort de Rosas, et fit campagne contre les Espagnols et les Anglo-Portugais jusqu'en 1812, époque à laquelle il fut appelé à la tête du 6e corps de la grande armée. Le 18 août, il gagna sur Wittgenstein la bataille de Polotsk, où il fut blessé. A la suite de cette affaire, il fut nommé maréchal et comte de l'Empire. Durant la campagne de Saxe (1813), il défendit Dresde contre l'armée de Schwartzemberg où était Moreau, l'ancien général de la République; mais, après la capitulation de Vaudanem, il fut retenu prisonnier au mépris des termes de la convention. Lorsqu'il rentra en France, Louis XVIII était sur le trône et l'avait déjà nommé pair de France (4 juin 1814). Il se retira à la campagne, reçut, le 7 mars 1815, l'ordre de se rendre à Lyon, puis, à la nouvelle du débarquement de Napoléon, fut mis (19 mars) à la tête des troupes concentrées à Orléans; à son arrivée, les soldats ayant appris le départ de Louis XVIII pour Gand, avaient déjà arboré la cocarde tricolore; il exigea et obtint qu'ils reprissent la cocarde blanche, puis, à l'arrivée de Napoléon aux Tuileries, il se retira à Bourges. Mandé par l'empereur, il fut reçu avec bienveillance, mais aucun poste ne lui fut offert. Après Waterloo, il fut nommé membre du conseil de défense de Paris, donna des conseils de résistance qui ne furent pas écoutés, et, au retour de Louis XVIII (8 juillet 1815), accepta les fonctions, fort délicates alors, de ministre de la Guerre. Il fit substituer une transformation de l'armée au projet brutal de licenciement, remplaça les régiments par les légions départementales, sauva la situation des anciens officiers en arrêtant qu'aucune promotion ne serait faite avant un an, supprima la maison du roi, concéda la création de la garde royale, et se retira du ministère le 25 septembre, quand le duc de Richelieu prit la direction des affaires à la place de M. de Talleyrand. Il fut rappelé au pouvoir, d'abord avec le portefeuille de la Marine (23 février-11 septembre 1817), reçut le titre de marquis, et reprit le portefeuille de la Guerre (12 septembre 1817-18 novembre 1819). C'est à lui qu'incombait la réorganisation de l'armée et le devoir de pratiquer de sévères économies sur le budget de la guerre; il créa la spécialité des crédits par chapitre, et présenta la fameuse loi de recrutement. La Charte ayant aboli la conscription, Gouvion-Saint-Cyr fixa le contingent annuel au chiffre invariable de 40,000 hommes, à répartir par départements et par cantons, et à recruter par la voie du sort. Ce système donnait une armée de 240,000 hommes, à raison de six ans de service; les soldats et officiers restaient encore assujettis pendant six autres années aux appels qui pourraient être ordonnés par une loi. Ce dernier point fut très discuté, car les royalistes y voyaient un rappel possible des anciens soldats de l'empire; il ne fut d'ailleurs jamais appliqué. Gouvion-Saint-Cyr fixa aussi des règles très précises pour l'avancement, et réserva à l'ancienneté les deux tiers des grades; les ultras protestèrent en vain contre ce qu'ils appelaient une atteinte à la prérogative royale. La loi, défendue par son auteur tantôt avec une fermeté toute militaire, tantôt avec une émotion sincère, fut votée

à la Chambre des députés par 147 voix contre 92, et à la Chambre des pairs par 96 voix contre 72. Gouvion-Saint-Cyr assura par de nombreux règlements le fonctionnement de la loi, institua le corps d'état-major, etc.; il préparait une révision du code pénal militaire et une loi sur les pensions, lorsque les événements politiques le renversèrent. Hostile à la réforme de la loi électorale, il quitta le ministère (18 novembre 1819), se retira à la campagne, où il s'occupa d'agriculture et de la rédaction de ses *Mémoires*. Il venait rarement à la Chambre des pairs, où, en décembre 1815, il avait voté pour la déportation dans le procès du maréchal Ney; il y prit cependant la défense de sa loi militaire en 1824, prononça, en 1829, l'éloge du général Dessole, et, obligé par sa santé d'aller passer à Hyères l'hiver de 1829 à 1830, y mourut, le 17 mars 1830, d'une attaque d'apoplexie. Ses funérailles furent solennellement célébrées aux Invalides. Gouvion-Saint-Cyr a laissé le souvenir d'un bon tacticien, d'une prudence un peu minutieuse comme Wellington, et a publié des ouvrages militaires estimés : *Journal des opérations de l'armée de Catalogne en 1808 et 1809* (Paris, 1821); *Mémoires sur les campagnes des armées du Rhin et de Rhin-et-Moselle* (1829); *Mémoires pour servir à l'Histoire militaire sous le Directoire, le Consulat et l'Empire* (1831).

GOUVION-SAINT-CYR (LAURENT-FRANÇOIS, MARQUIS), pair de France et représentant en 1871, né à Paris le 30 décembre 1815, fils du précédent, suivit quelque temps la carrière militaire, puis fut appelé par Louis-Philippe à la Chambre des pairs le 23 avril 1841. Retiré sous l'empire, au château de Reverseaux, près Voves, il y installa une ambulance pendant la guerre de 1870, et y rendit de réels services, secondé par sa femme, fille de M. de Montalivet. Le 8 février 1871, il fut élu représentant d'Eure-et-Loir à l'Assemblée nationale, le 4e sur 6, par 26,308 voix sur 54,301 votants et 85,164 inscrits. N'appartenant à aucun groupe, bien qu'il se rapprochât du centre droit, il vota *pour* la paix, *pour* les prières publiques, *pour* l'abrogation des lois d'exil, *contre* l'amendement Barthe, *pour* l'ordre du jour Ernoul (24 mai), *pour* la démission de M. Thiers, *pour* la prorogation des pouvoirs du Maréchal, *pour* la loi sur les maires, *pour* le ministère de Broglie, *contre* la dissolution, *contre* l'amendement Wallon, *pour* les lois constitutionnelles. Le 20 février 1876, il échoua dans la 2e circonscription de Chartres avec 5,236 voix contre 7,623 à M. Maunoury, républicain, et renonça dès lors à la vie politique.

GOUY-D'ARCY (LOUIS-HENRI-MARTHE, MARQUIS DE), député en 1789, né à Paris le 15 juillet 1753, exécuté à Paris le 31 juillet 1794, d'une famille noble de Picardie, était fils d'un lieutenant-général; il eut le Dauphin pour parrain. Elevé au collège d'Harcourt, il entra à l'école d'artillerie de Strasbourg; à 27 ans, il était chevalier de Saint-Louis et colonel en second des dragons de la Reine; il épousa vers cette époque une riche créole de l'île Saint-Domingue. Président de la noblesse de Melun, grand-bailli d'épée, au moment des élections aux États-Généraux, il ne put faire appuyer sa candidature par son ordre, qui le soupçonnait d'être franc-maçon, disciple de Mesmer et surtout admirateur de Necker. Il se présenta alors aux électeurs de l'île de Saint-Domingue, qui l'élurent, le 2 avril 1789, député de la colonie aux Etats-Généraux. Le 27 avril suivant, il demanda son admission à l'Assemblée, fut reçu le 13 juin, et, le 20 du même mois, prêta le serment du Jeu de paume. Le 13 juillet, il fit l'éloge de Necker, et, le 23, félicita les vainqueurs de la Bastille. Successivement maire de Moret, commandant de la garde nationale de Fontaineble u, membre du comité des finances et du comité des domaines, commissaire de la salle (questeur), il prit part à toutes les discussions relatives aux colonies; aux séances des 1er et 24 décembre 1789, il attaqua l'administration de la marine et l'impéritie du ministre, et, le 24 avril 1790, proposa la création d'un comité de constitution des colonies. Au mois d'août suivant, il vota l'émission des assignats. Peu favorable à l'émancipation des nègres, et appréciant les inconvénients pratiques d'une telle mesure, il écrivit, en 1791, dans ce sens une longue lettre à Brissot, qui, en réponse, l'attaqua violemment. Nommé maréchal-de-camp au mois de février 1792, il fut envoyé à Noyon pour y rétablir l'ordre, et parvint à se justifier de la faiblesse dont il fit preuve. On l'accusa aussi d'être partisan du duc d'Orléans. Son château fut assailli, le 4 septembre 1792, par une bande qu'il eut grand'peine à repousser. Dénoncé par Marat, le 18 mars 1793, comme rédacteur de la pétition de la section du Mont-Blanc, tendant à faire établir la police des tribunes de l'Assemblée, il fut arrêté le 2 avril suivant, mis à l'Abbaye, relâché trois jours après, pris de nouveau, emprisonné comme suspect et, cette fois, définitivement, en novembre 1793, par ordre de Collot d'Herbois en mission dans l'Oise: il habitait alors Arcy. Traduit, le 5 thermidor an II, devant le tribunal révolutionnaire de Paris, condamné à mort comme complice d'une révolte qui devait éclater aux Carmes où il était détenu, il fut exécuté quelques jours après.

GOUY-D'ARCY (ALFRED-AIMABLE-MARIE, COMTE DE), député au Corps législatif de 1852 à 1859, né à Paris le 8 août 1816, mort à Paris le 8 juillet 1859, petit-fils du précédent et fils d'un ancien préfet de la Restauration, était propriétaire dans le département de Seine-et-Oise, et membre du conseil général. D'opinions légitimistes, il se rallia, après le coup d'Etat du 2 décembre 1851, au gouvernement présidentiel dont il fut le candidat aux élections du 29 février 1852 : la 3e circonscription de Seine-et-Oise le nomma député au Corps législatif, par 17,341 voix (25,211 votants, 36,279 inscrits), contre 2,673 à M. Dambry, 2,929 à M. Bontoux, et 1,291 à M. Rendu. « Cinquante mille livres de rentes, une couronne de comte, trente-cinq ans à peine, d'élégantes manières, un beau château, un père ancien préfet de la Restauration, une tournure toute française, tels sont les avantages que possède M. le comte Alfred de Gouy. Il y a là de quoi toucher une jeune fille à marier, si M. le comte n'était déjà marié, mais beaucoup moins des électeurs. Aussi, M. Gouy a-t-il été loin de réunir l'unanimité des suffrages. Après tout, l'essentiel, pour lui, ce n'est pas de n'avoir pas été contesté, mais bien d'avoir été nommé. » (*Profils critiques et biographiques des députés* (1852). M. de Gouy-d'Arcy vota avec la majorité, fut réélu, le 22 juin 1857, par 21,059 voix (24,720 votants, 35,125 inscrits), contre 3,067 voix à M. Benazet, et mourut en 1859, pendant la législature. Chevalier de la Légion d'honneur.

GOUYON DE COYPEL (LAURENT-JEAN-MARIE), représentant en 1851, né le 20 avril 1808, mort au château de la Ville-Janvier (Morbihan) le 8 février 1877, suivit la carrière militaire, fut fait, sous la Restauration, officier de la garde royale et chevalier de la Légion d'honneur, et, le 21 septembre 1851, se porta, comme légitimiste, candidat à l'Assemblée législative, en remplacement de M. Monnier, décédé. Il fut élu par 25,229 voix (28,812 votants, 74,816 inscrits), et siégea à droite, dans la majorité conservatrice, avec laquelle il vota jusqu'à la fin de la législature, sans se rallier à la politique du prince-président.

GOUYON-THAUMATZ (LOUIS-RENÉ-MICHEL-ANNE DE), député de 1815 à 1816, né à Saint-Mandez (Côtes-du-Nord) le 23 mai 1765, mort à Saint-Mandez en 1839, était, sous l'ancien régime, conseiller au parlement de Rennes. Il émigra au début de la Révolution, revint en France en 1802, se tint à l'écart sous l'Empire, et fut nommé en 1814 conseiller général des Côtes-du-Nord, en 1815 président du collège électoral de Saint-Brieuc, et, le 22 août de la même année, au grand collège, député du département des Côtes-du-Nord, par 116 voix (222 votants, 289 inscrits). M. de Gouyon-Thaumatz siégea dans la majorité de la Chambre introuvable et ne fit pas partie d'autres législatures.

GOUZILLON. — *Voy.* BELIZAL (VICOMTE DE).

GOUZY (PAUL-LOUIS-JEAN), député en 1791, membre de la Convention et député au Conseil des Cinq-Cents, né à Rabastens (Tarn) en 1763, mort à Rabastens le 11 juin 1843, était homme de loi dans sa ville natale. Le 1er septembre 1791, il fut élu premier député suppléant du Tarn à l'Assemblée législative, par 109 voix sur 208 votants. Admis à siéger le 30 juillet 1792, en remplacement de M. Audoy, démissionnaire, il vota avec la majorité, et fut réélu, le 6 septembre suivant, par le même département, membre de la Convention, le 7e sur 9, avec 220 voix sur 427 votants. Dans le procès de Louis XVI, il répondit, au 2e appel nominal, sur la question de l'appel au peuple : « Oui. » Au 3e appel nominal, sur la question de la peine : « Comme représentant du souverain, j'exprime ce que je crois être sa volonté : je vote pour la mort, mais sursise jusqu'au prononcé sur les Bourbons. » Il ne se fit pas remarquer dans l'assemblée, et entra au Conseil des Cinq-Cents, le 22 vendémiaire an IV, élu par le département du Tarn, avec 120 voix sur 215 votants. Le *Moniteur* est muet sur sa carrière législative.

GOYARD (JEAN-JOSEPH), député en 1789, et au Conseil des Anciens, né à Moulins (Allier) le 19 avril 1738, mort à une date inconnue, était, avant la Révolution, avocat au grenier à sel à Moulins. Le 26 mars 1789, il fut élu par cette sénéchaussée député du tiers aux Etats-Généraux, avec 124 voix (156 votants). Il vota silencieusement avec la majorité de la Constituante et se fit tout aussi peu remarquer au Conseil des Anciens, où le renvoya, le 23 vendémiaire an IV, le département de l'Allier, par 120 voix (214 votants). Goyard quitta cette assemblée en l'an VIII.

GOYET-DUBIGNON (ABRAHAM), député au Conseil des Anciens et au Corps législatif en l'an VIII, né à Vautortes (Mayenne) en 1747, mort à une date inconnue, fut élu, le 25 germinal an VI, député de la Mayenne au Conseil des Anciens, et ne prit que rarement la parole. Le 17 fructidor, il demanda que l'on augmentât la contribution mobilière de 10 millions; le 16 brumaire an VII, il se plaignit des journalistes qui n'avaient pu donner un compte-rendu fidèle des séances; le 11 germinal, il fit approuver les propositions de diverses assemblées primaires. Son adhésion au coup d'Etat de brumaire lui valut d'être choisi, le 4 nivôse an VIII, par le Sénat conservateur, pour député de la Mayenne au nouveau Corps législatif. Il en sortit en 1805, et rentra dans la vie privée.

GOYET-DUBIGNON (CHARLES-EDOUARD), représentant du peuple en 1848 et en 1849, né à Mayenne (Mayenne) le 12 août 1809, fils du précédent, étudia le droit, et entra dans la magistrature; il fut procureur du roi à Montbéliard, et nommé, le 19 décembre 1847, procureur du roi à Perpignan, il refusa ce poste et donna sa démission. Le gouvernement provisoire de 1848 venait de l'appeler aux fonctions de président du tribunal civil de Mayenne, quand il fut élu, le 23 avril, représentant de son département à l'Assemblée constituante, le 3e sur 9, par 60,613 voix (93,437 votants, 105,259 inscrits). D'opinions républicaines très modérées, il vota, tantôt avec la droite conservatrice, tantôt avec le parti du général Cavaignac : *pour* le rétablissement du cautionnement, *pour* les poursuites contre Louis Blanc et Caussidière, *pour* le rétablissement de la contrainte par corps, *pour* l'abolition de la peine de mort, *contre* l'amendement Grévy, *contre* le droit au travail, *pour* l'ordre du jour en l'honneur de Cavaignac, *pour* la proposition Rateau. *contre* l'amnistie, *pour* l'interdiction des clubs, *pour* les crédits de l'expédition de Rome, *contre* la mise en accusation du président et de ses ministres, *contre* l'abolition de l'impôt des boissons, etc. Il fit partie du comité de l'intérieur. Réélu, le 13 mai 1849, représentant de la Mayenne à la Législative, le 4e sur 8, par 32,405 voix (70,210 votants, 106,272 inscrits), M. Goyet-Dubignon opina avec la fraction de la majorité la moins nettement hostile aux institutions républicaines, ne se rallia pas au coup d'Etat du 2 décembre 1851, et rentra sous l'Empire dans l'opposition modérée. Candidat indépendant au Corps législatif, le 1er juin 1863, dans la 1re circonscription de la Mayenne, il obtint, sans être élu, 7,935 voix contre 17.819 au candidat officiel, M. Leclerc d'Ossonville, député sortant, réélu, et fit, après la chute de l'Empire, lors des élections du 8 février 1871 à l'Assemblée nationale, une nouvelle et inutile tentative pour rentrer au parlement: il réunit alors, dans la Mayenne, 16,043 voix sur 72,352 votants.

GOYON (CHARLES-MARIE-AUGUSTIN, COMTE DE), sénateur du second Empire, né à Nantes (Loire-Inférieure) le 13 septembre 1803, mort à Paris le 17 mai 1870, fils de Michel-Augustin comte de Goyon, qui fut gentilhomme de la chambre de Charles X, et de Antoinette-Hippolyte-Pauline de la Roche-Aymon, entra à l'Ecole militaire de Saint-Cyr, en sortit en 1821 comme sous-lieutenant au 17e régiment de chasseurs à cheval, fit la campagne d'Espagne (1823), et fut détaché comme officier d'ordonnance auprès du lieutenant général marquis de la Roche-Aymon, commandant la 10e division du 4e corps en Catalogne. Successivement lieutenant au 1er cuirassiers (1825), capitaine au même régiment

(4 juillet 1830), il passa en 1832 au 4e hussards et fut, en 1838, attaché auprès de l'ambassadeur en Espagne, le duc de Fezensac, son beau-père. A la fin de la même année, il regagna son corps, fut promu major au 1er hussards le 15 janvier 1839, fait chevalier de la Légion d'honneur en avril 1841, passa au 12e dragons en qualité de lieutenant-colonel, et fut appelé (1845) au commandement du 2e régiment de cette arme, avec lequel il prit part à la répression de l'insurrection de juin 1848. Officier de la Légion d'honneur en 1849, M. de Goyon devint général de brigade le 15 avril 1850. Il commanda en chef l'école de cavalerie de Saumur, seconda le coup d'Etat du 2 décembre, fut appelé (1853) auprès de L.-N. Bonaparte au poste d'aide-de-camp, et accompagna le président dans son voyage en Sologne, dans l'est, le sud et l'ouest de la France. Il reçut les étoiles de général de division le 5 novembre 1853, et, l'année d'après, fut chargé du commandement du camp de Lunéville, qu'il quitta en octobre 1856, pour aller à Rome à la tête de l'armée d'occupation. Des démêlés fréquents avec le pro-ministre des armes du pape, M. de Mérode, rendirent parfois sa situation difficile. Mais son attitude fut approuvée à Paris; il fut promu grand-officier de la Légion d'honneur le 8 août 1858, et, à son retour en France, fut appelé, le 25 mai 1862, à faire partie du Sénat impérial, où il vota avec les bonapartistes catholiques. Nommé (2 mars 1867) commandant du 6e corps d'armée (Toulouse), il fut placé, l'année suivante (novembre 1868) dans le cadre de réserve, par la limite d'âge, après avoir vainement réclamé d'être maintenu dans l'activité comme ayant exercé à Rome un commandement en chef.

GOYON (CHARLES-MARIE-MICHEL DE), DUC DE FELTRE, député de 1876 à 1885, né au château de Chantenay (Loire-Inférieure) le 14 septembre 1844, fils aîné du général de Goyon (*V. p. haut*) qui avait obtenu en 1864 le droit de reprendre en sa faveur le titre de duc de Feltre, étudia le droit, se fit recevoir licencié et appartint dans les dernières années du second Empire à la diplomatie, comme attaché d'ambassade à Madrid (1867), puis en Angleterre (1868). M. de La Tour d'Auvergne, ambassadeur de France à Londres, ayant été nommé ministre des [Af]faires étrangères, le jeune duc de Feltre le suivit à Paris comme attaché à la direction politique de ce département. Engagé volontaire aux guides pendant la guerre de 1870-71, il assista à plusieurs engagements, fut fait prisonnier à Metz, réussit à s'évader et devint sous-lieutenant dans un régiment de hussards. Après avoir vainement tenté, en 1875, de se faire élire représentant des Côtes-du-Nord, il fut plus heureux, le 20 février 1876, dans la 2e circonscription de Guingamp, dont il devint député par 6,142 voix sur 11,035 votants et 14,955 inscrits, contre 4,868 voix à M. Paul de Saisy, légitimiste. Il s'était présenté avec une profession de foi impérialiste. Son élection ayant été invalidée, il dut se représenter le 21 mai de la même année, et les électeurs le renvoyèrent à la Chambre par 7,038 voix (7,927 votants, 15,118 inscrits). Il siégea à droite, fit partie du groupe de l'Appel au peuple, vota *pour* le gouvernement du Seize-Mai, *contre* les 363, et fut réélu, le 14 octobre 1877, par 8,028 voix (8,315 votants, 15,164 inscrits). Il se prononça *contre* le cabinet Dufaure, *contre* l'article 7 de la loi sur l'enseignement supérieur, *contre* l'amnistie, *contre* les divers ministères de la législature, *contre* les lois nouvelles sur la presse et le droit de réunion, et obtint encore, le 21 août 1881, le renouvellement de son mandat, par 6,189 voix (6,528 votants, 15,217 inscrits). Il continua d'opiner avec la minorité conservatrice, vota *contre* la politique du gouvernement, *contre* les crédits de l'expédition du Tonkin, etc., et ne fut pas réélu en 1885. Conseiller général des Côtes-du-Nord.

GOYRE-LAPLANCHE (JACQUES-LÉONARD), membre de la Convention, dates de naissance et de mort inconnues, était moine bénédictin à Nevers au moment de la Révolution. Il embrassa les idées nouvelles, devint vicaire épiscopal de l'évêque constitutionnel de la Nièvre en 1791, et fut élu, le 8 septembre 1792, membre de la Convention par le département de la Nièvre, le 6e sur 7, avec 201 voix sur 376 votants. Il siégea à la Montagne, et, dans le procès de Louis XVI, répondit au 3e appel nominal : « Je vote pour la mort, et, par mesure de sûreté générale, je la vote pour le plus bref délai. » Il fut envoyé en mission dans la Nièvre avec Collot d'Herbois en mars 1793, puis dans le Loiret avec Maure, et dans le Cher, prononça force destitutions et arrestations, promit de « patriotiser et de républicaniser le Loiret, qui est semi-aristocrate et semi-fédéraliste », et se fit exprimer à Orléans par les « petits citoyen enfantains De la section De Lepeltier leur veux pur et simple et la grande satisfaction qu'ils ont devoir dans Lesmure de leur cité détruire les progest qui se multiploit par L'aristocratie et L'hanarchie ». Dans le Loiret et le Cher, il persécuta les prêtres et les religieuses que leur âge avait protégés contre la déportation, et qui étaient déjà détenus, parce que, « malgré les défenses les plus sévères, ils ont eu le secret de se procurer de nouveau tous les signes et les instruments de leurs orgies superstitieuses. » Quelques journaux l'ayant accusé de contributions arbitraires et d'être « une véritable sangsue », il se défendit devant le comité de salut public, qui fit approuver (20 octobre) sa conduite par la Convention, et le fit envoyer dans le Calvados et dans l'Eure. Avant de partir, comme il venait d'épouser la fille de son collègue Delaguelle, conventionnel du Loiret, il présenta sa femme à la Commune de Paris (8 brumaire), en disant : « Exempt de préjugés et de superstition, je viens faire part à la Commune du lien que j'ai contracté avec la fille d'un député montagnard comme moi. » Le conseil arrêta qu'il serait fait mention de cette déclaration avec insertion aux affiches. Après cette cérémonie, il partit pour sa nouvelle mission, se fit préparer à Caen une pompeuse réception par « toutes les autorités publiques, civiles et militaires, et déclara « qu'il venait encourager les patriotes à terrasser l'hydre du fanatisme et de la réaction, et à marcher sur les cadavres amoncelés des aristocrates, des fédéralistes, des muscadins et des royalistes ». Il s'efforça « partout de faire disparaître les prêtres comme autant de vers rongeurs », ordonna de réserver les fonctions du culte constitutionnel aux prêtres mariés, fit ses efforts pour réunir des volontaires contre la Vendée, puis se plaignit (22 novembre, d'Avranches) des « lâches volontaires qui avaient déserté leurs postes ». Après l'échec de l'armée vendéenne à Granville, il fut mis « à la tête de la colonne infernale venue du Nord pour foudroyer les rebelles »; mais il la remit bientôt au général Tureau. Les accusations dont il avait déjà été l'objet se renouvelèrent encore contre lui; de Falaise, il demanda son rappel, mais la Convention le maintint à son

poste. De Rennes, en décembre, il écrivait : « Les jugements sont fréquents et la guillotine les suit de près. » Il ne fut admis aux Jacobins qu'au retour de cette mission. La réaction qui suivit le 9 thermidor le compta parmi ses partisans. Mais de nouvelles dénonciations s'élevèrent contre lui; le département de la Nièvre notamment l'accusa d'arrestations arbitraires, de concussion, d'outrage à la morale publique parce qu'il répétait publiquement aux filles : « La République a besoin d'enfants. » Décrété d'arrestation le 22 thermidor an III, il publia, le mois suivant, un mémoire justificatif, dans lequel il reconnut « qu'il avait pu commettre quelques erreurs et avoir quelque exagération inspirée par les circonstances ». Il bénéficia de l'amnistie générale du 4 brumaire an III. Le décret du 17 floréal an IX, instituant les avoués près du tribunal de Romorantin (Loir-et-Cher), portait en tête : Laplanche (Jacques-Léonard); une note en marge du décret constate que Goyre-Laplanche refusa ces fonctions.

GOZE (JEAN), député en 1789, né à Amou (Landes) le 8 novembre 1749, date de la mort inconnue, était curé de Gaas (Landes), lorsqu'il fut élu, le 31 mars 1789, député du clergé aux États-Généraux par la sénéchaussée de Dax, Saint-Sever et Bayonne, avec 122 voix sur 208 votants; il n'eut dans l'Assemblée qu'un rôle très effacé, qui n'a pas laissé de traces au *Moniteur*.

GOZON (JEAN-LOUIS-FRANÇOIS-DIEUDONNÉ DE), député de 1824 à 1827, né à Saux (Lot) le 25 août 1780, mort à une date inconnue, était maire de sa ville natale et propriétaire, lorsqu'il fut élu, avec l'appui du gouvernement royal, le 25 février 1824, député du 2e arrondissement du Lot (Puy-l'Evêque), par 109 voix sur 113 votants et 144 inscrits. M. Gozon vota avec la majorité ministérielle et parut à la tribune. Un biographe de l'époque lui consacrait ces lignes : « Cet honorable député est beaucoup plus connu à Saux qu'à la Chambre des députés. Il fait, dit-on, du bruit dans sa commune, surtout lorsqu'il se fait appuyer dans ses fonctions par la caisse du son valet de ville. Il regrette Saux, où il est regretté quand il vient à Paris pour faire plaisir à M. de Villèle. M. Gozon pense comme César, qui disait qu'il aimerait mieux être le premier dans un village que le second à Rome. Mais si M. Gozon pense comme César, il ne parle pas comme lui. » Il ne fit pas partie d'autres législatures.

GRAEFF (MICHEL-IGNACE-AUGUSTE), ministre en 1877, né à Schlestadt (Bas-Rhin) le 11 mars 1812, entra à l'École polytechnique en 1832, passa, deux ans après, à l'École des ponts et chaussées, et devint, en 1840, ingénieur à Saverne. Comme tel, il eut à faire exécuter, pour le compte de l'État, les travaux du chemin de fer de Paris à Strasbourg, et ceux du canal de la Marne au Rhin. Promu ingénieur en chef, il exerça ses fonctions dans la Meurthe où il connut le maréchal de Mac-Mahon, puis dans la Loire et dans le Nord. Chevalier de la Légion d'honneur depuis le 7 août 1859, et officier du même ordre le 14 août 1861, il fut nommé, le 2 mai 1869, inspecteur général des ponts et chaussées de 2e classe. Estimé des spécialistes comme un ingénieur de mérite, il s'était signalé à l'attention par deux ouvrages techniques: *Construction des canaux et des chemins de fer* (1861), et *Appareil et construction des ponts biais* (1867), avait été, le 5 mars 1875, élevé à la première classe de son grade et ne s'était jamais mêlé à la politique militante, lorsqu'il fut, en raison de ses opinions conservatrices, désigné par le maréchal de Mac-Mahon pour prendre, dans le cabinet de résistance présidé par M. de Rochebouët (23 novembre 1877), le portefeuille des Travaux publics, à la place de M. Pàris. Le passage aux affaires de M. Graëff fut de courte durée : la Chambre des députés ayant accueilli le cabinet dont il faisait partie par un vote de défiance et par le refus formel d'entrer en communication avec lui, les ministres prirent, le 13 décembre suivant, le parti de se retirer. M. Graëff n'eut plus, par la suite, aucun rôle politique. Il rentra au conseil général des ponts et chaussées.

GRAFFAN (Joseph-Sauveur-Jacques), député en 1789, né à Thuir (Pyrénées-Orientales) le 6 août 1757, mort à une date inconnue, étudia le droit ; il avait le titre de licencié en droit lorsqu'il fut envoyé (30 avril 1789), par la province du Roussillon, comme député du tiers aux Etats-Généraux, où il passa inaperçu.

GRAIMBERT DE BELLEAU (Gilles-François, comte), député en 1789, né à Belleau (Aisne) le 28 mars 1748, mort à Belleau le 4 mai 1823, appartenait à une ancienne famille de gentilshommes. Il était lieutenant des maréchaux de France, lorsqu'il fut élu, le 13 mai 1789, député de la noblesse du bailliage de Château-Thierry aux Etats-Généraux, par 52 voix sur 73 votants. Il siégea dans la minorité de son ordre, et déposa, le 30 juin 1789, la déclaration suivante :

« Le soussigné, député du bailliage de Château-Thierry pour l'ordre de la noblesse, déclare que ses pouvoirs ne lui permettent de voter par tête que sur le seul objet de l'impôt, dans la présente assemblée des Etats-Généraux ; il déclare en même temps qu'il a déjà écrit à ses commettants pour étendre ses pouvoirs sur les autres objets qui seront mis en délibération dans cette auguste assemblée dans laquelle il restera seulement avec voix consultative, jusqu'à ce qu'il ait reçu de ses commettants de nouveaux pouvoirs, qui le mettent à même de coopérer avec succès au grand œuvre de la régénération de la commune patrie, ainsi que le soussigné en a le plus ardent désir. Il demande acte de la présente déclaration. A Versailles, ce 30 juin 1789. Graimbert de Belleau, député de la noblesse du bailliage de Château-Thierry. »

Désapprouvant la marche des événements, il donna sa démission de député le 8 juillet 1791, émigra, et, rentré en France sous le premier Empire, se retira à Belleau, où il vécut dans la retraite jusqu'à sa mort.

GRAMMONT (Alexandre-Marie-François-de-Sales-Théodule, marquis de), député de 1815 à 1822, et de 1827 à 1839, né à Saint-Maurice-les-Couches (Saône-et-Loire) le 15 décembre 1766, mort au château de Villersexel (Haute-Saône) le 19 mai 1841, issu d'une ancienne famille noble, qui tire son nom d'un château fort situé entre Vesoul et Montbéliard et ruiné par Louis XI, débuta de bonne heure dans la carrière militaire, entra à seize ans dans le régiment de la reine (cavalerie) comme sous-lieutenant, et, trois ans après, fut promu capitaine dans le même régiment. La Révolution ne le compta pas longtemps parmi ses partisans. Entré simple grenadier dans la garde nationale de Paris, il fut attaché au bataillon des Filles-Saint-Thomas qui défendit les Tuileries le 10 août 1792, reçut, dans cette journée, une légère blessure à la jambe gauche, et vécut, sous le régime révolutionnaire comme sous l'Empire, éloigné des affaires publiques : il fut seulement, en 1812, nommé président du collège électoral de la Haute-Saône. Dévoué, pendant la Restauration, au système de la monarchie constitutionnelle, il fut chargé en 1814, comme conseiller général de la Haute-Saône, de présenter une adresse à Louis XVIII ; le 22 août 1815, le collège de ce département le nomma député par 121 voix (205 votants, 261 inscrits). Il appartient à la minorité de la Chambre introuvable, et, successivement réélu, le 4 octobre 1816 par 121 voix (185 votants, 252 inscrits), et le 20 novembre 1818 par 348 voix (425 votants, 571 inscrits), il ne cessa de voter avec l'opposition libérale qui s'appuyait sur la Charte. Les élections de 1822 ne lui furent pas favorables : il échoua d'abord le 13 novembre dans le 2e arrondissement de la Haute-Saône (Vesoul), avec 128 voix contre 134 à M. Galmiche, élu, et, huit jours après, le 20 novembre, ne fut pas plus heureux au collège de département, qui lui donna 58 voix contre 75 à M. Bressand de Raze, élu. Sans plus de succès, il se représenta dans le 2e arrondissement, le 25 février 1824, et n'y réunit que 70 voix contre 190 à M. Petitperrin, élu. Il reparut à la Chambre lors des élections du 17 novembre 1827 : élu député de Vesoul, avec 122 voix (222 votants, 267 inscrits), contre 100 à M. de Villeneuve, il reprit sa place dans l'opposition constitutionnelle, combattit le ministère Polignac, vota l'adresse des 221, obtint sa réélection, le 23 juin 1830, par 142 voix (220 votants, 245 inscrits), contre 75 à M. Brusset, et adhéra à la révolution de 1830, ainsi qu'à l'avènement de Louis-Philippe. Mais son goût pour l'indépendance le rejeta bientôt dans l'opposition dynastique. Réélu, le 5 juillet 1831, par le 3e collège de la Haute-Saône (Lure) avec 137 voix sur 138 votants et 169 inscrits, puis le 21 juin 1834, avec 84 voix sur 120 votants et 187 inscrits et enfin, le 4 novembre 1837, avec 99 voix sur 164 votants et 189 inscrits, il vota souvent avec la gauche et se montra opposé à la plupart des projets de loi ayant pour but de restreindre la liberté publique ou individuelle. Il mourut dans son château de Villersexel en 1841. Le marquis de Grammont était le beau-frère de La Fayette. Sa fille épousa le comte Félix de Mérode.

GRAMMONT (Ferdinand, marquis de), député de 1839 à 1848, représentant en 1848 et 1849, député au Corps législatif de 1852 à 1870, représentant en 1871, né à Villersexel (Haute-Saône) le 6 juin 1805, mort à Paris le 7 juin 1889, fils du précédent, riche propriétaire et maître de forges à Villersexel, entra dans la vie parlementaire le 2 mars 1839, comme député du 3e collège de la Haute-Saône, élu par 128 voix sur 196 votants et 231 inscrits. Conformant ses idées politiques à celles de son père, il vota généralement à la Chambre avec l'opposition dynastique, fut réélu député le 9 juillet 1842, avec 130 voix (198 votants, 234 inscrits), contre 66 à M. de Courchamp, se prononça contre l'indemnité Pritchard, pour la réforme électorale, obtint encore sa réélection le 1er août 1846, par 117 voix (219 votants, 231 inscrits), contre 102 à M. Marquiset, et continua de voter jusqu'à la fin du règne avec la fraction la plus modérée de la gauche. Il ne signa pas la demande de mise en accusation du ministère Guizot. Rallié, après février 1848, aux opinions purement conservatrices, il fut, le 23 avril, désigné le 1er sur 9, par 68,620 voix, pour représenter la Haute-Saône à l'Assemblée constituante. M. de Grammont siégea alors à droite et vota : *pour* le rétablissement du cautionnement, *pour* les poursuites contre Louis Blanc et Caussidière, *pour* le rétablissement de la contrainte par corps, *contre* l'amendement Grévy, *contre* le droit au travail, *pour* la proposition Rateau, *contre* l'amnistie, *pour* l'interdiction des clubs, *pour* les crédits de l'expédition de Rome, *contre* l'abolition de l'impôt des boissons, etc. Réélu, quoi qu'en aient dit la plupart de ses biographes, représentant de la Haute-Saône à la Législative, le 13 mai 1849, avec 33,087 voix (63,844 votants, 98,904 inscrits), M. de Grammont s'associa à tous les votes de la majorité antirépublicaine de cette assemblée, puis se rallia à la politique présidentielle de L.-N. Bonaparte, se déclara pour le coup d'État, et accepta, lors des élections au Corps législatif du 29 février 1852, le patronage du gouvernement : il fut élu député de la 3e circonscription de la Haute-Saône, par 20,861 voix (21,560 votants, 37,580 inscrits), prit part au rétablissement de l'Empire, et soutint constamment le pouvoir de ses votes, ayant obtenu successivement sa réélection : le 22 juin 1857 par 26,046 voix (26,172 votants, 34,916 inscrits), le 1er juin 1863 par 20,817 voix (22,978 votants, 37,109 inscrits), et le 24 mai 1869 par 17,067 voix (31,541 votants, 38,435 inscrits), contre 11,447 à M. Ricot et 2,947 à M. Hérisson. Toutefois l'indépendance relative de son attitude dans certaines questions avait enlevé, en 1863, à M. de Grammont, le patronage officiel, bien qu'il eût voté la loi de sûreté générale ; en 1869, l'administration alla jusqu'à le combattre. M. de Grammont fut, dans la courte session de juillet 1869, parmi les signataires de la demande d'interpellation des 116 ; il soutint ensuite l'empire libéral. Sa réélection au conseil général de la Haute-Saône dans les dernières années du règne avait été obtenue également malgré le préfet du département. Après la guerre, M. de Grammont posa sa candidature monarchiste dans la Haute-Saône et fut élu représentant à l'Assemblée nationale, le 8 février 1871, le 3e sur 6, par 23,414 voix (34,563 votants, 93,897 inscrits). Il prit place à droite, vota *pour* la paix, *pour* les prières publiques, *pour* l'abrogation des lois d'exil, *pour* la démission de Thiers au 24 mai 1873, *pour* la loi des maires, *pour* l'état de siège, *contre* les lois constitutionnelles. Il ne prit la parole qu'une fois ; ce fut pour protester, avec une vivacité singulière, contre l'emploi par M. Le Royer, représentant de la gauche, du mot *bagage parlementaire*, où il crut voir une inconvenance. La droite s'étant bruyamment associée à cette manifestation, il s'ensuivit entre elle et M. Jules Grévy, alors président de l'Assemblée, des explications et un conflit qui entraîna la démission de celui-ci. M. de Grammont fut, sans succès, candidat aux élections sénatoriales du 30 janvier 1876 : il réunit dans la Haute-Saône 300 voix sur 644 votants, et rentra alors dans la vie privée jusqu'à sa mort (1889). Conseiller général de la Haute-Saône pour le canton de Villersexel.

GRAMMONT (DE). — *Voy.* DELMAS.

GRAMONT (ANTOINE-LOUIS-MARIE DE), DUC DE GUICHE, pair de France, né à Paris le 17 août 1755, mort à Paris le 28 août 1836, était, à la Révolution, capitaine aux gardes du corps, et gendre de la duchesse de Polignac. Il émi-

gra avec sa famille en Angleterre, où il servit au 10e hussards ; il y était connu sous le simple nom de capitaine *Gramont*. Rentré en France avec le duc d'Angoulême, dont il fut le premier aide-de-camp, il devint successivement pair de France (4 juin 1814), général de division (8 août 1814), gouverneur de la 11e division militaire (30 septembre 1814). Aux Cent-Jours il se retira en Espagne après l'affaire de Pont-Saint-Esprit. Lors du procès du maréchal Ney, il fit une déposition relativement modérée, mais vota pour la mort ; par la suite, il défendit les prérogatives de la royauté plutôt que les libertés octroyées. Après la révolution de juillet, il ne refusa pas le serment au nouveau gouvernement, et resta à la Chambre haute jusqu'à sa mort.

GRAMONT (ANTOINE-AGÉNOR-ALFRED DE), PRINCE DE BIDACHE, DUC DE GUICHE, ministre, né à Paris le 14 août 1819, chef de la maison de Gramont, entra à l'École polytechnique en 1837, fut sous-lieutenant élève à l'École d'application de Metz (1839), et donna sa démission en 1840. Marié à la fille d'un riche négociant anglais, il se lia avec le prince Louis-Napoléon, et fut, après le coup d'État de 1851, envoyé successivement, en qualité de ministre plénipotentiaire, à Cassel, à Stuttgard (1852), à Turin (avril 1853). Il négocia l'entrée du Piémont dans l'alliance franco-anglaise contre la Russie, et fut nommé ambassadeur à Rome en 1857 ; mais ses sympathies pour la cour de Sardaigne lui firent à la cour pontificale et auprès du cardinal Antonelli une situation difficile, et, à la fin de 1861, il fut nommé ambassadeur à Vienne, où il resta jusqu'au 15 mai 1870, époque à laquelle un décret impérial l'appela au ministère des Affaires étrangères. L'empereur François-Joseph lui remit la grand'croix de diamant de Saint-Étienne. Son entrée au pouvoir sembla indiquer une nouvelle direction politique. A propos du projet de percement du Saint-Gothard, faisant allusion à quelques phrases ambiguës du comte de Bismarck, M. de Gramont déclara que « les sentiments patriotiques de la France n'avaient pas besoin d'être tenus en éveil ». Il avait sans doute à cœur l'échec de notre diplomatie dans l'affaire du Luxembourg, car lorsqu'il dut répondre à l'interpellation de M. Cochery relative à la candidature du prince Léopold de Hohenzollern au trône d'Espagne, il affirma (6 juillet 1870) que le gouvernement impérial « saurait empêcher toute rupture de l'équilibre européen qui menacerait la France, sans compensations légitimes ». Les négociations, entamées à Ems par notre ambassadeur M. Benedetti, avaient abouti à une renonciation spontanée du prince Léopold, approuvée par le roi de Prusse en sa qualité de chef de la maison de Hohenzollern. M. de Gramont ne jugea pas cette concession suffisante ; il demanda que le roi Guillaume s'engageât à n'autoriser aucun prince de sa maison à accepter la couronne d'Espagne ou « toute autre que les éventualités d'un pays en révolution pourraient lui faire offrir ». Le roi de Prusse refusa de prendre cet engagement et déclara à notre ambassadeur qu'il n'avait plus rien à lui communiquer relativement à cette affaire. Une dépêche relatant ce dernier incident servit de prétexte à la rupture des négociations. Cette dépêche, qui annonçait que M. Benedetti avait été congédié par le roi de Prusse, fut tenue pour officielle par M. de Gramont qui s'en servit pour la déclaration faite, le 15 juillet 1870, au Corps législatif et au Sénat, déclaration qui entraînait la guerre avec la Prusse. L'opposition, et M. Thiers particulièrement, insista pour avoir communication de cette dépêche. A la commission nommée pour entendre ses explications, M. de Gramont répondit : « J'avais chez moi l'ambassadeur d'Autriche et le ministre d'Italie. J'espère que la commission ne m'en demandera pas davantage. » Quelques jours plus tard, il plaçait le territoire pontifical sous la garantie de la convention du 15 septembre 1864, et annonçait en même temps à la cour de Rome que le corps français d'occupation allait être rappelé. Le 9 août suivant, il tomba avec le ministère Ollivier. M. de Gramont a expliqué à plusieurs reprises son rôle politique dans ces graves événements, mais chaque fois il a rencontré de nombreux contradicteurs : le maréchal Lebœuf à la commission d'enquête, M. de Beust à propos de l'alliance avec l'Autriche, MM. E. Ollivier, Rouher, le général Montauban relativement à la lettre sur les responsabilités de la guerre de 1870, le prince Napoléon à propos des articles parus en 1878 dans la *Revue de France* et signés Andréas Mercier. On a de lui : *La France et la Prusse avant la guerre* (Paris, 1872). Officier de la Légion d'honneur (décembre 1850), commandeur (3 juin 1857), grand-officier (28 juin 1860), il fut fait grand'croix le 14 août 1866. Conseiller général du canton de Bidache (Basses-Pyrénées).

GRAMONT (Emmanuel-Marie-Pierre-Isidore de), duc de Caderousse, pair de France, né à Paris le 25 juin 1783, mort à Paris le 25 octobre 1841, s'engagea dans l'armée impériale, fit les campagnes d'Allemagne et d'Espagne, fut créé comte de l'Empire (9 septembre 1810) et se distingua à la retraite de Russie, où il commandait le bataillon sacré. A la Restauration, une ordonnance royale de 1826 le confirma dans son titre de duc. Après la révolution de juillet, il fut créé (19 novembre 1831) pair de France et maréchal-de-camp.

GRAMONT D'ASTER (Antoine-Louis-Raymond-Geneviève, comte de), député de 1815 à 1816 et pair de France, né à Paris le 24 juillet 1787, mort à Fort-de-France (Martinique) le 26 juillet 1825, chef de la branche des Gramont-d'Aster, n'alla pas en émigration. Il s'engagea dans l'armée impériale, et se distingua à la bataille de la Moskowa où il fut fait lieutenant et décoré de la Légion d'honneur. Ce fut lui qui apporta à Louis XVIII, en 1814, la nouvelle de son rétablissement; il reçut, à cette occasion, un brevet de lieutenant-colonel et prit rang dans la compagnie des gardes du corps, dite de Gramont, que commandait son cousin, le duc de Gramont. Président du collège électoral des Basses-Pyrénées, il fut élu député à la Chambre introuvable (22 août 1815), par le collège de département des Basses-Pyrénées, avec 94 voix (146 votants, 226 inscrits); il vota avec la majorité. Colonel de la légion des Basses-Pyrénées, chevalier de Saint-Louis en 1817, il fut nommé pair de France, le 5 mars 1819. Sa légion étant devenue le 49e d'infanterie (1824), il fut envoyé avec lui à la Martinique, où il mourut de la fièvre jaune, contractée en donnant des soins à ses soldats.

GRAMONT D'ASTER (Antoine-Eugène-Amable-Stanislas, comte de), pair de France, né à Rouen (Seine-Inférieure) le 8 mars 1814, mort à Paris le 11 janvier 1885, fils du précédent, entra dans la diplomatie, et devint, en 1839, secrétaire d'ambassade à Londres auprès du maréchal Sébastiani. Cette même année (16 avril), il fut admis, ayant atteint l'âge légal, à siéger à la Chambre des pairs à titre héréditaire, en remplacement de son père. Après la révolution de 1848, il vécut dans la retraite, s'occupant de faire valoir ses propriétés des Hautes-Pyrénées; il mourut des suites d'un accident de chasse.

GRAND (Bernard), député au Conseil des Cinq-Cents, représentant à la Chambre des Cent-Jours, né à Thenon (Dordogne) le 8 juillet 1764, mort à Forcalquier (Basses-Alpes) le 13 janvier 1848, remplit pendant la Révolution les fonctions d'administrateur du département de la Dordogne, et fut élu, le 26 germinal an VII, député de ce département au Conseil des Cinq-Cents. Après le 18 brumaire, Grand devint sous-préfet de Sarlat, puis juge suppléant au tribunal civil de Périgueux. Il reparut comme représentant de cet arrondissement à la Chambre des Cent-Jours, élu, le 13 mai 1815, par 72 voix (106 votants, 181 inscrits), contre 23 à M. Audebert, procureur impérial, et ne fit pas partie d'autres assemblées.

GRAND (Etienne-Antoine-Pierre), représentant à la Chambre des Cent-Jours, né à Saint-Affrique (Aveyron) le 30 août 1769, mort à une date inconnue, était négociant à Montpellier. Le 7 mai 1815, il fut élu, par le collège du Gard, « représentant du commerce et de l'industrie » à la Chambre des Cent-Jours avec 60 voix sur 68 votants. Il y passa inaperçu.

GRAND DE CHAMPROUET (Raymond), député à l'Assemblée constituante de 1789, né à Briançon (Hautes-Alpes) le 18 novembre 1740, mort à une date inconnue, était assesseur au bailliage de Briançon, lorsqu'il fut élu, le 6 janvier 1789, député-suppléant du clergé aux Etats-Généraux par la province du Dauphiné. Grand de Champrouet fut admis à siéger en titre dans l'Assemblée le 30 décembre de la même année, en remplacement de Mounier, démissionnaire; mais son rôle fut moins actif que celui de son prédécesseur, car le *Moniteur* ne mentionne pas son nom.

GRANDET (Joseph-Marie), représentant du peuple en 1848, né à Rodez (Aveyron) le 10 février 1787, mort à Rodez le 25 janvier 1875, était le fils d'un ouvrier. A force de travail il se fit recevoir avocat, acquit une belle situation d'avocat consultant au barreau de Rodez, fut le défenseur d'un des accusés dans l'affaire Fualdès, et devint conseiller d'arrondissement et conseiller municipal de Rodez. Le 23 avril 1848, il fut élu représentant de l'Aveyron à l'Assemblée constituante, le 1er sur 10, par 69,490 voix sur 90,119 votants et 105,448 inscrits. Il fit partie de la majorité, fut membre du comité des cultes, et vota *pour* le décret sur les clubs, *contre* les poursuites contre L. Blanc et Caussidière, *contre* l'impôt progressif, *contre* l'incompatibilité des fonctions, *contre* l'amendement Grévy, *contre* la sanction de la Constitution par le peuple, *pour* l'ensemble de la Constitution, *pour* la proposition Rateau, *pour* l'interdiction des clubs, *pour* l'expédition de Rome, *contre* la demande de mise en accusation du président et des ministres. Non réélu à la Législative, il rentra dans la vie privée.

GRANDIN (François-Marie-Christophe),

député en 1789, né à Exmes (Orne) le 16 avril 1755, mort à Ernée (Mayenne) le 24 mars 1823, fit ses études et prit ses grades à l'université de Caen. Nommé curé d'Ernée en 1787, il assista, en 1788, au synode diocésain du Mans et à l'assemblée de l'ordre du clergé réunie dans cette même ville au mois de mars 1789 pour rédiger ses doléances et choisir les députés. Il prit partie pour le bas clergé, ce qui lui valut d'être élu, le 25 mars suivant, député du clergé aux Etats-Généraux pour la sénéchaussée du Maine. Mais le spectacle de l'effervescence qui régnait à Paris calma ses premières ardeurs; il demeura avec la minorité de son ordre jusqu'au 27 juin, date à laquelle le roi autorisa la réunion des trois ordres. Il prit la parole pour combattre le mandat impératif, pour s'opposer à ce que la Déclaration des droits de l'homme fût placée en tête de la constitution, « parce que cette Déclaration ne serait pas entendue de toutes les classes de citoyens, et qu'on pourrait en abuser. » Devenu, le 20 août, membre du comité ecclésiastique, il combattit la constitution civile du clergé, et déclara qu'il ne prêterait le serment que lorsque le pape l'autoriserait. Après la législature, il retourna à Ernée, où il vaqua aux soins de son ministère. Dénoncé pour avoir dit la messe dans une église non autorisée (il n'avait pas prêté serment), il chercha à se cacher, émigra et fut attaché jusqu'en 1801 à l'armée de Condé en qualité d'aumônier. Rentré en France cette même année, il fut nommé, le 13 floréal an XI, curé de Pré-en-Pail, donna sa démission en 1820 pour raison de santé, et alla mourir dans la commune où il avait été primitivement curé; il était chanoine honoraire des diocèses de Séez et du Mans.

GRANDIN (PIERRE-MICHEL-VICTOR), député de 1839 à 1848, représentant en 1848 et en 1849, né à Elbeuf (Seine-Inférieure) le 21 décembre 1797, mort à Paris le 25 août 1849, issu d'une famille de riches industriels, fonda à Elbeuf, avec ses deux frères, un vaste établissement pour le filage, la teinture et le tissage de la laine. Membre du conseil général des manufactures et du conseil général de la Seine-Inférieure, il fut élu député, le 2 mars 1839, par le 4e collège de la Seine-Inférieure (Rouen), avec 477 voix (944 votants, 991 inscrits). Réélu, le 9 juillet 1842, par 598 voix (951 votants, 1,202 inscrits); contre 344 à M. Sevaistre, et, le 1er août 1846, par 845 voix (888 votants, 1,384 inscrits), il prit place dans les rangs de l'opposition constitutionnelle et vota contre l'agiotage, pour le système protecteur, pour l'exploitation des chemins de fer par l'Etat, contre l'indemnité Pritchard et pour la proposition sur les députés fonctionnaires. Quatre fois il obtint l'annulation de l'élection de Charles Laffitte à Elbeuf, parce qu'elle était le prix d'une promesse de concession de chemin de fer. Le 23 avril 1848, il fut élu représentant de la Seine-Inférieure à l'Assemblée constituante, le 9e sur 19, par 130,004 voix; il fit partie du comité du commerce et de l'industrie, prit plusieurs fois la parole, vota pour le bannissement de la famille d'Orléans, pour le décret sur les clubs, pour les poursuites contre L. Blanc et Caussidière, contre l'abolition de la peine de mort, contre l'impôt progressif, contre l'incompatibilité des fonctions, contre la sanction de la Constitution par le peuple, pour l'ensemble de la Constitution, pour la proposition Rateau, pour l'expédition de Rome. Réélu par le même département à la Législative, le 13 mai 1849, le 3e sur 16, avec 94,042 voix (146,223 votants, 213,301 inscrits), il siégea dans la majorité monarchiste et mourut du choléra au début de la législature.

GRANDJEAN (CHARLES-LOUIS-DIEUDONNÉ, COMTE), député de 1821 à 1824, né à Nancy (Meurthe) le 29 décembre 1768, mort à Nancy le 15 septembre 1828, issu d'une ancienne famille de magistrats, obtint à l'université de Gœttingue le diplôme de docteur en droit. Revenu en France dès les débuts de la Révolution, dont il était partisan, il fut nommé commandant de la garde nationale du district de Château-Salins, assista à la fête de la fédération, entra dans la garde constitutionnelle de Louis XVI et, en 1792, devint sous-lieutenant au 105e régiment d'infanterie alors à l'armée du Rhin sous Custine. En 1793, adjudant de Desaix dont il fut l'ami, adjudant-général chef de brigade (12 mai 1796), général de brigade, après avoir emporté de vive force une redoute autrichienne à Pastringo (1799), deux fois blessé à la Trebbia, il mérita par sa brillante conduite à Hohenlinden d'être promu général de division par Moreau sur le champ de bataille. Ce grade ne lui fut confirmé qu'en l'an XII, en même temps qu'il reçevait (19 frimaire) la croix de chevalier de la Légion d'honneur, et (25 prairial suivant) celle de commandeur. En 1807, il fut mis à la tête des troupes devant Stralsund, et fut envoyé en 1808 à l'armée d'Espagne, où il assista (1809) au siège de Saragosse; deux fois blessé à Wagram, créé baron de l'Empire le 31 janvier 1810, décoré de la Couronne de fer en 1812, il prit part à la campagne de Russie en qualité de commandant d'une division du 10e corps et, échappé par miracle à la lance des Cosaques et aux glaces de la Bérézina, se réfugia à Dantzig dont il soutint le siège en 1813. Nommé par Louis XVIII comte et chevalier de Saint-Louis (13 août 1814), attaché pendant les Cent-Jours au 5e corps de l'armée du Rhin, il fut pour ce fait mis en disponibilité à la seconde Restauration. Le 1er octobre 1821, il fut élu député dans le 3e arrondissement électoral de la Meurthe (Château-Salins), avec 93 voix sur 163 votants et 215 inscrits. Il siégea parmi les membres de l'opposition libérale et défendit énergiquement la cause de ses anciens compagnons d'armes. Il fut admis à la retraite, le 16 février 1827, comme lieutenant-général.

GRANDMAISON (JOSEPH-MARIE-JEAN JOUYE DE), député au Conseil des Cinq-Cents, né à Fort-Royal (Martinique) le 16 mai 1762, mort dans son domaine de la Haudine au Haillan, commune d'Eysines (Gironde) le 16 janvier 1839, fils de Joseph-Jacques-Jean Jouye de Grandmaison, chevalier de Saint-Louis, aide-major de milice au bataillon du Fort-Royal de la Martinique et garde-magasin principal d'artillerie de cette ville, et de dame Marie-Jeanne Parent. D'ancienne noblesse de Touraine, sa famille s'était établie vers 1750 à la Martinique, où elle se compte encore en nombreux représentants; il était l'aîné de dix-huit enfants et fut envoyé de bonne heure à Paris pour faire ses études et son droit. Reçu avocat, il revint à la Martinique, et fut élu, en 1793, premier secrétaire de l'assemblée coloniale connue sous le nom d'assemblée représentative de la Martinique. Lors de l'arrivée du général vicomte de Rochambeau, il le soutint énergiquement, s'enferma avec lui au Fort-Royal, et, lorsque les Anglais se furent emparés de la colonie, dénoncé au vainqueur par les plantenrs, fut sauvé par Rochambeau qui l'emmena parmi les personnes de sa suite, après lui avoir donné un brevet d'officier d'artillerie. Grandmaison se fixa à Bordeaux. Une demande de passeport, adressée le 3 fructidor an III au conseil général de la commune de Bordeaux, « par le citoyen Grandmaison, déporté de la Martinique par les Anglais, pour aller aux colonies françaises par voie des pays neutres, » prouve qu'il songeait alors à quitter la France. Mais il ne donna pas suite à ce projet, fut nommé commissaire principal au bureau de la police générale de Bordeaux, et fut élu, le 26 germinal an VI, député de la Gironde au Conseil des Cinq-Cents, par 212 voix sur 245 votants. Bernadau, en notant cette élection dans ses *Tablettes manuscrites*, dit de Grandmaison : « déporté, qui passe pour le plus fort motionneur de nos clubs. » Grandmaison joua, en effet, un rôle des plus actifs au Conseil des Cinq-Cents. Le 26 messidor an VI, il demanda le renvoi des fêtes religieuses au décadi : « Quoi, dit-il, tandis que le grand-prêtre de Rome, attaqué depuis si longtemps par la philosophie et détrôné par nos braves défenseurs, est obligé de porter de lieux en lieux sa piété vagabonde, ses ministres osent encore exercer parmi nous un insolent despotisme : ils défendent de travailler le dimanche, et empêchent les ouvriers catholiques de s'occuper ce jour-là dans les ateliers des théophilanthropes, qui ne célèbrent que le décadi ! » Le 19 thermidor suivant, il s'opposa à la défense d'imprimer le calendrier grégorien; présenta (22 nivôse an VII) une motion sur les moyens d'assurer le partage équitable des prises maritimes; fut élu (1er messidor) secrétaire du Conseil; attaqua (17 thermidor) le rapport de Fouché contre les sociétés politiques : « Le rapport, dit-il, est faux et calomnieux; je vois le signal d'une réaction nouvelle; mais je jure, par les dangers de la patrie, que les républicains ne se laisseront pas égorger et sauront résister aux royalistes dont les bandes s'organisent contre eux. » Le 28, il se plaignit encore des persécutions exercées contre les républicains : « Je reconnais plus positivement, dit-il, un parti terrifiant qu'un parti terroriste; je vois une puissance secrète qui s'attache à persécuter les républicains et à diviser les membres du conseil; je veux que l'on perce les ténèbres qui enveloppent l'ordre par lequel la garde législative a été mise à la disposition du général Lefebvre, et propose de charger la commission des inspecteurs de prendre tous les renseignements à cet égard et d'en faire un rapport. » Les 2 et 12 vendémiaire an VIII, il prononça d'importants discours sur le recrutement et l'avancement des officiers de marine, et fut adjoint au comité de la marine. Très hostile au coup d'Etat de Bonaparte, il demanda, dans la célèbre séance du 19 brumaire, que le conseil renouvelât son serment à la Constitution, lui fit jurer à l'unanimité de s'opposer à toute espèce de tyrannie, blâma la nomination de Bonaparte, faite la veille, au commandement de la force armée, et, lorsque celui-ci entra dans la salle des séances, « fut, dit un témoin oculaire, parmi ceux qui firent le plus d'efforts pour fendre la foule, arriver jusqu'à lui et l'atteindre. » Aussi fut-il, le soir même, au nombre des députés exclus de la représentation nationale. Envoyé en outre en surveillance à la Rochelle, il fut remis en liberté par un décret du 13 nivôse an VIII. Il renonça alors complètement à la vie politique et se retira dans son domaine de la Haudine, près Bordeaux, où

il fut connu, jusqu'à sa mort; sous le nom de « Grandmaison le Juste. » Il a laissé, en manuscrits, d'importantes notes sur la Révolution et principalement sur le coup d'Etat du 18 brumaire.

GRANDPERRET (MICHEL-ETIENNE-ANTHELME-THÉODORE), ministre, sénateur inamovible de 1877 à 1889, né à Caluire (Rhône) le 25 janvier 1818, mort à Paris le 7 janvier 1890, fils d'un professeur de Lyon qui devint inspecteur de l'enseignement primaire dans cette ville, étudia le droit à Paris, et retourna à Lyon en 1844 pour se faire inscrire au barreau. Lauréat, puis membre de l'Académie de Lyon, qui avait, à deux reprises, couronné ses premiers essais d'histoire locale et de littérature, il donna vers la même époque quelques articles au *Courrier de Lyon*, où il écrivait le feuilleton des théâtres, et au *Journal du Rhône*, dont son père avait été le directeur. M. Grandperret entra dans la magistrature en 1849, comme substitut au tribunal de première instance de Lyon. Attaché (1852) au parquet de la cour de la même ville, il devint successivement avocat général à Bourges (1855), à Toulouse (1859), procureur général à Orléans (1861), où il se lia avec Mgr Dupanloup. Il occupait ce poste depuis six ans lorsqu'il fut appelé, en 1867, à remplacer M. de Marnas comme procureur général à Paris, et fut nommé, peu après, conseiller d'Etat en service ordinaire hors section. L'année suivante il reçut la croix de la Légion d'honneur. Parmi les causes célèbres qui contribuèrent à le mettre en évidence, l'affaire Troppmann (décembre 1869) fut pour lui l'occasion d'un réquisitoire remarqué. Ce fut également lui qui fut désigné pour remplir les fonctions de procureur général près la haute cour de justice convoquée à Tours, le 21 mai 1870, pour juger le prince Pierre Bonaparte accusé d'homicide sur la personne de Victor Noir. Impérialiste ardent, il fit preuve pendant les débats de cette affaire et dans son réquisitoire, d'un zèle singulier pour les intérêts de la famille Bonaparte, et ce ne fut pas sans quelque surprise qu'on l'entendit appeler les avocats de la famille Noir « les avocats de la défense ». Auteur du rapport adressé le 5 mai au garde des sceaux sur le « complot » contre la vie de l'Empereur, complot dont la découverte précéda de très peu le plébiscite, il fut encore nommé procureur général près la haute cour convoquée à Blois à cette occasion (juillet). L'instruction de cette affaire était à peine terminée que la nouvelle de la défaite de Wissembourg vint détourner l'attention générale, au point que M. Grandperret renonça à la parole ainsi que les défenseurs des accusés, et que le verdict fut prononcé sans plaidoiries. Dans les dernières semaines de l'Empire, à la suite de la démission de M. Emile Ollivier, M. Grandperret accepta à sa place le portefeuille de la Justice (ministère Palikao, 10 août 1870). Il n'exerça ces fonctions que jusqu'à la révolution du 4 septembre. Il s'inscrivit alors de nouveau au barreau de Paris où son réel talent de parole lui permettait d'espérer encore des succès : nette, claire, mesurée, toujours égale, sans frémissement, sans émotion, l'éloquence de M. Grandperret était bien celle d'un accusateur public, toujours et fatalement appelé à requérir le châtiment, jamais à invoquer la pitié. Après s'être tenu à l'écart de la politique active pendant plusieurs années, il y rentra le 15 novembre 1877, ayant été élu, par la coalition des droites de la Chambre haute, sénateur inamovible, avec 141 voix sur 281 votants, en remplacement de M. Lepetit, décédé. M. Hérold, de la gauche, ayant fait observer le lendemain que la majorité requise n'avait pas été atteinte, cette élection fut annulée, et remise, pour un nouveau scrutin, au 24 du même mois. M. Grandperret fut alors définitivement nommé par 143 voix (279 votants), contre 135 à M. Victor Lefranc, candidat républicain. Il prit place dans le groupe de l'Appel au peuple et parut quelquefois à la tribune, notamment pour combattre, d'ailleurs sans succès, l'adoption du projet de loi d'amnistie pour les délits de presse, présenté par Dufaure ; il parla aussi contre l'abolition du serment religieux prescrit aux témoins par le code d'instruction criminelle (janvier 1883), et vota constamment avec la droite, contre les lois Ferry sur l'enseignement, contre l'article 7, contre l'application des lois aux congrégations, contre la réforme du personnel de la magistrature, contre le rétablissement du divorce, contre les divers ministères qui se succédèrent au pouvoir, contre l'expulsion des princes, contre la nouvelle loi militaire et, en dernier lieu, contre le rétablissement du scrutin d'arrondissement (13 février 1889), contre le projet de loi Lisbonne restrictif de la liberté de la presse, contre la procédure à suivre devant le Sénat contre le général Boulanger. Comme avocat, dans l'intervalle de 1870 à 1877, M. Grandperret a présenté la défense de M. Paul de Cassagnac dans le procès en diffamation qui lui était intenté (février 1875) par le général de Wimpffen. Plus tard, en 1878, il a soutenu les revendications des héritiers de Napoléon III relatives à la donation mobilière de la couronne, au musée chinois et aux collections du château de Pierrefonds (novembre 1878). On a de M. Grandperret une étude sur l'*État politique de la ville de Lyon*, depuis le xe siècle jusqu'à l'année 1789 (1845), et un *Éloge de la marquise d'Aligre*.

GRANDPIERRE (Auguste-Jean-Baptiste-Sylvestre), représentant en 1871, député de 1876 à 1879, né à Piste-en-Rigaut (Meuse) le 31 décembre 1814, mort à Buzy (Meuse) le 23 février 1880, avocat à Bar-le-Duc et docteur en droit, était un républicain de la veille. Nommé conseiller de préfecture de la Meuse après la révolution de 1848, il démissionna au mois d'août suivant, fut, dans son département, un des adversaires les plus acharnés du prince Louis-Napoléon, combattit sa candidature à la présidence, et passa, après le coup d'État de décembre 1851, devant une commission mixte, qui l'acquitta, le jugeant inoffensif. Il n'en continua pas moins à lutter contre l'Empire. Le 8 février 1871, il fut élu représentant de la Meuse à l'Assemblée nationale, le 4e sur 6, par 20,150 voix sur 30,190 votants et 89,314 inscrits. Il prit place au centre gauche et vota contre la paix, contre l'abrogation des lois d'exil, pour l'amendement Barthe, pour le retour à Paris, contre la démission de M. Thiers, contre la prorogation des pouvoirs du Maréchal, contre l'état de siège, contre le ministère de Broglie, pour la dissolution, pour la proposition du centre gauche, pour l'amendement Wallon, pour les lois constitutionnelles. Réélu, le 20 février 1876, député de l'arrondissement de Bar-le-Duc, par 11,031 voix sur 18,815 votants et 22,628 inscrits, contre 4,359 voix à M. Jacquot et 3,167 à M. Gillon, il combattit le ministère de Broglie-Fourtou, fut des 363, et, aux élections qui suivirent la dissolution de la Chambre, vit renouveler son mandat, le 14 octobre 1877, par 11,104 voix sur 19,950 votants

et 23,087 inscrits, contre 8,692 voix à M. Paul Henry. Il vota contre l'amnistie pleine et entière, pour la proposition Gatineau, contre l'augmentation du traitement des desservants, etc. Démissionnaire pour raisons de santé, il fut remplacé, le 6 avril 1879, par M. Develle, républicain.

GRANDSAIGNE (Gilles-Louis-Antoine, chevalier de), député au Corps législatif de 1807 à 1811, né à Millau (Aveyron) le 14 janvier 1749, mort à une date inconnue, « fils de messire Antoine-Charles de Grandsaigne, capitaine des grenadiers du régiment de Vermandois et chevalier de l'ordre royal et militaire de Saint-Louis, et de dame Claude-Louise de Montrozier de Mauriac, » remplit les fonctions de procureur-syndic du district de Millau au début de la Révolution, émigra, rentra en France en 1801, obtint les fonctions de contrôleur des contributions directes à Millau, et fut choisi, le 17 février 1807, par le Sénat conservateur, comme député de l'Aveyron au Corps législatif impérial, où il siégea jusqu'en 1811. Chevalier de l'Empire le 25 mars 1810, et chevalier de la Légion d'honneur.

GRANDSIRE DU BLAISEL (Louis-Marie-Jacques-Antoine), député au Conseil des Anciens, né à Boulogne-sur-Mer (Pas-de-Calais) le 6 juin 1736, mort à Boulogne-sur-Mer le 14 juillet 1816, « fils de M. Jacques Grandsire et de demoiselle Marie-Louise Mausse, » avocat à Boulogne-sur-Mer avant la Révolution, fut successivement procureur du roi en la maîtrise des eaux et forêts, administrateur de la province du Boulonnais, juge à la maréchaussée et subdélégué du Boulonnais. Il était maire de Boulogne, lorsqu'il fut élu député suppléant aux Etats-Généraux où il ne fut pas admis à siéger. Commissaire du roi au tribunal de district de Boulogne jusqu'en 1790, commissaire national près du même tribunal, il échappa durant la Terreur à la proscription, fut nommé premier juge au tribunal de département du Pas-de-Calais en 1795, et fut élu député du département au Conseil des Anciens, par 431 voix sur 504 votants (22 germinal an V) ; il s'y fit peu remarquer. Président du tribunal civil de Boulogne (7 messidor an VIII), président du canton, conseiller municipal de Boulogne, il fut créé chevalier de la Légion d'honneur en 1815, et confirmé, par Louis XVIII, dans ses fonctions de président du tribunal de Boulogne (5 avril 1816). Membre de l'Académie de législation.

GRANDVILLE (Aristide Locquet de), représentant en 1848 et en 1849, né à Saint-Malo (Ille-et-Vilaine) le 17 mai 1791, mort au Port-Saint-Père (Loire-Inférieure) le 21 mai 1853, servit pendant quelque temps comme officier dans l'armée, puis se retira dans ses propriétés de Port-Saint-Père, où il s'occupa d'agriculture. Conseiller d'arrondissement, maire de Port-Saint-Père depuis 1848, connu pour ses opinions conservatrices, il fut élu, le 23 avril 1848, représentant de la Loire-Inférieure à l'Assemblée constituante, le 10e sur 13, par 76,840 voix (124,690 votants), 153,494 inscrits). M. de Grandville siégea à droite, fit partie du comité de l'administration, vota contre le bannissement de la famille d'Orléans, pour le rétablissement du cautionnement, pour les poursuites contre Louis Blanc et Caussidière, pour le rétablissement de la contrainte par corps, contre la réduction de l'impôt du sel, pour la proposition Rateau, *contre* l'amnistie, *pour* l'interdiction des clubs, *pour* les crédits de l'expédition romaine, *contre* l'abolition de l'impôt des boissons. Il fut élu représentant du même département à l'Assemblée législative, le 13 mai 1849, le 4e sur 11, par 70,938 voix (148,353 inscrits), reprit sa place à droite, appuya l'expédition de Rome, vota *pour* la loi Falloux-Parieu sur l'enseignement, *pour* la loi restrictive du suffrage universel, etc., mais ne se rallia pas à la politique particulière de l'Elysée. Le coup d'Etat de 1851 le rendit à la vie privée.

GRANET (MARC-ANTOINE), député en 1791, né à Toulon (Var) le 12 février 1741, mort à Toulon le 16 juin 1808, fut élu, le 13 septembre 1791, député du Var à l'Assemblée législative, le 7e sur 8, par 261 voix (483 votants). Il prit la parole, le 2 janvier 1792, au nom du comité de la marine, pour donner connaissance d'un projet de décret destiné à assurer la subsistance des ouvriers du port de Toulon; le 28 février, au nom du comité de liquidation, pour le règlement de la solde des officiers d'état-major dont la charge était supprimée; le 30 mai, au nom du comité de la marine, pour lire le projet de décret sur les invalides de la marine et demander la suppression de la course; le 24 juillet 1792, pour attribuer aux capitaines et aux ordonnateurs des ports la nomination des premiers et seconds maîtres. Après la session, il fut administrateur et président du directoire du département du Var.

GRANET (FRANÇOIS-OMER), député en 1791, membre de la Convention et représentant aux Cent-Jours, né à Marseille (Bouches-du-Rhône) le 16 novembre 1758, mort à Marseille le 10 septembre 1821, était fils d'un tonnelier et exerçait la même profession. Au début de la Révolution, dont il était un des partisans exaltés, il fut arrêté sous prévention de désordre; mais grâce à l'influence de Mirabeau l'affaire n'eut pas de suite. Nommé, en 1790, administrateur du département des Bouches-du-Rhône, il fut élu, le 1er septembre 1791, député de ce département à l'Assemblée législative, le 5e sur 11, par 383 voix (592 votants), et prit, dans les rangs des « Marseillais », une part active à la journée du 10 août. Elu, le 6 septembre 1792, par le même département, membre de la Convention, le 4e sur 11, avec 765 voix (766 votants), il s'assit au sommet de la Montagne, coiffé du bonnet rouge et armé d'un gourdin. Ardent sans-culotte, il alla si loin dans la manifestation de sa haine contre les aristocrates, qu'on fit sur lui une chanson qui se terminait ainsi :

> Donnez une culotte à Granet,
> Donnez une culotte.

Dans le procès de Louis XVI, il vota la mort sans appel ni sursis. En avril 1793, il félicita ses amis du club marseillais de « l'honneur que la Montagne de la Convention venait de faire à la Montagne de la République (Marseille) en choisissant cette ville comme lieu de détention des princes d'Orléans » (décret du 8 avril). Entré, le 6 septembre 1793, au comité de salut public, il donna sa démission le lendemain, et dénonça, le 23 février 1794, le général Lapoype comme voulant édifier dans le Midi de nouvelles bastilles pour les patriotes. Le 8 avril suivant, il chercha vainement à provoquer des mesures contre Jourdan Coupe-Têtes, commandant de la force armée à Avignon, et contre Fréron et

Barras, dont il retraça les exactions et les cruautés dans les Bouches-du-Rhône et le Var. N'ayant jamais pu se lier avec Robespierre, il fut un de ses plus violents adversaires au 9 thermidor; pourtant, Fréron et Barras l'accusèrent à leur tour de provoquer des troubles dans le Midi. Le 16 germinal an III, arrêté comme un des provocateurs de l'insurrection qui avait marché sur la Convention, il fut décrété d'accusation après le 1er prairial, et amnistié le 4 brumaire an IV. Le gouvernement consulaire le nomma (1er prairial an VIII) maire de la section du Midi à Marseille; il gagna dans ces fonctions la croix de la Légion d'honneur. Atteint, à la Restauration, par la loi du 12 janvier 1816 contre les régicides, il dut s'exiler, mais pour peu de temps; rentré en France le 27 décembre 1818, il mourut à Marseille trois ans après.

GRANET (FÉLIX-ARMAND-ETIENNE), député de 1881 à 1889, et ministre, né à Marseille (Bouches-du-Rhône) le 29 juillet 1849, parent du précédent, fut, après le 4 septembre 1870, nommé secrétaire de la commission départementale des Bouches-du-Rhône. Il entra définitivement dans l'administration en 1876, comme secrétaire général de la Lozère, passa en février 1877 à Montpellier, fut révoqué le 16 mai suivant à cause de ses opinions républicaines, et rappelé, avec de l'avancement, après la victoire des 363. Préfet de la Lozère le 18 décembre 1877, préfet de la Vienne le 3 septembre 1879, il fut promu en 1880 directeur du personnel au ministère de l'Intérieur, donna sa démission en août 1881 pour se présenter à la députation, et posa sa candidature dans l'arrondissement d'Arles. M. Granet obtint au premier tour de scrutin 5,216 voix (15,433 votants), et se désista, avant le ballottage, en faveur de M. Clémenceau, qui fut élu. Mais ce dernier ayant opté pour Paris, M. Granet, accentuant son programme dans le sens radical, se représenta le 18 décembre 1881 dans le même département, et fut élu par 8,280 voix (16,012 votants, 26,469 inscrits), contre 5,985 à M. Hélion de Barrême, 1,184 à M. Rabuel et 244 à M. Dide. M. Granet prit place à l'extrême-gauche, et, sans voter toujours avec les purs intransigeants, suivit en général les inspirations de M. Clémenceau. Il dirigea quelque temps, durant la législature, le journal la *Nouvelle Presse*, et publia aussi dans la *France* des articles remarqués. A la Chambre, il prit parti contre l'opportunisme, et contribua, en janvier 1882, à la chute du ministère Gambetta. L'attitude de M. Granet à l'égard du cabinet Freycinet ne fut pas des plus favorables. Contrairement à l'avis de M. de Lanessan, de M. H. Maret et autres, qui se montraient animés des dispositions les plus conciliantes, il songea aussitôt, de concert avec M. Lockroy, à déposer (6 février) une demande d'interpellation « sur la non-exécution par le cabinet de la résolution prise par la Chambre des députés dans sa séance du 26 janvier ». — Cette résolution visait, comme on sait, la révision de la Constitution. Sans vouloir examiner la valeur du « libéralisme nébuleux » de M. de Freycinet, M. Granet s'attacha à établir que le président du conseil était lié par son origine et n'aurait pas dû prendre le pouvoir sans accepter le point de départ qui lui était assigné par la Chambre. « Je sais bien, dit-il, que le cabinet déclare qu'il est partisan de la révision; il demande seulement à l'ajourner à une heure qui lui paraîtra plus propice. Je lui réponds: Si vous étiez des ministres nouveaux arrivant dans une situation entière, après une consultation du suffrage universel, vous auriez peut-être le droit de parler ainsi. Mais vous êtes arrivés au ministère dans une situation spéciale, créée par un vote de la Chambre. Vous n'êtes pas libres et il ne vous est pas loisible de répudier cet héritage, ou de l'accepter sous bénéfice d'inventaire : vous êtes liés. La politique serait vraiment trop commode et le pouvoir un peu trop aisé, si, en présence des difficultés créées par une situation, il était possible de faire un choix et d'ajourner les questions embarrassantes... » Après une réplique de M. de Freycinet et un discours de M. Lockroy, un ordre du jour de confiance, déposé par M. Gatineau, fut voté par 271 voix contre 61. La même année, M. Granet intervint dans le débat sur la réforme judiciaire pour combattre l'établissement du système électif, réclamé par M. Gerville Réache, et s'appuya principalement sur l'argument suivant : « Le peuple, seul souverain, ne peut exercer directement la justice. Doit-il en déléguer l'exercice à des juges élus à temps ? Là est la question. Or, toute élection suppose une lutte, et l'idée de lutte est incompatible avec celle de justice. Tout juge élu aura ses clients et y perdra de sa dignité. » Au vote, le principe de l'élection avec suppression de l'inamovibilité triompha devant la Chambre; mais cette solution radicale ne devait pas être définitive. M. Granet parla encore, en 1883, sur la loi des récidivistes, sur les affaires du Tonkin, qui lui fournirent la matière d'une interpellation, par laquelle il demanda à M. Challemel-Lacour, ministre des Affaires étrangères, « de ne rien faire de plus sans avoir associé la Chambre à sa politique; » revenant à la charge le 30 octobre, M. Granet interpella une fois de plus le ministère sur la politique coloniale et résuma les griefs de l'opposition: guerre avec l'Annam sans assentiment des Chambres; envoi de renforts au Tonkin sans ouverture préalable de crédits suffisants; négociations mal conduites avec la Chine, etc. Il déposa un ordre du jour de blâme qui ne fut pas suivi de scrutin, la majorité s'étant prononcée pour l'ordre du jour de confiance de MM. Paul Bert et Loubet. En décembre, nouvelle discussion à propos d'une autre demande de crédits pour le Tonkin : M. Granet y prit part comme aux précédentes, et posa au gouvernement diverses questions sur la composition du corps expéditionnaire, le plan d'opérations que l'on entendait suivre, etc. Enfin, au cours du débat soulevé par cette même question du Tonkin, en novembre 1884, M. Granet joignit ses efforts à ceux de MM. Lockroy et Clémenceau, de la gauche, et Delafosse, de la droite. Mais la journée se termina encore par une victoire de M. J. Ferry, qui ne devait tomber que le 30 mars 1885, sous le coup de l'échec de Lang-Son; la demande d'interpellation avait été encore déposée par M. Granet. Le député des Bouches-du-Rhône se montra moins hostile au cabinet Brisson. Enfin, le 7 janvier 1886, il entra, avec le portefeuille des Postes et Télégraphes, dans le nouveau cabinet dont M. de Freycinet eut la présidence; il le conserva ensuite dans le cabinet Goblet jusqu'au 29 mai 1887. On lui reprocha vivement, pendant son passage aux affaires, certaines mesures relatives au personnel de son ministère et notamment la faveur inexplicable dont 37 « attachés » auraient été l'objet, en dehors des règles ordinaires de l'avancement et en absorbant tous les fonds disponibles jusqu'à la fin de l'année. Lors de la crise gouvernementale qui se termina par la démission de M. Grévy, président de la

République, M. Granet fut, avec MM. Andrieux, Proal et quelques autres, de ceux qui conseillèrent au président de laisser traîner les choses en longueur et lui inspirèrent l'espérance de les voir s'arranger. En dernier lieu, M. Granet se prononça : contre le rétablissement du scrutin d'arrondissement (11 février 1889), et contre l'ajournement indéfini de la révision de la Constitution; il s'abstint sur les poursuites contre trois députés membres de la Ligue des patriotes; il était absent par congé lors des scrutins sur le projet de loi Lisbonne et sur les poursuites contre le général Boulanger.

GRANGE (HUMBERT), représentant en 1871, né à Aiguebelle (Savoie) le 8 mai 1830, mort à Aiguebelle le 16 mai 1889, ancien député de la Savoie à la Chambre italienne, était maître de forges à Randens et propriétaire de hauts fourneaux à Aiguebelle. Après l'annexion, il se présenta comme candidat d'opposition au Corps législatif dans la 2e circonscription de la Savoie, aux élections du 1er juin 1863, mais n'obtint que 1,692 voix contre 20,237 à l'élu, candidat officiel, M. Palluel. Le 7 janvier 1872, le département de la Savoie l'élut représentant à l'Assemblée nationale, par 21,527 voix sur 42,293 votants et 69,975 inscrits, contre 20,427 voix à M. Jacquemond, républicain, en remplacement de M. Viallet, décédé. Dans sa circulaire aux électeurs, il se déclarait partisan de l'« essai loyal » et annonçait que tous ses efforts tendraient à le faciliter. Sa candidature fut chaudement appuyée par l'archevêque de Chambéry qui, dans une lettre pastorale, menaça de péché grave ceux qui ne voteraient pas pour lui. Il prit place à droite et vota contre le retour à Paris, pour l'ordre du jour Ernoul (24 mai), pour la démission de M. Thiers, pour la prorogation des pouvoirs du Maréchal, pour l'état de siège, pour la loi des maires, pour le ministère de Broglie, contre la dissolution, contre la proposition du centre gauche, contre l'amendement Wallon, contre les lois constitutionnelles. Le 20 février 1876, il échoua dans l'arrondissement de Saint-Jean-de-Maurienne, avec 4,284 voix contre 5,595 au républicain élu. M. Horteur, et, le 14 octobre 1877, après la dissolution de la Chambre, il ne fut pas plus heureux dans le même arrondissement, et n'obtint que 5,037 voix contre 5,785 au député sortant, M. Horteur, un des 363, réélu. Porté sur la liste conservatrice de la Savoie, le 4 octobre 1885, il échoua encore avec 23,556 voix sur 53,829 votants. M. Grange, en mai 1889, se jeta dans l'Arc, près d'Aiguebelle, et s'y noya; ce suicide fut attribué à un accès d'aliénation mentale.

GRANGENEUVE (JEAN-ANTOINE LAFARGUE DE), député en 1791, membre de la Convention, né à Bordeaux (Gironde) le 4 décembre 1751, exécuté à Bordeaux le 21 décembre 1793, « fils légitime de Jean-Pierre Lafargue de Grangeneuve, avocat, et de Marie Chastang, » fut reçu avocat au parlement de Bordeaux le 25 juillet 1791. Il adopta avec ardeur les idées de la Révolution, fut nommé, en 1789, substitut du procureur de la commune de Bordeaux, et fut élu, le 3 septembre 1791, député de la Gironde à l'Assemblée législative, le 11e sur 12, par 193 voix (390 votants). A l'occasion de cette élection, Bernadau dit de lui dans ses Tablettes manuscrites : « Homme de loi qui portera à Paris le véritable cachet des cadedis de Gascogne. » Il ne tarda pas à se signaler, dès la première séance, demandant la suppression des titres de « sire » et « majesté », en démontrant que le roi et le Corps législatif étaient deux pouvoirs souverains indépendants l'un de l'autre, mais égaux, et que rien par conséquent de ce que l'un s'attribuait ne devait être refusé à l'autre. Le 1er janvier 1792, au nom du comité de surveillance, il présenta un rapport contre les émigrés, pour lesquels il réclamait des mesures sévères, attaqua les frères du roi « qui avaient fui devant la justice du peuple », et blâma énergiquement « les procédés obséquieux, les attitudes de courtisans qui dégradent les citoyens, mènent à la bassesse et accoutument, même font prendre goût à l'esclavage ». Au mois de février suivant, il accusa le ministre de la Marine de trahir la France au profit de la royauté et soutint Dubois-Crancé contre le ministre de la Guerre. En revanche, Jourdan Coupe-Têtes trouva grâce devant lui, ainsi que les massacreurs d'Avignon et les soldats de Châteauvieux révoltés à Nancy, qu'il couvrit d'éloges. Le premier, il parut à l'Assemblée coiffé du bonnet rouge. A quelque temps de là, il eut, avec son collègue Jouesneau, une querelle qui ne se termina point à l'honneur du député bordelais. A la suite d'un mot blessant et de voies de fait, un duel avait été décidé. Mais, sur le terrain, au lieu de croiser le fer, Grangeneuve se précipita sur son adversaire et le frappa violemment. L'affaire alla devant les tribunaux et se termina par la condamnation de Grangeneuve. On a raconté de lui que, le 10 août 1792, Chabot et Grangeneuve, en présence de Bazire, convinrent de s'entre-assassiner dans les environs des Tuileries, espérant que leur mort serait attribuée aux royalistes et fournirait au peuple un motif pour se soulever. Grangeneuve alla courageusement au rendez-vous et attendit vainement Chabot, qui avait trouvé bon sans doute de se conserver pour une meilleure occasion. A partir de ce moment, les idées de Grangeneuve se modifièrent; sa tenue même fut plus correcte. Le 6 septembre 1792, élu par le département des Bouches-du-Rhône, membre de la Convention, le 4e sur 10, avec 372 voix (674 votants), il répondit, dans le procès de Louis XVI, au 3e appel nominal : « Vous avez décrété hier que votre décision sur le sort de Louis ne serait pas soumise à la sanction du peuple ; vous avez donc décidé que vous prononceriez *souverainement*. Quelque indéfinis que soient mes pouvoirs, je n'y trouve point, je ne puis pas même y supposer le pouvoir extraordinaire d'accuser, de juger et de condamner *souverainement* à la mort l'individu détrôné depuis cinq mois. Je suis bien sûr au-moins que je n'ai jamais accepté cette prétendue fonction ; et s'il se pouvait qu'on me démontrât que telle a été l'intention *secrète* de mes commettants, je saurai toujours, et cela me suffit, qu'il n'a jamais été dans la mienne de m'en charger. Je ne puis d'ailleurs me dissimuler qu'à ce jugement criminel souverain participeraient un grand nombre de nos collègues qui ont manifesté, avant le jugement, des sentiments incompatibles avec l'impartialité d'un tribunal, et qu'on a mis en œuvre autour de nous tous les moyens d'influence possibles pour arracher à la Convention nationale une sentence de mort. Dans de semblables circonstances, je ne pourrai moins que jamais accepter et exercer le pouvoir criminel souverain qu'on nous attribue. Réduit à l'adoption des mesures de sûreté générale, je déclare que s'il n'était démontré que la mort seule de Louis pût rendre la république florissante et libre, je voterais pour la

mort ; mais comme il est au contraire démontré à mes yeux que cet événement peut amener les plus grands maux, sans produire un avantage réel ; que jamais la liberté d'un peuple n'a dépendu de la mort d'un homme, mais bien de l'opinion publique et de la volonté d'être libre, je ne voterai pas pour la mort. Fussé-je même du nombre de ceux qui pensent qu'il y a autant de danger à laisser vivre Louis qu'à le faire mourir, la prudence me commanderait encore de rejeter les mesures irréparables, pour qu'on puisse, dans toutes les circonstances, opposer aux projets de nos ennemis ou son existence ou sa mort. Je suis d'avis de la détention. »

Grangeneuve prit place parmi les Girondins, défendit l'inviolabilité des membres de l'Assemblée, et accusa la Montagne de vouloir instituer une nouvelle tyrannie. Compris dans la liste de proscription du 2 juin 1792, il se réfugia à Bordeaux et chercha à y vivre caché. Mis hors la loi, le 18 juillet, il fut dénoncé en décembre par le menuisier chez qui il s'était réfugié ; arrêté le 21, et, le même jour, condamné par une commission militaire qui lui reprocha notamment de « s'être lâchement caché dans une tanière pour se soustraire à la poursuite des républicains », il fut exécuté quelques heures après. La ville de Bordeaux a donné son nom à l'une des rues du quartier des Chartrons.

GRANGIER (Pierre-Joseph), député en 1789, et au Conseil des Cinq-Cents, né à Sancerre (Cher) le 11 mars 1758, mort à Bourges (Cher) le 25 juin 1821, « fils de maître Etienne-Antoine Grangier, procureur au comté de Sancerre, et de dame Anne-Suzanne Simon, » avocat et subdélégué de l'intendance du Berry à Sancerre avant la Révolution, fut, le 27 mars 1789, élu par le bailliage du Berry député du tiers aux Etats-Généraux. Il vota constamment avec la minorité, fit partie du comité des rapports, protesta personnellement contre l'acceptation de la Constitution par le roi, et signa les protestations générales de septembre 1791. Devenu administrateur du Cher (1796), il fut, le 22 germinal an V, élu par ce département avec 119 voix (135 votants) député au Conseil des Cinq-Cents ; mais son élection fut annulée au coup d'Etat de fructidor comme entachée de royalisme. Le gouvernement consulaire le nomma (3 floréal an X) conseiller général du Cher, puis, en 1804, conseiller de préfecture à Bourges. Grangier conserva cette fonction sous l'Empire et sous les deux Restaurations, jusqu'à sa mort (1821), sauf pendant les Cent-Jours. Chevalier de la Légion d'honneur.

GRANGIER DE LA MARINIÈRE (Louis-René-Antoine), représentant en 1848, né à Vitry-sur-Seine (Seine) le 22 octobre 1814, mort à Paris le 2 octobre 1822, petit-fils du baron Dubois, chirurgien de Napoléon Ier, appartenait sous Louis-Philippe au tiers-parti. Nommé, en 1840, attaché d'ambassade à Madrid par M. Thiers, il suivit la fortune politique de ce dernier, donna sa démission à l'avènement du ministère Guizot, collabora à divers journaux, et publia, notamment dans le *Constitutionnel*, une série de *Lettres* remarquées *sur les élections anglaises*. Le 1er août 1846, M. Grangier de la Marinière se présenta, comme candidat conservateur indépendant, à la Chambre des députés dans le 4e collège de la Nièvre (Cosne), et y obtint, sans être élu, 125 voix contre 143 à M. Delangle, candidat ministériel, qui l'emporte.

Lorsque M. Delangle, ayant été nommé procureur général, dut se représenter devant ses électeurs, il obtint sa réélection avec 150 voix contre 93 accordées encore à M. Grangier de la Marinière, qui n'entra au parlement qu'après la révolution de février. Conseiller général de la Nièvre, il fut élu représentant de ce département, le 23 avril 1848, le 5e sur 8, par 29,756 voix (75,213 votants, 88,295 inscrits) ; il siégea au centre gauche, fit partie du comité de l'agriculture et du Crédit foncier et vota : *pour* la loi sur les attroupements, *pour* la loi sur les clubs, *contre* l'amendement Grévy, *contre* le droit au travail, *contre* la réduction de l'impôt du sel, *pour* la proposition Rateau, *contre* l'amnistie, *pour* l'interdiction des clubs, *pour* les crédits de l'expédition de Rome, *contre* l'abolition de l'impôt des boissons, etc. Non réélu à la Législative, M. Grangier de la Marinière se tint à l'écart sous l'Empire, et consacra son temps à des travaux littéraires et historiques. En 1871, il remplit auprès de Thiers les fonctions de secrétaire particulier, puis fut nommé, la même année, préfet de la Haute-Marne, et mis en disponibilité le 24 mai 1873. En 1876, M. de Marcère l'appela à la préfecture de la Meuse ; mais le mauvais état de sa santé l'empêcha d'occuper longtemps ce poste et le força de rentrer définitivement dans la vie privée. Son fils, M. Grangier de la Marinière, ses études terminées au lycée Condorcet et à la faculté de droit de Paris, est entré dans l'administration ; il est actuellement conseiller de préfecture à Grenoble.

GRANIER (Pierre-Louis, baron), représentant à la Chambre des Cent-Jours, né à Montpellier (Hérault) le 7 janvier 1759, mort à Paris le 28 janvier 1827, « fils de Monsieur Guillaume Granier, marchand de laine, et de dame Suzanne, mariés. » était avocat à Montpellier et devint maire de la ville. Membre de la Légion d'honneur (14 brumaire an XIII) et baron de l'Empire (13 juin 1811), il fut élu, le 4 mai 1815, représentant à la Chambre des Cent-Jours par l'arrondissement de Montpellier avec 44 voix sur 62 votants, et ne fit pas partie d'autres assemblées.

GRANIER (Guillaume-Zoé), député de 1830 à 1848, né à Montpellier (Hérault) le 8 novembre 1788, mort à Montpellier le 27 août 1856, était manufacturier, fournisseur de la marine et de l'armée, maire de Montpellier, conseiller général de l'Hérault, président de la chambre de commerce et chevalier de la Légion d'honneur, lorsqu'il fut élu député, le 6 novembre 1830, par le collège de département de l'Hérault, avec 475 voix sur 943 votants et 1,853 inscrits, contre 466 à M. Brousse, en remplacement de M. d'Alzan, démissionnaire. Il fit partie de la Chambre jusqu'à la chute de la monarchie de juillet, ayant été successivement réélu : le 5 juillet 1831, par le 1er collège de l'Hérault (Montpellier), avec 318 voix sur 342 votants et 642 inscrits ; le 21 juin 1834, par 304 voix sur 496 votants et 613 inscrits contre 173 à M. Hennequin ; le 4 novembre 1837, par 385 voix sur 492 votants et 634 inscrits ; le 4 mars 1839, par 394 voix sur 509 votants et 636 inscrits ; le 9 juillet 1842, par 386 voix sur 405 votants et 667 inscrits ; le 1er août 1846, par 322 voix sur 537 votants et 654 inscrits, contre 207 à M. Dupont (de l'Eure). Il siégea peu à la Chambre et vota le plus souvent pour les ministres, notamment pendant la session de 1839 à 1842, où il se prononça

pour la dotation du duc de Nemours, *pour* les fortifications de Paris, *contre* les incompatibilités, *contre* l'adjonction des capacités ; à la session suivante, il repoussa la proposition Rémusat contre les députés fonctionnaires ; il était absent au moment du vote sur l'indemnité Pritchard. Il soutint jusqu'au bout le ministère Guizot, et fut rendu à la vie privée par la révolution de 1848.

GRANIER (Régis-Frédéric), représentant en 1849, sénateur de 1876 à 1882, né à la Palud (Vaucluse) le 27 avril 1806, dirigeait à Avignon une importante maison de soieries. Juge au tribunal de commerce de cette ville, qu'il présida pendant plusieurs années, conseiller général de Vaucluse, nommé en 1848 maire d'Avignon, et d'opinions conservatrices, il fut élu, le 13 mai 1849, représentant de Vaucluse à l'Assemblée législative, le 2e sur 5, par 32,056 voix (58,830 votants, 78,705 inscrits). Il siégea dans la majorité, mais prit peu de part aux délibérations parlementaires, ayant été chargé par le gouvernement d'une mission en Italie et dans les provinces rhénanes, pour y étudier les questions des garances, des soies et de la fabrication. Catholique fervent, M. Granier avait pris, au nom du conseil municipal d'Avignon et du conseil général du département, l'initiative d'envoyer à Pie IX une adresse, lorsque celui-ci quitta Rome, afin d'offrir au pape l'hospitalité de la cité où « pendant près d'un siècle régnèrent les souverains pontifes ». Après le coup d'État du 2 décembre 1851, M. Granier fut inscrit par le prince-président sur la liste des membres de la Commission consultative. Mais il ne crut pas devoir accepter, et, rentré dans la vie privée, s'occupa surtout de son commerce, ainsi que de la fondation d'une Société de secours mutuels, dont il fut le président. Il dirigea aussi les travaux de la chambre consultative d'agriculture d'Avignon. En mai 1870, il soutint le plébiscite et fit voter *oui*. M. Granier reparut au parlement le 30 janvier 1876. Élu sénateur de Vaucluse par les conservateurs, avec 109 voix sur 209 votants, il vota avec la droite : *pour* la dissolution de la Chambre des députés (juin 1877), et *pour* le gouvernement du Seize-Mai, puis *contre* le cabinet Dufaure, *contre* les lois sur l'enseignement présentées par M. J. Ferry, *contre* les lois nouvelles sur la presse et le droit de réunion, etc. Il ne fut pas réélu en 1882. Chevalier de la Légion d'honneur du 21 juin 1851.

GRANIER DE CASSAGNAC (Bernard-Adolphe), député au Corps législatif de 1852 à 1870, et de 1876 à 1880, né à Averon-Bergelle (Gers) le 11 août 1806, mort au château de Couloummée (Gers) le 31 janvier 1880, « fils de noble homme Pierre-Paul de Granier et de dame Ursule Lissagaray, » appartenait à une famille originaire de l'Ariège qui se fixa au siècle dernier à la Verrerie de Montpellier, canton du Vic : un petit bois, dépendance de cette terre, s'appelle *le Cassagnac* : c'est de là que Bernard-Adolphe Granier prit la seconde partie de son nom. Ses études terminées au collège de Toulouse, il s'essaya à la littérature, obtint des succès aux Jeux floraux, avec une *Épître à moi-même*, signée *B. Adolphe Granier (du Gers), étudiant en droit*, et se révéla comme publiciste, en 1831, par une brochure politique *Aux électeurs de France*, remarquable par l'ardeur des opinions démocratiques et anti-royalistes qui y étaient exprimées. L'année suivante, il vint à Paris, et son talent d'écrivain ne tarda pas à le mettre en évidence. Recommandé à Victor Hugo, il embrassa avec fougue la cause du romantisme, débuta, sous les auspices du maître, au *Journal des Débats* et à la *Revue de Paris* par des articles de critique littéraire dont le ton agressif fit du bruit : une série de feuilletons sur ou plutôt contre Racine causa une sorte de scandale à la suite duquel M. Granier de Cassagnac quitta les *Débats* pour entrer à la *Presse*. Doué d'un véritable tempérament de polémiste, et animé de l'esprit le plus exclusif, il eût volontiers fait table rase de toutes les renommées littéraires, anciennes et modernes, pour donner plus de relief à la gloire de son patron Victor Hugo. En 1840, il reçut du gouvernement une mission aux Antilles : c'était alors un moyen de se débarrasser à peu de frais des écrivains dont l'opposition était gênante. Il y épousa une créole, Mlle de Beauvallon, et revint en France délégué de la Guadeloupe auprès de la métropole. Il aborda la politique et les questions sociales par quelques travaux aujourd'hui oubliés, tels que l'*Histoire des classes ouvrières et des classes bourgeoises; Histoire des classes nobles et des classes anoblies* (1837-1840), et publia encore, vers la même époque, une monographie de l'*Église de la Madeleine* (1838), et un roman : *Danaé*. L'amour du paradoxe avait poussé M. Granier de Cassagnac, dans ses grands ouvrages historiques, à soutenir la thèse de la légitimité de l'esclavage : il la traita, d'ailleurs, à fond dans une brochure spéciale : *De l'affranchissement des esclaves*, et la reprit encore dans une relation de son *Voyage aux Antilles* (1840) et dans divers articles de la *Revue de Paris*. Quelques duels, dont l'un où il blessa grièvement le député baron Lacrosse, plus tard sénateur (1842), des accusations réitérées de vénalité portées contre lui firent paraître son nom devant les tribunaux. Tout dévoué au ministère Guizot, il apporta dans la défense de la politique gouvernementale ses procédés ordinaires de polémique, dirigea le *Globe*, puis l'*Epoque*, et se vit accusé par l'opposition de soutenir son journal, après l'épuisement des fonds secrets, au moyen de la vente illicite de certaines concessions administratives telles que des privilèges de directions théâtrales, etc. Au *Globe*, le feuilleton des théâtres était rédigé par son beau-frère, Rosemond de Beauvallon ; une querelle d'intérêts amena un duel au pistolet entre celui-ci et Dujarrier, gérant de la *Presse*, qui fut tué : au cours du procès qui suivit cette affaire, des témoins affirmèrent que les pistolets étaient pipés. En dépit des subventions ministérielles et des scandales, l'*Epoque* sombra à son tour. Survint la révolution de février. M. Granier de Cassagnac attaqua avec violence le gouvernement républicain, collabora à l'*Assemblée nationale*, puis au *Pouvoir*, mit sa plume au service de L.-N. Bonaparte, qu'il avait couvert d'outrages lors des tentatives de Strasbourg et de Boulogne, et devint un des collaborateurs ordinaires du *Constitutionnel*. Admirateur enthousiaste du coup d'État du 2 décembre 1851, il attaqua les vaincus de cette journée, fit l'apologie de l'événement dans un *Récit populaire* publié en 1852 et réédité en 1869, et fut désigné comme candidat officiel du gouvernement aux élections du 29 février 1852 pour le Corps législatif : la 3ᵉ circonscription du Gers lui donna 24,132 voix (25,149 votants, 32,723 inscrits), contre 785 à M. Joret, ancien représentant républicain. Il s'associa au rétablissement de l'Empire et, pendant toute la durée du règne, fut un des membres les plus zélés de la majorité dynastique. Réélu, le 22 juin 1857, par 26,077 voix (26,362 votants, 32,134 inscrits), puis, le 1ᵉʳ juin 1863, par 20,897 voix (27,950 votants, 32,510 inscrits), contre 6,990 voix à M. Lacave-Laplagne, indépendant, et, le 24 mai 1869, par 15,350 voix (28,746 votants, 32,899 inscrits), contre 11,428 voix à M. Lacave-Laplagne et 1,858 à Jules Favre, il prit à tâche de se signaler par l'outrance de ses sentiments conservateurs et autoritaires, parut quelquefois à la tribune du Corps législatif, et multiplia surtout les interruptions, quand les orateurs de l'opposition avaient la parole. Un jour que Berryer faisait le reproche des avancements que certains magistrats de Paris devaient à des condamnations de journaux, et qu'il allait jusqu'à citer des noms : « Ceci est une lâcheté ! cria une voix. — Qui a prononcé le mot de lâcheté ? » dit Berryer, frémissant. M. Granier de Cassagnac se leva et se nomma. « Oh ! alors, ce n'est rien, » répliqua l'illustre orateur. Durant les dernières années de l'Empire, M. Granier de Cassagnac accentua encore son rôle parlementaire dans le sens de la réaction, et fit une opposition acharnée à toute mesure libérale, à toute concession du pouvoir. En 1868, avec six de ses collègues, il vota contre la loi sur la presse. — « Vous n'êtes que sept, lui fit-on observer sur les bancs mêmes de la droite. — Les sept sages de la Grèce, y répondit-il. Il fit partie de la réunion de députés dite de la rue de l'Arcade, formée des partisans absolus du régime autoritaire. De plus, ses discours et ses interruptions prirent, à l'égard de la gauche, un caractère de plus en plus provocateur. La discussion de la loi sur la presse ne se passa point sans qu'il proposât un cartel à MM. Émile Ollivier et Ernest Picard, qui ne crurent pas devoir le relever (22 février 1868). Il appuya de toutes ses forces la dénonciation de M. de Kervéguen qui accusait les députés journalistes, entre autres MM. Guéroult et Havin, d'être à la solde du comte de Bismarck pour soutenir en France la politique de la Prusse. L'avènement de M. E. Ollivier au pouvoir l'irrita profondément. Il se refusa à accepter comme chef de file un homme qu'il avait naguère aussi violemment combattu et ne tarda pas à l'attaquer ouvertement : d'après lui, l'Empire, avec un tel pilote, marchait à sa perte. Néanmoins, il adhéra à la campagne plébiscitaire de mai, et prit une part active aux discussions soulevées dans le Corps législatif par la déclaration de guerre à la Prusse (juillet 1870). Il poussa tant qu'il put aux hostilités, et, à la nouvelle de nos premiers revers, quand l'opposition, par l'organe de Jules Favre, proposa la nomination d'un comité de défense ainsi que l'armement immédiat de la garde nationale, il s'écria en s'adressant aux membres de la gauche : « Si j'avais l'honneur de siéger sur les bancs du gouvernement, vous seriez tous ce soir livrés aux conseils de guerre ! » Historien et publiciste, M. Granier de Cassagnac a donné une *Histoire de la Révolution française* (1850), une *Histoire du Directoire* (1851-56), une *Histoire de la chute de Louis-Philippe, de la Révolution de février et du rétablissement de l'Empire* (1857), une *Histoire des Girondins et des massacres de septembre* (1860). A la fin de 1857, il avait fondé avec les frères Escudier, Barbey d'Aurevilly, etc., un nouveau journal hebdomadaire, le *Réveil*, où il entreprenait la triple défense de la religion, de la morale et de la saine littérature : un critique, Hippolyte Rigaut, l'appela à ce propos le journaliste « porte-glaive, porte-balance et porte-croix ».

16

Le *Réveil* ne dura qu'une année. M. Granier de Cassagnac prit plus tard la rédaction en chef d'une feuille quotidienne de combat, le *Pays*, qu'il abandonna en 1863 pour la reprendre, avec son fils comme auxiliaire, en 1866. L'existence du *Pays*, des plus orageuses, fut semée de polémiques injurieuses, de voies de fait, de procès et de duels. Après la révolution du 4 septembre, M. Granier de Cassagnac quitta la France : il publia à l'étranger un journal bonapartiste, le *Drapeau*, qui était envoyé gratuitement aux prisonniers internés en Allemagne, et dont plusieurs numéros soulevèrent les protestations d'un grand nombre d'officiers de l'armée de Metz. De retour à Plaisance (Gers) en 1871, il fut un moment arrêté, mais bientôt relâché par ordre de Thiers, s'occupa de faire reparaître le *Pays* (1872), et y reprit sa plume des anciens jours. Aux élections générales du 20 février 1876 pour la Chambre des députés, M. Granier de Cassagnac fut élu député par l'arrondissement de Mirande, avec 10,463 voix (19,954 votants, 23,372 inscrits), contre 5,846 voix à M. Maumus, républicain, et 3,576 à M. de Gontaut. Il alla siéger au groupe de l'Appel au peuple, et ne fit à la tribune qu'une seule apparition ; ce fut pour prononcer, à propos du budget des cultes de 1877, dans la séance du 23 novembre 1876, un grand discours, d'un ton plus modéré que de coutume, en faveur du clergé catholique. Favorable au coup d'État du Seize-Mai, il appuya, contre les 363, le ministère Fourtou-de Broglie, et, dans le *Pays* comme dans le *Figaro*, auquel il collaborait sous le pseudonyme de *Mauprat*, entreprit une campagne pour conseiller au gouvernement des mesures de violence. Réélu, le 14 octobre 1877, député de Mirande, par 12,667 voix (19,793 votants, 23,844 inscrits), contre 6,907 à M. Sansot, républicain, M. Granier de Cassagnac reprit sa place dans le groupe bonapartiste, vota constamment avec la droite : contre le ministère Dufaure, contre l'amnistie, contre l'article 7 de la loi sur l'enseignement supérieur, et intervint personnellement dans la discussion de cette loi ; il combattit la création des écoles normales départementales d'institutrices (17 mars 1879), et défendit vivement les jésuites et leur enseignement. Il mourut avant la fin de la législature, le 31 janvier 1880, dans son château de Coulommée (Gers). On doit encore à M. Granier de Cassagnac, outre les ouvrages déjà cités : une *Histoire des origines de la langue française* (1872) ; une *Histoire populaire illustrée de Napoléon III* (1874) ; *Le 16 mars à Chislehurst* (1874) ; *Histoire de la colonne Vendôme* (1877) ; les *Souvenirs du second Empire* (1879), etc.

GRANIER DE CASSAGNAC (PAUL-ADOLPHE-MARIE-PROSPER), député de 1876 à 1889, né à la Guadeloupe le 2 décembre 1842, fils du précédent, commença ses études à Paris, les acheva en province, fit une première année de droit à Toulouse et fut reçu licencié à Paris. Mais il préféra le journalisme au barreau, et conquit rapidement dans la presse littéraire d'abord, politique ensuite, une bruyante notoriété entretenue par de nombreux duels et de fréquentes affaires judiciaires. Sous le nom simplifié de Paul de Cassagnac, il collabora successivement à l'*Indépendance parisienne* (1862) ; à la *Nation* (1863), et entra en 1864 au *Diogène*, petite feuille satirique avec les rédacteurs de laquelle il avait failli avoir une affaire. Sa verve incisive et frondeuse devait lui en attirer

un bon nombre : il se battit notamment avec M. Aurélien Scholl, rédacteur du *Nain Jaune*, à propos de l'affaire du marquis de Harlay-Coëtquen, et le blessa grièvement. M. Granier de Cassagnac père essaya en vain d'attacher le jeune polémiste à de plus calmes occupations ; celui-ci ne fit que passer au ministère de l'Intérieur, où le gouvernement lui avait donné un emploi, et ce fut sous les auspices de son père, désormais résigné, que M. Paul de Cassagnac fit ses débuts au journal le *Pays* (1866), comme chroniqueur quotidien. L'année suivante, éclata à la Chambre la dénonciation de M. de Kervéguen contre MM. Havin, Guéroult, Bertin, Buloz et autres ; même après que le jury d'honneur, convoqué de l'assentiment des parties, eut déclaré l'accusation dénuée de preuves, M. P. de Cassagnac ne laissa pas que de continuer ses attaques ; cité en police correctionnelle par M. Guéroult, il se vit condamner à quatre mois de prison, dont l'empereur, au reste, lui fit remise. Son père ayant été chargé, comme délégué de la Chambre, d'une enquête agricole dans le Midi, M. Paul de Cassagnac l'accompagna comme secrétaire dans cette tournée. Devenu rédacteur en chef du *Pays*, il fut l'objet d'une condamnation nouvelle, restée également sans effet, pour diffamation envers M. Malespine, de l'*Opinion nationale*. Cette même année, il entreprit la défense de son père, très vivement attaqué par le *Courrier Français*, que dirigeait alors Vermorel : il chercha surtout à appeler ses adversaires sur le terrain, et recourut contre eux à des violences de parole et d'action qui n'eurent d'autre résultat que de le conduire encore devant la police correctionnelle. Son duel avec M. Henri Rochefort, à propos de Jeanne d'Arc, sa querelle avec le lieutenant de vaisseau Lullier, dont il subit à son tour les voies de fait, eurent du retentissement. Plus tard, il se battit encore avec M. H. Rochefort, avec Gustave Flourens, avec son cousin germain, M. Lissagaray, qui reçut un coup d'épée en pleine poitrine, etc. Au 15 août 1868, M. Paul de Cassagnac reçut la décoration de la Légion d'honneur, et l'un des chambellans de l'impératrice, M. de Cossé-Brissac, fut chargé de féliciter de la part du souverain le nouveau légionnaire. Toutefois, les éclats de cette polémique émurent parfois le gouvernement, qui n'osa pas toujours les approuver tout haut : le *Pays* ayant publié en 1869, à propos d'un discours prononcé au Sénat par le prince Napoléon, un article violemment injurieux, une note parut au *Journal officiel* pour dire que l'empereur « avait vu avec un profond regret » les attaques violentes dirigées par le journal de MM. de Cassagnac « contre un prince de la famille impériale ». Lors de l'affaire Victor Noir (janvier 1870), M. Paul de Cassagnac prit ouvertement parti pour le prince Pierre. Puis il mena campagne, ainsi que son père, contre le ministère Ollivier. La guerre déclarée, il s'engagea (août) dans les zonaves de la garde, assista à la bataille de Sedan, et, fait prisonnier, fut interné à Kosel (Silésie). Aux élections législatives du 8 février 1871, il réunit, quoique absent, 8,000 voix environ dans le Gers, revint en France dans le courant de la même année, se reposa quelque temps à Venise pour rétablir sa santé ébranlée, et se fit élire, le 8 octobre, conseiller général du Gers pour le canton de Plaisance. Devenu également conseiller municipal et maire de Coulommée, il rentra dans la lutte, arbora de nouveau le drapeau impérialiste, rédigea dans le Gers le journal l'*Appel au peuple*, et revint à

Paris prendre (mars 1872) la direction du *Pays*. Sa violence ne s'était pas adoucie : chaque jour le parti républicain, l'Assemblée nationale trop lente à renverser la République, étaient vivement malmenés par lui; il s'attira encore un duel avec M. Ed. Lockroy, fut provoqué par M. A Ranc dans *la République Française*, et se rencontra avec lui (1873) en Belgique; puis, ses preuves faites, il renonça à se battre, ne répondit pas (1875) à une demande de réparation de M. Henri Rochefort, et, dans une circonstance analogue, fit savoir à M. Clémenceau (1876) qu'il avait passé « de la fougue »; l'incident en resta là. Les articles publiés par M. P. de Cassagnac à la suite du vote de l'Assemblée qui invitait le gouvernement à surveiller les menées du parti bonapartiste, obligèrent M. de Fourtou, ministre de l'Intérieur, à déférer aux tribunaux leur auteur, qui fut acquitté (1874). Il obtint également un acquittement, lorsqu'il fut poursuivi en diffamation par le général de Wimpffen, à la suite d'une polémique relative à la capitulation de Sedan. Enfin un discours de M. P. de Cassagnac à Belleville, dans une réunion privée, où il fit (novembre 1875) une ardente apologie de l'Empire et du coup d'Etat, fut poursuivi sur la plainte de M. Buffet, mais aucune condamnation ne fut prononcée. Plus en vue que jamais, M. Paul de Cassagnac posa sa candidature impérialiste à la Chambre des députés, le 20 février 1876, dans l'arrondissement de Condom, et y fut élu par 9,818 voix (17,778 votants, 20,969 inscrits), contre 6,917 voix à M. Lacroix, républicain, et 1,007 à M. de Cugnac, légitimiste; la lutte électorale avait été des plus ardentes. Il siégea à droite, dans le groupe de l'Appel au peuple, et s'empressa, dès son entrée à la Chambre, d'interrompre sans relâche et de provoquer incessamment les orateurs républicains : ce système lui valut une longue série de rappels à l'ordre, sur lesquels il ne manquait jamais de demander à s'expliquer, ce qui lui permettait, en insistant, d'aggraver encore ses paroles. Il monta à la tribune pour appuyer la demande en autorisation de poursuites contre M. Rouvier (11 mai 1876), et pour présenter, à propos de la loi nouvelle sur la collation des grades, une énergique défense du catholicisme. Les écrits de M. de Cassagnac, qui ne le cédaient en rien à ses discours, appelèrent encore sur lui, le 26 février 1877, les sévérités du gouvernement, qui, après avoir obtenu de la Chambre, contre lui, une autorisation de poursuites, le fit condamner le 5 avril, en police correctionnelle, à deux mois de prison et 300 francs d'amende; la condamnation fut confirmée en cour d'appel, mais l'acte du Seize-Mai sauva une fois de plus M. de Cassagnac : il s'était distingué, dans les séances qui précédèrent la prorogation et dans celle où la dissolution fut signifiée, par la véhémence de ses interruptions à l'adresse de la gauche, et par l'obstination de sa résistance aux injonctions du président de la Chambre. Désigné par M. de Fourtou comme candidat officiel dans l'arrondissement de Condom, il fut réélu, le 14 octobre 1877, par 10,869 voix (17,857 votants, 21,804 inscrits), contre 6,759 à M. Lacroix, républicain, sur une profession de foi où il déclarait une guerre à mort à la République : « Elle me tuera, disait-il, ou je la tuerai ! » Le succès des 363 ne rendit pas le calme au bouillant député-journaliste : tandis qu'il soutenait quotidiennement dans le *Pays* la nécessité et l'urgence d'un coup d'Etat, il se faisait, à la tribune de la Chambre, le défenseur passionné des candidatures officielles (8 novembre 1877), et combattait, comme autant de mesures dirigées personnellement contre lui, les nouvelles dispositions réglementaires proposées afin d'affermir l'autorité du président (14 novembre). Il sembla, d'ailleurs, s'appliquer lui-même à les justifier par le caractère exceptionnellement agressif du langage qu'il tint dans la discussion des élections de Vaucluse: son intervention en faveur de M. de Billiotti, député monarchiste d'Orange, lui fut une nouvelle occasion d'attaquer les républicains, les ministres, et aussi le maréchal de Mac-Mahon; elle eut pour épilogue un nouveau duel avec M. Thomson, malgré la résolution prise par M. de Cassagnac de ne plus se battre. Lorsque la propre élection du député du Gers fut soumise aux délibérations de la Chambre, après avoir été ajournée jusqu'à l'enquête, M. de Cassagnac employa deux séances (5 et 7 octobre 1878) à sa défense personnelle, qu'il prononça comme d'habitude sous la forme d'une longue série d'attaques contre ses adversaires politiques et contre le gouvernement existant. M. Crozet-Fourneyron, rapporteur, proposait la validation, mais la commission d'enquête maintenait la conclusion contraire: l'élection fut annulée par assis et levé. M. Paul de Cassagnac se représenta alors devant ses électeurs, qui lui confirmèrent son mandat, le 2 février 1879, par 9,563 voix (18,337 votants, 21,710 inscrits), contre 8.628 voix à M. Lannelongue, républicain, ami particulier de Gambetta. Il reprit sa place à la Chambre, où il s'imposa pendant quelque temps une modération relative, réservant pour son journal ses plus ardentes attaques. Gravement injurié par le *Pays*, le ministre de l'Intérieur répondit en déposant sur le bureau de la Chambre une nouvelle demande en autorisation de poursuites : elle fut accordée après de vifs débats. Au cours de la discussion des projets de loi de M. J. Ferry sur l'enseignement, M. Paul de Cassagnac, à la faveur d'un incident de tribune, accusa le ministre de l'Instruction publique d'avoir « falsifié » un document pour les besoins de sa cause. Un tumulte s'ensuivit, et le président dut requérir contre le député du Gers la peine de la censure avec exclusion temporaire pendant trois jours. Dans la séance du Congrès où fut décidé le retour du parlement à Paris, M. de Cassagnac déclara qu'il le voterait « parce que c'était la mort de la République ». Le procès intenté par le gouvernement à M. de Cassagnac vint, le 3 juillet 1879, devant la 6e chambre : le rédacteur en chef du *Pays* bénéficia encore d'un acquittement. La mort récente de l'ex-prince impérial fut entre ce journal et plusieurs membres du parti bonapartiste le signal de nouvelles polémiques, des plus aigres : M. de Cassagnac accepta alors comme chef le prince Napoléon, qu'il avait précédemment poursuivi et qu'il devait poursuivre à nouveau, dans la suite, de ses plus dures invectives. Il ne cessa de voter jusqu'à la fin de la législature en ennemi implacable des institutions républicaines, notamment *contre* l'amnistie, etc., et parla (février 1881) sur les affaires de Grèce. Aux élections du 21 août 1881, il reporta sa candidature dans l'arrondissement de Mirande en remplacement de son frère Georges (*V. p. bas*), qui ne se représentait pas, et fut élu par 11,016 voix (19,335 votants, 23,975 inscrits), contre 8,793 voix à M. Adrien Launes de Montebello, candidat républicain modéré; dans sa profession de foi il avait déclaré qu'il n'était que « le candidat de la haine contre la République ». Il combattit les divers ministères qui se succédèrent au pouvoir durant la nouvelle législature, provoqua une scène bruyante (février 1883) à propos des mesures réclamées contre les prétendants, revint sur ce sujet peu de temps après, lors de l'interpellation du prince de Léon relativement à la situation des princes officiers, interpella lui-même, en mars, le gouvernement sur les attroupements des ouvriers sans travail, et déposa une nouvelle interpellation le 14 juin, au sujet des caisses d'épargne : l'ordre du jour pur et simple fut prononcé. Il vota *contre* les crédits de l'expédition du Tonkin, *contre* l'attitude de M. J. Ferry, qu'il appela « le dernier des misérables et le dernier des lâches », et de M. Challemel-Lacour dans cette affaire, et encourut (juillet 1883) la censure avec exclusion temporaire pour avoir accusé le ministère de tripotages honteux. En septembre, il prit une part active et originale aux débats de la presse monarchiste, touchant les conséquences politiques de la mort du comte de Chambord. *Le Soleil*, organe orléaniste, ayant tracé un programme de restauration par voie de revision constitutionnelle, à la rigueur même plébiscitaire, le *Pays* pensa un instant se rallier au comte de Paris, mécontent qu'il était de l'apathie du prince Napoléon ; mais il n'alla point jusque-là, et se borna à observer une attitude intermédiaire entre l'impérialisme et l'orléanisme, réservant son appui à la « solution » qui prévaudrait. En 1884, une rupture définitive s'étant produite entre le prince Napoléon et son fils aîné le prince Victor, M. P. de Cassagnac amena ce dernier à se poser contre son père en prétendant éventuel. A la Chambre, il refusa (juillet 1885) de voter les crédits pour une action à Madagascar, « parce que la politique du gouvernement manquait de grandeur et de franchise. » Réélu, le 4 octobre 1885, le 1er sur la liste monarchiste du Gers, par 45,813 voix (73,309 votants, 90,673 inscrits), il obtint aussi des voix dans l'Aude, dans l'Indre et dans la Seine. Il reprit avec une nouvelle ardeur ses luttes précédentes, et se déclara l'adversaire irréconciliable de la République, « ne voulant pas, disait-il, réparer l'horrible et fétide baraque sous laquelle est accroupie la France, mais la mettre par terre. » Il parla, en 1886, contre la proposition tendant à accorder des pensions nationales aux victimes des journées de février 1848, et, dans son nouveau journal *l'Autorité*, critiqua à plusieurs reprises, non sans amertume, les conceptions politiques du comte de Paris, dont les manifestes lui parurent mesquins. Il se montra le défenseur infatigable de l'union conservatrice, soutint avec entrain le programme revisionniste du général Boulanger, interpella (mars 1888) le gouvernement sur la mise en retrait d'emploi du général, et, lors de l'élection de ce dernier (août suivant) dans le Nord, dans la Charente-Inférieure et dans la Somme, écrivit dans *l'Autorité* : « Ce n'est pas le général Boulanger qui passe, c'est le général Opposition ; ce n'est pas un avertissement, c'est une condamnation irrévocable, sans appel, c'est un glas. » Dans la dernière session, M. Paul de Cassagnac a voté *contre* le rétablissement du scrutin d'arrondissement (4 février 1889), *pour* l'ajournement indéfini de la revision de la Constitution, *contre* les poursuites contre trois députés membres de la Ligue des patriotes, *contre* le projet de loi Lisbonne restrictif de la liberté de la presse, *contre* les poursuites contre le général Boulanger. On a de lui : *Empire et royauté* (1873) ; *Histoire de la troisième République* (1875), etc.

GRANIER DE CASSAGNAC (Jean-Baptiste-Georges), député de 1880 à 1881, né à Paris le 16 février 1854, frère du précédent, ne fit dans la politique et au parlement qu'une courte apparition. La mort de son père ayant déterminé une vacance à la Chambre des députés pour l'arrondissement de Mirande, M. Georges Granier de Cassagnac posa sa candidature impérialiste dans cet arrondissement, et fut élu député, le 14 mars 1880, par 11,371 voix (19,488 votants, 23,237 inscrits), contre 7,994 voix à M. Alfred Sansot, républicain. Il prit place à droite, dans le groupe de l'Appel au peuple, avec lequel il vota : *contre* l'amnistie, *contre* les lois nouvelles sur la presse et le droit de réunion, *contre* les divers ministères de la législature. Il n'aborda pas la tribune et ne se représenta pas aux élections générales de 1881.

GRANOUX (Jean-Baptiste Pimpie, comte de), député de 1821 à 1828, né à Lyon (Rhône) le 27 avril 1752, mort à Paris le 12 juillet 1828, riche propriétaire, fut élu comme royaliste, au collège de département, le 10 octobre 1821, député de l'Ardèche, par 38 voix (40 votants, 99 inscrits). Il siégea à droite, vota avec les partisans les plus zélés de la monarchie, et obtint sa réélection, le 25 février 1824, dans le 1er arrondissement de l'Ardèche (Privas), avec 156 voix (190 votants, 214 inscrits). Il reprit sa place à droite et continua de voter comme précédemment, tout en se montrant très réservé à l'égard du ministère Villèle. M. de Granoux fut encore réélu député de l'Ardèche, au collège de département, le 24 novembre 1827, par 41 voix (61 votants, 108 inscrits), contre 18 au marquis de Lestrange. Huit jours auparavant, il avait échoué dans le 1er arrondissement, celui de Privas, avec 78 voix contre 84 à M. de Bernis, élu. Il mourut à Paris l'année suivante.

GRAPPE (Pierre-Joseph), député au Conseil des Cinq-Cents et au Corps législatif, né à Trébief (Jura) en 1775, mort à Paris le 13 juin 1825, fit ses études à Besançon, y conquit ses grades universitaires et succéda au professeur Séguin dans la chaire de droit romain à la faculté de cette ville. Il défendit Diétrich, maire de Strasbourg, devant le tribunal criminel du Doubs, et le fit acquitter, ce qui lui valut d'être déclaré suspect et de subir quelques mois de prison. Relâché après la chute de Robespierre, il revint à Besançon et y fonda un journal : *Le 9 thermidor*. Président du district de Besançon, il fut élu, le 22 germinal an V, député du Doubs au Conseil des Cinq-Cents par 127 voix sur 176 votants. A partir de ce moment, ses idées, déjà modérées, le rapprochèrent des royalistes, et il se lia intimement avec Pichegru. Il eut cependant la bonne fortune d'éviter la proscription au 18 fructidor, et il fut élu, le 4 nivôse an VIII, par le Sénat conservateur, député du Doubs au nouveau Corps législatif. A la fin de la législature, en 1804, il se fit inscrire au barreau de Paris, donna surtout des consultations et, lors de la réorganisation des facultés, fut présenté par Fontanes pour une chaire de droit ; mais ses anciennes relations avec Pichegru le firent rayer du tableau de proposition. En 1819 seulement, et avec l'appui de Royer-Collard, il obtint d'être nommé professeur de code civil à la faculté de droit de Paris. Dans ses *Questions de droit*, Merlin a inséré une des plus remarquables consultations de Grappe, au mot *subrogation*.

GRAS (JOSEPH), représentant à la Chambre des Cent-Jours, né à Lyon (Rhône) le 29 octobre 1752, mort à Lyon le 20 juillet 1837, était avocat dans cette ville, quand il fut élu, le 13 mai 1815, représentant à la Chambre des Cent-Jours, pour l'arrondissement de Lyon, par 45 voix sur 67 votants. Il quitta la vie politique après cette courte législature.

GRAS. — *Voy.* PREIGNE (MARQUIS DE).

GRAS DE PRÉVILLE (JOSEPH-MARIE, MARQUIS), député de 1831 à 1837 et de 1839 à 1846, né à Tarascon (Bouches-du-Rhône) le 10 janvier 1755, mort à Montpellier (Hérault) le 14 septembre 1849, était enseigne de vaisseau au moment de la Révolution; il émigra en 1790, ne revint en France qu'à l'époque du Consulat, et reçut le grade de capitaine de vaisseau à la seconde Restauration. Le 5 novembre 1829, le 3e arrondissement des Bouches-du-Rhône (Arles) ayant à pourvoir au remplacement de M. de Lagoy, décédé, M. Gras de Préville y posa sa candidature, mais échoua avec 75 voix contre 127 à l'élu, M. Laugier de Chartrouse. En 1830, il reçut à sa table, à Tarascon, la duchesse de Berry. Légitimiste, il n'avait pu être élu pendant le règne de Charles X, mais, après la révolution de 1830, il devint député, le 5 juillet 1831, dans le 6e collège des Bouches-du-Rhône (Tarascon), avec 91 voix (179 votants et 238 inscrits), contre 87 à M. Bret, et fut réélu le 21 juin 1834, par 130 voix (213 votants, 257 inscrits), contre 79 à M. de Cadillan. Au cours de la précédente législature, étant président d'âge, il prononça deux discours assez piquants. En 1833, il stigmatisa le gouvernement, qui violait les lois en détenant arbitrairement la duchesse de Berry; en 1834, après avoir plaisanté les ministres et vanté l'impartialité de M. Dupin, il termina ainsi : « Il est hors de doute que la paix ne saurait être troublée, et voilà pourquoi nous continuons à maintenir l'armée sur un pied formidable. » Aux élections du 4 novembre 1837, il échoua avec 96 voix contre 138 à l'élu, M. Defougères, mais fut réélu le 2 mars 1839, par 132 voix (260 votants, 303 inscrits), et le 9 juillet 1842, par 143 voix (279 votants, 312 inscrits), contre 133 à M. Defougères. Appartenant au groupe Berryer, il vota constamment avec lui; il était absent lors du scrutin sur l'indemnité Pritchard. Il échoua une dernière fois, aux élections du 1er août 1846, avec 95 voix contre 176 à l'élu, M. de Gasparin, et 64 à M. de Cadillan. Il eut du moins avant de mourir la satisfaction de voir la chute de la monarchie de juillet.

GRASSET (JEAN-EUGÈNE, MARQUIS DE), député de 1834 à 1837 et de 1842 à 1846, représentant en 1849, né à Pezénas (Hérault) le 1er avril 1794, était propriétaire à Pezénas et appartenait à l'opinion royaliste. Il combattit, au nom de la légitimité, le gouvernement de Louis-Philippe, et fut élu, le 21 juin 1834, député du 4e collège de l'Hérault (Pezénas), par 226 voix sur 428 votants, contre 108 à M. Huguenot et 92 à M. Bédarrides. Il siégea à droite et vota souvent contre le ministère, jusqu'au renouvellement de 1837. Aux élections du 9 juillet 1842, M. de Grasset redevint député de Pezénas par 309 voix sur 535 votants et 754 inscrits, contre 221 à M. Carrion de Nisas. Il suivit la même ligne que précédemment et opina en toute circonstance avec le petit groupe

légitimiste. Le 13 mai 1849, il fut élu représentant de l'Hérault à l'Assemblée législative, le 2e sur 8, par 37,296 voix (82,706 votants, 125,151 inscrits). M. de Grasset appartint à la majorité monarchiste, et se prononça avec elle *pour* les crédits de l'expédition de Rome, *pour* la loi Falloux-Parieu sur l'enseignement, *pour* les restrictions au suffrage universel, *contre* les clubs, etc. Il ne se rallia pas à la politique du coup d'État et vécut, depuis 1851, en dehors de la politique active.

GRASSET (JEAN-MARIE-HENRI DE), représentant en 1871, né à Pezénas (Hérault) le 8 avril 1821, mort à Pezénas le 31 octobre 1877, fils du précédent, était propriétaire-viticulteur quand il fut élu, le 8 février 1871, représentant de l'Hérault à l'Assemblée nationale, le 6e sur 8, par 50,199 voix sur 88,483 votants et 141,397 inscrits. Légitimiste, il prit place à droite, se fit inscrire à la réunion des Réservoirs et vota *pour* la paix, *pour* les prières publiques, *pour* l'abrogation des lois d'exil, *contre* l'amendement Barthe, *contre* le retour à Paris, *pour* l'ordre du jour Ernoul (24 mai), *pour* la démission de M. Thiers, *pour* la prorogation des pouvoirs du Maréchal, *pour* la loi des maires, *pour* le ministère de Broglie, *contre* la dissolution, *contre* la proposition du centre gauche, *contre* l'amendement Wallon, *contre* les lois constitutionnelles. Conseiller général de l'Hérault (8 octobre 1871).

GRASSY (INNOCENT), député au Corps législatif de l'an XI à 1813, né à Barcelonnette (Basses-Alpes) le 25 janvier 1752, mort à Paris le 25 juin 1813, « fils d'Antoine Grassy, notaire et procureur à Barcelonnette, et de demoiselle Isabeau Joubert, » exerça aussi la profession de notaire dans sa ville natale, fut, sous la Révolution, officier municipal à Barcelonnette et administrateur du département des Basses-Alpes, puis entra dans la magistrature et remplit successivement les fonctions de juge de paix, de président du tribunal criminel et de commissaire du gouvernement près le tribunal civil de Barcelonnette. Le 28 fructidor an XI, Grassy fut élu par le Sénat conservateur député des Basses-Alpes au Corps législatif. Il y soutint de ses votes la politique napoléonienne, obtint, le 18 février 1808, le renouvellement de son mandat de député, et mourut à Paris en 1813.

GRASVELD. — *Voy.* VAN GRASVELD.

GRATET. — *Voy.* DUBOUCHAGE (VICOMTE).

GRATET. — *Voy.* DOLOMIEU (DE).

GRAUX (GEORGES-EDOUARD), député de 1881 à 1885, né à Saint-Pol (Pas-de-Calais) le 15 février 1843, fils d'un ancien maire de Saint-Pol, se fit recevoir avocat à Paris, devint secrétaire d'Ernest Picard (1867), fut aussi secrétaire de la conférence des avocats (1868-69), et eut de brillants débuts au barreau. Officier des mobilisés du Pas-de-Calais pendant la guerre de 1870-1871, il fut arrêté un moment pendant la Commune comme secrétaire d'Ernest Picard. Attaché (1872) à la légation de France à Bruxelles, il donna sa démission au 24 mai 1873, se fit élire conseiller général républicain du canton de Saint-Pol (7 mars 1875) et devint (19 décembre 1876) chef du cabinet du garde des sceaux, M. Martel, qu'il suivit, au même titre, à la présidence du Sénat (1878-1879). Après la dissolution de la Chambre par le cabinet du Seize-Mai, M. Graux se présenta comme candidat républicain dans l'arrondissement de Saint-Pol, où il échoua, le 14 octobre 1877, avec 7,195 voix, contre 10,627 au député sortant, conservateur, élu, M. de Partz de Pressy, et 2,057 à M. Thuillier. Mais, le 21 août 1881, le même arrondissement l'envoya siéger à la Chambre, avec 10,687 voix sur 19,438 votants et 22,632 inscrits, contre 8,595 voix au député sortant, M. de Partz. M. Graux fut inscrit un moment à la gauche radicale, mais en réalité il conserva toujours une certaine indépendance. Membre des commissions du budget, des lois constitutionnelles, de la loi municipale, rapporteur de la loi sur la surtaxe des céréales, il demanda (février 1882) la nomination de comités permanents correspondant à chacun des services publics, mesure révolutionnaire qui fut rejetée; il parla sur la loi sur les accidents dans les usines, sur le vinage; combattit (1882) le projet de réforme de la magistrature, en demandant l'élection des magistrats; réclama (mai 1883) la suppression des petits tribunaux; défendit et vota la loi sur la surtaxe des céréales dont il était rapporteur (février 1885). Réélu conseiller général de Saint-Pol en 1880, il ne fut pas heureux aux élections législatives du 4 octobre 1885; porté sur la liste républicaine du Pas-de-Calais, il échoua avec 74,403 voix sur 180,439 votants. Les électeurs de Saint-Pol l'ont renvoyé en 1886 au conseil général dont il est devenu vice-président. On a de lui des brochures sur *les Conventions avec les grandes compagnies*, sur *les Congrégations religieuses devant la loi*; M. Graux a collaboré en outre au *Temps*, à la *République française*, à la *Gazette du Palais*, etc.

GRAVE (Pierre-Marie, marquis de), ministre et pair de France, né à Paris le 27 septembre 1755, mort à Paris le 16 janvier 1823, entra très jeune aux mousquetaires, devint aide-de-camp du duc de Crillon, assista au siége de Gibraltar, et fut nommé colonel en 1782, avec le titre d'écuyer en premier du duc de Chartres. Il venait de recevoir le grade de maréchal-de-camp, quand, le 9 mars 1792, il fut appelé à remplacer Narbonne au ministère de la Guerre. Très dévoué à la monarchie et à la personne de Louis XVI, il ne tarda pas à être l'objet des plus violentes attaques, tant pour son impéritie que pour ses opinions aristocratiques. Formellement accusé par Dumouriez des défaites essuyées par l'armée du Nord, il donna sa démission le 8 mai. Cambon le fit décréter d'accusation le 27 août suivant. Il émigra, ne rentra en France qu'en 1804, vécut dans la retraite à Montpellier, mais, ayant repris du service comme général de brigade, il reçut, en 1809, le commandement supérieur de l'île d'Oléron. A la première Restauration, il fut nommé par Louis XVIII lieutenant-général honoraire; sa réserve durant les Cent-Jours le fit nommer pair de France (17 août 1815), après le retour de Gand. Il vota avec les libéraux constitutionnels; son nom ne figure pas dans le scrutin du procès du maréchal Ney. On a de lui : *Essai sur l'art de lire* (1816).

GRAVERAN (Joseph-Marie), représentant du peuple en 1848, né à Crozon (Finistère) le 16 mars 1793, mort à Quimper (Finistère) le 31 janvier 1855, d'une famille d'artisans, fit ses études à Quimper, puis au collège Stanislas à

Paris, et revint, en 1812, professer les mathématiques au collège de Saint-Pol-de-Léon. Il entra ensuite au séminaire de Saint-Sulpice, où il eut pour condisciple M. Affre, reçut la prêtrise en 1817, fut nommé professeur de dogme au grand séminaire de Quimper, et, le 8 septembre 1826, fut appelé à la cure de Saint-Louis à Brest. Il s'y prodigua en bonnes œuvres, et fonda une bibliothèque paroissiale, un couvent de filles repenties, une congrégation pour les dames âgées, etc. Chanoine honoraire en 1828, il fut appelé à remplacer M. de Poulpiquet de Brejeauvis, évêque de Quimper, décédé. M. de Chateaubriand assista à son sacre. Très charitable, ne manquant ni de talent ni d'éloquence, il fut élu, le 23 avril 1848, représentant du Finistère à l'Assemblée constituante, le 4e sur 15, par 102,008 voix. Il fit partie du comité des cultes et vota *pour* le décret sur les clubs, *contre* l'incompatibilité des fonctions, *contre* l'amendement Grévy, *contre* la sanction de la Constitution par le peuple, *pour* l'ensemble de la Constitution, *pour* la proposition Rateau, *pour* l'interdiction des clubs. Après la Constituante, il se consacra exclusivement à l'administration de son diocèse.

GRAVIER (Antoine-Jean-Baptiste-Joseph), député de 1815 à 1816, de 1827 à 1846, et pair de France, né à Gréoux (Basses-Alpes) le 3 septembre 1784, mort à Paris le 8 mars 1850, « fils légitime de sieur Jean-Baptiste Joseph Gravier et de dame Jeanne-Thérèse-Elisabeth Grange, » était banquier, quand il fut élu, le 22 août 1815, député du collège de département des Basses-Alpes, par 102 voix (122 votants et 179 inscrits). Chargé, à la Chambre introuvable, de présenter le rapport sur les lettres de grande naturalisation accordées au général Loverdo, il prononça la phrase suivante : « Il (Loverdo) aida à consommer la défaite d'un parti généralement abhorré, et contre lequel s'élevait une haine d'opinion qui fit éclore une force d'opposition vraiment nationale qui décida de la journée de Waterloo et livra aux étrangers le chemin ouvert jusqu'à la capitale. » A la suite de ce rapport, en 1816, il fut nommé caissier général de l'amortissement et chevalier de la Légion d'honneur. Le 17 novembre 1827, il fut élu député par le collège de département des Basses-Alpes, avec 127 voix (159 votants, 190 inscrits). Réélu successivement : le 28 octobre 1830 par 152 voix (161 votants, 225 inscrits), le 5 juillet 1831, dans le 1er collège du même département (Digne), avec 143 voix (166 votants, 246 inscrits), le 21 juin 1834 par 136 voix (198 votants, 268 inscrits), contre 47 à M. de Laplane, le 4 novembre 1837 par 126 voix (242 votants, 305 inscrits), contre 109 à M. Duchaffault, le 2 mars 1839 par 138 voix (171 votants, 325 inscrits), enfin le 9 juillet 1842 par 155 voix (231 votants, 332 inscrits), contre 58 à M. Chais et 12 à M. Ailhaud, il fut élevé, le 21 juillet 1846, à la dignité de pair de France. Le gouvernement lui devait cette juste récompense, car, fidèle à tous les ministères, l'un des 221 de la réunion Jacqueminot, il avait voté, pendant la législature de 1839-1842, *pour* la dotation, *pour* les fortifications de Paris, *pour* le recensement, *contre* les incompatibilités et *contre* l'adjonction des capacités, et, pendant celle de 1842-1846, *pour* l'indemnité Pritchard, *pour* l'augmentation du traitement des hauts fonctionnaires, *contre* toutes les propositions libérales formulées par l'opposition. La révolution de 1848 le rendit à la vie privée.

GRAZIANI (Antoine-Giudice), député de 1881 à 1885, né à Cassano (Corse) le 2 juin 1820, se recommanda par son zèle bonapartiste aux faveurs du second Empire, et entra en 1859 au ministère d'État, comme chef de bureau de la comptabilité et du service législatif. En 1869, il passa au ministère de la Justice comme chef de division de la comptabilité et des archives. Il occupait encore ce poste, lorsque, converti à la république opportuniste, il se présenta, le 20 février 1876, dans l'arrondissement de Calvi comme candidat à la députation. Il n'y réunit que 989 voix contre 2,535 à M. Arrighi de Padoue. et 1,306 à M. Savelli. M. Graziani fut plus heureux le 21 août 1881 ; élu député de Calvi par 2,829 voix (5,001 votants, 6,628 inscrits), contre 2,166 à M. Savelli, il prit place à gauche, fit partie de la majorité et vota notamment *pour* les crédits de l'expédition du Tonkin et *pour* le ministère Ferry. M. Graziani a été admis à la retraite comme chef de bureau le 2 janvier 1882. Officier de la Légion d'honneur du 13 juillet 1878.

GRÉA (Désiré-Adrien), député de 1828 à 1831 et représentant en 1848, né à Lons-le-Saulnier (Jura) le 17 janvier 1787, mort à Lons-le-Saulnier le 1er avril 1863, avocat dans sa ville natale, riche propriétaire, fut élu député, le 26 décembre 1828, en remplacement de M. Jobez, décédé, par le 2e arrondissement électoral du Doubs (Besançon), avec 149 voix (283 votants, 310 inscrits), contre 124 à M. Meyronnet de Saint-Marc. Il siégea dans l'opposition constitutionnelle, qu'il soutint uniquement de ses votes, et fut réélu successivement, le 24 juin 1830 par 148 voix (281 votants, 305 inscrits), contre 109 à M. Séguin de Jallerange, et le 5 juillet 1831 par 173 voix (231 votants, 299 inscrits), contre 29 à M. Bourgon. Aux élections du 21 juin 1834, il échoua avec 52 voix contre 139 à M. de Magnoncourt. Ami de Dupont de l'Eure, et membre de l'opposition libérale, il fut élu, le 23 avril 1848, représentant du Jura à l'Assemblée constituante, le 7e sur 8, par 32,134 voix sur 74,115 votants. Il prit place à droite, fit partie du comité des travaux publics, et vota *pour* le bannissement de la famille d'Orléans, *pour* le décret sur les clubs, *pour* les poursuites contre L. Blanc et Caussidière, *pour* l'abolition de la peine de mort, *contre* l'impôt progressif, *contre* l'incompatibilité des fonctions, *contre* l'amendement Grévy, *contre* la sanction de la Constitution par le peuple, *pour* l'ensemble de la Constitution, *pour* la proposition Rateau, *contre* l'interdiction des clubs, *pour* l'expédition de Rome, *contre* la mise en accusation du président et des ministres. Non réélu à la Législative, il rentra dans la vie privée.

GRÉAU (Jean-Anne), député en 1791, né à Villeneuve-le-Roi (Yonne) le 11 août 1731, mort à Villeneuve-le-Roi le 17 janvier 1810, négociant et commandant de la garde nationale de cette ville, fut élu, le 2 septembre 1791, député de l'Yonne à l'Assemblée législative, le 4e sur 9, par 231 voix sur 399 votants. Il vota avec la majorité sans paraître à la tribune.

GREEN. — *Voy.* Saint-Marsault (comte de).

GREFFULHE (Jean-Henri-Louis, comte), pair de France, né à Amsterdam (Hollande) le 21 mai 1774, mort à Paris le 23 février 1820, se signala par son attachement aux Bourbons, qu'il accompagna à Gand en 1815. Il revint avec eux en France et fut nommé pair par Louis XVIII, le 15 décembre 1818. A la Chambre haute, il soutint de ses votes le gouvernement royal jusqu'en 1820, époque de sa mort. Le comte Greffulhe jouissait d'une très grande fortune territoriale, dont il faisait, d'après un biographe, le plus généreux usage. « Un mérite d'un intérêt plus général et d'un ordre plus élevé, lit-on dans l'*Histoire biographique de la Chambre des pairs*, par A. Lardier, c'est la puissante protection qu'il accorda toujours à l'enseignement élémentaire et principalement à l'enseignement mutuel ; il est le fondateur d'une des premières écoles à la *Lancaster* qu'on ait formées à Paris. »

GREFFULHE (Louis-Charles, comte), pair de France, né à Rouen (Seine-Inférieure) le 9 février 1814, mort à Paris le 27 septembre 1888, fils du précédent, était âgé de six ans seulement lorsque le droit héréditaire le désigna (1820) pour succéder à son père comme membre de la Chambre des pairs. Il ne prit séance que le 16 avril 1839, lorsqu'il eut atteint l'âge légal, et siégea jusqu'en 1848, parmi les partisans du gouvernement de Louis-Philippe. Puis il quitta la politique. Le comte Louis-Charles Greffulhe possédait en Seine-et-Marne, à Boisbaudran, des chasses où se réunissaient les princes d'Orléans et nombre d'étrangers de distinction. Les réceptions dans son hôtel de la rue d'Astorg étaient aussi très brillantes.

GREFFULHE (Urbain-Alexandre-Henri, comte), sénateur inamovible de 1877 à 1879, né à Londres (Angleterre) le 29 juillet 1815, mort à Paris le 8 avril 1879, frère du précédent, grand propriétaire dans le département de Seine-et-Marne, était tout dévoué aux idées conservatrices et monarchiques. Il joua un rôle politique important pendant la période qui précéda les élections du 14 octobre 1877, comme président du comité formé pour soutenir les candidats conservateurs qui avaient d'ailleurs l'appui officiel du gouvernement du Seize-Mai. Membre du conseil général de Seine-et-Marne, il fut élu, le 15 novembre 1877, par la Chambre haute, avec 149 voix sur 281 votants, sénateur inamovible, en remplacement de M. de Tocqueville, décédé. Il prit place à droite, et fit partie, jusqu'à la fin de 1878, de la majorité, alors monarchiste, du Luxembourg. Mais sa santé, ébranlée par une grave affection de poitrine, l'obligea à quitter Paris et à aller passer à Cannes l'hiver de 1879. Il était de retour à Paris depuis quelques jours, lorsqu'il succomba, en peu de temps, à une congestion pulmonaire.

GRÉGOIRE (Baptiste-Henri, comte), député en 1789, membre de la Convention, député au Conseil des Cinq-Cents et au Corps législatif, membre du Sénat conservateur, député de 1819 à 1824, né à Veho (Meurthe) le 4 décembre 1750, mort à Paris le 26 mai 1831, entra dans les ordres, après de sérieuses études théologiques, publia en 1772 un *Éloge de la poésie* couronné par l'académie de Nancy, et fut nommé curé d'Embermenil (Meurthe). Un *Essai sur l'amélioration politique, physique et morale des juifs*, présenté par lui en 1778, fut couronné par la Société royale de Metz. Il fonda dans son presbytère une bibliothèque publique dans laquelle chacun trouvait les ouvrages capables de le perfectionner dans son état, puis, dans des voyages d'instruction en Suisse et en Allemagne, il se lia avec les savants de son temps, notamment avec Lavater. Le 27 mars 1789, le clergé du bailliage de Nancy l'élut déjuté aux Etats-Généraux. Il fut des premiers de son ordre à se réunir au tiers-état, reprocha à son évêque d'avoir enlevé et interpolé les cahiers de son bailliage et de ne les avoir rendus que sur la menace que le peuple les lui arracherait par la force, prêta le serment du Jeu de panme, et, lors de la séance royale du 23 juin 1789, fut du nombre des quelques députés qui, sous la présidence de Palasne de Champeaux, décidèrent de résister aux ordres de la cour, et formèrent le premier noyau du « Club breton », destiné à devenir la « Société des amis de la Constitution », et plus tard le « Club des Jacobins ». Lorsque le roi eut quitté l'assemblée, Grégoire demanda que les représentants de la nation s'occupassent avant tout de donner une Constitution à la France. Le 13 juillet suivant, il proposa la création d'un comité « pour connaître et révéler les crimes ministériels »; le 14, il présida la séance de nuit motivée par les troubles de la capitale ; quelques jours après, il demanda, avec Camus, qu'à côté de la « Déclaration des droits de l'homme et du citoyen » on plaçât la « Déclaration de ses devoirs »; cette motion fut rejetée par 570 voix contre 133. La nuit du 4 août, il fut un des plus ardents à voter l'abolition des priviléges, et réclama spécialement la suppression des annates. En toute occasion il se fit, au nom de l'humanité, le champion de la cause des juifs et des nègres, combattit le veto absolu du roi, en soutenant que « la nation n'avait pu autoriser ses mandataires à compromettre, encore moins à aliéner sa liberté », prit la défense des ordres religieux qui avaient rendu de grands services à l'agriculture, aux sciences, à l'histoire, citant les abbayes de Sainte-Geneviève et de Saint-Germain-des-Prés, et se prononça en faveur de la constitution civile du clergé par des motifs qui entraînèrent l'adhésion d'un grand nombre de ses collègues : « Beaucoup de pasteurs très estimables, dit-il, éprouvent des anxiétés parce qu'ils craignent que la Constitution française ne soit incompatible avec les principes du catholicisme. Nous sommes aussi inviolablement attaché aux lois de la religion qu'à celles de la patrie. Revêtu du sacerdoce, nous continuerons de l'honorer par nos mœurs; soumis à cette religion divine, nous en serons constamment le missionnaire, nous en serions, s'il le fallait, le martyr. Mais après le plus mûr, le plus sérieux examen, nous déclarons ne rien apercevoir qui puisse blesser les vérités saintes que nous devons croire et enseigner. Jamais l'Assemblée nationale n'a voulu porter la moindre atteinte aux dogmes, à la hiérarchie, à l'autorité spirituelle du chef de l'Eglise : elle reconnaît que ces objets sont hors de son domaine. Nulle considération ne peut donc suspendre l'émission de notre serment. Nous formons les vœux les plus ardents pour que, dans toute l'étendue de l'empire, nos confrères, calmant leurs inquiétudes, s'empressent de remplir un devoir de patriotisme si propre à porter la paix dans le royaume. » Il prêta ensuite, le premier, le serment. L'arrestation du roi à Varennes le fit monter à la tribune pour réclamer sa mise en jugement; son intervention très animée en cette occasion provoqua des murmures; on lui reprocha, comme prêtre, de pousser aux mesures de rigueur : « Au lieu de comparer, répondit-il, mon opinion avec mon état, je demande qu'on

me réfute, » et, après avoir combattu la doctrine de l'inviolabilité, il invoqua la maxime « révérée, dit-il, par tout l'univers : Salus populi suprema lex esto ». Lorsque le parti constitutionnel voulut restreindre aux citoyens actifs le droit de pétition, Grégoire protesta en faisant observer que « la classe d'hommes à laquelle on voulait ôter le droit de pétition était précisément celle qui avait le plus de doléances à présenter. Garantissez-lui alors, ajouta-t-il, un bonheur constant, sans quoi vos décrets auront l'air de vouloir étouffer ses soupirs : la loi qu'on nous propose est une loi qui me semble faire la cour à la fortune. » Il combattit également le cens électoral, « qui concentrait la représentation entre quelques citoyens riches et grands propriétaires. » Elu évêque constitutionnel dans la Sarthe et dans le Loir-et-Cher (1790), il opta pour Blois, et fut nommé (6 septembre 1791) administrateur du département de Loir-et-Cher, qui, le 3 septembre 1792, l'envoya siéger à la Convention, le 1er sur 6, par 303 voix sur 317 votants. Président de la députation chargée d'annoncer à l'Assemblée législative que la Convention était constituée, il appuya, le même jour, l'abolition de la royauté : « L'histoire des rois, dit-il, est le martyrologe des nations. » Dans une lettre particulière qu'il adressait, le 8 octobre 1792, à un chef de bataillon, on lit : « Tâchez de nous envoyer un jour, en don patriotique, quelque tête d'un Condé, d'un d'Artois, d'un Brunswick. » Dans la discussion pour la mise en jugement de Louis XVI (15 novembre), il se prononça hautement pour l'affirmative, mais, en même temps, il demanda l'abolition de la peine de mort, « reste de barbarie qui devait disparaître de nos codes, » et conclut ainsi : « Vous condamnerez Louis à l'existence, afin que l'horreur de ses forfaits l'assiège sans cesse et le poursuive dans le silence de la solitude. » Nommé, six jours après, président de la Convention, il reçut en cette qualité la députation de l'assemblée des Allobroges qui venait demander la réunion de la Savoie à la France : « La majeure partie du genre humain, leur dit-il, n'est esclave, selon le mot d'un philosophe, que parce qu'elle ne sait pas dire non. Estimables Savoisiens, vous avez dit non. Soudain, la liberté, agrandissant son horizon, a plané sur vos montagnes, et, dès ce moment, vous avez fait aussi votre entrée dans l'univers. » Le 27 novembre, il présenta le rapport sur l'incorporation de la Savoie, et fut mis au nombre des commissaires chargés d'aller organiser le nouveau département du Mont-Blanc. Il était à Chambéry avec ses collègues lors du jugement de Louis XVI; il refusa d'abord de signer la lettre par laquelle ceux-ci envoyaient à la Convention leur vote pour la mort, et ne consentit à y apposer son nom que lorsque le mot mort eut été rayé. Il passa ensuite à Nice pour organiser le département des Alpes-Maritimes, et, de retour à la Convention, fut appelé au comité de l'instruction publique, dont il devint vite le membre le plus compétent et le plus actif. En l'absence du président Mallarmé, il présida la célèbre séance du 31 mai ; il ne prit point la défense des Girondins, et son intervention n'eut aucune influence sur cette journée. Quelques jours après, il demanda qu'on inscrivît dans la Constitution une « Déclaration du droit des gens » dans laquelle il subordonnait l'intérêt particulier de chaque peuple à l'intérêt général de l'humanité. Lorsque l'évêque de Paris, Gobel, vint abjurer sa foi à la tribune de la Convention, Grégoire, sommé de suivre son exemple, refusa absolument : « Catholique par conviction et par sentiment, dit-il, prêtre par choix, j'ai été délégué par le peuple pour être évêque ; ce n'est ni de lui, ni de vous que je tiens ma mission. On m'a tourmenté pour accepter le fardeau de l'épiscopat, on me tourmente aujourd'hui pour me forcer à une abdication qu'on ne m'arrachera jamais ; j'invoque la liberté des cultes. » Dans une brochure, il combattit aussi le changement du dimanche en décadi ; puis il demanda la liberté des prêtres réfractaires internés à Rochefort, et se consacra surtout à ses fonctions de membre du comité de l'instruction publique : ses nombreux rapports sur l'éducation, sur les livres élémentaires, sur l'abolition progressive des patois, sur les jardins botaniques, sur les fermes-écoles, etc., ne l'empêchèrent pas de contribuer pour la plus grande part à l'établissement du Bureau des longitudes, du Conservatoire des Arts-et-Métiers (sur son rapport du 10 octobre 1794), de l'Institut, dont il fut nommé membre. Élu, le 23 vendémiaire an IV, député au Conseil des Cinq-Cents par plusieurs départements, il y siégea jusqu'en germinal an VI, et, après le coup d'État de brumaire, fut choisi (4 nivôse an VIII) par le Sénat conservateur comme député de Loir-et-Cher au nouveau Corps législatif ; il devint président de cette assemblée. A cette époque, pendant les négociations qui précédèrent le Concordat, il fut question, ou tout au moins le bruit courut de sa promotion au cardinalat ; il démentit cette nouvelle dans une lettre du 30 fructidor au député Bordes : « Croyez, écrivait-il, que cet ornement prétendu (le chapeau rouge) n'est pas réservé pour les têtes qui sont simultanément religieuses et républicaines. » Présenté trois fois comme candidat au Sénat conservateur, mais attaqué à la fois par les incrédules à cause de ses pratiques religieuses, et par les courtisans à cause de ses opinions républicaines, il n'entra au Sénat conservateur que le 4 nivôse an X. Plusieurs sénateurs avaient demandé préalablement que, tout en conservant ses croyances, il renonçât à leur manifestation extérieure, « inconciliable avec la dignité sénatoriale. » Grégoire repoussa sans hésiter ces humiliantes conditions : « J'ai sacrifié, écrivit-il à Sieyès le 3 nivôse, à la religion, à la République, repos, santé, fortune, mais je ne ferai pas le sacrifice de ma conscience ; je sais souffrir, je ne sais pas m'avilir. J'aurai soin que ma lettre vous soit remise avant la séance dans laquelle le Sénat fera son élection : cela importe à ma conscience, à ma délicatesse, à mon honneur ; à mon repos. » Il n'en fut pas moins élu sénateur le lendemain. Il fit partie de la minorité, protesta contre l'occupation des États romains, contre les droits réunis, contre les tribunaux d'exception, vota, avec deux autres sénateurs, contre l'établissement de l'Empire, parla seul contre le rétablissement des titres nobiliaires, se prononça contre le divorce de Napoléon, et n'assista pas au mariage de Marie-Louise. L'empereur l'avait fait membre de la Légion d'honneur (9 vendémiaire an XII), commandeur (25 prairial suivant) et comte de l'Empire (2 juillet 1808). Son opposition ne se détendit pas, et, en 1814, il rédigea d'avance un projet de déchéance des plus énergiques contre l'empereur. Le retour des Bourbons lui inspira une brochure dans laquelle il rappelait la condition acceptée d'une Constitution. Tenu à l'écart pour la Restauration et pendant les Cent-Jours, il fut, à la seconde Restauration, exclu de l'Institut ; sa pension d'ancien sénateur

fut également supprimée ; il vendit ses livres, et se retira à Auteuil, où il prépara son Essai historique sur les libertés de l'Église gallicane, paru en 1818. L'année suivante, après la crise de réaction qu'avait traversée l'Isère, les électeurs de ce département l'élurent, au grand collège, député de l'Isère, le 12 septembre 1819, par 512 voix sur 997 votants et 1,293 inscrits. Cette élection déchaîna les passions contre-révolutionnaires, et les royalistes se vantèrent de l'exclure de la Chambre comme « indigne ». L'opposition libérale, n'osant prendre ouvertement la défense d'un républicain, l'engagea à donner spontanément sa démission : il s'y refusa ; le 6 décembre 1819, la Chambre prononça l'annulation de l'élection de l'Isère, mais sans la motiver. Ce demi-succès n'apaisa pas la presse royaliste, et les plus violentes attaques furent dirigées contre Grégoire ; il se défendit, notamment par une lettre à la Quotidienne, du 4 octobre 1820, en protestant contre l'épithète de régicide : « Le devoir de souffrir chrétiennement, écrivit-il, n'ôte pas le droit de repousser la calomnie. J'étais absent aux quatre appels nominaux du procès de Louis XVI ; dans un discours à la Convention, j'avais demandé la suppression de la peine de mort et que Louis XVI en profitât tout le premier. » La censure mutila sa lettre, et, le 8 octobre, il demanda justice au ministre duc de Richelieu : « Mon âme inflexible se raidira toujours contre la calomnie, l'iniquité ; je suis comme le granit, on peut me briser, mais on ne me plie pas. » Lorsque l'ordonnance royale qui prescrivait le remplacement des anciens brevets de la Légion d'honneur par des nouveaux lui fut signifiée en 1822, il renonça à son titre de commandeur. Aux élections de 1824, le gouvernement ne l'inscrivit pas sur les listes électorales, malgré ses réclamations. Il vécut dès lors dans sa retraite d'Auteuil, en correspondance avec la plupart des savants de l'Europe, sans que le gouvernement de juillet songeât à réparer envers lui les injustices du règne précédent. Mourant, il demanda les secours de la religion ; l'archevêque de Paris exigea d'abord qu'il rétractât son serment à la constitution civile du clergé : Grégoire se montra encore inflexible ; mais l'abbé Guillon lui administra quand même les sacrements. Mort, l'Église lui refusa la sépulture ; l'administration fit porter le corps à l'Abbaye-au-Bois, où la messe fut dite par un prêtre étranger. Après la cérémonie, quelques jeunes gens dételèrent les chevaux du char funèbre, et traînèrent le cercueil à bras au cimetière Montparnasse. On a de lui un grand nombre de publications politiques et religieuses. Son Essai sur l'utilité et la possibilité d'abolir les douanes le met au rang des premiers libre-échangistes.

GRÉGOIRE (JEAN-MARIN), député en 1791, né au Havre (Seine-Inférieure) le 10 février 1740, mort au Havre le 7 mars 1825, négociant au Havre, devint, au début de la Révolution, administrateur de la Seine-Inférieure, et, le 7 septembre 1791, fut élu député de ce département à l'Assemblée législative, où il se fit peu remarquer. Il ne fit pas partie d'autres assemblées.

GRÉGOIRE DE SAINT-SAUVEUR (JEAN-BAPTISTE-AMÉDÉE), député en 1789, né à Mende (Lozère) le 24 juin 1709, mort à Bazas (Gironde) en 1792, entra dans les ordres et fut sacré évêque de Bazas le 16 octobre 1746. Il obtint ensuite l'abbaye de l'île de Médoc et fut élu, le 10 mars 1789, par la sénéchaussée de Bazas, député du clergé aux Etats-Généraux. Très attaché à l'ancien ordre de choses, il protesta contre les dispositions de la majorité de l'Assemblée, donna sa démission le 14 septembre 1789, passa quelque temps en Espagne et revint mourir à Bazas en 1792.

GRELIER (Pierre), député au Conseil des Cinq-Cents, né à Vieille-Vigne (Loire-Inférieure) le 20 mai 1754, mort à Nantes (Loire-Inférieure) le 19 avril 1829, était inspecteur de la librairie, lorsqu'il fut élu, le 24 vendémiaire an IV, député de la Loire-Inférieure au Conseil des Cinq-Cents, « à la pluralité des voix » sur 263 votants. Il prit quelquefois la parole dans cette assemblée, notamment pour proposer de célébrer annuellement le 18 fructidor et même d'élever un monument qui en perpétuât le souvenir. Secrétaire du Conseil, il fit approuver diverses élections, combattit la proposition d'autoriser les renonciations aux soumissions de biens nationaux, et quitta l'assemblée en l'an VII.

GRELIER DU FOUGEROUX (Ernest-François-Richard), représentant du peuple en 1848 et en 1849, né à la Chapelle-Thémer (Vendée) le 9 avril 1804, mort au château du Fougeroux (Vendée) le 1er mars 1883, fils d'un émigré, fit son droit à Paris. Riche propriétaire et légitimiste libéral, il reçut, en 1844, des électeurs indépendants de la Vendée, l'offre d'une candidature à la Chambre des députés et n'échoua que de quelques voix, grâce aux manœuvres du gouvernement. Le 23 avril 1848, il fut élu représentant du peuple à l'Assemblée constituante, le 2e sur 9, par 47,032 voix (86,221 votants, 104,486 inscrits). Il prit place à l'extrême-droite, fit partie du comité des cultes, déposa, en cette qualité, le rapport sur le célibat des prêtres, et vota *pour* le décret sur les clubs, *contre* l'abolition de la peine de mort, *contre* l'impôt progressif, *pour* l'ensemble de la Constitution, *pour* l'interdiction des clubs, *pour* l'expédition de Rome, *contre* la mise en accusation du président et des ministres. Au 15 mai, il se fit remarquer par son intrépidité en face de l'émeute qui menaçait l'Assemblée. Réélu, le 13 mai 1849, à la Législative, par le même département, le 2e sur 8, avec 43,978 voix (61,522 votants, 103,432 inscrits), il continua de siéger à la droite de l'assemblée et de voter avec elle, *pour* les lois sur l'enseignement, *contre* le suffrage universel, etc., parla dans quelques discussions financières, combattit le libre-échange, et protesta, à la mairie du 10e arrondissement, contre le coup d'Etat du 2 décembre. Emprisonné à Vincennes, il fut bientôt rendu à la liberté, et rentra dans la vie privée.

GRELLET (Jean-Baptiste), chevalier de la Rouzière, député au Corps législatif de 1807 à 1815, né à Néoux (Creuse) le 29 janvier 1758, mort à Néoux le 28 novembre 1844, était « fils de François Grellet, marchand et habitant du bourg de Néoux, et de Françoise Cornudet, sa légitime épouse ». Il exerça à Aubusson la profession de notaire et celle d'expert, devint inspecteur des contributions dans la même ville, et fut appelé, le 18 février 1807, par une décision du Sénat conservateur, à représenter le département de la Creuse au Corps législatif, dont il fit partie jusqu'en 1815. Le 13 mars 1813, Grellet fut créé « chevalier de la Rouzière ». Il était décoré de la Légion d'honneur.

GRELLET DE BEAUREGARD (Jean-Bap-

tiste), député en 1789, né à Aubusson (Creuse) le 16 novembre 1750, mort à Limoges (Haute-Vienne) le 23 novembre 1829, conseiller à la sénéchaussée de Guéret en août 1776, procureur-syndic du tiers-état en septembre 1788, fut élu, le 24 mars 1789, député du tiers aux Etats-Généraux pour la sénéchaussée de la Basse-Marche (Guéret). Il ne prit qu'une seule fois la parole pour indiquer un nouveau mode de constater l'état civil, et devint après la législature, en 1791, président du tribunal de district d'Aubusson. Il fit sa carrière dans la magistrature et fut successivement nommé : le quatrième jour complémentaire de l'an IV juge au tribunal civil de la Creuse, le 18 floréal an VIII juge à la cour de Limoges, le 1er juin 1811 conseiller à la cour impériale de cette même ville, le 8 décembre 1818 président de chambre à la cour royale de Limoges. Chevalier de la Légion d'honneur.

GRELLET DE LA DEYTE (Félix-Sébastien), représentant du peuple à l'Assemblée constituante de 1848, né à Allègre (Haute-Loire) le 22 mai 1813, mort à Riom (Puy-de-Dôme) le 20 janvier 1879, descendait d'une ancienne famille fixée dès le début du XIVe siècle dans la Basse-Auvergne où elle a possédé, depuis 1722, la baronnie de la Deyte, et dont un des membres, Pons Grellet, se signala en 1593 comme lieutenant général du marquis d'Allègre pour le roi Henri IV, en défendant cette place contre les ligueurs. Félix Grellet étudia le droit à Paris, fut secrétaire de la conférence des avocats, passa son doctorat, et se fit inscrire en 1841 au barreau de la cour de Riom. Il épousa dans cette ville, le 21 juillet 1846, Mlle Peyronnet de la Ribière, parente du comte de Peyronnet, ministre de Charles X, et nièce directe du chevalier de Lavillatte, le vainqueur du Trocadéro et l'un des officiers de la garde royale qui suivirent, en 1830, le duc de Bordeaux en exil. Doué d'un réel talent de parole, sincèrement libéral et d'une famille très dévouée à la branche aînée des Bourbons, il vit sans regret la chute de la monarchie de juillet. Ayant refusé le poste de procureur général que lui offrit le gouvernement provisoire, il fut élu, le 23 avril 1848, représentant du peuple pour la Haute-Loire, le 2e sur 8, par 35,194 voix sur 54,302 votants et 72,901 inscrits. Il siégea à la gauche modérée et fut du comité des finances dont il devint le secrétaire, et au nom duquel il présenta souvent des rapports. Il conserva toujours sa liberté d'opinion, et vota parfois avec la gauche, plus souvent avec la droite : le 26 mai 1848, *pour* le bannissement de la famille d'Orléans ; le 28 juillet, *pour* le décret contre les clubs ; le 9 août, *contre* le rétablissement du cautionnement des journaux ; le 25 août, *pour* les poursuites contre Louis Blanc et *contre* les poursuites contre Caussidière ; le 2 septembre, *contre* l'abolition de la peine de mort ; le 25 septembre, *pour* l'impôt proportionnel, *contre* l'impôt progressif ; le 7 octobre, *contre* l'amendement Grévy sur la présidence ; le 2 novembre, *contre* l'amendement F. Pyat (droit au travail) ; le 28 décembre, *pour* la réduction de l'impôt du sel ; le 22 janvier 1849, *pour* le renvoi des accusés du 15 mai devant la haute cour ; le 1er février, *pour* le rejet du projet d'amnistie générale ; le 31 mai, *pour* l'ordre du jour Oudinot ; le 18 mai, *pour* l'abolition de l'impôt des boissons ; le 26 mai, *pour* la mise en liberté des transportés. Il prit la parole dans diverses circonstances, notamment pour appuyer le vote des crédits nécessaires au traitement des religieux affectés au service des hôpitaux. C'est lui qui fit relever sur la place de la Bastille son collègue et ami, le commandant de Charbonnel, blessé mortellement par les insurgés à l'attaque d'une barricade (juin 1848), et le ramena chez lui sous une grêle de balles. Après la session, M. Grellet de la Deyte fut vivement combattu par le parti républicain avancé et reprit sa place au barreau de la cour de Riom. Elu bâtonnier de l'ordre, il assista en cette qualité aux obsèques de Berryer (1868). Très versé dans les questions archéologiques et scientifiques, il fut un des membres les plus compétents et les plus actifs des Sociétés académiques du Puy (1838) et de Clermont (1855), et publia dans les recueils de ces Sociétés des biographies et de nombreux mémoires. Il fut élu secrétaire de la section des sciences dans la 22e session du congrès scientifique de France qui se tint au Puy (1855). Possesseur d'une grande fortune territoriale, il s'occupa avec succès de questions agricoles et fut, durant de longues années, secrétaire général de la Société d'agriculture du Puy-de-Dôme. Il devint ensuite conseiller municipal et administrateur des hospices de la ville de Riom. A plusieurs reprises, il fut vice-président du conseil général de la Haute-Loire, dont il était membre depuis 1871 pour le canton d'Allègre, ayant succédé à son frère aîné, qui avait occupé le même siège pendant trente-cinq ans.

GRENIER (JEAN-BAPTISTE), député en 1789, et au Corps législatif de l'an XII à 1810, né à Brioude (Haute-Loire) le 21 avril 1753, mort à Riom (Puy-de-Dôme) le 10 avril 1838, « fils de Claude Grenier, marchand épicier, et de Marguerite Solet, ses père et mère, » était avocat avant la Révolution, et secrétaire de l'administration provinciale. Elu, le 26 mars 1789, député du tiers aux Etats-Généraux, par la sénéchaussée de Riom, avec 172 voix, il se fit peu remarquer dans l'Assemblée constituante. Il devint ensuite commissaire du gouvernement près le tribunal de Brioude: suspect en 1793 et 1794, il ne fut rappelé aux fonctions publiques qu'après le coup d'Etat du 18 brumaire; le 3 floréal an VIII, J.-B. Grenier fut nommé sous-préfet de Brioude. Partisan du gouvernement consulaire et impérial, il fut élu (29 thermidor an XII), par le Sénat conservateur, député de la Haute-Loire au Corps législatif, où il siégea jusqu'en 1810.

GRENIER (PIERRE, CHEVALIER), député au Corps législatif de l'an XII à 1809, né à Pezénas (Hérault) le 10 octobre 1756, mort à Montpellier (Hérault) le 6 juillet 1819, « fils de Jean-Jacques-Joseph Grenier, négociant, et de demoiselle Marie-Rose Belpel, » était homme de loi à Pezénas et administrateur des hospices. La Révolution le fit successivement agent national et commissaire du Directoire exécutif dans l'Hérault. Après le 18 brumaire, il devint, en l'an VIII, sous-préfet de Béziers. Puis il fut désigné, le 29 thermidor an XII, par le Sénat conservateur, comme député de l'Hérault au Corps législatif. Vice-président de cette Assemblée, il y soutint avec zèle les institutions impériales jusqu'en 1809. — Membre de la Légion d'honneur, et chevalier de l'Empire, du 11 juillet 1810.

GRENIER (PAUL, COMTE), représentant à la Chambre des Cent-Jours et député de 1818 à 1822, né à Sarrelouis (Prusse rhénane) le 29 janvier

1768, mort à Morembert (Aube) le 18 avril 1872, fils d'un huissier, s'enrôla en 1784, et, jusqu'à la Révolution, gagna péniblement ses grades; mais, après Jemmapes, il fut nommé adjudant-général, puis général de brigade en avril 1794 et général de division au mois d'octobre suivant, après avoir reçu à Fleurus les éloges de Jourdan pour sa valeureuse conduite. Envoyé à l'armée du Rhin, il força avec l'avant-garde le passage de ce fleuve en 1795, et, en 1797, se distingua à Neuwied. Nommé ensuite à l'armée d'Italie, il y resta peu de temps, revint à l'armée du Rhin, où, en 1800, il contribua à la prise de Guntzbourg et aux victoires d'Hochstedt et de Hohenlinden. A la paix de Lunéville, il fut nommé inspecteur de l'infanterie et resta quelque temps dans l'inactivité en raison de ses relations avec Moreau. Membre de la Légion d'honneur du 19 frimaire an XII, et commandeur du 25 prairial de la même année, il fut envoyé à l'armée d'Italie, devint, en 1806, gouverneur de Mantoue, et grand-officier de la Légion d'honneur; le 25 décembre 1807, commanda une division de l'armée du prince Eugène, se distingua au passage de la Piave, et, durant la campagne d'Autriche, aux batailles de Raab et de Wagram; il fut fait alors grand-aigle de la Légion d'honneur (14 août 1809), puis comte de l'Empire (3 mai 1810). Commandant en chef de l'armée de l'Italie méridionale, il reçut, en 1812, la mission de protéger la retraite du prince Eugène sur Witepsk, puis sur Krasnoë; l'année suivante, il commanda un corps d'armée sur l'Adige et contribua à la victoire du Mincio; puis, après la défection de Murat, qui tenait à sauver son trône et qui ne put même sauver sa tête, il eut le mérite de ramener en France l'armée d'Italie. A la première Restauration, il reçut de Louis XVIII la croix de chevalier de Saint-Louis et le commandement de la 8e division militaire. Elu, pendant les Cent-Jours (12 mai 1815), représentant du collège de département de la Moselle, avec 76 voix sur 128 votants et 253 inscrits, il fut nommé vice-président de la Chambre, fit partie de la commission chargée de présenter à Napoléon un projet d'adresse, et, après Waterloo, commanda l'armée de Paris et fut l'un des membres de la commission provisoire du gouvernement. La seconde Restauration s'empressa de le mettre à la retraite (27 janvier 1816), ce qui ne l'empêcha pas d'être élu, le 20 octobre 1818, député par le collège de la Moselle avec 105 voix (161 votants, 246 inscrits). A la Chambre, où son autorité était reconnue, il défendit toujours la mémoire et les droits de ses anciens compagnons d'armes, et parla en faveur de la loi du recrutement. A la fin de la législature, il se retira dans sa terre de Morembert où il mourut. Il a publié : *Correspondance du général Grenier et de son état-major avec les généraux Jourdan, Kléber, etc., pour servir à l'histoire des campagnes de 1795 et 1796* (Bamberg, 1800).

GRENIER (JEAN, BARON), député au Conseil des Cinq-Cents, membre du Tribunat et pair de France, né à Brioude (Haute-Loire) le 16 septembre 1753, mort à Riom (Puy-de-Dôme) le 30 janvier 1841, n'est point parent de Jean-Baptiste Grenier (*V. plus haut*) avec lequel un grand nombre de biographes l'ont confondu, et qui, né dans la même ville que lui, et la même année, est mort comme lui à Riom, mais à une date différente. Fils de Benoît Grenier, notaire, et de Jeanne Trioulet, il étudia le droit et vint se fixer au barreau de Riom en 1776; il s'y distingua par son talent et son savoir, et fit paraître en

1785 un *Commentaire*, qui fut très remarqué, sur une matière neuve et difficile : il s'agissait de l'édit des hypothèques de 1771. Il adopta, très modérément, les idées nouvelles en 1789, fut nommé, l'année d'après, procureur-syndic du district de Riom, fonctions qu'il peruit sous le régime révolutionnaire, et devint, à la fin de 1795, commissaire national, puis commissaire du pouvoir exécutif près le tribunal civil de Riom. Elu, le 23 germinal an XI, député de la Haute-Loire au Conseil des Cinq-Cents, il s'y occupa surtout de questions juridiques, parla sur les testaments militaires, appuya le projet interprétatif de la loi du 17 nivôse sur les successions, et, rapporteur de la question des reventes des domaines nationaux, proposa d'en exclure l'action en rescision. Après le coup d'Etat de brumaire, auquel il ne s'était pas montré hostile, Grenier fut (4 nivôse an VIII) nommé membre du Tribunat. Il y vota en faveur du rétablissement du droit de tester, qu'il considérait comme inhérent au droit de propriété, repoussa la proposition de faire succéder la nation de préférence aux parents collatéraux, et prit une grande part à la discussion des codes, comme l'un des deux secrétaires de la section de législation. Secrétaire de l'Assemblée en 1804, il fut de ceux qui se prononcèrent avec le plus d'empressement pour l'établissement de l'Empire. Après la suppression du Tribunat (1807), Grenier rentra dans la magistrature. Nommé, le 11 décembre 1808, procureur général à la cour d'appel de Riom, il conserva ce poste à la réorganisation des tribunaux en 1811, et y fut même maintenu sous la Restauration, jusqu'à l'époque où le gouvernement royal le fit (24 août 1819) premier président de la même cour. Il était baron de l'Empire depuis 1810. La monarchie de juillet le compta ensuite parmi ses partisans. Une ordonnance du 11 octobre 1832 appela le baron Grenier à la Chambre des pairs, où il défendit jusqu'à sa mort (1841) le régime existant. En 1834, l'Académie des sciences morales et politiques l'admit comme membre correspondant, en raison des ouvrages estimés de droit et de législation dont il était l'auteur et parmi lesquels on peut citer : ses travaux personnels pour l'élaboration du code civil, son *Essai sur l'adoption, considérée dans ses rapports avec l'histoire, la morale et la législation* (1801) ; *Traité des Donations, des Testaments et de toutes autres dispositions gratuites* (1807) ; le *Traité des Hypothèques* (1822). Il mourut à Riom premier président honoraire et commandeur de la Légion d'honneur.

GRENOT (ANTOINE), député en 1789, membre de la Convention, député au Conseil des Cinq-Cents et au Corps législatif, né à Gendray (Jura) le 7 août 1748, mort à Gendray le 25 mai 1808, exerçait avant la Révolution la profession d'avocat à Gendray ; s'étant signalé par son enthousiasme pour les principes nouveaux, il fut élu, le 15 avril 1789, député du tiers aux Etats-Généraux pour le bailliage de Dôle, par 117 voix sur 156 votants, et prit part au serment du Jeu de paume. Après la Constituante, où il passa inaperçu, il devint juge de paix de Gendray, puis, le 4 novembre 1792, fut nommé membre de la Convention par le département du Jura, le 3e sur 7, à la pluralité des voix sur 451 votants. Il y prit place parmi les Girondins, vota la mort de Louis XVI, protesta contre le 31 mai et contre la suppression du comité des 12, et, compris dans le décret du 8 octobre 1793 sur les députés prévenus de

conspiration, fut décrété d'arrestation. Il demeura dix-huit mois caché, et reprit sa place à la Convention le 18 brumaire an III. Envoyé en mission aux armées de Brest et de Cherbourg, il concourut avec Guermeur à faire exécuter le traité de la Jaunais conclu, le 15 février 1795, entre Ruelle, député, et les chefs vendéens Charette et Sapinaud. Mais il est permis de croire qu'il chercha l'extermination des royalistes plutôt que la pacification du pays, car le 15 mai suivant, il dénonça une nouvelle prise d'armes des chouans, qui voulaient demander au comité de salut public l'élargissement de Louis XVII et de sa sœur, et qui annonçaient, par la bouche de leur général Cormatin, que, faute de l'acceptation, toute la Bretagne se soulèverait. Le 21 vendémiaire an IV, Grenot fut élu député du Jura au Conseil des Cinq-Cents, par 254 voix (291 votants), et réélu, le 24 germinal an IV, par le même département à la même assemblée. Il se rallia au 18 brumaire et à la Constitution de l'an VIII, ainsi qu'en témoigne la lettre suivante :

« Saint-Mihiel, ce 2 nivôse an VIII de la République, une et indivisible.

« Grenot, représentant du peuple, délégué des Consuls dans la deuxième division militaire,

« Aux représentants du peuple composant la commission intermédiaire du Conseil des 500.

« Citoyens collègues,

« Je m'empresse de vous adresser mon acceptation de l'Acte constitutionnel, et en attendant que je puisse à mon retour dont l'époque n'est pas encore fixée signer le registre qui a été ouvert pour les représentants du peuple, veuillez bien ordonner la mention de ma lettre et même la faire annexer au registre si vous le jugez nécessaire.

« Salut et fraternité,

« GRENOT. »

Le surlendemain, 4 nivôse, Grenot fut choisi par le Sénat conservateur comme député du Jura au nouveau Corps législatif ; il en sortit en l'an XII, et rentra dans la vie privée.

GREPPO (JEAN-LOUIS), représentant en 1848, en 1849, en 1871, député de 1876 à 1885, né à Pouilly-le-Monial (Rhône) le 8 janvier 1810, mort à Paris le 27 août 1888, était fils d'un vigneron. Il quitta sa famille à l'âge de 14 ans et se rendit à Lyon pour y apprendre le métier de tisseur. Dès ce moment il commença à faire de l'agitation républicaine et à se mêler aux mouvements populaires ; il prit part aux événements de 1830 et aux émeutes qui ensanglantèrent Lyon le 21 novembre 1832 et le 9 avril 1834, à côté de Lagrange et de Baune, en chantant la *Marseillaise*. Membre de plusieurs sociétés secrètes, un des chefs de l'association des « Mutuellistes », chef d'atelier dans une soierie où il exerçait une grande influence sur les ouvriers, M. Greppo était désigné pour être, en 1848, représentant du peuple. Le 23 avril, il fut élu représentant du Rhône à l'Assemblée constituante, le 14e et dernier, par 45,194 voix ; il siégea à l'extrême-gauche, fit partie du comité du travail, et vota *pour* le bannissement de la famille d'Orléans, *contre* le décret sur les clubs, *contre* les poursuites contre Louis Blanc et Caussidière, *pour* l'abolition de la peine de mort, *pour* l'impôt progressif, *pour* l'incompatibilité des fonctions, *pour* l'amendement Grévy, *contre* la sanction de la Constitution par le peuple, *pour le droit au travail*, *contre* l'ensemble de la Constitution, *contre* la proposition Rateau, *contre* la campagne de Rome, *pour* la mise en accusation du président et des ministres. Il fut le seul représentant qui vota *contre* l'ordre du jour motivé contre la proposition Proudhon, et il s'est souvent défendu depuis d'avoir entendu par là voter *pour* cette proposition. Le 13 mai 1849, il fut réélu par le même département à la Législative, le 7e sur 11, avec 70,223 voix (110,722 votants, 154,740 inscrits); il obtint aussi à Paris, mais sans être nommé et comme candidat socialiste, plus de 100,000 voix. Il se signala par la violente opposition qu'il fit au nouveau pouvoir et par l'appui qu'il prêta à la demande de mise en accusation du ministre, à l'occasion du siège de Rome, déposée le 11 juin 1849 par Ledru-Rollin. Aussi, au 2 décembre 1851, M. Greppo, dont la peur ne paralysa, a-t-on dit, que les projets de résistance, fut expulsé. Il se retira en Belgique, puis en Angleterre, revint en France après l'amnistie de 1859, et fut impliqué, vers la fin de l'empire, avec Miot et 52 autres accusés, dans un procès politique pour association secrète. Il fut acquitté. Après le 4 septembre 1870, il fut nommé maire du 4e arrondissement de Paris; il donna sa démission au mois de juillet suivant et fut remplacé par M. Vautrain. Elu, le 8 février 1871, représentant de la Seine à l'Assemblée nationale, le 24e sur 43, par 101,018 voix (328,970 votants, 547,858 inscrits), il signa, après le 18 mars, la proclamation des maires et députés de Paris, et se mêla activement aux tentatives de conciliation entre Versailles et la Commune. A l'Assemblée, il prit place à l'extrême-gauche et vota *contre* la paix, *contre* l'abrogation des lois d'exil, *pour* l'amendement Barthe, *pour* le retour à Paris, *contre* le 24 mai, *contre* la démission de M. Thiers, *contre* la prorogation des pouvoirs du Maréchal, *contre* la loi des maires, *contre* le ministère de Broglie, *pour* la dissolution, *pour* l'amendement Wallon, *pour* les lois constitutionnelles. Nommé, le 20 février 1876, député du 12e arrondissement de Paris par 7,314 voix (12,605 votants 15,561 inscrits), contre 1,991 voix à M. Farcy, 1,825 à M. de Rancy, 566 à M. Beaure, 410 à M. Perrinelle, il devint vice-président de son groupe, vota l'amnistie pleine et entière, fit de l'opposition le 16 mai, et fut des 363. Réélu, le 14 octobre 1877, dans le même arrondissement, par 11,716 voix (13,354 votants, 16,377 inscrits), contre 182 à M. Tuchard et 154 à M. Perron, M. Greppo se rapprocha des opportunistes, et, après les élections du 21 août 1881, qui le ramenèrent à la Chambre, par 7,942 voix (14,063 votants, 18,236 inscrits), contre 3,847 voix à M. Jules Roche, radical-socialiste, 1,029 à M. Harry, et 658 à M. Fruneau, tous deux candidats ouvriers, il soutint les opportunistes au pouvoir. Aussi, porté sur la liste opportuniste, échoua-t-il une première fois, le 4 octobre 1885, dans le département de la Seine, avec 101,034 voix sur 434,011 votants, et une seconde fois, le 13 décembre suivant, dans le même département, à l'élection partielle qui avait pour but de pourvoir au remplacement de six députés ayant opté pour d'autres départements; il ne recueillit alors que 95,518 voix sur 347,089 votants. On a de lui : *Catéchisme social* (1848), exposé sommaire de la doctrine de la solidarité, et *Réponse d'un socialiste à M. le maréchal Bugeaud* (1848).

GRESLAN (JEAN-BAPTISTE-PIERRE-PROSPER DE), représentant en 1849, né à Saint-Denis (île de la Réunion) le 26 décembre 1796, mort à Paris le 9 novembre 1852, entra dans la magistrature et fut nommé, le 11 juin 1820, conseiller auditeur à la cour royale de la Réunion. Délégué au parquet du tribunal de Saint-Denis le 1er octobre 1824, il fut promu, le 1er octobre 1827, procureur du roi près le tribunal de Bourbon, refusa, le 23 décembre de la même année, le poste de procureur du roi, chef du service judiciaire à Chandernagor, et, sous le gouvernement de Louis-Philippe, fut fait successivement : conseiller auditeur à la cour royale de Bourbon (25 juillet 1834), procureur du roi près le tribunal de Saint-Paul (30 mai 1837), procureur du roi près le tribunal de Saint-Denis (17 février 1838). Devenu substitut du procureur général près la cour royale d'Alger, M. de Greslan, dont les opinions étaient nettement monarchistes, fut élu, le 21 octobre 1849, représentant de l'île de la Réunion à l'Assemblée législative, le second et dernier de la liste, par 5,297 voix (9,186 votants, 34,810 inscrits). Il siégea à droite, s'associa à tous les votes de la majorité conservatrice, combattit les propositions républicaines, et ne fit point partie d'autres assemblées.

GRESLEY (HENRI-FRANÇOIS-XAVIER), sénateur de 1879 à 1890 et ministre, né à Vassy (Haute-Marne) le 9 février 1819, mort à Paris le 2 mai 1890, entra à 19 ans à l'Ecole polytechnique, et en sortit dans l'état-major en 1820. Lieutenant au 57e de ligne, puis au 7e lanciers, il devint, en 1841, aide-de-camp du général Herbillon, commandant de Constantine, et, toujours en Afrique, passa capitaine en 1845, chef d'escadron en 1855, lieutenant-colonel en 1861 et colonel en 1865; il avait pris part à plusieurs campagnes, et, à Zaatcha (1849), avait été blessé d'un coup de feu. Quand le général Herbillon fut rappelé en France, le colonel Gresley entra dans les bureaux arabes, fut nommé chef du bureau politique d'Alger en 1862, et occupa ce poste jusqu'en 1870. Il rentra en France au moment de la guerre franco-allemande, devint chef d'état-major du général Duhesme, général de brigade (12 août 1870) après Frœschwiller, et vint à Châlons réorganiser le 12e corps d'armée. Fait prisonnier à Sedan, il fut interné en Allemagne, et, après la paix, commanda une brigade d'infanterie de la division Lacretelle, lors de la lutte contre la Commune. Le duc d'Aumale, nommé commandant du 7e corps à Besançon, le prit pour chef d'état-major (1873); en 1875, M. Gresley fut promu général de division, puis chef d'état-major général au ministère de la Guerre. Conseiller d'Etat en service extraordinaire (14 avril 1876), il défendit devant les Chambres, comme commissaire du gouvernement, les projets militaires. Mis en disponibilité à l'avènement du ministère de Rochebouët (décembre 1877), le général Gresley fut le candidat des gauches à l'élection d'un sénateur inamovible, le 15 novembre 1878; il échoua contre M. Numa Baragnon, qui l'emporta de 4 voix. Il rentra dans l'activité en acceptant du maréchal de Mac-Mahon le portefeuille de la Guerre (13 janvier 1879); là, il remplaça neuf commandants de corps d'armée dont les pouvoirs étaient légalement expirés, ordonna l'exécution de *la Marseillaise* dans les cérémonies officielles, réglementa la présence des piquets d'honneur aux obsèques religieuses, organisa les comités directeurs de l'infanterie et de la cavalerie, etc. Il donna brusquement sa démission le 20 décembre 1879, à l'issue de la discussion d'une interpellation qui lui avait été désagréable. Le 27 mai précédent, il avait été élu, par le Sénat, sénateur inamovible, en remplacement de M. de Greffulhe, décédé, avec 151 voix sur 249 votants. A sa sortie du ministère, il reçut le commandement du 5ᵉ corps, à Orléans. Grand-officier de la Légion d'honneur du 8 février 1880, décoré de la médaille militaire, il a été retraité comme général de division le 21 mars 1884. A la Chambre haute, où il siégea au centre gauche, il a rarement pris part autrement que par ses votes aux travaux parlementaires. Il a soutenu les ministères républicains, et a voté cependant *contre* l'expulsion des princes; la lente maladie qui a amené sa mort le tenait depuis longtemps déjà éloigné du Sénat.

GRESOLLES (CHARLES-HENRI GAYARDON, COMTE DE), député en 1789, né à Saint-Martin (Loire) le 24 novembre 1740, mort à une date inconnue, appartint, sous l'ancien régime, aux armées du roi, et parvint au grade de lieutenant colonel de cavalerie. Le 23 mars 1789, il fut élu député de la noblesse aux Etats-Généraux par le bailliage du Forez. M. de Gresolles se fit peu remarquer dans l'Assemblée constituante. On le retrouve, le 23 vendémiaire an IV, haut juré de la Loire, puis conseiller général de ce département après le 18 brumaire. Il était chevalier de Saint-Louis.

GRESSIER (EDMOND-VALLÉRY), député au Corps législatif de 1863 à 1869, sénateur et ministre du second Empire, né à Corbie (Somme) le 21 décembre 1815, entra à l'Ecole polytechnique en 1832, puis, indépendant par sa situation de fortune, il fit son droit après sa sortie de l'école, se fit inscrire au barreau de Paris, épousa la fille de M. Chaix-d'Est-Ange (1847), et devint, après 1848, avocat des Domaines, du Trésor et de la Ville. Conseiller général du canton de Corbie (1861), il fut élu (1ᵉʳ juin 1863) député du Corps législatif dans la 5ᵉ circonscription de la Somme, par 19,228 voix (28,662 votants, 33,620 inscrits), contre 9,303 à M. d'Hécecques, candidat d'opposition. Partisan du gouvernement impérial, membre des commissions du budget, de l'emprunt de 1866, de la loi militaire, il fut appelé (décembre 1868) au ministère de l'Agriculture, du Commerce et des Travaux publics, et s'occupa particulièrement de l'organisation de l'enseignement supérieur de l'agriculture et de la réforme des fermes-écoles. Lors du remaniement ministériel du 12 juillet 1869, il conserva le portefeuille des Travaux publics jusqu'à l'avènement du ministère Ollivier, et fut alors nommé sénateur (28 décembre). Officier de la Légion d'honneur du 14 août 1866, commandeur du 27 décembre 1869. A la révolution du 4 septembre 1870, il est rentré au barreau de Paris.

GRÉTERIN (THÉODORE), sénateur du second Empire, né à Sévigny-la-Forêt (Ardennes) le 12 novembre 1794, mort à Paris le 16 mai 1861, étudia le droit et entra de bonne heure au ministère des Finances. A la fin de la Restauration, il était chef de bureau des douanes, et, après 1830, chef de division de ce service, puis directeur. Président du conseil spécial des douanes, il s'occupa de donner plus de développement et de clarté aux *Tableaux* annuels de son administration. Commandeur de la Légion d'honneur (avril 1841), il fut fait grand-officier le 17 janvier 1853. Le second Empire le nomma en outre conseiller d'Etat, le comprit d'office dans la nouvelle section d'administration de l'Académie des sciences morales et politiques

(1855), et l'appela au Sénat par décret du 3 mars 1860. Il mourut l'année suivante. On n'a sous son nom que des *Rapports* aux ministres et des *Mémoires* sur des matières fiscales.

GRÉVY (FRANÇOIS-JULES), représentant en 1848 et en 1849, député de 1868 à 1870, représentant en 1871, député de 1876 à 1879, et président de la République, né à Mont-sous-Vaudrey (Jura) le 15 août 1807. Les registres de l'état civil de Mont-sous-Vaudrey ayant été consumés dans un incendie vers 1812, les dictionnaires biographiques, même les plus récents, ont attribué à M. Grévy une date de naissance erronée, et l'ont, pour la plupart, rajeuni de six ans; nos recherches sur ce point nous ont donné lieu de constater que le nom de M. Grévy ne figure pas sur les listes de tirage au sort de la commune de Mont-sous-Vaudrey, et nous ont permis de supposer qu'il a pu profiter de l'incendie des registres pour échapper à la conscription. Fils d'un ancien volontaire de 1792 qui était parvenu au grade de chef de bataillon et qui s'était retiré bourgeoisement à Mont-sous-Vaudrey à l'époque du Consulat, M. Jules Grévy quitta à dix ans la maison paternelle pour commencer ses études au collège de Poligny; il les continua à Besançon, vint faire son droit à Paris, et se fit inscrire au barreau de cette ville en 1837. Il débuta non sans succès, dans une cause politique, en défendant devant la cour des pairs Philippet et Quignot, complices de Barbès dans l'insurrection du 12 mai 1839. Il se lia avec les hommes en vue du parti libéral, et, à la révolution de février, fut nommé, par le gouvernement provisoire, commissaire de la République dans le Jura. Il montra dans ces fonctions du calme et de la fermeté : « Je ne veux pas, disait-il, que la République fasse peur. » Dans la déclaration qu'il signa, en avril 1848, pour se porter candidat à l'Assemblée nationale, il demanda « une République forte et libérale qui se fasse aimer par sa sagesse et sa modération, qui attire et pardonne tous les partis; la moralité dans le pouvoir, etc. » Elu représentant du Jura le 23 avril, le 1ᵉʳ sur 8, par 65,150 voix sur 74,155 votants, il s'assit à gauche, et prit une part active aux travaux de l'Assemblée. Le 21 juin, il demanda la diminution de l'impôt des boissons, déposa (8 août) avec Pascal Duprat et Berryer un amendement au projet de cautionnement des journaux; parla (25 août) *contre* les poursuites demandées contre Louis Blanc et Caussidière; combattit (1ᵉʳ septembre) le rétablissement de la contrainte par corps; vota *contre* l'état de siège; et, le 6 octobre, développa, lors de la discussion sur l'art. 20 de la Constitution, l'amendement célèbre qui a gardé son nom et qui était ainsi conçu : « L'Assemblée nationale délègue le pouvoir exécutif à un citoyen qui reçoit le titre de président du conseil des ministres.

« Le président du conseil des ministres est nommé par l'Assemblée nationale au scrutin secret et à la majorité des suffrages.

« Le président du conseil des ministres est élu pour un temps illimité, il est toujours révocable. » — « Oubliez-vous, disait-il, que ce sont les élections de l'an X qui ont donné à Bonaparte la force de relever le trône et de s'y asseoir? Etes-vous bien sûrs dans cette série de personnages qui se succéderont tous les quatre ans au trône de la présidence, il n'y aura que des purs républicains empressés d'en descendre? Etes-vous sûrs qu'il ne se trouvera jamais un ambitieux tenté de s'y perpétuer?

Et si cet ambitieux est le rejeton d'une famille qui ait régné sur la France, répondez-vous que cet ambitieux ne parviendra pas à renverser la République? » Ces prophétiques paroles ne purent convaincre l'Assemblée, qui repoussa l'amendement par 643 voix contre 158. Le 9 décembre suivant, M. Grévy fut élu membre de la commission faisant fonction provisoire de conseil d'Etat. Le 13, il défendit son rapport sur le projet de loi de l'impôt de mutation sur les biens de mainmorte. Le 19 janvier 1849, rapporteur de la proposition Rateau (Voy. ce nom), il la combattit, au nom du comité de la justice dont il était membre, et en fit rejeter la prise en considération. Elu vice-président de l'Assemblée le 5 mars, et réélu le 4 avril, il parla contre l'expédition romaine, et conclut, comme rapporteur, au rejet de la proposition de concentrer entre les mains du général Changarnier le double commandement en chef de l'armée de Paris et de la garde nationale (19 mai). Il avait voté, durant la session, *pour* le bannissement de la famille d'Orléans, *contre* la loi sur les attroupements, *contre* la proposition Proudhon, *pour* l'abolition de la peine de mort, *contre* l'impôt progressif, *pour* l'ordre du jour en faveur de Cavaignac, *pour* la suppression de l'impôt du sel, *pour* l'amnistie des transportés, *pour* le blâme de la dépêche Léon Faucher, *pour* l'abolition de l'impôt des boissons. Le département du Jura réélut M. Jules Grévy à l'Assemblée législative, le 13 mai 1849, le 1er sur 7, par 48,710 voix sur 71,295 votants et 90,110 inscrits. Il reprit sa place à gauche, et parut souvent à la tribune, pour protester (18 juin) contre la suppression de plusieurs journaux, pour combattre (7 juillet) la demande en autorisation de poursuites contre sept représentants, pour attaquer (23 juillet) le projet de loi répressif sur la presse, présenté par le gouvernement, pour demander, sur la même question, la suppression du cautionnement, pour s'opposer (9 août) à la loi proposée sur l'état de siège, pour réclamer (14 décembre) la suppression de l'impôt des boissons, « inique dans sa répartition, odieux dans son mode de perception, inhumain dans son principe, désastreux dans ses conséquences. » Lors de la discussion de la loi du 31 mai, restrictive du suffrage universel, il réfuta (25 mai) M. Thiers : « Toute atteinte, dit-il, portée au suffrage universel est un attentat contre la souveraineté du peuple. La Constitution a bien pu le reconnaître et le proclamer, elle ne l'a pas créé. Il existait avant elle comme un droit antérieur et supérieur aux lois positives, comme un droit imprescriptible, etc. » Il parla encore (22 février, 4 mars, 8 avril, 30 juillet, 5 août 1850) sur des concessions de chemins de fer, et s'éleva (15 juillet 1851) contre la revision de la Constitution. Il collaborait à cette époque à la *République universelle*, avec Joigneaux, Pascal Duprat, etc. Le coup d'Etat de décembre 1851, qu'il avait prévu : « Le danger, avait-il dit à la tribune en mai 1849, n'est plus dans les émeutes, il est dans les coups d'Etat, » le rendit exclusivement au barreau. Arrêté à la mairie du 10e arrondissement, il fut enfermé un moment à Mazas. Sans être candidat au Corps législatif, il obtint, le 29 février 1852, dans la 1re circonscription du Jura, 168 voix contre 28,764 au candidat officiel élu, M. Dalloz, et, dans la 2e circonscription, 400 voix contre 29,251 à l'élu, candidat officiel, M. Charlier. Il reprit ses occupations professionnelles et ne rentra dans la vie politique qu'à l'élection partielle qui eut lieu dans le Jura, le 16 avril 1868, pour remplacer M. de Toulongeon, dé-

cédé. Malgré la pression administrative, patronné par Berryer, il fut élu, dans la 2e circonscription de ce département, par 22,595 voix sur 34,028 votants et 42,131 inscrits, contre 11,263 voix au candidat officiel, M. Huot. Le barreau de Paris s'associa à ce succès en nommant bâtonnier M. Grévy, qui inaugura cette fonction en prononçant un discours remarquable sur la tombe de Berryer. Au Corps législatif, il parla (13 mars 1869) sur les travaux du Trocadéro, protesta contre l'aliénation d'une partie du jardin du Luxembourg, et, aux élections générales du 24 mai 1869, fut réélu député par 15,928 voix sur 17,932 votants et 28,780 inscrits. Président de la réunion parlementaire de « la gauche fermée » dite de la rue de la Sourdière, il eut à lutter contre M. Ernest Picard, partisan d'une « gauche ouverte », et, inébranlable dans son opposition à l'Empire, dit qu'il ne voulait être « ni dupe, ni complice ». Le 2 février 1870, il renouvela la célèbre proposition des questeurs de 1851, en réclamant pour le Corps législatif le droit de disposer lui-même de la force armée nécessaire à sa sûreté; le 23 février, il parla contre les candidatures officielles, et s'éleva énergiquement (4 avril) contre le plébiscite : « Quand on place, dit-il, une nation entre le fait accompli et le néant, en la trompant, en la terrifiant, je dis que la réponse qu'on lui demande est un ordre qu'on lui donne; » et il signa le manifeste des gauches du 19 avril, conseillant de voter *non*. Lors de la discussion de la loi sur les délits de presse, il défendit la compétence du jury (19 et 23 mai), réclama (24 juin) l'élection des maires par les conseils municipaux, et, au cours de la discussion sur la pétition des princes d'Orléans demandant à rentrer en France (2 juillet), il déclara « qu'il était obligé de s'abstenir de voter, parce que, d'un côté, il ne voulait pas repousser la pétition de citoyens demandant la fin de leur exil, et que, d'un autre côté, il ne voulait pas rappeler la royauté, deux questions qui se trouvaient habilement mêlées et confondues dans la pétition. » La révolution du 4 septembre 1870 déplut, dans sa forme insurrectionnelle, à M. Grévy, homme de la légalité, et il demanda en vain, à plusieurs reprises, l'élection d'une Assemblée nationale. Le 8 février 1871, il fut élu représentant dans deux départements : dans les Bouches-du-Rhône, le 5e sur 11, par 51,164 voix sur 75,803 votants et 140,189 inscrits, et dans le Jura, le 1er sur 6, par 49,139 voix sur 49,963 votants et 89,769 inscrits. Il opta pour le Jura, et, le 16 février, fut élu à Bordeaux président de l'Assemblée, par 519 voix sur 536 votants. Le même jour il déposa, avec M. Dufaure, une proposition ayant pour objet de nommer M. Thiers chef du pouvoir exécutif de la République française, motion qui fut votée, le lendemain, à une immense majorité. C'était en partie la réalisation de « l'amendement Grévy » de 1848. A la présidence de la Chambre, son sang-froid et son impartialité en quelque sorte résignée rompaient avec les traditions d'esprit et d'à-propos des Dupin, des Armand Marrast, des de Morny, mais s'harmonisait singulièrement avec les tristesses patriotiques du moment. Huit fois l'Assemblée le rappela au fauteuil : le 16 mai 1871 par 506 voix sur 520 votants, le 16 août par 461 voix sur 468 votants, le 5 décembre par 511 voix sur 525 votants, le 5 mars 1872 par 494 voix sur 537 votants, le 5 juin par 459 voix sur 476 votants, le 12 décembre par 462 voix sur 505 votants, le 12 février 1873 par 421 voix sur 527 votants, le 2 avril par 349 voix sur 593 votants. Cette dernière réélection avait été motivée par la démission de M. Grévy après l'incident de séance entre M. de Grammont et M. Le Royer (*Voy. ces noms*) (1er avril). Se croyant en butte à l'hostilité systématique de la droite, et bien que réélu le lendemain, M. Grévy refusa de remonter au fauteuil, et prit place dans les rangs de la gauche républicaine. Partisan de Thiers, il publia (28 avril) un appel aux électeurs en faveur de la candidature de M. de Rémusat contre celle de M. Barodet, et, peu après, une brochure, *le Gouvernement nécessaire*, apologie de la République conservatrice. Les 5 et 19 novembre, il parla contre la prorogation demandée du pouvoir du maréchal de Mac-Mahon, et, par suite, s'abstint de voter la Constitution du 25 février 1875; au cours de la législature, il s'était prononcé *pour* la paix, *contre* la démission de Thiers, *contre* la circulaire Pascal, *contre* l'arrêté contre les enterrements civils, *contre* le ministère de Broglie, *pour* la dissolution de l'Assemblée, *pour* l'amendement Pascal Duprat, *pour* l'amendement Wallon. Lors des premières élections sénatoriales du 30 janvier 1876, il refusa la candidature dans le Jura, et se réserva pour les élections législatives du 20 février suivant. qui lui donnèrent, dans l'arrondissement de Dôle, 12,417 voix sur 15,964 votants et 19,281 inscrits, contre 3,408 voix à M. d'Aligny, légitimiste. Nommé président provisoire de la nouvelle Chambre le 8 mars, par 414 voix sur 430 votants, il devint président définitif le 13, par 462 voix sur 463 votants. Chargé en cette qualité de lire à la Chambre, le 25 juin 1877, le décret de dissolution obtenu par le ministère du Seize-Mai, il s'exprima ainsi : « Le pays devant lequel la Chambre va retourner, lui dira bientôt que, dans sa trop courte carrière, elle n'a pas cessé un seul instant de bien mériter de la France et de la République. » La mort de Thiers, survenue le 3 septembre, plaça un moment M. Grévy à la tête du parti républicain; aux élections du 14 octobre, il fut deux fois élu : à Dôle, par 12,304 voix sur 17,563 votants et 20,122 inscrits, contre 5,173 voix au candidat du gouvernement, M. d'Aligny, et dans le 9e arrondissement de Paris, par 12,365 voix sur 18,358 votants et 22,122 inscrits, contre 5,940 voix au candidat du gouvernement, M. Daguin. Il opta pour Dôle, et fut réélu par la Chambre président provisoire le 7 novembre, et président définitif le 12 : « Je m'efforcerai, dit-il, dans l'allocution d'usage, de me tenir à la hauteur de ma mission, comme la Chambre se tiendra, par sa modération et sa fermeté, à la hauteur de la sienne, s'inspirant de l'admirable sagesse et de la volonté souveraine du pays, qui est avec elle. » M. Grévy eut une part importante, auprès du maréchal de Mac-Mahon, dans la solution de la crise gouvernementale (novembre-décembre 1877) qui aboutit à la constitution du cabinet Dufaure. Lorsque les élections sénatoriales du 5 janvier 1879 eurent amené à la Chambre haute une majorité républicaine, le maréchal de Mac-Mahon saisit la première occasion de résigner ses fonctions de président de la République avant l'expiration du septennat (30 janvier 1879). Le même jour, M. Grévy fut élu à sa place pour sept années, au Congrès réuni à cet effet, par 563 voix sur 713 votants. Cette élection fut bien accueillie en France et à l'étranger : M. Grévy avait encore gardé du barreau un grand renom d'austérité », et son caractère promettait d'apporter à l'ardeur des luttes de partis un contrepoids salutaire. Le 6 février, le nouveau président adressa aux Chambres un message dans lequel la phrase

la moins banale disait : « Soumis avec sincérité à la grande loi du régime parlementaire, je n'entrerai jamais en lutte contre la volonté nationale exprimée par ses organes constitutionnels. » M. Grévy traversa avec une correction toute constitutionnelle les crises politiques et ministérielles de sa carrière de président. Attaché à des habitudes modestes dont la bonhomie cordiale masquait à peine les calculs intéressés, il sut pourtant, sans rehausser l'éclat de sa haute situation, en soutenir presque jusqu'à la fin la dignité morale, et, à l'expiration de son mandat, le 28 décembre 1885, il fut réélu, pour sept ans, président de la République au Congrès, par 457 voix sur 589 votants : les droites s'étaient abstenues en masse. Deux ans après, le procès Caffarel-Limouzin vint confirmer les bruits, déjà répandus dans le public, qui mêlaient à des tripotages financiers et à des trafics de décorations le nom du gendre du président de la République, M. Wilson, habitant à l'Élysée auprès de son beau-père (*Voy. Wilson*). M. Grévy ne parut s'émouvoir ni de la demande d'enquête parlementaire de M. Cunéo d'Ornano (25 octobre 1887), ni de l'interpellation de M. de Douville-Maillefeu et de M. Piou (10 novembre), ni du dépôt par le procureur général de Paris (17 novembre) d'une demande en autorisation de poursuites contre M. Wilson, ni du vote de la Chambre qui accorda les poursuites à l'unanimité moins 1 voix. En vieux jurisconsulte, il prétendait que les agissements de son gendre échappaient à la loi pénale, et il s'obstinait à le couvrir. Cette attitude fit bientôt concevoir à tous la nécessité de la démission du président de la République. Le 19 novembre, M. Clémenceau ayant déposé une demande d'interpellation « sur la situation politique », M. Rouvier, président du conseil, demanda l'ajournement au 24; mais l'ajournement ayant été repoussé par 317 voix contre 228, le cabinet se déclara démissionnaire. Cependant M. Wilson avait quitté depuis quelques jours l'Élysée, concession trop tardive pour calmer l'opinion publique. M. Grévy appela à lui la plupart des hommes politiques en vue: tous, M. Clémenceau comme M. Ribot, MM. de Freycinet, Goblet, Brisson, Le Royer, Ferry, Raynal, conseillèrent la démission; à quoi M. Grévy répondait invariablement qu'il ne s'en irait qu'à son heure, que seul il pouvait maintenir l'ordre au dedans, la paix au dehors, qu'il avait la garde de la Constitution, etc. Ces incertitudes ne laissaient pas que de jeter dans Paris une certaine agitation. Le 24, le président parut céder : il manda M. Ribot, lui déclara qu'il était décidé à se retirer, et le chargea de former un cabinet. Mais celui-ci ayant réclamé préalablement le message de démission, M. Grévy refusa, et M. Ribot se retira. L'*Agence Havas* annonça alors que le président n'acceptait pas la démission du cabinet Rouvier, et qu'il adresserait un message aux Chambres « dans les premiers jours de la semaine prochaine ». M. Rouvier demanda aux Chambres de s'ajourner jusqu'au jeudi 1er décembre; mais ce délai avait changé de nouveau les dispositions de M. Grévy, qui, soutenu par les radicaux, en haine de M. J. Ferry qu'ils redoutaient de voir arriver à la présidence, prétendait qu'il espérait encore pouvoir résoudre la crise. Les Chambres, réunies à 2 heures, le 1er décembre, firent savoir alors, à peu près dans les mêmes termes, qu'elles attendaient « la déclaration promise ». Cette énergique injonction, appuyée par le cabinet, produisit l'effet prévu, et, à la reprise des séances, à 6 heures, le cabinet déclara que la démission serait donnée le lendemain.

En effet, le vendredi 2, M. Grévy adressa aux deux Chambres un message qui débutait ainsi :

« MESSIEURS LES SÉNATEURS,
« MESSIEURS LES DÉPUTÉS,

« Tant que je n'ai été aux prises qu'avec les difficultés accumulées en ces derniers temps sur ma route : les attaques de la presse, l'abstention des hommes que la voix de la République appelait à mes côtés, l'impossibilité croissante de constituer un ministère, j'ai lutté et je suis resté où m'attachait mon devoir.

« Mais au moment où l'opinion publique mieux éclairée accentuait son retour et me rendait l'espoir de former un gouvernement, le Sénat et la Chambre des députés viennent de voter une double résolution qui, sous la forme d'un ajournement à heure fixe pour attendre un message promis, équivaut à une mise en demeure au Président de la République de résigner son pouvoir. Mon devoir et mon droit seraient de résister, la sagesse et le patriotisme me commandent de céder, etc. »

Un silence glacial accueillit la lecture de ce message, qui se terminait par une apologie amère des neuf années de présidence ; et, sans réussir à donner le change à l'opinion, en faisant de ses services passés litière à ses rancunes personnelles, M. Grévy alla s'enfermer dans la retraite dorée que son économe prévoyance avait ménagée à ses vieux jours.

GRÉVY (JULES-PHILIPPE-LOUIS-ALBERT), frère du précédent, représentant en 1871, député de 1876 à 1880, membre du Sénat, né à Mont-sous-Vaudrey (Jura) le 23 août 1823, suivit, à l'exemple de son aîné, les cours de la faculté de droit de Paris et s'inscrivit au barreau de cette ville, où ses débuts à la conférence des avocats (1850-1852) furent assez remarqués. Il exerça ensuite à Besançon, y devint bâtonnier de l'ordre, collabora au journal le *Doubs*, et, chef de l'opposition démocratique, combattit ouvertement le plébiscite dans une série de conférences au Grand-Théâtre de Besançon. Ses opinions républicaines modérées le firent désigner par le gouvernement de la Défense nationale, le 6 octobre 1870, comme commissaire général dans les départements du Doubs, du Jura et de la Haute-Saône ; mais il abandonna bientôt ce poste, et, aux élections du 8 février 1871 se présenta aux suffrages des électeurs du Doubs, qui l'élurent, le 1er sur 6, par 36,910 voix (53,154 votants, 81,915 inscrits), représentant à l'Assemblée nationale. Il siégea à la gauche républicaine, dont il devint le président, soutint de ses votes et de sa parole le gouvernement de Thiers, prit part à un certain nombre de discussions importantes, fut rapporteur de la loi de répartition des indemnités accordées pour faits de guerre, de la commission d'enquête sur les agissements bonapartistes (affaire Girerd), du projet de loi sur la presse et sur la levée de l'état de siège. Il s'appliqua à assurer entre les diverses fractions de la minorité de gauche l'adoption d'une ligne de conduite qui devait aboutir au vote des lois constitutionnelles, et s'associa à ce dernier vote après avoir combattu le gouvernement du 24 mai et s'être prononcé *contre* le septennat, l'état de siège, la loi des maires, le ministère de Broglie, etc. Aux élections législatives du 20 février 1876, M. A. Grévy fut candidat dans la 1re circonscription de Besançon : élu par 6,985 voix (9,095 votants, 12,680

inscrits), contre 2,053 voix à M. Rotland, il redevint président de la gauche républicaine, puis céda cette fonction à M. Lebloud, et resta membre du comité de direction de ce groupe parlementaire (24 janvier 1877). Vice-président de la commission du budget de 1877, il fit partie de plusieurs commissions et présida celle de revision et de codification des lois sur la presse. Après l'acte du 16 mai 1877, il fut des 363 adversaires du ministère Fourtou-de Broglie. Réélu, le 14 octobre suivant, par 8,282 voix (9,902 votants, 13,723 inscrits), contre 1,579 voix à M. Boysson d'Ecole, candidat officiel et monarchiste, il fut, dès la réunion de la Chambre nouvelle, nommé membre de la commission d'enquête électorale, vota *pour* les invalidations de plusieurs députés de la droite, soutint le cabinet Dufaure, se prononça *pour* les lois Ferry sur l'enseignement et, par décret en date du 15 mars 1879, décret qui devait être renouvelé six mois plus tard (15 septembre), reçut, à titre de mission temporaire, la direction civile et politique de l'Algérie. Ce premier essai de gouvernement civil au profit du frère du président de la République, dans notre principale colonie, fut l'objet des critiques les plus vives de la part des conservateurs. M. Albert Grévy rencontra plus d'une difficulté dans l'exercice de sa mission ; à la nécessité de réprimer, en mai 1879, une insurrection de Kabyles à Batna, s'ajoutèrent de fréquents conflits avec l'autorité militaire, conflits qui eurent maintes fois leur écho à la tribune parlementaire. En 1880, M. Albert Grévy quitta le palais Bourbon pour le Sénat, ayant été élu, le 6 mars, sénateur inamovible en remplacement de M. Crémieux, décédé, par 152 voix sur 159 votants. Il siégea à la gauche sénatoriale autant que le lui permirent ses occupations de gouverneur, répondit (mars 1881), comme commissaire du gouvernement, à l'interpellation de M. Thomson, sur l'incarcération arbitraire d'Arabes de la province de Constantine, fut attaqué (30 juin) à la Chambre par M. Jacques, pour avoir favorisé par son incurie l'insurrection du Sudoranais, et vit sa situation de gouverneur notablement diminuée par les « décrets de rattachements » du 6 septembre suivant, qui lui enlevaient la plupart de ses attributions en rattachant chacun de ses services aux ministères compétents. Il fut remplacé, comme gouverneur civil de l'Algérie, le 26 novembre 1881, par M. Tirman. Au Sénat, il vota avec la majorité républicaine, notamment *pour* le divorce, *pour* l'expulsion des princes, *pour* la nouvelle loi militaire, et, en dernier lieu, *pour* le rétablissement du scrutin d'arrondissement (13 février 1889), *pour* le projet de loi Lisbonne restrictif de la liberté de la presse ; il s'est abstenu sur la procédure à suivre devant le Sénat contre le général Boulanger.

GRÉVY (PAUL-LOUIS-JULES), membre du Sénat, né à Mont-sous-Vaudrey (Jura) le 5 septembre 1820, frère des précédents, entra à l'Ecole polytechnique en 1841 et en sortit deux ans après officier d'artillerie. Il fit campagne en Algérie, en Crimée, en Italie, comme capitaine, et fut successivement promu : chef d'escadron le 3 février 1864, lieutenant-colonel le 17 août 1870, colonel le 17 août 1871, et général de brigade le 30 décembre 1875. Après avoir commandé la 4e brigade d'artillerie du 4e corps d'armée au Mans, puis la brigade du 19e corps, il entra tardivement dans la politique, le 15 août 1880, comme sénateur du Jura, élu par 516 voix (655 votants), contre 19 à

M. Gagneur et 14 au général de Geslin, en remplacement de M. Tamisier. Le général Grévy s'assit à la gauche du Sénat et, sans prendre une part active aux délibérations, vota avec la majorité républicaine, notamment *pour* les lois nouvelles sur la presse et le droit de réunion, *pour* la réforme du personnel judiciaire, *pour* le divorce, *pour* les crédits du Tonkin, *pour* l'expulsion des princes, etc. Il avait été promu général de division en 1882. Réélu, le 5 janvier 1886, sénateur du Jura par 494 voix (880 votants), il se prononça *pour* la nouvelle loi militaire, et, en dernier lieu : *pour* le rétablissement du scrutin d'arrondissement (13 février 1889), *pour* le projet de loi Lisbonne restrictif de la liberté de la presse, *pour* la procédure à suivre devant le Sénat contre le général Boulanger. Commandeur de la Légion d'honneur du 24 juin 1871, grand-officier le 29 décembre 1882, et membre du conseil de l'Ordre, le général Grévy a été admis à la retraite, comme général de division, le 27 novembre 1885.

GREYFIÉ DE BELLECOMBE (AMÉDÉE-CHARLES-HENRY), député au Corps législatif de 1860 à 1862, né à Moutiers (Savoie) le 20 novembre 1811, était avocat à Chambéry. Après l'annexion de la Savoie à la France, il fut élu, avec l'appui du gouvernement, le 9 décembre 1860, député de la 2e circonscription du nouveau département de la Savoie au Corps législatif, par 16,238 voix (17,947 votants, 32,116 inscrits). M. Greyfié de Bellecombe n'avait pas eu de concurrent. Il prit place, au Palais-Bourbon, dans les rangs de la majorité dynastique, mais ne siégea que jusqu'au commencement de l'année 1862 ; ayant donné sa démission de député, il fut remplacé par M. Palluel. Officier de la Légion d'honneur.

GRICOURT (CHARLES-EMMANUEL-RAPHAEL THÉRY, MARQUIS DE), sénateur du second Empire, né à Paris le 17 février 1813, mort à Paris le 29 janvier 1885, s'attacha de bonne heure à la cause bonapartiste : il figurait, comme « officier d'ordonnance » et co-prévenu du prince L.-N. Bonaparte, au nombre des accusés de Strasbourg acquittés par le jury le 18 janvier 1837. Le succès du coup d'État de 1851 et le rétablissement de l'Empire appelèrent M. de Gricourt aux honneurs. Devenu chambellan de l'Empereur, il fut, le 1er juillet 1863, nommé sénateur, et soutint naturellement de ses votes le gouvernement de Napoléon III. La révolution du 4 septembre 1870 mit fin à la carrière politique de M. de Gricourt. Retiré un moment en Belgique, il publia un volume sur les *Relations de l'Allemagne avec la France sous Napoléon III* (Bruxelles, 1870), et revint mourir à Paris.

GRIEU (LOUIS-CHARLES DE), député en 1789, né à Saint-Benoît-d'Hébertot (Calvados) le 21 septembre 1755, mort à une date inconnue, était prieur commendataire de Saint-Hymer en Normandie. Elu, le 24 avril 1789, député du clergé aux Etats-Généraux par le bailliage de Rouen, il n'eut dans l'Assemblée qu'un rôle très effacé. Le *Moniteur* n'a pas mentionné son nom. Le portrait de L.-C. de Grieu se trouve à la Bibliothèque de Rouen.

GRIFFE (CHARLES-ANTOINE-JULES), membre du Sénat, né à Thézen (Hérault) le 18 octobre 1825, fit à la faculté de Toulouse ses études de droit, fut reçu licencié en 1847 et exerça la profession d'avocat à Béziers. D'opinions libé-

rales, il fut nommé, le 9 novembre 1870, président du tribunal civil de Nîmes, devint, le 8 octobre 1871, membre du conseil général du département de l'Hérault pour le canton de Murviel, y soutint les institutions républicaines, et se présenta, le 30 janvier 1876, comme candidat au Sénat dans ce département : il réunit alors, sans être élu, 180 voix sur 416 votants. Au premier renouvellement partiel (5 janvier 1879), M. Griffe fut élu sénateur de l'Hérault par 272 voix (418 votants) ; il prit place à la gauche républicaine, prêta son concours au ministère Dufaure, reçut, le 14 juillet 1879, la décoration de la Légion d'honneur, vota *pour* les lois Ferry sur l'enseignement, *pour* l'application des lois existantes aux congrégations non autorisées, et prit une part assez active aux travaux parlementaires. M. Griffe protesta contre l'élection comme sénateur inamovible (1881) de M. de Voisins-Lavernière, par cette raison que les bulletins blancs n'étaient pas entrés dans le calcul de la majorité ; les précédents étant contraires à sa thèse, le sénateur de l'Hérault déposa une proposition de loi tendant à empêcher ce fait à l'avenir. Il se prononça *pour* la nouvelle formule du serment judiciaire, *pour* la réforme du personnel de la magistrature, *pour* la politique coloniale, *pour* les ministères opportunistes, et, lors du débat (1884) sur la réforme électorale du Sénat, se déclara, par un amendement que la Chambre haute repoussa, partisan de l'élection par le suffrage universel à deux degrés. M. Griffe intervint aussi dans les discussions économiques, où il soutint les idées protectionnistes, et se prononça notamment (avril 1887) contre la ratification d'un traité de commerce conclu avec la Grèce, en alléguant que ce traité, qui abaissait les droits d'entrée sur les raisins secs, allait faciliter la concurrence faite par les vins industriels aux vins naturels. M. Griffe vota *pour* l'expulsion des princes, *pour* la nouvelle loi militaire, et en dernier lieu : *pour* le rétablissement du scrutin d'arrondissement (13 février 1889), *pour* le projet de loi Lisbonne restrictif de la liberté de la presse, *pour* la procédure à suivre devant le Sénat contre le général Boulanger.

GRIFFON DE ROMAGNÉ (PIERRE-ETIENNE-LAZARE), député en 1789, né à Saint-Denis (île d'Oléron, Charente-Inférieure) le 18 décembre 1723, mort en émigration, s'intitulait chevalier, seigneur de Romagné, des Mothais, Mezeros, Pontézières et autres lieux, et était fils d'Etienne-François Griffon, lieutenant-général criminel au présidial de la Rochelle, et de Anne-Agathe Martin de Chassiron. Il entra dans la carrière judiciaire comme son père, fut conseiller d'honneur, lieutenant du présidial de la Rochelle, et, le 12 décembre 1764, premier maire élu de la Rochelle en vertu de l'édit de Compiègne du mois d'août précédent. Cette élection, entachée, prétendit-on, de vices de forme, ne fut pas confirmée par le roi, dont le représentant, le maréchal de Senectère, gouverneur de la Rochelle, défendit à l'ancien maire d'installer le dernier élu dans la charge, afférente à sa nouvelle dignité, de colonel des milices bourgeoises. L'élection fut recommencée, et Griffon ne fut pas choisi par le roi sur la liste des trois candidats présentés. Cette lutte avec la cour valut à Griffon une certaine popularité locale, sans le compromettre d'ailleurs vis-à-vis du pouvoir, car la faveur royale l'appela, quelque temps après, aux fonctions de conseiller-maître en la cour des Comptes. Electeur de la noblesse du bailliage de l'île d'Olérou au moment des Etats-Généraux, il présida l'assemblée électorale du tiers-état à la Rochelle, le 26 mars 1789, fut élu premier député de ce dernier ordre aux Etats-Généraux pour la sénéchaussée de la Rochelle. Dans la séance préparatoire du tiers, à Versailles, le 1er juin suivant, il fut nommé, par le privilège de l'âge, « adjoint du doyen des communes. » Il présenta (15 décembre 1789), au comité chargé de la division du royaume en départements, avec ses collègues du pays d'Aunis, un « Mémoire » pour demander que l'Aunis, séparé de la Saintonge, fût appelé à former un département particulier, soit isolément, soit en y annexant l'île d'Oléron et une portion du Bas-Poitou. Son rôle fut d'ailleurs très effacé dans l'Assemblée, dont il fut cependant un moment vice-président : le *Moniteur* ne mentionne pas son nom. En 1792, il fut incarcéré à Brouage, comme suspect, et, rendu à la liberté, se hâta de partir en émigration, où il mourut.

GRILLE (Eugène-Joseph-Marie, marquis de), député de 1839 à 1848, né à Arles (Bouches-du-Rhône) le 23 septembre 1803, mort à Arles le 20 juillet 1887, propriétaire à Arles, fut élu, le 2 mars 1839, député du 5e collège des Bouches-du-Rhône (Arles), avec 152 voix (269 votants, 296 inscrits), et successivement réélu, le 9 juillet 1842, par 193 voix (285 votants, 361 inscrits), contre 90 à M. Remacle, et, le 1er avril 1846, par 236 voix (311 votants, 397 inscrits), contre 74 à M. Honoré Clair. Le marquis de Grille, bien qu'élu comme légitimiste, soutint les ministères du 12 mai et du 29 octobre, et vota notamment *pour* l'indemnité Pritchard. La révolution de 1848 le rendit à la vie privée.

GRILLET (Jacques-François-Victor), député de 1830 à 1831, né à Besançon (Doubs) le 13 février 1782, mort à une date inconnue, était avocat à Besançon, lorsqu'il fut élu, le 28 octobre 1830, au collège de département, député du Doubs, par 242 voix (400 votants, 544 inscrits), en remplacement du marquis Terrier de Santans, démissionnaire. Partisan de la monarchie constitutionnelle et du gouvernement de Louis-Philippe, il vota avec la majorité jusqu'en 1831, époque à laquelle il quitta la vie politique.

GRILLON (Eugène-Victor-Adrien), représentant du peuple en 1848 et 1849, né à Châteauroux (Indre) le 15 septembre 1800, mort à Châteauroux le 29 février 1868, avocat, maire de sa ville natale (1832-1846), se porta candidat à la députation dans le 1er collège de l'Indre (Châteauroux) le 1er août 1846 ; il échoua avec 103 voix, contre 330 au député sortant, M. Murat de Bort. Le 13 avril 1848, il fut élu représentant de l'Indre à l'Assemblée constituante, le 7e sur 7, par 32,157 voix (60,569 votants, 71,004 inscrits), fit partie du comité des travaux publics, et vota en général avec la droite, *pour* le bannissement de la famille d'Orléans, *pour* le décret sur les clubs, *pour* les poursuites contre L. Blanc, mais *contre* les poursuites contre Caussidière, *contre* l'abolition de la peine de mort, *contre* l'incompatibilité des fonctions, *contre* l'amendement Grévy, *contre* la sanction de la Constitution par le peuple, *pour* l'ensemble de la Constitution, *pour* la proposition Rateau, *pour* l'interdiction des clubs, *pour* l'expédition de Rome, *contre* la demande de mise en accusation du président et des ministres. Réélu, le 13 mai 1849, à la Législative, par le même département, le 4e sur 5 avec 25,938 voix (50,138 votants, 73,546 inscrits), il continua de voter avec la majorité tant qu'elle soutint la politique de l'Elysée; il reprit sa place au barreau de Châteauroux après la session.

GRIMALDI. — *Voy.* Monaco (prince de).

GRIMAUD (Joseph), député de 1886 à 1889, né aux Costes (Hautes-Alpes) le 9 avril 1836, maire de Saint-Bonnet (Hautes-Alpes), fut désigné comme candidat républicain opportuniste dans les Hautes-Alpes, lors de l'élection partielle motivée par le décès de M. Ferrary, et fut élu député de ce département, le 28 novembre 1886, par 13,238 voix (24,030 votants, 31,209 inscrits), contre 10,395 voix à M. Euzière, républicain radical. Il prit place à la gauche modérée, soutint les ministères Rouvier et Tirard, et se prononça à la fin de la législature, *pour* le rétablissement du scrutin d'arrondissement (11 février 1889), *pour* l'ajournement indéfini de la revision de la Constitution, *pour* les poursuites contre trois députés membres de la Ligue des patriotes, *pour* le projet de loi Lisbonne restrictif de la liberté de la presse, *pour* les poursuites contre le général Boulanger.

GRIMAUDET. — *Voy.* Rochebouet (de).

GRIMAULT (Théodore), représentant en 1849, né à Marolles (Sarthe) le 3 juillet 1815, mort à Angers (Maine-et-Loire) le 2 décembre 1869, était membre du conseil général de la Sarthe lorsqu'il fut, le 13 mai 1849, élu par les conservateurs de ce département, représentant à l'Assemblée législative, le 7e sur 12, par 55,181 voix (103,029 votants, 135,640 inscrits). Il fut de la droite monarchiste et vota avec la majorité de l'Assemblée : *pour* l'expédition de Rome, *pour* la loi Falloux-Parieu sur l'enseignement, *pour* la loi restrictive du suffrage universel, etc. Il ne se rallia pas à la politique particulière de l'Elysée et, après le coup d'Etat, se présenta, sans succès, comme candidat indépendant au Corps législatif, dans la 1re circonscription de la Sarthe : il réunit, le 29 février 1852, 1,435 voix contre 18,876 au général Rogé, candidat officiel, élu, 4,267 à M. de Nicolay et 1,479 à M. Lecornué. Le 24 mai 1869, M. Grimault fit une nouvelle tentative dans la même circonscription, et obtint, cette fois, 6,275 voix contre 18,721 à l'élu officiel, M. Haentjens, et 4,722 à M. Joigneaux.

GRIMMER (Jean-Gotthard), membre de la Convention, né à Strasbourg (Bas-Rhin) en 1749, mort à une date inconnue, était ministre de la religion réformée à Wissembourg. A la Révolution, il devint administrateur du district de Wissembourg, puis du département du Bas-Rhin. Elu, le 8 septembre 1792, 3e suppléant de ce département à la Convention, par 363 voix (507 votants), il fut nommé juge au tribunal révolutionnaire (1793) et ne fut admis à siéger à la Convention que le 10 ventôse an III; il s'y fit peu remarquer. Il fut plus tard maire de Strasbourg. Une décision du pouvoir exécutif (germinal an VII) le destitua de ses fonctions d'administrateur.

GRIMOARD DE BEAUVOIR. — *Voy.* Roure (marquis de).

GRISON (Jean-Joseph), député au Conseil des Anciens, né à Commercy (Meuse) le 29 août

1747, mort à Commercy le 29 août 1823, fut reçu (janvier 1769) avocat au parlement de Nancy et devint successivement conseiller au bailliage de Commercy (1775), président du tribunal du district de Commercy (octobre 1790), membre du bureau de conciliation (novembre 1792), et procureur-syndic du district (1793) ; en l'an II, il fut incarcéré comme suspect pendant six semaines, mais, après thermidor, passa officier municipal à Commercy, administrateur de la Meuse, et député du département au Conseil des Anciens, élu, le 23 vendémiaire an IV, par 124 voix sur 135 votants. Juge au tribunal d'appel de Nancy (22 prairial an VIII), président de la cour de justice criminelle de la Meuse (2 frimaire an XII), membre de la Légion d'honneur (25 prairial an XII), conseiller à la cour impériale de Nancy (25 mars 1811), il fut mis à la retraite sous la première Restauration, le 3 novembre 1814, et fut nommé conseiller général de la Meuse le 7 mars 1816.

GRISONY (MARIE-JEAN-HUGOLIN, COMTE DE), député de 1815 à 1816, né à Rozès (Gers) le 25 avril 1778, mort à Rozès le 22 juin 1850, propriétaire et maire de cette ville, fut élu, le 22 août 1815, député du Gers au collège de département, par 113 voix (199 votants, 272 inscrits). M. de Grisony siégea dans la majorité de la Chambre introuvable. Il fut nommé conseiller général le 7 mai 1816, et n'appartint pas à d'autres assemblées.

GRIVART (LOUIS-RENÉ-JOACHIM), représentant en 1871, sénateur de 1876 à 1879, et ministre, né à Rennes (Ille-et-Vilaine) le 30 juillet 1829, était avocat à Rennes en 1850. Docteur en droit, puis professeur suppléant à la faculté de Rennes en 1853, chargé bientôt après du cours de droit criminel, il quitta la faculté en 1857, pour se consacrer exclusivement au barreau. Membre du conseil de l'ordre des avocats depuis 1861, bâtonnier en 1866 et 1867, il fut élu, le 8 février 1871, représentant d'Ille-et-Vilaine à l'Assemblée nationale, le 9e sur 12, par 88,811 voix (109,672 votants, 142.751 inscrits), et vota *pour* la paix, *pour* l'abrogation des lois d'exil, *pour* la démission de M. Thiers, *pour* le septennat, *pour* la loi des maires, *pour* le ministère de Broglie, *pour* les lois constitutionnelles, *contre* l'amendement Barthe, le retour à Paris, la dissolution et l'amendement Wallon. Orléaniste et catholique, secrétaire de la Chambre, il fit partie de la commission des Trente, fut rapporteur de la loi sur les titres au porteur et l'hypothèque maritime et du projet Lefranc sur la répression des délits de presse (février 1872) ; il se rapprocha, après la chute de Thiers, de M. de Broglie, et fut appelé dans le cabinet de Cissey (22 mai 1874), au ministère de l'Agriculture et du Commerce. Démissionnaire le 9 mars 1875, il fut envoyé quelques mois plus tard comme délégué du gouvernement français à la conférence internationale de Bruxelles pour préparer le renouvellement de la convention sur le régime des sucres. Élu, le 30 janvier 1876, sénateur d'Ille-et-Vilaine, le 1er sur 3, avec 287 voix (459 votants), il siégea à droite dans la chambre haute, vota la dissolution de la Chambre demandée par le cabinet du 16 mai, et, lors de la discussion de la loi des maires (août 1876), proposa à l'art. 2 un amendement portant que, jusqu'au vote de la loi organique municipale, tous les maires seraient nommés par le gouvernement, qui devait les choisir dans le conseil municipal. L'amendement fut rejeté à 30 voix de majorité.

Au renouvellement triennal du 5 janvier 1879, M. Grivart échoua avec 214 voix sur 452 votants ; le dernier élu de la liste républicaine, M. Le Bastard, obtint 237 suffrages. M. Grivart reprit sa place au barreau de Rennes.

GRIVEAU (LOUIS-NICOLAS), député au Corps législatif de 1811 à 1815, né à Mormant (Seine-et-Marne) le 27 juillet 1743, mort à sa terre de Vannes (Meurthe) le 20 octobre 1823, « fils de M. Nicolas Griveau et de Marie-Magdeleine Moreau, sa femme », était conseiller général de la Meurthe. Le 4 mai 1811, il fut élu, par le Sénat conservateur, député de ce département au Corps législatif, où il siégea jusqu'en 1815, après s'être rallié à la déchéance de Napoléon Ier. Il n'appartint pas à d'autres assemblées.

GRIVEL (JEAN-BAPTISTE, BARON), député de 1834 à 1837, pair de France et sénateur du second empire, né à Brive (Corrèze) le 29 août 1778, mort à Brest (Finistère) le 10 septembre 1869, « fils de sieur Antoine Grivel, avocat au parlement, et de demoiselle Rose Chambaret », s'engagea lors de la première coalition (1792), servit sous les ordres de son père qui commandait le 4e bataillon de la Corrèze à l'armée des Pyrénées-Orientales, et entra dans la marine en qualité d'aspirant (1796). A la rupture de la paix d'Amiens, il était enseigne à bord de l'*Impétueux* qu'il ne quitta que pour servir, comme lieutenant de vaisseau, dans les marins de la garde. Quand Napoléon créa le camp de Boulogne, il reçut le commandement d'une canonnière et eut plus d'une fois maille à partir avec les vaisseaux anglais. En 1805, à Vienne, on le chargea d'organiser une escadre de chaloupes canonnières sur le Danube ; mais la victoire d'Austerlitz rendit ces précautions inutiles. Après la prise de Dantzig, il reçut l'ordre d'armer quelques canonnières avec les marins de la garde pour croiser à l'embouchure de la Vistule et gêner le commerce ennemi. Envoyé en Espagne en 1808, il assista à l'insurrection de Madrid, fut fait prisonnier à Baylen et, après 22 mois de captivité, réussit à s'évader des prisons de Cadix avec 35 matelots. Quelques mois plus tard, à la tête d'une compagnie de marins de la garde qu'il avait reconstituée, il se distingua au siège de cette ville et fut nommé officier de la Légion d'honneur. Rappelé en France en 1812, il prit part à la campagne de Saxe, assista à Lutzen et à Bautzen, avec le grade de capitaine de frégate, et se conduisit héroïquement à Arcis-sur-Aube, en 1814, ce qui lui valut d'être nommé capitaine de vaisseau. Aux Cent-Jours, il eut le commandement de la marine à Marseille. Aide-de-camp de l'amiral Duperré, il fut successivement envoyé dans le Levant sur la corvette l'*Espérance*, et aux Antilles sur la frégate l'*Astrée*. Contre-amiral en 1824, commandant de la station navale de l'Amérique du Sud, il eut à protéger nos nationaux à Rio-de-Janeiro lors de la révolution brésilienne, et, à son retour de station, fut nommé préfet maritime de Rochefort. Le collège électoral de cette ville (6e de la Charente-Inférieure) le nomma député, le 21 juin 1834, avec 152 voix (295 votants, 367 inscrits), contre 135 à M. Audry de Puyravault, député sortant. Il siégea dans la majorité ministérielle. Vice-amiral et préfet maritime de Brest en 1834, il fonda l'école des mousses qui a rendu et rend encore de si grands services à notre marine. Louis-Philippe le créa pair de France le 6 avril 1845, et baron le 7 avril 1846.

Admis à la retraite comme vice-amiral (21 juillet 1848), il fut nommé par le second Empire grand-croix de la Légion d'honneur (12 août 1853), membre du conseil de l'ordre de la Légion d'honneur, et sénateur le 26 décembre 1857, après avoir été placé dans le cadre de réserve.

GROLIER-DESBROUSSES (PIERRE-MI-CHEL), représentant du peuple en 1848, né à Nontron (Dordogne) le 2ᵉ septembre 1796, mort dans la même ville le 13 janvier 1857, était fils d'un ancien maire de Nontron de 1791 à 1794, qui fut plus tard procureur de la République. Quant à lui, très enthousiaste de Napoléon, il s'engagea, aux Cent-Jours, dans l'armée impériale, et, après la seconde Restauration, s'associa à toutes les tentatives qui eurent pour but le renversement de la monarchie. Affilié à plusieurs sociétés secrètes, il tua en duel, en 1817, un officier de la garde royale. Avocat depuis 1823, il fut nommé, en 1830, capitaine de la garde nationale de Nontron, vice-président de la société « Aide-toi, le Ciel t'aidera », et commandant de la garde nationale en 1848. Très populaire, libéral, en relations avec Armand Carrel et Odilon Barrot, il fut élu, le 23 avril 1848, représentant de la Dordogne à l'Assemblée constituante, le 7ᵉ sur 13, par 63,720 voix (110,594 votants, 140,087 inscrits), siégea parmi les modérés, fit partie du comité de l'administration, et vota *pour* le bannissement de la famille d'Orléans, *pour* le décret sur les clubs, *pour* les poursuites contre L. Blanc et Caussidière, *contre* l'abolition de la peine de mort, *contre* l'impôt progressif, *contre* l'incompatibilité des fonctions, *contre* l'amendement Grévy, *contre* la sanction de la Constitution par le peuple, *pour* l'ensemble de la Constitution, *contre* la proposition Rateau, *pour* l'interdiction des clubs, *pour* l'expédition de Rome. Non réélu à la Législative, il revint au barreau de Nontron.

GROLLIER (ALPHONSE-BENJAMIN), député au Corps législatif de 1869 à 1870, représentant en 1871, et député de 1876 à 1885, né à Mauzé (Deux-Sèvres) le 25 mars 1807, mort à Alençon (Orne) le 6 juillet 1885, d'une famille de commerçants des Deux-Sèvres, fit ses études au collège d'Alençon et entra dans l'industrie des toiles et fils. Son entente des affaires autant que ses idées libérales lui valurent d'être nommé, en 1848, conseiller municipal, puis maire d'Alençon ; il donna sa démission en 1850, mais l'empire le replaça à la tête de la municipalité de cette ville, de 1861 à 1868. Il était aussi président du tribunal de commerce, administrateur des hospices, et conseiller général de l'Orne. Candidat indépendant au Corps législatif, lors des élections du 24 mai 1869, dans la 1ʳᵉ circonscription de l'Orne, il fut élu avec 12,212 voix (23,537 votants, 31,766 inscrits), contre 9,522 à M. de la Sicotière et 1,760 au baron Leguay, et fut l'un des signataires de l'interpellation des 116. Le 8 février 1871, il devint représentant de l'Orne à l'Assemblée nationale, le 4ᵉ sur 8, par 54,058 voix (65,515 votants, 123,713 inscrits). Inscrit aux réunions Feray et Saint-Marc-Girardin, siégeant au centre gauche, il vota *pour* la paix, l'amendement Barthe, le retour à Paris, l'amendement Wallon et les lois constitutionnelles. et *contre* le 24 mai, la démission de M. Thiers, la prorogation des pouvoirs du Maréchal, la loi des maires et le ministère de Broglie. Le 20 février 1876, réélu député de l'arrondissement d'Alençon, par 8,259 voix (14,175 votants, 19,016 inscrits), contre 5,833 voix à M. Lecointre, il vota *contre* l'am-

nistie pleine et entière, *pour* la loi sur la collation des grades, *pour* la proposition Gatineau, *contre* les crédits destinés à augmenter le traitement des desservants, protesta contre le 16 mai et fut l'un des 363. De nouveau réélu, le 14 octobre 1877, avec 8,433 voix (16,111 votants, 19.206 inscrits), contre 7,658 voix à M. le comte Rœderer, il reprit sa place au centre gauche, soutint les ministères républicains, et vit renouveler son mandat, le 21 août 1881, par 9,712 voix (12,026 votants, 18,968 inscrits), contre 1,141 voix à M. Loriot et 312 à M. Rœderer. Il mourut à la fin de la législature. M. Grollier était conseiller général du canton de Bazoches.

GRONING (GEORGES DE), député au Corps législatif de 1812 à 1814, né à Brême (Allemagne) le 23 août 1745, mort à une date inconnue, avait exercé à Brême les fonctions de sénateur, lorsqu'il fut, sous la domination française, le 2 avril 1812, nommé directement par Napoléon 1ᵉʳ député des Bouches-du-Weser au Corps législatif, sur la liste de candidats présentés par le préfet de ce département. Groning siégea dans l'assemblée impériale jusqu'en 1814, date de la séparation de Brême de la France.

GROS (BERNARD), député en 1789, né à Nuits (Côte-d'Or) le 11 mars 1736, mort à Boulogne-sur-Mer (Pas-de-Calais) le 20 novembre 1802, était avocat, procureur fiscal et membre de l'administration provinciale du Boulonnais, quand il fut élu, le 31 mars 1789, député du tiers aux Etats-Généraux pour la sénéchaussée de Boulogne. A la fin de la législature, où son rôle avait été assez effacé, il fut nommé juge du district de Boulogne, situation qu'il occupa jusqu'au 10 août 1792. Pour échapper à la proscription, il se retira à la campagne et ne revint à Boulogne qu'au mois d'octobre 1802, un mois seulement avant sa mort.

GROS (JOSEPH-MARIE), député en 1789, né à Lyon (Rhône) le 23 mai 1742, massacré à Paris le 3 septembre 1792, entra dans les ordres, se fit recevoir docteur en théologie, professa au collège de Navarre (10 mai 1785), et devint curé de la paroisse de Saint-Nicolas-du-Chardonnet à Paris. Elu, le 30 avril 1789, député du clergé aux Etats-Généraux par la ville de Paris, il se montra attaché à l'ancien régime, siégea à la droite de l'Assemblée, parla sur les biens du clergé, défendit la lettre pastorale de l'évêque de Toulon, refusa le serment civique, et fut bientôt arrêté et incarcéré comme contre-révolutionnaire. Gros se trouva au nombre des victimes des massacres de septembre 1792, à la prison des Carmes.

GROS (JEAN-BAPTISTE), député en 1791, né à Salers (Cantal) le 19 mai 1759, mort à une date inconnue, homme de loi à Salers, fut élu, le 28 août 1791, député du Cantal à l'Assemblée législative, le 3ᵉ sur 8, par 242 voix (311 votants). Il vota généralement avec la majorité. Après avoir rempli les fonctions de procureur-syndic du district de Mauriac, il fut élu, le 25 germinal an V, juge dans le Cantal, resta, après le coup d'Etat de brumaire, juge au tribunal civil de Mauriac (28 floréal an VIII), et conserva ce poste jusqu'à l'époque de sa mise à la retraite (10 mars 1809).

GROS (JEAN-BAPTISTE-LOUIS, BARON), sénateur du second empire, né à Ivry-sur-Seine (Seine) le 8 février 1793, mort à Paris le 17 août

1870, entra dans la diplomatie en 1823, reçut le titre de baron en 1829, et, s'étant rallié au gouvernement de juillet, fut envoyé au Mexique comme premier secrétaire de légation, puis nommé chargé d'affaires à Bogota (1834). Dans les années qui précédèrent la révolution de février 1848, le baron Gros reçut plusieurs missions importantes dans l'Amérique méridionale, notamment dans la Plata. En 1849, il passa en Angleterre pour des négociations relatives à l'expédition du gouvernement français à Rome; en 1850, il se rendit à Athènes comme ministre plénipotentiaire, avec la mission d'amener la fin du différend qui existait alors entre la Grèce et l'Angleterre; puis il devint (1854) un des plénipotentiaires désignés pour procéder à la fixation définitive des frontières entre la France et l'Espagne : les difficultés auxquelles cette question avait donné lieu depuis des siècles furent terminées par la convention de Bayonne (1856). M. Gros qui, dans ces diverses circonstances, s'était signalé à l'attention du gouvernement, fut envoyé en Chine (1857) comme ambassadeur extraordinaire pour obtenir, de concert avec lord Elgin, l'ouverture de nouveaux ports chinois au commerce européen et une protection efficace pour nos missionnaires. Le 25 juin 1858, M. Gros mit sa signature au bas du traité de paix de Tien-Tsin, puis se rendit dans la capitale du Japon, à Yeddo, où il conclut un traité de commerce, le 9 septembre de la même année. On sait que la violation du traité de Tien-Tsin donna lieu (1860) à une expédition franco-anglaise en Chine. M. Gros y accompagna le général Cousin-Montauban, et, lorsque de nouvelles négociations de paix furent entamées, il prit part au traité de Pékin (24 octobre) qui termina la campagne. Après le traité de Tien-Tsin, l'empereur l'avait nommé sénateur (20 septembre 1858). Lors de la retraite de M. de Flahaut, le baron Gros fut appelé à l'ambassade de Londres (14 novembre 1862); il prit sa retraite le 17 février 1865. Grand-croix de la Légion d'honneur (7 mars 1861).

GROS (Aimé-Philippe-Charles), député au Corps législatif de 1863 à 1869, né à Husseran (Haut-Rhin) le 23 février 1816, filateur à Wesserling, fut élu, le 1er juin 1863, dans la 2e circonscription du Haut-Rhin, député au Corps législatif par 12,149 voix (23,830 votants, 30,448 inscrits), contre 11,516 voix à M. Tachard, de l'opposition. Elu avec l'appui du gouvernement impérial, il soutint constamment de ses votes, et obtint encore, le 24 mai 1869, le bénéfice de la candidature officielle dans la 4e circonscription du même département, mais il ne réunit que 7,751 voix contre 15,143 à M. Keller, candidat indépendant, élu, et 2,085 à M. J.-J. Gros.

GROS (Louis-Jules), député de 1885 à 1889, né à Besançon (Doubs) le 17 janvier 1838, étudia le droit et débuta comme avocat au barreau de Besançon. Adversaire de l'Empire, il organisa, en 1868, avec le concours de ses amis politiques de la région, un journal d'opposition démocratique, le *Doubs*, qui soutint les candidatures républicaines et mena une campagne antiplébiscitaire. Après le 4 septembre 1870, M. Gros collabora à divers journaux républicains et eut un instant, sous le gouvernement du 24 mai, la rédaction en chef de la *Démocratie franc-comtoise*. Il écrivit ensuite dans plusieurs journaux de Paris. Envoyé en 1878 comme sous-préfet à Montbéliard où il resta deux ans, il reçut alors du gouvernement l'administration du territoire de Belfort;

il ne la garda encore que deux années, par suite d'un désaccord entre lui et M. Waldeck-Rousseau. Il rentra dans la presse et fonda à Besançon une feuille quotidienne, le *Petit Comtois*, qui soutint le ministère Jules Ferry, et défendit la politique opportuniste. Aux élections du 4 octobre 1885, M. Jules Gros, porté sur la liste de « concentration républicaine », fut élu député du Doubs, le 4e sur 5, par 35,744 voix (64,794 votants, 81,221 inscrits). Il prit place dans la majorité, soutint les ministères de la législature, et vota l'expulsion des princes, les crédits du Tonkin et de Madagascar; il s'est prononcé dans la dernière session : *pour* le rétablissement du scrutin d'arrondissement (11 février 1889), *contre* l'ajournement indéfini de la revision de la Constitution, *pour* les poursuites contre trois députés membres de la Ligue des patriotes, *pour* le projet de loi Lisbonne restrictif de la liberté de la presse, *pour* les poursuites contre le général Boulanger.

GROS-LATTEUX (Bernard-Augustin), représentant en 1849, né à Boulogne-sur-Mer (Pas-de-Calais) le 28 mars 1800, était avocat dans cette ville, lorsqu'il fut élu, le 13 mai 1849, représentant du Pas-de-Calais à l'Assemblée législative, le 5e sur 15, par 87,008 voix (129,691 votants, 194,088 inscrits). Il siégea à droite et vota avec les conservateurs, *pour* l'expédition de Rome, *pour* les poursuites contre les représentants compromis dans l'affaire du 13 juin, *pour* la loi Falloux-Parieu sur l'enseignement, *pour* la loi restrictive du suffrage universel, etc. M. Gros-Latteux n'appartint pas à d'autres assemblées.

GROSBOIS (Claude-Irénée-Marie-Nicolas Perreney de Velmont, marquis de), député en 1789, de 1815 à 1816 et pair de France, né à Dijon (Côte-d'Or) le 17 avril 1756, mort à sa terre de Grosbois (Côte-d'Or) le 16 mai 1840, « fils de messire Jean-Claude-Nicolas Perreney de Vellemont, conseiller au parlement de Bourgogne, seigneur de Grosbois, Vouges, Boussoles, Valottes et autres lieux, et de dame Anne-Philippine-Louise Fyot de Mimeure, son épouse, » était premier président au parlement de Besançon, quand il fut élu (16 avril 1789) député de la noblesse aux Etats-Généraux par le bailliage de Besançon. Très hostile aux principes de la Révolution, il protesta contre la réunion des ordres, contre la suppression des titres de noblesse (19 juin 1789), approuva le renvoi de Necker et ne s'associa point à la généreuse initiative des ducs de Noailles et d'Aiguillon (nuit du 4 août). Le 15 décembre 1790, il adressait à son collègue Camus, archiviste de l'Assemblée constituante, la lettre qui suit :

« A M. Camus, avocat et député de Paris, à Paris.

« J'ai reçu, Monsieur, votre lettre du 2 de ce mois. J'ignore par quel motif vous vous occupez de la réunion des actes du bailliage de Besançon. Je pense que c'est comme archiviste de l'assemblée, et sous ce rapport surtout je ne puis faire ce que vous me demandez. L'ordre de la noblesse du bailliage de Besançon m'a fait l'honneur de me députer aux Etats-Généraux et point à l'Assemblée nationale dont je ne puis reconnoître la légalité pas même en lui remettant mes cahiers. Au reste, que verriez-vous, Monsieur, dans ces cahiers ? l'obligation qui m'est imposée de protester contre la réunion des ordres et contre tout ce qui pourroit être délibéré en comptant les suffrages par tête contre les antiques usages. J'ay déjà rempli ce devoir ; j'ay protesté, je le feray encore, et je n'ay à montrer de nos cahiers que cet ordre absolu des gentilshommes mes commettans. — Je suis parfaitement, Monsieur, votre très humble et très obéissant serviteur,

« De Grosbois. »

M. de Grosbois émigra après la session et ne rentra en France, comme dit un de ses biographes, qu'avec les « fourgons de l'étranger ». Il fut élu simultanément (22 août 1815) député à la Chambre introuvable, par le collège de département de la Côte-d'Or avec 128 voix (162 votants, 260 inscrits), et par celui du Doubs avec 92 voix (147 votants, 220 inscrits) ; il s'associa à la majorité ultra-royaliste de l'assemblée et fut vice-président de la Chambre introuvable. Conseiller d'Etat honoraire du 24 août 1815, il fut nommé pair de France le 5 novembre 1827, et fit partie des pairs de Charles X dont la nomination fut annulée après les journées de juillet 1830.

GROSCASSAND-DORIMOND (Claude-Marie), député au Conseil des Cinq-Cents, né et mort à des dates inconnues, était en 1778 avocat au parlement de Dijon. Administrateur de l'Ain en 1791, il fut, l'année suivante, accusé de modérantisme et de royalisme, déclaré suspect et finalement proscrit en 1793. Rentré en France après le 9 thermidor, il fut nommé, en l'an IV juge au tribunal civil de l'Ain, en l'an V commissaire près le même tribunal, puis commissaire près l'administration centrale du même département, et enfin élu, le 23 germinal an VI, député de l'Ain au Conseil des Cinq-Cents, par 169 voix sur 194 votants. Il y combattit l'impôt sur les salines et le projet de la poste aux lettres ; le 3 floréal an VII, il lut un rapport sur les élections de Saint-Domingue et proposa l'admission de Deville ; le 9 messidor, il demanda la clôture de la liste des émigrés, devint secrétaire de l'Assemblée le 1er thermidor et, le 8 fructidor, exposa un projet sur la conduite à suivre envers les émigrés trouvés dans les pays occupés par les troupes françaises. Au coup d'Etat de brumaire, il fut du nombre des députés exclus de la représentation nationale et momentanément arrêtés. Il rentra ensuite dans la vie privée.

GROSGURIN (François-Marcellin), député de 1876 à 1881, né à Molinges (Jura) le 20 août 1819, mort à Gex (Ain) le 21 septembre 1884, docteur en médecine, maire de Gex, révoqué au 24 mai 1873, conseiller général de l'Ain, fut élu, le 20 février 1876, bien que sa candidature n'eût pas été appuyée par le comité républicain, député de l'arrondissement de Gex, par 3,766 voix (4,034 votants, 6,102 inscrits), contre 119 voix à M. Girod (de l'Ain). Il prit place à gauche, vota contre l'amnistie pleine et entière, pour la proposition Gatineau, contre les crédits pour l'augmentation du traitement des desservants, et fit partie des 363. Réélu, le 14 octobre 1877, par 4,542 voix (5,204 votants, 6,283 inscrits), contre 639 voix à M. Harent, il vota contre le ministère de Rochebouët, contre le scrutin de liste, et approuva toutes les propositions des ministères républicains. Les élections du 21 août 1881 lui furent défavorables : il échoua à Gex avec 2,445 voix contre 2,875 à M. Pradon, radical, élu.

GROSJEAN (Jules), représentant en 1871, né à Paris le 10 décembre 1830, fut nommé, le 4 septembre 1870, préfet du département du Haut-Rhin. Il concourut à la belle défense de Belfort, et fut élu, le 8 février 1871, par son département, représentant à l'Assemblée nationale, le 3e sur 11, avec 55,371 voix (64,128 votants, 123,622 inscrits). Il se rendit à Bordeaux, protesta avec ses amis et collègues des départements de l'Est contre les préliminaires de paix, et, dans la séance du 1er mars 1871, après que l'Assemblée à la majorité de 546 voix contre 107 eut déclaré ratifier ces préliminaires et « autoriser le chef du pouvoir exécutif et le ministre des Affaires étrangères à échanger les ratifications », demanda la parole « pour un fait personnel », et s'exprima ainsi :

« Messieurs, je suis chargé par tous mes collègues des départements de la Moselle, du Bas-Rhin et du Haut-Rhin, présents à Bordeaux, de déposer sur le bureau, après en avoir donné lecture, la déclaration suivante :

« Les représentants de l'Alsace et de la Lorraine ont déposé, avant toute négociation de paix sur le bureau de l'Assemblée, une déclaration affirmant de la manière la plus formelle, au nom de ces provinces, leur volonté et leur droit de rester françaises. Livrés, au mépris de toute justice et par un odieux abus de la force, à la domination de l'étranger, nous avons un dernier devoir à remplir. Nous déclarons encore une fois nul et non avenu un pacte qui dispose de nous sans notre consentement. (Très bien! Très bien!) La revendication de nos droits reste à jamais ouverte à tous et à chacun dans la forme et dans la mesure que notre conscience nous dictera.

« Au moment de quitter cette enceinte où notre dignité ne nous permet plus de siéger, et malgré l'amertume de notre douleur, la pensée suprême que nous trouvons au fond de nos cœurs est une pensée de reconnaissance pour ceux qui pendant six mois n'ont pas cessé de nous défendre, et d'inaltérable attachement à la patrie dont nous sommes violemment arrachés. (Marques d'émotion et applaudissements.) Nous vous suivrons de nos vœux et nous attendrons, avec une confiance entière dans l'avenir, que la France régénérée reprenne le cours de sa grande destinée. Vos frères d'Alsace et de Lorraine, séparés en ce moment de la famille commune, conserveront à la France absente de leurs foyers une affection filiale, jusqu'au jour où elle viendra y reprendre sa place. Nouveaux applaudissements.)

« Bordeaux, le 1er mars 1871.

« Signé : L. Chauffour, E. Teutsch, P. André, Ostermann, Schneegans, E. Keller, Kablé, Meisheim, Boell, Titot, Albrecht, Alfred Kœchlin, V. Rehm, A. Scheurer-Kestner, A. Saglio, Humbert, Kuss, Rencker, Deschange, Bœrsch, A. Tachard, Th. Noblot, Dornès, Ed. Bamberger, Bardon, Léon Gambetta, Frédéric Hartmann, Jules Grosjean. »

GROSSE-DUROCHER (François), député en 1791 et membre de la Convention, né à Chantrigné (Mayenne) le 20 novembre 1746, mort à Chantrigné le 14 décembre 1820, était, avant la Révolution, propriétaire et cultivateur à Lussay (Mayenne) ; il adopta avec ardeur les idées nouvelles, se montra très hostile aux prêtres et aux nobles, et devint, en juillet 1790, administrateur du département de la Mayenne. Le 28 août 1791, élu député de la Mayenne à l'Assemblée législative, le 4e sur 8, par 152 voix (292 votants), il approuva la suppression des titres de « sire » et de « majesté », et vota les décrets de novembre contre les émigrés et les prêtres insermentés. Le 4 septembre 1792, réélu par le même département membre de la Convention, le 3e sur 8, avec 349 voix sur 395 votants, il prit place parmi les Montagnards; dans le procès de Louis XVI, au 3e appel nominal, il répondit : « Pour sauver ma patrie et punir le tyran, je vote la mort. » En avril 1793, il s'opposa à la mise en accusation de Marat, et, s'il ne prit pas une part active aux événements du 31 mai et du 2 juin, il les approuva de son vote. Ainsi, quelques jours plus tard, le 7 juin, deux administrateurs de la Mayenne étant venus protester contre les violences dont la Convention avait été l'objet, Grosse-Durocher et Esnue-Lavallée les traitèrent de « contre-révolutionnaires, d'aristocrates puants », et, par leurs démarches et leur dénonciation, empêchèrent ces deux administrateurs d'obtenir des ministres et du comité de salut public l'assistance qu'ils étaient venus demander contre les chouans. On leur répondit : « Défendez-vous vous-mêmes. » Grosse-Durocher était absent, au mois de frimaire an III, lors du vote sur la mise en accusation de Carrier. Le 13 germinal suivant, il se défendit de l'accusation de terroriste que Saladin avait portée contre lui et obtint, sur la proposition de Tallien, l'ordre du jour pur et simple; le 17, il demanda avec Lecointre l'appel nominal sur le décret de déportation de Billaud-Varennes, Collot d'Herbois, Barrère et Vadier. La Convention dissoute, il se fixa à Mayenne où il se signala, dans la nuit du 29 au 30 pluviôse an IV, lorsque les chouans manquèrent de s'emparer de la ville. Peu de temps après, il se retira définitivement à Chantrigné, dans ses propriétés.

GROSSIN. — *Voy.* BOUVILLE (COMTE DE).

GROSSOLES - FLAMARENS (CAPRAIS DE SAINT-ANDRÉ, COMTE DE), député de 1820 à 1827, né à Agen (Lot-et-Garonne) le 26 mai 1762, mort à Paris le 25 octobre 1837, d'une famille de vieille noblesse remontant au XIIIe siècle et dont les membres remplirent de hautes charges en Guyenne, émigra pendant la Révolution, servit comme officier dans l'armée de Condé, et fut plus tard gentilhomme honoraire de la chambre de Charles X. Riche propriétaire à Saint-Martin (Gers) et membre du conseil d'arrondissement de Lectoure, il fut élu comme royaliste, au collège de département, député du Gers, le 13 novembre 1820, par 172 voix (251 votants, 281 inscrits), vota avec la majorité, et obtint sa réélection successivement : le 16 mai 1822, par 160 voix (221 votants, 275 inscrits), et le 6 mars 1824, par 160 voix (221 votants, 275 inscrits). Il soutint silencieusement de ses votes le gouvernement royal, jusqu'en 1827, époque où il rentra dans la vie privée. Officier de la Légion d'honneur du 21 août 1822.

GROSSOLES-FLAMARENS (JULES-AGÉSILAS-ALEXANDRE-LOUIS-MARIE-FRANÇOIS, COMTE DE), sénateur du second Empire, né à Munster (Westphalie) le 15 mars 1806, pendant l'émigration de son père, mort à San-Remo (Italie) le 8 janvier 1879, fils du précédent, apprit les langues étrangères, termina ses études à Paris, et aborda, à 17 ans, la carrière diplomatique. Combattant des journées de juin 1848 dans la garde nationale, il mérita une des récompenses civiques décernées par l'Assemblée constituante. Il soutint vivement dans le Gers l'élection du prince L.-Napoléon à la présidence de la République (10 décembre 1848), fut élu conseiller général du Gers pour le canton de Miradoux,

présida l'assemblée départementale, et, le 19 juin 1854, fut nommé sénateur, et secrétaire du Sénat en 1860. Il avait fait partie du conseil du sceau des titres, et il devint, en mars 1864, chambellan honoraire de l'empereur. M. de Grossoles-Flamarens siégea dans la Chambre haute jusqu'en 1870 et soutint constamment le gouvernement. Commandeur de la Légion d'honneur du 14 août 1866.

GROTTE (ADOLPHE-OTTO DE), député au Corps législatif de 1812 à 1814, né en 1762, mort à une date inconnue, remplit successivement les fonctions de conseiller des États du duché de Luxembourg, de membre de la députation générale de Hanovre, et de président de la députation des trois départements hanséatiques. Membre de la commission de liquidation créée par décret impérial du 25 juillet 1811, et sous-préfet de l'arrondissement de Lingen (Ems-supérieur), il fut nommé directement par Napoléon Ier député de ce département au Corps législatif, le 12 avril 1812, sur une liste de présentation dressée par le préfet. Il siégea dans l'assemblée impériale jusqu'aux traités de 1814, qui réduisirent la France à ses anciennes limites.

GROUCHY (EMMANUEL. MARQUIS DE), pair des Cent-Jours et pair de France, né à Paris le 23 octobre 1766, mort à Saint-Étienne le 29 mai 1847, entra à 14 ans dans le corps royal d'artillerie, devint à 15 ans lieutenant en second au régiment de la Fère, passa dans la cavalerie en 1782, fut nommé en 1784 capitaine au Royal-Étranger, et fut appelé, comme sous-lieutenant, dans les gardes du corps du roi (1786). À la Révolution, dont il était partisan, il quitta les gardes du corps; colonel du 12e chasseurs à cheval en 1792, puis du 2e régiment de Condé-dragons, général de brigade après la campagne de 1793, et commandant de la cavalerie de l'armée des Alpes, avec laquelle il coopéra à la conquête de la Savoie, il fut envoyé en 1794, en Vendée, où il défendit Nantes contre Charette, et fut promu général de division par les représentants en mission. Exclu peu après de l'armée en vertu du décret du 15 thermidor an II qui interdisait aux nobles toute fonction militaire, il resta comme simple soldat dans la garde nationale, où son zèle le fit réintégrer l'année suivante dans le grade de général de division, sous les ordres de Hoche, à l'armée de la Vendée. Étant passé à l'armée de l'Ouest, il assista à Quiberon et alla à Brest en qualité de commandant supérieur. De 1796 à 1797, il fit partie de l'armée du Nord, commanda en second l'expédition d'Irlande, et, en 1798, passa en Italie, sous les ordres de Jourdan ; par d'habiles mesures, il sut décider le roi de Sardaigne, Charles-Emmanuel, à abdiquer, et reçut alors du Directoire le commandement du Piémont, avec mission d'organiser le pays conquis. Il avait demandé à faire partie de l'armée d'Orient, mais le général Bonaparte lui préféra Berthier. Resté en Italie, Grouchy se signala à Novi où il reçut 14 blessures et fut fait prisonnier. Pendant sa captivité, qui dura près d'un an, il protesta par écrit contre l'établissement du consulat et fit signer cette protestation par plusieurs officiers. En 1800, il servit à l'armée du Rhin et se battit à Hohenlinden. Après la paix de Lunéville, il fut nommé inspecteur général de cavalerie. Suspect pendant quelque temps, en raison de ses relations avec Moreau, il rentra bientôt en grâce et reçut en l'an XI (1803) la mission de faire reconnaître le fils de Louis Ier comme roi d'Étrurie. Élevé ensuite à la dignité de grand-officier de la Légion d'honneur le 25 prairial an XII, il fit la campagne de 1805, assista à la prise d'Ulm, se distingua en 1807 à Eylau et à Friedland, fut envoyé en Espagne l'année suivante, et devint gouverneur de Madrid. Au moment de la campagne du Danube, en 1809, il fut attaché à l'armée du prince Eugène, qu'il suivit en Autriche et avec lequel il contribua aux victoires de Raab et de Wagram. En récompense de ses services, il devint colonel-général des chasseurs à cheval de la garde, et reçut le titre de comte de l'Empire. En 1812, il commanda un corps de cavalerie, contribua par une habile manœuvre à la victoire de la Moskowa, se battit à Smolensk et à Krasnoë et, durant la retraite, dirigea « le bataillon sacré », composé exclusivement d'officiers et chargé de veiller à la sécurité personnelle de l'empereur. Il ne prit point part à la campagne de Saxe, car, mécontent de ne pas recevoir le commandement d'un corps d'armée, il renvoya ses lettres de service au ministre de la Guerre et se retira dans ses terres. Malgré ce mouvement de dépit, il demanda de reprendre du service lorsque la France fut envahie : l'empereur lui confia le commandement d'une division de cavalerie (1814), à la tête de laquelle il se distingua à Brienne, à la Rothière, à Vauchamps, à Craonne, où il fut grièvement blessé (7 mars). Lors de la rentrée des Bourbons, il perdit son grade de colonel-général des chasseurs qui fut donné au duc de Berry, et s'en plaignit à Louis XVIII, qui le mit en disponibilité. Aux Cent-Jours, il fut nommé maréchal de France (5 avril 1815), reçut le commandement des 7e, 8e, 9e et 10e divisions, dirigea les opérations contre le duc d'Angoulême et les royalistes du Midi et refusa de reconnaître la convention de la Palud. Mais Napoléon lui donna l'ordre de conduire le duc d'Angoulême à Cette et de l'y faire embarquer. Grouchy mit ensuite les frontières des Alpes en état de défense, et fut nommé pair de France (2 juin). A l'armée du Nord, il reçut le commandement de la cavalerie et d'un corps de réserve. Le lendemain de la bataille de Ligny, où il fit des prodiges de valeur, Napoléon l'envoya à la poursuite de Blücher, qui semblait en pleine retraite, et qui, en réalité, masquait sa marche sur Waterloo. Le 18, Grouchy resta immobile, bien qu'il entendît une furieuse canonnade du côté de Waterloo, prétextant les ordres de l'empereur et n'ayant point reçu les appels pressants que lui adressait Napoléon. En vain ses lieutenants le supplièrent de marcher au canon, il garda ses positions jusqu'au soir; cette décision, quels qu'en aient été les motifs, causa en grande partie le désastre de Waterloo. Après l'abdication de Napoléon, Grouchy adressa une proclamation à ses troupes en faveur de Napoléon II, puis ramena sous les murs de Paris l'armée dont il avait recueilli les débris et qui comptait 45,000 hommes. Il remit son commandement à Davout avant la reddition de Paris. Proscrit par la seconde Restauration, il se retira aux Etats-Unis, ne revint en France qu'à l'amnistie du 24 novembre 1819, ne recouvra la dignité de maréchal qu'en 1831, et celle de pair de France que le 11 octobre 1832. A la Chambre haute, il refusa de prendre part au procès des accusés d'avril 1834. Il mourut en revenant d'un voyage en Italie, où il était allé passer l'hiver. Il s'était marié avec la sœur de Doulcet de Pontécoulant; ses deux sœurs avaient épousé, l'une Condorcet, l'autre Cabanis. On a de lui : *Fragment historique relatif à la campagne et à la bataille de Waterloo* (1830).

GROUCHY (Alphonse-Frédéric-Emmanuel, marquis de), député de 1830 à 1831, représentant en 1849 et sénateur du second empire, né à Condécourt (Seine-et-Oise) le 5 septembre 1789, mort à Paris le 21 août 1864, était le fils aîné du maréchal. Admis à l'Ecole militaire de Fontainebleau le 20 août 1806, il partit pour la grande armée le 9 novembre suivant, et, quelques jours après (15 novembre), fut nommé sous-lieutenant au 10e dragons. A partir de cette époque, il ne cessa pas de faire campagne. Blessé à Eylau, lieutenant (25 mai 1807), puis aide-de-camp de son père, envoyé à l'armée d'Espagne en 1808 et blessé de nouveau à la prise de Madrid, il revint à Wagram où il chargea brillamment avec le 7e dragons, et reçut en récompense la croix de chevalier de la Légion d'honneur (9 juillet 1809) et le grade de capitaine (17 juillet suivant). Après avoir fait la campagne de 1810 en Espagne et celle de 1811 en Allemagne, il fut nommé (3 juin) chef d'escadron et attaché à l'armée dirigée contre la Russie. Blessé à la Moskowa et à Viazma, il prit part, après la retraite, à la campagne de Saxe et se distingua à Bautzen, où il gagna la croix d'officier de la Légion d'honneur (13 septembre) et le grade de colonel (15 décembre); il commanda alors le 19e chasseurs à cheval à l'armée d'Italie. A Waterloo, il chargea les carrés anglais à la tête du 12e chasseurs que son père avait commandé en 1792, et fut encore une fois blessé. A la seconde Restauration il fut mis en non-activité et en demi-solde. Cependant, du 16 février 1827 au 2 novembre 1828, il présida le conseil de revision du Cantal. Admis à l'activité après 1830, colonel (3 août) du 3e chasseurs à cheval, il fut élu (28 octobre 1830) député au collège de département de l'Allier par 437 voix (673 votants, 997 inscrits) en remplacement de M. de Conny, démissionnaire; mais il échoua, le 5 juillet 1831, dans le 3e collège du même département (Gannat), avec 18 voix contre 179 à l'élu, M. Raynaud. Maréchal-de-camp du 2 août précédent, et commandeur de la Légion d'honneur, il resta en disponibilité, sur sa demande, d'octobre 1834 à novembre 1837, puis commanda les départements du Puy-de-Dôme et de la Haute-Loire. Membre (21 décembre 1838) du comité de cavalerie, il fut mis à la tête d'une brigade de cavalerie légère sur la frontière du nord-est (1839) et nommé inspecteur de la cavalerie en 1840, en France, puis, de 1841 à 1844, et de 1846 à 1848, en Algérie. Lieutenant-général (28 avril 1842), il commanda (3 mars 1848) la 3e division militaire à Bordeaux. Le département de la Gironde le nomma (13 mai 1849) représentant du peuple à l'Assemblée législative, le 7e sur 13, par 70,943 voix (125,091 votants, 179,161 inscrits); il siégea parmi les conservateurs, mais assez rarement. Grand-officier de la Légion d'honneur (10 décembre 1849), il fut nommé sénateur du second Empire (26 janvier 1852); il défendit la dynastie, et fut promu grand-croix le 31 décembre 1862.

GROUCHY (Ernest-Henry, vicomte de), député au Corps législatif de 1857 à 1869, né à Paris le 20 janvier 1806, mort à Orléans (Loiret) le 28 novembre 1879, entra à l'Ecole polytechnique, et en sortit ingénieur des ponts et chaussées. Il quitta bientôt ces fonctions pour entrer dans l'administration, et occupa successivement les postes de sous-préfet à Cambrai (1830), à Bayeux (1832), à Montargis (1833). La révolution de février 1848 interrompit sa carrière. Mais le gouvernement du prince L. Napoléon l'appela, le 10 janvier 1849, à la préfecture du

Gers, et, quelques mois après, à celle d'Eure-et-Loir, qu'il occupa après l'établissement de l'Empire jusqu'en 1854. Candidat officiel au Corps législatif, M. de Grouchy fut élu député, le 22 juin 1857, dans la 3ᵉ circonscription du Loiret, par 13,685 voix (18,956 votants, 28,710 inscrits), contre 4,847 voix à M. Rondeau; mais certains de ses votes lui firent perdre, aux élections du 1ᵉʳ juin 1863, l'appui de l'administration : il n'en fut pas moins réélu par 13,125 voix (25,051 votants, 30,302 inscrits), contre 10,515 voix à M. de Chevigné, candidat officiel, et 1,351 à Rondeau. En 1869, le concours officiel lui fut rendu : il échoua pourtant, le 24 mai, avec 13,241 voix contre 13,914 à l'élu de l'opposition démocratique, M. Cochery. Membre du conseil général du Loiret pour le canton de Montargis et officier de la Légion d'honneur (11 août 1850).

GROUT (Nicolas-Jules), député de 1884 à 1885, né à Envermeu (Seine-Inférieure) le 28 décembre 1820, mort à Envermeu le 18 janvier 1888, fut élu, le 20 janvier 1884, député de la 1ʳᵉ circonscription de Dieppe, par 5,072 voix (10,160 votants, 13,833 inscrits), contre 4,108 voix à M. Mulot, républicain modéré, et 925 à M. Manchon, radical, en remplacement de M. Lanel, décédé. Il prit place à droite et vota avec les conservateurs jusqu'à la fin de la législature, notamment *contre* les crédits du Tonkin et *contre* les ministères Ferry et H. Brisson. Porté, aux élections générales du 4 octobre 1885, sur la liste conservatrice de la Seine-Inférieure, il réunit, sans être élu, 62,098 voix (149,546 votants).

GROUVELLE (Philippe-Antoine), député au Corps législatif de l'an VIII à 1802, né à Paris le 27 février 1757, mort à Varennes le 30 septembre 1806, fils d'un orfèvre, fut placé chez un notaire, mais négligea la procédure pour les lettres; admis dans l'intimité de Chamfort, dont il devint secrétaire, il fut bientôt, grâce à lui, désigné pour remplir un poste de confiance auprès du prince de Condé. Les succès de Grouvelle comme littérateur appelèrent sur lui l'attention et la faveur du public et de la cour : son petit opéra, *les Prunes*, fut représenté à Versailles comme début ; puis Grouvelle donna au Théâtre-Français une comédie intitulée : l'*Épreuve délicate* (1788). Partisan des idées nouvelles, il dut quitter ses fonctions de secrétaire du prince de Condé et entra dès lors dans la politique. Avec Chamfort, Cérutti et Rabaud de Saint-Étienne, il publia la *Feuille villageoise*. Nommé, en 1792, secrétaire du conseil exécutif provisoire, il eut, en cette qualité, à accompagner le ministre de la justice pour donner lecture à Louis XVI, dans la prison du Temple, de l'arrêt qui le condamnait à mort. Il proposa à la Convention de changer le nom de la rue Sainte-Anne en celui d'Helvétius, lui écrivit encore pour lui dénoncer des provocations au pillage et à l'assassinat, et reçut, en mai 1793, le titre et l'emploi de ministre de France à Copenhague. Rappelé en 1794, renvoyé en 1796, il y resta en définitive jusqu'en 1800, adressa au nom de la République française une note au ministère danois sur le commerce du Nord, et entretint une correspondance diplomatique avec le comte de Bernstorff, premier ministre de Danemark. Rallié au gouvernement consulaire, il fut choisi par le Sénat conservateur, le 8 prairial an VIII, comme député de la Seine au Corps législatif, où il siégea jusqu'en septembre 1802. Associé de l'Institut de-

puis 1796, il devint, en 1803, membre correspondant de la 3ᵉ classe (histoire et littérature anciennes) et brigua ensuite le titre de membre titulaire. Mais ses adversaires dirigèrent contre sa candidature les plus violentes attaques et insistèrent sur les fonctions qu'il avait remplies en 1793. D'un naturel timoré et impressionnable, Grouvelle en éprouva un chagrin tel qu'il tomba malade et mourut peu de temps après (1806). Il a laissé d'assez nombreux écrits : *la Satire universelle, prospectus dédié à toutes les puissances de l'Europe* (1788), pamphlet dirigé contre Rivarol ; *De l'autorité de Montesquieu dans la révolution présente* (1789); *Adresse des habitants du ci-devant bailliage de... sur le préjugé du point d'honneur* (1796); *Réponse à tout, petit colloque entre un sénateur allemand et un républicain français* (1793). Enfin Grouvelle a donné un *Mémoire historique sur les Templiers*, une édition des *Lettres de Madame de Sévigné*, et une des *Œuvres de Louis XIV* (1806). Sa fille, Mlle Laure Grouvelle, embrassa avec ardeur, sous Louis-Philippe, la cause révolutionnaire, et fut compromise dans le complot d'Huber en 1838; condamnée à cinq ans de prison, elle devint folle dans la prison de Clairvaux, et, transférée à la maison centrale de Montpellier, mourut vers 1842. Mme Lafarge a parlé d'elle dans ses *Mémoires*.

GRUSON (Louis-Bauduin-Joseph), député au Corps législatif en 1811, né à Lille (Nord) le 18 décembre 1747, mort en 1811, « fils de Liévin Gruson, marchand, et de Quintine-Ursule Delanére, » négociant à Lille et président de la Chambre de commerce, fut élu, le 8 mai 1811, par le Sénat conservateur, député du Nord au Corps législatif; mais il eut à peine le temps de siéger et mourut la même année.

GRUYER (Antoine, baron), représentant à la Chambre des Cent-Jours, né à Saint-Germain (Haute-Saône) le 15 mars 1774, mort à Strasbourg (Bas-Rhin) le 27 août 1822, terminait ses études à Besançon quand la Révolution éclata. Partisan des idées nouvelles, il fut élu capitaine au 6ᵉ bataillon des volontaires de la Haute-Saône, et fit en cette qualité les campagnes de 1792 et 1793. Blessé à Fleurus (8 messidor an II), attaché à l'armée d'Italie en l'an V, nommé, le 1ᵉʳ brumaire an IX, chef de bataillon à la 43ᵉ demi-brigade, il se distingua au passage du Mincio et à l'attaque des hauteurs de Vérone. Chevalier de la Légion d'honneur en l'an XII, blessé à Austerlitz, et officier de la Légion d'honneur le 1ᵉʳ mai 1806, lieutenant-colonel des chasseurs à pied de la garde, avec lesquels il fit les campagnes de 1807 et de 1808 en Prusse et en Pologne, il fut attaché, le 12 mai de cette dernière année, à la personne du prince Borghèse, en qualité de colonel premier aide-de-camp. Général de brigade le 23 février 1813, commandeur de la Légion d'honneur, il se distingua à Lutzen et fut de nouveau blessé à Méry-sur-Oise le 22 février 1814. Le 29 juillet suivant, Louis XVIII le nommait commandant du département de la Haute-Saône et chevalier de Saint-Louis. Mais, au retour de l'île d'Elbe, il suivit son chef le maréchal Ney et, comme lui, acclama l'empereur. Le 13 mai 1815, élu représentant à la Chambre des Cent-Jours par le collège de département de la Haute-Saône avec 65 voix (122 votants), il ne siégea point, pour ne pas quitter l'armée. La seconde Restauration le fit passer devant un conseil de guerre, à Strasbourg, qui le condamna à mort le 17 mai 1816. La peine fut commuée en 20 ans de reclusion. Pendant sa détention, il fut obligé d'accoucher lui-même sa femme qui avait voulu partager son sort, le commandant de la prison s'étant refusé à envoyer chercher un médecin à une heure avancée de la nuit. Grâce à l'intervention du duc d'Angoulême, il fut mis en liberté en 1817. Il avait été créé baron de l'Empire pendant les Cent-Jours.

GUADET (Marguerite-Elie), député en 1791, membre de la Convention, né à Saint-Emilion (Gironde) le 20 juillet 1758, exécuté à Bordeaux le 15 juin 1794, fils d'un jurat de Bordeaux, étudia le droit, fut avocat à Bordeaux, et embrassa avec ardeur les principes de la Révolution. En 1789, sa jeunesse seule l'empêcha d'être élu député du tiers aux Etats-Généraux; affilié aux sociétés libérales, se prodiguant généreusement pour défendre la cause du peuple, il devint administrateur du département de la Gironde (16 juillet 1790), fut élu président du tribunal criminel du département (3 mars 1791), puis, le 1er septembre 1791, député de la Gironde à l'Assemblée législative, le 6e sur 12, par 244 voix sur 484 votants. Il se fit admettre, dès son arrivée à Paris, au club des Jacobins, et prit dans l'Assemblée une situation prédominante due à la véhémence de ses discours, moins éloquents sans doute que ceux de Vergniaud, mais mieux faits pour influencer les masses et les dominer. Il se prodigua à la tribune, soutint Couthon demandant la suppression des titres de *sire* et de *majesté*, et l'adoption d'un cérémonial plus en rapport avec la dignité de l'Assemblée (5 octobre 1791); quelques jours plus tard (18 octobre), il dénonça le ministre de la Justice « qui relâchait les aristocrates et détenait les patriotes »; il participa à l'adoption des décrets de novembre, appuyant, le 28 octobre, la motion de Brissot qui enjoignait à Monsieur de rentrer en France dans le délai de 2 mois; demandant, huit jours après, que les émigrés fussent déclarés suspects de conjuration, et condamnés à mort s'ils n'étaient pas rentrés dans le royaume au 1er janvier 1792, que leurs biens fussent mis sous séquestre; il proposa, le 25 novembre, d'interdire aux prêtres non assermentés les édifices servant aux cultes autorisés, de donner aux directoires des départements l'autorisation de les exiler, enfin de vendre, au bénéfice du Trésor, les monuments religieux désormais inutiles. Il demanda l'amnistie pour les Suisses révoltés de Châteauvieux. Il présidait l'assemblée, le 14 janvier 1792, lorsque Gensonné exposa les menées de l'Autriche et la conjuration des émigrés et des frères du roi. Abandonnant le fauteuil, il se précipita à la tribune : « Apprenons à tous ces princes, cria-t-il, que la nation est résolue à maintenir sa constitution tout entière ou à périr tout entière avec elle. » Les tribunes acclamèrent l'orateur et crièrent : « Vivre libre ou mourir! la Constitution ou la mort! » Guadet continua : « Oui, nous mourrons tous, plutôt que de permettre qu'il soit porté une seule atteinte à notre liberté! Je propose de décréter à l'instant même que la nation regarde comme infâme, traître à la patrie, coupable du crime de lèse-nation, tout agent du pouvoir exécutif, tout Français qui prendrait part soit directement, soit indirectement, à un congrès dont l'objet serait d'obtenir une modification à notre constitution, ou une médiation entre la France et

les rebelles. Et marquons d'avance une place aux traîtres, et que cette place soit l'échafaud! » Au nom de la liberté, la proposition fut adoptée à l'unanimité. Le succès de ce discours mit en évidence le député girondin et ses amis, dont le renvoi de Narbonne avait allumé les colères. Après les violentes accusations portées par Guadet, Vergniaud et Brissot contre de Lessart, dont ils demandaient la mise en jugement à propos des affaires d'Avignon, l'accession de ce parti au pouvoir parut certaine. De là, le ministère du 15 mars 1792.

Mais les événements se succédèrent, et les Girondins n'attendant plus rien de la monarchie allèrent à la République. Guadet avait prévu cette évolution; malgré Vergniaud et Gensonné, il avait demandé, le 3 mai, que le roi eût un confesseur patriote; le 16, il fit supprimer le million accordé aux frères du roi; le 29 mai, il vota la déportation des prêtres non assermentés; le 30, il réclama le licenciement de la garde royale et la mise en accusation de son chef, le duc de Brissac, et le 4 juin, la formation d'un camp de fédérés sous Paris; il s'associa aux regrets de l'Assemblée, lorsque le roi eut renvoyé le ministère girondin, après avoir refusé de sanctionner les décrets. Après les événements du 20 juin, La Fayette étant venu à la barre de l'Assemblée demander la répression des violences commises contre le roi, Guadet l'accusa à son tour : « Je ferai observer à M. de La Fayette, dit-il, qu'il manque à la Constitution en se faisant l'organe d'une armée légalement incapable de délibérer, et que probablement aussi il a manqué à la hiérarchie des pouvoirs militaires en venant à Paris sans l'autorisation du ministre de la Guerre. » Profitant de l'impopularité qui commençait à rejaillir sur La Fayette et du départ de Dumouriez pour le camp de Maulde, les Girondins résolurent de faire une dernière tentative auprès du roi. Guadet présenta le projet de message et signa, avec Gensonné et Vergniaud, la lettre fameuse où étaient exposées les idées de la Gironde, et qui, retrouvée aux Tuileries, dans l'armoire de fer, devait servir plus tard contre eux. Il accepta même une entrevue secrète qui se prolongea fort avant dans la nuit et où sa sensibilité de méridional fut émue un instant par le spectacle du Dauphin endormi. Ces démarches n'eurent d'ailleurs aucun résultat, la cour ayant déconseillé au roi de faire les concessions demandées. D'autre part, la journée du 10 août enleva aux Girondins leurs dernières espérances de transaction. Vergniaud, Guadet et Gensonné, qui présidèrent ce jour-là successivement l'assemblée, demandèrent que le roi fût seulement suspendu de ses fonctions. La Montagne réclamait la déchéance; si elle ne fut pas effectivement votée, l'emprisonnement du roi par la Commune fut une solution que la future Convention n'eut plus qu'à sanctionner. La Gironde se sentit débordée. Guadet avait obtenu, le 30 août, la dissolution de la Commune de Paris; mais le lendemain, l'assemblée rapporta ce décret. Guadet était devenu membre du tribunal de cassation, lorsqu'il fut réélu à la Convention par le département de la Gironde, le 2e sur 10, avec 570 voix sur 686 votants (5 septembre 1792). Guadet, comme Vergniaud, Barbaroux et Louvet, attaqua avec véhémence les députés de Paris, principalement Robespierre et Marat. La Montagne accusa à son tour les Girondins de vouloir livrer Paris à l'invasion étrangère et rompre l'unité nationale en faisant des 83 départements de la France autant de petits Etats distincts. Les aveux naïfs de Brissot et de Buzot, qui ne trouvaient rien de répréhensible au système fédératif, furent exploités contre eux. Le procès de Louis XVI acheva de dévoiler les hésitations des Girondins. Guadet se déclara partisan de l'appel au peuple : au 3e appel nominal il répondit : « C'est comme membre d'un tribunal national que j'ai jusqu'à présent procédé dans l'affaire de Louis. C'est en la même qualité que je vais procéder dans son jugement. Louis est coupable de conjuration contre la liberté et d'attentat contre la sûreté générale de l'Etat; j'ai posé ainsi la question et l'assemblée l'a adoptée. J'avais posé la question sur le code pénal; je n'ai plus qu'à l'ouvrir; j'y vois la peine de mort. Mais en la prononçant, je demande, comme Mailhe, qu'après avoir exercé les fonctions nationales judiciaires, la Convention me permette d'examiner si le jugement peut être exécuté de suite ou retardé. Je vote, quant à présent, pour la mort. » Sur la 4e question, il demanda que l'on sursît à l'exécution. Après avoir donné l'élan au mouvement révolutionnaire, la Gironde n'avait plus d'énergie de le combattre ou l'audace de le devancer. Danton, à ce moment, tenta de fusionner les deux partis. Mais Barbaroux déclara qu'il ne pouvait y avoir aucune alliance « entre le vice et la vertu », et Guadet, ayant accusé Danton de concussion et repoussé ses avances, s'attira cette réplique : « Tu veux la guerre, tu auras la mort! » En effet, le 9 mars, quand Guadet voulut appuyer la proposition de Lanjuinais, des menaces et des cris de mort accueillirent ses paroles. La défection de Dumouriez servit de prétexte à la bataille décisive qui devait s'engager entre la Gironde et la Montagne. Robespierre accusa Guadet et Vergniaud d'avoir entretenu des relations criminelles avec le traître. Guadet répliqua éloquemment en adressant à Danton le même reproche. On l'applaudit encore. Il en profita pour demander que les députés ne fussent plus inviolables et pour réclamer des poursuites contre Marat. Dix jours après (24 avril), Marat était acquitté et ramené en triomphe, et 35 sections de Paris adressaient à l'assemblée une pétition tendant à l'expulsion de 22 députés Girondins. Cette demande ne fut pas accueillie, non plus que celle de Guadet proposant de réunir à Bourges les députés suppléants; cependant, sur la motion de Barrère, la Convention nomma un comité de 12 membres chargés de veiller à sa sûreté (18 mai). Le 27, les Jacobins se proclamèrent en insurrection contre « les députés corrompus ». Le comité des 12, composé de Girondins, ne sut pas tenir tête à l'orage, ni empêcher les événements du 31 mai et du 2 juin. Sous la pression des sections, la Convention vota la suppression de la commission et l'arrestation de vingt-neuf députés Girondins et de deux ministres, Clavière et Lebrun. Guadet s'enfuit dans le Calvados où Brissot, Louvet et Barbaroux vinrent le rejoindre. Ils cherchèrent à soulever le pays, mais ils ne réussirent qu'à agiter quelques départements, et leur petite armée, commandée par Wimpfen, fut bientôt dissipée. Alors ils se réfugièrent à Saint-Emilion, où habitait la famille Guadet. Guadet, qui avait déjà été recherché dans la maison de son père, et contre qui on avait dressé des chiens pour le mieux chasser, finit par s'y réfugier. Le 15 juin 1794, on le trouva caché dans le grenier de la maison avec son collègue Salles; leurs pistolets ratèrent; sans cela, on ne les eût pas pris vivants. Arrêtés, ils furent conduits à Bordeaux, devant une commission militaire qui n'eut qu'à constater leur identité. « Bourreaux, faites votre of-

fice, dit Guadet; allez, ma tête à la main, demander votre salaire aux tyrans de ma patrie. Ils ne la virent jamais sans pâlir; en la voyant abattue, ils pâliront encore. » Un roulement de tambours couvrit ses paroles et il fut exécuté. Son père, son frère, sa belle-sœur, sa tante, et d'autres qui avouèrent avoir connu la présence des proscrits, montèrent sur l'échafaud un mois après.

GUCHAN (PIERRE), membre de la Convention, député au Conseil des Anciens et au Conseil des Cinq-Cents, né à Bagnères-de-Bigorre (Hautes-Pyrénées) le 17 octobre 1757, mort à Bagnères-de-Bigorre le 12 septembre 1828, notaire à Bagnères-de-Bigorre et maire de la ville, fut élu, le 6 septembre 1792, deuxième député suppléant à la Convention pour le département des Hautes-Pyrénées, par 113 voix sur 165 votants. Admis à siéger, le 11 pluviôse an II, en remplacement de M. Dupont (de Bigorre), décédé, il ne se fit point remarquer. Le 23 vendémiaire an IV, élu député des Hautes-Pyrénées au Conseil des Anciens, il appuya, le 9 frimaire an VI, le projet qui assimilait les nobles aux étrangers, et, le 1er ventôse, fut nommé secrétaire du Conseil. Elu par le même département au Conseil des Cinq-Cents, le 25 germinal au VI, il ne put siéger. Exclu par la loi du 22 floréal, il assura « que le Directoire avait été trompé sur les élections du département des Hautes-Pyrénées, par des hommes intéressés à humilier les patriotes ».

GUDIN (CHARLES-GABRIEL-CÉSAR, COMTE), député de 1847 à 1848, sénateur du second Empire, né à Bitche (Moselle) le 30 avril 1798, mort à Paris le 9 janvier 1874, fils du lieutenant-général comte Gudin qui commanda la division française à Cadix de 1824 à 1828, entra lui-même dans la carrière militaire en 1812, à l'âge de quatorze ans, comme premier page dans la maison de l'empereur. Nommé sous-lieutenant des gardes du corps de Louis XVIII le 16 juin 1814, il redevint premier page de Napoléon le 2 mai 1815. Après les Cent-Jours, il fut lieutenant au 3e régiment de hussards (1817), puis capitaine aux hussards de Chartres le 26 février 1823. En cette qualité, il suivit son père comme officier d'ordonnance pendant la guerre d'Espagne. Promu chef d'escadron le 11 septembre 1830, il prit part à l'expédition de Belgique (1831), fut fait lieutenant-colonel du 7e régiment de chasseurs le 27 mars 1834, et colonel du 2e régiment de lanciers en 1839. Maréchal-de-camp le 28 décembre 1846, il se présenta l'année suivante, le 21 août 1847, à l'élection partielle motivée dans le 6e collège de la Moselle (Sarreguemines), par le décès du général Schneider : il fut élu député par 212 voix (351 votants, 396 inscrits). Il vota pour le ministère jusqu'à la révolution de février 1848. Après avoir passé quelque temps en Afrique, le général Gudin fut appelé, le 2 juin 1849, au commandement de la 2e subdivision de la 11e division militaire. Général de division le 3 janvier 1852, il commanda la 2e division militaire à Rouen, et, de 1851 à 1862, fut neuf fois inspecteur général de la cavalerie. En 1859, il fut mis à la tête de la 2e division de cavalerie de l'armée de Paris : c'est dans cette position que vint l'atteindre la limite d'âge ; il passa alors dans le cadre de réserve (1er mai 1863). Dévoué au gouvernement de Napoléon III, il fut nommé sénateur par un décret impérial du 26 décembre 1865. Le 4 septembre 1870 mit fin à sa carrière parlementaire. Mais le général Gudin reprit du service pendant la guerre franco-allemande, d'abord comme commandant de la division de Rouen, puis de la 10e division à Montpellier, où il resta en fonctions jusqu'au 15 avril 1871. Le général Gudin a attaché son nom à la réforme du harnachement de la cavalerie et à un modèle de selle officiellement adopté en 1861. Chevalier de la Légion d'honneur le 21 mars 1831, officier le 28 avril de la même année, commandeur le 10 août 1858, grand-officier le 15 août 1860.

GUDIN (JACQUES-FRANÇOIS), dit GUDIN DU PAVILLON, député de 1876 à 1877, né à Gacogne (Nièvre) le 12 septembre 1811, mort à Paris le 28 juin 1889, acheta une étude d'avoué à Château-Chinon (Nièvre) en septembre 1836, devint plus tard président de la chambre des avoués et du bureau d'assistance judiciaire, et fit de l'opposition républicaine au gouvernement de Louis-Philippe. Nommé sous-commissaire de la République dans l'arrondissement de Château-Chinon à la révolution de février, et chef de bataillon de la garde nationale de la ville, il continua, sans abandonner son étude d'avoué, de compter, sous le second Empire, parmi les membres en vue de l'opposition démocratique de son arrondissement. La révolution du 4 septembre 1870 l'appela par intérim à la sous-préfecture de Château-Chinon; il n'occupa ce poste que peu de temps, fut porté, aux élections du 8 février 1871 pour l'Assemblée nationale, sur la liste républicaine modérée de la Nièvre, et échoua avec 17,931 voix sur 64,512 votants. Nommé maire de Château-Chinon le 4 avril 1872, il fut révoqué de ces fonctions par le ministère de Broglie (10 février 1874), et posa sa candidature républicaine à l'élection partielle du 24 mai 1874, destinée à pourvoir au remplacement du général Ducrot, démissionnaire; il échoua encore avec 32,109 voix contre 37,568 à l'élu, M. le baron de Bourgoing, candidat bonapartiste. Les élections générales du 20 février 1876 furent plus favorables à M. Gudin; l'arrondissement de Château-Chinon l'élut député par 7,259 voix sur 14,133 votants et 48,486 inscrits, contre 6,793 voix au candidat conservateur, M. Gautherin. M. Gudin siégea à gauche, vota contre le ministère de Broglie et fut des 363. Aux élections qui suivirent la dissolution de la Chambre, Gambetta, dont il était l'ami personnel, vint lui-même à Château-Chinon patronner sa candidature; cette intervention ne profita pas au candidat républicain qui fut battu, le 14 octobre 1877, à Château-Chinon, avec 7,185 voix, par M. le comte Albéric d'Espeuilles, candidat bonapartiste et officiel, élu par 8,256 suffrages. La majorité de la nouvelle Chambre invalida cette élection; mais les électeurs de Château-Chinon, convoqués à nouveau le 7 juillet 1878, confirmèrent à M. d'Espeuilles son mandat par 6,945 voix contre 6,739 à M. Gudin. En 1882, M. Gudin fut nommé juge de paix du 10e arrondissement de Paris; la maladie à laquelle il succomba l'obligea de donner sa démission huit jours avant sa mort. M. Gudin était le beau-père de M. Magnien, député de Saône-et-Loire. Chevalier de la Légion d'honneur.

GUÉBRIANT (COMTE DE). — *Voy.* BUDES.

GUÉGAN (JULIEN), député en 1789, né à Péaule (Morbihan) le 17 décembre 1746, mort à Osma (Espagne) le 15 mars 1794, fils d'un maréchal-ferrant de Péaule, entra dans les ordres en 1767, fut d'abord vicaire à Caden, puis devint en 1778 recteur de Pontivy. Le 18 avril 1789, l'abbé Guégan fut élu par la sénéchaussée de Vannes député du clergé aux Etats-Généraux. Très ardent, au début, pour les idées nouvelles, il parla sur la constitution civile du clergé, sur l'élection des curés, et prêta le serment civique. Mais ses opinions ne tardèrent pas à se modifier. Elu, le 6 mars 1791, évêque constitutionnel du Morbihan, il déclina cette fonction, le 12, par une lettre adressée aux administrateurs du département et où il s'exprimait ainsi : « Messieurs et chers concitoyens, c'est avec la plus grande douleur que j'ai reçu la nouvelle du choix que MM. les électeurs du département venaient de faire pour le siège épiscopal du Morbihan. Il est infiniment trop flatteur pour moi. Je n'ai malheureusement ni les talents, ni les forces nécessaires pour une si terrible fonction, et bien loin de pouvoir augmenter mon fardeau, je devrais bien plutôt songer à la retraite. » En même temps il écrivait au pape pour lui faire part de son refus; Pie VI lui répondit par un bref daté du 30 mars qui louait l'attitude de l'abbé Guégan et l'invitait à persévérer dans sa résolution. Guégan alla plus loin : il rétracta son serment à la constitution civile du clergé. Ayant subi la loi de la déportation, il dut passer en Espagne, où il reçut l'hospitalité de l'archidiacre d'Osma. Il mourut peu après, dans cette localité, de la fièvre jaune.

GUEGOT-TRACOULON (GEORGES-SIMON), représentant à la Chambre des Cent-Jours, né à Morlaix (Finistère) le 27 octobre 1763, mort à Morlaix le 30 décembre 1836, « fils du sieur Louis Guegot, et de demoiselle Renée-Jacquette Ledur, son épouse, » était président du tribunal de Morlaix. Le 15 mai 1815, il fut élu, par 35 voix (41 votants, 135 inscrits), représentant de l'arrondissement de Morlaix à la Chambre des Cent-Jours, où il se fit peu remarquer.

GUÉGUEN (JOSEPH), député de 1881 à 1885, né à Châteauneuf-du-Faou (Finistère) le 4 novembre 1832, de parents peu aisés, était greffier de la justice de paix de sa ville natale depuis 1858. Conseiller général de son canton en 1874, il acheta, en 1875, une étude de notaire à Plonévez-du-Faou dont il devint maire (1882), et la revendit après avoir été élu député de la 2e circonscription de Châteaulin, le 21 août 1881, par 5,344 voix sur 9,390 votants et 11,966 inscrits, contre 3,924 voix à M. P. de Saisy, légitimiste. Il siégea à l'Union des gauches et soutint constamment de ses votes les ministères opportunistes qui se succédèrent, dans les questions de l'enseignement, du Tonkin, etc. Porté, aux élections du 4 octobre 1885, sur la liste républicaine du Finistère, il échoua avec 57,158 voix sur 121,906 votants. M. Guéguen est président du comice agricole de Châteauneuf-du-Faou depuis 1889.

GUÉHENEUC (FRANÇOIS-SCHOLASTIQUE, COMTE DE), membre du Sénat conservateur, député de 1828 à 1831, pair de France, né à Paris le 4 juin 1759, mort à Paris le 28 septembre 1840, « fils de Pierre-Jean de Guéheneuc, écuyer, et de dame Marie-Rose Delalande Le Marchand, son épouse, » propriétaire à Etoges (Marne), et maire de cette commune, remplit les fonctions d'administrateur des forêts et fut appelé à faire partie du Sénat conservateur par un décret impérial du 3 mars 1810; le 14 avril de la même année, il fut créé comte de l'Empire. Plus tard il fut élu (21 avril 1828) député du 1er arrondissement de la Marne (Châlons-sur-Marne) par 105 voix sur 185 votants et 274 inscrits, contre 65 à M. Dorchy, maire de Mareuil. Il se prononça contre le ministère Polignac, fut des 221, et obtint sa réélection, le 12 juillet 1830, avec 112 voix sur 164 votants, 276 inscrits. Partisan du gouvernement de Louis-Philippe, il le soutint à la Chambre des députés jusqu'en 1831, et à la Chambre des pairs depuis le 7 novembre 1832, date de sa promotion, jusqu'à sa mort (1840). Il était conseiller général de la Marne.

GUEIDAN (CHARLES-PIERRE-GASPARD), député en 1789, né à Lyon (Rhône) le 23 mars 1757, mort le 1er avril 1831, était, à la Révolution, curé de Saint-Trivier en Bresse. Le bailliage de Bourg-en-Bresse l'élut, le 3 avril 1789, député du clergé aux Etats-Généraux. L'abbé Gueidan se réunit au tiers, et ne joua d'ailleurs qu'un rôle très effacé.

GUEIDAN (CHARLES-EMILE), représentant en 1871, né à Vienne (Isère) le 26 octobre 1830, était avocat dans sa ville natale; il s'occupait peu de politique, quand il fut élu, le 8 février 1871, représentant de l'Isère à l'Assemblée nationale, le 10e sur 12, par 55,451 voix (92,816 votants, 162,174 inscrits). Il prit place au centre droit et vota *pour* la paix, les prières publiques, l'abrogation des lois d'exil, la démission de M. Thiers, la prorogation des pouvoirs du Maréchal, le ministère de Broglie, et *contre* la dissolution, la proposition du centre gauche, l'amendement Wallon et les lois constitutionnelles.

GUEILLY. — *Voy.* RUMIGNY (MARQUIS DE).

GUÉPIN (VICTOR-MARIE-BONAVENTURE), représentant à la Chambre des Cent-Jours, né à Pontivy (Morbihan) le 30 janvier 1764, mort à Pontivy le 17 mars 1818, « fils de Jean-Jacques Guépin et de dame Marie-Rose Laube, » exerçait à Napoléonville (Pontivy) la profession d'avocat, lorsqu'il fut élu, le 10 mai 1815, représentant de cet arrondissement à la Chambre des Cent-Jours par 20 voix sur 34 votants, contre 14 à M. Laudren. Il ne fit pas partie d'autres assemblées.

GUÉRARD DE LA QUESNERIE (AMABLE-GUILLAUME), député au Conseil des Anciens, dates de naissance et de mort inconnues, fut membre et président de l'administration du canton de Cailly (Seine-Inférieure). Ce département le nomma, le 22 germinal an V, député au Conseil des Anciens, par 277 voix sur 286 votants. Guérard de la Quesnerie eut un rôle parlementaire sans importance, qui prit fin en l'an VII.

GUÉRIN (FRANÇOIS-RENÉ), député en 1789, né à Brûlon (Sarthe) le 18 janvier 1735, mort à Brûlon en 1812, était maître de forges à la Gaudinière, près Souché. Elu, le 2 mars 1789, député du tiers aux Etats-Généraux par la sénéchaussée du Maine, il ne resta membre de l'Assemblée constituante, où il se fit, d'ailleurs peu remarquer, que jusqu'au 20 octobre 1790. Démissionnaire, il revint dans son pays, où il mourut en 1812, après avoir été conseiller général de la Sarthe.

GUÉRIN (LOUIS-GABRIEL), député en 1791, né à Mamers (Sarthe) le 6 février 1759, mort à Paris le 20 septembre 1827, négociant et maire de Mamers, fut élu député de la Sarthe à l'Assemblée législative (4 septembre 1791) le 5e sur 10. avec 208 voix (281 votants). Il n'y joua qu'un rôle effacé, demanda, le 9 juillet 1792, que l'on suspendît le directoire de la Seine pour sa conduite lors des affaires du 20 juin, et, le 23 juillet suivant, soutint les pétitionnaires qui réclamaient la déchéance du roi.

GUÉRIN (PIERRE-SYLVAIN), député aux Cinq-Cents, aux Anciens et au Corps législatif de l'an VIII à 1806, né à Dampierre-sur-Boutonne (Deux-Sèvres) le 18 février 1753, mort à la Chênaie-d'Agonnay, près Celles (Deux-Sèvres), en 1825, était « fils de Jean-Henry Guérin, procureur du roi au siège d'Aunay, sénéchal de la baronnie de Dampierre et d'autre lieu, et de demoiselle Jeanne Arnaud. » Membre de la congrégation de l'Oratoire de Niort avant la Révolution, il rentra dans la vie civile lors de la suppression de cet ordre (1790), se montra partisan modéré des idées nouvelles, devint (1791-1792) membre de l'administration départementale des Deux-Sèvres, puis, après le 9 thermidor, procureur général syndic du département. Le 4 vendémiaire an IV, le département des Deux-Sèvres l'élut député au Conseil des Cinq-Cents, par 104 voix sur 177 votants. Il siégea obscurément parmi les modérés, jusqu'en l'an VII, ayant été réélu, le 20 germinal de cette année, au Conseil des Anciens, par 127 voix sur 147 votants. Son adhésion muette au coup d'Etat de brumaire le désigna, le 5 nivôse an VIII, au choix du Sénat conservateur, comme député des Deux-Sèvres au nouveau Corps législatif. Son mandat expirant en 1806, il se porta de nouveau comme candidat, fut agréé comme tel par le collège de Niort, après avoir échoué au collège de département, mais ne fut pas élu par le Sénat, et rentra dans la vie privée. A l'occasion de ces élections le préfet des Deux-Sèvres, M. Dupin, envoyait au ministre cette note confidentielle sur M. Guérin : « Homme honnête et sage, d'une capacité ordinaire, sans énergie ; qui n'a été réélu que par égard pour M. Jard-Panvillier, dont il est le beau-frère. » Comme document électoral du moment, nous citerons encore cette pièce : « Le maire de la ville de Niort, chef-lieu du département des Deux-Sèvres, certifie que M. Pierre-Sylvain Guérin, membre actuel du Corps législatif, jouit des droits de citoyen français, étant porté sur le registre civique de cette ville, et qu'il a son domicile politique dans le département des Deux-Sèvres. « Niort, le 13 octobre 1806. DEMONTIGNY. »

GUÉRIN (ADOLPHE-CLAUDE), représentant du peuple en 1848, né à Mortagne (Orne) le 5 novembre 1805, mort à Sébastopol (Crimée) le 13 juin 1855, fils d'un conservateur des hypothèques, fit ses études à Caen, entra à l'Ecole polytechnique, puis, le 1er octobre 1826, à l'Ecole d'application de Metz, comme sous-lieutenant de génie. Lieutenant en 1830, et attaché à l'expédition d'Alger, chevalier de la Légion d'honneur en 1831, capitaine en 1832, il fut rappelé en France, travailla aux forteresses de Sedan, Bitche, Condé et Lyon, et inventa un cavalier de tranchée qui fut longtemps en usage. En février 1848, il commandait le fort Lamotte, à Lyon, qui contenait un important dépôt de matériel et de munitions ; les républicains le sommant de leur livrer ce dépôt, il répondit qu'il n'avait d'ordre à recevoir que de ses supérieurs hiérarchiques et qu'il se ferait plutôt sauter que de le leur livrer. Sa fermeté impressionna les émeutiers qui ne renouvelèrent pas leur tentative. Quelques jours plus tard, le 23 avril, il fut élu représentant de l'Orne à l'Assemblée constituante, le 10e sur 11, par 39,394 voix (98,914 votants, 122,951 inscrits). Il siégea parmi les républicains modérés, vota *pour* le décret sur les clubs, *contre* les poursuites contre L. Blanc, *pour* les poursuites contre Caussidière, *pour* l'abolition de la peine de mort, *pour* l'impôt progressif, *contre* l'incompatibilité des fonctions, *contre* l'amendement Grévy, *contre* la sanction de la Constitution par le peuple, *pour* l'ensemble de la Constitution, *contre* la proposition Rateau, *contre* l'interdiction des clubs, *contre* la campagne de Rome; il faisait partie du comité de la guerre et il fut rapporteur du budget de la guerre en 1849. Nommé, en mars 1850, chef de bataillon, commandant du génie de la subdivision de Tlemcen, il y fit construire une citadelle; en 1854, lors de la guerre avec la Russie, directeur du parc et de la réserve du génie de l'armée d'Orient, il se signala à l'incendie de Varna et à la bataille de l'Alma, où les Russes canonnèrent ses fourgons et ses prolonges, les prenant pour des pièces attelées. Dans la tranchée devant Sébastopol, il se conduisit avec tant de courage et de bonheur en même temps, que les soldats lui donnèrent le surnom de « Trompe-la-Mort ». Lieutenant-colonel le 22 décembre 1854, officier de la Légion d'honneur le 27, un peu plus tard officier du Medjidjé, puis chef d'état-major du génie, il fut chargé de diriger les travaux contre les levées de terre dont le général Totleben menaçait notre gauche. Dans la nuit du 1er au 2 mai 1855, il s'empara d'un ouvrage de contre-approche, et, les 22 et 23 mai suivant, conduisit l'attaque et la prise du cimetière qui devait permettre aux assiégeants d'arriver jusqu'au pied de Malakoff. Il venait de recevoir l'avis officieux de sa nomination au grade de colonel, le 13 juin 1855, quand, dans une inspection de tranchées, il fut tué d'une balle à la tempe. Son éloge tient dans les seuls mots qui furent gravés sur sa tombe : « Le brave Guérin. » Il a laissé une intéressante correspondance sur la campagne de Crimée.

GUÉRIN DES MARCHAIS (Pierre), membre de la Convention, député au Conseil des Cinq-Cents et au Corps législatif, né à Gien (Loiret) le 14 juillet 1759, mort à Gien le 26 février 1818, « fils de Louis Guérin, greffier du bailliage de cette ville, et de Marie Feuillade, son épouse, » prit le nom de *Des Marchais* pour se distinguer de ses deux frères. Après de bonnes études à Orléans, il se fixa comme avocat dans sa ville natale. Le 6 septembre 1792, élu membre de la Convention par le département du Loiret, le 6e sur 10, avec 209 voix (395 votants), il répondit dans le procès de Louis XVI, au 3e appel nominal : « Il est dans les principes de regarder le dernier tyran comme un ennemi vaincu. Je vote pour la réclusion et pour l'expulsion après la guerre. » Peu après, envoyé en mission dans le Midi, il fut dénoncé par les partisans de Robespierre, accusé de modérantisme et finalement arrêté à Toulon. Mis en liberté après le 9 thermidor, il fut élu, le 4 brumaire an IV, par ses collègues de la Convention député au Conseil des Cinq-Cents, et réélu, le 23 germinal an VI, par le département du Loiret, député à la même Assemblée. Le coup d'État de brumaire ne le compta pas parmi ses adversaires. Délégué des consuls dans la 14e division militaire (Calvados, Orne, Manche), il écrivit la lettre suivante :

« A Saint-Lô, le 2 nivôse an VIII de la République française, une et indivisible.

« Pierre Guérin (du Loiret), représentant du peuple, délégué par les consuls de la République, dans les départements du Calvados, de l'Orne et de la Manche,

« Aux représentants du peuple composant la commission législative du Conseil des Cinq-Cents,

« Citoyens collègues,

« Je m'empresse de vous annoncer que j'ai fait à Cherbourg la déclaration de mon acceptation de la nouvelle constitution.

« Je vous en renouvelle la déclaration formelle. Dans la 14e division, où je suis délégué, l'envoi du pacte social a été reçu avec satisfaction, et je ne doute pas que son acceptation ne s'effectue très promptement.

« Les bons citoyens, les amis sincères de la République, témoignent la plus grande confiance; ils espèrent que l'acceptation de la Constitution hâtera la pacification avec les chouans.

« Salut et respect,

« P. Guérin (du Loiret). »

Le surlendemain, 4 nivôse, le Sénat conservateur le choisit comme député du Loiret au nouveau Corps législatif, dont il devint secrétaire en l'an XI. Il s'occupa surtout de la rédaction du Code civil, mais, frappé de paralysie, il dut résigner son mandat en 1806. Nommé président du tribunal de Gien l'année suivante, il perdit la vue en 1811. Pour se distraire de ses infirmités, il avait plaisir à faire aux jeunes gens studieux des conférences gratuites de droit.

GUÉRINEAU (Sylvain), représentant à la Chambre des Cent-Jours, né à Levroux (Indre) le 11 janvier 1756, mort à Châteauroux (Indre) le 7 février 1818, « fils de Sylvain Guérineau, marchand, et d'Anne Guilpain, » étudia le droit et exerça à Châteauroux la profession d'avocat. Administrateur du département de l'Indre pendant la Révolution, puis président du tribunal civil de Châteauroux, il fut, le 13 mai 1815, élu représentant de cet arrondissement à la Chambre des Cent-Jours, par 55 voix sur 63 votants; il se montra partisan zélé du gouvernement royal et fut désigné, le 28 février 1816, comme président de la cour prévôtale de Châteauroux.

GUERMEUR (Jacques-Tanguy-Marie), membre de la Convention, député au Conseil des Anciens, né à Quimper (Finistère) le 21 avril 1750, mort à Quimper le 16 septembre 1798, homme de loi avant la Révolution, fut nommé, en 1790, commissaire national du tribunal de Quimperlé, et fut élu, le 9 septembre 1792, membre de la Convention par le département du Finistère, le 7e sur 8, avec 334 voix (442 votants). Il se prononça dans le procès du roi, [contre l'appel au peuple et *pour* la mort sans sursis. Sur l'appel au peuple, il dit : « L'accumulation des pouvoirs que nous avons reçus de nos commettants, le mandat spécial qui nous a été officiellement donné pour venir prononcer sur le sort du roi, la nature de l'acte que nous exerçons, et qui n'est pas un acte constitutionnel, les dangers de convoquer les assemblées primaires pour délibérer sur la mort d'un individu, m'en gagent à dire *non*. » Sur la peine, il répondit : « Si vous me demandez seulement quelle peine Louis a encourue, je réponds : la mort. » Envoyé (mars 1793) en mission dans le Morbihan, il déclara « suspects les pères et mères d'émigrés » (27 avril), et émit des doutes sur l'efficacité du recrutement des 300,000 hommes : « Peut-on compter, écrivait-il, sur des hommes levés à la baïonnette et au canon? » Il prit part à la lutte contre l'insurrection vendéenne, réclama des secours contre les séditieux d'Ille-et-Vilaine, tua de sa main, dans un engagement, le vendéen Chatelux, et rendit compte de sa mission dans diverses lettres à la Contion. Devenu, le 4 brumaire an IV, comme ex-conventionnel, membre du Conseil des Anciens, Guerneur en fut secrétaire et y siégea jusqu'à sa mort. Sa veuve adressa à l'Assemblée une demande de secours qui fut écartée par l'ordre du jour.

GUERNISSAC (ANGE-JOSEPH-JEAN DE), député de 1827 à 1830, né à la Forest-Fouessant (Finistère) le 15 octobre 1766, mort à Plouigneau (Finistère) le 15 juin 1846, s'engagea, en 1780, dans un régiment d'infanterie où il fut pendant huit ans sous-lieutenant surnuméraire; nommé sous-lieutenant titulaire (27 avril 1788), puis lieutenant (27 octobre 1789), il émigra en 1792, et prit du service dans les chevau-légers de la garde du roi. Lorsque ce corps fut licencié (1793), il passa en Angleterre et entra dans les compagnies nobles qui devaient exécuter un débarquement en Vendée. Promu lieutenant-colonel (octobre 1794), il assista à l'affaire de Quiberon comme aide-de-camp de Tinténiac, parvint à s'échapper, et reçut la croix de Saint-Louis et le brevet de colonel. Revenu en France à la fin du Directoire, il épousa en Vendée une de ses cousines. Compromis dans l'agitation royaliste, arrêté et emprisonné au Temple après l'explosion de la machine infernale de la rue Saint-Nicaise, il fut envoyé à Auxerre, puis à Morlaix sous la surveillance de la haute police. Ayant perdu une grande partie de sa fortune, il se livra à l'agriculture, fut nommé maire de Plouigneau en 1811, donna sa démission aux Cent-Jours, mais fut réélu aussitôt après. Maire de Ponthou en 1815, conseiller d'arrondissement, conseiller général au mois d'août 1828, président de la Société d'agriculture de Morlaix, il fut nommé inspecteur de la garde nationale du Finistère, et fut élu député par le collège de département du Finistère, avec 93 voix (181 votants, 214 inscrits), le 24 novembre 1827, et réélu par 110 voix (201 votants, 219 inscrits), le 3 juillet 1830; il siégea au centre ministériel et soutint le ministère Polignac. Après les journées de juillet, il donna sa démission de député par la lettre suivante :

« Paris, 28 août 1830.

« Monsieur le président,

« Nommé député dans le département du Finistère sous l'empire d'une Charte qui n'existe plus, je croirais ne pas remplir les intentions de ceux qui m'ont donné leurs suffrages en prenant part aux délibérations de la Chambre. Je vous prie donc, monsieur le président, de lui faire agréer ma démission.

« DE GUERNISSAC. »

GUERNON-RANVILLE (MARTIAL-CÔME-ANNIBAL-PERPÉTUE-MAGLOIRE, COMTE DE), ministre et député en 1830, né à Caen (Calvados) le 2 mai 1787, mort au château de Ranville (Cal-

vados, le 30 novembre 1866, de vieille noblesse normande, fils d'un brave officier aux mousquetaires noirs, à qui son fils n'eut jamais à reprocher que le bizarre accouplement de ses prénoms, s'engagea en 1806 aux vélites de la garde impériale. Réformé pour cause de myopie, il se fit inscrire au barreau de Caen, salua avec enthousiasme le retour des Bourbons, s'engagea aux Cent-Jours dans une compagnie de jeunes volontaires qui devaient courir sus à « l'usurpateur », mais se contenta d'aller à Gand avec sa compagnie de volontaires monter la garde auprès de Louis XVIII. Son dévouement ne fut récompensé qu'en 1820 par sa nomination aux fonctions de président du tribunal civil de Bayeux. Peu après, avocat général à Colmar, procureur général à Limoges en 1822, à Grenoble en 1826, et à Lyon en 1829, il se déclara, dans son discours d'installation en cette dernière ville, nettement « contre-révolutionnaire ». Appelé, dans le ministère Polignac, à prendre, le 18 novembre 1829, la succession de M. de Mouthel comme ministre des Cultes et grand-maître de l'Université, il chercha, durant son séjour au ministère, à améliorer le sort des instituteurs et fit rendre, le 14 février 1830, une ordonnance étendant le bénéfice de l'instruction primaire à toutes les communes du royaume. Le 2 mars suivant, élu député par le collège de département de Maine-et-Loire, avec 185 voix (309 votants, 357 inscrits), contre 122 à M. de Vatimesnil, en remplacement de M. Régis de la Bourdonnaye, nommé pair de France, il combattit le projet d'adresse des 221, tandis que, au conseil des ministres, il s'élevait contre la dissolution et se prononçait nettement, dans la discussion sur les Ordonnances, contre les mesures extrêmes. Il avait été réélu député le 19 juillet, avec 193 voix (354 votants, 387 inscrits). Le 29, après avoir signé les Ordonnances, beaucoup moins par conviction que pour ne pas se séparer de ses collègues, il repoussa toute idée de transaction avec l'insurrection. Après le départ de la famille royale, il partit pour Tours, fut arrêté aux portes de cette ville, et conduit à Vincennes dans la nuit du 25 au 26 août. Devant la cour des pairs où il comparut en décembre, il fut défendu par Crémieux, et fut condamné à la prison perpétuelle. Prisonnier à Ham pendant cinq ans, il bénéficia de l'amnistie de 1836, et se retira à Ranville où il vécut dans la retraite.

GUÉRONNIÈRE (LOUIS-ALEXANDRE-CÉLESTE-TOUSSAINT DUBREUIL-HÉLION DE LA), député de 1815 à 1816 et de 1820 à 1822, né à Montbran (Charente) le 7 octobre 1773, mort le 6 mai 1822, servit comme officier dans les armées royales avant la Révolution, émigra avec son père, qui mourut à Coblentz dans les rangs de l'armée de Condé, et, de retour en France, fut élu, le 22 août 1815, député royaliste de la Charente, au collège de département, par 91 voix (161 votants, 289 inscrits). M. de la Guéronnière fit partie de la majorité de la Chambre introuvable. Non réélu en 1816, il rentra à la Chambre le 13 novembre 1820, ayant été élu pour la seconde fois député de la Charente, par 185 voix (310 votants, 365 inscrits). Il prit place à droite et sortint de ses votes, jusqu'à sa mort (1822), la monarchie légitime.

GUÉRONNIÈRE (LOUIS-ÉTIENNE-ARTHUR DUBREUIL-HÉLION, VICOMTE DE LA), député au Corps législatif de 1852 à 1854, sénateur du second Empire, né au Dorat (Haute-Vienne) le 6 avril 1816, mort à Paris le 23 décembre 1875, fils du précédent, et neveu d'un aide-de-camp de la Rochejacquelein qui reçut le chef vendéen dans ses bras au combat de Cholet, débuta dans le journalisme à dix-neuf ans par quelques articles donnés à l'*Avenir national* de Limoges, journal fondé par son frère, et empreints des sentiments légitimistes que lui inspiraient alors les traditions de sa famille autant que ses préférences personnelles. Entré en relation avec Lamartine, il se fit, en politique comme en littérature, le disciple enthousiaste du poète, imita sa forme littéraire, abondante et riche, et le suivit dans son évolution vers la République. La révolution de 1848 faillit faire de M. A. de la Guéronnière un préfet de la Corrèze ; mais il refusa ce poste que Lamartine lui offrait, préféra soutenir de sa bourse et de sa plume le journal le *Bien Public*, qui de Mâcon venait d'être transféré à Paris pour y prendre rang dans la grande presse, y collabora activement jusqu'à la fin de 1848, et passa de là à la *Presse*, où il combattit le prince L.-Napoléon et les « décembraillards », et qu'il quitta en raison de ses tendances socialistes, en écrivant à M. de Girardin : « Votre audace vous pousse, ma prudence me retient. » Il passa au *Pays* (1850), dont il eut quelque temps la rédaction en chef : il y défendit non sans talent les idées de son chef de file, jusqu'au jour où ayant commencé, sous le titre de *Portraits politiques*, la publication d'une série d'études dont la première, consacrée à L.-N. Bonaparte, montrait sous un jour extrêmement favorable l'auteur des tentatives de Boulogne et de Strasbourg, il se vit désavoué et blâmé par Lamartine. Malgré la précaution prise aussitôt par M. de la Guéronnière de faire suivre son premier *Portrait* d'un second, non moins élogieux et non moins pompeux, qui était celui du comte de Chambord, les anciens amis de l'auteur l'abandonnèrent. Après avoir protesté, au lendemain du 2 décembre 1851, contre le coup d'État qui venait de s'accomplir, il s'y rallia presque immédiatement, à la suite d'un entretien avec M. de Morny, et, lors des élections au Corps législatif (29 février 1852), il fut proposé par le gouvernement comme candidat dans la 2e circonscription du Cantal, qui l'élut par 14,698 voix (21,851 votants, 33,509 inscrits), contre 3,564 voix à M. Dessauret, 1,328 à M. de Thurot et 1,920 à M. Roussille. Dans les articles que publièrent cette même année ses journaux le *Constitutionnel* et le *Pays*, devenus journaux du gouvernement, il fit un éloge sans réserves de la nouvelle constitution. Comme député, il prit part au rétablissement de l'Empire, et vota avec la majorité dynastique ; puis il donna sa démission (1854) pour entrer au conseil d'État : en même temps il était chargé, au ministère de l'Intérieur, de la direction générale du service de la librairie et de la presse, fonctions délicates qui l'obligèrent à exécuter les mesures de répression prises au début du régime impérial à l'égard de la presse. Après la guerre d'Italie, il écrivit, sous l'inspiration, dit-on, du chef de l'État, des brochures anonymes, notamment *le Pape et le Congrès*, dont le retentissement fut considérable. Peu après, il fut appelé (5 juillet 1861) à occuper un siège au Sénat. Il ne tarda pas à s'y faire remarquer comme orateur : les affaires extérieures, celles d'Italie en particulier, furent pour lui l'occasion de plus d'un discours intéressant. A la suite des élections de 1863, il parut incliner vers un demi-libéralisme, et, le 15 décembre de cette année, il monta à la tribune pour présenter à ses collègues une sorte de programme « progressiste », « de nature à mettre un terme, d'après lui, à

l'incertitude où se trouvait l'esprit public sur les tendances de la politique impériale. » Directeur de la *France*, il y soutint les mêmes idées. En mars 1864, il parla au Sénat contre les livres « où la science, dépassant sa portée légitime, vise bien haut, car elle cherche à atteindre Dieu lui-même ». Grand-officier de la Légion d'honneur en 1856, il défendit, en février 1867, le projet de sénatus-consulte qui augmentait les attributions du Sénat : « Il fallait vérifier, dit-il, si les forces et les contre-poids créés par notre organisation constitutionnelle ne se trouvent pas faussés, et si le Sénat conserve une autorité en rapport avec la force d'impulsion qu'il est chargé de modérer. » Et il mettait au service de cette phrase laborieuse un organe péniblement grasseyant. Nommé, au mois d'août 1868, ambassadeur à Bruxelles, il eut, à ce titre, à traiter avec M. Frère-Orban les négociations assez délicates relatives à l'exploitation des chemins de fer du Luxembourg par une compagnie française. Ce conflit, dans lequel intervint la Prusse, se termina au mois d'avril 1869. Un décret du 12 juin 1870 envoya M. de la Guéronnière à Constantinople comme ambassadeur. Il s'était pleinement rallié au ministère Émile Ollivier, dont il avait chaleureusement appuyé la politique au Sénat lors de la discussion du sénatus-consulte d'avril. Les événements du 4 septembre firent perdre à M. de la Guéronnière son siège au Sénat et ses fonctions diplomatiques. Revenant de Constantinople, il fut arrêté à Marseille (20 septembre), relâché le lendemain, protesta contre la mesure dont il avait été l'objet, et se fixa à Bordeaux où il demeura jusqu'à la fin de la guerre. Devenu, en 1871, directeur politique de la *Presse*, il continua ses travaux de publiciste, et mourut subitement à Paris en 1875. On doit à M. de la Guéronnière, qui se rattache comme écrivain à l'école de Châteaubriand et de Lamartine, *la France, Rome et l'Italie* (1851) ; *Études et portraits politiques contemporains* (1856) ; l'*Abandon de Rome* (1862) ; *De la politique intérieure et extérieure de la France* (1862) ; *Comment finira la guerre* (1871) ; *le Droit public et l'Europe moderne* (1875). Conseiller général de la Haute-Vienne.

GUÉROULT (ADOLPHE), député au Corps législatif de 1863 à 1869, né à Radepont (Eure) le 7 janvier 1810, mort à Vichy (Allier) le 21 juillet 1872, était fils d'un manufacturier qui fonda les premières filatures de la vallée d'Andelle, et petit-fils d'un architecte de la ville de Rouen. Il fit de bonnes études classiques, d'abord au petit séminaire d'Écouis, puis au lycée Charlemagne à Paris. A peine sorti du collège, il embrassa avec ardeur les doctrines saint-simoniennes, collabora au *Globe*, organe de la société, où il débuta par des articles littéraires et quelques essais de polémique, entra au *Temps*, et passa de là au *Journal des Débats*, dont le directeur, Bertin aîné, l'envoya en Espagne ; les lettres qu'il publia, de 1836 à 1837, sur Madrid et la péninsule, furent très remarquées. A son retour il traita spécialement, dans les *Débats*, les questions relatives à l'administration, à l'économie politique et aux belles-lettres. Nommé en 1842, par Guizot, consul à Mazatlan, au Mexique, il fut envoyé cinq ans plus tard, avec le même titre, à Jassy (Moldavie). Mais la révolution de février 1848 le mit en disponibilité. M. Guéroult n'en garda pas rancune au gouvernement nouveau, qu'il soutint, comme rédacteur du *Crédit* et de la *République*. Il y combattit, en 1851, la politique de l'Élysée, fut arrêté au

18

2 décembre et passa dix jours à la préfecture de police, après quoi les frères Péreire, ses anciens confrères en saint-simonisme, obtinrent son élargissement. Il se renferma alors dans l'étude des questions industrielles, fut attaché au Crédit mobilier, lors de la création de cet établissement, en qualité de chef de bureau, fonctions qu'il remplit jusqu'en 1857, et devint, le 4 décembre de cette année, rédacteur en chef du journal la *Presse*, qui reparaissait après une suspension de deux mois. Il entama contre l'Autriche une vive campagne, pressentit et annonça la guerre d'Italie, et prit part à une ardente polémique contre l'ambassadeur de Turquie, à propos d'une correspondance de Constantinople. En 1859, M. Guéroult, remplacé à la tête de la *Presse* par M. Peyrat, fonda un nouveau journal politique, l'*Opinion nationale*, feuille quotidienne, publiée d'abord à prix réduit, et qui prit promptement une grande importance. Rallié à la « démocratie impérialiste », son directeur passa pour recevoir les inspirations du prince Napoléon, particulièrement en matière de politique étrangère. En février 1862, l'*Opinion nationale* s'attira un avertissement pour un article intitulé *Discours de M. Victor Hugo*, et « contenant, disait l'arrêt ministériel, à propos des affaires de Naples, un appel violent et général aux passions révolutionnaires. » En 1863, lors des élections au Corps législatif, la candidature indépendante de M. Guéroult se trouva imposée, par l'importance de son journal, au parti démocratique qui la voyait d'un mauvais œil. Porté candidat de l'opposition dans la 6e circonscription de la Seine, il triompha, au second tour, le 15 juin, avec 17.492 voix (29,225 votants, 40,915 inscrits). contre 11,018 voix à M. Fouché-Lepelletier, candidat officiel. Il vota généralement avec la minorité de l'Assemblée et prit plusieurs fois la parole, notamment sur les affaires de Pologne, sur l'enseignement primaire, sur la liberté de la presse, sur la séparation de l'Eglise et de l'Etat, contre le pouvoir temporel du pape, contre diverses augmentations de budget, contre la conduite de l'expédition du Mexique, etc. Toutefois, son opposition au gouvernement impérial n'était nullement systématique, et il n'hésita pas notamment à appuyer et à justifier la politique suivie par le ministère à l'égard de l'Allemagne. Très favorable à la Prusse lors de la guerre qui éclata entre cette puissance et l'Autriche (1866), il n'entrevit pas les conséquences que devait avoir pour nous la bataille de Sadowa, et se déclara partisan de l'unité de l'Allemagne, avec une telle chaleur qu'il s'exposa, de la part d'un député de la droite, M. de Kervéguen (18 décembre 1867), aux accusations les plus graves. M. de Kervéguen reprocha en pleine tribune à cinq grands journaux libéraux de Paris, et notamment à celui de M. Guéroult, d'avoir reçu de l'argent de la Prusse pour soutenir la politique de M. de Bismarck. M. Guéroult protesta énergiquement et provoqua devant le Corps législatif une enquête parlementaire et la constitution d'un tribunal d'honneur, qui justifia les députés mis en cause. Aux élections du 24 mai 1869, M. Guéroult se représenta dans la 6e circonscription de Paris; mais il n'obtint que 4,851 voix contre 12,470 données à M. Cochin, conservateur orléaniste, et 12,916 à Jules Ferry, de l'opposition radicale, en faveur duquel il se désista au second tour. Après cet échec, le rédacteur en chef de l'*Opinion nationale* continua ses campagnes en faveur de quelques-unes des réformes demandées par l'opinion publique; puis il accepta « l'Empire libé-

ral », soutint M. Emile Ollivier au pouvoir, et se déclara *pour* le plébiscite. Après le 4 septembre, M. Ad. Guéroult revint à la République conservatrice, rendit au prince Napoléon l'argent que celui-ci lui avait prêté pour fonder l'*Opinion nationale*, et provoqua, après le 18 mars 1871, la manifestation des journaux qui invitèrent la bourgeoisie parisienne à ne pas prendre part aux élections pour la Commune. Il mourut à Vichy, en 1872. En dehors de la polémique journalière, où M. Guéroult apportait de rares qualités de clarté et de précision, il a publié : *Lettres sur l'Espagne* (1838); une brochure *Sur les colonies françaises et sur le sucre de betterave* (1842); *la Liberté et les affaires* (1861); des *Etudes de politique et de philosophie religieuse* (1863); la *Politique de la Presse* (1866); *Discours prononcés au Corps législatif* (1869); la *République en France* (1871).

GUÉROUST. — *Voy.* BOISCLAIREAU (COMTE DE).

GUERRIN (JEAN-CHARLES-MARIE-VICTOR), député de 1846 à 1848 et représentant en 1848, né à Vesoul (Haute-Saône) le 16 août 1806, avocat dans sa ville natale, fit de l'opposition au gouvernement de Louis-Philippe. Le 1er août 1846, le 1er collège de la Haute-Saône ayant à pourvoir au remplacement de M. Genoux, décédé, nomma M. Guerrin avec 163 voix (257 votants, 283 inscrits). Il siégea parmi les modérés, vota *contre* l'ordre du jour des satisfaits, réclama la réforme électorale, et assista au banquet réformiste de Dijon (1847). Aussi, le 23 avril 1848, il fut élu représentant de la Haute-Saône à l'Assemblée constituante, le 4e sur 9, par 41,697 voix. Membre du comité de la justice, il vota *pour* le bannissement de la famille d'Orléans, *pour* les poursuites contre L. Blanc et Caussidière, *contre* l'abolition de la peine de mort, *contre* l'impôt progressif, *contre* l'incompatibilité des fonctions, *contre* l'amendement Grévy, *contre* la sanction de la Constitution par le peuple, *pour* l'ensemble de la Constitution, *pour* la proposition Rateau, *pour* l'expédition de Rome, *contre* la demande de mise en accusation du président et de ses ministres. Non réélu à la Législative, il se fixa comme avocat à Vesoul.

GUESDON (FRANÇOIS), député au Conseil des Cinq-Cents, né en 1765, mort à Mortain (Manche) le 12 septembre 1807, président de l'administration municipale de Mortain, fut élu député de la Manche au Conseil des Cinq-Cents, le 25 germinal an VI. La validation de son élection fut assez laborieuse ; il fut cependant admis et prit part à quelques discussions, notamment sur le lieu de célébration des mariages (6 thermidor an VI) et sur les abus qui grèvent le Trésor (19 thermidor). Accusé de royalisme, ainsi que son collègue Marquizy, il fut vivement attaqué dans une brochure intitulée : *Convention entre M. Pitt et les députés Guesdon et Marquizy*. Le 28 thermidor an VII, il demanda la mise en accusation des ex-Directeurs, et, hostile au coup d'Etat de brumaire, fut exclu, le surlendemain (20 brumaire an VIII), de la représentation nationale.

GUESPIN (JEAN-FRANÇOIS), député en 1789, né à Tours (Indre-et-Loire) le 17 janvier 1745, mort à Tours le 5 septembre 1821, était curé de la paroisse de Saint-Pierre-des-Corps, près Tours. Le 27 mars 1789, il fut élu par le bailliage de Touraine député du clergé aux Etats-Généraux. Son nom ne figure pas au *Moniteur*.

GUESTIER (PIERRE-FRANÇOIS), député de 1834 à 1842 et pair de France, né à Bordeaux (Gironde) le 16 mars 1793, mort à Bordeaux le 16 mars 1874, d'une famille d'origine bretonne et protestante, était « fils de Daniel Guestier, négociant, et de Marie-Elisabeth Lys, son épouse ». Son père, riche négociant en vins, fut un des initiateurs de la navigation à vapeur sur la Garonne, un des fondateurs de la Banque de Bordeaux, aujourd'hui succursale de la Banque de France, président du tribunal de commerce, etc. Pierre-François acheva son éducation en Angleterre, entra dans la maison de commerce de son père, puis s'occupa activement d'agriculture dans ses propriétés du Médoc, et se présenta à la députation, le 23 juin 1830, dans le 1er arrondissement électoral de la Gironde (Bordeaux), où il échoua avec 335 voix contre 860 à l'élu, M. Bosc. Rallié à la monarchie de juillet, il devint adjoint de Bordeaux, conseiller général, et, pendant un voyage qu'il fit en Irlande, fut élu député, le 21 juin 1834, dans le 7e collège du même département (Lesparre), par 75 voix (101 votants, 113 inscrits), contre 13 à M. Delignac. Réélu, le 4 novembre 1837, par 94 voix (128 votants, 159 inscrits), et, le 2 mars 1839, par 98 voix (125 votants, 161 inscrits), il fut nommé pair de France le 4 mai 1845. M. Guestier avait fidèlement soutenu à la Chambre la politique ministérielle ; il la défendit encore à la Chambre haute jusqu'à la révolution de 1848. Il rentra alors dans la vie privée, et mourut à 81 ans, sans s'être rallié à aucun des régimes politiques qui suivirent.

GUESWILLER (PHILIPPE-ANTOINE), sénateur du second Empire, né à Paris le 10 mars 1791, mort à Paris le 5 novembre 1865, passa par l'Ecole militaire de Fontainebleau, en sortit en 1810, se battit trois ans en Espagne, se distingua aux Arapiles et fit partie en 1813 de la grande armée. Blessé à Leipzig, il passa, en 1822, chef de bataillon au 38e de ligne ; colonel en 1836, et à la tête du 23e de ligne, il fit campagne en Algérie où il gagna le grade de maréchal-de-camp (1849). Le gouvernement de Louis-Philippe le plaça à la tête de la subdivision militaire du Loir-et-Cher. Après la révolution de février, il commanda une brigade à l'armée des Alpes, et fut promu général de division (juin 1848). Partisan de L.-N. Bonaparte, il fut placé par lui à la tête des divisions militaires de Besançon, puis de Nantes, et fut compris dans une des premières promotions de sénateurs qui suivirent le rétablissement de l'Empire (31 décembre 1852). Il se montra, à la Chambre haute, le zélé serviteur du régime nouveau. Grand-officier de la Légion d'honneur (18 août 1849).

GUEYDON (LOUIS-HENRI, COMTE DE), député de 1885 à 1886, né à Granville (Manche) le 22 novembre 1809, mort à Karbren (Finistère) le 1er décembre 1886, d'une famille noble d'origine italienne, entra à l'école navale d'Angoulême en 1825, et en sortit le premier en 1827. Enseigne de vaisseau le 31 décembre 1830, il faillit périr, le 13 juin 1832, en portant secours à un côtier qui sombrait. Lieutenant de vaisseau le 1er janvier 1835, pendant le blocus de Portendick, officier de manœuvre du commandant Quesnel, sur le *Jupiter*, avec lequel, en juillet 1834, il fut envoyé devant

Tunis, lors de la première expédition de Constantine, il prit part, en 1838, au blocus de la côte mexicaine et se distingua, le 5 décembre de la même année, à l'assaut de la Vera-Cruz. Capitaine de corvette le 16 mars 1840, commandant en second du *Montebello*, vaisseau amiral de l'escadre de la Méditerranée, chevalier de la Légion d'honneur en 1842, il créa les rôles d'équipage, passa capitaine de vaisseau en 1847, commanda le *Henri IV* (1850), envoyé dans les eaux du Tage en 1851, et sur la côte du Maroc pour bombarder Salé, entra de nouveau en 1852 au conseil des travaux de la marine, fut gouverneur de la Martinique de mai 1853 à août 1856, contre-amiral le 2 décembre 1855, commanda pendant deux ans la station des Antilles, et régla en 1858 un différend avec le Vénézuela. Préfet maritime de Lorient en novembre, vice-amiral le 4 mars 1861, préfet à Brest le 1er octobre suivant, il dirigea l'escadre d'évolutions (1866-1867), fut président du comité consultatif des colonies (1868-1870), président du conseil d'amirauté (2 mars 1870), et fut appelé, au mois de septembre, à la tête de la croisière sur les côtes allemandes. Grand-croix de la Légion d'honneur (28 janvier 1871), il fut promu, le 20 avril, gouverneur général de l'Algérie, en pleine insurrection arabe ; il y rétablit l'ordre, réorganisa les finances, et fit adopter le projet qui a placé la propriété arabe sous le régime du droit commun. Mis en disponibilité au mois de juin 1873, il se présenta, le 7 juin 1885, comme candidat conservateur aux élections sénatoriales dans le département de la Manche, et échoua avec 471 voix sur 1.232 votants ; mais, porté sur la liste conservatrice aux élections législatives, il fut élu député de la Manche, le 4 octobre 1885, le 3e sur 8, par 54,007 voix sur 109,795 votants et 139,724 inscrits. Il vota avec la droite royaliste, et mourut au cours de la législature. On a de lui : *la Vérité sur la marine* (1849) ; *Organisation du personnel à bord* (1852) ; *Tactique navale* (1867).

GUEZNO DE BOTSEY (MATHIEU-CLAUDE), membre de la Convention, député au Conseil des Cinq-Cents, né à Audierne (Finistère) le 17 février 1763, mort à Audierne le 6 juillet 1839, appartenait à une famille de noblesse de robe, originaire de Normandie, et qui était venue se fixer aux environs de Carhaix au commencement du XVIIe siècle. Son aïeul, qui portait les mêmes prénoms que lui, signa à l'acte de naissance de la Tour d'Auvergne dont il était le parent et très proche allié. Mathieu-Claude, d'une branche peu fortunée de cette famille, perdit son père de bonne heure, fut négociant à Audierne, et dut aux sympathies qu'il manifesta pour les idées nouvelles d'être délégué, en 1789, par sa paroisse, à l'assemblée de la sénéchaussée de Quimper pour l'élection des députés aux Etats-Généraux. Nommé en 1790 membre de l'administration du département du Finistère, il fut chargé de la partie des finances, et parvint à faire rentrer dans les caisses du Trésor des sommes qu'on n'avait pu encore recouvrer. Le 7 septembre 1792, le département du Finistère l'élut membre de la Convention, le 3e sur 8, par 372 voix sur 453 votants. Il suivit à la Montagne ses collègues du Finistère, et, dans le procès de Louis XVI, répondit au 3e appel nominal : « Citoyens, je ne viens pas sans effroi concourir au jugement d'un roi conspirateur et prononcer ainsi sur le sort d'une patrie qui m'est plus chère que mon existence ; mais quelque graves que soient les inconvénients d'un pareil jugement, je ne puis me refuser d'obéir au cri impérieux de ma conscience, ni prendre sur moi de composer avec la justice. Je vote donc pour la mort de Louis : et en prononçant ce vœu terrible, je renouvelle dans le sein des représentants de la nation le serment de ne jamais exister sous un nouveau tyran, et de ne vivre désormais que pour combattre celui qui voudrait succéder au tyran que je condamne. » Envoyé en mission dans la Charente-Inférieure avec Topsent, en mars 1794, il fut aisément dominé par son collègue, s'occupa surtout des choses de la marine, et fit établir des cales de construction qui permirent de fournir à l'Etat les vaisseaux que l'amiral Ganteaume conduisit plus tard à Saint-Domingue. De retour à la Convention, il donna (7 brumaire an III) son opinion sur le mode de juger les dénonciations contre les députés. « Plus un représentant du peuple, dit-il, a la confiance de ses concitoyens, plus il désire la conserver. Il ne faut pas le placer dans une circonstance différente de celle de tous les autres citoyens. Je demande que l'on détermine un délai, celui de six mois, après lequel les comités ne pourront pas refuser de donner communication à un représentant du peuple de la dénonciation qui avait été faite contre lui, afin qu'il puisse la repousser, afin qu'il ne rentre pas dans ses foyers avec la tache d'une dénonciation à laquelle il n'aurait pas répondu. » Le succès de sa première mission le fit envoyer de nouveau dans l'Ouest au commencement de l'an III, avec son collègue Guermeur. Le 24 nivôse, il prit avec ce dernier un arrêté qui marquait le premier pas dans la voie de l'apaisement : « Considérant, y est-il dit, que l'arrestation violente et subite d'un très grand nombre d'ecclésiastiques pour la seule cause de n'avoir pas abdiqué leurs fonctions, est non seulement contraire aux principes de liberté et de justice, mais que cette mesure a encore puissamment concouru au développement des troubles qui désolent les départements où elle a été employée...

« Arrêtent de regarder comme non avenus les actes et arrêtés qui auraient précédemment ordonné l'arrestation comme suspects des ecclésiastiques.

« Lorient, le 4 nivôse an III. »
Guezno usa de son autorité auprès de Hoche pour faire prévaloir les idées de pacification et s'employa à lui faire accepter le traité de La Mabilais. Sa mission prit fin la veille même de la prise du fort Penthièvre à Quiberon. Elu au Conseil des Cinq-Cents par ses collègues de la Convention, le 4 brumaire an IV, il se tint à l'écart. Très lié avec Carnot, il demanda une pension pour la Tour d'Auvergne, qui, avancé en âge, voulait se retirer. Carnot offrit une retraite de général, que la Tour d'Auvergne refusa. Après la législature, Guezno de Botsey revint à Audierne ; mais frappé par la loi du 12 janvier 1816 contre les régicides, il dut quitter la France et se réfugier à Bruxelles. Sans fortune, il éprouva toutes les rigueurs de l'exil, et ne rentra qu'en 1830 dans son pays natal, où il reçut le plus sympathique accueil. Ce fut lui qui confia à M. du Châtellier les nombreux documents qu'il avait réunis sur la guerre de Vendée, et qui servirent à l'*Histoire de la révolution en Bretagne*, mais dont une grande partie n'ont pas encore été publiés.

GUFFROY (Armand-Benoit-Joseph), membre de la Convention, né à Arras (Pas-de-Calais) en 1740, mort à Paris le 9 février 1801, était avocat à Arras. En 1787, il fut nommé membre de l'Assemblée provinciale de l'Artois. Après s'être signalé par quelques écrits politiques comme un des plus chauds partisans de la Révolution, il fut élu (1790) juge de paix à Arras, puis président du district, et, le 9 septembre 1792, membre de la Convention pour le département du Pas-de-Calais, le 7e sur 11, par 458 voix (766 votants). Dès son arrivée à Paris, il entreprit sous ce titre singulier : le *Rougiff*, (anagramme de son nom), ou la *France en vedette*, la rédaction d'un journal révolutionnaire où il soutint la politique de la Montagne; il prétendait alors que pour établir la République en France, il fallait la réduire à cinq millions d'habitants. Il fit paraître aussi, dans le même sentiment, un *Discours sur ce que la nation doit faire du ci-devant roi*. A la Convention il siégea parmi les plus ardents, et appelé à émettre, au 3e appel nominal, son opinion sur la peine encourue par Louis XVI, il répondit : « La vie de Louis est une longue chaîne de crimes ; la nation, la loi me font un devoir de voter pour la mort. » Il parla contre le sursis, combattit ensuite de toutes ses forces le parti de la Gironde et applaudit à sa défaite. Il fit annuler plusieurs actes des administrateurs du Finistère, fut nommé membre du comité de sûreté générale, fit placer le buste de Descartes au Panthéon, et demanda le même honneur pour les cendres de Fénelon (4 octobre 1793); Bazire fit repousser la motion en objectant que Fénelon avait écrit un traité pour prouver que le gouvernement monarchique était le meilleur de tous. Le ton violent de ses polémiques parut peu sincère aux Jacobins : il fut exclu de cette société. Chasles dénonça son journal comme « infecté du poison aristocratique », et divers membres l'accusèrent d'entretenir des relations soit avec le marquis de Travanet, soit avec une autre personne précédemment attachée au service du roi. Guffroy se vengea de ces dénonciations en se prononçant violemment contre Robespierre au 9 thermidor ; dès lors il s'associa sans réserve aux mesures de réaction, et, membre de la commission chargée d'inventorier les papiers du « tyran », il eut soin, a-t-on dit, d'anéantir certaines pièces de nature à jeter des doutes graves sur sa propre honnêteté. Le 5 août 1794, il accusa Joseph Lebon, son compatriote, qui lui répondit en citant les provocations du *Rougiff*. Le 4 février 1795, il se déclara l'approbateur de la conduite de Cadroy et de Mariette dans le Midi, et fit sanctionner par la Convention les mesures d'extrême rigueur prises par ces deux représentants au cours de leur mission. Le 27 mars, il reprocha à Duhem de correspondre avec les jacobins détenus à la prison de la Bourbe et de tramer avec eux des complots contre la Convention. Deux jours après, il fit décréter que Billaud-Varennes, Collot et Barrère, prévenus, seraient entendus sur-le-champ par l'Assemblée. Il ne se borna pas à favoriser la réaction par ses discours et ses votes; il la prêcha sans relâche dans ses écrits, et fit tant qu'il souleva bientôt contre lui d'accablantes récriminations. En l'an V, Couchery prouva au Conseil des Cinq-Cents que Guffroy avait fait de fausses dénonciations contre Rougeville d'Arras, dont il était le débiteur, et qu'il avait en outre obtenu l'arrestation du fils. Ces révélations réduisirent Guffroy au silence. Il se retira à Arras, et parvint cependant, à force de sollicitations, à se faire nommer chef-adjoint au ministère de la Justice ; il occupait encore cet emploi quand il mourut (1801). Il a laissé, entre autres écrits: *Censure républicaine*, ou *Lettre de Guffroy aux Français habitants d'Arras;—les Secrets de Joseph Lebon et de ses complices*, etc.

GUIBAL (Jean), député au Corps législatif de l'an X à 1810, né à Castres (Tarn) le 5 novembre 1747, mort à la Rode (Tarn) le 10 octobre 1835, « fils de Jacques Guibal, marchand, et de Anne Veaute, » manufacturier à Castres, fut administrateur de cette ville, puis conseiller général du Tarn et, le 6 germinal an X, fut élu par le Sénat conservateur député de ce département au Corps législatif, où il siégea jusqu'en 1810. Il revint ensuite dans son pays et ne fit pas partie d'autres assemblées.

GUIBAL (Paul-David-Armand), représentant en 1871, né à Castres (Tarn) le 10 février 1811, mort à Castres le 8 novembre 1875, petit-fils du précédent, était propriétaire, agriculteur distingué, inventeur de plusieurs machines agricoles, et sans grands antécédents politiques, quand il fut élu, le 8 février 1871, représentant du Tarn à l'Assemblée nationale, le 5e sur 7, par 53,570 voix (78.096 votants, 112,556 inscrits). Siégeant au centre gauche, il vota *pour* la paix, les prières publiques, l'abrogation des lois d'exil, le retour à Paris, la dissolution, l'amendement Wallon, les lois constitutionnelles, et *contre* le 24 mai, la démission de Thiers, la prorogation des pouvoirs du Maréchal, la loi des maires et le ministère de Broglie. Une proposition qu'il fit sur le renouvellement partiel de l'Assemblée ne fut pas adoptée. Décoré de la Légion d'honneur comme agriculteur.

GUIBOURG DE LUZINAIS (Ernest-François-James), membre du Sénat. né à Angrie (Maine-et-Loire) le 27 juillet 1834, étudia le droit. se fit recevoir docteur et entra dans la magistrature. Président du tribunal civil de Nantes sous l'Empire, il posa sa candidature conservatrice au Sénat dans la Loire-Inférieure, en remplacement de M. de Lavrignais, décédé, fut élu, le 29 août 1886, par 644 voix contre 304 à M. Colombel, et réélu au renouvellement triennal du 5 janvier 1888, par 658 voix sur 995 votants. M. Guibourg de Luzinais prit place à droite et vota constamment avec les monarchistes de la Chambre haute, notamment *contre* la nouvelle loi militaire, etc. Il prit part à un certain nombre de discussions importantes. entre autres à celles de la proposition de loi de MM. Allou, Batbie, etc., ayant pour objet les nullités de mariage et les modifications au régime de la séparation de corps, du projet de loi Batbie sur la nationalité, du projet de loi sur les aliénés, du budget, etc. Il s'est prononcé en dernier lieu : *contre* le rétablissement du scrutin d'arrondissement (13 février 1889), *contre* le projet de loi Lisbonne restrictif de la liberté de la presse, *contre* la procédure à suivre devant le Sénat contre le général Boulanger.

GUICHARD (Guillaume-Louis-Marie-Césair), député au Conseil des Cinq-Cents et au Corps législatif de l'an VIII à 1807, né à Tonnerre (Yonne) le 13 décembre 1765, mort à Auxerre (Yonne) le 8 juillet 1810, « fils de maître Louis Guichard, conseiller du roi, élu en l'élection de Tonnerre, et de dame Jeanne-Charlotte Léger, sa légitime épouse », servit dans la marine marchande, fut. sous la Révolution, administrateur de l'Yonne, et reçut (24 germinal an VI) de ce département le mandat de député au Conseil des Cinq-Cents; ce mandat lui fut renouvelé le 25 germinal an VII. Guichard approuva le coup d'État de brumaire,

et fut élu par le Sénat conservateur (4 nivôse an VIII) député du même département au nouveau Corps législatif; il y siégea jusqu'en 1807, et termina sa carrière comme receveur général de l'Yonne.

GUICHARD (Victor), représentant en 1848 et en 1871, député de 1876 à 1881, né à Paris le 18 août 1803, mort à Paris le 11 novembre 1884, fils du précédent, se fit recevoir avocat, puis se retira à Sens dans ses propriétés de famille, où il fit de l'agriculture, et se montra opposé au gouvernement de Louis-Philippe. Candidat de l'opposition à la Chambre des députés, il échoua successivement, le 21 juin 1834, dans le 4e collège de l'Yonne (Sens), avec 112 voix, contre 139 à l'élu, M. Vuitry; le 9 juillet 1842, dans le même collège, avec 166 voix, contre 213 au député sortant, M. Vuitry; le 1er août 1846, avec 187 voix contre 346 au même, député sortant. Nommé maire de Sens à la révolution de février, il fut élu, le 13 avril 1848, représentant de l'Yonne à l'Assemblée constituante, le 2e sur 9, par 85,341 voix, siégea à la gauche démocratique, fit partie du comité des affaires étrangères, et vota *pour* le bannissement de la famille d'Orléans, *pour* le décret sur les clubs, *contre* les poursuites contre L. Blanc et Caussidière, *pour* l'abolition de la peine de mort, *contre* l'impôt progressif, *contre* l'incompatibilité des fonctions, *contre* l'amendement Grévy, *contre* la sanction de la Constitution par le peuple, *pour* l'ensemble de la Constitution, *contre* la proposition Rateau, *contre* l'interdiction des clubs. Au 15 mai, lorsque la foule envahit l'Assemblée, ce fut lui qui demanda l'assistance de la garde nationale mobile, qui se mit à sa tête et qui parvint à faire évacuer la salle des séances. Le 29 janvier 1849, lorsque le Palais-Bourbon fut investi par les troupes, il demanda en vain avec Charras que ces troupes fussent mises sous les ordres du président de l'Assemblée. Non réélu à la Législative, il échoua encore, le 14 octobre 1849, à une élection partielle dans l'Yonne, avec 4,346 voix contre 21,402 à l'élu, le prince Antoine Bonaparte, et 8,092 à M. Aug. Rivière, et continua à faire une opposition systématique au gouvernement du prince-président. Expulsé au coup d'État du 2 décembre, il parut renoncer un moment à la politique militante, puis il possa sa candidature d'opposition au Corps législatif le 22 juin 1857, dans la 1re circonscription de l'Yonne, et échoua avec 7,370 voix contre 15,085 à l'élu, M. Ad. d'Ornano, 3,129 à M. François Cheslin, et 351 à M. Roussel. Menacé de la transportation l'année suivante, après l'attentat d'Orsini, il se consacra exclusivement à l'exploitation de ses propriétés dans l'Yonne. Le 8 février 1871, il fut élu représentant de l'Yonne à l'Assemblée nationale, le 6e sur 7, par 33,238 voix (61,853 votants, 113,657 inscrits); il prit place à gauche, fut rapporteur de plusieurs commissions, fit voter (12 septembre 1871) la révocation des pensions accordées aux hauts fonctionnaires de l'Empire, se fit inscrire à la réunion du Jeu de paume, préconisa l'impôt sur le revenu, déposa (19 décembre 1873) un amendement au chapitre IV du budget de la guerre portant suppression du traitement de 30,000 francs alloué à un cinquième maréchal de France, après le jugement de Bazaine (rejeté par 306 voix contre 228), et vota *pour* la paix, l'abrogation des lois d'exil, l'amendement Barthe, le retour à Paris, la dissolution, l'amendement Wallon, les lois constitutionnelles, et *contre* le 24 mai, la démission de Thiers, la prorogation des pouvoirs du Maréchal, la loi des maires, le ministère de Broglie. Membre de la commission du budget, rapporteur du budget des cultes (il proposa dans un de ses rapports la suppression du traitement de l'évêque de Nevers), il prit part à la plupart des discussions financières. Réélu député de l'arrondissement de Sens, le 20 février 1876, par 14,193 voix (15,074 votants, 19,335 inscrits), contre 3.207 à M. Raudot, il fut nommé vice-président de la commission du budget, rapporteur de l'élection de M. de Mun, vota *contre* l'amnistie plénière, *contre* le cabinet du 16 mai, et fut des 363. Réélu, après la dissolution, le 14 octobre 1877, par 12,162 voix (16,789 votants, 19,436 inscrits), contre 4,458 à M. Provost, il vota *contre* le ministère Rochebouët et *pour* le scrutin de liste, fut de nouveau rapporteur du budget des cultes, et réclama dans son rapport (janvier 1878) l'exécution rigoureuse du Concordat sur la réception des bulles du pape, sur les déplacements des évêques, sur la tenue des conciles provinciaux, sur l'illégalité de l'existence de certaines congrégations, et surtout sur la direction des séminaires remise à des sociétés «dont les statuts étaient secrets et le gouvernement occulte ». Il demandait de transférer les bourses de ceux-ci aux autres séminaires. Ce rapport donna lieu à un vif débat. Le 6 septembre 1880, M. Guichard mit en demeure, par une lettre rendue publique, le président de la gauche républicaine, M. Devès, de convoquer immédiatement le bureau de ce groupe parlementaire, sur les bruits de concessions que M. de Freyciuet se proposait de faire « au parti ultramontain dans l'application des lois existantes aux congrégations non autorisées ». M. Devès lui répondit que cette demande était inconstitutionnelle. Réélu député, le 21 août 1881, par 12,579 voix (13,818 votants, 19,626 inscrits), M. Guichard soutint les divers ministères républicains, et particulièrement le ministère Gambetta, interrogea (4 mai 1882) le garde des sceaux sur la suite donnée à la résolution votée par la Chambre d'intenter une action contre M. Caillaux (*V. ce nom*); le ministre lui répondit que la résolution n'avait pas eu de suite, faute de juridiction compétente pour examiner les faits reprochés à M. Caillaux. M. Guichard transforma sa question en interpellation, et la Chambre adopta un ordre du jour contenant la promesse qu'une loi nouvelle serait appelée à régler cette question de procédure. M. Guichard mourut avant la fin de la législature. On a de lui : *Consultation ni jésuitique, ni féodale, ni gallicane* (1825) ; *Manuel du juré* (1827) ; *la Propriété sous la monarchie* (1851) ; *la Liberté de penser, fin du pouvoir spirituel* (1869), et des traités sur l'agriculture, sur le code civil, etc.

GUICHARD (JULES), membre du Sénat, fils du précédent, né à Soucy (Yonne) le 10 décembre 1827, propriétaire, fut élu, le 23 août 1885, sénateur de l'Yonne, par 512 voix sur 894 votants, contre 369 à M. Bonnerot, radical, en remplacement de M. Rivière, décédé. Républicain opportuniste, M. Jules Guichard prit place à la gauche modérée du Sénat, et vota *pour* les crédits du Tonkin, *pour* les ministères Rouvier et Tirard, *pour* la nouvelle loi militaire, etc. Il prit part (1886) à la discussion de la proposition de loi de M. Labitte sur la chasse, fut rapporteur (1887) du projet de loi concernant le traité de commerce francoitalien, parla (1888) sur le budget de l'agriculture, etc. En dernier lieu, M. Guichard s'est prononcé : *pour* le rétablissement du scrutin

d'arrondissement (13 février 1889), *pour* le projet de loi Lisbonne restrictif de la liberté de la presse, *pour* la procédure à suivre devant le Sénat contre le général Boulanger.

GUICHARD. — *Voy.* LINIÈRE (COMTE DE LA).

GUICHE (DUC DE). — *Voy.* GRAMONT (DE).

GUIFFREY (GEORGES-MAURICE), sénateur de 1879 à 1887, né à Paris le 16 décembre 1827, mort à Gap (Hautes-Alpes) le 11 septembre 1887, issu d'une famille originaire du Dauphiné, fit ses études aux collèges Bourbon et Charlemagne, et entra en 1849 à l'Ecole normale supérieure. A sa sortie, préférant la carrière du barreau à celle de l'enseignement, il se fit recevoir avocat. D'opinions démocratiques, il combattit l'empire dans les Hautes-Alpes, fut élu conseiller général de ce département, et se présenta aux élections de 1869 pour le Corps législatif, comme candidat indépendant ; sa lutte contre M. Clément Duvernois, candidat officiel, qui l'emporta, fut des plus vives. Il ne s'occupait plus que de travaux littéraires, lorsqu'il fut élu, le 9 novembre 1879, sénateur républicain des Hautes-Alpes, en remplacement de M. de Ventavon, décédé, par 140 voix sur 241 votants, contre 94 à M. Bontoux, monarchiste. M. Guiffrey prit place à la gauche du Sénat, parla ou plutôt lut un discours en faveur des lois Ferry sur l'enseignement, vota *pour* l'article 7, *pour* l'application des lois aux congrégations non autorisées, *pour* les lois nouvelles sur la presse et le droit de réunion, appuya la politique opportuniste, se prononça *pour* la réforme du personnel judiciaire, *pour* le divorce, *pour* les crédits du Tonkin, *pour* l'expulsion des princes, etc., et mourut à Gap en 1887. Littérateur et érudit, M. Guiffrey a traduit la *Foire aux vanités* de Thackeray, a donné, en collaboration avec M. Ed. Laboulaye, un recueil de documents sur *la Propriété littéraire au* XVIIIᵉ *siècle*, a publié d'intéressantes études sur le XVIᵉ siècle, et s'est spécialement adonné à la préparation d'une vaste et luxueuse édition de *Clément Marot*, avec variantes, lexique, reproduction de gravures du temps, etc.

GUIGNARD. — *Voy.* SAINT-PRIEST (DE).

GUIGUES (LUCIEN), représentant en 1848, né à Callas (Var) le 14 mai 1807, avocat à Aix, fit de l'opposition au gouvernement de Charles X et protesta publiquement contre les Ordonnances. Membre de la Société « Aide-toi, le Ciel t'aidera », et de la « Société des Droits de l'homme », ami de Garnier-Pagès aîné, il ne se rallia point à la politique de Louis-Philippe, et, prévoyant que la réaction finirait par l'emporter, il refusa une place de substitut qu'on lui proposait en 1830. Chef du parti démocratique dans le Midi, il fut en butte aux tracasseries de l'administration, subit une première visite domiciliaire en juin 1832, et fut impliqué dans le procès d'avril. En 1839, il fonda à Aix l'*Ere Nouvelle*, où il défendit les idées démocratiques. Après la révolution de 1848, il fut nommé commissaire du gouvernement provisoire dans le Var, puis fut élu représentant de ce département (23 avril 1848) à l'Assemblée constituante, le 2ᵉ sur 9, par 36,019 voix (87,328 votants, 96,216 inscrits); il prit place au centre gauche, fit partie du comité de l'intérieur, et vota *contre* les poursuites contre L. Blanc et Caussidière, *contre* l'abolition de la peine de mort, *contre* l'impôt progressif, *contre* l'incompatibilité des fonctions, *contre* l'amendement Grévy, *pour* la sanction de la

Constitution par le peuple, *pour* l'expédition de Rome. Après la session, il rentra dans la vie privée.

GUIGUES DE CHAMPVANS (Jean-Chryso-gome), représentant du peuple en 1848, né à Champvans (Jura) le 21 décembre 1813, fit ses études à Paris, où il devint, sur la recommandation de Lamartine, secrétaire du maréchal Soult, donna sa démission quand son protecteur passa à l'opposition libérale, et prit, à Mâcon, la direction du journal de Lamartine, le *Bien public*. En 1848, l'influence de Lamartine le fit nommer commissaire du gouvernement provisoire à Bourg; mais, ayant ménagé toutes les opinions, il fut accusé de faiblesse et remplacé par M. Petetin. Quand celui-ci eut transporté l'administration départementale à Nantua, M. Guigues profita de l'impopularité que cette mesure valut à son successeur, et fut élu (23 avril 1848) représentant de l'Ain à l'Assemblée constituante, le 8e sur 9, par 40,863 voix; il siégea à droite, fit partie du comité des affaires étrangères, vota *pour* les poursuites contre L. Blanc et Caussidière, *pour* l'abolition de la peine de mort, *contre* l'impôt progressif, *contre* l'incompatibilité des fonctions, *contre* l'amendement Grévy, *contre* la sanction de la Constitution par le peuple, *pour* l'ensemble de la Constitution, *pour* la proposition Rateau, *pour* l'expédition de Rome, *contre* la demande de mise en accusation du président et des ministres, et soutint momentanément la politique de l'Elysée. Il ne fut pas réélu à la Législative, rentra dans la vie privée, et n'en sortit qu'au 28 septembre 1871, date à laquelle il fut nommé préfet du Gard. Mais, en lutte avec la majorité républicaine du conseil général et ayant pris contre la presse démocratique des mesures rigoureuses et suspendu nombre de maires et d'adjoints, il fut révoqué par le ministère Ricard (25 mars 1876), qui le nomma peu après inspecteur des enfants assistés de la Seine.

GUIGUES-MORETON. — *Voy.* Chabrillan (marquis de).

GUILBERT (Guillaume-Joseph), député au Conseil des Cinq-Cents, né à Saint-Lô (Manche) le 18 juin 1763, mort à une date inconnue, « fils de Joseph Guilbert et de Anne Elie, » fut juré-priseur, secrétaire du district d'Evreux, et, le 25 germinal an VII, entra au Conseil des Cinq-Cents, comme député de l'Eure. Après le coup d'Etat de brumaire, qui l'avait compté parmi ses partisans, Guilbert fut nommé (9 germinal an VIII) sous-préfet des Andelys.

GUILBERT-ESTEVEZ (Augustin-Louis-Constant), député de 1847 à 1848, né à la Bassée (Nord) le 22 octobre 1795, mort à Orchies (Nord) le 14 janvier 1866, avocat, épousa, le 29 novembre 1820, Mlle Estevez, d'Orchies, où il se fixa. Adversaire de la Restauration, il fut nommé, après la révolution de 1830, le 9 août, commandant de la garde nationale d'Orchies, et maintenu dans ces fonctions, le 15 octobre suivant, par les suffrages de ses concitoyens. Successivement juge de paix du canton d'Orchies 15 novembre 1830), chevalier de la Légion d'honneur (1833), chevalier de l'ordre de Léopold et conseiller de préfecture du Nord (3 août 1844), il fut élu (17 avril 1847) député par le 5e collège électoral du Nord (Marchiennes) avec 180 voix sur 181 votants et 232 inscrits, et soutint le gouvernement de Louis-Philippe. A la révolution de février, il donna sa démission des fonctions publiques qu'il exer-

çait. Candidat conservateur au conseil général, il fut élu, au mois de septembre 1848, et renommé maire d'Orchies le 21 juin 1852. C'est à lui que cette ville doit l'éclairage au gaz. Membre de l'administration des hospices, de 1837 à 1864, il s'efforçait d'obtenir un chemin de fer direct entre Lille et Valenciennes, quand il succomba.

GUILGOT (Pierre-Charles), représentant du peuple en 1850, né à Epinal (Vosges) le 3 novembre 1803, mort à Epinal le 28 décembre 1867, était rentier dans cette ville, lorsque ses opinions démocratiques le firent désigner comme candidat du parti républicain des Vosges à l'Assemblée législative, en remplacement de M. Perreau, décédé. M. Guilgot fut élu, le 24 mars 1850, représentant du peuple, par 33,544 voix (62,134 votants, 114.099 inscrits), contre 26,720 voix au général Raoul. Il siégea à gauche, vota avec la minorité contre les lois répressives proposées par le gouvernement, combattit la politique de l'Elysée, et protesta contre le coup d'Etat du 2 décembre 1851, qui mit fin à sa carrière politique.

GUILHAUD. — *Voy.* Lavergne (de).

GUILHAUD DE LETANCHE (Jean-François), député en 1791, né à Saint-Laurent (Charente) le 13 avril 1760, mort à Poitiers (Vienne) le 10 mars 1845, était, sous l'ancien régime, avocat à Poitiers. Le 2 septembre 1791, il fut élu député de la Vienne à l'Assemblée législative, le 4e sur 8, « à la pluralité des voix » sur 279 votants. Il s'y fit peu remarquer, devint conseiller municipal de Poitiers, et conseiller d'arrondissement de la Vienne, et, le 24 floréal an VIII, fut nommé juge au tribunal civil de Châtellerault.

GUILHEM (Jean-Pierre-Olivier), représentant aux Cent-Jours, député de 1818 à 1824 et de 1827 à 1830, né à Brest (Finistère) le 10 mars 1765, mort à Brest le 25 novembre 1830. fils de Jean Guilhem, négociant, et de Louise Daniel, fut nommé, le 28 mai 1785, avec dispense d'âge, conseiller du roi, contrôleur-vérificateur et trésorier-receveur des deniers d'octroi et autres revenus de la ville de Brest. En 1789, il entra au conseil général de la commune, fit partie de la commission de nomination des premiers officiers de la garde nationale, et fut délégué (11 octobre) à Lannion, Morlaix, etc., pour acheter des grains. Cette mission ne fut pas sans périls, notamment à Lannion (18 octobre); à Brest même, on le traita d'accapareur, mais le conseil de la commune prit sa défense et fit même publier sur sa mission un mémoire justificatif. Nommé, en 1793, officier municipal par les représentants en mission, il refusa ce poste, facilita l'évasion des Girondins qui étaient venus se réfugier dans les environs de Brest, accepta, sous le gouvernement consulaire, les fonctions d'adjoint au maire (17 thermidor an VIII), donna sa démission en l'an X, et rentra au conseil municipal en 1808. Négociant armateur, membre et président du tribunal de commerce de Brest, il fut choisi, le 22 mai 1814, par ses collègues du conseil municipal pour porter une adresse de félicitations à Louis XVIII. Le 17 mai 1815, le collège de département du Finistère l'élut représentant à la Chambre des Cent-Jours par 60 voix sur 86 votants. Il se fit peu remarquer dans cette courte législature, et il rentra au parlement le 26 octobre 1818, élu encore par le collège de département, député du Finistère, avec 420 voix sur 745 votants et

947 inscrits. Il donna alors sa démission de conseiller municipal, et le maire lui en exprima tous ses regrets en constatant que ses rapports sur les comptes et les budgets de la ville resteraient comme des modèles. Les élections de 1824 à la Chambre septennale ne lui furent pas favorables; mais aux élections générales du 17 novembre 1827, le gouvernement ayant fait échouer sa candidature dans le Finistère, il obtint dans le 1er arrondissement électoral de Maine-et-Loire (Angers) un nouveau mandat législatif, par 310 voix sur 491 votants et 533 inscrits, contre 145 voix à M. d'Andigné de Mayneuf, et 23 à M. Brillet de Villemorge. Dans ces deux législatures il siégea au centre gauche, dans l'opposition modérée, parla en faveur des officiers de marine presque réduits à la misère par les événements de 1815, sur les douanes, sur le budget, vota constamment contre les lois restrictives des libertés octroyées par la Charte, et se prononça pour l'adresse des 221. Réélu à Angers, aux élections du 12 juillet 1830, par 372 voix sur 525 votants et 606 inscrits, contre 141 voix à M. Méry de Contades, adjoint au maire d'Angers, il fit une chute qui ne lui permit pas de siéger à la Chambre nouvelle, adhéra à la révolution de juillet, envoya par écrit son serment au gouvernement de Louis-Philippe, et mourut deux mois après.

GUILHEM (Louis-Paul-Achille), député de 1839 à 1842, né à Brest (Finistère) le 16 février 1808, fut élu député (2 mars 1839) du 6e collège électoral du Finistère, par 98 voix (109 votants, 166 inscrits); ministériel, il vota *pour* la loi de dotation, *pour* les fortifications de Paris, *pour* le recensement, *contre* les incompatibilités, *contre* l'adjonction des capacités. Il échoua, dans le même collège, au renouvellement du 1er août 1846, avec 75 voix contre 82 à l'élu, M. Drouillard, et rentra dans la vie privée. Chevalier de la Légion d'honneur.

GUILHEM DE CLERMONT-LODÈVE (Charles-François, marquis de), député en 1789, né à Avignon (Vaucluse) le 4 février 1749, mort en émigration à une date inconnue, « fils d'Ignace-François de Guilhem et de Thérèse de Sabathier de l'Armillière, » ancien officier de cavalerie, démissionnaire avant la Révolution, fut élu, le 6 mai 1789, député de la noblesse aux États-Généraux par la ville d'Arles. Il prit la parole à propos de la déclaration des droits, vota l'emprunt par acclamation, demanda la responsabilité des agents publics, et appuya la motion de déclarer la religion catholique, religion nationale. Le 11 mars 1790, il proposa le renvoi de l'affaire de Marseille à la sénéchaussée d'Aix, réclama la liberté des Avignonais retenus à Orange et obtint leur relaxation. Il émigra à la fin de 1792, et mourut à l'étranger.

GUILHERMY (Jean-François-César, baron de), député en 1789, né à Castelnaudary (Aude) le 18 janvier 1761, mort à Paris le 11 mai 1829, d'une ancienne famille de robe, était conseiller au présidial de Castelnaudary, lieutenant particulier en 1783 et procureur du roi en 1784. Il fut élu, le 26 mars 1789, député du tiers aux États-Généraux pour la sénéchaussée de Castelnaudary. Très zélé défenseur de la monarchie, il ne témoigna aucune sympathie aux idées nouvelles. Le 21 octobre 1790, il s'opposa à l'adoption du drapeau tricolore et à sa substitution au drapeau blanc, et, sur la proposi-

tion de Regnault de Saint-Jean-d'Angely, fut condamné aux arrêts pendant trois jours pour avoir traité Mirabeau aîné de scélérat; il signa la protestation de la droite, des 12 et 15 septembre 1791, et vota pour que l'on rendît compte à la nation de l'état des finances. Dès le début de la Législative, il émigra en Allemagne et, à Mittau, assista, en qualité de témoin, au mariage du duc d'Angoulême, le 10 juin 1799. Après la dispersion des émigrés en 1803, il passa en Angleterre, où il intrigua, en compagnie du comte d'Escars et de la Puisaye, contre le gouvernement de l'empereur. Rentré en France en 1814, il fut nommé par Louis XVIII, le 13 juin, maître des requêtes au conseil d'État, puis intendant de la Guadeloupe, où il arriva le 20 janvier 1815. Ses embarras commencèrent par des discussions avec l'amiral Linois et se compliquèrent à la nouvelle du retour de l'île d'Elbe. Il chercha à organiser la résistance des royalistes et n'hésita pas à demander dans ce but l'assistance de l'amiral Leith qui commandait la croisière britannique. Chassé de la Guadeloupe par le colonel Berger, il ne put y revenir que lorsque les Anglais s'en furent emparés, et n'y resta que par grâce à leur protection. Rappelé en France au mois de mai 1816, il fut créé baron le 16 juillet 1819, nommé en 1821 conseiller maître à la cour des Comptes, puis président à cette cour, commandeur de la Légion d'honneur et membre de la commission d'indemnité des émigrés. M. de Guilhermy, qui s'occupait d'archéologie, a publié une *Monographie de l'église royale de Saint-Denis*, un *Mémoire sur les antiquités de Montmartre* et divers articles dans les *Annales archéologiques*.

GUILHOU (Guillaume-Jean-François), député en 1791, né à Luzech (Lot) en 1740, mort à Saint-Vincent-de-Rive-d'Ott (Lot) le 19 mai 1833, homme de loi dans cette localité, fut élu le 2 septembre 1791, le 9e sur 10, par 304 voix (447 votants), député du Lot à l'Assemblée législative. Son nom n'est pas mentionné au *Moniteur*.

GUILLARD (Jérome), député au Conseil des Cinq-Cents, né à Chartres (Eure-et-Loir) le 19 septembre 1763, mort à Chartres le 19 mars 1808, « fils de François Guillard, secrétaire de la chambre ecclésiastique du diocèse de Chartres, et de Marie-Aimée Brissard, » exerça, sous la Révolution, les fonctions d'accusateur public, et, après le coup d'État de brumaire, celles de commissaire du gouvernement (24 germinal an VIII) près le tribunal criminel d'Eure-et-Loir. Le 25 germinal an VI, il avait été élu député de ce département au Conseil des Cinq-Cents. Il y combattit l'impôt sur le sel, et défendit le projet sur l'emprunt forcé de cent millions. Membre de la Légion d'honneur, du 25 prairial an XII.

GUILLAUME (Louis-Marie), député en 1789, né à Paris le 22 janvier 1750, mort à Paris le 13 septembre 1794, avocat, fut élu député du tiers aux États-Généraux, le 3 mai 1789, par la prévôté et vicomté de Paris. Il prit fréquemment la parole et se signala d'abord par ses idées relativement avancées. Il demanda que les ordres du roi fussent contresignés par un ministre, que les curés fussent réduits à la portion congrue, que le bailliage de Péronne retirât ses pouvoirs à l'abbé Maury. Nommé secrétaire de l'Assemblée en mars 1790, il vota la suppression des juridictions prévôtales, proposa un amendement à la motion tendant à ce que les membres témoins dans l'affaire du 6 octobre précédent ne puissent prendre part aux décisions de l'Assemblée, réclama la conservation des offices ministériels, et défendit les procureurs. L'année suivante (1791), il parla sur la qualité de Français, sur l'interdiction des droits politiques aux faillis, sur les conditions d'éligibilité à l'électorat, signala de graves omissions dans la Constitution et proposa en conséquence la rédaction d'un article additionnel sur la sanction. Il prit part à la discussion relative à la déchéance du roi et aux droits des membres de la famille royale. Après la clôture de l'Assemblée constituante, il fut nommé avoué près le tribunal de Cassation. Dès cette époque, ses idées s'étaient modifiées et il rédigea une protestation contre la journée du 20 juin 1792. Choudieu dénonça à la Législative les tendances réactionnaires de Guillaume et de ceux qui avaient signé sa protestation; les tribunes accueillirent leurs noms par des cris de mort. Menacé et devenu suspect, Guillaume vécut fort retiré jusqu'à sa mort, survenue deux ans après.

GUILLAUMIN (Jacques-François-Augustin), député au Corps législatif de 1856 à 1870, né à Brescia (Italie) le 5 février 1802, mort à Paris le 22 novembre 1881, étudia le droit et se fit recevoir avocat, mais n'exerça pas cette profession et se livra à l'agriculture. Propriétaire, président du comice agricole d'Aubigny (Cher), et membre du conseil général de ce département pour le canton d'Argenton, il fut élu député, le 2 décembre 1856, comme candidat officiel du gouvernement impérial au Corps législatif, dans la 1re circonscription du Cher, en remplacement de M. de Duranti, décédé, par 19,305 voix (20,566 votants, 40,255 inscrits). Il siégea dans la majorité dynastique et obtint sa réélection, le 22 juin 1857, par 23,247 voix (24,977 votants et 40,969 inscrits), contre 1,322 voix à M. Carnot. M. Guillaumin vota constamment avec la droite impérialiste et fut encore réélu, le 1er juin 1863, par 26,157 voix (29,747 votants, 43,967 inscrits). Il se fit au Corps législatif une spécialité des questions agricoles, et il les traita plusieurs fois à la tribune. Sa candidature officielle aux élections du 24 mai 1869 fut assez vivement combattue; il réunit toutefois 12,276 voix (19,512 votants, 23,086 inscrits), contre 7,027 voix au marquis de Vogüé, candidat royaliste; il revint siéger à l'assemblée, se prononça pour la déclaration de guerre à la Prusse, et rentra dans la vie privée au 4 septembre. Une tentative faite par lui, le 20 février 1876, dans l'arrondissement de Sancerre, comme candidat bonapartiste à la Chambre des députés, ne lui donna que 2,888 voix contre 10,696 à l'élu, M. Ernest Duvergier de Hauranne, républicain modéré, et 4,653 à M. de Chabaud-Latour, orléaniste. Officier de la Légion d'honneur (14 août 1866).

GUILLAUMOU (Napoléon-Louis), député depuis 1885, né à Carcassonne (Aude) le 17 avril 1834, d'une famille d'ouvriers, fut d'abord menuisier à Chalon-sur-Saône, puis à Lyon, et fit partie, sous l'Empire, de l'escadron des Cent-Gardes. Nommé conseiller municipal du quartier de Vaise, à Lyon, il se porta candidat à la députation, le 31 décembre 1882, lors de l'élection partielle nécessitée dans la 2e circonscription de Lyon par le décès de M. Bonnet-Duverdier. Il échoua, comme opportuniste, avec 5,799 voix contre 4,968 à l'élu radical, M. Brialou, et 2,957 à M. Maire. Il fut plus heureux au scrutin du 4 octobre 1885; porté sur la liste

opportuniste du Rhône, il fut élu, le 8e sur 11, au second tour, par 86,534 voix sur 136,430 votants et 178,887 inscrits. Il prit place à la gauche radicale, soutint les ministères au pouvoir, et, lors de la démission des questeurs (novembre 1888) provoquée par leur dissentiment avec le syndicat de la presse parisienne, fut élu questeur (15 novembre), et réélu aux mêmes fonctions le 10 janvier 1889. Dans la dernière session, M. Guillaumou s'est prononcé pour le rétablissement du scrutin d'arrondissement (11 février 1889), contre l'ajournement indéfini de la revision de la Constitution, pour les poursuites contre trois députés membres de la Ligue des patriotes, pour le projet de loi Lisbonne restrictif de la liberté de la presse, pour les poursuites contre le général Boulanger.

GUILLEMARDET (Ferdinand-Pierre-Marie-Dorothée, chevalier), membre de la Convention, député au Conseil des Cinq-Cents, né à Conches (Saône-et-Loire) le 3 avril 1765, mort à Paris le 4 mai 1809, exerçait en 1789 la médecine à Autun. Maire de cette ville, il adopta avec ardeur les idées de la Révolution et fut élu, le 6 septembre 1792, membre de la Convention par le département de Saône-et-Loire, le 6e sur 11 (le procès-verbal de l'élection ne mentionne que le chiffre des votants : 682). Il prit une part assez active aux travaux de l'Assemblée, et, dans le jugement de Louis XVI, répondit au 3e appel nominal : « Comme juge, je vote pour la peine de mort : comme homme d'État, le salut du peuple, le maintien de la liberté me forcent de prononcer la même peine. Je vote encore pour la mort. » Il fit décréter la rentrée dans l'intérieur » des ouvriers et des machines de Maubeuge, demanda qu'une médaille fût frappée en l'honneur du Dix-Août, et obtint aussi la création d'une commission de santé correspondant avec les hôpitaux, et la suppression des chirurgiens-majors. En nivôse an II, il fut envoyé dans les départements de Seine-et-Marne, de l'Yonne et de la Nièvre : à Auxerre il décréta que « les édifices nationaux connus sous le nom de temple, église ou chapelle ne pourraient être consacrés qu'à des objets d'utilité publique ». De retour à Paris, il demanda (29 floréal an III) l'établissement de l'impôt en nature. Le 1er prairial suivant, il insista pour qu'on interdît l'entrée de la grande tribune à la Convention aux femmes qui avaient envahi la salle des séances aux cris répétés : « Du pain ! Du pain ! » Le 11 du même mois il se prononça, avec Lanjuinais, pour le libre exercice des cultes. Lors du débat sur la Constitution, il proposa qu'elle reconnût et fixât le traitement des membres de l'Assemblée; puis il se montra opposé à l'idée de conférer à la Convention le droit de prendre elle-même au choix de la représentation nationale; il voulait que les assemblées électorales choisissent parmi les membres de la Convention les deux tiers des futurs députés. Une nouvelle mission l'envoya au Havre (vendémiaire an IV) pour veiller à la défense des côtes de l'Océan contre les attaques des Anglais. Réélu, le 24 vendémiaire an IV, député de Saône-et-Loire au Conseil des Cinq-Cents, par 379 voix sur 393 votants, il parut souvent à la tribune, défendit Barbé-Marbois contre les attaques de Tallien, proposa de laisser au Directoire la faculté de diminuer les droits de poste sur les journaux dans l'intérêt de la liberté, et combattit une proposition de Dumolard relative aux radiations des listes d'émigrés. Il parla encore sur les élections, sur les finances, etc. Le 8 thermidor an V, il proposa de célébrer la journée du 9 thermidor an II par un discours commémoratif du président de l'Assemblée. Le 23 pluviôse suivant, il fit hommage à ses collègues d'un ouvrage intitulé: *Journée du 18 fructidor*. Après avoir présenté un important rapport sur les opérations électorales de la Seine qui avaient donné lieu à une scission parmi les électeurs, et fait valider celles de la salle de l'Institut, Guillemardet quitta le Conseil des Cinq-Cents pour aller occuper (23 floréal an VI) le poste d'ambassadeur en Espagne. Il partit le 14 juin pour Madrid, où le roi d'Espagne lui fit, « le jour de la Saint-Louis, » un accueil distingué, mais il ne fut pas maintenu dans cette fonction sous le Consulat: Bonaparte ayant jugé son attitude peu énergique au milieu des troubles de l'Espagne, le rappela en France, et lui confia, le 6 brumaire an IX, la préfecture de la Charente-Inférieure, puis celle de l'Allier (12 juillet 1806). Le 5 octobre 1808, Guillemardet fut fait chevalier de l'Empire. Il mourut l'année suivante, frappé d'aliénation mentale.

GUILLEMAUT (Charles-Alexandre), représentant en 1871 et sénateur de 1876 à 1886, né à Louhans (Saône-et-Loire) le 18 septembre 1809, mort à Paris le 17 décembre 1886, entra à l'École polytechnique en 1828, en sortit sous-lieutenant du génie en 1830, et passa lieutenant en 1832, capitaine en 1836, lieutenant-colonel en 1859 et colonel en 1863. Au moment de la guerre de 1870, il était directeur des fortifications au Havre. Appelé à Paris pour participer à la défense de la capitale, il se distingua au plateau d'Avron, et fut nommé commandeur de la Légion d'honneur et général de brigade, grade qui lui fut confirmé le 16 septembre 1871. Le 2 juillet précédent, ayant à pourvoir au remplacement de trois représentants qui avaient opté pour d'autres départements, les électeurs de Saône-et-Loire élurent M. Guillemaut, comme candidat républicain, le 2e sur 3, par 78,074 voix (103,778 votants, 170,329 inscrits). Il siégea à la gauche républicaine, prit part aux discussions militaires, parla pour la création des aumôniers militaires, *contre* le service militaire de trois ans, et vota *contre* le 24 mai, *pour* la proposition du centre-gauche, *pour* l'amendement Wallon, *pour* les lois constitutionnelles. Conseiller général du canton de Beaurepaire (1874-1886), il fut élu, le 30 janvier 1876, sénateur de Saône-et-Loire, le 2e sur 3, par 395 voix (697 votants), et réélu, le 8 janvier 1882, au renouvellement triennal, par 561 voix (679 votants). Il fit partie de la gauche républicaine, soutint les ministères républicains, et vota *pour* les lois scolaires, *pour* les crédits du Tonkin et *pour* l'expulsion des princes. Il avait été admis à la retraite, le 2 avril 1879, comme général de brigade.

GUILLEMAUT (Lucien-Alexandre), député depuis 1884, né à Louhans (Saône-et-Loire) le 21 août 1842, arrière-petit-fils du conventionnel Mailly, petit-fils de Jean-Joseph-Philibert Guillemaut (*V. plus bas*), neveu du sénateur général Guillemaut, se fixa comme docteur-médecin à Louhans, devint maire de la ville (1878-1885), conseiller général du canton (1880), présida la Société d'agriculture de l'arrondissement, et contribua à la fondation à Louhans d'un des premiers collèges de filles de province. Le 8 juin 1884, à l'élection partielle nécessitée par le décès de M. Logerotte, il fut élu député de l'arrondissement de Louhans, par 8.577 voix sur 15,787 votants et 24,376 inscrits, contre 7,076 voix à M. Garnier, avocat à Louhans, conserva-

teur. Sans être inscrit à aucun groupe, il siégea à la gauche radicale, vota contre les ordres du jour de confiance du cabinet Ferry, et, au congrès de Versailles (août), se prononça pour l'élection des sénateurs au suffrage universel. Aux élections générales du 4 octobre 1885, porté sur la liste radicale de Saône-et-Loire, il fut réélu, le 2e sur 9, par 73,643 voix sur 135,611 votants et 174,124 inscrits. Il reprit sa place à gauche, soutint les ministères au pouvoir, vota *pour* l'expulsion des princes, et, en dernier lieu: *pour* le rétablissement du scrutin d'arrondissement (11 février 1889), *contre* l'ajournement indéfini de la révision de la Constitution, *pour* les poursuites contre trois députés membres de la Ligue des patriotes, *contre* le projet de loi Lisbonne restrictif de la liberté de la presse, *pour* les poursuites contre le général Boulanger. M. Guillemaut a obtenu une médaille d'honneur pour acte de dévouement en 1878; il est officier d'Académie. On a de lui: *Topographie de l'arrondissement de Louhans; Notes et remarques sur la Bresse louhannaise.*

GUILLEMAUT-MAILLY (Jean-Joseph-Philibert), député de 1831 à 1833, né à Saint-Usuge (Saône-et-Loire) le 18 novembre 1778, mort à Louhans (Saône-et-Loire) le 22 avril 1854, exerçait la médecine dans cette ville. Il en devint maire en 1815, et de 1830 à 1832, fut nommé conseiller général de Saône-et-Loire pour le canton de Louhans, de 1831 à 1833, puis de 1848 à 1852, et, le 5 juillet 1831, fut élu député du 7e collège de ce département (Louhans), par 226 voix (316 votants, 370 inscrits), contre 55 à M. Commaret et 20 à M. Ambroise Puvis. Il prit place à gauche, dans l'opposition dynastique, vota avec elle et signa le *compte-rendu* de 1832. Le 24 avril 1833, M. Guillemaut-Mailly donna sa démission de député et fut remplacé à la Chambre par M. Chapuys de Montlaville. Il était le gendre du conventionnel Antoine Mailly.

GUILLEMIN (Ernest), député de 1876 à 1885, né à Avesnes (Nord) le 19 décembre 1828, mort à Avesnes le 12 septembre 1885, docteur en droit, avocat à Avesnes et bâtonnier de l'ordre, se porta, le 24 mai 1869, comme candidat d'opposition au Corps législatif dans la 9e circonscription du Nord, et obtint 8,649 voix contre 18,805 à l'élu officiel, M. Hamoir. A la révolution du 4 septembre, il fut appelé à la sous-préfecture d'Avesnes, mais il se démit peu après de ses fonctions pour se présenter à l'Assemblée nationale, le 8 février 1871; il obtint, sans être élu, 56,157 voix sur 262,927 votants. Conseiller général d'Avesnes, partisan du gouvernement républicain modéré, il fut élu, le 2 février 1876, député de la 1re circonscription d'Avesnes, avec 8,484 voix sur 16,220 votants et 19,802 inscrits, contre 7,633 voix à M. Antonin Lefèvre-Pontalis, député sortant. Il prit place à la gauche républicaine et, hostile au cabinet du 16 mai, fut des 363. Réélu, le 14 octobre 1877, par 9,279 voix (17,994 votants, 20,750 inscrits), contre 8,791 voix à M. Lefèvre-Pontalis, candidat officiel, il reprit sa place à gauche. et fut réélu, le 21 août 1881, par 10,767 voix (14,775 votants, 22.597 inscrits), contre 350 voix à M. Lefèvre-Pontalis. Il soutint les ministères opportunistes, vota *contre* le projet de revision de la Constitution, et mourut à la fin de la législature.

GUILLEMINOT (Armand-Charles, comte), pair de France, né à Dunkerque (Nord) le

2 mars 1774, mort à Bade (grand-duché de Bade) le 14 mars 1840, prit part à la révolution du Brabant en 1790, dut se réfugier en France où il entra dans l'armée, fut successivement promu sous-lieutenant (23 juillet 1792), attaché à l'état-major de Dumouriez, nommé capitaine (4 mars 1798) et, quelques jours après, chef de bataillon sous les ordres de Moreau avec lequel il fit les campagnes de 1798, 1799 et 1800. Ingénieur-géographe attaché au grand quartier général en 1805, adjudant-commandant en 1806, colonel dans l'état-major du maréchal Berthier en 1808, sa brillante conduite au combat de Medina-del-Rio-Secco lui valut le grade de général de brigade et la croix d'officier de la Légion d'honneur. Parti pour l'Italie en 1809, revenu à l'armée de Catalogne en 1810, il fut placé dans l'état-major général de la grande armée en 1812, se distingua à la Moskowa où il fut blessé, échappa au désastre, devint chef d'état-major de Ney, et général de division le 28 mars 1813. En mars 1815, il fut nommé chef d'état-major de l'armée qui devait marcher contre l'empereur sous les ordres du duc de Berry. Chef d'état-major du prince d'Eckmühl (Davout) en juillet 1815, il reçut la délicate mission de traiter avec Blücher, mais, au mépris du droit des gens, fut retenu prisonnier pendant toute la durée des négociations. Nommé membre de la commission de délimitation des frontières (mai 1817) et du comité de défense (1818), directeur du dépôt de la guerre 23 janvier 1822), il devint, lors de la campagne de 1823 en Espagne, chef d'état-major du duc d'Angoulême, et, en récompense de ses services, fut créé pair de France (9 octobre 1823), grand-cordon de la Légion d'honneur, commandeur de Saint-Louis, et envoyé par Louis XVIII comme ambassadeur à Constantinople (1824-1831). Il avait été impliqué avec le général Bordesoulle, en 1816, dans un procès à propos des fournitures de l'armée d'Espagne. Il devint ensuite président de la commission française des frontières (1831), et membre de la nouvelle commission de défense (1836).

GUILLEMOT (Jean, chevalier), député au Conseil des Cinq-Cents et au Corps législatif, né à Savigny (Côte-d'Or) le 13 février 1754, mort à Dijon (Côte-d'Or) le 30 novembre 1837, « fils de sieur Jean-Baptiste Guillemot, fermier du marquisat de Savigny et greffier de la justice du même lieu, et de demoiselle Claudine Chevallier, » s'attacha aux principes de la Révolution et fut nommé juge au tribunal de district de Beaune. Elu, le 24 vendémiaire an IV, député de la Côte-d'Or au Conseil des Cinq-Cents, par 276 voix sur 326 votants, réélu par le même département au même Conseil, le 26 germinal an VII, il adhéra au coup d'État de brumaire et fut choisi comme député de la Côte-d'Or au nouveau Corps législatif par le Sénat conservateur (4 nivôse an VIII). Il se signala par sa modération et par la part qu'il prit aux discussions judiciaires. Nommé membre de la Légion d'honneur le 4 frimaire an XII, chevalier de l'Empire le 31 décembre 1809, président de chambre à la cour impériale de Dijon le 8 avril 1811, il fut confirmé dans ces dernières fonctions, le 14 février 1816, par le gouvernement de Louis XVIII.

GUILLERAUT (Jean-Guillaume), dit Guillerau t des Bascoixs ou de Bacoin, membre de la Convention et député aux Cinq-Cents, né à Pouilly-sur-Loire (Nièvre) le 23 décembre 1751, mort à Pouilly-sur-Loire le 25 août 1819,

était procureur et notaire à Pouilly avant la Révolution. Il devint en 1791 procureur-syndic du district de la Charité, et fut élu, le 6 septembre 1792, membre de la Convention par le département de la Nièvre, le 4e sur 7, avec 214 voix sur 370 votants. Il siégea à la Plaine. M. Hyde de Neuville, son compatriote, raconte dans ses *Mémoires* qu'il lui avait dit : « J'espère que vous ne me faites pas l'injure de croire que je voterai la mort de Louis XVI. » Mais Guillerault, quoique marié, était entièrement dominé par une actrice alors en vogue, qu'il ne quittait pas, et qui, dit-on, le poussa à voter la mort. Dans le procès du roi, il répondit en effet, au 3e appel nominal : « J'ai reconnu Louis convaincu du crime de haute trahison ; c'est dire que je le juge à mort. » Il ne se fit pas autrement remarquer à la Convention et, après la session, fut élu, le 22 vendémiaire an IV, député de la Nièvre au Conseil des Cinq-Cents, par 204 voix sur 219 votants. A la séance du 8 germinal an V, il appuya la proposition de Delarue qui demandait, en raison des troubles survenus pendant les opérations électorales à Nevers, que le corps électoral se transportât dans un autre lieu. Il sortit quelques jours après du Conseil des Cinq-Cents, fut nommé aussitôt (23 germinal) administrateur de la Nièvre, se montra favorable au coup d'État de brumaire, et fut appelé (18 floréal an VIII) aux fonctions de juge au tribunal d'appel de Bourges, titre qu'il échangea en 1811, lors de la réorganisation de la magistrature, contre celui de conseiller à la cour impériale de Bourges. Il mourut conseiller honoraire à la cour royale.

GUILLERMIN (Claude-Nicolas), membre de la Convention, né à une date inconnue, mort le 18 avril 1793, nommé, dès le début de la Révolution, chef de légion de la garde nationale du district de Louhans, fut élu (6 septembre 1792) membre de la Convention pour le département de Saône-et-Loire, le 3e sur 11 (les chiffres des suffrages et des inscrits manquent). Lors du procès de Louis XVI, il répondit sur la question de l'appel au peuple : « non »; sur la question de la peine : « Je vote pour la mort, » et sur la 4e question : « sans sursis. » Au nom du comité de la marine et des colonies, il fit un rapport sur le traitement des administrateurs aux colonies (14 février 1793). Il mourut huit mois après.

GUILLIER DE LA TOUCHE (Camille-Henri), représentant du peuple en 1848 et en 1849, né à Angers (Maine-et-Loire) le 4 mai 1800, mort à Angers le 3 septembre 1856, fils de « Camille Guillier de la Touche et de Henriette Richard du Vernay », en relations de famille avec La Fayette. se mêla de bonne heure aux luttes libérales, comme ses camarades de l'Ecole de médecine. Il était interne à Bicêtre, quand on y amena les quatre sergents de la Rochelle. Peut-être aurait-il réussi à les faire évader, s'il n'eût été dénoncé par l'aumônier. Il dut lui-même se cacher dans l'amphithéâtre, où, pour le soustraire aux poursuites dont il était l'objet, un de ses amis le jeta précipitamment dans une bière. Il retourna ensuite dans son pays natal. Maire d'Angers (28 février 1848), il fut élu représentant de Maine-et-Loire à l'Assemblée constituante (23 avril 1848), le 1er sur 13, par 125,083 voix, siégea à droite, fit partie du comité des finances et vota *pour* le décret sur les clubs, *pour* les poursuites contre L. Blanc et Caussidière, contre l'abolition de la peine de mort, contre l'impôt progressif, contre l'incompatibilité des fonctions, contre l'amendement Grévy, contre la sanction de la Constitution par le peuple, pour l'ensemble de la Constitution, pour la proposition Rateau, pour l'expédition de Rome. Favorable à la politique de l'Elysée, il fut réélu à la Législative (13 mai 1849), par 83,633 voix (104,313 votants, 151,062 inscrits). Il rentra dans la vie privée après le 2 décembre. Chevalier de la Légion d'honneur (27 avril 1850).

GUILLIER DE SOUANCÉ (JACQUES-PIERRE-GABRIEL), député au Corps législatif de 1808 à 1812, né à Nogent-le-Rotrou (Eure-et-Loir) le 2 octobre 1749, mort à Souancé (Eure-et-Loir) le 16 février 1812, « fils de Pierre-Claude Guillier, conseiller du roi et son avocat en l'hôtel de ville de Nogent, et de Jeanne-Louise Guerrier, » propriétaire à Souancé et auditeur des comptes, fut élu, le 18 février 1808, par le Sénat conservateur, député d'Eure-et-Loir au Corps législatif. Il y siégea jusqu'à sa mort.

GUILLIOUD (JEAN-BAPTISTE), député en 1791, né aux Abrets (Isère) le 20 novembre 1757, mort à Longe-Chenal (Isère) le 14 octobre 1823, avocat au parlement de Grenoble, fut nommé, à la Révolution, administrateur du département de l'Isère, puis juge de paix du canton des Abrets (1790), et fut élu député de l'Isère à l'Assemblée législative (30 août 1791), le 4e sur 9, par 282 voix (523 votants). Après la session, où il ne s'était point fait remarquer, il reprit ses fonctions de juge de paix et devint successivement administrateur du district de la Tour-du-Pin (1795), juge au tribunal civil de l'Isère (1796), juge au tribunal d'appel de Grenoble (12 prairial an XII), titre qu'il échangea pour celui de conseiller à la cour impériale de Grenoble (17 avril 1811). Membre de la « Société anacréontique ».

GUILLO. — Voy. Du BODAN.

GUILLOIS (PHILIPPE), député en 1791, dates de naissance et de mort inconnues, était ingénieur des bâtiments civils de la marine à Lorient, où l'un de ses oncles fut pendant longtemps architecte et entrepreneur des travaux de la Compagnie des Indes. Nommé ingénieur de la ville en 1778, il fut, en 1789, un des douze commissaires chargés de la rédaction du cahier des doléances pour les électeurs de la sénéchaussée d'Hennebont, puis (12 avril) un des 18 électeurs de Lorient délégués à l'assemblée de cette sénéchaussée, et fut nommé (7 mai) membre du bureau de correspondance. Le 17 juillet, il devint commissaire général de la légion des jeunes citoyens, présida le premier (1er octobre 1790) le club des « Amis de la Constitution » de Lorient, fut voter la suppression de l'appellation de « Monsieur » pour les membres du club, et fut nommé procureur de la commune de Lorient le 24 juillet 1791. Trois mois après, le 3 septembre, il fut élu député du Morbihan à l'Assemblée législative, le 8e et dernier, par 180 voix sur 343 votants; il fit partie du comité de la dette publique et vota obscurément avec la majorité. On perd sa trace après la session. M. R. Kervialer, à qui nous devons les éléments de cette notice, est le premier qui ait publié une biographie de Guillois.

GUILLOT (LOUIS), député de 1878 à 1889, né à Grenoble (Isère) le 7 novembre 1844, fit d'abord des études de médecine, fut interne des hôpitaux de la marine, puis se fit recevoir avocat, et s'inscrivit au barreau de Lyon (1867). Il plaida quelques procès politiques, notamment devant les conseils de guerre après la Commune. Membre du conseil général de l'Isère depuis 1874, rédacteur au Petit Lyonnais, il se présenta comme candidat républicain, le 7 juillet 1878, à l'élection partielle motivée dans la 3e circonscription de Grenoble par le décès de M. Breton, et fut élu député par 6,315 voix (11,441 votants, 18,746 inscrits), contre 4,956 voix à M. Vogeli, autre candidat républicain. Inscrit à l'Union républicaine, il soutint le ministère Dufaure, vota pour l'article 7, pour l'invalidation de l'élection de Blanqui, pour les lois nouvelles sur la presse et le droit de réunion, etc., et obtint sa réélection, le 21 août 1881, par 9,294 voix (9,890 votants, 18,989 inscrits), contre 154 voix à M. Richard Bérenger. Lors de la discussion du projet de réforme de la magistrature (juillet 1882), il déposa avec M. Giraud une proposition tendant à suspendre l'inamovibilité en attendant qu'on la supprimât complètement; il donna son concours aux cabinets Gambetta et Ferry, tout en inclinant vers la gauche radicale, vota pour les crédits de l'expédition du Tonkin, et porté, le 4 octobre 1885, sur la liste de concentration républicaine de l'Isère, fut élu député le 1er sur 9, avec 75,591 voix (112,659 votants, 162,975 inscrits). Membre de la nouvelle majorité de gauche, il suivit la même politique que précédemment, soutint les ministères Rouvier et Tirard, vota pour l'expulsion des princes (juin 1886), et, en dernier lieu : pour le rétablissement du scrutin d'arrondissement (11 février 1889), contre l'ajournement indéfini de la révision de la Constitution, pour les poursuites contre trois députés membres de la Ligue des patriotes, pour le projet de loi Lisbonne restrictif de la liberté de la presse, pour les poursuites contre le général Boulanger.

GUILLOTIN (JOSEPH-IGNACE), député en 1789, né à Saintes (Charente-Inférieure) le 28 mai 1738, mort à Paris le 26 mars 1814, entra dans la congrégation des jésuites, et professa, en cette qualité, au collège des Irlandais de Bordeaux. Poussé par une vocation irrésistible, il vint étudier la médecine à Paris, fut reçu docteur et se fit connaître par quelques travaux. En 1789, il publia la Pétition des six corps des marchands de Paris, demandant de concourir à l'élection des députés aux Etats-Généraux, et réclamant pour le tiers état un nombre de députés égal à celui des deux autres ordres réunis. Mandé pour faire hardiesse à la barre du parlement, il se défendit habilement, et, à la sortie, fut vivement applaudi par le peuple. Nommé électeur de Paris, puis secrétaire de l'Assemblée électorale, il fut élu, le 15 mai 1789, député du tiers aux Etats-Généraux pour la ville de Paris, par 143 voix. Quand le roi fit occuper par des troupes la salle des états, ce fut lui qui proposa à l'Assemblée de se réunir au vieux Versailles, dans la salle du Jeu de paume. Médecin de « Monsieur », membre de la commission sanitaire de Paris, président de la commission d'organisation des écoles de médecine et de pharmacie, il se préoccupa de la salubrité de la salle des séances de l'Assemblée, et proposa (11 juillet 1789) « de la disposer en amphithéâtre elliptique, avec des bancs à dossiers, etc. ». Le 13, il déposa, au nom des électeurs de la ville de Paris, une pétition demandant le rétablissement de la garde bourgeoise, « unique moyen de faire cesser les troubles qui déchirent cette capitale; » le 11 septembre, il parla sur la sanction royale et posa les questions suivantes : « Le roi peut-il refuser son consentement à la Constitution? — Le roi peut-il refuser son consentement au pouvoir législatif? — Dans le cas où le roi refusera son consentement, ce refus sera-t-il suspensif ou indéfini? — Dans le cas où le refus du roi serait suspensif, pendant combien de temps pourra-t-il durer? Sera-ce pendant une ou plusieurs législatures? » La motion, qui devait donner à son nom sa célébrité particulière, fut faite par lui au cours de la discussion de l'ancien système pénal : le 1er décembre 1789, il lut un travail sur la matière, travail dans lequel, après avoir établi que la loi doit être égale pour tous, quand elle punit comme quand elle protège, il demanda l'abolition des peines infamantes; le 20 janvier 1790, il proposa, par humanité, l'exécution de la peine de mort par la décapitation, jusque-là réservée aux nobles, au moyen d'une machine depuis longtemps en usage en Italie. Cette proposition fut acclamée. Un modèle fut construit: le docteur Louis, secrétaire perpétuel de l'Académie de chirurgie, fit un rapport favorable, et la motion de Guillotin fut convertie en décret par l'Assemblée. « Le supplice que j'ai inventé est si doux, disait le docteur Guillotin, s'il faut en croire M. de Bourrienne. qu'il n'y a vraiment que l'idée de la mort qui puisse le rendre désagréable. Aussi, si l'on ne s'attendait pas à mourir, on croirait n'avoir senti sur le cou qu'une légère et agréable fraîcheur. » Le peuple appela d'abord cette machine la « Louison », du nom du docteur Louis; puis les journaux satiriques et notamment une chanson des *Actes des Apôtres* (décembre 1789), la baptisèrent *la guillotine*, appellation qui causa de tout temps une peine très vive à son initiateur. M. Guillotin fut élu secrétaire de l'Assemblée, fit décréter (29 juillet) l'évacuation du convent des Capucins de la rue Saint-Honoré, et fit une motion (12 septembre) pour la régénération de la médecine. La guillotine servit pour la première fois, le 25 avril 1792, sur Nicolas Pelletier, voleur; le premier condamné politique qui y fut exécuté fut Collenot d'Angremont, le 21 août suivant. Le docteur Guillotin faillit lui-même en faire l'épreuve; devenu suspect sous la Terreur, il fut jeté en prison et ne dut la vie et la liberté qu'au 9 thermidor. Il se consacra dès lors exclusivement à sa profession de médecin. fut l'un des champions les plus convaincus de la vaccine, et fonda une Société des premiers médecins de Paris qui devint plus tard l'Académie de médecine.

GUILLOU (René-Marie), député en 1789, né au château de Girou (Ille-et-Vilaine) le 15 mai 1747, mort à Rennes (Ille-et-Vilaine) le 13 février 1832, fit ses premières études au collège des jésuites de Rennes et les termina chez les Pères de la Doctrine. Élève du grand séminaire de Rennes, il fut ordonné prêtre en 1771, et devint curé de Saint-Mherve, puis de la paroisse de Saint-Germain à Rennes. En 1774, son oncle, l'abbé Marie-Joseph Guillou, recteur de Martigné-Ferchaud, lui transmit ce bénéfice, qui valait environ dix mille livres de rente, et le nouveau recteur de Martigné, que sa haute situation avait mis en vue, fut élu, le 21 avril 1789, député du clergé aux États-Généraux par la sénéchaussée de Rennes. Il ne se montra point, au début, très hostile aux idées nouvelles, mais il refusa de suivre la majorité de l'assem-

blée dans sa politique à l'égard du clergé, se prononça contre la constitution civile, et, poursuivi bientôt comme ennemi de la Révolution, passa en Angleterre, où il ne fit qu'un court séjour, et alla se réfugier en Pologne. L'abbé Guillou rentra en France à l'époque du Concordat, et reprit possession du presbytère de Martigné, avec son frère pour vicaire. En 1821, l'un et l'autre remplissaient encore ce ministère. René-Marie Guillou mourut à Rennes, dans un âge très avancé, chanoine honoraire du diocèse.

GUILLOUTET (Joseph-Louis-Adhémar, marquis de), député au Corps législatif de 1863 à 1870, et de 1876 à 1886, né à Port-Sainte-Marie (Lot-et-Garonne) le 6 avril 1819, issu d'une vieille famille noble, petit-fils par sa mère du savant Monge, propriétaire, agriculteur, maire de Parleboscq et conseiller général des Landes depuis 1850, fut élu député (1er juin 1863) dans la 1re circonscription des Landes, par 18,948 voix (32,319 votants, 41,045 inscrits), contre 13,320 voix à M. Victor Lefranc, candidat d'opposition. Membre de la commission du budget, secrétaire du Corps législatif en 1866, 1867 et 1868, il présenta, le 11 février 1868, un amendement sur les délits de presse, ainsi conçu : « Toute allégation malveillante, relative à la vie privée, publiée par la voie de la presse, est punie d'une amende de 500 à 5,000 fr. ; la poursuite ne peut être exercée que sur la plainte de la partie intéressée. » La majorité y ajouta le droit, pour le parquet, de poursuivre d'office, avec le consentement de la partie intéressée. Le vote de cet amendement dit « du mur de la vie privée » fit grand bruit, et valut à son auteur un instant de célébrité. Il fut réélu député (24 mai 1869), par 21,917 voix (37,146 votants, 43,640 inscrits), contre 15,205 voix à M. Victor Lefranc, et fut nommé, le 31 juillet 1870, chef du 2e bataillon de la garde nationale mobile des Landes. Bonapartiste militant, il se démit, à la chute de l'Empire, de ses fonctions publiques et se retira dans son château de Lacaze près Gabarret, où il organisa une vaste exploitation agricole. Réélu, en octobre 1871, conseiller général des Landes, il se présenta aux élections législatives du 20 février 1876, comme candidat du comité national conservateur, et fut élu député par la 1re circonscription de Mont-de-Marsan, avec 7,326 voix (11,984 votants, 16,074 inscrits), contre 4,586 voix à M. Elie de Dampierre, ancien représentant, légitimiste. Il prit place au groupe de l'Appel au peuple, soutint le cabinet du 16 mai, et fut réélu, le 14 octobre 1877, par 8,676 voix (13,300 votants, 16,567 inscrits), contre 4,542 voix à M. Pazat, républicain. Il défendit le ministère de Broglie-Fourtou, combattit les ministères républicains qui suivirent, et fut réélu, le 21 août 1881, par 7,201 voix (12,850 votants, 16,638 inscrits), contre 5,573 voix à M. Pazat. Porté, aux élections du 4 octobre 1885. sur la liste conservatrice des Landes, il passa, le 1er sur 5, avec 37,813 voix (71,339 votants, 83,874 inscrits), reprit sa place au groupe de l'Appel au peuple et vota avec la minorité de droite; mais l'élection des Landes ayant été invalidée en bloc, les électeurs de ce département, convoqués à nouveau le 14 février 1886, donnèrent la majorité à la liste républicaine, et M. de Guilloutet échoua avec 34,176 voix sur 72,400 votants; le dernier élu de la liste républicaine, M. Sourigues, en obtint 37,878. Chevalier de la Légion d'honneur en 1865, officier le 14 août 1869.

GUILLOZ (Pierre-François), député en 1789

né à Orchamps-Vennes (Doubs) en 1720, mort à Orchamps-Vennes le 24 mai 1792, était curé d'Orchamps, lorsqu'il fut élu, le 14 avril 1789, député du clergé aux Etats-Généraux pour le bailliage de Dôle, par 160 voix. Il prêta le serment civique et vota avec la majorité de l'Assemblée constituante.

GUIMBERTEAU (JEAN), député en 1791, membre de la Convention, député au Conseil des Cinq-Cents, né à Angoulême (Charente) en 1744, mort à une date inconnue, était, au début de la Révolution, juge au tribunal de district d'Angoulême. Partisan des idées nouvelles, il fut, le 6 septembre 1791, élu député de la Charente à l'Assemblée législative, le 8e sur 9, par 156 voix (336 votants). Il y vota avec la majorité réformatrice. Le 4 septembre 1792, le même département l'envoya siéger à la Convention nationale, le 2e sur 9, par 410 voix sur 535 votants. Il vota « la mort » dans le procès du roi, et fut chargé de différentes missions, d'abord, en mars 1793, dans les Charentes pour la levée de 300.000 hommes, puis, en octobre, à Orléans, où il se trouva avec Léonard-Bourdon, et à Blois, à Tours, d'où il écrivait (novembre 1793) : « Les prisons s'emplissent ; je vous jure que la purgation sera bonne. » Il « épura » la municipalité de Blois (octobre 1793), et leva dans cette ville, sur les maisons riches, une taxe extraordinaire. Pendant son séjour à Tours, il destitua les membres des différentes autorités constituées et même ceux du comité de surveillance. Cette dernière mesure fournit à Barrère le motif d'une accusation, à la suite de laquelle Guimberteau fut rappelé et remplacé par Francastel. Quoiqu'on eût prétendu qu'il s'était laissé influencer par les royalistes à Tours, il fut nommé, le 22 octobre 1794, secrétaire de l'assemblée. Il passa (4 brumaire an IV) au Conseil des Cinq-Cents d'abord comme l'élu de ses collègues de la Convention ; puis il y fut renvoyé, le 25 germinal an VI, par le département de la Charente, avec 150 voix sur 175 votants. Favorable au coup d'Etat de brumaire, il fut nommé, le 11 prairial an VIII, juge au tribunal civil d'Angoulême. Frappé par la loi du 12 janvier 1816 contre les régicides, il fut obligé de quitter la France.

GUINARD (JOSEPH), député au Conseil des Cinq-Cents et membre du Tribunat, né à Villepreux (Seine-et-Oise) le 9 avril 1770, mort à Villepreux le 10 septembre 1839, exerça en Belgique, sous la domination française, les fonctions d'administrateur du département de la Lys. Elu, le 23 germinal an VII, député de ce département au Conseil des Cinq-Cents, il adhéra au coup d'Etat de brumaire, fut nommé, le 4 nivôse an VIII, membre du Tribunat, et devint, le 5 germinal an XII, directeur des droits réunis du département du Nord.

GUINARD (JOSEPH-AUGUSTIN), représentant en 1848, né à Paris le 29 septembre 1799, mort à Villepreux (Seine-et-Oise) le 6 juin 1874, fils du précédent, fut envoyé au collège Sainte-Barbe, où il se lia avec Godefroy Cavaignac, et, ses études terminées, se lança de bonne heure dans la vie politique active. Républicain ardent, il s'affilia à la charbonnerie, prit part aux complots de Nantes, de Belfort, de Saumur, coopéra à la fondation du *National*, et, lorsqu'éclata la révolution de 1830, courut aux barricades. Après l'avènement de Louis-Philippe, il continua son opposition, principalement dans les rangs de l'artillerie de la garde nationale,

où il avait le grade de capitaine et dont faisaient partie avec lui plusieurs démocrates militants. Membre de la *Société des Droits de l'homme*, Guinard fut poursuivi à plusieurs reprises par le pouvoir pour participation à divers complots. Impliqué dans le procès des accusés d'avril, il fut condamné à la déportation ; mais il parvint à s'échapper de la prison de Sainte-Pélagie le 15 juillet 1835, et gagna l'Angleterre. Après treize ans d'exil, il revint à Paris en février 1848, à temps pour s'emparer avec des gardes nationaux de la caserne des Minimes, et pour se rendre à l'Hôtel-de-Ville, à la tête de la 8e légion, qui fut des premières à acclamer la République. Le gouvernement provisoire nomma Guinard adjoint au maire de Paris ; il remplit quelque temps cette fonction, refusa celle de préfet de police, et fut encore chef d'état-major de la garde nationale et président du comité des récompenses nationales dont il avait déjà fait partie en 1830. Lors des élections pour l'Assemblée constituante (23 avril 1848), il fut élu, le 33e sur 34, représentant de la Seine, par 106,262 voix (267,888 votants, 399,191 inscrits). Il siégea à gauche, n'eut qu'un rôle parlementaire effacé, et vota : *contre* le rétablissement du cautionnement, *contre* les poursuites contre Louis Blanc et Caussidière, *contre* le rétablissement de la contrainte par corps, *pour* l'abolition de la peine de mort, *pour* l'amendement Grévy, *pour* le droit au travail, *pour* l'ordre du jour en l'honneur de Cavaignac, *pour* la suppression de l'impôt du sel, *pour* la proposition Rateau, *pour* l'amnistie, *contre* les crédits de l'expédition de Rome, *pour* la mise en accusation du président et de ses ministres. Lié avec le général Cavaignac, dont il avait surtout intimement connu le frère Godefroy, il subit son influence pendant les journées de juin, et se détermina, non sans hésitation, à combattre l'insurrection, comme colonel de la garde nationale : il fut assez grièvement blessé. Non réélu à l'Assemblée législative, Guinard ne se désintéressa pas de la lutte, et lorsque, le 13 juin 1849, Ledru-Rollin en appela au peuple en déclarant la Constitution violée et se rendit au Conservatoire des Arts-et-Métiers, le colonel Guinard, suivi d'une centaine d'artilleurs, n'hésita point à faire cause commune avec le chef de la Montagne, et n'essaya pas de s'échapper lorsque le Conservatoire fut envahi par la troupe. Son nom fut porté sur les listes républicaines aux élections complémentaires du 8 juillet suivant, et réunit dans la Seine 94,000 suffrages, nombre insuffisant toutefois pour assurer son succès : peu après, il fut traduit devant la haute cour de Versailles. Guinard refusa de se défendre et fut condamné à la déportation perpétuelle. Détenu successivement à Doullens et à Belle-Isle, il fut rendu à la liberté en 1854, et vécut depuis lors dans la retraite.

GUINARD (AUGUSTE-JOSEPH-ARMAND-GODEROY), représentant en 1871, né à Londres (Angleterre) le 9 mars 1836, fils du précédent, entra à l'Ecole polytechnique, en sortit comme ingénieur des ponts et chaussées, et n'aborda la vie parlementaire que le 8 février 1871 : élu représentant de la Savoie à l'Assemblée nationale, le 4e sur 5, par 19,419 voix (38,375 votants, 66,544 inscrits), il siégea dans les rangs de la gauche républicaine, avec laquelle il vota notamment : *contre* le pouvoir constituant de l'Assemblée, *pour* la dissolution, *contre* la démission de Thiers au 24 mai, *contre* le septennat, la loi des maires, *contre* l'état de siège, contre le ministère de Broglie, *pour* les amendements Wallon et Pascal Duprat et *pour* l'ensemble des lois constitutionnelles. M. Guinard rentra dans la vie privée après la dissolution de l'Assemblée nationale.

GUINEAU-DUPRÉ (JEAN), député au Conseil des Anciens, au Conseil des Cinq-Cents et au Corps législatif de 1811 à 1815, représentant à la Chambre des Cent-Jours, né à Limoges (Haute-Vienne) le 26 octobre 1747, mort à Orgnac (Haute-Vienne) le 11 avril 1835, « fils de M. Jean Guineau et de demoiselle Catherine Dalème, son épouse, » étudia le droit et fut reçu avocat au parlement de Bordeaux (23 août 1774). Il plaida aussi au présidial de Limoges (même année), fut avocat le 10 mars 1775, procureur du roi au siège de la Monnaie de Limoges. Substitut, le 1er mars 1783, du procureur du roi de la commission d'administration des fermes dans le Limousin, syndic des ordres à Limoges en 1784, Guineau-Dupré fut élu, le 21 mars 1789, député suppléant du tiers aux Etats-Généraux; mais il ne fut point appelé à siéger dans l'Assemblée constituante. Après avoir rempli les fonctions de juge au tribunal de district de Bourganeuf (4 janvier 1791), et celles (9 septembre) d'accusateur public près le tribunal criminel de Limoges, il entra, le 23 vendémiaire an IV, au Conseil des Anciens, comme député de la Haute-Vienne, avec 104 voix (126 votants). Il y prit quelquefois la parole, fit annuler les élections de Troyes, présenta un rapport sur « le mode de procéder au criminel contre les sourds-muets », fut secrétaire de l'assemblée et la quitta pour passer, le 23 germinal an VII, au Conseil des Cinq-Cents, toujours en qualité de député de la Haute-Vienne. Son rôle aux Cinq-Cents fut peu important. Favorable au coup d'Etat de brumaire, Guineau-Dupré fut nommé, le 8 floréal an VIII, juge à la cour criminelle de Limoges. Le 4 mai 1811, le Sénat conservateur l'appela à représenter la Haute-Vienne au Corps législatif. Il y soutint d'abord la politique napoléonienne, puis adhéra à la déchéance de l'empereur et fut (17 mai 1815) élu par le collège de département de la Haute-Vienne, avec 51 voix sur 86 votants, représentant à la Chambre des Cent-Jours. Après cette courte législature, il reprit ses fonctions de magistrat, sans rentrer désormais dans la vie politique.

GUINEBAUD DE SAINT-MESME (JACQUES-NICOLAS), député en 1789, né à Nantes (Loire-Inférieure) le 21 janvier 1738, mort à Oporto (Portugal) le 20 décembre 1813, fils de Jacques Guinebaud, négociant au quai de la Fosse, à Nantes, et de Marguerite Boufflet, fut négociant comme son père, devint vice-consul en 1776, et prit part (1788) au mouvement réformiste de la bourgeoisie nantaise. Il se trouva ainsi désigné, lors de l'élection aux Etats-Généraux, aux suffrages de la sénéchaussée de Nantes, et fut par elle nommé, le 18 avril 1789, député du tiers. Il se distingua à Versailles et à Paris par ses libéralités patriotiques, et fut honorablement mentionné au *Moniteur* pour un versement de 30,000 francs, sans intérêt, dans l'emprunt de 30 millions (9 août 1789). Il parla sur les affaires des colonies et du commerce, à propos de la question de la libre circulation des grains, défendit (2 septembre 1789) l'importation exclusive dans les colonies des grains de la métropole, et, le 3 avril 1790, réclama nettement, dans le débat sur la compagnie des Indes, l'abolition du privilège. Après

la session de la Constituante, Guinebaud se tint à l'écart de la politique active, puis il entra dans l'administration, et fut nommé par Bonaparte, le 11 ventôse au VIII, préfet des Basses-Pyrénées. Il ne resta pas longtemps à Pau. Envoyé, le 11 brumaire an X, à Oporto, comme commissaire général des relations commerciales, il y mourut onze ans plus tard.

GUINGAN-JOUSIGNAC DE SAINT-MACHIEU (Joseph) député en 1789, né à Limoges (Haute-Vienne) le 14 avril 1734, mort à Limoges le 9 janvier 1820, curé de la paroisse Saint-Pierre-du-Queyroix de Limoges, fut élu (21 mars 1789) député du clergé aux Etats-Généraux par la sénéchaussée de Limoges. Des premiers il se réunit aux députés du tiers, et, partisan de la constitution civile du clergé, prêta, le 3 janvier 1791, le serment constitutionnel. On le perd de vue après la session.

GUINO (JACQUES-LOUIS), député en 1789, né à Guingamp (Côtes-du-Nord) le 19 juin 1734, mort à Brest (Finistère) le 26 septembre 1807, licencié en droit, fut d'abord chanoine de Tréguier, puis recteur d'Elliant, dans le diocèse de Quimper. Elu, le 22 avril 1789, par cette sénéchaussée, député du clergé aux Etats-Généraux, il se rallia aux idées nouvelles, prêta le serment civique le 27 décembre 1790, conserva sa cure pendant la Révolution, et remplit en même temps, en l'an IV, les modestes fonctions de commis du commissaire national près l'administration du département. Devenu, en l'an VII, vicaire de l'ex-conventionnel Audrein, évêque du Finistère, Guino rentra ensuite dans l'église orthodoxe, et fut nommé curé de Recouvrance, à Brest, où il mourut en 1807.

GUINOT (CHARLES), représentant en 1871, député de 1876 à 1879 et sénateur, né à Amboise (Indre-et-Loire) le 17 octobre 1827, grand entrepreneur de travaux publics, a exécuté une partie des chemins de fer de l'Ouest et de Paris-Lyon-Méditerranée, et travaillé à la canalisation de la Sarthe et de la Mayenne. Il obtint une médaille de sauvetage, pour avoir préservé la ville d'Amboise de l'inondation de 1866, par des travaux exécutés au moment même de la crue. Maire d'Amboise, il fut élu (2 juillet 1871) représentant de l'Indre-et-Loire à l'Assemblée nationale par 35,265 voix (57,443 votants, 96,397 inscrits), contre 3,049 voix à M. Calmon, en remplacement du général Deligny, démissionnaire. Il prit place au centre gauche, et vota *pour* l'amendement Barthe, *pour* le retour à Paris, *pour* la dissolution, *pour* l'amendement Wallon, *pour* les lois constitutionnelles, *contre* le 24 mai, *contre* la démission de Thiers, *contre* la prorogation des pouvoirs du Maréchal, *contre* la loi des maires, *contre* le ministère de Broglie. Conseiller général du canton d'Amboise (8 octobre 1871), puis président du conseil général d'Indre-et-Loire, M. Guinot posa dans son département sa candidature au Sénat, le 30 janvier 1876; mais il échoua avec 163 voix sur 335 votants; il fut plus heureux aux élections législatives du 20 février suivant, qui le renvoyèrent à la Chambre comme député de la 2e circonscription de Tours, par 17,333 voix (18,692 votants, 25,063 inscrits); il fut des 363. Chargé comme président du conseil général d'adresser une allocution au maréchal de Mac-Mahon lors de son voyage à Tours, il fit quelques allusions aux dangers qui menaçaient la Constitution, et s'attira cette réponse du duc de Magenta : « Elle ne peut être mise en péril que par les adversaires de ma politique. » Réélu, après la dissolution, le 14 octobre 1877, par 15,151 voix (21,863 votants, 25,827 inscrits), contre 6,646 voix à M. Houssard, il vota avec la majorité républicaine, et fut élu sénateur d'Indre-et-Loire, le 5 janvier 1879, par 221 voix sur 334 votants, et réélu, au renouvellement triennal du 5 janvier 1888, par 437 voix sur 656 votants. Il a pris place à la gauche de la Chambre haute, a soutenu de ses votes la politique coloniale et scolaire des ministères opportunistes, a voté l'expulsion des princes, et s'est prononcé en dernier lieu : *pour* le rétablissement du scrutin d'arrondissement (13 février 1889), *pour* le projet de loi Lisbonne restrictif de la liberté de la presse, *pour* la procédure à suivre devant le Sénat contre le général Boulanger.

GUIOT (Antoine), député en 1789, né à Arnay-le-Duc (Côte-d'Or) le 2 août 1738, mort à Paris le 10 novembre 1790, « fils de Guiot (Antoine), bourgeois, et de Lambert (Jeanne) », avocat et maire d'Arnay-le-Duc, fut élu député du tiers aux États-Généraux, le 28 mars 1789, par le bailliage de l'Auxois, avec 94 voix sur 158 votants. Dans sa courte carrière politique, il ne prit que deux fois la parole, le 19 août 1789 pour donner son avis sur la Déclaration des droits et, au mois d'août 1790, pour défendre les intérêts de la commune d'Arnay-le-Duc.

GUIOT (Florent), député en 1789, membre de la Convention, député au Conseil des Anciens, au Conseil des Cinq-Cents et au Corps législatif, né à Semur (Côte-d'Or) le 27 juillet 1755, mort à Avallon (Yonne) le 18 avril 1834, était avocat à Semur quand il fut élu (29 mars 1789) député du tiers aux États-Généraux pour le bailliage de l'Auxois, avec 94 voix sur 157 votants. Il ne prit part à aucune des grandes discussions qui agitèrent l'Assemblée, mais, adhéra, par ses votes, à toutes les réformes. Après la session, il devint juge au tribunal de Semur. Il assista à la journée du 20 juin 1792, et déclara que la municipalité de Paris, en n'intervenant pas, avait sauvé la patrie. Élu, le 5 septembre 1792, membre de la Convention par le département de la Côte-d'Or, le 5e sur 10, avec 291 voix sur 523 votants, il répondit, dans le procès de Louis XVI, au 3e appel nominal : « J'ai déclaré Louis Capet coupable de conspiration ; celui qui conspire contre sa patrie mérite la mort : je condamne Louis à mort. » L'année suivante, il fut envoyé en mission dans le Nord, d'où il écrivit à la Convention la découverte de la conspiration de Lejosne, son exécution et celle de ses complices. Il terminait sa lettre en disant « que la guillotine ne s'arrêterait pas qu'elle n'eût fait tomber les têtes de tous les coupables ». Ennemi de Robespierre, il écrivait de Lille, le 12 thermidor an II : « Je viens de lire dans les papiers publics l'exécrable conspiration de Robespierre, Saint-Just, Couthon, etc. Mon âme a été soulagée en apprenant que ces vils scélérats ont reçu le prix de leurs crimes. » Envoyé en mission dans le Pas-de-Calais, il fit relâcher des prisonniers de la Terreur. Il écrivait de Lille, le 27 nivôse an III : « Prenons garde que ces mots *terroristes*, *hommes de sang*, ne deviennent des armes funestes à la tranquillité publique, et qu'on ne les emploie pour perdre son ennemi, ou supplanter l'homme dont on désire la place. » Il se plaignait, en ventôse, de la dilapidation de

bras et d'argent : « N'est-il pas ridicule qu'il y ait un commandant à Montdidier, place forte comme Neuilly, près Paris ? » — « Je suis très satisfait, écrivait-il le 4 messidor, de l'esprit public de Dunelibre (Dunkerque) ; une règle sûre pour moi de juger du patriotisme d'une commune, c'est d'y trouver le peuple avec une physionomie confiante et gaie. » Au 13 vendémiaire, il fut un des premiers à organiser la résistance de la Convention contre les sections, et eut une grande part à l'adoption du décret du 3 brumaire qui excluait les parents d'émigrés de toute fonction publique. Élu député du Nord au Conseil des Anciens avec 310 voix (601 votants), le 23 vendémiaire suivant, et député de la Côte-d'Or au Conseil des Cinq-Cents, par 211 voix (246 votants), le 27 germinal an VI, il fut nommé peu après résident près de la République des Grisons ; mais ayant eu de graves difficultés avec les régents de cette république, on l'envoya (14 thermidor an VII) comme ministre près de la République batave. Candidat malheureux au Directoire pour remplacer Lareveillère-Lepeaux, il fut élu, le 4 nivôse an VIII, par le Sénat conservateur, député de la Côte-d'Or au nouveau Corps législatif. Resté quelque peu suspect, il fut emprisonné quelque temps après l'explosion de la machine infernale attribuée au début, par Fouché, aux jacobins. Grâce à l'influence de Merlin de Douai, il devint en 1806 secrétaire, puis substitut du procureur impérial au conseil des prises, enfin membre de ce conseil, et retraité comme tel, le 23 juillet 1831.

GUIOT (Hyérome-Alexandre), député au Conseil des Cinq-Cents, né à Callac (Côtes-du-Nord) le 26 janvier 1760, mort à une date inconnue, fils de Nicolas Guiot, notaire et greffier, et de demoiselle Marie-Yvonne-Françoise Boussard, étudia le droit et fut reçu avocat, puis servit quelque temps aux armées. Nommé juge, il exerça ensuite la profession de notaire. Le 21 germinal an VI, il fut élu député des Côtes-du-Nord au Conseil des Cinq-Cents, par 186 voix sur 205 votants, et ne se fit pas remarquer dans cette assemblée.

GUIRAIL (Charles-Vincent), député au Conseil des Cinq-Cents et au Corps législatif de l'an VIII à 1805, né à Oloron (Basses-Pyrénées) en 1754, mort à une date inconnue, administrateur des Basses-Pyrénées, fut élu par ce département, le 26 germinal an VII, député au Conseil des Cinq-Cents. Il adhéra à la Constitution de l'an VIII, et fut choisi par le Sénat conservateur, le 4 nivôse de la même année, comme député des Basses-Pyrénées au nouveau Corps législatif ; il y siégea jusqu'en 1805.

GUIRAUD (Raymond-Elisabeth-Alexandre-Léonce de), député au Corps législatif en 1870 et représentant en 1871, né à Limoux (Aude) le 23 mars 1829, mort le 28 juillet 1873, était propriétaire-viticulteur, et membre de plusieurs sociétés agricoles, lorsqu'il posa sa candidature d'opposition légitimiste dans la 2e circonscription de l'Aude (16 décembre 1860), en remplacement de M. Alengry, décédé ; il échoua avec 5,649 voix contre 22,934 à l'élu officiel, M. Dabeaux, 1,180 à M. Vallière, et 548 à M. Callat-Germain. Il échoua encore, comme candidat d'opposition, le 24 mai 1869, dans la 3e circonscription du même département, avec 9,133 voix contre 10,293 à l'élu officiel, M. Isaac Péreire. Cette élection ayant été annulée, M. de Guiraud fut cette fois élu (6 février 1870) par 10,313 voix, contre 8,804 à

M. Isaac Péreire, député sortant. Après le 4 septembre, il refusa diverses situations publiques, et fut nommé, le 8 février 1871, représentant de l'Aude à l'Assemblée nationale, par 33,473 voix (54,560 votants, 92,276 inscrits). Républicain modéré, il prit place au centre gauche et vota *pour* la paix, *pour* l'abrogation des lois d'exil, *pour* l'amendement Barthe et *contre* le 24 mai. Il mourut au cours de la législature. On a de lui : *Philosophie catholique de l'histoire.*

GUIRAUDEZ DE SAINT-MÉZARD (MATHIEU), député en 1789, né à Saramon (Gers) le 25 décembre 1728, mort à une date inconnue, docteur en théologie et archiprêtre de Lavardens, fut élu, le 1er avril 1789, député du clergé aux États-Généraux par la sénéchaussée d'Auch. Il vota avec la minorité. Son nom ne figure pas au *Moniteur.*

GUISTIÈRE (ARMAND GAULTIER DE LA), député au Corps législatif de 1853 à 1856, né à Rennes (Ille-et-Vilaine) le 30 octobre 1791, mort à Rennes le 24 février 1856, entra dans l'administration et fut conseiller de préfecture d'Ille-et-Vilaine. Candidat officiel du gouvernement impérial, il fut, le 4 septembre 1853, élu député au Corps législatif par 15,816 voix (16,053 votants, 34,537 inscrits) dans la 1re circonscription d'Ille-et-Vilaine, en remplacement de M. Pougérard, nommé receveur général. Il siégea dans la majorité dynastique et vota avec elle jusqu'en 1856, époque de son décès. Il fut remplacé, le 13 avril de cette année, par le marquis de Piré. Chevalier de la Légion d'honneur.

GUISTIÈRE (ARMAND GAULTIER DE LA), député au Corps législatif de 1863 à 1870, né à Rennes (Ille-et-Vilaine) le 2 mai 1825, fils du précédent, docteur en droit, fut, sous le second empire, adjoint au maire de Rennes et conseiller de préfecture d'Ille-et-Vilaine (1858-1863). Il fut élu, le 4 juin 1863, député au Corps législatif par la 4e circonscription d'Ille-et-Vilaine avec 17,323 voix (28,603 votants, 34,878 inscrits), contre 11,173 à M. Duclos. Il s'associa à tous les votes de la majorité impérialiste, fut réélu, le 24 mai 1869, par 24,720 voix (24.816 votants, 36,233 inscrits), fit partie du tiers-parti libéral, signa l'interpellation des 116, et fut maire de Rennes, président du conseil général et chevalier de la Légion d'honneur ; il se prononça *pour* la déclaration de guerre à la Prusse. Rentré dans la vie privée au 4 septembre 1870, il accepta, la dissolution de la Chambre par le cabinet du 16 mai, d'être le candidat officiel du gouvernement dans l'arrondissement de Montfort, aux élections du 14 octobre 1877 ; mais il échoua avec 5,936 voix contre M. Pinault, républicain, élu par 7,766 suffrages.

GUITARD (ANTOINE-JOSEPH), député en 1791, représentant à la Chambre des Cent-Jours, et député de 1819 à 1824, né à Aurillac (Cantal) le 20 octobre 1762, mort à Paris le 7 octobre 1846, « fils de maître Adrien-Maurice Guitard, conseiller du roi et son avocat au bailliage et siège présidial d'Aurillac, et de dame Marie-Anne Cinqarbres de Cabrol, son épouse, » fit ses études de droit à Paris, revint en 1784 s'installer comme avocat dans sa ville natale, et embrassa avec ardeur la cause de la Révolution. Président de l'administration du département du Cantal, il fut élu député de ce département à l'Assemblée législative, le 4e sur 8, par

194 voix sur 319 votants (28 août 1791), et ne se signala que par ses idées modérées, ce qui lui valut, après la fin de la session, d'être arrêté comme suspect et emprisonné jusqu'au 9 thermidor. Accusateur public du Cantal (25 vendémiaire an IV), juge suppléant au tribunal civil d'Aurillac (28 floréal an VIII), substitut du procureur près le tribunal de première instance d'Aurillac (du 11 avril 1811 au 17 février 1816), il fut élu (13 mai 1815) représentant à la Chambre des Cent-Jours, par le collège de département du Cantal, avec 56 voix (110 votants, 209 inscrits), et réélu, par le même collège, le 11 septembre 1819, avec 307 voix (563 votants, 830 inscrits). Partisan des idées de Benjamin Constant, Royer-Collard et Foy, il siégea à l'opposition libérale. Aussi, après la révolution de juillet, fut-il nommé (2 décembre 1830) préfet à Aurillac. Remplacé par M. Delamarre, le 21 janvier 1833, il reprit sa place au barreau de la ville. Conseiller général du Cantal.

GUITER (JOSEPH-ANTOINE-SÉBASTIEN), membre de la Convention, député au Conseil des Cinq-Cents, au Corps législatif de l'an VIII à l'an XI, et représentant à la Chambre des Cent-Jours, né à Torreilles (Pyrénées-Orientales) le 24 février 1761, mort à Paris le 1er juillet 1829, fut le septième enfant vivant d'une famille de situation très modeste. Envoyé à Perpignan, à l'âge de dix ans, il fit de droit ses humanités au collège royal, d'où il passa à l'université pour se préparer à l'état ecclésiastique. Il y entrait à peine, quand la Révolution vint changer sa destinée. Il en adopta d'abord les principes avec modération, fut nommé deux fois maire de Perpignan, exerça cette magistrature dans des circonstances difficiles, et, le 3 septembre 1792, fut élu membre de la Convention par le département des Pyrénées-Orientales le 1er sur 6, avec 127 voix (158 votants). La santé de Guiter était alors sérieusement atteinte : lorsqu'il vint à Paris, pour occuper son siège de député, il tomba malade et fut obligé de s'arrêter en route. Ce fut seulement vers le milieu d'octobre qu'il se rendit à la Convention. Il eut quelques entretiens avec Pétion, relativement à la question de l'inviolabilité du roi dont Guiter se fit inutilement le défenseur. Membre de la droite de l'assemblée, il lutta contre les opinions de la Montagne, soutint que Louis XVI ne pouvait être mis en jugement. puis, au cours du procès, s'exprima ainsi lors du 3e appel nominal : « Mon opinion est connue. Je ne sais ce que c'est que de varier. Je demande la reclusion pendant la guerre et le bannissement ensuite. » Lorsque les 22 députés dénoncés par la commune de Paris eurent été frappés d'un décret d'arrestation, le 2 juin, il protesta, et, le 5 juin, publia un compte-rendu à ses commettants, dans lequel il affirmait son « modérantisme ». Bientôt décrété lui-même d'arrestation, et incarcéré avec ses 72 collègues, il ne recouvra la liberté qu'après le 9 thermidor. Il fut rappelé à la Convention le 18 frimaire an III et prit part à ses derniers travaux. Élu, le 21 vendémiaire an IV, député des Pyrénées-Orientales au Conseil des Cinq-Cents, par 48 voix sur 103 votants, Guiter se fit peu remarquer dans cette assemblée. Il approuva le coup d'État de brumaire, et le Sénat conservateur l'inscrivit (4 nivôse an VIII), comme député du même département, sur la liste des membres du nouveau Corps législatif, où il siégea jusqu'en l'an XI. Le 15 mai 1815, l'arrondissement de Perpignan l'élut repré-

19

sentaut à la Chambre des Cent-Jours, par 39 voix sur 66 votants. Après cette dernière législature, il vécut à l'écart des affaires publiques.

GUITER (Théodore), représenté en 1848, 1849 et 1871, né à Perpignan (Pyrénées-Orientales) le 15 février 1797, mort à Paris le 22 mars 1875, fut secrétaire de M. Destutt de Tracy, et succéda à son père comme notaire à Perpignan. Il se signala de bonne heure par ses idées libérales et son opposition au gouvernement de Louis-Philippe, contribua à la création du journal l'*Indépendant*, assura l'élection de son beau-frère Arago en 1846, et, après la révolution de février, fut nommé commissaire du gouvernement provisoire dans les Pyrénées-Orientales, où les passions politiques se donnèrent un moment libre carrière. Le 23 avril 1848, il fut élu représentant des Pyrénées-Orientales à l'Assemblée constituante, le 2e s., par 31,445 voix sur 36,773 votants et 45,700 inscrits. Il prit place à gauche, fit partie du comité de l'administration et vota *pour* le bannissement de la famille d'Orléans, *pour* le décret sur les clubs, *contre* les poursuites contre L. Blanc et Caussidière, *pour* l'abolition de la peine de mort, *pour* l'impôt progressif, *contre* l'incompatibilité des fonctions, *pour* l'amendement Grévy, *contre* la sanction de la Constitution par le peuple, *pour* l'ensemble de la Constitution, *contre* la proposition Rateau, *contre* l'expédition de Rome. Réélu à la Législative, le 13 mai 1849, par le même département, le 4e et dernier, avec 20,424 voix (32,466 votants, 47,330 inscrits), il y fut l'adversaire de la majorité conservatrice et de la politique personnelle du prince-président, et, après le 2 décembre, fut éloigné un moment de France et se réfugia en Savoie. De retour à Perpignan, il se mêla peu de politique jusqu'aux élections de 1869, époque à laquelle il se présenta, dans la 1re circonscription de l'Ardèche, comme caudidat de l'opposition démocratique; il échoua, au second tour de scrutin, avec 12,176 voix, contre 15,598 au général Dautheville, candidat officiel. L'année suivante, il fit une vive opposition au plébiscite. Il entra au parlement après la guerre franco-allemande, élu, le 8 février 1871, représentant des Pyrénées-Orientales à l'Assemblée nationale, le 2e sur 4, par 22,562 voix sur 29,916 votants et 54,120 inscrits; il prit place à gauche, vota *contre* la paix, *contre* le 24 mai, *contre* la démission de M. Thiers, *contre* la prorogation des pouvoirs du Maréchal, *pour* la dissolution, *pour* la proposition du centre gauche, et mourut avant la fin de la législature.

GUITTARD (Jean-Baptiste), député en 1789, membre de la Convention, député au Conseil des Anciens et au Conseil des Cinq-Cents, né à Bellemagny (Haut-Rhin) le 25 décembre 1737, mort à une date inconnue, appartint aux armées du roi sous l'ancien régime. Capitaine du régiment d'infanterie provisoire d'Alsace, puis capitaine de gendarmerie, chevalier de Saint-Louis, il fut élu, le 4 avril 1789, député du tiers aux Etats-Généraux par le bailliage de Belfort et Huningue. Il vota avec la majorité. Le 6 septembre 1792, le département du Haut-Rhin, par 210 voix sur 406 votants, le nomma 1er député suppléant à la Convention : Guittard ne fut admis à siéger en titre que le 5 floréal an III, par la voie du tirage au sort ; il était alors père de sept enfants. Il passa, le 21 vendémiaire an IV, au Conseil des Anciens, ayant été élu par le même département, avec

128 voix sur 243 votants, et de là au Conseil des Cinq-Cents, le 23 germinal an VI. Son rôle parlementaire, dans ces diverses assemblées, fut très effacé.

GUIZARD (Marie-Louis-Anicet Blanc de), député de 1834 à 1842, né à Villecomtal (Aveyron) le 10 août 1797, mort à Rodez (Aveyron) le 16 avril 1879, était rédacteur du *Globe* en 1830; il signa la protestation des journalistes contre les Ordonnances, se mêla au mouvement insurrectionnel et reçut la croix de juillet. Peu après, il fut nommé préfet de l'Aveyron, puis directeur des bâtiments et monuments publics au ministère de l'Intérieur (1834). La même année (21 juin), il fut élu député par le 3e collège de l'Aveyron (Espalion) avec 105 voix (185 votants, 211 inscrits) contre 80 à M. Delzers; comme les fonctions publiques que M. de Guizard avait exercées dans le département avaient pris fin depuis moins de six mois, cette élection fut annulée; mais M. de Guizard fut réélu (6 septembre 1834) avec 103 voix (160 votants, 235 inscrits), contre 55 à M. Delzers; invalidé une seconde fois, il fut encore et définitivement élu, le 27 septembre 1834, par 128 voix (134 votants, 249 inscrits). Successivement réélu, le 4 novembre 1837 par 121 voix (225 votants, 299 inscrits), et le 2 mars 1839 par 130 voix (210 votants, 301 inscrits), il donna son approbation aux lois de septembre et entra, avec Thiers et Guizot, dans la coalition contre le ministère Molé. Il ne fit pas partie d'autres législatures.

GUIZARD (Sylvain), représentant du peuple en 1848 et en 1849, né à Guéret (Creuse) le 12 avril 1806, mort à Guéret le 15 juin 1859, fit sa médecine à Paris, se battit aux journées de 1830, fut décoré de juillet, montra beaucoup de courage et de dévouement pendant l'épidémie du choléra en 1832, puis alla se fixer dans sa ville natale. Très estimé de ses concitoyens, ses sentiments républicains notoirement connus lui valurent d'être nommé, après la révolution de 1848, commissaire du gouvernement provisoire dans la Creuse, puis, le 23 avril, représentant de ce département à l'Assemblée constituante, le 2e sur 7, par 21,293 voix (49,820 votants). Il siégea parmi les républicains modérés, fit partie du comité de l'intérieur, et vota *pour* le bannissement de la famille d'Orléans, *pour* le décret sur les clubs, *contre* les poursuites contre L. Blanc et Caussidière, *pour* l'abolition de la peine de mort, *contre* l'impôt progressif, *pour* l'incompatibilité des fonctions, *contre* l'amendement Grévy, *contre* la sanction de la Constitution par le peuple, *pour* l'ensemble de la Constitution, *contre* la proposition Rateau, *contre* l'expédition de Rome. Réélu à la Législative, le 13 mai 1849, le 1er sur 6, par 19,848 voix (39,471 votants, 73,014 inscrits), il vota parfois avec la Montagne, fit partie de la minorité hostile au prince Louis-Napoléon, fut arrêté au 2 décembre, puis revint dans sa ville natale, où il se consacra à l'exercice de la médecine.

GUIZOL (Jean-Baptiste), député au Conseil des Anciens et représentant à la Chambre des Cent-Jours, né à Sainte-Radegonde (Indre-et-Loire) le 12 janvier 1756, mort à une date inconnue, « fils de Claude Guizol, bourgeois, et de dame Marianne Jaume, » fut administrateur du département d'Indre-et-Loire, et élu député de ce département au Conseil des Anciens, le 20 germinal an VI, par 125 voix sur 227 votants

Secrétaire de cette assemblée le 1er germinal an VII, il fut réélu au même conseil par le même département, le 25 germinal suivant, avec 145 voix sur 164 votants, et combattit (11 thermidor) le projet relatif à l'emprunt forcé de cent millions. Il se tint à l'écart pendant la durée de l'Empire, et reparut au parlement pendant les Cent-Jours, élu, le 11 mai 1815, représentant d'Indre-et-Loire à la Chambre des Cent-Jours, au collège du département, par 71 voix sur 95 votants et 223 inscrits. Il rentra définitivement dans la vie privée après cette courte législature.

GUIZOT (François-Pierre-Guillaume), député de 1830 à 1848, et ministre, né à Nîmes (Gard) le 4 octobre 1787, mort au Val-Richer (Calvados) le 12 octobre 1874, appartenait à une famille calviniste et était fils d'un avocat qui fut exécuté en l'an II. Il se réfugia tout enfant à Genève avec sa mère, s'y familiarisa avec les langues allemande, anglaise et italienne, en même temps qu'il poursuivait l'étude des littératures classiques et des sciences exactes, et vint à Paris à dix-neuf ans pour suivre les cours de l'Ecole de droit. Pauvre, il vécut d'abord à l'écart, entra ensuite comme précepteur dans la famille de l'ancien résident suisse auprès du gouvernement français, Stapfer, et fut soutenu dans ces pénibles débuts par l'ambition âpre et concentrée qui l'animait. « Je possède, écrivait-il à sa mère en octobre 1806, une chose qui sera peut-être favorable à mes principes, quoique proscrite par le monde, l'entêtement. Je puis avoir tort; mais toutes les fois que je crois avoir raison, l'univers entier n'a aucune influence sur ma manière de penser, et, pour la changer, il faut me prouver que je me trompe, ce qui me met dans la nécessité d'être toujours de bonne foi. » Il ajoute que, dût-il passer pour un orgueilleux, il évitera toute discussion avec ceux qui ne lui paraîtraient pas de son avis, car « il y a de la mauvaise foi à discuter, lorsqu'on ne veut pas se ranger du parti de ceux avec qui on discute ». Guizot conserva toute sa vie ces façons hautaines : il devait les manifester particulièrement dans l'exercice du pouvoir. En 1807, il entra en relations avec Suard, directeur du *Publiciste*, et avec l'abbé Morellet, connut chez eux la société littéraire de l'époque, et y rencontra pour la première fois Mlle Pauline de Meulan, qu'il devait épouser le 7 avril 1812 : plus âgée que son époux de quatorze ans, elle consentit à devenir sa femme « par reconnaissance, disent les biographes, pour le concours discret qu'elle avait reçu pendant une longue maladie d'un ami inconnu qui n'était autre que Guizot ». Par ses relations de famille et de société avec les chefs du parti royaliste, elle allait contribuer à lui ouvrir la carrière politique. A cette époque, Guizot avait commencé de s'affirmer par quelques travaux littéraires : *Nouveau Dictionnaire des synonymes; Annales de l'éducation; De l'état des Beaux-Arts en France et du Salon de 1810; l'Espagne en 1808; Vies des poètes français du siècle de Louis XIV*, etc., qui le firent remarquer de Fontanes, et lui valurent une chaire de professeur d'histoire moderne à la faculté des lettres (1812). Ce poste le plaça dans le voisinage de Royer-Collard, qui devait introduire Guizot dans le monde officiel en le recommandant (1814) à l'abbé de Montesquiou, ministre de l'Intérieur, pour l'emploi de secrétaire général à ce ministère. En cette qualité, Guizot prit part à la préparation de la loi sur la presse du 23 octobre

1814, précédée de la brochure : *Quelques idées sur la liberté de la presse*, dans laquelle il expose ses principes sur ce sujet délicat. Le silence imposé par l'Empire est, suivant lui, l'origine d'une partie notable des malheurs du pays. La vérité peut seule restituer à l'esprit public son énergie nécessaire et à la nation sa confiance; mais il convient de tracer des limites; car le nouveau gouvernement est d'hier. Le collaborateur de l'abbé de Montesquiou s'associa également à l'ordonnance du 17 février 1815, qui, sous couleur de décentralisation, était, en fait, l'abolition de l'Université. Cette ordonnance fut rapportée le 15 août de la même année, et Guizot lui-même reconnut plus tard ce qu'elle pouvait renfermer de périls en ouvrant les voies à des ambitions qui dès cette heure même « cherchaient habilement leur propre puissance dans les progrès de la liberté commune ». Guizot fut encore attaché au comité de censure, en compagnie de M. de Fraysinous. Au retour de l'île d'Elbe, il quitta le ministère, et reprit son cours à la faculté, jusqu'au moment où il alla rejoindre Louis XVIII à Gand; il y participa à la rédaction du *Moniteur*, feuille officielle de la nouvelle émigration. Ce voyage à Gand, que ses adversaires lui reprochèrent si fréquemment et qui plus tard donna lieu entre eux et lui à des débats irritants, fut expliqué d'une façon favorable par les amis politiques de Guizot : il se serait rendu en leur nom auprès de Louis XVIII pour faire entendre à l'entourage du roi quelques conseils de sagesse et de modération, pour combattre l'influence du duc de Blacas et pour empêcher, s'il était possible, les partisans du retour pur et simple à l'ancien régime de reconquérir un ascendant que le roi ne leur avait pas encore accordé. Le second retour des Bourbons le fit entrer au ministère de la Justice comme secrétaire général de Barbé-Marbois; il le quitta en mai 1816, pour protester, a-t-on dit, contre les excès de la Chambre introuvable et des cours prévôtales, et fut nommé maître des requêtes au conseil d'Etat.

L'*Essai sur l'histoire et l'état actuel de l'instruction publique en France*, la brochure qui a pour titre *Du gouvernement représentatif et de l'état actuel de la France*, sont de cette époque. Cette dernière étude est en quelque sorte le manifeste du parti, ou plutôt du groupe doctrinaire qui se formait sous l'inspiration de Royer-Collard. Royaliste constitutionnel, Guizot prenait position entre les *ultras* et les libéraux. En 1819, il fut chargé de la direction des affaires commerciales et départementales au ministère de l'Intérieur; mais, en 1820, quand l'attentat de Louvel (13 février) eut provoqué la chûte du cabinet Decazes, Guizot fut destitué, portant la peine de l'attitude de ses amis du parlement, Royer-Collard, Camille Jordan, de Broglie, de Barante, hostiles à la nouvelle loi électorale. Il retomba naturellement dans l'opposition, et publia, dans sa retraite de la Maisonnette, petite propriété qui lui avait été prêtée par Mme de Condorcet, divers écrits politiques dont le retentissement et le succès furent considérables. Le premier fut : *Du gouvernement de la France depuis la Restauration et du ministère actuel*. Il y débattait cette question : laquelle des deux influences doit prévaloir dans le gouvernement, celle des classes moyennes émancipées par 89, ou celle des classes jadis privilégiées? L'année suivante (1821), dans un nouvel ouvrage : *Des moyens actuels de gouvernement et d'opposition*, il s'appliquait à atténuer ce que sa précédente publication avait paru avoir de trop agressif, en tâchant d'établir que le régime fondé par la Charte contenait les seuls moyens de revendication efficace que pussent désirer les amis du pouvoir et de la liberté. C'était le temps des complots et des sociétés secrètes : Guizot entendait ne point s'y mêler, et dans ses brochures : *Des conspirations et de la justice politique; De la peine de mort en matière politique*, il se contenta d'opiner pour la clémence en regrettant l'action excessive de la police et la rigueur des poursuites (1821-22). Ces travaux n'étaient pas son unique occupation : il avait encore une fois rouvert son cours (7 décembre 1820), en prenant pour sujet l'*Histoire des anciennes institutions politiques de l'Europe chrétienne et des origines du gouvernement représentatif* : le cours fut suspendu par Fraysinous le 12 octobre 1822. C'est à cette époque de loisirs forcés qu'il entreprit la série des grands travaux historiques qui forment la base la plus solide de sa renommée : *Essai sur l'histoire de France: Collection des mémoires relatifs à la révolution d'Angleterre* (26 volumes), traduits sous sa direction et annotés par lui; *Collection des Mémoires relatifs à l'histoire de France* (31 volumes); *Histoire de la révolution d'Angleterre*. Au milieu de ces grands labeurs, il eut la douleur de perdre sa femme (1er avril 1827); il se remaria l'année suivante avec la nièce de celle qu'il venait de perdre et qui avait désiré et préparé cette union; mais la nouvelle Mme Guizot mourut elle-même en 1833. L'avènement du ministère Martignac rendit à Guizot sa place de conseiller d'Etat et sa chaire à la Sorbonne : il publia alors l'*Histoire de la civilisation en France* et l'*Histoire de la civilisation en Europe*, prit la direction de la *Revue française*, organe des doctrinaires, et entra dans la société *Aide-toi, le Ciel t'aidera*, rendez-vous public de toutes les oppositions disciplinées par un même désir : déplacer la majorité. Il présida chez M. Paravez la séance de fondation de cette société (1827), qui n'avait au début d'autre programme que de préparer, par une active propagande de journaux et de brochures, des élections libérales. Mais le triomphe des royalistes constitutionnels devait être de courte durée : le 9 août 1829, M. de Polignac prit le pouvoir. Guizot fut bientôt appelé à combattre la nouvelle politique au sein de la Chambre des députés : élu, le 23 janvier 1830, sur la recommandation écrite de La Fayette, Dupont (de l'Eure), Sébastiani, de Broglie et Marchais, dans le 4e arrondissement du Calvados (Lisieux), par 281 voix (446 votants, 563 inscrits), contre 87 voix à M. Paiu, maire de Fervaques, et 41 à M. Labbey de la Roque, en remplacement de M. Vauquelin de la Rivière, décédé, il prit place au centre gauche, vota contre le cabinet, et se prononça énergiquement pour le projet d'adresse des 221 : « La vérité, dit-il, a déjà assez de peine à arriver jusqu'au cabinet des rois, ne l'y envoyons point faible et pâle. » La Chambre dissoute, il fut réélu, le 23 juin 1830, par 330 voix (502 votants, 571 inscrits), contre 165 à M. Labbey de la Roque. Lorsque Charles X signa les fameuses Ordonnances, Guizot était à Nîmes; il ne rentra à Paris que le 27 juillet, et ne partit même, il rédigea avec Villemain et Dupin une protestation qui fut signée, le 28, par 63 députés.

Au lendemain de la révolution, le 1er août 1830, il fut chargé, d'abord avec le titre de commissaire provisoire, puis comme ministre, du portefeuille de l'Intérieur; il conçut dès lors et s'efforça d'appliquer ce système de répression et de résistance auquel son nom est resté atta-

ché. Sa circulaire aux préfets, du 29 septembre 1830, contenait ce passage : « La liberté dans l'ordre, le progrès dans le repos, le perfectionnement sans combat, voilà ce que la France ne pouvait obtenir du gouvernement qui n'est plus : voilà ce qu'elle espère du gouvernement qu'elle s'est donné. » En contradiction avec Laffitte, il quitta le ministère le 2 novembre en même temps que son ami le duc de Broglie. Il se prononça *contre* les clubs, *contre* les manifestations populaires, défendit les ministres de Charles X, dénonça les violences commises à Saint-Germain-l'Auxerrois et à l'archevêché, etc., contribua ouvertement au renversement du ministère Laffitte, fut réélu député de Lisieux, le 5 juillet 1831, par 346 voix (546 votants, 690 inscrits), contre 190 à M. Fleuriot de la Touzerie, soutint la politique de Casimir Périer, et revint au pouvoir, le 11 octobre 1832, comme ministre de l'Instruction publique, dans le cabinet conservateur que présida le maréchal Soult. Soumis à la réélection comme député, il obtint le renouvellement de son mandat, le 11 novembre, par 358 voix (540 votants, 781 inscrits), contre 168 à M. Isambert. C'est alors que commença son rôle actif. Peu fait pour se renfermer dans la spécialité de son département, il eut, par l'influence considérable qu'il prit dans le conseil et dans le gouvernement, par ses luttes de tribune, une très large part à tous les événements politiques de cette période agitée, soutenant systématiquement toutes les mesures de compression et toutes les lois restrictives de la liberté contre la presse, les associations, etc. Mais, d'autre part, il signala son passage à l'Instruction publique par des mesures importantes, et par cette loi de 1833 sur l'enseignement primaire qui est restée, à certains égards, la base de nos institutions scolaires. Guizot considérait d'ailleurs l'*obligation* comme inopportune en 1833; en ce qui touche la gratuité, il estimait que si l'Etat avait le devoir de mettre l'instruction élémentaire à la portée de tous, il n'était tenu de la donner qu'aux enfants des familles qui étaient dans l'impossibilité de la payer. L'enseignement secondaire ne fut pas négligé : il se proposait de lui appliquer le régime de la liberté mitigée. L'Université conservait ses lycées et collèges; mais tout Français était admis à ouvrir des institutions du second degré, sous la seule condition de justifier de sa capacité et de sa moralité. Ce projet comprenait l'enseignement moral et religieux : « Le développement intellectuel, disait-il, séparé du développement moral et religieux, devient un principe d'orgueil, d'insubordination, d'égoïsme, et par conséquent de danger pour la société. » Le projet fut soumis à la Chambre, qui le discuta; mais un nouveau ministère survint, et l'extension de la liberté fut renvoyée à un autre temps. Ministre de l'Instruction publique du 11 octobre 1832 au 10 novembre 1834, puis du 18 novembre 1834 au 22 janvier 1836, et du 6 septembre 1836 au 15 avril 1837, il déploya une énergie et une activité intellectuelles incontestables, adressa aux préfets, aux recteurs, aux inspecteurs primaires (créés en 1835) et aux instituteurs, de remarquables circulaires, adjoignit aux recteurs des délégués spéciaux chargés de visiter les écoles, fit préparer des manuels, fonder de nouveaux établissements, etc., réforma les règlements de l'Ecole normale, rétablie en 1830, et, dans l'enseignement supérieur, institua plusieurs chaires, comme celle de droit constitutionnel confiée à Rossi. Dans l'ordre purement politique, Guizot, à dater de 1832, s'achemina lentement vers la possession complète et incontestée du pouvoir, en devenant de plus en plus l'organe autorisé et le véritable chef des conservateurs. Réélu député, le 21 juin 1834, par 399 voix (559 votants, 801 inscrits), contre 90 à M. Bignon; puis, le 19 décembre de la même année (à la suite de son second avènement au ministère de l'Instruction publique), par 388 voix (449 votants, 860 inscrits), contre 46 à Garnier-Pagès, et encore le 14 octobre 1836, il songea à donner aux tories français de la Chambre une organisation et une discipline inflexibles; il y réussit. Il ne contribua pas à la chute du premier ministère Thiers, qui ne dura que six mois (février-août 1836); mais il se sépara nettement, en mai 1837, de M. Molé, dont la politique « inconséquente, » avait, a-t-il dit lui-même, le tort de ne pas assurer à la Chambre une part suffisante dans le gouvernement. Guizot pensait que la direction des affaires devait appartenir à un homme qui apportât avec lui la majorité au lieu de l'emprunter à la faveur royale, et qui représentât nettement le parti conservateur, au lieu d'en obtenir seulement une adhésion plus résignée qu'enthousiaste. De jour en jour son opposition s'accentua, jusqu'à ce point qu'en 1839 il entra dans la coalition du centre droit et du centre gauche, avec Thiers et Odilon Barrot. Les élections du 4 novembre 1837 avaient donné à Guizot 321 voix (513 votants, 840 inscrits), contre 146 à M. J. Laffitte; celles du 2 mars 1839, où la « coalition » fut victorieuse, le renvoyèrent à la Chambre avec 477 voix (505 votants).

La crise ministérielle qui suivit la chute du cabinet Molé fut longue et difficile : l'éphémère combinaison Soult-Dufaure-Passy dut faire place à un ministère présidé par Thiers (1er octobre 1840), et, bien que l'arrivée de ce dernier aux affaires ne fût pas un triomphe pour le parti purement conservateur, c'est elle pourtant qui, grâce aux affaires d'Orient, devait faire de Guizot le chef du gouvernement. Désigné pour l'ambassade de Londres, Guizot avait quitté Paris le 20 février 1840; il obtint dans cette fonction nouvelle un succès personnel très grand : la reine, l'aristocratie, la cité lui firent à l'envi l'accueil le plus empressé, tandis qu'en regard de ces caresses surgissait pour le cabinet un sensible mécompte. Les affaires d'Orient furent réglées sans nous, sous les yeux de notre ambassadeur, par le traité du 15 juillet, qui devançait l'initiative de la France et la plaçait dans l'isolement le plus complet. Rappelé d'Angleterre par le roi, Guizot fut immédiatement chargé du portefeuille des Affaires étrangères (29 octobre 1840). Le 3 mars de la même année, il avait été maintenu à son siège de député par 427 voix sur 459 votants.

Sous la présidence nominale du maréchal Soult, Guizot eut la direction réelle du cabinet. Il eut aussi dès lors toute la responsabilité du pouvoir et il en profita pour appliquer sans aucune réserve son système de gouvernement, qui a été souvent résumé de la manière suivante : à l'intérieur, domination exclusive de la classe bourgeoise et propriétaire et du *pays légal*; au dehors, préoccupation constante d'éviter tout conflit, même au prix de quelques sacrifices d'amour-propre; bref, au dehors avoir la majorité, au dehors la paix, telle était pour lui la meilleure formule du gouvernement. Ne tenant compte que du fait gouvernemental, et dédaignant toute idée de réforme, il s'appuya constamment sur une oligarchie d'électeurs privilégiés, et s'attira, auprès du reste de la

nation, une impopularité restée célèbre, qui pesa d'un grand poids dans la chute de la monarchie constitutionnelle. Pour ne rappeler que les principaux actes de l'administration de Guizot, il présida le 15 décembre 1840 à la cérémonie du retour des cendres de Napoléon Ier décrété sous le ministère de Thiers; il reçut également du cabinet précédent la loi sur les fortifications de Paris, dont il obtint le vote en avril 1841. Après avoir pris des mesures de rigueur contre les auteurs des troubles dont le recensement fut l'occasion à Toulouse, à Lille, à Clermont, le ministère Guizot fit intenter contre un journaliste, M. Dupoty, l'accusation de *complicité morale* dans l'attentat de Quénisset contre le duc d'Aumale (septembre 1841). En 1842, il combattit devant la Chambre la proposition relative aux incompatibilités parlementaires; les motions réitérées de l'opposition en faveur de l'adjonction des capacités sur les listes électorales furent de sa part l'objet d'une résistance opiniâtre. Contraint de céder au sentiment national, dans la question du droit de visite (janvier), il n'hésita pas à briser une majorité devenue trop peu docile, en prononçant, le 12 juin, la dissolution de la Chambre. L'Assemblée nouvelle, élue le 9 juillet 1842, fut appelée, à la suite de la mort tragique du duc d'Orléans, à voter, conformément au désir intime du monarque, la loi organique de régence, qui excluait la veuve du prince. Réélu député par 482 voix (664 votants, 887 inscrits), contre 172 à Berryer, Guizot reprit avec avantage la lutte contre l'opposition : la prise de possession des iles Marquises releva un peu la situation de la France; la loi sur les sucres (1843) mit fin à de graves conflits d'intérêts, et l'alliance franco-anglaise, si chère au gouvernement de Louis-Philippe, fut confirmée et cimentée par la visite solennelle de la reine Victoria au château d'Eu. L'*entente cordiale* avec l'Angleterre alla jusqu'à désavouer l'occupation de Taïti par Dupetit-Thouars. D'autre part, le pèlerinage retentissant des légitimistes à Belgrave-Square (novembre) inquiéta le cabinet, qui leur fit infliger dans l'Adresse au roi (janvier 1844) une solennelle flétrissure; Berryer protesta avec indignation, d'orageux débats furent soulevés à la Chambre, et Guizot, qui s'entendait reprocher avec violence son voyage à Gand, répondit que « ces outrages n'arrivaient pas à la hauteur de son dédain ». Les députés légitimistes, visés par la flétrissure officielle, donnèrent leur démission et furent tous réélus. Bientôt l'affaire Pritchard donna lieu à un nouveau scandale : pour conjurer une rupture avec la Grande-Bretagne, Guizot fit voter par les Chambres que ce missionnaire anglais, dont nos nationaux à Taïti avaient subi les mauvais traitements, recevrait une indemnité. Un système analogue de concessions à outrance fut suivi à l'égard de la Russie, dont les dispositions peu bienveillantes pour la branche cadette s'étaient fait jour plus d'une fois. Le clergé catholique ses défenseurs menèrent d'ardentes polémiques pour réclamer la liberté de l'enseignement, et le débat entre l'Etat et l'Eglise fut porté devant le parlement, mais sans recevoir de solution définitive. La fièvre de spéculation qui s'était emparée de la bourgeoisie fut plutôt favorisée que combattue par le pouvoir; la presse opposante se fit de la « corruption » régnante une arme redoutable. C'est à peine si les brillants faits d'armes de l'Algérie (Isly, 14 août 1842) détournèrent pour un temps l'attention publique. Il faut noter aussi le traité de commerce conclu avec la Chine par l'ambassadeur Lagrenée (24 octobre), et le succès remporté par notre armée, unie aux troupes anglaises, sur Rosas, auprès de Buenos-Ayres (20 novembre). Mais bientôt les Chambres, plus belliqueuses que le ministère, adoptèrent, en vue de la réorganisation de la marine militaire française, un crédit de 93 millions. C'était un échec pour Guizot que diverses crises, plus graves, jetèrent dans de nouveaux embarras. Les insurrections avaient pris fin, mais les sociétés secrètes continuaient leur travail, la propagande socialiste et républicaine gagnait du terrain tous les jours. Les « mariages espagnols » et l'union du duc de Montpensier avec l'infante Louise-Ferdinande furent livrés aux commentaires de toute la presse européenne; puis les difficultés financières, les inondations de la Loire, la cherté des grains et, au commencement de 1847, les troubles de Buzançais, soulevés par la faim et réprimés par l'échafaud, provoquèrent dans l'opinion publique une agitation passionnée, qu'augmentèrent encore les scandaleuses affaires de malversation dont les anciens ministres Teste et Cubières eurent à rendre compte devant les tribunaux. A travers tant de complications, une même question se répétait incessamment et s'accentuait d'heure en heure: celle de la réforme électorale. De 1831 à 1839, elle avait reparu onze fois; du 20 février 1841 au 8 avril 1847, elle s'était représentée dix fois devant la Chambre, et toujours sans résultat, Guizot opposant à la « réforme » un refus catégorique et absolu, déclarant qu'il n'était ni nécessaire, ni opportun de modifier la loi du 19 avril 1831, qui avait abaissé de 300 à 200 fr. le cens électoral, et de 1,000 à 500 fr. le cens de l'éligibilité. Cependant la majorité dont Guizot pouvait disposer à la Chambre se montrait parfois indécise. Tous les organes de la presse l'avaient abandonné, et ceux-là mêmes qu'il subventionnait le plus largement ne menaient qu'une existence précaire. Le mépris superbe qu'il affectait pour toutes les nuances de l'opposition, et même pour le parti constitutionnel dont Thiers, son rival, était le chef, éloignait de lui jusqu'aux parlementaires, qui l'accusèrent bientôt de n'ouvrir aux citoyens jaloux de conquérir des droits politiques qu'un seul chemin, celui de la fortune; « Enrichissez-vous! » avait-il dit dans un discours à ses électeurs de Lisieux; ce mot imprudent fournit à ses ennemis politiques un aliment nouveau. Pour la dernière fois Guizot fut réélu député le 1er août 1846, par 529 voix (561 votants, 999 inscrits), contre 14 au général Hulot.

A la fin du règne de Louis-Philippe, les clameurs du peuple contre le nom de Guizot se mêlaient partout aux cris de *Vive la réforme!* La réunion du Château-Rouge, du 9 juillet 1847, fut le premier symptôme, alarmant pour le pouvoir, de cette agitation, qui devait prendre dans l'histoire le nom de *campagne des banquets*. L'exemple donné par Paris se propagea dans les départements; ici, le nom du roi fut acclamé grâce à l'impulsion donnée par des orateurs du centre gauche; en tel autre endroit, sous l'influence du parti démocratique, les toasts proposés devinrent le signal des manifestations révolutionnaires, tendant au suffrage universel et à la République, et que l'adresse au roi, votée le 11 février 1848, qualifia vainement de « passions ennemies » et « d'entraînements aveugles ». En même temps, Guizot déclarait que toute concession, dans l'état des choses, serait une faiblesse et une condamnable imprudence; il se refusait à prendre aucun

engagement. Le gouvernement ayant fait connaître sa résolution d'interdire les banquets, l'opposition dynastique, de son côté, prit le parti de poser la question de droit, et un nouveau banquet fut annoncé pour le 23 février 1848 dans le 12e arrondissement. D'après la convention étrange, passée entre MM. Duvergier de Hauranne, Léon de Maleville et Berger, d'une part, MM. Vitet et de Morny, d'autre part, de l'aveu du cabinet, la tenue de cette réunion fut réglée d'avance comme une représentation théâtrale : à l'heure dite un commissaire de police devait verbaliser et les manifestants s'engageaient d'honneur à se disperser. Mais le *National* et la *Réforme* n'acceptèrent pas ce traité, qui réservait le dernier mot à une action judiciaire sans portée; d'après leur programme, la manifestation réformiste se transforma en un vaste rassemblement qui devait avoir à sa tête la garde nationale. Devant cette manifestation, le gouvernement fit interdire le banquet, par un arrêté du préfet de police en date du 21. C'est alors qu'une demande de mise en accusation fut dirigée à la Chambre contre Guizot par l'opposition dynastique, tandis que dans les rues de Paris la garde nationale ne paraissait que pour assister ou pour aider au triomphe de la révolution accomplie par le peuple. Guizot quitta le pouvoir le 23; mais il était trop tard, et les successeurs qu'on essaya de lui donner, Thiers, Odilon Barrot, n'eurent pas assez de popularité pour arrêter le mouvement; l'abdication même du roi et la mise à néant de la loi impopulaire de la régence ne purent empêcher la proclamation de la République. Guizot quitta Paris le 1er mars, et débarqua à Douvres le 3, pour se réfugier à Brompton, où, un mois plus tard, il perdit sa mère. Son rôle d'homme public était terminé. L'historien des dix premières années du règne de Louis-Philippe, Louis Blanc, a écrit : « M. Guizot, homme sec et hautain, tout entier à son orgueil, était passionné sous les dehors du calme. A son front noble, mais triste, à sa lèvre sèchement découpée, à son sourire rempli d'un froid dédain, à un certain affaissement du corps, révélateur des troubles de l'âme, il était aisé de le reconnaître. Nous l'avons vu dans les assemblées ; on distinguait aisément entre toutes les autres sa figure bilieuse et altérée. Provoqué par ses adversaires, il fixait sur eux un regard prompt à lancer l'insulte, et il relevait sa tête sur sa taille voûtée avec une indicible expression de colère et d'ironie. Protestant et professeur, son geste péremptoire, son ton dogmatique, lui prêtaient quelque chose d'indomptable. Sa fermeté pourtant était toute dans les apparences ; au fond c'était un esprit en activité et dont la volonté manquait de vigueur. La suite même qu'on remarquait dans les écrits de M. Guizot tenait de l'obstination du maître qui ne veut pas se contredire devant ses élèves. On le jugeait cruel ; il ne l'était peut-être que dans ses discours ; mais, par raffinement d'orgueil, il aimait à se compromettre, et lui qui volontiers laissait ignorer ses vertus, il avait des vices d'apparat. » Le gouvernement provisoire mit Guizot et ses collègues en accusation ; mais la cour d'appel rendit une ordonnance de non-lieu. Dans l'exil, il partagea son temps entre le travail et l'éducation de ses enfants. Reprenant la plume du publiciste, il écrivit (janvier 1849) sa brochure : *De la Démocratie en France*. La même année, il revint au Val-Richer, dans le Calvados, et il tenta même, lors des élections générales à la Législative, de se faire élire représentant de ce département: repoussé, malgré son manifeste intitulé *M. Guizot et ses amis*, il s'unit néanmoins aux chefs des anciens partis pour combattre la République et pour travailler à la *fusion* projetée entre les deux branches royales déchues. Depuis ce jour il composa plusieurs nouveaux ouvrages, brochures, articles de revue sur des questions de politique et d'histoire, et parut aux séances de l'Institut, dans les trois classes dont il était membre : Académie des sciences morales et politiques, dès sa réorganisation en 1832; Académie des inscriptions et belles-lettres depuis 1833, et Académie française depuis 1836. Comme directeur de l'Académie française en 1861, c'est lui qui fut chargé de répondre, le 24 janvier, au récipiendaire, le P. Lacordaire: sa situation d' « hérétique » recevant un dominicain donnait du piquant à la situation. Un peu plus tard (21 avril), présidant dans le temple de l'Oratoire la réunion annuelle d'une société protestante, il se déclara hautement en faveur du maintien du pouvoir temporel du pape, et condamna l'intervention française en Italie. Cette attitude ne fut pas du goût de tous ses coreligionnaires et elle souleva, entre les « protestants libéraux » et les « orthodoxes », dont Guizot resta l'un des chefs, de profonds dissentiments. Il présida, en 1870, la commission qui prépara les voies à la « liberté de l'enseignement supérieur » et, retiré en Normandie pendant la guerre franco-allemande, il se prononça dans les lettres au *Times* pour la convocation à bref délai d'une Assemblée constituante; il sollicita également, a-t-on dit, du cabinet de Saint-James, une protestation, qui ne se produisit pas, contre les exigences de la Prusse au moment de l'armistice. En 1872, il prit une part active aux débats du synode général de l'Eglise réformée de France, tenu à Paris. En 1874, un dernier incident dont l'Académie fut le théâtre influa tristement sur la fin de sa vie. Guizot ayant, au sein de la commission chargée d'examiner le discours de réception de M. Emile Ollivier, fait entendre de vives critiques contre le rôle politique joué par son collègue, les feuilles bonapartistes rappelèrent l'ancien ministre de Louis-Philippe à la reconnaissance, en révélant qu'un don ou prêt de 50,000 francs avait été fait à son fils, en 1855, par Napoléon III. Guizot affirma qu'il avait ignoré cette dette et voulut l'acquitter au moyen de la vente, aux enchères publiques, d'un tableau de Murillo. Devant le refus de l'ex-impératrice d'accepter un remboursement, l'homme d'Etat dut s'adresser aux tribunaux pour contraindre la liste civile à cette négociation. Le procès était encore pendant lorsque Guizot mourut au Val-Richer, le 12 octobre 1874.

Comme orateur, Guizot avait une originalité bien marquée; son autorité résidait autant dans son attitude que dans sa parole. Le doctrinaire de principes masquait un tempérament emprunté au Midi le plus ardent. Son geste était sobre, sa parole égale, ordonnée, tenace, très rarement imagée, excepté le jour où, tonnant contre le parti républicain, il s'emporta (11 août 1831) jusqu'à l'appeler le « *caput mortuum* de tout ce qui a vécu chez nous de 89 à 1830, la queue, la mauvaise queue de notre révolution, l'animal immonde qui vient traîner sur les places publiques sa face dégoûtante et y exposer les ordures de son âme. » En général il s'imposait plus de goût et plus de retenue; mais sa démonstration valait moins à séduire son auditoire qu'à le soumettre. Comme homme d'Etat, quoi qu'on puisse penser de son action politique et du rôle qu'il fut appelé à jouer, il

apporta incontestablement dans l'étude des affaires une promptitude, une faculté d'assimilation et surtout une persévérance peu communes. Historien ou philosophe, on lui a reproché d'avoir exposé dans une forme trop souvent dénuée de souplesse, de grâce et d'ampleur, des lois arbitraires et des généralités confuses. Guizot fut un écrivain d'une rare fécondité. Aux ouvrages cités plus haut, on pourrait ajouter, sans être complet encore, ses études sur les *Beaux-Arts*, sur *Corneille*, *Shakespeare* et *Washington*; *l'Eglise et la Société chrétienne* (1861); *la France et la Prusse responsables devant l'Europe* (1868); *Discours académiques*; *Histoire parlementaire de France*, recueil complet des discours prononcés dans les Chambres jusqu'en 1848; *Mélanges politiques et littéraires* (1869); *Histoire de France racontée à mes petits-enfants*, continuée par sa fille, Mme C. de Witt, etc.

GUMERY (MICHEL), membre de la Convention, député au Conseil des Anciens, né à Celliers (Savoie) le 15 mai 1751, mort à Moutiers (Savoie) le 6 février 1803, homme de loi à Moutiers, fut secrétaire de l'assemblée des Allobroges (octobre 1792), et membre du comité de législation. Il se montra partisan de la réunion de la Savoie à la France, fut nommé juge-suppléant au tribunal civil de Moutiers, et, le 17 février 1793, entra à la Convention, comme député du Mont-Blanc, élu le 6e sur 7. Il fit partie, après le 9 thermidor, du comité des finances, et vota la mise en accusation de Carrier. Le même département le renvoya au Conseil des Anciens, le 22 vendémiaire an IV, par 225 voix sur 311 votants; il fut membre des commissions des salines et de l'organisation de l'Ecole centrale de son département, qui le réélut encore, le 22 germinal an V, par 281 voix sur 321 votants. Il ne prit la parole qu'une fois, le 26 pluviôse an IV, pour faire rejeter une résolution relative aux assemblées primaires de Saint-Etienne. Catholique et quelque peu royaliste, il vit sa dernière élection annulée au 18 fructidor, et il rentra dans la vie privée. On a de lui : *Projet de décret en faveur de Joseph Servan*; *Réclamation des citoyens des départements du Mont-Blanc et des Alpes-Maritimes inscrits sur la liste des émigrés* (1793).

GUTTINGUER (JEAN-ULRIC), député au Conseil des Cinq-Cents et au Conseil des Anciens, membre du Tribunat, né à Rouen (Seine-Inférieure) en 1742, mort à Rouen le 30 octobre 1825, négociant dans cette ville, fut élu, le 25 germinal an VI, député de la Seine-Inférieure au Conseil des Cinq-Cents, où son rôle fut peu important. Il passa encore inaperçu au Conseil des Anciens, où le même département l'envoya un an après (25 germinal an VII). Son adhésion au coup d'Etat de brumaire le fit nommer, le 4 nivôse an VIII, membre du Tribunat. Il appartint à cette assemblée jusqu'à sa suppression (1807), et revint à Rouen, où il mourut. Son fils, Ulric Guttinger, s'est fait connaître sous la Restauration par divers ouvrages de littérature; plus tard il a fourni de piquants articles à la presse légitimiste.

GUY (JEAN-BAPTISTE), député au Corps législatif de 1811 à 1814, né à Saint-Remy-de-Lautrec (Tarn) le 5 juillet 1749, mort à Castres (Tarn) le 2 juin 1814, « fils de maître Louis Guy, avocat au parlement, et lieutenant principal de la présente ville et vicomté, et de demoiselle Marianne Batiffol, mariés, » entra dans la magistrature impériale. Il était président du tribunal de Castres lorsqu'il fut élu, le 4 mai 1811, par le Sénat conservateur, député du Tarn au Corps législatif. Il y siégea jusqu'à sa mort.

GUY (Antoine-Louis-Joseph), député de 1832 à 1837, né à Paris le 20 janvier 1790, mort à une date inconnue, propriétaire et maire de Saint-Germain-en-Laye, fut élu, le 15 novembre 1832, député du 2e collège de Seine-et-Oise, par 214 voix (414 votants, 501 inscrits), contre 68 à M. Isambert et 62 à M. Pigeon père, en remplacement de Bertin de Veaux, nommé pair de France. M. Guy vota avec la majorité conservatrice, fut réélu, le 21 juin 1834, par 249 voix (425 votants, 515 inscrits), contre 79 à M. Jacques Laffitte, 27 à M. Chanteloup et 26 à M. Regnault. Il donna jusqu'en 1837 son approbation aux actes du gouvernement et ne fit pas partie d'autres législatures.

GUYARD-DELALAIN (Augustin-Pierre), député au Corps législatif de 1852 à 1863, né à Saint-Dizier (Haute-Marne) le 4 janvier 1797, mort à Paris le 1er mars 1881, étudia le droit et s'inscrivit au barreau de Paris. Après avoir exercé la profession d'avocat pendant une dizaine d'années, il fonda un grand établissement industriel dans le département de Maine-et-Loire. Après la révolution de février, élu capitaine de la 1re légion de la garde nationale de Paris, il contribua à la répression de l'insurrection de juin 1848, fut blessé, le 25, à l'attaque des barricades de la Bastille, et reçut de Cavaignac la décoration de la Légion d'honneur. Partisan dévoué de la politique de L.-N. Bonaparte, il fut un des membres les plus actifs du comité qui se forma pour organiser une agitation en faveur de la revision de la Constitution. Au lendemain du 2 décembre 1851, il provoqua, avec ses collègues de ce comité, une adhésion formelle au coup d'Etat. Le gouvernement soutint sa candidature au Corps législatif dans la 1re circonscription de la Seine et la fit triompher, le 29 février 1852, par 13,310 voix (24,771 votants, 35,959 inscrits), contre 5,579 voix à M. de Tracy, 3,044 à M. Dupont de l'Eure et 754 à M. Hautefeuille. M. Guyard Delalain prit part au rétablissement de l'Empire, parla sur les questions de finances, se plaignit (1854), dans la discussion du budget de 1855, qu'on eût suspendu le fonctionnement de l'amortissement et critiqua l'optimisme du rapporteur, M. Desbassyns de Richemont. Réélu, le 22 juin 1857, député de la même circonscription, par 10,071 voix (16,831 votants, 33,391 inscrits), contre 4,676 voix à M. Laboulaye et 1,682 à M. Reynaud, il vota avec la majorité dynastique, interpella le gouvernement (5 février 1863) sur les récents événements de Varsovie, et quitta la vie politique aux élections de 1863. Chevalier de la Légion d'honneur.

GUYARDIN (Louis), chevalier de Mémartin, député en 1789, membre de la Convention et député au Conseil des Cinq-Cents, né à Dammarien (Haute-Marne) le 21 janvier 1758, mort à Fribourg (Suisse) le 14 avril 1816, était, avant la Révolution, lieutenant particulier au bailliage de Langres ; il entra ensuite dans les ordres, et devint vicaire général de l'évêque de Langres. Elu député suppléant du clergé aux Etats-Généraux pour le bailliage de Langres (3 novembre 1789), il fut admis à siéger, le 7 décembre suivant, en remplacement de M. de la Luzerne,

évêque de Langres, démissionnaire. Il ne se fit point remarquer dans l'Assemblée ; mais il adopta les idées de la Révolution, se maria, devint procureur de la commune de Langres, et fut élu, le 4 septembre 1792, membre de la Convention pour le département de la Haute-Marne, le 1er sur 7, par 343 voix sur 405 votants. Dans le procès de Louis XVI, au 3e appel nominal, il répondit : « Louis est déclaré convaincu de haute trahison, et d'attentats contre la sûreté générale de l'Etat : déjà Laporte, d'Augremont, Backmann et autres convaincus des mêmes crimes, ont été punis de mort ; c'était pour lui, par lui, et avec lui que ces conjurés subalternes agissaient ; il répugne à ma raison de pardonner au chef, lorsque j'ai condamné les complices. Toutes les considérations politiques sont ici lâcheté ou perfidie ; elles peuvent convenir aux despotes, je les crois indignes d'un peuple libre : tout délai serait une faiblesse. L'avantage qu'on prétend en tirer vis-à-vis des ennemis extérieurs est illusoire ou incertain. En conséquence, je demande que Louis soit condamné à mort, et que le jugement soit exécuté dans les vingt-quatre heures. » Envoyé en mission à l'armée de Rhin-et-Moselle, en 1793, il prit l'arrêté suivant : « Considérant qu'il est urgent de montrer que les ressources de la République sont aussi inépuisables que la rage des tyrans est impuissante ; pénétré de cette grande vérité, proclamée même par un des Pères les plus illustres de l'Eglise qui disait que dans le temps que l'on se servait de calices de bois les prêtres étaient d'or... Arrête : Les ornements scandaleux d'or et d'argent qui ont trop longtemps insulté à la misère du peuple et déshonoré la simplicité de la véritable religion seront enlevés pour être déposés sur l'autel de la patrie. » Il poursuivit surtout les prêtres et les religieux dans l'Ardèche, dans la Haute-Loire, où il fut envoyé, en germinal an II, non sans éprouver de sérieuses résistances, car il proposait à la Convention « de régler elle-même cette matière délicate ». En mission dans les Vosges, il avait cependant arrêté que « les ministres du culte qui, par l'acte sublime du mariage ou par le concours de leurs lumières, briseraient le bandeau de l'erreur et tâcheraient de réparer les maux affreux que l'hypocrisie de leurs prédécesseurs a vomis sur la surface de la terre, seraient regardés comme les apôtres de l'humanité et recommandés à la générosité nationale. » En juin 1795, il fut dénoncé, accusé de terrorisme, et les administrateurs de Strasbourg envoyèrent à cette occasion des pièces compromettantes pour lui, et entre autres une de ses lettres d'autrefois aux Jacobins dans laquelle il disait : « La Terreur est ici l'ordre du jour ; Saint-Just et Lebas rivalisent avec nous. La guillotine est en permanence, etc. » Mais il parvint à se disculper, fut défendu par son collègue Serres, et ne fut plus inquiété. Après la session, le département de l'Ardèche l'élut au Conseil des Cinq-Cents (23 vendémiaire an IV), par 140 voix sur 198 votants. Il en sortit l'année suivante, devint commissaire du Directoire exécutif dans son département, et, après le 18 brumaire, fut nommé (10 prairial an VIII) président du tribunal criminel de la Haute-Marne. Membre de la Légion d'honneur (25 prairial an XII), il passa juge au tribunal d'appel de Dijon, fut créé chevalier de l'Empire (29 septembre 1809), et, à la réorganisation des tribunaux, échangea son titre de juge d'appel contre celui de conseiller à la cour impériale de Dijon (6 avril 1811). Frappé par la loi du 12 janvier 1816 contre les régicides, il dut quitter la France, se retira en Suisse et y mourut quelques semaines après.

GUYARDIN (Simon-Nicolas), représentant à la Chambre des Cent-Jours, né à Langres (Haute-Marne) le 3 avril 1760, mort à Fontainebleau (Seine-et-Marne) le 22 juin 1842, frère du précédent, était secrétaire général de la préfecture de Seine-et-Marne, lorsqu'il fut élu, le 9 mai 1815, représentant de l'arrondissement de Melun à la Chambre des Cent-Jours, par 42 voix (61 votants. 97 inscrits). Il ne fit pas partie d'autres assemblées, et vint se fixer à Fontainebleau, où il mourut.

GUYÈS (Jean-François), député en 1791, membre de la Convention, né à Aubusson (Creuse) le 25 octobre 1761, mort à Paris le 23 novembre 1793, était avocat et administrateur du district d'Aubusson. Élu, le 3 septembre 1791, député de la Creuse à l'Assemblée législative, le 4e sur 7, par 165 voix sur 324 votants, il siégea dans la majorité, et vota, sans paraître à la tribune, avec les plus ardents. Il fut réélu, le 5 septembre 1792, à la Convention par le même département, le 4e sur 7, « à la pluralité des voix, » prit place à la Montagne, vota, dans le procès de Louis XVI, « pour la mort sans restriction, » et n'eut qu'un rôle peu important. Décédé pendant la session (1793), il fut remplacé à la Convention par Faure-Couac.

GUYET-DESFONTAINES (Marcellin-Benjamin), député de 1834 à 1848, né à Paris le 27 avril 1797, mort à Paris le 22 avril 1857, fut notaire à Paris, puis se retira dans ses terres en Vendée. Il fut élu député du 4e collège de la Vendée (Les Herbiers), le 21 juin 1834, par 73 voix (103 votants, 195 inscrits), contre 25 à M. Chaigneau, puis réélu : le 4 novembre 1837, par 108 voix (154 votants, 221 inscrits); le 2 mars 1839, par 83 voix (160 votants, 224 inscrits); le 9 juillet 1842, par 100 voix (162 votants, 243 inscrits), contre 44 à M. Duvau de Chavougne; et, le 1er août 1846, par 114 voix (195 votants, 261 inscrits), contre 70 à M. Querqui de la Ponjeu. Durant ces législatures successives, il siégea à gauche, dans le groupe de l'opposition dynastique, et vota *pour* les fortifications de Paris, *pour* les incompatibilités, *pour* l'adjonction des capacités, *contre* la dotation du duc de Nemours, *contre* le recensement, et *contre* l'indemnité Pritchard. Sa spécialité à la Chambre était de veiller à ce qu'on ne s'écartât pas du règlement. La révolution de 1848 le rendit à la vie privée.

GUYET-LAPRADE (Pierre-Jules), membre de la Convention, député au Conseil des Cinq-Cents, né à Meilhan (Lot-et-Garonne) en 1755, mort à Meilhan le 21 janvier 1826, servit dans les armées du roi et fut, de 1775 à 1789, capitaine de grenadiers au régiment de Bouillon-Infanterie. Chevalier de Saint-Louis, il devint, à la Révolution, juge de paix du canton de Meilhan, fit partie de l'administration du département de Lot-et-Garonne, et fut envoyé, le 6 septembre 1792, à la Convention nationale, le 7e sur 9, par ce département, avec 384 voix (490 votants). Guyet-Laprade siégea parmi les modérés, et, lors du jugement du roi, se prononça pour l'appel au peuple, en disant : « Comme homme d'État, j'ai jugé Louis coupable, et comme homme d'État, je dis oui. » Au 3e appel, il répondit : « Vous avez déclaré Louis convaincu du crime de conspiration contre l'État; vous croyez voir dans le code pénal la peine à lui appliquer. Je m'abstiens de prononcer sur cette opinion. Je pourrais opposer la Constitution au code pénal. Je vote pour la détention. » Guyet-Laprade combattit les opinions de la Montagne, et fut réélu, le 23 vendémiaire an IV, député de Lot-et-Garonne au Conseil des Cinq-Cents, par 136 voix sur 290 votants. Il n'y prit pas la parole et donna sa démission le 14 ventôse an V. Il rentra dans l'administration sous le gouvernement consulaire qui le nomma, le 4 ventôse an IX, conservateur des bois et forêts à Bordeaux; il devint plus tard (1812) conseiller général de Lot-et-Garonne.

GUYHO (Léonard-Marie-Corentin), député de 1876 à 1877 et de 1878 à 1885, né à Jonzac (Charente-Inférieure) le 7 juin 1844, fils de Charles-Marie-Corentin Guyho, conseiller à la cour de Cassation, étudia le droit, fut reçu docteur et devint avocat au conseil d'État et à la cour de Cassation. Républicain, il se présenta, le 20 février 1876, aux élections législatives dans l'arrondissement de Quimperlé (Finistère) et, après une lutte des plus ardentes, fut élu par 5,229 voix (8,390 votants, 11,383 inscrits), contre 3,194 voix à M. Ducouëdic, ancien député bonapartiste. La période électorale avait été marquée, de part et d'autre, par des actes dont les deux adversaires se demandèrent compte mutuellement devant les tribunaux, et M. Corentin Guyho fut condamné, la veille du scrutin, pour « lacération d'affiches et diffamation », à cinq jours de prison et mille francs d'amende. Il en appela, après l'élection, devant la cour de Rennes, et obtint l'annulation de ce jugement, qu'un arrêt du 3 mars 1876 déclara « essentiellement irrégulier ». M. C. Guyho siégea au centre gauche et prit une part active aux travaux de la Chambre des députés. Il monta notamment à la tribune (septembre 1876) pour se prononcer contre l'attribution aux conseils de guerre des jugements des faits insurrectionnels du 18 mars 1871. Après l'acte du 16 mai 1877, il fut des 363. En cette qualité, il fut candidat aux élections qui suivirent la dissolution de la Chambre, mais il échoua, le 14 octobre, avec 4,652 voix contre 5,333 à l'élu conservateur, M. Lorois. Bénéficiant de l'invalidation de son concurrent, il engagea la lutte avec plus de succès, le 5 mai 1878, obtint 5,681 voix (9,679 votants, 12,295 inscrits), contre 3.970 à M. Lorois, et reprit sa place dans la gauche modérée. La validation de son élection donna lieu à un incident : le rapporteur ayant mis en cause le président du tribunal civil de Quimperlé, celui-ci, dont les sentiments à l'égard de M. Corentin Guyho n'étaient rien moins que favorables, répondit par une lettre offensante pour le député du Finistère, qui obtint contre ce magistrat (décembre 1878) des poursuites et une condamnation à 800 francs d'amende. Il vota pour l'article 7 de la loi sur l'enseignement supérieur, *pour* l'amnistie partielle, *pour* les lois nouvelles sur la presse et le droit de réunion, etc., et fut réélu, le 21 août 1881, par 4,891 voix (9,754 votants, 12,614 inscrits), contre 4,819 à M. Lorois. M. Corentin Guyho aborda plusieurs fois la tribune, et intervint notamment dans la discussion de juin-juillet 1882 sur la réforme judiciaire, avec une proposition qui laissait subsister toute l'organisation actuelle, mais qui réduisait à cinq le nombre des conseillers nécessaires pour rendre un arrêt et donnait six mois au garde des sceaux pour opérer d'office tout déplacement ou mise à la retraite sur l'ensemble du personnel. Il vota *contre* la séparation de l'Eglise et de l'Etat, *pour* les crédits de l'expédition du Tonkin, etc. Porté, le 4 octobre 1885, sur la liste républicaine du Finistère, il échoua avec 55,393 voix (121,966 votants). M. Corentin Guyho est aujourd'hui avocat général près la cour d'Amiens. On a de lui divers ouvrages estimés : *l'Armée, son histoire, son avenir* (1870); *Du mode de recrutement du Sénat de la République française* (1873); *les Hommes de 1852* (1889), etc.

GUYNOT-BOISMENU (Pierre-François), député au Conseil des Cinq-Cents, né à Montauban (Ille-et-Vilaine) le 11 septembre 1746, mort en 1815, administrateur de district du département des Côtes-du-Nord, fut élu, le 25 vendémiaire an IV, député de ce département au Conseil des Cinq-Cents, par 196 voix sur 386 votants (25 vendémiaire an IV). Il ne prit la parole que pour demander l'urgence sur le projet de mise en liberté des prêtres détenus (25 et 26 vendémiaire an V). Son adhésion au coup d'Etat de brumaire le fit nommer conseiller de préfecture des Côtes-du-Nord, le 21 floréal an VIII.

GUYOMAR (Pierre-Marie-Augustin), membre de la Convention, député au Conseil des Cinq-Cents et au Conseil des Anciens, né à Guingamp (Côtes-du-Nord) le 19 décembre 1757, mort à Guingamp le 10 octobre 1826, négociant et maire de sa ville natale, fut élu, le 8 septembre 1792, par le département des Côtes-du-Nord, membre de la Convention le 4e sur 8, avec 265 voix (461 votants). Il siégea parmi les modérés et, dans le procès du roi, se prononça pour l'appel au peuple et repoussa la peine de mort. Il répondit au 2e appel nominal :

« Songez, législateurs, songez qu'il existe une faction qui suffit seule pour perdre la République; oublions-nous, sauvons le peuple, sauvons-le par notre union, il en est encore temps. Je propose, avec la conscience d'un honnête homme, l'appel au souverain, comme la mesure que je crois la plus propre pour sauver ma patrie. Exempt de reproches depuis la Révolution, je ne crains pas de mes contentants celui d'avoir dit avec fermeté et courage : *oui.* » Et, au 3e appel nominal : « Tout homme qui a un caractère énonce avec fermeté, courage et sans crainte, l'opinion qui est la conséquence de ses principes, et le hasard le classe dans la minorité ou la majorité. Je dois à Thomas Payne la modification que je mets à ma première opinion à cette tribune. Au reste, je crois que personne ne dira que notre collègue Payne soit un intrigant, un aristocrate, un royaliste.

« La réunion de tous les pouvoirs caractérise le despotisme d'un individu ou d'un corps; aussi je ne me suis pas regardé comme juge, en déclarant Louis coupable, mais comme législateur qui a prononcer la mesure de sûreté générale. Je n'ai donc pas besoin d'ouvrir le code pénal, dont je voudrais voir effacer la peine de mort. Il s'agit ici bien moins de Louis Capet que de ma patrie. Si la mort d'un individu jadis roi tuait la royauté; si l'Angleterre, la Turquie ne nous fournissaient pas des exemples contraires, le problème serait bientôt résolu; mais un roi décapité, remplacé par un protecteur, auquel succéda un roi, fils de Charles décapité; cet exemple d'une république éphémère dans l'île Britannique vaut bien la peine d'être considéré. J'ajoute que l'exil d'un tyran ayant été la base d'une république célèbre, ce fait nécessite encore l'examen appro-

fondi de la question. J'observe donc que l'hydre ci-devant royale a plusieurs têtes que nous ne pouvons abattre d'un même coup.

« La première tête qui paraît est celle d'un enfant qui peut fournir aux puissances coalisées un fantôme de régence qui entraînera infailliblement les autres puissances neutres de l'Europe dans la coalition. Est-il politique, car enfin je dois dire que, sans trancher ici de l'homme d'Etat, je ne puis me dissimuler que mes commettants m'en ont imposé le rôle; est-il politique, dis-je, de quadrupler le nombre de nos ennemis, épuiser nos capitaux, ruiner notre commerce languissant, et surtout prodiguer le sang de nos frères, de nos amis? Faut-il donc encore augmenter le nombre des victimes par le supplice de Louis? S'il vit, dira-t-on, il sera un objet de trouble, il peut remonter sur le trône. Je répondrai que si on croit aux factions pour un tyran abhorré des deux partis, je puis, avec plus de raison, objecter une plus forte faction pour toute autre idole. Que Louis, après la paix, joue le même rôle que le fugitif prétendant d'Angleterre, cet exil ne sera pas dangereux pour la République. Je suis donc les conseils de ma conscience, et je vote pour la détention provisoire de Louis pendant la guerre, et son bannissement à la paix. »

Il prit ensuite une part assidue aux travaux de l'Assemblée, discuta longuement le projet de constitution, combattit les opinions de la Montagne, défendit Condorcet contre les accusations de Chabot, protesta lorsqu'un décret de la majorité envoya Conhey à l'Abbaye, et lorsqu'on proposa de déclarer Coustard traître à la patrie, donna son opinion sur l'éducation publique, provoqua un rapport sur la reddition de Valenciennes et de Condé, et devint secrétaire de la Convention. Il prit encore la parole : sur le projet relatif aux dénonciations contre les représentants, sur la conduite du comité de sûreté générale envers Carrier, sur les prêtres insermentés dont il prit la défense, sur la rentrée des émigrés à la faveur de certificats de résidence, et se mêla activement aux débats de la Constitution de l'an III. Réélu, le 23 vendémiaire an IV, député des Côtes-du-Nord au Conseil des Cinq-Cents, par 183 voix (375 votants), Guyomar parla sur les opérations électorales, sur la célébration des fêtes du 14 juillet, 10 août, 9 thermidor, etc. Le 25 germinal an VI, il passa au Conseil des Anciens, où le même département l'envoya siéger par 178 voix (378 votants). Il fut secrétaire de cette Assemblée, combattit la résolution relative au remboursement des domaines congéables, donna son avis sur l'organisation du régime hypothécaire, sur les droits de la République aux successions d'émigrés, etc., et se montra, en brumaire an VIII, peu favorable aux projets de Bonaparte : « Nous avons prêté, dit-il le 19, dans la séance tenue à Saint-Cloud, le serment de maintenir la Constitution, et je pense que nous ne devons aujourd'hui entendre ne faire aucune proposition contraire à la Constitution. Au surplus, que nous prêtions ou non le serment aujourd'hui, nous n'en sommes pas moins liés par celui que nous avons prêté précédemment. Si nous sommes réduits au point que les partisans de la Constitution doivent être regardés comme des factieux, je déclare que je serai plutôt seul de cette faction que de manquer à mon serment. La Constitution est au-dessus du Corps législatif; il ne peut pas y toucher. Je demande que le Conseil ne presse que des mesures sages et constitutionnelles. »

Malgré cette attitude, Bonaparte, le jugeant sans doute peu dangereux, ne comprit point Guyomar, le lendemain, dans la liste des « individus exclus de la représentation nationale ». Il ne fit plus, d'ailleurs, partie d'aucune assemblée.

GUYON (CLAUDE), député en 1789, né à Toulouse (Haute-Garonne) le 24 octobre 1724, mort à une date inconnue, était curé de Bazière. lorsque la sénéchaussée de Castelnaudary l'élut, le 21 mars 1789, député du clergé aux Etats-Généraux. Son rôle parlementaire n'a laissé aucune trace au *Moniteur*.

GUYON DE GEIS. — *Voy.* PAMPELONNE (DE).

GUYOT (PIERRE), député au Conseil des Cinq-Cents, né à Marvejols (Lozère) le 30 mars 1747, mort à Mende (Lozère) le 26 mai 1805, juge au district de Marvejols, fut élu député de la Lozère au Conseil des Cinq-Cents, le 23 germinal an VI, et réélu par le même département le 23 germinal an VII. Partisan du coup d'Etat de brumaire, il adhéra à la Constitution nouvelle et fut nommé, le 22 prairial an VIII, président du tribunal criminel de la Lozère; il devint ensuite juge à la cour d'appel de Nîmes. Membre de la Légion d'honneur du 25 prairial an XII.

GUYOT (EMILE), représentant de 1873 à 1875, député de 1876 à 1882, et membre du Sénat, né à Saint-Dizier (Haute-Marne) le 13 mars 1830, étudia la médecine, puis l'exerça à Saint-Georges-de-Reneins (Rhône). D'opinions républicaines, il fit une vive opposition à l'Empire, et devint conseiller d'arrondissement pour Villefranche. M. de Laprade, représentant du Rhône, ayant donné sa démission, il fut désigné par le « comité central » qui siégeait rue Grôlée, à Lyon, comme candidat républicain à l'Assemblée nationale, et fut élu, le 13 mai 1873, représentant du Rhône par 89,896 voix (133,506 votants, 186,455 inscrits), conjointement avec M. Ranc, et sur le même programme radical. Il prit place à l'extrême-gauche dans le groupe de l'Union républicaine, parla sur les questions d'impôts, et vota *contre* la chute de Thiers au 24 mai, *contre* le ministère de Broglie, *contre* le septennat, *contre* la loi des maires, *pour* les propositions Périer et Malleville, *pour* la Constitution du 25 février 1875. Rallié, à la suite de Gambetta, à la politique « des résultats », il sollicita, le 20 février 1876, les suffrages des électeurs de la 1re circonscription de Villefranche, et prononça au cours de la période électorale les paroles suivantes : « Cherchons le possible, et non l'impossible, amenons à nous les flottants, les indécis, qui ne demandent qu'une chose, la paix, l'ordre, le travail; pas de déclamations inutiles, elles sont stériles. » Elu député par 12,528 voix (18,027 votants, 23,592 inscrits), contre 5,576 voix à M. Humblot, conservateur « constitutionnel », il revint siéger à l'extrême-gauche, mais avec une tendance de plus en plus marquée à soutenir le système opportuniste. Il se prononça toutefois *pour* l'amnistie plénière. Après avoir voté *pour* la suppression des jurys mixtes, *pour* l'ordre du jour contre « les menées cléricales », etc., il s'associa, le 18 mai 1877, à la protestation des gauches *contre* l'acte du maréchal de Mac-Mahon, et fut des 363. Après la dissolution de la Chambre, le docteur Guyot se porta de nouveau candidat à Villefranche, le 14 octobre 1877, et obtint sa réélection par 13,729 voix (18,979

votants, 24,007 inscrits), contre 5,078 voix à M. Abel Sauzey, candidat officiel, bonapartiste. A la nouvelle Chambre, il se prononça *pour* l'enquête parlementaire sur les agissements électoraux du cabinet de Broglie-Fourtou, *contre* le cabinet Rochebouët, soutint le ministère parlementaire de Dufaure, vota *pour* les lois Ferry sur l'enseignement, *pour* l'invalidation de l'élection Blanqui, *pour* l'amnistie, *pour* les lois nouvelles sur la presse et le droit de réunion, etc., et fut encore réélu député, le 21 août 1881, avec 12,356 voix (13,523 votants, 24,347 inscrits, contre 178 voix à M. de Mortemart. Le 8 janvier 1882, M. E. Guyot entra au Sénat, élu dans le Rhône par 231 voix (323 votants). Il fit partie de la majorité de la Chambre haute, prit plusieurs fois la parole sur les finances, combattit (mars 1887) la loi de surtaxe sur les céréales, et se prononça *pour* la modification du serment judiciaire, *pour* la réforme du personnel de la magistrature, *pour* le divorce, *pour* les crédits de l'expédition du Tonkin, *pour* l'expulsion des princes, *pour* la nouvelle loi militaire; il fut élu questeur du Sénat le 10 janvier 1889, et vota en dernier lieu : *pour* le rétablissement du scrutin d'arrondissement (13 février 1889), *pour* le projet de loi Lisbonne restrictif de la liberté de la presse, *pour* la procédure à suivre devant le Sénat contre le général Boulanger.

GUYOT (PAUL-AUGUSTIN), député de 1881 à 1889, né à Chavanges (Aube) le 6 janvier 1834, appartint, comme receveur, à l'administration de l'enregistrement, fut maire de Vitry-le-François, conseiller général de la Marne, et se présenta avec succès aux élections de 1881 à la Chambre des députés : il fut élu au second tour de scrutin (4 septembre) par l'arrondissement de Vitry-le-François (Marne), avec 6,298 voix sur 12,225 votants et 15,063 inscrits, contre 5,767 voix à M. Félix, sur un programme qui demandait la réduction du service militaire, la gratuité de l'instruction à tous les degrés, la réforme de la magistrature, la lutte contre le cléricalisme, la revision de la Constitution. Il s'inscrivit au groupe de l'Union républicaine et vota avec les opportunistes : *pour* les ministères Gambetta et J. Ferry, *contre* l'élection de la magistrature par le peuple, *contre* la séparation de l'Eglise et de l'Etat, *pour* les crédits de l'expédition du Tonkin, etc. Porté, le 4 octobre 1885, sur la liste de concentration républicaine de la Marne, M. Guyot fut élu député de ce département, le 4e sur 6, par 52,438 voix (94,874 votants, 117,802 inscrits). Il soutint, dans la législature, les ministères Rouvier et Tirard, se prononça *contre* la revision de la Constitution et vota : *pour* le rétablissement du scrutin d'arrondissement (11 février 1889), *contre* l'ajournement indéfini de la revision de la Constitution, *pour* les poursuites contre trois députés membres de la Ligue des patriotes, *pour* le projet de loi Lisbonne restrictif de la liberté de la presse, *pour* les poursuites contre le général Boulanger.

GUYOT (YVES), député de 1885 à 1889 et ministre, né à Dinan (Côtes-du-Nord) le 6 septembre 1843, fit ses études au lycée de Rennes, et vint à Paris à l'âge de vingt ans pour s'occuper de navigation aérienne. Secrétaire de la rédaction du journal *l'Aéronaute*, et agent général de la Société de locomotion aérienne, il consigna le résultat de ses observations personnelles dans un volume intitulé *l'Instituteur*, où se trahissaient des tendances républicaines.

(1867). Cet ouvrage n'en fut pas moins cité comme autorité au Sénat. dans la séance du 22 juin 1867, par M. Lefebvre-Durufflé. M. Yves Guyot collabora, vers la fin de l'Empire, au *Courrier français* et à la *Pensée nouvelle.* Occupé de questions économiques, il sollicita, sans l'obtenir, en 1868, l'autorisation d'aller faire en province une série de conférences sur les Sociétés coopératives; puis il fonda à Nimes un journal démocratique, l'*Indépendant du Midi.* dont les polémiques lui valurent deux condamnations, dont l'une à un mois de prison, à l'occasion de la souscription Baudin. La ligne politique du journal ayant été modifiée par ses directeurs, M. Yves Guyot se retira et contribua à la foundation d'un journal radical, les *Droits de l'homme,* de Montpellier. De retour à Paris, il fit campagne contre le plébiscite, dans le comité de la rue de la Sourdière, dont il était le secrétaire, et dans plusieurs réunions publiques. Poursuivi pour un discours très vif contre l'Empire, il fut condamné d'abord à six mois de prison par défaut, et obtint ensuite la réduction de sa peine à 1,000 fr. d'amende. Il entra alors à la rédaction du *Rappel*, fut arrêté le 9 août, jour de l'ouverture des Chambres, et rendu à la liberté par le 4 septembre, continua de jouer dans la presse démocratique un rôle assez actif. Il collabora à diverses feuilles pendant la guerre et la Commune, fit partie de la *Ligue d'Union républicaine des Droits de Paris,* fonda en octobre 1871 la *Municipalité,* et devint un des principaux rédacteurs du *Radical,* dirigé par M. Mottu. Son goût pour l'économie politique et sa compétence dans ces questions spéciales lui firent confier par M. Ménier, qui aspirait à devenir député de Seine-et-Marne, la rédaction de plusieurs brochures parues sous la signature du célèbre industriel, et dans lesquelles des idées intéressantes étaient exprimées, notamment touchant l'impôt sur le capital et la réforme financière. M. Ménier ayant fondé, en 1875, une revue intitulée *la Réforme économique* et étant devenu, d'autre part, propriétaire du journal quotidien *le Bien public,* M. Yves Guyot fut le principal rédacteur de ces deux publications. Il y soutint la politique modérée de M. Thiers, pour la statue duquel *le Bien public* organisa une souscription, et combattit le gouvernement du Seize-Mai. Ardent polémiste, il se montra plus radical, par la suite, dans sa collaboration aux *Droits de l'Homme,* puis à *la Lanterne.* Partisan de l'abolition des mesures réglementant la prostitution, il publia contre la police des mœurs et en général contre la préfecture de police, sous la signature : *Un vieux petit employé,* une série d'articles à sensation dont s'émurent successivement MM. Albert Gigot et Andrieux, préfets de police, et qui passionnèrent l'opinion. Les révélations du rédacteur anonyme déterminèrent l'institution par la Chambre d'une commission d'enquête, dont le rôle fut d'ailleurs annulé par l'attitude de la plupart des fonctionnaires qu'elle interrogea et qui se renfermèrent derrière le secret professionnel. D'autre part, un procès en diffamation intenté à *la Lanterne* par M. Ansart, chef de la police municipale, mit en lumière des faits scandaleux qui entraînèrent la démission de M. Albert Gigot comme préfet de police (1879). Membre du conseil municipal de Paris depuis 1874 pour le quartier de Notre-Dame, M. Yves Guyot y fut avec son ami, M. Sigismond Lacroix, un des fondateurs du groupe de l'*autonomie communale,* et se mêla activement à plusieurs discussions importantes. Après diverses tentatives infructueuses

comme candidat à la Chambre des députés, M. Yves Guyot y entra lors des élections générales d'octobre 1885 : porté dans le département de la Seine sur la liste dressée par la presse radicale et patronnée par M. Clémenceau, il fut élu au second tour de scrutin (18 octobre), le 27e sur 34, par 283,452 voix (416,886 votants, 564,338 inscrits). Il prit place à la gauche radicale, vota avec ce groupe, et intervint surtout dans les débats économiques et financiers. Partisan déterminé du libre-échange, il paria en 1886 contre l'augmentation des droits sur le blé que réclamaient MM. Paul Deschanel, de Roys, Sevaistre, etc. Membre de la commission du budget, il y défendit ses idées personnelles, et lorsque des projets d'impôt sur le revenu furent examinés (novembre 1886), il déclara cet impôt tyrannique, parce qu'il frappait les personnes et non les choses, et conclut à l'établissement d'un impôt sur le capital. Au cours de la discussion générale sur le budget, il s'associa d'ailleurs à l'apologie de la politique financière du gouvernement. Rapporteur, en mars 1887, de la commission du budget qui repoussait une demande de crédit supplémentaire demandée par M. Dauphin, ministre des Finances, pour le personnel de son administration, il fut encore en juin l'organe de cette commission contre M. Rouvier, le nouveau ministre, à propos du projet de loi relatif aux contributions directes de 1888; mais ses conclusions furent repoussées par la Chambre à la majorité de 341 voix contre 168. Enfin, le 4 novembre de la même année, il fut élu rapporteur général de la commission du budget. En cette qualité il élabora, d'accord avec ses collègues, un projet portant sur deux points principaux : 1° distraction du passif dans les successions pour la fixation des droits de mutation et élévation du tarif des droits, avec échelle progressive, surtout pour les successions en ligne collatérale; 2° suppression de tous les droits sur les boissons; élévation considérable des licences; droit de 180 francs sur l'alcool perçu à la fabrication. M. Tirard demanda l'ajournement de la première proposition et opposa à la seconde un contre-projet, que la commission écarta. Étendant aux bières le bénéfice du programme de M. Yves Guyot, la commission mit la dernière main à son projet de budget, dont la discussion vint à la Chambre le 26 janvier; malgré les efforts du rapporteur général, soutenu par MM. Peytral, Camille Pelletan, etc., il n'obtint pas l'agrément de la majorité. Lorsque M. Tirard, président du Conseil, annonça à son tour (mars 1888) de nouvelles propositions du gouvernement, la commission, par l'organe de M. Yves Guyot, refusa de les accepter; M. Tirard retira alors ses propositions et le budget des recettes fut voté le 16 mars, tel qu'il l'avait été en 1887. Enfin, sur un rapport oral de M. Yves Guyot, la Chambre eut à statuer définitivement, le 30 mars, sur les modifications votées par le Sénat. Le député de la Seine donna encore son avis sur la loi concernant le travail des mineurs et des femmes dans les manufactures, et fit de vains efforts pour que la Chambre renonçât à limiter la liberté absolue dont les femmes majeures jouissent aujourd'hui. La même année, sous le ministère de M. Peytral et à propos du budget de 1889, M. Yves Guyot reprit, avec M. Blatin, au sein de la commission du budget, un amendement tendant à transformer en impôt de quotité l'impôt foncier sur les propriétés bâties; mais ce projet ne fut pas agréé par le gouvernement. M. Yves Guyot s'est prononcé en dernier lieu *pour* le rétablissement du scrutin d'arrondissement(11 février 1889), *contre* l'ajournement indéfini de la revision de la Constitution, *pour* les poursuites contre trois députés membres de la Ligue des patriotes, *pour* le projet de loi Lisbonne restrictif de la liberté de la presse, *pour* les poursuites contre le général Boulanger.

Après la chute du cabinet Floquet, M. Yves Guyot a été désigné pour faire partie, le 23 février 1889, avec le portefeuille des Travaux publics, du ministère constitué sous la présidence de M. Tirard. M. Yves Guyot appartient, depuis 1885, à la Société des Gens de lettres. Outre les publications déjà citées, on lui doit un certain nombre d'ouvrages : une *Histoire des prolétaires*, écrite en collaboration avec M. Sigismond Lacroix, plusieurs brochures, des romans, etc.

GUYOT-DESHERBIERS (Charles-Antoine), député au Conseil des Cinq-Cents et au Corps législatif en l'an VIII, né à Joinville (Haute-Marne) le 20 mai 1745, mort au Mans (Sarthe) le 5 mars 1828, avocat, vint plaider à Paris et y eut quelques succès. Il fit, contre le chancelier Maupeou, une pièce de vers, les *Chancelières*, qui ne put circuler que sous le manteau. Partisan de la Révolution, il fut nommé juge au tribunal civil de Paris en 1790, et, sous le ministère de Merlin de Douai, devint chef de division au ministère de la Justice. Elu député de la Seine au Conseil des Cinq-Cents, le 24 germinal an VI, il fut secrétaire du Conseil, et, après le coup d'Etat de brumaire, fut choisi par le Sénat conservateur comme député de la Seine au nouveau Corps législatif (4 nivôse an VIII). Après la législature, il se retira au Mans, et se livra à la culture des lettres. Il a publié : *les Heures et les Chats*, poésies ; *Lettres de Ninon de Lenclos au marquis de Sévigné*, 1800 et 1806 ; une édition des *Mémoires du comte de Bonneval*, 1806 ; un *Mémoire sur l'assassinat de Boquillon*, et enfin un pamphlet : *Robespierre aux frères et amis et Camille Jordan aux fidèles enfants de l'Eglise et de la Monarchie*, 1799, fait, dit-on, à l'instigation du Directoire.

GUYOT-DESSAIGNE (Jean-François-Edmond), député depuis 1885 et ministre, né à Brioude (Haute-Loire) le 25 décembre 1833, fils de M. Guyot, ancien ingénieur en chef des ponts et chaussées du Puy-de-Dôme et gendre de M. Dessaigne (*V. ce nom*), ancien député de Clermont-Ferrand sous la monarchie de juillet, étudia le droit à la faculté de Paris, fut reçu licencié en 1856 et docteur trois ans après, s'inscrivit comme avocat d'abord à Paris, puis à Clermont-Ferrand, et quitta ensuite le barreau pour la magistrature. Très dévoué alors au gouvernement de l'empereur, il devint successivement substitut à Clermont, chef du parquet d'Issoire, et avocat général près la cour d'appel de Riom. Nommé ensuite juge au tribunal de la Seine, il se démit de cette fonction en 1880, pour se retirer à Cunlhat (Puy-de-Dôme), avec le titre de juge honoraire. Il fut élu presque aussitôt conseiller général du canton et, au mois de mars 1881, maire de Cunlhat. Lors des élections législatives du 4 octobre 1885, M. Guyot-Dessaigne fut porté par les opportunistes du Puy-de-Dôme sur la liste dite de « concentration républicaine », et élu, au scrutin de ballottage, le 6e sur 9, par 77,550 voix (132,128 votants, 169,883 inscrits). Il vota généralement avec la gauche radicale, parut quelquefois à la tribune, fut président de la commission de réforme du code d'instruction criminelle, vice-président de la commission de réforme du code de procédure, etc. après que M. Labordère eut donné sa démission de rapporteur de la commission de l'armée (14 janvier 1889), fut désigné pour prendre sa place. Peu de temps après, M. Ferrouillat, garde des sceaux, quitta le portefeuille de la Justice dans le cabinet Floquet, avec l'espoir que son successeur apporterait un nouvel appui à une politique dont le parlement semblait déjà accueillir avec une faveur médiocre. Après plusieurs jours de recherches vaines, le président du Conseil confia, le 6 février, le portefeuille de la Justice et des Cultes à M. Guyot-Dessaigne, dont la notoriété fut généralement estimée insuffisante pour motiver ce choix inattendu. Le député du Puy-de-Dôme n'occupa d'ailleurs le pouvoir que quelques jours ; il tomba, le 14 du même mois, avec le cabinet tout entier, devant le vote de la Chambre relatif à la revision. M. Guyot-Dessaigne a voté, dans les derniers temps de la législature : *pour* le rétablissement du scrutin d'arrondissement (13 février 1889), *contre* l'ajournement indéfini de la revision de la Constitution, *pour* les poursuites contre trois députés membres de la Ligue des patriotes, *pour* le projet de loi Lisbonne restrictif de la liberté de la presse, *pour* les poursuites contre le général Boulanger. Chevalier de la Légion d'honneur (13 décembre 1879).

GUYOT-LAVALINE (Jean-Baptiste-Charles). né à Vic-le-Comte (Puy-de-Dôme) le 15 juillet 1827, s'associa de bonne heure aux campagnes du parti démocratique dans le Puy-de-Dôme, devint conseiller général (1856) et maire de Vic-le-Comte, et fut révoqué de ces dernières fonctions par le gouvernement impérial (1865). Réintégré par la République après le 4 septembre 1870, vice-président du conseil général du département où il représentait le canton de Vic (1874), il fut désigné par les républicains du Puy-de-Dôme comme candidat au Sénat en remplacement de M. Mège, décédé, et fut élu, le 5 janvier 1879, par 372 voix (557 votants). M. Guyot-Lavaline se fit inscrire au groupe de la gauche républicaine, vota avec la majorité nouvelle *pour* l'article 7 de la loi sur l'enseignement supérieur, *pour* les lois nouvelles sur la presse et le droit de réunion, fut réélu sénateur du Puy-de-Dôme le 8 janvier 1882, par 415 voix (564 votants), et soutint la politique opportuniste. Il se prononça *pour* la nouvelle formule du serment judiciaire, *pour* la réforme du personnel de la magistrature, *pour* le rétablissement du divorce, *pour* les crédits de l'expédition du Tonkin, *pour* l'expulsion des princes, *pour* les divers ministères qui se succédèrent au pouvoir, parla en faveur de la nouvelle loi militaire, fut élu secrétaire du Sénat, et, en dernier lieu, se prononça : *pour* le rétablissement du scrutin d'arrondissement (13 février 1889), *pour* le projet de loi Lisbonne restrictif de la liberté de la presse, *pour* la procédure à suivre devant le Sénat contre le général Boulanger.

GUYOT-MONTPAYROUX (Antoine-Léonce), député de 1869 à 1870 et de 1876 à 1881, né à Brioude (Haute-Loire) le 14 janvier 1839, mort à Wry (Haute-Loire) le 18 avril 1884, frère de M. Guyot-Dessaigne (*V. plus haut*), commença ses études au Puy et les finit à Paris à l'Ecole de droit. Licencié en droit à dix-neuf ans, il entra, deux ans plus tard, au cabinet du ministre de l'Intérieur, mais il dut quitter ce poste en 1863, pour avoir publié une brochure intitulée *l'Opposition dynastique*, où il manifestait des tendances libérales. Le prince Napoléon le prit alors sous sa protection et le fit attacher comme secrétaire à l'Exposition universelle de 1867, pour y centraliser les renseignements qu'il s'agissait de communiquer à la presse, et pour rédiger un rapport quotidien touchant les appréciations des journaux sur l'exposition. Mais M. Rouher exigea bientôt son renvoi (juillet 1867). M. Guyot-Montpayroux entra à la *Liberté*, que dirigeait Émile de Girardin, prit quelque temps la direction de l'*Indépendant de Brioude*, et se présenta, le 24 mai 1869, comme candidat de l'opposition au Corps législatif dans la 2e circonscription de la Haute-Loire, qui l'élut député par 18,946 voix (32,082 votants, 39,104 inscrits), contre 13,060 voix à M. de Romeuf, député sortant, candidat officiel. M. Guyot-Montpayroux siégea au centre gauche, se fit remarquer au Corps législatif par la fréquence et la vivacité de ses interruptions, protesta, le 9 juillet 1869, contre l'épithète de révolutionnaire que le ministre d'État appliquait à la gauche, et fit partie du petit groupe dont Ernest Picard était le chef. Il fut élu conseiller général du Puy-de-Dôme, publia en 1870 une brochure intitulée : *la France du suffrage universel*, déposa (11 janvier 1870), au moment de l'attentat d'Auteuil, une proposition abrogeant les articles des sénatus-consultes qui soumettaient les membres de la famille impériale à une juridiction spéciale, recommanda l'abstention lors du plébiscite, et vota *contre* la déclaration de guerre à la Prusse. Il s'associa, le 4 septembre, aux membres de l'opposition qui prononcèrent la déchéance de la dynastie napoléonienne, mais sembla déconcerté par la proclamation de la République, et, de retour dans son département, se montra hostile aux actes du gouvernement de la Défense nationale. Partisan de la convocation immédiate d'une assemblée, il combattit vivement la dictature de Gambetta et lui reprocha « d'avoir, par une incapacité sans bornes, compromis d'une façon désastreuse la situation militaire de la France en étonnant le monde par les prodiges de sa présomptueuse et bavarde impuissance ». Le 3 février 1871, il fut arrêté par ordre de Ranc et du préfet de la Haute-Loire, M. Henri Lefort, comme mobilisé réfractaire, puis relâché après avoir justifié d'un congé délivré par M. de Freycinet. Candidat aux élections générales du 8 février 1871 dans la Haute-Loire, il n'y réunit que 11,615 voix sur 48,379 votants. Il se rallia alors à la politique de Thiers, fréquenta assidûment les salons du chef du pouvoir exécutif, et fut nommé par lui (juillet 1872) consul de France à Pesth. Il quitta ce poste pour combattre, dans le *Soir*, la coalition monarchiste de l'Assemblée, donna sa démission de rédacteur de ce journal en septembre 1873, lorsque le *Soir* devint l'organe officieux du cabinet du 24 mai, et acquit, peu de temps après, la propriété du *Courrier de France*, où il défendit la politique du centre gauche et les intérêts de la République conservatrice. Aux élections du 20 février 1876, M. Guyot-Montpayroux se présenta, sous le patronage de Thiers, comme candidat républicain modéré, dans la 1re circonscription du Puy, où il obtint au second tour de scrutin, sans être élu, 5,705 voix, contre 6,052 à M. de Miramon-Fargues, conservateur monarchiste élu, et 2,746 à M. Victor Robert. Entre les deux tours de scrutin, des bruits diffamatoires avaient été répandus par un ancien magistrat, M. Assézat de Bouteyre, contre M. Guyot-Montpayroux, en

raison de ses fonctions de secrétaire de l'exposition de 1867. L'affaire vint devant le tribunal du Puy, qui se déclara incompétent. L'élection de M. de Miramon-Fargues, très vivement contestée, fut définitivement invalidée par la majorité de la Chambre nouvelle, et les électeurs du Puy, convoqués à nouveau le 21 mai 1876, nommèrent cette fois M. Guyot-Montpayroux par 7,036 voix (14,073 votants, 19,693 inscrits), contre 4,983 voix au député sortant, M. de Miramon, et 2,030 à M. Jouve. M. Guyot-Montpayroux s'inscrivit au centre gauche, vota avec les républicains, combattit le gouvernement du 16 mai et fut des 363. Réélu, en cette qualité, le 14 octobre 1877, par 7,637 voix (15,104 votants, 19,574 inscrits), contre 7,326 à M. de Miramon, il fut presque aussitôt atteint d'une maladie mentale qui le tint éloigné de la Chambre. En traitement pendant plusieurs années dans une maison de santé, il succomba le 18 avril 1884.

GUYTON-MORVEAU (Louis-Bernard, baron), député en 1791, membre de la Convention et député au Conseil des Cinq-Cents, né à Dijon (Côte-d'Or) le 4 janvier 1737, mort à Paris le 2 janvier 1816, avait été destiné à la magistrature par sa famille ; il obtint une dispense pour siéger comme avocat général au parlement de Dijon, où il se fit remarquer par d'éloquentes plaidoiries. Mais ses goûts le portaient vers l'étude de la chimie à laquelle il s'adonna avec ardeur. Membre de l'Académie de Dijon, il obtint des états de Bourgogne l'autorisation d'ouvrir un cours de chimie (1774) ; des travaux antérieurs sur le pouvoir désinfectant du chlore, expérimenté dans les caveaux de la cathédrale et les prisons de la ville sous le nom de « fumigations guytoniennes », et les traductions de quelques ouvrages de Bergmann et de Scheele lui avaient mérité cette faveur. A la suite de difficultés réitérées avec ses collègues du parlement, il donna sa démission en 1782, et prit le titre d'avocat général honoraire. Cette même année, il proposa un plan de nomenclature chimique destiné à la théorie de Stahl, mais que Lavoisier accepta immédiatement, en en comprenant toute la valeur. Ils travaillèrent à le perfectionner en compagnie de Berthollet et de Fourcroy. Ce fut Guyton-Morveau qui rédigea le *Dictionnaire de chimie* pour l'*Encyclopédie méthodique*, à l'aide de documents nouveaux qui valurent à l'auteur un prix de l'Académie. A la Révolution, il en embrassa les principes avec enthousiasme, devint procureur général syndic de Dijon (1790), et fut élu, le 3 septembre 1791, député de la Côte-d'Or à l'Assemblée législative, le 9e sur 10, par 238 voix sur 365 votants ; il présida l'Assemblée l'année suivante. Réélu, le 4 septembre 1792, par le même département, membre de la Convention, le 2e sur 10, avec 493 voix (525 votants), il prit place à la Montagne. Lors du procès de Louis XVI, il vota *non* sur la question de l'appel au peuple, et, au 3e appel nominal, répondit : « J'ai déclaré avec vous Louis coupable de conspiration. Aujourd'hui vous me demandez quelle peine il mérite. Quand la loi n'en indiquerait point, la nature y suppléerait, parce qu'il est absurde qu'un attentat tel que des conspirations contre la patrie reste impuni. J'ai aussi considéré cette question sous le rapport politique, j'ai vu que ce serait donner un funeste exemple aux rois. Je vote pour la mort. » Membre, la même année, du comité de défense générale, il continua néanmoins de s'occuper de questions scientifiques et particulièrement de la question des ballons, obtint la création d'un corps d'aérostiers militaires et l'organisation de l'école de Meudon. En mission à l'armée du Nord (juin 1794), il expérimenta, à la bataille de Fleurus, les services que pouvaient rendre au général en chef les ballons captifs. Il perfectionna aussi la fabrication de la poudre et la purification des salpêtres. Il était entré au comité de salut public après le 9 thermidor, et il fut élu député d'Ille-et-Vilaine au Conseil des Cinq-Cents, le 24 vendémiaire an IV. Il s'y occupa de finances et d'administration, contribua à la fondation de l'École polytechnique, dont il devint professeur, puis directeur (23 floréal an XI), et fut nommé administrateur des monnaies le 11 nivôse an VIII, fonctions qu'il occupa jusqu'en 1814. Membre de l'Institut depuis 1796, il présenta à la section des sciences un grand nombre de mémoires, sur la combustion du diamant, la cristallisation des métaux, les affinités chimiques, la composition des sels, le bleu de Prusse, l'acide oxalique, etc., et fut successivement membre de la Société royale de Londres, chevalier de la Légion d'honneur (26 vendémiaire an XII), officier de l'ordre (8 ventôse an XIII), chevalier de l'Empire (20 août 1809), puis baron (23 octobre 1811). La Restauration le destitua de ses fonctions publiques, tout en lui laissant la plus grande partie de ses traitements. Il avait épousé, en 1798, Mme Claudine Poullet, veuve de Picardet, membre de l'Académie de Dijon et ancien

conseiller à la Table de marbre de cette ville. Sa femme l'aida dans la traduction des *Mémoires de chimie* de Scheele (1785) et du *Traité des caractères extérieurs des fossiles* de Werner (1790). On a de Guyton-Morveau un grand nombre d'ouvrages et de mémoires dont les plus importants ou les plus curieux sont : *Le rat iconoclaste ou le jésuite croqué*, poème héroï-comique, en vers (Paris, 1763) ; *Discours sur les mœurs, prononcé à l'ouverture des audiences du parlement de Bourgogne* (Paris, 1770) ; *Nouveau moyen de purifier absolument et en très peu de temps une masse d'air infectée* (Dijon, 1773) ; *Mémoire sur l'utilité d'un cours de chimie dans la ville de Dijon* (Dijon, 1775) ; *Éléments de chimie théorique et pratique* (avec Morel et Durande), 3 volumes (Dijon, 1776-1777) ; *Mémoire sur les dénominations chimiques, la nécessité d'en perfectionner le système, les règles pour y parvenir, suivi d'un tableau d'une nomenclature chimique* (Dijon, 1782) ; *Description de l'aérostat de l'Académie de Dijon* (Paris, 1784) ; *Dictionnaire de chimie de l'Encyclopédie par ordre des matières* (Paris, 1786) ; *Méthode d'une nomenclature chimique* (avec Lavoisier, Laplace, Monge, Berthollet et Fourcroy) (1787) ; *Opinion dans l'affaire de Louis XVI* (Paris, 1793) ; *Traité des moyens de désinfecter l'air, d'éviter la contagion et d'en arrêter les effets* (1801), etc.

H

HAAS (FRANÇOIS-JOSEPH), député de 1824 à 1830 et de 1837 à 1839, né à Guebwiller (Haut-Rhin) le 15 mai 1778, mort à Belfort (Haut-Rhin) le 23 février 1839, fils d'un boucher de Strasbourg, était négociant à Belfort où il il devint président du tribunal de commerce et maire de la ville. Libéral avant 1820, il fut nommé receveur particulier des finances sous le ministère Decazes, mais il adhéra en 1824 à la politique de M. de Villèle; celui-ci favorisa son élection comme député, dans le 3e arrondissement du Haut-Rhin (Belfort), le 25 février 1824, avec 81 voix (84 votants, 124 inscrits). Réélu par 56 voix (101 votants, 106 inscrits), contre 44 à M. Migeon, le 17 novembre 1827, il échoua (23 juin 1830) avec 47 voix contre 80 à l'élu, M. Migeon. Durant la législature de 1824 à 1827, il vota avec les 300 dévoués à M. de Villèle; mais, déjà opportuniste, il se réunit, après 1827, à la fraction Agier, sans cependant voter l'adresse des 221. Les élections de juillet 1830 ne lui furent pas favorables ; il ne rentra au parlement que le 5 février 1837, élu dans le 5e collège du Haut-Rhin (Belfort), par 189 voix sur 208 votants, contre 21 à M. Comte, directeur général des postes, en remplacement de M. Stroltz, démissionnaire. Nommé receveur général, il dut se représenter devant ses électeurs, qui lui confirmèrent son mandat, le 4 novembre 1837, par 186 voix sur 205 votants et 287 inscrits (4 novembre 1837). Il prit place parmi les ministériels, vota la loi de disjonction et mourut à la fin de la législature.

HAENTJENS (ALPHONSE-ALFRED), député de 1863 à 1870, représentant en 1871, député de

1876 à 1884, né à Nantes (Loire-Inférieure) le 11 juin 1824, mort à Paris le 11 avril 1884, fils d'un riche armateur de Nantes, s'occupa d'industrie et de littérature, fut un des principaux actionnaires du *Monde Illustré*, et épousa la fille du maréchal Magnan. Aux journées de juin 1848, il s'était battu à Paris, comme volontaire de l'ordre, avait reçu une balle en pleine poitrine, et avait été décoré de la Légion d'honneur. Maire de Sainte-Corneille (Sarthe), où il avait des propriétés et sa résidence, conseiller général de la Sarthe (1858-1870) successivement pour les cantons du Grand-Lucé et de Montfort, il se présenta comme candidat au Corps législatif dans la 1re circonscription de la Sarthe, aux élections du 1er juin 1863, et fut élu par 20,445 voix sur 27,269 votants et 33,502 inscrits, contre 6,544 voix au vicomte de Montesquiou. Réélu, le 24 mai 1869, par 18,721 voix sur 29,795 votants et 34,870 inscrits, contre 6,275 voix à M. Grimault, ancien représentant, et 4,722 à M. Joigneaux fils, il siégea avec une certaine indépendance dans la majorité dévouée à l'empire, signa l'interpellation des 116, et vota *contre* la déclaration de guerre à la Prusse. Aux élections du 8 février 1871 pour l'Assemblée nationale, le département de la Sarthe l'élut représentant, le 7e sur 9, par 50,467 voix sur 84,400 votants et 135,095 inscrits. Il prit place à droite, et fut un des députés qui, à Bordeaux, protestèrent contre le vote de déchéance de la dynastie bonapartiste. Fondateur et président du groupe de l'Appel au peuple, il demanda et obtint une enquête sur l'insurrection communaliste du 18 mars, parla contre l'élévation du prix des tabacs qu'il proposa d'alléger par une surtaxe sur les alcools, fut membre de la commission du budget, demanda une émission de bons du Trésor pour la libération du territoire, et vota *pour* la paix, *pour* l'abrogation des lois d'exil, *pour* la pétition des évêques, *pour* le pouvoir constituant de l'Assemblée, *contre* le service militaire de trois ans, *pour* la démission de Thiers ; il s'abstint sur le septennat, puis vota pour l'ensemble de la proposition comprenant la nomination d'une commission de trente membres, *contre* l'amendement Féray à la loi des maires, *pour* l'admission à titre définitif des princes d'Orléans dans l'armée, *contre* le ministère de Broglie, *contre* les lois constitutionnelles. La 2e circonscription du Mans le renvoya à la Chambre, aux élections du 20 février 1876, au second tour de scrutin (5 mars), par 10,029 voix sur 18,934 votants et 23,355 inscrits, contre 8,832 voix à M. Cordelet, républicain. Son élection fut invalidée, mais les électeurs, convoqués à nouveau le 21 mai suivant, lui confirmèrent son mandat par 11,233 voix sur 19,890 votants et 24,403 inscrits, contre 8,604 voix à M. Cordelet. M. Haentjens reprit sa place à la droite bonapartiste et soutint le ministère du 16 mai contre les 363. Candidat officiel aux élections qui suivirent la dissolution de la Chambre, le 14 octobre 1877, il fut réélu par 11,201 voix sur 20.534 votants et 24,847 inscrits, contre 9,280 voix à M. Paillard-Ducléré. Il fut hostile aux ministères républicains qui occupèrent le pouvoir après l'éphémère tentative de résistance du cabinet de Rochebouët, et se représenta aux élections du 21 août 1881 : il échoua avec 9,489 voix contre 9,511 au candidat républicain élu, M. Paillard-Ducléré. Mais cette élection fut invalidée, et, au nouveau scrutin du 26 février 1882, M. Haentjens l'emporta avec 10,053 voix sur 19,851 votants et 22,850 inscrits, contre 9,720 voix à son concurrent, M. Paillard-Ducléré. M. Haentjens continua de se mêler, au nom de la droite bonapartiste, aux discussions de finances et de budget ; lors de l'interpellation de M. Langlois sur la crise économique (janvier 1884), « fils de Marie-il préconisa comme remède un chargement de régime politique dans le sens bonapartiste. Il mourut trois mois après. Officier de la Légion d'honneur (14 août 1860).

HAGUENOT (Jean-Daniel-(Edipe)), député de 1834 à 1842, né à Saint-Thibéry (Hérault) le 19 août 1797, mort à Montaudran (Haute-Garonne) le 23 novembre 1874, « fils de Marie-André Haguenot, docteur en médecine de l'université de Montpellier, et de Marguerite de Beaumevielle d'Ambur, » fit de bonnes études médicales à la faculté de médecine de Montpellier et alla exercer à Pezénas. Elu député du 4e collège de l'Hérault (Pezénas), en remplacement de M. Reboul-Coste, démissionnaire, par 176 voix sur 235 votants et 656 inscrits, contre 137 à M. Bédarrides (15 février 1834), il prit place parmi les ministériels les plus obstinés, ce qui ne l'empêcha pas d'échouer (21 juin suivant), dans le même collège, avec 108 voix contre 226 à l'élu M. de Grasset, et 92 à M. Bédarrides. Réélu cependant, le 4 novembre 1837, par 299 voix (547 votants, 688 inscrits), et, le 4 mars 1839, par 309 voix (526 votants), il reprit sa place au centre, vota l'Adresse et reçut de Louis-Philippe, le 2 avril 1841, la croix de la Légion d'honneur. Après la législature, il obtint (1842) une chaire de chirurgie, créée pour lui à la faculté de Montpellier. Rentré dans la vie privée en 1848, il resta fidèle à la dynas-

tie déchue, à laquelle il alla présenter ses hommages dans le courant de l'année 1851 ; il se consacra ensuite à peu près exclusivement à ses occupations médicales.

HAINCQUE (Adrien-Pierre-Marie), député au Conseil des Anciens, né à Loches (Indre-et-Loire) le 27 novembre 1749, mort à Tours (Indre-et-Loire) le 20 février 1825, juge au tribunal de district de Tours, fut appelé à siéger au Conseil des Anciens, le 22 germinal an V, par le département d'Indre-et-Loire, qui lui donna 151 voix (174 votants) ; Haincque appartenait au parti royaliste constitutionnel. Il fut expulsé du Conseil après le coup d'Etat de fructidor, et rentra dans la magistrature sous le Consulat ; il devint, le 26 octobre 1815, procureur du roi près le tribunal civil de Tours, et mourut (1825) président honoraire du même tribunal.

HALBERT (Jean-Baptiste-Michel), député au Corps législatif de l'an XI à 1807, né à Juigué-sur-Loire (Maine-et-Loire) le 6 février 1740, mort à Angers (Maine-et-Loire) le 13 février 1814, fils de « Jean Halbert, marchand, et de Michelle Proustière, son épouse », était juge et sénéchal de Craon depuis 1772, quand il fut élu membre de l'assemblée provinciale d'Anjou en 1787. Président, en octobre 1790, du tribunal du district de Segré, juge au tribunal civil du département lors de la suppression des districts, sous-préfet de Segré par arrêté du 3 floréal an VIII, puis, le 6 du même mois, juge au tribunal d'appel, il fut élu, le 9 thermidor an XI, par le Sénat conservateur, député au Corps législatif, où il siégea jusqu'en 1807. En 1811, à la réorganisation de la magistrature, il échangea son titre de juge d'appel contre celui de conseiller à la cour impériale d'Angers (2 avril).

HALGAN (Emmanuel), député de 1819 à 1830, et pair de France, né à Donges (Loire-Inférieure) le 31 décembre 1771, mort à Paris le 20 avril 1852, « fils de noble maître Cyprien Halgan, avocat à la cour, sénéchal de la vicomté de Donges, et de dame Pélagie Renouard, » s'embarqua à treize ans comme mousse sur des bâtiments de commerce, de 1786 à 1793, et, le 4 mars de cette dernière année, entra au service de l'Etat à bord du brick *le Curieux*. Successivement enseigne (1er vendémiaire an III), lieutenant de vaisseau (18 vendémiaire an IV), il croisa sur les côtes d'Angleterre et d'Amérique, prit part, en l'an X, à l'expédition de Saint-Domingue, commanda *l'Epervier* avec le grade de capitaine de frégate (6 frimaire an XI), puis *le Berceau* dans l'escadre de l'amiral Linois, avec lequel il fit la croisière de l'Inde. Membre de la Légion d'honneur (25 prairial an XII), capitaine de vaisseau (1er vendémiaire an XIV), il eut comme officier en second Jérôme Bonaparte qui, lorsqu'il eut été promu au grade de capitaine de vaisseau sur *le Vétéran*, de l'escadre du contre-amiral Willaumez, choisit Halgan comme capitaine en second ; de plus, au moment de son mariage, il lui fit donner la croix du Mérite militaire de Wurtemberg. Halgan refusa de quitter la marine pour suivre Jérôme Bonaparte à la cour de Westphalie, et reçut, en 1812, le commandement de l'escadrille de la Meuse ; il défendit vaillamment Helvoët-Huys qui était considéré comme la clef de la Meuse. Officier de la Légion d'honneur (25 juillet 1814), et, quelques jours après, chevalier de Saint-Louis, il fut attaché au port de Lorient, puis fit des croisières aux Antilles et à Terre-Neuve (1818). Nommé contre-amiral (18 août 1819), il fut, le 11 septembre suivant, élu député par le collège de département du Morbihan, avec 533 voix sur 569 votants et 732 inscrits. Promu directeur du personnel au ministère de la Marine, il montra dans ces fonctions beaucoup de justice et d'impartialité, reçut la croix de commandeur de Saint-Louis (28 avril 1821), et fut appelé au commandement de l'escadre du Levant où il eut à défendre nos nationaux contre des actes de piraterie. Commandeur de la Légion d'honneur (17 août 1822), il parla, à la Chambre, dans la discussion du budget de la marine, reprit ses fonctions au ministère en 1824, fut nommé conseiller d'Etat, et fut réélu, le 25 février de la même année, dans le 2ᵉ arrondissement électoral du Morbihan (Lorient), par 201 voix sur 241 votants et 267 inscrits, et réélu, le 17 novembre 1827, par 119 voix sur 182 votants et 221 inscrits, contre 50 à M. Villemain. Promu vice-amiral, le 13 septembre 1829, il entra, après la révolution de juillet, au conseil supérieur de santé (26 juillet 1831), passa grand-officier de la Légion d'honneur (22 avril 1834), fut appelé aux fonctions de gouverneur de la Martinique, et reçut la pairie le 3 octobre 1837. Le gouvernement de Louis-Philippe le nomma en outre directeur du dépôt des cartes (12 janvier 1845) et grand-croix de la Légion d'honneur. Il donna sa démission de ces fonctions en 1846, à l'âge de 75 ans.

HALGAN (Stéphane), sénateur de 1879 à 1882, né à Nantes (Loire-Inférieure) le 8 avril 1825, mort à Nantes le 19 janvier 1882, petit-fils du précédent et fils d'un administrateur de la marine, fut conseiller municipal de Nantes et administrateur des hospices dans cette ville, où il dirigea, pendant vingt-cinq ans, l'Ecole industrielle. Membre du conseil général de la Vendée pour le canton de Palluau, et secrétaire de cette assemblée, il fut, le 5 janvier 1879, élu, comme conservateur-monarchiste, sénateur de la Vendée, par 193 voix sur 358 votants, en remplacement de M. Vaudier, décédé. M. Halgan prit place à droite, et vota constamment avec la minorité, notamment contre les lois Ferry sur l'enseignement, contre l'article 7, etc. Peu de jours avant sa mort, le 8 janvier 1882, il avait été réélu sénateur de la Vendée par 201 voix (359 votants). On a de lui un volume de vers : Souvenirs bretons (1857).

HALGAN (Emmanuel), membre du Sénat, né à Nantes (Loire-Inférieure) le 16 février 1839, frère du précédent, propriétaire, fut élu, le 6 janvier 1885, en remplacement de son frère, décédé, sénateur de la Vendée, par 457 voix (854 votants), contre 390 à M. L. Bienvenu, candidat républicain. Il siégea dans la droite monarchiste, se prononça contre l'expulsion des princes, contre les divers ministères de la législature, contre la nouvelle loi militaire, etc., et, en février 1888, interpella le gouvernement à propos du congé accordé par le préfet des Landes aux écoles primaires pour fêter le résultat des élections sénatoriales de janvier. M. Faye, ministre de l'Instruction publique, blâma le préfet. En dernier lieu, M. Halgan s'est prononcé contre le rétablissement du scrutin d'arrondissement (13 février 1889), contre le projet de loi Lisbonne restrictif de la liberté de la presse, contre la procédure à suivre devant le Sénat contre le général Boulanger.

HALLEZ-CLAPARÈDE (Philippe-Christophe, comte), député de 1837 à 1844, né à Haguenau (Bas-Rhin) le 30 avril 1778, mort à Andlau (Bas-Rhin) le 19 novembre 1844, gendre du général Claparède, qui s'illustra sous l'Empire, suivit la carrière militaire et devint, après 1830, général de brigade dans la garde nationale de Paris. Propriétaire à Andlau, il fut, le 4 novembre 1837, élu député du 5ᵉ collège du Bas-Rhin (Schlestadt), par 151 voix sur 267 votants et 290 inscrits. M. Hallez-Claparède siégea au centre, vota pour le gouvernement, et soutint, obscurément d'ailleurs, le ministère Molé. Il obtint successivement sa réélection : le 2 mars 1839, par 211 voix (232 votants), et, le 9 juillet 1842, par 208 voix (225 votants et 298 inscrits). On lit dans une Biographie des députés de 1839 : « M. Hallez peut bien être une célébrité à l'état-major du Carrousel, mais certes ce n'est pas une illustration législative. Il est député de 1837, et son nom n'a jamais retenti que dans l'appel nominal. » Il mourut en 1844, pendant la session, et fut remplacé à la Chambre par son fils (V. p. bas). — Baron de l'Empire, du 21 février 1814, et officier de la Légion d'honneur.

HALLEZ-CLAPARÈDE (Xavier-Alphonse-Emmanuel-Léonce, comte), député de 1844 à 1848 et de 1852 à 1869, né à Paris le 17 juin 1813, mort à Colmar (Haut-Rhin) le 9 avril 1870, fils du précédent, étudia le droit et se fit recevoir avocat. Il n'était encore que stagiaire lorsqu'il fut nommé, sous Louis-Philippe, inspecteur général adjoint des prisons du royaume ; ce fut en cette qualité qu'il adressa au ministre de l'Intérieur deux rapports, l'un Sur le système pénitentiaire (1838), l'autre Sur les prisons de la Prusse (1843). Devenu maître des requêtes au conseil d'Etat, il se présenta après la mort de son père, le 21 décembre 1844, pour lui succéder comme député du 5ᵉ collège du Bas-Rhin (Schlestadt), et fut élu par 186 voix sur 331 votants contre 145 à M. Marande. Il vint prendre place dans les rangs de la majorité conservatrice, s'abstint toutefois dans le vote sur l'indemnité Pritchard, mais se prononça contre la proposition Rémusat tendant à réduire le nombre des députés fonctionnaires. Réélu, le 1ᵉʳ août 1846, par 311 voix (325 votants, 406 inscrits), il vit d'abord son élection invalidée par la Chambre, mais il obtint, le 19 septembre de la même année, une nouvelle confirmation de son mandat. La révolution de février écarta M. Hallez-Claparède de la scène politique, mais, partisan du gouvernement de L.-N. Bonaparte, il revint, avec l'appui officiel, le 29 février 1852, représenter au Corps législatif le département du Bas-Rhin, qui lui avait donné 26,554 voix (27,060 votants, 33,411 inscrits.) Il prit part au rétablissement de l'Empire, donna sa démission de maître des requêtes après les décrets relatifs aux biens de la famille d'Orléans, et fut encore réélu député, grâce au patronage de l'administration, le 22 juin 1857, par 25,661 voix (26,045 votants, 34,272 inscrits.) Il siégea dans la majorité, tout en inclinant vers le groupe orléaniste. M. Hallez-Claparède, au renouvellement du 1ᵉʳ juin 1863, le bénéfice de la candidature officielle, transféré à M. Zorn de Bulach, ne l'obtint, en conséquence, que 14,791 voix contre 14,921 ; mais l'élection de M. Zorn de Bulach ayant été invalidée par la Chambre, M. Hallez-Claparède prit sa revanche, le 17 janvier 1864, et fut élu par 14,983 voix (29,495 votants, 35,059 inscrits), contre 14,434 à son concurrent. Il quitta le Corps législatif en

1869, et ne se représenta pas. Il avait prononcé au Palais-Bourbon divers discours : sur l'organisation du conseil d'État, sur le régime électoral en Algérie, les tabacs, les salles d'asile, la Légion d'honneur. Conseiller général du Bas-Rhin et chevalier de la Légion d'honneur.

HALLIGON (ANTOINE-EDOUARD), député au Corps législatif de 1857 à 1862, né à Paris le 9 novembre 1805, mort à Paris le 12 décembre 1862, de la même famille que le député aux Cinq-Cents Troisœufs-Halligon (*V. ce nom*), entra dans l'administration et devint auditeur au conseil d'État. Propriétaire à Bonchamp (Mayenne) et maire de cette commune, il fut élu, le 5 juillet 1857, au second tour de scrutin, député de la 3e circonscription de la Mayenne au Corps législatif, par 11,336 voix (19,369 votants et 25,120 inscrits), contre 7,988 voix à M. Segretain ; il vota avec la majorité et mourut pendant la législature.

HALNA-DUFRETAY (HIPPOLYTE-MARIE), membre du Sénat, né à Ploaré (Finistère) le 11 mai 1819, entra dans la marine en 1835, devint aspirant le 1er septembre 1837, enseigne de vaisseau le 1er décembre 1841, lieutenant de vaisseau le 8 septembre 1846, capitaine de frégate le 10 août 1861, capitaine de vaisseau le 7 mars 1868, et contre-amiral le 1er décembre 1877. Il eut, pendant plusieurs années, le commandement du vaisseau-école le *Borda*, fut promu commandant de la Légion d'honneur le 3 août 1875, nommé major de la flotte à Rochefort en 1878, à Brest en 1879, et fut admis à la retraite, comme contre-amiral, en 1881. Il aborda alors la carrière politique. Le décès de M. Monjaret de Kerjégu ayant déterminé une vacance au Sénat pour le département du Finistère, il se présenta comme candidat conservateur monarchiste, et fut élu, le 5 novembre 1882, par 200 voix (385 votants). Il siégea à droite, se prononça notamment *contre* la réforme judiciaire, *contre* les ministères de gauche, et obtint sa réélection au renouvellement triennal du 25 janvier 1885, avec 590 voix (1,170 votants). L'élection des sénateurs du Finistère ayant été, après enquête, annulée le 26 juin, par la majorité du Sénat, l'amiral Halna-Dufrétay dut se représenter devant le collège électoral, qui le renomma, le 26 juillet, ainsi que ses autres collègues invalidés. Il reprit sa place dans la minorité conservatrice, se prononça *contre* l'expulsion des princes, *contre* la nouvelle loi militaire, etc., et vota encore : *contre* le rétablissement du scrutin d'arrondissement (13 février 1889), *contre* le projet de loi Lisbonne restrictif de la liberté de la presse, *contre* la procédure à suivre devant le Sénat contre le général Boulanger.

HALWIN. — *Voy.* PIENNES (MARQUIS DE).

HAM (JEAN-JACQUES-JOSEPH D'), député au Corps législatif de l'an XI à 1811, né à Fenetrange (Meurthe) le 15 novembre 1745, mort à Trèves (Allemagne) le 2 mai 1811, fut conseiller à la chambre des comptes de Nancy, puis vice-président du tribunal d'appel de Trèves (Allemagne), sous la domination française. Le 9 thermidor an XI, il fut appelé par le Sénat conservateur à siéger au Corps législatif comme député du département de la Sarre : ce mandat lui ayant été renouvelé le 18 février 1808, il l'exerça jusqu'à sa mort. Le 2 avril 1811, Joseph d'Ham avait reçu le titre de président de chambre à la cour impériale de Trèves.

HAMARD (PASCAL-LUCIEN-PIERRE), représentant du peuple en 1848, né à Domfront (Orne) le 16 janvier 1800, mort à Domfront le 25 août 1858, fit ses études à Caen et se fixa comme avocat dans sa ville natale, où il fonda, en 1822, un comité électoral qui fonctionna pendant longtemps et envoya constamment des députés libéraux à la Chambre. Après la révolution de juillet, il fut nommé maire provisoire de Domfront, puis conseiller de préfecture de l'Orne (6 septembre 1830). Mais il donna sa démission l'année suivante, pour redevenir avocat et chef de l'opposition à Domfront. Conseiller d'arrondissement, président du comice agricole de Domfront, il fut nommé, le 26 février 1848, commissaire du gouvernement provisoire dans l'arrondissement de Domfront, et élu, le 23 avril suivant, représentant de l'Orne à l'Assemblée constituante, le 7e sur 11, par 58,519 voix (98,914 votants, 122,951 inscrits). Il siégea parmi les républicains modérés, fit partie du comité de la marine, et vota *pour* le bannissement de la famille d'Orléans, *contre* l'impôt progressif, *pour* l'incompatibilité des fonctions, *pour* l'amendement Grévy, *contre* la sanction de la Constitution par le peuple, *pour* l'ensemble de la Constitution, *contre* la proposition Rateau, *contre* l'interdiction des clubs. Non réélu à la Législative, il reprit sa profession d'avocat et revint à ses études agronomiques.

HAMEL (LUC-BARTHÉLEMY-MARIE, BARON), député au Corps législatif de l'an X à 1815, député de 1817 à 1818, né à Granville (Manche) le 20 juillet 1771, mort à Coutances (Manche) le 8 juillet 1818, fils de « Luc Hamel, capitaine de navire, bourgeois de Granville, et de dame Marie-Charlotte Lemarié, son épouse », entra dans l'administration impériale comme conseiller de préfecture de la Manche, et devint plus tard maître des requêtes au conseil d'État. Le 6 germinal an X, il fut élu par le Sénat conservateur député de la Manche au Corps législatif ; son mandat lui fut renouvelé deux fois : le 7 mars 1807 et le 6 janvier 1813. Le 16 mai de cette dernière année, il fut créé baron de l'Empire. Il adhéra toutefois à la déchéance de Napoléon Ier, et reparut à la Chambre des députés, le 20 septembre 1817, comme l'élu du collège de département de la Manche, avec 661 voix (1,205 votants, 2,031 inscrits). Il vota alors avec les royalistes modérés et mourut au cours de la législature (1818). Il est appelé *baron Duhamel* aux *Almanachs* impérial et royal de l'Empire et de la Restauration.

HAMEL (LOUIS-JOSEPH, COMTE DU), député de 1820 à 1827, né à Bordeaux (Gironde) le 8 août 1777, mort à Paris le 11 février 1859, fils d'un ancien député aux assemblées des notables de 1787 à 1788, fut tenu sur les fonts baptismaux par Monsieur, comte de Provence, plus tard Louis XVIII, et par la comtesse de Provence. Pendant le régime révolutionnaire, il fut emprisonné ainsi que toute sa famille, et, rendu à la liberté par le 9 thermidor, resta dans l'obscurité jusqu'en 1803. Il entra alors dans l'administration, et fut appelé, le 19 mai 1810, aux fonctions de maître des cérémonies et introducteur des ambassadeurs ; mais le comte du Hamel insista pour conserver un poste administratif, et il obtint, le 17 avril 1812, la sous-préfecture de Toulon. Les soins qu'il prit pour faire arriver des grains en Provence pendant la cruelle disette de 1812 furent très appréciés par la population. Le

13 août 1813, il fut nommé à la préfecture des Pyrénées-Orientales; le conseil général de ce département lui vota des remerciements pour l'habileté avec laquelle il avait rétabli l'union entre le Roussillon et la Catalogne. Rallié avec empressement aux Bourbons, bien qu'il eût encore reçu de l'Empire le titre de baron (3 juin 1811), M. du Hamel dut se démettre de son poste de préfet pendant les Cent-Jours; caché sous un faux nom, il se rendit auprès du duc d'Angoulême en Espagne, reprit possession de sa préfecture à la seconde Restauration, et fut nommé peu après (juillet 1815) préfet de la Dordogne, puis (décembre) préfet de la Vienne. Il se signala par son zèle royaliste, combattit la politique du ministère Decazes, comme entachée de libéralisme, et fut destitué de ses fonctions en 1819. L'année suivante, le 13 novembre 1820, il fut élu député de la Gironde, au collège de département, par 330 voix (582 votants, 660 inscrits). Il prit place à droite et vota *pour* les mesures extrêmes. Ce fut sur sa proposition et son rapport que la Chambre adopta la loi des chemins vicinaux; il prit plusieurs fois la parole, notamment sur la loi des indemnités, etc., entra en 1822 au conseil d'État, et fut réélu, le 6 mars 1824, par 372 voix (551 votants, 647 inscrits), après avoir échoué le 25 février, dans le 5e arrondissement de la Gironde (la Réole), avec 48 voix contre 173 à M. de Lur-Saluces, élu. Le 4 mars 1825, dans la discussion du milliard des émigrés, il proposa de soumettre à un simple droit fixe de cinq francs l'enregistrement des actes translatifs de propriété entre les acquéreurs de biens nationaux et l'ancien propriétaire ou ses héritiers. Non réélu en 1827, il quitta la vie politique. Officier de la Légion d'honneur (4 septembre 1823), chevalier de la Couronne de fer, commandeur de Charles III d'Espagne.

HAMEL (VICTOR-AUGUSTE, COMTE DU), député de 1857 à 1862, né à Paris le 17 avril 1810, mort à Paris le 6 septembre 1870, fils du précédent, se consacra à l'histoire et à la littérature, fut élu, en 1843, membre du comité de la Société des gens de lettres, après avoir publié deux romans, *la Duchesse d'Halluye* (1842) et *le Château de Rochecourbe* (1843), et fit paraître, en 1845, l'*Histoire constitutionnelle de la monarchie espagnole*, ouvrage qui fut couronné par l'Académie des sciences morales et politiques. Chevalier de la Légion d'honneur en 1847, M. du Hamel se dévoua, après l'élection du 10 décembre 1848, à la cause du prince-président, qui l'appela (novembre 1849) à la préfecture du Lot; il reçut de la reconnaissance de ses administrés une épée d'honneur, fut nommé préfet d'Arras (1852), préfet de la Somme (septembre 1854), et donna sa démission en 1856 pour poser sa candidature au Corps législatif. Le gouvernement, dont il était le candidat, le présenta dans les Deux-Sèvres, où M. du Hamel n'avait aucune attache, mais où les remaniements électoraux qui précédèrent les élections du 22 juin 1857 avaient créé une 3e circonscription. M. du Hamel fut élu député, dans la 2e circonscription de ce département, par 15,408 voix sur 15,750 votants et 25,137 inscrits. Il siégea silencieusement dans la majorité dynastique, fut nommé conseiller général du département pour le canton de Moncontour le 17 juillet 1859, fut promu officier de la Légion d'honneur, et se retira de la vie politique en 1862. On a de lui, outre les ouvrages déjà cités : *Considérations sur l'état*

politique de la noblesse; la Ligue d'Avila, ou l'Espagne en 1520; l'Espagne en 1850; les Mémoires d'un vieux de la Gastine; une comédie en vers jouée en 1858 à l'Odéon : *le Bonheur chez soi,* et un grand nombre de brochures politiques de circonstance.

HAMELIN (FERDINAND-ALPHONSE), sénateur du second Empire et ministre, né à Pont-l'Évêque (Calvados) le 2 septembre 1796, mort à Paris le 16 janvier 1864, entra dans la marine comme mousse à l'âge de 10 ans, à bord de *la Vénus*, sous les ordres de son oncle, et fut successivement aspirant (1er mars 1808) et enseigne (28 mai 1812), après une campagne avec Duperré et avant d'avoir atteint 16 ans révolus. Lieutenant de vaisseau (22 août 1821), capitaine de frégate (3 décembre 1828), il prit part, sur sa demande, à l'expédition d'Alger, passa capitaine de vaisseau (22 janvier 1836), contre-amiral (1842), vice-amiral (7 juillet 1848), ayant gagné tous ses grades en mer, et après avoir commandé la station des côtes occidentales de l'Amérique, de 1844 à 1848. Capitaine de pavillon de l'amiral Hugon, puis préfet maritime à Toulon, il fut appelé pendant la guerre de Crimée au commandement en chef de l'escadre de la mer Noire; en cette qualité, il protégea le débarquement et tint la mer devant Sébastopol, bombarda Odessa (22 avril 1854), puis Sébastopol (17 octobre), et fut élevé à la dignité d'amiral (2 décembre 1854); il entra alors de droit au Sénat, fut nommé (19 avril 1855) ministre de la Marine, en remplacement de M. Ducos, décédé, réorganisa le personnel, acheva les travaux du port de Cherbourg, agrandit les arsenaux, augmenta le matériel et surtout les bâtiments de transport, et échangea, le 24 novembre 1860, le portefeuille de la Marine contre la grande chancellerie de la Légion d'honneur. Grand-croix de l'ordre depuis le 18 mars 1855.

HAMILLE (FRANÇOIS-EUGÈNE-VICTOR), représentant en 1871, député de 1876 à 1885 et sénateur, né à Montreuil-sur-Mer (Pas-de-Calais) le 3 septembre 1812, mort à Douai (Nord) le 20 novembre 1885, avocat à Douai, fut placé par son oncle, M. Martin (du Nord), dans l'administration des cultes, en 1845, et en devint directeur sous l'Empire. Dévoué au régime impérial, il demanda sa retraite après le 4 septembre 1870, et fut élu (8 février 1871) représentant du Pas-de-Calais à l'Assemblée nationale, le 13e sur 15, par 134,606 voix sur 139,532 votants et 206,432 inscrits. Il prit place au centre droit, se fit d'abord inscrire à la réunion des Réservoirs, puis au groupe de l'Appel au peuple, et vota *pour* la paix, *pour* les prières publiques, *pour* l'abrogation des lois d'exil, *pour* le 24 mai, *pour* la démission de Thiers, *pour* la prorogation des pouvoirs du Maréchal, *pour* la loi des maires, pour le ministère de Broglie, *contre* l'amendement Barthe, *contre* le retour à Paris, *contre* la dissolution, *contre* l'amendement Wallon, *contre* les lois constitutionnelles. Réélu député de Montreuil-sur-Mer, le 20 février 1876, par 13,040 voix (14,446 votants, 20,170 inscrits), il soutint la politique du Maréchal et le cabinet du 16 mai, et vit renouveler son mandat, comme candidat du gouvernement, le 14 octobre 1877, par 12,183 voix (17,501 votants, 20,445 inscrits), contre 5,245 voix à M. Fresnay-Laligant, républicain. Les électeurs le renvoyèrent encore à la Chambre, le 21 octobre 1881, comme conservateur, par 8,095 voix (15,937 votants, 20,236 inscrits), contre 7,764 voix à M. Fresnay-Laligant. Fidèle au groupe de l'Appel au peuple, il vota constamment avec la minorité conservatrice, *contre* le ministère Ferry (9 novembre 1881), *contre* la loi Fabre sur les prétendants, *contre* la loi sur la réforme de la magistrature (1er août 1883), *pour* la revision intégrale, etc. Conseiller général du Pas-de-Calais pour le canton de Campagne, il présida l'assemblée départementale, fut nommé sénateur du Pas-de-Calais (6 janvier 1885) avec 1,004 voix sur 1,759 votants, en remplacement de M. Devaux, décédé, et mourut quelques mois après. Commandeur de la Légion d'honneur (13 août 1867).

HAMOIR (RENÉ-LOUIS), député au Corps législatif de 1866 à 1870, né à Valenciennes (Nord) le 13 juillet 1812, mort à Lille (Nord) le 26 janvier 1881, directeur de hauts-fourneaux dans le Nord, se présenta avec l'appui du gouvernement impérial pour succéder à M. Godard-Desmarest, démissionnaire, comme député de la 9e circonscription du département du Nord au Corps législatif, et fut élu, le 18 mars 1866, par 18,350 voix sur 18,850 votants et 31,268 inscrits. Il appartint à la majorité dynastique et vota avec elle. Réélu, le 24 mai 1869, par 18,805 voix (27,527 votants, 33.007 inscrits), contre 8,649 voix à M. Guillemin, il se prononça *pour* la déclaration de guerre à la Prusse et rentra dans la vie privée au 4 septembre 1870.

HANNAIRE-VIÉVILLE (CHARLES-SIMÉON), député au Conseil des Cinq-Cents, né à Montherie (Haute-Marne) le 28 septembre 1753, mort le 27 septembre 1839, était commissaire des guerres à Sarrelibre (ci-devant Sarrelouis), lorsqu'il fut élu, le 24 germinal an V, député de la Moselle au Conseil des Cinq-Cents, par 199 voix sur 208 votants. Il ne se fit pas remarquer dans cette assemblée d'où il sortit en l'an VII.

HANNECART (PIERRE-FRANÇOIS-JOSEPH), député au Conseil des Cinq-Cents, né à Ath (Belgique) le 5 septembre 1758, mort à une date inconnue, fut élu, le 27 germinal an V, par 60 voix sur 75 votants, député du département de Jemmapes au Conseil des Cinq-Cents. Il y prit la parole pour demander que les titres des créanciers de la Belgique fussent hypothéqués sur les biens nationaux de ce pays, présenta à l'assemblée, en l'an VI, un projet, qu'il fit adopter, sur la navigation de la Haisne et de l'Escaut, et quitta le Conseil en l'an VIII.

HANNOYE (DÉSIRÉ-JOSEPH), représentant du peuple en 1848, né à Avesnes (Nord) le 3 mai 1800, mort à Avesnes le 25 décembre 1852, d'une famille de magistrats, fut avocat dans sa ville natale, devint bâtonnier de l'ordre, conseiller général, et fut, à la révolution de 1830, nommé sous-préfet provisoire à Avesnes. Hostile au gouvernement de Louis-Philippe, il fut élu, le 23 avril 1848, représentant du Nord à l'Assemblée constituante, le 2e sur 28, par 211,047 voix sur 234,867 votants et 278,352 inscrits, fit partie du comité de l'administration et vota d'abord avec la droite, puis avec la gauche, *pour* le bannissement de la famille d'Orléans, *pour* le décret sur les clubs, *pour* les poursuites contre L. Blanc et Caussidière, *contre* l'abolition de la peine de mort, *contre* l'impôt progressif, *contre* l'incompatibilité des fonctions, *contre* l'amendement Grévy, contre la sanction de la Constitution par le peuple, *pour* l'ensemble de la Constitution, *contre* la proposition Rateau, *contre* la campagne de Rome, *pour* la mise en accusation du président

et des ministres. Il ne fut pas réélu à la Législative, et rentra dans la vie privée.

HANOTAUX (GABRIEL-ALBERT-AUGUSTE), député de 1886 à 1889, né à Beaurevoir (Aisne) le 19 novembre 1853, entra dans la diplomatie et fut conseiller d'ambassade à Constantinople. Désigné par le comité républicain de l'Aisne comme candidat à la Chambre des députés en remplacement de M. Villain, décédé, il fut élu, le 18 avril 1886, député de l'Aisne, par 52,813 voix (103,480 votants, 150,176 inscrits), contre 48,716 à M. Gilbert-Boucher, « républicain libéral. » M. Hanotaux prit place à gauche, fit partie (janvier 1887) du groupe qui mit en avant le projet d'une « association de propagande républicaine » dont les statuts furent votés le 17 février suivant, parla sur la loi militaire (juin) en faisant l'apologie du service de trois ans et désarmées démocratiques, et répondit (février 1888) à M. Paul Deschanel, qui avait fait l'éloge du protectorat français sur les catholiques d'Orient, en s'efforçant de faire ressortir les difficultés de cette situation. M. Hanotaux vota pour les ministères républicains de la législature, *pour* l'expulsion des princes, et, en dernier lieu : *pour* le rétablissement du scrutin d'arrondissement (11 février 1889), *contre* l'ajournement indéfini de la revision de la Constitution, *pour* les poursuites contre trois députés membres de la Ligue des patriotes, *pour* le projet de loi Lisbonne restrictif de la liberté de la presse, *pour* les poursuites contre le général Boulanger. M. Hanotaux a été nommé (30 octobre 1889) sous-directeur à la direction des affaires politiques au ministère des Affaires étrangères.

HANOTEAU (ANTOINE-BERNARD), député en 1789, né au Plessis-Placy (Seine-et-Marne) le 4 octobre 1750, mort à une date inconnue, était fermier au Plessis-Pacy et maire de cette commune. Elu, le 14 mars 1789, député du tiers aux Etats-Généraux par le bailliage de Crépy-en-Valois, il n'eut dans l'assemblée qu'un rôle effacé. Il devint plus tard administrateur du département de Seine-et-Marne et suppléant du juge de paix.

HANUS (PIERRE), représentant à la Chambre des Cent-Jours, né à Rembercourt-aux-Pots (Meuse) le 21 avril 1766, mort à une date inconnue, « fils du sieur Pierre Hanus et de demoiselle Marguerite Antoine, » son épouse, » fut, avant la Révolution, clerc de procureur au parlement de Paris, entra au service après 1789, devint capitaine d'artillerie, puis inspecteur des fontes, et, le 12 mai 1815, fut élu représentant de Bar-le-Duc à la Chambre des Cent-Jours, par 57 voix (102 votants), contre 45 à M. Desaux, ancien député. Il n'appartint pas à d'autres assemblées.

HAOUISSÉE DE LA VILLEAUCOMTE (JEAN-BAPTISTE-LAURENT-MARGUERITE), député de 1820 à 1824, né à Plumaudan (Côtes-du-Nord) le 6 avril 1772, mort à Saint-Brieuc (Côtes-du-Nord) le 6 janvier 1829, propriétaire à Saint-Brieuc, fut nommé, le 24 juillet 1816, adjoint au maire de cette ville, en devint maire quelque temps après, et se présenta avec succès à la députation, comme ultra-royaliste, le 4 novembre 1820, dans le 1er arrondissement des Côtes-du-Nord (Saint-Brieuc), qui l'élut par 175 voix (287 votants, 308 inscrits), contre 93 à M. Auguste de Saint-Aignan. Il prit place au côté droit de la Chambre, où il siégea jusqu'en 1824. Le 14 décembre 1820, M. Haouissée de la Villeaucomte avait été nommé conseiller de préfecture des Côtes-du-Nord.

HAQUIN (Honoré-Alexandre), député au Corps législatif de 1810 à 1815, né à Juilly (Seine-et-Marne) le 19 mai 1742, mort à Paris le 20 janvier 1821, « fils de Jean-François Haquin, laboureur, et de Marguerite-Geneviève Benoist, » fit ses premières armes, comme volontaire, dans le corps de la gendarmerie pendant la guerre de Hanovre. A la paix de 1760, il se retira du service; puis il fut nommé en 1779 administrateur secrétaire du conseil de l'Ecole royale militaire, supprimée en 1788. Quelque temps receveur général du duché de Brunoy, il rentra dans l'armée comme chef du 4e bataillon de chasseurs, fit successivement les campagnes de 1792 en Champagne et en Belgique, celles de 1793, 94 et 95 en Belgique et en Hollande, et conquit les grades d'adjudant-général, de chef d'état-major, de général de brigade et de général de division. Envoyé en cette dernière qualité en Espagne (1796), il y servit jusqu'à la paix, passa en Italie, fut encore employé dans l'intérieur, puis en Allemagne, et admis à la retraite en 1800. Il ne reçut la croix de la Légion d'honneur qu'en 1813, après avoir été nommé par le Sénat conservateur, le 10 août 1810, député de Seine-et-Oise au Corps législatif. En 1814, il vota la déchéance de l'Empereur, et se rallia à la Restauration, qui le fit chevalier de Saint-Louis.

HARAMBURE (Louis-François-Alexandre, baron d'), député en 1789, né à Preuilly (Indre-et-Loire) le 12 février 1742, mort à Tours (Indre-et-Loire) le 27 décembre 1828, entra comme cornette dans les dragons de Bauffremont en 1757, passa capitaine en 1760 au régiment de Noé, avec lequel il fit les dernières campagnes de la guerre de Sept ans, et devint ensuite colonel du Royal-Roussillon, chevalier de Saint-Louis (1771) et brigadier des armées du roi (1781). Il était maréchal-de-camp au camp de Saint-Omer depuis 1788, quand éclata la Révolution dont il adopta les idées. Elu (28 mars 1789) député de la noblesse aux Etats-Généraux pour le bailliage de Touraine, il se réunit, un des premiers, aux représentants du tiers, approuva la division de la France en départements, repoussa la conscription (16 décembre 1789) qu'il ne jugeait praticable que si la sécurité de l'Etat se trouvait compromise, demanda que le droit de paix et de guerre ne fût accordé au roi que pour une année, et qu'une commission de quatre membres de l'Assemblée suivît les négociations diplomatiques afin d'en rendre un compte fidèle à la nation. Ces motions ne furent point accueillies, et le zèle réformateur de M. d'Harambure se refroidit d'autant. Bientôt après, il réclama l'énergique répression de la révolte du régiment de Lorraine, et protesta contre la suppression des titres de noblesse, ne jugeant pas que le mandat qui lui avait été confié autorisât une telle résolution. Après la session, ne voulant pas émigrer, il reprit du service, avec le grade de maréchal-de-camp, fut promu lieutenant-général (20 mars 1792), et envoyé à l'armée de Luckner, dont il exerça le commandement intérimaire après le départ de ce général. Ayant accepté, pour ces fonctions, l'investiture du régent, Monsieur (1793), il fut décrété d'accusation et envoyé devant le tribunal révolutionnaire qui l'acquitta (22 avril 1793). Il vécut dans la retraite jusqu'à la Restauration. Nommé, en 1815, commandeur de Saint-Louis et

président du collège électoral de Loches, il favorisa de tout son pouvoir l'élection des ultra-royalistes. Il a publié: *Eléments de Cavalerie* (1791); *Opinion sur l'instruction à donner aux troupes à cheval de la France* (1817 et 1821).

HARANEDER. — *Voy.* Macaye (vicomte de).

HARCHIES (Jean-Charles-Augustin Mouton, marquis de), député en 1789, né à Ypres (Belgique) le 23 janvier 1753, mort à une date inconnue, capitaine au régiment de Bresse, fils de Jean-Charles-Augustin de Harchies et de dame Jeanne-Charlotte Xavier de Cerf, fut élu, le 10 avril 1789, député de la noblesse aux Etats-Généraux par le bailliage de Bailleul (Pas-de-Calais). Son nom ne figure pas au *Moniteur*.

HARCHIES (Louis-François-Gabriel-Joseph Mouton, comte de), député au Corps législatif de 1813 à 1814, né à Saint-Omer (Pas-de-Calais) le 9 août 1760, mort à Ypres (Belgique) le 8 septembre 1822, frère du précédent, servit dans les armées du roi avant 1789. Il résidait à Ypres, lorsque la faveur de Napoléon Ier l'appela aux fonctions de chambellan et le fit comte de l'Empire (16 décembre 1810). Le comte de Harchies fut choisi, le 6 janvier 1813, par le Sénat conservateur, comme député du département de la Lys au Corps législatif. Il siégea jusqu'en 1814. — Il demeurait à Paris, « rue Napoléon, n° 5. »

HARCOURT (Charles-Louis-Hector, marquis d', pair de France, né au château d'Escausseville (Manche) le 15 juillet 1743, mort à Paris le 5 juin 1820, de la branche aînée, de ceux qui s'associèrent d'abord à l'élan de la Révolution. Il n'émigra point et fut détenu sous la Terreur. Nommé par l'Empereur membre du conseil général de la Seine, il signa en 1814 la déclaration qui rappelait Louis XVIII. Chevalier de la Légion d'honneur, il fut promu pair de France le 4 juin 1814, maréchal-de-camp, puis lieutenant-général (10 mars 1815). Il vota pour la mort dans le procès du maréchal Ney. Louis XVIII lui accorda le droit d'ajouter une fleur de lis à ses armes.

HARCOURT (Amédée-Louis-Charles-François, marquis d', pair de France, né à Paris le 17 juillet 1771, mort à Saint-Léonard près Windsor (Angleterre) le 14 septembre 1831, fils du précédent, émigra à la Révolution. Il servit pendant quelque temps dans l'armée anglaise. Admis, en septembre 1830, à siéger à la Chambre des pairs, par droit héréditaire, en remplacement de son père, décédé en 1820, il envoya son serment, mais ne prit pas séance et continua de résider en Angleterre.

HARCOURT (Georges-Douglas-Trévor-Bernard, marquis d', pair de France, né à Brighton (Angleterre) le 4 novembre 1808, mort à Gurcy (Seine-et-Marne) le 30 septembre 1883, fils du précédent, fut admis à siéger à la Chambre des pairs, par droit héréditaire, le 9 mars 1842, en remplacement de son père décédé en 1831. Après 1848, il rentra dans la vie privée, habita longtemps l'Angleterre, et ne se mêla aux affaires politiques qu'après l'accession au pouvoir du maréchal de Mac-Mahon. Ambassadeur à Vienne (3 septembre 1873), puis à Londres (8 mai 1875), il souleva, en raison de ses tendances réactionnaires, les protestations de la presse républicaine. Maintenu néanmoins en fonction, il donna sa démission (30 janvier

1879) à la nouvelle de la retraite du duc de Magenta. Chevalier de la Légion d'honneur du 11 mai 1874, et officier du 9 janvier 1877.

HARCOURT (MARIE-FRANÇOIS, DUC DE BEU-VRON ET D'), pair de France, né à Jouy-en-Josas (Seine-et-Oise) le 25 mai 1755, mort à Marseille le 21 novembre 1839, émigra, servit dans l'armée de Condé, commanda les « chevaliers de la couronne », et fut nommé gentilhomme de la chambre du duc de Berry. A la première Restauration, il rentra en France, fut nommé pair de France (4 juin 1814) et lieutenant-général (28 février 1815), et vota pour la mort dans le procès du maréchal Ney. Après les journées de juillet, il refusa de prêter serment au gouvernement nouveau, et se retira à Marseille, où il vécut dans la retraite.

HARCOURT (CLAUDE-EMMMANUEL, VICOMTE D'), député de 1822 à 1827, né à Paris le 29 mai 1774, mort à Paris le 4 octobre 1840, fils du marquis d'Harcourt d'Olonne et de Anne-Catherine de Beuvron, maire de Souppes (Seine-et-Marne, où il possédait de vastes propriétés, s'occupa de questions économiques et politiques, sans cependant se mêler activement aux événements. Le 20 novembre 1822, il fut élu député, dans le collège de département de Seine-et-Marne, par 118 voix sur 201 votants et 265 inscrits, et fut réélu, le 6 mars 1824, par 120 voix sur 204 votants et 267 inscrits. Il prit place parmi les libéraux et échoua aux élections de juillet 1830. On a de lui: *Aperçu sur la situation de la France à la fin de la session des Chambres* (mai 1816); *Le nouveau riche et le bourgeois de Paris, ou l'élection d'un remplaçant*; *Roman politique à l'usage de messieurs les électeurs du département de la Seine*, par Claude Mathéus (Paris 1818); *Réflexions sur les élections de 1830* (Paris, 1830).

HARCOURT (FRANÇOIS - EUGÈNE - GABRIEL, DUC D'), député de 1827 à 1837 et pair de France, né à Jouy-en-Josas (Seine-et-Oise) le 22 août 1786, mort à Paris le 2 mai 1865, « fils de messire Henry-François, comte d'Harcourt, commissaire général de la cavalerie, et de demoiselle Marie-Jacqueline Le Veneur de Tillières, » fut élevé chez sa grand'mère, la duchesse de Beuvron, pendant que son père, émigré, était auprès du duc de Berry en Angleterre. A la première Restauration, il servit dans la maison du roi, et, après les Cent-Jours, fut nommé chef d'escadron dans les hussards de la garde, que commandait alors son beau-frère, le marquis de Vence. Le métier des armes ne lui agréant pas, il donna sa démission en 1820, s'intéressa à la cause des Grecs et fit un long voyage en Grèce. Chargé, au nom du comité philhellénique, de remplir auprès de Charles X la mission délicate de sonder le roi sur les chances d'une intervention, il ne trouva point celui-ci disposé à agir. Elu, le 21 novembre 1827, au collège de département, député de Seine-et-Marne par 132 voix sur 210 votants et 269 inscrits, il siégea dans l'opposition libérale, fut nommé secrétaire de la Chambre, et remit au roi, en cette qualité, l'adresse des 221 qu'il avait lui-même signée. Réélu, le 29 juillet 1830, par 138 voix (242 votants, 293 inscrits), il adhéra au gouvernement de juillet qui le nomma ambassadeur à Madrid; mais mécontent des mesures prises par Ferdinand VII contre les libéraux espagnols, il donna sa démission (27 novembre 1830). Le général Durosnel le remplaça. Le 4e collège de Seine-et-Marne (Provins) le renvoya à la Cham-

bre, le 5 juillet 1831, par 243 voix sur 320 votants et 476 inscrits. Il fut désigné peu après pour occuper le poste d'ambassadeur à Constantinople; mais la mort de Casimir Périer empêcha son départ et mit fin à sa mission. Réélu député, le 21 juin 1834, par 215 voix sur 399 votants et 489 inscrits, il prit une part active aux débats sur l'instruction secondaire et, sous le ministère Molé, fut nommé pair de France (3 octobre 1837). Président de la Société du libre-échange, il demanda l'abaissement progressif des tarifs et combattit le projet des fortifications de Paris. En 1848, Lamartine lui offrit l'ambassade de Londres, mais il préféra celle de Rome, où il put agir, auprès du Saint-Père, pour obtenir la nomination de M. Rossi comme premier ministre. M. Rossi ayant été assassiné, il fut chargé, par le pape, d'accepter la proposition du général Cavaignac, mais bientôt dut s'entendre avec M. de Spaar, ambassadeur de Bavière, pour favoriser le départ de Pie IX pour Gaëte. Cette situation amena sa démission (12 septembre 1849). Rentré dès lors dans la vie privée, il s'occupa d'agriculture; il avait épousé Mlle Terray, petite nièce de l'abbé Terray et nièce, par sa mère, de M. de Grosbois. Officier de la Légion d'honneur (7 mai 1839).

HARCOURT (CHARLES - FRANÇOIS - MARIE, DUC D'), représentant en 1871, et député de 1876 à 1881, né à Paris le 21 juin 1835, chef actuel de la branche aînée, dite d'Harcourt-Beuvron, fut officier de chasseurs à pied, mais donna sa démission en 1862, époque à laquelle il épousa Mlle de Mercy-Argenteau, et s'occupa du soin de ses propriétés. Elu représentant du Calvados à l'Assemblée nationale, le 8 février 1871, le 3e sur 9, par 76,676 voix sur 86,564 votants et 139,204 inscrits, il prit place au centre droit, vota *pour* la paix, les prières publiques, l'abrogation des lois d'exil, le 24 mai, la démission de Thiers, la prorogation des pouvoirs du Maréchal, la loi des maires, le ministère de Broglie, les lois constitutionnelles, et *contre* l'amendement Barthe, la dissolution et l'amendement Wallon. Membre de la commission de l'armée, il présenta en 1872 un projet de réforme du corps de l'état-major et fut rapporteur en 1874 de la loi sur l'admission des princes d'Orléans dans l'armée. Le 20 février 1876, il fut réélu député par l'arrondissement de Falaise avec 7,807 voix (10,604 votants, 15,253 inscrits), contre 2,667 voix à M. Gimet, fut nommé secrétaire de la Chambre et soutint la politique du 16 mai. Réélu comme candidat du Maréchal, le 14 octobre 1877, par 7,704 voix (12,547 votants, 15,227 inscrits), contre 4,811 voix à M. Lavalley, républicain, il ne prit aucune part aux travaux de l'Assemblée. Officier de la Légion d'honneur du 9 août 1877.

HARCOURT (PIERRE-LOUIS-BERNARD, COMTE D'), représentant en 1871, né à Paris le 20 août 1842, entra à Saint-Cyr en 1862, fut nommé (1er octobre 1864) sous-lieutenant au 1er chasseurs d'Afrique, fit la campagne du Maroc et fut officier d'ordonnance du général de Mac-Mahon, dont il était le cousin, en Italie et en Algérie. Il conserva ses fonctions à la guerre de 1870, et assista aux batailles de Reischoffen et de Sedan. Prisonnier de guerre en Allemagne, il revint pour reprendre sa place auprès du maréchal pendant le second siège de Paris, et fut promu lieutenant en juillet 1871. Le 2 du même mois, en remplacement de M. Thiers qui avait opté pour le département de la Seine, il fut représentant du Loiret à l'Assemblée nationale, par 30,356 voix (57,115 votants, 101,156 inscrits), contre 25,649 voix à M. Despond, républicain. Il siégea au centre droit et vota *pour* le 24 mai, la démission de M. Thiers, la prorogation des pouvoirs du Maréchal, la loi des maires, le ministère de Broglie, les lois constitutionnelles, et *contre* l'amendement Barthe, le retour à Paris, la dissolution, l'amendement Wallon. Il fut rapporteur de la convention additionnelle au traité de Francfort, et prit part aux discussions militaires et aux débats sur l'Algérie. Il se représenta après la législature, mais sans succès, dans l'arrondissement de Pithiviers, où il n'obtint que 5,782 voix contre 8,647 à M. Brière (20 février 1876), et, en octobre 1877, dans la 2e circonscription d'Orléans, où il réunit 9,597 voix contre 10,411 au député sortant républicain, M. Bernier. Chevalier de la Légion d'honneur (2 juin 1870).

HARDIVILLIERS (ELÉONORE-JEAN D'), député de 1815 à 1822, né à Saint-Omer (Pas-de-Calais) le 13 juillet 1763, mort à Fressenneville (Somme) le 24 décembre 1822, propriétaire dans cette dernière localité, ami de M. de Villèle, fut élu comme royaliste, le 22 août 1815, député du collège de département de la *Somme*, avec 159 voix (211 votants, 259 inscrits). Il fut de la majorité dans la Chambre introuvable, et, réélu le 4 octobre 1816, par 127 voix (190 votants, 252 inscrits), prit place, ainsi que dans les sessions suivantes, au côté droit de l'Assemblée. Il parla, dans la session de 1817-18, pour appuyer, à propos du tarif des douanes, la réclamation du commerce d'Abbeville, qui demandait un entrepôt de sel, et fut réélu, le 4 novembre 1820, par le 1er arrondissement de la Somme (Abbeville), avec 329 voix (420 votants, 502 inscrits). Il mourut en 1822.

HARDOUIN (JULIEN-PIERRE-JEAN), député au Corps législatif de l'an XII à 1815, représentant à la Chambre des Cent-Jours, député de 1818 à 1822, né à Mamers (Sarthe) le 23 juin 1753, mort au Mans (Sarthe) le 14 juin 1833, fils de Julien Hardouin et de Marie Royer, fut avocat au Mans, administrateur du département de la Sarthe et conseiller de préfecture, avant d'être nommé (2 fructidor an XII) par le Sénat conservateur député de la Sarthe au Corps législatif. Il vit son mandat renouvelé le 10 août 1810 et siégea jusqu'à la fin de l'empire. En 1814, il montra des opinions « constitutionnelles ». Réélu, le 9 mai 1815, par le collège de département de la Sarthe, avec 51 voix (80 votants), représentant à la Chambre des Cent-Jours, il observa la même attitude, et appartint, sous la Restauration, à l'opposition libérale. Le collège de département de la Sarthe le renvoya, le 26 octobre 1818, à la Chambre des députés par 770 voix (1,186 votants, 1,603 inscrits). Hardouin vota (1819) contre les deux lois d'exception et, avec les 93, *contre* le nouveau système électoral. Jurisconsulte estimé au Mans, il prit peu de part, toutefois, aux discussions parlementaires, et la *Biographie pittoresque des députés* (1820) disait à son sujet : « La Sarthe, qui nomme quatre députés a, payé tribut à la réputation en choisissant MM. Benjamin Constant et La Fayette, elle a sacrifié aux dieux inconnus en nous envoyant les Hardouin et les Picot. Je sais bien que M. Hardouin est un homme gros, d'un extérieur aimable, ayant la figure d'une pomme de reinette un peu ridée, les cheveux blancs, les manières polies et le maintien de cinquante-cinq ans; je l'ai vu même assis à la première section du côté gauche, mais je ne répondrais pas de son éloquence ni même de l'accent de sa voix. Les biographes qui nous ont précédés n'ont point éclairci cette matière : un seul, en parlant de lui, s'est borné à lui faire injure; il l'a classé au côté droit. » Hardouin quitta la vie politique en 1822.

HARDOUIN-RIVERY (JULLIEN), député au Conseil des Cinq-Cents, représentant à la Chambre des Cent-Jours, né à Mamers (Sarthe) le 23 octobre 1759, mort à Mamers le 5 décembre 1825, frère du précédent, étudia le droit, se fit recevoir licencié, et, le 1er mars 1784, devint notaire à Mamers. Procureur de cette commune en 1789, puis membre et président de l'administration du district de Mamers, procureur-syndic, enfin commissaire du Directoire exécutif près le tribunal civil de Mamers, il fut élu, le 25 germinal an VI, député de la Sarthe au Conseil des Cinq-Cents, et réélu par le même département le 24 germinal an VII. Hardouin-Rivery compta parmi les partisans du coup d'État de brumaire et, le 9 floréal an VIII, fut nommé juge au tribunal de sa ville natale : le 16 mai 1815, il fut élu par l'arrondissement de Mamers, avec 41 voix sur 69 votants, représentant à la Chambre des Cent-Jours. Son rôle parlementaire fut très secondaire.

HARDY (ANTOINE-FRANÇOIS), membre de la Convention, député au Conseil des Cinq-Cents et au Corps législatif de l'an VIII à 1802, né à Rouen (Seine-Inférieure) en 1748, mort à Paris le 25 novembre 1823, étudia la médecine, fut reçu docteur, exerça sa profession dans sa ville natale, et, partisan de la Révolution, fut élu, le 5 septembre 1792, député de la Seine-Inférieure à la Convention nationale, le 3e sur 16, « à la pluralité des voix. » Il s'y fit remarquer par le ton véhément de ses discours, mais aussi par le « modérantisme » de ses opinions, et, lors du procès du roi, s'exprima en ces termes : « Si le résultat des opinions de la Convention, d'accord avec le vœu national exprimé dans l'acte constitutionnel qui défend de juger le roi d'après le code pénal, n'est pas pour la mort, l'appel au peuple est inutile, et je dis *non*. Si, au contraire, au mépris de l'acte constitutionnel, on veut juger Louis comme un simple citoyen, d'après le code pénal, et le condamner à mort, l'appel au peuple est indispensable, et je dis *oui*. » Il se déclara ensuite « pour la détention et le bannissement », ainsi que pour le sursis. Lié d'amitié avec les principaux Girondins, Hardy leur prêta plusieurs fois le concours d'une voix retentissante et se compromit avec eux; il fut dénoncé par Rousselin, décrété d'accusation le 2 juin 1793, et mis hors la loi le 28 juillet; mais il réussit à se dérober aux poursuites des agents de la Convention, et, bénéficiant des dispositions qui rapportèrent, après la chute de la Montagne, le décret de proscription des députés fédéralistes, il fut rappelé dans l'Assemblée le 18 ventôse an III, malgré l'opposition de Merlin de Douai, qui proposait de le tenir exclu. Hardy se fit remarquer parmi les plus exaltés thermidoriens, multiplia les dénonciations, demanda la mise hors la loi de Barère, Billaud-Varennes et Collot d'Herbois, et proposa, vers la même époque, l'arrestation de Charlier, de Maure, de Robert Lindet, à qui il reprocha d'avoir organisé « la boucherie de Robespierre ». Il dut cependant reconnaître que toute sa famille, mise hors la loi après le 31 mai, avait été sauvée par Lindet. Au moment de la disette de 1795, il fit la motion de déclarer nationale toute la récolte prochaine et de décréter la peine capitale contre quiconque refuserait telle mesure de grains pour une quantité donnée d'assignats. Il demanda aussi qu'on ôtât à Saint-Domingue le nom du « scélérat » qu'elle portait, se fondant sur ce que « saint Dominique avait créé le funeste tribunal de l'inquisition ». On le vit, à la séance du 30 août de la même année, s'élever contre l'agiotage, et s'écrier : « Il faut non seulement arrêter l'agiotage, mais faire rendre gorge aux agioteurs ! » Puis il proposa diverses mesures pour les atteindre. Le 1er septembre, il entra au comité de sûreté générale ; en cette qualité, il se déclara contre les sections de Paris, fit suspendre leur permanence et autoriser l'arrestation des chefs de l'insurrection dite du 13 vendémiaire (15 octobre), parmi lesquels il désigna Aubry, Lomont et Miranda. Réélu, le 25 vendémiaire an IV, député de la Seine-Inférieure au Conseil des Cinq-Cents, par 257 voix (485 votants), Hardy se montra attaché au maintien des institutions républicaines, combattit vivement le parti des clichyens, et fut un des plus zélés défenseurs du gouvernement directorial contre les royalistes. Secrétaire de l'assemblée le 21 novembre 1796, il attaqua Job Aymé, dont il réclama l'exclusion, et, dans la discussion d'un projet contre les prêtres réfractaires, s'opposa à toute amnistie en leur faveur, déclarant qu'il « préférerait l'accorder à l'armée de Condé ». Il dénonça les écrivains du parti royaliste, et dit que « l'Europe monarchiste » voulait se servir d'eux pour parvenir à la contre-révolution en égarant l'opinion publique ; parla, le 1er février 1797, sur la situation de la République, et annonça qu'un administrateur du département de l'Eure avait été arrêté par la seule raison qu'il était républicain. Puis il revint à la charge contre les députés de la réunion de Clichy, contre les prêtres et les émigrés. Lorsque Duprat dénonça aux Cinq-Cents le pamphlet de Bailleul sur la majorité des Conseils, Hardy défendit l'écrit de son collègue, soutint de nouveau qu'il existait une faction qui voulait détruire la République, et, sans s'émouvoir des protestations et des murmures, ajouta que plusieurs députés en étaient les chefs. Au 18 fructidor an V (3 septembre 1797), il obtint la radiation de Tarbé (de l'Yonne) de la liste des émigrés, et celle de Doulcet-Pontécoulant. Peu après il signala l'état-major de la garde nationale de Rouen comme entretenant des relations avec « l'homme de Blankenbourg » (Louis XVIII). Successivement secrétaire et président du Conseil des Cinq-Cents, il se prononça en faveur du système électoral scissionnaire établi par le Directoire, fut réélu député de la Seine-Inférieure, le 23 germinal an VI, prit encore la parole sur divers sujets, sur le régime de la presse, sur les écoles de médecine, sur la célébration de l'anniversaire du 9 thermidor, dont le culte commençait à tomber en discrédit, et, se ralliant brusquement aux projets de Bonaparte, applaudit au coup d'État de brumaire. Aussi fut-il compris (4 nivose an VIII), par le Sénat conservateur, sur la liste des membres du nouveau Corps législatif, où il représenta la Seine-Inférieure jusqu'en 1802. A sa sortie, Hardy fut nommé directeur des droits réunis ; mais il perdit cet emploi à la Restauration, et reprit jusqu'à sa mort l'exercice de la médecine.

HARDY DE LA LARGÈRE (Mathurin-François-Mathieu), député en 1789, né à Vitré (Ille-et-Vilaine) le 21 septembre 1729, mort à Paris le 6 novembre 1792, issu d'une ancienne famille de Vitré, était fils de Pierre Hardy de la Largère, négociant, et de Anne Reste, de Fougères. Il fut, en 1772, procureur-syndic de la communauté de Vitré, puis, en 1780, maire de cette ville. Il occupa cette dernière charge pendant dix ans et siégea dans les six sessions des états de Bretagne, tenues à Rennes en 1780, 1782, 1784, 1786, 1788 et février 1789. Le 14 février 1789, Hardy fut du nombre des dix commissaires des états chargés de rédiger l'adresse du tiers aux Bretons ; peu après, il signa l'adresse au roi contre les réquisitoires de Séguier. Le 17 avril 1789, il fut élu par la sénéchaussée de Rennes député du tiers aux Etats-Généraux. Il n'opina qu'avec beaucoup de réserves pour les idées de réforme, se prononça contre la Déclaration des droits de l'homme, et passa décidément à droite dans les derniers temps de la législature. Quand il mourut à Paris, le 6 novembre 1792, ses deux fils, attachés à l'ancien régime, avaient déjà émigré.

HARISPE (Jean-Isidore, comte), député de 1831 à 1835, pair de France, sénateur du second Empire, né à Saint-Etienne de Baigorry (Basses-Pyrénées) le 7 décembre 1768, mort à Lacarre (Basses-Pyrénées) le 26 mai 1855, « fils de Jean Harispe et de Marie Harsimendi, sieurs d'Eliçabeheve de Saint-Etienne », s'engagea comme volontaire en 1792, fut nommé capitaine au bataillon des chasseurs basques (8 mars 1793), prit part à l'affaire des Aldudes, au combat de Baigorry, et, après l'attaque du camp d'Espégny (15 décembre 1793), où il fut blessé, devint chef de bataillon aux chasseurs cantabres ; il assista en cette qualité à la prise de Fontarabie, de Saint-Sébastien et de Bilbao, et à l'affaire de Vittoria. Il enleva les redoutes de Berdaritz (3 juin 1794), ce qui lui valut d'être fait chef de brigade. Après avoir tenu quelque temps garnison à Bordeaux, il prit part à l'expédition des Grisons, et fut envoyé à l'armée d'Italie sous les ordres de Brune et de Moncey, puis à celle de l'Océan avec Augereau. Colonel de la 16e demi-brigade d'infanterie légère, membre de la Légion d'honneur (19 frimaire an XII), puis officier de l'ordre (25 vendémiaire), il fit les campagnes de 1805 et de 1806, fut grièvement blessé et passa même pour mort à Iéna. Nommé général de brigade le 29 janvier 1807, il fut de nouveau blessé à Friedland, sous les yeux du maréchal Lannes. Envoyé en 1808 à l'armée d'Espagne, commandeur de la Légion d'honneur et baron de l'Empire (20 octobre), chef d'état-major du maréchal Moncey, il assista à la bataille de Tudela et au siège de Saragosse. De 1809 à 1813, il fit partie du 3e corps sous le maréchal Suchet, se signala à Abanits, aux sièges de Lérida et de Tarragone, et, général de division le 12 octobre 1810, fit mettre bas les armes à une division d'O'Donnel. Grand-officier de la Légion d'honneur (30 juin 1811), comte de l'Empire (3 janvier 1813), il se distingua à Yécla (13 avril 1813), au col d'Ordal (12 et 13 septembre suivant), battit les Anglo-Portugais à Saint-Jean-Pied-de-Port et à Baigorry, et prit part aux combats d'Orthez (27 février 1814), de Tarbes (20 mars), et à la bataille de Toulouse (10 avril), où il fut blessé et fait prisonnier. La Restauration le nomma commandant de la 15e division militaire et chevalier de Saint-Louis

(27 juin 1814). Aux Cent-Jours, il fut placé à la tête de la 1re division de l'armée des Basses-Pyrénées et reçut la mission de surveiller et de soutenir les Espagnols. La seconde Restauration ne lui confia aucun commandement et le mit à la retraite, le 16 février 1825, comme lieutenant-général. Il vécut fort retiré jusqu'à la révolution de juillet. Le 5 juillet 1831, il fut élu député par le 3e collège des Basses-Pyrénées (Mauléon) avec 115 voix (122 votants, 151 inscrits), fut réélu, le 21 juin 1834, par 91 voix (98 votants, 150 inscrits). Grand-croix de la Légion d'honneur (9 mai 1833), il fut nommé pair de France le 15 décembre 1835, et commanda la 20e division militaire (Bayonne) de 1840 à 1849. Le prince-président l'éleva, le 11 décembre 1851, à la dignité de maréchal de France, et il entra de droit au Sénat du second Empire le 26 janvier 1852.

HARISPE (JEAN-CHARLES), député de 1875 à 1881 et de 1885 à 1889, né à Saint-Etienne de Baigorry (Basses-Pyrénées) le 17 juillet 1817, neveu du précédent, alla très jeune à la Havane, où il fit fortune dans le commerce, et revint ensuite dans son pays natal. Conseiller général des Basses-Pyrénées, il fut élu, le 20 février 1876, député de l'arrondissement de Mauléon, par 7,649 voix (11,957 votants, 14,267 inscrits), contre 4,298 voix à M. Renaud, ancien représentant républicain. M. Harispe siégea à droite dans le groupe de l'Appel au peuple, se montra partisan du 16 mai, et soutint le ministère de Broglie. Réélu, comme candidat du Maréchal, le 14 octobre 1877, par 10,242 voix (10,814 votants, 14,572 inscrits), il prit peu de part aux débats, combattit les ministères républicains, et échoua aux mêmes élections, le 21 août 1881, avec 5,695 voix contre 5,982 à l'élu républicain, M. Pradet-Balade. Porté, aux élections du 4 octobre 1885, sur la liste conservatrice des Basses-Pyrénées, il fut élu, le 3e sur 5, par 45,773 voix (86,573 votants, 106,345 inscrits). Il continua de siéger à la droite bonapartiste, vota contre les cabinets opportunistes et radicaux, et se prononça, dans la dernière session, *contre* le rétablissement du scrutin d'arrondissement (11 février 1889), *contre* l'ajournement indéfini de la revision de la Constitution, *contre* les poursuites contre trois députés membres de la Ligue des patriotes, *contre* le projet de loi Lisbonne restrictif de la liberté de la presse, *contre* les poursuites contre le général Boulanger.

HARLÉ (JEAN-MARIE), représentant aux Cent-Jours, député de 1816 à 1824 et de 1827 à 1838, né à Alembon (Pas-de-Calais) le 7 avril 1765, mort à Paris le 1er avril 1838, « fils de Jean Harlé, laboureur propriétaire, demeurant à Alembon, et de Marie-Marguerite-Françoise Lavoisier, » se destina d'abord au notariat; mais la Révolution, dont il embrassa la cause avec ardeur, le jeta dans une autre voie. Elu, en 1790, receveur du district de Calais, situation qu'il n'occupa pendant près de neuf années, ce fut grâce à lui et à quelques autres habitants énergiques de Calais que cette ville n'eut pas trop à souffrir sous la Terreur. Appelé en 1799 à la recette générale de Chaumont (Haute-Marne), puis à celle du Pas-de-Calais, fonctions qu'il remplit jusqu'en 1812, il fut un des cinq receveurs choisis en 1805 pour faire le service du Trésor, compromis par les agissements de certaines compagnies. Le collège de département l'envoya siéger comme représentant du Pas-de-Calais à la Chambre des Cent-

Jours, le 14 mai 1815, par 73 voix sur 100 votants. A partir de cette époque, il fit partie de presque toutes les Chambres françaises jusqu'en 1838, successivement réélu, par le collège de département du Pas-de-Calais, le 4 octobre 1816, avec 116 voix (213 votants, 290 inscrits); par la 1re circonscription électorale du Pas-de-Calais (Arras) le 1er octobre 1821, avec 193 voix (348 votants, 579 inscrits); par le même arrondissement (Arras) le 17 novembre 1827, avec 212 voix (371 votants, 434 inscrits), contre 102 à M. Lallart; le 23 juin 1830 avec 295 voix (473 votants, 520 inscrits), contre 173 à M. Leroux du Châtelet. Durant cette période, il vota constamment avec l'opposition libérale et fit partie des 221. Réélu, le 5 juillet 1831, par 257 voix (335 votants, 414 inscrits); le 21 juin 1834 par 254 voix (393 votants, 432 inscrits), contre 129 à M. Blin de Bourdon; le 4 novembre 1837 par 256 voix (382 votants, 434 inscrits), il soutint la politique ministérielle, et, comme le dit un de ses biographes, « eut le courage de rester exposé aux attaques des partis : l'on sait avec quel calme il supporta, depuis 1831, les hostilités incessantes d'un journal du Pas-de-Calais. » Il mourut au cours de la législature, en 1838, et fut remplacé, le 8 mai de la même année, par M. Esnault.

HARLÉ (NICOLAS-FÉLIX), député de 1831 à 1837, né à Péronne (Somme) le 3 avril 1788, mort à une date inconnue, fut élu, le 5 juillet 1831, député du 7e collège de la Somme (Péronne) par 242 voix (385 votants), contre 140 à M. Tattegrain. Il siégea obscurément dans la majorité ministérielle, fut réélu, le 24 juin 1834, par 305 voix (384 votants, 556 inscrits), contre 51 à M. de Beaumont, et quitta la vie politique aux élections de 1837.

HARLÉ (JEAN-BAPTISTE-ISAAC), député de 1833 à 1834, né à Saint-Quentin (Aisne) le 10 septembre 1773, mort à Paris le 2 décembre 1854, propriétaire, fut, le 14 février 1833, concurremment avec M. Bénédict Fould, candidat à la Chambre des députés, dans le 3e collège de l'Aisne, en remplacement de M. Dufour-Denelle, démissionnaire. Le scrutin donna les résultats suivants : M. B. Fould, 107 voix, et M. Harlé, 106 (213 votants, 244 inscrits). Ces résultats furent transmis au 4e bureau de la Chambre, et de graves difficultés se présentèrent aussitôt. Premièrement M. Fould était étranger au département, de même que M. Vivien qui avait obtenu le même jour la majorité dans le 4e collège du même département; or, en vertu de l'article 36 de la Charte, les électeurs ne pouvaient nommer qu'un seul étranger. Ensuite il n'y avait entre M. Fould et M. Harlé *qu'une* voix de différence; or, parmi les bulletins déposés dans l'urne, on avait trouvé un bulletin blanc, lequel avait été compté comme suffrage exprimé. La Chambre devait-elle ratifier cette décision? La commission parlementaire, dont M. Bernard (de Rennes) fut l'organe, ne le pensa pas. Le rapporteur entra dans de longues explications, cita les précédents, et conclut en définitive : « 1° Qu'un bulletin blanc déposé dans l'urne du scrutin n'est pas un suffrage exprimé; 2° que les opérations du collège *intra-muros* de Saint-Quentin, dans sa séance du 14 février, sont valables, et que M. Harlé est le député de ce département. » Plusieurs députés prirent part au débat : MM. de Rambuteau, Emmanuel de Las Cases, Montépir, Charles Dupin, Odier, Mauguin, le général Demarçay, parurent successivement à la tribune. La question de priorité était surtout très vivement contestée. Les uns demandaient que l'on commençât par statuer sur l'élection de M. Harlé; les autres que le nom de M. Fould fût de préférence soumis au vote de la Chambre. Après avoir décidé que la priorité serait accordée à la vérification de l'élection de M. Harlé, la Chambre engagea une nouvelle discussion, assez confuse, sur les termes dans lesquels la question serait posée. Enfin on alla aux voix sur cette formule : « Que ceux qui sont d'avis qu'il y a eu élection valable de la personne de M. Harlé dans les opérations du 14, etc. » Une première épreuve, par assis et levé, fut déclarée douteuse; il fallut recourir au scrutin, et, à 149 voix contre 142, la majorité prononça que les opérations du 14 étaient valables et que M. Harlé devait être proclamé élu. M. Harlé siégea dans le tiers-parti jusqu'en 1834. Il ne fut pas réélu au renouvellement suivant.

HARLÉ D'OPHOVE (CHARLES-LOUIS-MARIE-EUGÈNE), député de 1830 à 1846 et pair de France, né à Ardres (Pas-de-Calais) le 4 février 1790, mort à Lonchamp (Aube) le 7 février 1865, « fils de sieur Jean-Marie Harlé d'Ophove, sieur de Bellevue, et de dame Marie-Louise-Eugénie Parent, » se préparait à l'Ecole polytechnique, à Paris, quand son père le rappela à Arras pour le mettre au courant de l'administration financière ; en 1812, il lui abandonna sa charge de receveur général du Pas-de-Calais. Harlé d'Ophove remplit ces fonctions avec assez d'autorité, pour en 1816, à 26 ans, faire partie du comité des receveurs constitué à Paris par Louis XVIII pour remédier au désarroi dans lequel était tombé le crédit public. Désapprouvant les tendances du ministère de M. de Villèle, il donna sa démission en 1824, et fut, en 1828, l'un des quatre fondateurs du *Propagateur du Pas-de-Calais*, organe libéral. Cette conduite lui valut d'être successivement élu député dans le 3e arrondissement électoral du Pas-de-Calais (Aire), le 23 juin 1830, par 222 voix (433 votants, 486 inscrits), contre 204 au vicomte Dutertre; le 5 juillet 1831, dans le 2e collège du même département (Arras), par 143 voix (275 votants, 400 inscrits), contre 125 à M. Proyart; le 21 juin 1834, par 215 voix (356 votants, 482 inscrits), contre 87 à M. Corne et 45 à M. Leroux du Châtelet; le 4 novembre 1837, par 201 voix (401 votants, 595 inscrits); le 2 mars 1839, par 336 voix (527 votants); le 9 juillet 1842, par 368 voix (472 votants, 748 inscrits); dans ces diverses législatures, il fit partie du comité des finances et des chemins de fer et proposa une loi sur la négociation des effets publics. Ministériel dévoué, il vota l'indemnité Pritchard, et fut nommé pair de France le 12 juillet 1846. Les travaux législatifs ne l'empêchèrent point de s'occuper aussi d'agriculture; il obtint, en 1837 et 1838, de hautes récompenses de la Société d'agriculture du Pas-de-Calais; il était membre de la Société de secours mutuels d'Arras. Il avait épousé, en 1822, Mlle G. Wartelle d'Herlincourt.

HARMAND (NICOLAS-FRANÇOIS), BARON D'ABANCOURT, député en 1789, né à Souilly (Meuse) le 9 janvier 1746, mort à Senlis (Oise) le 31 décembre 1821, d'une famille lorraine anoblie sous les derniers ducs, fit ses études au collège Sainte-Barbe et suivit la carrière du barreau. Avocat (1771) au conseil supérieur de Châlons-sur-Marne, puis avocat du parlement de Paris au bailliage de Château-Thierry (1775),

il fut, le 24 mars 1789, élu dans ce bailliage député du tiers aux Etats-Généraux, par 140 voix sur 214 votants. Ce fut lui qui avait rédigé le cahier des doléances du tiers état de Château-Thierry, cahier qui fut imprimé et réimprimé. Sans prendre la parole dans l'Assemblée, il vota généralement avec la majorité. Au 5 octobre, il se tint auprès de la personne du roi, à Versailles, au balcon de la cour de marbre, revêtu de ses insignes de député, tandis que le peuple envahissait les cours du château. Il dut, sous le régime révolutionnaire, se dérober aux poursuites qui le menaçaient, et ne reparut que sous le Directoire; il prit part alors aux entreprises pour la fourniture des armées. Lors de l'établissement des préfectures, le gouvernement consulaire le nomma (11 ventôse an VIII) préfet de la Mayenne. Il conserva ces fonctions pendant toute la durée de l'Empire, et fut admis à la retraite en 1814. Membre de la Légion d'honneur du 25 prairial an XII, il avait été créé baron de l'Empire le 14 avril 1810. On a de lui quelques écrits sur la circonscription du département de l'Aisne et du district de Château-Thierry.

HARMAND (ANNE-ÉTIENNE-LOUIS), VICOMTE D'ABANCOURT, député de 1824 à 1831 et pair de France, né à Châlons-sur-Marne (Marne) le 23 août 1774, mort à Paris le 23 février 1850, fils du précédent, et de « dame Marie-Benoiste-Valentine Gaussard », entra comme surnuméraire au ministère de l'Intérieur en 1807, grâce à l'influence de son père, alors préfet de la Mayenne, et devint ensuite successivement sous-préfet de Savenay (24 mars 1809), auditeur au conseil d'Etat (janvier 1810), sous-préfet de Mézières et préfet des Hautes-Alpes. A ce poste, au moment du retour de l'île d'Elbe, il publia une proclamation qui traitait l'empereur « d'aventurier »; ce zèle le fit destituer, mais, à la seconde Restauration, il fut nommé commissaire du roi près la 8e division militaire, préfet du Puy-de-Dôme (14 juillet 1815), commissaire du roi à la colonne de droite de l'armée du duc d'Angoulême (24 mars 1816), préfet de la Corrèze (5 avril 1817), des Ardennes (10 février 1819), de l'Allier (27 juin 1823), et officier de la Légion d'honneur (11 août 1823); il était chevalier de l'ordre depuis le 13 janvier 1814. Elu, le 25 février 1824, député du 1er arrondissement électoral des Ardennes (Mézières) par 198 voix (293 votants, 325 inscrits), contre 77 à M. Ternaux aîné, il fut réélu, le 24 novembre 1827, par le collège de département des Ardennes, avec 74 voix (111 votants, 136 inscrits), contre 37 à M. le comte Jaubert, maire de Mézières. Ministériel fervent, il appuya la politique de M. de Villèle de ses votes, de sa parole, et, pendant les débats orageux, de ses murmures opportuns. Aussi fut-il nommé secrétaire du bureau du commerce et des colonies, conseiller maître à la cour des Comptes (7 août 1825), puis, en 1828, secrétaire général de la commission de liquidation de l'indemnité accordée aux émigrés, enfin, sous le ministère Polignac, président de chambre à la cour des Comptes (août 1829). Il vota contre l'adresse des 221. Réélu, par 76 voix sur 122 votants et 148 inscrits, contre 44 à M. de Suguy, le 19 juillet 1830, il se rallia avec empressement à la monarchie de juillet, fut nommé commandeur de la Légion d'honneur en 1831, quitta la Chambre à cette époque, et fut élevé à la pairie le 3 octobre 1837. Il fut admis à la retraite comme président à la cour des Comptes le 21 novembre 1846, rentra dans la vie privée à la révolution de 1848, et mourut tout d'un coup pendant la messe, dans l'église Saint-Sulpice.

HARMAND (Jean-Baptiste), membre de la Convention, député au Conseil des Anciens et au Conseil des Cinq-Cents, né à Souilly (Meuse) le 10 novembre 1751, mort à Paris le 24 février 1816, entra au séminaire qu'il quitta pour étudier le droit, puis servit quelque temps au régiment de Vivarais-infanterie, passa aux Indes, y fit la guerre, et ne revint qu'en 1787 à Bar-le-Duc, où il se fit avocat. Juge de paix au début de la Révolution, il se déclara pour les idées nouvelles, et, le 7 septembre 1792, fut élu membre de la Convention par le département de la Meuse, le 8e et dernier, avec 85 voix sur 169 votants. Son attitude dans l'Assemblée fut sujette à quelques variations. C'est ainsi que lors du procès du roi, il rejeta d'abord l'appel au peuple; puis, sur la question de la peine, il opina avec les plus modérés en disant : « Je vote pour le bannissement immédiat. » Enfin il se prononça contre le sursis. Envoyé, en août 1793, en mission à l'armée de la Moselle, puis dans la Charente le 14 octobre 1793, pour la réquisition des chevaux, il constata que, « dans ce département, l'esprit public avait été livré à la fatale oscillation du royalisme et du fédéralisme, et que les habitants des campagnes disaient qu'il valait autant avoir affaire au roi d'Angleterre qu'à un autre. » Siégeant à la *Plaine*, Harmand resta étranger aux débats des Girondins et de la Montagne, se fit oublier jusqu'à la chute des Jacobins, et figura ensuite parmi les plus zélés partisans de la réaction thermidorienne. Devenu membre du comité de sûreté générale, il poursuivit les sociétés populaires, parla sur l'épuration » des autorités constituées, et dénonça les « continuateurs de Robespierre ». Il pressa l'organisation de la police et applaudit à la répression de l'insurrection de prairial an III. En l'an IV, il combattit la réunion de la Belgique à la France, en la représentant comme impolitique, dangereuse et contraire au vœu des Belges. Le 21 vendémiaire de la même année, Harmand fut élu, par 243 voix (258 votants), député de la Meuse au Conseil des Cinq-Cents. Devenu secrétaire de la nouvelle assemblée, il fit tous ses efforts pour se ménager la faveur de la majorité que les élections récentes avaient fait passer du côté des clichyens, appuya les mesures contre-révolutionnaires, et, dans un rapport dont il fut chargé sur la situation des fugitifs des Haut et Bas-Rhin, attaqua vivement les actes des représentants précédemment envoyés en mission dans ces départements. Cependant, aux approches du 18 fructidor, sentant que la fortune tournait contre le parti royaliste, il l'abandonna pour revenir au Directoire, qui le désigna pour secrétaire dans cette fameuse journée. Sorti du Conseil des Anciens en 1798, il reparut un an après, le 25 germinal an VII, au Conseil des Cinq-Cents, toujours comme député de la Meuse, se prononça contre la liberté de la presse, et se montra favorable au coup d'État de brumaire. Il fut récompensé de son adhésion par la préfecture du Haut-Rhin, d'où il passa à celle de la Mayenne. Membre de la Légion d'honneur en 1804, il exécuta docilement les ordres du gouvernement impérial, et s'associa sans réserves à la politique napoléonienne, ce qui ne l'empêcha pas de publier, en 1814, sous la Restauration, une brochure intitulée : *Anecdotes relatives à quelques personnages et à plusieurs événements remarquables de la Révolution*, et qui était destinée à appeler sur son auteur la bienveillance du pouvoir royal : « L'aurore d'un jour plus prospère et plus juste, y était-il dit, vient de luire pour la France; c'est sous ses auspices tutélaires que je livre aujourd'hui ces anecdotes à l'impression. Mon intention n'est pas de troubler les délicieuses jouissances du moment par des souvenirs déchirants, et lorsque la magnanimité du prince offre et garantit l'oubli du passé, je serais bien coupable si je cherchais à alarmer la confiance. » On peut juger, d'ailleurs, du degré de créance que méritaient ces anecdotes par celle qui a trait à Robespierre : Harmand raconte que ce dernier aurait été proposé en 1791 pour gouverner du prince royal, et que Louis XVI, sur les instances de Mme de Lamballe, était tout prêt à l'accepter, lorsque la reine déclara qu'elle ne pouvait se résoudre à confier son fils à « un tel monstre! » La perte de ses fonctions avait réduit Harmand à la misère; il n'en souffrit pas longtemps, étant mort au commencement de 1816.

HAROUARD DE SUAREZ. — *Voy.* Aulan (Comte d').

HARROUARD DE RICHEMOND (Victor-Trophime), député de 1834 à 1837, né à Vincy-Manœuvre (Seine-et-Marne) le 20 juillet 1793, mort à Vincy-Manœuvre le 24 décembre 1839, propriétaire cultivateur, fut élu, le 21 juin 1834, par 316 voix (594 votants, 765 inscrits), contre 257 à M. Portalis, député du 2e collège de Seine-et-Marne (Meaux). M. Harrouard de Richemond siégea obscurément dans les rangs du tiers-parti jusqu'en 1837, et, aux élections de cette année, rentra dans la vie privée.

HARSCOUET DE SAINT-GEORGE (Jean-René, comte), député de 1827 à 1830 et représentant en 1848, né à Pommereu en Tréveneuc (Côtes-du-Nord) le 3 octobre 1781, mort au même lieu le 20 janvier 1867, était propriétaire à Pluvigner quand il fut élu député, le 24 novembre 1827, par le collège de département du Morbihan, avec 92 voix sur 137 votants et 169 inscrits. Il refusa une place de préfet que lui offrait Charles X en disant qu'il était venu à la Chambre pour faire les affaires du pays et non pas les siennes, et il soutint énergiquement la royauté et le ministère Polignac. Réélu (3 juillet 1830) par 95 voix sur 155 votants et 172 inscrits, il refusa de prêter serment à Louis-Philippe et donna sa démission qu'il motiva par les lettres suivantes :

« Paris, 21 août 1830.

« Monsieur le Président,

« Revêtu pour la seconde fois des honorables fonctions de député, sous l'empire de la Charte, je ne me croyais appelé à voter que sur des lois en harmonie avec cet acte fondamental de la monarchie constitutionnelle.

« Maintenant cet ordre de choses a cessé d'exister, et, dans ma manière de voir, je ne puis ni ne dois participer en rien aux actes du pouvoir exorbitant que la Chambre s'est attribué; je vous prie donc de lui faire agréer ma démission.

« J'ai l'honneur, etc.

« De Saint-George. »

Seconde lettre :

« Paris, 25 août 1830.

« Monsieur le Président,

« Vous ayant envoyé ma démission le 21 de ce mois, et ne voyant pas qu'il en ait été donné connaissance à la Chambre, j'ai lieu de croire qu'elle ne vous est pas parvenue. Je me détermine, en conséquence, à vous l'adresser de nouveau.

« Revêtu des honorables fonctions de député sous l'empire de la Charte, mes intentions et mon devoir étaient de concourir au maintien de l'ordre de choses qu'elle avait consacré ; maintenant qu'il n'existe plus, je ne puis ni ne veux participer en rien aux actes du pouvoir arbitraire que la Chambre s'est attribué, et je vous prie de lui faire agréer ma démission.

« J'ai l'honneur, etc.

« DE SAINT-GEORGE, *député du Morbihan.* »

Rentré dans la vie privée, il s'occupa d'agriculture, notamment du reboisement des bruyères, et de bonnes œuvres. En 1847, au moment de la cherté des blés, un incendie ayant détruit un village voisin de son château, il distribua 3,000 francs aux malheureux et en logea soixante chez lui. Conseiller général, il fut élu (23 avril 1848) représentant du Morbihan à l'Assemblée constituante, le 6e sur 12, par 60,905 voix sur 105,877 votants et 125,200 inscrits, fit partie du comité des affaires étrangères, et vota, avec la droite, *pour* le bannissement de la famille d'Orléans, *pour* le décret sur les clubs, *pour* les poursuites contre Louis Blanc et Caussidière, *contre* l'abolition de la peine de mort, *contre* l'impôt progressif, *contre* l'incompatibilité des fonctions, *contre* l'amendement Grévy, *contre* la sanction de la Constitution par le peuple, *pour* l'ensemble de la Constitution, *pour* la proposition Rateau, *pour* l'interdiction des clubs, *pour* l'expédition de Rome, *contre* la demande de mise en accusation du président et des ministres ; il s'était montré favorable à la politique du prince-président. Il ne se présenta pas aux élections pour l'Assemblée législative. Chevalier de la Légion d'honneur (12 juillet 1829).

HARSCOUET DE SAINT-GEORGE (PAUL-RENÉ, VICOMTE DE), chevalier de la Légion d'honneur, député, fils du précédent, né à Pluvigner (Morbihan) le 6 septembre 1807, décédé au château de Kéronic, commune de Pluvigner, le 1er avril 1870, propriétaire et conseiller général du Morbihan, avait été blessé aux journées de juin 1848 et décoré à cette occasion. Porté sur la liste légitimiste du Morbihan pour les élections à l'Assemblée législative, il fut élu, le 13 mai 1849, le 2e sur 10, par 61,349 voix sur 86,060 votants et 127,169 inscrits. Il siégea dans la majorité monarchique, vota *pour* la loi Falloux-Parieu sur l'enseignement, *pour* la loi du 31 mai restrictive du suffrage universel, *pour* l'expédition de Rome, mais n'adhéra pas à la politique personnelle du prince-président. Le coup d'État du 2 décembre le fit rentrer dans la vie privée. Le 2 février 1852, il se porta comme candidat de l'opposition au Corps législatif dans la 3e circonscription du Morbihan ; mais il échoua avec 5,747 voix contre 18,118 accordées au candidat officiel élu, M. Napoléon de Champagny. Il renonça dès lors à la vie politique.

HARTMANN (ANDRÉ-FRÉDÉRIC), député de 1830 à 1845 et pair de France, né à Munster (Haut-Rhin) le 19 octobre 1772, mort à Munster le 1er mai 1861, « fils de André Hartmann, bourgeois et teinturier en cette ville, et de Marie-Catherine Waag, conjoints, » était manufacturier. Conseiller général du Haut-Rhin, il fut successivement élu député par le collège de ce département le 3 juillet 1830, avec 100 voix (147 votants, 157 inscrits) ; le 3 juillet 1831, par le 1er collège du Haut-Rhin (Colmar), avec 99 voix (140 votants, 156 inscrits), contre 33 au général Atthalin ; le 21 juin 1834, par 80 voix (154 votants, 181 inscrits), contre 72 à M. Gloxin, le 4 novembre 1837, par 163 voix (242 votants, 254 inscrits) ; le 2 mars 1839, par 128 voix (247 votants) ; le 9 juillet 1842, par 135 voix (229 votants). Ministériel, il vota l'indemnité Pritchard, et fut nommé pair de France le 14 août 1845. La révolution de 1848 le rendit à la vie privée.

HARTMANN (FRÉDÉRIC), représentant en 1871, né à Munster (Haut-Rhin) le 4 janvier 1822, mort à Paris le 3 juin 1880, était maire de la ville de Munster et dirigeait un des établissements industriels les plus importants du Haut-Rhin, lorsque sa situation personnelle et son patriotisme le firent élire, le 8 février 1871, le 8e sur 11, et par 42,531 voix (64,128 votants, 123,622 inscrits), représentant du Haut-Rhin à l'Assemblée nationale. M. Hartmann protesta, ainsi que ses collègues des départements de l'Est, contre l'annexion de l'Alsace à l'Allemagne et, après l'adoption par l'Assemblée des préliminaires de paix, fut un des signataires de la déclaration dont M. Grosjean (*V. ce nom*) donna lecture. Démissionnaire, il se fixa à Paris et se consacra à la défense des intérêts de ses compatriotes jusqu'à sa mort survenue en 1880.

HARVILLE (LOUIS-AUGUSTE JOUVENEL DES URSINS, COMTE D'), membre du Sénat conservateur et pair de France, né à Paris le 23 avril 1749, mort à Harville (Meuse) le 8 mai 1815, entra très jeune dans la gendarmerie où il conquit tous ses grades, et devint maréchal-de-camp à la veille de la Révolution, dont il se montra partisan. En 1791, il fit parvenir à l'Assemblée son serment de fidélité, fut envoyé à l'armée du Nord en qualité de lieutenant-général, et se distingua particulièrement à Jemmapes. Lors de la conquête de la Belgique, il commandait l'avant-garde de l'armée française et témoigna en cette circonstance de beaucoup de perspicacité et de décision. Après la défection de Dumouriez, il devint suspect, fut mis en arrestation à la demande de Lecointre, le 15 avril 1793, traduit devant le tribunal révolutionnaire, acquitté, envoyé à l'armée de Sambre-et-Meuse, et mis à la tête de la cavalerie. Inspecteur général en 1798, commandant de l'armée de réserve à Dijon en 1800, il fut appelé au Sénat conservateur le 12 mars 1801, et, en 1803, présida le collège électoral de Seine-et-Marne. Successivement général de division, membre de la Légion d'honneur (9 vendémiaire an XII), grand-officier (25 prairial an XII), grand-aigle (9 juin 1805), chevalier d'honneur de l'impératrice (12 juin 1806), comte de l'Empire (mai 1808), et gouverneur des Tuileries et du Louvre, il applaudit au retour des Bourbons, fut nommé pair de France à la Restauration (4 juillet 1814), et mourut quelque temps après, miné par des revers de fortune et des chagrins domestiques.

HATRY (Jacques-Maurice), membre du Sénat conservateur, né à Strasbourg (Bas-Rhin) le 13 février 1742, mort à Paris le 30 novembre 1802, entra jeune au service. Lorsqu'éclata la Révolution, il était capitaine au régiment de La Marck. Il gagna rapidement le grade de colonel, puis celui de général de brigade, et eut une brillante carrière militaire. Promu en 1794 général de division, il se distingua aux armées du Nord et des Ardennes, battit l'ennemi à Sombref et s'empara de Namur, de Liège, de Luxembourg, dont il annonça la prise à la Convention, et de Rinsertwerth. Le général Jourdan, commandant en chef l'armée de la Moselle, écrivit, le 29 germinal an II, au comité de salut public pour faire l'éloge du général Hatry et vanter son habileté et son courage. Sous le Directoire, Hatry commanda la 17e division militaire ; mais, au 18 fructidor, il fut remplacé par le général Augereau. Inspecteur général de l'infanterie à l'armée de Sambre-et-Meuse (1796), puis général en chef de l'armée de Mayence le 8 janvier 1797, il annonça l'entrée des Français dans cette place ainsi que dans le fort de Cassel, succéda (juin 1798) au général Joubert dans le commandement de l'armée en Batavie, entra à la Haye, et, après le coup d'Etat de brumaire, fut compris par Bonaparte (3 nivôse an VIII) parmi les membres du Sénat. Il mourut trois ans après (1802), d'une attaque d'apoplexie.

HATTINGAIS (Louis-Michel), député au Conseil des Cinq-Cents et au Corps législatif en l'an VIII, représentant à la Chambre des Cent-Jours, né à Meaux (Seine-et-Marne) le 1er octobre 1749, mort à Meaux le 31 mars 1841, « fils de maître Michel Hattingais, notaire au bailliage de Meaux à la résidence de Saint-Fiacre et Villemareuil, et de demoiselle Marie-Louise-Nicole Chaussé, » entra de bonne heure dans la magistrature ; à vingt-neuf ans, il était procureur du roi au bailliage de sa ville natale, en même temps que l'un des échevins. Partisan de la Révolution, il présida, en 1791, la Société des Amis de la Constitution et devint commissaire près le tribunal correctionnel de Meaux ; puis, le 26 germinal an VI, il fut élu député de Seine-et-Marne au Conseil des Cinq-Cents. Il se montra très opposé au 18 brumaire. Toutefois le Sénat conservateur crut pouvoir l'inscrire, le 4 nivôse an VIII, comme député de Seine-et-Marne sur la liste des membres du nouveau Corps législatif. Mais Hattinguais refusa et reprit son siège de magistrat à Meaux. Il fut ensuite juge d'instruction. Pendant les Cent-Jours, il accepta le mandat législatif : l'arrondissement de Meaux, par 42 voix (69 votants), l'envoya siéger à la Chambre des représentants. Ses opinions libérales le firent destituer de ses fonctions de juge par le gouvernement de la Restauration, qui, le 17 novembre 1819, lui décerna en compensation le titre de juge honoraire. Hattingais déclina toute pension de retraite et vécut dès lors étranger aux fonctions publiques. Un an avant sa mort (1840), il fut décoré de la Légion d'honneur.

HAUBERSAERT (Alexandre-Joseph-Séraphin, comte d'), député au Corps législatif en l'an XII, membre du Sénat conservateur et pair de France, né à Coutiches (Nord) le 18 octobre 1732, mort à Douai (Nord) le 16 août 1823, « fils de Louis-François d'Haubersaert, et d'Anne-Favier, » allié à la famille de Merlin de Douai, fut successivement substitut du procureur général au parlement de Flandre, premier conseiller pensionnaire de Douai, subdélégué de l'intendance de Flandre et d'Artois, président du bureau de paix et de conciliation, et premier président à la cour d'appel de Douai. Élu par le Sénat conservateur député du Nord au Corps législatif, le 5 vendémiaire an XII, il devint membre de la Légion d'honneur le 25 prairial suivant, président de la commission de législation civile et criminelle, et fut chargé, en 1808, de faire un rapport sur les dispositions du code de d'instruction criminelle, dont il proposa l'adoption. Chevalier de l'Empire (28 janvier 1809), baron (17 mai 1810), avocat général à Douai (6 avril 1811), membre du Sénat conservateur (14 avril 1813), comte de l'Empire (19 juin 1813), il fut cependant, lors des événements de 1814, l'un des premiers à demander la déchéance de l'empereur et l'établissement d'un gouvernement provisoire. Louis XVIII le nomma pair de France le 4 juin 1814, et officier de la Légion d'honneur le 30 juillet suivant. Resté neutre pendant les Cent-Jours, il reprit sa place à la Chambre haute à la seconde Restauration, vota pour la mort dans le procès du maréchal Ney (décembre 1815), et fut confirmé dans ses fonctions d'avocat général à Douai en vertu d'une ordonnance du 26 avril 1816.

HAUBERSAERT (Alexandre-Florent-Joseph, comte d'), pair de France, né à Douai (Nord) le 22 janvier 1771, mort le 4 avril 1855, fils du précédent « et de demoiselle Rosalie-Ursule-Claire Raison, son épouse », gendre du comte Merlin, fut directeur de la régie et de l'enregistrement à Amiens, et fut admis à siéger à la Chambre des pairs, le 17 avril 1824, par droit héréditaire, en remplacement de son père, décédé. Ses principes « libéraux » lui permirent de prêter serment, en 1830, au gouvernement de juillet. Il vota toujours avec le parti constitutionnel conservateur, et rentra dans la vie privée à la révolution de 1848.

HAUBERSAERT (Alexandre-Auguste, vicomte d'), député de 1835 à 1837 et de 1842 à 1848, né à Douai (Nord) le 8 août 1803, mort à Paris le 30 mai 1868, fut nommé auditeur de seconde classe au conseil d'État le 6 septembre 1825, et devint auditeur de première classe le 13 novembre 1827. Démissionnaire, le 26 juillet 1830, en raison des Ordonnances, il fut renommé maître des requêtes au service ordinaire (30 août suivant), et fut chargé des fonctions de ministère public près la juridiction contentieuse du conseil d'État (28 février 1831). Chef de cabinet de la présidence du conseil et directeur du personnel au ministère de l'Intérieur à l'avénement de Casimir Périer (16 mai 1831), il eut avec celui-ci une scène de violence qui resta célèbre, et donna sa démission à la mort de cet homme d'État (17 mai 1832) pour reprendre au conseil d'État les fonctions de maître des requêtes chargé du ministère public. Successivement élu député par le 8e collège du Nord (Cambrai), le 4 août 1835, en remplacement de M. Lallier-Frémicourt, décédé, par 119 voix (229 votants, 288 inscrits), contre 110 à M. Taillandier ; le 9 juillet 1842, avec 170 voix (308 votants, 366 inscrits), contre 136 à M. Taillandier ; le 1er août 1846, avec 262 voix (464 votants, 492 inscrits), contre 62 à M. Taffin, il appuya la politique ministérielle et vota l'indemnité Pritchard. Conseiller d'État titulaire, du 12 mai 1839, il rentra dans la vie privée à la révolution de 1848.

HAUCOURT (Colomban-Louis d'), député au Corps législatif de l'an XII à 1808, né à

Pontivy (Morbihan) le 28 décembre 1755, mort à Pontivy le 28 janvier 1829, avocat dans cette ville, fut, sous la Révolution, administrateur du département du Morbihan, sous-préfet de Pontivy après le 18 brumaire, et, le 14 vendémiaire an XII, choisi par le Sénat conservateur, comme député du Morbihan au Corps législatif, où il siégea parmi les partisans dociles de la politique impériale jusqu'en 1808.

HAUDOS (JUSTIN), député au Corps législatif de 1856 à 1864, né à Reims (Marne) le 28 janvier 1797, mort à Loisy-sur-Marne (Marne) le 1er octobre 1864, riche propriétaire de ce département, maire de Loisy et vice-président du conseil général de la Marne, entra au Corps législatif, le 2 mars 1856, en remplacement de M. Godart, décédé. Élu député de la 1re circonscription de la Marne par 19,378 voix (20,142 votants, 34,085 inscrits), contre 145 voix à M. Perrier, maire de Châlons, et 135 à M. Garinet, M. Haudos prit place dans la majorité dynastique. Avec l'appui du gouvernement impérial, il fut réélu, le 22 juin 1857, par 25,010 voix (25,374 votants, 34,643 inscrits), fit partie de plusieurs commissions, entre autres de celle du projet de loi relatif au crédit supplémentaire pour le service des haras, et s'associa (juin 1861) à un amendement collectif à un projet concernant l'exécution de plusieurs chemins de fer. M. Haudos obtint encore, comme candidat officiel, sa réélection, le 1er juin 1863, avec 25,713 voix (27,564 votants), contre 394 voix à M. Deconvenance, et mourut à Loisy, au cours de la législature (1864).

HAUDOUART (IGNACE-JOSEPH-DELFIN), député en 1791, né à Bapaume (Pas-de-Calais) le 7 avril 1753, mort à une date inconnue, était maire de Bapaume et appartenait à la magistrature comme président du tribunal de ce district, lorsqu'il fut élu (2 août 1791) député du Pas-de-Calais à l'Assemblée législative, le 2e sur 11, par 338 voix (609 votants). Il fit partie de la majorité ; son rôle parlementaire n'a pas laissé de traces au *Moniteur*.

HAUDRY DE SOUCY (ANDRÉ), député de 1815 à 1816 et de 1820 à 1827, né à Paris le 25 février 1765, mort à Paris le 6 janvier 1844, propriétaire à Fontenay-lez-Briis (Seine-et-Oise), fut élu, comme royaliste, le 22 août 1815, député de Seine-et-Oise, par le collège de département, avec 116 voix (181 votants, 251 inscrits). Il vota, dans la Chambre introuvable, avec la majorité, ne fut pas réélu en 1816, et ne rentra au parlement que le 13 novembre 1820, comme député du même collège électoral, avec 142 voix (261 votants, 302 inscrits). Il vota avec la droite, et obtint le renouvellement de son mandat : le 10 octobre 1821 par 145 voix (262 votants, 304 inscrits), et le 6 mars 1824 par 147 voix (265 votants, 307 inscrits). Il soutint le ministère Villèle. M. Haudry de Soucy était administrateur des salines. Un biographe parlementaire de 1824 écrivait à son sujet : « Il faut bien se garder de confondre M. Haudry, député de Seine-et-Oise, avec M. Odry, auteur du *Poème des gendarmes*; il y a cependant un point de comparaison entre M. Haudry de Soucy et M. Odry sans *Soucy* : c'est que celui-ci, comme chacun sait, est un approvisionneur de gros sel, tandis que l'autre est administrateur des salines, ainsi que nous l'apprend l'*Almanach royal*. » M. Haudry de Soucy fut, dans la séance du 6 mai 1825, désigné comme l'un des candidats qui devaient être présentés au roi et parmi lesquels seraient choisis les deux nouveaux membres de la commission de surveillance pour la caisse d'amortissement. Conseiller général de Seine-et-Oise et chevalier de la Légion d'honneur.

HAUDUCŒUR (NICOLAS), député en 1789, né à Vicq (Seine-et-Oise) le 7 novembre 1729, mort à une date inconnue, était laboureur à Saint-Germain-de-la-Grange (commune de Vicq), lorsqu'il fut élu, le 28 mars 1789, député du tiers aux Etats-Généraux par le bailliage de Montfort-l'Amaury. Il vota avec la majorité, sans paraître à la tribune.

HAURÉAU (JEAN-BARTHÉLEMY), représentant du peuple en 1848, né à Paris le 9 novembre 1812, fit de brillantes études à Louis-le-Grand et au collège Bourbon, et obtint des succès au concours général. Dès 1832, il collabora à divers journaux démocratiques, la *Tribune*, le *Journal du peuple*, et publia une brochure, *la Montagne*, sur les principaux personnages de la Révolution, qui fit quelque bruit, dont plus tard il désavoua lui-même la forme, et dans laquelle il manifestait des idées très avancées et des tendances socialistes. Il devint directeur du *Courrier de la Sarthe* de 1838 à 1845; il était en même temps bibliothécaire de la ville du Mans. Destitué en 1845 pour sa collaboration au discours adressé par M. Trouvé-Chauvel au duc de Nemours, il vint à Paris comme rédacteur au *National* jusqu'aux événements de 1848. Le gouvernement provisoire le nomma conservateur des manuscrits à la Bibliothèque nationale (1848). Le 4 juin suivant, M. Hauréau fut élu représentant de la Sarthe à l'Assemblée constituante par 24,857 voix, en remplacement de M. Jules de Lasteyrie, qui avait opté pour Seine-et-Marne; il prit place à gauche, fit partie du comité des affaires étrangères, prit la parole notamment sur le chiffre du crédit à maintenir pour la bibliothèque de la Sorbonne, vota *pour* le décret sur les clubs, *pour* les poursuites contre L. Blanc et Caussidière, *pour* l'abolition de la peine de mort, *contre* l'amendement Grévy, *contre* la sanction de la Constitution par le peuple, *pour* l'ensemble de la Constitution, *contre* la proposition Rateau, *contre* l'interdiction des clubs, *contre* l'expédition de Rome, et se prononça *contre* le principe de la liberté de l'enseignement. En 1852, il refusa de prêter serment au gouvernement issu du coup d'Etat de 1851, et fut révoqué de ses fonctions de bibliothécaire. Il devint bibliothécaire de l'ordre des avocats en 1861, membre de l'Académie des inscriptions et belles-lettres le 5 décembre 1862, et directeur de l'imprimerie nationale le 6 septembre 1870. Chevalier de la Légion d'honneur en 1836, officier le 3 août 1875, commandeur le 30 octobre 1878. On a de lui : *Critique des hypothèses métaphysiques de Manès Pélage* (le Mans, 1840); *Manuel du clergé, ou examen de l'ouvrage de M. Bouvier* (Angers, 1844); *Histoire de la Pologne* (Paris, 1844); *François Ier et sa cour* (1853), *Charlemagne et sa cour* (1852-1855); *Hugues de Saint-Victor* (1859); *Histoire littéraire du Maine* (le Mans-Paris, 1843-52; 1870-76); *Histoire de la philosophie scolastique* (1872); *Bernard délicieux et l'inquisition albigeoise* (1878). Il a traduit pour la collection Nisard la *Pharsale* de Lucain. Son *Examen critique de la philosophie scolastique* a été couronné par l'Académie des sciences morales et politiques, et les tomes XV et XVI de la

Gallia christiana, qu'il publia presque seul, lui valurent deux fois de suite le prix Gobert (1856-1857).

HAUSEN DE WEIDESHEIM (Dominique-Ignace-Charles), député de 1815 à 1824, né à Sarreinsming (Moselle) le 16 novembre 1758, mort à Sarreguemines (Moselle) le 25 mars 1824, entra dans la magistrature et fut, sous l'Empire, conseiller à la cour de Trèves. Maire de Sarreguemines, les électeurs du collège de département de la Moselle l'élurent, le 22 août 1815, par 115 voix (206 votants, 318 inscrits), membre de la Chambre des députés. Il siégea dans la minorité ministérielle, et fut successivement réélu : le 4 octobre 1816 par 110 voix (154 votants, 244 inscrits), et le 13 novembre 1820 par 140 voix (238 votants, 252 inscrits). Assis au centre, il opina jusqu'à sa mort (1824) avec la fraction « constitutionnelle » du parti royaliste.

HAUSSEZ (Charles Lemercher de Longpré, baron d'), député de 1815 à 1816, de 1827 à 1830, et ministre, né à Neufchâtel (Seine-Inférieure) le 20 octobre 1778, mort à Saint-Saëns (Seine-Inférieure) le 10 novembre 1854, était issu d'une famille de magistrats, attachés à l'ancien régime. Ses études terminées il entra, tout jeune, dans les complots royalistes qui se tramèrent vers la fin de la période révolutionnaire, servit en l'an VII dans « l'armée royale de Normandie », fut dénoncé à la police, poursuivi, et dut se tenir caché jusqu'en 1804. Il se remit à conspirer et se trouva compromis dans l'affaire de Georges Cadoudal et de Pichegru ; prévenu d'avoir favorisé le débarquement des conjurés sur la côte de Biville, il fut relâché faute de preuves. L'Empire pensa d'ailleurs le compter parmi ses partisans : l'enthousiasme que M. d'Haussez manifesta, au début, pour le nouvel empire, fut récompensé (novembre 1805) par le titre de baron et la fonction de maire de Neufchâtel. Mais ses préférences légitimistes ne tardèrent pas à reprendre le dessus. Empressé à saluer Louis XVIII à la tête d'une députation neufchâteloise, commandant de la garde nationale après Waterloo, conseiller général de la Seine-Inférieure, il fut, le 22 août 1815, élu député de ce département, au grand collège, par 122 voix (197 votants, 248 inscrits). Précédemment, le 10 mai, il avait échoué dans l'arrondissement de Neufchâtel, comme candidat à la Chambre des Cent-Jours, avec 32 voix contre 54 à l'élu, M. Rigoult. Dans la Chambre introuvable, M. d'Haussez fit partie de la minorité ministérielle. Le 6 décembre, il se montra opposé à la proposition Hyde de Neuville tendant à faire juger par une commission parlementaire les individus exceptés de la loi d'*amnistie*; il défendit l'institution du jury et combattit l'idée de rendre au clergé le droit exclusif d'enregistrer les actes de l'état civil. Après la dissolution de la Chambre, dissolution à laquelle il applaudit, il n'obtint pas sa réélection comme député, et fut nommé, le 28 mai 1817, préfet des Landes. Le 19 mars 1819, il passa à la préfecture du Gard, et, en 1820, à celle de l'Isère. Ce fut sous son administration qu'éclatèrent (1821) les troubles de Grenoble, à la suite de la révolution du Piémont. Le général Pamphile Lacroix, qui commandait la division, mit le département en état de siège, contre l'avis du préfet, qui en appela au gouvernement et obtint le retrait de cette mesure. M. d'Haussez

n'en prit pas moins une part personnelle des plus actives à la répression sanglante qui étouffa les troubles. Préfet de la Gironde le 7 avril 1824, puis conseiller d'Etat et officier de la Légion d'honneur, il reparut à la Chambre des députés le 17 novembre 1827, comme l'élu du 2e arrondissement électoral des Landes (Dax), avec 111 voix (157 votants, 230 inscrits). Il siégea dans la majorité; mais lorsque Charles X se sépara du cabinet Martignac pour donner à M. de Polignac la direction des affaires, M. d'Haussez accepta, le 23 août 1829, d'entrer dans la combinaison nouvelle, en remplacement du vice-amiral de Rigny, qui venait de refuser, après l'avoir d'abord sollicité, le portefeuille de la Marine. M. d'Haussez signala son passage aux affaires par le rôle important qu'il joua dans la préparation et la conduite de l'expédition d'Alger. Il contribua, avec MM. de Bourmont, ministre de la Guerre, de Guernon-Ranville et Courvoisier, à faire révoquer le traité d'abord conclu avec les envoyés de Méhémet-Ali, pacha d'Egypte, et en vertu duquel celui-ci était chargé de courir sus aux pirates d'Afrique et de venger le coup d'éventail donné par le dey d'Alger au consul français. Dès qu'il eut été décidé que la France s'armerait elle-même pour sa propre querelle ce fut en vain que l'Angleterre, sentant se réveiller toutes ses vieilles rancunes, demanda des explications, fit entendre des plaintes, eut recours aux menaces. Les dépêches du cabinet des Tuileries lui firent savoir que le roi ne poserait les armes qu'après avoir atteint le double but qu'il s'était proposé, savoir : le redressement des griefs, cause immédiate des hostilités, et, en second lieu, le triomphe des intérêts communs à toute la chrétienté. L'attitude des ministres français causa en Angleterre une irritation profonde. A Paris, lord Stuart, ambassadeur anglais, essaya, dans des entretiens semi-diplomatiques, d'intimider le ministre de la Marine; mais M. d'Haussez repoussa les démarches du représentant de l'Angleterre. On dit même que dans la conversation, irrité du ton tranchant que prenait lord Stuart, il laissa échapper ces mots : « Si vous désirez une réponse diplomatique, M. le président du conseil vous la fera. Pour moi, je vous dirai, sauf le langage officiel, que nous nous f... de vous. » Grâce à l'habile activité de M. d'Haussez, les préparatifs de guerre se poursuivirent avec ardeur; dans tous les ports du royaume, la tâche des ouvriers fut doublée ainsi que leur salaire, et en moins de trois mois cent bâtiments de guerre et quatre cents transports furent entièrement prêts. Cependant la plupart des amiraux déclaraient le débarquement impossible; ils irritèrent, sans le déconcerter, l'inexpérience du ministre de la Marine qui, fort de l'opinion de deux capitaines de vaisseau employés au blocus d'Alger, MM. Gay de Taradel et Dupetit-Thouars, passa outre, déchira la nomination de l'amiral Roussin au commandement de la flotte et en confia la conduite à l'amiral Duperré, alors préfet maritime à Brest. M. de Bourmont emporta d'ailleurs secrètement une ordonnance qui lui donnait tout pouvoir sur l'armée de terre et sur l'armée de mer. En politique, M. d'Haussez signa les ordonnances du 25 juillet 1830, non sans avoir présenté quelques observations de forme. Le 28, il parut, dit-on, dans les rangs des troupes royales. Quand la victoire fut acquise à l'insurrection, il se rendit à Saint-Cloud auprès de Charles X, puis gagna Dieppe, et de là l'Angleterre. Impliqué dans le procès des derniers ministres de la Restauration, il fut condamné par contumace, le 11 avril 1831, à la détention perpétuelle. Il passa son temps d'exil à visiter l'Italie, la Suisse, l'Allemagne, rentra en France à la faveur de l'amnistie de 1839, et fixa sa résidence dans le département de la Seine-Inférieure. Il mourut en 1854, au château de Saint-Saëns, étranger à la politique. Outre différents récits de voyage, M. d'Haussez a publié plusieurs écrits sur la politique et l'administration, parmi lesquels : *Réflexions d'un ami du roi, par M***, ancien député* (1816); *Un mot à M. de Chateaubriand* (1817); *Considérations sur l'agriculture et l'industrie dans les Landes* (1817); *Des routes et des canaux* (1828); *Philosophie de l'exil* (1832), etc.

HAUSSMANN (Nicolas), député en 1791, membre de la Convention, né à Versailles (Seine-et-Oise) le 8 septembre 1760, mort à Chaville (Seine-et-Oise) le 21 janvier 1846, d'une famille protestante originaire d'Alsace, était, avant la Révolution, marchand de toiles à Versailles. Il se déclara en faveur des réformes, fut élu administrateur de Seine-et-Oise, puis, le 6 septembre 1791, député de ce département à l'Assemblée législative, le 11e sur 14, par 350 voix (501 votants). Il siégea dans la majorité, vota avec elle, et fit voter, le 13 août 1792, l'évacuation des maisons royales. Réélu, le 7 septembre 1792, membre de la Convention pour Seine-et-Oise, le 2e sur 14, par 503 voix (699 votants), Haussmann fut chargé, le 18 décembre de la même année, d'une mission auprès des armées de l'Est et du Nord : il s'agissait de procéder à la vérification des comptes de tous les agents comptables de la République. Haussmann se montra très favorable à Custine, dont il fit approuver la conduite, mais il demanda le remplacement du ministre Beurnonville et de Bouchotte. Au moment du procès de Louis XVI, Haussmann se trouvait à Mayence : il ne put donc prendre part au vote, mais il signa, le 6 janvier 1793, avec Rewbell et Merlin (de Thionville), un rapport où figure le passage suivant (*Moniteur* du 12 janvier 1793): « Nous sommes entourés de morts et de blessés. C'est au nom de Louis Capet que les tyrans égorgent nos frères, et nous apprenons que Louis Capet vit encore ! » Haussmann remplit encore une mission (octobre 1794) à l'armée du Nord. Sa proclamation aux Bataves pour les inviter à changer la forme de leur gouvernement, fut bientôt suivie d'une lettre dans laquelle il transmettait à ses collègues de la Convention le vœu de la Belgique en faveur de l'annexion à la France. Ayant levé à Bruxelles une contribution de cinq millions, il en exigeait une seconde, que l'administrateur municipal refusait d'accorder: « Savez-vous, lui dit Haussmann, qu'il y va de votre tête ? — Vous en ferez sortir du sang, non de l'or, » répondit le magistrat. De retour à l'Assemblée, Haussmann opina pour une réduction de la valeur des anciens assignats et pour une émission nouvelle. Commissaire du Directoire près l'armée de Rhin-et-Moselle, il annonça au gouvernement plusieurs victoires de nos soldats et notamment la prise de Kaiserslautern, de Spire, de Newstadt, le passage du Rhin, la prise de Kehl, l'affaire de Rastadt, la mort du général Lambert, etc. Après l'insurrection de prairial, il défendit son collègue Goujon, et déclara « qu'il avait toujours admiré la moralité, la pureté de sa conduite, et l'union admirable qui régnait dans sa famille ». Après avoir suivi, jusqu'en 1708, le général Moreau, il entra dans l'administration des vivres, y appartint

jusqu'en 1808, et se retira ensuite à Chaville. En raison de la lettre publiée au *Moniteur* du 12 janvier 1793, il se trouva atteint, sous la seconde Restauration, par la loi du 12 janvier 1816 contre les régicides; forcé de s'exiler, il se fixa à Bâle; ayant obtenu, peu de temps après, l'autorisation de rentrer en France, il se retira dans sa propriété de Chaville où il mourut.

HAUSSMANN (Georges-Eugène, baron), sénateur du second Empire, député de 1877 à 1881, né à Paris le 27 mars 1809, petit-fils du précédent, de la religion protestante, filleul du prince Eugène, et fils de M. Haussmann, commissaire des guerres sous le premier Empire, et de Mlle Dentzell, fille du général baron Dentzell, fit ses études à Paris, et fut reçu avocat; destiné par sa famille au notariat, il était second clerc dans une étude de Paris quand éclata la révolution de 1830. Il prit part aux journées de juillet, fut légèrement blessé devant le Théâtre-Français, et profita des relations nouées à cette occasion avec les membres du nouveau pouvoir pour entrer dans l'administration comme secrétaire général de la préfecture de la Vienne (22 mai 1831). Le traitement des secrétaires généraux ayant été supprimé par la Chambre au projet de budget de 1833, M. Haussmann fut pourvu de la première sous-préfecture vacante, celle d'Yssingeaux (Haute-Loire) (14 juin 1832). Le 9 octobre suivant, il passa à la sous-préfecture de Nérac, le 17 février 1840 à celle de Saint-Girons, et le 23 novembre 1841 à celle de Blaye. La révolution de 1848 pouvait briser sa carrière; mais M. Haussmann, qui s'était marié à Bordeaux et qui y avait des amis, fut, par décret du 17 mars 1848, « appelé au conseil de préfecture de la Gironde. » L'avènement à la présidence de la République du prince Louis-Napoléon, vers lequel l'attiraient ses idées autoritaires et dont il embrassa le parti avec promptitude et décision, le rendit à l'administration active. Appelé, le 24 janvier 1849, à la préfecture du Var, il inaugura dans ce département, fortement travaillé par les passions politiques, le règne des « préfets à poigne », résista à l'émeute pleine de juillet, un réel courage personnel, et, obligé de faire arrêter M. Emile Ollivier, alors champion ardent des doctrines démocratiques, préféra ne pas en faire « un martyr », et réussit adroitement à le laisser échapper, solution dont son ex-prisonnier lui garda une inexorable rancune. Le 11 mai 1850, M. Haussmann fut nommé préfet de l'Yonne. A Auxerre, il se lia avec M. Frémy, ancien conseiller d'État, alors représentant de ce département à l'Assemblée législative, et qui, fort bien en cour, devint, à partir de ce moment, l'agent le plus actif de sa fortune politique. Nommé préfet de la Gironde (26 novembre 1851), M. Haussmann reçut à Bordeaux le prince-président, quelques semaines avant le rétablissement de l'Empire; l'habileté des mesures prises par lui dans la Gironde au coup d'État, son dévouement au nouveau régime, et l'appui de M. Frémy le firent bientôt appeler (23 juin 1853) à la préfecture de la Seine, vacante par la démission de M. Berger. On sait quelle volonté persévérante, quel talent d'administrateur, quelles ressources financières le nouveau préfet mit au service de l'étonnante transformation et des merveilleux embellissements de la capitale. S'il eut l'espoir et l'ambition, qui parurent d'abord fondés, de faire suivre aux recettes existantes de la ville, sans créer de nouveaux impôts, une progression qui lui permit d'équilibrer les dépenses nouvelles, il dut bientôt, après avoir escompté l'annexion de la banlieue, recourir à des mesures fiscales supplémentaires, à des virements, à des emprunts, etc., et recourir à l'œuvre de la transformation de Paris, qui n'a rien d'analogue nulle part, et dont on ne peut nier la conception grandiose, suscita dès lors à son auteur les tracas incessants des difficultés financières. M. Haussmann ne se découragea pas, ne ralentit pas les travaux, et pourvut aux nécessités les plus urgentes par des expédients de caisse. Au Corps législatif, voire même au Sénat, où M. Haussmann était entré par décret impérial du 9 juin 1857, ces procédés donnèrent barre à l'opposition sur le gouvernement, et les ministres furent parfois assez embarrassés pour défendre, en toute circonstance, comme le voulait l'empereur, le tout-puissant préfet de la Seine. A la fin de 1860, gêné par « l'ombrageuse susceptibilité » du ministre de l'Intérieur, M. de Persigny, M. Haussmann offrit sa démission, et ne la retira qu'après avoir obtenu un décret impérial qui rendait au contrôle du préfet une foule d'actes municipaux, soumis jusqu'alors à la sanction du ministre. Mais l'opposition ne désarma pas. Les Comptes fantastiques d'Haussmann, brochure de M. Jules Ferry, popularisèrent la lutte de la gauche contre le préfet, et, en 1868, celui-ci dut consentir à soumettre sa gestion à l'examen du Corps législatif. Un traité conclu par la Ville avec le Crédit Foncier, dont M. Frémy était alors gouverneur, vint en discussion à la Chambre le 22 février 1869, et au Sénat le 6 avril. Au Sénat, M. Haussmann le défendit; à la Chambre, ce traité fut vivement attaqué par MM. Garnier-Pagès, Picard et Thiers, défendu avec talent par M. Genteur, conseiller d'Etat, et par le ministre de l'Intérieur, M. Forcade de la Roquette; mais M. Rouher avoua les illégalités commises, condamna le traité, et proposa une émission de titres; le traité, qui paraît aux exigences pressantes du moment, fut voté, seulement on décida en même temps que le budget extraordinaire de la Ville serait désormais approuvé par une loi. La situation de M. Haussmann, toujours soutenu par l'Empereur, en paraissait à peine ébranlée, lorsque l'avènement du cabinet Emile Ollivier précipita le dénouement. Le nouveau garde des sceaux de l'Empire n'avait pas oublié les injures du démocrate du Var : il exigea la démission du préfet de la Seine. M. Haussmann, fier de la tâche accomplie, eut le légitime orgueil de préférer une révocation à une soumission, et refusa sa démission : un décret impérial du 5 janvier 1870 « le releva de ses fonctions »; il fut mis à la retraite comme préfet de la Seine le 26 février suivant, et, en mars, sa pension fut liquidée à 6.000 francs. Il se retira alors dans la belle villa qu'il possédait à Nice; il s'y trouvait encore au moment de la révolution du 4 septembre; il quitta quelque temps la France, et revint après la conclusion de la paix. En juillet 1871, lors des élections complémentaires qui eurent lieu dans la Seine pour remplacer les représentants décédés ou ayant opté pour d'autres départements, le nom de M. Haussmann fut mis en avant, mais il se retira formellement avant l'ouverture du scrutin. Nommé directeur du Crédit mobilier en septembre 1871, il se présenta à la députation, aux élections du 20 février 1876, dans le 1er arrondissement de Paris; n'ayant obtenu, au premier tour, que 2,950 voix, il se désista aussitôt. Mais, aux élections du 14 octobre 1877, qui suivirent la dissolution de la Chambre par le cabinet du

16 mai, il se porta comme candidat officiel dans l'arrondissement d'Ajaccio, contre le prince Napoléon. Une circulaire présenta sa candidature comme « approuvée dès son apparition, de préférence à celle de M. le prince Jérôme, et par Mgr Meglia, nonce du pape, envoyé particulier de Sa Sainteté en France, et par Mgr le cardinal Guibert, archevêque de Paris, la plus haute personnalité du culte catholique dans notre pays ». Il triompha d'ailleurs par 8,027 voix sur 12,499 votants et 18,259 inscrits, contre 4,419 voix au prince Jérôme Napoléon, député sortant, un des 363. A la Chambre, M. Haussmann prit place à droite, dans le groupe de l'Appel au peuple, avec lequel il vota, sans se mêler aux débats parlementaires. Non réélu en 1881, il échoua pareillement aux élections d'octobre 1885, sur la liste monarchiste de la Gironde, avec 72,035 voix sur 162,236 votants. M. Haussmann, qui n'a retiré aucune fortune des hautes situations qu'il a occupées, est aujourd'hui président du conseil d'administration des Magasins généraux. Il vient de publier (1890) les deux premiers volumes de ses Mémoires. Créé baron par l'empereur, il est grand-croix de la Légion d'honneur depuis le 7 décembre 1862, décoré de tous les ordres de l'Europe, et membre libre de l'Académie des Beaux-Arts depuis le 7 décembre 1867.

HAUSSONVILLE (CHARLES-LOUIS-BERNARD DE CLÉRON, COMTE D'), pair de France, né à Paris le 1er novembre 1770, mort à Gurcy-le-Châtel (Seine-et-Marne) le 1er novembre 1846, « fils de très haut et très puissant seigneur Joseph-Louis-Bernard de Cléron, comte d'Haussonville, baron de Bazarne, seigneur de Gurcy, Doubilly et autres lieux, maréchal des camps ès-armées du roy, et de très haute et très puissante dame Antoinette-Marie de Régnier de Guerchy, son épouse, » servit d'abord au régiment du roi. Son père s'était montré, à la Révolution, partisan des idées nouvelles, ce qui ne l'empêcha pas de donner trois cents louis à son fils en lui ordonnant de rejoindre l'armée des princes : « A votre âge, lui dit-il, il faut faire ce que font les jeunes gens de sa génération. » Le jeune d'Haussonville émigra donc en 1792, servit à l'armée des princes, et revint en France à l'époque du consulat. Devenu colonel d'état-major et chambellan de l'empereur, après s'être distingué durant les campagnes de Prusse et de Pologne, il fut créé comte de l'Empire le 27 septembre 1810. Son adhésion au retour des Bourbons lui valut, à la seconde Restauration, un siège à la Chambre des pairs (17 août 1815). Il vota constamment avec les défenseurs de la monarchie constitutionnelle, se prononça pour la mort dans le procès du maréchal Ney, et, aux journées de juillet, tenta en vain de sauver la couronne au duc de Bordeaux. Le 2 août 1830, il adressa à Louis-Philippe une lettre pressante, l'engageant à conserver intacte la couronne à Henri V : « C'est une superbe tâche, écrivait-il, aussi grande et si difficile qui vous est réservée, Monseigneur. Déjà un de vos ancêtres, en protégeant Louis XV, vous a légué un bel exemple qu'il vous est donné de surpasser. » Sa voix ne fut pas entendue, mais M. d'Haussonville n'en garda pas rancune au nouveau roi; il prêta serment comme pair, et siégea à la Chambre haute jusqu'à sa mort.

HAUSSONVILLE (JOSEPH-OTHENIN-BERNARD DE CLÉRON, COMTE D'), député de 1842 à 1848, et sénateur inamovible de 1878 à 1884, né à Paris le 27 mai 1809, mort à Paris le 27 mai

1884, fils du précédent, entra de fort bonne heure dans la diplomatie, fut secrétaire d'ambassade à Bruxelles, à Turin et à Naples, devint conseiller général de Seine-et-Marne (4 juin 1838-30 août 1848), reçut la croix d'officier de la Légion d'honneur le 27 février 1840, et donna sa démission de secrétaire d'ambassade pour briguer les suffrages de ses concitoyens. Elu, le 9 juillet 1842, député du 4e collège de Seine-et-Marne (Provins), par 244 voix (473 votants, 517 inscrits), contre 228 à M. Simon, il fut réélu, le 1er août 1846, par 326 voix (603 votants, 646 inscrits), contre 275 à M. Bavoux; il fit constamment partie de la majorité, prononça d'importants discours sur le droit de visite, l'enquête électorale, le scrutin public et le scrutin secret, les chemins de fer de Lyon, le budget, fut l'auteur d'une proposition sur les conditions d'admission et d'avancement dans les emplois publics, le rapporteur d'un projet de crédit à accorder aux travailleurs libres dans les colonies, présenta et soutint des pétitions de protestants demandant le libre exercice de leur culte. Rentré dans la vie privée en 1848, il fut cependant des adversaires du prince-président, attaqua vivement l'empire en 1852, et fut menacé de poursuites en Belgique, où il s'était réfugié; en 1863, il fit campagne avec l'opposition républicaine. Membre de l'Académie française le 29 avril 1869, en remplacement de M. Viennet, il ne fut pas, en cette qualité, reçu par Napoléon III, alors préoccupé des prochaines élections. Durant la guerre de 1870, il publia une brochure: *La France et la Prusse devant l'Europe*, qui fut interdite en Belgique sur la demande du roi Guillaume. Républicain conservateur, M. d'Haussonville rentra dans la vie parlementaire comme sénateur inamovible, élu par le Sénat, le 15 novembre 1878, avec 138 voix sur 269 votants, en remplacement de M. Renouard, décédé. Il prit place à droite, présenta la défense des associations religieuses menacées de dissolution, demanda le maintien de la loi de 1814 contre le travail du dimanche, et vota contre la politique scolaire et coloniale des ministères républicains. M. d'Haussonville avait épousé la fille du duc de Broglie. Collaborateur de la *Revue des Deux-Mondes*, il a en outre publié: *Histoire de la politique extérieure du gouvernement français, 1830-1848* (Paris, 1850); *Histoire de la réunion de la Lorraine à la France* (1854-59); *L'Eglise romaine et le premier Empire, 1800-1814*, etc. Chevalier de la Légion d'honneur (27 avril 1840).

HAUSSONVILLE (GABRIEL-PAUL-OTHENIN DE CLÉRON, VICOMTE D'), représentant à l'Assemblée nationale de 1871, né à Gurcy (Seine-et-Marne) le 21 mars 1843, fils du précédent, avocat, un des orateurs de la conférence Molé, fit à l'Empire, comme son père, de l'opposition doctrinaire, et fut élu, le 8 février 1871, représentant de Seine-et-Marne à l'Assemblée nationale, le 5e sur 7, par 25,031 voix (43,606 votants, 97,413 inscrits). «Partisan de la république, gouvernement qui nous divise le moins,» ainsi qu'il le disait dans son programme électoral, il prit place au centre droit et vota *pour* la paix, *pour* l'abrogation des lois d'exil, *pour* le retour des ministères à Paris, *pour* le 24 mai, *pour* la démission de Thiers, *pour* la prorogation des pouvoirs du Maréchal, *pour* la loi des maires, *pour* le ministère de Broglie, *pour* l'amendement Wallon, *pour* les lois constitutionnelles, *contre* l'amendement Barthe, *contre* la dissolution, *contre* la proposition du centre-

gauche, et eut l'occasion de faire un rapport très remarqué sur une proposition d'enquête relative au régime pénitentiaire. Il se représenta comme candidat constitutionnel, le 20 février 1876, dans l'arrondissement de Provins, mais il échoua avec 5,991 voix contre 6,652 à l'élu républicain, M. Sallard; il ne fut pas plus heureux dans le même arrondissement, le 14 octobre 1877, aux élections qui suivirent la dissolution de la Chambre par le cabinet du 16 mai; candidat du Maréchal, il n'obtint que 5,864 voix contre 7,851 au député sortant, M. Sallard. Il renonça alors aux luttes électorales, se consacra à des travaux d'économie sociale et fut élu membre de l'Académie française. Collaborateur, comme son père, de la *Revue des Deux-Mondes*, il s'est fait une spécialité des études sur le régime pénitentiaire, et a en outre publié: *C.-A. Sainte-Beuve, sa vie et ses œuvres* (1875); *les Etablissements pénitentiaires en France et aux colonies* (1875); *l'Enfance à Paris* (1879), etc.

HAUTEFEUILLE (CHARLES-LOUIS-FÉLICITÉ TEXIER, COMTE D'), député de 1815 à 1824, né à Caen (Calvados) le 7 janvier 1770, d'une ancienne famille noble de Bourgogne qui s'était signalée dans la carrière militaire, mort à Versailles le 21 septembre 1865, était fils d'un colonel du régiment de Normandie. Il fut élevé à Caen et suivit à son tour le métier des armes. Il y débuta comme capitaine de cavalerie et accompagna en qualité d'aide-de-camp son père, devenu maréchal-de-camp, dans des tournées d'inspection qui lui firent visiter diverses parties de la France. Il le suivit aussi à la cour, monta dans les carrosses du roi le même jour que Châteaubriand, ainsi qu'il l'aimait à le rappeler plus tard, et, lors de la Révolution, fut des premiers à émigrer (1791). Il fit à l'armée des princes la campagne de 1792, prit ensuite du service en Suède, dans la garde royale, et ne rentra en France qu'en 1811, pour se fixer à Caen, près de sa mère. En 1813, il accepta de l'Empire le commandement de la garde nationale de cette ville. Partisan des Bourbons, il salua avec joie leur retour et fut élu, comme fervent royaliste, le 22 août 1815, député du Calvados, au collège de département, par 127 voix (192 votants). Le comte d'Hautefeuille vota avec la majorité et demanda, à propos de la loi électorale, que les chevaliers de Saint-Louis fussent électeurs de droit. Rentré dans l'armée avec le grade de colonel (1816), il fut, d'autre part, réélu député le 4 octobre de la même année, par 108 voix (175 votants, 261 inscrits). Il se mêla assez activement, dans les rangs de la droite, aux travaux parlementaires, vota *pour* la continuation de la censure sur les journaux, se prononça, dans le débat sur le recrutement (1817-18), *contre* les enrôlements volontaires, et parla à diverses reprises dans la discussion des projets de loi sur la presse, des pétitions et du budget, etc. Sur le budget de la guerre (1818-19), il répondit aux critiques de de Lessert: «Si quelques esprits timides pouvaient redouter que la France, oubliant ce qu'il lui en a coûté pour avoir conquis l'Europe, voulût se précipiter dans de nouvelles guerres, qu'ils songent que ce n'est pas sous le prince qui nous gouverne que de pareils dangers sont à craindre.» Réélu encore, le 10 octobre 1821, par 341 voix (369 votants, 730 inscrits), il siégea jusqu'en 1824 parmi les plus ardents soutiens de la monarchie. Comme militaire, il remplit les fonctions de chef d'état-major de la 14e division militaire, qui avait alors son quartier général à Caen, et fut appelé au même poste dans la 1re division de cavalerie de la garde royale. Bientôt après, il fut nommé gentilhomme de la chambre du roi et assista en cette qualité au sacre de Charles X. En 1823, le comte d'Hautefeuille épousa Mlle de Beaurepaire, fille d'un officier vendéen. Retiré, après 1830, dans le département de Seine-et-Oise, il mourut à Versailles, en 1865, à l'âge de 95 ans, chez le comte de Delley de Blancmesnil, son neveu. Chevalier de Saint-Louis et chevalier de la Légion d'honneur.

HAUTERIVE (Pierre-Louis-Auguste-Bruno Blanc de Lanaute, comte d'), député de 1837 à 1848, né à Gap (Hautes-Alpes) le 7 mars 1797, mort à Pau (Basses-Pyrénées) le 14 décembre 1870, était le fils adoptif du comte d'Hauterive (Alexandre-Maurice Blanc de Lanaute) son oncle. Il entra dans la carrière diplomatique, et devint en 1826 sous-directeur des archives au ministère des Affaires étrangères. Elu, le 4 novembre 1837, député du 2e collège des Hautes-Alpes (Gap), avec 187 voix sur 200 votants et 260 inscrits, et successivement réélu : le 2 mars 1839, par 190 voix sur 207 votants; le 9 juillet 1842, par 78 voix sur 258 votants et 277 inscrits, contre 72 à M. Labastie, et, le 1er mars 1846, par 254 voix sur 265 votants et 265 inscrits, contre 6 à M. de Ventavon, il siégea parmi les conservateurs, et se signala seulement par ses opinions libre-échangistes modérées et sa demande d'abaissement du tarif des douanes. Chevalier de la Légion d'honneur en 1825 et officier en 1835. Il a publié : *Recueil des traités de commerce et de navigation de la France avec les puissances étrangères depuis le traité de Westphalie* (1834).

HAUTOY (Roch-Hyacinte, comte de), député aux Etats-Généraux de 1789, né à Gussainville (Meuse) le 22 octobre 1731, mort à Pont-à-Mousson (Meurthe) le 10 novembre 1814, maréchal-de-camp avant la Révolution, fut élu, le 16 mars 1789, député de la noblesse aux Etats-Généraux par le bailliage de Bar-le-Duc. Il prêta de nouveau serment après la fuite du roi, émigra, et fut promu, à la première Restauration, général de division (13 août 1814).

HAUTPOUL (Alphonse-Henri, comte d'), député de 1830 à 1831, de 1834 à 1837, pair de France, représentant en 1849, ministre et sénateur du second empire, né à Versailles (Seine-et-Oise) le 4 janvier 1789, mort à Saint-Papoul (Aude) le 27 juillet 1865, « fils de messire Jean-Henri d'Hautpoul, ancien colonel de cavalerie, chevalier de l'ordre royal et militaire de Saint-Louis, et chevalier de dévotion de l'ordre de Malte, et de dame Anne-Henriette-Elisabeth de Foucaud », entra comme élève à l'école de Fontainebleau le 22 octobre 1805, et en sortit, l'année suivante, sous-lieutenant au 59e régiment d'infanterie, avec lequel il fit les campagnes de 1805 en Autriche, de 1806 en Prusse, et de 1808 à 1812 en Espagne et en Portugal. Capitaine (10 octobre 1811), il fut blessé grièvement aux Arapiles (22 juillet 1812), fut fait prisonnier par les Anglais, et ne revint en France qu'au retour des Bourbons. Nommé alors aide-de-camp du général Pouget (21 septembre 1814), puis chef de bataillon attaché à l'état-major du duc d'Angoulême, il reçut, après les Cent-Jours, le grade de colonel (4 juillet 1815), et commanda, au mois de novembre suivant, la légion de l'Aude, qui devint le 4e régiment d'infanterie de ligne (23 octobre 1820). Il prit part, en 1823, à la campagne d'Espagne, dans le 2e corps, et fut cité deux fois à l'ordre du jour

de l'armée, ce qui lui valut le grade de maréchal-de-camp (2 octobre 1823) et le commandement du 3e régiment d'infanterie de la garde royale. Devenu, au commencement de 1830, directeur du personnel au ministère de la Guerre, il fut un des organisateurs de l'expédition d'Alger. Peu après (3 juillet 1830), il fut élu député par le collège de département de l'Aude, avec 150 voix sur 291 votants et 315 inscrits, après avoir échoué, huit jours auparavant, dans le 1er arrondissement de ce même département (Castelnaudary) avec 251 voix contre 273 à M. Madier de Montjau père. Bien qu'il eût prêté serment au gouvernement de Louis-Philippe, il fut mis d'abord en disponibilité : pendant les journées de juillet, il avait rempli les fonctions d'aide-de-camp du maréchal Marmont. Il se retira alors à Saint-Papoul, et y établit une manufacture de faïence. Réélu député du 2e collège de l'Hérault (Montpellier), le 21 juin 1834, avec 228 voix sur 384 votants et 577 inscrits, contre 146 à M. Giniez, il parut fort peu à la Chambre; il avait été appelé au commandement militaire du département de la Charente-Inférieure, où il eut à réprimer des mouvements populaires causés par la cherté des grains. Nommé lieutenant-général (26 avril 1841), et inspecteur de l'infanterie de l'armée d'Afrique, il fut élu, la même année, conseiller général de l'Aude, reçut le commandement de la 8e division militaire (Marseille) le 29 octobre 1843, fut promu grand-officier de la Légion d'honneur l'année suivante, et entra à la Chambre des pairs le 21 juillet 1846. Après la révolution de février, mis d'office à la retraite (8 juin 1848), il fut élu, le 13 mai 1849, représentant de l'Aude à l'Assemblée législative, le 5e sur 6, avec 35,990 voix (70,434 votants, 88,291 inscrits); il vota constamment avec la droite et soutint la politique personnelle du prince-président. Remis en activité (10 août 1849), puis placé à la tête de l'armée expéditionnaire de Rome (10 octobre) et nommé ministre plénipotentiaire auprès du Saint-Siège, il fut appelé quelques jours plus tard au poste de ministre de la Guerre (31 octobre), et se signala par des mesures nettement réactionnaires et par la suppression de l'hôtel des invalides d'Avignon, la création du comité consultatif d'Algérie, par d'importantes modifications dans l'effectif des troupes d'administration, etc. A l'Assemblée, il se fit remarquer par son inhabileté oratoire et déclara notamment, dans une discussion avec le général Lamoricière, qu'il fallait aux gendarmes de grands chevaux, de grosses bottes et des chapeaux galonnés pour « infliger » de plus loin le respect de la loi. Bientôt ses dissentiments avec le général Changarnier, qui cherchait à se créer une situation indépendante et prépondérante, le forcèrent à donner sa démission (22 octobre 1850). Nommé gouverneur général de l'Algérie (22 octobre 1850), grand-croix de la Légion d'honneur (4 décembre 1851), il fut appelé au Sénat, le 26 janvier 1852, avec les fonctions lucratives de grand référendaire.

HAUTPOUL-SALETTES (Jean-Joseph-Ange d'), membre du Sénat conservateur, né au château de Salettes (Haute-Loire) le 13 mai 1754, mort à Vornen, près Eylau (Prusse), le 13 février 1807, fit ses études au collège d'Albi, s'engagea à quinze ans dans la légion corse, puis passa comme cadet gentilhomme au régiment de Languedoc, où, de 1777 à 1792, il conquit tous ses grades, jusqu'à celui de lieutenant-colonel. Nommé, à l'époque de la Révolution, colonel du 6e chasseurs à cheval, il acquit parmi ses soldats une telle popularité que ceux-ci obtinrent de le conserver à leur tête, malgré la loi qui excluait les nobles de l'armée. Il assista à la bataille de Fleurus, au siège de Nimègue, devint général de brigade et, en cette qualité, commanda la cavalerie d'avant-garde à l'armée de Sambre-et-Meuse, durant les campagnes de 1794 et 1795. Passé à l'armée du Rhin en 1796, sous les ordres de Moreau, il se signala au passage du Neckar et fut grièvement blessé à Altenkirchen (4 juin). Général de division et inspecteur de cavalerie à la paix de Campo-Formio, il reçut le commandement de la cavalerie de réserve dès la réouverture des hostilités, mais eut bientôt des difficultés avec Jourdan, à la suite de la malheureuse affaire de Stockach (25 mars 1799). On voulut rejeter sur lui les fautes et l'insuccès de la campagne ; il n'eut point de peine, du reste, à se justifier de ces accusations. De nouveau inspecteur général, commandant en chef de la cavalerie au camp de Saint-Omer en l'an XI, membre de la Légion d'honneur le 19 brumaire an XII, grand-officier le 25 prairial de la même année, il prit part à la campagne de 1805, et se distingua à Austerlitz, en chargeant, avec Nansouty et sous les ordres de Murat, à la tête de ses cuirassiers. Grand-aigle de la Légion d'honneur (21 février 1806), membre du Sénat conservateur (20 mai suivant) avec une dotation de 20,000 francs, il reçut, au moment de l'ouverture de la campagne de Prusse, le commandement d'une division de cuirassiers et de dragons, décida du succès d'Iéna (14 octobre), partit pour la Pologne, et chargea trois fois héroïquement à Eylau (10 février 1807). A la dernière charge, un coup de biscaïen lui cassa la cuisse; transporté dans un village voisin, il y mourut trois jours après. Son corps fut ramené en France et inhumé au Panthéon. Napoléon ordonna que l'on fît, avec les canons pris à l'ennemi, une statue de bronze représentant d'Hautpoul, en costume de cuirassier, tel qu'on l'avait vu durant la sanglante journée d'Eylau. Cet ordre ne fut pas exécuté.

HAVIN (EDOUARD-LÉONOR), membre de la Convention et député au Conseil des Anciens, né au Mesnil-Opac (Manche) le 9 juillet 1755, mort à Caen (Calvados) le 16 août 1829, était avocat à Saint-Lô avant 1789. Zélé partisan des idées nouvelles, il devint administrateur du district de Saint-Lô, et fut élu, le 8 septembre 1792, membre de la Convention par le département de la Manche, le 8e sur 13, avec 469 voix (639 votants). Havin se prononça « pour la mort », lors du procès du roi, mais il admit le sursis et l'appel au peuple. Après la législature, il passa (21 vendémiaire an IV) au Conseil des Anciens, où il représenta le même département, élu par 237 voix sur 461 votants. Il fut secrétaire de cette Assemblée, la quitta en l'an VII, pour remplir les fonctions de substitut du commissaire du pouvoir exécutif près le tribunal de cassation, puis celles de juge à ce tribunal, et fut nommé, l'année d'après (22 germinal an VIII), juge au tribunal d'appel de la Manche. Il échangea ce titre, le 12 mai 1811, contre celui de conseiller à la cour impériale de Caen, et occupa ce poste jusqu'à la Restauration. Atteint par la loi contre les régicides, il passa en Angleterre, habita Portsmouth, d'où il fut expulsé, se réfugia à Malines, et obtint plus tard l'autorisation de rentrer en France. On doit à E.-L. Havin deux commentaires, l'un sur le code pénal, l'autre sur le code d'instruction criminelle.

HAVIN (LÉONOR-JOSEPH), député de 1831 à 1848, représentant en 1848, député au Corps législatif de 1863 à 1868, né à Paris le 2 avril 1799, mort à Thorigny (Manche) le 12 novembre 1868, fils du précédent, partagea, de 1816 à 1820, l'exil de son père, compris sur la liste des régicides proscrits. A son retour il vécut à Caen, fit partie de la jeunesse libérale et se signala par l'ardeur de son opposition au pouvoir royal. Partisan de la révolution de 1830, il vint à Paris, au lendemain des journées de juillet, comme délégué des provinces de l'Ouest auprès du gouvernement provisoire, afin de l'éclairer sur les besoins et les vœux des départements, refusa, a-t-on dit, les offres les plus brillantes, et n'accepta que les fonctions de juge de paix à Saint-Lô, qu'il garda jusqu'en 1835. D'autre part, il fut élu, le 5 juillet 1831, député du 1er collège de la Manche (Saint-Lô), par 193 voix sur 277 votants et 378 inscrits, contre 53 à M. Feuillet. Il siégea dans l'opposition dynastique, signa le compte rendu de 1832, se récusa dans le procès du journal la *Tribune*, et fut réélu, le 21 juin 1834, par 229 voix (317 votants, 469 inscrits), contre 73 à M. Jourdan. Il combattit la politique doctrinaire, repoussa les lois de septembre 1835, les lois de disjonction et d'apanage, fut encore réélu, le 4 novembre 1837, par 238 voix (358 votants, 449 inscrits), contre 78 au général Achard et 37 à M. Rouelle, vota *contre* le ministère Molé, et, jusqu'à la fin du règne de Louis-Philippe, continua de représenter à la Chambre l'arrondissement de Saint-Lô, ayant obtenu le renouvellement de son mandat, le 2 mars 1839, par 266 voix (373 votants, 453 inscrits), contre 100 à M. Houyvet; le 9 juillet 1842, par 330 voix (400 votants, 494 inscrits), contre 66 à M. Lemenuet, et, le 1er août 1846, par 299 voix (321 votants, 505 inscrits). M. Havin donna son suffrage aux propositions de réforme électorale, et, lors de l'agitation de 1847, organisa dans la Manche le banquet de Thorigny. Il fut, pendant quatre sessions consécutives, un des secrétaires de la Chambre des députés, et il présida longtemps le conseil général de la Manche. M. Havin n'allait pas jusqu'à souhaiter l'établissement de la République : ce fut, appuyée sur son bras, que, le 24 février, la duchesse d'Orléans se rendit des Tuileries à la Chambre des députés. Il se rallia cependant au fait accompli, fut nommé par le gouvernement provisoire commissaire de la République dans la Manche, et, le 23 avril 1848, fut élu représentant du peuple à l'Assemblée constituante pour ce département, le 1er sur 15, par 119,817 voix. Il y prit place dans la majorité, fut nommé six fois vice-président par ses collègues, soutint de ses votes et de sa parole l'administration du général Cavaignac, et opina souvent avec la droite : *pour* le rétablissement du cautionnement, *pour* les poursuites contre Louis Blanc et Caussidière, *contre* l'abolition de la peine de mort, *contre* le droit au travail, *pour* l'ordre du jour en l'honneur de Cavaignac. Après l'élection présidentielle de L.-N. Bonaparte, il se rapprocha quelquefois de la gauche et vota : *contre* la proposition Rateau, *contre* l'amnistie, *contre* l'interdiction des clubs, *pour* l'expédition de Rome. Il ne siégea d'ailleurs que jusqu'au 20 avril 1849; ayant été élu conseiller d'État par l'Assemblée, il donna sa démission de représentant. Il protesta contre le coup d'État du 2 décembre 1851, quitta le conseil d'État, et, à la mort de Louis Perrée, devint à sa place directeur politique et rédacteur en chef du journal *le Siècle*. Il échoua successivement aux élections du Corps législatif, comme candidat indépendant dans la 1re circonscription de la Manche, le 29 février 1852, avec 375 voix contre 23,559 à M. de Kergorlay, élu, et, le 22 juin 1857, avec 2,448 voix contre 21,146 au député sortant, réélu. En 1858, après la chute du ministère Espinasse, le bruit ayant couru que *le Siècle* allait être supprimé, M. Havin sollicita une audience de l'empereur, dont il avait été le collègue à la Constituante, et avec qui M. Vieillard, ancien administrateur de la Manche, l'avait mis en relation. L'empereur le reçut avec bienveillance, lui conseilla de la prudence, et obtint le concours actif du journal en faveur de la campagne d'Italie. Candidat aux élections législatives du 1er juin 1863, M. Havin voulut se présenter dans la 5e circonscription de Paris remaniée, dont Ernest Picard était le député sortant. Le journal *la Presse* ayant maintenu quand même la candidature d'Ernest Picard, M. Havin se désista et se porta dans la 1re circonscription, où il fut élu avec 15,359 voix (24,783 votants, 34,612 inscrits), contre 7,308 voix à M. de Lessert, 1,425 à M. de Lasteyrie et 342 à M. Blanc. Le même jour, il était élu dans la Manche par 16,139 voix (31,857 votants, 39,343 inscrits), contre 15,291 voix à M. de Kergorlay, député sortant. M. Havin opta pour la Manche. Sa politique avait déplu au parti démocratique avancé, qui lui reprochait, lors de son élection comme conseiller général de Thorigny-sur-Vire, de s'être fait une arme électorale de l'appui du ministre de l'Intérieur, et d'une lettre de M. Mocquart, secrétaire de l'empereur, déclarant que « le souverain voyait avec plaisir sa candidature ». M. Havin siégea dans le petit groupe de l'opposition et fit partie de la minorité indépendante du Corps législatif, jusqu'à l'époque de sa mort, survenue en novembre 1868. Il fut remplacé comme député par M. Auvray.

HAVRÉ (Joseph-Anne-Auguste-Maximilien de Croy, duc d'), député en 1789 et pair de France, né à Paris le 12 octobre 1744, mort au château d'Havré (Belgique) le 14 octobre 1839, colonel à vingt ans, puis maréchal-de-camp, fut élu député de la noblesse aux Etats-Généraux par le bailliage d'Amiens et de Ham, le 11 avril 1789. Il fit partie de la minorité hostile à toute réforme, protesta contre la réunion des trois ordres et contre la déclaration des droits, et émigra, dès 1791, en Espagne, où l'une de ses tantes avait épousé le marquis de Guadalete, amirante d'Aragon. Pendant la Révolution, Louis XVIII le nomma son représentant à la cour d'Espagne. Le duc de Croy-d'Havré n'était pas à la hauteur d'une telle mission, et le duc d'Avaray écrivait, le 15 février 1794 : « Je frémis de voir d'aussi grands intérêts dans des mains aussi innocentes. » L'incident le plus remarquable de sa mission et de son séjour en Espagne n'eut rien de politique : il tomba amoureux de la femme de Pérignon, ambassadeur de la République française en Espagne. Rentré en France à la première Restauration, il fut successivement nommé capitaine des gardes du corps, pair de France (4 juin 1814), lieutenant-général (8 août 1814) et officier de la Légion d'honneur. A la Chambre haute, il vota pour la mort dans le procès du maréchal Ney, soutint les prérogatives de la couronne, refusa le serment au gouvernement de Louis-Philippe, et se retira en Belgique, où il mourut.

HAVRINCOURT (Alphonse-Pierre de Cardevac, marquis d'), représentant en 1849, député de 1863 à 1869, de 1877 à 1881, membre du Sénat, né à Havrincourt (Pas-de-Calais) le

12 septembre 1806, d'une des plus anciennes familles nobles de l'Artois, en 1826, à l'Ecole polytechnique, et, lieutenant au 1er régiment d'artillerie en 1830, fit la campagne de Belgique. Démissionnaire en 1833, il s'occupa d'agriculture, devint, en 1846, conseiller général du canton de Bertencourt (Pas-de-Calais) et fut élu (13 mai 1849) représentant du Pas-de-Calais à l'Assemblée législative, le 8e sur 15, par 78,275 voix sur 129,691 votants et 194,088 inscrits. Il y soutint la proposition du général Castellane demandant la réintégration dans l'armée des officiers généraux mis à la retraite par le gouvernement provisoire, et fut rapporteur de la loi qui consacra cette réintégration. Le 9 février 1852, il obtint, sans être élu, 6,967 voix, contre 11,693 à l'élu, M. d'Herlincourt, 5,668 à M. Degeorges et 5,476 à M. Plichon, dans la 1re circonscription du Pas-de-Calais. Il fonda alors d'importantes raffineries dont les produits obtinrent des récompenses aux Expositions de 1862 et 1868. Chambellan de l'empereur depuis 1860 (sa mère était une demoiselle de Tascher, parente de l'impératrice Joséphine), il fut élu, avec l'appui du gouvernement, député au Corps législatif dans la 6e circonscription du Nord, le 1er juin 1863, par 13,245 voix (25,351 votants, 31,916 inscrits), contre 12,066 voix à M. Thiers. Il prit part aux discussions sur la vérification des pouvoirs et sur les questions économiques, et fit partie de la commission du budget et de celle de l'armée. En mars 1865, lors de la discussion de l'adresse, il provoqua de vives protestations de la gauche en répondant à M. Thiers, qui réclamait pour le pays la liberté politique : « Tout périssait, lorsque le 2 décembre est arrivé ; tout le pays l'attendait. » Membre du conseil général depuis 1846 et président de ce conseil de 1867 à 1869, maire d'Havrincourt, il échoua aux élections de 1869, et ne fut pas plus heureux après la chute de l'Empire, à celles du 20 février 1876, dans la 2e circonscription d'Arras, où il n'obtint que 8,315 voix contre 10,319 à M. Florent-Lefebvre, élu. Mais il fut élu dans la même circonscription, le 14 octobre 1877, aux élections qui suivirent la dissolution de la Chambre par le cabinet du 16 mai, avec 11,434 voix (19,633 votants, 23,594 inscrits), contre 8,079 voix au député sortant, M. Florent-Lefebvre. Membre de la minorité conservatrice, avec lequel il vota ; en dernier lieu il s'est prononcé *contre* le rétablissement du scrutin d'arrondissement (13 février 1889), *contre* le projet de loi Lisbonne restrictif de la liberté de la presse, *contre* la procédure à suivre devant le Sénat contre le général Boulanger. Officier de la Légion d'honneur (12 août 1862), grand-officier de l'ordre du Chêne de Hollande, commandeur de l'Aigle rouge de Prusse, de Léopold de Belgique, etc.

HAXO (François), député au Corps législatif de l'an XI à 1810, né à Saint-Dié (Vosges) le 12 mars 1739, mort à Saint-Dié le 5 février 1810, « fils du sieur François Haxo, avocat à la cour exerçant au bailliage de Saint-Dié, et de demoiselle Thérèse Chevrier, son épouse, » fut successivement prévôt et chef de police de Saint-Dié, président du tribunal civil de cette localité et juge au tribunal d'appel de Nancy. Le 9 thermidor an XI, une décision du Sénat conservateur l'appela à représenter le département des Vosges au Corps législatif, où il siégea jusqu'à sa mort, son mandat lui ayant été renouvelé le 18 février 1808.

HAXO (François-Nicolas-Benoît, baron), pair de France, né à Lunéville (Meurthe) le 24 juin 1774, mort à Paris le 25 juin 1838, « fils du sieur Nicolas-Benoît Haxo, conseiller du roi, maître particulier des eaux et forêts de France au département de Lunéville, et de dame Marie-Catherine Hurtevin-Montauban, son épouse, » était le neveu du général républicain Nicolas Haxo, qui mourut au combat de la Roche-sur-Yon en 1794. Sa mère l'envoya faire ses études à Paris. Élève sous-lieutenant à l'école d'artillerie de Châlons-sur-Marne le 1er septembre 1792, il fut nommé, l'année d'après, lieutenant dans une compagnie de mineurs, passa au corps du génie comme capitaine en 1794, et fit campagne jusqu'en 1796. Après avoir assisté au siège de la tête de pont de Mannheim et au blocus de Mayence, il fut appelé à Paris pour y suivre les cours de l'École polytechnique. Son éducation théorique complétée, Haxo fut chargé de travaux importants à Genève, suivit le premier consul en Italie, assista aux combats de Monzabano et de Caldiero, et reçut, en 1801, le grade de chef de bataillon. Ses études au point de vue de la défense militaire furent très appréciées : le premier, il introduisit dans la rédaction des plans et projets l'emploi en grand des courbes horizontales équidistantes, pour représenter la surface du terrain. Haxo travailla aux fortifications de la Rocca d'Anfo, de Venise et de Mantoue; celles de Peschiera lui fournirent une occasion exceptionnelle de se signaler à l'attention de l'empereur, dont il n'hésita pas à combattre l'avis touchant les mesures nécessaires pour la défense de l'Italie. En 1807, le commandant Haxo fut envoyé au sultan Selim pour l'aider à fortifier Constantinople et le détroit des Dardanelles. Il se montra très favorable au maintien de l'empire Ottoman et très hostile à l'idée d'une sorte de croisade française pour la résurrection de la nation grecque. Rappelé en France, il passa en Espagne (1808) et se distingua au siège de Saragosse, où il obtint le grade de colonel. Après la prise de Mequinenza, il fut promu général de brigade et choisi par Napoléon comme aide-de-camp. A peine arrivé, en 1811, à son poste de commandant du génie de l'armée d'Allemagne, sous les ordres du maréchal Davout, il fut chargé de reconnaître l'état de toutes les forteresses que la France occupait dans la Poméranie, la Prusse, la Silésie et la Pologne. Il remplit cette mission avec succès, fut créé baron de l'Empire le 13 mars 1811, partagea les fatigues et les périls de la campagne de 1812, à Mohilew, à Smolensk, à la Moskowa, et reçut de l'empereur, le 5 décembre, au milieu de la retraite, le brevet de général de division. Echappé à ce désastre, il faillit être enlevé à Kœnigsberg par la maladie. Chargé du gouvernement de Magdebourg (6 mars 1813), il fut ensuite appelé à Dresde et placé à la tête du génie de la garde impériale. Pendant les négociations de Prague, il eut à reconnaître les frontières de Bohême entre Dresde et Liebstadt. Blessé à Kulm, d'un éclat d'obus dans la poitrine, il fut emmené en captivité : la paix de 1814 le ramena de Hongrie en France, où le gouvernement de la Restauration lui fit bon accueil. Lors du retour de Napoléon, il commandait

le génie dans l'armée que le duc de Berry essaya d'organiser en avant de Paris; mais le prince dut bientôt quitter la France et le général Haxo, devenu libre, vint se mettre à la disposition de l'empereur, qui le rappela au commandement en chef du génie de la garde impériale. Haxo assista à la bataille de Waterloo et suivit l'armée, après la capitulation de Paris, sur les bords de la Loire. Ses démarches pour obtenir que l'armée ne fût pas licenciée étant demeurées vaines, il se retourna vers le gouvernement royal et ses services ne furent point repoussés. On le vit siéger dans le conseil de guerre qui condamna à mort par contumace le général Lefebvre-Desnouettes. Peu de temps après, il fut nommé inspecteur général des fortifications. Il s'occupa alors à réédifier les places fortes de la France, et fit preuve d'une dévorante activité. Belfort, Grenoble, Besançon, Dunkerque, Saint-Omer, Sedan, le fort de l'Écluse et plus de soixante forteresses furent réparés et améliorés par ses soins et sur ses projets. Rallié à la monarchie de Louis-Philippe, le général Haxo fut, lors de l'expédition de Belgique, appelé à conduire le siège de la citadelle d'Anvers : malgré des difficultés nombreuses, il ne lui fallut que vingt-quatre jours de tranchée et de travaux pour forcer l'ennemi à capituler (23 novembre 1832). Le 11 octobre précédent, une ordonnance royale l'avait nommé pair de France. Conseiller d'État depuis 1831, il reprit également sa place au comité de fortifications; sa part dans les délibérations fut très importante. Le général Haxo s'y prononça en faveur du système d'une enceinte bastionnée pour la capitale, contrairement à l'opinion de la plupart des autres généraux du génie qui préféraient une ceinture de forts détachés. On sait qu'en 1840, deux ans après la mort du général Haxo, on s'efforça de combiner les deux systèmes, et que l'enceinte continue fut exécutée pour contrebalancer l'effet des forts détachés. Le général Haxo était, depuis le 9 janvier 1833, grand-cordon de la Légion d'honneur.

HAY-LUCY (Edme-Marie-Germain), député de 1815 à 1827, né à Auxerre (Yonne) le 31 août 1765, mort à Auxerre le 23 octobre 1847, s'engagea comme volontaire en juin 1792, au 3e régiment de chasseurs à cheval, resta au service jusqu'au 8 frimaire an IV, époque à laquelle il rentra dans ses foyers en vertu d'un congé de réforme, et fut nommé, le 14 germinal an VIII, conseiller de préfecture de l'Yonne. M. Hay-Lucy conserva cette fonction plus de 40 ans, jusqu'à sa mise à la retraite, le 20 août 1845. Il débuta dans la carrière parlementaire le 22 août 1815, comme l'élu du collège de département de l'Yonne à la Chambre des députés, avec 105 voix (179 votants, 246 inscrits). Après avoir siégé dans la minorité ministérielle de la Chambre introuvable, il fut réélu, le 4 octobre 1816, par 116 voix (190 votants, 238 inscrits), prit place au centre, fut rapporteur de quelques pétitions, et, le 12 juin 1819, à propos de la loi nouvelle sur les élections, présenta un amendement additionnel ainsi conçu : « Nul ne peut être élu député, aux deux premiers tours de scrutin, s'il n'a obtenu la majorité absolue des suffrages de tous les électeurs composant le collège; s'il y a lieu au scrutin de ballottage, ce scrutin reste ouvert pendant cinq jours. Il est dépouillé chaque soir et le résultat en est rendu public. » L'amendement fut adopté, avec quelques changements proposés par M. Cornet d'Incourt. Le 1er octobre 1821, M. Hay-

Lucy fut réélu dans le 2e arrondissement de l'Yonne (Auxerre), par 143 voix (174 votants, 217 inscrits). Il continua de voter avec les royalistes constitutionnels, et obtint sa réélection, le 25 février 1824, par 147 voix (176 votants, 219 inscrits). Il prononça encore un discours remarqué en faveur des vicaires de campagne, dont il proposa d'augmenter le traitement. Non réélu le 17 novembre 1827 (il n'obtint que 111 voix contre 123 à l'élu, M. Roman,, il se représenta sans plus de succès aux élections du 12 juillet 1830 : il ne réunit que 88 voix contre 166 au député sortant, réélu. Il se renferma alors dans l'exercice de ses fonctions administratives : en 1845, époque de sa mise à la retraite, M. Hay-Lucy était le doyen des conseillers de préfecture de France. Chevalier de la Légion d'honneur.

HAYS (CHARLES-JACQUES-JOSEPH-MARIE, CHEVALIER DU), député de 1824 à 1827, né à Béthune (Pas-de-Calais) le 4 décembre 1782, mort à Paris le 5 novembre 1860, propriétaire à Arras et membre du conseil général du Pas-de-Calais, fut élu, avec l'appui du gouvernement, au collège du département, le 26 mars 1824, par 270 voix (344 votants, 448 inscrits), député du Pas-de-Calais. M. du Hays vota pour le ministère Villèle et n'eut d'ailleurs qu'un rôle effacé. Pour tout renseignement biographique, un recueil de notices parlementaires de l'époque lui consacre ces simples lignes: «Si M. du Hays remplit exactement son mandat en ce qui concerne la ponctualité à se rendre aux séances, la France, le Pas-de-Calais, et surtout les ministres le doivent à Mme du Hays, qui veille avec empressement à ce que son époux fasse régulièrement *sa session*. »

HÉARD DU TAILLIS (PIERRE-FRANÇOIS), député au Conseil des Cinq-Cents, né à Saintes (Charente-Inférieure) le 2 avril 1748, mort à Chaniers (Charente-Inférieure) le 5 décembre 1814, avocat au présidial de Saintes au moment de la Révolution, embrassa avec ardeur les idées nouvelles et fut successivement accusateur public près le tribunal du district de Saintes, accusateur public près le tribunal criminel du département (3 septembre 1791), de nouveau accusateur près le même tribunal le 11 septembre 1792, puis le 16 octobre 1795 hautement renommé le 13 avril 1797 et le 14 avril 1798, et le lendemain, 15 avril, élu pour la quatrième fois accusateur public. Nommé (25 germinal an VII) député de la Charente-Inférieure au Conseil des Cinq-Cents, il y fit une motion pour la poursuite des traîtres et des dilapidateurs. Après le 18 brumaire, il reparut quelque temps comme avocat, fut nommé juge au tribunal d'appel de Poitiers le 14 juin 1800, situation qu'il conserva jusqu'au 15 juin 1811. Non compris à cette époque dans la réorganisation des cours impériales, il se retira au Taillis, commune de Chaniers, où il mourut.

HÉBERT (ANDRÉ-THÉODORE), député en 1791, né à Précy-sur-Marne (Seine-et-Marne) le 20 décembre 1723, mort à Précy-sur Marne le 18 novembre 1802, cultivateur à Précy et administrateur du département, fut élu, le 30 août 1791, député de Seine-et-Marne à l'Assemblée législative, le 1er sur 11, par 181 voix (359 votants). Il vota obscurément avec la majorité.

HÉBERT (LOUIS-JOSEPH), député en 1791, dates de naissance et de mort inconnues, servit dans les armées du roi comme officier de cavalerie. Chevalier de Saint-Louis, il fut élu, le

2 septembre 1791, le 9e sur 11, avec 230 voix (458 votants), député de l'Eure à l'Assemblée législative, où il n'eut qu'un rôle secondaire. Le gouvernement consulaire le nomma, le 15 floréal an VIII, conseiller général de l'Eure.

HÉBERT (LOUIS-CONSTANT-FRANÇOIS-JEAN, CHEVALIER). député au Corps législatif de l'an XII à 1815, né à Dieppe (Seine-Inférieure) le 22 avril 1756, mort à Rouen (Seine-Inférieure) le 2 janvier 1815. « fils de monsieur François Hébert, bourgeois, et de demoiselle Marthe-Magdeleine Poyer, son épouse, » était avocat à Dieppe avant la Révolution. Il entra ensuite dans la magistrature, fut successivement juge au tribunal civil de Rouen, puis à celui de Dieppe, et juge au tribunal d'appel de Rouen, titre qu'il échangea, le 25 mars 1811, contre celui de conseiller à la cour impériale. Le 2 fructidor an XII, il fut appelé par le Sénat conservateur à siéger au Corps législatif comme député de la Seine-Inférieure; ce mandat lui ayant été renouvelé le 10 août 1810, Hébert l'exerça jusqu'en 1812. Chevalier de l'Empire du 22 octobre 1810, Hébert ne s'en rallia pas moins, en 1814, à la déchéance de Napoléon Ier. Il opina, dans la « Chambre des députés des départements », avec les constitutionnels, déposa un projet de loi tendant à ce que les troupes de toutes armes ne pussent être, en temps de paix, composées que de nationaux, et présenta de nombreux amendements au projet de loi portant réduction des membres de la cour de Cassation.

HÉBERT (MICHEL-PIERRE-ALEXIS), député de 1834 à 1848 et ministre, né à Granville (Manche) le 7 juillet 1799, mort à Saint-Gervais (Eure) le 19 avril 1887, étudia le droit et se fit inscrire au barreau de Rouen en 1820. Il y plaida avec quelque succès et s'attacha à la fortune politique des hommes de 1830, dont l'avènement au pouvoir lui assura un rapide avancement dans la magistrature. Nommé procureur du roi (1833) au tribunal de Rouen, il fut, peu de temps après, le 19 mai 1834, placé à la tête du parquet de la cour royale de Metz. Il se fit élire, le 21 juin de la même année, député du 6e collège de l'Eure (Pont-Audemer), par 204 voix sur 381 votants et 475 inscrits, contre 153 à M. Legendre. Il prit place dans la majorité conservatrice, dont il fut bientôt un des orateurs les plus assidus, fit ses débuts à la tribune dans les discussions relatives aux tabacs et aux faillites, et se signala surtout comme rapporteur de la loi du 9 septembre 1835 sur les cours d'assises. Il fut encore chargé, l'année suivante, du rapport de la loi concernant le vote au scrutin secret pour les décisions du jury. Promu, le 19 septembre 1836, avocat général à la cour de Cassation, M. Hébert fut soumis, comme député, à la réélection qu'il obtint le 31 octobre 1836. Son mandat lui fut également renouvelé aux élections générales du 4 novembre 1837, par 265 voix (482 votants, 590 inscrits). On remarqua, dans la discussion de l'adresse, qu'il prit parti contre l'intervention française en Espagne. Il se mêla activement aux débats que soulevèrent à la Chambre la vénalité des offices, les tribunaux civils, les faillites et banqueroutes, les justices de paix, etc. Entré dans la coalition contre le ministère présidé par M. Molé, il vota *contre* l'adresse amendée favorablement à la politique de cet homme d'État, fut réélu, le 2 mars 1839, par 267 voix (485 votants, 658 inscrits), contre 214 à M. Legendre, et, partisan des théories

« doctrinaires » de Guizot, continua de les soutenir de ses votes et de sa parole. En 1840, il donna son avis sur l'organisation des tribunaux de commerce, sur les ventes à l'encan des marchandises neuves, etc. En 1841, il prit une part importante à la discussion du projet de loi sur le travail des enfants dans les manufactures, parla encore sur les ventes judiciaires d'immeubles, sur le recrutement de l'armée, sur la propriété littéraire et artistique. Nommé, le 16 octobre 1841, procureur général à la cour de Paris à la place de M. Franck-Carré, qui était promu premier président à Rouen, M. Hébert donna de nouvelles preuves de son zèle dynastique dans plusieurs affaires où il fut désigné pour soutenir l'accusation devant la Chambre des pairs : la véhémence de son langage lors des procès politiques de Quénisset, de Lecomte, de Joseph Henry, fut particulièrement remarquée : elle le désigna aux attaques répétées de l'opposition démocratique. M. Hébert fut réélu député, le 9 juillet 1842, par 336 voix sur 568 votants et 688 inscrits, contre 228 à Dupont de l'Eure, puis, le 1er août 1846, par 421 voix sur 604 votants et 749 inscrits, contre 172 au même concurrent. L'année qui précéda la révolution de février, le 14 mars 1847, il fut appelé à remplacer M. Martin (du Nord) comme garde des sceaux, ministre de la Justice et des Cultes. Après avoir obtenu une dernière fois la confirmation de son mandat législatif le 10 avril 1847, par 434 voix (463 votants, 749 inscrits), il seconda de tout son pouvoir Guizot dans sa résistance à tout projet de réforme, parla, lors de la discussion de l'adresse de 1848, contre le droit que s'attribuait l'opposition de se réunir en banquets sans la permission de l'autorité, et s'attira par son attitude cette apostrophe d'Odilon Barrot : « Polignac et Peyronnet n'ont jamais fait pis que vous ! » Quelques jours après, la République proclamée, M. Hébert quitta précipitamment la France et se réfugia en Angleterre, poursuivi qu'il était par un arrêt d'évocation de la cour de Paris; mais la procédure aboutit à un arrêt de non-lieu, et M. Hébert, de retour à Paris, reprit sa place au barreau, jusqu'en 1854, époque où il rentra complètement dans la vie privée. — Il avait fait partie du conseil général de l'Eure, et était, depuis le 1er mai 1843, commandeur de la Légion d'honneur.

HÉBERT (André-Marie-Constant-Ernest). représentant en 1849, député au Corps législatif de 1852 à 1870, né à Paris le 21 avril 1810, appartenait à une famille de magistrats de l'ordre judiciaire et municipal. Il étudia le droit, fut reçu avocat et s'inscrivit au barreau de Paris. Le 31 mars 1838, il entra dans l'administration comme conseiller de préfecture de l'Aisne ; l'année suivante il fut promu, dans le même département, secrétaire général de la préfecture. La révolution de février le rendit momentanément à la vie privée; mais il aborda bientôt la carrière parlementaire. Propriétaire à Chauny (Aisne) et maire de la commune, il fut, le 13 mai 1849, élu, le 9e sur 12, représentant de ce département à l'Assemblée législative, par 57,513 voix (112,795 votants, 160,698 inscrits). Il siégea à droite et vota constamment avec la majorité conservatrice et monarchiste: *pour* l'expédition romaine, *pour* les poursuites contre les représentants compromis dans l'affaire du 13 juin, *pour* la loi Falloux-Parieu sur l'enseignement, *pour* la loi du 31 mai sur le suffrage universel, etc. Partisan zélé de la politique du prince président, M. Hébert applaudit au coup d'État

du 2 décembre 1851, fut inscrit, le lendemain, sur la liste des membres de la Commission consultative, et entra, le 29 février 1852, au Corps législatif, ayant été élu, comme candidat du gouvernement, député de la 1re circonscription de l'Aisne, par 22,848 voix (24,618 votants, 39,768 inscrits). Il prit part au rétablissement de l'Empire, et opina régulièrement avec la majorité dynastique. Il obtint sa réélection, toujours comme candidat officiel : le 22 juin 1857, par 25,638 voix (26,392 votants, 38,551 inscrits); le 1er juin 1863, par 30,415 voix (31,500 votants, 39,338 inscrits), et, le 24 mai 1869, par 20,140 voix (34,298 votants, 39,287 inscrits), contre 8,041 voix à M. Aimé Leroux, 5,060 à M. Houssaye et 949 à M. Binet-Blot. Il vota *pour* la déclaration de guerre à la Prusse et rentra dans la vie privée au 4 septembre 1870. Conseiller général de l'Aisne pour le canton de Chauny, il essaya de reprendre place au parlement lors des élections législatives du 20 février 1876; mais il échoua, dans la 2e circonscription de l'arrondissement de Laon, avec 6,906 voix. Commandeur de la Légion d'honneur du 14 août 1868.

HÉBRARD (Dominique), député aux Etats-Généraux de 1789, né à Grisolles (Tarn-et-Garonne) le 11 février 1743, mort à une date inconnue, avocat à Grisolles, fut élu suppléant du tiers aux Etats-Généraux par la première sénéchaussée du Languedoc (Toulouse), avec 610 voix sur 692 votants, le 12 avril 1789. Admis à siéger, le 5 avril 1790, en remplacement de M. Monssinat, démissionnaire, il fut nommé secrétaire de la Constituante le 21 février 1791. Après la législature, il occupa le poste de juge au tribunal de Castelsarrazin.

HÉBRARD (François-Marie-Adrien), membre du Sénat, né à Grisolles (Tarn-et-Garonne) le 1er janvier 1834, vint à Paris, fit ses débuts littéraires au journal le *Temps*, dont il devint le gérant et plus tard le directeur et auquel il apporta de notables améliorations ; l'agrandissement du format, la part de plus en plus considérable réservée aux informations politiques et aux correspondances de l'étranger élevèrent bientôt le tirage du journal à un chiffre important et contribuèrent à en faire l'organe autorisé de la bourgeoisie libérale et de l'opposition modérée à l'Empire. Membre du syndicat de la presse (1870) pour la réforme de l'impôt du timbre, M. Hébrard, après la guerre franco-allemande, mit le *Temps* au service de la politique républicaine conservatrice préconisée par Thiers, fut porté, d'ailleurs sans succès, sur la liste des candidats des principaux journaux de Paris aux élections générales du 8 février 1871, qui lui donnèrent 47,332 voix, se mêla comme publiciste aux grands débats politiques qui précédèrent et suivirent l'établissement en France du gouvernement républicain, et, après avoir, a-t-on dit, refusé la décoration de la Légion d'honneur en janvier 1877, entra dans la vie parlementaire le 5 janvier 1879, comme sénateur de la Haute-Garonne, élu par 347 voix (571 votants). Il s'inscrivit aux groupes du centre gauche et de la gauche républicaine, vota *pour* le ministère Dufaure, *pour* les lois Ferry sur l'enseignement, *pour* l'article 7, *pour* les lois nouvelles sur la presse et le droit de réunion, *pour* la modification du serment judiciaire, *pour* la réforme du personnel de la magistrature, *pour* le rétablissement du divorce, *pour* la politique opportuniste, *pour* les crédits de l'expédition du Tonkin, prit quelquefois la parole dans l'Assemblée, notamment (juin 1880) sur l'amnistie qu'il conseilla au gouvernement de préférence à la grâce, « afin de se débarrasser de cette question, » et (juillet 1883) sur la loi relative à la protection de l'enfance, qu'il appuya. En juin 1886, il s'abstint sur la question de l'expulsion des princes, abstention toute de convenance, le duc d'Aumale étant un des principaux actionnaires du journal le Temps. M. Hébrard obtint sa réélection comme sénateur, le 5 janvier 1888, par 510 voix sur 1,012 votants, et se prononça pour le rétablissement du scrutin d'arrondissement (13 février 1889), s'abstint sur le projet de loi Lisbonne restrictif de la liberté de la presse, et appuya la procédure à suivre devant le Sénat contre le général Boulanger. M. Hébrard est membre de la commission supérieure des bâtiments civils, du conseil supérieur des Beaux-Arts, du conseil supérieur des monuments historiques, etc.

HÉBRARD (Jacques), membre du Sénat, frère du précédent, né à Grisolles (Tarn-et-Garonne) le 21 février 1841, collabora au journal le Temps, dont il devint le gérant, et se présenta, lorsque M. de Freycinet, élu sénateur par l'Inde française et par la Seine, eut opté pour ce dernier département, comme candidat républicain au Sénat dans cette colonie. Un grand nombre de candidatures avaient été mises en avant : celles de MM. Edmond About, Deloncle, ancien préfet, Textor de Ravisi, Desbassyns de Richemont, ancien sénateur. Au dernier moment, celle de M. E. About fut seule maintenue concurremment avec celle de M. Jacques Hébrard. Réunis, non pas comme ailleurs au chef-lieu de la colonie, mais, à raison des distances qui sont considérables, au chef-lieu de chaque établissement particulier, c'est-à-dire à Pondichéry, Karikal, Chandernagor, Mahé et Yanaon, les électeurs sénatoriaux donnèrent à M. Jacques Hébrard 41 voix sur 49 votants, contre 6 à M. About. M. J. Hébrard siégea à gauche et vota constamment avec la majorité de la Chambre haute, par exemple : pour la politique des ministères opportunistes, pour la réforme du personnel de la magistrature, pour le divorce, pour les crédits de l'expédition du Tonkin, pour l'expulsion des princes, pour la nouvelle loi militaire, et, en dernier lieu, pour le rétablissement du scrutin d'arrondissement (13 février 1889), pour la procédure à suivre devant le Sénat contre le général Boulanger ; il s'abstint sur le projet de loi Lisbonne restrictif de la liberté de la presse.

HÉBRARD DE FAU (Pierre), député en 1789, né à Aurillac (Cantal) le 29 avril 1750, mort à une date inconnue, avocat à Aurillac, fut élu député du tiers aux États-Généraux par le bailliage de Saint-Flour, le 26 mars 1789 ; il s'y signala en plusieurs circonstances, notamment quand, rapporteur des élections de Bretagne, il demanda l'admission des députés élus par les communes (23 juillet 1789) ; il parla contre le veto absolu (10 septembre), proposa que l'on soumît à des peines afflictives ceux qui gênaient la circulation des blés (4 décembre), et, quelques jours plus tard (10 décembre), alla jusqu'à réclamer la peine de mort contre ceux qui seraient convaincus d'avoir exporté et fait exporter des grains à l'étranger. Élu président du tribunal criminel du Cantal (31 août 1791), il prit part aux actes révolutionnaires du moment dans le Cantal, et parut à la barre de la Convention pour présenter une députation de ce département (30 brumaire an II). Après thermi-

dor, dénoncé par Izoard pour son attitude pendant la Terreur, il fut renvoyé (17 pluviôse an III) devant le tribunal criminel du Puy-de-Dôme comme concussionnaire et dilapidateur.

HECQUET (Charles-Robert), membre de la Convention, député au Conseil des Anciens, né à Caudebec (Seine-Inférieure) en 1750, mort à Paris le 30 novembre 1796, était maire de Caudebec, lorsqu'il fut élu, le 6 septembre 1792, membre de la Convention par le département de la Seine-Inférieure, le 5e sur 16, « à la pluralité des voix. » Il vota, dans le procès du roi, pour la réclusion et le bannissement, combattit la politique de la Montagne, protesta avec le parti de la Gironde (6 juin 1793) contre les événements des 31 mai et 2 juin, et se trouva, en conséquence, au nombre des 73 députés qui furent décrétés d'arrestation. Il fut incarcéré pendant plusieurs mois, puis il rentra à la Convention le 18 frimaire an III, s'associa aux derniers votes réactionnaires de l'assemblée, et, le 4 brumaire an IV, en qualité d'ex-conventionnel, fut réélu par ses collègues député au Conseil des Anciens. Il mourut à Paris peu de temps après.

HEDDEBAULT (Géry-Eugène), représentant du peuple en 1848, né à Fesrin (Nord) le 5 février 1803, mort à Thumeries (Nord) le 4 mars 1875, fut élevé au collège de Lille, puis dans la pension Brisset à Paris. En 1824, il prit la direction des fabriques de sucre et d'huile que possédait son père ; il les abandonna en 1845 pour venir habiter Lille, dont il était conseiller municipal depuis 1842. Partisan de l'opposition libérale, promoteur des banquets réformistes de Lille et d'Annesin (Pas-de-Calais), il fut élu, le 23 avril 1848, représentant du Nord à l'Assemblée constituante, le 23e sur 28, par 119,605 voix (234,867 votants, 278,352 inscrits). Il siégea à gauche, fit partie du comité de l'administration départementale, et vota pour le bannissement de la famille d'Orléans, pour le décret sur les clubs, pour les poursuites contre L. Blanc et Caussidière, contre l'impôt progressif, contre l'incompatibilité des fonctions, contre l'amendement Grévy, contre la sanction de la Constitution par le peuple, pour l'ensemble de la Constitution, contre la proposition Rateau, contre l'interdiction des clubs, contre l'expédition de Rome, contre la demande de mise en accusation du président et des ministres. Après le 2 décembre, il combattit l'Empire et se porta comme candidat de l'opposition, le 1er juin 1863, dans la 2e circonscription du Nord, où il échoua avec 11,727 voix contre 14,384 à l'élu officiel, M. Kolb-Bernard. Depuis lors il resta étranger à la politique.

HÉDOUVILLE (Gabriel-Marie-Théodore, comte de), membre du Sénat conservateur et pair de France, né à Laon (Aisne) le 27 juillet 1755, mort à Brétigny (Seine-et-Oise) le 30 mars 1825, fils d'un ancien officier d'infanterie chef de la branche aînée de la famille, fut page de la reine Marie Leczinska, entra au collège de la Flèche, fut admis très jeune comme sous-lieutenant au régiment de Languedoc, promu adjudant-général au moment de la Révolution, et envoyé à l'armée du Nord, comme chargé du service d'exploration et de renseignements. Il assista à la canonnade de Valmy, devint, en 1793, général de brigade et chef d'état-major de l'armée de la Moselle, se distingua à Kaiserslautern, mais fut exclu de l'armée en raison de sa qualité de noble. Devenu suspect, il resta pendant 9 mois en prison et ne recouvra sa liberté qu'après le 9 thermidor. Remis en activité en 1795, il fut appelé à l'armée des côtes à Cherbourg, puis à Brest, opéra l'arrestation de Stofflet et de Charette, et devint chef d'état-major de Hoche. Son caractère conciliant le fit choisir comme délégué général à Saint-Domingue en 1797; mais il ne put parvenir à mettre d'accord Rigaud et Toussaint-Louverture, et dut revenir en France en 1799. Il commanda alors les 1re, 15e et 16e divisions militaires, puis l'armée dirigée contre la nouvelle insurrection vendéenne, et parvint à conclure le traité du 18 janvier 1800 qui pacifia définitivement la Vendée. Ministre plénipotentiaire en Russie de 1801 à 1804, membre de la Légion d'honneur le 9 vendémiaire an XII, grand-officier le 25 prairial suivant, membre du Sénat conservateur le 12 pluviôse an XIII, chevalier d'honneur de l'impératrice Joséphine qu'il accompagna en 1805 à Strasbourg et à Munich, il fit les campagnes de 1806 et 1807 comme aide-de-camp du roi Jérôme, dont il devint ensuite le chambellan, en même temps qu'il était créé comte de l'Empire (3 juin 1808). Il obtint, en 1810, la sénatorerie de Rome. Il adhéra d'ailleurs avec empressement à la déchéance de l'empereur, fut nommé par la première Restauration pair de France et chevalier de Saint-Louis (4 juin 1814), se tint à l'écart durant les Cent-Jours, et, après le retour de Gand, reprit sa place à la Chambre haute, où il vota pour la mort dans le procès du maréchal Ney. En 1818, il reçut du roi la mission de régler les prétentions de la France avec le grand-duché de Varsovie. Ses infirmités l'empêchèrent d'assister régulièrement aux séances de la Chambre haute.

HÉDOUVILLE (CHARLES-THÉODORE-ERNEST. COMTE DE), pair de France, né à Paris le 18 mai 1809, mort à Chantilly (Oise) le 27 février 1890, fils du précédent, fut admis (9 janvier 1835) à siéger par droit héréditaire à la Chambre des pairs, en remplacement de son père, décédé en 1825. Il siégea obscurément à la Chambre haute jusqu'à la révolution de 1848.

HEECKEREN (GEORGES-CHARLES D'ANTHÈS, BARON DE), représentant en 1848 et en 1849, sénateur du second Empire, né à Colmar (Haut-Rhin) le 5 février 1812, fils d'un riche propriétaire de l'Alsace, M. d'Anthès, qui avait épousé une nièce du prince de Hatzfeld, fut destiné à l'état militaire et entra à l'Ecole de Saint-Cyr, qu'il quitta en 1830 pour prendre du service en Russie. Sous-lieutenant dans les chasseurs de l'impératrice, il devint, un peu plus tard, capitaine dans la garde impériale à cheval, passa à l'armée du Caucase, et, après avoir été adopté par le chargé d'affaires de Hollande à Saint-Pétersbourg, M. de Heeckeren, — d'où son nom, — entra en relations avec le célèbre Alexandre Pouschkine, dont il épousa la sœur. Cette alliance du soldat avec l'illustre poète devait avoir un dénouement tragique : Pouschkine accusa son beau-frère d'avoir séduit sa femme, le provoqua en duel, et reçut de lui une blessure dont il mourut trois jours après. M. de Heeckeren dut s'enfuir précipitamment pour se soustraire à la colère populaire. De retour en France, il se fixa dans le Haut-Rhin, s'y fit nommer conseiller général, et, après une tentative infructueuse, en 1846, comme candidat à la députation, fut élu, le 23 avril 1848,

représentant de ce département à l'Assemblée constituante, le 12e et dernier, avec 27,504 voix. Il fit partie du comité des affaires étrangères et vota la plupart du temps avec la droite : *pour* le rétablissement du cautionnement, *contre* l'abolition de la peine de mort, *contre* l'amendement Grévy, *pour* la proposition Rateau, *contre* l'amnistie, *pour* l'interdiction des clubs, *pour* les crédits de l'expédition de Rome, etc., se déclara, un des premiers, en faveur de la politique présidentielle de L. N. Bonaparte, et suivit la même ligne de conduite à l'Assemblée législative, où le même département le réélut, le 13 mai 1849, le 6e sur 10, avec 34,004 voix (118,335 inscrits). De plus en plus hostile aux institutions républicaines, il s'associa à toutes les mesures qui eurent l'approbation du gouvernement et de la majorité, et ne se sépara de celle-ci que lorsqu'elle eut pris parti contre le prince-président. M. de Heeckeren applaudit au coup d'Etat du 2 décembre 1851, fit partie de la Commission consultative, fut chargé d'une mission extraordinaire auprès de l'empereur de Russie, et, à son retour, entra au Sénat, en vertu d'un décret du 27 mars 1852. Le baron de Heeckeren fut un des membres les plus zélés de la droite de cette assemblée; il y défendit chaleureusement les intérêts de la papauté, se montra opposé à toute concession du pouvoir impérial et vota, en 1868, avec vingt-deux autres sénateurs, contre la loi nouvelle sur la presse. Le 4 septembre 1870 le fit rentrer dans la vie privée.

HEIRIÈS (GUSTAVE), représentant en 1871, né à Aix (Bouches-du-Rhône) le 16 août 1816, mort à Aix le 14 décembre 1872, avoué et maire d'Aix, fut élu, à l'élection partielle du 2 juillet 1871, pour pourvoir au remplacement des 7 représentants démissionnaires ou qui avaient opté pour d'autres départements, représentant des Bouches-du-Rhône à l'Assemblée nationale, le 6e sur 7 de la liste républicaine, par 34,872 voix sur 75,000 votants et 149,670 inscrits. Etant mort peu de temps après, il ne prit part à aucun des votes importants de cette assemblée.

HEITZMAN (VICTOR-AMÉDÉE), représentant du peuple en 1849, né à Lyon (Rhône) le 18 mai 1816, était ouvrier mécanicien au Creusot. Inscrit sur la liste des candidats du parti avancé, il fut élu, le 13 mai 1849, représentant de Saône-et-Loire à l'Assemblée législative, le 10e sur 12, par 72,898 voix (103,200 votants, 152,441 inscrits). Il prit place à la Montagne, vota *pour* l'interpellation de Ledru-Rollin sur les affaires de Rome, signa la demande de mise en accusation du président de la République, puis l'appel aux armes, et fut du nombre des représentants qui se rendirent au Conservatoire des Arts-et-Métiers, le 13 juin. Des poursuites ayant été, de ce chef, autorisées par l'assemblée contre lui, M. Heitzman fut compris parmi les inculpés renvoyés devant la haute Cour de Versailles. On lui reprocha particulièrement d'avoir signé « au Conservatoire des Arts-et-Métiers, le 13 à deux heures », diverses lettres adressées à des amis politiques de Saône-et-Loire, et contenant ce passage : « Donnez le signal, de suite, partout. L'épée est sortie du fourreau. Communiquez cette lettre au bassin houiller, à Mâcon, etc., il n'y a plus à hésiter. » Mais M. Heitzman avait réussi dans l'intervalle à se soustraire aux recherches. Il ne fut donc condamné que par contumace, à la peine de la déportation.

HÉLIAND (René-Gilles), député en 1789, né à Vivoin (Sarthe) en 1739, mort à Versailles (Seine-et-Oise) le 7 mai 1789, était changeur du roi au Mans, lorsque la sénéchaussée du Maine l'élut (25 mars 1789) député du tiers aux Etats-Généraux. Héliand n'eut guère que le temps de se rendre à Versailles : il mourut le 7 mai, peu de jours après l'ouverture des Etats. On lit dans le second numéro du *Moniteur* (compte rendu de la séance tenue par les « communes » le 8 mai 1789) : « La discussion est interrompue par l'arrivée de M. l'évêque du Mans et de quatre curés de son diocèse. Ils annoncent la mort de M. Héliand, député des communes de la même province, et invitent l'Assemblée à assister à son enterrement. » Des députés aux Etats-Généraux, Héliand mourut le premier.

HÉLIOT (Louis-Antoine-Joseph-Marie-Thérèse d'), député de 1815 à 1816, né à Cahors (Lot le 21 juillet 1756, mort à Cahors le 2 décembre 1838, d'une famille dévouée à l'ancien régime, émigra à la Révolution, revint en France avec les Bourbons, et se fixa dans sa ville natale. Il fut élu, comme royaliste, le 22 août 1815, par 114 voix (194 votants, 261 inscrits), député du Lot, au collège de département. M. d'Héliot vota avec la majorité de la Chambre introuvable, et ne fit pas partie d'aut es législatures. Conseiller général du Lot, il fut nommé, le 6 septembre 1820, secrétaire général de la préfecture de Cahors. Il fut, d'autre part, président du tribunal de commerce de cette ville et administrateur de l'hospice.

HELL (François-Joseph-Antoine de), député en 1789, né à Kirscheneim (Bas-Rhin) le 11 juin 1731, exécuté à Paris le 22 avril 1794, était procureur-syndic des états d'Alsace, grand bailli de Landser et chevalier du Saint-Empire au moment de la Révolution, dont il se montra partisan. Elu, le 4 avril 1789, député du tiers aux Etats-Généraux par le bailliage de Haguenau et de Wissembourg, avec 352 voix, il devint, après la session de la Constituante, administrateur du Haut-Rhin. Suspect pendant la Terreur, il fut arrêté, traduit devant le tribunal révolutionnaire, condamné en même temps que Malesherbes, comme « prévenu d'être auteur ou complice des complots qui ont existé depuis 89 contre la liberté, la sûreté et la souveraineté du peuple français », et exécuté le même jour. Le plus curieux des ouvrages de Hell, publié en allemand, est : *Instruction populaire pour initier le peuple d'Alsace aux principes révolutionnaires* (1792).

HELL (Anne-Chrétien-Louis de), député de 1844 à 1846, né à Verneuil (Seine-et-Oise) le 24 août 1783, mort à Oberkirch (Bas-Rhin) le 4 octobre 1864, fut enrôlé comme mousse dès l'âge de quinze ans, devint aspirant en 1798, et lieutenant de vaisseau en 1812. Durant les guerres de la République et de l'Empire, il eut de fréquentes occasions de se signaler et fut porté plusieurs fois à l'ordre du jour. Il n'était encore que capitaine de corvette, lorsqu'en 1824 il dirigea l'expédition hydrographique des côtes de Corse et reçut, à ce sujet, les remerciements du conseil général. Capitaine de vaisseau en 1827, il fut, après la révolution de juillet, placé à la tête de l'Ecole navale de Brest. En 1837, il alla gouverner l'île Bourbon. Appelé, deux ans après, au grade de contre-amiral (22 novembre 1839), il fut, sur sa demande, envoyé à Cherbourg en qualité de préfet maritime (1843). Le 28 septembre 1844, il fut élu député par le 1er collège du Bas-Rhin (Strasbourg), avec 245 voix (401 votants), contre 116 à M. Rittelhueber, de l'opposition, en remplacement de M. Magnier de Maisonneuve, décédé. Il prit place dans les rangs de la majorité conservatrice, soutint la politique de Guizot et vota notamment *pour* l'indemnité Pritchard (1845). Cette attitude inspira au *National* les réflexions suivantes : « La pensée de donner une prime au missionnaire anglais qui a organisé la révolte dans l'une de nos possessions et préparé l'assassinat de nos soldats, devait soulever l'indignation partout; mais l'insulte faite au pavillon de France et le lâche abandon de nos matelots devaient être plus vivement ressentis dans le corps de la marine. Il y a trois marins à la Chambre, tous trois contre-amiraux : tous votent pour Pritchard. Passe pour MM. Hernoux et Leray, marins-courtisans attachés au château; mais M. de Hell, ancien officier, dont le gouvernement à Bourbon a été marqué par la prise de possession de l'île Mayotte!... » Non réélu le 1er août 1846 — il n'obtint alors que 118 voix dans le même collège contre 273 à l'élu, M. Humann, et 74 à M. Champy, — M. de Hell remplaça M. Halgan comme directeur du dépôt des cartes et plans de la marine. La république de 1848 l'admit d'office à la retraite. En 1852, le contre-amiral de Hell entra dans le cadre de réserve. — Conseiller général du Bas-Rhin, grand-officier de la Légion d'honneur du 26 avril 1846.

HELLO (Charles-Guillaume), représentant à la Chambre des Cent-Jours et député de 1842 à 1843, né à Guingamp (Côtes-du-Nord) le 6 août 1787, mort à Paris le 12 mai 1850, « fils de maître Charles Hello, notaire royal et apostolique, et de demoiselle Jeanne-Louise Le Deuc, » avocat à Guingamp, fut élu représentant à la Chambre des Cent-Jours, le 15 mai 1815, par l'arrondissement de Guingamp, avec 94 voix (122 votants, 159 inscrits). Son opposition au gouvernement de la Restauration et l'adhésion qu'il donna au gouvernement issu des journées de juillet le firent nommer, le 5 septembre 1830, procureur général à Rennes, puis, le 27 mai 1837, avocat général à la cour de Cassation. Le 9 juillet 1842, il fut élu député du 3e collège du Morbihan (Lorient) avec 140 voix (192 votants, 242 inscrits), et s'assit au centre; mais nommé conseiller à la cour de Cassation, le 7 août 1843, il ne se représenta pas à la députation.

HELLOT (Alexandre), député au Conseil des Cinq-Cents, représentant à la Chambre des Cent-Jours, né à Rouen (Seine-Inférieure) le 27 décembre 1751, mort à Paris le 5 mars 1834, « fils de M. Pierre-Louis-Alexandre Hellot, négociant commensal de la ci-devant maison du roy, et ajusteur en la Monnoye de Rouen, et de dame Marie-Louise Le Painturier de Guilleville, son épouse, » succéda comme négociant à son père, fut juge-consul et procureur-syndic de la chambre de commerce de Rouen, et, le 23 germinal an V, fut élu, par 311 voix (346 votants), député de la Seine-Inférieure au Conseil des Cinq-Cents. Il y prit la parole, la même année, pour faire arrêter l'envoi d'un message au Directoire sur l'introduction en France des marchandises anglaises, et quitta l'assemblée en l'an VII. Sous l'Empire, Hellot fut fait chevalier de la Légion d'honneur (31 mai 1810), et devint président du tribunal de commerce de Rouen. Le 11 mai 1815, il fut envoyé par l'arrondissement de Rouen, avec 46 voix sur 81 votants, à la Chambre des représentants. Il revint à Rouen après cette courte session, et n'appartint pas à d'autres assemblées.

HELMSTATT (Blinckard-Maximilien-Auguste, comte d'), député en 1789, dates de naissance et de mort inconnues, appartint, sous l'ancien régime, aux armées du roi, et parvint au grade de colonel d'infanterie en résidence à Mulhouse. Le 30 mars 1789, le comte d'Helmstatt fut élu par le bailliage de Sarreguemines député de la noblesse aux Etats Généraux; mais, attaché à l'ancien régime, il refusa de suivre l'Assemblée dans la voie réformatrice où elle s'engagea, et donna sa démission de député le 20 janvier 1790.

HELO (Charles), député au Conseil des Cinq-Cents, né à Guingamp (Côtes-du-Nord) le 21 septembre 1759, mort à Guingamp le 30 octobre 1826, « fils de Guillaume Helo et de Marie Rolland, » exerça sa ville natale la profession de notaire. Successivement procureur de la commune, administrateur du district, puis administrateur du département, commissaire du gouvernement près l'administration municipale de Guingamp et juge de paix, il fut élu, le 26 germinal an VII, député des Côtes-du-Nord au Conseil des Cinq-Cents. Helo ne se montra point hostile au coup d'Etat de brumaire, car on le retrouve, le 21 floréal an VIII, conseiller de préfecture des Côtes-du-Nord. Il exerça ces fonctions jusqu'en l'an XII.

HELY-D'OISSEL (Abdon-Patrocle-Frédéric, baron), député de 1827 à 1833, né à Rouen (Seine-Inférieure) le 2 avril 1777, mort à Paris le 29 janvier 1833, entra dans l'administration sous l'Empire, qui le créa baron le 31 janvier 1810. Conseiller d'Etat en service extraordinaire, il fut élu, le 17 novembre 1827, député du 6e arrondissement de la Seine-Inférieure (Neufchâtel), par 229 voix sur 379 votants et 439 inscrits, contre 149 à M. Martin de Villiers. D'opinions constitutionnelles, il prit place au centre gauche. Un biographe parlementaire disait de lui : « Cet honorable membre aime la Charte et déteste les jésuites; c'est donc une excellente acquisition pour la nouvelle Chambre. » Il combattit le ministère Polignac, fut des 221, et obtint sa réélection comme député, le 12 juillet 1830, par 308 voix (405 votants, 463 inscrits), contre 95 à M. Martin de Villiers. Hély-d'Oissel applaudit à la révolution de juillet et prit part à l'établissement de la monarchie nouvelle. Nommé conseiller d'Etat en service ordinaire, il dut solliciter le renouvellement de son mandat, qui lui fut confirmé, le 21 octobre 1830, par 326 voix (374 votants, 515 inscrits), contre 45 à M. Desjobert. Il vota en toute circonstance, jusqu'à sa mort, avec la majorité conservatrice, et fut réélu une dernière fois, le 5 juillet 1831, par 334 voix (637 votants, 873 inscrits), contre 244 à M. Desjobert. Ses connaissances pratiques dans l'administration l'avaient fait choisir au conseil d'Etat comme vice-président du comité de l'intérieur. Hély-d'Oissel était en outre président du conseil des bâtiments civils et du conseil supérieur de santé, et associé libre de l'Académie de médecine. Il fut remplacé à la Chambre des députés, le 1er mars 1833, par M. Charles de Germiny.

HÉMART (Pierre-Charles, baron), député au Conseil des Cinq-Cents et au Corps législatif de l'an VIII, né à Aï (Marne) le 26 juillet 1752, mort à une date inconnue, ancien notaire à Paris et propriétaire, fut élu député de la Marne au Conseil des Cinq-Cents, le 28 germinal an VI; il y fit, le 4 thermidor suivant, une motion en faveur des rentiers et des pensionnés de l'Etat. Elu par le Sénat conservateur député de la Marne au nouveau Corps législatif, le 4 nivôse an VIII, il fut choisi peu après pour présider la cour de justice criminelle appelée à juger Georges Cadoudal, Pichegru et Moreau, et 43 autres accusés. Il fit preuve dans ces fonctions d'une partialité qui lui fut souvent reprochée, et conserva la présidence de la cour criminelle de la Seine jusqu'en 1811, date de sa suppression. Maire de Montmort (Marne) le 1er janvier 1808, créé baron de l'Empire le 2 janvier 1814, il fut laissé à l'écart pendant les Cent-Jours, et se retira dans l'ancienne abbaye bénédictine qu'il avait acquise près d'Aï, et où il consacra ses loisirs à l'étude.

HÉMERY (René-Nicolas-Sulpice), député en 1791, né à Doullens (Somme) le 14 novembre 1745, mort à Doullens le 20 novembre 1807, administrateur de la Somme, fut élu, le 7 septembre 1791, député de ce département à l'Assemblée législative, le 16e sur 17, par 190 voix (274 votants). Il vota obscurément avec la majorité. Après le 18 brumaire, il devint juge-suppléant au tribunal civil de Doullens (12 messidor an VIII), et conseiller général de la Somme.

HÉMON (Louis-Marie-René-Mathurin), député de 1876 à 1885, né à Quimper (Finistère) le 25 février 1844, fils d'un professeur du collège de cette ville, se fit inscrire au barreau de Quimper, fonda le premier journal républicain du département, le Finistère, et, bien que dispensé du service militaire, prit part à la défense de Paris dans un bataillon de mobiles bretons. Porté sur la liste républicaine du Finistère, aux élections du 8 février 1871 à l'Assemblée nationale, il échoua avec 29,441 voix sur 76,038 votants; mais il fut plus heureux aux élections générales du 20 février 1876, dans la première circonscription de Quimper, qui l'envoya à la Chambre par 5,219 voix sur 8,685 votants et 11,906 inscrits, contre 3,458 voix à M. Dumarnay, ancien représentant. M. Hémon siégea à la gauche républicaine, et fut des 363. Réélu en cette qualité, le 14 octobre 1877, après la dissolution de la Chambre par le cabinet du 16 mai, avec 6,267 voix sur 9,780 votants et 12,537 inscrits, contre 3,506 voix à M. Bolloré, il reprit sa place à gauche, et soutint les cabinets républicains qui succédérent au ministère de Rochebouët. Il fut encore réélu, le 21 août 1881, par 5,549 voix sur 9,619 votants et 13,379 inscrits, contre 4,009 voix à M. Roussin. Il siégea à l'Union démocratique, soutint la politique coloniale et scolaire du gouvernement républicain, et parut quelquefois à la tribune, notamment en février 1885, pour parler contre le rétablissement du scrutin de liste. Ce scrutin lui fut en effet fatal : porté, le 4 octobre 1885, sur la liste républicaine du Finistère, il échoua avec 57,053 voix sur 121,966 votants.

HÉNIN (Marie-Jean-Baptiste-Claude), député au Corps législatif de l'an XII à 1809, né à Paris le 24 mai 1753, mort à une date inconnue, « fils de Jean-Baptiste Hénin et de Antoinette-Jeanne-Elisabeth Marguerite Depinteville, son épouse, » remplit, de 1776 à 1790, les fonctions de conseiller maître à la chambre des comptes de Paris, devint, sous la Révolution, administrateur du département de Seine-et-Oise, présida, de l'an IV à l'an VIII, le district d'Etampes, et fut nommé sous-préfet de cet arrondissement à la création des sous-préfectures (an VIII). Il occupait ce dernier poste lorsqu'un acte du Sénat conservateur l'appela (2 fructidor an XII) à siéger au Corps législatif. Hénin y représenta, jusqu'en 1809, le département de Seine-et-Oise. Il fut encore maire de Chalo-Saint-Mars et (septembre 1814) conseiller d'arrondissement d'Etampes.

HENNECART (Jules-François), député de 1846 à 1848, représentant aux Assemblées constituante et législative (1848-1849), né à Paris le 7 octobre 1797, mort au château de Combreux (Loiret) le 23 décembre 1888, propriétaire, débuta dans la vie politique le 12 septembre 1846, comme député du 4e collège de la Vienne (Loudun) par 120 voix (171 votants, 227 inscrits), en remplacement de M. Nosereau, démissionnaire. Il vota généralement avec la majorité, rentra dans la vie privée en 1848, mais reparut, le 14 janvier 1849, à l'Assemblée constituante, où il succéda à M. Drault, décédé. Elu représentant de la Vienne par 16,557 voix, M. Hennecart siégea à droite et donna jusqu'à la fin de la législature ses suffrages à la politique conservatrice. Il vota notamment : *pour* l'interdiction des clubs, *pour* les crédits de l'expédition romaine, *pour* le maintien du cautionnement des journaux, *contre* l'amnistie, *contre* l'abolition de l'impôt des boissons. Réélu, le 13 mai suivant, représentant du même département à la Législative, le 3e sur 6, par 35,470 voix (55,172 votants, 87,090 inscrits), il continua de s'associer aux votes de la majorité anti-républicaine, appuya l'expédition de Rome, la loi Falloux-Parieu sur l'enseignement, etc. Il ne fit pas partie d'autres assemblées.

HENNEQUIN (Joseph), député en 1791, et de 1807 à 1815, né à Gannat (Allier) le 11 avril 1748, mort à Gannat le 31 octobre 1837, « fils de Claude-Gilbert Hennequin, avocat au parlement, et de dame Jeanne Collin, son épouse, » était avocat à Gannat et maire de cette ville, lorsqu'il fut élu, le 28 août 1791, le 4e sur 8, député de l'Allier à l'Assemblée législative, par 248 voix (358 votants). Il s'y fit peu remarquer. Nommé plus tard (18 germinal an VIII) sous préfet de Gannat, il fut, le 17 février 1807, élu par le Sénat conservateur député de l'Allier au Corps législatif, et ce mandat lui fut renouvelé le 6 janvier 1813. Hennequin se rallia à la déchéance de Napoléon et à la restauration des Bourbons, et fut, en 1819, vice-président du corps électoral de son département. On doit à J. Hennequin : *Jacquers Menners, le Petit Jean et leur chien Blouff,* suivi du *Voyageur,* traduits de l'anglais (1801), et un poème, *la Terrasse de l'Anglar* (1805).

HENNEQUIN (Antoine-Louis-Marie), député de 1834 à 1842, né à Clichy-la-Garenne (Seine) le 22 avril 1786, mort à Paris le 10 février 1840, fils d'un ancien notaire de Lorraine, se passionna de bonne heure pour l'étude du droit, suivit les cours de l'académie de législation et les conférences Régnier, où il fit la connaissance de Dupin aîné et de Demante, et fut reçu licencié au moment où, pris par la conscription,

il était envoyé (1806) au 8e régiment d'artillerie à pied, à Wesel. L'année suivante, il défendit devant le conseil de guerre des paysans d'Osnabrück accusés de résistance armée à des gendarmes venus pour lever des contributions. Après Tilsitt, Hennequin, bien que nommé sous-lieutenant, s'empressa de revenir à Paris, et entra dans une étude d'avoué afin de se familiariser avec la procédure. Il commença aussi à plaider ; mais ce ne fut qu'en 1813 qu'il se fit connaître dans une affaire délicate, en établissant qu'un enfant naturel non reconnu, mais qui établit sa filiation avec sa mère, peut non seulement réclamer des aliments, mais encore exercer des droits successifs. En 1817, il eut à défendre Fiévée déféré au tribunal pour délit de presse et pour injures à Louis XVIII. Malgré une habile plaidoirie, son client fut condamné au maximum. En 1820, plus heureux, il fit acquitter, devant la chambre des pairs, Bérard, ancien officier de l'Empire, simultanément accusé par la police de complot contre la sûreté de l'Etat, et par ses co-accusés de les avoir vendus et trahis. A la fondation, en 1821, de la *Société des bonnes études,* il y professa le droit civil. Membre de la chambre de discipline des avocats en 1817 et en 1821, chevalier de la Légion d'honneur en 1825, il ne prit aucune part aux événements de 1830, et défendit M. de Peyronnet, ancien ministre de Charles X, devant la Cour des pairs ; mais emporté par la chaleur de son improvisation, il laissa échapper un mot malheureux qui provoqua les murmures de la cour. Aussi M. de Peyronnet, quoique moins compromis que M. de Polignac, fut-il condamné comme ce dernier à la prison perpétuelle. Hennequin, qui avait la spécialité des procès politiques, plaida en 1831 pour les Rohan contre le duc d'Aumale, puis, en 1832, dans l'affaire dite du *Complot de la rue des Prouvaires ;* au mois de décembre suivant à Blois, pour MM. de Kersabiec et Guilloré ; en février 1833, à Montbrison, pour M. de Mesnard, puis à Chartres pour M. de Chièvres, enfin à Nantes pour les demoiselles Duiguigny, chez lesquelles on avait arrêté la duchesse de Berry. Cette même année, il se rendit aussi à Blaye auprès de la princesse pour lui offrir ses services. Successivement élu député par le 3e collège du Nord (Lille), le 21 juin 1834, avec 345 voix (668 votants, 929 inscrits), contre 268 à M. Josson ; le 4 novembre 1837, par 463 voix (847 votants, 1,134 inscrits) ; le 2 mars 1839, par 470 voix (850 votants, 1,142 inscrits), il prit place dans la droite légitimiste sans faire une opposition systématique, et combattit le scrutin secret et la loi de disjonction. Il avait la parole vive et élégante, mordante parfois ; avocat du premier ordre, il ne fut jamais un orateur politique. Il mourut en 1840, et fut remplacé, le 21 mars de la même année, par M. de Villeneuve-Bargemont. On a de lui : *Du divorce* (1831) ; *Traité de législation et de jurisprudence suivant l'ordre du Code civil* (1er volume 1838 — 2e volume 1841 (posthume). — Quelques-unes de ses plaidoiries ont été publiées dans les *Annales de l'éloquence judiciaire.*

HENNEQUIN (Victor-Antoine), représentant du peuple en 1850-51, né à Paris le 3 juin 1816, mort à Paris le 10 décembre 1854, fils aîné du précédent, fit de bonnes études classiques au collège Saint-Louis et fut reçu avocat à Paris en 1838. Ses débuts au barreau furent remarqués ; mais l'imagination ardente et romanesque de Victor Hennequin le détourna de ces premières occupations. Après avoir travaillé quelquetemps à une histoire universelle du droit, dont il avait conçu le plan, il s'éprit des doctrines phalanstériennes, se lia avec M. V. Considérant, et entra au journal *la Démocratie pacifique*, dont il fut un des rédacteurs les plus féconds et les plus distingués. Il ne servit pas seulement par la plume la propagation du « fouriérisme », il se donna aussi la tâche de parcourir un grand nombre de villes de province en apôtre de la doctrine; son talent de parole lui attira à Nantes, à Aix, à Marseille, à Besançon, de nombreux auditeurs. A Besançon notamment, il exposa ses théories dans une série de conférences qui furent imprimées et plusieurs fois rééditées sous ce titre : *Organisation du travail, d'après Charles Fourier* (1847. En 1845, il plaida dans une affaire retentissante, pour plusieurs ouvriers charpentiers accusés de coalition. En 1846, appelé par les phalanstériens de Belgique, il donna à Louvain un cours public, contradictoirement avec des professeurs de l'Université catholique. Après la révolution de 1848, il fut porté comme candidat républicain à l'Assemblée constituante dans les Bouches-du-Rhône; il ne lui manqua que quelques voix pour être élu. Le 10 mars 1850, les électeurs de Saône-et-Loire, appelés à remplacer 6 représentants condamnés pour l'affaire du 13 juin 1849, élurent Victor Hennequin, dont le parti démocratique socialiste avait adopté la candidature, le 6e et dernier, représentant de Saône-et-Loire, par 61,116 voix (105,573 votants, 157,148 inscrits). Il prit place à gauche. Quelques jours après, le 23 mars, la majorité annula l'élection de Saône-et-Loire par ce motif qu'un grand nombre d'individus avaient été indûment inscrits sur les listes électorales. En conséquence, Victor Hennequin dut solliciter la confirmation de son mandat, et l'obtint, le 28 avril, le 5e sur 6, par 72,822 voix (120,162 votants, 154,015 inscrits). Il reprit sa place à la Montagne, parut plusieurs fois à la tribune pour défendre contre la majorité monarchiste les idées et les institutions républicaines, combattit vivement la politique de l'Elysée, et protesta à la mairie du Xe arrondissement, contre le coup d'Etat du 2 décembre 1851. Arrêté, il fut détenu quinze jours à Mazas, puis rendu à la liberté. L'exaltation de son esprit et son ardeur pour les nouveautés le jetèrent, à la fin de sa vie, dans la secte des spirites et des croyants aux tables tournantes. Une brochure de lui, intitulée *Sauvons le genre humain!* et qui parut en 1853, porte la marque d'un trouble intellectuel évident. Il mourut l'année suivante. On a de Victor Hennequin un *Voyage philosophique en Angleterre et en Ecosse* (1836); la première partie d'une remarquable *Introduction à l'étude de la législation française*, et un exposé d'économie sociale : *Féodalité ou Association*.

HENNESSY (JACQUES), député de 1824 à 1831 et de 1834 à 1842, né à Ostende (Belgique) le 11 octobre 1765, mort à Paris le 21 avril 1843, était négociant en eaux-de-vie à Cognac et membre du conseil d'arrondissement de la Charente, quand M. de Villèle le nomma, en 1824, président du 3e collège électoral de ce département qui, le 2 août, l'élut député en remplacement de M. Otard, décédé, par 186 voix (191 votants, 309 inscrits). A la Chambre, M. Hennessy prit place au côté droit. Il vota pour le ministère, repoussa toutes les motions émanées de l'opposition, fut réélu, le 17 novembre 1827, par 115 voix (220 votants, 290 inscrits), contre 104 à M. Martell, et se rallia soudain aux

constitutionnels du groupe Agier. Il combattit avec eux le ministère Polignac et fut des 221. Le 23 juin 1830, il obtint le renouvellement de son mandat par 236 voix (308 votants, 351 inscrits), contre 69 à M. Pelluchou-Destouches. M. Hennessy prit part à l'établissement de la monarchie de Louis-Philippe, et fit partie de la majorité. Non réélu le 5 juillet 1831 (il n'obtint alors que 139 voix contre 253 à M. Caminade de Chatenay, élu), il reparut à la Chambre le 21 juin 1834, comme député du même collège, élu par 197 voix (348 votants, 435 inscrits), contre 83 à M. Caminade, député sortant. Le ministère avait vivement soutenu sa candidature. En retour, M. Hennessy donna silencieusement son suffrage au pouvoir en toute circonstance, fut renommé député le 4 novembre 1837, par 227 voix (401 votants, 520 inscrits), et le 2 mars 1839, par 273 voix (438 votants), vota avec le centre, pour le ministère Molé, et rentra dans la vie privée en 1842.

HENNESSY(RICHARD-AUGUSTE),représentant en 1848 et 1849, sénateur de 1876 à 1879, né à Cognac (Charente) le 24 décembre 1800, mort à Bagnolet (Seine) le 2 septembre 1879, fils du précédent, succéda à son père dans sa maison de commerce, s'occupa de sport et de chasse, devint président du tribunal de commerce de Cognac, commandant de la garde nationale de cette ville, conseiller général de la Charente, et se fit élire, après la révolution de février, le 23 avril 1848, représentant de la Charente à l'Assemblée constituante, le 3e sur 9, avec 55,166 voix (92,994 votants). Il vota *pour* le bannissement de la famille d'Orléans, *pour* les poursuites contre Louis Blanc et Caussidière, *pour* le rétablissement de la contrainte par corps, *contre* l'amendement Grévy, *contre* le droit au travail, *pour* l'ordre du jour en l'honneur de Cavaignac, et, pleinement rallié à la politique du président L.-N. Bonaparte, se prononça : *pour* la proposition Rateau, *pour* l'interdiction des clubs, *pour* les crédits de l'expédition de Rome, *contre* l'amnistie, etc. Il fut réélu, le 13 mai 1849, représentant du même département à la Législative, le 5e sur 8, par 40,371 voix (79,163 votants, 114,411 inscrits), et continua de donner son concours au gouvernement présidentiel. Après avoir voté toutes les mesures de répression et de réaction qui eurent l'agrément de la majorité monarchiste de l'Assemblée, M. Hennessy approuva le coup d'Etat du 2 décembre 1851, soutint dans la Charente le régime impérial, et fut, mais sans succès, le 1er juin 1863, candidat officiel dans la 2e circonscription de ce département: il réunit 15,046 voix contre 16,164 à l'élu de l'opposition, M. Oscar Planat. M Hennessy fut plus heureux lors des élections sénatoriales du 30 janvier 1876 : nommé sénateur de la Charente par 255 voix sur 499 votants, il siégea à droite, dans le groupe de l'Appel au peuple, se prononça *pour* la dissolution de la Chambre des députés (1877), *pour* le gouvernement du Seize-Mai, *contre* le ministère Dufaure, et, au Congrès, *contre* le retour du parlement à Paris. Mort le 2 septembre 1879, il eut pour successeur au Sénat, en novembre suivant, le maréchal Canrobert.

HENNET (FRANÇOIS-AUGUSTIN-POMPÉE), député en 1789, né à Maubeuge (Nord) le 15 décembre 1728, mort à Paris le 2 mars 1792, était prévôt de Maubeuge avant la Révolution. Le bailliage d'Avesnes l'élut, le 17 avril 1789, député du tiers aux Etats-Généraux. Hennet se montra attaché aux institutions de l'ancien régime, et signa, le 12 septembre 1791, la protestation de la minorité.

HENNOCQUE (PIERRE-FRANÇOIS), député au Corps législatif de 1852 à 1869, né à Blicourt (Oise) le 16 octobre 1788, mort à Metz (Moselle) le 28 décembre 1878, entra à l'Ecole polytechnique en 1804, en sortit lieutenant d'artillerie, prit part aux guerres du premier Empire et resta au service sous la Restauration et sous la monarchie de juillet. Parvenu au grade de colonel, et officier de la Légion d'honneur, M. Hennocque remplit quelque temps les fonctions d'examinateur à l'Ecole d'application du génie et de l'artillerie de Metz. Tandis qu'il y résidait, il devint maire de Longeville-lez-Metz, et conseiller général de la Moselle pour le canton de Gorze. Son attachement à la tradition napoléonienne le fit désigner, le 29 février 1852, comme le candidat du gouvernement présidentiel au Corps législatif dans la 1re circonscription de la Moselle, qui le nomma député par 20,993 voix (22,048 votants, 36,188 inscrits). M. Hennocque applaudit au rétablissement de l'Empire, et vota régulièrement avec la majorité dynastique, ayant été réélu : le 22 juin 1857, par 19,238 voix (22,840 votants, 34,869 inscrits), contre 3,313 voix à M. Jean Reynaud, et, le 1er juin 1863, par 17,331 voix (29,346 votants, 37,167 inscrits), contre MM. Sers 5,393 voix, Barral 4,735 et Alphen 1,774. Il quitta l'Assemblée en 1869, et se retira à Metz, où il mourut en 1878. Il avait été promu, le 30 août 1865, commandeur de la Légion d'honneur.

HÉNON (JACQUES-LOUIS), député au Corps législatif en 1852, et de 1857 à 1869, né à Lyon (Rhône) le 31 mai 1802, mort à Montpellier (Hérault) le 31 mars 1872, étudia la médecine, fut reçu docteur et exerça son art à Lyon avec succès. Il se consacra surtout à des recherches de botanique et devint membre de plusieurs sociétés savantes, telles que l'Académie des sciences, lettres et arts de sa ville natale. En même temps il se faisait connaître par ses opinions libérales et menait campagne dans sa région en faveur de la réforme électorale. Après avoir tenté vainement d'entrer à l'Assemblée constituante, il se représenta aux élections du 29 février 1852 pour le Corps législatif, comme candidat indépendant dans la 2e circonscription du Rhône : il y obtint 10,642 voix (21,478 votants, 34,738 inscrits), contre 9,623 voix à M. Goujon, et fut un des trois élus de l'opposition démocratique. Mais, ayant refusé le serment à la nouvelle Constitution, il fut déclaré démissionnaire et remplacé, le 26 septembre de la même année, par M. Cabias, candidat officiel. Les élections du 22 juin 1857 renvoyèrent M. Hénon au Corps législatif, comme député du même collège, avec 11,969 voix (22,593 votants, 38,034 inscrits), contre 10,349 voix au député sortant. Il prit place à gauche dans l'opposition modérée, vota généralement avec la minorité, parla sur diverses questions intéressant particulièrement l'agglomération lyonnaise, et obtint sa réélection le 1er juin 1863, par 20,844 voix (30,177 votants, 44,430 inscrits), contre 8,980 voix à M. Cabias. M. Hénon continua de faire partie du petit groupe parlementaire qui combattit les ministres de l'Empire, s'associa en 1868 à la fondation du journal l'Electeur libre, avec Jules Favre et Ernest Picard, et sollicita des électeurs du Rhône un nouveau mandat le 24 mai 1869; mais il échoua avec

6,936 voix contre 16,953 à Bancel, candidat radical, et 5,433 à M. Matheron. Républicain de la nuance la plus modérée, il réunit encore sans être élu, le 8 février 1871, dans le département du Rhône, 41,625 voix sur 117,523 votants, et rentra définitivement dans la vie privée. Il mourut, l'année d'après, à Montpellier.

HENRION DE PANSEY (PIERRE-PAUL-NICOLAS), ministre de la Justice, né à Tréveray (Meuse) le 28 mars 1742, mort à Paris le 23 avril 1829, fils d'un magistrat du nom de Henrion, fit ses études au collège de Ligny, fut reçu avocat à Paris le 10 mars 1763, et, après les quatre années de stage alors réglementaires, fut inscrit sur le tableau (1767). Il joignit à son nom celui de Pansey, d'une terre qui appartenait à sa famille, pour se distinguer de son frère puîné, Henrion (de Saint-Amand), et débuta comme avocat et jurisconsulte sous les auspices du célèbre Dumoulin, dont il résuma, en 1773, le Traité des fiefs, dans une savante analyse qui le plaça à la tête des « feudistes » les plus experts. Henrion de Pansey avait tenu à dédier son ouvrage à Molé de Champlâtreux, premier président du parlement exilé ; mais la censure ne permit pas l'impression de l'épître dédicatoire que l'auteur avait rédigée. Parmi les causes qui firent le plus d'honneur à Henrion de Pansey dans sa carrière d'avocat consultant, il faut citer celle d'un pauvre nègre nommé Roc, réclamant sa liberté contre son maitre qui l'avait amené en France, et le procès soutenu par le célèbre dramaturge Mercier contre la Comédie-Française, qui s'obstinait à écarter ses pièces du répertoire. En 1789, Henrion, qui avait déjà fourni au Répertoire de jurisprudence les principaux articles de droit féodal, commença la publication d'un grand ouvrage de Dissertations, consacrées au même sujet ; mais les événements interrompirent ce travail. L'abolition des anciennes institutions judiciaires détermina Henrion à se retirer à Joinville ; il s'y tint caché pendant le régime révolutionnaire, accepta, en l'an IV, les fonctions d'administrateur du département de la Haute-Marne, et, après le coup d'Etat de brumaire, fut appelé à faire partie (germinal an VIII) de la cour de Cassation, dont il devint, en 1809, un des présidents. Ce fut alors qu'il composa son Traité de la compétence des Juges de paix, dont le succès fut vif, et qui a été traduit en plusieurs langues. Une brillante étude sur l'Autorité judiciaire accrut encore sa réputation. Nommé par Napoléon Ier conseiller d'Etat et baron de l'Empire, il ne craignit pas, a-t-on dit, de montrer à l'égard de l'empereur une certaine indépendance, en combattant son opinion sur diverses matières législatives. Favorable à la déchéance, il fut appelé par le gouvernement provisoire, le 3 avril 1814, à remplir les fonctions de commissaire au département de la Justice ; il les exerça jusqu'au 12 mai seulement, et ne resta pas inactif durant ce court ministère. Bientôt après, il publia deux dissertations, qui furent très remarquées, sur le Jury et sur la Pairie en France. Il terminait ce dernier opuscule par de généreuses exhortations aux corps politiques transformés en cours de justice. Il produisit aussi d'importants ouvrages sur le Pouvoir municipal, les Biens communaux, les Assemblées nationales. Lorsque le poste de premier président de la cour de Cassation devint vacant en 1828, par le décès de M. de Sèze, le gouvernement royal y plaça Henrion de Pansey, qui, malgré son grand âge et une cécité presque complète, conserva ces fonctions jusqu'à sa mort. D'un caractère aimable et d'une conversation enjouée, Henriou de Pansey recevait chaque soir, dans son salon, des hommes d'Etat, des magistrats, des gens de lettres; Royer-Collard, alors dans toute sa renommée, et Lamartine, dont la célébrité naissait à peine, vécurent dans son intimité.

HENRIONSTAAL. — *Voy.* MAGNONCOUR (BARON DE).

HENRY (PIERRE-PAUL), député en 1791, dates de naissance et de mort inconnues, fut administrateur du département du Cantal, avant d'être nommé, le 29 août 1791, député de ce département à l'Assemblée législative, le 5ᵉ sur 8, par 175 voix (319 votants). Il siégea dans la majorité, opina pour le projet du comité relatif aux droits féodaux, fit décréter un mode d'obtention de certificats de résidence, et présenta un rapport, dont les conclusions furent adoptées par l'Assemblée, et qui tendait à affranchir de la peine de l'exposition les femmes enceintes. Après la session il fut, le 13 frimaire an IV, élu juge au tribunal civil de Saint-Flour, et il remplit ces fonctions jusqu'en l'an VIII.

HENRY (EDMOND), député de 1881 à 1885, né à Caen (Calvados) le 29 août 1839, s'occupa de journalisme à Paris et en province, fut, comme directeur du *Journal de Caen* d'une part, et de l'autre comme informateur politique et correspondant de plusieurs feuilles, une certaine notoriété. Son zèle à soutenir le système opportuniste le fit décorer de la Légion d'honneur le 13 juillet 1881. Bientôt après, le 21 août, M. Edmond Henry fut élu député de la 1ʳᵉ circonscription de Caen, par 6,788 voix sur 12,016 votants, 16,038 inscrits, contre 5,166 à M. Soret de Boisbrunet, candidat conservateur monarchiste. Il siégea à l'Union républicaine, soutint de ses votes les ministères Gambetta et J. Ferry, se prononça *contre* la séparation de l'Eglise et de l'Etat, *pour* les crédits du Tonkin, etc., et parut rarement à la tribune. En 1882, il déposa un amendement relatif à l'agriculture, et, en 1884, il prit part à la discussion du budget. Porté, le 4 octobre 1885, sur la liste républicaine opportuniste du Calvados, M. Edmond Henry échoua avec 35,278 voix sur 89,064 votants.

HENRY DE LONGUÈVE (JEAN-LOUIS), député en 1789, au Conseil des Cinq-Cents, et de 1815 à 1825, né à Orléans (Loiret) le 23 novembre 1752, mort à Vaugereau près Briarre (Loiret) le 23 juillet 1841, était avocat du roi au bailliage d'Orléans. L'ardeur avec laquelle il embrassa les idées nouvelles le fit élire député du tiers aux Etats-Généraux par le bailliage d'Orléans, le 27 mars 1789. Nommé secrétaire de la Constituante, il fut l'auteur du rapport sur les troubles de Schlestadt. Rentré dans la vie privée après la session, il fut un instant menacé sous la Terreur. Le département du Loiret l'envoya au Conseil des Cinq-Cents, le 22 germinal an V, par 177 voix sur 201 votants; il ne se signala à cette assemblée que par une motion, ayant pour but de défendre aux députés d'accepter une place du Directoire avant un an écoulé depuis la cessation de leurs fonctions législatives. Son élection fut d'ailleurs annulée au 18 fructidor comme entachée de royalisme. Il vécut loin des affaires pendant la durée de l'Empire; la seconde Restauration le nomma (14 août 1815) conseiller d'Etat. Le 22 août suivant, il fut élu député par le collège du département du Loiret avec 104 voix sur 199 votants et 281 inscrits, et fut ensuite successive-

ment réélu par le même collège; le 4 octobre 1816, avec 105 voix (203 votants, 275 inscrits); le 13 novembre 1820, avec 225 voix (314 votants, 356 inscrits); le 16 mai 1822, avec 206 voix (306 votants, 356 inscrits); huit jours auparavant, le 9 mai, il avait échoué dans le 2ᵉ arrondissement du Loiret (Gien) avec 133 voix contre 156 à l'élu, M. Alexandre Perrier. Son mandat lui fut renouvelé une dernière fois dans ce même arrondissement (Gien) le 25 février 1824, avec 179 voix (281 votants, 315 inscrits). Il vota presque constamment avec la majorité.

HENRY-LARIVIÈRE (PIERRE-FRANÇOIS-JOACHIM), député à l'Assemblée législative de 1791, membre de la Convention, député au Conseil des Cinq-Cents, né à Falaise (Calvados) le 6 décembre 1761, mort à Paris le 2 novembre 1838, fils d'un hôtelier de Falaise, homme de loi et avocat dans sa ville natale, adopta, au début, les idées de la Révolution, et fut élu, le 7 septembre 1791, député du Calvados à l'Assemblée législative, le 4ᵉ sur 13, par 336 voix (509 votants). Lié avec les membres du parti de la Gironde, il demanda, dès les premiers temps de la session, qu'on exerçât des poursuites sévères contre les principaux auteurs d'un mouvement royaliste qui s'était produit en Normandie. En mars 1792, il attaqua vivement le ministère et appuya la motion de Brissot, tendant à la mise en accusation de Lessart, ministre des Affaires étrangères. Henry-Larivière fut un des plus ardents à réclamer la déclaration de guerre à l'Autriche. Il se prononça pour qu'il fût donné communication au garde des sceaux, Duport-Dutertre, des pièces et des chefs d'accusation présentés contre lui. Des soldats suisses ayant maltraité dans le jardin des Tuileries plusieurs citoyens qui se livraient à des manifestations hostiles contre le roi et la reine, il dénonça à l'Assemblée la conduite des soldats. Un autre jour, il combattit la motion de Jean Debry sur l'organisation d'une légion tyrannicide de douze cents hommes. Ses principes de liberté absolue en matière religieuse le conduisirent à demander, le 26 mai, que les prêtres ne fussent point soumis au serment : il s'appuya, pour motiver cette théorie, sur l'autorité de Rousseau, dont il cita le *Contrat social* avec enthousiasme. Réélu, le 5 septembre 1792, membre de la Convention par le Calvados, le 4ᵉ sur 13, avec 517 voix (632 votants), Henry-Larivière parut bientôt effrayé des progrès de la Révolution qu'il avait d'abord servie. Dès la première séance, il qualifia d'usurpateur le pouvoir de la Commune, et, un peu plus tard, il fit décider que son président serait mandé à la barre de l'Assemblée pour rendre compte de sa conduite. Le 24 septembre, il appuya la proposition du serment de haine à la royauté et déclara « qu'il ne souffrirait jamais qu'un monarque français ou étranger souillât la terre de liberté ». Henry-Larivière fut un des commissaires chargés d'examiner les pièces trouvées aux Tuileries dans l'armoire de fer. Dans son rapport, il signala spécialement, en lisant une des pièces, Lameth et Barnave comme dévoués à la royauté. Ces deux anciens députés furent décrétés d'accusation; mais, lorsque le décret fut présenté, Henry-Larivière chercha à atténuer la déclaration qu'il avait faite. Il ne tarda pas, d'ailleurs, à se déclarer contre la Montagne. Dans le procès du roi, il répondit, sur la question de l'appel au peuple : « Je déclare qu'ayant participé au décret qui porte que Louis sera jugé, mais non à l'amendement qui a décidé qu'il le serait par vous, je ne puis prononcer dans une affaire où je cumulerais tous les pouvoirs. Je déclare ne pouvoir voter que le renvoi au souverain. » Sur la peine à infliger à Louis XVI, il dit (3e appel nominal) : « Ce ne peut être par humanité qu'on épargne un coupable. La pitié pour les scélérats est une cruauté envers les gens de bien. Je n'ai jamais douté que Louis ne fût un grand criminel, et, si je ne l'ai pas ainsi prononcé sur le fait, c'est parce qu'il m'a paru injuste d'être tout à la fois législateur et juré. Mais à présent qu'il s'agit d'employer contre Louis une mesure politique, et que je puis comme législateur prononcer sur son sort, je déclare en cette qualité, et d'après ma conscience, qui m'élève au-dessus de tous les dangers, que l'intérêt de la patrie exige que Louis soit détenu pendant la guerre et exilé à la paix. » Après la condamnation à mort, il opina pour le sursis, et se rattacha de plus en plus étroitement aux Girondins. Nommé, le 18 mars 1793, membre de la fameuse commission des Douze, chargée de vérifier les actes de la Commune, et qui prit contre plusieurs révolutionnaires des mesures de rigueur, il se vit en butte au ressentiment et aux attaques des représentants de la Montagne. Lorsque, à la séance du 27 mai, le rapport du ministre de l'Intérieur, Garat, et le discours du maire de Paris, Pache, eurent donné le signal des récriminations contre le pouvoir extraordinaire dont la commission se trouvait investie, Henry-Larivière tenta de défendre ses collègues et s'écria : « Vous ne pouvez refuser d'entendre la commission des Douze. Vous l'accusez de tyrannie; mais c'est vous qui exercez un despotisme abominable en ne voulant entendre aucun des défenseurs de la commission! Il faut lever la séance ou m'entendre. » Mais la commission fut dissoute et les Jacobins vainqueurs firent, le 2 juin, décréter d'accusation Henry-Larivière, qui fut arrêté à son domicile. Toutefois, il trompa la vigilance de ses surveillants, se sauva dans le Calvados, où il fit tous ses efforts pour susciter un mouvement insurrectionnel contre l'assemblée, et fut, en raison de ces menées, mis hors la loi par la Convention. Il parvint encore à se soustraire aux poursuites, continua de conspirer, et, après la chute de Robespierre, sollicita et obtint sa réintégration comme député. Rentré à la Convention le 8 mars 1795, « il y apporta, dit la *Biographie universelle et portative des contemporains*, une soif infatigable de vengeance, » et devint l'un des plus ardents auxiliaires de la réaction. Il ne se borna pas à dénoncer les membres des anciens comités; il voulut envelopper dans une même proscription Carnot, Robert Lindet et d'autres. Secrétaire de l'assemblée, puis membre du comité de salut public, il se rendit un moment suspect par certaines motions trop ouvertement contre-révolutionnaires; mais son ressentiment trouva un ample dédommagement dans l'insurrection du 1er prairial; il eut une part active à la chute et à l'exécution des derniers représentants de la Montagne. Compromis à son tour dans la conspiration royaliste de Lemaître, il parvint à convaincre la Convention de la sincérité de son républicanisme, et passa, le 22 vendémiaire an IV, au Conseil des Cinq-Cents, où le Calvados l'élut par 183 voix (335 votants.) Il fut également élu dans 62 autres départements. Il y redoubla de violence contre les Jacobins, ne perdit aucune occasion de battre en brèche les institutions républicaines, et devint un des principaux chefs du parti des clichiens. Chargé de plusieurs rapports sur les finances et

les colonies, il combattit les mesures proposées par le Directoire, se déclara le protecteur et le champion de la Villeheurnais, et désigna Garat sous le nom de *Garat-septembre*, pour rappeler que cet ancien ministre avait présenté les massacres de 1792 comme le résultat de notre situation politique et non comme l'œuvre de quelques scélérats. Irrévocablement lié aux meneurs du parti royaliste, il appuya tous les projets de Pichegru, et fut placé en conséquence, un des premiers, sur la liste des proscrits du 18 fructidor. Une fois de plus, il échappa aux recherches de la police, et se réfugia à l'étranger, où il servit la cause monarchique par des intrigues qui firent naître depuis un bruyant débat entre lui et Fauche-Borel, relativement à l'emploi de certaines sommes dont quelques agents des Bourbons auraient changé la destination primitive. Rentré en France en 1814 avec la famille royale, Henry-Larivière fut nommé, le 3 mars 1815, avocat général à la cour de Cassation. En novembre 1818, il fut appelé aux fonctions de conseiller à la même cour. Après la révolution de 1830, ayant refusé de prêter serment au nouveau roi, il se retira d'abord à Londres, ensuite à Nice. En 1837, ses affaires le rappelèrent à Paris, où il mourut l'année suivante.

HENRYOT (François-Charles), député à l'Assemblée constituante de 1789, né en 1749, mort en 1808, était procureur du roi à Langres lors de la Révolution. Le 29 mars 1789, il fut élu député du tiers aux États-Généraux par le bailliage de Langres; mais il désapprouva la marche de la majorité de l'Assemblée constituante, et donna sa démission le 13 novembre.

HENRYS (François-Joseph), député en 1791, né à Bourmont (Haute-Marne) le 29 novembre 1762, mort à Neufchâteau (Vosges) le 26 août 1850, adopta les principes de la Révolution et devint, en 1790, lieutenant colonel de la garde nationale de Bourg-Sainte-Marie, puis, le 20 novembre 1791, colonel commandant la ville de Bourmont. La même année (31 août), il avait été élu député de la Haute-Marne à l'Assemblée législative, le 4e sur 8, par 246 voix (375 votants). Il siégea dans la majorité. Après la session, il devint à Bourmont commandant en chef (23 septembre 1792) du 2e bataillon de la légion du district, puis « agent militaire en chef » du même district le 12 avril 1793, et, à la même époque, « maître particulier de la ci-devant maîtrise des eaux et forêts de Bourmont. » Henrys continua d'appartenir à l'administration des eaux et forêts: il en était sous-inspecteur le 14 prairial an IX.

HENRYS-MARCILLY (Jean - Charles-Léopold), député en 1791 et au Conseil des Anciens, de la même famille que le précédent, né à Bourmont (Haute-Marne) le 15 novembre 1761, mort à Dijon (Côte-d'Or) le 4 janvier 1856, était juge au tribunal de district de la Haute-Marne. Élu, le 31 août 1791, par ce département, député suppléant à la Législative, il fut admis à siéger le 10 décembre de la même année, en remplacement de Landrian, démissionnaire. Il vota avec la majorité. Plus tard, Henrys-Marcilly fut élu député de la Haute-Marne au Conseil des Cinq-Cents (24 germinal an VI). Il y siégea jusqu'au coup d'État de brumaire, dont il se montra partisan, rentra dans la magistrature, le 16 prairial an VIII, comme juge au tribunal criminel de la Haute-Marne, échangea ce titre, le 6 avril 1811, contre celui de conseiller à la cour impériale de Dijon, fut confirmé dans ces dernières fonctions, le 14 février 1816, par le gouvernement de la Restauration, et les exerça encore pendant toute la durée du règne de Louis-Philippe. Il termina sa carrière sous le second Empire, comme conseiller honoraire à la cour. — Chevalier de la Légion d'honneur.

HENTZ (Nicolas), membre de la Convention, né à Sierck (Moselle) en 1750, mort à Philadelphie (Etats-Unis) en 1824, fut, au début de la Révolution, juge de paix de sa ville natale. Comme tel, il poursuivit avec zèle les émigrants qui passaient dans le pays pour se rendre à Coblentz, et, s'étant acquis la réputation d'un révolutionnaire ardent, il obtint, pour sa conduite comme magistrat, une mention honorable de la majorité de l'Assemblée législative. Le 6 septembre 1792, il fut élu membre de la Convention par le département de la Moselle, le 4e sur 8, avec 106 voix (302 votants). Hentz prit place à la Montagne, et, dans le procès du roi, vota contre l'appel au peuple et opina pour la mort sans sursis. Envoyé (1er février 1793) en mission à l'armée du Rhin, il écrivit, le 20, de Sedan : « C'est en vain que nous cherchons une armée des Ardennes dans les pays des Ardennes; il n'existe pas ici d'armée, et nous pensons qu'il doit y en avoir une le plus tôt possible. » Le 26 septembre suivant, il dénonça le général Houchard, le fit arrêter, demanda l'exclusion des nobles de tous les grades de l'armée, passa en novembre à l'armée de la Moselle, déclara que ses collègues n'étaient pas à la hauteur de la Convention et des circonstances, et reçut une nouvelle mission à l'armée du Rhin en juin 1794. En juillet, il mit à l'ordre du jour de l'armée du Rhin la proclamation de la Convention contre Robespierre (après le 9 thermidor), et poursuivit les prêtres : « Instruits, dit-il dans l'un de ses arrêtés, que les prêtres exercent un empire révoltant, inspirent le mépris de la monnaie républicaine (assignats) au point que les défenseurs de la patrie ne peuvent obtenir les denrées nécessaires à leur subsistance, s'ils ne peuvent les payer avec le vil métal des monarchies... les représentants du peuple arrêtent : Tous les prêtres du Haut et du Bas-Rhin et du Mont-Terrible seront sur-le-champ mis en état d'arrestation, enfermés à la citadelle de Besançon et traités comme gens suspects. » Son zèle révolutionnaire trouva bientôt à s'exercer plus activement en Vendée, où il fut envoyé (octobre 1794) avec des pouvoirs illimités. Arrivé le 8 à Nantes, il déclara dans sa proclamation que les généraux seraient surveillés, « les traîtres livrés à la justice, les ignorants éloignés, les intrigants connus et chassés. » D'Angers il écrivit (20 pluviôse) à Turreau : « Ton état-major n'est pas bien à Nantes, la Capoue de la Vendée... Songe que, quelque parti que tu prennes, tout, hormis celui de la victoire, t'expose à une responsabilité qui ne sera pas illusoire, et à des dangers dont tu peux prévoir les suites. » A Niort, il défendit obstinément les généraux « sans-culottes » Huchet et Grignon. En germinal an III, il se vit à la Convention l'objet des accusations les plus graves. Merlin de Thionville lui reprocha d'avoir pris des « arrêtés sanguinaires », et d'avoir ordonné l'incendie de Kusel dans le Palatinat. Les autres thermidoriens firent chorus, et Tallien, dans son réquisitoire, déclara que « l'incendie de Kusel avait fait haïr le peuple français et la Révolution. » Décrété d'accusation, Hentz ne fut cependant

pas inquiété; l'amnistie du 4 brumaire suivant lui rendit toute sécurité. Sous l'Empire, Hentz, nommé directeur de l'enregistrement et des domaines dans le département du Nord, n'occupa ces fonctions que peu de temps; il vivait pauvre et obscur à Beauvais, lorsqu'il fut atteint par la loi du 12 janvier 1816 contre les régicides. Forcé de s'exiler, il s'embarqua pour les Etats-Unis, où il vécut huit ans encore, dans une gêne profonde, à Philadelphie.

HÉRAL (Emmanuel-Alexandre-Joseph d'), député en 1789, né à Saint-Brieuc (Côtes-du-Nord) le 4 novembre 1755, mort à une date inconnue, était vicaire général de l'archevêque de Bordeaux et chanoine de la cathédrale, lorsqu'il fut élu député du clergé aux Etats-Généraux, le 8 avril 1789, par la sénéchaussée de Bordeaux; il tint pour l'ancien régime, protesta contre les décisions de la majorité de l'Assemblée, émigra d'abord en Angleterre, et de là passa en Espagne, où il fut employé (1792) comme agent subalterne par les princes français.

HÉRAL (Jean-Baptiste), député de 1885 à 1889, né à Blaye (Tarn) le 28 novembre 1822, exerçait la profession de géomètre dans sa ville natale, dont il était maire, lorsqu'il fut, le 4 octobre 1885, élu, comme républicain, député du Tarn, le 6e et dernier, par 47,226 voix (94,149 votants, 110,561 inscrits). M. Héral siégea à gauche, et, sans paraître jamais à la tribune, vota avec les opportunistes, pour les ministères Rouvier et Tirard, contre la revision de la Constitution, et, en dernier lieu, pour le rétablissement du scrutin d'arrondissement (11 février 1889), pour les poursuites contre trois députés membres de la Ligue des patriotes, pour le projet de loi Lisbonne restrictif de la liberté de la presse, pour les poursuites contre le général Boulanger; il s'était abstenu sur l'ajournement indéfini de la revision de la Constitution (chute du ministère Floquet).

HÉRAMBAULT (Alexandre Roubier d'), député de 1831 à 1846, représentant en 1848 et 1849, et député au Corps législatif de 1852 à 1854, né à Montcavrel (Pas-de-Calais) le 2 février 1797, mort à Paris le 16 juin 1864, fils de Pierre-Antoine-Alexandre Roubier, cultivateur, et de Catherine-Caroline Debrove, était avocat à Douai (1820); il sollicita un poste dans la magistrature, et, ne l'ayant pas obtenu, passa dans le parti libéral. Il était poursuivi en police correctionnelle pour cause politique, lorsqu'éclata la révolution de juillet. Il se présenta, le 5 juillet 1831, aux suffrages des électeurs du 5e collège du Pas-de-Calais (Montreuil-sur-Mer), où il échoua avec 111 voix contre 131 à l'élu, le général Garbé, qui mourut cinq jours après l'élection. M. d'Hérambault, qui avait signé ses précédentes circulaires électorales « Dhérambault », fut plus heureux aux élections suivantes, et fut successivement élu, dans le même collège, le 1er septembre 1831, en remplacement du général Garbé, décédé, par 106 voix (137 votants, 333 inscrits), contre 90 à M. Corne de Brillemont; le 21 juin 1834, par 147 voix (243 votants, 387 inscrits), contre 94 à M. Eulert; le 4 novembre 1837, par 254 voix (408 votants, 501 inscrits); le 2 mars 1839, par 221 voix (373 votants); le 9 juillet 1842, par 204 voix (401 votants, 514 inscrits), contre 115 à M. Petit et 81 à M. Trézel; il échoua, le 1er août 1846, dans le même collège avec 176 voix contre 258 à M. le duc d'Elchingen, candidat ministériel. Il fit constamment partie de la gauche, avec laquelle il vota *pour* l'abrogation de la loi sur le travail du dimanche, *pour* le rétablissement du divorce, *contre* l'indemnité Pritchard. Membre du conseil général du Pas-de-Calais et maire de Montcavrel, il fut élu, après la révolution de février, le 23 août 1848, représentant du Pas-de-Calais à l'Assemblée constituante, le 4e sur 17, par 84,807 voix sur 161,957 votants et 188,051 inscrits ; il siégea à droite, fit partie du comité de l'intérieur, et vota *pour* le bannissement de la famille d'Orléans, *pour* les poursuites contre L. Blanc et Caussidière, *contre* l'abolition de la peine de mort, *contre* l'impôt progressif, *contre* l'amendement Grevy, *contre* la sanction de la Constitution par le peuple, *pour* l'ensemble de la Constitution, *pour* la proposition Rateau, *pour* l'expédition de Rome, *contre* la demande de mise en accusation du président et des ministres. Réélu par le même département à la Législative, le 13 mai 1849, le 2e sur 15, avec 90,198 voix sur 129,691 votants et 194,088 inscrits, il vota avec la droite monarchiste, soutint la politique du prince-président, approuva le coup d'Etat de 1851, et, à partir de cette époque, devint impérialiste et candidat officiel ; il fut élu en cette qualité, le 29 février 1852, député au Corps législatif, dans la 3e circonscription du Pas-de-Calais, par 23,329 voix (23,706 votants, 40,531 inscrits), et réélu, le 22 juin 1857, par 23,578 voix (23,984 votants, 41,180 inscrits), et le 4 juin 1863 par 15.221 voix (24,876 votants, 29,536 inscrits), contre 7,335 voix à M. Degouve-Denuncques et 2,266 à M. Wattebled. Cette dernière lutte électorale fut très vive, et fit à la Chambre l'objet de nombreuses protestations. Il mourut au cours de la législature et fut remplacé par M. Jourdain. A la suite d'un don de vingt mille francs fait à Montreuil-sur-Mer par la sœur de M. d'Hérambault, cette ville a donné son nom à l'une de ses rues.

HÉRARD (JEAN-BAPTISTE), membre de la Convention, député au Conseil des Anciens, représentant à la Chambre des Cent-Jours, né à Gyé-sur-Seine (Aube) le 5 septembre 1755, mort à Falmouth (Etats-Unis) le 11 novembre 1834, « fils de Jean-Baptiste Hérard et de Marie-Catherine Amiot, » s'établit à Sens, où il exerça la profession d'avoué. Partisan de la Révolution, il fut nommé vice-président du district de Sens, et, le 7 septembre 1792, élu député de l'Yonne à la Convention, le 7e sur 9, par 242 voix (540 votants). Il vota « la mort » dans le procès de Louis XVI. Ses collègues de l'Assemblée le désignèrent, le 4 brumaire an IV, pour faire partie du Conseil des Anciens, où il se fit peu remarquer. Il en sortit en l'an VII, et fut nommé, le 16 germinal an VIII, juge au tribunal criminel d'Auxerre. Elu, le 13 mai 1815, représentant de l'arrondissement de Sens à la Chambre des Cent-Jours, par 42 voix (81 votants), contre 18 à M. de Laurencin et 17 à M. Demay, procureur impérial, il s'y montra hostile au rétablissement des Bourbons, fut atteint par la loi de 1816 contre les régicides, et passa aux Etats-Unis, où il mourut en 1834.

HÉRAULT (RENÉ-CÉLESTIN-ALFRED), député de 1876 à 1885, né à Châtellerault (Vienne) le 27 août 1837, fils d'un banquier de cette ville, se fit élire conseiller municipal de Châtellerault et conseiller général de la Vienne, et combattit l'Empire dans les rangs de l'opposition démocratique. Il réunit, aux élections du 24 mai 1869 pour le Corps législatif 5,384 voix contre

18,849 au candidat du gouvernement, M. de Beauchamp, qui fut élu. Porté sur une liste républicaine dans la Vienne, le 8 février 1871, il échoua encore, comme candidat à l'Assemblée nationale, avec 11,656 voix sur 62,819 votants. M. Hérault n'entra au parlement que le 20 février 1876, ayant été élu député de Châtellerault par 7,350 voix (14,501 votants, 17,882 inscrits), contre 7,083 voix à M. Treuille, monarchiste. Il siégea au centre gauche de la Chambre et fut des 363. Réélu, comme tel, le 14 octobre 1877, par 8,371 voix (15,583 votants, 18,576 inscrits), contre 7,156 à M. Treuille, candidat officiel du gouvernement, M. Hérault reprit sa place dans la majorité, se prononça *contre* le ministère Rochebouët, *pour* le ministère Dufaure, *pour* l'article 7, *contre* l'amnistie plénière, *pour* l'invalidation de l'élection Blanqui, soutint la politique opportuniste et fut encore réélu député, le 21 août 1881, par 9,828 voix (11,765 votants, 18,771 inscrits), contre 177 à M. Massard. Il prêta son concours aux ministères Gambetta et J. Ferry, fut un instant sous-secrétaire d'Etat au ministère des Finances, vota *pour* les crédits de l'expédition du Tonkin, et ne fut pas renommé au renouvellement du 4 octobre 1885, n'ayant obtenu, sur la liste républicaine de la Vienne, que 39,435 voix sur 80,919 votants. Une place de conseiller-maître à la cour des Comptes a dédommagé M. Hérault de cet échec.

HÉRAULT DE SÉCHELLES (MARIE-JEAN), député à l'Assemblée législative de 1791, membre de la Convention, né à Paris le 20 septembre 1759, mort à Paris le 27 mars 1794, petit-fils de René Hérault, qui fut lieutenant-général de police à Paris, et fils d'un colonel du régiment de Rouergue, tué à la bataille de Minden, débuta à vingt ans au Châtelet comme avocat du roi, dut à son esprit et à son éloquence autant qu'à sa naissance et à sa fortune de brillants succès, et fut présenté par la duchesse de Polignac, sa parente, à la reine Marie-Antoinette, qui avait souhaité de le connaître et qui devint sa protectrice ; elle le fit nommer avocat général au parlement de Paris. Hérault de Séchelles y défendit chaleureusement, contre Dambray, l'idée d'une réforme gouvernementale, se rangea un des premiers du parti des patriotes, montra un rare courage à la prise de la Bastille, et fut désigné par ses opinions et par son talent pour exercer, après la réorganisation du pouvoir judiciaire par la Constituante, les fonctions de commissaire du roi près le tribunal de cassation. Mais il les négligea bientôt pour la politique active, pour s'élire, le 16 septembre 1791, député de Paris à l'Assemblée législative, le 14e sur 24, avec 389 voix (756 votants). Hérault de Séchelles siégea à l'extrême-gauche. Ses débuts à la tribune eurent lieu le 14 janvier 1792, lorsqu'il présenta, en réponse à la déclaration de Pilnitz, un véhément projet d'adresse au peuple français, où toute idée de capitulation devant les menaces de l'étranger était repoussée avec indignation. « La capitulation avec des rebelles, s'écriait-il, c'est le châtiment ; avec des ennemis, c'est la guerre ! » Le 25 janvier suivant, il prit l'initiative d'une vigoureuse réplique aux notes comminatoires de l'Autriche ; puis il fut nommé rapporteur de la commission extraordinaire chargée d'aviser aux mesures qu'exigeaient les circonstances, et ce fut lui qui proposa la proclamation de « la patrie en danger ». Il ne semble pas qu'il ait pris une part directe à la journée du 10 août ; mais, quelques jours après, le 17, il réclama des poursuites judiciaires contre les royalistes inconstitutionuels, coupables d'avoir provoqué le peuple, et détermina l'établissement d'un tribunal extra- ordinaire pour les juger. Le département de Seine-et-Oise fit choix d'Hérault de Séchelles, le 13 septembre 1792, ie 10e sur 14, par 331 voix sur 653 votants, pour le représenter à la Con- vention. Le lendemain 14, il était élu égale- ment, le 16e sur 17, par le département de la Somme, avec 181 voix (384 votants). Il opta pour Seine-et-Oise, et fut, dès les premiers temps de la législature, élevé à la présidence de l'As- semblée (2 novembre 1792). Au terme de ces fonctions, il fut envoyé en mission en Alsace et de là en Savoie (novembre 1792), afin de procéder à l'organisation du département du Mont-Blanc. Ce fut durant cette absence qu'eut lieu le procès de Louis XVI ; Hérault de Sé- chelles ne put prendre part au vote, mais il ne laissa pas d'opiner par lettre pour la condam- nation du roi, avec ses collègues Grégoire, Jagot et Simond, en consentant seulement à la radiation des mots à mort, que Grégoire avait exigée. De retour à Paris (mai 1793), il présida encore la Convention dans la deuxième quinzaine de mai. Il était à sa tête, le 2 juin, lorsque près de 80,000 hommes des sections, commandés par Heuriot, entourèrent, avec 163 bouches à feu, le palais de la représentation nationale. Barrère ayant proposé à ses collègues d'aller délibérer au milieu du peuple, la majo- rité de l'Assemblée accueillit cette motion avec enthousiasme, et les députés se rendirent aus- sitôt dans la cour des Tuileries. Les sentinelles leur ouvrirent d'abord le passage; mais lors- qu'ils arrivèrent en face des canonniers et d'Henriot, et qu'Hérault de Séchelles ordonna à celui-ci de faire place aux représentants du peuple : « Le peuple ne s'est pas levé, répondit Henriot, pour entendre des phrases; vous ne sortirez pas que vous n'ayez livré les vingt- deux. — Saisissez ce rebelle, fit Hérault en s'a- dressant aux soldats. — Canonniers, à vos pièces, reprit Henriot; soldats, aux armes! » La Con- vention rentra alors dans la salle des séances, et la défaite des Girondins fut consommée par l'adoption du décret d'arrestation des vingt- deux. Hérault se rallia, du reste, aux vain- queurs; il se prononça finalement pour la Mon- tagne et contribua à faire casser la commission des Douze. Il eut une part importante à la rédaction de la Constitution de 93: mais il apporta dans ce travail plus d'habileté que de conviction, car il écrivait plaisamment à un conservateur de la Bibliothèque nationale : « Citoyen, j'ai une constitution à rédiger d'ici trois jours. Veuillez bien m'envoyer un exem- plaire des Lois de Minos. »

Rappelé au fauteuil à la fin de juillet, il pré- sida la fête nationale, célébrée le 10 août 1793, et consacrée à l'acceptation solennelle de la Constitution. Il y joua le principal rôle et prit plusieurs fois la parole au nom de la Convention. Le Moniteur, dans son numéro du 12 août, contient le texte du discours, ou plutôt des dis- cours qu'il prononça, devant la « fontaine de la régénération », devant « l'arc de triomphe », sur la place de la Révolution, aux Invalides, à l'autel de la patrie, enfin au Champ-de-Mars, devant le monument des guerriers morts pour la République. « Au moment, s'écria-t-il, où nous venons de proclamer solennellement, en présence du peuple français, l'acceptation de l'acte constitutionnel, pourrions-nous ne pas couronner cette auguste journée par le touchant adieu que nous devons à ceux de nos frères qui ont succombé dans les combats! Ils ont été pri- vés de concourir à la Constitution de leur pays,

ils n'ont pas dicté les articles de la liberté française, mais ils les avaient préparés, inspirés par leur dévouement héroïque. Hommes intré- pides! cendres chères et précieuses! urne sa- crée! je vous salue avec respect, je vous em- brasse au nom du peuple français ; je dépose sur vos restes protecteurs la couronne de lauriers que la Convention nationale et la patrie vous présentent. » Sur la place de la Révolution, Hé- rault, une torche enflammée à la main, avait mis le feu à un immense bûcher formé de tous les attributs de la royauté ; trône, couronne, sceptre, fleurs de lis, manteau royal, écussons, armoiries furent anéantis aux acclamations de plus de cinq cent mille spectateurs. Devenu membre du comité de salut public, Hérault de Séchelles y fut chargé de tout ce qui avait rap- port aux relations diplomatiques. Ce fut lui également qui proposa le désarmement des sus- pects, etc. En septembre 1793, il quitta le comité pour remplir une seconde mission en Alsace, où il organisa des tribunaux criminels et un « comité d'activité révolutionnaire ». Il se con- certait avec Pichegru pour l'établissement d'un camp à Belfort, lorsqu'il apprit, par son collègue Lémane en mission à Strasbourg, que, dans une lettre adressée au maire de cette ville, les royalistes se flattaient de pouvoir compter sur lui. Il demanda son rappel, et arriva à Paris le 15 décembre, à temps pour relever, le 29, les accusations de Bourdon (de l'Oise) qui lui repro- chait d'entretenir avec les émigrés Dubuisson et Prost une correspondance criminelle. Défendu alors par Couthon, il acheva lui-même à son tour de se justifier, offrant sa démission de membre du comité, qui fut refusée à l'unani- mité. Mais ses liaisons avec le parti dantoniste, dont la morale facile convenait mieux à son caractère et à ses goûts que « l'austérité » de Robespierre, le compromirent bientôt plus gra- vement. L'arrestation d'une émigrée chez Si- mond, député du Mont-Blanc, fit accuser Hé- rault, par la section Lepelletier, d'avoir connu la présence de cette femme et d'avoir ainsi violé la loi du 4 mars 1794, qui interdisait toutes com- munications avec les prévenus de conspiration, sous peine d'être traité comme leur complice. Le comité de sûreté générale l'envoya au Luxembourg. Hérault de Séchelles ne tarda pas à être compris dans le rapport que Saint- Just présenta, le 31 mars, contre les dantonistes, au nom du comité de salut public. Accusé d'avoir communiqué aux gouvernements étran- gers les délibérations du comité diplomatique, et d'avoir détourné des papiers appartenant à ce comité, pour les livrer aux journaux, il ne se défendit que faiblement, et ne réfuta point d'une manière péremptoire les charges tirées contre lui de correspondances saisies par les agents du comité, et où il était compromis. Saint-Just avait ajouté : « Nous nous rappelons qu'Hérault fut, avec dégoût, le témoin muet des travaux de ceux qui tracèrent le plan de la Constitution, dont il se fit adroitement le rapporteur éhonté. » Condamné à mort par le tribunal révolutionnaire, Hérault de Séchelles, à la différence de ses co-accusés, entendit son arrêt avec sérénité. Au pied de l'échafaud et jusqu'au dernier instant, il conserva le même calme. Il mourut âgé de trente-quatre ans. Ami de Buffon, de Chamfort, de Mirabeau, de Rulhières, Hérault de Séchelles s'était essayé dès sa jeunesse à la littérature, et il avait dé- ployé dans les genres alors en vogue toutes les heureuses qualités comme tous les défauts de son esprit. On connaît de lui : un Éloge de Suger, abbé de Saint-Denis (1779) ; Visite à

Buffon (1785), réimprimé en 1802, sous le titre de *l'voyage à Montbard*; des *Notes sur la conversation*, et un curieux ouvrage intitulé : *Théorie de l'ambition*. De son mariage avec Mlle Desmaries il laissa deux fils; les descendants de l'aîné vivent encore dans la Loire-Inférieure ; le second fut longtemps acteur à l'Odéon, et son fils, imprimeur en province, fut ruiné par la guerre de 1870, et laissa une fille et un fils ; ce dernier, arrière-petit-fils du conventionnel, devint typographe au *Figaro*; ayant perdu la vue par suite du travail de nuit, il est aujourd'hui employé comme commissionnaire au même journal.

HERBEZ-LATOUR (Pierre-Jacques d'), député en 1791, membre de la Convention, né à Barcelonnette (Basses-Alpes) le 13 septembre 1735, mort à Barcelonnette le 6 mars 1809, avocat dans sa ville natale, embrassa la cause de la Révolution et fut élu, le 4 septembre 1791, député des Basses-Alpes à l'Assemblée législative, le 6e et dernier, par 166 voix (298 votants). Il vota régulièrement avec la majorité, et fut réélu par le même département membre de la Convention (4 septembre 1792), le 3e sur 6, avec 180 voix (301 votants). Dans le procès de Louis XVI, d'Herbez-Latour vota pour « la mort ». Après la journée du 31 mai 1793, l'Assemblée lui confia une mission dans le Midi, pour combattre les fédéralistes. Il exigea, dans les Basses-Alpes, la célébration religieuse des décadis, mais un parti en armes contre la Convention le mit en état d'arrestation; le succès des troupes envoyées pour rétablir l'ordre le rendit bientôt à la liberté, et il revint siéger à la Convention. Nommé, après la session, commissaire du gouvernement dans le département des Basses-Alpes, il conserva peu de temps ces fonctions, et rentra dans la vie privée.

HERBILLON (Emile), sénateur du second Empire, né à Châlons-sur-Marne (Marne) le 23 mars 1794, mort à Paris le 24 avril 1866, fit ses études à Reims, s'engagea comme simple soldat aux chasseurs de la garde en 1813, fut nommé sous-lieutenant au 108e de ligne le 5 février 1814, et se distingua à Waterloo, d'où il ramena, le capitaine et le lieutenant étant morts, ce qui restait de sa compagnie à l'armée de la Loire. Il prit place avec son grade dans la légion de la Marne, plus tard 51e de ligne, y devint capitaine, fit la campagne d'Espagne en 1823, et fut ensuite envoyé à la Guadeloupe. Promu capitaine-adjudant-major, il passa au 1er de ligne et suivit ce régiment en Afrique en 1837; il conquit tous ses grades dans cette colonie. Chef de bataillon après l'expédition de la Tafna, commandant de Medjez-Hammar, envoyé à Guelma par le maréchal Vallée en juillet 1838, lieutenant-colonel au 18e de ligne, puis au 62e, enfin au 41e, colonel du 61e, sur la proposition du général Négrier, le 12 octobre 1842, il prit part à l'expédition contre les Sellarva, fut envoyé à Batna par le duc d'Aumale, et assista à la campagne de l'Aurès en 1845. Maréchal-de-camp le 3 novembre 1846, il dirigea en janvier suivant la poursuite contre Bou-Maza, et, durant les événements de 1848, chargé dans la province du commandement intérimaire, maintint les Kabyles, parmi lesquels régnait une grande effervescence. Rappelé en France en 1849, il reçut le commandement d'une brigade de l'armée de Paris le 15 février 1850, fut nommé général de division le 22 décembre de la même année, et appelé à la tête de la 19e division quatre jours plus tard (26 décembre). En Cri-

mée, il commanda la division de réserve, eut à occuper les abords de la Tchernaïa et contribua à la victoire de Traktir. Durant l'assaut décisif de Sébastopol, il sut immobiliser une partie de la réserve russe et contribua ainsi au succès de l'attaque. Chevalier de la Légion d'honneur du 5 octobre 1831, officier du 25 avril 1841, commandeur du 20 août 1845, grand-officier du 26 avril 1850, il fut nommé, à son retour de Crimée, grand-croix et membre du comité d'infanterie. Gouverneur de Gênes en 1859, il devint sénateur le 24 octobre 1863, et, jusqu'à sa mort, soutint de ses votes à la Chambre haute la majorité dynastique.

HERBIN-DESSAULT (Jean-Baptiste), représentant à la Chambre des Cent-Jours, né à Jonval (Ardennes) le 30 décembre 1765, mort à Balan (Ardennes) le 16 octobre 1832, « fils de Nicolas Herbin et de Françoise Dupasquier, » entra comme simple soldat au régiment d'infanterie du roi (21 novembre 1777), devint sous-lieutenant le 30 septembre 1781, et fit les campagnes contre les Anglais en 1781 et 1782. Lieutenant (11 juin 1787), capitaine (30 mars 1792), il fit partie jusqu'au l'an V de l'armée des Alpes et d'Italie, où il se distingua à plus d'une reprise, notamment au col de la Madelaine et à l'attaque du Mont-Cenis. Nommé adjudant-général chef de brigade (16 brumaire an III), il fut attaché à l'état-major général de l'armée, et, sous les ordres de Bonaparte, prit part aux batailles de Lonato et de Castiglione (3-5 août 1796). Réforme le 28 ventôse an V, il fut remis en activité peu de temps après, et envoyé à la 8e division militaire le 11 fructidor suivant, puis à la 7e, le 6 germinal an VI. Général de brigade (7 germinal an VIII), il fut placé à l'armée de réserve réunie à Dijon, puis mis à la tête du département du Mont-Blanc (7 brumaire an IX). Membre de la Légion d'honneur (19 frimaire an XII), commandeur (25 prairial suivant), il reçut le commandement d'une brigade de l'armée d'Italie sous les ordres de Masséna (13 fructidor an XIII), se distingua à Castel-Franco (3 frimaire an XIV), fut fait chevalier de la Couronne de fer (18 mars 1807), et fut admis à la retraite le 7 avril 1809. Président du collège électoral des Ardennes (12 mars 1812), il fut rappelé à l'activité le 4 février 1814, et reçut, le 16 mars suivant, le commandement provisoire de la 2e division militaire. Après l'abdication de Napoléon, il adhéra au retour des Bourbons, fut appelé au commandement militaire du département des Ardennes, promu chevalier de Saint-Louis (9 juillet 1814) et nommé lieutenant général (31 décembre 1814). Il resta à l'armée pendant les Cent-Jours, commanda à Mézières au retour de l'île d'Elbe, et fut élu (11 mai 1815) représentant à la Chambre des Cent-Jours par le collège de département des Ardennes, avec 53 voix sur 107 votants. Il fut mis à la retraite le 2 octobre 1816.

HERBOUVILLE (Charles-Joseph-Fortuné, marquis d'), pair de France, né à Paris le 14 avril 1756, mort à Paris le 1er avril 1829, fut successivement surnuméraire dans les gendarmes de la garde du roi (1771), sous-lieutenant au régiment mestre-de-camp (1773), capitaine au régiment de Royal-Navarre (1774), officier supérieur des gendarmes du roi et colonel de cavalerie (1780). Partisan modéré des idées nouvelles, il assista à l'assemblée provinciale de Rouen en 1787, devint chevalier de Saint-Louis et commandant de la garde nationale de Rouen en 1789, enfin maréchal-de-camp et pré sident du département de la Seine-Inférieure l'année suivante. Arrêté après le 10 août, il resta en prison durant la Terreur et ne recouvra sa liberté qu'après thermidor. En l'an VIII, le premier consul le nomma préfet des Deux-Nèthes, puis préfet du Rhône le 6 thermidor an XIII; il fut mis à la retraite le 7 août 1810. L'enthousiasme qu'il manifesta au retour des Bourbons lui valut le grade de lieutenant-général, et, à la seconde Restauration, la dignité de pair de France (17 août 1815). Il fut nommé, quelques jours après, directeur général des postes, et présida le collège électoral du Rhône. A la Chambre haute, il vota pour la mort dans le procès du maréchal Ney, opina toujours avec la droite, fit de l'opposition au ministère Decazes, et concourut avec Châteaubriand et de Bonald à la rédaction du *Conservateur*. Il avait été révoqué de ses fonctions de directeur des postes en novembre 1816, et « avait déjà perdu, dit M. de Villèle, la confiance des royalistes ». En décembre 1821, il fut désigné, dans une combinaison ministérielle qui n'aboutit pas, pour les fonctions de ministre de l'Intérieur; en mai 1824, il défendit, à la tribune de la Chambre des pairs, le projet de la conversion des rentes. On a de lui : *l'Emigré en 1794, ou une scène de la Terreur*, drame en cinq actes, en prose (Paris, 1820); *Mémoires sur l'agriculture et la statistique du département des Deux-Nèthes*.

HERCÉ (Jean-François-Simon, chevalier de), député en 1789, né au château du Plessis (Yonne) le 9 juin 1743, mort à Weston (Angleterre) le 6 mars 1795, appartenait à une famille noble qui avait fourni plusieurs officiers aux armées royales. Lui-même servit dans la marine, se retira avec le grade de lieutenant de vaisseau, et vint se fixer à Mayenne. Le 27 mars 1789, la noblesse de la sénéchaussée du Maine le choisit comme député aux Etats-Généraux. Le chevalier de Hercé fit partie, dans l'Assemblée constituante, de la minorité, s'associa aux protestations des 12 et 15 septembre 1791, et émigra en Angleterre, où il mourut.

HERCÉ (Jean-Armand, comte de), député de 1815 à 1816, né à Oisseau (Mayenne) le 12 octobre 1759, mort à Coulonges (Mayenne) le 11 février 1841, servit dans les armées du roi. Ancien colonel retiré à Mayenne, il fut, le 22 août 1815, élu député par le collège de département, avec 120 voix par 203 votants et 255 inscrits. Le comte de Hercé vota avec la majorité de la Chambre introuvable, et quitta la vie politique après la session.

HERCÉ (Louis, chevalier de), député de 1824 à 1827, né à Mayenne (Mayenne) le 30 décembre 1778, mort à une date inconnue, fils du chevalier Jean-François-Simon de Hercé (*Voy. plus haut*), se montra, comme toute sa famille, très dévoué aux institutions de l'ancien régime, combattit (octobre 1793-juin 1794) dans les rangs de l'armée vendéenne, devint maire de la ville de Mayenne en 1808, et, sous la Restauration, député du 3e arrondissement de la Mayenne; élu, le 25 février 1824, par 218 voix (282 votants, 314 inscrits), contre 51 à M. Chevalier-Malibert, il siégea à droite, soutint de ses votes le ministère Villèle et rentra dans la vie privée en 1827. Chevalier de la Légion d'honneur.

HEREDIA (Severiano de), député de 1881 à 1889 et ministre, né à la Havane (Cuba) le 8 no-

vembre 1836, devint un des riches propriétaires de plantations de cannes à sucre de cette île, se fit naturaliser français en 1871, et s'occupa à la fois d'affaires et de politique. Elu en avril 1873, avec un programme radical, membre du conseil municipal de Paris par le quartier des Ternes, il prit rapidement dans l'assemblée parisienne une situation importante, et vota d'abord avec les plus avancés. Il fut réélu par le même quartier successivement en 1874, 1878 et 1881, eut part en 1876 à la fondation d'un journal démocratique quotidien, la *Tribune*, et, après avoir fait partie du groupe de l'Autonomie communale, se rapprocha sensiblement des opportunistes et devint président du conseil municipal. Membre influent de plusieurs associations vouées à la diffusion de l'enseignement populaire, il traita non sans compétence les questions scolaires; il ne négligea pas non plus les questions de finances, et, en 1879, il fut rapporteur de la commission municipale du budget. Après une tentative infructueuse (en 1876) comme candidat à la Chambre des députés, concurremment avec M. Pascal Duprat, M. de Heredia fut plus heureux, le 21 août 1881; candidat républicain dans la 1re circonscription du 17e arrondissement de Paris, il fut élu par 4,368 voix (5,388 votants, 8,105 inscrits). Il prit place au groupe de l'Union républicaine, fut rapporteur des projets de loi sur la démolition des ruines du palais des Tuileries, sur l'établissement d'une succursale du lycée Louis-le-Grand, sur l'agrandissement de l'Ecole centrale des arts et manufactures, sur le budget des dépenses et des recettes de la Légion d'honneur, et intervint, comme orateur, dans les débats sur le travail des enfants dans les manufactures, sur la loi municipale, sur les sociétés de secours mutuels, sur les conventions avec les compagnies de chemins de fer, sur le budget des ministères du Commerce, de l'Intérieur, des Travaux publics, et, lors de la discussion sur le rattachement des dépenses de la préfecture de police au budget de l'Etat, soutint (janvier 1884) l'opinion favorable à la création d'une mairie centrale à Paris. Il vota le plus souvent avec les opportunistes, notamment *pour* les crédits de l'expédition du Tonkin, quelquefois avec les radicaux. Porté néanmoins sur diverses listes « radicales » dans le département de la Seine, aux élections du 4 octobre 1885, il réunit au premier tour 104,954 voix, et, maintenu sur la liste de concentration, fut définitivement élu, au ballottage, le 25e sur 34, par 284,153 voix (416,886 votants, 564,338 inscrits). Il s'inscrivit à la gauche radicale, prit part à quelques débats, notamment à ceux relatifs à la nomination d'une commission des voies navigables et des ports maritimes, à la discussion du budget (Commerce et Industrie), et observa en politique une attitude intermédiaire qui lui permit d'accepter, le 30 mai 1887, dans le cabinet Rouvier, le portefeuille des Travaux publics, qu'il garda jusqu'au 11 décembre. Comme ministre, M. de Heredia répondit à la Chambre à la question de M. Delattre sur les conséquences commerciales de l'ouverture, par le gouvernement allemand, du canal de la Baltique à la mer du Nord, parla sur les propositions de lois relatives aux délégués mineurs, aux agents commissionnés des chemins de fer, etc., sur l'établissement du réseau du chemin de fer métropolitain à Paris, et, dans la campagne ministérielle menée contre le général Boulanger, prit officiellement la parole (juillet 1889), à Dieppe et à Senlis, en faveur de la concorde et de l'union des républicains contre le général.

Sorti du ministère à la chute du cabinet, lors de la nomination de M. Carnot à la présidence de la République, il reprit sa place à la gauche radicale, parla (juin 1888) sur le travail des mineurs et des femmes dans les manufactures, réclama en vain la limitation de la journée de travail à onze heures, vota, en dernier lieu, pour le rétablissement du scrutin d'arrondissement (11 février 1889), s'abstint sur l'ajournement indéfini de la revision de la Constitution, sur les poursuites contre trois députés membres de la Ligue des patriotes, et se prononça contre le projet de loi Lisbonne restrictif de la liberté de la presse, et pour les poursuites contre le général Boulanger.

HÉRICART-FERRAND DE THURY (LOUIS-ETIENNE-FRANÇOIS, VICOMTE), député de 1815 à 1816, et de 1820 à 1827, né à Paris le 3 juin 1776, mort à Rome (Italie) le 15 janvier 1854, issu d'une famille de magistrats, était fils d'un conseiller à la chambre des Comptes. Ses aptitudes remarquables pour les sciences le déterminèrent à se présenter (1795) à l'examen pour l'Ecole des mines, où il fut admis. Il en sortit en 1802 comme ingénieur ordinaire, fut promu en 1810 ingénieur en chef, et eut à diriger jusqu'en 1830, comme inspecteur général des carrières de Paris, les travaux de consolidation des catacombes. C'est à lui qu'on doit le collection géologique représentant la coupe verticale de ces carrières, depuis le sol supérieur jusqu'au terrain crétacé, la collection d'anatomie pathologique où se trouvent réunis de curieux ossements, et le système de soutènement par lequel sont en grande partie répétées dans ce vaste souterrain les rues de la ville, avec des galeries destinées à maintenir le sol. D'opinions royalistes, M. Héricart-Ferrand de Thury, que le gouvernement de la Restauration avait déjà fait maître des requêtes et conseiller général de la Seine, fut élu pour la première fois membre de la Chambre des députés, le 22 août 1815, avec 102 voix (141 votants, 281 inscrits), par le collège de département de l'Oise, où il possédait la terre de Thury. Il siégea dans la majorité, parla sur les douanes, demanda que le droit sur les céruses étrangères fût porté à 40 francs par kilogramme, et proposa divers autres amendements. Non rééligible en 1816, à cause de son âge, il redevint député du même collège, le 13 novembre 1820, par 193 voix (303 votants, 333 inscrits), siégea à droite, et se fit remarquer dans les discussions relatives aux travaux publics. Le 25 février 1824, il fut renvoyé à la Chambre par le 5e arrondissement de la Seine, avec 549 voix (1,801 votants), contre 522 à M. Benjamin de Lessert. M. Héricart de Thury soutint le ministère Villèle, et se représenta sans succès dans le 6e arrondissement de la Seine, le 17 novembre 1827; il n'obtint que 201 voix contre 459 à M. 'Ternaux. Membre libre de l'Académie des Sciences depuis 1824, membre de la Société d'agriculture, de la Société d'encouragement pour l'industrie, de la Société des antiquaires, etc., il appartint encore à la commission des monuments de Paris, et, comme directeur des bâtiments civils, fut chargé de l'arrangement du palais des Thermes et de la restauration de l'hôtel de Cluny, devenu un musée. Il fit aussi partie de presque tous les jurys des expositions de l'industrie, et rédigea les rapports de plusieurs sections, depuis 1819 jusqu'en 1851. En 1852, M. Héricart de Thury était allé en Italie pour y conduire un de ses fils malade; au cours d'un second voyage qu'il fit dans ce pays, l'an-

née suivante, il mourut à Rome, et fut enterré dans l'église Saint-Louis-des-Français. On a du vicomte Héricart-Ferrand de Thury une quantité innombrable de *Mémoires* et de *Rapports* sur des questions de minéralogie, d'archéologie, d'agriculture, d'économie politique, etc.; une *Description des Catacombes de Paris*, précédée d'un précis historique sur les catacombes de tous les peuples de l'ancien et du nouveau continent (1815), et une longue série d'études publiées dans le *Journal des Mines*.

HÉRISSON (ANNE-CHARLES), représentant en 1874, député de 1878 à 1885, et ministre, né à Surgy (Nièvre) le 12 octobre 1831, fit ses classes au collège de Clamecy, puis au lycée Saint-Louis à Paris, étudia le droit, fut reçu licencié et docteur en droit, et devint en 1858 avocat au conseil d'Etat et à la cour de Cassation. Ses opinions démocratiques le firent impliquer en 1864 dans le procès des Treize, qui lui valut, comme à ses coaccusés, une condamnation à l'amende. Le 24 mai 1869, il réunit, comme candidat d'opposition au Corps législatif dans la 2e circonscription de la Haute-Saône, 2,947 voix contre 17,067 au futur sortant, M. de Grammont, élu, et 11,447 à M. Ricot. Après le 4 septembre 1870, M. Hérisson fut nommé maire du 6e arrondissement de Paris, et membre de la commission de l'enseignement communal, puis, par décret du 13 octobre 1870, adjoint au maire de Paris. Il devint maire du 6e, à l'élection, le 5 novembre, et occupa ces fonctions jusqu'au 18 mars 1871 ; il fut alors expulsé de la mairie sur l'ordre du comité central, ne se montra point favorable à la Commune, reprit encore possession de la mairie le 23 mai, après l'entrée des troupes de Versailles, mais donna sa démission le 5 août, à la suite de la nouvelle loi municipale. Après une tentative infructueuse, le 8 février 1871, comme candidat à l'Assemblée nationale dans la Haute-Saône qui lui avait donné 12,003 voix sur 34,563 votants, M. Hérisson entra au conseil municipal de Paris (26 novembre), où il représenta le quartier de la Monnaie. Il soutint en 1873 la candidature radicale de M. Barodet, puis, le 8 février 1874, une élection partielle l'envoya par 37,129 voix (66,433 votants, 88,977 inscrits), contre 28,627 voix à M. de Marmier fils, remplacer comme représentant de la Haute-Saône à l'Assemblée nationale, M. de Marmier père, décédé. Il s'inscrivit à l'Union républicaine et se prononça : pour l'amendement Wallon, pour l'ensemble des lois constitutionnelles, contre la loi sur l'enseignement supérieur, etc. Candidat républicain aux élections législatives du 20 février 1876, dans la 1re circonscription de l'arrondissement de Lure, il échoua avec 6,985 voix contre 7,838 à l'élu conservateur, M. Desloye, et rentra (juin de la même année) au conseil municipal de Paris pour le quartier d'Amérique ; il présida ce conseil la même année, et en fit encore partie en janvier 1878, comme représentant du quartier de Notre-Dame-des-Champs. La mort du colonel Denfert-Rochereau, député du 6e arrondissement, ouvrit à la Chambre une vacance pour laquelle la candidature fut offerte à M. Hérisson, qui fut élu, le 7 juillet, par 8,931 voix (13,576 votants, 21,111 inscrits), contre 3,604 voix à M. Victor Guérin, 809 à M. de Jouvencel et 618 à Blanqui. Il quitta alors définitivement le conseil municipal, et vota, avec l'Union républicaine de la Chambre, le plus souvent dans le sens « opportuniste » et parfois avec les radicaux : pour l'article 7 de la loi sur l'enseignement supérieur, *pour* l'invalidation de l'élection de Blanqui à Bordeaux, *pour* les lois nouvelles sur la presse et le droit de réunion, etc. Réélu député du même arrondissement le 21 août 1881, avec 9,380 voix (15,097 votants, 21,794 inscrits), contre 3,958 voix à M. de Rougé, 692 à M. Genillier, et 637 à M. Le Poil, il soutint le ministère Gambetta, et fut lui-même appelé à prendre, le 7 août 1882, dans le cabinet Duclerc, le portefeuille des Travaux publics, qu'il conserva dans le cabinet Fallières, jusqu'au 20 février 1883. Comme ministre, il prit part (novembre 1882) à la préparation et à la discussion du budget extraordinaire de 1883. Il protesta contre toute réduction de crédits en ce qui concernait son ministère, et répondit à M. Ribot, rapporteur général du budget, que si l'on voulait mener à terme les travaux commencés, il faudrait, en 1883, deux fois plus d'argent que n'en admettait le rapporteur. Il promit seulement de ne pas engager de nouveaux travaux, et se trouva en désaccord avec M. Sadi Carnot sur le montant des dépenses exigées par le grand programme des travaux publics : l'écart entre eux était de 2 milliards. Tombé avec ses collègues du cabinet Fallières, M. Hérisson reparut, comme ministre du Commerce, dans le cabinet présidé (du 21 février 1883 au 5 avril 1885) par M. Jules Ferry. Il s'associa à tous les actes politiques de cet homme d'État. En décembre 1883, la Chambre, sur une interpellation de M. Paul Bert, invita le ministre du Commerce à surseoir, jusqu'au vote d'une loi sur la matière, à l'exécution d'un décret, rendu précédemment sur sa proposition et admettant en France les salaisons de porc américaines dont l'importation avait été interdite en 1881 par mesure d'hygiène publique. M. Hérisson contresigna un nouveau décret conforme aux désirs de la majorité, sans s'estimer atteint par le vote de la Chambre. Mais, sorti du ministère le 5 avril 1885, il renonça bientôt également à la députation, et ne se représenta pas aux élections législatives d'octobre. Il fut nommé, la même année, conseiller à la cour de Cassation. Chevalier de la Légion d'honneur, M. Hérisson a collaboré au *Manuel électoral*, à la *Revue pratique de droit français*, à la *Revue critique de législation*, et a dirigé le *Bulletin des tribunaux.*

HÉRISSON (MARIE-SYLVESTRE), député de 1881 à 1889, frère du précédent, né à Surgy (Nièvre) le 20 août 1835, exerça la profession d'avoué, fut maire de Surgy et conseiller général de la Nièvre, puis se fit élire, le 21 août 1881, comme républicain, député de l'arrondissement de Clamecy (Nièvre), par 8,916 voix sur 17,101 votants et 22,190 inscrits, contre 8,040 voix à M. Le Pelletier d'Aunay, ancien député bonapartiste. Il prit place au groupe de la gauche radicale, et, sans monter à la tribune, opina, dans la législature, tantôt avec les opportunistes, tantôt avec les radicaux. Porté, le 4 octobre 1885, sur la liste républicaine radicale de la Nièvre, il fut élu, le 2e sur 5, par 43,052 voix (83,419 votants, 101,298 inscrits), prit aussi peu de part que précédemment aux discussions parlementaires, et se borna à intervenir (1888), comme rapporteur, dans le débat sur la demande de poursuites formée par M. Veil-Picard contre M. Wilson. M. Hérisson a voté *pour* la politique scolaire et coloniale du gouvernement, *pour* l'expulsion des princes, et, en dernier lieu, *pour* le rétablissement du scrutin d'arrondissement (11 février 1889), *contre*

l'ajournement indéfini de la revision de la Constitution, *pour* les poursuites contre trois députés membres de la Ligue des patriotes, *pour* les poursuites contre le général Boulanger ; il s'est abstenu sur le projet de loi Lisbonne restrictif de la liberté de la presse.

HERLINCOURT (PIERRE-MATHIAS-JOSEPH WARTELLE, BARON D'), représentant aux Cent-Jours et député de 1816 à 1824, né à Arras (Pas-de-Calais) le 31 janvier 1773, mort à Arras le 13 avril 1856, « fils de M. Jean-Baptiste-Joseph Wartelle, conseiller au conseil supérieur d'Arras, et de dame Louise-Florence-Constance Evrard, » fut nommé, en 1804, administrateur des hospices à Arras, en 1806 conseiller municipal et capitaine de la garde nationale, conseiller général en 1810, président de ce conseil de 1811 à 1813 et de 1818 à 1823, et maire d'Arras le 2 avril 1813. L'empereur le créa baron d'Herlincourt le 9 octobre suivant et lui donna la croix d'honneur en 1814. Élu représentant du Pas-de-Calais à la Chambre des Cent-Jours, le 13 mai 1815, par 58 voix (96 votants), il fut réélu député par le collège de département du Pas-de-Calais le 4 octobre 1816, avec 117 voix (213 votants, 290 inscrits), et, le 10 octobre 1821, par 199 voix (391 votants, 527 inscrits). Il fit partie de l'opposition ultra-royaliste. Rentré dans la vie privée en 1824, il s'occupa d'agriculture et d'archéologie. Membre fondateur de la nouvelle académie d'Arras, il en devint président de 1818 à 1821.

· HERLINCOURT (LÉON-MARIE WARTELLE, BARON D'), député de 1846 à 1848, et député au Corps législatif de 1852 à 1866, né à Arras (Pas-de-Calais) le 11 mars 1806, mort à Eterpigny (Pas-de-Calais) le 6 novembre 1866, fils du précédent, propriétaire, maire d'Eterpigny, conseiller général du canton de Vitry, et président de la Société d'agriculture du Pas-de-Calais, fut, le 1er août 1846, député du 2e collège du Pas-de-Calais, par 319 voix (554 votants, 665 inscrits), contre 226 voix à M. Proyart. Il fit partie de l'opposition réformiste et, après l'élection du prince L.-Napoléon à la présidence de la République (10 décembre 1848), se rallia à sa politique. Candidat du gouvernement au Corps législatif, dans la 1re circonscription du Pas-de-Calais, il fut élu député, le 29 février 1852, par 11,693 voix (29,851 votants, 43,194 inscrits), contre 6,967 voix à M. d'Havrincourt, 5,668 à M. Degeorges et 5,476 à M. Plichon. Il contribua à l'établissement de l'Empire, vota avec la majorité dynastique, et fut successivement réélu, le 22 juin 1857 par 27,961 voix (28,099 votants, 41,998 inscrits), et le 4 juin 1863 par 27,614 voix (28,029 votants, 34,693 inscrits). Il mourut au cours de la législature et fut remplacé par M. Sens. Chevalier de la Légion d'honneur, membre de l'académie d'Arras, il présida le comité départemental pour l'organisation de l'Exposition de 1867.

HERMAN (MARTIAL-JOSEPH-ARMAND), commissaire des administrations civiles, police et tribunaux, faisant fonctions de ministre de la Justice, né à Saint-Pol-en-Artois vers 1750, mort le 7 mai 1795, était fils du greffier en chef des états d'Artois. Il fit de bonnes études et appartint quelque temps à la congrégation de l'Oratoire ; puis il vint suivre à Paris des cours de droit, fut reçu avocat en 1786 et acheta la charge de substitut de l'avocat général supérieur d'Artois, qu'il occupa jusqu'en 1789. Lié avec Robespierre, il embrassa avec ardeur le parti de la Révolution, devint juge au tribunal du district d'Arras, et, s'étant rendu à Paris sur l'invitation de son compatriote, fut nommé, au mois d'octobre 1793, président du tribunal révolutionnaire. C'est en cette qualité qu'il dirigea un très grand nombre de procès politiques, et qu'il prononça la condamnation à mort de Marie-Antoinette, des hébertistes, des dantonistes, etc. Membre de la commission des administrations civiles, police et tribunaux, il fit, du 30 germinal au mois de fructidor de l'an II, fonctions de ministre de la Justice. Précédemment, il avait été chargé de l'intérim de l'Intérieur et des Affaires étrangères. Dénoncé à la chute de Robespierre, il ne fut cependant décrété d'accusation que le 20 mars 1795; traduit à son tour devant le tribunal révolutionnaire, comme terroriste, il se défendit avec beaucoup de sang-froid, et le *Moniteur* lui-même, dans son compte rendu, note que « la défense d'Herman renfermait des observations pleines d'une philosophie profonde et qui annonçaient un homme exercé à réfléchir ». Il fut condamné à mort le 6 mai « pour avoir, à l'aide de machinations et de complots, favorisé les projets liberticides des ennemis du peuple et de la République, notamment en faisant périr, sous la forme déguisée d'un jugement, une foule innombrable de Français de tout âge et de tout sexe, en imaginant, à cet effet, des projets de conspiration dans les différentes prisons de Paris, en dressant ou faisant dresser dans ces maisons des listes de proscriptions. » On remarqua que parmi les juges qui condamnèrent Herman à la majorité d'une seule voix, se trouvaient plusieurs amis personnels de Dantou, de Camille Desmoulins et d'Hérault de Séchelles. La maison qu'il possédait à Arras fut séquestrée, vendue et acquise par le sieur Husson, fils d'un notaire qui avait péri sur l'échafaud en vertu d'une condamnation prononcée par le tribunal que présidait Herman.

HERMAN (ANTOINE-EDMOND), sénateur du second Empire, né à Londres (Angleterre) le 23 avril 1785, mort à Neuilly (Seine) le 27 août 1864, fils d'un ancien conseiller d'Etat, fut, de 1807 à 1811, élève au consulat de France, et entra en 1812 dans l'administration comme attaché au ministère des Manufactures et du Commerce. Il servit le gouvernement de la Restauration comme sous-préfet de Perpignan (9 septembre 1814), sous-préfet de Boulogne (2 août 1815), sous-préfet de Brest (24 août 1820), comme préfet des Landes (9 janvier 1822), préfet de l'Aisne (8 janvier 1823), préfet de l'Indre (22 janvier de la même année), préfet des Ardennes (11 août 1823), et préfet du Gard le 12 novembre 1828. Révoqué après la révolution de juillet, il resta plusieurs années en non-activité et fut ensuite placé, par M. de Montalivet, au ministère de l'Intérieur, comme chef de bureau à l'administration départementale et communale (1836); il devint chef de division (1845) et secrétaire général (4 juillet 1848). L'avénement de la République n'avait pas interrompu la carrière administrative de M. Herman : elle se poursuivit sous la présidence de L.-N. Bonaparte. Elu (juillet 1849) conseiller d'Etat par l'Assemblée législative, il applaudit au coup d'Etat de 1851, fit partie de la Commission consultative, et rentra (janvier 1852) au conseil d'Etat réorganisé. M. Herman fut appelé au Sénat impérial par décret du 8 septembre 1856. Officier de la Légion d'honneur depuis le mois d'octobre 1826.

HERMANN (JEAN-FRÉDÉRIC), député au Conseil des Cinq-Cents, né à Barr (Bas-Rhin) le 3 juillet 1743, mort à Strasbourg (Bas-Rhin) le 20 février 1820, fut reçu docteur en droit à Strasbourg, et devint précepteur de deux princes russes avec lesquels il parcourut l'Allemagne, l'Angleterre et la France. Revenu dans sa ville natale, nommé échevin de Strasbourg, conseiller au conseil des Quinze, officier municipal et procureur de la commune de Strasbourg en 1792, il fut proscrit, puis arrêté en 1793, et resta en prison jusqu'au 9 thermidor. Elu député du Bas-Rhin au Conseil des Cinq-Cents, le 24 vendémiaire an IV, avec 179 voix sur 337 votants, et réélu, le 25 germinal an VII, il se fit remarquer dans cette assemblée par sa modération, et parla en faveur des émigrés du Bas-Rhin qui n'étaient, suivant lui, que de pauvres cultivateurs « effrayés par les crimes de la Terreur »; on menaça de l'exclure du Conseil comme parent d'émigré. Après le 18 brumaire, dont il se montra partisan, il fut nommé maire de Strasbourg, conseiller général, professeur de droit civil et public français à la faculté de cette ville, doyen de cette faculté (26 mars 1806), chevalier de la Légion d'honneur (1807); il fut élu, la même année, premier suppléant au Corps législatif, et fut destitué, peu après, de ses fonctions pour avoir pris la défense de ses administrés contre les exactions du fisc. Membre du consistoire de la confession d'Augsbourg, président de la Société des sciences, agriculture et arts de Strasbourg, il a publié : *Notices historiques, statistiques et littéraires sur la ville de Strasbourg* (Strasbourg, 1818-19).

HERMARY (JULES-HIPPOLYTE-JOSEPH), député de 1876 à 1881, et de 1885 à 1889, né à Barlin (Pas-de-Calais) le 14 décembre 1834, fut élève de l'Ecole centrale des arts et manufactures, en sortit avec un diplôme d'ingénieur civil et s'établit brasseur-distillateur dans sa ville natale. Maire de Barlin, membre du conseil général du Pas-de-Calais pour le canton de Houdain, il fut le candidat des conservateurs aux élections législatives du 20 février 1876 dans la 1re circonscription de Béthune; élu député par 9,669 voix (17,663 votants, 22,557 inscrits), contre 7,816 voix à M. Fanien, républicain, il siégea à droite, et soutint, avec la minorité, le cabinet Fourtou-de Broglie. Après la dissolution de la Chambre, ce cabinet patronna sa candidature et la fit triompher, le 14 octobre 1877, par 11,294 voix (20,085 votants, 23,526 inscrits), contre 8,730 voix à M. Fanien. M. Hermary reprit sa place dans la minorité conservatrice et monarchiste, avec laquelle il se prononça *contre* les invalidations des députés de la droite, *contre* le ministère Dufaure, *contre* l'article 7, *contre* l'amnistie, etc. Aux élections du 21 août 1881, il échoua dans la même circonscription avec 9,073 voix, contre son ancien concurrent, M. Fanien, qui fut élu par 10,915 suffrages. Il reparut à la Chambre, élu, le 2e sur 12 de la liste conservatrice du Pas-de-Calais, le 4 octobre 1885, par 102,249 voix (180,439 votants, 216,227 inscrits). Il opina comme précédemment, dans le sens conservateur, *contre* les divers ministères de la législature, et, en dernier lieu, *contre* le rétablissement du scrutin d'arrondissement (11 février 1889), *pour* l'ajournement indéfini de la revision de la Constitution, *contre* les poursuites contre trois députés membres de la Ligue des patriotes, *contre* le projet de loi Lisbonne restrictif de la liberté de la presse, *contre* les poursuites contre le général Boulanger.

HERNANDEZ (Joseph-François), député au Conseil des Cinq-Cents et représentant à la Chambre des Cent-Jours, né à Toulon (Var) le 25 mai 1769, mort à Toulon le 6 octobre 1835, était officier de santé dans sa ville natale. Élu député du Var au Conseil des Cinq-Cents, le 24 germinal an VI, il parla sur les confiscations opérées par les commissions militaires, s'opposa à ce que les juges nommés en l'an IV fussent suppléants de ceux de l'an VI au tribunal de cassation, et déclara que la célébration du décadi n'avait rien à voir avec la fermeture du Palais-Royal ce jour-là, en signe de fête et de repos. Dénoncé comme parent d'émigré, son élection fut annulée pour cause de défaut d'âge. Conseiller général du Var le 15 floréal an VIII, il vécut en dehors des affaires publiques pendant l'Empire, auquel il parut se rallier. Le 22 mai 1815, il fut élu représentant à la Chambre des Cent-Jours par l'arrondissement de Toulon, avec 55 voix sur 91 votants, et n'aborda plus la vie politique après cette courte législature.

HERNOUX (Charles), député en 1789 et au Conseil des Anciens, né à Saint-Jean-de-Losne (Côte-d'Or) le 23 avril 1749, mort à Dijon (Côte-d'Or) le 9 janvier 1806, négociant à Saint-Jean-de-Losne, fut élu, le 7 avril 1789, député du tiers aux Etats-Généraux pour le bailliage de Dijon avec 106 voix. Il y fit un rapport sur la compagnie des Indes et le traitement des régisseurs des domaines. Après la session, il fut élu conseiller général, puis député de la Côte-d'Or au Conseil des Anciens, le 24 germinal an VI, avec 209 voix (224 votants). Il n'y parla que sur des questions d'intérêt local.

HERNOUX (Etienne-Nicolas-Philibert), député de 1817 à 1824, et de 1829 à 1837, né à Saint-Jean-de-Losne (Côte-d'Or) le 30 octobre 1777, mort à Paris le 17 février 1858, fils du précédent, étudia le droit, se fit recevoir avocat et plaida au barreau de Dijon. Il appartint, sous la Restauration, à l'opposition libérale, et fut élu, le 20 septembre 1817, au collège de département, député de la Côte-d'Or, par 629 voix (1,213 votants, 1,558 inscrits). M. Hernoux siégea à gauche, vota contre les lois d'exception, appuya de tout son pouvoir les motions émanées du parti constitutionnel, et prit plusieurs fois la parole. — « Plût à Dieu que nous fussions aussi bons Français que les Suisses! s'écriait un jour M. de Bonald. A ces mots on vit, pour demander le rappel à l'ordre de l'étranger ou l'impression en entier de son discours, monter à la tribune un homme d'une taille moyenne, la figure ronde, encadrée d'épais favoris noirs et la tête chauve malgré son air de jeunesse: ce député était M. Hernoux. Ce n'est pas l'unique circonstance où l'envoyé de la Côte-d'Or ait manifesté des opinions généreuses. M. Hernoux a successivement combattu les entraves de la presse, demandé le rappel des bannis, soutenu les acquéreurs de biens nationaux, tantôt contre les menées de quelques grands seigneurs, tantôt contre l'avidité de la régie. Il est le second orateur qui ait foudroyé dans cette présente session (1820) le projet nouveau-né des élections ministérielles. Il siège sur le premier banc du côté gauche, à côté de M. Caumartin, son collègue de la Côte-d'Or et son ami; sa place, dans

l'ordre symétrique et parallèle au côté droit, répond exactement à celle de M. Josse-Beauvoir. Comme deux chevaliers rivaux dans un tournoi, ils peuvent se mesurer des yeux, méditer le défaut de leur cuirasse, et s'attaquer avec des armes de différentes couleurs. M. Hernoux est à cheval sur la Charte; la vieille féodalité sert de laquenée à M. Josse. Les tenants de la bannière gothique ne peuvent manquer de se rendre, *secourus ou non secourus.* » (*Biographie pittoresque des députés,* portraits, mœurs et costumes, 1820.) Réélu, le 9 mai 1822, dans le 1er arrondissement de la Côte-d'Or, par 361 voix (688 votants, 759 inscrits), contre 323 à M. Saunac, M. Hernoux continua d'opiner, jusqu'en 1824, avec la minorité libérale. Il reparut à la Chambre le 28 septembre 1829, comme député du même collège qui lui donna, en remplacement de M. de Chauvelin, démissionnaire, 371 voix (586 votants, 651 inscrits), contre 207 à M. Boissard. Il fut des 221, combattit le ministère Polignac, obtint sa réélection, le 25 juin 1830, par 439 voix (628 votants, 699 inscrits), contre 166 à M. Morellot, et applaudit à la révolution de juillet. Réélu encore, sous Louis-Philippe, le 5 juillet 1831, par 432 voix (629 votants, 710 inscrits), contre 184 à M. Saunac, et, le 21 juin 1834, par 226 voix (450 votants, 695 inscrits), contre 219 à M. Cugnotet, il vota en plusieurs circonstances avec l'opposition dynastique et notamment fut un des signataires du fameux « compte-rendu » de 1832. M. Hernoux fut maire de Dijon et conseiller général de la Côte-d'Or.

HERNOUX (Claude-Charles-Etienne), député de 1834 à 1848 et représentant en 1849, né à Saint-Jean-de-Losne (Côte-d'Or) le 17 mars 1797, mort à Paris le 28 mai 1861, frère du précédent, entra dans la marine comme mousse en 1811, devint enseigne de vaisseau en 1820, lieutenant de vaisseau en 1826, et fut le précepteur militaire du prince de Joinville son aide-de-camp. Elu, le 21 juin 1834, député du 5e collège de Seine-et-Oise (Mantes) par 173 voix (291 votants, 354 inscrits), contre 112 à M. Fiot, député sortant; réélu, le 4 novembre 1837, par 193 voix (282 votants, 362 inscrits), contre 171 à M. de Rochemon, il dut se représenter, le 30 mai 1840, devant ses électeurs en raison de sa nomination au grade de capitaine de vaisseau, et vit son mandat confirmé par 164 voix sur 283 votants. Réélu, le 9 juillet 1841, par 208 voix (381 votants, 432 inscrits), contre 172 à M. de Colbert, il dut encore une fois, après sa nomination de contre-amiral, se représenter devant ses électeurs, qui le renvoyèrent à la Chambre, le 16 novembre 1844, par 242 voix (373 votants, 432 inscrits), contre 111 à M. de Colbert. Réélu de nouveau, le 1er août 1846, par 252 voix (461 votants, 503 inscrits), contre 124 à M. Baroche et 83 à M. de Colbert, il soutint constamment la politique ministérielle, vota avec la majorité, et, en 1846, combattit comme rapporteur le projet de loi destiné à ouvrir à la marine un crédit de 93 millions, que l'opposition réussit à faire passer. Ses occupations législatives ne l'avaient pas empêché de faire campagne et d'assister, en 1840, aux affaires de Tanger et de Mogador. Le 13 mai 1849, la concentration des partis modérés l'élut représentant de Seine-et-Oise à l'Assemblée législative, le 9e et dernier, avec 37,360 voix (96,950 votants, 139,436 inscrits); il vota avec la majorité monarchique et se rallia au prince L. Napoléon, qui le laissa cependant pendant trois ans en inactivité; en 1854, il fut nommé commandant de la station navale des Antilles. Commandeur de la Légion d'honneur du 28 avril 1847.

HÉROLD (FERDINAND), ministre, sénateur de 1876 à 1882, né à Paris le 16 octobre 1828, mort à Paris le 1er janvier 1882, fils du célèbre compositeur de musique, L.-J.-F. Hérold (1792-1833), fut dirigé par sa mère dans ses premières études, et par le professeur Valette dans celle du droit, à laquelle il s'adonna avec autant de zèle que de succès. Docteur en 1851, lauréat de la faculté, inscrit au barreau de Paris depuis 1849, il se distingua à la conférence des avocats, puis comme avocat au conseil d'État et à la cour de Cassation. Républicain, il recherchait surtout les causes politiques, dont plusieurs appelèrent sur lui l'attention. Activement mêlé aux sociétés libérales et démocratiques, il eut part, depuis 1857, à la direction du mouvement électoral parisien, et impliqué (1864) dans le procès des « Treize » avec Garnier-Pagès, Carnot et autres, il fut signalé par le ministère public comme un des principaux organisateurs de l'agitation que le gouvernement essayait de réprimer ; il fut condamné à 500 fr. d'amende. M. Hérold ayant conquis une importante situation de jurisconsulte, devint membre du conseil du son ordre qui le choisit en outre pour bibliothécaire. Avant la fin de l'Empire, en 1869, il tenta pour la première fois la fortune électorale dans la 3e circonscription de l'Ardèche, comme candidat indépendant au Corps législatif, et il réunit, après une lutte acharnée, 9,241 voix contre 14,708 données au candidat de l'administration, le marquis de la Tourrette, et 6,049 au comte Rampon, du tiers-parti. Resté seul en présence du candidat officiel, il obtint au second tour 12,285 voix contre 18,985. M. Hérold se joignit, dans la journée du 4 septembre, à ses amis du gouvernement de la Défense nationale dont il fut nommé d'abord l'un des secrétaires ; le lendemain, il fut promu secrétaire général du ministère de la Justice. ayant par délégation spéciale, en l'absence de Crémieux, la signature des affaires administratives. C'est à M. Hérold que l'on doit l'abrogation de l'article 75 de la Constitution de l'an VIII, la liberté de l'imprimerie, l'institution de la commission provisoire chargée de remplacer le conseil d'État, et le fameux décret du 5 novembre 1870. en vertu duquel la promulgation des lois résulte de leur insertion au *Journal officiel*. Dès le 18 septembre, il avait pris l'initiative de l'établissement, au ministère de la Justice. d'une commission chargée d'étudier la réforme judiciaire. Le 1er février 1871, il fut nommé ministre de l'Intérieur par intérim en remplacement de Jules Favre. Jusqu'au 22 février, date à laquelle Ernest Picard vint le relever de ces fonctions, M. Hérold eut à renouer les premières relations du gouvernement central avec les départements occupés par l'ennemi. Porté sur une liste républicaine dans l'Ardèche, aux élections générales du 8 février 1871, il réunit, sans être élu, 29,687 voix sur 73,015 votants. Sa candidature modérée, adoptée par une fraction importante de la bourgeoisie parisienne, échoua encore dans la Seine aux élections complémentaires du 2 juillet, avec 67,144 voix sur 290,823 votants. M. Hérold était alors, depuis le 18 avril, membre de la commission provisoire que lui-même avait instituée à la place du conseil d'État ; il ne fit point partie du conseil réorganisé en 1872, la majorité monarchiste de l'Assemblée nationale ayant écarté son nom. Le 1er décembre 1871, il fut élu conseiller municipal de Paris pour le quartier de Charonne (20e arrondissement), et fit partie, comme vice-président, du bureau du conseil. M. Hérold se prononça pour la candidature Rémusat contre Barodet (avril 1873), protesta avec ses collègues contre les tentatives de restauration monarchique (octobre de la même année), se déclara, un des premiers, le partisan systématique de la laïcisation des écoles et hôpitaux, et fut l'auteur, entre autres projets, d'une motion qui tendait à la création d'un cimetière parisien à Méry-sur-Oise (avril 1874), et d'une autre qui réclamait une subvention de 300,000 francs (novembre 1875) pour les établissements d'enseignement supérieur dans le département de la Seine. Le 30 janvier 1876, M. Ferdinand Hérold réunit. aux élections sénatoriales, les suffrages des partisans de Thiers et des amis de Gambetta, et fut élu sénateur de la Seine par 105 voix (209 votants), au premier tour de scrutin, le 3e sur 5. Les deux derniers élus étaient Victor Hugo et M. A. Peyrat. Il prit place à la gauche républicaine du Sénat, et, après avoir donné sa démission de conseiller municipal, se mêla fréquemment aux débats, et présenta d'assez nombreuses propositions, notamment celle relative à la modification des articles 420 et 421 du code d'instruction criminelle. Adversaire du gouvernement du Seize-Mai, il vota *contre* la dissolution de la Chambre des députés et fut un des chefs de la résistance légale contre l'administration de MM. de Broglie et de Fourtou. On remarqua ensuite ses rapports sur l'organisation de nos théâtres lyriques et sur l'établissement des tramways. Le 25 janvier 1879, son expérience des affaires parisiennes le fit appeler aux fonctions de préfet de la Seine en remplacement de M. Ferdinand Duval. Le maréchal de Mac-Mahon n'avait signé qu'après une longue hésitation cette nomination, qui, d'ailleurs, coïncida presque avec l'avènement de M. J. Grévy à la présidence de la République. M. Hérold entra, le 1er février, en relations avec le conseil municipal de Paris dont la majorité, sans se trouver d'accord avec elle sur beaucoup de points, eut souvent à s'applaudir de son aménité et de sa tolérance. Il donna une vive impulsion aux divers services de la préfecture, réforma dans un sens libéral les règlements du personnel administratif, prêta les mains à la transformation progressive des écoles congréganistes en écoles laïques, apporta des restrictions aux attributions des aumôniers dans les hôpitaux, fit d'ailleurs annuler tous les vœux politiques émis par le conseil, notamment en faveur de l'amnistie plénière, conclut avec le Crédit foncier un traité dégrevant de sept millions le budget de la ville, etc. Ses opinions de libre-penseur et son attitude favorable à la « laïcisation » l'exposèrent plus d'une fois aux attaques du parti conservateur et surtout de la droite du Sénat, qui lui reprocha vivement, par exemple, la suppression des emblèmes religieux dans les écoles communales de Paris. Lors de la discussion provoquée au Sénat par l'exécution de cette mesure (décembre 1880), il reconnut que certaines brutalités avaient été commises, dit qu'il avait sévèrement puni les agents auteurs de scandales, mais que la mesure serait maintenue, « la vue du crucifix pouvant choquer les israélites et certains protestants. » Sur la motion de M. de Lareinty, le Sénat adopta, par 151 voix contre 82, un ordre du jour « regrettant l'acte qui a fait l'objet de l'interpellation ». M. Hérold se présenta, le 19 novembre 1881, comme candidat au fauteuil de sénateur inamovible vacant par le décès de

M. Fourcand. Il échoua avec 117 voix contre M. de Voisins-Lavernière, candidat des droites et des républicains modérés. A sa mort, survenue le 1er janvier 1882, ses obsèques furent purement civiles. Outre sa thèse de doctorat : *De la preuve de la filiation* (1851), et sa collaboration au *Manuel électoral* de 1861, on a de lui des ouvrages estimés de droit et de jurisprudence, parmi lesquels : *De la perpétuité de la propriété littéraire* (1862) ; *Manuel de la liberté individuelle* (1868) ; *Un projet de loi électorale* (1869) ; *Notice sur M. Valette* (1878), etc. Il a collaboré aussi au *Siècle*, à la *Revue pratique de droit français*, au *Journal des Économistes*, et au *Dictionnaire des contemporains* de M. Vapereau.

HÉROULT DE HOTTOT (François-Augustin-Jacques-Gilles), député de 1815 à 1823, né à Hottot (Calvados) le 1er mai 1756, mort à Caen (Calvados) le 20 janvier 1823, était, avant la Révolution, conseiller au parlement de Rouen. Maire de la commune de Mondeville, il fut, le 22 août 1815, élu, au grand collège, député du Calvados, par 83 voix (148 votants). Ami du procureur général Bellart, il prit place à la droite de la Chambre introuvable, et obtint sa réélection, le 4 octobre 1816, avec 96 voix (175 votants, 261 inscrits), puis, le 1er octobre 1821, dans le 2e arrondissement du Calvados (Bayeux), avec 243 voix (433 votants, 607 inscrits), contre 189 à M. Tardif. M. Héroult de Hottot conserva sa place au côté droit, et vota toutes les lois d'exception, sans paraître à la tribune. Un biographe parlementaire faisait à son sujet la remarque suivante : « Dans la distribution des places que se sont faite les membres du côté droit sur les gradins qu'ils occupent, le banc inférieur a été donné, ou par suite d'une décision prise en commun, ou par l'effet d'une déférence spontanée, aux plus illustres personnages du parti, non pas à ceux dont la noblesse est la plus haute, mais à ceux qui ont le plus de mérite personnel. C'est à ce banc que siègent MM. de Villèle, Corbière, Cornet d'Incourt, Josse-Beauvoir, etc. Au banc immédiatement supérieur se trouvent les talents du second ordre, tels que MM. le vicomte de Castelbajac, le comte de Salaberry, le comte de Maccarty, etc., etc., et ainsi de suite jusqu'au dernier rang, qui est le plus élevé ; nous remarquerons qu'en général les noms deviennent plus nobles à mesure qu'ils deviennent plus obscurs, en suivant l'ordre de cette progression ascendante et décroissante. C'est ainsi, par exemple, que M. le prince de Montmorency, lorsqu'il était député, brillait dans la partie la plus élevée de l'amphithéâtre. M. Héroult de Hottot est aujourd'hui en tête de la série supérieure. Cet honorable député du Calvados, qui apparemment opinait du bonnet quand il était conseiller au parlement de Rouen, se trouve à ce haut rang *primus inter pares*. C'est en quelque façon celui qui parle le moins parmi ceux qui ne parlent pas. » Mort en janvier 1823, il fut remplacé à la Chambre, le mois suivant, par M. Achard de Bonvouloir.

HERRMAN (François-Antoine), député en 1789, date de naissance inconnue, mort le 23 septembre 1790, était, avant la Révolution, procureur-général au Conseil souverain d'Alsace. Député du tiers aux Etats-Généraux, le 1er avril 1789, pour le bailliage de Colmar et Schlestadt, avec 266 voix sur 300 votants, il eut dans l'Assemblée un rôle peu important et mourut l'année d'après (septembre 1790).

HERSART DE LA VILLEMARQUÉ (Pierre-Michel-François-Marie-Toussaint, comte), député de 1815 à 1827, né à Morlaix (Finistère) le 15 mai 1775, mort à Quimperlé (Finistère) le 18 janvier 1843, propriétaire et maire de Plessis-Nizon, fut successivement élu député, le 22 août 1815, par le collège de département du Finistère, avec 95 voix (165 votants, 244 inscrits) ; le 4 octobre 1816, par 87 voix (117 votants, 232 inscrits) ; le 13 novembre 1820, par 118 voix (205 votants, 223 inscrits) ; le 20 novembre 1822, par 130 voix (187 votants, 239 inscrits) ; le 6 mars 1824, par 133 voix (143 votants, 238 inscrits). Il siégea dans la majorité de la Chambre introuvable, et, dans les législatures suivantes, se rallia à la politique ministérielle. Sous-préfet de Quimperlé le 26 avril 1822, il quitta la vie parlementaire aux élections de 1827. Officier de la Légion d'honneur.

HERVÉ (Etienne-Amateur), député de 1834 à 1837 et de 1839 à 1846, né à Cozes (Charente-Inférieure) le 18 juillet 1796, mort à Paris le 23 juin 1876, fut successivement substitut du procureur du roi près le tribunal de Bordeaux (1821), procureur du roi à Tours (1823), donna sa démission en 1824, se fit inscrire au barreau de Bordeaux, devint conseiller municipal de cette ville en 1830, et avocat général à la cour de Cassation le 6 août 1835. Élu, le 25 janvier 1834, député du 3e collège de la Gironde (Bordeaux) en remplacement de M. Duffour-Dubessan, par 108 voix (163 votants, 299 inscrits), contre 53 à M. Allègre, il fut réélu, aux élections générales du 21 juin suivant, par 146 voix (226 votants, 294 inscrits), contre 65 à M. Desmirail ; puis le 2 mars 1839, dans le 9e collège du même département (La Réole), par 198 voix (343 votants), et, le 9 juillet 1842, par 181 voix (356 votants, 441 inscrits), contre 173 à M. Dussaulx. Il soutint constamment la politique ministérielle, vota l'indemnité Pritchard et repoussa la proposition sur les députés fonctionnaires. Non réélu en 1844, il rentra dans la vie privée.

HERVÉ-CHEF-DU-BOIS (Jean-Marie), député de 1815 à 1816, né à Saint-Pol-de-Léon (Finistère) le 9 juin 1776, mort à une date inconnue, propriétaire et juge de paix du canton de Saint-Pol-de-Léon, fut élu, le 22 août 1815, au collège de département, député du Finistère, par 89 voix sur 170 votants et 244 inscrits. Il vota avec la majorité de la Chambre introuvable, et ne fit pas partie d'autres assemblées.

HERVÉ-DE-SAINT-GERMAIN (François-Charles), représentant en 1849, député au Corps législatif de 1852 à 1870, représentant en 1871, sénateur de 1876 à 1879, né à Caen (Calvados) le 16 février 1803, mort à Avranches (Manche) le 1er novembre 1885, grand propriétaire dans le département de la Manche, s'adonna à l'agronomie, devint maire de Saint-Senier, président de la Société d'agriculture d'Avranches, membre du conseil général de la Manche, et, le 13 mai 1849, fut élu représentant de ce département à l'Assemblée législative, le 6e sur 13, par 69,276 voix (94,481 votants, 163,192 inscrits). M. Hervé de Saint-Germain prit place à droite, fit partie de la majorité monarchiste, vota pour l'expédition de Rome, pour la loi Falloux-Parieu sur l'enseignement, etc., protesta d'abord contre le coup d'État, puis se rallia au fait accompli, et, lors des premières élections au Corps législatif, le 29 février 1852, fut élu, comme candidat officiel, député de la 2ᵉ circonscription de la Manche, par 22,420 voix (24,096 votants, 39,111 inscrits), contre 758 à M. Boïeldieu. Il vota *pour* le rétablissement de l'Empire, et opina pendant toute la durée du règne avec la majorité dynastique, ayant obtenu sa réélection : le 22 juin 1857, par 24,847 voix (25,306 votants, 38,239 inscrits) ; le 1ᵉʳ juin 1863, par 27,024 voix (27,496 votants, 37,910 inscrits), et le 24 mai 1869, par 28,492 voix (29,022 votants, 37,615 inscrits). Rendu à la vie privée par la révolution du 4 septembre 1870, il reparut sur la scène politique aux élections du 8 février 1871 à l'Assemblée nationale, comme représentant de la Manche, élu, le 6ᵉ sur 11, avec 71,122 voix (88,856 votants, 153,978 inscrits). M. Hervé de Saint-Germain alla siéger au centre droit, vota *pour* les préliminaires de paix, *pour* l'abrogation des lois d'exil, *pour* les prières publiques, *contre* le retour de l'Assemblée à Paris, *pour* la chute de Thiers au 24 mai, *pour* la prorogation des pouvoirs du maréchal de Mac-Mahon, donna sa complète approbation à la politique du ministère de Broglie, se prononça *contre* la proposition Périer, *contre* l'amendement Wallon et *contre* l'ensemble des lois constitutionnelles. Il se présenta aux élections sénatoriales du 30 janvier 1876, et devint sénateur de la Manche, par 441 voix sur 740 votants. M. Hervé de Saint-Germain, membre de la majorité monarchiste du Luxembourg, vota *pour* la dissolution de la Chambre des députés en 1877, et continua de se montrer hostile à l'établissement du gouvernement républicain, jusqu'au 5 janvier 1879, époque à laquelle il échoua, lors du renouvellement triennal du Sénat, avec 304 voix sur 739 votants.

HERVÉ-MANGON. — *Voy.* Mangon.

HERVIEU (Sosthène-Pierre), représentant du peuple en 1848, né à Ryes (Calvados) le 29 septembre 1809, mort à Ryes le 1ᵉʳ novembre 1865, fit ses études au lycée Louis-le-Grand, où Armand Marrast était alors professeur. Il se battit aux journées de juillet 1830, reçut la croix de juillet, et, au moment des craintes de guerre, fut nommé maréchal-des-logis au 6ᵉ chasseurs. De retour à Ryes où il possédait d'importantes propriétés, chef de bataillon de la garde nationale, il ne tarda pas à organiser dans son canton l'opposition au gouvernement de Louis-Philippe. Très bienfaisant, il concourut à la fondation d'un établissement pour l'extinction de la mendicité dans sa commune. Élu, le 28 avril 1848, représentant du Calvados à l'Assemblée constituante, le 11ᵉ sur 12, par 48,209 voix, il vota avec la droite, *pour* le bannissement de la famille d'Orléans, *pour* les poursuites contre Louis Blanc et Caussidière, *contre* l'impôt progressif, *contre* l'incompatibilité des fonctions, *contre* l'amendement Grévy, *contre* la sanction de la Constitution par le peuple, *pour* l'ensemble de la Constitution, *pour* la proposition Rateau, *pour* l'interdiction des clubs et *contre* la demande de mise en accusation du président et des ministres. Non réélu à la Législative, il rentra dans la vie privée.

HERVIEU (Henri-Ernest-Victor), député de 1887 à 1889, né à Paris le 22 janvier 1852, débuta dans la vie parlementaire le 27 novembre 1887, ayant été élu député de l'Yonne, comme candidat républicain radical, par 30,674 voix sur 63,776 votants, et 109,340 inscrits, contre 22,488 à M. Régnier, républicain modéré, en

remplacement de M. Rathier, décédé. M. Hervieu s'inscrivit à la gauche radicale, prit part à la discussion du budget, et vota avec son groupe, notamment *pour* la motion C. Pelletan en faveur de la revision de la Constitution, *pour* le ministère Floquet, et, en dernier lieu, *contre* le rétablissement du scrutin d'arrondissement (11 février 1889), *contre* l'ajournement indéfini de la revision de la Constitution, *contre* le projet de loi Lisbonne restrictif de la liberté de la presse, *pour* les poursuites contre le général Boulanger ; il s'était abstenu sur les poursuites contre trois députés membres de la Ligue des patriotes.

HERWYN (Philippe-Jacques, baron), député au Corps législatif de 1807 à 1814, né à Hondschoote (Nord) le 13 juin 1750, mort à Furnes (Belgique) le 24 mars 1836, « fils du sieur Augustin Dominique Herwyn, premier échevin de Hondschoote, et de dame Marie-Corneille Van-Loo, » appartenait à une ancienne famille de magistrats. Il devint, sous la Révolution, président de l'administration centrale de la Lys, puis, sous le Consulat, sous-préfet de l'arrondissement de Furnes, et, le 18 février 1807, fut désigné par le Sénat conservateur pour représenter au Corps législatif le département de la Lys : ce mandat lui fut renouvelé le 6 janvier 1813. Herwyn se signala particulièrement par une entreprise d'utilité publique des plus recommandables. De concert avec son frère, Herwyn de Névèle (*V. plus bas*), il commença, en 1780, le dessèchement de trois mille arpents de marais, qu'il mit successivement en culture, entre Dunkerque et Furnes. Baron de l'Empire du 5 août 1812.

HERWYN DE NÉVÈLE (Pierre-Antoine-Charles, comte), député en 1789 et au Conseil des Anciens, membre du Sénat conservateur et pair de France, né à Hondschoote (Nord) le 18 septembre 1753, mort à Paris le 16 mars 1824, frère du précédent, fit ses classes chez les Oratoriens et son droit à Douai. S'intéressant vivement à l'agronomie et à la culture des plantes industrielles, lin, tabac, etc., il entreprit avec l'aide de son frère le dessèchement des marais de Bergues (moeres belgiques). Commencée en 1780, cette opération, très habilement conduite, ne fut terminée qu'en 1787. Élu député du tiers aux États-Généraux par le bailliage de Bailleul, le 10 avril 1789, il prit rang dans la majorité, devint secrétaire du comité de l'agriculture et du commerce, et, après la session, fut nommé chef de bataillon de la garde nationale et commissaire des guerres. Arrêté, le 9 octobre 1793, par ordre du comité révolutionnaire, il fut conduit à Dunkerque, puis à Arras, enfin à Douai, et jeté en prison, en compagnie de sa femme qui n'avait point voulu l'abandonner. Au bout de sept mois de captivité, ils comparurent tous les deux devant une commission militaire qui les acquitta. Herwyn reprit alors ses fonctions de commissaire des guerres et servit en cette qualité aux armées de Pichegru et de Moreau. Commissaire-ordonnateur à Bruges pendant quatre ans, commissaire du directoire du département de la Lys, il fut élu député de ce département au Conseil des Anciens, le 22 germinal an VII, puis, après le 18 brumaire, devint membre de la Commission intermédiaire des Anciens, et fut nommé membre du Sénat conservateur, le 4 nivôse an VIII. De retour à Hondschoote, il trouva son entreprise de dessèchement complétement ruinée par le passage des troupes. Il se remit cependant au travail, et obtint en 1802 une médaille d'or de la Société d'agriculture de la Seine. Deux ans après, en 1804, il épousa Mlle Van der Meersch, de l'ancienne famille de Névèle, dont il fut autorisé à porter le nom. Créé comte de l'Empire le 26 avril 1808, il n'en vota pas moins, en 1814, la déchéance de l'empereur, fut créé pair de France le 4 juin 1814, et comte héréditaire le 6 février 1815. Il devait prêter serment le 20 mars suivant. Dans la nuit du 19 au 20, Louis XVIII ayant quitté Paris devant la marche triomphale de Napoléon, débarqué de l'île d'Elbe, Herwyn se présenta néanmoins pour prêter serment de fidélité au roi, entre les mains du président Séguier, à la date convenue. A la seconde Restauration, Louis XVIII lui marqua sa satisfaction par des témoignages non équivoques de sa faveur et le nomma grand-officier de la Légion d'honneur. A la Chambre haute, Herwyn vota pour la déportation dans le procès du maréchal Ney. Quelques années plus tard, il mourut de la goutte.

HERWYN DE NEVÈLE (Napoléon-Pierre-Marie, comte), pair de France, né à Paris le 25 avril 1806, fils du précédent, n'était âgé que de dix-huit ans lorsque la mort de son père lui conféra le droit à la pairie. Il fut admis à prendre séance dans la Chambre haute le 16 août 1831, siégea au Luxembourg, sans s'y faire remarquer, pendant toute la durée du règne de Louis-Philippe, et rentra en 1848 dans la vie privée.

HÉSECQUES (Charles-Robert-Marie-Guillaume Defrance, comte d'), député au Corps législatif de 1869 à 1870, né à Amiens (Somme) le 26 septembre 1823, propriétaire, appartint sous l'Empire à l'opposition orléaniste. Candidat indépendant au Corps législatif, il échoua, le 1er juin 1863, dans la 5e circonscription de la Somme, avec 9,303 voix, contre 19,228 à l'élu officiel, M. Gressier. Il fut plus heureux le 24 mai 1869, et devint député du même collège, par 16,964 voix (30,184 votants, 33,548 inscrits), contre 13,110 voix à M. Dhavernas. M. d'Hésecques vota souvent avec l'opposition, se prononça notamment contre la déclaration de guerre à la Prusse, et, pour ce motif, fut accueilli par des huées en rentrant dans son département (juillet 1870), et traité de traître partout où il passait. Il rentra dans la vie privée au 4 septembre 1870.

HESPEL (Adalbert-Charles-Louis-Auguste, comte d'), représentant en 1849, né à Velaines (Meuse) le 3 juin 1806, mort à Haubourdin (Nord) le 12 mai 1858, propriétaire à Haubourdin, adjoint au maire de cette commune et conseiller général du Nord, professait des opinions conservatrices et des sentiments catholiques, qui lui valurent les voix des monarchistes du département du Nord, aux élections du 13 mai 1849. Elu représentant à l'Assemblée législative, le 12e sur 24, par 91,476 voix (183,521 votants, 290,196 inscrits), il siégea à droite et vota avec la majorité anti-républicaine pour l'expédition de Rome, pour la loi Falloux-Parieu sur l'enseignement, pour la loi restrictive du suffrage universel, etc. Il ne fit pas partie d'autres assemblées.

HESPEL (Octave-Joseph, comte d'), représentant en 1871, sénateur de 1876 à 1879, né à Haubourdin (Nord) le 11 août 1827, mort au château de Wavrin (Nord) le 20 avril 1885, fils du précédent, devint maire de Wavrin en 1855,

et remplit cette fonction jusqu'à sa mort. Conseiller général du Nord en remplacement de son père (1858), il fut réélu en 1871 et en 1874 jusqu'en 1880. C'est à son initiative que fut due la création, en 1869, d'un nouveau réseau de chemins de fer dans le Nord. Le 8 février 1871, M. d'Hespel fut nommé, comme conservateur monarchiste, représentant du Nord à l'Assemblée nationale, le 15e sur 28, par 205,316 voix (262,927 votants, 326,440 inscrits). Il prit place au centre droit et vota pour la paix, pour les prières publiques, pour le pouvoir constituant de l'Assemblée, contre la dissolution, pour la démission de Thiers au 24 mai, pour l'état de siège, la loi sur les maires, le ministère de Broglie, et contre l'amendement Wallon. S'étant rallié toutefois à l'ensemble de la Constitution, il se présenta aux élections sénatoriales du 30 janvier 1876, comme candidat « constitutionnel », sans cacher d'ailleurs ses préférences pour la monarchie. M. d'Hespel fut élu sénateur du Nord par 406 voix (807 votants), siégea, comme précédemment, au centre droit, se prononça pour la dissolution de la Chambre des députés (1877), s'intéressa particulièrement aux questions agricoles, et soutint la politique conservatrice jusqu'en 1879, époque à laquelle il échoua (5 janvier), lors du renouvellement triennal du Sénat.

HEUCHEL (Jean-Paul-Toussaint), représentant du peuple en 1848, né à Cernay (Haut-Rhin) le 24 juin 1799, mort à Cernay le 28 janvier 1851, exerçait la médecine dans sa ville natale et se livrait en même temps à l'agriculture. Républicain de vieille date, d'opinions modérées, il fut élu, le 23 avril 1848, représentant du Haut-Rhin à l'Assemblée constituante, le 11e sur 12, avec 30,170 voix sur 94,408 votants; il siégea au centre, fit partie du comité de l'agriculture, et vota le plus souvent avec le parti dit du National, pour le bannissement de la famille d'Orléans, pour les poursuites contre L. Blanc et Caussidière, contre l'abolition de la peine de mort, contre l'impôt progressif, contre l'amendement Grévy, contre la sanction de la Constitution par le peuple, pour la proposition Rateau, contre l'interdiction des clubs, pour la campagne de Rome, contre la demande de mise en accusation du président et des ministres. Non réélu à la Législative, il revint exercer la médecine à Cernay.

HEUDELET (Etienne), comte de Bierre, pair de France, né à Dijon (Côte-d'Or) le 12 novembre 1770, mort à Paris le 20 avril 1857, « fils de sieur Nicolas Heudelet, commis au bureau de la direction des fermes du roi, et de demoiselle Claude Bonnouvrier, son épouse, » s'engagea au moment de la Révolution, devint successivement lieutenant au 3e bataillon des volontaires de la Côte-d'Or (3 août 1792), adjoint aux adjudants-généraux (8 décembre suivant), aide-de-camp du général Michaud (1er septembre 1793), chef de bataillon (1er nivôse an II), et, confirmé dans ce grade (27 pluviôse suivant), passa adjudant-général chef de brigade (10 vendémiaire an III), et général de brigade (17 pluviôse an VII). Mis en non-activité (1er vendémiaire an X), puis affecté à la 18e division militaire (7 ventôse an XI), il fit partie du camp de Boulogne, puis du 3e corps de la grande armée en 1805, fut promu général de division l'année suivante, et fit avec ce grade la campagne de Prusse, au 7e corps d'armée. Nommé commandant de la 13e division militaire (18 janvier 1808), il fut envoyé quelque temps après en Espagne, où il reçut le commandement de la 3e division du 8e corps de l'armée d'Espagne (9 novembre 1808), puis fut attaché, au commencement de l'année suivante, au 2e corps, dont il devint au mois de novembre le commandant en chef. Il fut chargé, au moment de la rupture avec la Russie, d'organiser des bataillons de marine pour la grande armée (29 février 1812), et reçut quelques jours après (12 avril) le commandement de la 2e division de réserve. Après la retraite de Russie et durant la campagne de Saxe, il se trouva à Dantzig, avec la plus grande partie du 10e corps. A la première Restauration, il fut placé à la tête d'une subdivision de la 18e division militaire (5 septembre 1814), puis à la tête de la totalité de cette même division (30 décembre). Mais sa loyale déposition dans le procès du maréchal Ney le fit mettre en non-activité le 12 décembre 1815. Compris 30 décembre 1818), comme disponible, dans le cadre d'organisation de l'état-major général, il fut admis définitivement à la retraite par ordonnance du 1er décembre 1824, à compter du 1er janvier 1825, avec une pension de 6,000 francs. Après la révolution de juillet, il fut replacé en disponibilité dans l'état-major général (7 février 1831) et nommé inspecteur général d'infanterie dans la 8e division militaire (1er mars), commandant provisoire de la 14e division (4 août), et enfin commandant en chef de la 20e division (31 décembre 1831). Le 11 octobre de l'année suivante, il entra à la Chambre des pairs, où il soutint la politique ministérielle. Conseiller général de la Côte-d'Or en 1833, il fut placé dans le cadre de réserve en 1835, et mis définitivement à la retraite comme lieutenant-général le 30 mai 1848. Grand-croix de la Légion d'honneur (18 février 1835).

HEULHARD DE MONTIGNY (CHARLES-GILBERT), représentant à la Chambre des Cent-Jours, député de 1830 à 1831, né à Lormes (Nièvre) le 10 novembre 1771, mort au château de Préfontaine (Nièvre) le 14 janvier 1872, d'une famille originaire du Bourbonnais, qui avait fourni plusieurs conseillers au présidial et plusieurs maires de Moulins, fut destiné de bonne heure à la magistrature; il n'y entra pourtant que sous l'Empire. En attendant, M. Heulhard de Montigny publia plusieurs écrits contre-révolutionnaires, parmi lesquels un pamphlet intitulé : *Lanterne de Diogène* (1794), une étude hostile au Directoire : *De l'Influence des partis sur l'opinion publique*, et, en 1803, un *Précis des événements et de la législation de la Révolution*. En 1808, il se vit appelé aux fonctions d'auditeur à la cour d'appel de Bourges, et, en 1809, fut promu conseiller auditeur à la même cour. Il occupait ce siège, lorsque ses concitoyens de la Nièvre l'envoyèrent (13 mai 1815) siéger à la Chambre des représentants, par 55 voix sur 95 votants. Il y prit la parole pour demander que l'on conservât à l'ordre du jour la loi organique sur la liberté de la presse, et, la législature terminée, il reprit à Bourges son poste de magistrat. Il ne cessa de se mêler activement aux grands débats politiques et judiciaires, par diverses brochures d'actualité, telles que *Considérations sur le pouvoir judiciaire et sur le jury* (1819), tenta sans succès la fortune électorale le 13 novembre 1822, dans le 1er arrondissement de la Nièvre (Nevers), qui ne lui donna que 72 voix contre 208 à M. de Chabrol de Chaméane, élu, publia des *Réflexions sur les majorats et sur les substitutions* (1822), et, le 3 juillet 1830, fut élu membre de la Chambre des députés par le collège de département du Cher, avec 68 voix (123 votants, 149 inscrits); le scrutin avait eu lieu tandis qu'il était absent de Bourges. Il adhéra au gouvernement de Louis-Philippe et vota avec la majorité conservatrice jusqu'en 1831. Nommé président de chambre à la cour royale de Bourges en 1833, il fut admis à la retraite en 1840, avec le titre de président honoraire, fit partie pendant plusieurs années du conseil général du Cher, se retira dans la Nièvre, et devint en 1853 maire de la petite ville de Lormes, où il mourut en 1872, plus que centenaire. — Chevalier de la Légion d'honneur en 1829, officier du même ordre le 10 février 1839.

HEURTAULT DU METZ (PIERRE), député de 1837 à 1846, né à Issoudun (Indre) le 29 décembre 1777, mort à Issoudun le 27 mars 1852, médecin à Issoudun et conseiller général, se présenta à la députation dans le 2e collège de l'Indre (Issoudun) le 21 juin 1834, et échoua avec 41 voix contre 94 à l'élu, M. Thabaud-Linetière. Il fut plus heureux aux élections du 4 novembre 1837, et fut élu député par 93 voix (174 votants, 238 inscrits). Les électeurs d'Issoudun le renvoyèrent successivement à la Chambre : le 2 mars 1839, avec 133 voix (184 votants), contre 46 à M. Thabaud-Linetière; le 9 juillet 1842, avec 149 voix (189 votants, 269 inscrits), contre 30 à M. Muret de Bort; mais il échoua, le 1er août 1846, avec 104 voix contre 117 à l'élu, M. Thabaud-Linetière. A la Chambre il avait siégé dans l'opposition et voté *contre* l'indemnité Pritchard et *pour* la proposition Rémusat sur les députés fonctionnaires.

HEURTAUT (JEAN-MARIE), VICOMTE DE LA MERVILLE, député en 1789 et au Conseil des Cinq-Cents, né à Rouen (Seine-Inférieure) le 19 août 1740, mort dans sa terre de la Périsse, près de Dun-le-Roi (Cher), le 18 décembre 1810, servit d'abord au régiment d'Enghien, devint officier de marine, puis, ayant donné sa démission, se fit nommer adjoint à l'administration provinciale du Berry. Partisan des idées révolutionnaires modérées, il fut élu, le 27 mars 1789, député de la noblesse aux Etats-Généraux pour le bailliage du Berry, devint membre du comité de l'agriculture, puis successivement commissaire élu près l'administration centrale du département du Cher (6 septembre 1790), et président de l'assemblée administrative du Cher (1791). En 1793, il passa procureur général syndic du même département, puis commissaire du Directoire exécutif, et fut élu, le 22 germinal an VI, député du Cher au Conseil des Cinq-Cents, par 161 voix sur 184 votants. Président de ce Conseil l'année suivante, il fit adopter un projet d'organisation du Conservatoire de musique. De retour, après le 18 brumaire, dans sa propriété de la Périsse, qu'il avait acquise en 1773, et qui avait appartenu à Cujas, il se consacra à l'agriculture et à l'acclimatation des mérinos. Ses laborieuses tentatives lui valurent plusieurs médailles de la Société d'agriculture et de la Société d'encouragement. Membre associé de l'Institut, section d'économie rurale, il a publié un certain nombre de brochures dont les plus importantes sont : *De l'impôt territorial combiné avec les principes de Sully et de Colbert, adapté à la situation actuelle de la France* (Strasbourg, 1788); *Opinion sur le partage des biens communaux* (Paris, 1800). Il collabora aussi au *Cours complet* *d'agriculture pratique* (1809), et aux *Affiches du Berry* à la fin du siècle dernier.

HEURTIER (Nicolas-Jean-Jacques-François), représentant en 1849, né à Saint-Etienne (Loire) le 21 mars 1812, mort à Paris le 10 mars 1870, fit ses études au collège de Lyon et vint à Paris étudier le droit. De retour dans sa ville natale, il s'y inscrivit comme avocat et plaida avec succès. En 1846, il succéda à son père comme membre du conseil général de la Loire, et, après la révolution de février 1848, fut appelé, en qualité de maire de Saint-Etienne, à jouer un rôle important. Les gages qu'il donna dans cette situation au parti conservateur le firent inscrire aux élections du 13 mai 1849 sur la liste monarchiste : M. Heurtier fut élu représentant de la Loire à l'Assemblée législative, le 5e sur 9, par 35,923 voix (75,232 votants, 118,427 inscrits). Il siégea à droite et prit une part active aux travaux parlementaires, tant comme orateur que comme membre de diverses commissions. Il parla notamment sur l'état de siège (19 juillet 1849) et en faveur du maintien des octrois. Après avoir voté *pour* l'expédition romaine, *pour* la loi Falloux-Parieu sur l'enseignement, etc., il prêta son concours à la politique particulière de l'Elysée, et fut, aussitôt après le coup d'Etat, nommé membre de la Commission consultative. Lorsque la création du ministère de la Police entraîna la suppression du portefeuille ministériel de l'Agriculture et du Commerce, M. Heurtier fut chargé des fonctions de directeur général de ce département. En même temps il fut nommé conseiller d'Etat en service ordinaire, d'abord hors section, puis dans la section des travaux publics, de l'agriculture et du commerce. Il prit part à la conclusion du traité de commerce de 1855 entre la France et la Belgique. — Officier de la Légion d'honneur, M. Heurtier était décoré, en outre, de plusieurs ordres étrangers.

HÈVRE (Joseph), représentant en 1871, né à Méru (Oise) le 6 avril 1827, avocat et docteur en droit, ancien agréé au tribunal de commerce de la Seine, conseiller municipal de Mantes, fut élu représentant, le 2 juillet 1871, par le département de Seine-et-Oise, le 5e et dernier de la liste républicaine, avec 47,691 voix (81,398 votants, 132,708 inscrits), dans une élection partielle pour pourvoir au remplacement de cinq représentants démissionnaires ou qui avaient opté pour d'autres départements. Il prit place à gauche et vota *pour* l'amendement Barthe, *pour* le retour à Paris, *pour* la dissolution, *pour* la proposition du centre gauche, *pour* l'amendement Wallon, *pour* les lois constitutionnelles, *contre* le 24 mai, *contre* la démission de Thiers, *contre* la prorogation des pouvoirs du Maréchal, *contre* la loi des maires, *contre* le ministère de Broglie. Puis il échoua successivement : le 20 janvier 1876, comme candidat radical dans l'arrondissement de Mantes, avec 6,951 voix contre l'élu, M. Lebaudy ; le 14 octobre 1877, dans le même arrondissement, avec 4,316 voix contre 8,669 au député sortant, M. Lebaudy; le 21 août 1881, avec 6,267 voix contre 7,551 à M. Lebaudy ; le 4 avril 1886, à l'élection sénatoriale de Seine-et-Oise, avec 317 voix sur 1,309 votants, et, le 18 avril 1886, à une nouvelle élection sénatoriale en Seine-et-Oise, avec 373 voix sur 1,310 votants.

HEYDEN. — *Voy*. Belderbusch.

HIGONET (Philippe, baron), député de 1827 à 1830, né à Saint-Geniez-d'Olt (Aveyron) le 5 mai 1782, mort au château de Vayrac (Cantal) le 12 février 1859, s'engagea en 1803 au 4e régiment d'infanterie légère, assista à toutes les grandes batailles de l'empire, fut blessé à Austerlitz et à Iéna, eut un pied gelé en Russie, se signala au siège d'Hambourg et reçut un coup de lance à Mont-Saint-Jean. Chevalier de la Légion d'honneur après Iéna, il avait été promu colonel le 1er mars 1814, et créé baron de l'Empire. En 1816, il commanda la légion du Cantal et reçut la croix d'officier. Colonel de cette légion, devenue la 9e de ligne en 1820, il fit la campagne d'Espagne en 1823, fut nommé maréchal-de-camp, commanda la brigade de blocus de Saint-Sébastien, et, à la fin de la guerre, reçut la cravate de commandeur de la Légion d'honneur. Président du collège électoral du Cantal, il fut élu député dans le 1er arrondissement de ce département (Aurillac), le 17 novembre 1827, par 233 voix (303 votants, 371 inscrits), contre 34 à M. Delolm de Lalaubit, et fit, à la Chambre, un rapport sur le traitement des officiers en demi-solde. Commandant (1828) d'une brigade à l'armée expéditionnaire de Morée, il se distingua à Navarin et fut promu commandeur de Saint-Louis. Réélu député le 23 juin 1830, par 201 voix (333 votants, 378 inscrits), contre 96 à M. Parra, et 35 à M. Salvage, il donna sa démission après les événements de juillet, par la lettre suivante :

« Paris, 12 août 1830.

« Monsieur le président,

« Arrivé aujourd'hui à Paris, je m'empresse d'avoir l'honneur de vous informer que ma conscience m'oblige à donner ma démission de député du Cantal; je vous prie de la faire agréer à la Chambre, et de l'informer en même temps que je fais les vœux les plus ardents pour le bonheur des Français et pour la prospérité de notre chère patrie.

« J'ai l'honneur d'être, etc.

« Le baron Higonet. »

Il fut mis dans le cadre de disponibilité, se retira à Aurillac, où il s'occupa exclusivement d'agriculture, et devint président de la Société d'agriculture du Cantal. Le 30 mai 1848, il fut admis à la retraite comme général de brigade.

HILAIRE (Jacques-Bernard), député en 1791, né en 1753, mort à une date inconnue, homme de loi à Monestier (Haute-Loire), puis administrateur du district du Puy, fut élu, le 30 août 1791, député de la Haute-Loire à l'Assemblée législative, le 7e et dernier, par 130 voix sur 260 votants. Il vota avec la majorité et prit la parole, à la séance du 21 octobre 1791, pour protester contre les envahissements des membres du clergé et pour demander que les fonctions purement civiles leur fussent interdites. « Qu'uniquement occupés aux nobles emplois de la religion, vos prêtres, dit-il, ne soient jamais admis ni à faire vos lois, ni à les faire exécuter; leur influence est toujours dangereuse et leur opinion suspecte. » Il se prononça pour la liberté des cultes. On perd sa trace après la session.

HILLION (Joseph-Laurent-Marie), député de 1885 à 1889, né à Bourbriac (Côtes-du-Nord) le 3 septembre 1821, étudia le droit et fut, de 1860 à 1882, juge de paix du canton de Bourbriac. Membre du conseil général des Côtes-du-Nord pour le même canton en 1883, il devint se crétaire de ce conseil, et, porté aux élections législatives du 4 octobre 1885, sur la liste conservatrice des Côtes-du-Nord, fut élu député, le 3e sur 9, par 70,756 voix (113,479 votants et 163,318 inscrits); il siégea à droite et vota constamment avec la minorité monarchiste, sans jamais paraître à la tribune. En dernier lieu, il s'est abstenu sur le rétablissement du scrutin d'arrondissement, et s'est prononcé *pour* l'ajournement indéfini de la révision de la Constitution, *contre* les poursuites contre trois députés membres de la Ligue des patriotes, *contre* le projet de loi Lisbonne restrictif de la liberté de la presse, *contre* les poursuites contre le général Boulanger.

HIMBERT DE FLIGNY (LOUIS-ALEXANDRE' BARON), membre de la Convention, député au Conseil des Anciens et membre du Tribunat, né à la Ferté-sous-Jouarre (Seine-et-Marne) le 12 décembre 1750, mort à la Ferté-sous-Jouarre le 11 juin 1825, « fils de sieur Jean-Antoine Himbert de Pérolle, conseiller du roi, receveur des octrois de la Ferté-sous-Jouarre, et de Louise-Constance Buisson, son épouse, » était, en 1771, officier forestier de la maîtrise de Clermont-en-Beauvoisis. Ardent adepte de la Révolution, il fut nommé maire de la Ferté-sous-Jouarre en 1791, puis élu membre de la Convention par le département de Seine-et-Marne, le 7 septembre 1792, le 8e sur 11, avec 146 voix sur 186 votants. Secrétaire de cette assemblée, il fit décréter la démonétisation des assignats à face royale, et participa à la prise en considération de plusieurs mesures révolutionnaires. Mais ses opinions se modifièrent et s'adoucirent lors du procès de Louis XVI. Au 3e appel nominal il répondit : « Je viens comme législateur, et non comme juge, prononcer une mesure de sûreté générale. Je déclare que ce n'est point le refus de l'appel au peuple qui m'y détermine, c'est le sentiment intime que je n'ai pas le pouvoir de juger. Le peuple m'en a convaincu en nommant des hauts jurés pour une haute cour nationale. Il ne m'a pas donné un pouvoir dont il avait investi ces hauts jurés. Vous avez cassé la haute cour nationale. Eh! ne craignez-vous pas que l'histoire ne vous accuse d'avoir usurpé un pouvoir qui vous manquait ? Je vote pour la réclusion pendant la guerre, et le bannissement après la paix. » Il ne prit ensuite la parole que sur des questions de finances. Chargé, en 1793, de veiller aux approvisionnements de Paris, il remplit cette mission avec beaucoup d'habileté et d'énergie, et fut élu, le 23 vendémiaire an IV, député de Seine-et-Marne au Conseil des Anciens, par 137 voix sur 236 votants. Il y parla contre l'impôt des patentes, pour la libre circulation des grains, et en faveur des fugitifs du Bas-Rhin que l'on voulait assimiler aux émigrés. Partisan de Bonaparte et favorable au 18 brumaire, il fut nommé membre du Tribunat, le 4 nivôse an VIII, soutint la politique du premier Consul et s'occupa principalement d'administration forestière. Préfet des Vosges le 6 brumaire an XII, membre de la Légion d'honneur le 25 prairial suivant, chevalier de l'Empire le 5 octobre 1808, et baron le 14 février 1810, il se signala pendant l'invasion par l'énergie de sa résistance, fut arrêté par les Cosaques au mois de janvier 1814, entre Épinal et Igny, et interné à Ulm, où il resta jusqu'à la paix. Aux Cent-Jours, il refusa la préfecture de Tarn-et-Garonne. On a de lui : *la Mort de Henri de Guise*, tragédie en cinq actes (Aubusson-Paris, 1823), qui ne fut jamais représentée.

HINGANT (JACQUES-NICOLAS), député en 1789, né à Andel (Côtes-du-Nord) le 10 septembre 1745, mort à Andel le 3 septembre 1822, d'une famille bourgeoise du pays de Lamballe, était recteur d'Andel, sa paroisse natale, lorsqu'il fut élu, le 1er avril 1789, député du clergé aux États-Généraux par la sénéchaussée de Saint-Brieuc. Il se réunit au tiers-état, mais refusa le serment à la Constitution civile, vota avec la droite, adhéra à l'*Exposition des principes* publiée par les évêques députés, et signa la protestation du 12 septembre 1791, à la clôture de l'Assemblée. Puis il émigra, habita Jersey, passa de là en Angleterre, et revint, à l'époque du Concordat, prendre possession de son ancien presbytère, qu'il ne quitta plus qu'à sa mort (1822).

HINGRAY (JOSEPH-CHARLES), représentant du peuple en 1848, né à Épinal (Vosges) le 24 octobre 1796, mort à Paris le 7 juin 1870, libraire à Paris, colonel de la 10e légion de la garde nationale, connu par le procès que lui valut son refus de se soumettre au péage du pont des Arts, fut élu représentant des Vosges à l'Assemblée constituante, le 23 avril 1848, par 64,063 voix (85,950 votants, 106,755 inscrits). Il prit place à gauche, fit partie du comité de la Justice, et vota *pour* le bannissement de la famille d'Orléans, *pour* les poursuites contre L. Blanc, *contre* les poursuites contre Caussidière, *contre* l'impôt progressif, *contre* l'incompatibilité des fonctions, *pour* l'amendement Grévy, *contre* la sanction de la Constitution par le peuple, *pour* l'ensemble de la Constitution, *contre* la proposition Rateau, *contre* l'expédition de Rome, *pour* la demande de mise en accusation du président et des ministres. Après la session, il reprit son métier de libraire.

HINSSELIN (FRANÇOIS), député en 1791, né à Paris le 26 décembre 1755, mort en 1810, « fils de Pierre-Augustin Hinsselin, marchand épicier-apothicaire, rue Saint-Jacques, de cette paroisse (Paris), et de Marie Guibert, sa femme, » fut, au début de la Révolution, procureur-syndic du district de Clermont (Oise), puis « magistrat de sûreté » dans la même ville. Le 4 septembre 1791, il fut élu député de l'Oise à l'Assemblée législative, le 9e sur 12, par 264 voix (355 votants). Hinsselin s'y fit peu remarquer, et se borna à voter silencieusement avec la majorité.

HIS (JEAN), député de 1827 à 1848, né à Bellore (Orne) le 26 octobre 1782, mort à Argentan (Orne) le 18 mars 1854, avocat à Argentan, conseiller municipal, maire de cette ville, conseiller général, fut successivement élu député dans la 2e arrondissement électoral de l'Orne (Argentan), le 17 novembre 1827, par 188 voix (308 votants, 374 inscrits), contre 115 à M. le comte de Chambray ; le 23 juin 1830, par 227 voix (340 votants, 392 inscrits), contre 113 à M. le comte de Choiseul ; le 5 juillet 1831, par 203 voix (221 votants, 303 inscrits) ; le 21 juin 1834, par 160 voix (226 votants, 293 inscrits), contre 59 à M. de Fontenay ; le 4 novembre 1837, par 154 voix (199 votants, 301 inscrits) ; le 2 mars 1839, par 178 voix (241 votants) ; le 9 juillet 1842, par 172 voix (207 votants, 333 inscrits), contre 11 à M. de Joué ; le 1er août 1846, par 182 voix (233 votants, 339 inscrits). Sous Charles X, il appuya le ministère Martignac, combattit le ministère Polignac et fut des 221. Sous Louis-Philippe, ministériel un peu hésitant, il suivit

23

en général la politique de M. Dupin, s'abstin dans l'affaire Pritchard, vota *pour* la proposi tion sur les députés fonctionnaires et *contre* celle relative aux annonces judiciaires. Il rentra dans la vie privée à la révolution de 1848.

HIS. — *Voy.* BUTENVAL (BARON DE).

HITTE (JEAN-ERNEST DUCOS, VICOMTE DE LA), ministre, représentant en 1850-51 et sénateur du second Empire, né à Bessières (Haute-Ga ronne) le 5 septembre 1789, mort à Bessières le 22 septembre 1878, passa par l'Ecole polytech nique, en sortit en 1809 lieutenant d'artillerie, et fit ses premières campagnes en Espagne où il gagna le grade de capitaine. Il servit la Restau ration, fit partie de l'expédition d'Espagne en 1823, d'où il revint colonel, puis de celles de Morée (1828) et d'Alger (1830), en qualité de maréchal- de-camp. M. de la Hitte était alors attaché à la personne du Dauphin. La révolution de juil let interrompit momentanément sa carrière. Toutefois, en 1838, il devint commandant de l'école d'artillerie de Besançon, fut chargé, en 1839, du commandement de l'artillerie en Afrique, et, après s'être distingué aux combats de Mouzaïa et de Médéah, obtint le brevet de lieutenant-général, le 21 juin 1840; il fut nommé ensuite président du comité d'artillerie. Mis à la retraite d'office par un décret du gouverne ment provisoire (1848), le général de la Hitte, dont les sentiments antirépublicains étaient bien connus, se rallia au parti de L.-N. Bona parte, et, bien qu'il n'eût encore aucune situa tion parlementaire, fut choisi par lui comme ministre des Affaires étrangères en novembre 1849, portefeuille qu'il garda jusqu'au 9 janvier 1851. Il fit une première tentative infructueuse à Paris, lors des élections partielles du 10 mars 1850, pour entrer à l'Assemblée législative: il n'obtint que 125,478 voix sur 260,198 votants; mais il fut plus heureux, le 3 novembre de la même année, et devint représentant du Nord avec 63,891 voix (68,497 votants, 42,205 inscrits), en remplacement de M. Wallon, démissionnaire. Il ne conserva son siège que peu de temps; ayant donné sa démission de représentant en mai 1851, il fut nommé inspecteur de l'Ecole polytechnique, adhéra au coup d'Etat de dé cembre, fit partie de la Commission consultative, et, le 26 janvier 1852, fut appelé au Sénat. Il y siégea pendant toute la durée de l'Empire, parmi les partisans fidèles du gouvernement de Napoléon III, et rentra dans la vie privée au 4 septembre 1870. Grand-croix de la Légion d'honneur du 10 août 1853.

HOCHET (AUGUSTIN-GUILLAUME), député en 1791, né à Manneville-ès-Plains (Seine-Infé rieure) le 18 février 1751, mort à une date inconnue, était cultivateur avant la Révolu tion. Il se déclara pour les idées nouvelles, fut élu (novembre 1790) juge de paix de la 2e sec tion du canton de Saint-Valéry-en-Caux, et, le 7 septembre 1791, député de la Seine-Inférieure à l'Assemblée législative (le procès-verbal de cette élection manque aux Archives). Il appar tint à la majorité, et revint dans son départe ment, où il remplit plus tard (28 pluviôse an IX) les fonctions de juge de paix à Saint- Valéry-en-Caux.

OCHET (PROSPER), député de 1846 à 1848, né à Paris le 26 avril 1810, mort à Paris le 19 mai 1883, entra dans l'administration et devint, sous Louis-Philippe, secrétaire général du conseil d'Etat. Le 1er août 1846, il fut élu député par le 3e collège du Cher (Saint-Amand),

avec 216 voix sur 269 votants et 427 inscrits, contre 145 à M. Bonnaire, député sortant. M. P. Hochet prit place au 9e banc du centre droit et vota, jusqu'à la révolution de février 1848, *pour* le ministère Guizot. « M. Hochet est-il du centre gauche ou ministériel!? deman dait un biographe. Les électeurs n'y ont pas trop réfléchi; ils tenaient à punir M. Bonnaire de sa défection scandaleuse, et lui ont substitué le premier venu. C'est fort bien, mais si M. Bon naire est châtié, le ministère l'est-il? Non, car M. Hochet vote pour lui. » Il rentra dans la vie privée en 1848.

HOCHSTUHL (ALPHONSE), représentant du peuple en 1850-51, né à Montbéliard (Doubs) le 16 octobre 1823, mort à Strasbourg (Bas-Rhin) le 9 juillet 1875, exerçait à Strasbourg la pro fession d'instituteur primaire. D'opinions répu blicaines avancées, il fut porté par le parti dé mocratique du Bas-Rhin sur la liste formée dans ce département en vue de remplacer cinq repré sentants condamnés pour l'affaire du 13 juin 1849, et, le 10 mars 1850, le 5e et dernier, repré sentant du peuple à l'Assemblée législative, par 54,406 voix (97,491 votants, 137,534 inscrits), il alla siéger à la Montagne. M. Hochstuhl vota en toute circonstance avec la minorité républi caine de l'Assemblée, se prononça *contre* les lois répressives, et protesta contre le coup d'Etat, qui le rendit à la vie privée.

HOCQUART (MATHIEU-LOUIS), député de 1820 à 1827 et de 1828 à 1831, né à Paris le 4 juin 1760, mort à Toulouse (Haute-Garonne) le 14 mai 1843, d'une famille de magistrats, étu dia le droit et resta volontairement à l'écart des emplois publics sous le Consulat et l'Empire. « Pendant les Cent-Jours, écrit un biographe, il fut assez heureux pour rendre des services à la cause royale, et on l'en récompensa en l'im provisant premier président de la cour royale de Toulouse. » M. Hocquart occupait en effet cette fonction, lorsqu'il fut, le 13 novembre 1820, élu député par le collège de département de la Haute-Garonne, avec 227 voix (385 votants, 412 inscrits). Il prit place à droite, opina avec la majorité, fut renommé, le 10 octobre 1821, par 250 voix (271 votants, 404 inscrits), et, devenu président du grand collège de la Haute- Garonne, obtint encore sa réélection, le 6 mars 1824, par 259 voix (292 votants, 357 inscrits). Il se montra tout dévoué au ministère Villèle et parut quelquefois à la tribune pour appuyer sa politique. Il désirait vivement la pairie, à laquelle, pourtant, il ne parvint pas. « Quand M. Hocquart pérore à la Chambre, dit le bio graphe déjà cité, on le croirait assis sur les fleurs de lis, et l'entendre prononcer un arrêt. Son ton est lent, monotone, solennel, et son organe caverneux envoie au loin les douleureux syllabes... » Le 17 novembre 1827, il se pré senta sans succès dans le 1er arrondissement de la Haute-Garonne (Toulouse), et n'obtint que 101 voix contre 205 à l'élu, M. Dubourg. Mais il prit sa revanche l'année d'après et rentra à la Chambre, le 24 février 1828, comme l'élu du 3e arrondissement du même département (Vil lefranche), avec 83 voix sur 168 votants et 217 inscrits. Il vota pour le ministère Polignac, ne fut pas des 221, fut encore réélu, le 3 juillet 1830, par le collège de département de la Haute- Garonne, avec 222 voix (329 votants, 381 ins crits), se résigna, après les journées de juillet, à prêter serment à Louis-Philippe, resta député jusqu'en 1831, et présida la cour de Toulouse jusqu'à sa mort (1843). Officier de la Légion d'honneur et chevalier de Malte.

HOCQUART (GILLES-TOUSSAINT), COMTE DE TURTOT, pair de France, né à Bréauté (Seine-Inférieure) le 5 septembre 1765, mort à Paris le 3 décembre 1835, « fils de messire Toussaint Hocquart, chevalier de l'ordre royal et militaire de Saint-Louis, chef d'escadre des armées navales de Sa Majesté, et de noble dame Marie-Anne Compoint de Boalhard, son épouse, » fut créé comte de l'Empire le 21 novembre 1810, et nommé pair de France le 5 novembre 1827. Ses services ont été fort obscurs, puisqu'une biographie du temps, consacrée aux soixante-seize, ne lui accorde que cette mention : « Hocquart (le comte), rue du Faubourg-Saint-Honoré, n° 114. » Son élévation à la pairie fut du nombre de celles qui furent annulées par la Charte de 1830.

HODICQ (COMTE D'). — Voy. COURTEVILLE.

HOFER (JOSUÉ), représentant en 1849, né à Mulhouse (Haut-Rhin) le 31 juillet 1805, était manufacturier dans sa ville natale. Républicain, il fut inscrit, aux élections du 13 mai 1849 pour la Législative, sur la liste du parti démocratique socialiste, et, élu représentant du Haut-Rhin, le 8e su. 10, par 33,776 voix (118,335 inscrits), il siégea à la Montagne. M. Hofer soutint l'interpellation de Ledru-Rollin sur les affaires de Rome, signa la proposition de mise en accusation du président de la République et des ministres, ainsi que l'appel à l'insurrection, et se rendit, le 13 juin, au Conservatoire des Arts-et-Métiers. Des poursuites ayant été autorisées contre lui par la majorité de l'Assemblée, il fut impliqué dans le procès jugé par la Haute-Cour de Versailles ; mais il avait quitté, dès le 1er juillet, le domicile qu'il occupait à Paris, rue de la Paix, n° 22, et c'est par contumace qu'il fut condamné à la déportation. Il ne fit pas partie d'autres assemblées.

HOFFELIZE (JOSEPH-GASPARD, COMTE D'), député de 1822 à 1827, et pair de France, né à Nancy (Meurthe) le 5 janvier 1765, mort à Longuyon (Moselle) le 6 janvier 1849, « fils de haut et puissant seigneur Messire Charles-George, comte d'Hoffelize, chevalier, seigneur de Valfroicourt et autres lieux, chambellan de leurs Majestés Impériales, colonel d'un régiment de grenadiers royaux de son nom, et de haute et puissante dame Madame Marie-Louise de Nettancourt, son épouse, » fut lieutenant-colonel de cavalerie sous l'ancien régime. A la Restauration, il devint conseiller général de la Moselle, chevalier de Saint-Louis et de la Légion d'honneur. Le 20 novembre 1822, il fut élu député du collège de département de la Moselle, par 121 voix (198 votants, 228 inscrits), et réélu, le 6 mars 1824, par 118 voix (197 votants, 222 inscrits). Il appuya tous les projets ministériels présentés à la Chambre septennale. Nommé pair de France le 5 novembre 1827, il fut mis à la retraite comme lieutenant-colonel de cavalerie le 25 février 1829, et vit sa nomination à la Chambre haute annulée par la Charte de 1830.

HOFFELIZE (CHRISTOPHE-THIÉBAULT, COMTE D'), député de 1824 à 1827, né à Nancy (Meurthe) le 20 septembre 1767, mort à Nancy le 2 juin 1842, frère du précédent, quitta la France au début de la Révolution, servit dans l'armée de Condé et, rentré en France sous le Con-

sulat, n'exerça aucune fonction jusqu'au retour des Bourbons. Alors il reprit du service comme lieutenant-colonel de cavalerie ; puis il fut élu, le 6 mars 1824, député de la Meurthe, au collège de département, par 177 voix (194 votants, 224 inscrits). M. d'Hoffelize siégea à droite et fit partie de la majorité qui soutint M. de Villèle au pouvoir. Des affaires de famille l'éloignèrent de la Chambre pendant une grande partie de la session de 1825. Chevalier de Saint-Louis et chevalier de la Légion d'honneur, il fut admis à la retraite avec le grade de lieutenant-colonel le 25 février 1829.

HOFFMANN (JOSEPH-ANDRÉ), député au Corps législatif en l'an X, né à Mayence (Allemagne) en 1753, mort à Francfort-sur-le-Mein (Allemagne) le 12 septembre 1849, était professeur à Mayence. Il présida, en mars 1793, la convention nationale de cette ville, et prit la fuite lorsque les Français se retirèrent. Plus tard, après l'annexion, il fut appelé aux fonctions de receveur général du département du Mont-Tonnerre, et, le 4 nivôse an X, fut désigné par le Sénat conservateur pour représenter ce département au Corps législatif. Il ne fit pas partie d'autres assemblées.

HOHENLOHE (LOUIS-ALOYS-JOACHIM-FRANÇOIS-XAVIER-ANTOINE DE), PRINCE DE WALDENBOURG-BARTEINSTEIN, pair de France, né à Barteinstein (Prusse) le 18 août 1765, mort à Paris le 31 mai 1829, d'une famille souveraine originaire de Franconie et déjà puissante au neuvième siècle, était colonel des chevau-légers de Lissange en 1788, puis colonel propriétaire du régiment de Hohenlohe ; il fit campagne avec lui, de 1792 à 1794, à l'avant-garde de l'armée de Condé. Il montra autant de sang-froid que de courage à Bommel, à Wissembourg, au lac de Constance, fut fait chevalier de Saint-Louis en 1795, et, lorsque la cause des Bourbons parut perdue, entra au service de l'Autriche comme général-major (1799). Lieutenant-général en 1801, gouverneur des deux Gallicies en 1807, il fut sommé par Napoléon de quitter le service de l'Autriche, et de rentrer dans sa principauté ; sur son refus, cette principauté fut réunie au royaume de Wurtemberg. Le prince de Hohenlohe se battit à Leipsig, et, en 1814, s'empara de Trozet au nom des alliés. Louis XVIII lui accorda, en 1815, des lettres de grande naturalisation, et lui fit don du château de Lunéville. En 1823, il commanda une division de l'armée française en Espagne, fut nommé maréchal de France en 1827, et pair de France le 5 novembre de la même année. Il mourut moins de deux ans après. On a de lui : *Réflexions militaires* (1818). Commandeur de Saint-Louis, de Saint-Michel et du Saint-Esprit, grand-croix de Sainte-Anne de Russie, etc., etc.

HONNORE (AUGUSTE-JULES-LÉON), sénateur de 1879 à 1886, né à Monthureux-sur-Saône (Vosges) le 29 septembre 1836, mort à Paris le 5 mai 1886, fils d'un juge de paix de Saint-Mihiel (Meuse), fit ses classes au collège d'Epinal et son droit à Paris. Reçu avocat, il s'inscrivit au barreau de Saint-Mihiel, entra dans la magistrature sous l'Empire, successivement comme substitut à Saint-Mihiel (15 avril 1865), à Epinal (21 novembre 1866), et fut nommé procureur impérial à Mirecourt le 4 octobre 1868. Rallié à la République après 1870, il s'occupa assez activement de politique, soutint le gouvernement de Thiers comme président d'un comité démocratique électoral à Mirecourt, et, nommé procureur de la République à Verdun (novembre 1871), quitta bientôt ce poste pour celui de substitut du procureur général à Nancy (16 août 1872). Il s'y distingua, fut promu, le 8 janvier 1877, procureur de la République à Nancy, et fut révoqué la même année par le gouvernement du Seize-Mai pour avoir publiquement refusé de poursuivre des journaux républicains de la région. M. Dufaure le réintégra dans ses fonctions en 1878. Le 5 janvier 1879, M. Honoré, porté comme candidat républicain dans la Meuse aux élections sénatoriales, fut élu par 390 voix sur 649 votants. le second sur deux. Il s'inscrivit au groupe de la gauche républicaine, vota *pour* l'article 7 de la loi sur l'enseignement supérieur, *pour* les lois nouvelles sur la presse et le droit de réunion, *pour* la politique opportuniste, *pour* la modification du serment judiciaire, *pour* la réforme du personnel de la magistrature, *pour* le divorce, *pour* les credits de l'expédition du Tonkin, prit quelquefois la parole dans l'Assemblée, et succomba à Paris, en 1885, aux suites d'un accès de goutte.

HOPSOMÈRE (CONSTANT-LOUIS), député au Conseil des Anciens et au Corps législatif de l'an VIII à 1803, né à Gand (Belgique) en 1752, mort à une date inconnue, administrateur du département de l'Escaut, fut élu par ce département, le 21 germinal an VI, député au Conseil des Anciens, avec 103 voix sur 154 votants. Il fit affecter l'église de Saint-Pierre de Gand à l'établissement d'un musée, devint secrétaire du Conseil, donna son opinion sur les élections du département de l'Escaut, et, s'étant montré favorable au coup d'Etat de brumaire, fut désigné par le Sénat conservateur, le 4 nivôse an VIII, pour représenter ce département au nouveau Corps législatif. Il y siégea jusqu'en 1803.

HORN(JEAN-PHILIPPE-CHRISTOPHE-LÉOPOLD, BARON), député au Corps législatif de 1807 à 1811, né à Kaiserslautern (Bavière) le 25 septembre 1756. mort à une date inconnue, fut grand-bailli dans son pays natal, puis président du tribunal des Deux-Ponts. Sous la domination française, le baron Horn fut élu (7 mars 1807), par le Sénat conservateur, député du département du Mont-Tonnerre au Corps législatif. Il y siégea jusqu'en 1811.

HORTEUR (JULES-FRANÇOIS), député depuis 1876, né aux Chavannes (Savoie) le 17 septembre 1842, se fit recevoir avocat, devint maire des Chavannes. conseiller général du canton de la Chambre depuis le 8 octobre 1871, et, partisan d'une république modérée, se présenta à la députation, le 20 février 1876, dans l'arrondissement de Saint-Jean-de-Maurienne (Savoie). Il fut élu, au second tour de scrutin, le 5 mars, par 5,595 voix sur 9,897 votants et 12,820 inscrits, contre 4,284 voix au député sortant, conservateur, M. Grange-Humbert. Il prit place au centre gauche, vota *contre* l'amnistie plénière. *pour* la proposition Gatineau, *pour* l'augmentation du traitement des desservants, *contre* le cabinet de Broglie-Fourtou, et fut des 363. Après la dissolution de la Chambre par le cabinet du 16 mai, il fut réélu député le 14 octobre 1877, par 5,785 voix sur 10,835 votants, et 13,088 inscrits, contre 5,037 voix à M. Grange-Humbert, candidat du gouvernement du maréchal de Mac-Mahon. Il se fit inscrire à l'Union républicaine, sans approuver la politique antireligieuse de certains ministres

républicains, qu'il soutint d'ailleurs sur les autres questions. Aux élections du 21 août 1881, il fut réélu, sans concurrent, par 8,029 voix sur 8,422 votants et 13,928 inscrits, continua de siéger à la gauche modérée, et, porté, au renouvellement du 4 octobre 1885, sur la liste républicaine de la Savoie, fut élu, le 1er sur 4, avec 30,466 voix sur 53,829 votants et 67.617 inscrits. M. Horteur a été plusieurs fois nommé secrétaire de la Chambre, récemment encore le 8 janvier 1889; il s'est prononcé, dans la dernière session, *pour* le rétablissement du scrutin d'arrondissement (11 février 1889), *pour* les poursuites contre trois députés membres de la Ligue des patriotes, *pour* le projet de loi Lisbonne restrictif de la liberté de la presse, *pour* les poursuites contre le général Boulanger; il s'était abstenu sur l'ajournement indéfini de la revision de la Constitution (chute du ministère Floquet).

HOTTINGUER (JEAN-CONRAD, BARON), représentant à la Chambre des Cent-Jours, né à Zurich (Suisse) le 15 février 1764, mort dans son domaine de Piple, commune de Boissy Saint-Léger (Seine-et-Oise), le 12 septembre 1841, fonda à Paris une importante maison de commerce qu'il dirigea longtemps et qui lui valut, en France et à l'étranger, une situation considérable. Créé baron de l'Empire le 19 septembre 1810, il commanda en 1814, comme colonel, la 3e légion de la garde nationale à Paris, et fut, le 8 mai 1815, élu représentant à la Chambre des Cent-Jours, « par le commerce » du département de la Seine, avec 72 voix sur 113 votants et 216 inscrits. Après la session, il reprit ses occupations, devint président de la chambre de commerce, juge au tribunal de commerce et régent de la Banque de France, puis se retira des affaires, qu'il abandonna à son fils aîné. « M. Hottinguer, écrivit le *Moniteur* en annonçant sa mort, était un des négociants qui, depuis un demi-siècle, avaient le plus honoré le commerce de notre pays. Il avait occupé successivement, dans le cours de son utile carrière, presque toutes les places auxquelles un négociant peut être appelé par l'estime de ses concitoyens. »

HOUDAILLE(JULES-NICOLAS-PIERRE), député de 1885 à 1889, né à Avallon (Yonne) le 24 avril 1816, avocat. maire de cette ville et membre du conseil général de l'Yonne, fut inscrit, aux élections législatives du 4 octobre 1885, sur la liste républicaine opportuniste de son département. réunit, au premier tour de scrutin, 31,644 voix, et fut élu, au scrutin de ballottage, le 6e et dernier, député de l'Yonne, par 52,267 voix sur 86,690 votants et 109,551 inscrits. M. Houdaille fit partie de la majorité gouvernementale, avec laquelle sans paraître à la tribune, il opina presque constamment, *pour* les ministères Rouvier et Tirard, et *contre* la revision de la Constitution; il s'abstint cependant sur l'expulsion des princes. En dernier lieu, il s'est prononcé *pour* le rétablissement du scrutin d'arrondissement (11 février 1889), *pour* l'ajournement indéfini de la revision de la Constitution, *pour* les poursuites contre trois députés membres de la Ligue des patriotes, *pour* le projet de loi Lisbonne restrictif de la liberté de la presse, *pour* les poursuites contre le général Boulanger. Président du comice agricole d'Avallon depuis 1879, M. Houdaille est membre de plusieurs sociétés de bienfaisance et officier d'Académie.

HOUDBERT (Michel), député au Conseil des Cinq-Cents, né à la Flèche (Sarthe) le 30 juin 1768, mort au Mans (Sarthe) le 9 mai 1842, était notaire à la Flèche, lorsqu'il fut élu, le 24 germinal an VI, député de la Sarthe au Conseil des Cinq-Cents. Il s'y fit peu remarquer et obtint sa réélection le 24 germinal an VII. Son nom n'est pas au *Moniteur.*

HOUDEBERT (Joseph-Louis-Noel), député au Conseil des Cinq-Cents, et au Corps législatif de l'an VIII à 1803, né à Loué (Sarthe) le 27 décembre 1755, mort à une date inconnue, notaire à Loué, fut, le 25 germinal an VII, élu député de ce département au Conseil des Cinq-Cents. Il se montra favorable au coup d'Etat de brumaire, et fut appelé, le 4 nivôse an VIII, par le Sénat conservateur, à siéger comme député de la Sarthe au nouveau Corps législatif, d'où il sortit en 1803.

HOUDET (Guillaume-Benoit), député en 1789, né à Meaux (Seine-et-Marne) le 6 février 1744, mort à Château-Thierry (Aisne) le 14 mars 1812, était lieutenant criminel à Meaux avant la Révolution. Elu député du tiers aux Etats-Généraux par le bailliage de Meaux, le 20 mars 1789, il fut « adjoint au doyen des communes », et ne prit la parole que pour proposer de placer Laborde, lieutenant général de Crécy, sous la sauvegarde de la loi. Le *Moniteur* ne mentionne pas autrement son nom.

HOUDETOT (Frédéric-Christophe, vicomte d'), pair de France, représentant en 1849, député au Corps législatif de 1852 à 1857, né à Paris le 16 mai 1778, mort à Paris le 20 janvier 1859, était le petit-fils de Mme d'Houdetot, la célèbre amie de J.-J. Rousseau. La conscription le fit, en 1798, canonnier pendant quelque temps. Puis il s'adonna aux arts et travailla dans les ateliers de Regnault et de David. Entré, en février 1806, au conseil d'Etat comme auditeur, il reçut, en octobre de la même année, une mission d'intendant civil (administrateur des contributions indirectes) à Berlin pendant l'occupation de la Prusse, revint en France et fut nommé (janvier 1808) sous-préfet de Château-Salins. Chargé ensuite (le 18 septembre) de la préfecture de l'Escaut, il fut créé baron de l'Empire le 18 juin 1809, et chevalier de la Légion d'honneur le 29 mai 1810, puis officier du même ordre le 30 juin 1811. Préfet de Bruxelles en 1812, le comte d'Houdetot n'abandonna ce poste, deux ans plus tard, qu'après avoir épuisé tous les moyens de résistance contre les alliés. Il n'accepta aucune fonction sous la première Restauration. Le 12 juin 1815, Louis XVIII lui confia la préfecture du Calvados, occupée militairement par les Prussiens qui y avaient frappé d'énormes contributions de guerre. M. d'Houdetot, ayant résisté à ces exactions avec énergie, fut gardé à vue, et se voyait menacé d'être conduit en Prusse, lorsque le gouvernement obtint non sans peine son élargissement. Il eut à s'opposer ensuite aux injonctions des « volontaires royaux » dont le duc d'Aumont était le chef; mal soutenu par le ministre de l'Intérieur, M. de Vaublanc, il donna sa démission; peu de temps auparavant, il avait sauvé le général Grouchy en le prévenant que l'ordre était donné de l'arrêter. Le 5 mars 1819, le ministre Decazes appela M. d'Houdetot à la Chambre des pairs, où il siégea parmi les royalistes constitutionnels : ayant accepté en 1830 la monarchie de Louis-Philippe, il conserva son siège jusqu'en 1848. Lors des élections du 13 mai 1849 à l'Assemblée législative, il fut

élu représentant du Calvados, le 6e sur 10, par 63,365 voix (86,996 votants, 137,851 inscrits). M. d'Houdetot prit place à droite, appartint à la majorité conservatrice et monarchiste, vota *pour* l'expédition de Rome, *pour* la loi Falloux-Parieu sur l'enseignement, etc., se rallia à la politique de l'Elysée, et, après le coup d'Etat, fut désigné comme le candidat du gouvernement au Corps législatif dans la 2e circonscription du Calvados, et élu député, le 29 février 1852, par 19,456 voix (20,000 votants et 33,307 inscrits. Il prit part à l'établissement du régime impérial qu'il soutint de ses votes dans les rangs de la droite dynastique, fut réélu, comme candidat officiel, le 22 juin 1857, par 17,762 voix (18,135 votants, 32,088 inscrits), et mourut en 1859, pendant la législature. Il était, depuis le 30 mai 1837, commandeur de la Légion d'honneur, et, depuis 1841, membre libre de l'Académie des Beaux-Arts.

HOUDETOT (Charles-Ile-de-France, comte d'), député de 1837 à 1839 et de 1842 à 1848, né à Fort-Nord-Ouest (Ile-de-France) le 6 juillet 1789, mort à Carlepont (Oise) le 5 octobre 1866, frère du précédent, entra à quinze ans dans la marine comme novice et assista à presque toutes les escarmouches que la flottille de Boulogne livra à la croisière anglaise. A Trafalgar, il fut grièvement blessé à bord de l'*Algésiras* (21 octobre 1805). Appelé à servir à terre en 1809, il fut nommé lieutenant au 1er chasseurs à cheval, assista à Wagram, fit la campagne de Russie où il devint aide-de-camp de Davout, chef d'escadron et chevalier de la Légion d'honneur, défendit Hambourg en 1813, et, en 1815, suivit le prince d'Eckmühl à l'armée de la Loire. Remis en activité en 1818, il reçut la croix de Saint-Louis, prit part à la campagne d'Espagne en 1823, et fut promu lieutenant-colonel et officier de la Légion d'honneur. Aide-de-camp du duc d'Orléans en 1826, colonel en 1830, maréchal-de-camp en 1836, grand-officier de la Légion d'honneur en 1840, lieutenant-général le 8 avril 1842, il fit plusieurs campagnes en Afrique et fut chargé de l'organisation des dix premiers bataillons de chasseurs à pied, dits chasseurs d'Orléans. Ses occupations militaires ne l'empêchèrent point d'exercer un mandat législatif. Il fut élu député par le 3e collège du Calvados (Bayeux), le 4 novembre 1837, avec 285 voix (487 votants, 735 inscrits); il obtint, aux élections suivantes, le 2 mars 1839, le même chiffre de voix (325) que son concurrent, M. Gourdier-Deshameaux, qui fut élu au bénéfice de l'âge. Cette élection ayant été annulée par la Chambre, M. d'Houdetot l'emporta cette fois avec 335 voix (644 votants), contre 328 à M. Gourdier-Deshameaux. L'élection fut encore annulée, et, finalement, M. d'Houdetot échoua, le 5 juillet 1839, avec 298 voix contre 327 à son concurrent, M. Gourdier-Deshameaux, élu. Mais au renouvellement du 9 juillet 1842, M. d'Houdetot fut élu par 368 voix (712 votants, 872 inscrits), contre 281 à M. Gourdier-Deshameaux et 56 à M. de Caumont, et réélu, le 1er août 1846, par 436 voix (679 votants, 910 inscrits), contre 214 à M. Gourdier-Deshameaux. Très dévoué à la famille d'Orléans, il appuya toutes les motions ministérielles, et fut mis d'office à la retraite, comme général de division, le 8 juin 1848.

HOUDOUART (François-Robert), député au Corps législatif de l'an XIV à 1810, né à Orléans (Loiret) le 6 juin 1761, mort à Paris le 10 février 1810, « fils de François Houdouart et de dame Thérèse Benoist, » était, en 1800, ingénieur des ponts et chaussées du département de l'Yonne, lorsque le premier Consul lui donna la direction des travaux du Simplon. Plus tard, il fut appelé à Naples, et alla visiter le Vésuve; le désir de se livrer à des expériences nouvelles l'ayant fait descendre dans le cratère du volcan, les observations qu'il publia furent accueillies avec éloge. Les journaux du temps contiennent un récit curieux de cette entreprise hardie. Le 2 vendémiaire an XIV (1806), Houdouart, sur la présentation du corps électoral de l'Yonne, fut désigné par le Sénat conservateur comme député de ce département au Corps législatif; il y siégea jusqu'à sa mort.

HOUEL (JEAN-HUBERT), représentant du peuple en 1848 et en 1849, né à Deycimont (Vosges) le 4 avril 1802, d'une famille de cultivateurs, fut destiné d'abord à l'enseignement et admis à l'Ecole normale; sorti de cet établissement à son licenciement (1822), il préféra l'étude du droit, se fit recevoir avocat et s'établit comme notaire à Saint-Dié. Après avoir exercé cette profession pendant dix ans (de 1827 à 1837), il se fit inscrire au barreau de Saint-Dié, fit partie du consei. d'arrondissement (1842), adhéra timidement en 1848 à la République, et fut élu, le 23 avr., le 8ᵉ sur 11, par 58,194 voix (85,950 votats, 106,755 inscrits), représentant des Vosges à l'Assemblée constituante. M. Houël fit partie du comité de l'instruction publique, et vota avec la fraction la plus conservatrice du parti républicain : *pour* le rétablissement du cautionnement, *pour* les poursuites contre Louis Blanc et Caussidière, *pour* le rétablissement de la contrainte par corps, *contre* l'amendement Grévy, *contre* le droit au travail, *pour* l'ordre du jour en l'honneur de Cavaignac, *contre* l'amnistie, *contre* l'interdiction des clubs, *pour* l'expédition romaine. Son opposition extrêmement modérée au gouvernement de L.-N. Bonaparte paraît s'être bornée à opiner, le 12 mars 1849, *contre* l'augmentation de 50.000 francs par mois demandée pour le traitement du président de la République; il soutint le ministère Odilon Barrot. Réélu à la Législative par le même département, le 13 mai 1849, le 2ᵉ sur 9, avec 35,272 voix (71,000 votants, 116,982 inscrits), il conforma ses opinions et ses votes à ceux du groupe dont Dufaure était l'inspirateur, protesta à la mairie du 10ᵉ arrondissement contre le coup d'Etat de décembre, et rentra dans la vie privée, après quelques jours de détention.

HOUITTE DE LA CHESNAIS (JEAN-JOSEPH-THOMAS), député au Corps législatif de 1811 à 1815, né à Bonnaban (Ille-et-Vilaine) le 21 septembre 1753, mort le 8 mars 1825, « fils de maître Thomas Houitte, sieur de la Chesnais, procureur fiscal de cette province, et de demoiselle Charlotte-Jeanne Guichard, » étudia le droit et fut reçu, en 1777, avocat au parlement de Rennes. Au début de la Révolution, il devint (1790) premier juge au tribunal du district de Saint-Malo. Mais ses opinions modérées le rendirent suspect, et il fut, en 1793, suspendu de ses fonctions et secrétaire à Saint-Malo. Rendu à la liberté et à ses fonctions après le neuf thermidor, il devint, en l'an II, administrateur du district, puis, en l'an VII, premier juge suppléant au tribunal du département, et, en l'an VIII, président du tribunal civil de Saint-Malo. Le 8 mai 1811, Houitte de la Chesnais fut élu par le Sénat conservateur député d'Ille-et-Vilaine au Corps législatif. Il y vota en

1814 la déchéance de Napoléon Iᵉʳ, et siégea jusqu'en 1815.

HOULIÈRES (LOUIS-CHARLES-AUGUSTE DE), député en 1791, membre de la Convention, né au château de Marthon (Maine-et-Loire) le 26 janvier 1750, mort à Angers (Maine-et-Loire) le 14 mars 1802, fils d'un ancien cornette ³a cavalerie au régiment de Vintimille, et de Julie Belot de Marthon, suivit la carrière militaire, fut quelque temps officier au régiment de Flandres-infanterie, et se fixa, dans les premiers temps de la Révolution, à Angers, dont il fut élu maire le 1ᵉʳ février 1790. Il s'était signalé de bonne heure comme un partisan des idées nouvelles par ses *Réflexions sur la prochaine tenue des Etats-Généraux* (1788), signées : *Un membre de la noblesse*, et par son *Projet de doléances pour la noblesse de la sénéchaussée d'Angers* (1789). Le 4 septembre 1790, Houlières eut à réprimer un soulèvement populaire causé par la hausse extrême des vivres et par les bruits d'accaparement. Le 7 septembre 1791, il fut élu, le 1ᵉʳ sur 11, député de Maine-et-Loire à l'Assemblée législative, par 363 voix (535 votants, 663 inscrits). Il siégea dans la majorité, et, sans prendre la parole, vota régulièrement avec les réformateurs. On a de cette époque une *Opinion sur les comités* (Paris, 1791). Réélu, le 4 septembre 1792, le 3ᵉ sur 11, député du même département à la Convention, il s'exprima ainsi au 3ᵉ appel nominal, dans le procès de Louis XVI : « J'ai voté avec confiance que Louis était coupable de conspiration; mais je ne suis pas juge; comme législateur, je m'en tiens à des mesures de sûreté générale; je vote pour la détention pendant la guerre et la déportation à la paix. » Bientôt il dut, pour raison de santé, donner sa démission (16 avril 1793). Il revint alors à Angers, où il mourut oublié en 1802.

HOURIER-ELOY (CHARLES-ANTOINE), membre de la Convention, député au Conseil des Cinq-Cents, né à Mailly (Somme) le 10 juin 1753, mort à une date inconnue, fils de Jean-Philippe Hourier et de Marie-Jeanne Delaunay, adopta les principes de la Révolution, et fut élu, le 9 septembre 1792, membre de la Convention par le département de la Somme, le 9ᵉ sur 17, avec 327 voix (439 votants); mais les électeurs de la Somme révoquèrent aussitôt l'élection qu'ils venaient de faire, et remplacèrent Hourier-Eloy par Hérault de Séchelles. Celui-ci ayant opté pour Seine-et-Oise, la Convention, dans sa séance du 1ᵉʳ octobre 1792, valida l'élection d'Hourier-Eloy. Hourier-Eloy vota *pour* la mort de Louis XVI. En l'an III, un décret de l'assemblée l'envoya près l'armée navale de Toulon. A son retour, il fit décider que les représentants en mission, les commissions exécutives, agences, etc., seraient tenus de remettre, sous huit jours, l'état des marchés qu'ils auraient faits ou passés. Elu, le 4 brumaire an IV, par ses collègues de la Convention, membre du Conseil des Cinq-Cents, il fit adopter, la même année, un projet déterminant le prix du papier timbré, et devint, en l'an V, secrétaire de l'assemblée, d'où il sortit l'année d'après, pour être nommé administrateur de la régie de l'enregistrement et des domaines. Il devint (3ᵉ jour complémentaire de l'an X) administrateur du Prytanée français.

HOUSSARD (GEORGES-EUGÈNE), député au Corps législatif de 1868 à 1870, représentant en 1871 et sénateur de 1876 à 1879, né à Cerelles

(Indre-et-Loire) le 28 octobre 1814, mort le 7 juin 1885, avocat, s'occupa surtout d'agriculture, devint maire de Chanceaux et de Sonzay et conseiller général d'Indre-et-Loire. Porté par un groupe de citoyens indépendants, il échoua, le 1er juin 1863, comme candidat d'opposition au Corps législatif, dans la 1re circonscription d'Indre-et-Loire, avec 4,543 voix contre 11,169 à l'élu officiel, M. Gouin, et 4,082 à M. Rivière, autre candidat d'opposition. Mais M. Gouin ayant été nommé sénateur, M. Houssard fut élu, dans la même circonscription, le 4 janvier 1868, au second tour de scrutin, par 10,980 voix (18,657 votants, 26,753 inscrits), contre 7,625 à M. Gouin fils. Réélu aux élections générales du 24 mai de l'année suivante, par 19,010 voix (27,425 votants, 36,614 inscrits), contre 7,169 à M. Rivière, il prit place dans le tiers-parti et vota la demande d'interpellation des 116. Les électeurs d'Indre-et-Loire l'élurent représentant à l'Assemblée nationale, le 8 février 1871, le 1er sur 6, avec 64,283 voix (73,000 votants, 96,790 inscrits); il fit successivement partie du groupe Casimir Périer et du groupe Wallon, et vota tantôt avec le centre droit, tantôt avec le centre gauche, *pour* la paix, *pour* les prières publiques, *pour* l'abrogation des lois d'exil, *pour* la prorogation des pouvoirs du Maréchal, *pour* la loi des maires, *pour* le ministère de Broglie, *pour* l'amendement Wallon, *pour* les lois constitutionnelles, *contre* l'amendement Barthe, *contre* le retour à Paris, *contre* le 24 mai, *contre* la démission de Thiers, *contre* la dissolution, *contre* l'amendement Pascal Duprat. En 1873, il fit à la tribune une déclaration formelle en faveur d'un gouvernement issu de la souveraineté nationale. Porté, aux élections sénatoriales du 30 janvier 1876, sur la liste conservatrice, il fut élu sénateur d'Indre-et-Loire par 184 voix sur 335 votants, et vota à la Chambre haute avec le centre constitutionnel; il échoua au renouvellement triennal du 5 janvier 1879, avec 113 voix sur 334 votants, et rentra dans la vie privée.

HOUSSET (ÉTIENNE-FRANÇOIS), député au Conseil des Cinq-Cents, né et mort à une date inconnue, commissaire du Directoire exécutif dans le département de l'Yonne, fut élu député de l'Yonne au Conseil des Cinq-Cents, le 24 germinal an VI; il fit décider que la fête du 14 juillet serait célébrée le 26 messidor dans l'enceinte du Conseil, parla sur la répression du vagabondage, sur le partage des biens communaux et sur l'organisation du régime hypothécaire. Son opposition au coup d'État de brumaire le fit exclure le lendemain de la représentation nationale; il ne tarda pas à se rallier au nouveau régime, qui le nomma (9 germinal an VIII) commissaire près le tribunal d'Avallon.

HOUVENAGLE (JEAN-MARIE), représentant du peuple en 1848, né à Saint-Brieuc (Côtes-du-Nord) le 31 mai 1813, mort à Saint-Brieuc le 18 novembre 1865, avocat et propriétaire dans sa ville natale, sans passé politique, fut élu, le 23 avril 1848, représentant des Côtes-du-Nord à l'Assemblée constituante, le 11e sur 16, par 69,822 voix (144,377 votants, 167,673 inscrits). Il vota avec la droite *pour* le bannissement de la famille d'Orléans, *pour* les poursuites contre L. Blanc et Caussidière, *contre* l'abolition de la peine de mort, *contre* l'impôt progressif, *contre* l'incompatibilité des fonctions, *contre* l'amendement Grévy, *contre*

la sanction de la Constitution par le peuple, *pour* l'ensemble de la Constitution, *pour* la proposition Rateau, *pour* l'interdiction des clubs, *pour* l'expédition de Rome, *contre* la demande de mise en accusation du président et des ministres. Après la session, il retourna en Bretagne et se consacra à l'agriculture.

HOUYVET (HENRI-CHARLES-FRANÇOIS), député de 1876 à 1877, né à Cherbourg (Manche) le 27 janvier 1826, étudia le droit, fut reçu docteur, exerça quelque temps la profession d'avocat, et débuta dans la magistrature comme substitut à Valognes. Promu successivement en la même qualité à Coutances, puis procureur impérial à Vire et à Alençon, il devint, en 1870, conseiller à la cour de Caen, et entra dans la politique active lors des élections législatives de 1876. Il se présenta, le 20 février, comme candidat républicain conservateur dans la 1re circonscription de Caen, en protestant de son respect pour « les grands principes sur lesquels reposent l'ordre social, la religion, la famille et la propriété ». Patronné par M. Bertauld, M. Houyvet fut élu député par 5,288 voix (10,462 votants, 14,944 inscrits), contre 5,065 voix à M. Desloges, conservateur. Il alla siéger au centre gauche, devint membre de la commission du budget, vota avec la majorité républicaine, fut des 363, et présenta avec M. Bethmont un contre-projet à la proposition d'amnistie de M. Gatineau, déclarant « la prescription de l'art. 637 du code d'instruction criminelle acquise, un mois après la promulgation de la présente loi, à tous les individus qui n'auraient encore été l'objet d'aucune poursuite ». L'amendement fut adopté par la commission, sauf pour les crimes de droit commun. Le 14 octobre 1877, il se porta de nouveau candidat à Caen; mais l'administration du 16 mai combattit vivement sa réélection, et il n'obtint que 5,372 voix contre 6,609 accordées au candidat monarchiste et officiel, M. Leforestier de Vendeuvre, élu. Conseiller honoraire depuis 1877, M. Houyvet a publié quelques travaux de jurisprudence.

HOUZÉ (DENIS-FRANÇOIS-JOSEPH), député au Corps législatif de l'an XII à 1808, né à Tournai (Belgique) le 25 février 1754, mort à une date inconnue, était avocat dans sa ville natale. La Révolution le fit, sous la domination française, successivement administrateur du département de Jemmapes, président du tribunal criminel de Mons, et président du tribunal des douanes à Anvers. Le 27 brumaire an XII, Houzé fut élu par le Sénat conservateur député du département de Jemmapes au Corps législatif, où il siégea jusqu'en 1808. — Chevalier de la Légion d'honneur du 25 prairial an XII.

HOUZEAU-MUIRON (JEAN-NICOLAS), député de 1838 à 1839 et de 1842 à 1844, né à Reims (Marne) le 17 juin 1801, mort à Reims le 19 octobre 1844, fabricant de produits chimiques à Reims, d'opinions libérales, très estimé de ses concitoyens, fut élu député du 2e collège de la Marne (Reims) le 3 février 1838, en remplacement de M. de Bussières, invalidé, avec 124 voix (234 votants), contre 110 à M. Boulloche. Le 9 juillet 1842, il fut réélu par le 1er collège électoral du même département (Reims *intra-muros*) avec 359 voix sur 582 votants. Il mourut en octobre 1844, et fut remplacé le mois suivant par M. Chaix d'Est-Ange. Antiministériel, M. Houzeau-Muiron avait voté constamment avec l'opposition libérale.

HOVERLANT DE BEAUWELAÈRE (Adrien-Alexandre-Marie), député au Conseil des Cinq-Cents, né à Tournai (Belgique) le 9 mars 1758, mort à Tournai le 10 septembre 1840, fut d'abord avocat dans son pays natal. Juré élu de Tournay en 1790, il défendit la cause des «patriotes», accompagna le général Kochler dans sa retraite sur Mons lors de la défaite de son parti, fut nommé, en 1795, juge de paix à Tournay, et fut envoyé au Conseil des Cinq-Cents par ses concitoyens du nouveau département de Jemmapes, le 27 germinal an V, avec 56 voix (75 votants). Il s'y prononça, en l'an VI, *contre* le projet qui accusait les membres du tribunal criminel de la Dyle, soutint le gouvernement du Directoire, et rentra dans la vie privée après le coup d'Etat de brumaire. Il consacra ses loisirs à la publication de nombreux ouvrages, assez indigestes, parmi lesquels une *Exposition succincte des Constitutions de la province de Tournai, depuis Jules César jusqu'à nos jours* (1814); un *Mémoire sur l'état de la servitude au royaume des Pays-Bas* (1819), et une étrange compilation intitulée *Essai chronologique pour servir à l'histoire de Tournai*, qui ne comprenait pas moins de 114 volumes, sans compter 3 volumes de table et un atlas in-folio. et qui fit scandale à cause des violentes attaques qu'elle contenait à l'adresse d'un grand nombre de personnages contemporains et autres.

HOVIUS (Louis-François), député de 1833 à 1834, né à Saint-Malo (Ille-et-Vilaine) le 25 octobre 1784, mort à Saint-Malo le 20 juillet 1873, d'une famille d'origine hollandaise, armateur, devint maire de sa ville natale, conserva ces fonctions jusqu'en 1856, et, le 6 juillet 1833, en remplacement de M. Blaize, démissionnaire, fut élu député du 3e collège d'Ille-et-Vilaine (Saint-Malo), avec 107 voix sur 185 votants et 362 inscrits, contre 76 à M. Tupinier. Il vota avec la majorité jusqu'en 1834, et ne fit pas partie d'autres législatures. Chevalier de la Légion d'honneur.

HOVIUS (Auguste-Jean), député de 1878 à 1889, né à Saint-Malo (Ille-et-Vilaine) le 1er août 1816, fils du précédent, fut armateur comme son père, et devint successivement membre puis président du tribunal de commerce, et président de la chambre de commerce de Saint-Malo. Ce fut en cette qualité que, lors de la visite du maréchal de Mac-Mahon en Bretagne, au début du septennat, M. Hovius prononça une allocution qui fit quelque bruit. Il déclara nettement que le ralentissement des affaires tenait à l'incertitude de l'avenir, conséquence d'un état politique mal défini qui semblait soumettre des droits à toutes les combinaisons, en menaçant la forme actuelle. Cet incident décida de la fortune politique de M. Hovius. Candidat républicain dans la 1re circonscription de Saint-Malo, le 20 février 1876, puis, le 14 octobre 1877, il échoua la première fois avec 5,944 voix contre 6.034 à M. La Chambre, conservateur, et, la seconde fois, avec 5,456 contre 7,128 au député sortant. Mais l'élection de M. La Chambre fut invalidée comme entachée de pression officielle, et les électeurs, appelés à un nouveau scrutin le 7 avril 1878, élurent cette fois M. Hovius par 7,525 voix sur 12,783 votants et 16,484 inscrits, contre 5,214 voix à M. La Chambre. M. Hovins siégea à gauche, soutint le ministère Dufaure, se prononça *pour* la politique opportuniste, *pour* l'article 7, *pour* l'invalidation de l'élection Blanqui, *pour* les lois nouvelles sur la presse et le droit de réunion, et fut réélu député, le 21 août 1881, par 6,327 voix (12,140 votants,

16,183 inscrits), contre 3,679 voix à M. La Chambre et 2,100 à M. Mainsard. Il appuya les ministères Gambetta et Ferry, vota *contre* la séparation de l'Eglise et de l'Etat, *contre* l'élection de la magistrature, *pour* les crédits de l'expédition du Tonkin, devint maire de Saint-Malo, dont il représentait le canton au conseil général d'Ille-et-Vilaine, et obtint encore sa réélection comme député de ce département, le 18 octobre 1885, au second tour de scrutin, le 5e de la liste républicaine, par 64,229 voix (124,652 votants, 153,125 inscrits). M. Hovius se montra favorable aux ministères Rouvier et Tirard, vota *contre* la révision de la Constitution, *contre* l'expulsion des princes, et, en dernier lieu, *pour* le rétablissement du scrutin d'arrondissement (11 février 1889), *pour* l'ajournement indéfini de la revision de la Constitution, *pour* les poursuites contre trois députés membres de la Ligue des patriotes, *pour* le projet de loi Lisbonne restrictif de la liberté de la presse, *pour* les poursuites contre le général Boulanger. Chevalier de la Légion d'honneur.

HUA (Eustache-Antoine), député en 1791, né à Mantes (Seine-et-Oise) le 30 janvier 1759, mort à Paris le 29 mai 1836, « fils de sieur Eustache Hua, marchand tanneur, et de Rose-Madeleine Maret, » était avocat au parlement de Paris sous l'ancien régime. Il devint, au début de la Révolution dont il était partisan, juge au tribunal de district de Mantes, puis fut élu, le 4 septembre 1791, député de Seine-et-Oise à l'Assemblée législative, le 7e sur 14, par 278 voix sur 489 votants. Il siégea parmi les modérés, fut un des sept qui s'opposèrent à la déclaration de guerre à l'Autriche, dénonça cependant les premiers émigrés (séance du 22 novembre 1792) comme coupables d'avoir tenté de séduire le général Wimpfen, fit partie du comité de législation, et, rapporteur du projet sur le droit de grâce, proposa sans réserve de le rendre au roi. Il défendit Duport-Dutertre et le juge de paix Larivière qui avait voulu faire arrêter Merlin, Bazire et Chabot, parla en faveur de La Fayette, de Bertrand de Molleville, de de Lessart, et faillit pour cela se faire enfermer à l'Abbaye. Sous la Terreur, il dut se réfugier chez son beau-frère pour éviter les poursuites dont on le menaçait. Rallié au Consulat, puis à l'Empire, il fit partie du conseil général de Seine-et-Oise et entra dans la magistrature, comme procureur impérial à Mantes, le 7 octobre 1807, puis devint avocat à la cour de Cassation le 5 mai 1812. La Restauration le choisit pour remplir les fonctions d'avocat général à la cour de Paris (18 septembre 1815) et à la cour de Cassation (11 novembre 1818); il prit part, en cette qualité, à un certain nombre de procès politiques, notamment à l'affaire Lavalette, dans laquelle il conclut pour la mort. Inspecteur général à l'école de droit en 1819, conseiller à la cour de Cassation le 8 octobre 1822, il perdit toutes ces fonctions à la révolution de 1830. Chevalier de la Légion d'honneur. On a de lui : *Projet de réformation de la législation hypothécaire* (Paris, 1812). — Il a aussi collaboré au *Nouveau répertoire de législation* de Favard de Langlade.

HUARD (Etienne-Eusèbe-Joseph), député en 1789, né à Saint-Malo (Ille-et-Vilaine) le 9 septembre 1752, mort à Versailles (Seine-et-Oise) le 18 octobre 1789, fils de Etienne Huard, avocat au parlement, et de Jeanne-Cécile-Agathe Dupuys, se fit recevoir avocat; mais ayant, dit M. R. Kerviler, épousé à Saint-Servan, le 11 août 1778, Marie-Anne Bodinier, fille et sœur de négociants, il prit bientôt des intérêts dans la maison d'armements maritimes de son beau-père, Jean-Julien Bodinier, qui, quelques années plus tard, lui en céda la direction. Élu, le 17 avril 1789, député du tiers aux Etats-Généraux par la sénéchaussée de Rennes, Huard vota, pendant son court passage à l'Assemblée, avec les réformateurs modérés, fit une motion pour la formation d'un comité supérieur du commerce, et parla en faveur du système de l'importation exclusive des grains de la métropole dans les colonies. Il mourut le 18 octobre 1789.

HUBAR (Jacques-Joseph), député au Conseil des Anciens et au Corps législatif de l'an VIII à 1804, né à Saint-Trond (Belgique) à une date inconnue, mort à Saint-Trond le 20 février 1804, n'avait qu'une notoriété locale, lorsqu'il fut élu, le 21 germinal an V, député au Conseil des Anciens par le département de la Meuse-Inférieure, avec 40 voix sur 51 votants. Il fut secrétaire du Conseil, et devint, le 4 nivôse an VIII, en vertu d'une décision du Sénat conservateur, député de la Meuse-Inférieure au nouveau Corps législatif. Il y siégea jusqu'à sa mort.

HUBBARD (Gustave-Adolphe), député de 1885 à 1889, né à Madrid (Espagne) le 22 mai 1858, fils du publiciste et économiste français Nicolas-Gustave Hubbard, qui se réfugia en Espagne à la suite du coup d'Etat de 1851, et neveu d'Arthur Hubbard, ancien conseiller municipal de Paris, fut élevé d'abord à l'étranger, rentra en France avec sa famille en 1868, fit ses études classiques au lycée Condorcet à Paris, et suivit ensuite les cours de l'Ecole de droit. Reçu avocat, il plaida peu, appartint à la conférence Molé, donna quelques articles à la *Petite République française*, dont son père, ami particulier de Gambetta, lui avait facilité l'accès, et fit bientôt, par la protection de cet homme d'Etat, attaché comme secrétaire à la commission du budget de la Chambre des députés, que présidait alors M. Henri Brisson. M. G.-A. Hubbard succéda précisément, dans cette fonction, à son père, nommé secrétaire général de la questure de la Chambre. L'activité dont il fit preuve et ses relations dans le monde opportuniste le firent désigner, sous le ministère Gambetta, comme chef du cabinet du sous-secrétaire d'Etat à la guerre. A l'avènement du ministère Freycinet, M. G.-A. Hubbard reprit sa place au barreau de Paris et ne tarda pas à solliciter un mandat électif. En 1884, il se fit élire conseiller municipal du quartier Montparnasse, que son oncle avait naguère représenté; il vint faire partie du groupe de l'autonomie communale, il vota le plus souvent avec les radicaux du conseil. Puis ses opinions politiques parurent s'accentuer davantage, et, lors des élections législatives d'octobre 1885, porté sur la liste républicaine radicale de Seine-et-Oise, il fut élu, au second tour de scrutin (18 octobre), le 5e sur 9, par 56,004 voix (119,995 votants, 153,342 inscrits). Il s'inscrivit à l'extrême gauche et prit presque aussitôt, dans la Chambre nouvelle, dont il était un des plus jeunes membres, une part assez active à d'importants débats. Il se montra un des adversaires les plus résolus de l'expédition du Tonkin, telle que l'avait comprise le ministère Ferry, fut de la commission d'enquête nommée par la Chambre à ce sujet (décembre 1885), et vota *contre* les crédits. Il

parut plusieurs fois à la tribune, non sans succès, et déposa, le 18 octobre 1886, de concert avec son collègue de Seine-et-Oise, M. Périllier, une interpellation au ministre des Travaux publics, relativement aux agissements de la Compagnie de Paris-Lyon-Méditerranée, accusée de ne point tolérer que ses agents acceptassent des mandats électoraux et de déplacer arbitrairement ceux d'entre eux dont les manifestations politiques lui déplaisaient. M. Baïhaut, ministre, donna raison à la Compagnie et obtint le vote de l'ordre du jour pur et simple. M. Hubbard intervint encore dans plusieurs autres discussions, notamment à propos de finances. En janvier 1887, comme la majorité persistait à vouloir diminuer le taux de l'intérêt servi aux caisses d'épargne, le député de Seine-et-Oise protesta et demanda que la seule ressource nouvelle du budget ne fût pas réalisée au détriment de la petite épargne : « L'économie proposée, dit-il, doit profiter non pas au Trésor, mais à la Caisse des dépôts et consignations, qui est chargée du service des intérêts des caisses, et qui grossira d'autant sa réserve. » La Chambre se rendit à cette argumentation. Un des premiers, M. G.-A. Hubbard se prononça *contre* la politique du général Boulanger. Après la démission de M. J. Grévy comme président de la République, il fut au nombre des députés qui songèrent à M. Sadi-Carnot (*Voy. ce nom*) pour la première magistrature de l'Etat, et il fit auprès de lui une démarche dont le succès répondit à ses intentions. M. G.-A. Hubbard a voté, avec les radicaux, *pour* l'expulsion des princes, *contre* les ministères Rouvier et Tirard, *pour* le ministère Floquet, et s'est prononcé en dernier lieu : *pour* le rétablissement du scrutin d'arrondissement (11 février 1889), *contre* l'ajournement indéfini de la revision de la Constitution, *pour* les poursuites contre trois députés membres de la Ligue des patriotes, *contre* le projet de loi Lisbonne restrictif de la liberté de la presse, *pour* les poursuites contre le général Boulanger.

HUBERT (Pierre-Charles-François), représentant à la Chambre des Cent-Jours, né à Valognes (Manche) le 21 mars 1762, mort à Caen (Calvados) le 14 juillet 1829, appartint à la magistrature sous le premier Empire et sous la Restauration. Il était conseiller à la cour impériale de Caen, lorsqu'il fut élu, le 13 mai 1815, par le collège de département du Calvados, avec 41 voix sur 68 votants, représentant à la Chambre des Cent-Jours. Il conserva son siège à la cour de Caen sous les Bourbons, jusqu'à sa mort.

HUBERT-DELISLE (Louis-Henri), représentant en 1848 et en 1849, sénateur du second Empire de 1876 à 1879, né à la Réunion (Afrique) le 1er janvier 1811, mort à Bordeaux (Gironde) le 8 décembre 1881, vint de bonne heure en France, et se fixa dans le département de la Gironde; propriétaire à Saint-André-de-Cubzac, il devint maire de cette commune, conseiller d'arrondissement de Bordeaux (1845-1848), président du comice agricole de Saint-André-de-Cubzac, secrétaire du comité viticole du département, et se fit connaître dans la région comme un partisan déterminé du libre-échange. Après la révolution de février, il aborda la carrière politique en se faisant élire (23 avril 1848) représentant de la Gironde à l'Assemblée constituante, le 11e sur 15, par 58,894 voix (146,606 votants). Membre du comité des colonies, M. Hubert-Delisle opina généralement avec la droite, tout en se montrant favorable à la liberté économique. Il se prononça *pour* les poursuites contre Louis Blanc et Caussidière, *contre* le rétablissement de la contrainte par corps, *pour* l'abolition de la peine de mort, *contre* l'amendement Grévy, *contre* le droit au travail, *pour* l'ordre du jour en l'honneur du général Cavaignac, soutint, après l'élection du 10 décembre, le gouvernement de L.-N. Bonaparte, et vota : *pour* la réduction de l'impôt du sel, *pour* la proposition Rateau, *pour* l'interdiction des clubs, *pour* l'expédition romaine, *contre* l'amnistie, *pour* l'abolition de l'impôt des boissons. Réélu, le 13 mai 1849, par le même département, le 2e sur 13, représentant à la Législative, avec 74,044 voix (125,001 votants, 179,161 inscrits), il s'associa, dans les rangs de la majorité, à la campagne anti-républicaine des « anciens partis » et, vers la fin de la législature, se rallia décidément à la politique du coup d'État. M. Hubert-Delisle fut, au lendemain de cet acte, nommé gouverneur de l'île de la Réunion, dans le but de conclure avec la reine de Madagascar le traité de 1854. Il réussit dans cette mission, « dépassa, selon le mot de l'empereur dans la lettre qu'il lui adressa à ce sujet, les espérances du gouvernement, » et, au retour, fut appelé, par décret impérial du 26 décembre 1857, à faire partie du Sénat. Après avoir prêté le concours empressé de ses votes au gouvernement de Napoléon III, il rentra dans la vie privée le 4 septembre 1870, fut élu conseiller général de la Gironde pour le canton de Saint-André, et redevint sénateur aux élections du 30 janvier 1876, le département de la Gironde lui ayant donné 365 voix sur 669 votants. M. Hubert-Delisle s'inscrivit au groupe de l'Appel au peuple, combattit l'établissement du régime républicain, vota *pour* la dissolution de la Chambre des députés (1877), appuya la tentative du Seize-Mai, se prononça *contre* le ministère parlementaire de Dufaure et échoua, le 5 janvier 1879, lors du renouvellement triennal, avec 329 voix sur 667 votants. Il se retira à son château de Bouilh, au milieu du magnifique vignoble qu'il avait créé, et mourut subitement d'une attaque d'apoplexie à une séance de la Société d'agriculture de la Gironde. Chevalier de la Légion d'honneur (1853), officier (1860), commandeur (1865), membre du conseil supérieur du commerce (1850-1880), conseiller général de la Gironde (1865-1881), membre de la Société des agriculteurs de France.

HUBERT-DUMANOIR (Jean-Michel), membre de la Convention et député au Conseil des Cinq-Cents, né à Coutances (Manche) le 21 septembre 1744, mort à une date inconnue, devint, au début de la Révolution, administrateur de son département et commandant de bataillon. Il fut appelé, le 11 septembre 1792, le 13e et dernier, par 384 voix (642 votants), à siéger à la Convention comme député de la Manche. Il se prononça *pour* la mort de Louis XVI, se fit peu remarquer dans l'Assemblée, et fut réélu, le 23 vendémiaire an IV, député de la Manche au Conseil des Cinq-Cents, par 167 voix (410 votants). Hubert-Dumanoir sortit du Conseil en l'an VI, et disparut de la scène politique.

HUC (Charles-Auguste-André-Gabriel, baron), député au Corps législatif de 1852 à 1854, né à Montpellier (Hérault) le 1er mai 1808, mort à Montpellier le 25 juillet 1854, appartint quelque temps à la diplomatie, puis se fixa dans son pays natal où il était propriétaire, et s'y occupa d'opérations de banque. Le 29 février 1852, il fut élu, comme candidat du gouverne-

ment, député au Corps législatif par la 3e circonscription de l'Hérault, avec 21,126 voix (21,619 votants, 41,715 inscrits). La plupart des informations relatives à cette élection contenaient une faute typographique qui inspira à l'auteur des *Grands corps politiques de l'État*, recueil de biographies parlementaires de 1852, cette réflexion : « L'infortuné représentant de Lodève est maltraité avant d'être arrivé à son poste. Les journaux, même les plus officiels, l'appellent *Hue!* Craindrait-on qu'il ne sache pas marcher dans la voie du progrès ? C'est un honorable banquier de Montpellier qui n'a rien fait jusqu'ici pour exciter un pareil soupçon. » M. Huc prit part au rétablissement de l'Empire et vota avec la majorité dynastique jusqu'à l'époque de sa mort (juillet 1854). Le 29 octobre de la même année, il fut remplacé par M. Cazelles.

HUCHET. — *Voy.* Cintré (comte de).

HUCHET. — *Voy.* Labédoyère (comte de).

HUCHET-DREUX (Louis-Alphonse-Nicolas), député au Conseil des Cinq-Cents, né le 19 février 1753, mort à une date inconnue, propriétaire à la Croix-de-Bléré (Indre-et-Loire), fut élu, le 22 germinal an V, député de ce département au Conseil des Cinq-Cents, par 167 voix (184 votants). Il siégea dans cette assemblée jusqu'en l'an VII, et y passa inaperçu.

HUDE (Antoine-Auguste), député de 1885 à 1888, né à Bercy (Seine) le 6 juillet 1851, mort à Mostaganem (Algérie) le 23 décembre 1888, s'occupa de bonne heure du commerce des vins. Négociant en gros à Issy, maire de cette commune et membre du conseil d'arrondissement, il n'avait qu'une notoriété politique très restreinte, lorsque, porté, comme représentant spécialement la banlieue de Paris, sur diverses listes radicales, lors des élections législatives d'octobre 1885, il obtint, au premier tour de scrutin, 141,337 voix, qui maintenu sur la liste dite de conciliation, et l'emporta définitivement au ballottage, le 18 octobre, le 31e sur 34, avec 279,573 voix (416,886 votants, 564,338 inscrits). On attribua surtout le succès électoral de M. Hude à l'influence des débitants de vins du département de la Seine, désireux de faire porter par lui leurs « revendications » au parlement. En effet, M. Hude, dont le sentiment professionnel était extrêmement favorable « au mouillage des vins », s'empressa, dès l'ouverture de la session, de soumettre à ses collègues de la représentation parisienne, puis à la Chambre des députés, un projet de loi portant modification des pénalités en vigueur contre les falsifications des vins. En politique, M. Hude vota le plus souvent avec les radicaux, notamment : *pour* l'amnistie, *contre* le ministère Freycinet, etc. Atteint, au cours de la session, d'une grave affection de poitrine, il dut se rendre en Algérie, où il mourut le 23 décembre 1888. Il fut remplacé comme député par le général Boulanger.

HUERNE DE POMMEUSE (Michel-Louis-François), député de 1815 à 1816, et de 1820 à 1827, né à Paris le 14 février 1765, mort à Paris le 25 juin 1840, était avocat et propriétaire à Pommeuse. Dévoué à la cause royaliste, il fut élu, le 22 août 1815, député de Seine-et-Marne au collège de département par 106 voix (177 votants, 262 inscrits). Il vota, en politique, avec la majorité. Mais il ne prit guère la parole que sur les questions de finances, dont il se fit en quelque sorte une spécialité. Il demanda par exemple que la taxe des canaux de navigation fût égale au montant des contributions foncières des terrains qu'ils rendent plus productifs par leur passage, et que ces mêmes terrains fussent taxés comme biens de première classe. Dans la discussion du projet de loi relatif à l'amortissement, il fit ressortir les grands avantages que l'on pourrait retirer de cette institution et proposa d'ajouter à la dotation de la caisse les arrérages des rentes viagères qui s'éteindraient par décès et ceux de tout traitement attaché aux places qui vaqueraient pour la même cause. Non réélu en 1816, M. Huerne de Pommeuse redevint député le 13 novembre 1820, le même collège électoral lui ayant donné 107 voix sur 144 votants, 239 inscrits. Il siégea à droite, continua de se consacrer à peu près exclusivement aux questions économiques, fut réélu député, le 13 novembre 1822, par le 2e arrondissement de Seine-et-Marne (Coulommiers), avec 180 voix (274 votants), puis, le 25 février 1824, avec 182 voix (271 votants, 325 inscrits), soutint le ministère Villèle, et fut chargé, le 16 février 1826, du rapport sur le projet de loi de la réduction des rentes. « Aussi, écrivait un biographe anti-ministériel, la réputation de M. Huerne de Pommeuse, qui avait atteint le *pair*, est tombée à 60. » En 1827, M. Huerne rentra dans la vie privée. On a de lui un certain nombre de notices relatives à l'économie politique, aux canaux, aux colonies agricoles, à l'assainissement des marais, etc. Il collabora, en outre, aux *Annales des ponts et chaussées*, au *Journal de l'Industrie*, à la *Maison rustique*, etc.

HUET (ALBERT-AUGUSTE), député au Corps législatif de 1869 à 1870, né à Paris le 16 mai 1829, fils d'un ancien avoué au tribunal de la Seine, apparenté par sa mère aux imprimeurs Delalain, fit ses études classiques au collège Rollin et se fit recevoir licencié à la faculté de droit de Paris (1851). Secrétaire de la conférence des avocats, il débuta sous les auspices de Chaix-d'Est-Ange, dont il était le secrétaire, obtint des succès au barreau, et devint, en novembre 1860, chef du cabinet de M. Billault, ministre sans portefeuille. Le 23 juin 1863, un remaniement ministériel le fit chef du cabinet du service législatif et de la comptabilité au ministère d'État, sous MM. Billault et Rouher; la même année, il fut nommé maire do Périgny, et, au début de l'année suivante, il entra dans la magistrature, comme substitut au tribunal de la Seine, puis fut nommé juge en 1865 et juge d'instruction en 1866. Démissionnaire en 1869, afin de pouvoir se présenter au Corps législatif, il fut élu, le 24 mai, député de la 3e circonscription de Saône-et-Loire par 15,044 voix (23,003 votants, 29,781 inscrits), contre 3,222 voix à M. de La Guiche, 3,397 à M. Demôle, et 1,326 à M. Bouthier de Rochefort. M. Huet siégea dans la majorité impérialiste, mais avec une tendance à se rapprocher des « conservateurs libéraux ». En décembre de la même année, il s'associa à leur programme. M. Huet prit quelquefois la parole à la tribune du Corps législatif, et fut rapporteur de plusieurs commissions. Il vota *pour* la déclaration de guerre à la Prusse. Rentré dans la vie privée au 4 septembre 1870, il signala son retour au barreau de Paris en gagnant le procès de la veuve Laluyé contre Jules Favre. M. Huet a fait partie du conseil général de Saône-et-Loire pour le canton de Bourbon-Lancy (1870-1871). On lui doit une édition complète des *Œuvres de M. Billault* (1865). Il a collaboré en 1866 à l'*Union bretonne*, et en 1871 à la *Presse* et à l'*Ordre*.

HUET DE COETLISAN (JEAN-BAPTISTE-CLAUDE-RAYNAULT), représentant à la Chambre des Cent-Jours, né à Nantes (Loire-Inférieure) le 8 juin 1769, mort à Savenay (Loire-Inférieure) le 12 décembre 1823, d'une famille de magistrats, fit ses études au collège des Oratoriens de Nantes, puis fut reçu avocat à Rennes au début de la Révolution, dont il se déclara le partisan. Collaborateur de la *Chronique du département de la Loire-Inférieure*, organe des patriotes, délégué de la garde nationale de Nantes à la Fédération de 1790 et membre du conseil communal de Nantes (1792), il inclina vers le parti des Girondins, et se compromit par ses correspondances avec les fédéralistes du Calvados; en 1793, il dut, pour n'être pas inquiété, se réfugier à l'armée des Pyrénées-Orientales, où il se distingua comme quartier-maître des compagnies franches, puis comme capitaine d'état-major, aide-de-camp du général Dugommier. Quand il eut quitté le service, il revint à Nantes et entra dans l'administration; secrétaire général du département de la Loire-Inférieure sous le Directoire, il rendit à son pays natal des services appréciés, contribua à la création d'une École centrale, d'un Institut des sciences et des arts, travailla à la statistique du département, et, après avoir refusé, dit-on, le portefeuille de la Justice, refusa encore, en 1802, le titre de membre du Tribunat que lui offrait Napoléon. Cette attitude indépendante déplut à l'Empereur, qui le fit impliquer en 1806, avec le receveur général du département, dans une affaire de faux en écritures publiques. Huet fut acquitté; néanmoins le gouvernement le retint en prison. Rendu enfin à la liberté, Huet fut nommé, en 1809, sous-préfet de Bazas; il fit preuve, dans ce nouveau poste, de sang-froid et de courage, et resta en fonctions jusqu'à la Restauration, qui le destitua. Pendant les Cent-Jours, il reçut le titre de chef de la première division au ministère de l'Intérieur, et fut élu d'autre part, le 14 mai 1815, par l'arrondissement de Bazas, à l'unanimité de 30 votants, membre de la Chambre des représentants. Huet de Coetlisan proposa à l'Assemblée la formation de trois commissions pour délibérer sur un rapport du ministre de la Police et sur les mesures à prendre. Son hostilité au rétablissement du pouvoir royal le fit incarcérer à la Conciergerie lors du second retour des Bourbons; il demeura en prison du 1er mai 1816 au 8 mars 1817; après quoi il fut relâché, sans avoir subi aucun interrogatoire et sans qu'on lui eût fait connaître les motifs de sa détention. Entré plus tard au *Journal du commerce*, pour y rédiger la partie politique, il fut encore en butte aux poursuites du ministère Villèle, et le tribunal correctionnel le condamna (novembre 1822) pour attaques contre le gouvernement. Après cette affaire il se retira à Savenay et mourut l'année suivante.

Administrateur habile et publiciste distingué, Huet de Coetlisan a laissé d'importants travaux de statistique et d'économie politique, un traité de *l'Organisation de la puissance civile dans l'intérêt monarchique, ou de la nécessité d'instituer les administrations départementales et municipales en agences collectives* (1820), et divers manuscrits inachevés ou inédits, comme une *Histoire des Courtisans de Rome*, écrite en latin, et des *Recherches sur l'économie politique des Anciens, sur les moyens qu'ils mettaient en usage pour faire vivre leurs armées et transporter leur matériel de campagne*.

HUET. — *Voy.* FROBERVILLE (DE).

HUET-LAVAL (ETIENNE), représentant à la Chambre des Cent-Jours, né à Sainte-Maure (Indre-et-Loire) le 27 octobre 1757, mort à une date inconnue, « fils de Etienne Huet, huissier, et de Marie Bonnodeau, sa légitime épouse, » était établi notaire à Chinon, lorsqu'il fut élu, le 11 mai 1815, représentant de cet arrondissement à la Chambre des Cent-Jours, par 57 voix (71 votants.) Rentré à Chinon après la législature, il ne fit pas partie d'autres assemblées.

HUGAU (CLAUDE), député en 1791, né à Paris le 2 avril 1741, mort à une date inconnue, officier de cavalerie et chevalier de Saint-Louis, fut élu député de l'Eure à l'Assemblée législative, le 7e sur 11, à la pluralité des voix, sur 508 votants, le 1er septembre 1791. Il s'occupa principalement de questions militaires, proposa l'organisation de compagnies franches, demanda la suppression de la peine du piquet, et fit un rapport sur les excercices des gardes nationales. Il ne fit pas partie d'autres assemblées, et fut nommé par la suite inspecteur aux revues.

HUGO (JOSEPH, CHEVALIER), membre de la Convention, né à Mirecourt (Vosges) le 15 février 1747, mort à Valfroicourt (Vosges) le 15 septembre 1825, devint, à la Révolution, administrateur de son département. Le 4 septembre 1792, il fut élu, le 3e sur 8, par 267 voix (413 votants), député des Vosges à la Convention. « Absent par maladie » lors du procès de Louis XVI, il ne prit qu'une part peu importante aux travaux de l'Assemblée, et fut déclaré démissionnaire, le 30 septembre 1793, pour raisons de santé. Président du tribunal criminel des Vosges le 24 germinal an VI, juge au tribunal d'appel de Nancy le 22 prairial an VIII, il reçut le titre de conseiller à la cour impériale de la même ville le 23 février 1811, et celui de conseiller honoraire le 7 mars 1816. Membre de la Légion d'honneur du 22 prairial an XII, et chevalier de l'Empire du 1er février 1809.

HUGO (MARIE-VICTOR, VICOMTE), pair de France, représentant en 1848, 1849 et 1871, sénateur de 1876 à 1885, né à Besançon (Doubs) le 26 février 1802, mort à Paris le 22 mai 1885, de la famille du précédent, « fils de Joseph-Léopold-Sigisbert Hugo, natif de Nancy (Meurthe), et de Sophie-Françoise Trébuchet, native de Nantes (Loire-Inférieure), profession de chef de bataillon de la 20e demi-brigade, demeurant à Besançon, mariés, » eut pour parrain le général Lahorie et pour marraine Mme Delelée, femme d'un officier. Le premier de ses ancêtres qui ait laissé trace, « parce que les documents antérieurs ont disparu dans le pillage de Nancy par les troupes du maréchal de Créqui en 1670, » serait, d'après *Victor Hugo raconté par un témoin de sa vie*, un Pierre-Antoine Hugo, né en 1532, conseiller privé du grand-duc de Lorraine, et qui épousa la fille du seigneur de Bioncourt. Mais il résulte de documents authentiques que le grand-père de Victor Hugo, Joseph Hugo, « très excellent républicain et père de neuf enfants dont plusieurs étaient à la frontière, » lit-on dans l'*Histoire de Nancy* de M. J. Cayon, exerçait dans cette ville la profession de menuisier. Ce Joseph Hugo était lui-même le fils de Jean-Philippe Hugo, cultivateur à Baudricourt, et le petit-fils de Jean Hugo, cultivateur à Domvallier. Quant au

père de Victor Hugo, on sait qu'il devint général sous l'Empire et se distingua par ses brillants services. Mais on croit généralement et à tort que sa mère, Sophie-Françoise Trébuchet, fut une *brigande* vendéenne, ayant suivi à travers le Bocage la veuve de Bonchamps et la veuve de Lescure ; pendant la guerre de la Vendée, elle demeura tranquillement chez son père, armateur à Nantes. En revanche, l'enfance du jeune Victor fut particulièrement aventureuse :

> Avec nos camps vainqueurs, dans l'Europe asservie,
> J'errai, je parcourus la terre avant la vie,

a-t-il écrit dans les *Odes et Ballades*. En effet, il fit, à peine âgé de six semaines, son premier voyage, de Besançon à Marseille. Puis le 4e bataillon de la 20e demi-brigade ayant été envoyé en Corse et à l'île d'Elbe, les trois fils du commandant Hugo l'y suivirent. Sur la fin de l'an XIII (septembre 1805), Mme Hugo, dont le mari avait reçu l'ordre d'embarquer son bataillon pour Gênes et de gagner à marches forcées l'Adige et l'armée d'Italie, quitta la Corse avec ses enfants et vint à Paris, où elle se logea au numéro 24 de la rue de Clichy ; Victor allait à l'école rue du Mont-Blanc, aujourd'hui rue de la Chaussée-d'Antin. Devenu gouverneur de la province d'Avellino, au service du roi de Naples, Joseph, père de Victor Hugo, fit venir sa famille auprès de lui ; mais elle ne le suivit pas à Madrid, lorsqu'il rejoignit (1808) son protecteur, devenu roi d'Espagne. Mme Hugo préféra se fixer à Paris, tout près du Val-de-Grâce, dans une vaste maison qui avait été, avant la Révolution, le convent des Feuillantines. Victor Hugo y passa les trois années écoulées depuis la fin de 1808 jusqu'au printemps de 1811. Lorsqu'il revint de Madrid, au commencement de 1812, il rentra aux Feuillantines pour y demeurer jusqu'au 31 décembre 1813. Le poète a immortalisé ces premiers souvenirs dans une pièce des *Rayons et des Ombres* présente à toutes les mémoires :

> Le jardin était grand, profond, mystérieux,
> Fermé par de hauts murs aux regards curieux...

Il y est revenu dans une page délicieuse d'un livre étrange, le *Dernier jour d'un condamné* : « Je me revois enfant, écolier rieur et frais, jouant, courant, criant avec mes frères dans la grande allée verte de ce jardin sauvage où ont coulé mes premières années, ancien enclos de religieuses que domine de sa tête de plomb le sombre dôme du Val-de-Grâce. Et puis, quatre ans plus tard, m'y voilà encore, toujours enfant, mais déjà rêveur et passionné. Il y a une jeune fille dans la solitaire jardin. La petite Espagnole, avec ses grands yeux et ses grands cheveux, sa peau brune et dorée, ses lèvres rouges et ses joues roses, l'Andalouse de quatorze ans, Pepa. Nos mères ont dit d'aller courir ensemble... » Pepa, c'était Mlle Foucher, celle qui sera quelques années plus tard Mme Victor Hugo. Ayant achevé son éducation classique, ainsi que son frère Eugène, sous un vieux maître M. Larivière, ancien prêtre de l'Oratoire, qui leur avait déjà enseigné les premiers éléments du latin, Victor reçut encore les enseignements de son parrain, le général Lahorie, proscrit pour sa participation à la conspiration du général Malet, et qui avait cherché un asile aux Feuillantines : trahi, arrêté et emprisonné, il fut mis à mort par le gouvernement impérial. Aux Cent-Jours, malgré toutes les marques de sa vocation pour la poésie, le jeune homme fut placé dans une institution préparatoire à l'Ecole polytechnique. Mais l'étude des mathématiques ne l'empêcha point de faire des vers, et même de composer des tragédies, comme *Irtamène*, écrite suivant la formule d'Aristote :

> Mes souvenirs germaient dans mon âme échauffée ;
> J'allais chantant des vers d'une voix étouffée,
> Et un mère en secret, observant tous mes pas,
> Pleurant et souriant, disait : C'est une fée
> Qui lui parle et qu'on ne voit pas.

Après la seconde Restauration, en septembre 1815, le général Hugo s'était fixé à Paris ; mais son retour, bien loin de réunir enfin les deux époux, tenus si souvent et si longtemps éloignés l'un de l'autre par les événements, devint au contraire l'occasion de leur séparation complète et définitive. Victor, que sa pension — la pension Cordier — menait au collège Louis-le-Grand, n'obtint au concours général de 1818 qu'un cinquième accessit de physique. En revanche, il emportait avec lui, à la fin de ses études, force cahiers sur lesquels il avait mis au net un mélodrame en trois actes avec deux intermèdes, *Inez de Castro*, un opéra comique. *A quelque chose hasard est bon*, un poème sur le déluge, des odes, des satires, des épîtres, des élégies, des idylles, des imitations d'Ossian, des traductions de Virgile, d'Horace, de Lucain, des romances, des fables, des contes, des épigrammes, des madrigaux, des logographes, des acrostiches, des charades, des énigmes et des impromptus. En 1817, il avait traité le sujet mis au concours par l'Académie française, les *Avantages de l'étude*, et s'était annoncé, dans sa pièce même, comme un poète de quinze ans :

> Moi qui, toujours fuyant les cités et les cours,
> De trois lustres à peine ai vu finir le cours.

L'Académie se crut mystifiée, dit Sainte-Beuve, et n'accorda qu'une mention au lieu d'un prix. Victor, averti par un camarade, prit son extrait de naissance et l'alla porter à M. Raynouard, secrétaire perpétuel, qui fut émerveillé ; mais il était trop tard pour réparer la méprise, la palme avait été adjugée. De 1819 à 1822, le jeune poète soumit plusieurs autres pièces à l'Académie française ; en même temps il en adressait trois aux Jeux floraux de Toulouse : les *Derniers bardes*, les *Vierges de Verdun* et le *Rétablissement de la statue de Henri IV*. Dans cette dernière pièce, Victor Hugo rappelait le rôle actif joué par lui-même dans la journée du 13 août 1818, lorsque la statue, sortie de la fonderie royale du faubourg du Roule, fut portée par la foule depuis l'allée de Marigny jusqu'à la hauteur du Louvre :

> Par mille bras traîné, le lourd colosse roule.
> Ah ! volons, joignons-nous à ces efforts pieux.
> Qu'importe si mon bras est perdu dans la foule ?
> Henri me voit du haut des cieux.

Il obtint plusieurs prix et fut proclamé maître ès jeux floraux. Ces heureux succès attirèrent sur lui l'attention publique, et le monde royaliste fit fête (1822) au premier volume des *Odes et ballades*, empreint du sentiment religieux et monarchique le plus prononcé. Ce fut alors qu'il épousa sa compagne d'enfance, que Chateaubriand le baptisa l'*Enfant sublime*, et que le gouvernement royal fit de lui son poète favori : on sait la part qu'il eut aux largesses de Louis XVIII. Jusque-là, Victor Hugo, collaborateur du *Conservateur littéraire*, était demeuré fidèle à la forme classique ; il commença de l'abandonner dans deux romans : *Han d'Islande* (1823) et *Bug-Jargal* (1825), où l'antithèse,

cette figure préférée du poète, mit en relief de singulières nouveautés de langage. Bientôt il se forma autour de lui, sous le nom de *Cénacle*, un cercle de jeunes gens dont l'organe fut la *Muse française*, et qui furent les promoteurs du romantisme. Chateaubriand, alors ministre des Affaires étrangères, était leur véritable chef de file, en politique comme en littérature. Le second volume des *Odes*, paru en 1824, valut l'année d'après à son auteur la croix de chevalier de la Légion d'honneur (29 avril 1825). En même temps, le roi Charles X l'invitait à son sacre qui devait avoir lieu le 29 mai. A la date fixée, Victor Hugo, revêtu du costume officiel, habit à la française, épée en verrouil, manchettes et jabots de dentelles, pénétra dans la basilique de Reims, s'agenouilla sur les dalles et chanta :

> O Dieu ! garde à jamais ce roi qu'un peuple adore !
> Romps de ses ennemis les flèches et les dards !
> Qu'ils viennent du couchant, qu'ils viennent de l'aurore,
> Sur des coursiers ou sur des chars !
> Charles, comme au Sina, t'a pu voir face à face !
> Du moins qu'un long bonheur efface
> Ses bien longues adversités !
> Qu'ici-bas des élus il ait l'habit de fête !
> Prête à son front royal deux rayons de ta tête ;
> Mets deux anges à ses côtés !

A peine l'*Ode sur le sacre* avait elle paru, que Charles X conférait au général Hugo le grade de lieutenant-général. Le 24 juin, le poète présenta lui-même ses vers au roi, ayant eu la joie d'obtenir une audience. « Mais si sa joie fut grande, écrit un biographe, son embarras ne le fut guère moins. Il n'ignorait point, en effet, que pour se présenter au château, la culotte courte était de rigueur, et il n'en avait pas. Où en prendre une ? Il eut la bonne idée de courir chez un de ses anciens collaborateurs de la *Muse française*, M. Charles Brifaut, homme de cour par excellence et possesseur des plus belles culottes du monde. Il lui exposa sa situation. L'auteur de *Ninus II* prêta bien vite au futur auteur de *Cromwell* l'objet de ses convoitises, et c'est ainsi que le grand poète fit son entrée aux Tuileries, dans la culotte de M. Brifaut. »

Très favorablement accueillie par le pouvoir à cause de ses tendances religieuses et politiques, la réaction romantique trouva son manifeste littéraire dans la préface de *Cromwell* (1827). Ecrite avec l'entrain d'une jeunesse sûre d'elle-même, cette préface remplaçait un système poétique par un autre, réclamait pour la littérature nouvelle le droit d'ajouter, — d'autres dirent de substituer, — le laid au beau, et d'affranchir l'inspiration des règles scolastiques. Les réformateurs en vinrent à faire consister l'art surtout dans l'opposition du tragique et du grotesque, du blanc et du noir, de la lumière et de l'ombre, et à le renfermer parfois dans un cadre assez étroit. *Cromwell* fut loué et combattu avec fanatisme. Les libéraux, en général nourris de la littérature et de la philosophie du XVIII⁰ siècle, ne virent pas sans défiance un mouvement qui exaltait la forme aux dépens du fond. Les *Orientales*, publiées en 1828, trahirent surtout la préoccupation de renouveler le rythme ; elles émerveillèrent le lecteur par la prodigieuse richesse du coloris et des images, en même temps qu'elles le déconcertaient par l'indigence voulue de la pensée. Les sectateurs du poète portèrent l'œuvre jusqu'aux nues, et Victor Hugo, en possession de tout son talent, dans une période que l'on peut appeler triomphale : le *Dernier jour d'un condamné*, poignante analyse des plus cruelles sensations qu'un homme puisse éprouver, fut, dans l'intention de l'auteur, « un plaidoyer direct ou indirect, comme on voudra, pour l'abolition de la peine de mort, » abolition dont il se déclara, dès lors, le partisan. Cependant Victor Hugo, pressé de mettre à la scène une œuvre qui pût donner à la nouvelle école la consécration du théâtre, crut trouver dans *Marion Delorme* un sujet favorable à l'exposition de ses théories : la courtisane, c'était le mal; le noble aventurier, Didier, c'était le bien; le bien tendait la main au mal, et la courtisane se trouvait relevée par l'aventurier, purifiée par la douleur de le voir mourir pour elle. La censure s'alarma : terminée en juin 1829, *Marion* fut interdite sous le ministère Martignac, au mois de juillet 1829, et Charles X maintint l'interdiction. Le roi montra plus d'indulgence pour *Hernani*, « ne se reconnaissant, dit-il cette fois, d'autre droit que sa place au parterre, » et la seconde pièce parut au Théâtre français le 25 février 1830. Une véritable « bataille », restée célèbre dans les annales de la littérature, s'engagea le jour de la première représentation, entre les fanatiques de la nouvelle école et les défenseurs obstinés de l'ancienne; il y eut des scènes violentes; mais les amis du poète l'emportèrent, la tragédie dut céder le pas au drame, et *Hernani* prit place au répertoire.

Rallié dès la première heure à la monarchie de Louis-Philippe, qui permit la représentation de *Marion Delorme* (août 1831), Victor Hugo rechercha et obtint avec le *Roi s'amuse* (22 novembre 1832) un succès plus orageux, dont le gouvernement, cette fois, craignit de se rendre solidaire : la pièce fut interdite le second jour, par ordre ministériel. Vainement le poète, devant le tribunal de commerce, soutint lui-même la moralité de sa pièce et revendiqua, dans un plaidoyer très applaudi, la liberté du théâtre : la défense fut confirmée. Plusieurs drames nouveaux qui se succédèrent rapidement : *Lucrèce Borgia, Marie Tudor* (1833), *Angelo* (1835), les *Burgraves* (1838), les *Burgraves* (1843), captivèrent l'attention par le mélange saisissant du comique et du tragique, et par le perpétuel contraste de sentiments où se plaisait l'auteur. Un brillant roman historique, *Notre-Dame-de-Paris* (1831), glorifia et mit à la mode le moyen âge, cher aux romantiques; des mérites de premier ordre et de séduisants défauts firent de cet ouvrage le plus beau titre du prosateur, tandis que les *Feuilles d'automne* (1831), les *Chants du crépuscule* (1835), les *Voix intérieures* (1837), les *Rayons et les ombres* (1840), ajoutaient encore à la gloire du poète lyrique. Victor Hugo prodiguait son génie dans tous les genres, et des œuvres diverses : l'*Etude sur Mirabeau, Littérature et philosophie mêlées* (1834), le *Rhin* (1842), et de simples études comme *Claude Gueux*, inséré en 1834 dans la *Revue de Paris*, participaient au même succès. Le 2 juillet 1837, il fut promu officier de la Légion d'honneur. L'Académie se refusa longtemps à consacrer la renommée de Victor Hugo; elle lui accorda pourtant, (3 juin 1841), après bien des résistances le fauteuil de Népomucène Lemercier. En politique, le poète qui avait célébré le retour des Bourbons et les héros de la Vendée, collaborait de tout son pouvoir à la légende napoléonienne (l'*Ode à la colonne, — Napoléon II*). Il rêvait aussi d'ajouter à toutes ses gloires celle de la tribune, où son devancier et son émule, Chateaubriand, le vrai père du romantisme, avait fait entendre sa voix; il brûlait d'arriver au pouvoir par la littérature. Son discours de réception à l'Aca

démie française fut une sorte de discours-ministre, moins littéraire que politique, auquel répondit avec finesse M. de Salvandy. Au retour de plusieurs voyages de touriste dans divers pays, voyages interrompus par la mort tragique de sa fille Léopoldine et de son gendre Charles Vacquerie, le poète fut nommé (13 avril 1845) pair de France par le roi Louis-Philippe. Son premier discours à la Chambre haute fut prononcé le 18 février 1846, au sujet d'un projet de loi sur les marques de fabrique et la propriété artistique et littéraire; mais celui qui fit le plus de bruit date du mois de juin 1846: il était relatif aux affaires de Gallicie. L'Autriche, en pleine paix, et sans provocation, venait de mettre la main sur ce qui restait encore de la Pologne, sur la ville de Cracovie. Victor Hugo parla en faveur de Cracovie, avec une éloquence abondante et imagée peu en usage dans les assemblées parlementaires. L'année d'après, ce fut l'abrogation des lois d'exil et le rappel des Bonaparte qu'il réclama à la tribune du Luxembourg (14 juin 1847). L'auteur des odes napoléoniennes était cette fois conséquent à lui-même, en s'écriant : « Quand je vois les consciences qui se dégradent, l'argent qui règne, la corruption qui s'étend, les positions les plus hautes envahies par les passions les plus basses, en voyant les misères du temps présent, je songe aux grandes choses du temps passé, et je suis par moments tenté de dire à la Chambre, à la presse, à la France entière : Tenez, parlons un peu de l'empereur, cela nous fera du bien! » Tout en revendiquant pour les princes le droit de rentrer en France, il ajoutait ces paroles, qui ont été retranchées plus tard du recueil de ses discours politiques de 1846 à 1851 (*Actes et paroles. Avant l'exil.* 1875) : « Je leur imposerais une condition, une seule; ce serait de demander leur rentrée. De la demander à qui? Au roi, *qui représente l'unité inviolable et perpétuelle de la nation*, et aux Chambres, qui en représentent le mouvement, la pensée et la vie. » (*Moniteur* du 15 juin 1847.) Mais la révolution de février vint ouvrir une nouvelle carrière à son ambition. Candidat du comité électoral conservateur de la rue de Poitiers, il fut, au scrutin complémentaire du 4 juin 1848, motivé par onze options ou démissions, élu représentant de la Seine à l'Assemblée constituante, le 7e sur 11, par 86,965 voix (248,392 votants, 414,317 inscrits). Sa profession de foi, intitulée *Victor Hugo à ses concitoyens*, contenait ce passage : « Deux Républiques sont possibles. L'une abattra le drapeau tricolore sous le drapeau rouge, fera des gros sous avec la colonne, jettera la statue de Napoléon et dressera la statue de Marat, détruira l'Institut, l'Ecole polytechnique et la Légion d'honneur, ajoutera à l'auguste devise : *Liberté-Egalité-Fraternité*, l'option sinistre *ou la mort*, fera banqueroute, ruinera les riches pour enrichir les pauvres, anéantira le crédit qui est la fortune de tous, et le travail qui est la paix de chacun, abolira la propriété et la famille, promènera des têtes sur des piques, remplira les prisons par le soupçon et les videra par le massacre, mettra l'Europe en feu et la civilisation en cendres, fera de la France la patrie des ténèbres, égorgera la liberté, étouffera les arts, décapitera la pensée, niera Dieu, remettra en mouvement ces deux machines fatales qui ne vont pas l'une sans l'autre : la planche aux assignats et la bascule de la guillotine, en un mot, fera froidement ce que les hommes de 93 ont fait ardemment, et, après l'horrible dans le grand que nos pères ont vu, nous montrera le monstrueux dans le petit. L'autre sera la sainte communion des Français dès à présent et de tous les peuples un jour dans le principe démocratique, fondera une liberté sans usurpation et sans violences, une égalité qui admettra la croissance naturelle de chacun, une fraternité, non de moines dans un couvent, mais d'hommes libres, donnera à tous l'enseignement comme le soleil donne la lumière..., etc. De ces deux Républiques, celle-ci s'appelle la civilisation, celle-là s'appelle la terreur. Je suis prêt à dévouer ma vie pour établir l'une et empêcher l'autre. » A la Con-tituante, Victor Hugo siégea dans les rangs de la minorité, et ses votes le montrèrent beaucoup plus près de la droite que du parti démocratique : avec celui-ci, il repoussa l'autorisation de poursuites contre Louis Blanc et Caussidière, réclama, dans un discours du 15 septembre 1848, l'abolition de la peine de mort, refusa de déclarer que le général Cavaignac avait bien mérité de la patrie, et rejeta l'ensemble de la Constitution ; avec la droite, il appuya le décret contre les clubs, parla, le 20 juin 1848, contre les ateliers nationaux, en accentuant son attitude par cette apostrophe : « C'est aux socialistes que je m'adresse ! » repoussa le droit au travail, l'impôt progressif, le Crédit foncier, l'abolition du remplacement militaire, se prononça contre l'amendement Grévy, et prit la parole, le 29 janvier 1849, aux applaudissements de la droite pour soutenir la proposition Rateau : « Ce que nous voulons, conclut-il, c'est la fixation d'une date (Rumeurs à gauche). Je termine en suppliant l'Assemblée constituante de convoquer l'Assemblée législative, de ne pas s'arrêter à ces vaines terreurs que je lui ai signalées et qui retomberaient sur elle-même ; et quant à moi, je voterai pour le terme possible le plus prochain. » (Approbation à droite.) Le journal l'Evénement, fondé par lui un mois après l'insurrection de juin (1er août 1848), et auquel collaborèrent ses deux fils Charles et François, P. Meurice, M. Vacquerie, Th. Gautier et M. A. Vitu, posa la candidature de Victor Hugo à la présidence de la République. Ce journal disait qu'il fallait nommer le grand poète, parce qu'il referait le monde à l'image de Dieu ; qu'au-dessus de tous les hommes et de toutes les sociétés il y avait le poète, celui qui prédit, vates, « à la fois bras et tête, cœur et pensée, glaive et flambeau, doux et fort, doux parce qu'il est fort, fort parce qu'il est doux, conquérant et législateur, roi et prophète, lyre et épée, apôtre et messie, etc. » Cette politique inspirée trouva peu d'écho : Victor Hugo eut quelques milliers de voix. Il se rallia alors à la candidature de L.-N. Bonaparte, et l'Evénement qui avait combattu le général Cavaignac au pouvoir, l'Evénement poursuivi, condamné, supprimé, reparut après l'élection présidentielle du 10 décembre, sous ce titre significatif : l'Avènement. Jusqu'à la dissolution de l'Assemblée constituante, Victor Hugo opina uniformément avec le « parti de l'ordre » : pour le renvoi des accusés du 14 mai devant la haute cour, pour les crédits de l'expédition romaine, contre l'amnistie des transportés, etc. Son attitude à l'Assemblée législative fut différente. Réélu représentant de la Seine, le 13 mai 1849, le 10e sur 28, par 117,069 voix (281,140 votants, 378,043 inscrits), Victor Hugo rallié, par l'influence d'Emile de Girardin et pour des motifs analogues, a-t-on dit, à ceux du directeur de la Presse, au parti de la République démocratique, devint un des principaux orateurs, sinon un des chefs de ce parti dans l'As-

semblée. Toutefois il ne s'associa point à la demande d'interpellation de Ledru-Rollin sur les affaires de Rome, ni à la protestation et à l'appel aux armes lancés par la Montagne. Le 9 juillet 1849, il prononça en faveur d'une proposition de M. de Melun sur l'Assistance publique un discours assez ambigu, où il félicitait son collègue de vouloir étouffer « les chimères du socialisme sous les réalités de l'Evangile », tout en déclarant qu'il y avait quelque chose de vrai « dans cet amas de notions confuses, d'aspirations obscures, d'illusions inouïes, d'instincts irréfléchis, de formules incorrectes, qu'on désigne sous ce nom vague et d'ailleurs fort peu compris de socialisme ». Au congrès de la paix tenu en août 1849, Victor Hugo se félicita d'avoir « déposé dans les esprits, en dépit des préjugés et des inimitiés internationales, le germe impérissable de la paix universelle ». Puis il reprit sa place à l'Assemblée. Le 19 octobre 1849, il donna un premier gage à la minorité républicaine en se montrant opposé à la continuation de l'expédition romaine, « irréprochable, dit-il, à son point de départ, et qui peut devenir coupable par le résultat. » Il revint sur le même sujet et sur l'expression de la même opinion le lendemain, 20 octobre, en réponse à Montalembert, son contradicteur ordinaire, avec qui, pendant près de trois années, il ne cessa de faire assaut d'éloquence. Une des harangues les plus retentissantes de Victor Hugo fut celle qui eut trait, le 15 janvier 1850, à la question de la liberté d'enseignement. Il combattit, cette fois au milieu des interruptions de la majorité et des acclamations de la gauche, la loi élaborée par M. de Falloux, et dénonça en ces termes les envahissements du « parti clérical » : « Ce que l'on veut, dit-il, c'est le gouvernement par la léthargie. Mais, qu'on y prenne garde, rien de pareil ne convient à la France. C'est un jeu redoutable que de lui laisser entrevoir, seulement entrevoir, à cette France, l'idéal que voici : la sacristie souterraine, la liberté trahie, l'intelligence vaincue et liée, les livres déchirés, le prône remplaçant la presse, la nuit faite dans les esprits par l'ombre des soutanes, et les génies matés par les bedeaux !... Je le répète, que le parti clérical y prenne garde, le dix-neuvième siècle lui est contraire ; qu'il ne s'obstine pas, qu'il renonce à maîtriser cette grande époque pleine d'instincts profonds et nouveaux, sinon il ne réussira qu'à la courroucer, il développera imprudemment le côté redoutable de notre temps, et il fera surgir des éventualités terribles. Oui, avec ce système, qui fait sortir, j'y insiste, l'éducation de la sacristie et le gouvernement du confessional.... » Cette violente sortie provoqua un long tumulte. Des cris à l'ordre ! s'élevèrent ; plusieurs membres de la droite étaient debout et interrompaient l'orateur. On lit, à cet endroit du discours, dans le recueil Actes et paroles, publié par Victor Hugo lui-même, l'indication suivante : « M. le président et M. Victor Hugo échangent un colloque qui ne parvient pas jusqu'à nous. » Il parvint du moins jusqu'aux sténographes, et la lecture du Moniteur du 16 janvier 1850 permet d'en rétablir le texte :

« M. le Président. — Par ces expressions vous attaquez non seulement ce que vous appelez le parti clérical, mais encore la religion elle-même.

M. Victor Hugo. — Je croyais avoir fait dès les premiers mots une distinction comprise de l'Assemblée. Cette distinction j'y insiste, en couvrant de ma vénération *l'Eglise, notre mère à tous!* »

Victor Hugo parla encore *contre* la loi sur la déportation, le 5 avril 1850 ; *pour* l'intégrité du suffrage universel, le 20 mai ; *pour* la liberté de la presse le 9 juillet, et *contre* la demande de revision de la Constitution, le 17 juillet. Ces discours enflammés, au moins dans la forme, déchaînèrent presque tous, comme autrefois ses drames, les plus tumultueux orages. La conversion de l'illustre orateur à la forme républicaine était de trop fraîche date pour ne pas lui attirer de la part de ses anciens collègues de la pairie et de la droite les plus vives récriminations. On lui citait des strophes de ses odes napoléoniennes et royalistes, on le renvoyait aigrement au Parnasse. Dans les derniers temps de la législature, il tonna fréquemment à la tribune contre la personne et la politique de L.-N. Bonaparte, qu'il représenta rêvant dans l'ombre la restauration de sa dynastie. C'est pendant l'une de ces séances de novembre 1851 qu'il faillit s'évanouir, après avoir parlé cinq heures contre le rétablissement de l'Empire, qu'il prévoyait d'autant mieux qu'il était de ceux qui l'avaient rendu possible. Il ne fut cependant pas inquiété au coup d'Etat de décembre ; il suffit pour s'en ass⸱⸱⸱r de lire les dépêches échangées alors à s⸱⸱ jet.

Morny à Maupas, décembre, 2 h. : « Pour Hugo, je laisse à votre appréciation. »

Préfet de police à Ministre de l'intérieur, 6 h. 20 soir : « Je désirerais beaucoup avoir votre avis au sujet d'une perquisition à faire chez M. Foucher, conseiller à la cour de Cassation, où paraît être caché V. Hugo. »

Morny à Maupas : « Ne faites rien. »

Victor Hugo s'attribua du moins dans les tentatives de résistance de la gauche de l'Assemblée un rôle que les deux volumes de l'*Histoire d'un crime* (déposition d'un témoin), publiés en 1877, ont raconté avec complaisance. Les événements de la nuit du 2 décembre, les affiches du coup d'Etat, les conciliabules des représentants restés libres, la violation de la salle des séances de l'Assemblée législative, l'inaction du président Dupin, l'arrêt prudent de la Haute-Cour, « chef-d'œuvre du genre oblique, » la réunion tenue à la mairie du Xe arrondissement, les incidents de la barricade Saint-Antoine, la mort de Baudin, les batailles du quartier des Halles, sont relatés dans le détail. Victor Hugo prit part à la lutte, et s'efforça vainement de soulever le peuple : « On avait arrêté, dit-il, tous les hommes de guerre de l'Assemblée et tous les hommes d'action de la gauche. Ajoutons que tous les chefs possibles de barricades étaient en prison. Les fabricateurs du guet-apens avaient soigneusement oublié Jules Favre, Michel de Bourges et moi, nous jugeant moins hommes d'action que de tribune, voulant laisser à la gauche des hommes capables de résister, mais incapables de vaincre, espérant nous déshonorer si nous ne combattions pas et nous fusiller si nous combattions. »

Après le succès du coup d'Etat, Victor Hugo fut porté sur la première liste qui expulsait du territoire français les plus ardents ennemis du pouvoir. Il passa en Belgique, et de là à Jersey, d'où il fut forcé de s'éloigner (1855) avec tous les réfugiés signataires d'une protestation contre l'expulsion de trois d'entre eux ; il se fixa alors à Guernesey pour toute la durée de l'Empire. Dans les premières années d'exil, il publia sous ce titre : *Napoléon le Petit* (1852), une véhémente brochure, bientôt suivie des *Châtiments* (1853), recueil d'anathèmes

éloquents contre l'empereur et son entourage, édité, comme l'ouvrage précédent, à l'étranger, et qui n'en eut pas moins en France, grâce à une circulation clandestine que le pouvoir fut impuissant à réprimer, un retentissant succès. Trois œuvres poétiques d'un caractère plus calme prirent rang, à leur tour, parmi les chefs-d'œuvre de l'auteur : les *Contemplations* (1856), la *Légende des siècles* (1859), et les *Chansons des rues et des bois* (1865). Le besoin de frapper les esprits, de les fixer sur des sujets peu réjouissants, lui font rechercher les malheurs les plus éprouvantables, les plaies physiques ou morales les plus repoussantes ; pour intéresser l'homme à toutes ces misères, son style martèle la pensée, recherche la bizarrerie, outre la métaphore, force l'attention par la singularité des images, par l'étrangeté des mots. Sa gloire littéraire souffre parfois de cette accumulation de hideurs morales et poétiques ; n'importe, il faut obtenir qu'on s'attendrisse sur le pourceau, sur l'araignée, sur l'âne, sur le crapaud, sur le forçat. Dans l'intervalle, un ouvrage considérable en prose, annoncé depuis de nombreuses années et lancé avec une grande habileté, jeta autour du nom de Victor Hugo autant d'éclat que la plus brillante de ses œuvres passées : les *Misérables*, grand roman social, traduit d'avance en neuf langues, fut mis en vente dans toute l'Europe le même jour, 3 avril 1862.

Après avoir refusé de profiter de l'amnistie de 1859, Victor Hugo repoussa avec plus de hauteur encore la seconde, celle de 1869, et se consacra jusqu'à la fin du régime impérial à une production littéraire incessante. Mais ni les *Travailleurs de la Mer* (1866), ni *l'Homme qui rit* (1869) ne valurent à l'auteur un aussi grand triomphe que la reprise de *Hernani* au Théâtre Français, en juin 1867, à l'occasion de l'Exposition universelle. Un succès analogue accueillit plus tard la représentation de *Lucrèce Borgia* à la Porte-Saint-Martin (février 1870). Ce fut vers la même époque que ses fils, Charles et François Hugo, fondèrent à Paris, avec MM. Auguste Vacquerie, Paul Meurice, Ed. Lockroy, le journal le *Rappel*, auquel collaborèrent, de l'exil, Louis Blanc et Félix Pyat, et qui contribua à précipiter la chute de l'Empire. Victor Hugo lui-même adressa à cette feuille plusieurs communications ; un article, signé de lui, contre le plébiscite, le fit citer, le 11 mai 1870, à l'audience de la troisième chambre comme prévenu d'avoir excité à la haine et au mépris du gouvernement.

La révolution du 4 septembre ramena Victor Hugo à Paris. Le 5, il y fut reçu avec enthousiasme, puis il passa le temps du siège au pavillon de Rohan. La patrie, qu'il revoyait envahie, lui inspira de nouveaux chants ; mais il ne publia rien jusqu'en 1872. Il adressa seulement à la démocratie allemande une proclamation où il l'invitait à tendre la main à la France, se prononça en octobre contre la nécessité d'élections municipales immédiates, pour le gouvernement de la Défense nationale, et, porté sur plusieurs listes républicaines aux élections du 8 février 1871 à l'Assemblée nationale, fut élu représentant de la Seine, le 2e sur 43, — le premier était Louis Blanc, — par 213,686 voix (328,970 votants, 547,858 inscrits). Il se rendit à Bordeaux, s'assit à l'extrême gauche, et, dans la séance du 1er mars 1871, prononça un énergique discours contre les préliminaires de paix. Un peu plus tard, son intervention en faveur de Garibaldi, que la majorité n'avait pas voulu admettre, lui ayant attiré de violentes interruptions de la part de la droite, et notamment cette exclamation de M. de Lorgeril : « M. Victor Hugo ne parle pas français ! » Victor Hugo quitta la tribune et adressa au président la lettre suivante : « Il y a trois semaines, l'Assemblée a refusé d'entendre Garibaldi, aujourd'hui elle refuse de m'entendre : je donne ma démission. » L'année 1871 fut pour lui une des plus tristes de sa longue carrière. Son fils Charles mourut subitement à Bordeaux, et le malheureux père ramena le corps à Paris le jour même où éclatait l'insurrection du 18 mars. Il séjourna dans la capitale, évita de prendre parti dans la lutte entre la Commune et Versailles, protesta cependant contre la démolition de la colonne Vendôme, et à la fin du second siège, se retira à Bruxelles. Il y écrivit, le 26 mai, une lettre par laquelle, malgré une décision du ministère belge, il offrait un asile chez lui aux soldats de la Commune. Cette lettre provoqua une émeute dans la ville : plusieurs individus vinrent attaquer la maison qu'il habitait avec sa famille, et il n'échappa à cette agression que grâce à l'intervention de la police. Obligé de quitter la Belgique, il s'établit quelque temps à Vianden dans le Luxembourg ; puis il rentra à Paris et habita un instant la rue La Rochefoucauld. C'est qu'un nouveau deuil le priva de son dernier fils, François Hugo, après une cruelle maladie (décembre 1873). Présenté par la presse radicale de la Seine comme candidat à l'élection complémentaire du 7 juillet 1872, il accepta le « mandat contractuel », qu'il opposait au « mandat impératif », et échoua avec 95,900 voix contre 122,395 à l'élu, M. Vautrain, de la nuance centre gauche. Au même moment parut un nouveau volume de poésie, l'Année Terrible, inspiré par les récents désastres de la France. Bientôt après, Victor Hugo entreprit de rééditer ses discours, allocutions, professions de foi, etc. ; il donna aussi Mes fils, et Quatre-vingt-treize, grand roman historique et politique, et ne cessa, quoique sans mandat électif, de se tenir en communication avec le peuple parisien par une série de lettres insérées dans les journaux, par la présidence de diverses conférences et par plusieurs discours prononcés sur les tombes d'Edgar Quinet, de Mme Louis Blanc, de Mme Paul Meurice, etc. Aux élections sénatoriales du 30 janvier 1876, le conseil municipal de Paris, par l'organe de son président, M. Clémenceau, lui offrit la candidature républicaine radicale, qu'il accepta : il fut élu sénateur de la Seine, mais seulement le 4e sur 5, et au second tour de scrutin, par 115 voix (209 votants).

Dès le 21 mars, il déposa sur le bureau de la Chambre haute une proposition d'amnistie plénière. Le 22 mai, il monta à la tribune pour la défendre, et fut écouté dans un profond silence ; mais il ne réunit au scrutin que six voix en faveur de sa proposition. En 1877, adversaire de la dissolution de la Chambre et du gouvernement du Seize-Mai, il fit partie du comité de résistance institué par les gauches du Sénat et répondit aux menaces de coup d'Etat et de restauration monarchique par la publication de l'Histoire d'un crime, qu'il fit précéder de cet avis : « Ce livre est plus qu'actuel ; il est urgent. Je le publie. » Après la victoire des républicains, il soutint les divers ministères de gauche qui se succédèrent au pouvoir, remonta à la tribune en janvier 1879 pour soutenir à nouveau la cause de l'amnistie, et, l'année d'après, lorsque cette mesure eut été adoptée par les Chambres, fut avec Louis Blanc l'un des présidents d'honneur du Comité central d'aide aux amnistiés.

Cette dernière période de sa vie politique n'avait pas laissé le poète inactif. A la fin de 1876 avait paru la seconde partie de la Légende des siècles. Dans l'Art d'être grand-père, on retrouva le langage plus discret, plus attendri des premières œuvres du maître ; le Pape, la Pitié suprême, Religions et religion affirmèrent l'indépendance de la pensée à l'égard des dogmes révélés et la tolérance universelle. Victor Hugo avait donné un autre gage aux mêmes doctrines en présidant (1878) solennellement aux cérémonies du centenaire de Voltaire, qu'il avait, en d'autres temps, appelé

Ce singe de génie
Chez l'homme en mission par le diable envoyé !

Les années 1881, 1882, 1883, virent naître des ouvrages inférieurs, où l'on sentit l'effort fatigué d'une longue et laborieuse existence : les Quatre Vents de l'Esprit, le drame de Torquemada, enfin une dernière Légende des siècles. Jamais pourtant la renommée de Victor Hugo ne fut aussi éclatante, jamais l'admiration qui s'attachait à sa personne et à ses écrits ne fut portée aussi haut. En 1881, alors qu'il entrait dans sa 80e année, et, en 1882, d'enthousiastes manifestations se produisirent en son honneur, et il put se croire véritablement le roi littéraire du siècle. Après un court séjour rue de Clichy, il s'était fixé dans un petit hôtel de l'avenue d'Eylau, qui a reçu, avant sa mort, le nom d'avenue Victor Hugo. Sa robuste vieillesse le désignait pour devenir centenaire, lorsqu'il fut saisi d'un refroidissement compliqué d'une ancienne maladie de cœur ; il expira le 22 mai 1885. On lui fit, aux frais du trésor public, de magnifiques obsèques, et le deuil de la France, auquel le monde s'associa, éclata dans la pompe extraordinaire et dans l'immense cortège qui accompagnèrent le poète au Panthéon, désaffecté par les Chambres pour recevoir son cercueil. Victor Hugo, dans ses entretiens familiers, mettait, a écrit M. J. Claretie, de la coquetterie à rappeler qu'il avait « assisté à la fin d'un monde évanoui. » « Quand j'étais pair de France, disait-il, et que je siégeais à gauche, avec Montalembert, Wagram, Eckmühl, Boissy et d'Alton-Shée, j'avais à ma droite un soldat qui était maréchal de France deux ans après ma naissance et qui, lorsque j'arrivais au Luxembourg, me disait : Jeune homme, vous êtes en retard ! C'était Soult, maréchal en 1804. A ma gauche, chose plus extraordinaire, j'avais un homme qui avait jugé Louis XVI, neuf ans avant ma naissance (c'était Pontécoulant), et en face de moi, un homme qui avait défendu Beaumarchais dans le procès Goëzman, vingt-cinq ans avant ma naissance. C'était le chancelier Pasquier. »

HUGON (Gaud-Amable, baron), sénateur du second Empire, né à Granville (Manche) le 31 janvier 1783, mort à Paris le 1er décembre 1862, s'engagea en 1795 sur les bâtiments de l'Etat, où il servit d'abord comme mousse et matelot ; il était enseigne de vaisseau lorsqu'il tomba aux mains des Anglais, mais il réussit à s'échapper après quatre mois de captivité. Il se distingua par sa bravoure et son sang-froid dans de nombreuses occasions, fut promu lieutenant de vaisseau en 1810, capitaine de frégate le 1er septembre 1819, et se vit appelé en 1823 à prendre le commandement de l'île de Gorée sur la côte de Sénégambie. Parvenu, le 22 mai 1825, au grade de capitaine de vaisseau, il demanda à faire partie de l'expédition qui se préparait contre les Turcs et combattit à la bataille de Navarin, où, à bord de l'*Armide*, il canonna et coula à fond une frégate ennemie. Lors de l'expédition d'Alger, il fut chargé de diriger et de convoyer les transports dont les bâtiments s'élevaient à un chiffre considérable. Nommé contre-amiral le 1er mars 1831, M. Hugou chassa de l'Archipel grec (1832) les pirates qui l'infestaient; il prit une attitude énergique dans les complications amenées en 1836 et en 1840 par la question d'Orient, et, le 31 décembre 1840, fut élevé au grade de vice-amiral. Grand-croix de la Légion d'honneur le 3 mai 1851, il fut placé peu après dans le cadre de réserve, et fut appelé le 26 janvier 1852, à faire partie du Sénat, où il siégea jusqu'à sa mort. Membre du conseil d'amirauté, il le présida à plusieurs reprises.

HUGOT (Nicolas), député en 1791, né aux Riceys (Aube) le 15 octobre 1749, mort aux Riceys le 10 mai 1815, était juge à Bar-sur-Seine, quand il fut élu député de l'Aube à l'Assemblée législative, le 8 septembre 1791, le 8e sur 9, par 222 voix sur 332 votants. D'opinions modérées, il se fit remarquer au comité militaire par différents rapports sur la discipline et l'organisation des troupes. Après la législature, il resta étranger à la politique et se fixa aux Riceys comme homme de loi.

HUGOT (Louis-Anatole). député de 1876 à 1885 et membre du Sénat, ne à Montbard (Côte-d'Or) le 3 avril 1836, fils d'un négociant de Montbard, étudia le droit, se fit recevoir licencié et devint négociant dans sa ville natale. Il fut, de 1871 à 1873, maire de Montbard, et, révoqué de ses fonctions municipales par le ministère de Broglie, il se fit élire, comme républicain, conseiller d'arrondissement. Le 20 février 1876, M. Hugot se porta candidat à la Chambre des députés dans l'arrondissement de Semur, et fut élu par 8.336 voix sur 16,310 votants et 19,633 inscrits, contre 6,673 voix à M. Beleurgey et 1.043 à M. Muteau. Il écrivit à ses électeurs une lettre de remerciement qui contenait ce passage : « En votant pour moi, vous avez une fois de plus affirmé les principes républicains qui animent notre patriotique arrondissement, et vous m'avez chargé de les défendre. Vous pouvez compter sur moi. » Inscrit à la gauche républicaine, M. Hugot vota avec la majorité et fut des 363. Réélu, à ce titre, le 14 octobre 1877, dans la même circonscription, avec 11,016 voix (17,185 votants, 20,060 inscrits), il reprit sa place à gauche, se prononça *pour* les invalidations des députés de la droite, *pour* le ministère Dufaure, *pour* l'article 7 de la loi sur l'enseignement supérieur, *pour* l'invalidation de l'élection Blanqui, *pour* les lois nouvelles sur la presse et le droit de réunion, et soutint la politique opportuniste. Il se présenta de nouveau sans concurrent, aux élections législatives du 21 août 1881, avec un programme réclamant l'extension des libertés municipales, la défalcation du passif dans le calcul des droits de succession, la nomination des sénateurs par des délégués en nombre proportionnel à celui de la population, la suppression des sénateurs inamovibles, etc., et fut renvoyé à la Chambre par 11,311 voix (13,622 votants, 19,954 inscrits), contre 1,055 à M. Lévy. M. Hugot prêta le concours de ses votes aux ministères Gambetta et Jules Ferry, se prononça *pour* les crédits de l'expédition du Tonkin, fit partie de la commission du budget, déposa en son nom (1884) le rapport sur le projet de loi portant fixation du budget général de l'exercice 1885 (ministère de l'Agriculture), prit part à la discussion de ce budget devant la Chambre, et quitta le Palais-Bourbon pour le Luxembourg, ayant été élu, le 6 janvier 1885, sénateur de la Côte-d'Or, le second sur deux, avec 524 voix (998 votants). M. Hugot fit partie de la majorité sénatoriale, et parut plusieurs fois à la tribune de la Chambre haute, notamment dans la discussion de la proposition de loi portant modification au tarif général des douanes en ce qui concerne les céréales. il se prononça : *pour* l'expulsion des princes, *pour* la nouvelle loi militaire, critiqua (mars 1888) la gestion des finances républicaines dans la discussion générale du budget, fut élu secrétaire du Sénat le 10 janvier 1889, et se prononça en dernier lieu : *pour* le rétablissement du scrutin d'arrondissement (13 février 1889), *pour* le projet de loi Lisbonne restrictif de la liberté de la presse; il était absent par congé lors du scrutin sur la procédure à suivre devant le Sénat contre le général Boulanger.

HUGUENIN (Jean-François-Auguste), représentant en 1840. né à la Rosière (Haute-Saône) le 9 avril 1814, mort à Lure (Haute-Saône) le 2 juillet 1889, étudia le droit à Dijon, et, reçu avocat, s'inscrivit au barreau de Lure (1836). Élu membre du conseil municipal de cette ville, il y combattit le gouvernement de Louis-Philippe, se déclara républicain, applaudit à la révolution de février, et se présenta, sans succès, aux élections pour la Constituante. M. Huguenin fut plus heureux le 13 mai 1849, et fut élu représentant de la Haute-Saône à l'Assemblée législative, le 6e sur 7, par 27,481 voix (63,844 votants, 98,904 inscrits). Il prit place dans la majorité démocratique, et vota ordinairement avec la Montagne, *contre* l'expédition de Rome, *contre* la loi Falloux-Parieu sur l'enseignement, *contre* la loi restrictive du suffrage universel ; il parut quelquefois à la tribune pour combattre les mesures de réaction proposées par le gouvernement et agréées par la majorité. M. Huguenin protesta contre le coup d'État du 2 décembre 1851, fut poursuivi et arrêté, passa deux mois en prison, quitta le conseil d'arrondissement dont il faisait partie, après avoir refusé le serment au pouvoir nouveau, et fut exilé à Nice. De retour en France après l'amnistie, il reprit sa place au barreau de Lure, fut élu à nouveau conseiller municipal de cette ville, mais ne siégea point, ayant encore refusé le serment, et devint, après le 4 septembre 1870, procureur de la République près le tribunal de Lure. Aux élections du 8 février 1871 pour l'Assemblée nationale, M. Huguenin réunit, sans être élu, 12,542 voix dans la Haute-Saône, sur 34,563 votants. Il fut révoqué comme magistrat par le gouvernement du 24 mai, et réintégré en 1878 dans son poste, qu'il occupa cette fois jusqu'à sa mort (1880).

HUGUES (Hubert-Clovis), député de 1881 à 1889, né à Menerbes (Vaucluse) le 3 novembre 1851, fut destiné par sa famille à l'état ecclésiastique et fit ses premières études au séminaire. Mais, attiré vers la littérature, il débuta comme poète et journaliste à l'âge de 18 ans, collabora à une feuille socialiste de Marseille, la *Fraternité*, et, traduit pour un article devant un conseil de guerre (1871), fut condamné à trois ans de prison et 6,000 francs d'amende, avec deux ans de contrainte par corps. Sorti de prison à la fin de 1875, il entra au journal marseillais la *Jeune République*, s'y fit remarquer par l'ardeur de ses polémiques, épousa vers la même époque Mlle Royannez, et eut à cause d'elle, le 3 décembre 1877, avec un rédacteur du journal bonapartiste *l'Aigle*, un duel qui se termina par la mort de son adversaire. M. Clovis Hugues quitta alors Marseille, se retira quelque temps à Naples et revint, le 22 février, comparaitre devant la cour d'assises d'Aix, qui l'acquitta. Il fut élu, peu après, conseiller d'arrondissement des Bouches-du-Rhône, et se rendit à Paris en 1879, pour prendre part à la fondation du journal *le Réveil social*, inspiré par Louis Blanc. En même temps, il fréquentait assidûment la maison de Victor Hugo, qui avait encouragé ses débuts poétiques et qui avait signalé son recueil de vers : les *Poèmes de prison* (1875). comme révélant un véritable talent. Il fut encore rédacteur des journaux intransigeants *le Mot d'Ordre* (1880) et *la Vérité* (1881). Le 17 mars 1878, sa candidature radicale-socialiste avait été posée dans la 2ᵉ circonscription des Bouches-du-Rhône en remplacement de F.-V. Raspail, décédé; mais elle avait échoué avec 4,284 voix contre 4,422 à l'élu opportuniste, M. Amat, et 564 à Blanqui. M. Clovis Hugues fut de nouveau candidat aux élections législatives de 1881, dans la même circonscription, qui l'élut député, au second tour de scrutin, le 4 septembre, par 5,456 voix (10,009 votants, 19,940 inscrits), contre 4,414 à M. Simonin, républicain modéré. Il s'inscrivit à l'extrême gauche, et s'associa d'abord simplement aux votes de ce groupe politique et à la plupart de ses demandes d'interpellation, notamment le 13 décembre 1881 et le 23 février 1882; à cette dernière date il questionna le ministre sur l'expulsion du russe Pierre Lawoff, suspect d'intrigues nihilistes, et dit « qu'il n'y avait point d'étrangers pour la France ». Comme orateur, sa parole imagée, sa verve provençale, obtinrent auprès de la majorité de ses collègues un succès assez vif, sans les rallier pourtant à ses opinions. Il se prononça *contre* les ministères Gambetta, Freycinet et J. Ferry, *pour* la séparation de l'Eglise et de l'Etat, *contre* la politique coloniale; fit profession de socialisme à la tribune parlementaire, et quitta brusquement l'extrême gauche en 1882 pour se faire momentanément le porte-parole, à la Chambre, des revendications d'une fraction du « parti ouvrier ». Mais, à la suite du dissentiment avec les chefs de ce parti au sujet des funérailles de Louis Blanc, auxquelles M. Clovis Hugues voulut assister, le député de Marseille se sépara de ses nouveaux amis, et reprit sa place parmi les radicaux du Palais-Bourbon. En décembre 1883, lors du retour à la Chambre du budget amendé par le Sénat, il provoqua une scène violente qui lui valut la censure avec exclusion temporaire. A la fin de cette année, le nom de M. et Mᵐᵉ Clovis Hugues fut mêlé à une affaire retentissante, l'affaire Morin. Mᵐᵉ Clovis Hugues, exaspérée par les attaques d'un intrigant de bas étage, qu'elle avait vainement poursuivi devant les tribunaux, lui tira en plein palais de justice plusieurs coups de revolver (27 novembre) et le tua. Elle eut à rendre compte de cet homicide devant le jury de la Seine, qui l'acquitta (8 janvier 1884). En avril 1884, M. Clovis Hugues attaqua les mesures d'ordre prises par le gouvernement lors de la grève d'Anzin; en avril 1885, il déposa une proposition d'amnistie en faveur des condamnés politiques, adoptée par 263 voix contre 124). Réélu député des Bouches-du-Rhône en octobre 1885, le 7ᵉ sur 8, par 54,287 voix (93,426 votants, 139,346 inscrits),

grâce à l'union des radicaux et des socialistes du département, il siégea, comme précédemment, à l'extrême gauche, fut un des fondateurs du petit groupe dit « ouvrier socialiste », dont il signa le manifeste, prit la parole (6 février 1886) en faveur d'une nouvelle proposition d'amnistie, se joignit (février et mars 1886) à MM. Camélinat et A. Boyer pour inviter l'Etat à dénoncer les conventions de 1883 avec les grandes compagnies de chemins de fer, et au besoin à révoquer les concessions, défendit (juin 1886), à propos des réclamations de l'industrie sucrière, les idées purement libre-échangistes, combattit les ministères opportunistes de la législature, se prononça *pour* la revision de la Constitution et se rallia à la politique revisionniste du général Boulanger; toutefois il se défendit plus tard d'avoir été « boulangiste ». Dans les derniers mois de la législature, il se prononça : *contre* le rétablissement du scrutin d'arrondissement (11 février 1889), *contre* l'ajournement indéfini de la revision de la Constitution, *contre* les poursuites contre trois députés membres de la Ligue des patriotes, *contre* le projet de loi Lisbonne restrictif de la liberté de la presse; il s'abstint sur les poursuites contre le général Boulanger. On a de lui des brochures politiques de circonstance. des volumes de vers : *Petite Muse*; *Poèmes de prison* (1875) ; *les Evocations* (1885); *La femme dans son état le plus intéressant* (1870); *Les Intransigeants* (1875); *Soirs de bataille*; *Mᵐᵉ Phaëton*, etc.

HUGUET (Jean-Antoine), député en 1789, au Conseil des Cinq-Cents et au Corps législatif, né à Billom (Puy-de-Dôme) le 28 mars 1751, mort à Riom (Puy-de-Dôme) le 30 juillet 1819, fut élu député du tiers aux États-Généraux par le bailliage de Clermont en Auvergne, le 29 mars 1789; il ne s'y fit point remarquer. Après la Constituante, il devint maire de Billom, procureur-syndic à Clermont-Ferrand, fut élu député du Puy-de-Dôme au Conseil des Cinq-Cents avec 252 voix (451 votants), le 24 vendémiaire an IV, adhéra au coup d'Etat de brumaire, fut nommé préfet de l'Allier le 11 ventôse an VIII, et choisi, le 6 germinal an X, par le Sénat conservateur, comme député du Puy-de-Dôme au Corps législatif. L'empereur lui donna, le 17 avril 1811, lors de la réorganisation des cours et tribunaux, un siège de conseiller à la cour impériale de Riom.

HUGUET (Pierre), député à l'Assemblée législative de 1791, dates de naissance et de mort inconnues, propriétaire, devint à la Révolution administrateur du Cher, et, le 1ᵉʳ septembre 1791, fut élu député de ce département à l'Assemblée législative, le 5ᵉ sur 6, par 139 voix (273 votants). Il siégea obscurément dans la majorité.

HUGUET (Marc-Antoine), député à l'Assemblée législative de 1791, et membre de la Convention, né à Moissac (Cantal) en 1757, fusillé à Paris le 9 octobre 1796, entra dans les ordres, devint curé d'une petite paroisse de l'Auvergne, et, ayant embrassé le parti de la Révolution, fut nommé évêque constitutionnel de la Creuse. Elu, le 3 septembre 1791, député de ce département à l'Assemblée législative, le 7ᵉ et dernier, par 154 voix (286 votants), il opina avec la majorité réformatrice. Il fut ensuite (4 septembre 1792) réélu député de la Creuse à la Convention, le 1ᵉʳ sur 7, avec 187 voix (370 votants). Huguet siégea à la Montagne, et, dans le procès du roi, s'exprima ainsi au 3ᵉ appe nominal : « Louis est coupable de haute trahison ; je vais au fait, je vote pour la mort, avec l'amendement de Mailhe. Je demande ensuite que vous portiez la peine de mort contre ceux qui insulteront les non-votants pour la peine capitale. » Son attachement aux institutions républicaines jeta Huguet, après le 9 thermidor, dans la plupart des complots révolutionnaires. Lors de l'envahissement de la Convention, le 12 germinal an III, il prit parti pour les envahisseurs : « Le peuple, criait-il, n'abandonne pas tes droits ! » Dénoncé pour ces paroles par André Dumont, il fut, le soir même, arrêté avec Duhem. Fousseloire et Amar. Emprisonné au château de Ham, il dut sa liberté à l'amnistie du 4 brumaire an IV ; mais, compromis de nouveau dans la conspiration jacobine du camp de Grenelle (24 fructidor de la même année), il fut saisi avec ses amis au milieu du camp, livré à une commission militaire, condamné à mort et fusillé.

HUGUET (Théodore-François), député au Conseil des Anciens et membre du Tribunat, né à Paris le 4 octobre 1751, mort à Paris le 11 septembre 1825, procureur au Châtelet avant la Révolution, puis avocat consultant à Paris, fut élu député de la Seine au Conseil des Anciens, le 25 germinal an VI, et réélu par le même département le 25 germinal an VII. Il prit la parole dans la plupart des débats juridiques et financiers, notamment sur le régime hypothécaire, sur les créances des émigrés, sur les emprunts contractés avec privilèges sur les rentes, sur le paiement des intérêts de la dette publique, sur la taxe des portes et fenêtres, sur l'inscription des créances hypothécaires, sur l'emprunt de 100 millions, et s'opposa à l'établissement d'un droit d'octroi municipal à Paris. Il fut nommé membre du Tribunat, le 4 nivôse an VIII, et devint commissaire à la Monnaie de Paris, le 4 frimaire an XII.

HUGUET (Auguste-Victor), membre du Sénat, né à Boulogne-sur-Mer (Pas-de-Calais) le 21 décembre 1822, fils d'un libraire-éditeur, dut à ses opinions libérales sa nomination, après le 4 septembre 1870, d'adjoint au maire, puis de maire (1871) de sa ville natale. Pendant la guerre franco-allemande, il s'occupa activement des ambulances et de l'organisation des mobilisés. Le gouvernement du 24 mai 1873, après l'avoir révoqué de ses fonctions municipales, fut obligé de l'y maintenir en fait, n'ayant pu lui trouver un successeur. Candidat républicain conservateur aux élections sénatoriales du 30 janvier 1876, il fut élu sénateur du Pas-de-Calais, le 4e et dernier, par 521 voix (1,004 votants). Les trois premiers élus appartenaient à l'opinion conservatrice. M. Huguet s'inscrivit au centre gauche, vota (juin 1877) *contre* la dissolution de la Chambre des députés, *pour* le ministère Dufaure, *pour* l'article 7 de la loi sur l'enseignement supérieur, *pour* les lois nouvelles sur la presse et le droit de réunion, fut réélu sénateur le 8 janvier 1882, par 532 voix (1,001 votants), et continua d'opiner avec la majorité républicaine : *pour* la réforme du personnel judiciaire, *pour* le divorce, *pour* les crédits de l'expédition du Tonkin, *pour* la politique opportuniste, *pour* la nouvelle loi militaire et, en dernier lieu, *pour* le rétablissement du scrutin d'arrondissement (13 février 1889), *pour* le projet de loi Lisbonne restrictif de la liberté de la presse, *pour* la procédure à suivre devant le Sénat contre le général Boulanger.

HUGUET. — *Voy.* Sémonville (marquis de).

HULIN (Pierre-Paul), représentant à l'Assemblée nationale de 1871, né à Richelieu (Indre-et-Loire) le 23 septembre 1822, se fit recevoir licencié en droit, entra comme auditeur au conseil d'État, puis fut nommé sous-préfet ; il exerçait ces fonctions à Saint-Amand (Cher) en 1846, et sut conjurer en partie par sa prévoyance la crise suscitée par la cherté des grains et par les inondations. Conseiller général en 1851, marié à la fille de M. Laurence, ancien député des Landes, il établit, dans le parc du vieux château de Richelieu dont il était propriétaire, d'importantes usines, et reçut, comme chimiste, une médaille d'or à l'exposition de 1867. Maire de Richelieu, il fut inscrit, aux élections du 8 février 1871 pour l'Assemblée nationale, sur la liste conservatrice d'Indre-et-Loire, et fut élu représentant de ce département, le 3e sur 6, par 53,692 voix (73,000 votants, 96,730 inscrits). Le 8 octobre de la même année, il fut appelé à représenter au conseil général d'Indre-et-Loire le canton de Richelieu. A l'Assemblée, M. Hulin siégea au centre droit et vota : *pour* la paix, *pour* les prières publiques, *pour* l'abrogation des lois d'exil, *pour* le pouvoir constituant, *contre* la dissolution, *pour* la chute de Thiers au 24 mai, *pour* la loi des maires, l'état de siège, etc., et *contre* les lois constitutionnelles. La carrière parlementaire de M. Hulin fut brusquement interrompue avant la fin de la législature. Ses affaires industrielles se trouvant compromises, il fut déclaré en faillite, et, par suite, déclaré « déchu de sa qualité de membre de l'Assemblée nationale ». Cette déchéance fut prononcée conformément à la loi, par l'Assemblée elle-même, sur un court rapport de M. Lepetit, dans la séance du 11 juin 1875.

HULTHEM. — *Voy.* Van Hulthem.

HUMANN (Jean-Georges), député de 1820 à 1827, de 1828 à 1837, pair de France et ministre, né à Strasbourg (Bas-Rhin) le 6 août 1780, mort à Paris le 25 avril 1842, « fils de Jacques Humann et de Anne-Maria Schmitz, » s'occupa de commerce et fit une rapide fortune à laquelle le concours de la contrebande ne fut pas, dit-on, étranger. Nommé juge au tribunal de commerce et membre de la chambre de commerce de Strasbourg, il devint, en outre, conseiller général du Bas-Rhin, et bientôt, grâce à la situation considérable qu'il occupait dans la région, se fit élire (13 novembre 1820) député de ce département, au grand collège, avec 114 voix (176 votants, 194 inscrits). Il se rangea dans l'opposition libérale, vota avec elle, et prit la parole (1822) contre le projet de loi ayant pour but la répression des délits de presse. Il se prononça encore contre le monopole des tabacs. Réélu, le 25 février 1824, dans le 4e arrondissement du Bas-Rhin (Strasbourg), par 224 voix sur 293 votants et 313 inscrits, M. Humann se sépara de la gauche pour défendre le principe du remboursement de la dette publique par l'État. à propos de l'institution du trois pour cent par M. de Villèle. Dès lors, ses études eurent plus spécialement pour objet les questions financières, et il parut fréquemment à la tribune, dans les sessions de 1825 et de 1826 pour y traiter des matières budgétaires. Il vota contre le projet d'indemnité aux émigrés, etc.. échoua aux élections du 17 novembre 1827. dans sa circonscription, avec 108 voix contre 124 à l'élu, Benjamin Constant, et ne reparut à la Chambre que le 22 mai 1828, à la faveur de l'élection partielle qui le fit, par 73 voix (137 votants, 144 inscrits) contre 64 à M. Soulié, député du 2e arrondissement de l'Aveyron (Villefranche), en remplacement de M. Dubruel, décédé. En 1829, la commission générale du budget le chargea de rédiger le rapport sur le projet de loi fixant les dépenses de l'année 1830, et il s'acquitta habilement de cette tâche. Adversaire du cabinet Polignac, il fut un des 221 signataires de l'adresse qui amena la dissolution de la Chambre. M. de Villèle raconte dans ses *Mémoires* que MM. Humann et Maralllac, députés, l'un du centre droit, l'autre du centre gauche, vinrent lui offrir, pendant le ministère Polignac, un engagement écrit de leur groupe, lui assurant la majorité et le vote du budget, à condition qu'il formât un nouveau ministère. Ils ajoutèrent qu'ils avaient cru que le roi reculerait devant l'adresse des 221, et qu'ils regrettaient maintenant de l'avoir votée. M. de Villèle leur promit le secret, mais rien de plus. M. Humann obtint sa réélection, le 23 juin 1830, non dans l'arrondissement de Villefranche qui ne lui donna que 66 voix contre 87 à l'élu, M. de Balzac, mais dans le 2e arrondissement du Bas-Rhin (Benfeld), où il réunit 58 voix (87 votants, 93 inscrits). Il applaudit à la révolution de juillet, fut un des membres de la commission chargée de reviser la Charte de 1814 sur la proposition de Bérard, et se montra le partisan zélé du régime nouveau. Ayant continué à se distinguer dans les débats où il s'était fait une spécialité, il fut investi, le 11 octobre 1832, du ministère des Finances, après avoir été réélu député, le 5 juillet 1831, à la fois dans le 5e collège de l'Aveyron, avec 122 voix (215 votants, 257 inscrits), contre 92 à M. de Balzac, et dans le 5e collège du Bas-Rhin (Schlestadt), avec 149 voix (179 votants, 199 inscrits). Il opta pour Schlestadt et fut remplacé comme député de Villefranche par M. Decazes. Sa nomination au ministère des Finances l'obligea à demander aux électeurs de Schlestadt la confirmation de son mandat législatif; il l'obtint, le 13 novembre 1832, par 189 voix (195 votants, 233 inscrits). M. Humann garda son portefeuille jusqu'au 9 novembre 1834; il le quitta alors pour le reprendre le 18 du même mois, et le conserva cette fois jusqu'au 18 janvier 1836. Quatre jours auparavant, le 14, il avait proposé à la Chambre la conversion de la rente 5 0/0, à l'insu de ses collègues du cabinet. Vivement blâmé par ceux-ci, il se retira. Il redevint titulaire du même portefeuille du 29 octobre 1840 au 5 avril 1842. Comme administrateur, il suivit les errements des financiers qui l'avaient précédé, se déclara pour le système de la protection, se refusa à toute réduction des impôts, «auxquels il faut faire rendre, disait-il, tout ce qu'ils peuvent rendre.» et préféra chercher dans de grandes entreprises d'utilité générale l'accroissement successif des revenus individuels. C'est sous son ministère que furent établis les paquebots transatlantiques de la Méditerranée. Les embarras politiques du règne de Louis-Philippe ayant élevé inopinément le déficit de plusieurs centaines de millions, il fallut contracter un emprunt, et le ministre imagina de faire procéder à un recensement général de la propriété immobilière; ce recensement provoqua les réclamations les plus vives. Attaché au parti *doctrinaire*, Humann ne cessa d'opiner avec ce groupe politique. Il avait été réélu député de Schlestadt, le 21 juin 1834, par 197 voix (249 votants, 284 inscrits), contre 48 à M. de Firbach. et il termina sa carrière parlementaire à la Chambre des pairs, où l'appela une ordonnance royale du 3 octobre 1837. M. Guizot disait de lui : « Esprit profond et gauche, obstiné et timide devant la contradiction. »

HUMANN (Louis-Joseph-Théodore), député de 1846 à 1848, né à Landau (Haut-Rhin) le 8 juin 1803, mort à Paris le 15 mai 1873, fils aîné du précédent, entra dans les finances sous les auspices de son père et fut, sous Louis-Philippe, receveur général du Bas-Rhin. Le 1er août 1846, il brigua les suffrages des électeurs du 1er collège de ce département (Strasbourg) et fut élu député par 273 voix (470 votants, 519 inscrits), contre 118 à M. de Hell et 74 à M. Champy. Assis au 9e banc du centre gauche, il vota avec le gouvernement jusqu'à la révolution de février. Un biographe disait de lui : « M. Humann est d'autant plus nouveau à la politique qu'il ne s'en est jamais occupé et ne s'en occupe pas encore. Il vote machinalement pour le ministère, et si vous lui en faites un reproche il vous répondra : « Monsieur, devenez ministre, et je voterai pour vous. » La révolution de février 1848 mit fin à la arrière parlementaire de M. Th. Humann, qui, nommé plus tard (1870) maire de Strasbourg, exerça ces fonctions au moment du siège de cette ville.

HUMBERT (Sébastien), membre de la Convention et député au Conseil des Cinq-Cents, né à Bar-le-Duc (Meuse) le 3 avril 1750, mort à Bar-le-Duc le 26 novembre 1835, était homme de loi et exerçait un modeste emploi dans la régie. Partisan des réformes, il remplit, au début de la Révolution, plusieurs charges municipales; il était administrateur du directoire du district de Bar-le-Duc, lorsque, le 7 septembre 1792, les électeurs du département de la Meuse, par 97 voix (180 votants), l'envoyèrent, le 7e sur 8, à la Convention. Humbert siégea parmi les modérés. Dans le procès de Louis XVI il opina en ces termes : « J'ai déclaré Louis coupable de haute trahison; j'ai voté pour l'appel au peuple; je dois respecter le vœu de la majorité. Je propose la réclusion pendant la guerre et le bannissement à la paix. » Le 21 vendémiaire an IV, il fut réélu député de la Meuse au Conseil des Cinq-Cents, par 243 voix (258 votants)) Après cette législature, il fut nommé (mai 1798, commissaire du gouvernement près de la trésorerie nationale. Il fut ensuite directeur des contributions de la Meuse, et se fixa à Bar-le-Duc, où il mourut.

HUMBERT (Louis-Amédée), représentant à l'Assemblée nationale de 1871, né à Metz (Moselle) le 23 juin 1814, mort à Nancy (Meurthe) le 6 février 1876, fils aîné de Louis-Nicolas Humbert, volontaire de 1792, était négociant en vins à Longueville (Moselle), et avait été conseiller municipal de Metz de 1857 à 1865, lorsque ce département l'élut, le 8 février 1871, représentant à l'Assemblée nationale, le 3e sur 9, par 48,994 voix (76.631 votants, 89,850 inscrits). D'opinions républicaines modérées, M. Humbert prit place à la gauche de l'Assemblée de Bordeaux; mais, s'étant associé au vote de protestation des députés de l'Alsace et de la Lorraine *contre* les préliminaires de paix, ainsi qu'à la déclaration lue par M. Grosjean en leur nom, il quitta aussitôt l'Assemblée, après avoir donné sa démission de représentant. M. L.-A. Humbert opta aussitôt pour la France et se fixa à Nancy; il fut élu conseiller municipal de cette ville le 22 novembre 1874, et y mourut en 1876.

HUMBERT (Gustave-Amédée), représentant en 1871, membre du Sénat et ministre, né à Metz (Moselle) le 28 juin 1822, frère du précédent, fit de bonnes études classiques au lycée de Metz, suivit ensuite les cours de l'Ecole de droit de Paris, fut reçu docteur en 1844, et obtint l'année suivante le premier prix au concours entre les docteurs, pour un mémoire sur les *Conséquences des condamnations pénales.* Il donna à Paris des répétitions de droit, se déclara républicain, et fut nommé, en 1848, sous-préfet de Thionville. M. Humbert conserva ce poste jusqu'au 20 février 1851. Le gouvernement présidentiel de L.-N. Bonaparte l'ayant destitué, il revint à l'enseignement et continua de s'occuper activement de travaux juridiques. Un nouveau mémoire, sur les *Régimes nuptiaux,* lui valut, en 1857, un prix de l'Institut. Agrégé de droit en 1859, il fut, en cette qualité, d'abord attaché à la faculté de Toulouse, puis à celle de Grenoble, et devint (1861) professeur titulaire de droit romain à la faculté de Toulouse. L'académie de législation de cette ville, dont il faisait partie, le choisit, en 1864, pour secrétaire perpétuel. Les événements de 1870 rappelèrent M. Humbert à la vie politique. Élu, le 8 février 1871, comme républicain modéré, le 3e sur 10, avec 81,264 voix (122,845 votants, 145,055 inscrits), représentant de la Haute-Garonne à l'Assemblée nationale, il prit place au groupe de la gauche républicaine dont il fut nommé vice-président, vota *pour* la paix, *contre* la démission de Thiers au 24 mai, *contre* le septennat, l'état de siège, la loi des maires, le ministère de Broglie, *pour* les lois constitutionnelles, déposa (décembre 1871) une proposition de loi, qui fut rejetée, en faveur du retour de l'Assemblée à Paris, et se prononça également, en 1874. comme rapporteur d'une motion de dissolution présentée par M. Raoul Duval, *contre* le pouvoir constituant de l'Assemblée. Il prit part à plusieurs discussions, notamment à celle de la loi électorale, et fit adopter un article édictant des pénalités contre les fonctionnaires qui auraient distribué des bulletins de vote ou des circulaires de candidats. Porté, à la fin de l'année 1875, sur la liste des gauches, lors des élections des 75 sénateurs inamovibles, il fut élu, le 32e, avec 345 voix (690 votants), le 11 décembre 1875. A la Chambre haute, M. Humbert suivit la même ligne politique que précédemment. Il opina avec la minorité républicaine, devenue en 1879 la majorité, se prononça (1877) contre la dissolution de la Chambre des députés, soutint le ministère Dufaure, qui, le 29 décembre 1877, l'appela aux fonctions de procureur général près la cour des Comptes, vota *pour* l'article 7 de la loi sur l'enseignement supérieur, *pour* les lois nouvelles sur la presse et le droit de réunion, etc., se montra assez réservé à l'égard du ministère Gambetta, et accepta, dans celui que forma, le 30 janvier 1882, M. de Freycinet, le portefeuille de la Justice et des Cultes. Il le garda jusqu'au 29 juillet de la même année. M. Humbert fut questionné le 4 mai par M. Guichard, relativement aux agissements financiers de M. Caillaux, ministre des Travaux publics au 16 mai; puis il prit part au débat sur la question du serment judiciaire. Mais l'événement le plus important du passage au pouvoir de M. Humbert fut le dépôt par lui, le 16 février, au nom du gouvernement, d'un intéressant projet de réforme judiciaire. Ce projet différait essentiellement de la proposition Martin-Feuillée, déposée le 2, en ce qu'il ne portait aucune atteinte sérieuse à l'organisation de la compétence. M. Humbert réservait la question des juges de paix, sauf en matière mobilière, où il accroissait l'étendue de leur pouvoir, et se contentait de supprimer 7 cours et tous les tribunaux jugeant moins de 250 affaires

par an, soit 166 tribunaux d'après les statistiques de la dernière année judiciaire; en outre, au lieu de rattacher simplement au tribunal voisin le ressort supprimé, il décidait que le tribunal se rendrait à des époques déterminées au siège de ce dernier, de façon à rapprocher la justice des plaideurs, à ne point apporter de trop grand trouble aux habitudes actuelles et à ne point entraîner de suppressions d'offices ministériels. Enfin, comme M. Martin-Feuillée, il réduisait à 5 le nombre des conseillers appelés à rendre un arrêt civil; il limitait à trois mois la durée de la réorganisation du personnel, maintenait l'inamovibilité qu'il étendait même aux magistrats algériens, mais donnait en plus au gouvernement la faculté de déplacer les magistrats, après avis de la cour de Cassation. — La commission de la Chambre adopta dans ses principaux traits, sauf certaines modifications de détail, le projet du garde des sceaux, qu'elle amenda cependant en deux points importants. En premier lieu, elle institua des assises correctionnelles d'arrondissement formées du juge d'instruction, président, et de quatre jurés jugeant en fait et en droit. D'autre part, elle décida de supprimer le principe d'inamovibilité, laissant à une loi ultérieure le soin de fixer le mode de nomination des magistrats. Mais la loi ultérieure ne vint pas, et finalement rien ne fut changé à l'organisation actuelle. M. Humbert, en juin-juillet 1882, combattit très vivement le système de la commission, principalement à l'égard du recrutement du personnel judiciaire, question dont la solution était laissée en suspens. Il critiqua également le projet Martin-Feuillée, trop compliqué selon lui et devant, par sa complication même, retarder la réforme; il repoussa les assises correctionnelles, instituées par la commission, comme imposant de trop lourdes charges aux habitants des campagnes sans cesse appelés aux travaux du jury; il s'attaqua au principe de l'élection à cause des difficultés d'application que ce système présentait d'après lui, et s'efforça de justifier en ces termes sa propre théorie : « Je diffère de la commission en ce que celle-ci propose de supprimer d'une manière complète le principe de l'inamovibilité. Je crois que c'est une doctrine inutile et condamnable. Elle est absolument inutile. Que voulez-vous que fasse le gouvernement? Vous lui donnez trois mois pour modifier les personnes, sans limite spéciale : il est vrai qu'il y a des limites forcées, car le domaine du personnel présentable s'est beaucoup restreint dans ces dernières années, mais vous ne lui donnez qu'une limite de temps restreinte, en somme, par la force des choses. Nous ne voulons pas avoir des juges-commissaires à la disposition du gouvernement; ce ne serait bon ni pour le gouvernement, ni pour la République, ni pour la liberté. Il y a un abîme entre la suspension et la suppression : la situation actuelle est le résultat des scandales auxquels nous avons assisté. Et sans parler des condamnations disciplinaires, est-ce qu'il y a toujours une harmonie complète entre le parquet et la magistrature assise, entre les magistrats et ceux qu'on appelle aujourd'hui les nouvelles couches? Il y a là une situation déplorable qu'il faut faire cesser. Nous ne voulons frapper que les incapables et que ceux qui se sont montrés les ennemis de nos institutions. J'ajoute que l'inamovibilité est nécessaire en elle-même, et je veux qu'elle soit rétablie le plus tôt possible, à l'abri de toutes modifications. On est allé rechercher jusqu'à l'origine du pouvoir judiciaire; on a dit que ce pouvoir était une émanation du pouvoir exécutif. Pour moi, le pouvoir judiciaire est un pouvoir indépendant qui répond à une idée irréductible, l'idée de la justice... » Malgré les efforts du garde des sceaux, le principe de l'élection fut adopté par la Chambre, à 278 voix contre 208. M. Humbert, dont la santé était altérée depuis quelques semaines, offrit sa démission au président de la République, qui refusa de l'accepter, mais laissa le ministre prendre un congé d'un mois. M. Humbert se retira d'ailleurs, le 29, avec ses collègues du cabinet Freycinet. Redevenu simple sénateur, il reproduisit au Sénat, dans un contre-projet, le système qu'il avait soutenu au commencement de l'année, relativement à la réforme du serment judiciaire. Ce système, qui fut combattu par MM. Allou et Robert de Massy, laissait aux témoins et jurés la faculté de substituer au serment une simple affirmation solennelle lorsque le serment leur paraîtrait froisser leurs convictions. Cette proposition fut définitivement adoptée par le Sénat, en dépit de l'opposition de M. Oscar de Vallée, le 26 février 1885, à la majorité de 153 voix contre 113. M. Humbert se prononça ensuite *pour* le divorce, *pour* les crédits de l'expédition du Tonkin, *pour* la nouvelle loi militaire, etc., fut élu vice-président du Sénat en janvier 1885, et réélu depuis, soutint en octobre 1886 la proposition Naquet modificative de l'art. 110 du code civil en matière de divorce, et se prononça en dernier lieu : *pour* le rétablissement du scrutin d'arrondissement (13 février 1889), *pour* le projet de loi Lisbonne restrictif de la liberté de la presse, *pour* la procédure à suivre devant le Sénat contre le général Boulanger. Parmi les nombreuses publications dues à M. G. Humbert, il faut citer : *Des conséquences des condamnations pénales en droit romain et en droit français* (1855); plusieurs mémoires sur les *Antiquités romaines*, particulièrement sur les *Douanes et les octrois à Rome*, et divers articles spéciaux insérés dans la *Revue historique de droit*, dans la *Revue de Toulouse*, le *Dictionnaire d'antiquités* de MM. Daremberg et Saglio, etc. — Chevalier de la Légion d'honneur.

HUMBERT (Eugène-Frédéric-Gaston), député de 1885 à 1889, né à Paris le 19 juillet 1857, fils du précédent, étudia le droit, fut reçu avocat, fut, en 1882, chef du cabinet de son père nommé ministre de la Justice et des Cultes, puis devint conseiller général de Seine-et-Marne, où sa famille possède de grandes propriétés. Inscrit, le 4 octobre 1885, sur la liste radicale de ce département, il fut élu député, le 5e et dernier, par 40,604 voix (73,741 votants, 98,824 inscrits). M. Humbert prit place à la gauche radicale, et, sans paraître à la tribune, vota avec ce groupe politique, notamment, en dernier lieu, *pour* le rétablissement du scrutin d'arrondissement (11 février 1889), *contre* l'ajournement indéfini de la revision de la Constitution, *pour* les poursuites contre trois députés membres de la Ligue des patriotes, *pour* le projet de loi Lisbonne restrictif de la liberté de la presse, *pour* les poursuites contre le général Boulanger.

HUMBLOT (Jean-Baptiste), député en 1789, né à Villefranche (Rhône) le 19 février 1734, mort à une date inconnue, était négociant à Villefranche. Le 21 mars 1789, il fut élu député du tiers aux Etats-Généraux par la sénéchaussée du Beaujolais. Son rôle parlementaire n'a pas laissé de traces au *Moniteur*.

HUMBLOT-CONTÉ (Arnould), député de 1820 à 1824, de 1827 à 1831, et pair de France, né à Villefranche (Rhône) le 7 novembre 1776, mort à Chalon-sur-Saône (Saône-et-Loire) le 22 janvier 1845, fils du précédent et de Julie Desveruay, fut négociant, et se trouva, par son alliance avec la famille Conté, à la tête d'une importante manufacture de crayons à Paris. Maire de Saint-Ambreuil, il se présenta, le 4 novembre 1820, comme candidat libéral, dans le 4e arrondissement de Saône-et-Loire (Charolles), et fut élu député par 193 voix (358 votants, 421 inscrits), contre 126 à M. Bijon, conseiller à la cour de Dijon. Il prit place parmi les « constitutionnels », vota fréquemment dans le sens de l'opposition, et parut plusieurs fois à la tribune. Il ne fut pas réélu le 6 mars 1824, n'ayant obtenu au collège de département de Saône-et-Loire que 113 voix sur 346 votants; mais il fut plus heureux le 17 novembre 1827; à cette date, sa candidature triompha à la fois dans deux circonscriptions : dans le 4e arrondissement de Saône-et-Loire, avec 124 voix (224 votants, 256 inscrits), contre 94 à M. Thomé de Saint-Cyr, et dans le 3e arrondissement du Rhône (Villefranche), avec 203 voix (286 votants, 337 inscrits), contre 78 au comte de Laurencin. M. Humblot-Conté, après avoir opté pour Villefranche, reprit sa place au centre gauche de la Chambre, et suivit la même ligne politique que précédemment. Il combattit le ministère Polignac, fut des 221, et obtint sa réélection le 23 juin 1830, par 213 voix (298 votants, 325 inscrits), contre 82 à M. de Montgolfier. Il applaudit à la révolution de juillet, prit part à l'établissement de la monarchie de Louis-Philippe, et se représenta, mais sans succès, aux élections législatives du 5 juillet 1831 : il échoua avec 132 voix contre 256 à l'élu, M. Carrichon. M. Humblot-Conté fut alors appelé, par une ordonnance royale du 11 octobre 1832, à siéger à la Chambre des pairs, où il se montra jusqu'à sa mort le zélé partisan du système gouvernemental. — M. Humblot-Conté était le beau-père du baron Thénard (*V. ce nom*), qui avait été fait pair de France en même temps que lui; conseiller général de Sennecey de 1829 à 1833, de Saint-Germain-du-Plain de 1833 à 1840, de Sennecey de 1840 à 1845, il avait présidé le conseil général aux sessions de 1831, 1832, 1834, 1835 et 1838.

HUNAULT (Julien-Mathurin), député en 1789, né à Rennes (Ille-et-Vilaine) le 30 mars 1745, mort à Rennes (Ille-et-Vilaine) le 30 décembre 1816, fils de Julien Hunault et de Renée Paillard. entra dans les ordres et fut nommé, le 5 septembre 1786, recteur de Billé, avec le titre de doyen de Fougères. La cure de Billé était une des plus importantes du diocèse. Elu le 23 avril 1789, par la sénéchaussée de Rennes, député du clergé aux Etats-Généraux, il se fit peu remarquer à l'Assemblée, où il resta d'ailleurs peu de temps, donna sa démission au mois d'août pour revenir dans sa paroisse. et, ayant refusé, dix-huit mois plus tard, le serment civique, fut déporté en Espagne. Il se fixa à Ciudad-Rodrigo, ville épiscopale de la province de Léon; puis revint en France sous le Consulat, fut maintenu recteur de Billé au moment du Concordat, et devint en 1804 curé de la paroisse de Saint-Aubin, à

Rennes, et en 1808, curé de Notre-Dame, dans la même ville.

HUNOLSTEIN (Philippe - Antoine Vogt, comte d'), député de 1815 à 1816, né à Metz (Moselle) le 4 mai 1750, mort à Marville (Meuse) le 24 avril 1831, appartenait à une famille noble de Lorraine qui tire son nom d'un ancien château, chef-lieu de la baronnie d'Hunolstein, dans l'électorat de Trèves. Il servit dans les armées du roi, devint en 1780 mestre-de-camp-lieutenant du régiment de Chartres-dragons, et fut fait chevalier de l'ordre de Saint-Louis. Brigadier de cavalerie le 1er janvier 1784 et maréchal-de-camp le 9 mars 1788, il vit sa carrière militaire interrompue par la Révolution. Le comte d'Hunolstein fut promu, le 22 mai 1816, au grade de lieutenant-général. Dans l'intervalle, le 22 août 1815, il avait été élu par 110 voix (206 votants, 318 inscrits) député de la Moselle à la « Chambre introuvable », où il fit partie de la minorité ministérielle. Il ne fut pas réélu en 1816.

HUNOLSTEIN (Félix - Philippe - Charles Vogt, comte d'), pair de France, né à Paris le 22 avril 1778, mort à Hombourg (Moselle) le 19 avril 1838, fils du précédent et de mademoiselle de Puget de Barbantane, n'avait personnellement aucun antécédent politique, lorsqu'il fut appelé, le 5 mars 1819, à siéger dans la Chambre des pairs. Il vota avec les royalistes constitutionnels, prêta serment, après 1830, à la monarchie de Louis-Philippe, et conserva son siège jusqu'à sa mort (1838). Le 25 avril 1819, il avait épousé Mlle d'Hunolstein, sa parente; le roi et la famille royale signèrent au contrat.

HUNOLSTEIN (Louis-Marie-Paul Vogt, comte d'), député de 1836 à 1848, représentant en 1849, fils du précédent, né à Paris le 22 juin 1804, était propriétaire à Hombourg, dans la Moselle, et conseiller général de ce département quand il fut élu, le 20 février 1836, député du 4e collège (Thionville), par 174 voix sur 265 votants et 298 inscrits, en remplacement de M. Poulmaire, décédé. Rallié à la monarchie de juillet, il prit place dans la majorité conservatrice de la Chambre, obtint sa réélection, le 4 novembre 1837, par 169 voix (270 votants, 300 inscrits), puis, le 2 mars 1839, par 188 voix (275 votants, 302 inscrits), soutint les ministères Molé et Guizot, repoussa constamment les propositions émanées de l'opposition, et, après s'être fait réélire encore le 9 juillet 1842, par 195 voix (215 votants, 312 inscrits), se prononça (1845) pour l'indemnité Pritchard. Son mandat lui ayant été confirmé une dernière fois par les mêmes électeurs, le 1er août 1846, avec 191 voix (274 votants, 314 inscrits), contre 63 au comte de Puymaigre, M. d'Hunolstein se montra fidèle, jusqu'au bout, à la politique « doctrinaire » et au système de Guizot. Il prenait d'ailleurs une part peu active aux délibérations, à en juger par cette courte notice, empruntée à *la Chambre des députés actuelle, daguerréotypée* par un sténographe (1847). « Je ne puis rien vous en dire, sinon qu'il est riche, et comte par-dessus tout. Désirant occuper ses loisirs, il a brigué la députation, et le ministère aidant, il a été élu. Donc M. d'Hunolstein vient à la Chambre dans ses loisirs et vote pour le système; c'est un passe-temps comme un autre quand on ne sait que faire. » Il siégeait alors au 8e banc du centre droit. La révolution de février 1848 le

rendit momentanément à la vie privée. Mais, le 13 mai 1849, les électeurs monarchistes de la Moselle l'inscrivirent sur leur liste et le nommèrent représentant à l'Assemblée législative, le 9e et dernier, par 37,776 voix (76,540 votants, 115,444 inscrits). Il fit partie de la majorité de droite, vota pour l'expédition romaine, pour les poursuites contre plusieurs représentants de la Montagne, pour la loi Falloux-Parieu sur l'enseignement, pour la loi restrictive du suffrage universel, etc., ne se rallia pas à la politique particulière de l'Elysée, et rentra dans la vie privée en 1851. Sous l'Empire, le 24 mai 1867, la démission de M. de Wendel ayant donné lieu à une vacance dans la 2e circonscription de la Moselle, la candidature conservatrice indépendante de M. d'Hunolstein réunit 7,114 voix, contre 17,05. à M. Liégeard, candidat officiel, élu, et 9,629 à M. de Gargan.

HUON (Guillaume), député au Conseil des Anciens et au Corps législatif de l'an III à 1806, né à Morlaix (Finistère) le 25 janvier 1757, mort à Rennes (Ille-et-Vilaine) le 7 mai 1808, « fils de maître Guillaume-Joseph Huon, procureur et notaire, et de demoiselle Françoise Lorcy, son épouse, » fut, sous l'ancien régime, procureur à la sénéchaussée de Morlaix, et devint, à la Révolution, greffier, puis juge au tribunal du district. Elu, le 23 germinal an V, député du Finistère au Conseil des Anciens, il le quitta pour entrer (4 nivôse an VIII) au Corps législatif, où il représenta, jusqu'en 1806, le même département. On perd sa trace après cette législature.

HUON (Jean-François), député de 1876 à 1879, né à Plougonver (Côtes-du-Nord) le 21 juin 1821, mort à Paris le 18 juin 1879, étudia le droit et s'inscrivit comme avocat au barreau de Guingamp. Conseiller général républicain des Côtes-du-Nord, il fit une première tentative infructueuse, le 8 février 1871, pour devenir représentant de ce département, et obtint, sans être élu, 19,650 voix (106,809 votants). Il échoua encore, le 20 février 1876, dans la 1re circonscription de Guingamp, avec 5,946 voix contre 6,278 à l'élu conservateur, M. de Faucigny-Lucinge; mais cette élection ayant été invalidée par la majorité, un nouveau scrutin (27 août 1876) donna 6,324 voix à M. Huon, qui fut élu, contre 5,834 au député sortant (12,173 votants, 16,123 inscrits). M. Huon siégea à gauche et fut des 363. Il se représenta comme tel, après la dissolution de la Chambre, échoua encore, le 14 octobre 1877, dans le même collège, avec 5,787 voix contre 7,323 à son ancien adversaire, devenu le candidat officiel de l'administration. Mais M. Huon bénéficia comme précédemment d'une nouvelle invalidation de son concurrent, et redevint député de Guingamp, le 14 juillet 1878, avec 6,344 voix (7,883 votants, 16,355 inscrits). Il n'avait pas eu, cette fois, de concurrent. Avec la majorité républicaine modérée, il soutint le ministère Dufaure et mourut (1879) au cours de la législature.

HUON DE PENANSTER (Charles-Marie-Pierre), représentant en 1871, député de 1876 à 1881, et sénateur, né à Lannion (Côtes-du-Nord) le 11 octobre 1832, appartient à une famille de vieille noblesse bretonne. Plusieurs des siens marquèrent dans les guerres de Vendée et de Bretagne et payèrent de leur sang, de leur fortune et de longues années d'emprisonnement et d'exil, leur dévouement à la cause royale. M. Huon de Penanster, après plusieurs voyages à l'étranger, se présenta, pour le conseil général, aux suffrages des électeurs du canton de Plestin-les-Grèves en juillet 1861, contre le candidat officiel. Elu alors, il n'a cessé depuis de représenter ces populations à l'assemblée départementale. Adjoint au maire de Lannion en 1868, il conserva ces fonctions jusqu'en décembre 1870, afin de sauvegarder avec son collègue M. Le Taillandier les intérêts de la ville. Révoqué à cette époque par le préfet des Côtes-du-Nord, il déclara ne pas reconnaitre son autorité, et protesta dans une lettre adressée à M. Glais-Bizoin et publiée dans le *Phare de la Loire*, contre la dissolution des conseils généraux et contre leur remplacement par une commission nommée par l'administration. Il créa à cette époque avec M. de Foucauld et M. Louis d'Estampes, à Saint-Brieuc, le journal l'*Indépendance Bretonne*. Elu représentant à l'Assemblée nationale, le 8 février 1871, par 55,729 voix sur 106,809 votants et 163,398 inscrits, il siégea à droite, fit partie de la réunion Colbert, vota *pour* la paix, *pour* l'abrogation des lois d'exil, *pour* la pétition des évêques, *pour* le pouvoir constituant de l'Assemblée, *pour* la démission de Thiers, *pour* le septennat, *contre* l'amendement Wallon, *contre* les lois constitutionnelles. Aux élections générales du 20 juin 1876, la 1re circonscription de Lannion le renvoya à la Chambre avec 7,957 voix sur 8,730 votants et 13,972 inscrits. Il reprit sa place à la droite monarchiste, se prononça *contre* l'abrogation des jurys mixtes pour l'obtention des diplômes universitaires, *contre* l'ordre du jour sur « les menées ultramontaines », *contre* l'amnistie. Dans cette dernière discussion, rappelé deux fois à l'ordre pour ses interruptions, il obtint le retrait de la peine encourue par le règlement, en remettant très spirituellement sous les yeux du président de la Chambre, Gambetta, le compte rendu d'une séance où lui, Gambetta, avait interrompu dix-huit fois sans être l'objet d'aucun rappel. Il soutint le cabinet Fourtou-de Broglie contre les 363, et, aux élections du 14 octobre 1877, après la dissolution de la Chambre, il fut réélu par 7,637 voix sur 10,611 votants et 13,985 inscrits, contre 2,966 voix à M. Le Borre. Il avait refusé l'affiche blanche et n'en avait laissé placarder que 4 ou 5, pour ne pas paraitre se séparer de ses autres collègues. Du reste, détail assez curieux, M. Huon de Penanster n'a jamais publié de profession de foi dans aucune de ses nombreuses élections. A la Chambre, il appuya les derniers essais de résistance du cabinet du 16 mai contre la majorité parlementaire, et vota *contre* les ministères républicains qui le remplacèrent au pouvoir. L'état de sa santé le décida à ne pas accepter un nouveau mandat aux élections de 1881, mais il soutint de toute son influence le candidat qu'il avait présenté à ses électeurs. A la mort de M. Le Provost de Launay, qui avait succédé à M. le comte de Champagny au Sénat, M. Huon de Penanster le remplaça, le 27 juin 1886, comme sénateur des Côtes-du-Nord, élu par 739 voix contre 512 à M. Armez (1,252 votants). Il prit place à la droite de la Chambre haute, se prononça *contre* la politique scolaire et coloniale du gouvernement, et déposa, en 1888, un projet de revision des lois constitutionnelles dans le dessein d'obliger M. Floquet, alors chef du gouvernement, à venir soutenir ses anciens programmes qu'il lui avait empruntés. Le 10 janvier 1889, la droite l'ayant désigné pour la représenter au bureau,

il fut nommé secrétaire du Sénat, poste qu'il occupe encore aujourd'hui : il a voté en dernier lieu *contre* le rétablissement du scrutin d'arrondissement, *contre* le projet de loi Lisbonne restrictif de la liberté de la presse, *contre* la procédure à suivre devant le Sénat, contre le général Boulanger.

HUOT (JEAN-ANTOINE), dit HUOT DE GONCOURT, député en 1789, né à Bourmont (Haute-Marne) le 15 avril 1753, mort à Neufchâteau (Vosges) le 18 septembre 1832, avocat à Bourmont, fut élu, le 1er avril 1789, député du tiers aux Etats-Généraux par le bailliage de Bar-le-Duc, et y fit un rapport sur les troubles de Toulouse et sur ceux de Saint-Jean-d'Angély. Son rôle politique n'a pas laissé d'autres traces.

HUOT (PIERRE-ANTOINE-VICTOR), dit HUOT DE GONCOURT, représentant en 1848 et en 1849, né à Bourmont (Haute-Marne) le 29 juin 1783, mort à Neufchâteau (Vosges) le 11 juillet 1857, fils du précédent, entra à l'Ecole polytechnique en 1799, passa, en 1801, à l'Ecole d'artillerie de Châlons, et fut nommé, en 1802, sous-lieutenant au 5e régiment d'artillerie à pied. Il fit les campagnes de la grande armée, assista au siège de Dantzig, à la bataille de Wagram, etc., et reçut la croix de la Légion d'honneur le 13 août 1809. En 1811, il quitta l'armée avec le grade de capitaine, et fut nommé entreposeur des tabacs à Neufchâteau (Vosges). En 1814, à l'approche des alliés, il se rendit à Metz et demanda instamment à reprendre du service. Destitué de son emploi par la première Restauration, il fut chargé, pendant les Cent-Jours, de fortifier les défilés des Vosges. Après le second retour des Bourbons, M. Huot combattit leur politique de toute son influence et prit une part active aux luttes électorales; en 1830, ses concitoyens le nommèrent par acclamation commandant de la garde nationale. Il se montra favorable au gouvernement de Louis-Philippe, accepta sans enthousiasme la république proclamée en 1848, et fut élu, le 23 avril, représentant des Vosges à l'Assemblée constituante, le 10e sur 11, par 40,330 voix (85,950 votants, 106,755 inscrits). Membre du comité des travaux publics, il vota avec la fraction la plus conservatrice du parti républicain : *pour* le rétablissement du cautionnement, *pour* les poursuites contre Louis Blanc et Caussidière, *pour* le rétablissement de la contrainte par corps, *contre* le droit au travail, *pour* l'ordre du jour en l'honneur de Cavaignac. Il fit, après l'élection du 10 décembre, une opposition très modérée au président de la République et se prononça: *contre* la suppression de l'impôt du sel, *contre* la proposition Rateau, *contre* l'interdiction des clubs, *pour* les crédits de l'expédition romaine, *contre* la mise en accusation du président et de ses ministres. Réélu, le 13 mai 1849, représentant du même département à la Législative, le 3e sur 9, avec 33,777 voix (71,000 votants, 116,982 inscrits), M. Huot suivit les inspirations de Dufaure, et vota généralement avec la majorité, sans se montrer ouvertement hostile à la forme républicaine. Il rentra dans la vie privée lors du coup d'Etat de 1851, et passa ses dernières années à Neufchâteau.

HUOT (CÉSAIRE), représentant du peuple en 1848, né à Pierre-Fontaine (Doubs) le 4 février 1814, fils d'un instituteur, fit ses classes à Dôle, où il s'installa ensuite comme avocat, refusa la riche succession d'un oncle curé qui ne l'avait nommé son légataire universel qu'il la condition qu'il entrerait dans les ordres, et accepta une place de professeur dans un pensionnat de Dijon, où il étudia le droit, et où il fut reçu docteur en 1838. Avocat distingué à Dôle, et l'un des chefs de l'opposition libérale dans le Jura, il fut élu, le 23 avril 1848, représentant de ce département à l'Assemblée constituante, le 6e sur 8, par 34,033 voix sur 74,155 votants ; il prit place à gauche, fit partie du comité de législation, et vota *pour* le bannissement de la famille d'Orléans, *pour* les poursuites contre Louis Blanc, mais *contre* celles qui visaient Caussidière, *contre* l'abolition de la peine de mort, *contre* l'impôt progressif, *contre* l'incompatibilité des fonctions, *contre* l'amendement Grévy, *contre* la sanction de la Constitution par le peuple, *pour* l'ensemble de la Constitution, *pour* la proposition Rateau, *contre* l'interdiction des clubs, *pour* la campagne de Rome, *contre* la demande de mise en accusation du président et des ministres. Non réélu à la Législative, il reprit sa place, au barreau de Dôle, puis, sur le tard, se rallia à l'Empire, et échoua, le 16 août 1868, comme candidat officiel dans la 2e circonscription du Jura, avec 11,263 voix contre 22,595 à l'élu de l'opposition, M. Jules Grévy. M. Huot a renoncé depuis cet échec à la vie politique.

HUPROYE (EDME-ANTOINE DE LA), député de 1815 à 1816, né à Troyes (Aube) le 17 juin 1765, mort à Charmont (Aube) le 2 juin 1839, fut élu, le 22 avril 1815, député du collège de département de l'Aube, par 70 voix sur 127 votants et 215 inscrits ; il vota avec la majorité de la Chambre introuvable. Après la dissolution de cette Chambre, il ne fut pas réélu, entra dans la magistrature, devint président de tribunal, conseiller à la cour royale de Paris, et mourut conseiller honoraire à cette cour.

HURARD (MARIUS-VICTOR-ALEXANDRE), député depuis 1881, né à Saint-Pierre (Martinique) le 13 septembre 1848, propriétaire d'importantes fabriques de rhum dans cette colonie, fut directeur, à Saint-Pierre, du journal républicain *les Colonies*, et se présenta à la députation, aux élections du 18 septembre 1881, dans les deux circonscriptions de la Martinique. Il fut élu à la fois dans la première avec 4,485 voix sur 4,540 votants et 20,278 inscrits, et, dans la seconde, avec 5,632 voix sur 5,656 votants et 19,933 inscrits. Il opta pour la première circonscription, siégea à l'Union républicaine, soutint la politique scolaire et coloniale des ministres opportunistes, et, au renouvellement du 25 octobre 1885, fut porté sur la liste républicaine de la Martinique avec le directeur actuel du journal *les Colonies*, M. Laisné ; il fut élu, le 1er sur 2, par 5,839 voix sur 9,673 votants et 39,773 inscrits. Il reprit sa place à l'Union républicaine, vota *pour* les ministres au pouvoir, *pour* l'expulsion des princes, et, en dernier lieu, *pour* le rétablissement du scrutin d'arrondissement (11 février 1889), *pour* l'ajournement indéfini de la revision de la Constitution, *pour* les poursuites contre trois députés membres de la Ligue des patriotes, *pour* le projet de loi Lisbonne restrictif de la liberté de la presse, *pour* les poursuites contre le général Boulanger. M. Hurard a été secrétaire de la Chambre pendant la dernière législature.

HURAULT (JOSEPH-ALEXANDRE-BENJAMIN), député en 1789, né à Berzieux (Marne) le 14 janvier 1750, mort à Meaux (Seine-et-Marne) le 18 août 1812, curé de Broyes en Champagne, fut élu, le 20 mars 1789, député du clergé aux Etats-Généraux par le bailliage de Sézanne. Il se réunit au tiers, prêta le serment civique, et, ayant accepté la constitution nouvelle du clergé, fut nommé curé de la paroisse de Saint-Etienne à Châlons-sur-Marne. Il mourut en 1812, chanoine de Meaux depuis le 3 décembre 1810.

HURAULT. — *Voy.* VIBRAYE (MARQUIS DE).

HURÉ (LOUIS-MICHEL), représentant du peuple en 1848, né à Douai (Nord) le 12 avril 1802, mort à Douai le 10 août 1852, fut avocat à Arras, où il défendit les idées libérales et devint, avec Frédéric Degeorge, l'un des fondateurs du *Propagateur* du Pas-de-Calais. Nommé, par Dupont de l'Eure, procureur du roi à Saint-Omer en 1830, il sut garder l'indépendance de ses convictions et refusa obstinément de porter la parole contre la presse ; cette opposition le fit envoyer en disgrâce à Avignon (1833) ; il n'accepta pas, donna sa démission, et entra au barreau de Douai. Il ne cessa de faire de l'opposition au pouvoir, fut chargé de défendre les journaux libéraux attaqués, fut élu deux fois bâtonnier, assista au banquet de Lille où il porta un toast « à la réforme ! », et fut nommé par le gouvernement provisoire (2 mars 1848) procureur général à Amiens. Elu, le 23 avril, représentant du Nord à l'Assemblée constituante, le 16e sur 28, par 167,836 voix sur 234,867 votants et 278,352 inscrits, il fit partie du comité de législation, et vota, avec la gauche, *pour* le bannissement de la famille d'Orléans, *contre* les poursuites contre Louis Blanc et Caussidière, *contre* l'abolition de la peine de mort, *contre* l'impôt progressif, *contre* l'incompatibilité des fonctions, *contre* la sanction de la Constitution par le peuple, *pour* l'ensemble de la Constitution, *contre* la proposition Rateau. Nommé procureur général à Douai en juin 1848, il ne fit pas partie d'autres assemblées.

HUREAUX (JEAN-BAPTISTE), député en 1791, dates de naissances et de mort inconnues, était juge de paix du canton de Vouziers. Le 1er septembre 1791, il fut élu député des Ardennes à l'Assemblée législative, le 5e sur 8, par 248 voix (300 votants). Son nom, resté obscur, ne figure pas au *Moniteur*.

HUSSON (JACQUES-NICOLAS), député au Conseil des Anciens et au Conseil des Cinq-Cents, né à Chambley (Moselle) le 16 février 1754, mort à Briey (Moselle) le 14 février 1810, « fils de Joseph Husson, buraliste à Chambley, et de Marguerite Guiset, » entra dans les ordres. Pendant la Révolution, dont il avait adopté les principes, il devint président du tribunal du district de Briey, puis fut élu, le 24 germinal an VI, député de la Moselle au Conseil des Anciens, où il demanda l'annulation de toutes les opérations des assemblées primaires de Lyon. Réélu par le même département au Conseil des Cinq-Cents, le 27 germinal an VII, il adhéra au coup d'Etat de brumaire, et fut nommé, le 28 floréal an VIII, président du tribunal civil de Briey.

HUSSON (EUGÈNE-ALEXANDRE), représentant en 1849, sénateur du second Empire, né à Reims (Marne) le 19 mars 1786, mort à Fontainebleau (Seine-et-Marne) le 22 avril 1868, entra en 1803 à l'Ecole militaire de Fontainebleau, en sortit sous-lieutenant au 25e léger, fit les guerres d'Autriche, de Prusse, de Pologne et d'Espagne, se distingua en plusieurs rencontres, gagna le grade d'adjudant-major et, fait prisonnier à Baylen, le 19 juillet 1808, passa six années sur les pontons anglais. De retour en France (1814), il prit part, comme capitaine adjudant-major au 1er régiment d'infanterie légère, à la campagne de 1815, fut blessé à Waterloo, resta au service sous la Restauration, fut nommé chef de bataillon le 19 mai 1819, puis quitta l'armée en 1822, et se battit sur les barricades en juillet 1830. La monarchie de juillet le réintégra avec son grade au 57e de ligne, et le promut successivement lieutenant-colonel du 33e de ligne le 25 avril 1832, colonel du 42e le 1er janvier 1838, et maréchal-de-camp le 20 avril 1845 : il commandait le département de l'Aube, lorsque le gouvernement provisoire (1848) le mit à la retraite. L'année d'après, le général Husson se fit élire, par les conservateurs de l'Aube, le 13 mai 1849, représentant à l'Assemblée législative, le 3e sur 5, par 25,770 voix (60,618 votants, 81,911 inscrits). Il vota, avec la majorité, pour l'expédition de Rome, pour la loi Falloux-Parieu sur l'enseignement, etc., se rallia à la politique de l'Elysée, et, après le coup d'Etat, fut appelé (26 janvier 1852) à siéger au Sénat. Il y soutint de ses votes le régime impérial jusqu'en 1868, époque de sa mort. Le général Husson a publié quelques Manuels à l'usage des militaires et les Pensées et maximes de l'empereur Napoléon (1858), etc. Grand-officier de la Légion d'honneur (1864).

HUTTEAU (FRANÇOIS-LOUIS), député en 1789, né à Malesherbes (Loiret) le 6 octobre 1729, mort à Malesherbes le 27 juin 1807, fut reçu avocat en 1757, mais, à l'époque où le parlement fut exilé (1771), cessa de paraitre au barreau, jusqu'au rappel de ce corps. Membre de l'assemblée provinciale de la généralité d'Orléans en 1786, il présenta au roi, l'année suivante, les doléances des six corps de Paris dont il était l'avocat. Elu, le 17 mai 1789, député du tiers aux Etats-Généraux par la ville de Paris, avec 150 voix, il fut le seul de sa députation qui signa la déclaration de la minorité protestant contre les lois qui annihilaient le pouvoir royal. Après la Constituante, il se retira à Malesherbes, où il ne tarda pas à devenir suspect (1793). Mais quand Santerre vint pour l'arrêter, la population s'y opposa en disant qu'il était le père des malheureux. Hutteau a laissé la réputation d'un avocat disert et plein de présence d'esprit. En souvenir de lui, Louis XVIII accorda à ses enfants des lettres de noblesse.

HYDE DE NEUVILLE (JEAN-GUILLAUME, BARON), député de 1815 à 1816, de 1822 à 1830 et ministre, né à la Charité-sur-Loire (Nièvre) le 24 janvier 1776, mort à Paris le 28 mai 1857, appartenait à une famille d'origine anglaise, émigrée en France en 1745 à la suite des Stuarts, et était « fils du sieur Guillaume Hyde, maître de forges, et de dame Marie Royer ». Il entra en 1787 au collège royal de Sainte-Marie à Bourges, puis, en 1790, au collège Cardinal-Lemoine à Paris. Affilié aux sociétés contre-révolutionnaires de l'époque, il revint dans la Nièvre après l'exécution de Louis XVI, défendit, à 17 ans, devant le tribunal révolutionnaire de Nevers, un ancien notaire de la ville, Pierre Maugne, père de six enfants, injustement dénoncé par Fouché, et parvint à le sauver. Arrêté à son tour, il fut emprisonné à Cosne, puis, remis en liberté, se rendit à Paris, tenta de sauver la reine, échoua, et se réfugia

à la Charité, où il fonda avec son jeune frère une fabrique de boutons. En 1797, il défendit et fit acquitter les complices du général Phelipeaux dans l'insurrection royaliste de Sancerre, fut décrété d'accusation au 18 fructidor, et réussit à se cacher à Paris. Après le 18 brumaire, il devint, sous le nom de guerre de Paul Berry, l'agent actif des Bourbons, fut nommé commissaire royal en Bretagne, parvint à déjouer toutes les recherches de la police, osa se rendre au Luxembourg pour proposer au premier Consul la restauration des Bourbons, et, considéré comme un ennemi irréconciliable du gouvernement, fut impliqué dans le complot de la machine infernale par Fouché, qui reconnut presque aussitôt l'avoir porté par erreur sur la liste des conjurés. Caché à Lyon pendant quelque temps, il y obtint, sous le nom de docteur Rolland, une médaille pour la propagation de la vaccine ; sa femme, pendant ce temps, négociait à Paris la levée du séquestre mis sur ses biens ; mais Napoléon ayant exigé en échange un acte de fidélité, Hyde de Neuville refusa, gagna la Suisse, et n'obtint la levée du séquestre que sur la promesse de partir pour l'Amérique. Proscrit comme royaliste, il voulut du moins se laver de l'accusation de complicité dans le complot de la machine infernale, traversa ostensiblement la France, s'embarqua (2 mai 1807), et acheta une maison à New-York, auprès du général Moreau. A la nouvelle des défaites de Napoléon, il revint en France, et débarqua le 14 juin 1814, en pleine Restauration. Louis XVIII le reçut avec empressement, l'envoya en Angleterre, où il négocia heureusement la paix avec les Etats-Unis, puis en Italie, pour préparer secrètement et tâcher d'obtenir le transfert de Napoléon de l'île d'Elbe en Amérique. Le brusque retour de l'empereur en France mit fin à ces curieuses négociations. Hyde de Neuville suivit le roi à Gand, revint à Paris après Waterloo, rallia aux Bourbons les chefs de l'armée et fut nommé officier de la Légion d'honneur à l'arrivée du roi. Le 22 août 1815, le collège de département de la Nièvre l'élut député à la Chambre introuvable par 122 voix sur 162 votants et 240 inscrits. Il siégea à droite, fit partie de la majorité, fut nommé secrétaire de la Chambre, et moins « ultra » en actes qu'en paroles, s'opposa à ce que le maréchal Masséna fût exclu de la loi d'amnistie. Le 14 janvier 1816, le roi le nomma envoyé extraordinaire et ministre plénipotentiaire aux Etats-Unis ; il y conclut un traité de commerce, montra beaucoup de dévouement pour les officiers de l'armée impériale qui y vivaient en proscrits, fut créé baron par Louis XVIII, et, rappelé en 1821, fut réélu député, le 13 novembre 1822, dans le 2e arrondissement électoral de la Nièvre (Cosne) par 161 voix sur 229 votants et 310 inscrits, contre 67 voix à M. Bogne de Faye. On lui offrit l'ambassade de Constantinople, qu'il refusa, pour reprendre sa place à l'extrême-droite de la Chambre, où il renouvela ses motions ultra-royalistes, et insista notamment sur l'expulsion de Manuel. Nommé ambassadeur à Lisbonne, il offrit aide et assistance au roi Jean VI, lors de la révolte de palais qui faillit renverser le prince du trône : celui-ci le nomma comte de Bemporta. Réélu député, le 25 février 1824, par 165 voix sur 217 votants et 300 inscrits, contre 51 voix à M. Hector Lepelletier d'Aunay, il siégea en vertu d'un congé, blâma la guerre d'Espagne, fit, sur la conduite de l'expédition, des révélations désagréables, parla contre les jeux de bourse, et défendit l'Irlande et la

Grèce. Lors des débats sur le milliard des émigrés, il réclama une indemnité pour les rentiers de l'État ruinés par la Révolution, et se trouva en disponibilité par la suppression de son ambassade. Sa vive critique des marchés Ouvrard et des dépenses exagérées de l'expédition d'Espagne lui fit enlever son traitement de disponibilité. Il encourut alors le soupçon de libéralisme pour avoir demandé la limitation de la prérogative royale conformément à la Charte. Réélu député, le 17 novembre 1827, dans le 3ᵉ collège de la Mayenne (Mayenne), par 155 voix sur 303 votants et 344 inscrits, contre 146 voix à M. de Hercé, député sortant, il échoua le même jour à Cosne, avec 84 voix contre 129 à M. Dupin aîné, candidat de l'opposition, et, huit jours après, le 25, fut élu par le collège de département de la Nièvre, avec 72 voix sur 137 votants et 174 inscrits. Il opta pour la Nièvre, fit de l'opposition au cabinet Villèle, lui reprocha « l'indécence » de son attitude parlementaire, le blâma de se désintéresser du licenciement de la garde nationale, et hâta sa chute. Aussi, il entra dans le ministère Martignac avec le portefeuille de la Marine, le 3 mars 1828. Il améliora l'administration coloniale, poursuivit la traite des nègres, et prépara l'émancipation de la Grèce. La chute de M. de Martignac (7 août 1829) le ramena à son siège de député; il défendit les libertés menacées par le nouveau ministère, et publia une brochure en faveur de Dona Maria; il avait été retraité comme ministre de la Marine le 8 août 1829. Le collège de département de la Nièvre lui renouvela son mandat, le 3 juillet 1830, par 91 voix sur 152 votants et 166 inscrits. Aux journées de juillet, il fut le seul des députés de la droite qui se rendit à la Chambre, le 30, pour défendre les droits du duc de Bordeaux; sa voix ne fut pas entendue, pas plus que les protestations persévérantes qu'il reproduisit à la tribune jusqu'au 7 août. Au moment du vote de déchéance de la branche aînée, il dit : « J'ai été fidèle à mes serments comme à mes affections, et je n'ai jamais trompé cette royale famille que de faux amis, des êtres bien perfides et bien coupables viennent de précipiter dans l'abîme. Je n'ai point trahi la fortune de ceux que j'ai servis depuis mon enfance avec un zèle que rien n'a pu décourager, je ne trahirai pas leur malheur. Je ne finirai pas sans adresser au ciel des vœux ardents pour le repos, le bonheur et les libertés de ma patrie, Dieu sait s'ils sont sincères. » Le 11 août, il adressa la lettre suivante au président de la Chambre :

« Monsieur le Président,

« Des circonstances dont je puis seul être juge m'obligent à renoncer à l'honneur de siéger à la Chambre; je la prie d'agréer ma démission. Je ne crois pas avoir besoin d'ajouter que jusqu'à ma dernière heure je ne cesserai de former des vœux ardents pour que mon pays soit heureux et libre.

« Veuillez exprimer à la Chambre ma vive reconnaissance pour les témoignages d'intérêt et de bienveillance que je n'ai cessé de recevoir de mes collègues.

« HYDE DE NEUVILLE. »

Il se retira dans sa propriété de l'Étang, près de Sancerre, où il s'occupa d'agriculture, fut impliqué en 1832 dans les poursuites contre Chateaubriand, demanda, dans une pétition aux Chambres (1833), l'abolition de la loi du serment politique, qui « ne mène à rien qu'à blesser la morale, à gêner les consciences, et à faire tôt ou tard rougir plus d'un homme de bien »; cette pétition fut alors repoussée presque avec indignation. En 1849, le comité royaliste de la rue Duphot le porta candidat comme royaliste aux élections du 13 mai 1849, à Paris, pour l'Assemblée législative; il n'obtint qu'un petit nombre de voix; en 1851, il prit parti, à Sancerre, contre le mouvement démocratique qui se dessina un moment contre le coup d'État. On a de lui : *Réponse à l'absurde accusation d'avoir pris part à l'attentat du 3 nivôse* (1801); *Éloge historique du général Moreau* (1814); et un certain nombre de brochures politiques de circonstance. Chevalier de Saint-Louis, grand-croix de la Légion d'honneur.

I

ICHON (PIERRE-LOUIS), député en 1791, membre de la Convention, né à Génissac (Gironde) en 1749, mort à Thouars (Deux-Sèvres) le 5 janvier 1839, entra de bonne heure dans les ordres et devint prêtre supérieur de l'Oratoire à Condom. Il se montra favorable à la Révolution, et fut élu, le 3 septembre 1791, député du Gers à l'Assemblée législative, le 3ᵉ sur 9, par 103 voix (202 votants). Il vota avec la gauche pour les réformes et s'éleva à plusieurs reprises contre l'attitude des prêtres qui refusaient le serment civique, par exemple le 22 mai 1792, lorsqu'il demanda que les « réfractaires » fussent privés de leurs émoluments; un autre jour, il proposa de leur continuer leur traitement intégral, à la condition qu'ils sortiraient aussitôt de France. Réélu député à la Convention, le 5 septembre 1792, par le département du Gers, le 7ᵉ sur 9, avec 258 voix (474 votants), Ichon siégea à la Montagne, et fut un de ceux qui, à la société des Jacobins, dont il était membre influent, provoquèrent la mise en accusation de Louis XVI. Il vota pour la mort, sans appel ni sursis, en disant : « Lorsque j'ai voté pour l'affirmative, (Louis est coupable), j'ai déclaré que j'avais la conviction. La loi applique la peine de mort. Les principes réclament ici l'application de la loi. L'intérêt de la République exige que Louis meure. Chargé par mes commettants de veiller à cet intérêt, je vote pour la mort. » Envoyé quelque temps après, avec Dartigoeyte, en mission dans la Gironde, les Landes et le Gers, il prit des mesures de rigueur contre les prêtres non assermentés. Arrêté à Bordeaux à la nouvelle des événements du 31 mai, il put s'échapper et revint à Paris. Ses collègues l'envoyèrent alors dans le Loiret pour y organiser des remontes de cavalerie. Ichon devint, sous l'Empire, inspecteur de la loterie à Senlis. La Restauration le destitua de cet emploi, et la loi du 12 janvier 1816 l'exila de France comme régicide. Ichon ne rentra en France qu'après la révolution de 1830, et finit ses jours à Thouars, dans la retraite.

IDEVILLE (BARON D'). — *Voy.* LELORGNE.

ILLE (FRANÇOIS), député en 1791, dates de naissance et de mort inconnues, avocat, administrateur de l'Ariège, fut élu en 1789 député suppléant du tiers pour la vicomté de Conserans aux Etats-Généraux, sans être appelé à y siéger. Le 5 septembre 1791, le même département l'envoya à l'Assemblée législative, le 3e sur 6, « à la pluralité des voix. » Il vota obscurément dans avec la majorité.

IMBERT (FRANÇOIS-PERRET), député au Conseil des Cinq-Cents, né à la Terrasse (Isère) le 3 décembre 1766, mort à Montbrison (Loire) le 9 mars 1807, était homme de loi à Montbrison. La Révolution le fit administrateur du district, puis du département, et commissaire de l'administration centrale. Le 23 germinal an VII, Imbert fut élu député de l'Isère au Conseil des Cinq-Cents. Ayant adhéré au coup d'Etat du 18 brumaire, il fut nommé, le 11 ventôse de la même année, préfet de la Loire, et exerça ces fonctions jusqu'à sa mort (1807). Membre de la Légion d'honneur (25 prairial an XII).

IMBERT (PIERRE), député au Conseil des Cinq-Cents, né à Montbrison (Loire) en 1753, mort à une date inconnue, homme de loi à Montbrison, appartint, sous la Révolution, à l'administration du département de la Loire, et fut ensuite nommé juge au tribunal du district de Montbrison. Elu, le 22 germinal an V, par 151 voix (163 votants), député de la Loire au Conseil des Cinq-Cents, il quitta cette assemblée en l'an VII, sans s'y être fait remarquer.

IMBERT (AGAMEMNON-CHRISTOPHE), député de 1885 à 1889, né au Bourg-Saint-Andéol (Ardèche) le 28 juillet 1835, fils d'un maréchal-ferrant, fut élève de l'Ecole des Arts-et-Métiers, puis travailla comme forgeron, comme dessinateur, comme ingénieur, et devint chef d'une grande usine métallurgique à Saint-Chamond (Loire). Conseiller municipal de Saint-Chamond dès 1867, il s'occupa particulièrement de l'organisation des écoles et de l'établissement d'une école professionnelle. Aux élections législatives du 4 octobre 1885, le parti républicain opportuniste porta sur sa liste M. Imbert, qui fut élu député de la Loire, le 8e sur 9, par 63,791 voix (116,857 votants, 151,072 inscrits). M. Imbert prit place à gauche, soutint les ministères Rouvier et Tirard, vota *pour* l'expulsion des princes, et, en dernier lieu, *pour* le rétablissement du scrutin d'arrondissement (11 février 1889), *pour* l'ajournement indéfini de la révision de la Constitution, *pour* les poursuites contre trois députés membres de la Ligue des patriotes, *pour* le projet de loi Lisbonne restrictif de la liberté de la presse, *pour* les poursuites contre le général Boulanger.

IMBERT-COLOMÈS (JACQUES-PIERRE), député au Conseil des Cinq-Cents, né à Lyon (Rhône) le 3 novembre 1729, mort à Bath (Angleterre) le 12 décembre 1809, issu d'une famille de riches commerçants, s'occupa de chimie et d'études industrielles, et fut nommé échevin par ses concitoyens, auxquels sa prévoyance rendit de grands services au moment de la disette et de l'hiver de 1788. En 1790, il était encore à la tête de la municipalité de Lyon quand des troubles éclatèrent. S'étant déclaré partisan du régime monarchique, il vit sa maison assaillie, sa vie menacée, dut s'enfuir à Bourg, et passa de là en Suisse, puis en Allemagne, où il devint l'agent des Bourbons. De retour à Lyon en 1797, il parvint à se faire élire, le 23 germinal an V, député de Rhône-et-Loire au Conseil des Cinq-Cents, par 131 voix sur 175 votants ; il obtint sa radiation de la liste des émigrés, se lia avec les clichiens, ne négligea aucune occasion d'attaquer le Directoire, et fut condamné à la déportation au coup d'Etat de fructidor. De nouveau inscrit sur la liste des émigrés, il s'enfuit en Allemagne. Lors du Consulat, il ne bénéficia pas de l'amnistie, et, impliqué par Fouché dans une prétendue conspiration d'émigrés à Bayreuth, fut arrêté dans cette ville par les autorités prussiennes sur l'injonction du gouvernement français. Le roi de Prusse le fit enfermer dans la citadelle de Bayreuth, où il resta jusqu'en 1809, bien que l'affaire de la conspiration eût été abandonnée depuis longtemps. Imbert-Colomès rejoignit alors Louis XVIII en Angleterre et mourut peu de temps après. Les papiers saisis chez Imbert-Colomès ont pour titre : *Papiers saisis à Bayreuth et à Mende*, imprimés par ordre du gouvernement français.

IMBERT. — *Voy.* BASEQUE (COMTE DE LA).

IMÉCOURT (CHARLES-GÉDÉON-THÉODORE VASSINHAC, COMTE D'), député de 1824 à 1827, pair de France, né à Paris le 1er janvier 1781, mort à Paris le 26 juillet 1872, lieutenant aux mousquetaires à la première Restauration ; suivit le roi à Gand pendant les Cent-Jours, et au retour fut nommé lieutenant-colonel à l'état-major de la garde, chevalier de la Légion d'honneur, puis, peu de temps après, colonel et membre du comité consultatif d'état-major. Il présida le collège électoral de la Meuse en 1823, et fut élu conseiller général de la Meuse, puis député du collège de ce département, le 26 février 1824, par 115 voix (141 votants, 152 inscrits). Gentilhomme honoraire de la chambre de Charles X, il fut promu à la pairie le 5 novembre 1827, et fut du nombre des pairs dont la nomination fut annulée par la Charte de 1830. Chef de la maison d'Imécourt, il avait épousé Mlle Albertine de Sainte-Aldégonde.

IMHOFF (GUSTAVE-GUILLAUME D'), député au Corps législatif en 1811, né à Groningue (Hollande) le 22 novembre 1767, mort à Groningue le 13 février 1830, d'une famille noble dont un membre fut gouverneur général des Indes hollandaises, remplit lui-même, dans son pays natal, les fonctions de conseiller d'Etat. Sous la domination française, Napoléon Ier le désigna (19 février 1811) pour représenter, comme député au Corps législatif impérial, le nouveau département de l'Ems-Occidental : il appartint à cette assemblée jusqu'à la séparation de la Hollande de la France (1814).

INGRAND (FRANÇOIS-PIERRE), député en 1791, membre de la Convention, député aux Cinq-Cents, né à Usseau (Vienne) le 9 novembre 1756, mort à Paris le 21 juillet 1831, d'une famille protestante victime de la révocation de l'édit de Nantes, était fils d'un ancien échevin de l'hôtel de ville de Poitiers. Il fit ses études classiques et son droit à Poitiers, se fit recevoir avocat, et exerça à Châtellerault. Le 9 décembre 1787, il adressa à l'assemblée provinciale du Poitou un Mémoire pour l'établissement d'une Société d'agriculture. La sénéchaussée de Châtellerault l'élut, en 1789, député suppléant du tiers aux Etats-Généraux, où il ne fut pas appelé à siéger. Membre du directoire du département de la Vienne le 15 juin 1790, il fut élu, le 3 septembre 1791, député de ce département à l'Assemblée législative, le 8ᵉ et dernier, par 219 voix (317 votants). Arrivé à Paris, il se fit inscrire au club des Jacobins, siégea à l'Assemblée parmi les plus avancés, vota *pour* l'admission des Suisses révoltés de Châteauvieux (9 avril 1792), *pour* la mise en accusation de La Fayette (9 août), fut nommé l'un des commissaires chargés de l'inventaire des pièces trouvées chez Laporte, intendant de la liste civile, et fit partie du comité de surveillance. Le 4 septembre 1792, le département de la Vienne l'élut membre de la Convention, le 2ᵉ sur 8, par 243 voix (318 votants). Il prit place à la Montagne, fit annuler (décembre) les procédures relatives aux troubles de Copet et de Saint-Etienne, et, dans le procès de Louis XVI, se prononça *pour* la mort, sans appel ni sursis. Membre du comité de sûreté générale (21 janvier 1793), il vota (12 avril) pour la mise en liberté de Marat, « pour nous montrer au doigt les coquins ainsi qu'il l'a toujours fait, » contribua (31 mars) à l'expulsion des 22 Girondins, et, à sa sortie du comité (14 septembre), fut envoyé en mission dans la Vienne. Parti de Paris le 15 brumaire an II, il trouva les prisons de Poitiers pleines de détenus, demanda un tribunal révolutionnaire, fit arrêter Thibaudeau père comme suspect de fédéralisme; mais Thibaudeau fils (*Voy. ces noms*) réclama et obtint l'élargissement de son père et le rappel d'Ingrand, qui avait largement justifié la lettre de recommandation de Piorry (*Voy. ce nom*) aux jacobins de Poitiers : « Vigoureux sans-culottes, je vous ai obtenu le patriote Ingrand pour aller dans vos murs. Songez qu'avec ce bon b... de montagnard, vous pouvez tout faire, tout briser, tout renverser, tout incendier, tout déporter, tout guillotiner, tout régénérer. » La Société populaire de Poitiers, jalouse de le seconder, avait établi une « bouche de fer », boîte destinée à recevoir les dénonciations anonymes. Un de ses arrêtés, du 19 frimaire an II, était ainsi conçu : « Considérant que les ministres d'un Dieu de paix ont inondé la terre d'assassinats, de meurtres et de carnages... le représentant du peuple arrête : que les citoyens morts, de quelque secte qu'ils soient, seront conduits, vingt-quatre heures après le décès, quarante-huit en cas de mort subite, au lieu destiné à la sépulture commune, couverts des couleurs nationales, que le lieu commun où reposeront les cendres des morts ne conservera d'autre signe extérieur que cette inscription : ICI NOS FRÈRES ONT RENDU A LA NATURE CE QU'ILS AVAIENT REÇU D'ELLE. » Ardent contre « le fanatisme », il avait éprouvé, sur ce point, de la résistance à Montmorillon, et craignait d'être accusé de tiédeur à Paris. Mais le comité le rassura (27 novembre 1793) : « Continue, lui écrivait-il, à présenter la lumière, mais qu'il ne tombe du flambeau aucune flammèche sulphureuse. » L'influence de Thibaudeau le fit remplacer à Poitiers par Brival, et on le chargea de surveiller les opérations militaires en Vendée; mais les jacobins de Poitiers réussirent à le faire revenir auprès d'eux, en insistant auprès du comité de salut public. Il y resta peu, rejoignit l'armée de l'Ouest, et se rendit à Paris où Ruamps lui fit confidence du coup qu'on méditait contre Robespierre. Ingrand refusa d'y prendre part, et revint à Niort : « Je ne suis resté que trente heures à Paris, dit-il ;

je les ai passés au comité de salut public. Vous devez vous attendre très prochainement à un très grand déchirement dans le sein de la Convention ; mais que cela ne vous effraye pas. » Quelques jours après, on apprenait le 9 thermidor. La Convention le rappela le 30 thermidor ; il proposa de décréter que les nouveaux représentants envoyés en mission ne pourraient pas modifier les opérations de leurs prédécesseurs : sa motion fut rejetée ; il prit plusieurs fois la parole sur la nécessité de rendre la confiance aux patriotes et d'imposer silence aux aristocrates, dénonça sans relâche les progrès de la contre-révolution, échappa à la proscription de prairial, et publia à ce moment un compte-rendu de ses missions en réponse aux dénonciations envoyées de Poitiers contre lui. Les bons offices de Creuzé-Latouche, son parent, alors membre influent du comité de Constitution, firent qu'il ne fut pas inquiété. Après la session de la Convention, Ingrand fut élu, le 23 vendémiaire an IV, député du Puy-de-Dôme au Conseil des Cinq-Cents, par 221 voix (433 votants). Il siégea dans cette assemblée jusqu'en 1797, puis fut nommé inspecteur des forêts dans l'Oise et dans l'Aisne. Il exerçait encore ces fonctions lorsque la loi du 12 janvier 1816 contre les régicides le força de quitter la France. Il se retira à Bruxelles, où, sans être riche, il vécut de douze cents francs de rente viagère, provenant de l'arrentement de sa maison à Usseau. De retour en France après les journées de juillet, il se fixa à Paris, au faubourg Saint-Antoine, où il mourut, moins d'un an après, âgé de 75 ans. Le docteur Vidal, son compatriote, prononça une allocution sur sa tombe.

INGRES (JEAN-AUGUSTE-DOMINIQUE), sénateur du second Empire, né à Montauban (Tarn-et-Garonne) le 15 septembre 1780, mort à Paris le 14 janvier 1867, était fils d'un artiste à la fois peintre et musicien, qui cultiva de préférence en son fils le goût de la musique et lui fit pousser assez loin l'étude du violon. On dit même qu'il se fit applaudir, tout enfant, au théâtre de Toulouse. Mais une vocation plus marquée l'entraîna à quinze ans vers la peinture; son premier maître fut M. Roques, il prit ensuite des leçons du paysagiste Briant et vint à Paris, où il fréquenta l'atelier de David. Après quatre ans d'études, M. Ingres remporta, en 1800, le second grand prix de peinture, et, l'année suivante, le premier grand prix ; le sujet du concours était des plus classiques : *l'Arrivée dans la tente d'Achille des ambassadeurs envoyés par Agamemnon pour apaiser la colère du fils de Pélée.* Exacte et originale tout ensemble, la composition de M. Ingres fut très remarquée. Avant de partir pour Rome, il exposa, en 1802, une *Baigneuse* et un *Portrait de femme,* deux de ses meilleures œuvres, en 1804 un *Portrait du premier consul* et son propre portrait, et, en 1806, un *Portrait de l'Empereur* acquis pour les Invalides. Après cette exposition, qui lui valut les premières sévérités de la critique, il partit pour la patrie de Raphaël, son maître de prédilection. Il trouva dans ses œuvres l'idéal qu'il cherchait et se pénétra de sa manière. Pendant ses quatre années d'études officielles il envoya en France une *Baigneuse,* une *Dormeuse,* *Œdipe et le Sphinx,* une seconde *Baigneuse,* et *Jupiter et Thétys.* Ses derniers envois ayant été accueillis avec quelque froideur, M. Ingres, au lieu de rentrer à Paris, résolut de rester à Rome, au milieu des chefs-d'œuvre des maîtres; il s'y maria, en 1813, avec une de ses cousines. Cette atmosphère imprégnée d'art, si favorable au travail recueilli et solitaire, lui convenait admirablement. Il s'y fortifia dans le silence, loin des coteries et des systèmes, et se fit de son atelier une sorte de cloître où n'arrivaient pas les bruits du monde. Les épreuves de la vie d'artiste ne lui manquèrent pas : à Florence, il fut obligé pour vivre de faire des portraits à des prix dérisoires, et il n'en trouvait pas toujours. C'est pourtant l'époque de sa plus grande fécondité, car il produisait en même temps de nombreuses toiles dont quelques-unes sont comptées aujourd'hui parmi les meilleures : *Raphaël et la Fornarina, Romulus vainqueur d'Acron*, le *Sommeil d'Ossian*, etc. L'*Odalisque couchée*, commandée en 1813 par la reine Caroline de Naples, fut la première toile qui attira l'attention sur le maître ignoré dans sa patrie. Remontant aux premiers temps de la Renaissance italienne, le peintre s'inspirait d'André Mantegna, de Léonard de Vinci, du Pérugin : il allait représenter une des faces du romantisme, dont Eugène Delacroix traduisit l'autre. *Françoise de Rimini ; Philippe V, roi d'Espagne, donnant la Toison d'or ; l'Épée de Henri IV : la Mort de Léonard de Vinci ; Roger délivrant Angélique ; Henri IV en famille*, tous ces tableaux, produits de 1814 à 1832, qui faisaient à l'artiste français une grande réputation en Italie, eurent chez nous un succès moins brillant. Le *Vœu de Louis XIII*, auquel Ingres travailla trois ans, força enfin l'admiration rebelle. En 1824, Ingres fut décoré de la Légion d'honneur et, en 1825, admis à l'Institut (Académie des Beaux-Arts) comme successeur du baron Denou. L'*Apothéose d'Homère*, au Salon de 1827, où figuraient la *Naissance de Henri IV*, d'Eugène Déveria, et le *Sardanapale* de E. Delacroix, consacra la gloire de l'artiste si longtemps méconnu. Il fut ardemment soutenu par les romantiques, car il ne servait aucune idée, et nul n'était plus fidèle que lui à la « couleur locale ». Son *Entrée de Charles V à Paris* ressemble à une tapisserie gothique ; sa *Francesca de Rimini* paraît détachée d'un manuscrit à miniatures ; son *Roger et Angélique* a la grâce chevaleresque du poème de l'Arioste. Cependant le dénigrement fut extrême comme l'enthousiasme, et les moindres travaux de M. Ingres provoquèrent d'orageuses discussions. Le *Martyre de Saint-Symphorien*, particulièrement, souleva les contestations les plus vives. Affligé et découragé par la brutalité de certaines attaques, le peintre n'exposa, de 1832 à 1834, que les portraits de M. Bertin aîné et du comte Molé, et fut heureux d'être envoyé à Rome, comme directeur de la villa Médicis. Il fit copier, sous sa direction, les fresques de Raphaël au Vatican, et envoya en France plusieurs toiles nouvelles : *la Vierge à l'hostie, Stratonice*, pour le duc d'Orléans, dont il vint exécuter le *Portrait* à Paris. Il composait en même temps (1843) le portrait mythologique de *Cherubini inspiré par la Muse*. Son second retour de Rome avait été pour M. Ingres un triomphe. L'enthousiasme de ses compatriotes ne lui faisait plus défaut. Il donna depuis : la *Naissance de Vénus Anadyomène ; Jésus au milieu des docteurs ; Jeanne d'Arc au sacre de Charles VII* ; le portrait de *Madame de Rothschild*, etc. En outre il travailla à la décoration du château de Dampierre, pour le duc de Luynes, fut chargé de diverses peintures pour la Chambre des pairs, et exécuta des cartons pour les vitraux de la Sainte-Chapelle de Paris et pour ceux de la chapelle de Dreux. Enfin,

sous le second Empire, il exécuta à l'hôtel de ville un plafond représentant l'*Apothéose de Napoléon Ier* avec cette légende : *In nepote redivivus* : l'œuvre fut transportée à Saint-Cloud et l'artiste reçut dès lors les faveurs impériales. A l'Exposition universelle de 1855, M. Ingres put réunir des points les plus éloignés ses principales toiles, et un salon leur fut exclusivement réservé : il reçut du jury international, en même temps que son rival Delacroix, une des grandes médailles d'honneur. Appelé, le 25 mai 1862, à faire partie du Sénat impérial, il y vota jusqu'à sa mort conformément aux vœux du pouvoir. Grand-officier de la Légion d'honneur.

INIZAN (YVES), député en 1791, né au Coadicen-Sizun (Finistère) en 1729, mort à Sizun (Finistère) le 11 novembre 1800, était cultivateur et expert à Sizun avant la Révolution. Il adhéra aux idées nouvelles, devint membre du directoire de district de Landerneau et, le 8 septembre 1791, fut élu député du Finistère à l'Assemblée législative, le 2e sur 8, par 226 voix sur 400 votants. Membre du comité du commerce, il siégea dans la majorité, et proposa (26 novembre 1791) de faire traduire en bas breton la Constitution et les lois intéressant les campagnes. Après la session, où il parla peu, il revint à Sizun, et y vécut dans la retraite jusqu'à sa mort.

INNOCENS (JEAN DES), BARON DE MAUREINS, député en 1789, né à Gimont (Gers) le 22 mai 1735, mort à une date inconnue, propriétaire à Gimont, appartint à la magistrature de l'ancien régime. Président à mortier au parlement de Toulouse, il fut élu, le 7 avril 1789, député de la noblesse aux Etats-Généraux par la 1re sénéchaussée du Languedoc. Il ne se montra pas favorable à la Révolution ; son rôle parlementaire fut, d'ailleurs, très secondaire.

IRLAND DE BAZOGES (PIERRE-MARIE), député en 1789 et à la Chambre des Cent-Jours, né à Poitiers (Vienne) le 12 avril 1750, mort à Poitiers le 7 janvier 1818, descendait d'une famille d'origine écossaise établie en Poitou au début du XVIe siècle, naturalisée en la personne de Robert d'Irland, échevin à Poitiers sous François Ier, et qui fit ses preuves d'ancienne noblesse en 1667. Lieutenant général au présidial de Poitiers avant la Révolution. Irland présida l'assemblée du tiers-état lors des élections pour les Etats-Généraux de 1789, à Poitiers, fit le discours d'ouverture, le 9 mars 1789, à l'assemblée des trois ordres, et, le 27 mars, fut élu, par la sénéchaussée du Poitou, 1er suppléant de la noblesse aux Etats-Généraux. Il fut admis à y siéger, le 28 août suivant, en remplacement du duc de Montmorency-Luxembourg, démissionnaire. Il prit part aux discussions sur les matières judiciaires, parla et vota (7 mai 1790) pour que les juges fussent installés par le choix du roi, et (23 juillet) contre la motion : « les juges de district seront juges d'appel les uns à l'égard des autres. » Il se tint à l'écart pendant la période révolutionnaire, et, sous l'Empire, lors de la réorganisation des cours et des tribunaux, fut nommé président de Chambre à la cour impériale de Poitiers.

ISAAC (PIERRE-ALEXANDRE-ILDEFONSE), membre du Sénat, né à la Pointe-à-Pitre (Martinique) le 9 janvier 1845, étudia le droit, fut reçu avocat, et fut élu, le 1er mars 1885, sénateur de la Guadeloupe, par 272 voix sur 272 votants. Il prit place à gauche, vota avec la majorité de la Chambre haute et intervint dans plusieurs discussions importantes, notamment sur l'organisation de l'enseignement primaire, sur les sucres, sur les aliénés (1886), sur la proposition de M. Batbie relative à la nationalité, sur le budget, sur divers traités et conventions entre la France et la République dominicaine (1887). La même année, il interpella le gouvernement au sujet de l'organisation de l'Indo-Chine. En 1888, il fut entendu dans le débat sur la proposition de M. Bozérian, portant modification de l'article 463 du code pénal; proposa de constituer une commission de dix-huit membres pour l'examen des réformes à introduire dans le régime des colonies et possessions françaises; parla sur le budget de la marine; questionna le ministère sur l'abandon, dans l'île Alcantras, des gardiens du drapeau français, etc., et se prononça en dernier lieu *pour* le rétablissement du scrutin d'arrondissement (13 février 1889), *pour* le projet de loi Lisbonne restrictif de la liberté de la presse, *pour* la procédure à suivre devant le Sénat contre le général Boulanger.

ISABEL DES PARCS (FRANÇOIS-BENJAMIN), représentant à la Chambre des Cent-Jours, né à Pont-l'Evêque (Calvados) le 26 janvier 1778, mort à une date inconnue, « fils de maître Jean-Jacques-François-Louis-Charles-François Isabel Décots, avocat au bailliage de Pont-l'Evêque, et de dame Marie-Anne Delauney, » appartint à la magistrature. Il était président du tribunal civil de Pont-l'Evêque, lorsqu'il fut élu (13 mai 1815) par cet arrondissement, représentant à la Chambre des Cent-Jours, avec 33 voix sur 38 votants. Il ne fit pas partie d'autres assemblées.

ISAMBERT (FRANÇOIS-ANDRÉ), député de 1830 à 1831, de 1832 à 1848, et représentant du peuple en 1848, né à Aunay (Eure-et-Loir) le 20 novembre 1792, mort à Paris le 13 avril 1857, d'une famille de cultivateurs, fit ses études au collège de Chartres, et les termina à Paris comme boursier au lycée impérial. Avocat aux conseils du roi et à la cour de cassation de 1818 à 1830, il défendit en cette qualité le général Berton et le lieutenant-colonel Caron qui avaient voulu restaurer l'Empire, ainsi qu'Armand Carrel accusé d'un compte-rendu infidèle du procès des quatre sergents de la Rochelle. Partisan de la liberté des cultes et de l'égalité des races, il publia, de 1823 à 1828, un certain nombre de mémoires sur l'affranchissement des nègres, et contribua à l'abolition des dernières cours prévôtales. Conseiller général du canton de Chartres, il fut nommé, après les événements de juillet, directeur du *Bulletin des lois* (1er août 1830), fonctions non rétribuées qu'il abandonna à la fin de 1831, après avoir été appelé par Dupont de l'Eure au siège de conseiller à la cour de Cassation (27 août 1830). Elu, le 21 octobre 1830, député du 1er arrondissement électoral d'Eure-et-Loir (Chartres), en remplacement de M. Busson nommé sous-préfet, avec 271 voix (450 votants, 621 inscrits), contre 154 à M. Chasles, il échoua dans cette même circonscription, aux élections générales du 5 juillet 1831, avec 349 voix contre 354 à l'élu, M. Chasles. Mais ayant choisi un autre collège, il fut successivement élu député, dans le 1er collège électoral de la Vendée (Luçon), le 27 décembre 1832, avec 94 voix sur 169 votants, en remplacement de M. Marchegay, démissionnaire; le 21 juin 1834, par 112 voix (178 votants, 248 inscrits), contre 49 à M. Laval aîné, (il échouait le même jour à Chartres, avec 308 voix contre 391 au député sortant, M. Chasles);

le 4 novembre 1837, avec 129 voix (177 votants, 254 inscrits); le 2 mars 1839, avec 135 voix (194 votants); le 9 juillet 1842, avec 124 voix (210 votants, 270 inscrits); le 1er août 1846, avec 105 voix (223 votants, 315 inscrits), contre 98 à M. Guyet-Desfontaines. Il siégea constamment dans l'opposition constitutionnelle, se fit remarquer par sa haine contre le clergé, combattit (juin 1835) l'augmentation du traitement de deux archevêques-cardinaux, déclara le vote contraire « anti-national », et se prononça *contre* l'indemnité Pritchard, *contre* le ministère Guizot. Il fut élu, le 23 avril 1848, représentant d'Eure-et-Loir à l'Assemblée constituante, le 7e et dernier, par 23,185 voix (72,675 votants, 87,002 inscrits). Il siégea à gauche, fit partie du comité des cultes, soutint la politique du général Cavaignac et vota *pour* les poursuites contre L. Blanc et Caussidière, *contre* l'abolition de la peine de mort, *contre* l'impôt progressif, *contre* l'incompatibilité des fonctions, *contre* l'amendement Grévy, *contre* la sanction de la Constitution par le peuple, *pour* l'ensemble de la Constitution, *pour* l'expédition de Rome, *contre* la demande de mise en accusation du président et des ministres. Non réélu à la Législative, il reprit ses fonctions à la cour de Cassation, et mourut subitement le 13 avril 1857. On a de lui une traduction des *Anecdota* de Procope (1856).

ISLY (DUC D'). — *Voy.* BUGEAUD.

ISNARD (MAXIMIN), député en 1791, membre de la Convention, député au Conseil des Cinq-Cents, né à Grasse (Var) le 16 février 1751, mort à Grasse le 12 mars 1825, fils cadet d'un riche commerçant, reçut une instruction complète, et s'occupa d'abord de commerce: en 1789, il était négociant parfumeur à Draguignan. D'une imagination exaltée, il se déclara avec enthousiasme pour les idées nouvelles et se fit élire, le 9 septembre 1791, député du Var à l'Assemblée législative, le 3e sur 8, par 237 voix (478 votants). Il siégea à gauche, dans le groupe des Girondins, et se fit remarquer par la véhémence de son langage contre les émigrés et contre les prêtres qui refusaient le serment. « La religion, s'écriait-il, est un instrument avec lequel on peut faire beaucoup plus de mal qu'avec les autres; aussi il faut traiter ceux qui s'en servent beaucoup plus sévèrement que les autres sujets; il faut chasser de France ces prêtres perturbateurs; ce sont des pestiférés qu'il faut renvoyer dans les lazarets de Rome et d'Italie... Je réponds à ceux qui nous disent que rien n'est plus dangereux que de faire des martyrs, que ce danger n'existe que lorsqu'on persécute des hommes vertueux et fanatiques; et il n'est question ici ni d'hommes vertueux ni de fanatiques, mais d'hypocrites et de perturbateurs... Ne craignez pas non plus d'augmenter la liste des émigrés; le prêtre n'a pas le caractère assez résolu pour prendre un parti ouvertement hostile; il est, en général, aussi lâche que vindicatif: il est nul au champ de bataille; les foudres de Rome s'éteindront sous le bouclier de la liberté. » Les applaudissements des tribunes accueillirent ce discours. Isnard en souleva de nouveaux en disant qu'il fallait continuer la révolution tandis que les citoyens étaient encore « en haleine », et, que dans l'état où se trouvaient les esprits et les opinions, toute circonspection était une faiblesse. Il n'épargna pas les ministres, blâma énergiquement leur conduite et déclara que pour eux la responsabilité était la mort. Il appuya (décembre 1791) la mise en accusation des princes frères du roi : en 1792, il vota celle du ministre de Lessart : le 15 mai, il présenta un nouveau rapport sur la situation politique de la France, accusa la cour d'égarer le roi et dénonça un plan de contre-révolution organisé par le comité autrichien. Peu après, il s'éleva contre la garde constitutionnelle du monarque, et exprima l'avis qu'il fallait détruire cette garde pour détruire ensuite la royauté. Au 20 juin, envoyé pour contenir le peuple qui envahissait les Tuileries. il rendit compte de sa mission dans un sens peu favorable au pouvoir royal. Le 13 juillet. il se fit le défenseur de Pétion et de Manuel, poursuivis pour les récents événements. Le 3 août, il reprocha à Louis XVI de n'être fidèle qu'en paroles à la Constitution, et s'opposa à l'impression du message royal relatif au manifeste du duc de Brunswick. Le 9, il préluda, pour ainsi dire, dans une harangue très vive, à la journée du 10. Les premiers commissaires envoyés près de l'armée ayant été momentanément arrêtés par ordre de La Fayette, Isnard fut désigné pour les suppléer et faire agréer le nouvel état de choses. Le 5 septembre 1792, le département du Var le réélut membre de la Convention, le 4e sur 8, par 462 voix (474 votants). Il y vota la mort du roi en ces termes : « Dans l'Assemblée législative, j'ai dit à cette tribune que si le feu du ciel était dans mes mains, j'en frapperais tous ceux qui attenteraient à la souveraineté du peuple. Fidèle à mes principes, je vote pour la mort. Je demande aussi que les deux frères du roi émigrés soient jugés par le tribunal criminel. » Mais ses opinions, qui jusque-là avaient dépassé les visées du parti girondin, se modifièrent. A la séance orageuse du 5 mars, comme la parole était refusée à son collègue et ami Barbaroux, il protesta contre l'attitude de la majorité, qualifia la Convention de machine à décrets dans la main d'une faction ; puis, apostrophant les tribunes, il déclara au peuple que sa liberté était placée entre le despotisme et l'anarchie, qu'il avait brisé le premier de ces écueils, mais qu'il était près de se briser contre le second. Nommé membre du comité de défense générale, il fit adopter le décret qui organisait ce comité en comité de salut public. La scission entre la Montagne et la Gironde était déjà fortement accusée ; ce fut dans le mois suivant (mai), et sous la présidence même d'Isnard, que les deux partis s'attaquèrent sans ménagements. Les scènes les plus violentes éclatèrent les 25, 26 et 27 mai : pendant la première de ces journées, Isnard répondant, comme président, à la députation de la Commune qui réclamait la mise en liberté d'Hébert, s'emporta jusqu'à dire : « Écoutez ce que je vais vous dire. Si jamais, par une de ces insurrections qui depuis le 10 mars se renouvellent sans cesse, il arrivait qu'on portât atteinte à la représentation nationale, je vous le déclare au nom de la France entière, Paris serait anéanti. Bientôt on chercherait sur les rives de la Seine la place où cette ville aurait existé. » Un tumulte effroyable s'ensuivit. Isnard, menacé et injurié de toutes parts, dut abandonner le fauteuil à Hérault de Séchelles. Le 31 mai, Isnard fit savoir qu'il se suspendait de ses fonctions « par amour pour la patrie, et qu'il se mettait sous la sauvegarde du peuple ». Cette résolution le préserva des suites immédiates de la journée, et il évita ainsi d'être compris dans la mise en accusation de ses collègues, prononcée le 2 juin ; mais toujours poursuivi par la commune de Paris pour sa menace du 25 mai, il fut arrêté, sans décret, par un juré du tribunal révolutionnaire,

Renaudin, s'échappa et fut mis hors la loi en octobre, comme girondin et comme l'un des chefs des fédéralistes. Il put se soustraire aux recherches : le bruit de sa mort, répandu à cette époque, contribua à son salut ; il était alors chez un ami, qui le cacha jusqu'après le 9 thermidor. Alors il reparut pour réclamer contre sa mise hors la loi et écrivit à la Convention :

« L'an 3e de la République française, une et indivisible.

« A la Convention nationale,

« Le tyran n'est plus, et celui qui, dès 1792, osa le premier l'attaquer, languit encore sous l'oppression. Voici quinze mois que j'erre, de souterrain en souterrain, sans communication avec les hommes et la nature, répandant autour de moi la contagion du supplice, vivant pour ainsi dire dans la fosse de la mort, ou comme entraîné au pied de l'échafaud ; et non seulement je suis innocent, mais, depuis 89, je n'ai cessé de combattre pour le triomphe de l'arbre de la liberté, je veux dire celle qu'on adore aujourd'hui, et qui est fille des lois, et non la mère de la licence. Mais je ne me plains pas ; ma récompense est dans mon cœur ; je suis trop heureux d'avoir tant souffert pour la patrie, et puisque, par un long miracle, je vis encore, me voilà prêt de nouveau de lui sacrifier mon existence. Périsse Isnard, s'il le faut. et vive la république ! Telle fut toujours ma devise.

« Je suis une des victimes les plus caractérisées de la vengeance de Robespierre et des municipes de Paris. Vous serez étonnés d'apprendre avec quel acharnement ces tyrans m'ont poursuivi ; ils ont porté leur crime et leur audace jusqu'à outrager en moi les droits sacrés de la représentation nationale, en me faisant arrêter de leur autorité privée, le 28 septembre 1793, rue Honoré, par Renaudin, leur satellite, et au mépris d'un de vos décrets qui garantissait ma liberté dans Paris.

« Le comité de sûreté générale en fut si indigné qu'il prit un arrêté pour ordonner mon élargissement, et me servir de sauvegarde contre mes persécuteurs ; ce n'est qu'à cet acte de justice que je dois la vie.

« Les crimes que Robespierre et les municipaux poursuivaient en moi sont d'avoir pénétré le masque avant beaucoup d'autres, d'avoir menacé celui-là d'un décret d'accusation, et ceux-ci du supplice qui les attendait, enfin, d'avoir bravé leurs proscriptions pour sauver la patrie.

« Au reste, j'apporte ma tête à la loi si je suis coupable, je réclame mes droits si je suis innocent. Justice ou la mort.

« Je demande que la Convention me juge, ou qu'elle me renvoie devant quelque tribunal que ce soit. Que l'on ne m'attaque pas lors que je suis absent et dans l'impossibilité de confondre mes calomniateurs, je suis satisfait. »

Signé : « Votre collègue,

MAXIMIN ISNARD. »

Le 4 décembre 1794, Isnard reprit séance à la Convention. Favorable au nouvel ordre de choses, il fut envoyé dans les Bouches-du-Rhône, pour y anéantir les restes du parti jacobin, s'y conduisit avec une grande rigueur, laissa libre cours aux représailles et ne s'opposa pas au massacre des révolutionnaires détenus au fort Saint-Jean à Marseille. Devenu, le 22 vendémiaire an IV, député du Var au Conseil des Cinq-Cents, avec 127 voix (210 votants), Isnard s'y fit peu remarquer, en sortit en 1797, et fut attaché ensuite aux tribunaux du Var. A l'avènement de Napoléon, il quitta complètement les affaires, et fit de la littérature. Le reste de sa vie s'écoula dans l'obscurité. Les sentiments religieux et monarchiques dont il faisait profession depuis quelque temps déjà, lui permirent d'échapper à la loi du 12 janvier 1816 contre les régicides. La Restauration ne l'inquiéta pas, et il termina ses jours à Grasse en 1825. « L'homme du parti girondin, a écrit Charles Nodier, qui possédait au plus haut degré le don de ces inspirations violentes qui éclatent comme la foudre en explosions soudaines et terribles, c'était Isnard, génie violent, orageux, incompressible. » On lit dans une publication intitulée *Préservatif contre la Biographie nouvelle des contemporains*, par le comte de Fortia-Piles, royaliste modéré (1822), ce curieux témoignage, dont nous ne nous portons pas garants, en faveur de l'ancien régicide, rentré dans le giron de l'Eglise et de la royauté : « Isnard a frémi de sa conduite révolutionnaire ; ses crimes se sont représentés à ses yeux ; le plus irrémissible de tous, celui du 21 janvier, ne pouvait être effacé par un repentir ordinaire. Qu'a-t-il fait ? En pleine santé, jouissant de toutes ses facultés, il s'est rendu en plein midi (et plus d'une fois) le jour anniversaire du crime, au lieu où il a été consommé ; là il s'est agenouillé sur les pierres inondées du sang du roi martyr ; il s'est prosterné à la vue de tous les passants, a baisé la terre sanctifiée par le supplice du juste, a mouillé de ses larmes les pavés qui lui retraçaient encore l'image de son auguste victime ; il a fait amende honorable et a imploré à haute voix le pardon de Dieu et des hommes. » On a d'Isnard : *Discours sur la chose publique et Projet de loi d'interpellation nationale à adresser au roi par le Corps législatif au nom du peuple français* (1792) ; *Proscription d'Isnard* (1795) ; *Réflexions relatives au sénatus-consulte du 28 floréal an XII* (portant élévation de Bonaparte à l'Empire). 1804 ; *Dithyrambe sur l'immortalité de l'âme*, dédié à Pie VII (1805).

ISNARD (ACHILLE-NICOLAS), membre du Tribunat, né à Paris à une date inconnue, mort à Paris en 1803, se fit connaître de bonne heure par de sérieux travaux d'ingénieur et d'économiste. Il remplissait les fonctions d'ingénieur en chef des ponts et chaussées, lorsque le Sénat conservateur l'appela, le 4 nivôse an VIII, à faire partie du Tribunat, à sa création. Son rôle dans cette assemblée fut assez important. Le 13 ventôse an VIII, il attaqua le projet de loi relatif à la conscription militaire, et demanda que les hommes valides seuls fussent forcés de fournir des remplaçants, s'ils n'aimaient mieux servir. Auteur d'un rapport (6 germinal) sur la taxe de l'entretien des routes, adversaire du projet tendant à autoriser la construction de ponts et canaux par des particuliers, il prit encore la parole pour exprimer le vœu qu'il ne fût créé ou supprimé aucun office public, ni déterminé aucun traitement public qu'en vertu d'une loi, etc. Les questions financières, celle du cadastre l'appelèrent fréquemment à la tribune. Il sortit du Tribunat en mars 1802. A.-C. Isnard a laissé divers écrits d'économie sociale et de politique : *Traité des richesses* (1781) ; *Catéchisme social* (1784) ; *Observations sur le principe qui a produit les révolutions de France, de Genève et d'Amérique dans le XVIII⁰ siècle* (1789) ; *les Devoirs de la seconde Législature* (1790-1791) ; *Considérations théoriques sur les caisses d'amortissement de dette publique* (1801).

ISOARD (JOACHIM-JEAN-XAVIER, DUC D'), pair de France, né à Aix (Bouches-du-Rhône) le 23 octobre 1766, mort à Paris le 7 octobre 1839, d'une ancienne famille du Dauphiné. « fils de Jean-Antoine Isoard et de dame Marie-Anne-Rose Pin, » perdit son père de bonne heure, et fit ses études au séminaire d'Aix, où il se lia intimement avec le futur cardinal Fesch. Son amitié pour un membre de la famille Bonaparte fut toute personnelle et ne l'empêcha pas de se vouer à la défense de l'ancien régime : en 1794, il se mit à Vérone, auprès du comte de Provence ; puis il revint en France, prit part à plusieurs complots royalistes, et dut retourner en Italie après le 18 fructidor. La protection de l'abbé Fesch lui permit de rentrer dans son pays sous le Consulat, et bientôt de remplir auprès de son ancien condisciple, devenu archevêque de Lyon, cardinal et ambassadeur à Rome (1803), les fonctions de secrétaire particulier ; la même année il fut nommé auditeur de Rote. D'Isoard suivit en France Pie VII captif, refusa sous l'Empire de hauts emplois, et même une place au Sénat que lui offrit Napoléon, et s'associa de tout son pouvoir à la démarche des prélats réunis secrètement à Paris après le désastre de Moscou, pour engager le pape à résister à toutes les concessions que pourrait lui demander l'empereur. Un mémoire fut rédigé dans ce sens, et ce fut d'Isoard qui se chargea de le faire parvenir à Rome. Pendant les Cent-Jours, Napoléon voulait le nommer son agent dans cette ville ; mais des difficultés survenues à propos de son traitement, mirent fin à des négociations que Waterloo rendit ensuite inutiles. Le gouvernement de Louis XVIII eut, à son tour, la pensée de désigner d'Isoard pour le poste d'auditeur de Rote ; mais la cour pontificale refusa de le recevoir, déclarant qu'elle regardait cette charge comme inamovible. D'Isoard n'en conserva pas moins le titre qui lui avait été conféré et contribua au concordat de 1817. Comme doyen de la Rote, il fut, sur la désignation de Pie VII, un de ses exécuteurs testamentaires. Il ne fut ordonné prêtre qu'en 1825, à Rome ; jusque-là, il n'avait reçu que les ordres mineurs. Le nouveau pape Léon XII le créa, peu après (25 juin 1827), cardinal au titre de Saint-Pierre-ès-liens, qu'il échangea plus tard contre celui de la Trinité au Monte-Pincio. A son retour en France, d'Isoard fut pourvu de l'archevêché d'Auch et sacré à Paris, le 11 janvier 1829, par le cardinal de Latil. Le 24 du même mois, Charles X l'appela à la pairie avec le titre de duc. D'Isoard fit encore le voyage de Rome pour assister aux conclaves qui suivirent la mort de Léon XII et de Pie VIII. A la révolution de juillet, sa nomination à la Chambre haute fut annulée par la nouvelle Charte ; il se consacra alors uniquement à son diocèse. La mort de son ami, le cardinal Fesch, ayant déterminé une vacance dans le corps des cardinaux français, M. d'Isoard fut appelé à lui succéder (14 juin 1839). Il attendait à Paris ses bulles d'institution, quand une affection de poitrine l'enleva presque subitement.

ISORÉ (JACQUES), membre de la Convention, né à Cauvigny (Oise) le 16 janvier 1758, mort à Liancourt (Oise) le 11 juin 1839, était cultivateur à la Rue-Saint-Pierre (Oise) au moment de la Révolution. Il embrassa avec ardeur les idées nouvelles, devint président du district de Clermont, et fut élu, le 5 septembre 1792, membre de la Convention par le département de l'Oise, le 10⁰ sur 12, avec 228 voix sur 427 votants. Il siégea à la Montagne, et, dans le procès de **Louis XVI**, répondit au 3° appel nominal : « La loi est mon guide, et, malgré ma répugnance naturelle, je vote pour la mort. » Envoyé en mission dans les départements de l'Oise et de l'Aisne, le 1er août 1793, il sévit contre les prêtres non assermentés, passa, le 9 septembre, à l'armée du Nord, et voulut créer dans ce département, avec Chasles, une armée révolutionnaire : « Convaincus, écrivaient-ils le 3 novembre, qu'il existe au mépris de la nature des cœurs vils et noirs de corruption, nageant dans un sang impur et palpitant du désir de démentir la raison et les lois humaines que les préjugés inventés par le charlatanisme d'une légion d'hommes ambitieux cachés dans les ténèbres de l'hypocrisie, qui, prêchant la chasteté et la sobriété, cultivent en secret des passions pour semer dans l'ignorance la superstition et faire germer dans les cœurs faibles une erreur à la honte du ciel même... etc., les représentants en mission arrêtent : qu'il y aura dans le département une armée révolutionnaire qui, habillée à la demi-hussard et coiffée du bonnet de la liberté, se transportera dans tous les lieux où les ennemis intérieurs attaqueront l'égalité, la liberté, l'humanité, les mœurs et la vertu. Cette armée sera suivie d'un tribunal... etc. » Le ministre de la guerre s'empressa d'envoyer ses félicitations aux deux organisateurs, et l'armée révolutionnaire, composée de mille sans-culottes, dirigea sa première expédition contre Douai, « réceptacle de toutes les aristocraties chicanière, nobiliaire, sacerdotale et mercantile. » Elle y fit 50 prisonniers, puis s'abandonna à de tels excès, que Hentz et Florent Guiot la dénoncèrent et obtinrent sa dissolution. Après les victoires de Hondschoote et de Wattignies, Isoré écrivit à la Convention que l'ennemi était battu partout, et termina ainsi sa lettre : « La république est dans ses beaux jours. Si nos armées vont comme la division de Lille, il n'y aura plus d'esclaves en Europe dans six mois. Nous avons tué hier un troupeau entier d'émigrés sous le moulin de Warwick ; un seul a été envoyé à Lille pour entretenir le service de la guillotine. A demain dans la Belgique. Triomphe et joie aux sans-culottes ! » Il se trouvait de nouveau dans l'Aisne en février 1794, et écrivait de Laon au Comité de salut public, le 3 : « J'ai donné l'ordre de veiller sur la conduite d'une troupe de pédauts qu'on nomme magisters dans les campagnes. Ces messieurs succèdent aux curés et braillent tous les dimanches et fêtes catholiques dans les églises, où ils rassemblent les habitants. » A Beauvais, le 20 suivant, il disait : « Républicains, veillez ; faites observer le nouveau calendrier ; » le dimanche, il faisait assurer par des rondes de soldats les travaux dans les campagnes. De retour à la Convention, il fit un rapport (3 floréal an II) sur l'agriculture et sur les moyens d'approvisionner Paris, fut élu secrétaire de la Convention le 16 floréal, et, après le 9 thermidor, qu'il approuva, fut chargé de veiller à l'approvisionnement de la capitale. Le 3 fructidor an II, il émit son opinion sur la liberté de la presse ; le 27 brumaire an III, il proposa d'empêcher de tuer les brebis avant quatre ans. En mission dans l'Eure-et-Loir aux journées de prairial, il écrivit, le 5 prairial, de Chartres à la Convention : « Chers collègues, tandis que vous combattiez des factieux, nous nous disposions à l'exécution du décret du 1er germinal. Nous applaudissons au triomphe de la Convention ; si l'événement avait été malheureux, nous courions préparer la vengeance nationale, ou

périr avec la liberté. » Non réélu, après la session, au Conseil des Cinq-Cents, il fut appelé, le 3 fructidor an VII, aux fonctions de commissaire central de l'administration de l'Oise, qu'il exerça jusqu'au 18 brumaire. Ayant vécu ignoré sous l'Empire, il fut proscrit par la loi du 12 janvier 1816, et se réfugia à la Haye (Hollande). Après deux ans de séjour, il fut gracié par une décision royale en date du 25 décembre 1818, et rentra dans son pays. Il mourut en 1839, âgé de quatre-vingt-un ans.

ISSARTIER (PIERRE-ANTOINE-HENRI), sénateur de 1879 à 1887, né à Miramon (Lot-et-Garonne) le 20 août 1816, mort à Monségur (Gironde) le 22 mai 1887, étudia la médecine à Paris, et, reçu docteur (1840), alla s'établir à Monségur (Gironde). Il devint maire de cette commune en 1848 et conserva ces fonctions sous le régime impérial, tout en professant des opinions libérales qui l'empêchèrent, en 1870, de s'associer au plébiscite. Il donna alors sa démission de maire, fut réélu après le 4 septembre, et, révoqué trois fois : par le gouvernement du 24 mai 1873, en janvier 1876, et après le 16 mai 1877, il fut chaque fois réintégré par l'élection dans ses fonctions municipales. Il échoua aux élections sénatoriales du 30 janvier 1876 dans la Gironde, sur la liste républicaine, et obtint pour sa part 264 voix sur 669 votants. M. Issartier ne devint sénateur de ce département que le 5 janvier 1879 ; élu, le 3e sur quatre, par 342 voix (667 votants), il prit place à la gauche républicaine, se prononça pour le ministère Dufaure, pour l'article 7, pour les lois nouvelles sur l'enseignement, la presse, le droit de réunion, pour la réforme du serment judiciaire et du personnel de la magistrature, pour le divorce, pour la politique opportuniste, pour les crédits du Tonkin, etc., et mourut à Monségur en 1887. Conseiller d'arrondissement de la Réole (1848-1865), conseiller général de la Gironde (1866-1877), M. Issartier s'était occupé spécialement d'agriculture et de viticulture, avait été délégué par le conseil général en 1876 pour étudier le phylloxera dans le Midi, et avait présidé le comice agricole de la Réole de 1877 à 1887. On lui doit l'introduction du prunier d'Agen dans l'arrondissement de la Réole ; il a publié plusieurs traités d'arboriculture, dont le plus connu est : *Culture des arbres fruitiers en plein cent* (1862), etc.

ISTRIE (DUC D'). — *Voy.* BESSIÈRES.

IVORY (CLAUDE-JOSEPH, COMTE D'), député de 1815 à 1816, né à Mézières (Ardennes) le 18 novembre 1745, mort au château de Francon (Ardennes) en 1821, servit, sous l'ancien régime, dans les armées du roi, et parvint au grade de maréchal-de-camp, inspecteur général des gardes nationales du département des Ardennes. Il émigra pendant la Révolution, et la Restauration le rappela aux honneurs. Le 22 août 1815, il fut élu député au collège de département des Ardennes, avec 91 voix (132 votants, 239 inscrits). M. d'Ivory siégea dans la majorité de la Chambre introuvable, fut nommé, le 7 février 1816, prévôt à Charleville, devint conseiller général des Ardennes le 13 mai de la même année, et reçut le titre de comte le 18 janvier 1817.

IZARN (JEAN-FRANÇOIS-ANNE), député de 1837 à 1839, né à Bazièges (Haute-Garonne) le 27 janvier 1776, mort à Évreux (Eure) le 31 juillet 1861, propriétaire à Rouen, fut élu, le 4 novembre 1837, député du 3e collège de la Seine-Inférieure (Rouen), par 379 voix (720 votants, 772 inscrits). Il siégea dans la majorité conservatrice, et soutint constamment le ministère. Son rôle parlementaire, qui prit fin en 1839, fut d'ailleurs très effacé.

IZARN DE FRAYSSINET. — *Voy.* VALADY (COMTE DE).

IZOARD (JEAN-FRANÇOIS-AUGUSTE), membre de la Convention, député au Conseil des Cinq-Cents, né à Embrun (Hautes-Alpes) le 2 novembre 1765, mort à Embrun le 13 juillet 1840, « fils de monsieur Jean-Baptiste Izoard, conseiller procureur du roy au bailliage d'Embrun, et de dame Agnès Lambert, » était avocat lors de la Révolution. Il devint procureur syndic du district d'Embrun, fut élu député suppléant des Hautes-Alpes à l'Assemblée législative, sans être appelé à y siéger, et, le 4 septembre 1792, membre de la Convention par le même département, le 3e sur 5, « à la pluralité des voix » sur 223 votants. Izoard siégea parmi les modérés, et, dans le procès du roi, répondit au 2e appel nominal : « Je vote pour que la Convention fasse juger Louis par le tribunal criminel des départements. Le décret qu'elle porte ne peut pas m'imposer un devoir que je ne crois pas être dans le cercle de la représentation, ainsi je n'opine pas plus comme juge que comme représentant; et, dans cette position, je crois qu'il importe au salut de la république française que Louis demeure, quant à présent, en état de détention; et dans le cas où la majorité de la Convention croirait devoir le condamner à mort, comme je ne pense pas que nous en ayons le droit, je vote, dans ce cas, pour la ratification du peuple. »

Et au 3e appel nominal : « En décrétant que vous, Convention nationale, jugeriez Louis, vous n'avez pu vouloir le juger de la même manière que les tribunaux ordinaires; vous ne vous êtes constitués juges dans cette affaire

que parce qu'il devait y entrer des considérations qu'un tribunal ordinaire n'aurait pas pu admettre. Ainsi, je fais abstraction du code pénal, puisque vous vous êtes vous-mêmes éloignés des formes ordinaires de la procédure criminelle. J'écarte également les idées de vengeance comme celles de pitié. Une nation ne peut que vouloir son intérêt suivant les règles de la justice. Or l'intérêt de la nation n'est point ici pour la mort. Le mot de ci-*devant* roi est plus humiliant pour les despotes que celui de *roi tué,* et bien plus propre à faire impression sur les peuples, parce qu'il ne blesse aucune idée de moralité. Je vote pour la réclusion pendant la guerre, et pour le bannissement à la paix. » Après le 9 thermidor, il appuya les mesures de réaction. Le 21 vendémiaire an IV, Izoard fut réélu député des Hautes-Alpes au Conseil des Cinq-Cents. Il y présenta un rapport sur les élections de la Guyane française, et quitta l'assemblée en l'an VI. Il devint plus tard « inspecteur du trésor public » à Embrun.

IZOS (JACQUES-FRANÇOIS), député au Conseil des Cinq-Cents, né à Prades (Pyrénées-Orientales) le 29 janvier 1763, mort à une date inconnue, « fils de sieur Joseph Izos, praticien de notaire, et de la demoiselle Thomase Cireau, son épouse, » docteur ès lois et avocat en la cour au conseil souverain de Roussillon avant la Révolution, devint deuxième juge au tribunal de district de Prades, et fut élu, le 21 vendémiaire an IV, député des Pyrénées-Orientales au Conseil des Cinq-Cents, par 52 voix sur 101 votants. Il vota la loi du 3 brumaire an IV, fut des vainqueurs du 18 fructidor, parla sur les élections de la Seine et demanda que les bâtiments de l'archevêché d'Auch fussent mis à la disposition de l'administration du Gers; il fut deux fois élu secrétaire du Conseil. Il adhéra au coup d'État de brumaire, et fut nommé, le 22 germinal an VIII, sous-préfet de Prades.

J

JAC (JACQUES-HIPPOLYTE), député en 1789, membre de la Convention, député au Conseil des Anciens et à celui des Cinq-Cents, né à Quissac (Gard) le 28 juillet 1745, mort en 1816, fils de Jean Jac et de Jeanne Durand, était avocat à Quissac. Elu député du tiers aux Etats-Généraux, le 8 avril 1789, par la sénéchaussée de Montpellier, il appartint obscurément à la majorité réformatrice de l'Assemblée constituante. Le 6 septembre 1792, il fut élu député du Gard à la Convention, le 4e sur 8, par 312 voix (498 votants); il était qualifié alors « propriétaire ». « Je vote pour la mort, dit-il dans le procès du roi; mais je demande que l'on discute ensuite la question du sursis. » Après la session, le même département le renvoya, le 21 vendémiaire an IV, par 179 voix (225 votants), siéger au Conseil des Anciens, dont il fut l'un des secrétaires. Passé, le 25 germinal an VI, au Conseil des Cinq-Cents, avec 139 voix (201 votants), il y obtint sa réélection, toujours comme député du Gard, le 24 germinal an VII. L'année d'après, il rentra dans la vie privée.

JACOB (DOMINIQUE), membre de la Convention, né à Nancy (Meurthe) le 5 janvier 1735, mort à Toul (Meurthe) en 1807, exerça, pendant la Révolution, les fonctions de président du tribunal de district de Toul, et celles de maire de la ville. Elu, le 7 septembre 1792, troisième député suppléant de la Meurthe à la Convention nationale, avec 272 voix (476 votants), il fut admis à siéger dans l'assemblée le 22 juillet 1793, en remplacement de Mollevaut, décrété d'arrestation. Jacob appela l'attention de ses collègues sur la situation de la ville de Toul, qui avait, dit-il, des canons sans affûts; il dénonça les dégâts commis dans les forêts nationales, fit rendre un décret sur les immeubles des comptables soumis à l'hypothèque nationale, et sur les comptes des receveurs des domaines des ci-devant princes français, et présenta un rapport à propos des gratifications des receveurs particuliers. Après la session, il devint juge au tribunal criminel de la Meurthe, et, plus tard, receveur de l'administration des domaines.

JACOB (CLAUDE), membre de la Convention, dates de naissance et de mort inconnues, était procureur-syndic de l'administration de Marcigny (Saône-et-Loire), lorsque ce département le désigna, le 9 septembre 1792, comme second suppléant à la Convention. Jacob fut admis à siéger dans l'assemblée le 26 mai 1793, en remplacement de Guillermin, décédé; mais il n'y resta que peu de temps, et, ayant donné sa démission le 16 septembre, fut remplacé, le 16 vendémiaire an II, par Charles Millard.

JACOB (LOUIS-LÉON), pair de France et ministre, né à Tonnay-Charente (Charente-Inférieure) le 11 novembre 1768, mort à Clichy (Seine) le 14 mars 1854, « fils de Jean Jacob et de Marthe-Elisabeth Juzaud, » entra comme expéditionnaire dans les bureaux de la marine à Rochefort, passa bientôt dans la marine active en qualité d'aspirant volontaire, fit campagne aux Antilles et dans la mer des Indes, devint enseigne en 1793, et fut envoyé à Toulon où il monta le *Ça ira*, comme lieutenant de vaisseau. Les 13 et 14 mars 1795, il soutint valeureusement un combat contre plusieurs navires anglais qui finirent par l'amariner. Emprisonné en Corse, il fut mis en liberté quelque temps après, et fut promu capitaine de frégate pour sa belle conduite. Attaché en 1798 à la division d'Irlande, son navire, *la Bellone*, tomba entre les mains des Anglais qui le retinrent prisonnier. Relâché après la signature de la paix d'Amiens, il prit part à l'expédition de Saint-Domingue en 1802, et, à son retour en France, fut nommé capitaine de vaisseau le 24 septembre 1803, et commandant du fort de Granville. C'est à cette époque qu'il inventa un système de signaux sémaphoriques qui fut immédiatement adopté. Commandant de la marine à Naples en 1806, il assista, le 24 février 1809, au combat des Sables-d'Olonne, qui mit momentanément fin à la croisière anglaise dans cette région; il accompagna l'empereur en inspection à Anvers et à Cherbourg, en 1811, reçut le commandement de l'escadre de l'île d'Aix et des défenses de la côte, qu'il réorganisa, fut nommé contre-amiral le 1er mai 1812 et, en 1814, veilla à la sûreté de Rochefort. Préfet maritime de Lorient durant les Cent-Jours, il fut mis en disponibilité à la seconde Restauration; puis il rentra en grâce et reçut, en 1820, du baron Portal, le commandement de l'escadre qui devait se réunir à Naples. L'année suivante, il fut mis à la tête de la station navale de la Martinique, et devint gouverneur de la Guadeloupe (1823-1826). Nommé à son retour vice-amiral et préfet maritime de Toulon, il s'occupa de l'organisation des flottes expéditionnaires de Morée et d'Algérie, et fut un moment désigné pour commander cette dernière. Après la révolution de juillet, il se rallia au nouveau pouvoir, fut nommé grand-croix de la Légion d'honneur, pair de France (19 novembre 1831), membre du conseil des travaux de la marine, enfin, après la retraite de l'amiral de Rigny, ministre de la Marine, du 19 mai au 9 novembre 1834. Aucune mesure importante ne signala son court passage au ministère, qui lui valut seulement de devenir aide-de-camp de Louis-Philippe. A partir de la révolution de 1848, il vécut fort retiré.

JACOBÉ-NAUROIS (CLAUDE-LOUIS), député au Corps législatif de l'an XI à 1809, né à Langres (Haute-Marne) le 6 juin 1741, mort à Paris le 10 novembre 1819, « fils de Claude-Louis Jacobé d'Ablancourt, écuyer seigneur de Naurois, receveur des gabelles de Langres, et de Louise-Dorothée Collin de Morambert, » était directeur de la manufacture nationale des glaces, établie alors à Paris dans le faubourg Saint-Antoine, et aujourd'hui à Saint-Gobain. Le 9 thermidor an XI, le Sénat conservateur le nomma député de la Seine au Corps législatif. Jacobé-Naurois fit partie de cette assemblée jusqu'en 1809.

JACOBI (JEAN-FRÉDÉRIC), député au Corps législatif de 1810 à 1814, né à Dusseldorf (Prusse Rhénane) le 5 juillet 1765, mort à une date inconnue, « fils de Frédéric-Bernard Jacobi, marchand, demeurant à Dusseldorf, et de Hélène-Elisabeth de Clermont, conjoints, » exerça à Aix-la-Chapelle l'industrie de fabricant de draps. Devenu, en l'an VII, président de l'administration municipale d'Aix-la-Chapelle, il fut nommé, le 3 messidor an VIII, conseiller de préfecture du département de la Roër. Puis le gouvernement français voulut lui confier, en l'an X, la préfecture de l'Ain; mais il la refusa. Jacobi fut encore président (an XI) de l'assemblée cantonale d'Aix-la-Chapelle, et président (an XII) du collège électoral du département de la Roër. Membre de la Légion d'honneur, il dirigea la même année, à Cologne, les travaux du consistoire général de la confession d'Augsbourg, et fut nommé par le Sénat conservateur le 10 août 1810, député de la Roër au Corps législatif. Il resta dans cette assemblée jusqu'aux traités de 1814, qui réduisirent la France à ses anciennes limites.

JACOMET (NICOLAS-DIONIS-JACQUES), député au Conseil des Anciens et au Corps législatif de l'an VIII à 1807, représentant à la Chambre des Cent-Jours, né à Prades (Pyrénées-Orientales) le 3 juin 1757, mort à une date inconnue, « fils du sieur Simon Jacomet, marchand à Prades, et de demoiselle Eulalie Vilar. » fut négociant comme son père, devint maire de Prades, et, le 21 germinal an VI, fut élu député des Pyrénées-Orientales au Conseil des Anciens, d'où il passa, après le coup d'Etat de brumaire, le 4 nivôse an VIII, au nouveau Corps législatif, en vertu d'une décision du Sénat conservateur. Il y représenta, jusqu'en 1807, les Pyrénées-Orientales. Pendant les Cent-Jours, Jacomet fit encore partie de la Chambre des représentants, où l'envoya siéger (15 mai 1815) l'arrondissement de Prades, avec 38 voix (43 votants). Il ne se fit pas remarquer dans ces diverses assemblées.

JACOMIN (JEAN-JACQUES-HIPPOLYTE), membre de la Convention, député au Conseil des Cinq-Cents et au Corps législatif de l'an VIII à 1804, né au Buis (Drôme) le 13 août 1764, mort à Nyons le 31 mars 1843, fut, avant la Révolution, avocat au parlement de Grenoble, puis notaire à Nyons. Lors de la première organisation de la garde nationale (1791), il fut nommé officier, devint, l'année d'après, membre du directoire de la Drôme, le 10 septembre 1792, fut élu membre de la Convention par ce département, le 8e sur 9, avec 261 voix (413 votants). Il opina ordinairement avec la Montagne, et, dans le procès du roi, répondit au 3e appel nominal : « Je vote pour que la peine portée par le code pénal contre les conspirateurs soit appliquée à Louis Capet. » En l'an III, il fit partie du comité de l'approvisionnement de Paris et fut envoyé pour cet objet, au mois de prairial de la même année, en mission dans le département de l'Oise. Il faillit être massacré à Senlis dans une émeute provoquée par la famine. Elu (22 vendémiaire an IV) député de la Drôme au Conseil des Cinq-Cents, par 95 voix (213 votants), il s'y maintint jusqu'en l'an VIII, après avoir été réélu, le 23 germinal an VI, par 157 voix (218 votants); il fut secrétaire de cette assemblée qui le compta parmi ses membres les plus fermement attachés aux institutions républicaines, et prit une part active à la journée du 18 fructidor, pendant laquelle il fut nommé membre de la commission dite des inspecteurs, chargée de veiller au salut public. Plusieurs fois il parut à la tribune pour dénoncer des hommes qu'il considérait comme contre-révolutionnaires. Cependant son attitude favorable au coup d'Etat de brumaire lui valut d'être inscrit, le 4 nivôse an VIII, par le Sénat conservateur, sur la liste des membres du nouveau Corps législatif; il y représenta la Drôme jusqu'en 1804. De cette époque (5 germinal an XII) à 1815, il occupa l'emploi de directeur des droits réunis à Besançon. La loi du 12 janvier 1816 l'obligea à s'expatrier, mais il revint mourir dans son pays natal.

JACOPIN (JEAN-BAPTISTE), député au Corps législatif en l'an X, né à Brioude (Haute Loire) le 20 octobre 1755, mort à Epinal (Vosges) à une date inconnue, était, en 1792, lieutenant au 6e bataillon de la Meurthe; il se distingua aux opérations de la Sarre, fut adjoint à l'état-major de l'armée de la Moselle, et conquit le grade de général de brigade le 21 nivôse an II. Blessé près de Sarrebourg, et à peine en convalescence, il dut se rendre à l'armée de Sambre-et-Meuse, où il assista aux deux batailles de Fleurus. A la première (28 prairial an II), il couvrit la retraite du général Lefebvre; à la seconde (8 messidor), il contint l'infanterie autrichienne et permit à Jourdan de remporter la victoire. En l'an III, Jourdan le chargea de protéger le passage du Rhin (15 fructidor) et, en l'an IV, celui de la Sieg (12 prairial). Jacopin se distingua encore au combat de Friedberg (22 messidor) et à Amberg (3 fructidor), où il chargea les troupes de Kray avec une rare audace. En l'an VIII, commandant l'avant-garde de Thurot, dans le Valais, il eut à pourvoir à la subsistance et à la sécurité des troupes au milieu d'un pays ruiné, et se tira heureusement de cette tâche difficile, grâce à son humanité et à sa prudence. Peu après, lors de la marche en avant de l'armée française à travers la Suisse, il fut blessé à Velchingen. Très dévoué au premier consul, il fut élu par le Sénat conservateur député de la Meurthe au Corps législatif, le 6 germinal an X, devint secrétaire, puis questeur de cette assemblée, fut nommé membre de la Légion d'honneur le 4 frimaire an XII, et commandeur le 25 prairial suivant, reçut, en 1805, le commandement de l'armée de réserve du Rhin, et, mis à la retraite en 1811, mourut fort peu de temps après.

JACOTIN (BALTHAZAR), sénateur de 1876 à 1878, né à Roanne (Loire) le 11 janvier 1813, occupa pendant vingt-six ans au Puy une charge d'avoué, qu'il vendit en 1869. Il devint alors juge au tribunal du Puy. Après le 4 septembre 1870, il fut nommé conseiller général, puis il se présenta aux élections sénatoriales du 30 janvier 1876, comme candidat constitutionnel rallié au gouvernement

républicain, et fut élu sénateur de la Haute Loire par 174 voix (323 votants), contre 154 à M. de Flaghac. Il siégea au centre gauche, se prononça (1877) contre la dissolution de la Chambre des députés, et soutint le ministère Dufaure. A la suite d'un incident fâcheux, à une table de jeu du casino de Vichy, pendant l'été de 1878, il fut obligé par le ministre de la justice de se démettre de ses fonctions judiciaires, et résigna peu après son mandat de sénateur (septembre 1878).

JACOTOT (JEAN-JOSEPH), représentant à la Chambre des Cent-Jours, né à Dijon (Côte-d'Or) le 4 mars 1770, mort à Paris le 30 juillet 1840, « fils de Henri Jacotot, marchand boucher à Dijon, et de Claudine Tardy, » l'aîné de onze enfants, fit ses études dans sa ville natale, où ses maîtres le considérèrent comme un élève indiscipliné, devint à 19 ans professeur d'humanités au collège, puis se fit recevoir docteur ès lettres. Il étudia aussi le droit et les mathématiques. En 1788, il organisa la fédération de la jeunesse dijonnaise sur le modèle de celle de Bretagne pour la défense des idées nouvelles, fut nommé capitaine de la compagnie d'artillerie de la Côte-d'Or qui se signala en 1792 par son ardeur patriotique, fut envoyé à l'armée du Nord, prit part à la campagne de Belgique, se distingua au siège de Maëstricht et à Nerwinden, et fut rappelé à Paris pour suppléer Fourcroy au bureau des poudres et salpêtres. Il devint secrétaire de la commission du mouvement des armées et substitut du directeur de l'Ecole polytechnique. Lors de la création des écoles centrales, il retourna à Dijon, comme professeur de « méthode de sciences » à la 1re, et de langues anciennes à la 2e. Quand ces écoles furent remplacées par des lycées, il devint professeur de mathématiques au lycée de Dijon. Il commençait déjà à appliquer sa méthode d'enseignement, qui consistait à énoncer le titre et les divisions du sujet à traiter, puis à laisser aux élèves toute liberté pour les exposer et les critiquer. Recteur de l'académie de Dijon (24 avril 1809), il fut arrêté, avec quelques patriotes dijonnais, au moment de l'invasion, par les ordres du prince de Hesse-Hombourg, qui voulait tenir à sa disposition des otages garantissant la tranquillité des habitants de la Côte-d'Or. Elu représentant à la Chambre des Cent-Jours, par le collège de département de la Côte-d'Or, avec 48 voix sur 85 votants, le 9 mai 1815, Jacotot fut de ceux qui soutinrent l'empire constitutionnel. Rapporteur de la commission qui avait à examiner le projet d'adresse présenté par Manuel, il fit voter en faveur de Napoléon II. Destitué à la Restauration, sa liberté et sa vie furent en péril quand survint la Terreur blanche. Il se retira en Belgique, à Mons, puis à Bruxelles, et, sur 'a recommandation d'Arnault, fut nommé par Falk professeur de langue française à l'Université catholique de Louvain, le 15 octobre 1818, puis directeur de l'Ecole normale militaire en Belgique. C'est là qu'il appliqua sa méthode, fruit, disait-il, d'une longue expérience. Suivant lui, l'homme en général pèche par l'attention ou la mémoire bien plutôt que par l'intelligence. Il conseillait donc à ses élèves la répétition quotidienne et la vérification de ce qui avait été appris. Le succès de cette méthode ne tarda pas à s'affirmer; un certain nombre d'institutions, en Belgique, à Paris, à Lyon, à Londres et jusqu'en Russie, en adoptèrent les principes et servirent à la populariser. Après la révolution de 1830, Jacotot revint en France; il séjourna quelques années à Valenciennes, près de la famille de sa femme, puis, en 1838, s'installa à Paris, où il mourut. Ses principaux ouvrages sont : *Enseignement universel : langue maternelle, langue étrangère, musique, dessin, peinture, mathématiques: Droit et philosophie panécastiques* (1818-1837). Presque tous ces ouvrages publiés à Louvain, sauf le dernier paru à Paris, ont eu plusieurs éditions et ont été traduits en différentes langues. Ses *Mélanges posthumes* furent édités à Paris en 1841. L'étude et la critique de sa méthode d'ens ignement ont donné lieu à un grand nombre de publications.

JACQUELOT. — *Voy.* CHANTEMERLE (DE).

JACQUEMARD (CLAUDE), député en 1789, né à Vaucouleurs (Meuse) le 1er avril 1739, mort au château de Schwannau (Bavière) le 5 janvier 1796, fit ses études à Paris, où il devint professeur de philosophie, alla ensuite au collège de la Flèche enseigner les mathématiques, et, en 1753, fut nommé par M. de Lorry au riche prieuré de Brissarthe (Maine-et-Loire). C'est en cette qualité qu'il fut élu député suppléant du clergé aux Etats-Généraux par la sénéchaussée d'Anjou, le 27 mars 1789. Admis à siéger en remplacement de M. Chatizel démissionnaire, le 19 avril 1790, au moment où il venait de publier : *Adresse sans fadeur à l'Assemblée nationale*, il vota pour l'augmentation du traitement des curés de campagne (juin 1790), en disant que « le bonheur pour le prêtre n'est pas possible sans les faveurs de la fortune », combattit la réunion du comtat Venaissin à la France et la constitution civile du clergé. Ayant refusé de prêter le serment civique, il passa en Allemagne où il mourut, directeur d'un journal littéraire assez estimé. Un biographe lui attribue une pièce licencieuse intitulée : *Bouquet à Lucrèce*.

JACQUEMART (EUGÈNE-ALFRED), député depuis 1885, né à la Neuville-aux-Tourneurs (Ardennes) le 3 octobre 1836, fit ses études à Paris et se consacra à l'enseignement scientifique. Professeur à Paris, il fit de nombreuses conférences scientifiques dans la capitale et dans son département d'origine, prit part à la propagande républicaine contre le plébiscite (1870), et s'engagea au moment de la guerre dans les volontaires de Schœlcher. Lié avec les républicains dont il avait soutenu les candidatures à Paris à la fin de l'Empire, notamment comme membre du comité Ferry (1869), et nommé depuis 1873 inspecteur de l'enseignement primaire, il se présenta à la députation le 22 août 1880, comme candidat républicain dans l'arrondissement de Mézières, à l'élection partielle destinée à pourvoir au remplacement de M. Gailly, nommé sénateur; il échoua avec 5,103 voix et se désista, au second tour, en faveur de M. Corneau, qui fut élu. Il fut plus heureux aux élections générales d'octobre 1885 ; porté sur la liste radicale des Ardennes, il fut élu au second tour (18 octobre), le 4e sur 5, par 41,741 voix sur 76,120 votants et 87,811 inscrits. Il se fit inscrire à la gauche radicale, dont il devint secrétaire, questionna (juin 1887) le ministre de l'Instruction publique et des Cultes sur la présence dans les départements frontières d'un certain nombre de prêtres étrangers à qui les évêques confiaient le service des paroisses, et, lors de l'incident Béral (V. *ce nom*), déposa (5 novembre 1888) une proposition pour exiger du gouvernement la publication à l'*Officiel* de l'état des pensions civiles supérieures à 3,000 francs. Cette motion fut renvoyée à une commission. M. Jacquemart a voté le plus souvent avec l'extrême-gauche, notamment *pour* l'expulsion des princes, et s'est prononcé en dernier lieu *contre* le rétablissement du scrutin d'arrondissement (11 février 1889), *contre* l'ajournement indéfini de la révision de la Constitution, *pour* les poursuites contre trois députés membres de la Ligue des patriotes, *contre* le projet de loi Lisbonne restrictif de la liberté de la presse, *pour* les poursuites contre le général Boulanger. M. Jacquemart est gendre de M. Boysset, député de Saône-et-Loire. Officier de l'Instruction publique. On a de lui un certain nombre de traités scientifiques, et notamment la partie traitant de la chimie dans le *Dictionnaire pédagogique* paru chez Hachette.

JACQUEMINOT (JEAN-IGNACE-JACQUES), COMTE DE HAM, député au Conseil des Cinq-Cents, membre du Sénat conservateur, né à Naives (Meuse) le 14 janvier 1754, mort à Paris le 13 juin 1813, avocat dans sa ville natale, alla s'établir à Nancy au moment de la Révolution. Bien que fort ardent à défendre les idées nouvelles, il prit en main la cause du général Malseigne envoyé à Nancy pour réprimer la révolte militaire et que les soldats voulaient massacrer. Après la Terreur, au cours de laquelle il fut inquiété, il fut élu, le 23 germinal an V, député de la Meurthe au Conseil des Cinq-Cents, par 173 voix sur 188 votants. Il se déclara partisan du Directoire, approuva le 18 fructidor et les mesures contre la liberté de la presse, et se rallia avec non moins d'empressement au 18 brumaire; il fit partie, le 19, de la Commission intermédiaire des Cinq-Cents, et, le 4 nivôse suivant, devint membre du Sénat conservateur. Il obtint en 1807 la sénatorerie du département du Nord. Membre de la Légion d'honneur du 9 vendémiaire an XII, commandeur du 25 prairial, il fut créé par l'empereur comte de Ham le 26 avril 1808. A sa mort, Napoléon le fit inhumer au Panthéon.

JACQUEMINOT (JEAN-FRANÇOIS), VICOMTE DE HAM, député de 1826 à 1848 et pair de France, né à Nancy (Meurthe) le 23 mai 1787, mort à Meudon (Seine-et-Oise) le 3 mars 1865, fils du précédent et de « dame Marie-Claire Dumaire, son épouse », entra à l'Ecole militaire en 1803. Sorti sous-lieutenant de dragons, il se distingua à Austerlitz, fut fait chevalier de la Légion d'honneur à Iéna, et passa capitaine à l'état-major d'Oudinot, dont il devint bientôt l'aide-de-camp ; colonel, blessé à Essling, il assista à la bataille de Wagram, fit la campagne de Russie, couvrit héroïquement le passage de la Bérézina, et, après Bautzen, fut nommé officier de la Légion d'honneur. La première Restauration le mit en non-activité. Mais, au retour de l'île d'Elbe, il reçut le commandement d'un régiment de lanciers qui chargea plusieurs fois aux Quatre-Bras. Après Waterloo, il dut reconduire la brigade Wathier à Murat, et brisa son épée pour ne pas assister au licenciement de l'armée. Enfermé pendant un mois à l'Abbaye, en compagnie de Drouot, de Belliard et du colonel Moncey, il se retira ensuite à Bar-le-Duc, où il fonda une filature, dans laquelle il plaça de vieux soldats de la République et de l'Empire. Elu, le 21 août 1828, au collège de département, député des Vosges, par 159 voix (262 votants, 303 inscrits), il vota l'adresse des 221, fut réélu, le 23 juin 1830, par 180 voix (264 votants), demanda le renvoi des gardes-suisses, et devint secrétaire de la Chambre. Aux journées de juillet, il combina avec le général Pajol l'expédition de Rambouillet qui força Charles X à quitter la France. Partisan de la nouvelle monarchie, il fut nommé, après la retraite de La Fayette, maréchal-de-camp et chef d'état-major de la garde nationale parisienne. Successivement élu député : dans le 1er collège des Vosges, le 5 juillet 1831, avec 91 voix (155 votants, 183 inscrits); le 21 juin 1834, dans le 1er arrondissement de Paris, par 587 voix (863 votants, 1220 inscrits), contre 188 à M. Dupont de l'Eure ; le 4 novembre 1837, par 673 voix (1,074 votants, 1,410 inscrits), contre 346 au général Bachelu, le 2 mars 1839, par 827 voix (1,334 votants); le 9 juillet 1842, par 689 voix (1.253 votants), contre 438 à M. Odilon Barrot, il appuya la proposition de Tracy et la loi sur la garde nationale (1836), devint vice-président de la Chambre, défendit la politique ministérielle, combattit la coalition et refusa de soutenir le cabinet Thiers du 1er mars 1840 sur la question d'Orient. Maréchal-de-camp du 2 mars 1831, chef d'état-major de la garde nationale de Paris, lieutenant-général du 24 août 1837, il devint, en 1842, à la retraite du maréchal Gérard, commandant supérieur de la garde nationale de la Seine, grand-croix de la Légion d'honneur le 1er janvier 1845, enfin pair de France le 27 juin 1846. C'est lui qui fit voter la loi qui rendit l'uniforme obligatoire pour tous les gardes nationaux. Lors des événements de février 1848, il ne sut point tirer parti des gardes nationaux qui, mécontents, empêchèrent l'action des troupes de ligne. Son hôtel fut pillé et une quantité considérable de bons du Trésor lui appartenant disparut. Mis à la retraite en avril 1848, il fut rétabli, l'année suivante, dans ses droits par un décret de l'Assemblée législative : mais, fidèle à la monarchie déchue, il resta éloigné des affaires publiques. L'Empire l'avait créé baron, et Louis-Philippe vicomte.

JACQUEMINOT (JEAN-BAPTISTE-FRANÇOIS), COMTE DE HAM, pair de France, né à Nancy (Meurthe) le 3 octobre 1781, mort à la Poterie (Loiret) le 10 juin 1861, frère du précédent, entra en 1799 dans l'administration militaire comme élève commissaire des guerres, fit les campagnes d'Italie en 1799, d'Allemagne en 1805, 1806 et 1809, de Russie en 1812, de France en 1814, et devint ordonnateur des guerres. Intendant militaire lors de la réorganisation de 1817, grand-officier de la Légion d'honneur en service ordinaire, il fut mis à la retraite, le 26 juin 1831, comme intendant, et resta néanmoins attaché à la garde nationale de Paris jusqu'en 1842. Nommé pair de France le 7 novembre 1832, il prit part aux discussions sur les majorats, sur la Légion d'honneur, sur l'organisation du service de l'état-major et sur le recrutement de l'armée. A la révolution de février, il fut relevé de ses fonctions de conseiller d'Etat, et rentra dans la vie privée.

JACQUEMONT (FRÉDÉRIC-FRANÇOIS-VENCESLAS), membre du Tribunat, né à Hesdin (Pas-de-Calais) le 28 septembre 1757, mort à Paris le 9 novembre 1836, s'appelait avant la Révolution JACQUEMONT DE MOREAU ; il renonça à la seconde partie de son nom après la nuit du 4 août. Le 4 nivôse an VIII, à la création du Tribunat, il fut nommé par le premier consul membre de cette assemblée, où il prit la parole dans plusieurs discussions. A la suppression du Tribu-

nat, il devint directeur général de l'Instruction publique, qui était alors un service dépendant du ministère de l'Intérieur. Mais son nom ayant figuré sur la liste des membres du gouvernement provisoire préparé par le général Malet, il fut exilé par ordre de l'empereur après l'échec de la conspiration. Le retour des Bourbons lui permit de rentrer en France. Membre de l'Institut et de plusieurs sociétés savantes, il se tint désormais à l'écart de la politique jusqu'à sa mort. Son petit-fils est aujourd'hui sous-préfet de Semur.

JACQUES (REMY), représentant en 1871, député de 1876 à 1882, membre du Sénat, né à Breteuil (Oise) le 17 janvier 1817, s'inscrivit, ses études de droit terminées, au barreau d'Oran, où il se fit une situation assez importante. Républicain, il fut candidat pour la première fois dans le département d'Oran, le 17 février 1871, aux élections pour l'Assemblée nationale, et il échoua avec 2,175 voix (10,167 inscrits). La démission de M. Audrien et l'option de Gambetta pour un autre collège, en déterminant deux vacances dans la représentation algérienne, fournirent à M. Jacques une occasion nouvelle dont il profita pour se faire élire, le 12 juillet de la même année, le 2e et dernier, avec 2.288 voix sur 7,193 votants et 10,960 inscrits. L'élection fut annulée par la majorité de l'assemblée pour cause d'irrégularités dans le recensement des votes. M. Jacques, obligé de solliciter la confirmation de son mandat, l'obtint définitivement le 7 janvier 1872. Membre du groupe de l'Union républicaine, il se prononça : pour le retour de l'Assemblée à Paris, contre la démission de Thiers au 24 mai, pour la dissolution, contre le septennat, contre l'état de siège, contre la loi des maires, contre le ministère de Broglie, pour les amendements Wallon et Pascal Duprat et pour l'ensemble de la Constitution. Après avoir refusé la candidature au Sénat, il revint à la Chambre, élu, le 20 février 1876, député d'Oran, par 5,638 voix (6,245 votants, 11,147 inscrits), contre 184 voix à M. Debrousse. Il prit place à gauche et fit partie de la commission du budget. Adversaire du gouvernement du Seize-Mai, il vota avec les 363, et fut réélu sans concurrent, le 14 octobre 1877, par 7,772 voix (8,212 votants, 13,324 inscrits). Dès lors, M. Jacques s'associa aux principaux votes de la majorité opportuniste : pour l'invalidation de l'élection Blanqui, pour l'article 7 de la loi sur l'enseignement supérieur, pour les lois nouvelles sur la presse et le droit de réunion, etc. En juin 1881, il parla sur l'insurrection du Sud-Oranais, attaqua le gouverneur général de la colonie, M. Albert Grévy, et dit « qu'il fallait débarrasser l'Algérie d'un homme qui avait à tout jamais perdu sa confiance ». Les élections générales du 21 août 1881 le renvoyèrent à la Chambre comme député de la 2e circonscription d'Oran, avec 3,281 voix (5,249 votants, 8,904 inscrits). Il prêta son concours aux débuts du ministère Gambetta, et quitta, le 8 janvier 1882, le Palais-Bourbon pour le Luxembourg. Elu sénateur d'Oran par 70 voix (76 votants), M. Jacques suivit la même ligne politique que précédemment, et intervint plusieurs fois dans les débats spéciaux intéressant la colonie. Il vota : pour la réforme du personnel judiciaire, pour les crédits de l'expédition du Tonkin, pour le divorce, pour l'expulsion des princes, pour la nouvelle loi militaire et, en dernier lieu, pour le rétablissement du scrutin d'arrondissement (13 février 1889), pour le projet de loi Lisbonne restrictif de la liberté de la presse, *pour* la procédure à suivre devant le Sénat contre le général Boulanger.

JACQUES-PALOTTE (JEAN-AUGUSTIN), député de 1846 à 1848, né à Poilly (Yonne) le 29 mars 1801, mort le 3 avril 1884, étudia le droit, puis débuta dans la magistrature (1828) comme procureur du roi à Tonnerre. De douloureux événements domestiques le mirent dans la nécessité de quitter cette carrière pour entrer dans l'industrie métallurgique. Propriétaire et maître de forges à Serrigny (Yonne), il fut nommé en 1834 conseiller général du département. Après une première tentative infructueuse, le 9 juillet 1842, comme candidat à la députation dans le 5e collège de l'Yonne (Tonnerre), où il obtint 85 voix contre 157 à M. Baumes, député sortant, réélu, M. Jacques-Palotte fut plus heureux le 1er août 1846, dans la même circonscription, dont il devint député par 145 voix (270 votants, 305 inscrits), contre 123 au député sortant. Il vota avec le tiers parti, observa, durant la session de 1847, une attitude intermédiaire entre la majorité et l'opposition, et se rapprocha du pouvoir à la veille des événements de février 1848, qui le rendirent à la vie privée.

JACQUES-PALOTTE (EMILE-CHARLES-AUGUSTE), représentant à l'Assemblée nationale de 1871, sénateur de 1876 à 1884, fils du précédent, né à Tonnerre (Yonne) le 28 août 1830, mort le 20 juillet 1885, fut élève de l'Ecole centrale, en sortit ingénieur civil, et dirigea les forges de Commentry, puis la Société des houillères d'Ahun (Creuse). Porté sur une liste républicaine modérée dans la Creuse aux élections du 8 février 1871, M. Jacques-Palotte fut élu représentant de ce département, le 5e et dernier, par 26,590 voix (50,111 votants, 80,083 inscrits). Inscrit aux groupes du centre gauche et de la gauche républicaine, il soutint la politique de Thiers, vota *pour* la paix, *contre* le pouvoir constituant, *contre* la chute de Thiers au 24 mai, *contre* le septennat, l'état de siège, la loi des maires, etc. ; *pour* l'amendement Wallon et *pour* l'ensemble des lois constitutionnelles. Le 30 janvier 1876, il fut élu sénateur de la Creuse par les républicains, avec 194 voix (328 votants). Il prit place à gauche, vota avec la minorité *contre* la demande de dissolution de la Chambre présentée par M. de Broglie, soutint le ministère Dufaure, se prononça *pour* l'article 7, *pour* les lois nouvelles sur la presse et le droit de réunion, etc. S'étant trouvé compromis dans de fâcheuses entreprises financières, il fut obligé de donner sa démission de sénateur (3 avril 1884).

JACQUIER (LOUIS-MICHEL), député au Conseil des Cinq-Cents, né à Villeraure (Vaucluse) le 28 mars 1741, mort à une date inconnue, homme de loi dans son pays natal, fut élu, le 23 vendémiaire an IV, député de Vaucluse au Conseil des Cinq-Cents, par 99 voix (186 votants). Il en sortit en l'an VII, sans s'être recommandé à l'attention par aucun acte important.

JACQUIER (JEAN-LOUIS), député de 1885 à 1889, né à Belfort (Haut-Rhin) le 26 octobre 1835, fut appelé au service militaire par la conscription en 1856, fit la campagne d'Italie, et, après sa libération, entra dans les ateliers de construction de la compagnie des chemins de fer de Paris-Lyon-Méditerranée établis à Lyon et à Oullins. En même temps, il s'essayait au journalisme politique dans les feuilles de l'opposition. Il fut un des organisateurs de la manifestation contre l'Empire qui eut lieu, le 24 février 1870, à l'Alcazar de Lyon, et il prit une part active au mouvement démocratique. Pendant la guerre de 1870-71, il fut capitaine de la garde nationale lyonnaise. Conseiller municipal de Sainte-Foy-lez-Lyon dès cette époque, il devint adjoint, puis maire de cette commune, et plus tard conseiller municipal de la Mulatière. Sous l'administration du préfet Ducros (1874), M. Jacquier dut quitter Lyon pendant deux ans. A son retour, il fit partie du comité central qui tenait ses séances rue Grolée, et patronna en cette qualité diverses candidatures radicales. Converti à l'opportunisme, M. Jacquier fut inscrit, le 4 octobre 1885, sur la liste du « Comité central », et devint député du Rhône, le 11e et dernier, par 85,988 voix sur 136,430 votants et 178,887 inscrits. Il vota avec la majorité de la Chambre, *pour* l'expulsion des princes, soutint les ministères Rouvier et Tirard, et, en dernier lieu, s'abstint sur le rétablissement du scrutin d'arrondissement (11 février 1889), et se prononça *contre* l'ajournement indéfini de la revision de la Constitution, *pour* les poursuites contre trois députés membres de la Ligue des patriotes, *pour* le projet de loi Lisbonne restrictif de la liberté de la presse, *pour* les poursuites contre le général Boulanger.

JACQUIER DE TERREBASSE (PIERRE-LOUIS-ÉLISABETH-ALFRED), député de 1834 à 1842, né à Lyon (Rhône) le 16 décembre 1801, mort au château de Terrebasse (Isère) le 18 décembre 1871, propriétaire, maire de Ville-sous-Anjou (Isère), membre du conseil d'arrondissement de Vienne, fut successivement élu député par le 4e collège de l'Isère (Vienne) : le 21 juin 1834, avec 109 voix (153 votants, 322 inscrits) ; le 4 novembre 1837, avec 164 voix (271 votants, 361 inscrits) ; le 2 mars 1839, avec 171 voix (264 votants, 372 inscrits). Il échoua le 9 juillet 1842, avec 93 voix contre 176 à l'élu, M. Bert. Il avait fait partie de la majorité ministérielle, et s'occupait aussi de littérature.

JACQUIER-ROSÉE (ANTOINE-LAURENT DE), député au Corps législatif de l'an XI à 1808, né à Anthée (Belgique) le 24 mars 1747, mort au château d'Anthée le 30 septembre 1826, « fils de très noble, très illustre et très généreux seigneur Messire Laurent-Pierre-Antoine-Joseph, baron de Jacquier-Rosée, seigneur de Fontaine, du ban d'Anthée, Flavian, Goesnée, Dave, Rosée et autres lieux, pair de Hierge, et de dame Louise-Françoise de Pinterville de Moncetz, » était maître de forges dans son pays natal, et l'un des notables de la région. Il fut désigné, le 9 thermidor an XI, par le Sénat conservateur, pour représenter au Corps législatif le département de Sambre-et-Meuse, formé du comté de Namur et d'une partie du grand-duché de Luxembourg. Il siégea jusqu'en 1808 dans cette assemblée.

JACQUINOT (CHARLES-CLAUDE, BARON), pair de France, né à Melun (Seine-et-Marne) le 3 mars 1772, mort à Metz (Moselle) le 24 avril 1848, « fils de Nicolas Jacquinot, contrôleur des aides, et de Jeanne-Rosalie Delacroix, sa femme, » fut élevé à l'Ecole militaire de Pont-à-Mousson, partit, en 1791, comme lieutenant au premier bataillon de la Meurthe, assista à Valmy, à Jemmapes, à Fleurus, aux passages de la Roër et du Rhin, à la victoire d'Hohenlinden, et fut plusieurs fois blessé. Grand-officier de la Légion d'honneur du 15 prairial an XII, il était major à Austerlitz, et aide-de-camp de Duroc; colonel du 11ᵉ chasseurs à cheval, il fut blessé à Iéna, et se battit à Pultusk et à Eylau. Créé baron de l'Empire le 26 octobre 1808, général de brigade en 1809, il fut nommé gouverneur de Custrin après Wagram, fit la campagne de Russie, reçut une blessure à Dennewitz, devint général de division à Leipsig, et, durant la campagne de France, se distingua particulièrement à Bar-sur-Aube et à Saint-Dizier. En 1814, on l'envoya à Vienne, pour hâter la mise en liberté des prisonniers de guerre. A Waterloo, il chargea la cavalerie anglaise et, à la tête de ses régiments décimés, couvrit la retraite. Chevalier de Saint-Louis à la deuxième Restauration, il fut nommé inspecteur de cavalerie. En 1833 et 1834, il dirigea des camps d'instruction, et, de 1835 à 1837, commanda la 3ᵉ division militaire. Pair de France le 3 octobre 1837, grand-croix de la Légion d'honneur le 14 avril 1814, il fut mis à la retraite comme général de division le 30 mai 1848.

JACQUINOT DE PAMPELUNE (Claude-Joseph François-Catherine), député de 1816 à 1835, né à Dijon (Côte-d'Or) le 17 mars 1771, mort à Paris le 6 juillet 1835, était avocat au moment de la Révolution, et acquit de la réputation en plaidant devant le tribunal criminel de la Côte-d'Or et devant les commissions militaires. Il épousa la fille du marquis de Genouilly de Pampelune, dont il fut autorisé plus tard à adjoindre le nom au sien. Par la protection de Maret, duc de Bassano, il devint avocat général à la cour impériale de Dijon en 1811, puis procureur général à la Haye, où il eut à appliquer la nouvelle législation française; il fut nommé, après l'occupation des Pays-Bas par les alliés, procureur général à Colmar, mais, en raison des événements, n'occupa point ce siège. Malgré le dévouement qu'il avait affiché pour l'empereur, et bien qu'il eût été désigné, aux Cent-Jours, pour les fonctions de premier président de la cour de Colmar, il se rallia aux Bourbons, qui le nommèrent maître des requêtes, président du collège électoral de l'Yonne, et procureur du roi au tribunal de première instance de Paris. Il prit part en cette qualité aux procès politiques de l'époque, notamment à celui des conspirateurs du 19 août 1821, fit exercer des poursuites contre la Quotidienne, et acquit dans ces fonctions une impopularité qui le désigna aux attaques de la presse libérale et le fit chansonner par Béranger. Procureur général à la cour royale de Paris (12 juillet 1826), conseiller d'État, il siégeait à la Chambre depuis quelques années déjà, ayant été élu député, le 4 octobre 1816, par le collège de département de l'Yonne, avec 140 voix (190 votants, 238 inscrits), et réélu successivement, le 1ᵉʳ octobre 1821, par le 3ᵉ arrondissement électoral de l'Yonne (Avallon) avec 136 voix (182 votants, 230 inscrits); le 25 février 1824, par 166 voix (187 votants); le 17 novembre 1827, par 97 voix (183 votants), 224 inscrits) contre 82 à M. Raudot, et le 12 juillet 1830; par 111 voix (221 votants, 249 inscrits). Durant ces législatures, il parla en faveur des cours prévôtales et pour la loi sur la presse, déclarant que la Chambre devait être libre d'accorder ou de refuser des défenseurs à ceux qui n'auraient recours à B. Constant et du général Foy. Il défendit aussi la loi sur l'indemnité des émigrés, et, en 1829, soutint de-

vant la Chambre des pairs, en qualité de commissaire du roi, le projet de loi sur les crimes et délits de l'armée et celui relatif à la contrainte par corps. A la Chambre des députés, il parla sur l'organisation des tribunaux militaires, et fit partie de la commission qui dut s'occuper de la suppression des juges et des conseillers auditeurs. Aux élections du 5 juillet 1831, il n'obtint que 9 voix contre 150 à l'élu, M. Noël Desvergers, dans le 5ᵉ collège de l'Yonne (Tonnerre); il fut cependant élu dans ce même collège, le 21 juin 1834, avec 87 voix (170 votants, 194 inscrits), contre 83 à M. Rétif. Il ne parut à la tribune que pour proposer un amendement au projet de loi relatif à la responsabilité des ministres et soutint toujours le pouvoir de ses votes. Mis à la retraite comme procureur général le 31 août 1832, il mourut en juillet 1835, et fut remplacé le 14 août suivant par M. Rétif. Officier de la Légion d'honneur.

JACQUOT. — Voy. Andelarre (d').

JACQUOT DE MERCEY (Marcel-Thérèse-Léon), député de 1827 à 1828, né à Besançon (Doubs) le 9 mars 1778, mort à Besançon le 1ᵉʳ novembre 1861, était avocat dans cette ville, lorsqu'il fut élu, le 17 novembre 1827, député du 2ᵉ arrondissement du Doubs (Besançon), par 155 voix sur 286 votants, 323 inscrits, contre 125 à M. de Bourgon. Démissionnaire presque aussitôt, il fut remplacé, en avril 1828, par M. Jobez, qui, mort la même année, fut remplacé à son tour, à la fin de 1828, par son neveu, M. Gréa.

JAFFARD (François-Justin), représentant en 1849, né à Espagnac (Corrèze) le 27 octobre 1791, mort à une date inconnue, étudia le droit et s'établit avocat à Mende. D'opinions conservatrices, il fut élu, le 13 mai 1849, représentant de la Lozère à l'Assemblée législative, le 2ᵉ sur 3, par 10,056 voix (27,377 votants, 39,551 inscrits). Il siégea à droite, et, avec la majorité, se prononça : pour l'expédition de Rome, pour la loi Falloux-Parien sur l'enseignement, pour la loi du 31 mai restrictive du suffrage universel, etc. M. Jaffard rentra dans la vie privée en 1851.

JAFFRÉ (Jean), représentant en 1871, né à Kerviguac (Morbihan) le 29 septembre 1819, était recteur de la paroisse de Guidel, dans l'arrondissement de Lorient, lorsqu'il fut élu, le 8 février 1871, comme conservateur royaliste, représentant du Morbihan à l'Assemblée nationale, le 9ᵉ sur 10, par 54,487 voix (72,309 votants, 119,710 inscrits). Ce fut, avec M. Dupanloup, le seul ecclésiastique de l'Assemblée. Inscrit à la réunion des Réservoirs, il siégea à droite, fut des 94 signataires de la motion contre l'exil des Bourbons, et, sans paraître à la tribune, vota constamment avec les monarchistes : pour la paix, pour les prières publiques, pour l'abrogation des lois d'exil, pour le pouvoir constituant, contre le retour de l'Assemblée à Paris, pour la chute de Thiers au 24 mai, pour l'état de siège, pour la loi des maires, contre le ministère de Broglie (1874), contre les amendements Wallon et Pascal Duprat, contre les lois constitutionnelles. Il n'a pas fait partie d'autres assemblées.

JAGOT (Grégoire-Marie), député en 1791 et membre de la Convention, né à Nantua (Ain) le 21 mai 1750, mort à Toul (Meurthe) le 22 janvier 1838, était juge de paix dans sa ville natale,

Elu, le 1er septembre 1791, député de l'Ain à l'Assemblée législative, le 5e sur 6, par 208 voix (330 votants), il fit partie de la majorité et vota avec les plus ardents. Il fit de même à la Convention, où le département de l'Ain le renvoya siéger, le 5 septembre 1792, le 4e sur 6, avec 291 voix (365 votants). Envoyé en mission en Savoie, avec Hérault de Séchelles et Simond. en septembre 1792, pour y organiser le département du Mont-Blanc, il était absent lors du jugement de Louis XVI, et ne put voter; mais il écrivit que. « convaincu des crimes de Louis, il prononçait sa condamnation. » A son retour, il devint secrétaire de la Convention, et fut membre du comité de sûreté générale, jusqu'au jour où une dénonciation de son collègue Merlino (de l'Ain) l'en fit exclure; son attachement au parti jacobin lui valut d'être, après le 9 thermidor, décrété d'arrestation par la nouvelle majorité. On avait trouvé dans les papiers du comité de la section de Guillaume Tell une lettre signée Amar et Jagot, dans laquelle ces deux députés s'exprimaient ainsi : — « Vous oubliez, citoyens, en nous envoyant la liste des individus que vous mettez en état d'arrestation, de mettre en marge, et à côté de leur nom, la quotité de leur fortune. Cet oubli est très préjudiciable à la chose publique; il met les juges dans l'impossibilité d'asseoir leur jugement. » De plus, à la suite des troubles de germinal an III, de nouvelles accusations parvinrent contre lui. Emprisonné le 2 juin 1795, il fut rendu à la liberté par l'amnistie de l'an IV (octobre 1795), se retira à Toul (Meurthe), et y vécut dans la retraite jusqu'à sa mort.

JAHAN (Jean-Baptiste), député en 1791, né à Chinon (Indre-et-Loire) le 4 août 1752, mort à une date inconnue, juge au tribunal de Chinon, fut élu, le 31 août 1791, député d'Indre-et-Loire à l'Assemblée législative, le 7e sur 8, par 163 voix (301 votants). Il ne s'y fit pas remarquer; son nom n'est pas au *Moniteur*.

JAHAN (Louis-Henri-Auguste), sénateur de 1876 à 1879, né à Sully (Loiret) le 21 décembre 1811, fit ses études au lycée d'Orléans et fut reçu licencié en droit à la faculté de Paris, en 1834. Inscrit au barreau, il entra peu après, en qualité d'auditeur, au conseil d'Etat (1838). D'opinions conservatrices, il fut momentanément rendu à la vie privée par la révolution de février 1848; mais la réaction de 1849 le fit chef de cabinet de M. Lacrosse, ministre des Travaux publics; il remplit aussi les mêmes fonctions auprès du ministre de l'Intérieur. Rentré au conseil d'Etat, il se rallia à l'Empire, fut promu (1855) maître des requêtes de 1re classe, et conseiller (1864). Comme tel, il eut plusieurs fois à soutenir, au Corps législatif, divers projets de loi relatifs aux chemins de fer. Admis à la retraite après le 4 septembre 1870, il aborda la carrière parlementaire le 30 janvier 1876. Candidat aux élections sénatoriales dans le Loiret, il fut élu, par 219 voix (420 votants), au troisième tour de scrutin, le second sur deux. M. Jahan siégea à droite et fit partie du groupe impérialiste, avec lequel il vota *pour* la demande de dissolution de la Chambre demandée par le cabinet de Broglie (23 juin 1877). Il soutint le gouvernement du Seize-Mai, se déclara partisan de la résistance lors des élections républicaines du 14 octobre, et faillit être nommé ministre des Travaux publics, après la retraite de MM. de Broglie et de Fourtou. Il se prononça *contre* la politique inaugurée par Dufaure, et, lors du premier renouvel-

lement triennal du Sénat, le 5 janvier 1879, échoua avec 115 voix (422 votants). Membre du conseil général du Loiret pour le canton de Sully-sur-Loire, il avait été secrétaire, puis président de ce conseil de 1868 à 1878. — Officier de la Légion d'honneur.

JAILLANT (Jean-Jérome), député en 1789, né à Troyes (Aube) le 23 août 1746, mort à Troyes le 2 avril 1814, était lieutenant criminel au bailliage de Sens, lorsqu'il fut élu, par ce même bailliage, député du tiers aux Etats-Généraux, le 22 mars 1789. Il manifesta des opinions modérées, et n'eut d'ailleurs qu'un rôle effacé. Revenu à Troyes après la session, il vécut dans la retraite durant la période révolutionnaire, et fut ensuite nommé commissaire, puis procureur général de la justice criminelle de l'Aube, le 14 germinal an VIII. Membre de la Légion d'honneur du 15 prairial an XII.

JALABERT (François-Césaire-Jean-Joseph), député au Corps législatif de 1813 à 1815, représentant à la Chambre des Cent-Jours, né à Perpignan (Pyrénées-Orientales) le 27 août 1769, mort à Paris le 22 avril 1832, « fils du sieur Jean Jalabert, bourgeois, et de la demoiselle Marie Dobet, son épouse, » appartint à l'armée, puis à l'administration, fut nommé, le 22 germinal an VIII, conseiller de préfecture des Pyrénées-Orientales, et, le 6 janvier 1813, fut désigné par le Sénat conservateur pour représenter le département aux Corps législatif. Il reparut à la Chambre des représentants, le 15 mai 1815, comme l'élu du collège de département des Pyrénées-Orientales, avec 65 voix (75 votants). Après la session, il rentra dans la vie privée.

JALLABERT (Isaac), représentant à la Chambre des Cent Jours, né à Montagnac-sur-Lède (Lot-et-Garonne) en 1765, mort à Montagnac-sur-Lède le 10 décembre 1815, était conseiller général de ce canton, lorsqu'il fut élu, le 15 mai 1815, représentant à la Chambre des Cent-Jours, par l'arrondissement de Villeneuve-sur-Lot, avec 34 voix (55 votants), contre 19 au colonel Goujet. Il revint à Montagnac après la session, et mourut accidentellement avant la fin de l'année.

JALLET (Jacques), député en 1789, né à la Mothe-Saint-Héraye (Deux-Sèvres) le 13 décembre 1732, mort à Paris le 14 août 1791, était le sixième enfant d'un jardinier qui mourut cinq ans après sa naissance. Recueilli par le curé de Nanteuil, son oncle maternel, Jallet fut destiné à l'état ecclésiastique; le châtelain de la Mothe le plaça aux Oratoriens de Niort pour y apprendre le latin. Mais Jallet montra peu de goût pour l'état auquel on le destinait; venu à Poitiers pour faire son droit, il s'éprit d'une jeune fille riche, dont la main lui fut refusée, et qui mourut bientôt dans le couvent où ses parents l'avaient fait enfermer. Dégoûté du monde, Jallet entra au séminaire, en sortit prêtre à 27 ans, fut nommé vicaire à Gençay (Vienne), puis curé de Chérigné (Deux-Sèvres). Là, en dehors des devoirs de son ministère, il se donna tout à tous, devint le conseiller des agriculteurs, le juge des différends, le père des pauvres, étudia les questions sociales, et, lorsque la Révolution éclata, en embrassa la cause avec ardeur. Venu à Poitiers pour prendre part aux élections aux Etats-Généraux, il prit la défense du bas clergé, et, le 1er avril 1789, fut élu, par la sénéchaussée du Poitou, député du clergé aux Etats-Généraux. Il écrivit alors à Necker qu'il ne pouvait faire les frais de sa représentation : « La désastreuse année de 1785 m'ayant chargé de dix-neuf familles indigentes, m'interdit un voyage qui priverait mes pauvres des soins que je leur dois. » Le ministre leva cet obstacle, et Jallet se rendit à Paris. Dans l'assemblée de son ordre, il reprocha à l'évêque de Luçon d'avoir falsifié le cahier général de son clergé, et accusa l'évêque de Poitiers de produire deux cahiers alors qu'un seul avait été signé par les commissaires. Lors de la discussion de la demande du tiers relative à la vérification des pouvoirs en commun, Jallet prit le premier un parti décisif : « Il est temps, dit-il dans la séance du 12 juin 1789. de sortir d'une inaction qui nous déshonore; nous nous regardons comme députés aux Etats-Généraux dans l'ordre du clergé; or cette qualité nous imprime un double caractère : l'un, principal, essentiel, est celui de représentant de la nation; l'autre, secondaire et subordonné au premier, est celui de représentant de notre ordre. Qui osera soutenir que la qualité seule de député du clergé suffise pour autoriser chacun de nous à traiter des objets qui intéressent toute la nation? Nous ne voulons pas nous jeter dans les bras du tiers et confondre les ordres; nous déclarons que nous respectons comme vous la distinction des ordres, que nous y demeurerons constamment attachés, mais nous irons avec eux, comme le veut l'ancien usage que le malheur des temps a pu suspendre, mais qu'il n'a pu faire oublier, afin de réunir les trois ordres, lesquels ne se séparaient autrefois que pour traiter des objets particuliers, mais délibéraient toujours ensemble. » Le lendemain, 13, il se rendit dans l'assemblée du tiers avec ses collègues Lecesve et Ballart, et s'exprima ainsi : « Messieurs, une partie des députés du clergé du Poiton aux Etats-Généraux se rend aujourd'hui dans la salle de l'Assemblée générale. Nous y venons pour prendre communication des pouvoirs de nos co-députés des trois ordres, et pour communiquer nos mandats, afin que les uns et les autres étant vérifiés et légitimés, la nation ait enfin de vrais représentants. Nous venons précédés du flambeau de la raison, conduits par l'amour du bien public, nous placer à côté de nos concitoyens, de nos frères. Nous accourons à la voix de la patrie, qui nous presse d'établir entre les ordres la concorde et l'harmonie, d'où dépend le succès des Etats-Généraux et le salut de l'Etat. Puisse cette démarche être accueillie par tous les ordres avec le même sentiment qui nous la commande! Puisse-t-elle enfin nous mériter l'estime de tous les Français! » De chaleureux applaudissements saluèrent ce discours; chacun se pressa autour des trois curés, on les embrassa, un membre s'écria : « Qu'ils ne soient pas abandonnés au despotisme des évêques! Mettons ces braves citoyens à l'abri de la vengeance et de l'animosité des potentats de leur ordre. Que leurs noms soient consacrés dans nos annales; ils se sont élevés au-dessus de la superstition, ils ont vaincu les préjugés! » Dès lors, Jallet suivit l'élan du mouvement qu'il avait ainsi contribué à précipiter. Le 20 juin, il prêta le serment du Jeu de Paume; dans le tableau de David, des trois curés du Poitou qui, debout, dominent Barère, Jallet est le plus en vue. Le 22, son nom fut acclamé dans l'église Saint-Louis, à l'appel des noms des 149 prêtres qui s'étaient réunis au tiers. Membre du comité des finances (14 juillet), il vota (20 octobre) contre le cens électoral, reconnut (30 octobre) que la nation était propriétaire des biens du clergé, et proposa de décréter les articles suivants :

ART. 1er. — La nation, à raison du droit de souveraineté, peut et doit faire la destination des biens ecclésiastiques, au plus grand avantage de la société ;

ART. II. — Elle se chargera de l'entretien des ministres, et cet entretien sera considéré comme une dette privilégiée, dont le premier paiement se fera au 1er janvier prochain;

ART. III. — 1° Il ne sera plus nommé aux bénéfices simples;

2° La nomination aux évêchés, abbayes, prieurés, etc., sera suspendue ;

3° Les collégiales, les chapitres nobles, etc., seront supprimés, comme inutiles et contraires aux principes de l'Evangile;

4° Les chapitres des cathédrales seront réformés et ramenés à leur institution primitive, et, s'il se peut, supprimés ;

5° Le comité de constitution sera chargé de présenter ses réflexions sur cette question;

6° Le clergé régulier n'étant pas nécessaire pour le culte divin, sera-t-il supprimé entièrement, ou quelques congrégations seront-elles conservées pour être appliquées à des objets d'utilité publique ?

7° Lors du décret, il sera dressé dans chaque église, communauté, un inventaire exact de l'argenterie et de la vaisselle, lequel sera adressé à l'Assemblée nationale.

Le 16 mai 1790, Jallet parla contre la concession à faire au roi du droit de paix et de guerre; le 31, il défendit et vota la constitution civile du clergé, et prêta, le 27 décembre, le serment civique. Le 30 novembre 1790, les électeurs des Deux-Sèvres l'avaient choisi pour évêque constitutionnel du département, par 135 voix sur 205 votants. Malgré les instances de la Société des amis de la Constitution de Niort, il déclina ces fonctions, pour rester dans la politique militante. La question du serment étant à l'ordre du jour, il publia alors : *Pourquoi ne jurent-ils pas, puisqu'ils savent jurer! ou lettres de Jallet à L. E. Mercy, ci-devant évêque de Luçon*. Il mourut subitement à Paris, avant la fin de la session, d'une attaque d'apoplexie. On a de lui : *Idées élémentaires sur la Constitution ; Opinion sur la peine de mort* (1790); *Sur le mariage des prêtres*, etc. Il a laissé également un *Journal* manuscrit de sa vie politique, publié en 1871, et dont l'original appartient à M. Carnot, président de la République. En 1884, les républicains des Deux-Sèvres ont fait élever à Jallet une statue sur la place de la Mothe-Saint-Héraye.

JAMAIS (EMILE-FRANÇOIS), député depuis 1885, né à Aigues-Vives (Hérault) le 11 novembre 1856, fit son droit à Paris, fut lauréat de la faculté en 1878, et, reçu docteur en droit en 1881, se fit inscrire au barreau de Paris. Premier secrétaire de la conférence des avocats en 1879-1880, il prononça, cette dernière année, le discours de rentrée : *De l'esprit libéral au barreau sous la Restauration*. Il avait publié quelques ouvrages d'économie sociale tels que : *Étude sur les canaux du Rhône et la situation économique des départements intéressés* (1883); *l'Armée et l'école; Les idées politiques de Diderot* (1884), et fait, à la salle du boulevard des Capucines, à Paris, des conférences remarquées sur la politique étrangère, lorsqu'il fut porté, aux élections législatives du 4 octobre 1885, sur la liste radicale du Gard; il fut élu député, au second tour (18 octobre), par 58,328 voix sur 110,923 votants et 133,886 inscrits. Il prit place à gauche, fit partie de plusieurs commissions, parla sur le régime des boissons, interpella (février 1886) avec M. Thévenet le gouvernement sur l'unification des tarifs de chemins de fer et sur la nécessité de leur revision ; défendit (novembre) le budget présenté par le ministère ; combattit (juin 1887) le contre-projet Reille-Lanjuinais sur la loi militaire, et refusa, sous le ministère Floquet (1889) les fonctions de sous-secrétaire d'Etat aux colonies. M. Jamais, dont les débuts à la tribune n'ont pas été sans éclat, a voté, avec la majorité républicaine, *pour* la politique coloniale, *pour* les lois scolaires, *pour* l'expulsion des princes, et s'est prononcé, en dernier lieu, *pour* le rétablissement du scrutin d'arrondissement (11 février 1889), *contre* l'ajournement indéfini de la revision de la Constitution, *pour* les poursuites contre trois députés membres de la Ligue des patriotes, *pour* le projet de loi Lisbonne restrictif de la liberté de la presse, *pour* les poursuites contre le général Boulanger. Outre les ouvrages déjà cités, on a de lui sa thèse doctorale : *les Droits et les Garanties de l'inculpé pendant la période de l'instruction préparatoire* (1881), et *l'Impôt sur le revenu en Prusse* (1886).

JAMES (Claude), député en 1791, né en 1755, mort à une date inconnue, devint, au début de la Révolution, juge au tribunal de district de Semur, et fut, le 30 août 1791, élu député de Saône-et-Loire à l'Assemblée législative, le 7ᵉ sur 14 (le procès-verbal ne donne pas le nombre des voix). Il y siégea assez obscurément. Plus tard, il devint (9 germinal an VIII) conseiller de préfecture de Saône-et-Loire.

JAMET (Emile), représentant du peuple en 1848, né à Craon (Mayenne) le 21 avril 1799, propriétaire et agriculteur à Château-Gontier, républicain sous Louis-Philippe, fut nommé sous-commissaire du gouvernement provisoire dans cette dernière ville en février 1848, se rendit aussitôt à la mairie et y proclama tout seul la République. Elu représentant de la Mayenne à l'Assemblée constituante, le 2ᵉ sur 9, par 70,869 voix (93,437 votants, 105,259 inscrits), le 23 avril 1848, il figura parmi les républicains modérés, hésitant entre la *Plaine* et la *Montagne*, fit partie du comité de l'agriculture et du Crédit foncier, et vota *pour* le bannissement de la famille d'Orléans, *pour* les poursuites contre L. Blanc et Caussidière, *contre* l'abolition de la peine de mort, *contre* l'impôt progressif, *pour* l'incompatibilité des fonctions, *contre* l'amendement Grévy, *contre* la sanction de la Constitution par le peuple, *pour* l'ensemble de la Constitution, *pour* la proposition Rateau, *pour* l'interdiction des clubs, *pour* l'expédition de Rome. Non réélu à la Législative, il rentra dans la vie privée.

JAMETEL (Gustave-Louis), député de 1876 à 1889, né à Paris le 28 mai 1821, se fit recevoir avocat en 1845 et devint secrétaire de la Conférence des avocats. Agréé près le tribunal de commerce de la Seine en 1851, membre de la chambre des agréés, il quitta les affaires en 1861 pour se fixer à Marestmontiers (Somme), dont il devint maire, et où il s'occupa d'agriculture. Pendant l'occupation allemande, il fut délégué par les maires du canton de Montdidier pour les représenter vis-à-vis des autorités militaires de l'armée envahissante, il fut arrêté pour avoir résisté à leurs exigences et sa maison fut mise sous séquestre. Lors des élections du 8 octobre 1871 pour les conseils généraux,

il se présenta avec succès comme républicain dans le canton de Montdidier. « Je ne vois de salut, avait-il dit, que dans une république sagement et franchement organisée. » Le 20 février 1876, il fut candidat aux élections législatives, et fit la déclaration suivante : « Si j'avais fait partie de l'Assemblée nationale, j'aurais voté sans hésiter la Constitution qui nous régit ; j'en accepte donc toutes les dispositions et je suis prêt, si vous m'honorez de vos suffrages, à favoriser son application sincère et loyale. » M. Jametel fut élu député de Montdidier par 8,737 voix (16,383 votants, 19,339 inscrits), contre 7,370 à M. Ernest Hamel, candidat radical intransigeant. Il fit partie de la majorité des 363, et l'emporta, après la dissolution de la Chambre par le cabinet du 16 mai, au scrutin du 14 octobre 1877, avec 9,322 voix (17,366 votants, 19,607 inscrits), sur M. de Fourment, ancien député, candidat du gouvernement (7,913 voix). M. Jametel siégea à gauche et vota *pour* le ministère Dufaure, *pour* l'élection de M. Grévy à la présidence de la République, *contre* l'amnistie plénière, *pour* l'article 7, *pour* l'application des lois existantes aux congrégations, *pour* les lois nouvelles sur la presse et le droit de réunion, etc. Il prit part à la discussion de quelques lois spéciales, notamment, en 1880, sur les élections des tribunaux de commerce, et sur la proposition Gambetta et Rouvier relative à la pension de retraite des inscrits maritimes. En juin 1881, la Chambre vota, sur sa proposition, que les excédents de recettes possibles sur l'exercice 1882 seraient, jusqu'à concurrence de 40 millions, appliqués au dégrèvement de l'impôt foncier. Réélu, le 21 août 1881, par 10,663 voix (16,396 votants, 19,469 inscrits), contre 3,195 à M. de Beaurepaire et 2,283 à M. de Fransures, M. Jametel opina constamment avec les opportunistes, *contre* l'abrogation du Concordat, *contre* l'élection d'un maire de Paris, *pour* le ministère Ferry, *contre* la revision intégrale de la Constitution, *contre* la première expédition du Tonkin, et ensuite, une fois le drapeau de la France engagé, *pour* les crédits devenus nécessaires, *pour* la concurrence de 40 millions, fut membre de la commission du budget, et l'un des rapporteurs de la commission des tarifs de douane. Au mois d'avril 1883, en souvenir du vote qu'il avait obtenu en juin 1881, il déposa, au moment de la discussion du projet de conversion des rentes 5 0/0 en 4 1/2 0/0, un amendement portant que le bénéfice de la conversion serait affecté à un dégrèvement en faveur de l'agriculture. Mais M. Jules Ferry fit rejeter l'amendement à 60 voix de majorité, en répondant « qu'on ne pouvait disposer par avance d'excédents chiffrés d'une façon absolue, avant l'étude approfondie des budgets ». M. Jametel fut, en 1883, l'un des fondateurs du « groupe agricole » qui compta près de 150 membres. Il le présida pendant deux ans, et renonça spontanément à cette présidence pour provoquer son remplacement par M. Méline, quand ce dernier quitta le ministère de l'Agriculture, à la chute du cabinet Ferry (6 avril 1885). M. Jametel fut réélu de nouveau, en octobre 1885, au second tour de scrutin, député de la Somme, par 67,388 voix (135,681 votants, 158,144 inscrits) ; il fut avec M. Goblet, l'un des deux seuls élus de la liste républicaine. Il suivit dans la nouvelle législature la même ligne politique, présenta et fit voter une proposition de loi ayant pour objet de réduire la durée de l'exercice financier ; prit part à la discussion de la loi sur les faillites, dont il présidait la commission, de la loi sur le régime des sucres, et fit adopter avec son collègue. M. Renard, une proposition ayant pour ob,et l'emploi obligatoire de densimètres contrôlés pour les livraisons des betteraves à sucre; il vota *pour* le maintien de l'ambassade du Vatican, *et pour* les ministères Rouvier et Tirard, et s'abstint au scrutin sur l'expulsion des princes. Dans la dernière s ssion, il s'est prononcé *pour* le rétablissement du scrutin d'arrondissement (11 février 1889), *pour* l'ajournement indéfini de la revision de la Constitution, *pour* les poursuites contre trois députés membres de la Ligue des Patriotes, *pour* le projet de loi Lisbonne restri tif de la liberté illimitée de la presse, *pour* les poursuites contre le général Boulanger.

JAMIER (BLAIZE-GABRIEL), député en 1789, dates de naissance et de mort inconnues, était, avant la Révolution, « officier du point d'honneur, » *pour* propriétaire à Montbrison. Il fut élu, le 22 mars 1789, par le bailliage du Forez, député du tiers aux Etats-Généraux. Son rôle parlementaire n'a pas laissé de traces au *Moniteur.*

JAMIN (JEAN-BAPTISTE, VICOMTE), député de 1833 à 1846, et pair de France, né à Villecloye (Meuse) le 20 mai 1773, mort à Paris le 30 janvier 1848, « fils de François Jamin, laboureur à Villecloye, et d'Elisabeth Adrin, son épouse, » fit ses études au collège de Verdun, s'engagea à la Révolution, suivit, comme lieutenant, les campagnes de 1793 à 1797, aux armées des Ardennes, de Sambre-et-Meuse et du Rhin ; passa capitaine en 1799, servit en Suisse sous les ordres de Masséna, puis à l'armée d'Italie, et assista au siège de Gênes où une action d'éclat lui valut le grade de chef de bataillon. Blessé au passage du Mincir, lieutenant-colonel en 1803, membre de la Legion d'honneur le 15 prairial an XII, et colonel, il fit les campagnes de 1806 à 1809 en Allemagne, puis fut envoyé à l'armée d'Espagne, où 'l se distingua en diverses rencontres. Créé baron de l'Empire le 26 avril 1811, général de brigade en 1813, blessé à Lutzen, il combattit héroïquement à Bautzen, et, après Leipsig, devint lieutenant provisoire du 2e corps sous les ordres du maréchal Victor; à Brienne, le 1er février 1814, il commanda la 2e division de la jeune garde, et tomba, au combat de la Fère-Champenoise, entre les mains des alliés, pendant qu'il protégeait la retraite de Mortier. Il assista à Waterloo où ses troupes se firent héroïquement écharper. Commandant du département du Lot le 8 juillet 1816, inspecteur général c'infanterie en 1818, créé vicomte par Louis XVIII le 17 août 1822, lieutenant-général le 22 septembre 1823, après avoir été chargé du blocus de Pampelune, il prit la campagne de Belgique, prit part au siège d'Anvers (1832-33), fut nommé peu après grand-officier de la Légion d'honneur, et fut placé dans la section de réserve de l'état-major en 1837. Elu député du 3e collège de la Meuse (Montmédy), le 11 mai 1833, en remplacement de M. Lallemand, démissionnaire, par 76 voix (116 votants, 202 inscrits), contre 40 à M. Paulin Gillon; réélu, le 21 juin 1834, par 88 voix (166 votants, 213 inscrits), contre 77 à M. Paulin Gillon; le 2 mars 1839 par 123 voix (205 votants) ; le 9 juillet 1842, par 155 voix (184 votants, 257 inscrits), contre 29 à M. Paulin Gillon, il prit place dans la majorité, parmi les partisans de la politique conservatrice. Nommé pair de France le 21 juillet 1846, il fut remplacé à la Chambre par son fils, M. Paul-Victor Jamin, et siégea dans la majorité de la Chambre haute jusqu'à sa mort.

JAMIN (PAUL-VICTOR, VICOMTE), député de 1846 à 1848, né à Montmédy (Meuse) le 3 mars 1807, mort à Paris le 8 février 1868, fils du précédent, entra à Saint-Cyr en 1823, en sortit sous-lieutenant au 3e régiment d'infanterie légère, et devint lieutenant en 1831. Officier d'ordonnance de son père, alors commandant de la 3e division de l'armée du Nord, il fit, en cette qualité, la campagne de Belgique et assista au siège d'Anvers, à la suite duquel il fut nommé chevalier de la Légion d'honneur. Capitaine en 1833 et officier d'ordonnance du roi, il fut bientôt attaché, comme aide-de-camp, à la personne du duc d'Aumale, qu'il accompagna en Algérie. Chef de bataillon en 1840, lieutenant-colonel après la prise de la smala d'Abd-el-Kader, cité à l'ordre du jour de l'armée, blessé à Isly, il fut nommé colonel en 1847. Le 1er août de l'année précédente, il avait été, en remplacement de son père nommé pair de France, élu député par le 3e collège de la Meuse (Montmédy) avec 156 voix (267 votants, 286 inscrits), contre 95 à M. Etienne Pagès; promu colonel, il fut soumis à la réélection et, le 18 septembre 1847, les électeurs lui renouvelèrent son mandat par 169 voix (236 votants), contre 61 à M. Launois, candidat d'opposition. A la révolution de 1848, il quitta le service du duc d'Aumale. Colonel du 8e de ligne, il se distingua à Zaatcha, dans l'Aurès et la Kabylie, en 1850 et 1851. Général de brigade le 3 janvier 1852, et commandant du département de la Meuse, il fut, lors de la campagne de Crimée, affecté à la division de réserve de l'armée d'Orient. En Chine, il commanda en second le corps expéditionnaire, se distingua au pont de Pa-li-Kao (21 septembre 1860), fut nommé général de division le 14 août 1860 et grand-officier de la Légion d'honneur. En 1861, il devint commandant de la 4e division à Chalons, et, en 1862, entra au comité d'infanterie.

JAMME (HENRY-AUGUSTE-PIERRE-GABRIEL), représentant à l'Assemblée nationale de 1871, né à la Ba-tide-Rouairoux (Tarn) le 25 septembre 1814, fit ses études à Sorrèze. Propriétaire à la Bastide, fondateur et président de la Société de Saint-Vincent-de-Paul de son département, il fut élu représentant du Tarn à l'Assemblée nationale, le 8 février 1871, le 3e sur 7, par 58,142 voix (78,096 votants, 112,556 inscrits). Légitimiste et catholique, inscrit au centre droit et à la réunion des Réservoirs, pèlerin de Paray-le-Monial et signataire de l'adresse au pape, il vota *pour* la paix, *pour* les prières publiques, *pour* l'abrogation des lois d'exil, *pour* le 24 mai, *pour* la démission de Thiers, *pour* l'arrêté sur les enterrements civils, *pour* la prorogation des pouvoirs du Maréchal, *pour* la loi des maires, *pour* le ministère de Broglie, *contre* l'amendement Barthe, *contre* le retour à Paris, *contre* la dissolution, *contre* l'amendement Wallon, *contre* les lois constitutionnelles. Il n'a pas fait partie d'autres assemblées.

JAMON (JEAN-BAPTISTE), député en 1791, date de naissance inconnue, mort à Lyon (Rhône) le 23 septembre 1793, exerçait, avant la Révolution, les fonctions de procureur du roi à la viguerie de Montfaucon-en-Velay. Nommé, au début de la Révolution, administrateur de la Haute-Loire, il fut, le 29 août 1791, élu député de ce département à l'Assemblée législative, le 4e sur 7, par 136 voix (264 votants). Il siégea obscurément dans la majorité. Après la session, il s'engagea dans l'armée envoyée au siège de Lyon, fut fait prisonnier devant cette place par les royalistes de Précy, et mourut à l'Hôtel-Dieu de Lyon quelques jours après.

JAN (Jacques-Gabriel), député au Conseil des Anciens et au Corps législatif de l'an VIII, né à la Madeleine (Tarn-et-Garonne) en 1746, mort à une date inconnue, juge dans sa ville natale, fut élu, le 25 germinal an VI, député de l'Eure au Conseil des Anciens, par 189 voix sur 201 votants ; il parla sur la suspension de la vente des biens nationaux, et sur la résolution relative aux peseurs publics, et, le 4 nivôse an VIII, fut choisi, par le Sénat conservateur, comme député de l'Eure au nouveau Corps législatif.

JAN-DUBIGNON. — *Voy.* Dubignon.

JAN-LAGILLARDAIE (Benjamin-Louis), député de 1837 à 1842, né à Pontivy (Morbihan) le 30 novembre 1789, mort à Pontivy le 1ᵉʳ mai 1832, étudia le droit et s'inscrivit comme avocat au barreau de sa ville natale. Le 4 novembre 1837, il fut élu député du 5ᵉ collège du Morbihan par 137 voix (217 votants, 265 inscrits). Il siégea au centre et fit partie, jusqu'en 1839, de la majorité dévouée à la politique du cabinet Molé. Il n'eut d'ailleurs qu'un rôle assez obscur. « M. de Lagillardaie ne parle pas, disait un biographe, mais il se lève et s'assied selon la manœuvre ministérielle, et dépose, tout comme un autre, sa boule obéissante dans l'urne des destinées de la France légale. » Réélu, le 2 mars 1839, par 115 voix (228 votants), il continua d'opiner dans le sens conservateur, et quitta la Chambre aux élections de 1842.

JANDEAU (François), représentant du peuple en 1848, né à Charolles (Saône-et-Loire) le 18 septembre 1812, mort à Charolles le 18 juillet 1857, fils de Philibert Jandeau, marchand de fer, et de Denise Lorancier, fut élève de l'École des arts et métiers de Châlons-sur-Marne, dont son oncle, Pierre Jandeau, était directeur, en sortit en 1832 dans les premiers, suivit des cours de sciences à Paris, et, rappelé à Charolles pour la conscription, fut pendant six mois, par intérim, professeur de mathématiques et de dessin au collège de Charolles. Ingénieur-mécanicien aux mines de Blanzy en 1834, puis tour à tour, en divers lieux, ouvrier mécanicien, ajusteur, forgeron, chaudronnier, il entra au Creuzot comme chef du montage des machines, et vint ouvrir à Châlon-sur-Saône un modeste atelier de mécanicien. Capitaine de la garde nationale, connu pour ses opinions libérales, il fut désigné, lors de l'élection particile qui eut lieu en Saône-et-Loire pour remplacer Ledru-Rollin. Lamartine et Bastide, optants pour d'autres départements, comme un des candidats du parti républicain avancé, et fut élu, le 4 juin 1848, représentant du peuple à l'Assemblée constituante, le 2ᵉ sur 3, par 26,216 voix (62,863 votants, 141,000 inscrits). Il prit place à gauche, fit partie du comité du travail, et vota : *contre* le rétablissement du cautionnement, *contre* le rétablissement de la contrainte par corps, *pour* l'abolition de la peine de mort, *pour* l'amendement Grévy, *pour* le droit au travail, *pour* l'ensemble de la Constitution, *pour* la suppression de l'impôt du sel, *contre* la proposition Rateau, *pour* l'amnistie, *contre* l'interdiction des clubs, *contre* l'expédition de Rome, *pour* la mise en accusation du président et de ses ministres, *pour* l'abolition de l'impôt des boissons. Après la session, non réélu à la Législative, il rentra à son atelier.

JANET (Laurent-Marie, baron), député au Corps législatif de l'an XII à 1808, représentant à la Chambre des Cent-Jours, député de 1837 à 1839, né à Saint-Julien (Jura) le 30 janvier 1768, mort à Lons-le-Saulnier (Jura) le 29 septembre 1841, étudia le droit, exerça la profession d'homme de loi dans son pays natal, fut nommé conseiller de préfecture du Jura après le coup d'État de brumaire, et, le 19 vendémiaire an XII, fut appelé par le Sénat conservateur à représenter ce département au Corps législatif, où il siégea jusqu'en 1808. Dans l'intervalle, il fut (11 juin 1806) nommé maître des requêtes au conseil d'État, puis, le 14 février 1810, il reçut le titre de baron de l'Empire. Représentant à la Chambre des Cent-Jours (12 mai 1815) pour le collège de département du Jura, qui lui avait donné 65 voix sur 118 votants, il rentra dans la vie privée sous la Restauration, fut rappelé au conseil d'État après 1830, et fut élu, le 4 novembre 1837, député du 1ᵉʳ collège du Jura (Dôle), par 131 voix (208 votants, 278 inscrits). Il se fit peu remarquer au Palais Bourbon, et vota avec la majorité conservatrice, notamment *pour* l'adresse de 1839.

JANIN (Antoine, baron), représentant à la Chambre des Cent-Jours, né à Chambéry (Savoie) le 16 septembre 1775, mort à Sauveterre (Basses-Pyrénées) le 15 mai 1861. « fils de M. François Janin, notaire royal et substitut du procureur, et de demoiselle Louise Viviand, » débuta, en 1792, dans la carrière militaire comme simple chasseur à cheval au 14ᵉ régiment. Élu au grade d'officier en 1793, il fit avec distinction les campagnes de la République et de l'Empire. Lors du couronnement de Napoléon Iᵉʳ à Milan comme roi d'Italie, Janin commandait un escadron de la gendarmerie d'élite de la garde impériale avec le rang de colonel. Il accompagna l'empereur à Milan, resta trois ans en Italie auprès du prince Eugène, organisa la gendarmerie du royaume, et fut chargé en outre de l'instruction de la garde royale. Puis il prit part aux guerres d'Espagne et de Russie, comme commandant le quartier général de l'Empereur. Il couvrit la retraite jusqu'au bord du Niémen, où il fut laissé pour mort au bivouac ; rappelé à la vie, il se cacha pendant deux mois chez un paysan, sous un déguisement de cosaque, et réussit à traverser l'armée ennemie pour rejoindre l'armée française à Leipsig. De là, il se rendit à Paris, fut créé baron de l'Empire (19 juin 1813) avec 8,000 francs de dotation, et reçut en outre le commandement du château de Saint-Cloud, avec un escadron de gendarmerie de la garde, destiné à veiller sur l'impératrice et sur le roi de Rome. A l'abdication, Janin les accompagna à Orléans. Le 11 mai 1815, il fut élu représentant à la Chambre des Cent-Jours par l'arrondissement de Chambéry, avec 27 voix (49 votants), contre 17 à M. Dumaz, ancien conventionnel. Après la session, il reprit du service. La Restauration ayant licencié les corps de la vieille garde, Janin fut incorporé dans la gendarmerie départementale avec son grade de colonel. Promu général, il fut nommé inspecteur de la gendarmerie le 24 juillet 1816, fait commandeur de la Légion d'honneur le 3 septembre 1823, et grand officier du même ordre le 3 novembre 1829. Le 20 août 1830, il fut élevé au grade de lieutenant-général. Puis il commanda deux grandes divisions militaires : la 11ᵉ à Bordeaux et la 6ᵉ à Besançon. Admis en 1840 au cadre de réserve de l'état-major général, il se retira dans son château d'Osseraiu, près Sauveterre (Basses-Pyrénées), où il mourut en 1861, après avoir rempli le mandat de conseiller général de ce département.

JANKOVICS DE ZESZENICZE (Antoine-Stanislas-Nicolas-Pierre Fournier, baron), député de 1815 à 1819 et de 1820 à 1830, né à Lunéville (Meurthe) le 7 juillet 1763, mort à Versailles (Seine-et-Oise) le 6 juin 1847, issu d'une noble famille polonaise qui avait servi à Nancy le roi Stanislas, était propriétaire dans la Meurthe, conseiller général du département, et y avait rempli par intérim, en 1814, les fonctions de préfet, quand il en fut élu député, le 22 août 1815, au grand collège, par 89 voix (143 votants, 276 inscrits). Il vota avec la majorité de la Chambre introuvable, et prononça au cours de la session, à propos de la loi électorale, un discours très favorable aux grands propriétaires. Non réélu en 1816, il reparut à la Chambre le 13 novembre 1820, le même collège l'y ayant renvoyé par 112 voix sur 205 votants et 216 inscrits. Ardent royaliste, il avait été créé baron par le gouvernement royal le 20 janvier précédent. Il prit place à droite et soutint le ministère Villèle, qui fit triompher sa candidature, le 25 février 1824, dans le 3e arrondissement de la Meurthe (Château-Salins), par 173 voix sur 191 votants et 208 inscrits, contre 13 à M. Ardouin, banquier. Mais, contre l'attente de ses patrons politiques, M. Jankovics ne tarda pas à prendre, dans cette législature, une attitude indépendante, et son nom resta attaché au dépôt d'une proposition, alors rejetée, mais qui plus tard devait avoir une meilleure fortune, et qui tendait à obliger les députés promus à une fonction publique à se représenter aussitôt devant leurs électeurs. Cette motion fut très bien accueillie par l'opposition, et un publiciste anti-ministériel l'appréciait en ces termes : « Rappelant sans doute dans sa pensée les circulaires électorales, les éliminations illégales, les introductions plus coupables encore, les menaces employées à l'égard des uns, les promesses fallacieuses faites à d'autres, la responsabilité imposée à toutes les familles pour le vote d'un de leurs membres, les destitutions de quelques magistrats qui, dignes du noble caractère dont ils étaient revêtus, avaient osé juger selon leur conscience, contre les volontés ministérielles, les promotions qui furent le prix de la servilité; jetant un coup d'œil sur la Chambre où l'on aperçoit d'abord une foule de fonctionnaires amovibles à la volonté de ministres qui comptent la conscience pour rien, et ne proscrivent que l'honneur; voyant la septennalité adoptée, et connaissant le système de séduction du ministère, M. Jankovics fut frappé de cette idée que, dans l'espace de sept années, la Chambre ne serait plus qu'une réunion de fonctionnaires salariés, amovibles, dépendants, et qu'ainsi, tout était déplacé, le gouvernement représentatif ne serait plus qu'une illusion, puisque la Chambre, qui, dans ce système, doit représenter l'opinion publique, ne représenterait plus que les volontés ministérielles, et que ses membres, au lieu d'être les contrôleurs de l'administration et les réformateurs des abus, ne seraient plus que des serviteurs soumis ou des postulants intéressés. Il voulut donc établir une barrière à la corruption, et il crut qu'une Chambre qui, en admettant la septennalité, venait de sanctionner un acte si favorable à la sécurité ministérielle, pouvait demander quelque chose dans l'intérêt de ses commettants

et de sa propre indépendance. En conséquence, il proposa qu'à l'avenir un membre de la Chambre élective qui accepterait une place du pouvoir cesserait de faire partie de la Chambre et devrait courir la chance d'une réélection. La proposition de M. Jankovics était loin d'offrir toutes les garanties de la constitution anglaise; mais elle était honorable pour la Chambre, sans être inquiétante pour le pouvoir, pour un pouvoir loyal marchant dans la direction de la Charte et dans la ligne constitutionnelle; mais pour un pouvoir corrupteur, la proposition devenait gênante. Quand des ministres attaquent ouvertement et violent tous les jours l'acte fondamental, quand ils le détruisent article par article; quand, pour faire passer leurs projets, ils sont obligés d'offrir des places au lieu d'arguments, de s'adresser aux intérêts au lieu de parler à la raison, la proposition devait leur déplaire, puisqu'elle diminuait les moyens de séduction. » M. Jankovics prit part encore à plusieurs discussions, notamment sur divers baux emphytéotiques du ministère de l'Intérieur et du budget de la guerre. Réélu, le 17 novembre 1827, député de Château-Salins, par 83 voix (165 votants, 187 inscrits), contre 80 au baron Louis, il vit son admission contestée, par suite d'une pétition revêtue de quatorze signatures, dans laquelle on attaquait les opérations du bureau et les droits de cinq électeurs. Mais la Chambre, sur le rapport de M. Agier, proclama la bonne foi de l'élu, qu'elle admit à une grande majorité le 17 mars 1828. M. Jankovics soutint jusqu'au bout le gouvernement de Charles X; il quitta la vie publique le 23 juin 1830, ayant échoué avec 60 voix contre 125 au baron Louis, élu. Président du conseil général de la Meurthe et chevalier de la Légion d'honneur.

JANNOT (François-Ferdinand-Claude-Marie), représentant du peuple en 1849, né à Montpont (Saône-et-Loire) le 10 novembre 1807, était « caissier du bureau des finances » à Louhans, et connu pour ses opinions démocratiques, lorsqu'il se présenta comme candidat au conseil général de Saône-et-Loire, le 27 août 1848, dans le canton de Montpont, où il échoua avec 348 voix contre 751 à M. Roseget, élu. Aux élections de l'année suivante pour l'Assemblée législative, il fut élu, le 13 mai 1849, représentant de Saône-et-Loire, le 12e et dernier, par 72,190 voix (109,200 votants, 152,141 inscrits. M. Jannot prit place à la Montagne, vota avec les républicains les plus avancés, appuya l'interpellation de Ledru-Rollin relativement aux affaires de Rome, et, s'étant associé aux protestations et aux actes de ses collègues, fut compromis dans l'affaire des Arts-et-Métiers (13 juin 1849). La Haute-Cour de Versailles le condamna par contumace à la peine de la déportation.

JANNY (Noël-Claude), député en 1789, né à Brienne (Aube) le 24 décembre 1733, mort en 1810, était avocat dans sa ville natale. Le 28 mars 1789, il fut élu par le bailliage de Chaumont-en-Bassigny, avec 539 suffrages, député du tiers aux États-Généraux. Il s'y fit peu remarquer, à en juger par le silence que garde le *Moniteur* sur son compte.

JANOD (Jean-Joseph-Joachim, chevalier), député au Conseil des Cinq-Cents et au Corps législatif de l'an VIII à 1815, né à Clairvaux (Jura) le 22 mars 1761, mort à Paris le 26 mai 1836, « fils de monsieur Pierre Janod, bourgeois d'Arinthod, demeurant à Clairvaux, et de demoiselle Jeanne-Nicole Badouillier, sa femme, » fit ses études à Besançon, et devint en 1786 avocat dans cette ville. Il exerça ensuite à Lons-le-Saulnier. Elu, au début de la Révolution, membre de l'administration départementale du Jura, il s'insurgea contre la Convention, et tenta (1793) avec ses collègues d'organiser la résistance contre cette assemblée. Appelé à la barre pour rendre compte de sa conduite, il échappa à grand-peine aux poursuites dont il était menacé. Le 23 germinal an V, Janod fut élu député du Jura au Conseil des Cinq-Cents, par 155 voix (183 votants). Il s'y fit peu remarquer, obtint sa réélection au même Conseil, le 25 germinal an VII, par le même département, et, après le 18 brumaire, fut désigné (4 nivôse an VIII) par le Sénat conservateur pour représenter le Jura au nouveau Corps législatif. Son mandat lui ayant été confirmé le 2 mai 1809, Janod siégea jusqu'à la Restauration. Il était entré dans la magistrature impériale en 1804, comme juge au tribunal de première instance de la Seine, et avait été créé chevalier de l'Empire le 3 juillet 1813. Le 15 octobre 1815, il fut promu vice-président du même tribunal, et, en 1829, conseiller à la cour royale de Paris, fonctions qu'il remplit jusqu'à sa mort (1836).

JANSON (PIERRE), député en 1789, né à Gien (Loiret) le 7 novembre 1741, mort à Gien le 28 février 1803, était avocat à Gien, à la Révolution. Elu, le 20 mars 1789, par le bailliage de Gien, député du tiers aux Etats-Généraux, il vota avec la majorité de l'Assemblée constituante, et termina sa carrière comme président du tribunal de Gien.

JANVIER (EUGÈNE), député de 1834 à 1848, représentant en 1849, né à Laval (Mayenne) le 14 avril 1800, mort à Paris le 22 mars 1852, étudia le droit, s'inscrivit au barreau de Paris et devint, sous Louis-Philippe, le familier et le confident de M. Duchatel. Le 21 juin 1834, M. Janvier fut élu député par le 1er collège du Tarn-et-Garonne (Montauban), avec 167 voix (313 votants, 360 inscrits), contre 144 à M. Debia. Il appartint à la majorité conservatrice, déclara (août 1835) que la loi sur la presse proposée après l'attentat de Fieschi, « était la plus oppressive qui ait été votée contre l'esprit humain, » se prononça *pour* les lois de septembre 1835, et obtint sa réélection, le 4 novembre 1837, avec 214 voix (344 votants, 412 inscrits), puis, le 2 mars 1839, avec 192 voix (323 votants). Nommé conseiller d'Etat, il dut solliciter la confirmation de son mandat législatif; elle lui fut accordée, le 29 décembre 1841, par 229 voix (395 votants), contre 151 à M. Mariette-Auriol. Partisan zélé de la politique de Guizot, M. Eugène Janvier, réélu encore, le 9 juillet 1842, par 221 voix (265 votants, 414 inscrits), puis, le 1er août 1846, par 224 voix (406 votants, 454 inscrits), contre 175 à M. Bouis, repoussa toutes les motions émanées de l'opposition, se déclara *contre* la réforme électorale, et vota *pour* l'indemnité Pritchard. Rentré dans la vie privée à la révolution de 1848, il fut élu à l'Assemblée législative, par les électeurs monarchistes du Tarn-et-Garonne, représentant de ce département, le 1er sur 5, avec 23,303 voix (51,955 votants, 75,233 inscrits); M. E. Janvier siégea à droite, vota *pour* l'expédition de Rome, *pour* la loi Falloux-Parieu sur l'enseignement, etc., et mourut en 1852.

JANVIER DE LA MOTTE (ELIE, COMTE),

député au Corps législatif de 1852 à 1869, né à Laval (Mayenne) le 2 février 1798, mort à Angers (Maine-et-Loire) le 16 mai 1869, d'une famille de magistrats, fait comte romain par Pie IX le 14 mars 1851, et autorisé par jugement du tribunal de Laval du 26 janvier 1850 à joindre le nom de « de la Motte » à son nom patronymique, conformément à l'ancien usage de sa famille, suivit la carrière judiciaire et occupa, sous la Restauration et sous Louis-Philippe, un siège de conseiller à la cour royale d'Angers. Admis à la retraite avec le titre de conseiller honoraire, il fut le candidat du gouvernement présidentiel aux élections du Corps législatif dans la 1re circonscription de Tarn-et-Garonne, le 29 février 1852, et devint député de ce collège par 18,874 voix (20,393 votants, 40,425 inscrits), contre 1,005 voix à M. Belmontet. Il s'associa au rétablissement de l'Empire, vota avec la majorité dynastique et fut, toujours comme candidat officiel, successivement réélu : le 22 juin 1857, avec 20,868 voix (24,536 votants, 39,778 inscrits), contre 3,612 à M. Léonce Rigail de Lastours, et, le 1er juin 1863, avec 20,951 voix (29,286 votants, 39,753 inscrits), contre 8,184 à M. Vaïsse-Cibiel. Il mourut à Angers (mai 1869).

JANVIER DE LA MOTTE (EUGÈNE), député de 1876 à 1884, né à Angers (Maine-et-Loire) le 27 mars 1823, mort à Paris le 26 février 1884, fils du précédent, étudia le droit et entra en 1850 dans l'administration comme sous-préfet de Saint-Etienne, alors chef-lieu d'arrondissement. Promu préfet de la Lozère en 1853, il passa en 1856 à la préfecture de l'Eure, où il acquit, par ses procédés administratifs, une célébrité presque légendaire. D'une rondeur familière qui n'avait d'égale que son excessive prodigalité, il exerça sur une grande partie de la population une influence d'autant plus considérable qu'il paraissait moins s'en soucier. Les pompiers de l'Eure lui durent leur organisation en même temps que cette révélation, au cours d'un banquet : « L'empereur est le père des pompiers, de tous les pompiers! » Il les réunit aussi dans de fréquentes agapes où furent toujours bruyamment portées les santés impériales et préfectorales et où son esprit d'à-propos, sa mémoire des noms le servaient admirablement. Signalé par son zèle en matière électorale, il distribuait les subventions sans compter, donnait des fêtes, faisait largesse des ressources du département : en 1867, on constatait à la préfecture de l'Eure un passif de 700,000 francs, créé en moins de sept ans. En dépit de sa popularité, cette liquidation ne laissa pas que de compromettre assez gravement sa situation. Ce ne fut pourtant que l'année suivante, à la suite d'une altercation dans une maison tierce avec un avoué, membre du conseil général, M. Alaboisette, altercation qu'il termina par un soufflet, que le préfet de l'Eure fut mis en disponibilité, après avoir été condamné à 200 francs d'amende envers l'insulté. Elu (1868) conseiller général de l'Eure, il annonça, en 1869, l'intention de poser, dans *son* département, sa candidature au Corps législatif; le gouvernement en prit ombrage, et M. Forcade de la Roquette, alors ministre de l'Intérieur, lui fit offrir la préfecture du Gard, qu'il accepta. Quelques mois après, il l'échangea contre celle du Morbihan. Le ministère du 2 janvier 1870 l'ayant remis en disponibilité (1er février), il revint à Paris et fut, avec son ami le duc d'Albuféra, un des membres les plus actifs du comité plébiscitaire dé la capitale. Pendant la guerre, M. Janvier de la Motte se retira en Suisse. Cependant le nouveau gouvernement s'occupait assez activement de sa personne et de ses actes comme administrateur du département de l'Eure, et M. Thiers fit bientôt lancer contre lui un mandat d'arrêt, sous l'inculpation de faux en écritures publiques, de détournement de fonds et de concussion. Arrêté à Genève en 1871, il fut extradé et conduit par les autorités françaises à la prison de Rouen; le 1er janvier 1872, il comparut devant la cour d'assises de la Seine-Inférieure. Le témoignage de M. Pouyer-Quertier, alors ministre des Finances, cité comme témoin à décharge, et qui déclara légitime le système des « virements de fonds », fit acquitter l'accusé; mais les théories de M. Pouyer-Quertier provoquèrent à l'Assemblée nationale et au conseil général de l'Eure de telles protestations que le ministre des Finances dut résigner son portefeuille. La cour des Comptes, juge en dernier ressort des actes de comptabilité des agents du gouvernement, condamna, par arrêt des 18 et 20 février 1873, M. Janvier de la Motte à restituer à l'État la somme de 110,832 francs dont il n'avait pu justifier l'emploi.

En 1874, M. Janvier fonda à Angers un journal bonapartiste; puis, ayant repris dans l'Eure la direction de son parti resté fidèle, il se présenta, sous les auspices du « Comité national conservateur », aux élections législatives du 20 février 1876 : il fut élu député de l'arrondissement de Bernay, par 9,939 voix (15,994 votants, 20,081 inscrits). Dans sa profession de foi, il rappelait les bienfaits de son administration, et déclarait se rallier au septennat, tout en réservant ses préférences impérialistes. Il siégea au groupe de l'Appel au peuple, vota avec la droite de la Chambre, et, après l'acte du 16 mai 1877, s'abstint lors du vote de défiance infligé au cabinet de Broglie. Il se représenta, le 14 octobre, dans la même circonscription et fut réélu par 9,773 voix (15,973 votants, 19,927 inscrits), contre 5,171 à M. Loisel et 767 à M. Simon. En même temps il avait soutenu, mais avec moins de succès, dans la 2e circonscription d'Evreux, la candidature de son second fils, M. Ambroise Janvier de la Motte, qui échoua avec 4,039 voix. Il suivit la même ligne politique que précédemment, opina, avec les conservateurs impérialistes, contre le ministère Dufaure, contre les divers cabinets de gauche qui se succédèrent au pouvoir, contre l'amnistie, etc., fut réélu, le 21 août 1881, par 10,240 voix (15,433 votants sur 19,160 inscrits), contre 5,035 à M. Albert Parisot, interpella le gouvernement (11 avril 1886) sur ses intentions en Tunisie, se prononça contre les actes des ministères Gambetta et Ferry, et continua de défrayer la chronique parlementaire par l'imprévu et l'insouciance de ses allures. Il mourut au cours de la session. Membre du conseil général de l'Eure, il était, depuis le 26 décembre 1862, officier de la Légion d'honneur.

JANVIER DE LA MOTTE (LOUIS-EUGÈNE), député de 1875 à 1881, né à Verdun (Meuse) le 23 août 1849, fils aîné du précédent, débuta de très bonne heure dans la vie publique. Conseiller général de Maine-et-Loire dès l'âge de 25 ans, pour le canton de Châteauneuf-sur-Sarthe (1874), il maire de Juvardeil (Maine-et-Loire), il commença par faire une vive opposition au gouvernement de la République, et se présenta aux élections législatives de 1876

comme candidat bonapartiste à la Chambre des députés; il fut élu, le 5 mars, au scrutin de ballottage, député de Segré, par 7,315 voix (13,326 votants, 16,435 inscrits), contre 5,911 à M. de Terves, légitimiste. Il prit place au groupe de l'Appel au peuple, vota avec la droite pour le gouvernement du Seize-Mai, tout en se prononçant contre la royauté du droit divin, et obtint sa réélection, le 14 octobre 1877, par 10,582 voix (13,013 votants, 17,116 inscrits), contre 1,828 voix à M. Robert. Après la mort du prince impérial, M. Janvier de la Motte fils montra une tendance marquée à se rapprocher de la gauche opportuniste. En février 1879, il fut l'un des deux membres de la droite de la Chambre qui votèrent pour le projet de loi d'amnistie partielle présenté par le gouvernement, et le seul conservateur qui vota, le 13 mars suivant, pour les poursuites contre les ministres des cabinets des 16 mai et 23 novembre 1877. En juillet, son évolution fut définitive : M. Janvier de la Motte fils rompit avec les impérialistes et s'inscrivit au groupe de l'Union républicaine. La discussion des lois Ferry qu'il soutint de son vote et de sa parole, lui fournit l'occasion d'expliquer à la tribune son changement de ligne politique, et ses opinions furent dès lors conformes à celles de la majorité républicaine. Aux élections du 21 août 1881, M. Janvier de la Motte fils échoua, comme candidat républicain, avec 6,421 voix contre 7,688 à l'élu, M. de Terves. Il fut dédommagé de cet échec, le 23 janvier 1882, par une place de percepteur de 1re classe à Paris.

JANZÉ (CHARLES-ALFRED, BARON DE), député au Corps législatif de 1863 à 1869, représentant en 1871, député de 1878 à 1881 et de 1882 à 1885, né à Paris le 15 août 1822, s'occupa d'agronomie et d'économie politique, devint conseiller général des Côtes-du-Nord (1864) pour le canton de Loudéac, et entra au parlement en 1863. Candidat du gouvernement impérial aux élections du 1er juin pour le Corps législatif, dans la 5e circonscription des Côtes-du-Nord, il fut élu par 12,847 voix (23,575 votants, 30,136 inscrits), contre 10,655 voix à M. de Cuverville. Il siégea dans la majorité, mais fit preuve d'originalité et d'indépendance dans l'étude de certaines questions techniques, qui lui valurent une solide réputation d'orateur d'affaires. Les attaques très vives qu'il lança à la tribune, pendant la session de 1865, contre les compagnies de chemins de fer, eurent beaucoup de retentissement, ainsi que le livre paru sous ses auspices, et qui renouvelait ces attaques en les développant : les *Accidents de chemins de fer*. En mars 1869, il proposa des amendements, l'un, favorable à la liberté des débats législatifs, repoussé par 150 voix contre 16; un autre, adoucissant la pénalité dans le cas d'affichage de la candidature avant le dépôt du serment; un troisième, diminuant la peine édictée contre toute personne convaincue d'avoir discuté la Constitution : la majorité opposa à ces deux derniers la question préalable. Sa coopération à l'amendement « des 45 », qui tendait à transformer l'empire autoritaire en empire libéral, le priva du patronage de l'administration qui lui préféra, aux élections générales du 24 mai 1869, M. Carré-Kérizouët. M. de Janzé échoua avec 6,417 voix contre 15,016 à M. Carré-Kérizouët, élu, et 3,537 à M. Henry de Villeneuve. Il ne rentra dans la vie politique qu'après les événements de 1870. L'option du général Trochu pour le Morbihan lui permit de briguer sa succession comme représentant des Côtes-du-Nord à l'Assemblée nationale, le 2 juillet 1871; il fut élu par 65,405 voix (68,944 votants, 166,478 inscrits). Sa profession de foi était « conservatrice libérale » et contenait une adhésion à la politique de M. Thiers. M. de Janzé prit place au centre gauche, accepta la République et vota : *pour* le retour de l'Assemblée à Paris, *contre* le pouvoir constituant, *contre* la démission de Thiers au 24 mai, *contre* le septennat, *contre* l'état de siège, *contre* la loi des maires, *contre* le ministère de Broglie, *pour* les amendements Wallon et Pascal Duprat et *pour* l'ensemble des lois constitutionnelles. Dans l'Assemblée nationale, de même qu'au Corps législatif, M. de Janzé se signala comme l'adversaire déterminé des grandes compagnies; il déposa une proposition relative au rachat par l'État de l'ensemble des concessions de la compagnie de l'Est; lors de la discussion sur l'état de siège (décembre 1875), il fit adopter un amendement qui enlevait à l'administration le droit d'interdire la vente des journaux sur la voie publique. Il ne se représenta pas aux élections du 20 février 1876, après avoir échoué à celles du Sénat, le 30 janvier précédent, dans les Côtes-du-Nord, avec 146 voix (483 votants). Le 14 octobre 1877, désigné par le parti républicain comme candidat dans l'arrondissement de Loudéac, il n'y obtint que 7,969 voix contre 10,885 à l'élu conservateur, M. Veillet; mais l'élection de ce dernier ayant été invalidée par la majorité, M. de Janzé se représenta, le 3 mars 1878, et fut élu, cette fois, par 9,673 voix (18,384 votants, 23,512 inscrits), contre 8,615 voix au député sortant. Il reprit sa place dans la majorité, vota constamment avec elle, *pour* l'article 7, *pour* les divers ministères de la législature, etc., et traita avec compétence plusieurs questions économiques. Aux élections du 21 août 1881, M. de Janzé échoua avec 7,970 voix contre 8,809 à l'élu, M. Boscher de Langle. L'invalidation de son concurrent lui permit de briguer une fois de plus les suffrages de ses concitoyens, qui le renvoyèrent à la Chambre, le 29 janvier 1882, par 10,174 voix contre 8,468 au député sortant. Il soutint généralement la politique opportuniste, et, éternel adversaire des Compagnies, réussit (juillet 1882) à faire adopter une proposition sur les rapports des compagnies de chemins de fer avec leurs agents commissionnés : il obtint que ces agents ne pourraient être révoqués sans motifs, et qu'un règlement d'administration publique déterminerait quelles sont les fonctions qui doivent être occupées par des agents commissionnés. Une interpellation dont il fut l'auteur, le 28 mai 1883, sur le monopole concédé à la librairie Hachette de la vente des livres dans les gares, aboutit à l'ordre du jour pur et simple, le parlement n'ayant pas compétence pour intervenir dans un contrat privé. En février 1885, il interpella le gouvernement sur le rôle du personnel des chemins de fer en cas de mobilisation. Il ne se représenta pas aux élections d'octobre suivant. On a de lui : *Lesurque, nécessité de reviser son procès; les Finances et le monopole du tabac; la Transformation de Paris, causes du renchérissement de la vie dans la capitale; Dix millions d'économie par la suppression des receveurs généraux; d'un Impôt sur les valeurs mobilières,* etc.

JAPHET (FRANÇOIS-MARIE), député au Conseil des Cinq-Cents, né à Tours (Indre-et-Loire) le 23 mai 1762, mort à une date inconnue, fut reçu, en avril 1788, avocat au parlement à

Tours. Il remplit sous la Révolution diverses fonctions administratives et judiciaires, et il était commissaire du Directoire exécutif près l'administration de son département, quand il fut appelé, le 22 germinal an VI, à le représenter au Conseil des Cinq-Cents. Il y fit un rapport sur le remboursement des sommes empruntées par les receveurs des anciennes loteries, se montra favorable au coup d'Etat de brumaire, et fut nommé (28 floréal an VIII) juge au tribunal civil de Tours. Le gouvernement royal le révoqua de ces fonctions en octobre 1815.

JAQUET (JEAN-ANTOINE), député au Corps législatif de 1807 à 1811, né à Chaumont (Haute-Marne) le 19 mai 1770, mort à une date inconnue, « fils de monsieur Antoine Jaquet, notaire royal, et de dame Marie-Françoise Mallem, mariés, » appartint à la magistrature sous la Révolution. Le 10 messidor an VIII, il fut, en qualité de commissaire du gouvernement, chargé de l'administration de la ci-devant province de Suze (anciens Etats sardes). Intendant du même pays le 5 thermidor suivant, il l'administra, comme sous-préfet de l'arrondissement, sous le Consulat et sous l'Empire. Le 14 avril 1807, le Sénat conservateur le nomma député du département du Pô au Corps législatif, où il siégea jusqu'en 1811.

JARD-PANVILLIER (LOUIS-ALEXANDRE, BARON), député en 1791, membre de la Convention, député au Conseil des Cinq-Cents, membre du Tribunat, député de 1815 à 1822, né à Aigonnay (Deux-Sèvres) le 7 novembre 1757, mort à Paris le 12 avril 1822, fils d'un médecin de Niort, se fit recevoir aussi docteur en médecine, et s'établit à Niort. Les services qu'il fut appelé à rendre le firent nommer (janvier 1790) premier maire constitutionnel de la ville, et, en juillet suivant, procureur général syndic des Deux-Sèvres. Le 3 septembre 1791, il fut élu député de ce département à l'Assemblée législative, le 1er sur 7, par 175 voix sur 328 votants; ses débuts parlementaires furent modestes, il défendit un de ses collègues, Robouam, et le 5 septembre 1792, devint membre de la Convention pour les Deux-Sèvres, élu, le 2e sur 7, par 221 voix sur 373 votants. Il siégea dans la Plaine, et, dans le procès de Louis XVI, répondit au 3e appel nominal : « Quoiqu'il soit contraire à mes principes de prononcer la peine de mort, je n'hésiterais pas à la voter si la tête du dernier conspirateur pouvait tomber avec celle de Louis. Je vote pour la détention jusqu'à la paix et le bannissement à cette époque. » Il se prononça ensuite pour le sursis. Ce fut lui qui entraîna son collègue Duchâtel (*Voy. ce nom*), alors malade, à venir voter pour le roi, et qui le soutint pour monter à la tribune. Le 31 janvier 1793, il fit rendre un décret sur les pensions militaires, obtint (3 mars) l'admission aux Invalides d'un certain nombre d'officiers et de soldats; fut envoyé (10 mai) en mission dans les départements insurgés de l'Ouest et à l'armée des côtes de la Rochelle, d'où Marat le fit revenir, le 13 juin, en l'accusant de modérantisme et en rappelant son intervention dans l'incident Duchâtel. En raison de ses idées modérées, Jard-Panvillier approuva le 9 thermidor, poursuivit les terroristes, et dénonça, le premier, Carrier; le 1er nivôse an III, il s'opposa à la vente des jardins des presbytères; réclama (15 pluviôse) des secours pour la veuve de Philippeaux (*Voy. ce nom*); fut chargé (18 germinal) d'organiser l'instruction publique dans quatorze nouveaux départements du Nord et de l'Est; fit décréter

(25 germinal) des secours pour les religieuses anglaises (de Paris) dont les biens avaient été confisqués; reçut (19 thermidor) une nouvelle mission près des armées des côtes de Cherbourg et de la Rochelle, et fut élu, le 21 vendémiaire an IV, député des Deux-Sèvres au Conseil des Cinq-Cents, par 163 voix sur 177 votants; le même jour, quatre autres départements lui conférèrent le même mandat législatif; il opta pour les Deux-Sèvres. Au Conseil, il attaqua la loi du 3 brumaire an IV, qui excluait des fonctions publiques les parents d'émigrés, et proposa (14 brumaire an V) l'aliénation de tous les presbytères. Le département des Deux-Sèvres le maintint au Conseil des Cinq-Cents, au renouvellement du 23 germinal an V; Jard-Panvillier reproduisit (11 thermidor) le projet relatif aux presbytères, tendant à maintenir les ventes faites, et à surseoir aux autres, jusqu'à ce qu'il eût été statué sur l'organisation des écoles primaires; le 18 thermidor, il fit voter un projet de résolution relatif à la liquidation des pensions des ci-devant gagistes de la liste civile; le 29, il fit adopter des projets relatifs à la revision des lois sur la liquidation des dettes des émigrés; il parla aussi sur le rétablissement du culte, fut élu secrétaire du Conseil le 1er fructidor, s'opposa (18 nivôse an VI) à la suspension du député Hermann (*Voy. ce nom*), et combattit (6 thermidor an VII) la loi des otages. Partisan du coup d'Etat de brumaire, il fut nommé, à la création du Tribunat, membre de cette assemblée (4 nivôse an VIII), dont il fut successivement secrétaire, questeur et président; rapporteur favorable de la proposition Curée sur l'établissement de l'empire, il fut chargé de porter au Sénat la motion du Tribunat. Le 11 ventôse an VIII, il avait été nommé préfet de la Vendée, puis membre de la Légion d'honneur (4 frimaire an XII), et commandeur de l'ordre (15 prairial suivant). Cette même année, le collège électoral des Deux-Sèvres le présenta comme candidat au Sénat conservateur, et renouvela cette présentation le 2 octobre 1806; mais Jard-Panvillier resta au Tribunat, et, lors de la suppression de ce corps, fut appelé (18 septembre 1807) aux fonctions de président de chambre à la cour des Comptes. Chevalier de l'Empire (2 juillet 1808), baron (28 avril 1813), il vota, en 1814, la déchéance de l'empereur, se rallia à Napoléon au retour de l'île d'Elbe, et revint aux Bourbons après Waterloo. Le 22 août 1815, le collège de département des Deux-Sèvres l'élut député par 91 voix sur 173 votants et 224 inscrits, et lui renouvela successivement ce mandat, le 4 octobre 1816, par 97 voix sur 171 votants et 228 inscrits, contre 37 voix à M. Morisset, et 31 à M. Chauvin-Boissavary; et le 20 septembre 1817, par 453 voix sur 617 votants et 952 inscrits, contre 199 à M. Chebron de la Roulière et 102 à M. d'Abbadie; son rôle fut peu actif dans ces dernières législatures; il siégea au centre et vota avec les défenseurs de la monarchie libérale. La ville de Niort a donné son nom à l'une de ses rues.

JARD-PANVILLIER (CHARLES-MARCELLIN), pair de France, né à Niort (Deux-Sèvres) le 30 mars 1789, mort à Paris le 1er avril 1852, fils du précédent, fit ses études à Paris, fut reçu avocat, et fut nommé auditeur au conseil d'Etat (19 janvier 1810). En cette qualité, il fut chargé d'assurer dans plusieurs départements l'organisation de l'administration des droits réunis. Auditeur de 1re classe en 1813, inspecteur des droits réunis, il fut appelé par la première Res-

tauration aux fonctions de sous-préfet de Melle, en remplacement de son oncle paternel, occupa ce poste jusqu'en 1816, et fut nommé, le 31 décembre 1817, conseiller référendaire à la cour des Comptes. Capitaine dans la garde nationale de Paris en 1830, il contribua à la répression des émeutes en 1832, passa conseiller-maître à la cour des Comptes en 1833, et fut promu à la pairie le 23 septembre 1845. Rapporteur de plusieurs projets financiers, il siégea à la Chambre haute jusqu'à la révolution de 1848. Chevalier de la Légion d'honneur (29 octobre 1828), officier du même ordre (1838). Son fils le remplaça à la cour des Comptes, où son petit-fils siège encore aujourd'hui.

JARRIT. — *Voy.* DELILLE.

JARRY (PHILIPPE-PIERRE-HENRI), député au Conseil des Cinq-Cents, né à Saint-Pierre-sur-Dives (Calvados) le 31 août 1748, mort à une date inconnue, homme de loi à Saint-Pierre-sur-Dives, fut élu, le 22 germinal an V, député du Calvados au Conseil des Cinq-Cents, par 364 voix (395 votants). Il ne s'y fit pas remarquer, et quitta l'assemblée en l'an VII.

JARRY-DES-LOGES (RENÉ-FRANÇOIS), député au Conseil des Anciens, né à Champéon (Mayenne) en 1738, mort à Mayenne le 21 janvier 1814, ancien officier de gendarmerie et propriétaire à Villaines (Mayenne), fut élu, le 23 germinal an V, député de ce département au Conseil des Anciens, avec 120 voix (145 votants). Sa compétence spéciale le fit charger d'un rapport sur l'organisation de la gendarmerie; mais, devenu suspect par suite de ses relations avec le parti clichien, il fut arrêté au 18 fructidor et enfermé au Temple, tandis que son élection était annulée. Il obtint sa mise en liberté peu de temps après et rentra dans la vie privée.

JARS (ANTOINE-GABRIEL), député de 1827 à 1842, né à Lyon (Rhône) le 9 janvier 1774, mort à Paris le 16 mars 1857, négociant à Lyon et ancien capitaine du génie, chevalier de la Légion d'honneur du 18 janvier 1815, adjoint au maire de Lyon pendant les Cent-Jours, présenta les clefs de la ville à Napoléon revenant de l'île d'Elbe, fut nommé maire de Lyon par l'empereur, et dut se démettre de ces fonctions au retour de Louis XVIII. A partir de ce moment, il se signala dans les réunions publiques comme libéral. Le 25 février 1824, il échoua comme candidat à la députation dans le 2e arrondissement électoral du Rhône (Lyon-Sud), avec 341 voix contre 405 au député sortant, M. Delhomme; mais, le 17 novembre 1827, il fut élu par le 1er arrondissement du même département (Lyon-Nord), avec 575 voix (912 votants, 1,025 inscrits), contre 307 à M. Delacroix-Laval, et fut réélu, le 23 juin 1830, par 675 voix (980 votants, 1,064 inscrits) contre 296 à M. Nivière. Secrétaire de la Chambre, il vota avec le centre gauche et signa l'adresse des 221. Rallié au gouvernement de Louis-Philippe, il fut successivement réélu député dans le même arrondissement : le 21 juin 1834, par 483 voix (803 votants, 1,057 inscrits), contre 169 à M. Ravez; le 4 novembre 1837, par 558 voix (1,053 votants, 1,344 inscrits); le 2 mars 1839, par 672 voix (894 votants). Il se prononça en faveur de l'inamovibilité de la magistrature, de la loi contre les associations, et de la demande de crédits supplémentaires destinés à l'armée; soutint la plupart des ministères, et échoua, aux élections du 9 juillet 1842, avec 344 voix sur 624 votants. Conseiller général du Rhône.

JARY (François-Joseph), député en 1789, membre de la Convention, député au Conseil des Cinq-Cents, né à Nantes (Loire-Inférieure) le 19 octobre 1739, mort à Nantes le 21 avril 1805, « fils de noble homme Simon Jary, négociant au quai de la Fosse à Nantes, et de Claire Despré, » était qualifié, avant la Révolution, agriculteur à Nort (Loire-Inférieure), directeur des mines de Nort; il prit part au mouvement réformiste qui précéda 1789, fit partie de la députation envoyée à Versailles pour réclamer une représentation du tiers égale à celle des deux autres ordres, et fut député de Nantes (12 février 1789) aux Etats réunis à Rennes. Le 18 avril 1789, la sénéchaussée de Nantes l'élut député du tiers aux Etats-Généraux. Son rôle fut assez effacé dans cette assemblée; il fut membre du comité des impositions, vota avec la gauche, notamment contre le *veto* du roi, et, en raison de son attitude, fut élu, le 8 septembre 1792, par le département de la Loire-Inférieure, membre de la Convention, le 7ᵉ sur 8, par 310 voix sur 458 votants. Là, il siégea parmi les modérés, devint membre (3 janvier 1793) du comité de sûreté générale dénoncé par Marat comme « un comité de contre-révolution », et, dans le procès du roi, après s'être prononcé pour la sanction du peuple, répondit, au 3ᵉ appel nominal : « Je ne viens point ici émettre mon vœu comme juge de Louis; mes commettants ne m'ont donné aucun pouvoir à cet effet, je me suis borné à le déclarer coupable; pour la tranquillité publique, je vote la réclusion et le bannissement lorsque la république sera consolidée ». Il opina ensuite pour le sursis. Signataire de la protestation du 31 mai en faveur des Girondins, il fut compris dans le décret de proscription des 73, et décrété d'arrestation le 11 octobre 1793. Son collègue Chaillou le cacha d'abord chez lui; mais Jary, ne voulant pas le compromettre, quitta cet asile, fut découvert, enfermé à la Force, puis aux Madelonnettes, et ne dut la liberté qu'au 9 thermidor. Réintégré à la Convention le 18 frimaire an III, il fut envoyé en mission près des armées des côtes de Brest, de Cherbourg et de l'Ouest, signa au traité de la Mabilais, et, le 13 floréal, annonça à la Convention que la Vendée était pacifiée. Le 21 vendémiaire an IV, le département de l'Aube l'élut député au Conseil des Cinq-Cents par 135 voix sur 218 votants. Il n'eut qu'un rôle effacé dans cette assemblée, où il fut maintenu, le 22 germinal an V, cette fois par les électeurs de la Loire-Inférieure. Il rentra dans la vie privée en 1798.

JASTRAM (Jean-Victor), député au Conseil des Cinq-Cents, né à une date inconnue, mort à Paris le 15 avril 1800, résidait au Port-de-la-Liberté, ci-devant Port-Louis (Guadeloupe), lorsqu'il fut, le 21 germinal an VII, élu député de cette colonie au Conseil des Cinq-Cents. Son rôle politique n'a laissé aucune trace.

JAUBERT (Antoine-Pierre), député au Corps législatif de l'an X à 1808, né à Pélissanne (Bouches-du-Rhône) le 17 janvier 1748, mort à Vaugirard (Seine) le 18 juin 1822, était, en 1789, avocat au parlement d'Aix. Nommé en 1790 procureur-syndic du département des Bouches-du-Rhône, il prit à l'égard de la Convention et du parti montagnard une attitude qui le rendit suspect et le fit poursuivre en 1793. Mais le 9 thermidor le rappela aux fonctions publiques. Jaubert était venu à Paris : il fut nommé substitut du commissaire du gouvernement près le tribunal de la Seine, puis juge et enfin président d'une section. Révoqué au 18 fructidor

an V, il ouvrit un cabinet d'avocat et donna de fructueuses consultations. Le 20 prairial an X, il fut élu par le Sénat conservateur député des Bouches-du-Rhône au Corps législatif, qu'il quitta en 1808, pour devenir, en 1811, conseiller à la cour impériale de Paris. La Restauration lui conféra, le 10 janvier 1816, le titre de conseiller honoraire.

JAUBERT (François, comte), membre du Tribunat, né à Condom (Gers) le 3 octobre 1758, mort à Paris le 17 mars 1822, avocat à Bordeaux, fut élu, en 1790, officier municipal de cette ville, et commissaire auprès du tribunal civil. Membre de la commission populaire qu'organisèrent les girondins en 1793, il fut mis hors la loi le 6 août, en vertu d'un décret de la Convention, et ne dut son salut qu'au 9 thermidor. Conseiller général de la Gironde en l'an VIII, il fut nommé, le 9 germinal an X, membre du Tribunat, dont il devint président en l'an XII, prit part à l'élaboration du code Napoléon (notamment aux titres relatifs aux donations, aux testaments) et à l'organisation du notariat. Membre de la Légion d'honneur le 25 frimaire an XII, commandeur le 25 prairial suivant, il prononça devant Napoléon, en l'an XIII et en l'an XIV, deux importants discours, le premier à propos de la découverte de la conspiration de Pichegru, le second au sujet de la rupture avec l'Autriche. Conseiller d'Etat, section des finances, le 18 février 1806, gouverneur de la Banque de France le 9 août 1807, créé comte de l'Empire le 22 novembre 1808, il présida deux fois le collège électoral du Gers, et, deux fois, fut élu premier candidat au Sénat par le collège de la Gironde. En 1812, il s'attira les vifs reproches de l'empereur, mécontent de l'esprit d'opposition qui régnait alors parmi les régents de la Banque de France. Il chercha en vain à se disculper et à prendre la défense des personnes incriminées. Nommé, en janvier 1814, chef de la 4ᵉ légion de la garde nationale de Paris, il reçut de la police impériale l'ordre de quitter cette ville. Réintégré dans son commandement après la déchéance de l'empereur, il se rendit au-devant du comte d'Artois pour lui faire sa soumission, perdit quand même sa place de gouverneur de la Banque de France, mais fut, en revanche, nommé grand-officier de la Légion d'honneur le 6 janvier 1815. Au mois de février suivant, il remplaça Sièyes à la cour de Cassation. Au retour de l'île d'Elbe, il rentra au conseil d'Etat et au comité de consultation de la Légion d'honneur, et devint directeur général des contributions indirectes. La seconde Restauration le priva de ses emplois, sans lui garder pourtant rancune de ses évolutions successives. Nommé colonel honoraire de la garde nationale au mois de novembre 1815, par la faveur du comte d'Artois, il rentra comme conseiller à la cour de Cassation en 1818, et conserva ces fonctions jusqu'à sa mort.

JAUBERT (Guillaume-Auguste), député au Corps législatif de 1813 à 1815, né à Condom (Gers) le 9 janvier 1762, mort le 2 mars 1825, « fils de monsieur Michel Jaubert et de dame Henriette Cappo-Feuillide », frère du précédent, suivit l'état ecclésiastique et fut nommé, en 1801, curé de Notre-Dame de Bordeaux, puis grand vicaire du diocèse. Par l'influence de son frère, il obtint l'évêché de Saint-Flour, en remplacement de l'abbé de Voisins, mort avant d'avoir reçu l'institution canonique. Mais, par suite des dissentiments entre Napoléon [et le pape, celui-ci refusa tout d'abord les bulles à l'abbé Jaubert, qui prit néanmoins possession de l'administration du diocèse, et ne reçut ses bulles qu'en 1811 ; comme elles ne faisaient pas mention de la nomination impériale, Napoléon enjoignit à l'évêque de s'en tenir au décret du chef de l'Etat : les bulles papales ne sortirent qu'en 1814 des cartons du ministère des cultes, et jamais l'abbé Jaubert ne put réussir à se faire sacrer. En qualité d'évêque nommé, il assista, en 1811, au « concile national ». Plus tard, il se fit présenter à Fontainebleau au pape, qui le reçut assez froidement. Elu par le Sénat conservateur député du Cantal au Corps législatif, le 6 janvier 1813, Jaubert y montra, en 1814, des principes constitutionnels, et vota avec la minorité. Sous la Restauration, sa situation délicate vis-à-vis de la cour de Rome le détermina à donner sa démission : il se retira en 1816 dans le Cantal avec une pension, et s'occupa de traduire de l'italien *la Vraie Idée du Saint-Siège*, par l'abbé dom P. Tamburini (1819). Jaubert avait été créé baron de l'Empire le 28 mai 1809.

JAUBERT (Jean-François-Jérôme), représentant à la Chambre des Cent-Jours, né à Passa (Pyrénées-Orientales) le 25 juin 1765, mort à une date inconnue, « fils du sieur Jacques Jaubert et de demoiselle Thérèse Qurgas, » était homme de loi à Céret. Avocat depuis le 2 juin 1785, procureur de la commune de Céret (1791), maire de cette ville (1792), juge, président de canton, puis procureur impérial à Céret, il fut élu, le 15 mai 1815, par cet arrondissement, représentant à la Chambre des Cent-Jours, avec 39 voix (43 votants). Il ne fit pas partie d'autres assemblées.

JAUBERT (Hippolyte-François, comte), député de 1831 à 1844, pair de France, ministre, représentant en 1871, né à Paris le 8 octobre 1798, mort à Montpellier (Hérault) le 5 décembre 1874, « fils de François Hippolyte Jaubert, chargé en chef de l'administration civile à bord de l'escadre française et ordonnateur de la marine, et de Rosalie-Mélanie Cheminade, » propriétaire à Givry, commune de Cours-les-Barres (Cher), fut adopté par son oncle (*Voy. le précédent*), qui lui laissa une grande fortune, se fit recevoir avocat, mais préféra entrer dans l'industrie, et devint maître de forges dans le Cher. Conseiller général du Cher en 1830, il aborda la politique, au moment des événements de juillet, et fut successivement élu député : le 5 juillet 1831 dans le 3e collège du Cher (Saint-Amand), par 129 voix (224 votants, 297 inscrits), contre 92 à M. Bonnaire ; le 21 juin 1834, par 177 voix (217 votants, 333 inscrits), contre 41 à M. Michel de Bourges ; le 4 novembre 1837, par 205 voix (251 votants, 372 inscrits) ; le 2 mars 1839, par 229 voix (268 inscrits). D'abord partisan des idées doctrinaires, il conquit rapidement, grâce à sa facilité de parole et à la vivacité de son esprit, une situation à la Chambre, et se lia avec Thiers, qui le fit entrer dans le ministère du 1er mars 1840 avec le portefeuille des Travaux publics ; il se retira avec le cabinet tout entier le 28 octobre suivant. Cette nomination avait forcé M. Jaubert à se représenter devant ses électeurs qui le réélurent, le 28 mars 1840, avec 198 voix (214 votants). Aux élections générales du 9 juillet 1842, il fut de nouveau réélu par 201 voix (248 votants), fit momentanément de l'opposition et vota *contre* l'indemnité Pritchard.

Il fut cependant élevé à la dignité de pair de France le 27 novembre 1844 et se borna alors à défendre la politique conservatrice. Il ne prit aucune part aux événements de 1848 et fut, sous l'Empire, administrateur des usines de Fourchambault. Membre libre de l'Académie des sciences (1858), membre de la Société de botanique, il se porta, le 23 mai 1869, comme candidat de l'opposition dans le Cher, où il échoua avec 4,484 voix sur 24,158 votants. Le 8 février 1871, le département du Cher l'élut représentant à l'Assemblée nationale, le 4e sur 7, avec 50,928 voix (76,432 votants, 95,825 inscrits) ; il avait envoyé sa démission de membre de la Société allemande : « les Curieux de la nature », « ne pouvant plus entretenir des relations de l'autre côté du Rhin, même pour des causes scientifiques. » Dans l'Assemblée, il prit place au centre droit orléaniste, vota *contre* les préliminaires de paix, *pour* l'abrogation des lois d'exil, et fut un des quatre députés qui se prononcèrent (10 juillet 1872) contre le traité qui anticipait la libération du territoire. Au cours des débats sur le budget des Beaux-Arts (exercice 1872), il demanda la réduction des subventions accordées aux théâtres ; au mois de mai 1873, il proposa le rétablissement du cens, en déclarant que seuls jouiraient de droits électoraux les citoyens payant au moins dix francs d'impôt ; il présenta un projet de loi sur la liberté de l'enseignement supérieur qui fut seulement adopté après sa mort et qui aboutit à la fondation des universités catholiques. Chevalier de la Légion d'honneur du 27 avril 1830. A une réunion plénière de l'Institut de France, ayant proposé un projet de réorganisation qui fut repoussé, il avait donné alors sa démission de membre libre, le 11 novembre 1872. Botaniste et érudit, M. Jaubert a publié : *Vocabulaire du Berri et des provinces voisines* (1838), ouvrage qui reparut en 1846, sous ce titre : *Glossaire du centre de la France*, et qui a été couronné par l'Institut. *Lettres écrites d'Orient* (dans la *Revue des Deux-Mondes*); *Illustrationes plantarum orientalium* (1842, 5 vol. in 4°), qui constituent son titre le plus sérieux au point de vue scientifique, etc.

JAUBERT (Pierre-Amédée-Emilien-Probe, chevalier), pair de France, né à Aix (Bouches-du-Rhône) le 3 juin 1779, mort à Auvers-Saint-Georges (Seine-et-Oise) le 27 janvier 1847, « fils de maître Antoine René Jaubert, avocat au parlement, et de dame Marie-Thérèse-Christine Bertet, son épouse, » étudia les langues orientales ; il allait (1798) s'embarquer à Toulon, désigné pour une des places de « jeune de langues » à Constantinople, quand il fut choisi pour être l'un des quatre interprètes attachés à l'armée d'Egypte. Ses collègues étant tombés malades, il resta seul, durant la campagne de 1799, auprès de Bonaparte, dont il devint premier secrétaire-interprète, et dont il traduisit les proclamations, la correspondance avec les cheiks, et les décrets. Profondément instruit et d'un caractère très agréable, il fut du petit nombre de ceux que le général ramena avec lui en France. Secrétaire interprète du gouvernement et professeur de turc en 1800 et 1801, il fut envoyé en Orient avec le colonel Sébastiani en 1802, puis à Constantinople en 1804, avec le général Brune, pour traiter de la reconnaissance de Napoléon empereur par le sultan ; enfin en Perse, en 1805, pour conclure un traité d'alliance avec le shah. Cette dernière mission ne s'accomplit pas sans difficultés. Arrêté par le pacha de Bayazid, dépouillé des présents qu'il portait, il fut jeté au fond d'une citerne desséchée, où il resta trois mois, et où il aurait sûrement péri, si la mort de son persécuteur ne fût survenue à propos ; il put alors gagner Téhéran, où il reçut un excellent accueil. En 1807, il se rendit à Varsovie, où était l'empereur, et servit d'interprète à la mission extraordinaire envoyée par le shah. Créé chevalier de l'Empire le 3 juin 1808, il fut, au mois d'avril 1815, envoyé à Constantinople, comme chargé d'affaires de France. La seconde Restauration le fit revenir à Paris, où il demeura sans emploi jusqu'en 1818. A cette époque, il s'occupa avec Ternaux de l'introduction en France des chèvres thibétaines à laine de cachemire, fit un voyage dans ce but en Orient et en ramena environ 400. Il se remit ensuite à l'enseignement des langues orientales, entra à l'Institut en 1830, en remplacement de M. Barbié du Bocage, et devint conseiller d'Etat puis pair de France le 21 décembre 1841. Sa fille avait épousé M. Dufaure. M. Jaubert était décoré du Soleil de Perse. On a de lui : *Voyage en Arménie et en Perse pendant les années 1805 et 1806* (1821) ; *Voyage d'Orembourg à Boukara* ; *Grammaire turque* ; une traduction estimée de la *Géographie d'Edrizy*, etc.

JAUCEN. — *Voy.* POISSAC (BARON DE).

JAUCOURT (ARNAIL-FRANÇOIS, MARQUIS DE), député en 1791, membre du Tribunat et du Sénat conservateur, ministre, pair de France, né à Tournan (Seine-et-Marne) le 14 novembre 1757, mort à Presles (Seine-et-Marne) le 5 février 1852, d'une famille protestante, débuta à seize ans dans la carrière militaire sous les auspices du prince de Condé, protecteur de sa famille ; il était colonel du régiment de Condé-dragons en 1792, et avait adopté, non sans réserves, les idées nouvelles. Membre de la société des Feuillants, président de l'administration du département de Seine-et-Marne, sa résidence politique, il écrivit en cette qualité, le 4 juillet 1791, à l'Assemblée, pour prêter le serment à la fois comme administrateur et comme militaire. Accusé de désertion par la cour et la noblesse, et en particulier par son cousin le marquis de Jaucourt, qui venait d'émigrer avec les princes, il était, d'autre part, taxé de modération excessive par les réformateurs les plus avancés. Les électeurs du département de Seine-et-Marne l'envoyèrent, le 31 août 1791, le 5e sur 11, par 258 voix (374 votants), siéger à l'Assemblée législative. Jaucourt appartint au comité militaire, où il fit plus d'une fois prévaloir ses avis. En politique, il vota le plus souvent avec la minorité, de même que Dumas, Ramond, Beugnot, etc. Il se montra opposé aux lois contre l'émigration, à l'admission à la barre des soldats de Châteauvieux, envoyés aux galères par suite de l'insurrection de Nancy, et à la formation près Paris d'un camp de 24,000 hommes. Le 20 avril 1792, il essaya de détourner l'Assemblée de déclarer la guerre à l'empereur ; plus tard il prit la parole en faveur du ministre de Lessart. Le 6 février 1792, il avait été promu maréchal-de-camp. Son attitude l'ayant rendu des plus suspects à la majorité, il crut devoir, le 30 juillet 1792, donner sa démission de député ; il fut remplacé, le 2 novembre de la même année, par M. Segretier. Cependant la municipalité de Paris s'était emparée de sa personne, tandis que l'Assemblée, sur la motion de Delacroix, refusait de l'entendre à sa barre. Grâce à l'influence de Mme de Staël auprès de Manuel, alors procureur de la commune, Jaucourt put quitter la prison de

l'Abbaye, où il était enfermé, la veille même des massacres de septembre. Toujours en péril, il s'éloigna de France avec Talleyrand, comme attaché à la mission française en Angleterre. Après le 21 janvier, il reçut ses passeports du gouvernement anglais, rentra en France, mais se retira presque aussitôt en Suisse, sur les bords du lac de Bienne. Ce ne fut qu'après le coup d'Etat de brumaire que Jaucourt fut rappelé aux affaires sur la recommandation de Talleyrand. Nommé, le 4 nivôse an VIII, membre du Tribunat, il fut chargé, en avril 1802, avec Lucien Bonaparte, de défendre le Concordat près du Corps législatif, et songea surtout aux intérêts du culte protestant. Président du Tribunat en octobre 1802, il fut appelé, l'année d'après (8 brumaire an XII), à faire partie du Sénat, où il s'associa à la politique et à la fortune de Joseph Bonaparte ; en 1804, il devint un des principaux officiers de sa maison, puis il l'accompagna à Naples. Membre de la Légion d'honneur du 4 frimaire an XII, il fut, le 25 prairial suivant, promu commandeur du même ordre. Le 26 avril 1808, Jaucourt fut créé comte de l'Empire, et, en 1810, le Sénat le proposa pour la sénatorerie de Florence, dotée de 30,000 francs de rente ; mais l'empereur lui préféra le général Ferino. A partir de ce moment, Jaucourt montra un éloignement de plus en plus marqué pour la monarchie militaire ; il adhéra à la déchéance de Napoléon, accepta en 1814 de faire partie du gouvernement provisoire, fut nommé, le 13 mai de la même année, par Louis XVIII, ministre d'Etat et pair de France, fut chargé, le 4 juin, de l'intérim des Affaires étrangères tandis que Talleyrand représentait la France au Congrès de Vienne, et obtint, le 25 octobre, le brevet de lieutenant-général. Pendant les Cent-Jours, il fut du petit nombre de ceux que Napoléon mit hors la loi ; il avait suivi le roi à Gand. Il rentra à Paris avec lui et reçut, le 9 juillet 1815, le portefeuille de la Marine. Mais ayant refusé de signer la reddition de Landau, le cabinet dont il faisait partie fut obligé de se retirer, et fut remplacé (23 septembre) par le ministère Richelieu. Jaucourt fut, d'ailleurs, comblé de faveurs par le pouvoir royal, qui le fit encore membre du conseil privé et grand-croix de la Légion d'honneur. Il se consacra alors à la défense de la religion réformée, tant au sein de la Société Biblique protestante de Paris et de la Société d'encouragement de l'instruction primaire parmi les protestants de France, que dans la Chambre des pairs, où il prit parfois la parole. Rallié des premiers à la monarchie de juillet, il siégea au Luxembourg jusqu'à la révolution de 1848, qui le rendit à la vie privée. Il se retira alors à sa terre de Presles, et ne mourut qu'après avoir donné son vote à la présidence du prince L.-N. Bonaparte et son approbation au coup d'Etat.

JAUCOURT (JEAN-FRANÇOIS-CHARLES, COMTE DE), député au Corps législatif de 1863 à 1869, né à Paris le 28 mai 1836, de la même famille que le précédent, entra de bonne heure dans la diplomatie, fut premier secrétaire d'ambassade, puis fut appelé à remplir auprès de M. de Persigny, ministre de l'Intérieur, les fonctions de chef de cabinet. Dévoué au régime impérial, il se présenta, avec l'appui officiel du gouvernement, dans la 2e circonscription de Seine-et-Marne, aux élections du 1er juin 1863, et fut élu député au Corps législatif, par 14,192 voix (27,133 votants, 32,074 inscrits), contre 12,606 voix à M. Gareau, député sortant, également impérialiste. M. de Jaucourt appartint par tous ses votes à la majorité dynastique. Aux élections du 24 mai 1869, il échoua, après une lutte très vive et malgré le patronage de l'administration, avec 9,265 voix contre 10,454 accordées à l'élu, M. de Jouvencel, de l'opposition, et 6,909 à M. Renan. — Officier de la Légion d'honneur.

JAUME (Honoré-Henry), député en 1789, né à Grasse (Var) le 15 novembre 1761, mort à une date inconnue, propriétaire à Hyères et négociant, fut élu par la sénéchaussée de Toulon, le 6 avril 1789, député du tiers aux Etats-Généraux. Membre obscur de la majorité de la Constituante, il devint, après la session, accusateur public à Draguignan, puis, en l'an VII, juge au tribunal de cassation.

JAURÉGUIBERRY (Jean-Bernardin), représentant en 1871, ministre, sénateur inamovible de 1879 à 1887, né à Bayonne (Basses-Pyrénées) le 26 août 1815, mort à Paris le 21 octobre 1887, entra à l'Ecole navale en 1831 ; aspirant en 1832, il prit part sur la *Melpomène* et sur la *Junon* au blocus des côtes de Hollande ; enseigne en 1839, il fit la campagne contre Buenos-Ayres ; lieutenant de vaisseau en 1845, il commanda l'aviso la *Chimère* de 1852 à 1854 ; capitaine de frégate en 1856, il fit la campagne de Crimée sur la canonnière la *Grenade* ; capitaine de vaisseau en 1860, il fit la campagne de Chine, fut porté à plusieurs reprises à l'ordre du jour de l'armée, et devint gouverneur du Sénégal (1861). Il commanda ensuite le cuirassé la *Normandie* (1863-1865), puis la *Revanche* (1867), fut nommé major de la flotte (1869) à Toulon, contre-amiral le 24 mai 1870, fut appelé, lors de la guerre de 1870, au commandement de la 1re division du 16e corps, assista à la bataille de Patay (1er décembre 1870), fut mis à l'ordre du jour de l'armée, et devint commandant du 16e corps, lorsque Chanzy fut appelé au commandement de la nouvelle armée de la Loire. Il eut à couvrir la retraite de cette armée, quand elle se retira sur le Loir et vers le Mans. Vice-amiral le 9 décembre 1870, il fut élu, le 8 février 1871, représentant des Basses-Pyrénées à l'Assemblée nationale, le 6e sur 9, par 41,768 voix (61,049 votants, 110,425 inscrits), s'assit au centre droit, mais ne prit que peu de part aux débats parlementaires, car, nommé préfet maritime de Toulon le 29 mai 1871, il donna sa démission de député le 4 décembre suivant, lors de la promulgation de la loi sur l'incompatibilité des fonctions. Membre du conseil d'amirauté le 13 septembre 1875, il se porta candidat aux élections sénatoriales, dans les Basses-Pyrénées, le 30 janvier 1876, et échoua avec 263 voix sur 540 votants. Nommé commandant de l'escadre de la Méditerranée le 1er octobre 1876, puis président du conseil des travaux de la marine, il fut élu par le Sénat, le 27 mai 1879, sénateur inamovible, en remplacement de M. Léon de Maleville, décédé, avec 168 voix sur 249 votants. Le 4 février précédent, il avait accepté le portefeuille de la Marine dans le cabinet Waddington, qui tomba le 28 décembre suivant ; il le conserva dans le ministère suivant présidé par M. de Freycinet, du 29 décembre 1879 au 22 septembre 1880. Après la chute du cabinet Gambetta, M. de Freycinet, de nouveau président du conseil, remit le portefeuille de la Marine à M. Jauréguiberry (30 janvier 1882), qui resta à son poste dans le cabinet suivant, présidé par M. Duclerc (7 août). Mais les tergiversations du gouvernement dans l'expédition du Tonkin, et la discussion de la proposition Ballue sur l'expulsion des princes, amenèrent

M. Jauréguiberry à donner sa démission de ministre (28 janvier 1883). Redevenu simple sénateur, il parla contre la loi d'expulsion, fit retrancher (24 mai 1883), lors de la discussion du crédit de 5 millions et demi pour le Tonkin, l'article relatif au commissaire civil obligatoire, et fut rapporteur (décembre) d'une nouvelle demande de crédit de 20 millions pour le Tonkin. Bien que siégeant à la gauche du Sénat, il a voté (22 juin 1886) *contre* l'expulsion des princes. Commandeur de la Légion d'honneur du 10 août 1861, grand-officier du 17 novembre 1870, grand-croix du 14 janvier 1879.

JAURÈS (Constant-Louis-Jean-Benjamin), représentant en 1871, sénateur de 1875 à 1889, ministre, né à Albi (Tarn) le 3 février 1823, mort à Paris le 13 mars 1889, fils du vice-amiral Jaurès (mort en 1870), entra en 1839 à l'école navale, en sortit aspirant en 1841, devint enseigne en 1845, lieutenant de vaisseau en 1850, capitaine de frégate en 1861, capitaine de vaisseau le 22 mai 1869, et membre de la commission des marchés maritimes. Il fit toutes les campagnes navales du second Empire en Crimée, en Italie, en Chine, en Cochinchine et au Mexique. En juillet 1870, il reçut le commandement de la frégate cuirassée *l'Héroïne*, dans l'escadre du Nord destinée à opérer une diversion sur les côtes d'Allemagne. Nos défaites n'ayant pas permis d'organiser cette expédition, il fut nommé (novembre 1870) général de brigade, chargé d'organiser le 21e corps, qui combattit sur la Loire, dans la Sarthe et la Mayenne. Après les combats de Marchenoir et de Sillé-le-Guillaume, il fut promu général de division (16 janvier 1871). La commission de revision des grades, « en reconnaissance des services éminents qu'il avait rendus, » le maintint contre-amiral. Le 8 février 1871, il échoua à la députation, sans s'être présenté, dans le Tarn, avec 38,109 voix sur 78,096 votants ; mais il fut élu, aux élections complémentaires du 2 juillet suivant, représentant du Tarn à l'Assemblée nationale, par 45,111 voix sur 67,676 inscrits, en remplacement du général Trochu qui avait opté pour le Morbihan. Il siégea au centre gauche, dont il devint vice-président, vota *contre* la pétition des évêques, *contre* le pouvoir constituant de l'Assemblée, *contre* le service militaire de trois ans, *contre* la démission de Thiers au 24 mai, *contre* le septennat, s'abstint sur l'admission à titre définitif des princes d'Orléans dans l'armée, et se prononça *contre* le ministère de Broglie, *pour* l'amendement Wallon, *pour* les lois constitutionnelles.

Le 13 décembre 1875, il fut élu sénateur inamovible par l'Assemblée nationale, le 35e sur 75, avec 351 voix sur 689 votants. Nommé au commandement en second de l'escadre de la Méditerranée le 25 février 1876, il dut se rendre dans les eaux de Salonique, pour demander satisfaction de l'assassinat du consul de France. En octobre suivant, il fut appelé au commandement de l'escadre de Cherbourg, devint vice-amiral le 31 octobre 1878, et fut nommé (12 décembre) ambassadeur en Espagne. De là, il passa (17 février 1882) à l'ambassade de Saint-Pétersbourg d'où, rappelé le 10 novembre 1883, il revint prendre sa place à la gauche du Sénat, avec laquelle il a constamment voté ; il s'est cependant abstenu (22 juin 1886) dans le scrutin sur l'expulsion des princes. Après la chute du ministère Floquet, il accepta, dans le nouveau cabinet Tirard, le portefeuille de la Marine (23 février 1889), et mourut à ce poste moins d'un mois après. Officier de la Légion d'honneur du 22 avril 1861, commandeur du 5 septembre 1877, grand-officier du 12 juillet 1888.

JAURÈS (Jean-Léon), député de 1885 à 1889, neveu du précédent, né à Castres (Tarn) le 3 septembre 1859, fit de brillantes études au lycée Louis-le-Grand, entra en 1878 à l'Ecole normale supérieure, en sortit en 1881, et fut reçu agrégé de philosophie. Professeur de philosophie au lycée d'Albi, il fut chargé ensuite du même enseignement à la faculté des lettres de Toulouse, et en même temps d'un cours de psychologie au lycée de jeunes filles de cette ville. Républicain, il fut élu député du Tarn, le 4 octobre 1885, le premier sur la liste du parti républicain, par 48,067 voix (94,149 votants, 110,561 inscrits). M. Jaurès, qui était un des plus jeunes membres de la Chambre nouvelle, siégea à la gauche radicale, et fit à la tribune du Palais-Bourbon un début remarqué, le 21 octobre 1886, au cours de la discussion du projet de loi adopté par le Sénat sur l'enseignement primaire ; il déposa, à ce sujet, un amendement, qu'il retira presque aussitôt, tendant à assurer et à régler, en matière d'enseignement primaire, le droit des communes. En 1887, il prit part à la discussion du budget de l'instruction publique, puis au débat sur les projets de modification du tarif général des douanes dans le sens d'une surtaxe sur les céréales : une proposition préjudicielle, dont il était l'auteur, avait pour objet d'ajourner le vote de l'article 1er jusqu'à ce que le gouvernement eût étudié les mesures à prendre pour assurer le bénéfice des nouvelles dispositions douanières aux fermiers, métayers et ouvriers agricoles. Rapporteur de la proposition de loi relative aux délégués mineurs, il traita encore (1888) diverses questions de finances et d'économie sociale, et donna son avis : sur la proposition de M. Audiffred relative aux caisses de secours et de retraite des ouvriers mineurs ; sur le projet concernant la responsabilité des accidents dont les ouvriers sont victimes ; fit rejeter (février 1888) une demande d'abolition de l'exercice chez les débitants et son remplacement par l'abonnement obligatoire, et défendit (octobre) le budget présenté par le gouvernement. M. Jaurès a voté *pour* la politique coloniale, *pour* l'expulsion des princes, a soutenu le ministère Floquet, et, en dernier lieu, s'est abstenu sur le rétablissement du scrutin d'arrondissement (11 février 1889), et s'est prononcé *contre* l'ajournement indéfini de la revision de la Constitution, *pour* les poursuites contre trois députés membres de la Ligue des patriotes, *contre* le projet de loi Lisbonne restrictif de la liberté de la presse, *contre* les poursuites contre le général Boulanger.

JAVAL (Léopold), député au Corps législatif de 1857 à 1870, représentant en 1871, né à Mulhouse (Haut-Rhin) le 1er décembre 1804, mort à Paris le 28 mars 1872, d'une famille d'industriels israélites établis depuis longtemps en Alsace, fut placé au collège de Nancy, et termina ses études au collège Saint-Louis à Paris. Son père l'intéressa dans les Messageries Laffitte et Gaillard, à la fondation desquelles il avait coopéré, et l'envoya passer une année à Londres chez un clergyman. M. Léopold Javal en profita pour étudier les mœurs et les institutions anglaises, et, bravant les rigueurs de la loi anglaise qui punissait de mort tout exportateur de machines, il réussit à introduire en France, dans la manufacture de toiles peintes que son père et son oncle avaient créée en 1819 à Saint-Denis, un système de cylindres gravés qui accomplissait mécaniquement le travail de l'impression sur étoffes : le jeune contrebandier fut sur le point d'être arrêté par la police anglaise, qu'une indiscrétion avait mise sur la piste. Après s'être préparé quelque temps à l'Ecole polytechnique, M. L. Javal résolut de se consacrer aux affaires ; mais comme la vie sédentaire convenait mal à son activité, il entreprit en Algérie un voyage commercial, au cours duquel il obtint du général Clausel l'autorisation de suivre l'armée française, en qualité de volontaire, dans les gorges de l'Atlas. Après s'être distingué à Blidah et à Médéah, le « volontaire Javal » fut proposé par le général en chef pour la croix de la Légion d'honneur qui lui fut conférée le 16 mai 1831 ; le 24 décembre 1830, il avait été nommé sous-lieutenant à la suite dans « l'escadron de la cavalerie algérienne », qui devint plus tard le noyau du corps des spahis. Mais les instances de sa famille ramenèrent M. Léopold Javal en France ; il s'y occupa de l'établissement dans Paris des premières voitures-*omnibus* (les *Orléanaises* et les *Favorites* furent créées avec le concours de la maison Javal). Il fut lié, sans partager les théories en honneur à Ménilmontant, avec les principaux adeptes de la nouvelle école Saint-Simonienne, et devenu, en 1835, le directeur exclusif de la maison de banque fondée par ses père et oncle, il prit une part très active aux grandes affaires industrielles de l'époque. L'établissement des premières lignes de chemins de fer en Alsace, la direction d'exploitations rurales considérables, la création dans l'Yonne de l'importante ferme-école de Vauluisant, ancienne abbaye de Bénédictins où eurent lieu les premiers concours agricoles, furent l'objet de ses soins. Vers la même époque, il fonda sur les bords du bassin d'Arcachon une exploitation de 2,800 hectares ensemencés de pins maritimes et couverts de prairies artificielles. Les services rendus par lui à l'agriculture lui valurent de hautes récompenses aux diverses Expositions régionales, nationales et universelles. Membre de la Société des Economistes, de la Société Ethnographique et d'un grand nombre d'autres institutions, il appartenait en outre, depuis 1841, au collège des notables israélites de Paris et, depuis 1853, au consistoire central, lorsqu'il aborda la vie publique. Déjà membre du conseil général de la Gironde, il se présenta dans la 2e circonscription de l'Yonne, le 22 juin 1857, comme candidat indépendant au Corps législatif, et fut élu député, après une lutte des plus vives, par 14,089 voix (23,231 votants, 36,116 inscrits), contre 11,029 voix au candidat officiel, M. Bertrand. Progressiste et libre-échangiste, il ne tarda pas à se faire dans l'Assemblée une importante situation comme membre du tiers-parti libéral. Il vota *contre* la loi de sûreté générale, prit part, le 5 mai 1858, à la discussion du projet de loi relatif aux warrants et aux ventes publiques de marchandises en gros, et, le lendemain 6, à celle du projet sur les prêts à faire par le Crédit foncier. Il intervint très fréquemment dans les débats économiques, notamment sur les tarifs de douanes, blâma en plusieurs circonstances l'intervention, trop fréquente à son gré, du gouvernement dans les intérêts industriels et commerciaux, et adressa d'assez vives critiques au Crédit foncier, qu'il regardait comme trop enclin à s'éloigner du but de son institution. Réélu député, le 1er juin 1863, par 16,895 voix (27,062 votants, 35,254 inscrits), contre 6,558 voix à M. Charton, et 3,321 à M. Billebaud du Chaffaud, M. Javal soutint énergiquement en 1864, contre MM. Thiers, Brame et Pouyer-Quertier, les doctrines du libre-échange, et comme ce dernier avait prophétisé la ruine prochaine de l'industrie française, il répliqua : « Quant à moi, je n'accepte pas la lettre funèbre que nous adresse M. Pouyer-Quertier ; je ne prétends pas assister à l'enterrement de nos industries. Il n'y a à enterrer ici que des propositions contraires au bons sens, à la justice et à la vérité. » En 1865, il vota contre le projet de loi relatif aux chèques, et, le 30 mai de la même année, contribua a faire renvoyer à la commission un article du projet de loi relatif à la mise en liberté provisoire des détenus. En 1866, il réclama pour l'agriculture le dégrèvement des droits de mutation, la diminution du contingent militaire, le ralentissement des travaux stériles d'embellissement ; en 1867, il discuta longuement le projet de loi nouveau sur les sociétés commerciales. Dans l'ordre politique, il s'était prononcé pour la responsabilité ministérielle, contre l'expédition du Mexique, etc. Lors du débat soulevé par la loi militaire en 1868, il fut l'auteur de l'amendement qui rendait obligatoire pour tous le service dans la garde nationale mobile. Réélu député au Corps législatif, le 24 mai 1869, par 19,277 voix (31,834 votants, 36,545 inscrits), contre 9,877 voix au baron Brincard et 2,592 à M. Billebaud, il signa, le 25 novembre, avec vingt-six de ses collègues, le manifeste dit de la gauche ; puis il combattit le plébiscite, et, à la veille du 4 septembre, fut un des signataires de la proposition de déchéance. Lié avec Thiers et Ernest Picard, il se rallia, quoique sans enthousiasme, à la proclamation de la République, resta à Paris pendant le siège, défendit, au 31 octobre 1870, la cause du gouvernement de la Défense nationale, et adhéra à la politique suivie en 1871 par le chef du pouvoir exécutif. Les élections du 8 février l'envoyèrent à l'Assemblée nationale comme représentant de l'Yonne, le 2ᵉ sur 7, avec 44,693 voix (61,853 votants, 113,657 inscrits). Il siégea au centre gauche, parmi les conservateurs républicains, et s'associa aux premiers votes de ce groupe politique ; mais sa santé s'étant gravement altérée dès les premiers mois de 1872, il succomba, le 28 mars, à la rupture d'un anévrisme. Il était, depuis le 8 octobre 1871, conseiller général du canton de Villeneuve-l'Archevêque.

JAVAL (Louis-Emile), député de 1885 à 1889, né à Paris le 5 mai 1839, fut d'abord élève de l'Ecole des mines, puis se fit recevoir docteur en médecine en mars 1868. Il s'occupa d'oculistique, devint chef du laboratoire d'ophtalmologie à l'école des Hautes-Etudes, et publia un grand nombre de travaux sur l'hygiène de la vue, le daltonisme, le strabisme et l'astigmatisme, dans la *Revue scientifique*, les *Annales d'oculistique*, les *Bulletins de la Société de biologie*, etc. Le 18 janvier 1885, l'arrondissement de Sens l'élut député en remplacement de M. Guichard, décédé, avec 8,777 voix (15,629 votants, 19,360 inscrits), contre 6,706 voix à M. de Fontaine. Porté sur la liste de concentration républicaine de l'Yonne, aux élections générales du 4 octobre suivant, il fut réélu, au second tour, le 2ᵉ sur 6, par 53,867 voix (86,690 votants, 109,551 inscrits). Il siégea à gauche, sans se faire inscrire à aucun groupe, parla en 1885 sur les mesures à prendre pour parer à la dépopulation de la France, en juin 1887

contre la nouvelle loi militaire, s'abstint sur l'expulsion des princes, et se mêla (1889) aux débats sur les assurances des ouvriers contre les accidents, et sur la loi militaire. En dernier lieu, il s'est prononcé pour le rétablissement du scrutin d'arrondissement (11 février 1889), pour l'ajournement indéfini de la révision de la Constitution, pour les poursuites contre trois députés membres de la Ligue des patriotes, pour le projet de loi Lisbonne restrictif de la liberté de la presse, pour les poursuites contre le général Boulanger. Chevalier de la Légion d'honneur, membre de l'Académie de médecine, de la Société de biologie, de la Société de physique, correspondant de l'Académie de médecine de Belgique, etc.

JAVOGUES (Claude), membre de la Convention, né à Bellegarde (Loire) le 2 août 1759, mort à Paris le 9 octobre 1796, était huissier à Montbrison avant la Révolution. Partisan ardent des idées nouvelles, il fit partie du directoire du district de Montbrison, et fut élu, le 9 septembre 1792, membre de la Convention par le département de Rhône-et-Loire, le 14ᵉ sur 15, avec 480 voix sur 814 votants. Il prit place à la Montagne, et, dans le procès de Louis XVI, répondit au 3ᵉ appel nominal : « Pour préserver les âmes pusillanimes de l'amour de la tyrannie, je vote pour la mort dans les vingt-quatre heures. » Envoyé en mission dans Rhône-et-Loire en septembre 1793, il prit part au siège de Lyon, se vanta que « le sang coulerait à Montbrison comme l'eau dans les rues », et pour punir cette ville d'avoir soutenu Lyon, l'appela « Montbrisé » ; il passa ensuite à Mâcon (octobre), où il créa des comités de surveillance dans chaque chef-lieu, fit démolir les châteaux en ordonnant « que les matériaux qui en proviendront soient distribués aux sans-culottes pour se construire des chaumières », et convertit les églises en salles de sociétés populaires et en temples de la raison. De là, il se rendit dans l'Ain, et entra, le 10 décembre, à « Bourg-Régénéré », en proclamant que « l'édifice de la prospérité publique ne pouvait se consolider que par la destruction et sur le cadavre du dernier des honnêtes gens ». Il venait d'ordonner la destruction des « édifices de luxe », lorsqu'il fut rappelé à Lyon, sur la dénonciation de Couthon, qui lui reprochait d'avoir, dans une de ses proclamations, parlé de lui en ces termes : « Ah ! Couthon, jusqu'à présent tu n'as été qu'un habile empirique : avec un air apparat de philanthropie, tu n'a jamais cherché le bonheur du peuple ; avec le mot de justice sur tes lèvres tu as l'injustice dans le cœur ; je lis dans le souterrain de tes plus secrètes pensées ; tu as voulu allier ce qui de sa nature était inaliénable (sic), la richesse avec l'amour de la République ». — « La richesse, répondit Couthon, j'en suis si avide, j'ai accumulé une si grande fortune que si Javogues veut me donner 13.000 livres de tout ce que je possède au monde, je lui en abandonne de grand cœur ; j'en avais un peu plus quand j'ai été fait législateur. Javogues pourrait-il en dire autant ? je le souhaite. » Et, tout-puissant auprès du comité de salut public et à la Convention, Couthon fit annuler la proclamation de Javogues, l'accusa (8 février) « d'exercer avec la cruauté d'un Néron des pouvoirs qui lui avaient été retirés », et fit voter son rappel. Renvoyé devant le comité de salut public le 23 ventôse, Javogues ne tarda pas à désavouer humblement ses attaques contre Couthon (1ᵉʳ floréal) : « Des scélérats qui avaient surpris ma confiance, dit-il, abusant de mon exaltation républicaine, m'avaient égaré sur le compte de notre estimable collègue Couthon. J'ai eu le malheur de céder aux insinuations perfides de ces hommes pervers; j'ai outragé notre collègue dans une proclamation que je désavoue, que je rétracte *(vifs applaudissements)*, que je voue solennellement au blâme de l'opinion publique *(nouveaux applaudissements)*. Mon cœur n'a jamais cessé d'aimer, d'honorer le citoyen Couthon. Voilà la profession de foi dont je ne me serais jamais écarté si j'eusse toujours été moi. Je prie la Convention de la recevoir et de permettre qu'elle soit insérée au Bulletin. Je sais que Couthon n'en a pas besoin; mais c'est pour moi que je le demande. Un homme pur doit reconnaître avec franchise ses erreurs, et les réparer autant qu'il est en lui *(les applaudissements recommencent et se prolongent)*. » Couthon promit alors à Javogues son estime et son amitié, et le *Moniteur* ajoute: «Javogues et Couthon s'embrassent.» Instruit par cette expérience, Javogues se tint désormais prudemment en dehors des questions brûlantes; le 26 nivôse an III, il fit l'éloge de Kellermann. Mais, le 19 floréal suivant, il fut dénoncé par les administrateurs de Bourg (Ain), et, le 25, par une pétition des habitants du département de Rhône-et-Loire, comme «l'assassin et le dévastateur de son pays». Après l'insurrection de prairial, il fut décrété d'arrestation le 13, et, le 17, Dugué-d'Assé déclara à la Convention que « Javogues était accusé par tous les partis, même par les jacobins, d'avoir commis les actes les plus atroces et les plus immoraux». Arrêté peu après, il bénéficia de l'amnistie générale du 4 brumaire an IV. Ayant pris part à la conspiration du camp de Grenelle, il fut arrêté de nouveau le 24 fructidor suivant, passa, quatre jours après, devant la commission militaire, fut condamné à mort et fusillé.

JAY (JEAN), député en 1791, membre de la Convention, né à Sainte-Foy-la-Grande (Gironde) le 30 décembre 1743, mort à Nougaret, près de Fleix (Dordogne), le 9 septembre 1807, d'une famille protestante originaire de Castillon-sur-Dordogne, fit ses études théologiques à Genève, fut « ministre du saint Évangile » en Hollande, et rentra en France au début de la Révolution. Qualifié avocat et nommé, en 1791, administrateur du département de la Gironde, il fut élu, le 3 septembre 1791, député de ce département à l'Assemblée législative, le 10e sur 12, à la pluralité des voix (469 votants); il vota avec la majorité, et fut réélu, le 6 septembre 1792, par le même département, député à la Convention, le 5e sur 10, avec 418 voix (646 votants). Il siégea à la Montagne, et déclara, lors du procès du roi, au 3e appel nominal: « Je vote pour la peine de mort. » Il donna son opinion sur l'instruction publique, fit proroger les pouvoirs du comité de salut public, devint secrétaire de la Convention, présida le club des Jacobins, et, dans la séance du 26 juin 1794, donna, d'après une lettre reçue d'un membre du district de Bordeaux, connaissance de certains détails relatifs à l'arrestation des girondins Guadet, Salles et Barbaroux. Non réélu après la session à l'un ou à l'autre des nouveaux Conseils, il devint plus tard pasteur de l'église de Fleix (Dordogne), et y exerça le ministère jusqu'à sa mort.

JAY (ANTOINE), représentant à la Chambre des Cent-Jours, et député de 1831 à 1837, né à Guîtres (Gironde) le 19 octobre 1769, mort à Chaberville (Gironde) le 9 avril 1854, « fils de monsieur Jean Jay, commissaire à Terrier, et de demoiselle Julie-Philippe Chevreau,» fit ses études chez les Oratoriens de Niort, et son droit à Toulouse, où il fut reçu avocat, embrassa avec ardeur les idées de la Révolution, fut nommé administrateur du district de Libourne, puis partit pour l'Amérique (1796), où il visita le Canada, les Florides et la Louisiane et se lia avec le président Jefferson. A son retour en France (1803), il devint le précepteur des trois fils de Fouché, qu'il avait eu pour professeur à l'Oratoire. Comme son protecteur était alors un ardent partisan du nouveau régime, Jay célébra en vers dithyrambiques le sacre de l'empereur et la naissance du roi de Rome. Inscrit au barreau de Paris, il s'occupa surtout de littérature. Son *Tableau littéraire du dix-huitième siècle* fut couronné par l'Académie en 1806, et son *Éloge de Montaigne* eut le même honneur en 1812. Cette même année, il fut appelé à la direction du *Journal de Paris*. Professeur d'histoire à l'Académie royale en 1814, il attaqua sans ménagement l'empereur vaincu; au retour de l'île d'Elbe, ce fut le tour des Bourbons. Élu, le 15 mai 1815, représentant à la Chambre des Cent-Jours, par le collège de département de la Gironde, avec 17 voix sur 29 votants, il jura l'Acte additionnel. Mais, après Waterloo, ses convictions se modifièrent encore une fois. Sous l'inspiration de Fouché, il réclama formellement l'abdication de l'empereur (21 juin), et, s'il refusait, la proclamation de sa déchéance. La Chambre n'osa pas encore aller si loin, et nomma une commission pour s'entendre avec les ministres. Jay fut un des cinq députés chargés, auprès des soldats français campés sous Paris, de les dissuader de combattre les alliés, afin de les laisser entrer dans Paris. Les Bourbons n'ayant point récompensé son zèle, Jay passa à l'opposition, participa à la fondation du *Constitutionnel*, et collabora à la *Biographie des contemporains* où son article sur Boyer-Fonfrède lui valut un an de prison et 16 francs d'amende. Pourtant il ne voulut pas signer en juillet 1830, la protestation des journalistes, et il se soumit aux Ordonnances. Le 5e collège de la Gironde (la Réole) l'élut député, le 18 février 1831, par 121 voix (155 votants), en remplacement de M. Galos décédé, et le réélut, le 5 juillet 1831, par 170 voix (229 votants, 368 inscrits), contre 56 à M. Gravier; et, le 25 juin 1834, par 129 voix (206 votants, 336 inscrits), contre 59 à M. Berryer. Il parla contre les associations patriotiques, vota l'hérédité de la pairie, et ne négligea aucune occasion de combattre les mesures libérales. Membre de l'Académie française du 17 mars 1832, conseiller général de la Gironde (1831-1837), maire de Lagorce (Gironde) 1830-1848), il a publié un nombre considérable d'ouvrages littéraires, historiques, biographiques et de voyages, parmi lesquels l'*Histoire du ministère du Cardinal de Richelieu* tient la première place.

JAYR (HIPPOLYTE-PAUL), pair de France et ministre, né à Bourg (Ain) le 25 décembre 1801, « fils de Benoit-Marie Jayr, avocat, et de Lucie-Marie-Françoise Dévote Roussel, mariés, demeurant à Bourg, étudia le droit à Paris et entra dans l'administration en 1830. Conseiller de préfecture, puis secrétaire général de l'Ain (août 1830), il devint préfet de ce département le 25 mai 1831, et fut placé ensuite successivement à la tête des départements de la Loire (23 juillet 1837), de la Moselle (20 octobre 1838) et du Rhône (23 mai 1839). Son dévouement aux intérêts de la monarchie de juillet le fit appeler, le 9 juillet 1845, à la Chambre des pairs. Il y soutint le pouvoir de ses votes, mais il conserva son titre et ses fonctions de préfet de Lyon jusqu'au moment où il vint remplacer dans le cabinet Guizot, le 9 mai 1847, M. S. Dumon, comme ministre des Travaux publics. Il s'associa aux actes politiques du chef du cabinet, et, personnellement, eut à présenter aux Chambres divers projets de loi relatifs aux chemins de fer de Lyon, d'Avignon, de Dieppe, du centre, etc. On remarqua aussi le rapport qu'il adressa au roi sur l'organisation du corps des mines et des ponts et chaussées. La révolution de février le rendit à la vie privée. Commandeur de la Légion d'honneur depuis 1845; administrateur du chemin de fer de l'Est.

JEAN (IGNACE), représentant à la Chambre des Cent-Jours, né à Aurel (Vaucluse) le 2 août 1768, mort à une date inconnue, « fils de Jean-Baptiste Jean et de Marie-Anne Roitel, mariés, » fut nommé, en 1790, procureur de la commune d'Aurel, devint, en l'an III, administrateur du département de Vaucluse et, le 15 floréal an VIII, fut appelé aux fonctions de secrétaire général de la préfecture. Il devint plus tard sous-préfet de Briançon. Le 13 mai 1815, le collège de département de Vaucluse le choisit comme représentant à la Chambre des Cent-Jours, par 22 voix sur 43 votants. Il appartint encore à l'administration sous Louis-Philippe et fut admis à la retraite comme sous-préfet de Briançon le 1er octobre 1840. Chevalier de la Légion d'honneur.

JEANBON-SAINT-ANDRÉ (ANDRÉ, BARON), membre de la Convention, né à Montauban (Tarn-et-Garonne) le 25 février 1749, mort à Mayence (Allemagne) le 10 décembre 1813, fils de Jeanbon, foulounier, servit dans la marine marchande où il devint capitaine, puis, de retour en France, se fit pasteur protestant. Au début de la Révolution, il en embrassa les idées avec ardeur, fut nommé, en 1790, officier municipal de Montauban et, le 5 septembre 1792, fut élu membre de la Convention, le 4e sur 9, à la pluralité des voix, par le département du Lot (dont Montauban faisait alors partie, le département de Tarn-et-Garonne n'ayant été créé que plus tard). Il siégea à la Montagne, s'opposa (1er décembre 1792) à l'envoi d'une lettre de félicitations à Dumouriez et, dans le procès de Louis XVI, répondit au 3e appel nominal : « Tous les peuples qui ont voulu être libres n'ont pu l'être que par la mort des tyrans. Je vote pour la mort. » Le 21 janvier 1793, il dénonça un placard de Valady, et demanda contre lui un décret d'accusation, et, le lendemain, fit accepter la démission de Roland, « l'Assemblée ne pouvant tenir enchaîné un homme qui veut être libre. » Le 8 février, il réclama le rapport du décret rendu contre les auteurs des massacres de septembre, et, le 16, écrivit à ses collègues Simond, Grégoire, Hérault de Séchelles et Jagot, en mission dans la Savoie, une lettre curieuse au point de vue des responsabilités de chacun dans la mort du roi : « J'ai reçu votre lettre à la Convention sur la mort du tyran. J'y ai supprimé le mot « condamnation » qui pouvait faire équivoque, et j'y ai substitué une expression qui rendît mieux vos vrais sentiments qui étaient

pour la mort, sans appel au peuple. » Il ajoute : « Condorcet, Barrère et Gensonné nous ont lu à eux trois une Constitution qui a été loin de plaire à tout le monde. Ce malheureux enfant de huit ou neuf pères brissotins a contre lui, aux yeux de bien des gens, un vice très essentiel, celui de sa naissance ; et puis on le trouve rachitique, mal conformé ; cela va jusqu'à dire qu'il ne pourra pas vivre. » Le 9 mars 1793, il monta à la tribune pour rendre hommage au zèle des Parisiens qui volaient à la défense de la patrie ; il fit abolir, le même jour, la contrainte par corps pour dettes ; fut envoyé en mission dans la Dordogne ; fit adopter (8 juin) une augmentation de traitement de 300 livres pour les juges de paix de 1re catégorie, et de 150 livres pour ceux de 2e; fut adjoint, le 12 juin, au comité de salut public pour la marine; remplit une courte mission en Seine-et-Marne; loua (9 juillet) le patriotisme du général Rossignol, et fit décréter son élargissement; fit partie (10 juillet) du nouveau comité de salut public, et fut élu (11 juillet) président de la Convention. Le 27, il fit remplacer, au comité de salut public, Gasparin, malade, par Robespierre, et fut envoyé, le 1er août, en mission aux armées du Nord, des Ardennes, de la Moselle et du Rhin. De retour à la Convention à la fin du mois, il déposa, le 5 septembre, la proposition suivante : « Il existe à Paris une classe d'individus qui, malgré la faiblesse de leur sexe, font beaucoup de mal à la République. Ils corrompent vos jeunes gens, et au lieu de les rendre vigoureux et dignes des anciens Spartiates, ils n'en font que des Sybarites, incapables de servir la liberté : je veux parler de ces femmes impudiques qui font un honteux trafic de leurs charmes. C'est une peste dans la société, et tout bon gouvernement devrait les bannir de son sein. Je demande que le comité de salut public examine s'il ne serait pas utile d'étouffer ce germe de contre-révolution, en déportant au delà des mers les femmes de mauvaise vie. » Le 14 septembre, sur sa motion, les citoyens âgés de plus de 40 ans furent autorisés à entrer dans l'armée révolutionnaire ; le 23, il fit décréter d'accusation Perrin (de l'Aube), et le lendemain fut envoyé en mission dans l'Ouest. A Brest, il refusa d'établir un tribunal révolutionnaire, s'occupa avec zèle de réorganiser notre marine, passa dans l'Ille-et-Vilaine en octobre, et fut envoyé au commencement de novembre à Cherbourg. « Le mal est dans la tête, écrivait-il le 27. Le général, entouré d'une foule de petits officiers qui ont toute la morgue et l'ignorance de la présomption, se laisse conduire par eux, parce qu'il n'a pas assez de capacité pour se conduire lui-même. Je vous invite à défendre sévèrement ces pétaudières appelées conseils de guerre. » De retour à Paris, il rendit compte de sa mission à Brest le 12 pluviôse an II, fit décréter, le 13, des peines contre les capitaines qui rendent leurs vaisseaux, et des récompenses pour ceux qui s'emparent de vaisseaux ennemis d'une force supérieure, et n'accepta, comme on l'en pressait, de retourner à Brest qu'à la condition de remplacer les juges révolutionnaires qu'on y avait envoyés de Rochefort par un tribunal plus modéré ; le comité de salut public accepta le renvoi des juges de Rochefort, mais les remplaça par des juges du tribunal révolutionnaire de Paris. Jeanbon reprit en main, à Brest, la réorganisation de nos flottes, visita les chantiers, surveilla les manœuvres, et s'embarqua même avec Villaret-Joyeuse (24 floréal) pour protéger l'arrivée d'un grand convoi de vivres d'Amérique. Il fut envoyé dans le même but à Toulon et à Marseille. Lorsqu'il revint à la Convention, il insista (10 germinal an III) pour que l'on s'occupât des lois organiques de la Constitution ; réclama, le 12, l'organisation du gouvernement républicain; émit le vœu, le 13, de créer à Toulon une école d'hydrographie ; fit une motion (2 floréal) en faveur des petites-nièces de Fénelon; demanda (21 floréal) qu'on examinât la question de la suppression du tribunal révolutionnaire; et, après l'insurrection du 1er prairial, fut dénoncé le 9, par Hardy (de la Seine-Inférieure), comme complice des envahisseurs, et décrété d'arrestation. Il bénéficia de l'amnistie générale du 4 brumaire an IV. Le Directoire le nomma conseiller général à Alger, puis à Smyrne; là il fut retenu prisonnier par les Turcs à Kirassoum, pendant trois ans. Il ne refusa pas ses services au gouvernement consulaire, qui le nomma commissaire général chargé de l'organisation des quatre départements du Rhin, et préfet du Mont-Tonnerre (11 fructidor an X); il dut, a-t-on dit, ces dernières fonctions au jeu de mots que le premier consul se serait plu à faire sur son nom et sur Mayence, chef-lieu de ce département. Membre de la Légion d'honneur 25 prairial an XII), créé baron de l'Empire (9 juin 1809), Jeanbon resta préfet de Mayence jusqu'à sa mort. Il périt du typhus rapporté par les malades et les blessés de l'armée française, contrainte de repasser le Rhin à la hâte devant l'invasion (1813).

JEANMAIRE (Eugène), député de 1876 à 1881, né à Épinal (Vosges) le 17 juillet 1808, mort à Épinal le 9 mars 1886, se fit recevoir avocat, fut inscrit au barreau de sa ville natale et, grâce à sa situation de fortune, put s'occuper surtout d'agriculture. Conseiller municipal d'Épinal, administrateur du bureau de bienfaisance, maire en 1848, suppléant du juge de paix, conseiller d'arrondissement, hostile à l'Empire, il devint conseiller général des Vosges en 1874, et se présenta aux élections législatives du 20 février 1876, comme candidat républicain modéré, dans l'arrondissement d'Épinal, qui l'élut député par 12,809 voix (21,435 votants, 27,039 inscrits), contre 8,514 voix à M. de Ravinel, représentant sortant, candidat monarchiste. Dans sa profession de foi, il promettait « d'affermir la République conservatrice, qui, seule, peut nous donner la paix, l'ordre et la sécurité ». Il siégea à gauche et fut des 363. Combattu, aux élections du 14 octobre 1877, par l'administration, il obtint sa réélection par 13,445 voix (23,089 votants, 28,036 inscrits), contre 9,551 voix à M. de Pruines. Il reprit sa place dans la majorité, se prononça contre le ministère Rochebouët, pour l'ordre du jour contre « les menées cléricales », pour le ministère Dufaure, pour l'article 7 de la loi sur l'enseignement supérieur, pour l'invalidation de l'élection de Blanqui, pour les lois nouvelles sur la presse et le droit de réunion, etc. Il ne fut pas réélu en 1881.

JEANNEST (Claude-François-Louis), député en 1789, né à Saint-Florentin (Yonne) le 24 novembre 1751, mort à Saint-Florentin le 7 octobre 1822, était, en 1789, procureur du roi en l'élection de Saint-Florentin. Élu, le 7 avril 1789, député du tiers aux Etats-Généraux par le bailliage de Troyes, avec 135 voix (170 votants, il ne se fit pas remarquer dans l'Assemblée constituante, et se retira après la session à Saint-Florentin.

JEANNEST-LA-NOUE (Pierre-Edme-Nicolas), membre de la Convention et député au Conseil des Cinq-Cents, frère du précédent, né à Saint-Florentin (Yonne) le 16 novembre 1748, mort à Saint-Florentin le 7 mars 1816, rapporteur « au point d'honneur », fut, au début de la Révolution, élu par ses concitoyens à des fonctions administratives; membre du directoire du district de Saint-Florentin, puis du directoire du département (1790-1791), il fut, le 7 septembre 1792, désigné comme troisième suppléant de l'Yonne à la Convention, par 83 voix (544 votants). La condamnation à mort de Boileau l'appela à siéger comme titulaire à sa place, le 9 frimaire an II. Il ne se fit pas remarquer dans l'assemblée, et passa de même inaperçu au Conseil des Cinq-Cents, où il fut réélu député de l'Yonne, le 22 vendémiaire an IV, par 226 voix (291 votants), et d'où il sortit en l'an VI. Il fut, plus tard, conseiller général de l'Yonne et maire de Saint-Florentin.

JEANNET-JEANNET (Louis-Nicolas), député en 1789, né à Troyes (Aube) le 13 mars 1739, mort à Paris le 27 octobre 1790, était négociant à Arcis-sur-Aube. Élu, le 7 avril 1789, député du tiers aux Etats-Généraux par le bailliage de Troyes avec 116 voix (170 votants), il opina avec la majorité de l'Assemblée constituante, et mourut à Paris au cours de la session (octobre 1790).

JEANNOT. — Voy. Moncey (de).

JEHL (Ignace), représentant du peuple à l'Assemblée législative de 1849, né à Rhinau (Bas-Rhin) le 4 octobre 1799, mort à Rhinau le 8 septembre 1882, propriétaire-agriculteur, était maire de cette ville, quand ses opinions républicaines le firent inscrire sur la liste du parti avancé dans le département du Bas-Rhin, dont il fut élu, le 13 mai 1849, le représentant à l'Assemblée législative, le 5e sur 12, par 37,058 voix (95,863 votants, 146,942 inscrits). Il siégea à la Montagne, et signa la protestation contre les affaires de Rome ainsi que l'appel aux armes; toutefois, il ne fut pas impliqué dans les poursuites dirigées contre plusieurs représentants après la journée du 13 juin, conserva son siège à la gauche de l'Assemblée, et vota jusqu'au bout avec la minorité démocratique. Le coup d'Etat du 2 décembre 1851 le rendit à la vie privée.

JENISCH (Martin-Jean), député au Corps législatif de 1812 à 1814, né à Hambourg (Allemagne) en 1759, mort à Hambourg le 29 janvier 1827, négociant dans sa ville natale et président de la chambre de commerce, fut, le 2 avril 1812, désigné par l'empereur, sur la présentation du préfet des Bouches-de-l'Elbe, pour représenter ce département au Corps législatif. Il y siégea jusqu'en 1814, date de la séparation d'Hambourg de la France.

JENOT (Jean-François), député en 1776, né à Briey (Moselle) le 31 décembre 1736, mort à une date inconnue, était, lors de la Révolution, curé de Chesny, en Lorraine. Le 16 mars 1789, il fut élu, par 6 voix sur 11 votants, député du clergé aux Etats-Généraux par le bailliage de Metz. Son rôle parlementaire fut très secondaire, et le Moniteur n'en a pas fait mention.

JENTY (Charles), député de 1876 à 1877 et de 1878 à 1881, né à Sucy-en-Brie (Seine-et-Oise) le 27 février 1826, mort à Paris le

26 avril 1882, s'occupa de bonne heure d'entreprises, dirigea divers établissements industriels en France, prit part à la création de voies ferrées et de canaux en Italie, et coopéra à la construction du chemin de fer du midi de l'Espagne. L'un des fondateurs de la compagnie du chemin de fer des Charentes, il en resta, pendant plusieurs années, un des administrateurs délégués à la direction, alla conduire dans la Russie d'Asie la construction de lignes ferrées destinées à relier la mer Caspienne à la mer Noire, et, au bout de quatre ans, après avoir livré la ligne de Poti à Tiflis, revint en France, déjà à la tête d'une grande fortune, pour achever jusqu'à Tours le chemin de fer de la Vendée. Il prit en même temps la direction du journal la *France* (1869), et seconda le mouvement libéral dans lequel l'Empire semblait alors vouloir entrer. Après la révolution du 4 septembre 1870, il accepta la République, sans l'avoir désirée, céda quelque temps après la *France* à M. Émile de Girardin, et devint, en 1873, directeur politique du *Petit Journal*, puis président du conseil d'administration. Candidat aux élections législatives du 20 février 1876 dans la 1re circonscription de la Roche-sur-Yon (Vendée), il fut élu député par 8,391 voix sur 15,491 votants et 21,406 inscrits, contre 6.923 à M. de Puiberneau, député sortant; il prit place au centre gauche et fut des 363. Aux élections qui suivirent la dissolution de la Chambre par le cabinet du 16 mai, M. Jenty échoua, le 14 octobre 1877, dans la même circonscription, avec 8,564 voix contre 9,107 à M. de Puiberneau, candidat du gouvernement, élu. Mais la majorité de la Chambre nouvelle annula cette élection, et les électeurs de la 1re circonscription de la Roche-sur-Yon, convoqués à nouveau le 7 avril 1878, donnèrent cette fois la majorité à M. Jenty, avec 9,921 voix sur 12,010 votants et 22,722 inscrits. M. de Puiberneau, qui ne se représentait pas, recueillit encore 335 suffrages. M. Jenty reprit sa place à gauche, soutint la politique scolaire et coloniale des ministères opportunistes, prit quelquefois la parole sur les questions de chemins de fer et de budget, et, au renouvellement législatif du 21 août 1881, échoua avec 8,433 voix, contre 9,144 données au candidat conservateur, élu, M. Maynard de la Claye. La faillite de la compagnie du chemin de fer de la Vendée, survenue au cours de cette dernière législature, entraîna M. Jenty dans une série de procès en responsabilité où il perdit une partie de sa fortune. Officier de la Légion d'honneur (1873).

JERSEY (FRANÇOIS-ANTOINE-NICOLAS), député en 1789, né à Haguenau (Bas-Rhin) en 1754, mort à une date inconnue, avocat à Bitche, fut élu, le 28 décembre 1789, député suppléant de la noblesse aux États-Généraux par le bailliage de Sarreguemines. Admis à siéger le 21 janvier 1790, en remplacement de M. de Gomer, démissionnaire, il ne se fit pas remarquer jusqu'à la fin de la session, et rentra ensuite au barreau de Bitche.

JESSAINT (CLAUDE-LAURENT BOURGEOIS, VICOMTE DE), pair de France, né à Jessaint (Aube) le 26 avril 1764, mort au château de Beaulieu (Aube) le 8 janvier 1853, fut le condisciple de Bonaparte à Brienne. Peu partisan de la Révolution, il fut cependant nommé, par le conventionnel Albert, maire de Bar; il conserva ces fonctions jusqu'au 18 fructidor an V, époque à laquelle sa qualité d'ex-noble le força de se retirer. Lors de l'organisation de l'administration consulaire, il fut appelé à la préfecture de la Marne, où il se signala, pendant quarante ans, par d'utiles fondations philanthropiques. Grand-officier de la Légion d'honneur (25 prairial au XII), chevalier de l'Empire (16 septembre 1808), baron (19 décembre 1809), vicomte (6 juillet 1826), il fut nommé pair de France le 10 novembre 1838, et mis à la retraite comme préfet, le 22 février 1839.

JESSÉ (JOSEPH-HENRI, BARON DE), député en 1789, né à Béziers (Hérault) en 1746, mort à la prison de la Conciergerie de Paris le 6 février 1794, d'une ancienne famille du Languedoc, embrassa l'état militaire et servit au régiment de Picardie, dans les armées du roi. Capitaine de cavalerie au moment de la Révolution, il fut élu, le 26 mars 1789, député de la noblesse aux États-Généraux par la sénéchaussée de Béziers; son rôle à la Constituante ne fut pas sans importance. Il demanda que le trésor des églises fût converti en argent monnayé, et s'opposa au vote de la contribution du quart des revenus qui frappait tous les propriétaires. Président de l'Assemblée en août 1790, il proposa, en mars 1791, que le roi seul pût nommer les ministres et l'ordonnateur du trésor public, s'opposa à la réunion d'Avignon à la France, et combattit les résolutions relatives aux émigrés. Incarcéré à Moulins sous la Terreur, il fut transféré à Paris à la Conciergerie, où il mourut subitement.

JESSÉ (AMBROISE-ANTOINE-AUGUSTE, BARON DE), député de 1815 à 1817, né à Béziers (Hérault) le 7 décembre 1767, mort à Béziers le 28 avril 1817, fils du précédent, officier au régiment de Royal-vaisseaux, émigra en 1791, fut blessé à l'armée de Condé, et assista à l'affaire de Quiberon. Il rentra en France au moment du Consulat, mais se tint à l'écart jusqu'à la Restauration. Nommé, en 1815, sous-chef d'état-major du comte Ernouf, sous les ordres du duc d'Angoulême, puis commandant de l'armée royale de Béziers (26 juin), il devint ensuite lieutenant-colonel de la légion du Tarn. Chevalier de Saint-Louis, il fut élu, le 22 mars 1815, député du collège du département de l'Hérault, par 74 voix (134 votants, 232 inscrits), et fut réélu, le 4 octobre 1816, par 78 voix (152 votants, 227 inscrits). Il avait siégé dans la majorité de la Chambre introuvable, et à l'extrême-droite de la Chambre suivante. Il mourut six mois après cette dernière élection.

JEUDY (ADRIEN), représentant du peuple en 1848, né à Latillé (Vienne) le 11 mai 1795, mort à Latillé le 5 décembre 1865, fils d'un propriétaire-agriculteur de Latillé, fit son droit, et revint à Latillé s'occuper de la gestion de ses propriétés. Conseiller général de la Vienne pour le canton de Vouillé sous la monarchie de juillet, maire de Latillé, il fut porté, sans l'avoir sollicité, sur la liste des candidats républicains de la Vienne, aux élections du 23 avril 1848, pour l'Assemblée constituante, et fut élu représentant du peuple, le 8e et dernier, avec 19,033 voix sur 70,722 votants. Il prit place parmi les partisans du général Cavaignac, et vota *pour* la loi contre les attroupements, *pour* le décret contre les clubs, *pour* le rétablissement du cautionnement, *pour* les poursuites contre Louis Blanc et Caussidière, *contre* l'abolition de la peine de mort, *contre* l'impôt progressif, *contre* l'amendement Grévy, *contre* le droit au travail. Il se lassa bientôt d'un mandat qu'il n'avait point recherché, se fit porter en congé à partir du 15 novembre 1848, et donna sa démission le 30 décembre suivant.

JEVARDAT-FOMBELLE (Léonard), député au Conseil des Anciens, né le 10 novembre 1758, mort le 15 juin 1834, avocat, fut élu, le 23 vendémiaire an IV, député de la Haute-Vienne au Conseil des Anciens, par 95 voix sur 126 votants. Réélu, le 24 germinal an VII, au même Conseil, il y vota l'adjonction de quatre directeurs du jury au tribunal criminel de la Seine, devint secrétaire du Conseil, demanda au 18 fructidor l'examen de la résolution sur les élections, parla sur l'indemnité due aux députés exclus le 22 floréal, sur la liquidation des fermages arriérés payables en nature, réclama un rapport sur la levée de deux cent mille hommes proposée par le Directoire, et appela l'attention du Conseil sur l'estimation des lésions dans les ventes faites en papier-monnaie. Jevardat, favorable au coup d'État du 18 brumaire, fut nommé, par le nouveau régime, juge au tribunal d'appel de Limoges (18 floréal an VIII).

JOANNIS. — Voy. VERCLOS (MARQUIS DE).

JOBAL DE LUC (Joseph-François-Louis, comte), député de 1815 à 1816, né à Metz (Moselle) le 26 mars 1746, mort à Metz le 11 avril 1831. « fils d'Etienne-Louis Jobal de Villé, président à mortier au parlement de Metz, et de Claude Masson, sa troisième femme, » fut colonel des chasseurs des Trois-Evêchés pendant la guerre de Sept ans, puis maréchal de camp. Hostile à la Révolution, il émigra en 1792, se rendit à l'armée de Condé et devint le précepteur militaire du duc de Berry. Grand croix de Saint-Louis le 31 août 1814, lieutenant-général le 2 mars 1815, il fut élu député par le collège de département de la Moselle, le 22 août 1815, avec 107 voix (165 votants, 318 inscrits). Il siégea dans la majorité de la Chambre introuvable, fut créé comte par Louis XVIII le 15 décembre suivant, puis major-général des gardes du corps, et chevalier de la Légion d'honneur. Il ne fit pas partie d'autres assemblées, et fut mis à la retraite, comme général de division, le 28 novembre 1821.

JOBARD (Jean-Baptiste-Thérèse), député de 1833 à 1834, né à Gray (Haute-Saône) le 15 juillet 1784, mort dans la même ville le 24 novembre 1875, fils d'un avocat du roi au bailliage de Gray, choisit la carrière industrielle. Maître de forges, il mit en pratique, l'un des premiers, au profit de ses ouvriers et employés, le système de la participation aux bénéfices. Il apporta plusieurs améliorations dans la métallurgie, et, notamment, fit faire de grands progrès à l'utilisation de la chaleur perdue des hauts-fourneaux. Elu, le 10 août 1833, député du 4e collège électoral de la Haute-Saône (Gray) par 173 voix sur 245 votants et 342 inscrits, contre 66 voix à M. Dornier, il siégea dans la majorité ministérielle, et fut remplacé, aux élections générales du 21 juin 1834, par son neveu, François Jobard.

JOBARD (François), député de 1834 à 1839, né à Gray (Haute-Saône) le 28 décembre 1803, mort à Besançon (Doubs) le 7 mars 1881, neveu du précédent, fit sa carrière dans la magistrature. Il était substitut du procureur général près la cour de Besançon, lorsqu'il fut élu, le 21 juin 1834, député du 4e collège de la Haute-Saône (Gray), par 151 voix sur 270 vo-

tants et 369 inscrits, contre 110 voix à M. Dornier. Il siégea parmi les ministériels, et fut réélu, le 4 novembre 1837, par 156 voix sur 368 votants et 370 inscrits, contre 147 voix à M. Lacordaire. Non réélu en 1839, M. Jobard continua sa carrière de magistrat, devint président de chambre à Besançon, et fut admis à la retraite en cette qualité le 6 mai 1874.

JOBARD (Louis-Charles), membre du Sénat, né à Gray (Haute-Saône) le 11 décembre 1821, se fit recevoir docteur en droit à Dijon, puis seconda son père, J.-B Jobard (V. plus haut), dans la direction de ses usines métallurgiques, à la tête desquelles il fut placé avec son frère quelque temps après. Conseiller municipal de Gray, conseiller d'arrondissement, conseiller général, il devint maire de Gray en 1869, et, dans ce poste, donna, pendant l'invasion allemande, de nombreuses preuves de courage et de dévouement à sa ville natale, dont il défendit au péril de ses jours les habitants contre les exigences de l'ennemi. Ses concitoyens reconnaissants le choisirent pour l'un des deux sénateurs élus, le 30 janvier 1876, dans le département de la Haute-Saône, et lui donnèrent 330 voix sur 644 votants. Il prit place au centre gauche, refusa la dissolution de la Chambre demandée par le cabinet du 16 mai, soutint d'une manière générale la politique des ministères républicains, et fut réélu, au renouvellement du 8 janvier 1882, par 480 voix sur 640 votants. Il continua à appuyer le gouvernement républicain, vota la loi d'expulsion des chefs de familles ayant régné sur la France, et, en dernier lieu, pour le rétablissement du scrutin d'arrondissement (13 février 1889), pour le projet Lisbonne sur la presse, pour la procédure à suivre devant le Sénat (affaire Boulanger). Indépendamment de ses occupations industrielles et politiques, M. Jobard s'est adonné aux questions agricoles, a considérablement contribué à introduire dans la Haute-Saône les méthodes nouvelles de culture et d'élevage. Président du comice agricole de Gray, il fut l'un des fondateurs et des collaborateurs du journal l'Agriculture, de M. Barral. On lui doit en outre un Questionnaire du Cultivateur (Dijon, 1867).

JOBERT-LUCAS (Pierre), représentant à la Chambre des Cent-Jours, député de 1821 à 1824 et de 1827 à 1831, né à Reims (Marne) le 24 avril 1766, mort à Paris le 27 mai 1841, riche manufacturier de Reims, fut élu, le 13 mai 1815, représentant à la Chambre des Cent-Jours par l'arrondissement de Reims, avec 45 voix (73 votants). Partisan modéré du gouvernement de la Restauration, il fut nommé membre du conseil général des manufactures le 23 août 1819, et fut renvoyé à la Chambre des députés, le 1er octobre 1821, par les électeurs du 3e arrondissement de la Marne, qui lui donnèrent 308 voix (463 votants, 554 inscrits), contre 153 à M. Ruinart de Brimont. Il siégea au centre gauche jusqu'en 1824, échoua, au renouvellement du 25 février de cette année, avec 201 voix, contre 242 à M. Ruinart de Brimont, élu, et fut plus heureux, le 17 novembre 1827; redevenu député de Reims par 270 voix (400 votants, 443 inscrits), il reprit sa place au centre gauche, combattit le ministère Polignac, fut des 221, et obtint sa réélection, le 12 juillet 1830, par 272 voix (398 votants, 445 inscrits). Démissionnaire en 1831, il fut remplacé comme député par M. Chaix d'Est-Ange.

JOBEZ (Jean-Emmanuel), représentant à la Chambre des Cent-Jours, député de 1815 à 1824, et en 1828, né à Morez (Jura) le 2 novembre 1775, mort à Lons-le-Saulnier (Jura) le 9 octobre 1828, fils de Claude Jobez fondateur d'un hospice à Morez, fit des études à Besançon et vint les achever à Paris. Atteint par la conscription, il obtint bientôt son congé ; son goût pour la poésie le ramena dans la capitale où il fut bien accueilli de Palissot. Mais son père le rappela près de lui. Emmanuel Jobez se fixa alors à Morez, y devint maître de forges, maire de la commune, et brigua avec succès, le 11 mai 1815, le mandat de représentant à la Chambre des Cent-Jours : il l'obtint du collège de département du Jura, par 74 voix (127 votants). D'opinions « constitutionnelles », il se rallia modérément au gouvernement de la Restauration, et, réélu député par le même collège, le 22 août 1815, à la « Chambre introuvable », par 114 voix (197 votants, 281 inscrits), il opina avec la minorité en faveur des projets du ministère attaqué par le côté droit. Il fit alors imprimer son opinion sur la loi d'amnistie qu'il voulait telle que le gouvernement l'avait proposée, opinion qu'il n'avait pu développer à la tribune. Après la dissolution de la Chambre, Jobez fut encore réélu, le 4 octobre 1816, par 113 voix (204 votants, 269 inscrits). Il siégea au centre gauche, dont il fut un des principaux orateurs, et attaqua vivement le budget de la guerre dans la session de 1817 ; la Chambre vota l'impression de son discours. La *Biographie pittoresque des députés* (1820) lui consacra cette notice : « Le même homme peut-il être à la fois doux et farouche, modeste et fier, indulgent et inflexible, timide et véhément? Celui qui vient de vous accueillir avec tant de grâce, de vous obliger avec si peu de prétention, que vous avez trouvé chez lui un livre à la main, occupé d'études étrangères à la politique, qui vous a semblé si indifférent aux affaires, est-il bien le même que cet orateur qui attaque avec tant de rudesse les abus de l'administration publique, qui reproche si impitoyablement à un ministre ses fautes, ses injustices, ses profusions, qui ne dit jamais quatre phrases de suite sans exciter les murmures du centre et de la droite, et qui ne monte guère à la tribune sans se faire rappeler à l'ordre? Il faut bien que de tels contrastes puissent exister dans le caractère d'une même personne, puisque M. Jobez en offre un exemple ; ou bien c'est qu'il existe réellement deux hommes en M. Jobez, l'homme privé et le citoyen. Il est différent de lui-même jusque dans sa complexion physique. Il paraît délicat en habit bourgeois, ses traits sont mâles et sa physionomie âpre quand il est en costume ; sa voix est douce dans un entretien familier, et retentissante dans la discussion. Il a cinq pieds deux pouces chez lui, et cinq pieds six pouces à la tribune. » Le 7 avril 1821, il combattit la proposition Sirieys de Mayrinhac tendant à obliger les orateurs rappelés à l'ordre à quitter immédiatement la tribune. Le 1ᵉʳ octobre 1821, ce fut le 1ᵉʳ arrondissement électoral du Jura (Lons-le-Saulnier) qui, par 136 voix (244 votants, 281 inscrits), contre 106 à M. Babey, renvoya M. Jobez à la Chambre, où il fit partie de la minorité hostile au cabinet Villèle. Mais il échoua aux élections du 25 février 1824, à Lons-le-Saulnier, avec 78 voix contre 150 à l'élu, M. Nicod de Ronchaud, et, huit jours après, le 6 mars, au collège de département, avec 13 voix seulement contre 84 à M. de Froissard, élu. Il se représenta, sans plus de succès, le 17 novembre 1827, et ne recueillit dans le 1ᵉʳ arrondisse-

ment que 67 voix contre 129 à l'élu, M. Cordier ; mais une élection partielle ayant eu lieu, le 8 avril 1828, dans le 2ᵉ arrondissement, celui de Besançon, pour remplacer M. Jacquot de Mercey, démissionnaire, M. Jobez redevint député, par 143 voix (268 votants, 310 inscrits), contre 107 à M. Droz. De retour dans son département après la session, il était allé, le 9 octobre, visiter un de ses amis, à quelques lieues de Lons-le-Saulnier, lorsqu'au retour le cheval qu'il montait s'emporta ; il ne put s'en rendre maître, fut lancé contre un mur, expira quelques instants après. Ses restes furent transportés à Syam où il avait établi des forges. On a de lui, outre ses discours et opinions : *Épître à Palissot*, par un habitant du Jura (1806), et un poème, laissé manuscrit, sur les *Éléments*.

JOBEZ (Louis-Etienne-Alphonse), représentant du peuple en 1848, né à Morez (Jura) le 1ᵉʳ août 1813, fils du précédent, fit son droit à Paris (1833-1835), puis dirigea les forges de Syam (Jura) qui appartenaient à son père, devint conseiller-général du Jura en 1838, et fut l'un des chefs de l'opposition libérale dans le Jura à la fin du règne de Louis-Philippe. Elu, le 23 avril 1848, représentant du Jura à l'Assemblée constituante, le 8ᵉ et dernier, par 31,715 voix sur 74,155 votants, il siégea parmi les modérés, fit partie du comité des affaires étrangères, et vota en général avec la droite, *pour* le bannissement de la famille d'Orléans, *pour* les poursuites contre L. Blanc et Caussidière, *contre* l'impôt progressif, *contre* l'incompatibilité des fonctions, *contre* l'amendement Grévy, *contre* la sanction de la Constitution par le peuple, *pour* l'ensemble de la Constitution, *pour* la proposition Rateau, *pour* l'expédition de Rome, *contre* la demande de mise en accusation du président et des ministres. Non réélu à la Législative, M. Jobez se retira de la politique active, et se livra à des études d'économie sociale. On a de lui : *Préface au Socialisme* (1848) ; la *Démocratie, c'est l'inconnu* (1849) ; *la Femme et l'enfant, ou misère entraine opposition* (Paris, 1852) ; *la France sous Louis XV* (1864-1873), etc.

JOCTEUR-MONTROZIER (Jean-Baptiste-Alphonse), représentant en 1871, né à Chatonay (Isère) le 9 octobre 1811, notaire à Grenoble de 1836 à 1865, maire de Chatonay depuis 1836, fut élu, le 8 février 1871, représentant de l'Isère à l'Assemblée nationale, le 8ᵉ sur 12, par 56,921 voix (92,816 votants, 162,174 inscrits). Il prit place au centre droit et vota *pour* la paix, *pour* les prières publiques, *pour* le 24 mai, *pour* la démission de Thiers, *pour* la prorogation des pouvoirs du Maréchal, *pour* la loi des maires, *pour* le ministère de Broglie, *pour* les lois constitutionnelles, *contre* l'amendement Barthe, *contre* le retour à Paris, *contre* la dissolution, *contre* la proposition du centre gauche, *contre* l'amendement Wallon. Il s'abstint lors du vote sur l'abrogation des lois d'exil. M. Jocteur-Montrozier n'a pas fait partie d'autres Assemblées.

JODIN (Jean-Baptiste), député en 1791, né à Montmédy (Meuse) le 12 septembre 1756, mort à Stenay (Meuse) le 9 août 1830, était procureur-syndic du district de Montmédy. Le 7 septembre 1791, il fut élu député de la Meuse à l'Assemblée législative, le 5ᵉ sur 8, par 345 voix (le chiffre des votants n'est pas indiqué au procès-verbal). Il siégea dans la majorité. Il se tint à l'écart pendant la période révolutionnaire. Le 22 prairial an VIII, le gouvernement consulaire le nomma commissaire près le tribunal civil de Montmédy.

JOFFRION (Charles-Pascal), député de 1822 à 1827, né à la Chataigneraie (Vendée) le 15 avril 1770, mort à une date inconnue, était médecin dans sa ville natale. Il fut élu, comme royaliste, le 20 novembre 1822, député de la Vendée, au collège de département, par 116 voix (141 votants, 205 inscrits). Membre de la majorité qui soutint le ministère Villèle, il fut réélu, le 6 mars 1824, par 137 voix (163 votants, 208 inscrits), et suivit la même ligne politique jusqu'en 1827. « M. Joffrion est un médecin connu dans la Vendée par son royalisme et par ses cures. On dit que les électeurs du collège de Bourbon-Vendée l'ont nommé dans l'espérance qu'il viendrait à Paris guérir les plaies du ministère; mais on dit que ce médecin-député ne trouve pas encore la maladie assez bien déclarée pour l'application des remèdes. Quand il regarde son malade du côté financier, il trouve qu'il y a perturbation et épuisement; quand il le juge dans l'intérieur, il trouve qu'il y a corruption; quand il le considère à l'extérieur, il trouve qu'il n'y a rien; il croit que le principe de la maladie est venu d'une indigestion, le malade ayant voulu trop manger à la fois. Au reste, il considère son malade comme déjà mort, et il dit que ce n'est pas la peine de le traiter, ajoutant qu'il suffit, en attendant, de lui faire prendre du bouillon, et de voter de temps en temps pour lui. » (*Biographie des députés de la Chambre septennale*).

JOHANET (Salomon-Lazare), député au Conseil des Cinq-Cents, né à Aschères (Loiret) le 2 février 1763, mort à Orléans (Loiret) le 25 décembre 1824, homme de loi à Orléans, fut élu, le 22 germinal an V, député du Loiret au Conseil des Cinq-Cents, par 146 voix sur 173 votants. Il fit rayer Imbert-Colomès de la liste des émigrés, proposa un amendement à la loi sur le divorce, et parla sur l'organisation de la gendarmerie et sur le mariage des enfants mineurs. Il devint secrétaire du Conseil, mais il siégea peu, son élection ayant été annulée au 18 fructidor, comme entachée de royalisme.

JOHANNOT (Joseph-Jean), membre de la Convention, député au Conseil des Anciens, né à Genève (Suisse) le 30 juin 1748, mort à une date inconnue, propriétaire, devint président de l'administration centrale du département du Haut-Rhin à la Révolution, dont il adopta modérément les idées, et fut élu, le 5 septembre 1792, député du Haut-Rhin à la Convention, le 4e sur 7, par 210 voix (407 votants). Il prit une part active aux travaux de l'Assemblée, fit rendre un décret sur le mode d'exécution de la loi relative au visa et à l'enregistrement des effets au porteur, et prononça un discours remarqué pour combattre le projet d'impression de la liste des citoyens qui avaient présenté et signé les pétitions improbatives de la journée du 20 juin, ainsi que les noms des membres des clubs de 1789 et des Feuillants. Dans le procès du roi, il vota d'abord pour l'appel au peuple, et répondit au 3e appel nominal : « La mort, avec la restriction de Mailhe » (le sursis). Depuis cette époque, Johannot se voua presque exclusivement à l'étude des questions administratives et financières. Il proposa de lever le séquestre mis sur les biens des étrangers dont les gouvernements sont en guerre avec la France, fit sur l'amélio-

ration du commerce, sur « l'état actuel du crédit public », divers rapports importants qui le firent accuser d'avoir contribué au discrédit des assignats; fut l'auteur d'un projet portant résiliation des biens non vendus, aux familles des condamnés, pour toute autre cause que l'émigration; prit part aux débats sur le régime hypothécaire, et demanda que les comités du commerce, des finances et de salut public réunis présentassent un projet « qui ferme la porte aux intrigants et aux fripons ». Réélu, le 22 vendémiaire an IV, député du Haut-Rhin au Conseil des Cinq-Cents, par 140 voix (226 votants), obtint également la majorité le même jour, dans les départements du Calvados et de la Dordogne. Il s'occupa, comme précédemment, de questions financières, se prononça *contre* les résolutions proposées par la trésorerie nationale, *pour* celles sur l'emprunt forcé, *contre* celles sur l'apurement de l'ancienne comptabilité, sur les douanes et sur l'embauchage, appuya la fixation en francs des traitements évalués en myriagrammes (en nature), fut secrétaire du Conseil, et intervint dans plusieurs débats spéciaux. Sorti des Anciens le 20 mai 1797, il n'eut plus, dès lors, aucun rôle politique. Après la loi du 12 janvier 1816, bien qu'il ne fût pas personnellement atteint par elle, il crut devoir quitter la France et se retira en Suisse, où l'on croit qu'il mourut.

JOHNSTON (Nathaniel), député au Corps législatif de 1869 à 1870, représentant en 1871, né à Bordeaux (Gironde) le 29 mai 1836, entra à l'Ecole polytechnique en 1855, puis comme élève libre à l'Ecole des Mines en 1857; il en sortit, trois ans après, avec le diplôme d'ingénieur civil. Riche négociant à Bordeaux, conseiller général (1866) du canton de Saint-Laurent-Médoc, il fut élu, le 24 mai 1869, député au Corps législatif, par la 1re circonscription de la Gironde, avec 16,075 voix (31.502 votants, 39,158 inscrits). Partisan du libre échange, dévoué au gouvernement, il siégea au centre, vota cependant l'interpellation des 116, demanda communication des pièces diplomatiques au moment de la rupture avec la Prusse, et chercha à prévenir la révolution du 4 septembre en réunissant chez lui les députés protestataires. Porté sur la liste conservatrice de la Gironde aux élections du 8 février 1871 pour l'Assemblée nationale, il fut élu, le 14e et dernier, par 94,944 voix (132,349 votants, 207,101 inscrits), siégea au centre droit, fut, pendant trois ans, secrétaire de l'Assemblée, prit part aux débats sur les impôts et les traités de commerce, soutint, quoique protestant, les idées de l'évêque d'Orléans, déposa, au mois de janvier 1873, une demande d'interpellation à propos de la circulaire de M. Jules Simon sur les réformes de l'enseignement secondaire, fut un des signataires de l'ordre du jour Ernoul (24 mai 1873), et combattit non sans talent l'impôt sur les matières premières. Bonapartiste, il vota *pour* la paix, *pour* les prières publiques, *pour* l'abrogation des lois d'exil, *pour* le 24 mai, *pour* la démission de Thiers, *pour* la prorogation des pouvoirs du Maréchal, *pour* le ministère de Broglie, *contre* le retour à Paris, *contre* la dissolution, *contre* la proposition du centre gauche, *contre* l'amendement Wallon, *contre* les lois constitutionnelles. Il échoua aux élections du 20 février 1876, et ne rentra plus dans la vie politique. Propriétaire de plusieurs crûs estimés du Médoc, lauréat de la Société d'agriculture de la Gironde et de l'Exposition universelle de 1878, il a tenté le premier avec succès dans ses

27

vignobles la destruction du mildew par le sulfate de cuivre.

JOIGNEAUX (Pierre), représentant en 1848, en 1849, en 1871, député de 1876 à 1889, né à Ruffey-lez-Beaune (Côte-d'Or) le 23 décembre 1815, fut élève de l'École centrale des Arts et Manufactures, et entra dans la presse démocratique dès l'âge de vingt ans. Collaborateur du *Journal du Peuple*, du *Corsaire*, du *Charivari*, il fit une vive opposition au gouvernement de Louis-Philippe, et fut condamné en 1838 à quatre ans de prison pour des articles insérés dans *l'Homme libre*, journal républicain imprimé clandestinement. Rendu à la liberté, il publia les *Prisons de Paris* (1841), puis il retourna dans son département, créa à Beaune un journal littéraire, les *Chroniques de Bourgogne*, et dirigea successivement le *Courrier de la Côte-d'Or*, la *Revue agricole et industrielle de la Côte-d'Or* et le *Vigneron de la Bourgogne*. Apôtre convaincu de l'idée républicaine, en même temps que fervent propagateur des saines notions d'agriculture, il exploitait la ferme de Quatre-Bornes, près de Châtillon-sur-Seine, lorsque la révolution de 1848 éclata. Nommé par le gouvernement provisoire sous-commissaire de la République à Châtillon, M. Joigneaux fut envoyé ensuite, le 23 avril 1848, à l'Assemblée constituante, comme représentant de la Côte-d'Or, le 9e sur 10, par 44,826 voix. Membre du comité des travaux publics, il siégea à la Montagne et vota avec elle, *contre* le rétablissement du cautionnement et de la contrainte par corps, *contre* les poursuites contre Louis Blanc et Caussidière, *pour* l'abolition de la peine de mort, *pour* l'amendement Grévy, *pour* le droit au travail, *contre* l'ensemble de la Constitution, *pour* la suppression de l'impôt du sel, *contre* la proposition Rateau, *pour* l'amnistie, *contre* les crédits de l'expédition de Rome, *pour* la mise en accusation du président et de ses ministres. Adversaire décidé de la politique de L.-N. Bonaparte, il la combattit avec la même ardeur à l'Assemblée législative, où les électeurs de la Côte-d'Or le renommèrent (13 mai 1849), le 7e sur 8, par 37,378 voix (92,695 votants, 118,563 inscrits). Il y fit encore partie du groupe de la Montagne et opina constamment avec la minorité, *pour* l'interpellation de Ledru-Rollin sur les affaires de Rome, *contre* la loi Falloux-Parieu sur l'enseignement, *contre* la loi restrictive du suffrage universel, etc. Mais l'action de M. Pierre Joigneaux s'exerça surtout en dehors du parlement; dans la *Feuille du Village*, qu'il fonda à cette époque, et dont le succès fut très grand, il s'attacha à faire comprendre aux paysans les avantages qui devaient résulter pour eux d'un gouvernement vraiment démocratique. L'influence considérable acquise dans son pays par le représentant Joigneaux, dont le nom fut même mis en avant pour la candidature à la présidence de la République, à l'approche de 1852, le fit, au coup d'État de décembre 1851, expulser du territoire français; il se réfugia à Saint-Hubert, dans le Luxembourg belge, reprit ses études agronomiques, collabora au *Moniteur de l'agriculture*, et publia à Bruxelles plusieurs ouvrages pratiques estimés. L'amnistie de 1859 lui permit de rentrer en France, où de nouvelles publications rappelèrent fréquemment son nom au public. Lors des élections du 24 mai 1869, la démocratie radicale posa sa candidature au Corps législatif dans la 2e circonscription de la Côte-d'Or, et lui donna 10,967 voix contre 19,477 à l'élu officiel, M. Ma-

rey-Monge, député sortant. Après la chute de l'empire et lors du siège de Paris par les Prussiens, M. Joigneaux, qui se trouvait dans cette ville, s'occupa de créer des cultures maraîchères destinées à assurer l'alimentation et à prolonger la résistance. Le 8 février 1871, il redevint représentant de la Côte-d'Or à l'Assemblée nationale, le 4e sur 8, avec 41,308 voix (73,216 votants, 116,813 inscrits). En même temps, le département de la Seine lui donnait aussi la majorité. Il opta pour la Côte-d'Or, prit place à l'extrême-gauche de l'Union républicaine, et vota *contre* les préliminaires de paix, *contre* l'abrogation des lois d'exil, *contre* le pouvoir constituant, *contre* la chute de Thiers au 24 mai 1873, *contre* le septennat, *contre* la loi des maires, *contre* le ministère de Broglie, *pour* les amendements Wallon et Pascal Duprat, et *pour* l'ensemble des lois constitutionnelles. En décembre 1872, M. Joigneaux, conseiller général de Beaune, organisa l'enseignement de l'agriculture dans les écoles primaires de la Côte-d'Or; il refusa de siéger dans la commission chargée par la loi Dufaure de dresser la liste annuelle des jurés. A l'Assemblée nationale il ne prit qu'une part assez restreinte aux discussions; toutefois il parla sur diverses questions d'agriculture et demanda la création d'une École d'horticulture. Aux élections du 20 février 1876, M. Joigneaux se porta candidat à la députation dans la 1re circonscription de Beaune (Côte-d'Or). Sa profession de foi, d'un style familier, contenait ce passage : « Vous voulez que la République s'affermisse; je le veux aussi; aucun de vous n'en doute. Vous voulez que la Constitution soit respectée et que nul ne porte atteinte au pouvoir du président de la République; nous sommes toujours d'accord. Vous êtes conservateurs de ce qui est, je suis des vôtres... etc. » Aucun candidat républicain n'ayant été opposé à M. Pierre Joigneaux en raison de son extrême popularité dans le département, il fut élu député par 10,811 voix (16,410 votants, 19,010 inscrits), contre 5,511 voix à M. Dupont-Marey. Il reprit sa place dans la majorité républicaine, vota *contre* les jurys mixtes, *contre* les « menées cléricales », combattit le gouvernement du Seize-Mai, s'associa à toutes les protestations des gauches, et fit partie des 363. Après la dissolution de la Chambre, M. Joigneaux se reporta candidat à Beaune, et fut réélu député, le 14 octobre 1877, par 11,789 voix (17,227 votants et 20,663 inscrits), contre 5,359 à M. Delimoges, candidat officiel et monarchiste. M. Pierre Joigneaux vota avec la gauche de la Chambre nouvelle *pour* la nomination d'une commission d'enquête électorale parlementaire, *contre* le cabinet Rochebouët, appuya les divers ministères qui se succédèrent au pouvoir, se rallia à la politique opportuniste recommandée par Gambetta, et ne fut pas du nombre des députés républicains qui formèrent le groupe dit « intransigeant ». Réélu encore le 21 août 1881, par 11,266 voix (12,208 votants, 20,394 inscrits), il soutint les ministères Gambetta et Ferry, vota *pour* les crédits de l'expédition du Tonkin, *pour* le rétablissement du scrutin de liste, etc., porta sur la liste de « concentration républicaine » dans la Côte-d'Or, en octobre 1885, fut élu député de ce département, le 2e sur 6, par 50,730 voix (91,997 votants, 113,471 inscrits). M. Joigneaux s'est associé à tous les votes de la majorité en faveur des cabinets Rouvier et Tirard; en dernier lieu, il s'est abstenu sur le rétablissement du scrutin d'arrondissement (11 février 1889), et s'est prononcé pour l'ajournement indéfini de la revision de la Constitution, *pour* les poursuites contre trois députés membres de la Ligue des patriotes ; il était absent par congé lors des scrutins qui suivirent. Parmi les nombreux ouvrages de M. Pierre Joigneaux il faut citer : *Histoire anecdotique des professions en France* (1843) ; les *Paysans sous la royauté* (1850-51) ; *Dictionnaire d'agriculture pratique* (1855) ; *l'Agriculture dans la Campine* (1859) ; *Légumes et fruits* (1860) ; les *Veillées de la ferme du Tournebride* (1861) ; *le Livre de la ferme et des maisons de campagne* (1861-1864) ; *Causeries sur l'agriculture et l'horticulture* (1864), recueil d'articles publiés dans divers journaux, notamment dans *le Siècle* ; *Nouvelle lettre aux paysans* (1871) ; *Petite école d'agriculture* (1875), etc.

JOINVILLE (FRANÇOIS-FERDINAND-PHILIPPE-LOUIS-MARIE D'ORLÉANS, PRINCE DE), pair de France, représentant à l'Assemblée nationale de 1871, né à Neuilly (Seine) le 14 août 1818, troisième fils du roi Louis-Philippe, suivit les cours du collège Henri IV à Paris, et fut destiné à la marine. Après avoir voyagé en 1832 sur les côtes de l'Italie et de l'Algérie, il fut admis en 1834 à l'Ecole navale de Brest, fut nommé peu après enseigne (1835), puis lieutenant de frégate (même année), visita les grands ports de l'Angleterre, et devint lieutenant de vaisseau (1836). Il passa quelque temps en Orient, et reçut l'ordre de prendre part à l'expédition de Constantine; mais il arriva trop tard pour pouvoir contribuer à la prise de cette ville (1837). Ensuite il parcourut le Brésil, les Antilles, l'Amérique du Nord, se rendit au Mexique avec sa frégate la *Créole*, dont il était capitaine, contribua (27 novembre 1838) à la prise du fort de Saint-Jean d'Ulloa, fut cité pour ce fait à l'ordre du jour de l'armée, et, quelques jours après, à la tête d'une troupe de marins, enfonça une porte de la Vera-Cruz, pénétra dans la ville et fit prisonnier le général Arista. Promu capitaine de vaisseau et décoré de la Légion d'honneur (10 février 1839), il fut appelé au commandement de la *Belle-Poule* et se rendit à Sainte-Hélène, d'où il ramena en France, au mois de décembre 1840, les restes de Napoléon Ier. Deux ans plus tard, il partit pour le Brésil et épousa à Rio-Janeiro (1843) la sœur de l'empereur don Pedro II, la princesse dona Francesca de Bragance. Cette même année, le prince de Joinville fut promu contre-amiral, et entra à la chambre des pairs. En 1844, il fut chargé de concourir par mer à l'expédition dirigée contre le Maroc par le maréchal Bugeaud. A la tête d'une escadre d'évolution, il bombarda Tanger (6 août), puis se dirigea vers Mogador, où il arriva le 11 août, et s'empara de vive force de cette ville après un bombardement. De retour en France, il fut nommé vice-amiral et membre du conseil d'amirauté, et s'occupa particulièrement des questions relatives à l'organisation d'une marine à vapeur. L'attitude du prince, son hostilité déclarée contre le ministère Guizot, l'offre de sa démission après le désaveu infligé à l'amiral Dupetit-Thouars, les tendances réformatrices que lui prêtait l'opinion publique, lui avaient acquis une réelle popularité, lorsque survint la révolution de 1848. Il se trouvait alors à Alger. Il remit spontanément son commandement aux autorités républicaines, et alla retrouver Louis-Philippe à Claremont, en Angleterre. Atteint d'une surdité presque complète, le prince de Joinville vécut dans la retraite, faisant de temps à autre quelque voyage, par exemple en Amérique, lorsqu'il se rendit (1861)

auprès du président Lincoln avec son fils, le duc de Penthièvre, et ses deux neveux, le comte de Paris et le duc de Chartres. Au début de la guerre franco-allemande (août 1870), le prince de Joinville demanda au gouvernement impérial à être employé dans les armées de terre ou de mer ; il vint même à Paris après le 4 septembre, mais le gouvernement de la Défense nationale lui enjoignit de regagner l'Angleterre. Il ne s'en trouva pas moins, au mois de novembre, avec le général d'Aurelles, à l'armée de la Loire, et, sous le nom de colonel Lutherod, prit part à quelques engagements. Gambetta ayant donné ordre de le faire rembarquer à nouveau, le prince de Joinville quitta la France en janvier 1871. Quelques jours plus tard, le 8 février, il fut élu représentant à l'Assemblée nationale dans deux départements : dans la Haute-Marne, le 1er sur 5, par 45,648 voix (50,334 votants, 76,862 inscrits), et dans la Manche, le 1er sur 11, par 97,634 voix (98,856 votants). Il opta pour la Haute-Marne, et fut remplacé dans la Manche, le 9 juillet de la même année, par M. de Tocqueville. L'examen de la validité de son élection et de celle de son frère, le duc d'Aumale, fut ajourné jusqu'au 8 juin 1871. Ce jour-là, la majorité vota l'abrogation des lois d'exil qui frappaient les Bourbons et valida l'élection des deux princes d'Orléans. Toutefois, en vertu d'un « engagement d'honneur » pris envers le pouvoir exécutif, ceux-ci déclarèrent qu'ils ne siégeraient point à l'Assemblée. Mais, le 18 décembre 1871, le prince de Joinville écrivit à ses électeurs de la Haute-Marne qu'il avait considéré l'engagement pris comme un simple ajournement, et qu'il s'en rapportait sur ce point à la décision de l'Assemblée elle-même. Après de vifs débats, l'Assemblée déclara se désintéresser dans la question, et le prince, interprétant cette réponse au gré de ses désirs, alla siéger au centre droit. Son rôle parlementaire fut d'ailleurs assez effacé. Il ne prit jamais la parole, *s'abstint* de voter sur la plupart des questions importantes, puis entra dans la coalition qui fit tomber Thiers du pouvoir le 24 mai 1873. Il se prononça *pour* le septennat, *contre* les propositions Périer et Maleville et *s'abstint* lors du vote de la Constitution du 25 février 1875. En décembre 1875, au moment de la dissolution de l'Assemblée, le prince de Joinville adressa aux électeurs de la Haute-Marne une lettre dans laquelle il annonça qu'il n'accepterait aucune candidature aux prochaines élections; en même temps il exposait ses vues et surtout ses regrets sur la question politique. Depuis lors il est rentré dans la vie privée. En 1872, il avait obtenu sa réinscription sur les contrôles de la marine comme vice-amiral; admis (14 août 1883) dans la 2e section du cadre de réserve de l'état-major de l'armée navale, il en a été rayé après le vote de la loi d'expulsion des princes (juin 1886), qui d'ailleurs ne l'a pas autrement atteint. Le prince de Joinville a publié sous le voile de l'anonyme, dans la *Revue des Deux-Mondes*, diverses études sur la marine, réunies en un volume, puis : *l'Angleterre, étude sur le self-government* (1860) ; *la Guerre d'Amérique, campagne du Potomac* (1863) ; *les Flottes des Etats-Unis et de la France* (1865) ; *Campagne de Sadowa et réorganisation militaire de la France* (1868), etc.

JOLIAT (LOUIS-JOSEPH, CHEVALIER), représentant à la Chambre des Cent-Jours, né à Porentruy (Suisse) le 14 janvier 1774, mort à Paris le 19 avril 1829, devint, en 1795, secrétaire général adjoint du district de Porentruy; il remplit ensuite les fonctions de greffier du tribunal criminel dans cette ville et celles de conseiller de préfecture du Haut-Rhin. L'Empire le fit sous-préfet d'Altkirch le 31 janvier 1806, et lui conféra le titre de chevalier le 30 septembre 1811. Il représenta à la Chambre des Cent-Jours le collège de département du Haut-Rhin qui lui avait donné 53 voix sur 121 votants et 197 inscrits.

JOLIBOIS (Eugène), député de 1876 à 1889, né à Amiens (Somme) le 4 janvier 1819, fils de Pierre-François Jolibois et de Marie-Anne-Rose Dubois, se fit recevoir licencié en droit et fut inscrit au barreau de Paris (1840-1849). Entré dans la magistrature, il devint sous l'Empire avocat général à Amiens, puis à Rouen, procureur général à Chambéry (mai 1861), et se démit de ses fonctions pour remplir celles de préfet de la Savoie (avril 1863), puis celles de conseiller d'Etat (décembre 1866). A la fin de 1867, l'empereur songea un moment à lui pour le ministère de l'Intérieur; dans les notes confidentielles remises à cette occasion au chef de l'Etat par M. Rouher, sur les candidats possibles à ce portefeuille, la note concernant M. Jolibois portait: « Débutant brillant, mais dans une affaire secondaire (il avait parlé, comme commissaire du gouvernement, sur les finances de la ville de Toulouse); il faut attendre pour le juger comme conduite et comme talent. » M. Jolibois resta conseiller d'Etat jusqu'à la révolution du 4 septembre, qui le rendit à la vie privée. Il se fit alors inscrire à nouveau comme avocat au barreau de Paris et plaida particulièrement dans les procès bonapartistes, où sa parole mordante fut remarquée. Lors des élections législatives du 20 février 1876, il se porta candidat impérialiste à la Chambre des députés dans la 2e circonscription de Saintes, sous le patronage du baron Eschassériaux, et avec une profession de foi où il s'exprimait ainsi: « L'Empire m'a compté au nombre de ses serviteurs les plus dévoués; je m'honore de le rappeler. Le malheur n'a pas changé mes convictions; j'ai conservé ma foi. Conséquent avec mes antécédents, je demeure partisan convaincu de l'Appel au peuple. Je consacrerai mes efforts à obtenir l'extension des traités de commerce et à assurer le développement de la liberté des échanges. » Elu député par 6,933 voix (13,572 votants, 17,104 inscrits), contre 6.536 au comte Anatole Lemercier, M. Jolibois alla siéger dans le groupe de l'Appel au peuple, et, par la facilité et l'à-propos de sa parole, devint un des orateurs les plus en vue de la minorité. Il monta fréquemment à la tribune, attaqua le ministère, reprocha au gouvernement la révocation de M. Bailleul, avocat général à Besançon, qui avait fait l'apologie des commissions mixtes, et vota en toute circonstance avec la minorité conservatrice de la Chambre. Après l'acte du 16 mai 1877, auquel il applaudit, il vota, le 19 juin, contre l'ordre du jour de défiance adopté par les gauches, et devint membre du comité dirigeant bonapartiste, présidé par M. Rouher. Le 14 octobre 1877, désigné par M. de Fourtou comme candidat officiel à la députation dans la 2e circonscription de Saintes, il fut réélu par 8,994 voix (14,832 votants, 17,379 inscrits), contre 5,758 au comte Lemercier, républicain. Le 4 novembre suivant, il devint membre du conseil général de la Charente-Inférieure. Lors de la validation de ses pouvoirs à la Chambre des députés, des faits de pression exercée en sa faveur par l'administra-

tion décidèrent la majorité à ajourner la validation de son élection. M. Jolibois donna alors sa démission, mais la Chambre la refusa (3 décembre 1877) et il continua de siéger. Adversaire déterminé de la République et des républicains, M. Jolibois fit une guerre incessante au gouvernement, vota contre le ministère Dufaure et contre les cabinets qui suivirent, se prononça contre l'article 7 de la loi sur l'enseignement supérieur, contre l'amnistie, etc., et parut plusieurs fois à la tribune. Réélu, le 21 août 1881, par 7,486 voix (14,523 votants, 17,639 inscrits), contre 6,924 voix à M. Combes, il se montra très opposé à la politique intérieure et extérieure des ministères Gambetta et Ferry, se fit encore plusieurs fois, pendant la législature, l'interprète des griefs de la minorité, et interpella le gouvernement (janvier 1882) sur l'arrestation du prince Napoléon. Le 4 octobre 1885, M. Jolibois, porté sur la liste conservatrice de la Charente-Inférieure, fut élu, le 1er sur 7, par 62,583 voix (124,616 votants, 143,670 inscrits). Il reprit sa place à droite, suivit la même ligne politique que précédemment, et appuya à la tribune (janvier 1886) la proposition Michelin réclamant une enquête sur les origines de l'expédition du Tonkin; membre de la commission d'expulsion des princes (juin 1886), il combattit cette proposition; attaqua vivement M. Goblet, ministre des cultes, sur la fermeture de la chapelle de Châteauvillain, et sur la collision qui en fut la conséquence; déposa (21 novembre 1887) une proposition de revision des lois constitutionnelles favorable au rétablissement de l'appel au peuple, et adhéra (4 juin 1888) au manifeste revisionniste lu à la tribune par le général Boulanger. En dernier lieu, il s'est prononcé contre le rétablissement du scrutin d'arrondissement (11 février 1889), pour l'ajournement indéfini de la revision de la Constitution proposée par le ministère Floquet, contre les poursuites contre trois députés membres de la Ligue des patriotes, contre le projet de loi Lisbonne restrictif de la liberté de la presse, contre les poursuites contre le général Boulanger. Ses occupations parlementaires n'ont pas empêché M. Jolibois de rester au barreau, où il avait déjà été remarqué comme avocat-général dans l'affaire de Jeufosse (cour d'assises de l'Eure) et, comme avocat, dans l'affaire Laluyé contre Jules Favre; récemment, il a défendu, devant la cour d'assises de Grenoble, les accusés de Châteauvillain.

JOLIOT (Jean-Pierre), député au Corps législatif de 1867 à 1870, né à Vienne (Isère) le 12 juillet 1820, mort à Vienne le 30 novembre 1883, étudia le droit, se fit recevoir avocat, s'inscrivit au barreau de Vienne, et devint maire de cette ville. Conseiller d'arrondissement et chevalier de la Légion d'honneur, dévoué au gouvernement impérial, il fut désigné comme candidat officiel au Corps législatif dans la 4e circonscription de l'Isère, en remplacement de M. Faugier, décédé, et fut élu député de cette circonscription, le 6 avril 1867, par 18,664 voix (31,035 votants, 39,061 inscrits), contre 12,312 voix à M. Brillier, de l'opposition, ancien représentant. Il fit partie de la majorité dynastique de l'Assemblée, fut réélu, le 24 mai 1869, par 15,071 voix (28,180 votants, 34,689 inscrits), contre 13,059 voix à M. Brillier, vota pour la déclaration de guerre à la Prusse, et rentra dans la vie privée en 1870.

JOLIVET (Jean-Jacques), représentant du peuple en 1849, né à Nontron (Dordogne) le

7 mars 1801, mort à Nontron le 25 avril 1854, étudia la médecine et exerça sa profession à Nontron. Républicain, il fut porté candidat à l'Assemblée législative par le parti démocratique, et élu, le 1er mai 1849, représentant de la Dordogne, le 7e sur 10, par 60,060 voix (105,677 votants, 145,779 inscrits). M. Jolivet prit place dans les rangs de la gauche, combattit le gouvernement présidentiel de L.-N. Bonaparte, vota contre l'expédition romaine, contre la loi Falloux-Parieu sur l'enseignement, contre la loi restrictive du suffrage universel, et quitta la vie politique au coup d'Etat de 1851.

JOLLAN (LOUIS-EMILE), député de 1840 à 1844, né à Blain (Loire-Inférieure) le 18 août 1790, mort en 1878, propriétaire à Nantes, fut élu, le 5 septembre 1840, député du 7e collège de la Loire-Inférieure (Savenay), par 122 voix sur 204 votants, contre 72 à M. Betting de Lancastel. M. Jollan remplaçait M. Nicod, décédé. Il vota contre le ministère Guizot, fut réélu, le 9 juillet 1842, par 135 voix (201 votants), donna sa démission au cours de la législature, et eut pour successeur, le 14 septembre 1844, M. Ternaux-Compans.

JOLLIVET (JEAN-BAPTISTE-MOÏSE, COMTE), député en 1791, né à Tury (Yonne) le 18 décembre 1753, mort à Paris le 29 juin 1818, se fit recevoir avocat à Melun en 1785, exerça la charge de notaire de 1786 à 1788, et, partisan de la Révolution, devint maire de Grès (Seine-et-Marne) en 1790, puis, du mois de juin suivant au 30 septembre 1791, membre du directoire de département de Seine-et-Marne. Elu, le 1er septembre 1791, député de ce département à l'Assemblée législative, le 7e sur 11, par 212 voix sur 344 votants, il siégea parmi les constitutionnels, dénonça, la veille du 10 août, les projets des Jacobins, et, inquiété en raison de cette attitude, put cependant échapper à l'emprisonnement. Adjoint à la commission des poids et mesures de Paris le 5 brumaire an II, employé au cadastre le 26 brumaire an III, membre de la commission extraordinaire des finances près la Convention le 19 ventôse suivant, conservateur général des hypothèques le 1er thermidor de la même année, enfin membre de la commission extraordinaire des négociants de la République convoqués par le ministre des Finances le 22 frimaire an V, il se rallia au 18 brumaire et fut appelé à faire partie du nouveau conseil d'Etat (3 nivôse an VIII). Il prit part à la discussion de plusieurs lois importantes, notamment des titres du code civil relatifs aux hypothèques et aux privilèges. Nommé, le 5e jour complémentaire de l'an VIII, préfet du Mont-Tonnerre, il eut plus tard à s'occuper de l'organisation de quatre départements nouveaux du Rhin. Membre de la Légion d'honneur (9 vendémiaire an XII), commandeur de l'ordre (25 prairial), il devint ministre du royaume de Westphalie en 1807, et fut créé comte de l'Empire le 2 août 1808. En 1815, il rentra définitivement dans la vie privée. Jollivet rédigea en 1795 un journal politique : le Gardien de la Constitution. On lui doit en outre plusieurs ouvrages : de l'Impôt sur les successions et de l'impôt sur le sel (1798); l'Impôt progressif et le morcellement des patrimoines; Principes fondamentaux du régime social comparés avec le plan de la Constitution présenté à la Convention nationale de France (1793); du Thalweg du Rhin considéré comme limite entre la France et l'Allemagne (1801),

curieuse et originale publication, trop peu connue; de l'Expertise (1812).

JOLLIVET (RENÉ-MARIE), député de 1815 à 1820, né à Vannes (Morbihan) le 26 août 1763, mort à Vannes le 5 mai 1854, « fils de noble homme Yves Jollivet, notaire et procureur au présidial, procureur fiscal des Regnaires, ancienne fabrique de cette paroisse, et de demoiselle Jeanne Lefraper, » fut avocat et notaire à Vannes sous l'ancien régime. Echevin de la municipalité, il devint en 1796 conseiller municipal, puis exerça des fonctions judiciaires dans le Morbihan. En l'an VIII, il fut conseiller général du département et, le 28 janvier 1815, conseiller de préfecture. Elu, le 22 août 1815, député par le grand collège du Morbihan, avec 90 voix (179 votants, 260 inscrits). il fut nommé, au mois d'octobre suivant, membre de la commission du 3e bureau chargée de faire un rapport sur le projet de loi relatif aux cris séditieux; le 27, il se prononça en faveur de ce projet dans un discours où l'on remarquait les passages suivants : « Nous devons nous tenir en garde contre la clémence du roi; la patrie est en danger, elle nous appelle; le péril est imminent, n'hésitons pas... Le mal est grand ; les sujets fidèles sont comprimés, il faut les seconder et les garantir; des cris séditieux se sont fait entendre, il faut les réprimer... » Quatre jours auparavant, il avait parlé contre l'enquête relative à l'évasion de M. de Lavalette. Au mois de mars 1816, il vota pour le projet des ministres relatif au mode de contribution, et proposa de convertir les taxes assises en vertu de l'ordonnance du 16 août, en un emprunt qui serait inscrit sur le grand-livre. Appelé de nouveau par le département du Morbihan, le 4 octobre 1816, avec 106 voix (188 votants, 257 inscrits), à faire partie de la Chambre, il fut nommé secrétaire de l'Assemblée, et membre de la commission du budget, et prit part à la discussion de la loi électorale (8 novembre) et à celle qui eut trait à l'augmentation des impôts directs (février 1817). Après avoir loué les dispositions du projet de loi, il se plaignait de ce que toutes les ressources qu'on avait proposé d'assurer au trésor public eussent éprouvé de l'opposition de la part des députés de l'Est, de l'Ouest et du Midi. « Ceux du Midi, dit-il, votent l'impôt qui frappe sur les départements du Nord; ceux du Nord réclament; ceux du Midi, à leur tour, ne veulent pas admettre ceux qui les frappent. Cependant, dans des charges égales, il faut des sacrifices égaux. » Il soutint en 1817 la loi des élections. M. de Villèle dit dans ses Mémoires : « Les tribunes et la salle ont été comme évacuées quand Jollivet est monté à la tribune; il est resté seul avec moins de 50 auditeurs en tout » (séance du 31 janvier 1817). M. Jollivet vota avec la droite jusqu'en 1820, puis il revint à Vannes, où il mourut en 1854, à un âge très avancé.

JOLLIVET (THOMAS-MARIE-ADOLPHE), député de 1830 à 1839 et de 1840 à 1848, né à Rennes (Ille-et-Vilaine) le 18 avril 1799, mort à Paris le 24 février 1848, étudia le droit et débuta avec succès au barreau de Rennes. En raison des idées libérales et constitutionnelles qu'il avait professées sous la Restauration, il fut, lors de la révolution de 1830, membre de l'administration provisoire qui se forma à Rennes et qui adhéra avec empressement à la monarchie de Louis-Philippe. Après l'option de M. Bernard (de Rennes) pour Lannion, le 2e arrondissement électoral d'Ille-et-Vilaine

(Rennes) choisit, le 21 octobre 1830, M. Jollivet pour député, par 173 voix sur 278 votants et 559 inscrits, contre 105 à M. de Kermarec. Il prit place dans la majorité et débuta par une proposition relative aux fonds restés libres sur l'indemnité accordée aux émigrés. Peu de jours après, il réclama la réduction de l'impôt du sel. Constamment réélu : le 5 juillet 1831, par 235 voix (365 votants, 579 inscrits), contre 110 à M. de Kermarec ; le 21 juin 1834, par 200 voix (306 votants, 535 inscrits), contre 80 à M. Lanjuinais ; et, le 6 novembre 1837, par 240 voix (463 votants, 639 inscrits), il se mêla activement aux travaux parlementaires et soutint jusqu'en 1839 la politique conservatrice. En 1837, il fit le rapport du projet de loi sur la responsabilité ministérielle. Un biographe lui reprochait alors amèrement sa complaisance pour tous les ministères : « M. Jollivet, disait-il, a débuté au barreau de Rennes comme avocat. Pourquoi ne s'en est-il pas tenu là ? C'est qu'il a de l'ambition, M. Jollivet, grèle et mesquine, il est vrai. Homme incompris dans sa ville natale, il s'est jeté dans la vie politique, et il a eu tort ; car mieux vaut être avocat ignorant et ignoré au fond de la Bretagne que souteneur de ministère au Palais-Bourbon. M. Jollivet l'a été de tout le monde ; il a voté pour M. Laffitte, pour Casimir Périer, pour M. Guizot, pour M. Thiers ; il vote aujourd'hui pour M. Molé, il voterait demain sans doute pour M. Barrot, après-demain pour M. Garnier-Pagès. M. Jollivet est la mouche de tous les cabinets. Le coche représentatif l'entend sans cesse bourdonner autour de lui ; il va, vient, fait l'empressé, pique l'un, pique l'autre, furète partout, se mêle de tout, à la Chambre, dans les couloirs et ailleurs encore. M. Jollivet est le prototype du ministériel quand même. Il n'est pas une loi proposée qu'il n'ait acceptée avec enthousiasme, pas un sous-amendement qu'il n'ait voté avec transport. Le budget, si lourd qu'il soit, n'a pas de plus chaud partisan. M. Jollivet pleure avec M. Fulchiron, il jure avec M. Bugeaud, il hurle avec les autres. » Le même biographe observait que Mme Jollivet avait été nommée directrice des postes dans la banlieue de Paris, poste créé tout exprès pour elle. M. Jollivet qui, en 1831, s'était fait inscrire au tableau de l'ordre des avocats près la cour royale de Paris, fut l'avocat du ministère de la Marine, du ministère de la Guerre, des contributions directes et des douanes. Nommé en outre délégué de la Martinique, il se déclara, à la tribune parlementaire et dans de nombreux écrits, l'adversaire acharné de l'abolition de l'esclavage. Il fut encore membre du conseil privé. Ayant échoué aux élections du 2 mars 1839, avec 227 voix contre 248 à M. Gaillard de Kerbertin, élu, M. Jollivet cessa pendant une année d'appartenir à la Chambre ; mais il y rentra le 20 mars 1840, comme l'élu du 2e collège d'Ille-et-Vilaine, avec 102 voix sur 180 votants, en remplacement de M. Maugin-d'Oins. A partir de cette époque, il se rapprocha, en quelques circonstances, du centre gauche, n'obtint aux élections du 9 juillet 1842, dans sa circonscription, que 97 voix contre 190 à l'élu, M. Legraverand, mais fut élu, le même jour, député de la 1re circonscription d'Ille-et-Vilaine, par 209 voix (419 votants, 576 inscrits), contre 208 au député sortant, M. Gaillard de Kerbertin. On le vit alors combattre plus d'une fois le ministère Guizot : c'est ainsi qu'il se prononça *contre* l'indemnité Pritchard et *pour* la proposition qui visait à réduire le nombre des députés fonctionnaires. M. Jollivet fut encore réélu député, le 1er août 1846, par 298 voix

(502 votants, 606 inscrits), contre 139 à M. Pongérard et 63 à M. de Trédern. Le 24 février 1848, à la fin de l'insurrection, on le trouva mort, frappé d'une balle, dans le jardin des Tuileries. Les corps de deux autres personnes gisaient près du sien : tout sembla prouver qu'il était tombé victime d'une erreur des soldats. Il avait publié un très grand nombre d'écrits, principalement sur les questions coloniales, parmi lesquels : *Observations sur le rapport de M. de Tocqueville relatif à l'abolition de l'esclavage dans les colonies* (1840) ; *Question des sucres dans la Chambre des communes d'Angleterre* (1841) ; *Avis à M. le ministre de la Marine et des Colonies sur le projet d'ordonnance relatif à l'emprisonnement disciplinaire des esclaves* (1841) ; *de la Philanthropie anglaise* (1842) ; *du Droit de visite* (1842) ; *l'Émancipation anglaise jugée par ses résultats* (1842) ; *Historique de la Traite et du Droit de visite* ; *les Colonies Françaises devant la Chambre des Pairs ; Analyse de la discussion générale du projet de loi sur le régime colonial* (1845) ; *Politique de la France et des colonies sur l'Émancipation des noirs* (1848), etc.

JOLLIVET DE CASTELLOT (François-Marie), député au Corps législatif de 1852 à 1854, né à Vannes (Morbihan) le 1er septembre 1821, mort à Vannes le 6 juin 1854, était, lors du coup d'État de 1851, propriétaire à Vannes et adjoint au maire de cette ville. D'opinions conservatrices, il fut élu, avec l'appui du gouvernement présidentiel, le 29 février 1852, député de la 1re circonscription du Morbihan au Corps législatif, par 14,461 voix (25,345 votants, 40,035 inscrits), contre 10,698 voix à M. Jules de Francheville. « M. Jollivet, écrivait un biographe parlementaire, est un propriétaire de Vannes qui a ajouté à son nom celui de sa famille maternelle pour se distinguer d'autres personnes du même nom, notamment du notaire son parent, qui a été élu sous la monarchie membre du conseil général du Morbihan. Candidat accepté par le gouvernement à cause de la modération de ses principes politiques, si jamais il se permet quelques velléités d'opposition, elles ne seront ni violentes ni redoutables. » M. Jollivet de Castellot prit part au rétablissement de l'Empire et siégea dans la majorité. Mort en juin 1854, il fut remplacé comme député, le 8 octobre de la même année, par le général Boullé.

JOLY (Étienne-Louis-Hector DE), ministre, né à Montpellier (Hérault) le 22 avril 1756, mort le 10 avril 1837, fut nommé, au début de la Révolution, lieutenant de maire à la municipalité de Paris. Il eut, en 1790, au parlement de cette ville, un procès avec M. Ray, ancien lieutenant-général de police de la ville de Lyon, qui l'accusait de diffamation pour avoir répandu le bruit qu'une séparation de biens entre M. Ray et sa femme rendait celui-ci inéligible aux fonctions de procureur de la commune. Cette affaire ayant été poursuivie au Châtelet de Paris, sentence intervint, qui déclara nulle la plainte de M. Ray, ordonna la suppression des termes injurieux contenus dans la plainte, et déclara la conduite de M. de Joly exempte de reproches. Mais, à son tour, le parlement déchargea M. Ray des condamnations contre lui prononcées et condamna M. de Joly aux dépens. Devenu secrétaire de la commune de Paris, M. de Joly acquit assez d'influence pour être désigné par le roi comme secrétaire de son conseil, et bientôt (3 juillet 1792) comme ministre de la Justice en remplacement de Duranthon. De Joly accepta ces fonctions par une lettre à l'Assemblée législative en date du 4, et donna connaissance aux députés, dans la séance du 5, du message royal qui contenait ce passage : « Un grand nombre de Français accourent de tous les départements; ils peuvent doubler leurs forces si, près de partir pour nos frontières, ils sont admis à la fédération avec leurs frères de la ville de Paris. Je vous exprime le désir d'aller au milieu de vous recevoir leur serment. » Chargé de rendre compte des événements survenus au camp sous Brissach, ainsi que des mesures prises pour prévenir « l'avilissement du pouvoir », il ne tarda pas à perdre la confiance de la majorité à l'Assemblée. Le 10 juillet 1792, il présenta au nom de tous ses collègues un état général de la situation, déclara que les ministres refusaient de se soumettre à une responsabilité solidaire, parce qu'aucune loi ne leur imposait ce devoir, parla du mauvais état des contributions, des malversations dans l'administration des postes, de la faiblesse de la marine, et termina en disant : « Le moment où un fonctionnaire ne peut plus faire le bien est celui où il doit quitter ses fonctions; nous avons tous ce matin donné notre démission. » Compte lui fut demandé des poursuites exercées contre les auteurs du 20 juin, et de l'arrestation de Pâris et de Bouland. Son attitude dans la journée du 10 août provoqua le décret rendu par la Convention nationale, le 29 frimaire an II, sur la motion de Philippeaux : « La Convention nationale décrète que Joly, ministre de la Justice à l'époque du 10 août, et prévenu d'un système atroce de proscription contre les patriotes qui résistaient aux manœuvres liberticides du tyran, sera, si fait n'a été, mis en état d'arrestation et traduit au tribunal révolutionnaire. » Il échappa à ce décret, et vécut jusqu'au 10 avril 1837.

JOLY (Louis-Jean-Samuel), député en 1791, né à Saint-Quentin (Aisne) le 8 février 1760, mort à une date inconnue, négociant à Saint-Quentin, devint, en 1790, administrateur de l'Aisne, et fut élu, le 8 septembre 1791, député de ce département à l'Assemblée législative, le 10e sur 13, par 430 voix (588 votants). Il siégea obscurément dans la majorité. Le 9 germinal an VIII, il fut nommé conseiller de préfecture de l'Aisne.

JOLY (Jacques-François-Claire-Henry), député de 1831 à 1834, de 1836 à 1846, représentant aux Assemblées de 1848 et 1849, né à Limoux (Aude) le 25 novembre 1790, mort le 4 septembre 1870, étudia le droit, s'établit comme avocat dans son pays natal, et se distingua bientôt par son talent et par l'ardeur de ses opinions démocratiques. L'un des défenseurs attitrés du parti libéral sous la Restauration, il se trouva lui-même impliqué dans une affaire politique qui lui valut une année de prison. Rayé momentanément du tableau des avocats, il était le chef du mouvement démocratique dans sa région, quand éclata la révolution de 1830. Il s'en déclara le partisan, et fut appelé par Dupont (de l'Eure) au poste de procureur-général près la cour de Montpellier; mais il donna presque aussitôt sa démission, désapprouvant le système suivi par la monarchie de juillet, et se présenta, le 5 juillet 1831, dans le 1er collège de l'Ariège (Pamiers), comme candidat des démocrates radicaux aux élections législatives. M. Joly, élu, par 129 voix (234 votants, 345 inscrits), contre 33 à M. de Portes

et 35 à M. Vigarosy, prit place à l'extrême gauche et appuya toutes les revendications de l'opposition. Non réélu en 1834, il redevint avocat, échoua, le 7 mars 1838, dans le 1er collège de la Haute-Garonne (Toulouse), avec 211 voix contre 253 à M. Caze, élu (il s'agissait de remplacer M. Clauzel qui avait opté pour une autre circonscription), et fut plus heureux, le 2 mars 1839, dans le même collège, qui le choisit pour son député par 300 voix sur 554 votants. Il se montra, comme précédemment, le champion des idées radicales, se prononça contre le ministère Guizot, pour toutes les propositions tendant à la réforme électorale, etc., et fut réélu, le 9 juillet 1842, par 327 voix (607 votants et 700 inscrits), contre 274 à M. Viguerie. Il vota pour la réduction du nombre des députés-fonctionnaires et contre l'indemnité Pritchard. N'ayant obtenu, le 1er août 1846, que 266 voix contre 430 à M. Cabanis, il reprit ses occupations au barreau et fut notamment, dans la mystérieuse affaire du frère Léotade, l'avocat de la famille de la victime, Cécile Combettes. Les débats avaient commencé le 7 février 1848; ils furent interrompus par la révolution, et rouverts le 13 mars. L'agitation à laquelle ils donnèrent lieu ne nuisit pas à l'élection de M. H. Joly comme représentant de la Haute-Garonne à l'Assemblée constituante, le 2e sur 12, par 73,146 voix, le 23 avril 1848. Dans l'intervalle, il avait été nommé, par le gouvernement provisoire, commissaire près les départements de la Haute-Garonne, du Tarn-et-Garonne, du Tarn, etc. « Il sembla, observait un biographe, un moment reconstituer à son profit l'ancien royaume d'Aquitaine. » Comme représentant, M. H. Joly siégea à la Montagne, fit partie du comité des affaires étrangères, et vota constamment avec le groupe avancé du parti républicain, contre le rétablissement du cautionnement et de la contrainte par corps, contre les poursuites contre Louis Blanc et Caussidière, pour l'amendement Grévy, pour le droit au travail, contre l'ordre du jour en l'honneur de Cavaignac, contre la proposition Rateau, pour l'amnistie, contre les crédits de Rome, pour la demande de mise en accusation, qu'il avait signée, du président et de ses ministres. Il était absent le jour du vote sur l'ensemble de la Constitution. M. H. Joly prit une part importante aux débats sur les affaires extérieures. Il prononça, le 22 mai 1849, au milieu d'une vive agitation, un long discours, très applaudi par la gauche, sur les affaires d'Italie et de Hongrie. Reprochant au gouvernement de s'être fait l'allié de l'Autriche dans la question romaine, il s'écria : « Oui, je veux la guerre ; oui je la veux plutôt que l'avilissement de mon pays, plutôt que l'anéantissement de ses libertés. Oui je préfère la guerre si c'est là une nécessité extrême et qu'il n'y ait pas d'autre moyen de salut, car je me rappelle à mon tour l'invasion de 1815, et les hommes qui se disent aujourd'hui nationaux la provoquaient alors. Oui, je connais ceux qui, à cette époque, ouvraient la France à l'étranger et lui indiquaient le chemin de la capitale. » Il combattit à la fois l'opinion du ministre Odilon Barrot et celle du général Cavaignac, et présenta un ordre du jour ainsi conçu : « L'Assemblée nationale, considérant la manifestation de l'empereur de Russie et les traités intervenus entre l'Autriche, la Prusse et la Russie, comme attentatoires aux principes de droit public proclamés par la révolution française et consacrés par l'ordre du jour du 24 mai 1848; protestant au nom du peuple français contre cette nouvelle coalition qui menace la liberté de l'Europe; invitant le gouvernement à prendre immédiatement les mesures les plus énergiques pour faire respecter les principes de l'indépendance et de la nationalité des peuples, passe à l'ordre du jour. » Ledru-Rollin soutint cet ordre du jour, dont l'auteur se rallia, le lendemain 23, à une rédaction plus tempérée proposée par M. J. Bastide. A la fin, l'Assemblée adopta une formule proposée par le général Cavaignac. M. H. Joly ne fut pas réélu à l'Assemblée législative par le département de la Haute-Garonne, mais, le 19 août 1849, l'option de Lamartine pour le Loiret ayant déterminé une vacance dans Saône-et-Loire, il devint représentant de ce département, par 28,433 voix (55.680 votants, 150,253 inscrits), contre 25,697 voix à M. Dariot et 554 à M. Mathieu. Il suivit le même ligne politique que précédemment, soutint de-sa parole et de son vote les opinions de la minorité, vota contre la loi Falloux sur l'enseignement, contre la loi restrictive du suffrage universel, etc., combattit énergiquement le gouvernement présidentiel et protesta contre le coup d'Etat de 1851, qui l'obligea de quitter la France.

JOLY (PIERRE-HERCULE-KILIEN-EDMOND), représentant du peuple en 1848, né à Limoux (Aude) le 23 décembre 1816, mort à une date inconnue, fils du précédent, étudia le droit et exerça à Limoux la profession d'avocat. Ardent républicain comme son père, il fut élu, le 23 avril 1848, représentant de l'Aude à l'Assemblée constituante, le 7e et dernier, par 30,363 voix (67,165 votants, 72,718 inscrits). Il fit partie du comité de l'Algérie et des colonies, et siégea lui aussi dans le petit groupe de la Montagne avec lequel il vota, contre le rétablissement du cautionnement, contre les poursuites contre Louis Blanc et Caussidière, contre le rétablissement de la contrainte par corps, pour l'amendement Grévy, pour l'abolition du remplacement militaire, pour le droit au travail, contre la proposition Rateau, pour l'amnistie, contre l'interdiction des clubs, contre l'expédition romaine, etc. Proscrit en 1851, à la suite du coup d'Etat, M. Joly fils se retira en Belgique.

JOLY (ALBERT-HENRI), député de 1876 à 1880, né à Versailles (Seine-et-Oise) le 10 novembre 1844, mort à Versailles le 2 décembre 1880, étudia le droit et s'inscrivit au barreau de sa ville natale où il plaida avec succès. Son réel talent de parole se manifesta surtout dans les nombreuses affaires plaidées par lui devant les conseils de guerre de Versailles pour des prévenus compromis dans l'insurrection communaliste de 1871. Sa défense de Rossel, qui lui valut une suspension de six mois, celle de M. Henri Rochefort, eurent un grand retentissement. Conseiller municipal de Versailles (août 1870), il fut condamné à une amende en 1871 pour avoir, dans une lettre rendue publique, appelé M. Dufaure « allié de Bismarck ». Il posa à trois reprises sa candidature républicaine à l'Assemblée nationale; mais il échoua à chacune des élections partielles qui eurent lieu dans le département de Seine-et-Oise en 1873, 1874 et 1875. Chaque fois il se désista en faveur de concurrents républicains d'une autre nuance que la sienne, MM. Calmon, Sénard et Valentin, qui furent successivement élus. Choisi enfin, le 20 février 1876, comme candidat républicain unique dans la 1re circonscription de Versailles, il fut élu député par 9,433 voix (17,058 votants, 21,480 inscrits), contre 4,079

voix à M. Aubry-Vitet et 3,428 à M. Basset de Belavalle, candidats conservateurs. Il avait dit dans sa profession de foi : « La politique que je soutiens, ce n'est pas la politique de haine et de division, c'est la politique d'abnégation et de concorde républicaine, c'est la politique hospitalière pour toutes les bonnes volontés. » M. Albert Joly alla siéger à gauche, dans le groupe de l'Union républicaine, vota : pour l'amnistie, pour la suppression des jurys mixtes, pour l'accroissement du budget de l'instruction populaire, contre le traitement des aumôniers militaires, etc., et prononça plusieurs discours, notamment pour demander la suppression des bourses des séminaires. Adversaire du gouvernement du Seize-Mai, il s'associa, le 18 mai 1877, à la protestation des gauches et vota, le 19 juin, l'ordre du jour de défiance contre le ministère de Broglie-Fourtou. Après la dissolution de la Chambre, M. A. Joly se représenta devant ses électeurs de Versailles qui le réélurent député, le 14 octobre 1877, par 11,046 voix (18,251 votants, 21,364 inscrits), contre 7,061 voix à M. Duverdy, candidat officiel, bonapartiste. A la nouvelle Chambre, il se prononça pour la nomination d'une commission d'enquête électorale, pour l'ordre du jour de défiance contre le cabinet de Rochebouët, appuya les divers ministères de gauche qui se succédèrent au pouvoir, vota pour l'article 7 de la loi sur l'enseignement supérieur, etc., prit part encore à plusieurs délibérations, et mourut en décembre 1880. Le 23 janvier 1881, il fut remplacé par M. Journault.

JOLY DE MOREY (EUGÈNE-CHARLES), député de 1885 à 1886, né à Moscou (Russie) le 24 juillet 1834, propriétaire de mines à Meyrueis (Lozère), devint membre du conseil général de la Lozère et, pendant plus de dix ans, fut secrétaire de cette assemblée. D'opinions monarchistes, il fut porté sur la liste conservatrice aux élections législatives d'octobre 1885, et fut proclamé député au second tour de scrutin, le 3e et dernier, par 16,534 voix (31,745 votants, 38,719 inscrits). M. Joly de Morey prit place à la droite de la Chambre. Mais les opérations électorales de la Lozère, dont le 6e bureau proposait la validation, furent très vivement attaquées dans la séance du 14 décembre 1885 par plusieurs orateurs, notamment par MM. Armand Rivière et Thévenet; M. A. Rivière réclama et obtint, à la majorité de 261 voix contre 223, l'invalidation en bloc des trois élus. En conséquence, les électeurs de la Lozère furent convoqués à nouveau pour le 14 février 1886, et M. Joly de Morey échoua, cette fois, avec 14,606 voix sur 31,621 votants.

JOMARD (JACQUES), représentant à la Chambre des Cent-Jours, né à Lyon (Rhône) le 27 janvier 1768, mort à Lyon le 21 janvier 1817, s'engagea en 1784 dans la gendarmerie de Lunéville, où il servit jusqu'en 1788, époque de la suppression de ce corps. Lieutenant dans la garde nationale de Paris en juillet 1789, puis capitaine de grenadiers, il devint lieutenant au 8e régiment de hussards le 24 octobre 1792, capitaine adjoint aux adjudants-généraux le 13 janvier 1793, et adjudant-général chef de brigade le 5 brumaire an II. Bouchotte l'ayant nommé, cette même année, général de brigade, Jomard refusa ce grade avec beaucoup de désintéressement, « ne se sentant pas, disait-il, assez d'expérience pour accepter un nouveau grade. » Colonel de chasseurs à cheval, il fit toutes les guerres de Vendée, puis servit successivement à l'armée des Pyrénées-Orientales, et à celles des Alpes et d'Italie. Commandant supérieur de Marseille le 18 nivôse an VIII, chef d'état-major de la 19e division militaire, le 26 messidor an X ; général de brigade, le 11 fructidor au XI ; membre de la Légion d'honneur le 19 frimaire au II, et commandeur de l'ordre le 25 prairial suivant, il fut attaché à l'état-major du 3e corps de réserve en l'an XIII, devint chef d'état-major du 2e corps le 2 vendémiaire au XIV, puis commandant en chef de la 19e division militaire le 16 septembre 1806. Atteint d'une grave maladie de poitrine, il fut admis au traitement de réforme le 15 novembre 1807. Élu, le 12 mai 1815, représentant à la Chambre des Cent-Jours, par le collège de département du Rhône, avec 37 voix sur 66 votants, il rentra dans la vie privée après cette législature, et mourut moins de deux ans après.

JONAGE (MARC-ANTOINE-CÉSAR YON, COMTE DE), député au Corps législatif de 1852 à 1865, né à Lyon (Rhône) le 24 avril 1798, mort au château de la Durandière (Rhône) le 19 septembre 1865, fit ses études à Tournon, puis servit dans les gardes du corps du roi jusqu'en 1830. Grand propriétaire et maire de Saint-Sorlin, conseiller général de l'Ain pour le canton de Laguière, il se rallia au second Empire, et fut successivement élu, comme candidat officiel, député au Corps législatif, dans la 2e circonscription de l'Ain : le 29 janvier 1852, par 22,326 voix (25,274 votants, 35,522 inscrits), contre 2,862 voix à M. Francisque Bouvat, ancien représentant, candidat d'opposition ; le 22 juin 1857, par 21,884 voix (22,293 votants, 33,671 inscrits) ; le 1er juin 1863, par 22,957 voix (25,844 votants, 35,840 inscrits), contre 2,641 voix à M. Marius Lardières. Il siégea dans la majorité dévouée à la dynastie, avec quelques velléités libérales. Mort en septembre 1865, il fut remplacé, le 5 novembre de la même année, par M. Édouard Girod (de l'Ain).

JONGLEZ (CHARLES-HENRI-VICTOR), député de 1834 à 1889, né à Tourcoing (Nord) le 28 septembre 1831, fils d'un manufacturier de Tourcoing, devint président de la chambre de commerce de cette ville, dont il représentait l'un des cantons au conseil général du Nord. Le 20 juillet 1834, il se porta candidat conservateur à la Chambre des députés dans la 6e circonscription de Lille, vacante par suite du décès de M. Debuchy, et fut élu par 6,200 voix (10,593 votants, 14,809 inscrits), contre 3,725 voix à M. Fidèle Lehoncq, et 611 à M. Léon Ducrocq. M. Jonglez siégea sur les bancs de la droite monarchiste, se prononça contre le ministère Ferry, contre les crédits du Tonkin, et porté, au renouvellement d'octobre 1885, sur la liste conservatrice du Nord, fut élu député de ce département, le 6e sur 20, par 162,374 voix (292,696 votants, 348,224 inscrits). Il reprit sa place à droite, fit de l'opposition aux divers ministères de la législature, présenta, en 1886, de concert avec M. de Mackau, à la suite d'une interpellation de M. Camélinat sur les événements de Decazeville, un ordre du jour motivé, prit part, en 1887, à la discussion du budget du commerce et de l'industrie, et parla (1888) sur la proposition de loi concernant le travail des enfants, des filles mineures et des femmes dans les établissements industriels. En dernier lieu, il s'est prononcé : contre le rétablissement du scrutin d'arrondissement (11 février 1889), pour l'ajournement indéfini de la revision de la Constitution, contre les poursuites contre trois députés membres de la Ligue des patriotes, contre le projet de loi Lisbonne restrictif de la liberté de la presse, contre les poursuites contre le général Boulanger.

JONQUIER (PIERRE-DAVID), député au Conseil des Cinq-Cents, né à Pont-Saint-Esprit (Gard) le 1er août 1755, mort en 1811, appartint à l'armée comme capitaine d'infanterie. Le 23 vendémiaire an IV, il fut élu, par 145 voix sur 238 votants, député du Gard au Conseil des Cinq-Cents. Il n'y siégea point, les opérations électorales ayant été annulées. Il fut nommé plus tard conseiller général du Gard, puis, le 17 germinal an VIII, conseiller de préfecture du même département.

JOOS (LOUIS-JACQUES-BENOIST), député de 1876 à 1880, né à Bergues (Nord) le 13 septembre 1806, mort à Bergues le 13 novembre 1880, s'établit de bonne heure dans cette ville comme négociant en vins ; il fut, sous le règne de Louis-Philippe, lieutenant-colonel de la garde nationale de Bergues et reçut, avant 1848, la décoration de la Légion d'honneur. Conseiller municipal et maire de Bergues de 1862 à 1870, il fut, en outre, pendant 25 ans, conseiller général du Nord, et devint président de la Société d'agriculture de Dunkerque : les routes, les canaux, le dessèchement des parties basses furent l'objet de ses soins. Le 20 février 1876, il fut élu, sans concurrent, député de la 2e circonscription de Dunkerque, par 10,187 voix (10,524 votants, 14,610 inscrits). Conservateur monarchiste, il prit place à droite et soutint le gouvernement du Seize-Mai. Réélu, le 14 octobre 1877, par 10,858 voix (11,450 votants, 14,833 inscrits), il reprit sa place dans la minorité, vota contre le cabinet Dufaure, contre l'article 7, etc., et quitta la Chambre en 1880, après avoir donné sa démission pour raison de santé. Il fut remplacé par M. Bergerot.

JORDAN (CAMILLE), député au Conseil des Cinq-Cents et de 1816 à 1820, né à Lyon (Rhône) le 13 janvier 1771, mort à Paris le 19 mai 1821, d'une famille de commerçants, fit d'abord chez les Oratoriens de sa ville natale, puis au séminaire de Saint-Irénée, de bonnes études classiques. Adversaire de la Révolution, il la combattit, dès le début, par des écrits où la Constitution civile du clergé était vivement attaquée. Puis il fut dans Lyon un des promoteurs de la révolte contre la Convention nationale. Par la parole et par l'action, il se fit remarquer dans la journée du 29 mai 1793, tenta de rallier les paysans des provinces voisines à la cause royaliste, et, après la chute de son parti, se réfugia en Suisse (9 octobre), d'où il passa en Angleterre. Là, il vit avec les principaux émigrés ainsi qu'avec divers membres influents du parlement. La Constitution anglaise devint dès lors l'objet de son admiration et le type de ses aspirations politiques. Revenu à Lyon en 1796 pour recueillir le dernier soupir de sa mère, il réussit à se faire élire, le 23 germinal an V, député du département de Rhône-et-Loire au Conseil des Cinq-Cents, par 252 voix (278 votants). Il y fit, le 29 prairial (17 juillet 1797), un curieux rapport sur l'exercice et la police des cultes, et insista surtout pour que l'usage des cloches fût rétabli dans les campagnes. Le sobriquet de Jordan-cloche lui resta quelque temps. Il obtint plus de succès en réclamant la révocation des lois portées contre les prêtres insermentés. Il se montra aussi très opposé aux mesures de répression que le Directoire voulait prendre à l'égard de Lyon : « Ces mesures. dit-il, ne peuvent être que le fruit d'un gouvernement inepte ou provocateur. » Le 17 fructidor an V, il dénonça la marche de nouvelles troupes vers Paris et reprocha vivement aux Directeurs de comploter contre la liberté publique. Aussi ne fut-il pas oublié dans les proscriptions du lendemain. Mais il parvint à s'échapper, fut remis par l'entremise de M. de Gerando, son ami, aux soins hospitaliers de Mmes de Grimaldi et de Sivry. lança, dès le 21 fructidor(7 septembre 1797) une protestation intitulée : *Adresse à mes commettants*, et jugea prudent de se rendre à Bâle, où il fit paraître un nouvel écrit contre les événements qui venaient de s'accomplir. Bientôt la Suisse ne lui offrant plus un asile assez sûr, Jordan dut se réfugier à Tubingue, puis à Weimar; il y fut accueilli avec faveur par Gœthe, Schiller, Wieland, etc., et y retrouva Mounier, avec lequel il se lia d'une étroite amitié. Rappelé en février 1800 par le gouvernement consulaire, il fut mis d'abord en surveillance à Grenoble, obtint, au bout de quelque temps, la permission de se rendre à Paris, séjourna chez Mme de Staël à Saint-Ouen, et retourna à Lyon. Bonaparte, dit-on, essaya de le gagner à sa cause; mais lorsque le peuple fut consulté sur la question de savoir si le Consulat à vie serait conféré à l'auteur du coup d'État de brumaire, Jordan répondit par une brochure sous ce titre : *Vrai sens du vote national pour le consulat à vie* (anonyme, 1802). Tout en faisant connaître son vote personnel contre cette mesure, l'auteur mettait au grand jour les vues ambitieuses de Bonaparte, réclamait des garanties au nom de la liberté, et prédisait les abus du régime impérial. Cet écrit, que Jordan n'avait point signé, fut saisi par la police; il n'hésita pas alors à s'en avouer l'auteur, mais, contre son attente, il ne fut pas inquiété. Certain toutefois de n'être appelé à aucune fonction, il s'isola du mouvement politique et s'occupa exclusivement de littérature et de philosophie; c'est alors qu'il communiqua à l'académie de Lyon quelques études qui furent très remarquées. Les événements de 1814 le ramenèrent sur la scène politique. Partisan déclaré des Bourbons, il fut, le 30 mars, un des députés que l'administration municipale de Lyon envoya au-devant de l'empereur d'Autriche à Dijon pour demander le rétablissement de la monarchie légitime ; le but avoué de cette mission était de solliciter des adoucissements aux réquisitions dont la ville avait été frappée. La réserve de l'empereur fut extrême sur tout ce qui touchait à la politique. Le 8 avril, Jordan assista à la séance dans laquelle le conseil municipal de Lyon proclama Louis XVIII roi de France. Nommé, en août 1815, président du collège électoral de cette ville, son état de santé l'empêcha de remplir cette fonction. Il se montra plus actif lors des élections du 4 octobre 1816, et fut élu, à cette date, par 102 voix (201 votants, 285 inscrits), député du département de l'Ain. Il fut admis, bien qu'il ne fût pas très en règle avec le cens, devint président de la Chambre, et, membre de la commission de l'Adresse (novembre 1816), présenta un projet rédigé surtout contre la Chambre précédente. Il fut aussi membre de la commission du budget, parla (4 mars 1817) en faveur de l'aliénation des forêts de l'État, dévoué de cœur au gouvernement royal, soutint le ministère, tout en réservant parfois les droits de la

liberté et en attaquant surtout les cours prévôtales. Il défendit le projet de loi sur les élections et se montra favorable à la continuation de la censure, que blâmait le côté droit. En 1817-1818, à propos du projet de loi sur la presse, il se prononça pour le jury, demanda la question préalable sur la proposition Lainé de Villevèque tendant à rendre aux émigrés leurs rentes sur l'État, et, interpellé sur l'opinion qu'il avait émise à l'égard des cours prévôtales, flétrit les massacres du Midi, et fit un pompeux éloge du ministre Decazes. Le 30 novembre 1816, il avait été appelé à faire partie du conseil d'État. Mais, après avoir obtenu sa réélection comme député, le 20 octobre 1818, par 333 voix (453 votants, 647 inscrits), il se sépara du pouvoir pour se rapprocher de la gauche. Membre de la commission chargée de l'examen du projet de loi relatif à la censure, il refusa, cette fois, de se joindre à la majorité, et exposa les motifs de sa dissidence dans un discours qui fut un véritable manifeste contre le ministère. Pendant cette seconde époque de sa carrière parlementaire, Camille Jordan fut considéré comme un des chefs de l'opposition constitutionnelle. Il vota, dans la session de 1819, *contre* les deux lois d'exception, et, avec les 95, *contre* le nouveau système électoral. Sur ce dernier point, il soutint avec talent, mais sans succès, le 30 mai, un amendement ainsi conçu : « Chaque département sera divisé en autant d'arrondissements électoraux que le département a de députés à la Chambre; chacun de ces arrondissements aura un collège électoral, qui sera composé de contribuables ayant leur domicile politique dans l'arrondissement, âgés de trente ans et payant 300 francs de contributions directes. Chaque collège électoral nommera directement son député. » Le 5 juin, il se plaignit amèrement des outrages adressés à plusieurs députés du côté gauche par des membres de la droite. Les attaques de ses ennemis et les fatigues de la vie politique achevèrent de ruiner sa santé déjà ébranlée. « Si vous voyez, écrivait un biographe de 1820, s'avancer à la tribune d'un pas lent et réfléchi un homme de taille élevée, la figure douce et valétudinaire, les cheveux courts, poudrés et un peu crêpés; si cet orateur promène sur l'assemblée un œil de bienveillance et de conviction; que son discours soit commencé d'un accent noble, assuré et modeste à la fois, recueillez-vous, gardez un religieux silence, prêtez une exclusive attention : M. Camille Jordan va parler. » Les théories politiques de Camille Jordan n'étaient pas exemptes de quelque confusion, et l'éclectisme qu'il professait mariait assez étrangement au droit divin la souveraineté du peuple. Ses restes furent déposés au Père-Lachaise. On a de lui plusieurs discours et écrits politiques et des *Fragments choisis* traduits de Klopstock, son auteur favori, et de Schiller.

JORDAN (ESPRIT-ALEXANDRE), représentant en 1871, né à Die (Drôme) le 22 octobre 1800, mort le 9 mai 1888, fut élève de l'École polytechnique, et en sortit ingénieur des ponts et chaussées. Il professa la métallurgie à l'École centrale des arts et manufactures et s'occupa exclusivement de travaux scientifiques et d'enseignement, jusqu'aux élections du 8 février 1871, qui l'envoyèrent à l'Assemblée nationale, comme représentant de Saône-et-Loire, élu, le 9e sur 12, par 66,920 voix. M. Jordan s'inscrivit au centre droit, et vota presque toujours avec ce groupe politique. Après s'être *abstenu* dans le vote sur les préliminaires de paix, il se prononça : *pour* les prières publiques, *pour* l'abrogation des lois d'exil, *contre* le retour à Paris, *pour* le pouvoir constituant de l'Assemblée, *pour* la chute de Thiers au 24 mai, *pour* le septennat, *pour* l'état de siège, *pour* la loi des maires, *pour* le ministère de Broglie, *contre* les amendements Wallon et Pascal Duprat. Il se rallia, le 25 février 1875, au vote des lois constitutionnelles. M. A. Jordan fut candidat au Sénat, le 30 janvier 1876, dans le département de Saône-et-Loire, mais il échoua avec 286 voix (697 votants).

JORET (Pierre-Vincent), représentant en 1849, le 18 juillet 1798, mort à Auch (Gers) le 12 janvier 1858, propriétaire, conseiller général du Gers, essaya de se faire élire député le 1er août 1846, dans le 2e collège du Gers (Condom), mais il n'obtint, comme candidat de l'opposition, que 285 voix contre 346 à l'élu ministériel, M. Persil. Partisan modéré de la République, il fut élu, le 13 mai 1849, représentant du Gers à l'Assemblée législative, le 5e sur 7, par 30,820 voix (70,087 votants, 96,572 inscrits); il siégea à gauche, et vota avec la minorité démocratique jusqu'au coup d'État de 1851, contre lequel il protesta, et qui le rendit à la vie privée.

JORET DES CLOSIÈRES (Louis-Aymar), député de 1877 à 1878, né à Bayeux (Calvados) le 6 décembre 1824, mort à Paris le 15 mars 1878, fils d'un sous-préfet de Lisieux sous le ministère Guizot, fit son droit, devint (1849) chef de cabinet de M. Morisot, préfet du Calvados, et fut nommé, en 1851, conseiller de préfecture de la Meuse. Sous-préfet intérimaire de Montmédy au 2 décembre 1851, il fut successivement secrétaire général de la préfecture de la Meurthe (30 mars 1853), sous-préfet de Montmédy (28 octobre 1857), secrétaire général de la préfecture du Gard (1er mars 1862), sous-préfet de Reims (10 septembre 1864), sous-préfet du Havre (23 mars 1867). Là, il fut un des plus actifs promoteurs de l'exposition maritime internationale. Nommé préfet de la Mayenne le 31 janvier 1870, il fut révoqué au 4 septembre. Il tenta de rentrer dans la vie politique aux élections législatives du 20 février 1876; mais il échoua, dans la 2e circonscription de Caen, avec 4,405 voix contre 4,951 à l'élu, M. Delacour. Aux élections du 14 octobre 1877, qui suivirent la dissolution de la Chambre par le cabinet du 16 mai, il fut élu, au second tour, dans cette même circonscription, par 6,832 voix (10,952 votants, 15,767 inscrits), contre 4,042 voix à M. Mauger; il était le candidat du gouvernement. Il prit place à droite, dans le groupe de l'Appel au peuple, mourut en mars 1878, et fut remplacé, le 5 mai de la même année, par M. Desloges. Chevalier de la Légion d'honneur (12 août 1866), officier d'Académie (août 1868), commandeur de Charles III d'Espagne, officier de la Conception de Portugal, chevalier de l'ordre de Léopold de Belgique, etc. M. Joret des Closières était le gendre (1862) de M. Ferdinand Barrot. (*Voy. ce nom.*)

JORRAND (Louis), membre de la Convention, député au Conseil des Cinq-Cents, né à Moutier-d'Ahun (Creuse) le 29 août 1756, mort à Ahun (Creuse) le 12 juin 1845, fut reçu licencié en droit en 1778, et succéda (1780) à son père comme notaire. Partisan modéré de la Révolution, il devint, en 1790, membre du

conseil de son district, en 1791 membre du directoire de la Creuse, et fut élu, le 5 septembre 1792, député de ce département à la Convention, le 6e sur 7, par 180 voix (356 votants). Dans le procès du roi, il vota l'appel au peuple et s'exprima ainsi au 3e appel nominal : « Prononçant comme législateur, je vote pour une mesure générale, la détention. » Le 6 mai 1795, il fit partie de la commission chargée d'examiner la conduite de Joseph Lebon. Réélu, le 21 vendémiaire an IV, député du même département au Conseil des Cinq-Cents, par 109 voix (222 votants), il y siégea jusqu'en l'an VI. Jorrand ne prit la parole dans cette assemblée que pour donner son avis sur les rentes viagères créées pendant la dépréciation du papier-monnaie. Il fut membre du conseil général de la Creuse, de l'an VIII jusqu'en 1816, et continua en même temps d'exercer sa profession de notaire.

JOSSE-BEAUVOIR (Auguste-Guillaume), député de 1815 à 1827, né à Mesiay (Loir-et-Cher) le 19 octobre 1771, mort à Vendôme (Loir-et-Cher) le 15 avril 1853, fit ses études au collège de Vendôme, où il eut pour condisciple M. Decazes, qui fut ministre. Manufacturier et propriétaire, il devint, en 1801, membre du conseil général de Loir-et-Cher. Il se rallia avec empressement au retour des Bourbons, et fut élu, comme royaliste pur, le 22 août 1815, député de Loir-et-Cher, au collège de département, par 82 voix sur 159 votants et 160 inscrits. Il vota constamment, dans la Chambre introuvable, avec la majorité, et se fit remarquer comme orateur dans la discussion de la loi contre les cris et écrits séditieux, et dans celle du budget. Réélu, le 4 octobre 1816, par 92 voix (153 votants, 184 inscrits), contre 57 à M. Pardessus, il siégea au côté droit, combattit le ministère Decazes, parla contre le projet de loi électorale (décembre 1816 et janvier 1817), et fit, à ce propos, une sortie contre les écrivains qui combattaient les ultra-royalistes. Il vota aussi *contre* la loi sur la presse, l'estimant insuffisante. En 1819, il s'éleva contre l'usage des pétitions collectives, et se prononça *pour* les lois d'exception. Le 1er octobre 1821, Josse-Beauvoir fut réélu député par le 2e arrondissement de Loir-et-Cher (Vendôme), par 142 voix (244 votants, 324 inscrits), contre 96 à M. Dessaignes. « Depuis lors, dit un biographe parlementaire hostile à la politique de M. de Villèle, M. Josse, croyant avoir assez fait pour l'intérêt de la monarchie, s'est mis à travailler exclusivement dans l'intérêt des ministres. » Il appartint en effet inflexiblement à la majorité dévouée à M. de Villèle, et fut nommé, le 23 avril 1822, conseiller maître à la cour des Comptes. Il aborda encore plusieurs fois la tribune; mais ce fut surtout, dit le biographe déjà cité, dans les coulisses parlementaires qu'il s'attacha à servir le pouvoir. « Diplomate clandestin, éloquent sous la cheminée, M. Josse fut regardé par les ministres comme l'homme des missions délicates; dès lors il a mis autant de soins à se cacher qu'il en avait mis à se montrer lorsqu'il parlait et qu'il votait en député indépendant. » Et plus loin : « M. Josse a joué un rôle très important dans l'affaire de l'achat des journaux pour le ministère, dite la *caisse d'amortissement de l'esprit public*. C'est lui qui a donné une sorte de cachet historique à ce fameux comité de la rue de Tournon, où deux royalistes, deux libéraux et deux doctrinaires, tous ministériels, délibéraient et votaient par assis et levé sur la destinée de telle feuille vendue, sur les moyens d'en acheter telle autre. Devant ce tribunal bigarré comparaissaient chaque jour le directeur des *Tablettes*, le rédacteur en chef du *Pilote*, le caissier du *Drapeau blanc*, le procureur fondé de la *Gazette*, l'Atlas du *Journal de Paris*, et les embaucheurs encore ignorés des sept douzièmes de la *Quotidienne*. C'est là que l'on délibérait gravement sur les moyens de faire croire au public qu'un journal tombé dans la caisse était encore indépendant, afin de persuader à des lecteurs simples et crédules que le ministère avait conquis toutes les opinions, puisqu'il trouvait des prôneurs volontaires dans chacune d'elles. Ainsi on faisait jouer l'indépendance à toutes ces feuilles salariées; on leur ordonnait entre elles la petite guerre, espèce d'escroquerie politique, que le génie du ministérialisme venait d'inventer. C'était un fait avéré que M. Josse dirigeait toutes ces manœuvres, muni de la procuration générale de MM. de Villèle, de Corbière, etc... » Cette insinuation poursuivit M. Josse-Beauvoir après sa réélection comme député, le 25 février 1824, par 203 voix (212 votants, 270 inscrits). Les journaux restés indépendants le harcelèrent d'épigrammes; il s'en émut et répondit (juin 1824) aux attaques du *Constitutionnel* et du *Courrier français* par une lettre, assez peu probante, et où il écrivait : « Des journaux libéraux ont été achetés, dit-on? Oui, on le dit. Mais assurément ce n'est pas moi qui en ai fait l'acquisition.» La carrière parlementaire de M. Josse-Beauvoir prit fin aux élections de 1827; il n'obtint dans sa circonscription que 89 voix contre 134 à l'élu, M. Crignon-Bouvalet. Il quitta d'autre part la cour des Comptes, à la chute de Charles X. M. Josse-Beauvoir était officier de la Légion d'honneur et demeurait à Paris, rue de Tournon, n° 12.

JOSSEAU (François-Jean-Baptiste), député au Corps législatif de 1857 à 1870, né à Mortcerf (Seine-et-Marne) le 21 janvier 1817, fit ses études à Paris, devint licencié en droit en 1837, et fut reçu avocat l'année suivante. Il s'occupa surtout alors de la législation agricole, de la réforme hypothécaire et de l'institution du Crédit foncier. Ses travaux attirèrent l'attention de M. Dumas, ministre du Commerce, qui le chargea, en 1850, de la rédaction d'un projet de loi sur le Crédit foncier. Commissaire du gouvernement à l'effet de soutenir et de développer ce projet devant la Chambre, il eut à rédiger le décret qui remplaça ce projet de loi, dont les événements de décembre 1851 empêchèrent la discussion et le vote. Il fit paraître à cette époque un *Traité du Crédit foncier*. Elu, comme candidat officiel, député au Corps législatif par la 3e circonscription de Seine-et-Marne, le 21 juin 1857, avec 17,300 voix (18,718 votants, 30,511 inscrits), réélu, dans la même circonscription, le 1er juin 1863, par 14,431 voix (26,776 votants, 31,415 inscrits), contre 12,285 voix à M. Jules de Lasteyrie, ancien député, et, le 24 mai 1869, par 14,596 voix (28,158 votants, 31,613 inscrits), contre 12,720 voix à M. Jules de Lasteyrie, il fit partie des commissions : du budget, du conseil des prud'hommes, de la contrainte par corps, des réunions publiques, de la revision du code de procédure civile, et signa la demande d'interpellation des 116. Il s'occupa aussi de questions financières, parla sur les chèques, les warrants et les conventions des chemins de fer. Chevalier de la Légion d'honneur en 1852, officier en 1864, il fut nommé commandeur en 1869. En novembre 1869, il prit l'initiative de la réunion du centre droit portant son nom, qui réclamait le régime parlementaire complet, le jugement des délits de presse par le jury, une nouvelle loi électorale, une large décentralisation, qui comprit au début 108 membres, et qui aboutit à la formation du ministère Ollivier et à l'empire libéral. Elu secrétaire du Corps législatif, il fut de la minorité qui demanda, en juillet 1870, communication des pièces relatives aux affaires d'Espagne et aux démêlés avec la Prusse. Il signa, le 4 septembre, la proposition de M. Thiers, protesta dans *le Français* contre l'envahissement de la Chambre, et refusa de reconnaître le gouvernement issu de la révolution de septembre. Redevenu avocat, il se présenta aux élections législatives du 20 février 1876 dans l'arrondissement de Coulommiers, où il échoua avec 5,399 voix contre 6,332 à l'élu républicain, M. Plessier. Il ne fut pas plus heureux aux élections qui suivirent la dissolution de la Chambre par le cabinet du 16 mai. Bien que soutenu par le gouvernement, il n'obtint, le 14 octobre 1877, que 4,530 voix contre 8,082 au député sortant, M. Plessier.

JOSSERAND (Jacques-Laurent), député de 1839 à 1842, né à Bourg (Ain) le 9 avril 1799, mort à Paris le 10 août 1854, entra dans la magistrature en 1830 comme juge au tribunal de Bourg, fut promu, en 1836, conseiller à la cour royale de Lyon, et, tout dévoué à la monarchie de Louis-Philippe, fut élu, le 2 mars 1839, député du 1er collège de l'Ain (Pont-de-Vaux), par 135 voix sur 254 votants. Sans paraître jamais à la tribune, M. Josserand vota constamment avec la majorité ministérielle: *pour* la dotation annuelle de 500,000 francs au duc de Nemours (janvier 1840), *contre* les diverses propositions de MM. Gauguier, Remilly, Ganneron tendant à étendre le cercle des fonctions publiques incompatibles avec la députation, et *contre* les motions de MM. Manguin et Pagès (1841) et Ducos (1842) en faveur de l'adjonction des capacités. Il ne fut pas réélu en 1842. M. Josserand est mort en 1854, président honoraire à la cour impériale de Lyon et chevalier de la Légion d'honneur.

JOSSON (Louis-Joseph), député de 1837 à 1839, né à Orchies (Nord) le 4 octobre 1791, mort à Paris le 17 novembre 1863, étudia le droit et entra dans la magistrature. Président du tribunal civil de Lille, il se présenta pour la première fois à la députation, comme candidat libéral, le 21 juin 1834, dans le 3e collège du Nord (Lille), où il n'obtint que 268 voix contre 345 à M. Hennequin, légitimiste, élu. M. Josson fut plus heureux, le 4 novembre 1837, dans le 2e collège du même département (même ville); il fut élu par 380 suffrages sur 711 votants et 815 inscrits. Après quelques votes donnés à l'opposition, il se rapprocha de la majorité, et cette évolution fut sévèrement jugée par les électeurs indépendants qui l'avaient envoyé à la Chambre : « Il avait promis, lit-on dans la *Biographie des députés* (session de 1838-39), d'aller s'asseoir sur les mêmes bancs que M. Odilon Barrot. Arrivé à la Chambre, M. Josson a commencé par déserter le voisinage de M. Barrot et il a pris place au centre gauche. On aurait pu, à la rigueur, lui pardonner cette petite infraction à ses engagements, si son vote avait au moins répondu, en toutes circonstances, à la place qu'il occupait; mais M. Josson n'a pas à se reprocher d'avoir souvent voté avec le centre gauche; devant les hommes, et surtout devant Dieu, il est pur de toute velléité d'indépendance; dans presque

toutes les questions importantes, il s'est cheva-
leresquement rallié au ministère, lorsqu'il voyait
la majorité se prononcer en sa faveur; il ne
votait avec l'opposition que lorsque la victoire
lui paraissait vouloir se déclarer pour elle. »
Il mourut, sous l'Empire, président honoraire
du tribunal de Lille et officier de la Légion
d'honneur.

JOUANET (Louis-Dorville), représentant
en 1849, né à la Pointe-à-Pitre (Martinique) le
18 juin 1813, appartenait à la magistrature et
était juge au tribunal de 1re instance de Saint-
Pierre (Martinique), lorsqu'il fut élu, le 15 juillet
1849, représentant de la Guyane française à
l'Assemblée législative, par 2,823 voix (3,000
votants, 5,354 inscrits). M. Jouanet vota d'ordinaire avec la fraction la plus modérée du
parti démocratique; puis il se rallia à l'Empire,
devint conseiller à la cour impériale de la
Guadeloupe, et fut admis à la retraite, le 7 décembre 1883, comme président de cette cour.
Officier de la Légion d'honneur.

JOUBERT (Pierre-Mathieu), député en 1789,
né à Angoulême (Charente) le 16 novembre
1748, mort à Paris le 26 avril 1815, fils d'un médecin d'Angoulême, entra dans les ordres. Il
était curé de Saint-Martin d'Angoulême, lorsqu'il fut élu, le 28 mars 1789, député du clergé
du bailliage de cette ville, aux États-Généraux.
Il prit une part importante aux débats de cette
assemblée, et, dans les discussions préliminaires
de la chambre de son ordre, soutint, contre son
évêque, que « les pouvoirs qui lui ont été donnés, qui lui sont communs avec M. l'évêque et
qui ont paru à ce dernier impératifs pour le
vote par ordre, ne sont purement qu'indicatifs;
que leur cahier leur prescrit formellement le
vote par tête dans les questions d'intérêt général ». Le 16 juin 1789, il se réunit au tiers, et
prononça à cette occasion le discours suivant:
« Messieurs, pénétrés de la grandeur de notre
caractère, connaissant toute l'étendue des obligations qu'il nous impose, nous n'avions pas
besoin d'être entraînés par l'exemple de ceux
de nos confrères qui nous ont précédés dans la
noble carrière du patriotisme; intimement persuadés que la force de la raison, la solidité des
principes, et surtout l'intérêt de la nation exigeaient que la vérification des pouvoirs fût
faite en commun, soyez persuadés, Messieurs,
que l'espèce de délai que nous avons apporté
à notre démarche a été le sacrifice le plus douloureux à notre cœur et n'a été motivé que par
l'espérance de réunir à notre opinion tous ceux
que nous avons vus avec la plus amère douleur
faire les plus grands efforts pour consacrer
d'iniques usages qui perpétueront les abus que
nous sommes venus détruire. Pressés par les
mouvements de notre conscience, altérés du
bonheur public, effrayés des funestes conséquences que produiraient infailliblement les
irrésolutions perpétuelles de la chambre du
clergé, honorés ainsi que vous, Messieurs, du
titre glorieux de députés de la nation française
à ses États-Généraux, nous vous apportons nos
titres, nous soumettons nos pouvoirs à votre
vérification en vous priant de nous donner également connaissance des vôtres, et d'être intimement convaincus que notre seule ambition,
le désir le plus cher à notre cœur, est de coopérer efficacement avec vous au grand œuvre
de la félicité de la nation. »
Le 1 juillet, il attaqua la protestation de
l'évêque d'Angoulême contre le vote par tête:
« Notre cahier, dit-il, est pour le vote par tête.

Ce vœu a été exprimé par le clergé d'Angoulême de la manière la plus formelle. A l'instant
où la question du vote par ordre ou par tête
fut agitée, plus de trois cents personnes de
notre assemblée se levèrent et déclarèrent
qu'elles étaient prêtes à voter par tête; il est
donc bien étonnant que M. l'évêque l'ait regardé comme impératif. A la vérité on a ensuite
voté par ordre, mais cela n'est pas un mandat
impératif; ce n'est pas une condition *sine qua
non.* » L'évêque ne répondit pas. Le 11 août
1790, Joubert fit décréter l'approvisionnement
du duché de Bouillon; le 19, il présenta un
rapport sur les troubles de Tarascon. Il prêta le
serment civique le 27 décembre, fit admettre
(17 mars 1791) le serment des ecclésiastiques
non remplacés, et demanda (21 août) l'arrestation de Fauchet, évêque du Calvados. Il avait
été élu, le 8 mars précédent, évêque constitutionnel de la Charente. Sacré à N.-D. de Paris
le 27 mars, il fit son entrée à Angoulême le
3 avril, présida, le 9, la Société des Amis de la
Constitution, où il fit un pompeux éloge de Mirabeau qui venait de mourir, et prit le lendemain possession de la cathédrale, à la porte de
laquelle il fut harangué par le maire, Perrier de
Gurat. Après avoir prêté le serment exigé par
la loi du 15 juin 1790, il dit la messe, et lut
un mandement qui n'était que l'apologie de la
constitution civile du clergé, et qui débutait
ainsi : « P. M. Joubert, par la miséricorde divine et le choix du peuple dans la communion
du Saint-Siège apostolique, évêque du département de la Charente, etc. » M. Joubert se sécu-
larisa en 1793, prit femme, et entra dans
l'administration, au coup d'État de brumaire,
comme préfet du Nord (11 ventôse an VIII).
Le 8 ventôse an IX, il devint membre du conseil de préfecture de la Seine, fonctions qu'il
exerça presque jusqu'à sa mort.

JOUBERT (Louis), membre de la Convention
et député au Conseil des Cinq-Cents, né au
Mans (Sarthe) le 3 novembre 1762, mort à Ros-
no, sur la route de Wilna (Russie) en 1812,
« fils de maître Louis Joubert, conseiller du roi,
notaire et receveur ès insinuations ecclésiastiques du diocèse du Mans, et de dame Marie-
Magdeleine-Charlotte Chesneau, son épouse, »
fut nommé, au début de la Révolution, administrateur du département de l'Hérault, où il s'était
établi. Élu (8 septembre 1792) troisième suppléant à la Convention par ce département,
qui lui avait donné 360 voix sur 465 votants, il
ne fut admis à siéger que le 10 pluviôse an II,
en remplacement de Rouyer, mis hors la loi.
Envoyé, très peu de temps après, en mission
aux armées du Nord et de Sambre-et-Meuse, il
rendit compte des victoires remportées par nos
troupes, manda que l'arbre de la liberté avait
été planté sur la place d'armes de Luxembourg,
fit accepter la Constitution de l'an III par
l'armée de Sambre-et-Meuse, annonça en l'an
IV que des dispositions étaient prises pour
secourir la représentation nationale menacée
au 13 vendémiaire, transmit encore par écrit
la nouvelle de plusieurs succès, et ne parut
d'ailleurs jamais à la tribune de ce Convention.
Après la session, Joubert fut attaché aux
armées en qualité de commissaire-ordonnateur
des guerres. Le département de l'Hérault l'élut,
le 25 germinal an VI, membre du Conseil des
Cinq-Cents. Il y attaqua le droit de marque sur
les étoffes, fut rapporteur des dépenses du ministère de la Guerre pour l'an VII, vota l'établissement de l'impôt sur le sel, et devint secrétaire du Conseil. Il parla encore sur diverses

questions militaires et de finances, notamment sur le personnel de l'armée, la garde du corps législatif, les soldes de retraite, etc., combattit le projet d'emprunt de 100 millions, et, s'étant montré très opposé au coup d'Etat du 18 brumaire an VIII, fut exclu de la représentation nationale. Toutefois, il ne tarda pas à adhérer au nouvel ordre de choses, et ayant écrit au gouvernement consulaire qu'il ne voyait, hors de ce pouvoir, « que la plus déplorable confusion, parce que les citoyens à la tête des affaires de l'Etat offraient aux républicains une garantie irrécusable, » il fut nommé, le 23 frimaire an VIII, président du conseil de guerre établi à Valence pour examiner la conduite des individus qui avaient rendu les places fortes de l'Italie. Envoyé ensuite à Milan en qualité de commissaire-ordonnateur, il remplit ces fonctions jusqu'en 1812, et périt dans la retraite de Russie.

JOUBERT (Léon), député de 1876 à 1885, né à Huismes (Indre-et-Loire) le 9 mai 1814, mort à Chinon (Indre-et-Loire) le 20 juillet 1885, étudia à Paris la médecine qu'il alla exercer à Chinon. Propriétaire dans ce pays, il se fit connaître par ses opinions républicaines, devint maire de sa ville natale en 1848, puis en 1870, et se présenta aux élections législatives de 1876 dans l'arrondissement de Chinon. Après avoir réuni, au premier tour, la majorité relative des suffrages contre deux candidats dont l'un républicain, il se trouva, au scrutin de ballottage, seul en présence de son adversaire monarchiste, et fut élu, le 15 mars, par 10,878 voix (21,018 votants, 26,237 inscrits), contre 10,032 voix à M. Podevin, ancien préfet de l'Empire. Il vota à la Chambre avec le groupe de la gauche républicaine et fut des 363. Réélu comme tel, le 14 octobre 1877, par 11,608 voix (22,302 votants, 26,574 inscrits), contre 10,620 voix à M. Podevin, devenu le candidat officiel du gouvernement du Seize-Mai, M. Léon Joubert reprit sa place dans la majorité, et se prononça : *contre* le ministère Rochebouët, *pour* l'ordre du jour contre les menées ultramontaines, *pour* le ministère Dufaure, *pour* l'article 7 de la loi sur l'enseignement supérieur, *contre* l'amnistie plénière, *pour* l'invalidation de l'élection de Blanqui, *pour* les nouvelles lois sur la presse et le droit de réunion. Il obtint sa réélection, le 21 août 1881, par 12,941 voix (16,256 votants, 26,653 inscrits), appuya la politique opportuniste, se prononça *contre* l'élection des magistrats par le peuple, *contre* la séparation de l'Eglise et de l'Etat, *pour* les crédits de l'expédition du Tonkin, etc., et mourut à Chinon en juillet 1885.

JOUBERT (Léon), député de 1885 à 1889, né à Chinon (Indre-et-Loire) le 26 septembre 1845, fils du précédent, fut inscrit sur la liste républicaine d'Indre-et-Loire aux élections du 4 octobre 1885. Il réunit, au premier tour de scrutin, 36,772 voix, et fut élu au scrutin de ballottage, le 18 octobre, par 39,953 voix (66,901 votants, 98,844 inscrits). Sans prendre la parole, il vota avec la majorité de gauche : *pour* les crédits du Tonkin et de Madagascar et *pour* les ministères Rouvier et Tirard; en dernier lieu, il s'abstint sur le rétablissement du scrutin d'arrondissement (11 février 1889), et se prononça *contre* l'ajournement indéfini de la revision de la Constitution, *pour* les poursuites contre trois députés membres de la Ligue des patriotes, *pour* le projet de loi Lisbonne

restrictif de la liberté de la presse, *pour* les poursuites contre le général Boulanger.

JOUBERT-BONNAIRE (Joseph-François, chevalier), député au Conseil des Cinq-Cents, au Corps législatif, représentant à la Chambre des Cent-Jours, né à Noirmoutiers (Vendée) le 10 août 1756, mort à Angers (Maine-et-Loire) le 6 juin 1822, « fils de noble homme Joseph Joubert, capitaine de marine, et de demoiselle Anne Giraud, son épouse, » fabricant de toiles à voiles à Angers, juge-consul en 1779, président du directoire du district, président de l'administration municipale d'Angers en l'an V, fut élu député de Maine-et-Loire au Conseil des Cinq-Cents, le 23 germinal an V, par 130 voix (238 votants, 256 inscrits). Il prit part à quelques débats dans cette assemblée, et notamment, en l'an VII, à la discussion sur la loi militaire. Conseiller général de Maine-et-Loire en thermidor an VIII, maire d'Angers le 3 vendémiaire an X, membre de la Légion d'honneur le 14 brumaire an XIII, membre du conseil d'agriculture, administrateur des hospices de la ville, à la tête d'une importante industrie, il se concilia l'estime de ses concitoyens par la sagesse de son administration, créa une bourse de commerce, et obtint de l'empereur la suppression des remparts d'Angers. Le 18 février 1808, il fut élu par le Sénat conservateur député de Maine-et-Loire au Corps législatif, fut créé chevalier de l'Empire le 8 janvier 1809, et nommé représentant à la Chambre des Cent-Jours par le commerce de Maine-et-Loire, le 11 mai 1815. Il quitta la vie politique après cette courte législature, et devint conseiller des manufactures le 23 août 1819.

JOUBERT-BONNAIRE (Ambroise-Jules), représentant à l'Assemblée nationale de 1871, né à Angers (Maine-et-Loire) le 20 août 1829, petit-fils du précédent et frère du suivant, s'associa avec ce dernier pour la direction de l'importante filature de toiles à voiles Joubert-Bonnaire. Ancien élève de l'Ecole polytechnique, il aborda la carrière parlementaire le 8 février 1871, ayant été élu par 101,248 voix (120,174 votants, 151,588 inscrits) représentant de Maine-et-Loire à l'Assemblée nationale. Conservateur, il s'inscrivit au centre droit, et fut l'auteur d'une proposition sur le travail des enfants dans les manufactures ainsi conçue : « Les enfants ne pourront être employés par des patrons, ni être admis dans les manufactures, usines, ateliers ou chantiers, avant l'âge de dix ans révolus.» Cette proposition fut adoptée. M. Joubert joua d'ailleurs un rôle modeste à l'Assemblée et vota *pour* la paix, *pour* les prières publiques, *pour* l'abrogation des lois d'exil, *contre* le retour de l'Assemblée à Paris, *pour* le pouvoir constituant, *pour* la démission de Thiers au 24 mai, *pour* le septennat, *pour* l'état de siège, *pour* la loi des maires, *pour* le ministère de Broglie, *contre* les amendements Wallon et Pascal Duprat, et *contre* l'ensemble des lois constitutionnelles. M. Ambroise Joubert-Bonnaire fut un des patrons de la candidature « purement septennaliste » de M. Bruas dans Maine-et-Loire, et présida le comité électoral constitué à Angers pour soutenir ce candidat, lequel échoua au second tour de scrutin, contre M. Maillé, maire révoqué d'Angers, républicain. M. Joubert-Bonnaire se déclara lui-même un jour « monarchiste et mac-mahonien », répudiant la qualification « d'ancien bonapartiste » qui lui avait été donnée par un journal.

JOUBERT-BONNAIRE (Achille), sénateur de 1876 à 1883, né à Angers (Maine-et-Loire) le 16 juin 1814, mort à Angers le 10 octobre 1883, frère du précédent, se fit dans cette ville une importante situation comme industriel, et devint juge au tribunal de commerce et administrateur de la succursale de la Banque de France; il exerça en 1874, en remplacement de M. Maillé, les fonctions de maire d'Angers, bien qu'il ne fît pas partie du conseil municipal, et n'entra dans la vie parlementaire qu'après que son frère cadet (v p. haut) en fut sorti. Le 30 janvier 1876, porté par les conservateurs candidat aux élections sénatoriales, M. Achille Joubert fut élu sénateur de Maine-et-Loire, le 2ᵉ sur 3, par 345 voix (465 votants). Il siégea dans la droite monarchiste, vota (juin 1877) pour la dissolution de la Chambre des députés, soutint le gouvernement du Seize-Mai dans ses tentatives de résistance, fit de l'opposition au ministère Dufaure et aux divers cabinets républicains qui suivirent, et obtint sa réélection comme sénateur, le 5 janvier 1879, par 324 voix (460 votants). Il vota dès lors avec la minorité contre l'article 7 de la loi sur l'enseignement supérieur, contre la modification du serment judiciaire, contre la réforme du personnel de la magistrature, etc. Il mourut en 1883 et ne fut remplacé que le 6 janvier 1886 par M. Blavier.

JOUENNE-LONGCHAMP (Thomas-François-Ambroise), membre de la Convention, député au Conseil des Cinq-Cents, né à Beuvron-en-Auge (Calvados) le 3 novembre 1761, mort à Bruxelles (Belgique) le 29 février 1818, adopta les idées de la Révolution, devint officier municipal à Lisieux, et fut élu, le 7 septembre 1792, membre de la Convention par le département du Calvados, le 9ᵉ sur 13, par 365 voix (618 votants). Dans le procès du roi, Jouenne-Longchamp répondit : « Je demande la peine de mort, sauf à statuer sur l'époque où l'exécution aura lieu. » Il fit décréter l'organisation d'établissements en faveur des sourds-muets, et traita spécialement les questions d'assistance publique. Réélu député du Calvados au Conseil des Cinq-Cents, le 22 vendémiaire an IV, par 208 voix (392 votants), il fut un des secrétaires de cette assemblée, remplit quelque temps les fonctions d'administrateur des hospices de Paris, donna sa démission de ces fonctions, fut renvoyé au Conseil des Cinq-Cents par son département, avec 251 voix (384 votants), le 23 germinal an VI, et présenta sur les hospices civils un long rapport, suivi d'un projet qui fut adopté par le Conseil dans la séance du 19 germinal an VII. Bien qu'il se fût peu mêlé aux débats politiques, son attachement aux institutions républicaines et son attitude lors du coup d'Etat de brumaire le firent exclure, le 19 brumaire an VIII, de la représentation nationale. Plus tard, la loi du 12 janvier 1816 l'expulsa de France comme régicide; il mourut en exil, à Bruxelles.

JOUFFARD (Michel-Paul-Noel), représentant à la Chambre des Cent-Jours, né à Castelnaudary (Aude) le 19 décembre 1771, mort à une date inconnue, « fils de Jean Jouffard, marchand orfèvre, et de demoiselle Françoise Delmas, » était maire de Ribouisse (Aude), quand il fut élu, le 16 mai 1815, par l'arrondissement de Castelnaudary, avec 13 voix sur 19 votants et 90 inscrits, représentant à la Chambre des Cent-Jours, où il passa inaperçu.

JOUFFRAULT (Camille), député de 1879 à 1881 et de 1885 à 1889, né à Argenton-Château (Deux-Sèvres) le 22 mars 1845, fit ses études classiques à Parthenay et à Poitiers, son droit à Paris, et fut reçu avocat. Rédacteur du Journal des percepteurs, puis directeur-propriétaire de cette publication (avril 1870), M. Jouffrault fit la guerre de 1870-71 dans les mobiles des Deux-Sèvres, fut fait prisonnier à Beaune-la-Rolande, et interné à Leipsig. Elu (1872), en remplacement de son père, conseiller général d'Argenton-Château (1874), puis conseiller municipal, et maire de cette ville, il fut révoqué de ces fonctions par le cabinet du 16 mai (1877). Après la dissolution de la Chambre des cabinet, M. Jouffrault se présenta aux élections législatives du 14 octobre, comme candidat républicain, dans l'arrondissement de Bressuire, où il échoua avec 8,956 voix contre 9,802 au candidat conservateur élu, M. le marquis de la Rochejaquelein. Mais la Chambre nouvelle annula cette élection, et les électeurs de Bressuire, convoqués à nouveau, le 2 février 1879, donnèrent cette fois la majorité à M. Jouffrault par 9,047 voix sur 18,017 votants et 22,196 inscrits, contre 8,823 voix à M. de la Rochejaquelein. M. Jouffrault siégea à l'extrême-gauche de l'Union républicaine, et vota avec la majorité, pour la politique coloniale, pour l'art. 7 de la loi sur l'enseignement, contre les congrégations autorisées, pour le retour du parlement à Paris, pour l'amnistie plénière, etc. Aux élections du 21 août 1881, il échoua avec 8,290 voix contre 9,858 à M. de la Rochejalein élu. M. Jouffrault se maria civilement (17 mars 1884). Au renouvellement législatif du 4 octobre 1885, il fut porté sur la liste de concentration républicaine des Deux-Sèvres, et fut élu, au second tour (18 octobre), le 5ᵉ et dernier, par 44,542 voix sur 88,018 votants et 104,546 inscrits. Il reprit sa place à la gauche radicale, ne monta pas à la tribune, et continua de voter avec son groupe, notamment pour l'expulsion des princes; en dernier lieu, il était absent par congé lors du scrutin sur le rétablissement du scrutin d'arrondissement (11 février 1889); il s'est prononcé ensuite contre l'ajournement indéfini de la revision de la Constitution, contre les poursuites contre trois députés membres de la Ligue des patriotes, contre le projet de loi Lisbonne restrictif de la liberté de la presse, contre les poursuites contre le général Boulanger.

JOUFFRET DE BONNEFONS (Pierre-Antoine), député en 1791, né et mort à une date inconnue, procureur général syndic du département de l'Allier, fut élu, le 26 août 1791, député de ce département à l'Assemblée législative, le 1ᵉʳ sur 8, par 280 voix sur 332 votants; il défendit le projet relatif à la formation de la Haute-Cour nationale, parla en faveur de Duport, et disparut de la scène politique après la session.

JOUFFREY (Paul-Julien, chevalier de), député de 1815 à 1816, né à Troo (Loir-et-Cher) le 29 avril 1775, mort au château de la Voûte (Indre-et-Loire) le 3 juillet 1851, propriétaire à Vendôme, fut élu, comme royaliste, au collège de département, le 22 août 1815, député d'Indre-et-Loire, par 95 voix (187 votants, 244 inscrits). Il siégea à droite, vota avec la majorité de la Chambre introuvable, et ne fit pas partie d'autres assemblées.

JOUFFROI-GONSANS (François-Gaspard

DE), député en 1789, né au château de Gonsans (Doubs) le 15 août 1723, mort à Paderborn (Allemagne) le 23 janvier 1799, entra dans les ordres et devint chanoine de Saint-Claude, puis évêque de Gap (1774) et du Mans (1778). Élu, le 25 mars 1789, député du clergé aux États-Généraux pour la sénéchaussée du Maine, il fut de la minorité qui tint pour l'ancien régime, protesta, les 12 et 15 septembre 1791, contre les décrets de l'Assemblée, et émigra en 1792. Accueilli par le chapitre de Paderborn, qui lui assigna un revenu de douze cents florins, il mourut dans cette ville en 1799.

JOUFFROY (THÉODORE-SIMON), député de 1831 à 1842, né aux Pontets (Doubs) le 7 juillet 1796, mort à Paris le 1er mars 1842, était le fils d'un percepteur des Pontets. De complexion faible et maladive, d'un caractère doux et inquiet, il manifesta, dès son enfance, cette mélancolie qui fut plus tard un des charmes de son enseignement, et qui trahissait une âme plus tendre que forte, plus sincère que décidée. Il commença ses études au collège de Nozeroy, les poursuivit (1807) au collège de Lons-le-Saunier, sous la direction de son oncle, l'abbé Jouffroy, et les termina au lycée de Dijon en 1811. Ses dispositions remarquables pour les études littéraires frappèrent ses maîtres, qui le préparèrent à l'École normale; il y fut admis en 1814. Le jeune Jouffroy fit à l'École la découverte de son incrédulité, et ce fut là, a-t-il écrit lui-même (Nouveaux mélanges philosophiques), ce qui décida de la direction de sa vie. « Ne pouvant supporter l'incertitude sur l'énigme de la destinée humaine, n'ayant plus la lumière de la foi pour la résoudre, il ne me restait que les lumières de la raison pour y pourvoir. Je résolus donc de consacrer tout le temps qui serait nécessaire et ma vie s'il le fallait à cette recherche; c'est par ce chemin que je me trouvai amené à la philosophie, qui me semble ne pouvoir être que cette recherche même. » Il prit d'abord pour guide Victor Cousin; mais ses premiers efforts demeurèrent stériles. Du moins il conquit brillamment le grade de docteur ès lettres avec deux thèses : Du beau et du sublime, De la causalité, dont le mérite le fit charger presque aussitôt de conférences à l'École normale. Admis, en 1817, à l'agrégation de philosophie, il professa la philosophie en même temps à l'École normale et au collège Bourbon; mais ayant épuisé sa santé à rechercher une méthode et à éclaircir les points obscurs de la psychologie, il dut solliciter un congé. Bientôt après, la suppression de l'École normale (1822) le laissa sans emploi. Jouffroy ouvrit alors chez lui un cours auquel se rendirent avec empressement de nombreux auditeurs. Son entrée au journal le Globe et l'article fameux qu'il y publia : Comment les dogmes finissent, marquèrent une phase nouvelle du développement de son esprit. Une traduction des œuvres de Dugald-Stewart, parue en 1827, avec une très remarquable Préface, une autre de Thomas Reid, suivie des leçons de Royer Collard, recueillies et rédigées par Jouffroy, achevèrent de le mettre en évidence. Le ministre Martignac le rendit à l'enseignement. Nommé professeur suppléant de philosophie ancienne à la Sorbonne, il rentra aussi à l'École normale, qu'on venait de rétablir. En 1830, après la révolution de juillet, le duc de Broglie lui donna la suppléance du cours d'histoire de la philosophie moderne. Ce fut là qu'il professa son cours de droit naturel. Vers la même époque, il aborda, sous les auspices du gouvernement de juillet, la carrière politique, et se fit élire (5 juillet 1831), par 84 voix sur 135 votants et 150 inscrits, député du 5e collège du Doubs (Pontarlier). Membre de la majorité conservatrice, il mit toute son influence et tous ses votes au service du pouvoir, et prit plusieurs fois la parole à la Chambre, notamment pour demander sans succès le changement du règlement sur les pétitions. Il s'étonnait de la multiplicité des questions proposées et de la rapidité des décisions prises. En 1833, il entra à l'Académie des sciences morales. Réélu député, le 21 juin 1834, par 91 voix (134 votants, 152 inscrits), contre 41 à M. Spierenail, il échangea son cours de l'École normale pour une chaire de professeur au Collège de France, fonctions qu'il résigna en 1837 pour devenir titulaire de la chaire de philosophie de la faculté des lettres. Cependant la mélancolie naturelle de son caractère avait augmenté, et les attaques de la presse n'y étaient pas étrangères. L'état précaire de sa santé l'obligea à faire un voyage en Italie, après avoir obtenu sa réélection comme député, le 4 novembre 1837, par 117 voix (173 votants, 198 inscrits). De retour en 1838, il voulut reprendre son cours et n'y obtint que peu de succès. L'année suivante, il fut obligé de l'interrompre. A la Chambre, chargé, en 1840, de la rédaction de l'Adresse, il voulut formuler pour le ministère nouveau un programme nouveau; mais la majorité et le ministère rejetèrent cette innovation. Ses forces diminuaient progressivement. Ce fut en vain que le gouvernement l'appela en 1840 à remplir au Conseil supérieur de l'Université la place qu'y laissait vide la mort de Victor Cousin, et qu'il le nomma, la même année, au poste de conseiller à la cour de Besançon : Jouffroy ne put jouir longtemps de ces places. Son état mental empirait sans cesse. Confirmé dans son mandat législatif, le 4 avril 1840, par 147 voix sur 173 votants, il mourut en mars 1842, après s'être recueilli, pendant les derniers jours, dans une solitude complète. Il fut remplacé à la Chambre, le 9 avril suivant, par M. Demesmay. Comme orateur, Jouffroy, qui manquait surtout de vigueur et d'action, possédait cependant d'éminentes qualités : sa parole était simple, son timbre clair et ému, son accent persuasif. Comme écrivain, la pureté de la diction, le caractère élevé de la pensée et l'émotion poignante qu'il communique parfois au lecteur le placent au premier rang. Comme philosophe et moraliste, il n'innova guère, et s'il a soulevé beaucoup de problèmes, il n'en a résolu aucun, ce qui a fait le désespoir de sa vie. Jouffroy était chevalier de la Légion d'honneur. Outre un grand nombre d'articles publiés dans les journaux et dans les revues, outre les traductions citées plus haut, on a de Th. Jouffroy : des Mélanges philosophiques (1833); le Cours de droit naturel (1835); de Nouveaux mélanges philosophiques, publiés par Damiron (1842), un Cours d'esthétique (1843), etc.

JOUIN (PIERRE-MARIE), représentant en 1848 et en 1871, sénateur de 1879 à 1885, né à Rennes (Ille-et-Vilaine) le 17 février 1818, mort à Paris le 24 mars 1885, d'une famille de commerçants, s'inscrivit, ses études de droit terminées, au barreau de Rennes, et y devint un des avocats distingués de la cour, et un des chefs du parti démocratique. Après la révolution de février, il fut élu (23 avril 1848) représentant d'Ille-et-Vilaine à l'Assemblée constituante, le 6e sur 14, par 88,045 voix (132,609 votants, 152,985 inscrits). « Doué d'un remarquable talent oratoire

Cousin est mort en 1867.

écrivait la *Biographie impartiale des représentants à l'Assemblée nationale* (1848), c'est un esprit libéral qui n'a pas toujours cru à la république, mais qui paraît bien décidé, aujourd'hui qu'elle existe, à tout mettre en œuvre pour l'asseoir sur des bases solides et durables. » D'opinions modérées, il se montra dans sa carrière parlementaire très attaché aux intérêts religieux. A la Constituante, il fit partie du comité des cultes, soutint la politique de Cavaignac, et vota : *contre* le rétablissement du cautionnement, *pour* les poursuites contre Louis Blanc et Caussidière, *pour* le rétablissement de la contrainte par corps, *contre* l'abolition de la peine de mort, *contre* l'amendement Grévy, *contre* le droit au travail, *pour* l'ordre du jour en l'honneur du général Cavaignac. L'élection présidentielle de L.-N. Bonaparte le rapprocha de la gauche : il se prononça toutefois *pour* la proposition Rateau, mais il vota ensuite : *contre* l'interdiction des clubs, *pour* l'amnistie, *contre* les crédits de l'expédition de Rome, etc. Partisan des deux Chambres, il avait adopté néanmoins l'ensemble de la Constitution. Non réélu à l'Assemblée législative, M. Jouin reprit sa place au barreau de Rennes, resta à l'écart sous l'Empire, et ne rentra dans la vie politique qu'aux élections complémentaires du 2 juillet 1871 : trois sièges étant devenus vacants dans le département d'Ille-et-Vilaine par suite d'options, il fut élu représentant à l'Assemblée nationale, comme républicain conservateur, le 2e sur 3, par 52,160 voix (96,485 votants, 154,136 inscrits). Dans une lettre à ses électeurs il s'exprima ainsi : « Quand l'heure sera venue, le pays dira si l'intérêt du présent et celui de l'avenir doivent lui faire conserver la forme républicaine qui se prête si merveilleusement à toutes les modifications légitimes et raisonnables, ou s'il serait plus sage de recommencer l'épreuve tant de fois essayée d'une forme monarchique, sous laquelle on ne tarde guère à se trouver mal à l'aise et qui se brise comme un verre fragile, le jour où l'opinion publique déclare tout haut qu'elle n'en veut plus. » M. P. Jouin se fit inscrire aux réunions du centre gauche et de la gauche républicaine, et prononça un intéressant discours dans la discussion du projet de loi sur l'électorat municipal. Au nom de l'égalité et de la charité évangéliques, il repoussa l'esprit exclusif du projet de la commission, et s'appliqua principalement à mettre en relief tout ce qu'il trouvait d'injuste et de dangereux dans la condition de trois années de domicile imposée aux citoyens qui ne sont pas propriétaires dans la commune et n'y payent pas de contributions, c'est-à-dire aux ouvriers des villes et des campagnes. Il s'efforça de démontrer que, dans la réglementation proposée par la commission pour la confection des listes électorales et les réclamations à fin d'inscription, tout semblait combiné pour rendre presque impossible, à ceux qui sont retenus par les travaux des champs ou de l'atelier, la réclamation de leurs droits électoraux : « Voilà, dit l'orateur en terminant, comment on constitue dans nos 36,000 communes un système qu'une assemblée chrétienne ne pourra jamais voter, car ce système se résume en ces mots : « Silence au pauvre! » M. Jouin vota avec la gauche : *pour* le retour à Paris, *contre* le pouvoir constituant de l'Assemblée, *pour* la dissolution, *contre* le septennat, *contre* l'état de siège, *contre* la loi des maires, *contre* le ministère de Broglie, *pour* les amendements Wallon et Pascal Duprat. Il *s'abstint* dans le vote d'ensemble sur les lois constitutionnelles. Candidat républicain

dans son département aux élections sénatoriales du 30 janvier 1876, il échoua avec 170 voix sur 459 votants; mais, au renouvellement triennal du 5 janvier 1879, il fut élu sénateur d'Ille-et-Vilaine, le 1er sur 3, par 246 voix (*452 votants*). Il prit place dans la nouvelle majorité de gauche, soutint le ministère Dufaure, vota *contre* l'article 7, parla (9 juin 1881) *contre* le rétablissement du scrutin de liste; appuya, quelques jours après, un amendement tendant à ce que les ministres des cultes, même non munis de brevets de capacité, pussent ouvrir des écoles dans les communes où il n'existe pas d'écoles confessionnelles (rejeté); membre du centre gauche dissident, il attaqua (février 1882) l'art. 16 de la loi sur l'enseignement primaire, qui oblige les enfants élevés dans leur famille à subir, de 8 à 13 ans, un examen annuel, et qui les envoie d'office dans un établissement public, si l'examen est jugé insuffisant; il combattit (août 1882) la loi sur les syndicats professionnels, « qui constitue, dit-il, un privilège en faveur des ouvriers; » parla (mai 1883) contre la loi établissant la liberté des funérailles, et, lors de la discussion de la réforme de la magistrature (juin 1883), déposa un amendement demandant que l'on procédât par extinction à l'élimination des magistrats dont les sièges étaient supprimés. Il mourut au cours de la législature.

JOULIÉTON (JOSEPH), représentant à la Chambre des Cent-Jours, né à Chavanat (Creuse) le 23 octobre 1768, mort à Boussac (Creuse) le 3 janvier 1829, « fils de monsieur Pierre Jouliéton, maître chirurgien, et de demoiselle Marguerite Decourteix, » étudia la médecine qu'il vint exercer dans son pays natal, fut, pendant la période révolutionnaire, administrateur du district, commissaire du Directoire exécutif près l'administration municipale, puis administrateur du département; il devint, le 14 germinal an VIII, conseiller de préfecture de la Creuse, et s'accommoda fort bien des divers régimes politiques qui se succédèrent, car, après avoir représenté à la Chambre des Cent-Jours le collège de département de la Creuse, qui lui avait donné 56 voix (93 votants), il fut, au service de la Restauration, sous-préfet de Civray le 1er février 1819, puis sous-préfet de Boussac le 11 décembre 1825. Il mourut à ce poste.

JOUNAULT (LOUIS), député en 1791, né à Thouars (Deux-Sèvres) le 2 avril 1748, mort vers 1815, d'une famille de « marchands de draps et soyes » de Thouars, fut avocat à Thouars avant la Révolution. Partisan des réformes, il présida l'assemblée électorale de Thouars en 1790, s'efforça sans succès d'obtenir que sa ville natale fût désignée pour le siège du nouvel évêché constitutionnel, et devint procureur-syndic du district. Le 5 septembre 1791, le département des Deux-Sèvres l'élut député à l'Assemblée législative, le 5e sur 7, par 191 voix sur 292 votants. Il siégea silencieusement dans la majorité, fit partie de la commission des Douze (mars 1792), et fit offrande à la patrie d'un fusil (3 septembre). Non réélu à la Convention, il fut chargé par cette assemblée (mars 1795) d'amener le général vendéen Stofflet à accepter le traité de la Jaunais. Aux élections du 20 germinal an V pour le Conseil des Anciens, Jounault échoua comme département avec 72 voix contre 82 à M. Morand, élu; en 1803, il présida le collège électoral de Bressuire, et, en 1812, fut présenté comme candidat suppléant au Corps législatif, sans être appelé à siéger dans cette assemblée.

JOUNEAU (JEAN-JOSEPH), député en 1791, et de 1815 à 1820, né à Barret (Charente) le 12 juillet 1756, mort aux Nouillers (Charente-Inférieure) le 16 janvier 1837, lieutenant de gendarmerie à l'île de Ré au moment de la Révolution, fut nommé administrateur du district de la Rochelle le 23 juin 1790, membre du directoire du département le 27 juillet suivant, et donna sa démission le 30 mai 1791, pour se taire nommer lieutenant à la gendarmerie nationale le 4 juin 1791. Élu, le 30 août 1791, député de la Charente-Inférieure à l'Assemblée législative, le 6e sur 10, par 317 voix sur 528 votants, il siégea au côté droit, et eut avec Grangeneuve, qu'il soufflets, une violente altercation; ce dernier refusa de lui donner réparation par les armes, et l'Assemblée condamna Jouneau, le 16 août 1792, à être enfermé à l'Abbaye; il échappa cependant aux massacres de septembre, et fut même autorisé à reprendre sa place à l'Assemblée. Suspect sous la Terreur, il fut destitué en 1793 de son grade de lieutenant-colonel de gendarmerie, et se tint momentanément à l'écart. Administrateur de la Charente-Inférieure le 24 vendémiaire an IV, il devint conseiller général de ce département le 8 juin 1800, et conserva ces fonctions sous le premier Empire, sous la Restauration et sous le gouvernement de Louis-Philippe. Le 22 août 1815, élu député du collège de département de la Charente-Inférieure, par 136 voix (149 votants, 296 inscrits), il siégea dans la minorité de la Chambre introuvable, refusa énergiquement de voter la loi du 12 janvier 1816, qui exilait des hommes aux côtés desquels il avait jadis siégé, fut réélu, le 4 octobre 1816, par 140 voix (165 votants, 279 inscrits), et demanda au roi, le 1er février 1819, le rétablissement à Saintes de la préfecture de la Charente-Inférieure. Vice-président du collège électoral du département le 22 août 1819, chevalier de Saint-Louis, membre correspondant du conseil d'agriculture pour l'arrondissement de Saint-Jean-d'Angély, il fut nommé, en 1824, en raison de ses travaux sur l'élevage des mérinos, chevalier de la Légion d'honneur.

JOUNEAULX (FRANÇOIS), député de 1839 à 1846, représentant du peuple en 1848, né à Saint-Julien-de-Vouvantes (Loire-Inférieure) le 16 février 1795, mort à Candé (Maine-et-Loire) le 10 août 1851, médecin à Candé et conseiller d'arrondissement de Segré, fit de l'opposition libérale au gouvernement de Louis-Philippe, et fut successivement élu député par le 7e collège de Maine-et-Loire (Segré) : le 2 mars 1839, avec 111 voix (211 votants, 299 inscrits), contre 94 au député sortant, M. de Marcombek, et, le 9 juillet 1842, avec 149 voix (250 votants, 318 inscrits), contre 100 à M. de Falloux, légitimiste. Jusqu'en 1842, il siégea au centre gauche, et soutint le ministère Thiers (1er mars 1840); après 1842, il passa au côté gauche, et vota presque constamment avec M. Odilon Barrot. Aux élections du 1er août 1846, il échoua, dans le même collège (Segré), avec 148 voix contre 183 à l'élu M. de Falloux, et 27 au général de Lamoricière. Il rentra au parlement après la révolution de février. Élu, le 23 avril 1848, représentant de Maine-et-Loire à l'Assemblée constituante, le 11e sur 13, par 67,179 voix, il fit partie du comité de l'agriculture et vota en général avec la droite, pour le bannissement de la famille d'Orléans, pour les poursuites contre Louis Blanc et Caussidière, contre l'abolition de la peine de mort, contre l'impôt progressif, contre l'incompatibilité des fonctions, contre l'amendement Grévy, contre la sanction de la Constitution par le peuple, pour l'ensemble de la Constitution, pour la proposition Rateau, pour l'interdiction des clubs, pour l'expédition de Rome, contre la demande de mise en accusation du président et des ministres. Après la session, il reprit sa profession de médecin.

JOURDAIN (YVES-CLAUDE), député au Conseil des Anciens et au Corps législatif de 1811 à 1815, né à Brest (Finistère) le 15 juillet 1749, mort à Rennes (Ille-et-Vilaine) le 14 mai 1828, « fils de maître Jacques-Louis Jourdain, lieutenant général honoraire de l'amirauté de Léon, et de dame Annette Chailloux de Beauvais, » avocat avant la Révolution, puis juge au tribunal d'appel d'Ille-et-Vilaine, fut élu député de ce département au Conseil des Anciens, le 27 germinal an VII. Nommé secrétaire du Conseil, il combattit la résolution prise à l'égard des créanciers des émigrés solvables, fit arrêter que le 9 thermidor serait célébré par le Conseil, donna lecture d'un rapport sur la fabrication et l'usage des poids et mesures nouvellement institués, se déclara l'adversaire du régime hypothécaire proposé, parla sur la réduction des traitements publics, appuya la motion de Courtois contre la Société du Manège, défendit Barère, et fut exclu de la représentation nationale le 19 brumaire an VIII. Après avoir vécu quelque temps dans la retraite, il se rallia au régime nouveau, et fut nommé, le 14 avril 1811, lors de la réorganisation des cours et tribunaux, président de chambre à la cour impériale de Rennes. Le 8 mai suivant, le Sénat conservateur le choisit comme député d'Ille-et-Vilaine au Corps législatif, où il siégea jusqu'en 1815.

JOURDAIN (ANTOINE), député au Conseil des Cinq-Cents, né à Paris le 30 octobre 1749, mort à Colmar (Haut-Rhin) le 26 mai 1818, remplit les fonctions de secrétaire de l'administration centrale du Haut-Rhin, puis celles de greffier au tribunal d'appel. Le 24 germinal an VI, il fut élu député de ce département au Conseil des Cinq-Cents, où il ne se fit pas remarquer. Il y siégea jusqu'en l'an VIII.

JOURDAIN (JACQUES-LOUIS-VENCESLAS), député au Corps législatif de 1864 à 1870, né à Herly (Pas-de-Calais) le 28 septembre 1817, étudia le droit, se fit recevoir avocat, et exerça pendant plusieurs années les fonctions de juge de paix. Conseiller général du Pas-de-Calais, il fut le candidat du gouvernement impérial au Corps législatif dans la 4e circonscription de ce département, pour remplacer M. d'Hérambault, décédé, et devint député de cette circonscription, le 11 septembre 1864, par 19,348 voix (22,354 votants, 29,825 inscrits), contre 2,886 voix à M. Garbé. Il appartint à la majorité dynastique, fut réélu, le 24 mai 1869, par 15,779 voix (24,827 votants, 28,514 inscrits), contre 4,838 voix au général Tripier, et 4,175 à M. de la Fontaine-Solare, vota pour la déclaration de guerre à la Prusse, et rentra dans la vie privée au 4 septembre 1870.

JOURDAN (MARIN), député en 1789, né à Séligneux (Ain) le 5 avril 1748, mort à Belley (Ain) le 13 septembre 1807, était en 1789 avocat à Trévoux. Élu, le 28 mars 1789, député du tiers aux États-Généraux par la sénéchaussée de Trévoux, avec 98 voix (118 votants), il n'eut qu'un rôle parlementaire effacé, sur lequel le *Moniteur* a gardé le silence. Le 5 septembre 1791, il fut nommé administrateur du département de l'Ain et le 19 germinal an VIII juge au tribunal d'appel de l'Ain.

JOURDAN (Jean-Baptiste), membre de la Convention, député au Conseil des Cinq-Cents et au Corps législatif, né à Lormes (Nièvre) le 19 décembre 1757, mort à Saint-Aubin-des-Chaumes (Nièvre) à une date inconnue, était conseiller à l'élection de Vézelay avant la Révolution. Partisan des idées nouvelles, il devint administrateur du département de la Nièvre en 1790, et, propriétaire à St-Aubin-les-Bois (Nièvre), fut élu, le 8 septembre 1792, membre de la Convention par ce département, le 7e et dernier, avec 141 voix sur 208 votants. Il siégea parmi les modérés, et, dans le procès de Louis XVI, vota pour le bannissement. Le 6 juillet 1793, il réclama contre le décret d'arrestation rendu la veille contre Ballard, procureur général syndic de la Nièvre. « Je demande, dit-il, que l'exécution de ce décret soit suspendue. Le procureur-syndic de la Nièvre n'est pas coupable. On a fait circuler dans ce département quantité d'écrits mensongers qui l'ont induit en erreur. Quand on est bon père et bon époux, on doit être bon citoyen. » Le décret d'arrestation n'en fut pas moins maintenu. La 2e sansculottide an II, Jourdan dénonça, en ces termes, une insurrection contre la Convention : « Depuis longtemps, je me demande pourquoi il existe encore au milieu de nous un point de ralliement pour l'aristocratie. La lettre que vous venez d'entendre prouve que le fœtus capétien est encore ce point de ralliement. Eh quoi ! c'est lorsque douze cent mille républicains versent aux frontières leur sang pour faire triompher la liberté, c'est alors qu'on réserve aux méchants, aux conspirateurs, un prétexte à leurs exécrables complots ? Et sans doute il en existe des complots, lorsque nous voyons des hommes prêcher dans les rues et afficher sur les murs de Paris l'insurrection contre la représentation nationale. Je demande que les comités fassent un rapport sur les membres de la Convention, tel que chacun puisse dire après : Voilà les hommes qui méritent notre confiance ; voilà ceux qui sont indignes. (*On murmure.*) N'a-t-on pas dit hier aux Jacobins qu'il y avait dans la Convention plusieurs députés indignes d'y siéger ? (*Plusieurs voix* : C'est Vadier.) Qu'il monte à la tribune, et qu'il les nomme... Je demande enfin que les comités s'occupent de présenter des mesures telles que la famille capétienne ne puisse plus nous inquiéter à l'avenir. » Envoyé en mission d'apaisement, après le 9 thermidor, dans la Nièvre et dans l'Yonne, il rendit compte (27 frimaire an III) de cette mission, qu'aucun fait important ne marqua. En brumaire an III, il avait demandé au comité de salut public de présenter un projet pour éloigner du territoire de la République les restes de la famille des Bourbons. Le 4 nivôse suivant, il fit part à la Convention de la découverte d'une mine de charbon de terre à Parigny, près Varzy (Nièvre). Le 23 vendémiaire an IV, son département l'élut député au Conseil des Cinq-Cents par 188 voix sur 219 votants ; le même jour, le département du Loiret lui confiait le même mandat par 158 voix sur 255 votants. Il opta pour la Nièvre, qui le renvoya au même Conseil, au renouvellement du 23 germinal an V, par 152 voix sur 198 votants. Jourdan se tint à l'écart des partis extrêmes, ne

prit qu'une part très secondaire aux débats parlementaires, et dut à sa modération d'être choisi par le Sénat conservateur, le 4 nivôse an VIII, comme député de la Nièvre au nouveau Corps législatif ; il y siégea jusqu'en l'an XII. Son fils, Athanase-Jean-Léger Jourdan (1791-1826), devint un jurisconsulte distingué, et, aidé par Blondeau et Ducauroy, contribua activement à la rénovation des études de droit romain en France.

JOURDAN (Jean-Baptiste, comte), député au Conseil des Cinq-Cents, pair des Cent-Jours, pair de France, né à Limoges (Haute-Vienne) le 29 avril 1762, mort à Paris le 23 novembre 1833, « fils de M. Roch Jourdan, maître chirurgien juré de Limoges, et de demoiselle Jeanne-Foreau-Franciquet, son épouse, » fut d'abord commis en soieries chez un de ses oncles ; puis il s'engagea en 1778, et rejoignit à l'île de Ré le régiment d'Auxerrois qui allait partir pour l'Amérique. Après avoir suivi les opérations de cette campagne, il fut réformé en 1784, et revint à Limoges, où il se maria, et où il s'établit mercier. Ayant adhéré avec enthousiasme aux idées de la Révolution, il put bientôt donner carrière à son activité. Nommé lieutenant de chasseurs de la garde nationale en 1790, puis commandant du 9e bataillon de volontaires de la Haute-Vienne, il fut envoyé à l'armée du Nord sous les ordres de Dumouriez. Général de brigade en 1793, général de division quatre mois plus tard, il eut à surveiller l'armée anglo-hanovrienne d'York, et fut blessé à Hondschoote où il commandait le centre. Appelé peu après au commandement de l'armée, en remplacement de Houchard, il remporta la victoire de Wattignies, après que Carnot, ayant échoué dans une attaque de front des positions ennemies, l'eut autorisé à opérer contre elles un habile mouvement tournant. Mandé à Paris, il chercha en vain à faire prévaloir, au sein du comité de la guerre, la nécessité de la défensive. Mis en réforme, il retourna à Limoges continuer modestement son métier de mercier. Il ne tarda pas cependant à être rappelé, et reçut le commandement de l'armée de la Moselle, devenue l'armée de Sambre-et-Meuse, après sa jonction avec l'armée des Ardennes. À la tête de 90,000 combattants, il battit le prince de Cobourg à Fleurus (26 juin), occupa Mons, Louvain, Namur et Liége, écrasa une dernière fois Cobourg sur la Roër, à Aldenhoven, et s'empara de Maëstricht et de Coblentz. Après avoir brillamment exécuté le passage du Rhin le 7 septembre 1795, il battit, en 1796, le duc de Wurtemberg à Altenkirchen et prit position sur la Naab ; mais Moreau s'étant trop écarté de lui, il vit ses lignes de communications menacées, subit un échec à Wurtzbourg, puis à Altenkirchen, et dut battre en retraite sur le Rhin. Tombé de nouveau en disgrâce, il aborda la politique et fut élu député de la Haute-Vienne au Conseil des Cinq-Cents, le 23 germinal an VI, par 195 voix sur 206 votants, et réélu le 14 germinal an VIII. Deux fois président du Conseil, il proposa et fit adopter (5 septembre 1798) la loi de conscription militaire qui devait donner de si belles armées à l'Empire. Le 14 octobre, il remit sa démission, pour reprendre le commandement de l'armée du Danube ; il franchit le Rhin à Kehl, traversa la Forêt-Noire, mais fut battu à Stockach (25 mars 1799) par l'archiduc Charles, et rejeté vers Strasbourg. Il revint à Paris, après avoir confié (9 avril) le commandement à Masséna, fut réélu membre du Conseil des Cinq-Cents, tenta de s'opposer au coup d'Etat du 18 brumaire, et proposa (13 septembre) au Conseil de déclarer la patrie en danger; mais sa motion fut repoussée à une grande majorité. Aussi fut-il exclu du Conseil des Cinq-Cents, le 19 brumaire. Le nouveau régime ne l'eut pas longtemps pour adversaire; nommé deux mois après, par le premier consul, inspecteur général d'infanterie, ambassadeur près de la République Cisalpine et administrateur du Piémont, il réussit à pacifier le pays, et à faciliter sa réunion à la France. Conseiller d'Etat (1802), grand-aigle de la Légion d'honneur et maréchal de l'Empire (30 floréal an XII), Jourdan était devenu gouverneur de la Lombardie quand Napoléon ceignit la couronne de fer. Il vit cependant donner à Masséna, lors de la coalition de 1805, le commandement de l'armée d'Italie; il s'en plaignit, et l'empereur s'en excusa en arguant de l'état de sa santé et de la connaissance que Masséna avait du pays. Nommé gouverneur de Naples le 17 mars 1806, puis conseiller militaire du roi Joseph, Jourdan suivit ce prince en Espagne, devint major-général de ses armées, et prépara la bataille de Talavera. Mais fatigué d'avoir l'apparence du commandement sans la réalité, il rentra en France en octobre 1809, et se retira dans sa terre du Coudray (Seine-et-Oise). Renvoyé en Espagne en 1811, il devint, le 11 juillet, gouverneur de Madrid, et mena en partie Wellington la campagne de Portugal. Après la défaite de Vittoria (21 juin 1813), dans laquelle son bâton de maréchal fut pris par les Anglais, il résigna ses fonctions de major-général. En 1814, il adhéra à la déchéance de l'empereur, et reçut de Louis XVIII la confirmation de son commandement de la 19e division militaire, à la tête de laquelle il se trouvait depuis le 30 janvier. Aux Cent-Jours, Napoléon le nomma commandant de Besançon, le désigna comme chef de la 6e division, et l'appela à la pairie le 2 juin 1815. Après Waterloo, il commanda l'armée du Rhin, se rallia de nouveau aux Bourbons, refusa, à l'exemple de Moncey, de présider, au mois de novembre suivant, le conseil de guerre auquel on avait déféré le maréchal Ney, fut créé comte par Louis XVIII, commanda (1816) la 7e division (Grenoble), et fut promu pair de France le 5 mars 1819. A la Chambre haute, il se montra le défenseur des libertés octroyées par la Charte, et vota avec le parti constitutionnel. A la révolution de 1830, il occupa pendant quelques jours le ministère des Affaires étrangères. Le 11 août, Louis-Philippe le nomma gouverneur des Invalides; il y mourut trois ans après. On a de lui : *Opérations de l'armée du Danube* (1799) ; *Mémoires pour servir à l'histoire de la campagne de 1796* (1819).

JOURDAN (ANDRÉ-JOSEPH, BARON), député au Conseil des Cinq-Cents, né à Aubagne (Bouches-du-Rhône) le 15 décembre 1757, mort à Marseille (Bouches-du-Rhône) le 6 juillet 1831, administrateur à Aubagne, se prononça contre la Révolution, quitta son département, fut porté comme émigré et fut arrêté. Il ne recouvra sa liberté qu'au 9 thermidor. Elu, le 24 vendémiaire an IV, député des Bouches-du-Rhône au Conseil des Cinq-Cents, par 193 voix sur 280 votants, il combattit les lois proposées contre l'émigration et défendit la liberté de la presse et la liberté des cultes; rapporteur de l'affaire des naufragés de Calais, il obtint qu'ils fussent non pas exécutés, mais seulement déportés. Proscrit au 18 fructidor, il se réfugia en Espagne, et ne rentra en France qu'après le

18 brumaire. Bien que placé pendant quelque temps sous la surveillance de la haute police, à Orléans, il fut nommé président de canton le 6 germinal an XI, et adjoint au maire de Marseille le 16 thermidor an XIII. Elu candidat au Sénat conservateur, il ne fut pas appelé à y siéger, mais fut promu, le 18 mai 1808, aux fonctions de préfet du département des Forêts, et créé baron de l'Empire le 11 juin 1810. En 1814, Louis XVIII le nomma conseiller d'Etat, et le mit à la tête de l'administration générale des affaires ecclésiastiques. Sans emploi pendant les Cent-Jours, il reprit ses fonctions à la seconde Restauration, mais donna sa démission en 1816, après avoir rédigé et fait signer l'ordonnance qui remettait aux mains du grand-aumônier de France la direction des affaires du culte catholique. Il reçut le titre de conseiller d'Etat honoraire, et fut admis à la retraite, comme directeur général des cultes, le 19 mai 1825.

JOURDAN (MARC-ANTOINE), député de 1846 à 1847, né à Anjou (Isère) le 16 août 1798, mort à Paris le 23 juillet 1847, propriétaire et maire de la commune d'Agnin, fut élu, le 1er août 1846, député du 4e collège de l'Isère (Vienne), par 247 voix (470 votants, 526 inscrits), contre 214 à M. Bert. Conservateur, il siégea dans la majorité, et soutint le ministère jusqu'à son décès, survenu l'année suivante (juillet 1847). Le 21 août, il fut remplacé par son ancien concurrent, M. Bert.

JOURDAN (PIERRE-EUGÈNE), représentant en 1871, fils du précédent, né à Golat, commune d'Agnin (Isère), le 13 mai 1832, propriétaire-agriculteur et grand éleveur de bestiaux, aborda la carrière parlementaire le 8 février 1871 : élu, le 9e sur 12, représentant de l'Isère à l'Assemblée nationale, par 56,496 voix (92,816 votants, 162,174 inscrits), il alla siéger au centre droit, et, sans prendre la parole, vota: *pour* la paix, *pour* les prières publiques, *pour* l'abrogation des lois d'exil, *contre* le retour à Paris, *pour* le pouvoir constituant, *pour* la démission de Thiers au 24 mai, *pour* le septennat, *pour* l'état de siège, *pour* la loi des maires, *pour* le ministère de Broglie, *contre* les amendements Wallon et Pascal Duprat et *contre* l'ensemble des lois constitutionnelles. Après la législature, candidat aux élections sénatoriales dans l'Isère, il échoua, le 30 janvier 1876, avec 260 voix sur 657 votants. Depuis lors, les tentatives que fit M. Jourdan à diverses reprises, pour rentrer au parlement, furent sans succès : le 14 octobre 1877, il n'obtint, dans la 2e circonscription de Vienne (Isère), que 5,704 voix comme candidat conservateur à la Chambre des députés, contre 10,628 à l'élu républicain, M. Couturier. Le 4 octobre 1885, il fut encore porté sur la liste monarchiste de son département, et ne réunit que 34,189 voix sur 112,659 votants. Membre du conseil général de l'Isère pour le canton de Roussillon.

JOURDAN (LOUIS), député depuis 1886, né à Uzès (Gard) le 7 juillet 1843, d'une famille de magistrats, se fit recevoir licencié en droit, et débuta dans l'administration, le 1er octobre 1870, comme secrétaire général de la préfecture à Mende. Successivement sous-préfet de Largentières et de Chollet, révoqué par le cabinet du 16 mai (1877), il rentra dans l'administration après la chute de ce cabinet, et fut nommé secrétaire général de la Loire, puis préfet de la Lozère. Démissionnaire, il se fit inscrire au barreau de Mende, collabora à divers journaux républicains, devint maire de Mende et conseiller général du canton de Meyrueis, et, aux élections générales du 4 octobre 1885, porté sur la liste républicaine de la Lozère, échoua, au 2ᵉ tour (18 octobre), avec 6,851 voix sur 31,745 votants. Mais l'élection de la Lozère ayant été invalidée en bloc, les électeurs, convoqués à nouveau le 14 février 1886, donnèrent cette fois la majorité à la liste républicaine, et M. Jourdan fut élu député, le 2ᵉ sur 3, avec 16,401 voix sur 31,621 votants et 38,636 inscrits. Il prit place à la gauche radicale, parla dans les discussions relatives à l'agriculture, à l'impôt foncier, aux travaux publics, à la loi militaire, et vota avec les radicaux, notamment pour l'expulsion des princes. En dernier lieu, il s'est prononcé pour le rétablissement du scrutin d'arrondissement (11 février 1880), contre l'ajournement indéfini de la revision de la Constitution, pour les poursuites contre trois députés membres de la Ligue des patriotes, pour le projet de loi Lisbonne restrictif de la liberté de la presse, pour les poursuites contre le général Boulanger.

JOURDE (Gilbert-Amable, chevalier), membre de la Convention, député au Conseil des Cinq-Cents, né à Riom (Puy-de-Dôme) le 17 janvier 1757, mort à Paris le 15 février 1837, d'une famille de la bourgeoisie, se destina de bonne heure au barreau, fut reçu avocat au parlement de Paris (1781), et exerça avec succès sa profession près la sénéchaussée et le siège présidial de Riom. Membre du directoire de son district en 1790, il fut bientôt élu (13 septembre 1791) accusateur public près le tribunal criminel du département, et fut désigné, le 7 septembre 1792, « à la pluralité des voix sur 415 votants, » comme second suppléant à la Convention pour le département du Puy-de-Dôme. Il fut admis à siéger le 4 vendémiaire an III, en remplacement de Couthon, et ne prit par conséquent que peu de part aux travaux de l'assemblée. Élu, le 22 vendémiaire an IV, député du Puy-de-Dôme au Conseil des Cinq-Cents, par 288 voix (437 votants), il parut rarement à la tribune. Le 4 floréal an VII, il fut nommé commissaire du Directoire près le tribunal de cassation ; mais il résigna ces fonctions pour les faire agréer à Abrial, depuis ministre de la Justice, comte et pair de France; il se contenta du rang de substitut. En 1800, Jourde fut envoyé en Piémont pour y organiser l'ordre judiciaire ; à son retour, il fut fait (4 frimaire an XII) membre de la Légion d'honneur, et, le 25 prairial suivant, commandeur du même ordre. Quand le tribunal de Cassation devint la cour de Cassation, il y rentra comme avocat général, et remplit ces fonctions jusqu'au 6 août 1824, date à laquelle il fut promu conseiller près la même cour. Jourde avait été créé chevalier de l'Empire le 3 juin 1808. On a de lui : *Instruction par ordre alphabétique sur la justice criminelle, correctionelle et de simple police* (1801); *Bulletin de l'administration du Piémont*. C'est sur ses conclusions devant la cour de Cassation que les jeux de Bourse ont été déclarés ne créer que des dettes aléatoires.

JOURNAULT (Louis-Geneviève-Léon), représentant en 1871, député de 1876 à 1879, de 1881 à 1885, et membre du Sénat, né à Paris le 24 février 1827, étudia le droit, fut reçu avocat, et travailla quelque temps comme maître clerc dans une étude de notaire. D'opinions démocratiques, il collabora au journal *la Tribune*, organe de MM. E. Pelletan et Glais-Bizoin, en même temps qu'au *Libéral* et à

l'Union libérale de Seine-et-Oise. Maire de Sèvres après le 4 septembre 1870, il eut, pendant l'occupation prussienne, une attitude énergique qui lui concilia les sympathies de la population. Le 8 février 1871, M. Journault fut élu représentant de Seine-et-Oise à l'Assemblée nationale, le 9ᵉ sur 11, par 19,771 voix (53,390 votants, 123,875 inscrits). Inscrit au groupe de la gauche républicaine, il en devint un des membres les plus actifs, fit partie de plusieurs commissions, entre autres de la commission de permanence, et fut le rapporteur de l'Exposition universelle de 1878. Il se prononça *pour* la paix, *contre* l'abrogation des lois d'exil, *s'abstint* dans le scrutin sur les prières publiques, et vota : *pour* le retour à Paris, *contre* la démission de Thiers au 24 mai, *pour* la dissolution, *contre* le septennat, *contre* l'état de siège, *contre* la loi des maires et *contre* le ministère de Broglie, qu'il se montra empressé à combattre ; aussi fut-il révoqué comme maire de Sèvres en 1874. Réintégré dans ces fonctions en 1876, il fut, aux élections législatives du 20 février, élu député de la 2ᵉ circonscription de Versailles, par 5,078 voix (8,674 votants, 11,654 inscrits), contre 3,315 à M. Gauthier, conservateur. M. Journault reprit alors sa place sur les bancs de la gauche. Il opina avec la majorité et fut des 363. Réélu à ce titre, le 14 octobre 1877, par 5,890 voix (9,441 votants, 11,751 inscrits), contre 3,300 voix à M. Gauthier, candidat du gouvernement du Seize-Mai, il suivit la même ligne politique que précédemment, se rangea dans l' « opportunisme », prit une part assez active aux délibérations, et, en qualité de rapporteur de la loi sur les chemins de fer algériens, visita plusieurs villes de notre colonie algérienne, au moment où M. Albert Grévy en devint gouverneur (mai 1879). Nommé, le 1ᵉʳ novembre de la même année, secrétaire général du gouvernement de l'Algérie, avec le titre de conseiller d'Etat, il dut donner sa démission de député : il eut pour successeur à la Chambre (21 décembre 1879) M. Maze. Mais M. Journault redevint député de Versailles, cette fois dans la 1ʳᵉ circonscription, le 23 janvier 1881, en remplacement de M. A. Joly, décédé : il fut élu par 9,990 voix (13,600 votants, 22,246 inscrits), contre 1.386 voix à M. Ledru, autre candidat républicain, et obtint la confirmation de son mandat aux élections générales du 21 août suivant, avec 9.604 voix (15,261 votants, 23,159 inscrits). Il soutint les ministères Gambetta et Ferry, vota *pour* les crédits du Tonkin, *contre* la séparation de l'Eglise et de l'Etat, et parla (juin 1882) sur les affaires égyptiennes; président de l'Union républicaine, il fit (mars 1885), après le désastre de Lang-Son, une démarche près de M. J. Ferry pour lui demander sa démission avant de consulter la Chambre; mais il combattit, en juin suivant, la demande de mise en accusation déposée contre ce ministre, et échoua aux élections générales de 1885. Le 18 avril 1886, le décès de M. de Tréville, sénateur inamovible, ayant déterminé une vacance qui fut attribuée par le sort au département de Seine-et-Oise, M. Journault fut élu sénateur de ce département, au second tour de scrutin, par 604 voix (1,310 votants), contre 385 à M. Remilly, monarchiste, et 373 à M. Hèvre, radical; il prit place dans la majorité, appuya (juin 1886) le projet de loi d'expulsion des princes, fit partie (janvier 1887) du groupe fondateur de « l'Association de propagande républicaine », fut rapporteur (février 1888) de la loi accordant une pension aux blessés de février 1848 ou à leurs ayants droit, et protesta (15 janvier 1889) contre l'envoi des eaux d'égout de Paris dans la plaine d'Achères. En dernier lieu, il s'est prononcé *pour* le rétablissement du scrutin d'arrondissement (13 février 1889), *pour* le projet de loi Lisbonne restrictif de la liberté de la presse, *pour* la procédure à suivre devant le Sénat contre le général Boulanger.

JOURNET (CLAUDE-MARIE), député en 1791, dates de naissance et de mort incounues, fut nommé, au début de la Révolution, maire de Chalon-sur-Saône, et, le 30 août 1791, élu député de Saône-et-Loire à l'Assemblée législative, le 3e sur 11, « à la pluralité des voix » (678 votants). Il vota avec la majorité et combattit. le 2 octobre 1791, la validité de l'élection de Claude Fauchet dans le Calvados, en s'appuyant sur « l'article 5 de la section 2 du chapitre 1er du titre III de la Constitution française », qui portait : « Sont exclus de l'exercice des droits de citoyen actif tous ceux qui sont en état d'accusation. » On perd sa trace après la session.

JOURNU (BERNARD-AUGUSTE, BARON), représentant en 1849, né à Bordeaux (Gironde) le 11 décembre 1789, mort à Bordeaux le 2 avril 1854, négociant en vins dans cette ville, administrateur du dépôt de mendicité (1827-1852), membre de la commission des hospices (1828), beau-frère de M. Jean-Elie Gautier, député de la Gironde sous la Restauration et pair de France sous Louis-Philippe, par son mariage (20 mai 1817) avec Mlle E.-E.-J. Gautier, fut porté par les monarchistes de son département candidat à l'Assemblée législative dans le département de la Gironde, le 13 mai 1849, et fut élu représentant, le 10e sur 13, par 63,444 voix (125,001 votants, 179,161 inscrits). M. Journu vota avec la majorité antirépublicaine : *pour* l'expédition de Rome, *pour* la loi Falloux-Parieu sur l'enseignement, *pour* la loi restrictive du suffrage universel, etc., et quitta la vie politique en 1851.

JOURNU (JEAN-PAUL-AUGUSTE), représentant en 1871, fils du précédent, né à Bordeaux (Gironde) le 16 juin 1820, mort à Bordeaux le 21 novembre 1875, négociant en vins, fut, le 8 février 1871, élu représentant de la Gironde à l'Assemblée nationale, le 9e sur 14, par 97,471 voix (132,349 votants, 207,101 inscrits). Il siégea à droite, fut des 94 signataires de la demande d'abrogation des lois d'exil portées contre les Bourbons, et vota *pour* la paix, *pour* l'abrogation des lois d'exil, *pour* la pétition des évê jues, *pour* le pouvoir constituant de l'Assemblée, fut en congé pendant quelques mois, se prononça *contre* le service militaire de trois ans, et donna sa démission à la fin de 1872. De son mariage avec Mlle Castera, il a laissé treize enfants, dont dix filles et trois garçons.

JOURNU-AUBERT (BERNARD), COMTE DE TUSTAL, député en 1791, membre du Sénat conservateur et pair de France, né à Bordeaux (Gironde) le 15 mai 1745, mort à Paris le 28 janvier 1815, était négociant-armateur à Bordeaux, comme son père. Riche, instruit, collectionneur intelligent, consul à la Bourse de Bordeaux (1778-1780), membre de l'assemblée de la noblesse de Bordeaux en 1789 au nom de sa tante dame de la Tour-Blanche, et de son frère seigneur de Saint-Magne, il fut élu député de la Gironde à l'Assemblée législative, le 1er septembre 1791, le 7e sur 12, par 204 voix sur 406 votants. Il fit partie de la minorité dévouée à la monarchie constitutionnelle, fut

membre du club des Feuillants et, proscrit comme royaliste en 1793, dut se tenir caché pour échapper aux poursuites. Partisan du 18 brumaire, il fut nommé, à la création, membre du Sénat conservateur (4 nivôse au VIII), devint l'un des fondateurs et régent de la Banque de France de Bordeaux (11 nivôse de la même année), président du collège électoral de la Gironde (an XI), membre de la Légion d'honneur (9 vendémiaire an XII), et commandeur de l'ordre (25 prairial suivant). Créé par l'empereur comte de Tustal, il fut nommé pair de France par Louis XVIII, le 4 juin 1814. A l'époque de la Révolution, il avait recueilli un grand nombre d'objets d'art, tableaux, sculptures, tapisseries, etc.; il a fait don de toutes ses collections au musée de Bordeaux. Il s'intéressa aussi à l'agriculture, fonda une ferme-modèle, s'occupa avec succès de l'élevage des mérinos, obtint une médaille de la Société des sciences de Bordeaux, et chercha à utiliser les landes et à les transformer agronomiquement. Il a publié à cet égard : *Mémoire sur l'infertilité des Landes et sur les moyens de les mettre en valeur* (1789). La ville de Bordeaux a donné son nom à l'une de ses rues.

JOUSLARD (PHILIPPE DE), COMTE D'IVERSAY, député en 1789, né au château d'Iversay près Neuville (Vienne) en 1729, mort à Poitiers en 1804, riche propriétaire, fut élu, le 25 août 1787, membre de l'assemblée provinciale du Poitou pour l'ordre de la noblesse, et fit partie du bureau de la comptabilité et du règlement. Le 27 mars 1789, il fut élu député de la noblesse de la sénéchaussée du Poitou aux Etats-Généraux. Il s'opposa obstinément à la réunion des trois ordres, ne prit aucune part, par manière de protestation, aux délibérations jusqu'au 16 juillet, et reçut de nouveaux pouvoirs de ses commettants le 10 août. Le 24 avril 1790, ayant déposé au Châtelet dans l'enquête relative aux événements des 5 et 6 octobre, il déclara « qu'il avait passé la journée du 5 et la nuit suivante à Versailles auprès de Sa Majesté, mais que rien n'avait pu le mettre à même de connaître les auteurs de cette insurrection ». Le même mois, il signa la déclaration des 286 députés contre l'expropriation des biens du clergé, ainsi que (29 juin 1791) la protestation des 270 députés démissionnaires contre le décret du 21 suspensif de l'exercice de l'autorité royale, décret rendu après le retour de Varennes. Il émigra aussitôt après, se rendit à l'armée des princes, où il servit comme volontaire dans la 4e compagnie d'infanterie, et rentra en France en 1801. Il trouva son château d'Iversay vendu comme bien national, et se retira à Poitiers, où il mourut trois ans après, à l'âge de 75 ans.

JOUSSELIN (LOUIS-FRANÇOIS), député au Conseil des Anciens, né à Blois (Loir-et-Cher) le 30 août 1739, mort à Blois le 17 novembre 1822, notaire dans cette ville, fut élu, le 22 germinal an V, député de Loir-et-Cher au Conseil des Anciens, par 168 voix sur 184 votants ; il y parla sur les transactions faites pendant la dépréciation du papier-monnaie, sur l'organisation du régime hypothécaire et sur les droits d'enregistrement. Son rôle politique n'a pas laissé d'autres traces.

JOUSSELIN (LOUIS-DIDIER), député de 1831 à 1834, né à Blois (Loir-et-Cher) le 1er avril 1776, mort à Vienne-en-Val (Loiret) le 7 décembre 1858, fils du précédent, entra à l'Ecole polytechnique, en sortit ingénieur des ponts et chaussées, et parvint au grade d'inspecteur divisionnaire. Le 5 juillet 1831, il fut élu député du 3e collège du Loiret (Orléans) par 150 voix (229 votants, 396 inscrits). M. Jousselin fit partie de la majorité conservatrice, et vota avec elle jusqu'en 1834. Le 21 juin de cette année, il échoua dans le même collège avec 127 voix contre 184 à M. Sevin-Moreau. Il ne fut pas plus heureux aux élections du 1er août 1846, et n'obtint que 44 voix contre 286 à l'élu M. Lecomteulx, 140 à M. Danicourt et 74 à M. Meynard de Franc.

JOUSSELIN DE LAHAYE (Félix), député en 1822, né à Rennes (Ille-et-Vilaine) le 23 décembre 1764, mort au château de Foie-des-Bois (Loire-Inférieure) le 26 novembre 1822, propriétaire à Redon, fut élu, le 9 mai 1822, député du 4e arrondissement d'Ille-et-Vilaine (Redon), par 85 voix sur 89 votants et 115 inscrits. Il ne se fit pas remarquer à la Chambre, où il ne resta d'ailleurs que peu de temps. Mort en novembre suivant, il fut remplacé, le 6 mars 1823, par M. de la Bourdonnaye-Montluc.

JOUSSELIN DE LAHAYE (Julien-Louis-Marie), député de 1837 à 1848, né à Redon (Ille-et-Vilaine) le 12 novembre 1791, mort au château de Foie-des-Bois (Loire-Inférieure) le 23 juin 1865, fils du précédent, appartint à l'administration des forêts. Devenu, après 1830, intendant des domaines du duc d'Aumale, il se présenta une première fois à la députation, le 21 juin 1834, dans le 5e collège de la Loire-Inférieure (Châteaubriant), et réunit, sans être élu, 40 voix contre 61 à M. Robineau de Bougon. Il fut plus heureux dans la même circonscription le 4 novembre 1837, par 68 voix (122 votants, 151 inscrits), siégea dans la majorité, et fut réélu successivement : le 2 mars 1839, par 74 voix (123 votants, 151 inscrits); le 9 juillet 1842, par 86 voix (142 votants, 164 inscrits), contre 56 à M. de la Pilorgerie, et, le 1er août 1846, par 95 voix (181 votants, 194 inscrits), contre 84 au même concurrent. M. Jousselin de Lahaye vota constamment selon les vœux du pouvoir et fut rendu à la vie privée par la révolution de 1848.

JOUVE (Claude-Auguste), député de 1881 à 1885, né à Craponnel (Haute-Loire) le 23 juillet 1821, débuta dans la vie politique le 21 août 1881, comme député de la 1re circonscription du Puy, élu par 7,504 voix sur 13,514 votants et 20,046 inscrits, contre 5,153 voix à M. de Miramon et 716 à M. Robert. Il siégea dans la majorité républicaine, soutint les ministères Gambetta et Ferry, se prononça pour les crédits du Tonkin, etc., et échoua aux élections du 4 octobre 1885 ; porté sur la liste républicaine de la Haute-Loire, il n'obtint que 23,716 voix sur 70,769 votants.

JOUVENCEL (Blaise-François-Aldegonde, Chevalier de), député de 1821 à 1824, et de 1827 à 1839, né à Lyon (Rhône) le 9 septembre 1762, mort à Paris le 4 juin 1840, d'une famille de négociants, dont les membres avaient occupé à Lyon des charges municipales et financières, fit ses études à Rome, puis à Paris, et ne fut pas admis aux examens du génie militaire, faute des quatre quartiers de noblesse exigés. Il appartint quelque temps à l'administration des vivres, s'occupa de commerce à Nantes, se battit comme garde national contre les Vendéens, entra dans l'administration des domaines pendant la Révolution, devint receveur des domaines à Versailles en 1796, et se démit de

ces fonctions (1812) pour s'occuper d'agriculture Conseiller municipal de Versailles, puis maire de cette ville (1813), il conserva sa situation sous la première Restauration. Ayant arrêté, en 1814, les troupes qui voulaient marcher contre les alliés, il reçut du roi la croix de la Légion d'honneur, fut maintenu pendant les Cent-Jours et, par suite de dénonciations, se démit peu avant la seconde abdication. Rappelé par ses concitoyens à la tête de la municipalité de Versailles le 30 juin 1815, il résista, le 8 juillet, aux exigences d'un corps de Prussiens qui était venu occuper la ville, allégea les maux de l'occupation, refusa d'obtempérer à des réquisitions aussi vexatoires qu'humiliantes, et dit aux officiers prussiens en découvrant sa poitrine : « Tuezmoi, mais laissez ma ville en repos. » En reconnaissance de l'énergie dont il avait fait preuve dans ces circonstances difficiles, le conseil municipal de Versailles lui offrit un service d'argenterie aux armes de la ville. L'empereur de Russie lui donna de son côté une bague de diamants, et le roi de Prusse le décora de l'Aigle rouge. Le 1er octobre 1821, le 4e arrondissement de Seine-et-Oise l'élut député par 245 voix (353 votants, 388 inscrits). Il siégea au centre gauche, parmi les libéraux constitutionnels, et protesta contre l'expulsion de Manuel. Non réélu en 1824, il fut renvoyé à la Chambre par le collège de département de Seine-et-Oise, le 24 novembre 1827, avec 145 voix (288 votants, 314 inscrits). De Jouvencel soutint comme précédemment, au centre gauche, la monarchie constitutionnelle contre les entreprises des ultras, appuya le ministère Martignac, fit de l'opposition au cabinet Polignac et vota l'adresse des 221. Il était, depuis 1829, membre du conseil général de Seine-et-Oise. Réélu, le 19 juillet 1830, par le collège de département, avec 180 voix (330 votants, 356 inscrits), il adhéra au gouvernement de Louis-Philippe et donna son suffrage à tous les ministères qui se succédèrent jusqu'en 1839, ayant obtenu successivement sa réélection : le 5 juillet 1831, dans le 1er collège (Versailles) par 187 voix (261 votants, 320 inscrits), contre 63 à M. Mérilhou; le 21 juin 1834, par 223 voix (267 votants, 329 inscrits), contre 43 à M. Barbet, et, le 4 novembre 1837, par 212 voix (358 votants, 440 inscrits), contre 75 à M. Usquin. Il se retira aux élections de 1839, et fit élire à sa place M. Gauthier de Rumilly.

JOUVENCEL (Ferdinand-Aldegonde de), député de 1842 à 1848 et représentant en 1871, né à Versailles (Seine-et-Oise) le 25 juillet 1804, mort à Ville-d'Avray (Seine-et-Oise) le 29 juin 1873, fils du précédent, entra à l'École polytechnique en 1822 et en sortit en 1824 comme officier d'artillerie. En 1825, il donna sa démission pour suivre la carrière du barreau. Auditeur de deuxième classe au conseil d'État le 15 novembre 1830, auditeur de première classe le 27 avril 1831, il devint maître des requêtes en service ordinaire le 24 avril 1832. Après une mission en Algérie (1836) avec MM. Baude et de Chasseloup-Laubat, il accepta, le 9 juillet 1842, dans le 10e arrondissement de Paris, la candidature indépendante qui lui était offerte, et fut élu député par 684 voix sur 1,180 votants et 1,421 inscrits, contre 528 voix à M. de Jussieu, candidat ministériel. M. de Jouvencel siégea au centre gauche, défendit les intérêts de son arrondissement, et vota le plus souvent avec l'opposition dynastique : pour l'exclusion des fonctionnaires publics de la Chambre, contre l'indemnité Pritchard, etc. En 1844, il fut chargé du rapport d'une pétition réclamant l'organisation du travail. Réélu, le 1er août 1846, par 607 voix (1,067 votants, 1,303 inscrits), contre 213 à M. de Gasparin et 102 à M. Thoiigny, il se montra favorable à une réforme électorale dans le sens de l'adjonction des capacités, signa (février 1848) la demande de mise en accusation du ministère Guizot, puis se rallia au gouvernement républicain. L'Assemblée constituante le nomma conseiller d'Etat; il signa la protestation de ce corps contre le coup d'Etat du 2 décembre 1851, et perdit sa situation. Admis à la retraite à la date du 21 juin 1862, M. de Jouvencel passa tout le temps de l'Empire à l'écart des affaires publiques, n'accepta que les fonctions gratuites de président du bureau d'assistance judiciaire près le conseil d'Etat, et ne fit qu'une tentative, le 31 mai 1863, pour entrer au Corps législatif : il réunit alors, comme candidat indépendant dans la 2e circonscription de Seine-et-Oise, 1,195 voix contre 21,307 à l'élu officiel, M. Darblay, 4,235 à M. Bos et 3,399 à M. de Selve. Après le 4 septembre 1870, M. de Jouvencel fut appelé à présider la commission provisoire faisant fonctions de conseil d'Etat. Candidat aux élections complémentaires du 2 juillet 1871 à l'Assemblée nationale, en Seine-et-Oise, il fut élu, comme républicain modéré, par 51,170 voix (81,398 votants, 132,708 inscrits) représentant de ce département. Constitutionnel, libéral et catholique, il siégea à gauche, soutint la politique de Thiers, se prononça contre le pouvoir constituant de l'Assemblée, pour le retour à Paris, etc., et mourut au cours de la législature, le 29 juin 1873, après une maladie de quelques mois. Chevalier de la Légion d'honneur (1836).

JOUVENCEL (HIPPOLYTE-FÉLICITÉ-PAUL DE), député de 1869 à 1870 et de 1885 à 1889, né à Versailles (Seine-et-Oise) le 16 janvier 1817, neveu du précédent, fit son droit, fut reçu licencié à dix-neuf ans, puis s'adonna à l'étude des sciences naturelles et de l'économie sociale. Dans divers ouvrages : *Du droit de vivre, de la propriété et du garantisme* (1847); *Testament d'un républicain* (1853); la *Genèse selon la science* (1858); la *Vie* (1859); les *Déluges* (1861); *l'Allemagne et le droit des Gaules* (1867); *les Élections prochaines* (1868), etc., il ne cessa de professer, en politique comme en philosophie, des opinions avancées, qui le signalèrent à l'attention du parti démocratique. Nommé commissaire du gouvernement provisoire en Seine-et-Oise en 1848, il n'accepta pas ces fonctions et se présenta sans succès aux élections pour l'Assemblée constituante et pour la Législative dans ce département. Membre actif du comité électoral démocratique de la Seine en 1850, il fut compris, lors du coup d'Etat du 2 décembre 1851, sur la liste des expulsés de France, se retira en Belgique et ne rentra qu'après l'amnistie de 1859. Le 24 mai 1869, il se porta, comme candidat d'opposition au Corps législatif, dans la 2e circonscription de Seine-et-Marne, et fut élu député par 10,454 voix (26,869 votants, 32,596 inscrits), contre 9,265 voix au député officiel sortant, M. de Jaucourt, et 6,909 à M. Renan. Il siégea à gauche, appuya toutes les motions du petit groupe hostile à l'Empire, et se prononça contre le plébiscite de 1870 et contre la déclaration de guerre à la Prusse. Après le 4 septembre, M. Paul de Jouvencel organisa un corps de volontaires, les chasseurs de Neuilly, et quitta Paris en ballon le 22 octobre. En province il commanda au titre auxiliaire un régiment de mobilisés. Après avoir échoué, le 8 février 1871, aux élections géné-

rales pour l'Assemblée nationale, dans Seine-et-Marne, avec 11,631 voix sur 43,606 votants, il s'occupa de la publication de quelques nouveaux travaux, *Récits du temps, souvenirs d'un officier de francs-tireurs* (1873); *Aide-mémoire du partisan* (1875-1877); *De la diffamation en matière électorale* (1878), sans abandonner la politique militante. Il se porta sans succès comme candidat à une élection partielle, dans le 5e arrondissement de Paris (juillet 1878); mais, quand vinrent les élections générales d'octobre 1885, il fut placé sur la liste radicale dans Seine-et-Oise, et fut élu, au second tour de scrutin, député de ce département ar 56,372 voix (119,995 votants, 153 242 inscrits). Il s'inscrivit au groupe de la gauche radicale, parla (février 1887) pour la surtaxe des céréales (juin), pour le service de trois ans; défendit (octobre 1888) le budget de 1889; interpella (31 janvier 1889) le ministère « sur les mesures à prendre pour faire respecter les pouvoirs publics », et vota pour l'expulsion des princes, contre les ministères Rouvier et Tirard, pour le ministère Floquet, et, en dernier lieu, contre le rétablissement du scrutin d'arrondissement (11 février 1889), contre l'ajournement indéfini de la revision de la Constitution, pour les poursuites contre trois députés membres de la Ligue des patriotes, pour le projet de loi Lisbonne restrictif de la liberté de la presse, pour les poursuites contre le général Boulanger.

JOUVENEL (JACQUES-LÉON, BARON DE), député de 1846 à 1848, de 1852 à 1863, représentant en 1871, né à Affieux (Corrèze) le 25 septembre 1811, mort à Tulle (Corrèze) le 9 septembre 1886, propriétaire, était d'opinions légitimistes. Elu, en cette qualité, député du 2e collège de la Corrèze (Brive), le 1er août 1846, par 169 voix (327 votants, 355 inscrits), contre 153 à M. Rivet, député sortant, il siégea à droite et fut rendu momentanément à la vie privée par la révolution de 1848. Rallié à la politique présidentielle au coup d'Etat du 2 décembre 1851, il fut désigné comme candidat officiel au Corps législatif, dans la 2e circonscription de la Corrèze, le 29 février 1852, et élu par 18,518 voix (24,083 votants, 40,803 inscrits), contre 2,318 voix à M. Blanchard, 1,920 à M. Marbeau et 1,151 à M. Bourzat, ancien représentant en exil à Bruxelles et qui n'avait pas posé sa candidature. M. de Jouvenel s'associa au rétablissement de l'Empire et vota avec la majorité dynastique. Réélu, avec l'appui de l'administration, le 22 juin 1857, par 23,075 voix (26,774 votants, 39,433 inscrits), contre 2,247 à M. Maillard, avocat, et 1,388 à M. de Cosnac, il reprit sa place dans la majorité. Mais, au mois de janvier 1862, l'Empereur ayant fait présenter au Corps législatif un projet de dotation de 50,000 francs de rente perpétuelle en faveur du général Cousin-Montauban, le vainqueur de Pali-Kao, le Corps législatif montra, pour la première fois, une certaine résistance, et ce fut M. de Jouvenel, nommé rapporteur de la commission chargée d'examiner le projet, qui dut exprimer au gouvernement le regret qu'éprouvait la Chambre de le voir entrer dans le système des larges dotation, et conclure au rejet du projet de loi. Le projet fut immédiatement retiré, mais il n'en fallut pas davantage pour que M. de Jouvenel se vît traiter en ennemi par le ministère, qui lui retira le patronage officiel. Il en profita (avril 1863) pour réclamer plus de liberté dans les élections. Aussi, aux élections générales du 1er juin suivant, M. Rouher se rendit en personne dans la Corrèze, promit tout ce qu'on lui demanda et présenta, comme candidat officiel, M. Mathieu, qui fut élu par 25,166 voix contre 8,083 à M. de Jouvenel. Réduit à faire de l'opposition, M. de Jouvenel s'occupa, jusqu'à la fin de l'Empire, d'entreprises industrielles. Lors des élections du 8 février 1871 à l'Assemblée nationale, il fut élu représentant de la Corrèze, le 5e sur 6, par 27,967 voix (54,642 votants, 83,707 inscrits). Revenu à la légitimité, il siégea à droite, vota *pour* la paix, *pour* les prières publiques, *pour* l'abrogation des lois d'exil, *pour* le pouvoir constituant, *contre* la dissolution de l'Assemblée, *pour* la démission de Thiers au 24 mai, *pour* le septennat, *pour* la loi des maires, *contre* les amendements Wallon et Pascal Duprat et *contre* l'ensemble des lois constitutionnelles. Son rôle parlementaire fut peu actif. Il proposa, au mois d'août 1871, un projet de réforme électorale en vertu duquel chaque chef de famille pourrait exprimer un nombre de suffrages égal au nombre des personnes dont il a la charge legale; il prit encore la parole dans la discussion des lois sur les conseils généraux et sur les transports par chemin de fer. M. de Jouvenel se représenta sans succès, le 20 février 1876, dans la 1re circonscription de Brive, qui lui donna 3,451 voix contre 8,138 à M. Le Cherbonnier. Il fit une nouvelle tentative aux élections au scrutin de liste du 4 octobre 1885; mais il ne réunit, sur la liste conservatrice de la Corrèze, que 13,844 voix sur 58,252 votants.

JOUVENEL DES URSINS. — *Voy.* HARVILLE (COMTE D').

JOUVENT (BARTHÉLEMY), député au Conseil des Cinq-Cents et au Corps législatif de l'an VIII à l'an XIII, né à Montpellier (Hérault) le 7 août 1763, mort à Toulouse (Haute-Garonne) le 7 août 1831, était, avant 1789, avocat au parlement de Toulouse. Devenu, sous la Révolution, accusateur public près le tribunal correctionnel de Montpellier, puis substitut du procureur de la commune, il fut élu, le 24 germinal an VII, député de l'Hérault au Conseil des Cinq-Cents, adhéra au coup d'État de brumaire, et fut désigné (4 nivôse an VIII) par le Sénat conservateur pour représenter le même département au nouveau Corps législatif : il y siégea jusqu'en l'an XIII. Le 1er germinal de cette année, Jouvent fut nommé professeur à la faculté de droit de Montpellier ; il en devint le doyen en 1829.

JOUVET (ANTOINE-FÉLIX), député de 1837 à 1842, représentant du peuple en 1848, né à Martres-d'Artières (Puy-de-Dôme) le 23 juin 1795, mort à Clermont-Ferrand (Puy-de-Dôme) l 2 janvier 1869, avocat, que son éloquence dans une discussion de mur mitoyen rendit un moment célèbre à Clermont, plusieurs fois bâtonnier de l'ordre, maire de Busséol de 1822 à 1848, fit de l'opposition radicale au gouvernement de la Restauration, fut nommé conseiller général du Puy-de-Dôme en 1830, puis élu successivement député, dans le 2e collège du Puy-de-Dôme (Clermont-Ferrand), le 21 juin 1834, avec 147 voix (262 votants, 364 inscrits), contre 100 à M. Félix de Leyval ; le 4 novembre 1837, avec 229 voix (436 votants, 498 inscrits), contre 215 à M. Cavy, ancien notaire ; le 2 mars 1839, avec 245 voix (437 votants). Mais, le 9 juillet 1842, il échoua avec 176 voix contre 251 à l'élu M. de Morny. Il siégea constamment dans l'opposition et soutint toutes les mesures libérales proposées par la gauche de la chambre. Nommé maire de Clermont-Ferrand après la révolution de février, il fut élu, le 23 avril 1848, représentant du Puy-de-Dôme à l'Assemblée constituante, le 2e sur 15, par 107,624 voix (125,432 votants, 173,000 inscrits). Il donna alors sa démission de maire, fit partie du comité de la justice, où il se signala par son activité, et vota *pour* le bannissement de la famille d'Orléans, *pour* les poursuites contre Louis Blanc et Caussidière, *contre* l'abolition de la peine de mort, *contre* l'impôt progressif, *contre* l'incompatibilité des fonctions, *contre* l'amendement Grévy, *contre* la sanction de la Constitution par le peuple, *pour* l'ensemble de la Constitution, *contre* la proposition Rateau, et *contre* l'interdiction des clubs. Il ne fut pas réélu à la Législative.

JOUY (JEAN-PIERRE-ANTOINE-EUGÈNE), représentant en 1849, né à Carcassonne (Aude) le 23 janvier 1807, propriétaire, maire de cette ville, fut élu, comme conservateur-monarchiste, le 13 mai 1849, représentant de l'Aude à l'Assemblée législative, le 3e sur 6, par 37,164 voix (70,434 votants, 88,291 inscrits). Il prit place à droite vota, avec la majorité anti républicaine, *pour* les crédits de l'expédition de Rome, *pour* la loi Falloux-Parieu sur l'enseignement, *pour* la loi restrictive du suffrage universel, etc., et rentra dans la vie privée au coup d'État de 1851.

JOUYE DES ROCHES (PIERRE-LOUIS-FRANÇOIS), député en 1789, né au Mans (Sarthe) le 14 février 1757, mort en 1792, lieutenant au présidial du Mans, fut élu, le 25 mars 1789, député de la noblesse aux Etats-Généraux par la sénéchaussée du Maine. Il parla contre le renvoi de Necker et s'opposa au remboursement des offices seigneuriaux ; là se borna son rôle politique. Il mourut peu de temps après la clôture de la session.

JOVIN-MOLLE (JEAN-JACQUES), député en 1791, né à Saint-Etienne (Loire) le 3 janvier 1739, mort à Saint-Etienne le 5 janvier 1823, était administrateur du département de Rhône-et-Loire, lorsqu'il fut élu (2 septembre 1791) député de ce département à l'Assemblée législative, le 9e sur 15, par 453 voix (595 votants). Il ne s'y fit pas remarquer et son nom est absent du *Moniteur.*

JOYEUX (PIERRE-LOUIS-FRANÇOIS), député en 1789, dates de naissance et de mort inconnues, était curé de la paroisse de Saint-Jean-Baptiste à Châtellerault (Vienne). Il fut l'un des quatre délégués envoyés en 1774 à Poitiers par le corps de ville de Châtellerault pour soutenir ses réclamations contre l'arrêt du conseil royal du 3 octobre 1773 concernant les sels ; il réussit dans cette mission qui se termina le 2 septembre suivant. Le 30 mars 1789, le clergé de la sénéchaussée de Châtellerault le choisit pour député aux Etats-Généraux par 77 voix sur 104 votants. Son rôle fut très effacé dans l'Assemblée, et le *Moniteur* ne mentionne pas son nom. L'*Almanach des députés à l'Assemblée nationale* (1790) dit de lui : « A table, en humant la champagne, son caractère est dans un parfait accord avec son nom. » On perd sa trace après la session.

JOZON (PAUL), représentant en 1871, député de 1877 à 1881, né à la Ferté-sous-Jouarre (Seine-et-Marne) le 12 février 1836, mort à Paris le 6 juillet 1881, fils d'un notaire de la Ferté-sous-Jouarre, étudia le droit à Paris, se fit recevoir docteur en 1859 et devint, en 1862, secrétaire de M. Hérold, alors avocat au conseil d'Etat et à la cour de Cassation. La part active qu'il prit au mouvement électoral de 1863 le fit impliquer l'année suivante, avec Garnier-Pagès, Hérold, etc., dans le procès des Treize; il fut condamné à 500 francs d'amende. En 1865, il acheta une charge d'avocat au conseil d'Etat et à la cour de Cassation. Partisan très modéré de la République, il fut nommé, après le 4 septembre, adjoint au maire du VI° arrondissement de Paris, et secrétaire-adjoint de la commission d'organisation judiciaire créée par le gouvernement de la Défense nationale. Le 8 février 1871, il fut élu, par le département de Seine-et-Marne, représentant à l'Assemblée nationale, le 6° sur 7, avec 23,199 voix (43,606 votants, 97,413 inscrits). M. Jozon s'inscrivit au centre-gauche et à la gauche républicaine, et présenta à la Chambre plusieurs propositions, sur la revision des services publics, sur les lois électorales et municipales, etc. C'est sur son initiative que l'Assemblée décida (février 1872) que toutes les cotes relatives aux nouveaux impôts porteraient cette mention : « Frais de la guerre contre la Prusse, déclarée par Napoléon III. » Il prit souvent la parole, non sans succès : par exemple dans la discussion des projets de loi sur le cautionnement des journaux, sur la réorganisation des conseils généraux, sur le timbre, sur la magistrature, et déposa (novembre 1875) un amendement à la loi électorale scindant en circonscriptions tout département qui aurait plus de cinq députés à élire (rejeté). Il vota *pour* la paix, *pour* le retour de l'Assemblée à Paris, *contre* l'abrogation des lois d'exil, *contre* le pouvoir constituant, appuya la politique de Thiers, dont il repoussa la démission au 24 mai, et fit de l'opposition au ministère de « l'ordre moral ». Il se prononça *contre* la circulaire Pascal, *contre* le septennat, *contre* la loi sur les maires, et contribua à la chute du cabinet de Broglie. Après avoir appuyé les propositions Périer et Malleville, M. Paul Jozon vota *pour* la Constitution du 25 février 1875, *contre* la loi sur l'enseignement supérieur, etc. Dans les derniers mois de la législature, il prononça des discours importants au sujet de la loi électorale municipale et de la loi sur l'enseignement supérieur. Le 20 février 1876, il posa sa candidature à la Chambre des députés dans l'arrondissement de Meaux. « Plus que jamais, dit-il dans sa profession de foi, je considère la République comme le gouvernement nécessaire de la France, comme le seul qui puisse nous assurer la paix à l'extérieur, et, à l'intérieur, la liberté, l'ordre et le progrès. » Républicain conservateur, M. Paul Jozon échoua avec 7,734 voix contre 11,853 à un autre candidat républicain de nuance plus accentuée, M. Ménier, qui fut élu. Il fit partie du conseil général de Seine-et-Marne et en devint le président. Après la dissolution de la Chambre des députés, s'étant porté candidat à la députation dans l'arrondissement de Fontainebleau contre le baron Tristan Lambert, candidat officiel, il fut élu par 11,472 voix sur 20,106 votants et 23,248 inscrits, contre 8,148 à son concurrent, et alla siéger dans les rangs de la majorité républicaine. Il vota *pour* l'enquête parlementaire sur les agissements de l'administration pendant la période électorale, *contre* le ministère Rochebouët, *pour* le ministère Dufaure, *pour* l'article 7, *contre* l'amnistie plénière, *pour* l'invalidation de Blanqui, et fut rapporteur (juin 1880) du projet d'amnistie à l'occasion du 14 juillet suivant. Il mourut avant la fin de la session, le 6 juillet 1881. Outre un grand nombre d'articles publiés dans des recueils de jurisprudence, on lui doit la traduction du *Droit des obligations* de Savigny, en collaboration avec M. Gérardin ; le *Manuel de la liberté individuelle*, avec M. Hérold ; *de la Mission des arbitres nommés par les tribunaux de commerce* (1876), etc.

JUBÉ (AUGUSTIN), BARON DE LA PÉRELLE, membre du Tribunat, né à Vert-le-Petit (Seine-et-Oise) le 12 mai 1765, mort à Dourdan (Seine-et-Oise) le 1ᵉʳ juillet 1824, était, en avril 1786, contrôleur par intérim dans l'administration de la marine. En 1789, il fit divers stages sous les ordres de Dumouriez, Soucy et Wimpfen, devint adjudant-général de la 10° légion de la garde nationale de la Manche en 1792, et fut élu, le 11 septembre 1792, 1ᵉʳ député suppléant de la Manche à la Convention, où il ne fut pas appelé à siéger. Destitué un moment, comme ayant été nommé par Wimpfen, il fut employé en janvier 1793 à l'état-major de l'armée de l'Ouest, exerça, en 1794, les fonctions d'inspecteur des côtes de la Manche, et, en frimaire an III, celles d'inspecteur général des côtes. Adjudant-général à l'armée de terre le 6 pluviôse an IV, chef d'état-major de Hoche en fructidor, commandant de la garde du Directoire de vendémiaire an V au 18 brumaire an VIII, il mérita par son attitude dans cette dernière journée la faveur du général Bonaparte, qui le nomma, trois jours après, chef d'état-major de la nouvelle garde consulaire, sous les ordres de Murat, avec la charge d'en assurer l'organisation. Le 4 nivôse de la même année, il fut appelé au Tribunat, à sa création, et y siégea jusqu'à sa suppression (1807). Membre de la Légion d'honneur le 4 frimaire an XII, commandeur de l'ordre le 25 prairial, il fut nommé préfet de la Doire (Piémont) le 30 mai 1808, créé baron de l'Empire le 14 avril 1810, et appelé à la préfecture du Gers le 12 mars 1813. Il se rallia à la Restauration, fut nommé par Louis XVIII chevalier de Saint-Louis, et attaché au ministère de la Guerre en qualité d'historiographe. Il obtint sa retraite avec le grade de maréchal-de-camp. Jubé a publié un certain nombre d'ouvrages, notamment : *Histoire des guerres des Gaulois et des Français en Italie, depuis Bellovèse jusqu'à la mort de Louis XII*, Paris, 1805, atlas; *Le Temple de la gloire, ou Fastes militaires de la France, depuis le règne de Louis XIV jusqu'à nos jours* (Paris, 1819); *Histoire générale militaire des guerres de la France depuis le commencement du règne de Louis XIV jusqu'à l'année 1815* (deux volumes seulement parurent ; le dernier est resté manuscrit) ; sa publication la plus curieuse est : *Hommage des Français à l'empereur Alexandre. De la nécessité de transmettre à la postérité le souvenir des bienfaits de l'empereur Alexandre et de ses augustes alliés, et des moyens de signaler la reconnaissance des Français* (Paris, Didot, 1814). L'hommage de l'ancien chef d'état-major de Hoche et de Murat causa, dit-on, quelque surprise à l'empereur Alexandre.

JUBELIN (JEAN-GUILLAUME), député de 1847 à 1848, né à Mouillage-Saint-Pierre (Martinique) le 24 novembre 1787, mort à Paris le 20 juin 1860, entra dans l'administration maritime et devint successivement commissaire de la marine, gouverneur du Sénégal, de la Guyane française, de la Guadeloupe, commissaire général au conseil d'amirauté, sous-secrétaire d'Etat à la Marine sous le ministère de l'amiral baron de

Mackau et du duc de Montebello, conseiller d'Etat, enfin, le 10 avril 1847, député du 6ᵉ collège du Finistère (Quimperlé), par 78 voix (155 votants, 166 inscrits), contre 74 à M. Drouillard, député sortant, en remplacement de ce même M. Drouillard dont l'élection avait été annulée. Après les événements de 1848, M. Jubelin s'occupa d'affaires industrielles, devint administrateur de la compagnie des chemins de fer de l'Ouest et de la Société des forges et chantiers de la Méditerranée. Grand-officier de la Légion d'honneur.

JUBIÉ (PIERRE-JOSEPH-FLEURY), député au Conseil des Cinq-Cents et au Corps législatif en l'an XII, né à la Sône (Isère) le 1ᵉʳ septembre 1759, mort à une date inconnue, « fils de sieur Joseph-Noël Jubié, négociant en soies, et de dame Marie-Angélique Rollet, » fut inspecteur des manufactures en 1782, membre de l'assemblée provinciale du Dauphiné en 1787, administrateur du département de l'Isère en 1790, et fut élu député de l'Isère au Conseil des Cinq-Cents, le 24 vendémiaire an IV, par 156 voix sur 348 votants. Il ne se signala que par la modération de ses idées, fut l'un des fondateurs de la Caisse d'escompte à laquelle devait succéder la Banque de France. Partisan de l'autorité, rallié au pouvoir consulaire, puis impérial, il fut élu par le Sénat conservateur député de l'Isère au Corps législatif, le 5 nivôse an XII, devint sous-préfet de Saint-Marcellin en 1803, et resta à ce poste jusqu'à la première Restauration. Aux Cent-Jours, Napoléon le replaça dans cette sous-préfecture. Conseiller général des manufactures en 1817, secrétaire général de la préfecture de la Seine-Inférieure le 11 octobre 1820, il fut admis à la retraite, comme secrétaire général, le 14 décembre 1835.

JUBINAL (MICHEL-LOUIS-ACHILLE), député au Corps législatif de 1852 à 1870, né à Paris le 24 octobre 1810, mort à Paris le 28 décembre 1875, fut élève de l'Ecole des chartes, et, de 1834 à 1848, s'occupa exclusivement de publications philologiques, artistiques et littéraires. Il fut nommé, en 1845, professeur de littérature étrangère à la faculté des lettres de Montpellier, chevalier de la Légion d'honneur en 1846, et reçut une allocation annuelle sur les fonds destinés aux gens de lettres. Très dévoué à Louis-Philippe avant 1848, il se lança dans la politique démocratique après les événements de février, se déclara partisan de Ledru-Rollin, présida le club de l'Egalité au salon de Mars, et signa une proclamation révolutionnaire. Mais ses idées s'adoucirent; il devint un des rédacteurs du *Bulletin de Paris*, journal modéré, et, converti à la politique du prince-président, fut élu comme candidat officiel, le 29 février 1852, député de la 2ᵉ circonscription des Hautes-Pyrénées au Corps législatif, par 19,349 voix (25,852 votants, 32,929 inscrits), contre 6,413 à M. Tiburce Férand. L'un des premiers, il demanda le rétablissement de l'empire : l'article qu'il publia à cette occasion fit le tour de la presse de province. Successivement réélu : le 22 juin 1857, par 24,065 voix (24,142 votants, 31,091 inscrits); le 1ᵉʳ juin 1863, par 25,590 voix (25,746 votants, 31,201 inscrits), et le 24 mai 1869, par 17,265 voix (27,629 votants, 32,142 inscrits), contre 10,248 à M. Tiburce Férand, il fit voter la loi sur la suppression du timbre pour les imprimés; rapporteur de la loi sur les droits d'auteur (1853), il accusa ses collègues de « barbarie législative », parce qu'ils en avaient refusé le vote immédiat; il accorda toujours aux

gens de lettres l'appui de son influence, demanda des chemins de fer pour sa région, réclama l'augmentation des crédits pour les bibliothèques et les sociétés savantes, la réduction des frais de poste pour les imprimés, et proposa des réformes pratiques dans l'administration. La révolution du 4 septembre 1870 l'éloigna de la vie politique. Officier de la Légion d'honneur depuis le mois d'août 1858. M. Jubinal a publié un très grand nombre d'ouvrages, parmi lesquels : *le Fablel dou Dieu d'amour; Des XXIII manières de vilains; la Résurrection du Sauveur*, fragment d'un mystère inédit (1834); *la Complainte et le Jeu de Pierre de la Broce, chambellan de Philippe le Hardi, qui fut pendu le 30 juin 1278* (1835); *les Mystères inédits du XVᵉ siècle* (2 vol., 1836-1837); *Nouveau recueil de contes dits fabliaux* (2 vol., 1839-1842); *Impressions de voyage* (1859); *Napoléon et M. de Sismondi en 1815* (1865). Il fut le rédacteur en chef du *Voleur* et du *Cabinet de lecture*, et collabora au *Moniteur*, à l'*Estafette*, à l'*Indépendance belge*, à la *Revue rétrospective*, à la *Revue littéraire*, à la *Revue indépendante*, à l'*Artiste*, au *Journal des demoiselles*, et à la *Revue du Midi*, dont il fut l'un des fondateurs.

JUCHAULT. — *Voy.* LAMORICIÈRE (DE).

JUDEL (RENÉ-FRANÇOIS), député au Conseil des Anciens, dates de naissance et de mort inconnues, était médecin en chef de l'hôpital militaire de Chartres. Maire de cette ville, il fut élu, le 25 germinal an VI, député d'Eure-et-Loir au Conseil des Anciens par 112 voix (126 votants). Judel remplit, en l'an VII, les fonctions de secrétaire de l'assemblée et n'eut d'ailleurs qu'un rôle parlementaire très effacé.

JUÉRY (PIERRE), député en 1791 et au Corps législatif en l'an XII, né à Saint-Flour (Cantal) le 26 septembre 1752, mort à Senlis (Oise) le 29 décembre 1839, « fils de M. Pierre Juéry, marchand, et de demoiselle Gabrielle Catherine Muret, » avocat et maire de Creil, administrateur du département de l'Oise, fut élu, le 6 septembre 1791, député de l'Oise à l'Assemblée législative, le 12ᵉ et dernier, par 229 voix sur 339 votants. Il s'opposa à la vente des forêts nationales, nia avoir provoqué l'abandon par les députés du tiers de leur traitement, sauva la vie à Girardin, et fut chargé de vérifier la caisse d'Amelot. Elu par le Sénat conservateur député de l'Oise au Corps législatif, le 8 frimaire an XII, il devint par la suite sous-préfet de Senlis et conservateur des hypothèques en cette ville.

JUÉRY (BERNARD), représentant à la Chambre des Cent-Jours, né à Cambon (Tarn) le 14 septembre 1774, date de mort inconnue, « fils de François Juéry, marchand à Lunel, et de Catherine Lavaire, » appartint à l'armée. Adjoint au maire d'Albi, il fut élu, le 16 mai 1815, représentant à la Chambre des Cent-Jours par le collège de département du Tarn avec 32 voix sur 58 votants. Il rentra dans la vie privée près cette courte législature.

JUÉRY (BENJAMIN-BERNARD-PIERRE), représentant en 1849, né à Saint-Juéry (Tarn) le 28 octobre 1795, mort à Paris le 18 mai 1863, étudia le droit et exerça la profession d'avocat. Républicain, il se présenta pour la première fois à la députation comme candidat à l'Assemblée constituante lors de l'élection partielle du

26 novembre 1848, motivée par deux vacances (un décès et une démission), et obtint dans le Tarn, sans être élu, 10,318 voix (37,832 votants). Il prit sa revanche le 13 mai 1849, et devint représentant du Tarn à l'Assemblée législative, le 7e sur 8, par 45,047 voix (79,583 votants, 107,875 inscrits). M. Juéry siégea à la Montagne et vota jusqu'à la fin de la législature avec la minorité démocratique. Le coup d'État du 2 décembre 1851, contre lequel il protesta, le rendit à la vie privée.

JUGLAR (HENRY), député en 1791, dates de naissance et de mort inconnues, homme de loi et maire de Saint-André, fut élu, le 4 septembre 1791, député des Basses-Alpes à l'Assemblée législative, le 5e sur 6, par 197 voix (292 votants). Il y siégea obscurément dans la majorité, et ne fit pas partie d'autres législatures.

JUHEL (JOSEPH-FRANÇOIS), député au Conseil des Cinq-Cents, dates de naissance et de mort inconnues, fut, au début de la Révolution, administrateur du district de Châtillon-sur-Indre. Élu (23 germinal an VI) administrateur du département de l'Indre, il entra, un an après, au Conseil des Cinq-Cents (23 germinal an VII). Il ne se montra pas hostile au coup d'État de brumaire, et, le 5 germinal an XII, fut nommé directeur des droits réunis.

JUIGNÉ (JACQUES-GABRIEL-LOUIS LECLERC, MARQUIS DE), député en 1789, né à Paris le 14 mai 1727, mort à Paris le 4 août 1807, entra au service en 1742 et fit successivement les campagnes de 1743 à 1748 et de 1756 à 1762, en Bohême et en Allemagne, dans les guerres dites de la succession d'Autriche et de Sept ans. Colonel du régiment de Champagne en 1758, maréchal-de-camp en 1762, et lieutenant-général en 1780, il avait été admis aux honneurs de la cour en 1770, et nommé ministre plénipotentiaire en Russie le 15 décembre 1774. Il était gouverneur de la ville et citadelle d'Arras, et syndic général des Marches communes de Poitou et de Bretagne, lorsqu'il fut élu député de la noblesse aux États-Généraux par les Marches communes de Poitou et de Bretagne, le 2 avril 1789. Il protesta par la lettre suivante contre le vote par tête : « Messieurs, le député de la noblesse des Marches communes franches de Poitou et de Bretagne, étroitement lié par son mandat et son serment à la forme ancienne et constitutionnelle de voter dans l'assemblée des États-Généraux séparément et par ordre, déclare qu'il ne s'est rendu dans cette chambre commune avec l'ordre entier de la noblesse que par déférence à l'invitation qui lui en a été faite par Sa Majesté, mais qu'il s'abstiendra de prendre part à toutes délibérations dans lesquelles les suffrages seront recueillis par têtes et qu'il fait toutes réserves à cet égard jusqu'à ce que ses commettants rassemblés par les ordres du roy laient autorisé à voter dans cette forme inusitée, et en attendant qu'il ait reçu de nouveaux pouvoirs à cet égard. Il déclare qu'il persiste en vertu de son mandat à soutenir la forme constitutionnelle de voter séparément et par ordre. Il prie l'Assemblée de ne regarder la présente déclaration que comme l'acte le plus rigoureux et du plus indispensable devoir, de permettre qu'elle soit déposée sur le bureau et qu'il lui en soit donné acte. A Versailles, ce 30 juin 1789, LE MARQUIS DE JUIGNÉ. »

Le marquis de Juigné adhéra cependant aux sacrifices de la nuit du 4 août, mais combattit le décret qui soumettait à la prescription les droits féodaux rachetables. Ayant émigré en 1791, il fut mis à la tête de la moitié de l'infanterie noble à l'armée des princes en 1792, et ne rentra en France qu'à l'époque du Consulat. Il avait épousé, le 17 mars 1750, Claude-Charlotte Thiroux de Chammeville.

JUIGNÉ (ANTOINE-ÉLÉONOR-LÉON LECLERC, COMTE DE), député en 1789, né à Paris le 2 novembre 1728, mort à Paris le 19 mars 1811, frère du précédent et fils d'un officier supérieur tué à Guastalla, fit ses études au collège de Navarre, et entra au séminaire de Saint-Nicolas-du-Chardonnet. Grand-vicaire de son oncle, l'évêque de Carcassonne, il fut nommé agent général du clergé, refusa l'évêché de Comminges, et accepta, en 1764, celui de Châlons. Hostile aux Jansénistes, il surveilla de près la discipline de ses séminaires, et, lors de l'incendie de Saint-Dizier en 1770, ne craignit pas de s'exposer en personne au danger; il créa à Châlons, sous la forme d'un bureau de secours pour les victimes de ces accidents, une des premières assurances contre l'incendie. Il avait refusé l'archevêché d'Auch, lorsque la mort de l'archevêque de Paris laissa ce dernier siège vacant. L'évêque d'Autun, qui tenait alors la feuille des bénéfices, voulait y appeler l'archevêque de Toulouse, Loménie de Brienne; mais Louis XVI s'y opposa : « Il faudrait au moins, dit-il, que l'archevêque de Paris crût en Dieu; » et, de sa propre autorité, il y nomma M. de Juigné. Celui-ci consacra la majeure partie des revenus de son nouveau diocèse à des œuvres de bienfaisance. Au parlement, il vota (9 janvier 1788) pour l'édit qui rendait aux protestants l'état civil, dans le rigoureux hiver qui termina cette même année, vendit sa vaisselle et emprunta, pour secourir les pauvres, quatre cent mille livres, qui furent garanties par son frère, le marquis de Juigné. Le 30 avril 1789, le clergé de la ville de Paris l'élut député aux États-Généraux. Il s'opposa à la réunion des trois ordres, et, le 19 juin, proposa : « 1o de vérifier les pouvoirs de la chambre du clergé et de sa constitution en chambre active; 2o de persévérer dans l'adhésion pure et simple du plan conciliatoire proposé par les commissaires du roi; 3o de communiquer la présente délibération aux ordres du tiers et de la noblesse; 4o d'envoyer une députation au roi pour le supplier de s'occuper, dans sa sagesse, des moyens d'établir une correspondance entre les trois ordres des États-Généraux. » 135 voix approuvèrent cette proposition, 127 votèrent la vérification en commun, et 12 se joignirent à ces dernières avec quelques réserves; la motion, repoussée à 4 voix de majorité, valut à M. de Juigné une prompte impopularité; le 24 juin, sa voiture fut poursuivie à coups de pierres, et les manifestations hostiles redoublèrent. Le 27, il se décida à se réunir au tiers, et son adhésion fut saluée par les acclamations générales de l'assemblée. A l'issue de la nuit du 4 août, il proposa de chanter un *Te Deum* de réjouissance, et, le 11, il renonça aux dîmes ecclésiastiques : « Au nom de mes confrères, dit-il, au nom de mes coopérateurs et de tous les membres du clergé qui appartiennent à cette auguste Assemblée, nous remettons les dîmes ecclésiastiques entre les mains d'une nation juste et généreuse. Que l'Évangile soit annoncé, que le culte divin soit célébré avec décence et dignité, que les églises soient pourvues de pasteurs vertueux et zélés; que les pauvres du peuple soient secourus, voilà la destination de nos dîmes, voilà la fin de notre ministère et de nos vœux. Nous nous confions dans l'Assemblée nationale, et nous ne doutons pas qu'elle ne nous procure les moyens de remplir dignement des objets aussi respectables et aussi sacrés. » (*On applaudit*.) Le 20 septembre, il offrit l'argenterie des églises, et, le 14 avril 1790, envoya à l'Assemblée son serment civique. Puis, effrayé de la marche des événements, il obtint du roi l'autorisation de quitter la France et se retira à Chambéry. De là, il publia un mandement contre l'élection de Gobel au siège métropolitain, et fut dénoncé pour ce fait, le 31 mars 1791, au directoire du département de Paris. En 1791, on lui reprocha de continuer à nommer aux canonicats vacants de nouveaux titulaires, bien qu'il fût émigré. Il s'était déjà réfugié à Constance ; de Schaffouse, on l'accusa devant la Convention (15 mars 1795) de diriger à Constance le bureau d'espionnage autrichien contre la France. Le succès des armées françaises l'obligea (1799) à quitter cette résidence, pour accepter l'asile que lui offrit à Augsbourg l'électeur de Trèves. Il remit sans difficulté au pape sa démission d'archevêque au moment de la conclusion du Concordat, rentra en France en 1802, vécut dans sa famille, s'adonna à l'étude, et entretint avec son successeur au siège de Paris, M. de Belloy, les meilleures relations. L'empereur le nomma, le 21 mars 1808, chanoine du chapitre impérial de Saint-Denis, et le créa comte de l'Empire le 7 juin 1808. On a de lui un *Rituel* (Châlons, 1776), qui, attaqué par les Jansénistes, fut dénoncé au parlement le 19 décembre 1786, et réimprimé la même année, avec de notables changements, sous le titre de *Pastoral de Paris*.

JUIGNÉ (LÉON-MARGUERITE LECLERC, BARON DE), député en 1789, né à Paris le 3 janvier 1733, mort le 24 octobre 1810, servit d'abord dans la marine où il parvint au grade de lieutenant de vaisseau, puis, en 1758, passa dans la cavalerie, devint colonel du régiment des grenadiers de France en 1762, et du régiment de Soissonnais en juillet 1767. Brigadier des armées du roi en 1770, maréchal-de-camp en 1780, il fut admis aux honneurs de la cour en 1783. Elu, le 31 mars 1789, député de la noblesse aux Etats-Généraux par le bailliage de Coutances, il s'opposa à la suppression des justices foncières, et renouvela l'offre faite au nom du clergé d'un prêt de quatre cents millions. Il émigra à la fin de la session, rentra en France sous le Consulat, et ne reparut plus sur la scène politique.

JUIGNÉ (CHARLES-PHILIBERT-GABRIEL LECLERC, MARQUIS DE), pair de France, né à Paris le 30 septembre 1762, mort à Paris le 14 mars 1819, entra dans l'armée en 1777, devint capitaine de cavalerie le 3 juin 1779, major au régiment des cuirassiers du roi le 1er mai 1788, et chevalier de Saint-Louis. Il émigra en 1791 avec son frère, et servit à l'armée des princes jusqu'à son licenciement en 1802. Rentré en France sous le Consulat avec les autres membres de sa famille, il se tint à l'écart pendant la durée de l'Empire. La seconde Restauration le nomma pair de France, le 17 août 1815 ; il vota pour la mort dans le procès du maréchal Ney, et soutint de ses votes la monarchie constitutionnelle.

JUIGNÉ (CHARLES-MARIE LECLERC, COMTE puis MARQUIS DE), pair de France, né à Paris le 10 mai 1764, mort à Berlencourt-et-Caurax (Pas-de-Calais) le 11 janvier 1826, frère du précédent, officier au régiment d'infanterie du roi

en 1778, puis capitaine au régiment de Berry, et major au régiment de Vivarais, émigra en 1791. Il devint dans l'armée des princes lieutenant aux gardes écossaises avec le grade de colonel (1791), fit en cette qualité la campagne de 1792 et prit part à la défense de Maëstricht contre les Français. Nommé chevalier de Saint-Louis en 1796, il rentra en France sous le Consulat, devint, en 1816, inspecteur général des gardes nationales de l'Oise et président du collège électoral de l'arrondissement de Beauvais, et, après la mort de son frère, fut promu à la pairie, le 23 décembre 1823. Il mourut trois ans après.

JUIGNÉ (ETIENNE-CHARLES-OLIVIER LECLERC, COMTE DE), député de 1815 à 1816, né à Versailles (Seine-et-Oise) le 30 juillet 1776, mort à une date inconnue, chevalier de Malte de minorité, fut élu, le 22 août 1815, député du collège de département de la Manche, par 105 voix (153 votants, 276 inscrits). Il siégea dans la majorité de la Chambre introuvable, et ne fit pas partie d'autres assemblées.

JUIGNÉ (JACQUES-AUGUSTE-ANNE-LÉON LECLERC, COMTE DE), député de 1821 à 1827, né à Paris le 8 août 1774, mort à Paris le 7 mai 1850, fut aide-de-camp de son père pendant la campagne des émigrés en 1792, et devint officier au régiment de Mortemart en 1794. A la première Restauration, Louis XVIII le nomma commissaire extraordinaire dans la 7e division militaire, officier des gendarmes de la garde avec rang de major (1er juillet 1814), colonel de cavalerie (25 juillet), président du collège électoral de Bourbon-Vendée (26 juillet), chevalier de Saint-Louis (25 août 1814), et colonel de la légion de Seine-et-Oise à la seconde Restauration. Président du 2e collège électoral de la Seine-Inférieure (Saint-Philbert), il fut élu, le 1er octobre 1821, député de cet arrondissement électoral par 109 voix (183 votants, 229 inscrits), contre 66 à M. Bertrand de Geslin, et fut réélu, le 26 février 1824, par 111 voix (194 votants, 223 inscrits), contre 58 à M. Dupuis aîné. Nommé gentilhomme honoraire de la chambre du roi la même année, il devint maréchal-de-camp peu après ; à la Chambre, il siégea jusqu'en 1827 dans la majorité ministérielle.

JUIGNÉ (JACQUES-MARIE-ANATOLE LECLERC, COMTE puis MARQUIS DE), pair de France, né à Paris le 25 juillet 1808, mort à Paris le 1er avril 1845, chevalier de la Légion d'honneur, chef d'escadron de la garde nationale, aide-de-camp du maréchal Oudinot, duc de Reggio, fut admis, le 13 mai 1826, à siéger à la Chambre des pairs, par droit héréditaire, en remplacement de son père décédé le 11 janvier de la même année. Il soutint à la Chambre haute la monarchie constitutionnelle, et se retira en 1830, ayant refusé de prêter serment à la monarchie de juillet.

JUIGNÉ (CHARLES-LÉON-ERNEST LECLERC, MARQUIS DE), représentant en 1871, né à Paris le 16 avril 1825, mort à Paris le 6 juin 1886, propriétaire dans la Sarthe, membre du conseil général de ce département depuis 1865, fut élu, le 8 février 1871, représentant de la Sarthe à l'Assemblée nationale, le 8e sur 9, par 48,990 voix sur 84,400 votants et 135,095 inscrits. Légitimiste et catholique, inscrit à la réunion Colbert et à celle des Réservoirs, il vota *pour* la paix, *pour* les prières publiques, *pour* le 24 mai, *pour* la démission de Thiers, *pour* l'arrêté sur les enterrements civils, *pour* la prorogation des pouvoirs du Maréchal, *pour* la loi des maires, *pour* le ministère de Broglie, *contre* l'amendement Barthe, *contre* le retour à Paris, *contre* la dissolution, *contre* la proposition du centre gauche, *contre* l'amendement Wallon, *contre* les lois constitutionnelles. Au renouvellement du 20 février 1876, il échoua dans l'arrondissement de la Flèche, avec 8,460 voix, contre 13,121 à l'élu républicain, M. Galpin, et ne fut pas plus heureux le 14 octobre 1877, aux élections qui suivirent la dissolution de la Chambre par le cabinet du 16 mai, n'ayant obtenu, malgré l'appui officiel, que 10,985 voix, contre 13,380 au député républicain sortant, M. Galpin.

JUIGNÉ (CHARLES-ETIENNE-GUSTAVE LE-CLERC, COMTE DE), représentant en 1871, député de 1876 à 1889, né à Paris le 15 juin 1825, un des plus riches propriétaires de Bretagne (c'est à lui qu'appartient le lac de Grandlieu), membre du Jockey-Club, vice-président de la Société hippique, conseiller général du canton de Bourgneuf, fit beaucoup pour l'agriculture régionale, pour le développement des voies de communication et contribua activement à la création du chemin de fer de la rive gauche de la Loire. Conseiller général de la Loire-Inférieure, président du conseil général, il protesta, en 1870, contre la dissolution de ces assemblées par Gambetta, et fut élu, le 8 février 1871, représentant de la Loire-Inférieure à l'Assemblée nationale, le 5ᵉ sur 12, par 66,254 voix (95,897 votants, 155,400 inscrits). Légitimiste, il se fit inscrire à la réunion des Réservoirs, siégea à droite, accusa les maires de Paris de s'être mis à la tête du mouvement insurrectionnel du 18 mars, et vota *pour* la paix, *pour* les prières publiques, *pour* l'abrogation des lois d'exil, *pour* le 24 mai, *pour* la démission de Thiers, *pour* l'arrêté sur les enterrements civils, *pour* la prorogation des pouvoirs du Maréchal, *pour* la loi des maires, *contre* l'amendement Barthe, *contre* le retour à Paris, *contre* le ministère de Broglie, *contre* la dissolution, *contre* l'amendement Wallon, *contre* les lois constitutionnelles. Réélu député par l'arrondissement de Paimbœuf, aux élections générales du 20 février 1876, par 5,572 voix (9,209 votants, 12,180 inscrits), contre 3,625 voix à M. Rousse, il fut, après le 16 mai, l'un des 158 députés qui approuvèrent la conduite du ministère de Broglie. Réélu de nouveau, le 14 octobre 1877, par 6,180 voix (9,163 votants, 12,362 inscrits), contre 2,952 voix à M. Goullin, il vit renouveler son mandat, le 21 août 1881, par 5,589 voix (10,040 votants, 12,765 inscrits), contre 4,413 voix à M. Boquien, et fut porté, aux élections du 4 octobre 1885, sur la liste conservatrice de la Loire-Inférieure. Elu, le 3ᵉ sur 9, par 71,584 voix sur 121,474 votants et 165,624 inscrits, il continua de faire partie de la minorité conservatrice, et vota contre les ministres opportunistes et radicaux qui se succédèrent au pouvoir. A la fin de la législature, M. de Juigné s'est prononcé *contre* le rétablissement du scrutin d'arrondissement (11 février 1889), *pour* l'ajournement indéfini de la revision de la Constitution, *contre* les poursuites contre trois députés membres de la Ligue des patriotes, *contre* le projet de loi Lisbonne restrictif de la liberté de la presse, *contre* les poursuites contre le général Boulanger.

JULIEN (JEAN), député en 1789, né à Montaut (Gers) le 7 avril 1755, mort à une date inconnue, curé d'Arrozes (Basses-Pyrénées),

fut élu député du clergé aux Etats-Généraux par la province de Béarn, le 19 juin 1789. Il parla sur le traitement des curés de campagne, s'opposa à la fabrication d'une monnaie de billon noir, prêta le serment civique et fut rapporteur de la loi sur les pensions militaires. Il disparut de la scène politique après la session.

JULIEN (JEAN), membre de la Convention, né à Nimes (Gard) en 1760, mort à une date inconnue, appartenait à la religion réformée ; ministre protestant à Toulouse avant la Révolution, il adopta les idées nouvelles, fut nommé membre du directoire de la Haute-Garonne et, le 6 septembre 1792, fut élu par ce département membre de la Convention, le 5ᵉ sur 12, par 388 voix (614 votants). Il devint secrétaire de la Convention, et lors du procès de Louis XVI répondit : « S'il fut un moment, depuis l'ouverture de la Convention nationale, où nous ayons dû faire taire toutes les préventions, imposer silence à toutes les passions, c'est celui où nous sommes appelés à prononcer sur la vie d'un citoyen. Je ferme les yeux sur l'avenir heureux ou malheureux qui nous attend ; je ne consulte que ma conscience ; j'y puise l'arrêt pénible et douloureux que je dois porter. Je déclare donc sur ma conscience que Louis mérite la mort, et je vote pour cette peine. » Envoyé en mission à Orléans pour vérifier les faits d'incivisme attribués aux chefs de la légion germanique, il fit un rapport sévère contre « les administrations rebelles », passa dans la Vendée, reprit à son retour sa place à l'assemblée, parla sur les événements de Beaucaire, intervint dans plusieurs questions personnelles, fit décréter tantôt la mise en accusation, tantôt la mise en liberté de certains fonctionnaires, obtint le vote d'un décret de mort contre les fournisseurs infidèles, et devint lui-même très suspect aux jacobins et à la Convention, à cause de ses liaisons avec d'Espagnac, fournisseur de l'armée des Alpes, et de son attitude dans l'affaire de la Compagnie des Indes. Robespierre l'accusa formellement ; il se défendit mal, fut arrêté, mais réussit à s'évader. Prévenu de conspiration en 1794, et décrété d'accusation une fois de plus (26 ventôse an II), il fut désigné par Laco te comme agent de l'étranger, et mis hors la loi. Mais la réaction thermidorienne accueilli ses explications, mêlées d'amères récriminations à l'adresse du « tyran », et annula le décret rendu contre lui (20 germinal an III). Julien joua encore un certain rôle sous le Directoire et fut chargé, en l'an VIII, par la société populaire de la rue du Bac, de rédiger une adresse au Corps législatif, provoquant la déclaration de « la patrie en danger ». Cet acte d'hostilité contre l'auteur du coup d'Etat de brumaire le fit inscrire au nombre de ceux que le décret du 29 brumaire condamna « à se rendre à la Rochelle pour être conduits et retenus dans tel lieu de la Charente-Inférieure qui sera indiqué par le ministre de la police générale ». Mais il passa en Italie et se fixa comme avocat à Turin.

JULIEN (CHARLES-HENRI-ARMAND), représentant à la Chambre des Cent-Jours, né à Versailles (Seine-et-Oise) le 18 mars 1764, mort à Epinay-sur-Seine (Seine) le 17 août 1836, propriétaire à Epinay, était maire de cette commune, lorsqu'il fut élu, le 7 mai 1815, représentant à la Chambre des Cent-Jours par l'arrondissement de Saint-Denis, avec 45 voix sur 67 votants et 123 inscrits. Il ne fit pas partie d'autres législatures.

JULIEN (René-François), représentant du peuple en 1848, né à Tours (Indre-et-Loire) le 10 avril 1793, mort à Tours le 18 novembre 1871, fils d'un entrepreneur, fut secrétaire du commissaire extraordinaire envoyé par l'empereur, de 1813 à 1814, dans sa ville natale. Devenu avocat, il plaida avec succès pour les accusés de Saumur, et défendit Manuel avec tant de chaleur que le conseil de l'ordre crut devoir lui infliger une peine disciplinaire. Cette rigoureuse mesure lui valut, dit-on, l'amitié de Béranger. Nommé maire de Tours à la révolution de juillet, il donna peu après sa démission. Membre de la Société « Aide-toi, le Ciel t'aidera », il s'empara sans mandat, à la révolution de février 1848, de l'administration municipale, maintint l'ordre à Tours, et fut élu, le 23 avril suivant, représentant d'Indre-et-Loire à l'Assemblée constituante, le 2e sur 8, par 66,645 voix. Il fit partie du comité de la justice et vota en général avec la droite, *pour* le bannissement de la famille d'Orléans, *pour* les poursuites contre Louis Blanc et Caussidière, *contre* l'abolition de la peine de mort, *contre* l'impôt progressif, *contre* l'incompatibilité des fonctions, *contre* l'amendement Grévy, *contre* la sanction de la Constitution par le peuple, *pour* l'ensemble de la Constitution, *pour* la proposition Rateau, *pour* l'interdiction des clubs, *pour* l'expédition de Rome, *contre* la demande de mise en accusation du président et des ministres. Non réélu à la Législative, il rentra dans la vie privée.

JULLIEN (Marc-Antoine), membre de la Convention, né à Bourg-de-Péage (Drôme) le 18 avril 1744, mort à Pisançon (Drôme) le 27 septembre 1821, vint de bonne heure à Paris et y termina ses études. Les succès qu'il obtint lui valurent la protection de plusieurs personnages en crédit, notamment celle du célèbre Mably, qui le présenta à la duchesse de Damville, laquelle chargea Jullien de l'éducation du jeune prince de Léon, son petit-fils. Ardent partisan de la Révolution dès l'origine, il laissa d'abord éclater son enthousiasme dans la correspondance qu'il entretint avec ses amis du Dauphiné, où le mouvement révolutionnaire avait de nombreux adhérents. Ces lettres lui valurent, dans le département de la Drôme, une réputation de patriote, et, après avoir été désigné (1791) comme député-suppléant à l'Assemblée législative, où il ne siégea pas, il devint président de l'assemblée électorale, et fut élu, le 5 septembre 1792, membre de la Convention par le département de la Drôme, le 1er sur 9, avec 395 voix sur 468 votants. Jullien prit place au sommet de la Montagne. Sa première motion fut dirigée contre le général Montesquiou, que « tous les soldats de son armée regardaient, disait-il, comme un traître ». Dans la séance très orageuse du 26 décembre 1792, il prononça un véhément discours, fréquemment interrompu par des cris, pour appuyer la proposition de Duhem, qui avait demandé que Louis XVI fût jugé sans s'en désemparer. « J'habite, s'écria-t-il, les hauteurs que l'on désigne sous le nom de Montagne; c'est à ces Thermopyles que les Spartiates sauront mourir pour sauver la liberté. » Il dénonça ensuite le modérantisme de Defermon qui présidait, l'accusa d'une « partialité révoltante pour la cause des tyrans », et lui reprocha ses entretiens avec Malesherbes. Puis il ajouta : « Je demande que la sonnette lui soit arrachée et qu'il aille se cacher dans le coin le plus obscur de la salle. » Mais l'assem-

blée passa à l'ordre du jour. Jullien vota, lors du procès du roi, pour la mort sans appel ni sursis; il répondit à la première question : « En vertu du pouvoir indéfini que j'ai reçu de mes commettants, je me crois entièrement compétent pour prononcer souverainement sur le sort de Louis Capet. Je ne prétends point attenter à la liberté des opinions, mais je ne conçois pas sur quoi peuvent être fondés les scrupules de ceux... (De violents murmures s'élèvent. *Le président.* — Citoyen, je vous invite à motiver votre opinion et à respecter celle de vos collègues.) Mes collègues ayant énoncé leurs opinions comme ils ont voulu, je demande à manifester librement la mienne; comme je l'ai dit, et en vertu des pouvoirs que j'ai reçus, je me crois très compétent pour juger définitivement et sans appel; en conséquence, je dis *oui* sur cette première question. » Au deuxième appel nominal : « Je suis infiniment convaincu que la meilleure manière de rendre hommage à la souveraineté du peuple, c'est de l'exercer nous-mêmes pour le salut de la République; je dis *non*. » Au troisième appel : « J'ai toujours haï les rois, et mon humanité éclairée a écouté la voix de la justice éternelle; c'est elle qui m'ordonne de prononcer la peine de mort contre Louis Capet. » Adversaire des Girondins et ennemi du fédéralisme, il répliqua à Lanjuinais, qui attaquait les auteurs de la révolution du 31 mai, qu'il calomniait les habitants de Paris. Jullien demeura très attaché au parti de la Montagne. Aussi fut-il, après le 9 thermidor, dénoncé simultanément par Tallien et par Carrier, comme l'agent et le protégé de Robespierre, parce qu'un de ses fils avait été membre du comité exécutif de l'instruction publique sous la Terreur. La Convention ne donna pas suite à cette dénonciation. Après la session, Jullien fut tenu à l'écart des affaires publiques. Résidant à Paris, il s'occupa de littérature et de poésie, publia en 1802 et 1803, dans le *Mercure*, quelques opuscules, et, sous la Restauration, se retira dans ses propriétés du Dauphiné. Comme il n'avait point adhéré à l'Acte additionnel pendant les Cent-Jours, il put échapper en 1816 à la loi contre les régicides. Le 27 septembre 1821, il mourut en tombant d'un balcon.

JULLIEN (Aimable), représentant du peuple en 1848, né à Rouen (Seine-Inférieure) le 15 juillet 1810, fut, pendant trois ans, ouvrier mécanicien à l'imprimerie Mame à Tours, puis entra comme chauffeur dans la compagnie du chemin de fer d'Orléans. D'opinions modérées, il fut choisi après la révolution de 1848, par les conservateurs d'Indre-et-Loire, comme candidat contre l'ouvrier socialiste Hubert, et fut élu, le 23 avril, représentant d'Indre-et-Loire à l'Assemblée constituante, le 8e et dernier, par 39,036 voix. Il fit partie du comité du travail, fut membre de plusieurs commissions où se traitèrent les questions ouvrières, et vota *pour* le bannissement de la famille d'Orléans, *pour* les poursuites contre L. Blanc et Caussidière, *pour* l'abolition de la peine de mort, *contre* l'impôt progressif, *contre* l'incompatibilité des fonctions, *contre* l'amendement Grévy, *contre* la sanction de la Constitution par le peuple, *pour* l'ensemble de la Constitution, *pour* la proposition Rateau, *pour* l'interdiction des clubs, *pour* l'expédition de Rome, *contre* la demande de mise en accusation du président et des ministres. Non réélu à la Législative, il reprit exercice de sa profession.

JULLIEN (Alexandre), représentant en 1871,

né à Lyon (Rhône) le 25 juillet 1823, directeur des forges de Terres-Noires, la Voulte et Bessèges, administrateur de la succursale de la Banque de France et du Crédit lyonnais à Lyon, conseiller général de la Loire de 1851 à 1870, marié à la petite-fille de M. de Pommerol, député sous la Restauration, maire de Pélussin, fut élu, le 8 février 1871, représentant de la Loire à l'Assemblée nationale, le 5e sur 11, par 49,100 voix (89,275 votants, 143,320 inscrits). Il siégea à droite, se fit inscrire aux réunions Colbert et des Réservoirs, fit partie de la commission de l'enquête parlementaire sur l'industrie houillère et de celle de la revision des marchés, et vota *pour* la paix, *pour* les prières publiques, *pour* l'abrogation des lois d'exil, *pour* le 24 mai, *pour* la démission de Thiers, *pour* la prorogation des pouvoirs du Maréchal, *pour* la loi des maires, *pour* le ministère de Broglie, *contre* l'amendement Barthe, *contre* le retour à Paris, *contre* la dissolution, *contre* la proposition du centre gauche, *contre* l'amendement Wallon, *contre* les lois constitutionnelles. Non réélu en 1876, il échoua encore, aux élections qui suivirent la dissolution de la Chambre par le cabinet du 16 mai, le 14 octobre 1877, malgré l'appui officiel; la 3e circonscription de Saint-Etienne ne lui donna que 4,587 voix contre 10,939 au député sortant, M. Richarme (un des 363). Chevalier de la Légion d'honneur (1867).

JULLIEN (PHILIPPE-EMILE), député de 1881 à 1889, né à Mer (Loir-et-Cher) le 10 juillet 1845, étudia le droit et se fit recevoir avocat. Inscrit au barreau de Blois, il y acquit une certaine réputation, manifesta des opinions démocratiques, devint conseiller général de Loir-et-Cher pour le canton de Mer, collabora au journal la *Lanterne*, et se présenta une première fois sans succès à l'élection partielle du 6 avril 1879, dans la 1re circonscription de Blois, en remplacement de M. Dufay, nommé sénateur; il échoua avec 4,912 voix contre 8,316 à l'élu opportuniste, M. Deniau. M. Jullien fut plus heureux à une autre élection partielle, motivée, le 27 février 1881, par le décès de M. Lesguillon : élu député de Romorantin par 6,108 voix (10,959 votants, 14,869 inscrits), contre 4,690 voix à M. Durand, il prit place à gauche parmi les radicaux, obtint le renouvellement de son mandat aux élections générales du 21 août suivant, par 6,568 voix (11,712 votants, 15,274 inscrits), contre 4,937 à M. Durand, s'assit au groupe de la gauche radicale, parut assez souvent à la tribune, et observa une attitude intermédiaire entre l'opportunisme et l'intransigeance. En juin 1883, il critiqua la loi sur les récidivistes, et notamment son caractère obligatoire, qui fut maintenu à la majorité de 36 voix; en février 1884, il attaqua vivement le projet de loi sur les manifestations séditieuses, en soutenant que les lois existantes étaient plus que suffisantes. Il se prononça *contre* les crédits du Tonkin, et fut, dans cette législature, un des secrétaires de la Chambre. Porté, le 4 octobre 1885, sur la liste républicaine de Loir-et-Cher, il fut élu député de ce département, le 1er sur 4, par 41,970 voix (63,751 votants, 80,555 inscrits). Il reprit sa place à la gauche radicale, opina de nouveau *contre* la politique coloniale, fit de l'opposition aux ministères modérés de la législature, vota l'expulsion des princes, interpella (31 mai 1887) le cabinet Rouvier sur sa politique, et déposa le même jour un ordre du jour de défiance qui fut rejeté par 285 voix contre 139; il se prononça, en dernier lieu, *contre* le rétablissement du scrutin d'arrondis-

sement (11 février 1889), *contre* l'ajournement indéfini de la revision de la Constitution, *pour* les poursuites contre trois députés membres de la Ligue des patriotes, *contre* le projet de loi Lisbonne restrictif de la liberté de la presse, *pour* les poursuites contre le général Boulanger.

JULLOU (JEAN), député de 1815 à 1816, né à Pertivien (Côtes-du-Nord) le 29 juillet 1757, mort le 8 février 1823, commissaire de la marine, fut élu, le 22 août 1815, par 94 voix sur 172 votants et 244 inscrits, député du Finistère, au collège de département. Il siégea obscurément dans la majorité de la Chambre introuvable, et ne fit pas partie d'autres assemblées.

JUMEAU (FERDINAND-NARCISSE), sénateur en 1885, né à Boisville-la-Saint-Père (Eure-et-Loir) le 20 mars 1821, mort à Nogent-le-Phaye (Eure-et-Loir) le 23 octobre 1885, fut élu, comme républicain, le 25 janvier 1885, sénateur d'Eure-et-Loir par 418 voix sur 720 votants. Il siégea dans la majorité, parla dans la discussion du tarif des douanes, et vota généralement avec la gauche. Mort en octobre de la même année, M. Jumeau fut remplacé comme sénateur, le 13 décembre suivant, par M. Dreux, ancien député.

JUMEL (FRANÇOIS-HENRI), député depuis 1886, né à Mont-de-Marsan (Landes) le 5 septembre 1847, était avocat à Mont-de-Marsan, lorsqu'il fut porté, aux élections générales du 4 octobre 1885, sur la liste républicaine des Landes. Il échoua avec 33,160 voix sur 71,839 votants. Mais les députés conservateurs élus ayant été invalidés en bloc, les électeurs des Landes, convoqués à nouveau le 14 février 1886, donnèrent cette fois la majorité à la liste républicaine, et M. Jumel devint député, le 3e sur 5, avec 38,043 voix sur 72,400 votants et 83,105 inscrits. M. Jumel prit place à gauche, soutint la politique coloniale et scolaire des ministères opportunistes et radicaux, vota pour l'expulsion des princes, et, le 19 avril 1888, adressa au ministère Floquet une interpellation de complaisance sur sa politique, afin de provoquer le vote d'un ordre du jour de confiance qui réunit 353 voix contre 170. A la fin de la législature, M. Jumel s'est prononcé : *pour* le rétablissement du scrutin d'arrondissement (11 février 1889), *pour* l'ajournement indéfini de la revision de la Constitution, *pour* les poursuites contre trois députés membres de la Ligue des patriotes, *pour* le projet de loi Lisbonne restrictif de la liberté de la presse, *pour* les poursuites contre le général Boulanger.

JUMENTIER (ETIENNE), député au Corps législatif de l'an X à 1807, représentant à la Chambre des Cent-Jours, né à Saint-Chéron-des-Champs (Eure-et-Loir) le 7 octobre 1759, mort à Saint-Chéron-des-Champs le 12 janvier 1846, « fils de Claude Jumentier et de dame Anne Mercier, sa femme, vignerons, » étudia les humanités au collège de Chartres, puis fut, pendant douze années, de 1776 à 1788, clerc de procureur et de notaire à Chartres et à Paris. Nommé, au début de la Révolution (1790), membre du directoire du district de Chartres, puis (1791) du directoire du département d'Eure-et-Loir, il devint suspect par son attitude favorable aux émigrés, fut incarcéré le 18 fructidor an V, et rentra dans l'administration sous le Consulat. Conseiller de préfecture à Chartres en 1800, puis conseiller municipal de cette ville, il fut désigné, le 6 germinal an X, par le Sénat conservateur, pour représenter au Corps législatif le département d'Eure-et-Loir; il y siégea jusqu'en 1807. Jumentier fit encore partie de la Chambre des Cent-Jours, comme représentant du collège de département d'Eure-et-Loir, qui l'avait élu par 63 voix (120 votants, 225 inscrits). Après la session, il se retira à Saint-Chéron, où il mourut à un âge très avancé.

JUMILHAC (BARON DE). — *Voy.* CHAPELLE.

JUNYEN (JACQUES-NICOLAS), député de 1830 à 1848, représentant du peuple en 1848 et en 1849, né au Dorat (Haute-Vienne) le 2 juillet 1784, mort à Paris le 20 mai 1855, propriétaire à Montmorillon (Vienne), manifesta des sentiments patriotiques et libéraux qui le firent nommer, en 1815, maire de cette ville. A la révolution de juillet 1830, M. Junyen, qui avait combattu la Restauration, fut nommé sous-préfet de Montmorillon; mais il n'occupa ce poste que peu de temps, et donna sa démission pour briguer, le 28 octobre 1830, la succession, comme député, de M. de Curzay, démissionnaire; il fut élu à sa place député de la Vienne, au collège de département, par 322 voix sur 375 votants. Il alla siéger à gauche près de La Fayette et de Dupont de l'Eure, se sépara bientôt du gouvernement dont il désapprouvait les tendances, fut réélu député, le 5 juillet 1831, dans le 5e collège de la Vienne (Montmorillon), par 142 voix sur 162 votants et 278 inscrits, signa le *compte-rendu* de 1832, et opina, pendant toute la durée du règne, avec l'opposition dynastique, ayant obtenu successivement sa réélection : le 21 juin 1834, par 120 voix (217 votants, 260 inscrits), contre 91 à M. de Chateaubriand; le 4 novembre 1837, par 129 voix (223 votants, 272 inscrits); le 2 mars 1839, par 140 voix (227 votants), contre 84 à M. de Villars; le 9 juillet 1842, par 154 voix (237 votants, 299 inscrits), contre 71 à M. de Mansac; enfin, le 1er août 1846, par 162 voix (248 votants, 327 inscrits), contre 76 à M. de Girardin. M. Junyen fit de l'opposition à la politique doctrinaire de Guizot, vota *contre* l'indemnité Pritchard et appuya les propositions de réforme électorale. Mais, la République venue, il montra peu d'enthousiasme pour le régime nouveau, et ayant été élu, le 23 avril 1848, représentant de la Vienne à l'Assemblée constituante, le 7e sur 8, par 25,012 voix sur 70,722 votants, il fit partie du comité de l'Algérie et des colonies, et vota avec la droite conservatrice, *pour* le rétablissement du cautionnement, *pour* les poursuites contre Louis Blanc et Caussidière, *pour* le rétablissement de la contrainte par corps, *contre* l'abolition de la peine de mort, *contre* l'amendement Grévy, *contre* le droit au travail, *pour* l'ordre du jour en l'honneur de Cavaignac, *pour* la proposition Rateau, *contre* l'amnistie, *pour* l'interdiction des clubs, *pour* les crédits de l'expédition romaine, *contre* l'abolition de l'impôt des boissons. M. Junyen se représenta avec succès aux élections de l'Assemblée législative, le 13 mai 1849, et vit renouveler son mandat de représentant de la Vienne, le 1er sur 6, par 38,457 voix (55,712 votants, 87,090 inscrits). Comme précédemment, il siégea à droite, et prit part à tous les votes de la majorité anti-républicaine : *pour* l'expédition de Rome, *pour* les poursuites contre les représentants de la Montagne, *pour* la loi Falloux-Parieu sur l'enseignement, etc. Il ne fit partie, après 1851,

d'aucune assemblée parlementaire et mourut à Paris en 1855. Conseiller général de la Vienne.

JURIEN-LAGRAVIÈRE (PIERRE-ROCH), pair de France, né à Gannat (Allier) le 5 novembre 1772, mort à Paris le 14 janvier 1849, « fils de M. Jean-Pierre Jurien, et de dame Procule Delaire, » pilote à bord de la corvette *la Favorite* en mai 1796, devint capitaine de frégate le 24 nivôse an VI, et, après l'affaire de Léozam et sur le rapport élogieux de Rochambeau, capitaine de vaisseau le 13 ventôse an XI. Commandeur de la Légion d'honneur l'année suivante, il prit, au mois de février 1809, une part glorieuse au combat naval des Sables-d'Olonne, et décida de la retraite momentanée de la croisière anglaise. En 1814, il fut envoyé à l'île Bourbon, que les traités de paix nous avaient rendue, en qualité de commissaire gouverneur. Contre-amiral le 28 octobre 1817, il commanda la station navale du Brésil en 1821, celle des Antilles en 1824, puis le 4e arrondissement maritime de 1825 à 1830. Vice-amiral en 1831, pair de France le 11 novembre 1832, grand-officier de la Légion d'honneur le 22 avril 1834, grand-croix de l'ordre le 22 juin 1841, il fut admis à la retraite, comme vice-amiral, le 15 juillet 1848.

JUSSERAUD (JEAN-FRANCISQUE), représentant en 1848 et en 1849, né à Riom (Puy-de-Dôme) le 15 février 1797, mort à Vensat (Puy-de-Dôme) le 14 septembre 1863, étudia la médecine, qu'il exerça pendant vingt ans dans son pays natal à titre gratuit. Propriétaire, agronome distingué, fondateur et président du comice de l'arrondissement de Riom, membre de la Société d'agriculture de Clermont-Ferrand, maire de Chatussas, il appartint, de 1830 à 1835, au conseil général du Puy-de-Dôme, et il y fit une opposition assez vive au gouvernement de Louis-Philippe et au préfet. Après la révolution de février, il ne se rallia qu'avec beaucoup de réserve à la République, mais, le 23 avril 1848, représentant du Puy-de-Dôme à l'Assemblée constituante, le 8e sur 15, par 57,996 voix (125,432 votants, 173,000 inscrits), il fit partie du comité de l'agriculture et vota le plus souvent avec la droite. Il repoussa toutefois les poursuites contre Louis Blanc aux événements du 15 mai; mais il se prononça : *contre* l'amendement Grévy, *contre* la réduction de l'impôt du sel, *pour* la proposition Rateau, *pour* l'interdiction des clubs, *pour* l'expédition romaine, etc. Il est porté absent par congé dans un assez grand nombre de scrutins. M. Jusseraud fut du nombre des représentants appelés à déposer, en 1849, devant la Haute-Cour de justice séant à Bourges. Réélu, le 13 mai 1849, représentant du Puy-de-Dôme à l'Assemblée législative, le 7e sur 13, par 51,839 voix (168,305 inscrits), il suivit la même ligne politique, opina généralement dans le sens de la majorité et rentra dans la vie privée en 1851.

JUSSIEU (LAURENT-PIERRE DE), député de 1837 à 1842, né à Villeurbanne (Rhône) le 7 février 1792, mort à Passy (Seine) le 23 février 1866, neveu du célèbre naturaliste, composa sous la Restauration des ouvrages d'éducation qui furent couronnés, et devint, en 1831, secrétaire général de la préfecture de la Seine, puis maître des requêtes au conseil d'Etat. Elu, le 4 novembre 1837, député du 10e arrondissement de Paris, par 590 voix (1,051 votants, 1,320 inscrits), contre 454 voix à M. Lamy, et réélu, le 2 mars 1839, par 680 voix sur 1,153 votants, contre 444 à M. Lamy, il échoua dans le même arrondissement, le 9 juillet 1842, avec 528 voix contre 684 à l'élu, M. Ferd. de Jouvencel. M. de Jussieu avait appuyé le ministère Molé du 15 avril 1837, avait été membre de la minorité de la commission de l'Adresse, avait voté *pour* la dotation du duc de Nemours, *contre* les fortifications de Paris, *contre* l'extension des incompatibilités et *contre* l'adjonction des capacités. Il est l'auteur du livre recommandé par la Société de l'instruction élémentaire, comme le meilleur à donner en lecture au peuple des campagnes et des villes, qui eut un nombre considérable d'éditions et qui a été traduit en sept langues : *Simon de Nantua, ou le marchand forain.* On a aussi de lui des notices nécrologiques, des nouvelles morales, des fables et des contes en vers et de nombreux articles dans le *Journal de l'Education.*

JUSSIEU (Christophe-Alexis-Adrien de), député de 1837 à 1839, né à Lyon (Rhône) le 17 août 1802, mort au château de Beauverno (Saône-et-Loire) le 25 octobre 1865, frère du précédent, était avocat et rédacteur du *Courrier français* avant 1830. Après les événements de juillet, il devint préfet de l'Ain, puis de la Vienne, et fut nommé directeur de la police générale au ministère de l'Intérieur en 1837. Elu, le 4 novembre 1837, député du 3e collège de la Vendée (Bourbon-Vendée) par 82 voix (105 votants, 198 inscrits), il soutint la politique ministérielle, et

échoua dans le même collège, le 2 mars 1839, avec 10 voix contre 129 à l'élu, M. Chambolle. En 1851, il chercha à introduire le gaz à Madrid et devint, sous l'Empire, archiviste de la Charente. On a de lui : *Comment on fait les révolutions* (1827); *Discussions politiques de 1823 à 1830* (1835); *Le préfet de la Vienne à MM. les membres des comices agricoles du département et de la Société d'agriculture de Poitiers* (1837); *Paradis perdu*, poème (1850); *Histoire de la chapelle de Notre-Dame-de-Bézines, sous les murs d'Angoulême* (1857), etc.

JUTEAU (Nicolas-Louis, chevalier), représentant à la Chambre des Cent-Jours, né à Saumur (Maine-et-Loire) le 5 octobre 1753, mort à Montbizot (Sarthe) le 25 octobre 1818, fut reçu avocat au parlement de Paris en 1780, devint juge civil et criminel à la Suze en 1781, bailli du comté, procureur au présidial de Mamers en 1789, accusateur public près le tribunal civil de Mamers en 1790, accusateur public près le tribunal criminel de la Sarthe en 1791, procureur municipal au Mans en 1792, fut réélu aux fonctions d'accusateur public en l'an IV, et fut nommé procureur général en l'an VIII. Membre de la Légion d'honneur (25 prairial an XII), créé chevalier de l'Empire le 1er avril 1809, il fut élu, le 9 mai 1815, représentant à la Chambre des Cent-Jours par le collège de département de la Sarthe, avec 56 voix sur 85 votants. Le gouvernement de la Restauration le maintint dans les fonctions de procureur du roi près la cour d'assises de la Sarthe jusqu'au 1er janvier 1816.

K

KABLÉ (Jacques), représentant en 1871, né à Brumath (Bas-Rhin) le 7 mai 1830, mort à Strasbourg le 7 avril 1887, étudia le droit, s'inscrivit au barreau de Strasbourg en 1853, et devint, en 1859, agent général de la compagnie d'assurances le Phénix. Etranger, jusqu'en 1870, à toute fonction publique, il s'était fait cependant connaître comme patriote et comme républicain, et il exerçait dans sa région une réelle influence, lorsque les événements de la guerre franco-allemande lui offrirent un rôle plus actif. Président de la section strasbourgeoise de la Société internationale de secours aux blessés, il créa et dirigea dans la ville assiégée douze ambulances qui reçurent jusqu'à 2,400 blessés et dont plusieurs durent être évacuées en sa présence, la nuit, sous le feu de l'ennemi, à travers des rues dont le parcours était aussi périlleux qu'un champ de bataille. Le 28 août, après la nuit terrible dans laquelle fut anéantie la belle bibliothèque de la ville, il avait, au siège de la Société de secours, dont les abords étaient en flammes, rédigé et signé un procès-verbal, devenu une pièce historique, qui se terminait ainsi : « A l'heure où le comité doit tenir séance, les bombes pleuvent de toutes parts. Il n'est donc pas étonnant que les membres du comité, plus éloignés de son siège, n'assistent pas à la séance. La séance est levée à cinq heures. » Les élections municipales ayant été arrêtées par la déroute de Frœschwiller, le préfet du Bas-Rhin nomma une commission municipale composée d'un certain

nombre de notabilités parmi lesquelles figura M. Kablé. C'est ainsi qu'il s'associa aux efforts de la municipalité pour parer aux nécessités d'une situation terrible, nourrir une population de 80,000 âmes, maintenir l'ordre durant un bombardement de six semaines, et pour lutter pendant tout l'hiver contre les exigences des vainqueurs. Après la capitulation, M. Kablé refusa la croix de la Légion d'honneur que lui offrit le gouvernement de Tours. Il se trouvait en Suisse à la tête d'une ambulance qui recueillit des soldats de l'armée de Bourbaki, quand il apprit son élection comme représentant du Bas-Rhin à l'Assemblée nationale, le 12e de la liste, par 53,869 voix sur 101,741 votants, 145,183 inscrits (8 février 1871). Il se rendit à Bordeaux, protesta *contre* les propositions de paix, vota *pour* la déchéance de l'Empire et se retira avec ses collègues représentant l'Alsace et la Lorraine. Au printemps de 1871, il se rendit à Berlin avec deux de ses concitoyens pour y exposer les besoins et les vœux de la population annexée. Membre du premier conseil municipal élu à Strasbourg après la paix de 1871, il y siégea jusqu'à sa suppression, prononcée en 1873. A cette date, M. Kablé rentra dans la vie privée. Mais, le 30 juillet 1878, il se présenta, comme candidat protestataire au Reichstag allemand, et fut élu député de Strasbourg. Dans sa profession de foi il s'était déclaré fidèle à son passé, et avait dit : « Sous Napoléon III, j'ai appartenu au parti démocratique et libéral. Au parlement allemand ce sont les traditions puisées dans notre communauté de vie nationale avec la France qui me serviront de guide. » Dans les neuf années et les trois législatures durant lesquelles s'est continué son mandat, M. Kablé ne dévia point de la ligne de conduite qu'il s'était tracée, et ne cessa de porter à la tribune de Berlin les revendications du « droit commun ». Sa santé, très ébranlée, l'avait obligé à se retirer à Nice, lorsqu'il fut réélu pour la dernière fois député au Reichstag, le 21 février 1887 : mais, peu de jours après son retour à Strasbourg, il mourut d'une pneumonie, à 57 ans.

KARCHER (Henry), membre de la Convention, député au Conseil des Cinq-Cents et au Conseil des Anciens, né à Saar-Union (Bas-Rhin) le 20 décembre 1748, mort à Bouquenom le 2 mars 1811, était fabricant dans cette dernière ville. Elu, le 8 septembre 1792, troisième suppléant à la Convention par le département de la Moselle, à la pluralité des voix sur 331 votants, il fut admis à siéger le 25 brumaire an II, en remplacement d'Anthoine décédé. Karcher n'eut dans l'assemblée qu'un rôle effacé. Il se fit aussi peu remarquer au Conseil des Cinq-Cents, où il fut élu, le 24 vendémiaire an IV, par la Moselle, avec 124 voix (258 votants), et par le Bas-Rhin ; il passa également inaperçu au Conseil des Anciens, où il siégea, comme député du Bas-Rhin, à partir du 25 germinal an VI.

KAUFFMANN (Joseph-Louis), député en 1789 et au Conseil des Anciens, né à Matzenheim (Bas-Rhin) en 1740, mort à Paris le 17 mars 1811, prévôt de Matzenheim, fut élu, le 2 avril 1789, député du tiers aux États-Généraux par le bailliage de Colmar et Schlestadt, avec 250 voix sur 300 votants. Il ne parla à la tribune que pour demander la liberté absolue de la culture et de la fabrication du tabac. Nommé administrateur du Bas-Rhin le 5 septembre 1791, il fut élu, le 25 vendémiaire an IV, député de ce département au Conseil des Anciens, par 211 voix sur 339 votants. Il y parla sur les droits d'exportation et d'importation des tabacs d'Alsace, et sur le paiement des réquisitions faites pour le service de l'armée ; il devint secrétaire du Conseil, protesta avec la dernière énergie contre l'impôt sur le tabac, et mourut peu après.

KELLER (Georges-Joseph), député au Conseil des Cinq-Cents, né à Landau (Bavière Rhénane) le 17 décembre 1765, mort à une date inconnue, conservateur des hypothèques à Wissembourg, fut élu, le 22 germinal an V, par 189 voix (201 votants), député du Bas-Rhin au Conseil des Cinq-Cents. Il y siégea obscurément, et en sortit en l'an VII.

KELLER (Émile), député au Corps législatif de 1859 à 1863, de 1869 à 1870, représentant en 1871, député de 1876 à 1881 et de 1885 à 1889, né à Belfort (Haut-Rhin) le 8 octobre 1828, d'une famille influente de l'Alsace, fit de solides études classiques au lycée Louis-le-Grand et fut admis en 1846 à l'Ecole polytechnique, où il refusa d'entrer, préférant s'occuper d'études historiques et de philosophie religieuse. Puis il aborda la politique : la démission de M. Migeon (Voy. ce nom), député de la 3e circonscription du Haut-Rhin, ayant donné lieu, le 16 mai 1858, à une élection partielle, M. Keller, candidat du gouvernement impérial, échoua avec 14,592 voix

contre 16,020 au député démissionnaire, réélu. Mais la nouvelle élection de M. Migeon fut annulée, et, le 26 mars 1859, les électeurs, rappelés au scrutin, élurent M. Keller, par 18,509 voix (29,716 votants, 36,845 inscrits), contre 10,978 à M. Migeon. M. Keller prit place dans la majorité impérialiste, mais il s'en sépara bientôt au sujet des affaires d'Italie. Catholique avant tout, il se fit à la tribune, avec un réel talent, l'avocat du pouvoir temporel du pape, et compta dès lors parmi les chefs et les principaux orateurs du parti « clérical ». Très vivement combattue par l'administration, sa candidature échoua, le 1er juin 1863, au premier tour de scrutin, avec 6,073 voix contre 11,254 à M. West, candidat officiel, et 8,526 à M. Migeon. M. Keller se retira avant le ballottage, et M. West fut élu. Mais M. Keller prit sa revanche au renouvellement du 24 mai 1869. Le concours actif que lui prêta le parti de « l'Union libérale » décida de son succès : triomphant de l'hostilité du pouvoir, il fut renvoyé au Corps législatif, par 15,143 voix (24,995 votants, 29,633 inscrits), contre 7,751 à M. Aimé Gros, et 2,035 à M. Jean-Jules Gros. Il suivit la même ligne de conduite que précédemment, et, sans s'associer aux manifestations de l'opposition républicaine, vota parfois avec la minorité, intervenant surtout lorsque les intérêts de l'Eglise étaient en jeu. Dans la séance du 31 août 1870, il apporta à la tribune des détails sur le bombardement de Strasbourg, et demanda l'envoi d'un commissaire extraordinaire dans cette ville, pour encourager l'élan patriotique de la population ; le ministre de la Guerre fit rejeter cette motion. Pendant la guerre, il paya de sa personne et commanda un corps de volontaires. Son attitude patriotique lui valut, aux élections du 8 février 1871, dans le département du Haut-Rhin, les suffrages de tous les partis. Elu représentant à l'Assemblée nationale, le 1er sur 11, par 68,864 voix (74,128 votants, 123,622 inscrits), il protesta à Bordeaux, le 1er mars, dans un remarquable discours que la gauche applaudit et que le Temps appela un discours « lapidaire », contre l'annexion de l'Alsace et de la Lorraine à l'Allemagne, et conclut en ces termes : « Je n'ai pas, à l'heure qu'il est, la prétention de changer des dispositions trop arrêtées dans un grand nombre d'esprits. Seulement j'ai tenu, avant de quitter cette enceinte, à protester, comme Alsacien et comme Français, contre un traité qui à mes yeux est une injustice, un mensonge et un déshonneur, et, si l'Assemblée devait le ratifier, d'avance j'en appelle à Dieu, vengeur des justes causes, j'en appelle à la postérité qui nous jugera les uns et les autres, j'en appelle à tous les peuples qui ne peuvent pas indéfiniment se laisser vendre comme un vil bétail, j'en appelle enfin même à l'épée de tous les gens de cœur, qui, le plus tôt possible, déchireront ce détestable traité ! » Après avoir voté contre les préliminaires de paix, M. Keller se retira de l'Assemblée avec ses collègues alsaciens. Les élections complémentaires du 2 juillet suivant l'y firent rentrer, en qualité de représentant du territoire de Belfort, qui l'avait élu par 6,753 voix (9,773 votants, 14,760 inscrits), contre 2,765 à M. Denfert-Rochereau. M. Keller prit place au côté droit, dont il fut, dans la plupart des questions les plus importantes, un des porte-parole les plus autorisés. Lors de la présentation de la loi sur la réorganisation de l'armée, il soutint, en son nom personnel, le principe du service obligatoire sans substitution et l'incorporation pour trois ans. Il fut rapporteur de la commission chargée de déterminer la composition du conseil de guerre qui devait juger Bazaine (mai 1872) et du projet de loi relatif à la construction de l'église du Sacré-Cœur à Montmartre, signa l'adresse d'adhésion au *Syllabus*, combattit ardemment la politique de Thiers, chef du pouvoir exécutif, contribua à sa chute le 24 mai 1873, soutint les mesures proposées par le cabinet de Broglie, et, après l'échec des tentatives faites pour restaurer la monarchie, vota *pour* le septennat. Il prononça, vers la même époque, plusieurs discours, notamment sur les marchés de Lyon et sur les budgets de la guerre et des finances. Puis il opina *contre* les propositions Périer et Maleville, parla sur l'amélioration de la position des sous-officiers, et vota *contre* l'ensemble de la Constitution du 25 février 1875, et *pour* la loi sur l'enseignement supérieur. Au mois de décembre, il refusa de se laisser porter par les droites sur la liste des sénateurs inamovibles, « ne voulant pas, dit-il, chercher au Sénat un refuge contre le jugement de ses électeurs. » Après la séparation de l'Assemblée, il se porta candidat à la Chambre des députés dans l'arrondissement de Belfort, et fut élu, le 20 février 1876, par 7,673 voix (12,566 votants, 16,415 inscrits), contre 4,762 à M. Feltin, républicain. Il reprit sa place à droite, parmi les conservateurs catholiques, et vota constamment avec la minorité monarchiste. En mars 1876, il combattit la demande d'enquête sur l'élection de M. de Mun, puis il défendit le droit de collation des grades par les jurys mixtes (2 juin). Au mois de juillet, il protesta contre toute alliance avec les bonapartistes. M. Keller adhéra à l'acte du 16 mai et vota, le 10 juin, contre l'ordre du jour de défiance adopté par les gauches. Avec l'appui du cabinet de Broglie-Fourtou, il obtint sa réélection à Belfort, le 14 octobre 1877, par 7,417 voix (13,903 votants, 17,007 inscrits), contre 6,401 à M. Grosjean, républicain. Il vota *pour* le ministère Rochebouët, *contre* le ministère parlementaire de Dufaure, se prononça énergiquement *contre* l'article 7 de la loi sur l'enseignement supérieur, se montra l'infatigable adversaire des propositions du gouvernement, surtout en matière religieuse et en matière d'enseignement, et, à maintes reprises, parut à la tribune pour les attaquer; il combattit (janvier 1880) la loi supprimant l'aumônerie militaire, et accusa (décembre) la loi sur l'enseignement primaire de constituer un acte de tyrannie en prenant l'argent des catholiques pour soutenir des écoles exclusivement laïques. M. Keller se représenta dans sa circonscription, au renouvellement du 21 août 1881; mais il échoua avec 6,438 voix, contre 7,330 au candidat républicain, M. Fréry. Le scrutin de liste lui rouvrit les portes du Palais-Bourbon en octobre 1885 : porté sur la liste monarchiste du territoire de Belfort, il fut élu, le second et dernier, par 7,622 voix (15,278 votants, 17,499 inscrits). Son zèle en faveur des intérêts conservateurs et catholiques ne se démentit pas dans la législature nouvelle. En février 1886, lors de l'interpellation Jamais-Thévenet sur les tarifs de chemins de fer, il attribua à la mauvaise gestion financière des deniers publics l'impuissance du gouvernement pour obtenir un abaissement général des tarifs. En avril il parla sur l'affaire de Châteauvillain. La question de l'expulsion des princes l'amena encore à la tribune (juillet 1886): il interpella le ministre de la Guerre sur la radiation du duc d'Aumale des cadres de l'armée, et sur « la violation de la loi de 1834 qui garantit la propriété du grade »; il parla (juin 1887) dans la discussion de la loi militaire, sur laquelle il déposa un contre-projet réduisant le service à quatre ans, divisant le contingent en trois portions, et autorisant le remplacement entre conscrits de la même classe, mais appartenant à des portions différentes. Le débat sur les fonds secrets du ministère de l'Intérieur en 1888, l'insuffisance des effectifs dans les compagnies d'infanterie (février) lui fournirent autant d'occasions de combattre, de son vote et de sa parole, les hommes politiques au pouvoir. En dernier lieu, M. Keller s'est prononcé : *contre* le rétablissement du scrutin d'arrondissement (11 février 1889), *pour* l'ajournement indéfini de la revision de la Constitution, *contre* les poursuites contre trois députés membres de la Ligue des patriotes, *contre* le projet de loi Lisbonne restrictif de la liberté de la presse, *contre* les poursuites contre le général Boulanger. On doit à M. Keller, outre une *Histoire de France* (1858) écrite au point de vue exclusivement catholique, divers ouvrages inspirés en général du même esprit : *l'Encyclique et les libertés de l'Église gallicane* (1860); *Dix années de déficit* (1869); *le Général de Lamoricière, sa vie militaire, politique et religieuse* (1873), etc.

KELLERMANN (François-Christophe), duc de Valmy, membre du Sénat conservateur, pair en 1814 et pair des Cent-Jours, né à Strasbourg (Bas-Rhin) le 28 mai 1735, mort à Paris le 13 septembre 1820, d'une famille noble d'origine saxonne, établie à Strasbourg au XVIe siècle, et dont les membres occupèrent dans cette ville des fonctions judiciaires et municipales, s'engagea comme cadet, en 1752, dans le régiment de Lowendahl, passa enseigne deux ans après dans le régiment de Royal-Bavière, fit la guerre de Sept ans comme lieutenant aux volontaires d'Alsace, et mérita d'être nommé (1758) capitaine de dragons. En 1765, il fut envoyé par Louis XV en Pologne, pour soutenir la confédération de Bar, se distingua (1771) au combat de Cracovie, et, à son retour en France, fut nommé lieutenant-colonel, puis colonel en 1784, et maréchal-de-camp en 1788. Partisan de la Révolution, il reçut le cordon rouge en 1790, fut appelé, l'année suivante, au commandement du Haut et du Bas-Rhin, déjoua les intrigues des émigrés, et fut promu général de division (1792) et commandant en chef des troupes du camp de Neukirch. Il préserva l'Alsace de l'invasion, passa à l'armée du centre, mit en état de défense Thionville et Metz, et, lorsque le duc de Brunswick eut pénétré en Champagne, put faire sa jonction avec Dumouriez, afin de couvrir Paris, garder ses positions à la canonnade de Valmy et forcer les Prussiens à la retraite. Le commandant de l'armée du Rhin, Custine, l'avait dénoncé deux fois à la Convention, pour ne pas avoir attaqué Trèves et marché sur Mayence; il put toutefois se justifier, et fut alors envoyé à l'armée des Alpes. Au mois d'août 1793, il dut se porter avec une partie de ses troupes devant Lyon révolté. Malgré ses recommandations, on laissa les Piémontais pénétrer sur notre territoire. Bien qu'il les eût repoussés, il fut de nouveau dénoncé, destitué le 18 octobre, et envoyé à l'Abbaye où il resta treize mois enfermé. Mis en liberté après le 9 thermidor, on l'envoya de nouveau à l'armée des Alpes, où, avec 47,000 hommes, il arrêta en Provence, la marche des Autrichiens forts de 150,000 hommes. En 1797, l'armée des Alpes ayant été réunie à l'armée d'Italie, sous les ordres de Bonaparte, Kellermann fut nommé inspecteur général de la cavalerie de l'armée d'Angleterre, puis fut envoyé au même titre à l'armée de Hollande, et devint membre du bureau militaire institué près du Directoire. Nommé membre du Sénat conservateur le 3 nivôse an VIII, grand-cordon de la Légion d'honneur (an X) et maréchal d'empire le 30 floréal an XII, il reçut la sénatorerie de Colmar, commanda en chef (1805) le troisième corps de réserve de l'armée du Rhin, puis (1806) l'armée entière de réserve qui couvrait la frontière de Bâle à Nimègue. Chargé de protéger la nouvelle Confédération du Rhin, il reçut en dotation les château et domaine de Johannisberg, qui appartiennent aujourd'hui au prince de Metternich. Créé duc de Valmy le 3 juin 1808, il commanda la réserve de l'armée d'Espagne (1808), puis le camp d'observation de l'Elbe et de la Meuse (1809). Pendant la campagne de 1812, il reprit le commandement de l'armée de réserve du Rhin, et fut placé (fin 1813) à la tête des deuxième et troisième divisions militaires. Il vota, en 1814, la déchéance de l'empereur, fut nommé par le roi commissaire dans la troisième division militaire, et reçut, avec la pairie (4 juin 1814), le grand-cordon de Saint-Louis. Il se tint à l'écart pendant les Cent-Jours, quoique compris dans la promotion des pairs du 2 juin 1815, avec laquelle il ne siégea pas, reprit, à la seconde Restauration, sa place à la Chambre haute, vota pour la mort dans le procès du maréchal Ney, et défendit cependant ses votes, jusqu'à sa mort, les libertés constitutionnelles.

KELLERMANN (François-Étienne), duc de Valmy, pair de France, né à Metz (Moselle) le 4 août 1770, mort à Paris le 2 juin 1835, fils du précédent et de dame Marie-Anne Barbé, fit ses études au collège des Quatre-Nations, devint sous lieutenant de remplacement au régiment de hussards-colonel-général, et passa avec le chevalier de Ternant, ambassadeur, en Amérique, où il resta de 1791 à 1793. Il suivit son père en qualité d'aide-de-camp à l'armée des Alpes et au siège de Lyon, et partagea sa disgrâce. Arrêté à Metz, où il s'était retiré, sous l'inculpation de correspondance avec son père alors enfermé à l'Abbaye, il se justifia, fut mis en liberté, et n'ayant pu obtenir de commander le bataillon de chasseurs des Hautes-Alpes, dont il était titulaire, entra comme simple soldat aux hussards de Berchiny. Il ne reprit son ancien grade qu'après le retour de son père à l'armée des Alpes. Promu adjudant-général, il fut attaché à la personne de Bonaparte, auprès de qui il se battit à Lodi, puis, placé sous les ordres de Masséna, prit part aux batailles d'Arcole et de Rivoli et au siège de Mantoue. Blessé au passage du Tagliamento, en 1797, il fut chargé par le général en chef de porter au Directoire les drapeaux pris à l'ennemi. Revenu en Italie avec le grade de général de brigade, il fit partie de l'expédition de Rome avec Championnet et assista à la prise de Naples (1799). Après le 18 brumaire, il fut versé à l'armée de réserve et se distingua à Marengo, où il exécuta, à la tête de ses dragons, plusieurs charges qui contribuèrent à la victoire. Il reçut en récompense le grade de général de division. Grand-cordon de la Légion d'honneur (23 vendémiaire an XII), il fut attaché, pendant la campagne de 1805, au corps de Bernadotte, fut blessé à Austerlitz, passa, en 1807, à l'armée de Portugal, et, après Vimeira (août 1808), fut chargé de négocier la capitulation. Resté en Espagne, il fit avec Ney la campagne des Asturies, et battit la Romana à Medina del Campo. Son état de santé ne lui

permit pas de prendre part à la campagne de 1812, mais, en 1813, il rejoignit le corps de Ney, se distingua à Lutzen et à Bautzen, où il fut blessé, et devint commandant de la cavalerie polonaise avec laquelle il chargea héroïquement à la bataille de Dresde. En 1814, il manœuvra sur le flanc des alliés et contribua à l'attaque de Bar-sur-Aube. Louis XVIII le nomma chevalier de Saint-Louis et inspecteur de cavalerie, et le chargea, avec l'avant-garde de l'armée du duc de Berry, de s'opposer au retour de l'empereur. Mais la défection de ses troupes l'obligea lui-même à se rallier à Napoléon, quilui donna le commandement de l'armée de Belgique. Après Waterloo, retiré derrière la Loire, il dut, avec Gérard et Haxo, traiter du licenciement de l'armée avec la seconde Restauration. Il perdit ses fonctions et resta en disponibilité jusqu'en 1830. Admis à siéger à la Chambre des pairs, par droit héréditaire, le 28 décembre 1820, en remplacement de son père décédé, il vota toujours avec le parti libéral et constitutionnel. Il montra beaucoup de sympathie au gouvernement issu des journées de juillet, et fut un des cinq pairs qui votèrent pour la mort lors du procès des anciens ministres de Charles X. Louis-Philippe le laissa cependant sans emploi. Le duc de Valmy a publié : *Réfutation de M. le duc de Rovigo, ou la vérité sur la bataille de Marengo* (Paris, 1828).

KELLERMANN (François-Christophe-Edmond), duc de Valmy, député de 1839 à 1846, né à Paris le 14 mars 1802, mort à Passy (Seine) le 2 octobre 1868, fils du précédent, fit ses classes au collège Sainte-Barbe, étudia le droit à Heidelberg, et, en 1824, par l'entremise de Chateaubriand, fut attaché à l'ambassade de Constantinople. Il remplit, en 1827, une mission à Smyrne suivit l'expédition de Morée et fut chargé d'un rapport sur la situation politique de la Grèce. Au mois d'avril 1829, il fut accrédité comme chargé d'affaires près de Capo d'Istria, devint secrétaire de légation, et, de retour en France après les journées de juillet, fut nommé chef de cabinet du ministère des Affaires étrangères, puis premier secrétaire d'ambassade à Berne, le 23 mars 1831. Désapprouvant la politique du gouvernement, il donna sa démission le 5 février 1833, malgré son père qui menaça même de le déshériter, vécut de sa plume en collaborant au *Rénovateur*, et devint l'un des propriétaires de la *Quotidienne*. Élu, le 2 janvier 1839, député du 2e collège de la Haute-Garonne (Toulouse) par 234 voix (454 votants, 575 inscrits), contre 209 à M. Bastoulh, en remplacement de M. de Fitz-James décédé, et réélu successivement aux élections générales du 2 mars 1839, par 274 voix sur 502 votants, et à celles du 9 juillet 1842, par 322 voix (494 votants, 598 inscrits), contre 168 à M. d'Aldeguier, il combattit l'alliance anglaise, le droit de visite, le projet des fortifications de Paris, et réclama la liberté de l'enseignement. En 1843, il fit partie du pèlerinage de Belgrave-Square auprès du comte de Chambord, et fut des cinq députés qui donnèrent leur démission pour protester contre le vote de « flétrissure » contenu dans l'Adresse du 26 janvier 1844. Réélu, le 2 mars suivant, à une grosse majorité, il revint le comte de Chambord à Venise en 1845, ne se représenta pas aux élections générales de 1846, et se consacra à la littérature politique. On a de lui : *Question d'Orient* (1840) ; *Note sur le droit de visite* (1841) ; *Coup d'œil sur les rap-*

ports de la France avec l'Europe (1844); *Moyens de combattre le socialisme*, dans le journal *la Patrie* (1849); *Histoire de la campagne de 1800*, d'après les mémoires manuscrits laissés par son père (1854).

KEMPEN. — *Voy.* Van Kempen.

KENNY (Jean-Louis-Bonaventure, baron de), représentant à la Chambre des Cent-Jours, né à Dunkerque (Nord) le 11 juillet 1769, mort à Dunkerque le 13 juin 1822, fut maire de cette ville sous le premier Empire. Chevalier de la Légion d'honneur du 29 mai 1810 et baron de l'Empire du 13 juin 1811, il représenta à la Chambre des Cent-Jours le collège de département du Nord, qui lui donna, le 13 mai 1815, 35 voix sur 64 votants. Il ne fit pas partie d'autres législatures.

KÉPLER (Maximilien-Xavier, baron), député au Corps législatif de l'an VIII, né à Andlau (Bas-Rhin) le 28 novembre 1758, mort à Andlau le 30 avril 1837, fut membre du conseil général du Bas-Rhin en 1790, membre du directoire de ce département en 1791 et 1792, maire de Strasbourg et administrateur du district en l'an II. Élu par le Sénat conservateur député du Bas-Rhin au Corps législatif, le 4 germinal an VIII, il devint préfet de la Sarre le 3 floréal an XI, membre de la Légion d'honneur (25 prairial an XII), fut créé chevalier de l'Empire le 16 septembre 1808 et baron le 14 février 1810. En 1815, il fut chargé d'une mission dans les départements de la frontière de l'Est, et quitta la vie politique à la Restauration.

KERANFLECH (Yves-Michel-Gabriel Gilart de), représentant en 1848 et en 1849, né à Sibiril (Finistère) le 24 juin 1791, mort à Morlaix (Finistère) le 7 janvier 1861, fils d'un gentilhomme mort en émigration, acheva ses études et fit son droit à Paris. Substitut, puis procureur du roi à Brest de 1818 à 1830, il se montra le zélé serviteur du gouvernement royal, donna sa démission de magistrat à la révolution de juillet, et se retira à Morlaix, où il devint membre du conseil municipal et du bureau de bienfaisance, et publia des brochures sur le patronage des apprentis. Après février 1848, il fut élu, le 15e et dernier de la liste monarchiste, représentant du Finistère à l'Assemblée constituante, par 50,028 voix. Il prit place à droite, fit partie du comité des cultes, et vota: *contre* le bannissement de la famille d'Orléans, *pour* le rétablissement du cautionnement et de la contrainte par corps, *contre* l'abolition de la peine de mort, *contre* l'amendement Grévy, *contre* le droit au travail, *pour* l'ordre du jour en l'honneur du général Cavaignac, *pour* la proposition Rateau, *contre* l'amnistie, *pour* l'interdiction des clubs, *pour* l'expédition de Rome, *contre* l'abolition de l'impôt des boissons, etc. Réélu, le 13 mai 1849, représentant du même département à l'Assemblée législative, le 4e sur 13, par 56,354 voix (86,649 votants, 150,165 inscrits), il appartint à la majorité conservatrice, et s'associa à tous ses votes sans se rallier à la politique personnelle du prince-président. Le coup d'État du 2 décembre 1851 mit fin à sa carrière politique.

KÉRANGAL (de). — *Voy.* Le Guen.

KÉRATRY (Auguste-Hilarion, comte de), député de 1818 à 1824, de 1827 à 1837, pair de France et représentant en 1849, né à Rennes (Ille-et-Vilaine) le 28 décembre 1769, mort à Port-Marly (Seine-et-Oise) le 7 novembre 1859, fils de « messire Jean François, chef de nom et d'armes de Kératry, et de dame Catherine-Marie-Guillemette Duhamel de la Bothelière, dame de Kératry, son épouse, » fut destiné à la magistrature par son père, qui avait présidé la noblesse aux États de Bretagne; il étudia le droit en sortant du collège de Quimper. Partisan très modéré des réformes en 1789, il adressa à l'Assemblée constituante, au moment où il venait de recueillir l'héritage paternel, une pétition en faveur du principe d'égalité dans le partage des successions. Il vint à Paris en 1790, s'y lia avec Legouvé et Bernardin de Saint-Pierre, et publia, à titre d'essai littéraire, un volume de *Contes et idylles* (1791) inspirés de Gessner. En 1793, il fut pendant quelques mois, et par deux fois, incarcéré à Rennes et à Quimper, comme suspect, par ordre de Carrier, puis rendu à la liberté sur les réclamations des habitants de sa commune, qui se portèrent caution de son civisme. Depuis cette époque jusqu'à la Restauration, M. de Kératry vécut éloigné des affaires publiques, sauf l'exercice de modestes fonctions municipales, se contentant de faire imprimer, de temps à autre, des aperçus philosophiques et littéraires, tels que : le *Voyage de vingt-quatre heures* (1800); *Lusus et Cydippe* (1801), roman grec; *Mon habit mordoré* (1802), roman moderne; *Ruth et Noémi* (1811); *de l'Existence de Dieu et de l'Immortalité de l'âme* (1815); *Inductions morales et philosophiques* (1817), ouvrages qui eurent quelque succès. A la première Restauration, il fut nommé conseiller de préfecture à Quimper. Le 26 octobre 1818, M. de Kératry, qui s'était fait connaître en politique comme royaliste constitutionnel, fut élu député du collège de département du Finistère, par 444 voix sur 745 votants et 947 inscrits. Après avoir un instant cherché sa voie, il vint grossir à la Chambre les rangs de l'opposition qui s'appuyait sur la Charte, et parla sur la loi électorale et sur la presse. La *Biographie pittoresque des députés*, rédigée, sous le voile de l'anonyme, par Henri de Latouche, L.-F. Lheritier et Émile Deschamps, s'exprimait ainsi sur son compte : « M. de Kératry est un petit homme grêle, chafouin, vif, qui pense, parle, agit rapidement. Sa physionomie est spirituelle et offre une enseigne vivante de ses talents : on devine qu'elle appartient à une âme qui sent vivement, qui se livre avec délices aux inspirations *enthousiastes* et aux émotions surhumaines. Sa tête est meublée d'évangile, de mythologie, d'allégorie, de chevalerie, de romans, d'histoire. Il doit savoir par cœur l'*Ecclésiaste* et *Clarisse Harlowe*. Tous les sujets qui appartiennent à la controverse lui sont familiers : c'est le Charles XII de l'idéologie et l'Alexandre de la métaphysique. Il joue de la philosophie comme Baillot joue du violon. Attaquez-le à l'improviste sur les matières religieuses; amenez-le brusquement au délire amoureux; faites-le passer sans préparation aux abstractions politiques, il traitera de la même hauteur ces sujets si divers. Ses discours, ses entretiens, auront un commencement, un milieu et une fin; sa phrase sera ronde, sa période harmonieuse, et pour peu que vous ne soyez ni mathématicien, ni austère logicien, il vous saura convaincre. C'est décidément aux sujets spéculatifs que M. de Kératry est appelé par le genre de son talent; il serait mal à l'aise dans les choses absolues, entravé dans les matières positives. Avec la vocation qu'il a pour la controverse, il doit être désespéré que deux et deux fassent quatre et que les trois angles d'un triangle égalent 180 degrés. » Si peu révolutionnaire que fût son attitude, il n'en fut pas moins soupçonné d'avoir trempé dans la conspiration militaire de Saumur (1820); il fut même désigné comme complice par le procureur général de Poitiers et dut publier, avec le concours de Benjamin Constant, une apologie de sa conduite. Réélu, le 13 novembre 1822, dans le 1er arrondissement du Finistère (Brest), par 181 voix (349 votants, 373 inscrits), contre 160 à M. Vacher, il continua, tant à la Chambre que dans le *Courrier français*, dont il était un des fondateurs, de prendre part aux luttes du parti libéral contre les ultras. Il s'éleva *contre* l'intervention en Espagne, *contre* l'impôt du sel et *contre* le privilège des maisons de jeux et de la loterie. Le 25 février 1824, les influences ministérielles l'écartèrent momentanément du Palais-Bourbon; il échoua dans deux arrondissements électoraux du Finistère : dans le 1er, avec 186 voix contre 194 à M. Bergevin, élu, et dans le 4e, avec 36 voix contre 148 à M. de Cheffontaine. Au mois de mars 1827, un article du *Courrier français* intitulé : *Mensonges de M. de Villèle*, fut attaqué par le procureur du roi. M. de Kératry s'en déclara l'auteur, en accepta la responsabilité, et fut acquitté en première instance, puis en appel. Le 17 novembre de la même année, le 1er arrondissement du Finistère (Brest) le renvoya à la Chambre, par 211 voix (342 votants, 378 inscrits), contre 123 à l'amiral Baudin, en même temps que le 3e arrondissement de la Vendée (les Sables-d'Olonne) lui donnait 109 voix sur 183 votants. M. de Kératry opta pour la Vendée et fut remplacé à Brest par M. Daunou. Il reprit sa place dans l'opposition et fut un des 221 adversaires du ministère Polignac. Après la dissolution de la Chambre, les électeurs des Sables-d'Olonne lui renouvelèrent son mandat (23 juin 1830) par 147 voix sur 200 votants; il se mêla activement au mouvement des députés libéraux contre les Ordonnances du 25 juillet, ainsi qu'à tous les actes qui amenèrent l'établissement du nouveau gouvernement. Le 30 juillet, il fut du nombre des quarante signataires de l'acte de nomination du duc d'Orléans comme lieutenant-général du royaume et du nombre des douze qui portèrent cet acte au Palais-Royal. Il participa à la revision de la Charte et insista surtout pour obtenir l'insertion de ces mots : « La religion catholique est professée par la *majorité des Français*.» Peu de temps après, M. de Kératry demanda avec ardeur l'abolition de la peine de mort pour délits politiques. Louis-Philippe l'ayant nommé membre du conseil d'État, dont il devint plus tard un des vice-présidents, il dut se représenter, le 21 octobre 1830, devant ses électeurs, qui le réélurent par 145 voix (150 votants). Aux élections du 5 juillet 1831, ce fut le 4e collège du Finistère (Morlaix) qui lui donna 116 voix (215 votants, 329 inscrits). Il prit encore plusieurs fois la parole à la Chambre, s'opposa à ce qu'une décoration spéciale fût créée pour les vainqueurs de juillet, vota pour que la nomination des maires fût laissée au roi, et, lors des troubles de Saint-Germain-l'Auxerrois, se plaignit de l'attitude de la jeunesse des écoles et exprima le regret qu'on eût gratté les fleurs de lis sur les monuments : « Elles représentaient, dit-il, non la Restauration, mais huit siècles de gloire. » Il soutint ensuite l'hérédité de la pairie. Rapporteur de la proposition Portalis pour l'abolition de la cérémonie funèbre du 21 janvier, il développa longuement le dogme de l'inviolabilité royale et fit un pompeux éloge des vertus de Louis XVI. Il se

montra opposé à la proposition d'Eusèbe Salverte, tendant à décerner les honneurs du Panthéon à Benjamin Constant, Foy et Manuel, si bien que l'auteur retira sa motion. A plusieurs reprises, notamment à propos de la liste civile du roi, puis à propos de la loi contre les associations, il insista pour démontrer la nécessité de se rallier autour du trône. Réélu député, le 21 juin 1834, par 122 voix (243 votants, 321 inscrits), contre 87 à M. de Rodellec, il remplit aussi les fonctions de « président de la commission de surveillance des théâtres royaux subventionnés », vota et appuya à la Chambre toutes les mesures conservatrices et répressives, comme les lois de septembre 1835, et fut appelé, le 3 octobre 1837, à la pairie. Au Luxembourg comme au Palais-Bourbon, M. de Kératry se montra le défenseur de la politique de résistance. La révolution de février 1848 l'irrita vivement : il envoya sa démission de conseiller d'État et protesta publiquement contre les circulaires adressées par Ledru-Rollin, ministre de l'Intérieur, aux commissaires des départements. Cette attitude le désigna, lors des élections de l'Assemblée législative, le 13 mai 1849, aux suffrages des monarchistes du Finistère, et il fut élu par eux représentant de ce département, le 13e et dernier, avec 48,263 suffrages (86,649 votants, 150,165 inscrits). Doyen d'âge de la nouvelle assemblée, il profita de cette circonstance, qui lui permit de présider d'office à l'ouverture de la session, pour laisser éclater son hostilité contre les institutions républicaines. A la séance du 30 mai, il souleva un incident des plus orageux en assumant la responsabilité du brusque remplacement du colonel Cauvain du Bourguet par M. Forest dans les fonctions de commandant militaire de l'Assemblée. Ledru-Rollin ayant dénoncé cet acte comme « l'infraction la plus flagrante à l'ordre et aux vœux » de la représentation nationale, le président d'âge lui riposta avec une extrême vivacité. Ledru-Rollin l'accusa à son tour de manquer au premier de ses devoirs, à l'impartialité, et déclara qu'il se retirait de la tribune parce qu'elle n'était pas libre. Puis les secrétaires d'âge, MM. Rolland, Bancel, Commissaire, et autres, parurent successivement à la tribune pour répudier toute solidarité avec le président, et pour dire qu'ils cessaient de faire partie du bureau. En même temps, les représentants de la Montagne réclamaient des excuses. A la fin, M. de Kératry se décida à prononcer les paroles suivantes : « Je serais fâché d'exciter un orage dans cette assemblée; telle n'a jamais été mon intention. Je respecte l'Assemblée, et la preuve que je la respecte, c'est que j'ai tenu à honneur de la présider, quoique j'aie dû seulement à mon âge cet avantage-là. Ainsi, si M. Ledru-Rollin a entendu des paroles qui lui déplaisent, j'en suis fâché. » Ledru-Rollin répondit : « Je n'ai point entendu les dernières paroles de M. le président; on me dit qu'il déclare qu'il retire ses paroles. (Oui !) On comprend que je n'ai vu qu'une chose : le représentant attaqué. Du moment où les paroles sont retirées, la tribune est libre, je n'ai plus rien à dire. » Alors les secrétaires qui s'étaient retirés vinrent reprendre leur place, et la discussion continua. M. de Kératry, après la constitution du bureau définitif, siégea sur les bancs de la droite monarchiste, et vota constamment avec elle. Il ne se rallia pas à la politique particulière de l'Elysée, rentra dans la vie privée au 2 décembre 1851, et mourut âgé de plus de 90 ans. Outre les travaux déjà cités, on a de M. de Kératry un grand nombre d'ouvrages, parmi lesquels : *de l'Organisation municipale en France* (1821) ; *du Beau dans les arts d'imitation* (1822) ; *le Guide de l'Artiste et de l'Amateur* (1823) ; *du Culte en général et de son état particulièrement en France* (1825) ; *Frédéric Stindal, ou la Fatale année* (1828) ; *Pièces officielles du procès soutenu par M. Kératry et Me Merilhou, avocat, pour le Courrier français* (1827) ; *du Mariage des prêtres catholiques* (1833) ; *Questions à l'ordre du jour* (1837) ; *Une fin de siècle, ou huit ans* (1840) ; *Lettre adressée au collège électoral du Finistère* (1849) ; *Que deviendra la France?* (1851) ; *C'arisse* (1854). M. de Kératry a collaboré à divers recueils littéraires, à l'*Encyclopédie moderne* et au *Dictionnaire de la conversation.*

KÉRATRY (EMILE, COMTE DE), député au Corps législatif de 1869 à 1870, né à Paris le 24 mars 1832, fils du précédent, fit ses études aux lycées Saint-Louis et Louis-le-Grand, puis s'engagea à vingt-deux ans au 1er chasseurs d'Afrique, dans lequel il fit la campagne de Crimée, servit ensuite au 1er spahis, au 1er cuirassiers, et fut promu sous-lieutenant en 1859. A cette époque, son père étant mort, il demanda au gouvernement et obtint confirmation du titre de comte, que son père avait abandonné. Lors de la guerre du Mexique (1861), il passa au 3 chasseurs d'Afrique, afin de prendre part à l xpédition, devint capitaine-commandant dans le 2e escadron de la contre-guérilla organisée par le colonel Dupin pour combattre les guérillas de Juarez, et fut attaché au maréchal Bazaine en qualité d'officier d'ordonnance. Après plusieurs citations à l'ordre du jour de l'armée, il donna sa démission en janvier 1865, et revint en France, où il s'occupa de politique et de littérature. Une série d'articles publiés par lui dans la *Revue contemporaine* sur la guerre du Mexique, sur la conduite de Bazaine et sur l'attitude du gouvernement français, produisirent une vive sensation. Il prit, peu après, la direction de la *Revue moderne*, où il continua ses révélations, peu agréables au pouvoir impérial, menaçant d'en dire encore davantage si M. Rouher, ministre d'Etat, qui avait parlé avec dédain, à la tribune du Corps législatif, des assertions du jeune publiciste, voulait bien s'engager à ne pas le poursuivre. Cette polémique l'ayant mis très en évidence, M. de Kératry se porta, le 24 mai 1869, comme candidat de l'opposition libérale au Corps législatif, dans la 2e circonscription du Finistère, qui le nomma député par 10,895 voix sur 21,278 votants, 31,283 inscrits, malgré l'opposition de l'administration. A la Chambre, il devint un des membres les plus actifs du tiers-parti, fut un des signataires de l'interpellation des 116, et, après la brusque prorogation de la Chambre, en réclama avec insistance, le premier, la convocation dans les délais légaux, c'est-à-dire au plus tard pour le 26 octobre. Il déclara que, si ce délai était dépassé, il serait du devoir des députés indépendants de se réunir pour « lutter contre le gouvernement sur le terrain de la légalité ». Il sembla aller plus loin dans ce passage d'une lettre à M. de Jouvencel : « Ce jour-là, écrivait-il, les gendarmes, s'il y en a, pourront obéir à leur consigne, moi je ferai mon devoir. » Mais la journée du 26 octobre se passa sans autre manifestation que celle d'un excentrique, M. Gagne, le député de Brest et ses adhérents, très éloignés au fond de souhaiter une lutte armée, ayant été les premiers à abandonner leur projet. Pendant la session de 1870, M. de Kératry se

signala par son activité. Il présenta des propositions de loi pour la réorganisation de l'armée, la suppression de la garde mobile, la création d'une milice spéciale en Algérie, demanda que tout électeur fût tenu de savoir lire et écrire, réclama la modification de la loi sur la diffamation, la restitution aux archives des papiers qui en avaient été distraits par le chef de l'Etat, se fit l'avocat des princes d'Orléans qui avaient présenté une pétition pour rentrer en France, et combattit en plusieurs circonstances le cabinet du 2 janvier. Mais il se montra le partisan déterminé de la déclaration de guerre à la Prusse. « Il ne peut plus être question de dépêches, s'écria-t-il à la nouvelle de l'affront prétendu fait à notre ambassadeur par le roi de Prusse ; il y a longtemps que, dans des circonstances pareilles, la Convention aurait cessé de délibérer pour agir. » Il fit partie de la commission chargée d'entendre les explications du ministre des Affaires étrangères et du ministre de la Guerre. Le 11 août, à la suite de nos premiers revers, il proposa de nommer une commission chargée d'appeler à sa barre le maréchal Lebœuf et les fonctionnaires de l'intendance ; mais cette proposition tardive ne fut point votée. La révolution du 4 septembre valut à M. de Kératry les fonctions de préfet de police. Il ordonna en cette qualité l'expulsion des Allemands domiciliés dans les départements de la Seine et de Seine-et-Oise, favorisa la fuite de l'ex-impératrice, aida le prince de Joinville, le duc d'Aumale et le duc de Chartres, venus à Paris pour offrir leurs services, à regagner l'Angleterre quatre heures après leur arrivée dans la capitale, et prononça la dissolution du corps des sergents de ville, qu'il réorganisa sous le nom de « gardiens de la paix publique ». Il adressa ensuite au Gouvernement de la Défense nationale un rapport, proposant la suppression de la préfecture de police et le rattachement aux différents ministères des services qui la composaient. Bien que ce rapport eût reçu, a-t-on dit, l'approbation du gouvernement, M. de Kératry, quelques jours après, donna sa démission, qui fut acceptée, et fut remplacé par Edmond Adam. Parti de Paris en ballon, il fut chargé en Espagne d'une mission diplomatique qui resta sans résultat. A son retour, Gambetta le nomma général de division à titre auxiliaire et le chargea de commander en chef les forces mobilisées des cinq départements de la Bretagne. De concert avec M. Carré-Kérisouet, il établit le camp de Conlie ; mais à la suite de dissentiments avec la Délégation de Tours, il se retira le 27 novembre, en écrivant que, dès que les événements le lui permettraient, il ferait traduire devant un conseil de guerre les hautes administrations de la guerre et de la marine. Il rentra alors dans la vie privée et se présenta sans succès à la députation, comme conservateur monarchiste, lors des élections du 8 février 1871. M. Thiers utilisa son zèle en lui confiant, le 20 mars, la préfecture de la Haute-Garonne, qu'il n'occupa qu'après avoir éprouvé de la part du titulaire, M. Armand Duportal, une très vive résistance. Son administration ne fut qu'un long combat contre les radicaux et les révolutionnaires du département dont l'organe, l'*Emancipation*, lui faisait une guerre incessante ; il provoqua en duel le rédacteur en chef de ce journal, qui était précisément l'ancien préfet, le fit poursuivre devant les tribunaux, et se signala par une raideur et un système de compression qui suscitèrent contre lui, même dans la presse démocratique modérée, des plaintes réitérées. Il n'en fut pas moins nommé, le 15 novembre suivant, préfet des Bouches-du-Rhône, où il eut la même attitude. La dissolution du conseil municipal d'Arles, le déploiement de forces militaires qu'il ordonna à plusieurs reprises, son attitude à l'égard du parti républicain tout entier furent considérés comme autant de provocations, et contribuèrent à rendre de plus en plus aigu son conflit avec la commission départementale et le conseil municipal de Marseille. Ayant demandé, sans pouvoir l'obtenir, la dissolution du conseil général des Bouches-du-Rhône, il donna sa démission (8 août 1872), et déclara qu'il était resté « fermement républicain conservateur ». Après avoir collaboré au journal le *Soir*, il tenta de rentrer au parlement, dans deux élections partielles du Finistère (1873) et de Seine-et-Oise (février 1875); mais, la première fois, il se désista avant la lutte, et, la seconde, il ne réunit qu'un nombre de voix insignifiant. M. de Kératry semble avoir renoncé depuis lors à la politique militante. Outre un grand nombre d'articles de journaux et de revues, on lui doit quelques pièces de théâtre et des proverbes : *A bon chat bon rat; la Toile de Pénélope* (1856), et, dans un autre ordre d'idées : *la Conire-guérilla* (1867); *la Créance Jecker* (1867); *l'Elévation et la chute de Maximilien* (1867); *le Quatre Septembre* (1872); *Mourad V prince sultan prisonnier d'Etat* (1878), etc. M. de Kératry, fait chevalier de la Légion d'honneur au Mexique en 1863, fut nommé officier le 30 août 1871, et commandeur le 6 décembre 1872. Il est en outre décoré de plusieurs ordres étrangers, d'Espagne, de Turquie, du Mexique, et médaillé pour fait de sauvetage.

KERAUGON (DE). — *Voy.* PRUDHOMME.

KERBERTIN (COMTE DE). — *Voy.* GAILLARD.

KERCADO. — *Voy.* THOMAS-KERCADO.

KERDREL (DE). — *Voy.* AUDREN.

KERGARIOU (JOSEPH-FRANÇOIS-RENÉ-MARIE-PIERRE, COMTE DE), député de 1820 à 1827 et pair de France, né à Lannion (Côtes-du-Nord) le 25 février 1779, mort à Portrieux (Côtes-du-Nord) le 15 juin 1849, « fils de messire René-Fiacre de Kergariou, chevalier, et seigneur comte du dit nom, conseiller au parlement de Bretagne, et de dame Marie-Vincent Ange Le Corgne de Launay, » d'une famille de vieille noblesse bretonne, citée depuis le XIᵉ siècle, se destina d'abord à l'Ecole militaire, puis se consacra aux études historiques et archéologiques. Membre correspondant de l'académie celtique le 9 avril 1805, il fit partie, en 1808, de la députation envoyée à l'empereur par le collège électoral des Côtes-du-Nord. Admirateur de Napoléon, il demanda à le suivre pendant la campagne du Danube; mais l'empereur refusa, en disant qu'il ferait trop de jaloux. Créé comte de l'Empire le 14 février 1810, de Kergariou fut nommé sous-préfet du Havre le 24 juillet 1811, et préfet d'Indre-et-Loire le 26 décembre de la même année. Il se fit noter, dans cette dernière résidence, comme un excellent administrateur. Son enthousiasme pour Napoléon était cependant tombé, car ce fut lui qui organisa la manifestation qui eut lieu à Tours, lors de l'entrée dans cette ville du duc d'Angoulême, à la première Restauration. Aussi fut-il nommé peu après préfet du Bas-Rhin. Il donna sa démis-

sion au retour de l'île d'Elbe, et fut replacé par la seconde Restauration à la préfecture de la Seine-Inférieure, qu'il abandonna bientôt pour devenir conseiller d'Etat. Elu, le 13 novembre 1820, député du collège de département des Côtes-du-Nord, par 147 voix (219 votants, 238 inscrits); réélu, le 6 mars 1824, par 152 voix (180 votants, 234 inscrits), il fut des fidèles du ministère de Villèle, fut promu à la pairie le 5 novembre 1827, et soutint de même les ministères Martignac et Polignac. Président du collège électoral des Côtes-du-Nord le 6 juin 1830, conseiller général et président d'honneur de la Société archéologique des Côtes-du-Nord, M. de Kergariou fut du nombre des pairs dont la nomination fut annulée par la Charte de 1830; il rentra dès lors dans la vie privée.

KERGARIOU (HENRI-BERTRAND-MARIE, COMTE DE), représentant en 1871 et sénateur de 1876 à 1878, né au château de la Grand'Ville, commune de Bringolo (Côtes-du-Nord), le 26 décembre 1807, mort à Versailles (Seine-et-Oise) le 9 octobre 1878, entra dans la diplomatie en 1829, donna sa démission aux événements de juillet 1830, et se livra dès lors à l'agriculture. Riche propriétaire et maire de la Gouasnière, président du comice agricole de Saint-Servant, membre de la chambre d'agriculture de l'arrondissement de Saint-Malo, il fut élu, le 8 février 1871, représentant d'Ille-et-Vilaine, le 12ᵉ et dernier, par 87,719 voix (109,672 votants, 142,751 inscrits). Légitimiste, inscrit à la réunion des Réservoirs, il signa la demande de rétablissement de la monarchie et l'adresse des députés syllabistes au pape, et vota *pour* la paix, *pour* les prières publiques, *pour* l'abrogation des lois d'exil, *pour* le 24 mai, *pour* la démission de Thiers, *pour* la prorogation des pouvoirs du Maréchal, *pour* la loi des maires, *pour* le ministère de Broglie, *contre* l'amendement Barthe, *contre* le retour à Paris, *contre* la dissolution, *contre* la proposition du centre gauche, *contre* l'amendement Wallon, *contre* les lois constitutionnelles. Aux premières élections sénatoriales du 30 janvier 1876, il fut élu sénateur d'Ille-et-Vilaine, le 3ᵉ et dernier, par 261 voix sur 459 votants; il vota constamment avec la droite et mourut au cours de la législature.

KERGARIOU (CHARLES-MARIE DE). député depuis 1885, né à Ploubezre (Côtes-du-Nord) le 8 octobre 1846, fils de Joseph-Louis, marquis de Kergariou-Coetilian, et de dame Caroline-Louise du May de la Villebouais, se fit recevoir avocat, prit part à la défense de Paris en 1870-1871, comme capitaine de mobiles des Côtes-du-Nord, devint membre du conseil municipal de Lannion et conseiller général, et se présenta, aux élections générales du 21 août 1881, comme candidat conservateur, dans la 1ʳᵉ circonscription de Lannion, où il échoua avec 4,330 voix contre 4,721 au candidat républicain, élu, M. Even. Le scrutin de liste lui fut plus favorable, et, aux élections du 4 octobre 1885, il fut élu, sur une profession de f qui revendiquait pour drapeau le drapeau tricolore, député des Côtes-du-Nord, le 5ᵉ su.), par 70,612 voix sur 113,479 votants et 163,318 inscrits. Il fit partie de l'Union des droites, vota constamment avec ce groupe contre le système colonial, scolaire et financier du gouvernement, et inclina vers la politique revisionniste du général Boulanger; en dernier lieu, il s'est prononcé *contre* le rétablissement du scrutin d'arrondissement (11 février 1889), *pour* l'ajournement indéfini de la revision de la Constitution, *contre* les poursuites contre trois députés membres de la Ligue des patriotes, *contre* le projet de loi Lisbonne restrictif de la liberté de la presse, *contre* les poursuites contre le général Boulanger.

KERGORLAY (Louis-Florian-Paul, comte de), député de 1815 à 1816, de 1820 à 1823, pair de France, né à Paris le 26 avril 1769, mort à Paris le 13 juin 1856, d'une vieille famille noble de Bretagne, alliée à la maison de Bourbon par Jeanne de Kergorlay, aïeule au huitième degré de Henri IV, fut, à dix ans, chevalier de justice de l'ordre de Malte. Capitaine de cavalerie au moment de la Révolution, il émigra, fit la campagne de 1792 à l'armée des princes, voyagea, et ne rentra en France qu'au Consulat. En 1814, il fut fait chevalier de Saint-Louis par Louis XVIII. Aux Cent-Jours, il vota contre l'Acte additionnel, protesta contre le vote de l'armée, et fut poursuivi pour sa brochure: *Des lois existantes et du décret du 9 mai 1815;* mais tandis qu'on arrêtait par erreur son frère à sa place, il put s'échapper. A la seconde Restauration, il fut élu député du collège de département de l'Oise, le 22 août 1815, par 101 voix (141 votants, 281 inscrits). Il prit place à l'extrême droite, devint secrétaire de la Chambre introuvable (23 novembre), combattit la loi d'amnistie, réclama la responsabilité des ministres, et, à la nouvelle de l'évasion de M. de La Valette, laissa éclater son indignation; il demanda aussi 41 millions pour le clergé et la restitution de ses biens non vendus. Ayant échoué aux élections de 1816, qui suivirent la dissolution de cette Chambre, il collabora au *Conservateur* et rentra au parlement le 13 novembre 1820, comme député du collège de département de l'Oise, élu par 170 voix (303 votants, 333 inscrits); les mêmes électeurs lui renouvelèrent son mandat, le 16 mai 1822, par 158 voix sur 278 votants et 320 inscrits; il continua de siéger parmi les ultra-royalistes, fut appelé à la pairie le 23 décembre 1823 et vota avec les royalistes intransigeants. Hostile aux événements de 1830, la lettre qu'il publia, le 9 août, contre le gouvernement nouveau lui valut de la Chambre des pairs une condamnation à 6 mois de prison et 500 francs d'amende. Compromis en 1832 dans l'affaire du *Carlo-Alberto* et dans les tentatives de la duchesse de Berry, il fut de nouveau poursuivi, et acquitté en 1833; il passa en cour d'assises, l'année suivante, pour une lettre publiée dans *la Quotidienne,* sous l'inculpation d'attaques au pouvoir royal, et fut encore acquitté. Une autre lettre publiée dans le même journal en 1836, relative aux 23 Vendéens qu'on allait juger à Niort, le ramena devant la cour d'assises, qui le condamna, cette fois, à 4 mois de prison et 2,000 francs d'amende. En raison de sa fidélité au parti légitimiste, on l'avait surnommé la « voix rigide ». On a de lui : *Du droit de pétition* (1819); *Fragment historique* (1843); puis des pamphlets et des discours politiques tirés à part, notamment ses *Lettres au ministre de la guerre* (1834), etc.

KERGORLAY (Gabriel-Louis-Marie, comte de), député de 1820 à 1827 et pair de France, né à Paris le 11 décembre 1766, mort à Paris le 24 mars 1830, frère aîné du précédent, officier de cavalerie sous l'ancien régime et chevalier de Saint-Louis, était propriétaire et conseiller général de la Manche, quand il fut élu, le 13 novembre 1820, député du collège de dé-

partement de la Manche, par 242 voix (396 votants, 501 inscrits). Réélu, le 20 novembre 1822, par 257 voix (303 votants, 453 inscrits), et, le 6 mars 1824, par 226 voix (255 votants, 413 inscrits), il siégea parmi les royalistes intransigeants. Nommé pair de France le 5 novembre 1827, il mourut quatre mois avant la révolution de juillet.

KERGORLAY (Jean-Florian-Hervé, marquis de), député au Corps législatif de 1852 à 1863, né à Paris le 20 mai 1803, mort à Paris le 27 décembre 1873, fils du précédent, propriétaire, s'occupa principalement d'agriculture, et organisa, dans son beau domaine de Canisy (Manche), une ferme modèle de deux cents hectares. Membre de la Société d'agriculture (1835), du conseil général des hospices sous le règne de Louis-Philippe, il prépara les plans de l'hôpital Lariboisière de Paris, et obtint que l'on enseignât la musique à Bicêtre. Après la révolution de février, il fit partie du conseil général de la Manche, du congrès central d'agriculture et du conseil général d'agriculture, du commerce et des manufactures. Partisan du coup d'État de décembre et du prince Louis-Napoléon, il se présenta, comme candidat officiel au Corps législatif, dans la 1re circonscription de la Manche, et fut élu, le 29 février 1852, par 23,559 voix (25,089 votants, 40,797 inscrits), contre 375 voix à M. Havin, 252 à M. de Sainte-Colombe, et 100 à M. Dubois. Le 16 février 1857, il parla en faveur de l'agriculture, et, quoique non libre-échangiste, réclama des réductions de tarifs pour l'importation des machines destinées à fabriquer les tuyaux de drainage et pour le guano. Il fut réélu, le 22 juin 1857, par 21,146 voix (23,826 votants, 38,657 inscrits), contre 2,448 à M. Havin; mais il échoua, le 1er juin 1863, avec 15,291 voix contre 16,139 à M. Havin, candidat de l'opposition. On a de lui : *De la réduction des droits d'entrée sur les bestiaux étrangers* (1838).

KERGORLAY (Louis-Gabriel-César, comte de), représentant en 1871, né à Paris le 28 août 1804, mort à Fosseuse (Oise) le 1er mars 1880, cousin du précédent, entra à l'Ecole polytechnique, passa élève sous-lieutenant à l'Ecole d'application (1826), et prit part à l'expédition d'Alger comme lieutenant d'artillerie. Ayant refusé de prêter serment au gouvernement de juillet, il fut considéré comme démissionnaire. Arrêté sur le *Carlo-Alberto,* qui avait débarqué la duchesse de Berry sur les côtes de Provence, il fut traduit devant la cour d'assises de Montbrison et acquitté. Il s'occupa alors d'industrie, et devint directeur de la Société des mines d'entre Sambre-et-Meuse, qui fut dissoute en 1858. Elu, le 8 février 1871, représentant de l'Oise à l'Assemblée nationale, le 7e sur 8, par 27,694 voix (73,957 votants, 118,866 inscrits), il siégea à droite, se fit inscrire à la réunion Colbert et à celle des Réservoirs, fit partie (août 1872) de la commission de permanence, et vota *pour* la paix, *pour* l'abrogation des lois d'exil, *pour* le 24 mai, *pour* la démission de Thiers, *pour* la prorogation des pouvoirs du Maréchal, *pour* la loi des maires, *pour* le ministère de Broglie, *contre* l'amendement Barthe, *contre* le retour à Paris, *contre* la dissolution, *contre* la proposition du centre gauche, *contre* l'amendement Wallon, *contre* les lois constitutionnelles. On a de lui: *Question de droit des gens : Saisie du bâtiment sarde le Charles-Albert, par ordre du gouver-*

nement français, acte de violence à main armée qualifié crime de piraterie par la loi (1832). Il a collaboré au *Correspondant* et a fondé en 1848, avec M. de Gobineau, la *Revue provinciale.*

KERGORLAY (Henri-Ernest-Marie-Pierre, comte de), député de 1881 à 1885, né à Paris le 14 septembre 1847, d'une ancienne famille noble de Bretagne dispersée par la Révolution, fut reçu licencié en droit en 1868, et entra, l'année d'après, comme auditeur au conseil d'Etat. Lieutenant dans les mobiles du Calvados pendant la guerre de 1870-1871, il fut fait prisonnier au Mans, interné à Cologne, et rentra au conseil d'Etat en 1872. Fixé dans la Haute-Loire par son mariage (1878), conseiller général du canton de Fay-le-Froid (1875), maire de Saint-Maurice-de-Lignou, il fut élu, aux élections législatives du 4 septembre 1881, député de la 2e circonscription du Puy (Haute-Loire), au 2e tour de scrutin, par 7,948 voix sur 15,304 votants et 18,746 inscrits, contre 7,271 voix à M. Morel, candidat républicain. Il prit place à droite, déposa un projet de réorganisation des monts-de-piété, demanda (janvier 1885) la suppression du budget extraordinaire et la concession à l'industrie privée des lignes de chemins de fer à construire par l'Etat, et vota *contre* les crédits du Tonkin, *contre* la laïcisation de l'enseignement, et généralement *contre* les ministères républicains au pouvoir. Porté, aux élections du 4 octobre 1885, sur la liste conservatrice de la Haute-Loire, il échoua avec 34,823 voix sur 70,769 votants.

KÉRIDEC (Hippolyte-Aimé-Marie Thomé, comte de), représentant en 1849 et en 1871, sénateur de 1876 à 1878, né à Hennebont (Morbihan) le 12 août 1804, mort à Versailles (Seine-et-Oise) le 14 avril 1878, entra dans la magistrature en 1826, refusa de prêter serment au gouvernement de juillet, et devint un membre actif du parti légitimiste. Conseiller général du Morbihan (1849), il fut élu, le 13 mai de la même année, représentant de ce département à l'Assemblée législative, le 8e sur 10, par 55,020 voix (86,060 votants, 127,169 inscrits). M. de Kéridec siégea à droite, et vota constamment avec la majorité monarchiste: *pour* l'expédition de Rome, *pour* la loi Falloux-Parieu sur l'enseignement, *pour* la loi restrictive du suffrage universel, etc. Il combattit la politique du coup d'Etat, protesta contre cet acte à la mairie du Xe arrondissement, et fut enfermé pendant quelques jours à Vincennes. Le 29 février 1852, il obtint comme candidat indépendant au Corps législatif, dans la 2e circonscription du Morbihan, 7,084 voix contre 12,360 à l'élu officiel, M. Le Mélorel de la Haichois, 769 à M. Beauvais et 341 à M. de Perrien. Il s'occupa alors d'archéologie et de travaux historiques. Elu, le 8 février 1871, représentant du Morbihan à l'Assemblée nationale, le 6e sur 10, par 55,260 voix (72,309 votants, 119,710 inscrits), il prit place parmi les légitimistes, fit partie de la réunion des Réservoirs, signa la proposition tendant au rétablissement de la monarchie, ainsi que l'adresse en l'honneur du *Syllabus*, et vota: *pour la paix, pour les prières publiques, pour* l'abrogation des lois d'exil, *contre* le retour à Paris, *contre* la dissolution, *pour* la chute de Thiers au 24 mai, *pour* le septennat, *pour* l'état de siège, *pour* la loi des maires, *contre* le ministère de Broglie (16 mai 1874), *contre* l'amendement Wallon, *contre* l'ensemble de la Constitution. Candidat aux

élections sénatoriales du 30 janvier 1876 dans le Morbihan, il fut élu à la Chambre haute par 230 voix sur 335 votants. Il se prononça avec la majorité de droite, *pour* la dissolution de la Chambre des députés (juin 1877), *pour* le gouvernement du Seize-Mai, etc., et mourut à Versailles pendant la législature (1878).

KERILLIS-CALLOCK (Jacques-Félix), représentant à la Chambre des Cent-Jours, né à Tréguennec (Finistère) le 16 décembre 1743, mort à une date inconnue, maire de Quimper, fut élu, le 17 mai 1815, par le collège de département du Finistère, avec 50 voix (86 votants), représentant à la Chambre des Cent-Jours. Son rôle parlementaire fut très secondaire.

KERINCUFF. — *Voy.* Le Guillou.

KERJÉGU (de). — *Voy.* Monjaret.

KERMAREC (Joseph-François-Marie de), député de 1830 à 1831, né à Rennes (Ille-et-Vilaine) le 11 avril 1788, mort à Rennes le 15 août 1845, entra dans la magistrature. Il occupait le poste de président de chambre à la cour royale de Rennes, lorsqu'il fut, le 28 octobre 1830, élu député du collège de département d'Ille-et-Vilaine, par 252 voix (467 votants, 1,229 inscrits). Huit jours auparavant, il avait échoué dans le 2e arrondissement du même département, à Rennes, avec 105 voix contre 173 à l'élu, M. Jollivet. M. de Kermarec fit partie de la majorité et ne fut pas réélu en 1831.

KERMAREC (Hippolyte-Félicité de), représentant en 1849, né à Rennes (Ille-et-Vilaine) le 25 décembre 1812, mort à Paris le 17 octobre 1872, fils du précédent, appartint, comme son père, à la magistrature sous Louis-Philippe. Il brigua les suffrages des conservateurs d'Ille-et-Vilaine, lors des élections à l'Assemblée législative, le 13 mai 1849, et devint représentant de ce département, le 11e sur 12, avec 61,924 voix (106,407 votants, 154,958 inscrits). M. de Kermarec vota avec la majorité monarchiste, notamment *pour* l'expédition de Rome, *pour* les poursuites contre les représentants de la Montagne, *pour* la loi Falloux-Parieu sur l'enseignement, *pour* la loi restrictive du suffrage universel. Il n'appartint pas à d'autres assemblées.

KERMENGUY (Emile Cillart, vicomte de), représentant en 1871, député de 1876 à 1889, né à Saint-Pol-de-Léon (Finistère) le 1er décembre 1810, d'une famille de vieille noblesse bretonne, s'occupa de la culture de ses propriétés. Il était maire de Saint-Pol-de-Léon depuis 1848, conseiller général de Plouzévédé depuis 1842, lorsqu'il donna sa démission, après le coup d'Etat de 1851, pour ne pas prêter serment. Le 8 février 1871, il fut élu représentant du Finistère à l'Assemblée nationale, le 7e sur 13, par 57,124 voix (76,088 votants, 162,667 inscrits). Inscrit à la réunion des Réservoirs, il fit partie de la réunion extra-parlementaire des « chevau-légers », signa la demande de rétablissement de la monarchie, fut un des onze irréconciliables qui votèrent contre l'ordre du jour de confiance proposé par M. Batbie, fit le pèlerinage de Paray-le-Monial, signa l'adresse des députés syllabistes au pape, et vota *pour* la paix, *pour* les prières publiques, *pour* l'abrogation des lois d'exil, *pour* le 24 mai, *pour* la démission de Thiers, *pour* la prorogation des pouvoirs du Maréchal, *pour* la loi des maires, *contre* l'amendement Barthe, *contre* le retour à Paris, *contre* le ministère de Broglie, *contre* la dissolution, *contre* l'amendement Wallon, *contre* les lois constitutionnelles. Les électeurs du canton de Plouzévédé l'avaient renvoyé au conseil général le 8 octobre 1871. Réélu le 20 février 1876, député de la 2e circonscription de Morlaix, par 7,480 voix (12,485 votants, 16,855 inscrits), contre 5,005 voix à M. Drouillard, il reprit sa place à l'extrème droite, vota *contre* l'amnistie plénière, *contre* la proposition Gatineau, *pour* l'augmentation du traitement des desservants, et soutint le cabinet du 16 mai contre les 363. De nouveau réélu député, le 14 octobre 1877, par 8,719 voix (13,853 votants, 16,850 inscrits), contre 4,761 à M. Drouillard, et, le 21 août 1881, par 8,712 voix (12,819 votants, 17,589 inscrits), contre 4,094 à M. Drouillard, il combattit la politique coloniale et scolaire des ministères opportunistes, et porté, aux élections du 4 octobre 1885, sur la liste conservatrice du Finistère, fut élu, le 3e sur 10, par 61,507 voix (121,965 votants, 167,617 inscrits). Il continua de faire partie de la droite monarchique de la Chambre et de voter avec elle, notamment, à la fin de la législature, *contre* le rétablissement du scrutin d'arrondissement (11 février 1889), *pour* l'ajournement indéfini de la revision de la Constitution, *contre* les poursuites contre trois députés membres de la Ligue des patriotes, *contre* le projet de loi Lisbonne restrictif de la liberté de la presse, *contre* les poursuites contre le général Boulanger.

KERMORIAL (Joseph-François-Marie), député de 1830 à 1833, né à Rosporden (Finistère) le 9 mars 1784, mort à Lorient (Morbihan) le 19 novembre 1833, appartint à l'armée. Il était chef de bataillon, lorsqu'il fut, le 28 octobre 1830, élu député du collège de département du Finistère, avec 263 voix sur 425 votants, 906 inscrits. Il vota avec la majorité conservatrice, obtint sa réélection, le 5 juillet 1831, dans le 6e collège du Finistère (Quimperlé), par 71 voix (124 votants, 150 inscrits), contre 50 à Berryer, reprit sa place parmi les ministériels. et, ayant été promu lieutenant-colonel, dut se représenter, le 1er décembre 1832, devant ses électeurs, qui lui confirmèrent son mandat par 69 voix sur 79 votants et 148 inscrits. Il mourut en 1833, au cours de la législature.

KERN (Charles-Henri), député de 1815 à 1820, né à Bouxwiller (Haut-Rhin) le 15 septembre 1759, mort à Strasbourg (Bas-Rhin) le 16 juillet 1847, « fils de Philippe-Henri Kern, conseiller intime de S. A. S. le comte de Hesse-Hanau-Lichtenberg, demeurant en cette ville, et de dame Sophie-Sybille Kœnig, » appartenait à une famille dévouée à l'ancien régime. Il étudia le droit, devint membre du directoire du département du Bas-Rhin le 3 brumaire an IV, et fut, comme parent d'émigré, suspendu de ses fonctions; plus tard, il fut nommé secrétaire général du département, puis procureur impérial près le tribunal de la douane. Conseiller de préfecture du Bas-Rhin le 3 mars 1815, il fut élu, le 22 août de la même année, député de ce département, par 97 voix sur 145 votants et 269 inscrits. Il siégea dans la minorité ministérielle de la Chambre introuvable, et obtint sa réélection, le 4 octobre 1816, par 89 voix (148

votants, 247 inscrits). M. Kern prit alors place au centre, près de la gauche, et parut quelquefois à la tribune; il parla notamment sur l'exercice du droit de revendication par les étrangers en cas de faillite, sur les lettres de change, contre l'abolition du droit d'aubaine, contre le monopole du tabac, etc. Nommé, le 13 juillet 1818, professeur-suppléant à la faculté de droit de Strasbourg, il reçut, le 6 septembre 1819, le titre de professeur à la même faculté, et en devint le doyen le 7 mars 1829.

KEROUVRIOU (Jean-Marie Le Graët), député de 1823 à 1830, né à Callac (Côtes-du-Nord) le 4 octobre 1768, mort à Morlaix (Finistère) le 12 février 1849, riche propriétaire du Finistère, adjoint au maire de Morlaix, fut élu, c comme royaliste, le 17 avril 1823, député du 2e arrondissement du Finistère (Morlaix), par 124 voix sur 127 votants et 176 inscrits, en remplacement de M. Le Dissez de Pennenrum, qui avait opté pour Châteaulin. Il se montra assez indépendant à l'égard du ministère Villèle et vota souvent avec la « contre-opposition ». Il obtint sa réélection, le 17 novembre 1827, par 148 voix (152 votants, 179 inscrits), soutint jusqu'au bout la monarchie restaurée, ne fut pas des 221, et se vit encore réélu, le 23 juin 1830, par 113 voix (208 votants, 228 inscrits), contre 91 à M. Kervern; mais il refusa le serment à Louis-Philippe, donna sa démission de député, et fut remplacé par M. Le Bastard de Kerguiffinnec.

KERSAINT (Armand-Guy-Simon Coetnempren, comte de), député en 1791, membre de la Convention, né au Havre (Seine-Inférieure) le 20 juillet 1742, exécuté à Paris le 4 décembre 1793, appartenait à une famille de chevalerie, et était fils du comte Gui-François de Kersaint (1707-1759), célèbre marin français. Il débuta lui-même comme garde de marine en 1755, et gagna, sur l'*Intrépide*, aux côtés de son père, le grade d'enseigne de vaisseau. Devenu bientôt capitaine de vaisseau, à la suite d'un combat honorable et de deux croisières heureuses, il pénétra en 1782 dans la rivière de Surinam, et s'empara de Démérary, Esséquibo et Berbice. Distingué par son esprit et par sa bravoure, il avait conçu de hardis projets de réforme dans l'armement, l'arrimage et le doublage des vaisseaux, et avait imaginé un nouveau système de voilure. Il adhéra aux principes de 1789, et attaqua les privilèges et l'existence même des deux premiers ordres dans un remarquable écrit intitulé le *Bon Sens*. En même temps, il traitait assidûment, dans le *Journal de la Société*, publié par Condorcet, Dupont de Nemours, etc., les sujets intéressant la marine militaire et l'administration. En raison de sa connaissance approfondie de ces matières, l'Assemblée constituante l'appela plusieurs fois dans son sein pour s'éclairer de ses conseils; il lui présenta (novembre 1789) un plan de reconstitution entière de la marine, qui, à vrai dire, ne fut pas agréé par le comité. Mécontent, Kersaint en appela aux assemblées futures du peu de cas qu'on faisait de ses observations. Ecarté par le ministère du nombre des contre-amiraux nommés en mai 1791, il se jeta dans la politique active, fit partie, à la formation des clubs, de celui des Jacobins, le quitta, après les événements du Champ-de-Mars (17 juillet), pour entrer à celui des Feuillants, et s'affilia au parti de la Gironde. Elu, le 4 octobre 1791, 3e député suppléant de Paris à l'Assemblée législative, par 262 voix sur 422 votants, il ne cessa de s'occuper des questions maritimes et coloniales, et entra à l'Assemblée comme titulaire, en remplacement de Monneron, démissionnaire, le 2 avril 1792. Il s'attacha aussitôt à faire prévaloir celles de ses idées qu'avait repoussées le comité de la Constituante, soit à la tribune, soit dans une série d'ouvrages qui se succédèrent rapidement : il se prononça notamment, d'accord avec Vergniaud, pour l'abolition des armements en course et la libre navigation commerciale de tous les peuples en temps de guerre. En politique, sans se montrer systématiquement hostile à la royauté, il opina généralement avec la majorité, fit la motion de mettre en accusation le marquis de Noailles, ambassadeur de France à Vienne; proposa de retirer la garde du roi aux Suisses pour en charger la garde nationale; attaqua vivement La Fayette et lui reprocha son attitude à propos des événements du 20 juin; enfin il alla, le 23 juillet, jusqu'à engager l'Assemblée à prononcer la déchéance du roi. Ses opinions s'étaient considérablement accentuées, lorsqu'après avoir renouvelé, le 8 août, sa demande de déchéance en réclamant l'organisation d'un gouvernement provisoire, il prit une part directe à la journée du 10, et accepta ensuite d'être envoyé avec d'Antonelle et Péraldi à l'armée du centre : là, il provoqua l'adhésion du peuple aux événements qui venaient de s'accomplir, et se déclara ouvertement pour la République. Réélu membre de la Convention, le 14 septembre 1792, par le département de Seine-et-Oise, le 12e sur 14, avec 500 voix (678 votants), il prit plusieurs fois la parole dans la nouvelle assemblée, notamment sur l'organisation d'une force publique départementale, sur les représailles exercées par les émigrés, sur le camp de Paris dont il demanda la suppression, sur les récompenses à l'armée, etc. Il devint secrétaire de la Convention. Mais, le 3 décembre 1792, il fut accusé d'intelligence avec Louis XVI, à l'occasion d'une lettre de lui trouvée dans l'armoire de fer; il réussit à se disculper, en prouvant que cette lettre avait pour objet d'éloigner du roi « les prêtres, les magistrats, les financiers, en un mot, tous les intrigants». Le 1er janvier 1793, il fut promu au grade de vice-amiral, et, le même jour, il fit à la Convention un long rapport concluant à l'armement immédiat de trente vaisseaux et de vingt frégates, ainsi qu'à la construction de vingt-cinq vaisseaux et à l'adoption de toutes les mesures qu'exigeait la guerre maritime imminente. Son rapport se terminait par la demande de création d'un comité de sûreté générale. Depuis ce moment, Kersaint, qui s'était lié de plus en plus intimement avec les Girondins, s'appliqua à lutter contre l'autorité de la Commune; cette attitude provoqua contre lui de nouvelles accusations. Il s'en montra violemment irrité et pencha davantage du côté de la modération. Il opina avec force contre la mort, dans le procès du roi, et dit : « Je vais motiver mon dernier avis, car je ne me crois pas appelé à prononcer une sentence. Si j'étais juge, je voterais par clémence et non par haine; car c'est ainsi seulement que j'espérerais d'être le véritable interprète d'une nation généreuse. Comme législateur, l'idée d'une nation qui se venge ne peut entrer dans mon esprit : l'inégalité de cette lutte me révolte. Cependant je crois que Louis est coupable; je vote pour la réclusion jusqu'à la paix. » Puis, se séparant définitivement de la majorité de la Convention, il répéta son vote le 18 janvier et ajouta : « Je veux épargner un crime aux assassins en me dépouillant de mon inviolabilité; je donne ma démission, et je dépose les motifs

de cette résolution entre les mains du président. » Deux jours après, la Convention en entendit la lecture : « Citoyen président, écrivait Kersaint, ma santé, depuis longtemps affaiblie, me rend l'habitude de la vie d'une assemblée aussi orageuse que la Convention impossible. Mais ce qui m'est plus impossible encore, c'est de supporter la honte de m'asseoir dans son enceinte avec des hommes de sang, alors que leur avis, précédé de la terreur, l'emporte sur celui des gens de bien; alors que Marat l'emporte sur Pétion. Si l'amour de mon pays m'a fait endurer la honte d'être le collègue des pamphlétaires et des promoteurs des assassinats du 2 septembre, je veux au moins défendre ma mémoire du reproche d'avoir été leur complice, et je n'ai pour cela qu'un moment; demain il ne sera plus temps. Je rentre dans le sein du peuple; je me dépouille de l'inviolabilité dont il m'avait revêtu; prêt à lui rendre compte de toutes mes actions, et sans crainte et sans reproche, je donne ma démission de député à la Convention nationale. » Cette lettre exaspéra l'assemblée : Choudieu demanda qu'on appliquât à Kersaint la loi qui déclarait infâmes et traîtres à la patrie ceux qui désertaient leur poste. Mais la demande d'arrestation fut écartée: on se borna à appeler Kersaint à la barre de la Convention : il y vint, refusa de se rétracter, répéta au contraire en les aggravant les termes de sa démission, et, après avoir été un instant, par le zèle d'amis imprudents, candidat, concurremment avec Monge, au ministère de la Marine, prit le parti de se dérober aux poursuites qui le menaçaient. Il refusa de quitter la France, se tint caché pendant quatre mois, au bout desquels il fut découvert, arrêté le 2 octobre 1793 à Ville-d'Avray, et conduit à l'Abbaye. Condamné à mort par le tribunal révolutionnaire, il fut exécuté. Kersaint a laissé de nombreux ouvrages, parmi lesquels : *Institutions navales, ou premières vues sur les classes et l'administration de la France, considérée dans ses rapports maritimes; Moyens proposés à l'Assemblée nationale pour rétablir l'ordre et la paix dans les colonies* (1792); *Discours sur l'organisation de l'artillerie et de l'infanterie de la marine; Discours sur l'organisation provisoire du service de mer*, etc.

KERSAINT (Guy-Gabriel-Henri Coetnempren, comte de), député au Corps législatif de 1857 à 1860, né à Passy (Seine) le 20 mai 1829, mort à Menton (Alpes-Maritimes) le 18 novembre 1860, petit-neveu du précédent, fils d'un ancien capitaine du génie qui fut préfet de l'Orne sous la Restauration, entra de bonne heure dans la marine, où plusieurs des siens s'étaient distingués, y servit pendant onze ans, fit quelques campagnes, reçut la croix de la Légion d'honneur, et quitta le service, comme officier de marine, pour aller s'établir (1856) dans le pays de la famille de son beau-père, le comte de Pennautier, qu'il remplaça bientôt au Corps législatif. En effet, M. de Kersaint fut élu, le 22 juin 1857, député de la 3e circonscription du Puy-de-Dôme, par 20,057 voix (20,234 votants, 33,357 inscrits). Il siégea à droite, et vota avec la majorité jusqu'à sa mort (1860). Il eut pour successeur, l'année suivante, M. Christophle.

KERSAUSON-PENNENDREFF (Joseph-Marc-Marie de), représentant en 1848, né à Plourin (Finistère) le 22 septembre 1798, mort à la Trappe-de-Thymadenc (Morbihan) le 29 mars 1882, se fit recevoir avocat et entra dans la

magistrature sous la Restauration. Juge au
tribunal de Brest, il donna sa démission lors
des événements de juillet 1830, pour rentrer
au barreau, qu'il ne quitta plus jusqu'en 1848.
D'opinions légitimistes, il fut nommé, sous Louis-
Philippe, membre du conseil municipal de Brest
et conseiller d'arrondissement, puis conseiller
général du Finistère. Ce département l'appela,
le 23 avril 1848, le 14e sur 15, par 57,135 voix,
à siéger à l'Assemblée constituante. Il prit
place à droite, fit partie du comité de la marine,
et vota : contre le bannissement de la famille
d'Orléans, pour le rétablissement du cautionnement et de la contrainte par corps, pour les
poursuites contre Louis Blanc et Caussidière,
contre l'abolition de la peine de mort, contre
l'amendement Grévy, contre le droit au travail,
pour l'ordre du jour en l'honneur de Cavaignac,
contre la réduction de l'impôt du sel, contre
l'amnistie, pour l'interdiction des clubs, pour
les crédits de l'expédition de Rome, contre l'a-
bolition de l'impôt des boissons, etc. Il ne fit
pas partie d'autres Assemblées.

KERSAUSON-PENNENDREFF (ARMAND-CA-
SIMIR-MARIE-VICTOR, VICOMTE DE), représentant
en 1851 et en 1871, né à Plourin (Finistère) le
4 novembre 1809, mort à Brest (Finistère) le 23
avril 1871, de la même famille que le précédent,
entra dans la marine, et parvint au grade de
capitaine de frégate. La démission de l'amiral
Romain Desfossés ayant produit une vacance
dans la représentation du Finistère, M. de
Kersauson fut élu à sa place, comme conservateur monarchiste, le 21 septembre 1851, représentant à l'Assemblée législative, par 23,919
voix (34,246 votants, 88,466 votants), contre
7,897 voix à M. de Gasté, républicain. Il eut à
peine le temps de siéger à la droite de l'Assemblée, le coup d'État du 2 décembre ayant
interrompu brusquement sa carrière parlementaire. Il y rentra, le 8 février 1871, cette fois
encore pour peu de temps : ayant été élu à
nouveau représentant du Finistère à l'Assemblée nationale, le 6e sur 13, par 57,641 voix
(76,088 votants, 162,667 inscrits), il mourut à
Brest le 23 avril suivant.

KERSAUSON-PENNENDREFF (LOUIS-JO-
SEPH-MARIE, COMTE DE), député de 1885 à 1889,
fils du précédent, grand propriétaire foncier,
épousa la petite-fille de M. Monjaret de Kerjégu,
qui fut sénateur du Finistère et président du
conseil général. Lui-même fit partie de l'assemblée départementale. Pendant la guerre de
1870, il se battit comme officier de mobiles et
fut décoré de la Légion d'honneur. D'opinions
monarchistes, il fut porté, le 4 octobre 1885, sur
la liste conservatrice du Finistère, et élu, le
1er sur 10, député de ce département, par 61,604
voix (121,966 votants, 167,617 inscrits). Il prit
place à l'Union des droites, et vota : contre la
nouvelle loi militaire, contre les différents ministères de gauche qui se succédèrent au pouvoir, et, en dernier lieu, contre le rétablissement du scrutin d'arrondissement (11 février
1889), pour l'ajournement indéfini de la révision de la Constitution, contre les poursuites
contre trois députés membres de la Ligue des
patriotes, contre le projet de loi Lisbonne restrictif de la liberté de la presse, contre les poursuites contre le général Boulanger.

KERSMAKER (JOSEPH-JEAN DE), député au
Corps législatif en 1807, né à Gand (Belgique)
le 21 octobre 1761, mort à une date inconnue,
était en 1783 avocat au conseil de Flandre.

Devenu, sous la Révolution, juge au tribunal
civil du département de la Lys (an IV), il fut
promu en l'an VI président de la cour criminelle du même département, le 30 avril 1811
juge au tribunal correctionnel de Bruxelles, et,
bientôt après, conseiller à la cour impériale de
cette ville. Dans l'intervalle, il avait représenté
le département de la Lys au Corps législatif,
où l'avait appelé le Sénat conservateur le
18 février 1807. Membre de la Légion d'honneur
(25 prairial an XII).

KÉRVÉGAN (CHRISTOPHE-CLAIR-DANIEL DE),
député au Corps législatif de l'an XIII à 1810,
né à Nantes (Loire-Inférieure) le 25 décembre
1735, mort à Nantes le 2 octobre 1817, négociant
à Nantes comme son père, devint, avant la
Révolution, consul et grand juge, et entra en
1774 dans le corps municipal. Élu maire en
1789, puis colonel de la nouvelle garde nationale, il prévint la famine, en proposant une
souscription qui produisit plus d'un million.
Après avoir maintenu l'ordre dans la ville, il
se démit de ses fonctions sous la Terreur, fut
rappelé à la mairie sous le Directoire, et fut
nommé conseiller général du département.
Choisi, le 17 brumaire an XIII, comme député
de la Loire-Inférieure au Corps législatif, il défendit à Paris les intérêts du commerce nantais,
et sortit du Corps législatif en 1810. Il fut l'un
des trois négociants de Nantes décorés en 1814
par Louis XVIII, devint administrateur des
hospices, et se montra jusqu'au dernier jour
dévoué à ses concitoyens, qui honorèrent sa
mémoire en donnant son nom à l'une des rues
de la ville.

KERVÉGUEN (MARIE-AIMÉ-PHILIPPE-AU-
GUSTE LE COAT, VICOMTE DE), député au Corps
législatif de 1852 à 1868, né à Toulon (Var) le
17 novembre 1811, mort à Madrid (Espagne) le
8 août 1868, se destina d'abord à la marine
comme son père, puis s'établit négociant à
Toulon et devint conseiller général du canton
ouest de cette ville. Partisan de l'Empire issu
du coup d'État de décembre, il se présenta, le
29 février 1852, comme candidat officiel, dans
la 3e circonscription du Var, et fut élu par
16,128 voix (17,009 votants, 35,198 inscrits).
Successivement réélu : le 22 juin 1857, par
15,753 voix (16,034 votants, 29,395 inscrits), et le
1er juin 1863, par 18,962 voix (28,371 votants,
46,920 inscrits), contre 9,081 voix à M. Adal-
bert Philis, et 296 à M. Durand, il prit part à
quelques débats, protesta, lors de la discussion
du budget de 1860, contre la part prélevée par
Paris sur le budget du pays, et, dans la même
session, à propos de la loi qui abolissait pour
les journaux l'autorisation préalable, demanda
qu'on imposât un pliage uniforme, qu'on accordât à tout Français majeur et électeur, ainsi
qu'aux femmes et filles majeures, le droit de
faire insérer tout article, dans un journal,
moyennant un tarif fixé d'avance, qu'on défé-
rât le serment aux signataires des articles, et
qu'on pût exiger de tout journaliste un certificat du maire de sa commune, attestant qu'il
est bien l'auteur des articles signés par lui. La
majorité refusa de s'associer à cette réglementation. M. de Kervéguen dut surtout un court
moment de célébrité aux accusations qu'il apporta à la tribune, le 10 décembre 1867, contre
les rédacteurs en chef des principaux journaux
de Paris, en s'appuyant sur les assertions d'un
obscur journal belge, la Finance, qui publiait
que 50,000 thalers avaient été alloués par
M. de Bismarck au Siècle, à l'Opinion natio-

nale, au *Journal des Débats*, à l'*Avenir national*. Ceux-ci mirent M. de Kervégan en demeure de justifier ses allégations devant un jury d'honneur. Ce jury, composé de MM. d'Andelarre, Martel, Marie et Jules Favre, déclara que ces accusations ne reposaient sur aucune preuve sérieuse.

KERVÉLÉGAN (Augustin-Bernard-François Le Goazre de), député en 1789, membre de la Convention, député au Conseil des Anciens et au Corps législatif de l'an VIII à 1815, né à Quimper (Finistère) le 17 septembre 1748, mort au manoir de Toulgoët, près Quimper, le 24 février 1825, d'une ancienne famille de robe de Cornouailles, déboutée de ses prétentions à la noblesse à la réformation de 1669, était fils de « Monsieur maître François-Guillaume Le Goazre de Kervélégan, conseiller en la sénéchaussée et siège présidial de Quimper, et de dame Marie-Bernardine Billy ». Il fit ses études chez les Jésuites de Quimper, et son droit à Rennes, fut reçu avocat du roi au présidial de Quimper en 1768, et devint, avec dispense d'âge, en 1774, sénéchal et maire de Quimper. Député la même année aux Etats de Bretagne, il se montra, en 1788, un des plus ardents défenseurs des intérêts populaires contre le parlement de Rennes dans la question des grands bailliages, qu'il alla lui-même soutenir à Versailles; cette attitude énergique le rendit très populaire, et dès la fin de l'année 1788, il prit en main la cause des revendications du tiers-état, et réclama pour cet ordre un député par 10,000 habitants, un nombre de députés égal à celui des deux autres ordres réunis, le vote par tête, etc. Copie de ces motions fut adressée par la communauté de Quimper à toutes les communautés de Bretagne, et Kervélégan fut élu, le 22 avril 1789, premier député du tiers aux Etats-Généraux pour la sénéchaussée de Quimper; il avait présidé cette assemblée électorale. A la Constituante, il prit place silencieusement dans la majorité réformatrice, fut nommé secrétaire de l'Assemblée (avril 1790), et, le 7 du même mois, commissaire à l'aliénation des domaines nationaux. Pétion l'accuse, dans ses *Mémoires*, se trouvant à la Ferté-sous-Jouarre, lors du retour du roi de Varennes, d'avoir crié à la portière de la voiture royale : « Pour une brute comme celle-là, voilà bien du train. » Kervélégan fut envoyé à la Convention par le département du Finistère, élu, le 8 septembre 1792, le 6e sur 8, par 278 voix sur 417 votants. Il suivit le parti de la Gironde, dont les principaux membres étaient ses amis, et, dans le procès du roi, répondit au 3e appel nominal : « Même opinion que la précédente; » or la précédente était celle de Queinec qui avait dit : « Je ne suis pas juge; je ne puis donc voter que pour la détention pendant la guerre et la déportation à la paix. » Le 9 mars 1793, Kervélégan se rendit à la caserne des fédérés brestois et les amena à la Convention, qu'il préserva d'un nouvel envahissement; il dénonça à la tribune, mais se récusa lors de la demande de mise en accusation de ce dernier (13 avril). Le 10 mai, il écrivait à Goupilleau (de Montaigu) : « Je vous dirai que je trouve Robespierre au sentier où je l'ai laissé : celui de la folie. Si je parle ainsi, c'est que je cherche une cause à sa conduite, qui m'a toujours semblé équivoque, et je n'ai jamais pris de gants pour lui dire. » Nommé (21 mai) membre de la commission extraordinaire des Douze chargée « de l'examen des arrêtés de la

municipalité de Paris et de la recherche des complots contre l'ordre et la liberté publique », Kervélégan remit sa démission de membre de cette commission, le 28, avec ses onze collègues, et fut décrété d'arrestation le 2 juin. Gardé à vue par deux gendarmes dans son appartement de la rue des Saints-Pères, il leur avait promis de les prévenir s'il se sauvait; en effet, le 29 juin au matin, il leur dit : « Je vous ai promis de vous prévenir quand je me sauverais. Adieu. » Et, fermant la porte à double tour, il gagna un cabriolet amené par son collègue Couppé, des Côtes-du-Nord, et se rendit à Caen, auprès des Girondins. Déclaré, le 28 juillet, traître à la patrie et mis hors la loi, il se réfugia dans le Finistère après l'échec de Vernon, reçut chez lui les Girondins en fuite, refusa de s'embarquer avec eux, et, sous l'habit de paysan breton, se tint caché tout près de Quimper. Ce fut en vain que le représentant en mission, Tréhouart, offrit 10,000 livres à qui le prendrait vivant et 5,000 à qui le livrerait mort, Kervélégan ne fut pas trahi; ses biens furent confisqués, sa femme arrêtée, bien qu'il eût demandé le divorce, et emprisonnée avec ses cinq enfants à Carhaix, puis au château de Brest. La chute de Robespierre permit à Kervélégan de reparaître; il fut réintégré à la Convention le 18 ventôse an II, malgré l'opposition de Merlin, devint membre du comité de sûreté générale, et fut un des trois commissaires délégués à la planche aux assignats. Blessé, à l'émeute du 1er prairial, en défendant la Convention à la tête des 900 Bretons qu'il avait fait appeler, il fut compris, le 15 vendémiaire an IV, au nombre des membres du nouveau comité de sûreté générale, et fut élu, le 23, député au Conseil des Anciens, par 14 départements, dont le Finistère, pour lequel il opta, et qui lui avait donné 129 voix sur 193 votants. Il fut choisi pour secrétaire du Conseil le 1er brumaire an V, fut réélu au Conseil des Cinq-Cents, le 27 germinal an VII, et, ne s'étant pas montré hostile au coup d'Etat de brumaire, fut choisi, le 4 nivôse an VIII, comme député du Finistère au nouveau Corps législatif; il y siégea jusqu'en 1815, ayant eu son mandat renouvelé par le Sénat, le 4 mai 1811. Le premier consul lui fit offrir des fonctions largement rétribuées, à la seule condition que Kervélégan lui rendît visite : celui-ci s'y refusa : « C'est un vieil entêté, dit Napoléon; il n'aura jamais rien de moi. » Ce fut Louis XVIII qui nomma Kervélégan chevalier de la Légion d'honneur (2 novembre 1814). Aux Cent-Jours, Kervélégan renonça à la vie politique et se retira dans sa maison de Toulgoët, près de Quimper. Ruiné par la Révolution, il vécut modestement avec 1,500 francs de rente, fut maire de sa commune, et mourut à 77 ans, dans les sentiments les plus chrétiens, et justement honoré pour l'inflexibilité de son désintéressement et pour son inépuisable charité. La notice la plus étendue parue sur ce député est due à l'éminent biographe breton, M. R. Kerviler.

KERVERN (Philippe-François Le Denmet), député de 1830 à 1831, né à Morlaix (Finistère) le 4 mars 1779, mort à Morlaix le 7 juin 1863, était juge dans cette ville. Après avoir échoué une première fois aux élections législatives du 23 juin 1830, dans le 2e arrondissement du Finistère, avec 91 voix contre 113 à l'élu, M. Kérouvriou, il prit sa revanche, le 21 octobre de la même année, et devint, par 118 voix sur 149 votants et 237 inscrits, député de Morlaix. Il prêta serment à Louis-Philippe ; son rôle parlementaire prit fin en 1831.

KESTNER (Georges-Marie-Joseph-Charles), représentant en 1848 et en 1850, né à Thann (Haut-Rhin) le 30 juin 1803, mort à Thann le 12 août 1870, riche fabricant de produits chimiques dans cette ville, acquit auprès des ouvriers de la région une popularité qui le fit élire, le 23 avril 1848, représentant du Haut-Rhin à l'Assemblée constituante, le 6e sur 12, par 50,873 voix (94,408 votants). Il prit place à gauche, fut vice-président du comité du commerce, et vota avec le parti de Cavaignac : *contre* le rétablissement de la contrainte par corps, *pour* l'abolition de la peine de mort, *contre* l'amendement Grévy, *contre* le droit au travail, *pour* l'ordre du jour en l'honneur de Cavaignac, *pour* la suppression de l'impôt du sel, *contre* la proposition Rateau, *contre* les crédits de l'expédition de Rome, *pour* l'amnistie, etc. Non réélu d'abord à la Législative, il y entra, à l'élection partielle du 10 mars 1850, motivée par la déchéance de trois représentants du Haut-Rhin condamnés pour l'affaire du 13 juin ; M. Charles Kestner, porté sur la liste républicaine, fut élu, le 1er sur 3, par 44,582 voix (89,791 votants, 121,053 inscrits). Il s'associa aux votes et aux manifestations de la minorité démocratique, protesta contre le coup d'État du 2 décembre 1851, fut arrêté un moment, et réunit encore, le 29 février 1852, comme candidat d'opposition au Corps législatif, dans la 3e circonscription du Haut-Rhin, 1,019 voix contre 25,846 à l'élu officiel, M. Migeon. Il rentra alors dans la vie privée. Chevalier de la Légion d'honneur à la suite de l'Exposition nationale de 1847, il a reçu une médaille d'honneur à l'Exposition universelle de 1855 pour la découverte et l'exploitation de l'acide paratartrique.

KETTELER (Clément-Auguste de), député au Corps législatif de 1812 à 1814, né à Harkotten (Allemagne) le 11 février 1751, mort à une date inconnue, propriétaire à Harkotten, fut nommé directement par l'empereur, le 12 avril 1812, député de l'Ems-supérieur au Corps législatif, sur une liste de candidats présentés au chef de l'État par le préfet de ce département. Il quitta l'assemblée aux traités de 1814.

KIENER (Christian-Henry), membre du Sénat, né à Hunawihr (Haut-Rhin) le 16 novembre 1807, manufacturier et filateur, fut maire d'Épinal sous l'Empire (1867) et président de la chambre de commerce. Il opta en 1871 pour la nationalité française, se fixa à Éloyes (Vosges), et devint conseiller général de ce département le 8 octobre 1871. Inscrit, au renouvellement sénatorial du 8 janvier 1882, sur la liste républicaine des Vosges, en compagnie de MM. Claude et George, sénateurs sortants, et à la place de M. Claudot démissionnaire, il fut élu sénateur, le 3e et dernier, par 309 voix sur 605 votants, contre 173 à M. de Ravinel, le plus favorisé des candidats monarchistes. M. Kiener prit place à la gauche du Sénat, et se prononça : *pour* la réforme du personnel judiciaire, *pour* le divorce, *pour* la politique opportuniste, *pour* les crédits du Tonkin, *pour* la nouvelle loi militaire, s'abstint sur l'expulsion des princes, et vota, en dernier lieu, *pour* le rétablissement du scrutin d'arrondissement (13 février 1889), *pour* le projet de loi Lisbonne restrictif de la liberté de la presse, *pour* la

procédure à suivre devant le Sénat contre le général Boulanger.

KINSBERGEN DE DOGGERS-BANK (Jean-Henri), membre du Sénat conservateur, né à Doesburg (Hollande) le 1er mai 1735, mort à Appel-Doorn (Hollande) le 22 mai 1819, entra dans la marine à quinze ans, se distingua dans plusieurs voyages au long cours, fut promu capitaine de vaisseau en 1770, passa vers la même époque au service de l'impératrice de Russie, Catherine II, en guerre avec la Turquie, prit le commandement d'une escadre qu'il conduisit dans la mer Noire, livra bataille à la flotte turque, coula le vaisseau amiral et remporta (1773) une victoire complète. Il employa pour la première fois, dans cette affaire, un système de signaux qui fut adopté depuis par les autres puissances de l'Europe. Malgré les instances du gouvernement russe, Kinsbergen retourna en Hollande (1776), comblé d'honneurs par Catherine, et fut chargé, à son arrivée, de négocier la paix avec l'empereur du Maroc et le dey d'Alger. Il s'acquitta habilement de cette mission, prit part à la guerre contre l'Angleterre sous les ordres de l'amiral Zoutman, contribua grandement à la victoire de Doggers-Bank (5 août 1781), d'où il reçut plus tard son titre de comte, et fut nommé contre-amiral premier adjudant (1783). A la paix, il refusa les offres brillantes que lui firent l'impératrice de Russie et le roi de Danemark. En 1793, il repoussa les premières tentatives d'invasion de Dumouriez, prit peu après le commandement en chef de la marine hollandaise, conduisit en Angleterre le stathouder et sa famille (1795), fut, à son retour, arrêté et destitué par le nouveau gouvernement, et, ayant obtenu sa mise en liberté, se retira dans ses terres, où il s'occupa d'agriculture. Lorsque, en 1806, Louis Bonaparte devint roi de Hollande, il fit de Kinsbergen son premier chambellan honoraire, et le nomma maréchal du royaume, conseiller d'État de la marine, grand-croix de l'ordre de la Réunion, etc. Mais Kinsbergen refusa de quitter sa belle terre d'Appel-Doorn et ne voulut toucher aucun des traitements affectés à ces dignités. Au moment de la réunion de la Hollande à la France, Napoléon Ier le nomma, le 30 décembre 1810, membre du Sénat conservateur ; il refusa encore ce traitement, se contentant d'employer sa grande fortune en fondations utiles, telles que l'Institut de la marine à Amsterdam, l'Institut des sourds-muets à Groningue, l'académie d'Utrecht, etc. Lorsque les événements de 1814 eurent ramené la maison de Nassau sur le trône de Hollande, Kinsbergen reçut le commandement suprême de la marine hollandaise avec le titre de lieutenant-amiral. Membre ou correspondant d'un grand nombre de sociétés savantes, décoré de la plupart des ordres de l'Europe, il a publié des travaux estimés sur le service de la marine et la tactique sur mer.

KLEIN (Dominique-Louis-Antoine, comte), membre du Sénat conservateur, pair de France, né à Blamont (Meurthe) le 24 janvier 1761, mort à Paris le 2 novembre 1845, servit pendant dix ans dans les gardes de la porte, fut licencié avec ce corps en 1787, et rentra dans l'armée, en 1792, avec le grade de lieutenant d'infanterie. Il se distingua à Jemmapes, passa chef de brigade le 16 frimaire an II, général de brigade en l'an III, assista à Fleurus, commanda l'avant-garde de l'armée de Sambre-et-Meuse, et se fit remarquer dans plusieurs combats, notamment à Butzbach, à Weilbourg, à Neuwind et à Altenkirchen. Général de division (17 pluviôse an VII), chef d'état-major de l'armée du Danube, il contribua à la victoire de Zurich, et, en l'an X, prit du service dans l'armée italienne comme commandant instructeur. Membre de la Légion d'honneur (19 frimaire an XII), grand officier de l'ordre (25 prairial), il fit la campagne de 1805, où il se conduisit vaillamment à Donawerth, et celle de 1806, où il prit part à la victoire d'Iéna. Ce fut à lui que Blücher, surpris à Weissensee et en retraite, jura faussement *sur l'honneur*, pour obtenir le passage, que Napoléon venait de conclure un armistice. Après Eylau, où ses charges répétées jetèrent un des corps de l'armée russe en déroute, Klein fut élu membre du Sénat conservateur (14 août 1807), créé comte de l'Empire (26 avril 1808), et mis à la retraite, comme général de division, le 11 décembre suivant. Durant la campagne de France, l'empereur le plaça à la tête de la 16e division. Klein adhéra à la déchéance de Napoléon (avril 1814), fut nommé pair de France par Louis XVIII (4 juin), chevalier de Saint-Louis (27 juin), reprit sa place à la chambre haute à la seconde Restauration, vota pour la déportation dans le procès du maréchal Ney, fit de l'opposition libérale au gouvernement, puis se rallia complètement au gouvernement de Louis-Philippe qui le nomma grand-croix de la Légion d'honneur (29 avril 1834). Il siégea à la Chambre des pairs jusqu'à sa mort.

KLING (JOSEPH-AUGUSTE), représentant du peuple en 1848, né à Strasbourg (Bas-Rhin) le 22 novembre 1800, mort à Schlestadt (Bas-Rhin) le 12 septembre 1855, fils d'un payeur des guerres sous le premier Empire, fit son droit à Strasbourg, se fit inscrire au barreau de Schlestadt et devint juge à Saverne (1840), puis à Schlestadt en 1842. Partisan très ardent et très convaincu de l'instruction pour tous, il organisa à Schlestadt des écoles primaires et un collège communal qui ne tardèrent pas à prospérer. Elu, le 23 avril 1848, représentant du Bas-Rhin à l'Assemblée constituante, le 2e sur 15, par 107,567 voix (123,968 votants, 132,186 inscrits), il siégea parmi les partisans du général Cavaignac, fit partie du comité de législation, vota *pour* le bannissement de la famille d'Orléans, *contre* l'abolition de la peine de mort, *pour* les deux Chambres, *contre* le droit au travail, *contre* l'impôt progressif, *contre* la sanction de la Constitution par le peuple, *pour* l'ensemble de la Constitution, *contre* la proposition Rateau, et donna sa démission le 22 février 1849.

KLOPSTEIN (FRANÇOIS, BARON DE), député de 1876 à 1881, né à Val-et-Chatillon (Meurthe) le 18 avril 1837, appartint d'abord à l'armée comme sous-officier dans un régiment de lanciers, puis s'adonna à l'exploitation de ses vastes propriétés. Maire de Ville-en-Woëvre, et conseiller général de la Meuse, il se présenta comme candidat conservateur aux élections générales du 20 février 1876, et fut élu député de l'arrondissement de Verdun, par 11,394 voix (18,218 votants, 22,174 inscrits), contre 6,714 à M. de Fallois, républicain. M. de Klopstein siégea à droite, et soutint, *contre* les 363, le gouvernement du Seize-Mai, dont il fut, après la dissolution de la Chambre, le candidat officiel. Réélu, le 14 octobre 1877, par 11,686 voix (19,185 votants, 22,462 inscrits), contre 7,411 à M. de Fallois, il reprit sa place à droite, se prononça *contre* les invalidations prononcées par la majorité, *contre* le ministère Dufaure, *contre* les lois sur l'enseignement, *contre* l'amnistie, etc., et ne fut pas réélu en 1881.

KNOPFT (JEAN-XAVIER), député de 1824 à 1827, né à Eschentzwiller (Haut-Rhin) le 22 septembre 1755, mort à une date inconnue, propriétaire dans son pays natal, y exerça la profession de notaire, puis fut élu à un âge très avancé (il avait alors 75 ans), le 2 août 1824, député du 1er arrondissement électoral du Haut-Rhin (Altkirch), en remplacement de M. de Marchangy, dont l'élection avait été annulée. M. Knopft obtint 101 voix (171 votants, 200 inscrits), contre 60 à M. J. Laffitte. Les royalistes avaient fait choix d'un candidat aussi âgé, dans le secret espoir qu'il céderait bientôt la place à M. de Marchangy lui-même, en donnant sa démission. Mais l'honorable élu siégea jusqu'à la fin de la législature. Il vota constamment *pour* le ministère Villèle.

KNYMPHAUSEN-LEERS (CHARLES-GUSTAVE, VON), député au Corps législatif de 1811 à 1814, né en 1749, mort à une date inconnue, d'une ancienne famille de magistrats allemands, fut conseiller d'Etat en Hanovre et, le 19 février 1811, après la réunion d'une partie de ce pays à la France sous le nom de département de l'Ems-Oriental, fut choisi directement par l'empereur, sur une liste de candidats dressée par le préfet, pour représenter ce département au Corps législatif. Il y siégea jusqu'aux traités de 1814, qui réduisirent la France à ses anciennes limites.

KOCH (CHRISTIAN-GUILLAUME), député en 1791, membre du Tribunat, né à Bouxwiller (Haut-Rhin) le 9 mai 1737, mort à Strasbourg (Bas-Rhin) le 25 octobre 1813, fils d'un conseiller des finances de Hesse-Darmstadt qui vint se fixer à Strasbourg, fit ses études dans cette dernière ville, sous la direction de Schœpflin, dont il conserva les traditions historiques, suivies depuis par Metternich, Ségur, Tracy et d'autres. Il se rendit, en 1789, à l'Assemblée constituante, pour demander, au nom des protestants d'Alsace, la conservation de leurs droits civils et religieux, garantis par les traités; le décret du 17 août 1790 les sanctionna à nouveau. Elu, le 29 août 1791, député du Bas-Rhin à l'Assemblée législative, le 3e sur 9, par 323 voix sur 590 votants, il prit place parmi les modérés, et fut membre du comité diplomatique. Au moment du 10 août, il inspira une adresse de cinq mille Strasbourgeois déclarant que la déchéance du roi les exposerait aux périls de la guerre civile et étrangère. Après la session, Koch se retira aux environs de Paris, s'y croyant plus en sûreté que dans son pays; mais il fut bientôt découvert et arrêté, et ne dut sa liberté qu'au 9 thermidor. Nommé alors administrateur de son département, il donna, peu après, sa démission pour se consacrer à des travaux historiques. Correspondant de l'Institut, il fut nommé membre du Tribunat, le 6 germinal an X, puis professeur de l'histoire du droit à Strasbourg, membre de la Légion d'honneur (25 prairial an XII), membre du conseil de discipline de l'Ecole de droit (1806), recteur, et recteur honoraire (28 décembre 1810). Il fut le fondateur du séminaire protestant de Strasbourg. On a de lui un grand nombre d'ouvrages, notamment : *Tableau des révolutions de l'Europe, depuis le bouleversement de l'empire romain en Occident jusqu'à nos jours* (Lausanne, 1771; 1807, 3 volumes; 1813, (4 volumes); *Tableaux généalogiques des maisons souveraines de* l'*Europe*, publiés en deux parties : 1° Sud et Ouest (Strasbourg, 1792); 2° Nord et Est, édité par Schall (1814-1819); *Aperçu rapide de la position de la France à l'époque de la préten- due coalition des souverains de l'Europe contre la constitution du 26 août 1791* (Strasbourg, 1791); *Abrégé de l'histoire des traités de paix entre les puissances de l'Europe, depuis la paix de Westphalie* (Bâle, 1796, 4 volumes); *Tableau des traités entre la France et les puis- sances étrangères, suivi d'un recueil de traités et d'actes diplomatiques qui n'ont jamais vu le jour* (Bâle, 1801, 2 volumes), etc.

KŒCHLIN (JACQUES), député de 1820 à 1827, né à Mulhouse (Haut-Rhin) le 10 mars 1776, mort à Mulhouse le 16 novembre 1834, d'une ancienne famille d'origine suisse, l'un des seize enfants de Jean Kœchlin (1746-1836) cé- lèbre industriel français, et petit-fils de Sa- muel Kœchlin (1719-1771), qui établit à Mul- house, en 1746, la première fabrique de toiles peintes dites indiennes, fut l'associé de son père et de son frère Nicolas (*Voy. plus bas*) dans la direction de leur importante entreprise, et s'unit également à eux pour la défense des libertés publiques sous la Restauration. Deux fois maire de Mulhouse, il se fit élire, le 13 no- vembre 1820, député du Haut-Rhin, au collège de département, par 102 voix (149 votants, 156 inscrits), et prit place à l'extrême-gauche, dont il appuya toutes les motions. Réélu, le 16 mai 1822, par 109 voix sur 156 votants et 169 inscrits, il continua de siéger dans la mi- norité et fut chargé de présenter à la Chambre une pétition de cent trente-deux électeurs demandant une enquête judiciaire « sur la promenade militaire de deux escadrons de ca- valerie dans le département du Haut-Rhin, qui n'eut pour résultat définitif que l'arres- tation du colonel Caron et du sieur Ro- ger ». La pétition n'ayant pas été prise en considération, Jacques Kœchlin, qui n'avait pu la soutenir à la tribune, prit le parti de faire imprimer, sous sa responsabilité personnelle, une relation et une appréciation des faits. Cet écrit fut saisi, incriminé comme séditieux, et son auteur fut d'abord condamné par défaut à un an de prison et 5,000 francs d'amende. Sur opposition, sa peine fut réduite à six mois d'emprisonnement et à 3,000 francs d'amende, dont une souscription patriotique aut l'ac- quitté les frais. Le procès donna lieu à un autre incident : l'avocat de Jacques Kœchlin, M. Barthe, s'étant écarté dans sa plaidoirie de la réserve en usage au palais, fut de la part de son ordre l'objet d'une mesure disciplinaire ; mais ses confrères libéraux protestèrent contre cette punition en lui offrant un banquet. Jacques Kœchlin fut encore réélu, le 6 mars 1824, par 90 voix (169 votants, 184 inscrits). Il combattit le ministère Villèle dans les rangs de la gauche et donna sa démission en 1826. Chevalier de la Légion d'honneur depuis 1814, il fut nommé officier du même ordre par le gouvernement de juillet. On a de lui l'écrit cité plus haut, sous ce titre : *Relation historique des événements qui ont précédé, accompagné et suivi l'arresta- tion du lieutenant-colonel Caron* (1822).

KŒCHLIN (NICOLAS), député de 1830 à 1841, né à Wesserling (Haut-Rhin) le 1er juillet 1781, mort à Mulhouse (Haut-Rhin) le 15 juil- let 1852, frère du précédent, fut élevé avec ses onze frères et quatre sœurs dans une ferme voisine du lieu de sa naissance, et reçut, à peine âgé de douze ans, le titre de « colonel des enfants

de la patrie du canton de Saint-Amarin ». Son père ayant quitté Wesserling pour Mulhouse, Nicolas alla apprendre le commerce à Ham- bourg, puis en Hollande, et revint prêter aux siens le concours d'une activité infatigable. Après avoir modestement débuté dans le com- merce des indiennes, en vendant ses produits aux foires de France et d'Allemagne, il devint rapidement, grâce à une parfaite entente des affaires, le fondateur et le chef à Mulhouse (1802) du vaste établissement *Nicolas Kœchlin et frères*, auquel il associa encore ses beaux- frères, ainsi que son vieux père, Jean Kœchlin. En pleine prospérité industrielle et commer- ciale, il dut, devant la menace de l'invasion étrangère, en 1813, fermer ses ateliers et, dans ce moment critique, après avoir envoyé sa fa- mille à Neufchâtel en Suisse, il songea unique- ment à la défense du territoire. Nicolas Kœchlin était colonel dans la garde nationale. Avec deux de ses frères, comme lui équipés et armés à leurs frais, il se fit présenter à Napoléon Ier par le maréchal Lefebvre, et, les trois Kœchlin, en qualité d'officiers d'ordonnance volontaires du quartier impérial, firent ensemble toute la cam- pagne de France. Après Montereau, le 18 fé- vrier 1814, Nicolas fut nommé chevalier de la Légion d'honneur. Il remplit, vers la même époque, plusieurs missions confidentielles im- portantes : à Lyon, auprès du maréchal Auge- reau, puis en Alsace. Il s'en acquitta avec zèle, sinon avec succès, alla retrouver l'empereur à Fontainebleau, le jour même de l'abdication, et, l'année d'après, à la seconde invasion, donna de nouvelles preuves de son patriotisme. A la tête de quelques citoyens de Mulhouse, il se jeta en partisan dans les Vosges, et joignit ses efforts à ceux du général Lecourbe, qui luttait désespérément dans Belfort. La paix rétablie, il reprit ses travaux industriels et mérita plu- sieurs récompenses aux expositions. D'autre part, il conspirait avec les libéraux et les bona- partistes contre le gouvernement des Bourbons, et il eut une part active aux conciliabules et aux entreprises de la charbonnerie. Le 3 juillet 1830, le collège de département du Haut-Rhin l'élut, par 113 voix (147 votants), membre de la Chambre des députés. Il accourut à Paris à la nouvelle des Ordonnances, contribua à la déchéance de Charles X, ainsi qu'à l'avène- ment au trône de Louis-Philippe d'Orléans, et prit place parmi les partisans du régime nouveau. Lors de la discussion sur la révision de la Charte en 1830, il demanda que la Constitution mît à la charge de la France entière les désastres de la guerre qui frappait toujours de préférence les départements frontières. Il fit consacrer aussi, par un article nouveau, le principe de l'égalité des cultes, en obtenant que les rabbins juifs fussent salariés par l'État. Mais il ne tarda pas à incliner vers l'opposition dynas- tique et partagea, en général, les opinions d'Odilon Barrot. Réélu, le 5 juillet 1831, député du 2e collège du Haut-Rhin (Mulhouse), par 146 voix (244 votants, 264 inscrits), contre 95 à M. André Kœchlin, son parent, il ne fut pas seulement un des signataires, mais un des ins- pirateurs du fameux *Compte rendu* de 1832 ; primitivement ce compte rendu, dont le député du Haut-Rhin avait suggéré l'idée, et qui fut d'ailleurs imprimé à Mulhouse, n'était qu'une lettre de M. Odilon Barrot, chef de l'opposition parlementaire, à son collègue et ami Nicolas Kœchlin. Après avoir pris une part assez active aux travaux de la session, il fut réélu, le 21 juin 1834, par 158 voix (232 votants et 307 inscrits), contre 62 à M. Hartmann ; puis, le

4 novembre 1837, par 153 voix (251 votants, 850 inscrits); et, le 2 mars 1839, par 151 voix (249 votants). Ses principaux discours eurent trait à la loi d'organisation municipale en faveur de l'extension des droits politiques; aux légionnaires du bataillon de l'île d'Elbe, pour lesquels il réclama une pension, et à la réforme des lois douanières : M. Kœchlin se déclara nettement l'adversaire de la prohibition. En 1841, il quitta la Chambre par démission, pour se livrer exclusivement à la construction du chemin de fer de Strasbourg à Bâle ; il se représenta pourtant aux élections générales du 9 juillet 1842, et n'obtint que 166 voix contre 184 à M. André Kœchlin, conservateur, élu. Il se consacra alors à son industrie jusqu'à la révolution de 1848, qui le fit commissaire du gouvernement provisoire dans le département du Haut-Rhin. Membre du conseil général de son département, Nicolas Kœchlin fut en outre président de la chambre de commerce de Mulhouse et membre du conseil général des manufactures auprès du ministère du Commerce. Il avait créé et édifié en 1825 le nouveau quartier de Mulhouse, et, de 1837 à 1840, construit et mis en exploitation les deux lignes de chemins de fer de Mulhouse à Thann et de Strasbourg à Bâle.

KŒCHLIN (ANDRÉ), député de 1832 à 1834, et de 1841 à 1848, né à Mulhouse (Haut-Rhin) le 3 août 1789, mort à Paris le 24 avril 1875, parent des précédents, entra tout jeune dans la maison de tissage, filature et impression de toiles peintes de Dollfus-Mieg et Cie à Mulhouse. Il épousa à 19 ans Mlle Dollfus, et se trouva (1818), à la mort de son beau-père, à la tête d'un des plus vastes établissements de Mulhouse et de l'Alsace. Il le maintint au niveau de sa prospérité, et fonda bientôt dans sa ville natale une grande maison de constructions mécaniques, où furent fabriquées les premières locomotives françaises. La filature du lin et du chanvre, la filature de la laine peignée, etc., durent aussi à M. André Kœchlin une extension et des progrès considérables. Le gouvernement de Louis-Philippe, dont il se déclara le partisan, le nomma (1830) maire de Mulhouse et chevalier de la Légion d'honneur. Conseiller général du Haut-Rhin, il fit une tentative infructueuse pour entrer à la Chambre des députés, le 5 juillet 1831, dans le 2e collège du Haut-Rhin (Mulhouse), où il n'obtint que 95 voix contre 146 à son cousin, Nicolas Kœchlin, de l'opposition dynastique. Mais il entra au parlement le 27 décembre 1832, comme député du 4e collège du Haut-Rhin (Altkirch), élu par 96 voix (173 votants, 230 inscrits), contre 35 à M. Minaugoy, de Colmar; il remplaçait M. de Reinach, démissionnaire. M. André Kœchlin siégea jusqu'en 1834 dans la majorité qui soutint la politique conservatrice. Il reparut au Palais-Bourbon, à la suite de la démission de Nicolas Kœchlin, et fut élu à sa place, le 10 avril 1841, député du 2e collège (Mulhouse) par 165 voix (207 votants). La même circonscription lui confirma son mandat le 9 juillet 1842, avec 184 voix (355 votants, 406 inscrits), contre 166 à Nicolas Kœchlin, qui s'était représenté. Il reprit sa place parmi les conservateurs, et vota notamment *contre* les propositions de réforme parlementaire. Le 1er août 1846, ce fut le 4e collège du Haut-Rhin (Altkirch) qui le renvoya à la Chambre par 238 voix (358 votants, 373 inscrits), contre 112 à M. Prudhomme; il soutint jusqu'au bout la politique de Guizot. Il avait activement contribué au développement de l'instruction dans son département. Rendu à la vie privée par la révolution de 1848, il exerça encore ses aptitudes financières et commerciales dans la liquidation de la caisse Gouin, dont il fut chargé, dans la présidence de la Société des Mines de Stolberg et de Westphalie et de la Société anonyme des glaces d'Aix-la-Chapelle. Médaillé à la plupart des expositions, il était chevalier de la Légion d'honneur du 30 avril 1836.

KŒCHLIN (ALFRED), député de 1888 à 1889, de la famille des précédents, né à Mulhouse (Haut-Rhin) le 15 septembre 1829, résidait à Paris, où il avait acquis dans la colonie alsacienne et dans le parti opportuniste une certaine notoriété. Maire du 8e arrondissement de Paris, son nom avait été mêlé pour la première fois aux polémiques de la presse en 1887, lorsque, présidant comme officier de l'état civil à la cérémonie du mariage d'une princesse de la famille d'Orléans, il avait employé la qualification de *Monseigneur*. Vivement attaqué pour ce fait par divers journaux républicains qui réclamèrent sa révocation, M. Alf. Kœchlin fut cependant maintenu en fonctions par le gouvernement, jusqu'au jour où sa brusque adhésion au mouvement « boulangiste » le fit destituer (1888). Peu de temps après, il accepta la candidature « revisionniste » à l'élection partielle du 19 août 1888, dans le département du Nord, où deux sièges étaient vacants par suite du décès de M. Plichon et de la démission du général Boulanger. Le général Boulanger se représentait d'ailleurs lui-même, en compagnie de M. A. Kœchlin. Ces deux candidatures rencontrèrent une très ardente opposition dans le parti républicain, qui suscita contre elles celles de MM. Ch. Desmoutiers, ancien député, et Emile Moreau, conseiller général, et celles de deux socialistes, MM. Delcourt et Delcluze.

M. Kœchlin adressa aux électeurs du Nord une circulaire qui débutait ainsi : « C'est un Français d'Alsace, c'est le descendant de Jean Kœchlin, l'ardent promoteur de la réunion de la république libre de Mulhouse à la grande patrie française en 1798, qui se présente aujourd'hui à vos suffrages. Patriote et républicain par la race et la tradition, banni de mon pays natal par l'Allemand, révoqué des fonctions de maire du 8e arrondissement de Paris par un gouvernement de hasards parlementaires, je viens solliciter la faveur de combattre avec vous et par vous le bon combat au nom de la dignité nationale avilie et de l'avenir de la République compromis. » Puis il résumait son programme politique dans ces deux mots : « Dissolution! Révision! » Après une campagne électorale des plus ardentes, le scrutin donna les résultats suivants : MM. Boulanger, 130,303 voix, élu; Kœchlin, 126,630 élu; Charles Desmoutiers, ancien député, 97,463, Emile Moreau, conseiller général, 94,911; Delcourt, socialiste, 6,347; Delcluze, socialiste, 5,837. Il y avait eu 239,971 votants sur 363,618 inscrits. M. A. Kœchlin prit place à la Chambre dans le petit groupe des partisans du général Boulanger, parut une fois à la tribune, s'abstint, en dernier lieu, sur le rétablissement du scrutin d'arrondissement (12 février 1889), et vota *pour* l'ajournement indéfini de la revision de la Constitution, *contre* les poursuites contre trois députés membres de la Ligue des patriotes, *contre* le projet de loi Lisbonne restrictif de la liberté de la presse, *contre* les poursuites contre le général Boulanger.

KŒCHLIN-STEINBACH (ALFRED), représentant en 1871, né à Mulhouse (Haut-Rhin) le 19 septembre 1825, mort à Mulhouse le 3 juillet 1872, de la même famille que les précédents, constructeur de machines, fut élu, comme républicain modéré, le 8 février 1871, représentant du Haut-Rhin à l'Assemblée nationale, le 10e sur 11, par 34,465 voix (74,128 votants, 123,622 inscrits). Il protesta et vota, à Bordeaux, contre les préliminaires de paix, et fut un des signataires de la lettre de démission collective des représentants des départements annexés, lettre dont M. Grosjean donna lecture à la tribune. Il mourut l'année suivante; ses funérailles furent l'occasion à Mulhouse d'une manifestation patriotique.

KŒNIG (CHARLES-FRÉDÉRIC), représentant en 1848 et en 1849, né à Colmar (Haut-Rhin) le 19 novembre 1797, mort à Colmar le 27 mars 1874, fils d'un magistrat de cette ville, étudia le droit, s'inscrivit au barreau de Colmar, et fut, en raison de ses opinions démocratiques, désigné (1822) comme un des défenseurs des conjurés de Belfort. En 1826, il quitta le barreau pour fonder un établissement important d'horticulture, voyagea dans diverses contrées de l'Europe, et publia des travaux estimés sur les sciences agricoles, entre autres une notice sur la culture du mélèze. Partisan enthousiaste de la révolution de 1830, il fut nommé capitaine de la garde nationale de Colmar et conseiller municipal de cette ville. Lors de l'émeute que l'impôt sur les boissons suscita à Colmar en 1834, il s'interposa avec succès entre l'autorité et la population. Il fit bientôt une vive opposition au gouvernement de Louis-Philippe, figura au nombre des défenseurs des accusés d'avril, présida en 1845 l'association viticole du Haut-Rhin, et fut délégué, en 1847, par les chefs de la fabrication industrielle de l'arrondissement, pour solliciter du pouvoir central la mise à exécution de l'embranchement au Rhin du canal du Rhône. Il organisa avec MM. Yves et Chauffour le banquet réformiste de Colmar, salua avec joie l'avènement de la République en 1848, fut fait, le 3 mars, commissaire du gouvernement dans le Haut-Rhin, et, le 23 avril 1848, fut élu représentant de ce département à l'Assemblée constituante, le 9e sur 12, par 38,922 voix (94,408 votants). Il prit place à gauche, fit partie du comité de la guerre, protesta avec vivacité, le 7 juin, contre la loi sur les attroupements, et vota d'ordinaire avec le groupe avancé du parti démocratique : contre le rétablissement du cautionnement et de la contrainte par corps, pour l'abolition de la peine de mort, pour l'amendement Grévy, pour l'abolition du remplacement militaire, pour la suppression de l'impôt du sel, contre la proposition Rateau, pour l'amnistie, contre l'expédition romaine, pour la mise en accusation du président et de ses ministres. Adversaire résolu du gouvernement présidentiel de L.-N. Bonaparte, il le combattit avec la même énergie dans les premières séances de l'Assemblée législative, où il fut réélu par le même département, le 13 mai 1849, le 1er sur 10, avec 38,903 voix (118,335 inscrits). Il s'associa, en juin, à l'interpellation de Ledru-Rollin sur les affaires de Rome, ainsi qu'à la protestation et à l'appel aux armes lancés par la Montagne, et se rendit, le 13 juin, au Conservatoire des Arts-et-Métiers. La Haute-Cour de Versailles le condamna, par contumace, à la déportation.

KŒNIGSWARTER (MAXIMILIEN-JULES, BARON), député au Corps législatif de 1852 à 1863, né à Fürth (Bavière) le 5 juillet 1817, mort à Paris le 12 octobre 1878, vint s'établir à Paris après la révolution de juillet, et y fonda une maison de banque qui prospéra rapidement. Il se fit naturaliser Français en 1848, et, partisan de la dynastie napoléonienne, fonda un journal destiné à soutenir la politique du prince Louis-Napoléon. Lorsque l'Assemblée législative eut refusé au président de la République le supplément de dotation qu'il demandait (février 1851), M. Kœnigswarter ouvrit une souscription nationale en faveur du prince, qui désavoua cette manifestation. Candidat officiel au Corps législatif, le 29 février 1852, dans la 8e circonscription de la Seine, il fut élu député par 15,458 voix (24,542 votants, 34,786 inscrits), contre 5,355 voix à M. de Lasteyrie, ancien député, 1,159 à M. Méchin, et 989 à M. Gisquet; il fut réélu, le 22 juin 1857, par 11,363 voix (20,394 votants, 31,860 inscrits), contre 8,110 voix à M. Ferd. de Lasteyrie et 362 au comte Léon. A la Chambre, il combattit (session de 1857) le projet de renouvellement de la Banque de France expirant en 1867; proposa (session de 1861), pour équilibrer le budget de 1862, la création d'un impôt sur le revenu, qui, vivement combattu par M. Magne, fut repoussé; réclama l'établissement d'une taxe sur les valeurs mobilières, sur les voitures de maître et de remise; attaqua le projet de loi sur les sociétés en commandite, et parla contre la loi de sûreté générale qu'il ne vota pas. Les élections du 31 mai 1863 lui furent défavorables; il échoua, dans sa circonscription, avec 9,906 voix, contre 17,809 au candidat de l'opposition, M. J. Simon, élu.

KOLB-BERNARD (CHARLES-LOUIS-HENRI), représentant en 1849, député au Corps législatif de 1859 à 1870, représentant en 1871, sénateur de 1875 à 1888, né à Dunkerque (Nord) le 16 janvier 1798, mort le 7 mai 1888, s'établit de bonne heure à Lille, où il devint associé d'une importante fabrique de sucre. Conseiller municipal de Lille, président de la chambre de commerce, décoré de la Légion d'honneur comme industriel, il entra, le 13 mai 1849, dans la politique active, par son élection comme représentant du Nord à l'Assemblée législative, le 5e sur 12, avec 93,438 voix (183,521 votants, 290,196 inscrits). Il siégea à droite, prit pour chef de file Montalembert, et vota constamment avec la majorité conservatrice et catholique. Après avoir donné son suffrage à l'expédition de Rome, à la loi Falloux-Parieu sur l'enseignement, à la loi restrictive du suffrage universel, etc., il ne se rallia pas à la politique particulière de l'Elysée, et resta neutre lors du coup d'Etat de 1851. Candidat monarchiste indépendant au Corps législatif, le 29 février 1852, dans la 1re circonscription du Nord, il réunit au premier tour de scrutin 6,874 voix contre 11,179 à M. Richebé et 6,234 à M. Pierre Legrand. Il se désista avant le scrutin de ballottage en faveur de M. P. Legrand, qui fut élu. Mais, s'étant rapproché du gouvernement impérial, il accepta le patronage officiel, le 21 août 1859, lors de l'élection nécessitée par le décès de M. P. Legrand, et il fut élu député de la 1re circonscription, par 15,125 voix (24,515 votants, 35,194 inscrits), contre 9,279 à M. Flamand, candidat de l'opposition. Il vota d'ordinaire avec la majorité dynastique et fut réélu de nouveau avec l'appui de l'administration, le 1er juin 1863, dans la 2e circonscription, par 14,381 voix (26,839 votants, 34,489 inscrits), contre 11,727 à M. Géry Heddebault et 437 à M. Dérodé. M. Kolb-Bernard parut plusieurs fois à la tribune pour y traiter, au point de vue protectionniste, les questions relatives au commerce et à l'industrie, et aussi pour y défendre le pouvoir temporel du pape. Il combattit particulièrement les mesures concernant l'instruction primaire prises ou proposées par M. Duruy, et, en 1867, il fit entendre un chaleureux éloge de la loi Falloux de 1850. Ayant perdu, aux élections du 24 mai 1869, le bénéfice de la candidature officielle, ce fut comme candidat indépendant qu'il obtint cette fois sa réélection, avec 21,597 voix (26,545 votants, 35,370 inscrits); l'administration ne lui avait pas suscité de concurrent. M. Kolb-Bernard signa l'interpellation des 116 et siégea dans les rangs du tiers-parti jusqu'à la chute de l'Empire. Après la guerre, il fut élu (8 février 1871) représentant du Nord à l'Assemblée nationale, le 12e sur 28, par 206,037 voix (262,927 votants, 326,440 inscrits). Il alla prendre place sur les bancs de la droite monarchiste et compta surtout, comme précédemment, parmi les soutiens les plus zélés des idées catholiques : c'est ainsi qu'il signa l'adresse d'adhésion au *Syllabus* et qu'il présida, en 1874, le congrès des comités catholiques à Paris. Il ne prit que rarement la parole à l'Assemblée et vota : *pour* la paix, *pour* les prières publiques, *pour* l'abrogation des lois d'exil, *contre* le retour de l'Assemblée à Paris, *pour* le pouvoir constituant, *pour* la chute de Thiers au 24 mai, *pour*, le septennat, *pour* la loi sur les maires. Il *s'abstint* de voter, le 16 mai 1874, lors du renversement du cabinet de Broglie, et se prononça ensuite contre les propositions Périer et Maleville, *contre* l'amendement Wallon, *contre* la Constitution du 25 février 1875, *pour* la loi sur l'enseignement supérieur. Porté sur la liste des droites, lors de l'élection des sénateurs inamovibles, il fut élu, le 11 décembre 1875, par l'Assemblée nationale, le 30e sur 75, avec 346 voix (690 votants), et alla siéger à l'extrême-droite de la Chambre haute, parmi les adversaires irréconciliables du gouvernement républicain. M. Kolb-Bernard approuva l'acte du 16 mai 1877, vota, le 23 juin, *pour* la dissolution de la Chambre des députés, et présida ensuite le comité électoral des droites chargé d'appuyer les candidatures officielles. Après les élections législatives du 14 octobre 1877, il fut de ceux qui conseillèrent au maréchal de Mac-Mahon de résister, se prononça, le 19 novembre, *pour* l'ordre du jour de M. de Kerdrel qui protestait contre la nomination d'une commission d'enquête par la Chambre, et combattit le ministère Dufaure et ceux qui lui succédèrent. Il vota notamment *contre* les lois Ferry sur l'enseignement, *contre* l'article 7, *contre* la modification du serment judiciaire, *contre* la réforme du personnel de la magistrature, *contre* le rétablissement du divorce, *contre* les crédits du Tonkin, etc. A la mort de M. Gauthier de Rumilly, M. Kolb-Bernard se trouva être le doyen d'âge du Sénat; toutefois, il ne fut jamais appelé, en raison de son extrême faiblesse, à en présider les séances d'ouverture. Depuis un an, il n'assistait plus même aux séances, et il ne sortait que pour aller en voiture, le dimanche, à Saint-Sulpice, lorsqu'il mourut à Paris le 7 mai 1888. Il était officier de la Légion d'honneur (1869) et avait été nommé, en 1872, membre du Conseil supérieur du commerce, de l'agriculture et de l'industrie.

KOPP (Charles-Emile), représentant du peuple en 1849, né à Wasselonne (Bas-Rhin) le 3 mars 1817, mort à Zurich (Suisse) le 20 novembre 1875, était chimiste à Strasbourg. Les opinions républicaines avancées qu'il manifestait le firent inscrire, le 13 mai 1849, sur la liste du parti démocratique socialiste, et il fut élu représentant du Bas-Rhin à l'Assemblée législative, le 9e sur 12, par 34,546 voix (95,863 votants, 146,942 inscrits). Il appuya l'interpellation de Ledru-Rollin sur les affaires de Rome, signa la protestation et l'appel aux armes des représentants de la Montagne, et, poursuivi de ce chef avec l'autorisation de l'Assemblée, il fut condamné par la Haute-Cour de Versailles à la déportation. Cette condamnation fut prononcée par contumace, car M. Kopp s'était réfugié en Suisse, où il résida dès lors. Rallié plus tard au gouvernement de Napoléon III, il mit son influence dans le Bas-Rhin au service de la candidature officielle de M. Zorn de Bulach au Corps législatif. Il est mort à Zurich en 1875.

KORTE (Pierre-Chrétien), sénateur du second Empire, né en Prusse le 6 juillet 1788, mort le 1er mars 1862, s'engagea à seize ans dans le 7e de hussards, fit la plupart des campagnes de l'Empire, et, de simple cavalier, parvint au grade de lieutenant. Il fut blessé de trois coups de baïonnette au combat de Brienne (1814). Capitaine sous la Restauration, il passa chef d'escadron en 1832, et fut envoyé en Algérie, où il commanda les spahis récemment organisés, puis les chasseurs d'Afrique (1840). Sa brillante conduite dans plusieurs expéditions lui valut, en 1843, le grade de maréchal-de-camp. En 1848, Cavaignac le nomma général de division. Il se rallia au gouvernement de l'Elysée lors du coup d'Etat de décembre 1851, et contribua, le 4, à réprimer à Paris, comme commandant de la première division de cavalerie de l'armée de Paris, les tentatives d'insurrection qui suivirent cet événement. Le général Korte fut appelé à faire partie du Sénat impérial le 31 décembre 1852. Il y soutint jusqu'à sa mort (1862) le gouvernement de Napoléon III. Grand-croix de la Légion d'honneur.

KRANTZ (Sébastien-Jean-Baptiste), représentant en 1871, et sénateur, né à Arches (Vosges) le 17 janvier 1817, entra à l'Ecole polytechnique en 1836, et à l'Ecole des ponts et chaussées en 1838, fut nommé ingénieur ordinaire de 2e classe le 22 août 1843, ingénieur de 1re classe le 31 janvier 1855, et ingénieur en chef de 1re classe le 12 mars 1864. Il dirigea en cette qualité les travaux du chemin de fer du grand-central, le service vicinal de l'Ardèche, et construisit le palais de l'Exposition universelle de 1867 à Paris. Inventeur (1868) d'un barrage mobile pour faciliter le cabotage de la Seine, il fut mis à la tête du service de la navigation de la Seine en 1870, prit une part active à la défense de Paris pendant le siège, fut chargé des travaux de défense d'une partie de l'enceinte, notamment du côté de Saint-Denis, jeta sur la Marne les ponts mobiles sur lesquels l'armée du général Ducrot passa la Marne à Champigny le 1er décembre, et installa des moulins à vapeur qui réduisirent en farine toutes les céréales disponibles. Officier de la Légion d'honneur du 30 juin 1867, il fut nommé commandeur de l'ordre le 8 décembre 1870. Candidat à Paris aux élections du 8 février 1871 pour l'Assemblée nationale, il échoua avec 61,081 voix; mais, aux élections complémentaires du 2 juillet suivant, porté dans la Seine sur la liste de coalition républicaine, il fut élu, le 12e sur 21, avec 108,319 voix (290,323 votants, 458,774 inscrits). Il s'inscrivit au centre gauche, devint vice-président de ce groupe, fut rappor-

teur de la commission d'enquête sur la navigation intérieure, et du projet de chemin de fer
sous-marin entre la France et l'Angleterre,
combattit M. Caillaux, ministre des Travaux
publics, partisan des grandes compagnies de
chemins de fer, et vota *pour* l'amendement
Barthe, *pour* le retour à Paris, *pour* la dissolution, *pour* la proposition du centre gauche,
pour l'amendement Wallon, *pour* les lois constitutionnelles, *contre* le 24 mai, *contre* la démission de Thiers, *contre* la prorogation des pouvoirs du Maréchal, *contre* la loi des maires,
contre le ministère de Broglie. Elu par l'Assemblée nationale, le 10 décembre 1875, sénateur
inamovible, le 4e sur 75, avec 367 voix sur 690
votants, il prit place à la gauche de la Chambre haute, fut nommé, le 5 août 1876, commissaire général de l'Exposition de 1878, et promu
grand-officier de la Légion d'honneur, le 20 octobre 1878. Le 14 août 1877, il avait été admis
à la retraite comme ingénieur en chef de
1re classe des ponts et chaussées, avec le titre
d'inspecteur général honoraire. Au Sénat, il a
voté avec les républicains opportunistes, s'est
prononcé cependant (22 juin 1886) *contre* l'expulsion des princes, et, en dernier lieu, *pour* le
rétablissement du scrutin d'arrondissement
(13 février 1889), *pour* le projet de loi Lisbonne
restrictif de la liberté de la presse, *pour* la procédure à suivre devant le Sénat contre le général Boulanger. On a de lui : *Etude sur l'application de l'armée aux travaux d'utilité
publique* (1847) ; *Projet de création d'une
armée des travaux publics* (1847) ; *Etudes sur
les murs de réservoirs* (1870) ; *Observations sur
les chemins de fer économiques à voie normale
et à voie réduite* (1875), etc.

KRANTZ (JULES-FRANÇOIS-EMILE), ministre
de la marine, né à Arches (Vosges) le 29 décembre 1821, frère du précédent, entra dans la
marine en 1837, et devint aspirant en 1839,
enseigne en septembre 1843, lieutenant de frégate
en novembre 1847, lieutenant de vaisseau le 18 décembre 1848, capitaine de frégate le 4 mars 1861,
et capitaine de vaisseau le 6 avril 1867. Les
études de tir qu'il dirigea sur le vaisseau-école
de canonnage *Louis XIV*, en 1869, attirèrent sur lui l'attention. Pendant le siège de
Paris, il eut, comme commandant du fort d'Ivry,
une part active à la défense des ouvrages de
la rive gauche. Le 19 février 1871, l'amiral Pothuau, ministre de la Marine, le prit pour chef
de son cabinet. Directeur des mouvements de
la flotte, M. Krantz fut promu contre-amiral
le 4 juin de la même année. Après le 24 mai
1873, il quitta ses fonctions au ministère pour
prendre (octobre) le commandement en chef de
la division navale des mers de Chine et du
Japon ; il occupa également par intérim le
poste de gouverneur de la Cochinchine française, où il marqua son passage par un arrêté
du 1er janvier 1875, ordonnant la fermeture de
toutes les maisons de jeu. De retour en France,
il fut nommé directeur des travaux de la marine, fut promu vice-amiral en 1877, et, l'amiral Pothuau étant redevenu ministre, fut rappelé, en décembre, auprès de lui comme chef
de cabinet et d'état-major de la flotte. En
1879, il fut nommé à la préfecture maritime de
Toulon (5e arrondissement maritime). En janvier 1888, il remplaça M. de Mahy comme ministre de la Marine et des Colonies dans le cabinet Tirard, et conserva son portefeuille dans
le cabinet suivant (3 avril) présidé par M. Floquet : en octobre, lors de la discussion du budget de son ministère, il eut quelque peine à

défendre la situation de notre matériel naval
contre les attaques de MM. Paul Deschanel et
Camille Dreyfus, et il n'obtint un vote favorable de la Chambre qu'en menaçant de donner
sa démission, qu'il remit d'ailleurs au commencement de l'année suivante. Le 19 mars
1889, l'amiral Jaurès, ministre de la Marine
dans le second cabinet Tirard, étant mort subitement, l'amiral Krantz fut appelé à prendre
son portefeuille ; en même temps, l'administration des colonies fut séparée de la marine, rattachée au commerce et placée sous la direction
d'un sous-secrétaire d'Etat, M. Etienne. Grand-
officier de la Légion d'honneur du 14 janvier
1879. — On cite de M. Krantz diverses publications spéciales : *Eléments de la théorie du
navire* (Toulon, 1852) ; *Considérations sur les
roulis des bâtiments* (1867), etc.

KUSS (EMILE), représentant à l'Assemblée
de 1871, né à Strasbourg (Bas-Rhin) le 1er février 1815, mort à Bordeaux (Gironde) le
1er mars 1871, étudia la médecine dans sa ville
natale, se rendit en 1835 à Paris, puis revint à
Strasbourg et fut nommé, à vingt-deux ans,
prosecteur à la faculté de médecine. Reçu docteur en 1841, il devint au concours (1843) chef
des travaux anatomiques, fut agrégé en 1844
et obtint, en 1846, la chaire de physiologie.
Quelques mois après, il était chargé de
l'enseignement clinique des maladies chroniques. Savant anatomiste, professeur éminent,
il découvrit un des premiers le singulier intérêt
du microscope pour l'étude des phénomènes
de la vie, et dirigea la physiologie dans des
voies nouvelles. Küss, dont les opinions étaient
nettement républicaines, jouissait parmi ses
concitoyens, comme savant et comme patriote,
d'une grande popularité, lorsque éclata la
guerre de 1870. Ce fut seulement le 11 septembre que les Strasbourgeois, investis depuis
le 12 août par l'armée de Werder, apprirent
la proclamation de la République. Ce jour
même la commission municipale nomma Küss
maire de la ville. Il fit les plus énergiques
efforts pour défendre la cité jusqu'à la dernière
extrémité, montra un inaltérable dévouement,
et vit avec une profonde douleur la capitulation
du 28 septembre 1870. Le 8 février 1871, il fut
élu représentant du Bas-Rhin à l'Assemblée
nationale, le 1er sur 12, par 98,090 voix
(101,741 votants, 145,183 inscrits). Bien que
très gravement malade, il se rendit à Bordeaux
dans le dessein d'y porter les vœux et les protestations de l'Alsace ; mais il ne put siéger.
A la séance où furent votés les préliminaires
de paix (1er mars 1871), M. Keller (*V. ce nom*),
venant protester à la tribune contre ces préliminaires, prononça les paroles suivantes :
« Celui qui devrait parler à ma place, — car
vous n'avez encore entendu aucun député de
l'Alsace, — le maire de Strasbourg, le doyen de
notre députation, à l'heure où je vous parle,
se meurt de douleur et de chagrin ; son agonie
est le plus éloquent des discours. » Par une
tragique coïncidence, M. Küss mourut en effet
le soir même, à minuit. Ses obsèques eurent
lieu à Bordeaux, aux frais de l'Etat, le 3 mars,
au milieu d'une foule immense. Le convoi était
escorté par le conseil municipal de Bordeaux,
des détachements de tous les corps de la garde
nationale, tous les députés de l'Alsace et de
la Lorraine. Des discours furent prononcés, au
seuil de la maison qu'habitait passagèrement
le défunt, par M. Pelissier, pasteur protestant,
à la gare de la Bastide par le maire de Bordeaux, et par MM. Le Blond et Gambetta. On

a de Küss ses trois thèses de docteur, d'agrégé et de professeur; des notes insérées dans la *Gazette médicale* de Strasbourg; un très remarquable opuscule sur la vascularité et l'inflammation, et son *Cours de physiologie*, rédigé et publié en 1872 par M. Duval.

KYTSPOTHER (Jean-Baptiste-Louis de), député en 1789, né à Hazebrouck (Nord) le 19 juin 1751, mort à Hazebrouck en 1806, lieutenant général criminel au présidial d'Hazebrouck, fut élu, le 10 avril 1789, député du tiers aux Etats-Généraux par le bailliage de Bailleul. Il fit décréter la révision des comptes des anciennes administrations remontant à moins de dix ans, fut membre de la commission pour l'aliénation des domaines, et secrétaire de l'assemblée en 1790; il rentra dans la vie privée après la session.

L

LAA (Antoine), membre de la Convention et député au Conseil des Cinq-Cents, né à Oloron (Basses-Pyrénées) en 1752, mort à une date inconnue, était juge du district d'Oloron, lorsqu'il fut élu (6 septembre 1792) 2e député suppléant des Basses-Pyrénées à la Convention, par 235 voix (366 votants). Il fut admis à siéger le 8 août 1793, en remplacement de Meillan, démissionnaire, et prit la parole pour annoncer à l'Assemblée que Carrier s'était présenté, accompagné d'un inspecteur de police, devant la commission chargée d'examiner sa conduite. Réélu, le 22 vendémiaire an IV, député du même département au Conseil des Cinq-Cents, par 153 voix (284 votants), il fut nommé, au 18 fructidor, membre de la commission provisoire des inspecteurs de la salle, et quitta le Conseil en l'an VII.

LABADIÉ (Alexandre), député de 1876 à 1881, né à Lézignan (Aude) le 12 avril 1814, se fixa à Marseille vers l'âge de vingt ans, et s'y établit négociant en draps. Ses opinions républicaines le firent nommer, en 1848, membre de la commission municipale de Marseille. Il fit de l'opposition au gouvernement impérial, devint, en 1865, conseiller municipal de la ville, et se mêla activement, en 1870, à la campagne anti-plébiscitaire. Après le 4 septembre, M. Labadie remplit quelque temps les fonctions de préfet des Bouches-du-Rhône; mais il s'en démit le 24 du même mois, dirigea avec M. Henry Fouquier un journal, la *Vraie République*, entra, en 1871, au conseil général des Bouches-du-Rhône dont il fut le président et eut, en cette dernière qualité, des démêlés retentissants avec les préfets Kératry, Limbourg et surtout de Tracy. Son conflit avec ce dernier, motivé par le discours politique qu'il prononça le 14 avril 1874, à l'ouverture du conseil, donna lieu entre M. Labadié et le duc de Broglie, alors ministre de l'Intérieur, à un échange de lettres des plus vives. M. Labadié éprouva encore d'autres difficultés. Lors des élections municipales qui eurent lieu au mois de novembre, la liste de candidats républicains qu'il patronnait fut battue à une grande majorité par la liste du comité central, plus avancée. Il donna alors sa démission de conseiller général, et prit parti pour la politique opportuniste contre les intransigeants qu'il qualifia d' « exaltés ». Le mois d'après (décembre), il fut poursuivi devant le tribunal civil, conjointement avec la ville de Marseille, par la veuve Gaillardon, qui demandait 200,000 francs de dommages et intérêts en réparation du préjudice que lui avait fait éprouver la mort de son mari, ancien commissaire central de Marseille, lequel s'était suicidé, après le 4 septembre, à la prison de Saint-Pierre : M. Labadié, comme ayant ordonné l'arrestation de Gaillardon, fut condamné à 20,000 francs de dommages et intérêts. Candidat aux élections sénatoriales du 30 janvier 1876, M. Labadié échoua devant la liste adoptée par le comité. Le 20 février suivant, il se porta candidat à la Chambre des députés dans la 2e circonscription d'Aix, et il fut élu par 6,506 voix (11,549 votants, 16,355 inscrits), contre 4,891 à M. Clapier, monarchiste. Il alla siéger dans les rangs de la gauche républicaine, avec laquelle il vota constamment. M. Labadié fut des 363 et obtint, comme tel, sa réélection, le 14 octobre 1877, par 7,987 voix (13,176 votants, 16,855 inscrits), contre 4,988 à M. Prat, candidat officiel, bonapartiste. Il reprit sa place à gauche, vota *pour* les invalidations des députés de la droite, *pour* l'article 7, *pour* les lois Ferry sur l'enseignement, *pour* l'invalidation de l'élection de Blanqui, *pour* l'amnistie partielle, et, dans la séance du 16 décembre 1879, adressa au ministre de la Justice, à propos d'un magistrat de la cour d'Aix, une interpellation qu'il soutint avec un médiocre succès. Très vivement combattue par le parti radical au renouvellement du 21 août 1881, la candidature de M. A. Labadié échoua avec 2,484 voix contre 3,517 à M. Camille Pelletan, républicain radical, et 3,456 à M. Fournier.

LABADIÉ (Osmin, député de 1880 à 1881, frère du précédent, né à Lézignan (Aude) le 14 mars 1829, mort à Narbonne (Aude) le 6 septembre 1882, étudia la médecine, fut reçu docteur en 1855 et exerça sa profession à Narbonne. Républicain, il se présenta, le 28 février 1880, dans l'arrondissement de Narbonne, comme candidat à la Chambre des députés en remplacement de M. Bonnal, décédé. Après une lutte des plus vives, M. O. Labadié fut élu au second tour, le 14 mars, par 11,423 voix (11,967 votants, 27,814 inscrits). Il avait réuni, au premier tour de scrutin, 7,505 voix contre 5,597 à M. Emile Digeon, socialiste-révolutionnaire. et 2,480 à M. Coural, opportuniste. M. Labadié prit place parmi les radicaux de la Chambre et vota avec eux jusqu'à la fin de la législature. Il ne fut pas réélu en 1881.

LABASTIDE (Guillaume de), député en 1789, né à Chilhac (Haute-Loire) le 22 octobre 1743, mort à Paulhaguet (Haute-Loire) le 5 mai 1827, fut fait prêtre très jeune, devint bachelier en théologie, et fut nommé par la prieurie de Lavaudieu curé de Paulhaguet. Il occupait ce poste, lorsqu'il fut élu (24 mars 1789) député du clergé aux Etats-Généraux pour la sénéchaussée de Riom. Il opina avec la droite, donna sa démission dès le 11 décembre 1789, émigra (1791) et se réfugia en Suisse. Son suppléant, Jom Gerle, prit sa place. Rentré en France après la Révolution, il habita Paulhaguet, et resta encore dans cette localité après avoir été nommé chanoine titulaire de la cathédrale de Saint-Flour.

LABASTIE (JEAN-JACQUES), député en 1791, né à Gap (Hautes-Alpes) le 28 février 1754, mort à Grenoble (Isère) le 24 février 1821, avocat du roi au bailliage de Gap en 1782, devint, au moment de la Révolution, dont il était partisan, commissaire du roi en 1790, et président du tribunal criminel des Hautes-Alpes en 1791. Elu, le 29 août 1791, député des Hautes-Alpes à l'Assemblée législative, le 4e sur 5, par 197 voix sur 211 votants, il ne s'y fit point remarquer, se tint à l'écart pendant la Terreur, et fut nommé, en l'an III, professeur de législation à l'Ecole centrale des Hautes-Alpes. Partisan du 18 brumaire, il fut nommé, par le nouveau gouvernement, juge au tribunal d'appel de l'Isère le 12 prairial an VIII, membre de la Légion d'honneur le 25 prairial an XII, et conseiller à la cour impériale de Grenoble le 17 avril 1811. La seconde Restauration le confirma, le 22 mars 1816, dans ces dernières fonctions, qu'il occupa jusqu'à sa mort.

LABAT (JEAN-FRANÇOIS-JULES), député de 1869 à 1870 et de 1876 à 1889, né à Bayonne (Basses-Pyrénées) le 28 janvier 1819, fit ses études au collège de Juilly, devint membre du conseil général du département, maire de sa ville natale (1853-1870), et fit, pendant le cours de son administration des embellissements considérables à Bayonne, qui lui doit ses halles, des ponts, un hôpital, etc. Ses relations personnelles avec l'empereur à Biarritz lui valurent l'appui du gouvernement aux élections générales du 24 mai 1869, et il fut élu député de la 3e circonscription des Basses-Pyrénées au Corps législatif par 22,021 voix (29,955 votants, 35,259 inscrits), contre 7,849 voix à M. d'Abbadie. Il siégea, jusqu'à la fin du règne, dans les rangs de la majorité, fit partie de la commission d'enquête sur la marine marchande, et vota la déclaration de guerre à la Prusse en juillet 1870. La révolution du 4 septembre le rendit momentanément à la vie privée. Il redevint député aux élections législatives du 20 février 1876, l'arrondissement de Bayonne l'ayant élu au second tour de scrutin, le 5 mars, comme bonapartiste, avec 8,545 voix (14,702 votants, 19,897 inscrits), contre 6,138 voix à M. Plantié, républicain, sur une profession de foi dans laquelle il disait : « J'ai servi l'Empire avec dévouement et fidélité ; les cinq années écoulées depuis sa chute n'ont en rien diminué mes affections et mes regrets. Mais la Constitution votée par l'Assemblée nationale est devenue la loi du pays ; je la respecte et je m'y soumets sans arrière-pensée. » Il alla prendre place dans le groupe de l'Appel au peuple , et vota avec la minorité contre les 363, pour le gouvernement du Seize-Mai. Candidat officiel aux élections du 14 octobre 1877, M. Labat fut réélu député par 10,354 voix (16,180 votants, 20,588 inscrits), contre 5,778 voix à M. Renaud, ancien représentant. Il reprit encore sa place à droite, se prononça contre les invalidations, contre le cabinet Dufaure, contre l'élection de M. Grévy comme président de la République, contre l'amnistie, contre l'article 7 de la loi sur l'enseignement supérieur, contre les ministères républi-

cains, et obtint sa réélection dans la 2e circonscription de Bayonne, le 21 août 1881, avec 4,180 voix (7,682 votants, 10,042 inscrits), contre 3,590 à M. Lafonte. Il continua dans cette législature son opposition au pouvoir existant, vota contre les ministères Gambetta et Ferry, contre les crédits de l'expédition du Tonkin, pour le rétablissement du scrutin de liste, et fut porté, le 4 octobre 1885, sur la liste conservatrice des Basses-Pyrénées. Elu, le 2e sur 6, par 45,784 voix (86,573 votants, 106.345 inscrits), il n'a cessé d'opiner, comme précédemment, avec la droite impérialiste. Hostile aux divers ministères qui se sont succédé au pouvoir, il s'est prononcé en dernier lieu contre le rétablissement du scrutin d'arrondissement (11 février 1889), pour l'ajournement indéfini de la revision de la Constitution, contre les poursuites contre trois députés membres de la Ligue des patriotes, contre le projet de loi Lisbonne restrictif de la liberté de la presse, contre les poursuites contre le général Boulanger. Officier de la Légion d'honneur (1865), commandeur de Charles III d'Espagne.

LA BATUT (ANNE-CHARLES-FERDINAND DE LABORIE, VICOMTE DE), député de 1885 à 1889, né à Bergerac (Dordogne) le 9 mai 1854, se fit recevoir docteur en droit à Paris, fut élu conseiller général du canton d'Issigeac (Dordogne), le 8 octobre 1871, et fut nommé, après le 16 mai, juge suppléant au tribunal de la Seine. Maire de Montbazillac, il se présenta comme candidat républicain à la députation, aux élections générales du 21 août 1881 dans la 2e circonscription de Bergerac, où il échoua avec 5,743 voix contre 8,277 à l'élu bonapartiste, M. Thirion-Montauban. Porté, lors des élections au scrutin de liste du 4 octobre 1885, sur la liste républicaine de la Dordogne, il fut élu député, le 8e et dernier, par 60,744 voix sur 120,527 votants et 146,593 inscrits. Il prit place à l'Union des gauches, et soutint avec ce groupe la politique scolaire et coloniale du gouvernement ; il a cependant voté contre l'expulsion des princes. En dernier lieu il s'est prononcé : pour le rétablissement du scrutin d'arrondissement (11 février 1889), contre l'ajournement indéfini de la revision de la Constitution, pour les poursuites contre trois députés membres de la Ligue des patriotes, pour les poursuites contre le général Boulanger ; il s'est abstenu sur le projet de loi Lisbonne restrictif de la liberté de la presse. On a de lui : Etablissements de bienfaisance en France.

LA BAUME (FLORENT-ALEXANDRE-MELCHIOR DE), COMTE DE MONTREVEL et du Saint-Empire, député en 1789, né à Chalon-sur-Saône (Saône-et-Loire) le 18 avril 1736, exécuté à Paris le 10 juillet 1794, était issu d'une famille de vieille noblesse, originaire de la Bresse, et descendait du maréchal de La Baume, marquis de Montrevel (1645-1716), dont la superstition était telle qu'il mourut de frayeur pour avoir renversé une salière chez le duc de Biron. Fils de Nicolas-Auguste de La Baume, comte de Montrevel, maréchal-de-camp, et de dame Florence du Châtelet, Florent-Alexandre-Melchior suivit comme ses ancêtres l'état militaire. Il avait été chef de brigade des gardes du corps du roi de Pologne, lorsqu'on le fit, en 1759, colonel d'un régiment de ce nom, qui prit le nom de Berri en 1762. Créé brigadier d'infanterie le 25 juillet 1762, et maréchal-de-camp le 3 janvier 1770, il se retira du service quelque temps avant la Révolution, et se fixa à Thiars, près de Choisy-le-Roi. Le 29 mars 1789, la noblesse du bailliage de Mâcon le nomma député aux Etats-Généraux. Il fut des premiers à se réunir au tiers-état, mais resta attaché à la monarchie, et, arrêté comme suspect en 1793, fut conduit à l'aris et incarcéré au Luxembourg. Accusé de complicité dans la prétendue conspiration des prisons, il fut traduit devant le tribunal révolutionnaire, condamné à mort et exécuté.

LABAUME (DE). — *Voy.* GOIRAND.

LABBÉ (LOUIS-CHARLES-FRANÇOIS), député au Conseil des Cinq-Cents, et au Corps législatif de l'an X à 1807, né à Boiscommun (Loiret) le 17 avril 1764, mort à une date inconnue, fut reçu, le 13 décembre 1792, « avoué près le tribunal du ci-devant district de Boiscommun, » et devint, le 2 juin 1793, juge de paix de la même localité. Membre du directoire du Loiret, puis substitut (13 floréal au III) du procureur-général syndic de ce département, commissaire (15 frimaire an IV) du pouvoir exécutif près l'administration centrale, il fut élu, le 23 germinal an VI, député du Loiret au Conseil des Cinq-Cents, où il siégea jusqu'au coup d'Etat de brumaire, auquel il se montra favorable. Aussi, le 13 thermidor an VIII, il fut nommé sous-préfet de Cognac. Son rôle administratif dans cet arrondissement le désigna, le 9 thermidor an XI, au choix du Sénat conservateur, comme député de la Charente au Corps législatif. Il quitta cette assemblée en 1807, se fit inscrire (23 décembre 1808) comme avocat à la cour d'appel de Paris, et termina sa carrière en qualité d'avoué près le tribunal de Pithiviers.

LABBÉ (JEAN-JOSEPH), représentant du peuple en 1848, né à Beuvillers (Moselle) le 16 novembre 1802, notaire à Metz, puis maître de forges, conseiller municipal de cette ville et membre du conseil général, fit une opposition constante aux gouvernements de la Restauration et de Louis-Philippe, appartint aux sociétés secrètes, et entretint parmi ses huit cents ouvriers une active propagande républicaine. Elu, le 23 avril 1848, représentant de la Moselle à l'Assemblée constituante, le 3e sur 11, par 92,258 voix (97,423 votants, 111,534 inscrits), il s'assit à gauche, parmi les plus modérés, fit partie du comité du commerce et de l'industrie, et vota *pour* le bannissement de la famille d'Orléans, *pour* les poursuites contre L. Blanc et Caussidière, *contre* l'abolition de la peine de mort, *contre* l'impôt progressif, *contre* l'incompatibilité des fonctions, *contre* l'amendement Grévy, *contre* la sanction de la Constitution par le peuple, *pour* l'ensemble de la Constitution, *pour* la proposition Rateau, *pour* l'interdiction des clubs, *pour* l'expédition de Rome, *contre* la demande de mise en accusation du président et des ministres. Il ne fut pas réélu à la Législative. Il était le gendre de M. Génot, ancien député sous le gouvernement de Juillet.

LABBEY DE LA ROQUE (PIERRE-ELIE-MARIE), député de 1815 à 1816, né à Rouen (Seine-Inférieure) le 26 décembre 1753, mort à une date inconnue, propriétaire, fut élu, le 22 août 1815, avec 115 voix (191 votants), député du Calvados, par le collège de département. Il fit partie de la majorité de la Chambre introuvable, prit la parole sur la question des douanes, et ne fit pas partie d'autres assemblées.

LABBEY DE POMPIÈRES (GUILLAUME-XAVIER), député au Corps législatif de 1813 à 1815, représentant à la Chambre des Cent-Jours, député de 1819 à 1831, né à Besançon (Doubs) le 3 mai 1751, mort à Paris le 14 mai 1831, « fils de Jacques-François-Joseph Labbey et de Etiennette-Marie Roux, mari et femme, » servit avant la Révolution dans l'artillerie, y gagna le grade de capitaine, et se retira en 1789 après vingt-sept ans de service. Partisan très modéré des idées nouvelles au début de la Révolution, il s'en effraya bientôt et, devenu suspect, fut arrêté et emprisonné en 1793. Rendu à la liberté après dix-huit mois de détention, il devint membre et président du district de Saint-Quentin. Nommé sous l'Empire conseiller de préfecture du département de l'Aisne, il remplaça par intérim le préfet en 1812 et, l'année d'après (6 janvier 1813), fut désigné par le Sénat conservateur comme député de l'Aisne au Corps législatif. Labbey de Pompières siégea dans le petit groupe des opposants, et vota l'impression du rapport de Lainé sur la situation politique de la France après 1813. Partisan du retour des Bourbons, il contribua à leur rappel après avoir pris part à la déchéance de Napoléon et, dans la Chambre de 1814, prit assez souvent la parole : *contre* le rétablissement de la censure que proposait l'abbé de Montesquiou, ministre; sur le budget; sur la naturalisation des habitants des pays réunis à la France; sur la restitution aux émigrés de leurs biens non vendus; sur les douanes; sur la franchise du port de Marseille. Le 8 mai 1815, Labbey de Pompières fut élu représentant du département de l'Aisne à la Chambre des Cent-Jours, par 64 voix (117 votants, 280 inscrits). Il ne parut pas à la tribune durant cette courte législature et fut choisi comme un des cinq inspecteurs de la salle. Monarchiste constitutionnel, il resta dans la retraite pendant quelques années, et ne rentra au parlement que le 11 septembre 1819; le collège de département de l'Aisne l'avait renommé député par 666 voix (1,089 votants, 1,495 inscrits). Il prit alors place à gauche et opina avec l'opposition libérale, montrant, malgré son âge, beaucoup d'ardeur, et interrompant constamment les orateurs ministériels. Il vota *contre* les lois d'exception, *contre* le système électoral, et dénonça avec énergie la violation de la Charte : « Le pacte social est rompu, s'écria-t-il, le corps politique est dissous, la loi n'est plus qu'un fantôme : il ne reste que l'arbitraire et la force, précurseurs de l'anarchie... Les Français ont entrevu la liberté, ils la veulent, ils l'auront, dussent-ils briser sur la tête de leurs ennemis les chaînes qu'ils voudraient leur donner! » Le 6 mars 1820, il développa une proposition relative à la régularisation des scrutins, et demanda : 1° qu'il fût déposé à côté de l'urne des votes un registre sur lequel chaque votant devrait s'inscrire avant de déposer son vote; 2° que le nombre des votants fût proclamé avant le recensement des boules. Cette proposition fut rejetée. Il parla encore *contre* la loi de censure, appuya à cet égard un amendement de Benjamin Constant, réclama plusieurs réductions sur divers articles du budget, et fit ressortir le contraste entre le traitement de l'archevêque de Paris (100,000 francs pour son archevêché, 30,000 francs comme cardinal, 100,000 francs comme grand aumônier et de plus une pension civile), et les 250 francs d'un vicaire de campagne. En 1821, il ne proposa pas moins de 62 amendements sur le budget : on les appela plaisamment des « amendements à coulisse ». Dans la session de 1822, il renouvela ses attaques contre le régime de la presse, et à propos de l'affaire du sous-caissier Mattéo, qui avait détourné 1,900,000 francs, demanda que le ministre des Finances restât garant de cette somme. Adversaire résolu de la guerre d'Espagne (1823), il protesta encore contre l'expulsion du député Manuel, et compta parmi les plus fermes soutiens de l'opposition. Le 6 mars 1824, Labbey de Pompières se représenta sans succès devant le collège de département de l'Aisne, qui ne lui donna que 95 voix sur 272 votants; mais il fut réélu, le 2 août de la même année, dans le 2e arrondissement électoral (Saint-Quentin), par 185 voix (307 votants, 363 inscrits), contre 68 au baron de Neuflize et 51 à M. de Baudreuil. Son zèle ne se démentit pas, et on le vit paraître encore très fréquemment à la tribune pour combattre l'indemnité aux émigrés, la septennalité de la Chambre des députés, la loi sur le sacrilège, le rétablissement du droit d'aînesse, etc. Il ne perdit aucune occasion de faire la critique la plus vive des actes politiques et financiers de M. de Villèle, à qui il prédit un jour que les « paratonnerres » dont il avait surchargé les toits de son ministère ne lui serviraient pas de « parachute ». Quand cette prophétie fut réalisée, il déposa lui-même, le 30 mai 1828, sur le bureau de la Chambre, un projet d'accusation formelle contre le ministère. Labbey de Pompières avait obtenu, le 17 novembre 1827, sa réélection comme député, par 238 voix (298 votants, 334 inscrits), contre 35 à M. Aubriet. Sa proposition, ainsi conçue : « J'accuse les précédents ministres de trahison envers le roi qu'ils ont isolé de son peuple, » fut renvoyée aux bureaux, discutée le 4 juin, prise en considération sous une autre forme, et, le 21 juillet, Girod (de l'Ain), rapporteur, conclut à son adoption. Cependant la discussion en fut ajournée à la session suivante, et, finalement la Chambre y renonça. Labbey de Pompières n'épargna pas davantage le ministère Martignac, et, par ses incessantes critiques, par la guerre continuelle qu'il lui fit à coups d'épigrammes et d'amendements, fut de ceux qui préparèrent sa chute. Avec les 221, il se prononça contre la politique de M. de Polignac, après avoir présidé, comme doyen d'âge, la première séance de la session de 1830. Il obtint le renouvellement de son mandat, après la dissolution, le 23 juin, par 227 voix (293 votants, 332 inscrits), contre 53 à M. Aubriet, puis prit une part très active aux conciliabules des députés présents à Paris, lors des Ordonnances de juillet, les réunit sous sa présidence le 27, protesta avec eux, excita personnellement sur plusieurs points de Paris la résistance du peuple, et coopéra de tout son pouvoir à l'avénement de Louis-Philippe. Mais l'attitude prise dès ses débuts par le gouvernement nouveau ne répondant point aux tendances libérales du député de Saint-Quentin; il se sépara de la majorité, refusa le poste de questeur qu'elle lui offrait, cessa de paraître aux séances de la Chambre, et s'éteignit le 14 mai 1831. Sa petite-fille avait épousé Odilon Barrot. On a de lui plusieurs de ses discours et opinions à la Chambre, publiés à part.

LA BÉDOYÈRE (CHARLES-ANGÉLIQUE-FRANçois HUCHET, COMTE DE), pair des Cent-Jours, né à Paris le 17 avril 1786, mort à Paris le 19 août 1815, d'une ancienne famille bretonne, fils de Charles-Marie-Philippe de La Bédoyère et de Félicité-Julie Desbarres, entra au service à vingt ans. Après avoir fait, dans le corps des gendarmes d'ordonnance, les campagnes de 1806 et 1807, il accompagna le maréchal Lannes en Espagne comme aide-de-camp (1808), fut blessé à Tudela, et suivit son chef en Allemagne. Il se distingua par son intrépidité à la prise de Ratisbonne, reçut une nouvelle blessure à Essling et fut attaché à l'état-major du prince Eugène. Chef de bataillon en 1811, il prit encore une part active et brillante à la campagne de 1812, y mérita le grade de colonel, puis commanda le 112e régiment de ligne à Lutzen, à Bautzen et à la prise de Colberg (1813). Encore blessé dans cette affaire, il revint en France, où il épousa Mlle de Chastellux. Lorsque les alliés se présentèrent devant Paris, il se mit à la disposition du commandant de place. Après l'abdication de Fontainebleau, sa famille, qui cherchait à le convertir aux idées royalistes, obtint pour lui la croix de Saint-Louis et le commandement du 7e de ligne, en garnison à Grenoble. Mais le retour de l'île d'Elbe le rejeta vite dans le parti de l'empereur. Napoléon n'avait encore vu son escorte se grossir que de faibles détachements, lorsqu'un régiment entier se joignit à lui à Vizille : c'était le régiment de La Bédoyère. Le colonel, en abordant l'empereur, ne craignit pas de lui faire entendre de sages conseils : « Sire, lui dit-il, plus d'ambition, plus de despotisme; nous voulons être libres et heureux. Il faut que Votre Majesté abjure le système de conquêtes et d'extrême puissance qui a fait le malheur de la France et le vôtre. » Si La Bédoyère eut quelques illusions à cet égard, les premiers décrets impériaux furent de nature à les dissiper. En apprenant que la saisie des biens des membres du gouvernement provisoire de 1814 allait être ordonnée : « Tout sera bientôt fini! » s'écria-t-il. L'empereur ne le nomma pas moins général de brigade, son aide-de-camp, et bientôt général de division. En même temps, La Bédoyère était, le 2 juin 1815, appelé à la pairie. Sa modestie s'étonna de tant d'honneurs. Au surplus, son dévouement ne se démentit pas. Resté un des derniers sur le champ de bataille de Waterloo, il revint après ce désastre occuper son siège à la Chambre des pairs, dite des Cent-Jours. Il s'y montra le chaud partisan des droits de Napoléon II à la couronne (séance du 22 juin 1815), et soutint que c'était pour son fils que l'empereur avait abdiqué. « Faudra-t-il, dit-il au milieu des interruptions et des rappels à l'ordre, que le sang français ait encore coulé pour passer sous le joug odieux de l'étranger, pour courber la tête sous un gouvernement avili; pour voir nos braves guerriers abreuvés d'humiliations et d'amertumes et privés de l'existence due à leurs services, à leurs blessures, à la gloire de la nation? J'ai entendu des voix autour du trône du souverain heureux; elles s'en éloignent aujourd'hui qu'il est dans le malheur. L'abdication de Napoléon est indivisible. Si l'on ne veut pas reconnaître son fils, il doit tenir l'épée, environné de Français qui ont versé leur sang pour lui et qui sont encore tout couverts de blessures. Il sera abandonné par de vils généraux qui l'ont déjà trahi. » Proposant que tout Français qui quitterait son drapeau fût noté d'infamie et vît « sa maison rasée et sa famille proscrite », il mit le comble à l'exaspération de plusieurs de ses collègues par ces mots : « Alors plus de traîtres, plus de ces manœuvres qui ont occasionné les dernières catastrophes et dont peut-être quelques auteurs siègent ici. » Pour lui, il avait prédit le sort qui l'attendait. « Si les Chambres s'isolent de l'empereur, mon sort n'est pas douteux. Je serai fusillé le premier! » Après la reddition de Paris. La Bédoyère se retira derrière la Loire, puis se fixa à Riom. Là, on lui fit savoir que la loi d'amnistie l'avait compris parmi les exceptions et qu'il serait traduit devant un conseil de guerre. Le colonel — car la Restauration avait considéré comme nul tout grade de général conféré pendant les Cent-Jours, — quitta Riom, muni d'un passeport en blanc que Fouché lui avait délivré, et tenta de se diriger vers la Suisse; il y fût parvenu sans encombre, s'il n'avait eu l'idée de passer auparavant par Paris, soit qu'il ne pût résister au désir d'embrasser sa femme et son enfant, soit qu'il eût, comme on le lui reprocha, le projet de conspirer contre le gouvernement royal. Dénoncé par un officier de gendarmerie qui se trouvait avec lui dans la voiture des messageries royales, il fut aussitôt l'objet d'une surveillance étroite : on sut qu'il s'était fait conduire dans une maison du faubourg Poissonnière; on suivit sa trace; il fut pris et arrêté (2 août 1815). Fouché, qui le même jour donnait une grande fête à l'occasion de son mariage avec Mlle de Castellane, apprit, au milieu des danses, cette arrestation, qu'il n'avait pas ordonnée lui-même et qu'il ne put empêcher. Impliqué dans un complot récemment découvert, La Bédoyère fut conduit à la prison militaire de l'Abbaye. Ses amis et les membres de la famille, dont plusieurs étaient royalistes, essayèrent de l'enlever. Mais le projet, secondé pourtant par le geôlier, échoua maladroitement au dernier moment. La Bédoyère trouva un habile et courageux défenseur dans Benjamin Constant, qui écrivit, le 14 août 1815, en forme de lettre au roi, un mémoire où il disait : « Je crois, dans l'intérêt du trône, qu'une mitigation de la peine, une détention sévère dans un château fort, vaut mieux que le sang de ce jeune homme versé dans la plaine de Grenelle. Je pense que cet acte de clémence serait un gage de réconciliation avec notre malheureuse armée. » Ces avis ne furent point entendus. Traduit, le 2 août, devant le 2e conseil de guerre permanent de la 1re division militaire, La Bédoyère comparut, le 9, devant ce conseil, composé de MM. Berthier de Sauvigny, adjudant-commandant, qui présidait, Muzenot de Mondésir, adjudant-commandant, Durand de Sainte-Rose, adjudant-commandant, Saint-Just, chef de bataillon, adjoint à l'état-major, Lentivi, capitaine-adjoint à l'état-major, Boulnois, lieutenant de gendarmerie du département de la Seine, M. Viotti, chef de bataillon, adjoint à l'état-major, faisant les fonctions de ministère public, M. Gaudriot, capitaine de gendarmerie du département de la Seine, faisant celles de rapporteur. Il était prévenu de « trahison, de rébellion et d'embauchage ». La Bédoyère se défendit avec calme et simplicité. « J'ai pu, dit-il, me tromper sur les véritables intérêts de la France; j'ai pu être égaré par des illusions, par des souvenirs, par de fausses idées d'honneur; il est possible que la patrie ait donné à mon cœur un langage chimérique. Mais la grandeur des sacrifices que j'ai faits, en m'exposant à rompre les liens les plus chers, prouve qu'il n'entrait dans ma conduite aucun motif d'intérêt personnel. Je n'ai ni l'intention ni la possibilité de nier des faits publics et notoires; mais je proteste que je n'ai trempé dans aucun complot qui ait précédé le retour de Buonaparte; je suis même convaincu qu'il n'a point existé de conspiration pour ramener Buonaparte de l'île d'Elbe... » Le 15, il fut condamné à la peine de mort à l'unanimité, comme coupable : 1° de rébellion et trahison, et non d'embauchage; 2° de n'avoir pas profité du délai de huit jours accordé par l'ordonnance du roi, à tous les fauteurs de Bonaparte, pour rentrer dans le devoir. Le 19, le conseil de révision statua sur son pourvoi, qui fut rejeté, malgré une éloquente plaidoirie de Me Mauguin. Le même jour, à six heures et demie du soir, toutes les démarches de sa famille auprès du roi étant restées vaines, il fut exécuté dans la plaine de Grenelle. Il fut assisté au dernier moment par un prêtre qui l'avait élevé; puis, s'avançant au-devant du peloton de vétérans chargés de l'exécution, il leur dit en montrant son cœur : « C'est là qu'il faut frapper ! » Quelques minutes après, il n'existait plus.

LA BÉDOYÈRE (Georges-César-Raphaël Huchet, comte de), député au Corps législatif de 1856 à 1859, sénateur du second Empire, né à Paris le 2 octobre 1814, mort à Paris le 9 août 1867, fils du précédent, épousa en 1849 Mlle de la Rochelambert, et s'attacha au parti de L.-N. Bonaparte. Après le rétablissement de l'Empire, M. de La Bédoyère fut appelé aux fonctions de chambellan de Napoléon III (1855), tandis que la comtesse de La Bédoyère remplissait auprès de l'impératrice celles de dame du palais. Le 6 avril 1856, il fut, comme candidat officiel, élu, dans la 5e circonscription de la Seine-Inférieure, député au Corps législatif, par 18,314 voix (18,665 votants, 34,304 inscrits), en remplacement de M. de Mortemart, démissionnaire. Il prit place sur les bancs de la majorité, fut réélu député, le 22 juin 1857, par 15,712 voix (19,360 votants, 34,493 inscrits), contre 896 à M. Girard et 738 à M. Deschamps, et passa, le 16 août 1859, du Palais-Bourbon au Luxembourg, un décret impérial l'ayant nommé sénateur; il eut pour successeur, comme député, M. Jules Reiset.

LABÉLONYE (Jean-Pierre-Claude-Clément), représentant en 1871, né à Navarrenx (Basses-Pyrénées) le 23 novembre 1810, mort à Paris le 24 avril 1874, pharmacien à Paris, inventeur du sirop qui porte son nom, ancien conseiller général de la Seine, républicain de la veille, membre du conseil de surveillance du Siècle, maire de Chatou, fut élu, aux élections complémentaires du 2 juillet 1871, destinées à remplacer cinq représentants, par suite d'option ou de démission, représentant de Seine-et-Oise à l'Assemblée nationale, comme candidat républicain, le 3e sur 5, par 48,824 voix (81,398 votants, 132,708 inscrits). Il prit place à gauche et vota : contre la pétition des évêques, contre le pouvoir constituant de l'Assemblée, contre le service militaire de trois ans, contre la démission de Thiers, contre l'arrêté contre les enterrements civils, contre le septennat, contre l'admission à titre définitif des princes d'Orléans dans l'armée (28 mars 1874); il mourut moins d'un mois après.

LABESTE (François-Victor), député en 1789, dates de naissance et de mort inconnues, propriétaire à Cumières (Marne), était « officier chez le roi », quand il fut élu, le 26 mars 1789, député du tiers aux États-Généraux par le bailliage de Reims, avec 115 voix sur 196 votants. Il appartint à la minorité de la Constituante sans jouer aucun rôle parlementaire en vue.

LABICHE (Emile-Charles-Didier), membre

du Sénat, né à Béville-le-Comte (Eure-et-Loir) le 25 novembre 1827, étudia le droit à Paris où il se fit recevoir licencié, puis docteur (1852), et s'inscrivit au barreau. Riche propriétaire dans le département d'Eure-et-Loir, il y fit de l'opposition à l'Empire, fut élu conseiller général du canton d'Auneau, et posa, le 4 juin 1863, sa candidature indépendante au Corps législatif dans la 1re circonscription d'Eure-et-Loir; il y obtint 6,780 voix contre 21,230 à l'élu officiel, M. Reille, 3,673 à M. Émile Lelong, 957 à M. Gatineau, 627 à M. Victor Bonnet et 279 à M. Joseph. M. Labiche engagea de nouveau la lutte aux élections du 24 mai 1869, qui lui donnèrent 12,690 voix contre 20,441 au député sortant, M. Reille, et 3.265 à M. Gatineau. Après la révolution du 4 septembre 1870, le gouvernement de la Défense le nomma préfet d'Eure-et-Loir. Il se démit de ce poste pour se présenter aux élections de l'Assemblée nationale, le 8 février 1871; mais il échoua seulement, avec 21,797 voix (54,301 votants). Après la formation du premier ministère constitué par Thiers, Ernest Picard appela M. Labiche aux fonctions de secrétaire général du ministère de l'Intérieur, qu'il conserva jusqu'à la démission de ce ministre. Lors de l'élection des conseillers d'État par l'Assemblée (1872), M. Labiche fut porté sur la liste des candidats patronnés par la gauche; il n'obtint pas la majorité. Il avait été réélu, le 8 octobre 1871, membre du conseil général d'Eure-et-Loir, s'y était déclaré favorable à l'établissement définitif de la République, et avait été choisi par ses collègues comme président. Aux élections sénatoriales du 30 janvier 1876, les électeurs républicains d'Eure-et-Loir adoptèrent sa candidature, et M. Labiche fut élu sénateur de ce département par 309 voix (487 votants). Il siégea dans le groupe de la gauche républicaine dont il ne tarda pas à devenir un des membres les plus actifs. Il fut auteur, puis rapporteur du projet de loi du nouveau code rural, membre de la commission des voies ferrées établies sur les voies publiques, etc., et prit la parole dans les discussions financières et agricoles, ainsi que sur plusieurs questions politiques. Il vota contre la dissolution de la Chambre des députés (juin 1877), pour le ministère Dufaure, pour l'article 7, pour les lois Ferry sur l'enseignement. En 1881, il fit adopter comme rapporteur, par la Chambre haute, la loi sur les réunions publiques, modifiée dans un sens plus libéral: le représentant de l'autorité n'avait plus le droit de donner des avertissements au bureau, et son rôle devait se borner à constater les délits pour les déférer aux tribunaux. La dissolution de la réunion ne pouvait être prononcée par l'autorité qu'en cas de désordre matériel. Enfin, les délais entre la déclaration et la réunion étaient réduits à vingt-quatre heures et deux heures, suivant que la réunion était ordinaire ou électorale. En 1882, il se prononça en faveur du projet déposé par le ministre de l'Intérieur et qui abrogeait les dispositions législatives prescrivant, dans les communes ayant moins de 100,000 francs de revenu, l'adjonction des plus imposés au conseil municipal pour le vote des emprunts et de certaines contributions extraordinaires. En 1883, M. E. Labiche intervint, toujours comme rapporteur, dans le débat sur la « liberté des funérailles », et il eut à défendre la loi nouvelle contre les vives attaques de MM. Baragnon, Buffet, Jouin, Clément, Lucien Brun. Il s'attacha à prouver que le projet assurait, dans les meilleures conditions, le respect absolu de la

volonté du défunt. M. Labiche se mêla encore activement aux controverses soulevées par la question du divorce. Réélu sénateur d'Eure-et-Loir, le 25 janvier 1885, par 501 voix (720 votants), il suivit la même ligne politique que précédemment, vota cependant (juin 1886) contre l'expulsion des princes, fut rapporteur (fin 1887) du projet d'organisation du crédit agricole, et, lorsqu'en décembre suivant le Sénat rétablit la subvention de l'Opéra, rognée capricieusement par la Chambre des députés, fit remarquer au chef du cabinet, M. Floquet, que l'existence du Sénat avait son utilité, même pour un cabinet radical qui ne cherchait qu'à réduire ses attributions financières. En dernier lieu, M. E. Labiche s'est prononcé: pour le rétablissement du scrutin d'arrondissement (13 février 1889), pour le projet de loi Lisbonne restrictif de la liberté de la presse, pour la procédure à suivre devant le Sénat contre le général Boulanger.

LABICHE (Jules-Hyacinthe-Romain), membre du Sénat, né à Sourdeval-la-Barre (Manche) le 9 août 1826, d'une famille de cultivateurs, voyagea en Amérique et fit un assez long séjour aux États-Unis, où il s'occupa avec succès du commerce des cotons. Sa fortune faite, il revint en France, se fixa dans sa ville natale, dont il devint (1860) conseiller municipal. D'opinions républicaines modérées, il entra en 1871 au conseil général de la Manche, puis il sollicita, aux élections législatives du 20 février 1876 et du 14 octobre 1877, les suffrages des électeurs de l'arrondissement de Mortain: il réunit la première fois 3,904 voix, contre 9,898 à l'élu conservateur, M. Arthur Legrand, et, la seconde fois, 5,720, contre 9,577 au député sortant, réélu. Plus heureux lors des élections sénatoriales du 5 janvier 1879, M. Labiche devint sénateur de la Manche par 394 voix sur 739 votants. Il siégea à gauche et opina avec la majorité nouvelle de la Chambre haute: pour les lois Ferry sur l'enseignement, pour l'article 7, pour les lois nouvelles sur la presse et le droit de réunion, pour la réforme du personnel judiciaire, pour le rétablissement du divorce, pour les crédits du Tonkin, pour la politique opportuniste, etc., il était absent lors du scrutin sur l'expulsion des princes. Réélu sénateur de la Manche, le 5 janvier 1888, par 741 voix sur 1,247 votants, il s'est prononcé en dernier lieu pour le rétablissement du scrutin d'arrondissement (13 février 1889), pour le projet de loi Lisbonne restrictif de la liberté de la presse, pour la procédure à suivre devant le Sénat contre le général Boulanger.

LABITTE (Delphe-Auguste), représentant en 1871, député de 1877 à 1878, né à Clermont (Oise) le 30 novembre 1821, directeur de la maison de santé de Clermont, fut élu, le 8 février 1871, représentant de l'Oise à l'Assemblée nationale, le 8e et dernier, par 26,249 voix (73,957 votants, 118,866 inscrits). Légitimiste-catholique, il prit place à droite, fut des 94 signataires demandant le rappel de la loi qui exilait les Bourbons, et vota: pour la paix, pour les prières publiques, pour l'abrogation des lois d'exil, pour le 24 mai, pour la démission de Thiers, pour la prorogation des pouvoirs du Maréchal, pour l'état de siège, pour la loi des maires, pour le ministère de Broglie, contre le retour à Paris, contre la dissolution, contre la proposition du centre gauche, contre l'amendement Wallon, contre les lois constitutionnelles. Aux élections générales du 20 février 1876, il échoua dans l'arrondissement de Clermont contre 10,191 voix, contre 10,642 à M. Levavasseur, républicain, mais, après la dissolution de la Chambre par le cabinet du 16 mai, il fut élu, dans le même arrondissement, le 14 octobre 1877, comme candidat du Maréchal, par 11,408 voix (22,346 votants, 25,206 inscrits), contre 10,735 au député sortant, M. Levavasseur, l'un des 363. Cette élection ayant été invalidée, M. Labitte ne se représenta pas, et son concurrent, M. Levavasseur, fut élu définitivement le 3 mars 1878.

LABITTE (PORPHYRE-HENRI), député de 1876 à 1882, sénateur de 1882 à 1885, né à Abbeville (Somme) le 19 février 1823, mort au château de Blangermont (Pas-de-Calais) le 4 novembre 1885, fils d'Alexandre-Porphyre Labitte, ancien magistrat, et de Mélanie-Charlotte Cochet, s'adonna aux études scientifiques et principalement aux sciences naturelles. Il fut successivement préparateur au Muséum, au Collège de France, à l'Ecole de Médecine, se trouva en relations avec plusieurs savants distingués, et fut un des organisateurs du musée Orfila. En même temps, il collaborait au *Journal de l'Instruction publique* et à la *Revue de Paris*, dont son frère Charles Labitte, le critique bien connu, était un des principaux rédacteurs. Républicain modéré, M. Porphyre Labitte, qui était devenu, en 1848, capitaine d'état-major de la garde nationale, combattit, les armes à la main, l'insurrection de juin et fut blessé. Après le coup d'Etat de 1851, il retourna à Abbeville, fut nommé administrateur du Musée, devint président de la loge maçonnique, maire de Blangermont, et s'occupa de travaux littéraires et scientifiques. Pendant la guerre de 1870, il organisa des hôpitaux temporaires pour les blessés et les malades. Elu membre du conseil général de la Somme le 8 octobre 1871, il fut sans succès candidat aux élections sénatoriales de janvier 1876, puis il se présenta, le 20 février suivant, à la députation, dans la 1re circonscription d'Abbeville, et fut élu membre de la Chambre des députés par 8,804 voix (15,383 votants, 19,555 inscrits), contre 6,440 à M. Courbet-Poulard, ancien représentant, monarchiste. M. Labitte prit place dans les rangs de la majorité républicaine, vota avec le centre gauche, et fut des 363. A ce titre, il obtint sa réélection, le 14 octobre 1877, avec 9,554 voix (16,573 votants, 19,641 inscrits), contre 6,923 au candidat officiel, M. Cornuau. Il reprit sa place parmi les modérés de la gauche, se prononça *contre* le ministère Rochebouët, *pour* le cabinet Dufaure, *pour* l'article 7 de la loi sur l'enseignement supérieur, *pour* le retour des Chambres à Paris, *contre* l'amnistie plénière, *pour* l'invalidation de l'élection Blanqui, *pour* les lois nouvelles sur la presse et le droit de réunion, etc. Réélu député, le 21 août 1881, par 10,157 voix (11,910 votants, 19,246 inscrits), M. P. Labitte soutint la politique opportuniste, et passa presque aussitôt de la Chambre au Sénat. En effet, le 8 janvier 1882, il fut élu sénateur de la Somme par 557 voix sur 923 votants ; M. Carette le remplaça comme député le 26 février suivant. Membre de la gauche sénatoriale, M. Labitte prêta au gouvernement le concours de ses votes, et opina notamment *pour* la réforme du personnel judiciaire, *pour* le rétablissement du divorce, *pour* les crédits du Tonkin, etc. Il succomba, en 1885, aux suites d'une congestion pulmonaire.

LA BOESSIÈRE DE LENNUIE (MARC-ANTOINE-MARIE-HYACINTHE, MARQUIS DE), député de 1824 à 1830, né à Grâces (Côtes-du-Nord) le 11 décembre 1766, mort à Ploërmel (Morbihan) le 11 août 1846, « fils de Bertrand-Pierre-Marie de la Boëssière, chef de ses nom et armes, marquis de la Boëssière, chevalier, lieutenant des maréchaux de France et juge du point d'honneur à Guingamp, et de dame Marie-Jeanne Tavignon de Kertanguy, » entra jeune dans l'armée, fut bientôt appelé à l'état-major du lieutenant-général marquis de Langeron, émigra sous la Révolution, et servit à l'armée des princes comme officier supérieur. Attaché à l'état-major du comte d'Artois, il fut chargé par lui de plusieurs missions périlleuses tant en Bretagne qu'à Paris après le 18 fructidor. De retour en France sous le Consulat, il s'occupa d'abord d'agriculture ; puis, partisan zélé de la Restauration, il se rendit à Gand pendant les Cent-Jours, dirigea la prise d'armes de 1815 en Bretagne, et, promu maréchal-de-camp, commanda successivement les départements d'Ille-et-Vilaine et des Côtes-du-Nord. Le 25 février 1824, il fut élu député par le 4e collège du Morbihan (Ploërmel), avec 91 voix (95 votants, 108 inscrits). M. de la Boëssière s'égea au côté droit et aborda quelquefois la tribune ; dans la discussion de la loi contre la presse (janvier 1827), il dit notamment : « Je vote pour la loi qui nous est proposée, parce que j'ai fait serment d'obéir au roi, et je déclare que je voterai de même pour toutes les propositions émanées de l'autorité. » Il demanda spécialement, sans succès, que les journalistes ne pussent assister aux séances de la Chambre, et se bornassent à en rendre compte en copiant *in extenso* le *Moniteur*. Il proposa encore une modification au règlement tendant à la nomination d'une commission chargée de lire et de surveiller les comptes-rendus des journaux. L'idée ne fut pas rejetée, la commission fut nommée, et les journaux du temps ne tarirent pas sur la *commission la Boëssière*. M. de la Boëssière soutint lui-même sa proposition qui, d'ailleurs, n'aboutit pas. Réélu député, le 17 novembre 1827, par 70 voix (84 votants, 95 inscrits), il soutint le ministère Polignac, vota dans la minorité contre les 221, et fut chargé par les membres de cette minorité de se mettre à leur tête, et de venir, dit un biographe légitimiste, « déposer au pied du trône le tribut de leurs respects et de leurs regrets. » Le 23 juin 1830, il obtint encore le renouvellement de son mandat avec 65 voix (94 votants, 101 inscrits), contre 29 au général Fabre ; mais il ne voulut pas prêter serment au gouvernement de Louis-Philippe et refusa de siéger dans les termes suivants :

« 2 septembre 1830.

« Monsieur le président,

« Tombé malade au moment où j'allais me rendre à la Chambre, je n'ai pu assister à ses premières séances. Je m'y serais élevé, comme plusieurs de nos honorables amis, contre les droits qu'elle s'est attribué d'ôter et de donner la couronne, ainsi que de changer la Charte.

« Dans l'état actuel des choses, je ne me démets pas du mandat dont je suis revêtu ; mais je me refuse de siéger dans une Chambre où ma présence serait en opposition avec le serment que j'avais prêté pour avoir le droit d'y être, et avec tous les sentiments qui avaient fondé dans mes commettants la confiance dont ils m'ont honoré.

« J'ai l'honneur, etc.

« MARQUIS DE LA BOESSIÈRE. »

Considéré comme démissionnaire, M. de la Boëssière se retira à son château de Malleville, près Ploërmel. Il fut remplacé à la Chambre par M. Gaillard de Kerbertin.

LA BOISSIÈRE (JEAN-BAPTISTE), député en 1791, membre de la Convention, député au Conseil des Anciens, né à Bourg-de-Visa (Tarn-et-Garonne) le 15 novembre 1729, mort en 1811, était juge au tribunal de district de Moissac, lorsqu'il fut élu, le 2 septembre 1791, député du Lot à l'Assemblée législative, le 7ᵉ sur 10, par 243 voix (467 votants). Il siégea dans la majorité, et fut réélu, le 5 septembre 1792, « par acclamation, » député du même département à la Convention, le 2ᵉ sur 10. La Boissière se prononça, dans le procès du roi, contre l'appel au peuple. « Par cette raison décisive, dit-il, qu'on ne peut rien attendre que de fâcheux d'une opinion contraire, *non*. » Au 3ᵉ appel nominal, il opina ainsi : « Je suis juge, et je ne puis m'empêcher d'être juge ; Louis est convaincu de conspiration contre la liberté ; j'ouvre le code pénal ; je prononce la mort, me réservant, comme Mailhe, d'examiner s'il ne serait pas utile de surseoir à l'exécution du jugement. » Il prit encore la parole dans l'assemblée pour soutenir l'effet rétroactif de la loi sur les successions. Passé au Conseil des Anciens, le 24 vendémiaire an IV, avec 208 voix sur 248 votants, il y vota le rejet de la résolution relative aux élections de son département et de celle sur les domaines congéables, fut élu secrétaire, et quitta le Conseil pour devenir (26 prairial an VI) commissaire près l'administration centrale du Lot. Le gouvernement consulaire le nomma, le 14 germinal an VIII, juge suppléant au tribunal de première instance de la Seine.

LABOISSIÈRE (COMTE DE). — *Voy.* GARNIER.

LABOISSIÈRE (DE). — *Voy.* TRAMIER.

LA BONNINIÈRE. — *Voy* BEAUMONT (DE).

LABORDE (CHARLES), député en 1789, né à Condom (Gers) le 19 novembre 1737, mort à une date inconnue, curé de Corneillan, fut élu, le 10 mars 1789, député du clergé aux Etats-Généraux par la sénéchaussée de Condom. Il opina avec les partisans de l'ancien régime, et protesta en ces termes contre la délibération par tête : « En votant pour la vérification des pouvoirs en commun, et en signant la liste des membres du clergé qui ont adopté cette opinion, je me suis réservé la faculté de voter par ordre conformément à mon mandat, jusqu'à ce que la Constitution soit établie.

« Je déclare persister dans la même réserve. « A Versailles, le 30 juin 1789.

« LABORDE, *curé de Corneillan,* *député du clergé de Condom.* »

Il donna ensuite sa démission de député ; puis il demanda à rentrer à l'Assemblée, qui y consentit, le 6 octobre de la même année, et où il ne joua par la suite qu'un rôle très effacé.

LABORDE (JEAN-PIERRE), député au Conseil des Cinq-Cents, au Corps législatif de l'an VIII à 1815, représentant à la Chambre des Cent-Jours, né à Saint-Clar (Gers) le 14 novembre 1765, mort à Paris le 27 janvier 1827, « fils de monsieur Dominique Laborde, bourgeois, et de dame Marie Gineste, » était avoué à Lombez avant la Révolution. Secrétaire général de l'assemblée provinciale du pays de Comminges en 1788, maire de Lombez en 1792, il fut détenu dans les prisons de Toulouse pendant la Ter-

reur, puis fut nommé, après thermidor, administrateur du district de l'Isle-Jourdain, et élu député du Gers au Conseil des Cinq-Cents, le 24 vendémiaire an IV, par 166 voix sur 299 votants. Il fit voter une résolution en faveur des héritiers des ecclésiastiques déportés, demanda la reconstruction de Landrecies par la compagnie Duvernet, et vota l'annulation des trois élections du Gers. Après le coup d'Etat de brumaire, le Sénat conservateur le choisit pour député du Gers au nouveau Corps législatif, le 4 nivôse an VIII, et lui renouvela son mandat le 6 janvier 1813 ; il fut nommé secrétaire de cette assemblée, le 6 avril 1814. Pendant les Cent-Jours, les électeurs de Lombez l'élurent leur représentant, le 15 mai 1815, par 24 voix (24 votants, 108 inscrits) ; il quitta la vie politique après cette courte législature.

LABORDE (HENRI-FRANÇOIS, COMTE DE), pair des Cent-Jours, né à Dijon (Côte-d'Or) le 21 décembre 1764, mort à Paris le 3 février 1833, fit ses études au collège de sa ville natale, puis s'engagea. Il était sous-officier au moment de la Révolution. Lieutenant au 1ᵉʳ bataillon des volontaires de la Côte-d'Or en 1792, il fut envoyé à l'armée de La Fayette, où il se signala à Grisuelle près Maubeuge, à Longwy dont il refusa de signer la capitulation, et à Ruizabern en 1793. Il venait de recevoir l'ordre de rejoindre l'armée des Pyrénées, lorsque Carteaux l'envoya contre les Marseillais révoltés. De Laborde les battit près d'Aix, en Provence, et fut nommé général de brigade et gouverneur de la Corse. Il n'exerça jamais ces dernières fonctions. Attaché à la 1ʳᵉ division de l'armée devant Toulon, il contribua à la prise de cette place en enlevant le camp retranché des Anglais. Parti de là pour les Pyrénées-Occidentales, il fit avec Moncey la campagne de la Bidassoa, s'empara du camp espagnol de Saint-Martial et occupa la vallée de Roucevaux. Peu après, il passa à l'armée de Rhin-et-Moselle, franchit le fleuve à Neufbrisach (thermidor an IV), et occupa le Brisgau. Général de division en l'an VIII, il se distingua à Philipsbourg et à Lunéville, reçut le commandement de la 13ᵉ division militaire, fut nommé membre de la Légion d'honneur (19 frimaire an XII), commandeur de l'ordre (25 prairial) et grand-officier (4 ventôse an XIII). En 1807, il prit part avec Junot à la seconde campagne de Portugal, devint gouverneur de Lisbonne, et se distingua en résistant pendant trois jours, à Roliça, avec moins de 5,000 combattants, aux troupes de Wellesley. Après la prise d'Oporto à laquelle il contribua glorieusement, il fut créé comte de l'Empire le 12 novembre 1809, et rentra en France où il demeura jusqu'à la campagne de Russie. En 1812, il reçut le commandement de la 1ʳᵉ division du corps d'armée de Mortier, duc de Trévise. Gouverneur du château de Compiègne en 1813 et grand-croix de l'ordre de la Réunion, il se rallia à Louis XVIII, qui le fit chevalier de Saint-Louis et lui fit remettre 10,000 francs comme compensation de la charge de gouverneur de Compiègne qui lui était retirée. Aux Cent-Jours, l'empereur, près de qui il était revenu, l'appela à la pairie (2 juin 1815), et le nomma chambellan. Aussi la seconde Restauration lui appliqua l'ordonnance du 24 juillet 1815 ; mis en jugement au mois de septembre suivant, il fut acquitté. Il vécut dès lors éloigné des affaires publiques, et fut admis à la retraite, comme général de division, le 13 août 1832.

LABORDE (LOUIS-JOSEPH-ALEXANDRE, COMTE

DE), député de 1822 à 1824 et de 1827 à 1842, né à Paris le 17 septembre 1773, mort à Paris le 20 octobre 1842, fit ses études au collège de Juilly et quitta la France au moment de la Révolution. Il se rendit à Vienne, auprès de l'empereur Joseph II, qui l'admit dans l'armée autrichienne, où il parvint au grade de chef d'escadron. La paix de Campo-Formio, en 1797, lui permit de revenir en France; mais il y resta peu de temps, et, pris d'un goût très vif pour les arts, voyagea en Angleterre, en Hollande, en Italie et en Espagne. Attaché, en 1800, à l'ambassade de Lucien Bonaparte à Madrid, il visita en détail l'Espagne, qui lui inspira deux ouvrages : L'*Itinéraire descriptif de l'Espagne* (1809, 5 volumes et 1 atlas) et le *Voyage pittoresque et historique en Espagne* (1807-1818, 4 volumes in-folio). La guerre de 1808, en entravant la vente de ce dernier ouvrage, compromit les intérêts de l'auteur, qui se décida à entrer dans l'administration. Nommé, cette même année, auditeur au conseil d'Etat, membre de la Légion d'honneur en 1809, M. de Laborde fut chargé, au commencement de 1810, de présider la commission de liquidation des comptes de la grande armée. Créé comte de l'empire (9 janvier 1810). placé peu après à la tête du service des ponts et chaussées du département de la Seine, il fut appelé à l'Institut (classe des Inscriptions et Belles-Lettres), en remplacement de M. de Toulongeon (1813). Adjudant-major de la garde nationale en 1814, il reçut la mission de se rendre au camp russe sous Paris, dans la nuit du 31 mars, pour y traiter de la capitulation de la garde nationale. Louis XVIII le nomma alors colonel d'état-major, chevalier de Saint-Louis et officier de la Légion d'honneur. Sans emploi durant les Cent-Jours, il se rendit en Angleterre pour y étudier les méthodes de l'enseignement mutuel populaire, dont il se fit à son retour, sous la seconde Restauration, l'actif propagateur en France, notamment en qualité de secrétaire de la « Société centrale d'enseignement mutuel ». Il put terminer, en 1818, son *Voyage en Espagne*, et entra comme maître des requêtes au conseil d'Etat. Elu député du collège de département de la Seine, le 17 mai 1822, par 1,215 voix (2,320 votants), il combattit les systèmes financiers du ministère, les lois restrictives de la liberté, et s'opposa vivement à la guerre d'Espagne, surtout par la raison qu'il serait impossible de ravitailler la cavalerie. Un journal de l'époque résuma son opinion dans cette formule : « Foin de la guerre d'Espagne. » Cette attitude indépendante le fit rayer du conseil d'Etat, puis, aux élections du 25 février 1824, lui valut, grâce aux efforts de l'administration, un échec dans le 6ᵉ arrondissement de Paris, avec 247 voix contre 606 à M. de Lapanouze. Aux élections suivantes (24 novembre 1827), il fut réélu par le grand collège de la Seine, avec 1,519 voix (1,940 votants, 2,195 inscrits), et son mandat lui fut renouvelé, le 19 juillet 1830, par 1,720 voix (2,158 votants). Le ministère Martignac lui avait rendu son siège au conseil d'Etat. M. de Laborde fit de l'opposition au ministère Polignac, signa l'Adresse des 221, et, le 27 juillet, se mit à la tête du mouvement populaire. Nommé préfet de la Seine après le triomphe de la révolution, il ne conserva ce poste que peu de temps, et fut nommé général de brigade de la garde nationale et aide-de-camp de Louis-Philippe ; rappelé encore au conseil d'Etat, il dut se représenter devant ses électeurs, et fut réélu, le 28 octobre 1830, par 6,572 voix (7,214 votants, 10,315 inscrits). Les

électeurs du 7ᵉ arrondissement de Paris le renvoyèrent successivement à la Chambre : le 5 juillet 1831, avec 517 voix (945 votants); le 21 juin 1834, avec 405 voix (764 votants, 957 inscrits), contre 189 à M. Debelleyme et 146 à M. Bérard ; le même jour, il fut élu également, par le 4ᵉ collège de Seine-et-Oise (Etampes), avec 174 voix (290 votants, 364 inscrits), contre 83 à M. Foye et 29 à M. Debierville; il opta pour Etampes et fut remplacé, dans le 7ᵉ arrondissement de Paris, par M. Moreau. Réélu à Etampes, le 4 novembre 1837, par 178 voix (304 votants, 381 inscrits), contre 83 à M. Foye, et, le 2 mars 1839, avec 180 voix (306 votants, 384 inscrits), il donna sa démission en 1841, et fut remplacé, le 7 mai, par M. Léon de Laborde. Pendant les années qu'il siégea à la Chambre, il se montra partisan de quelques mesures libérales, demanda notamment l'adjonction des capacités aux conseils généraux, et remplit, depuis 1831, les fonctions de questeur. Outre les deux ouvrages précédemment cités, M. de Laborde a publié : *Description des nouveaux jardins de la France et de ses anciens châteaux* (Paris, 1808-1815); *les Monuments de la France, classés chronologiquement et considérés sous le rapport des faits historiques et de l'étude des arts* (1816-1826); *Voyage pittoresque en Autriche*, avec un précis historique de la guerre entre la France et l'Autriche en 1809 (1821-1823); *Versailles ancien et moderne* (1840). *Rapport sur la méthode de Lancaster* (1816); M. de Laborde a aussi collaboré à la *Revue des Deux-Mondes*, à la *Revue de Paris*, à la *Revue encyclopédique*, etc.

LABORDE (SIMON-JOSEPH-LÉON-EMMANUEL, MARQUIS DE), député de 1841 à 1842, de 1846 à 1848, et sénateur du second Empire, né à Paris le 15 juin 1807, mort à Fontenay (Eure) le 26 mars 1869, fils du précédent, fit ses études à l'université de Gœttingue, parcourut avec son père une grande partie de l'Orient, et grâce à son remarquable talent de dessinateur, tira de l'oubli une foule de monuments antiques de l'Asie Mineure et de la Syrie. Il explora seul ensuite la vallée du Nil et l'Arabie Pétrée, et y recueillit les éléments de ses plus intéressants ouvrages. A son retour il devint secrétaire de l'ambassade française à Rome (1828), dirigée alors par Châteaubriand ; mais ce dernier s'étant retiré lors de la formation du ministère Polignac, M. de Laborde donna également sa démission. Après la révolution de juillet 1830, il devint aide-de-camp du général La Fayette, puis fut envoyé comme secrétaire d'ambassade auprès de Talleyrand à Londres. En 1831, il fut attaché avec la même qualité à la légation de Hesse-Cassel; mais il quitta bientôt la carrière diplomatique pour se livrer entièrement à ses goûts littéraires. Membre des jurys des expositions de l'industrie depuis 1839, il rédigea plusieurs rapports présentés au nom de diverses commissions de ces jurys. L'histoire des arts attira particulièrement sa curiosité, et il commença en 1839 une *Histoire de la gravure en manière noire*, annoncée comme le tome V d'une *Histoire de l'impression*, dont il avait donné six ans auparavant le specimen dans une publication abandonnée dès son début (*Essais de gravure*, 1833). Il fit paraître, l'année suivante, des *Recherches sur la découverte de l'imprimerie* (1840). La mort de son père ouvrit à M. de Laborde la succession des honneurs auxquels le premier avait été élevé. Le 7 mai 1841, il le remplaça comme député du 4ᵉ collège de Seine-et-Oise (Etampes), élu par 229 voix sur 320 votants. Il s'était présenté comme le candidat du gouvernement. L'année suivante, il prit aussi la place de son père à l'Académie des Inscriptions et Belles-Lettres. Mais, pour justifier les suffrages que son nom lui assurait, il avait publié, avant son élection, un *Commentaire géographique sur l'Exode et les Nombres* (1842), dans lequel se trouvent résumés les résultats de ses recherches géographiques sur la Palestine et l'Arabie; on y remarqua particulièrement un chapitre sur la magie, dont l'auteur parait admettre la réalité. A la Chambre, M. L. de Laborde resta assez étranger à la politique générale et vota en toute circonstance *pour* le ministère. Mais il s'intéressa vivement à une question, celle de la translation de la Bibliothèque royale. Non réélu, le 9 juillet 1842, avec 184 voix contre 198 à l'élu, M. de Viart, il commença la publication de ses *Lettres sur les Bibliothèques* (1845), qu'il n'a pas terminées. L'une d'elles, la quatrième, sur le *Palais Mazarin*, offre un véritable intérêt historique. Ces lettres furent l'occasion d'un ouvrage conçu sur un plan plus vaste : *les Monuments de Paris*, dont la première livraison parut en 1846, mais qui resta aussi inachevé. Une autre publication somptueuse, le *Parthénon*, fut commencée vers la même époque. M. L. de Laborde fut renvoyé à la Chambre des députés par les électeurs d'Etampes, le 1er août 1846, avec 263 voix (415 votants, 438 inscrits), contre 151 au député sortant, M. de Viart; il y soutint constamment de ses votes le gouvernement de Louis-Philippe, qui, en 1847, à la mort de M. de Clarac, lui confia la conservation du musée des antiques au Louvre. La révolution de 1848 lui ayant enlevé ces fonctions, il fut chargé avec MM. Mérimée et Chalons-d'Argé de rechercher dans les Tuileries les objets qui mériteraient d'être conservés. Rentré, après l'élection du 10 décembre, en possession de ses fonctions de conservateur au Louvre, il eut sous sa garde les monuments de la Renaissance et de la sculpture moderne. Il rédigea, peu après, un *Catalogue raisonné des émaux* qui appartenaient à son département (1852). M. de Laborde revint ensuite à ses recherches sur l'histoire des arts; au retour d'un voyage en Belgique, les documents inédits qu'il avait recueillis sur la cour des ducs de Bourgogne lui fournirent la matière d'un *Essai de catalogue des artistes du Pays-Bas* (1849). Il commença en même temps , sous le titre : *les Ducs de Bourgogne*, une publication destinée à faire connaître l'état des arts et de l'industrie dans la France et les Pays-Bas au XVe siècle. En 1850 avait paru le tome Ier de la *Renaissance des arts à la cour de France*; vinrent ensuite : *Athènes aux XVe, XVIe et XVIIe siècles* (1855); le *Château du Bois de Boulogne* (1855); *de l'Union des Arts et de l'Industrie* (1856) ; cet ouvrage, du premier mérite, exposait sur la vulgarisation des arts des idées alors très hardies. La même année, il y revint dans un opuscule intitulé : *Quelques idées sur la direction des arts et sur le maintien du goût public*. Devenu, le 4 mars 1857, à la place de M. de Chabrier, directeur général des Archives de l'Empire, il fut appelé à faire partie du Sénat le 2 mai 1868, et admis à la retraite, le 17 août de la même année, comme directeur des Archives. M. de Laborde a collaboré à divers recueils importants, tels que la *Revue des Deux-Mondes*, la *Revue française*, les *Annales archéologiques*, etc.

LABORDE (ETIENNE DE), représentant en

1849, né à Carcassonne (Aude) le 3 décembre 1782, mort à Paris le 31 juillet 1865, s'enrôla dans un régiment d'infanterie, devint lieutenant en 1811, capitaine en 1813, et fit les campagnes d'Allemagne et de Russie, où il fut deux fois blessé. Lieutenant aux chasseurs à pied de la garde (17 juillet 1813), il se distingua dans la campagne de France, fut nommé (8 mars) capitaine-adjudant-major, et conserva ce grade en accompagnant Napoléon à l'île d'Elbe. Le 13 avril 1815, l'empereur le nomma chef de bataillon aux chasseurs à pied de la garde ; il assista à la bataille de Waterloo et fut, à la Restauration, relégué avec le grade de capitaine dans les compagnies sédentaires. Nommé lieutenant-colonel du 45e de ligne en 1830, il prit part à la campagne de Belgique et au siège d'Anvers, eut ensuite le commandement de la place de Cambrai, et fut admis à la retraite en 1838. Dévoué au parti bonapartiste, il prit part à la tentative de Boulogne en 1840 et fut condamné par la cour des pairs à deux années d'emprisonnement qu'il obtint la permission de subir à Chaillot, dans une maison de santé. Après avoir échoué, en 1848, aux élections pour l'Assemblée constituante, il fut élu, le 13 mai 1849, représentant de la Charente-Inférieure à l'Assemblée législative, le 8e sur 10, par 33,121 voix (90,799 votants et 142,041 inscrits). Il prit place dans les rangs de la majorité hostile aux institutions républicaines, vota constamment avec elle et fut nommé gouverneur du palais du Luxembourg après le coup d'Etat du 2 décembre 1851. Chevalier de la Légion d'honneur en 1812, officier en 1814, il fut promu, en 1849, au rang de commandeur. On a de lui, sous le titre de *Napoléon et sa garde*, une relation assez curieuse du voyage de Fontainebleau à l'île d'Elbe, du séjour de l'empereur dans cette île, et de son retour en France.

LABORDE (LÉO DE), représentant en 1849, né à Valence (Drôme) le 28 avril 1805, mort à Avignon (Vaucluse) le 15 décembre 1874, ardent légitimiste, combattit vivement le gouvernement de Louis-Philippe, et, candidat des royalistes de Vaucluse à l'Assemblée législative, le 13 mai 1849, fut élu représentant de ce département, le 5e et dernier, par 27,530 voix (58,830 votants, 78,705 inscrits). Il avait eu, l'année précédente, avec M. Gent (*Voy. ce nom*), un duel retentissant dans lequel il blessa grièvement son adversaire. Après comme avant son élection, M. Léo de Laborde se fit remarquer par sa fougue et par une certaine indépendance d'opinions. Le 4 juillet, il déposa sur le bureau une proposition pour que le choix des places dans l'Assemblée fût déterminé par le sort ou bien aux enchères, au profit des pauvres. L'année suivante, il déclara que le gouvernement républicain n'avait pas ses sympathies, mais qu'il en désirait la conservation, ne pouvant avoir ce qu'il voulait. Il vota d'ailleurs la plupart du temps avec la majorité. En 1851, il se prononça dans les bureaux pour l'abrogation de la loi du 31 mai suivie de la révision de la Constitution. Le coup d'Etat du 2 décembre mit fin à sa carrière parlementaire. Il fit, depuis lors, plusieurs tentatives infructueuses pour rentrer dans la politique active. Le 29 février 1852, sa candidature d'opposition légitimiste au Corps législatif dans la 1re circonscription de Vaucluse échoua avec 3,977 voix contre 18,577 à l'élu officiel, M. de Verclos. Le 8 février 1871, il n'obtint encore, comme candidat royaliste à l'Assemblée nationale dans

Vaucluse, que 24,149 voix sur 63,738 votants, et, le 2 juillet de la même année, 22,869 voix (60,637 votants). On a de lui : *Note à consulter à propos des circulaires de M. Martin (du Nord)* (1841).

LABORDE (Martin-Barthélemy-François-Xavier-Marie de), député de 1876 à 1878, né à Saint-Loubouer (Landes) le 8 juin 1817, mort à Saint-Sever (Landes) le 18 août 1884. étudia le droit, se fit recevoir avocat et s'inscrivit au barreau de Saint-Sever. Vice-président du conseil général des Landes, d'opinions conservatrices, il fut élu député de Saint-Sever, le 20 février 1876, par 10,013 voix (18,524 votants, 23,617 inscrits), contre 5,679 à M. Pascal Duprat et 2,793 à M. Sourigues; il prit place à droite, et vota avec la minorité monarchiste *contre* les 363, et *pour* le gouvernement du Seize-Mai. Candidat officiel du ministère de Broglie-Fourtou aux élections du 14 octobre 1877, il obtint le renouvellement de son mandat par 9,732 voix (19,493 votants, 24,168 inscrits), contre 9,703 à M. Sourigues, et reprit sa place à droite, mais pour peu de temps. Son élection fut invalidée par la majorité de la Chambre, et M. de Laborde, qui, d'ailleurs, ne se représenta point, fut remplacé comme député de Saint-Sever, le 27 janvier 1878, par M. Sourigues. Officier de la Légion d'honneur.

LABORDE (Charles-Louis), sénateur de 1879 à 1885, né à Pamiers (Ariège) le 7 novembre 1833, s'inscrivit, ses études de droit terminées, au barreau de Foix en 1856. Membre, pour ce canton, du conseil général de l'Ariège, il le présida de 1871 à 1877, et fut élu, comme républicain, sénateur de l'Ariège, le 5 janvier 1879, par 277 voix (383 votants) ; il remplaçait M. Arnaud de l'Ariège, décédé. M. Laborde fit partie du groupe de la gauche républicaine, et vota avec la nouvelle majorité sénatoriale : *pour* le ministère Dufaure, *pour* les lois Ferry sur l'enseignement, *pour* les lois nouvelles sur la presse et le droit de réunion, *pour* la réforme du personnel de la magistrature, *pour* le divorce. Il ne fut pas réélu au renouvellement triennal de 1885.

LABORDE-MÉRÉVILLE (François-Louis-Jean-Joseph de), député en 1789, né à Paris le 6 juin 1761, mort à Londres en 1801, fils aîné du financier Jean-Joseph de Laborde, qui fut banquier de la cour et qui périt sur l'échafaud en 1794, appartenait à une famille du Béarn, établie à Bielle, dans la vallée d'Ossau, dont le nom primitif était *Dort*, et qui prit en 1620 celui de Laborde, d'un domaine ainsi appelé. Il fit la guerre d'Amérique. Lors de la révolution de 1789, il remplissait les fonctions de garde du trésor royal. Élu, le 15 mars 1789, député du tiers aux États-Généraux par le bailliage d'Étampes, il siégea à l'Assemblée constituante sur les bancs de la gauche, parla sur le préambule de la Déclaration des droits, en faveur de la tolérance de tous les cultes, fit voter l'impression de l'état des finances, fut élu, le 29 septembre, avec MM. de Virieu et de Bonnegens « trésorier patriotique », chargé de recevoir à l'hôtel des monnaies l'argenterie des églises, fabriques, chapelles et confréries, « qui ne serait pas nécessaire pour la décence du culte », et mit cinquante mille livres à la disposition du comité des recherches par une lettre du 23 octobre 1789, où il disait : « En acceptant les fonctions honorables dont mes commettants m'ont chargé, j'ai pris la ferme ré-

solution de consacrer tous mes efforts à la liberté; ma vie et ma fortune appartiennent à la patrie ; j'offre une somme de 50,000 livres qui seront portées ce matin au trésor des dons patriotiques. pour être employées aux dépenses que le comité des recherches sera forcé de faire pour découvrir les coupables. » Il fut chargé d'examiner la situation de la caisse d'escompte et combattit le plan de Necker. Il se déclara aussi contre les projets de la municipalité de Paris relatifs à la vente des biens ecclésiastiques, et proposa (1791) un décret sur l'agiotage des petits assignats. Après la clôture des travaux de la Constituante, il se retira dans ses terres; dénoncé au tribunal révolutionnaire sous la Terreur, il échappa aux poursuites et se réfugia en Angleterre, où il mourut. Son père fut exécuté à Paris, le 18 avril 1794, comme coupable de conspiration et de correspondance avec son fils émigré; ses deux frères Laborde-Boutaville et Laborde-Marchainville, périrent victimes de leur dévouement dans l'expédition de La Peyrouse, en voulant sauver sur une chaloupe plusieurs de leurs compagnons en danger.

LABORDE-NOGUEZ (Amédée de), député de 1885 à 1889, né à Bayonne (Basses-Pyrénées) le 26 avril 1823, maire d'Ustaritz, conseiller général des Basses-Pyrénées pour ce canton, se présenta une première fois à la députation, sur une liste conservatrice, le 8 février 1871 : il obtint, sans être élu, 37,534 voix (61,049 votants). Il fut encore le candidat des monarchistes, le 21 août 1881, dans la 1re circonscription de Bayonne, où il réunit 3,409 voix contre 4,223 à l'élu républicain, M. Plantié. Mais, le 4 octobre 1885, il entra à la Chambre, au scrutin de liste, comme député des Basses-Pyrénées, élu, le 5e sur 6, par 44,596 voix (86,573 votants et 106,345 inscrits). « Il ne s'agit pas en ce moment, était-il dit dans la profession de foi collective des candidats conservateurs, de changer les institutions qui nous régissent; un jour viendra où la parole sera rendue à la France, et quand elle aura parlé, chacun, sans abdiquer ses convictions, se soumettra à la loi du pays. » M. Laborde-Noguez prit place à l'Union des droites, et vota : *contre* la loi sur l'enseignement primaire, *contre* la nouvelle loi militaire, *contre* les différents ministères républicains de la législature, et, en dernier lieu, *contre* le rétablissement du scrutin d'arrondissement (11 février 1889), *pour* l'ajournement indéfini de la revision de la Constitution, *contre* les poursuites contre trois députés membres de la Ligue des patriotes, *contre* le projet de loi Lisbonne restrictif de la liberté de la presse, *contre* les poursuites contre le général Boulanger.

LABORDÈRE (Jean), représentant en 1848 et en 1849, né à Avesnes (Nord) le 17 janvier 1796, mort à Montdidier (Somme) le 26 septembre 1883, d'une famille originaire de Villeneuve-d'Agen (Lot-et-Garonne), fit ses études de droit et s'inscrivit au barreau de Montdidier, où il exerça aussi la profession d'avoué. Maire de Montdidier, il entra ensuite dans la magistrature, et fut successivement juge suppléant à Beauvais, puis président du tribunal civil d'Amiens. Attaché au gouvernement de Louis-Philippe, il montra peu de sympathies pour la république en 1848, et fut élu par les conservateurs de la Somme, le 23 avril, représentant de ce département à l'Assemblée constituante, le 13e sur 14, par 85,326 voix. M. Labordère siégea à droite, et fit partie du comité de législation. Le

31

30 mai, dans la discussion sur le décret destiné à déterminer les rapports de l'Assemblée nationale avec le pouvoir exécutif, il fit ajouter à l'ame dement proposé par la commission ces mots : *Dans les circonstances extraordinaires dont le Président sera seul juge.* Il vota : *pour* le rétablissement du cautionnement, *pour* les poursuites contre Louis Blanc et Caussidière, *pour* le rétablissement de la contrainte par corps, *contre* l'abolition de la peine de mort, *contre* l'amendement Grévy, *contre* l'abolition du remplacement militaire, *contre* le droit au travail, *contre* l'ordre du jour portant que « le général Cavaignac a bien mérité de la patrie ». Après l'élection présidentielle du 10 décembre, M. Labordère soutint la politique de l'Elysée, et se prononça : *contre* la réduction de l'impôt du sel, *pour* la proposition Rateau, *contre* l'amnistie, *contre* la mise en accusation du président et de ses ministres, etc. Il fut réélu représentant de la Somme à l'Assemblée législative, le 13 mai 1849, le 5e sur 12, par 85,414 voix (106,444 votants, 169,321 inscrits), et fit partie de la majorité monarchiste, avec laquelle il soutint l'expédition de Rome, les lois restrictives de la liberté, etc. Après le coup d'Etat de décembre, il se tint à l'écart des fonctions publiques et devint avocat à la cour de Cassation. En 1862, il céda sa charge à son fils aîné, M. Alfred Labordère, devenu plus tard préfet de la Haute-Loire, des Landes, du Cher, et se retira à Montdidier, où il est mort en 1883. — Chevalier de la Légion d'honneur.

LABORDÈRE (Jean-Marie-Arthur), sénateur de 1882 à 1885, député de 1885 à 1889, né à Beauvais (Oise) le 12 octobre 1835, fils du précédent, entra en 1854 à l'Ecole de Saint-Cyr, en sortit deux ans après sous-lieutenant d'infanterie, fut promu lieutenant le 30 mars 1859, capitaine le 17 juillet 1867, et major le 4 mai 1876. Il avait pris part aux campagnes d'Italie et de 1870-71. M. Labordère se trouvait en garnison à Limoges, au 14e régiment de ligne, pendant la période dite du Seize-Mai : certaines instructions données, le 12 décembre 1877, aux officiers de son régiment et qui lui parurent motivées par l'intention de procéder à un coup d'Etat contre la République, provoquèrent de sa part un formel refus de service, suivi de protestations énergiques, communiquées aux journaux républicains. Le major Labordère devint subitement célèbre, et sa mise en retrait d'emploi par le gouvernement ne fit qu'accroître sa popularité. Réintégré dans le service actif en mars 1879, M. Arthur Labordère était en résidence à Rennes (41e régiment de ligne), lorsque, en vue du renouvellement triennal du Sénat, le 8 janvier 1882, plusieurs membres radicaux du conseil général de la Seine mirent en avant sa candidature. M. Labordère l'accepta, obtint du ministre l'autorisation de se rendre à Paris pour la soutenir, et fut élu, avec le programme radical-socialiste, sénateur de la Seine, par 103 voix sur 202 votants, au troisième tour de scrutin, le 4e sur 5. Partisan de la revision immédiate de la Constitution, M. A. Labordère essaya, dans le groupe de l'Union républicaine, de rallier ses amis du Sénat à cette solution : mais le groupe décida seulement de s'entendre avec le centre et avec la gauche modérée, qui déclarèrent la chose inopportune. Le sénateur de la Seine se mêla alors activement à l'agitation revisionniste dont plusieurs membres de l'extrême-gauche de la Chambre, et notamment M. Clémenceau, avaient donné le signal, et il fit partie du bureau de la

Ligue pour la revision. Le 28 juillet 1882, il souleva les protestations de la droite et des généraux Billot et Chanzy en développant, à la tribune du Luxembourg, une proposition tendant à prescrire à l'armée la désobéissance à tout ordre dont l'exécution serait un acte qualifié crime par la loi; la proposition fut écartée par 212 voix contre 39. Après s'être associé, sur les autres questions, à la plupart des votes de la majorité du Sénat, notamment en ce qui concerne le rétablissement du divorce, M. Labordère donna sa démission de sénateur le 10 décembre 1884, et, presque en même temps, celle de commandant dans l'armée, ayant résolu, disait-il, de se retirer de la vie publique. Mais aux élections complémentaires de la Seine à la Chambre des députés (décembre 1885), son nom reparut sur la liste des candidats de la presse radicale. Après avoir réuni, au premier tour de scrutin, 132,729 voix, M. Labordère fut élu député, au scrutin de ballottage, le 1er sur 6, avec 162,715 voix (347,089 votants, 561,617 inscrits). Il prit place à l'extrême-gauche, et vota en toute circonstance suivant les inspirations de M. Clémenceau : *contre* les ministères Freycinet, Goblet, Rouvier, Tirard, *pour* l'expulsion des princes, *pour* le ministère Floquet, *pour* la revision de la Constitution. M. Labordère se prononça *contre* la politique personnelle du général Boulanger, « qu'il faudrait finir, lui fit-on dire alors, par coller au mur. » Le démenti qu'il envoya par lettre au journal le *Soir*, le 24 novembre 1888, ne porta que sur la forme qui avait été donnée à sa pensée. Rapporteur de la loi militaire, il prit, dans la discussion de cette loi, une attitude très cassante, qui l'amena à se démettre de ces fonctions (14 janvier 1889). En dernier lieu, M. Labordère s'est abstenu sur le rétablissement du scrutin d'arrondissement (11 février 1889), et s'est prononcé *contre* l'ajournement indéfini de la revision de la Constitution, *pour* les poursuites contre trois députés membres de la Ligue des patriotes, *pour* le projet de loi Lisbonne restrictif de la liberté de la presse, *pour* les poursuites contre le général Boulanger.

LABOREY (Pierre-François-Marie), député en 1791, né à Ormoy (Haute-Saône) le 6 octobre 1745, mort à Ormoy le 12 mars 1820, homme de loi, devint, dans son département, juge, puis président de canton. Il représenta à l'Assemblée législative la Haute-Saône qui l'avait élu député, le 29 août 1791, le 4e sur 7, avec 225 voix (363 votants). Membre de la majorité, il n'eut que peu de part aux discussions parlementaires. Sous le gouvernement consulaire, il fut conseiller d'arrondissement dans la Haute-Saône.

LABOREYS DE CHATEAU-FAVIER (Pierre-Augustin), député en 1789, né à Aubusson (Creuse) le 24 octobre 1748, mort à Aubusson le 27 février 1821, « fils à messire Michel Laboreys de Château-Favier, inspecteur des manufactures royales d'Aubusson et Felletin, et à dame Marie-Louise Mage, » succéda à son père dans les fonctions d'inspecteur des manufactures. Le 24 mars 1789, il fut élu par la sénéchaussée de la Basse-Marche (Guéret), député du tiers aux Etats-Généraux. Son rôle parlementaire n'a pas laissé de traces au *Moniteur.*

LABOULAYE (Edouard-René Lefebvre de), représentant en 1871, sénateur de 1875 à 1883, né à Paris le 18 janvier 1811, mort à Paris le

25 mai 1883, exerça d'abord, avec son frère, la profession de fondeur de caractères, et fit suivre son nom de ce titre lorsque, tout en étudiant le droit, il publia, à ses débuts, une remarquable *Histoire du droit de la propriété foncière en Europe depuis Constantin jusqu'à nos jours* (1839), couronnée par l'Académie des inscriptions et belles-lettres. Dans un *Essai sur la vie et les doctrines de Savigny*, qui vint ensuite (1842), il s'attacha à montrer l'importance des principes de l'école historique. Inscrit comme avocat à la cour royale de Paris, il poursuivit ses travaux et fit paraître coup sur coup plusieurs mémoires qui mirent le sceau à sa réputation et obtinrent des récompenses de l'Institut : *Recherches sur la condition politique des femmes depuis les Romains jusqu'à nos jours ; Essai sur les lois criminelles des Romains concernant la responsabilité des magistrats*. Nommé membre de l'Académie des inscriptions et belles-lettres, il devint, en 1849, professeur de législation comparée au Collège de France. Assez activement mêlé aux diverses manifestations du parti libéral sous le second Empire, M. Ed. Laboulaye donna des conférences publiques, parut dans des réunions électorales, et fut lui-même à quatre reprises, mais sans succès, candidat indépendant au Corps législatif : le 22 juin 1857, il obtint, dans la 1re circonscription de la Seine, 4,676 voix contre 10,071 à l'élu officiel, M. Guyard-Delalain, et 1,682 à M. Reynaud ; le 20 mars 1864, dans la même circonscription, il réunit 914 voix seulement contre 13,551 au candidat de l'opposition démocratique, Hipp. Carnot, élu, et 4,979 à M. Pinard (il s'agissait alors de remplacer M. Havin, optant pour la Manche). Le 15 avril 1866, M. Alfred Renouard de Bussières, candidat du gouvernement, précédemment élu par la 1re circonscription du Bas-Rhin, ayant donné sa démission pour se représenter devant les électeurs, M. Éd. Laboulaye lui fut opposé et échoua avec 9,926 voix contre 19,636 au député sortant. Enfin, aux élections générales de 1869, il obtint à Versailles 8,246 voix concurremment avec un autre candidat libéral, M. Barthélemy Saint-Hilaire, qui ne passa qu'au second tour de scrutin. Déjà, vers cette époque, M. Laboulaye s'était sensiblement rapproché du pouvoir : il fit un pas de plus dans la même direction au commencement de l'année 1870, à l'avènement du ministère Ollivier, fut nommé (février) membre de la commission d'enquête sur l'organisation administrative de la ville de Paris et du département de la Seine, et, rompant avec les doctrines de l'opposition, affirma publiquement, quelques semaines après, que « la meilleure Constitution est celle qu'on a, pourvu qu'on s'en serve ». Cette opinion, empruntée à Daunou, ne fut pas du goût du parti républicain, dont l'irritation redoubla quand on apprit que M. Laboulaye adhérait au plébiscite, et qu'il avait failli, au moment de la retraite d'une partie du ministère Ollivier, être chargé par l'empereur du portefeuille de l'Instruction publique. La réouverture de son cours au Collège de France (24 mai) donna lieu à des troubles contre lesquels le professeur lutta vainement pendant plusieurs leçons. Pour le consoler de son échec dans le Bas-Rhin en 1866, les étudiants de Strasbourg lui avaient envoyé un magnifique encrier, avec une lettre pleine de témoignages d'admiration. Devant l'évolution de M. Laboulaye, la jeunesse des écoles se plaignit de ce qu'elle appelait une défection, et le professeur, jusqu'à la fin de l'Empire, fut poursuivi par cette phrase devenue populaire : « Rendez l'encrier ! » M. Laboulaye fut obligé de demander la suspension provisoire de son cours : « Je crois, écrivit-il à l'administrateur du Collège de France, qu'il convient à un vieux professeur d'avoir pitié des fous qui outragent en sa personne la liberté d'opinion et la liberté d'enseignement. »

Aux élections complémentaires du 2 juillet 1871, M. de Laboulaye fut élu représentant de la Seine à l'Assemblée nationale, le 15e sur 21, par 107,773 voix (290,823 votants, 458,774 inscrits). Partisan avant tout d'un gouvernement modéré, il donna son adhésion à la République, en s'efforçant de l'entourer d'institutions conservatrices. Membre et vice-président de la réunion du centre gauche, avec laquelle il vota le plus souvent, il devint président de la commission chargée de réorganiser l'enseignement supérieur et prit maintes fois la parole devant l'Assemblée, notamment sur la loi relative à l'enregistrement et au timbre, sur les contributions indirectes, sur la loi contre l'Internationale, sur la loi sur l'ivrognerie, dont il demanda la répression, etc. Dans le discours qu'il prononça le 28 février 1873, lors de la discussion sur le projet de loi présenté par la commission des Trente, M. Laboulaye n'hésita point à déclarer que la forme du gouvernement lui était assez indifférente, pourvu que le gouvernement ne soit point despotique. En mars, il fut nommé administrateur du Collège de France. Adversaire du renversement de Thiers le 24 mai, il vota ensuite *pour* la liberté des enterrements, *pour* l'autorisation des poursuites demandées contre M. Ranc, député du Rhône, en raison de sa participation au mouvement communaliste de 1871, se prononça (octobre 1873), dans une lettre publique, *pour* l'organisation du gouvernement républicain, et fut rapporteur de la commission de quinze membres chargée d'examiner la proposition Changarnier tendant à proroger de dix ans les pouvoirs du Maréchal. « Nous nous déclarons prêts, conclut-il, à proroger la présidence du maréchal de Mac-Mahon, en liant étroitement la loi de prorogation à la prompte organisation des pouvoirs publics. » Ces conclusions ne furent point adoptées par l'Assemblée, qui, conformément à la volonté du Maréchal, fixa la prorogation des pouvoirs à sept ans, en ajournant l'examen des lois constitutionnelles. En conséquence, M. Laboulaye vota, le 19 novembre, *contre* le septennat ; puis il repoussa la loi sur les maires; mais il ne prit point part au vote qui renversa le cabinet de Broglie le 16 mai 1874. Au mois de juillet suivant, il soutint de sa parole et de son suffrage la proposition Périer et se déclara favorable à la proposition Maleville. En sa qualité de rapporteur de la loi sur l'enseignement supérieur, il intervint plusieurs fois en faveur du principe de la loi, dont il blâmait toutefois certaines dispositions : cette question l'amena à prononcer, en janvier 1875, un de ses discours les plus discutés. Lorsque, vers le même temps, la majorité se détermina à aborder la discussion des lois constitutionnelles, M. Laboulaye, s'inspirant de la proposition Périer, la reproduisit en quelque sorte, dans l'amendement suivant : « Le gouvernement de la République se compose de deux Chambres et d'un président de la République, chef du pouvoir exécutif. » Défendue avec un réel talent de parole et une grande habileté d'argumentation, la motion fut cependant rejetée. M. Laboulaye reparut à la tribune le 12 février 1875, vota *pour* l'amendement Wallon et contribua à faire adopter, dans son ensemble, la Constitution du 25. A la suite de ce dernier vote, nommé président du centre gauche, il s'exprima ainsi : « La Constitution a été une œuvre de transaction; il nous a fallu céder sur plusieurs points et nous n'avons pas été seuls à céder. En organisant une République parlementaire, les monarchistes constitutionnels sont revenus avec confiance à un régime qu'ils ont toujours regretté. Les républicains, de leur côté, ont donné à ce régime une forme démocratique par l'institution d'une présidence et par le maintien du suffrage universel. » Au mois de juin 1875, il fit le rapport sur le projet de loi concernant les relations des pouvoirs publics entre eux. Il prit encore la parole dans le débat qui s'engagea, en deuxième et en troisième lecture, sur la loi de l'enseignement supérieur à laquelle il donna son suffrage le 12 juillet, dans la discussion sur le régime de la presse, etc., et fut, le 10 décembre 1875, élu sénateur inamovible par l'Assemblée nationale, le 10ᵉ sur 75, par 357 voix (690 votants).

A la Chambre haute, M. Ed. Laboulaye s'inscrivit, comme précédemment, au centre gauche. Mais il lui arriva, dans quelques occasions importantes, de se séparer de la majorité de ce groupe, notamment à propos de la liberté de l'enseignement supérieur : il repoussa la loi présentée par M. Waddington, ministre de l'Instruction publique, et adoptée par la Chambre des députés, et se montra attaché au système des jurys mixtes (22 juillet 1876), bien qu'il l'eût naguère combattu. Il parla encore contre les modifications proposées à la loi des maires, et ne cacha point qu'il était partisan de la nomination de ces fonctionnaires par le pouvoir. Toutefois, M. Ed. Laboulaye compta parmi les adversaires du 16 mai 1877; après s'être associé à la protestation des gauches du Sénat, il parla, le 22 juin, avec une bonhomie fine et calme, contre la demande de dissolution de la Chambre des députés : « Si nous n'y prenons garde, dit-il, nous qui aimons tous également la liberté, — et je ne fais de distinction entre aucun des partis de cette Chambre, — si nous n'y prenons garde, nous allons tout droit au régime personnel. » Et il ajouta en terminant : « Et maintenant, si vous ne voyez pas l'abîme où l'on vous mène, si vous ne sentez pas, par un faux point d'honneur, que ce n'est pas le Maréchal que vous sauvez, mais un ministère qui le compromet, si vous ne sentez pas que le Sénat ne pourra tenir en présence de l'Assemblée qu'il aura renvoyée et qui reviendra victorieuse devant lui, si vous n'avez pas le sentiment de la terrible responsabilité qui pèse sur vous, alors, Messieurs, que Dieu protège la France! car ceux qui devaient la défendre l'auront abandonnée et perdue. » Lorsque les élections eurent renvoyé au Palais-Bourbon une majorité républicaine, M. Laboulaye combattit l'ordre du jour de M. de Kerdrel contre la nomination par la nouvelle Chambre d'une commission d'enquête sur les agissements du cabinet de Broglie-Fourtou (19 novembre). Mais la victoire définitive des républicains sembla le rapprocher du parti purement conservateur, car on le vit, non sans surprise, conclure comme rapporteur au rejet du projet de loi pour le retour du parlement à Paris; il parvint (mars 1879) à faire écarter momentanément la question. Cette attitude inattendue souleva dans la presse des réclamations auxquelles M. Laboulaye répondit par diverses lettres. On lui reprocha vivement

aussi l'opinion qu'il exprima (décembre de la même année) contre la création au Collège de France d'une chaire d'histoire des religions. Membre de la commission de la loi nouvelle sur l'enseignement supérieur, il ne cessa de prendre part aux grandes controverses qu'elle souleva au Sénat, et se montra préoccupé d'en combattre les dispositions contraires aux prétentions de la droite et aux intérêts des congrégations religieuses (mars 1880). Il vota contre l'article 7, et garda, depuis, la même attitude dans toutes les questions analogues. C'est ainsi que, membre de la commission de la loi sur l'enseignement secondaire libre, il se montra encore opposé à ce projet, avec MM. Jules Simon et de Ravignan. Très assidu aux séances, M. Laboulaye fut surpris pas la mort le 25 mai 1883, et succomba à une attaque d'apoplexie.

Bien que la politique l'eût forcé de se faire suppléer dans sa chaire du Collège de France, il n'en avait pas moins été réélu par ses collègues administrateur de cet établissement. En 1875, il fut président du comité de l'Union franco-américaine pour la célébration du centième anniversaire de l'indépendance des Etats-Unis. L'influence des Etats-Unis avait été profonde sur le caractère et les opinions de M. Ed. Laboulaye; de bonne heure il avait conçu une vive admiration pour les institutions de ce pays, et il était devenu en France le représentant autorisé de la liberté telle qu'elle est entendue et pratiquée dans la grande République fédérative. « L'américanisme, a écrit M. Ed. Scherer, était devenu une espèce de tic intellectuel chez Laboulaye; on voyait de loin, dans ses discours, venir l'invocation à l'état de choses qu'il avait érigé en idéal politique, et l'on en souriait d'avance. » Et ailleurs : « Il y avait du Benjamin Constant dans le programme de Laboulaye; il y avait, de même, du Channing dans sa religion essentiellement raisonnable, et du Franklin dans sa manière de se présenter au public. Il y mettait une simplicité de bon goût et faite pour réussir devant les auditeurs populaires. Son talent comme conférencier et comme orateur politique avait l'avantage de ne pas éveiller de grande attente, par conséquent de ne produire aucune déception, le plus souvent même de dépasser les promesses faites au début et d'emporter ainsi le succès. » M. Laboulaye était officier de la Légion d'honneur. On a de lui : *Etudes contemporaines sur l'Allemagne et les pays slaves* (1855); *Histoire politique des Etats-Unis* (1851-1856); *la Liberté religieuse* (1856); *Etudes sur la propriété littéraire en France et en Angleterre* (1858); *les Etats-Unis et la France* (1862); *l'Etat et ses limites* (1863); *le Parti libéral, son programme* (1864); *Questions constitutionnelles* (1872); *Lettres politiques* (1872); *la Liberté d'enseignement et les projets de loi de M. Ferry* (1880), etc.; deux romans allégoriques qui obtinrent un brillant succès à leur apparition : *Paris en Amérique* (1863) et *le Prince Caniche* (1868); enfin les *Œuvres complètes de Montesquieu* (1875-1879); les *Œuvres choisies de Channing et de Franklin*, et divers autres travaux d'histoire, de jurisprudence et de littérature.

LABOULIE (Joseph-Balthazar-Gustave de), député de 1834 à 1837, représentant en 1848 et 1849, né à Aix (Bouches-du-Rhône) le 25 août 1800, mort à Bade (grand-duché de Bade) le 4 septembre 1867, étudia le droit et fut reçu avocat en 1820. Il entra dans la magistrature le

22 mai 1822, comme substitut du procureur du roi à Draguignan, et eut un avancement rapide. Nommé en la même qualité à Marseille, le 16 décembre 1825, il fut promu, le 24 décembre 1827, procureur du roi à Draguignan, et, le 8 juin 1829, avocat général à Riom. Il venait d'être rappelé par M. de Chantelauze aux fonctions de premier avocat général près de cette cour, lorsque la révolution de 1830 brisa sa carrière. Le 10 août, il donna sa démission, pour ne pr servir le gouvernement nouveau, et se retira au barreau d'Aix, où, pendant dix-huit ans, il défendit les journaux ou les accusés légitimistes du Midi. Candidat avec Berryer, à Marseille, aux électives législatives de 1831, il vit, comme Berryer, son élection invalidée par suite du bris de l'urne du scrutin; mais, aux élections générales suivantes, le 21 juin 1834, il fut élu député du 3e collège électoral des Bouches-du-Rhône (Marseille), par 229 voix (394 votants), contre 155 à M. Julliany. Il siégea à la Chambre dans les rangs des vingt-cinq représentants de l'extrême-droite, parla en faveur de la réforme électorale et de la colonisation de l'Algérie, et attaqua les lois de septembre ainsi que le monopole universitaire. Il refusa de se représenter en 1837, et reprit sa place au barreau d'Aix. En 1848, il parut accepter la République, et fut élu, le 23 avril, représentant des Bouches-du-Rhône à l'Assemblée constituante, le 7e sur 10, par 33,051 voix. M. de Laboulie fit partie du comité de la rue de Poitiers, vota toutefois avec une certaine indépendance, contre le cautionnement des journaux et pour l'abolition de la peine de mort, et se prononça d'ailleurs: pour les poursuites contre Louis Blanc et Caussidière, contre l'amendement Grévy, pour la sanction de la Constitution par le peuple, pour la proposition Rateau, contre l'amnistie, pour l'interdiction des clubs, pour les crédits de l'expédition de Rome, etc. Réélu, le 13 mai 1849, le 5e sur 9, par le même département, à l'Assemblée législative, avec 44,807 voix (114,293 inscrits), il reprit sa place à droite, appuya l'expédition romaine, parla sur une proposition contre le duel, présenta un amendement à la loi de la déportation, fut rapporteur du projet de loi sur la nomination des maires, soutint la motion de M. de la Rochejacquelein sur la réintégration des officiers privés de leurs grades en 1830 pour refus de serment, et, pour le surplus, opina avec la majorité. Dans la discussion qui précéda la loi du 16 juillet 1850 sur la presse, il contribua, par ses efforts réitérés, à faire adopter l'amendement de M. de Tinguy, relatif à la signature des articles politiques ou philosophiques. Son nom resta attaché avec celui de son collègue à cet article de législation qui changea radicalement les conditions du journalisme. Après le coup d'Etat du 2 décembre 1851, il reprit sa profession d'avocat, et se tint à l'écart de la vie politique.

LABOULLAYE DE FESSANVILLIERS (Jean-Alexandre), né à Fessanvilliers (Eure-et-Loir) le 22 mars 1744, mort à une date inconnue, propriétaire, ancien officier, fut élu, le 22 germinal an V, député de l'Eure au Conseil des Cinq-Cents, par 162 voix (185 votants). Il y siégea, sans paraître à la tribune, jusqu'en l'an VII.

LABRETONNIÈRE (Esprit-Nicolas de), député de 1820 à 1830, né à Crest (Drôme) le 6 mars 1770, mort à Montclar (Drôme) le 6 janvier 1851, propriétaire éleveur et maire de Montclar, se présenta à la députation, comme candidat ministériel, dans le 2e arrondissement électoral de la Drôme (Montélimart), le 4 novembre 1820, et fut élu par 128 voix (254 votants, 277 inscrits), contre 122 à M. Rigault de Lisle. La validation de son élection fut laborieuse, mais fut votée, grâce à l'appui de l'administration, par le centre et par la droite. M. de Labretonnière s'assit au centre, fut décoré, nommé président de son collège électoral, et réélu, le 25 février 1824, par 173 voix (209 votants, 257 inscrits), contre 32 au général Blancard. Il contribua à soutenir le ministère de ses votes et vit son mandat renouvelé, le 17 novembre 1827, par 92 voix (166 votants, 203 inscrits), contre 68 à M. Ricard, ancien député. Les cabinets Martignac et Polignac le comptèrent à leur tour parmi leurs fidèles; les élections de juillet 1830 rompirent seules la docile uniformité de cette carrière politique.

LA BRIFFE (Pierre-Armand, comte de), député de 1815 à 1821 et de 1827 à 1831, pair de France, né à Paris le 6 mai 1772, mort à Arcis-sur-Aube (Aube) le 11 septembre 1839, seigneur d'Arcis-sur-Aube avant la Révolution, suivit la carrière militaire, et devint rapidement capitaine de cavalerie. Mais les événements l'empêchèrent de prendre le commandement de sa compagnie. Pour dissimuler son origine noble, pendant la période révolutionnaire, il se fit imprimeur. Le danger passé, il vécut dans ses propriétés jusqu'à l'établissement du gouvernement impérial. « Labriffe est un grand et gros homme, lit-on dans le *Guide électoral*, par Brissot-Thivars (1820), qui ne pouvait échapper à l'œil de Napoléon. Ce monarque le nomma chambellan, titre qu'il accepta, selon les uns malgré lui; d'autres prétendent qu'il l'avait sollicité. Napoléon disait un jour en parlant d'un de ses chambellans, dont la taille était fort élevée: « Je ne sais comment fait ce diable d'homme; il est deux fois grand comme moi, et quand je lui parle, je suis obligé de me baisser. » Une plaisanterie d'aussi mauvais goût ne s'adressait point au comte de Labriffe, qui, comme nous l'avons dit, était chambellan malgré lui. Malgré lui aussi, il fut envoyé à S. M. Joachim Murat pour lui porter la nouvelle de la naissance du roi de Rome, et, toujours malgré lui, il reçut la grande décoration de l'ordre des Deux-Siciles. Labriffe salua la Restauration avec allégresse; il passa de l'antichambre de Napoléon au grade d'officier supérieur des chevau-légers de la maison du roi, et fut décoré de la croix de Saint-Louis. Il commençait à s'accoutumer au régime de la Restauration quand Napoléon sortit de l'île d'Elbe. Ce ne fut pas sans peine qu'il resta tranquille jusqu'au 15 mars; à cette époque il se dirigea vers ses terres de Champagne, non pour fuir le danger, mais pour rallier les braves de cette contrée et marcher à leur tête contre l'usurpateur. Toutefois ce projet ne fut point exécuté, il était trop tard: Napoléon était à Paris. A la seconde Restauration, il fut nommé colonel des dragons de la Manche; c'est un des plus forts colonels de la nouvelle armée. » Elu député, le 22 août 1815, par le collège de département de l'Aube, avec 116 voix (161 votants, 215 inscrits), M. de La Briffe siégea dans la majorité de la Chambre introuvable et obtint sa réélection, le 4 octobre 1816, par 75 voix (148 votants, 213 inscrits). Assis au côté droit, il se prononça, en 1819, pour les lois d'exception et pour le nouveau système électoral, et quitta la Chambre en 1821, pour y reparaître aux élections du 24 novembre 1827 : le même collège l'y renvoya avec 112 voix (133 votants, 150 inscrits) , contre 21 à M. Fadate de Saint-Georges. Dans l'intervalle, le 5 mars 1823, M. de La Briffe avait été promu maréchal-de-camp. Il vota pour le ministère Polignac contre les 221, et fut encore réélu député, le 19 juillet 1830, par 76 voix (148 votants, 156 inscrits), contre 70 à M. Guérard de Bailly. Rallié a la monarchie de Louis-Philippe, il prêta serment au nouveau régime ; mais, appelé à la Chambre des pairs par une ordonnance du 11 octobre 1832, il n'accusa pas réception de sa nomination et ne vint pas siéger. M. de La Briffe était comte de l'Empire du 16 octobre 1810.

LABROUCHE (JOSEPH-JOACHIM), représentant à la Chambre des Cent-Jours, né à Hendaye (Basses-Pyrénées) le 28 juillet 1769, mort à Saint-Jean-de-Luz (Basses-Pyrénées) le 21 mars 1853, maire de Saint-Jean-de-Luz, remplit sous le premier Empire, de novembre 1808 à janvier 1812, les fonctions de commissaire des guerres, fut fait chevalier de la Légion d'honneur le 25 janvier 1815, et, le 13 mai de la même année, fut élu représentant à la Chambre des Cent-Jours, par l'arrondissement de Bayonne, avec 24 voix sur 30 votants. Il resta obscur dans cette courte législature, et n'appartint pas à d'autres assemblées.

LABROUSSE (EMILE), représentant en 1848 et en 1849, né à Cahors (Lot) le 26 juin 1799, mort à Bruxelles (Belgique) le 11 octobre 1867, fils d'un patriote de 1792, resta de bonne heure orphelin et sans fortune. Après de brillantes études commencées au collège de sa ville natale et terminées à Paris, il fut, pendant plusieurs années, sous-directeur de l'Ecole polytechnique, puis il se fit chef d'institution. Après 1830, comme il venait de céder son établissement, on lui offrit l'emploi de payeur à l'armée du Nord ; il l'accepta, puis y renonça bientôt (1832), dès qu'il vit la marche rétrograde du nouveau gouvernement. Il se rendit alors à Bruxelles ; mais une note officieuse l'y avait précédé ; suspect de propagande républicaine, il reçut l'ordre de se rendre à Bruges sous la surveillance de la haute police. La Chambre des représentants belges s'émut et réclama contre ce déni d'hospitalité : MM. Gendebien, de Brouckère et d'autres libéraux obtinrent pour lui la permission de rentrer à Bruxelles, où, de concert avec eux, il fonda et dirigea avec succès une Ecole centrale du commerce et de l'industrie. A la révolution de février, M. Emile Labrousse fut nommé commissaire du gouvernement provisoire dans les départements du Lot, de la Corrèze et du Cantal. Puis il fut élu, le 23 avril 1848, représentant du Lot à l'Assemblée constituante, le 7e et dernier, par 34,255 voix. Il siégea à gauche, appartint au comité de l'instruction publique, et vota presque toujours avec la fraction la plus avancée du parti démocratique : contre le rétablissement du cautionnement, contre les poursuites contre Louis Blanc et Caussidière, pour l'abolition de la peine de mort, pour l'amendement Grévy, pour l'abolition du remplacement militaire, pour le droit au travail. Il adopta l'ensemble de la Constitution, et se prononça encore : pour la suppression de l'impôt du sel, contre la proposition Rateau, pour l'amnistie, contre les crédits de l'expédition de Rome, pour l'abolition de l'impôt des boissons, etc. Réélu, le 13 mai 1849, représentant du Lot à la Législative, le 4e sur 6, par 31,452 voix (65,958 votants, 90,046 inscrits), il reprit sa place à la Montagne

et fit une vive opposition au gouvernement présidentiel de L.-N. Bonaparte. Avec la minorité républicaine, il ne cessa de voter et de protester contre les actes du gouvernement et les décisions de la majorité conservatrice de l'Assemblée, se montra l'adversaire du coup d'Etat du 2 décembre 1851, et, compris dans le décret d'expulsion, se retira de nouveau en Belgique, où il mourut (1867).

LABROUSSE (PHILIPPE-MICHEL), député depuis 1884, né à Sainte-Féréolle (Corrèze) le 3 mai 1847, se fixa comme docteur-médecin à Brive, et fut nommé en 1878 conseiller général du canton de Donzenac. A l'élection partielle qui eut lieu dans la 2e circonscription de Brive, le 24 février 1884, pour remplacer M. de Latrade, décédé, le docteur Labrousse fut élu député par 9,165 voix sur 9,473 votants et 15,808 inscrits. Il prit place à la gauche radicale, et fut réélu, aux élections générales du 4 octobre 1885, sur la liste radicale de la Corrèze, le 2e sur 5, par 32,810 voix sur 61,515 votants et 88,780 inscrits. Il reprit sa place parmi les radicaux, vota généralement avec eux, et fit adopter (mars 1888) dans la discussion du budget des cultes de 1889, une réduction de 10,000 francs sur le chapitre relatif au traitement des évêques, pour obtenir la suppression des évêchés créés depuis le concordat ; mais le Sénat protesta contre cette interprétation, et ne vota la réduction qu'à titre purement budgétaire (novembre suivant). M. Labrousse s'est prononcé en dernier lieu, pour le rétablissement du scrutin d'arrondissement (11 février 1889), contre l'ajournement indéfini de la revision de la Constitution, contre le projet de loi Lisbonne restrictif de la liberté de la presse, pour les poursuites contre le général Boulanger ; il s'était abstenu sur les poursuites contre trois députés membres de la Ligue des patriotes.

LA BROUSSE DE BEAUREGARD (BERNARD), député en 1789, né à Montignac (Dordogne) en 1735, mort à une date inconnue, était issu d'une famille originaire du Bourbonnais, dont la notoriété remonte au XIIIe siècle et qui fit souche en Périgord. Il entra dans les ordres, et devint chanoine régulier de Chancelade et prieur-curé de Champagnolles en Saintonge. Le 24 mars 1789, il fut élu par la sénéchaussée de Saintes député du clergé aux Etats-Généraux, et siégea obscurément dans la minorité de cette assemblée.

LA BROUSSE DE VERTEILLAC (FRANÇOIS-GABRIEL THIBAULT, MARQUIS DE), représentant à la Chambre des Cent-Jours, né à Paris le 17 janvier 1763, mort le 26 octobre 1854, « fils de haut et puissant seigneur César-Pierre Thibault de la Brousse, chevalier, seigneur marquis de Verteillac, baron de la Tour-Blanche et autres lieux, gouverneur grand sénéchal et lieutenant du roi en Périgord, mestre-de-camp de cavalerie, sous-lieutenant des gendarmes du roi, sous le titre de Flandre, chevalier de l'ordre royal et militaire de Saint-Louis, et de haute et puissante dame Marie-Louise-Alexandrine de Saint-Quentin de Blet, » comptait parmi ses ascendants un grand nombre d'officiers supérieurs distingués, entre autres Nicolas de la Brousse, comte de Verteillac (1648-1693), maréchal-de-camp, qui périt glorieusement près de Mons ; il suivit lui aussi la carrière des armes. Il avait quitté l'armée lorsqu'il fut, le 12 mai 1815, élu représentant à la Chambre des Cent-Jours par l'arrondissement de Rambouillet, avec 34 voix sur 45 votants et 86 inscrits. Son rôle parlementaire peu important prit fin avec cette courte législature.

LABROUSTE (François-Marie-Alexandre, chevalier), député au Conseil des Cinq-Cents et membre du Tribunat, né à Bordeaux (Gironde) le 26 octobre 1762, mort à Paris le 28 juillet 1835, fit ses études chez les Oratoriens de Vendôme, entra dans l'administration militaire et devint directeur des vivres des armées du roi. Très dévoué aux idées de la Révolution, il fut nommé major de la garde nationale de Bordeaux (1789-1790), puis administrateur du directoire de la Gironde (1792). Sa modération le rendit suspect sous la Terreur. Mis hors la loi le 24 juillet 1793, il se cacha derrière un faux mur dans sa maison, fut découvert, mis en prison, et ne dut la vie qu'à la protection de Jullien (de Paris). A la dissolution de la Convention, il fut élu, le 25 vendémiaire an IV, député de la Gironde au Conseil des Cinq-Cents, par 273 voix (403 votants); il vota avec les modérés, s'opposa à l'établissement d'une inspection générale pour le recouvrement des contributions indirectes, demanda l'application de la loi du 9 vendémiaire an VI sur le remboursement des 2/3 de la dette publique en bons au porteur, proposa que les nobles fussent admis aux fonctions publiques après avoir justifié de leur attachement aux institutions, motion qui fut repoussée, et obtint que les naufragés de Calais fussent seulement déportés. Le 28 germinal an VII, les électeurs de la Gironde le renvoyèrent au Conseil des Cinq-Cents, au second tour de scrutin, le 2e sur 3, par 239 voix sur 444 votants. Il se rallia au coup d'Etat de brumaire, et fut nommé, à la création, membre du Tribunat, le 4 nivôse an VIII. Secrétaire de cette assemblée en l'an XI, il fit partie du comité des finances, fut promu directeur des droits réunis dans le Rhône le 5 germinal an XII, membre de la Légion d'honneur le 25 prairial suivant, et, lors de la suppression du Tribunat (1807), fut appelé aux fonctions d'administrateur de la Caisse d'amortissement (14 août), et créé chevalier de l'Empire (29 septembre 1809). Il perdit ses fonctions à la Caisse d'amortissement en 1815, mais sa disgrâce dura peu, et, le 26 juin 1816, il fut nommé commissaire liquidateur pour l'apurement des comptes de l'ancienne administration. Cette mission remplie, il devint administrateur des cautionnements, puis receveur particulier du 7e arrondissement de Paris, fonctions qu'il occupa jusqu'à sa mort. Se trouvant dans la foule massée sur le boulevard du Temple, lors de l'attentat de Fieschi, le 28 juillet 1835, il fut mortellement atteint par l'un des projectiles. Il fut inhumé aux Invalides comme les autres victimes de cette journée. On a de lui : *Considérations sur la Caisse d'amortissement* (1816).

LABRUGUIÈRE (François-Hyacinthe-Camille Carmes de), représentant en 1848 et en 1849, né à Loudun (Vienne) le 10 octobre 1791, mort à Uzès (Gard) le 9 mars 1862, d'une famille royaliste, demeura lui aussi attaché au parti de la branche aînée, et fit de l'opposition au gouvernement de Louis-Philippe. Ancien officier de l'Empire et de la Restauration, fait prisonnier dans la campagne de Russie, il s'était retiré dans le Gard où il était propriétaire, et il était devenu colonel de la garde nationale, lorsque les monarchistes de ce département l'envoyèrent, le 23 avril 1848, siéger à l'Assemblée constituante, le 8e sur 10, par 51,404 voix (103,556 votants, 116,415 inscrits). Une biographie de l'époque assure qu'il « préoc-

cupa un instant les esprits oisifs et même les journaux qui ne le sont pas, par sa qualification de *Carme*, qu'on a cru appartenir à l'ancien ordre religieux de ce nom. De là l'empressement de quelques dames à accourir à l'Assemblée nationale pour y voir le *Carme* Labruguière en face de Lacordaire le dominicain. Vain espoir!... Carme est son nom de famille, le nom de ses ancêtres, de même que Labruguière. » M. de Labruguière prit place à droite, fit partie du comité de la guerre, et vota : *pour* le rétablissement du cautionnement et de la contrainte par corps, *pour* les poursuites contre Louis Blanc et Caussidière, *contre* l'abolition de la peine de mort, *contre* l'amendement Grévy, *contre* l'abolition du remplacement militaire, *contre* le droit au travail, *pour* l'ensemble de la Constitution, *contre* la réduction de l'impôt du sel, *pour* la proposition Rateau, *contre* l'amnistie, etc. Dans les derniers mois de la législature il est porté *absent par congé*. Adversaire des institutions républicaines, il continua de les combattre à l'Assemblée législative, où il fut réélu, le 13 mai 1849, représentant du même département, le 7e sur 8, par 49,658 voix (91,741 votants et 121,583 inscrits). M. C. de Labruguière vota notamment : *pour* l'expédition de Rome, *pour* la loi Falloux-Parieu sur l'enseignement, etc., et rentra dans la vie privée après le coup d'Etat du 2 décembre 1851.

LABUSSIÈRE (Alphonse-René-Claude-Antoine), député depuis 1881, né à Chantelle (Allier) le 1er février 1845, se fit recevoir docteur en droit, et fut inscrit au barreau de Clermont-Ferrand (1872-1879). Nommé, en 1879, procureur de la République à Clermont-Ferrand, il se présenta aux élections générales du 21 août 1881, comme candidat républicain, dans l'arrondissement de Gannat, et fut élu député par 8,248 voix sur 8,891 votants et 20,959 inscrits. Il se fit alors inscrire au barreau de Gannat, vint siéger, à la Chambre, à l'Union républicaine, prit quelquefois la parole, fut rapporteur du projet de désaffectation du petit séminaire d'Izeure (Allier) (1882), parla sur le projet de loi sur les récidivistes (1883), sur le mode d'élection du Sénat (1884), etc., et soutint la politique des ministères opportunistes. Porté, aux élections générales du 4 octobre 1885, sur la liste républicaine de l'Allier, il fut élu, le 5e sur 6, par 49,761 voix sur 94,228 votants et 120,068 inscrits. Il siégea alors à l'Union des gauches, fut rapporteur du projet de loi sur l'extension de la compétence des juges de paix, ainsi que du projet de loi Lisbonne restrictif de la liberté de la presse, qu'il défendit en vain. Il a voté *pour* les ministères républicains qui se sont succédé au pouvoir, *pour* l'expulsion des princes, et, en dernier lieu, *pour* le rétablissement du scrutin d'arrondissement (11 février 1889), *pour* l'ajournement indéfini de la revision de la Constitution, *pour* les poursuites contre trois députés membres de la Ligue des patriotes, *pour* le projet de loi Lisbonne restrictif de la liberté de la presse, *pour* les poursuites contre le général Boulanger.

LABUZE (Justin), député de 1878 à 1885, né à Nouic (Haute-Vienne) le 26 janvier 1847, fils d'un médecin, suivit la même carrière et s'établit à Bellac. L'invalidation de M. Lezaud, député de cet arrondissement, permit à M. Labuze de se présenter comme candidat républicain : il fut élu, le 21 avril 1878, par 8,621 voix (15,602 votants, 22,924 inscrits), contre 6,803 voix à M. Lezaud. Au premier tour de scrutin, le 7, les voix républicaines s'étaient partagées entre M. Labuze et M. Lavignère, des 363. M. Labuze prit place à gauche, et défendit par ses discours et par ses votes la politique opportuniste. Il fut cependant l'auteur d'une proposition radicale portant abrogation pure et simple de l'article 20 de la loi du 27 juillet 1872 relative au recrutement de l'armée. Cet article dispensait du service militaire les jeunes gens voués à l'enseignement public ou libre et ceux qui se destinent au ministère des divers cultes salariés par l'État. La proposition Labuze donna lieu à d'intéressants débats, mais la Chambre refusa de l'adopter. Réélu, le 21 août 1881, par 7,752 voix (14,515 votants, 22,773 inscrits), contre 3,330 à M. Baband de Monvallier. 2,638 à M. Pressat et 740 à M. Berry, M. Labuze reprit sa place dans la majorité, parut encore plusieurs fois à la tribune, et fut nommé le 10 août 1882, sous-secrétaire d'État au ministère des Finances, dans le cabinet Duclerc; il garda ce poste dans le cabinet Jules Ferry jusqu'à la chute du ministère (31 mars 1885). Comme il avait dans ses attributions le personnel de l'administration des finances, il crut devoir, le 25 septembre 1882, adresser une circulaire aux préfets, pour demander des renseignements sur tous les employés de son ressort, relatifs non seulement à leur opinion politique, mais aussi à leurs relations privées, etc. La circulaire de M. Labuze souleva de nombreuses protestations. Porté, aux élections du 4 octobre 1885, sur la liste opportuniste de la Haute-Vienne, il échoua avec 22,534 voix (63,563 votants). Quelques mois plus tard, M. Labuze reçut, en compensation, le poste de trésorier-payeur général à Bourges (16 février 1886); il a été appelé, l'année suivante, aux mêmes fonctions à Marseille.

LACARRIÈRE (Jean-Jacques), député au Conseil des Cinq-Cents, né et mort à une date inconnue, fut élu député du Morbihan au Conseil des Cinq-Cents, le 23 germinal an V, par 171 voix sur 188 votants. Son rôle politique fut aussi obscur que sa vie; soupçonné d'opinions royalistes, il fut déporté au 18 fructidor.

LACASCADE (Étienne-Théodore-Mondésir), représentant en 1875, député de 1876 à 1879, né à Saint-François-Grande-Terre (Guadeloupe) le 2 janvier 1841, étudia la médecine, fut nommé médecin de 3e classe de la marine le 30 novembre 1864, passa de 2e classe le 25 octobre 1867, et fut reçu docteur en 1869, après plusieurs voyages aux Indes, en Chine et en Cochinchine. Il avait le grade d'aide-major au 2e régiment d'infanterie de marine et se trouvait en Cochinchine, lorsque la colonie de la Guadeloupe l'élut, en remplacement de M. Melvil-Bleancourt, déchu de son mandat pour faits insurrectionnels, représentant à l'Assemblée nationale, le 4 juillet 1875, par 3,595 voix (5,529 votants, 30,014 inscrits), contre 1,896 à M. Lauriol. Il prit place à l'Union républicaine, et s'associa aux derniers votes de la minorité démocratique. Puis il donna sa démission de médecin de la marine pour se présenter aux élections de la future Chambre des députés; il fut élu, le 2 avril 1876, au second tour de scrutin, député de la même colonie, par 3,988 voix (4,088 votants, 30,310 inscrits). M. Lacascade reprit sa place à gauche, et déposa une proposition de loi tendant à rétablir la représentation des colonies de la Guyane et du Sénégal; adoptée par la Chambre et rejetée d'abord par le Sénat, elle ne triompha qu'en 1879 des résistances de la Chambre haute. Adversaire du gouvernement du Seize-Mai et l'un des 363, M. Lacascade obtint sa réélection, le 11 novembre 1877, par 8.152 voix (11,546 votants, 30,650 inscrits), contre 3,391 à M. Duchassaing. Il appartint, comme précédemment, à la majorité de gauche, soutint le ministère Dufaure et la politique opportuniste, et fut appelé, le 24 juin 1879, aux fonctions de directeur de l'intérieur dans les établissements français de l'Inde. Il quitta alors la Chambre des députés pour se rendre à son poste. En 1887, il a été promu gouverneur des établissements français de l'Océanie (Tahiti). Chevalier de la Légion d'honneur.

LACAVE (Louis Henri-Hippolyte), représentant en 1849, député au Corps législatif de 1852 à 1857, né à Paris le 6 mars 1792, mort à Orléans (Loiret) le 25 avril 1858, entra à l'École polytechnique en 1810 et à l'École des ponts et chaussées en 1812. Ingénieur à Orléans de 1817 à 1841, il devint conseiller municipal de cette ville, puis il fut nommé ingénieur en chef du département de l'Indre. Après avoir été, sur sa demande, mis en disponibilité (1843), M. Lacave revint à Orléans, où il accepta les fonctions de maire; il les remplit jusqu'en 1848. Destitué par le commissaire du gouvernement provisoire le 10 mars, il fut, quelques jours après, compris dans la mise à la retraite de 40 ingénieurs, décrétée par le gouvernement. Mais il obtint au mois d'août suivant sa réintégration comme maire. D'opinions conservatrices, M. Lacave qui précédemment, le 1er août 1846, avait réuni, sans être élu, 417 voix contre 491 au député sortant, M. Abbatucci, dans le 2e collège du Loiret, fut inscrit sur la liste monarchiste de ce département, aux élections du 13 mai 1849 pour l'Assemblée législative, et fut élu, le 5e sur 7, par 29,859 voix (65,037 votants, 92,506 inscrits). Il siégea à droite, vota pour l'expédition de Rome, pour les lois restrictives de la liberté de la presse et de la liberté de réunion, etc., soutint la politique de l'Élysée, approuva le coup d'État, fut élu, avec l'appui de l'administration, le 29 février 1852, député de la 1re circonscription du Loiret au Corps législatif, par 23,863 voix (28,272 votants, 49,673 inscrits), contre 2,312 à M. de Prémorvan. M. Lacave s'associa au rétablissement de l'Empire et appartint, jusqu'en 1857, à la majorité dynastique.

LACAVE. — Voy. Laplagne-Barris.

LACAVE-LAPLAGNE (Jean-Pierre-Joseph), député de 1834 à 1848, ministre, représentant en 1849, né à Montesquiou (Gers) le 12 août 1795, mort à Paris le 14 mai 1849, fut élève de l'École polytechnique, et en sortit (1813) avec le grade de lieutenant d'artillerie. Il prit part, dans les rangs de la grande armée, aux dernières campagnes de l'Empire, et donna sa démission lors du retour des Bourbons. Il s'appliqua alors à l'étude du droit, se fit recevoir avocat à Toulouse et entra dans la magistrature (1819) comme procureur du roi. En 1821, il devint conseiller référendaire à la cour des Comptes. Il adhéra à la révolution de juillet et à la monarchie de Louis-Philippe, et fut bientôt (13 mars 1831), sur la proposition du baron Louis, promu conseiller-maître. Puis il se présenta, avec l'appui du gouvernement, à la députation dans le 5e collège du Gers (Mirande), en remplacement de Thiers, nommé ministre, et fut élu député, le 27 décembre 1834, par 121 voix (233 votants, 322 inscrits) contre 64 à M. Lassis et 45 à M. Abeillé. Il s'assit au centre, soutint la politique ministérielle et se mêla activement à plusieurs discussions, où sa compétence et son talent de parole furent remarqués. Il parla notamment sur la responsabilité des ministres, sur le jury, sur le budget, sur les remontes, sur la taxe des fers, et fut rapporteur du projet de loi concernant le conseil d'Etat, etc. La session de 1836 le vit fréquemment à la tribune, et la loi sur les chemins vicinaux, les finances, la proposition Gouin en faveur de la conversion des rentes, lui fournirent la matière de discours intéressants. En 1837, il traita la question des attributions municipales, et présenta comme rapporteur un projet de loi pour l'ouverture d'un crédit d'un million destiné à solder la dot de la reine des Belges, fille de Louis-Philippe. Le 15 avril 1837, M. Lacave-Laplagne fut appelé à prendre le portefeuille des Finances. Il dut en conséquence se représenter, le 20 mai suivant, devant ses électeurs, qui lui accordèrent le renouvellement de son mandat législatif par 179 voix sur 209 votants; il l'obtint encore aux élections générales du 4 novembre 1837, avec 215 voix (285 votants, 366 inscrits), puis, le 2 mars 1839, avec 228 voix (274 votants), contre 33 à M. Abeilhé. Comme ministre, il eut à défendre durant cette période tous les projets de lois financiers du gouvernement; dans la session de 1838, il exposa les idées du cabinet relativement à la conversion des rentes, à l'esclavage, au défrichement des bois, à la fixation du cadre de l'état-major général de l'armée, aux chemins de fer, au budget, à la perception de l'impôt sur les sucres et à l'exploitation des mines de sel et des sources salées. Le 4 mars 1839, il quitta le pouvoir avec le ministère dont il faisait partie, et, reprenant sa place à la Chambre dans la majorité conservatrice, il continua de s'intéresser activement à toutes les discussions visant les travaux publics et les finances. C'est ainsi qu'il intervint, en 1842, dans les débats sur le privilège de la Banque de France, sur le recensement, sur les chemins de fer, etc. Il fut aussi le rapporteur du budget de 1843. Il prit pour la seconde fois le portefeuille des Finances, à la mort de M. Humann, le 25 avril 1842, et le garda jusqu'au 8 mai 1847. Parmi les nombreuses questions de divers ordres dans lesquelles il se fit l'organe du gouvernement, on peut citer : la réduction de l'effectif de l'armée, la police de la chasse, les patentes, le recrutement, la conversion, la réforme postale, l'affranchissement du timbre des journaux et écrits périodiques, la concession des chemins de fer, les douanes, l'impôt du sel, etc. Réélu député, le 9 juillet 1842, par 235 voix (264 votants, 444 inscrits), et, le 1er août 1846, par 300 voix (339 votants, 467 inscrits), contre 24 à M. de Cormenin, M. Lacave-Laplagne prêta, jusqu'à la révolution de février, tant comme ministre que comme député du Gers, son concours le plus dévoué à la monarchie de Louis-Philippe, qui lui avait confié l'administration des biens du duc d'Aumale. Lors des élections pour l'Assemblée législative, le 13 mai 1849, les conservateurs du Gers élurent représentant M. Lacave-Laplagne, le 7e et dernier, par 30,230 voix (70,087 votants, 96,572 inscrits); le lendemain, 14, il succomba à un accès de goutte.

LACAVE-LAPLAGNE (Louis), représentant en 1871, membre du Sénat, né à Paris le 3 octobre 1835, fils du précédent, suivit les traditions orléanistes de sa famille, fut élu conseiller général du Gers en 1861, et posa, le 1er juin

1863, sa candidature indépendante au Corps législatif dans la 3e circonscription du Gers, où il obtint 6,990 voix contre 20,897 à l'élu officiel, M. Granier de Cassagnac. Lors des élections du 24 mai 1869, il reprit la lutte contre le même adversaire, lança une profession de foi « libérale », qui fut très goûtée dans le monde de l'opposition, et réunit 11,428 voix contre 15,350 au député sortant, M. Granier de Cassagnac, et 1,858 à M. Jules Favre. M. Lacave-Laplagne ne fut appelé que le 8 février 1871, par les électeurs du Gers, à les représenter à l'Assemblée nationale : élu, le 5e sur 6, par 58,131 voix (74,830 votants, 98,233 inscrits), il prit place au centre droit, fut un des signataires de la proposition qui demandait l'abrogation des lois d'exil frappant les deux branches de la maison de Bourbon, et vota avec les orléanistes : *pour* la paix, *pour* les prières publiques, *pour* le pouvoir constituant de l'Assemblée, *contre* le retour à Paris, *contre* le maintien des traités de commerce. Protectionniste, il fit partie de la commission d'enquête sur la situation du commerce. Le 24 mai 1873, il se prononça *contre* Thiers, puis il appuya la politique du cabinet de Broglie, adhéra au septennat, vota *pour* la loi sur les maires, *contre* les propositions Périer et Maleville, et *s'abstint* sur l'ensemble de la Constitution. M. Lacave-Laplagne, qui n'avait pris que rarement la parole à l'Assemblée nationale, se représenta, le 30 janvier 1876, aux élections sénatoriales dans le Gers, et fut élu, comme candidat « constitutionnel », sénateur de ce département, par 272 voix sur 557 votants. Dans sa circulaire il avait fait la déclaration suivante : « Soumis à la Constitution, j'attendrai, sans impatience, mais sans abandonner mes convictions et mes espérances monarchiques, l'heure légale de la révision. » Inscrit au groupe « constitutionnel » du Sénat, il vota, d'ailleurs, sans exception avec la droite conservatrice, devint un des secrétaires de la Chambre haute, approuva l'acte du 16 mai, se prononça, le 22 juin 1877, *pour* la dissolution de la Chambre des députés, et fut réélu sénateur du Gers, le 5 janvier 1879, par 303 voix (537 votants). Il combattit le ministère Dufaure, donna, le 8 mai suivant, sa démission de secrétaire du Sénat, et vota *contre* l'article 7, *contre* les lois Ferry sur l'enseignement, *contre* les divers cabinets qui se succédèrent, *contre* la réforme de la magistrature, *contre* le rétablissement du divorce, *contre* les crédits du Tonkin, *contre* l'expulsion des princes, etc. Réélu encore, le 5 janvier 1888, par 429 voix (788 votants), il s'est prononcé en dernier lieu, *contre* le rétablissement du scrutin d'arrondissement (13 février 1889), *contre* le projet de loi Lisbonne restrictif de la liberté de la presse, *contre* la procédure à suivre devant le Sénat contre le général Boulanger. Conseiller général du Gers pour le canton de Riscle.

LACAZE (Jacques), membre de la Convention, né à Libourne (Gironde) le 4 juin 1752, exécuté à Paris le 31 octobre 1793, « fils de François Lacaze aîné, négociant, et de Jeanne Fontémoing, » était lui-même négociant à Libourne. Il devint, en 1791, administrateur du département, et fut élu, le 9 septembre 1792, premier suppléant de la Gironde à la Convention, par 369 voix (592 votants). Appelé à siéger dès le début, en remplacement de Sieyès qui avait opté pour la Sarthe, il prit la parole pour faire prohiber l'exportation hors de la République de toute viande salée, proposa la nomination de divers commissaires aux armées, et s'opposa à l'envoi de ceux de la commune de Paris. Dans le procès du roi, il opina avec les modérés, répondit au 2e appel nominal : « Dans les circonstances présentes, où le plus grand nombre des citoyens se trouve sur les frontières, et que les assemblées vont être livrées aux intrigues et aux factions, comme je suis convaincu que nous n'avons qu'une mesure de sûreté à prendre, je dis : non. »

Et au 3e : « Citoyens, je ne crois pas que la mission que j'ai reçue de mes commettants m'autorise à prononcer en juge. Ils m'ont chargé de concourir au bonheur de la nation, à l'établissement des lois. Ici, je ne crois pouvoir prendre qu'une mesure de sûreté générale. Louis a fait verser beaucoup de sang; mais cette guerre qu'il nous a causée n'en fera-t-elle pas couler beaucoup encore? Ne devons-nous pas faire concourir l'existence de Louis à le ménager? Je descends dans ma conscience, et je vote pour la reclusion jusqu'à la paix, et jusqu'à l'époque où les puissances étrangères auront reconnu la République, ensuite le bannissement. » Le 22 mai 1793, il fut dénoncé par Marat comme conspirant avec Dufriche-Valazé et la « faction liberticide ». Il se défendit le lendemain et l'affaire n'eut pas de suites immédiates. Mais, s'étant associé à la politique des Girondins, ses collègues et ses amis, et ayant protesté contre les événements du 31 mai, il fut inscrit sur la liste des représentants visés par le rapport accusateur d'Amar, condamné à mort et exécuté (31 octobre 1793).

LACAZE (Denis-Charles-Henry Gauldrée Boilleau, marquis de), député de 1822 à 1827, né à Aire (Pas-de-Calais) le 15 juillet 1773, mort le 25 mai 1830, fut commissaire-ordonnateur des guerres. Officier de la Légion d'honneur et chevalier de Saint-Louis, il était membre du conseil général des Landes, lorsque le collège de ce département l'élut député, comme royaliste, le 20 novembre 1822, par 72 voix sur 89 votants et 139 inscrits, contre 10 au général Lamarque. Il prit place au côté droit, soutint le ministère Villèle, et fut réélu, le 6 mars 1824, par 72 voix (81 votants, 141 inscrits), contre 7 à M. Pémolié de Saint-Martin. « A la Chambre législative, écrivait à son sujet l'auteur de la Biographie des députés de la Chambre septennale, M. de Lacaze tient, comme orateur, un juste milieu entre ceux qui parlent et ceux qui ne disent rien. Son nom figure quelquefois dans les commissions. Il a parlé, dans la dernière session, en faveur de la loi du sacrilège. A propos de profanations et de sacrilèges, il trouva l'art de placer adroitement dans son discours l'éloge de Monseigneur le garde des sceaux. Dans la séance du 19 mars 1825, M. de Lacaze fit un éloge de la loi sur la réduction des rentes... » Il se représenta aux élections du 24 novembre 1827, mais n'obtint que 22 voix contre 50 à l'élu, M. de Cauna.

LACAZE (Pierre), dit Pèdre Lacaze, député de 1831 à 1843, pair de France, né à Moncin (Basses-Pyrénées) le 1er juillet 1794, mort à Paris le 4 septembre 1874, fils de Jacques Lacaze, négociant à Moncin, et de Marie-Louise Sablonière, étudia le droit et appartint à la magistrature de la Restauration, comme substitut du procureur du roi à Pau. Rallié au gouvernement de Louis-Philippe, il fut élu, le 5 juillet 1831, comme candidat libéral, député du 4e collège des Basses-Pyrénées (Oloron), par 81 voix (142 votants, 150 inscrits), contre 57 à M. de Crouseilhes. Dans sa profession de foi, il avait ré-

clamé l'abolition de l'hérédité de la pairie, l'allègement des impôts, la liberté du commerce et l'amélioration du sort des classes ouvrières. Au début, M. P. Lacaze inclina, en quelques circonstances, vers l'opposition ; mais, « dans les sessions suivantes, dit une biographie, ce jeune député s'est beaucoup plus occupé de cultiver les ministres, de faire sa cour aux dames d'honneur et de danser avec elles, que d'alléger le fardeau des charges publiques et d'améliorer le sort des classes laborieuses. » Réélu successivement, dans la même circonscription : le 21 juin 1834, par 113 voix (121 votants, 150 inscrits); le 4 novembre 1837, par 117 voix (120 votants, 155 inscrits); le 2 mars 1839, par 121 voix (122 votants), et, le 9 juillet 1842, par 118 voix (123 votants), M. Pèdre Lacaze fit partie de la majorité ministérielle, et se prononça notamment : pour les lois de septembre 1835, pour la dotation annuelle de 500,000 fr. au duc de Nemours, contre l'adjonction des capacités et contre tout projet de réforme électorale. Ayant donné sa démission de député, il fut remplacé à la Chambre par son frère, M. Henri Lacaze, le 19 août 1843. Puis une ordonnance royale l'appela à la pairie le 6 avril 1845. M. Pèdre Lacaze soutint le gouvernement au Luxembourg comme il l'avait fait au Palais-Bourbon jusqu'à la révolution de février 1848, qui le rendit à la vie privée. Conseiller général des Basses-Pyrénées, et chevalier de la Légion d'honneur.

LACAZE (Joseph-Henri), député de 1843 à 1848, né à Paris le 4 janvier 1802, mort au château de Lasseube (Hautes-Pyrénées) le 13 juillet 1884, frère du précédent, propriétaire à Paris, membre du conseil général des Hautes-Pyrénées, fut élu, le 19 août 1843, en remplacement de M. P. Lacaze, député du 4e collège de ce département, par 163 voix sur 164 votants, 189 inscrits. Il prit place dans la majorité conservatrice, avec laquelle il opina constamment jusqu'en 1848, après avoir obtenu sa réélection, le 1er août 1846, par 165 voix (173 votants, 192 inscrits). Chevalier de la Légion d'honneur.

LACAZE (Joseph-Jacques-Marguerite-Bernard), représentant en 1848 et 1849, sénateur du second Empire, né à Vic-en-Bigorre (Hautes-Pyrénées) le 9 novembre 1798, mort à Pau (Basses-Pyrénées) le 12 février 1874, se rendit en Amérique à seize ans, passa plusieurs années au Texas, dans la colonie fondée par le général Lallemand, étudia à New-York le droit américain, et, après avoir exercé la profession d'avocat à la Nouvelle-Orléans, revint en France, se fit recevoir licencié en droit à la faculté de Toulouse et s'inscrivit au barreau de Pau. D'opinions libérales, il devint, en 1841, conseiller général des Hautes-Pyrénées, et, après la révolution de février, se porta candidat à l'Assemblée constituante dans le même département. Elu, le 23 avril 1848, le 4e sur 6, par 23,356 voix, M. Bernard Lacaze fit partie du comité de législation, et vota avec la droite: pour le rétablissement du cautionnement et de la contrainte par corps, pour les poursuites contre Louis Blanc et Caussidière, contre l'abolition de la peine de mort, contre l'amendement Grévy, contre le droit au travail, contre la réduction de l'impôt du sel, pour la proposition Rateau, contre l'amnistie, pour l'interdiction des clubs, etc. Cette attitude fut plus marquée encore à l'Assemblée législative, où M. B. Lacaze fut réélu représentant du même département, le 13 mai 1849, le 2e sur 5, par 24,492 voix (48,393 votants, 71,204 inscrits).

Attaché au comité de la rue de Poitiers, il se prononça, en toute circonstance, *pour* les lois répressives et restrictives de la liberté ; puis il appuya la politique de l'Elysée, approuva le coup d'Etat et fut nommé conseiller d'Etat ; en cette qualité, il remplit plusieurs fois devant les Chambres les fonctions de commissaire du gouvernement. Un décret impérial du 5 mars 1866 le fit sénateur. En juin 1867, M. Sainte-Beuve ayant pris, à la Chambre haute, la défense de M. Renan, attaqué par M. de Ségur d'Aguesseau à l'occasion de sa nomination comme professeur au Collège de France, M. Lacaze dit à M. Sainte-Beuve : « Vous n'êtes pas ici pour cela. » Cette interruption ne fut pas alors entendue ; mais quelques jours après, M. Sainte-Beuve, qui l'avait lue au procès-verbal, crut devoir la relever : « Je ne rétracte pas mes paroles, répliqua M. Lacaze, et je trouve que vous les relevez bien tard. » Puis il envoya à M. Sainte-Beuve MM. de Heeckeren et le baron de Reinach pour régler cette affaire. « Vous avez voulu être blessant pour moi dans votre discours, alléguait-il ; l'intention vaut le fait et me donne les mêmes droits. » M. Sainte-Beuve rejeta « cette jurisprudence sommaire qui consiste à étrangler une question et à supprimer un homme en quarante-huit heures ». Une nouvelle démarche de M. de Heeckeren n'eut pas plus de résultat ; M. Sainte-Beuve s'en remit au jugement du public. M. Lacaze continua de soutenir le gouvernement impérial jusqu'au 4 septembre 1870, qui le rendit à la vie privée. Commandeur de la Légion d'honneur (12 août 1863).

LACAZE (LOUIS-JACQUES), représentant en 1871, député de 1876 à 1882, membre du Sénat, né à Paris le 20 janvier 1826, fils de M. Henri Lacaze (*Voy. p. haut*), qui fut député de 1843 à 1848, et neveu de M. Louis Lacaze qui légua au musée du Louvre une remarquable collection de tableaux, entra au conseil d'Etat comme auditeur en 1850, et donna sa démission après le rétablissement de l'Empire à l'égard duquel il professa, en qualité d'orléaniste, des opinions indépendantes. Conseiller général du canton de Lasseube (Basses-Pyrénées), M. Lacaze fut le candidat de l'opposition, le 24 mai 1869, aux élections du Corps législatif dans la 2e circonscription de ce département : il obtint 12,019 voix contre 17,358 à l'élu officiel, M. Chesnelong. Après la guerre, il se représenta, avec plus de succès, le 8 février 1871, et fut élu, le 1er sur 9, représentant des Basses-Pyrénées à l'Assemblée nationale, par 58,734 voix (61,049 votants, 110,425 inscrits). M. Lacaze prit place au centre gauche, et vota *pour* la paix, *contre* le pouvoir constituant de l'Assemblée, *pour* le retour à Paris, *contre* la chute de Thiers au 24 mai, *contre* le septennat, *contre* la loi des maires, *contre* le cabinet de Broglie, *pour* l'amendement Wallon et *pour* la Constitution du 25 février 1875. Au moment des tentatives de restauration monarchique, il avait écrit (octobre 1872) à ses électeurs une lettre dans laquelle il déclarait que « l'expérience qu'il venait de traverser lui faisait chercher désormais dans le gouvernement de la République les garanties de liberté dans l'ordre et l'alliance de toutes les forces conservatrices que nous avons été impuissants à réaliser sous la monarchie ». Il refusa la candidature sénatoriale l'année suivante, et préféra se porter candidat à la Chambre des députés, le 20 février 1876, dans l'arrondissement d'Oloron. Sa profession de foi, après un éloge de la Constitu-

tion, se terminait ainsi : « Vous penserez qu'il est temps pour la France, après tant d'efforts pour fixer ses destinées, de chercher dans la pratique loyale de la République constitutionnelle qui est devenue la loi de tous, sous la présidence du maréchal de Mac-Mahon, qui la personnifie, un repos si chèrement acheté. » Elu député par 9,825 voix (12,255 votants, 17,117 inscrits), contre 2,405 à M. Louis, il reprit sa place au centre gauche et vota avec la majorité républicaine. Il s'associa à la protestation des gauches contre l'acte du Seize-Mai, et fut des 363. Réélu, le 14 octobre 1877, par 9,961 voix (11,032 votants, 17,049 inscrits), M. Lacaze se prononça *pour* la nomination d'une commission d'enquête parlementaire, *contre* le cabinet Rochebouët, *pour* le ministère Dufaure, *pour* l'article 7, *contre* l'amnistie plénière, *pour* l'invalidation de l'élection de Blanqui, et obtint encore sa réélection comme député, le 21 août 1881, avec 9,467 voix (10,170 votants, 16,925 inscrits). Mais il quitta la Chambre le 8 janvier 1882, ayant été élu sénateur des Basses-Pyrénées par 420 voix (646 votants). Il fut remplacé comme député, le 26 février, par M. Rey. Au Sénat, M. Lacaze opina avec la majorité, notamment : *pour* la réforme du personnel judiciaire, *pour* le rétablissement du divorce, *pour* les crédits du Tonkin, *pour* la nouvelle loi militaire, *pour* les ministères opportunistes, et, en dernier lieu, *contre* le rétablissement du scrutin d'arrondissement (13 février 1889) ; il s'abstint sur le projet de loi Lisbonne restrictif de la liberté de la presse et sur la procédure à suivre devant le Sénat contre le général Boulanger. On a de lui : *Libertés provinciales en Béarn* (1867) ; *Lettre d'un conseiller général sur les dépenses départementales*, etc.

LACÉPÈDE (BERNARD-GERMAIN-ETIENNE DE LAVILLE-SUR-ILLON, COMTE DE), député en 1791, membre du Sénat conservateur, pair en 1814, pair des Cent-Jours et pair de France, né à Agen (Lot-et-Garonne) le 26 décembre 1756, mort à Epinay (Seine) le 6 octobre 1825, fils d'un lieutenant-général de la sénéchaussée d'Agen, d'une famille fort riche, se rendit de bonne heure célèbre à Agen par la composition d'un motet exécuté dans une cérémonie religieuse. Ces premiers essais de musicien et quelques travaux de physique, faits en la compagnie de jeunes gens qui jouaient entre eux à l'Institut, lui donnèrent l'idée de se rendre à Paris en 1776, où il fut bien accueilli par Buffon et par Glück. Vers cette époque, un prince allemand lui fit obtenir un brevet de colonel au service des cercles d'Allemagne ; il ne vit jamais son régiment, mais il porta avec satisfaction un bel uniforme. Lié avec Daubenton, d'Alembert et Glück, il publia, en 1781, un *Essai d'électricité*, et, en 1783, les premiers volumes d'une *Physique générale et particulière*, qui ne furent que médiocrement goûtés. Il composa à la même époque la musique de l'opéra d'*Omphale* et sa *Poétique de la musique* (1785), qui eut du succès surtout près des partisans de Glück dont il défendait les idées. Devenu l'élève favori de Buffon, Lacépède obtint une place de garde et de sous-démonstrateur au cabinet du roi, afin de continuer l'histoire naturelle des animaux commencée par Buffon ; en 1788, il publia l'*Histoire générale et particulière des quadrupèdes ovipares*, et, en 1789, celle des *Serpents*. A la suite de ce dernier volume, il plaça un éloge enthousiaste de

Buffon. Les événements politiques ne le laissaient pas non plus indifférent. Partisan des idées nouvelles, il devint, en 1789, président de la section du Jardin des Plantes, commandant de la garde nationale de cette même section, administrateur du département de la Seine, président de : électeurs, et enfin fut chargé de représenter extraordinairement la ville d'Agen à la Constituante. Elu, le 2 septembre 1791, député de Paris à l'Assemblée législative, le 2ᵉ sur 24, par 487 voix sur 687 votants, il refusa les fonctions périlleuses de précepteur du Dauphin, fut quelque temps président de l'assemblée, et interpella vivement Danton à propos des massacres de septembre. La modération de ses idées ne tarda pas à le rendre suspect. Après la clôture de la législature, il donna sa démission de démonstrateur au jardin du roi et se retira à la campagne. Ayant fait demander à Robespierre s'il pouvait continuer ses travaux zoologiques, ce dernier aurait répondu : « Il est à la campagne ; dites-lui qu'il y reste. » Après le 9 thermidor, Lacépède rentra à Paris, se fit inscrire comme élève à l'Ecole normale, et obtint peu après une chaire au Muséum (histoire naturelle des reptiles et des poissons) créée pour lui. Nommé membre de l'Institut (24 brumaire an IV), il fut le premier secrétaire de la classe des sciences, prêta serment entre les mains du président du Conseil des Cinq-Cents, et publia l'*Histoire naturelle des Poissons*, de 1798 à 1803, suivie de l'*Histoire naturelle des Cétacés* (en 1804). Depuis 1801, il rédigeait avec Cuvier et Geoffroy-Saint-Hilaire la *Ménagerie du Muséum*, revue illustrée qui n'eut que peu de livraisons. Nommé membre du Sénat conservateur le 3 nivôse an VIII, président de cette assemblée en l'an X, grand chancelier de la Légion d'honneur le 3 fructidor an XI, grand-cordon de la Légion d'honneur le 10 prairial an XIII, titulaire de la sénatorerie de Paris, il fut créé comte de l'Empire le 26 avril 1808, et nommé ministre d'Etat le 28 mars 1809. En cette qualité, il fit au Sénat le rapport sur la dissolution du mariage de Napoléon avec Joséphine.

Il accompagna, par ordre, l'impératrice Marie-Louise à Blois en 1814, puis, après l'abdication de Fontainebleau, alla présenter ses hommages à Louis XVIII au château de Saint-Ouen. Le roi le remplaça à la grande chancellerie, mais le promut pair de France (4 juin 1814). Au retour de l'île d'Elbe, l'empereur le nomma grand-maître de l'Université ; il préféra reprendre la grande chancellerie de la Légion d'honneur, et entra également à la Chambre des pairs de l'Empire (4 juin 1815). La seconde Restauration le priva de ces dignités, mais Louis XVIII le rappela à la Chambre jusqu'en 1819. M. de Lacépède y défendit les libertés constitutionnelles. Courtisan sous l'Empire, il rachetait cette faiblesse par une courtoisie et une affabilité particulières pour tous ceux qui l'approchaient. Désintéressé, charitable, il travaillait beaucoup, avec une facilité extraordinaire ; sa vie était d'une grande simplicité, sauf les nécessités de la représentation ; il ne faisait qu'un seul repas, assez léger, et ne dormait que deux ou trois heures. Il mourut à 69 ans, de la petite vérole contractée, croit-on, en serrant la main, à l'Institut, au docteur Duméril, qui venait de visiter des personnes atteintes de ce mal. On a de lui un grand nombre de publications scientifiques, dont les principales ont été réunies en 1826 par Desmarets, en 11 volumes, sous le titre : *Œuvres de M. le comte de Lacépède.*

LA CHAMBRE (CHARLES-EMILE), député de 1876 à 1878, né à Saint-Malo (Ille-et-Vilaine) le 25 octobre 1816, fit sa fortune dans l'importation du guano, puis s'établit banquier à Paris. Membre de la chambre de commerce de Paris, décoré (16 août 1863), conseiller municipal de Saint-Malo, il se présenta, aux élections du 8 février 1871 pour l'Assemblée nationale, dans le département d'Ille-et-Vilaine, et échoua avec 10,257 voix sur 109. 672 votants. Il acheta le *Journal de Saint-Malo*, et se représenta aux élections du 20 février 1876, « comme candidat libéral, conservateur constitutionnel, disposé à faire l'application sincère de la Constitution. » Elu, dans la 1ʳᵉ circonscription de Saint-Malo, par 6,634 voix sur 12,011 votants et 15,369 inscrits, contre 5,944 voix à M. Hovius, candidat républicain, il prit place au centre droit, fut un des membres les plus laborieux de la commission de la marine marchande, présenta même un projet de loi sur la matière, vota *contre* l'amnistie plénière, *contre* la proposition Gatineau, *contre* la loi Waddington sur la collation des grades, *pour* l'augmentation du traitement des desservants, et soutint le cabinet du 16 mai contre les 363. Réélu, après la dissolution de la Chambre, le 14 octobre 1877, dans son arrondissement, par 7,128 voix sur 12,772 votants et 15,833 inscrits, contre 5,456 au candidat républicain, M. Hovius, il reprit sa place au centre droit ; mais son élection fut invalidée par la nouvelle majorité, et M. La Chambre dut se représenter, le 7 avril 1878, devant ses électeurs, qui ne lui donnèrent plus que 5,214 voix contre 7,525 à M. Hovius, élu. M. La Chambre ne fut pas plus heureux aux élections du 21 août 1881 ; il recueillit 3,679 voix contre 6,327 à M. Hovius, député sortant, réélu, et 2,100 à M. Mainsard. Porté, le 4 octobre 1885, sur la liste conservatrice d'Ille-et-Vilaine, il échoua de nouveau avec 59,400 voix sur 124,652 votants.

LA CHATRE (CLAUDE, VICOMTE DE), député en 1789, né au château de la Roche-Belisson (Vienne) le 30 mars 1734, mort près de Poitiers (Vienne) en 1828, d'une famille de vieille noblesse originaire du Berry, et qui compta plusieurs officiers de mérite, était ancien capitaine au régiment de Cambrésis-infanterie et chevalier de Saint-Louis, lorsqu'il fut, le 27 mars 1789, élu député de la noblesse par la sénéchaussée du Poitou. Le vicomte de La Chatre vota avec la minorité de l'Assemblée, s'associa (30 juin 1789) à la protestation générale des députés de la noblesse du Poitou contre la réunion des trois ordres, et déclara attendre de sa sénéchaussée de nouveaux pouvoirs, qui lui furent adressés un mois après. Son rôle se borna à présenter, le 20 février 1790, la motion suivante : « Jugeant que 18 livres d'honoraires qu'on nous attribue par jour deviendront, cette législature pouvant se prolonger, un poids insupportable pour le peuple sur lequel il pèse essentiellement, *quoique gêné dans mes affaires domestiques*, je propose à l'Assemblée la renonciation à la totalité de nos honoraires, à compter du 1ᵉʳ mars prochain. Je n'avais pas eu jusqu'ici l'honneur de monter à la tribune ; ce jour, Messieurs, sera le plus beau de ma vie, si vous daignez décréter un faible sacrifice qui ne peut que vous honorer ; et je le demande expressément. » A cette occasion, M. de La Chatre reçut de plusieurs municipalités, entre autres de celle de Montmorillon (Vienne), des remerciements officiels ; mais des protestations, inspirées par les députés contraires à cette motion arrivèrent bientôt des mêmes villes; la proposition fut repoussée, et M. de La Châtre s'en tint à ce premier échec. Il émigra avant la fin de la session, devint capitaine-commandant de la 4e compagnie d'infanterie à l'armée des princes, formée à Tournay le 24 septembre 1791, rentra en France avec les Bourbons, et mourut à un âge très avancé.

LA CHATRE (CLAUDE-LOUIS, COMTE DE NANÇAY, DUC DE),député en 1789, pair de France, né à Paris le 30 septembre 1745, mort à Meudon (Seine-et-Oise) le 13 juillet 1824, de la famille du précédent et de la branche aînée, entra jeune au service, comme lieutenant d'infanterie au régiment du Boulonois (mars 1761). Capitaine du corps des carabiniers en mai 1764, colonel des grenadiers de France le 3 janvier 1770, gentilhomme d'honneur de Monsieur en mai 1771, il devint, en 1781, brigadier des armées du roi, et, en 1788, maréchal-de-camp et inspecteur des troupes de cavalerie de la divison de la province de Guienne. La même année, il fut (décembre) pourvu par le roi de la charge de bailli du grand bailliage de Berry, dont s'était démis en sa faveur le prince de Conti, gouverneur de la province. Commandeur des ordres de Saint-Lazare et du Mont-Carmel, il fut élu, le 27 mars 1789, par le bailliage de Berry, député de la noblesse aux Etats-Généraux. Il vota constamment avec le côté droit et signa les protestations des 12 et 15 septembre 1791. A .ut émigré avec le comte de Provence, il fit à l'armée des princes la campagne de 1792, à la tête d'une compagnie de grenadiers qu'il avait levée à Ath en janvier de cette année, se retira ensuite en Angleterre où il forma, en 1793, un régiment d'abord connu sous son nom, puis sous celui de *Loyal-Emigrant*, qui se distingua dans les Pays-Bas et dans la Flandre française et se fit écraser à Quiberon. Jusqu'à la Restauration, M. de La Châtre fut en Angleterre un des agents les plus zélés de Louis XVIII. Maintenu à Londres, en 1814, en qualité d'ambassadeur de France, il fut nommé lieutenant-général le 22 juin suivant, et appelé à la pairie le 17 août 1815; son nom ne figure pas dans le scrutin du jugement du maréchal Ney. Le roi le nomma encore l'un des premiers gentilshommes de sa chambre, officier de la Légion d'honneur, membre du conseil privé et ministre d'Etat. Il fut créé duc par ordonnance du 31 août 1817. Le duc de La Châtre mourut en 1824 au château royal de Meudon.

LACHAU (PIERRE-ETIENNE), député au Conseil des Cinq-Cents, né à Aspres-les-Veynes (Hautes-Alpes) le 3 avril 1746, mort à une date inconnue, notaire à Aspres, fut élu député des Hautes-Alpes au Conseil des Cinq-Cents, le 21 germinal an V, et ne s'y signala qu'en demandant la translation à Gap des tribunaux des Hautes-Alpes. Le gouvernement consulaire le nomma, le 14 germinal an VIII, conseiller de préfecture.

LACHAUD. — *Voy.* LOCQUEYSSIE (DE).

LACHEISSERIE (MARIE-LOUIS-CHARLES TRÉMOLET DE), député au Corps législatif de 1859 à 1863, né à Valence (Drôme) le 8 novembre 1800, propriétaire, fut élu, le 20 mars 1859, comme candidat officiel, député au Corps législatif de la 1re circonscription de la Drôme, en remplacement de M. Sapey, démissionnaire, par 20,494 voix (20,755 votants, 29,308 inscrits). Il appartint par tous ses votes à la majorité dynastique jusqu'aux élections du 1er juin 1863;

il échoua alors avec 9,263 voix contre 13,366 à l'élu de l'opposition, M. Lacroix de Saint-Pierre.

LACHEVARDIÈRE DE LA GRANDVILLE (MARIE-CHARLES-CLAIRE-LOUIS-FRANÇOIS), député de 1824 à 1827, né à Bausaurat (Pays-Bas) le 12 août 1768, mort à Charleville (Ardennes) le 31 décembre 1838, était officier du génie lors de la Révolution. Ayant émigré, il passa au service de la Hollande en qualité de colonel, rentra en France sous le Consulat, fit, dit un biographe, « un mariage avantageux, » et devint membre du conseil général des Ardennes. Candidat des royalistes à la Chambre des députés, il fut élu, le 25 février 1824, dans le 2e arrondissement de ce département (Rethel) par 153 voix (253 votants, 277 inscrits), contre 100 à M. de la Tour du Pin. Il se montra tout dévoué aux intérêts du ministère, qui ne lui marchanda point ses faveurs. « En 1815, écrit le biographe cité plus haut, M. de la Grandville fut reconnu lieutenant-colonel, et mis à la retraite; mais depuis qu'il a l'honneur de siéger au centre, et d'avoir été décoré au sacre, il a reçu de l'activité à Givet. Son frère, destitué comme lieutenant de roi à Rocroi, a repris ses fonctions; sa belle-sœur a obtenu un entrepôt de tabacs, et un de ses neveux, qui servait dans les gardes, a été promu au grade de capitaine dans la ligne. Il nous est même revenu qu'un de ses cousins avait obtenu une place dans les forêts. » M. Lachevardière de la Grandville ne fut pas réélu en 1827.

LACHÈZE(JEAN-CLAUDE-FRANÇOIS-ANTOINE), représentant aux Cent-Jours et député de 1829 à 1834, né à Montbrison (Loire) le 16 janvier 1774, mort à Montbrison le 23 octobre 1841, « fils de maître Antoine Lachèze, greffier en chef des eaux et forêts, et de dame Jeanne-Marie-Elisabeth-Armande Duguet, » devint, au moment de la Révolution, commandant de la garde nationale sédentaire de Montbrison, et fut nommé, par le premier consul, maire de cette ville, le 1er pluviôse an IX, puis conseiller de préfecture et membre de la Légion d'honneur. Elu, le 11 mai 1815, représentant à la Chambre des Cent-Jours par le collège de département de la Loire, avec 50 voix sur 51 votants, il siégea obscurément dans cette courte législature, vécut dans la retraite sous la Restauration, et fut de nouveau élu député, au grand collège de la Loire, le 12 janvier 1829, en remplacement de M. de Lévis, nommé pair de France, par 57 voix (109 votants, 203 inscrits), contre 52 à M. de Vougy. Il prit place dans l'opposition constitutionnelle et signa l'adresse des 221. Réélu, le 23 juin 1830, dans le 3e arrondissement de la Loire (Saint-Etienne) avec 228 voix (369 votants, 405 inscrits), contre 138 à M. Bayon, il échoua le même jour dans le 1er arrondissement électoral de la Loire (Montbrison) avec 87 voix, contre 132 à l'élu, M. de Chantelauze, contribua à l'établissement de la monarchie de juillet, et fut encore réélu, le 5 juillet 1831, dans le 3e collège de la Loire (Feurs) avec 83 voix (84 votants, 336 inscrits). Il siégea dans la majorité ministérielle jusqu'aux élections de 1834, qui le rendirent à la vie privée.

LACHÈZE (PIERRE-DÉSIRÉ-ANTOINE), député de 1831 à 1848, né à Montbrison (Loire) le 25 février 1800, mort à Montbrison le 15 juillet 1883, fils du précédent, étudia le droit, entra dans la magistrature, fut, sous la Restauration, substitut du procureur du roi à Gannat, et devint, en 1830, président du tribunal de Montbrison. Les électeurs libéraux du 4e collège de la Loire l'envoyèrent, le 5 juillet 1831, par 125 voix (141 votants, 274 inscrits), siéger à la Chambre des députés. Mais M. Lachèze prit place dans la majorité conservatrice, avec laquelle il ne cessa de voter pendant toute la durée du règne de Louis-Philippe, ayant obtenu successivement sa réélection : le 21 juin 1834, par 213 voix (289 votants, 305 inscrits), contre 75 à M. d'Assier; le 4 novembre 1837, par 123 voix (201 votants, 354 inscrits), contre 75 à M. d'Assier; le 2 mars 1839, par 222 voix (227 votants, 355 inscrits); le 9 juillet 1842, par 175 voix (309 votants, 387 inscrits), contre 131 à M. d'Assier, et, le 1er août 1846, par 249 voix (256 votants, 149 inscrits). M. Lachèze prit rarement la parole à la Chambre. Il donna son suffrage à la condamnation du journal la *Tribune* (1833), aux lois de septembre 1835, aux ministères Molé et Guizot, au projet de dotation (1840), etc. Il était absent lors du vote sur l'indemnité Pritchard ; mais il repoussa la proposition Rémusat sur les députés fonctionnaires, et tous les projets de réforme électorale. Promu conseiller à la cour de Lyon, il fut retraité en cette qualité le 30 mars 1870. Officier de la Légion d'honneur.

LACHÈZE-MUREL (PIERRE-JOSEPH DE), député en 1789 et de 1815 à 1816, né à Martel (Lot) le 17 décembre 1744, mort à Paris le 25 août 1835, « fils à Monsieur Julien-Annet de Lachèze, avocat au parlement et juge de Martel, et à demoiselle Françoise de Naucelle, » suivit la carrière paternelle, devint lieutenant à la sénéchaussée de Martel, fut élu député du tiers aux États-Généraux, le 23 mars 1789, par la sénéchaussée de Quercy; il fut de la minorité qui protesta contre les décrets restrictifs du pouvoir monarchique, et, se trouvant aux Tuileries le 10 août, pour protéger le roi, fut malmené par les vainqueurs. Après la session, il courut des dangers plus réels. Arrêté aux environs de Paris et jeté en prison, il ne recouvra sa liberté qu'après le 9 thermidor. Nommé secrétaire d'ambassade à Naples le 24 pluviôse an VI, il y resta peu, fut, après le 18 brumaire, président du collège électoral du Lot, conseiller général, membre de la Légion d'honneur le 25 prairial an XII, et demeura un admirateur enthousiaste de Napoléon jusqu'en 1814. A cette époque, il revint brusquement à la monarchie des Bourbons : Louis XVIII lui accorda des lettres de noblesse. Élu député, le 22 août 1815, par le grand collège du Lot, avec 99 voix (194 votants, 261 inscrits), il fut membre de la commission des émigrés, et fit adopter une loi qui rendait aux ministres des cultes les registres de l'état civil; mais la loi ne put être soumise à la Chambre des pairs avant la clôture de la session, et ne leur fut pas présentée après la dissolution de la Chambre. Ayant échoué aux élections de 1816, il dénonça à la Chambre des pairs et à celle des députés les illégalités qui, suivant lui, avaient empêché le succès de sa candidature. Mais, malgré l'intervention de Châteaubriand, la chambre passa à l'ordre du jour. Son rôle politique se borna ensuite à protester contre les événements de 1830.

LACHIÈZE (PIERRE), député en 1791, au Conseil des Anciens et au Corps législatif de l'an VIII, né à Martel (Lot) le 4 avril 1755, mort à une date inconnue, président de l'administration centrale du Lot, fut élu, le 4 septembre 1791, député du Lot à l'Assemblée législative, le 2e sur 10, par 322 voix sur 518 votants. Réélu, le 24 vendémiaire an IV, député du même département au Conseil des Anciens, avec 103 voix sur 114 votants, et, le 24 germinal au V, au même Conseil, par 169 voix sur 205 votants, il ne se signala qu'en demandant des secours pour les enfants de Rocher assassiné. Son adhésion au coup d'État de brumaire le fit choisir, le 4 nivôse an VIII, par le Sénat conservateur, comme député du Lot au nouveau Corps législatif. Son arrière-petit-fils, Pierre-François-Marius-Albert Lachièze, a été élu député républicain de Gourdon (Lot) aux élections générales de septembre 1889.

LACLAUDURE (FRANÇOIS-ISIDORE), représentant en 1849, né à Bessines (Haute-Vienne) le 17 décembre 1800, étudia le droit et s'inscrivit comme avocat au barreau de Bellac. Républicain, il se présenta, le 13 mai 1849, aux élections de l'Assemblée législative dans la Haute-Vienne et fut élu représentant de ce département, le 6e sur 7, par 33,438 voix (57,464 votants, 81,891 inscrits). M. Laclaudure prit place à gauche, appartint au groupe de la Montagne, et vota avec la minorité démocratique contre l'expédition de Rome, contre la loi Falloux-Parieu sur l'enseignement, contre la loi restrictive du suffrage universel, etc. Il protesta contre le coup d'État de 1851, qui mit fin à sa carrière politique.

LACLAVERIE (JEAN-LOUIS), député en 1789, né à La Chapelle (Tarn-et-Garonne) le 25 janvier 1738, mort à La Chapelle le 6 septembre 1826, avocat, fut élu, le 19 mars 1789, député du tiers aux États-Généraux par la sénéchaussée d'Armagnac, Lectoure et Isle-Jourdain, et n'eut qu'un rôle effacé dans la majorité de l'Assemblée.

LACLAVERIE (THOMAS), député au Conseil des Cinq-Cents, fils du précédent, né à La Chapelle (Tarn-et-Garonne) le 9 mars 1765, mort à Lavit-de-Lomagne (Tarn-et-Garonne) en 1836, avocat et juge de paix, fut élu, le 28 germinal an VII, député du Gers au Conseil des Cinq-Cents, ne s'y montra pas hostile au coup d'État du 18 brumaire, et fut nommé, le 4 prairial an VIII, juge suppléant au tribunal civil de Lectoure.

LACOMBE (DOMINIQUE), député en 1791, né à Montréjeau (Haute-Garonne) le 25 juillet 1749, mort à Angoulême (Charente) le 7 avril 1823, fit ses études chez les Doctrinaires de Tarbes et entra dans cette congrégation. Principal du collège de Guyenne à Bordeaux en 1785, il se montra partisan enthousiaste de la Révolution, fut élu curé constitutionnel de Saint-Paul à Bordeaux, puis, le 2 septembre 1791, député de la Gironde à l'Assemblée législative, le 8e sur 12, par 250 voix sur 495 votants : un *Discours contre la bulle et les menaces d'excommunication au sujet de la Constitution civile du clergé*, à laquelle il avait été des premiers à prêter serment, et une brochure : *Adresse au clergé constitutionnel*, l'avaient mis en vue. Son rôle à l'Assemblée fut très effacé, et il donna sa démission de député dès le 7 avril 1792, au lendemain du décret qui interdisait le costume ecclésiastique. De retour à Bordeaux, il prononça dans son église un discours contre la terreur (1793) et sauva la vie à plusieurs fédéralistes ». Le 24 décembre 1797, il fut élu évêque métropolitain de Bordeaux, fut sacré à N.-D. de Paris le 14 février 1798, tint à Bordeaux en 1801 un concile provincial, et assista, la même année, au concile constitutionnel de Paris. Il donna sa démission à la demande du gouvernement consulaire, fut nommé (1802) évêque d'Angoulême, et, bien qu'il eût refusé de rétracter le serment qu'il avait prêté à la constitution civile du clergé, reçut de Rome ses bulles, sur l'insistance particulière du gouvernement français. Cette situation lui attira les attaques d'une partie de son clergé; sur la plainte de l'évêque, le premier consul fit arrêter l'avocat d'Angoulême, Descordes, qui avait rédigé le mémoire contre l'évêque adressé à l'archevêque de Bordeaux; puis, à la demande de l'empereur, Lacombe signa (décembre 1804) une déclaration de soumission absolue au Saint-Siège. L'évêque d'Angoulême n'en soutint pas moins l'empereur contre le pape en toute circonstance, et ne laissa échapper aucune occasion de célébrer Napoléon : « Héros, notre maître, écrivait-il dans son mandement à l'occasion de la victoire d'Austerlitz, vous qui ne savez agir que pour vos sujets, qui inspirez à tous ceux qui vous commandez l'amour de la patrie et tous les sacrifices qui lui sont dus, vous êtes *notre gloire*, *notre joie et l'honneur de votre peuple*. » Dans un autre mandement du 31 juillet 1809, à l'occasion des victoires d'Allemagne, on lisait : « Quand nous voyons la souveraineté temporelle ôtée et soustraite des attributions de N. S.-P. le pape, nous disons : C'est là le doigt de Dieu ! » L'empereur le fit membre de la Légion d'honneur et chevalier de l'Empire; mais, à la Restauration, lorsque le duc d'Angoulême vint à Angoulême (23 mai 1814), il reçut le clergé, mais refusa de recevoir l'évêque. Celui-ci ordonna des prières publiques pour remercier Dieu du retour de l'île d'Elbe, et assista en costume pontifical à la fête du Champ de mai. A la seconde Restauration, de nombreuses plaintes s'élevèrent de nouveau contre lui; il refusa obstinément de donner sa démission, défendit aux curés de célébrer les fêtes non reconnues par le Concordat de 1802, et, malgré les réclamations du conseil général de la Charente (1820), maintint à leur poste les prêtres étrangers à son diocèse et qu'il avait recueillis parce qu'ils avaient refusé de rétracter le serment à la constitution civile du clergé. Ce fut pour amoindrir sa situation que le gouvernement détacha la Dordogne de l'évêché d'Angoulême et créa un siège épiscopal à Périgueux. M. Lacombe mourut subitement; les libéraux disputèrent son cercueil aux élèves du séminaire, et il fallut d'assez longues négociations pour pouvoir l'enterrer dans le caveau des évêques à la cathédrale.

LACOMBE (Joseph-Henri), membre de la Convention, né à Saint-Antonin (Tarn) le 16 juin 1761, mort à Toulouse (Haute-Garonne) le 4 janvier 1812, « fils de Guillaume Lacombe et de Marianne Place, » était juge de paix à Saint-Antonin, lorsqu'il fut, le 8 septembre 1792, élu membre de la Convention par le département de l'Aveyron, le 7e sur 9, avec 286 voix (499 votants). Il vota « la mort » dans le procès du roi, et fit adopter plusieurs décrets relatifs à la liquidation de différentes créances sur « les ci-devant clergé, pays d'états, administrations, communes, arts et métiers ». Il présenta ensuite un rapport sur les hôpitaux de Paris et traita encore quelques matières administratives et financières. Lacombe devint plus tard juge suppléant près le tribunal civil de Toulouse. Il exerçait encore ces fonctions à sa mort (1812).

LACOMBE (Jean-Pierre), représentant à la Chambre des Cent-Jours, né à Tulle (Corrèze) le 13 octobre 1756, mort à Tulle le 25 septembre 1841, « fils de sieur Jean-Baptiste Lacombe, bourgeois et marchand à Tulle, et de demoiselle Marianne Villeneuve, » était, avant 1789, conseiller au présidial. Il devint juge au tribunal civil de la Corrèze, puis président de ce tribunal, et fut, le 12 mai 1815, élu par le collège de département, représentant de la Corrèze à la Chambre des Cent-Jours, par 60 voix sur 106 votants. Il reprit, après la législature, son poste de magistrat, dans lequel le confirma, le 9 avril 1816, le gouvernement de la Restauration, et qu'il conserva encore sous Louis-Philippe. Chevalier de la Légion d'honneur.

LACOMBE (Jean-Jacques-Justin de), député de 1834 à 1848, né à Gaillac (Tarn) le 16 mai 1795, mort à Gaillac le 3 octobre 1851, propriétaire, maire de sa ville natale, débuta dans la vie parlementaire le 21 juin 1834, ayant été élu député du 4e collège du Tarn, par 202 voix (383 votants, 505 inscrits), contre 169 à M. d'Yversen. Il siégea au centre, vota *pour* les lois de septembre 1835, et prit constamment avec la majorité conservatrice. Il obtint successivement sa réélection : le 4 novembre 1837, par 340 voix (458 votants, 577 inscrits), contre 113 à M. d'Hutteau ; le 2 mars 1839, par 373 voix (387 votants); le 9 juillet 1842, par 296 voix (303 votants, 600 inscrits), et, le 1er août 1846, par 293 voix (485 votants, 620 inscrits), contre 132 à M. de Tounac de Villeneuve. M. de Lacombe se montra, suivant l'expression d'un biographe, « un des centriers les plus fidèles » à la politique de Guizot, et se prononça notamment *pour* l'indemnité Pritchard et *contre* toute réforme électorale. Son rôle, à la Chambre, fut d'ailleurs assez effacé.

LACOMBE (Etienne-Charles Mercier de), représentant à l'Assemblée nationale de 1871, né à Paris le 25 septembre 1832, fit ses études au collège Stanislas à Paris et s'occupa de littérature. Ami de Berryer, rédacteur à la *Gazette de France* et au *Correspondant*, co-fondateur en 1868 de l'*Indépendant du Centre*, qui fit de l'opposition libérale à l'Empire, il se porta comme candidat indépendant au conseil général en 1867 dans la Haute-Loire, et échoua, vivement combattu par l'administration. Le 8 février 1871, il fut élu représentant du Puy-de-Dôme à l'Assemblée nationale, le 6e sur 11, par 47,885 voix (96,000 votants, 170,401 inscrits). Monarchiste orléaniste, il prit place au centre droit, s'inscrivit à la réunion des Réservoirs, fut membre des commissions de décentralisation, de l'enseignement primaire, des Trente, et vota *pour* la paix, *pour* les prières publiques, *pour* l'abrogation des lois d'exil, *pour* le 24 mai, *pour* la démission de Thiers, *pour* la prorogation des pouvoirs du Maréchal, *pour* la loi des maires, *pour* le ministère de Broglie, *contre* l'amendement Barthe, *contre* le retour à Paris, *contre* la dissolution, *contre* la proposition du centre gauche, *contre* l'amendement Wallon. Il s'abstint lors du vote sur les lois constitutionnelles. Il n'a pas fait partie d'autres assemblées. On a de lui des brochures de circonstance : *l'Arbitraire dans le gouvernement et les partis* ; *la Guerre d'Allemagne* (1866); un travail historique : *Henri IV et sa politique*, gratifié du second prix Gobert en 1881 ; une *Histoire de la vie de Berryer*, etc.

LACOMBE (Pierre-Edmond-Eugène), membre du Sénat, né à Rodez (Aveyron) le 5 novembre 1840, étudia le droit, puis exerça dans sa ville natale la profession d'avocat. D'opinions conservatrices, il fut choisi pour candidat, par les monarchistes de l'Aveyron, aux élections sénatoriales du 6 janvier 1885, et élu sénateur de ce département, le dernier sur trois, par 467 voix (839 votants). M. Lacombe prit place à droite, se prononça *contre* l'expulsion des princes, *contre* la nouvelle loi militaire, *contre* les ministères qui se succédèrent au pouvoir, et vota, en dernier lieu, contre le rétablissement du scrutin d'arrondissement (13 février 1889), *contre* le projet de loi Lisbonne restrictif de la liberté de la presse, *contre* la procédure à suivre devant le Sénat contre le général Boulanger.

LACOMBE-SAINT-MICHEL (Jean-Pierre), député en 1791, membre de la Convention, député au Conseil des Anciens, né à Saint-Michel de Vax (Tarn) le 5 mars 1753, mort à Saint-Michel de Vax le 27 janvier 1812, d'une famille de militaires, fut reçu, le 18 mai 1765, élève surnuméraire d'artillerie. Passé élève le 8 octobre de la même année, lieutenant en 1767 et capitaine en 1779, il fit campagne avec le 7e régiment d'artillerie, se trouva à six sièges et fut décoré de la croix de Saint-Louis. Appelé avec son régiment dans les environs de Paris lors de la réunion des Etats-Généraux (1789), Lacombe-Saint-Michel, dont les sympathies étaient acquises à la Révolution, déclara hautement qu'il résisterait si le gouvernement tentait d'employer les forces militaires contre les citoyens. Le 12 juillet 1789, le maréchal de Broglie éloigna de Paris le 7e régiment d'artillerie. Lacombe-Saint-Michel avait adopté sans réserves les idées nouvelles. Elu, le 28 août 1791, député du Tarn à l'Assemblée législative, le 4e sur 11, par 217 voix (235 votants), et, le 2 septembre suivant, député du Nord, le 13e et dernier, avec 578 voix (856 votants), il opta pour le Tarn, siégea à gauche, fut nommé membre du comité militaire et s'occupa de tous les projets relatifs à son arme, en même temps qu'il donnait, en politique, son suffrage à toutes les propositions réformatrices. Ce fut lui qui demanda le placement dans la salle des séances des bustes de J.-J. Rousseau et de Mirabeau sculptés avec des pierres de la Bastille, qui fit augmenter l'artillerie à cheval de neuf compagnies, incorporer les régiments coloniaux dans l'armée de ligne, et décréter la peine de mort contre tout officier qui serait assez lâche pour rendre une place forte contre les règles militaires. Nommé chef de bataillon d'artillerie, il fut envoyé (31 juillet 1792) au camp de Soissons avec Gasparin et Rouyer en qualité de commissaire de l'Assemblée pour annoncer la déchéance de Louis XVI, « apaiser les esprits et réconcilier les cœurs. » Réélu, le 3 septembre 1792, député du Tarn à la Convention, le 2e sur 9, par 426 voix (441 votants), il partit presque aussitôt pour la Savoie, avec Dubois-Crancé et Gasparin, afin de faire exécuter le décret de destitution rendu le 23 septembre contre le général Montesquiou. Dans le procès du roi, il vota *pour* la mort, *contre* l'appel au peuple et *contre* le sursis, et motiva ainsi son avis sur l'appel au peuple : « Dans mon opinion, le peuple ne doit sanctionner que la Constitution; je crois que la mesure de l'appel au peuple serait affreuse, par la guerre civile et les dissensions intestines qui pourraient en résulter. Je crois que si elle avait lieu, j'en

serais responsable; je dis *non*. » Le 5 février 1793, Lacombe-Saint-Michel fut chargé d'une mission en Corse avec des pouvoirs illimités. A son arrivée à Calvi, il forma une petite armée de ce qu'il put trouver de gardes nationales, d'infanterie légère, de gendarmerie et de matelots. Paoli était à la tête des révoltés et occupait le cap Corse. Il voulut avancer sa ligne. Lacombe marcha contre lui, livra plusieurs combats et fut blessé à Farinole, où il obtint un succès qui intimida son ennemi et l'arrêta dans l'exécution de ses projets. Dénoncé par la société populaire de Bastia, la Convention décréta, le 14 frimaire an II, sur le rapport de Barère, qu'il n'avait pas cessé de mériter la confiance de l'assemblée. Cependant, après le siège de Toulon, les Anglais, maîtres de la Méditerranée, portèrent 12,000 hommes en Corse. Lacombe, quoiqu'il n'en eût que 1,200, ne céda le terrain que pied à pied jusqu'à Saint-Florent, où il concentra ses forces; puis il gagna du temps, parvint à se fortifier, et, lorsque les Anglais sommèrent Bastia de se rendre, il leur répondit : « Venez, je vous recevrai avec des boulets rouges. » Une de leurs frégates entra le même soir dans la rade et s'embossa en face de la ville. Lacombe fit tirer sur elles toutes ses batteries et y mit le feu. Mais le manque de vivres l'obligea de se rendre à Gênes. Puis il revint à Paris, laissant le commandement au général de division Gentili. Nommé, le 1er messidor an II, secrétaire de la Convention, il la quitta presque aussitôt pour aller en mission à l'armée du Nord, d'où il annonça successivement à ses collègues les succès de nos soldats. Après le 9 thermidor il écrivait, le 13, au comité de salut public : « C'est en attaquant l'infâme coalition que j'irai chercher les complices de Robespierre. » Lacombe-Saint-Michel laissa l'armée en Hollande et vint reprendre ses fonctions législatives dans les premiers jours de pluviôse an III. Le 15 du même mois, il entra au comité de salut public avec Merlin de Douai et Fourcroy, et, dans la séance du 22, il appuya la ratification du traité de paix avec la Toscane. Le 7 germinal, il demanda que le général Bonaparte fût chargé du commandement de l'artillerie de l'armée de l'Ouest; mais cette démarche demeura sans effet. Promu lui-même général de brigade le 1er prairial an III, Lacombe fut élu, le 22 vendémiaire an IV, député du Tarn au Conseil des Anciens par 139 voix sur 215 votants, tandis que le Nord et l'Orne lui donnaient également la majorité. Les succès de l'armée d'Italie lui fournirent plusieurs fois l'occasion de monter à la tribune, et d'y exalter, dans le langage de l'époque, le génie de Bonaparte. « Gloire à toi, Bonaparte! s'écriait-il. J'ignore quel nom te donnera la postérité; mais moi, faible individu, je crois accomplir son vœu en te nommant l'*Italique*... » Le 27 messidor, il fit l'éloge des vainqueurs de la Bastille; et, dans la journée du 18 fructidor, il se prononça en faveur du Directoire. Elu président du Conseil des Anciens le 1er brumaire an VI, il vota, le 26 nivôse, pour la résolution accordant une indemnité aux citoyens acquittés à Vendôme, « qu'il n'avait pas tenu au royalisme, dit-il, de conduire à l'échafaud. » Il saisit cette occasion de donner des regrets aux Girondins morts sur l'échafaud, et il ajouta : « Je mêlerai à vos noms, chers à la patrie, les noms des Soubrany, des Goujon, des Bourbotte. Ces vertueux représentants du peuple, jugés par une commission militaire, furent, comme vous, poursuivis par la faction anglaise. » Le 25 pluviôse, le Directoire le nomma général de division d'artillerie, et lui confia ensuite (26 prairial) l'ambassade de Naples. Mais le langage tout républicain qu'il tint au roi, en audience publique, le 22 vendémiaire an VII, et surtout l'arrivée de l'amiral Nelson à Naples rendirent ses rapports avec ce gouvernement difficiles et peu bienveillants; bientôt la guerre éclata; force lui fut de quitter Naples. Dans la traversée, le vaisseau qu'il montait fut pris par des corsaires qui le conduisirent à Tunis. Le bey le traita avec égards et le rendit à la liberté. De retour en France, Lacombe-Saint-Michel fut appelé au commandement en chef de l'armée du Rhin, commandement qu'il quitta en l'an X pour prendre celui de l'artillerie de l'armée d'Italie. A cette époque, le premier Consul le chargea de l'inspection générale de son arme, et l'Académie de Milan l'admit au nombre de ses membres. Membre de la Légion d'honneur le 19 frimaire an XII, commandeur du même ordre le 25 prairial suivant, il fit encore avec distinction les campagnes du Hanovre et d'Espagne (1808), où il fut promu grand-officier de la Légion d'honneur. Mais le mauvais état de sa santé le ramena en France; il mourut au château de Saint-Michel de Vax, le 27 janvier 1812.

LACOMME (Claude), sénateur de 1876 à 1885, né à Chissey (Saône-et-Loire) le 9 décembre 1815, mort à Bar-le-Régulier (Côte-d'Or) le 13 octobre 1888, d'une famille de cultivateurs, étudia le droit à la faculté de Dijon, fut reçu docteur (27 août 1838), puis agrégé, et devint successivement dans cette ville professeur suppléant, professeur titulaire de droit romain, et doyen de la faculté. Conseiller général républicain de la Côte-d'Or pour le canton de Liernais, il fut élu, le 30 janvier 1876, sénateur du département, le 1er sur 2, par 486 voix (795 votants). M. Lacomme se fit inscrire au groupe de la gauche républicaine, repoussa (juin 1877) la demande de dissolution de la Chambre des députés, soutint le ministère Dufaure, vota *pour* les lois Ferry sur l'enseignement, *pour* l'article 7, *pour* les lois nouvelles sur la presse et le droit de réunion, *pour* la réforme du personnel judiciaire, *pour* le rétablissement du divorce, *pour* les crédits de l'expédition de Tonkin, etc. Il ne se représenta point aux élections de 1885 pour le renouvellement triennal du Sénat. M. Lacomme avait été admis à la retraite le 4 février 1883, comme professeur et doyen de la faculté de Dijon.

LACORDAIRE (Jean-Auguste-Philibert-Alexandre), député de 1839 à 1842, né à Bussière (Haute-Marne) le 1er mai 1789, mort à Paris le 24 juin 1860, fut élève de l'Ecole polytechnique et en sortit ingénieur des ponts et chaussées. Ingénieur en chef à Vesoul, il profita de sa situation pour tenter, dans le département de la Haute-Saône, la fortune politique. Après avoir échoué une première fois, le 4 novembre 1837, comme candidat à la députation dans le 4e collège (Gray), avec 145 voix contre 156 au député sortant, M. Jobard, il fut plus heureux, le 2 mars 1839, dans la même circonscription, dont il devint député par 174 voix sur 332 votants. M. Lacordaire fit partie de la majorité ministérielle et se prononça notamment : *pour* le projet de loi tendant à faire attribuer au duc de Nemours une dotation annuelle de 500,000 fr., et une somme de 500,000 francs une fois donnée pour dépenses de mariage et frais d'établissement; *pour* le projet de loi relatif aux fortifications de Paris, *pour* la légalité de l'opération du recensement général des propriétés impo-

sables, *contre* l'amendement Lestiboudois, *contre* l'incompatibilité de certaines fonctions publiques avec le mandat de député, *contre* les propositions tendant à la réforme électorale. M. Lacordaire quitta le parlement en 1842, ayant échoué aux élections du 9 juillet de cette année, avec 153 voix contre 213 à l'élu, M. Dufournel ; il n'obtint encore aux élections suivantes, du 1er août 1846, que 77 voix contre 244 au député sortant et 80 à M. Perron.

LACORDAIRE (Jean-Baptiste-Dominique-Henri), représentant en 1848, né à Recey-sur-Ource (Côte-d'Or) le 2 mai 1802, fils d'un médecin de campagne, qui avait fait une des campagnes de la guerre d'Amérique, mort à Sorèze (Tarn) le 21 novembre 1861, perdit son père de bonne heure et fut élevé par sa mère, ainsi que ses trois frères. Placé au collège de Dijon, il se signala, disent les biographes, par l'ardeur de son libéralisme voltairien et par l'opiniâtreté d'un caractère inflexible. Il termina à dix-sept ans de brillantes études classiques, suivit les cours de la faculté de droit de Dijon et continua de s'y faire remarquer par les tendances antireligieuses de son esprit : il se plaisait surtout à attaquer le catholicisme dans les conférences d'une société littéraire de jeunes gens, la *Société de l'étude*. Son droit terminé, il entra chez un avocat à la cour de Cassation, y travailla pendant dix-huit mois, puis s'inscrivit au barreau. Tout à coup il le quitta (1824) pour entrer au séminaire de Saint-Sulpice; trois ans après, sa vocation s'étant accentuée encore, il était ordonné prêtre. D'abord aumônier d'une communauté de religieuses, il passa au même titre au collège de Juilly, où il se lia avec l'illustre auteur de l'*Essai sur l'indifférence*. Doublement séduit par le caractère et par le talent de Lamennais, il ne devait pas tarder à devenir un des plus brillants défenseurs de ses doctrines. Mais, lorsque survint la révolution de 1830, l'abbé Lacordaire était encore peu connu. Aumônier du collège Henri IV, il avait vainement tenté de cumuler le titre d'avocat avec les fonctions de prêtre : le conseil de l'ordre, malgré l'éclat donné à sa demande, avait refusé de l'inscrire au tableau. La fondation de l'*Avenir* (18 octobre 1830), avec Lamennais et Montalembert, fournit à son activité un vaste théâtre. Au nom de sa devise : « Dieu et la liberté, » le journal réclamait hautement, avec la liberté religieuse, les libertés civiles et politiques. La véhémence de son langage et la nouveauté hardie des théories qu'il exprimait conduisirent l'abbé Lacordaire en cour d'assises (janvier 1831); cette fois on ne put lui refuser du moins d'être l'avocat de sa propre cause; il se fit applaudir et acquitter. Il eut bientôt une autre occasion de paraître devant la justice. Non content de revendiquer, comme publiciste, la liberté d'enseignement promise par la Charte de 1830, il ouvrit de son chef, de concert avec Montalembert et sans autorisation, dans la rue des Beaux-Arts, une Ecole libre, qu'ils refusèrent de fermer, malgré les sommations de l'autorité, et qu'ils n'évacuèrent que devant l'intervention de la force publique. Déjà les tribunaux ordinaires étaient saisis de l'affaire; mais la mort du père de Montalembert, en appelant celui-ci à la pairie, transporta le procès devant la Chambre des pairs : condamnés au *minimum* de la peine, cent francs d'amende, les accusés remportèrent personnellement un véritable triomphe. Cependant les doctrines de l'*Avenir* avaient provoqué dans le clergé un trouble profond; le pape Grégoire XVI intervint par la *Lettre encyclique* du 18 septembre 1832, dans laquelle repoussant pour l'Eglise un concours qu'il jugeait compromettant, il déclarait sans réserve « toute idée de régénération de l'Eglise absurde; la liberté de conscience un délire; la liberté de la presse, funeste; la soumission inviolable au prince une maxime de foi, etc. » Les trois chefs de l'*Avenir* étaient allés solennellement à Rome pour prévenir cette condamnation. Lamennais, frémissant et révolté, répondit à l'*Encyclique* par les *Affaires de Rome* et les *Paroles d'un croyant*. L'abbé Lacordaire se soumit, revint à Paris, et renonçant à la polémique pour la prédication, débuta brillamment au collège Stanislas par des sermons que l'archevêché crut devoir encore censurer, à cause de l'influence Mennaisienne dont elle les trouvait pénétrés (1834). On lui permit pourtant d'ouvrir l'année suivante, à Notre-Dame, des conférences que la foule mondaine suivit passionnément, charmée qu'elle était par des séductions de langage peu habituelles dans la chaire sacrée. Lacordaire abordait dans ses entretiens tous les intérêts, toutes les émotions du moment, la philosophie, l'industrie, la politique, la question sociale. Vainement l'autorité supérieure, alarmée, se faisait remettre d'avance le plan et le cadre de ces improvisations ; elle désespérait de les régler, et l'éclat du langage, l'audace des mouvements, le souvenir encore chaud des orages intérieurs récemment traversés assuraient à Lacordaire un succès de plus en plus retentissant. Contre les sentiments peu sympathiques du haut clergé français, Lacordaire jugea prudent d'aller chercher un appui auprès du pape : il fit un second voyage de Rome (1836), fut bien accueilli, et, comme gage de sa complète soumission, écrivit une *Lettre sur le Saint-Siège*, qui ne fut publiée qu'en 1838 : c'était la rétractation formelle des doctrines de l'*Avenir* et une véritable déclaration de guerre contre la raison humaine, « cette fille du néant, » cette puissance « qui vient du démon », inconciliable avec la foi qui « vient de Dieu ». Il revint prêcher à Notre-Dame le carême de 1838, obtint auprès du public le même succès, excita dans le clergé conservateur les mêmes inquiétudes, et repartit pour Rome une troisième fois. Là, pour se soustraire à la dépendance de l'épiscopat, il entra au couvent de la Minerve, et, le 6 avril 1840, il prit l'habit de dominicain, en ajoutant à ses prénoms le nom du fondateur de l'ordre. C'est alors qu'il écrivit la *Vie de saint Dominique* (Paris, 1840), ardente justification de l'Inquisition, qui fut traduite en plusieurs langues et provoqua une vive curiosité. L'année suivante (15 février 1841), Lacordaire reparut dans la chaire de Notre-Dame sous le costume dominicain. Reprenant une de ses thèses favorites, la glorification de la nationalité française, il redoubla d'éloquence, alla prêcher aussi en province, et ne fut pas moins admiré à Bordeaux, à Nancy, à Lyon, à Grenoble, que dans la capitale.

A la révolution de février, le P. Lacordaire se déclara républicain. Elu, le 23 avril 1848, le 8e sur 10, par 32,752 voix, représentant des Bouches-du-Rhône à l'Assemblée constituante, on le vit prendre place, sous son froc blanc, au sommet de la Montagne, deux bancs au dessus de Lamennais. Dès les premiers jours, il aborda, mais sans grand succès, la tribune parlementaire, pour appuyer la nomination d'une commission exécutive, proposée par Dornès et par Jules Favre. Il en donna les motifs suivants : « C'est qu'au fond, dit-il, bien que nous soyons tous des républicains, que nous ayons tous acclamé la République dans cette enceinte et à la face du peuple français qui nous regardait, qui nous écoutait, qui mêlait ses applaudissements aux nôtres; si cela est vrai que nous sommes tous républicains, cependant, quant à moi, je déclare que je suis républicain nouveau; je déclare qu'avant le 24 février j'étais monarchiste, que je n'étais pas républicain, et que, par conséquent, je comprends très bien qu'ayant des aînés et des anciens dans la République, il ne me convient pas à moi, si jeune dans cette opinion, et qui n'ai pas encore fait mes preuves, d'écarter mystérieusement et publiquement ceux dont la pensée a devancé la mienne, ceux qui ont obtenu par leur combat ce que moi-même j'entrevoyais à peine dans le lointain des choses possibles et d'un avenir inconnu. Ainsi je veux que ceux qui m'ont précédé dans cette opinion triomphante, que ceux qui ont été l'avant-garde de la victoire, et qui l'ont payée par des angoisses, sinon de leur sang, je veux que leur nom ne soit pas écarté; je n'approuve pas tout ce qui a été fait ; qui est-ce qui peut approuver tout ce qu'un gouvernement fait? Mais de ce que je n'approuve pas, de ce que, dans les nécessités publiques, il y a des actes dont nul citoyen, qui n'est pas au timon des affaires, ne doit prendre la responsabilité, il ne s'ensuit pas moins que je reconnais les droits acquis, que je reconnais les mérites, que je les reconnais d'autant plus puissants, que les circonstances étaient plus difficiles et plus puissantes par elles-mêmes. Voilà mon premier motif, voilà mon premier motif secret, voilà mon premier motif intérieur, indépendamment des raisons de métaphysique et d'ordre public, pour lesquels je voterai pour une commission exécutive. J'ajoute que, au fond, parmi nous, citoyens, les anciens républicains sont en immense minorité ; eh bien, c'est précisément parce qu'ils sont en minorité que je veux que cette minorité ait un organe dans le gouvernement qui sortira de la majorité, afin, non pas qu'on unisse des partis contraires, mais qu'on unisse la minorité républicaine et la majorité républicaine, dans un seul faisceau de conviction, de force et de résolution... »

La langue de la politique n'était point celle de Lacordaire. Il profita des événements du 15 mai et de l'agitation qu'ils produisirent pour se démettre de son mandat de représentant, par une lettre au président ainsi conçue :

« Paris, le 18 mai 1848.

« Citoyen président,

« Je vous prie de transmettre à l'Assemblée nationale ma démission de représentant du peuple. Appelé à cette haute charge sans l'avoir sollicitée, je la résigne après avoir essayé de la remplir et de répondre à la confiance qui m'en avait investi : l'expérience me prouve qu'elle est au-dessus de mes forces, et que j'arriverais mal à concilier dans ma personne les devoirs pacifiques de la vie religieuse avec les devoirs difficiles et sévères de représentant du peuple. Ma position tout exceptionnelle au sein de l'Assemblée ne saurait rendre mon exemple contagieux ; en me séparant d'elle, je ne lui ôte rien qu'une bonne volonté impuissante. Je la prie d'agréer ma démission, mes remercîments de la bienveillance qu'elle m'a gratuitement montrée, et les vœux que je forme pour que de ses travaux sorte le bonheur de la France sous une république juste et libre.

« Recevez, citoyen président, l'hommage de ma haute considération et de ma sincère fraternité.

« LE P. LACORDAIRE. »

Le P. Lacordaire alla faire à la petite église des Carmes des homélies et des prônes, dont l'un excita (1850) contre lui la colère de quelques conservateurs. Cette même année, il fut envoyé à Rome par l'archevêque de Paris pour exposer les raisons qui avaient fait condamner par ce prélat M. Veuillot et les rédacteurs de l'Univers. Ces raisons furent peu goûtées par le pape, car l'archevêque dut lever l'interdit dont il avait frappé la feuille ultramontaine. Toutefois Lacordaire obtint de Pie IX l'érection en province particulière des couvents de dominicains établis par lui en France, et fut nommé provincial. Après son retour à Paris, il se montra très hostile au coup d'Etat de L.-N. Bonaparte contre l'Assemblée nationale. Le 10 février 1853, le P. Lacordaire devait prêcher à Saint-Roch, en présence de l'archevêque de Paris et du cardinal Donnet, un sermon de charité au profit de l'œuvre des écoles chrétiennes. Il prit pour texte les paroles de David mourant à son fils Salomon : Esto vir, Sois homme, et son discours roula sur les obligations de la virilité chrétienne dans la vie publique et privée. Il en vint à dire : « Dieu n'est occupé que de nous donner des occasions de pleurer. Il renverse des empires, il en élève d'autres, non pas pour ce que vous pouvez vous imaginer, mais pour qu'il y ait des larmes, et que, y ayant des larmes, il y ait des martyrs, des patients, des hommes qui, en souffrant, développent ce grand caractère de l'adversité, qui en fait seul quelque chose. » Ces paroles furent considérées comme autant d'allusions à l'Empire et à l'acte du 2 décembre 1851. Lacordaire n'ignorait point tout ce qu'il y avait de périlleux pour lui à tenir ce langage, si l'on en juge par ces paroles qui terminèrent sa conférence : « Il ne faut pas une armée pour arrêter ici ma parole, il ne faut qu'un soldat. Mais Dieu m'a donné pour défendre ma parole et la vérité qui est en elle, quelque chose qui peut résister à tous les empires du monde. » A la suite de ce discours, il reçut du gouvernement l'ordre de quitter Paris. Il donna encore quelques conférences en province, puis il renonça une dernière fois à la chaire pour prendre la direction du collège libre de Sorèze (Tarn). C'est là que le choix de l'Académie française alla le chercher (2 février 1860) pour remplacer M. de Tocqueville. Son discours de réception et la réponse de Guizot eurent quelque retentissement. Lacordaire ne survécut que dix-huit mois à son entrée à l'Académie. Sa santé délabrée l'avait obligé à se démettre de sa charge de provincial des dominicains de France. Abreuvé d'amertume, « j'ai été répudié de toutes les manières, » écrivait-il en 1858, en butte à l'hostilité du général de l'ordre, le P. Jandel, il passa dans la retraite de Sorèze les derniers temps de sa vie, et ne cessa de se montrer très hostile à la polémique ultramontaine de M. Veuillot. Avant de mourir, il légua ce qu'il possédait aux établissements religieux qu'il avait fondés et laissa à son ami, l'abbé Peyrreive, l'entière propriété et disposition de ses manuscrits, correspondances et papiers. Un de ses frères attaqua après sa mort ce testament, et intenta sans succès un long procès aux légataires du célèbre dominicain. Les principaux écrits de Lacordaire sont : Considérations philosophiques sur le système de M. de Lamennais (1834) ; Mé-

moire pour le rétablissement en France de l'ordre des frères prêcheurs (1846) ; Conférences de N.-D. de Paris (1835-1850) ; Oraison funèbre du général Drouot (1847) ; Oraison funèbre d'O'Connell (1849) ; Frédéric Ozanam, sa vie (1855) ; Lettre à un jeune homme sur la vie chrétienne (1858) ; De la liberté de l'Italie et de l'Eglise (1861) ; Correspondance du Père Lacordaire avec Mme Swetchine, etc.

LACOSTE (ELIE), député en 1791, et membre de la Convention, né à Montignac (Dordogne, à une date inconnue, mort à Montignac en 1803, médecin dans sa ville natale au moment de la Révolution et administrateur du département de la Dordogne en 1790, fut élu, le 9 septembre 1791, député de ce département à l'Assemblée législative, le 3e sur 10, à la pluralité des voix ; il ne s'y fit point remarquer. Réélu par le même département, le 6 septembre 1792, membre de la Convention, le 3e sur 10, avec 441 voix sur 632 votants, il répondit dans le procès de Louis XVI, au troisième appel nominal : « Je vote pour la mort. » Peu de temps après, il fut envoyé en mission dans la Dordogne et dans le Lot, puis aux armées de la Moselle et du Rhin, où il montra du courage et de la modération. Appelé à faire partie du comité de sûreté générale, il eut à rédiger le rapport sur la conspiration du baron de Batz. Président de l'Assemblée, le 1er messidor, il attaqua violemment le 9 thermidor, Robespierre et ses partisans, et fit décréter la suppression du tribunal révolutionnaire. Mais ayant combattu les dénonciations de Lecointre, il se vit à son tour incriminé par Gouly, le 9 prairial an III, qui le fit décréter d'accusation et emprisonner pour avoir participé aux événements de prairial et approuvé la constitution d'un gouvernement provisoire. Il ne fut rendu à la liberté que par l'amnistie de brumaire an IV ; il revint dans son pays natal et reprit l'exercice de la médecine.

LACOSTE (JEAN-AIMÉ, CHEVALIER DE), député en 1791 et au Conseil des Anciens, né à la Rochelle (Charente-Inférieure) le 7 juin 1740, mort à Paris le 14 novembre 1815, fils unique d'un officier-major sur les navires marchands, et de Magdeleine Michau qui mourut en lui donnant le jour, fut élevé chez les Oratoriens, y fit de brillantes études, et exerça à la Rochelle la profession d'avocat. L'académie de cette ville ayant mis au concours, en 1767, l'éloge de Henri IV, il présenta, l'année suivante, un mémoire qui fut particulièrement remarqué ; la Société l'appela, le 30 décembre 1768, à siéger dans son sein. En 1768, de Lacoste figurait parmi les notables du corps de ville de la Rochelle ; secrétaire de l'intendance d'Aunis, il fut nommé, en 1771, subdélégué de l'intendance à la Rochelle, et remplit, à partir de 1781, les fonctions de conseiller assesseur de la commune, membre de l'amirauté, des échevins, de la chaussée, etc. Electeur de la ville de la Rochelle, il prit part, en 1789, à l'assemblée du tiers-état de la sénéchaussée pour la nomination de son député aux Etats-Généraux ; il était alors conseiller assesseur de la commune. Nommé, le 25 janvier 1790, membre de la municipalité et procureur de la commune de la Rochelle, puis, le 23 juin, administrateur du département, il présida les deux premières sessions du conseil général ouvertes à Saintes en 1790 ; mais il quitta ces fonctions sur la nouvelle de sa nomination de premier juge ou de président du tribunal du district de la Rochelle. A ce moment, il cessa de signer de Lacoste, comme l'avait fait son père, pour prendre le nom de *Delacoste*, en un seul mot. Le 28 août 1791, il fut élu, le 2e sur 10, et par 306 voix (489 votants), député de la Charente-Inférieure à l'Assemblée législative. Il y vota avec la majorité réformatrice. Devenu, en 1793, procureur de la commune de la Rochelle, il fut appelé, le 5 brumaire au IV, à siéger au Conseil des Anciens. Il prit une part assez active aux discussions, s'opposa à la création d'une troisième section au tribunal criminel de la Seine; parla sur le mode de se pourvoir en cassation, et sur la situation des étrangers à Paris; fut élu secrétaire de l'Assemblée; fit prononcer des peines contre les administrateurs qui négligeraient la perception du droit de patentes; occupa le fauteuil de la présidence le 18 fructidor; donna son opinion sur le mode de juger les accusés en démence; sur les preuves de possession d'état des enfants naturels, etc., redevint, en l'an VII, président du Conseil des Anciens, et prononça en cette qualité un discours sur la fête de la souveraineté du peuple. Il quitta le Conseil pour remplir (1er prairial an VII) les fonctions de substitut du commissaire du gouvernement près le tribunal de cassation, et fut promu, le 18 avril 1800, juge à ce tribunal. Lié avec Bonaparte que son fils aîné avait connu au siège de Toulon, il seconda le coup d'État de brumaire, et fut inscrit un des premiers sur la liste des candidats au Sénat conservateur; Bonaparte écrivit lui-même à la suite de son nom : « On peut faire de tout le monde un sénateur, on ne peut se passer de M. de Lacoste à la magistrature. » Le 18 avril 1800, le Sénat le nomma juge au tribunal de Cassation. Membre de la Légion d'honneur du 14 juin 1804, chevalier de l'Empire du 10 septembre 1808, de Lacoste refusa le titre de comte que l'empereur lui offrait; il exerça les fonctions de conseiller à la cour de Cassation jusqu'au 30 mars 1815, date de sa mise à la retraite par la Restauration, et mourut à Paris le 14 novembre de la même année. On a de lui, indépendamment de plusieurs rapports, discours, opinions, imprimés par ordre du Conseil des Anciens, son *Éloge de Henri IV*, couronné par l'académie de la Rochelle (1769).

LACOSTE (JEAN DE), ministre de la marine, né à Dax (Landes) en 1730, mort en 1820, fut reçu en 1757 avocat au parlement de Bordeaux et vint à Paris, où il entra (1766), comme chef du contentieux des colonies, au ministère de la Marine. Choisi, en 1783, par les colons de Saint-Domingue comme le représentant de leurs intérêts, il occupait les fonctions de premier commis ordonnateur de la Marine quand éclata la Révolution. Il se rendit en mission aux îles du Vent (Antilles) pour y organiser le nouveau régime colonial; mais les difficultés qu'il rencontra l'obligèrent à rentrer en France. Nommé par Louis XVI ministre de la Marine, le 15 mars 1792, il montra beaucoup d'activité dans ce poste, annonça à l'Assemblée la rencontre par des Hollandais de marins de l'équipage de Lapeyrouse, et le prochain départ de troupes pour les colonies, rendit compte des mesures prises pour la sûreté des côtes, fit un rapport sur la situation de Saint-Domingue, se plaignit de la désorganisation de la marine qu'il attribuait à « l'esprit d'insurrection », et finit par déplaire à la majorité, quoique membre de la Société des Amis de la Constitution, à cause de son attachement à la personne du roi. Le 10 juillet 1792, Lacoste déclara avec ses collègues, en présentant la situation des affaires,

que « les moyens du gouvernement étaient insuffisants », et donna sa démission. Nommé alors ambassadeur en Toscane, il n'obtint pas pour cette fonction l'agrément de l'Assemblée Législative. Devenu suspect en 1793, il fut arrêté en vertu d'un décret de la Convention, et traduit devant le tribunal criminel de la Seine, mais acquitté. Il s'était défendu habilement dans un mémoire justificatif où il répondait successivement aux trois griefs suivants : 1o De n'avoir pas, aussitôt qu'il avait été nommé ministre de la Marine, rappelé les gouverneurs des îles du Vent et autres officiers militaires dont il avait connu « l'incivisme » étant commissaire du roi dans ces mêmes îles; 2o de n'avoir pas envoyé des forces suffisantes pour empêcher que la contre-révolution déjà commencée avant son départ de la Martinique ne s'opérât complètement; 3o d'avoir fait passer dans les diverses colonies des officiers militaires et civils dont les sentiments relativement à la révolution étaient suspects. En 1800, Bonaparte le nomma membre du conseil des prises, fonctions que Lacoste remplit jusqu'en 1814, date de la suppression de ce conseil.

LACOSTE (JEAN-BAPTISTE, COMTE), membre de la Convention, né à Mauriac (Cantal) le 30 août 1756, mort au château de Vaisses, près Mauriac, le 13 août 1821, avocat avant la Révolution, était juge de paix à Mauriac, quand il fut élu, le 4 septembre 1792, député du Cantal à la Convention, le 4e sur 8, par 193 voix (364 votants). Il vota sans appel ni sursis la mort de Louis XVI en disant : « Le tyran vivant est le fuau de nos ennemis du dedans et du dehors. Mort, il sera l'effroi des rois ligués et de leurs satellites. Son ombre déconcertera les projets des traîtres, mettra un terme aux troubles, aux factions, donnera la paix à la république, et détruira enfin les préjugés qui ont trop longtemps égaré les hommes. Le tyran est déclaré convaincu du plus grand des crimes, de celui d'avoir voulu asservir la nation. La loi prononce la peine de mort contre un pareil attentat soumis à la loi; je vote pour la mort. » Presque toujours en mission, notamment dans les départements de la Haute-Loire, du Cantal, et aux armées du Rhin, de la Moselle et du Nord, il prit rarement part aux délibérations de l'assemblée. Lacoste annonça à la Convention l'évacuation de Saarbruck, la défaite des Autrichiens près d'Haguenau, la prise de Wissembourg et de Lauterbourg, l'entrée des Français à Spire et à Kaiserslautern, la prise de Valenciennes, etc., envoya des drapeaux pris à l'ennemi, et rendit compte de nos victoires en Hollande. Dans une de ses lettres, du 2 ventôse au II, signée de lui et de son collègue Baudot, il dénonça le député Faure comme ayant « persécuté les patriotes de Nancy ». Faure se vengea, plus tard, en reprochant à Lacoste d'avoir organisé en Alsace une commission révolutionnaire qui, sous la direction de l'accusateur public Schneider, aurait frappé de nombreuses victimes. Le député Delahaye, quoique modéré et proscrit au 31 mai, prit la défense de Lacoste, dont il vanta le désintéressement. Il demanda qu'il fût autorisé à rester aux arrêts chez lui et sans gendarmes, « attendu qu'il n'aurait pas le moyen de les payer. » Cependant la majorité décréta Lacoste d'arrestation. Emprisonné, il ne fut rendu à la liberté que par l'amnistie de brumaire an IV. Le 18 germinal au VIII, Lacoste, qui ne s'était pas montré hostile à la politique de Bonaparte, fut nommé conseiller de préfecture du Cantal; puis il devint (9 frimaire an IX) préfet du département des Forêts, qu'il administra plusieurs années. Pendant les Cent-Jours, Napoléon lui confia une nouvelle préfecture celle de la Sarthe. Cette nomination lui valut d'être atteint par la loi dite d'amnistie; il se réfugia en Belgique, mais il obtint, au bout de quelque temps, la permission de rentrer en France. Membre de la Légion d'honneur du 25 prairial an XII.

LACOSTE. — *Voy.* BELCASTEL (BARON DE).

LACOSTE (DE). — *Voy.* VERDIER.

LACOSTE DU VIVIER (MARIE-JOSEPH-MAURICE, BARON DE), député de 1833 à 1848, né à Pont-à-Mousson (Meurthe) le 19 octobre 1789, mort à Vichy (Allier) le 10 juillet 1854, suivit, à l'exemple de son père, la carrière des armes. Il servait comme chef d'escadron au 10e régiment d'artillerie, lorsqu'il fut, le 28 mai 1833, élu député du 2e collège de la Meurthe, par 97 voix (166 votants, 225 inscrits), contre 66 au général Fabvier, en remplacement de M. Thouvenel, démissionnaire. Il prit place dans la majorité conservatrice, et fut réélu, le 21 juin 1834, par 163 voix (169 votants, 255 inscrits), contre 59 au général Fabvier. Partisan des lois de septembre 1835, et de toutes les propositions présentées par le gouvernement, M. Lacoste du Vivier fut promu, dans le cours de la législature, au grade de lieutenant-colonel, ce qui l'obligea à solliciter, le 20 février 1836, le renouvellement de son mandat; il lui fut accordé par 105 voix sur 171 votants. Réélu de nouveau, le 4 novembre 1837, avec 111 voix (199 votants, 269 inscrits); le 29 septembre 1838, par suite de sa promotion comme colonel d'artillerie; puis, le 2 mars 1839, par 152 voix (194 votants); et le 9 juillet 1842, par 148 voix (286 votants, 339 inscrits), contre 130 à M. Poirel, M. de Lacoste du Vivier vota *pour* l'indemnité Pritchard, parvint, le 28 octobre 1845, au grade de maréchal-de-camp, fut confirmé, le 29 novembre suivant, dans ses fonctions législatives, par 236 voix (342 votants, 405 inscrits), contre 85 à M. Marchal, candidat de l'opposition, et fut réélu une dernière fois, le 1er août 1846, député de la Meurthe, par 186 voix (332 votants, 398 inscrits), contre 138 à M. Daurier. Il soutint constamment de ses votes la politique de Guizot. Eloigné du parlement par la révolution de février, il fut promu général de division le 14 juillet 1851. Officier de la Légion d'honneur.

LACOSTE DU VIVIER (CHARLES-ARISTIDE DE), pair de France, né à Pont-à-Mousson (Meurthe) le 22 janvier 1794, mort à Paris le 5 novembre 1870, frère du précédent, était, d'après son acte de naissance, « fils de Jean-Laurent-Justin de Lacoste du Vivier, chef de brigade du 4e régiment de dragons demeurant ordinairement dans ladite municipalité (Pont-à-Mousson), actuellement à l'armée du Rhin, et de Claude-Marie-Thérèse Liébaut. » Il fut appelé par le gouvernement de Louis-Philippe, le 4 mai 1845, à siéger à la Chambre des pairs. Il y défendit, jusqu'en 1848, la monarchie constitutionnelle. Officier de la Légion d'honneur.

LA COSTE-MESSELIÈRE (BENJAMIN-LÉONOR-LOUIS FROTTIER, MARQUIS DE), député en 1789, né à Paris le 10 août 1760, mort à Moulins (Allier) le 8 juillet 1806, fils de Louis Frottier, marquis de La Coste-Messelière, et d'Elisabeth de Digoine, était, du chef de sa mère, vidame de Meaux et premier baron du Charolais. Il servit dans les armées du roi, devint mestre-de-camp de cavalerie et fut nommé « ministre plénipotentiaire de Sa Majesté près S. A. le duc régnant des Deux-Ponts ». Le 22 mars 1789, il fut élu député de la noblesse aux Etats-Généraux par le bailliage de Charolles. Reçu par le roi le jour même de l'ouverture des Etats-Généraux, il obtint de Louis XVI la dispense nécessaire pour demeurer éloigné de son ambassade pendant la durée de la session. A l'Assemblée, il vota avec les plus avancés, demanda que les biens du clergé fussent déclarés propriété nationale, et présenta un projet de décret pour la suppression de la dîme et des ordres monastiques. A la séance du 7 août 1789, il s'exprima ainsi : « La foi publique est chargée d'une dette immense, et le peuple, accablé d'impôts, désigne ouvertement ceux qu'il ne veut plus supporter. Déjà une grande vérité a été dite dans cette assemblée : les biens ecclésiastiques appartiennent à la nation. Le moment est venu de les revendiquer.» Il demanda ensuite la fixation des honoraires des évêques et des curés par les assemblées provinciales et la suppression des ordres monastiques avec indemnité aux membres actuels. Il présida (juin 1790) le comité chargé de la liquidation des biens du clergé. Revenu, après la session, en Poitou d'où sa famille paternelle était originaire, il fut porté dans le département de Saône-et-Loire comme émigré, arrêté en l'an IV, traduit devant le tribunal criminel de Paris et acquitté. Loin de fuir la Révolution, il en avait largement profité en acquérant en Poitou de nombreux biens nationaux, et en divorçant, bien qu'il eût un fils, pour épouser (février 1793) une Italienne, Rosina-Barbe Baletti. Partisan de Bonaparte, il fut nommé sous-préfet de Melle le 19 germinal an VIII, préfet de l'Allier le 21 thermidor an X, et membre de la Légion d'honneur le 25 prairial an XII. Il mourut subitement à Moulins.

LACOSTE-MONTLAUSIER (JEAN-JOSEPH), député en 1791, né à Caussade (Tarn-et-Garonne) le 14 octobre 1744, mort à une date inconnue, administrateur du Lot, fut élu, le 1er septembre 1791, député de ce département à l'Assemblée, le 6e sur 10, par 287 voix (450 votants). Il y prit rarement la parole, fit autoriser divers emprunts et vota avec la majorité.

LACOTE (AUGUSTE-ETIENNE-MARIE), député depuis 1881, né à Dun-le-Palleteau (Creuse) le 15 août 1838, fils d'un ouvrier serrurier, fit des études à Guéret, et entra, à 15 ans, à l'Ecole des arts et métiers d'Angers. Par suite du licenciement de sa division, il revint ouvrier forgeron chez son père, alla à Paris, travailla à la compagnie d'Orléans comme mécanicien et comme dessinateur, apprit le latin en 1859, fut reçu bachelier en 1861, suivit les cours de la faculté de médecine, et devint interne des hôpitaux, puis préparateur du cours de chimie de M. Frémy à l'Ecole polytechnique. Il s'établit pharmacien en 1864, professa la chimie industrielle à l'Association philotechnique, fut membre du bureau de bienfaisance du XIe arrondissement de Paris, fut reçu docteur-médecin en 1869, concourut pour l'agrégation et alla se fixer dans sa ville natale. Hostile à l'Empire, il fit, dans la Creuse, de la propagande contre le plébiscite (1870); récemment marié quand la guerre éclata, il se hâta de revenir à Paris où il fut, pendant le siège, médecin-major. Conseiller général de Dun-le-Pal-leteau (1877), il fut élu, le 2 septembre 1881, au second tour de scrutin, comme candidat radical, député de Guéret (Creuse), par 9,735 voix sur 14,489 votants et 27,244 inscrits, contre 4,169 voix à M. Moreau, député sortant opportuniste. Il s'inscrivit à l'extrême-gauche et à la gauche radicale, fit partie des commissions du nivellement de la France, du classement des chemins de fer, des canaux et des ports, et vota constamment avec l'extrême-gauche, *pour* la politique scolaire du gouvernement, *pour* la suppression du budget des cultes, *pour* l'élection des sénateurs au suffrage universel, *contre* les conventions avec les grandes compagnies de chemins de fer, etc. Porté, aux élections générales du 4 octobre 1885, sur la liste de concentration républicaine de la Creuse, il fut élu, au second tour (18 octobre), le 3e sur 4, par 34,322 voix sur 47,042 votants et 77,801 inscrits. Il donna sa démission de conseiller général et de conseiller municipal, reprit sa place à l'extrême-gauche, et continua de voter avec ce groupe, *pour* l'expulsion des princes, et, en dernier lieu, *contre* le rétablissement du scrutin d'arrondissement (11 février 1889), *contre* l'ajournement indéfini de la revision de la Constitution, *contre* les poursuites contre trois députés membres de la Ligue des patriotes, *contre* le projet de loi Lisbonne restrictif de la liberté de la presse ; il s'est abstenu sur les poursuites contre le général Boulanger. Deux fois médaillé de la ville de Paris (1864-1869), M. Lacôte est, dans son canton, membre du conseil d'hygiène et délégué cantonal.

LACOUDRAYE (ANTOINE-JEAN-BAZIRE), député au Conseil des Anciens, dates de naissance et de mort inconnues, remplit sous la Révolution les fonctions de commissaire du gouvernement près les tribunaux civil et criminel du département de l'Escaut, et fut élu par ce département, le 21 germinal an VI, avec 87 voix (101 votants), député au Conseil des Anciens, où son rôle fut très effacé.

LACRAMPE (JEAN), membre de la Convention, député au Conseil des Cinq-Cents et au Corps législatif de l'an VIII à 1803, né à Argelès 'Hautes-Pyrénées) le 9 juillet 1757, mort à Paris le 12 janvier 1803, « fils de Jean Lacrampe, docteur en médecine, et de Jeanne Duhort, » homme de loi à Argelès, fut élu, le 5 septembre 1792, membre de la Convention par le département des Hautes-Pyrénées, le 6e et dernier, avec 155 voix (251 votants). Il répondit, lors du procès de Louis XVI, au 3e appel nominal : « J'ai déclaré Louis coupable ; j'ai voté pour l'appel au peuple, parce que j'ai cru cette mesure infiniment sage et convenable pour anéantir la faction ; mais il faut être juste. Je vote pour la mort. » Il n'eut dans l'Assemblée qu'un rôle sans importance, et se fit tout aussi peu remarquer au Conseil des Cinq-Cents, où le renvoya le même département, le 22 vendémiaire an IV, avec 76 voix (148 votants), et où il obtint sa réélection le 25 germinal an VI. Favorable au coup d'Etat de brumaire, il fut inscrit par le Sénat conservateur, comme député des Hautes-Pyrénées, sur la liste des membres du nouveau Corps législatif. Il y siégea jusqu'à sa mort (1803).

LACRETELLE (PIERRE-LOUIS DE), député en 1791, et au Corps législatif en l'an IX, né à Metz (Moselle) le 9 octobre 1751, mort à Paris le 5 septembre 1824, débuta, en 1777, en plaidant pour deux juifs qui n'avaient pu obtenir le droit de faire partie de la corporation des marchands à Metz. Il vint à Paris l'année suivante, se fit inscrire comme avocat et collabora au *Grand Répertoire de Jurisprudence.* Il s'occupait en même temps de littérature. L'Académie française couronna son *Eloge de Montausier ;* quelques-uns de ses articles parurent dans le *Mercure de France,* et les portes des cénacles philosophiques de Paris lui furent ouvertes. Il s'y lia avec d'Alembert, Condorcet, Laharpe, Buffon et Turgot. Sur la recommandation de Malesherbes, qui l'avait pris en amitié, il fut choisi, en 1787, pour faire partie de la commission chargée par le roi de préparer une réforme de la législation pénale. Partisan de la Révolution, il fut nommé membre de la première commune élue par les districts de Paris, et fut élu, en mai 1789, député suppléant du tiers aux Etats-Généraux, puis, le 1er octobre 1791, 1er suppléant de Paris à l'Assemblée législative, avec 326 voix sur 553 votants. Admis à siéger, le 7 novembre suivant, en remplacement de M. Godard, décédé, il prit place dans la minorité constitutionnelle, fut un des fondateurs du club des Feuillants et vota contre la mise en accusation de La Fayette (8 août 1792). Menacé, en raison de ses idées modérées, il quitta Paris après le 10 août, et n'y revint qu'après la chute de Robespierre. Sous le Directoire, il fut haut-juré de la haute cour nationale ; puis, après le 18 brumaire, auquel il s'était rallié, le Sénat conservateur l'appela, comme député de la Seine au Corps législatif (4 brumaire an IX). En 1803, il fut élu membre de l'Institut, dans la classe de langue et littérature française, en remplacement de Laharpe. Durant l'Empire, il s'occupa presque exclusivement de littérature et ne entra dans la politique active qu'à la seconde Restauration. En 1817, il devint, avec Benjamin Constant et Etienne, rédacteur à la *Minerve française.* En 1820, il fonda une librairie pour pouvoir continuer à vendre cette publication sous forme de brochure, que les nouvelles lois sur la presse interdisant les revues politiques périodiques sans l'autorisation préalable et le visa de la censure. Condamné, pour infraction à ces lois, à un mois de prison, il reçut de Louis XVIII remise de cette peine. Il préparait une édition complète de ses œuvres lorsqu'il mourut. On a de lui un grand nombre de mémoires et d'articles politiques ou littéraires : *Œuvres diverses, mélanges de philosophie et de littérature* (1802-1807, 5 volumes) ; *Fragments poétiques et littéraires* (Paris, 1817) ; *Charles Artaud Malherbe, ou le fils naturel,* roman théâtral (1801) ; *Œuvres complètes de P.-L. de Lacretelle* (1824, 6 volumes).

LACRETELLE (PIERRE-HENRI DE), représentant en 1871, et député de 1876 à 1889, né à Paris le 21 août 1815, neveu du précédent, publiciste, auteur de poésies, de romans et de pièces de théâtre, fit ses études au collège Bourbon à Paris, se lia avec Lamartine, et débuta dans la littérature par un recueil, *les Cloches* (1841), qui fut suivi de plusieurs romans publiés dans les grands journaux de Paris. Membre de la commission préfectorale de Saône-et-Loire en 1848, il se présenta à la députation dans la 4e circonscription de ce département, comme candidat indépendant sous l'Empire, le 1er juin 1863, et il échoua, avec 2,942 voix contre 18,906 à l'élu officiel, M. de Chapuys de Montlaville. Aux élections complémentaires du 2 juillet 1871 à l'Assemblée nationale, pour remplacer trois représentants qui avaient opté pour d'autres départements, il fut élu représentant de Saône-et-Loire, le 1er sur 3 de la liste républicaine, par 78,232 voix (103,778 votants, 170,329 inscrits). Inscrit à l'Union républicaine, il s'occupa surtout des questions d'instruction publique, déposa, en 1872, un amendement demandant une augmentation de 50 francs au traitement des instituteurs primaires, réclama le premier l'instruction gratuite obligatoire et laïque, et vota *pour* l'amendement Barthe, *pour* le retour à Paris, *pour* la dissolution, *pour* la proposition du centre gauche, *pour* l'amendement Wallon, *pour* les lois constitutionnelles, *contre* le 24 mai, *contre* la démission de Thiers, *contre* la prorogation des pouvoirs du Maréchal, *contre* l'état de siège, *contre* la loi des maires, *contre* le ministère de Broglie. Réélu député, le 20 février 1876, dans la 2e circonscription de Mâcon, par 11,320 voix (13,551 votants, 16,978 inscrits), contre 2,028 voix à M. de Murard, il siégea à l'extrême-gauche, déposa un projet de loi sur l'instruction laïque, gratuite et obligatoire, vota *pour* l'amnistie pleine et entière, *pour* la proposition Gatineau, *contre* l'augmentation du traitement des desservants, et fut des 363 qui refusèrent un vote de confiance au ministère de Broglie. Réélu, le 14 octobre 1877, après la dissolution de la Chambre par le cabinet du 16 mai, par 11,306 voix (14,004 votants, 17,198 inscrits), contre 2,629 à M. de Murard, il reprit sa place à la gauche radicale, et vit renouveler son mandat, aux élections générales du 21 août 1881, par 10,713 voix (12,830 votants, 17,413 inscrits), contre 1,987 à M. Paul Lauras, ancien préfet. Dans la nouvelle législature, il continua de défendre la politique scolaire et coloniale des ministères républicains, et, porté, au renouvellement du 4 octobre 1885, sur la liste radicale de Saône-et-Loire, il fut réélu au second tour (18 octobre), le 3e sur 9, par 80,758 voix (140,510 votants, 174,124 inscrits). « Spiritualiste ardent, a-t-il dit de lui-même, puisqu'il est républicain convaincu, » il a suivi la même ligne que précédemment, est intervenu dans un certain nombre de discussions, a voté (juin 1886) *pour* l'expulsion des princes, et s'est prononcé, en dernier lieu, *contre* le rétablissement du scrutin d'arrondissement (11 février 1889); absent par congé lors des scrutins sur l'ajournement indéfini de la revision de la Constitution, et sur les poursuites contre trois députés membres de la Ligue des patriotes, il *s'est abstenu* sur le projet de loi Lisbonne restrictif de la liberté de la presse et sur les poursuites contre le général Boulanger. M. de Lacretelle a épousé une fille de M. Etienne-Charles-Auguste Brosse, député de Saône-et-Loire en 1831.

LACRETELLE (Charles-Nicolas), député de 1888 à 1889, né à Pont-à-Mousson (Meurthe) le 30 octobre 1822, entra à Saint-Cyr le 20 avril 1841, et en sortit sous-lieutenant à la légion étrangère le 1er avril 1843. Envoyé en Algérie, il fut cité, en 1852, à l'ordre du jour de la division d'Oran, pour sa valeureuse conduite au combat de Tigri, et reçut du maréchal de Saint-Arnaud, ministre de la Guerre, la croix de chevalier de la Légion d'honneur et les épaulettes de capitaine. Au moment de la guerre de Russie, en juin 1854, il fit partie du bataillon étranger détaché à la division Canrobert, et assista à la bataille de l'Alma. Blessé à Inkermann, il fut promu chef de bataillon au 2e régiment de zouaves, et officier de la Légion d'honneur le 18 octobre 1854. De nouveau blessé

à l'affaire de Malakoff (18 juin 1855), il fut nommé, le 30 juin suivant, lieutenant-colonel au 19e de ligne. Colonel du 31e de ligne (30 décembre 1857), puis du régiment des zouaves de la garde (1859), avec lequel il fit la campagne d'Italie, commandeur de la Légion d'honneur (12 août 1861), général de brigade (13 août 1865), il fut, comme tel, envoyé en Algérie pour diriger les opérations dans le sud : il commandait la subdivision du Mans, au moment de la guerre de 1870. Attaché à la 4e division du 1er corps d'armée, sous les ordres du maréchal de Mac-Mahon, il assista à la bataille de Frœschwiller, où sa brigade ne se composait que du 3e tirailleurs algériens, et occupait l'extrême-droite française du côté de Morsbronn, célèbre par la charge des 8e et 9e cuirassiers et du 6e lanciers ; à Sedan, général de division depuis le 23 août, il commandait une division du 12e corps. Prisonnier en vertu de la capitulation, il fut interné en Allemagne, reçut, lors du second siège de Paris, le commandement de la 3e division du 2e corps à l'armée de Versailles, puis celui de la 19e division (10e corps) à la réorganisation de l'armée. Grand-officier de la Légion d'honneur le 21 avril 1874, il fut, après sa mise à la retraite comme général de division, élu, le 26 février 1888, député de Maine-et-Loire, en remplacement de M. Chevalier, décédé, par 61,782 voix (104,306 votants, 150,183 inscrits), contre 29,542 à M. David d'Angers, et 12,015 au général Boulanger. Le général Lacretelle a pris place à la droite monarchiste, et est plusieurs fois intervenu dans la discussion de la nouvelle loi militaire. En dernier lieu, il s'est prononcé *contre* le rétablissement du scrutin d'arrondissement (11 février 1889), *pour* l'ajournement indéfini de la revision de la Constitution, *contre* les poursuites contre trois députés membres de la Ligue des patriotes, *contre* le projet de loi Lisbonne restrictif de la liberté de la presse, *contre* les poursuites contre le général Boulanger. On a de lui : *De l'Algérie au point de vue de la crise actuelle* (1868).

LACROIX (Jean-Michel), membre de la Convention, né à Blond (Haute-Vienne) le 6 novembre 1749, mort à Bellac (Haute-Vienne) le 16 janvier 1820, « fils de Jean-Baptiste Delacroix (*sic*), bourgeois et praticien, et de demoiselle Elisabeth Gladler, sa femme, » avocat à Bellac, puis procureur-syndic du district, fut élu, le 2 septembre 1792, député de la Haute-Vienne à la Convention (le procès-verbal de l'élection fait défaut). Dans le procès du roi, Lacroix, qui était lié avec les Girondins, s'exprima ainsi : « Je vote, dit-il, pour la réclusion et le bannissement. » Son modérantisme le fit impliquer dans les poursuites qui suivirent le 31 mai; il fut rappelé à la Convention le 18 frimaire an III. Le 18 floréal an VIII, le gouvernement consulaire le nomma commissaire près le tribunal civil de Bellac. La Restauration lui donna de l'avancement; il mourut en 1820, président du tribunal.

LACROIX (Joseph-Victor-Antoine-Gabriel de), député de 1834 à 1837, né à Ponteilla (Pyrénées-Orientales) le 13 mars 1802, mort à Montpellier (Hérault) le 6 mars 1863, fit de bonnes études classiques et fut reçu avocat en 1823. Libéral sous la Restauration, il fut nommé, le 4 septembre 1830, procureur du roi à Perpignan, et occupa ce poste jusqu'au 12 octobre 1832, époque à laquelle il fut promu président du tribunal civil. Tout dévoué au gouvernement de Louis-Philippe, M. de Lacroix fut élu, le

21 juin 1834, député du 3e collège des Pyrénées-Orientales (Prades), par 62 voix (117 votants, 150 inscrits), contre 52 à M. Escanyé. Il vota avec la majorité ministérielle et appartint à plusieurs commissions importantes. M. de Lacroix ne fut pas réélu en 1837. Il se représenta également sans succès lors de l'élection partielle motivée, le 1er juillet 1838, par la nomination de M. Parès aux fonctions de procureur général près la cour de cassation. M. Parès fut réélu député par 115 voix, et M. de Lacroix n'en obtint que 81. Conseiller général des Pyrénées-Orientales, conseiller municipal de Prades, M. de Lacroix fut suspendu de ses fonctions, comme magistrat, ainsi que tout le tribunal, après la révolution de 1848 ; mais la réaction de 1849 lui valut le titre de conseiller à la cour d'appel de Montpellier. Il en remplit les fonctions jusqu'à sa mort (1863). Chevalier de la Légion d'honneur.

LACROIX (Claude-Marie-Augustin), député de 1842 à 1846, représentant en 1848 et député au Corps législatif de 1869 à 1870, né à Saint-Vincent-de-Rheins (Rhône) le 21 décembre 1803, mort à La Clayette (Saône-et-Loire) le 20 septembre 1875, propriétaire, maire de La Clayette, conseiller général (1834-1852 et 1871-1875), et capitaine de la garde nationale, chef du parti libéral dans le Charolais, se présenta à la députation aux élections du 2 mars 1839, dans le 6e collège de Saône-et-Loire (Charolles), où il échoua avec 135 voix contre 218 à l'élu, M. Lambert, député sortant, et 73 à M. de Suleau. Il fut plus heureux aux élections du 9 juillet 1842 dans le même collège, et fut élu par 252 voix (430 votants, 607 inscrits), contre 102 à M. Pellorce, et 71 à M. Mallard de Semaize. Il siégea dans l'opposition libérale et vota contre l'indemnité Pritchard. Il échoua de nouveau au renouvellement du 1er août 1846, avec 239 voix contre 242 à M. de La Guiche ; mais, après la révolution de février, il fut élu, le 23 avril 1848, représentant de Saône-et-Loire à l'Assemblée constituante, le 6e sur 14, par 120,066 voix (131,092 votants, 136,000 inscrits). Il prit place à gauche, fit partie du comité de l'agriculture, vota pour le bannissement de la famille d'Orléans, pour l'abolition de la peine de mort, contre l'impôt progressif, pour l'incompatibilité des fonctions, contre l'amendement Grévy, contre la sanction de la Constitution par le peuple, pour l'ensemble de la Constitution, contre la proposition Rateau, contre l'expédition de Rome. Retiré des affaires publiques sous l'Empire, il rentra cependant dans la vie politique comme député de la 5e circonscription de Saône-et-Loire au Corps législatif, élu, le 24 mai 1869, par 12,893 voix (21,886 votants, 30,193 inscrits), contre 3,199 à M. Ballard, 2,402 à M. Boyssct, 1,897 à M. Margue et 1,434 à M. Emile André. Il siégea dans la majorité de « l'empire libéral », vota la déclaration de guerre à la Prusse, et fut rendu définitivement à la vie privée par la révolution du 4 septembre 1870.

LACROIX (Charles-Julien), représentant du peuple en 1848, né à Saint-Vincent-de Rheins (Rhône) le 31 mars 1800, fils d'un filateur de coton, s'occupa d'agriculture, et prit la succession industrielle de son père à Saint-Vincent-de Rheins. Candidat à la députation aux élections du 1er août 1846, il échoua dans le 5e collège du Rhône (Villefranche), avec 349 voix contre 472 à l'élu, M. Terme, député sortant. Il fut élu, le 23 avril 1848, représentant du

Rhône à l'Assemblée constituante, le 5e sur 14, par 80,969 voix. Il ne siégea pas régulièrement, fit partie du comité des finances et vota contre le bannissement de la famille d'Orléans, pour l'incompatibilité des fonctions, contre l'amendement Grévy, contre la sanction de la Constitution par le peuple, pour l'ensemble de la Constitution, contre la demande de mise en accusation du président et des ministres. Après la session, il renonça à la vie politique.

LACROIX (Sigismond-Julien-Adolphe Krzyzanowski, dit), député de 1883 à 1889, né à Varsovie (Pologne) le 26 mai 1845, fils d'un réfugié polonais employé à la préfecture d'Angers, fit ses études au lycée de cette ville et, après avoir obtenu à la faculté de Paris le diplôme de licencié en droit, entra comme employé auxiliaire à la mairie du 11e arrondissement de Paris (1866). Epris des idées « autonomistes » que M. Emile Accolas, professeur libre de droit, avait exposées dans ses ouvrages de jurisprudence, il devint son secrétaire et son collaborateur, et remplit pendant la guerre les fonctions de commis principal à la mairie du 11e arrondissement. Il quitta Paris au 18 mars, et se rendit à Versailles, où il servit le gouvernement de M. Thiers. S'étant fait, après les événements de 1870-71, naturaliser français, il travailla quelque temps au journal le Radical, fondé par M. Mottu, ancien maire du 11e, et qui n'eut qu'une existence éphémère. Puis il se lança dans la politique, se lia avec M. Yves Guyot, fut avec lui, sous les auspices de M. Menier, un des rédacteurs de la Réforme économique, et se fit connaître comme un partisan décidé des théories « individualistes ». Elu, dès 1874, comme républicain avancé, conseiller municipal de Paris par le quartier de la Salpêtrière, il obtint plusieurs fois le renouvellement de son mandat (une de ses élections ayant été annulée parce que ses affiches portaient son pseudonyme français de S. Lacroix, il dut se représenter sous son nom véritable de Krzyzanowski). Il contribua à la création, dans l'assemblée municipale, du groupe de l'autonomie communale, auquel son rapport (octobre 1880) sur l'organisation municipale de la ville servit en quelque sorte de manifeste. Dans la presse, M. Lacroix avait pris parti pour la politique intransigeante et « libertaire » contre l'opportunisme au pouvoir : rédacteur en chef du journal les Droits de l'Homme, il s'était, avant l'amnistie, assuré la collaboration régulière de M. Henri Rochefort et de plusieurs ex-membres de la Commune, qui signalaient d'un pseudonyme leurs articles envoyés de l'exil. Il dirigea pendant quelques mois, en 1880, un journal intitulé la Convention nationale, appartint, en même temps que M. Henry Maret, à la rédaction de la Vérité, et quitta cette feuille pour prendre part avec lui à la fondation du nouveau Radical (août 1881). Aux élections du 21 août 1881, la candidature de M. Sigismond Lacroix fut produite et soutenue par le parti radical dans la 1re circonscription du 20e arrondissement de Paris, contre celle de Gambetta : M. Lacroix, après une lutte très vive, échoua avec 3,528 voix contre 4,526 à Gambetta élu, et 387 à M. Jance. Il échoua encore, l'année suivante, à l'élection partielle du 26 février 1882, dans l'arrondissement de Béziers, où il n'obtint que 4,449 voix sur 15,307 votants. Mais il se représenta, en mars 1883, à Paris (1re circonscription du 20e arrondissement), lorsque la mort de Gambetta eut rendu ce siège vacant, et il fut élu, le 25 mars, au scrutin de ballottage, par 3,795 voix (7,017 votants, 11,368 inscrits), contre 1,897 voix à M. Métivier, opportuniste, et 1,226 à M. Dumay, collectiviste. M. S. Lacroix prit place à l'extrême-gauche, et vota avec ce groupe, sans se montrer toujours d'accord avec M. Clémenceau. Lors de la discussion de la loi municipale, il soutint, le 6 novembre 1883, son système d'autonomie communale, comportant l'établissement d'une mairie centrale de Paris. Il se prononça *pour* la séparation de l'Eglise et de l'Etat, *contre* les crédits de l'expédition du Tonkin, etc. Aux élections du 4 octobre 1885, M. S. Lacroix, qui n'avait pas cessé, depuis 1881, de collaborer activement au *Radical*, dont il est aujourd'hui encore un des principaux rédacteurs, fut désigné par le comité des journaux d'extrême-gauche comme un de leurs candidats à la Chambre nouvelle pour le département de la Seine: il réunit, au premier tour de scrutin, 188,793 voix, et, maintenu sur la liste de « concentration » au second tour, fut définitivement élu, le 17ᵉ sur 34, par 286,028 voix (416,886 votants, 564,338 inscrits). Il reprit sa place à l'extrême-gauche, combattit, avec discrétion, les ministères opportunistes de la législature, se déclara un des premiers, dans la presse comme à la Chambre, l'adversaire du général Boulanger et de sa politique, soutint le cabinet Floquet, vota *pour* l'expulsion des princes, et, en dernier lieu, *pour* le rétablissement du scrutin d'arrondissement (11 février 1889), *contre* l'ajournement indéfini de la revision de la Constitution, *pour* les poursuites contre trois députés membres de la Ligue des patriotes, *pour* le projet de loi Lisbonne restrictif de la liberté de la presse, *pour* les poursuites contre le général Boulanger. On a de lui : *Histoire des prolétaires* (1873), en collaboration avec M. Yves Guyot; *les glorieux Droits de l'homme* (1876), etc.

LACROIX (GUILLAUME-LOUIS), député depuis 1888, né à Paris le 11 décembre 1834, fit ses études au lycée Charlemagne, se fixa à Cépoy (Loiret), et s'occupa d'entreprises de travaux publics. Conseiller d'arrondissement de Montargis (1869), conseiller municipal de Cépoy, il eut à remplir, pendant l'occupation allemande en 1870, les fonctions de maire, s'en acquitta avec zèle, et fut nommé maire en 1871, et conseiller général du canton de Ferrières en 1877. Le 1ᵉʳ juillet 1888, à l'élection partielle motivée par le décès de M. Devade, il se porta candidat à la députation, et fut élu, au 2ᵉ tour de scrutin, député du Loiret par 37,366 voix sur 67,853 votants et 105,912 inscrits, contre 29,604 voix à M. Dumas, candidat conservateur. Il siégea à la gauche radicale, soutint le ministère Floquet, et vota, en dernier lieu, *pour* le rétablissement du scrutin d'arrondissement (11 février 1889), *contre* l'ajournement indéfini de la revision de la Constitution, *pour* les poursuites contre trois députés membres de la Ligue des patriotes, *contre* le projet de loi Lisbonne restrictif de la liberté de la presse, *pour* les poursuites contre le général Boulanger.

LACROIX-SAINT-PIERRE (PIERRE-HENRI-ALBERT), député au Corps législatif de 1863 à 1870, né à Chabeuil (Drôme) le 9 août 1817, propriétaire dans la Drôme, était, d'autre part, administrateur des Messageries impériales et membre du conseil d'administration des chemins de fer de l'Est, lorsqu'il fut élu, le 1ᵉʳ juin 1863, avec l'appui officiel du gouvernement, député de la 1ʳᵉ circonscription de la

Drôme au Corps législatif, par 13,366 voix (22,662 votants, 32,561 inscrits), contre 9,263 voix à M. de Lacheisserie, député sortant. Il prit fréquemment part aux discussions sur les questions de finances, fut plusieurs fois membre de la commission du budget, et soutint en politique les intérêts de la dynastie. Réélu, le 24 mai 1869, par 15,023 voix (27,155 votants, 33,831 inscrits), contre 12,073 voix à M. Bancel, de l'opposition radicale, il inclina vers le parlementarisme, et signa la demande d'interpellation des 116. En 1870, il vota *pour* la déclaration de guerre à la Prusse, puis il rentra, au 4 septembre 1870, dans la vie privée. M. Lacroix-Saint-Pierre réunit aux élections sénatoriales du 30 janvier 1876, dans la Drôme, 169 voix (437 votants), puis il se présenta, le 14 octobre 1877, à Montélimar, comme candidat du gouvernement du Seize-Mai, aux élections pour la Chambre des députés : il échoua avec 7,006 voix conservatrices, contre 11,012 au député sortant, républicain, M. Loubet. M. Lacroix-Saint-Pierre a appartenu au conseil général de la Drôme. Officier de la Légion d'honneur.

LA CROIX. — *Voy.* CASTRIES (DUC DE).

LACROIX. — *Voy.* RAVIGNAN (DE).

LACROIX DE CHEVRIÈRES. — *Voy.* SAINT-VALLIER (COMTE DE).

LACROSSE (BERTRAND-THÉOBALD-JOSEPH, BARON DE), député de 1834 à 1848, représentant en 1848 et 1849, ministre, sénateur du second Empire, né à Brest (Finistère) le 29 janvier 1796, mort à Paris le 28 mars 1865, fils de l'amiral Jean-Baptiste Raymond, baron de Lacrosse (1765-1829), était issu d'une ancienne famille de l'Agenois. Elève du collège Sainte-Barbe, il entra en 1809 dans la marine, devint aspirant en 1811, et, après avoir fait quelques campagnes sur la frégate l'*Hortense* et sur la prame la *Ville de Mayence*, passa dans l'armée de terre. Sorti de l'école de cavalerie (1813) avec le grade de lieutenant en second dans les chasseurs à cheval de la garde impériale, il se distingua au combat de Dessau, y fut blessé, et prit part, comme lieutenant en premier, à la bataille de Craonne (1814), où il fut atteint de dix-sept blessures. Sa conduite lui valut la croix de la Légion d'honneur et le grade de capitaine. Licencié en 1815, il vécut dans la retraite jusqu'à la révolution de 1830. Alors il aborda la politique. Nommé, le 1ᵉʳ août, lieutenant-colonel de la garde nationale de Brest, et bientôt (1831) colonel chef de légion, il était en même temps membre du conseil général du Finistère, lorsqu'il se porta (21 juin 1834) candidat du parti libéral à la députation; il fut élu dans le 1ᵉʳ collège du Finistère (Brest) par 168 voix (321 votants, 382 inscrits), contre 93 à M. de Kératry. Lacrosse siégea dans les rangs de la gauche dynastique, et combattit, avec l'opposition modérée, la politique doctrinaire des ministres de Louis-Philippe. Il se mêla activement aux travaux de la Chambre, et se fit remarquer, dans la session de 1835, où il se prononça notamment contre l'indemnité payée aux Etats-Unis. Réélu, le 4 novembre 1837, par 274 voix (330 votants, 398 inscrits), il entra dans la coalition contre le ministère Molé, fut réélu encore, le 2 mars 1839, par 220 voix (338 votants), appuya la politique de Thiers, présenta de nombreux amendements pour le maintien des armements maritimes, et se déclara l'adversaire de Guizot. En

1842, à la suite d'imputations lancées contre la mémoire de son père par le journal ministériel le *Globe*, il eut un duel avec M. Granier de Cassagnac, et dans cette rencontre reçut une balle qui lui fractura la cuisse. Ayant obtenu sa réélection, le 5 juillet 1842, par 301 voix (306 votants, 406 inscrits), puis, le 1er août 1846, par 282 voix (340 inscrits, 417 inscrits), contre 54 à M. Guérard, il parla sur les Adresses au roi dans les sessions de 1845, 1847 et 1848, continua de s'intéresser particulièrement aux affaires de la marine, et contribua beaucoup, en 1846, à faire adopter, malgré l'opposition du ministère, un crédit extraordinaire de 93 millions pour la réorganisation de la flotte. Son nom ne figure pas parmi les signataires de la proposition de mise en accusation du ministère Guizot (février 1848). Après la révolution, La-crosse fut envoyé (23 avril 1848) par le Finis-tère, comme représentant, à l'Assemblée consti-tuante, le 8e sur 15, avec 80,491 voix. Aux jour-nées de juin, il fut investi du commandement des gardes nationales des départements. Il fut un des secrétaires, puis un des vice-présidents de l'Assemblée, et, rallié dès lors au parti pure-ment conservateur, vota régulièrement avec la droite : *pour* le rétablissement du cautionnement et de la contrainte par corps, *pour* les pour-suites contre Louis Blanc et Caussidière, *contre* l'abolition de la peine de mort, *contre* l'amen-dement Grévy, *contre* le droit au travail, *pour* l'ordre du jour en l'honneur du général Cavai-gnac, *pour* la proposition Rateau, *contre* l'ar-nistie, etc. Après l'élection présidentielle du 10 décembre, il donna tout son concours au gouvernement de L.-N. Bonaparte, qui lui confia, du 29 décembre 1848 au 30 octobre 1849, le porte-feuille des Travaux publics. Il fut aussi pen-dant quelques mois chargé de l'intérim du mi-nistère de l'Intérieur. Réélu, le 13 mai 1849, représentant du Finistère à la Législative, le 1er sur 13, par 78,370 voix (86,649 votants, 150,165 inscrits), il s'associa à tous les actes du gouvernement et de la majorité, faillit être victime de l'émeute du 13 juin, en se promenant sur le boulevard, et fut sauvé par M. Gent (*V. ce nom*). Il fut encore nommé vice-président de l'Assemblée, et se vit choisi de nouveau, du 26 octobre au 2 décembre 1851, comme ministre des Travaux publics, par le prince-président. Pendant ses deux ministères, il termina et inau-gura les chemins de fer du Nord, de l'Est, de Nantes, commença les dégagements aux en-virons du Louvre, et prépara son achèvement définitif. Au lendemain du coup d'Etat, M. de Lacrosse fut nommé membre de la Commission consultative et président de la section de la marine et des finances au conseil d'Etat provi-soire. Le 26 janvier 1852, il fut appelé à faire partie du Sénat, dont il devint le secrétaire, et où il approuva jusqu'à sa mort la politique im-périale. Membre de la commission supérieure des invalides de la marine depuis 1836, membre du conseil des invalides de la guerre, et prési-dent de la commission de surveillance des caisses d'amortissement, des dépôts et consi-gnations, M. de Lacrosse, grand-officier de la Légion d'honneur, était, depuis 1850, membre du conseil de l'Ordre.

LACROUZILLE (AMÉDÉE-LOUIS), représen-tant du peuple en 1848, né à Périgueux (Dor-dogne) le 24 juin 1801, mort à Périgueux le 18 avril 1851, exerçait la médecine dans sa ville natale, où il était fort estimé autant pour son dévouement que pour ses opinions libérales. Après la révolution de février 1848, il fut un des commissaires extraordinaires envoyés à Ledru-Rollin par le conseil municipal de Périgueux, et il fut élu, le 23 avril 1848, représentant de la Dordogne à l'Assemblée constituante, le 6e sur 13, par 74,285 voix (110,594 votants, 140,087 inscrits). Il vota généralement avec la droite, *pour* le bannissement de la famille d'Orléans, *pour* les poursuites contre L. Blanc et Caussi-dière, *contre* l'impôt progressif, *contre* l'incom-patibilité des fonctions, *contre* l'amendement Grévy, *contre* la sanction de la Constitution par le peuple, *pour* la proposition Rateau, *pour* l'interdiction des clubs, *pour* l'expédition de Rome, *contre* la demande de mise en accusa-tion du président et des ministres. Non réélu à la Législative, il reprit l'exercice de la médecine et mourut deux ans après.

LACUÉE (JEAN-GIRARD), COMTE DE CESSAC, député en 1791 et au Conseil des Anciens, pair de France, né à la Massas, près Agen (Lot-et-Garonne) le 4 novembre 1752, mort à Paris le 14 juin 1841, fit ses études au collège d'Agen, alla à Montargis comme élève de l'Ecole d'artil-lerie, et, après un duel qui le priva pendant quelques mois de l'usage du bras droit, se décida (1770) à entrer dans l'infanterie cômne cadet, au régiment de Dauphin-infanterie. Sous-lieutenant en 1772, lieutenant en 1778, capitaine en 1785, il se fit remarquer comme écrivain militaire, par la publication d'un *Guide de l'officier en campagne* (1786), qui fut très appré-cié, et composa l'*Art militaire* pour l'*Encyclo-pédie méthodique*. Ce dernier ouvrage lui valut la protection du maréchal de Broglie, qui le nomma officier instructeur des cadets-gentils-hommes à Metz. De 1784 à 1789, il travailla aussi à des *Mémoires* où il exposait ses idées sur l'armée, en critiquait les abus, et se décla-rait partisan des réformes. Aussi, lors de la réunion des Etats-Généraux, fut-il appelé à Paris et devint-il, peu après, membre de la com-mission militaire instituée près la Constituante. En 1790, comme commissaire du roi, il eut à présider à l'organisation du nouveau départe-ment du Lot-et-Garonne, devint procureur géné-ral syndic de ce département, et parvint à y calmer, par son énergie et sa bienveillance, l'effervescence des esprits. Elu, le 1er septembre 1791, député du Lot-et-Garonne à l'Assemblée législative, le 2e sur 9, par 164 voix (314 votants), il s'occupa principalement de questions intéres-sant l'armée, attaqua Dumouriez, l'accusa d'in-suffisance ou de trahison, et fit partie du comité militaire. Ses idées sur l'organisation de l'armée et l'activité dont il avait fait preuve lui valurent de remplacer, après le 10 août, Servan au mi-nistère de la Guerre, en qualité d'intérimaire. C'est d'après ses ordres que Kellermann fit sa jonction avec Dumouriez et décida du succès de Valmy. Quelques jours plus tard, il était nommé commissaire général, chargé de la défense des frontières d'Espagne. Général de brigade au mois de février 1793, il fut accusé de fédéralisme et traduit devant le comité de salut public. Il put échapper aux poursuites, et, après le 9 thermidor, fut rappelé à l'activité et nommé général de brigade à l'armée des Pyré-nées-Orientales. Mais, de Toulouse, il répondit qu'une position active lui convenait peu actuel-lement (il ne pouvait alors se tenir à cheval), et demanda (13 messidor an III) à être employé dans des fonctions « où la méditation aurait plus de part ». Mandé alors à Paris, il fut atta-ché à la direction des affaires militaires près le comité de salut public. Il ne garda pas long-temps ces fonctions, et refusa, au 13 vendémiaire, le commandement des troupes que la Convention voulait envoyer contre les sections révoltées. Élu, le 24 vendémiaire an IV, député du Lot-et-Garonne au Conseil des Anciens, par 197 voix (307 votants), et réélu le 27 germinal an VII, il défendit Carnot contre ses accusateurs. Depuis le 9 frimaire an IV, il était membre de l'Institut, classe des sciences morales et politiques. Partisan du 18 brumaire, il fut nommé, le 4 nivôse an VIII, membre du nouveau conseil d'État, et deux fois chargé, par intérim, du ministère de la Guerre; le premier consul n'eut qu'à se louer de son esprit organisateur et méthodique. Le 30 frimaire an IX, il avait refusé d'être titulaire de ces hautes fonctions : « Il y a, écrivait-il à cette occasion à Petiet (*Voy. ce nom*), dans le génie du premier consul, une supériorité de vues et une suite d'opinions telle qu'on ne peut espérer de le satisfaire. Il faudrait être lui pour être son ministre à son gré, et j'avoue que je ne le suis pas; ou bien il faudrait renoncer à être soi, et j'avoue que ce n'est point dans mes principes. » Membre de la Légion d'honneur (9 vendémiaire an XII), grand-officier (25 prairial), gouverneur de l'École polytechnique (2 thermidor), membre, à la réorganisation de l'Institut, de la classe de langue et littérature françaises, il fut encore nommé général de division, inspecteur général aux revues (1806), ministre d'État (1807), comte de Cessac (26 avril 1808), grand-aigle de la Légion d'honneur (2 février 1809), enfin ministre de l'administration de la guerre en 1810. Dans le conseil, il vota pour un mariage avec une princesse russe, contre le mariage avec Marie-Louise, et contre la guerre avec la Russie en 1812. Sorti du ministère en 1813, il reprit la présidence de la section de la guerre au conseil d'État, suivit Marie-Louise en 1814 à Blois, et ne la quitta qu'après l'abdication de l'empereur. Inspecteur général d'infanterie à la première Restauration, il publia à Angers une proclamation de dévouement aux Bourbons, se retira à la campagne pendant les Cent-Jours, mais, desservi près du roi, fut mis à l'écart par la seconde Restauration. Il s'en plaignit, et écrivit, le 22 août 1815, à Fouché, alors tout-puissant, pour demander d'entrer à la Chambre des pairs en récompense de ses 46 ans de service. Cette faveur lui ayant été refusée, il s'occupa alors d'agriculture, de littérature et d'art. Après la révolution de juillet, il fut nommé pair de France, le 19 novembre 1831, mais ne prit qu'une part peu active aux délibérations de la haute assemblée. On le vit encore, à 88 ans, debout et tête nue, en plein froid de décembre, saluer aux Invalides le retour des cendres de l'empereur. Il mourut peu de mois après. Outre les ouvrages déjà cités, on a de lui, en collaboration avec Servan : *Projet de constitution pour l'armée des Français* (1789).

LACUÉE-SAINT-JUST (Jean-Chrysostôme), député de 1833 à 1834, né à Agen (Lot-et-Garonne) le 31 juillet 1777, mort au château de la Massas, près Hautefage (Lot-et-Garonne), le 2 avril 1834, neveu du précédent et fils de Jean-Chrysostôme baron Lacuée (1747-1824), qui fut premier président de la cour d'appel d'Agen, et de dame Marie-Anne Donzon de Fontayral, entra à l'École navale (pupilles de la marine), fut nommé à dix-sept ans, le 14 floréal an III, aspirant de 3e classe, et, le 27 pluviôse an VIII, passa sur le *Patriote* en qualité d'enseigne de vaisseau. Fait prisonnier par les Anglais en l'an X, il ne rentra en France qu'après une assez longue captivité.

Sous l'Empire, Lacuée-Saint-Just devint successivement auditeur, puis maître des requêtes au conseil d'État, administrateur général de la marine du Portugal, et intendant général de l'armée d'Aragon sous Suchet. Retiré (16. dans son domaine de la Massas, il entra au seil général de Lot-et-Garonne en 1831, et s présenta la même année, mais sans succès, à la députation, dans le 1er collège de ce département : il échoua, le 27 mars, avec 116 voix contre 150 au député sortant, M. Dumon, et, le 5 juillet suivant, avec 52 voix contre 120 au même concurrent, réélu. M. Lacuée-Saint-Just ne réussit à se faire élire député que le 7 novembre 1833, dans le 5e collège de Lot-et-Garonne, par 175 voix sur 292 votants. Il appartint à la majorité et prononça, le 26 mars 1834, un discours assez remarqué à propos des crédits supplémentaires de l'exercice 1835. Il parla encore sur l'établissement dans chaque chef-lieu de département de caisses d'épargne et de prévoyance. Décédé le 2 avril 1834, Lacuée-Saint-Just fut remplacé à la Chambre, le 15 mai, par M. Paganel.

LADES-GOUT (Émile-Pierre-Isaac), membre du Sénat, né à Carcassonne (Aude) le 17 février 1821, habitait avant 1870 la ville de Saint-Denis où il est propriétaire. Avocat, il fit à l'Empire une assez vive opposition. En 1876, M. Lades-Gout se porta sans succès, dans l'Aude, aux élections sénatoriales du 30 janvier, qui lui donnèrent 235 voix sur 507 votants, puis aux élections législatives du 20 février : la faible minorité qu'il réunit à Castelnaudary l'obligea à se désister en faveur de M. Mir. Il fut plus heureux, le 25 janvier 1885, lors du renouvellement triennal du Sénat. Élu sénateur de l'Aude par 464 voix (760 votants), il siégea à gauche, s'associa à la plupart des votes de la majorité républicaine, et se prononça, en dernier lieu, *pour* le rétablissement du scrutin d'arrondissement (13 février 1889), *pour* le projet de loi Lisbonne restrictif de la liberté de la presse, *pour* la procédure à suivre devant le Sénat contre le général Boulanger. Conseiller général de l'Aude.

LADEVÈZE (François-Octave-Raoul Clerc de), représentant en 1849, né à Condé (Aisne) le 17 janvier 1809, propriétaire à Condé, fut élu, le 13 mai 1849, comme conservateur monarchiste, représentant de l'Aisne à l'Assemblée législative, le 8e sur 12, par 58,907 voix (112,795 votants, 160,698 inscrits). M. de Ladevèze siégea à droite et vota avec la majorité anti-républicaine : *pour* l'expédition romaine, *pour* la loi Falloux-Parieu sur l'enseignement, *pour* la loi restrictive du suffrage universel, etc. Il ne fut pas de ceux qui soutinrent la politique du coup d'État, et il rentra, après le 2 décembre 1851, dans la vie privée.

LADMIRAULT (Louis-René-Paul de), sénateur du second Empire et membre du Sénat actuel, né à Montmorillon (Vienne) le 17 février 1808, sortit de Saint-Cyr en 1831 comme sous-lieutenant au 62e de ligne, passa lieutenant au 67e, puis capitaine au régiment des zouaves en 1837; nommé aux chasseurs d'Orléans, le 24 juin 1840, il fut blessé à Mouzaïa le 30 août, cité à l'ordre du jour de l'armée et nommé commandant du 1er bataillon de chasseurs à pied en décembre 1840. En 1845, il commanda le 2e bataillon d'infanterie légère d'Afrique, puis, promu colonel des zouaves, fit, en 1847, sous les ordres du maréchal Bugeaud, l'expédition de la Grande-Kabylie, qui lui valut la cravate de commandeur de la Légion d'honneur. Général de brigade le 12 juin 1848, il commanda les subdivisions de Médéah et de Batna, dirigea des expéditions dans le Sud (1849 et 1851), et, rappelé en France, fut mis à la tête de la subdivision de Versailles (1852). Général de division (13 janvier 1853), il fut mis, en 1854, à la tête de la division dite « camp du Nord ». En 1859, il commanda la 2ᵉ division du 1ᵉʳ corps de l'armée d'Italie, se distingua au combat de Marignan et fut blessé à Solférino, où, placé à l'extrême-gauche française, il protégea contre un mouvement offensif des Autrichiens la droite italienne compromise. En récompense il fut nommé par Victor-Emmanuel grand-croix des Saints-Maurice-et-Lazare, reçut de Napoléon III la plaque de grand-officier de la Légion d'honneur, et, de sa ville natale, une épée d'honneur. Guéri de sa blessure, il commanda la 1ʳᵉ division de l'armée de Paris, puis une division de la garde impériale, et fut nommé sous-gouverneur de l'Algérie le 18 septembre 1865, et sénateur le 15 décembre 1866. Commandant du 2ᵉ corps d'armée à Lille le 2 mars 1867, puis du camp de Châlous la même année, il reçut, au moment de la rupture avec la Prusse, en juillet 1870, le commandement du 4ᵉ corps de l'armée du Rhin. Placé sous les ordres du maréchal Bazaine, il assista aux grandes batailles sous Metz, et fut fait prisonnier en vertu de la capitulation du 27 octobre. A son retour d'Allemagne, il fut mis (6 avril 1871), pendant le second siège de Paris, à la tête du 1ᵉʳ corps de l'armée de Versailles ; il força la porte de Saint-Ouen, le 22 mai 1871, et occupa le lendemain les buttes Montmartre. Le 1ᵉʳ juillet suivant, il fut nommé gouverneur de Paris, situation qu'il garda jusqu'au mois de février 1878. Après avoir échoué aux élections législatives du 2 juillet 1871 dans la Vienne, avec 12,847 voix contre 32,380 à M. le baron de Soubeyran, il fut élu sénateur de ce même département, le 30 janvier 1876, par 278 voix (378 votants), et réélu, au renouvellement triennal, le 8 janvier 1882, par 188 voix (375 votants). Il siégea au centre droit, prit part aux discussions sur les lois militaires, et, après les élections de 1879, fut porté par les gauches à la vice-présidence du Sénat. Il dut cet appui aux mesures qu'il crut devoir prendre en 1873 et 1875, alors qu'il était gouverneur de Paris, contre l'invasion du bonapartisme dans l'armée. Grand-cordon de la Légion d'honneur du 11 août 1867 et décoré de la médaille militaire en 1871, le général de Ladmirault a été conservé dans le cadre d'activité, après la limite d'âge, comme ayant commandé en chef devant l'ennemi. On a de lui : *Bases d'un projet pour le recrutement de l'armée de terre* (1871).

LADOUCETTE (Jean-Charles-François-Baron de), député de 1834 à 1848, né à Nancy (Meurthe) le 3 octobre 1772, mort à Paris le 19 mars 1848, fils d'un chirurgien-major, fit ses études à Nancy, y fut reçu licencié en droit en 1790, et prit part dans la garde nationale de Metz à la répression de la révolte des trois régiments que M. de Bouillé eut tant de peine à réduire. Déjà adonné à la littérature, M. de Ladoucette composa à cette époque un *Éloge au général Bouillé sur l'affaire de Nancy*. Envoyé à Paris par son père qui l'avait adressé à Mercier son parent, l'auteur du *Tableau de Paris*, il n'y fit qu'un court séjour, voyagea en Suisse et en Allemagne pendant la période révolutionnaire, revint en France au 18 brumaire, et entra alors dans l'administration. Conseiller municipal de Villiers-sur-Meuse en l'an IX, il fut nommé préfet des Hautes-Alpes le 23 germinal an X. Ce fut lui qui, pour conjurer la disette en faisant venir des grains du Piémont, eut l'idée de créer la route du Mont-Genèvre ; il donna 25,000 francs de sa fortune personnelle pour commencer les travaux, et, malgré l'opposition des ponts et chaussées, obtint, avec l'acquiescement du premier consul, une subvention de 150.000 francs. Cette route fut inaugurée le 22 germinal an XII, et M. de Ladoucette fut décoré le 17 messidor suivant. Il fonda ensuite la Société d'émulation des Hautes-Alpes et le musée de Gap, fit établir des maisons de refuge dans la montagne, ouvrir des canaux, endiguer les torrents, dessécher les marais et améliorer les routes. Préfet de la Roër le 31 mars 1809, chevalier de l'Empire le 3 mai, et baron le 31 décembre de la même année, il administra avec le même talent son nouveau département et ne le quitta qu'en 1814, lorsque les traités l'enlevèrent à la France. Préfet de la Moselle aux Cent-Jours (28 mars 1815), il s'efforça, à la seconde Restauration, de calmer les esprits et de prévenir le désordre, et venu à Paris, le 16 août 1815, mérita les éloges du ministre de l'Intérieur, qui lui offrit en vain la préfecture de l'Oise ou une autre récompense. Il n'accepta aucun emploi de la Restauration, et ne reparut sur la scène politique qu'après la révolution de juillet. Candidat aux élections à la Chambre des députés du 27 mars 1831, dans le 1ᵉʳ collège de la Moselle (Metz), il échoua avec 32 voix contre 46 au général de Rigny, élu, en remplacement de M. Milleret, démissionnaire ; mais il fut plus heureux aux élections du 21 juin 1834, et fut alors élu par le 5ᵉ collège de la Moselle (Briey), avec 115 voix (192 votants, 211 inscrits), contre 71 à M. Charpentier ; les mêmes électeurs lui renouvelèrent successivement son mandat : le 4 novembre 1837, par 145 voix (162 votants, 265 inscrits) ; le 2 mars 1839, par 176 voix (299 votants) ; le 9 juillet 1842, par 205 voix (254 votants, 302 inscrits), contre 45 à M. Mézières ; le 1ᵉʳ août 1846, par 207 voix (297 votants, 341 inscrits), contre 88 à M. Harmand d'Abancourt. Membre de plusieurs commissions importantes, il vota en général avec la majorité et appuya la politique ministérielle. Il mourut au lendemain de la révolution de février. M. de Ladoucette a publié un grand nombre d'ouvrages, dont les plus remarquables sont : *Philoclès* (imité de l'*Agathon* de Wieland, — 2 volumes in-8°) : *Éloge funèbre du général Vallier-Lapeyrouse* (prononcé à la séance de la Société d'émulation des Hautes-Alpes, le 15 vendémiaire an XII) ; *Archéologie de Mons-Seleucus, ville romaine* (Gap, 1806) ; *Voyage fait en 1813 et 1814 dans les pays entre la Meuse et le Rhin* (Paris, 1818) ; *Topographie, histoire, usages et dialecte des Hautes-Alpes* (Paris, 1820) ; *Nouvelles, contes, apologues et mélanges* (3 volumes in-12) ; *Fables en vers* (Paris, 1827).

LADOUCETTE (Louis-Napoléon-Laetitia-Charles, baron de), représentant en 1849, sénateur du second Empire, né à Aix-la-Chapelle (Prusse) le 11 février 1809, mort à Chaillot (Seine) le 12 décembre 1869, fils du précédent, entra à l'Ecole de cavalerie de Saumur en 1831, et servit jusqu'en 1837, comme sous-lieutenant au 5ᵉ dragons. Démissionnaire à cette époque,

M. de Ladoucette entra au conseil d'Etat comme auditeur, et parvint au poste de maître des requêtes. Après la révolution de 1848, il se présenta, le 17 septembre, dans la Moselle, comme candidat à l'Assemblée constituante, en remplacement de M. Dornès, décédé. Il échoua avec 8,304 voix contre 17,813 à l'élu, L.-N. Bonaparte, et 7,984 voix à M. Emile Bouchotte. Il fut plus heureux le 13 mai 1849, et devint représentant du même département à l'Assemblée législative, le 2e sur 9, avec 54,077 voix (76,540 votants, 115,444 inscrits). M. de Ladoucette vota avec la majorité conservatrice, puis soutint la politique particulière de l'Elysée et fut, au lendemain du coup d'Etat, appelé à faire partie de la Commission consultative. Le 26 janvier 1852, il entra au Sénat. M. de Ladoucette s'associa au rétablissement de l'Empire. Dans le courant de la session de 1854, il fit une proposition tendant à présenter à l'empereur un rapport sur la publication d'un code rural. Il ne cessa, en politique, de soutenir jusqu'à sa mort, de sa parole et de ses votes, le gouvernement impérial ; il était membre du conseil général de la Moselle. Ayant perdu sa fille unique de bonne heure, il légua par testament la plus grande partie de sa fortune aux départements de la Moselle et des Hautes-Alpes, pour être employée à des œuvres d'intérêt public.

LADOUCETTE (Eugène-Frédéric-François), député au Corps législatif de 1852 à 1870, député de 1876 à 1877, né à Paris le 15 mars 1807, mort au château de Viels-Maisons (Aisne) le 28 septembre 1887, frère aîné du précédent, entra dans l'administration sous Louis-Philippe, et y débuta, comme auditeur au conseil d'Etat, en 1831. Sous-préfet de Vouziers (1833), de Saint-Etienne (1838), il donna sa démission le 12 février 1846, pour se livrer à l'exploitation de ses propriétés. Mais le gouvernement présidentiel de L.-N. Bonaparte le rappela à la politique en le désignant comme candidat officiel au Corps législatif dans la 2e circonscription des Ardennes ; le baron de Ladoucette fut élu, le 29 février 1852, par 30,271 voix (33,450 votants, 43,276 inscrits), contre 1,697 à M. Jules de Chabrillan et 469 à M. Lavocat, ancien député. Il s'associa au rétablissement de l'Empire, appartint à la majorité dynastique, et fut réélu, avec l'appui de l'administration, pendant toute la durée du régime impérial : le 22 juin 1857, par 29,272 voix (30,074 votants, 41,590 inscrits), contre 181 au général Cavaignac ; le 1er juin 1863, par 23,996 voix (24,466 votants, 30,020 inscrits), et, le 24 mai 1869, par 23,563 voix (26,122 votants, 29,474 inscrits), contre 2,258 à M. Jules Simon. M. de Ladoucette n'aut qu'un rôle parlementaire effacé et se borna, en général, à voter selon les vœux du pouvoir, notamment *pour* la déclaration de guerre à la Prusse. Il quitta momentanément la scène politique après la révolution du 4 septembre 1870. Puis il rentra dans la lutte le 20 février 1876, et se présenta candidat « constitutionnel » dans l'arrondissement de Vouziers, qui l'envoya à la Chambre des députés par 7,353 voix (14,689 votants, 16,540 inscrits), contre 5,274 à M. Léon Robert, ancien représentant, et 1,983 à M. Gobron. Après l'élection, il réclama, dans une lettre adressée à plusieurs journaux de Paris, contre la qualification qui lui était donnée de « député bonapartiste ». Il alla siéger dans les rangs de la minorité, et fit partie du groupe de l'appel au peuple, avec lequel il vota, *pour* le gouvernement du Seize-Mai, *contre* les 363. Choisi par le ministère de

Broglie-Fourtou comme candidat officiel aux élections du 14 octobre 1877, il échoua avec 6,751 voix contre 8,029 à l'élu républicain, M. Péronne.

LADOUCETTE (Etienne-Charles, baron de), député de 1876 à 1885, fils du précédent, né à Saint-Etienne (Loire) le 23 avril 1844, entra dans la carrière administrative sous le second Empire, comme auditeur au conseil d'Etat. Il s'engagea comme volontaire pendant la guerre franco-allemande, et fut décoré; il devint ensuite membre du conseil général de Meurthe-et-Moselle pour le canton d'Audun-le-Roman (1874), fut secrétaire de cette assemblée, et fut élu, le 20 février 1876, député de l'arrondissement de Briey par 8,279 voix (14,489 votants, 17,303 inscrits), contre 6,149 à M. Deschange. Bien qu'il se fût présenté avec une profession de foi « constitutionnelle », M. de Ladoucette siégea dans le groupe de l'Appel au peuple, et, après l'acte du 16 mai 1877, vota *contre* les 363, *pour* le gouvernement. Candidat officiel aux élections qui suivirent la dissolution de la Chambre, le 14 octobre 1877, il obtint sa réélection par 7,860 voix (15,073 votants, 17,733 inscrits), contre 7,142 à M. Mézières, membre de l'Académie française, républicain modéré, et reprit sa place à droite parmi les bonapartistes. Il combattit le ministère Dufaure, et vota *contre* l'article 7, *contre* l'amnistie, *contre* l'élection de M. J. Grévy comme président de la République, *contre* les divers ministères qui se succédèrent au pouvoir. Au renouvellement du 21 août 1881, M. de Ladoucette se porta candidat dans l'ancien arrondissement de son père, dans les Ardennes, et fut élu à Vouziers par 7,237 voix (14,454 votants, 15,650 inscrits), tandis que M. Péronne, son concurrent, obtenait 7,069 suffrages. Son élection, soumise à une enquête parlementaire, fut validée au commencement de 1882. Adversaire des ministères Gambetta et Ferry, M. de Ladoucette parla sur le budget, sur la politique étrangère, sur le recrutement du personnel diplomatique et consulaire, sur les questions agricoles, sur les traités de commerce; il vota *contre* la politique intérieure et extérieure du gouvernement républicain, et *contre* les crédits de l'expédition du Tonkin, etc. Porté sur la liste monarchiste du département des Ardennes, aux élections du 4 octobre 1885, il échoua, au second tour de scrutin, avec 34,303 voix sur 76,120 votants. M. de Ladoucette, qui s'occupe avec succès d'agriculture, est vice-président du Syndicat central des agriculteurs de France.

LADOUESPE (Louis-Victor de), député de 1830 à 1831, né à Mouchamps (Vendée) le 2 juillet 1779, mort à une date inconnue, propriétaire et maire de sa ville natale, fut élu, le 23 juin 1830, député du 1er arrondissement de la Vendée (Bourbon-Vendée), par 183 voix (290 votants, 330 inscrits), contre 105 au comte de Chabot. Il prêta serment à la monarchie de Louis-Philippe, et siégea dans la majorité jusqu'en 1831.

LADOUESPE. — *Voy.* Dufougerais (baron).

LADREYT DE LACHARRIÈRE (René), député de 1815 à 1824, né à Privas (Ardèche) le 11 février 1767, mort à la Charrière (Ardèche) le 12 janvier 1845, propriétaire et lieutenant de louveterie dans l'Ardèche, fut élu comme royaliste, le 22 août 1815, député de ce département, au grand collège, par 101 voix (178 votants, 267 inscrits). Il siégea dans la majorité de la

Chambre introuvable, et fut réélu, le 25 septembre 1816, par 79 voix (157 votants, 240 inscrits); il reprit sa place au côté droit avec lequel il vota en toute circonstance. Dans la session de 1818-19, il proposa et développa divers amendements intéressant les manufactures et le commerce. Il obtint encore sa réélection, le 1er octobre 1821, dans le 1er arrondissement de l'Ardèche (Privas), avec 79 voix (138 votants, 199 inscrits), contre 53 à M. Dubois, maire de Privas, continua d'opiner avec la droite, notamment pour les lois d'exception, soutint le ministère Villèle, et ne fut pas réélu en 1824.

LAFABRIE. — *Voy.* LASILVESTRIE (DE).

LAFARELLE (FRANÇOIS-FÉLIX DE), député de 1842 à 1848, né à Anduze (Gard) le 7 mai 1800, mort à Nîmes (Gard) le 18 février 1872, d'une ancienne famille protestante de Nîmes, entra dans la magistrature sous la Restauration, mais donna sa démission pour cause de santé. Il obtint un prix Montyon à l'Académie française, en 1840, avec son ouvrage : *Du progrès social au profit des classes populaires non indigentes*, et devint, peu après, membre correspondant de l'Académie des sciences morales et politiques. Propriétaire influent à Anduze, il fut élu député, le 9 juillet 1842, dans le 3e collège du Gard (Alais) par 200 voix (330 votants, 445 inscrits), contre 162 au général Meyradier, et réélu, le 1er août 1846, par 289 voix (443 votants, 484 inscrits), contre 149 à M. Dumas Il siégea à droite, appuya les différents ministères, et prit part aux discussions sur l'établissement d'une école des arts et métiers à Aix, sur les crédits extraordinaires réclamés pour l'Algérie, sur le travail des enfants dans les manufactures, sur le régime pénitentiaire, sur les chemins de fer et les caisses d'épargne. De concert avec M. d'Angeville, il présenta et fit adopter, le 12 avril 1847, un projet de loi sur les irrigations. La révolution de 1848 mit fin à sa carrière politique. On a de lui : *Du progrès social au profit des classes populaires non indigentes* (1839); *Histoire des institutions municipales de Nîmes* (1842); *Plan d'une réorganisation disciplinaire des classes industrielles de France* (1842), etc. M. de Lafarelle a collaboré également à la *Revue des Economistes*.

LAFARGUE (JEAN-BAPTISTE), député en 1789 et au Conseil des Cinq-Cents, dates de naissance et de mort inconnues, était négociant en toiles à Bordeaux, et fut nommé, vers 1779, quatrième consul de cette ville. Le 10 avril 1789, la sénéchaussée de Bordeaux l'élut député du tiers aux Etats-Généraux; il ne se fit pas remarquer dans cette assemblée, et fut élu, en 1791, administrateur du département de la Gironde. Le 27 germinal an VI, le département de la Gironde l'envoya siéger au Conseil des Cinq-Cents par 270 voix sur 305 votants. Le 14 frimaire an VII, il fit un discours sur les inhumations, et, le 29, combattit un projet de répression du vagabondage présenté par Bertrand (du Calvados). Il rentra ensuite dans la vie privée.

LAFAURIE (LAURENT), COMTE DE MONTBADON, membre du Sénat conservateur et pair de France, né à Bordeaux (Gironde) le 3 août 1757, mort à Bordeaux le 29 décembre 1811, fils de Christophe de Lafaurie de Montbadon, écuyer, comte de Montcassin, et de demoiselle J.-A. de Lalande, suivit la carrière des armes. Sous-lieutenant au régiment Dauphin-cavalerie (1772),

capitaine au régiment de Royal-Piémont-cavalerie (1777), mestre-de-camp en second dans Auvergne-infanterie (1er janvier 1784), colonel de ce régiment (1788), il fut, en 1789, membre des assemblées de la noblesse de Bordeaux et d'Albret. Nommé conseiller général de la Gironde (1er thermidor an VIII à 1807), il fit la plus grande partie des campagnes de la Révolution et de l'Empire, fut nommé maire de Bordeaux le 14 septembre 1805, décoré le 28 avril 1806, élu candidat au Sénat par le collège de la Gironde (novembre 1807), créé chevalier de l'Empire le 22 novembre 1808 et baron le 25 mars 1809. Comme maire de Bordeaux, il administra avec zèle, fit fermer les maisons de jeu, et, avec le concours de l'archevêque, établit six écoles gratuites sous la direction des Frères des Ecoles chrétiennes. Gouverneur du palais impérial à Bordeaux en 1808, il fut nommé membre du Sénat conservateur le 6 mars 1809, avec majorat (28 octobre 1811), colonel d'infanterie en 1811, pair de France le 4 juin 1814, chevalier de Saint-Louis (30 août). Promu maréchal-de-camp le 10 mars 1815, il se tint à l'écart pendant les Cent-Jours, et reprit, à la seconde Restauration, son siège à la Chambre des pairs, où il vota pour la mort dans le procès du maréchal Ney. Il siégea de nouveau, de 1818 à 1829 et de 1831 à 1833, au conseil général de la Gironde, qu'il présida de 1818 à 1827 ; il présida aussi, en 1829, le collège électoral du département, et contribua par son influence à la construction du beau pont de Saint-André-de-Cubzac (1832). Commandeur de la Légion d'honneur (1821), grand-officier (1824).

LAFAYE DES RABIERS (FRANÇOIS), député en 1791, né à Chatignac (Charente) le 15 février 1752, mort à une date inconnue, procureur-syndic du district de Barbezieux, fut élu, le 3 septembre 1791, député de la Charente à l'Assemblée législative, le 2e sur 9, par 229 voix (393 votants). Il ne siégea que jusqu'au 26 juillet 1792, donna sa démission à cette date, et devint plus tard (11 prairial an VIII) juge au tribunal civil de Barbezieux.

LA FAYETTE (MARIE-JOSEPH-PAUL-ROCH-YVES-GILBERT DU MOTIER, MARQUIS DE), député à l'Assemblée constituante de 1789, représentant aux Cent-Jours, député de 1818 à 1824 et de 1824 à 1834, né au château de Saint-Roch de Chavagnac (Haute-Loire) le 6 septembre 1757, mort à Paris le 19 mai 1834, était issu d'une ancienne famille de l'Auvergne, dont plusieurs membres s'étaient illustrés. Un Gilbert du Motier de La Fayette avait gagné en 1421 contre les Anglais la bataille de Beaugé ; Louise de Motier de La Fayette (1616-1655), qui termina sa vie au couvent de la Visitation, s'était fait aimer du roi Louis XIII ; le père de La Fayette était colonel aux grenadiers de France : il mourut emporté par un boulet de canon avant la naissance de son fils. De bonne heure, le jeune marquis de La Fayette montra des dispositions aventureuses et un goût décidé pour la liberté. « L'idée de la liberté, écrit un biographe, était innée en lui. Cette passion s'était formée dans son âme dès l'enfance. » Orphelin à treize ans, on le maria, trois ans plus tard (11 avril 1774), à Mlle Marie-Adrienne-Françoise de Noailles, fille du duc d'Ayen, le 2 novembre 1759 ; mais loin de profiter des avantages que cette alliance lui donnait à la cour, il résolut de servir ailleurs que dans les antichambres. Capitaine au régiment de Noailles qui tenait alors garnison à Metz, il y apprit (1776) la déclaration d'indépendance de l'Amérique, s'enflamma au récit des événements, et se décida brusquement à quitter la France pour voler au secours des Américains. Ce beau projet fit scandale, et il fut question d'enfermer La Fayette à la Bastille ; mais il dérouta les Noailles et M. de Maurepas, partit déguisé en courrier, joignit un bâtiment qu'il avait frété lui-même et auquel on fit en vain donner la chasse, quitta, le 26 avril 1777, le port du Passage, échappa aux croiseurs anglais, et aborda la même année à Georges-Town. Le jeune officier français ne voulut recevoir au début ni émoluments ni grades ; mais le Congrès exigea qu'il fût revêtu du grade de major général dans l'armée des Etats-Unis. Washington s'étant porté sur Philadelphie, le général Howe, qui commandait l'armée anglaise, livra bataille et s'empara de la ville. La Fayette fut blessé à la jambe. « Loin de son pays, livré aux chirurgiens, attaché à une cause qui semblait alors perdue, le jeune marquis ne fut jamais de plus aimable humeur. Il plaisantait sur sa situation, sur sa fortune, et écrivait à sa jeune femme, qu'il nommait *son cher cœur*, que, si un homme se faisait blesser pour se divertir, il voudrait l'être comme lui. Washington l'avait fait porter dans sa tente. Son affectueuse et grave amitié planait sur ce jeune homme avec une sollicitude qui lui gagnait le cœur du jeune Français. Entre ces deux hommes si différents, il s'était formé un de ces liens qui s'expliquent à la fois par les contrastes de caractère, par une estime réciproque et par une foi commune dans certains principes. » La Fayette dut, pour guérir sa blessure, passer quelque temps dans une colonie de frères moraves. A peine remis, il reprit sa vie de dangers et de privations. En même temps il écrivait fréquemment à M. de Maurepas et sollicitait avec ardeur le gouvernement français de reconnaître la déclaration d'indépendance des Etats-Unis. L'opinion publique aidant, le gouvernement céda. Le comte d'Estaing fut envoyé avec une flotte française. Plus que jamais La Fayette se trouva mêlé à de nombreux et brillants faits d'armes, où il fit preuve de bravoure, de sang-froid et de présence d'esprit. Comblé de félicitations par le Congrès, qui lui fit présenter par le petit-fils de Franklin une épée d'honneur sur laquelle était gravé La Fayette couronné par l'Amérique et blessant le léopard britannique, l'officier fugitif revint en France. Le bruit de ses triomphes l'y avait précédé. La cour et la ville se le disputèrent, et le roi lui fit cadeau d'un régiment, le Royal-dragons. La Fayette en profita pour obtenir de nombreux secours en faveur de l'Amérique, et activa les armements du petit corps de six mille hommes qui devait partir sous les ordres de Rochambeau. Lorsqu'il retourna aux Etats-Unis, l'enthousiasme des Américains fut au comble. On sait quels incidents marquèrent la campagne de 1780 : l'espion André jugé et pendu, la trahison du général Arnold découverte. Le traître échappa, mais la position de West-Point, qui devait livrer La Fayette et Washington à l'ennemi, fut sauvée. La Fayette partit alors pour la Virginie, à la tête d'un petit corps d'armée, poursuivi par lord Cornwallis, qui avait à sa disposition des troupes supérieures. Ce dernier tenait la navigation des fleuves, et, dans sa morgue, le Petit Garçon (*The Boy*), comme il désignait M. de La Fayette, ne pouvait lui échapper. Mais celui-ci, par d'adroites évolutions, attira lord Cornwallis dans York-Town, où il l'accula,

avec l'aide du marquis de Saint-Simon, qui amenait trois mille hommes, tandis que le comte de Grasse fermait avec sa flotte la retraite par la mer. Washington pendant ce temps arrivait à grandes marches, suivi du comte de Rochambeau. Aussitôt la jonction des divers corps accomplie, l'assaut fut livré, le 1er octobre 1781. La Fayette le dirigeait en personne. Il chargea à la française, la baïonnette en avant, enleva une redoute et s'élança le premier au milieu des canons. Le 17, lord Cornwallis capitula. Celui que les Américains nommaient le *Vieux Renard* tomba aux mains du *Petit Garçon*. La joie du peuple américain fut proportionnée à un aussi important succès, et le nom de La Fayette devint, après celui de Washington, le plus populaire de l'Union. Une frégate américaine l'ayant ramené en France, le roi le nomma mestre-de-camp. Mêlé par le gouvernement français aux projets d'expédition que les cabinets de Versailles et de Madrid méditaient à la Jamaïque et au Canada, contre l'Angleterre, il exerça une influence très active en faveur des Etats-Unis. Effrayée, l'Angleterre consentit à déposer les armes, le 20 janvier 1783 ; l'indépendance fut consacrée par un traité définitif, et la paix générale en fut la conséquence. Les Etats-Unis donnèrent le nom de La Fayette à deux comtés et à un grand nombre de forts. Lui, de son côté, avait baptisé son premier-né du nom de Washington, et sa fille du nom de Virginie. Dans sa patrie, il avait gagné tous les cœurs par ses mœurs simples et par cette franchise américaine que rehaussait le vernis d'une politesse toute française. Il retourna encore en Amérique en avril 1784 : « J'y suis depuis longtemps attendu par mes amis, écrivait-il ; et, quoique la révolution soit achevée, les 13 Etats ont encore à travailler sur leur Constitution définitive. Quelques personnes m'engagent à être témoin de leurs travaux à cet égard, et, quand je me rends à leur amitié en les allant trouver, je voudrais avoir une partie des talents qui pourraient servir l'Amérique et y consolider encore le temple de la liberté. » Sa vie n'eut rien de particulièrement remarquable jusqu'aux préludes de la Révolution : il revint en Europe, voyagea, s'intéressa au sort des nègres, s'occupa également de la condition des protestants, et appelé, en 1787, à la première assemblée des notables, s'y prononça, dans le bureau que présidait le comte d'Artois, pour la suppression des lettres de cachet et des prisons d'Etat; il obtint aussi un arrêté en faveur des protestants, privés, depuis la révocation de l'édit de Nantes, de la jouissance des droits civils ; enfin il fit la *motion* expresse (et ce mot nouveau, qui exprimait une chose nouvelle, fut alors prononcé pour la première fois) de la convocation de la nation représentée par ses mandataires. Le comte d'Artois se méprit ou feignit de se méprendre. — « Vous voulez, s'écria-t-il, des Etats-Généraux? — Oui, répondit M. de La Fayette, et peut-être quelque chose de plus. » La noblesse de Bretagne le chargea de ses réclamations contre les entreprises du pouvoir. — « J'y adhère, répondit-il, ainsi qu'à toute opposition aux actes arbitraires présents et futurs qui attenteraient ou pourraient attenter aux droits de la nation en général et à ceux de la Bretagne en particulier. » La seconde assemblée des notables n'ayant marqué son existence que par son opposition au vœu général, la nécessité amena enfin la convocation des Etats-Généraux. L'heure de la Révolution était venue. Le 25 mars 1789, La Fayette fut élu député de la noblesse par la sénéchaussée de Riom, avec 198 voix. Dès le début, il se plaça au premier plan. Après avoir voté la vérification commune des pouvoirs, il prit pour la première fois la parole, le 8 juillet 1789, pour appuyer la célèbre motion de Mirabeau, demandant l'éloignement des troupes. Cet acte fut bientôt suivi d'un autre plus important : la *Déclaration des droits de l'homme et de l'homme vivant en société*, lue par M. de La Fayette à l'Assemblée nationale, le 11 juillet, fut adoptée avec enthousiasme et servit de base à la rédaction des généralités de la Constitution. Nommé à la vice-présidence de l'Assemblée nationale, il usa de l'influence que lui donnait cette position pour faire décréter la responsabilité des ministres. En dépit des progrès de la Révolution, il se flattait, ainsi que tous les hommes du parti constitutionnel, de la diriger à l'aide du mécanisme représentatif. Mais les vieilles institutions s'écroulaient avec une incroyable rapidité. La Fayette qui avait occupé le fauteuil pendant les nuits des 13 et 14 juillet, se rendit à Paris le 15 (le lendemain de la prise de la Bastille) à la tête d'une députation de 60 membres de l'Assemblée. Le roi avait renvoyé ses troupes, le peuple armé circulait dans la ville; l'instinct militaire du Français eut vite donné à cette foule de soldats improvisés le secret de leur force et la nécessité de la réaliser par une sorte de discipline. Un comité d'électeurs réuni à l'hôtel de ville organisa en quatre heures la garde nationale, et ce fut cette nouvelle garde qui reçut La Fayette et ses vingt-trois collègues de la députation. Elle fit plus; elle le nomma commandant général de la milice parisienne : les gardes nationaux furent appelés alors « les bleuets de La Fayette ». « Jamais homme, écrit le biographe cité plus haut, ne représenta mieux, il faut le dire, l'esprit de la garde nationale, son besoin d'ordre et son goût d'opposition, son trouble dans les principes, ses idées contradictoires, ses entraînements d'amour-propre, ses instincts d'anarchie honnête et modérée. » Le commandant général débuta dans ses fonctions par l'ordre de démolir la Bastille; dès le 16, cet ordre fut expédié, et on l'exécuta avec transport. Joignant ensuite la couleur du lis royal aux couleurs rouge et bleue de la commune, il présenta aux électeurs la cocarde tricolore en disant cette parole si connue : « Elle fera le tour du monde ! » Mais dès que la Révolution dépassa le programme pacifique de ses débuts, La Fayette prit peur; n'ayant pu sauver Foulon et Berthier poursuivis par le ressentiment populaire, il déclara qu'il donnait sa démission (23 juillet), et ne la reprit que sur les vives instances des électeurs. Puis vint le mouvement du 5 octobre. La Fayette marcha sur Versailles à la tête de la garde nationale. Le peuple s'était ébranlé au cri : « Du pain ! » la lutte entre les gardes du corps et cette foule allait s'engager, quand survint M. de La Fayette. Deux gardes du corps avaient déjà perdu la vie. L'arrivée du commandant de la garde nationale arrêta l'effusion du sang; il pénétra dans le château, rassura la famille royale et engagea la reine à paraître au balcon de la cour de marbre. Marie-Antoinette, à la vue du peuple, s'était rejetée en arrière; La Fayette, qui la suivait des yeux, s'élança près d'elle, lui prit la main en souriant et la porta à ses lèvres; la foule applaudit. Puis, escorté de son état-major, il ramena la famille royale à Paris, où vint s'établir aussi l'Assemblée constituante. Il refusa alors les titres de connétable, de directeur, de lieutenant-général du royaume. Quand les fédérés vinrent à Paris, ils pensèrent à le choisir comme commandant général des gardes nationales de France. Il déclina cette sorte de royauté élective en faisant décréter que nul chef ne pourrait étendre son commandement au delà d'un département. Il prêta seulement le serment des gardes nationales sur l'autel de la patrie. « En examinant les actes et les idées de cet homme si bon, si loyal, si sincère, si français, en un mot, on est pourtant obligé de remarquer le peu de logique de sa destinée. Il est clair qu'il obéissait à de simples élans, et qu'il ne savait pas juste où il allait. Il réclamait le jury anglais, les droits civils des gens de couleur, l'abolition de l'hérédité des titres de noblesse, la suppression des ordres, l'égalité devant la loi. Le lendemain, il fondait le club réactionnaire des Feuillants. Un jour il protégeait Louis XVI et sa famille; telle autre fois il déclarait que « l'insurrection est le plus sacré des devoirs lorsque l'oppression rendait une révolution nécessaire », et il chassait des Tuileries ceux des défenseurs de la monarchie que l'ironie populaire avait décorés du surnom de *Chevaliers du poignard*. » Quoi qu'il en soit, la puissance de La Fayette était alors supérieure à celle du roi lui-même, devenu son prisonnier. D'autre part, il répondait du roi sur sa tête, et quand la famille royale s'enfuit à Varennes, il eut besoin de toute sa popularité pour que cette évasion ne lui coûtât pas la vie. A dater du retour de Varennes, la situation de La Fayette auprès du roi et de la reine devint plus délicate que jamais. La nation regardait le roi comme ayant abdiqué et ne voyait plus en lui qu'un otage contre la coalition, et le chef des gardes nationales, chargé de le garder à vue, s'efforçait vainement, par tout ce que peut inspirer la courtoisie d'un gentilhomme, de tempérer la rigueur de son mandat.

Cependant l'idée de la déchéance devenait populaire. L'Assemblée se contenta de suspendre le pouvoir royal dans les mains de Louis XVI, se réservant de le lui rendre quand il aurait *accepté* la Constitution. Mais le peuple, redoutant d'instinct ces fictions ambiguës, se porta en masse au Champ-de-Mars, afin de signer, sur l'autel de la fédération, une pétition dans laquelle il demandait à l'Assemblée de suspendre toute décision à l'égard du roi, jusqu'à ce que les départements se fussent prononcés. Cette fois La Fayette, sur l'ordre de l'Assemblée, réprima « l'émeute ». Après les sommations d'usage, il chargea la foule; le sang coula, la loi martiale fut proclamée, et La Fayette se trouva désigné aux rancunes révolutionnaires. La Constituante ayant achevé sa session peu de temps après ces événements, le 17 septembre 1791, le roi accepta la Constitution; La Fayette proposa une amnistie générale, conforme au vœu du roi, puis il se démit de son commandement le 8 octobre et se retira dans ses terres. Sa lettre d'adieu à la garde nationale comme son discours à la commune reproduisaient le thème ordinaire de ses principes libéraux. La commune lui fit présent d'une statue en marbre de Washington et fit frapper une médaille en son honneur, et la garde nationale lui offrit une épée forgée d'un verrou de la Bastille. Son voyage de Paris à Chavagnac ne fut qu'une longue suite d'ovations officielles.

Il se reposait depuis peu dans son pays natal, lorsque le ministère le chargea de commander une des trois armées qui devaient repousser les efforts de la première coalition. Quand le ministre Narbonne prononça le nom de La

Fayette à l'Assemblée, ce nom fut salué de trois salves d'applaudissements. La Fayette traversa Paris sur son cheval blanc, entre deux haies de gardes nationaux, aux acclamations du peuple, bruit dont il se grisa toute sa vie. Il arriva à la barre de l'Assemblée. M. de Vaublanc présidait : « La France, dit-il au général, opposera à ses ennemis la Constitution et La Fayette. » A l'armée du Centre, qu'il commandait, le général déploya beaucoup de vigueur et d'activité. Il rétablit la discipline, organisa les tirailleurs et l'artillerie légère, et battit l'ennemi à Maubeuge, à Philippeville, à Florennes. Mais le cours de ses succès fut bientôt interrompu. Les Girondins avaient remplacé les Feuillants au pouvoir depuis le 20 avril 1792; Dumouriez avait fait prévaloir sur le système de guerre défensive, suivi jusque-là, un nouveau plan qui consistait dans une rapide invasion de la Belgique. La Fayette reçut, ainsi que ses collègues Luckner et Rochambeau, des ordres en conséquence, mais le mouvement échoua. Dumouriez se plaignit, et accusa les trois généraux; les clubs, et en particulier celui des Jacobins, tonnèrent contre La Fayette, qui écrivit de son camp, le 16 juin, à l'Assemblée une lettre violente contre cette société, lui reprochant de violer la Déclaration des droits et même de pactiser avec la contre-révolution. Mais les Jacobins étaient tout-puissants : on feignit de considérer sa lettre comme l'œuvre d'un faussaire, et on en renvoya l'examen à une commission chargée de venger M. de La Fayette du lâche qui avait écrit en son nom. L'affaire du 20 juin (envahissement des Tuileries) ayant suivi de près l'envoi de la lettre, La Fayette accourut à Paris, se rendit à l'Assemblée, protesta contre ce qui venait de se passer, et déclara, aux applaudissements du côté droit, que la lettre était de lui. Guadet, au nom de la gauche, incrimina avec vivacité la conduite du général, et demanda si les ennemis étaient vaincus, la patrie délivrée. « Non ! ajouta-t-il ; la patrie n'est pas délivrée ! Notre situation n'a pas changé, et cependant le général d'une de nos armées est à Paris ! » Le président Girardin se borna à convier M. de La Fayette aux honneurs de la séance, hommage platonique qui ne satisfaisait personne. Il ne restait plus au général d'autre appui que celui de la garde nationale; encore l'esprit nouveau l'avait-il envahie. Il voulut pourtant essayer de la tourner contre les Jacobins dans une revue qui devait avoir lieu le lendemain. Louis XVI, qui n'aimait pas La Fayette et n'avait nulle confiance dans ses ressources, fit, la nuit, donner des ordres pour ajourner la revue. Abandonné de tous, le général écrivit une nouvelle lettre à l'Assemblée et repartit pour l'armée, tandis que le peuple le brûlait en effigie. Les clubs demandèrent son arrestation, que l'Assemblée repoussa cependant, le 8 août 1792, par 406 voix contre 224; mais le *fayettisme* devint aux yeux des révolutionnaires un crime capital. Lui, qui croyait toujours à la Constitution, apprit bientôt avec stupeur l'abolition de la monarchie et la proclamation de la République. Bien qu'il se fût avoué naguère républicain à la cour, et qu'il eût porté un baudrier orné d'un arbre de la liberté et de sceptres et de couronnes brisés, il ne songea pas même à dissimuler son exaspération. Les directoires de quelques départements avaient adhéré à sa lettre du 16 juin; il eut l'idée de former de ces départements une sorte de congrès; mais cette tentative de fédéralisme avorta : le département des Ardennes, où se trouvait la plus grande partie de son armée, fut le seul qui s'y montra favorable. La Fayette, de concert avec la municipalité de Sedan, avait fait arrêter les commissaires de la Convention, chargés de recevoir son serment, et les avait enfermés dans la citadelle de Sedan. Il ne tarda pas à apprendre qu'il était destitué, décrété d'accusation, et que de nouveaux commissaires étaient envoyés par l'Assemblée pour s'assurer de sa personne. Il résolut alors de quitter un commandement devenu impossible et de passer dans un pays neutre, pour gagner de là l'Amérique. Mais son patriotisme, plus fort encore que son mécontentement, lui fit prendre toutes les dispositions capables d'empêcher Clerfayt de profiter de son absence pour attaquer l'armée française. Il s'éloigna, suivi d'une partie de son état-major et accompagné de ses trois collègues de l'Assemblée, Bureaux de Puzy, Alexandre Lameth et Latour-Maubourg. Enveloppés par l'armée autrichienne, ils demandèrent qu'on leur livrât passage, déclarant qu'ils étaient des officiers constitutionnels qui fuyaient leur patrie. On garda La Fayette et les principaux d'entre eux, et on les interna à la prison d'Etat de Wezel. A Namur, le marquis de Chasteler, qui commandait la place, essaya de sonder La Fayette, et fut mal reçu. A Nivelle, on voulut le tuer; on le croyait muni du trésor de l'armée, et un major, envoyé par le duc de Saxe, vint pour s'en emparer. — « A ma place vous auriez donc volé la caisse? » dit M. de La Fayette. Il fut fouillé, ainsi que ses compagnons, et, d'après les instructions du roi de Prusse, assez maltraité. On le jeta sur une charrette, et, après l'avoir voituré jusqu'à Magdebourg, on l'incarcéra successivement dans les cachots de Glatz, de Neiss et d'Olmütz. A peine nourri, privé d'air, de vêtements, de livres, il tomba dans un état de langueur qui fit craindre pour sa vie; on ne l'en retint pas moins en captivité. Du fond de son cachot, il écrivait à sa femme et à ses amis à l'aide d'un cure-dents trempé dans de la suie délayée, et conservait dans ces rigoureuses extrémités la gaieté railleuse du soldat français. A la suite d'une tentative infructueuse d'évasion, sa prison devint plus dure encore : ce fut alors que Mme de La Fayette vint avec ses filles pour partager la captivité de son mari. Vainement le gouvernement des Etats-Unis intervint à plusieurs reprises, vainement des membres du parlement anglais, Fitz-Patrick, Fox, élevèrent généreusement la voix; il fallut que le Directoire donnât, le 14 thermidor an V, au général Bonaparte, des instructions formelles pour réclamer la mise en liberté des « prisonniers d'Olmütz ». Ils ne furent relâchés que le 19 septembre 1797; on les remit, à Hambourg, au ministre des Etats-Unis. La Fayette, ne voulant pas adhérer aux actes du 18 fructidor, ne rentra point en France, passa en Hollande et se retira à Utrecht. Mais son inaction lui pesa vite. Au lendemain du coup d'Etat de brumaire, il prit tout à coup la détermination de se rendre à Paris, sans autorisation préalable des consuls, et malgré la proscription, qui subsistait toujours. La Fayette espérait peut-être une nouvelle carrière politique; mais son retour fit peu de bruit, et il dut se contenter d'obtenir pour son fils un grade dans l'armée, et pour lui le titre de membre du conseil général du département de la Haute-Loire, avec le maximum de la pension de retraite de son grade. Il fit d'ailleurs à Bonaparte une opposition discrète, refusa, a-t-on dit, un siège au Sénat, et vota contre le consulat à vie, en voilant d'ailleurs les regrets du vieux libéral de 89 sous les paroles les plus flatteuses pour Napoléon : « Le 18 brumaire, lui écrivait-il, a sauvé la France, et je me sentis rappelé par les professions libérales auxquelles vous avez attaché votre honneur. On vit depuis, dans le pouvoir consulaire, cette dictature réparatrice qui, sous les auspices de votre génie, a fait de si grandes choses, moins grandes cependant que ne le sera la restauration de la liberté. Il est impossible que vous, général, le premier dans cet ordre d'hommes qui, pour se comparer et se placer, embrassent tous les siècles, veuilliez qu'une telle révolution, tant de victoires et de sang, de douleurs et de prodiges, n'aient, pour le monde et pour vous, d'autres résultats qu'un régime arbitraire. » Après avoir écrit cette lettre, il demanda sa retraite qui lui fut accordée, et se renferma dans l'opposition du silence, « le maximum de la déférence, » ainsi qu'il le disait lui-même. La Fayette passa ainsi le temps de l'Empire, soit à Chavagnac, soit à sa terre de Lagrange, en Brie. En 1814, il se présenta devant Louis XVIII et devant le comte. d'Artois, qui lui firent bon accueil ; mais, à la nouvelle du débarquement de Napoléon, il se rapprocha de l'empereur, et lui fit offrir par Joseph sa coopération en vue du salut de la patrie. Elu, le 10 mai 1815, par le collège de département de Seine-et-Marne, avec 56 voix sur 79 votants, représentant à la Chambre des Cent-Jours, La Fayette devint vice-président de cette assemblée et prit une part active aux actes et aux déclarations des représentants libéraux. Le 21 juin, quand fut connu le désastre de Waterloo, il prononça un discours pour faire proclamer que « la Chambre était en permanence, que toute tentative pour la dissoudre était un crime de haute trahison, et que quiconque s'en rendrait coupable serait regardé comme traître à la patrie et sur-le-champ jugé comme tel ; enfin que les ministres seraient invités à se rendre dans l'Assemblée pour s'entendre avec elle sur toutes les mesures que la circonstance exigeait. » Napoléon, dont ces résolutions entravaient l'initiative, envoya à ses ministres son frère Lucien pour conjurer l'orage. Celui-ci, dans son discours, ayant accusé la France de légèreté envers ses souverains, La Fayette accentua le ton de son opposition : « De quel droit, s'écria-t-il, l'accuse-t-on d'avoir manqué de persévérance envers l'empereur Napoléon ? C'est pour l'avoir suivi que nous regrettons le sang de trois millions de Français. » Dans un grand conseil tenu aux Tuileries, il présenta une motion pour demander à l'empereur d'abdiquer. Cette motion n'ayant pas été adoptée, il lui fit dire le lendemain que si l'on n'avait pas l'abdication, il proposerait la déchéance : Napoléon abdiqua en faveur de son fils.

Dans ces diverses phases de notre histoire, l'action de La Fayette n'avait pas eu un but bien précis ; il resta sous la seconde Restauration ce qu'il venait d'être, une influence plutôt qu'une direction, un nom, un souvenir, un symbole, plutôt qu'une individualité puissante. A la suite de l'abdication, les meneurs l'écartèrent du gouvernement provisoire en l'envoyant auprès des puissances alliées en qualité de commissaire. La capitulation de Paris et la retraite de l'armée de la Loire eurent lieu en son absence. Une première tentative infructueuse du parti libéral pour le porter à la Chambre des députés fut faite, en 1817, dans Seine-et-Marne ; mais l'année suivante (26 octobre), le collège de département de la Sarthe l'élut, par

569 voix (1,055 votants, 1,603 inscrits). « Le département de la Sarthe, écrivait-il le 19 novembre 1818, a mis, à me nommer député, une persévérance que j'appellerai patriotique, attendu que je n'ai jamais eu de rapports personnels avec ce pays-là, si ce n'est que qui, depuis trente ans, me sont communs avec les amis de la liberté. » Le général prit place dans l'opposition de gauche, vota, pendant la session de 1819, contre les deux lois d'exception, et, avec les 95, contre le nouveau système électoral, et prit plusieurs fois la parole. Il présenta, sans succès, un projet de loi sur l'organisation générale de la garde nationale, défendit le droit de pétition, s'éleva contre les mesures suspensives de la liberté individuelle, et conclut en ces termes : « Messieurs, il y a trente-trois ans qu'à l'assemblée des notables, en 1787, j'ai le premier demandé l'abolition des lettres de cachet ; je vote aujourd'hui contre leur rétablissement. » Divers orateurs de la droite, entre autres La Bourdonnaye, ayant parlé avec mépris du drapeau tricolore, il rappela que ces couleurs nationales avaient été portées par Louis XVI, et que le roi actuel s'était fait honneur d'en être décoré. Il parla encore sur le rappel des bannis, le budget de la guerre, les affaires étrangères (4 mai 1821), etc. C'était surtout dans les questions relatives aux révolutions de France et d'Amérique qu'il aimait à intervenir, et on ne peut nier qu'il n'y ait puisé plus d'une fois de nobles et brillantes inspirations. En 1821, il ne cacha pas ses sympathies pour les révolutions d'Espagne, de Portugal, de Naples et de Piémont ; la même année, il s'affilia à la charbonnerie française.

Lié intimement avec le général, Bazard, un des chefs de cette Société, demanda un jour à ses amis de confier à La Fayette le secret de leurs efforts. Ils approuvèrent cette idée, à la condition que La Fayette entrerait dans la charbonnerie. La Fayette, averti, n'hésita pas ; il entra dans la « haute vente », et, parmi ses collègues de la Chambre, les plus hardis le suivirent. La présence effective de ces hauts personnages dans la haute vente fut utile à la charbonnerie, surtout par les rapports qu'ils entretenaient avec les provinces. La charbonnerie fut organisée partout comme elle l'était dans la capitale. L'entraînement fut général, irrésistible. Les choses en vinrent au point que, dans les derniers jours de l'année 1821, tout était prêt pour un soulèvement. Un comité supérieur fut créé, qui avait la mission spéciale de tout préparer pour le combat, sauf l'assentiment de la vente suprême. Trente-six jeunes gens reçurent l'ordre de partir pour Belfort, où devait être donné le signal de l'insurrection. Fidèles à l'esprit de la charbonnerie, les membres de la « vente suprême » ne songeaient à imposer à la France aucune forme particulière de gouvernement. La dynastie des Bourbons elle-même n'était pas proscrite dans leur pensée d'une manière absolue. Mais, en tout état de cause, il fallait se munir à l'avance d'un gouvernement provisoire. On adopta les bases de la Constitution de l'an III, et les cinq directeurs désignés furent MM. de La Fayette, Corcelles père, Kœchlin, Voyer-d'Argenson, Dupont (de l'Eure). De tous les hommes influents dont on attendait la présence sur le théâtre de l'insurrection, un seul se mit en route, le général La Fayette. Un devoir de famille l'ayant retenu quelques heures dans sa maison de campagne de Lagrange, la chaise de poste qui transportait le général et son fils fut rencontrée, le 1er janvier 1822, à quelques lieues de Belfort, par une voiture où se trouvaient MM. de Corcelles fils et Bazard. « Eh bien! quelles nouvelles? — Tout est fini, général, tout est perdu. » En effet, le complot, découvert, avait avorté. La Fayette, désespéré, changea de route. On n'osa pas le poursuivre. Son mandat législatif n'ayant pas été renouvelé aux élections de 1824, il profita de ce repos forcé pour visiter encore une fois l'Amérique : ce dernier voyage dura quatorze mois. Il se rendit sur la tombe de Washington et parcourut les vingt-quatre États de l'Union. Le Congrès lui fit présent d'un million et d'une vaste concession de terrains. Les marchands ne voulaient rien recevoir de lui, « les dépenses de M. de La Fayette et de sa famille étant, disaient-ils, payées depuis quarante ans. » Les usines suspendaient leurs travaux sur son passage. A l'heure du départ, les corps constitués prirent congé de lui, et le gouvernement lui offrit la frégate la *Brandywine* pour le ramener en France. Ce voyage ayant comme rajeuni sa popularité, l'arrondissement de Meaux le renomma député, le 21 juin 1827, par 194 voix (328 votants, 349 inscrits), en remplacement de M. Pinteville de Cernon, décédé, et lui confirma cette élection, le 17 novembre suivant, par 197 voix (330 votants, 350 inscrits), contre 119 à M. Trouchon. La Fayette, qui avait trouvé, en revenant en France, un nouveau monarque sur le trône, suivit la même ligne politique que précédemment, et entreprit, vers la fin de 1829, en Auvergne et en Dauphiné, une tournée qui donna lieu à de vives manifestations de l'esprit public contre le cabinet Polignac. Le premier bruit des événements de juillet 1830 parvint à La Fayette dans sa terre de Lagrange. Il avait obtenu sa réélection le 12, par 264 voix (344 votants, 387 inscrits), contre 72 à M. Lhoste. Le 27, il accourut se joindre aux députés ses collègues; il déclara, le 28, à la réunion de midi, qu'il s'agissait d'une révolution et que déjà son nom se trouvait placé, de son aveu, à la tête du mouvement; il réitéra les mêmes déclarations à la réunion du 29 au matin, chez Laffitte, et se rendit à l'hôtel de ville au moment où le Louvre et les Tuileries venaient de tomber au pouvoir du peuple. Porté par acclamation au commandement de la garde nationale, il se trouva le chef effectif du gouvernement provisoire, et publia immédiatement plusieurs proclamations, dont l'une se terminait par ces mots : « La liberté triomphera, ou nous périrons ensemble! » Le 31, il répondit publiquement à M. de Sussy, porteur de la lettre qui annonçait un nouveau ministère, composé de MM. de Mortemart, Casimir Périer, Gérard, etc., et qui le confirmait lui-même dans son commandement, par ces mots décisifs : « Il n'est plus temps! » Mais, le même jour, trompant les espérances qu'avaient mises en lui les partisans de la République, il recevait à l'Hôtel de Ville le duc d'Orléans, qui déjà avait pris le titre de lieutenant-général du royaume, et, en le présentant au peuple, formulait ainsi le programme du régime nouveau : « Un trône populaire entouré d'institutions républicaines. » « Quant à M. de La Fayette, a écrit Louis Blanc (*Histoire de Dix Ans*), il pouvait tout alors et ne décida rien. Sa vertu fut éclatante et funeste. En lui créant une influence supérieure à sa capacité, elle ne servit qu'à annuler entre ses mains un pouvoir qui, en des mains plus fortes, aurait fait à la France d'autres destinées. M. de La Fayette avait cependant plusieurs des qualités essentielles au commandement. Ses manières pré-

sentaient comme son langage un mélange singulier de finesse et de bonhomie, de grâce et d'austérité, de dignité sans morgue et de familiarité sans bassesse. Pour les uns, il était resté grand seigneur quoiqu'il se fût mêlé à la foule; pour les autres, il était né homme du peuple en dépit de son illustre origine. Heureux privilège que celui de conserver tous les avantages d'une haute naissance en se les faisant pardonner! Ajoutez à cela que M. de La Fayette avait tout à la fois la pénétration des esprits sceptiques et la chaleur d'une âme croyante, c'est-à-dire la double puissance d'entraîner et de contenir. Dans les réunions de la charbonnerie, il savait parler avec feu. A la Chambre, c'était un discoureur aimable et spirituel. Que lui manquait-il donc? du génie, et plus que cela, du vouloir. M. de La Fayette ne voulait rien fortement, parce que, ne pouvant diriger les événements, il aurait été affligé de les voir diriger par un autre. En ce sens, M. de La Fayette avait peur de tout le monde, mais surtout de lui-même. Le pouvoir l'enchantait et l'effrayait; il en aurait bravé les périls, mais il en redoutait les embarras. Plein de courage, il manquait absolument d'audace. Capable de subir noblement la violence, non de l'employer avec profit, la seule tête qu'il eût sans épouvante livrée au bourreau, c'était la sienne. » Le procès des ex-ministres (décembre 1830) ayant réveillé les passions populaires, le nouveau commandant de la garde nationale retrouva pour réprimer les troubles son ardeur de 1789; mais il ne commandait qu'en vertu de l'ordonnance du 16 août 1830 qui s'appliquait à toutes les gardes nationales de France; et la Chambre des députés, dans sa séance du 4 décembre, ayant supprimé tout commandement général, La Fayette, blessé, donna sa démission. Cette circonstance, jointe à la marche du gouvernement qu'il jugeait contraire aux intérêts de la France et à des promesses dont il s'était porté garant, amenèrent entre lui et le pouvoir un refroidissement sensible. Il se déclara bientôt contre le ministère Casimir Périer, et, réélu député, le 5 juillet 1831, à la fois par l'arrondissement de Meaux avec 486 voix (689 votants, 815 inscrits), contre 162 à M. de Rigny, et par celui de Strasbourg avec 117 voix (214 votants, 230 inscrits), contre 92 à M. Frédéric de Turckheim, il se remit, après avoir opté pour Meaux, à voter avec l'opposition dynastique, dont il signa le *compte rendu* en mai 1832. La Fayette assista le 7 juin aux obsèques du général Lamarque. Les derniers mots qu'il prononça à la Chambre (26 janvier 1834) eurent pour objet d'appuyer une pétition relative aux réfugiés politiques; les dernières lignes qu'il traça avaient rapport à l'affranchissement des noirs. Ayant voulu suivre à pied, déjà souffrant, le convoi du député Dulong, tué en duel par le maréchal Bugeaud, il dut s'aliter en rentrant, et ne se releva plus.

LA FAYETTE (Georges-Louis-Gilbert-Washington du Motier, marquis de), représentant aux Cent-Jours, député de 1822 à 1824, de 1827 à 1848, représentant en 1848, né à Paris le 24 décembre 1779, mort à Paris le 30 novembre 1849, fils du précédent et filleul de Washington, entra au service à l'époque du passage du mont Saint-Bernard, et fit la guerre en Italie comme sous-lieutenant de hussards. Il remplit ensuite les fonctions d'aide-de-camp auprès du général

Grouchy, avec le grade de lieutenant, pendant les campagnes d'Autriche, de Prusse et de Pologne. Ne pouvant obtenir d'avancement, à cause du peu de sympathie de l'empereur pour son père, il quitta la carrière militaire et revint dans sa famille, où il vécut dans la retraite jusqu'à la Restauration. Le 12 mai 1815, il fut élu par le collège de département de la Haute-Loire, avec 53 voix sur 80 votants, représentant à la Chambre des Cent-Jours. Il prit place à côté de son père, aux votes de qui il s'associa constamment, et après avoir échoué, le 4 novembre 1820, comme candidat libéral à la Chambre, dans le 1er arrondissement de la Haute-Loire (Brioude), avec 130 voix contre 161 à l'élu, M. Chabalier, il devint, le 16 mai 1822, député du Haut-Rhin, au collège de département, par 97 voix (156 votants, 169 inscrits). Il appartint, comme son père, à l'opposition de gauche, vota contre les lois restrictives de la liberté, fut mêlé aux complots de la charbonnerie, et n'ayant obtenu, le 25 février 1824, à Brioude, que 143 voix contre 191 à M. Calemard de Lafayette, rentra dans la vie privée jusqu'en 1827; il en profita pour accompagner son père dans son voyage triomphal en Amérique. De nouveau candidat à Brioude lors des élections du 17 novembre, il échoua avec 132 voix contre 174 au député sortant, mais fut élu, le même jour, député du 2e arrondissement de Seine-et-Marne (Coulommiers), par 178 voix sur 278 votants et 335 inscrits, contre 90 à M. d'Harcourt. M. Georges de La Fayette combattit le gouvernement de Charles X et le ministère Polignac, et obtint sa réélection, le 12 juillet 1830, par 232 voix (331 votants, 367 inscrits), contre 92 à M. Marcilly. Absent de Paris pendant les journées de juillet 1830, il adhéra d'abord au gouvernement nouveau, et prit part à l'expédition de Rambouillet; puis, lorsque son père dans son rupture avec le ministère C. Périer, il le suivit à l'extrême-gauche de la Chambre, fut réélu, le 5 juillet 1831, à Coulommiers, par 303 voix (368 votants, 460 inscrits), et à Brioude par 142 voix (198 votants, 238 inscrits), opta pour Coulommiers, signa le Compte rendu de 1832, et ne cessa jusqu'en 1848 d'opiner avec l'opposition libérale, ayant obtenu le renouvellement de son mandat successivement : le 21 juin 1834, avec 211 voix (293 votants, 414 inscrits), contre 58 à M. Bullot; le 4 novembre 1837, avec 202 voix sur 349 votants; le 9 juillet 1842, avec 244 voix (375 votants, 447 inscrits), contre 79 à M. de Wailly et, le 1er août 1846, avec 298 voix (519 votants, 558 inscrits), contre 133 à M. de Wailly et 67 à M. Dubarle. M. G. de La Fayette se montra l'adversaire des lois de septembre 1835, des lois de disjonction et d'apanage, de la politique intérieure et extérieure du ministère Guizot, vota contre l'indemnité Pritchard et pour la réforme électorale, et prit part en 1847 à la campagne des banquets à Coulommiers et à Melun. Après la révolution de février, M. G. de La Fayette fut élu, comme partisan modéré de la République, le 23 avril 1848, représentant de Seine-et-Marne à l'Assemblée constituante, le 1er sur 9, par 78,275 voix (81,011 votants, 96,947 inscrits). Lord Normanby, ambassadeur d'Angleterre en France, qui assistait à l'envahissement de l'Assemblée dans la journée du 15 mai, avait noté le fait suivant qu'il racontait comme une preuve de la naïve courtoisie de plusieurs des envahisseurs. « Un d'eux ayant lu sur le siège d'un représentant le nom de Georges de La Fayette : « — C'est donc vous, Monsieur, dit-il, qui êtes

le fils du général La Fayette? » Et sur la réponse affirmative du représentant : « — Ah! Monsieur, quel dommage que votre pauvre papa soit mort! Comme il serait content, s'il était ici! » M. G. de La Fayette soutint le général Cavaignac au pouvoir et se prononça : pour les poursuites contre Louis Blanc et Caussidière, contre le rétablissement de la contrainte par corps, pour l'abolition de la peine de mort, contre l'amendement Grévy, contre l'abolition du remplacement militaire, contre le droit au travail, contre la proposition Rateau, contre l'amnistie, contre l'interdiction des clubs, contre les crédits de l'expédition de Rome, etc. Il ne fit point partie d'autres assemblées. Le 8 juillet 1849, il se présenta à l'élection partielle motivée dans Seine-et-Marne par le décès de M. Chappon, représentant à la Législative, et obtint 8,412 voix seulement contre 16,593 à l'élu, M. Aubergé, 8,107 à M. Clary, et 4,861 à M. Aug. Luchet. Il mourut à Paris le 30 novembre suivant.

LA FAYETTE (Oscar-Thomas-Gilbert du Motier, comte de), député de 1846 à 1848, représentant en 1848 et 1849, représentant en 1871 et sénateur de 1875 à 1881, né à Paris le 20 août 1815, mort à Paris le 26 mars 1881, fils du précédent, fut élève de l'Ecole polytechnique, passa à l'Ecole d'application de Metz en 1835, en sortit officier d'artillerie, et fit brillamment plusieurs campagnes en Afrique. « Plus heureux que son père, écrit un biographe, le gouvernement de juillet n'avait pas osé lui interdire la carrière des armes. » M. Oscar de La Fayette revint en France avec les épaulettes de capitaine et la croix de la Légion d'honneur. Elu, le 1er août 1846, comme candidat de l'opposition libérale, député du 2e collège de Seine-et-Marne (Meaux), par 459 voix sur 909 votants et 978 inscrits, contre 446 à M. Lebobe, il prit place à gauche, se montra partisan de la réforme électorale, et assista au banquet d'Annezin (1847), où il prononça un chaleureux discours. La révolution de février, à laquelle il adhéra, le fit commissaire général de la République dans le département de Seine-et-Marne, dont il devint, le 23 avril 1848, le représentant à l'Assemblée constituante, le second sur 9, avec 77,718 voix (81,011 votants, 96,947 inscrits). Son père (V. p. haut) avait été élu le 1er. M. Oscar de La Fayette vota avec la fraction la plus modérée du parti démocratique, soutint le gouvernement de Cavaignac, et se prononça : pour le rétablissement du cautionnement, pour les poursuites contre Louis Blanc et Caussidière, pour l'abolition de la peine de mort, contre l'amendement Grévy, contre le droit au travail, pour l'ordre du jour en l'honneur du général Cavaignac, contre la proposition Rateau, contre l'amnistie, contre l'interdiction des clubs, pour les crédits de l'expédition de Rome (que son père repoussait), etc. Le 13 mai 1849, il obtint, le dernier de la liste, sa réélection à la Législative, comme représentant de Seine-et-Marne, avec 26,400 voix (70,887 votants, 98,083 inscrits). Là, il fit une opposition assez réservée à la politique présidentielle de L.-N. Bonaparte, et vota le plus souvent avec la minorité démocratique. Après le coup d'Etat du 2 décembre 1851, il donna sa démission d'officier d'artillerie et se tint à l'écart des affaires. Porté sans succès, sous l'Empire, aux élections de 1869 pour le Corps législatif, dans une circonscription de Seine-et-Marne, il rentra dans la politique active après la guerre. Elu, le 8 février

1871, le 2e sur 7, par 34,032 voix (43,606 votants, 97,413 inscrits), représentant de Seine-et-Marne à l'Assemblée nationale, il s'inscrivit au groupe de la gauche républicaine, qu'il présida en 1872, appuya la politique « conservatrice républicaine » de Thiers, et vota : *pour* la paix, *contre* le retour de l'Assemblée à Paris, *contre* la chute de Thiers au 24 mai, *contre* le septennat, *contre* la loi des maires, *contre* le ministère de Broglie, *pour* l'amendement Wallon, *pour* l'ensemble de la Constitution. Un amendement dont il était l'auteur donna lieu à une vive discussion et fut finalement adopté par l'Assemblée : cet amendement (à la loi électorale) fixa à 21 ans l'âge de l'électorat municipal, comme celui de l'électorat politique. Lors de l'élection des 75 sénateurs inamovibles par l'Assemblée nationale, M. O. de La Fayette fut élu (13 décembre 1875), le 38e, par 349 voix (689 votants). Il continua de siéger, à la Chambre haute, dans le groupe de la gauche modérée, vota *contre* la dissolution de la Chambre en juin 1877, s'associa à la protestation des gauches contre le gouvernement du Seize-Mai, et soutint le ministère parlementaire de Dufaure. Mais il se montra très opposé, en mars 1879, au retour du parlement à Paris. Après avoir voté encore *pour* les lois Ferry sur l'enseignement, etc., M. O. de La Fayette mourut à Paris le 26 mars 1881. Il représentait le canton de Meaux au conseil général de Seine-et-Marne, dont il était le président, et avait été admis à la retraite comme officier, le 13 novembre 1871, avec le grade de chef d'escadron d'artillerie de l'état-major.

LA FAYETTE (François-Edmond du Motier de), représentant en 1848, et membre du Sénat, né à Lagrange-Blesneau (Seine-et-Marne) le 11 janvier 1818, frère du précédent, étudia le droit et se fit recevoir avocat. Etranger à la politique jusqu'en 1848, il brigua avec succès, aux élections de l'Assemblée constituante, le mandat de représentant de la Haute-Loire, et fut élu, le 23 avril, le 3e sur 8, par 33,365 voix (54,302 votants, 72,701 inscrits). M. Edmond de La Fayette vota le plus souvent avec la droite de l'Assemblée, et ne se rapprocha, en quelques circonstances, du parti démocratique, qu'après l'élection de L.-N. Bonaparte à la présidence de la République. Il se prononça : *pour* le rétablissement du cautionnement et de la contrainte par corps, *pour* les poursuites contre Louis Blanc et Caussidière, *pour* l'abolition de la peine de mort, *contre* l'amendement Grévy, *contre* le droit au travail, *pour* l'ordre du jour en l'honneur de Cavaignac, *contre* la proposition Rateau, *contre* l'amnistie, *contre* l'interdiction des clubs, *pour* les crédits de l'expédition de Rome, etc. Combattu, lors des élections à la Législative, par le parti avancé, il se représenta sans succès dans la Haute-Loire, et rentra dans la vie privée, pour n'en sortir qu'après la chute de l'Empire. Il ne réunit, le 8 février 1871, dans le même département, que 15,786 voix sur 48,379 votants, et se fit élire sénateur de la Haute-Loire, le 30 janvier 1876, comme républicain conservateur, avec 172 voix sur 328 votants. Inscrit à la gauche modérée, M. E. de La Fayette vota *contre* la dissolution de la Chambre des députés, combattit, au Sénat comme dans son département, la politique du gouvernement du Seize-Mai, appuya celle du cabinet Dufaure, et fut réélu sénateur au renouvellement triennal du 5 janvier 1879, par 211 voix (322 votants). M. E. de La Fayette vota : *pour* l'article 7, *pour* la réforme du personnel judiciaire, *pour* le rétablissement du divorce, *pour* les crédits du Tonkin, appuya la politique opportuniste, obtint encore sa réélection, le 5 janvier 1888, avec 345 voix (703 votants), et opina, en dernier lieu, *pour* le rétablissement du scrutin d'arrondissement (13 février 1889), *pour* le projet de loi Lisbonne restrictif de la liberté de la presse, *pour* la procédure à suivre devant le Sénat contre le général Boulanger. Conseiller général de la Haute-Loire pour le canton de Paulhaguet.

LA FERRIÈRE (Lucien Gaultier de), député de 1885 à 1889, né à Loches (Indre-et-Loire) le 18 mars 1838, étudia le droit, puis entra dans la magistrature, le 28 novembre 1866, comme substitut du procureur impérial à Evreux. Promu, à la fin de l'Empire, procureur au tribunal de Pont-Audemer (30 juillet 1870), il resta dans la magistrature après le 4 septembre, devint, le 28 octobre 1873, substitut du procureur de la République à Rouen, le 13 avril 1876 avocat général près la cour d'appel de cette ville, et, en 1879, procureur général. Révoqué l'année suivante, en raison des opinions monarchistes qu'il manifestait ouvertement, il aborda le parlement aux élections législatives de 1885 : porté sur la liste conservatrice du département de l'Eure, le 4 octobre, il fut élu député de ce département, le 5e sur 6, par 44,166 voix (86,584 votants, 106,598 inscrits). M. Gaultier de la Ferrière siégea à droite, et vota constamment avec le parti conservateur monarchiste : *contre* les divers ministères qui se succédèrent au pouvoir, et, en dernier lieu, *contre* le rétablissement du scrutin d'arrondissement (11 février 1889), *pour* l'ajournement indéfini de la revision de la Constitution, *contre* les poursuites contre trois députés membres de la Ligue des patriotes, *contre* le projet de loi Lisbonne restrictif de la liberté de la presse, *contre* les poursuites contre le général Boulanger.

LAFERRIÈRE-LÉVESQUE (Louis-Marie, comte de), représentant, pair des Cent-Jours et pair de France, né à Redon (Ille-et-Vilaine) le 9 avril 1776, mort au château de Vallery (Somme) le 21 novembre 1834, « fils de noble homme François-Marie Lévesque, sieur de la Ferrière, négociant en cette ville, et de dame Françoise-Agathe Hervé, son épouse, » fit ses études à Rennes et s'engagea ; à seize ans, il était lieutenant au 99e d'infanterie. Il prit part aux campagnes de 1793 et 1794, dans les armées du Nord et de Sambre-et-Meuse, et assista, avec le grade de capitaine, au siège de Kaiserslautern et à la bataille de Fleurus. Aide-de-camp du général Monet en 1795, il fut envoyé à l'armée de l'Ouest, y resta assez longtemps, et devint chef d'escadron au 1er hussards, puis au 2e, à la tête duquel il se signala durant la campagne de 1805, notamment à Austerlitz. Major au 3e hussards en 1806, il chargea à Iéna, où il fut blessé. Colonel en 1807 au même régiment, il assista, dans le corps du maréchal Ney, à la bataille de Friedland. Officier de la Légion d'honneur, créé baron de l'Empire avec une dotation en Westphalie le 2 juillet 1808, il fut envoyé à l'armée d'Espagne, se signala à Tudela (1809), fut blessé à l'affaire du col de Banos et, quelques jours plus tard, à Miranda-de-Corvo (1810). A peine remis, nommé général de brigade le 13 mai 1811, il reçut le commandement du corps de cavalerie attaché à l'armée qui opérait dans le sud de l'Espagne. Général-major des grenadiers à cheval de la garde impériale le 9 février

1813, il assista à la bataille de Dresde, fut encore une fois blessé à Leipzig, et écrasa les Bavarois à Hanau, succès qui ouvrit une retraite à l'armée. Nommé, en récompense de ses éminents services, général de division, comte de l'Empire, chambellan de l'empereur et grand-officier de la Légion d'honneur, il prit part, durant la campagne de 1814, au combat de Bar-sur-Aube et à la bataille de Montmirail. A l'affaire de Craonne, il fut blessé à l'épaule et eut la jambe emportée par un boulet. La première Restauration l'appela aux fonctions d'inspecteur général de cavalerie, le fit chevalier de Saint-Louis et commandant supérieur de l'Ecole de cavalerie de Saumur. Le 16 mai 1815, il fut élu représentant à la Chambre des Cent-Jours par le collège de département de Maine-et-Loire, avec 62 voix (117 votants, 383 inscrits), et nommé pair, le 2 juin suivant. Il siégea à la chambre haute jusqu'à la seconde Restauration. Admis à la retraite comme général de division en 1821, conseiller général du canton de Cheroy (Yonne), grand-cordon de la Légion d'honneur (1er mai 1821), grand-cordon de Saint-Louis (20 août 1823), il fut inscrit dans le testament de l'empereur Napoléon, à Sainte-Hélène, pour une somme de cent mille francs. Nommé pair de France le 11 octobre 1832, il devint commandant général de la garde nationale et président de la commission de souscription en faveur des blessés du siège d'Anvers.

LA FERRONNAYS (DE). — *Voy.* FERRONNAYS.

LA FERTÉ-MEUN-CHAMPLATREUX (HUBERT-NORBERT-JOSEPH, COMTE DE), député de 1837 à 1840, né à Paris le 22 septembre 1806, mort en 1872, propriétaire, épouse la fille du comte Molé. Elu, le 4 novembre 1837, député du 2e collège de la Nièvre (Château-Chinon), par 111 voix sur 189 votants et 227 inscrits, il vota « en bon parent », dit un biographe parlementaire, pour toutes les lois présentées par l'administration. Le 2 mars 1839, il fut réélu par 108 voix (187 votants); mais il donna sa démission en 1840, et fut remplacé par M. Denys Benoit.

LAFFITTE (JACQUES, CHEVALIER), représentant aux Cent-Jours, député de 1816 à 1824, de 1827 à 1837, de 1838 à 1844 et ministre, né à Bayonne (Basses-Pyrénées) le 24 octobre 1767, mort à Maisons-sur-Seine (Seine) le 26 mai 1844, était un des dix enfants d'un charpentier de Bayonne. Entré à douze ans chez un notaire, il vint à Paris en 1788, afin de solliciter du banquier Perregaux (*V. ce nom*) un modeste emploi de commis dans ses bureaux; il était éconduit lorsque, d'après la légende, il se baissa en traversant la cour, pour ramasser une épingle ; le banquier, frappé de ce fait, aurait fait rappeler le postulant et lui aurait donné d'emblée la place qu'il sollicitait. Quoi qu'il en soit, le jeune Laffitte fut bientôt chargé de la tenue des livres ; mais il dut languir longtemps dans cet emploi, quoique nommé, en frimaire an 11, assesseur du juge de paix de la section du Mont-Blanc; car, en nivôse an VI, dans une lettre à M. Perregaux, il se plaignit « d'avoir perdu, semble-t-il, la confiance de son patron, qui le laisse dans un emploi secondaire, ce qui va l'obliger à se séparer de lui et à accepter l'offre qu'on lui fait de l'associer dans une maison de banque ». La lettre produisit sans doute l'effet espéré, car M. Perregaux l'intéressa dans ses affaires, l'associa à sa maison, lorsqu'un décret du premier consul eut appelé Perregaux à faire partie du Sénat, et enfin le désigna comme son exécuteur testamentaire et son successeur, le fils unique de Perregaux restant simple commanditaire. l'endant dix ans, Jacques Laffitte géra seul cette maison qui, sous la raison *Perregaux, Laffitte et Cie*, devint une des premières banques de l'Europe. D'un caractère liant, vif et gai, d'une capacité incontestable et d'une netteté d'idées qui lui rendait facile le travail le plus ardu, ce fut surtout à ses qualités personnelles qu'il dut cette prospérité. Régent de la Banque de France en 1809, juge au tribunal de commerce en 1813, président de la chambre de commerce, il fut appelé, à la chute de l'Empire, le 25 avril 1814, par le gouvernement provisoire, aux fonctions de gouverneur de la Banque. Laffitte s'honora en refusant les émoluments attachés à ce poste, et, lors de la première invasion, souscrivit une somme considérable prise dans sa propre caisse, pour subvenir aux frais de la contribution de guerre dont la capitale venait d'être frappée. Quand Napoléon revint de l'île d'Elbe, Louis XVIII eut recours à Laffitte pour une opération de plusieurs millions. Elu, le 8 mai 1815, représentant du commerce à la Chambre des Cent-Jours, par le département de la Seine, avec 83 voix (113 votants, 216 inscrits), Jacques Laffitte s'abstint de paraître à la tribune, et vota avec le parti constitutionnel libéral. Ce fut chez lui que Napoléon, forcé de quitter la France, déposa cinq millions en or. Après Waterloo, le trésor public étant à sec, le gouvernement provisoire voulut faire verser par la Banque l'argent nécessaire au paiement de l'arriéré de la solde des armées impériales : Laffitte s'y opposa et préféra avancer, sur ses fonds, les deux millions dont on avait besoin. Quelques jours plus tard, une nouvelle contribution de guerre, exigée par Blücher, fut garantie par Laffitte et presque totalement acquittée par lui. Le 4 octobre 1816, le collège de département de la Seine l'ayant élu député, il alla siéger à gauche, sur les bancs de l'opposition, et s'attacha d'abord à traiter spécialement les questions financières, dans de remarquables discours, dont le pouvoir lui-même faisait le plus grand cas : lorsque le duc de Richelieu créa une commission de finances pour parer à la pénurie du trésor, la volonté du roi désigna le riche banquier pour en faire partie. Laffitte se prononça alors contre le système des emprunts forcés, contre les cédules hypothécaires, et repoussa en général tout système d'impôt qui ne serait pas fondé sur la confiance publique. Réélu député, le 20 septembre 1817, par 3,866 voix (6,625 votants, 9,677 inscrits), il reprit place dans l'opposition et se signala par son ardeur à défendre la liberté de la presse. En 1818, il sauva une fois de plus la situation financière : la Bourse étant impuissante à faire sa liquidation, la place de Paris était menacée d'une crise grave, si Laffitte n'avait acheté pour 400,000 fr. de rentes qu'il paya; la panique fut arrêtée. L'année suivante, il fut remplacé comme gouverneur de la Banque par le duc de Gaëte. Défenseur infatigable des libertés publiques, il blâma à la tribune la répression sanglante des émeutes, vota *contre* le nouveau système électoral, et réclama vainement, dans une adresse au roi, l'expression d'un vœu formel pour le maintien de la législation en vigueur. Le 2e arrondissement de Paris lui renouvela, le 9 mai 1822, son mandat législatif, par 819 voix (1,299 votants, 1,477 inscrits), contre 254 à M. de Bray. Il apporta alors à la tribune un remarquable exposé de la situation politique et financière du pays, se prononça avec force (1823) contre l'intervention en Espagne, mais soutint le ministère Villèle dans son opération de réduction des rentes. Bien qu'il se fût efforcé de justifier son adhésion à cette mesure par le désir d'alléger les charges du peuple en diminuant celles de l'Etat, les amis de Laffitte blâmèrent alors son attitude. Aux élections du 25 février 1824, il échoua, dans le 2e arrondissement de Paris, avec 698 voix contre 704 à l'élu, M. Saulot-Baguenault. Mais il ne tarda pas à se retrouver dans l'opposition ; renvoyé à la Chambre, le 29 mars 1827, par le 3e arrondissement des Basses-Pyrénées (Bayonne), avec 85 voix sur 135 votants, il obtint sa réélection aux élections générales du 17 novembre suivant, à la fois dans le 2e arrondissement de Paris avec 1,012 voix sur 1,152 votants, contre 88 à M. Louis Perrée, et dans le collège de département des Basses-Pyrénées, avec 184 voix (303 votants, 366 inscrits). Après la dissolution de la garde nationale de Paris, il se fit l'interprète de la fraction la plus avancée de l'opposition parlementaire en réclamant la mise en accusation des ministres. Son alliance avec le fils du maréchal Ney, à qui il donna sa fille en mariage, flatta le sentiment populaire, et contribua, non moins que ses opinions libérales et ses générosités princières, à lui concilier la bourgeoisie. Il se rattacha encore à elle par un autre lien : sans se montrer ouvertement hostile à la branche aînée de la maison de Bourbon, Jacques Laffitte songea un des premiers à placer, le cas échéant, la couronne sur la tête du duc d'Orléans. Pendant plusieurs années, il caressa ce projet et travailla à sa réalisation en se donnant la tâche de séduire, de recruter, d'embaucher des partisans au prince. Réélu encore, le 12 juillet 1830, dans le 3e arrondissement des Basses-Pyrénées (Bayonne), avec 88 voix (125 votants), après avoir combattu de tout son pouvoir le ministère Polignac, les événements le trouvèrent prêt. De tous les hommes politiques en vue, aucun n'était en état de peser plus puissamment que lui sur le dénouement d'une insurrection. Peu propre à jouer un rôle sur la place publique, nul mieux que lui ne pouvait diriger une révolution de palais. Signataire, le 28, de la protestation des députés résidant à Paris contre les Ordonnances, au moment où arrivait de Saint-Cloud l'ordre de l'arrêter, Laffitte se rendit avec Lobau, Gérard, Mauguin et Casimir Périer au palais des Tuileries pour intéresser le duc de Raguse, commandant en chef des troupes royales, à la cause de la résistance, ou tout au moins pour lui demander d'arrêter l'effusion du sang. Marmont fut intraitable. Se jetant alors sans réserves dans le mouvement, Laffitte fit de son hôtel, situé au coin de la rue de Provence, le quartier général de l'insurrection, et ne négligea rien pour en assurer le succès. Lorsque, effrayé des progrès de la révolution, Charles X révoqua les Ordonnances et envoya M. d'Argout chez Laffitte pour négocier un changement de ministère, le banquier répondit nettement : « Il est trop tard ! Il n'y a plus de Charles X. » En même temps, il prenait (30 juillet) l'initiative de faire proposer au duc d'Orléans la lieutenance générale du royaume : ce titre fut officiellement conféré au prince le soir même dans une réunion des députés, tenue au Palais-Bourbon. Le 31, Laffitte présida une nouvelle réunion parlementaire, et obtint la rédaction d'une adresse, que la Chambre en corps apporta au Palais-Royal. Très éloigné de se rallier à la république, que l'entourage de La Fayette, installé à l'hôtel de ville, avait

encore l'espoir de voir proclamer avec le concours du général, Laffitte para très habilement à cette éventualité en conseillant à Louis-Philippe d'aller recevoir dans la maison commune la sanction populaire : les barricades s'ouvrirent devant le cortège, et le duc d'Orléans et les députés prirent le chemin de la place de Grève. Lorsqu'ils sortirent du Palais-Royal, les cris de joie et de triomphe étaient assez nourris : le duc d'Orléans à cheval précédait M. Laffitte blessé à la jambe et que des Savoyards portaient dans une chaise. Ils étaient obligés de marcher lentement. Mais le duc s'arrêtait d'intervalle en intervalle pour l'attendre, et se retournant, la main appuyée sur la croupe de son cheval, il parlait à M. Laffitte avec une bienveillance démonstrative. Bientôt, après une courte conversation sur les questions politiques, dans laquelle Louis-Philippe prononça entre autres paroles celle-ci : « Il n'y aura plus de délits de presse, » et qu'on rappela plus tard sous le nom de programme de l'hôtel de ville, l'accolade de La Fayette confirma le choix de Laffitte. La Chambre des députés, convoquée le 3 août, choisit plusieurs candidats à la présidence. Casimir Périer fut nommé, mais il refusa cet honneur, et Laffitte occupa le fauteuil à sa place. C'est sous sa présidence que le trône fut déclaré vacant, que la Charte fut modifiée et la royauté décernée à Louis-Philippe. Le 7 août, Laffitte lut au nouveau roi la déclaration de la Chambre et l'acte constitutionnel ; le 9, il reçut son serment. L'avènement de Louis-Philippe marqua pour Laffitte le commencement d'une période de lutte et de revers personnels. Entré sans portefeuille dans le premier ministère du gouvernement nouveau, où il passait pour représenter le « mouvement », avec Dupont de l'Eure, contre Guizot, Molé, de Broglie, qui y représentaient « la résistance », il se soumit comme député à la réélection, qu'il obtint le 21 octobre ; puis, à l'approche du procès des ministres, le roi ayant senti la nécessité de se concilier, au moins pour un temps, les suffrages de la gauche, Laffitte reçut la présidence du conseil avec le ministère des Finances (3 novembre 1830), et choisit pour collègues le maréchal Soult, le général Sébastiani, MM. Mérilhou, d'Argout, Barthe, de Montalivet. Mais les mesures conservatrices et répressives prises par le cabinet nouveau lui aliénèrent bientôt le côté gauche, sans lui concilier pleinement la droite : la loi qui conférait au roi la nomination directe des municipalités, la loi sur la presse, le maintien du cens électoral à 300 francs, les millions demandés pour la liste civile, la démission de La Fayette, les embarras du gouvernement à l'extérieur, les troubles du 14 février 1831, qui entraînèrent la retraite de Baude, préfet de police, et d'Odilon Barrot, préfet de la Seine, etc., minèrent peu à peu la popularité de Laffitte, et rendirent sa position doublement difficile, auprès du trône comme devant l'opinion publique. Découragé, humilié, il saisit, pour se retirer, un prétexte de politique extérieure. Une dépêche du maréchal Maison, ambassadeur à Vienne, relative à l'intervention de la France dans les affaires d'Italie et d'Autriche, fut tenue cachée pendant plusieurs jours, et le président du conseil n'en eut connaissance que par hasard. Laffitte donna sa démission, et céda la place à Casimir Périer (13 mars 1831). Armand Carrel disait à ce propos : « M. Laffitte a fait l'essai non pas d'un système, mais de l'absence de tout système, du gouvernement par abandon. » Laffitte quittait le ministère à peu près ruiné, la révolution de 1830 et son entrée personnelle aux affaires ayant porté un coup funeste à son crédit. Sa démission le réconcilia avec l'opposition, dans les rangs de laquelle il revint siéger à la Chambre. Réélu député de Bayonne, le 5 juillet 1831, par 137 voix (166 votants, 230 inscrits), contre 13 à M. Faurie, et, le même jour, du 2ᵉ arrondissement de Paris, par 1,496 voix (1,839 votants), il opta pour Bayonne et fut remplacé à Paris par M. Lefebvre. Il ne s'en fallut que de trois voix pour qu'il succédât à Casimir Périer comme président de la Chambre. Assis à gauche, il fut dès lors l'adversaire de tous les ministères qui se succédèrent au pouvoir, signa le *Compte rendu de 1832*, et accepta, le 6 juin, la mission de se rendre aux Tuileries, avec Arago et Odilon Barrot, pour engager le roi à donner à son gouvernement une direction plus populaire. En 1833, pour satisfaire la Banque, il dut mettre son hôtel de Paris et sa propriété de Maisons en vente. Une souscription nationale lui conserva son hôtel. N'ayant obtenu, le 21 juin 1834, à Bayonne, que 57 voix contre 101 à l'élu, M. Duséré, et à Paris, dans le 2ᵉ arrondissement, que 702 voix contre 920 au député sortant, réélu, M. J. Lefebvre, Jacques Laffitte fut dédommagé le même jour de ce double échec par une triple élection : 1º dans la Loire-Inférieure (Pont-Rousseau), avec 134 voix (210 votants, 363 inscrits), contre 74 à M. Hennequin ; 2º dans la Seine-Inférieure (Rouen), avec 233 voix (465 votants, 537 inscrits), contre 225 à M. Rondeaux ; 3º dans la Vendée (Bourbon-Vendée), avec 118 voix (153 votants, 221 inscrits), contre 27 au général Gourgaud. A la fin de 1836, sa liquidation terminée, il se rejeta, malgré son âge, dans les affaires, fit appel à la commandite, et créa (1837), au capital de 20 millions, une caisse d'escompte, destinée à venir en aide au commerce et à l'industrie de la capitale. L'entreprise ent un médiocre succès, et elle tomba tout à fait, sous la direction de M. Gouin, après la révolution de février 1848. Laffitte ne fut pas réélu à Paris, où il se représenta le 4 novembre 1837 : il réunit dans le 2ᵉ arrondissement 1,095 voix contre 1,106 à M. J. Lefebvre, député sortant. Mais le 6ᵉ arrondissement, vacant par suite de l'option de François Arago pour Perpignan, lui donna, le 8 février 1838, 1,031 voix (1,322 votants, 1,588 inscrits), contre 250 à M. Massé, et il reprit sa place à la Chambre. Successivement réélu depuis : le 2 mars 1839, dans le 3ᵉ collège de la Seine-Inférieure (Rouen), par 419 voix sur 710 votants ; le 9 juillet 1842, dans la même circonscription, par 425 voix sur 705 votants, il ne cessa de voter avec l'opposition dynastique, et se montra, dans les dernières législatures, très préoccupé de se faire « pardonner » le concours prêté par lui, naguère, à l'établissement de la royauté nouvelle. « Si je fus, dit-il un jour dans un banquet politique à Rouen, le partisan le plus vrai de la royauté nouvelle, je ne suis pas cependant créancier de son élévation ; car dans une circonstance aussi grave, je ne vis que l'intérêt général... » En 1844, Jacques Laffitte présida, comme doyen d'âge, à l'ouverture de la session. Il en profita pour prononcer une harangue qui fut troublée par les interruptions hostiles des centres, et dans laquelle il insistait sur la nécessité de tenir les « promesses » du début. Les clameurs de ses adversaires l'empêchèrent de terminer son discours. Le 26 mai 1844, il succomba presque subitement à une affection pulmonaire. Plus de 20,000 personnes assistèrent à ses obsèques. Sur sa tombe des discours furent prononcés par MM. Pierre Laffitte, Arago,

Garnier Pagès, Visinet, Philippe Dupin, et par un étudiant. Quel que soit le jugement que l'on porte sur les vues politiques ou financières de Jacques Laffitte, ses qualités privées, son patriotisme, le noble usage qu'il fit de la fortune lui donnent droit au respect de tous les partis. « Des officiers sans ressources, a écrit son biographe Pagès (de l'Ariège), des négociants dans la gêne, des notabilités dans l'embarras, des entreprises d'utilité publique, des villes même, le trouvèrent toujours d'une inépuisable générosité. Lorsqu'on fit l'inventaire de ses papiers, on y trouva plus de sept mille dossiers contenant des commencements de poursuites qu'il avait ordonné d'interrompre. » On a de lui ses *Opinions* sur divers projets de loi relatifs aux finances, à la liberté de la presse ; *Dix millions de profits à garder, ou un million d'intérêts à gagner* (1832), etc.

LAFFITTE (MARTIN), député de 1828 à 1834, né à Bayonne (Basses-Pyrénées) le 4 janvier 1773, mort à Paris le 11 avril 1840, frère du précédent, était négociant au Havre, lorsqu'il fut élu, pour la première fois, le 26 avril 1828, député libéral du 4ᵉ arrondissement de la Seine-Inférieure (Yvetot), par 308 voix sur 465 votants et 525 inscrits, en remplacement de M. Bignon, qui avait opté pour le 1ᵉʳ arrondissement du même département. Il prit place au côté gauche, combattit le ministère Polignac et fut des 221. Le 12 juillet 1830, il obtint sa réélection par 325 voix (416 votants, 504 inscrits), contre 77 à M. d'Hugleville. M. Martin Laffitte applaudit, comme ses frères, à la révolution de juillet, et fut nommé par le gouvernement de Louis-Philippe directeur général du Mont-de-Piété de Paris. Obligé par suite de se représenter devant ses électeurs, il vit renouveler son mandat, le 27 mars 1831, par 211 voix (334 votants, 531 inscrits) ; il vota le plus souvent, jusqu'en 1834, avec la majorité, et mourut en 1840.

LAFFITTE (CHARLES-PIERRE-EUGÈNE), député de 1844 à 1848, né à Paris le 19 novembre 1803, neveu de Jacques Laffitte et fils du fondateur de la vaste entreprise des messageries *Laffitte et Caillard*, s'occupait d'affaires industrielles à l'exemple de son père, et était « concessionnaire du chemin de fer de Paris à Rouen et au Havre, et soumissionnaire de l'embranchement de Saint-Pierre à Louviers », lorsqu'il se présenta à la députation dans le 5ᵉ collège de l'Eure (Louviers), pour recueillir la succession de M. Hippolyte Passy, nommé pair de France ; la lutte fut des plus vives. L'opposition portait M. Auzoux, ami intime de Dupont (de l'Eure) ; mais M. Ch. Laffitte, chaudement soutenu par le gouvernement, qui l'avait nommé comte en 1843, l'emporta, le 13 janvier 1844, avec 286 voix (404 votants). La vérification des pouvoirs de l'élu étant venue en discussion à la Chambre dans la séance du 20 janvier, M. Victor Grandin s'opposa avec une extrême vivacité à l'adoption des conclusions favorables du rapport. « Les faits, dit-il, qui ont précédé et suivi l'élection de M. Ch. Laffitte, ont dépassé dans une proportion effrayante toutes les énormités qui ont pu se produire jusqu'à ce jour en matière d'élection. » Puis il explique que la candidature de M. Laffitte, étranger à l'arrondissement, n'avait triomphé que grâce à la promesse formelle, faite par le candidat, de l'exécution d'un embranchement de chemin de fer de Saint-Pierre à Louviers. M. Laffitte répliqua, sans contester les faits, et la Chambre, après avoir entendu divers orateurs, parmi lesquels MM. Tupinier, rapporteur, Dufaure, G. de Beaumont, etc., prononça l'annulation de l'élection « à la presque unanimité », dit le *Moniteur*, qui ajoute, dans son compte-rendu officiel : « L'agitation prolongée qui suit la décision de la Chambre l'empêche de reprendre immédiatement la discussion du projet d'adresse. M. le président est impuissant à rétablir le silence. » Les électeurs de Louviers, convoqués à nouveau, donnèrent, pour la seconde fois, le 24 février 1844, à M. Laffitte, 340 voix de majorité contre 141 à M. Auzoux. La Chambre cassa encore l'élection. Une troisième fois, M. Laffitte fut réélu, le 13 avril, avec 342 voix (405 votants, 741 inscrits), et, après avoir subi une nouvelle invalidation, fut confirmé dans son mandat, le 25 mai, par 345 voix (370 votants, 741 inscrits). Une quatrième invalidation fut suivie d'une cinquième élection, le 6 juillet, par 331 voix (341 votants, 741 inscrits). Enfin, désespérant de se faire admettre par ses collègues après ces échecs successifs, M. Ch. Laffitte comprit la nécessité de déchirer l'engagement qu'il avait pris relativement à l'embranchement promis. Il put alors siéger au Palais-Bourbon, où il opina, avec la majorité conservatrice, *pour* l'indemnité Pritchard, *contre* la proposition relative aux députés fonctionnaires et *contre* toutes les motions de l'opposition. Réélu, le 1er août 1846, avec 341 voix (673 votants, 741 inscrits), contre 326 à M. Defontenay, M. Ch. Laffitte soutint jusqu'au bout la politique de Guizot, et rentra en 1848 dans la vie privée.

LAFFITTE (CHARLES-FRANÇOIS), député au Corps législatif de 1852 à 1863, né à Nérac (Lot-et-Garonne) le 13 novembre 1798, mort à Nérac le 22 mai 1880, conseiller général, chevalier de la Légion d'honneur, fut procureur du roi, puis procureur de la République à Nérac, donna sa démission au mois de février 1851, et adhéra à la politique du prince-président ; candidat officiel au Corps législatif dans la 2e circonscription de Lot-et-Garonne, le 29 février 1852, il fut élu député par 20,060 voix (26,297 votants, 35,467 inscrits), contre 1,099 voix au candidat de l'opposition, M. de Luppé, ancien représentant, et fut réélu, le 22 juin 1857, par 22,306 voix (23,638 votants, 34,496 inscrits), contre 1,243 à M. Dutilh. Il siégea dans la majorité dynastique et ne se représenta pas aux élections de 1863.

LAFFITTE DE LAJOANNENQUE (LOUIS-CHARLES-LÉON-GUSTAVE), député de 1876 à 1885, né à Agen (Lot-et-Garonne) le 26 février 1824, étudia le droit et se fit recevoir avocat. Il était vice-président du conseil général du département et avait rempli pendant plusieurs années les fonctions de maire d'Astaffort (où il possède de vastes vignobles), et de président du comice agricole, lorsqu'il se présenta, sans succès, comme candidat républicain, aux élections sénatoriales du 30 janvier 1876 dans Lot-et-Garonne : il y obtint 165 voix sur 392 votants. Mais les élections du 20 février suivant le firent entrer à la Chambre des députés comme républicain conservateur : élu, dans l'arrondissement d'Agen, avec 10,452 voix (19,443 votants, 24,391 inscrits), contre 7,315 à M. Dollfus, et 1,583 à M. Cazenove de Pradine, M. Laffitte de Lajoannenque alla siéger à la gauche républicaine, et fut des 363. Aux élections du 14 octobre 1877, qui suivirent la dissolution de la Chambre par le cabinet du 16 mai, il obtint sa réélection par 11,455 voix (20,271 votants, 24,378 inscrits), contre 8,683 à M. de Châteaurenard, con-

seiller d'Etat, candidat officiel et légitimiste ; il reprit son siège dans la majorité, soutint le ministère Dufaure et vota *pour* l'article 7, *contre* l'amnistie plénière, *pour* l'invalidation de l'élection de Blanqui, *pour* les lois nouvelles sur la presse et le droit de réunion, etc. Réélu, le 21 août 1881, avec 11,343 voix (17,575 votants, 24,236 inscrits), contre 5,907 à M. de Groussou, il continua de s'associer aux actes de la politique opportuniste, et vota *pour* les ministères Gambetta et Ferry, *contre* la séparation de l'Eglise et de l'Etat, *pour* les crédits de l'expédition du Tonkin, etc. M. Laffitte de Lajoannenque, après s'être porté en vain à l'élection sénatoriale partielle qui eut lieu dans le département de Lot-et-Garonne le 25 janvier 1885, ne s'est pas représenté aux élections législatives du 4 octobre suivant.

LAFFON (MARIE-ETIENNE-CHARLES-RENÉ), député de 1887 à 1889, né à Sedan (Ardennes) le 16 août 1847, étudia le droit, se fit recevoir avocat, et fut inscrit au barreau de Paris. Il entra dans l'administration, en 1877, comme secrétaire général de l'Oise, passa avec le même titre en Seine-et-Oise, puis fut nommé sous-préfet de Meaux, préfet de l'Yonne et de Saône-et-Loire.-Mis en disponibilité, en octobre 1884, par M. Waldeck-Rousseau, il obtint de M. Sarrien, devenu ministre de l'Intérieur, le poste de directeur du personnel au ministère de l'Intérieur (6 juin 1886), et devint directeur des affaires départementales et communales sous M. Goblet. Le 4 octobre 1885, M. René Laffon avait été pour la première fois candidat à la députation dans le département de l'Yonne : porté sur une liste radicale dissidente, il avait obtenu 18,990 voix sur 86,690 votants. Après la mort de M. Paul Bert, il brigua sa succession parlementaire auprès des électeurs du même département, à l'élection partielle du 23 janvier 1887, toujours comme candidat radical. Rappelant sa tentative précédente, M. René Laffon déclarait aux électeurs qu'il se représentait devant eux avec le même programme : « Aujourd'hui comme alors, disait-il, je veux : la revision de la Constitution dans le sens de la souveraineté absolue du suffrage universel, seule source légitime du pouvoir ; le service militaire réduit à trois ans égal pour tous ; la suppression des exemptions et des privilèges, notamment en ce qui touche les séminaristes ; la refonte de notre organisation financière dans un sens plus démocratique, l'équilibre du budget obtenu par le sévère contrôle des dépenses publiques et l'adoption d'un système d'impôts qui assure une répartition plus équitable des charges publiques en dégrevant le travail pour porter principalement sur le capital réalisé ; la séparation des Eglises et de l'Etat entraînant la suppression du budget des cultes et l'établissement pour toutes les opinions religieuses d'un régime de liberté loyalement pratiqué, sous la réserve des garanties que l'Etat ne saurait abandonner sans abdiquer. Toutes ces réformes sont mûres : elles doivent être immédiatement abordées... » M. R. Laffon terminait en se prononçant contre la « politique d'aventures et de conquêtes lointaines », et en indiquant une série de réformes économiques dont il se déclarait partisan. Son concurrent opportuniste, M. Richard, conseiller municipal d'Auxerre, se recommandait du nom et du programme de Paul Bert : il repoussait la séparation immédiate de l'Eglise et de l'Etat. M. René Laffon fut élu député de l'Yonne par 34,264 voix (68,680 votants, 109,023 inscrits), contre 28,931 à M. Richard. Il siégea à la gauche radicale, défendit en vain le ministère Goblet, parla sur l'enseignement, sur la crise ouvrière, demanda, à l'occasion des désordres constatés à Citeaux, la suppression immédiate des congrégations religieuses d'hommes, déposa un projet contre les menées plébiscitaires du parti royaliste, et fit une proposition portant interdiction des candidatures multiples (20 février 1889). Il vota contre les ministères opportunistes, appuya le ministère Floquet, et se prononça en dernier lieu, pour le rétablissement du scrutin d'arrondissement (11 février 1889), contre l'ajournement indéfini de la revision de la Constitution, pour les poursuites contre trois députés membres de la Ligue des patriotes, contre le projet de loi Lisbonne restrictif de la liberté de la presse; il était absent par congé lors du scrutin sur les poursuites contre le général Boulanger.

LAFFON DE LADÉBAT (ANDRÉ-DANIEL), député en 1791 et au Conseil des Anciens, né à Bordeaux (Gironde) le 30 novembre 1746, mort à Paris le 14 octobre 1829, d'une famille protestante, était le fils de Jacques-Alexandre Laffon, écuyer, riche armateur de Bordeaux, anobli par Louis XV en 1773 pour services rendus au commerce, et de dame N. Boucherie. André-Daniel voyagea, termina ses études à l'Université de Franecker (Hollande), passa par l'Angleterre, revint à Bordeaux dans la maison de son père, et se maria en 1775. Un des fondateurs de l'académie de peinture de Bordeaux, membre de l'académie des sciences et arts de cette ville, il s'occupait du défrichement des Landes, quand la Révolution éclata. Il fit partie de l'assemblée de la noblesse de Guyenne, y parla contre le mandat impératif, vint à Paris réclamer vainement de nouvelles élections, et, à son retour, fut nommé membre du directoire exécutif de la Gironde (1790). Le 31 août 1791, ce département l'élut député à l'Assemblée législative, le 5e sur 12, par 235 voix sur 465 votants. Il siégea parmi les modérés, présida le comité des finances, fit voter (18 février 1792) des fonds (1,469,478 livres 11 sols 10 deniers) pour l'achèvement du Panthéon, fit décréter (6 mars) le paiement des frais de construction de plusieurs église de Paris, obtint (19 mars) la réduction de 150,000 à 100,000 livres du traitement du ministre des Affaires étrangères, et de 100,000 à 70,000 livres du traitement des autres ministres; se rendit, le 20 juin, aux Tuileries pour protéger la famille royale; proposa, sans succès, le 22, d'augmenter le traitement des employés des ministères, et notamment ceux des premiers commis des bureaux de 8,000 à 12,000 livres; fut élu (23 juillet) président de l'Assemblée, et occupa le fauteuil jusqu'au 8 août. Après la session, il rentra dans la vie privée. En décembre 1792, il fut arrêté comme ayant reçu de l'argent du roi, fut reconnu innocent, et nommé directeur de la caisse d'escompte, dont il surveilla la liquidation. Suspect sous la Terreur, il fut arrêté de nouveau, enfermé aux Carmes, puis relâché grâce aux instantes démarches de sa femme. Le 25 vendémiaire an IV, le département de la Gironde l'envoya siéger au Conseil des Anciens par 212 voix sur 403 votants. Il continua à s'occuper de questions de finances, appuya (5 ventôse) le projet d'établissement d'une banque, fut nommé (1er prairial an V) secrétaire du Conseil, puis président (1er fructidor); il le présidait encore la veille du coup d'État du 18, et, le lendemain, il convoqua plusieurs de ses collègues pour aviser aux moyens

de résister au coup de force exécuté pendant la nuit. Il fut arraché du fauteuil, se retira chez lui. vit sa maison envahie et fut conduit au Temple. Le lendemain (19 fructidor), il fut inscrit sur la liste des déportés et désigné pour Sinnamary. Transporté à Rochefort, il fut embarqué sur la Vaillante: en rade, son fils ayant essayé d'approcher sur une chaloupe pour l'embrasser, fut durement repoussé. Arrivé à destination, il étudia les ressources de la Guyane, consigna ses observations dans de curieux rapports, et, voyant périr autour de lui ses compagnons d'exil, s'évada avec dix-sept autres; le bruit de sa mort courut alors en France et sa famille prit le deuil. Le 8 fructidor an VII, le Directoire autorisa les proscrits à résider à l'île d'Oléron; les deux seuls survivants, Barbé-Marbois et lui, en profitèrent; en arrivant au château d'Oléron, ils apprirent qu'ils étaient libres, grâce au coup d'État de brumaire. Élu candidat au Sénat conservateur par plusieurs départements, Laffon de Ladébat n'y fut jamais admis. Ayant réuni quelques débris de sa fortune, il s'occupa d'œuvres philanthropiques, devint, sous la Restauration, l'un des fondateurs (1818) et vice-président de la Société biblique protestante française, l'un des administrateurs de l'Institution des jeunes aveugles, membre du Consistoire de l'église réformée (1820), et président de la Société protestante de prévoyance et de secours mutuels (1825). On a de lui de nombreux Discours et Rapports sur des matières financières et économiques; il collabora (1819-1827) à la Revue encyclopédique, et a laissé en manuscrit un Journal de sa déportation, et un ouvrage sur la Guyane française. Une intéressante correspondance des frères Faucher avec Laffon de Ladébat a été récemment publiée.

LAFITTE (JUSTIN, BARON), représentant à la Chambre des Cent-Jours, député de 1831 à 1832, né à Saurat (Ariège) le 4 janvier 1772, mort à Paris le 27 août 1832, s'engagea comme simple soldat au 10e régiment de dragons le 8 septembre 1789, et passa peu après sous-lieutenant au 1er bataillon de l'Ariège, avec lequel il fit la campagne de 1792; nommé capitaine adjudant-major le 13 mars 1793, il fut envoyé à l'armée d'Italie, fut grièvement blessé à Rivoli et fait prisonnier par les Autrichiens. Après quelques mois de captivité, il revint en France, reçut l'ordre de rallier Toulon pour y faire partie de l'armée d'Orient, assista à la bataille des Pyramides, et faillit être tué d'un coup de lance devant Ramanieh; à son retour, il fut employé à l'armée de l'Ouest, sur les côtes de Bretagne. Chef d'escadron au 1er dragons, il fit la campagne de l'an IX en Italie, se distingua à Marengo, et passa commandant au 12e dragons en l'an X. Promu major le 8 brumaire an XII, commandeur de la Légion d'honneur le 15 prairial de la même année, il fit partie en l'an XIII de l'armée des côtes de l'Océan, rejoignit la grande armée en 1806, fut nommé colonel le 20 septembre, suivit les campagnes de Prusse et de Pologne, et, pour sa belle conduite à Eylau, fut promu officier de la Légion d'honneur (14 mai 1807). En Espagne en 1808, il fit les campagnes de Portugal, fut créé baron de l'Empire le 9 mars 1810, et prit part à la campagne de Russie. Général de brigade le 6 janvier 1813, commandeur de la Légion d'honneur le 18 juin de la même année, il reçut, en 1814, le commandement des troupes des Pyrénées-Orientales, de l'Ariège et de la Haute-Garonne. Louis XVIII le confirma dans ses fonctions de commandant de l'Ariège et le nomma chevalier de Saint-Louis le 11 octobre 1814. Le 14 mai 1815, il fut élu représentant à la Chambre des Cent-Jours, par le collège de département de l'Ariège, avec 61 voix sur 52 votants. La seconde Restauration le mit en non-activité (18 juillet 1815), et le retraita comme maréchal-de-camp le 24 mars 1824. Après les événements de juillet, il fut remis en activité (29 août 1830), reçut le commandement du département de l'Ariège, fut placé de nouveau en disponibilité en 1831, et, le 5 juillet suivant, fut élu député du 2ᵉ collège de l'Ariège (Foix), par 95 voix (150 votants, 178 inscrits), contre 48 à M. de Saintenac. Il siégea dans la majorité, mourut au mois d'août de l'année suivante, et fut remplacé, le 10 octobre 1832, par M. Anglade.

LAFLIZE (GEORGES-CHARLES-CAMILLE), représentant en 1848 et en 1871, né à Nancy (Meurthe) le 19 février 1798, mort à Nancy le 4 janvier 1880, avocat à Nancy, devint bâtonnier de l'ordre. Partisan de la monarchie de juillet, il se rangea bientôt dans l'opposition libérale, et, à la révolution de février 1848, fut mis, à Nancy, à la tête de la commission provisoire chargée d'organiser le nouveau régime. Le 23 avril suivant, il fut élu représentant de la Meurthe à l'Assemblée constituante, le 4ᵉ sur 11, par 88,857 voix (100,120 votants). Il prit place à gauche, fit partie du comité de législation, appuya la politique du général Cavaignac, et vota *pour* le bannissement de la famille d'Orléans, *contre* les poursuites contre L. Blanc et Caussidière, *pour* l'abolition de la peine de mort, *contre* l'impôt progressif, *contre* l'incompatibilité des fonctions, *contre* l'amendement Grévy, *contre* la sanction de la Constitution par le peuple, *pour* l'ensemble de la Constitution, *contre* la proposition Rateau, *contre* l'interdiction des clubs. Adversaire du prince-président et de sa politique, il fut arrêté en 1852 et interné à Metz. Remis en liberté peu de temps après, il rentra au barreau sans cesser de faire une sourde opposition à l'Empire. Aux élections du 8 février 1871, les électeurs de la Meurthe l'élurent représentant à l'Assemblée nationale, le 4ᵉ sur 8, par 53,569 voix (83,223 votants, 120,231 inscrits). Il siégea à gauche et vota *pour* l'amendement Barthe, *pour* le retour à Paris, *pour* la dissolution, *pour* l'amendement Wallon, *pour* les lois constitutionnelles, *contre* les préliminaires de paix, *contre* l'abrogation des lois d'exil, *contre* le 24 mai, *contre* la démission de Thiers, *contre* la prorogation des pouvoirs du Maréchal, *contre* l'état de siège, *contre* la loi des maires, *contre* le ministère de Broglie. M. Laflize n'a pas fait partie d'autres assemblées.

LAFON (PIERRE), représentant du peuple en 1849, né à Gramat (Lot) le 12 avril 1806, étudia la médecine et se fit recevoir docteur. Conseiller général du Lot, il fut élu, le 13 mai 1849, représentant du département à l'Assemblée législative, le 5ᵉ sur 6, par 30,154 voix (65,958 votants, 90,046 inscrits). D'opinions nettement démocratiques, il siégea à la Montagne, vota *contre* l'expédition de Rome, *contre* la loi Falloux-Parieu sur l'enseignement, *contre* la loi du 31 mai restrictive du suffrage universel, etc., et fit partie, avec MM. Martin Nadaud, Greppo et autres, à la fin de la législature, du petit groupe qui se sépara de la Montagne avec un programme plus accentué. Le coup d'État de 1851 le rendit à la vie privée.

LAFON-BLANIAC (GUILLAUME-JOSEPH-NICOLAS), député de 1827 à 1833, né à Villeneuve-d'Agen (Lot-et-Garonne) le 25 juillet 1773, mort à Vico (Corse) le 23 septembre 1833, était sous-lieutenant de cavalerie, en 1792, à l'armée du Nord. Blessé à Furnes, il fut envoyé à l'armée des Pyrénées, puis à l'armée d'Italie, prit part à l'expédition d'Egypte, reçut une grave blessure à Daman'hour, et se signala lors de la révolte d'Alexandrie. Menou, qui commanda l'armée d'occupation après le départ de Bonaparte et après l'assassinat de Kléber, le tenait en grande estime, et lui confia le commandement d'un régiment de dragons (an IX). Membre de la Légion d'honneur (19 frimaire an XIII), officier (25 prairial), il prit part aux campagnes de 1805 et 1806, devint général de brigade le 12 septembre 1806, puis écuyer du roi Joseph, et coopéra à la conquête du royaume de Naples, à la suite de ce prince, qu'il accompagna ensuite en Espagne en qualité d'aide-de-camp. Général de division le 8 juin 1808, gouverneur de Madrid, il assista à la bataille de Vittoria (21 juin 1813), où il fut blessé. Il reçut ensuite le commandement de la cavalerie de l'armée d'Italie, charge qu'il n'abandonna qu'après l'abdication de l'empereur. Chevalier de Saint-Louis (10 décembre 1814), il resta sans emploi durant les Cent-Jours, et n'en fut pas moins tenu à l'écart par la seconde Restauration. Il voulut tenter la fortune politique, mais il échoua, le 1ᵉʳ octobre 1821, comme candidat à la députation, dans le 3ᵉ arrondissement électoral de Lot-et-Garonne (Villeneuve-d'Agen), avec 157 voix contre 191 à l'élu M. Becays de la Caussade. Il fut plus heureux le 17 novembre 1827, et fut élu, dans le même arrondissement, par 150 voix (272 votants, 480 inscrits). Il siégea dans l'opposition libérale, fut des 221, et fut réélu, le 23 juin 1830, par 167 voix sur 316 votants. Il contribua à l'établissement de la monarchie de juillet, qui le remit en activité et lui confia le commandement de la 17ᵉ division militaire. Réélu député, le 5 juillet 1831, par 354 voix sur 421 votants, il mourut au cours de la législature (septembre 1833), et fut remplacé à la Chambre, le 7 novembre suivant, par M. de Lacuée-Saint-Just.

LAFON DE BEAULIEU (PIERRE-RAYMOND), membre de la Convention, né à Beaulieu (Corrèze) le 18 août 1741, mort à Beaulieu le 14 août 1823, avocat, administrateur du département, fut élu, le 6 septembre 1792, premier député suppléant de la Corrèze à la Convention « à la pluralité des voix ». Admis à siéger le 9 janvier 1793, en remplacement de Germignac, décédé, il ne prit aucune part au jugement de Louis XVI, et le *Moniteur* ne contient à cet égard que cette simple mention : « *Lafon* : point de voix. » Sa carrière parlementaire n'a pas laissé d'autres traces.

LAFON DE CAVAIGNAC (ANDRÉ-JACQUES-ELISABETH, BARON), député de 1821 à 1831, né à Layrac (Lot-et-Garonne) le 21 février 1779, mort le 30 décembre 1844, fit sa carrière dans les armées du premier Empire, et adhéra avec enthousiasme à la Restauration qui le fit commandeur de la Légion d'honneur, chevalier de Saint-Louis, maréchal-de-camp et commandant de l'artillerie de la garde royale. Le 1ᵉʳ octobre 1821, il fut élu député du 1ᵉʳ arrondissement électoral du Lot-et-Garonne (Agen), par 242 voix (454 votants, 637 inscrits) ; il siégea dans la majorité ministérielle, parla souvent sur les questions militaires « d'une voix grêle et chevrotante », dit un biographe, et fut réélu successivement : le 25 février 1824, par 362 voix (503 votants, 599 inscrits); le 24 novembre 1827, au collège de département du Lot-et-Garonne, par 113 voix (209 votants, 308 inscrits); le 3 juillet 1830, par 160 voix (276 votants, 324 inscrits). Son dévouement ministériel ne se démentit pas un instant. Il eut avec le général Sémélé (*V. ce nom*), son collègue à la Chambre, un duel provoqué à la séance du 28 mars 1822, dans la discussion du budget, par ces paroles du général Lafou : « Rien n'est plus déplacé que l'éloge de l'assassin du duc d'Enghien sous les voûtes de ce palais, patrimoine des Condé; » il avait aussi parlé « des esprits orgueilleux qui ne veulent reconnaître aucun droit à la clémence royale ». Le général Sémélé s'écria : « Vous insultez des gens qui valent mieux que vous; vous êtes un être vil, c'est moi qui vous le dis. » Un duel au pistolet eut lieu le 31 mars; chacun des combattants tira trois balles sans résultat. Grand-officier de la Légion d'honneur (8 juin 1825), M. Lafon fut admis à la retraite comme maréchal-de-camp le 27 octobre 1831.

LAFON DE CAYX (Jean-Joseph), député au Corps législatif de 1852 à 1853, né à Montgesty (Lot) le 5 juillet 1778, mort au château de Cayx (Lot) le 17 novembre 1853, appartint à l'administration et fut notamment sous-préfet de Castres et préfet du Tarn. Admis à la retraite à ce dernier titre, il fut élu, le 29 février 1852, comme candidat officiel, député de la 1re circonscription du Lot au Corps législatif, par 28,713 voix (29,831 votants, 42,732 inscrits). M. Lafon de Cayx appartint à la majorité. Décédé en novembre 1853, il eut pour successeur, le 5 février 1854, le prince Joachim Murat.

LAFON DE FONGAUFIER (Jean-Baptiste-Adrien), représentant en 1871, né à Sagelat (Dordogne) le 21 août 1822, lieutenant de vaisseau en retraite, avait longtemps servi au Sénégal où il avait conservé des relations. Le 3 avril 1871, il fut élu représentant du Sénégal à l'Assemblée nationale, par 1,186 voix (1,980 votants. 4,277 inscrits). Il se fit inscrire à l'Union républicaine, fut membre de diverses commissions, et vota *pour* l'amendement Barthe, *pour* le retour à Paris, *pour* la dissolution, *pour* la proposition du centre gauche, *pour* l'amendement Wallon, *pour* les lois constitutionnelles, *contre* le 24 mai, *contre* la démission de Thiers, *contre* la prorogation des pouvoirs du Maréchal, *contre* la loi des maires, *contre* le ministère de Broglie. Conseiller général du canton de Belvès (Dordogne) depuis le 8 octobre 1871, il n'a pas fait partie d'autres assemblées.

LAFOND (Antoine-Narcisse), député de 1831 à 1846, pair de France, né à Paris le 1er décembre 1793, mort à Paris le 29 décembre 1866, « fils d'Etienne Lafond, marchand de vins, et de Louise Lafond, » fut négociant à Paris, comme son père, devint juge au tribunal de commerce de la Seine et acquit une certaine réputation dans le monde de l'opposition libérale, par l'indépendance qu'il montra (juillet 1830), en condamnant, en dépit des Ordonnances, l'imprimeur du *Courrier français* à mettre ses presses à la disposition du journal. Cette attitude lui valut, le 5 juillet 1831, son élection comme député du 4e collège de la Nièvre (Cosne), par 115 voix (128 votants, 162 inscrits). Mais M. Lafond alla s'asseoir au centre de la Chambre et vota constamment avec

la majorité conservatrice. Réélu, le 21 juin 1834, par 114 voix (143 votants, 209 inscrits), contre 18 à M. de Bourgoing, il se prononça *pour* les lois de septembre 1835, *pour* toutes les mesures proposées par le ministère, et obtint encore le renouvellement de son mandat : le 4 novembre 1837, par 135 voix (214 votants, 269 inscrits); le 2 mars 1839, par 145 voix (177 votants), et le 9 juillet 1842, par 148 voix (239 votants, 279 inscrits), contre 69 à M. de Bourgoing. M. Lafond vota, en 1845, *pour* l'indemnité Pritchard. « On assure, écrivait vers cette époque un biographe parlementaire, que pour le récompenser de son dévouement à toute épreuve et pour permettre à M. Delangle d'arriver à la députation, le ministre va le nommer pair de France. » Cette assertion se trouva vérifiée le 21 juillet 1846; M. Lafond fut appelé à la pairie, et M. Delangle prit sa place au Palais-Bourbon. M. Lafond soutint le gouvernement de Louis-Philippe jusqu'à la révolution de 1848, qui le rendit à la vie privée. Régent de la Banque de France et chevalier de la Légion d'honneur.

LAFOND DE SAINT-MUR (Gui-Joseph-Rémy Deplanche, baron), député au Corps législatif de 1857 à 1870, membre du Sénat, né à la Roche-Canillac (Corrèze) le 8 décembre 1817, fit son droit à Paris et entra dans l'administration comme conseiller de préfecture. Secrétaire général de la préfecture de la Corrèze (1847-1857), il se porta, comme candidat officiel, aux élections du 22 juin 1857, et fut élu député de la 1re circonscription de la Corrèze par 24,746 voix (29,981 votants, 42,156 inscrits), contre 3,574 voix à M. Lebraly et 1,644 à M. Sage, ancien représentant. Il prit place dans la majorité dynastique et fut successivement réélu : le 12 juin 1863, par 26,520 voix (26,870 votants, 39,483 inscrits), et, le 24 mai 1869, par 25,193 voix (28,513 votants, 40,624 inscrits), contre 3,208 voix à M. Jules Favre. Défenseur constant du pouvoir, il vota en 1870 pour la guerre de Prusse. Rendu à la vie privée par la chute de l'Empire, il se présenta, le 30 janvier 1876, aux élections sénatoriales dans la Corrèze, et fut élu par 245 voix sur 346 votants. Il siégea à droite, dans le groupe de l'Appel au peuple, vota la dissolution de la Chambre demandée par le ministère de Broglie en 1877, et soutint la politique du 16 mai. Ancien maire de Tulle, conseiller général du canton de la Roche-Canillac, officier de la Légion d'honneur du 14 août 1866 et officier de l'Instruction publique, il fut réélu sénateur, mais cette fois comme candidat républicain, au renouvellement triennal du 6 janvier 1885, avec 342 voix sur 707 votants. Il soutint généralement les ministères opportunistes, s'abstint (juin 1886) au scrutin sur l'expulsion des princes, et, en dernier lieu, se prononça *pour* le rétablissement du scrutin d'arrondissement (13 février 1889), *pour* la procédure à suivre devant le Sénat contre le général Boulanger; il s'est abstenu sur le projet de loi Lisbonne restrictif de la liberté de la presse.

LAFONT (Jean-Antoine-Aimé), député de 1881 à 1889, né à Toulouse (Haute-Garonne) le 2 avril 1835, se fixa de bonne heure à Paris, et entra à la rédaction du *Temps*, où il fut chargé de la partie commerciale. Les opinions républicaines qu'il avait manifestées sous l'Empire et la part qu'il prit à l'organisation de la garde nationale de Paris, dont il ne put faire partie étant boiteux, le firent nommer, après le 4 septembre 1870, adjoint au maire du 18e arrondissement, M. Clémenceau. Intimement lié avec celui-ci, il partagea avec lui, lors de l'insurrection du 18 mars, les dangers d'une situation équivoque, fut accusé de n'avoir pas empêché l'assassinat des généraux Clément Thomas et Lecomte, faillit être arrêté par le gouvernement de Versailles, et le fut effectivement par la Commune. Elu, en 1871, conseiller municipal de Paris pour le quartier de la Goutte-d'Or, il fut réélu en 1874, dans celui des Grandes-Carrières; puis en 1878 et en 1881. M. Lafont vota avec les radicaux du conseil. Ce fut à cette époque qu'il entra dans la carrière parlementaire. L'option de M. Clémenceau pour la 2e circonscription du 18e arrondissement ayant rendu vacante la 1re, M. Lafont s'y porta candidat à sa droite et sous son patronage, et fut élu, le 18 décembre 1881, par 6,862 voix (11,329 votants, 20,191 inscrits), contre 2,744 à M. Joffrin, du parti ouvrier possibiliste, 1,028 à M. G. Berry, monarchiste, et 145 à M. Henry. Il s'inscrivit au groupe de l'extrême-gauche, et opina constamment avec la fraction de ce groupe qui suivait les inspirations de M. Clémenceau. Il contribua par son vote à la chute des ministères Gambetta et Ferry, se prononça *pour* la séparation de l'Eglise et de l'Etat et *contre* les crédits de l'expédition du Tonkin. Inscrit, aux élections d'octobre 1885, sur plusieurs listes radicales du département de la Seine, M. Lafont réunit, au premier tour de scrutin, 141,457 voix, fut classé le 21e sur la liste définitive des candidats, et fut élu, au scrutin de ballottage, par 285,254 voix (416,886 votants, 564,338 inscrits). Il reprit sa place dans le groupe avancé de la majorité républicaine, parut rarement à la tribune, se montra, pendant la législature, l'adversaire des cabinets Rouvier et Tirard, vota l'expulsion des princes, soutint le ministère Floquet, et se prononça, en dernier lieu, *contre* le rétablissement du scrutin d'arrondissement (11 février 1889), *contre* l'ajournement indéfini de la revision de la Constitution, *pour* les poursuites contre trois députés membres de la Ligue des patriotes, *contre* le projet de loi Lisbonne restrictif de la liberté de la presse, *pour* les poursuites contre le général Boulanger.

LAFONT DE SAVINES (CHARLES), député en 1789, né à Embrun (Hautes-Alpes) le 17 février 1742, mort à Embrun le 16 janvier 1815, entra dans les ordres, et fut nommé en 1778 évêque de Viviers. Il adopta les principes de la Révolution, et, ayant été élu, en 1789, député du clergé aux Etats-Généraux par la sénéchaussée de Villeneuve-de-Berg, il fut un des quatre évêques français qui prêtèrent le serment à la Constitution civile. Au commencement de 1791, Lafont de Savines se démit de son évêché, mais il l'accepta de nouveau des électeurs de l'Ardèche, et exerça jusqu'au 1er décembre 1793 les fonctions d'évêque constitutionnel de ce département. Devenu suspect à cette époque, il fut emprisonné et ne recouvra la liberté qu'après le 9 thermidor. Il voulut alors reprendre l'administration de son diocèse, mais il fut obligé de se retirer. En 1802, l'autorité ecclésiastique obtint son internement à Charenton, tandis que l'archevêque de Vienne faisait administrer un conseil le diocèse de Viviers. Lafont de Savines ayant publiquement rétracté ses opinions et actes précédents, put enfin se retirer à Savines, dans le château de sa famille, puis à Embrun, dans l'hôtel où il était né, et où il mourut (janvier 1815).

LAFONT DU CUJULA (CHARLES-MARIE), dé-

puté en 1791, au Conseil des Cinq-Cents et au Corps législatif, né à Agen (Lot-et-Garonne) le 16 avril 1749, mort à Agen le 1er novembre 1811, « fils de messire Henry de Lafont du Cujula et de dame Rose Sarasin de Vulade », fut, sous l'ancien régime, consul à Agen, et commissaire de la noblesse de l'Agenois à l'assemblée bailliagère. A la Révolution, il devint officier municipal et maire d'Agen, président de l'administration du district d'Agen, et fut élu, le 2 septembre 1791, député du Lot-et-Garonne à l'Assemblée législative, le 5e sur 9, par 278 voix sur 365 votants. Il ne prit la parole que pour faire part d'une découverte relative à la fabrication économique du pain. Membre du directoire du département de Lot-et-Garonne après la session, il fut élu député de ce département au Conseil des Cinq-Cents, le 27 germinal an VII; il présenta à cette assemblée un projet de perception des contributions, adhéra au coup d'Etat de brumaire, et fut choisi par le Sénat conservateur comme député du même département au nouveau Corps législatif, le 4 nivôse an VIII. Le 6 brumaire an XII, le gouvernement le nomma secrétaire général de la préfecture à Agen.

LAFONTAINE (JOSEPH-PIERRE), représentant du peuple en 1848, né à Moscou (Russie) le 21 mars 1792, mort à Neuilly (Seine) le 15 avril 1858, fils d'un ancien dragon du régiment de Schauenbourg, entra à 17 ans à Saint-Cyr, en sortit sous-lieutenant au 11e de ligne le 19 mai 1811, prit part à la campagne de Russie, fut nommé lieutenant lors de l'entrée à Moscou (23 septembre 1812), et capitaine à la Bérézina. Aide-de-camp du général Gérard le 27 janvier 1813, chevalier de la Légion d'honneur le 21 juin, après la bataille de Wurtschen (21 mai), il se distingua encore à Leipzig, et, durant les Cent-Jours, à Ligny, où il sauva la vie du général Gérard, et contribua au succès de la bataille et à la retraite de Blücher. A la seconde Restauration, il fut mis en non-activité le 20 octobre 1815. Il se retira alors à Dijon, y fit de l'opposition au gouvernement des Bourbons, s'attira des amendes, de la prison et la mise à la réforme sans traitement. Après les événements de 1830, il redevint aide-de-camp du maréchal Gérard, prit part à la campagne de Belgique et au siège d'Anvers, fut promu officier de la Légion d'honneur (13 novembre 1832), nommé lieutenant-colonel au 20e léger (18 janvier 1833), et fut envoyé en Afrique comme colonel du 62e de ligne (mars 1837). Il se distingua à l'expédition de la Tafna, fut mis à l'ordre du jour de l'armée, commanda à Philippeville (janvier 1840), et dut rentrer en France en 1841, pour cause de santé, avec le grade de maréchal-de-camp. Il commandait depuis 1842 la subdivision de Nevers, lors de la révolution de février. Le 23 avril 1848, il fut élu représentant de la Nièvre à l'Assemblée constituante, le 7e sur 8, par 25,731 voix (75,213 votants, 88,295 inscrits). Républicain modéré, il fit partie du comité de la guerre, et vota en général avec la droite, *pour* le bannissement de la famille d'Orléans, *contre* l'impôt progressif, *contre* l'incompatibilité des fonctions, *contre* l'amendement Grévy, *contre* la sanction de la Constitution par le peuple, *pour* l'ensemble de la Constitution, *pour* la proposition Rateau, *pour* l'expédition de Rome, *contre* la demande de mise en accusation du président et des ministres. Il avait été promu général de division le 12 juin 1848. Il n'a pas fait partie d'autres assemblées.

LAFOREST (ETIENNE BUSSIÈRE), **membre de la Convention et député au Conseil des Cinq-Cents**, né à Saint-Jean-Baptiste-du-Trou, près du Cap-Français(Saint-Domingue) en 1743, mort à une date inconnue, sellier-carrossier au Cap-Français, fut élu 1er député suppléant de Saint-Domingue à la Convention, le 24 septembre 1793. Admis à siéger, le 5 fructidor an III, en remplacement de M. Réchin, démissionnaire, il ne prit la parole que pour exposer la situation de la colonie. Il fut appelé à siéger de droit, comme conventionnel des colonies, au Conseil des Cinq-Cents, le 4 brumaire an IV. Son rôle politique n'a pas laissé d'autres traces.

LAFOREST (ANTOINE-RENÉ-CHARLES-MATHURIN, COMTE DE), **représentant aux Cent-Jours, ministre, pair de France**, né à Aire (Pas-de-Calais) le 8 août 1756, mort à sa terre de Fréchines (Loir-et-Cher) le 2 août 1846, était, en 1772, sous-lieutenant au régiment de Hainaut. Il abandonna bientôt la carrière des armes pour entrer dans la diplomatie. Élève au département des affaires étrangères le 14 décembre 1774, il fut nommé, en 1779, secrétaire de légation aux États-Unis, puis vice-consul à Savanah, à Philadelphie et à New-York. Consul général de France aux États-Unis en 1788, il revint en France au mois de septembre 1793, et fut adjoint à Fauchet qui avait le titre de ministre plénipotentiaire. Ils furent révoqués tous les deux le 5 novembre an III, mais, l'année suivante (18 juillet 1797), Talleyrand, mis à la tête du département des Relations extérieures, confia à Laforest la direction de la comptabilité et des fonds. Directeur des postes à l'époque du Consulat, Laforest accompagna Joseph Bonaparte au congrès de Lunéville, en qualité de premier secrétaire de légation, et fut ensuite envoyé à Munich puis à la diète de Ratisbonne, comme chargé d'affaires extraordinaire. Grand-croix de la Légion d'honneur (19 vendémiaire an XII), il fut nommé ministre plénipotentiaire à Berlin le 1er mai 1805, et remplit ces fonctions avec honneur durant la campagne d'Austerlitz et les préliminaires de la guerre de Prusse. Il allait partir pour la Russie, quand il reçut l'ordre de se rendre à Madrid, en qualité d'ambassadeur, en 1808, après les événements d'Aranjuez. Il occupa cinq ans ce poste difficile, et fut créé comte de l'Empire le 28 janvier 1809. Rentré en France en 1813, il reçut la mission de négocier à Valençay, avec Ferdinand VII, le traité qui rouvrait à ce prince les portes de l'Espagne. Il fut nommé peu après grand-croix de l'ordre de la Réunion. A la rentrée des Bourbons, le roi lui confia par intérim le ministère des Affaires étrangères, du 3 avril au 12 mai 1814, et le chargea de préparer le traité de Paris. En récompense de ses services il reçut le grand-cordon de la Légion d'honneur. Elu, le 11 mai 1815, représentant à la Chambre des Cent-Jours, par le collège de département de Loir-et-Cher, avec 35 voix (51 votants, 180 inscrits), il fut nommé, à la seconde Restauration, ministre plénipotentiaire auprès des puissances alliées. Pair de France le 5 mars 1819, il devint en 1825 ministre d'Etat et membre du conseil privé. La révolution de 1830 le priva de ses emplois et dignités.

LAFOREST (DÉMOPHILE), **représentant en 1848**, né à Villié (Rhône) le 29 août 1795, mort à Saint-Léonard-sur-Mer (Angleterre) le 7 avril 1867, fils d'un maître de pension, étudia le droit et s'établit à Lyon comme notaire. Il pro-

fessa sous Louis-Philippe des opinions libérales et se présenta, le 9 juillet 1842, puis, le 1er août 1846, à la députation: il réunit dans le 1er collège du Rhône, la première fois, 515 voix contre 586 à l'élu, député sortant, M. Sauzet, et, la seconde fois, 468 voix contre 722 au député sortant, et 156 à M. Guérin. Placé à la tête de l'administration municipale par le parti populaire, après la révolution de 1848, M. Laforest montra dans ces fonctions une certaine habileté qui lui valut, avec l'appui de tous les partis, son élection comme représentant du Rhône à l'Assemblée constituante, le 1er sur 14, avec 126,743 voix. Presque toujours *absent par congé*, il ne prit qu'une part très restreinte aux travaux parlementaires. M. Laforest appartenait à la fraction la plus conservatrice de la gauche, et faisait partie du comité de la justice. Il se prononça *contre* le droit au travail, *pour* l'ensemble de la Constitution, *pour* la suppression de l'impôt du sel. Non réélu à la Législative, il continua de diriger à Lyon son étude de notaire, devint membre de la commission municipale de Lyon et conseiller général du Rhône, et reçut la croix de la Légion d'honneur. De fâcheuses opérations financières où son nom se trouva compromis l'obligèrent plus tard à quitter la France. Il passa en Angleterre et y mourut.

LAFOREST D'ARMAILLÉ (GABRIEL-JULIEN-JACQUES-LOUIS), **député de 1815 à 1816**, né à Bruz (Ille-et-Vilaine) le 25 août 1764, mort à une date inconnue, était conseiller au parlement de Bretagne depuis le 22 janvier 1784. Il resta à l'écart pendant la Révolution, fut nommé syndic des pauvres de Rennes le 9 nivôse an XII, conseiller municipal (3 frimaire an XIII), puis entra dans la magistrature et devint conseiller à la cour de Rennes. Il fut élu, le 22 août 1815, au grand collège, député d'Ille-et-Vilaine par 99 voix (183 votants, 247 inscrits). Il appartint à la majorité de la Chambre introuvable, puis devint président de chambre à la même cour, fonctions qu'il remplit jusqu'à la révolution de 1830. — Chevalier de la Légion d'honneur.

LAFOREST. — *Voy.* DIVONNE (COMTE DE).

LAFORGE (ANNE-ETIENNE-MARIE), **député en 1789**, né à Auxerre (Yonne) le 26 décembre 1748, mort à Paris le 12 mai 1805, était, avant la Révolution, conseiller au présidial d'Auxerre. En mars 1789, il fut élu député du tiers aux Etats-Généraux par le bailliage d'Auxerre. Son rôle parlementaire n'a laissé aucune trace au *Moniteur*.

LAFORGE (JEAN-MICHEL-MARGUERITE DE), **député en 1789**, né à Châteaudun (Eure-et-Loir) le 7 décembre 1753, mort à Châteaudun le 6 avril 1830, était avocat dans cette ville. A la Révolution, il fut (23 mars 1789) élu par le bailliage de Blois député du tiers aux Etats-Généraux. Il vota, sans paraître à la tribune, avec la majorité, et devint plus tard (23 prairial an XI) conseiller général d'Eure-et-Loir.

LA FORGE (ANATOLE-ALEXANDRE DE), **député de 1881 à 1889**, né à Paris le 1er avril 1821, se destina d'abord à la diplomatie. Attaché à la légation de Florence, puis secrétaire d'ambassade à Turin et à Madrid, il fut chargé, en 1846, d'une mission en Espagne qui lui valut, au retour, la croix de chevalier de la Légion d'honneur. La révolution de 1848 modifia ses idées: il se tourna vers le journalisme, collabora à l'*Estafette*, puis entra au *Siècle*, dont il devint un des principaux rédacteurs, et où il se fit pendant plusieurs années une spécialité des questions de politique extérieure. Ayant soutenu, sous l'Empire, l'opposition démocratique, il fut nommé, après le 4 septembre 1871, préfet du département de l'Aisne. Les circonstances faisaient alors de cette fonction un véritable poste de combat : M. A. de La Forge parvint à grand'peine jusqu'à Saint-Quentin, que la prise et l'occupation de Laon avaient substitué au chef-lieu, y organisa la résistance, et eut personnellement, à la vaillante défense de cette ville contre les troupes allemandes, pendant la journée du 8 octobre 1870, une part des plus honorables: le préfet avait combattu à la tête des gardes nationaux, des pompiers et des ouvriers de Saint-Quentin, et, quoique blessé grièvement à la jambe, était resté au feu jusqu'au moment où l'ennemi s'était décidé à battre en retraite sur Laon. Le gouvernement de la Défense nationale nomma M. A. de La Forge officier de la Légion d'honneur (28 octobre), lui adressa de chaleureuses félicitations, et l'appela à la préfecture des Basses-Pyrénées (février 1871). Partisan de la guerre à outrance, M. de La Forge s'efforça de rendre cette politique populaire, présida aux élections du 8 février 1871, et donna sa démission après le vote des préliminaires de paix. Redevenu collaborateur du *Siècle*, il fut porté par les républicains, aux élections du 14 octobre 1877, candidat dans le 8ᵉ arrondissement de Paris, où il obtint 5,241 voix contre 6,335 au vice-amiral Touchard, monarchiste, élu. Puis, lors de la formation du cabinet Dufaure, le 14 décembre suivant, M. Anatole de La Forge fut appelé aux fonctions de directeur de la presse au ministère de l'Intérieur. En les acceptant, le nouveau titulaire s'était flatté de l'espoir que le gouvernement et les Chambres établiraient en matière de presse le régime de la liberté absolue; il adressa même dans ce sens à M. de Marcère un remarquable rapport, dont les conclusions ne furent pas adoptées par les pouvoirs publics. Il se démit alors (25 mai 1879) de ses fonctions: Candidat républicain à l'élection partielle du 29 mai 1881, motivée dans le 9ᵉ arrondissement de Paris par le décès d'Emile de Girardin, il fut élu par 9,198 voix (15,698 votants, 23,261 inscrits), contre 4,250 à M. Ed. Hervé, monarchiste, et 2,079 à M. Paul Dubois, républicain radical. Aux élections générales suivantes (21 août de la même année), le 9ᵉ arrondissement ayant été divisé en deux circonscriptions, il se représenta dans la première, et fut élu par 4,927 voix (5,866 votants), sans concurrent. D'opinions et de caractère indépendants, M. Anatole de La Forge ne se fit inscrire à aucun groupe parlementaire; en fait, il vota le plus souvent avec les radicaux de la Chambre, notamment *pour* la liberté de la presse, de réunion, etc. Il demanda la publicité des séances du conseil municipal de Paris, et se montra partisan (novembre 1883) de la création d'un maire de Paris, dont les attributions auraient été réduites, comme celles du maire de Lyon; cette proposition, soutenue par M. Floquet et par M. Spuller, et combattue par M. Waldeck-Rousseau, ministre de l'Intérieur, fut rejetée à 277 voix contre 201. M. de La Forge opina à la même époque en faveur de la révision intégrale de la Constitution, tout en refusant de s'embrigader dans la *Ligue révisionniste* dont le chef était M. Clémenceau. En août 1884, il fut du petit nombre des députés qui refusèrent d'aller à Versailles pour prendre part aux séances du Congrès, ne lui reconnaissant pas le droit de procéder à une révision limitée de la Constitution. Après la mort de Vic-

tor Hugo, il prit l'initiative de la motion tendant à déposer le corps du poète au Panthéon. Enfin il vota contre la politique coloniale et rejeta les crédits du Tonkin. En dehors de la politique pure, M. Anatole de La Forge, que sa bravoure personnelle et son patriotisme éprouvé rendaient sympathique à tous les partis, avait été en mainte occasion investi par ses collègues d'une sorte de magistrature d'honneur, et s'était fait, dans les différends et dans les duels survenus entre des membres du parlement ou de la presse, une situation spéciale d'arbitre. En 1885, son nom ayant été mis en avant pour la présidence de la République, il déclina toute candidature. Inscrit, le 4 octobre 1885, sur plusieurs listes républicaines et radicales dans le département de la Seine, il fut un des quatre élus du premier tour de scrutin, le 3ᵉ sur 38 députés à nommer, par 222,334 voix (434,011 votants, 564,338 inscrits). La majorité de la Chambre nouvelle le désigna comme l'un des vice-présidents. M. A. de La Forge continua d'opiner le plus souvent avec l'extrême-gauche, fut l'adversaire des ministères Rouvier et Tirard, vota *contre* l'expulsion des princes (juin 1886), soutint (octobre 1888) les réclamations du Syndicat de la presse contre les questeurs de la Chambre, et donna à cette occasion sa démission de vice-président, qu'il refusa de retirer. Il se prononça énergiquement contre l'attitude du général Boulanger, quitta la *Ligue des patriotes*, lorsque celle-ci eut adhéré au « boulangisme », soutint le cabinet Floquet, et, en dernier lieu, s'abstint sur le rétablissement du scrutin d'arrondissement (11 février 1889), et se prononça *contre* l'ajournement indéfini de la révision de la Constitution, *contre* les poursuites contre trois députés membres de la Ligue des patriotes, *contre* le projet de loi Lisbonne restrictif de la liberté de la presse, *pour* les poursuites contre le général Boulanger. M. A. de La Forge est décoré de la médaille militaire. On a de lui, outre de nombreux articles insérés dans le *Siècle*: *l'Instruction publique en Espagne* (1847); *des Vicissitudes politiques de l'Italie dans ses rapports avec la France* (1850); *Histoire de la République de Venise sous Manin* (1853); *la Peinture contemporaine en France* (1856); *l'Autriche devant l'opinion* (1859); *la Liberté* (1862); *la Pologne devant les Chambres* (1863); *Lettres à Mgr Dupanloup à propos de la Pologne* (1865), etc.

LAFORGUE DE BELLEGARDE (CALIXTE-JOSEPH-CAMILLE), représentant du peuple en 1848, né à Gap (Hautes-Alpes) le 15 avril 1806, mort à Embrun (Hautes-Alpes) le 21 novembre 1875, propriétaire à Embrun, fils d'un riche cultivateur, et d'opinions assez avancées, fut élu, le 23 avril 1848, représentant des Hautes-Alpes à l'Assemblée constituante, le 2ᵉ sur 3, par 16,644 voix (28,944 votants, 34,824 inscrits). Il fit partie du comité des travaux publics et, bien que considéré comme radical, vota en général avec la droite, *pour* les poursuites contre L. Blanc et Caussidière, *contre* l'abolition de la peine de mort, *contre* l'impôt progressif, *contre* l'incompatibilité des fonctions, *contre* l'amendement Grévy, *contre* la sanction de la Constitution par le peuple, *pour* l'ensemble de la Constitution, *pour* la proposition Rateau, *pour* l'interdiction des clubs, *pour* l'expédition de Rome, *contre* la demande de mise en accusation du président et des ministres. Réélu à la Législative, il rentra dans la vie privée, et, sous l'Empire, se présenta, comme candidat d'opposition au Corps législatif, aux élections.

du 1er juin 1863, dans la circonscription unique des Hautes-Alpes ; il échoua avec 752 voix contre 19,455 à l'élu officiel, M. Garnier, 5,692 à M. Faure et 2,413 à M. Blanc, médecin.

LAFRESSANGE (Henry-Jacques-Hilaire-Jean-François-Régis Sagnard, marquis de), député de 1837 à 1848, né à Saint-Didier-la-Séauve (Haute-Loire) le 10 mars 1791, mort à Bagnères-de-Luchon (Haute-Garonne) le 28 août 1852, ancien officier de la garde royale sous la Restauration, chevalier de la Légion d'honneur, propriétaire et conseiller général de la Haute-Loire, entra dans la politique après la révolution de juillet. Candidat légitimiste à la députation, il échoua dans le 3e collège de la Haute-Loire, le 6 septembre 1834, avec 114 voix contre 118 à l'élu, M. Cuocq ; mais, s'étant rapproché du gouvernement, il fut successivement élu, dans le même collège (Yssingeaux) : le 4 novembre 1837, par 189 voix (327 votants, 356 inscrits), contre 135 au député sortant, M. Cuocq ; le 2 mars 1839, par 234 voix (241 votants) ; le 9 juillet 1842, par 201 voix (331 votants, 364 inscrits), contre 61 à M. Dumoulin ; le 1er août 1846, par 272 voix (363 votants, 409 inscrits), contre 80 à M. Cuocq. Son dévouement au pouvoir ne se démentit que rarement, car il vota *pour* les fortifications de Paris, *pour* le recensement, *pour* l'indemnité Pritchard, mais *contre* la proposition relative aux députés fonctionnaires, *contre* la dotation du duc de Nemours, puis *contre* les incompatibilités, et *contre* l'adjonction des capacités. La révolution de 1848 le rendit à la vie privée.

LAFROGNE (François-Balthazar), député de 1816 à 1821, né à Harboué (Meurthe) le 11 mars 1769, mort à Blamont (Meurthe) le 23 août 1845, était notaire à Blamont et maire de cette ville, lorsqu'il fut élu, le 4 octobre 1816, député de la Meurthe, au collège de département, par 115 voix (181 votants, 271 inscrits). Il prit place au centre gauche, vota le rejet du projet de loi sur les commissaires-priseurs, et demanda le renvoi au ministre de la Guerre de la pétition d'un sieur Demontrey, fournisseur des transports militaires de la place de Blamont, qui réclamait contre le non-paiement d'une fourniture. Là se borna son rôle parlementaire. La santé de M. Lafrogne étant devenue mauvaise, il sollicita et obtint un congé. Les journaux annoncèrent inexactement sa mort en juillet 1819, et cette erreur fut tellement accréditée, qu'on la trouve reproduite dans le *Guide électoral* ou *Biographie législative de tous les députés*, par Brissot-Thivars (1819-20). En réalité, M. Lafrogne conserva son titre de député jusqu'au renouvellement de 1821, et ne mourut que le 23 août 1845, à Blamont.

LAGACHE (Célestin-Dieudonné), représentant du peuple en 1848, sénateur de 1879 à 1888, né à Courcelles-Epayelles (Oise) le 29 août 1809, fils d'un cultivateur, termina ses études à Paris, entra comme sténographe au *Moniteur officiel* en 1830, et devint sténographe reviseur en 1834. Après la révolution de février 1848, il assista, comme simple électeur, à une séance du club de Méru (Oise), où les candidats à l'Assemblée constituante exposaient leurs idées. La discussion s'égarait, quand M. Lagache rétablit avec tant de clarté les questions posées, que plusieurs électeurs demandèrent que son nom fût inscrit sur la liste des candidats. Le 23 avril, il fut élu représentant de l'Oise à l'Assemblée constituante, le 4e sur 10, par 72,732 voix.

Il fut secrétaire du comité de l'administration départementale et communale et vota le plus souvent avec la droite, *pour* le bannissement de la famille d'Orléans, *pour* les poursuites contre L. Blanc et Caussidière, *pour* l'abolition de la peine de mort, *contre* l'impôt progressif, *pour* l'incompatibilité des fonctions, *contre* l'amendement Grévy, *contre* la sanction de la Constitution par le peuple, *pour* l'ensemble de la Constitution, *pour* la proposition Rateau, *contre* l'interdiction des clubs, *contre* la demande de mise en accusation du président des ministres. Non réélu à la Législative, il se présenta comme candidat d'opposition au Corps législatif, dans la 2e circonscription de l'Oise, le 29 février 1852, et échoua avec 440 voix contre 25,513 à l'élu officiel M. de Plancy, et 250 à M. Duranton. Il rentra quelques années après au service sténographique du Sénat, en devint directeur, et prit sa retraite en 1874, avec le titre de directeur honoraire. Aux élections sénatoriales du 5 janvier 1879, il fut élu sénateur de l'Oise par 478 voix (774 votants) ; il prit place au centre gauche, soutint les ministères républicains, s'abstint toutefois (juin 1886) au scrutin sur l'expulsion des princes, et ne fut pas réélu au renouvellement triennal du 5 janvier 1888. Chevalier de la Légion d'honneur du 4 août 1867, officier du 14 avril 1874.

LAGARDE (François, chevalier), député au Conseil des Cinq-Cents, né à Cahors (Lot) le 13 avril 1763, mort à Cahors le 12 février 1815, était officier de marine au moment de la Révolution. Il quitta la France avec les premiers émigrés et servit dans les lanciers britanniques comme capitaine. En 1793, il fit partie, en Vendée, de l'armée de Stofflet, où il lia connaissance avec l'abbé Bernier, dont il devint le secrétaire. Nommé, grâce à la protection de ce dernier, agent général des armées royales auprès des puissances belligérantes, il alla, en cette qualité, à Londres, demander des subsides au ministère anglais. Il n'obtint que 500 £., et se rendit de là à Edimbourg, porteur des lettres de M. de Puisaye au comte d'Artois. Rentré en France sous le Directoire, il fut élu député du Lot au Conseil des Cinq-Cents, le 27 germinal an VII, adhéra au coup d'Etat de brumaire, fut nommé maire de Cahors le 27 germinal an VIII, chevalier de la Légion d'honneur le 14 brumaire an XIII, et créé chevalier de l'Empire le 26 octobre 1808. Il mourut peu de temps avant le retour de l'île d'Elbe.

LAGARDE (Barthélemy), représentant en 1848 et 1849, né à Bordeaux (Gironde) le 15 décembre 1795, mort à Paris le 17 septembre 1887, étudia le droit, fut reçu avocat, et s'inscrivit au barreau de Bordeaux, où il se fit, sous la Restauration et sous le gouvernement de Louis-Philippe, une brillante réputation d'avocat d'assises et de jurisconsulte. Ses opinions le rapprochaient de l'opposition dynastique, et il fut, à deux reprises, le candidat des libéraux à la Chambre des députés : le 9 juillet 1842, il obtint dans le 4e collège de la Gironde (Bordeaux) 88 voix contre 290 à l'élu, M. Roul, et 188 à M. Boneval ; et, le 1er avril 1846, il en réunit 154 contre 425 au député sortant, réélu, et 160 à M. Lamyre. Elu, après la révolution de février, représentant de la Gironde à l'Assemblée constituante (23 avril 1848), le 7e sur 15, par 88,714 voix (146,606 votants), il vota d'ordinaire avec le parti qui soutint le général Cavaignac au pouvoir, et se prononça : *contre* le rétablissement du cautionnement, *pour* les poursuites contre Louis Blanc et Caussidière, *pour* le rétablissement de la contrainte par corps, *contre* l'abolition de la peine de mort, *contre* l'amendement Grévy, *contre* le droit au travail, *pour* l'ordre du jour en l'honneur de Cavaignac. Après l'élection de L.-N. Bonaparte à la présidence, M. Lagarde accentua davantage ses votes dans le sens démocratique et opina : *pour* la suppression de l'impôt du sel (comme rapporteur de ce projet de loi, il conclut à la suppression des deux tiers (27 décembre 1848), *contre* la proposition Rateau, *contre* l'interdiction des clubs, *contre* les crédits de l'expédition de Rome, etc. Non réélu tout d'abord à la Législative, il y entra, le 14 octobre 1849, à la faveur de l'élection partielle motivée par le décès de M. Ravez, avec 35,245 voix (70,390 votants, 175,965 inscrits), contre 25,766 à M. Gauthier et 8,632 à M. Ravez fils. M. Lagarde prit place à la gauche modérée, combattit en plusieurs occasions les opinions de la majorité monarchiste et les actes du gouvernement présidentiel, et fut rendu au barreau de Bordeaux par le coup d'Etat du 2 décembre 1851. Après une tentative infructueuse, comme candidat d'opposition au Corps législatif, dans la 1re circonscription de la Gironde, le 29 février 1852, — il n'eut que 524 voix contre 10,132 à l'élu, M. Montané, — M. B. Lagarde resta au barreau dont il fut bâtonnier en 1835, 1854, 1870 et 1871.

LAGARDE (Baron de). — *Voy.* Pelletier.

LAGENTIE (Etienne), député au Conseil des Cinq-Cents, dates de naissance et de mort inconnues, était commissaire près l'administration municipale de Caylus, lorsqu'il fut élu (26 germinal an VI) député du Lot au Conseil des Cinq-Cents. Il siégea obscurément jusqu'en l'an VIII.

LAGET (Jacques-Louis), représentant en 1871, sénateur de 1876 à 1882, né à Meyrueis (Lozère) le 28 novembre 1882, mort à Nîmes (Gard) le 28 novembre 1882, prit place au barreau de Nîmes en 1847, fut nommé sous-préfet d'Uzès en 1848, puis substitut du procureur de la République, et fut révoqué en 1849. Pendant la durée de l'Empire, il continua, dans sa ville natale, à exercer la profession d'avocat et, en 1865, devint conseiller général du canton de Nîmes. Nommé préfet du Gard au 4 septembre 1870, il échoua, le 8 février 1871, aux élections générales pour l'Assemblée nationale, avec 47,690 voix sur 95,143 votants; mais il fut élu aux élections complémentaires du 2 juillet suivant, le 1er sur 2 de la liste républicaine, par 56,071 voix (97,257 votants, 134,644 inscrits). Cette élection n'ayant pas été validée, en raison des fonctions administratives exercées par le candidat, M. Laget se représenta devant ses électeurs, le 7 janvier 1872, il fut réélu par 53,491 voix (100,408 votants, 133,866 inscrits), contre 46,625 à M. Benoît d'Azy fils. Il prit place à l'Union républicaine, attaqua violemment M. Guigues de Champvans, préfet du Gard sous l'ordre moral, souleva contre lui de nombreuses difficultés en sa qualité de président du conseil général, et vota *pour* le retour à Paris, *pour* la dissolution, *pour* la proposition du centre gauche, *pour* l'amendement Wallon, *pour* les lois constitutionnelles, *contre* le 24 mai, *contre* la démission de Thiers, *contre* l'arrêté sur les enterrements civils, *contre* la prorogation des pou-

voirs du Maréchal, *contre* l'état de siège, *contre* la loi des maires, *contre* le ministère de Broglie. Elu, le 30 janvier 1876, sénateur du Gard par 223 voix sur 430 votants, il prit place à la gauche de la Chambre haute, vota *contre* la dissolution de la Chambre, demandée, en 1877, par le ministère de Broglie, soutint les ministères républicains qui suivirent, et mourut au cours de la législature.

LAGIER-LACONDAMINE (Joseph-Bernard), député en 1791 et de l'an XII à 1810, né à Die (Drôme) le 20 août 1758, mort à Die le 14 juin 1823, « fils de maître Louis Lagier, avocat à la cour, et de demoiselle Françoise Delamorte, » était avocat au bailliage de Die avant la Révolution. Administrateur du département, procureur-syndic du district en 1791, il fut, le 3 septembre de la même année, élu député de la Drôme à l'Assemblée législative, où il siégea parmi les partisans de la monarchie constitutionnelle. Après le 18 brumaire, Lagier-Lacondamine fut nommé commissaire près le tribunal civil de Die, et continua d'exercer les mêmes fonctions sous diverses dénominations suivant les régimes. Le 29 thermidor an XII, le Sénat conservateur l'appela à représenter le département de la Drôme au Corps législatif, dont il fut vice-président, et qu'il quitta en 1810. Il se rallia aux Bourbons, et mourut procureur du roi près le tribunal de première instance de Die, ayant reçu, le 20 mars 1816, l'investiture du gouvernement de la Restauration.

LAGOILLE DE LOCHEFONTAINE (Etienne-Nicolas), député en 1789, né à Reims (Marne) le 30 novembre 1749, mort à Reims le 6 septembre 1814, chanoine de la cathédrale de Reims, fut élu, le 27 mars 1789, député du clergé aux Etats-Généraux par le bailliage de Reims. Son nom ne figure pas au *Moniteur*.

LAGOUPILLIÈRE (Alexandre-Louis-Jean-Baptiste-Jacques), marquis de Dollon, député de 1827 à 1834, né à Dollon (Sarthe) le 21 juillet 1778, mort au château de Dollon le 23 juillet 1856, propriétaire à Semur, entra dans la carrière politique le 17 novembre 1827, comme député du 4e collège de la Sarthe (Saint-Calais), élu par 122 voix sur 192 votants (214 inscrits), contre 67 à M. de Boisguibert, maire de Montmirail. Il prit place au centre gauche et vota d'ordinaire avec la fraction la plus modérée de l'opposition constitutionnelle. Un biographe parlementaire disait de lui : « C'est un excellent homme, un *bon vivant*, dont la carrière législative a commencé dans la nouvelle Chambre septennale. Il aime le Roi, la Charte et les plaisirs. » Un autre, de 1828, ajoutait : « Doué d'un superbe physique, M. de Dollon fait de fréquents voyages à Paris, et ne retourne jamais dans ses foyers sans fournir à ses concitoyennes un modèle des modes et de la mise de la capitale. A cet effet, il prend compagne de voyage une Parisienne dont l'élégance et la beauté font, pendant six mois, l'envie et l'admiration du beau sexe de son département. Nouveau voyage, nouveau modèle, et, jusqu'à présent, on n'a eu qu'à applaudir au goût exquis de M. de Dollon. » M. de Dollon, doctrinaire en politique et ami de Royer-Collard, fut des 221, et obtint sa réélection, le 12 juillet 1830, avec 149 voix (230 votants, 257 inscrits), contre 78 à M. Anatole de Montesquiou. Il se rallia au gouvernement de Louis-Philippe, fut encore réélu, le 5 juillet 1831, par 190 voix (308 votants, 379 inscrits), contre 103 à M. Lelong, et appartint jusqu'en 1834 à la majorité.

LAGOY (Jean-Baptiste-Florentin-Gabriel Meyraud, marquis de), député de 1815 à 1821 et de 1827 à 1830, né à Arles (Bouches-du-Rhône) le 22 octobre 1764, mort à Saint-Remy (Bouches-du-Rhône) le 5 septembre 1829, était, avant 1789, officier au régiment du Roi-infanterie. Il n'émigra point, se fit oublier pendant la période révolutionnaire, et ne remplit aucune fonction avant le retour des Bourbons. Dévoué à la cause royaliste, il fut élu, le 22 août 1815, député des Bouches-du-Rhône, au grand collège, par 130 voix (185 votants, 289 inscrits). Il siégea dans la majorité de la Chambre introuvable, et obtint sa réélection, le 4 octobre 1816, par 98 voix (151 votants, 270 inscrits). Assis au côté droit, il se prononça en 1819 *pour* les lois d'exception, et, à propos de la loi sur les douanes, soutint les amendements tendant à augmenter les droits d'entrée sur les laines étrangères. Le marquis de Lagoy quitta la Chambre en 1821, et y rentra, le 17 novembre 1827, comme député du 3e arrondissement des Bouches-du-Rhône (Arles), élu par 139 voix (158 votants, 230 inscrits). « Ce noble marquis tient à l'ancien régime, » écrivait en 1829 la *Biographie des députés*, par J. Dourille. En effet, M. de Lagoy reprit sa place à droite, soutint le ministère Polignac et mourut au cours de la législature.

LAGRANGE (François), député au Conseil des Anciens et au Corps législatif de l'an VIII à l'an XII, né à Puymirol (Lot-et-Garonne) le 19 août 1754, mort à Puymirol le 5 juin 1816, homme de loi et maire de Puymirol, fut élu, le 22 germinal an V, par 215 voix (254 votants), député de Lot-et-Garonne au Conseil des Anciens, où il siégea assez obscurément jusqu'au coup d'État de brumaire. S'étant montré favorable à la politique de Bonaparte, Lagrange fut inscrit, le 4 nivôse an VIII, par le Sénat conservateur, sur la liste des députés au nouveau Corps législatif; il y représenta jusqu'au 28 prairial an XII le département des Bouches-du-Rhône.

LAGRANGE (Joseph, comte de), député de 1817 à 1822 et pair de France, né à Saint-Pesserre (Gers) le 10 janvier 1763, mort à Paris le 16 janvier 1836, « fils d'Armand Lagrange, bourgeois, et de demoiselle Marianne Baruit, mariés, » entra, en 1794, comme capitaine, aux volontaires du Gers, fit les campagnes de 1796 et 1797 en Italie, en Carinthie et en Tyrol, devint général de brigade, et fut choisi par Bonaparte pour faire partie de l'expédition d'Égypte. Il entra au Caire à la tête de l'avant-garde, assista au siège d'El Harisch et se distingua à Héliopolis. De retour en France, il fut nommé inspecteur de gendarmerie, général de division, puis commandant de la 14e division militaire (23 septembre 1800). En 1805, il reçut le commandement de l'expédition dirigée contre les colonies anglaises des Antilles, débarqua à la Dominique, fit la garnison prisonnière, s'empara de l'artillerie et du matériel, des navires au port, et détruisit les fortifications et les magasins. Commandant d'une division en Hollande en 1806, il fit campagne, sous les ordres de Mortier, contre les troupes de l'électeur de Hesse-Cassel, et devint ensuite gouverneur de cet électorat. Membre de la commission chargée d'organiser le royaume de Westphalie, il devint chef d'état-major et ministre de la Guerre du roi Jérôme. Envoyé en Espagne en 1808, il se signala à Tudela sous les ordres de Lannes et fit subir de grosses pertes à Castanos. Commandant des troupes badoises en 1809, créé comte de l'Empire le 26 avril 1810, attaché en 1812 au 9e corps sous les ordres du maréchal Victor, il opéra contre Hœrtel, dans les marais de Bobinsk, passa en 1813 dans le corps de Marmont, se battit à Dresde et à Leipsig, et, en 1814, fut blessé à Champaubert. Il se retira à Gisors, à la première Restauration, ne prit aucune part aux événements des Cent-Jours, présida le collège électoral du Gers en 1817, et fut élu, le 20 septembre, député du collège de département du Gers, par 613 voix (797 votants, 1,245 inscrits). Il siégea dans la majorité royaliste, fut nommé inspecteur général de la gendarmerie en 1818, et grand-croix de Saint-Louis le 1er mai 1821. Il était en disponibilité à la révolution de 1830. Le gouvernement de Louis-Philippe l'appela à la pairie le 19 novembre 1831, et l'admit à la retraite, comme lieutenant-général, le 11 juin 1832. Il siégea jusqu'à sa mort à la Chambre haute dans la majorité ministérielle.

LAGRANGE (Armand-Charles-Louis Lelièvre, marquis de), pair de France, sénateur du second Empire, né à Paris le 21 mars 1783, mort à Paris le 31 juillet 1864, s'engagea, en 1800, aux hussards volontaires (ou du Bonaparte), passa bientôt après au 9e dragons commandé par Sébastiani, devint rapidement sous-lieutenant et fut blessé à Marengo. Il accompagna ensuite Sébastiani, dont il était devenu l'officier d'ordonnance, à Constantinople en 1802, puis en Syrie, en Allemagne et dans le Tyrol. Lieutenant, le 15 juillet 1803, et aide-de-camp de Berthier, il eut à remplir une mission auprès du roi de Bavière, fut promu capitaine au 23e chasseurs à cheval, décoré après Austerlitz, fit la campagne de Prusse, assista à Eylau, et devint, à la suite de cette bataille, chef d'escadron au 9e hussards. Adjudant-commandant attaché au service des quartiers-maîtres après Tilsitt, il fut chargé de porter la nouvelle de la paix à plusieurs cours d'Allemagne. A Bayonne, où on l'envoya ensuite, il dut s'occuper de l'organisation des troupes de l'armée d'Espagne, et reçut en récompense le titre de baron de l'Empire. En 1809, à l'armée du Danube, il se signala à Ratisbonne, à Eckmüll, à Essling et à Wagram. A cette dernière bataille il fut blessé en chargeant l'artillerie autrichienne. Proposé, à 26 ans, pour le grade de général de brigade, il ne fut pas agréé par l'empereur qui écrivit en face de son nom : « Trop jeune », et qui le nomma officier de la Légion d'honneur et comte de l'Empire (26 avril 1810), avec un majorat de 10.000 francs. Quelque temps auparavant, en qualité d'écuyer du prince de Neufchâtel et de Wagram, il avait accompagné Berthier à Vienne, lorsque celui-ci alla demander pour Napoléon la main de l'archiduchesse Marie-Louise. Général de brigade le 31 janvier 1812, il reçut le commandement d'une brigade de cuirassiers, à la tête de laquelle il fit la campagne de Russie; lors de la retraite, il prit rang, avec ce qui lui restait d'hommes valides, dans « l'escadron sacré », et devint commandant du quartier général impérial. Durant la campagne de Saxe, il dirigea d'abord les avant-gardes de cavalerie du corps de Macdonald, puis fit partie du corps de cavalerie de réserve, assista à Wittemberg et à Leipsig, et contribua à la victoire de Hanau, qui lui valut les insignes de commandeur de la Légion d'honneur (30 novembre 1813). En 1814, il commanda une partie de la jeune garde à Essonne, assista au combat de la Fère-Champenoise, et se battit, avec Moncey, à la barrière de Clichy. Après l'abdication, il fut envoyé, par ordre du général Dupont, ministre de la Guerre, au-devant de Louis XVIII, qui le nomma lieutenant-général (4 juin 1814), chevalier de Saint-Louis et commandant en second d'une compagnie des mousquetaires. Au retour de l'île d'Elbe, l'empereur lui confirma son grade de général de division. Resté sans emploi pendant la seconde Restauration, il fut nommé, après les événements de juillet 1830, inspecteur d'infanterie et de cavalerie, pair de France le 11 octobre 1832, et, grand officier de la Légion d'honneur (1837). Mis d'office à la retraite comme général le 3 juin 1848, il était encore dans la 2e section de l'état-major général, quand l'empereur Napoléon III le nomma sénateur, le 14 novembre 1859; il siégea jusqu'à sa mort dans la majorité dynastique.

LAGRANGE (Adélaide-Edouard Lelièvre, marquis de), député de 1837 à 1848, représentant en 1849 et sénateur du second empire, né à Paris le 16 décembre 1796, mort à Paris le 17 janvier 1876, fit ses études au lycée Napoléon, entra dans les gardes d'honneur en 1813, dans les mousquetaires en 1814, fut nommé capitaine d'état-major en 1815, donna sa démission en 1821, passa dans la diplomatie, fut attaché à l'ambassade de France à Madrid, puis à la légation de Carlsruhe, devint secrétaire d'ambassade à Vienne en 1824, et chargé d'affaires à la Haye (1828). Rendu à la vie privée par la révolution de juillet, il se retira dans ses propriétés à Blaye, s'occupa d'agriculture, d'archéologie et de littérature, traduisit des romans allemands, collabora à plusieurs revues, publia des travaux de numismatique, et prépara une édition des *Mémoires du maréchal duc de la Force*, ouvrage qui le fit entrer en 1846 à l'Académie des Inscriptions et Belles-Lettres. Chevalier de la Légion d'honneur et conseiller général, il se mêla aussi à la politique, et se porta, le 4 novembre 1837, candidat à la députation, dans le 6e collège de la Gironde (Blaye), qui l'élut avec 108 voix (193 votants, 228 inscrits), et le réélut successivement : le 2 mars 1839, avec 126 voix (204 votants); le 9 juillet 1842, avec 170 voix (225 votants, 282 inscrits), contre 55 à M. Merlet; le 1er août 1846, avec 175 voix (273 votants, 300 inscrits), contre 97 à M. de Caumont. Ministériel intermittent, il prit une certaine part aux discussions de la Chambre, parla en faveur de l'occupation totale de l'Algérie, sur les impôts, sur les attributions des conseils généraux, sur la création d'aumôniers dans les troupes employées hors de France, et reprocha au cabinet son attitude vis-à-vis du prince L.-N. Bonaparte, « qu'il avait grandi de toute la force qu'on avait déployée contre lui ». Il vota *pour* l'adresse de 1839, *pour* le recensement, *pour* l'indemnité Pritchard, *contre* la dotation au duc de Nemours, *contre* les fortifications de Paris, *contre* les incompatibilités, *contre* l'adjonction des capacités, *contre* la proposition sur les députés fonctionnaires, combattit le cabinet Thiers (du 1er mars), refusa de voter la flétrissure contre les pèlerins de Belgrave-Square, fut rapporteur du budget (1846) et donna son avis sur la propriété littéraire, sur l'expropriation pour cause d'utilité publique, sur l'établissement des grandes lignes de chemins de fer, sur les douanes, les octrois, contre la fabrication des vins, sur les brevets d'invention, etc. Après la révolution de février, il lutta, dans le conseil général de la Gironde, dont il était membre (1846-1863) en faveur du principe d'autorité, et contribua à l'élection du prince L. Napoléon à la présidence de la République. Elu, le 13 mars 1849, représentant de la Gironde à l'Assemblée législative, le 10e sur 13, par 68,208 voix (125,001 votants, 179,161 inscrits), il soutint sans réserve la politique personnelle du prince-président, fit partie de la Commission consultative après le coup d'Etat de décembre, fut nommé sénateur le 26 janvier 1852, puis grand-officier de la Légion d'honneur le 21 juin 1856, et membre du conseil du sceau. M. de Lagrange a publié : *Mémoires authentiques de Jacques Nompar Caumont, duc de la Force* (1843); *Les Suédois à Prague* (1821) et *La délivrance de Bude* (1824), romans traduits de l'allemand; *de la Noblesse considérée comme une institution impériale* (1857); *Nouvelles lettres de Mme Swetchine* (1875); *Hugues Capet*, chanson de geste; et des brochures de circonstance, *Sur la situation politique du pays* (1842); *Sur les octrois* (1846), etc. Par testament, il a légué à l'académie de Bordeaux une rente de 600 francs, destinée à donner un prix annuel alternativement à l'auteur du meilleur mémoire sur la langue gasconne, et à l'auteur du meilleur mémoire sur la numismatique du midi de la France.

LAGRANGE (Joseph-Louis, comte), membre du Sénat conservateur, né à Turin (Italie) le 25 janvier 1736, de parents français, originaires de la Touraine et descendants de Descartes, mort à Paris le 10 avril 1813, montra d'abord de grandes dispositions pour les lettres et ne s'adonna que plus tard aux mathématiques. A 17 ans, il fit une critique sérieuse du mémoire de Harley sur la méthode analytique. A 19 ans, professeur à l'école d'artillerie de Turin, il répondit aux questions posées par Euler dans son *Methodus inveniendi*. Comme le demandait le directeur de l'Académie de Berlin, il leur trouva une solution générale, indépendante de toutes considérations géométriques. C'est de là qu'est sortie sa méthode *De maximis et de minimis*, et le principe mécanique de la moindre action qu'il sut si habilement généraliser. Il s'occupait aussi de physique et il paraître, en 1759, dans les *Mémoires de l'Académie de Turin*, qu'il avait contribué à fonder, d'intéressantes recherches sur la propagation du son. Il obtint deux fois des prix de l'Académie des sciences de Paris : en 1764, pour sa *Théorie de la libration de la Lune*; en 1766, pour ses travaux sur les satellites de Jupiter. Il continuait aussi à s'occuper de mécanique pure. En 1772, il montra la généralité du principe des vitesses virtuelles, et fut admis, cette même année, comme associé étranger, à l'Académie des sciences de Paris. Lagrange à cette époque quitta Turin et alla à Berlin remplacer le directeur de l'Académie, Euler, appelé à Saint-Pétersbourg, et il commença à y réunir les matériaux de sa célèbre *Mécanique analytique*. A la mort du grand Frédéric, sollicité par Mirabeau, il quitta la Prusse, voyagea quelque temps, et vint s'installer en France en 1787; l'année suivante, il commença la publication de la *Mécanique analytique*. Etranger aux événements purement politiques de la Révolution, il ne se mêla qu'aux réformes qui en furent la conséquence, contribua notamment à l'établissement du système métrique et devint administrateur de la Monnaie en 1792. Lorsqu'un décret de la Convention força les étrangers à sortir de France, le comité de salut public, à la demande de Guyton-Morveau, prit un arrêté qui mettait Lagrange en réquisition perpétuelle, afin qu'il pût rester à Paris. Professeur à l'Ecole normale en 1794, puis à l'Ecole polytechnique, alors appelée Ecole centrale des travaux publics, il publia, pour les élèves de cette dernière école, sa *Théorie des fonctions analytiques* (1797) et ses *Leçons sur le calcul des fonctions* (1799). Si beaucoup des idées mathématiques qu'il exposait ainsi n'ont pas prévalu, Lagrange n'en reste pas moins un géomètre profond, habile et élégant. Membre de l'Institut à sa réorganisation (classe des sciences physiques et mathématiques), membre du Bureau des longitudes, il fut nommé membre du Sénat conservateur à sa création, le 4 nivôse an VIII. On lui demandait un jour comment il pouvait voter les terribles conscriptions annuelles : « Cela, répondit-il, ne change pas sensiblement les tables de la mortalité. » Grand-officier de la Légion d'honneur (25 prairial an XII), comte de l'Empire (24 avril 1808), grand-croix de l'ordre de la Réunion (3 avril 1810), Lagrange, dont la santé avait toujours été très délicate, succomba à une fièvre rapide qui lui laissa jusqu'au dernier moment son calme et sa sérénité; son corps fut déposé au Panthéon. Il a publié un grand nombre de travaux mathématiques dont les plus importants ont été cités plus haut. On a en outre de lui : *Essai d'une nouvelle méthode pour résoudre le problème des trois corps* (1772); *Sur différentes questions d'analyse, relatives à la théorie des intégrales particulières* (1779); *Mémoire sur la théorie des variations des éléments des planètes* (1808); *Essai d'arithmétique politique* (1796); *Mémoire sur la théorie générale de la variation des constantes arbitraires dans tous les problèmes de la mécanique* (1809); *Traité de la résolution des équations numériques de tous les degrés*; *Additions à l'algèbre d'Euler*; Lagrange a écrit un grand nombre d'articles dans les *Mémoires de l'Académie de Turin*, dans les *Mémoires de l'Académie des sciences de Berlin*, dans les *Mémoires de l'Académie des sciences de Paris*, dans la *Connaissance des Temps* et le *Journal de l'Ecole polytechnique*. Il a aussi laissé d'importants manuscrits dont Carnot, alors ministre, fit l'acquisition, en 1815, pour les remettre à l'Académie des sciences de Paris.

LAGRANGE (CHARLES), représentant du peuple en 1848 et 1849, né à Paris le 28 février 1804, mort à la Haye (Hollande) le 22 décembre 1857, servit d'abord dans l'artillerie de marine, s'embarqua à bord de l'*Espérance* en 1821 pour un voyage d'exploration sur les côtes du Brésil, puis passa sur l'escadre de l'amiral Roussin pour une croisière dans la mer des Indes. Ayant protesté, un jour, contre les coups de corde donnés à un homme de sa compagnie, il fut mis aux fers, ramené à Brest pour y être jugé, et condamné seulement par le ministre, M. de Clermont-Tonnerre, qui avait retenu l'affaire, à une simple peine disciplinaire. En 1823, il fit partie d'un « détachement d'élite » embarqué sur le *Jean-Bart* pour la guerre d'Espagne. Il y tira le canon *par devoir*, cette guerre étant contre ses principes. Il quitta le service en 1829 avec un congé, et entra dans le commerce, où il ne s'enrichit pas,

s'occupant surtout de propagande démocratique. Insurgé de juillet 1830, il resta, sous le gouvernement de Louis-Philippe, un des soldats les plus ardents de l'idée républicaine, et fut, en avril 1834, comme membre de la Société des Droits de l'homme, au premier rang des promoteurs de l'insurrection à Lyon. Traduit, l'année suivante, devant la cour des pairs, il se fit remarquer entre tous par la vivacité de sa défense et la farouche énergie de son attitude. Le président Pasquier lui ayant refusé la parole, Lagrange s'écria : « Je la prends ! Oui, nous protestons devant la parodie de vos réquisitoires comme nous l'avons fait devant la mitraille; nous protestons sans crainte, en hommes fidèles à leurs serments et dont la conduite vous condamne, vous qui en avez tant prêté et tant trahi ! » Condamné à vingt ans de détention, il recouvra la liberté à l'amnistie de 1839. Le gouvernement l'ayant placé sous la surveillance de la haute police, plus d'une fois il eut maille à partir avec elle pour s'être rendu à Paris; en 1840, il était en prison à Sainte-Pélagie, en compagnie de Lamennais. La révolution de février le trouva parmi les chefs du mouvement, et il joua, dès le début de la lutte, un rôle qui a été diversement raconté. Dans la soirée du 23 février, alors que la chute du ministère Guizot et les promesses de réforme électorale semblaient devoir conjurer la révolution menaçante, un coup de pistolet tiré sur le commandant du poste du ministère des Affaires étrangères, au boulevard des Capucines, provoqua de la part de la troupe une décharge meurtrière sur la foule rassemblée devant l'hôtel; ce fut le signal du soulèvement qui aboutit à la proclamation de la République. Suivant une version longtemps accréditée, ce coup de pistolet aurait été tiré par M. Ch. Lagrange; mais il s'est toujours défendu contre cette imputation. Ce qu'il y a de certain, c'est qu'il s'empara, le lendemain, avec M. Marchais, de l'hôtel de ville; ce fut entre ses mains que tomba l'acte d'abdication de Louis-Philippe. Il le garda, et il le possédait encore plus tard en exil. Cette conquête de l'hôtel de ville lui avait causé une telle joie que ses amis conçurent pendant trois jours des craintes sérieuses pour sa raison. Nommé, mais pour quelques jours seulement, gouverneur de l'hôtel de ville, il fut élu colonel de la 9e légion de la garde nationale, puis, aux élections partielles du 4 juin, motivées dans le département de la Seine par diverses options ou démissions, il fut porté sur la liste socialiste, et devint représentant du peuple à l'Assemblée constituante, par 78,682 voix (248,392 votants, 414,317 inscrits). M. Lagrange siégea à la Montagne, et fit don, en juin, « de sa première journée d'ouvrier parlementaire » à la caisse du « banquet démocratique » à 25 centimes qui devait se tenir dans la plaine Saint-Denis, le 14 juillet, et qui comptait, dès le 8 juin, 165,532 souscripteurs. Il ne prit aucune part à l'insurrection de juin, m'is il ne cessa de s'élever contre les transportations et de réclamer l'amnistie. Il se prononça particulièrement *pour* l'abolition de la peine de mort qu'il voulait même étendre à l'armée, et vota avec la fraction la plus avancée du parti démocratique : *contre* le rétablissement du cantionnement, *contre* les poursuites contre Louis Blanc et Caussidière, *pour* l'abolition du remplacement militaire, *pour* le droit au travail. Il adopta l'ensemble de la Constitution, et opina encore : *contre* la proposition Rateau, *pour* l'amnistie, *contre* l'interdiction des clubs, *pour* la mise en accusation du président et de ses ministres, etc. Réélu, le 13 mai 1849, représentant de la Seine à l'Assemblée législative, le 3e sur 28, par 128,087 voix (281,140 votants, 378,043 inscrits), M. Lagrange reprit son siège à l'extrême-gauche, renouvela, chaque fois qu'il en trouva l'occasion, ses protestations contre la répression sans jugement de l'insurrection de juin, vota constamment avec la minorité démocratique, et, arrêté le 2 décembre 1851, fut banni de France par le décret du 9 janvier 1852. Il se réfugia en Belgique où le gouvernement l'interna d'abord à Bruges, puis, au mois d'octobre de la même année, l'expulsa du territoire. Il passa alors en Angleterre et de là en Hollande, où il mourut. On a de lui : *Discours de Lagrange, accusé de Lyon* (prononcé devant la cour des pairs, le 2 juillet 1835); *Discours sur l'amnistie* (1849).

LAGRANGE (JOSEPH-BARTHÉLEMY-FRÉDÉRIC, COMTE DE), représentant en 1849 et député au Corps législatif de 1852 à 1870, né à Dangu (Eure) le 21 juin 1815, mort à Paris le 21 novembre 1883, fils du comte Joseph de Lagrange (*Voy. plus haut*), gendre du prince de Chimay, propriétaire de la vénerie de Saint-Joseph (Gers), fut élu représentant du Gers à l'Assemblée législative, le 8 juillet 1849, en remplacement de M. Lacave-Laplagne, décédé, par 23,703 voix (41,474 votants, 96,572 inscrits), contre 13,897 voix à M. Pégot-Ogier, ancien représentant, 2,286 voix à M. Alem-Rousseau, et 1,512 à M. David, ancien représentant. Il vota avec la majorité et soutint la politique du prince-président. Après le 2 décembre, il fit partie de la commission consultative instituée par Louis-Napoléon. Entièrement rallié à l'Empire, il fut successivement élu, comme candidat officiel, député au Corps législatif dans la 2e circonscription du Gers; le 29 février 1852, par 20,029 voix (23,470 votants, 31,166 inscrits), contre 462 à M. Jouret, ancien représentant; le 22 juin 1857, par 17,647 voix (20,551 votants, 29,972 inscrits), contre 2,766 à M. Gounon; le 1er juin 1863, par 17,895 voix (21,520 votants, 30,008 inscrits) contre 3,542 à M. de Saint-Gresse; le 24 mai 1869, par 15,919 voix (24,072 votants, 30,613 inscrits), contre 8,011 à M. Alcée Durrieux, avocat à Paris. Officier de la Légion d'honneur du 4 août 1865, membre du comité central du plébiscite en 1870, il fut nommé sénateur par décret impérial du 27 juillet, décret dont les événements empêchèrent la promulgation. Rendu à la vie privée par la révolution du 4 septembre 1870, et fidèle à ses convictions politiques, il se présenta comme candidat bonapartiste aux élections du 20 février 1876, et il échoua dans l'arrondissement de Lectoure avec 5,424 voix contre 6,465 à l'élu républicain, M. Descamps, et 562 à M. de Galard. Candidat du gouvernement après la dissolution de la Chambre par le cabinet du 16 mai, il échoua de nouveau, le 14 octobre 1877, avec 6,486 voix contre 6,580 au député sortant réélu, M. Descamps. M. de Lagrange s'était acquis une notoriété particulière par son écurie de courses et par les victoires de deux de ses chevaux, *Fille de l'air* et *Gladiateur*, au Derby d'Epsom et au Grand-Prix de Paris.

LAGRANGE (PROSPER-AMAURY-LOUIS, BARON DE), député au Corps législatif de 1852 à 1857, né à Douai (Nord) le 3 octobre 1788, mort à Douai le 26 mai 1865, entra à l'Ecole polytechnique en 1804, reçut le baptême du feu à Wa-

gram comme lieutenant en second au 8e régiment d'artillerie, passa dans les batteries du corps de la vieille garde au moment de la campagne de Russie, assista à Vitepsk, à la Moskowa, à Krasnoë, au passage de la Bérésina, fit sa retraite sur Wilna à travers mille dangers, se battit à Dresde et à Leipsig en 1813, et, durant la campagne de France, combattit à Montmirail, à Champaubert, à Laon, à Saint-Dizier et à Montereau. Il assista, dans la cour du château de Fontainebleau, aux adieux de l'empereur; il était alors chef d'escadron d'artillerie. La Restauration le nomma directeur de la fonderie de Douai. Quelques années plus tard, il devint lieutenant-colonel à l'artillerie de la garde royale, et fut appelé, en juillet 1830, à défendre la dynastie contre le mouvement populaire. Il se montra plein de prudence et parvint à ne pas engager sa troupe. Sous-directeur de l'artillerie à Douai, puis directeur à Alger et à Lille, il fut admis à la retraite, comme colonel d'artillerie, le 30 juin 1839, et se retira à Douai. Le 29 février 1852, il fut élu député au Corps législatif dans la 4e circonscription du Nord, par 19,858 voix (20,003 votants, 28,162 inscrits), avec l'appui du gouvernement. Quelques mois plus tard, le 11 août, il fut nommé conseiller municipal de Douai. Député de la majorité, il ne se représenta pas aux élections de 1857. Officier de la Légion d'honneur et chevalier de Saint-Louis.

LAGRANGE (ALEXIS-AIMÉ-CHARLES-LOUIS, BARON DE), représentant en 1871, député de 1877 à 1881, né à Douai (Nord) le 4 avril 1825, entra en 1844 à l'Ecole polytechnique, en sortit dans l'artillerie de marine, donna sa démission en 1847 pour se consacrer à l'exploitation de ses propriétés, et devint quelque temps après membre du conseil d'administration des mines d'Anzin. Elu, le 8 février 1871, représentant du Nord à l'Assemblée nationale, le 13e sur 28, par 205,474 voix (262,927 votants, 326,440 inscrits), il prit place à l'extrême droite, parut de la réunion Colbert et du cercle des Réservoirs et vota *pour* la paix, *pour* les prières publiques, *pour* l'abrogation des lois d'exil, *pour* le 24 mai, *pour* la démission de Thiers, *pour* la prorogation des pouvoirs du Maréchal, *pour* la loi des maires, *pour* le ministère de Broglie, *contre* l'amendement Barthe, *contre* le retour à Paris, *contre* la dissolution, *contre* la proposition du centre gauche, *contre* l'amendement Wallon, *contre* les lois constitutionnelles. Il échoua aux élections du 20 février 1876, mais il fut réélu député, aux élections du 14 octobre 1877, qui suivirent la dissolution de la Chambre par le cabinet du 16 mai, dans la 1re circonscription d'Hazebrouck, par 9,229 voix (13,129 votants, 14,885 inscrits), contre 3,635 voix à M. Victor de Swarte, candidat républicain. Il reprit sa place à la droite légitimiste et combattit de ses votes les ministères républicains qui se succédèrent au pouvoir; mais, ayant échoué aux élections générales du 21 août 1881, dans la même circonscription, avec 6,139 voix contre 6,632 à M. Outters, républicain, il ne se représenta plus.

LAGRANGE (ANNE-VICTOR-ETIENNE), député de 1881 à 1889, né à Dijon (Côte-d'Or) le 3 janvier 1845, ouvrier typographe à l'imprimerie du *Progrès de la Côte-d'Or*, devint gérant de ce journal, encourut de ce chef plusieurs condamnations, se fixa à Lyon après la guerre de 1870-1871, devint rédacteur à la *République républicaine*, au *Censeur*, au *Progrès de Lyon*, à la *Tribune des travailleurs*, et fut nommé inspecteur des cimetières. Il se mêla activement à la politique des comités radicaux du Rhône, devint membre du conseil municipal de Lyon, puis se rallia à l'opportunisme, et se porta candidat, le 4 décembre 1881, dans la 3e circonscription de Lyon, en remplacement de M. Bonnet-Duverdier, qui avait opté pour la 2e circonscription de la même ville. Après avoir obtenu, au premier tour de scrutin, 3,566 voix, il fut élu au scrutin de ballottage, le 18 décembre, par 4,674 voix (8,789 votants, 14,628 inscrits), contre 4,061 voix à M. Alphonse Humbert, radical-intransigeant. M. Lagrange s'inscrivit au nouveau groupe de la gauche radicale, avec lequel il opina le plus souvent en faveur du gouvernement. Porté sur la liste républicaine opportuniste du Rhône aux élections d'octobre 1885, M. Lagrange fut élu au second tour, le 18 octobre, le 7e sur 11, par 86,653 voix (136,430 votants, 148,887 inscrits). Il reprit sa place à la gauche radicale, soutint les divers ministères de la législature, vota *pour* l'expulsion des princes, et, en dernier lieu, *pour* le rétablissement du scrutin d'arrondissement (11 février 1889), *contre* l'ajournement indéfini de la revision de la Constitution, *pour* les poursuites contre trois députés membres de la Ligue des patriotes, *pour* le projet de loi Lisbonne restrictif de la liberté de la presse, *pour* les poursuites contre le général Boulanger.

LAGRENÉ (MARIE-MELCHIOR-JOSEPH-THÉODORE DE), pair de France, représentant en 1849, né à Amiens (Somme) le 14 mars 1800, mort à Paris le 26 avril 1862, issu d'une ancienne famille de Picardie, et « fils de Pierre-Melchior-Joseph Lagrené, propriétaire, et de Louise-Françoise-Joseph Defranqueville, ses père et mère, » fit ses classes à Paris et entra de bonne heure dans la diplomatie. Après avoir été attaché quelque temps (1822) au ministère des Affaires étrangères sous Mathieu de Montmorency, il accompagna cet homme d'Etat au Congrès de Vérone, et fut l'année suivante envoyé auprès de M. de La Ferronnays, ambassadeur de France en Russie. Il remplit des fonctions analogues à l'ambassade de Constantinople (1825), et fut nommé, en 1826, troisième secrétaire d'ambassade à Madrid, puis, en mai 1828, deuxième secrétaire en Russie : il fut provisoirement chargé, comme tel, des affaires de l'ambassade, pendant que notre ambassadeur, le duc de Mortemart, suivait l'empereur Nicolas dans sa campagne contre la Turquie. M. de Lagrené resta en fonctions sous le gouvernement de Louis-Philippe, et fut élevé (1831) au grade de premier secrétaire d'ambassade. Chargé d'affaires pendant le long intérim qui s'écoula entre le départ du maréchal Mortier et l'arrivée du maréchal Maison, il eut à s'occuper de plusieurs questions graves, soulevées par les événements de Pologne et de Turquie, etc. En 1834, il épousa Mlle Doubensky, demoiselle d'honneur de la grande-duchesse Marie ; puis il fut désigné pour se rendre à Darmstadt, et peu de temps après en Grèce (décembre 1835) comme ministre résident, titre qu'il échangea plus tard contre celui de ministre plénipotentiaire. De 1836 à 1843, M. de Lagrenée resta à Athènes ; mais sa mission la plus en vue fut celle qu'il accepta de remplir en Chine (1843), à la suite de graves événements dont l'Empire du milieu venait d'être le théâtre : il s'agissait de conclure un traité de commerce et de navigation qui nous assurât directement les mêmes avantages politiques et commerciaux que ceux que l'Angleterre et les

Etats-Unis avaient stipulés pour eux-mêmes, et en même temps de chercher à procurer à la France, sur un des points de l'extrême Orient, la possession d'une île qui pût servir à la fois d'établissement militaire pour sa marine et d'entrepôt pour son commerce. M. de Lagrené qui s'était embarqué à Brest, le 12 décembre 1843, avec sa famille et le personnel de sa mission, choisit Macao pour siège des négociations qu'il entama dès son arrivée (13 août 1844). Le 24 octobre suivant, il signa avec le commissaire chinois Ki-in, à bord de l'*Archimède*, le traité de Whampoa, qui fut ratifié à Taï-Pen-Yu, près de Canton, le 25 août 1845. M. de Lagrené avait obtenu, en outre, deux édits autorisant les Chinois à pratiquer la religion chrétienne, à construire des églises, etc. Enfin une convention, grâce à ses efforts, intervint avec les principaux habitants de Bassilan, une des îles de l'archipel Soulou ; ceux-ci s'engageaient à reconnaître la souveraineté de la France ; d'autre part, le rajah de Soulou abandonnait pour cent ans ses droits sur Bassilan, moyennant une somme déterminée. Mais le gouvernement français renonça à prendre possession de cette île, sur laquelle l'Espagne avait des prétentions. Une longue et minutieuse exploration de Java suivit la campagne de Soulou. Le 7 janvier 1846, M. de Lagrené quitta la Chine et revint par l'Egypte à Marseille, où il débarqua à la fin de mai. Elevé à la pairie par une ordonnance du 21 juillet, il soutint de ses votes le gouvernement de Louis-Philippe et prit une part active à la discussion sur la Banque de France, à propos de la prolongation de son privilège : on remarqua les considérations qu'il développa sur le mécanisme des établissements de crédit et les phénomènes de la circulation. La révolution de février 1848 ayant rendu M. de Lagrené à la vie privée. Mais il fut élu, 13 mai 1849, le 9e sur 12, par 74,396 voix (106,444 votants, 169,321 inscrits), représentant de la Somme à l'Assemblée législative. Il siégea à droite, vota constamment avec la majorité conservatrice : *pour* l'expédition de Rome, *pour* la loi Falloux-Parieu sur l'enseignement, *pour* la loi restrictive du suffrage universel, etc.; fit partie de la commission du budget, présida en 1850 la commission des fonds secrets, et présenta plusieurs rapports sur des traités de commerce ou des conventions postales. Il ne soutint pas, dans les derniers temps de la législature, la politique particulière de l'Elysée, et quitta définitivement les affaires au lendemain du coup d'Etat. Il fut, depuis, un des administrateurs du chemin de fer du Nord.

LAGREVOL (JEAN-BAPTISTE), député en 1791, né et mort à une date inconnue, homme de loi avant la Révolution, puis juge au tribunal d'Yssingeaux, fut élu, le 27 août 1791, député de la Haute-Loire à l'Assemblée législative, le 1er sur 7, par 167 voix sur 296 votants. Il prit part aux discussions importantes de cette assemblée, parla sur les dangers publics et les risques que couraient les patriotes à propos des troubles de Caen, demanda communication de la correspondance de de Lessart, donna son opinion sur la manière de mettre sous séquestre les biens des émigrés, vota la mise en accusation du maire de Mende après les troubles de la Lozère, déclara que si l'Assemblée ne se trouvait pas en sûreté à Paris, elle devait se transporter ailleurs et y continuer ses délibérations, et demanda la suppression du costume ecclésiastique. Elu secrétaire au commencement de l'année 1792, il réclama une répression énergique pour les crimes d'embauchage, indiqua le moyen de constater l'état civil, parla en faveur des administrateurs des Bouches-du-Rhône, réclama des mesures d'urgence pour assurer la sécurité des députés, et fit rendre un décret en vertu duquel le bulletin de l'Assemblée devait être expédié à tous les départements. A la fin de la session (septembre 1792), il fut envoyé en mission dans la Haute-Loire et dans Rhône-et-Loire pour hâter la fabrication des armes et du papier des assignats; il disparut ensuite de la scène politique.

LAGREVOL (PIERRE-MARIE-ALEXANDRE DE), représentant du peuple en 1848, né à Yssingeaux (Haute-Loire) le 16 novembre 1820, petit-neveu du précédent, étudia le droit à Paris, fut lauréat de la faculté en 1843, et alla s'établir comme avocat à Yssingeaux, où il ne cacha pas ses opinions libérales. Elu, le 23 avril 1848, représentant de la Haute-Loire à l'Assemblée constituante, le 8e et dernier, par 21,359 voix (54,302 votants, 72,701 inscrits), il fut secrétaire du bureau provisoire de l'Assemblée, siégea parmi les républicains modérés, fit partie du comité de législation, et vota *pour* le bannissement de la famille d'Orléans, *pour* les poursuites contre L. Blanc et Caussidière, *contre* l'abolition de la peine de mort, *contre* l'impôt progressif, *contre* l'incompatibilité des fonctions, *contre* l'amendement Grévy, *pour* l'ensemble de la Constitution, *pour* la proposition Rateau, *contre* l'interdiction des clubs, et *pour* l'expédition de Rome. Il ne fut pas réélu à la Législative, mais, le 10 mars 1850, le département de la Haute-Loire étant appelé à élire un représentant en remplacement de M. Jules Maigne, condamné pour l'affaire du 13 juin 1849, M. de Lagrevol posa sa candidature: il échoua avec 21,305 voix contre 27,726 à l'élu M. François Maigne, frère de l'ex-représentant. Il entra alors dans la magistrature et devint successivement substitut à Bourg (21 novembre 1850), substitut à Lyon (17 mars 1852), procureur impérial à Lyon (31 mars 1856), avocat général à Nîmes (31 décembre 1860), conseiller à la cour (24 octobre 1863), et chevalier de la Légion d'honneur le 24 août 1869. Le 24 mai 1869, il avait échoué au Corps législatif, dans la 1re circonscription de la Haute-Loire, avec 1,883 voix contre 21,200 au candidat officiel, élu, M. de Latour-Maubourg, et 6,603 à M. Robert. Nommé président du tribunal le 22 octobre 1875, il se présenta encore dans l'arrondissement d'Yssingeaux, le 14 octobre 1877, après la dissolution de la Chambre du cabinet du 16 mai, comme candidat du gouvernement, mais il échoua avec 7,301 voix contre 10,050 à l'élu, M. Malartre. M. de Lagrevol a été nommé conseiller à la cour de cassation le 2 avril 1878.

LA GUÉRONNIÈRE. — *Voy.* GUÉRONNIÈRE.

LAGUERRE (JEAN-HENRI-GEORGES), député de 1885 à 1889, né à Paris le 24 juin 1858, fils d'un maître-clerc de Me Dufour notaire à Paris et ancien député, parent, par sa mère, née Amic, de M. Thiers (*Voy. ce nom*), fit ses classes au lycée Condorcet à Paris, et se destina d'abord à l'Ecole militaire de Saint-Cyr; puis il se tourna vers l'étude du droit, avec l'idée arrêtée d'entrer de bonne heure dans la politique militante, et, reçu avocat, s'inscrivit au barreau de Paris en 1879. La même année, il fut un des organisateurs du service du bout de l'an célébré en grande pompe à Notre-Dame le jour anniversaire de la mort de l'ancien président de la

République. Il fit partie de la conférence Molé, dont il devint le président, manifesta bientôt des opinions radicales en désaccord avec celles de sa famille, et fut présenté à M. Clémenceau qui lui confia la rédaction de la chronique judiciaire à la *Justice*. En même temps, M. Georges Laguerre acquérait une célébrité précoce en se faisant avec talent le défenseur ordinaire des accusés dans divers procès socialistes ou anarchistes, notamment dans ceux de Lyon, de Saint-Etienne et de Montceau-les-Mines (octobre 1882). Il plaida également, en juin 1883, pour Mlle Louise Michel, dans l'affaire de la manifestation des ouvriers sans travail, et plus tard, contre l'abbé Roussel. Sa notoriété croissante lui fit confier aussi plusieurs causes criminelles célèbres, celles de Campi, de Pel l'horloger de Montreuil, etc. Il venait de plaider récemment pour quelques accusés grévistes de Montceau-les-Mines, quand la nomination de M. Alfred Naquet comme sénateur de Vaucluse lui permit de se présenter pour le remplacer comme député dans l'arrondissement d'Apt; il fut élu, le 30 septembre 1883, sur un programme radical, par 4,735 voix (8,337 votants, 16,622 inscrits), contre 3,502 au candidat opportuniste, M. Delpech, soutenu par M. Naquet. Il s'assit à la Chambre sur les bancs de l'extrême-gauche, suivit d'abord les inspirations de M. Clémenceau, collabora quelque temps au *Matin*, et prit une part active aux débats parlementaires; en juillet 1884, il interpella le gouvernement sur la mort d'un journaliste d'Ajaccio, mort attribuée aux violences exercées par les ordres du préfet de la Corse; réclama, sans succès, la revision, au Congrès qui allait s'ouvrir à Versailles, de l'art. 8 de la Constitution; demanda au Congrès (août) la suppression du Sénat (repoussée à la majorité de 479 voix); interpella le gouvernement (novembre) sur la nomination d'un inspecteur général des services administratifs, et se fit le champion de l'amnistie générale, de l'impôt sur le revenu, etc. Inscrit, le 4 octobre 1885, sur la liste républicaine radicale de Vaucluse, il fut réélu député, le 4e et dernier, par 33,202 voix (62,052 votants, 77,730 inscrits); il reprit sa place à 'extrême-gauche, et lorsque M. Clémenceau décida (15 janvier 1886) que l'extrême-gauche formerait un groupe ouvert, il se rangea, avec MM. Rochefort et Michelin, du côté de l'intransigeance. Il vota *contre* l'expulsion des princes, et dévoué, à partir de 1887, à la politique du général Boulanger, signa l'interpellation du 11 juillet 1887, sur les « menées cléricales et ultramontaines », interpellation destinée à ébranler le cabinet Rouvier, déjà embarrassé des manifestations boulangistes, et notamment de celle qui avait eu lieu, trois jours auparavant, à la gare de Lyon. Dès le mois précédent, M. Laguerre avait pris la direction du journal *la Presse*, organe quasi officiel du « Comité national ». Il apporta au parti qui se formait sa verve incisive, une activité toujours en éveil, et un réel talent de parole, appuya (20 mars 1888) l'interpellation de M. Paul de Cassagnac sur la mise en non-activité du général par retrait d'emploi, et représenta ce dernier comme une victime des persécutions des opportunistes; demanda (30 mars) la mise à l'ordre du jour d'une proposition de revision de M. Michelin, et, lors de la candidature du général Boulanger dans le Nord (avril), mena dans ce département la plus active campagne en sa faveur. Membre du comité directeur de la Ligue des patriotes, il se plaignit à la tribune (2 mars 1889), au garde des sceaux, de n'être pas poursuivi avec le président et le secrétaire de la Ligue, et se défendit avec éclat (11 mars) lors de la demande en autorisation de poursuites déposée (11 mars) contre MM. Laisant, Laguerre et Turquet, comme membres de la Ligue, et votée (le 14), sur le rapport de M. Arène, par 354 voix contre 227. Le tribunal correctionnel le condamna, comme ses collègues, à 100 francs d'amende. A la fin de la session, M. Laguerre s'est prononcé : *contre* le rétablissement du scrutin d'arrondissement (11 février 1889), *pour* l'ajournement indéfini de la revision de la Constitution, *contre* le projet de loi Lisbonne restrictif de la liberté de la presse, *contre* les poursuites contre le général Boulanger.

LAGUETTE-MORNAY (Jules-Frédéric-Auguste-Amédée, baron), représentant aux Cent-Jours, député de 1827 à 1834, né à Sonthonnax (Ain) le 1er mars 1780, mort à Volognat (Ain) le 19 mai 1845, entra à l'Ecole polytechnique en 1799, devint lieutenant d'artillerie en 1801, fut envoyé au camp de Boulogne, puis, attaché à la grande armée, et fit la campagne de 1805, où il se distingua à Ulm et à Austerlitz. Il passa ensuite dans la garde impériale avec son grade, et se battit à Iéna, à Eylau et à Friedland, où il fut décoré de la Légion d'honneur. Envoyé en Espagne en 1808, rappelé à l'armée du Danube en 1809, il eut un bras emporté à Wagram, reçut la croix d'officier de la Légion d'honneur, et, mis en non-activité pour cause de blessure, fut créé baron de l'Empire le 5 août 1812. Elu, le 13 mai 1815, représentant à la Chambre des Cent-Jours, par l'arrondissement de Nantua, avec 58 voix (62 votants, 100 inscrits), il se retira ensuite à Sonthonnax, où il fit de l'opposition au gouvernement de Louis XVIII. Candidat libéral dans le 3e arrondissement électoral de l'Ain (Belley), le 13 novembre 1822, il échoua avec 43 voix, contre 93 à l'élu, M. Compagnon de la Servette; il fut plus heureux dans le même arrondissement, le 17 novembre 1827, et fut élu député par 54 voix (99 votants, 125 inscrits), contre 43 à M. de Villeneuve. Il vota constamment avec le groupe que dirigeaient Odilon Barrot et Dupont de l'Eure, prit énergiquement et à plus d'une reprise la défense de ses anciens compagnons d'armes et des légionnaires de l'Empire, et signa l'Adresse des 221. Réélu, le 23 juin 1830, après la dissolution de la Chambre par le cabinet Polignac, avec 71 voix (109 votants, 121 inscrits), contre 38 voix à M. Boissieu de Tiret, il contribua à l'établissement de la monarchie de juillet, et fut réélu, le 5 juillet 1831, dans le 5e collège de l'Ain (Nantua), par 84 voix (125 votants, 151 inscrits), contre 41 à M. Félix Girod. Il demanda la suppression des droits sur le sel, des taxes d'entrée sur les fers et les houilles, et l'abolition de la loterie. Aucune de ses propositions n'ayant été votée, mécontent de la marche du gouvernement, il donna sa démission de député, et fut remplacé le 8 juin 1833, par M. F. Girod. De retour à Sonthonnax, il s'y occupa d'agriculture et de desséchements dans les Dombes. Conseiller général de l'Ain.

LA GUICHE (Louis-Henri-Casimir, marquis de), pair de France, né à Paris le 4 décembre 1777, mort à Paris le 16 mai 1843, d'une ancienne famille noble du Charolais, comptait parmi ses ancêtres Philibert de La Guiche, qui, capitaine de la ville de Mâcon en 1572, refusa d'exécuter les ordres donnés contre les protestants à la Saint-Barthélemy. Louis-Henri-Casimir fut nommé chef de bataillon dans la garde natio-

nale de Paris à la première Restauration (1814), puis sous-lieutenant (grade de lieutenant-colonel) des gendarmes de la garde royale, et inspecteur-général des gardes nationales de Saône-et-Loire. La seconde Restauration le fit entrer (17 août 1815) à la Chambre des pairs; il vota pour la mort dans le procès du maréchal Ney. Président du collège électoral de département de Saône-et-Loire en 1820, 1824, 1827 et 1830, conseiller général du même département de 1822 à 1833, chevalier de Saint-Louis (1815), de la Légion d'honneur (1823), officier de l'ordre (1825), il prêta serment au gouvernement de juillet et siégea à la Chambre haute jusqu'à sa mort.

LA GUICHE (Philibert-Bernard, marquis de), député de 1846 à 1848, et représentant en 1871, né à Gurcy-le-Châtel (Seine-et-Marne) le 30 août 1815, fils du précédent et de dame Amélie-Françoise-Louise de Cléron d'Haussonville, entra à l'Ecole polytechnique, devint capitaine d'état-major, puis se retira dans ses propriétés à Saint-Bonnet-de-Joux. Conseiller général de la Guiche (1845-1848), il fut élu, aux élections générales du 1er août 1846, député du 6e collège de Saône-et-Loire (Charolles), par 242 voix (481 votants, 650 inscrits), contre 239 au député sortant, M. Augustin Lacroix. Il siégea dans l'opposition légitimiste, et, aux élections du 13 mai 1849 pour l'Assemblée législative, se présenta sur la liste monarchique de Saône-et-Loire, où il échoua avec 23,532 voix sur 109,200 votants. Conseiller général de Saint-Bonnet-de-Joux (1852 à 1856), il se représenta encore, le 1er juin 1863, comme candidat légitimiste au Corps législatif, dans la 3e circonscription de Saône-et-Loire, et n'obtint que 3,272 voix contre 16,322 à l'élu officiel M. de Chizeuil, et 1,189 à M. Pézerat; il ne fut pas plus heureux aux élections du 24 mai 1869, avec 3,222 voix contre 15,044 à l'élu officiel, M. Huet, 3,397 à M. Demôle, et 1,326 à M. Bouthier de Latour. Il rentra au parlement le 8 février 1871, élu représentant de Saône-et-Loire à l'Assemblée nationale, le 10e sur 12, par 65,783 voix; il siégea à la droite légitimiste, fit partie du cercle Colbert et de la réunion des Réservoirs, vota *pour* la paix, *pour* les prières publiques, *pour* l'abrogation des lois d'exil, *pour* le 24 mai, *pour* la démission de Thiers, *pour* la prorogation des pouvoirs du Maréchal, *pour* la loi des maires, *pour* le ministère de Broglie, *contre* l'amendement Barthe, *contre* le retour à Paris, *contre* la dissolution, *contre* la proposition du centre gauche, *contre* l'amendement Wallon, *contre* les lois constitutionnelles. Sa candidature au Sénat échoua, le 30 janvier 1876, dans le département de Saône-et-Loire, avec 292 voix sur 697 votants; candidat à la députation, le 20 février suivant, dans la 1re circonscription de Charolles, il n'obtint encore que 5,295 voix contre 8,384 à l'élu, M. Bouthier de Rochefort, républicain. M. de La Guiche ne s'est pas représenté depuis.

LAGUIRE (Joseph), député en 1791, membre de la Convention, né à Manciet (Gers) le 10 juillet 1755, mort à Eauze (Gers) le 12 août 1827, était, au moment de la Révolution, homme de loi à Manciet. Il devint juge de paix du canton de Nogaro (Gers), et fut élu, le 5 septembre 1791, député du Gers à l'Assemblée législative, le 6e sur 9, par 183 voix (362 votants). Laguire appartint à la majorité. Réélu, le 5 septembre 1792, par le même département, député à la Convention, le 6e sur 9, avec 266 voix (450 votants), il répondit dans le procès du roi, au 3e appel nominal : « Je vote pour la mort. Nous devons aux rois une grande leçon, aux peuples un grand exemple. » On perd sa trace après la session conventionnelle.

LAHARY (JACQUES-THOMAS, CHEVALIER), député au Conseil des Anciens et membre du Tribunat, né à Capbreton (Landes) le 28 décembre 1752, mort à Paris le 13 mai 1817, était en 1789 avocat à Bordeaux. Electeur de cette ville, partisan de la Révolution, « citoyen honnête, dit une biographie manuscrite, et instruit passablement, » il fut élu secrétaire général du district de Bordeaux (31 juillet 1790), puis nommé secrétaire général du sceau de l'Etat et de la justice par Louis XVI au commencement de 1792; mais il donna sa démission le 1er août suivant. Procureur de la commune de Bayonne la même année, il fut incarcéré comme suspect sur l'ordre du représentant en mission, Monestier (du Puy-de-Dôme), en 1793. Mis en liberté, il passa agent national du district de Dax, fut de nouveau emprisonné comme suspect et ne recouvra sa liberté qu'à la chute de Robespierre. Resté quelque temps sans emploi, il devint commissaire du Directoire exécutif près l'administration centrale de la Gironde en l'an VI, et, le 27 germinal an VII, fut élu député de ce département au Conseil des Anciens, au 2e tour de scrutin, par 244 voix sur 452 votants. A ce propos, il écrivit au président de l'Assemblée électorale de la Gironde : « Il me serait difficile d'exprimer ici toute l'étendue de la reconnaissance dont je suis pénétré pour l'insigne faveur dont l'assemblée électorale vient de m'honorer en me plaçant au rang de législateur. » Il coopéra au 18 brumaire comme partisan du général Bonaparte, refusa, quelques jours après, une mission dans la 6e division militaire, et fut nommé membre du Tribunat, à la création, le 4 nivôse an VIII. Il y joua un rôle assez important, discuta le projet de loi sur la cour de Cassation (an IX), y fit introduire quelques modifications, et fut chargé, en l'an X, du rapport sur les titres du code civil, relatifs aux droits paternels, aux hypothèques et aux expropriations. Membre de la Légion d'honneur (le 25 prairial an XII), il fut créé chevalier de l'Empire, le 3 juin 1808. Après la suppression du Tribunat (1807), il entra au Corps législatif en 1810; il y siégea jusqu'à la chute de l'Empire.

LA HITTE (DE). — *Voy.* HITTE.

LAHURE (LOUIS-JOSEPH, BARON), député au Corps législatif en l'an X et en 1809, né à Mons (Belgique) le 29 décembre 1767, mort au château de Wavrechain (Nord) le 25 octobre 1853, « fils de Nicolas Lahure et de Marie-Thérèse du Buisson, » acheva ses études à Louvain quand éclata la révolution de Belgique; il y prit part contre l'Autriche, puis, après la dissolution de l'armée, passa en France, fut nommé capitaine dans la légion belge, et fit la campagne de 1792 contre les alliés, sous les ordres de Lückner et de Dumouriez. Chef de bataillon (9 janvier 1793), il assista à Nerwinde et à Hondschoote, où il se distingua en s'emparant d'une batterie ennemie. Commandant du 3e bataillon de tirailleurs belges, il prit part à la conquête de la Hollande en 1795, franchit le Wahal, et entra à Utrecht et à Amsterdam; il dirigea la pr... de la flotte hollandaise emprisonnée dans les glaces du Zuyderzée : à la tête d'un escadron de hussards, portant des tirailleurs en

croupe, il parvint à aborder et à occuper de vive force 14 vaisseaux. Nommé chef de la 15e demi-brigade d'infanterie légère (18 nivôse an III), il fut envoyé à l'armée de Sambre-et-Meuse, fit la campagne d'Allemagne en l'an V, et se rendit à l'armée d'Italie avec la division Bernadotte. Il se distingua au passage du Tagliamento et à Gradisca. Après la paix de Campo-Formio, il fut envoyé à Rome avec Berthier en 1798, pour venger l'assassinat du général. Duphot, assista au combat de Civita-Castellana, où il contribua si bien à la défaite de Mack et de l'armée napolitaine que le Directoire lui décerna un sabre d'honneur; puis il entra à Naples (23 janvier 1799). Rappelé en Lombardie au moment de la campagne contre le baron de Kray, et nommé général de brigade, il fut blessé à la Trebbia (19 juin 1799) et envoyé à Plaisance, où il tomba entre les mains des Russes de Souwarow. La gravité de sa blessure mit fin à sa carrière militaire. Choisi par le Sénat conservateur, le 6 germinal an X, comme député du département de Jemmapes au Corps législatif, membre de la Légion d'honneur (4 frimaire an XII), commandeur de l'ordre (25 prairial), chargé aussi de diverses inspections militaires, il fut réélu au Corps législatif par le Sénat conservateur, le 2 mai 1809, créé chevalier de l'Empire le 10 avril 1811, et baron le 26 février 1814. En 1814 et 1815, il commanda le département du Nord; la seconde Restauration lui retira ces fonctions. A quelque temps de là, le maréchal Bourmont le fit appeler et l'accusa de réunir chez lui les mécontents, et d'exciter ses anciens compagnons d'armes contre le gouvernement des Bourbons. « Je vois, Monsieur, répondit Lahure, que vous ne me connaissez pas. Je désire que votre conscience soit aussi calme que la mienne. » Et il refusa le commandement que lui offrait M. de Bourmont. Admis à la retraite comme maréchal-de-camp en 1818, il se retira près de Bouchain où il s'occupa de la culture de la betterave. Après les journées de juillet 1830, il reprit temporairement le commandement du département du Nord, et fut nommé grand-officier de la Légion d'honneur le 29 avril 1833.

LAIDET (JOSEPH-GUILLAUME-FORTUNÉ DE), député de 1827 à 1846, représentant en 1848 et 1849, né à Sisteron (Basses-Alpes) le 6 mars 1780, mort à Sisteron le 28 novembre 185., enrôlé volontaire en 1802, partit avec son bataillon pour Saint-Domingue, courut les dangers dans cette expédition, revint en France en 1804, et fut nommé capitaine dans l'infanterie légère. En 1812, en Espagne, il devint aide-de-camp du général Dubreton. Sa conduite au siége de Burgos le fit nommer chef de bataillon. Après l'abdication de l'empereur, il se rallia à la Restauration, au point de suivre le roi à Gand en 1815; il refusa toutefois de servir contre la France. Promu lieutenant-colonel en 1816 et colonel du 57e de ligne en 1823, il sollicita bientôt, comme maire du conseil, les suffrages des électeurs des Basses-Alpes : le 17 novembre 1827, le grand collège de ce département le nomma député par 90 voix (159 votants, 190 inscrits). « Il avait savouré, écrit un biographe, toutes les sensations du dévouement royaliste; esprit éminemment mobile, il voulut goûter aux fruits du libéralisme, céda à la tentation, mordit à la grappe, d'une façon peu gourmande d'abord, puis avec un vif appétit, si bien qu'en 1830 il en était au gâteau des 221. » En effet, M. de Laidet vota le plus souvent avec l'opposition constitutionnelle, il demanda même la suppression des aumôniers des régiments, ce qui le fit tomber en disgrâce. Envoyé à la Martinique, il revint voter, en mars 1830, contre le cabinet Polignac et prit part à l'expédition de Morée : il s'y trouvait lors de la révolution de juillet. Le 28 octobre 1830, il fut réélu député par 120 voix (161 votants, 225 inscrits), après avoir été fait, le 17 septembre, maréchal-de-camp par le nouveau gouvernement, auquel il s'était rallié. Tout dévoué au ministère, dans les premières années du règne de Louis Philippe, il se fit remarquer lors de l'insurrection républicaine du mois de juin 1832, en enlevant les barricades de la rue Saint-Merri à la tête de gardes nationaux et de soldats réunis près de la rue Grenéta. Plus tard, dans une profession de foi en 1848, M. de Laidet expliquait ainsi cet épisode de sa vie politique : « Je reçus l'ordre de me porter en toute hâte dans la rue Saint-Martin. En y arrivant par les boulevards, mon premier soin fut de renvoyer l'artillerie. Vers quatre heures du soir, je me trouvai au coin de la rue Grenéta, à la hauteur de la mairie du 6e arrondissement, en face des barricades et des autres obstacles que présentait cette rue, de ce point jusqu'à son extrémité, c'est-à-dire jusqu'au quai de Gesvres. Marchant en tête de ma colonne, j'abordai, le premier, les barricades, après avoir, au préalable, ordonné aux soldats qui me suivaient de ne pas tirer un coup de fusil. J'eus le bonheur de terminer sans effusion de sang une lutte inégale, et que le pouvoir avait peut-être trouvée trop courte. Si l'on veut lire les journaux de l'opposition de cette époque, on n'y verra aucun blâme de ma conduite. Le pouvoir, au contraire, fut fort mécontent. » Le mécontentement du pouvoir ne fut pas éternel. Bien que M. de Laidet, successivement réélu député : le 5 juillet 1831, par le 2e collège des Basses-Alpes (Sisteron) avec 93 voix (122 votants, 172 inscrits), contre 25 à M. Gravier; le 21 juin 1834, par 100 voix (172 votants, 202 inscrits), contre 39 à M. Pascalis; le 4 novembre 1837, par 129 voix (143 votants, 222 inscrits), et le 2 mars 1839, par 119 voix (129 votants), eût parfois voté avec l'opposition dynastique, il obtint en 1839 une mission en Algérie, et reçut à son retour, le 16 novembre 1840, le brevet de lieutenant-général. Le général de Laidet fut questeur de la Chambre des députés de 1839 à 1846, ayant encore vu renouveler son mandat législatif, le 26 décembre 1840, à la suite de sa promotion comme divisionnaire, par 142 voix (145 votants), et le 9 juillet 1842, par 138 voix (144 votants, 230 inscrits). Mais il échoua aux élections du 1er août 1846 et n'obtint que 114 voix contre 124 à l'élu, M. de Laplane. Il avait été admis à la retraite comme général en 1845. Après la révolution de 1848, le général de Laidet, se déclarant républicain, se fit élire, le 23 avril, représentant des Basses-Alpes à l'Assemblée constituante, le 1er sur 4, par 22,847 voix (38,425 votants, 45,994 inscrits). « Il y a, observait à ce propos la biographie déjà cité, autant de différence entre ses idées et ses actes de 1814, et ses idées et ses actes de 1830 et de 1848, qu'entre un sacristain et un tambour-major, un encensoir et une épée. » M. de Laidet fit partie du comité de la guerre, siégea à la gauche modérée, et vota en général avec les représentants qui se réunissaient au Palais National, contre les poursuites contre Louis Blanc et Caussidière, contre l'abolition de la peine de mort, pour l'amendement Grévy, contre l'abolition du remplacement militaire, contre la proposition Rateau, pour le renvoi des accusés du 15 mai devant la Haute-Cour, contre l'interdiction des clubs, contre les crédits de l'expédition romaine, etc. Réélu représentant des Basses-Alpes à l'Assemblée législative, le 13 mai 1849, par 14,564 voix sur 26,587 votants, il reprit sa place à gauche, se prononça contre les demandes en autorisation de poursuites dont les représentants de la Montagne furent l'objet, contre la loi Falloux-Parieu sur l'enseignement, etc., et combattit le gouvernement présidentiel de L.-N. Bonaparte. Aussi fut-il, par décret du 9 janvier 1852, expulsé temporairement de France; mais, dès le 7 août suivant, il fut autorisé à rentrer dans sa ville natale, où il termina ses jours.

L'AIGLE (DE). — Voy. AIGLE (DE L').

LAIGNELOT (JOSEPH-FRANÇOIS), membre de la Convention, né à Versailles (Seine-et-Oise) le 12 juin 1750, mort à Paris le 23 juillet 1829, s'occupa, ses études terminées, de littérature dramatique, et fit représenter à Versailles en 1779, puis au Théâtre-Français en 1782, une tragédie, Agis et Cléomène. Le théâtre de la Nation joua sans succès, en 1792, sa tragédie de Rienzi; Laignelot se lança alors dans la politique, fut nommé officier municipal à Paris, et, le 19 septembre 1792, fut élu membre de la Convention par le département de Paris, le 22e sur 24, par 449 voix sur 789 votants. Il siégea à la Montagne, et dans le procès du roi répondit au 3e appel nominal : « La mort. » Le 9 septembre 1793, il fut envoyé en mission à Cherbourg et à la Rochelle, annonça, le 13, qu'il venait de faire arrêter Rivière, fournisseur, pour fraudes dans les livraisons de bougies à la marine, et qu'il venait d'établir un tribunal révolutionnaire à Rochefort. « Nous avons formé ici, écrit-il à la Convention, un tribunal révolutionnaire comme celui de Paris, et nous en avons nommé nous-mêmes (Lequinio l'accompagnait dans cette mission) tous les membres, excepté celui qui doit clore la procédure le guillotineur. Nous avons simplement exposé ce besoin à la Société populaire : « Moi, s'est écrié avec un noble enthousiasme le citoyen Ance, c'est moi qui ambitionne l'honneur de faire tomber la tête des assassins de ma patrie. » Nous l'avons proclamé guillotineur, et nous l'avons invité à venir, en dînant avec nous, prendre ses pouvoirs par écrit. » Le 15 brumaire an II, il annula les assignats à face royale et donna des pensions à des prêtres « déprêtrisés »; le 4 frimaire, il demanda, pour faire valoir les assignats, qu'on proscrivît de France toute monnaie métallique, les gros sous exceptés; le 6, il annonça un autodafé de livres pieux; il fut envoyé, le 18, en Vendée, puis dans le Finistère, où il installa à Brest Ance, de Rochefort, en qualité de bourreau; en pluviôse, il y fit arrêter Girault, député d'Eure-et-Loir : « La punition d'un traître, dit-il, est l'effroi des méchants. » Il fit part (29 pluviôse) de l'exécution de trois officiers de marine, et rejoignit l'armée de l'Ouest (30 thermidor); de retour à la Convention en fructidor, il donna (8 vendémiaire an III) des détails sur la guerre de Vendée, et blâma les cruautés commises et les actes de Carrier. Membre du comité de sûreté générale (15 brumaire an IV), il fut chargé de rédiger le rapport qui suspendait le club des Jacobins, et annonça, le 22, que les quatre comités militaires de salut public, de sûreté générale et de législation, avaient approuvé ces conclusions, qui furent votées par la Convention. Le 11 nivôse, il présenta un autre rapport sur les jeunes royalistes qui avaient brisé le buste de Marat au foyer du théâtre Feydeau. Secrétaire de la Convention (16 ventôse), il demanda (7 germinal) l'éloignement de Paris des officiers destitués ; puis, compromis dans les insurrections de germinal et de prairial, accusé d'abus de pouvoir dans ses missions dans l'Ouest, il fut décrété d'arrestation le 8 prairial, échappa à la condamnation et bénéficia de l'amnistie générale du 4 brumaire an IV. Ses relations avec Babœuf le firent impliquer, en 1796, dans la conspiration des babouvistes ; il fut de nouveau arrêté, et condamné (25 nivôse an V) à trois jours de prison pour avoir insulté le général de brigade Louis Lestrange ; le 10 floréal, l'accusateur public conclut à sa culpabilité dans le complot ; le 25, dans sa défense, Laignelot apostropha le directeur Carnot, comme étant l'auteur de tous ses maux ; il fut acquitté le 7 prairial an V. Le 7 thermidor an VII, il fut nommé régisseur du droit d'octroi à Versailles, mais il abandonna ses fonctions au 18 brumaire. Il se remit alors à la littérature, refusa toute fonction publique, et publia, en 1805, une nouvelle édition de sa tragédie de *Rienzi* dont certaines allusions lui valurent un ordre d'exil. Il revint à Paris quelques années après, continua à se tenir à l'écart de la politique, et dut à cette attitude d'échapper à la loi du 12 janvier 1816 contre les régicides, et de pouvoir rester à Paris.

LAIGNIER (Nicolas-Joseph-Baptiste), député en 1789, né à Château-Porcien (Ardennes) le 30 novembre 1745, mort le 5 octobre 1808, avocat à Montfort-l'Amaury, fut élu, le 28 mars 1789, par le bailliage de Montfort, député du tiers aux Etats-Généraux. Son rôle parlementaire n'a pas laissé de traces au *Moniteur*.

LAIMÉ (Adolphe-Venceslas), représentant en 1849, né à Nantes (Loire-Inférieure) le 14 mars 1797, mort le 9 juin 1856, étudia le droit et appartint, sous la Restauration, à la magistrature, comme juge au tribunal de Quimper. D'opinions royalistes, il donna sa démission en 1830. Le 13 mai 1849, il fut élu représentant du Finistère à l'Assemblée législative, le 10e sur 13, par 51,130 voix (86,649 votants, 150,165 inscrits). M. Laimé siégea à droite, vota régulièrement avec la majorité conservatrice : *pour* l'expédition de Rome, *pour* la loi Falloux-Parieu sur l'enseignement, *pour* la loi restrictive du suffrage universel, resta attaché au parti légitimiste, et rentra dans la vie privée après le coup d'État de 1851.

LAINÉ (Joseph-Louis-Joachim, vicomte), député en 1808, et de 1815 à 1823, ministre et pair de France, né à Bordeaux (Gironde) le 11 novembre 1767, mort à Paris le 17 décembre 1835, « fils de M. Guillaume Lainé, substitut du procureur du roi de la Monnaie de Bordeaux, et de dame Jeanne Ravel, son épouse », se fit recevoir avocat à Paris en 1789. Partisan des idées nouvelles, mais trop jeune pour jouer un rôle en vue, il alla à Saint-Domingue régler des affaires de famille, et, de retour en France, fut nommé administrateur du district de la Réole (1793) ; il y rendit de grands services, sauva les papiers de Montesquieu et fit partie du directoire au département de la Gironde en 1795. De 1796 à 1808, il conquit au barreau de Bordeaux une place distinguée, et, rallié au Consulat et à l'Empire, fut élu par le Sénat conservateur le 18 février 1808, député de la Gironde au Corps législatif. Bien que le Corps

législatif dût voter simplement les lois qui lui étaient proposées, M. Lainé réclama le droit de discuter ces votes en comité secret. La majorité lui donna tort, mais au scrutin, quatre-vingts voix se rallièrent à lui. Les journaux relevèrent timidement ce premier acte d'opposition auquel l'Empereur parut indifférent, car il donna peu après à M. Lainé la croix de la Légion d'honneur (1809). Membre, en 1813, de la commission extraordinaire nommée par le Corps législatif pour chercher quels étaient les besoins et les désirs de la nation, il en fut le rapporteur ; son rapport déplut à l'empereur qui, à la réception du Corps législatif, le 1er janvier 1814, dit : « M. Lainé est un méchant homme, les autres sont des factieux et je les poursuivrai. » M. Lainé quitta alors le Corps législatif avec éclat, et se retira à Bordeaux où il reçut avec le plus grand empressement le duc d'Angoulême (12 mars 1814), qui le nomma préfet provisoire de la Gironde. Rentré à la « Chambre des députés des départements, » il en fut nommé président par le roi, parla en faveur du maintien de l'aliénation des biens nationaux, et, à la nouvelle du retour de l'île d'Elbe, adressa de Bordeaux « aux Français » une proclamation « contre le tyran », dans laquelle il les dégageait de leurs anciens serments, et leur conseillait de résister à « l'usurpateur ». Cette proclamation fut sans effet, et son auteur put accompagner, sans être inquiété, la duchesse d'Angoulême en Hollande. Il rentra, à la seconde Restauration, fut membre de la commission d'enquête chargée d'examiner les accusations portées contre Gaudin et Mollien, et fut élu, le 22 juillet 1815, député du collège du département de la Gironde, par 105 voix (193 votants, 260 inscrits). Président de la Chambre introuvable, il s'efforça de défendre contre les ultras les garanties constitutionnelles, et, dans la discussion de la loi électorale, ayant reçu de M. Forbin des Issards un démenti impertinent, quitta le fauteuil de la présidence en prétextant que son état de santé ne lui permettait pas de diriger d'aussi orageux débats. Il y remonta trois jours après, en donnant lecture d'une lettre du président du conseil des ministres, duc de Richelieu, qui lui ordonnait, au nom du roi, de rester à ce poste. Nommé ministre de l'Intérieur le 7 mai 1816, il inspira l'ordonnance royale du 5 septembre suivant portant dissolution de la Chambre et déclarant qu'aucun article de la Charte ne serait révisé. Réélu député, le 4 octobre suivant, par 109 voix (197 votants, 262 inscrits), il défendit les secours accordés aux réfugiés espagnols, fit voter (5 février 1817) la nouvelle loi électorale, réorganisa l'École polytechnique et la maison d'éducation de Saint-Denis, créa des établissements de bienfaisance, améliora le régime des prisons et remit son portefeuille à M. Decazes le 29 décembre 1818. Redevenu simple député, il soutint (1819) le projet électoral présenté à la Chambre des pairs par le marquis de Barthélemy, fit annuler (6 décembre) l'élection de l'abbé Grégoire pour cause d'indignité, et reçut du duc de Richelieu le cordon bleu et la présidence du conseil royal de l'instruction publique. Le 4 novembre 1820, le 2e collège électoral de la Gironde (Bordeaux) le renvoya à la Chambre par 173 voix (236 votants, 273 inscrits) ; il fut nommé ministre d'État le 21 décembre suivant, quitta le conseil de l'Instruction publique, cessa de faire partie du cabinet à l'avènement du ministère du 14 décembre 1821, et se prononça contre la guerre d'Espagne et contre l'expulsion de Manuel. Le roi l'éleva à la dignité de pair le 23 février 1822. Il continua de défendre, à la Chambre haute, les libertés constitutionnelles, s'opposa à l'attribution aux couvents de femmes du droit d'acquérir (5 février 1825), parla en faveur de la liberté des Grecs (1826) qu'il « souhaita surtout pour adoucir, s'il se peut, à l'égard des gouvernements, le murmure de la conscience du genre humain, » réclama l'application des lois existantes contre les jésuites, et, à la nouvelle des Ordonnances de juillet 1830, s'écria douloureusement : « Les rois s'en vont ! » Il prêta serment au gouvernement nouveau, mais ne parut presque plus au Luxembourg. Retiré dans son domaine de Saucats, près Bordeaux, il s'occupa de travaux littéraires, revint à Paris en 1835, et y mourut d'une lente maladie de poitrine. Louis XVIII disait de lui : « Je n'oserai jamais demander une injustice à mon ministre, tant je sais qu'il a l'âme d'un Spartiate. » Une ordonnance royale du 21 mars 1816 l'avait fait entrer à l'Académie française, et il avait été mis à la retraite, comme ministre, le 23 décembre 1823. Il mourut célibataire et pauvre, après avoir fait bénéficier les indigents de Bordeaux de son traitement de député.

LAINÉ (Pierre-Jean-Honorat, vicomte), représentant en 1849, né à Bordeaux (Gironde) le 4 décembre 1796, mort à Saucats (Gironde) le 23 décembre 1875, neveu du vicomte Joseph-Louis-Joachim Lainé (*V. plus haut*) et du célèbre chanteur Etienne Lainé (1752-1822) d'une famille originaire de Saint-Domingue, fixée à Bordeaux depuis plus de 150 ans, entra à l'Ecole navale à seize ans, en sortit comme élève de marine, devint aspirant en 1814, et se signala en 1816 dans l'incendie de Smyrne par sa présence d'esprit et son courage. Enseigne en 1817 et lieutenant de vaisseau en 1821, il fit en cette dernière qualité la campagne des côtes d'Espagne et devint successivement capitaine de frégate (1826) et capitaine de vaisseau (1831). Monté sur la frégate *la Gloire*, il gagna au combat de Saint-Jean-d'Ulloa le grade de contre-amiral auquel il fut élevé le 30 avril 1840. Commandant supérieur de la marine à Alger (1841), préfet maritime de Cherbourg (1842), il commanda, de 1843 à 1846, la station navale du Brésil et de la Plata, et fut promu vice-amiral en 1847. Aux élections du 13 mai 1849 pour l'Assemblée législative, les conservateurs de la Gironde l'élurent, le 3e sur 13, par 73,444 voix (125,001 votants, 179,161 inscrits), représentant de ce département. Il siégea dans les rangs de la droite, appuya toutes les mesures répressives contre la presse, le droit de réunion, etc., et fit partie des commissions relatives aux affaires coloniales et maritimes. Après le coup d'Etat, M. Lainé fut nommé membre du conseil d'amirauté. Il rentra alors dans la vie privée, se retira dans son domaine de Laguloup, près de Saucats, et refusa, en 1854, le commandement de l'escadre de la mer Noire que lui offrait son ami, M. Ducos, ministre de la Marine. Grand officier de la Légion d'honneur du 29 décembre 1849. La ville de Bordeaux a donné son nom à l'une de ses places.

LAIPAUD (Paul Nollet, comte de), député en 1789, né au château du Mas-de-Bot, commune de Blond (Haute-Vienne) le 5 septembre 1734, mort à une date inconnue, servit dans les armées du roi. Capitaine de cavalerie, grand sénéchal d'épée, le comte de Laipaud fut élu, le 21 mars 1789, député de la noblesse aux Etats-Généraux par la sénéchaussée de la Basse-Marche. Il y apporta les sentiments de majorité de son ordre, refusa de se réunir au tiers et fit la déclaration suivante : « Je soussigné, député de la noblesse de la sénéchaussée de la Basse-Marche, déclare que mon cahyer m'impose impérativement de ne voter que par ordre; j'ay exposé à mes cométans les circonstances qui pourraient exiger d'autres pouvoirs; je ne peut donc avoir une voix délibérative, ny ne prendre aucune part à ce qui sera décidé qu'après les avoir reçus, étant comptable de ma conduite envers la noblesse qui m'a fait l'honneur de me confier ses intérêts. Je demande acte de la présente déclaration. »

« A Versailles, le 27e juin 1789,

     « LE COMTE DE LAIPAUD,
     député de la Basse-Marche. »

On perd sa trace après la session.

LAIR-LAMOTTE (René-Augustin), député au Conseil des Cinq-Cents, né à Mayenne (Mayenne) le 1er avril 1762, mort à Mayenne le 11 octobre 1803, était juge au tribunal civil du département, lorsqu'il fut élu (25 germinal an VII), député de la Mayenne au Conseil des Cinq-Cents. Son adhésion au coup d'Etat de brumaire le fit nommer, le 9 floréal an VIII, juge au tribunal d'appel d'Angers.

LAISANT (Charles-Ange), député de 1876 à 1889, né à La Basse-Indre (Loire-Inférieure) le 1er novembre 1841, fut élève de l'Ecole polytechnique de 1861 à 1863, en sortit officier du génie. Capitaine lors de la guerre franco-allemande, il fut chargé, pendant le siège de Paris, des travaux du génie au fort d'Issy, et reçut, le 18 janvier 1871, la croix de la Légion d'honneur. Elu, le 8 octobre suivant, conseiller général républicain de la Loire-Inférieure, il fut envoyé en garnison en Corse et en Algérie, ce qui ne l'empêcha point d'assister aux sessions du conseil général et d'y prendre (1873 et 1874) une attitude hostile à l'administration. Afin de se consacrer plus librement à la politique militante, le capitaine Laisant donna sa démission en 1875, puis se présenta, le 20 février suivant, comme candidat républicain, aux élections législatives dans la 1re circonscription de Nantes : il fut élu député par 8,720 voix (14,660 votants, 21,746 inscrits), contre 5,870 à M. Polo, constitutionnel. Il s'inscrivit au groupe de l'Union républicaine en même temps qu'à celui de l'extrême gauche, avec lequel il se prononça *pour* l'amnistie plénière. Après l'acte du 16 mai 1877, il fut des 363. Il avait déposé pour la première fois, en juin 1876, la fameuse proposition tendant à la réduction du service militaire à trois ans et à la suppression du volontariat; cette proposition conquit dans toute la France, et particulièrement dans les casernes, une rapide popularité; plusieurs fois reproduite par son auteur, elle devait être bien souvent repoussée par la majorité parlementaire, avant de triompher, non sans avoir subi d'importantes modifications de détail : M. Laisant la renouvela notamment sans succès en mars 1877, puis en 1878, après avoir obtenu sa réélection comme député, le 14 octobre 1877, par 9,692 voix (14,987 votants, 21,266 inscrits), contre 5,162 à M. de Cornulier-Lucinière, monarchiste, candidat officiel. Reprenant sa place à l'extrême gauche, le député de Nantes se prononça à nouveau pour l'amnistie plénière, vota en faveur de l'article 7, de la séparation de l'Eglise et de l'Etat, de la liberté de réunion et d'association, et eut pendant la législature, à la suite d'un incident parlementaire, un duel avec son collègue de l'extrême droite, M. de la Rochette. Abordant assez fréquemment la tribune, surtout dans la discussion des affaires militaires, il y fit preuve d'un réel talent d'exposition. En janvier 1879, il prit la direction du journal le *Petit Parisien*. Ce fut dans cette feuille qu'il lança (1880) contre M. de Cissey (*V. ce nom*), ancien ministre de la Guerre, les accusations les plus graves : elles n'allaient à rien moins qu'à taxer le général de complicité avec la baronne de Kaulla, convaincue d'espionnage au profit de l'Allemagne. M. de Cissey demandait une enquête ; mais le général Farre le mit en demeure de poursuivre lui-même ses diffamateurs. Cependant M. Laisant continuait ses attaques et réclamait la mise en accusation de l'ancien ministre. Celui-ci intenta enfin une action en diffamation contre M. Laisant, directeur du *Petit Parisien*, et contre M. Henri Rochefort, rédacteur en chef de l'*Intransigeant* : chacun d'eux fut condamné à 3,000 francs de dommages-intérêts, à l'amende et à de nombreuses insertions du jugement dans des journaux. L'affaire était cependant loin d'être vidée, car la commission d'enquête parlementaire allait entrer en fonctions. A la Chambre, la même affaire provoqua bientôt un nouveau scandale : M. Laisant revint, dans la commission d'abord, puis à la tribune, sur ses accusations d'espionnage et les précisa en y mêlant le nom de M. Emile de Girardin : il en résulta un violent débat. Persistant à réclamer la réduction du service militaire à trois ans dans l'armée active, contrairement à l'avis de la majorité opportuniste qui la déclarait prématurée, M. Laisant limita (1881) sa proposition aux points suivants : réduire de 40 à 36 mois le service de la seconde portion du contingent, remplacer le volontariat d'un an par le service obligatoire de trois ans ; élever de 12 à 36 mois le service de la première portion du contingent ; enfin la commission, dont M. Laisant était rapporteur, admettait le renvoi dans leurs foyers de tous les jeunes gens qui auraient témoigné d'une instruction militaire suffisante dans des concours annuels. Le débat auquel ce projet donna lieu devant la Chambre fut passablement confus et contradictoire : plusieurs points importants avaient été omis par la commission, qui songea un instant à rétablir la distinction entre les deux portions du contingent, puis se rallia à un amendement de M. Amédée Le Faure qui consacrait par voie législative la situation de fait antérieurement créée par le ministre. Soutenu par MM. Keller et de Roys, le général Farre, ministre de la Guerre, attaqua vivement l'œuvre de la commission, et finalement l'ajournement de la « loi de trois ans » fut prononcé. Aux élections du 21 août 1881, M. Laisant vit combattre sa candidature avec un égal acharnement par les républicains modérés et par les royalistes : après avoir réuni, dans la 1re circonscription de Nantes, au premier tour de scrutin, 7,142 voix contre 7,969 partagées entre un opportuniste et un légitimiste, il l'emporta au second tour, le 4 septembre, ses concurrents s'étant retirés, avec 6,805 voix (7,396 votants, 23,955 inscrits). Il siégea comme précédemment à l'extrême-gauche et intervint fréquemment dans les débats relatifs à l'armée, au recrutement et à la politique extérieure. Adversaire des ministères Gambetta, Freycinet et J. Ferry, il les combattit tant à la Chambre que dans le journal *la République radicale*, qu'il avait récemment

fondé, et où il publia notamment, sous ce titre : *la Chambre infâme*, une violente appréciation des actes de la majorité. Il soutint et conseilla, pendant son passage au pouvoir, le général Thibaudin, et passa pour lui avoir inspiré, entre autres décrets, celui qui soumettait au corps du « contrôle » tous les actes administratifs de la direction centrale du ministère de la Guerre. Lorsque M. Jules Ferry eut obtenu du président de la République la retraite du général Thibaudin, M. Laisant fut de ceux qui protestèrent le plus vivement contre « la conspiration orléaniste dont les ministres se faisaient les complices ». Il dirigea contre le pouvoir plusieurs questions et interpellations et ne cessa de se montrer très hostile à l'expédition du Tonkin, dont il repoussa constamment les crédits. Aux élections générales du 4 octobre 1885, M. Laisant ne se représenta point dans le département de la Loire-Inférieure ; ayant été inscrit sur diverses listes radicales dans celui de la Seine, il l'obtint, au premier tour de scrutin, 126,552 voix, fut maintenu sur la liste dite de conciliation, et fut élu au ballottage, le 24e sur 34, par 284,191 voix (416,886 votants, 564,338 inscrits). Il reprit sa place à l'extrême gauche, vota *pour* l'expulsion des princes (juin 1886), attaqua le cabinet Rouvier à son avènement (mai 1887), défendit le général Boulanger, lors de l'interpellation du 11 juillet, trois jours après la manifestation à la gare de Lyon, parla sur la loi militaire (juin) en faisant l'apologie du service de trois ans, et s'associa pleinement au mouvement boulangiste. Il avait constamment soutenu le général, pendant son ministère ; il publia alors une brochure de propagande : *Pourquoi et comment je suis devenu boulangiste*. Pour prévenir le reproche d'accord de ce parti avec les bonapartistes, il proposa, le premier (24 novembre 1888), le transfert au Panthéon des restes de Baudin ; la Chambre lui refusa l'urgence, qu'elle accorda à la proposition identique de M. Barodet qui adjoignait aux honneurs du Panthéon Hoche, Carnot et Marceau. Membre du comité directeur de la Ligue des patriotes, M. Laisant fut compris (11 mars 1889) dans la demande en autorisation de poursuites déposée par le garde des sceaux, et votée, le 14, par 354 voix contre 227 ; il fut condamné avec ses deux collègues, MM. Laguerre et Turquet, à 100 francs d'amende. En dernier lieu, il s'est prononcé : *contre* le rétablissement du scrutin d'arrondissement (11 février 1889), *pour* l'ajournement indéfini de la revision de la Constitution, *contre* les poursuites contre le général Boulanger ; il s'était abstenu sur le projet de loi Lisbonne restrictif de la liberté de la presse. M. Laisant, qui a fait des sciences mathématiques une étude spéciale, a conquis, le 29 novembre 1877, le grade de docteur ès sciences avec deux thèses : les *Applications mécaniques du calcul des quaternions*, et *Nouveau mode de transformation des courbes et des surfaces*. On a encore de lui : *Introduction à la méthode des quaternions* (1881) ; l'*Anarchie bourgeoise* (1889).

LAISNÉ DE VILLEVÈQUE (GABRIEL-JACQUES), député de 1817 à 1824 et de 1827 à 1831, né à Orléans (Loiret) le 31 décembre 1766, mort à Orléans le 24 janvier 1851, était destiné à la marine : une longue maladie de poitrine mit obstacle à cette vocation. Laisné de Villevêque resta à l'écart des affaires publiques sous la Révolution ; obligé de se tenir caché en 1793, il reparut à la fin de l'année suivante, demanda en juin 1795, « le premier de tous les

Français, dit un biographe, la délivrance de l'orpheline du Temple », et, nommé en 1800 membre du conseil général du Loiret, fit paraître, vers la même époque, une brochure pour démontrer combien il était important pour la France de réclamer son ancienne colonie de la Louisiane. Laisné de Villevêque s'occupait de commerce à Orléans. En 1802, il proposa à ses collègues du conseil général d'insérer, dans une adresse de félicitations au premier Consul, une motion tendant à la rentrée des émigrés. En 1803, il rédigea un mémoire sur la guerre avec l'Angleterre. Secrètement dévoué aux Bourbons, il adhéra chaleureusement à la Restauration, refusa le serment à Napoléon pendant les Cent-Jours, et fut élu pour la première fois, le 20 septembre 1817, député du Loiret, au grand collège, par 428 voix (817 votants, 1,520 inscrits). Il prit place au centre gauche, parmi les royalistes constitutionnels, et se mêla très activement aux débats parlementaires. Membre du comité secret du 17 novembre 1817, pour la rédaction de l'adresse au roi, au moment où les étrangers demandaient deux milliards et les Prussiens un pour leur part, il combattit avec énergie l'idée d'une « liquidation désastreuse au profit de la Prusse, d'une liquidation, dit-il, qui éterniserait à jamais les angoisses de la France, qui en consommerait la ruine! » Il parla sur le recrutement, sur les douanes, sur les moyens de réprimer la contrebande, demanda une réduction du droit d'importation et d'exportation des huiles fines en bouteille, une prime de sortie pour les cotons fabriqués, et des mesures contre le retour par la voie du commerce anglais, etc. Son élocution facile et parfois brillante n'était pas exempte d'emphase, et le *Moniteur* a noté les « longs éclats de rire » qui accueillirent une phrase prononcée par Laisné de Villevêque en 1817, au cours des débats sur le budget. L'orateur exprimait la crainte d'avoir soulevé contre lui « un océan de haines et des flots d'implacables ennemis; on aiguisera contre moi, dit-il, le poignard de la calomnie. Mais peut-être un jour, pour récompense, une main amie, celle du pauvre sans doute, gravera sur ma tombe : *Il aima sa patrie; la patrie et l'infortune l'ont eu pour défenseur!* » Dans un langage plus précis, il affirma un autre jour que les préfets de dix ou douze départements, à sa connaissance, mettaient « plus d'un tiers des abonnements dans leur poche ». Il se déclara partisan (1818-19) de la responsabilité des ministres, parla sur diverses pétitions, appuya l'amendement de Brigode en faveur des départements victimes de l'occupation étrangère, et provoqua un « mouvement d'étonnement » chez ses collègues en exposant que le Loiret était un de ceux qui avaient le plus souffert. A propos des voies et moyens (discussion du budget), il réclama le remplacement des droits de mouvement de débit sur les boissons par un droit de consommation de 10 pour 100 de leur valeur, que paieraient tous les contribuables indistinctement. Laisné de Villevêque ne cessa de voter avec l'opposition constitutionnelle; il combattit, le 29 janvier 1820, la réduction des pensions des officiers de mer; soutint une pétition qui proposait d'ôter leur sabre aux militaires lorsqu'ils ne seraient pas de service; parla (8 mars) contre le projet de loi suspensif de la liberté individuelle, et contre la loi de censure (21 mars); se fit, le 22 avril, l'interprète des réclamations des journalistes, éloignés par une récente décision de la place qui leur était réservée à la Chambre, et prit part encore, la même année,

à un grand nombre de discussions : sur les douanes, sur la nouvelle loi électorale, qu'il combattit, sur le budget, etc. Le 9 mai 1822, Laisné de Villevêque échoua dans le 1er arrondissement du Loiret (Orléans), comme candidat libéral, avec 305 voix contre 364 à M. Crignon d'Ouzouër; mais il fut réélu, le même jour, dans le 3e arrondissement (Pithiviers), par 116 voix (228 votants, 237 inscrits), contre 104 à M. Fougeroux. Il reprit sa place au centre, et parut fréquemment à la tribune. Les élections du 25 février 1824 lui furent défavorables : il n'obtint à Pithiviers que 56 voix contre 76 à M. Fougeroux, élu, et, à Orléans, 161 contre 451 au député sortant, M. Crignon d'Ouzouër. Mais ces deux collèges le rappelèrent à la Chambre le 17 novembre 1827; élu à Orléans par 426 voix (628 votants, 746 inscrits), contre 162 à M. Aignan, et à Pithiviers par 141 voix (204 votants, 241 inscrits), contre 48 à M. Poisson, Laisné de Villevêque opta pour Pithiviers, eut pour successeur à Orléans M. de Cormenin, et revint défendre au Palais-Bourbon les libertés constitutionnelles. Il fut nommé questeur de la Chambre en 1828. « Suivant l'usage, lit-on dans la *Biographie universelle* de Michaud, il fut présenté au roi Charles X, qui, voulant être gracieux, lui dit que sa nomination était une des choses qu'il avait signées avec le plus de plaisir. L'opinion était alors si ombrageuse que des électeurs libéraux d'Orléans furent offusqués de ces paroles, et s'imaginèrent que Laisné de Villevêque était désormais un homme asservi au pouvoir. C'était bien mal juger son intégrité politique. » Il s'occupa beaucoup vers cette époque d'une entreprise qui eut un certain retentissement. Le gouvernement mexicain lui ayant accordé une étendue considérable de terres dans l'isthme de Téhuantépec, il tenta d'y fonder une sorte de colonie, et beaucoup de gens de tout état partirent, à son appel, dans l'espoir d'une fortune rapide; mais l'affaire n'eut aucun succès. Laisné de Villevêque combattit le ministère Polignac, fut des 221, et obtint sa réélection, comme député de Pithiviers, le 12 juillet 1830, par 182 voix (230 votants, 254 inscrits), contre 45 à M. Toustain de Forte-Maison. Après la révolution, il se rallia au gouvernement nouveau, mais il ne fut pas réélu le 5 juillet 1831; il réunit alors 170 voix contre 193 à M. de La Rochefoucauld, élu; plus tard, le 21 juin 1834, il en obtint 126 contre 175 au député sortant, réélu. Il passa ses dernières années dans la retraite, et, bien que souffrant de la pierre, mourut à un âge très avancé. Chevalier de la Légion d'honneur.

LAISSAC (JEAN-PIERRE-GUSTAVE), représentant du peuple en 1848, né à Montpellier (Hérault) le 2 août 1809, mort à Paris le 25 janvier 1858, d'une famille de modestes artisans, était étudiant en droit à Paris au moment de la révolution de 1830. Il fut décoré de la croix de juillet et nommé sous-préfet de Château-Chinon. Destitué neuf mois après, il devint secrétaire de M. Mauguin, et fut impliqué (1832) dans un procès politique à Montpellier; acquitté par le jury, il termina son droit à Toulouse, et se fit inscrire au barreau de Montpellier, où il acquit rapidement de la réputation, en plaidant dans plusieurs affaires retentissantes, notamment pour les tonneliers de Nîmes prévenus du délit de coalition, pour les accusés d'avril, dans les procès auxquels donna lieu le recensement de 1842, etc. Il s'était marié à une femme « aussi riche d'années que d'argent », dit un biographe, lorsque la révolution de 1848 le fit procureur général à Montpellier; il fut élu, le 4 juin suivant, représentant de l'Hérault à l'Assemblée constituante, en remplacement de M. de Larcy, qui avait opté pour le Gard, par 24,075 voix sur 62,221 votants. Mais de graves irrégularités ayant été signalées dans cette élection, elle fut annulée après enquête le 16 juin, et M. Laissac dut se représenter devant ses électeurs, qui lui confirmèrent son mandat, le 24 septembre suivant, avec 35,306 voix (63,757 votants, 116,86' inscrits). Il fit partie du comité de législation et vota *contre* la sanction de la Constitution par le peuple, *pour* l'ensemble de la Constitution, *contre* la proposition Rateau, *contre* l'interdiction des clubs, *contre* l'expédition de Rome. Non réélu à la Législative, il rentra au barreau. On a de lui une brochure sur *la Taxe des boissons;* il avait collaboré au *Journal des Economistes*, à la *Révolution de 1830* et à la *Tribune.*

LAITY (FRANÇOIS-ARMAND-RUPERT), sénateur du second Empire, né à Lorient (Morbihan) le 13 juillet 1812, mort à Paris le 8 septembre 1889, fut élève de l'Ecole polytechnique, puis de l'Ecole d'application de l'artillerie et du génie à Metz. Il en sortit avec le grade de lieutenant en second dans le bataillon des pontonniers de Strasbourg. Il se trouvait en garnison dans cette ville lorsque le prince Louis-Napoléon Bonaparte tenta de soulever la garnison contre le gouvernement de Louis-Philippe (1836). Le lieutenant Laity, qui avait adopté avec enthousiasme la cause du neveu de Napoléon Ier, parvint à entraîner son bataillon de pontonniers (30 novembre); mais il fut arrêté presque aussitôt avec les chefs de cette échauffourée. Traduit comme ses complices devant la cour d'assises de Strasbourg, pendant que Louis-Napoléon était rendu à la liberté et envoyé en Amérique, M. Laity obtint un acquittement et donna sa démission d'officier en 1837. Une brochure qu'il publia peu après sur l'affaire à laquelle il venait de prendre part: *Relation historique des événements du 30 octobre 1836* (Strasbourg, 1838), amena de nouveau son arrestation, et lui valut, devant la Cour des pairs, une condamnation à 10.000 francs d'amende et cinq ans de prison. Après l'élection présidentielle du 10 décembre 1848, M. Laity reprit du service dans l'armée, devint capitaine, officier d'ordonnance du prince président, et donna sa démission en 1852 pour entrer dans l'administration. Préfet des Basses-Pyrénées en 1854, il fut appelé, le 12 août 1857, à siéger au Sénat impérial. Il y soutint de ses votes le gouvernement de Napoléon III jusqu'à la révolution de 1870, qui le rendit à la vie privée. Grand officier de la Légion d'honneur du 6 août 1860.

LAJAILLE (CHARLES-ANDRÉ, VICOMTE DE), sénateur de 1876 à 1885, né à la Baie-Mahault (Guadeloupe), le 15 avril 1821, entra à l'Ecole polytechnique, en sortit (1845) sous-lieutenant d'artillerie, et fut successivement promu: lieutenant en 1847, capitaine en 1852, lieutenant-colonel en 1863 et colonel en 1867. Nommé général de brigade pendant la guerre de 1870, il fut maintenu dans ce grade après la paix, et commanda à Bourges la 8e brigade d'artillerie du 8e corps d'armée. Candidat monarchiste aux élections sénatoriales de 1876, il fut élu, le 27 février, sénateur de la Guadeloupe, son pays natal, par 29 voix sur 56 votants, contre 27 au candidat républicain, M. Rollin. Il prit place à l'extrême droite du Sénat et vit son élection validée, bien que gravement contestée: les conseils municipaux de la colonie n'avaient pas été renouvelés dans le délai légal. Le 15 mars 1877, le général de Lajaille fut promu divisionnaire et devint membre du comité de l'artillerie. Au Sénat, il approuva l'acte du 16 mai, et vota, en juin, *pour* la dissolution de la Chambre des députés; puis il se prononça *contre* la politique du ministère Dufaure, *contre* l'article 7, *contre* la réforme du personnel judiciaire, *contre* le rétablissement du divorce, *contre* les crédits du Tonkin, etc. Il ne se représenta pas aux élections du 25 janvier 1885, pour le renouvellement triennal du Sénat.

LAJARD (JEAN-BAPTISTE-BARTHÉLEMY), député au Corps législatif de l'an XIII à 1815, né à Montpellier (Hérault) le 31 juillet 1758, mort à Montpellier le 16 août 1822, « fils de sieur Jean-Baptiste Lajard, négociant, et de dame Rose Sénard-Paquier, mariés, » était négociant à Montpellier. Compromis en 1792 à propos d'une fourniture de souliers pour l'armée des Alpes, il fut arrêté et mis en jugement devant le tribunal de Rhône-et-Loire qui l'acquitta. Après le coup d'Etat de brumaire, il devint conseiller général de l'Hérault, puis, le 29 thermidor an XII, fut élu par le Sénat conservateur député du département au Corps législatif. Il y siégea jusqu'à la fin du régime impérial, ayant obtenu, le 10 août 1810, le renouvellement de son mandat.

LAJARD (PIERRE-AUGUSTE), ministre, député au Corps législatif de 1808 à 1815 né à Montpellier (Hérault) le 20 avril 1757, mort à Paris le 12 juin 1837, « fils de Barthélemy Lajard, président trésorier de France en la généralité de Montpellier, intendant des gabelles du Languedoc, et de dame Angélique Pelet, » et parent du précédent, débuta dans la carrière militaire en 1773. Après avoir appartenu successivement aux régiments de Languedoc et de Médoc (infanterie), il fut nommé capitaine dans celui de Maillebois, formé en France pour servir en Hollande. Il passa ensuite au bataillon de chasseurs des Ardennes. Aide de camp du général marquis de Lambert, il fut bientôt, sur la proposition de La Fayette, nommé premier aide-major général de la garde nationale parisienne. Il occupa ce poste jusqu'en 1792, entra alors dans le corps de l'état-major de l'armée comme adjudant général avec le grade de colonel, et fut attaché à la première division militaire et momentanément employé à l'armée du Nord. Le 16 juin 1792, Lajard fut appelé au ministère de la Guerre, où il ne resta que jusqu'au 24 juillet suivant. Durant cette période il se montra le zélé partisan de la monarchie constitutionnelle, intervint, le 20 juin, en faveur du roi et de la famille royale, et, dans la journée du Dix Août, s'efforça d'organiser la résistance à l'insurrection. Sorti du ministère, dénoncé pour son attitude et décrété d'accusation, il passa en Angleterre où il resta jusqu'après le coup d'Etat de brumaire. Bonaparte ne lui accorda pas l'autorisation de reprendre son rang dans l'armée, mais, ayant été plus tard au nombre des candidats au Corps législatif présentés par les électeurs de Paris, Lajard fut, le 18 février 1808, élu député de la Seine par le Sénat conservateur. L'empereur lui accorda une pension de 6.000 francs comme ancien ministre. Il se rallia ensuite à la Restauration, et obtint de Louis XVIII le grade de maréchal de camp (14 juillet 1814). Après les Cent-Jours, ne payant point le cens voulu par la loi, il ne put se représenter à la députation et rentra dans la vie privée.

LAKANAL (Joseph), membre de la Convention, député au Conseil des Cinq-Cehts, né à Serres (Ariège) le 14 juillet 1762, mort à Paris le 14 février 1845, s'appelait de son nom patronymique *Lacanal*. Il en modifia l'orthographe et signa *Lakanal* à partir de la Révolution, afin de se distinguer de ses trois frères qui étaient restés royalistes : Jean-Baptiste Lacanal, l'aîné, avocat et procureur du roi à Paris; Jérôme Lacanal, professeur de physique expérimentale à Paris, et Jean Lacanal, chirurgien à Serres. Placé chez les Doctrinaires par un de ses oncles, qui était prêtre et qui devint plus tard évêque constitutionnel de Pamiers, il s'y distingua comme latiniste. Ses études achevées, il fut admis dans la congrégation et professa pendant quatorze ans dans divers collèges appartenant à la Doctrine, de 1778 à 1792. Il avait trente ans, et était vicaire de l'évêque constitutionnel de Pamiers, lorsque le département de l'Ariège l'envoya, le 5 septembre 1792, le 5e sur 6, par 164 voix (310 votants), siéger à la Convention. Lakanal arriva à la Convention avec des opinions républicaines très arrêtées; mais il voulut rester neutre dans la lutte des partis rivaux, et se tenant à égale distance de la Gironde et de la Montagne, il alla siéger au centre, comme Daunou et Sieyès. Dans le procès de Louis XVI, il s'exprima ainsi : « Si le traître Bouillé, si le fourbe La Fayette et les intrigants ses complices votaient sur cette question (l'appel au peuple) ils diraient oui; comme je n'ai rien de commun avec ces gens-là, je dis *non.* » Au 3e appel nominal il répondit: « Un vrai républicain parle peu. Les motifs de ma décision sont là (il montrait son cœur); je vote pour la mort. » Peu après il fut envoyé en mission avec Mauduit dans les départements de Seine-et-Marne et de l'Oise, et, le 24 mars 1793, il vint rendre compte à la Convention des recherches faites au château de Chantilly, de la découverte de sommes d'or et d'argent, de diverses correspondances établissant les dépenses du livre rouge, « des plans secrets des campagnes de ce brigand illustre connu sous le nom de grand Condé, » d'ouvrages manuscrits de Louis XV, et d'autres pièces; il demanda que la Convention chargeât quelqu'un de ses membres d'aller prendre possession de ces richesses et de ces papiers. Envoyé dans le département de la Dordogne comme commissaire, Lakanal y créa une manufacture d'armes, prit à y fit percer des routes *révolutionnairement,* c'est-à-dire en y faisant travailler les habitants; il obligea les officiers municipaux à le renseigner sur les ménages, indiscrétions que le puritanisme de son collègue Romme dénonça comme dangereuses (2 fructidor). Mais c'est le rôle joué par Lakanal au sein du comité d'instruction publique de la Convention qui constitue son titre principal devant l'histoire. Il semble toutefois que ce rôle ait été, récemment, quelque peu exagéré. Si Lakanal, à deux époques différentes, fut, selon l'expression de Grégoire, la « cheville ouvrière » du célèbre comité, il n'en fut jamais l'inspirateur. Il n'est pas exact non plus de le représenter comme ayant fait partie de ce comité à poste fixe, dès la première heure et sans interruption. En dépit de l'affirmation de Lakanal lui-même, dans son *Exposé sommaire* de ses travaux, écrit en 1838, à l'âge de soixante-dix-sept ans, les documents établissent que le comité d'instruction publique nommé le 13 octobre 1792, et composé de 24 membres, ne comptait pas encore Lakanal parmi ses membres. Neuf des élus refusèrent leur nomination, et furent remplacés quelques jours après par autant de membres nouveaux. Lakanal ne figurait pas davantage parmi ceux-ci. Les rapporteurs du comité, dans la première période, furent successivement M. J. Chénier, Lauthenas, Romme, Arbogast, Fouché. Lakanal n'avait encore paru à la tribune que pour motiver son vote dans le procès du roi, et pour rendre compte de ses missions dans les départements, lorsque, devenu membre du comité au début de l'année 1793, il fit décréter (en mai) que la loi sur le cumul des traitements ne s'appliquait pas aux membres de l'Académie des sciences, et que ceux-ci pourraient toucher à la fois leur traitement comme professeurs ou fonctionnaires et leur indemnité comme académiciens. Une lettre de remerciements de Desfontaines, secrétaire de l'Académie des sciences, accusant réception du décret rendu sur le rapport de Lakanal, est datée du 17 mai 1793. Le 28 mai, il présenta un rapport sur les moyens d'agrandissement du Jardin des plantes et du cabinet d'histoire naturelle.

Le 4 juin, il fit rendre, au nom du comité (dont un décret de la veille avait ordonné le renouvellement à la suite de la journée du 31 mai), un décret punissant de deux ans de fers quiconque dégraderait les monuments des arts dépendant des propriétés nationales. Le 13 juin, Lakanal lut un rapport sur le concours à ouvrir pour la composition des livres élémentaires; le 19 juin, un autre sur les écoles militaires dont il demanda le maintien, « jusqu'à ce qu'elles soient utilement remplacées par l'éducation républicaine.» Enfin; le 26 juin, ce fut lui qui présenta, au nom du comité, le fameux *Projet d'éducation nationale,* dont le trait caractéristique était de ne mettre à la charge de la nation que l'instruction primaire, et d'abandonner à l'initiative privée ce qui concernait l'enseignement secondaire et supérieur. Le projet instituait en outre une commission centrale de l'instruction publique, dans laquelle les Jacobins virent « un nouveau sommet d'aristocratie, une nouvelle Sorbonne, qui dirigerait à son gré l'esprit public. » Tout un chapitre était consacré aux fêtes: il devait y avoir quinze fêtes annuelles de canton, dix fêtes annuelles de district, dix fêtes annuelles de département, et cinq fêtes nationales. En réalité, l'inspirateur principal du projet était Sieyès. La Convention, dans la séance du 3 juillet, écarta le système des hommes du centre, et alla jusqu'à dessaisir le comité d'instruction publique de la question: elle décida « qu'il serait nommé six commissaires chargés de présenter, sous huit jours, un décret sur l'instruction publique. » Lakanal, bien qu'il eût été choisi pour l'un des membres de cette commission des six, fut blessé du décret de l'Assemblée comme d'une injure personnelle, et il en garda contre la Montagne un vif ressentiment. Sieyès et lui avaient été particulièrement affectés des railleries dirigées contre leur plan de fêtes publiques; une de ces fêtes avait surtout égayé les plaisants, celle des « *animaux compagnons de l'homme.* » La commission des six, dont Robespierre faisait partie, décida de recommander à la Convention le projet Lepelletier, qui fut discuté pendant un mois, amendé et finalement adopté en principe le 13 août. Le rôle de Lakanal, dans cette circonstance, fut purement passif: il ne parla ni pour ni contre le plan Lepelletier. Cependant le comité d'instruction publique, déchargé du soin de présenter un projet d'ensemble sur l'éducation nationale, s'occupait d'autres questions, et Lakanal lui servait fréquemment de rapporteur. Il présenta successivement : un décret garantissant la propriété littéraire et artistique (19 juillet); un décret relatif à l'établissement du télégraphe aérien (25 juillet); un autre réorganisant l'Observatoire (31 août), etc. La commission des six, après l'adoption du principe de l'éducation commune pour le premier degré d'instruction, s'occupa de l'organisation des autres degrés d'enseignement. Ici, ses membres se divisèrent en deux groupes opposés : Lakanal et deux de ses collègues voulaient l'organisation immédiate de trois degrés supérieurs d'instruction; dans des conférences auxquelles prirent part plusieurs représentants de la science, ils élaborèrent un projet qu'ils firent soumettre à la Convention sous la forme d'une pétition populaire. Grâce à l'appui de Jean-Bon Saint-André, de Barère et de Prieur de la Marne, la Convention vota d'enthousiasme un décret disant que « indépendamment des écoles primaires, il serait établi dans la République trois degrés progressifs d'instruction : le premier pour les connaissances indispensables aux artistes et ouvriers de tous les genres; le second pour les connaissances ultérieures, nécessaires à ceux qui se destinent aux autres professions de la société; et le troisième pour les objets d'instruction dont l'étude difficile n'est pas à la portée de tous les hommes. » C'était le retour au plan de Condorcet, abandonné en juin par Sieyès, Daunou et Lakanal lui-même, qui se ralliait maintenant à l'opinion opposée. Ce ne fut pas Lakanal, ce fut Romme qui servit d'organe à la commission pour faire voter les décrets des 30 vendémiaire, 5, 7 et 9 brumaire an II, auxquels la majorité, s'inspirant des préférences de Robespierre, substitua presque aussitôt le décret Bouquier (V. ce nom). Lakanal avait quitté Paris dans le courant d'octobre 1793 pour se rendre en mission dans la Dordogne, le Lot, le Lot-et-Garonne et le Bec-d'Ambès (Gironde). Au cours de cette absence qui dura dix mois environ, il fit procéder à des levées extraordinaires de cavalerie, réussit dans la Dordogne à obtenir l'extinction de tous les procès, à faire exécuter une « corvée patriotique » pour la réparation générale des chemins, et à établir à Bergerac une manufacture d'armes dont la fabrication fut montée sur le pied de vingt mille fusils par an. Revenu à Paris vers la fin de l'an II, c'est-à-dire après le 9 thermidor, Lakanal qui, dans l'exercice de sa mission, avait incliné vers le parti montagnard et jacobin, se déclara pour les vainqueurs. Réélu membre du comité d'instruction publique, il en devint le président, contribua à l'abolition du système créé par le décret Bouquier, et s'occupa de l'élaboration d'un plan nouveau. Il fut chargé de présenter à la Convention des décrets relatifs à ces trois catégories d'établissements : écoles primaires, écoles centrales, écoles normales. Il déploya alors une grande activité, et lut, le 2 brumaire an III, le projet de décret concernant l'école normale de Paris et les écoles normales de département. Le 7 brumaire, ce fut le tour des écoles primaires. Le comité s'était borné à reprendre le projet du 26 juin 1793, sauf les dispositions relatives aux fêtes et à la commis-

sion centrale de l'instruction publique. Lakanal, en soumettant à la Convention cette nouvelle édition d'un plan dont l'échec lui avait été jadis si sensible, se laissa aller à des violences de langage de nature à plaire aux thermidoriens : il accusa notamment les partisans du plan Lepelletier d'avoir voulu « vandaliser la France pour l'asservir ». Le projet Lakanal, cette fois, fut adopté; mais il ne reçut qu'un commencement d'exécution et fut remplacé, moins d'un an après, par le décret du 3 brumaire an IV. Enfin, le 26 frimaire, Lakanal présenta le rapport sur les écoles centrales. Puis il fut délégué par l'assemblée, avec quatre collègues, pour parcourir les départements et assurer l'exécution de la loi : il présida ainsi à la fondation de 19 écoles centrales. Revenu à Paris vers la fin de l'an III, il remonta à la tribune pour lire un rapport relatif aux honneurs publics à décerner à J.-J. Rousseau. Continuant à subir sans résistance les influences du moment, Lakanal ne fit aucune opposition au décret du 3 brumaire an IV, dont l'esprit était nettement en désaccord avec celui de la législation antérieure.

Élu, le 23 vendémiaire an IV, député au Conseil des Cinq-Cents par trois départements, le Finistère, le Morbihan et le Nord, il présenta au pouvoir exécutif, une fois la création de l'Institut décrétée, la liste des 48 premiers membres de ce corps qui devaient élire les 96 autres. Dans une lettre du 24 pluviôse an IV, il promit à Bernardin de Saint-Pierre de lui faire obtenir de l'Institut une mission de voyageur. Les 48 membres présentés par lui furent agréés par le Directoire et, quelques jours après, le tiers électeur de l'Institut s'assembla pour élire les deux autres tiers. Lakanal, dont la candidature avait d'abord été écartée, bénéficiant du refus d'un des titulaires désignés, reçut un fauteuil dans la classe des sciences morales et politiques. Son passage aux Cinq-Cents, dont il fit partie jusqu'au 30 floréal an V, fut encore marqué par la présentation de divers rapports concernant l'instruction publique. Après sa sortie du Conseil, il disparut un moment de la scène politique, et refusa en l'an VI la candidature dans Seine-et-Oise. Mais, dans l'été de 1799, voyant la patrie en danger, il se mit à la disposition du Directoire, et fut envoyé en qualité de commissaire général du gouvernement dans les quatre nouveaux départements de la rive gauche du Rhin, menacés par l'approche de l'ennemi. Il s'y occupa activement de l'approvisionnement des places fortes. Rappelé après le 18 brumaire, il se rallia au pouvoir de Bonaparte, demanda et obtint la chaire de langues anciennes à l'école centrale de la rue Saint-Antoine, chaire devenue vacante par la mort de l'abbé Leblanc, devint (29 fructidor an XII) procureur-gérant (économe) du lycée Bonaparte, paya, en cette qualité, le cautionnement de 9,000 francs exigé par la loi, et quitta l'Université en 1807 pour accepter une place d'inspecteur général des poids et mesures. La Restauration lui enleva ses fonctions d'inspecteur et son titre de membre de l'Institut. Il résolut alors de s'expatrier et, après Waterloo, se rendit aux États-Unis. Il y vécut plusieurs années, le gouvernement de la Louisiane lui ayant offert la présidence de l'université de la Nouvelle-Orléans, et il pensait y terminer ses jours, lorsque la nouvelle de la révolution de 1830 lui inspira le désir de revoir la France. Il était encore à la Nouvelle-Orléans en 1833, car il écrivait de là à un ami : « Je n'ai jamais été malade depuis

35

45 ans; Daubenton, mon ami, me disait que je ne mourrais qu'ossifié. C'est en France que j'irai attendre, sans la craindre ni la désirer, cette opération de la nature. » Le 22 mars 1834, l'Académie des sciences morales le rappela au milieu d'elle, en remplacement de Garat qui venait de mourir. Lakanal avait été marié une première fois avant son exil, puis il était devenu veuf. Il se remaria en 1838, à l'âge de 76 ans, avec une femme qui n'en avait que trente et dont il eut un fils l'année suivante. Peu après, il apprit que la personne à laquelle il avait laissé le soin de gérer ses intérêts en Amérique avait trahi sa confiance, et que son avoir était perdu. Lakanal employa ses dernières années à divers travaux littéraires, fit paraître en 1838 un *Exposé sommaire des travaux de Joseph Lakanal, ex-membre de la Convention natio-nale,* etc., ouvrage qui n'est pas exempt de quelque ostentation, et mourut plein de vigueur, en 1845. La veuve de Lakanal a survécu 36 ans à son mari. Une très modeste pension lui avait été accordée par l'Etat. M. Jules Ferry en porta (1880) le chiffre à 1,800 francs. Mme Lakanal est morte en 1881. Une statue a été élevée en 1882 à J. Lakanal, par la ville de Foix, et son nom a été donné au lycée fondé la même année à Bourg-la-Reine.

LALAING D'AUDENARDE (Charles-Eugène, comte), pair de France et sénateur du second Empire, né à Paris le 13 novembre 1779, mort à Paris le 4 mars 1859, entra au service de l'Autriche le 1er avril 1799, et fut sous-lieutenant au 6e régiment de dragons (Mélas), qu'il quitta pour passer au service de la France le 28 juin 1804, avec un brevet de capitaine au 112e de ligne. Promu successivement chef d'escadron au 3e régiment de cuirassiers le 5 septembre 1805, major le 10 septembre 1807, et colonel le 29 janvier 1809, il prit part aux batailles d'Austerlitz, d'Iéna, d'Eylau, de Friedland, d'Eckmühl, d'Essling et de Wagram. Lalaing d'Audenarde, créé baron de l'Empire le 15 octobre 1809, et promu général de brigade le 5 décembre 1812, se rallia à la Restauration, fut admis, le 1er juin 1814, comme lieutenant dans la compagnie des gardes du corps de Noailles, et fut appelé à commander cette compagnie le 1er novembre 1815, après avoir accompagné Louis XVIII à Gand. Il prit part à la guerre d'Espagne (1823) à la tête des escadrons de la maison militaire du roi, y gagna le grade de lieutenant-général (30 juillet) et reçut, le 28 novembre 1824, le commandement de la 7e division militaire (Grenoble). La révolution de 1830 l'avait mis en disponibilité; mais, bientôt placé (7 février 1831) dans le cadre d'activité de l'état-major général de l'armée, Lalaing d'Audenarde devint membre du comité de cavalerie, et fut appelé à la pairie le 3 octobre 1837. Il obtint en 1842 le commandement de la 2e division militaire (Châlons-sur-Marne), puis celui de la quatorzième (Rouen), et fut admis à la retraite en 1848. Le second Empire lui conféra, le 4 mars 1853, la dignité de sénateur. Le général Lalaing d'Audenarde soutint le gouvernement impérial avec le même zèle que les monarchies précédentes, et mourut en 1859. Grand-croix de la Légion d'honneur depuis le 19 août 1847.

LA LANDE (Jean-Jacques de), député en 1789, né à la Forêt-Auvray (Orne) le 6 mars 1738, mort à Paris le 3 septembre 1792, était curé d'Illiers-l'Evêque en Normandie. Elu, le 27 mars 1789, député du clergé aux Etats-Généraux par le bailliage d'Evreux, il n'eut dans l'Assemblée constituante qu'un rôle effacé, qui n'a pas laissé de traces au *Moniteur.*

LALANDE (Luc-François), membre de la Convention, député au Conseil des Cinq-Cents, né à Saint-Lô (Manche) le 19 janvier 1732, mort à Paris le 27 février 1805, entra dans la congrégation de l'Oratoire, et professa dans plusieurs établissements de cet institut l'hébreu et la théologie. Partisan des idées nouvelles, il défendit la constitution civile du clergé dans une *Apologie des décrets de l'Assemblée nationale* (Paris, 1791) qui eut trois éditions dans la même année et appela sur son auteur l'attention publique. Devenu premier vicaire de l'évêque métropolitain de Paris, Lalande fut bientôt appelé lui-même par le corps électoral de la Meurthe aux fonctions d'évêque constitutionnel de ce département. Mais la partie dissidente du clergé ne lui ménagea point les attaques : sa personne et ses doctrines furent visées dans plusieurs libelles, voire dans une pièce de théâtre, intitulée : *La Prophétie accomplie, ou le Tartuffe moderne,* drame en quatre actes, dont il était le héros. En 1792, il prononça dans la cathédrale de Nancy l'éloge de Simoneau, maire d'Etampes, tué dans une émeute. Puis, le 5 septembre de la même année, il fut élu député de la Meurthe à la Convention, le 6e sur 8, par 268 voix (453 votants). Il vota dans cette assemblée avec le parti modéré et, lors du procès de Louis XVI, se prononça pour la réclusion. Il avait renoncé aux fonctions ecclésiastiques, lorsqu'il fut élu, le 23 vendémiaire an IV, au Conseil des Cinq-Cents, comme député de l'Eure, par 129 voix (316 votants). Lalande y siégea jusqu'au 1er prairial an VI, et occupa ensuite l'emploi d'archiviste de la police. On a de lui quelques instructions et lettres pastorales, et une édition de la *Grammaire hébraïque* de Masclef.

LALANDE (Julien-Pierre-Anne), député de 1840 à 1844, né au Mans (Sarthe) le 13 janvier 1787, mort à Paris le 19 mai 1844, était contre-amiral, quand il fut élu, le 12 décembre 1840, député du 4e collège du Finistère (Morlaix) par 229 voix (420 votants), contre 191 à M. de Saint-Priest. Nommé vice-amiral, il dut se représenter devant ses électeurs, et fut réélu, le 21 août 1841, par 180 voix (330 votants). Réélu de nouveau, le 5 juillet 1842, par 185 voix (325 votants), il soutint la politique conservatrice de M. Guizot jusqu'aux élections de 1846, qui l'éloignèrent du parlement.

LALANDE (François-Louis-Marie-Armand), député de 1881 à 1889, né à Bordeaux (Gironde) le 10 janvier 1820, négociant en vins, fondateur d'une des premières maisons de Bordeaux sous la raison A. Lalande et Cie, devint membre (1872) et président (1877-1885) de la chambre de commerce de Bordeaux, conseiller municipal (1852-1864 et 1878-1884), adjoint au maire (1860-1863), administrateur du bureau de bienfaisance (1852-1881) et de la caisse d'épargne de Bordeaux (1852-1870), et consul d'Autriche-Hongrie (1867). Il obtint à l'Exposition universelle de 1878 un diplôme d'honneur pour les collections de vins de la Gironde envoyés par la chambre de commerce. Candidat républicain aux élections législatives de 1881, M. Lalande fut élu député, au second tour de scrutin (4 septembre), dans l'arrondissement de Lesparre, par 5,524 voix (10,794 votants, 14,487 inscrits), contre 5,168 voix à M. Pascal, bonapartiste. Au premier tour de scrutin, les voix conservatrices s'étaient partagées entre M. Pascal et le baron Haussmann. M. Lalande s'inscrivit à l'Union républicaine, prit part aux discussions économiques et commerciales comme libre échangiste, parla aussi sur la loi de recrutement et sur les questions coloniales, soutint les ministères Gambetta et J. Ferry, et vota *pour* les crédits du Tonkin, *contre* la séparation de l'Eglise et de l'Etat, etc. Le 4 octobre 1885, M. Lalande fut porté sur la liste opportuniste de la Gironde. Après avoir réuni 65,363 voix au premier tour, il fut élu, au second tour le 2e sur 11, par 89,128 voix (162,286 votants, 203,661 inscrits). Membre de la commission des crédits du Tonkin, il se prononça une fois de plus (24 décembre 1885) en faveur de l'expédition, opina *contre* l'expulsion des princes (juin 1886), appuya les cabinets Rouvier et Tirard, et vota, en dernier lieu, *pour* le rétablissement du scrutin d'arrondissement (11 février 1889), *pour* l'ajournement indéfini de la revision de la Constitution, *pour* les poursuites contre trois députés membres de la Ligue des patriotes, *pour* le projet de loi Lisbonne restrictif de la liberté de la presse, *pour* les poursuites contre le général Boulanger. M. Lalande est propriétaire des châteaux Léoville-Poyferré (2e crû), Brown-Cantenac (3e crû), la Couronne, etc., vice-président de l'association pour la défense de la liberté commerciale (1887), président du conseil d'administration des bateaux à vapeur entre Bordeaux et New-York (1887), administrateur de la compagnie d'Orléans (1883). Chevalier de la Légion d'honneur (1860), officier (20 octobre 1878).

LALANNE (Jean-Baptiste-Ernest), député de 1876 à 1884, né à Coutras (Gironde) le 2 octobre 1827, mort à Coutras le 22 avril 1884, étudia la médecine, se fit recevoir docteur (1852), et vint exercer sa profession dans sa ville natale. Il appartint, sous l'Empire, à l'opposition républicaine, combattit les candidatures officielles, et fut élu en 1867 conseiller général de la Gironde contre M. Alphand, ingénieur, patronné par l'administration. Maire de Coutras après le 4 septembre, il fut révoqué de ces fonctions en 1871 par le ministère de Broglie. Aux élections du 20 février 1876, M. Lalanne fut élu député par la 2e circonscription de Libourne, avec 7,675 voix (14,163 votants, 18,212 inscrits), contre 6,466 à M. Dufoussat, monarchiste. Membre du groupe de la gauche républicaine, il fut des 363. S'étant représenté devant ses électeurs après la dissolution de la Chambre, il eut à lutter contre le duc Decazes, alors ministre des Affaires étrangères. Réélu, le 18 octobre 1877, par 7,704 voix (15,069 votants, 18,630 inscrits), contre 7,221 données à son concurrent officiel, il reprit son siège sur les bancs de la gauche, et vota *contre* le ministère Rochebouet, *pour* les invalidations des députés de la droite, *pour* l'article 7, *pour* l'invalidation de l'élection Blanqui, etc. Il obtint encore sa réélection, le 21 août 1881, par 8,125 voix (12,779 votants et 18,379 inscrits) contre 4,475 à M. Howyn de Tranchère, soutint la politique opportuniste des ministères Gambetta et Ferry, se prononça *pour* les crédits de l'expédition du Tonkin, et mourut pendant la législature.

LALANNE (Léon-Louis Chrétien), membre du Sénat, né à Paris le 3 juillet 1811, entra à l'Ecole polytechnique en 1829, et en sortit in-

génieur des ponts et chaussées (1831). Occupé de théories scientifiques et de leurs applications, il écrivit sur les différentes branches de sa profession des mémoires remarqués, et se fit surtout connaître par plusieurs inventions ou perfectionnements qui avaient pour but d'abréger les opérations des calculs. C'est ainsi qu'on lui doit un *arithmoplanimètre*, à l'aide duquel on effectue les opérations les plus compliquées de la géométrie et de la trigonométrie ; une *balance arithmétique* et une *balance algébrique*, qui servent, la première à faire toutes les opérations de l'arithmétique ordinaire, la seconde à résoudre les équations numériques de tous les degrés jusqu'au septième inclusivement. Son *Mémoire sur l'arithmoplanimètre* (1840), son *Essai philosophique sur la technologie* (1840), sa *Collection de tables pour abréger les calculs relatifs à la réduction des projets de routes et chemins de 6 mètres de largeur* (1843), sa *Description et usage de l'abaque ou compteur universel* (1845), etc., avaient obtenu l'approbation de l'Académie des Sciences et vivement excité l'intérêt du monde savant, et M. L. Lalanne s'était distingué, en outre, comme l'un des constructeurs du chemin de fer de Paris à Sceaux (1846), lorsque la révolution de février 1848 le mêla, indirectement d'abord, à la politique. Chef de bataillon de la onzième légion de la garde nationale de Paris, il fut, d'autre part, appelé à prendre (en mai) la direction des ateliers nationaux. La commission d'enquête parlementaire qui fonctionna à la suite des journées de juin n'eut que des éloges pour M. Lalanne, qui appartenait à l'opinion démocratique modérée. L'année d'après, il fut un moment inquiété comme compromis dans le mouvement du 13 juin (affaire du Conservatoire des Arts et Métiers) ; mais on le relâcha presque aussitôt. Chargé, en 1852, de la direction des travaux publics en Valachie, il quitta Bucharest lors de l'invasion des Russes, auxquels il refusa son concours. En 1855, il perça pour le compte du gouvernement français une route dans la Dobrutcha. Après avoir dirigé successivement les travaux des chemins de fer de l'Ouest-Suisse de 1856 à 1860, et du Nord de l'Espagne de 1860 à 1861, il rentra (1862) définitivement au service de la France, parvint au grade d'inspecteur général, et fut nommé, en 1876, directeur de l'Ecole des ponts et chaussées. Commandeur de la Légion d'honneur depuis le 22 janvier 1871, membre libre de l'Académie des Sciences depuis le 3 février 1879, il fut désigné par les groupes de gauche comme candidat au siège de sénateur inamovible laissé vacant par la mort du général Chanzy, et élu, le 8 mars 1883, par le Sénat, avec 156 voix (163 votants), contre 3 au général Saussier, 2 à M. Jourde et 2 à M. Leroy-Beaulieu. M. Lalanne appartient à la gauche modérée ; il s'est prononcé : *pour* le rétablissement du divorce, *pour* les crédits du Tonkin, *pour* la politique opportuniste, *pour* la nouvelle loi militaire, *contre* l'expulsion des princes, et, en dernier lieu, *pour* le rétablissement du scrutin d'arrondissement (13 février 1889), *pour* le projet de loi Lisbonne restrictif de la liberté de la presse, *pour* la procédure à suivre devant le Sénat contre le général Boulanger. Grand-officier de la Légion d'honneur. Outre les ouvrages déjà cités, M. L. Lalanne a collaboré à plusieurs recueils et publications scientifiques et littéraires, comme le *Magasin pittoresque*, l'*Encyclopédie moderne*, l'*Illustration*, etc. Son frère, M. Marie-Ludovic Chrétien Lalanne, est l'auteur du *Dictionnaire historique de la France* et d'autres travaux estimés.

LALAURENCIE (Jean-Baptiste-Auguste-François-Marie), marquis de Charras, député de 1824 à 1827, né à Neuvicq (Charente-Inférieure) le 30 avril 1780, mort au château de Montchaude (Charente) le 28 août 1857, ancien officier des gardes du corps et propriétaire à Paris, fut élu, le 6 mars 1824, député du collège de département de la Charente par 131 voix (195 votants, 263 inscrits). Ministériel, il vota le milliard des émigrés, la loi sur le sacrilège, la loi sur la presse, et ne fut pas réélu aux élections générales de 1827.

LALLART (Bon-Joseph), député de 1815 à 1816 et de 1820 à 1824, né à Arras (Pas-de-Calais) le 8 mars 1779, mort à une date inconnue, propriétaire à Paris, fut élu pour la première fois député par le collège de département du Pas-de-Calais, le 22 août 1815, avec 199 voix (290 votants, 303 inscrits). Il partie de la majorité de la Chambre introuvable et prit la parole sur la question des impôts indirects : il vota le rejet des six nouveaux impôts, et proposa de renvoyer à l'année suivante l'examen d'un système propre à remplacer le monopole du tabac. Non réélu en 1816, il rentra à la Chambre, comme député du même collège, le 13 novembre 1820, élu par 263 voix (424 votants, 517 inscrits), siégea à droite et obtint sa réélection, le 10 octobre 1821, avec 198 voix (391 votants, 527 inscrits). Après avoir soutenu le ministère Villèle, il quitta la vie parlementaire en 1824, et s'étant représenté, le 17 novembre 1827, dans le 1er arrondissement du Pas-de-Calais (Arras), il échoua avec 102 voix contre 212 à l'élu, M. J.-M. Harlé.

LALLEMAND (Frédéric-Antoine, baron), pair des Cent-Jours et pair de France en 1832, né à Metz (Moselle) le 23 juin 1774, mort à Paris le 9 mars 1839, « fils de Pierre-Antoine Lallemand, marchand épicier, et de Catherine Tonnelier, son épouse, » reçut une assez bonne éducation, s'engagea, le 1er mai 1792, dans la compagnie d'artillerie légère qui s'organisait à Strasbourg, prit part à la canonnade de Valmy, passa, le 10 mars 1793, au 1er régiment de chasseurs à cheval, et servit aux armées de la Moselle et de Sambre-et-Meuse. Aide-de-camp du général Elie en l'an III, puis du général Loison, il vint avec ce dernier à Paris, où, après les événements du 13 vendémiaire, il passa sous-lieutenant dans un régiment de dragons. Nommé lieutenant aux guides de l'armée d'Italie, il assista à Rivoli aux côtés de Bonaparte, fut désigné pour faire partie de l'expédition d'Egypte en germinal an VI, devint aide-de-camp de Junot, et se trouva au siège de Jaffa. Chargé peu après d'une mission auprès de l'amiral Sidney-Smith, il revint en France avec Bonaparte, fut nommé chef d'escadron le 24 vendémiaire an XI, membre de la Légion d'honneur le 25 prairial an XII, et envoyé auprès du général Leclerc à Saint-Domingue. En l'an XIII, il accompagna Junot en Portugal, passa major au 18e dragons le 24 floréal an XIII, fit en cette qualité la campagne d'Autriche, et obtint le grade de colonel après Iéna, et la croix d'officier de la Légion d'honneur après Friedland. Désigné, en 1808, pour faire partie de l'armée d'Espagne, créé baron de l'empire le 29 juin de la même année, il dut revenir en France, l'année suivante, en raison de son état de santé. Il ne rejoignit son régiment qu'en 1810, fut promu général de brigade le 6 août 1811, et se distingua, le 21 juin 1812, à Valencia de la Torrès en culbutant la cavalerie anglaise. Rap-

pelé en France le 3 février 1813, il appartint successivement au 3e corps, puis au 1er corps de cavalerie de réserve, fut enfermé à Hambourg, où, durant le siège, il commanda les corps danois de la place, et ne rentra en France qu'à la paix de 1814. Louis XVIII le nomma chevalier de Saint-Louis, commandeur de la Légion d'honneur (23 août 1814), et commandant du département de l'Aisne le 31 du même mois. Il occupait ce poste quand il apprit le retour de l'île d'Elbe. Il s'efforça aussitôt de soulever ses troupes et de rejoindre Lefebvre-Desnouettes, qui marchait sur La Fère. Cette entreprise n'ayant pas réussi, il dut fuir et se déguiser pour échapper aux poursuites de la police ; la gendarmerie parvint cependant à l'arrêter et le retint en prison jusqu'à ce que l'empereur eut ordonné de le mettre en liberté. Nommé général de division et pair de France le 2 juin 1815, il reçut le commandement des chasseurs à cheval de la garde impériale et combattit héroïquement à Fleurus et à Mont-Saint-Jean. Il rejoignit Napoléon à Paris après la défaite, l'accompagna à Rochefort, et fut chargé de demander au commandant du *Bellérophon* l'hospitalité que l'empereur vaincu réclamait de la générosité anglaise. Lallemand comptait accompagner Napoléon ; mais il fut brusquement séparé de lui, et, tandis que l'empereur montait à bord du *Northumberland*, il fut, au mépris de la convention, conduit comme prisonnier de guerre à Malte. Atteint par l'article 1er de l'ordonnance royale du 24 juillet 1815, il fut, pendant sa captivité, condamné à mort par contumace, à l'unanimité, par un conseil de guerre français, le 20 août 1816. Lallemand ne resta pas longtemps à Malte ; mis en liberté grâce aux réclamations de Savary, prisonnier comme lui, il put gagner Smyrne, où il apprit sa condamnation à mort. Chassé de Smyrne par un firman, il se rendit en Egypte, puis aux Etats-Unis, où il fonda en 1817, dans le Texas, une colonie de réfugiés français, que l'on appela le *Champ d'asile*. Il travaillait en même temps à la délivrance de l'empereur, qu'il comptait enlever de Sainte-Hélène ; l'empereur lui légua cent mille francs dans son testament. Mais la colonie, qui commençait à prospérer, fut dispersée par les Etats-Unis quand ils prirent possession de la Floride. Rendu à la vie nomade, Lallemand habita successivement la Nouvelle-Orléans, Lisbonne, Cadix, où il défendit la cause des constitutionnels. Forcé de quitter cette ville après la prise du Trocadéro, il se rendit à Bruxelles où il tomba dans le plus profond dénûment, prévint la police française qu'il allait se rendre à Paris, y vint arranger ses affaires sans être inquiété, et retourna aux Etats-Unis où il fonda à New-York une maison d'éducation qui réussit. La révolution de 1830 lui permit enfin de revenir dans sa patrie. Réintégré dans l'activité le 7 janvier 1831, remis en possession de son grade de lieutenant-général le 17 février suivant, nommé pair de France le 11 octobre 1832, commandant d'une division de cavalerie, puis inspecteur de cavalerie en 1833, il fut appelé au commandement de la Corse (17e division) le 8 octobre de la même année, et devint grand-officier de la Légion d'honneur, le 30 avril 1835, commandant de la 10e division militaire (Toulouse), puis membre du comité d'infanterie et de cavalerie en 1837. A la Chambre des pairs il défendit les réfugiés polonais et les droits des légionnaires amputés.

LALLEMAND (Jean), député de 1831 à 1833, né à Varennes (Meuse) le 15 février 1773, mort à Stenay (Meuse) le 10 janvier 1838, marchand de bois à Stenay, fut élu, le 5 juillet 1831, par 136 voix (141 votants, 201 inscrits), député du 3e collège de la Meuse (Montmédy). Il siégea dans la majorité conservatrice et vota avec elle. Ayant donné sa démission de député, il fut remplacé, le 11 mai 1833, par M. Jamin.

LALLIÉ (ALFRED-FRANÇOIS), représentant en 1871, né à Nantes (Loire-Inférieure) le 27 mars 1832, docteur en droit (1857) et publiciste, il se fit une certaine réputation dans le monde légitimiste par ses études critiques sur la Révolution française. Un des fondateurs de la *Revue de jurisprudence commerciale et maritime de Nantes*, il collabora en 1869 à la *Gazette de l'Ouest*, qu'il avait contribué à créer. Disciple de M. de Falloux et du néo-catholicisme, il fut élu, le 8 février 1871, représentant de la Loire-Inférieure à l'Assemblée nationale, le 8e sur 12, par 63,913 voix (95,897 votants, 155,400 inscrits). Il siégea au centre droit, fit partie des réunions Colbert et des Réservoirs, fut membre de la commission d'enquête sur les actes du gouvernement du 4 Septembre, signa l'adresse des députés syllabistes au pape, demanda la création d'une faculté de médecine à Nantes, et vota *pour* la paix, *pour* les prières publiques, *pour* l'abrogation des lois d'exil, *pour* le 24 mai, *pour* la démission de Thiers, *pour* l'arrêté sur les enterrements civils, *pour* la prorogation des pouvoirs du Maréchal, *pour* la loi des maires, *pour* le ministère de Broglie, *contre* l'amendement Barthe, *contre* le retour à Paris, *contre* la dissolution, *contre* l'amendement Wallon, *contre* les lois constitutionnelles. M. Lallié n'a pas fait partie d'autres assemblées.

LALLIER-FRÉMICOURT (AMÉDÉE-LOUIS-JOSEPH), député de 1831 à 1835, né à Cambrai (Nord) le 14 février 1786, mort à Bonavis (Nord) le 24 juin 1835, négociant et maire de Cambrai, fut élu, le 5 juillet 1831, avec l'appui du gouvernement, député du 8e collège du Nord (Cambrai) par 132 voix (224 votants, 262 inscrits), contre 86 à M. Paturle. Il siégea dans la majorité conservatrice et s'associa à tous ses votes. Réélu, le 21 juin 1834, par 169 voix (255 votants, 291 inscrits), contre 50 à M. Hennequin, il reprit sa place au centre, et mourut dans le cours de la législature (juin 1835). M. Lallier-Frémicourt fut remplacé, le 4 août de la même année, par M. d'Haubersaert.

LALLY-TOLENDAL (TROPHIME-GÉRARD, MARQUIS DE), député en 1789, et pair de France, né à Paris le 5 mars 1751, mort à Paris le 10 mars 1830, était fils naturel du lieutenant-général et gouverneur des Indes françaises Thomas-Arthur, baron de Tolendal, comte de Lally, décapité à Paris le 9 mai 1766, et de Félicité Crafton. On lui cacha longtemps le secret de sa naissance, et il ne connut le nom de son père que la veille du jour où il devait le perdre. Élevé, sous le nom de *Trophime*, au collège d'Harcourt, il se voua tout jeune à la réhabilitation du supplicié, intéressa à sa cause la cour et la ville, fut fait par Louis XV capitaine de cuirassiers, et ne tarda pas à porter devant les tribunaux les réclamations auxquelles l'appui de Voltaire donna plus de force et de retentissement. Quatre arrêts du Conseil cassèrent successivement les sentences des parlements ; durant l'instance, le jeune Lally avait eu à lutter contre d'Epresmenil, et avait dû prouver sa légitimation ; enfin, en 1779, les provisions de la charge de grand-bailli d'Etampes, achetée par

lui, portent qu'elles lui ont été accordées pour les services rendus à l'Etat par son père et à cause de sa piété filiale. Sa touchante persévérance et l'éclat de ce procès fixèrent l'attention des électeurs de Paris qui, le 16 mai 1789, l'élurent député de la noblesse aux Etats-Généraux. Il se déclara en faveur des réformes, et se réunit, le 25 juin, à l'Assemblée, mais non sans exprimer ses scrupules relativement à la question de « l'opinion par tête. » A ce sujet, il déposa la déclaration suivante :

« 26 juin 1789.

« Je me présente à cette auguste assemblée adhérant de cœur et d'esprit à ses dispositions, mais n'étant point maître de ma volonté sur tous les objets.

« Je viens me soumettre à une vérification commune, elle a toujours été dans mes principes, ainsi que dans mon cœur, et elle ne m'était pas interdite par mon mandat.

« Malheureusement, ce mandat ne m'a pas laissé aussi libre sur l'opinion par tête ; il est possible qu'il paraisse moins limitatif à d'autres députés dont je respecte la délicatesse autant que je crois à la mienne, et dont les vertus et les lumières doivent rendre l'opinion imposante ; mais l'obligation qu'entraîne un serment dépend de l'idée qu'on y a attachée en le prêtant. Or, dans l'instant où j'ai prêté le mien je me suis cru et je me crois encore invinciblement enchaîné à l'opinion par ordre.

« On ne transige point avec sa conscience. C'est elle qui m'a impérieusement ordonné la démarche douloureuse, consolante et sacrée à laquelle je viens de me déterminer : mais c'est elle aussi qui m'ordonne non moins impérieusement de retourner à mes commettans, et de leur demander de nouveaux pouvoirs.

« S'ils sont conformes au vœu de mon cœur, et je ne crains pas de le dire, aux besoins de la patrie, je reviens, messieurs, m'éclairer par vos lumières, m'enflammer par vos vertus, et joindre ma faible contribution à ces immenses et glorieux travaux par lesquels vous allez assurer le bonheur de la France, celui de tous les ordres de ses citoyens et celui du monarque si digne de leur amour.

« Si ma liberté ne m'est pas rendue, alors, messieurs, je remets avec résignation à mes commettans, une mission que je ne croirais plus pouvoir remplir fructueusement, et mes vœux, mes regrets, mes respects vous suivront de loin dans votre noble et brillante carrière.

« Ma résolution est invariable. Je ne sais, messieurs, si ma conduite vous paraît fondée, mais j'ose vous assurer que mon motif est pur, et si c'est une erreur, je demande votre indulgence pour une erreur de la probité.

« Je vous prie de vouloir bien me donner acte du discours que je laisse signé sur le bureau en y laissant mes pouvoirs.

« Dans la salle de l'Assemblée nationale, ce 25 juin 1789.

« LE COMTE DE LALLY-TOLENDAL,
député des citoyens nobles de Paris. »

Il appuya et défendit constamment Necker, fit ajourner la motion de La Fayette sur la déclaration des droits, fit placer (13 juillet) la dette publique sous la sauvegarde de l'honneur et de la dignité nationale, et appartint au comité de constitution (14 juillet). Le même jour, il se joignit à une députation ayant pour objet de calmer l'agitation du peuple. Le 17, il harangua la foule, puis le roi à l'hôtel de ville, et fit entendre des paroles de conciliation.

Après le meurtre de Bertier, intendant de Paris, il supplia l'Assemblée, le 23 juillet, de prendre des mesures contre le retour de pareils excès, et s'attira cette réponse de Barnave : « Ce sang est-il donc si pur qu'on n'en puisse répandre quelques gouttes? » Dès lors, quittant le rôle de médiateur, Lally-Tolendal passa du côté de la cour. Il résista même au généreux entraînement de la nuit du 4 août et. tandis qu'il siégeait au bureau comme secrétaire, il conseilla au président de lever la séance. Cet avis ne fut pas écouté ; alors Lally proposa à l'Assemblée de décerner à Louis XVI le titre de « restaurateur de la liberté française », ce qu'elle vota par acclamation. Admirateur de la Charte anglaise et de la séparation des pouvoirs, il défendit ces idées de concert avec Mounier et Bergasse, et réclama l'institution d'un Sénat et d'une Chambre des représentants. Lally soutint le système du *veto* royal, et demanda que les arrêtés du 4 août y fussent soumis. Les journées des 5 et 6 octobre le déterminèrent à donner sa démission (2 novembre) et à quitter la France. Il se retira en Suisse auprès de Mounier, y publia son *Quintus Capitolinus*, dans lequel il discutait les bases de la Constitution de 1791, rentra en France en 1792 pour conspirer en faveur du roi, et se fit arrêter à la suite des événements du Dix Août : enfermé à l'Abbaye, il fut élargi quelques jours avant les massacres de septembre. Il vécut alors en Angleterre, des secours que lui accorda le gouvernement britannique, publia, lors du procès de Louis XVI, une défense de ce prince, et revint dans son pays après le 18 brumaire. Fixé à Bordeaux, il se tint, jusqu'à l'époque de la Restauration, à l'écart des affaires publiques. En 1815, il accompagna Louis XVIII à Gand, fit partie de son conseil privé, où il remplissait *in partibus* les fonctions de ministre de l'Instruction publique, et collab. s au *Moniteur de Gand*. Le 19 août 1815, le roi l'éleva à la pairie. Il vota avec seize de ses collègues *pour la déportation* dans le procès du maréchal Ney, et, lorsque la condamnation à mort eut été prononcée, proposa de recommander le duc de la Moskowa à la clémence royale. Il se prononça en janvier 1816 *pour la loi dite d'amnistie*, puis *pour la célébration d'une cérémonie expiatoire le jour anniversaire* de la mort de Louis XVI, et appuya en 1817, comme rapporteur, le projet de loi électorale qui établissait l'élection immédiate à un seul degré par tous les électeurs payant 300 francs d'impôts au moins. Adversaire de la restitution des biens invendus du clergé, il prit encore la parole sur plusieurs questions importantes : sur le budget, sur la liberté de la presse, dont il défendit le principe le 25 février 1817, ce qui ne l'empêcha point de voter, le 27 décembre suivant, une prolongation de la censure pour les journaux, etc. Ces fluctuations inspirèrent à Châteaubriand, qui n'aimait pas Lally-Tolendal, les réflexions suivantes : « M. de Lally tonnait en faveur des libertés publiques; il faisait retentir les voûtes de notre solitude de l'éloge de trois ou quatre lords de la chancellerie anglaise, ses aïeux, disait-il ; quand son panégyrique de la liberté de la presse était terminé, arrivait un *mais*, fondé sur des *circonstances*, lequel *mais* nous laissait l'honneur sauf sous l'utile surveillance de la censure. » Nommé membre de la commission chargée d'examiner la question de compétence, à propos de l'arrêt rendu par la cour des pairs en 1821, contre les conjurés de 1820, Lally-Tolendal conclut au bien jugé. Le 10 février 1825, il parla contre la loi sur le sacrilège, estimant suffisante celle de 1824; en 1826, il défendit le projet du gouvernement sur les successions et les substitutions, et émit le vœu que la loi consacrât l'existence d'un patriciat de famille destiné à servir de base au trône constitutionnel. A propos de la loi sur l'indemnité de Saint-Domingue, il insista en faveur de la réduction des droits des créanciers des colons. Le 19 juin 1827, il opina pour l'adoption du budget, contrairement à l'avis de Châteaubriand. Lally-Tolendal ne vit pas la chute des Bourbons de la branche aînée : il fut frappé, dans les premiers jours de mars 1830, d'une attaque d'apoplexie qui l'enleva rapidement. Membre de l'Académie française en vertu de l'ordonnance royale du 21 mars 1816, et marquis par une autre ordonnance du 31 août 1817, Lally-Tolendal était doué, comme orateur, d'une remarquable facilité d'élocution; sa mémoire surtout était prodigieuse. Comme écrivain, son talent était ordinaire et prétentieux. Il a laissé des *Mémoires et plaidoyers* présentés au conseil d'Etat pour la défense de son père; des lettres ou brochures politiques, parmi lesquelles : *Rapport sur le gouvernement qui convient à la France* (1789); *Lettre à ses commettants* (17 octobre 1789); *Songe d'un Anglais fidèle à sa patrie et à son roi* (1793); *Mémoire au roi de Prusse pour réclamer la liberté de La Fayette* (1795); *Mémoires concernant Marie-Antoinette* (1804); et des *Opinions et Rapports à la Chambre de la noblesse et à l'Assemblée nationale*, des *Opinions* présentées à la Chambre des pairs; une traduction de l'*Essai sur l'Homme* de Pope, etc.

LALOUE (JEAN-ROBIN-BELAIR), membre de la Convention, député au Conseil des Cinq-Cents, né à Montluçon (Allier) le 12 novembre 1735, mort à Paris le 25 janvier 1822, suivit la carrière militaire, fit les campagnes de Hanovre, de Corse et d'Amérique, devint capitaine de grenadiers, puis major dans le régiment de Hainaut, et obtint la croix de Saint-Louis. Ayant quitté le service avant la Révolution, il alla résider à Issoire, se prononça en faveur des idées nouvelles, et fut élu, le 7 septembre 1792, 1er député suppléant à la Convention par le département du Puy-de-Dôme, à la pluralité des voix sur 506 votants. Appelé dès le début à remplacer dans l'Assemblée Thomas Paine, qui avait opté pour un autre département, Laloue vota « pour la mort » dans le procès de Louis XVI; mais, lié avec les Girondins, il protesta contre les événements du 31 mai. L'obscurité de son rôle parlementaire le sauva de la détention. Passé, le 4 brumaire an IV, au Conseil des Cinq-Cents, comme l'élu de ses collègues de la Convention, il en sortit en 1798, et demeura à Paris jusqu'à sa mort.

LALOUETTE (CLAUDE-JOSEPH), député au Corps législatif de 1811 à 1815, né à Paris le 17 septembre 1749, mort le 19 mars 1829, « fils de Claude Lalouette, marchand mercier, et de Suzanne Pasquier, » fut sous-préfet de Bayeux sous le premier Empire. Il fut élu, le 4 mai 1811, par le Sénat conservateur, député du Calvados au Corps législatif et siégea en cette qualité jusqu'en 1815.

LALOY (JEAN-NICOLAS), député en 1789, né à Doulevant (Haute-Marne) le 14 octobre 1745, mort à Chaumont (Haute-Marne) le 25 décembre 1804, était médecin à Chaumont, lorsqu'il fut, le 27 mars 1789, élu par le bailliage de Chaumont-en-Bassigny député du tiers aux

État-Généraux, avec 943 voix sur 945 votants. Il appartint à la majorité réformatrice. Après la session, il devint maire de Chaumont, et fut élu, le 5 septembre 1792, second député-suppléant de la Haute-Marne à la Convention, où il ne fut pas appelé à siéger. Il assista dans cette assemblée à l'émeute de prairial an III, et fut appelé en témoignage par Romme (*Voy. ce nom*); mais il répondit qu'au moment où la salle était envahie, il était allé donner ses soins à la femme de l'un des secrétaires du comité, laquelle s'était évanouie en entendant ce bruit, et qu'il n'était rentré que quand tout était fini. Le gouvernement consulaire l'appela, le 1er ventôse an VIII, à la préfecture de l'Aube.

LALOY (Pierre-Antoine), député en 1791, membre de la Convention, député au Conseil des Cinq-Cents, au Conseil des Anciens et membre du Tribunat, né à Doulevant (Haute-Marne) le 16 janvier 1749, mort à Chaumont (Haute-Marne) le 5 mars 1846, frère du précédent, termina ses études à Paris (1764), entra chez un procureur, fut reçu avocat au bailliage de Chaumont (1773), fut chargé (1785) par le garde des sceaux d'inventorier les archives du Bassigny, et devint, en 1789, procureur de la commune de Chaumont, puis administrateur de la Haute-Marne. Le 31 août 1791, il fut élu, le 6e sur 8, par 208 voix (363 votants), député de la Haute-Marne à l'Assemblée législative. Il y siégea dans la majorité avancée, se fit remarquer dans les commissions, et fut réélu par le même département membre de la Convention, le 7e et dernier, avec 154 voix (405 votants). Laloy prit place à la Montagne, vota « la mort » dans le procès du roi, demanda le décret d'accusation contre Barbaroux, devint secrétaire, puis président de l'assemblée, félicita, en cette dernière qualité, l'évêque Gobel de son abjuration, donna « le baiser fraternel » à la déesse de la Raison, prit part à plusieurs discussions, fit décréter la vente du mobilier de la liste civile, et appartint au comité de salut public après le 9 thermidor. Ses collègues de la Convention l'inscrivirent sur la liste des membres du Conseil des Cinq-Cents (4 brumaire an IV). Il fut encore président de ce Conseil, parla sur l'organisation judiciaire et s'attira, de la part de Camus, le reproche de partialité dans la discussion sur le serment des électeurs. Il passa, le 24 germinal an VI, au Conseil des Anciens, où il représenta la Haute-Marne jusqu'au coup d'État de brumaire, après avoir obtenu le renouvellement de son mandat le 19 brumaire an VII; son adhésion au coup d'État de Bonaparte le fit entrer au Tribunat (4 nivôse an VIII). Il quitta ce poste à la première élimination (an X), fut nommé, le 8 brumaire an XI, membre du conseil des prises, et plus tard, pendant les Cent-Jours (19 mai 1815), conseiller de préfecture de la Seine. Atteint par la loi du 12 janvier 1816 contre les régicides, il se retira à Mons (Belgique), fut autorisé à rentrer en France en 1818, mais ne profita pas de cette grâce, et ne revint qu'après la révolution de 1830. Le comte Réal lui fit obtenir une pension. Laloy, qui possédait une bibliothèque de plus de vingt mille volumes, passa dans l'étude les dernières années de sa vie; il mourut à 97 ans. On a de lui, outre des discours, rapports et mémoires, quelques ouvrages anonymes : *l'Agriculture pratique*, la *Statistique de la Marne*, etc.

LA LUZERNE (de). — *Voy.* Luzerne.

LAMANDÉ (Mandé-Corneille), député de 1827 à 1830, né aux Sables-d'Olonne (Vendée) le 16 août 1776, mort à Paris le 1er juillet 1837, fils de François-Laurent Lamandé, ingénieur des ponts et chaussées, et de demoiselle Angélique Jacobsen, entra, à sept ans, au collège d'Harcourt à Paris, puis à dix-sept ans (23 septembre 1793) à l'École des ponts et chaussées, et, le 3 nivôse an III, à l'École polytechnique, dont il fut un des plus brillants élèves. Il passa de là à l'École d'application (15 nivôse an IV), obtint le premier prix pour un projet de pont biais en pierre mis au concours, et fut envoyé au Havre (1798) pour continuer la construction du pont commencé par son père. Chargé en 1800 de l'entretien des quais et des ponts d'un des arrondissements de la Seine, il fit construire le pont d'Austerlitz (1801), et le pont d'Iéna (1807), pour lequel il employa la chaux hydraulique artificielle, non encore expérimentée. Il eut ensuite à reconstruire un des ponts de Rouen au moyen de procédés nouveaux consignés dans la *Collection lithographique de l'École des ponts et chaussées*, acheva, à Paris, le quai de Billy, le quai d'Orsay, consolida les piles du pont Notre-Dame et du pont au Change, et acheva la construction des fontaines de la place de la Concorde. Membre du conseil des travaux publics (31 décembre 1809), ingénieur en chef du département de la Seine (1815), on lui doit l'achèvement du pont de Sèvres, du canal Saint-Maur, etc. Nommé inspecteur divisionnaire (11 avril 1821), il fut élu membre du conseil général de la Sarthe, et se présenta à la députation, aux élections du 17 novembre 1827, dans le 3e arrondissement électoral de ce département (la Flèche), où il échoua avec 94 voix contre 115 à M. Bourdon du Rocher, élu; mais, dix jours après, le 27, il fut élu député par le collège de département, avec 146 voix (239 votants, 273 inscrits). Membre, pour le sixième bureau, de la commission chargée d'examiner le projet de loi sur la revision annuelle des listes électorales et du jury, il y fit adopter un amendement, vota pour l'abolition de la censure en matière de presse, félicita le ministère Martignac de l'avoir réclamée, demanda que la réapparition, sous un nouveau nom, d'un journal suspendu ne pût avoir lieu qu'un mois après la demande d'autorisation (rejeté), et que les poursuites contre les journaux fussent autorisées devant l'un quelconque des tribunaux dans le ressort duquel le journal a été distribué (rejeté). Il fit maintenir l'allocation accordée à l'École militaire de la Flèche, dont M. Salverte demandait la suppression, défendit, contre le même orateur, dans la discussion du budget de 1828, la direction générale des ponts et chaussées, et réclama l'augmentation du crédit alloué pour l'entretien des routes, dont il refusait de confier les travaux à l'industrie privée, les péages étant un mode d'impôt fort lourd dont l'État ne bénéficiait pas ; il soutint le ministère Polignac, et vota contre l'Adresse des 221. Réélu, le 19 juillet 1830, par 184 voix (280 votants, 317 inscrits), il donna sa démission de député après les journées de Juillet, « les événements qui venaient de s'accomplir ayant changé les conditions sous lesquelles il avait reçu le mandat de ses concitoyens ». Il resta inspecteur divisionnaire et fut nommé, le 15 avril 1835, inspecteur général ; il s'occupait de l'agrandissement du port du Havre, lorsqu'il mourut presque subitement. Il s'était présenté plusieurs fois à l'Académie des sciences ; chevalier de la Légion d'honneur (1814), officier (1829).

LAMARCK. — *Voy.* Aremberg (d').

LAMARDELLE (Pierre-Suzanne-Marie, baron de), député au Corps législatif de 1807 à 1811, né à Port-au-Prince (Ile d'Haïti) le 26 novembre 1770, mort à Paris le 17 mars 1844, « fils de messire Guillaumet-Pierre-François Delamardelle, conseiller du roy et son procureur général au conseil supérieur du Port-au-Prince, et de dame Marie-Elisabeth Burdin, » étudia le droit, fut reçu licencié ès lois, et appartint à la magistrature du premier Empire comme juge au tribunal de première instance de la Seine, puis comme procureur général impérial à Amiens (2 avril 1811). Le 18 février 1807, le Sénat conservateur fit choix de M. de Lamardelle pour représenter le département d'Indre-et-Loire au Corps législatif. Il y siégea jusqu'en 1811. Baron de l'Empire du 23 octobre 1811 et chevalier de la Légion d'honneur.

LAMARQUE (Pierre-Joseph), député en 1789, né à Saint-Sever (Landes) le 4 mai 1733, mort à Saint-Sever le 21 août 1802, était, sous l'ancien régime, procureur du roi à Saint-Sever. Le 1er avril 1789, il fut élu député du tiers aux Etats-Généraux par la sénéchaussée de Dax, Saint-Sever et Bayonne, avec 67 voix sur 128 votants. Son rôle parlementaire fut très effacé.

LAMARQUE (François, chevalier), député en 1791, membre de la Convention, député au Conseil des Cinq-Cents, né à Monpont (Dordogne) le 2 novembre 1753, mort à Monpont le 13 mai 1839, était avocat quand éclata la Révolution. Ayant pris parti pour les idées nouvelles, il devint juge au tribunal criminel de Périgueux en 1790, et fut élu, le 10 septembre 1791, député de la Dordogne à l'Assemblée législative, le 8e sur 10, à la pluralité des voix ; il s'y signala parmi les plus exaltés, fit mettre sous séquestre les biens des émigrés et, au moment du 10 août, demanda la déchéance du roi. Envoyé à l'armée du Nord quelques jours plus tard, il pressentit les trahisons qui s'y préparaient ; il se promettait d'en rendre compte, quand il fut élu par son département (Dordogne) membre de la Convention, le 1er sur 10, avec 536 voix sur 654 votants, le 6 septembre 1792. Il prit place à la Montagne, parmi les plus avancés, et, lors du procès de Louis XVI, répondit au 3e appel nominal : « Louis est coupable de conspiration ; il fut parjure, il fut traître. Son existence soutient les espérances des intrigants, les efforts des aristocrates. La loi a prononcé la peine de mort ; je la prononce aussi, désirant que cet acte de justice, qui fixe le sort de la France, soit le dernier exemple d'un homicide légal. » Il participa ensuite à diverses discussions, empêcha de poursuivre les auteurs des massacres de septembre, et, en qualité de rapporteur du comité de sûreté générale, fit voter, par la Convention, la peine de mort contre tout écrivain qui demanderait le rétablissement de la monarchie. Du nombre des commissaires chargés de l'arrestation de Dumouriez, il fut livré par celui-ci aux Autrichiens et resta enfermé dans la forteresse de Spielberg jusqu'à l'échange de l'an IV. A son retour en France, il entra, comme député de la Dordogne, au Conseil des Cinq-Cents, élu le 24 vendémiaire an IV, par 244 voix sur 445 votants. Le même jour, le département des Basses-Pyrénées le nommait également ; il opta pour la Dordogne. Secrétaire, puis président (1er floréal

an V) du Conseil, il défendit le droit d'association, la liberté des cultes et la liberté de la presse, tout en réclamant contre les émigrés et les prêtres réfractaires les mesures les plus rigoureuses. Il soutint le Directoire à la journée du 18 fructidor, demanda l'admission des enfants naturels à la succession de leurs auteurs, et réclama des indemnités en faveur des co-accusés de Baboeuf, acquittés par la haute cour de Vendôme. Elu de nouveau par la Dordogne au Conseil des Cinq-Cents, le 25 germinal an VI, il fut exclu au 22 floréal comme jacobin, quoique défendu par son collègue Gauran (*Voy. ce nom*), fut envoyé peu après comme ambassadeur en Suède, et fut réélu aux Cinq-Cents le 25 germinal an VII. Bien qu'au 18 brumaire il eût appuyé en termes énergiques la motion de Jourdan qui prévoyait le coup d'Etat, il se rallia avec empressement au vainqueur, et fut nommé aussitôt préfet du Tarn (11 nivôse an VIII). Substitut au tribunal de cassation en l'an IX, membre de la Légion d'honneur (25 prairial an XII), juge à la cour de Cassation (22 thermidor suivant), chevalier de l'Empire (27 juillet 1808), il présida, aux Cent-Jours, le collège électoral de la Dordogne, et harangua Napoléon en cette qualité. Atteint, à la seconde Restauration, par la loi du 12 janvier 1816, il se réfugia en Suisse, et obtint l'autorisation de rentrer en France en 1819.

LAMARQUE (Jean-Maximin, comte), député de 1828 à 1832, né à Saint-Sever (Landes) le 22 juillet 1770, mort à Paris le 1er juin 1832, fils de Pierre-Joseph Lamarque (*Voy. plus haut*) et de dame Marie-Ursule Du'au, s'engagea, en 1791, dans un bataillon de volontaires des Landes, devint, peu de jours après, capitaine de grenadiers dans la colonne infernale commandée par la Tour-d'Auvergne, et passa à l'armée d'Espagne. Il s'empara de Fontarabie de vive force, fut chargé de porter à la Convention les drapeaux pris sur l'ennemi, fut nommé adjudant-général, et, la paix conclue, fut envoyé à l'armée du Rhin. Général de brigade en 1801, il se distingua à Mœskirch, à Hohenlinden, et obtint, après la paix de Lunéville, un commandement dans l'armée du général Leclerc ; mais il ne le suivit pas à Saint-Domingue. Sa brillante conduite à Austerlitz attira l'attention de l'empereur, qui l'envoya à l'armée chargée de conquérir le royaume de Naples. Il prit Gaête, refusa le titre d'aide-de-camp du roi Joseph pour conserver sa qualité de Français, fut nommé chef d'état-major des troupes françaises au service de Naples, et fut promu par l'empereur, le 6 décembre 1807, général de division. En octobre, chargé par le roi Murat de reprendre Caprée aux Anglais commandés par Hudson Lowe, il déploya dans cette mission difficile un tel sang-froid et un tel courage, que le ministre napolitain, Salicetti, écrivait à son maître : « Je suis à Caprée, j'y vois les Français, mais je ne puis comprendre comment ils y sont entrés. » Chargé du commandement d'une division de l'armée du vice-roi d'Italie (1809), Lamarque remporta quelques succès, jusqu'à sa jonction avec l'empereur ; il se battit vaillamment à Wagram, eut quatre chevaux tués sous lui, fut envoyé à Anvers que menaçait une expédition anglaise, et fut redemandé par Murat qui l'employa en Calabre. De là il passa en Espagne, se distingua en plusieurs rencontres, et fut créé baron de l'Empire le 4 juin 1810. Ce titre ne lui parut pas digne de ses services : le 12 janvier 1812, il écrivit à Berthier en le priant de rappeler à l'empereur la promesse qu'il lui avait faite, après la bataille de Wagram, de le nommer comte de l'Empire. Mais l'empereur ne réservait pas alors ses récompenses pour l'armée d'Espagne; Lamarque s'en plaignit, dans une nouvelle lettre, du 11 novembre 1813 : « Malgré ce que j'ai fait en Catalogne et plus de vingt combats toujours heureux, et depuis la bataille de Wagram, où ma division a été citée à l'ordre du jour, je n'ai obtenu aucune faveur, je ne suis encore que baron, quand beaucoup de mes compagnons d'armes ont obtenu le titre de comte. » Lorsqu'il fallut évacuer l'Espagne, Lamarque commanda l'arrière-garde. La première Restauration le fit chevalier de Saint-Louis (1814), mais le laissa en disponibilité. Au retour de l'île d'Elbe, l'empereur le nomma gouverneur de Paris, et, en mai, général en chef de l'armée de la Vendée, qui se souleva. Lamarque n'exécuta pas les ordres rigoureux qu'il avait reçus et s'efforça d'atténuer les maux de la guerre civile; ses manœuvres lentes et prudentes lui permirent de battre en plusieurs rencontres les troupes royalistes, et obligèrent les chefs vendéens à accepter la paix, qui fut signée à Cholet le 26 juin 1815. La Chambre des Cent-Jours déclara que le général Lamarque avait bien mérité de la patrie. Au retour de Gand, Lamarque écrivit d'Angers à Davout, le 17 juillet : « J'ai reçu l'acte de soumission à Louis XVIII ; j'y adhère complètement comme général en chef de l'armée que je commande. » Mais l'ordonnance royale du 24 juillet le comprit au nombre des personnes obligées de quitter la France. Lamarque protesta contre cette décision par une lettre du 27, dans laquelle il faisait l'apologie de sa conduite; il se dirigea vers le Midi, adressa, de Libourne, le 18 décembre 1815, une nouvelle protestation au duc de Feltre, ministre de la Guerre, mais fut contraint de gagner Bruxelles, d'où le gouvernement des Pays-Bas lui intima l'ordre de partir pour Amsterdam. Là, il s'occupa de l'éducation de son fils, de travaux littéraires, de peinture, et écrivit, pour se défendre contre les attaques dont il était encore l'objet, des brochures d'un style vif et piquant. Une ordonnance royale du 20 octobre 1818 l'autorisa à rentrer en France en le rétablissant sur le tableau des lieutenants généraux, mais toujours en disponibilité. Il se retira à Saint-Sever, et, le 13 novembre 1820, se porta candidat à la députation dans le collège de département des Landes; il échoua avec 23 voix contre 88 à l'élu M. Despériers de Lagelouze; aux élections du 20 novembre 1822 ne lui furent pas plus favorables : il n'obtint que 10 voix contre 72 à M. de Lacaze, élu ; huit jours avant (13 novembre) le 1er arrondissement électoral des Landes (Mont-de-Marsan) ne lui avait donné que 41 voix contre 137 à l'élu, M. du Lyon, et 37 à M. Poyféré de Cère. Il essuya un nouvel échec à Mont-de-Marsan, aux élections générales du 25 février 1824, avec 23 voix contre 62 au député sortant réélu, M. du Lyon. Il s'était toujours présenté comme candidat d'opposition constitutionnelle. Le sacre de Charles X lui parut une occasion favorable de rentrer en grâce : « Si au moment du sacre, écrivait-il au baron de Coëtlosquet le 25 mars 1825, vous rappeliez à S. E. le ministre qu'elle m'a promis de m'ôter les stigmates de la proscription, les empreintes de la défaveur et de l'oubli, vous n'obligeriez pas un ingrat. » Et, au moment de quitter Paris, il insistait (lettre du 10 avril 1825) auprès du marquis de Clermont-Tonnerre : « Quand un homme de mon caractère réclame

pour la première fois une grâce, c'est qu'il croit la mériter par ses sentiments, et qu'il est bien décidé à s'en rendre digne. » Mais, il demandait en outre le titre de comte et le grand cordon de la Légion d'honneur « qui m'est dû depuis dix ans. » On ne fit pas droit à sa réclamation, et, de nouveau candidat à la députation à Mont-de-Marsan, le 17 novembre 1827, le général Lamarque échoua avec 65 voix contre le député sortant, M. du Lyon, réélu par 106 suffrages. M. du Lyon étant mort l'année suivante, Lamarque put entrer à la Chambre, le 22 décembre 1828, avec 146 voix sur 251 votants et 293 inscrits, contre 100 à M. Poyféré de Cère. Il prit place à gauche, fut mis à la retraite comme lieutenant-général par le ministère Polignac, et fut des 221. Réélu, le 23 juin 1830, par 154 voix sur 261 votants et 302 inscrits, contre 101 à M. d'Haussez, il coopéra au renversement de la branche aînée, mais continua son opposition au nouveau gouvernement, demanda la réunion de la Belgique à la France, l'abrogation des traités de 1815, la reconstitution de la Pologne, et s'éleva, avec les accents d'une éloquence indignée, contre les partisans de « la paix à tout prix. » Réélu, le 5 juillet 1831, dans le 3e collège des Landes (Saint-Sever) par 142 voix sur 147 votants et 268 inscrits, il passa au premier rang parmi les orateurs de la Chambre grâce à un travail opiniâtre et à une grande habileté de parole. Ses discours sur les affaires extérieures, dans lesquels il appelait la paix obtenue par le ministère « une halte dans la boue », sur l'organisation de l'armée, sur la loi contre les étrangers, l'ardeur de ses attaques, la vivacité de ses ripostes, lui conquirent une énorme popularité. Atteint du choléra, le 9 avril 1832, il languit quelque temps, signa d'une main mourante le célèbre *Compte rendu* de l'opposition, et expira le 1er juin. Ses funérailles furent l'occasion d'une manifestation populaire qui provoqua les sanglantes émeutes des 5 et 6 juin 1832. Son corps fut transporté à Saint-Sever. On a de lui plusieurs brochures politiques de circonstance et : *Nécessité d'une armée permanente* (1820); *De l'esprit militaire en France* (1826); *Pétition pour la translation des cendres du maréchal Ney au Panthéon* (1831); *Souvenirs et Mémoires* (posthumes, 1835). Il avait collaboré à l'*Encyclopédie moderne* et au *Journal des sciences militaires*.

LAMARQUE (Etienne-Ludovic-Alexis), représentant en 1849, né à la Capelle-Biron (Lot-et-Garonne) le 4 décembre 1819, de la même famille que le précédent, fut maître de forges dans la Dordogne. Le gouvernement provisoire le désigna, après la révolution de février 1848, pour remplir dans ce département les fonctions de commissaire de la République; le 13 mai 1849, il fut élu représentant de la Dordogne à l'Assemblée législative, le 9e sur 10, par 59,339 voix (105,677 votants, 145,779 inscrits). D'opinion nettement républicaine, il siégea à la Montagne, et vota constamment avec la minorité démocratique contre les lois répressives et restrictives proposées par la majorité. Il protesta contre le coup d'État de décembre 1851, qui le rendit à la vie privée.

LAMARTINE (Marie-Louis-Alphonse de), député de 1833 à 1848, membre du gouvernement provisoire, ministre, représentant du peuple en 1848 et 1849, né à Mâcon (Saône-et-Loire) le 21 octobre 1790, mort à Paris le 28 février 1869, « fils de Pierre de Lamartine, capitaine de cavalerie au régiment Dauphin, et de

Françoise-Alexis des Roys, son épouse » et arrière-petit-fils, par sa mère, de Mme des Roys, sous-gouvernante des princes d'Orléans, passa ses premières années dans le petit manoir de Milly, au sein d'une sérénité domestique qu'il se plut à décrire dans ses *Confidences*. Sa mère, qui fut sa première institutrice, l'éleva dans des principes rigoureusement religieux et légitimistes ; puis il quitta Milly pour Belley, où il acheva son éducation chez les Pères de la foi. Il sortit du collège au terme de ses études et, après quelque séjour à Paris et à Lyon, fit un premier voyage en Italie. De retour en France, vers la fin du premier Empire, il éprouva contre le régime et les institutions d'alors une haine ardente qui s'exhala plus tard dans la *Préface* des *Méditations*; la défaveur jetée sur les idées et la poésie le remplissait d'indignation, autant et plus que la perte de la liberté. Cependant son génie, incertain et tourmenté, cherchait sa voie : ses premiers essais dramatiques, encouragés par Talma, ne donnaient encore que d'heureuses promesses. Mais, en 1813, le jeune homme retourna en Italie entretenir ses rêves de poésie et abriter des mystères d'amour : Elvire, la voisine de campagne et d'enfance, fut l'inspiratrice de ses premiers sentiments; puis Graziella occupa à son tour le cœur et l'imagination du poète. En 1814, M. de Lamartine entra aux gardes du corps, qu'il ne quitta qu'à la fin des Cent-Jours. Après quatre années nouvelles de rêveries, de plaisirs et de voyages, il s'affirma enfin par un premier recueil de vers qui portait ce simple titre : *Méditations poétiques* (1820). Ces *Méditations* excitèrent une admiration universelle et obtinrent un prodigieux succès; leur influence fut profonde sur la poésie lyrique française du siècle, et, de même que le *Génie du Christianisme* de Châteaubriand, elles contribuèrent puissamment à l'essor général de toutes les idées catholiques et royalistes. Ce succès littéraire ouvrit à M. de Lamartine, suivant l'expression un peu ingénue d'un biographe, M. de Loménie, la carrière diplomatique : il fut attaché à la légation de Florence. La gloire et la beauté du poète captivèrent dans cette ville une jeune et opulente Anglaise, qui lui donna sa main. C'était la fille du défunt major Birch, qui avait servi dans l'armée anglaise aux Indes et qui descendait des Churchill ; le mariage eut lieu dans l'église de Saint-Pierre de Maché, à Chambéry, le 6 juin 1820, résidence de Mlle Marianne-Elisa Birch. Lamartine, alors à la tête d'une fortune considérable, s'offrit toutes les satisfactions d'une existence aristocratique; successivement secrétaire d'ambassade à Naples et à Londres, puis chargé d'affaires en Toscane, il publia les *Nouvelles Méditations* (1823) qui, malgré de réelles beautés, furent lues avec moins d'empressement que leurs aînées ; deux petits poèmes, la *Mort de Socrate* et le *Dernier chant de Child-Harold*, suivirent à peu d'intervalle. Ce dernier ouvrage contenait sur l'Italie des paroles blessantes dont s'offensa le général Pepe; un duel s'ensuivit, où Lamartine fut blessé. Fait chevalier de la Légion d'honneur à l'occasion de son *Chant du sacre* (1825), il exalta encore le sentiment monarchique dans les *Harmonies poétiques et religieuses* qui parurent en 1829 : la même année, Lamartine occupa à l'Académie française le fauteuil du comte Daru. Il venait d'être nommé ministre plénipotentiaire en Grèce lorsque éclata la révolution de 1830. Il commença par résister aux avances que lui fit la monarchie de Juillet; mais il ne crut pas devoir pousser trop loin le respect dû au malheur et il se décida à agir sans se lier et à « penser, parler, combattre avec la famille des familles, le pays. » Dès lors les préoccupations politiques le hantèrent au point de lui faire trop souvent oublier la poésie. Il se présenta à la députation, le 5 juillet 1831, à la fois dans le 1er collège de Saône-et-Loire (Mâcon-ville), où il obtint 46 voix contre 242 à l'élu, M. de Rambuteau, et dans le 7e collège du Nord (Bergues) où il réunit 181 voix contre 190 à l'élu, M. Lemaire Une nouvelle tentative faite, le 12 juin 1832, dans le 2e collège de Saône-et-Loire (Mâcon-arrondissement) ne lui donna que 52 voix contre 170 à l'élu, M. Duréaut et 64 à M. Tondut. Il fut, à l'occasion de ces échecs successifs, l'objet d'une violente attaque du poète Barthélemy dans la *Némésis* :

Va présenter sans peur le nom de Lamartine
Aux électeurs de Jéricho.

Repoussé momentanément de la vie publique, M. de Lamartine entreprit un voyage en Orient. Il s'embarqua à Marseille avec sa femme et sa fille Julia sur un vaisseau équipé et armé à ses frais. Il emportait une bibliothèque, tout un arsenal, et une collection de présents princiers pour les chefs des pays qu'il devait visiter. Ce voyage, qui dura seize mois, fut marqué par une grande douleur, la mort de Julia, qui succomba à Beyrouth. Au retour, Lamartine publia son *Voyage en Orient, souvenirs, impressions, pensées et paysages* (1835), œuvre splendide de forme et souvent hardie de pensée, gâtée malheureusement par des négligences de composition et de graves inexactitudes.

Tandis qu'il voyageait, Lamartine avait été élu député (7 janvier 1833) dans le 7e collège du Nord, par 196 voix (349 votants, 538 inscrits), contre 80 à M. Debaalon, conseiller à la cour. « J'irai m'asseoir au plafond, disait-il, je ne vois de place pour moi dans aucun groupe. » Il ne prit place, en effet, dans aucun des partis qui divisaient la Chambre, et le discours qui lui servit de début à la tribune, le 4 janvier 1834, ne renferma que des développements étrangers ou supérieurs à la politique parlementaire, bien qu'il eût débuté par cet exorde en l'honneur des grands orateurs de la monarchie représentative : « Messieurs, dit-il, je ne me proposais pas d'essayer si tôt ma faible voix à cette tribune, toute pleine encore, pour vous et pour moi, du souvenir et des accents de vos grands hommes politiques. Leur voix éteinte y retentit encore à mon esprit et la mémoire éloquente de Serre, des Foy, des Lainé, cette mémoire plus présente ici, sur le théâtre même de leurs luttes, est bien faite pour inspirer une religieuse terreur à ceux que la voix du pays appelle à parler à leur place, mais jamais à les remplacer. Pénétré plus que personne de ce juste sentiment de timidité et d'impuissance, et si je ne dois que passer à cette tribune qui trompe et dévore tant d'espérances, que ce me soit du moins une précieuse occasion, un favorable augure, de les avoir salués en passant d'un respect et d'un hommage pour tant de fortes et de généreuses sympathies, de patriotisme, de génie, de vertus politiques, qui ont fait vibrer dans mon âme une invocation. A ce génie, à ce patriotisme, à cette vertu publique de ces grands noms, est le premier élan de la peur chez ceux qui furent dignes de les comprendre et qui seraient si fiers de les imiter. »

Lamartine obtint sa réélection dans le Nord le 21 juin 1834, avec 257 voix (271 votants, 553 inscrits). En même temps, le 1er collège de Saône-et-Loire (Mâcon-ville) lui donnait la majorité : 170 voix sur 292 votants et 349 inscrits, contre 121 à M. Mathieu, membre de l'Institut. Lamartine opta pour Bergues et fut remplacé à Mâcon, le 10 janvier 1835, par M. Mathieu. A cette époque il s'intitulait le chef du « parti social », sans définir ce parti, et il écrivait, en octobre 1835, à un de ses amis : « Je deviens de jour en jour plus intimement et plus consciencieusement révolutionnaire. » Mais, comme on l'a dit, c'était un « révolutionnaire d'imagination », qui, ajoutait Mme de Girardin, « changeait trop souvent d'idée fixe. » Cette même année, le beau poème de *Jocelyn* (1835), dramatique et lyrique, débordant de passion et de vie, unissait au sentiment des problèmes éternels de la philosophie la peinture des luttes de la société et des orages du cœur; toutefois la critique lui témoigna peu d'enthousiasme; elle se montra plus froide encore à l'égard de la *Chute d'un Ange* (1838). Les *Recueillements poétiques* (1839) furent un dernier essai de poésie intime : de plus en plus préoccupé d'intérêts politiques, l'auteur y déclarait dans une *Préface* que la poésie devait être subordonnée au devoir social.

Dans le même temps, Lamartine faisait à la Chambre, comme orateur, sinon comme homme d'Etat, de remarquables progrès. La question d'Orient, l'abolition de la peine de mort, divers projets de loi relatifs à l'assistance, lui fournirent la matière d'éloquents discours qui charmaient ses collègues sans les convaincre. A la fois indépendant du ministère et de l'opposition, il refusa, sous le ministère du 15 avril 1837, d'entrer dans la coalition qui devait renverser M. Molé, et combattit avec une extrême vivacité une ligue d'intérêts qui froissait sa conscience. Lors des élections du 4 novembre 1837, les légitimistes, qui l'avaient envoyé à la Chambre, l'abandonnèrent à la suite de divers discours peu conformes à leurs doctrines : Lamartine n'en fut pas moins réélu, à Mâconville, par 171 voix, sur 334 votants et 384 inscrits, contre 160 à M. Mathieu, député sortant; il le fut aussi dans le 7e collège du Nord, et dans le 2e de Saône-et-Loire (Mâcon-arrondissement), par 187 voix sur 342 votants et 419 inscrits, contre 145 à M. Duréault, ancien député. Ayant opté, cette fois, pour Mâconville, il fut remplacé à Mâcon-arrondissement, le 29 janvier 1838, par M. Mathieu, et à Bergues, le 3 mars, par M. de Staplande. « Conservateur-progressiste », Lamartine forma, dans la Chambre, à partir de cette époque, un parti peu nombreux qui, faisant profession de dédaigner la politique pure, et mêlant à l'orthodoxie catholique de vagues réminiscences saint-simoniennes, se flattait d'atteindre au progrès universel en « législatant » (*sic*) le christianisme. Dans les questions de politique extérieure, Lamartine intervint plusieurs fois pour exprimer des sentiments analogues. Réélu, le 2 mars 1839, par 192 voix sur 317 votants et 357 inscrits, contre 123 à M. Mathieu, il combattit sans relâche la politique de Thiers et celle de Guizot en Orient, et se prononça, sans le moindre succès, en faveur d'une vaste colonisation européenne de l'Asie, dont un congrès des grandes puissances aurait d'avance fixé les conditions et les bases. Le 26 mai 1840, à propos du retour des cendres de Napoléon, il dit : « Recevons-les avec recueillement, mais sans fanatisme; je ne suis pas de cette religion napoléonienne, de ce culte de la force que l'on voit, depuis quelque temps, se substituer à la religion sérieuse de la liberté. » Son éloquence, admirée de tous les partis, n'avait d'action sur aucun : elle eut le même éclat, et le même insuccès, après la réélection de Lamartine, le 9 juillet 1842, par 245 voix sur 311 votants et 391 inscrits contre 61 à M. Mathieu, dans les discussions relatives aux fortifications de Paris, à la loi de régence, au droit de visite, à la flétrissure des députés légitimistes qui avaient fait le voyage de Belgrave-Square, etc. En 1844, pour répondre au reproche de manquer de sens pratique, il s'astreignit à traiter, dans les termes les plus techniques, une question spéciale des plus arides, la question des sucres. Vers la même époque, il se rapprocha sensiblement du pouvoir, et l'on s'attendait à le voir entrer dans quelque combinaison ministérielle, lorsqu'il rompit, tout à coup, avec les doctrinaires, qu'il appela le « parti des bornes », et se lança avec ardeur dans le mouvement réformiste. Il avait encore été réélu, le 1er août 1846, par 320 voix (331 votants, 481 inscrits). L'*Histoire des Girondins* (1847), où l'auteur laissait errer ses sympathies de Louis XVI à Vergniaud, de Vergniaud à Danton et de Danton à Robespierre, déplut au gouvernement de Louis-Philippe autant qu'elle flattait les sentiments de la fraction modérée du parti démocratique. Pourtant Lamartine ne s'était pas encore déclaré en faveur de la République. Le 24 février 1848, dans cette dernière et tumultueuse séance de la Chambre, en présence de la duchesse d'Orléans qui venait confier son fils au parlement, il se borna à réclamer l'institution d'un gouvernement provisoire. Il mit ensuite lui-même M. Dupont (de l'Eure) au fauteuil de la présidence, abandonné par M. Sauzet, dicta aux scrutateurs une première liste de noms en tête desquels il avait fait figurer le sien, et se rendit à l'Hôtel de Ville. Mais déjà la République était adoptée par le peuple, et les deux journaux correspondant aux deux grandes fractions du parti républicain, la *Réforme* et le *National*, avaient pris, chacun pour son compte, l'initiative de proposer les noms des membres du futur gouvernement. La fusion des deux listes constitua la combinaison définitive, où Lamartine se trouva maintenu. Membre du gouvernement provisoire et ministre des Affaires étrangères, il fut la personnification le plus en relief de la majorité « modérée » du Conseil; quant à son rôle, il le composa sous l'empire absolu de cette passion dominante : être applaudi. L'oreille incessamment tendue pour écouter le bruit du dehors, il voulut capter quiconque se faisait craindre, convoita tous les hommages et chercha, pour s'y placer, le point d'intersection de tous les partis. D'une égale ardeur, on le vit alors envier l'approbation des salons et celle des clubs, se concilier lord Normanby, ambassadeur d'Angleterre et s'efforcer de plaire à Sobrier, offrir une ambassade à M. de la Rochejaquelein et se prêter à des entrevues secrètes avec Blanqui. Pourtant cette bienveillance systématique ne s'étendit point jusqu'au socialisme que représentait presque seul dans le Conseil l'auteur de l'*Organisation du Travail*, Louis Blanc. Après s'être montré personnellement très opposé à la proclamation immédiate de la République, on sait que Lamartine conserva au gouvernement nouveau le drapeau de la monarchie de juillet en disant : « Le drapeau rouge n'a jamais fait que le tour du Champ de Mars, traîné dans le sang du peuple, et le drapeau tricolore a fait le tour du monde, avec le nom, la gloire et la liberté de la patrie. » Le lendemain de cette harangue, Lamartine proposa au gouvernement provisoire, qui écarta tout d'abord la motion, l'abolition de la peine de mort en matière politique. Louis Blanc insista à son tour, et le décret fut voté. M. de Lamartine le lut au peuple du haut du perron de l'Hôtel de Ville. « Chaque fois, écrit un biographe, qu'il montrait sa noble face au populaire, c'était avec l'air de satisfaction d'un messager de bonnes nouvelles. De sorte que prolétaires, et surtout nobles et bourgeois, s'accoutumaient à le regarder comme un héraut de clémence et comme un transacteur général entre la révolution et la contre-révolution. » Mais lorsque Louis Blanc, traduisant le vœu populaire, réclama, le 28 février, l'institution d'un « ministère du Progrès », Lamartine combattit cette idée avec beaucoup de véhémence, et déclara « qu'il n'avait jamais compris et ne comprendrait jamais l'organisation du travail ». Sur ces mots, applaudis par la majorité, Louis Blanc donna sa démission et ne la reprit que lorsqu'on lui eut offert la présidence d'une commission de gouvernement, au sein de laquelle, en attendant l'Assemblée, les questions sociales seraient élaborées et discutées. Outre ses fonctions de membre du gouvernement provisoire, Lamartine exerçait celles de ministre des Affaires étrangères. Dans une circulaire célèbre, adressée aux agents diplomatiques de la République française, il exposa les principes et les tendances qui, selon lui, devaient diriger la politique du gouvernement provisoire. Il y était dit, en substance : 1° que la proclamation de la République française n'était un acte d'agression contre aucune forme de gouvernement dans le monde; 2° que la guerre n'était pas le principe de la République française; 3° que ces idées pacifiques avaient pour objet de faire réfléchir les souverains et les peuples. Avec moins de clarté peut-être que d'éloquence, il terminait ainsi : « Le sens des trois mots liberté, égalité, fraternité, appliqué à nos relations extérieures, est celui-ci : affranchissement de la France des chaines qui pesaient sur son principe et sur sa dignité; récupération du rang qu'elle doit occuper au niveau des grandes puissances européennes; enfin déclaration d'alliance et d'amitié à tous les peuples. Si la France a la conscience de sa part libérale et civilisatrice dans le siècle, il n'y a pas un de ces mots qui signifie guerre. » À l'intérieur, Lamartine lutta de tout son pouvoir contre l'influence de Louis Blanc et de Ledru-Rollin. La formidable manifestation populaire du 17 mars avait enlevé un instant la prépondérance à la majorité « modérée » du gouvernement; mais, le 16 avril, Lamartine confia au général Changarnier la défense de l'Hôtel de Ville : les colonnes de la garde nationale et les bataillons de la garde mobile couvrirent la place, la droite du gouvernement l'emportait. Ce fut le signal de la réaction. Lamartine n'abusa pas, d'ailleurs, pour lui-même, d'une solution à laquelle il avait contribué. Il s'était vivement opposé à l'arrestation de Blanqui; on le vit même se rapprocher de Ledru-Rollin à la veille des élections. Celles-ci l'envoyèrent à l'Assemblée constituante, le 23 avril 1848, comme le représentant de neuf départements : 1° Saône-et-Loire, où il fut élu le 1er sur 14, par 129,879 voix (131,062 votants, 136,000 inscrits), 2° les Bouches-du-Rhône, avec 58,355 voix, le 3e sur 10; 3° la Côte-d'Or, le 10e et dernier, avec 41,609 voix; 4° la Dordogne, le 3e sur 13, avec 75,858 voix (110,594 votants, 140,087 inscrits); 5° la Gironde, le 1er sur 15, avec 137,609 voix (146,606 votants); 6° l'Ille-et-Vilaine,

le 3e sur 14, avec 100,532 voix (132,609 votants, 152,352 inscrits); 7° le Nord, le 1er sur 28, avec 227,765 voix (234,867 votants, 278,352 inscrits); 8° la Seine, le 1er sur 34, avec 259,800 voix (267,888 votants, 399,191 inscrits); 9° la Seine-Inférieure, le 1er sur 19, avec 147,565 voix. Partout les « anciens partis », unis à celui de la « République honnête et modérée », avaient adopté en masse la candidature de Lamartine, et avaient protesté, sur son nom, contre la politique du ministre de l'Intérieur. Toutefois, Lamartine insista pour que Ledru-Rollin fit partie, avec lui, de la Commission exécutive instituée le 9 mai par l'Assemblée. Mais la puissance modératrice du poète était singulièrement usée. Dans la journée du 15, il ne put empêcher l'envahissement de l'Assemblée, et, lorsqu'il se présenta devant le peuple, pour essayer encore l'effet d'une éloquence naguère irrésistible, ce cri dédaigneux sortit de la multitude : « Assez de lyre comme ça! » Blessé au cœur, Lamartine se retira, fit battre le rappel, rentra dans l'Assemblée à la tête d'un bataillon de mobiles, eut part à la victoire de « l'ordre », marcha à l'Hôtel de Ville, le reconquit avec la garde nationale, procéda à l'arrestation des chefs de l'insurrection qu'il envoya à Vincennes, et revint en triomphe à l'Assemblée. Ce fut son dernier beau jour. La Commission exécutive ne dura que jusqu'à l'insurrection de juin, et la majorité de l'Assemblée, n'ayant plus besoin de Lamartine, l'abandonna pour conférer, le 24 juin, des pouvoirs illimités à Cavaignac. Lamartine combattit d'ailleurs en personne les insurgés; après quoi il parut succomber sous le poids de son impopularité soudaine et, se laissant aller à un découragement profond, désespéra d'une république qu'il ne conduisait plus. L'amertume de ses déceptions se trahit dans la conclusion du discours qu'il prononça le 6 octobre, à l'Assemblée, et qui fut, en quelque sorte, son testament parlementaire. L'Assemblée nationale discutait l'amendement Leblond, qui conférait aux représentants du peuple la nomination du président de la République. Lamartine repoussa l'amendement et insista pour que cette nomination fût confiée au suffrage universel. (Au fond il conservait encore le secret espoir que son nom sortirait de cette consultation nationale.) — « N'est-ce pas par excellence, s'écriat-il, le sacrement même de l'autorité, n'est-ce pas l'autorité la plus irréfragable qui puisse se manifester au milieu d'un grand peuple? Car enfin, le droit de naissance, qu'est-ce que c'est au bout du compte? Tout le monde aujourd'hui est assez éclairé pour y avoir réfléchi; le droit de naissance, c'est le droit du hasard. Le droit de primogéniture, quel est-il? Le droit du premier venu, le droit du premier sorti des flancs de sa mère. Le droit de la conquête, c'est celui qui avilit le peuple qui s'y soumet, c'est le droit de la violence et de la force brutale. Le droit divin n'est que la sanction, la bénédiction du sacerdoce sur des races royales. Il y a longtemps que ce signe n'était qu'un signe, et ce symbole qu'un symbole. Le droit d'hérédité enfin? Mais ce droit n'est que le droit de l'idiotisme! » Il se résuma en ces termes : « Je m'arrête, ce n'est pas faute de raisons, mais parce que j'espère vous avoir convaincus. Je sais bien qu'il y a des dangers graves dans les deux systèmes; qu'il y a des moments d'aberration dans les multitudes; qu'il y a des noms qui entraînent les foules comme le mirage entraîne les troupeaux, comme le lambeau de pourpre attire les animaux privés de raison? Je le sais et je le redoute plus que personne, ear aucun citoyen n'a mis peut-être plus de son âme, de sa vie, de sa sueur, de sa responsabilité et de sa mémoire dans le succès de la République! Si elle se fonde, j'ai gagné ma partie humaine contre la destinée! Si elle échoue, ou dans l'anarchie, ou dans une réminiscence de despotisme, mon nom, ma responsabilité, ma mémoire échouent avec elle, et sont à jamais répudiés par mes contemporains! Eh bien, malgré cette redoudoutable responsabilité personnelle dans les dangers que peuvent courir nos institutions problématiques, bien que les dangers de la République, bien que ses dangers soient mes dangers, et leur perte mon ostracisme et mon deuil éternel, si j'y survivais, je n'hésite pas à me prononcer en faveur de ce qui vous semble le plus dangereux, l'élection du président par le peuple! Oui, quand même le peuple choisirait celui que ma prévoyance, mal éclairée peut-être, redouterait de lui voir choisir, n'importe : *Alea jacta est!* Que Dieu et le peuple prononcent!

« Il faut laisser quelque chose à la Providence! Elle est la lumière de ceux qui, comme nous ne peuvent pas lire dans les ténèbres de l'avenir! Invoquons-la, prions-la d'éclairer le peuple, et soumettons-nous à son décret. Peut-être périrons-nous à l'œuvre, nous! Mais il serait même beau d'y périr en initiant son pays à la liberté. Eh bien, si le peuple se trompe, s'il se laisse aveugler par un éblouissement de sa propre gloire passée; s'il se retire de sa propre souveraineté après le premier pas, comme effrayé de la grandeur de l'édifice que nous lui avons ouvert dans sa République et des difficultés de ses institutions; s'il veut abdiquer sa sûreté, sa dignité, sa liberté entre les mains d'une réminiscence d'Empire; s'il dit : Ramenezmoi aux carrières de la vieille monarchie; s'il nous désavoue et s'il se désavoue lui-même; eh bien, tant pis pour le peuple! Ce ne sera pas nous, ce sera lui qui aura manqué de persévérance et de courage! » Quand le scrutin du 10 décembre 1848 eut fait évanouir les derniers rêves de Lamartine, en lui donnant pour la présidence de la République 7,910 voix seulement, il se trouva plus isolé et plus triste que jamais. « Ses propres illusions s'éteignaient les unes après les autres, comme les cierges du temple sous la main vulgaire du sacristain, après la messe. Il restait nul, découragé, enveloppé de ténèbres; il assistait vivant aux funérailles de sa propre gloire, parmi les derniers jours de cette république qu'il avait acclamée, et qui, elle aussi, s'en allait au cimetière. » (Hipp. Castille.) A la Constituante, il avait pris part à peu de scrutins. Les seuls votes importants où l'on trouve son nom sont les suivants : *pour* l'abolition de la peine de mort, *contre* l'amendement Grévy, *contre* l'amnistie, *contre* l'expédition de Rome. Lors des élections générales du 13 mai 1849 pour la Législative, il échoua Saône-et-Loire avec 38,972 voix sur 109,200 votants. Il n'entra à l'Assemblée qu'à la faveur d'une élection partielle : le 8 juillet 1849 : Ledru Rollin, élu dans Saône-et-Loire, ayant opté pour la Seine, Lamartine redevint représentant de son département natal par 29,393 voix (50,371 votants, 149,588 inscrits), contre 20,068 à M. Joly père, démocrate-socialiste. Le même jour, le Loiret le désignait, pour remplacer M. Roger, décédé, par 23,006 voix (33,359 votants, 92,700 inscrits), contre 7,309 à M. Madier de Montjau et 2,007 à M. Rondeau. Lamartine continua à se tenir en dehors des partis qui divisaient l'Assemblée : aussi n'eut-il,

de 1849 à la fin de 1851, qu'un rôle très effacé, se bornant à opiner généralement avec la fraction la moins avancée du parti démocratique. Après avoir essayé de justifier ses actes comme membre du gouvernement dans une *Histoire de la Révolution de 1848*, dont les inexactitudes matérielles furent trop aisément relevées par ses contradicteurs, il prêta son nom et son talent à une feuille mensuelle, le *Conseiller du Peuple*, puis au journal *le Pays*, organe de la république modérée: il quitta la direction de ce journal au lendemain du coup d'Etat et devint complètement étranger à la politique. Depuis plusieurs années, ses affaires domestiques et les soucis d'une gêne qui remontait au voyage en Orient exigeaient une grande partie du temps que les affaires publiques ne réclamaient plus. Lamartine essaya sans relâche, mais toujours vainement, de combler par un travail infatigable les brèches faites à sa fortune. Les *Confidences* et *Raphaël*, récits parfois pleins de charme, mais délayés dans une phraséologie creuse et sonore, les *Nouvelles Confidences*, quelques romans qui surprirent le public et charmèrent les femmes, des travaux « sur commande » : l'*Histoire de la Restauration*, celle de la *Turquie*, celle de la *Russie*, les *Entretiens familiers de Littérature*, etc., ajoutèrent peu de chose à sa gloire littéraire, sans améliorer sa situation. Ses admirateurs s'adressèrent alors directement au pays (1868), et ouvrirent une souscription qui malheureusement ne donna point les résultats qu'on en attendait, bien que l'intéressé lui-même fût intervenu parfois directement dans ces appels à la charité publique. Enfin, après de longues luttes, doublement pénibles, contre une misère relative, M. de Lamartine reçut, à titre de récompense nationale, et en vertu d'une loi votée, le 15 avril 1867, à l'unanimité moins 24 voix, la dotation viagère incessible et insaisissable de la rente d'un capital de 500,000 francs; il vécut deux années encore et succomba le 1er mars 1869. Le gouvernement impérial voulait faire les frais de ses funérailles; mais, suivant la volonté expressément formulée du poète, elles eurent lieu dans sa terre de Saint-Point, avec une grande simplicité.

Poète avant tout et par-dessus tout, c'est dans le poète que chez Lamartine, l'historien l'orateur, le publiciste, viennent se confondre et se perdre. Nature chevaleresque, esprit élevé, âme honnête, il n'eut rien des qualités ou des défauts qui font les politiques. Peut-être estimera-t-on un peu sévère le jugement suivant d'un biographe, déjà cité plus haut, Hippolyte Castille : « M. de Lamartine est une de ces individualités négatives, inconsistantes, miroitantes comme le prisme, sonores comme la guitare, mais fragiles et vides peut-être comme elle. Il est l'Homère du creux et du vague... Comme Mme de Staël, hélas! et comme une foule d'autres, M. de Lamartine est pétri d'un métal qui s'effolie et se dédouble. Jamais le malheur, la passion, la conviction ne l'ont serré d'un écrou assez puissant pour rassembler et solidifier son unité. Il ne s'est jamais perdu de vue depuis qu'au sortir de l'enfance il s'est pour la première fois aperçu. L'aise ou le soin seulement de se contempler ont tué en lui ce qui, dans la politique comme dans l'art, comme dans l'amour, constitue la sincérité, ou, pour parler un langage moins esthétique, l'abandon, source de vraie bonne foi, et, partant, de puissance réelle. Ce malheur, cette imperfection sont à la fois le plus grand secret du succès inouï et de la chute plus inouïe encore de M. de Lamartine. Ce vice a contribué, sans doute, à sa popularité, mais il a gâté ses belles qualités et dons de nature en l'empêchant de rien créer de solide... » L'amertume de cette appréciation trouve un juste correctif dans les lignes suivantes : « A considérer cette carrière dans son ensemble, on y remarque ceci, qu'elle n'est souillée d'aucune lâcheté matérielle. M. de Lamartine a eu bien des erreurs, il a cédé à bien des illusions; mais il n'a jamais trahi, comme Judas, pour de la monnaie, ni, comme d'autres, pour quelque lambeau de pouvoir. Il a dit au public : Viens-moi en aide, je te prie. Mais il ne l'a pas exploité dans de basses entreprises. Il n'a pas non plus prostitué son nom à la Bourse. Il a été trop épris de lui-même ; mais son admiration pour les autres n'a pas été inférieure à celle qu'il se vouait à lui-même. Homme de grand talent, galant homme, plein de bonne volonté, il a fait beaucoup de mal à la cause qu'il croyait servir. Il a cru sauver la Révolution, il n'a sauvé que la réaction. » (*M. de Lamartine*, par Hippolyte Castille.) On a encore de Lamartine : *Regina* (1862); *Civilisateurs et conquérants* (1865); les *Grands Hommes de l'Orient*; *Jean-Jacques Rousseau, son faux Contrat social et le vrai Contrat social* (1866); *Vie du Tasse* (1866); *Antoniella* (1867); enfin un nombre considérable de *Discours*, de brochures, d'extraits et de réimpressions. Lamartine avait entrepris lui-même, après l'échec des souscriptions ouvertes en sa faveur, une vaste édition générale, revue et corrigée, de ses œuvres.

LAMARZELLE (GUSTAVE - LOUIS - EDOUARD DE), député depuis 1885, né à Vannes (Morbihan) le 4 août 1852, fit son droit à Paris, fut reçu docteur, et se fit inscrire au barreau de la capitale. Ancien président de la conférence Molé-Tocqueville, professeur à la faculté de droit de l'Institut catholique de Paris, il prononça à Evreux, en février 1884, et à Lille, en mai, des discours remarqués sur des questions de politique conservatrice. Porté, aux élections législatives du 4 octobre 1885, sur la liste conservatrice du Morbihan, il fut élu député, le 6e sur 8, par 60,279 voix sur 95,198 votants et 130,336 inscrits ; il prit place à droite, fut secrétaire de la Chambre, se mêla fréquemment aux débats parlementaires notamment contre les propositions réclamant la séparation de l'Eglise et de l'Etat, contre la loi sur l'enseignement primaire, contre l'attitude du conseil municipal de Paris au moment de l'élection de M. Carnot à la présidence de la République : il proposa sur ce dernier point (16 janvier 1888) un ordre du jour « invitant » le gouvernement à installer le préfet de la Seine à l'hôtel de ville (repoussé par 377 voix contre 164); M. de Lamarzelle s'est prononcé, en dernier lieu, *contre* le rétablissement du scrutin d'arrondissement (11 février 1889), *pour* l'ajournement indéfini de la révision de la Constitution, *contre* les poursuites contre trois députés membres de la Ligue des patriotes, *contre* le projet de loi Lisbonne restrictif de la liberté de la presse, *contre* les poursuites contre le général Boulanger. On a de lui (1876) un ouvrage sur le partage des ascendants.

LAMBEL (JOSEPH-MARIE), député en 1789, né à Mur-de-Barrez (Aveyron) le 22 février 1747, mort à une date inconnue, avocat dans sa ville natale, fut élu, le 27 mai 1789, député du tiers aux Etats-Généraux par la sénéchaussée de Villefranche-de-Rouergue. Il siégea dans la majorité réformiste, demanda l'abolition des titres de noblesse et présenta un amendement au projet relatif à l'acquittement de la contribution patriotique. Elu administrateur du département de l'Aveyron le 16 septembre 1791, il devint ensuite juge de paix.

LAMBERT (CHARLES), député en 1791, et membre de la Convention, né à Châtillon-sur-Seine (Côte-d'Or) le 1er octobre 1734, mort à une date inconnue, fils de Jean Lambert, maître menuisier, et de Pierrette Coquelet, homme de loi avant la Révolution, puis juge à Châtillon-sur-Seine, était juge de paix d'Autricourt, quand il fut élu, le 2 septembre 1791, député de la Côte-d'Or à l'Assemblée législative, le 4e sur 10, par 196 voix (389 votants). Il vota généralement avec les modérés, et souleva les murmures de la majorité, en insistant, le 11 février 1792, pour que l'Assemblée nationale décernât les honneurs du Panthéon à la mémoire de Louis XII et de Henri IV, « comme étant les seuls de nos rois qui se soient montrés les pères du peuple. » Dans une lettre au *Moniteur*, datée du 25 mars 1792, il témoigna « son étonnement, non pas des imputations absurdes de républicanisme ou de républicomanie, dont les feuilles publiques retentissent sans cesse contre les vrais patriotes, les amis sincères de la Constitution; mais des efforts ridicules que font la plupart d'entre eux pour s'en défendre, comme si nous n'étions pas réellement l'état le plus républicain, le plus démocratique qui existe dans le monde connu. » Réélu, le 5 septembre 1792, député de la Côte-d'Or à la Convention, le 6e sur 10, par 397 voix (489 votants), il prit place à la droite de l'assemblée, et motiva ainsi son vote dans le procès du roi, lors du 3e appel nominal : « Ce n'est pas comme législateur et comme homme d'Etat, c'est-à-dire uniquement pour des considérations politiques, que je crois devoir prononcer une mesure de sûreté générale pour le salut du peuple, devant lequel doivent se taire tous les intérêts, toutes les passions et toutes les vengeances.

« En conséquence, je vote pour la détention de Louis Capet pendant la guerre, et ensuite à la déportation hors du territoire français, à moins que le peuple n'autorise les législatures suivantes à prononcer autrement sur son sort.

« Je n'ignore pas que cette mesure, commandée par les circonstances, n'a pas besoin d'être ratifiée par le peuple; et si j'ai voté hier pour la sanction, c'est que je prévoyais un jugement formel et définitif, auquel je ne voulais concourir en aucune manière.

« Quant à la déclaration unanime faite au premier appel nominal, plusieurs de mes collègues ont cherché dans le code pénal une peine qui y fût relative. Moi, au contraire, c'est par respect pour ce même code pénal, par respect pour les formes qui y sont consacrées, que j'ai cru devoir, pour ne pas cumuler toutes les fonctions, m'abstenir de prononcer aucune peine juridique.

« Voilà, en peu de mots, les motifs de mes trois opinions différentes dans cette affaire; mais je n'en respecterai pas moins celle de la majorité de l'assemblée, quelle qu'elle soit, car je connais également et l'étendue de mes devoirs, et la rigueur des principes. »

Son rôle politique n'a pas laissé d'autres traces.

LAMBERT (CLAUDE-GUILLAUME, CHEVALIER), BARON DE CHÉMEROLLES, ministre, né à Paris le 9 août 1726, exécuté à Paris le 27 juin 1794, fut conseiller au parlement, puis appartint au conseil d'Etat. Chargé du rapport sur l'arrêt qui avait condamné le général Lally, il obtint que cet arrêt fût cassé. Il fit ensuite partie du conseil des finances, puis, en 1787, de l'assemblée des notables, et fut nommé, la même année, contrôleur général des finances. Il exerça ces fonctions sous la direction de l'archevêque de Toulouse, Loménie de Brienne, ministre jusqu'au rappel de Necker en août 1788; il y fut appelé de nouveau en août 1789, lorsque Necker, momentanément éloigné, rentra aux affaires avec le titre de premier ministre des Finances. Il présenta un mémoire sur la répartition des impôts, dont l'Assemblée constituante prit connaissance dans sa séance du 25 mars 1790. La retraite définitive de Necker (4 septembre) n'avait pas entraîné celle de Lambert, qui conservait la confiance du roi; mais, à la suite d'une dénonciation dirigée contre lui, le 19 octobre, l'Assemblée décida qu'il avait perdu la confiance de la nation. Le roi dut le remplacer (4 décembre) par de Lessart. Lambert se retira alors à Sainte-Foy. C'est là qu'il fut arrêté en février 1793, amené à Paris, traduit devant le tribunal révolutionnaire, condamné à mort et exécuté.

LAMBERT (Pierre), député de 1837 à 1842, né à la Clayette (Saône-et-Loire) le 3 avril 1786, mort à Charolles (Saône-et-Loire) le 2 novembre 1852, fils de Pierre Lambert, notaire à Martigny-le-Comte, et de Jeanne Geoffroy, fit ses études au collège Sainte-Barbe, puis suivit les cours à la faculté de droit de Paris, et vint ensuite se fixer à Charolles comme avocat. Il y acquit une certaine réputation, devint bâtonnier, et, au moment des événements de 1830, fut désigné pour occuper les fonctions de maire de la ville, en raison de ses opinions libérales. Nommé peu après sous-préfet de Charolles, il donna sa démission en 1835; conseiller général de la Guiche en 1836, il se présenta à la députation dans le 6e collège de Saône-et-Loire (Charolles), qui l'élut, le 4 novembre 1837, par 204 voix (376 votants, 564 inscrits), contre 63 à M. de Suleau, 58 à M. de Corcelles et 46 à M. Sauzet. Il siégea dans la majorité ministérielle, et fut réélu, le 2 mars 1839, par 218 voix (433 votants, 545 inscrits) contre 135 à M. Augustin Lacroix, et 73 à M. de Suleau. Il vota *pour* la dotation du duc de Nemours, *pour* les fortifications de Paris, *pour* le recensement, *contre* les incompatibilités, *contre* l'adjonction des capacités. Vice-secrétaire du conseil général de Saône-et-Loire (1839), il échoua aux élections générales de 1842 à la Chambre des députés, mais fit partie du conseil départemental jusqu'en 1848, comme l'élu du canton de Charolles depuis 1845. Chevalier de la Légion d'honneur.

LAMBERT (Alexis), représentant en 1871, député de 1876 à 1877, né à Besançon (Doubs) le 30 janvier 1829, mort à Paris le 22 janvier 1877, fils d'un imprimeur de Besançon et neveu de Proudhon associé de son père, fut envoyé (1858) en Algérie comme employé à la trésorerie générale, puis devint secrétaire de la mairie de Constantine où il fonda l'*Indépendant*, journal d'opposition (1859). Le gouvernement du 4 septembre le nomma sous-préfet de Bône (5 septembre 1870), puis préfet d'Oran (17 novembre suivant); le 8 février 1871, il fut nommé commissaire extraordinaire de la République en Algérie; mais il n'occupa ce poste que jusqu'au 10 avril, et fut élu, le 12 juillet, représentant du département d'Oran à l'Assemblée nationale, le 1er sur 2, par 5,059 voix (7,193 votants, 10,960 inscrits). Cette élection

ayant été invalidée, M. Lambert se représenta devant ses électeurs le 12 janvier 1872, et fut réélu par 5,037 voix (7,977 votants, 10,729 inscrits). Il prit place à la gauche de l'Assemblée et vota *pour* l'amendement Barthe, *pour* le retour à Paris, *pour* la dissolution, *pour* la proposition du centre gauche, *pour* l'amendement Wallon, *pour* les lois constitutionnelles, *contre* le 24 mai, *contre* la démission de Thiers, *contre* l'arrêté sur les enterrements civils, *contre* la prorogation des pouvoirs du Maréchal, *contre* la loi des maires, *contre* le ministère de Broglie. Conseiller général de Constantine, il fut réélu, aux élections générales du 20 février 1876, député de ce département, par 4,875 voix voix (5,406 votants, 9,866 inscrits); il mourut au mois de janvier 1877 et fut remplacé, le 8 avril suivant, par M. Thomson.

LAMBERT (Alexandre-Ferdinand-Marie-Tristan, baron), député de 1876 à 1877, né à Fontainebleau (Seine-et-Marne) le 16 février 1846, s'engagea dans l'armée en 1870, prit part aux combats livrés sous Metz, et fut blessé à Gravelotte et décoré de la médaille militaire. Après la capitulation, il partagea la captivité de l'empereur à Wilhelmshoe. Bonapartiste militant, il fit dans son département, après la guerre franco-allemande, une propagande active contre les institutions républicaines et se présenta aux élections législatives de 1876, dans l'arrondissement de Fontainebleau, avec une profession de foi où il se recommandait de sa « fidèle et reconnaissante affection » pour la famille impériale. Il eut pour concurrents MM. de Ségur, monarchiste, et Vellaud, républicain. Aucun des candidats n'obtint la majorité au premier tour. Au ballottage du 5 mars, M. Tristan Lambert fut élu député de Fontainebleau par 9,580 voix (18,222 votants, 22,889 inscrits). Il alla siéger à droite, dans le petit groupe de l'Appel au peuple, et se signala par la vivacité de ses interruptions contre les orateurs de la majorité. Partisan de l'acte du 16 mai 1877, il appuya le cabinet de Broglie-Fourtou, et, après la dissolution de la Chambre, se représenta devant les électeurs de Fontainebleau comme candidat officiel; mais il échoua avec 8,418 voix contre 11,472 à l'élu républicain, M. Jozon. Au moment de la mort de l'ex-prince impérial (juin 1879), M. Tristan Lambert abandonna le parti bonapartiste et fit adhésion au comte de Chambord. La mort de ce dernier le rallia au comte de Paris. Porté, aux élections du 4 octobre 1885, sur la liste conservatrice de Seine-et-Marne, il échoua avec 7,725 voix sur 73,741 votants. On a de lui : *La vraie légitimité; Le droit prime la force*, etc.

LAMBERT. — *Voy.* Frondeville (marquis de).

LAMBERT DE SAINTE-CROIX (Charles-Louis-Marie), représentant en 1871, sénateur de 1876 à 1885, et député de 1885 à 1886, né à Paris le 12 novembre 1827, mort à Paris le 27 octobre 1889, fils d'un notaire qui habitait rue Sainte-Croix de la Bretonnerie, — ce qui fit dire que les Lambert avaient indûment ajouté « de Sainte-Croix » à leur nom de famille, alors qu'ils ont, parait-il, absolument le droit de le porter, — étudia le droit à Paris, fut vice-président et président de la conférence Molé, où il fit une opposition platonique au régime impérial, collabora de sa bourse, de sa plume et surtout de sa parole, au *Courrier du dimanche*, puis au *Journal de Paris*, et se fit ainsi une certaine réputation de libéralisme. Plus actif que laborieux, il payait volontiers de sa personne; aux élections de 1863, les afficheurs de M. Thiers étant venus prévenir au bureau du journal que la police gênait, il prit un paquet d'affiches et un seau de colle, et, en toilette de bal, ganté de frais, suivi de son coupé qui portait la colle et les affiches, il couvrit de la profession de foi de Thiers les arcades de la rue de Rivoli. Ce fut au *Journal de Paris* que fut composée, en 1867, la fameuse chanson des *Rois à l'exposition*, avec la collaboration de Lambert de Sainte-Croix, de Delprat et de Ferdinand Duval. En 1869, M. Lambert de Sainte-Croix posa sa candidature d'opposition orléaniste au Corps législatif, dans la 2ᵉ circonscription de l'Aude; il échoua, le 29 mai, avec 2,037 voix contre 16,028 à l'élu officiel, M. Peyrusse, et 6,823 à M. Raynal, candidat de l'opposition démocratique. Survint la guerre. Durant le siège de Paris, il servit dans les bataillons de la garde nationale. Le 8 février 1871, il fut élu représentant de l'Aude à l'Assemblée nationale, le 5ᵉ sur 6, par 25,297 voix (54,560 votants, 92,276 inscrits), prit place au centre droit, se fit remarquer parmi les membres les plus actifs du parti orléaniste, et proposa le fameux *Septennat personnel*, que ni la commission des Trente ni la Chambre ne voulurent adopter. Il vota *pour* la paix, *pour* les prières publiques, *pour* l'abrogation des lois d'exil, *pour* le 24 mai, *pour* la démission de Thiers, *pour* l'arrêté contre les enterrements civils, *pour* la prorogation des pouvoirs du Maréchal, *pour* la loi des maires, *pour* le ministère de Broglie, *pour* les lois constitutionnelles, *contre* l'amendement Barthe, *contre* le retour à Paris, *contre* la dissolution, *contre* la proposition du centre gauche, *contre* l'amendement Wallon. Porté sur la liste des droites comme sénateur inamovible, il ne fut point nommé par l'Assemblée nationale, mais il fut élu sénateur de l'Aude, le 30 janvier 1876, par 249 voix sur 507 votants. Il vota la dissolution de la Chambre et appuya la politique du cabinet du 16 mai. Non réélu sénateur au renouvellement triennal du 6 janvier 1885, il se présenta, aux élections du 4 octobre suivant, sur la liste conservatrice des Landes, et fut élu député, le 2ᵉ sur 5, par 37,414 voix (71,339 votants, 83,874 inscrits). Mais l'élection des Landes fut invalidée en bloc, et M. Lambert de Sainte-Croix, obligé de se représenter devant ses électeurs le 14 février 1886, échoua avec 34,158 voix sur 72,400 votants; le dernier élu de la liste républicaine, M. Sourigues, avait obtenu 37,878 voix. Malgré cet échec, M. Lambert continua à être l'un des chefs les plus actifs du parti orléaniste; mais l'âge et les désillusions avaient éteint la robuste gaieté d'autrefois; ses inquiétudes se firent jour dans le discours qu'il prononça à Tours quelques mois avant sa mort; il avait vainement essayé d'éviter à son parti l'alliance du boulangisme, et il sentit toute l'amertume d'être resté, comme on l'a dit, l'ami personnel du prétendant, après avoir cessé d'être le conseiller écouté.

LAMBERT-LAUTERBOURG (JOSEPH), député en 1791, né à Lauterbourg (Bas-Rhin) le 8 novembre 1759, mort à Lauterbourg le 26 septembre 1822, partisan de la Révolution, devint en 1790 membre de l'administration centrale du Bas-Rhin, et fut élu, le 1ᵉʳ septembre 1791, 1ᵉʳ député-suppléant du Bas-Rhin à l'Assemblée législative, par 235 voix sur 601 votants. Admis à siéger le 20 octobre suivant, en remplacement de M. Noblot, démissionnaire, il s'occupa surtout de questions postales, fit établir la taxe des lettres pour l'armée, et lut un rapport sur les postes royales, sur leur suppression et leur réorganisation. Le gouvernement consulaire le nomma, en l'an VIII, conseiller général du Bas-Rhin.

LAMBERTERIE (JEAN-PIERRE-LOUIS DE), représentant en 1871, né à Cressensac (Lot) le 27 décembre 1809, mort au château de la Roque (Lot) le 1ᵉʳ novembre 1881, fils du baron Armand de Lamberterie et de dame Anne de Linoire, et petit-neveu du marquis de Foucauld de Lardimalie qui fut député de la noblesse du Périgord aux Etats-Généraux, fit de bonnes études chez les jésuites de Bordeaux, suivit les cours des facultés de droit de Paris et de Toulouse, fut reçu avocat, et devint secrétaire de M. de Lachèze-Murel (*Voy. ce nom*) son parent. Après ce stage, il se fit inscrire au barreau de Paris, où la vivacité de son esprit et une grande facilité de parole lui valurent une situation distinguée. Il se lia avec Berryer, Dufaure, Dalloz, et fut avocat et administrateur de plusieurs sociétés importantes. Ces relations le firent nommer, après la révolution de 1848, chef de cabinet du ministre de l'Intérieur, Ledru-Rollin; il n'accepta pas sans quelque hésitation, passa chef du personnel sous M. Dufaure quand celui-ci entra dans le cabinet (12 octobre 1848), et se présenta dans son département, le Lot, aux élections du 13 mai 1849 pour l'Assemblée législative; il échoua avec plus de 26,000 voix, et reprit sa place au barreau de la capitale. Au moment de la réorganisation du conseil d'Etat, en 1852, il repoussa les offres qui lui furent faites pour en faire partie, se tint à l'écart de la politique militante pendant le second Empire, et, le 8 mars 1871, fut élu représentant du Lot à l'Assemblée nationale, le 3ᵉ sur 6, par 40,922 voix sur 71,438 votants et 91,760 inscrits. Il prit place à droite, fit partie du groupe du centre droit et de la réunion des Réservoirs, fut membre de la commission de permanence, parla (1871) dans la discussion de la loi sur les conseils généraux, proposa la création de caisses d'assurances sous la surveillance de l'autorité départementale, demanda à plusieurs reprises la péréquation de l'impôt foncier, déposa (23 juillet 1875) une proposition de loi sur les évaluations des revenus fonciers et des valeurs locatives, fut l'auteur d'une proposition relative à la mise en adjudication des bureaux de tabac (rejetée par 338 voix contre 286), voulut réserver à l'Etat le monopole de la fabrication et de la vente de la dynamite, réclama de nouvelles voies ferrées pour son département, obtint (loi du 31 décembre 1875) la déclaration d'utilité publique des lignes de Montauban à Brive, de Cahors à Capdenac, du Buisson à Saint-Denis, et de Saint-Denis à Aurillac, et vota *pour* la paix, *pour* les prières publiques, *pour* l'abrogation des lois d'exil, *pour* le pouvoir constituant de l'Assemblée, *pour* la démission de Thiers au 24 mai 1873, *pour* l'arrêté contre les enterrements civils, *pour* le septennat, *pour* le ministère de Broglie, *contre* l'amendement Barthe, *contre* le retour du parlement à Paris, *contre* la dissolution de l'Assemblée, *contre* la proposition du centre gauche, *contre* l'amendement Wallon, *contre* l'amendement Pascal Duprat, *contre* les lois constitutionnelles. M. de Lamberterie se présenta dans le Lot aux élections sénatoriales du 30 janvier 1876; mais, vivement combattu par l'administration, il se trouva en minorité au premier tour et se désista. Les élections législatives du 20 février suivant ne lui furent pas plus favorables : il obtint dans l'arrondissement de Figeac 6,204 voix contre 11,366 à l'élu républicain, M. Teilhard, et 3,339 à M. de Turenne. M. de Lamberterie n'en continua pas moins de s'occuper des intérêts de son département, et fut l'un des fondateurs (1876) de la Compagnie de chemins de fer dite du 7e réseau pour exploiter les lignes décrétées. On a de M. de Lamberterie plusieurs *Etudes sur le département du Lot* (1856, 1874 et 1880), une *Lettre aux exposants* du concours régional de Cahors (1881), un mémoire sur le *Réseau des chemins de fer du département du Lot* (1876). Les quelques plaidoyers qu'il avait écrits ont été brûlés à la fin de la Commune, en 1871, dans l'incendie de la maison qu'il habitait, rue Saint-Honoré, n° 422.

LAMBERTERIE (PAUL, BARON DE), député de 1885 à 1889, né à Paris le 29 mai 1839, fils du précédent, fit son droit et entra sous le second Empire dans l'administration, d'abord comme conseiller de préfecture (1850), puis comme sous-préfet de Briançon. En 1865, il s'engagea dans les mobilisés de la Haute-Vienne et fit la campagne comme officier ; après la paix, il fut promu (29 avril 1871) sous-préfet de Confolens. Il remplit ensuite les mêmes fonctions à Fontenay-le-Comte (1874), à Paimbœuf (1876) et à Saintes (1877). A la chute du ministère de Broglie-Fourtou, M. de Lamberterie donna sa démission et se retira dans ses propriétés du Lot, où il s'occupa d'agriculture. Porté aux élections législatives du 4 octobre 1885 sur la liste monarchiste du Lot, il fut élu député de ce département, le 4e et dernier, au scrutin de ballottage (18 octobre), par 38,285 voix (72,290 votants, 85,762 inscrits). M. de Lamberterie prit place à droite, vota *contre* la politique coloniale, scolaire et antireligieuse des ministères républicains, *contre* l'expulsion des princes, et, en dernier lieu, *contre* le rétablissement du scrutin d'arrondissement (11 février 1889), s'abstint sur l'ajournement indéfini de la revision de la Constitution, et se prononça *contre* les poursuites contre trois députés membres de la Ligue des patriotes, *contre* le projet de loi Lisbonne restrictif de la liberté de la presse, *contre* les poursuites contre le général Boulanger. Chevalier de la Légion d'honneur.

LAMBERTYE (JOSEPH-EMMANUEL-AUGUSTIN-FRANÇOIS, COMTE DE), député en 1789, né au château de l'Epine près Usson (Vienne) le 25 septembre 1748, mort à Paris le 21 avril 1819, avait obtenu dans les armées du roi le grade de maréchal de camp, quand il fut élu, le 27 mars 1789, député de la noblesse aux Etats-Généraux par la sénéchaussée du Poitou. Il s'associa aux réserves faites en juin 1789 par les députés de la noblesse du Poitou sur le vote par tête, et réclama de ses commettants de nouveaux pouvoirs qu'il reçut le mois suivant. Il prêta le serment après la fuite du roi à Varennes, puis émigra, et, commanda, en 1792, à l'armée des princes, un corps de gendarmerie dans les compagnies rouges, composées de mousquetaires, chevau-légers et gendarmes de la garde du roi. Il passa ensuite en Angleterre, où sa parenté avec le roi George lui valut de celui-ci la promesse d'un régiment que le ministre Pitt refusa toujours de lui accorder.

Rentré en France avec les Bourbons, M. de Lambertye fut nommé (23 août 1814) lieutenant général.

LAMBESC (PRINCE DE). — *Voy.* ELBEUF.

LAMBRECHT (FÉLIX-EDMOND-HYACINTHE), député au Corps législatif de 1863 à 1869, représentant en 1871 et ministre, né à Douai (Nord) le 4 avril 1819, mort à Versailles (Seine-et-Oise) le 8 octobre 1871, entra avec le numéro 1 à l'Ecole polytechnique (1838) et en sortit ingénieur des ponts et chaussées. Ingénieur à Limoges, puis à Valenciennes, il visita l'Algérie, combattit l'insurrection de Paris en juin 1848, dans la 2e légion de la garde nationale, passa en Angleterre, et obtint, en 1850, un congé illimité et une mission gratuite aux Indes. De retour en France en décembre 1851, il s'occupa d'affaires industrielles et de ses propriétés de Lallaing (Nord), fit construire le beau château de Montigny et devint maire de Lallaing (1857). Il s'était marié (23 juin 1853) avec Mlle des Courtils de Merlemont dont il eut dix enfants. D'opinions conservatrices libérales, il se porta une première fois candidat indépendant au Corps législatif, le 22 juin 1857, dans la 6e circonscription du Nord, où il échoua avec 4,178 voix contre 13,248 à l'élu officiel, M. Choque, et 1,691 au général Cavaignac. Il fut plus heureux dans la 5e circonscription du même département, aux élections du 1er juin 1863 : élu député par 12,132 voix (23,240 votants, 29,269 inscrits), contre 11,059 à M. Choque, député sortant, il prit place au centre, dans le tiers-parti, et parut assez rarement à la tribune ; on remarqua pourtant son discours sur le transfert des cimetières de Paris à Méry-sur-Oise. M. Lambrecht siégeait à côté de M. Thiers, dont il suivait jusqu'au bout les inspirations. Il vota l'amendement dit « des 45, » qui demandait une extension aux demi-libertés octroyées par l'Empire, et échoua au renouvellement du 24 mai 1869, avec 12,280 voix contre 13,289 à l'élu officiel, M. Choque. La lutte avait été des plus vives et l'administration n'avait rien négligé pour assurer le succès du candidat du gouvernement ; mais M. Buffet dénonça vainement à la Chambre les « manœuvres » dont l'échec de M. Lambrecht était, d'après lui, le résultat. Sous le ministère Ollivier, M. Lambrecht refusa la préfecture du Nord et les fonctions de sous-gouverneur de l'Algérie. Après la guerre, le département du Nord, dont il était devenu conseiller général pour le canton de Marchiennes, le nomma (8 février 1871) représentant à l'Assemblée nationale, le 3e sur 28, avec 217,455 voix (262,927 votants, 326,440 inscrits). Il s'assit au centre gauche, et, zélé partisan de la politique qu'inaugurait alors le chef du pouvoir exécutif dont il était l'ami personnel, fut bientôt appelé par lui au poste de ministre de l'Agriculture et du Commerce (19 février 1871). Il quitta ce portefeuille pour prendre, le 11 juin suivant, en remplacement d'Ernest Picard, celui de l'Intérieur. Mais M. Lambrecht souffrait depuis trois ans d'une affection de poitrine que ses occupations nouvelles ne pouvaient qu'aggraver. Il ne montait guère à la tribune sans donner des signes de fatigue. Il mourut à Versailles le 8 octobre, de la rupture d'un anévrisme. « Il était agréable à l'Assemblée, écrivit le *Temps* le lendemain de sa mort, et l'on appréciait sa manière de parler, claire, sobre, distinguée. M. Lambrecht ne cherchait point les effets oratoires, il ne pesait point sur la Chambre, mais discutait avec simplicité et bonne foi. Il semblait si uniquement préoccupé de la valeur intrinsèque des mesures sur lesquelles il prenait la parole, qu'on eût été embarrassé pour le classer dans un parti plutôt que dans un autre. » Il était membre du conseil d'administration des mines d'Anzin. Ses funérailles furent faites aux frais du Trésor public et la ville de Douai donna son nom à l'une de ses rues.

LAMBRECHTS (CHARLES-JOSEPH-MATHIEU, COMTE DE), membre du Sénat conservateur, ministre et député de 1819 à 1824, né à Saint-Trond (Belgique) le 20 novembre 1753, mort à Paris le 3 août 1823, fils de Gilles de Lambrechts colonel au service des Etats-Généraux de Hollande (la particule fut supprimée lors de la réunion de la Belgique à la France), étudia le droit à Louvain, fut reçu licencié en 1774, professa le droit canonique en 1777, devint docteur en 1782, et fut élu recteur de cette université en 1786. L'empereur Joseph II le chargea, en 1788 et 1789, d'étudier en Allemagne l'enseignement du droit, avec promesse, au retour, de la chaire de droit public et de droit des gens à Louvain. Mais la révolution de Brabant déjoua ces projets. Lambrechts prit parti pour l'empereur, quitta la Belgique et n'y revint qu'après le rétablissement de l'autorité impériale. Après l'entrée des Français en Belgique, il se déclara partisan de la Révolution, il était à Bruxelles. Il devint alors officier municipal de Bruxelles, membre de l'administration centrale, puis président de l'administration centrale du département de la Dyle. En 1797, le Directoire l'appela à remplacer Merlin de Douai au ministère de la Justice, qu'il occupa du 3 vendémiaire an VI au 3 messidor au VIII. Un moment candidat au Directoire, lorsque Sieyès remplaça Rewbel, il fut nommé membre du Sénat conservateur à sa création, le 3 nivôse an VIII. Il y fit partie de la minorité et vota contre le Consulat à vie et contre l'établissement de l'Empire ; il n'en fut pas moins nommé membre de la Légion d'honneur (9 vendémiaire an XII) et créé comte de l'Empire (13 mai 1808). Le 2 avril 1814, le comte Lambrechts fut le premier à demander la déchéance de l'empereur, qui fut votée sans opposition. Chargé de rédiger les considérants du sénatus-consulte qui la sanctionnait, il apporta, le lendemain, un véritable réquisitoire, dans lequel il était dit entre autres choses que Napoléon avait ajourné sans nécessité le Corps législatif et fait supprimer comme criminel un rapport de ce Corps auquel il contestait son titre et sa part à la représentation nationale. Membre de la commission chargée de préparer le nouvel acte constitutionnel, M. Lambrechts rédigea, le même jour, l'article portant « que le peuple français appelait librement au trône Louis-Stanislas-Xavier, frère du dernier roi. » L'abbé de Montesquiou protesta contre « appelait ». M. de Talleyrand répondit qu'on réglerait ce point quand l'accord serait fait sur les autres. L'article fut maintenu, mais le projet, adopté par le Sénat le 6 avril 1814, n'eut point de suite, Louis XVIII ayant refusé de le sanctionner. Pendant les Cent-Jours, Lambrechts vota contre l'Acte additionnel ; il se tint à l'écart au début de la Restauration, et, le 11 septembre 1819, il fut élu député du collège de département du Bas-Rhin, par 344 voix (637 votants, 796 inscrits). Il siégea dans les rangs de l'opposition, et vota *pour* l'admission de Grégoire et *contre* la loi du double vote. Il mourut à la fin de la législature. Par testament il laissa une rente de 12,000 fr.

pour la fondation d'un hôpital destiné aux aveugles protestants, et 2,000 francs à l'Institut pour le meilleur travail sur la liberté des cultes. M. de Corbière, alors ministre de l'Intérieur, refusa l'autorisation d'accepter ce dernier legs, qui fut alors offert par la succession à la Société de la Morale chrétienne : le prix fut gagné par M. Alex. Vinet en 1826. On a de M. Lambrechts : *Principes politiques* (1815) ; *Quelques réflexions à l'occasion du livre de M. l'abbé Frayssinous, intitulé : Des vrais principes de l'Eglise gallicane* (1818).

LAMBRY (JEAN-BAPTISTE-TOUSSAINT), représentant à la Chambre des Cent-Jours, né à Verdun (Meuse) le 21 janvier 1762, mort à Verdun en 1838, « fils à Jacques-Toussaint Lambry et à Magdeleine Trailin », était procureur impérial à Verdun, lorsqu'il fut élu, le 12 mai 1815, représentant de cet arrondissement à la Chambre des Cent-Jours, par 88 voix (96 votants). Le 11 mai 1816, il reçut, comme procureur du roi près le même tribunal, l'investiture du gouvernement de la Restauration.

LAMENNAIS (JEAN-MARIE-FÉLICITÉ ROBERT DE), représentant en 1848 et 1849, né à Saint-Malo (Ille-et-Vilaine) le 19 juin 1782, mort à Paris le 27 février 1854, était le troisième enfant de Pierre-Louis-Robert de Lamennais, armateur, et de Gatienne Lorin, fille aînée de Pierre Lorin, conseiller du roi, sénéchal et premier juge de la juridiction de Saint-Malo. Le père de Lamennais avait reçu de Louis XVI des lettres d'anoblissement. Abandonné de bonne heure à lui-même par la mort de sa mère et par sa résistance aux volontés de son père qui voulait l'obliger à s'occuper de négoce, le jeune Lamennais eut pour premiers éducateurs un maître de village, puis un vieil oncle, Robert des Saudrais, ennemi juré des philosophes et de l'esprit moderne. Tendre et sauvage, « tout nerfs et tout indépendance, a-t-on dit, dans sa frêle enveloppe, » l'enfant dévora la bibliothèque de son oncle, et son âme insoumise trouva un puissant séducteur dans Jean-Jacques-Rousseau. A dix ans, il comprenait Tite-Live ; à douze, il bataillait avec le curé du pays sur les vérités de la religion ; à quinze, il éprouvait le besoin de mettre un peu d'ordre dans ses études et se retirait avec son frère aîné, M. Jean de Lamennais, à la Chênaie, maison bâtie par son aïeul sur la lisière de la forêt de Coëtquen, à deux lieues de Dinan. Là, afin de dissiper les doutes que ce chaos de lectures avait éveillés en lui, il recommença obstinément l'éducation de son âme et de son intelligence. L'hébreu, le grec, le latin, plusieurs langues modernes qu'il approfondit, devinrent comme les instruments de sa volonté et de son jugement. La foi religieuse ne s'éveilla en lui qu'assez tard, et ce ne fut qu'à vingt-deux ans qu'il fit sa première communion. A s'en rapporter à certaine page des *Portraits littéraires* de Sainte-Beuve, une passion malheureuse contribua vers cette époque à l'imprégner d'une sombre mélancolie, et peut-être à le pousser vers l'état ecclésiastique. Dès lors sa vocation parut décidée. Il entra en 1811 au petit séminaire de Saint-Malo, que son frère avait fondé, et y donna des leçons de mathématiques. Déjà il avait jeté, dans les *Réflexions sur l'Etat de l'Eglise*, son premier cri de guerre contre l'indifférence religieuse, « triste et funeste effet des doctrines matérialistes qui ont fini par étouffer entièrement le sens moral, » Le remède, il le voyait dans une forte initiative du clergé, organisant librement des synodes, des conférences et des communautés. Cet appel au droit d'association, jugé répréhensible par la police impériale, avait été saisi et immédiatement détruit. Au séminaire, Lamennais composa un nouvel ouvrage intitulé: *Tradition de l'Église sur l'institution des évêques*, conçu dans un même esprit de révolte contre la suprématie du pouvoir civil. Toutefois il attendit encore quelques années avant de consommer le sacrifice de sa liberté: au commencement de 1814, il vivait à Paris, pauvre et ignoré, dans une petite chambre de la rue Saint-Jacques. Il applaudit, avec la joie d'une âme délivrée, à l'écroulement du trône impérial; puis le retour de l'île d'Elbe l'obligea à quitter la France: il se réfugia alors en Angleterre, près de Londres, dans un pensionnat tenu par un prêtre de Rennes, l'abbé Caron. Quelques mois après, Lamennais revint à Paris, passa alternativement du couvent des Feuillantines au séminaire de Saint-Sulpice, et se décida (1816) à recevoir les ordres. L'année d'après, il publia le premier volume de *l'Essai sur l'indifférence*, qui frappa fortement les esprits par son hostilité ouverte contre les idées philosophiques du dernier siècle. « Le siècle le plus malade, disait l'auteur, n'est pas celui qui se passionne pour l'erreur, mais celui qui néglige, qui dédaigne la vérité... Religion, morale, honneur, devoir, les principes les plus sacrés, comme les plus nobles sentiments, ne sont qu'une espèce de rêves, de brillants et légers fantômes qui se jouent un moment dans le lointain de la pensée pour disparaître bientôt sans retour. Non, jamais rien de semblable ne s'était vu, n'aurait pu même s'imaginer... » Et Lamennais dénonçait, comme sources traditionnelles du mal, le mépris de l'autorité et la suprématie de la raison individuelle. Il n'y eut d'abord dans le monde religieux qu'un cri d'admiration. La division commença au second volume, où l'auteur repoussait le système de Descartes qui s'appuie sur la raison privée, fondait la certitude sur la tradition humaine, la rapprochait du dogme catholique, et s'efforçait d'établir leur parfaite concordance. La Sorbonne, moins dédaigneuse de l'autorité de la philosophie, s'émut; mais M. de Bonald encourageait dans son œuvre Lamennais, qui, entré au *Conservateur*, y dirigea contre le déisme de redoutables attaques. Moins dévoué d'ailleurs à la cause du roi qu'à celle de la religion, il eut rarement des éloges pour les divers ministères qui se succédèrent sous la Restauration: c'est ainsi qu'après avoir contribué à la chute de M. Decazes (1820), il passa au *Drapeau blanc*, puis au *Mémorial catholique*, qui combattirent sans trêve le cabinet Villèle. Attaqué avec violence par ses adversaires, Lamennais rédigea en trois semaines la *Défense de l'Essai*, consacrée à de nouveaux développements de son système, puis il se rendit à Rome (1824). Le pape Léon XII le reçut avec joie, l'appela le « derniér père de l'Église » et voulut lui faire accepter le chapeau de cardinal. Lamennais refusa. Une traduction remarquable de l'*Imitation de Jésus-Christ*, qu'il publia peu après, ne l'empêchait pas de se tenir au courant de la situation politique. Le 12 mars 1825, il écrivait de la Chênaie à Berryer: « Ce qui se perd c'est la société: tous les milliards qu'on vote ne seraient-ils point par hasard destinés aux frais de son enterrement? Ce sera vraiment une belle cérémonie. M. de Villèle mènera le deuil, les pairs, les députés le suivront; il n'y manque que des ballets, mais Sosthènes s'en char-

gera. » La même année, il prit texte d'une ordonnance de M. Lainé, alors ministre de l'Intérieur, qui prescrivait dans tous les séminaires l'enseignement des quatre articles de la déclaration de 1682, pour faire paraître le livre: *De la religion, considérée dans ses rapports avec l'ordre civil et politique*. Poussant jusque dans ses extrêmes conséquences l'opposition timide jadis tentée par Fénelon, il rompait brusquement avec les légitimistes et les libéraux, et demandait à Rome, siège de la suprématie spirituelle, l'unique solution du problème social. Cette lutte sans merci contre le gallicanisme lui valut, le 22 avril 1826, une condamnation à trente-six francs d'amende. Dès lors commença contre Lamennais la lutte de l'épiscopat: elle se traduisit d'abord par de sourdes attaques dans les mandements et les lettres pastorales. Bientôt un second ouvrage, plus ardent que le premier, vint lui attirer de nouvelles foudres. Il avait pour titre: *Des progrès de la révolution et de la guerre contre l'Église*. Il est aisé d'y surprendre la transformation lente mais irrésistible qui s'accomplissait dans la pensée de Lamennais. « Tout chancelle, dit-il, tout se penche; » et de cet ébranlement des trônes et des nations, il tirait une conclusion capitale: « Le monde aujourd'hui est travaillé de l'insurmontable besoin d'un ordre nouveau. »

La guerre au gallicanisme, qui le portait à destituer la monarchie de la suprématie du droit divin, afin de rendre aux successeurs de saint Pierre le gouvernement des âmes, finira par emporter la monarchie elle-même. Alors, selon cette théorie, les nations, livrées à elles-mêmes en face d'un pouvoir purement spirituel, vivront libres sous la seule loi de Dieu. Telle fut la pente qui entraîna Lamennais vers les doctrines que formula, après la révolution de 1830, son journal *L'Avenir*. Indiquant aux croyants sa voie nouvelle par cette double épigraphe: *Dieu et liberté — Le Pape et le Peuple*, Lamennais, avec le concours de disciples jeunes et ardents, les abbés Gerbet et de Salinis, Lacordaire, Combalot, MM. de Coux, de Montalembert, réclamait des réformes radicales dans l'ordre religieux et politique et prêchait l'abrogation du Concordat, l'affranchissement de l'Église, la suppression du budget des cultes, la décentralisation administrative, l'extension des droits électoraux, la liberté d'enseignement, la liberté de la presse, la liberté d'association. Il rencontra dans l'épiscopat et dans la compagnie de Jésus une opposition tantôt bruyante, tantôt sourde, qui aboutit à la lettre-encyclique du 15 août 1832, dans laquelle Grégoire XVI condamnait, sans les désigner, les théories de l'*Avenir*. Lamennais suspendit son journal, se rendit à Rome, signa (10 septembre 1832) la lettre de soumission au pape, et se retira à la Chênaie. Le 30 mars 1839, il écrivait au général Donnadieu: « Le ridicule et plat despotisme auquel la France est livrée, lui pèse, l'irrite et surtout l'humilie. Le parti légitimiste, quoique décomposé, vit, il a toujours vécu d'illusions d'autant plus vives qu'elles sont plus niaises: tous ces gens-là travaillent à amener la république; ceux qui la proclament à haute voix font moins pour elle. » Il écrivit à l'archevêque de Paris qu'il « se réservait la pleine liberté pour tout ce qu'il croirait intéresser son pays et l'humanité. » Alors, de la solitude de la Chênaie, partit un cri qui retentit par toute l'Europe: c'était les *Paroles d'un croyant* (mai 1834). Elles consommèrent la rupture définitive de Lamennais avec le Saint-siège et l'Église catholique. Tout ce qu'il y avait en lui de passion, de tendresse et de colère s'exhala dans les *Paroles*, et M. Renan a pu écrire que cet ouvrage, plein de réminiscences de la Bible, réalisait « le phénomène unique dans l'histoire littéraire d'un pastiche de génie. » Il souleva une immense explosion d'enthousiasme et de haine: Grégoire XVI répondit par une encyclique où le petit livre fut qualifié d'*œuvre immense par sa perversité*; les adhérents de l'*Avenir* se séparèrent avec éclat de leur maitre, et Lamennais, à plus de cinquante ans, entreprit de recommencer sa vie pour la consacrer à un nouvel apostolat. Un des collèges électoraux de la Gironde (Bazas) lui fit offrir une candidature à la Chambre des députés; il repondit (24 décembre 1833) « qu'il n'était point éligible, et que, le fût-il, il n'accepterait pas en ce moment.» Après avoir écrit les *Affaires de Rome* (1836), il composa, dans une pensée d'amour et de charité pour le prolétariat, le *Livre du Peuple* (1837), et publia ensuite un opuscule d'un sentiment analogue à celui de La Boétie sur la servitude volontaire : il l'intitula l'*Esclavage moderne*. Une lettre particulière, d'avril 1839, donne son opinion sur la situation politique: «Le roi, écrit-il, perd chaque jour dans l'opinion. Je ne sache pas de race plus perverse, plus odieuse, plus infâme que cette canaille de cour, que ces mamelucks du justemilieu et de la pensée immuable. Bugeaud est un des types. Je dînai hier avec lord Brougham; il a quelque chose de Dupin, mais il vaut mieux pour le caractère et lui est certainement supérieur pour le talent. » Son opposition s'affirmait, d'une façon plus piquante, dans une autre lettre du 27 février 1840: « La cour, écrivait-il, a été et est encore furieuse du rejet de la dotation Nemours. En apprenant le vote de la Chambre, la reine s'évanouit, le roi pleura: c'était une touchante désolation de famille. Il est vrai que cette famille voit très tranquillement mourir de faim des milliers d'hommes, de femmes, d'enfants, privés de travail depuis plusieurs mois, et qui, au train des choses, ne paraissent pas devoir en retrouver de si tôt. Que voulez-vous? Lorsqu'on a qu'une trentaine de millions à dépenser par an, et qu'il faut là-dessus doter fils et filles, qu'on en est menacé au moins, il est bien naturel de songer d'abord à sa propre misère. D'ailleurs n'a-t-il pas fallu payer 40.000 fr. à une danseuse de l'Opéra entretenue par M. de Nemours, pour la décider à quitter Paris, du moins pendant les noces du prince? Ainsi, pertes de tous côtés. Ce serait à se pendre, si une corde ne coûtait rien. » Un de ses écrits politiques du moment, le *Pays et le Gouvernement*, motiva contre lui, le 26 décembre 1840, une condamnation en cour d'assises à un an de prison et à 2.000 francs d'amende. Pendant son séjour à Sainte-Pélagie, de janvier à décembre 1841, il donna une *Voix de prison*; et, de 1841 à 1846, fit paraître l'*Esquisse d'une philosophie*, qui renferme d'admirables pages sur l'art et sur le beau. Passionné pour les arts, il avait, de concert avec un ancien receveur général, M. Barbet, entrepris d'acheter une galerie de tableaux à laquelle il attribuait une valeur considérable: mais Lamennais apportait en peinture un sentiment esthétique à la fois supérieur et étranger à la connaissance d'un expert: ses illusions en cette matière défrayèrent la malignité publique. Lamennais salua la révolution de 1848 et l'avènement de la République avec d'enthousiastes espérances, qui ne tardèrent pas à s'évanouir. Le 27 février, il avait fondé le *Peuple*

Constituant dont les rédacteurs furent, avec lui, Pascal Duprat, Henri Martin, Villiaumé, Barbet, Christian Ostrowski, etc. Quatre mois plus tard (16 juillet), il s'arrêta découragé, devant le rétablissement du cautionnement pour les journaux, décrété la veille par l'Assemblée. Le numéro du journal portant cette date (il tirait alors à 460,000 exemplaires) parut avec une bordure noire; il renfermait cette déclaration: « Le *Peuple Constituant* a commencé avec la République, et finit avec la République. » L'article de Lamennais se terminait par un mot fréquemment cité: « Il faut aujourd'hui de l'or, beaucoup d'or, pour jouir du droit de parler: nous ne sommes pas assez riches. Silence au pauvre!» Dans l'intervalle, Lamennais avait été élu, le 23 avril 1848, représentant de la Seine à l'Assemblée Constituante, le 34e et dernier, 104,871 voix (267,888 votants, 399,191 inscrits). Il prit place à la Montagne et vota avec les démocrates les plus avancés: *contre* le rétablissement du cautionnement et de la contrainte par corps, *contre* les poursuites contre Louis Blanc et Caussidière, *pour* l'abolition de la peine de mort, *pour* l'amendement Grévy, *pour* le droit au travail, *contre* la proposition Rateau, *pour* l'amnistie, *contre* l'interdiction des clubs, *contre* l'expédition de Rome, *pour* la demande de mise en accusation (qu'il signa) du président et de ses ministres, *pour* l'abolition de l'impôt des boissons, etc. Nommé membre du comité de constitution, il lui avait communiqué, dès la première séance, un projet complet, assez faiblement conçu et qui était, semble-t-il, au-dessous de son génie. Le peu de succès de ce projet l'affecta assez vivement; il quitta le comité, et se borna, dès lors, à assister régulièrement aux séances de l'Assemblée et à protester de son vote silencieux contre toutes les mesures de réaction. Le 12 janvier 1849, il écrivait à un ami : « Nous nous en allons à grands pas vers une restauration. Voilà ce que nous auront valu les imbéciles et les traîtres qui ont eu le pouvoir en main.» Réélu, le 13 mai 1849, représentant de la Seine à l'Assemblée législative, le 13e sur 28, par 113,331 voix (281,140 votants, 378,043 inscrits), il reprit sa place à la Montagne, où il siégeait à côté de Félix Pyat, et appuya l'interpellation de Ledru-Rollin contre l'expédition romaine. Toutefois il ne se rendit pas au Conservatoire des Arts et Métiers. « Je le vois, a écrit Félix Pyat, — moindre de taille encore que cet autre Breton, son ami Chateaubriand, ses pieds fins dans des gros souliers à la Roland, mais avec une tête qui semblait absorber tout le reste du corps... des yeux, deux éclairs dans l'orage... deux rayons dans le calme; un front, celui des grands Florentins, aussi beau que le front même de Dante, le front d'où étaient sortis le *Livre du peuple* et les *Paroles d'un croyant*!... Des deux sources d'où dérive la civilisation nouvelle, il avait bu à celle de Moïse plus qu'à celle d'Homère. Il avait l'inspiration plus juive que grecque. Il avait plus touché la harpe du prophète que la lyre du poète: lui, Français, qui avait pu monter dans le char de flamme d'Elisée; moderne, qui avait l'embouchure du clairon de Josué, l'envergure de l'aigle de Pathmos,... plus fils de Sem que de Japhet! » Lamennais vota en toutes circonstances avec la minorité démocratique de la Législative. Le coup d'État du 2 décembre 1851 le jeta dans un abattement profond. Il chercha dans l'étude un soulagement à cette tristesse infinie et traduisit la *Divine Comédie* de Dante. Puis, ce travail achevé, il mourut après quelques semaiues de maladie (27 février 1854), maître de lui-même jusqu'au dernier moment, tranquille et inflexible dans la foi qu'il s'était faite. Il avait, dans un codicille ajouté à son testament, désigné M. E. D. Forgues, le critique littéraire du *National*, comme l'exécuteur de ses volontés relativement à ses ouvrages déjà publiés et à ses manuscrits inédits. D'autre part, il avait remis à M. Barbet une lettre ainsi conçue : « Je veux être enterré au milieu des pauvres, et comme le sont les pauvres. On ne mettra rien sur ma fosse, pas même une simple pierre. Mon corps sera porté directement au cimetière, sans être présenté à aucune église. On n'enverra pas de lettres de faire part. Je défends très expressément que l'on appose les scellés chez moi.

« Paris. ce 16 janvier 1854.

« F. LAMENNAIS. »

M. Barbet avait en outre reçu verbalement de Lamennais ordre de ne laisser approcher de lui aucun membre du clergé. Il se conforma rigoureusement à ces instructions ; plusieurs personnes envoyées auprès du malade par l'archevêque de Paris durent se retirer sans l'avoir vu. Cependant la nièce de Lamennais, ardente catholique, était parvenue jusqu'à lui : elle insista pour ramener son oncle à d'autres sentiments, et une scène pénible s'ensuivit. Les témoins oculaires et auriculaires de ses derniers instants, MM. Giuseppe Montanelli, Armand Lévy, Henri Martin, H. Carnot et H. Jallat rédigèrent et signèrent, le 15 mars, un procès-verbal minutieusement détaillé relatant toutes les circonstances qui avaient précédé la mort de Lamennais. Conformément à sa volonté, il fut enterré, le 1er mars, dans la fosse commune. Un immense concours de peuple se pressait sur le parcours du convoi ; la police, qui avait déployé un grand appareil militaire, ne permit que bien personnes l'accès du cimetière du Père-Lachaise, où pas un mot ne fut prononcé sur la tombe. Lamennais avait, malgré le contraste de leurs opinions, conservé jusqu'à la fin des relations amicales avec M. de Vitrolles : leur correspondance a été publiée il y a quelques années. — Outre les écrits déjà cités, Lamennais avait publié encore un grand nombre d'ouvrages de religion, de philosophie et de politique ; il avait fourni des articles au *Conservateur*, au *Défenseur*, au *Drapeau blanc*, au *Mémorial catholique*, à la *Quotidienne*, à l'*Avenir*, à la *Revue catholique*, à la *Revue des Deux-Mondes*, au *Monde*, à la *Revue du Progrès*, à la *Revue indépendante* et au *Peuple constituant*.

LAMER (CHARLES-PIERRE), député au Corps législatif en 1807, né à Toulon (Var) le 20 février 1753, mort au passage de la Bérésina (Russie) le 28 novembre 1812, fut nommé, le 28 octobre 1770, sous-lieutenant au régiment de Médoc (qui devint en 1791 le 70e de ligne), alla rejoindre le 2e bataillon à la Martinique, fit les guerres d'Amérique, revint en France en 1784, et fut promu lieutenant au corps le 24 avril de la même année, et capitaine le 24 avril 1785. Aide-de-camp du général Dagobert à l'armée des Alpes en 1790, il se signala à l'affaire du col de Sospello et à l'attaque du camp de Jalès, sous les ordres du général d'Albignac. Chef de brigade, puis général de brigade le 10 août 1793, chef d'état-major de l'armée des Pyrénées-Orientales, général de division le 3 nivôse an II, il exerça le commandement provisoire de l'armée des Pyrénées-Orientales jusqu'à l'arri-

vée du général Dugommier. Admis au traitement de réforme le 11 fructidor an V, il fut réintégré le 6 floréal an VIII, commanda le dépôt de Nîmes jusqu'au 15 messidor an IX, devint inspecteur aux revues à la 12e division militaire le 17 nivôse au X, membre de la Légion d'honneur le 4 germinal an XII, puis fut chargé du service des revues en Vendée. Choisi par le Sénat conservateur comme député des Pyrénées-Orientales au Corps législatif, le 18 février 1807, il fut appelé, le 25 janvier 1812, au service des revues de la cavalerie de réserve de la grande armée, sous les ordres de Murat, fit la campagne de Russie et disparut au passage de la Bérésina.

LAMETH (CHARLES-MALO-FRANÇOIS, COMTE DE), député en 1789, et de 1829 à 1831, né à Paris le 5 octobre 1757, mort à Pontoise (Seine-et-Oise) le 28 décembre 1832, appartenait à une ancienne famille noble de Picardie, et était le troisième fils d'un officier général qui avait épousé la sœur du maréchal de Broglie. Avec ses deux frères, Alexandre et Théodore (*V. p. bas*), il se distingua dans la guerre de l'indépendance américaine, qu'il suivit en qualité d'aide-major général des logis, fut blessé au siège d'Yorktown et nommé colonel en second du régiment des dragons d'Orléans. De retour en France, il fut fait colonel des cuirassiers du roi, et élevé à la dignité, extrêmement recherchée à la cour, de gentilhomme d'honneur du comte d'Artois. Survint la Révolution. Charles de Lameth, élu, le 30 avril 1789, député de la noblesse aux Etats-Généraux par la province d'Artois, avec 258 voix, adopta au début les idées nouvelles, se réunit aux communes, et, dans l'Assemblée nationale, prit place au côté gauche. On remarqua son opposition à l'institution du marc d'argent comme condition du droit d'éligibilité, parce qu'il le jugeait de nature à favoriser l'aristocratie des richesses ; il parla pour la liberté de la presse et la liberté des cultes, pour la participation de l'armée au vote sur la Constitution, pour l'établissement du jury en matière civile et criminelle, pour la suppression des justices prévôtales et des titres honorifiques, etc. Membre du comité de surveillance, il procéda, en mars 1790, à une perquisition dans le couvent des Annonciades de Pontoise, où s'était réfugié l'ex-garde des sceaux Barentin, dénoncé et poursuivi. Quelques mois après, il eut un duel avec le duc de Castries et reçut un coup d'épée ; une députation de patriotes se porta chez le blessé pour lui adresser une harangue civique. Inscrit au *Livre rouge* pour une somme de 60,000 francs, il déclara qu'il refusait d'en bénéficier et qu'il les versait au Trésor public. Charles de Lameth opina encore pour les réformateurs *pour* l'attribution à l'Assemblée, et non au roi, du droit de déclaration de guerre, *contre* tout privilège accordé aux membres de la famille royale en dehors de la loi commune, exception faite du roi et de l'héritier présomptif ; *pour* la privation de salaire à l'égard des prêtres insoumis. Il combattit, le 28 juillet 1790, l'opinion de Mirabeau qui voulait faire déclarer le prince de Condé traître à la patrie. Après la fuite de Louis XVI, dans la nuit du 20 juin 1791, ce fut sur la proposition de Charles de Lameth que l'Assemblée prit la grave résolution de faire tirer le canon d'alarme, de renouveler le serment solennel de fidélité à la nation, et d'ordonner l'arrestation du marquis de Bouillé et de plusieurs autres officiers suspects. Ses vœux n'allaient d'ailleurs qu'au maintien du régime constitutionnel, et, chaque fois que la déchéance de Louis XVI fut proposée, il s'y opposa nettement. Le 5 juillet 1791, il fut élu président de l'Assemblée. Promu, le 6 février 1792, maréchal de camp, il reçut le commandement de la division de cavalerie de l'armée du Nord. Mais les progrès de la Révolution ayant dépassé de beaucoup ses aspirations, il se vit bientôt rejeté dans le parti de la résistance, se prononça contre la journée du 10 août, et sollicita un congé, qu'il obtint. Il se dirigeait avec sa femme et sa fille vers le Havre, lorsqu'il fut arrêté à Rouen, sur l'ordre du ministre Clavière, mis au secret pendant vingt-sept jours, relâché, puis dénoncé de nouveau et encore poursuivi. Cette fois il parvint à se réfugier à Hambourg; son frère Alexandre, qui l'y rejoignit, l'aida à fonder dans cette ville, avec le duc d'Aiguillon, une maison de commerce qui prospéra. Ayant cru pouvoir rentrer en France au mois de juin 1797, ils eu furent tous deux expulsés à nouveau au 18 fructidor, et leur exil ne prit fin qu'après le coup d'Etat de Bonaparte. En 1801, Bonaparte ordonna la radiation d'office, de la liste des émigrés, des trois Lameth, et d'autres membres de la Constituante. Charles de Lameth vécut dans la retraite jusqu'en 1809, et, à cette date, fut chargé de rejoindre à Hanau l'armée d'observation; bientôt après, il reçut le titre de gouverneur de Wurtzbourg. Il remplit ensuite (1812) les fonctions de gouverneur de Santoua sur la côte de Biscaye. La première Restauration le trouva à ce poste. Rallié à Louis XVIII, il rendit, d'après son ordre, à Ferdinand VII, la place qu'il commandait, fut fait, le 23 août 1814, lieutenant-général, et n'eut point de rôle politique actif jusqu'au 14 mai 1820. A cette date, il fut élu député du 1er arrondissement de Seine-et-Oise (Pontoise), par 182 voix (267 votants, 302 inscrits), en remplacement de son frère Alexandre-Théodore-Victor, décédé. Charles de Lameth siégea parmi les royalistes constitutionnels, fut des 221, et obtint sa réélection, le 12 juillet 1830, par 212 voix (293 voix. 331 inscrits), contre 55 à M. Gouy d'Arsy). Il adhéra à la monarchie de Louis-Philippe, mais se montra jusqu'à la fin de la session au des plus résolus défenseurs des idées conservatrices, et opina *pour* le maintien de l'hérédité de la pairie. Non réélu en 1831, il mourut à Pontoise, l'année d'après.

LAMETH (ALEXANDRE-THÉODORE-VICTOR, BARON DE), député en 1789, pair des Cent-Jours, député de 1820 à 1824 et de 1827 à 1829, né à Paris le 28 octobre 1760, mort à Paris le 18 mars 1829, frère du précédent, entra en 1777 dans les gardes du corps du roi. Sous-lieutenant au Royal-Champagne le 30 juillet 1778, capitaine au Royal-cavalerie le 6 novembre 1779, aide-maréchal général des logis en 1782, il combattit, dans la guerre d'Amérique, sous les ordres du général Rochambeau, et fut fait, à son retour en France (mars 1785), colonel au 2e Royal-Lorraine. Elu, le 5 avril 1789, député de la noblesse aux Etats-Généraux par le bailliage de Péronne, il imita la conduite de son frère Charles, prit parti pour le tiers état et pour les réformes et vota avec la gauche de l'Assemblée. Empressé à se démettre, dans la fameuse nuit du 4 août, des privilèges dont il était le détenteur, il se signala encore par son ardeur à réclamer l'abolition de ceux du clergé et la réquisition des biens ecclésiastiques pour le payement des créanciers de l'Etat. Il se montra opposé au *veto* absolu, malgré l'opinion favorable de Mirabeau, fit rendre

un décret contre les parlements, et soutint, d'accord avec son frère, que le droit de paix et de guerre appartenait à la nation. Son intervention dans cette circonstance et le discours qu'il prononça pour motiver son avis, lui valurent après la séance une ovation populaire. Aux acclamations de l'Assemblée, il présenta et fit adopter un plan de réorganisation militaire, écartant tout autre titre à l'avancement que le mérite et l'ancienneté. Il opina, sans restriction, pour la liberté des journaux, ne se prononça qu'avec réserves pour l'émancipation des noirs, et, le 20 novembre 1790, fut élu président par ses collègues. Mais à partir de ce moment, il sépara des plus avancés pour se rapprocher du parti de la cour. La fuite du roi et son arrestation à Varennes lui inspirèrent une motion tendant à envoyer une députation de l'Assemblée auprès de Louis XVI, pour le protéger contre l'irritation du peuple. A quelque temps de là, il reprocha à Robespierre et aux Jacobins de vouloir introduire l'insubordination dans l'armée. Lorsque la guerre eut été déclarée à l'Autriche, Alexandre de Lameth, maréchal de camp le 7 mai 1792, se rendit à l'armée du Nord, que commandait Luckner, traça le camp de Maulde, qui plus tard fut occupé par Dumouriez, puis passa à l'armée de La Fayette, dont il partagea la disgrâce, l'exil et la captivité en Autriche. Il avait été décrété d'accusation, le 15 août 1792, à la suite de la découverte, dans l'armoire de fer, d'un mémoire de sa main en faveur des émigrés et des prêtres réfractaires. Il conserva sa gaieté, dans sa prison, où « il sautait en chantant une contredanse, pour ne pas perdre l'usage de ses jambes, » dit Mme de Rémusat. Au bout de trois ans, un échange de prisonniers et les instances de sa mère, sœur du maréchal de Broglie, lui firent recouvrer la liberté. Il se rendit alors en Angleterre, se lia à Londres avec les principaux membres du parti whig, Fox, Gray, etc.; mais sa présence inquiéta Pitt, qui lui donna l'ordre de changer de résidence. Alexandre de Lameth alla rejoindre à Hambourg son frère Charles. et rentra en France avec lui sous le Consulat. Appelé à administrer, comme préfet, le département des Basses-Alpes (23 germinal an XI), puis celui du Rhin-et-Moselle (12 pluviôse an XIII), celui de la Roër (3 mai 1806), et celui du Lot (19 février 1809), il fut fait membre de la Légion d'honneur en l'an XII, officier de cet ordre le 16 juillet 1811, créé baron de l'empire le 14 février 1810 et nommé maître des requêtes le 16 juillet 1811. « Ce n'est plus, écrivait en 1807 Mme d'Houdetot, cet homme élégant et recherché, que vous m'annonciez; il est couperosé, il ne parle que de son département, il n'ouvre pas un livre et ne sait que sa place. » La déchéance de Napoléon compta Alexandre de Lameth parmi ses partisans. Il quitta en 1814 le titre de baron de l'Empire, fut promu au grade de lieutenant général, et devint préfet de la Somme. Toutefois il revint au parti de l'empereur pendant les Cent-Jours et accepta de lui, le 2 juin 1815, un siège à la Chambre des pairs: il y prit la parole pour repousser les mesures de rigueur adoptées par la Chambre des représentants contre les royalistes. Le 2 juillet 1816, il demanda au ministre de la Guerre sa retraite de lieutenant-général après quarante ans de service. Elu, le 24 avril 1820, député de la Seine-Inférieure, au collège de département, par 1,081 voix (1,853 votants, 4,080 inscrits), contre 678 voix à M. Ribard, en remplacement de M. Lambrechts, qui avait opté pour le Bas-Rhin, il siégea jusqu'en 1824 sur les bancs de l'opposition constitutionnelle, et prit une part active à la plupart des discussions importantes, combattant sans relâche le ministère Villèle, dont la politique lui semblait tendre à la violation de la Charte et au renversement de la monarchie constitutionnelle. Non réélu en 1824, il rentra à la Chambre le 17 novembre 1827, comme député du 1er arrondissement de Seine-et-Oise (Pontoise), élu par 177 voix sur 261 votants et 290 inscrits, contre 62 à M. de Gouy-d'Arsy. Il reprit sa place à gauche et défendit avec talent les idées libérales. Après sa mort, survenue en mars 1829, son frère Charles-Malo-François lui succéda comme député. On a d'Alexandre de Lameth un certain nombre d'écrits politiques : son *Rapport fait à l'Assemblée Constituante sur l'avancement militaire, avec des Observations préliminaires* (1818); son *Opinion sur la loi des élections* (1820); son *Opinion sur le retranchement proposé par la commission du budget relativement à l'instruction primaire* (1821); *Un électeur à ses collègues* (1824); une *Histoire de l'Assemblée constituante* (1828-29), etc.

LAMETH (Théodore, comte de), député en 1791, représentant aux Cent-Jours, né à Paris le 24 juin 1756, mort au château de Busagny, près Pontoise (Seine-et-Oise), le 19 octobre 1854, frère des précédents, débuta à quinze ans dans la marine, et fit, avec le grade d'enseigne de vaisseau, plusieurs campagnes sous Guichen et d'Orvilliers. Passé à l'armée de terre, il prit part comme ses frères à la guerre d'Amérique, et reçut au retour le brevet de colonel du régiment de cavalerie Royal-Etranger. D'une nature peu enthousiaste, il ne se mêla point aux premiers événements de la Révolution, et se borna à s'acquitter de ses fonctions militaires jusqu'au jour (30 août 1791) de son élection comme député du Jura à l'Assemblée législative, le 6e sur 8, par 251 voix (406 votant·). Théodore de Lameth siégea au côté droit dans les rangs de la minorité, et fut de ceux qui, s'appuyant sur la lettre de la Constitution de 1791, firent tous leurs efforts pour enrayer la marche de la Révolution. Il présenta un rapport sur l'organisation de l'artillerie et des troupes de la marine, et, lorsque Pastoret proposa de déclarer la guerre à l'empereur d'Allemagne, fut un des sept membres qui votèrent contre le décret; les six autres étaient Jaucourt, Becquey, Mathieu Dumas, Baërt, Hua et Gentil. Resté à l'Assemblée après le 10 août, il continua de lutter contre la majorité, sans se laisser décourager par les revers journaliers qu'elle lui faisait éprouver. Il réussit d'ailleurs à obtenir, dans la dernière séance de la législature, l'élargissement de son frère Charles, arrêté à Rouen peu de temps après le 10 août. Il avait été promu maréchal-de-camp par Louis XVI en 1791. Il demeura à Paris lorsque la session fut close, favorisa la fuite de plusieurs de ses amis, compromis comme contre-révolutionnaires, et ne quitta la France qu'en apprenant qu'un ordre d'arrestation avait été lancé contre lui. Réfugié en Suisse, il dut quitter ce pays en 1798, lorsque les troupes françaises l'eurent envahi, parcourut quelque temps l'Allemagne, et profita du coup d'Etat de brumaire pour revenir en France. Mais Napoléon le tint à l'écart pendant la durée de l'Empire. Théodore de Lameth ne fut guère plus favorisé par la première Restauration qu'il l'admit à la retraite comme maréchal-de-camp. Elu, le 11 mai 1815, représentant de la Somme à la Chambre des Cent-

Jours, par 30 voix sur 55 votants, il y fit peu parler de lui. Le reste de son existence se passa dans la retraite : sans avoir brigué aucune fonction ni sous la Restauration, ni sous le gouvernement de Juillet, il mourut en 1854, presque centenaire, dans le château de Busagny, chez sa nièce, la marquise de Nicolaï. On a de lui : *Observations de M. le général comte Th. de Lameth, relatives à des notices qui se trouvent dans la Biographie universelle sur ses frères Charles et Alexandre* (1843).

LAMETH (Augustin-Louis-Charles, marquis de), député au Corps législatif de 1805 à 1810, né à Hennecourt (Somme) le 20 juin 1755, mort à Paris le 19 janvier 1837, frère aîné des précédents, appartint aux armées du roi et y fit toute sa carrière jusqu'au grade de maréchal-de-camp. Il ne prit aucune part aux événements de la Révolution. Retiré dans sa terre de Hennecourt, il fut appelé, le 2 vendémiaire an XIV, par le Sénat conservateur, à représenter le département de la Somme au Corps législatif. Il y siégea jusqu'en 1810.

LA MÉTHERIE-SORBIER (Antoine de), député en 1789 et au Corps législatif, né à la Chapelle-sur-Dun (Seine-Inférieure) en 1750, mort à la Clayette (Saône-et-Loire) en 1804, était fils de François de La Métherie, docteur-médecin à la Clayette, et de Claudine Constantin, frère de Jean-Claude de La Métherie, l'encyclopédiste, et arrière-petit-neveu de la bienheureuse Marguerite-Marie Alacoque. Avocat au parlement, il fut élu, le 28 mars 1789, député du tiers aux Etats-Généraux par le bailliage de Mâcon. Il fit partie de la députation chargée de présenter la Constitution au roi. Le 4 nivôse an VIII, le Sénat conservateur le choisit comme député de Saône-et-Loire au Corps législatif; il y siégea jusqu'à sa mort.

LAMEZAN DE SALIN (Jean-Louis-Gabriel-Hugues-Léon, comte de), député de 1827 à 1831, né à Mauvesin-de-l'Isle (Haute-Garonne) le 1er avril 1787, mort le 6 février 1875, entra à l'Ecole polytechnique en 1805, devint en 1809 lieutenant du génie, et fut envoyé en cette qualité à l'armée du Danube, où l prit part aux batailles d'Essling et de Wagram. Il partit peu après pour l'Espagne, fut versé dans le corps de Suchet, promu capitaine et aide-de-camp du général Rogniat, et coopéra aux sièges de Tortose, de Tarragone et de Sagonte. A ce dernier siège il fut blessé et reçut la croix de la Légion d'honneur. Sa belle conduite pendant la campagne de Russie le fit nommer officier d'ordonnance de l'empereur, qu'il suivit constamment durant les campagnes de Saxe et de France. Au commencement de 1814, il fut créé baron, officier de la Légion d'honneur et commandant du génie. Lamezan, qui n'avait quitté Napoléon qu'à son départ pour l'île d'Elbe, reçut alors une lettre de l'empereur lui disant : « Vous soutiendrez la bonne opinion que j'ai conçue de vous en servant le nouveau souverain de la France avec la même fidélité et le même dévouement que vous m'avez montrés. » Fils d'émigré, Lamezan n'eut point à se plaindre de la Restauration. Il fut nommé ingénieur en chef à la maison militaire du roi, situation qui correspondait à celle de directeur du génie. Chevalier de Saint-Louis en août 1814, lieutenant-colonel en 1821, commandeur de la Légion d'honneur en 1829, il avait été élu, le 17 novembre 1827, député du 1er arrondissement électoral du Gers (Auch) par 140 voix (264 votants, 307 inscrits) contre 121 à M. de

Cassaignoles. Conseiller général du canton de Mirande, deux fois président du collège électoral d'Auch, cousin de M. de Villèle, il siégea au centre droit de la Chambre des députés, prit part aux discussions sur le budget, sur l'organisation de la maison du roi, sur les défenses des frontières, fit partie de la commission chargée d'examiner (juillet 1828) la demande de mise en accusation du ministère Villèle, défendit énergiquement ce dernier, et vota contre l'adresse des 221. Réélu député, le 23 juin 1830, par 179 voix (306 votants, 334 inscrits) contre 125 à M. de Preissac, il ne prit aucune part aux événements de juillet, prêta serment au nouveau pouvoir, mais défendit chaleureusement M. de Montbel, ancien ministre de Charles X, et combattit la proposition de M. Baude sur l'exclusion de la branche aînée des Bourbons. Au renouvellement du 21 juin 1834, il échoua dans le 5ᵉ collège du Gers (Mirande) avec 53 voix contre 129 à l'élu, M. Thiers, et 33 à M. Abeilhe, et fut admis à la retraite comme lieutenant colonel du génie, le 11 octobre suivant. Malgré la fidélité avec laquelle il servit les Bourbons, les biographes de M. Lamezan affirment qu'il conserva toujours une profonde sympathie pour le régime impérial.

LAMOIGNON (Anne-Pierre-Chrétien, vicomte de), pair de France, né à Paris le 15 juin 1770, mort à Paris le 21 mars 1827, troisième fils de Chrétien-François II de Lamoignon chevalier, marquis de Basville, baron de Saint-Yon et de Noailly, seigneur de Boisjardin, Guisseraye, Boisfancée, capitaine-gouverneur des comté-ville et château de Monthouy, président à mortier au parlement, et qui fut garde des sceaux en 1787, et d'Elisabeth Berryer, fut élevé dans cette belle terre de Basville toute pleine des traditions de sa famille et des souvenirs des plus grands noms du siècle précédent. En 1788, il embrassa la carrière des armes, émigra au moment de la Révolution, et servit, en 1792, à l'armée des princes en qualité de garde du corps. Il fit partie de l'expédition de Quiberon, où il fut grièvement blessé, et ne dut la vie qu'au dévouement de son frère Charles. Ramené en Angleterre, il souffrit longtemps de ses blessures, s'adonna aux lettres, se lia avec Chateaubriand, et, revenu en France à l'époque du Consulat, fut nommé conseiller général de Seine-et-Oise, puis conseiller municipal de Paris. En 1814, il signa l'adresse qui demandait le retour des Bourbons. Louis XVIII le nomma pair de France, le 17 août 1815. Il se faisait porter au Luxembourg toutes les fois qu'il y croyait sa présence nécessaire, et y votait avec indépendance; il se prononça pour la mort dans le procès du maréchal Ney.

LAMOIGNON (René-Chrétien-Auguste, marquis de), pair de France, né à Paris le 19 juin 1765, mort à Saint-Ciers-la-Lande (Gironde) le 7 avril 1845, frère aîné du précédent, fut nommé conseiller au parlement de Paris en 1787, et se retira à Basville avec son père, quand ce dernier remit au roi sa démission de garde des sceaux en 1788. Aide-de-camp du maréchal de Broglie en 1789, René-Chrétien-Auguste émigra en Angleterre, et, rentré en France sous le Consulat, se retira dans ses propriétés de Saint-Ciers-la-Lande, où il installa des écuries remarquables. Maire de cette commune (1813-1845), conseiller général de la Gironde (1816-1829 et 1831-1839), il fut nommé pair de France le 11 octobre 1832, et siégea à la Chambre-Haute dans la majorité gouvernementale jusqu'à sa mort.

LA MONNERAYE (de). — Voy. Monneraye.

LAMORICIÈRE (Christophe-Léon-Louis Juchault de), député de 1846 à 1848, représentant en 1848 et en 1849, ministre, né à Nantes (Loire-Inférieure) le 5 février 1806, mort au château de Prouzel (Somme) le 11 septembre 1865, fils de Sylvestre Juchault de Lamoricière et de dame Désirée de Robineau, fit ses études au collège de Nantes, entra à l'Ecole polytechnique en 1824, passa (1826) comme élève sous-lieutenant du génie à l'Ecole d'application de Metz, et fit partie (1830) de l'expédition d'Alger comme lieutenant du génie. Nommé capitaine 1ᵉʳ novembre 1830, il devint (1833) directeur du premier bureau arabe créé par le général Avizard, en raison de la connaissance qu'il avait acquise des divers dialectes arabes; la confiance avec laquelle Lamoricière se présentait au milieu des Arabes, une simple canne à la main, ramena peu à peu les tribus voisines, et, comme il ne dédaignait pas d'appuyer parfois ses raisons de coups de canne, on ne le connut que sous le nom de « Bou-Arona » (père du bâton). Chargé de reconnaître Bougie, il monta lui-même à l'assaut de la place, et devint chef de bataillon dans les zouaves (2 novembre 1833). Le 25 octobre 1835, il écrivait d'Alger à son ami Genty de Bussy : « J'ai été proposé pour le grade de lieutenant-colonel, je vous prie de vous en occuper. Vous pouvez vous appuyer sur ce que j'ai été mis trois fois à l'ordre de l'armée dans le même mois : la première fois, pour avoir sauvé le jeune Bro, la deuxième, pour avoir dirigé et complètement fait réussir un coup de main de nuit sur un village de la montagne; la troisième fois, pour avoir, devant toute l'armée, enlevé avec mon bataillon le plateau de l'Afroun où était le camp de Sidi-el-Hadj, qui était fort de plus de deux mille hommes. » Sa promotion de lieutenant-colonel lui fut envoyée le 31 décembre suivant, et il passa colonel, toujours aux zouaves, le 11 novembre 1837, à la suite du siège de Constantine, où il s'était distingué et avait été blessé par l'explosion d'une mine. Rappelé à Paris en 1839, et renvoyé en Afrique en 1840, il prit part (mai au combat de Mouzaïa, et fut promu (21 juin) maréchal de camp. Mis à la tête de la division d'Oran, il mérita par son courage dans l'expédition de Mascara un éloge particulier du maréchal Bugeaud (5 juin 1841) pour ses talents d'administrateur et sa bravoure militaire. Habile à la guerre de surprises, il ravitailla Mascara malgré les troupes d'Abd-el-Kader, soumit (1843) l'importante tribu des Flittas, fut promu lieutenant-général (9 avril 1843), battit les Marocains à Lalla-Maghrnia (30 mai 1844), fut fait commandeur de la Légion d'honneur, contribua, pour une large part, à la victoire d'Isly (14 août 1845), et, en novembre suivant, reçut du maréchal Bugeaud, qui se rendait en France, le gouvernement intérimaire de l'Algérie. Notre entreprise coloniale rencontrait alors dans les Chambres françaises une vive opposition; Lamoricière, qui avait de son côté des idées personnelles sur le système de colonisation, résolut de les porter à la tribune, et dans ce but, il se présenta aux élections générales du 12 août 1846, dans le premier arrondissement de Paris, comme candidat de l'opposition modérée, mais il échoua avec 493 voix, contre 750 à M. Casimir Périer, candidat du ministère. Il se représenta le 10 octobre 1846, dans le 4ᵉ collège de la Sarthe (Saint-Calais) qui avait à pourvoir au remplacement de M. Gustave de Beaumont, optant pour le col_ lège de Mamers. « Je n'ai d'autre but, en entrant à la Chambre, écrivait-il à cette occasion, que d'expliquer au pays ce qu'il faut qu'il sache sur l'affaire d'Afrique. » Il fut élu cette fois par 207 voix sur 369 votants et 408 inscrits, fit, à la Chambre, une opposition discrète, parla sur l'organisation de l'Algérie et sur l'avancement des officiers nommés à des fonctions spéciales, et ne tarda pas à retourner en Algérie, où il organisa l'expédition qui aboutit à la prise de la Smala d'Abd-el-Kader par le duc d'Aumale. Lamoricière fut nommé grand-officier de la Légion d'honneur (14 janvier 1848). Il fit partie des combinaisons ministérielles proposées in extremis par Louis-Philippe à la révolution de février; il alla même sur le boulevard, en colonel de la garde nationale, le 24 au matin, proclamer le ministère Odilon Barrot-Thiers, dont il faisait partie; mais, à la première barricade, on refusa de l'écouter et de le laisser passer. Après l'abdication, il voulut encore annoncer aux insurgés la régence de la duchesse d'Orléans; son cheval tomba, frappé de balles, et lui-même fut blessé d'un coup de baïonnette. Il adhéra au gouvernement provisoire, refusa le portefeuille de la Guerre, et, le 23 avril 1848, fut élu, dans le département de la Sarthe, député à l'Assemblée nationale, le 6e sur 12, par 82,644 voix sur 114,212 votants. Il prit place parmi les partisans du général Cavaignac, fit partie du comité de la guerre, commanda, aux journées de juin, la division de l'armée de Paris qui se battit dans les faubourgs Saint-Martin et du Temple, eut trois chevaux tués sous lui, et fut appelé (28 juin) au ministère de la Guerre. Il put alors faire prévaloir ses idées sur l'Algérie, fit voter (septembre 1848) un crédit de 50 millions pour l'organisation de colonies agricoles en opposition avec les colonies militaires jusqu'alors en faveur, créa une commission de revision de la législation dans la colonie, paya les indemnités dues pour expropriation aux indigènes, constitua les municipalités, créa des préfectures, et fit prévaloir le régime civil. Au point de vue militaire, il proposa de substituer au remplacement militaire une taxe payée à l'Etat au profit des soldats appelés sous les drapeaux; combattu par M. Thiers, ce système, qui devait être adopté plus tard par le second Empire, fut alors repoussé. Comme représentant, Lamoricière vota pour le rétablissement du cautionnement, contre le droit au travail, s'abstint sur l'impôt progressif, et se prononça contre les deux Chambres, contre l'amendement Grévy, pour la proposition Rateau, contre la diminution de l'impôt du sel, pour la suppression des clubs. Formellement hostile à la candidature présidentielle du prince Louis-Napoléon, il quitta le ministère, le 19 décembre 1848, après cette élection, et fut réélu, le 13 mai 1849, représentant de la Sarthe à l'Assemblée législative, le 1er sur 10, par 69,680 voix sur 103,029 votants et 135,640 inscrits. Le même jour, il fut également élu dans la Seine, le 6e sur 28, par 121,632 voix sur 281,140 votants et 378,043 inscrits. Il opta pour la Sarthe, vota l'autorisation de poursuites contre les représentants compromis (13 juin 1849) dans l'affaire des Arts et Métiers, fut nommé président du «Cercle constitutionnel » fondé par Dufaure, et fut envoyé en mission extraordinaire par le président de la République auprès de l'empereur de Russie, qui appuyait alors l'Autriche en guerre contre la Hongrie révoltée. La chute du ministère Odilon Barrot lui fit donner sa démission d'envoyé à Saint-Pétersbourg; il revint siéger à l'Assemblée, se montra partisan de l'exploita-

tion du chemin de fer de Lyon par l'Etat, parla (19 avril 1850) en faveur de la déportation des condamnés, et déposa un amendement (rejeté) interdisant d'accorder de nouvelles grâces aux transportés sans le concours de l'Assemblée. Il soutint (16 juillet) l'amendement de Lartigue sur la liberté de la vente des journaux sur la voie publique, fut élu (22 juillet) membre de la commission de permanence, se mêla aux discussions relatives à notre colonie d'Afrique, et se prononça (19 juillet 1851) contre la revision de la Constitution, et (17 novembre) pour la proposition des questeurs. Arrêté dans la nuit du 2 décembre 1851, il fut incarcéré à Mazas, puis à Ham, et, en vertu du décret du 9 janvier 1852, banni, et conduit à Cologne. Il refusa en termes très vifs, par une lettre publiée dans les journaux du temps (mai), le serment réclamé par le nouveau gouvernement aux officiers qui voulaient rester en activité, et habita successivement Coblentz, Mayence, Wiesbaden, Ems. Aux élections pour le nouveau Corps législatif (29 février 1852), il se laissa porter, comme candidat de l'opposition dans la 2e circonscription de la Seine, et n'obtint que 2,343 voix contre 12,189 au candidat officiel élu, M. Dewinck, et 4,874 à M. Mortimer Ternaux. Il avait déjà perdu son fils aîné en mars 1850; un second fils, en pension à Paris, étant dangereusement malade en novembre 1859, l'empereur fit télégraphier à Lamoricière l'autorisation de rentrer : son fils était mort lorsqu'il arriva. Resté en France, Lamoricière accueillit, en 1860, les ouvertures du gouvernement pontifical qui lui offrait le commandement en chef de son armée. Après avoir demandé et obtenu l'autorisation de l'empereur, il prit possession de son commandement (8 avril 1860), réforma l'administration, se trouva en lutte avec le cardinal Antonelli, et parvint à réunir une armée de 16.000 hommes. Battu à Castelfidardo (18 septembre), par les Piémontais sous les ordres de Cialdini, il parvint à se jeter dans Ancône, avec une faible colonne; la place s'étant rendue (28 septembre) à l'amiral Persano, Lamoricière fut laissé en liberté sous la condition de ne pas porter les armes contre les troupes piémontaises pendant un certain temps. De retour à Rome, il s'occupa encore de réformes militaires, et publia, à ce propos, un rapport qui mettait à nu le désordre administratif du gouvernement pontifical. Lamoricière revint en France, et se retira dans son château de Prouzel, où il se consacra entièrement jusqu'à sa mort à l'éducation de ses jeunes enfants.

LAMORTE (Jean-Pierre-Henri), représentant en 1871, sénateur de 1876 à 1884, né à Die (Drôme) le 7 juin 1823, mort à Die le 29 avril 1884, étudia le droit, fut reçu avocat et exerça cette profession dans son pays natal. Républicain, il fut impliqué en 1851 par le gouvernement présidentiel dans le procès du complot de Lyon, et fut condamné par défaut à dix ans de détention. Il se réfugia à Genève, y plaida avec succès, et rentra en France qu'en 1863. Nommé, après le 4 septembre 1870, sous-préfet de Montélimar, il fut élu, le 8 février 1871, représentant de la Drôme à l'Assemblée nationale, le 6e et dernier, par 34,851 voix (64,809 votants, 100,516 inscrits). Il se rendit à Bordeaux, prit place à gauche et vota contre les préliminaires de paix; mais l'incompatibilité du mandat de représentant avec les fonctions de sous-préfet, qu'il avait conservées, l'obligea à donner presque aussitôt sa démission de membre de l'Assemblée nationale. Il fut promu, le

15 décembre 1871, à la sous-préfecture d'Orange, et fut révoqué par M. Beulé, après le 24 mai 1873. Activement mêlé aux polémiques électorales dans la Drôme, il se présenta, comme candidat républicain, le 30 janvier 1876, aux élections sénatoriales de ce département, et fut élu par 253 voix (437 votants). M. Lamorte siégea à la gauche de la Chambre haute et se prononça : *contre* la demande de dissolution de la Chambre des députés en juin 1877, *pour* le ministère Dufaure, *pour* l'article 7, *pour* les lois Ferry sur l'enseignement, *pour* la politique opportuniste, *pour* la réforme du personnel judiciaire, etc. Il mourut à Die le 29 avril 1884.

LAMOTHE (Jean-Gustave-Alphonse de), député de 1877 à 1878, né à Belbéraud (Haute-Garonne) le 8 mars 1819, propriétaire et maire de Belbéraud, se présenta pour la première fois, en 1876, comme candidat conservateur-monarchiste à la Chambre des députés, et échoua, au second tour de scrutin, le 5 mars, dans l'arrondissement de Villefranche, avec 6,376 voix contre 6,712 à M. Caze, républicain, élu. Plus heureux, le 14 octobre 1877, dans le même arrondissement, il fut élu député par 7,189 voix (14,469 votants, 17,030 inscrits), contre 7,135 au député sortant, des 363, M. Caze. M. de Lamothe avait été le candidat officiel du maréchal de Mac-Mahon ; on lui reprocha des faits de pression électorale, et la majorité de la Chambre invalida l'élection : M. de Lamothe ne se représenta pas, il fut remplacé, le 3 mars 1878, par M. Caze.

LAMOTHE-PRADELLE (Gabriel-Guillaume), député de 1885 à 1888, né à Saint-Alvère (Dordogne) le 1er avril 1850, mort le 3 février 1888, étudia le droit, se fit recevoir avocat, et fut élu, comme républicain, conseiller général de la Dordogne, pour le canton de Saint-Alvère. Inscrit, aux élections législatives du 4 octobre 1885, sur la liste républicaine de la Dordogne, il fut élu, le 7e sur 8, député du département, par 60,949 voix (120,527 votants, 146,593 inscrits). M. Lamothe-Pradelle siégea à l'Union républicaine, soutint de ses votes les ministères au pouvoir, et mourut avant la fin de la législature, le 3 février 1888. Il fut remplacé, le 8 avril suivant, par le général Boulanger.

LA MOTTEROUGE (Joseph-Edouard de), député au Corps législatif de 1869 à 1870, né à Pléneuf (Côtes-du-Nord) le 3 février 1804, mort au château de la Motte (Côtes-du-Nord) le 29 janvier 1883, entra à Saint-Cyr le 10 septembre 1819, en sortit sous-lieutenant au 22e de ligne le 1er octobre 1821, suivit la campagne d'Espagne, assista aux combats devant Saint-Sébastien et la Corogne, et fit partie du corps d'occupation, à la division de Madrid, jusqu'en 1825. Lieutenant le 30 juin 1830, il prit part à la campagne de Belgique, passa capitaine, le 4 décembre 1832, pendant le siège d'Anvers, et, successivement, chef de bataillon le 31 décembre 1841, lieutenant-colonel le 27 avril 1846, commandant de l'école de tir de Saint-Omer de 1847 au 5 mars 1848, et colonel du 19e léger le 15 juillet 1848. Officier de la Légion d'honneur le 16 août 1850, il fut à la tête des forces militaires du Morbihan en 1853, il reçut, au moment de la guerre avec la Russie, le commandement de la 1re brigade de la 5e division qui devait rejoindre directement Varna, assista

à la bataille de l'Alma, se distingua à Inkermann, et fut porté à l'ordre du jour de l'armée. Général de division le 22 juin 1855, il fut mis à la tête d'une division du 2e corps de l'armée d'Orient, combattit à Traktir, prit part à l'attaque générale du 8 septembre où il fut deux fois blessé, et reçut la croix de commandeur de la Légion d'honneur quatorze jours après. Inspecteur d'infanterie à son retour en France, puis commandant de la 15e division militaire à Nantes, il prit part à la campagne d'Italie en qualité de commandant de la 1re division du 2e corps sous les ordres de Mac-Mahon, se distingua à Turbigo et à Magenta, devint grand-officier de la Légion d'honneur le 17 juin 1859, et contribua au succès de la bataille de Solférino. Il reprit, après la guerre, le commandement de la 15e division militaire, fut mis au cadre de réserve par limite d'âge le 4 février 1869, et, le 24 mai 1869, fut élu, comme candidat officiel, député au Corps législatif dans la 1re circonscription des Côtes-du-Nord, par 18,725 voix (31,563 votants, 44,976 inscrits) contre 12,801 voix au candidat de l'opposition, M. Glais-Bizoin. Nommé sénateur par décret impérial du 26 juillet 1870, dont les événements empêchèrent la promulgation, il fut rappelé à l'activité le 1er septembre 1870, et reçut, le 15 suivant, le commandement provisoire des gardes nationaux de la Seine, puis du 15e corps d'armée qui devait s'organiser à Bourges. Ce corps devint le noyau de la 1re armée de la Loire. Sur l'ordre formel du gouvernement de la Défense nationale, le général de La Motterouge alla occuper Orléans le 6 octobre, avec quelques troupes mal encadrées et mal disciplinées, fut battu le 10 à Arthenay par les Bavarois de Von der Thann, évacua Orléans le 11, et, destitué aussitôt, fut remplacé par le général d'Aurelles de Paladine. Il rentra dans la vie privée ; le 11 octobre 1873, il fut nommé grand-croix de la Légion d'honneur.

LAMOURETTE (Antoine-Adrien), député à l'Assemblée législative de 1791, né à Frévent (Pas-de-Calais) en 1742, mort à Paris le 11 janvier 1794, entra dans la congrégation des lazaristes et fut successivement supérieur du séminaire de Toul, directeur à Saint-Lazare, et grand vicaire d'Arras. Chrétien et philosophe, il se lia avec Mirabeau et collabora, a-t-on dit, à ceux des discours du célèbre orateur qui avaient trait au clergé ; on le cita comme le véritable auteur de l'*Adresse au peuple français sur la constitution civile du clergé,* que Mirabeau présenta à l'Assemblée Constituante. Favorable à cette constitution, Lamourette prêta le serment, et fut nommé, en février 1791, évêque constitutionnel de Lyon. Le 31 août de la même année, le département de Rhône-et-Loire l'appela à faire partie de l'Assemblée législative, le 2e sur 15, par 431 voix (671 votants). Il siégea parmi les modérés, parla sur la question religieuse, s'opposa à ce qu'on accordât des églises aux schismatiques, et demanda qu'on fit cesser les recherches relatives aux chefs de l'insurrection du 20 juin 1792. Mais le nom de Lamourette est resté surtout attaché à la motion célèbre présentée par lui dans la séance du 7 juillet 1792. L'Assemblée venait de rendre divers décrets au nom du comité militaire, et de voter des sommes importantes pour armements et approvisionnements, et elle se disposait à aborder « la discussion sur les mesures de sûreté générale » que comportait la gravité de la situation, lorsque, au moment où Brissot allait prendre la parole, Lamourette se leva, demandant à présenter une motion d'ordre. L'évêque de Lyon s'exprima ainsi : « On vous a proposé et on vous proposera encore des mesures extraordinaires pour parer aux dangers de la France... Mais il faudrait d'abord remonter à la source de nos maux : elle est dans la division de l'Assemblée nationale... A quoi se réduisent les défiances? Une partie de l'Assemblée attribue à l'autre le dessein séditieux de vouloir détruire la monarchie. Les autres attribuent à leurs collègues le dessein de vouloir détruire l'égalité constitutionnelle, et établir le gouvernement aristocratique connu sous le nom des deux Chambres. Eh bien! foudroyons, messieurs, par une exécution commune et un irrévocable serment, foudroyons et la République et les deux Chambres... » Bien que la République eût dans la salle et dans les tribunes des partisans nombreux, de vives acclamations s'élevèrent de tous les bancs de l'Assemblée, et les applaudissements des tribunes firent retentir les voûtes de la salle. Lamourette reprit : « Jurons de n'avoir qu'un seul esprit, qu'un seul sentiment; jurons de nous confondre en une seule et même masse d'hommes libres. Le moment où l'étranger verra que ce que nous voulons, nous le voulons tous, sera le moment où la liberté triomphera et où la France sera sauvée. » A ces mots, l'Assemblée se lève tout entière, tous les membres prêtent à la fois le serment proposé. D'un mouvement spontané, les membres du côté droit s'élancent vers ceux du côté gauche, qui les accueillent avec transport. On voit rapprochés de fraternelles étreintes Mathieu Dumas et Bazire, Merlin de Thionville et Jaucourt, Chabot et Genty, Gensonné et Calvet, Albitte et Ramond. En ce moment Condorcet entrant dans la salle, Pastoret, son ennemi, court à lui et l'embrasse. Les spectateurs attendris mêlent leurs acclamations aux serments; tous les partis se confondent. Aussitôt on arrête qu'un extrait du procès-verbal sera envoyé aux armées, aux départements, aux municipalités, aux corps judiciaires, et d'abord porté au roi. Un instant après, Louis XVI parut, précédé de ses ministres, pour déclarer que son vœu le plus cher était maintenant rempli. Mais ce qui, dès le jour même, gâta l'effet de la séance du matin, ce fut la suspension du maire de Paris comme fauteur du 20 juin, suspension notifiée à l'Assemblée dans la séance du soir. Les défiances de la majorité se réveillèrent, et l'enthousiasme de la paix jurée s'éteignit aussi vite qu'il s'était allumé. De plus, le bruit se répandit que la réconciliation du 7 n'était qu'une ruse concertée entre l'évêque de Lyon et la cour; les uns donnèrent à cette réconciliation le nom de baiser d'amourette, les autres celui de baiser de Judas. Aux Jacobins, Billaud-Varennes fut fort applaudi, lorsqu'il s'écria : « Voir tel député se jeter dans les bras de tel autre, c'est voir Néron embrasser Britannicus, c'est voir Charles IX tendre la main à Coligny. » Et la guerre reprit plus violente que jamais. Après le 10 août, Lamourette lui-même demanda que toute communication fût interdite entre les membres de la famille royale et le roi enfermé au Temple. Il se prononça, d'ailleurs, contre les massacres de septembre, et, sur sa proposition, l'Assemblée décréta que la municipalité de Paris répondrait de la sûreté publique. Après la session, il se retira à Lyon, où il se trouva pendant le siège de cette ville par les troupes de la Convention. Arrêté et conduit à Paris, il fut compagnon de chambre dans la prison de la Force

avec Clavière, Beugnot et autres, et chargea ce dernier, avant de paraître devant le tribunal révolutionnaire, de publier la rétractation de son serment à la constitution civile du clergé. Il remit à l'abbé Emery, prêtre orthodoxe enfermé avec lui, la même rétractation écrite, datée du 7 janvier 1794; l'original est conservé à Lyon. Condamné à mort, il soupa tranquillement avec ses co-détenus, les entretint de l'immortalité de l'âme, et, comme l'un d'eux le plaignait : « La guillotine, dit-il, ce n'est qu'une chiquenaude sur le cou. » Il fut exécuté le 11 janvier 1794, et montra dans ses derniers instants beaucoup de calme et de fermeté. Lamourette est l'auteur de plusieurs ouvrages sur des matières religieuses et ecclésiastiques, tels que : les Délices de la religion, ou le pouvoir de l'Evangile pour nous rendre heureux (1789); Le décret de l'assemblée nationale sur les biens du clergé justifié par son rapport avec la nature et les lois de l'institution (1789); Lettre pastorale (1791); Prône civique ou le pasteur patriote (1791), etc., etc.

LAMY (MICHEL-LOUIS), député en 1789, né à Caen (Calvados) le 2 novembre 1728, mort à une date inconnue, négociant à Caen, fut élu, le 24 mars 1789, par le bailliage de Caen, député du tiers aux Etats-Généraux. Son rôle parlementaire n'a pas laissé de traces au *Moniteur;* en 1790, il demanda cependant que l'on décrétât « la responsabilité des chefs de bureau de l'administration, comme suite nécessaire de celle des ministres ».

LAMY (CLAUDE) député au Conseil des Cinq-Cents, né à Lempdes (Puy-de-Dôme) le 7 mai 1764, mort à Veyre-Mouton (Puy-de-Dôme) le 27 mai 1842, « fils de M. Barthélemy Lamy, notaire et procureur d'office en la chatellenie de Lempdes, et d'Antoinette Docher, sa femme », se déclara partisan de la Révolution, devint, en 1790, administrateur du district de Clermont, échoua contre Couthon aux élections pour la Convention, organisa, en 1793, le bataillon des volontaires de Veyre et le conduisit au siège de Lyon. Procureur-syndic du district de Clermont en l'an III, il fut élu, le 23 germinal an V, député du Puy-de-Dôme au Conseil des Cinq-Cents, par 265 voix sur 284 votants. Il fit un discours sur le 9 thermidor, attaqua le pouvoir exercé naguère par le comité de salut public et vit son élection annulée au 18 fructidor. En 1801, il fit partie de la députation qui alla féliciter le premier Consul, et, en 1804, assista, en qualité de président du canton de Veyre-Mouton, au couronnement de Napoléon. Nommé magistrat de sûreté à Veyre-Mouton en 1801, puis juge d'instruction, conseiller d'arrondissement de Clermont en 1806, conseiller général du Puy-de-Dôme en 1806, il écrivit, en 1813, une lettre à l'empereur pour lui indiquer les causes du mécontentement croissant du peuple, et sa crainte de la guerre. En 1814, il s'adressa au ministre de la Justice pour lui demander l'autorisation de porter les armes contre les envahisseurs. Cette autorisation lui ayant été accordée, il se rendit auprès du général Béker, puis à l'armée de la Loire. En 1814, sous la première Restauration, il publia un Panégyrique de Louis XVI, qui lui valut, sous la seconde Restauration, d'être maintenu dans ses fonctions de magistrat. Rallié, en 1830, au gouvernement de Louis-Philippe, il fut nommé chevalier de la Légion d'honneur en 1833, et juge honoraire en 1838.

LAMY (Armand-François, chevalier), député de 1831 à 1839, né à Rennes (Ille-et-Vilaine) le 15 février 1781, mort à Paris le 5 novembre 1839, servit dans l'arme du génie, fit la plupart des guerres de l'Empire, et fut créé chevalier de l'Empire le 12 février 1812. Mis à la retraite sous la Restauration, il tenta de rentrer dans la vie politique après la révolution de 1830, et, aux élections du 5 juillet 1831, se présenta à la députation dans le 5e collège de la Dordogne (Noutron) où il échoua avec 37 voix contre 155 à l'élu, M. Mérilhou, et 41 à M. de Verneilh. Il fut plus heureux, le 6 octobre suivant, dans le même collège, à l'élection partielle destinée à pourvoir au remplacement de M. Mérilhou qui avait opté pour Sarlat: il fut élu par 95 voix (170 votants, 303 inscrits) contre 75 à M. Montagut, et successivement réélu : le 21 juin 1834, avec 148 voix (249 votants, 313 inscrits), contre 52 à M. O. Barrot et 48 à M. Dupeyrat, et. le 4 novembre 1837, avec 160 voix (208 votants, 364 inscrits). En relations avec la cour, il vota constamment avec le parti ministériel. et, plus connu des bureaux de la guerre que des troupes. fut nommé maréchal-de-camp le 31 décembre 1835. Les élections du 2 mars 1839 lui furent défavorables; il échoua dans le collège de Noutron avec 138 voix contre 159 à l'élu, M. Dusolier.

LAMY (Etienne-Marie-Victor). représentant en 1871, député de 1876 à 1881. né à Cize (Ain) le 2 juin 1845, commença ses études chez les Dominicains de Sorèze et les termina au collège Stanislas; il fit son droit et fut reçu docteur à 20 ans; le sujet de sa thèse : *Les opérations de bourse chez les anciens, au moyen âge et dans les temps modernes,* indique déjà la spécialité à laquelle M. Lamy devait se consacrer de préférence durant sa carrière politique. Secrétaire de la conférence des avocats de Paris, lauréat du prix Paillet. il concourut, vers la fin de l'Empire, sous la direction de M. Leblond, pour le compte de l'opposition de gauche, à l'élaboration des projets de loi à l'ordre du jour; sa brochure : *le Tiers-Parti* (1868), le rapprochait d'un pouvoir franchement libéral. L'empire tombé, il fut élu, le 8 février 1871, représentant du Jura à l'Assemblée nationale, le 6e et dernier, par 22,192 voix (49,963 votants, 89,769 inscrits). Il siégea à la gauche républicaine, devint secrétaire de la Chambre, réclama la revision des services publics, montra dès ses débuts un véritable tempérament d'orateur, et présenta, à la proposition Rivet, un amendement, demandant que l'Assemblée, après le vote de la loi électorale, remît ses pouvoirs à une assemblée nouvelle (31 août 1871). Cette motion repoussée fut renouvelée devant le public par sa brochure : *l'Assemblée et la dissolution* (1872). Le 4 décembre 1873, il interpella le gouvernement sur la levée de l'état de siège (repoussé par 386 voix contre 260), fut trois fois élu secrétaire de l'Assemblée (2 mars, 1er juin et 5 novembre 1875), et vota *contre* les préliminaires de paix, *pour* l'abrogation des lois d'exil, *contre* la pétition des évêques, *contre* le pouvoir constituant de l'Assemblée, *contre* la démission de Thiers, *contre* l'arrêté sur les enterrements civils, *contre* la prorogation des pouvoirs du Maréchal, *contre* la loi des maires, *contre* le ministère de Broglie, *contre* l'admission à titre définitif des princes d'Orléans dans l'armée, *pour* la dissolution, *pour* l'amendement Pascal Duprat, *pour* l'amende-

ment Wallon, *pour* les lois constitutionnelles. Réélu député dans l'arrondissement de Saint-Claude, le 20 février 1876, par 8,025 voix (9,549 votants, 14,543 inscrits), contre 1,312 voix à M. Villevert, il combattit l'amnistie plénière, vota la proposition Gatineau, et fut l'un des 363 députés qui refusèrent d'accorder leur confiance au ministère de Broglie. De nouveau réélu, dans le même arrondissement, comme un des 363, le 14 octobre 1877, par 9,638 voix (12,513 votants, 14,782 inscrits), contre 2,787 voix à M. Guigues de Champvans, il se sépara de ses collègues de la gauche lors de la discussion du projet de loi Ferry et, peut-être en souvenir de ses premiers maîtres, vota contre l'article 7. La même année, il prononça un discours, très applaudi par l. droite pour combattre la politique du gouvernement en matière religieuse. Il ne fut pas réélu aux élections du 21 août 1881, s'étant retiré, après le premier tour de scrutin, devant deux candidats, opportuniste et radical, MM. Bavoux et Poupin.

LANAUVE (Jean-Louis-Emile), député de 1880 à 1881, né à Bonnes (Charente) le 24 mai 1849, étudia le droit et fut reçu avocat. D'opinions monarchistes, il fut désigné par les conservateurs de la Dordogne comme candidat à la Chambre des députés en remplacement de M. de Fourtou, nommé sénateur, et devint, le 23 mai 1880, député de l'arrondissement de Ribérac, par 9,487 voix (17,360 votants, 20,823 inscrits), contre 7,772 à M. Achille Simon, républicain. Il prit place à droite, et vota en toute occasion contre les ministres. S'étant représenté aux élections générales du 21 août 1881, M. Lanauve échoua, dans le même arrondissement, avec 8,104 voix, contre 8,154 à l'élu républicain, M. Brugère.

LANCOSME (de). — *Voy.* Savary.

LANCRY (Jacques-Charles-François, chevalier de), député de 1815 à 1816, né à Compiègne (Oise) le 21 avril 1753, mort à Compiègne le 7 septembre 1838, était lieutenant-colonel de gendarmerie, maire de Compiègne et chevalier de Saint-Louis, lorsqu'il fut élu député par les royalistes du département de l'Oise, le 22 août 1815, au grand collège, avec 101 voix (141 votants, 281 inscrits). M. de Lancry vota obscurément avec la majorité de la Chambre introuvable et ne fit pas partie d'autres législatures.

LANDENBERG-WAGENBOURG (Jean-Baptiste-Marie-Eusèbe-Hermann, baron de), député en 1789, né à Soultzmâtt (Haut-Rhin) en 1753, mort le 10 décembre 1824, était magistrat à Soultzmâtt, quand il fut élu député de la noblesse aux Etats-Généraux par le bailliage de Belfort et Huningue, le 3 avril 1789. Son rôle parlementaire fut peu important : il combattit le projet relatif aux assignats, réclama en faveur des chapitres nobles d'Alsace, protesta contre l'abolition des titres de noblesse, et présenta quelques observations sur le service funèbre qui devait avoir lieu en l'honneur des citoyens morts pour la liberté. Il ne fit pas partie d'autres assemblées.

LANDOLPHE (Pierre-François), représentant du peuple en 1849, né à Louhans (Saône-et-Loire) le 3 octobre 1809, mort à Louhans le 1er avril 1889, se fit connaître, sous le gouvernement de Louis-Philippe, par l'ardeur de ses opinions démocratiques et socialistes. La révolution de février 1848, à laquelle il applaudit, le nomma à un poste de consul dont il se démit bientôt. Très lié avec Louis Blanc, il fut impliqué dans les poursuites qui suivirent l'insurrection de juin 1848, traduit devant un conseil de guerre et acquitté le 18 février 1849. Aux élections du 13 mai suivant pour l'Assemblée législative. M. Landolphe fut élu représentant de Saône-et-Loire, le 8e sur 12, par 73,609 voix (109,200 votants, 152,441 inscrits). Assis à la Montagne, il rappela (29 mai 1849) que, depuis la première révolution, toutes les Assemblées avaient commencé par acclamer le gouvernement : « Je demande, dit-il, que nous réparions cet oubli (c'était la seconde séance de la législature) et que nous nous ralliions tous au cri de : vive la République! » Il appuya l'interpellation de Ledru-Rollin sur les affaires de Rome et signa la proclamation au peuple et l'appel aux armes. Sa présence au Conservatoire des Arts et Métiers, le 13 juin, le fit comprendre dans le procès de la Haute-Cour de Versailles. Ayant quitté, le 15, son domicile de la rue des Quinze-Vingts pour se réfugier en Angleterre, c'est par contumace qu'il fut condamné à la déportation. Il se fixa à Guernesey, revint vers la fin de l'Empire à Louhans, son pays natal, et n'eut plus aucun rôle politique. Le *Rappel* a publié plusieurs articles littéraires de lui.

LANDREAU (SIMON), député en 1789, né à Lattre (Charente-Inférieure) le 30 mai 1735, mort à une date inconnue, était curé de Moragne (Charente-Inférieure), lorsqu'il fut élu, le 23 mars 1789, député du clergé de la sénéchaussée de Saint-Jean-d'Angely aux Etats-Généraux. Il signa avec MM. de Beauchamp, Regnaud et Bonnegens, ses collègues à l'Assemblée, un mémoire demandant que la ville de Saint-Jean-d'Angély fût choisie comme chef-lieu du département de la Charente-Inférieure, au moins alternativement avec Saintes, et fût le siège du tribunal du département. Son rôle parlementaire fut des plus obscurs; le *Moniteur* ne mentionne pas son nom.

LANDRIAN (ETIENNE-EVRARD, CHEVALIER DE), député en 1791, né à Bourmont (Haute-Marne) le 29 janvier 1740, mort à Outrémécourt (Haute-Marne) le 21 novembre 1817, servit d'abord dans les cadets-gentilshommes de Stanislas, roi de Pologne, duc de Lorraine et de Bar, fit les campagnes de la guerre de Sept ans en Hanovre et en Westphalie, fut envoyé ensuite en Corse, et retraité comme lieutenant-colonel du régiment Dauphin-infanterie, avec la croix de Saint-Louis, quelque temps seulement avant la Révolution. Nommé président de l'administration du département de la Haute-Marne en 1790, il fut élu, le 31 août 1791, député de ce département à l'Assemblée législative, le 5e sur 8, par 249 voix sur 314 votants. Mais mécontent de la marche révolutionnaire des événements, il donna sa démission dès l'ouverture de la session, le 10 décembre, après avoir protesté contre les décrets sur les émigrés et les prêtres insermentés. Il fut remplacé par M. Henrys-Marcilly.

LANDRIN (LOUIS-MARIE), député en 1789, né à Herbeville (Seine-et-Oise) le 2 août 1736, mort à une date inconnue, bachelier en théologie de l'Université de Paris, était curé de Garancières, dans la Beauce, lors de la Révolution. Le 28 mars 1789, le bailliage de Montfort-l'Amaury l'élut député du clergé aux Etats-Généraux. M. Landrin prêta le serment civique et vota avec la majorité de la Constituante.

LANDRIN (ARMAND-PIERRE-EMILE), représentant en 1848, né à Versailles (Seine-et-Oise) le 15 juin 1803, mort à Versailles le 7 juillet 1859, fils d'un épicier de Versailles, élevé par un prêtre, étudia le droit et se fit inscrire au barreau de Versailles. Partisan de la révolution de 1830, il organisa à Versailles la commission municipale après les événements de juillet, se fit inscrire peu après au barreau de Paris, et se consacra presque exclusivement jusqu'en 1848 aux travaux de sa profession, et à la rédaction d'articles techniques dans la *Gazette des tribunaux*. Nommé, le 26 février 1848, procureur de la République près le tribunal de la Seine, il parut chercher sa voie et hésiter entre le parti modéré et celui de Ledru-Rollin. Elu, le 23 avril 1848, représentant de Seine-et-Oise à la Constituante, le 3e sur 12, par 72,208, il fit partie du comité du commerce et de l'industrie, et prit part à certaines réunions politiques tenues au ministère de l'Intérieur et qui avaient pour objet d'imprimer une marche plus démocratique au gouvernement provisoire. Mais plus tard, lors de l'instruction relative à la journée du 15 mai, il agit, de concert avec M. Portalis, procureur général, contre le parti avancé et accepta la tâche de demander à l'Assemblée, le 31 mai, l'autorisation de poursuivre Louis Blanc. Désavoué alors par le ministre de la Justice, Crémieux, M. Landrin donna sa démission de magistrat (4 juin). A l'Assemblée, dont il fut secrétaire, il vota en général avec la fraction la plus conservatrice du parti démocratique : *contre* le rétablissement du cautionnement, *pour* les poursuites (26 août) réclamées une seconde fois contre Louis Blanc, *contre* l'amendement Grévy, *contre* le droit au travail, *pour* l'ordre du jour en l'honneur de Cavaignac, *contre* la proposition Rateau, *contre* l'interdiction des clubs, etc. *Absent* le jour du vote sur les crédits de l'expédition romaine, il fit savoir qu'il n'avait pu assister à la séance, sans dire comment il aurait voté. Lors de la discussion de la proposition Proudhon, il fut, avec MM. Bérard et Peupin, l'auteur de l'ordre du jour motivé (30 juillet) qui déclara cette proposition « une atteinte odieuse aux principes de la morale, un encouragement à la délation, un appel aux plus mauvaises passions. » Il résigna son mandat le 20 avril 1849, pour reprendre sa place au barreau de Paris. Aux élections du 22 juin 1857 au Corps législatif, M. Landrin fut le candidat de l'opposition dans la 1re circonscription de Seine-et-Oise : il réunit 6,192 voix contre 16,986 à l'élu, candidat officiel, M. Caruel de Saint-Martin.

LANEL (DAVID-VINCENT), représentant en 1871, député de 1876 à 1883, né à Dieppe (Seine-Inférieure) le 23 avril 1813, mort à Paris le 28 octobre 1883, ancien notaire à Dieppe, riche propriétaire, maire de Dieppe pendant la guerre de 1870 et l'occupation allemande, sans antécédents politiques, fut élu, le 8 février 1871, représentant de la Seine-Inférieure à l'Assemblée nationale, le 6e sur 16, par 79,709 voix (120,809 votants, 203,718 inscrits). Il prit place au centre-gauche, déposa une proposition relative à la révision du cadastre et vota *pour* la paix, *pour* l'abrogation des lois d'exil, *pour* le retour à Paris, *pour* l'arrêté contre les enterrements civils, *pour* la dissolution, *pour* la proposition du centre gauche, *pour* l'amendement Wallon, *pour* les lois constitutionnelles, *contre* l'amendement Barthe, *contre* le 24 mai, *contre* la démission de Thiers, *contre* la prorogation des pouvoirs du Maréchal, *contre* la loi des maires, *contre* le ministère de Broglie. Il s'abstint sur les prières publiques et l'état de siège. Le 20 février 1876, il fut réélu, sur un programme nettement républicain, député de la 1re circonscription de Dieppe, par 5.553 voix (10,559 votants, 13,398 inscrits), contre 4,933 voix à M. Estancelin. Il prit parti contre le 16 mai, fut des 363, et fut réélu par la même circonscription, le 14 octobre 1877, avec 5,803 voix 11,409 votants, 13,761 inscrits), contre 5,581 voix à M. Estancelin. Il combattit les derniers essais de résistance du cabinet du 16 mai, soutint les ministères républicains qui suivirent, et fut réélu, le 21 août 1881, par 6,487 voix (7,503 votants, 13,946 inscrits). Il mourut au mois d'octobre 1883, et fut remplacé, le 20 janvier 1884, par M. Grout. M. Lanel était le beau-père de M. John Lemoinne, de l'Académie française et du *Journal des Débats*.

LANESSAN (Jean-Louis de), député de 1881 à 1889, né à Saint-André-de-Cubzac (Gironde) le 13 juillet 1843, d'une famille d'origine bretonne établie en Gascogne, commença sa médecine à Bordeaux, et alla ensuite à l'Ecole navale de Rochefort d'où il sortit aide-médecin. Il fit en cette qualité quatre ans de séjour en Afrique et quatre en Cochinchine, et donna sa démission au début de la guerre de 1870 parce qu'on lui refusa un poste sur l'escadre de la Baltique. Chirurgien-major des mobilisés de la Charente-Inférieure en 1870-1871, il fut reçu docteur en 1872, agrégé d'histoire naturelle médicale en 1876, suppléa d'abord le professeur Baillon, puis fit le cours de zoologie à la faculté de médecine de Paris. Il collaborait en même temps à la *Revue internationale des sciences biologiques*. Sur ces entrefaites, il entra dans la politique, fut, comme candidat autonomiste, élu conseiller municipal du quartier de la Monnaie à Paris en 1879, et réélu le 9 janvier 1881. Il fit ses débuts dans la presse républicaine, vers la même époque, au journal *le Réveil social*. Il appuya la pétition de Rochefort pour élever un monument aux combattants de la Commune et contribua au maintien de la subvention de la ville pour le Grand-Prix de Paris. Elu, le 21 août 1881, député de la 2e circonscription du 5e arrondissement de Paris, par 3,574 voix (7,237 votants, 10.114 inscrits), contre 2,574 voix à M. Collin et 281 à M. Piéron, il fonda (octobre) le journal *le Réveil* qu'il quitta, en février 1882, pour prendre la direction de *la Marseillaise*, qu'il ne garda que peu de temps. A la Chambre, il siégea d'abord à l'extrême gauche, prit part à toutes les discussions relatives aux questions d'enseignement primaire et secondaire, fut rapporteur du budget de la marine et des colonies et du projet de loi relatif aux crédits de l'expédition de Madagascar, fit partie des commissions d'assainissement de la Seine, de l'enquête sur l'agriculture et l'industrie, des octrois, et fut délégué pour étudier en France et chez nos voisins les conditions du travail. Ses anciennes fonctions de médecin de marine et ses séjours aux colonies lui donnèrent une compétence spéciale dans les questions coloniales. Ses idées politiques ayant subi alors une « évolution » notable, il se rapprocha de l'Union républicaine et des opportunistes. Porté, le 18 octobre 1885, sur la liste de concentration républicaine de la Seine, il fut élu, au 2e tour, le 8e sur 34, par 287,890 voix (416,886 votants, 564,338 inscrits), devint peu après sous-secrétaire d'Etat aux colonies, et contribua à faire voter les crédits du Tonkin. Il reçut (1886) une mission officielle pour visiter nos divers établissements coloniaux : le résultat de ce

voyage a été publié par M. de Lanessan sous le titre *les Colonies françaises*. Siégeant à l'extrême gauche, mais en indépendant, il soutint les ministères républicains au pouvoir, adressa au gouvernement (mars 1886), lors de la première discussion sur l'expulsion des princes, une interpellation de complaisance qui amena le vote d'un ordre du jour de confiance par 347 voix contre 109 ; se plaignit (février 1888) d'abus administratifs dans l'Annam, et fit rejeter, involontairement, à égalité de voix, 256 contre 256, le crédit de 20 millions demandé pour le Tonkin ; la Chambre, sur l'intervention de M. Tirard, président du Conseil, revint dès le lendemain sur sa première détermination, et vota un crédit de 19,800,000 francs, par 264 voix contre 256. En dernier lieu, M. de Lanessan s'est prononcé *contre* le rétablissement du scrutin d'arrondissement (11 février 1889), *contre* l'ajournement indéfini de la revision de la Constitution, *contre* les poursuites contre trois députés membres de la Ligue des patriotes, *contre* le projet de loi Lisbonne restrictif de la liberté de la presse et s'est abstenu sur les poursuites contre le général Boulanger. On a de lui : *le Protoplasma végétal*, thèse inaugurale (1876) ; *Traité de zoologie médicale* (3 volumes) ; *le Transformisme, évolution de la matière et des êtres vivants* (1879) ; *Traité de zoologie* (le 1er fascicule, *les Protozoaires*, a seul paru) ; *Botanique* (1882, dans la Bibliothèque des sciences contemporaines) ; *Flore de Paris* (1884) ; *Manuel de zootomie*, traduit de Massicovics (1881) ; *l'Expansion coloniale de la France* (1886) ; *la Tunisie* (1887) ; *l'Indo-Chine* (1889), etc.

LANFREY (Pierre), représentant en 1871, sénateur de 1875 à 1877, né à Chambéry (Savoie) le 26 octobre 1828, mort à Pau (Basses-Pyrénées) le 15 novembre 1877, fils d'un ancien officier de l'Empire, commença ses études au collège des jésuites de sa ville natale ; un pamphlet qu'il composa contre les R. P. obligea ses parents à le changer d'institution. Envoyé au collège Bourbon à Paris, il suivit ensuite les cours de l'Ecole de droit ; mais il ne se fit pas inscrire au barreau et, préférant se consacrer à des études de philosophie, d'histoire et de littérature, débuta, en 1857, par un remarquable écrit intitulé : *l'Eglise et les philosophes du XVIIIe siècle*. Les opinions démocratiques qu'il y affirmait attirèrent l'attention sur le jeune auteur, qui publia, quelque temps après, un *Essai sur la Révolution française* (1858), une *Histoire politique des papes* (1860) et des *Etudes et portraits politiques* (1863), empreints des mêmes sentiments. Vers la même époque, il donnait des articles au journal *le Temps*. En 1867, il commença la publication de son ouvrage le plus important, l'*Histoire de Napoléon Ier*, terminé en 1875 ; examinant d'un point de vue nouveau les actes politiques et militaires du règne de l'empereur, M. Lanfrey les appréciait avec une sévérité qui souleva d'assez vives polémiques. Républicain modéré, M. Lanfrey désapprouva la conduite de la délégation provinciale du gouvernement de la Défense nationale, attaqua personnellement Gambetta, refusa la préfecture du Nord qui lui était offerte et fit, dans les rangs des mobilisés de la Savoie la campagne franco-allemande. Après l'armistice, il fut élu (8 février 1871) représentant des Bouches-du-Rhône à l'Assemblée nationale, le 7e sur 11, par 47,323 voix (75,803 votants, 140,189 inscrits). Il s'inscrivit au centre gauche et à la gauche républicaine, et vota avec les républicains conservateurs qui appuyèrent la politique de Thiers. Nommé, le 9 octobre 1871, ambassadeur de France à Berne, il donna sa démission après le 24 mai 1873, et revint prendre part aux travaux parlementaires. Il vota alors *contre* le septennat, *contre* la loi des maires, *contre* l'état de siège, *pour* l'amendement Wallon et *pour* l'ensemble de la Constitution. Vice-président du centre gauche, il fut chargé, peu de temps avant la séparation de l'Assemblée, d'exposer le programme électoral de ce groupe dans un manifeste que publièrent les journaux (décembre 1873). Le 15 du même mois, M. Pierre Lanfrey fut élu sénateur inamovible par l'Assemblée nationale, le 45e sur 75, avec 350 voix (676 votants). Il s'inscrivit encore au centre gauche du Sénat ; mais l'état de sa santé ne lui permit pas d'être assidu aux séances ; obligé d'aller résider dans le Midi, il mourut à Pau, le 15 novembre 1877.

LANGEAC (ANNE-ALYRE-JOSEPH-GILBERT, COMTE DE), député en 1789, date de naissance inconnue, mort à Paris le 10 février 1790, appartenait à une famille noble d'Auvergne. Sénéchal de Riom, il fut, le 23 mars 1789, député aux Etats-Généraux par la noblesse de la sénéchaussée, avec 382 voix. Il opina avec la droite, mais n'eut qu'un rôle parlementaire de peu de durée, étant mort en février 1790.

LANGLAIS (JACQUES), représentant en 1848 et en 1849, député au Corps législatif de 1852 à 1857, né à Mamers (Sarthe) le 27 février 1810, mort à Mexico (Mexique) le 23 février 1866, fils d'un ouvrier tisserand, fut élevé aux frais de sa ville natale et, après de bonnes études commencées au collège de Mamers et terminées au séminaire du Mans, où il eut pour professeur de théologie l'abbé Bouvier, plus tard évêque du diocèse, devint clerc minoré en 1829 et fut nommé professeur de rhétorique au collège même où il avait fait ses classes. Il le quitta en 1831 pour entrer comme précepteur dans une famille à Saint-Denis-d'Anjou (Mayenne) ; puis il vint à Paris en 1833 étudier le droit. Il était en même temps un des rédacteurs du journal catholique, la *Dominicale*. Avocat en 1837, il se maria, envoya des articles au *Nouvelliste*, à la *Revue du Siècle*, pour les questions de jurisprudence, le collaborateur assidu de l'*Encyclopédie catholique du dix-neuvième siècle*, où il donna les articles *avocat, caisse d'épargne, célibat, divorce*, etc. En 1840, il se fit admettre par E. de Girardin à la *Presse*, et devint l'avocat ordinaire du journal qui soutenait alors le ministère Guizot, et pour lequel il plaida contre la *Démocratie pacifique*. En 1841, il porta la parole dans le procès intenté par un électeur de l'Aube à M. de Mesgrigny, inspecteur général des haras et député, proche parent de M. de Rambuteau, pour inscription frauduleuse sur les listes électorales ; la cour royale prononça la radiation ; il défendit encore le célèbre notaire Lehon, poursuivi pour une banqueroute frauduleuse de plusieurs millions, et Lami-Murray, directeur de la Banque d'Irlande. Très versé dans la législation de la presse, il préparait sur cette matière un ouvrage étendu, quand éclata la révolution de février, qu'il était loin de prévoir. Légitimiste, il déclara se rallier à l'ordre de choses nouveau, et ce fut comme républicain que les électeurs de la Sarthe l'envoyèrent à l'Assemblée constituante, le 23 avril 1848, le 12e et dernier, par 58.535 voix (114,212 votants). Un biographe du temps traçait de lui ce court portrait : « Modeste et réservé, il compense le peu d'agrément de sa physionomie par les agréments de son esprit. » M. Langlais fit par-

tie du comité de la justice, vota d'abord avec la fraction la plus conservatrice du parti républicain, puis se rapprocha de la droite monarchiste, et se rallia décidément, après l'élection présidentielle du 10 décembre, à la politique du prince-président. Il se prononça : *contre* le rétablissement du cautionnement, *pour* les poursuites contre Louis Blanc et Caussidière, *pour* le rétablissement de la contrainte par corps, *contre* l'amendement Grévy, *contre* le droit au travail, *pour* la proposition Rateau, *contre* l'amnistie, *pour* l'interdiction des clubs, etc. Il est porté *absent par congé* pendant les derniers mois de la session. Réélu, le 13 mai 1849, le 5e sur 10, par 60,805 voix (103,029 votants, 135,640 inscrits), représentant de la Sarthe à l'Assemblée législative, M. Langlais siégea dans la majorité, appuya l'expédition de Rome, la loi Falloux-Parieu sur l'enseignement, etc., et ne se sépara des chefs de la droite parlementaire que pour adhérer au coup d'État du 2 décembre 1851. Présenté, le 29 février 1852, sous les auspices du gouvernement, comme candidat à la députation, dans la 2e circonscription de la Sarthe, il fut élu député au Corps législatif, par 17,786 voix (26,216 votants, 36,662 inscrits), contre 6,120 voix à M. Dutertre et 2,056 à M. Granger. M. Langlais s'associa au rétablissement de l'Empire, opina constamment avec la majorité dynastique, prit plusieurs fois la parole et coopéra activement à la discussion de plusieurs projets de loi. En 1853, il fut rapporteur de la commission chargée d'examiner le projet relatif à la composition du jury ; en 1855, il fit le rapport sur le nouveau projet d'organisation municipale. Réélu député, le 22 juin 1857, par 18,698 voix (19,315 votants, 34,829 inscrits), contre 117 à M. de Louvigny et 97 à Raspail. M. Langlais donna la même année sa démission et quitta le Palais-Bourbon pour entrer au conseil d'Etat. Au mois de septembre 1865, il accepta le portefeuille du nouvel empereur du Mexique, Maximilien, le portefeuille des finances ; mais il mourut à Mexico cinq mois après, d'une attaque d'apoplexie, ou peut-être d'un empoisonnement.

LANGLE-BEAUMANOIR (LOUIS-JOSEPH-THÉOPHILE, MARQUIS DE), député de 1842 à 1846, né à Evran (Côtes-du-Nord) le 11 avril 1802, mort à Paris le 6 juin 1878, d'une ancienne famille bretonne, était sous-préfet de Quimperlé depuis 1838 lorsqu'il fut, le 5 juillet 1842, élu député de cet arrondissement le 6e collège du Finistère) par 88 voix (145 votants, 161 inscrits). M. de Langle-Beaumanoir prit place dans la majorité conservatrice, et parla en 1843 sur le droit de visite, mais il ne siégea pas jusqu'à la fin de la législature. Démissionnaire en 1846, il ne se représenta pas aux élections générales du 1er août et eut pour successeur M. Jubelin. Conseiller général des Côtes-du-Nord de 1848 à 1852, M. de Langle-Beaumanoir rentra ensuite dans la vie privée, et commanda pendant la guerre de 1871 un régiment de mobiles. Officier de la Légion d'honneur.

LANGLE-BEAUMANOIR (TRISTAN-LOUIS-ANNE, MARQUIS DE), fils du précédent, membre du Sénat, né à Paris le 3 mars 1828, entra dans la marine, où il parvint au grade d'officier, puis dans l'administration, comme sous-préfet de Cholet en 1867 et de Coutances en 1870. Révoqué par le gouvernement du 4 septembre, il resta pendant plusieurs années en dehors des fonctions publiques, tout en se signalant par l'ardeur de ses opinions conservatrices. Le ministère du 16 mai 1877 l'appela à la préfecture des Côtes-du-Nord. La presse démocratique se plut à reproduire certains arrêtés de M. de Langle, notamment celui qui avait pour objet d'interdire au marquis, son père, de jouer du cor. Il donna d'ailleurs sa démission de préfet à la fin de l'année. Après avoir, le 10 octobre 1880, échoué à une élection partielle, comme candidat au Sénat, dans les Côtes-du-Nord, avec 119 voix sur 487 votants, M. de Langle-Beaumanoir fut élu sénateur de ce département, au renouvellement triennal du 6 janvier 1885, par 682 voix (1,270 votants). Il prit place à droite, parla (mars 1888) contre le projet de loi accordant des pensions aux blessés de février 1848; interpella le gouvernement (juillet) sur la direction donnée au service de la gendarmerie, et vota constamment avec les conservateurs-monarchistes de la Chambre haute : contre la politique du gouvernement, contre l'expulsion des princes, contre la nouvelle loi militaire, etc., et, en dernier lieu, contre le rétablissement du scrutin d'arrondissement (13 février 1889), contre le projet de loi Lisbonne restrictif de la liberté de la presse, contre la procédure à suivre devant le Sénat contre le général Boulanger. Officier de la Légion d'honneur.

LANGLIER (CHARLES), député en 1789, né à Feuquières (Somme) à une date inconnue, mort à Amiens (Somme) le 6 février 1794, fils de Alexis Langlier, laboureur, et de Charlotte Moutonnier, était cultivateur à Feuquières, lorsqu'il fut élu, le 4 avril 1789, député du tiers aux Etats-Généraux par le bailliage d'Amiens, avec 120 voix sur 230 votants. Son nom ne figure au *Moniteur* que pour indiquer sa nomination de juré au tribunal criminel extraordinaire, le 13 mars 1793.

• LANGLOIS (JEAN-BAPTISTE-GUILLAUME), député en 1791, au Conseil des Cinq-Cents, au Corps législatif de l'an VIII à 1806, représentant à la Chambre des Cent-Jours, né à Louviers (Eure) en 1754, mort à une date inconnue, était négociant dans sa ville natale et président de l'administration de l'Eure, lorsque, le 2 septembre 1791, ce département le nomma, le 10e sur 11, par 333 voix (502 votants), député à l'Assemblée législative. Langlois vota avec la majorité. Il représenta plus tard (25 germinal an VII) le même département au Conseil des Anciens, et, après le coup d'Etat de Bonaparte, fut inscrit par le Sénat conservateur, toujours comme député de l'Eure, sur la liste des membres du nouveau Corps législatif, où il siégea jusqu'en 1806, parmi les partisans zélés du régime consulaire et impérial. Le 9 mai 1815, il fut encore réélu représentant de l'Eure à la Chambre des Cent-Jours, par 60 voix sur 88 votants. Son rôle politique dans les diverses assemblées auxquelles il appartint, fut uniformément effacé.

LANGLOIS (PIERRE-NICOLAS-ÉTIENNE), député en 1791, né à Lintot (Seine-Inférieure) en 1756, mort à une date inconnue, administrateur du district de Dieppe, fut élu, le 7 septembre 1791, député de la Seine-Inférieure à l'Assemblée législative (le procès-verbal de l'élection manque aux Archives). Il siégea obscurément dans les rangs de la majorité.

LANGLOIS (JEAN-LOUIS), représentant en 1848, né à Saint-Pierre-la-Garenne (Eure) le 21 janvier 1805, mort à Goulet (Orne) le 18 avril 1855, étudia le droit, se fit recevoir avocat et s'inscrivit au barreau de Paris. Auteur de plusieurs écrits touchant l'administration, la politique et les finances, parmi lesquels on peut citer ses *Lettres sur le crédit agricole*, sa *Comparaison*

des administrations locales de la France et de la Belgique, etc., il prit dans l'arrondissement de Louviers une part active aux luttes électorales du règne de Louis-Philippe. C'est sur sa protestation, revêtue d'un grand nombre de signatures, que les élections successives de Charles Laffitte (*V. ce nom*), dans ce collège, furent annulées par la Chambre, comme entachées de corruption. Républicain modéré, M. Langlois fut élu, le 23 avril 1848, représentant de l'Eure à l'Assemblée constituante, le 10e sur 11, avec 51,182 voix (99,709 votants). Il fit partie du comité de l'agriculture, répondit à M. Pascal Duprat demandant la levée de l'état de siège (24 juin 1848) que « l'état de siège était le vœu de la population tout entière », et vota avec la fraction la plus conservatrice du parti démocratique : *pour* le rétablissement du cautionnement et de la contrainte par corps, *pour* les poursuites contre Louis Blanc et Caussidière, *contre* l'abolition de la peine de mort, *contre* l'amendement Grévy, *contre* le droit au travail, *pour* l'ordre du jour en l'honneur de Cavaignac, *contre* la proposition Rateau, *contre* l'amnistie (1er février 1849), *contre* l'interdiction des clubs, etc. Il n'appartint pas à d'autres assemblées.

LANGLOIS (AMÉDÉE-JÉRÔME), représentant en 1871, député de 1876 à 1885, né à Paris le 7 janvier 1819, fils du peintre d'histoire Jérôme-Marie Langlois (1789-1838), se destina à la marine, entra à l'Ecole navale, et fut nommé aspirant en 1838 et enseigne de vaisseau en 1841. En 1847, il fut appelé dans les bureaux du ministère de la Marine comme secrétaire de la commission de revision du règlement général des bâtiments de la flotte; il donna sa démission en 1848 pour s'occuper de journalisme politique et surtout d'économie sociale. Très lié avec Proudhon, il collabora à son journal le *Peuple* du 1er septembre 1848 au 13 juin 1849, et partagea les opinions du célèbre polémiste. M. Langlois, qui se déclarait alors partisan d'une République démocratique et sociale, fut porté, en mai 1849, à Paris, sur la liste du parti avancé comme candidat à l'Assemblée législative : il réunit, sans être élu, 105,000 voix. Compromis, comme publiciste, dans l'affaire du Conservatoire des Arts et Métiers, il fut arrêté le 13 juin, aux bureaux du *Peuple*, traduit devant la Haute-Cour de Versailles, et condamné, le 13 novembre, à la déportation. Rendu à la liberté, il assista Proudhon à ses derniers moments (26 janvier 1865), et se chargea de la publication de ses livres posthumes en qualité d'exécuteur testamentaire. Dans les dernières années de l'Empire, il fréquenta assidûment les réunions publiques électorales, où sa parole saccadée et son allure fougueuse lui valurent une bruyante notoriété, fit partie de l'Association internationale des travailleurs, et se distingua au Congrès de Bâle, en 1869, par son ardeur à combattre le communisme, conformément aux théories individualistes de Proudhon. Le 12 juillet 1870, il protesta contre la guerre contre la Prusse, à la tête d'une manifestation que la police dut disperser par la force. Au 4 septembre, il fut aussi des premiers à réclamer dans les rues la déchéance de l'empereur. Devenu aussitôt chef du 116e bataillon de la garde nationale, il prit une part active à la défense de Paris, et, promu lieutenant-colonel du 18e régiment de marche, reçut une blessure grave à l'attaque de Buzenval (janvier 1871) : il fut, pour sa conduite dans cette journée, décoré de la Légion d'honneur. Aux élections du 8 février 1871, le « colonel Langlois », porté sur plusieurs listes républicaines, fut élu représentant de la Seine à l'Assemblée nationale, le 25ᵉ sur 43, par 95,851 voix (328,970 votants, 547,858 inscrits). Il prit parti contre l'insurrection communaliste du 18 mars, et ce fut lui que les maires et députés de Paris désignèrent comme commandant des gardes nationales de la Seine, pour tenir tête aux forces du comité central. Mais jugeant la résistance impossible, M. Langlois donna sa démission dès le 19 au matin, et se rendit à Versailles, où il remplit, auprès de l'amiral Saisset, les fonctions de chef d'état-major. A l'Assemblée, il siégea à gauche, repoussa les préliminaires de paix, vota *contre* les prières publiques, *contre* l'abrogation des lois d'exil, *contre* le pouvoir constituant de l'Assemblée et parut plusieurs fois à la tribune : son discours contre la loi sur l'Internationale fut particulièrement remarqué. Mais l'influence de M. Thiers, dont il fréquentait assidûment la maison, atténua de plus en plus la « nuance » politique de M. Langlois, qui mit dès lors son emportement habituel au service des idées les plus modérées. Il fit partie de plusieurs commissions, entre autres de celle du budget, préconisa en matière financière le système d'un impôt « sur tous les revenus » que la majorité repoussa, et parla sur les impôts nouveaux, sur la loi de recrutement, etc. Il se prononça avec beaucoup de vivacité *contre* le ministère du 24 mai 1873, *contre* le septennat, la loi des maires, l'état de siège, et, à la fin de la législature, adopta l'amendement Wallon et l'ensemble des lois constitutionnelles. Après avoir refusé la candidature dans le département de Seine-et-Marne, M. Langlois se porta simultanément, aux élections législatives du 20 février 1876, dans le 7ᵉ arrondissement de Paris et dans la 2ᵉ circonscription de Pontoise. Il obtint à Paris 3,068 voix et se désista en faveur de M. Frébault, candidat radical ; à Pontoise, il fut élu au second tour de scrutin, le 5 mars, par 5,628 (10,729 votants, 13 627 inscrits), contre 4,961 voix à M. Brincard, bonapartiste. Inscrit aux deux groupes de la gauche et de l'Union républicaine, il appartint à la majorité et fut des 363. Réélu, comme tel, le 14 octobre 1877, par 7,522 voix 12,427 votants, 14,303 inscrits), contre 4,794 à M. Brincard, candidat officiel, M. Langlois reprit sa place à gauche, s'associa à tous les votes de la majorité, fut presque chaque année membre de la commission du budget qui lui confia plusieurs fois la rédaction et la défense du rapport sur le budget de la guerre, et parla sur la loi concernant les aumôniers militaires, sur la proposition du service de trois ans, sur la création d'un port à la Réunion, sur le service hospitalier militaire, etc. Les élections du 21 août 1881 le renvoyèrent à la Chambre, avec 8,558 voix (10,754 votants, 15,142 inscrits), contre 256 à M. Brincard. M. Langlois soutint la politique opportuniste, vota *pour* les ministères Gambetta et J. Ferry, *contre* le ministère Freycinet, dont il critiqua à la tribune la politique extérieure, et adopta les crédits du Tonkin. Membre de la majorité qui avait voté les conventions avec les chemins de fer, il protesta en séance (juillet 1883) contre les imputations de M. Laisant, de l'extrême-gauche, qui avait accusé plusieurs députés d'avoir accepté des pots-de-vin. La carrière parlementaire de M. Langlois prit fin avec cette législature. Porté le 4 octobre 1885, sur la liste opportuniste de Seine-et-Oise, il échoua avec 25,974 voix

(119,995 votants), et reçut en compensation (décembre 1885) le titre et les fonctions de percepteur du 18ᵉ arrondissement de Paris.

LANGLOIS-D'AMILLY (Jules-Hyacinthe, comte), député de 1834 à 1837, né à Paris le 26 janvier 1795, mort à Paris le 20 mai 1862, maitre des requêtes en service extraordinaire en 1819, puis attaché à la section des finances l'année suivante, chevalier de la Légion d'honneur le 22 avril 1822, préfet d'Eure-et-Loir le 5 août 1830, conseiller d'État en service ordinaire (septembre 1830), se présenta à la députation, aux élections du 5 juillet 1831, dans le 4ᵉ collège d'Eure-et-Loir (Nogent-le-Rotrou), où il échoua avec 42 voix contre 100 à l'élu, M. Texier, député sortant, et 37 à M. Berryer. Nommé président du collège électoral de Nogent-le-Rotrou au commencement de 1834, il fut élu, aux élections du 21 juin 1834, député de ce collège, par 116 voix (172 votants, 235 inscrits), contre 46 à M. le marquis de Turin. Appelé à la préfecture de l'Orne le 24 mai 1837, il donna sa démission de député, et fut remplacé, le 1ᵉʳ juillet de la même année, par M. de Salvandy. Officier de la Légion d'honneur (13 septembre 1841), commandeur (9 décembre 1845), il donna sa démission de préfet de l'Orne en 1846, fut nommé conseiller général de ce dernier département en 1847, et admis à la retraite, comme ancien préfet, le 26 juillet de la même année.

LANGLOIS DE SEPTENVILLE (Louis-Léon, baron), député au Corps législatif de l'an XIII à 1814, né à Amiens (Somme) le 10 janvier 1754, mort à Lignières-Châtelain (Somme) le 28 août 1844, d'une ancienne famille noble de Picardie, « fils de monsieur Pierre Langlois de Septenville et de dame Marguerite-Julienne Pajot d'Ardivillers », entra à 14 ans aux mousquetaires noirs, devint capitaine de dragons au régiment de Languedoc en 1781, aide-maréchal général des logis de l'armée, avec le grade de colonel, en 1788, et quitta l'armée active. Commandant des gardes nationales du Calvados en 1789, il ne fut pas inquiété pendant la Terreur, fut nommé receveur particulier à Nivelles (Belgique) en 1800, et, membre du collège électoral du département de la Dyle, fut choisi par le Sénat conservateur comme député de la Dyle au Corps législatif, le 4ᵉ jour complémentaire de l'an XIII, et réélu à la même assemblée le 4 mai 1809. Membre de la Légion d'honneur en 1811, créé baron de l'empire le 19 juin 1813, il resta au Corps législatif jusqu'à la séparation de la Belgique de la France en 1814. Louis XVIII le nomma chevalier de Saint-Louis et receveur particulier des finances à Montdidier (Somme), fonctions qu'il abandonna en 1822. Maire de Montdidier en 1823, officier de la Légion d'honneur en 1825, il se démit de sa charge municipale en 1830, et se retira dans son château de Lignières-Châtelain, près d'Amiens, où il mourut.

LANGLOIS DE SEPTENVILLE (Charles-Édouard, baron), député de 1876 à 1881, né à Paris le 17 novembre 1835, petits-fils du précédent, riche propriétaire agriculteur dans la Somme, partageait son temps entre l'agriculture et les études historiques, lorsque les élections législatives de 1876 le firent entrer dans la politique active. Candidat conservateur et nettement impérialiste dans la 2ᵉ circonscription d'Amiens, M. L. de Septenville fut élu député, au second tour de scrutin, le 5 mars 1876, par 13,815 voix (24,919 votants,

28,819 inscrits), contre 10,885 voix à M. Goblet, républicain. Il prit place à droite, dans le groupe de l'Appel au peuple, fut de la minorité, et soutint de son vote, contre les 363, le gouvernement du Seize-Mai, qui le désigna comme candidat officiel après la dissolution de la Chambre. Réélu, le 14 octobre 1877, dans la même circonscription, par 14,665 voix (25,951 votants, 28,834 inscrits), contre 10,959 à M. Ernest Dieu, républicain, il reprit sa place dans le groupe bonapartiste, et se signala par la vivacité de ses interruptions et de ses attaques contre le gouvernement républicain. M. Langlois de Septenville vota *contre* les invalidations des députés de la droite, *contre* l'article 7, *contre* les ministères Dufaure et J. Ferry, *contre* l'amnistie, *contre* le retour du parlement à Paris, etc., fonda, pendant la session, le journal bonapartiste le *Petit Caporal*, et échoua, lois du renouvellement général du 21 août 1881, dans la 2e circonscription d'Amiens, avec 10,062 voix contre 13,597 à l'élu républicain, M. Dieu. Membre de plusieurs sociétés savantes de France et de l'étranger, M. de Septenville a publié : *Victoires et conquêtes depuis l'occupation des Maures jusqu'à nos jours* (1862) ; *Découvertes et conquêtes du Portugal dans les deux mondes* (1863) ; le *Brésil sous la domination portugaise* (1872) ; *Fastes militaires et maritimes du Portugal* (1879) ; *Étude historique sur le marquis de Pombal*, etc. M. L. de Septenville est décoré des ordres étrangers du Portugal, d'Espagne, du Mexique, etc.

LANGON (NICOLAS-FRANÇOIS, MARQUIS DE), député en 1789, né à Grenoble (Isère) le 5 mars 1742, mort à Grenoble le 5 janvier 1815, maréchal des camps et armées du roi, fut élu, le 2 janvier 1789, député de la noblesse aux Etats-Généraux par la province du Dauphiné. Il fut un de ceux de son ordre qui, le 25 juin 1789, se réunirent spontanément à l'Assemblée nationale et lui remirent leurs pouvoirs. Il prit aussi part à la nuit du 4 août. Son rôle politique n'a pas laissé d'autres traces au *Moniteur*.

LANJUINAIS (JEAN-DENIS, COMTE), député en 1789, membre de la Convention, député au Conseil des Anciens, membre du Sénat conservateur, pair de France, représentant aux Cent-Jours, né à Rennes (Ille-et-Vilaine) le 12 mars 1753, mort à Paris le 13 janvier 1827, était le second des quatorze enfants de « noble maître » Joseph-Anne-Michel Lanjuinais, sieur des Planches, avocat à la cour, et d'Hélène-Marguerite Capdeville. Sa famille était originaire de la paroisse de Pleumeleuc et appartenait à la petite bourgeoisie. Les études de Jean-Denis, au collège de sa ville natale, furent brillantes : à dix-neuf ans, il fut reçu, avec dispense d'âge, avocat et docteur en droit. Une nouvelle dispense l'autorisa à concourir pour une chaire de droit à la faculté de Rennes ; son âge mit obstacle à sa nomination. En 1775, il emporta, à un nouveau concours, la chaire de droit ecclésiastique. Professeur à vingt-deux ans, désigné par les trois ordres des Etats de Bretagne (1779) comme leur avocat conseil, il fut bientôt mis en vue par un procès relatif au *droit de colombier*, revendiqué par la noblesse sur simples titres et en l'absence de possession. Lanjuinais combattit ces prétentions, et triompha ; mais les débats très ardents de cette affaire et les ennuis qu'il en retira le décidèrent à se livrer exclusivement aux travaux du professorat. Les mémoires qu'il composa et qu'il fit imprimer pendant les dix années qui précédèrent la

Révolution forment quatre volumes in-4° ; en même temps il préparait sur le droit canonique, comme résumé de son enseignement, deux grands ouvrages écrits en latin : *Institutiones juris ecclesiastici ad fori gallici usum accomodatæ* et *Prælectiones juris ecclesiastici juxta seriem gregorianæ decretalium collectionis*, dont les événements politiques empêchèrent la publication. Dès 1788, Lanjuinais se déclara le défenseur des droits du tiers dans deux brochures : *Réflexions patriotiques* destinées à répondre à l'*Arrêté de quelques nobles de Bretagne*, en date du 25 août, et le *Préservatif contre l'Avis à mes compatriotes*. Dans la première, il relevait vivement l'affectation dédaigneuse avec laquelle l'arrêté parlait des mouvements de « quelques particuliers du tiers ». Dans l'autre il s'exprimait ainsi : « Nous rejetons avec une égale horreur la démocratie, l'aristocratie et le despotisme ; mais nous chérissons cette *forme mixte* tant désirée des anciens politiques, tant applaudie par les modernes, d'où, du concours du roi, des grands et du peuple agissant par ses représentants, sortiront des résultats d'une volonté générale et constante qui feront régner uniquement la loi sur toutes les terres de l'Empire. » Et, en terminant : « Si le tiers-état ne fait maintenant que de vains efforts, si, dans un siècle de lumière et de philosophie, il s'amuse à secouer ses chaines sans parvenir à les briser, le joug de la noblesse va s'appesantir de plus en plus sur nos têtes ; d'exemptions en exemptions, de surcharges en surcharges, d'exclusions en exclusions, nous deviendrons, peu à peu, comme les ilotes chez les Spartiates, et, si nous causons jamais de l'inquiétude à nos maîtres, ils nous donneront aussi la chasse comme à des bêtes fauves. » Il venait d'épouser la fille du lieutenant à la maîtrise des eaux-et-forêts de Rennes, quand les électeurs de cette sénéchaussée lui confièrent la rédaction du cahier de leurs doléances. Elu, le 17 avril 1789, député du tiers aux Etats-Généraux pour la sénéchaussée, il fut, à Versailles, un des fondateurs du Club Breton ; demanda, dès le 19 juin, la création d'un comité des subsistances ; participa, le 23, aux événements qui amenèrent la séance du Jeu de Paume, et figura à ce titre dans le célèbre tableau de David. Quelques jours après, il censura les formes impérieuses *J'ordonne, je veux*, dont Louis XVI s'était servi dans la séance royale, déclarant qu'elles ne devaient plus trouver place dans le langage parlementaire » ; puis, il attaqua les protestations réitérées de la noblesse de Bretagne contre les actes de l'Assemblée, combattit les parlements, réclama l'abolition de plusieurs privilèges, refusa le titre de prince aux membres de la famille royale, et s'opposa même, après l'abolition des distinctions, à ce que le roi portât le cordon bleu ; (il réclamait pour Louis XVI le titre de roi *des Français et des Navarrais*.) Ses discours brefs, incisifs, et toujours véhéments, faisaient une forte impression sur l'Assemblée. Pendant les derniers mois de l'année 1789, il s'occupa surtout de la loi électorale et demanda en particulier que les citoyens actifs fussent dispensés de la condition d'éligibilité relative à la contribution directe s'i, au premier tour de scrutin, ils avaient réuni les trois quarts des suffrages. On ne saurait le suivre dans toutes ses apparitions à la tribune, pour demander aujourd'hui la suppression absolue de la noblesse, demain l'abolition des corvées dues à l'injustice et à la force, pour discuter avec Robespierre la légitimité des droits de triage acquis par prescription sur les biens communaux, ou pour disserter sur les halles et marchés, sur les droits de minage ou sur les droits féodaux maritimes, etc. Mais c'est au sein du comité ecclésiastique, que Lanjuinais eut un rôle important. Il y était entré le 29 août 1789; pendant le mois de juin 1890, il ne quitta presque pas la tribune de l'Assemblée, et c'est à bon droit qu'il est considéré comme un des principaux auteurs de la Constitution civile du clergé. Le 1er juin, il demanda, au nom du comité, la suppression des sièges archiépiscopaux; puis il fit lecture de l'article 1er du décret sur la Constitution ecclésiastique portant que chaque département formerait un seul diocèse. Sur l'article 11 qui défendait à toute église et paroisse de France et à tout citoyen de reconnaitre l'autorité d'un évêque ordinaire ou métropolitain dont le siège serait établi sous une domination étrangère, ou celle de ses délégués résidant en France ou ailleurs, Lanjuinais se borna à proposer cet amendement : « Le tout, sans préjudice de l'unité de foi et de la communion qui sera entretenue avec le chef visible de l'Eglise. » Peut-être, comme Treilhard, Camus, Expilly, Martineau, souhaitait-il, non pas l'unité catholique, mais la simple unité gallicane, dépendante du pouvoir civil, et organisée à la manière des églises russe ou anglicane. Très hostile aux prêtres réfractaires, il présenta, le 8 février 1791, au nom du comité ecclésiastique, un rapport sur les pensions accordées aux curés déchus de leurs fonctions pour refus de serment. Le comité leur allouait une pension de 500 livres au maximum, mais il était spécifié qu'ils n'y auraient droit qu'après avoir donné « l'acte formel de leur démission ». L'Assemblée refusa d'imposer cette condition. Lanjuinais se prononça aussi contre la latitude laissée aux non conformistes par le directoire de Paris de célébrer, à leurs frais, dans l'ancienne église des Théatins, le culte « orthodoxe », et il proposa, dit le *Moniteur*, de « regarder comme non aveu l'arrêté du département de Paris relatif à la liberté des cultes ». Chargé de la rédaction d'une loi pour la constatation de l'état civil des citoyens et sur le règlement des dispenses de mariages, il présenta un projet qui confiait aux officiers municipaux la rédaction et la conservation de l'état civil, restreignait les empêchements au mariage à un petit nombre, et proposait d'abolir entièrement les dispenses. Ce projet, ajourné par la Constituante, fut adopté sauf de légères modifications par l'Assemblée législative; le code civil s'en est inspiré.

Après la clôture de la session, Lanjuinais revint à Rennes, où il fut élu officier municipal. Il s'y lia étroitement avec l'évêque constitutionnel Le Coz, et publia (1792) en collaboration avec le curé constitutionnel de la paroisse de Toussaints, nommé Manigui, une *Instruction conforme à la doctrine de l'Eglise catholique, apostolique et romaine*. Le 5 septembre 1792, il fut élu député d'Ille-et-Vilaine à la Convention nationale, le 1er sur 9, « à la pluralité des voix ». Dans la nouvelle assemblée, Lanjuinais se mit à combattre les opinions de la Montagne avec la même ardeur qu'il avait montrée naguère contre l'orthodoxie romaine. A peine arrivé à Paris, il se rendit au club des Jacobins, et se déclara absolument contraire à la prestation du serment de haine aux rois et à la royauté. Ce serment ayant été voté, Lanjuinais se retira en protestant. A la Convention, il ne cessa d'opiner avec la droite : le 22 septembre, il fit ajourner une motion de Tal-

lien tendant au renouvellement en masse de tous les fonctionnaires administratifs et judiciaires. Le 23, il proposa avec Kersaint l'organisation d'une force publique départementale de 24,000 hommes qui feraient alternativement le service à Paris pendant trois mois, pour « protéger » la Convention; puis il appuya de toutes ses forces Louvet dans ses récriminations contre Robespierre. Ce fut surtout à l'occasion du procès de Louis XVI qu'il manifesta ses sentiments contre-révolutionnaires. Duhem et Bazire ayant demandé, après la plaidoirie de de Sèze, que l'on décidât sur-le-champ si Louis avait mérité la mort, il s'écria en les apostrophant : « Le temps des hommes féroces est passé. Il ne faut plus songer à nous arracher des délibérations qui pourraient déshonorer l'assemblée... Aujourd'hui, citoyens, on veut faire juger l'accusé sans vous donner le temps de méditer sa défense; eh bien! moi je viens vous demander le rapport d'un décret barbare, qui vous a été ravi en peu de minutes et, par voie d'amendement, celui qui vous a faits juges dans cette affaire. » Lanjuinais refusa de prendre part à la discussion du procès; puis, quand vinrent les appels nominaux, il répondit ainsi :

Au 1er appel nominal (Louis est-il coupable?) :
« *Oui*, sans être juge. »

Au 2e appel nominal (appel au peuple) :
« Je dis oui, si vous condamnez Louis à mort : dans le cas contraire, je dis *non*... J'entends dire que mon suffrage ne sera pas compté; comme je veux qu'il le soit, je dis *oui*. »

Au 3e appel nominal (la peine) :
« Comme homme, je voterais la mort de Louis; mais comme législateur, considérant uniquement le salut de l'Etat et l'intérêt de la liberté, je ne connais pas de meilleur moyen pour les conserver et les défendre contre la tyrannie, que l'existence du ci-devant roi. Au reste, j'ai entendu dire qu'il fallait que nous jugeassions cette affaire comme la jugerait le peuple lui-même. Or le peuple n'a pas le droit d'égorger un prisonnier vaincu; c'est donc d'après le vœu et les droits du peuple, et non d'après l'opinion que voudraient nous faire partager quelques-uns d'entre nous, que je vote pour la réclusion jusqu'à la paix, et pour le bannissement ensuite, sous peine de mort en cas qu'il rentrât en France. »

Entre le second et le troisième appel, Lanjuinais avait fait de vains efforts pour demander que la condamnation ne pût être prononcée que par les trois quarts des suffrages. A partir de ce moment, il se trouva en lutte presque quotidienne avec la Montagne. Il réclama avec insistance la punition des massacres de septembre, protesta contre la création d'un tribunal révolutionnaire, et se prononça, le 13 avril 1793, pour la mise en accusation de Marat. Deux jours plus tard, le 15, il fut compris au nombre des 22 dont la Commune demandait l'expulsion. Il riposta, le 24 mai, en dénonçant, à son tour, la Commune à l'Assemblée, et en demandant qu'il y eût, dans la capitale, une municipalité par chaque 50,000 habitants; ce discours fut envoyé, malgré la Montagne, à tous les départements. Lanjuinais revint à la charge et défendit la commission des Douze contre les attaques des pétitionnaires et des membres de l'extrémité gauche de l'Assemblée. Mais la commission fut dissoute le 31 mai. Dans la nuit du 1er au 2 juin, le tocsin, la générale et le canon d'alarme se firent entendre dans Paris. La Convention fut envahie. Au milieu du tumulte, Lanjuinais s'élança à la tribune et eut de violentes altercations avec plusieurs Monta-

gnards, à coups de poing et à coups de pistolet. Dénoncé de nouveau par une députation
des autorités municipales, il refusa de se démettre de son mandat, à l'exemple d'Isnard,
de Lanthenas, de Fauchet. « N'attendez de
moi, dit-il, ni suspension, ni démission. » Son
arrestation fut décrétée. Le lendemain il adressait une pétition à la Convention pour être
immédiatement jugé. Gardé à vue chez lui par
un gendarme, il publia un récit de l'insurrection des trois jours, reçut les félicitations de
ses amis de Rennes et de Saint-Malo, et finit
par s'évader. Il se rendit à la campagne de
M. de Chateaugiron près d'Argenteuil, de là
à Caen, où les Girondins proscrits essayaient
d'organiser la résistance, puis à Rennes ; là, il
profita de ses loisirs pour publier sous le titre
unique : Dernier crime de Lanjuinais, une
brochure dans laquelle il dénonçait aux assemblées primaires la Constitution de 1793.
Mais bientôt l'armée du Calvados fut mise en
déroute; les Girondins proscrits durent prendre
la fuite, et Carrier fit à Rennes des recherches
actives contre Lanjuinais mis hors la loi.
Celui-ci dut passer dix-huit mois caché dans un
petit grenier à peine assez grand pour contenir
un matelas, une table et quelques livres, éclairé
par une lucarne à demi bouchée avec un fagot,
et n'ayant pour issue qu'un trou pratiqué au niveau du sol, sous la tapisserie d'une chambre voisine. Afin de détourner les soupçons, Mme Lanjuinais, sur le conseil de son mari, qui rédigea
lui-même les pièces préparatoires, avait demandé
le divorce, qui fut prononcé le 12 novembre 1793.
Rendu à la liberté quelques mois après le
9 thermidor, Lanjuinais fut en outre réintégré,
le 18 ventôse an III, dans ses fonctions de représentant. Son premier soin fut de faire annuler son divorce.

Après avoir pris part à la mission des représentants chargés de la pacification de la chouan-
nerie, il reparut à la tribune de la Convention
le 11 floréal an III, pour demander l'abrogation
des lois qui frappaient les parents d'émigrés;
puis il soutint la proposition de Lesage de traduire devant les tribunaux ordinaires les députés compromis dans l'insurrection de prairial,
et fut chargé, le 11 prairial, par les comités de
salut public, de sûreté générale et de législation, de présenter, pour la restitution des édifices consacrés au culte, un projet de décret que
l'assemblée adopta. Cette attitude le fit accuser
de royalisme par Tallien; mais Lanjuinais fut
défendu par Louvet, par Sieyès et par le boucher Legendre, le même Legendre qui, parlant
de l'assommer dans la journée du 2 juin 1793,
reçut, dit-on, de lui, cette réponse : « Fais
d'abord décréter que je suis bœuf ! » Après la
session conventionnelle, Lanjuinais fut élu, le
22 vendémiaire an IV, député au Conseil des
Anciens par 73 départements. Il opta pour l'Ille-
et-Vilaine, prit plusieurs fois la parole et quitta
l'Assemblée le 1er prairial an V. Non réélu, il
accepta le poste de professeur de législation à
l'École centrale d'Ille-et-Vilaine, protesta contre
l'acte du 18 fructidor et se montra plus favorable à celui du 18 brumaire an VIII. Aussi fut-
il désigné, le 18 ventôse suivant, pour faire partie du Sénat conservateur. Il s'y fit remarquer
par une indépendance relative, s'opposa aux
proscriptions qui suivirent l'affaire de la machine
infernale, combattit, en 1802, l'élévation de
Bonaparte au Consulat à vie, et, en 1804, son
élévation à l'Empire. Il fut cependant nommé,
le 9 vendémiaire an XII, membre de la Légion
d'honneur et, le 25 prairial de la même année,
commandeur du même ordre ; puis, le 23 mai

1808, il fut créé comte de l'Empire. Le Sénat
lui donnant peu d'occupation, il fonda, de concert avec Target, Portalis et Malleville, une
école libre de droit qui fut connue sous le nom
d'académie de législation et dans laquelle il
enseigna avec succès le droit romain. Dupin
aîné y fut un de ses élèves. Il étudia vers la
même époque les théogonies orientales, apprit,
malgré son âge, l'anglais et l'allemand, présida l'Académie celtique, se lia avec les plus
savants orientalistes de l'époque, et succéda en
1808 à Bitaubé comme membre de l'Académie
des Inscriptions et belles-lettres. En 1814, lorsque Paris fut investi par les alliés, Lanjuinais
se réunit à Lambrechts et à Grégoire pour voter
la déchéance de l'empereur et l'établissement
d'un gouvernement provisoire. Nommé pair de
France par Louis XVIII le 4 juin 1814, il combattit la loi de censure du 21 octobre, et s'opposa vivement à la proposition du maréchal
Macdonald relative à l'indemnité des émigrés,
pour la limiter seulement aux personnes réellement indigentes. En mars 1815, il se retira à
la campagne, s'abstint de prêter serment à
l'empereur et fut rayé de la liste des pairs;
mais le collège de département de la Seine le
nomma, le 7 mai 1815, par 75 voix (113 votants,
215 inscrits), représentant à la Chambre des
Cent-Jours; lors de la constitution du bureau,
Lanjuinais réunit 189 suffrages pour la présidence, contre Merlin candidat de l'empereur
qui n'en eut que 49. Napoléon tint un conseil
d'État pour savoir s'il ratifierait cette élection;
puis il fit venir l'ancien sénateur et lui demanda,
dit-on : « Me haïssez-vous ? » Sur sa réponse
négative, Napoléon, d'après un récit de M. Victor Lanjuinais, dans une notice sur son père,
aurait embrassé le président élu et envoyé Regnault de Saint-Jean-d'Angély porter à la Chambre son acceptation. Le rôle du président de la
Chambre étant surtout passif, Lanjuinais ne
prit part qu'à la discussion de l'adresse, où il
fit substituer le mot de héros à celui de grand
homme, en observant que celui-ci supposait des
vertus dont celui-là pouvait plus aisément se
passer. Le 21 juin, au comité spécial tenu aux
Tuileries, il insista pour l'abdication de l'empereur, et, lorsque les étrangers, entrés dans
Paris, occupèrent militairement les postes de
la Chambre, il réunit 80 représentants dans
son domicile, pour signer avec eux un procès-
verbal constatant la violence qui leur était
faite. Louis XVIII le maintint à la Chambre
des pairs par une mesure exceptionnelle, et le
nomma président du collège électoral de Rennes, au moment de la convocation de la nouvelle Chambre. Lanjuinais ouvrit les opérations
du vote par un discours où il recommandait de
n'élire que des « royalistes constitutionnels, à
qui les intérêts du peuple soient chers autant
que ceux du trône ». Cette manifestation donne
la note exacte de la conduite politique de Lanjuinais pendant les douze ans qu'il siégea encore à la Chambre des pairs de la seconde Restauration. C'est ainsi que, le 26 octobre 1815, il
s'éleva avec force contre le projet de suspension de la liberté individuelle dans un discours
improvisé qu'il dicta de mémoire en rentrant
chez lui et fit imprimer la nuit même. Plusieurs
éditions en furent épuisées rapidement, mais,
comme la loi avait été votée le 27, le duc de
Saint-Aignan l'accusa d'avoir excité, par l'impression de son discours, au mépris d'une loi
votée par la Chambre et demanda qu'il fût censuré. En même temps les journaux ministériels
l'attaquaient partout avec violence; on répandait contre lui des pamphlets injurieux, et les

censeurs refusaient l'impression des articles que les journaux opposants voulaient publier eu sa faveur. La Chambre des pairs ayant pris en considération la proposition Saint-Aignan, Lanjuinais dut publier, au mois de décembre, un *Mémoire justificatif*, dont l'effet fut immédiat, car la proposition n'eut pas de suite. Dans le procès du maréchal Ney, il fit remarquer que l'accusé était sous la sauvegarde de la capitulation du 3 juillet et que cette exception « non pas seulement préjudicielle, mais péremptoire, devait détruire l'accusation. » Quand la condamnation devint inévitable, il vota pour la déportation. Puis il continua de s'opposer aux entreprises de la Chambre introuvable ; se prononça *contre* la suppression des pensions des prêtres mariés, *contre* la restitution au clergé des biens non vendus, *contre* le rétablissement des cours prévôtales et *contre* la loi d'amnistie qu'il qualifia de loi de proscription. Après l'ordonnance du 5 septembre 1816, Lanjuinais soutint le ministère Decazes et appuya la loi des élections en 1817, et la loi de recrutement en 1818, mais ne cessa de réclamer le rappel des proscrits et la réintégration des 29 pairs qui avaient siégé dans la Chambre des Cent-Jours. Il reprit son attitude opposante lorsque le ministère revint au système de bascule et s'efforça de résister aux mesures de réaction qui marquèrent les administrations de MM. Pasquier et de Villèle. Cette dernière période de sa vie parlementaire fut marquée par un grand nombre de publications religieuses ou politiques qui parurent, soit en volumes séparés, soit dans la *Revue encyclopédique*, qu'il contribua à fonder avec Julien de Paris, fils du conventionnel Julien de Toulouse, dans la *Chronique religieuse*, le *Mercure de France*, le *Journal de la Société asiatique*, les *Annales de grammaire* et l'*Encyclopédie moderne* de Courtin. Parmi ces publications, dont la longue liste a été donnée par les dictionnaires bibliographiques, on peut citer : le traité en deux volumes des *Constitutions de la nation française*, avec un essai sur la charte (1819) ; le mémoire intitulé *Appréciation du projet de loi relatif aux trois concordats*, qui eut six éditions de 1807 à 1827, et dans lequel il combat, comme contraire aux libertés de l'église gallicane, le concordat de Léon X et de François Ier, ne cachant pas son opposition à la bulle *Unigenitus* et ses sympathies persistantes pour la constitution civile du clergé ; des *Études biographiques et littéraires* sur les jansénistes Arnault et Nicole ; une notice sur la *Bastonnade et la flagellation pénale*; enfin un petit livre intitulé les *Jésuites en miniature*. Il mettait la dernière main à une étude historique sur la célèbre maxime : *Lex fit consensu populi et constitutione regis*, lorsqu'il mourut presque subitement de la rupture d'un anévrisme. M. de Ségur prononça l'éloge de Lanjuinais à la Chambre des pairs le 1er mars 1827, et Dacier à l'Académie des Inscriptions le 25 juillet 1828. On a publié récemment (août 1890) des lettres adressées par Lanjuinais à ses fils alors au collège et qui le montrent fortement nourri de la tradition de Port-Royal.

LANJUINAIS (PAUL-EUGÈNE COMTE), pair de France, né à Rennes (Ille-et-Vilaine) le 6 août 1799, mort à Paris le 5 mars 1872, fils aîné du précédent et de Julie-Pauline-Sainte Deschamps, fut admis par droit héréditaire, le 16 mars 1827, à siéger dans la Chambre des pairs en remplacement de son père décédé. Chef de bataillon de la 10e légion de la garde nationale de Paris, il se déclara pour la révolution de 1830 et pour le gouvernement de Louis-Philippe, reçut la croix de juillet, et fut nommé, en 1833, conseiller général de Seine-et-Marne. Au Luxembourg, il soutint de ses votes, jusqu'en 1848, la monarchie constitutionnelle, rentra ensuite dans la vie privée, et mourut à Paris en 1872.

LANJUINAIS (VICTOR-AMBROISE), député de 1838 à 1848, représentant en 1848 et 1849, ministre, député au Corps législatif de 1863 à 1869, né à Paris le 5 novembre 1802, mort à Paris le 1er janvier 1869, frère du précédent, étudia le droit et fut reçu avocat. Élu, le 17 février 1838, par 182 voix (363 votants), député du 3e collège de la Loire-Inférieure (Pont-Rousseau), en remplacement de M. Billault, qui avait opté pour Ancenis, il siégea au centre gauche et opina généralement avec le tiers-parti. Successivement réélu : le 2 mars 1839, par 231 voix (424 votants) ; le 9 juillet 1842, par 241 voix (444 votants, 529 inscrits), contre 193 à M. Betting de Lancastel ; et le 1er août 1846, par 263 voix (332 votants, 508 inscrits), contre 46 au même concurrent, il combattit modérément la politique de Guizot et, dans la session de 1847, vota *pour* la proposition de réforme électorale, mais refusa de s'associer à la campagne des banquets. Après la révolution de février, il fut élu par les conservateurs, le 23 avril 1848, représentant de la Loire-Inférieure à l'Assemblée constituante, le 1er sur 13, par 113,074 voix (124,699 votants, 153,494 inscrits). M. Lanjuinais vota avec la droite : *pour* les poursuites contre Louis Blanc et Caussidière, *pour* le rétablissement de la contrainte par corps, *contre* l'amendement Grévy, *contre* le droit au travail, *pour* la proposition Rateau, *contre* l'amnistie, *pour* l'interdiction des clubs, *pour* l'expédition de Rome, *contre* l'abolition de l'impôt des boissons, etc. Membre et secrétaire du comité des finances, il combattit de tout son pouvoir le socialisme, préconisa les solutions économiques de l'école du *laisser-faire*, se montra l'adversaire du papier-monnaie et proposa de parer au déficit par la consolidation des bons du Trésor et des livrets de caisse d'épargne et par l'émission d'un emprunt de deux cents millions en rente sur l'État. Après de vifs débats, où elle fut appuyée par M. J. de Lasteyrie et par Berryer, l'opinion de M. Lanjuinais l'emporta devant le comité, puis devant l'Assemblée, non sans avoir obtenu le suffrage du gouverneur de la Banque de France et du syndic des agents de change. M. Lanjuinais fut ensuite chargé de plusieurs rapports importants sur diverses matières de finances ; il fit aussi partie de la commission d'enquête relative aux événements du 15 mai et du 23 juin 1848 ; il opina, avec la majorité de ses collègues, dans le sens de la répression. Lorsque le représentant Rateau demanda, au nom de la droite, la dissolution de la Constituante, il signa avec lui la motion qui prévalut, et qui tendait à une dissolution volontaire de l'Assemblée après le vote de la loi électorale. Les royalistes purs lui ayant retiré leur appui dans la Loire-Inférieure aux élections générales pour la Législative, M. Lanjuinais ne fut pas réélu ; il s'était retiré à la campagne, lorsqu'il apprit (2 juin 1849) qu'il était appelé, comme ministre du Commerce et de l'Agriculture, à faire partie du cabinet présidé par Odilon Barrot. Il ne tarda pas d'ailleurs à rentrer au parlement : le 8 juillet suivant, onze réélections ayant lieu à Paris par suite d'options ou de démissions, M. Lanjuinais, candidat conservateur, fut élu, le premier de la liste, représentant de la Seine, avec 127,556 voix sur 234,588 votants et 373,800 inscrits. Comme ministre du commerce, il eut part à la suppression du système des quarantaines du Levant ; il voulut aussi mettre fin au monopole de la boulangerie parisienne ; mais cette décision ne fut point confirmée par son successeur. Chargé pendant trois mois de l'intérim du ministère de l'Instruction publique et des Cultes, il obtint du pouvoir exécutif l'autorisation collective des synodes provinciaux qui seraient tenus pendant le cours de l'année 1849, en réservant à l'autorité civile les droits stipulés par le Concordat. Soutenu par la majorité de droite, le cabinet, dont M. Lanjuinais faisait partie, fut révoqué le 31 octobre. Le représentant de la Loire-Inférieure refusa d'entrer dans les combinaisons ultérieures et prit part encore dans l'Assemblée aux travaux de plusieurs commissions importantes, telles que la commission d'enquête de la marine et celle des boissons ; il fut en outre président et rapporteur de la commission d'enquête sur la production et la consommation de la viande de boucherie. Adversaire du coup d'Etat du 2 décembre, il protesta contre cet acte à la mairie du X° arrondissement, subit une courte détention à Vincennes, rentra dans la vie privée, refusa en 1857 la candidature au Corps législatif, et reparut au parlement, le 1er juin 1863, comme candidat indépendant de la 2° circonscription de la Loire-Inférieure, élu par 12,248 voix (24,048 votants, 38,717 inscrits). M. Lanjuinais siégea dans le tiers-parti orléaniste, se sépara de la gauche au sujet de la loi de 1864 sur les coalitions, qu'il vota avec M. Ollivier, parla (session de 1867) sur le budget de la justice, pour blâmer l'intervention des juges des pairs dans la politique, un certain nombre de ces magistrats ayant été obligés d'envoyer aux parquets un rapport trimestriel sur l'attitude des partis, et mourut avant la fin de la législature. On a de lui : *Notice sur la vie et les ouvrages de son père* (1832) ; *Nouvelles recherches sur la question de l'or* (1865), dans la *Revue des Deux-Mondes*.

LANJUINAIS (PAUL-HENRI, COMTE), député de 1881 à 1889, fils du comte Paul-Eugène Lanjuinais (*V. p. haut*), né à Paris le 24 juillet 1834, entra à l'Ecole de Saint-Cyr, en sortit comme officier de cavalerie et donna bientôt sa démission. Ses opinions monarchistes le désignèrent, le 21 août 1881, aux suffrages des conservateurs de la 1re circonscription de Pontivy : élu député par 7,042 voix (11,992 votants, 15,352 inscrits), contre 4,948 à M. Le Maguet, républicain, député sortant, il prit place à l'extrême-droite, vit son élection validée (1882) après enquête, et ne tarda pas à se signaler parmi les plus ardents adversaires du gouvernement de la République. M. Lanjuinais prit part à un certain nombre de discussions : sur l'enseignement primaire, sur les conventions avec les compagnies de chemins de fer, et principalement sur les questions concernant l'armée et le budget de la guerre. Il vota *contre* les divers ministères qui se succédèrent aux affaires, se prononça *contre* les crédits de l'expédition du Tonkin, etc., et, porté, le 4 octobre 1885, sur la liste monarchiste du Morbihan, fut réélu, le 4° sur 8, député de ce département, par 60,316 voix (95,198 votants, 130,336 inscrits). Il reprit sa place à la droite monarchiste, continua son opposition au régime actuel, vota *contre* l'expulsion des princes, *contre* la politique extérieure et intérieure du

gouvernement, et, à la fin de la législature, *contre* le rétablissement du scrutin d'arrondissement (11 février 1889), *pour* l'ajournement indéfini de la revision de la Constitution, *contre* les poursuites contre trois députés membres de la Ligue des patriotes, *contre* le projet de loi Lisbonne restrictif de la liberté de la presse, *contre* les poursuites contre le général Boulanger. Conseiller général du Morbihan pour le canton de Saint-Jean-Brevelay, et maire de Bignan.

LANNES (NAPOLÉON-AUGUSTE), DUC DE MONTEBELLO, pair de France, ministre, représentant en 1849, sénateur du second Empire, né à Paris le 30 juillet 1801, mort au château de Mareuil-sur-Aÿ (Marne) le 18 juillet 1874, « fils de Jean Lannes, général de division, commandant la garde des consuls, et de Louise-Antoinette Scholastique Gréhenneuc, » fut, en considération des services militaires rendus par son père (le maréchal Lannes) tué glorieusement à Essling, nommé pair de France le 27 janvier 1827 ; mais il ne prit séance qu'après la révolution de juillet. Dans l'intervalle, il avait voyagé aux Etats-Unis, puis avait été attaché à l'ambassade de France à Rome, sous Châteaubriand. Il parut d'abord, par ses votes, se rattacher à l'opinion légitimiste ; mais cédant bientôt aux avances de la royauté nouvelle, il se rallia pleinement à la politique doctrinaire des ministres de Louis-Philippe, et prit la parole dans un grand nombre de discussions, sur la presse, sur l'hérédité de la pairie (1831), sur la contrainte par corps, sur le budget, sur l'avancement dans l'armée (1832). Vers la même époque, il rentra dans la diplomatie, fut envoyé en mission près la cour de Copenhague (1833), puis alla comme ministre plénipotentiaire à Berlin. A la Chambre des pairs, il appuya l'amendement de M. Cousin à la loi qui abrogeait le deuil du 21 janvier. Partisan des lois de septembre 1835, il les soutint à la tribune, et proposa à ses collègues de traduire devant eux le gérant du journal la *Tribune*. En 1836, il fut nommé ambassadeur de France près la Confédération helvétique, à la place du général Rumigny : il obtint de l'autorité fédérale l'internement des réfugiés politiques qui pouvaient troubler la sécurité des Etats voisins, ainsi que l'expulsion du prince Louis-Napoléon, domicilié à Arenenberg. Chargé ensuite de représenter la France à Naples auprès du roi des Deux-Siciles (1838), M. de Montebello fut appelé, le 1er avril 1839, à remplacer le comte Molé en qualité de ministre des Affaires étrangères dans le cabinet provisoire qui fut dissous le 12 mai suivant ; il remit alors son portefeuille au maréchal Soult, parla à la Chambre des pairs sur la propriété littéraire, sur la Légion d'honneur, sur l'emprunt grec, sur le travail des enfants dans les manufactures, et repartit pour Naples, où il négocia en 1844 le mariage de la princesse Caroline de Salerne avec le duc d'Aumale. Le 9 mai 1847, M. de Montebello remplaça le baron de Mackau comme ministre de la Marine et des colonies ; il présenta, en cette qualité, quelques projets de loi relatifs à l'émancipation des esclaves, contre laquelle il se prononça, à la juridiction des cours d'assises aux colonies, aux corps de l'administration du contrôle et de la comptabilité de la marine, se mêla, d'autre part, aux débats sur le budget, sur les défrichements, sur l'enseignement et l'exercice de la médecine et de la pharmacie, etc., et quitta le pouvoir lors de la révolution de février. Ses opinions conservatrices et monarchistes le firent élire, le 13 mai 1849, grâce à la coalition des « anciens partis », représentant à l'Assemblée législative, par le département de la Marne, où il possédait des vignobles considérables, le 7e sur 8, avec 43,438 voix (78,836 votants, 105,296 inscrits). Il fit partie de la commission dite de prorogation et se borna à voter constamment avec la majorité : *pour* l'expédition de Rome, *pour* la loi Falloux-Parieu sur l'enseignement, *pour* la loi restrictive du suffrage universel, etc. Il n'avait pas tout d'abord adhéré à la politique du coup d'Etat ; il protesta même contre le 2 décembre, et se tint quelque temps à l'écart. Mais, le 15 février 1858, il se ravisa et accepta l'ambassade de Russie, vacante par le décès du comte de Rayneval. Dans ce poste, il eut à négocier, entre autres conventions, celle du 6 avril 1861, pour la garantie réciproque des œuvres d'art. Un décret du 5 octobre 1864 le nomma sénateur. Grand-croix de la Légion d'honneur depuis le 30 octobre 1844, décoré de plusieurs ordres étrangers, M. de Montebello fut admis à la retraite, comme ambassadeur, le 6 janvier 1866. Décoré de l'ordre de Saint-André de Russie.

LANNES (ALFRED), COMTE DE MONTEBELLO, député de 1833 à 1834, né à Lisbonne (Portugal) le 11 juillet 1802, mort à Paris le 20 juin 1861, frère du précédent, fut élu, le 14 février 1833, par 129 voix (200 votants, 504 inscrits), contre 69 à M. Lassis, conseiller à la cour de Paris, député du 2e collège du Gers (Condom). Il prit place au centre, vota généralement avec la majorité, sans paraître à la tribune, et ne fut pas réélu aux élections générales de 1834.

LANNES (GUSTAVE-OLIVIER), COMTE DE MONTEBELLO, sénateur du second Empire, né à Paris le 4 décembre 1804, mort au château de Blosseville (Seine-Inférieure) le 29 août 1875, frère des précédents, engagé volontaire dans la cavalerie, prit part à l'expédition d'Alger, où il se distingua en plusieurs engagements et gagna le grade de capitaine de spahis ; il servit quelque temps en Pologne contre la Russie, revint en France, fut promu, en 1840, chef d'escadron, décoré en 1843, et nommé, en 1847, colonel du 7e chasseurs à cheval. L. N. Bonaparte se l'attacha comme aide-de-camp pendant la durée de la présidence et, en raison de son concours lors du coup d'Etat de 1851, le fit, le 22 décembre suivant, général de brigade. Le comte de Montebello resta aide-de-camp de Napoléon après le rétablissement de l'Empire, tandis que la comtesse, née Adrienne de Villeneuve-Bargemont, était nommée dame d'honneur de l'impératrice. Général de division (28 décembre 1855), il remplit en 1861 une mission à Rome auprès du pape, fut chargé, l'année suivante, du commandement du corps d'occupation, et entra, le 5 janvier 1867, au Sénat impérial. M. de Montebello commanda, depuis 1865, la division de cavalerie de la garde impériale ; grand-croix de la Légion d'honneur du 10 septembre 1864, il fut admis en 1869 dans le cadre de réserve.

LANNOY (CHARLES-FRANÇOIS, COMTE DE), député en 1789, né à Tournay (Belgique) le 25 mars 1741, mort le 26 mai 1792, d'une famille noble alliée aux Mérode, était maréchal de camp, quand il fut élu, le 7 avril, député de la noblesse aux Etats-Généraux par le bailliage de Lille. Il demanda la suppression du droit de triage. Après l'affaire de Tournay, il faillit être arrêté à Bruxelles, par ordre des Etats, au mois de juin 1790, comme commandant de la légion nervienne. Il mourut peu de temps après.

LANNOY (CHRÉTIEN-JOSEPH-ERNEST-GRÉGOIRE, COMTE DE), membre du Sénat conservateur, né à Bruxelles (Belgique) le 13 mai 1731, mort à Bruxelles le 26 mars 1822, parent du précédent, propriétaire, fut désigné par Napoléon, en raison de sa situation et de son influence dans le pays, pour faire partie du Sénat conservateur. Il y siégea depuis le 1er floréal an XII jusqu'à la fin du régime impérial. Commandeur de la Légion d'honneur.

LANOT (ANTOINE-JOSEPH), membre de la Convention, né à Tulle (Corrèze) en 1737, mort à Tulle le 16 avril 1807, était accusateur public, lorsqu'il fut élu, le 5 septembre 1792, député de la Corrèze à la Convention, le 6e sur 7, à la pluralité des voix. Il prit place à la Montagne et, lors du procès du roi, s'exprima en ces termes : « Il n'existe pas, dans la nature, d'individu qui soit au-dessus de la loi. Elle est la même pour tous. J'ouvre le code pénal, j'y vois la peine de mort contre les conspirateurs. Je vote pour la mort, et je demande, par humanité, que le jugement soit exécuté dans le délai prescrit par la loi. » Il fit partie du comité de sûreté générale, fut envoyé en mission dans la Haute-Marne et dans la Corrèze, poursuivit avec rigueur les nobles et les prêtres : « Les promenades civiques du tribunal et de la guillotine dans les districts, écrivait-il de Brive au comité de salut public (6 pluviôse an II) ont aplani les difficultés. » Il fit un rapport sur les autorités de Saint-Yrieix, annonça la découverte d'objets précieux chez M. de Chabanne, et se montra, même après thermidor, fidèle au parti jacobin et montagnard. Dénoncé de ce chef, il ne tarda pas à être décrété d'accusation et emprisonné ; l'amnistie du 4 brumaire an IV le rendit à la liberté.

LA NOUE (CHARLES-MARIE-ADOLPHE, VICOMTE DE), député depuis 1888, né à Saint-Brieuc (Côtes-du-Nord) le 6 mars 1843, d'une famille de vieille noblesse bretonne qui compte parmi ses ancêtres La Noue Bras de fer, l'ami d'Henri IV, s'engagea aux zouaves pontificaux en 1867, se battit à Mentana, et fit la guerre de 1870-1871 dans les « Volontaires de l'Ouest.» Licencié en droit, conseiller général du canton de Collinée (Côtes-du-Nord) depuis 1886, vice-président de la Société d'émulation, le vicomte de La Noue fut élu, le 25 novembre 1888, député des Côtes-du-Nord, par 71,057 voix sur 87,609 votants et 163,902 inscrits, en remplacement de M. de Bélizal, décédé. Il siégea dans la droite royaliste, parla sur le budget de 1890, et vota, en dernier lieu, *contre* le rétablissement du scrutin d'arrondissement (11 février 1889), *pour* l'ajournement indéfini de la revision de la Constitution, *contre* les poursuites contre trois députés membres de la Ligue des patriotes, *contre* le projet de loi Lisbonne restrictif de la liberté de la presse, *contre* les poursuites contre le général Boulanger. Commandeur de l'ordre de Saint-Grégoire-le-Grand, et chevalier de l'ordre de Pie IX.

LANQUETIN (JACQUES-SÉRAPHIN), député au Corps législatif de 1852 à 1857, né aux Longeville (Doubs) le 19 juillet 1794, mort à Paris le 9 décembre 1869, fut d'abord soldat et servit durant les campagnes de Saxe et de France aux « Enfants de Paris » ; il assista à Waterloo. A la seconde Restauration, il s'établit comme négociant en vins à Paris et acquit rapidement une grande influence en raison de ses opinions libérales. Il se signala aux journées de Juillet, et surtout au sac de l'archevêché (14 février 1831) et à l'affaire de la rue Transnonain (13 avril 1834), comme défenseur de « l'ordre ». Il fut même blessé et reçut la croix de chevalier de la Légion d'honneur. Conseiller municipal de Paris et conseiller général de la Seine, secrétaire de ces deux assemblées, officier de la Légion d'honneur en 1842, membre de la chambre de commerce en 1843, trésorier en 1846, membre du conseil d'administration du Mont-de-Piété, il devint, au moment de la révolution de 1848, d'abord secrétaire, puis président, en remplacement d'Arago, de la commission municipale de Paris. Il échoua, aux élections du 13 mai 1849 pour la Législative, dans le Doubs, mais il fut élu, le 29 février 1852, député au Corps législatif dans la 7e circonscription de la Seine, par 14,386 voix (26,110 votants, 35,334 inscrits), contre 7,501 voix à M. Eugène Süe, banni de France après le 2 Décembre. Il soutint le gouvernement impérial, qui avait appuyé sa candidature, et, à la fin de la législature, appuya le projet de faire coopérer l'Etat pour douze millions et demi dans l'achèvement du boulevard de Sébastopol. Les élections du 5 juillet 1857 ne lui furent pas favorables. Il échoua au second tour, dans le même arrondissement, avec 11,038 voix contre 12,078 au candidat de l'opposition, M. Darimon. M. Lanquetin a publié quelques brochures relatives à l'administration municipale de Paris, notamment : *Etudes sur les Halles* (1841) ; *De l'octroi de Paris* (1844)

LANTHENAS (FRANÇOIS-XAVIER), membre de la Convention et député au Conseil des Cinq-Cents, né au Puy (Haute-Loire) le 18 avril 1754, mort à Paris le 2 janvier 1799, exerça obscurément la médecine à Paris, au début de la Révolution. Quelques brochures démocratiques qu'il publia vers cette époque attirèrent sur lui l'attention : *Inconvénients du droit d'ainesse* (1789) ; *De la liberté indéfinie de la Presse* (1791) ; *Des sociétés populaires considérées comme une branche essentielle de l'instruction publique* (1791) ; *Nécessité et moyens d'établir la force publique sur la relation continuelle du service militaire et de la représentation nationale* (1792) ; etc. Admis dans l'intimité de la famille Roland, il devint premier commis à l'administration de l'instruction publique au ministère de l'Intérieur, sous Roland, et fut élu, le 9 septembre 1792, membre de la Convention par le département de Rhône-et-Loire, le 15e et dernier, par 514 voix (790 votants). Le même jour, il était également nommé député de la Haute-Loire, le 4e sur 7, à la pluralité des voix ; il opta pour le Rhône-et-Loire et fut remplacé dans la Haute-Loire par Barthélemy, premier suppléant. A la Convention, il siégea parmi les modérés et vota la mort de Louis XVI avec des restrictions et sous des conditions qu'il exprima en ces termes :

« Si l'éducation pouvait excuser les crimes des despotes, combien de criminels qui ont péri sur l'échafaud pourraient avec plus de raison encore se prévaloir du même principe pour écarter d'eux le glaive de la loi ? Aussi Louis XVI m'a-t-il paru coupable sous deux rapports. Comme *despote*, parce qu'il a tenu le peuple français dans l'esclavage, et comme *conspirateur* parce qu'il l'a trahi, après que celui-ci lui avait pardonné. Rien n'a encore été organisé pour assurer dans les assemblées primaires le triomphe de la liberté, en même temps que le respect de celle des opinions. Rien n'est établi pour y éclairer tous les citoyens sur leurs véritables intérêts, gagner leur affection pour le régime nouveau, et confondre les cœurs dans les mêmes sentiments d'amour pour la patrie. J'ai donc cru, à cause de cela seul, devoir prendre sur moi toute responsabilité nouvelle, pour l'intérêt de la liberté, et voter pour que notre décision sur le sort de Louis XVI ne fût pas renvoyée à la sanction du peuple.

« Maintenant, sur la troisième question, je dirai d'une manière absolue, comme membre de la Convention et comme juge : il faut que Louis Capet, *despote, conspirateur, meure.*

« Mais je suis arrêté par l'opinion qui prétend qu'en conservant ce criminel, et l'offrant aux peuples nos voisins comme une preuve éclatante de la modération, de la générosité, de la soumission à la loi du peuple français, et de l'élévation de ses représentants au-dessus de toutes les passions humaines, ce serait un flambeau remarquable de tous les coins de l'Europe, qui dissiperait plus sûrement qu'aucune proclamation toutes les calomnies outrageantes inventées, répandues à profusion pour faire abhorrer notre révolution, et exciter des peuples à se liguer contre leurs propres intérêts, contre les principes de la justice et les cris de l'humanité, pour la combattre et nous enchaîner de nouveau.

« Certes, il est juste, il est intéressant, pour épargner des flots de sang qui sont prêts à couler, de ne laisser échapper aucun moyen de dessiller les yeux des peuples qu'on égare, de ces braves Anglais surtout, aujourd'hui nos frères, qu'on arme contre nous, et de forcer ainsi nos ennemis à la paix.

« Par ce motif, je suis d'avis que la Convention prononce la peine de mort sur Louis, mais qu'elle se détermine à suspendre sa mort, à le détenir de la manière la plus sûre, et à prendre des moyens efficaces pour faire connaître aux peuples de l'Europe que le peuple français pardonnerait encore une seconde fois à son implacable ennemi, et qu'il se contenterait de l'exiler hors de son territoire, si les gouvernements impies qui redoutent les droits de l'homme voulaient calmer leur haine contre la nation française. Quelque parti que la Convention prenne, je fais la motion que, le jour qui suivra notre décision, nous prononcions, par un appel nominal, l'abolition de la peine de mort, excepté envers notre dernier tyran, si ses ennemis de notre liberté, si ses propres parents, ses prétendus amis, entrent de nouveau sur le territoire de la République.

« Puissent nos vœux, qui seront certainement ici unanimes, et cet heureux présage, cimenter la résolution que nous devons prendre d'ajourner dès lors où d'ensevelir les préventions, les jalousies, les haines, les injures et les reproches qui nous agitent, et dont la continuité mettrait maintenant dans le dernier péril la liberté, la *chose publique.*

« Je me résume ; voici mon opinion :

1° Prononcer que Louis a mérité la MORT.

2° Suspendre ce décret, et détenir Louis d'une manière sûre, à l'abri d'évasion.

3° Décréter seulement, si nos ennemis nous laissent en paix, Louis sera seulement exilé hors du territoire de la république, quand la constitution sera parfaitement assise.

4° Proclamer par toute l'Europe les présents décrets, et les faire connaître aux peuples, que l'on égare par l'hypocrisie la plus révoltante.

5° Proclamer avec appareil ce *sursis* et ses motifs dans toute la république.

6º Le jour qui suivra la décision de la Convention, aL.,iir la peine de mort, par un appel nominal, en exceptant Louis, si ses parents, ses prétendus amis envahissent notre territoire.»

La liaison de Lanthenas avec le parti girondin le rendit suspect à la Montagne, et son nom fut porté sur la liste des proscrits du 31 mai. Mais Marat plaida en sa faveur les circonstances atténuantes : « Tout le monde sait, dit-il, que le docteur *Lanternas* (*sic*) est un pauvre d'esprit. » Muni de ce brevet, Lanthenas traversa sans encombre la période révolutionnaire. Il prit quelquefois la parole à la Convention, dont il devint même secrétaire, donna son opinion sur la liberté de la presse, sur les finances, sur les droits de successibilité des enfants naturels, etc., et publia encore divers écrits, tels que : *Motifs de faire du 10 août un jubilé fraternel, une époque solennelle de réconciliation entre les républicains* (1793); *Déclaration des devoirs de l'homme* (1794). Le 24 vendémiaire an IV, il fut élu député d'Ille-et-Vilaine au Conseil des Cinq-Cents, à la pluralité des voix sur 269 votants. Il y siégea jusqu'en l'an VI et reprit, jusqu'à sa mort, l'exercice de la médecine. On a encore de lui : *Religion civile proposée aux Républiques pour lien des gouvernements représentatifs* (an VI).

LANTOINE-HARDOUIN (Guislain-Clément-Xavier), représentant en 1848, né à Arras (Pas-de-Calais) le 24 décembre 1791, mort à Arras le 26 janvier 1851, était le fils aîné de Lantoine-Cavrois, brasseur, et cousin du général Cavrois (*Voy. ce nom*). Propriétaire et brasseur à Arras, membre du conseil municipal, premier adjoint au maire, président de la chambre de commerce, conseiller général de Beaumetz puis de Pas-en-Artois, il fit de l'opposition au gouvernement de Louis-Philippe, et, le 8 mai 1838, posa, dans le 1er collège du Pas-de-Calais (Arras), sa candidature libérale à la Chambre des députés; mais il n'obtint que 198 voix contre 231 à l'élu, M. Esnault; il s'agissait de remplacer M. Harlé père, décédé. M. Lantoine-Hardouin n'allait pas jusqu'à souhaiter l'établissement de la République, et, lorsque l'influence qu'il devait en partie à sa fortune considérable eut assuré son élection (23 avril 1848) comme représentant du Pas-de-Calais à l'Assemblée constituante, le 6e sur 17, par 79,791 voix (161,957 votants, 188,051 inscrits), il siégea au côté droit et vota : *pour* le rétablissement du cautionnement et de la contrainte par corps, *pour* les poursuites contre Louis Blanc et Caussidière, *contre* l'abolition de la peine de mort, *contre* l'amendement Grévy, *contre* le droit au travail, *contre* l'ensemble de la Constitution, *pour* l'ordre du jour en l'honneur du général Cavaignac, *contre* l'amnistie, *pour* l'interdiction des clubs, *pour* les crédits de l'expédition de Rome, *contre* l'abolition de l'impôt des boissons, etc. On a de lui un *Mémoire* sur la question de l'enseignement. Il ne fut pas réélu à l'Assemblée législative, et succomba à une attaque d'apoplexie foudroyante.

LANTRAC (François-Michel), représentant à la Chambre des Cent-Jours, né à Saramon (Gers) le 25 juillet 1760, mort le 7 septembre 1848, exerçait la médecine à Auch. Le 25 mai 1815, il fut élu par le collège de département du Gers, avec 46 voix sur 83 votants et 259 inscrits, représentant à la Chambre des Cent-Jours. Il ne s'y fit pas remarquer et n'appartint pas à d'autres législatures.

LANUSSE (Jean), député en 1789, né à Tartas (Landes) le 21 février 1740, mort à une date inconnue. é ait curé de la paroisse de Saint-Etienne, lorsqu'il fut élu, le 24 avril 1789, député du clergé aux Etats-Généraux par la sénéchaussée de Tartas. Son nom, resté obscur, ne figure pas au *Moniteur*.

LANYER (Joseph-Constant), député de 1837 à 1848, né à Saint-Etienne (Loire) le 16 août 1794, mort à Paris le 19 septembre 1868, maître des requêtes en service ordinaire au conseil d'Etat par la protection de M. Casimir-Périer, se présenta à la députation, aux élections du 21 juin 1834, dans le 1er collège de la Loire (Saint-Etienne), où il échoua avec 140 voix contre 163 à l'élu, M. Peyret-Lallier. Il fut plus heureux au renouvellement du 4 novembre 1837, et fut élu, dans ce même collège, par 264 voix (397 votants, 457 inscrits) contre 127 au député sortant, M. Peyret-Lallier; il fut réélu, de même, le 2 mars 1839, par 256 voix (391 votants, 472 inscrits) contre 76 à M. Peyret-Lallier. Il siégea au centre, et, lié avec M. Molé, vota *pour* le cabinet dans la discussion de l'adresse. Nommé conseiller d'Etat en 1839, M. Lanyer dut se représenter devant ses électeurs, et fut réélu, le 26 octobre suivant, par 332 voix (343 votants, 538 inscrits). De nouveau réélu aux élections générales du 9 juillet 1842, par 264 voix (489 votants, 534 inscrits), contre 209 à M. Rayel, et, à celles du 1er août 1846, par 325 voix (547 votants, 603 inscrits) contre 184 à M. Rayel et 38 à M. Jacquemont, il vota *pour* la dotation du duc de Nemours, *pour* les fortifications de Paris, *pour* le recensement, *contre* les incompatibilités, *contre* l'adjonction des capacités, *contre* l'indemnité Pritchard, *contre* la proposition sur les députés fonctionnaires; il avait demandé qu'il fût interdit aux députés de s'intéresser dans les marchés passés avec l'Etat. La révolution de 1848 brisa sa carrière parlementaire; il fut retraité, comme conseiller d'Etat, le 29 mai 1852.

LAPANOUZE (Alexandre-César, comte de), député de 1822 à 1827, pair de France, né à Saint-Céré (Lot) le 11 mars 1764, mort en sa terre de Tiregant (Dordogne) le 14 juin 1836, « fils de Messire-Joseph de Lapanouze et de dame Catherine-Agathe de Turenne d'Aymar », servit, sous l'ancien régime, dans la marine, où il obtint le grade de capitaine de vaisseau, et fut décoré de Saint-Louis. Ruiné par la Révolution, il fonda à Paris, sous la seconde Restauration, une maison de banque qui prospéra, et fut l'un des administrateurs-fondateurs de la Caisse d'épargne et de la Compagnie royale d'Assurance. Membre du conseil général du commerce et du conseil général de la Seine, il fut élu, le 9 mars 1822, député du 6e arrondissement de Paris, par 371 voix (729 votants, 817 inscrits) contre 331 à M. Ternaux, et fut réélu, le 25 février 1824, par 606 voix (861 votants), contre 247 à M. de Laborde. Il fit partie de la majorité gouvernementale, fut membre de la commission du budget, et se mêla à toutes les discussions financières et économiques. Nommé pair de France, le 5 novembre 1827, il se retira en Dordogne après les événements de juillet, la Charte de 1830 ayant annulé les nominations à la pairie faites par Charles X.

LAPÈNE (Jean-Baptiste-Marie-Augustin), député de 1846 à 1848, né à Saint-Gaudens (Haute-Garonne) le 13 septembre 1789, mort à Saint-Gaudens le 17 août 1872, fit ses études à

Toulouse et montra de bonne heure des dispositions pour la littérature. A 19 ans, il remporta le prix d'éloquence à l'Académie des Jeux floraux pour son éloge de Riquet, et publia quelques poésies qui lui valurent le grade de « maître ès-jeux ». Il se fixa à Saint-Gaudens comme avocat et y acquit une belle clientèle. Chevalier de la Légion d'honneur, conseiller général de la Haute-Garonne en 1837, maire de Saint-Gaudens en 1840, il fut élu, le 1er août 1846, député du 5e collège de la Haute-Garonne, par 290 voix (472 votants, 516 inscrits) contre 178 à M. Dabeaux. Il fit partie de diverses commissions et fut chargé du rapport sur le grand canal de Marseille. Après 1848, il reprit sa place au barreau de Saint-Gaudens.

LAPERRINE D'HAUTPOUL (CHARLES-GUILLAUME-DOMINIQUE), député de 1827 à 1830, né à Carcassonne (Aude) le 23 février 1781, mort à Carcassonne le 6 février 1847, était marchand et fabricant de drap dans cette ville, et conseiller général de l'Aude. Son mariage avec Mlle d'Hautpoul fit de lui le beau-frère du comte Alphonse-Henri d'Hautpoul (v. ce nom). qui commanda le 3e régiment de la garde royale sous la Restauration et devint plus tard ministre de la Guerre. M. Laperrine d'Hautpoul fut élu, le 24 novembre 1827, par 205 voix (266 votants, 308 inscrits), député d. l'Aude, au collège de département. Il prit place au centre droit, vota d'ordinaire avec les royalistes constitutionnels, fut des 221, et ne fut pas réélu en 1830.

LAPEYROUSE (PHILIPPE DE PICOT, BARON DE), représentant aux Cent-Jours, né à Toulouse (Haute-Garonne) le 20 octobre 1744, mort à Toulouse le 17 octobre 1818, appartenait à une vieille famille du Languedoc, connue dès 1385. Avocat général des eaux et forêts au parlement de Toulouse, il s'adonna aux sciences naturelles, fut nommé, le 23 août 1780, membre correspondant de l'Académie des sciences, et publia, à partir de 1781, des travaux sur la botanique, la minéralogie, les mines, la zoologie, parmi lesquels la *Flore des Pyrénées* (1795) tient le premier rang. Nommé, en 1790, président de l'administration du district de Toulouse, il montra dans ces fonctions une modération qui ne tarda pas à le rendre suspect. Il fut arrêté sous la Terreur, incarcéré pendant dix-huit mois, et, rendu à la liberté, fut nommé inspecteur des mines. Le 15 ventôse an IV. il devint membre non résidant de l'Institut (section VII, botanique et physique végétale). Premier maire élu de Toulouse (an VIII), il mérita, par la sagesse et la fermeté de son administration réparatrice, de voir, de son vivant, son buste placé dans la salle des Illustres au Capitole. A l'expiration de ses fonctions municipales, il fut appelé à la chaire d'histoire naturelle de la faculté des sciences de Toulouse, dont il devint par la suite le doyen, et, le 16 mai 1815, fut élu représentant du collège de département de la Haute-Garonne à la Chambre des Cent-Jours, à l'unanimité, par 54 voix sur 54 votants et 250 inscrits. Il mourut trois ans après, à l'âge de 74 ans.

LAPLACE (CALIXTE DE), député en 1789, né à Marcourt (Somme) en 1729, mort à une date inconnue, curé de Languevoisin, fut élu député du clergé aux Etats-Généraux par le bailliage de Péronne, Roye et Montdidier, le 3 avril 1789. Ayant refusé de prêter le serment civique et étant revenu à sa cure, il fut accusé par Charles Lameth, le 7 janvier 1791, de fomenter

des troubles en Picardie; il fut défendu par l'abbé Maury. On perd sa trace à partir de cette époque.

LAPLACE (PIERRE-SIMON, MARQUIS DE), membre du Sénat conservateur et pair de France, né à Beaumont-en-Auge (Calvados) le 23 mars 1749, mort à Paris le 5 mars 1827, était le fils d'un modeste cultivateur. Destiné d'abord à l'état ecclésiastique, il suivit ensuite comme externe les cours de l'école militaire de Beaumont et y devint même professeur intérimaire. Les dispositions dont il fit preuve et que secondait une mémoire prodigieuse, engagèrent ses maîtres à l'envoyer à Paris. Muni de recommandations pressantes, il se présenta chez d'Alembert qui ne le reçut pas. Laplace lui écrivit alors une longue lettre où il exposait ses idées sur les principes de la mécanique. Cette lettre décida de sa carrière. D'Alembert lui répondit : « Monsieur, vous voyez que je fais assez peu de cas des recommandations; vous n'en aviez pas besoin; vous vous êtes fait mieux connaître, et cela me suffit. Mon appui vous est dû. » Il obtint ainsi une place de professeur de mathématiques à l'Ecole militaire. C'est là qu'il commença la publication de ses plus remarquables travaux, et notamment des mémoires qui devaient servir de base à sa Mécanique céleste et à sa théorie des fonctions génératrices. Entre temps, il exécutait avec Lavoisier des recherches sur la chaleur, l'électricité et les gaz. L'Académie des Sciences l'admit, en 1773, comme membre adjoint, et comme titulaire en 1785, en remplacement de Leroy. Professeur d'analyse aux écoles normales en 1794, membre et président du bureau des Longitudes, ses nombreuses publications scientifiques, qu'un ami généreux, le président Saron, faisait imprimer et répandre à travers l'Europe, ne l'empêchèrent pas d'entrer dans la politique. Adversaire de la dictature et ardent républicain. comme Lacépède, avant le 18 brumaire, il se rallia sans hésiter au gouvernement consulaire, fut nommé membre du Sénat conservateur. à la création de ce corps, le 3 nivôse an VIII, remplit pendant quelques jours les fonctions de ministre de l'Intérieur, où, « administrateur plus que médiocre », a dit Napoléon, il fut vite remplacé par Lucien, et devint vice-président du Sénat et chancelier en 1803. Membre de la Légion d'honneur (19 vendémiaire an XII), grand-officier (25 prairial), créé comte de l'Empire le 24 avril 1808, grand-croix de l'ordre de la Réunion le 3 avril 1813, il n'en vota pas moins, en avril 1814, la déchéance de l'empereur. Pour l'en récompenser, Louis XVIII le fit marquis et le nomma pair de France, le 4 juin 1814. Le marquis de Laplace se tint à l'écart pendant les Cent-Jours, et reprit, après la seconde abdication, son siège à la Chambre haute; il vota pour la mort dans le procès du maréchal Ney. En 1816, il présida la commission chargée de réorganiser l'Ecole polytechnique. Il montra pour les Bourbons à la Chambre des pairs le même dévouement qu'au Sénat de l'empire: un de ses biographes a noté, avec justice, que la conclusion de son *Exposition du système du Monde* reflétait très exactement les variations de ses opinions politiques. Membre de l'Académie des Sciences depuis la réorganisation, membre de l'Académie française en 1816, correspondant des académies de Turin, de Copenhague, de Milan, de Berlin, de l'Institut de Hollande (1809), Laplace a publié un nombre considérable de travaux pour la réimpression desquels la Chambre des députés, en 1842, vota un crédit de 40.000 francs. Les trois œuvres capitales qui résument et synthétisent toutes les autres sont: *Mécanique céleste*, parue par parties successives en 1799, 1802, 1805, 1823 et 1825; son *Exposition du système du Monde*, qui eut plusieurs éditions (1794-1813-1824-1835); enfin sa *Théorie analytique des probabilités*, parue aussi par fragments détachés, en 1774, 1809, 1812 et 1820. Dans ce dernier ouvrage, Laplace a démontré que les événements étaient soumis à des *fonctions* calculables et précises et il en a fait une heureuse application à la natalité et à la mortalité humaines. Dans sa *Mécanique céleste*, il a prouvé que les particularités inexpliquées des mouvements de la Lune, de Jupiter et de Saturne étaient une conséquence de la loi de gravitation, que les satellites de Jupiter étaient soumis à des lois concordantes auxquelles il a laissé son nom, que la forme de la terre rendait compte de certains mouvements de la lune et qu'il était possible de prédire, à l'aide de sa *théorie*, la hauteur des marées. Enfin, dans son *Exposition du système du Monde*, il a magnifiquement esquissé les origines de la marche de l'univers, l'unité et la fixité de la loi qui y préside, et écrit ainsi le premier chapitre de cette « Création naturelle » dont la science actuelle semble s'être donné pour mission de reconstituer l'histoire.

LAPLACE (CHARLES-EMILE-PIERRE-JOSEPH MARQUIS DE), pair de France, et sénateur du second Empire, né à Paris le 5 avril 1789, mort à Paris le 27 octobre 1874, fils du précédent, entra à l'Ecole polytechnique, passa ensuite à l'Ecole de Metz, et fit, comme officier d'artillerie, les guerres d'Espagne, de Russie, d'Allemagne et la campagne de France. Chef d'escadron à la fin de l'Empire, il se rallia aux Bourbons, et fut admis, le 19 avril 1827, par droit héréditaire, à siéger dans la Chambre des pairs à la place de son père décédé. Il y parut peu, soutint de ses votes le gouvernement de Charles X, fut nommé colonel hors cadre, et ne s'en montra pas moins empressé à prêter serment, après 1830, à la monarchie de Louis-Philippe. Chargé d'organiser à Douai le 1er régiment d'artillerie, il reçut, le 11 novembre 1837, le grade de maréchal de camp et fut placé à la tête de l'Ecole de la Fère. Ses connaissances spéciales furent plus d'une fois utilisées dans des inspections générales ou des missions techniques. Promu lieutenant-général le 9 avril 1843, M. de Laplace fut rendu à la vie privée, comme pair de France, par la révolution de février 1848. Mais, après le coup d'Etat de 1851, auquel il avait applaudi, il fut appelé par Napoléon III, le 31 décembre 1852, à faire partie du Sénat impérial, où il ne siégea que rarement, mais, jusqu'en 1870, parmi les zélés partisans du pouvoir. Grand-croix de la Légion d'honneur (7 août 1859).

LAPLAGNE-BARRIS (RAYMOND-JEAN-FRANÇOIS-MARIE LACAVE), pair de France, né à Montesquiou (Gers) le 21 décembre 1786, mort à Montesquiou le 13 octobre 1857, fils de M. Barthélemy Lacave-Laplagne, et de dame Marie Barris, fut autorisé, par décision du 5 juin 1826, à ajouter à son nom celui de Barris. Il fut élevé par son oncle Barris, conseiller à la cour de Cassation et baron de l'empire, dont il fut autorisé à prendre le nom et dont il hérita. Juge auditeur au tribunal de la Seine (19 mai 1808), adjoint au parquet en 1810, substitut du procureur général en 1812, chargé du service intérieur du parquet en 1815, procureur général

à Metz en 1820, après l'affaire Louvel, dont le réquisitoire était en partie son œuvre, avocat général à la cour de Cassation en 1824, puis conseiller à la chambre criminelle de cette cour, et président de cette Chambre en 1844, son dévouement au gouvernement de Louis-Philippe lui avait déjà valu la pairie (3 octobre 1837). A la Chambre haute, il évita les discussions politiques, et obtint le maintien des juges suppléants, charge qu'il considérait comme un noviciat indispensable aux futurs magistrats. Inspecteur général des facultés de droit de Toulouse et de Poitiers (26 octobre 1838), il devint, en 1842, administrateur des biens du duc d'Aumale, et, ami fidèle et dévoué de la famille d'Orléans, fut un des exécuteurs testamentaires de Louis-Philippe. Membre et président du conseil général du Gers, M. Laplagne-Barris était grand-officier de la Légion d'honneur.

LAPLAIGNE (ANTOINE-LOUIS), député à l'Assemblée législative de 1791, membre de la Convention, et député au Conseil des Cinq-Cents, né à Miramont (Gers) le 22 octobre 1746, mort à Barran (Gers) le 16 janvier 1827, était homme de loi dans cette dernière localité avant la Révolution. Il devint président du tribunal d'Auch, et fut élu, le 3 septembre 1791, le 2e sur 9, par 135 voix (142 votants), député du Gers à l'Assemblée législative; il fit partie de la majorité et dénonça l'incivisme du président du département des Bouches-du-Rhône. Réélu, le 3 septembre 1792, par le même département, membre de la Convention, le 1er sur 9, avec 428 voix (528 votants), il se prononça en ces termes dans le procès du roi: « L'Assemblée, dit-il au 3e appel nominal, a déclaré hier, à l'unanimité, que Louis est convaincu d'avoir conspiré contre l'Etat; j'opine pour la mort. » Cependant, il se rapprocha des Girondins, devint suspect à la Montagne, et fut décrété d'arrestation, sur la dénonciation de Chabot, qui donna lecture à la tribune d'une lettre de Laplaigne, hostile aux événements des 31 mai, 1er et 2 juin. Laplaigne, arrêté, réussit à s'évader le 7 octobre 1793, et fut mis hors la loi par la Convention. Plus tard, la réaction thermidorienne le rappela à l'assemblée (18 frimaire an III). Le Gers le renvoya siéger au Conseil des Cinq-Cents, le 22 vendémiaire an IV, par 173 voix (288 votants), en même temps qu'il obtenait également la majorité dans les Hautes-Pyrénées. Il siégea jusqu'en l'an VIII dans cette assemblée, dont il fut secrétaire, et fut de nouveau nommé, après le coup d'Etat de brumaire, président du tribunal d'Auch (4 prairial an VIII).

LAPLANCHE. — *Voy.* RUILLÉ (COMTE DE).

LAPLANE (HENRI-PIERRE-FÉLIX DE), député de 1846 à 1848, né à Saint-Omer (Pas-de-Calais) le 28 février 1806, mort à Saint-Omer le 23 octobre 1873, fit son droit à Aix, fut inscrit au barreau de Grenoble, et, peu après, devint juge auditeur au tribunal de Forcalquier (1826). Il donna sa démission en 1830 et vint se fixer dans le Pas-de-Calais, où il s'occupa d'archéologie et d'histoire locale. Membre de la Société des antiquaires de Morinie (1839), il fut, le 1er août 1846, élu député du 2e collège des Basses-Alpes (Forcalquier) par 172 voix (274 votants, 291 inscrits) contre 114 au député sortant, le général Laidet; il siégea obscurément dans la majorité dévouée au ministère Guizot. Secrétaire perpétuel de la Société des antiquaires de Morinie, chevalier de la Légion d'honneur

(1858), membre du conseil municipal de Saint-Omer, inspecteur des monuments historiques, administrateur du musée, correspondant du ministère de l'instruction publique, M. de Laplane a publié : *Les Abbés de Saint-Bertin* (1854), ouvrage qui obtint une médaille au concours des antiquités nationales de l'Institut ; *L'Abbaye de Clermarais*, enfin un certain nombre d'articles moins importants dans les *Bulletins* et les *Mémoires* de la Société des antiquaires de Morinie.

LAPORTE (FRANÇOIS), député en 1789, né à Pleaux (Cantal) le 5 mars 1736, mort à une date inconnue, avait été curé de Saint-Martial (Dordogne), et était chanoine à Angoulême, lorsqu'il fut, en mars 1789, élu député du clergé aux Etats-Généraux par la sénéchaussée du Périgord ; il passa inaperçu dans l'Assemblée.

LAPORTE (JACQUES-DENIS), représentant à la Chambre des Cent-Jours, né à Sarniguet (Hautes-Pyrénées) le 8 avril 1762, mort à Sarniguet le 25 septembre 1843, « fils du sieur Jean-Guillaume Laporte et de demoiselle Marie-Jeanne Bordères, mariés », commissaire du gouvernement près du tribunal criminel des Hautes-Pyrénées sous la Révolution, membre de la Légion d'honneur (25 prairial an XII), substitut près la cour impériale de Pau en 1811, puis procureur impérial à la même cour, fut élu, le 16 mai 1815, représentant à la Chambre des Cent-Jours par le collège de département des Hautes-Pyrénées, avec 50 voix sur 82 votants. Le 11 août 1819, le gouvernement de la Restauration le nomma président du tribunal de Tarbes.

LAPORTE (JEAN-MARIE-LOUIS), député de 1837 à 1838, né à Tarbes (Hautes-Pyrénées) le 8 janvier 1792, mort au château de Sarniguet (Hautes-Pyrénées) le 15 novembre 1862, fils du précédent, entra, comme son père, dans la magistrature et devint avocat général à la cour de Pau. Le 4 novembre 1837 il fut élu député du 1er collège des Hautes-Pyrénées (Tarbes), par 88 voix (161 votants, 221 inscrits), donna sa démission peu de temps après, et fut remplacé, le 10 février 1838, par M. Dintrans.

LA PORTE (JEAN-ROGER-AMÉDÉE DE), député de 1877 à 1889, né à Niort (Deux-Sèvres) le 20 juin 1848, fils d'un directeur de l'enregistrement à Niort, fit de brillantes études au lycée de cette ville, remporta le premier prix de philosophie au concours académique en 1865, suivit les cours de l'Ecole de droit de Paris, et fut inscrit au barreau de la capitale de 1869 à 1873. Pendant la guerre de 1870-1871, il fit la campagne des Vosges et de la Loire comme capitaine de la mobile des Deux-Sèvres, et prit part aux combats de Bourgonce, de Beaune-la-Rolande et de Villersexel. Reçu auditeur au conseil d'Etat en 1873, il devint (mars 1876) chef de cabinet de M. Christophle, ministre des Travaux publics, puis conseiller général des Deux-Sèvres, et fut élu, comme candidat républicain, le 14 octobre 1877, dans la 2e circonscription de Niort, par 6,999 voix sur 13,599 votants et 15,280 inscrits, contre 6,487 voix au baron A. Petiet, député sortant, conservateur. Il se fit inscrire à l'Union républicaine et à la gauche républicaine, parla sur les questions des travaux publics, sur le budget, sur le classement du réseau complémentaire des chemins de fer, sur l'amélioration des voies navigables, sur les dispenses de service militaire des sémi-

naristes et des instituteurs ; fut rapporteur des projets de loi sur le rachat des ponts à péage, sur la déclaration d'utilité publique du chemin de fer de Niort à Montreuil-Bellay, vota la mise en accusation des ministres du 16 mai, l'article 7 de la loi contre les congrégations non autorisées, l'amnistie des condamnés de la Commune, les lois Ferry sur l'enseignement, et soutint généralement les ministères républicains. Réélu, le 21 août 1881, par 7,828 voix sur 12,981 votants et 15,742 inscrits, contre 5,031 au baron Petiet, sur un programme demandant la séparation de l'Eglise et de l'Etat, la réforme des tarifs de chemins de fer et la revision de la Constitution, il reprit sa place à gauche, fut nommé (1883) secrétaire du groupe de l'Union républicaine, combattit les conventions avec les grandes Compagnies de chemin de fer (juillet 1883), et donna sa démission d'administrateur des chemins de fer de l'Etat, fonctions auxquelles il avait été appelé (janvier 1882) par le ministre, M. Raynal, dont il avait à critiquer l'administration. Il fut rapporteur d'un assez grand nombre de projets de loi concernant les travaux publics, et se prononça *pour* la suppression de l'inamovibilité de la magistrature, *pour* l'expulsion des princes (1883), *pour* le rétablissement du divorce, *contre* les expéditions coloniales. Porté, aux élections du 4 octobre 1885, sur la liste de concentration républicaine des Deux-Sèvres, il fut élu, le 1er sur 5, par 42,772 voix sur 85,385 votants et 104,546 inscrits. Il prit place à la gauche radicale, et, dans le nouveau cabinet formé le 7 janvier 1886, fut appelé au poste de sous-secrétaire d'Etat au ministère de la Marine et des colonies. Un vote hostile de la Chambre lors de la discussion du budget de ce ministère, lui fit donner sa démission (novembre 1886) ; mais le ministre de la marine, M. l'amiral Aube, le rappela aussitôt à ce poste, qu'il quitta encore quelques mois après, par suite d'une nouvelle crise ministérielle. M. de La Porte, qui a voté dans cette législature avec les radicaux, déposa (16 janvier 1888), lors de la discussion provoquée par l'attitude du conseil municipal de Paris au moment de l'élection (décembre 1887) du président de la République, un ordre du jour demandant « d'attendre la discussion du projet de loi spécial sur l'organisation municipale de Paris » (accepté par 326 voix contre 188), et de proclamer « la confiance de la Chambre dans le gouvernement » (voté par 259 voix contre 175). Lorsque (février suivant) la Chambre, après avoir rejeté à égalité de voix un crédit de 20 millions pour le Tonkin, consentit, sur l'intervention du président du conseil, M. Tirard, à voter le crédit demandé, mais diminué de 200,000 francs, à 8 voix de majorité seulement, M. Félix Faure, sous-secrétaire d'Etat aux colonies, donna sa démission, et M. de La Porte fut appelé à le remplacer ; il fut maintenu à ce poste à l'avènement du cabinet Floquet (3 avril), et fit rendre deux décrets, l'un réduisant les cadres du personnel de l'administration supérieure, l'autre faisant cesser la confusion des budgets de nos diverses colonies d'Indo-Chine. Ce dernier décret provoqua un conflit avec M. Constans, alors gouverneur général ; mais le conseil des ministres donna raison à M. de La Porte. Le sous-secrétaire d'Etat aux colonies suivit le cabinet Floquet dans sa chute (14 février 1889) ; en dernier lieu, il s'abstint sur le rétablissement du scrutin d'arrondissement (11 février 1889), se prononça *contre* l'ajournement indéfini de la revision de la Constitution, fut absent par congé aux scrutins sur l'autorisation des poursuites contre trois députés membres de la Ligue des patriotes et sur le projet de loi Lisbonne restrictif de la liberté de la presse, et s'abstint sur les poursuites contre le général Boulanger. M. de La Porte a épousé la fille de M. Allain-Targé, ancien ministre de l'Intérieur.

LAPORTE (Henri-Gaston), député de 1881 à 1889, né à Nevers (Nièvre) le 16 avril 1842, fit ses études classiques et son droit à Paris, et, reçu avocat, s'inscrivit au barreau de Nevers. Après le 4 septembre 1870, il aborda la politique en se faisant élire membre du conseil municipal, puis conseiller général de Nevers (1880). Aux élections législatives suivantes, M. Gaston Laporte, directeur du journal le *Patriote de la Nièvre*, engagea la lutte, avec le programme politique de l'extrême-gauche, dans la première circonscription de Nevers, contre M. Girerd, sous-secrétaire d'État, député sortant, et chef du parti opportuniste dans la région. Cette lutte fut des plus vives : les amis de M. Girerd reprochèrent au candidat radical d'être allé trouver, avant l'ouverture de la période électorale, son adversaire pour lui offrir son désistement en échange d'un haut emploi dans les finances. Un jury d'honneur fut convoqué, mais les faits ne furent pas établis. Après avoir réuni, au premier tour de scrutin, le 24 août 1881, 6,707 voix contre 4,283 à M. Girerd et 4,693 à M. Charles Martin, conservateur, M. Gaston Laporte se trouva, au ballottage, seul en présence du candidat monarchiste, et fut élu député de Nevers, par 7,869 voix (14,592 votants, 21,641 inscrits), contre 6,317 à M. Charles Martin. Il siégea à l'extrême-gauche, parla sur la situation des ouvriers de Guérigny, protesta contre la suppression de la fonderie de Nevers, et vota : *pour* la séparation de l'Eglise et de l'État, *contre* les ministères Gambetta et J. Ferry, *contre* les crédits de l'expédition du Tonkin, etc. Aux élections d'octobre 1885, porté sur la liste radicale de la Nièvre, qui lutta à la fois contre la liste monarchiste, la liste opportuniste et une liste socialiste sur laquelle était inscrit Ferdinand Gambon, M. Gaston Laporte réunit 27,466 voix au premier tour, et, après le désistement des autres candidats républicains, fut élu, le 3e sur 5, au scrutin de ballottage, le 18 octobre, par 42,983 voix (83,419 votants, 101,298 inscrits). Il reprit d'abord sa place à l'extrême gauche, avec laquelle il vota comme précédemment *contre* le ministère Freycinet, jusqu'au jour de son adhésion à la politique du général Boulanger. M. Gaston Laporte mit au service du boulangisme ses votes à la Chambre et son journal à Nevers, devenu le *Patriote du Centre*. Membre du « Comité républicain national », il fut activement mêlé aux conciliabules comme aux actes des chefs du parti, et vota, dans les derniers temps de la législature, *contre* le rétablissement du scrutin d'arrondissement (11 février 1889), *pour* l'ajournement indéfini de la revision de la Constitution, *contre* les poursuites contre trois députés membres de la Ligue des patriotes, *contre* le projet de loi Lisbonne restrictif de la liberté de la presse, *contre* les poursuites contre le général Boulanger. M. Gaston Laporte a publié : *L'Ordre et la Liberté en 1876*; — *La Féodalité industrielle*, et de nombreux articles de journaux.

LAPORTE (Edouard-Antoine), membre du Sénat, né à Lamassas (Lot-et-Garonne) le 23 juillet 1833, mort à Paris le 22 mars 1890, étudia

le droit et se fit recevoir licencié. Propriétaire dans son pays natal et conseiller général de Lot-et-Garonne pour le canton de Penne, il fut porté, le 25 janvier 1885, comme candidat républicain aux élections sénatoriales, et élu sénateur de ce département par 385 voix (715 votants), contre 308 à M. de Châteaurenard. M. Laporte siégea à gauche et vota avec la majorité de la Chambre haute : *pour* l'expulsion des princes, *pour* la nouvelle loi militaire, et fut réélu, au renouvellement triennal du 5 janvier 1888, par 397 voix sur 733 votants. Il reprit sa place à gauche, et se prononça, en dernier lieu, *pour* le rétablissement du scrutin d'arrondissement (13 février 1889), *pour* le projet de loi Lisbonne restrictif de la liberté de la presse, *pour* la procédure à suivre devant le Sénat contre le général Boulanger.

LAPORTE-BELVIALA (Etienne-Annet-Augustin de), représentant à la Chambre des Cent-Jours, né à Grandrieu (Lozère) le 10 août 1756, mort à Grandrieu le 11 décembre 1833, « fils à M. Jean-Félix de Laporte, avocat et notaire du lieu et paroisse de Grandrieu, et de dame Isabeau de Bodety », fut maire de Grandrieu en 1781, puis l'un des administrateurs du pays de Gévaudan, de 1785 à 1790. Il conserva pendant la période révolutionnaire des fonctions administratives dans le département de la Lozère, fut président de canton, conseiller de préfecture en l'an VIII, et plus tard, représenta (13 mai 1815), à la Chambre des Cent-Jours, l'arrondissement de Mende, qui lui avait donné 26 voix sur 38 votants. Il ne fit pas partie d'autres assemblées.

LAPORTERIE (Simon), député en 1789, né à Saint-Sever (Landes) le 14 novembre 1738, mort à une date inconnue, curé de Lingonac (Landes), fut élu député du clergé aux Etats-Généraux par la sénéchaussée de Mont-de-Marsan. Le *Moniteur* dit seulement de lui qu'il se réunit au tiers et qu'il prêta le serment civique.

LAPOTAIRE (Louis-Jean-Gabriel), député au Conseil des Anciens et au Corps législatif de l'an VIII, né à Argentan (Orne) le 9 mars 1740, mort à Lorient (Morbihan) le 25 octobre 1810, était commissaire près l'administration municipale de Lorient, lorsqu'il fut élu député du Morbihan au Conseil des Anciens, le 25 germinal an VII, et choisi par le Sénat conservateur, comme député du même département au nouveau Corps législatif, le 4 nivôse an VIII. Il ne signala son passage au Conseil des Anciens qu'en faisant approuver la résolution relative à la célébration des mariages dans l'île de Grouais (Groix).

LAPOULE (Jean-Louis), député en 1789, né à Besançon (Doubs) le 12 novembre 1737, mort à Besançon le 27 juillet 1795, avocat dans sa ville natale, fut élu député du tiers aux Etats-Généraux par le bailliage de Besançon, le 13 avril 1789. Il prit assez fréquemment la parole, notamment sur le rachat de la dîme, sur le refus pour le roi de faire des règlements provisoires, *pour* combattre le droit de propriété du clergé, *pour* dénoncer le parlement de Besançon, *pour* appuyer le renvoi au Châtelet de l'affaire du parlement de Rouen, *pour* dénoncer l'exportation des blés qui se faisait par la Franche-Comté. Il fit en outre décréter une indemnité pour l'inventeur du levier moteur, soutint qu'un député pouvait être à la fois membre de plusieurs comités, se déclara l'adversaire du projet tendant à rendre les officiers municipaux responsables en cas d'émeute, et combattit le principe de la régence. Il fut secrétaire de l'assemblée, et, en mars 1790, secrétaire du club des Jacobins. Nommé juge au tribunal de Cassation le 20 avril 1794, il mourut l'année suivante.

LAPOYPE (Jean-François Cornu, comte de), député de 1822 à 1824, né à Lyon (Rhône) le 31 mai 1758, mort aux Brosses, près Vaux, le 27 janvier 1851, entra très jeune au service, devint officier aux gardes françaises et quitta ce corps, en 1788, avec le grade de lieutenant-colonel. Au moment de la Révolution, dont il se déclara le partisan, il entra dans la garde nationale, fut élu commandant du 4e bataillon de Seine-et-Oise (octobre 1791), promu colonel (6 juin 1792) et général de brigade (10 septembre suivant). Il se distingua dans l'affaire du camp de Maulde en protégeant la retraite, alla, en 1793, à l'armée des Alpes-Maritimes, comme chef d'état-major de Biron, et sut prendre et garder, dans les montagnes du Var, une bonne position défensive. Général de division (mai 1793), il fut appelé au commandement de Toulon et y courut quelques dangers, ainsi que Fréron et Barras, quand cette ville fut livrée aux Anglais. Il put s'échapper à grand'peine, mais sa femme et ses enfants restèrent entre les mains de l'ennemi. D'abord commandant de la division de l'Est sous les murs de Toulon, il succéda temporairement comme général en chef à Carteaux; mais les représentants, jugeant que la présence de sa femme et de ses enfants dans la ville assiégée pouvait nuire aux mesures nécessaires, le remplacèrent par le général Dugommier. Remis à la tête de la division de l'Est, Lapoype contribua à la prise de la ville, et exécuta une habile diversion pendant l'assaut du fort Malgrave. Malgré le patriotisme dont il n'avait cessé de faire preuve, Lapoype fut deux fois mandé à la barre de la Convention. La première fois, il parvint à se disculper; mais, la seconde fois, accusé de vouloir le rétablissement de « bastilles marseillaises, » il fut destitué. Remis en activité vers la fin du Directoire, il fut envoyé à l'armée du Rhin, puis à l'armée d'Italie où il se distingua à Novi. Après Marengo, Bonaparte le chargea du siège de Mantoue que la paix interrompit. Nommé en 1802 commandant de la 12e division militaire, il demanda et obtint de faire partie de l'expédition de Saint-Domingue. Après l'arrestation de Toussaint-Louverture et le soulèvement des noirs, il dut s'embarquer pour la France avec Rochambeau. Pris par les Anglais, à la sortie du Cap-Français, il fut conduit à la Jamaïque, puis en Grande-Bretagne, rentra en France sur parole et y commanda la division de réserve de Bourges, jusqu'à son échange, qui n'eut lieu qu'en 1812. Créé baron de l'empire, le 19 janvier de cette dernière année, il demanda immédiatement à prendre part à la campagne qui allait s'ouvrir. Napoléon le nomma gouverneur de Wittemberg, où il organisa la défense. Assiégé après la retraite de Russie, débloqué après Lutzen, bloqué de nouveau après Leipsig, il se vit contraint de capituler. Au mépris des conventions signées, il fut emmené prisonnier en Prusse et ne revint en France qu'à la première Restauration. Il fut alors nommé chevalier de Saint-Louis et commandant d'Agen. Aux Cent-Jours l'empereur lui confia le gouvernement de Lille. La seconde Restauration s'empressa de le mettre à la retraite. Elu, le 9 mai 1822, député du 3e arrondissement électoral

du Rhône (Villefranche) par 169 voix (330 votants, 415 inscrits), contre 150 à M. Couppier, il siégea à l'extrême-gauche, ne prit la parole que pour défendre ses anciens compagnons d'armes, ne fut pas réélu en 1824, et fut définitivement admis à la retraite, comme lieutenant-général, le 11 juin 1832.

LA POYPE DE VERTRIEUX (Louis-Armand, marquis de), député en 1789, né à Paris le 2 février 1721, mort à une date inconnue, fils de François-Louis de la Poype, marquis de Vertrieux, et de Marie-Anne Forest, était parent de Jean-Claude de La Poype de Vertrieux qui fut évêque de Poitiers de 1702 à 1732. Chef d'escadron des armées navales, il fut élu, le 6 avril 1789, député de la noblesse aux Etats-Généraux par la sénéchaussée de Toulon. Il tint pour l'ancien ordre de choses, et donna sa démission le 14 avril 1790.

LAPRADE (Pierre-Marie-Victor Richard de), représentant en 1871, né à Montbrison (Loire) le 13 janvier 1813, mort à Lyon (Rhône) le 13 décembre 1883, fils d'un médecin distingué de Lyon, fit ses études à Lyon, son droit à Aix et fut inscrit au barreau de Lyon en 1839. Il publia à cette époque ses premières poésies, les Parfums de Madeleine. Successivement parurent, en 1840 la Colère de Jésus, en 1841 Psyché, en 1844 diverses petites pièces insérées dans la Revue du Lyonnais, dans la Revue de Paris et la Revue des Deux-Mondes, et réunies sous le titre : Odes et poèmes. M. de Salvandy lui confia une mission en Italie en 1845, à l'effet de poursuivre des recherches historiques dans les bibliothèques de la péninsule. A son retour, il fut décoré de la Légion d'honneur (1847), et nommé professeur de littérature française à la faculté des lettres de Lyon, situation qu'il garda jusqu'en décembre 1861. A cette époque, il fut révoqué pour une satire politique publiée dans le Correspondant, sous le titre de Muses d'Etat. Dans cet intervalle, il avait fait paraître les Poèmes évangéliques (1852), les Symphoniques (1855), et les Idylles héroïques (1858). Nommé membre de l'Académie française le 11 février 1858, en remplacement d'Alfred de Musset, il vécut assez retiré pendant les dernières années de l'Empire, et fut élu, le 8 février 1871, représentant du Rhône à l'Assemblée nationale, le 11e sur 13, par 58,587 voix (117,523 votants, 185,134 inscrits). Il siégea peu, au centre droit, vota pour la paix et donna sa démission en 1873, pour raison de santé. En outre des ouvrages déjà cités, on a encore de M. de Laprade : L'éducation homicide; Questions d'Art et de Morale (1861); Harmodius, tragédie (1870); Poèmes civiques (1873); Le livre d'un père (1876). Ses principaux ouvrages de poésie ont été réunis sous le nom de : Recueil d'œuvres poétiques (1878, 2 volumes). Chevalier de la Légion d'honneur (1846), professeur honoraire à la faculté des lettres de Lyon (10 avril 1874).

LA PRIMAUDIÈRE. — Voy. Primaudière.

LAQUEUILLE (Jean-Claude-Marin-Victor, marquis de), député en 1789, né à Châteaugay (Puy-de-Dôme) le 2 janvier 1742, mort à Paris le 30 avril 1810, mousquetaire en 1750, capitaine de cavalerie en 1760, chevalier de Saint-Louis et colonel au régiment de Clermont en 1771, colonel au régiment de Bresse en 1776, maréchal de camp en 1788, fut élu député de la noblesse aux Etats-Généraux par la sénéchaussée de Riom, le 25 mars 1789. Après avoir témoigné de l'hostilité aux réformes, il se démit de son mandat le 6 mai 1790, émigra, rejoignit l'armée des princes, et commanda, sous le comte d'Artois, le corps de la noblesse d'Auvergne. Il fut décrété d'accusation pour avoir apporté aux émigrés la déclaration de Pilnitz, et, rentré en France sous le Consulat, vécut dans la retraite jusqu'à sa mort.

LAQUEUILLE (CLAUDE-GILBERT-SCHOLASTIQUE-HYACINTHE, VICOMTE DE), député en 1789, né le 10 août 1748, mort le 6 juin 1813, appartenait aux armées du roi comme major du Royal-Picardie cavalerie, lorsqu'il fut élu, le 21 mars 1789, député de la noblesse aux Etats-Généraux par la sénéchaussée de Tulle. Il opina avec les partisans de l'ancien régime et ne tarda pas d'ailleurs à se retirer, ayant donné sa démission le 22 mars 1790.

LARABIT (MARIE-DENIS), député de 1831 à 1848, représentant en 1848 et en 1849, député au Corps législatif de 1852 à 1853, sénateur du second empire, né à Roye (Somme) le 15 août 1792, mort à Paris le 24 janvier 1876, fils du maire de Roye, commença ses études à Roye et les termina à Paris au lycée Napoléon, où il eut pour condisciples Odilon Barrot, Rémusat, etc. Ayant remporté les premiers prix de mathématiques aux concours généraux de 1809 et de 1810, il se destina à l'Ecole polytechnique, y entra avec le n° 6, et en sortit en 1812, avec le n° 2, dans le génie, prit part à la campagne de Saxe, fut chargé d'exécuter à Wurtzbourg des travaux de défense, et assista aux batailles de Leipsig et de Hanau. Attaché, comme officier de service de l'arme du génie, à l'état-major de l'Empereur, puis versé dans la garde impériale, il fit, aux côtés de Napoléon, la campagne de 1814, et l'accompagna à ⸱ le d'Elbe. Aux Cent-Jours, il exécuta, sous les ordres du général Haxo, quelques travaux de fortifications en avant de Belleville et de Ménilmoutant afin de mettre Paris à l'abri d'un coup de main. Envoyé ensuite à l'armée du Nord, il se distingua aux trois journées de Fleurus, de Ligny et de Waterloo. Licencié et rayé des cadres de l'armée par la Restauration, il se retira dans sa maison patrimoniale d'Irancy (Yonne), où était né l'architecte Soufflot, son grand-oncle, fut rappelé au service en 1818, travailla aux fortifications de Rocroy, de Bayonne, etc., fit la campagne d'Espagne à l'état-major du général Dade (1823), et devint secrétaire-adjoint du comité des fortifications en 1826. Le 5 juillet 1831, le 1er collège de l'Yonne (Auxerre) l'élut député par 281 voix (442 votants, 499 inscrits), contre 120 à M. Bernard d'Héry fils. Il prit place à gauche, et fut successivement réélu : le 21 juin 1834, par 308 voix (438 votants, 517 inscrits) contre 87 à M. Bernard Bérault; le 4 novembre 1837, par 342 voix (465 votants, 590 inscrits); le 2 mars 1839, par 314 voix (495 votants); le 9 juillet 1842 par 348 voix (541 votants, 627 inscrits) contre 163 à M. Challe; le 1er août 1846, par 502 voix (573 votants, 747 inscrits), contre 38 à M. Martineau et 20 à M. Gallois. Son rôle à la Chambre fut important; il parla et vota *contre* l'hérédité de la pairie, *pour* l'extension du droit électoral, *pour* la Pologne, *pour* les fortifications de Paris, fut membre de la commission du budget, sollicita l'autorisation de défendre le prince Louis-Napoléon après l'échauffourée de Strasbourg, signa le compte rendu de 1832, combattit la dotation du duc de Nemours et l'indemnité Pritchard, et

réclama à maintes reprises le paiement des arriérés de traitement des membres de la Légion d'honneur. Au lendemain de la révolution de 1848, il fut nommé directeur-adjoint du personnel au ministère de la Guerre et s'efforça de maintenir l'ordre dans Paris, en allant porter aux insurgés des paroles de conciliation et de paix ; Mgr Affre fut tué à ses côtés, et il faillit lui-même subir le même sort à la barrière de Fontainebleau. Il avait été élu, le 23 avril 1848, représentant de l'Yonne à l'Assemblée constituante, le 3e sur 9, par 83,323 voix. Il prit place à gauche, fit partie du comité de la guerre, et vota *pour* le bannissement de la famille d'Orléans, *contre* les poursuites contre L. Blanc et Caussidière, *contre* l'impôt progressif, *pour* l'incompatibilité des fonctions, *contre* l'amendement Grévy, *pour* l'ensemble de la Constitution, *pour* la proposition Rateau, *pour* l'expédition de Rome, *contre* la demande de mise en accusation du président et des ministres. Réélu dans le même département, le 23 mai 1849, à la Législative, le 1er sur 8, par 47,442 voix (80,826 votants, 111,917 inscrits), il soutint la politique du Prince-président, et, en juillet 1851, déposa une proposition de revision de la Constitution réclamant l'abrogation de l'article 45 relatif à la non-rééligibilité du Président, et demandant pour le peuple la liberté de disposer de ses suffrages comme il l'entendrait au moment de l'élection présidentielle. Mais la majorité des deux tiers ne put être atteinte (446 pour, 278 contre), et la proposition fut rejetée. Le coup d'Etat de décembre surprit M. Larabit, et il protesta si vivement contre ce coup de force qu'il fut enfermé pendant quelques jours au fort de Vincennes. Mais, à la suite d'un déjeuner avec le prince Louis-Napoléon, il cessa son opposition et fut élu, le 29 février 1852, député au Corps législatif dans la 1re circonscription de l'Yonne, comme candidat officiel, par 20,811 voix (24,052 votants, 38,063 inscrits) contre 1,814 à M. Martineau du Cheney, et 883 à M. Savatier-Laroche. L'année suivante, le 4 mars 1853, il fut nommé sénateur. A la Chambre haute, il fit partie de nombreuses commissions, ouvrit (20 février 1862) la discussion de l'Adresse par un discours en faveur de la Pologne, dans lequel il faisait appel aux sentiments généreux d'Alexandre II, vota *contre* les nouvelles lois sur la presse et les réunions publiques, appuya la politique guerrière du second Empire, réclama (1866) une intervention en faveur du Danemark attaqué par l'Autriche et par la Prusse, représenta officiellement l'empereur à Grenoble (1868) à l'inauguration de la statue de Napoléon 1er, demanda instamment au début de la guerre franco-allemande (juillet 1870) d'être employé à la défense de Metz, et, le 4 septembre, au Sénat, protesta « contre la force qui empêchait le Corps législatif de délibérer avec maturité ». Durant le siège, il offrit inutilement ses services comme officier du génie. M. Larabit vécut dans la plus profonde retraite à partir de cette époque ; il était grand-officier de la Légion d'honneur depuis 1861 et membre du conseil de l'ordre depuis 1851. On a de lui, outre plusieurs rapports, de nombreux Mémoires sur les chemins de fer, un *Eloge de Vauban*, un *Eloge de Carnot*, etc. Lorsqu'il était député, il adressait chaque année à ses électeurs le compte-rendu de ses votes à la Chambre.

LARADE (ETIENNE), député en 1789, né à Alet (Aude) le 6 juin 1729, mort à une date inconnue, syndic du diocèse d'Alet, fut élu, le 26 mars 1789, député du tiers aux Etats-Généraux par

La sénéchaussée de Limoux. Son rôle dans l'Assemblée constituante n'a pas laissé de traces.

LARAMÉE (Jacques-Louis), représentant à la Chambre des Cent-Jours, né à Rocroi (Ardennes) le 14 février 1756, mort à Paris le 16 octobre 1834, fut chanoine régulier de la congrégation de France, et devint à la Révolution administrateur de la Nièvre, puis commissaire près les tribunaux civil et criminel de ce département. Sous-préfet de l'arrondissement de Clamecy le 14 germinal an VIII, il fut élu, pendant les Cent-Jours, le 13 mai 1815, par 49 voix sur 87 votants, membre de la Chambre des représentants. Après la session, il rentra dans la vie privée.

LARCHÉ (Claude-Michel, baron), député au Corps législatif en l'an XII, né à Dijon (Côte-d'Or) le 29 septembre 1748, mort à Dijon le 9 mars 1829, fils de Jean-Claude Larché, procureur, et de Françoise Picard, était avocat au moment de la Révolution. Successivement membre provisoire du tribunal de Dijon, président du tribunal de Louhans, président du tribunal d'appel de Dijon (16 prairial an VIII), membre de la Légion d'honneur (25 prairial an XII), président du collège électoral de la Côte-d'Or (même année), il fut choisi par le Sénat conservateur comme député de la Côte-d'Or au Corps législatif, le 29 thermidor suivant. L'empereur le nomma chevalier de l'empire le 21 décembre 1808, baron le 9 septembre 1810, et, lors de la réorganisation des cours et des tribunaux, premier président à la cour impériale de Dijon, le 6 avril 1811.

LARCHER (Edme), député au Conseil des Anciens et au Corps législatif de l'an VIII à 1806, né à Vignory (Haute-Marne) le 2 décembre 1757, mort à une date inconnue, « fils de François Larcher, admodiateur, et de Gertrude Parisot », fut avocat au parlement et conseiller du roi, puis lieutenant particulier en la maîtrise des eaux et forêts de Chaumont. Administrateur de la Haute-Marne au début de la Révolution, il remplit ensuite les fonctions d'accusateur public près le tribunal criminel de ce département qui, le 23 germinal an VII, l'envoya siéger au Conseil des Anciens. Il s'y montra favorable au coup d'État de brumaire et fut désigné par le Sénat conservateur, le 4 nivôse an VIII, pour représenter la Haute-Marne au nouveau Corps législatif. Il en sortit en 1806, et fut nommé, le 15 octobre 1809, conseiller de préfecture de la Haute-Marne.

LARCHEVÊQUE-THIBAUD (Gabriel-Jean-Baptiste), député en 1789, né à Saint-Domingue en 1745, mort à une date inconnue, avocat et planteur au quartier de Vallière dans l'île de Saint-Domingue, fut élu député aux Etats-Généraux par cette colonie, le 2 avril 1789, et ne signala sa présence à l'Assemblée que par les plaintes qu'il formula contre le ministre de la Marine à propos de l'administration de l'île. Impliqué dans un procès comme suspect, il fut acquitté par le tribunal révolutionnaire le 22 messidor an II, et disparut de la scène politique.

LARCY (Charles-Paulin-Roger Saubert, baron de), député de 1839 à 1846, représentant en 1848, 1849 et en 1871, ministre, sénateur de 1877 à 1882, né au Vigan (Gard) le 20 août 1805, mort à Pierrelatte (Drôme) le 6 octobre 1882, fils d'un sous-préfet de la Res-

tauration, fit son droit après avoir terminé ses études classiques au collège Henri IV, fut reçu licencié en droit, et entra dans la magistrature, en 1827, comme juge auditeur. Substitut du procureur du roi à Alais en 1829, il donna sa démission à la révolution de 1830, et rentra au barreau. Activement mêlé à la politique, plaidant avec talent dans les procès qui en relevaient, il manifesta, dans une brochure intitulée la *Révolution et la France* (1831), des opinions nettement légitimistes, fut élu en 1833 conseiller général du Gard, et, le 4 mars 1839, entra à la Chambre comme l'élu des royalistes du 2e collège de l'Hérault (Montpellier), avec 279 voix sur 554 votants, contre 275 à M. Viger. M. de Larcy siégea à droite, dans le petit groupe légitimiste, obtint sa réélection, le 9 juillet 1842, par 410 voix (753 votants, 841 inscrits), contre 339 à M. Bérard, et fit au ministère Guizot et à la politique du juste-milieu une guerre opiniâtre. S'étant rendu, en 1843, avec quatre de ses collègues, auprès du comte de Chambord, à Belgrave-Square, il partagea avec eux la *flétrissure* officielle insérée dans l'Adresse (janvier 1844), et, ayant donné sa démission de député pour en appeler au jugement de ses électeurs, fut réélu, le 2 mars suivant, par 397 voix (793 votants), contre 385 à M. Reynaud, maire de Montpellier. Il se prononça, en 1845, *contre* l'indemnité Pritchard. L'administration reçut l'ordre de combattre énergiquement la réélection de M. de Larcy, qui échoua, le 1er août 1846, avec 325 voix contre 627 à M. Reynaud, élu. En revanche, une élection partielle, qui eut lieu le 24 février 1848 à Montpellier, donna, au premier tour de scrutin, la majorité à M. de Larcy; mais on apprit que la République venait d'être, le jour même, proclamée à Paris, et ce scrutin resta sans effet. M. de Larcy se représenta, le 23 avril suivant, comme candidat à l'Assemblée constituante, avec une profession de foi où « il acceptait la République à titre d'expérience »; il fut élu à la fois par l'Hérault et par le Gard, opta pour ce dernier département qui l'avait nommé, le 4e sur 10, par 53,491 voix (103,556 votants, 116,415 inscrits), parut plusieurs fois à la tribune et vota constamment avec la droite monarchiste : *contre* le bannissement de la famille d'Orléans, *pour* les poursuites contre Louis Blanc et Caussidière, *contre* l'abolition du remplacement militaire, *contre* le droit au travail, *pour* l'ensemble de la Constitution, *contre* la réduction de l'impôt du sel, *pour* la proposition Rateau, *contre* l'amnistie générale, *pour* l'interdiction des clubs, *pour* les crédits de l'expédition de Rome, etc. Réélu, le 13 mai 1849, représentant du Gard à l'Assemblée législative, le 3e sur 8, avec 50,808 voix sur 91,741 votants et 121,533 inscrits, M. de Larcy continua de suivre la même politique, combattit les institutions républicaines, se prononça *pour* l'expédition de Rome, *pour* la loi Falloux-Parieu sur l'enseignement, adopta dans son ensemble la loi restrictive du suffrage universel, après avoir tenté par un amendement d'en élargir les dispositions, et se déclara partisan de la revision de la Constitution, bien qu'il n'entendit pas servir la politique particulière de l'Elysée. Il protesta en effet contre le coup d'Etat du 2 décembre 1851, à la mairie du 10e arrondissement, et rentra dans la vie privée sous l'Empire. Il fit cependant quelques tentatives inutiles pour revenir au Corps législatif: le 21 août 1864, il obtint, comme indépendant, dans la 3e circonscription du Gard, 8,093 voix contre 12,845 à

M. Fabre élu (il s'agissait de remplacer M. de Robiac, décédé), et, le 2 avril 1868, (M. Fabre ayant été nommé procureur général), 4,443 voix, contre 13,927 à M. Dumas, élu, et 4,391 à M. Cazot. Une réunion privée, qu'il tint chez lui, à Alais, pendant la période électorale, lui valut une condamnation à l'amende. Après la chute de l'Empire, M. de Larcy fut élu, le 8 février 1871, représentant du Gard à l'Assemblée nationale, le 8e sur 9, par 52,602 voix (95,143 votants, 137,326 inscrits). Dès le 19 février, il fut appelé par M. Thiers à prendre le portefeuille des Travaux publics dans le ministère dit de « conciliation » qui fonctionna à Versailles pendant l'insurrection communaliste. M. de Larcy, qui représentait dans ce ministère la droite légitimiste, essaya de mettre le chef du pouvoir exécutif d'accord avec la majorité monarchiste de l'assemblée, avec laquelle il vota pour la paix, pour les prières publiques, pour l'abrogation des lois d'exil, pour le pouvoir constituant, etc. Mais, craignant de ne point parvenir à son but, il donna une première fois sa démission de ministre, le 28 août 1871, lors de la discussion de la proposition Rivet. Il consentit à la reprendre sur les instances de M. Thiers, qui fit appel à son « dévouement aux idées conservatrices et libérales » (2 septembre), mais il la remit définitivement le 30 novembre 1872, après l'insuccès définitif des démarches des délégués de la droite réclamant du président de la République une orientation gouvernementale conforme à leurs vues. M. de Larcy reprit alors sa place à droite, présida la réunion des Réservoirs, fut nommé membre de la commission des lois constitutionnelles, prit une part active au renversement de Thiers dans la journée du 24 mai 1873, et fut un des fermes soutiens du « gouvernement de combat ». Lorsque les tentatives de restauration monarchique eurent échoué, M. de Larcy parla et vota pour le septennat (19 novembre 1873). Puis, dans le remaniement ministériel du 26 du même mois, il fut chargé à nouveau du ministère des Travaux publics : il s'associa en cette qualité à tous les actes du cabinet de Broglie jusqu'à sa chute (mai 1874). M. de Larcy repoussa les amendements Périer, Maleville, Wallon, et se prononça contre la Constitution du 25 février 1875, pour la loi sur l'enseignement supérieur, etc. Lors de l'élection des sénateurs à vie par l'Assemblée nationale, il fut porté candidat par une fraction de la droite, mais sans succès. Il échoua de même dans le département du Gard, aux élections sénatoriales du 30 janvier 1876, avec 196 voix sur 430 votants; mais il fut élu sénateur inamovible, le 4 décembre 1877, en remplacement de M. de Franclieu, décédé, par 146 voix sur 280 votants. M. de Larcy appartint à l'extrême-droite de la Chambre haute, se signala encore en maintes circonstances par la vivacité de ses interruptions, et vota contre l'article 7, contre l'application des lois aux congrégations, etc. On a de lui, outre de nombreux articles insérés principalement dans le Correspondant et dans la Gazette de France, quelques travaux historiques, entre autres : Des vicissitudes politiques de la France (1860); Louis XVI et les États-Généraux (1868).

LARDEMELLE (JEAN-BAPTISTE-JOSEPH DE), député de 1822 à 1831, né à Metz (Moselle) le 21 août 1773, mort au château de Puxe (Meurthe) le 3 octobre 1855, propriétaire, maire du Ban-Saint-Martin, chevalier de la Légion d'honneur et de Saint-Louis, fut élu, le 20 novembre 1822, député du collège de département de la Moselle, par 106 voix (198 votants, 228 inscrits). Successivement réélu : le 6 mars 1824, par 118 voix (197 votants, 222 inscrits); le 24 novembre 1827, par 97 voix (172 votants, 187 inscrits); le 3 juillet 1830, par 96 voix (183 votants, 199 inscrits); il vota généralement avec la majorité ministérielle, bien qu'il fît profession d'opinions libérales; il soutint le cabinet Polignac contre les 221, et ne fut pas réélu aux élections de 1831.

LAREINTY (CLÉMENT-GUSTAVE-HENRI BAILLARDEL, BARON DE), membre du Sénat, né à Toulon (Var) le 19 janvier 1824, fils d'un intendant général de la marine, appartint quelque temps à la diplomatie, puis fut officier d'ordonnance du général Changarnier et capitaine d'état-major de la garde nationale. Zélé conservateur, il aspirait, avant le coup d'État de 1851, au rétablissement de la monarchie. Il vécut dans la retraite pendant les premières années de l'Empire, s'occupant de l'exploitation de ses propriétés à la Martinique et dans la Loire-Inférieure; puis, en 1861, il se fit élire membre du conseil général de ce département pour un des cantons de la ville de Nantes, et combattit le régime impérial dans les rangs de l'opposition légitimiste. Ayant pris part à la défense de Paris, pendant la guerre franco-allemande, à la tête d'un bataillon de mobiles de la Loire-Inférieure, il fut fait prisonnier à Montretout et emmené en Allemagne. De retour à Paris la veille de l'insurrection du 18 mars, il se signala parmi les adversaires du mouvement communaliste, chercha vainement à dégager les généraux Clément Thomas et Lecomte, se fit arrêter lui-même, fut relâché le lendemain, et obtint un commandement dans l'armée de Versailles. Nommé conseiller général de son département, le 8 octobre 1871, pour le canton de Blain, il échoua dans ce canton au renouvellement de 1874, mais fut élu par celui de Saint-Père-en-Retz et choisi pour président du conseil général. Ce fut sur une profession de foi royaliste et catholique que M. de Lareinty fut élu, le 30 janvier 1876, sénateur de la Loire-Inférieure, le 1er sur 3, par 162 voix (321 votants). Il siégea à droite, et se prononça pour la dissolution de la Chambre des députés et pour le gouvernement du Seize-Mai. Il combattit ensuite les divers ministères de gauche qui se succédèrent au pouvoir; toutefois il se sépara de ses amis pour donner son approbation aux projets de lois sur les chemins de fer, présentés par M. de Freycinet. Au premier renouvellement triennal du Sénat, il fut réélu (5 janvier 1879) par 186 voix sur 320 votants. M. de Lareinty fut plusieurs fois, contre le gouvernement, l'interprète des vœux ou des récriminations de la droite monarchiste. Après s'être déclaré nettement l'adversaire des lois Ferry et de l'article 7, il transforma (décembre 1880) en interpellation une question de M. Buffet relative à l'enlèvement des emblèmes religieux dans les écoles de la ville de Paris. On remarqua encore, dans d'autres discussions, l'ardeur de ses sentiments et la vigueur de son langage. M. de Lareinty se prononça contre la modification du serment judiciaire, contre la réforme du personnel de la magistrature, contre le rétablissement du divorce, contre la politique coloniale. Au moment du vote de la loi d'expulsion des princes (juin 1886), le général Boulanger, ministre de la Guerre, ayant insisté à la tribune sur la lettre « impertinente » du duc d'Aumale au président de la République, M. de Lareinty qualifia à son tour de « lâcheté » le fait d'attaquer un absent. Une rencontre fut décidée et eut lieu, le surlendemain, dans les bois de Chalais. Après un échange de balles sans résultat, l'honneur fut déclaré satisfait. Réélu sénateur de la Loire-Inférieure le 5 janvier 1888, par 670 voix (995 votants), M. de Lareinty a continué de combattre de sa parole et de ses votes la politique des ministères républicains; en dernier lieu, il s'est prononcé *contre* le rétablissement du scrutin d'arrondissement (13 février 1889), *contre* le projet de loi Lisbonne restrictif de la liberté de la presse, *contre* la procédure à suivre devant le Sénat contre le général Boulanger. Officier de la Légion d'honneur, M. de Lareinty a été nommé, lors de l'organisation de l'armée territoriale, lieutenant-colonel du 81ᵉ régiment.

LAREINTY (JULES-JEAN BAILLARDEL DE), député de 1887 à 1889, fils du précédent, né à Guermantes (Seine-et-Marne) le 10 septembre 1852, fut reçu licencié en droit, s'occupa d'agriculture dans ses propriétés de Blain, et se présenta pour la première fois à la Chambre des députés comme candidat conservateur monarchiste, le 14 octobre 1877, dans la 1ʳᵉ circonscription de Saint-Nazaire, avec l'appui officiel du gouvernement du Seize Mai; il obtint, sans être élu, 7,655 voix contre 8,631 à élu, M. Fidèle Simon, député républicain sortant. Conseiller général du canton de Blain en 1835, M. Jules de Lareinty ne devint député de la Loire-Inférieure que le 17 juillet 1887, en remplacement de M. Thoinet de la Thurmelière décédé. Élu par 60,136 voix sur 75,844 votants et 165,973 inscrits, contre 3,554 à M. Fidèle Simon et 2,355 au général Boulanger, il alla siéger à droite, et vota en toutes circonstances avec les monarchistes, *pour* la protection de l'agriculture, *contre* les crédits du Tonkin, *pour* la liberté de l'enseignement, *contre* la loi militaire, *pour* les grands travaux des ports, etc., et, en dernier lieu, *contre* le rétablissement du scrutin d'arrondissement (11 février 1889), *pour* l'ajournement indéfini de la revision de la Constitution, *contre* les poursuites contre trois députés membres de la Ligue des patriotes, *contre* le projet de loi Lisbonne restrictif de la liberté de la presse, *contre* les poursuites contre le général Boulanger.

LARÈRE (CHARLES-JOSEPH), député de 1885 à 1889, né à Dinan (Côtes-du-Nord) le 27 avril 1829, négociant et maire de Plélan-le-Petit (Côtes-du-Nord), se présenta pour la première fois, comme candidat monarchiste, le 3 décembre 1882, dans la 1ʳᵉ circonscription de Dinan, où il obtint, sans être élu, 4,870 voix contre 7,133 à M. Deroyer, républicain, élu; il s'agissait de remplacer M. Even, décédé. M. Larère fut plus heureux le 4 octobre 1885 : porté sur la liste conservatrice des Côtes-du-Nord, il fut élu, le 9ᵉ et dernier, par 70,119 voix (113,479 votants, 163,318 inscrits). Il siégea à droite, combattit de ses votes les ministères de la législature, et se prononça, en dernier lieu, *contre* le rétablissement du scrutin d'arrondissement (11 février 1889), *pour* l'ajournement indéfini de la revision de la Constitution, *contre* les poursuites contre trois députés membres de la Ligue des patriotes, *contre* le projet de loi Lisbonne restrictif de la liberté de la presse, *contre* les poursuites contre le général Boulanger.

LA RÉVEILLÈRE (VICTORIN), député de 1830 à 1831 et de 1834 à 1837, né à Angers (Maine-et-Loire) le 6 avril 1791, mort à Gué-du-Berge (Maine-et-Loire) le 2 janvier 1867, fit son droit à Paris, puis vint se fixer comme avocat à Angers, où il ne tarda pas à acquérir une certaine influence politique. D'opinions libérales, il fut élu le 28 octobre 1830, député du collège de département de Maine-et-Loire, par 570 voix (877 votants, 1599 inscrits), à l'élection partielle destinée à pourvoir au remplacement de M. Leroy de la Potherie, démissionnaire. Mais, aux élections générales du 5 juillet 1831, il échoua, dans le 2ᵉ collège du même département (Angers), avec 65 voix contre 110 à l'élu, M. Robineau. Maire d'Avrillé depuis le 13 novembre 1830, fonctions qu'il conserva jusqu'au 24 février 1848, et qu'il exerça de nouveau du 10 avril 1848 à 1852, conseiller général de Maine-et-Loire en 1832, il fut de nouveau élu député d'Angers, le 21 juin 1834, par 108 voix (195 votants, 315 inscrits) contre 61 au député sortant, M. Robineau; il siégea dans l'opposition constitutionnelle, et sortit du parlement le 4 novembre 1837, ayant échoué avec 71 voix contre 104 à M. Robineau, élu, et, le 2 mars 1839, avec 82 voix contre 169 au député sortant, M. Robineau. Il se désintéressa alors de la politique, voyagea en Italie et en Allemagne, et publia des fragments de ses souvenirs dans les *Mémoires de la Société académique d'Angers*. Il fut vice-président de la Société d'horticulture en 1865, et président en 1866. On a encore de lui quelques proclamations électorales.

LA RÉVEILLÈRE-LÉPEAUX (LOUIS-MARIE), député en 1789, membre de la Convention, député au Conseil des Anciens, membre du Directoire, né à Montaigu (Vendée) le 24 août 1753, mort à Paris le 27 mars 1824, était fils aîné de « noble homme Jean-Baptiste de la Révellière, bourgeois de la ville d'Angers, licencié ès-lois, conseiller du roi, lieutenant-juge au siège royal des traites de Montaigu, et de demoiselle Marie-Anne Maillochau, son épouse. » Son père fut pendant trente ans maire de Montaigu, et son frère aîné périt sur l'échafaud à Paris pendant la Terreur, accusé de fédéralisme. Louis-Marie fut élevé par un prêtre qui le traitait brutalement; sa santé en souffrit, et ses parents le mirent alors au collège de Beaupréau (Maine-et-Loire), puis aux Oratoriens d'Angers. Licencié en droit de l'Université de cette ville, il alla prêter son serment d'avocat au parlement de Paris (1775), et entra chez un procureur qui le laissa s'adonner aux beaux-arts, à la musique, et à l'étude des sciences morales et politiques. Il eut un instant le projet de passer en Amérique pour soutenir les colons révoltés contre l'Angleterre, mais il en fut empêché et il revint à Angers (1776); puis il se maria, habita quelque temps Mantes, et, s'étant fait bâtir en Anjou une maison de campagne, vint s'y occuper de botanique; il professa même quelque temps cette science à la Société de botanique d'Angers. Il n'avait pas abandonné l'idée d'aller chercher la liberté en Amérique, quand la Révolution vint modifier ses projets; nommé syndic de sa commune (Faye), et membre de l'assemblée bailliagère d'Angers, il fut élu, le 20 mars 1789, troisième député du tiers aux États-Généraux par la sénéchaussée d'Anjou. Le lieutenant de cette sénéchaussée, Milscent, qui avait été également élu député, écrivait confidentiellement à cette occasion, le surlendemain de l'élection, au garde des sceaux, Barentin : «Le 3ᵉ député est M. Revellière de Lépeaux, âgé d'environ

33 ans, d'une santé extrêmement faible, mais rempli d'esprit; le plus parfait honnête homme, mais un peu fort dans ses idées, et préoccupé du grand système d'égalité entre les hommes. » A l'Assemblée, La Révellière fut membre du comité de constitution (6 juillet 1789), fit un rapport (30 juillet 1790) sur les pensions des savants et des gens de lettres, se prononça (21 octobre) pour le pavillon tricolore, appuya (9 avril 1791) une dénonciation contre le ministre de la Marine, s'opposa (14 août) à ce qu'on donnât le titre de princes français aux membres de la famille régnante, se prononça pour la non-réélection des députés à la législature suivante, et fut élu (22 septembre) 2e hautjuré pour le département de Maine-et-Loire. De retour en Anjou, il devint membre de l'administration départementale, puis (août 1792) adjudant-général des gardes nationales du district de Vihiers, et fut élu, le 5 septembre 1792, membre de la Convention par le département de Maine-et-Loire, le 4e sur 11, avec 547 voix sur 621 votants et 645 inscrits. Au moment où se préparait le soulèvement de la Vendée, il fit dans son département des « tournées patriotiques »; à la Convention, dans le procès de Louis XVI, il parla contre l'appel au peuple, et vota pour la mort, et contre le sursis en disant : « J'ai voté contre l'appel au peuple, j'ai voté pour la mort de Louis; mais ce n'est pas sans horreur que j'entends invoquer l'humanité avec des cris de sang. Mon avis n'est pas d'éloigner ma détermination définitive, mais il est incroyable qu'une question si importante, puisque la vie d'un homme et l'intérêt public y sont attachés, soit décrétée sans désemparer par une assemblée épuisée par la longueur de ses d rnières séances, sans qu'on puisse savoir quel degré de force l'assemblée sera en état de conserver, pour suivre une question aussi délicate ; je demande donc qu   sans rien précipiter, sans entendre ceux qui cherchent perpétuellement à porter la Convention à des démarches inconsidérées, on discute cette question importante, et que la discussion ne soit fermée que lorsque l'Assemblée se croira suffisamment éclairée. » En février, il publia, dans la *Chronique de Paris*, un article, le *Cromwellisme*, contre Robespierre; le 10 mars, il réclama vainement l'appel nominal sur le décret instituant le tribunal révolutionnaire; le 11, il combattit la motion de Danton tendant à ce que la Convention choisit le ministère dans son sein. Elu secrétaire de l'Assemblée (30 mars), il appuya (3 avril) la mise en accusation de Marat à qui il reprochait d'avoir demandé un dictateur; au 31 mai et au 2 juin, il défendit les Girondins, protesta en particulier avec ses amis Pilastre, Leclerc et Lemaignan, contre l'arrestation des 22 ; puis il ne cessa, à chaque séance, de réclamer l'appel nominal, au milieu des cris et des menaces; cette lutte l'épuisa, et, en octobre, il déclara que, ne pouvant faire constater son vote au procès-verbal, il se retirait : « Au tribunal révolutionnaire! » cria en masse la Montagne. – « Ne vous gênez pas, répondit-il, un crime de plus ou de moins ne doit pas vous coûter beaucoup. » On allait voter, quand un Montagnard dit : « Eh ! ne voyez-vous pas que le b... va crever! Il ne vaut pas le coup. » Il put sortir. Le soir même, le comité de sûreté générale lança contre lui un mandat d'arrestation, puis le mit hors la loi. La Révellière se réfugia à l'ermitage de Sainte-Radegonde dans la forêt de Montmorency. De Bussy, député de Péronne à la Constituante, son ami, lui avait fait promettre de lui demander asile, s'il était

jamais proscrit; sommé de remplir sa promesse, La Révellière se rendit chez son ami, qui le cacha pendant un an. Il revint à Paris après la chute de Robespierre, et, sur la motion de Thibault (du Cantal) reprit son siège à la Convention (18 frimaire an III). Il discuta (26 ventôse an III) les attributions politiques du comité de salut public, fut de nouveau (4 germinal) élu secrétaire de l'assemblée, et (4 floréal) membre de la commission des lois organiques (commission des onze), fit décréter (12 floréal) que les prêtres déportés, non sortis du territoire, seraient traités comme des émigrés, et insista (2 prairial) pour qu'on s'en tint à la déportation contre Collot-d'Herbois, Barère et Billaud-Varennes. Président de la Convention (1er thermidor), il soutint (10 thermidor) l'utilité du nouveau calendrier, et fut nommé (15 fructidor) membre du comité de salut public. Aux élections générales du 20 vendémiaire an IV, trente et un départements l'envoyèrent siéger au Conseil des Anciens; il opta pour Maine-et-Loire, qui l'avait élu par 177 voix sur 204 votants. Porté le premier sur la liste des candidats au Directoire par le Conseil des Cinq-Cents, il obtint dans le Conseil des Anciens 216 voix sur 218 votants (10 brumaire an IV). Le 15 thermidor suivant, il fut nommé président du Directoire. Des cinq directeurs, il ne fut pas le moins laborieux. Après les victoires de Lonato et de Castiglione, il envoya (18 août 1796) une lettre de félicitations à la citoyenne Bonaparte : « Permettez-moi, citoyenne, disait-il en terminant, de saisir cette occasion de vous dire que le général Bonaparte peut me compter au nombre de ses francs admirateurs, et que je fais les vœux les plus sincères pour que celle à laquelle il a lié son sort soit comblée d'autant de bonheur que lui-même est comblé de gloire. » Le Directoire, ballotté entre les royalistes qui s'agitaient et les républicains, comptait sur l'épée du général Bonaparte pour lutter contre les premiers; lorsque les élections royalistes de l'an V eurent rendu le danger évident, La Révellière fut un des instigateurs du coup d'Etat de fructidor. Membre de l'Institut à sa réorganisation (classe des sciences morales et politiques), il seconda les efforts de l'abbé Haüy pour établir une religion simple, destinée à la fois à remplacer l'ancien culte, et à réveiller des idées religieuses dans le peuple. Mais de ce système, qui reçut le nom de *Théophilanthropie*, La Révellière ne fut ni le père, ni même l'apôtre; il se contenta de l'approuver, sans même assister aux réunions de la secte. La crise du 30 prairial an VII lui fit donner sa démission de directeur; après une courte tentative de résistance, il se retira à la campagne; les dénonciations l'y poursuivirent, car il avait beaucoup d'ennemis : Carnot l'appelait « puant et difforme, bilieux et naïf. » Mais le Conseil des Cinq-Cents rejeta toutes les dénonciations. Assidu aux séances de l'Institut, il y lut ses *Recherches historiques et statistiques sur la Vendée*, et refusa de paraître à la cour du premier Consul. Ne s'étant pas présenté avec ses collègues de l'Institut pour prêter serment de fidélité au nouvel Empereur, malgré l'injonction formelle qui lui avait été adressée, il partit avec sa famille pour la Rousselière, petite propriété qu'il avait achetée en Sologne, et envoya sa démission d'académicien. Là, il s'occupa d'histoire naturelle et de l'instruction de son fils, pour laquelle il revint à Paris en 1809. Fouché lui ayant fait offrir une pension, à la seule condition qu'il la demandât à l'Empereur, La Révellière refusa. N'ayant rempli pendant les Cent-Jours aucune fonction publique, il ne fut pas atteint par la loi du 12 janvier 1816 contre les régicides, et mourut d'une affection chronique de la poitrine, à soixante-dix ans et demi. On a de lui : *Réflexions sur le culte, sur les cérémonies civiles et sur les fêtes nationales* (an V) ; *Du Panthéon et d'un théâtre national* (an VI) ; etc. Il a donné aussi des articles dans des journaux, dans les *Mémoires de l'Académie celtique*, et a laissé des *Mémoires de sa vie politique et privée*, qui n'ont pas été publiés, et qu'il acheva de dicter à son fils un an avant sa mort.

LARGENTAYE (Marie-Ange Rioust de), représentant en 1849, né à Largentaye (Côtes-du-Nord) le 30 juin 1797, mort à Saint-Brieuc (Côtes-du-Nord) le 8 mars 1856, d'une famille anoblie pour services militaires dans la guerre contre les Anglais, fit une première tentative infructueuse le 9 juillet 1842, comme candidat à la Chambre des députés, dans le 3e collège des Côtes-du-Nord (Dinan) ; il recueillit 101 voix contre 128 à l'élu, M. Dutertre. D'opinions monarchistes, il se représenta, le 8 juillet 1849, lors de l'élection complémentaire à l'Assemblée législative, motivée dans les Côtes-du-Nord par l'option de M. de Montalembert pour le Doubs, et fut élu représentant par 55,759 voix (95,304 votants, 164,384 inscrits), contre 36,775 à M. Glais-Bizoin, ancien représentant. M. de Largentaye siégea dans la majorité monarchiste, avec laquelle il vota : *pour* l'expédition de Rome, *pour* la loi Falloux-Parieu sur l'enseignement, *pour* la loi restrictive du suffrage universel, etc. Il n'appuya pas la politique particulière du prince-président, et recueillit comme candidat royaliste indépendant au Corps législatif, le 29 février 1852 dans la 2e circonscription des Côtes-du-Nord, 4,511 voix contre 10,278 à l'élu officiel, M. Le' conte, 5,336 à M. Lesage et 2,215 à M. Dutertre.

LARGENTAYE (Marie-Ange-Julien-Charles Rioust de), représentant en 1871, député de 1876 à 1883, né à Pluduno (Côtes-du-Nord) le 26 octobre 1820, mort à Saint-Brieuc (Côtes-du-Nord) le 18 décembre 1883, fils du précédent, propriétaire, maire de Saint-Lormel, conseiller général de Plancoët sous l'Empire, fut élu, le 10e sur 13, représentant monarchiste des Côtes-du-Nord à l'Assemblée nationale, le 8 février 1871, par 63,845 voix (106,809 votants, 163,398 inscrits). Il siégea à droite, s'inscrivit aux réunions Colbert et des Réservoirs, fut réélu, le 8 octobre, conseiller général de son département par le canton de Plancoët, et vota : *pour* la paix, *pour* les prières publiques, *pour* l'abrogation des lois d'exil, *contre* le retour à Paris, *contre* la dissolution, *pour* la chute de Thiers au 24 mai, *pour* l'état de siège, *pour* la loi des maires, *pour* le ministère de Broglie, *contre* les amendements Wallon et Pascal Duprat, *contre* l'ensemble des lois constitutionnelles. Réélu député, le 20 février 1876, dans la 2e circonscription de Dinan, par 10,679 voix (11,268 votants, 16,394 inscrits), sans concurrent, il appartint à la minorité conservatrice, et soutint le gouvernement du 16 mai contre les 363. Après la dissolution de la Chambre, il obtint sa réélection, le 14 octobre 1877, par 11,032 voix (11,641 votants, 16,535 inscrits). Adversaire du cabinet Dufaure et des divers ministères qui se succédèrent au pouvoir, il combattit la politique intérieure et extérieure du gouvernement, vota *contre* l'article 7, *contre* 'amnistie, etc., et fut encore réélu, le 21 août

1881, par 9,142 voix (9,915 votants), il reprit sa place au côté droit, avec lequel il opina jusqu'à sa mort (décembre 1883).

LARGENTAYE (Frédéric-Marie-Ange-Anne-Augustin Rioust de), député de 1884 à 1889, né à Saint-Brieuc (Côtes-du-Nord) le 6 mars 1854, fils du précédent, succéda à son père décédé, comme député de la 2e circonscription de Dinan, le 24 février 1884, élu par 10,551 voix (11,339 votants, 16,603 inscrits). M. de Largentaye fils appartint à la minorité de droite et se prononça notamment *contre* les crédits de l'expédition du Tonkin. Réélu député des Côtes-du-Nord, le 4e de la liste conservatrice, le 4 octobre 1885, par 70,755 voix (113,479 votants, 163,318 inscrits), il reprit sa place à droite et fut l'adversaire des divers ministères qui se succédèrent au pouvoir ; à la fin de la législature, il s'est abstenu sur le rétablissement du scrutin d'arrondissement et s'est prononcé *pour* l'ajournement indéfini de la revision de la Constitution, *contre* les poursuites contre trois députés membres de la Ligue des patriotes, *contre* le projet de loi Lisbonne restrictif de la liberté de la presse, *contre* les poursuites contre le général Boulanger.

LA RIBOISIÈRE. — *Voy.* RIBOISIÈRE.

LARIVOIRE. — *Voy.* TOURETTE (MARQUIS DE LA).

LARMAGNAC (Claude), député au Conseil des Anciens et au Corps législatif en l'an XII, né à Louhans (Saône-et-Loire) le 11 juin 1740, mort à Louhans le 5 décembre 1820, fils de Benoît Larmagnac et de Marie Jehannin, homme de loi à Louhans avant la Révolution, devint conseiller général (1790-1791), puis administrateur du département (1791) et commissaire près le tribunal de district de Louhans. Elu, le 25 vendémiaire an IV, député au Conseil des Anciens, par le département de Saône-et-Loire, avec 232 voix (392 votants), il parla contre le droit conféré au Directoire sur les élections, contre la formation d'une 3e section au tribunal criminel de la Seine, contre la résolution relative aux biens des parents d'émigrés et aux biens non réclamés des détenus et prêtres déportés. Elu secrétaire du Conseil, il fit approuver le règlement de la pension des militaires Suisses, le maintien de la loi du 3 brumaire an IV, demanda l'exemption du droit de patente en faveur des artistes et des officiers de santé, combattit la résolution relative aux ci-devant nobles et aux créanciers des émigrés, et appuya celle qui visait les rentes viagères. Rallié au 18 brumaire, il redevint membre et président du conseil général de Saône-et-Loire (1800-1804), fut nommé président du tribunal civil de Louhans le 16 prairial an VIII, et fut choisi par le Sénat conservateur, comme député de Saône-et-Loire au Corps législatif le 2 fructidor an XII ; il y siégea jusqu'en 1809. Après la chute de l'empereur, il adhéra à la Restauration et se vit confirmer par Louis XVIII dans ses fonctions de président de tribunal, le 31 janvier 1816. Nommé président honoraire le 19 avril 1820, il mourut quelques mois après.

LARNAC (Marie-Gustave), député de 1845 à 1848, né à Nîmes (Gard) le 2 février 1793, mort à Courbevoie (Seine) le 12 avril 1868, fit ses études au lycée de sa ville natale et entra dans l'université le 8 septembre 1812, comme maître d'études au lycée d'Avignon. En 1823, il professait la rhétorique au collège royal de Lyon, lorsque le duc d'Orléans lui confia l'éducation de son second fils, le duc de Nemours; plus tard il resta auprès de ce prince avec le titre de secrétaire des commandements. Le 27 septembre 1845, M. Larnac fut élu député du 3e collège des Landes (Saint-Sever), avec 168 voix (306 votants), en remplacement du général Durieu, nommé pair de France. « Son prédécesseur, dit une biographie parlementaire, avait donné sur les champs de bataille des preuves de son dévouement à la patrie, on pouvait lui passer bien des erreurs, bien des faiblesses; mais, lui, qu'a-t-il fait? Il est sorti de l'antichambre d'un prince pour s'abattre sur un collège électoral, répandant à droite et à gauche des faveurs et des promesses. Dans quel but a-t-il brigué la députation? Est-ce pour soutenir des réformes utiles? Non : il a repoussé la proposition sur les députés fonctionnaires. » Réélu, le 1er août 1846, par 170 voix (311 votants, 369 inscrits), contre 84 à M. de Dampierre et 53 à Fr. Bastiat, il prit à la tribune la défense des députés attachés à la maison du roi, soutint de ses votes la politique de Guizot et fut rendu à la vie privée par la révolution de février. On a de lui un volume de poésies, intitulé : *Rêves et souvenirs* (1844).

LAROCHE (François, baron), représentant à la Chambre des Cent-Jours, né à Ruffec (Charente) le 5 janvier 1775, mort à Ruffec le 22 février 1823, fils de François Laroche, huissier royal, et de demoiselle Magdelaine Mondion, entra comme sous-lieutenant de grenadiers au 1er bataillon des volontaires de la Charente (1er décembre 1791). Passé avec son grade au 15e régiment de cavalerie (25 février 1792), lieutenant au corps (1er avril 1793), capitaine (24 pluviôse an II), il fit les campagnes de 1792 à 1795 aux armées du Nord et de Sambre-et-Meuse. Mis en réforme le 16 nivôse an VI, réintégré au 16e régiment de cavalerie le 1er floréal an VII, il servit à l'armée du Rhin durant les campagnes de l'an VIII et de l'an IX. Me nbre de la Légion d'honneur (26 frimaire an XII), capitaine aux grenadiers de la garde impériale (18 fructidor an XIII), il se distingua à Austerlitz, dans la célèbre charge contre les cuirassiers russes, fut nommé officier de la Légion d'honneur (14 mars 1806), major au 1er carabiniers (21 août suivant), assista à Iéna et fit la campagne de Pologne comme colonel des carabiniers. Blessé à Ratisbonne, il eut un cheval tué sous lui à Wagram, et fut créé baron de l'empire le 11 juin 1810. Après s'être distingué en Russie, notamment à Borodino, il prit part à la campagne de Saxe, fut promu général de brigade le 28 septembre 1813, et, quelques jours après, se couvrit de gloire à Hanau. Après l'abdication, il devint commandant du département de la Charente (23 juillet 1814), chevalier de Saint-Louis (29 du même mois), et, en 1815, n'ayant pu rejoindre l'armée de la Loire, fut chargé d'opérer le licenciement des troupes de cavalerie à la Rochelle. Il avait été élu, le 16 mai 1815, représentant à la Chambre des Cent-Jours par l'arrondissement d'Angoulême, avec 75 voix (123 votants). La Restauration le mit en non-activité le 1er février 1816, et en disponibilité le 1er avril 1820.

LA ROCHE (Michel de), député de 1819 à 1824 et de 1831 à 1834, né à Genève (Suisse) le 31 octobre 1773, mort au Havre (Seine-Inférieure) le 7 août 1852, d'une ancienne famille française, originaire du Morvan, et qui embrassa de bonne heure la cause de la réforme, compta plusieurs pasteurs parmi ses membres, et émigra en Suisse en 1724. Il était le fils aîné de Michel de La Roche et d'Anne de Monthion. Son père, médecin distingué à Genève, fut appelé à Paris, en 1782, comme médecin des gardes suisses, et s'y fit un nom honorable; Michel fut envoyé, à 12 ans, dans un pensionnat dirigé par un Génevois, à Kensington, aux portes de Londres, et, à son retour à Paris (1790), fut placé dans une maison de banque. Lié avec son cousin Jean-Baptiste Say, il était partisan des doctrines constitutionnelles anglaises, et, lorsque la Révolution obligea sa famille à quitter Paris, il se fixa à Londres, comme simple commis dans une maison de commerce. En 1796, il accepta des propositions d'une maison de Riga, revint en France (1798) comme agent de cette maison, puis entra comme employé à la banque de M. Gautier, beau-frère de MM. de Lessert. Ceux-ci l'envoyèrent au Havre en 1802, après la paix d'Amiens, fonder une maison de commerce qui ne tarda pas à prospérer. La rupture de la paix d'Amiens et le blocus du port du Havre firent transférer l'établissement commercial à Nantes en 1804. Revenu au Havre en 1814, de La Roche fit partie de la chambre et du tribunal de commerce dont il fut juge suppléant (1815), juge (1816) et président en 1828, 1836 et 1843. Membre du conseil général de la Seine-Inférieure de 1818 à 1832, il fut élu, le 11 septembre 1819, député du collège de département de la Seine-Inférieure, par 1,602 voix sur 2,473 votants et 4,812 inscrits, siégea à gauche dans l'opposition constitutionnelle, combattit (1820) une proposition de surtaxe sur les exportations par navires étrangers, fit adopter (1821) le principe de l'adjudication pour les travaux publics (à propos d'un projet d'emprunt pour des travaux au port de Dunkerque), l'obligation pour le ministre de rendre compte chaque année de l'état des travaux pour lesquels des crédits avaient été votés (1822), et insista sur la nécessité d'accorder dans les colonies une part aux colons dans l'administration locale. Non réélu en 1824, grâce aux efforts de l'administration, il devint membre du conseil municipal du Havre en 1829, et maire l'année suivante. Il rentra au parlement le 1er octobre 1831, élu dans le 5e collège de la Seine-Inférieure (le Havre) par 212 voix sur 373 votants et 531 inscrits, contre 115 à M. Ch. Bailleul, en remplacement de M. Duvergier de Hauranne, décédé. Dans cette législature, il parla sur le projet de loi donnant des encouragements à la pêche maritime, appuya la réduction du chiffre des primes, fit passer, dans la loi sur les céréales, un amendement abolissant la surtaxe sur les grains et farines importées lorsque le prix moyen du froment atteindrait un certain prix, et demanda le maintien de la protection pour les sucres coloniaux. La mort de son associé, M. Bergerot, survenue en avril 1833, ayant rendu sa présence nécessaire au Havre, il donna sa démission de député (novembre suivant). Là, il contribua à l'établissement des correspondances transatlantiques, à la création des caisses d'épargne, fut membre de la commission charitable des prisons, du bureau d'administration du collège, du consistoire protestant, et abandonna sa maison de commerce à son fils en 1845. Il vécut dès lors dans la retraite, et fut atteint, en 1847, d'une paralysie qui le conduisit lentement au tombeau. Chevalier de la Légion d'honneur (1831).

LAROCHE (François-Marie-Paul), membre

du Sénat, né à Guéret (Creuse) le 16 août 1832, maire de Guéret et membre du conseil général de la Creuse, fut élu, le 29 novembre 1885, sénateur de ce département, par 317 voix (619 votants), contre 294 à M. G. Sauton, conseiller municipal de Paris, candidat républicain radical. Il s'agissait de remplacer M. Fayolle, décédé. M. Laroche siégea dans la gauche modérée du Sénat et vota avec la majorité opportuniste : *pour* l'expulsion des princes, *pour* la nouvelle loi militaire, etc., et, en dernier lieu, *pour* le rétablissement du scrutin d'arrondissement (13 février 1889), *pour* le projet de loi Lisbonne restrictif de la liberté de la presse, *pour* la procédure à suivre devant le Sénat contre le général Boulanger.

LA ROCHE-AYMON (ANTOINE-CHARLES-ETIENNE-PAUL, COMTE DE), pair de France, né à Paris le 28 février 1772, mort à Paris le 16 mai 1849, fils d'un menin de Louis XVI, entra comme surnuméraire dans les gardes du corps en 1784, et, en qualité de lieutenant, au régiment de Foix en 1788. Envoyé en mission à Naples en 1789, dans la suite de l'ambassadeur baron de Talleyrand, il prit du service dans l'armée napolitaine, mais il n'y demeura pas longtemps, visita l'Italie et alla rejoindre son père à Coblentz, où il fit la campagne de 1792 à l'armée des princes. En 1794, il passa au service de la Prusse, devint aide-de-camp du prince Henri, puis, en 1802, major à la suite dans les hussards de Ziéthen. Commandant en second en 1806, il fit la campagne d'Iéna dans les rangs de l'armée prussienne et sous les ordres de Rüctel. Après Tilsitt, il fut un des réorganisateurs de cette armée et rédigea les instructions sur le service de la cavalerie et des troupes légères. Nommé colonel en 1810, il dut rentrer en France sur la demande formelle de Napoléon. Mais, au courant des véritables dispositions de la Prusse à notre égard, sachant qu'une rupture était imminente, il refusa de servir dans l'armée française et retourna en Prusse où il obtint le grade de général-major. De nouveau rappelé, il fut mis cette fois sous la surveillance de la police ; il se fit cependant délivrer un passeport qui lui permit de se retirer en Brandebourg auprès de sa femme. Il revint en août 1814 ; Louis XVIII le nomma maréchal-de-camp en récompense des services rendus au roi de Prusse. Pendant les Cent-Jours, il se retira dans la Creuse, et, à la seconde Restauration, fut nommé pair de France, le 17 août 1815, et commandant militaire du département de la Loire. Successivement commandant des Deux-Sèvres (1817), de l'Eure (1818), de Seine-et-Oise (1819), inspecteur de cavalerie en 1820, il eut, à la Chambre haute, un rôle assez effacé, ne siégea pas lors du procès du maréchal Ney, combattit, au moment de la discussion des lois militaires, le principe des enrôlements à primes, et fit partie de la minorité libérale. Il prit part à la campagne d'Espagne et, après Molina del Rey, fut promu lieutenant-général (23 juillet 1823). Il prêta serment au gouvernement de juillet, et siégea jusqu'à la révolution de 1848, après avoir été admis à la retraite, comme lieutenant-général, le 14 avril 1844. Il était conseiller général de la Creuse. On a de lui : *Introduction à l'étude de l'art de la guerre* (Weimar 1802-1804, 4 volumes et atlas) ; *Manuel du service de la cavalerie légère en campagne* (trois éditions 1821-1822-1831); *Des troupes légères ou réflexions sur l'organisation, l'instruction pratique et la tactique de l'infanterie et de la cavalerie légère* (Paris 1817) ; *De la cavalerie* (trois volumes, Paris 1828-1829). Il a aussi collaboré au *Dictionnaire de la Conversation*.

LA ROCHE-AYMON (FRANÇOIS-MARIE-PAUL-RENAUD, MARQUIS DE), représentant en 1871, né à Paris le 29 novembre 1817, fils du précédent, fut d'abord officier de cavalerie, puis quitta bientôt l'armée pour s'occuper d'agriculture. Maire de Mainset (Creuse), membre du conseil général de la Creuse pour le canton de Bellegarde depuis plus de vingt ans, il fut élu, le 8 février 1871, représentant de la Creuse à l'Assemblée nationale, le 3e sur 5, par 32,732 voix (50,111 votants, 80,083 inscrits). Légitimiste, il siégea à droite, se fit inscrire au cercle des Réservoirs, signa la demande des 94 pour l'abrogation des lois d'exil contre les Bourbons, et vota *pour* la paix, *pour* les prières publiques, *pour* l'abrogation des lois d'exil, *pour* le 24 mai, *pour* la démission de Thiers, *pour* la prorogation des pouvoirs du maréchal, *pour* la loi des maires, *pour* le ministère de Broglie, *contre* l'amendement Barthe, *contre* le retour à Paris, *contre* la dissolution, *contre* la proposition du centre-gauche, *contre* l'amendement Wallon, *contre* les lois constitutionnelles. Non réélu aux élections du 20 février 1876, il se représenta, après la dissolution de la Chambre par le cabinet du 16 mai, dans la 1re circonscription d'Aubusson, comme candidat du maréchal, et il échoua, le 14 octobre 1877, avec 2,198 voix contre 8,022 au député républicain sortant, M. Fourot.

LAROCHE-JOUBERT (JEAN-EDMOND), député de 1868 à 1870, et de 1876 à 1884, né à la Couronne (Charente) le 12 janvier 1820, mort à Angoulême (Charente) le 23 juillet 1884, fils d'un fabricant de papier chargé d'une nombreuse famille, allié aux Barrot, fut associé, dès l'âge de vingt ans, à l'industrie de son père, et contribua personnellement à accroître l'importance de sa maison, dans laquelle il mit en pratique, en faveur des ouvriers, le système de la participation aux bénéfices. Juge au tribunal de commerce d'Angoulême, conseiller municipal de cette ville, directeur de la caisse d'épargne, administrateur du bureau de bienfaisance, conseiller d'arrondissement, conseiller général de la Charente, etc., etc., il se présenta, le 22 novembre 1868, avec l'appui du gouvernement impérial, pour remplacer au Corps législatif M. Gellibert des Séguins, décédé, et fut élu député par 17,876 voix (31,746 votants, 41,167 inscrits), contre 13,705 voix à M. Mathieu Bodet, ancien représentant. M. Laroche-Joubert prit place au centre, dans cette fraction de la majorité qui forma le « tiers-parti libéral », signa la demande d'interpellation des 116, proposa un impôt unique sur le capital acquis, parla sur les grèves, et se fit surtout connaître comme un des rares commerçants d'alors partisans résolus du libre-échange. Il obtint sa réélection, le 24 mai 1869, par 21,639 voix (27,789 votants, 42,713 inscrits), fit campagne en faveur du plébiscite, et vota *pour* la déclaration de guerre à la Prusse. Le 4 septembre 1870 le rendit à la vie privée. Pendant la guerre il s'occupa de la fabrication des cartouches, et, « résigné un instant à la République, » il échoua, le 2 juillet 1871, comme candidat à l'Assemblée nationale, dans la Charente, avec 6,404 voix, contre 35,358 à l'élu, M. André, et 18,120 à M. Marrot. Il revint alors aux idées bonapartistes, et ce fut comme partisan du régime impérial qu'il se fit élire, le 5 mars 1876, au second tour de scrutin, député de la 1re circonscription d'Angoulême, par 9,221 voix (13,392 votants, 19,348 inscrits), contre 4,010 à M. Broquisse, républicain. Il siégea à droite, dans le groupe de l'Appel au peuple, avec lequel il vota constamment, et ne se fit pas moins remarquer par la fréquence de ses interruptions que par le caractère particulier des nombreux projets de loi qu'il déposa. Chacun de ces projets était présenté par son auteur dans l'intérêt du « plus grand nombre » : c'était sa formule immuable ; ils avaient pour objet de transformer notre système d'impôts, de modifier les lois sur l'enseignement, de favoriser la coopération, etc. Le plus original consistait à réclamer l'organisation de l'enseignement de la gymnastique dans les prisons : il fut jugé trop favorable à l'escalade des murs par le « plus grand nombre » des voleurs et écarté. Partisan du gouvernement du 16 mai, M. Laroche-Joubert vota contre les 363, et fut réélu avec l'appui officiel, le 14 octobre 1877, par 9,190 voix (15,292 votants, 20,077 inscrits), contre 5,954 à M. Guimberteau, républicain. Il reprit alors sa place dans le groupe bonapartiste, poursuivit le cours de ses interruptions, et vota : contre la nomination d'une commission d'enquête parlementaire, pour le cabinet Rochebouët, contre les invalidations des députés de la droite, contre le cabinet Dufaure, contre les divers ministères qui lui succédèrent. Réélu, le 21 août 1881, par 8,394 voix (15,026 votants, 20,522 inscrits), contre 6,443 à M. Guimberteau, il suivit la même ligne politique que précédemment, combattit les ministères de gauche, et mourut en juillet 1884. Il fut remplacé le 14 septembre suivant par son fils, M. Edgar Laroche-Joubert. Chevalier de la Légion d'honneur (1870).

LAROCHE-JOUBERT (Edgar-Jean), député de 1884 à 1889, né à Angoulême (Charente) le 12 septembre 1843, fils du précédent, fit de brillantes études, voyagea, devint, le 14 septembre 1884, associé dans la papeterie créée par son père, conseiller municipal d'Angoulême, adjoint au maire en 1870, conseiller général du 1er canton d'Angoulême (1847), et fut élu, le 14 septembre 1884, à la place de son père décédé, député de la 1re circonscription d'Angoulême, par 8,450 voix (12,925 votants, 20,733 inscrits), contre 4,357 voix à M. Guimberteau. Il prit place dans le groupe de l'Appel au peuple, monta fréquemment à la tribune à propos du budget de 1885, de la surtaxe sur les céréales, fut membre de la commission des conseils de prud'hommes, demanda l'application du suffrage universel à l'élection des sénateurs, et vota contre le gouvernement. Porté, le 4 octobre 1885, sur la liste conservatrice de la Charente, il fut réélu député de ce département, le 1er sur 6, par 49,722 voix (88,972 votants, 112,037 inscrits). M. Laroche-Joubert fils continua d'opiner régulièrement avec la droite impérialiste, et de combattre les divers ministères au pouvoir ; il s'est prononcé, en dernier lieu, contre le rétablissement du scrutin d'arrondissement (11 février 1889), pour l'ajournement indéfini de la revision de la Constitution, contre les poursuites contre trois députés membres de la Ligue des patriotes, contre le projet de loi Lisbonne restrictif de la liberté de la presse, contre les poursuites contre le général Boulanger.

LA ROCHE-LAMBERT (Henri-Michel-Scipion, marquis de), sénateur du second empire,

né à Paris le 29 décembre 1789, mort à Théville (Manche) le 11 février 1863, d'une ancienne famille d'Auvergne, fit partie, sous la Restauration, des gentilshommes honoraires de la chambre. La chute de Charles X l'avait rendu à la vie privée, lorsqu'un décret impérial du 9 juin 1857 l'éleva à la dignité de sénateur. Il était retraité, comme officier, avec le grade de chef d'escadron. Le Dictionnaire des contemporains de Vapereau (édition de 1858) signalait le marquis de Laroche-Lambert comme « le seul membre du Sénat qui n'eût point reçu de décoration. » Mais en 1859, il fut promu chevalier et, en 1861, officier de la Légion d'honneur.

LA ROCHE-SAINT-ANDRÉ (Charles-Henri), député de 1822 à 1827, né à Montaigu (Vendée) le 11 mars 1765, mort en sa terre de Chambette (Vendée) le 20 juin 1836, entra dans la marine à 12 ans, devint garde de marine, enseigne, lieutenant de vaisseau, et fit en cette qualité la guerre d'Amérique. A la Révolution, il émigra, prit du service à l'armée des princes, et fut versé comme lieutenant au régiment Hector, escadron de la marine. Blessé à Quiberon, il parvint cependant à regagner à la nage l'escadre anglaise. A peine convalescent, il quitta l'Angleterre, et revint en France guerroyer dans le Maine, sous les ordres de M. de Rochecote. En 1799, il commanda la division de Montaigu. Aussi, à la Restauration se hâta-t-il de demander un commandement actif, mais il ne reçut que sa mise à la retraite avec le grade de maréchal-de-camp (2 octobre 1816). Elu, le 13 novembre 1822, député de la 1er arrondissement électoral de la Vendée (Bourbon-Vendée), par 173 voix (244 votants, 308 inscrits), et réélu, le 25 février 1824, par 186 voix (248 votants, 312 inscrits), il soutint et défendit à l'extrême-droite les prérogatives de la royauté de droit divin. A la révolution de juillet, il se retira dans ses terres.

LA ROCHEFOUCAULD (Dominique de), député en 1789, né à Saint-Ilpèze (Haute-Loire) le 26 septembre 1712, mort à Munster (Allemagne) le 23 septembre 1800, appartenait à une branche pauvre de l'ancienne famille ducale française de La Rochefoucauld, qui a réuni successivement, depuis 1517, les titres de baron, comte, duc et pair, avec le nom de Liancourt, héréditaire pour le fils aîné de la maison, et qui fut aussi nombreuse qu'illustre. Originaire de La Rochefoucauld, petite ville de l'Angoumois, elle tint pendant plusieurs siècles une place éminente dans l'histoire. Ce fut Choiseul, évêque de Mende, qui découvrit, au cours d'une de ses visites pastorales, l'existence du jeune Dominique. Frédéric-Jérôme de La Rochefoucauld, archevêque de Bourges, se chargea de diriger les études de ce parent qu'il avait ignoré, le plaça au séminaire de Saint-Sulpice, le prit ensuite pour son grand vicaire, puis le fit nommer (1747) archevêque d'Alby. Dominique se distingua, dans les assemblées du clergé en 1750 et 1755, par son ardeur à défendre les droits de l'Eglise gallicane. Archevêque de Rouen en 1759, il fut fait cardinal en 1778. Le 23 avril 1789, le bailliage de Rouen, par 783 voix, l'élut député du clergé aux Etats-Généraux. Partisan obstiné de l'ancien régime, il se prononça nettement contre la Révolution, présida la chambre du clergé, opina avec la majorité de cet ordre, se montra opposé à la délibération par tête et ne se décida à « se réunir aux travaux de l'Assemblée », après le 14 juillet, que pour y mieux défendre les institutions de l'ancien régime. Le cardinal de La Rochefoucauld signa la protestation du 12 septembre 1791 contre les innovations faites par l'Assemblée en matière de discipline religieuse. Une instruction pastorale publiée par lui la même année fut lacérée et brûlée par le tribunal de Rouen comme contraire aux lois; mais la procédure fut abandonnée et il fut déchargé d'accusation. Il émigra après le 10 août 1792 et se retira en Allemagne, où il mourut.

LA ROCHEFOUCAULD (AMBROISE-POLYCARPE DE), DUC DE DOUDEAUVILLE, pair de France et ministre, né à Paris le 2 avril 1765, mort à Montmirail (Sarthe) le 2 juin 1841, était le petit-fils du marquis de Surgères, dont Voltaire a cité le nom avec éloges, et le fils du vicomte Jean-François de La Rochefoucauld maréchal de camp, et d'Anne-Sabine-Rosalie Chauvelin, troisième fille de Germain-Louis Chauvelin, marquis de Grosbois, garde des sceaux de France. A quatorze ans, Ambroise-Polycarpe de La Rochefoucauld-Doudeauville épousa une descendante de Louvois, Mlle de Montmirail. Entré, deux ans après, au service comme sous-lieutenant de dragons, il appartint aux armées du roi jusqu'en 1792. A cette époque il était major en second de cavalerie. Il émigra et se livra à une suite de voyages d'études dans divers pays de l'Europe. Rentré en France sous le Consulat, il se tint à l'écart de la politique et, malgré les avances de Napoléon, n'accepta de lui que les fonctions de membre du conseil général de la Marne. La première Restauration l'appela, le 4 juin 1814, à la Chambre des pairs. M. de La Rochefoucauld y siégea parmi les plus ardents royalistes, vota pour la mort dans le procès du maréchal Ney, et s'attacha particulièrement à combattre la liberté de la presse, où il voyait une source de ruine pour le pays. Nommé, le 22 septembre 1822, directeur général des Postes, il acquit la réputation d'un administrateur habile et introduisit dans son service de améliorations notables. Le 4 août 1824, il fut fait par Charles X ministre de la maison du roi en remplacement du maréchal de Lauriston; il conserva ce titre jusqu'au 2 mai 1827. Un des principaux actes de son passage aux affaires fut l'acquisition, pour le domaine royal, de la terre de Grignon et l'établissement dans cette terre de l'Ecole d'agriculture aujourd'hui si prospère. Il blâma, dit-on, avec force l'attitude du pouvoir envers de son cousin François-Alexandre-Frédéric de la Rochefoucauld-Liancourt (Voy. ce nom), combattit également, en 1828, le licenciement de la garde nationale, et, lorsque cette mesure eut été adoptée, donna sa démission de ministre, pour se livrer tout entier à la direction d'établissements de bienfaisance. Très attaché à la branche aînée des Bourbons, il vit avec tristesse la révolution de 1830. Après avoir pris la parole, dans la Chambre des pairs, contre les propositions qui tendaient au bannissement perpétuel des princes qu'il avait servis, il écrivit au président (9 janvier 1831) qu'il ne siégerait plus désormais, et son nom fut, à partir de cette date, rayé de la liste des pairs de France. Le duc A.-P. de La Rochefoucauld-Doudeauville était chevalier de Saint-Louis, officier de la Légion d'honneur et grand d'Espagne par diplôme de création de 1780.

LA ROCHEFOUCAULD (LOUIS-FRANÇOIS-SOSTHÈNE DE), DUC DE DOUDRAUVILLE, député de 1815 à 1816 et de 1827 à 1830, né à Paris le 19 février 1785, mort au château d'Armanvilliers (Seine-et-Marne) le 5 octobre 1864, fils du précédent et de Bénigne-Augustine Le Tellier de Louvois, dame de Montmirail, fut nommé aide-de-camp du général Dessolle immédiatement après l'entrée des alliés à Paris. Il reçut la mission d'aller à Nancy annoncer à Monsieur, lieutenant-général du royaume, la formation du gouvernement provisoire et la déchéance de Bonaparte. Pendant les Cent-Jours, il accompagna Louis XVIII à Gand, et, au retour, devint colonel de la 5e légion de la garde nationale de Paris, et aide de camp du comte d'Artois. Elu, le 22 août 1815, député de la Marne, au collège de département, par 119 voix (171 votants, 282 inscrits), il vota avec la majorité de la Chambre introuvable et proposa des cérémonies expiatoires pour l'anniversaire du 21 janvier 1793. Il prit la parole, sans grand succès, sur la loi relative aux cris et écrits séditieux, et sur la loi électorale, ne put se faire réélire en 1816, parce qu'il n'avait pas l'âge nouvellement requis, et fut nommé, en août 1824, directeur général des beaux-arts, des théâtres royaux et des manufactures. Un arrêté, pris par lui dans l'exercice de ses fonctions et qui avait pour but de réglementer la longueur des jupes des danseuses de l'Opéra, est resté légendaire. Promu maréchal de camp en mai 1825 et commandeur de la Légion d'honneur le 4 novembre 1826, il revint, le 24 novembre 1827, à la Chambre des députés, comme député du grand collège de la Marne, élu par 105 voix sur 209 votants et 239 inscrits. Ses opinions furent jusqu'au bout celles de la droite. Il vota contre les 221, pour le ministère Polignac, et rentra dans la vie privée en 1830.

LA ROCHEFOUCAULD (JULES-ALEXANDRE-JOSEPH), COMTE D'ESTISSAC DE, député de 1830 à 1837, et pair de France, né à Mello (Oise) le 22 janvier 1796, mort à Paris le 21 avril 1856, « fils de sieur François-Alexandre de La Rochefoucauld, propriétaire, domicilié en la commune de Mello, et de dame Adélaïde-Marie-Françoise Pivart de Chatelet », entra en 1812 à l'Ecole militaire de Saint-Germain. En 1814, il fut nommé par Napoléon officier au 4e régiment de chasseurs à cheval; il prit part (1815) aux divers engagements qui eurent lieu sous les murs de Paris, et fut spécialement chargé, sous les ordres du général de Gally, de défendre Neuilly, Sèvres et Saint-Cloud. En 1819, le maréchal Gouvion Saint-Cyr, ministre de la Guerre, lui confia la rédaction d'une des parties historiques du dépôt de la guerre, celle qui concernait la campagne d'Allemagne. Aide de camp du duc d'Orléans en 1828, il perdit l'année suivante son beau-père, le général Dessolles (Voy. ce nom). Or, à l'époque de son mariage, il avait eu, paraît-il, verbalement, la promesse d'hériter de la pairie du général; mais les relations du comte de La Rochefoucauld avec le duc d'Orléans détournèrent Charles X de lui accorder cette faveur. Lors de la révolution de 1830, le comte était à quinze lieues de Paris. Il accourut à la première nouvelle des événements, arriva le 29 à Neuilly, et ne quitta plus Louis-Philippe qui le garda auprès de lui comme aide-de-camp. Elu, le 28 octobre suivant, député du Loiret, au collège de département, par 600 voix sur 935 votants et 1,408 inscrits, en remplacement de M. de Riccé nommé préfet, il prit place dans la majorité conservatrice et gouvernementale, avec laquelle il vota régulièrement jusqu'en 1837, ayant obtenu sa réélection, le 5 juillet 1831, dans le 1er collège du Loiret (Pithiviers) par 193 voix (378 votants, 449 inscrits), contre 170 à M. Laisné de Villévêque et, le 21 juin 1834, par 175 voix (315 votants, 394 inscrits), contre 126 au même concurrent. A la Chambre, il demanda que les membres de l'Institut fussent électeurs, à la condition de payer la moitié du cens électoral ; il appuya l'augmentation du traitement des ambassadeurs, et vota les lois de septembre 1835. M. de La Rochefoucauld échoua au renouvellement de 1837, et fut remplacé par M. Lejeune. Le 7 novembre 1839, une ordonnance royale l'éleva à la pairie. Il soutint de ses votes, au Luxembourg, la monarchie de juillet, et fut rendu à la vie privée par la révolution de 1848. Officier de la Légion d'honneur, il fut admis à la retraite avec le grade de colonel d'état-major.

LA ROCHEFOUCAULD (François-Alexandre-Frédéric de), duc de Liancourt, vicomte de Rennes, seigneur de Baud, Camors et Quinipli, député à l'Assemblée constituante de 1789, pair en 1814, représentant à la Chambre des Cent-Jours, né à la Roche-Guyon (Seine-et-Oise) le 11 janvier 1747, mort à Paris le 27 mars 1827, fils de François-Armand de la Rochefoucauld de Roye, duc d'Estissac, grand-maître de la garde-robe, et de Marie, seconde fille du duc Louis-Alexandre de La Rochefoucauld, prit d'abord du service dans les carabiniers et se maria fort jeune en 1764. Connu dans sa jeunesse sous le titre de comte de La Rochefoucauld, il obtint les honneurs du Louvre le 13 mars 1765 et prit le nom de duc de Liancourt. Il devint colonel d'un régiment de cavalerie de son nom le 3 janvier 1770, brigadier de dragons le 5 décembre 1781, puis grand-maître de la garde-robe du roi et duc héréditaire d'Estissac, par succession paternelle, le 28 mai 1763. Comme survivancier de son père eu la charge de grand-maître de la garde-robe, il en remplit les fonctions dans les dernières années de Louis XV, et les continua pendant le règne de Louis XVI. Mais il ne fit à Versailles que de courtes apparitions, visita l'Angleterre en 1769, et vint mettre en pratique, dans sa terre de Liancourt, les améliorations industrielles et agricoles qu'il avait observées dans ses voyages. Il fonda d'abord une ferme modèle dans laquelle il chercha à propager la culture des prairies artificielles, à supprimer le système des jachères, et à élever des bestiaux venus de Suisse et d'Angleterre. Il fonda en même temps à Liancourt une école d'arts et métiers en faveur des enfants des militaires pauvres : cette institution, à laquelle l'*Ecole des Arts et Métiers* de Châlons doit son origine, prit bientôt une grande extension et compta en 1788 jusqu'à 130 élèves. Le duc de Liancourt visita ensuite la Suisse, et, en 1786, fit à Louis XVI les honneurs des établissements agricoles et industriels de cette contrée. Lorsque les Etats-Généraux furent convoqués, il fut élu, le 13 mars 1789, député de la noblesse aux Etats-Généraux par le bailliage de Clermont-en-Beauvoisis. Défenseur, dans l'Assemblée, de la monarchie constitutionnelle, il essaya de concilier les idées nouvelles avec l'ancien régime. Son mot au roi, le 12 juillet 1789, est bien connu : « Mais c'est donc une révolte ? » s'écriait Louis XVI effrayé de l'agitation du peuple. — « Non, sire, fit gravement le duc ; c'est une révolution ! » Après la prise de la Bastille, il fut investi de la présidence de l'Assemblée, qui accueillit avec faveur ses rapports sur la mendicité, sur l'état des hôpitaux du royaume, sur la formation d'ateliers de secours pour les indigents, etc. Adversaire de la loi

contre les émigrés, il se prononça, d'autre part, pour la liberté de conscience et pour la liberté individuelle, et s'honora, en proposant, le premier, l'abolition du supplice de la corde. En même temps, il continuait de s'occuper avec ardeur de la fondation à Liancourt d'une filature de coton, où de nouveaux procédés furent mis en œuvre. Chargé, après la session, du commandement d'une division militaire en Normandie, il s'efforça d'y pacifier les esprits. Après avoir aidé Louis XVI de ses conseils et même de sa fortune, il émigra, au lendemain du 10 août, et gagna l'Angleterre, où il se lia avec le célèbre Arthur Young. De l'exil, il écrivit, lors du jugement du roi, à Barère, président de la Convention, pour lui demander à témoigner en faveur de Louis ; mais cette démarche ne fut pas accueillie. Le duc de La Rochefoucauld (il avait repris ce titre depuis la mort de son cousin germain tué à Gisors en 1792) quitta alors l'Europe, et parcourut en observateur et en philosophe les Etats-Unis. « Vers cette époque, écrit un biographe, Louis XVIII, du fond de sa retraite, lui fit demander, comme s'il avait été déjà sur son trône, à renoncer à la charge de grand-maître de la garde-robe, que son père avait payée 400,000 livres. Le duc répondit aussitôt par un respectueux refus, et telle fut sans doute l'origine de la disgrâce dans laquelle il tomba plus tard sous la Restauration. » En l'an VI, étant à Hambourg, il fit des démarches et rédigea un *Mémoire* pour rentrer en France : « Cette démarche, écrivait-il, me coûte horriblement ; elle semble un acquiescement à ce que je croirais devoir appeler une injustice. Mais je suis rongé de chagrins, accablé de malheurs, et je sens qu'il me faut promptement ou sortir ou y succomber. » En 1799, il se hasarda à rentrer ; il vécut dans la retraite, s'occupant seulement d'œuvres de bienfaisance, jusqu'au jour où sa radiation de la liste des émigrés fut prononcée. Alors il reprit à Liancourt la direction des institutions qu'il avait fondées et que la Révolution avait respectées, et attendit ainsi le retour des Bourbons. Louis XVIII ne lui rendit pas sa charge et se contenta de l'appeler à la Chambre des pairs le 4 juin 1814. Pendant les Cent-Jours, fidèle au parti des « libertés constitutionnelles », il consentit à siéger dans la Chambre des représentants, où l'envoya l'arrondissement de Clermont, le 9 mai 1815, par 64 voix sur 88 votants. Mais, au second retour de Louis XVIII, il reprit sa place parmi les pairs, s'abstint dans le procès du maréchal Ney, et resta l'ami de la royauté tout en repoussant les opinions des ultras. Nommé, en 1816, membre du conseil général des hôpitaux, il s'occupa activement de la *Société de la morale chrétienne*, qu'il présida, et qui poursuivait l'abolition de la traite des noirs et la suppression des loteries et des jeux. Inspecteur général de l'Ecole des arts et métiers transférée à Châlons sous les auspices du gouvernement, membre du conseil général des manufactures, du conseil d'agriculture, du conseil général des prisons, du comité de vaccine, il se vit privé en 1823 par le ministère Villèle, qu'il combattait à la Chambre des pairs, de huit fonctions publiques et gratuites. En revanche, l'Académie des sciences l'admit au nombre de ses membres. Le duc de La Rochefoucauld-Liancourt, qui venait de faire les premiers essais de l'enseignement mutuel et de fonder la première caisse d'épargne de France, jouissait d'une extrême popularité, lorsqu'il fut atteint brusquement, le 23 mars 1827, de la maladie qui l'emporta quatre jours après. Ses funérailles furent marquées par de pénibles incidents. Les élèves de l'École des arts et métiers s'étant rendus en foule à l'église et ayant voulu porter son cercueil sur leurs épaules, furent chargés dans la rue Saint-Honoré par la gendarmerie; le cercueil tomba dans la boue, et les insignes de la pairie qui le décoraient furent foulés aux pieds. On réclama vainement une enquête: l'affaire fut étouffée par le ministère. Suivant ses dernières volontés, le duc de La Rochefoucauld fut enterré à Liancourt. Il était chevalier des ordres du Saint-Esprit, de Saint-Louis et de la Légion d'honneur. On a de lui un très grand nombre d'écrits sur des matières économiques : *Finances, Crédit* (1789) ; *Notice sur l'impôt territorial foncier en Angleterre* (1790); *Des Prisons de Philadelphie* (1796) ; *État des pauvres ou histoire des classes travaillantes de la société en Angleterre, depuis la conquête jusqu'à l'époque actuelle* (1800) ; *Notes sur la Législation anglaise des chemins* (1801) ; *Le Bonheur du peuple, almanach à l'usage de tout le monde* (1819) ; *Dialogue d'Alexandre et Benoît sur la Caisse d'épargne* (1818) ; ses *Opinions prononcées* à l'Assemblée nationale en 1789, 1790 et 1791, puis à la Chambre des pairs, et divers *Discours, Rapports et Comptes rendus.*

LA ROCHEFOUCAULD (François), DUC DE LIANCOURT, député de 1809 à 1813, en 1816, et pair de France, né à Paris le 8 septembre 1765, mort à Paris le 17 novembre 1848, fils aîné du précédent et de Félicité-Sophie de Lannion, fut nommé, le 22 mai 1787, officier au régiment de La Rochefoucauld-cavalerie. Lors de la Révolution, il était lieutenant-colonel de chasseurs à cheval. Il émigra, comme son père, après le 10 août, et se retira d'abord à Hambourg, puis à Altona, où il épousa, le 24 septembre 1793, la fille du baron de Tott. Rentré en France en 1800, il fut nommé, le 2 mai 1809, par le Sénat conservateur, député de l'Oise au Corps législatif, où il siégea jusqu'en 1813. La Restauration le fit maréchal de camp le 23 octobre 1815, et l'employa dans ce grade à la 1re division militaire. Président du collège électoral de l'Oise, il fut élu, le 4 octobre 1816, député de ce département, au grand collège, par 101 voix sur 197 votants et 289 inscrits, contre 89 à M. Tronchon. Le 3 mai 1827, il entra à la Chambre des pairs, par droit héréditaire, en remplacement de son père, décédé. Il prêta serment à Louis-Philippe, après la révolution de juillet, et siégea assez obscurément au Luxembourg jusqu'en 1848. Commandeur de la Légion d'honneur et maire de Liancourt.

LA ROCHEFOUCAULD (Alexandre-François), COMTE DE LIANCOURT, pair des Cent-Jours, député de 1822 à 1824, de 1828 à 1831 et pair de France, né à Paris le 26 août 1767, mort à Paris le 2 mars 1841, second fils du duc de La Rochefoucauld-Liancourt, et frère du précédent, prit du service en 1792 dans l'armée de La Fayette; mais, s'étant associé aux démarches de son père en faveur de Louis XVI, il fut déclaré hors la loi, s'échappa à grand'peine, et ne revint en France que sous le Consulat. Rallié à Bonaparte, il fut nommé en 1800 préfet de Seine-et-Marne; plus tard, Mme de La Rochefoucauld, née de Chastulé et parente de Joséphine, devint dame d'honneur de l'impératrice. Chargé d'affaires en Saxe (1802), ambassadeur à Vienne (1805) en remplacement de Champagny, ambassadeur en Hollande (1808), il montra de l'habileté dans

ces diverses missions diplomatiques, et, après la réunion de la Hollande à la France, revint à Paris et sembla renoncer à la politique. Toutefois, il accepta pendant les Cent-Jours (2 juin 1815) le titre de membre de la Chambre des pairs : il perdit cette dignité à la seconde Restauration, et en fut dédommagé, le 9 mai 1822, par les suffrages des électeurs du 3e arrondissement de l'Oise (Senlis), qui l'envoyèrent à la Chambre des députés avec 276 voix (358 votants, 440 inscrits), contre 46 à M. Héricart de Thury. Il siégea parmi les royalistes constitutionnels, ne fut pas réélu en 1824, et redevint député de l'Oise, le 21 avril 1828, en remplacement de M. Gérard, qui avait opté pour Bergerac. Elu par 174 voix (290 votants, 376 inscrits), contre 64 à M. Gérard de Blincourt et 28 à M. Héricart de Thury, il combattit le ministère Polignac, fut des 221, et obtint sa réélection, le 3 juillet 1830, au collège de département de l'Oise, avec 173 voix sur 293 votants et 328 inscrits. Partisan de la monarchie de Louis-Philippe, il la défendit à la Chambre des députés jusqu'aux élections du 5 juillet 1831, où il échoua, puis à la Chambre des pairs, où l'appela une ordonnance royale du 19 novembre suivant. Le comte Alexandre de La Rochefoucauld mourut à Paris le 2 mars 1841; son éloge funèbre fut prononcé au Luxembourg par son collègue, le marquis de Pange.

LA ROCHEFOUCAULD (Frédéric-Gaëtan DE), MARQUIS DE LIANCOURT, député de 1827 à 1848, né à Paris le 5 février 1779, mort à Paris le 15 avril 1863, dernier fils du duc de La Rochefoucauld-Liancourt, et frère des précédents, fut, sous le premier Empire, sous-préfet de Clermont (Oise), puis des Andelys (Eure). Louis XVIII le chargea d'une mission sur les frontières de la Suisse. Puis il fut, le 17 novembre 1827, élu député du 1er arrondissement du Cher (Bourges), par 193 voix sur 310 votants et 354 inscrits, contre 88 à M. Royannez. Il siégea dans l'opposition constitutionnelle, et se signala par son attachement aux pures doctrines du gouvernement parlementaire : ce fut lui qui, dans la séance du 13 février 1828, déclara à la tribune que la souveraineté réside essentiellement dans la Chambre des députés. Adversaire du cabinet Polignac, il vota avec les 221, fut réélu, le 23 juin 1830, par 195 voix sur 313 votants et 363 inscrits, adhéra au gouvernement de Louis-Philippe, et fut dès lors successivement réélu, pendant toute la durée du règne, avec l'appui de l'administration : le 5 juillet 1831, par 94 voix (179 votants, 222 inscrits), contre 76 à Michel de Bourges; le 21 juin 1834, par 96 voix (181 votants, 219 inscrits), contre 75 à Michel de Bourges; le 4 novembre 1837, par 135 voix (233 votants, 288 inscrits), contre 100 au même concurrent ; le 2 mars 1839, par 142 voix (246 votants); le 9 juillet 1842, par 149 voix (229 votants, 291 inscrits), contre 43 au même concurrent; enfin, le 1er août 1846, par 156 voix (160 votants, 282 inscrits). Au cours de ces diverses législatures, il opina le plus souvent avec la majorité, se prononça *contre* la réforme électorale, combattit cependant le système pénitentiaire du gouvernement et prit surtout une part active à la discussion sur l'émancipation des noirs. Il avait succédé à son père comme président de la Société de la Morale chrétienne. Le marquis de La Rochefoucauld-Liancourt, rendu à la vie privée par les événements de 1848, consacra ses dernières années à des travaux littéraires. Il a laissé des écrits nombreux et variés, entre autres, quelques vaudevilles, des tragédies, des fables, une traduction des *Eglogues* de Virgile ; une *Notice sur l'arrondissement des Andelys* ; des brochures politiques : *Mémoires sur les finances de la France en 1816* ; *De la Répression des délits de la presse* (1817); *Examen de la théorie et de la pratique du système pénitentiaire* (1840) ; *De la mortalité cellulaire* (1844); *Discours prononcés à la Chambre des députés dans la discussion du projet de loi sur la réforme des prisons* (1845), etc., etc.

LA ROCHEFOUCAULD (MARIE-CHARLES-GABRIEL-SOSTHÈNE DE), DUC DE BISACCIA, puis DUC DE DOUDEAUVILLE depuis le décès de son frère aîné (1889), représentant en 1871, député de 1876 à 1889, né à Paris le 1er septembre 1825, fils de Louis-François-Sosthène de La Rochefoucauld-Doudeauville (*V. p. haut*) et d'Elisabeth-Hélène-Pierre de Montmorency-Laval, resta étranger à la vie politique jusqu'aux événements de 1871. Elu, comme représentant, par les conservateurs de la Sarthe, le 8 février, représentant à l'Assemblée nationale, le 9e et dernier, par 41,207 voix (84,400 votants, 135,095 inscrits), il prit place à l'extrême-droite et ne cacha pas en mainte occasion son éloignement pour les institutions républicaines. Adversaire du gouvernement de Thiers, après avoir voté *pour* la paix, *pour* les prières publiques, *pour* l'abrogation des lois d'exil, il fut un des onze représentants qui se déclarèrent opposés à l'adoption d'un ordre du jour de confiance en faveur du chef du pouvoir exécutif, à la suite de la discussion des impôts sur les matières premières le 22 janvier 1872. Quelques mois plus tard, le 20 juin, il fit partie des délégués de la droite qui firent auprès de Thiers la manifestation connue sous le nom de députation des « bonnets à poil », et ayant pour objet de le sonder sur ses vues politiques. Il soutint en 1873, à Paris, la candidature bonaparto-royaliste du colonel Stoffel. M. de La Rochefoucauld se prononça *pour* le pouvoir constituant de l'Assemblée, *contre* la dissolution, *contre* le retour à Paris et contribua au renversement de Thiers le 24 mai 1873. Après la chute du président, il donna son concours à la politique suivie par les ministres de maréchal de Mac Mahon et, à plusieurs reprises, se rendit auprès du comte de Chambord pour négocier la « fusion » des deux branches des Bourbons pour préparer une restauration. Devant l'insuccès de ces tentatives, il se décida à voter le septennat et fut nommé, le 4 décembre 1873, ambassadeur à Londres. Dans ce poste, il se fit remarquer surtout par la somptuosité de ses fêtes, et par le luxe royal qu'il déploya lors d'une visite du prince de Galles dans ses propriétés. Il continua, d'ailleurs, de siéger assez assidûment à l'Assemblée. Membre de la commission des lois constitutionnelles, lorsque M. Casimir Périer vint demander, en juin 1874, que l'Assemblée se hâtât de voter ces lois, M. de La Rochefoucauld déposa (15 juin) une proposition ainsi conçue : « L'Assemblée nationale décrète : Article 1er. Le gouvernement de la France est la monarchie. Le trône appartient au chef de la maison de France. Art. 2. Le maréchal de Mac Mahon prend le titre de lieutenant-général du royaume.» Cette proposition, appuyée par l'extrême-droite, ne réunit qu'un petit nombre de voix. Comme elle était, d'ailleurs, contraire au régime légal du septennat, M. de La Rochefoucauld dut se démettre de ses fonctions d'ambassadeur ; il reçut ses lettres de rappel le 3 juillet. Il vota

ensuite *contre* l'ensemble de la Constitution, *pour* la loi sur l'enseignement supérieur, offrit de sa bourse 1,200,000 francs à l'Université catholique d'Angers, et s'associa jusqu'à la fin de la législature aux manifestations de ses collègues royalistes. Lorsque eut lieu le scrutin pour l'élection des sénateurs inamovibles, il fut du petit nombre de ceux qui repoussèrent tout compromis avec les gauches. Après avoir posé, puis retiré sa candidature au Sénat, M. de La Rochefoucauld fut élu député de la 1re circonscription de Mamers, au second tour de scrutin, le 5 mars 1876, par 6,527 voix (12,825 votants, 15,426 inscrits), contre 6,118 voix à M. Granger, républicain. L'appoint des voix bonapartistes avait décidé du succès. Il siégea dans la minorité de droite, combattit le cabinet Jules Simon, et applaudit à l'acte du 16 mai 1877. Adversaire des 363, il fut réélu député, avec l'appui du gouvernement, le 14 octobre suivant, par 7,241 voix (13,784 votants, 16,217 inscrits), contre 2,884 à M. de Beaurepaire, 1,946 à M. Granger et 1,645 à M. Girard. Il reprit sa place à droite, vit son élection invalidée le 15 janvier 1878, comme entachée de pression, et obtint sa réélection, le 3 mars suivant, avec 7,307 voix contre 5,233 à M. Lherminier, républicain. Toujours prêt à combattre le gouvernement de la République, il fit une opposition constante aux divers ministères de gauche qui occupèrent le pouvoir et parut plusieurs fois à la tribune, pour y faire, au nom de la droite royaliste, des déclarations politiques. Il vota *contre* l'article 7, *contre* l'amnistie, etc., et fut réélu, le 21 août 1881, par 6,471 voix (12,814 votants, 15,761 inscrits), contre 4,148 voix à M. Leporché et 2,037 à M. Granger. Il épousa le projet de divorce adopté en 1882 par la Chambre des députés, et présenta un amendement tendant à interdire à la femme divorcée de porter le nom de son mari : cet amendement fut pris en considération puis rejeté, à la suite de quelques observations de M. Lepère. Il se montra aussi très opposé à la politique extérieure du gouvernement, et vota *contre* les crédits de l'expédition du Tonkin. Plusieurs fois les interruptions lancées par M. de La Rochefoucauld aux orateurs de la gauche qui occupaient la tribune, provoquèrent des incidents parlementaires. Doyen du conseil général de la Sarthe, qu'il a présidé, il fut inscrit, en octobre 1885, sur la liste monarchiste de ce département, et élu député au second tour de scrutin, le 6e sur 7, par 52,183 voix (107,837 votants, 127,345 inscrits). Il présida le groupe de la droite royaliste, dont il fut encore fréquemment l'interprète, donna son adhésion au programme revisionniste lu à la tribune de la Chambre, le 4 juin 1888, par le général Boulanger, et se prononça, en dernier lieu, *contre* le rétablissement du scrutin d'arrondissement (11 février 1889), *pour* l'ajournement indéfini de la revision de la Constitution, *contre* les poursuites contre trois députés membres de la Ligue des patriotes, *contre* le projet de loi Lisbonne restrictif de la liberté de la presse, *contre* les poursuites contre le général Boulanger.

LA ROCHEFOUCAULD-BAYERS (FRANÇOIS-JOSEPH DE), député en 1789, né à Angoulême (Charente) le 7 août 1727, massacré à Paris le 2 septembre 1792, d'une branche cadette de la maison de La Rochefoucauld, était, lors de la Révolution, évêque de Beauvais depuis 1772. Le 13 mars 1789, il fut élu par le bailliage de Clermont-en-Beauvoisis député du clergé aux Etats-Généraux. Défenseur des privilèges de son ordre et partisan de l'ancien régime, il opina contre le vote par tête et adressa à l'Assemblée la déclaration suivante : « Le député de l'ordre du clergé au bailliage de Clermonten-Beauvoisis, chargé impérativement par ses cahier et instructions de conserver la distinction des trois ordres, et l'opinion par ordre séparée, déclare ne pouvoir prendre aucune part aux délibérations de la présente Assemblée et fait toute protestation et réserve jusqu'à ce qu'il ait de nouveaux pouvoirs de ses commett. s. — A Versailles, ce 20 juin 1789. † François-Joseph, évêque de Beauvais. » Chabot l'ayant dénoncé à l'Assemblée législative comme faisant partie d'un comité antirévolutionnaire, il se rendit avec son frère, l'évêque de Saintes, chez leur sœur, abbesse de Notre-Dame de Soissons. Mais ils furent découverts; arrêtés sur la route de Paris, ils furent enfermés aux Carmes, et périrent dans le massacre de prisons, le 2 septembre 1792.

LA ROCHEFOUCAULD-BAYERS (Pierre-Louis de), député en 1789, né au logis du Vivier, paroisse de St-Cybard-d'Eyrat (Charente) le 12 octobre 1744, massacré à Paris le 2 septembre 1792, était « fils de Messire Jean de la Rochefoucauld, chevalier, seigneur de Maumont, Magnac, Barre, le Vivier et autres places, chevalier des ordres militaires de Notre-Dame du Mont-Carmel et de Saint-Lazare de Jérusalem, et de dame Marguerite des Escots », et frère du précédent; il eut pour parrain et marraine Pierre Galot et Marguerite Bernier, domestiques au Vivier, « ne sachant pas signer ». Destiné à l'état ecclésiastique, il fut nommé, en 1770, prieur commandataire de Nanteuil, devint agent général du clergé en 1775, et fut appelé à l'évêché de Saintes en 1781; il établit à Saintes une caisse de secours contre les incendies. Le 26 mars 1789, le clergé de la sénéchaussée de Saintes l'élut député aux Etats-Généraux. Il siégea dans la minorité, se montra hostile aux réformes, et, après la session, se trouvant menacé en raison de ses opinions antirévolutionnaires, alla se réfugier avec son frère, l'évêque de Beauvais, chez leur sœur, abbesse de Notre-Dame de Soissons. On les y découvrit et ils revinrent à Paris. L'évêque de Beauvais, ayant été arrêté le 11 août 1792, l'évêque de Saintes demanda à partager sa captivité, et refusa de s'évader des Carmes quelques jours avant les massacres de septembre, où les deux frères trouvèrent la mort.

LA ROCHEFOUCAULD-BAYERS (Charles-François de), député à l'Assemblée constituante de 1789, né à Saint-Pierre-Commequiers (Vendée) le 3 mars 1753, date de mort inconnue, abbé commandataire de Prully, puis vicaire général d'Aix avant la Révolution, fut élu, le 26 mars 1789, par le bailliage de Provins, député du clergé aux Etats-Généraux. Son rôle parlementaire fut très effacé.

LA ROCHEFOUCAULD-BAYERS (Jean, baron de), pair de France, né au château de Boislivière, commune d'Apremont (Vendée) le 27 juin 1757, mort à Paris le 1er février 1834, était officier de cavalerie avant 1789. Il émigra au début de la Révolution, entra dans l'armée de Condé et y remplit les fonctions d'aide-major général et de chef d'état-major général. Rentré en France en 1802, il eut maille à partir avec la police impériale, et subit une détention de neuf mois, malgré l'intervention de sa parente,

la comtesse de La Rochefoucauld, dame d'honneur de l'impératrice. Deux ans après, il refusa, de l'empereur, le grade de général de division, et la restitution d'une somme de 700,000 francs qu'il revendiquait. La Restauration le nomma successivement pair de France, le 17 août 1815, lieutenant-général, directeur du dépôt de la guerre, inspecteur général de cavalerie, gouverneur de la 12e division militaire, etc. Il donna sa démission de pair en 1832, et succomba deux ans plus tard aux suites d'une paralysie dont il avait été frappé en 1830, en apprenant la fausse nouvelle de la mort de son fils, capitaine dans la garde royale, lors des événements de juillet. Grand-croix de l'ordre de Saint-Louis, commandeur de l'ordre du Saint-Esprit, etc.

LA ROCHEFOUCAULD D'ENVILLE (Louis-Alexandre duc de) et duc de la Roche-Guyon, député en 1789, né à Paris le 11 juillet 1743, massacré à Gisors (Eure) le 14 septembre 1792, suivit la carrière des armes, puis quitta l'armée avec le grade d'officier pour s'occuper de travaux scientifiques. Membre de l'Académie des sciences en 1782, il fit partie, en 1787, de l'assemblée des notables, et fut appelé, le 16 mars 1789, à siéger aux Etats-Généraux par la noblesse de la ville de Paris. Il fut de ceux qui souhaitèrent l'établissement d'une monarchie constitutionnelle, se réunit un des premiers au tiers, mit à l'ordre du jour, le 27 juin, la question de la liberté des noirs, et prit une part importante aux débats sur la Constitution : il demanda, pour tempérer l'entraînement d'une assemblée unique, la création d'un conseil examinateur ayant le droit de faire seulement des observations; en cas de veto du roi, de nouveaux députés auraient été convoqués pour statuer sur l'objet du litige. Il parla sur l'impôt, sur les biens du clergé, sur la formation des assemblées primaires, appuya la nouvelle division du royaume, présenta à l'Assemblée l'adresse des amis de la liberté de Londres, et combattit (26 janvier 1790) le projet d'interdire aux députés les emplois publics. Il se déclara partisan de l'abolition des ordres religieux, mais se prononça en faveur de la motion de dom Gerle tendant à déclarer nationale la religion catholique. Un autre jour, il présenta un projet pour la vente de 400 millions de biens nationaux. Il discuta aussi la rédaction des projets d'organisation judiciaire, approuva les mesures prises par Bouillé contre la garnison insurgée de Nancy, fit un rapport sur les contributions, fit adopter plusieurs décrets touchant des matières de finances en qualité de rapporteur du comité des contributions, et réclama la liberté de la presse. Dans la discussion relative au cas où le roi serait censé avoir abdiqué, il demanda qu'on fixât un délai dans lequel le monarque sorti du royaume serait tenu d'y rentrer. Elu, après la session, administrateur du département de Paris, puis président de cette administration, il harangua en cette qualité l'Assemblée législative; puis il prit parti contre Pétion et Manuel et signa l'arrêté du 6 juillet 1792, qui suspendait de leurs fonctions le maire et le procureur de la commune de Paris, à cause de leur attitude dans la journée du 20 juin. Il s'attira ainsi la haine des sociétés populaires de Paris et des départements voisins. Vainement il offrit sa démission : signalé comme un ennemi de la Révolution, il fut arrêté par la foule à Gisors, tandis qu'il se rendait vers sa mère et sa femme aux eaux de Forges, et massacré à coups de pierres sous leurs yeux. La

Rochefoucauld d'Enville était l'ami de Franklin et de La Fayette. Il a laissé quelques opuscules estimés sur des matières de science, des *Observations astronomiques* (1782 et 1783), un *Mémoire sur la génération du salpêtre dans la craie* (1789), et plusieurs articles dans le *Journal de la Société de 1789*.

LA ROCHEJAQUELEIN (HENRY-AUGUSTE-GEORGES DU VERGIER, MARQUIS DE), pair de France, député de 1842 à 1848, représentant en 1848 et en 1849, sénateur, né au château de Citran près d'Avensan (Gironde) le 28 septembre 1805, mort au Pecq (Seine-et-Oise) le 7 janvier 1867, descendit d'une famille de vieille noblesse, citée depuis les croisades, et dont un membre, compagnon inséparable d'Henri IV, fut grièvement blessé à Arques; il était fils du marquis Louis de la Rochejaquelein, général en chef des armées vendéennes, tué au combat des Mathes en 1815, et de dame Victoire de Donnissan, veuve du marquis de Lescure, l'illustre auteur des *Mémoires*. Il avait dix ans lors de la seconde Restauration, et, en raison des services éminents de sa famille, Louis XVIII le créa à cet âge pair de France (17 août 1815). Ayant refusé le serment au gouvernement de juillet, il ne siégea pas à la Chambre haute lorsqu'il eut atteint l'âge requis par la loi. Entré à l'École de St-Cyr, il en sortit sous-lieutenant dans le 18e chasseurs à cheval, fit la campagne d'Espagne (1823), passa (1828), avec le grade d'officier, dans le 1er régiment des grenadiers à cheval de la garde, qui portait le nom de son père, demanda à servir en Morée, et, n'ayant pu obtenir cette autorisation, alla se battre dans l'armée russe engagée contre les Turcs dans les Balkans. De retour en France à la fin de cette guerre, il se maria. Il refusa le serment au gouvernement issu des journées de juillet, coopéra au soulèvement de la Vendée avec la duchesse de Berry (1832), et fut condamné à mort par contumace, puis acquitté par le jury. Il s'occupa ensuite d'industrie et d'agriculture, et lança sur la Loire des « bateaux inexplosibles » qui rendirent la navigation possible en toutes saisons. En 1838, il tenta de fonder un journal avec Puibusque et Berryer; mais les dissentiments qui éclatèrent avec ce dernier entravèrent l'entreprise. En 1841, il se trouva mêlé à l'affaire des lettres d'Ida Saint-Elme publiées par la *France*. Le 9 juillet 1842, les électeurs du 3e collège du Morbihan (Ploërmel) l'envoyèrent à la Chambre des députés par 128 voix sur 254 votants et 291 inscrits, contre 125 voix au député sortant, M. de Sivry. Il prit place à droite, et devint en peu de temps le chef véritable du parti légitimiste militant. Il parla sur le recrutement, sur la réforme des prisons, sur le domicile politique, sur la police des chemins de fer, sur la réforme électorale, sur la liberté d'enseignement, et lors de la « flétrissure » infligée dans l'adresse de 1844 aux cinq députés qui étaient allés rendre hommage au comte de Chambord à Belgrave-Square, il donna sa démission pour en appeler du vote de la Chambre au verdict de ses électeurs. Ceux-ci le renvoyèrent à la Chambre le 2 mars 1844, par 155 voix sur 227 votants, contre 70 à M. Gaillard de Kerbertin; il reprit sa place à droite, attaqua vivement le ministère (1845) dans la discussion du budget, et proposa une loterie de dix millions au profit des inondés de la Loire. Réélu, le 1er août 1846, par 158 voix sur 296 votants et 314 inscrits, contre 136 à M. de Rumigny, il parla sur la réforme électorale, sur les congrégations religieuses, et continua de combattre le ministère Guizot. Aussi se montra-t-il, au début, favorable à la révolution de 1848. Ayant posé sa candidature à Paris, lors des élections pour l'Assemblée constituante, il échoua, mais fut élu (23 avril 1848) sur la liste légitimiste, représentant du Morbihan, le 4e sur 12, par 61,629 voix sur 105,877 votants et 123,200 inscrits. Il prit place à droite, fit partie du comité des affaires étrangères, monta fréquemment à la tribune, et vota parfois avec la gauche, toujours avec indépendance, *contre* le bannissement de la famille d'Orléans, *pour* le décret contre les clubs, *contre* la proposition Proudhon, *pour* les poursuites contre Louis Blanc, *contre* les poursuites contre Caussidière, *contre* l'abolition de la peine de mort, *contre* l'impôt progressif, *pour* l'amendement Grévy, *pour* la suppression de l'impôt du sel, *pour* la proposition Rateau, *contre* l'amnistie générale, *pour* le blâme de la dépêche Léon Faucher, *contre* l'abolition de l'impôt des boissons. Lors de l'élection du président de la République (décembre 1848), la *Gazette de France* avait posé sans succès la candidature de M. de La Rochejaquelein, qui fut réélu à l'Assemblée législative par son département, le 13 mai 1849, le 3e sur 10, par 56,600 voix sur 86,060 votants et 127,169 inscrits. Il avait fait quelque temps partie du comité de la rue de Poitiers, mais son attitude ouvertement sympathique au suffrage universel lui avait aliéné les légitimistes intransigeants; la proposition qu'il fit à l'Assemblée législative d'appeler le peuple à se prononcer par oui ou par non entre la république et la monarchie, consomma la rupture qu'accentua l'intervention personnelle du comte de Chambord. En avril 1851, il obtint, pour la présidence de l'Assemblée, 55 voix contre 350 à M. Dupin. Conseiller général de la Vendée, il se rallia au coup d'État du 2 décembre, « après que le peuple l'eut sanctionné ». Sa nomination au Sénat, le 31 décembre 1852, souleva de nouvelles récriminations auxquelles il répondit par une brochure, dans laquelle il déclara « que ne voulant pas contribuer à une nouvelle usurpation orléaniste, et que ne pouvant arriver à la monarchie traditionnelle, il se rattachait à l'Empire, en restant légitimiste. » Il fut au Sénat un des orateurs les plus écoutés et le champion le plus éloquent des intérêts de l'Église; dans la discussion de la loi de régence (juillet 1856), il réclama en vain que la Chambre haute se réunît de droit en cette circonstance; il prononça (27 février 1861) un discours très vif contre les usurpations de Victor-Emmanuel, et se fit rappeler à l'ordre; demanda que la police de la presse passât de l'administration à la magistrature; attaqua la presse officieuse, et déclara que « si l'on révélait les noms de ceux à qui elle appartient réellement, le Sénat verrait bien des promiscuités compromettantes. » Il mourut le 7 janvier 1867. Officier de la Légion d'honneur (14 juin 1856). Travailleur infatigable, il a laissé : *Considérations sur l'impôt du sel* (1844); *Situation de la France* (1849); *A mon pays* (1850); *La France en 1853; Questions du jour* (1855); *La politique nationale et le droit des gens* (1860); *La France et la paix* (1866), etc.

LA ROCHEJAQUELEIN (JULIEN-GASTON DU VERGIER, MARQUIS DE), représentant en 1871, député de 1876 à 1885, né à Chartres (Eure-et-Loir) le 27 mars 1833, fils du précédent, débuta dans la vie politique en 1869, étant déjà conseiller général des Deux-Sèvres, en posant sa candidature d'opposition au Corps législatif, le 24 mai, dans la 3ᵉ circonscription des Deux-Sèvres (Bressuire); bien qu'il réunît les voix de l'opposition légitimiste et la majorité des suffrages de l'opposition républicaine, il échoua, après une lutte des plus vives, avec 9,663 voix contre 15,224 au député sortant, candidat officiel, M. Charles Le Roux, et 2,263 à M. Couteleau. Il fit attaquer l'élection de son concurrent devant les tribunaux par M. Ricard, et devant le Corps législatif par M. Jules Favre, et entra au parlement aux élections suivantes, après la chute de l'Empire, ayant été élu, le 8 février 1871, représentant des Deux-Sèvres à l'Assemblée nationale, le 5ᵉ sur 7, par 45,130 voix sur 56,073 votants et 100,005 inscrits. Il prit place à la droite monarchiste, fit partie de la réunion des Réservoirs et des « Chevau-légers », participa aux négociations ayant pour but de restaurer la monarchie, et signa (1874) la proposition demandant son rétablissement. Membre de la commission de permanence, il parla sur les différents budgets, sur la loi des élections municipales, l'installation des ministères à Versailles, contre l'Internationale, appuya la nomination des maires et adjoints par le gouvernement, et protesta contre le projet des lois constitutionnelles (février 1875); il vota *pour* les préliminaires de paix, *pour* les prières publiques, *pour* l'abrogation des loi d'exil, *pour* le pouvoir constituant de l'Assemblée, *pour* la démission de Thiers, *pour* l'arrêté contre les enterrements civils, *pour* le septennat, *contre* le retour de l'Assemblée à Paris, *contre* le ministère de Broglie, *contre* la dissolution, *contre* la proposition du centre gauche, *contre* l'amendement Wallon, *contre* les lois constitutionnelles. Lors de la nomination des sénateurs inamovibles par l'Assemblée (décembre 1875), il fut du petit nombre des membres de la droite qui refusèrent de devoir leur nomination à un compromis avec la gauche, et qui protestèrent publiquement contre ce compromis. Chef du parti légitimiste dans les Deux-Sèvres, il avait créé à Niort un petit journal, *le Poitou*. Candidat aux élections du 20 février 1876, dans l'arrondissement de Bressuire, il fut élu, au second tour de scrutin (5 mars) par 8,998 voix sur 17,839 votants et 20,966 inscrits, contre 8,779 voix au candidat républicain, M. Bernard. Cette élection fut invalidée par la Chambre (31 mars) qui reprocha à l'élu une circulaire « aux habitants du Bocage », à laquelle du reste M. de la Rochejaquelein se déclara étranger, et qui accusait les républicains, s'ils triomphaient aux élections, de vouloir « pendre les curés et vendre les églises ». Les électeurs de Bressuire, convoqués à nouveau le 21 mai suivant, réélurent M. de la Rochejaquelein par 8,940 voix contre 8,918 à son concurrent, M. Bernard. La dissolution de la Chambre par le cabinet du 16 mai ayant provoqué des élections nouvelles, le 14 octobre 1877, M. de la Rochejaquelein, candidat du gouvernement du maréchal, fut réélu à Bressuire par 9,802 voix sur 18,905 votants et 22,223 inscrits, contre 8,956 voix au candidat républicain, M. Jouffrault. La majorité de la nouvelle Chambre ordonna sur cette élection une enquête qui dura près d'une année; le rapport, concluant à l'invalidation, fut voté, et M. de la Rochejaquelein se représenta, le 2 février 1879, devant ses électeurs, qui donnèrent la majorité à M. Jouffrault (9,047 voix contre 8,823); il remit alors sa démission de conseiller général de Bressuire, fonctions qu'il occupait depuis le 8 octobre 1871. Aux élections générales du 21 août 1881, M. de la Rocheja-

quelein regagna le siège de Bressuire, élu député par 9,858 voix sur 18,454 votants et 22,862 inscrits, contre 8,290 à M. Jouffrault. Il reprit place à la droite monarchiste, et combattit de ses votes les ministères républicains. A la mort du comte de Chambord, il se rallia au comte de Paris, et devint président du comité royaliste des Deux-Sèvres. Les élections du 4 octobre 1885, au scrutin de liste, furent défavorables à la liste conservatrice dans les Deux-Sèvres : M. de la Rochejaquelein échoua avec 41,993 voix sur 85,385 votants. Il a publié, en 1889, d'après le manuscrit original, une édition des *Mémoires de la marquise de la Rochejaquelein*, sa grand'mère.

LA ROCHENÉGLY (JEAN-BAPTISTE DE), député en 1789, dates de naissance et de mort inconnues, était prieur-curé de la paroisse de Saint-Honoré de Blois. Elu, le 25 mars 1789, député du clergé aux Etats-Généraux par le bailliage de Blois, avec 161 voix (259 votants), il n'eut dans l'Assemblée qu'un rôle parlementaire effacé, qui n'a pas laissé de traces au *Moniteur*.

LA ROCHETHULON (CLAUDE-RENÉ-MARIE-FRANÇOIS THIBAUD DE NOBLET, MARQUIS DE), député de 1815 à 1820, né à Thorigné (Sarthe) le 8 décembre 1749, mort à Paris le 27 juillet 1821, « fils de haut et puissant seigneur messire Claude-Philippe-Anne Thibaud de Noblet, comte de la Rochethulon, chevalier de l'ordre militaire de Saint-Louis, capitaine de grenadiers au régiment de Picardie, seigneur de Beaudiment, etc., et de haute et puissante dame Elisabeth-Françoise Ysoré de Pleumartin », suivit, comme ses ancêtres, la carrière des armes. Il appartenait à une famille noble du Beaujolais fixée en Poitou par mariage, Pierre de la Rochethulon, mestre de camp de dragons, ayant épousé, en 1680, Marie de Lavardin de Beaumanoir qui lui apporta en dot le beau château de Beaudiment près Châtellerault (Vienne), résidence de la famille depuis la Révolution. Claude-René, aide de camp du marquis de Bussy, fit sous ses ordres la campagne des Indes, et se distingua à la bataille de Gondelour, où il commandait, avec le grade de colonel, l'aile droite de l'armée française et où il prit trois drapeaux et reçut trois blessures. Nommé chevalier de Saint-Louis, il devint inspecteur des bataillons de cipayes, troupes indigènes qu'il avait organisées. A son retour en France, il fut nommé colonel à la suite, avec survivance, du régiment de Poitou, et fut élu, en 1789, député suppléant de la noblesse du Beaujolais aux Etats-Généraux, sans être appelé à y siéger. Il émigra sous la Révolution, servit à l'armée de Condé, et vécut en Angleterre jusqu'au retour des Bourbons. Promu maréchal de camp le 12 août 1816, il avait été élu député le 22 août 1815, par le collège du département de la Vienne, avec 103 voix (192 votants, 246 inscrits). Il vota avec la majorité de la Chambre introuvable, fut réélu député, le 4 octobre 1816, par 118 voix sur 192 votants et 239 inscrits, et ne cessa d'opiner avec la droite jusqu'en 1820. Il mourut l'année suivante, après avoir obtenu pour Châtellerault le siège de la manufacture d'armes, dont la première pierre avait été posée quelques mois avant sa mort.

LA ROCHETHULON (EMMANUEL-MARIE-STANISLAS THIBAUD DE NOBLET, MARQUIS DE), représentant en 1871, né à Orléans (Loiret) le 17 janvier 1832, mort à Marigny-Brisay (Vienne) le 14 octobre 1890, petit-fils du précédent, et fils d'Emmanuel-Philippe Thibaud de Noblet, marquis de la Rochethulon, officier supérieur des gardes du corps, gentilhomme de la chambre de Charles X, et de Marie-Régine-Olivie de Durfort-Civrac de Lorge, s'occupa du soin de ses propriétés sous le second empire. Conseiller municipal de Beaumont depuis 1865, vice-président du comité agricole de Châtellerault, il avait sollicité deux fois, avant la guerre de 1870, un grade dans la garde mobile de la Vienne, et avait essuyé un double refus. Au début de la guerre contre la Prusse, il s'engagea à Paris, le 19 septembre, dans les mobiles de la Loire-Inférieure, devint capitaine d'une compagnie de volontaires choisis dans les trois bataillons du 28e de marche, et fit le service des avant-postes au Mont-Valérien. Chevalier de la Légion d'honneur (8 janvier 1871), il fut élu, le 8 février suivant, représentant de la Vienne à l'Assemblée nationale, le 2e sur 6, par 56,899 voix sur 62,819 votants et 95,858 inscrits. Il prit place à droite, fit partie des réunions Colbert et des Réservoirs, signala à la Chambre, pendant la Commune, l'inscription « bon à fusiller » placardée sur sa porte, fut l'un des 94 signataires de la protestation contre l'exil des Bourbons, entra avec l'armée de Versailles dans Paris en mai 1871, et exerça provisoirement les fonctions de maire du VIIe arrondissement. A l'Assemblée, il se prononça *pour* la paix, *pour* les prières publiques, *pour* l'abrogation des lois d'exil, *pour* le pouvoir constituant de l'Assemblée, *pour* la démission de Thiers, *pour* l'arrêté contre les enterrements civils, *pour* le septennat, *pour* le ministère de Broglie, *contre* le retour à Paris, *contre* la dissolution, *contre* l'amendement Wallon, *contre* l'amendement Pascal Duprat, *contre* les lois constitutionnelles. Il quitta la vie politique après cette législature.

LA ROCHETTE (DE). — *Voy.* ROCHETTE.

LAROMIGUIÈRE (PIERRE), membre du Tribunat, né à Lévignac-le-Haut (Aveyron) le 3 novembre 1756, mort à Paris le 12 août 1837, élève des Doctrinaires, fit ses études au collège de Villefranche-sur-Aveyron, dirigé par les pères de la Doctrine chrétienne, entra lui-même dans cette congrégation et fut nommé, en novembre 1773, régent de cinquième au collège de Moissac. Successivement régent de quatrième au même collège (novembre 1774), régent de seconde au collège de Lavaur (novembre 1775), régent de troisième (1776) au collège de Toulouse, et, de 1777 à 1790, répétiteur puis professeur de philosophie aux collèges de Carcassonne, de Tarbes, à l'Ecole militaire de la Flèche et au collège de Toulouse, il quitta cette dernière chaire lorsque la Constituante eut supprimé les congrégations religieuses. Il ouvrit alors à Toulouse un cours libre de philosophie qu'il interrompit pour venir à Paris, où il fut protégé par Sieyès. Laromiguière suivit, en 1795, à l'Ecole normale supérieure récemment fondée par la Convention, les leçons de Garat sur l'analyse de l'entendement, et enseigna la même année l'histoire et la logique dans les écoles centrales de Paris. Après avoir été également attaché au prytanée français (aujourd'hui lycée Louis-le-Grand), il fut adjoint, un an après, en qualité d'associé non résidant, à la classe de l'Institut qui portait le nom de classe des sciences morales et politique. Quelques jours après son élection, il communiqua à cette Académie deux mémoires, l'un sur l'*Analyse*

des *sensations*, l'autre sur la *Détermination du mot idée*, que l'Académie a publiés dans son recueil. Il prit part aux travaux de l'Institut jusqu'en 1803. Le 9 fructidor an XII, il fut nommé bibliothécaire du prytanée français. Dans les premiers temps qui suivirent l'établissement du Consulat en 1799, Laromiguière entra dans la vie politique. Appelé (4 nivôse an VIII) à faire partie du Tribunat, il n'y resta que jusqu'au 22 septembre 1802, et s'y distingua par un esprit de modération et de sagesse que louèrent ses biographes et qui fit dire à l'un d'eux, M. Mignet : « Il ne fut pas un tribun bruyant, il fut encore moins un ambitieux empressé. » La réputation de Laromiguière ne date véritablement que du jour où Fontanes le chargea (10 septembre 1809) de 'a chaire de philosophie, de création récente, à la faculté des lettres de Paris. Son cours fut un succès des plus vifs, et un nombreux auditoire vint se presser autour du professeur, attiré par l'éclat et le charme de sa parole. Ce succès déplut à l'empereur, moins que jamais sympathique à l'idéologie. Aussi bien, la faiblesse de sa santé força bientôt Laromiguière à renoncer à l'enseignement oral, et, dès 1813, il dut se faire remplacer par Thurot. Il utilisa les loisirs forcés que lui faisait la maladie à mettre en ordre et à rédiger les notes sur lesquelles il avait fait son cours, et, cette même année, il donna le premier volume de ses *Leçons de philosophie* ou *Essai sur les facultés de l'âme*, dont le deuxième volume ne parut qu'en 1818. Cet ouvrage eut un vif succès parmi les penseurs et les lettrés : il se recommandait par l'originalité du fond et par la simplicité claire, correcte, élégante de la forme. Laromiguière s'éteignit à 81 ans, « au sein de la vénération publique, a dit M. Cousin, en possession d'une belle et pure renommée. » Ce n'est pas ici le lieu de rendre compte de la doctrine du philosophe, qui malgré la neutralité qu'il essaye de garder entre les écoles, se rapproche beaucoup plus du sensualisme de Locke et de Condillac que de l'idéalisme de Descartes et de Leibniz, et qui ne modifie qu'en les continuant les théories en vogue au XVIIIe siècle. On a encore de Laromiguière : *Projets d'éléments de métaphysique*, publiés à Toulouse en 1793; *Discours sur l'identité dans le raisonnement*, etc. Il avait été, en 1833, élu membre titulaire de la nouvelle Académie des sciences morales et politiques.

LA RONCIÈRE LE NOURY (CAMILLE-ADALBERT-MARIE CLÉMENT, BARON DE), représentant en 1871, sénateur de 1876 à 1881, né à Turin (Italie) le 31 octobre 1813, mort à Paris le 14 mai 1881, fils du général de division comte de la Roncière et neveu du général baron Le Noury, qui l'a adopté, fut élève de l'Ecole navale sur l'*Orion* de 1829 à 1830, et fut successivement promu enseigne (1834), lieutenant de vaisseau (1843), capitaine de frégate (1851), capitaine de vaisseau (1855). Ses campagnes dans les mers du Sud, au Brésil, en Crimée, ses missions en Angleterre, la part qu'il prit aux travaux de la commission qui rédigea le décret organique du 15 août 1851 sur le service maritime, attirèrent sur lui l'attention. Il commanda, de 1853 à 1855, le *Roland*, et, en 1856, fut placé à la tête de l'expédition scientifique exécutée dans les mers du Nord sur la *Reine Hortense* par le prince Napoléon. Il prit ensuite le commandement de la division navale de Terre-Neuve, puis celui de la division navale du Levant, remplit dans l'intervalle plusieurs missions diplomatiques et fut nommé contre-amiral le 4 mars 1861. Chef d'état-major du ministre de la Marine, il fut chargé, en 1867, de présider, avec une division cuirassée, à l'évacuation du Mexique. Il avait fait partie pendant plusieurs années du conseil de l'amirauté. Vice-amiral le 4 mars 1868, M. de La Roncière fut désigné, au début de la guerre de 1870, pour diriger les opérations des transports de la Baltique ; mais, la flotte ne pouvant partir faute de troupes de débarquement, il reçut, le 8 août 1870, le commandement en chef de la division des marins détachés dans les forts de Paris. La révolution du 4 septembre ne le priva pas de ce commandement, et le gouvernement de la Défense le comprit, comme divisionnaire, dans l'une des trois armées organisées par le général Trochu. Bientôt, il devint commandant supérieur des troupes et de la circonscription de Saint-Denis, formées en corps d'armée distinct. Il coopéra, le 30 novembre, à la bataille de Champigny, et, le 21 décembre, se comporta bravement au Bourget. Nommé grand-croix de la Légion d'honneur, l'amiral La Roncière le Noury, qui jusque-là était resté étranger à la politique active, et s'était contenté d'appartenir au conseil général de l'Eure, fut élu, le 8 février 1871, représentant de ce département à l'Assemblée nationale, le 1er sur 8, par 50,292 voix (59,749 votants, 122,706 inscrits). Il siégea d'abord au centre-droit de l'Assemblée, puis se fit inscrire au groupe de l'Appel au peuple et vota constamment avec la majorité monarchiste, *pour* la paix, *pour* les prières publiques, *pour* l'abrogation des lois d'exil, *pour* le pouvoir constituant ; il se joignit, le 24 mai 1873, à la coalition qui renversa Thiers du pouvoir, et se prononça ensuite pour toutes les mesures proposées par le cabinet de Broglie. Bonapartiste, il se tint à l'écart lors des tentatives royalistes en faveur du rétablissement de la monarchie, puis il vota *pour* le septennat, *pour* la loi sur les maires, *contre* les amendements Wallon, Pascal Duprat, etc., et *contre* l'ensemble de la Constitution. Il prit quelquefois la parole, notamment comme rapporteur du budget de la marine, et fut membre de plusieurs commissions importantes. Le 23 avril 1875, il fut nommé commandant de l'escadre de la Méditerranée. Invité à assister à un banquet bonapartiste qui devait avoir lieu à Evreux le 7 septembre 1875, l'amiral La Roncière, alors à bord du vaisseau le *Magenta*, adressa une lettre aux organisateurs, dans laquelle il disait : « Je vous félicite d'être restés les champions déterminés du grand parti auquel nous appartenons. » Cette lettre, lue au banquet d'Evreux, aux applaudissements de l'auditoire impérialiste, et reproduite par les journaux, provoqua dans les régions gouvernementales une vive émotion. Le ministre Buffet fut obligé de céder à l'opinion publique, et un décret du 8 septembre destitua le vice-amiral de La Roncière Le Noury de son commandement. Lors des élections sénatoriales du 30 janvier 1876, il fut porté candidat dans l'Eure par les bonapartistes, conjointement avec M. d'Albuféra, et fut élu sénateur par 413 voix sur 785 votants. M. de La Roncière alla siéger dans le groupe de l'Appel au peuple, et vota, en 1877, *pour* le gouvernement du Seize-Mai et *pour* la dissolution de la Chambre des députés. Il se prononça ensuite *contre* le ministère Dufaure, *contre* les lois Ferry sur l'enseignement, etc., et mourut à Paris le 14 mai 1881. Président depuis 1872 de la Société de géographie de Paris, l'amiral de la Roncière le Noury a publié : *Considérations sur les marines à voile et à vapeur de France et d'Angleterre*

(1844) ; *la Marine au siège de Paris* (1872).

LAROQUE (ARMAND, COMTE DE), député de 1815 à 1816, né à Auch (Gers) le 29 mars 1775, mort à Ordan-Laroque (Gers) le 31 janvier 1842, propriétaire dans cette localité, fut élu, le 22 août 1815, député du Gers, au collège de département, par 123 voix (204 votants, 272 inscrits). Il siégea obscurément dans la majorité de la Chambre introuvable, et ne fit pas partie d'autres législatures.

LA ROQUE DE MONS (JEAN-FRANÇOIS, COMTE DE), député en 1789, né à Bergerac (Dordogne) le 27 février 1732, mort à une date inconnue, propriétaire à Mons, fut élu député de la noblesse aux Etats-Généraux, en mars 1789, par la sénéchaussée du Périgord. Son rôle politique fut sans importance. Plus tard, il fut président de l'administration municipale de Mons.

LAROZE (LOUIS-ALFRED), député de 1881 à 1889, né à Bordeaux (Gironde) le 5 avril 1834, étudia le droit, se fit recevoir avocat, et s'inscrivit en 1857 au barreau de Bordeaux dont il devint bâtonnier (1877). Conseiller municipal de Bordeaux depuis 1874, président de la Société philomathique en 1878, il se porta comme candidat républicain aux élections législatives de 1881, dans l'arrondissement de Blaye (Gironde), et fut élu, au second tour de scrutin, le 4 septembre, par 7,085 voix (13,422 votants, 16,341 inscrits), contre 6.204 à M. de Lur-Saluces. Il fit partie du groupe de l'Union républicaine, appuya les ministères Gambetta et Ferry, soutint en toute circonstance la politique opportuniste, et fut nommé, le 17 mai 1884, sous-secrétaire d'Etat au ministère de l'Intérieur, en remplacement de M. Margue. Il donna sa démission de ces fonctions lors de la chute du cabinet Ferry, le 31 mars 1885. Inscrit, le 4 octobre suivant, sur la liste opportuniste de la Gironde, il obtint, au premier tour de scrutin, 63,143 voix, et fut élu, au scrutin de ballottage, le 4e sur 11, par 88,963 voix (162,286 votants, 203,661 inscrits). Il reprit sa place dans la majorité, fut membre de l'union des gauches, fut rapporteur du projet de loi de réforme de la législation des faillites (16 octobre 1888), soutint les cabinets Rouvier et Tirard, vota *pour* l'expulsion des princes, et, en dernier lieu, *pour* le rétablissement du scrutin d'arrondissement (11 février 1889), *pour* l'ajournement indéfini de la revision de la Constitution, *pour* les poursuites contre trois des membres de la Ligue des patriotes, *pour* le projet de loi Lisbonne restrictif de la liberté de la presse, *pour* les poursuites contre le général Boulanger. Membre du conseil supérieur du commerce et de l'industrie.

LAROZE (LÉON-MARIE-JACQUES-JOSEPH), député de 1885 à 1889, né à Bordeaux (Gironde) le 21 janvier 1835, d'une autre famille que le précédent, était maire de Saint-Martin de Lerm et vice-président du comice agricole de La Réole, lorsque, porté sur la liste républicaine opportuniste de la Gironde aux élections d'octobre 1885, il fut élu député de ce département, au scrutin de ballottage, le 7e sur 12, par 88,867 voix (162,286 votants, 203,661 inscrits). M. Laroze siégea à l'Union républicaine, soutint les ministères Rouvier et Tirard, et opina avec la majorité, notamment, *pour* le rétablissement du scrutin d'arrondissement (11 février 1889), *pour* l'ajournement indéfini de la revision de la Constitution, *pour* le projet de loi Lisbonne restrictif de la liberté de la presse, *pour les poursuites* contre le général Boulanger; il était absent par congé lors du scrutin sur les poursuites contre trois députés membres de la Ligue des patriotes.

LARRABURE (AUGUSTIN-RAYMOND), représentant en 1849, député au Corps législatif de 1857 à 1869, sénateur du second empire, né à Saint-Jean-Pied-de-Port (Basses-Pyrénées) le 16 janvier 1799, mort au château d'Argagnon (Basses-Pyrénées) le 18 avril 1875, fut négociant dans son pays natal. Conseiller général des Basses-Pyrénées pour le canton d'Orthez, il entra dans la vie politique le 13 mai 1849, ayant été élu représentant du ce département à l'Assemblée législative, le 6e s c 10, par 35,356 voix (71,463 votants, 117,931 inscrits). M. Larrabure appartint à la majorité conservatrice, appuya de son vote les mesures de réaction, et adhéra à la politique du coup d'État. Désigné comme candidat officiel, le 25 octobre 1857, dans la 2e circonscription des Basses-Pyrénées, il fut élu par 29,137 voix (29,173 votants et 35,688 inscrits), député au Corps législatif, en remplacement de M. de Belmont, décédé. Membre de la droite dynastique, il prit part à de nombreuses discussions, notamment à celles qui eurent trait à l'agriculture, intervint fréquemment dans l'examen du budget, se plaignit (juillet 1860) de l'insuffisance des attributions budgétaires du Corps législatif, et constata que le déficit, permanent depuis 1852, n'était soldé que par des surtaxes et des emprunts. Réélu, le 1er juin 1863, député de la 2e circonscription des Basses-Pyrénées, par 27,882 voix (27,955 votants, 34,857 inscrits), il suivit la même ligne de conduite que précédemment, fut rapporteur de la commission de l'emprunt de 300 millions (1864), signala l'aggravation constante de la dette publique, et donna sa démission en 1865, entre deux sessions, pour faire arriver à la Chambre M. Walewski, dont le gouvernement avait besoin au fauteuil de la présidence. Il posa en même temps sa candidature dans la 1re circonscription de son département, vacante par suite de la nomination du député qui la représentait, M. O'Quin, à la recette générale des Basses-Pyrénées. Ces incidents se produisirent sans que le Corps législatif ait pu statuer sur sa démission, bien qu'une démission ne puisse être reçue que par la Chambre elle-même, en vertu du principe constitutionnel de la division des pouvoirs. C'est le seul cas de ce genre, croyons-nous, qui se soit présenté depuis l'établissement en France du régime parlementaire. M. Larrabure fut élu, le 4 novembre 1865, par 20,688 voix (27,382 votants, 39,043 inscrits), contre 6,572 au candidat de l'opposition, M. Barthe, et remplacé comme député de la 2e circonscription, par M. Chesnelong. A l'approche des élections législatives générales de 1869, M. Larrabure, qui était alors maire de la ville de Pau, fut appelé (6 mai) au Sénat impérial. Il donna sa démission de maire aussitôt après, et soutint au Luxembourg, comme au Palais-Bourbon, le gouvernement de Napoléon III, jusqu'à la révolution du 4 septembre 1870, qui le rendit à la vie privée.

LARREY (FÉLIX-HIPPOLYTE), député de 1877 à 1881, né à Paris le 18 septembre 1808, fils de l'illustre Larrey, chirurgien de l'empereur, fit ses études à Louis-le-Grand et fut admis au Val-de-Grâce en 1828. Chirurgien sous-aide à l'hôpital de Strasbourg en 1829, il passa l'année suivante à l'hôpital de la garde royale au Gros-Caillou, secourut les blessés des journées de 1830, et reçut la croix de juillet. Docteur-médecin en 1832, il se signala pendant l'épidémie cholérique, fit la campagne de Belgique et le siège d'Anvers en qualité d'aide-major, fut porté pour la croix, que le maréchal Soult refusa de lui donner, et fut décoré de l'ordre de Léopold. Promu professeur agrégé à Paris en 1835, après une thèse remarquable sur les fractures, il accompagna son père comme secrétaire en Algérie pendant l'inspection de 1842. Médecin militaire de 1re classe (1839), chirurgien au Val-de-Grâce, professeur de pathologie chirurgicale à l'École de médecine et de chirurgie militaire en 1841, chevalier de la Légion d'honneur en 1845, sous-directeur de l'école, membre de l'Académie de médecine (1850) qu'il présida (1863), officier de la Légion d'honneur en 1851, chirurgien de l'empereur en 1853, médecin inspecteur de l'armée le 13 janvier 1858, il devint médecin en chef de l'armée d'Italie en 1859, eut un cheval tué sous lui à Solférino, aux côtés de Napoléon III, et reçut, le lendemain, la cravate de commandeur de la Légion d'honneur. De nouveau médecin en chef à l'armée du Rhin en 1870, il se trouva bloqué dans Montmédy, put gagner la Belgique et rentrer à Paris où il eut une grande part à l'organisation des services sanitaires. Aussi devint-il grand-officier de la Légion d'honneur le 15 octobre 1871, et membre du conseil de l'ordre. Conseiller général de Bagnères-de-Bigorre depuis 1860, il se présenta à la députation, aux élections du 20 février 1876, dans l'arrondissement de Bagnères, où il échoua avec 9,286 voix contre 9,309 à l'élu républicain, M. Duffo; il fut plus heureux le 14 octobre 1877, comme candidat du gouvernement du 16 mai, et fut élu, dans le même arrondissement, par 12,964 voix (20,616 votants, 23,205 inscrits), contre 7,556 au député sortant, M. Duffo. Il siégea à droite, dans le groupe de l'Appel au peuple, et vota *contre* les ministres républicains qui succédèrent au cabinet de Broglie-Fourtou. Il ne s'est pas représenté aux élections de 1881. Membre de l'Académie des sciences depuis 1867, du conseil de salubrité de la Seine, ancien médecin en chef et président du conseil de santé des armées, M. Larrey a publié un grand nombre de travaux, notamment : *Traitement des fractures des membres par l'appareil inamovible* (thèse de doctorat); *Quel est le meilleur traitement des fractures du col du fémur?* (thèse inaugurale, Paris 1835); *Deux cas d'anévrisme poplité guéris par compression* (Paris, 1853); *Rapport sur l'état sanitaire du camp de Châlons, sur le service de santé de la garde impériale, et sur l'hygiène des camps* (Paris, 1858). Il a en outre écrit fréquemment dans les *Mémoires de l'Académie de médecine*, notamment sur la *Trépanation du crâne dans les lésions traumatiques de la tête*, et sur l'*Adénite cervicale*.

LARREYRE (JEAN-BAPTISTE DE), député en 1789, né à Tartas (Landes) le 13 août 1745, mort à une date inconnue, conseiller de la sénéchaussée de Tartas avant la Révolution, fut élu député de la noblesse aux États-Généraux par la sénéchaussée de Tartas, le 24 avril 1789. Il ne prit la parole que pour combattre la sentence de réhabilitation proposée par Maury. Après la Constituante, il devint président de l'administration du département des Landes et maire de Lahosse (Landes).

LARRIEU (Jean-Baptiste-Amédée), représentant en 1848, député au Corps législatif de 1869 à 1870, et représentant en 1871, né à Brest (Finistère) le 2 février 1807, mort à Paris le 30 septembre 1873, riche viticulteur et propriétaire du crû bordelais de Haut-Brion, fit son droit à Paris, mais n'entra pas au barreau et surveilla l'exploitation de ses vignobles. Il avait été élevé par sa famille dans des idées légitimistes ; un séjour de deux ans aux Etats-Unis l'enthousiasma pour les gouvernements républicains et le lança dans la politique. Candidat indépendant à la députation dans le 1er collège de la Gironde (Bordeaux), aux élections générales du 1er août 1846, il échoua avec 348 voix, contre 352 à l'élu, M. Adolphe Blanqui ; mais, le 23 avril 1848, il fut élu représentant de la Gironde à l'Assemblée constituante, le 13e sur 15, par 52,661 voix sur 146,606 inscrits. Il prit place parmi les républicains, quoiqu'il se déclarât l'ennemi acharné des communistes, fit partie du comité du commerce et de l'industrie, et vota *pour* le bannissement de la famille d'Orléans, *pour* les poursuites contre L. Blanc, *contre* l'abolition de la peine de mort, *contre* l'impôt progressif, *contre* l'incompatibilité des fonctions, *contre* l'amendement Grévy, *contre* la sanction de la Constitution par le peuple, *pour* l'ensemble de la Constitution, *contre* la proposition Rateau, *contre* l'interdiction des clubs, *contre* l'expédition de Rome. Hostile à la politique de l'Elysée, il ne fut pas réélu à la Législative, fit de l'opposition à l'Empire et, conseiller général de Bordeaux depuis 1860, échoua dans la 2e circonscription de la Gironde, comme candidat d'opposition au Corps législatif, le 1er juin 1863, avec 5,415 voix contre 15,270 à l'élu, député sortant, M. Travot. Il fut plus heureux dans la 3e circonscription, remaniée aux élections du 24 mai 1869, et fut élu, au 2e tour, par 15,446 voix (28,990 votants, 39,184 inscrits), contre 13,322 au député sortant, M. Travot. Il prit place à la gauche intransigeante à côté de Jules Favre; mais il paraissait devoir se rallier à l'empire libéral, quand la guerre éclata. M. Larrieu signa la demande de déchéance de l'empire, et fut nommé (4 septembre 1870) préfet de la Gironde, poste que sa santé ne lui permit pas de conserver. Quatre représentants du département étant à remplacer par suite d'option, il se présenta sur la liste républicaine, aux élections complémentaires du 2 juillet 1871, et fut élu, le 2e sur 4, par 79,427 voix (129,770 votants, 201,514 inscrits). Il se fit inscrire à la gauche républicaine, fut membre de la commission des chemins de fer, mais siégea peu de temps, étant mort en 1873. Il fut remplacé, le 29 mars de l'année suivante, par M. Roudier.

LARROCHE (Jean-Félix-Samuel), membre de la Convention, né à Astaffort (Lot-et-Garonne) le 2 mai 1763, mort à Paris vers 1800, fils de Félix Larroche, procureur conseiller du roi au siège royal d'Astaffort, et de demoiselle Jeanne Soucaret, fut nommé maire de sa ville natale le 29 février 1790, devint administrateur du district d'Agen le 24 juin 1790, et fut élu, le 6 septembre 1792, par le département de Lot-et-Garonne, membre de la Convention, le 5e sur 9, avec 379 voix (497 votants). Il prit place dans la Plaine, et opina en ces termes dans le procès de Louis XVI : « Je vote pour la détention de Louis pendant la guerre et le bannissement à la paix. » Ayant renoncé à siéger, il fut déclaré démissionnaire en juin 1793, fut remplacé (9 frimaire an II) par Cabarroc, mais le décret de démission fut rapporté le 20 germi-

nal an III, et Larroche assista silencieusement à la fin de la législature conventionnelle, après laquelle il disparut de la scène politique.

LARROQUE-LABÉCÈDE (Antoine), député en 1791, né et mort à des dates inconnues, membre du directoire du département du Tarn en 1791, fut élu, le 31 août 1791, député de ce département à l'Assemblée législative, le 9e et dernier par 153 voix sur 276 votants. Il ne prit la parole, d'après le *Moniteur*, que pour demander que des fonds fussent affectés aux travaux des routes. Chabot le dénonça, ainsi que les autres députés du Tarn, comme auteur d'un libelle contre la tyrannie de l'Assemblée. Son rôle politique n'a pas laissé d'autres traces.

LARTIGUE (André de), député en 1789, né à Toulouse (Haute-Garonne) le 6 novembre 1723, mort à une date inconnue, était lieutenant-général de la sénéchaussée de Toulouse, lorsque, le 9 avril 1789, cette sénéchaussée (la 1re du Languedoc), l'élut, par 585 voix sur 873 votants, député du tiers aux Etats-Généraux. Il n'eut qu'un rôle parlementaire effacé et qui n'a laissé aucune trace au *Moniteur*.

LARUE (Isaac-Etienne Chevalier, chevalier de), député au Conseil des Cinq-Cents, né à Gouzon (Creuse) le 4 janvier 1760, mort à Paris le 13 août 1830, était, sous la Révolution, président du district de la Charité (Nièvre), où il résidait. Hostile aux idées nouvelles, il fut élu, le 24 vendémiaire an IV, par 101 voix (206 votants), député de la Nièvre au Conseil des Cinq-Cents. Il fit partie, avec Pichegru et Willot, de la commission dite des inspecteurs. Son attitude contre-révolutionnaire le rendit des plus suspects au Directoire : Larue fut arrêté lors des événements du 18 fructidor et déporté à la Guyane. Ayant réussi à s'évader (15 prairial an VI), il revint en France. Sous le gouvernement consulaire, ses relations avec Pichegru et surtout avec Hyde de Neuville, dont il avait épousé la sœur, le firent mettre en surveillance dans le département de la Nièvre. En revanche, la Restauration le combla de faveurs. Chevalier de la Légion d'honneur le 8 octobre 1814, et officier du même ordre le 21 août 1822, Larue fut nommé maître des requêtes et garde général des archives du royaume. On a de lui une *Histoire du 18 fructidor* (1821).

LA RUE (Aristide-Isidore-Jean-Marie, comte de), sénateur du second Empire, né à Rennes (Ille-et-Vilaine) le 4 mars 1795, mort à Paris le 28 mars 1872, entra de bonne heure au service et dut son avancement rapide principalement aux nombreuses missions diplomatiques dont il fut chargé en Allemagne, en Espagne, en Italie, en Russie, au Caucase, en Crimée, à Constantinople, au Maroc, en Algérie. Parvenu au grade de général de division, il fut appelé à plusieurs commandements et inspections générales en Afrique, suivit les principales expéditions et fut fréquemment cité à l'ordre du jour de l'armée. Directeur des affaires de l'Algérie au ministère de la Guerre, de novembre 1845 à mars 1848, il prit part, en 1846 et années suivantes, comme commissaire du roi près des Chambres des pairs et des députés, aux discussions concernant les projets de loi relatifs aux crédits supplémentaires pour l'Afrique française, au règlement définitif des comptes de 1844, au budget des dépenses de l'exercice de 1848, etc. Rallié au gouvernement présidentiel de L.-N. Bonaparte, puis à l'Empire, il fut appelé (1857) à faire partie du comité consultatif de l'Algérie et fut élevé à la dignité de sénateur le 13 février 1860. Par décision du 28 du même mois, le général de La Rüe fut maintenu dans les doubles fonctions d'inspecteur général permanent de la gendarmerie et de président du comité de cette arme. Au Sénat, il soutint jusqu'au bout, de ses votes, le régime impérial. Grand-croix de la Légion d'honneur, médaillé de Sainte-Hélène et décoré de plusieurs ordres étrangers.

LARUELLE (JEAN-ANDRÉ), député de 1821 à 1824, né à Dalhain (Meurthe) le 20 juillet 1771, mort à Saint-Nicolas (Meurthe) le 24 août 1832, manufacturier à Saint-Nicolas, fut élu, le 1er octobre 1821, député du 2e arrondissement de la Meurthe (Lunéville), par 107 voix sur 166 votants et 203 inscrits, contre 51 à M. Just de Noailles. Il siégea parmi les libéraux constitutionnels, et vota avec eux jusqu'en 1824. Aux élections du 25 février de cette dernière année, M. Laruelle échoua avec 93 voix contre 100 à M. Saladin, élu.

LASALLE (NICOLAS - THÉODORE - ANTOINE - ADOLPHE), député en 1789, né à Sarrelouis (Prusse) le 11 novembre 1762, mort à une date inconnue, lieutenant-général au bailliage de Sarrebrück, fut élu, le 16 mai 1789, député du tier, aux États-Généraux, par le bailliage de Metz, avec 13 voix sur 23 votants. Son nom ne figure pas au *Moniteur*.

LASALLE (LOUIS-THÉODORE DE), député de 1839 à 1846, né à Barlemburg (Moselle) le 4 avril 1789, mort à Paris le 7 juillet 1846, chef d'escadron au corps royal d'état-major et officier d'ordonnance de Louis-Philippe, fut élu, le 25 août 1839, député du 7e collège de la Gironde (Lesparre) en remplacement de M. Guestier, nommé pair de France, par 67 voix sur 123 votants; et fut réélu, le 9 juillet 1842, par 78 voix sur 125 votants. Ministériel, il vota *pour* les fortifications de Paris, *pour* le recencement, *pour* l'indemnité Pritchard, *contre* les incompatibilités, *contre* l'adjonction des capacités, et mourut quelques jours avant la fin de la législature.

LASALLE (FRANÇOIS-JOSEPH), MARQUIS DE ROQUEFORT DE SABRAZIET, député en 1789, né à Mont-de-Marsan (Landes) en 1752, mort à une date inconnue, représenta aux États-Généraux la noblesse de la sénéchaussée de Mont-de-Marsan, qui l'avait élu le 9 avril 1789. Il n'eut qu'un rôle parlementaire très effacé.

LASALLE-CÉSEAU (FRANÇOIS), député au Conseil des Cinq-Cents, né à Goudina (Gers) le 29 octobre 1741, mort à Graulchet (Tarn) le 4 août 1823, général de brigade, président de l'administration municipale d'Auch, fut élu député du Gers au Conseil des Cinq-Cents, le 28 germinal an VII. Son rôle politique se borna à témoigner des inquiétudes sur les bruits de paix que l'on répandait au moment des échecs répétés que venait de subir le Directoire, et s'associer au discours de Jourdan qui, à la veille du coup d'État de brumaire, prévoyait les dangers qu'allaient courir la République et la liberté. M. Lasalle-Céseau fut nommé conseiller général du Gers par le gouvernement consulaire.

LASBAYSSES (JEAN-MARIE-JOSEPH-JULES), député depuis 1877, né à Lezat (Ariège) le 12 février 1831, fit son droit et se fit inscrire au barreau de Pamiers. Maire de cette ville, il fut

révoqué après le 16 mai 1877, et se trouva ainsi désigné, lors des élections législatives du 14 octobre suivant, aux suffrages des électeurs républicains de l'arrondissement. M. Lasbaysses devint alors député de Pamiers, par 10,713 voix (19,628 votants, 24,163 inscrits), contre 8,360 à M. de Saintenac, candidat officiel. Il s'assit à l'Union républicaine et vota le plus souvent avec la majorité. Mais peu à peu il se rapprocha des radicaux et, ayant obtenu sa réélection, le 21 août 1881, par 9,951 voix (12,711 votants, 23,859 inscrits), contre 349 à M. Delcassé et 182 à M. Pons-Tande, il se fit inscrire au groupe de la gauche radicale. M. Lasbaysses se prononça, dans la législature, *contre* les crédits du Tonkin. Aux élections d'octobre 1885, il se porta, concurremment avec la liste opportuniste, sur une liste plus avancée et, seul des candidats radicaux maintenus au scrutin de ballottage, fut élu député de l'Ariège au second tour de scrutin, le 4e et dernier, par 31,135 voix (53,266 votants, 73,327 inscrits). M. Lasbaysses vota avec les radicaux de gouvernement, notamment (juin 1886) *pour* l'expulsion des princes, soutint de son vote le cabinet Floquet, et se prononça, en dernier lieu, *contre* le rétablissement du scrutin d'arrondissement (11 février 1889), *contre* l'ajournement indéfini de la revision de la Constitution, *pour* les poursuites contre trois députés membres de la Ligue des patriotes, *contre* le projet de loi Lisbonne restrictif de la liberté de la presse, *pour* les poursuites contre le général Boulanger.

LAS CASES (MARIN-JOSEPH-EMMANUEL-AUGUSTE-DIEUDONNÉ, COMTE DE), député de 1831 à 1834, et de 1839 à 1842, né à B lleserre (Tarn) le 21 juin 1766, mort à Passy (Seine) le 13 mai 1842, « fils de François-Hyacinthe, marquis de Las-Cases, chevalier, seigneur justicier dans les consulats de Puy-Laurens, Revel et Palleville, seigneur suzerain et dominant de la Mothe, Dourmes, etc., et de Jeanne Naves de Ranchin, » fit ses classes chez les Oratoriens de Vendôme, fut élève de l'École militaire de Paris, entra ensuite dans la marine comme aspirant, prit part sur l'*Actif* au siège infructueux de Gibraltar, assista sur le *Royal-Louis*, vaisseau-amiral, au combat de Cadix (1782), et visita les Antilles, Terre-Neuve et Boston. Admis, après un brillant examen, au grade de lieutenant de vaisseau, il reprit la mer se rendit à Saint-Domingue, et, après avoir été un instant désigné pour accompagner La Pérouse dans son expédition scientifique, se vit confier le commandement du brick *le Matin :* mais il eut la double bonne fortune d'arriver trop tard pour pouvoir s'embarquer à Brest avec l'infortuné navigateur, dont on sait la fin tragique, et de manquer également le départ du *Matin*, qui devait sombrer sous voile sans laisser aucune trace de sa disparition. Adversaire des idées nouvelles et attaché par les traditions de sa famille aux institutions de l'ancien régime, Las Cases émigra dès le début de la Révolution pour aller grossir à Worms l'armée du prince de Condé; il remplit pour le compte des royalistes diverses missions délicates, passa en Angleterre lorsque le corps des émigrés eut été dissous, et fit encore partie de l'expédition de Quiberon. Réduit, après le désastre qui la termina, à donner des leçons à Londres, il publia, vers la même époque, sous le pseudonyme de *Le Sage*, un *Atlas historique et géographique* qui obtint un vif succès. Le 18 brumaire lui permit de rentrer en France; mais il ne put tout d'abord y obtenir aucun emploi. Cependant le zèle qu'il déploya en 1809, en s'engageant comme volontaire dans l'armée dirigée par Bernadotte contre les Anglais, fut remarqué de Napoléon qui le fit baron, puis comte de l'Empire (16 décembre 1810), maître des requêtes au conseil d'Etat et chambellan. En 1811, Las Cases fut chargé de la liquidation de la dette austro-illyrienne. Une autre tâche, non moins importante, lui fut dévolue l'année suivante : celle de visiter une partie des départements, d'y inspecter les dépôts de mendicité, les prisons, les hospices, les établissements de bienfaisance, et de dresser un état exact de tous les ports et stations navales depuis Toulon jusqu'à Amsterdam. Chef de bataillon dans la 10e légion de la garde nationale en 1813, il refusa, comme membre du conseil d'Etat, d'adhérer à la déchéance de Napoléon, s'exila volontairement en Angleterre lorsqu'elle eut été prononcée, et ne reparut à Paris que pendant les Cent-Jours. Napoléon l'attacha alors de plus en plus étroitement à sa personne, et Las Cases le suivit de l'Elysée, à la Malmaison, à Rochefort, enfin à Sainte-Hélène, où il l'emmena avec lui son fils aîné (*Voy. plus bas*). Les entretiens familiers de Las Cases avec Napoléon et le journal tenu régulièrement pendant dix-huit mois sous le titre de *Mémorial de Sainte-Hélène*, sont devenus presque légendaires ; ils offrent un réel intérêt anecdotique, encore que la véracité n'en soit pas toujours absolument rigoureuse. M. de Las Cases ne demeura à Sainte-Hélène que jusqu'au 27 novembre 1816 : à cette date, le gouverneur de l'île, Hudson Lowe, irrité d'une lettre écrite par Las Cases à Lucien Bonaparte, lettre dans laquelle il se plaignait des mauvais traitements subis par l'empereur, le fit transférer au Cap de Bonne-Espérance, où il resta huit mois prisonnier. Ramené en Europe, on lui assigna pour résidence Francfort-sur-le-Mein ; puis l'intervention de l'empereur d'Autriche lui permit le séjour de la Belgique ; ce ne fut qu'après la mort de Napoléon qu'il put rentrer en France, où il commença la publication de son *Mémorial* : on évalue à près de deux millions le profit qu'il en tira. Très hostile aux Bourbons, Las Cases applaudit à la révolution de 1830, et fut élu, le 5 juillet 1831, député du 14e arrondissement de la Seine (Saint-Denis) par 364 voix (522 votants), contre 135 à M. Julien d'Epinay. Il prit place dans les rangs de l'opposition, dont il signa le *Compte rendu* en 1832, et ne cessa de manifester les sentiments bonapartistes les plus accentués. Non réélu en 1834, il redevint député de Saint-Denis le 2 mars 1839, avec 509 voix sur 830 votants, contre 314 à M. Pelletier, et, reprenant sa place à gauche, se montra très opposé à la politique intérieure et extérieure du gouvernement de Louis-Philippe : il vota *contre* la dotation du duc de Nemours, *pour* l'adjonction des capacités, etc. Chevalier de la Légion d'honneur. La première édition du *Mémorial de Sainte-Hélène*, ou *Journal où se trouve consigné, jour par jour, ce qu'a dit et fait Napoléon*, parut en 1822-1823 (8 vol. in-8°).

LAS CASES (EMMANUEL-PONS-DIEUDONNÉ, COMTE DE), député de 1830 à 1848, sénateur du second Empire, né à Saint-Méen (Finistère) le 8 juin 1800, mort à Passy (Seine) le 8 juillet 1854, fils du précédent, fut emmené par son père à Sainte-Hélène en 1815, où il écrivit, sous la dictée de Napoléon, des souvenirs et des mémoires importants sur l'histoire des guerres de l'Empire. Mais, après dix-huit mois de séjour à Longwood, Hudson Lowe

força MM. de Las Cases de se séparer de l'empereur. Transporté au cap de Bonne-Espérance, puis de là en Angleterre, il partagea la captivité de son père et ne put rentrer en France qu'en 1819, sous un nom d'emprunt. Il alla alors étudier le droit à Strasbourg, puis à Paris. Sur ces entrefaites, la mort de Napoléon ayant laissé au gouverneur de Sainte-Hélène la liberté de revenir à Londres, Las Cases y courut, rencontra Hudson Lowe et le cravacha publiquement. Hudson Lowe ne répondit pas à cette provocation, et Las Cases dut se rembarquer au plus vite pour échapper aux poursuites de la police britannique. Quelques années plus tard, le 11 novembre 1825, Las Cases faillit être assassiné à Passy et reçut deux coups de couteau en sortant de chez lui. Hudson Lowe était précisément à Paris, à cette époque ; son départ précipité parut, à ce moment, fixer sur lui de graves soupçons. Las Cases prit part aux événements de 1830, se montra sur les barricades et assista à la réunion des députés chez Laffitte ; il reçut la décoration de Juillet. Candidat agréable au nouveau gouvernement, il fut successivement élu député du collège de département du Finistère, le 28 octobre 1830, en remplacement de M. de Guernissac, démissionnaire, par 317 voix (518 votants, 906 inscrits) ; puis, le 5 juillet 1831, dans le 2e collège du Finistère, par 71 voix (120 votants, 174 inscrits), contre 49 à M. de Kératry ; le 21 juin 1834, par 71 voix (109 votants, 473 inscrits), contre 25 à M. Blacque-Belair ; le 4 novembre 1837, par 104 voix (179 votants, 229 inscrits), contre 65 à M. Véron ; le 3 mars 1839, par 143 voix (201 votants), contre 58 à M. Véron ; le 5 juillet 1842, par 166 voix (200 votants, 260 inscrits), contre 25 à M. Kervas-Doué ; le 1er août 1846, par 197 voix (285 votants, 332 inscrits), contre 61 à M. de Coëtlogon et 22 à M. de Lacrosse. Orléaniste, M. de Las Cases soutint les ministères, tout en défendant certaines propositions libérales de l'opposition. Le gouvernement le chargea d'une mission diplomatique à Haïti en 1837, et, en 1840, il fut adjoint au prince de Joinville pour aller chercher à Sainte-Hélène la dépouille mortelle de l'empereur ; il publia à son retour ses impressions sous le titre : *Journal de la frégate la Belle-Poule* (Paris, 1841). Fidèle au ministère Guizot, il vota l'indemnité Pritchard, ne prit aucune part aux événements de 1848, et fut nommé sénateur, par le second Empire, le 31 décembre 1852. M. de Las Cases était chevalier de la Légion d'honneur. Il mourut subitement quelques jours après son mariage.

LAS CASES (CHARLES-JOSEPH-AUGUSTE-PONS-BARTHÉLEMY, MARQUIS DE), député au Corps législatif de 1857 à 1860, né à Paris le 1er août 1811, mort à Paris le 29 novembre 1877, frère du précédent, entra dans la marine en 1830, et fut successivement aide-de-camp des amiraux Duperré et Roussin, ministres de la Marine. Devenu maire de Chalonnes-sur-Loire, où il dirigeait des mines, et conseiller général de Maine-et-Loire pour le canton de ce nom (1853), il fut élu, le 22 juin 1857, député de la 4e circonscription du même département au Corps législatif, par 9,536 voix (17,904 votants, 33,701 inscrits), contre 7,964 à M. Durfort de Civrac et 188 à M. David. Le gouvernement impérial avait officiellement soutenu la candidature de M. de Las Cases, qui opina avec la majorité dynastique, et obtint sa réélection, le 1er juin 1863, par 17,282 voix (29,112 votants, 38,424 inscrits), contre 11,757 à M. Durfort de Civrac ; il avait été nommé (1859) chambellan honoraire de l'empereur. M. de Las Cases se représenta sans succès aux élections du 24 mai 1869 ; il échoua avec 14,810 voix contre 15,701 accordées au candidat indépendant, M. Durfort de Civrac. Officier de la Légion d'honneur.

LASCOMBES (ANTOINE), député de 1885 à 1889, né à Chalvignac (Cantal) le 13 juillet 1840, étudia le droit, fut reçu avocat et s'inscrivit au barreau de Mauriac. Conseiller général du Cantal pour le canton de cette ville, il fut porté, le 25 janvier 1885, par une fraction du parti républicain, candidat aux élections sénatoriales dans ce département. Après avoir réuni 141 voix au premier tour de scrutin sur 580 votants, et 159 au second tour, il se désista au troisième. La même année, il fut inscrit (4 octobre 1885) sur la liste républicaine du Cantal aux élections pour la Chambre des députés, et fut élu, le 2e sur 4, par 25,058 voix (43,490 votants, 61,184 inscrits), sur une profession de foi collective qui donnait comme but à la Chambre prochaine « de former, par des concessions réciproques, une majorité de gouvernement ». M. Lascombes prit place à gauche, soutint, avec la majorité, les ministères républicains, se prononça pour l'application ferme et loyale du concordat, et opina, en dernier lieu, *pour* le rétablissement du scrutin d'arrondissement (11 février 1889), *pour* l'ajournement indéfini de la révision de la Constitution, *pour* les poursuites contre trois députés membres de la Ligue des patriotes, *pour* le projet de loi-Lisbonne restrictif de la liberté de la presse, *pour* les poursuites contre le général Boulanger.

LASCOURS (JÉROME-ANNIBAL-JOSEPH REYNAUD DE BOLOGNE, BARON DE), député au Conseil des Cinq-Cents, puis de l'an VIII à 1813, et de 1818 à 1822, né à *Boisset-et-Gaujac* (Gard) le 5 juin 1761, mort à Mézières (Ardennes) le 10 mai 1835, « fils de messire Jean-François-Joseph de Reynaud de Bologne, seigneur de Lascours, Gaujac, Saint-Martin de Ligaujac, demeurant en son château de Lascours dans cette paroisse, et de dame Marie de Rocheblave », suivit la carrière militaire, partit en 1780 pour l'Amérique où il fit, sous Rochambeau et La Fayette, les campagnes de 1780 à 1782, et revint en France, décoré par Washington de l'ordre de Cincinnatus. Pendant les premières années de la Révolution, il servit aux armées des Pyrénées et des Basses-Alpes. Le 23 vendémiaire an IV, il fut appelé par le département du Gard, avec 136 voix sur 238 votants, à siéger au Conseil des Cinq-Cents. Il s'y rangea parmi les membres qui fréquentaient le club de Clichy. Dans la séance du 14 nivôse de la même année, Jean-Jacques Aymé ayant été dénoncé comme le protecteur des royalistes du Midi, et comme un des chefs des *Compagnies de Jéhu et du Soleil*, Lascours osa prendre sa défense ; il ne fut point compris dans la proscription de fructidor. Il aborda d'ailleurs rarement la tribune jusqu'au 30 floréal an VII, époque de sa sortie du Conseil. Après le coup d'État de brumaire, le Sénat l'admit, le 4 nivôse an VIII, au nouveau Corps législatif, comme député du Gard. Son mandat expirait le 5e jour complémentaire au IX. Il rentra alors momentanément dans la vie privée, puis fut réélu député, en 24 ventôse an X, devint président du Corps législatif en prairial an XI, et siégea jusqu'au 31 décembre 1806, sans interruption. Il fut encore rappelé à l'Assemblée le 7 mars 1807, devint questeur le 12 février 1810, et cessa ces fonc-

tions en même temps que celles de député le 24 février 1813. Membre de la Légion d'honneur (4 frimaire an XII), chevalier de l'empire (15 janvier 1809), et baron (17 mai 1810), il s'empressa de se rallier aux Bourbons, et fut appelé par Louis XVIII (juin 1814) à la préfecture du Lot, qu'il échangea, le 13 juillet 1815, pour celle de la Vienne. Il quitta l'administration au mois de décembre de la même année, parce qu'il se trouvait en désaccord avec le ministère. Une ordonnance du 7 mars 1817 l'appela à la préfecture du Gers. L'année suivante, le collège de département du Gard l'élut député (26 octobre 1818), par 937 voix sur 1,383 votants et 1,565 inscrits, malgré l'opposition des électeurs ultra-royalistes qui ne voulaient point d'un représentant appartenant à la religion réformée. A la Chambre, il prit place au centre et vota toujours avec le ministère Decazes jusqu'en 1822. Le ministère Corbière-Villèle le destitua, surtout en raison des opinions politiques de son fils (*voy. plus bas*), et le mit à la retraite comme préfet. Mais, à l'avènement du cabinet Martignac, M. de Lascours rentra encore une fois dans l'administration, et fut préfet de la Drôme (12 novembre 1828), puis préfet des Ardennes (10 décembre.) La révolution de 1830 l'éloigna définitivement des affaires publiques. Promu officier de la Légion d'honneur le 1er mai 1821, il fut fait commandeur de l'ordre le 1er mai 1823.

LASCOURS (LOUIS-JOSEPH-ELISABETH-FORTUNÉ REYNAUD DE BOLOGNE, BARON DE), député de 1827 à 1831 et pair de France, né à Boisset-et-Gaujac (Gard) le 17 décembre 1786, mort à Boisset-et-Ganjac le 28 janvier 1850, fils du précédent, appartint aux armées, comme son père. Il avait été aide-de-camp du général Sébastiani, et avait le grade de colonel, lorsqu'il fut élu, le 17 novembre 1827, député du 2e arrondissement du Gard (Alais) par 174 voix sur 185 votants et 338 inscrits, M. Madier de Montjau avait fait reporter sur lui les voix qui lui avaient été offertes pour lui-même. M. de Lascours prit place au côté gauche et fut des 221. Réélu, le 12 juillet 1830, par 190 voix (283 votants, 353 inscrits), il adhéra à la monarchie de Louis-Philippe, fut promu maréchal-de-camp le 6 septembre suivant, dut, par suite, se soumettre à une nouvelle réélection, qu'il obtint, le 21 octobre, par 244 voix (250 votants, 385 inscrits), et fut appelé, le 17 novembre 1831, à la Chambre des pairs, où il défendit de ses votes, jusqu'en 1848, la royauté constitutionnelle. Conseiller général du Gard en 1832, il reçut, le 26 avril 1841, le brevet de lieutenant-général.

LA SERVE (ALEXANDRE-MARIE-NICOLAS ROBINET DE), représentant en 1871, sénateur de 1876 à 1882, né à Paris le 30 mars 1821, mort à Marseille (Bouches-du-Rhône) le 3 février 1882, s'établit comme fabricant de sucre à l'île de la Réunion, et collabora aux journaux de la colonie. D'opinions libérales, il fit de l'opposition au gouvernement impérial, et passa pour avoir, en 1866, contribué à fomenter les troubles qui éclatèrent à la Réunion ; mais les représentants de l'autorité reconnurent eux-mêmes la fausseté de cette accusation. Le gouvernement de la Défense Nationale ayant convoqué par un décret les électeurs de France et des colonies pour l'élection d'une Assemblée Nationale, ce fut en exécution de ce décret, dont l'île de la Réunion ne put connaître l'ajournement, que M. de la Serve fut, le *25 novembre 1870*, élu représentant de l'île, le 1er sur

2, par 12,804 voix (14,218 votants, 31,650 ins-crits). Ce scrutin fut déclaré valable pour la future Assemblée Nationale, où M. de la Serve alla siéger dans le groupe de l'Union républi-caine. Il vota avec la gauche *pour* le gouver-nement de Thiers, *pour* la dissolution de l'As-semblée, *contre* le ministère du 24 mai 1873, *contre* le septennat, *contre* la loi des maires, etc., *pour* les amendements Wallon et Pascal Duprat et *pour* l'ensemble des lois constitutionnelles. Membre de plusieurs commissions importantes, entre autres de celles qui furent chargées d'é-tudier les projets de loi sur la déportation et sur les banques coloniales, il publia des tra-vaux relatifs à la situation des colonies dans le journal la *République française*, où ils furent remarqués. Après la séparation de l'Assemblée, M. de La Serve fut élu, le 19 mars, sénateur de la Réunion par 32 voix sur 37 votants. Il sié-gea, au nouveau Sénat, dans la gauche modé-rée, se prononça *contre* la dissolution de la Chambre des députés, *contre* le gouvernement du Seize Mai, puis *pour* le cabinet Dufaure, et appartint, depuis 1879, à la majorité républicaine de la Chambre haute.

LASILVESTRIE (JEAN-FRANÇOIS LAFABRIE DE), député de 1820 à 1822, né à Villeneuve-sur-Lot (Lot-et-Garonne) le 20 juillet 1758, mort à Villeneuve-sur-Lot le 4 octobre 1835, proprié-taire à Villeneuve, chevalier de Saint-Louis, fut élu, le 13 novembre 1820, au collège de département, député de Lot-et-Garonne par 259 voix (361 votants, 437 inscrits). Il prit place au côté droit. Un biographe parlementaire de 1822 lui consacrait cette brève notice : « Pa-rent et ami de M. de Marcellus, il a une pro-bité et une délicatesse de conscience qui ont passé en proverbe dans son pays. Il faut espé-rer que les dîners ministériels ne viendront pas faire mentir ce proverbe. » M. de Lasilves-trie soutint jusqu'en 1824 la politique de M. de Villèle.

LASLIER (PIERRE-FRANÇOIS), député en 1789, né à Saint-Arnoult (Seine-et-Oise) le 8 octobre 1743, exécuté à Paris le 30 juin 1794, était mar-chand de bois à Rambouillet. Elu, le 28 mars 1789, député du tiers aux Etats-Généraux par le bailliage de Montfort-l'Amaury, il siégea obscurément dans la majorité. Devenu suspect sous la Terreur, il fut traduit à Paris devant le tribunal révolutionnaire, condamné à mort et exécuté (30 juin 1794). Le jugement porte: « Convaincu de s'être rendu l'ennemi du peuple en adhérant à des protestations liber-ticides; en empêchant le paiement des contri-butions; en participant aux complots de Capet; en attentant à l'unité et à l'indivisibilité de la République; en entretenant des intelligences avec les ennemis de l'Etat, etc... »

LASMARTRES (GABRIEL), député en 1789, né à Manicoux (Haute-Garonne) le 14 novembre 1745, mort à une date inconnue, curé de l'Isle en Dodon (Haute-Garonne) fut élu, le 22 avril 1789, député du clergé aux Etats-Généraux par les pays de Comminges et Nébouzan. Ad-versaire des idées nouvelles, il opina avec la droite dans l'Assemblée Constituante, puis émigra et se réfugia à Londres.

LASNIER-VAUSSENAY (FRANÇOIS-PIERRE), député en 1789, né à Laval (Mayenne) le 19 août 1744, mort à Laval le 27 août 1807, riche négociant de Laval, était inspecteur de commerce en 1787. Il fut, peu après, désigné par l'assemblée provinciale du Mans pour

faire partie de la commission intermédiaire du district de Laval, et fut élu député du tiers aux Etats-Généraux par la sénéchaussée du Maine, le 25 mars 1789. Membre du comité de l'agriculture et du commerce, il donna lecture d'un rapport sur la réexportation des blés (11 novembre 1790,) et sur la suppression des ports francs de Bayonne et Saint-Jean-de-Luz (25 novembre suivant). Mais, pendant qu'il siégeait à la Constituante, sa maison de com-merce périclitait. Il dut revenir à Laval, ven-dre ses propriétés et liquider sa situation. Obligé de rester à Laval dans ce but, il donna sa démission de député le 23 avril 1791, et fut remplacé par un député suppléant de la no-blesse, M. de Murat. Ses affaires rétablies, il devint adjudant général de la garde nationale de Laval, membre du conseil général de cette commune, et juge au tribunal du même dis-trict. Mais, partisan des Girondins, il protesta contre le 31 mai et le 2 juin 1793. Destitué de ses fonctions de juge et de conseiller général de la commune, il faillit être empri-sonné, et dut, pour se disculper, écrire une longue lettre d'explications aux représentants en mission à Laval. Réintégré dans ses fonc-tions le 13 floréal an III, il fut encore élu juge de la Mayenne le 25 vendémiaire an IV. Mem-bre du jury de l'Instruction publique le 18 fruc-tidor de la même année, il devint membre du tri-bunal criminel de la Mayenne le 6 floréal an VIII.

LASNON (JEAN-GEORGES), député en 1789, né à Etoutteville (Seine-Inférieure) le 2 janvier 1750, mort à une date inconnue, cultivateur à Etoutteville, fut élu, le 23 mars 1789, député du tiers aux Etats-Généraux par le bailliage de Caux, et passa inaperçu dans l'Assemblée cons-tituante, où il vota avec la majorité.

LASNONIER (EUGÈNE), député de 1863 à 1870, né à Niort (Deux-Sèvres) le 1er septem-bre 1807, fut reçu avocat, se fit inscrire au bar-reau de Niort, et devint bâtonnier de l'ordre. Conseiller municipal de Niort (1849), adjoint au maire, conseiller d'arrondissement, conseil-ler général de Secondigny (1851), juge sup-pléant au tribunal de Niort, il fut, aux élec-tions du 1er juin 1863 au Corps législatif, candidat officiel dans la 2e circonscription des Deux-Sèvres, qui l'élut député par 10,772 voix sur 21,269 votants et 26,573 inscrits, contre 7,382 voix à M. Tribert, 2,622 à M. Failly, et 424 à M. Bouchet de Grandmay. Une protes-tation envoyée au Corps législatif contre cette élection fut rejetée, et M. Lasnonier s'assit dans la majorité dynastique, qu'il soutint silen-cieusement de ses votes; il fit partie des com-missions de demande en revision des procès criminels, de création d'un troisième réseau de chemin de fer, des réformes au code de procé-dure civile, etc. Réélu, le 24 mai 1869, par 16,443 voix sur 27,441 votants et 31,844 inscrits, contre 10,868 à M. Tribert, il reprit sa place dans la majorité, vota la guerre contre la Prusse, fut rendu à la vie privée par la révo-lution du 4 septembre 1870, et se retira dans sa terre d'Allonne (Deux-Sèvres) où il remplit les fonctions de maire. Chevalier de la Légion d'honneur.

LASOURCE. — *Voy.* ALBA.

LASSABATHIE (JEAN), député en 1791, dates de naissance et de mort inconnues, prési-dent du directoire de Moissac, fut élu, le 30 août 1791, député du Lot à l'Assemblée législative, le 1er sur 10, par 289 voix (518 votants). Il vota obscurément avec la majorité.

LASSALLE (Isidore), député en 1791, dates de naissance et de mort inconnues, fabricant de draps à Chalabre, fut élu, le 2 septembre 1791, député de l'Aude à l'Assemblée législative, le 4e sur 8, par 222 voix (318 votants). Il se borna à voter silencieusement avec la majorité.

LASSARRE (François), représentant du peuple en 1848, né à Saint-Sulpice-le-Dunois (Creuse) le 22 novembre 1797, avocat en 1821, fut nommé, après la révolution de juillet, substitut du procureur du roi, puis procureur du roi en 1839. Dans ces fonctions, il montra une certaine indépendance en soutenant l'accusation portée contre Boutny, pour faits de corruption électorale en 1846, bien que le préfet Delamarre eût pris parti pour l'accusé et cherché à le couvrir. Nommé procureur de la république à Guéret en 1848, il fut élu, le 23 avril, représentant de la Creuse à l'Assemblée constituante, le 7e et dernier par 15,523 voix sur 49,820 votants. Il fit partie du comité de la justice et vota en général avec la droite, pour les poursuites contre Louis Blanc et Caussidière, contre l'abolition de la peine de mort, contre l'impôt progressif, pour l'incompatibilité des fonctions, contre l'amendement Grévy, contre la sanction de la Constitution par le peuple, pour l'ensemble de la Constitution, pour la proposition Rateau, et pour l'interdiction des clubs. Rallié à la politique de l'Elysée après l'élection du 10 décembre, il fut nommé juge au tribunal de Guéret, et fut mis à la retraite comme juge le 15 avril 1863. M. Lassarre était conseiller général de la Creuse.

LASSÉE (Charles-François), député aux Conseil des Anciens, né le 30 juin 1761, mort à une date inconnue, administrateur du département de la Charente, fut élu, le 25 germinal an VI, député de ce département au Conseil des Anciens, par 158 voix sur 184 votants, et réélu au même Conseil, le 26 germinal an VII. Il prit la parole à différentes reprises pour appuyer la résolution relative à la liquidation des fermages arriérés payables en nature, et aux transactions faites pendant la dépréciation du papier-monnaie. Nommé secrétaire du Conseil en l'an VII, il prit part à la discussion sur les expropriations forcées, combattit l'impôt sur le sel, le rapport de Vimar sur les biens nationaux, et la résolution qui avait pour but d'en suspendre la vente, et demanda que les fonctionnaires publics ne pussent s'intéresser dans les fournitures au compte de l'Etat.

LASSERRE (Joseph), député de 1876 à 1889, né à Toulouse (Haute-Garonne) le 23 mai 1836, mort à Saint-Nicolas-de-la-Grave (Tarn-et-Garonne) le 28 décembre 1889, riche propriétaire dans cette dernière localité et maire de la commune, fut élu, en octobre 1871, conseiller général de Tarn-et-Garonne, combattit l'administration préfectorale pendant la période « du 24 mai » et entra dans la vie parlementaire aux élections législatives de 1876 : élu, le 20 février, député de l'arrondissement de Castelsarrazin par 9,643 voix sur 18,812 votants et 21,616 inscrits, contre 9,084 à M. Buffet, en faveur de qui M. Belmontet, ancien député, d'abord candidat, s'était obligeamment désisté, M. Lasserre s'inscrivit au centre gauche et fut un des 363 adversaires du cabinet du 16 mai. Réélu, à ce titre, le 14 octobre 1877, par 10,363 voix (19,632 votants, 21,956 inscrits), contre 9,176 à M. Cavalié, candidat officiel, il prit rang dans

la gauche républicaine et appartint à la majorité qui soutint la politique opportuniste. Il vota pour l'article 7 de la loi Ferry sur l'enseignement supérieur, contre l'amnistie plénière, pour l'invalidation de l'élection de Blanqui, pour les lois nouvelles sur la presse et le droit de réunion, et obtint sa réélection, le 21 août 1881, par 11,501 voix (18,415 votants, 22,020 inscrits), contre 5,784 à M. Guirinaud et 982 à M. Boulan. Il défendit de ses votes les cabinets Gambetta et Ferry et se prononça contre l'élection des juges par le peuple, contre la séparation de l'Eglise et de l'Etat et pour les crédits de l'expédition du Tonkin. Porté, aux élections générales du 4 octobre 1885, sur la liste républicaine opportuniste de Tarn-et-Garonne, M. Lasserre échoua avec 28,455 voix sur 59,851 votants. Mais l'élection de ce département, qui avait donné la majorité à la liste conservatrice, fut annulée par la Chambre nouvelle, et, le 20 décembre de la même année, un nouveau scrutin renvoya M. Lasserre au Palais-Bourbon, le 4e et dernier, avec 30,739 voix sur 61,785 votants, 70,064 inscrits. Il soutint les ministères républicains de la législature, se prononça pour l'expulsion des princes, et, en dernier lieu, pour le rétablissement du scrutin d'arrondissement (11 février 1889), contre l'ajournement indéfini de la revision de la Constitution, pour les poursuites contre trois députés membres de la Ligue des patriotes, pour le projet de loi Lisbonne restrictif de la liberté de la presse, pour les poursuites contre le général Boulanger. Il mourut des suites d'un accident de voiture. Sa bonne santé et sa belle humeur étaient légendaires à la Chambre, où il représentait, a-t-on dit, « tous les bons côtés du Midi ». Vice-président du conseil général de Tarn-et-Garonne.

LASSIGNY DE JUIGNÉ (Louis-Jean-Baptiste Leclerc, comte), député en 1789, né à Lorgues (Var) le 22 février 1758, mort à Paris le 10 août 1792, fut élu, le 27 avril 1789, député de la noblesse aux Etats-Généraux par la sénéchaussée de Draguignan. Il vota sans exception avec le parti de l'ancien régime, et fut tué aux Tuileries, le 10 août 1792, en défendant le roi.

LASSUS (Marc-Marie, baron de), représentant en 1871, né à Toulouse (Haute-Garonne) le 6 décembre 1829, d'une ancienne famille parlementaire de Toulouse, propriétaire, conseiller général du canton de Montréjeau depuis 1863, s'occupa particulièrement d'histoire locale et d'archéologie durant les dernières années de l'empire. Elu, le 8 février 1871, représentant de la Haute-Garonne à l'Assemblée nationale, le 5e sur 10, par 78,379 voix (122,845 votants, 145,055 inscrits), il prit place à droite, se fit inscrire au cercle des Réservoirs et à la réunion Colbert et vota pour la paix, pour les prières publiques, pour l'abrogation des lois d'exil, pour le 24 mai, pour la démission de Thiers, pour la prorogation des pouvoirs du Maréchal, pour la loi des maires, pour le ministère de Broglie, contre l'amendement Barthe, contre le retour à Paris, contre la dissolution, contre la proposition du centre gauche, contre l'amendement Wallon, contre les lois constitutionnelles. Il est rentré dans la vie privée après cette législature.

LASTEYRAS (Gervais), représentant en 1848 et en 1849, né à Thiers (Puy-de-Dôme) le 17 octobre 1809, mort à Thiers le 7 février 1854, fut pharmacien dans sa ville natale, et se mêla de politique républicaine. Il vivait retiré à la campagne depuis plusieurs années, et s'occupait d'améliorations agricoles, lorsque la révolution de février 1848 l'appela au parlement. Elu, le 23 avril, représentant du Puy-de-Dôme à l'Assemblée constituante, le 10ᵉ sur 15, par 52,635 voix (125,432 votants, 173,000 inscrits), il prit place à gauche, fit partie du comité du commerce, parut plusieurs fois à la tribune, et vota généralement avec la fraction la plus avancée du parti démocratique : contre le rétablissement du cautionnement, contre les poursuites contre Louis Blanc et Caussidière, contre le rétablissement de la contrainte par corps, pour l'abolition de la peine de mort, pour l'amendement Grévy, pour l'abolition du remplacement militaire, pour le droit au travail, pour l'ensemble de la Constitution, contre la proposition Rateau, pour l'amnistie, contre les crédits de l'expédition de Rome, pour la mise en accusation du président et de ses ministres, pour l'abolition de l'impôt des boissons. Réélu, le 13 mai 1849, représentant du même département à l'Assemblée législative, par 45,861 voix (168,305 inscrits), le 13ᵉ et dernier, M. Lasteyras reprit sa place dans les rangs de la gauche, appartint au groupe de la Montagne, et vota constamment avec la minorité républicaine, jusqu'au coup d'Etat du 2 décembre, contre lequel il protesta, et qui le rendit à la vie privée.

LASTEYRIE-DUSAILLANT (FERDINAND-CHARLES-LÉON, COMTE DE), député de 1842 à 1848, représentant en 1848 et 1849, né à Paris le 15 juin 1810, mort à Paris le 12 mai 1879, fils de Charles-Philibert comte de Lasteyrie-Dusaillant (1759-1849) et petit-neveu de Mirabeau, fut élève de l'Ecole des Mines (1827), entra dans l'administration des ponts et chaussées (1830), servit pendant la révolution de juillet d'aide-de-camp à La Fayette, son parent, et remplit ensuite des fonctions au ministère de l'Instruction publique et à celui de l'Intérieur. Elu, le 9 juillet 1842, député du 14ᵉ arrondissement de la Seine (Saint-Denis), par 447 voix (876 votants, 1,085 inscrits) contre 424 à M. Possoz, il alla siéger à gauche, dans les rangs de l'opposition dynastique, repoussa l'indemnité Pritchard, et, réélu, le 1ᵉʳ août 1846, par 613 voix (1,041 votants, 1 226 inscrits), contre 425 à M. Possoz, il contribua de tous ses efforts au mouvement réformiste dont il avait appuyé à la Chambre les diverses manifestations. Après février 1848, M. de Lasteyrie, membre du conseil municipal de Paris et du conseil général de la Seine, fut élu (23 avril) représentant de la Seine à l'Assemblée constituante, le 12ᵉ sur 34, par 165,156 voix (267,888 votants, 399,191 inscrits). Il prit une part assez active aux discussions, fut membre du comité de constitution et rapporteur de plusieurs projets de loi, et vota contre le rétablissement du cautionnement, pour les poursuites contre Louis Blanc et Caussidière, pour le rétablissement de la contrainte par corps, contre l'abolition de la peine de mort, contre l'amendement Grévy, pour l'abolition du remplacement militaire, contre le droit au travail, pour l'ordre du jour en l'honneur de Cavaignac, pour la proposition Rateau, contre l'amnistie, contre l'interdiction des clubs, pour les crédits de l'expédition de Rome, contre l'abolition de l'impôt des boissons. Le 13 mai 1849, le département de la Seine le renvoya à l'Assemblée législative, le 26ᵉ sur 28, avec 107,870 voix (281,140 votants 378,043 inscrits). M. de

Lasteyrie opina en général avec la fraction de la majorité la moins hostile à la République, et se prononça même contre la loi électorale du 31 mai. Adversaire du coup d'Etat du 2 décembre 1851, il protesta contre cet acte à la mairie du 10ᵉ arrondissement, et fut détenu pendant quelques jours. Il posa sa candidature indépendante au Corps législatif dans la 8ᵉ circonscription de la Seine, le 29 février 1852, et réunit, sans être élu, 5,355 voix contre 15,458 à l'élu officiel, M. Kœnigswarter, 1,159 à M. Méchin et 989 à M. Gisquet. Il se tint dès lors à l'écart de la vie politique, et se consacra exclusivement à des travaux d'histoire et d'archéologie. Membre de la Société des antiquaires de France et de diverses compagnies savantes, on lui doit une *Histoire de la peinture sur verre d'après ses monuments en France* (1837-1856); un *Rapport sur les manufactures de Sèvres et des Gobelins* (1850); *Théorie de la peinture sur verre* (1853); la *Cathédrale d'Aoste* (1854); *Description du trésor de Guarrazar* (1860); les *Travaux de Paris, examen critique* (1862); *Causeries artistiques* (1862); *Histoire de l'orfèvrerie* (1875). M. F. de Lasteyrie avait fait partie du conseil municipal de Paris et du conseil général de la Seine jusqu'en 1851. En avril 1860, il fut élu membre libre de l'Académie des inscriptions et belles-lettres, et, en octobre 1871, entra au conseil général de la Corrèze.

LASTEYRIE-DUSAILLANT (ADRIEN-JULES, MARQUIS DE), député de 1842 à 1848, représentant en 1848, en 1849 et en 1871, sénateur de 1875 à 1883, né à Courpalay (Seine-et-Marne) le 29 octobre 1810, mort à Paris le 14 novembre 1883, cousin du précédent, petit-fils, par sa mère, du général La Fayette et beau-frère de M. de Rémusat, prit part comme aide-de-camp de Dom Pedro à l'expédition entreprise par ce prince pour expulser don Miguel de Portugal. Il avait donné à la *Revue des Deux-Mondes* quelques articles remarqués, lorsqu'il fut, le 9 juillet 1842, élu député du 5ᵉ collège de la Sarthe (la Flèche), par 196 voix (300 votants, 464 inscrits), contre 82 à M. Gérard. M. Jules de Lasteyrie prit rang dans le tiers parti et opina généralement avec le centre gauche, notamment contre l'indemnité Pritchard. Réélu, le 1ᵉʳ août 1846, par 259 voix (350 votants, 513 inscrits), il continua de faire une opposition modérée au ministère Guizot. La révolution de 18-8 le rejeta dans le parti conservateur. Envoyé, le 23 avril, par le département de Seine-et-Marne, le 4ᵉ sur 9, à l'Assemblée constituante, avec 68,330 voix (81,011 votants, 96,947 inscrits), il siégea à droite et vota : pour le rétablissement du cautionnement et de la contrainte par corps, pour les poursuites contre Louis Blanc et Caussidière, contre l'amendement Grévy, pour l'ordre du jour en l'honneur de Cavaignac, pour la proposition Rateau, contre l'amnistie, pour l'interdiction des clubs, pour les crédits de l'expédition de Rome, contre l'abolition de l'impôt des boissons. Dans la séance du 6 octobre 1848, M. Jules de Lasteyrie se mêla à la discussion soulevée par les amendements Grévy et Leblond relatifs à l'institution de la Présidence de la République, dont Félix Pyat, d'autre part, proposait la suppression radicale. Il se prononça contre « tous les gouvernements où les pouvoirs sont confondus dans une seule main ou dans les mêmes mains », et dit : « Ainsi toutes ces distinctions subtiles que vous faites entre le président du conseil nommé pour un temps défini, entre un président nommé pour quatre ans par l'Assemblée, et le système de la Convention, et le système de M. Félix Pyat, toutes ces choses, messieurs, ce sont de véritables équivoques. Il n'y a, sous toutes ces formes différentes, qu'un seul et même système, celui d'une Assemblée unique absorbant le pouvoir exécutif; lorsque ce système est pratiqué avec franchise, il est fort puissant, robuste, capable de résister à des crises violentes, mais il les appelle par sa violence même : ce n'est pas la République, c'est la révolution en permanence. » Aux élections pour la Législative, le 13 mai 1849, M. Jules de Lasteyrie resta représentant de Seine-et-Marne, ayant été réélu, le 1er sur 7, par 40,625 voix (70,887 votants, 98,983 inscrits). Il appartint à la majorité monarchiste, appuya l'expédition de Rome, la loi Falloux-Parieu sur l'enseignement, et fut un des dix-sept membres choisis en 1850 pour élaborer la loi qui restreignait l'exercice du suffrage universel. Dans les derniers temps de la législature, il se montra opposé à la politique personnelle du prince-président, et ses protestations contre le coup d'Etat le firent expulser de France en 1852 ; mais il fut autorisé à rentrer dès le 7 août de la même année. Sous l'Empire, il fit paraître une *Histoire de la liberté politique en France* (1860), et se présenta, comme candidat indépendant au Corps législatif, dans la 3e circonscription de Seine-et-Marne : le 1er juin 1863, il réunit 12,285 voix contre 14,431 à l'élu officiel, M. Josseau, et, le 24 mai 1869, 12,720 voix contre 14,596 au député sortant, M. Josseau, réélu, et 788 à M. de Haut. Lié avec M. Thiers, il le suivit, après 1870, dans son évolution vers la République conservatrice. Elu, le 8 février 1871, représentant de Seine-et-Marne à l'Assemblée nationale, le 3e sur 7, par 29,008 voix (43,606 votants, 97,413 inscrits), il se fit d'abord inscrire au centre droit, et vota : *pour* la paix, *pour* les prières publiques, *pour* l'abrogation des lois d'exil; mais il se sépara de ce groupe dès qu'il fut devenu hostile au chef du pouvoir exécutif, et opina dès lors avec le centre gauche *pour* le retour à Paris, *contre* le gouvernement du 24 mai, *pour* l'amendement Wallon et *pour* l'ensemble des lois constitutionnelles. L'état précaire de sa santé ne lui permettant pas de prendre une part active aux délibérations, il se faisait porter à l'Assemblée toutes les fois qu'il devait y avoir un vote important. Les gauches l'inscrivirent sur leur liste lors de l'élection des sénateurs inamovibles, et M. Jules de Lasteyrie fut élu sénateur, le 10 décembre 1875, par l'Assemblée nationale, le 7e sur 75, avec 365 voix (690 votants). Il fit partie, au Sénat comme à l'Assemblée nationale, de la fraction la plus modérée du parti républicain, se prononça, en juin 1877, *contre* la dissolution de la Chambre des députés, en novembre de la même année contre l'ordre du jour de Kerdrel, et soutint ensuite le ministère Dufaure; mais il fut du nombre des dissidents du centre gauche qui, à l'exemple de M. Jules Simon, votèrent, le 9 mars 1880, *contre* l'article 7 de la loi sur l'enseignement supérieur. Il mourut à Paris le 14 novembre 1883, et fut remplacé, le 8 décembre suivant, par M. Jean Macé.

LASTIC (DOMINIQUE DE), député en 1789, né au château de Fournels (Lozère) le 16 octobre 1742, mort à Münster (Allemagne) en 1800, entra dans les ordres, devint prêtre fort jeune, et fut sacré évêque de Couserans, le 9 janvier 1780. Elu député du clergé aux Etats-Généraux par la vicomté de Couserans, le 28 mai 1789, il protesta contre la réunion des trois ordres et ne se rendit dans l'assemblée générale que sous les réserves exprimées dans la lettre suivante : « Messieurs, le député du clergé de la vicomté de Couserans chargé expressément par son mandat de conserver les principes constitutionnels de la monarchie, la distinction et l'indépendance des trois ordres, déclare qu'il n'est venu dans la présente Assemblée des trois ordres réunis, que pour donner au roi une preuve de son attachement, sa fidélité et son amour, qu'il ne présente ses pouvoirs que pour la commission sans qu'on puisse en inférer qu'il ait voulu les soumettre à une nouvelle vérification, qu'il ne peut prendre part aux délibérations communes jusqu'à ce qu'il ait reçu de nouveaux pouvoirs de ses commettants et que, jusqu'à ce qu'ils lui soient accordés, il se réduise à la voix consultative ; de quoi il demande acte sous toute réserve de droit. À Versailles le 2 juin 1789. † DOMINIQUE, év. de Couserans. » Il vota constamment avec le côté droit, signa les protestations des 12 et 15 septembre 1791 contre les actes de l'Assemblée constituante, et émigra après la session en Allemagne, où il mourut.

LASTIC (PIERRE-JOSEPH-ANNET, COMTE DE), député de 1827 à 1830, né à Saint-Martin-sous-Vigouroux (Cantal) le 2 février 1772, mort à Parentignat (Puy-de-Dôme) le 2 novembre 1866, issu d'une très ancienne famille d'Auvergne, comptait parmi ses ancêtres Jean Bonpar de Lastic qui fut grand maître de l'ordre de Saint-Jean de Jérusalem. Dévoué au gouvernement des Bourbons, M. de Lastic était inspecteur général des haras, lorsqu'il fut élu député du 2e arrondissement du Cantal (Saint-Flour), le 17 novembre 1827, par 81 voix (140 votants, 166 inscrits), contre 58 à M. de Pradt. Il siégea au centre droit. « C'est ce brave homme, lit-on dans une *Biographie des députés* par J. Dourille, qui, dans le comité secret du 7 mars 1828, déclara qu'il était royaliste avant d'avoir vu le jour. Cette figure excita quelque hilarité, et l'honorable membre crut devoir le lendemain à divers journaux pour les engager à faire la rectification suivante : « J'ai dit royaliste par destination, même avant d'avoir vu le jour. » Depuis cette époque, M. de Lastic, qui siégeait pour la première fois, n'a plus reparu à la tribune. » Ayant échoué, le 23 juin 1830, dans sa circonscription, avec 72 voix contre 74 à l'élu, M. de Vatimesnil, M. de Lastic rentra dans la vie privée.

LASTOURS (MARIE-JOSEPH DOR DE), député de 1815 à 1830, né à Castres (Tarn) le 15 février 1758, mort à Castres le 5 janvier 1846, riche propriétaire, d'opinions royalistes, fut élu pour la première fois, le 22 août 1815, député du Tarn, au collège de département, par 122 voix (175 votants, 245 inscrits). Il appartint à la majorité de la Chambre introuvable. Réélu député, le 4 octobre 1816, par 120 voix (191 votants, 233 inscrits), il siégea à droite et prit quelquefois la parole. Dans la discussion relative aux douanes (session de 1817-1818), il proposa la suppression des droits de sortie pour les laines mérinos et métis. Dans celle du budget, il combattit le système des contributions indirectes, dénonça la mauvaise répartition de la contribution foncière, et demanda que le cadastre parcellaire fût continué en ce qui touchait la répartition intérieure de chaque commune. Partisan des idées financières de M. de Villèle, il les défendit à la tribune, parla encore sur les « voies et moyens », et attaqua le système des malles-poste comme contraire à la « sûreté des dépêches » : il soutint que ce système, en nécessitant des chevaux plus forts et par conséquent plus chers que ceux des malles ordinaires, faisait hausser d'autant le prix des chevaux propres à l'artillerie et à la grosse cavalerie, et augmenter ainsi considérablement la dépense publique. « Dans l'état actuel, dit-il, tout se trouve dénaturé et confondu. M. le directeur général des postes est entrepreneur de messageries; les entrepreneurs de messageries sont maîtres de postes; les malles sont des diligences; les diligences font le roulage, et les voitures qui marchent à petites journées ne sont plus que de mauvaises charrettes. » M. de Lasteurs optint successivement sa réélection à tous les renouvellements législatifs de la Restauration : le 11 septembre 1819, avec 677 voix (1,141 votants, 1,642 inscrits); le 25 février 1824, dans le 2e arrondissement du Tarn (Castres) avec 275 voix (398 votants, 635 inscrits); le 24 novembre 1827, au collège de département, avec 158 voix (225 votants, 279 inscrits), contre 67 à M. Rey de Saint-Géry, et, le 23 juin 1830, à Castres, avec 333 voix (592 votants, 643 inscrits), contre 258 à M. Ch. Dupin. Il ne cessa, durant ces diverses législatures, d'opiner avec le côté droit et de s'intéresser aux discussions financières. Il vota toutes les lois d'exception et soutint la politique du ministère Villèle, puis celle du cabinet Polignac. « On prétend, écrivait un biographe parlementaire, que M. de Lastours descend de ce fameux M. d'Or, qui, menacé de la corde par le maréchal de Villars, répondit : « Monseigneur, a-t-on jamais pendu un homme qui dispose de cent mille écus? » Il ne se rallia pas à la monarchie de Louis-Philippe, donna sa démission de député, et fut remplacé à la Chambre par M. de Mornay. S'étant représenté aux élections du 5 juillet 1831, il échoua avec 114 voix contre 189 au député sortant réélu. Officier de la Légion d'honneur.

LATACHE (PIERRE-MICHEL), député au Conseil des Anciens, né à Morville-les-Bois (Eure-et-Loir) le 13 décembre 1729, mort à une date inconnue, propriétaire dans sa ville natale, fut élu, le 23 germinal an V, député d'Eure-et-Loir au Conseil des Anciens, par 166 voix sur 184 votants. Son nom n'est pas mentionné au *Moniteur.*

LATANÉ (JEAN-BAPTISTE), député en 1791, né le 13 mai 1756, mort à une date inconnue, était juge royal à Plaisance (Gers), lorsqu'il fut élu, le 3 septembre 1791, député du Gers à l'Assemblée législative, le 4e sur 9, par 139 voix (220 votants). Il n'eut qu'un rôle parlementaire très effacé.

LATERRADE (JEAN-JACQUES DE), député en 1789, né à Plaisance (Gers) le 19 août 1758, mort à une date inconnue, juge-mage et lieutenant général de la sénéchaussée de Lectoure, fut élu, le 19 mars 1789, député du tiers aux Etats-Généraux de la sénéchaussée d'Armagnac. Son nom ne figure pas au *Moniteur.*

LATIER (ALPHONSE-HUBERT), DUC DE BAYANE, membre du Sénat conservateur et pair de France, né à Valence (Drôme) le 29 octobre 1739, mort à Paris le 26 juillet 1818, auditeur de rote près la cour de Rome dès 1777, fut fait, en 1802, par Pie VII, cardinal-diacre, et se vit élevé par Napoléon Ier à la dignité de membre du Sénat conservateur, le 5 avril 1813. Le 11 septembre de la même année, il fut fait comte

de l'Empire. Comme il avait voté, peu de temps après, la déchéance de l'empereur, Louis XVIII le nomma pair de France (4 juin 1814). Le duc de Bayane accepta, ce qui ne l'empêcha point, pendant les Cent-Jours, d'assister à la cérémonie du Champ de Mai. Maintenu toutefois, à la seconde Restauration, sur la liste des membres de la Chambre haute, il refusa de siéger comme juge dans le procès du maréchal Ney. On a de lui une brochure médicale assez intéressante, intitulée : *Discorso sopra la null'aria* (Rome, 1793).

LATIL (JOSEPH), député à l'Assemblée constituante de 1789, né à Sisteron (Basses-Alpes) le 3 novembre 1752, mort à Sisteron le 3 août 1817, avocat dans cette ville, fut élu, le 15 avril 1789, par la sénéchaussée de Forcalquier, député du tiers aux Etats-Généraux. Il vota obscurément avec la majorité de la Constituante et remplit plus tard les fonctions de magistrat de sûreté et de conseiller général dans les Basses-Alpes.

LATIL (JEAN-BAPTISTE-MARIE-ANNE-ANTOINE, COMTE DE), pair de France, né à l'île Sainte-Marguerite (Var) le 6 mai 1761, mort à Gemenos (Bouches-du-Rhône) le 1er décembre 1839, « fils de noble Antoine de Latil, chevalier de l'ordre royal et militaire de Saint-Louis, lieutenant du roi, commandant des îles Sainte-Marguerite et de Saint-Honorat de Lérins, et de noble dame Gabrielle-Thérèse de Magny, son épouse », fut destiné tout jeune à l'Eglise. Ordonné prêtre en 1784, il devint grand vicaire de l'évêque de Vence et refusa de prêter le serment civique imposé par la nouvelle Constitution du clergé. Devenu suspect, il émigra vers la fin de 1790, revint en France l'année suivante, fut enfermé à Montfort-l'Amaury, parvint à s'échapper et émigra de nouveau. Il se rendit alors auprès des princes, et, en 1798, fut présenté, au château d'Holyrood, par M. de Sabran, au comte d'Artois, qui voulait pour le service religieux de sa maison un abbé simple et pieux, « capable de dîner avec le premier valet de chambre ». Il fut agréé, prit de l'influence auprès de Mme de Polastron, et finit par consenter le comte d'Artois et par dîner à la table des maîtres. Il ne quitta plus le prince, rentra avec lui et avec les alliés en France, fut nommé évêque *in partibus* d'Amyclée en 1815, évêque de Chartres en 1817 et pair de France le 31 octobre 1822. Il ne se signala que par son ardeur ultramontaine et la part qu'il prit au vote de la loi sur le sacrilège. A la mort de Louis XVIII, le nouveau roi se souvint de son ancien aumônier; il le créa comte et l'appela à l'archevêché de Reims. M. de Latil sacra Charles X, et reçut (10 mars 1826) la pourpre romaine du pape Léon XII; le roi y ajouta le titre de duc. Il signa, cette même année, la déclaration du clergé de France consacrant l'indépendance de la puissance temporelle en matière civile. A la révolution de juillet, il s'enfuit en Angleterre, puis revint en France, où il reprit son siège archiépiscopal, sans siéger toutefois à la Chambre des pairs, ayant refusé de prêter serment au nouveau gouvernement.

LA TOUCHE-TRÉVILLE (LOUIS-RENÉ-MADELEINE LE VASSOR, COMTE DE), député en 1789, né à Rochefort (Charente-Inférieure) le 3 juin 1745, mort à Toulon (Var) le 20 août 1804, entra à douze ans dans les gardes-marines, servit quelque temps à terre et passa de nouveau sur la flotte; il fit campagne, de 1780 à 1782, à bord des frégates !'*Hermione* et l'*Aigle* sur les côtes d'Amérique, et se signala dans un combat contre la frégate anglaise l'*Iris*. A son retour en France, nommé chevalier de Saint-Louis, capitaine de vaisseau et directeur du port à Rochefort en 1783, il contribua, en cette qualité, à la rédaction du code maritime de 1786. Devenu chancelier du duc d'Orléans en 1787, il fut élu député de la noblesse aux Etats-Généraux par le bailliage de Montargis, le 26 mars 1789 ; un des premiers de son ordre, il se réunit aux députés du tiers, adhéra, à la nuit du 4 août, et, lors de la discussion sur la loi maritime, demanda la peine de mort contre tout officier qui, sans cause légitime, ne se trouverait pas à son poste. Nommé contre-amiral en 1792, il coopéra à l'expédition de Cagliari et se rendit dans les eaux de Naples pour exiger réparation de l'injure faite à notre ambassadeur à Constantinople, M. de Sémonville. Rayé des cadres de l'armée navale comme ex-noble, incarcéré en 1793, il ne recouvra sa liberté qu'après la chute de Robespierre, le 9 thermidor, mais resta quelque temps sans emploi. Après le 18 brumaire, Bonaparte lui confia la direction du port de Brest, puis l'appela au commandement de la flottille réunie à Boulogne pour opérer un débarquement sur les côtes d'Angleterre. Il repoussa deux fois, les 17 et 27 thermidor an IX, l'attaque de la flotte anglaise commandée par Nelson. En frimaire an X, il reçut le commandement de l'escadre qui allait à Saint-Domingue, s'empara de Port-au-Prince, et put débarquer les troupes sans encombre. Il resta dans les eaux de l'île jusqu'en 1803, déjouant toutes les manœuvres de l'escadre anglaise bien supérieure en nombre. Rentré en France le 8 octobre 1803, membre de la Légion d'honneur le 19 frimaire an XII, grand-officier de l'ordre le 25 prairial, ingénieur en chef des côtes de la Méditerranée le 17 messidor suivant, il avait repris la mer pour débloquer Toulon et heureusement conduit cette opération, quand il fut emporté, à bord du *Bucentaure*, par une affection contractée aux Antilles.

LATOUR (JEAN-PIERRE), député en 1789, né à Aspet (Haute-Garonne) le 20 juillet 1733, mort à une date inconnue, exerçait la médecine à Aspet et était maire de la commune, lorsqu'il fut élu, le 22 avril 1789, député du tiers aux Etats-Généraux par le pays de Comminges et Nébouzan. Il siégea dans la majorité de la Constituante, et ne s'y fit point remarquer.

LATOUR (PIERRE-BERNARD-ACHILLE), député de 1881 à 1885, petit-fils du précédent, né à Aspet (Haute-Garonne) le 7 mars 1822, propriétaire dans cette ville, maire de la commune et conseiller général du canton, fut élu, comme candidat républicain modéré, le 21 août 1881, député de la 3e circonscription de Saint-Gaudens, par 7,147 voix (10,949 votants, 17,632 inscrits, contre 2,050 à M. Boué et 1,385 à M. Lenglé. Il appartint à la majorité opportuniste, soutint de ses votes les ministères Gambetta et Ferry et se prononça *pour* les crédits de l'expédition du Tonkin. Il n'appartint pas à d'autres législatures.

LATOUR (HYACINTHE-CHARLES, COMTE DE), membre du Sénat conservateur, né à Saluces (Italie) le 15 mars 1747, mort à Turin (Italie) le 14 avril 1814, entra fort jeune dans l'ordre de Saint-Augustin, devint professeur de théologie, et fut nommé, le 2 mars 1790, archevêque de Sassari. Transféré au siège d'Acqui le 24 juin

1797, et à celui de Turin le 26 juin 1805, il fut appelé par Napoléon Ier (14 août 1807) à siéger au Sénat conservateur, fut fait comte de l'Empire le 20 juillet 1808, et successivement promu chevalier, officier (1808), et, le 30 juin 1811, commandeur de l'ordre de la Légion d'honneur. Il mourut à Turin en 1814.

LA TOUR D'AUVERGNE (JOSEPH-DENIS-EDOUARD-BERNARD DE), COMTE DE LAURAGAIS DE SAINT-PAULET, député de 1815 à 1816, né à Auzeville (Haute-Garonne) le 19 mars 1767, mort à Castelnaudary (Aude) le 10 mai 1841, appartenait à une branche de l'illustre famille des La Tour d'Auvergne, qui remonte aux anciens ducs d'Aquitaine, comtes d'Auvergne, et qui a compté parmi ses membres Turenne et le « premier grenadier de France ». Il suivit l'état militaire et parvint au grade de maréchal de camp. Royaliste, il fut, le 22 août 1815, élu député du collège de département des Pyrénées-Orientales, par 106 voix (118 votants, 179 inscrits). Il vota avec la majorité de la Chambre introuvable et ne fit point partie d'autres assemblées. Louis XVIII lui fit remettre, comme au chef de la famille La Tour d'Auvergne, le cœur de Turenne. — Retraité en qualité de maréchal de camp le 4 janvier 1835. Commandeur de la Légion d'honneur.

LA TOUR D'AUVERGNE (HENRI-ALPHONSE-GODEFROY-BERNARD, PRINCE DE LAURAGAIS ET DE), sénateur du second Empire et ministre, né à Paris le 21 octobre 1823, mort au château des Angliers (Vienne) le 5 mai 1871, neveu du précédent et fils aîné du prince Melchior de La Tour d'Auvergne-Lauragais mort en 1849, et de la princesse Laurence, fille du comte de Chauvigny de Blot, fit ses études à Paris sous la direction de sa mère et débuta à 18 ans, dans la carrière diplomatique, comme attaché au ministère des Affaires étrangères (1841). Successivement secrétaire d'ambassade à Rome, ministre de France à Weimar, à Florence, à Turin, il devint ambassadeur à Berlin, succéda, le 17 octobre 1862, à M. de La Valette, comme ambassadeur à Rome, et occupa ensuite, de 1863 à 1869, le poste d'ambassadeur à Londres. Lors du remaniement ministériel du 17 juillet 1869, le prince de La Tour d'Auvergne fut rappelé à Paris pour prendre, en remplacement de M. de La Valette, le portefeuille des Affaires étrangères. La nomination du nouveau titulaire, dont le frère, Charles-Amable de La Tour d'Auvergne-Lauragais, était alors archevêque de Bourges, fut généralement interprétée comme une concession à l'influence « cléricale » dans les nouvelles combinaisons de politique parlementaire tentées par Napoléon III. Elle coïncidait, d'ailleurs, avec la réunion du concile de Rome, et l'on remarqua beaucoup une circulaire du nouveau ministre parue en septembre, et dont l'objet était de dicter à nos agents diplomatiques la conduite à tenir à l'égard du Saint-Siège. Il y était dit que la France, sans se faire représenter officiellement au Concile, avait cependant le devoir d'intervenir par ses conseils et de « conseiller la modération ». M. de La Tour d'Auvergne quitta le ministère avec ses collègues, à la formation du cabinet Ollivier, le 3 janvier 1870. Il avait été appelé, le 28 décembre 1869, au Sénat impérial. Grand-croix de la Légion d'honneur.

LATOUR-DUMOULIN (PIERRE-CÉLESTIN), député au Corps législatif de 1853 à 1870, né à Paris le 18 février 1822, mort au château de

Beauvoir (Doubs) le 23 février 1888, suivit, ses classes terminées au lycée Saint-Louis, les cours de l'Ecole de droit, se fit recevoir avocat et s'occupa spécialement d'économie politique. Rédacteur du *Courrier français* et du *Commerce*, sous Louis-Philippe, il collabora, après la révolution de 1848, au journal conservateur l'*Assemblée nationale*, prit la direction du *Courrier français* et du *Bulletin de Paris*, et eut une part assez importante, en 1849, à l'organisation des comités électoraux destinés à combattre à Paris le parti démocratique. Partisan de la politique personnelle de L.-N. Bonaparte, il adhéra au coup d'Etat du 2 décembre 1851, et fut nommé, le 6 avril 1851, directeur général de l'imprimerie, de la librairie et de la presse : cette importante direction ressortissait au ministère de la police générale. M. Latour-Dumoulin se montra le zélé serviteur de la politique gouvernementale, créa la commission du colportage, et fut, le 4 décembre 1853, lors d'une élection partielle (motivée par le décès de M. Demesmay), élu, avec l'appui officiel, député du Doubs au Corps législatif, par 28,324 voix (28.682 votants, 38,117 inscrits). Il siégea dans la majorité dynastique, s'associa au rétablissement de l'Empire, et fut réélu successivement, toujours comme candidat officiel : le 22 juin 1857, par 22,127 voix (29,079 votants, 36,689 inscrits), contre 6.840 à M. Blondeau ; puis, le 4 juin 1863, par 20,943 voix (33,359 votants, 38,641 inscrits), contre 12,301 à M. de Mérode, candidat de l'opposition catholique. Dans cette dernière législature, il crut, lors de la discussion de l'Adresse (février 1866), devoir donner au gouvernement « auquel il était profondément dévoué, quelques avertissements salutaires ». Il dit alors que l'Empire en étant au ministère Villèle, l'heure de former un ministère Martignac allait sonner ; il demanda l'extension du droit d'amendement et du contrôle financier de la Chambre, la responsabilité ministérielle, le droit commun pour la presse. — « Passez à gauche », lui cria M. Rouher. — « M. Guizot fit la même réponse à M. de Morny, » répliqua M. Latour Dumoulin. A la session suivante, il reprocha au gouvernement (mars 1867) « sa politique hésitante, étrange, pleine de contradictions à l'extérieur, équivoque à l'intérieur, alors que tout le monde connaît les sentiments libéraux de l'empereur ». C'était demander la retraite de M. Rouher. Aussi, au renouvellement de 1869, M. Latour-Dumoulin perdit le bénéfice de la candidature officielle, qui fut accordé à M. de Marmier ; il n'en fut pas moins réélu, après une lutte des plus vives soutenue à la fois contre M. de Marmier et contre M. de Mérode ; au second tour de scrutin, M. de Mérode s'étant retiré, le député sortant obtint 17,328 voix (31,248 votants, 36,956 inscrits), contre 13,693 voix à M. de Marmier. Il fut un des promoteurs de l'interpellation des 116. La politique impériale s'étant modifiée, il fut promu, le 15 août suivant, commandeur de la Légion d'honneur. M. Latour-Dumoulin se prononça pour la déclaration de guerre à la Prusse, demanda, dans la séance du 10 août 1870, que la présidence du conseil fût confiée au général Trochu, avec mission de composer un cabinet, et rentra dans la vie privée après le 4 septembre. On a de lui divers écrits politiques : *Une Solution* (1850) ; *Etudes politiques sur l'administration départementale* (1850) ; *Lettres sur la Constitution de 1852* ; la *Marine française* (1861) ; *Questions constitutionnelles* (1867) ; *Autorité et liberté* (1874) ; la *France et le*

Septennat (1875) ; etc. Conseiller général du canton de Morlan (Doubs) jusqu'en 1870.

LA TOUR DU PIN-GOUVERNET (JEAN-FRÉDÉRIC DE), COMTE DE PAULIN, député en 1789 et ministre, né à Grenoble (Isère) le 22 mars 1727, exécuté à Paris le 28 avril 1794, d'une famille d'ancienne noblesse dauphinoise, fils de Jean de La Tour-du-Pin, comte de Paulin, mestre-de-camp du régiment de Bourbon-cavalerie, entra au service à l'âge de 14 ans, se distingua pendant la guerre de Sept ans, et fut nommé colonel au corps des grenadiers de France (1749), colonel au régiment de Guyenne et chevalier de Saint-Louis (1757), brigadier des armées du roi (1761), colonel-propriétaire du régiment de Piémont (1762), maréchal-de-camp (1763), lieutenant-général (1781). Fixé en Saintonge par son mariage, il fut nommé commandant des provinces de Poitou et de Saintonge, et, le 26 mars 1789, fut élu député aux Etats-Généraux par la noblesse de la sénéchaussée de Saintes. Favorable aux réformes, il fut des premiers de la minorité de son ordre à se réunir au tiers-état, et fit partie, comme ministre de la Guerre, du premier ministère constitutionnel organisé dans la nuit du 4 août 1789. Il donna sa démission de député le 28 août suivant, pour se consacrer exclusivement à ses fonctions ministérielles, d'utiles mesures pour rétablir l'ordre et la discipline dans l'armée, et posa les bases organiques des armées nationales consacrées par les décrets de l'assemblée des 28 février, 2 mars, 26 juin et 7 juillet 1790, et par l'adoption du drapeau tricolore (30 juin 1790). Mais la répression énergique de l'insurrection militaire de Nancy (fin août 1790) commença à soulever contre lui de violentes accusations. Le 14 septembre, il prit des mesures pour l'approvisionnement des places frontières, fut dénoncé, avec les autres ministres, le 20 octobre, par les sections de Paris, offrit sa démission au roi le lendemain, et se retira définitivement le 8 novembre. Le 23 octobre, le conseil général de Marseille avait demandé à l'assemblée l'autorisation de poursuivre M. de la Tour-du-Pin « pour obtenir réparation de la calomnie lancée par ce ministre contre les sections qu'il accusait de s'être assemblées pour s'opposer au départ du régiment de Vexin, tandis qu'elles n'avaient eu d'autre objet que de presser ce départ. » L'adresse fut renvoyée au comité des rapports. M. de la Tour-du-Pin avait gagné l'Angleterre, lorsque la mise en accusation de Louis XVI le fit revenir à Paris, pour couvrir, autant qu'il serait possible, le roi de sa responsabilité de ministre constitutionnel. Il s'était retiré à Auteuil, lorsqu'il fut arrêté le 31 août 1793. Cité comme témoin dans le procès de la reine, il la défendit avec courage, et, après un long emprisonnement, traduit à son tour devant le tribunal révolutionnaire, le 28 avril 1794, il fut condamné et exécuté le même jour, en même temps que son frère aîné.

LA TOUR DU PIN-GOUVERNET (FRÉDÉRIC-SÉRAPHIN, MARQUIS DE), pair de France, né à Paris le 6 janvier 1759, mort à Lausanne (Suisse) le 26 février 1837, embrassa l'état militaire, fut aide-de-camp de Lafayette, puis du marquis de Bouillé (1778), prit part à la guerre d'Amérique, devint ensuite colonel en second au régiment Royal-Comtois, puis colonel du Royal-Vaisseaux, et enfin, en 1789, aide-de-camp de son père, alors ministre de la Guerre. Chef d'état-major de la garde nationale de

Paris sous La Fayette, il fut envoyé comme ministre plénipotentiaire à La Haye et y resta jusqu'au 10 août 1792. Il donna alors sa démission, alla en Amérique et ne revint en France qu'aux débuts de l'Empire. Nommé préfet de la Dyle le 12 mars 1808, créé baron de l'Empire le 14 février 1810, il se rallia à la Restauration, lui resta fidèle pendant les Cent-Jours et devint pair de France le 17 août 1815: il vota pour la mort dans le procès du maréchal Ney. Il ne siégea à la Chambre haute que jusqu'en 1830, ayant refusé de prêter serment au nouveau régime. Nommé marquis par Louis XVIII en 1817, à la suite du congrès de Vienne où il avait figuré en qualité de secrétaire, il devint ministre de France auprès du roi des Pays-Bas en 1820, et ensuite ambassadeur à Turin.

LA TOUR DU PIN-GOUVERNET DE LA CHARCE (René-Louis-Victor, marquis de), député de 1815 à 1816 et de 1820 à 1824, né à Paris le 22 août 1779, mort à Paris le 4 juin 1832, lieutenant-colonel d'état-major dans la garde royale de Louis XVIII et officier de la Légion d'honneur, fut élu député du collège de département de la Haute-Saône, le 22 août 1815, par 135 voix (205 votants, 261 inscrits). Il siégea dans la majorité de la Chambre introuvable, et échoua, aux élections du 4 octobre 1816 qui suivirent la dissolution. Le 4 novembre 1820, il ne fut pas plus heureux dans le 2e arrondissement électoral des Ardennes (Rethel), avec 100 voix, contre 188 à l'élu, M. Lefèvre-Gineau; mais il fut élu, huit jours après, par le collège de département des Ardennes, avec 83 voix (148 votants, 190 inscrits), contre 61 à M. le vicomte de Remont. Il place à l'extrême-droite et continua de voter avec les ultras. Il échoua de nouveau, aux élections générales du 25 février 1824, dans le 2e arrondissement du même département (Rethel), avec 100 voix, contre 153 à l'élu, M. Lachevardière; ce fut sa dernière tentative électorale. Il avait épousé la princesse Honorine de Grimaldi-Monaco.

LA TOUR DU PIN DE LA CHARCE (Antoine-Louis-Victor-René de), député de 1824 à 1827, né à Paris le 24 juin 1778, mort à Paris le 9 juin 1835, chevalier de Malte et chevalier de Saint-Louis, gentilhomme d'honneur du comte d'Artois, puis de Charles X, lieutenant-colonel de la garde royale, colonel du 43e régiment d'infanterie de ligne et officier de la Légion d'honneur, fut élu député du collège de département de Seine-et-Marne, le 6 mars 1824, par 118 voix (201 votants, 265 inscrits). Il siégea dans la majorité ministérielle sans s'y faire remarquer, et ne fut pas réélu en 1827.

LA TOUR DU PIN-MONTAUBAN (René-Guillaume-Claude-François-Jean, marquis de Soyans et de), pair de France, né à Grenoble (Isère) le 18 janvier 1772, mort à sa terre d'Aulnoy, près de Melun (Seine-et-Marne), le 14 juin 1837, d'une des plus illustres maisons du Dauphiné, dont les traditions se mêlent à celles des Dauphins du Viennois, entra à l'Ecole militaire de Paris en 1785, en sortit sous-lieutenant au régiment du roi-infanterie en 1787, et courut les plus grands dangers au moment de la révolte de ce régiment à Nancy (1790). Il émigra peu après, rejoignit les princes à Turin, et fut attaché, en qualité de major, au régiment des chevaliers de la couronne qui se formait à Chambéry. Ayant rejoint l'armée du prince de Condé, il prit part aux campagnes de 1792 à 1796, comme capitaine aux hussards de Mirabeau, puis aux dragons de Farges. En 1796, il alla en Portugal où il devint capitaine-major au régiment de Mecklembourg, alors en garnison à Lisbonne. Lorsque les événements amenèrent le départ de la maison de Bragance (1807), il quitta aussi la péninsule où il avait le grade de lieutenant-colonel, et se retira en Angleterre, où il épousa la fille du maréchal de Vioménil. Rentré en France en 1814, il fut nommé sous-lieutenant aux gardes du corps, puis colonel du régiment des dragons du roi, et maréchal de camp (12 décembre 1814). A la nouvelle du débarquement de l'île d'Elbe, il fut envoyé à Lyon pour s'opposer à la marche de l'empereur; mais devant l'inutilité de ses efforts, il rejoignit le roi en Belgique, où il organisa les volontaires réunis autour du duc de Berry. Au retour de Gand, il fut appelé au commandement militaire du département de la Gironde (août 1815), puis à celui de la 4e subdivision de la 1re division militaire (21 avril 1820), et nommé inspecteur de cavalerie (3 juillet 1822). Il commanda une brigade à l'armée d'Espagne (1823), fut chargé de poursuivre Mina et de protéger l'investissement de Barcelone, exerça les fonctions d'inspecteur d'infanterie en 1824 et 1825, et fut promu gentilhomme honoraire de la chambre du roi (31 décembre 1826). Officier de la Légion d'honneur et commandeur de Saint-Louis, il fut admis, en vertu d'une ordonnance de Louis XVIII en date du 23 décembre 1823, à siéger à la Chambre des pairs, le 28 mars 1827, à titre héréditaire, en remplacement du marquis de Vioménil, son beau-père, décédé. Il mourut subitement en 1837. Commandeur du Phénix de Hohenlohe, chevalier de Saint-Jean de Jérusalem et de Saint-Ferdinand d'Espagne.

LATOUR-MAUBOURG (Marie-Charles-César de Fay, comte de), député en 1789 et au Corps législatif en l'an IX, membre du Sénat conservateur, pair en 1814, pair des Cent-Jours et pair de France, né à Grenoble (Isère) le 11 février 1756, mort à Paris le 28 mai 1831, était colonel du régiment de Soissonnais, quand il fut élu, le 3 avril 1789, député de la noblesse aux Etats-Généraux par la sénéchaussée du Puy-en-Velay. Il se réunit au tiers avec la minorité de son ordre, fit l'abandon, dans la nuit du 4 août, de certains de ses droits héréditaires, se prononça pour la réunion d'Avignon à la France, et demanda, le 21 juin 1791, après la fuite du roi, que les chefs des armées prêtassent un nouveau serment de fidélité à la nation et à l'assemblée. Il fut envoyé, avec Barnave et Pétion, pour chercher le roi à Varenne. Au moment de la déclaration de Pilnitz, lorsque la guerre parut imminente, il reçut l'ordre de rejoindre son régiment à Metz, dans l'armée de La Fayette. Nommé maréchal-de-camp le 6 février 1792, il ne dissimula pas son indignation à la nouvelle des événements du 20 juin. La journée du 10 août acheva de l'exaspérer: il s'enfuit le 18, avec La Fayette, mais fut arrêté, le 19, aux avant-postes autrichiens, conduit à Luxembourg, puis remis entre les mains du roi de Prusse, qui l'envoya à Wesel et ensuite à Magdebourg. Il y resta jusqu'en l'an III. Le roi de Prusse ayant fait, à cette époque, la paix avec la France, Latour-Maubourg, considéré comme otage de la révolution, ne fut point remis en liberté, mais fut livré à l'empereur d'Autriche qui le fit conduire à Olmütz, où il eut à supporter un traitement assez dur. Le traité de Campo-Formio lui rendit la liberté; mais il ne rentra en France qu'après le 18 brumaire. Elu par le Sénat conservateur député de la Haute-Loire au Corps législatif, le 24 nivôse an IX, nommé membre de la Légion d'honneur (19 frimaire an XII), commandeur (25 prairial), il fut appelé au Sénat conservateur le 28 mars 1806, et devint secrétaire de la haute assemblée (1812). Commissaire extraordinaire, chargé de l'organisation de la garde nationale dans les départements de l'Orne, de la Manche, du Calvados, de la Seine-Inférieure et de l'Eure en 1807, et dans les départements de la Loire-Inférieure, du Morbihan, du Finistère, des Côtes-du-Nord et de l'Ille-et-Vilaine en 1810, il fut, en 1813, chargé de prendre les mesures que nécessitait la situation dans les départements normands, mais il usa de la dictature qui lui était conférée avec une réelle modération. Créé comte de l'empire au mois de mai 1808, il fit, le 3 avril 1813, le rapport sur l'augmentation de l'armée et les levées de contingent rendues nécessaires par les désastres de la campagne de Russie; il obtint la création des quatre régiments de la garde d'honneur. Général de division du 19 mars 1814, il adhéra, le 8 avril suivant, à la déchéance de l'empereur, fut nommé pair de France par la première Restauration, le 4 juin 1814, et chevalier de Saint-Louis. Aux Cent-Jours, il accepta la pairie de l'empereur (2 juin 1815), et, le 23 du même mois, vota la proposition de déclarer Napoléon II empereur des Français, en vertu de l'abdication faite en sa faveur par Napoléon Ier et des constitutions de l'empire. A la seconde Restauration, Louis XVIII le fit rayer de la liste des membres de la Chambre haute (24 juillet 1815). Mais il rentra en grâce et fut rappelé au Luxembourg le 5 mars 1819, en considération des services rendus par sa famille à la légitimité. Il fut nommé, le 18 mai de la même année, membre de la commission chargée d'examiner le projet de loi sur l'abolition de l'aubaine et défendit les libertés constitutionnelles.

LATOUR-MAUBOURG (Marie-Victor-Nicolas de Fay, marquis de), pair de France, né à la Motte-Galande (Dordogne) le 22 mai 1768, mort à la Motte-Galande le 8 novembre 1850, était sous-lieutenant aux gardes du corps en 1789. Il émigra après le 10 août 1792, ne servit point à l'armée des princes, et rentra en France sous le Directoire. Attaché à l'armée d'Orient comme aide-de-camp de Kléber, il se signala au Mont-Thabor et à la bataille d'Aboukir, fut mis à la tête du 22e chasseurs à cheval, et reçut une grave blessure à la révolte d'Alexandrie. Membre de la Légion d'honneur (19 frimaire an XII), général de brigade en 1805, il assista à Austerlitz, fit la campagne de Prusse, chargea à Iéna, et fut blessé à Deypen et à Friedland. Au commencement de la campagne de Pologne, il avait été nommé général de division. Créé baron de l'empire le 3 juin 1808, il fut, la même année, envoyé à l'armée d'Espagne, où il commanda la cavalerie du corps du Midi, se distingua à Cuença et au siège de Badajoz, et ne fut rappelé qu'au moment de la campagne de Russie. Commandant une des divisions de la réserve de cavalerie, il prit part à la célèbre charge contre la grande redoute de Borodino et fut blessé au moment où ses cuirassiers y pénétraient. Pendant la retraite sur Vilna, il commanda les débris de notre cavalerie, fit la campagne de Saxe, assista à la bataille de

Dresde et eut la cuisse emportée par un boulet à Leipzig. Créé comte de l'empire le 22 mars 1814, il adhéra à la déchéance de l'empereur, et fut nommé par Monsieur, frère du roi, membre de la commission de réorganisation de l'armée. Pair de France du 4 juin 1814, il resta sans emploi pendant les Cent-Jours, vota *pour* la mort dans le procès du maréchal Ney, et fut nommé commandeur de Saint-Louis, marquis du Saint-Esprit, marquis en 1817, et ambassadeur à Londres. Il occupait ce dernier poste lorsqu'il fut appelé au ministère de la Guerre, le 9 novembre 1819. Des troubles ayant éclaté à Paris au mois de juin 1820, à propos du vote de la loi sur les élections, les ultra-royalistes trouvèrent que le ministre de la Guerre n'avait pas réprimé assez énergiquement l'émeute, et M. de Latour-Maubourg dut quitter le ministère avec le duc de Richelieu, le 14 décembre 1821. En 1822, après la mort du maréchal duc de Loigny, il devint gouverneur des Invalides, donna sa démission de pair à la révolution de 1830, se retira à Melun, puis alla rejoindre les Bourbons en exil. Gouverneur du duc de Bordeaux en 1835, il ne rentra en France qu'en 1848.

LATOUR-MAUBOURG (Just-Pons-Florimond de Fay, marquis de), pair de France, né à Paris le 9 octobre 1781, mort à Rome (Italie) le 23 mai 1837, fils aîné du comte Marie-Charles-César (*Voy. plus haut*), et « de très haute et très puissante dame Marie-Charlotte-Henriette Pinault de Fenelle, son épouse », entra dans la carrière diplomatique après le 18 brumaire, fut envoyé en Danemark en qualité de secrétaire, et, à son retour en France, devint auditeur au conseil d'Etat. Attaché peu après au ministère des Affaires étrangères, il se rendit, en 1806, comme deuxième secrétaire, auprès du comte Sébastiani, ambassadeur à Constantinople, où il résida, en qualité de chargé d'affaires, jusqu'en 1812. Créé baron de l'empire le 16 mai 1813, il passa la même armée, comme ministre plénipotentiaire, à la cour de Wurtemberg. Sans emploi en 1814, il s'engagea et fit, en volontaire, la campagne de France. A la Restauration, le duc de Richelieu le nomma chargé d'affaires à Hanovre, puis ministre plénipotentiaire (1816) à la même résidence. Ambassadeur près la cour de Saxe en 1819, ambassadeur près la Sublime Porte en 1823, il tomba en disgrâce pendant qu'il exerçait ces dernières fonctions, fut rappelé et se retira dans ses terres. Après la révolution de 1830, ses idées libérales lui valurent le poste d'ambassadeur près le roi des Deux-Siciles, l'année suivante, en 1831, de plénitude de France à Rome, fonction qu'il occupait lorsqu'il mourut. Le 16 août 1831, il avait été admis à siéger à la Chambre des pairs, à titre héréditaire, en remplacement de son père, décédé, le 23 mai de la même année, à Rome.

LATOUR-MAUBOURG (Armand-Charles-Septime de Fay, comte de), pair de France, né à Passy (Seine) le 21 juillet 1801, mort à Marseille (Bouches-du-Rhône) le 19 avril 1845, frère du précédent, embrassa comme lui la carrière diplomatique. A 21 ans, il fut attaché à l'ambassade de Constantinople, revint en France en 1823, et entra dans les bureaux du ministère des Affaires étrangères. Deuxième secrétaire à la légation de Lisbonne en 1826, premier secrétaire à Hanovre en 1827, il envoya sa démission au mois d'août 1830. Mais il ne resta pas longtemps sans emploi. Nommé, le 22 octobre 1830, chargé d'affaires à Vienne, il ouvrit les relations diplomatiques du nouveau gouvernement avec la cour d'Autriche. Envoyé extraordinaire et ministre plénipotentiaire à Bruxelles en 1832, ce fut lui qui signa les traités qui consacraient le démembrement des Pays-Bas et l'affranchissement politique de la Belgique. Ambassadeur en Espagne en 1836, il fut appelé à remplacer son père décédé à l'ambassade de Rome. Nommé pair de France, le 20 juillet 1841, son état de santé le força de demander un congé. Il mourut en revenant en France.

LATOUR-MAUBOURG (Rodolphe de Fay, comte de), pair de France, né à Paris le 8 octobre 1787, mort à Boissise-la-Bertrand (Seine-et-Marne) le 31 mai 1871, frère du précédent, entra au service en 1806, fit la campagne de Prusse et de Pologne, se distingua à Iéna et à Friedland, puis alla en Espagne, où sa conduite à Leira lui mérita la croix de la Légion d'honneur. Colonel, puis maréchal de camp sous la Restauration, commandant d'une brigade de chasseurs-lanciers, lieutenant-général le 31 décembre 1835, inspecteur de cavalerie l'année suivante, grand-officier de la Légion d'honneur le 13 avril 1835, il fut nommé pair de France le 19 avril de la même année, et admis à la retraite, avec son grade, le 24 mai 1848.

LATOUR-MAUBOURG (César-Florimond, de Fay, marquis de), député au Corps législatif de 1852 à 1870, né à Dresde (Saxe) le 22 juillet 1820, mort à Paris le 25 février 1886, servit quelque temps comme officier de hussards, donna sa démission à la révolution de 1848, et devint administrateur du chemin de fer Grand-Central. Lieutenant de vénerie, conseiller général de Fay-le-Froid, il fut successivement élu au Corps législatif, dans la 1re circonscription de la Haute-Loire : le 29 février 1852, par 23,801 voix (26,739 votants, 40,147 inscrits), contre 2,901 à M. Mathieu; le 29 juin 1857, par 24,229 voix (24,277 votants, 38,816 inscrits); le 1er juin 1863, par 22,268 voix (26,626 votants, 40,223 inscrits), contre 4,048 à M. A. V. M. Olivier; le 24 mai 1869, par 21,200 voix (29,721 votants, 44,501 inscrits), contre 6,603 à M. Robert et 1,883 à M. de Lagrevol. D'abord complètement rallié à l'Empire, il se tourna peu à peu vers les légitimistes, et fut obligé, en 1869, de donner sa démission d'officier de vénerie. Il fut néanmoins renommé à titre honoraire. Officier de la Légion d'honneur (1862).

LATRADE (Louis Chassaignac de), représentant en 1848, en 1849, en 1873 et député de 1876 à 1883, né à Sauveбœuf (Dordogne) le 25 novembre 1811, mort le 27 décembre 1883, fut élève de l'Ecole polytechnique, en sortit officier en 1833, et quitta l'armée l'année suivante, à la suite d'un procès politique qui aboutit à un acquittement, pour s'occuper activement de politique républicaine. Rédacteur du National, il parcourut l'Angleterre et les Etats-Unis pour y étudier les institutions libres, rentra en 1838, et fut impliqué dans plusieurs procès de presse sous Louis-Philippe, qu'il combattait au nom du suffrage universel. La révolution de 1848, qui mit ses amis au pouvoir, le trouva directeur de l'exploitation d'une compagnie de chemin de fer, et le fit commissaire du gouvernement provisoire dans la Gironde; mais il réussit mal à faire respecter l'autorité dont il était investi, et fut envoyé peu après, au même titre,

dans son département natal. Elu, le 23 avril, à la fois par la Dordogne et par la Corrèze, représentant à l'Assemblée constituante, il opta pour la Corrèze, qui l'avait nommé, le 7e sur 8, par 17,124 voix, alla siéger dans les rangs de la gauche modérée, fit partie du comité de l'intérieur et des travaux publics, et soutint de ses votes le pouvoir du général Cavaignac. Il prit plusieurs fois la parole dans l'Assemblée et se prononça : *contre* le rétablissement du cautionnement, *contre* les poursuites contre Caussidière, *pour* le rétablissement de la contrainte par corps, *contre* l'abolition de la peine de mort, *contre* l'abolition du remplacement militaire, *pour* la Constitution, *contre* la proposition Rateau, *contre* l'interdiction des clubs, *contre* les crédits de l'expédition romaine, *pour* l'amnistie des transportés, *pour* l'abolition de l'impôt des boissons. Réélu à l'Assemblée législative, le 13 mai 1849, représentant de la Corrèze, le 2e sur 7, par 36,988 voix (56,045 votants, 84,363 inscrits), M. de Latrade fit une vive opposition au gouvernement présidentiel de : .-N. Bonaparte et vota avec la minorité démocratique : *contre* l'expédition de Rome, *contre* la loi Falloux-Parieu sur l'enseignement, *contre* la loi restrictive du suffrage universel, etc. Son attitude hostile au coup d'Etat le fit porter le cinquième sur la liste des représentants expulsés du territoire français; il gagna alors la Belgique, d'où il passa en Espagne, pour exécuter divers travaux en qualité d'ingénieur : il coopéra notamment à l'exécution de plusieurs lignes de chemins de fer. Rentré en France en 1860, il fit dans le Cantal de l'opposition à l'Empire, et posa, le 24 mai 1869, sa candidature d'opposition au Corps législatif, dans la 2e circonscription de la Corrèze : il réunit 4,589 voix contre 24,796 à l'élu officiel, M. Mathieu, 2,278 à M. de Cosnac, et 374 à M. Le Cherbonnier. Nommé préfet de la Corrèze après le 4 septembre 1870, M. de Latrade remplit cette fonction jusqu'aux élections du 8 février 1871. Conseiller général d'Ayen depuis octobre 1871, il profita d'une élection partielle, motivée par le décès de M. Rivet, pour entrer à l'Assemblée nationale, le 27 avril 1873, comme représentant de ce département, avec 38,285 voix (57,333 votants, 83,510 inscrits). Il siégea dans le groupe de la gauche républicaine, et vota *contre* la chute de Thiers au 24 mai, *contre* le septennat, *contre* l'état de siège, *contre* la loi des maires, *contre* le ministère de Broglie, *pour* les amendements Wallon et Pascal Duprat et *pour* l'ensemble des lois constitutionnelles. Aux élections législatives du 20 février 1876, M. de Latrade se présenta dans la 2e circonscription de Brives, qui l'élut par 7,967 voix (11,725 votants, 15,495 inscrits), contre 3,731 à M. Fauquoux. Avec la majorité républicaine il combattit le gouvernement du Seize-Mai; puis il obtint sa réélection, le 14 octobre 1877, comme un des 363, par 8,281 voix (12,886 votants, 15,918 inscrits), contre 4,536 à M. Roque, candidat officiel. M. de Latrade soutint, dans sa législature, la politique opportuniste, se prononça *pour* le ministère Dufaure, *pour* les lois Ferry sur l'enseignement, *contre* l'amnistie plénière, *pour* l'invalidation de l'élection Blanqui, etc., et fut encore réélu, le 21 août 1881, par 8,940 voix (9,623 votants, 16,107 inscrits). Il suivit la même ligne politique que précédemment, vota *pour* le cabinet Gambetta, et mourut pendant la session. M. de Latrade fut remplacé à la Chambre, le 24 février 1884, par M. Labrousse. Président du conseil général de la Corrèze.

LA TRÉMOILLE (Louis-Stanislas Kotska, prince de), député de 1815 à 1816, né à Paris le 12 juillet 1767, mort à Aix-la-Chapelle (Prusse) le 31 juillet 1837, de l'illustre famille française des La Trémoïlle dont les auteurs remontent à Philippe-Auguste, et qui s'illustra surtout à partir du quinzième siècle, suivit, à l'exemple de la plupart de ses ancêtres, la carrière des armes, devint maréchal de camp, et fut élu, le 22 août 1815, au collège de département, par 94 voix sur 136 votants et 188 inscrits, député du Cher. Il fut de la majorité de la Chambre introuvable et reçut, le 17 janvier 1816, le brevet de lieutenant-général. Chevalier de la Légion d'honneur et chevalier de Saint-Louis.

LATTEUR (Antoine-Joseph-Pascal), député au Conseil des Anciens, né à Bruxelles (Belgique) le 6 avril 1749, mort à Bruxelles le 22 novembre 1810, juge au tribunal civil du département de Jemmapes, fut élu par ce département, le 29 germinal an VII, député au Conseil des Anciens. Il prit la parole pour exprimer la gratitude des Belges envers la France. Nommé président du tribunal d'appel du département de la Dyle, le 17 messidor an VIII, il fut promu commandeur de la Légion d'honneur le 25 prairial an XII, et continua d'exercer les fonctions de président jusqu'à sa mort.

LATTEUX (Nicolas), député à l'Assemblée constituante de 1789, né à Boulogne-sur-Mer (Pas-de-Calais) le 14 juillet 1718, mort à Boulogne-sur-Mer le 12 mars 1808, fut reçu avocat au parlement en 1742. Mayeur de la ville de Boulogne de 1768 à 1771, il était receveur général du chapitre de l'eglise Notre-Dame et doyen des avocats de Boulogne lors de la réunion des Etats-Généraux. Electeur du tiers, il proposa à l'assemblée générale des trois ordres de la sénéchaussée du Boulonnais de réunir toutes les doléances en un seul et même cahier : sa proposition fut rejetée et les trois ordres délibérèrent séparément; mais il fut décidé que les trois ordres se réuniraient par commissaires pour traiter des intérêts généraux : Latteux fut l'un de ces commissaires. Le 1 mars, on se réunit chez l'évêque et on lut les cahiers en commun. Le commissaire de la noblesse, qui a laissé des *Mémoires*, ajoute : « Nous dînâmes « tous chez Mgr. l'Evêque. On fit peu d'obser- « vations sur les cahiers qui furent trouvés très « bien faits. » L'assemblée du tiers comptait 284 électeurs. Latteux y fut élu député aux Etats-Généraux pour la sénéchaussée du Boulonnais, le 31 mars 1789. A la Constituante, il vota assez obscurément avec la majorité de son ordre. Il fut élu président du tribunal du district de Boulogne en même temps que Gros, son collègue à la Constituante, était nommé juge, le 12 octobre 1790. Il remplit cette fonction jusqu'en germinal an II, époque à laquelle il fut destitué pour cause de modérantisme. Il rentra alors dans la vie privée.

LATYL (Jean-Paul-Marie-Anne), député en 1789, né à Marseille (Bouches-du-Rhône) le 15 août 1747, exécuté à Paris le 23 juillet 1794, oratorien, était supérieur du collège de l'Oratoire à Nantes au moment de la Révolution. Nommé commissaire à la rédaction des cahiers de son ordre, partisan des idées nouvelles, il fut élu, le 25 septembre 1789, aux élections complémentaires du clergé de Nantes motivées par le refus de siéger de deux suppléants, député aux Etats-Généraux, par le clergé de la sénéchaus-

sée de Nantes et Guérande, et admis à siéger, le 25 décembre suivant, en remplacement de l'abbé Chevallier, démissionnaire. Il prit place à gauche, fit partie du comité des rapports, prêta un des premiers (27 décembre 1790) le serment à la constitution civile du clergé, fut élu (20 février 1791) curé constitutionnel de Saint-Clément à Nantes, mais refusa ce poste et se fit élire, à Paris, curé de Saint-Thomas d'Aquin. Le 6 juin 1791, il crut devoir se défendre de l'accusation d'intolérance religieuse par la déclaration suivante :

Déclaration de M. Latyl, curé de Saint-Thomas d'Aquin et député à l'Assemblée nationale.

« Des folliculaires, que le public a jugés avant moi, ont voulu, depuis quelque temps, me dénoncer comme un persécuteur et un intolérant. Fort du témoignage de ma conscience et de l'estime des honnêtes gens qui me connaissent et sont à portée d'apprécier ma conduite publique, j'ai méprisé jusqu'ici les imputations vagues qu'on a répandues méchamment contre moi, et je m'en suis cru même honoré; mais aujourd'hui, mes amis eux-mêmes me font un devoir de repousser une imputation plus précise, qui tend à me dénoncer comme le fauteur et le complice de tout ce qui s'est passé aux Théatins depuis le jour de l'Ascension; j'apprécie trop leur amitié pour me refuser à leurs instances.

« Je déclare donc que rien n'est si impudemment faux et calomnieux que cette accusation; je défie mes ennemis, qui le sont en même temps de la chose publique, d'en alléguer aucune preuve; et j'atteste sur mon honneur que je n'ai eu aucune influence ni directe ni indirecte dans la résistance qui a été opposée à l'exécution ou plutôt à l'application de la loi de l'Assemblée nationale, et qui avait été prévue par ceux-là mêmes qui l'ont provoquée.

« Rien n'est plus opposé à mes principes et à mon caractère que les intrigues et les manœuvres que l'on ose m'imputer; et personne ne connaît moins que moi cette vile ressource des malveillants. Depuis mon installation dans la paroisse qui m'a été confiée par mes concitoyens, je ne me suis appliqué qu'à y établir le calme et la paix; rien ne m'a coûté pour y parvenir. Toutes mes instructions et toute ma conduite n'ont tendu qu'à cet objet des vœux et des efforts de tous les vrais patriotes. J'en atteste tous mes paroissiens. Ils diront que je me suis toujours élevé avec force contre tout ce qui pouvait blesser l'ordre public et le respect dû à la loi; ils diront que je n'ai rien négligé pour réprimer les excès d'un patriotisme éclairé; ils diront que je n'ai cessé d'invoquer leur justice et leur charité en faveur des malheureuses victimes de la révolution, et surtout de la partie du clergé qui, exerçant l'option offerte par la loi elle-même, a mieux aimé renoncer aux fonctions publiques que de prêter le serment prescrit; ils diront que toute ma conduite publique et privée a toujours été conforme à mes instructions.

« Que mes intolérants persécuteurs cessent donc d'envelopper leurs odieuses calomnies dans ces ténèbres perfides qui voilent impunément leur noirceur. Qu'ils m'accusent et se nomment. Je les attends avec toute la fermeté de l'innocence; et, s'ils me forcent, je romprai enfin le silence que je m'étais imposé, et dont ils auraient dû me savoir quelque gré. Leurs vaines imputations, leurs frivoles menaces ne sauront m'épouvanter; ils ne réussiront jamais à me faire départir de mes principes. Voué jusqu'à la mort au service de la religion et au maintien de la Constitution de l'Etat, je ne cesserai de surveiller leurs ennemis connus ou secrets; mais ils ne rencontreront jamais en moi qu'un adversaire assez franc et assez courageux pour n'avoir jamais recours aux viles manœuvres des perturbateurs du bien public; j'en eus toujours horreur, et elles répugnent encore plus aujourd'hui à mon double caractère de pasteur et de député.

LATYL, *curé de Saint-Thomas d'Aquin.* »

Cette déclaration ne le protégea pas lors de l'abolition du culte. Arrêté comme suspect et enfermé dans la prison des Carmes le 4 pluviôse an II, il comparut devant le tribunal révolutionnaire le 5 thermidor suivant, et, accusé d'avoir pris part à la conspiration des prisons, il fut condamné à mort et exécuté, quatre jours avant la chute de Robespierre. L'acte d'accusation porte : Latyl (Jean-Paul-Marie-Anne), 47 ans, né à Marseille, ex-curé constitutionnel de Thomas d'Aquin, ex-oratorien, ex-constituant, demeurant à Paris rue Dominique-Germain.

LAUBESPIN (Léonel-Antoine, comte de), membre du Sénat, né à Paris le 6 septembre 1810, entra à l'Ecole polytechnique et en sortit comme officier d'artillerie. Il fit campagne en Afrique, s'y distingua, fut mis, en 1840, à l'ordre du jour de l'armée, et fut attaché comme aide-de-camp au maréchal Vallée. D'opinions royalistes, il se fit élire dans la Nièvre, où il possède des propriétés, conseiller général du canton de Pouilly, puis il se présenta comme candidat monarchiste dans le même département, aux élections sénatoriales du 5 janvier 1888. Il y eut trois tours de scrutin : au premier, M. de Laubespin obtint 340 suffrages sur 952 votants, tandis que le plus favorisé des candidats républicains, M. Massé, en réunissait 250; au second tour, il en eut 355, contre 288 à M. Massé, et, au troisième, 337 contre 325 à M. Massé. Les voix des républicains s'étant divisées jusqu'au bout entre MM. Massé et Thévenard, radicaux, et M. Tenaille-Saligny et Frébault, modérés, le succès des conservateurs, MM. de Laubespin et Decray, se trouva assuré. M. de Laubespin siégea à droite du Sénat et se prononça *contre* le rétablissement du scrutin d'arrondissement (13 février 1889), *contre* le projet de loi Lisbonne restrictif de la liberté de la presse, *contre* la procédure à suivre devant le Sénat contre le général Boulanger. Chevalier de la Légion d'honneur.

LAUDREN (Michel-Pierre), député au Conseil des Cinq-Cents, né à Pontivy (Morbihan) le 13 juillet 1766, mort à Vannes (Morbihan) le 25 juillet 1846, administrateur municipal dans cette ville, fut élu, le 26 germinal an VI, député du Morbihan au Conseil des Cinq-Cents. Il y siégea obscurément jusqu'en l'an VIII.

LAUGIER (Ignace), député au Corps législatif de l'an XIII à 1806, né à Turin (Italie) le 29 août 1768, mort à une date inconnue, homme de loi et maire de Turin, fut, le 3e jour complémentaire de l'an XIII, élu par le Sénat conservateur député du département du Pô au Corps législatif. Il en sortit en 1806. Le 18 juin 1809, Laugier fut créé chevalier de l'Empire.

LAUGIER DE CHARTROUSE (Guillaume-Michel-Jérome Meiffren, baron), député de 1829 à 1834, né à Arles (Bouches-du-Rhône) le 28 septembre 1772, mort à Arles le 27 septembre 1843, fut fait baron de Chartrouse par l'Empereur le 13 juin 1811. L'influence politique qu'il avait dans son pays natal le fit nommer, en 1825, maire de cette ville; il en exerça les fonctions jusqu'à la révolution de juillet. Le 5 novembre 1829, en remplacement de M. de Lagoy, décédé, M. Laugier de Chartrouse fut élu député du 3e arrondissement des Bouches-du-Rhône (Arles) par 127 voix (202 votants, 230 inscrits), contre 75 à M. de Gras-Préville. Il soutint de ses votes le gouvernement de Charles X, ne fut pas des 221, obtint sa réélection, le 23 juin 1830, par 144 voix (202 votants, 230 inscrits) contre 57 à M. Pierre Blain, maire de Saint-Remy, et, resté membre de la Chambre des députés après la révolution de juillet, fut encore réélu, le 5 juillet 1831, par 96 voix (181 votants, 267 inscrits) contre 82 à M. Jean Boulouvard. Chevalier de la Légion d'honneur et membre du conseil général des Bouches-du-Rhône.

LAUGIER DE CHARTROUSE (Etienne-Henri-Jules Meiffren, baron), député au Corps législatif de 1855 à 1870, né à Paris le 31 janvier 1804, mort à Arles (Bouches-du-Rhône) le 7 février 1877, fils du précédent, fit ses études au collège Stanislas et son droit à la faculté de Paris où il fut reçu avocat en 1825. Conseiller municipal de la ville d'Arles, il manifesta des opinions nettement conservatrices, fut appelé, en 1848, au grade de lieutenant-colonel dans la garde nationale et devint, en 1855, maire de la ville et conseiller général des Bouches-du-Rhône pour le canton-est d'Arles. La même année, M. Remacle, député, ayant été nommé préfet, M. Laugier de Chartrouse fut élu, le 18 mars, membre du Corps législatif dans la 3e circonscription des Bouches-du-Rhône, avec 18,101 voix (18,137 votants, 36,346 inscrits). Il fit partie de la majorité dynastique, et fut réélu, toujours comme candidat officiel, le 22 juin 1857, avec 16,274 voix (19,040 votants, 36,588 inscrits), contre 1,650 à M. de Valori et 1,053 à M. Emile Ollivier; et le 1er juin 1863, avec 15,917 voix (20,011 votants, 38,715 inscrits), contre 3,661 à M. Billot et 286 à M. de Valori. Sa réélection fut plus vivement disputée au renouvellement de mai 1869 : ce n'est qu'au second tour de scrutin, et à une faible majorité, que M. Laugier de Chartrouse l'emporta : il obtint 12,529 voix (24,555 votants, 35,334 inscrits), contre 11,968 à M. E. Pelletan. Il vota constamment avec la droite, opina, en 1870, *pour* la déclaration de guerre, et rentra dans la vie privée après le 4 septembre.

LAUJACQ (Bernard), député au Conseil des Cinq-Cents, né à Cocumont (Lot-et-Garonne) le 1er janvier 1758, mort à Agen (Lot-et-Garonne) le 2 décembre 1841, avocat au parlement de Bordeaux, puis, à la Révolution, juge au tribunal de district de cette même ville (1792), administrateur du district de Marmande (3 avril 1795), fut élu député de Lot-et-Garonne au Conseil des Cinq-Cents, le 25 germinal an V, par 213 voix sur 238 votants. Il n'y parla que sur le rapport de Gerla relatif aux qualifications de « sieur » et « monsieur », et pour proposer une motion concernant les déserteurs à l'intérieur. Après le 18 brumaire, il devint juge au tribunal d'appel d'Agen (4 prairial an VIII), titre qu'il échangea contre celui de conseiller à la cour impériale de cette ville, le 24 avril 1811, lors de la réorganisation des cours et tribunaux.

40

LAUMON (Marc-Antoine), député en 1791, au Conseil des Cinq-Cents et au Corps législatif de l'an VIII à 1806, représentant aux Cent-Jours, né à Bourganeuf (Creuse) le 14 août 1761, mort à une date inconnue, administrateur de la Creuse, fut élu, le 2 septembre 1791, député de ce département à l'Assemblée législative, le 4e sur 7, par 275 voix (314 votants). Il appartint à la majorité, revint dans son pays après la session, fut réélu administrateur de la Creuse, puis entra (21 germinal an VII) au Conseil des Cinq-Cents, avec 117 voix sur 145 votants. Il y représenta la Creuse jusqu'au coup d'État de brumaire, et passa ensuite, toujours comme député du même département (4 nivôse an VIII), au nouveau Corps législatif. Sorti de cette assemblée en 1806, Laumon reparut, le 10 mai 1815, à la Chambre des Cent-Jours, l'arrondissement de Bourganeuf lui ayant donné 45 voix sur 74 votants contre 18 à M. Parellon. Il ne se fit pas remarquer dans ces diverses législatures.

LAUMOND (Louis-Félix), député de 1876 à 1881, né à Ussel (Corrèze) le 21 novembre 1829, étudia le droit et s'établit comme avocat dans sa ville natale. Conseiller municipal et maire d'Ussel, il fut élu, comme candidat républicain, le 5 mars 1876 (au second tour de scrutin), député de l'arrondissement d'Ussel, par 5,577 voix (10,827 votants, 17,022 inscrits), contre 5,227 à Lebraly, monarchiste, sur un programme de « conservateur au vrai sens du mot, partisan d'une république modérée, constitutionnelle, conciliante. » Il appartint à la majorité des 363, et obtint sa réélection, le 14 octobre 1877, par 6,428 voix (12,641 votants, 16,737 inscrits), contre 6,199 à M. Lebraly, candidat officiel. Le ministère du Seize-Mai avait destitué M. Laumond de ses fonctions de maire; il y fut alors réintégré. A la Chambre, il reprit sa place à gauche et vota: *pour* l'article 7 de la loi sur l'enseignement supérieur, *pour* le retour de l'assemblée à Paris (au Congrès), *pour* l'invalidation de Blanqui, *pour* la politique opportuniste, etc. Ayant échoué aux élections générales du 21 août 1881, avec 4,420 voix contre 5,897 à l'élu, M. Pénières, il ne fit pas partie d'autres législatures. Conseiller général de la Corrèze.

LAUMONDAIS (Joseph-Gabriel), représentant en 1848, né à Saint-Hilaire-de-Harcouët (Manche) le 21 janvier 1799, fut reçu avocat en 1820 et dut à ses opinions avancées les fonctions de juge de paix à Mortain, à la révolution de juillet. Il donna sa démission six mois après pour protester contre les tendances réactionnaires du gouvernement nouveau. Chef de l'opposition dans sa commune pendant toute la durée du règne de Louis-Philippe, conseiller général depuis 1842, il fut élu, le 23 avril 1848, représentant de la Manche à l'Assemblée constituante, le 4e sur 15, par 106,298 voix; il siégea à gauche, fit partie du comité de législation, et vota *pour* le bannissement de la famille d'Orléans, *pour* les poursuites contre L. Blanc, *contre* les poursuites contre Caussidière, *contre* l'abolition de la peine de mort, *contre* l'impôt progressif, *pour* l'incompatibilité des fonctions, *contre* l'amendement Grévy, *contre* la sanction de la Constitution par le peuple, *pour* l'ensemble de la Constitution, *contre* la proposition Rateau, *contre* l'interdiction des clubs. Il ne fut pas réélu à la Législative.

LAUNOIS (Gaspard-Auguste), représentant en 1848, né à Bar-le-Duc (Meuse) le 7 janvier

1806, mort à Sorbey (Meuse) le 20 mars 1886, entra à Saint-Cyr en 1824, prit part à l'expédition d'Alger en 1830 et aux premières campagnes d'Afrique, devint capitaine et donna sa démission en 1838. Il remplit quelque temps les fonctions d'ingénieur civil à Bône, puis se retira dans la Meuse pour surveiller l'exploitation de ses propriétés à Sorbey. D'abord indifférent à la politique, il se montra peu hostile au gouvernement de Louis-Philippe, et se présenta, le 18 septembre 1847, comme candidat d'opposition dans le 3e collège de la Meuse (Montmédy), où il échoua, avec 61 voix contre 196 à l'élu ministériel, M. Jamin, député sortant. Mais ses idées libérales le mirent en évidence au moment de la révolution de février, et il fut élu, le 8 avril 1848, représentant de la Meuse à l'Assemblée constituante, le 1er sur 8, par 47,569 voix. Il fit partie du comité de la guerre, et il vota avec la gauche *pour* le bannissement de la famille d'Orléans, *contre* les poursuites contre L. Blanc et Caussidière, *pour* l'abolition de la peine de mort, *pour* l'impôt progressif, *pour* l'incompatibilité des fonctions, *pour* l'amendement Grévy, *contre* la sanction de la Constitution par le peuple, *pour* l'ensemble de la Constitution, *contre* la proposition Rateau, *contre* l'interdiction des clubs, *contre* la campagne de Rome. Non réélu à la Législative, il revint exploiter ses propriétés.

LAUNOY (Jean-Barthélemy de), député au Conseil des Anciens, né à Thin-le-Moustier (Ardennes) le 15 mars 1753, mort à Vervins le 6 août 1807, avocat à Vervins, fut élu, le 25 vendémiaire an IV, député de l'Aisne au Conseil des Anciens, par 224 voix (256 votants). Il prit plusieurs fois la parole dans cette assemblée, contre la proposition relative à l'ouverture de la succession des prêtres déportés, pour que l'on fit un choix des livres propres aux bibliothèques nationales, contre la décision sur les exécuteurs testamentaires, pour la proposition sur la garde nationale. En l'an V, il fut exclu des fonctions législatives jusqu'à ce que son frère eut obtenu sa radiation de la liste des émigrés. Après le 18 brumaire, il fut nommé juge au tribunal civil de Vervins (12 messidor an VIII).

LAUR (Gabriel-Joseph), député au Corps législatif de 1810, né à Olonzac (Hérault) le 5 novembre 1762, mort à une date inconnue, avocat, fut sous la Révolution membre du directoire de son département, puis devint maire d'Olonzac et conseiller général. Le 10 août 1810, il fut élu par le Sénat conservateur député de l'Hérault au Corps législatif, où il siégea jusqu'à la fin du régime impérial.

LAUR (Francis), député de 1885 à 1889, né à Nevers (Nièvre) le 5 septembre 1844, fut élève de l'École des Mines de Saint-Etienne, devint ingénieur civil des Mines, et débuta de bonne heure dans la politique, ayant été nommé, comme républicain, conseiller général du canton de Duvivier (Algérie) en 1869. Au 4 septembre, sous l'administration de M. Gent, il devint commandant du génie et commissaire spécial du gouvernement de la défense nationale à Marseille. Après la guerre, il s'occupa de questions minières et économiques, fut ingénieur de la société de la Vieille-Montagne, fonda et dirigea le journal : l'*École des Mines et de la métallurgie* et s'occupa de la publication d'un grand ouvrage industriel sur les *Mines et les usines*. Conseiller municipal de

Saint-Étienne en 1881 et adjoint au maire de cette ville en 1884, il fut porté sur la liste dite de concentration républicaine de la Loire et fut élu député, au second tour, le 18 octobre 1885, le 9e et dernier, par 62,575 voix (116,857 votants, 151,072 inscrits); il prit place à gauche, parmi ceux que préoccupait le mouvement social, et débuta en protestant contre l'inexécution des règlements concernant la sécurité publique, à propos de l'assassinat du préfet de l'Eure, M. Barême. Rédacteur à la *France*, il y commença sa campagne : « la mine aux mineurs », tandis qu'il déposait à la Chambre un certain nombre de propositions qui ne furent point accueillies comme il le désirait : paie par huitaine, insaisissabilité des salaires, réforme du régime minier par la possession du droit de mine pour celui qui la trouve, etc. Lors de la grève de Decazeville (avril 1886), il offrit son arbitrage, qui, accepté par les mineurs, fut décliné par la compagnie. M. Laur s'était déjà rallié complètement à la politique revisionniste du général Boulanger, lorsqu'en juillet 1886, parurent dans la *France* deux lettres de Clermont-Ferrand, signées XX., où il était parlé des sollicitations dont le général Boulanger aurait été l'objet, en vue d'un coup d'État, tant de 94 généraux d'une part, que, d'autre part, d'une délégation de la droite de la Chambre. M. Laur, reconnu comme l'auteur de ces lettres, fut beaucoup moins précis lorsqu'on lui demanda des noms; il ne put nommer aucun général, et, en fait de délégué des droites, ne cita que M. Delafosse (*Voy.* ce *nom*). Ce fut au milieu de l'indifférence de la Chambre qu'il dénonça plus tard à la tribune l'accaparement des cuivres qui devait aboutir au krach de la Société des métaux et du Comptoir d'Escompte. Au moment de l'in-dent Schnœbelé, il publia dans la *France* sa *Guerre en Europe* qui fit plus de bruit à l'étranger qu'en France. Avec MM. Laisant, Naquet et Laguerre, il alla soutenir la candidature du général Boulanger dans le département du Nord (3 avril 1888), devint membre du comité républicain national et mena activement la campagne boulangiste dans la *France* et dans la *Presse*, jusqu'aux élections de 1889. En dernier lieu, M. Laur s'est abstenu sur le rétablissement du scrutin d'arrondissement (11 février 1889), et s'est prononcé *pour* l'ajournement indéfini de la revision de la Constitution, *contre* les poursuites contre trois députés membres de la Ligue des patriotes, *contre* le projet de loi Lisbonne restrictif de la liberté de la presse, *contre* les poursuites *contre* le général Boulanger. On a encore de lui : *Géodésie pratique* (1855, 2 volumes).

LAURAGAIS (DE). — *Voy.* BRANCAS.

LAURANS (JEAN-ELISABETH), député au Conseil des Cinq-Cents, né à Pampelonne (Tarn) en 1763, mort à Paris le 30 mars 1820, était administrateur du département du Tarn, quand il fut élu, le 25 germinal an V, député de ce département au Conseil des Cinq-Cents, par 161 voix (178 votants). Il en sortit en l'an VII.

LAURANS (FÉLIX-HILAIRE), député de 1842 à 1846, né à Montélimar (Drôme) le 24 juillet 1799, maire de Montélimar, fut élu, le 9 juillet 1842, député du 4e collège de la Drôme (Montélimar), par 213 voix (368 votants, 425 inscrits), *contre* 150 à M Roux. Membre de la majorité ministérielle, il vota *pour* l'indemnité Pritchard, *contre* la proposition sur les députés fonction-

naires, *contre* celles relatives à la corruption électorale et aux annonces judiciaires. Le 1er août 1846, il échoua dans le même collège avec 185 voix contre 294 à l'élu, M. Nicolas.

LAUREAU (JEAN-BAPTISTE), représentant en 1849, né à Saint-Jean-sur-Mayenne (Mayenne) le 18 août 1800, mort à Saint-Jean-sur-Mayenne le 20 juin 1883, étudia le droit, et entra dans la magistrature sous la Restauration comme juge au tribunal de Laval. D'opinions royalistes, il fut élu, le 13 mai 1849, par les conservateurs de la Mayenne, représentant de ce département à l'Assemblée législative, le 5e sur 8, avec 32,314 voix (70,210 votants, 106,272 inscrits). M. Laureau siégea à droite, et vota avec la majorité monarchiste, *pour* l'expédition de Rome, *pour* la loi Falloux-Parieu sur l'enseignement, *pour* la loi restrictive du suffrage universel, etc. Il n'appuya pas la politique particulière de L.-N. Bonaparte, et rentra dans la vie privée en 1851.

LAUREAU-DE-SAINT-ANDRÉ (PIERRE), député à l'Assemblée législative de 1791, né à Cussy-les-Forges (Yonne) le 26 avril 1748, mort à Saint-André (Yonne) le 28 mars 1845, était vice-président du département de l'Yonne, lorsqu'il fut élu, le 1er septembre 1791, député de ce département à l'Assemblée législative, le 1er sur 9, par 215 voix sur 414 votants. Il prit la parole pour demander que les villes maritimes fissent leurs approvisionnements à l'étranger, et que les grains pussent jouir de la libre circulation, pour protester contre les adresses des sociétés populaires, pour indiquer les moyens de secourir les départements et d'approvisionner l'État, pour proposer un deuil de trois jours en l'honneur de Simoneau, maire d'Étampes, pour demander que Déleutre fût entendu sur les événements d'Avignon; il parla aussi sur les troubles du Cantal, sur la responsabilité des communes en cas d'émeute, sur la suppression urgente du droit de pêche, protesta énergiquement contre la fête donnée aux soldats révoltés de Châteauvieux, s'opposa à l'abolition de la traite, déposa une motion en faveur des parents d'émigrés, dénonça les armements de l'Angleterre contre la France, insista pour que l'on construisît des ouvrages défensifs sur la Loire, et, donna son avis sur les contributions de Paris. Rentré dans la vie privée après la session, il s'occupa d'études historiques et devint maire de Saint-André (Yonne). On a de lui un ouvrage sur l'*Extinction de la Mendicité*.

LAURENCE (LOUIS-JEAN-JOSEPH), député en 1789, né à Poitiers (Vienne) le 5 mars 1745, mort à Poitiers en 1844, négociant à Poitiers, fut élu, le 24 mars 1789, député du tiers aux États-Généraux par la sénéchaussée du Poitou. Il vota silencieusement avec la majorité de l'Assemblée. Il fut plus tard maire de Poitiers et mourut à un âge très avancé.

LAURENCE (ANDRÉ-FRANÇOIS), dit LAURENCE-VILLEDIEU, membre de la Convention, député au Conseil des Cinq-Cents, né à Villedieu (Manche) le 17 décembre 1762, mort à Nogarey (Isère) en 1816, reçu avocat au parlement de Paris en 1787, était administrateur du département de la Manche et maire de Nogarey, quand il fut élu, le 10 septembre 1792, député de la Manche à la Convention, le 12e sur 13, par 396 voix (600 votants). Il prit place parmi les modérés et, dans le procès du roi, répondit au 2e appel nominal : « Comme le peuple ne sera jamais plus disposé à défendre le jugement porté contre Louis que quand il l'aura prononcé ; je dis *oui*. » Et au 3e appel nominal : « Je pense que Louis a mérité la mort, mais qu'il doit être sursis à l'exécution tant que l'Espagne ne nous aura pas déclaré la guerre, que l'Autriche ne la continuera pas. Suspendez votre jugement sur mon opinion. S'il fallait, pour sauver l'Etat, une victime même innocente, il faudrait l'immoler ; mais je crois qu'il faut commuer la peine, si elle peut épargner le sang français. L'Autriche mettra bas les armes, l'Espagne ne les prendra pas, ou bien elles se rendront évidemment coupables d'assassinat contre Louis. Si nous avons pas la guerre, ne craignez point la tyrannie ; Louis méprisé lui servira de barrière ; montrons aux peuples à respecter la loi. Peuple, qui nous entendez, s'il était parmi vous des citoyens qui se fussent livrés à des factions, rappelez-les à des travaux plus utiles. Quant à moi, j'attends tout du temps qui fait tomber les masques. Je me résume. Louis a mérité la mort, je vote pour cette peine ; mais je demande qu'il soit sursis à son exécution tant que l'Espagne ne déclarera pas la guerre, tant que l'Autriche ne la continuera pas. »

Lié avec les Girondins, Laurence protesta contre les événements du 31 mai, fut décrété d'arrestation et subit une détention de quatorze mois. Rappelé à la Convention par le décret du 18 frimaire an III, il y appuya toutes les mesures de réaction, dénonça les Jacobins, réclama l'annulation d'une taxe révolutionnaire imposée par Saint-Just et Le Bas, et devint secrétaire de la Convention. Le 23 vendémiaire an IV, trois départements : les Côtes-du-Nord, le Lot et la Somme, le renvoyèrent au Conseil des Cinq-Cents, où il siégea jusqu'en l'an VII.

LAURENCE (Justin), député de 1831 à 1848, né à Mont-de-Marsan (Landes) le 28 août 1794, mort à Villeneuve-la-Bataille (Lot-et-Garonne) le 20 juillet 1863, fils de Louis Laurence, orfèvre, et de Marie Lacère, fut élevé au lycée de Mont-de-Marsan, et destiné par sa famille à continuer le négoce paternel. Mais soutenu par son oncle, Bertrand Lacère, le jeune Justin nourrit d'autres visées, sut se montrer inhabile aux travaux de la forge et du marteau, et accueillit avec joie cette boutade de son père ; « Puisqu'il n'est bon à rien, qu'il soit avocat ! » D'une intelligence très vive, mais sans persistance, il mit sept ans à faire son droit, tant à Toulouse qu'à Paris, se fit inscrire (1816) au barreau de sa ville natale, y végéta quelque temps, puis, ayant réalisé un petit héritage, acheta une grande maison, donna à dîner, et acquit rapidement une belle clientèle, à l'aide de laquelle, grâce à une merveilleuse facilité de travail et de parole, il se fit bientôt une réputation hors de pair dans la région. C'était sous la Restauration. Désormais en vue, M. Laurence fut le champion de l'opposition libérale constitutionnelle, dont le général Lamarque était alors le chef dans le département. L'amitié de Lamarque valut à M. Laurence, après les journées de juillet, les fonctions de conseiller de préfecture des Landes (22 octobre 1830), puis (11 novembre suivant) celles d'avocat général à la cour royale de Pau. Le 5 juillet 1831, le 1er collège électoral des Landes (Mont-de-Marsan) l'élut député par 128 voix sur 218 votants et 295 inscrits, contre 87 voix à M. Poyféré de Cère. M. Laurence s'assit au centre droit, et prit une part active aux débats de la

Chambre. Il appuya (3 septembre) une demande de secours pour les condamnés politiques, et annonça (5 septembre) son intention de « soulever quelques points de politique intérieure ». Casimir Périer, irrité des interpellations de M. Mauguin sur la Pologne, ayant sommé (24 septembre) M. Laurence d'articuler ses griefs, « bien que fonctionnaire », celui-ci répondit immédiatement : « Quant à ma position de fonctionnaire public, je déclare, qu'en entrant dans cette enceinte, je l'ai laissée à la porte, et que je ne la reprendrai qu'en sortant, si toutefois on me la laisse. » Le lendemain, 25 septembre, dans un long discours, il reprocha au ministère d'aller chercher ses inspirations à la Bourse, demanda l'union de toutes les bonnes volontés, et, sans aboutir à un résultat pratique, s'affirma comme orateur parlementaire. En janvier 1832, il discuta le chiffre de la liste civile, critiqua l'administration de la Légion d'honneur (8 février), fut rapporteur des trois douzièmes provisoires (12 mars), proposa les tarifs de réglementation de l'échelle mobile d'importation, combattit la loi de police contre les réfugiés politiques (13 avril), et fut destitué de ses fonctions d'avocat général à la clôture de la session de 1832. — Membre de la commission de l'Algérie en 1833 et 1834, M. Laurence, qui n'avait ni la ténacité ni la persévérance des hommes de parti, fut envoyé dans cette colonie avec la mission spéciale d'y organiser la justice. Le *National* lui reprocha en cette circonstance « sa défection ». M. Laurence apporta à la Chambre le résultat de sa mission, et, dans un discours important (14 avril 1834), émit le premier l'idée que l'Algérie devait être pour l'armée un immense camp d'instruction, une pépinière d'officiers. Réélu député de Mont-de-Marsan, le 21 juin 1834, par 168 voix sur 176 votants et 311 inscrits, il fut nommé (21 août suivant) procureur général « commissaire spécial pour l'organisation de la justice dans les possessions du nord de l'Afrique » ; il passa six mois à Alger, promulgua le code civil et revint à la Chambre défendre la cause de la colonisation civile. Il répondit aux vives attaques qui signalèrent les débuts de la session de 1835 ; mais, en désaccord avec le gouvernement sur la part à laisser à l'autorité militaire, il donna sa démission de député et de commissaire, et se représenta devant ses électeurs qui lui confirmèrent son mandat, le 20 juin 1835, par 172 voix sur 177 votants. Il combattit les lois de septembre, parla contre les abus de la quarantaine dans la discussion du budget du commerce, prit part à tous les débats concernant l'Algérie, à la discussion des lois sur l'instruction publique (20 mars 1837), sur les aliénés (6 avril), sur les sucres, etc., et fut nommé directeur des affaires d'Afrique (23 juillet 1837). Obligé de se représenter devant ses électeurs par suite de cette nomination, il fut réélu député, le 28 août suivant, par 186 voix sur 190 votants et 335 inscrits, et vit son mandat renouvelé, aux élections générales du 4 novembre suivant, par 175 voix sur 179 votants et 363 inscrits. Les affaires algériennes l'occupèrent alors exclusivement ; il y organisa ou améliora les services publics, entra au conseil d'Etat (1837), et fut quelque temps délégué de l'île Bourbon. Le 2 mars 1839, il fut réélu député par 215 voix sur 223 votants, puis le 9 juillet 1842, par 217 voix sur 306 votants et 376 inscrits contre 49 voix à M. Brettes. Il résigna, cette même année, ses fonctions de délégué de l'île Bourbon et de directeur des affaires d'Algérie, remplit, en

1844, une nouvelle mission dans la colonie, pour y préparer une loi sur la propriété, et fut appelé (décembre 1844) à la direction générale des contributions directes; ses électeurs, convoqués en raison de cette nomination, le 31 janvier 1845, le réélurent par 235 voix sur 251 votants et 392 inscrits, contre 10 voix à M. Brettes. Réélu une dernière fois, le 1er août 1846, par 222 voix sur 270 votants et 382 inscrits, contre 22 voix à M. du Lyon, il projetait des réformes dans son administration, et notamment la péréquation de l'impôt foncier, quand la révolution de 1848 vint y mettre obstacle, en le rendant à la vie privée. Conseiller général en 1833, président de l'assemblée départementale de 1834 à 1848, chevalier de la Légion d'honneur (1837), officier (1842), son étonnante activité lui permit encore de satisfaire ses goûts littéraires, et, après sa retraite, de se livrer avec ardeur aux améliorations agricoles. En février 1853, le conseil municipal de Mont-de-Marsan le délégua à Paris pour défendre les intérêts de la ville dans le tracé du chemin de fer de Bordeaux aux Pyrénées. Mais le repos relatif auquel il était condamné amena la pléthore, puis l'apoplexie. Il mourut à 69 ans, après une douloureuse opération, dans les sentiments religieux qui avaient occupé les dernières années de sa vie.

LAURENCE-DUMAIL (JACQUES), député au Corps législatif de l'an XII à 1808, né à Poitiers (Vienne) le 3 septembre 1749, mort à une date inconnue, « fils de sire Louis Laurence, marchand de draps et de soie, juge consul et bourgeois de la maison commune de Poitiers, et de Radégonde Audinet, » était négociant à Poitiers; il devint receveur du district de Poitiers en 1791, et fut élu, le 19 vendémiaire an XII, par le Sénat conservateur, député de la Vienne au Corps législatif. Il y siégea jusqu'en 1808.

LAURENCEAU (JEAN-FRANÇOIS), député au Conseil des Cinq-Cents, né à Pons (Charente-Inférieure) le 5 mai 1752, mort à Pons le 11 mai 1833, fils d'un notaire de Pons, était avocat et remplissait, avant la Révolution, les fonctions de juge-sénéchal de la sirerie de Pons. Le 25 juin 1790, il fut nommé administrateur du département pour le district de Pons, et, à la fin de la même année, commissaire du roi près le tribunal. Candidat sans succès aux fonctions de député-suppléant à l'Assemblée législative, Laurenceau fut élu plus tard, le 23 vendémiaire an IV, député de la Charente-Inférieure au Conseil des Cinq-Cents. Il en sortit le 1er prairial an VII, et fut choisi, le 8 juin 1800, pour faire partie du conseil général où il siégea sans interruption jusqu'en 1814, puis de 1816 à 1832. Il se démit, à la même époque, des fonctions de juge de paix qu'il occupait depuis près de trente années, et mourut l'année d'après à Pons.

LAURENCEAU (JACQUES-ETIENNE-ADOLPHE, BARON), représentant en 1849 et en 1871, né à Poitiers (Vienne) le 10 janvier 1815, mort à Vouillé (Vienne) le 5 septembre 1873, fils d'un ancien maire de la ville de Poitiers sous la Restauration, riche propriétaire en Poitou, marié à une nièce d'Hyde de Neuville ministre de Charles X, fut élu, après la révolution de 1848, conseiller municipal de Poitiers, conseiller général du canton de Vouillé (1848-1867), puis, le 13 mai 1849, représentant de la Vienne à l'Assemblée législative, le 4e sur 6, par 33,055 voix (55,712 votants, 87,090 inscrits). D'opinions légitimistes, il fit d'abord partie de la minorité monarchique pour laquelle le prince Louis-Napoléon n'était que l'instrument d'une prochaine restauration, et interpella le gouvernement pour demander que le repos du dimanche fût rigoureusement observé. Hostile à la politique particulière de l'Elysée depuis la revue de Satory et la destitution de Changarnier, il était, le 2 décembre, à la mairie du Xe arrondissement, parmi les 220 représentants qui, sur la proposition de Berryer, votèrent la déchéance de Louis-Napoléon; il fut interné pendant quelques jours au Mont-Valérien. Remis en liberté, il revint en Poitou, sembla renoncer à la politique et, après la chute de l'Empire, fut élu, le 8 février 1871, représentant de la Vienne à l'Assemblée nationale, le 4e sur 6, par 55,417 voix (62,819 votants, 95,858 inscrits). Il fut un des quinze membres choisis pour accompagner à Versailles, pour les préliminaires de la discussion des préliminaires de la paix, MM. Thiers et Jules Favre. A l'Assemblée, M. Laurenceau prit place à droite, fit partie de plusieurs commissions, vota *pour* la paix, *contre* le retour à Paris, *contre* l'amendement Barthe, et mourut au mois de septembre 1873. Il fut remplacé par M. Lepetit.

LAURENCEOT (JACQUES-HENRI), membre de la Convention, député au Conseil des Cinq-Cents, né à Arbois (Jura) le 18 janvier 1763, mort à Mâcon (Saône-et-Loire) le 19 août 1833, était capitaine des volontaires du Jura, lorsqu'il fut élu, le 4 septembre 1792, député de ce département à la Convention, le 2e sur 7, « à la pluralité des voix » sur 451 votants; il siégea parmi les modérés, et répondit dans le procès du roi au 2e appel nominal : « S'il faut intéresser la nation entière au jugement, quel qu'il soit, dans cette affaire, très certainement la nation soutiendra le jugement que vous allez rendre, je dis *oui*; » et, au 3e appel nominal : « Ma conscience me fait un devoir de déclarer que je n'ai jamais cru réunir le caractère de juge à celui de législateur. En conséquence, malgré les menaces dont on a parlé, je vote pour la réclusion actuelle, et le bannissement de Louis et de toute sa famille à l'époque de la paix. » Ami des Girondins, Laurenceot protesta contre le 31 mai, fut décrété d'arrestation et détenu jusqu'après le 9 thermidor. Rappelé à la Convention le 18 frimaire an III, il devint secrétaire de l'assemblée, parla en faveur des émigrés, dénonça Lequinio et Fouché, fit réintégrer Chevalier à la Convention, et vota contre l'effet rétroactif de la loi sur les successions. Réélu membre du Conseil des Cinq-Cents, le 21 vendémiaire an IV, par treize départements, il opta pour celui du Jura, qui lui avait donné 279 voix (291 votants), prit quelquefois la parole dans la nouvelle assemblée, et en sortit en l'an VIII.

LAURENCIN (CHARLES-GABRIEL-FRANÇOIS, COMTE DE), député de 1815 à 1816, né à Courtesoult (Haute-Saône) le 6 octobre 1756, mort à Sens (Yonne) le 25 novembre 1846, avait appartenu à l'armée, comme lieutenant-colonel, et était maire de la ville de Sens, lorsqu'il fut élu, le 22 août 1815, député de l'Yonne au collège de département, par 73 voix (141 votants, 245 inscrits). Il siégea dans la majorité de la Chambre introuvable.

LAURENCIN (FRANÇOIS-AIMÉ, COMTE DE), député de 1824 à 1827, né à Marcy (Rhône) le 25 octobre 1764, mort au château de la Chas-

sagne (Rhône) le 7 octobre 1833, était chevalier de Malte ; il émigra en 1792, et se rendit
à l'armée des princes. Rentré à Lyon après le
18 brumaire, il devint adjoint de la ville, et, en
1814, fut un des plus empressés à faire reconnaître le roi Louis XVIII. A la seconde Restauration, il fut remis en activité de service ; il
était colonel du 54e de ligne, quand il fut élu
député, le 6 mars 1824, par le collège de département du Rhône, avec 225 voix (474 votants,
533 inscrits.) Il proposa un amendement à la
loi d'indemnité, et échoua aux élections générales du 17 novembre 1827, dans le 3e collège
électoral du Rhône (Villefranche) avec 78 voix
contre 203 à M. Humblot-Conté, député sortant. Officier de la Légion d'honneur et chevalier de Saint-Louis, il fut retraité, comme
colonel, le 9 novembre 1828, et fut promu maréchal de camp le 8 novembre 1829.

LAURENÇON (Léon-André-Hippolyte), député de 1877 à 1889, né à Chantemerle, près
Saint-Chaffrey le 16 octobre 1841, étudia le droit et se fit recevoir licencié,
puis docteur. Avocat à Briançon, ancien engagé
volontaire de la guerre de 1870, conseiller
général depuis 1869, il fut porté, comme candidat officiel du gouvernement du Seize-Mai,
dans cet arrondissement, qui l'élut député, le
14 octobre 1877, par 2,566 voix (4,725 votants,
6,433 inscrits), contre 1,779 à M. Meyer et 358
à M. Sentis ; il inclina, après son élection, vers
le centre gauche, et vota parfois avec la majorité républicaine, notamment *pour* le ministère
Dufaure, *pour* le retour du parlement à Paris,
pour l'élection de M. J. Grévy à la présidence
de la République, etc. Ce fut comme républicain modéré qu'il se représenta, le 21 août 1881,
dans la même circonscription, et qu'il fut renvoyé à la Chambre par 4,712 voix (4,872 votants, 6,384 inscrits). Ses adversaires avaient
répandu le bruit qu'il avait été sous l'Empire,
secrétaire de Clément Duvernois : M. Laurençon démentit cette assertion. A la Chambre, il
s'inscrivit au groupe de l'Union démocratique,
fut un des zélés partisans de la politique de
M. Jules Ferry, parla sur les douanes, sur la
loi militaire, sur le reboisement des montagnes,
sur les subventions aux canaux, et opina
notamment, *contre* l'élection de la magistrature par le peuple, *contre* la séparation de
l'Eglise et de l'Etat, *pour* les crédits de l'expédition du Tonkin, etc. Lors du renouvellement du 4 octobre 1885, M. Laurençon, candidat en dehors de toute liste, réunit une majorité de suffrages les uns conservateurs, les
autres républicains, qui lui permit de passer
seul, au premier tour de scrutin, dans le département des Hautes-Alpes, avec 16,337 voix
sur 24,579 votants, 31,201 inscrits. Il continua
d'opiner, dans la Chambre nouvelle, avec la
fraction la plus conservatrice de la gauche, et
vota *contre* l'expulsion des princes, et, en dernier lieu, *pour* le rétablissement du scrutin
d'arrondissement (11 février 1889), *pour* l'ajournement indéfini de la revision de la Constitution, *pour* les poursuites contre trois députés
membres de la Ligue des patriotes, *pour* le
projet de loi Lisbonne restrictif de la liberté de
la presse, *pour* les poursuites contre le général
Boulanger. Commandeur de l'ordre de François-Joseph d'Autriche.

LAURENDEAU (Jean-Charles), député en
1789, représentant aux Cent-Jours, né à Chauny
(Aisne) le 4 août 1749, mort à Amiens (Somme)
le 12 juin 1827, avocat à Amiens, fut élu dé-

puté du tiers aux Etats-Généraux par le bailliage d'Amiens et Ham, avec 103 voix sur 202
votants, le 4 avril 1789. Il ne parla que sur la
subdivision de son département et sur les offices des mesureurs. Conseiller à la cour
d'Amiens sous l'Empire, il fut élu représentant à la Chambre des Cent-Jours, par le collège de département de la Somme, le 11 mai
1815, avec 33 voix sur 55 votants. Son rôle politique prit fin après cette courte législature.

LAURENS (Ignace), député en 1791, dates
de naissance et de mort inconnues, homme de
loi au Puy, fut élu, le 30 août 1791, député de
la Haute-Loire à l'Assemblée législative, le
6e sur 7, par 131 voix (248 votants). Son rôle
parlementaire, à en juger par le silence du
Moniteur, fut très effacé.

LAURENS (Bernard), membre de la Convention, né à Barrême (Basses-Alpes) le 13 août
1741, mort à une date inconnue, « fils de Jean-
Baptiste Laurens, maître-chirurgien, et de demoiselle Claire-Louise Michel », fut élu, le
9 septembre 1792, troisième député-suppléant
à la Convention par le département des Bouches-du-Rhône, avec 502 voix (620 votants).
Admis à siéger en janvier 1793, il prit part au
jugement de Louis XVI, opina « pour la mort »,
et n'eut, d'ailleurs, qu'un rôle parlementaire
effacé.

LAURENS (Aimé-Jean-Antoine), représentant en 1848, né au Puy (Haute-Loire) le
24 septembre 1794, mort au Puy le 24 novembre 1867, fils du précédent, étudia le droit, et
s'établit comme avocat dans sa ville natale.
Ami de La Fayette et libéral sous la Restau-
tion, il fut nommé, en 1830, conseiller de préfecture, puis destitué en 1834, à cause de ses
tendances jugées trop démocratiques. Il reprit
alors sa profession d'avocat, et fut élu, le
23 avril 1848, représentant de la Haute-Loire
à l'Assemblée constituante, le 4e sur 8, par
27,067 voix (54,302 votants, 72,701 inscrits).
M. Laurens fit partie du comité de législation,
et vota avec les partisans du général Cavaignac, *contre* le rétablissement du cautionnement, *pour* les poursuites contre Louis Blanc
et Caussidière, *pour* l'abolition de la peine de
mort, *contre* l'amendement Grévy, *contre* l'abolition du remplacement militaire, *contre* le
droit au travail, *pour* l'ordre du jour en l'honneur du général Cavaignac, *pour* la proposition Rateau, *contre* l'amnistie (11 février 1849),
contre l'interdiction des clubs, *pour* les crédits
de l'expédition de Rome, *pour* l'abolition de
l'impôt des boissons, *pour* la mise en liberté
des transportés (26 mai 1849). Aux journées de
juin 1848, le sort l'avait mis au nombre des
représentants chargés d'exciter les citoyens de
Paris « à la défense de l'ordre » ; il rendit
compte à la tribune de sa mission. Il refusa de
se présenter à l'Assemblée législative, et rentra au barreau du Puy, dont il devint bâtonnier.

LAURENS-HUMBLOT (Nicolas), député de
1834 à 1842 et pair de France, né à Villefranche
(Rhône) le 14 octobre 1788, mort à Paris le
31 août 1853, « fils de sieur Pierre-Mathieu Laurens, négociant, et de demoiselle Jeanne Gaillard », propriétaire et maire d'Ouilly (Rhône),
se porta comme candidat à la députation, aux
élections générales du 21 juin 1834, dans le
5e collège du Rhône (Villefranche), où il
échoua avec 139 voix contre 252 à M. Sauzet.

Il fut plus heureux aux élections suivantes et fut successivement élu, dans le même collège : le 20 septembre 1834, en remplacement de M. Sauzet qui avait opté pour le 1er collège du Rhône, par 150 voix (235 votants, 605 inscrits) contre 85 à M. Peyre ; le 4 novembre 1837, par 313 voix (442 votants, 679 inscrits) ; le 2 mars 1839, par 322 voix (559 votants). Ministériel, M. Laurens-Humblot vota la loi de disjonction, et, après le complot de Strasbourg, la loi d'apanage, et soutint le cabinet Molé et le cabinet du 12 mai 1839. Après avoir échoué aux élections du 9 juillet 1842, avec 272 voix contre 306 à M. Terme, il fut nommé pair de France le 23 septembre 1845, et soutint la politique ministérielle jusqu'à la révolution de 1848 qui le rendit à la vie privée.

LAURENT (FRANÇOIS-XAVIER), député en 1789, né à Marcenat (Cantal) le 25 novembre 1744, mort à Clermont-Ferrand (Puy-de-Dôme) le 10 mai 1821, « fils de Pierre Laurent, propriétaire, et de Marguerite Montel », était curé de Cuiseaux, lorsqu'il fut élu député du clergé aux Etats-Généraux par la sénéchaussée de Moulins, le 26 mars 1789. Membre du bas clergé qui souhaitait ardemment des réformes, il adressa, le 16 juin 1789, à la veille de la réunion des trois ordres, la lettre suivante à l'assemblée du tiers : « Messieurs, quarante-deux jours se sont écoulés en vœux inutiles ; et nous venons vous assurer qu'aucun de ces jours précieux n'a fui sans que nous en ayons amèrement regretté la perte, et le lendemain nous a constamment trouvés plus affermis dans la résolution de nous unir à vous, Messieurs, pour opérer le bien commun. La contradiction, les longues discussions de ce projet nous en ont de plus en plus fait connaître la sagesse. Hâtons-nous donc de porter des mains secourables à ce grand édifice qui s'écroule de toutes parts : réparons par une plus grande activité nos premières lenteurs, et le malheur de n'avoir pu obtenir l'unanimité dans tous les représentans de la nation. Espérons-la toujours, et gardons-nous de calomnier les intentions de ceux qui hésitent.

« Vous gémissez sur les maux qui affligent vos pasteurs. Oubliez leurs intérêts, Messieurs, oubliez-les pour un moment : de plus grands désastres appellent votre attention. Oubliez-les pour toujours, s'il le faut : c'est le soulagement, c'est le bonheur de nos paroissiens que nous vous demandons avant tout, et à quelque prix que ce soit. » Il appuya la suppression de la dîme et l'entretien par l'Etat des ministres du cultes, et prêta le serment constitutionnel. Il fut élu évêque constitutionnel de l'Allier au mois de mai 1791, et devint plus tard conseiller général de ce département, le 11 floréal an VIII.

LAURENT (CLAUDE-HILAIRE), membre de la Convention, député au Conseil des Cinq-Cents, né à Strasbourg (Bas-Rhin) en 1740, mort à Strasbourg en 1804, était médecin dans cette dernière ville au moment de la Révolution. Il s'en déclara partisan, fut élu administrateur du Bas-Rhin, et suppléant à l'Assemblée législative (31 août 1791), pour ce département, puis, le 4 septembre 1792, député à la Convention, le 2e sur 9, par 346 voix (589 votants). Il siégea à la Montagne et opina dans le procès du roi, au 2e appel nominal : « J'ai été investi de tous les pouvoirs de mes mandataires en me rendant à la Convention nationale. Le salut du peuple est la suprême loi. Louis XVI a favorisé les aristocrates, les fanatiques, les nobles, les marchands d'apothéose, les émigrés : et la liste civile, répandue dans les différents quartiers de l'Europe, paraît vouloir réchauffer ce parti ; d'un autre côté, il est temps de donner un grand exemple à nos ennemis ; il faut les effrayer. Un ancien a dit : Qui épargne les méchants, nuit aux bons ; et moi je dis : Qui épargne un tyran, nuit aux nations. La justice, la raison et la politique s'accordent à ce que nous jugions définitivement Louis Capet, et qu'il n'y ait point d'appel au peuple ; je dis non, non. » Au 3e appel : « Je ne distingue pas entre le juge et le législateur. Le sentiment de la justice les confond en moi. Bannir Louis sur les terres étrangères, ce serait rallumer les feux d'une guerre mal éteinte. Le renfermer dans une prison, ce ne serait pas venger le sang de mes concitoyens que sa perfidie a fait et pourra faire couler encore ; je prononce en républicain sans peur et sans reproche. Je vote pour la mort. » Chargé de plusieurs missions, à Porentruy, près des armées du Rhin, du Nord et de Sambre-et-Meuse, il y montra beaucoup de bravoure. Il « épura » le département du Nord et activa le tribunal révolutionnaire. De Maubeuge, il écrivait à un de ses collègues, le 20 germinal an II : « Frappe sur les riches et les égoïstes : tu ne saurais croire combien ils rient sous cape de voir le pauvre sans-culotte fournir aux réquisitions avec loyauté. » Le 5 messidor suivant, annonçant l'occupation de l'abbaye de Zonebecke, près d'Ypres, il écrivait : « Comme ces moines avaient avancé 10,000 florins à S. M. l'empereur et roi pour nous faire la guerre, j'ai cru de toute justice de leur demander une somme de 1,000 louis pour faire aussi la guerre à S. M. et à toutes les Majestés de l'Europe coalisée contre la République. Comme la somme partait, j'ai invité ces pauvres de J.-C. à rentrer dans leur état et à remercier la Providence de m'avoir envoyé chez eux pour les soustraire aux dangers des richesses et les remettre dans les voies du salut. » Laurent était surtout chargé d'appliquer aux villes belges occupées le tarif des contributions ; il adressait aussi de nombreuses communications à l'Assemblée, notamment sur la situation de l'arsenal d'Huningue, sur les succès de nos troupes près de Maubeuge, sur la prise de Mons, sur celle de Louvain et de Malines, sur celle d'Anvers, etc. A la Convention, il prononça un discours concernant les relations extérieures de la France, combattit l'effet rétroactif de la loi des successions et proposa de prohiber le commerce des grains pendant la nuit. Réélu, le 28 germinal an VI, député du Bas-Rhin au Conseil des Cinq-Cents, il y prit encore plusieurs fois la parole, réclama la mise en vente des biens des cultes réformés, vota contre l'impôt sur le tabac, fut élu secrétaire, et traita diverses questions relatives à l'armée. Adversaire du coup d'Etat du 18 brumaire, il combattit énergiquement Bonaparte et fut un des députés exclus du corps législatif par l'arrêté du lendemain. Retiré à Strasbourg, il y mourut en 1804.

LAURENT (JEAN-BLAISE-ANTOINE), membre de la Convention et député au Conseil des Anciens, né à Bruyères (Vosges) le 8 octobre 1737, mort à Espalais (Tarn-et-Garonne) le 14 janvier 1822, était membre du haut jury et juge de paix à Auvillers (Lot-et-Garonne), lorsqu'il fut élu le 5 septembre 1792, député de ce département à la Convention, le 2e sur 9, par 342 voix (544 votants). Il fit voter, dès le début de la session, un décret qui déclarait toute fonction publique incompatible avec celle de législateur. D'opinions modérées, il se prononça, dans le procès du roi, pour l'appel au peuple et répondit au 3e appel nominal : « Comme législateur, et non comme j'ge, je vote pour la réclusion. » Réélu, le 23 vendémiaire an IV, député du même département au Conseil des Anciens, par 132 voix (290 votants), Laurent prit la parole sur le mode de radiation des émigrés, sur la répartition du droit de présence entre les juges, et quitta l'assemblée en l'an VI.

LAURENT (JEAN-EUGÈNE), député de 1841 à 1842, né à Port-Louis (Morbihan) le 15 décembre 1802, fut élève de l'École polytechnique et en sortit ingénieur des ponts et chaussées. Il remplissait ces fonctions à Lorient, lorsqu'il fut élu, le 24 juillet 1841, député du 3e collège du Morbihan, par 108 voix sur 208 votants, contre 100 à M. Hello, en remplacement de M. Ledéan, décédé. M. Laurent vota généralement avec l'opposition dynastique, *pour* les propositions tendant à établir l'incompatibilité de certaines fonctions publiques avec le mandat de député, *pour* l'adjonction des capacités au corps censitaire, etc. Il ne fut pas réélu en 1842.

LAURENT (PAUL-MARIE), dit LAURENT DE L'ARDÈCHE, représentant en 1848 et en 1849, né à Bourg-Saint-Andéol (Ardèche) le 14 septembre 1793, mort à Versailles (Seine-et-Oise) le 7 août 1877, s'engagea, comme fédéré parisien, en 1815, étudia le droit en 1816 et exerça à Grenoble (1820), puis à Privas, la profession d'avocat. En même temps il s'occupait de recherches historiques, principalement sur la Révolution dans le Dauphiné. Séduit par les doctrines saint-simoniennes, il les adopta avec ardeur au début, et les propagea de tout son pouvoir dans le Midi ; mais il se sépara de l'école nouvelle en 1832, ne voulant pas approuver les actes du père Enfantin. Deux ans plus tard, l'opposition démocratique le désigna comme un des défenseurs des accusés d'avril. Toutefois il accepta du gouvernement (1840) le poste de juge au tribunal civil de Privas. Après la révolution de 1848, il fut nommé commissaire de la République dans le département de l'Ardèche, qui l'élut (23 avril) représentant du peuple à l'Assemblée constituante, le 9e et dernier, par 28,759 voix. Il prit alors le nom de Laurent de l'Ardèche. Avec la gauche de l'Assemblée, il vota : *contre* le rétablissement du cautionnement, *contre* les poursuites contre Louis Blanc et Caussidière, *contre* le rétablissement de la contrainte par corps, *pour* l'amendement Grévy, *pour* l'abolition du remplacement militaire, *contre* la proposition Rateau, *pour* l'amnistie générale, *contre* l'interdiction des clubs, etc. En mai 1848, il avait vivement combattu la proposition de la commission du pouvoir exécutif tendant à appliquer à la branche cadette des Bourbons la loi de bannissement perpétuel portée en 1832 contre la branche aînée ; la proposition de la commission fut votée par 632 voix contre 63. Réélu, le 13 mai 1849, représentant du même département à la Législative, le 1er sur 8, par 35,894 voix (68,890 votants, 105,091 inscrits), il opina d'abord avec la minorité démocratique. Mais le coup d'État du 2 décembre 1851 le détermina à renoncer à la vie politique. M. Laurent de l'Ardèche, qui s'était abstenu de prendre part aux tentatives de résistance des représentants de la gauche, accepta le fait accompli et écrivit dès 1852 dans une brochure intitulée : *Coup d'œil philosophique sur la révolution de décembre* : « La France était placée entre deux abîmes, la contre-

révolution et l'ultra-révolution. Le coup d'État est survenu, appuyé sur l'appel au peuple et s'offrant comme le sauveur de la République. Il a réussi par l'intervention irrésistible de la force matérielle. C'était à l'emploi de la force matérielle aussi qu'allaient aboutir fatalement les combinaisons et les machinations respectives de la contre-révolution et de l'ultra-révolution. La majorité victorieuse, c'était une Convention monarchique, portant dans son sein une Restauration, grosse elle-même d'une guerre civile et d'interminables bouleversements. L'insurrection démocratique triomphante, c'était l'avènement dictatorial des hommes et des doctrines du fameux comité de résistance ; avènement précurseur de nouvelles révolutions. Dans le premier cas, la République, le suffrage universel, le principe électif, le progrès social étaient sacrifiés aux prétentions dynastiques et aux fureurs réactionnaires. Dans le second cas, tous ces grands intérêts étaient compromis par la prédominance inévitable de la plus fougueuse démagogie. Il y avait placé pour un de ces *faits qui, à mesure qu'ils tombent de la main du temps, semblent souvent heurter le bon sens, la justice, et réduire l'histoire au jeu de la force ou au désordre de la folie, mais qui, dès qu'un but est atteint, s'alignent à travers l'espace parcouru par les générations et apparaissent comme l'éclatant témoignage de la loi invisible qui régit les sociétés.* » En 1854, M. Laurent de l'Ardèche fut récompensé de son adhésion par le poste de conservateur de la Bibliothèque de l'Arsenal, dont il devint, depuis, premier administrateur. Parmi ses nombreux travaux de philosophie et d'histoire, on cite : *Résumé de l'histoire du Dauphiné* (1825) ; *Résumé de l'histoire de la philosophie* (1826) ; *Histoire de Napoléon* (1828), illustrée par Horace Vernet et Hipp. Bellangé ; *Du principe d'autorité en politique* (1844) ; *Réfutation de l'abbé de Montgaillard* (1843) ; *Réfutation des Mémoires du duc de Raguse* (1857). M. Laurent de l'Ardèche a collaboré à un grand nombre de journaux : au *Globe*, à l'*Organisateur*, feuilles saint-simoniennes, au *Producteur* (1830), au *Progressif du Gard* (1834), et à plusieurs publications de propagande. Chevalier de la Légion d'honneur.

LAURENT DE VILLEDEUIL (PIERRE-CHARLES), ministre, dates de naissance et de mort inconnues, fils de Pierre-Joseph Laurent, mécanicien français (1715-1773), qui fut chargé de la direction générale des canaux de Picardie et de Flandre, était maître des requêtes ordinaires de l'hôtel du roi, lorsqu'il fut appelé, par Louis XVI, le 27 juillet 1788, aux fonctions de contrôleur général, à peu près équivalentes à celles de ministre des Finances. Laurent de Villedeuil, très attaché aux institutions de l'ancien régime, fut de ceux qui conseillèrent au roi la résistance aux réformes. Dans la séance du 16 juillet 1789, l'Assemblée nationale discutait un projet d'adresse au roi, dont Mirabeau venait de donner lecture, et qui « tendait, » dit le *Moniteur*, « à lui demander le renvoi des ministres dont les conseils pervers ont causé dans la France des scènes si désastreuses. » La discussion de « cette adresse, vivement applaudie et vivement appuyée », fut interrompue par la nouvelle que M. de Clermont-Tonnerre communiqua à l'Assemblée, de la démission de Laurent de Villedeuil. Bientôt on apprit que l'ex-ministre était en fuite, et Lally-Tollendal, le 28 juillet, put s'écrier :

« Depuis trois jours les grands, les favoris, les ministres et leurs agents s'enfuyaient en tremblant de ce royaume, qu'ils avaient voulu sacrifier à leur ambition cruelle, à leur orgueil... Le superbe Breteuil, l'infâme Lenoir, le faible Barentin, *le lâche Villedeuil*, l'ambitieux Vidaud de la Tour, mettaient leur tête à couvert par une prompte retraite. » Laurent de Villedeuil séjourna à l'étranger pendant plusieurs années ; le 26 février 1793, Jean Debry signala à la Convention sa présence à Boulogne-sur-Mer ; puis, l'on perdit sa trace.

LAURENT-PICHAT (Léon), représentant en 1871, sénateur de 1875 à 1886, né à Paris le 11 juillet 1823, mort à Paris le 12 juin 1886, fut élevé à Saint-Mandé, dans la pension que dirigeait le père de M. Henri Chevreau (*v. ce nom*), et suivit les cours du lycée Charlemagne. La protection de Victor Hugo lui facilita l'accès de la littérature : son premier recueil de vers, les *Voyageuses*, fut le fruit d'un pèlerinage littéraire qu'il avait entrepris avec son ami M. Henri Chevreau, en Italie, en Grèce, en Syrie. En 1847, M. Laurent-Pichat, qu'un bel héritage avait mis à même de suivre son goût pour la poésie, publia les *Libres paroles*, dont l'inspiration était nettement démocratique ; puis il donna sous ce titre : *Chronique rimée* (1850), une sorte de trilogie (les *Légendes*, *Jacques Bonhomme*, les *Heures de patience*) où sont abordés divers problèmes de philosophie sociale. Collaborateur du *Propagateur de l'Aube*, il se lia avec M. Louis Ulbach, et l'associa, de même que Théophile Gautier et MM. Arsène Houssaye et Maxime du Camp, à la fondation et à la direction de la *Revue de Paris* ; il y publia de nombreux articles de critique littéraire, des romans, des vers, jusqu'au mois de janvier 1858, époque où les tendances républicaines de la *Revue* la firent supprimer par un décret du gouvernement impérial. Une nouvelle série de romans philosophiques : la *Patienne* (1857), la *Sibylle* (1859), *Gaston* (1860), *Commentaires de la vie* (1868), un autre volume de vers : *Avant le jour* (1869), et une suite de conférences faites à Paris sur les *Poètes de combat*, achevèrent de mettre en relief la personnalité de M. Laurent-Pichat, qui travaillait assidûment, d'autre part, au *Phare de la Loire* et à la *Correspondance littéraire*. Lorsque Delescluze eut fondé le journal le *Réveil*, M. Laurent-Pichat y entra pour y faire le compte-rendu du Salon. D'opinions radicales, il se présenta à l'élection complémentaire motivée, le 2 juillet 1871, dans le département de la Seine, par plusieurs options ou démissions, et fut élu représentant de ce département, le 17e sur 21, par 101,366 voix (290,823 votants, 458,774 inscrits). Il prit place à l'Union républicaine, et, sans paraître à la tribune, vota constamment avec la gauche : *pour* le retour de l'Assemblée à Paris, *contre* le pouvoir constituant, *pour* la dissolution, *contre* la chute de Thiers au 24 mai, *pour* les amendements Wallon et Pascal Duprat, *pour* la Constitution du 25 février 1875, etc. Lors de la discussion de la loi sur le recrutement de l'armée, intervenant entre MM. Denfert-Rochereau et Chaugarnier, il adressa à celui-ci une apostrophe qui souleva de la part de la majorité conservatrice les plus vives protestations : « Nous nous appelons Belfort, lui dit-il, et vous vous appelez Metz! » Le 16 décembre 1875, M. Laurent-Pichat fut élu sénateur inamovible par l'Assemblée nationale, le 67e sur 75, avec 309 voix (590 votants). Il prit place à l'extrême-

gauche du Sénat, et ce fut lui qui, au commencement de l'année suivante, appelé à présider plusieurs réunions organisées à Paris pour préparer les élections sénatoriales de la Seine, formula, dans un discours qui eut du retentissement, le programme des revendications dont la démocratie radicale, suivant lui, devrait poursuivre l'accomplissement légal. e programme garda le nom de Laurent-ichat et servit aussi de *plat-form*, en février, aux candidats radicaux à la Chambre des députés. Il comprenait les articles suivants : l'amnistie, la suppression absolue de l'état de siège, la liberté de réunion et d'association, la liberté de la presse, l'instruction primaire obligatoire, gratuite et laïque, la défense de la société civile contre l'envahissement du clergé, le service militaire obligatoire pour tous sans privilèges d'aucune sorte, l'élection des maires par les conseils municipaux, la commune affranchie de la tutelle administrative, la révision de l'assiette des impôts, la séparation de l'Eglise et de l'Etat. Au Sénat, M. Laurent-Pichat opina avec les républicains : *pour* la suppression des jurys mixtes (1876), *pour* l'amnistie proposée par Victor Hugo, *contre* la dissolution de la Chambre des députés et *contre* le gouvernement du Seize-Mai, *contre* l'ordre du jour de Kerdrel (19 novembre 1877), etc. Il appuya les ministères républicains qui suivirent, vota *pour* l'article 7, *pour* les lois Ferry sur l'enseignement, *pour* les lois nouvelles sur la presse, le droit de réunion, etc., *pour* la réforme du personnel judiciaire, *pour* le rétablissement du divorce, etc. Il mourut à Paris en 1886. Il avait donné une publication poétique plus récente sous ce titre : *les Réveils* (1880).

LAURIER (Clément), représentant en 1871, député de 1876 à 1878, né à Sainte-Radegonde (Indre-et-Loire) le 3 février 1832, mort à Marseille (Bouches-du-Rhône) le 20 septembre 1878, étudia le droit et se fit recevoir avocat. Inscrit au barreau de Paris, secrétaire de Crémieux, il plaida avec habileté un grand nombre de procès célèbres, et se mêla activement aux affaires financières. Il se lia d'amitié dans les dernières années de l'Empire avec Gambetta. Parmi les principales causes dont il fut le défenseur, on peut citer : le procès du *Courrier français*, journal de Vermorel, le procès de la famille de Victor Noir contre Pierre Bonaparte, l'affaire Baudin, celle de l'Internationale, etc. Il était en outre l'avocat de la Banque ottomane et du Crédit mobilier. Aux élections générales de 1869 pour le Corps législatif, il se porta candidat dans la 1re circonscription de la Seine ; on lui opposa Rochefort, alors à Londres, et il dut se désister devant les manifestations hostiles des réunions publiques, notamment à la salle Clichy. Il se présenta alors, mais sans succès, comme candidat de l'opposition démocratique « irréconciliable » dans la 1re circonscription du Var, contre M. E. Ollivier, où il n'obtint que 8,830 voix contre 16,608. La révolution du 4 septembre 1870, en portant Gambetta au pouvoir, lui fit confier par le dictateur de Tours les fonctions de directeur général du personnel au ministère de l'Intérieur; il s'y fit remarquer, dans ces circonstances difficiles, par son tact et sa modération. Le 19 octobre 1870, il partit pour Londres avec mission de contracter, par l'intermédiaire des banquiers Morgan, un emprunt de 250 millions à 7,44 p. 100 remboursable en 34 ans, à 85 fr. Cette opération, terminée le 24 octobre, provoqua de vives discussions et fut souvent reprochée à la délégation de la Défense. Les élections complémentaires du 2 juillet 1871 amenèrent M. Clément Laurier à l'Assemblée nationale : élu représentant du Var, avec 29,786 voix (50,812, votants, 89,095 inscrits), en même temps que des Bouches-du-Rhône, il opta pour le Var, dont il devint aussi conseiller général le 8 octobre, et prit place à l'extrême-gauche de l'Assemblée. M. Clément Laurier ne siégea pas longtemps dans les rangs des républicains. Insensiblement il se rapprocha des monarchistes, avec lesquels il vota presque toujours ; après la chute de Thiers, à laquelle il contribua par son vote, il se fit inscrire au centre droit. M. C. Laurier opina : *pour* le Septennat, *pour* l'état de siège, *pour* la loi des maires, *pour* le ministère de Broglie, *contre* les amendements Wallon et Pascal Duprat, *pour* l'ensemble des lois constitutionnelles. En 1872, il proposa de libérer le territoire par le rachat des chemins de fer par l'État ; le 23 novembre de la même année, il demanda la restitution des biens de la famille d'Orléans. On avait dit, à la veille des élections de 1876, qu'il renonçait à la vie publique : il n'en fut rien. M. Laurier se représenta non plus dans le Var, mais dans l'Indre, où il sollicita et obtint le concours des monarchistes : élu député de l'arrondissement du Blanc, le 20 février 1876, par 9,109 voix (13,237 votants, 16,920 inscrits), contre 2,908 à M. Fourbelle et 1,034 à M. Lebaudy, il siégea dans la minorité conservatrice et vota *contre* les 363 pour le gouvernement du Seize-Mai, dont il fut, le 14 octobre 1877, le candidat officiel. Après avoir, en cette qualité, obtenu sa réélection par 8,394 voix (13,331 votants, 17,364 inscrits), contre 4,778 au candidat républicain, M. Resnier, il reprit sa place à Paris, vota *contre* les invalidations, *contre* le ministère Dufaure, etc., et mourut subitement au cours de la législature. Il s'était rendu à Marseille en septembre 1878 auprès de la famille de son futur gendre. Le 20, il tomba, dans l'escalier de l'intendance militaire, frappé d'une attaque d'apoplexie, au moment où il allait rendre visite à M. Lecomte, sous-intendant militaire, l'un de ses amis.

LAURIOL (Jean-François-Emile), député de 1877 à 1878, né à Saint-Maurice (Ardèche) le 1er novembre 1817, notaire à Vallon, se présenta une première fois, comme candidat conservateur, le 20 février 1876, dans la 2e circonscription de Largentière, et réunit 5,927 voix contre 6.652 au candidat républicain, M. Destremx, élu. Aux élections du 14 octobre 1877, candidat officiel du gouvernement du Seize-Mai dans la même circonscription, il fut proclamé élu par 7,373 voix (3,481 votants, 115,81 inscrits), contre 6,064 à M. Destremx, député sortant. Mais la majorité de la Chambre annula l'élection, et M. Lauriol, invalidé, se représenta sans succès le 21 juillet 1878 : il échoua avec 4,892 voix contre 6,838 à l'élu républicain, M. Vaschalde.

LAURISTON (Jacques-Alexandre-Bernard Law, marquis de), pair de France et ministre, né à Pondichéry (Inde française) le 1er février 1768, mort à Paris le 11 juin 1828, petit-neveu du célèbre contrôleur John Law et fils d'un maréchal de camp gouverneur des possessions françaises dans l'Inde, fut ramené en bas âge en France et y fit ses études au collège des Grassins. Entré à l'école militaire de Brienne (1er septembre 1784), où il se lia avec Napoléon Bonaparte, il fut successivement

promu lieutenant d'artillerie au régiment de Toul en 1785, adjudant-major le 1er avril 1791, capitaine le 22 août de la même année, et colonel en 1795. Aide-de-camp du général de Beauvoir le 1er juin 1792, il se signala aux sièges de Maëstricht et de Valenciennes et resta à l'armée de Sambre-et-Meuse jusqu'en l'an IV. A cette époque, il donna sa démission, sa famille étant sous le coup de poursuites politiques. Il ne rentra en activité qu'au Consulat, devint aide-de-camp de son ancien condisciple Bonaparte (1800), assista à ses côtés à la bataille de Marengo, et obtint le commandement du 1er régiment d'artillerie, réorganisé après sa mutinerie. Au mois de ventôse an IX, il fut envoyé en mission diplomatique en Danemark ; il se trouvait à Copenhague, le 12 germinal, au moment de l'attaque de Nelson, et il participa à la défense de la ville. Il alla ensuite à Londres porter la ratification du traité d'Amiens (4 germinal an X). On sait l'enthousiasme qui l'accueillit et comment la populace de Londres s'attela à son carrosse et lui fit ovation. Général de brigade à son retour, le 26 fructidor, il fut envoyé en disgrâce à Plaisance comme commandant du dépôt d'artillerie de cette place ; mais, à l'avènement de l'empire, il fut fait membre de la Légion d'honneur (19 frimaire an XII), commandeur (25 prairial), fut appelé, en brumaire an XIII, au commandement des troupes de l'expédition des Indes, devint général de division le 12 pluviôse suivant, appareilla avec l'amiral Villeneuve le 9 germinal, et emporta d'assaut le fort Diamant, malgré les défenses qu'y avaient accumulées les Anglais. A son retour, la flotte laissa Lauriston à Cadix. Il eut juste le temps de rejoindre la grande armée pour prendre part à Austerlitz. En 1806, il s'empara de Raguse, en devint gouverneur et, commandant des Bouches du Cattaro, fut assiégé par les Russes et les repoussa. Gouverneur de Venise le 19 septembre 1807, il assista à la translation des restes de son grand-père Law, accompagna, en 1808, l'empereur Napoléon en Espagne, fut créé, le 29 juin 1808, comte de l'Empire avec une dotation de 15,000 francs en Hanovre, suivit l'empereur sur le Danube en 1809, et se signala à Raab et à Wagram, où il établit la fameuse batterie de cent pièces qui décida du sort de la journée. Envoyé à Vienne, il prit part aux négociations du mariage de l'archiduchesse Marie-Louise, et, avec le titre de colonel-général de la garde impériale, l'accompagna en France. Lorsque Louis-Napoléon, roi de Hollande, abdiqua, et que ce royaume fut annexé à l'Empire, Lauriston alla chercher à Harlem les enfants du prince. Il était inspecteur des côtes de la Méditerranée et veillait à l'organisation de leurs défenses quand il fut envoyé en Russie, en qualité d'ambassadeur. Il ne réussit pas dans sa mission et rejoignit l'armée française à Smolensk. Redevenu alors aide-de-camp de Napoléon, il fut nommé au commandement de l'artillerie de réserve et contribua au succès de la Moskowa en couvrant de feux les troupes de Bagration. Placé, en 1813, à la tête du corps d'observation de l'Elbe, il se signala à Lützen, à Weissig, à Bautzen et à Wurtschen. Il était encore sur la rive gauche de l'Elster, quand on fit santer le pont de Leipsig ; il tomba entre les mains des coalisés, fut conduit à Berlin, et ne rentra en France qu'à la paix de 1814, après dix mois de captivité. Louis XVIII le nomma chevalier de Saint-Louis (2 juin 1814), grand-cordon de la Légion d'honneur (29 juillet) et capitaine-lieutenant aux mousquetaires gris (20 février 1815). Pendant les Cent-Jours, il resta fidèle au roi, l'accompagna jusqu'à Béthune, puis, la maison du roi ayant été licenciée, écrivit au duc d'Otrante (avril 1815) pour lui demander l'autorisation de se retirer dans ses propriétés aux environs de La Fère. Après Waterloo, il vint au-devant de Louis XVIII, présida le collège électoral du département de l'Aisne, fut nommé pair de France le 17 août 1815, vota pour la mort dans le procès du maréchal Ney, passa commandant de la 1re division d'infanterie de la garde royale, commandeur de Saint-Louis (3 mai 1816), et fut créé marquis le 20 décembre 1817. Mis à la tête des 12e et 13e divisions militaires (31 août 1820), il présida le collège électoral du département de la Loire-Inférieure, entra dans le cabinet du duc de Richelieu comme ministre de la Maison du roi, le 1er novembre 1820, et conserva ces fonctions jusqu'au 4 août 1824. Grand-croix de Saint-Louis en 1821, maréchal de France le 6 juin 1823, il reçut le commandement du 2e corps de réserve à l'armée des Pyrénées, assiégea et prit Pampelune, et devint chevalier du Saint-Esprit le 9 octobre 1823. Il abandonna ses fonctions de ministre de la maison du roi le 4 août de l'année suivante, pour celles de grand veneur et de ministre d'État. Il mourut d'une attaque d'apoplexie foudroyante, dans la nuit du 10 au 11 juin 1828, chez une célèbre danseuse de l'Opéra.

LAURISTON (Auguste-Jean-Alexandre Law, comte de), pair de France, représentant à l'Assemblée législative de 1849, né à La Fère (Aisne) le 10 octobre 1790, mort à Paris le 27 juin 1860, fils aîné du précédent, page de Napoléon Ier en 1804, lieutenant au 20e chasseurs à cheval en 1808, capitaine au corps et chevalier de la Légion d'honneur en 1809, se distingua à Amstetten et à Raab, et eut un cheval tué sous lui à Wagram. Aide de camp de son père le général comte de Lauriston, en 1811, officier d'ordonnance de l'empereur et chef d'escadron aux gardes d'honneur en 1813, officier de la Légion d'honneur, il fit la campagne de Saxe. Sous-lieutenant aux gardes du corps du roi en 1814, commandeur de la Légion d'honneur le 22 décembre, colonel des chasseurs à cheval du Cantal en 1815, et du 2e régiment de cuirassiers de la garde royale en 1821, maréchal de camp le 26 mai 1823, il prit part à la guerre d'Espagne, commanda une brigade du 1er corps et opéra en Andalousie. Inspecteur de cavalerie en 1824 et 1826, commandant d'une brigade du camp de Saint-Omer, grand officier de la Légion d'honneur le 15 septembre 1827, inspecteur général de cavalerie en 1829, il fut admis à siéger à la Chambre des pairs, à titre héréditaire, le 14 février de cette dernière année, en remplacement de son père décédé en 1828. Mis en disponibilité le 22 mars 1831, et retraité comme maréchal de camp le 24 janvier 1838, M. de Lauriston avait été créé comte par la Restauration. Sourdement opposé au gouvernement de Louis-Philippe, il fut élu colonel de la 10 légion de la garde nationale en 1848, puis, le 13 mai 1849, représentant de l'Aisne à l'Assemblée législative, le 11e sur 12, par 55,216 voix (112,795 votants, 160,698 inscrits). Appartenant au parti légitimiste, il vota avec la majorité, sans se rallier à la politique du prince Louis-Napoléon. Il fit partie des 220 représentants qui se réunirent à la mairie du Xe arrondissement pour protester contre le coup d'Etat, et qui votèrent la déchéance.

Arrêté, emprisonné pendant quelques jours au Mont-Valérien et remis en liberté le 16 décembre, il rentra dans la vie privée.

LAUSSAT (Pierre-Clément de), député au Conseil des Anciens, membre du Tribunat et représentant aux Cent-Jours, né à Pau (Basses-Pyrénées) le 23 novembre 1756, mort à Pau le 10 avril 1835, était receveur général des finances des pays d'état de l'intendance de Pau et Bayonne, depuis le 10 avril 1784, quand la Révolution éclata. Il ne tarda pas à devenir suspect et fut emprisonné en 1793. Mis en liberté par l'influence d'un commissaire des guerres, il devint payeur-général à l'armée des Pyrénées et fut élu député des Basses-Pyrénées au Conseil des Anciens, le 28 germinal an V, par 202 voix sur 234 votants. Il parut d'abord hésiter entre les divers partis qui divisaient cette assemblée, puis il se déclara contre le Directoire, l'accusa de manquer de confiance envers les députés puisqu'il cherchait à s'appuyer sur les sociétés populaires, et se plaignit de la destitution des ministres. Il ne fut cependant pas inquiété au 18 fructidor, mais on le dénonça, le 14 vendémiaire an VI, comme tombant sous le coup de la loi du 3 brumaire. Cette dénonciation n'eut point de suite, l'Assemblée ayant passé à l'ordre du jour. Favorable au 18 brumaire, de Laussat fit partie de la commission intermédiaire du Conseil des Anciens (19 brumaire an VIII), et fut nommé membre du Tribunat à la création, le 4 nivôse suivant. Préfet de la Louisiane en 1802, il fut chargé, en cette qualité, de remettre la colonie aux Etats-Unis à qui le gouvernement l'avait cédée, fut nommé préfet de la Martinique, et tomba entre les mains des Anglais, quand ceux-ci s'emparèrent de l'île en 1809. Envoyé prisonnier en Angleterre, il rentra en France par échange à la fin de cette même année. Préfet à Anvers et à Mons, de 1812 à 1814, il abandonna ce dernier poste devant la marche des alliés et fut élu représentant à la Chambre des Cent-Jours par le collège de département des Basses-Pyrénées, le 13 mai 1816, avec 61 voix sur 64 votants. La seconde Restauration le laissa quelques années sans emploi, puis le nomma commandant et administrateur de la Guyane française, le 16 mai 1819.

LAUSSAT (Pierre-Lysis, baron de), représentant en 1848 et en 1849, né à Bayonne (Basses-Pyrénées) le 10 août 1795, mort au château de Bernadets (Basses-Pyrénées) le 16 septembre 1884, issu d'une ancienne famille du Béarn et fils du précédent, entra à l'Ecole de cavalerie de Saint-Germain, fut sous-lieutenant à seize ans et demi, lieutenant à dix-sept ans, obtint la croix de la Légion d'honneur à l'affaire de Hanau, gagna sur un autre champ de bataille le grade de capitaine, et fut nommé chef d'escadron et officier de la Légion d'honneur à Waterloo. Cette nomination n'ayant pas été confirmée, il revint dans ses foyers et employa une grande partie de sa fortune patrimoniale à fonder des établissements industriels dans les Basses-Pyrénées. Occupé d'études agronomiques et membre du conseil central d'agriculture, il publia, en 1847, après la disette, une brochure relative à la question des subsistances. Il était déjà conseiller général des Basses-Pyrénées, lorsqu'il fut élu, le 23 avril 1848, le 11e et dernier, représentant de ce département à l'Assemblée constituante, par 41,163 voix (90,262 votants, 116,890 inscrits),

M. de Laussat, qui fit partie du comité de l'agriculture, vota avec la droite, sauf *contre* les poursuites contre Louis Blanc et Caussidière à propos du 15 mai. Il se prononça : *pour* le rétablissement du cautionnement et de la contrainte par corps, *contre* l'abolition de la peine de mort, *contre* l'amendement Grévy, *contre* le droit au travail, *pour* l'ordre du jour en l'honneur de Cavaignac, *pour* la proposition Rateau, *contre* l'amnistie. *pour* l'interdiction des clubs, *pour* les crédits de l'expédition de Rome, etc. Réélu, le 13 mai 1849, représentant des Basses-Pyrénées à l'Assemblée législative, le 1ᵉʳ sur 10, par 41,929 voix (71,463 votants, 117,931 inscrits), il siégea comme précédemment à droite, et opina avec la majorité : *pour* l'expédition de Rome, *pour* la loi Falloux-Parieu sur l'enseignement, etc. Il n'appartint pas à d'autres assemblées.

LAUSSEDAT (Louis), représentant en 1848, député en 1876 et 1878, né à Moulins (Allier) le 30 juillet 1809, mort à Moulins le 27 juillet 1878, étudia la médecine et l'exerça dans sa ville natale. D'opinions libérales et démocratiques, il se fit connaître autant par son active opposition au gouvernement de juillet que par son talent médical, collabora au *Patriote* de Moulins, fit partie du conseil municipal de cette ville, et prit part à la campagne des banquets réformistes. Après la révolution de février, il fut élu, le 23 avril 1848, représentant de l'Allier à l'Assemblée constituante, le 6ᵉ sur 8, par 47,922 voix (72,233 votants, 89,404 inscrits). Membre du comité de l'Instruction publique, il siégea à la gauche de l'Assemblée, parut quelquefois à la tribune, et opina généralement avec la fraction avancée du parti démocratique : *contre* le rétablissement du cautionnement et de la contrainte par corps, *contre* les poursuites contre Louis Blanc et Caussidière, *pour* l'abolition de la peine de mort, *pour* l'amendement Grévy, *pour* le droit au travail, *pour* l'ensemble de la Constitution, *contre* la proposition Rateau, *pour* l'amnistie, *contre* l'interdiction des clubs, *contre* les crédits de l'expédition de Rome, *pour* l'abolition de l'impôt des boissons, etc. Adversaire déclaré de la politique de l'Elysée, il appuya la demande de mise en accusation de L.-N. Bonaparte et de ses ministres. Non réélu à la Législative, il reprit à Moulins l'exercice de sa profession, fut inscrit, après le 2 décembre 1851, sur les listes de proscription, et dut gagner la Belgique. Il s'établit alors comme médecin à Bruxelles, où il fonda le journal l'*Art médical*, et appartint à l'Académie de médecine de cette ville. La clientèle qu'il s'était faite dans ce pays l'y retint jusqu'après le 4 septembre 1870. Il réunit, aux élections du 8 février 1871 pour l'Assemblée nationale, dans le département de l'Allier, 29,026 voix sur 76,640 votants, sans être élu, et ne quitta Bruxelles qu'en 1876, lorsqu'il fut élu, le 20 février, député de la 1ʳᵉ circonscription de Moulins, par 4,473 voix (8,862 votants, 11,947 inscrits), contre 3,705 à M. Bayon. Le docteur Laussedat prit place à l'Union républicaine et fut des 363. A ce titre, il obtint sa réélection, le 14 février 1877, par 5,641 voix contre 4,546 à M. de Tracy, candidat officiel. Membre de la commission d'enquête électorale, l visita plusieurs départements et conclut à un grand nombre d'invalidations. Décédé le 27 juillet 1878, il fut remplacé à la Chambre, le 29 septembre suivant, par M. Datas.

LAUTH (Guillaume), représentant du peuple

en 1848, né à Strasbourg (Bas-Rhin) le 2 mai 1794, mort à Strasbourg le 14 mars 1865, fils d'un avocat de Strasbourg, s'établit négociant dans cette ville. Président du tribunal de commerce, il se présenta à la députation, le 1ᵉʳ août 1846, comme candidat de l'opposition, dans le 2ᵉ collège du Bas-Rhin (Strasbourg), où il échoua avec 140 voix contre 225 au député sortant, M. Renouard de Bussières. Maire provisoire de Strasbourg aux événements de février 1848, il fut élu, le 23 avril, représentant du Bas-Rhin à l'Assemblée constituante, le 7ᵉ sur 15, par 77,277 voix (123,968 votants, 132,186 inscrits) ; il prit place à gauche et vota *pour* le bannissement de la famille d'Orléans, *contre* les poursuites contre L. Blanc et Caussidière, *pour* l'abolition de la peine de mort, *contre* l'impôt progressif, *pour* l'incompatibilité des fonctions, *contre* l'amendement Grévy et la sanction de la Constitution par le peuple, *pour* l'ensemble de la Constitution, *contre* la proposition Rateau, *contre* l'interdiction des clubs, *contre* l'expédition de Rome. Il ne fut pas réélu à la Législative.

LAUTOUR-BOISMAHEU (Jean-Aimé), député au Corps législatif en l'an XI, né à Argentau (Orne) le 21 avril 1752, mort à Paris le 19 juin 1846, « fils de maître Jean-Jacques Lautour, substitut, et de Marie-Françoise Gramher », était substitut du procureur du roi au bailliage d'Argentau quand éclata la Révolution. Aux premiers bruits de guerre, en 1791, il partit comme volontaire, et fut nommé, le 12 mars 1792, sous-lieutenant au 3ᵉ bataillon d'infanterie légère (chasseurs corses), avec lequel il fit campagne en Piémont et en Savoie. Lieutenant le 14 janvier 1793, capitaine le 20 ventôse an II, il devint aide-de-camp de Masséna, qu'il suivit en Italie. Blessé de six coups de sabre à Lodi, il passa chef de bataillon le 4 prairial an IV, chef de brigade le 7 prairial an VII, et, maintenu avec ce grade à l'état-major général de l'armée d'Italie, fut enfermé à Alexandrie, avec le général Gardanne, après la défaite de Novi. Tous les deux défendirent héroïquement la place contre les efforts combinés de Bellegarde et de Souvarow. Quoique grièvement blessé, Lautour, quand il fallut enfin se rendre, tint à partager le sort des soldats prisonniers et fut envoyé en Hongrie. Remis en liberté à la paix de Lunéville, il fut élu par le Sénat conservateur, le 9 thermidor an XI, député de l'Aisne au Corps législatif, et nommé membre de la Légion d'honneur le 25 prairial an XII. Depuis cette époque, il n'exerça plus de commandement actif ; seulement, en 1809, il accompagna Masséna en Allemagne en qualité d'aide-de-camp. Admis à la retraite, comme adjudant-commandant, le 7 juillet 1811, il obtint la croix de Saint-Louis le 5 octobre 1814.

LAUTOUR-DUCHATEL (Antoine-Jean-François), député en 1791, né à Argentan (Orne) le 3 juin 1750, mort à Argentan le 29 septembre 1840, avait été juge suppléant au tribunal de district d'Argentan, lorsqu'il fut élu, le 10 septembre 1791, député de l'Orne à l'Assemblée législative, le 10ᵉ et dernier, par 185 voix (373 votants). Il prit une part assez importante aux travaux du comité féodal et fit un rapport sur la suppression des droits casuels. Ayant pu échapper à la Terreur, grâce à la retraite dans laquelle il s'était confiné, il devint commissaire du gouvernement près du tribunal civil d'Argentan, puis près le tribunal de département de l'Orne en l'an IV, juge au tribunal d ....el de Caen le 22 germinal an VIII, membre de la Légion d'honneur le 25 prairial an XII, et procureur impérial près la cour d'appel de Caen.

LAUZE DE PERRET (Claude-Romain), député en 1791, et membre de la Convention, né à Apt (Vaucluse) le 28 février 1747, mort à Paris le 31 octobre 1793, fils de Pierre de Labécède de Lauze de Perret, appartenait à une famille noble originaire des Cévennes, où elle possédait le château de Perret, près Saint-Etienne-Vallée-Française, petit village de la Lozère. Lauze de Perret embrassa la cause populaire au début de la Révolution, fut à Apt le promoteur de la Société des Amis de la liberté, établie dans le réfectoire de l'ancien séminaire, et prit une part active au mouvement : en 1790, des fraudes ayant été commises lors de l'élection comme juge de paix d'un M. Duvignot, il rédigea, en sa qualité de membre du club de la liberté, une protestation contre cette élection, qu'il fit annuler. Il avait fait l'acquisition d'un vaste domaine à Sivergues, connu sous le nom de domaine Chaix, et possédait en outre des terres à Valcroissant, à Claparèdes et trois maisons à huile dans la rue Saint-Georges, le tout évalué, d'après un document déposé aux archives municipales d'Apt, à la somme de 6,600 livres. Sa situation importante dans la région le fit élire, le 4 septembre 1791, député des Bouches-du-Rhône à l'Assemblée législative, le 9e sur 10, par 300 voix (554 votants). Ses concitoyens d'Apt apprirent avec joie son élection; les membres du club de la liberté vinrent recevoir Lauze aux portes de la ville et lui offrirent une couronne de lauriers. Il opina avec la majorité réformatrice. Réélu, le 7 septembre 1792, député des Bouches-du-Rhône à la Convention, le 10e sur 11, par 716 voix (716 votants), il siégea au côté droit parmi les modérés, et s'attacha intimement aux Girondins dont il devait partager le sort. Lors du procès de Louis XVI, il se prononça *pour* l'appel au peuple et *pour* le bannissement, en ces termes : Au 2e appel nominal : « C'est par respect pour le peuple, mon souverain et le vôtre, c'est par la confiance que j'ai en sa sagesse et en sa justice, c'est parce que je croirais l'outrager, si je m'arrêtais un instant aux craintes qu'on veut répandre, que je dis *oui*. » Au 3e appel nominal : « Si la mesure de soumettre à la sanction du peuple la peine à infliger à Louis eût prévalu, je n'aurais pas hésité un instant à prononcer la peine de mort, parce qu'alors, si je m'étais trompé, j'aurais eu la certitude d'être relevé de mon erreur, et je n'aurais pas craint la cumulation des pouvoirs, puisqu'elle ne m'aurait pas constitué juge souverain dans cette affaire. Aujourd'hui, je ne puis que voter la réclusion de Louis pendant la guerre, et la déportation à la paix, sous peine de mort s'il rentrait. » Adversaire déclaré de la Montagne, il la combattit souvent à la tribune, s'opposa à une avance de fonds à la Commune de Paris pour achat de subsistances, et se livra dans l'Assemblée à plusieurs manifestations violentes : dans la tumultueuse séance du 11 avril 1793, il souleva un long scandale en tirant l'épée contre ses collègues de la gauche. Philippeaux, Audouin, Panis, Calon, Marat, réclamèrent énergiquement la punition de « l'insolent, » accusant de partialité en sa faveur le président Delmas. Lauze de Perret tenta de se justifier en alléguant qu'il avait été provoqué, et l'incident fut clos. Il ne fut pas compris dans la première proscription, mais dans celle des 73. Enfermé à la Concier-

gerie avec ses amis Riouffe, Vergniaud, Valazé, Lacaze, Barnave, etc., il y retrouva aussi Mme Roland, dont il avait assidûment fréquenté le salon. Il fut condamné à mort et exécuté le 31 octobre 1793. Un des principaux griefs formulés contre lui fut d'avoir conduit Charlotte Corday au ministère de l'Intérieur le jour de l'assassinat de Marat. Barbaroux ayant remis à Charlotte une lettre de recommandation pour de Perret, ce dernier lui donna l'hospitalité et lui présenta ses deux filles. Prétextant une affaire importante qu'elle avait à communiquer à Marat, elle leur demanda l'adresse de l'Ami du peuple; c'est alors qu'une d'entre elles lui fournit un plan de Paris sur lequel elle avait tracé la route à suivre pour se rendre chez Marat. C'est pourquoi la responsabilité du meurtre de Marat fut particulièrement attribuée au conventionnel aptésien. La Convention accorda plus tard à ses deux filles, Adélaïde et Francette, un secours de 1,500 livres pour frais de route et paiement de leur loyer (10 frimaire an II).

LAVAL (Pierre-Louis-Antoine), député de 1815 à 1819, et de 1827 à 1831, né à Fontenay-le-Comte (Vendée) le 26 août 1767, mort à Fontenay-le-Comte le 25 juillet 1838, fut élu, le 30 juin 1790, trésorier du directoire du district de Fontenay, devint, sous l'Empire, maire de la ville, et le 22 août 1815, se fit élire, comme royaliste, député de la Vendée au collège de département, par 87 voix (139 votants, 204 inscrits). Il appartint à la majorité de la Chambre introuvable, et obtint sa réélection, le 4 octobre 1816, avec 114 voix (145 votants, 197 inscrits). Membre de la droite, il quitta le Palais-Bourbon au renouvellement partiel du 11 septembre 1819, et y rentra, le 17 novembre 1827, comme député du 2e arrondissement de la Vendée (Fontenay-le-Comte), élu par 221 voix (351 votants, 395 inscrits), contre 110 à M. Joffrion. Sans prendre jamais la parole, il se rapprocha alors de l'opposition, vota l'adresse des 221, et fut réélu, le 23 juin 1830, par 228 voix (337 votants, 367 inscrits), contre 91 à M. Rousse. Ayant prêté serment au gouvernement de Louis-Philippe, il siégea jusqu'en 1831 ; mais il échoua (le 5 juillet de cette année) dans le 2e collège de la Vendée avec 72 voix contre 137 à l'élu M. Chaigneau. Il se représenta de même sans succès, le 27 décembre 1832, puis le 21 juin 1834, et ne réunit la première fois que 68 voix, la seconde que 49, contre le député sortant réélu.

LAVAL (Elie), député de 1817 à 1820, né à Marnac (Dordogne) le 1er novembre 1753, mort à une date inconnue, avocat, fut juge de paix du canton de Saint-Cyprien. Vice-président d'une section du collège électoral de la Dordogne, il fut élu, le 20 septembre 1817, député de ce département (au grand collège), par 517 voix sur 939 votants et 1,463 inscrits. Il prit place au centre droit de la Chambre. Démissionnaire en 1820, il rentra dans la vie privée.

LAVAL. — *Voy.* Montmorency (de).

LA VALETTE (Antoine-Marie Chamant, comte de), pair des Cent-Jours, né à Paris le 14 octobre 1769, mort à Paris le 15 février 1830, était destiné par sa famille à l'état ecclésiastique. Mais, à la théologie il préféra la procédure, entra chez un procureur et s'enthousiasma à vingt ans pour la prise de la Bastille. Il assista, à Versailles, comme garde national, aux journées des 5 et 6 octobre; peu de temps après, d'Ormesson, bibliothécaire du roi, lui confia le soin de dresser le catalogue des livres provenant des couvents supprimés. De la garde constitutionnelle du roi, il était de faction aux Tuileries le 10 août 1792; suivant sa consigne, il partit en retraite quand le peuple pénétra dans le palais. Au moment des massacres de septembre, il essaya vainement de faire marcher les gardes nationaux pour protéger les détenus à la Force; il signa les différentes pétitions qui furent adressées à la Convention en faveur de Louis XVI. La modération de ses idées le rendit bientôt suspect. Pour se soustraire à des poursuites imminentes, il s'engagea dans la légion des Alpes que venait d'organiser Baraguey-d'Hilliers, dont il devint peu après l'aide-de-camp. Destitué après le 13 vendémiaire, il fut remis en possession d'un grade, grâce à la protection de Bonaparte, et envoyé comme chef d'état-major à l'une des divisions de l'armée de l'Ouest. Lorsque Bonaparte prit le commandement de l'armée d'Italie, il appela auprès de lui, en qualité d'aide-de-camp, le capitaine La Valette, qui se signala à Arcole, fut blessé au cours d'une reconnaissance en Tyrol, et assista, en qualité de secrétaire, aux négociations qui précédèrent Léoben. En l'an V, La Valette fut envoyé à Paris par Bonaparte afin de tenir le général en chef au courant de tout ce qui allait se passer. Il remplit fidèlement sa mission et refusa à Barras l'argent disponible de l'armée d'Italie, ce qui excita les colères et la défiance des directeurs et d'Augereau. Il ne rejoignit Bonaparte en Italie qu'après le 18 fructidor, fut chargé de demander réparation au Sénat de Gênes, et accomplit une mission secrète à Rastadt. Il épousa peu après Emilie-Louise de Beauharnais, nièce de Joséphine. Attaché à l'expédition d'Egypte, il dut accompagner, après la prise de Malte, Hompesch, grand-maître de l'ordre, jusqu'à son départ. Il arriva au Caire avant le désastre d'Aboukir et suivit Andréossi dans sa reconnaissance sur Péluse. Lecteur de Bonaparte, il assista à côtés aux batailles des Pyramides et du Mont-Thabor et au siège de Saint-Jean-d'Acre, revint avec lui en France, et le seconda de tout son pouvoir au 18 brumaire. Le premier Consul l'envoya comme ministre près des cours de Saxe et de Hesse, puis le nomma administrateur de la caisse d'amortissement; sous l'empire, il fut appelé aux fonctions de directeur général des postes, puis nommé conseiller d'Etat, comte de l'empire le 3 juin 1808, et grand-officier de la Légion d'honneur en 1811. Après l'abdication, il rentra dans la vie privée. À la première nouvelle du débarquement de l'empereur et de la fuite de Louis XVIII, il se présenta, le 20 mars 1815, accompagné de Sébastiani, dans le cabinet du comte Ferrand, directeur des postes pour le roi, et lui dit: « Au nom de l'empereur, je prends possession de l'administration des postes. » Il venait d'arrêter les journaux et notamment le Moniteur qui contenait un décret contre Napoléon; il avait aussi disposé des courriers et envoyé à Fontainebleau une dépêche qui fit dire à Napoléon: « On nous attend donc à Paris ». Napoléon lui offrit à son arrivée le ministère de l'Intérieur, qu'il refusa; il accepta la dignité de pair des Cent-Jours (2 juin 1815). La seconde Restauration s'empressa de le destituer et de le comprendre dans l'ordonnance du 24 juillet 1815. Arrêté le 18, il comparut devant la cour d'assises de la Seine le 19 novembre, sous l'accusation d'avoir ourdi un complot ayant pour but le retour de Napoléon de l'île

d'Elbe et d'avoir usurpé des fonctions publiques. Il chercha en vain à se disculper. La comtesse Ferrand produisit le papier remis par La Valette à son mari, quand il prit possession de l'hôtel des postes, pour le décharger de cette administration. Il fut condamné à mort le 21 novembre, et son pourvoi en cassation fut rejeté. Il restait encore à implorer la clémence du roi. Si Louis XVIII était disposé à l'indulgence, la Chambre introuvable, composée de royalistes fanatiques, ne voulait pas entendre parler de clémence. Cependant M. Decazes, ministre de la police, proposa de faire intervenir la duchesse d'Angoulême. Le maréchal Marmont, ami de La Valette, devait introduire madame de La Valette auprès du roi; elle se jetterait à ses pieds, implorerait la duchesse, et Louis XVIII se laisserait fléchir. Mais la duchesse d'Angoulême, conseillée par Chateaubriand, refusa de se prêter à cette combinaison, et donna l'ordre d'interdire l'entrée des Tuileries à madame de La Valette. Marmont parvint cependant à forcer la consigne et put amener la comtesse jusqu'au roi, qui fit une réponse évasive. L'exécution de La Valette était fixée au lendemain. Un de ses amis, Baudus, connaissait Bresson, ancien conventionnel girondin, qui n'avait échappé à la Terreur que grâce à la bienveillance d'un inconnu chez lequel il était resté caché dans les Vosges. Tenue au courant par Baudus, Mme Bresson se mit à la disposition de madame de La Valette. Celle-ci, le 20 décembre 1815, rendit une dernière visite à son mari, accompagnée de sa fille, âgée de quatorze ans, et d'une gouvernante. Les deux époux échangèrent leurs vêtements, et le geôlier voyant sortir une femme qui sanglotait, la figure couverte de son mouchoir, ne conçut aucun soupçon, et l'aida à monter dans sa chaise à porteur. Quand il rentra dans la chambre du prisonnier, il se trouva en face de madame de La Valette. Pendant ce temps, La Valette se réfugiait chez Bresson, dans les combles du ministère des Affaires étrangères, où habitait ce dernier comme employé. Cette évasion irrita profondément la Chambre. M. Humbert de Sesmaisons déposa une proposition de mise en accusation du ministère; mais elle n'eut pas de suite. Malgré les recherches de la police, La Valette resta caché à Paris jusqu'au 10 janvier 1816; ce jour-là, le général Robert Wilson, ancien commandant de l'armée anglo-portugaise, l'emmena dans une calèche découverte habillé en officier anglais, et le conduisit jusqu'à Mons; puis il revint à Paris pour se voir condamner, malgré la plaidoirie de Dupin aîné, à trois mois d'emprisonnement. Le porte-clefs de la conciergerie fut puni de deux ans de prison; Mme de La Valette fut acquittée. Après avoir vécu quelques années auprès d'Eugène de Beauharnais en Bavière, M. de La Valette fut gracié par Louis XVIII, le 19 janvier 1820. Le 14 décembre précédent, il avait adressé au comte Decazes, ministre de l'Intérieur, la déclaration qui suit:

« Ce 14 décembre 1819.

« Je déclare et je jure devant Dieu tout-puissant, créateur de l'univers, souverain juge, rémunérateur et vengeur, que pendant les onze mois de l'année dix-huit cent quatorze je n'ai pas eu de correspondance, soit directe, soit indirecte, avec aucune des personnes qui habitaient l'île d'Elbe à cette époque; excepté la lettre de compliment du jour de l'an, que j'ai fait connaître à mes juges, que je n'ai pas reçu une seule lettre d'elles et que je ne leur ai point fait écrire. Je jure que je n'ai envoyé à l'île d'Elbe ni fait envoyer qui que ce soit, et qu'enfin je suis entièrement étranger aux événements qui ont préparé et consommé l'entreprise du 20 mars 1815.

« Je fais cette déclaration et je la publie de ma propre volonté, sans être mû par aucune arrière-pensée, sans être excité par aucun ressentiment, mais uniquement dans l'intérêt de la vérité. J'avais pris la résolution de la lire à haute voix au pied de l'échafaud, et de la déposer aux mains de l'ecclésiastique qui devait m'accompagner, et je désire qu'on me la présente pour la signer encore au moment de mourir.

Signé : M. Ch. LA VALETTE. »

Lorsqu'il rentra en France, sa femme était devenue folle. Il vécut fort retiré jusqu'à sa mort. Par testament, l'empereur Napoléon lui avait laissé 300,000 francs. On a édité en 1831 : *Mémoires et souvenirs du comte de La Valette*, publiés par sa famille et sur ses manuscrits, avec une préface de M. Cuvillier-Fleury.

LAVALETTE (CHARLES-LAURENT-JOSEPH-MARIE PLANELLI, MARQUIS DE), député de 1815 à 1827 et de 1829 à 1830, né à Grenoble (Isère) le 29 avril 1763, mort au château de Varces (Isère) le 31 décembre 1854, maréchal de camp et chevalier de la Légion d'honneur, fut successivement élu député du collège de département de l'Isère, le 22 août 1815, par 176 voix (237 votants, 306 inscrits); le 4 octobre 1816, par 122 voix (217 votants, 314 inscrits); le 13 novembre 1820, par 192 voix (281 votants, 316 inscrits); le 6 mars 1824, par 185 voix (250 votants, 330 inscrits). Nommé préfet du Gard par Charles X, il échoua aux élections générales de 1827, mais fut réélu, à l'élection partielle du 8 août 1829, par le collège de département de l'Isère, en remplacement de M. Chenevaz, décédé, avec 123 voix (210 votants, 281 inscrits), contre 74 à M. Passard, maire de Chamagnieu. Il soutint à la Chambre la politique de MM. de Villèle et de Polignac, ne prit la parole que pour lire des rapports sur des pétitions, fut admis à la retraite, comme préfet, le 23 mai 1830, et ne fit plus partie d'autres assemblées.

LA VALETTE (CHARLES-JEAN-MARIN-FÉLIX, MARQUIS DE), député de 1846 à 1848, sénateur du second Empire et ministre, né à Senlis (Oise) le 25 novembre 1806, mort à Paris le 2 mai 1881, entra dans la diplomatie sous le règne de Louis-Philippe. Secrétaire d'ambassade à Stockholm en 1837, consul général à Alexandrie en 1841, et ministre plénipotentiaire à Hesse-Cassel en 1846, il fut, le 1er août 1846, élu député du 3e collège de la Dordogne (Bergerac), par 243 voix (487 votants, 560 inscrits), contre 238 à M. Dezeimeris. M. de La Valette vota avec la majorité conservatrice, et rentra dans la vie privée en 1848. Le gouvernement présidentiel de L.-N. Bonaparte l'appela (1849) au poste d'envoyé extraordinaire à Constantinople. Il y resta jusqu'en 1853, sollicita son rappel en France à l'occasion de la question des Lieux Saints, et fut remplacé, le 17 février 1853, par M. de la Cour. Le 23 juin suivant, M. de La Valette fut fait sénateur. Il prit place au Luxembourg dans les rangs des plus dévoués impérialistes. Lorsque M. Thouvenel fut appelé (1860) au ministère des Affaires étrangères, M. de La Valette, envoyé de nouveau à Cons-

tantinople avec le titre d'ambassadeur, remplit ces fonctions dans des circonstances assez délicates et se montra préoccupé de tenir la colonie française à l'écart de certaines spéculations louches entreprises avec la Porte et les diverses administrations turques. En juin et juillet 1860, lors des massacres des chrétiens du Liban par les Druses, il présenta au gouvernement de la Porte Ottomane de pressantes réclamations. En août 1861, il succéda à M. de Grammont, comme ambassadeur de France auprès du pape; il quitta ce nouveau poste le 18 octobre 1862, lorsque M. Thouvenel se retira du ministère. Appelé lui-même, le 20 mars 1865, à prendre le portefeuille de l'Intérieur en remplacement de M. Boudet, M. de La Valette signala son passage au pouvoir par des mesures rigoureuses contre la presse (suppression du *Courrier du Dimanche*, etc.), par la dissolution de plusieurs conseils municipaux et par la répression des troubles de Roubaix survenus à la suite de la loi nouvelle sur les coalitions (mars 1867). En septembre 1866, il avait exercé l'intérim du ministère des Affaires étrangères, en l'absence de M. de Moustier, qu'il remplaça en 1868. La circulaire du gouvernement français sur les affaires d'Allemagne, contenant l'aveu de la nécessité d'une réorganisation militaire, fut l'œuvre de M. de La Valette. Il s'efforça d'ailleurs de faire prévaloir une politique pacifique et conciliatrice, qu'il exposa et défendit plusieurs fois avec succès devant le Corps législatif; il réussit à apaiser le différend franco-belge (juin-juillet 1869) né d'une convention de chemin de fer et qui menaçait de prendre de fâcheuses proportions, et il sortit du ministère lorsque le message impérial du 12 juillet 1869 annonça un changement de politique. Il fut alors nommé ambassadeur à Londres, où il resta jusqu'à l'avènement du cabinet Ollivier (3 janvier 1870). Grand-croix de la Légion d'honneur, M. de La Valette était décoré en outre d'un très grand nombre d'ordres étrangers.

LAVALETTE (DE). — *Voy.* SOURDILLE.

LAVALLÉE (JEAN), représentant du peuple en 1848, né à Ligné (Charente) le 24 septembre 1806, mort à Ruffec (Charente) le 9 mars 1879, fils d'un cultivateur aisé qui avait été volontaire en 1792 dans l'un des 34 bataillons de la Charente, fit ses études à Angoulême et son droit à Poitiers, où il se fit inscrire au barreau le 4 février 1830. Le premier, il osa, le 31 juillet 1830, arborer le drapeau tricolore à l'Aigre (Charente), devint maire de Ligné quelques mois plus tard, mais ne tarda pas à donner sa démission, mécontent des tendances du nouveau gouvernement. Notaire à Mansle en 1833, commandant de la garde nationale en 1834, il soutint la presse démocratique, participa à toutes les souscriptions populaires et fut membre actif de la Société « Aide-toi, le ciel t'aidera. » Conseiller d'arrondissement, conseiller général du canton de Mansle, il fut, à la révolution de février 1848, sous-commissaire du gouvernement provisoire à Ruffec, et fut élu, le 23 avril, représentant de la Charente à l'Assemblée constituante, le 9e et dernier, par 28,417 voix (92,994 votants). Il siégea à gauche, fit partie du comité de la justice, et vota *pour* le bannissement de la famille d'Orléans, *contre* les poursuites contre L. Blanc, *contre* les poursuites contre Caussidière, *pour* l'abolition de la peine de mort, *contre* l'impôt progressif, *pour* l'incompatibilité des fonctions, *contre* l'amendement Grévy, *contre* la sanction de la Constitution par le peuple, *pour* l'ensemble de la Constitution, *contre* la proposition Rateau, *contre* l'interdiction des clubs, *contre* l'expédition de Rome. Hostile à la politique de l'Elysée, il ne fût point réélu à la Législative et sembla renoncer à la politique. Combattu par le clergé, il fit de la propagande protestante et s'attira une condamnation judiciaire pour avoir formé une association religieuse sans l'autorisation du gouvernement. Il ne tenta de nouveau la fortune politique qu'après la dissolution de la Chambre par le cabinet du 16 mai 1877; mais il échoua, le 14 octobre, dans l'arrondissement de Ruffec, avec 5,259 voix, contre 8,453 à l'élu, candidat officiel et bonapartiste, M. Gautier.

LAVALLEY (ALEXANDRE-THÉODORE), membre du Sénat, né à Progny (Aisne) le 9 octobre 1821, fit ses études au lycée de Tours, entra à l'Ecole polytechnique, en sortit dans le génie militaire (1842), donna sa démission, et passa quelques années en Angleterre, où il se fit ouvrier mécanicien pour acquérir les connaissances pratiques dont il avait besoin. Revenu en France, il entra dans la maison de M. Gouin, qui lui confia la direction des ateliers de construction des locomotives. Il eut une part importante comme ingénieur aux dragages du canal de Suez; puis il obtint (1876) la concession des travaux du port de la Pointe des Gallets à l'île de la Réunion et d'un chemin de fer reliant ce port à l'intérieur de l'île. Après deux tentatives infructueuses, aux élections législatives du 20 février 1876 à Lisieux, et à celles du 14 octobre 1877 à Falaise, comme candidat républicain, M. Lavalley se fit élire, le 25 janvier 1885, au renouvellement

triennal de la Chambre haute, sénateur du Calvados par 590 voix sur 1,173 votants. Il prit place à gauche, vota avec la majorité : *pour* la nouvelle loi militaire, *pour* la politique coloniale; il était absent lors du scrutin pour l'expulsion des princes. En dernier lieu, M. Lavalley s'est prononcé *pour* le rétablissement du scrutin d'arrondissement (13 février 1889), *pour* le projet de loi Lisbonne restrictif de la liberté de la presse, *contre* la procédure à suivre devant le Sénat contre le général Boulanger.

LAVENUE (RAYMOND), député en 1789, né à Bazas (Gironde) le 15 décembre 1755, exécuté à Bordeaux (Gironde) le 2 novembre 1794, « fils de Bernard Lavenue, avocat en la cour, et de dame Marie Fisson de Monnaveau », était avocat à Bazas, quand il fut élu, le 10 mars 1789, député du tiers aux Etats-Généraux, par la sénéchaussée de Bazas, avec 152 voix sur 284 votants. Il prit une part assez active aux premiers événements et fut chargé d'annoncer aux électeurs de Paris l'arrivée dans cette ville d'une députation de l'Assemblée nationale. Il s'occupa ensuite de questions financières, parla sur le projet de création d'un papier-monnaie, sur le remplacement de la gabelle, sur l'organisation des tribunaux de paix et de famille, proposa d'imposer les rentes perpétuelles et viagères, et demanda que le million accordé à Paris ne fût employé qu'à des travaux réellement utiles. Après la session, il revint à Bordeaux. Partisan des Girondins, il fut accusé de fédéralisme, arrêté, traduit devant une commission militaire, et exécuté le 2 novembre 1794. Chollet demanda et obtint une pension pour sa veuve.

FIN DU TROISIÈME VOLUME